中国特色哲学社会科学发展报告

"十三五"回顾与"十四五"展望

上 卷

全国哲学社会科学工作办公室 编

中国社会科学出版社

图书在版编目(CIP)数据

中国特色哲学社会科学发展报告:"十三五"回顾与"十四五"展望:全三卷/全国哲学社会科学工作办公室编.—北京:中国社会科学出版社,2021.7

ISBN 978-7-5203-8318-9

Ⅰ.①中⋯ Ⅱ.①全⋯ Ⅲ.①哲学社会科学—发展—研究报告—中国—2016-2020 Ⅳ.①C12

中国版本图书馆 CIP 数据核字(2021)第 085296 号

出版人	赵剑英
项目统筹	王 茵
责任编辑	中 社
责任校对	李 剑
责任印制	王 超

出　　版	中国社会科学出版社
社　　址	北京鼓楼西大街甲 158 号
邮　　编	100720
网　　址	http://www.csspw.cn
发 行 部	010-84083685
门 市 部	010-84029450
经　　销	新华书店及其他书店
印刷装订	北京君升印刷有限公司
版　　次	2021 年 7 月第 1 版
印　　次	2021 年 7 月第 1 次印刷
开　　本	787×1092　1/16
印　　张	119
字　　数	2016 千字
定　　价	528.00 元(全三卷)

凡购买中国社会科学出版社图书,如有质量问题请与本社营销中心联系调换
电话:010-84083683
版权所有　侵权必究

出 版 说 明

全国哲学社会科学工作办公室于2020年组织开展国家社科基金全学科领域的调研工作。26个学科规划评审组遵循"把握正确方向、自觉围绕大局、加强科学统筹、突出问题导向、务求实际效果"的工作原则，高度重视，精心组织。近千名专家学者参与调研或征求意见，提交200余万字的学科调研报告。各学科系统梳理本学科主要研究力量布局、人才培养和队伍建设等基本状况，全面总结"十三五"时期取得的重要进展、主要成绩、代表性人物和成果，认真分析当前的研究状况、存在问题和薄弱环节，科学研判"十四五"时期的学术前沿和发展趋势，提出需要加强研究的重点领域和重点课题，为制订《国家"十四五"时期哲学社会科学发展规划》提供重要参考依据，具有重要的学术价值和理论意义。本书是除军事学之外学科调研报告的汇编。

全国哲学社会科学工作办公室
2021年7月

目 录

上 卷

马克思主义·科学社会主义 …………………………………………… (1)

党史·党建 …………………………………………………………… (57)

哲学 …………………………………………………………………… (129)

理论经济学 …………………………………………………………… (203)

应用经济学 …………………………………………………………… (281)

统计学 ………………………………………………………………… (377)

政治学 ………………………………………………………………… (447)

中 卷

法学 …………………………………………………………………… (535)

社会学 ………………………………………………………………… (599)

人口学 ………………………………………………………………… (663)

民族学 ………………………………………………………………… (727)

国际问题研究 ………………………………………………………… (799)

中国历史 ……………………………………………………………… (901)

世界历史 ……………………………………………………………… (997)

考古学 ………………………………………………………………… (1059)

宗教学 ………………………………………………………………… (1137)

下 卷

中国文学 …………………………………………………………（1211）
外国文学 …………………………………………………………（1287）
语言学 ……………………………………………………………（1353）
新闻学与传播学 …………………………………………………（1435）
图书馆·情报与文献学 …………………………………………（1509）
体育学 ……………………………………………………………（1609）
管理学 ……………………………………………………………（1677）
教育学 ……………………………………………………………（1807）
艺术学 ……………………………………………………………（1843）

后记 ………………………………………………………………（1885）

上　卷

◎ 马克思主义·科学社会主义 / 1
◎ 党史·党建 / 57
◎ 哲学 / 129
◎ 理论经济学 / 203
◎ 应用经济学 / 281
◎ 统计学 / 377
◎ 政治学 / 447

马克思主义·科学社会主义

马克思主义理论

我国马克思主义理论一级学科设立于2005年，是对马克思主义进行整体性研究的一级学科。目前，马克思主义理论学科下设马克思主义基本原理、马克思主义发展史、马克思主义中国化研究、国外马克思主义研究、思想政治教育、中国近现代史基本问题研究、党的建设共七个二级学科。本部分就一级学科和下属各二级学科在"十三五"时期的建设进展和存在不足进行综述，并在此基础上对本学科"十四五"时期建设提出若干建议。

一 学科发展的基本状况[①]

进入新时代以来，马克思主义理论学科适应时代和实践发展的需求，担负着马克思主义理论人才培养、科学研究、社会服务和文化传承创新的任务，同时为党和国家的意识形态建设包括高校思想政治工作特别是高校思想政治理论课教学提供学理支撑。"十三五"时期，马克思主义理论学科建设得到党中央的高度重视，在中宣部、教育部和各级地方党委与政府的大力支持下，经过高校、党校、社科院等系统的共同努力，取得了长足的发展，学科建设进入内涵式发展、创新式发展和协调性发展的新阶段，学科引领作用进一步凸显。本学科研究在力量布局、队伍建设、人才培养、科研立项与成果产出等方面，均取得了重要进展，学科基础得到进一步夯

---

① 本部分主要根据国务院学位委员会和教育部社会科学司指导、清华大学马克思主义学院组编、高等教育出版社出版的《高校马克思主义理论学科发展报告》（2015、2016、2017、2018）（受疫情影响，该系列的2019年年度报告尚未出版）的数据进行分析。

实，科研水平得到进一步提升。

（一）研究力量布局

近年来，全国马克思主义理论学科点数量明显增加，研究力量布局日趋均衡。截至2018年，不包括党校、军队院校、社会科学院三个系统，仅高校的马克思主义理论学科点单位就有347家，比2015年（"十二五"最后一年）的319家多出28家，增长了9%。其中，一级学科博士点单位76家、二级学科博士点单位15家、一级学科硕士点单位202家，二级学科硕士点单位54家。从地域分布上看，东部、中部、西部各地区学科点在数量分布上大体均衡，与该地区经济社会发展现状基本匹配。

研究力量布局整体趋于均衡的同时，仍存在一些不充分不平衡的问题。一是研究力量总量还不充分。相比国家和社会对马克思主义理论高质量人才需求的不断增长，目前全国马克思主义理论学科的博士点数量偏少，部分学科点建设水平不高，某些二级学科建设还存在着不充分的问题。二是主干学科方向力量布局不均衡。按有关规定，马克思主义理论一级学科博士点主干学科方向应该不少于四个。但近一半的一级学科博士点中主干学科方向少于四个。三是各二级学科点之间研究力量发展不平衡。从各二级学科点研究力量的占比来看，全国范围内思想政治教育专业占比最高，马克思主义中国化研究专业次之，国外马克思主义研究和党的建设专业占比较低。四是各地区之间研究力量在质量上分布不平衡。西部地区不仅在研究人员获得博士学位的比率上低于东部地区和中部地区，在学科带头人和科研骨干的数量上也与占比最高的东部地区存在一定差距。

（二）队伍建设

近年来，马克思主义理论学科师资队伍、科研团队建设成效显著。在党中央、国务院及教育部相关政策的指引下，马克思主义理论学科培养了一批思想政治可靠、专业素质过硬的思想政治课教师和专业研究人才，研究力量日益增强，科研团队日趋专业化，并且形成了较合理的教学和研究梯队。

第一，师资队伍结构更加优化。目前，全国马克思主义理论学科点教师总数已经超过两万人,其中高校马克思主义理论学科点教师占比最多。在总量增加的同时,"十三五"时期的师资队伍结构进一步优化。一是专、兼职教师队伍结构日趋合理。仅以2018年高校学科点为例,20679名教师中专职教师15477人,占74.84%;兼职教师5202人,占25.16%。二是教师队伍学位结构不断优化。"十三五"时期,教师队伍中获得博士学位的比例比"十二五"时期上升明显,已经超过50%。2018年全国高校马克思主义理论学科点新选留的教师中具有博士学位的比例已经高达78%。三是教师队伍的年龄结构较为合理。"十三五"时期,45岁以下的中青年教师已经成为教师队伍的主体,35岁以下青年教师的比例也逐渐提高,教师队伍年轻化趋势明显。四是教师队伍的职称结构存量比较合理。各层次学科点建设单位中,约半数教师具有高级职称。2018年,高校学科点单位中教师具有高级职称的比例超过60%,正高级职称的比例超过约25%。

第二,科研团队建设成效显著。"十三五"时期,各学科点着力建设科研团队。其中,中国社会科学院马克思主义研究院的专业研究人员达到100人,基本覆盖了马克思主义理论的所有研究领域。中国人民大学马克思主义研究团队现有专职教师62人,其中教授27人,新增成员12人,研究领域覆盖马克思主义理论全部7个二级学科及其他6个相关二级学科,形成了马克思主义理论研究的高水平、跨学科团队。清华大学马克思主义学院现有专职教师56人,其中教授24人;新引进教师11人,其中教授4人,极大地增强了团队实力。东北师范大学马克思主义理论学科柔性引进7名国内优秀专家,聘请海外知名专家6人作为团队合作研究成员,团队合作攻关能力得到明显提升。北京大学、武汉大学等研究团队也都形成了较为合理的内部结构和更加鲜明的研究特色。

在队伍结构日趋合理、团队建设成效明显的同时,本学科队伍整体状况不强的问题仍比较突出。一是研究力量不足,有80%左右的学科点存在教师数量不足问题。二是高层次科研人才缺乏,学科带头人严重短缺,学术骨干数量明显不足。三是各二级学科间教师队伍发展不平衡,尤其是新设立二级学科的队伍建设极不充分。四是科研与教学关系不协调,有近90%的学科点存在教师超负荷承担教学工作、科研能力提升缓慢的问题。

（三）人才培养

"十三五"时期，马克思主义理论学科人才培养成果显著，为国家关键领域培养了一批具有马克思主义理论素养的高层次人才。一方面，思想政治理论课教学的人才培养效果明显提高。马克思主义理论学科有力支撑着思想政治理论课教学，保证了教学实效，提升了教学质量。教学创新成功推进，有效推动了教材体系转化为教学体系、教学体系转化为学生知识体系和信仰体系。另一方面，高层次专业人才培养力度明显加大，为学科建设、教育教学、科学研究提供了源源不断的后备力量。

第一，招生渠道逐步多样化。"十三五"时期，不少学科点开始探索除推免硕士生之外的直博生、硕博连读、"申请—考核制"等多元化的弹性方式招生，有效提升了生源质量。2018年起，多所高校开始执行教育部"高校思想政治理论课教师队伍后备人才专项支持计划"增招任务，为国家关键领域培养紧缺的高层次人才。

第二，生源结构有所优化。"十三五"时期，各学科点所招收的硕士、博士研究生中毕业于"双一流"高校的比例有所上升。同时，各学科点研究生中马克思主义理论专业背景的比例有所上升，非相关学科专业背景的比例有所下降。但目前马克思主义理论专业还没有像文史哲等专业一样被列入国家基础学科拔尖学生培养计划予以重点支持，未来可以进一步提高生源质量。

第三，科研创新能力培养明显增强。"十三五"时期，各学位点着力通过让研究生参与导师课题、鼓励学生写作发表论文等方式提升研究生的科研能力；少数学科点还探索建成了覆盖科研立项、学术交流、科研发表、学位论文评优等研究生科研创新全过程的激励机制和保障制度。这些举措极大地激发了学生的科研积极性，仅以2017年为例，全国各博士点毕业生，在读期间发表论文约2730篇，其中发表在CSSCI来源期刊上的论文约占43%。

第四，就业质量良好。当前国家急需马克思主义理论学科人才，为本学科人才的就业创造了良好条件。本学科"十三五"时期研究生就业率相比"十二五"时期有所增长，其中博士研究生就业状况的改善尤为明显。

在人才培养成果显著的同时，仍然存在一些亟待破解的难题。一是生源质量总体不高,"倒三角"格局亟须改变。马克思主义理论学科本科专业人才培养明显滞后——专业设置时间晚,招生学校少、布局不合理。这种本硕博培养"倒三角"的人才培养格局,已经成为制约新时代马克思主义理论学科人才培养质量的主要瓶颈。调查显示,虽然本学科博士研究生的硕士专业背景和本科专业背景有所改善,但非相关学科背景人数仍然较多,硕士和本科毕业院校为"双一流"高校的占比也相对较小。二是本硕博一体化选拔培养体系运作不畅,人才培养系统性不强。除中国人民大学、山东大学、兰州大学等少数学科点之外,绝大多数学科点都未能建立本硕博一体化选拔培养体系。三是培养规范还不健全。除少数学科点之外,相当数量的学科点仍未能建立马克思主义理论七个二级学科全学科覆盖的培养模式。此外,人才培养同质化,专业特色不突出,偏离学科发展范围和规范性要求等问题也亟待解决。

(四)科研立项与成果产出

马克思主义理论学科旨在研究马克思主义基本理论及其教育教学的实践和规律。在研究中强调理论与实践、逻辑与历史、继承与创新、科学性与意识形态性、政治性与学理性的辩证统一。近年来,研究者们不断增强马克思主义学术创造力,形成体现马克思主义立场、观点、方法的话语体系,促进马克思主义的当代发展,努力提升马克思主义理论学科的国际影响力,取得了积极进展,科学研究成果丰硕,科研水平有所提升。

"十三五"时期,马克思主义理论学科坚守以人民为中心的研究立场,把握广大人民群众的利益,持续加强了对马克思主义整体性、马克思主义发展史、当代中国马克思主义、21世纪马克思主义等重要领域的研究,深化了对社会主义发展道路的研究,产生了广泛的学术影响和社会效应。重视和加强学科基础理论建设,马克思主义经典著作、马克思主义基本原理、马克思主义发展史、马克思主义中国化等的研究成果显著。运用马克思主义立场、观点、方法分析中国特色社会主义理论与实践中重大问题的成果丰富。研究国外社会主义重大问题、中国近现代发展过程中的重大问题、党的建设理论和实践重大问题以及思想政治教育基础理论和现实问题的成果丰硕。在马克思主义理论研究中,贯彻理论联系实际原则,弘扬马克思主义优良学风和科学精神,不断推出经得起实践和历史检验的优秀成果。

研究者们在科研项目、科研成果、科研获奖等方面都取得了优异成绩。

第一，科研课题立项大幅增加。"十三五"时期，马克思主义理论学科获得科研立项的数量明显增加，仅以 2018 年为例，全国高校各学科点获批科研项目共计 6000 项，比 2017 年增加了 785 项。其中，共获批国家级项目近 700 项。2019 年国家社科基金开始设立高校思想政治理论课研究专项课题后，马克思主义理论学科的科研项目立项数量进一步提升。"十三五"时期，马克思主义理论学科承担了近百项中宣部马克思主义理论研究和建设工程重大项目、国家社科基金重大项目，通过深化基础理论研究，尤其是习近平新时代中国特色社会主义思想的研究，积极服务于国家重大战略发展。

第二，科研成果数量质量稳步提高。据不完全统计，当前全国各学科点年均出版的学术著作超过 1000 部，发表学术论文超过 15000 篇。尤其需要指出的是，"十三五"时期，马克思主义理论学科在《中国社会科学》《马克思主义研究》等学科最优期刊、权威期刊发表论文的数量不断提升，其中被《新华文摘》等全文转载的论文数量也随之增长。

第三，科研成果获奖显著增加。据不完全统计，2016 年各学科点科研成果获省部级及以上奖励共 558 项，2017 年 551 项，2018 年增加到 682 项。根据 2020 年公布的第八届教育部高等学校科学研究优秀成果奖数据，马克思主义理论学学科有 11 项重大研究成果获得一等奖，并有一批成果获普及读物奖，比上一届获奖数量多出几倍。更有相当数量的研究成果获得各省（自治区、直辖市）哲学社会科学研究优秀成果奖。

在科研水平提升明显的同时，本学科科研能力总体不高的状况还没有得到彻底改善，仍然存在一些亟须解决的问题。一是学科特色优势转化能力不足。一方面，发表论文存在创新性不足、被转载和引用率偏低的问题；另一方面，大多数学科点从国家发展的战略需要和区域发展的现实需要来谋划和打造学科优势的能力略显不足。二是学科意识不强、研究的问题导向不明确，对一些重大的理论和实践问题进行跟踪性研究不够。三是高水平科研成果不多，许多成果存在着空泛化、标签化和教条主义、实用主义现象，有创新性和标志性的成果相对较少。四是科研的国际性水平不够高，国际学术影响力和话语权亟待提升，与中国国家地位和国际影响力尚不匹配。

二 "十三五"时期学科研究取得的进展和存在的薄弱环节

（一）关于马克思主义基本原理研究

自 2005 年马克思主义基本原理二级学科正式设立以来，这个学科已经经历了十五年的发展。"十三五"规划实施以来，马克思主义基本原理学科在科学研究方面进一步取得了丰硕成果。

1. 马克思主义基本原理研究的主要进展

（1）马克思主义原理学科的整体性研究持续深化

如何超越以往割裂马克思主义哲学、政治经济学、科学社会主义三个主要组成部分的研究定式的局限，认清马克思主义三个主要组成部分之间的逻辑联系，从整体性意义上理解和深化马克思主义原理研究，是学界普遍关注的热点问题。近年来，研究者们对这一问题的研究主要围绕着加强马克思主义整体性研究的必要性、厘清马克思主义整体性的具体内涵、探讨马克思主义整体性研究的路径几个维度展开，成果丰硕。代表性著作主要有：赵家祥《马克思主义的整体性研究》、肖贵清《中国化马克思主义整体性研究》、程恩富《马克思主义基本原理学科建设与整体性研究》、夏建国《实践与马克思主义理论整体性》等。

近年来，学界尤其重视马克思主义整体性研究的方法论反思，形成了强调深化马克思主义整体性研究的方法论自觉，注重马克思主义整体性研究的文本基础和综合性视角，主要从马克思主义产生的社会历史条件、马克思主义的理论来源、马克思主义理论体系的内容、马克思主义发展的历史过程和马克思主义经典著作的实际情况来理解马克思主义整体性。代表性论文主要有：梁树发《学科化与马克思主义》、张雷声《研究马克思主义整体性的三大视角》和《关于理论逻辑、历史逻辑、实践逻辑相统一的思考——兼论马克思主义整体性研究》、郝立新《如何把握新时代的马克思主义》、胡为雄《从文本的关联看马克思主义的整体性——以 1871 年后恩格斯的相关"序言""导言"为例》、张建云《马克思主义原理学科整体性问题之现状》、袁银传《关于马克思主义理论学科整体发展与学科群建设的思考》、韩喜平《马克思主义理论的整体性创新需要问题意识》、何友鹏和钟明华《马克思主义理论整体性重构的基本问题及其框架》、李双套《告别整体主义——关于马克思主义整体性的反思与重构》等。

(2) 马克思主义基本原理理论研究扎实推进

近年来，学界围绕马克思主义基本原理的核心内容、整体性特征、文本支撑和规律与原理的关系，从不同角度、不同层面对马克思主义基本原理进行了探讨和概括。代表性著作主要有：梁树发《马克思主义经典作家关于辩证唯物论和历史唯物论一般原理的基本观点研究》、顾海良《马克思主义经典作家关于政治经济学一般原理的基本观点研究》、王中汝《马克思主义基本原理若干问题研究》、崔延强《马克思主义基本原理核心范畴研究》、徐军《马克思主义哲学基本原理断代史考察（1889—1938）》等。代表性论文主要有：周新城《"马列主义基本原理至今未变"——纪念马克思诞辰200周年》、田心铭《论坚持和发展马克思主义的基本原则和基本途径》、叶启绩《关于马克思主义及其基本原理与整体性的思考》等。

近年来，把习近平新时代中国特色社会主义思想与马克思主义基本原理研究有机结合起来，自觉运用马克思主义基本原理回答如何坚持和发展中国特色社会主义、坚持和发展什么样的中国特色社会主义，成为新的研究热点。代表性论文主要有：刘建军《新时代搞好"马克思主义基本原理概论"课教育教学的科学指南——"原理"课教学深度融入习近平在纪念马克思诞辰200周年大会上讲话的理论思考》、孙熙国《习近平新时代中国特色社会主义思想与马克思主义基本原理研究的新境界》、王岩《党的十九大精神融入"马克思主义基本原理概论"课教学的建议》、周延云和李永胜《习近平新时代中国特色社会主义思想蕴含的马克思主义基本原理》等。

(3) 马克思主义基本原理经典著作研究进一步加强

为深化马克思主义基本原理的教学与研究，"十三五"时期，学界特别重视马克思主义基本原理的经典著作研究，力求在史论著相结合的基础上做到论从史出、立论有据。学者们在研究中以辩证唯物主义和历史唯物主义基本原理为指导，重点关注了《德意志意识形态》《共产党宣言》《资本论》等重要著作，强调以中国特色社会主义的实践推动马克思主义基本原理在当代中国的整体发展。代表性研究成果有：梁树发《改革开放40年马克思主义理论创新成果是一个有机整体》、郝立新《中国特色马克思主义哲学发展的问题与路径》、顾钰民等《以〈共产党宣言〉的理论逻辑科学把握习近平新时代中国特色社会主义思想》、韩喜平等《〈资本论〉分析对象的选择与政治经济学的构建》、辛向阳《马克思主义创始人"资本主义社会基本矛盾"理论发展史初探》等。

(4) 马克思主义与当代经济社会发展关联研究得到凸显

为充分体现马克思主义的时代性与创新性特征，"十三五"时期的马克思主义基本原理研究密切关注经济社会的最新进展，并以此推动马克思主义政治经济学的当代发展。学者们一方面重视对当代经济社会发展的总体研判，认为当今世界虽然处于资本主义占统治地位的历史时期，但是人民日益增长的美好生活需要和不平衡不充分的发展之间的矛盾构成了中国特色社会主义进入新时代的科学依据；另一方面凸显中国在当代世界经济社会发展中的重要地位，着力构建新时代中国特色社会主义政治经济学，即标志中国"强起来"的政治经济学。代表性研究成果有：张雷声《论中国特色社会主义政治经济学的发展与创新》、顾海良《新中国 70 年社会主义政治经济学"历史路标"论略》、任平《论唯物史观的中国逻辑及其世界意义》、金民卿《历史唯物主义关于社会历史时代的思想及其当代意义》、陈锡喜《改革开放实践的马克思主义理论基础再研究》、陈晋《全面深入理解我国社会主要矛盾的变化》等。

2. 马克思主义基本原理学科研究的薄弱环节

(1) 马克思主义基本原理学科的整体研究水平尚需提高

当前，马克思主义基本原理学科的科研实力总体不强。一些研究者在研究中问题导向不明确、学科意识不强，研究成果空泛化和标签化的现象大量存在；学科队伍整体实力不强，学科点发展不充分、不平衡问题仍然比较突出，高精尖人才、学科带头人、学术骨干数量严重不足。

(2) 马克思主义基本原理的学科基础需进一步夯实

近年来，受专业人才后备不足、新情况新问题层出不穷、理论创造本身困难等综合因素影响，马克思主义基本原理的学科基础还存在不扎实、不深入、不系统的突出问题，马克思主义基本原理的理论发展远远跟不上现实的理论需求。

(3) 马克思主义基本原理对新时代重大问题的解释有待深化

随着社会主要矛盾的变化，中国特色社会主义的实践提出了越来越多的时代新问题，马克思主义基本原理的当代发展也面临重大的机遇和挑战。马克思主义基本原理如何在新的历史条件下继续发挥发现问题、分析问题、解决问题的理论武器角色，如何在纷繁复杂的现实问题面前始终保持理论批判力和解释力，如何在马克思主义中国化进程中持续发挥马克思主义理论学学科的基础性和支撑性作用等，都是需要进一步攻坚克难的问题短板和发展方向。

（二）关于马克思主义发展史研究

"十三五"时期，马克思主义发展史学科的研究取得了显著的成绩，在马克思主义发展通史重大问题研究、经典作家的具体思想研究、马克思主义阶段史研究、马克思主义传播史研究等方面，形成了一系列重要的学术成果。

1. 马克思主义发展史研究的主要进展

（1）马克思主义发展通史研究成果显著

马克思主义发展通史的研究，在"十三五"时期突出的成果是《马克思主义发展史》（十卷本）的编写和部分卷次的出版。《马克思主义发展史》（十卷本）编委会主任是靳诺，全书共700万字，以整体性的视野阐述马克思主义170余年来形成、发展和在新的实践中不断深化的历史过程。这是目前为止体系最完整、规模最大的马克思主义发展史研究著作，体现了中国马克思主义发展史研究的最新发展。2018年，《马克思主义发展史》（十卷本）出版了三卷：郝立新主编《马克思主义发展史（第一卷）——马克思主义的创立（1840—1848）》；张雷声主编《马克思主义发展史（第二卷）——马克思主义体系的形成及发展（1848—1875）》；张云飞主编《马克思主义发展史（第三卷）——马克思主义在论战和研究中日益深化（1875—1895）》。2021年计划完成全部出版。

同时，学界对马克思主义发展通史研究中的一些重要理论问题进行了探讨，主要体现在以下几个方面：关于马克思主义发展的经验与启示的代表性成果有李晓光《马克思恩格斯分析批判错误社会思潮的路径及其当代启示》、韩琳《延安时期马克思主义中国化的发展历程及经验启示》等。关于马克思主义发展中继承与创新的关系的代表性成果有宁全荣《将"回到马克思"与"发展马克思"统一起来》、李弦等《共享发展理念对于马克思主义发展观的继承与创新》等。关于发展马克思主义的当代途径的代表性成果有袁银传和秦红《21世纪中国马克思主义的创新发展路径》、张光明《作为学者和思想家的马克思——从马克思的几个治学特点谈起》等。

(2) 马克思主义发展阶段史研究扎实推进

"十三五"时期，学界对马克思主义发展阶段史研究的突出成果，是顾海良任总主编的《20世纪马克思主义发展史》(九卷本)。《20世纪马克思主义发展史》(九卷本)已列入"十三五"主题出版图书规划，到2020年初，已经出版了两卷：孙来斌、刘军主编《20世纪马克思主义发展史·第二卷　19世纪末至十月革命前马克思主义的发展》；俞良早等著《20世纪马克思主义发展史·第三卷　十月革命至20世纪50年代初马克思主义在苏联的发展》。

同时，学界对马克思主义发展阶段史的探讨主要集中在以下几个方面：关于马克思早期思想研究的代表性成果有孙熙国等《对马克思早期思想"转变"与发展的一点看法——以〈论犹太人问题〉和〈《黑格尔法哲学批判》导言〉为中心》、郭大俊等《马克思早期法学研究的方法论转向及其启示》、代建鹏《实体概念的消解与历史性存在的出场——青年马克思物质概念演进的文本解读》、张一兵《定在概念：马克思早期思想构境的历史线索》等。关于马克思晚期思想研究的代表性成果有林锋《"人类学笔记"与历史唯物主义及〈资本论〉的关系——对马克思晚年笔记研究中一个焦点问题的新探讨》、史英哲和刘同舫《从欧洲到全球：马克思理论视域的拓展》、李百玲《马克思晚年关于印度研究的理论嬗变及其意义》等。关于第二国际研究的代表性成果有徐崇温《修正主义、民主社会主义给马克思主义带来的严重危害》、陈爱萍《论考茨基对马克思主义伦理观的阐释及其意义——对新康德主义者关于伦理与唯物史观之关系的反拨》、唐永《考茨基对马恩著作的吸纳与间距》、胡莹《罗莎·卢森堡的经济危机理论评析》、陈弘和郭慧敏《普列汉诺夫对经济决定论的批判》、张欣然《第二国际社会主义路径论争及其现实意义——兼论卢森堡对伯恩施坦的批判》等。

(3) 马克思主义传播史研究得到加强

马克思主义传播史的研究，在"十三五"时期突出的代表性成果是杨金海主编的《马克思主义经典文献传播通考》及其部分卷次的出版。《马克思主义经典文献传播通考》是中国国家出版基金支持的大型出版项目，于2018年正式启动，计划出版100卷，分四年完成。2019年，首批20卷已正式出版。

同时，学界对于马克思主义传播史的相关问题进行了研究：关于马克思列宁主义著作文本在中国早期的传播的代表性成果有张国伟《〈共产党宣言〉在中国的早期出版：基于传播学视角的考察》、李淑文等《〈共产党宣言〉在中国的早期传播特点与时代价值（1899—1919）》、贺渊《〈资本论〉在中国早期传播的一个门径》等。关于社会主义概念在中国的早期传播的代表性成果有陈红娟《19世纪末20世纪初社会主义概念在中国的原初表述、普及化及理解》、谭献民《党的高级干部马列主义思想方法修养的重大意义——读刘少奇〈论共产党员的修养〉》等。关于马克思主义在中国的传播历史研究的代表性成果有张博和杨倩《新中国70年马克思主义传播的主要历程概述与浅析》、冯颜利《马克思主义传播主题、对象与方式的变迁（1949—2019）》等。

（4）马克思主义经典作家的具体思想研究进一步深化

马克思主义经典作家思想的研究，历来是马克思主义发展史研究的重点。"十三五"时期，学界关于马克思、恩格斯以及列宁思想的研究都有了进一步的发展。关于马克思思想研究的代表性成果有：俞良早《马克思关于科学社会主义运动联合其他进步社会运动的思想及其当代启示》、蒋志红和黄其洪《马克思批判性正义观研究》、毛勒堂《劳动正义：马克思正义的思想内核和价值旨趣》、李鹏《马克思的现代性问题及其社会批判理论》等。关于恩格斯思想研究的代表性成果有杨丽珍和毛华兵《恩格斯批判康德哲学的逻辑演进》、唐正东《青年恩格斯基于商业视角的私有制批判理论：内涵与意义》、魏泳安《青年恩格斯的政治经济学批判思想及当代价值——基于〈国民经济学批判大纲〉的影响及内容的分析》、刘娜娜《恩格斯国家职能理论再研究：回应与启示》等。关于列宁思想研究的代表性成果有俞良早《论苏俄非常时期列宁多层次的社会主义思想》、文建龙《论列宁三个比较有代表性的社会主义定义》、顾玉兰《论列宁帝国主义论的当代解释力》、刘维春和冯婷《全球化3.0时代需要列宁吗？——再谈〈帝国主义是资本主义的最高阶段〉》、朱亚坤《近40年来国内外学界对列宁帝国主义论的研究述评》、李楠和石琳琳《列宁民族文化建设思想及其现实启示》、徐芹《列宁早期俄国资本主义矛盾观及对错误思潮的批判》、季正聚《从源头上探究列宁思想的力作——评〈列宁早期俄国资本主义发展思想及对错误思潮的批判〉》等。

2. 马克思主义发展史学科研究的薄弱环节

尽管马克思主义发展史学科研究已经取得显著的成绩，但是目前这一领域的研究尚存在一些问题。具体可以概括为以下几点。

（1）马克思主义发展史研究队伍亟须加强

研究队伍整体数量不足和内部结构不合理，是目前制约马克思主义发展史研究及其学科发展的重要因素。一方面，从马克思主义理论学科在全国的分布来看，马克思主义发展史学科相对薄弱，学科点设置明显偏少。另一方面，从马克思主义发展史的研究者来看，年龄较大者居多，年轻学者数量较少，整个研究队伍没有形成较好的梯队结构。

（2）马克思主义发展史的基础性研究相对薄弱

马克思主义发展史基本问题的研究关乎这一领域的根本性理解，对研究者的知识积累、学科素养要求较高。例如，研究马克思主义经典作家的文本，要求研究者具有深厚的学术功底、充足的文献占有量，但目前能够达到这一要求的学者相对较少，使得一些既有研究成果的质量不高。同时，由于缺少第一手文献资料，学界对倍倍尔、李卜克内西、季诺维也夫、加米涅夫等重要代表性人物的研究也受到一定影响。

（3）马克思主义发展史研究视野有待拓展

近年来，马克思主义发展史学科的国内外交流有了迅速发展。2019年11月，首届全国高校马克思主义发展史学科建设发展论坛举行。与此同时，中外学界关于马克思主义发展史方面的学术交流也逐渐增多，但专题性、深入性对话较少，整体还处在对国外学者的研究成果的单向输入阶段，宽视野下的国内外合作研究亟须推进。

（三）关于马克思主义中国化研究

"十三五"规划实施以来，关于马克思主义中国化的研究取得了重要进展。以下拟围绕这一时期的主要研究成果，概述研究进展情况和存在的不足。

1. 马克思主义中国化研究的主要进展

（1）马克思主义中国化研究学科基础理论研究有所深化

学科基础理论是学科发展的根本性问题。马克思主义中国化学科被确立为独立的二级学科时间不长，基础理论研究略有欠缺。"十三五"时期，学界对马克思主义中国化基本理论与方法、科学体系、研究维度、基本范畴、话语体系、思想逻辑、发展逻辑、视野与范式、思想通史、学术史等做出了深入探讨，为学科的长远发展奠定了基础。代表性成果主要有：田克勤等《马克思主义中国化研究学科基本理论与方法》、金民卿《马克思主义中国化的思想逻辑》、吴汉全《中国马克思主义学术史》等。

（2）马克思主义中国化历史进程研究多维推进

关于马克思主义中国化历史进程的研究在这一时期取得显著成果，学界从不同角度探究了马克思主义在中国发展的历史以及早期传播的思想史。代表性著作主要有：顾海良主编《马克思主义中国化史》四卷本和《马藏》第一部第一卷至第五卷、金民卿《马克思主义中国化思想史论》和《马克思主义中国化研究文稿》、梁星亮《中共中央在延安十三年史》、谈敏《1917—1919：马克思主义经济学在中国的传播启蒙》等。

（3）马克思主义中国化的基本经验和基本规律研究成为热点

"十三五"时期，学界的研究主要集中于中华人民共和国成立70周年、改革开放40周年之际马克思主义中国化基本经验的总结研究，成果以论文居多，著作相对较少；与基本经验研究比较而言，关于马克思主义中国化基本规律的研究成果相对较少。代表性著作主要有：朱佳木《历史经验总结与中国当代史》、李兴平《马克思主义中国化的演进规律研究》等；代表性论文主要有：卫兴华《新中国70年的成就与正反两方面的经验》、姜辉等《接续推进伟大事业　不断开辟复兴道路——新中国70年的奋斗历程、辉煌成就与历史经验》、曲青山《新中国六十九年的成就、经验及历史启示》等。

（4）马克思主义中国化代表人物的思想和著作研究扎实推进

马克思主义中国化代表人物的思想和著作研究，是本学科研究的重要内容，该时期主要围绕李大钊、陈独秀、瞿秋白、毛泽东、邓小平、张闻天等人物展开。代表性成果主要有：张静如《中共党史学与马克思主义中国化研究》、石仲泉《我观党史四集》（上、中、下卷）、周淑芳《瞿秋白在马克思主义中国化中的理论贡献》、侯且岸《中国共产党理论史稿（下编：人物专论）》等著作；沙健孙《李大钊史学思想述论》、梁柱《十月革命与中国革命的伟大转变——以李大钊传播马克思主义为基点》等论文。

（5）中国化马克思主义重要文献研究继续深化

毛泽东《〈共产党人〉发刊词》《实践论》《矛盾论》《论持久战》等著作，历来是本学科领域研究的重点和热点文献，学界的研究角度侧重于对文献背景的挖掘、主要内容的阐释以及价值意义的剖析，以导读形式呈现居多。代表性著作主要有：艾四林主编《〈中国革命和中国共产党〉导读》《〈关于正确处理人民内部矛盾的问题〉导读》《〈新民主主义论〉导读》、杨信礼《重读〈论持久战〉》和《重读〈实践论〉〈矛盾论〉》、程美东《〈论持久战〉精学导读》、张乾元《重读〈实践论〉〈矛盾论〉新时代下（两论）解读》等。

（6）中国特色社会主义重大理论与实践研究全面推进

这方面研究主要围绕中国模式和发展道路、话语体系、国家制度和治理体系、改革思想、全球治理思想、中国共产党的自我革命理论等中国特色社会主义重大理论与实践问题展开。代表性著作主要有：田克勤等《中国特色社会主义理论体系新论》、陈锡喜《意识形态：当代中国的理论和实践》、肖贵清《制度自信：中国特色社会主义制度研究》、陈晋《中国道路与文化自信》、陈学明《中国道路为世界贡献了什么》、陈曙光《中国话语：说什么？怎么说？》、李安增《当代中国现代化进程中的政权稳定问题研究》、张云飞《唯物史观视野中的生态文明》、郭杰《供给侧结构性改革的理论逻辑及实施路径》、王炳林《党的历史与党的建设研究》、杨云成《中国共产党治理腐败的历程与经验研究》等。

（7）马克思主义中国化时代化大众化研究得到加强

马克思主义中国化时代化大众化具有总体性、根本性和战略性特点，是一个兼具历史性与现实性、理论性与实践性的课题，又是一个多维度、多层面、多要义的课题。党的十八大以来习近平总书记发表的一系列重要讲话是马克思主义中国化时代化大众化的最新理论成果。代表性著作主要有：林建华《马克思主义中国化时代化大众化论纲》、杨谦《马克思主义发展史视域下马克思主义大众化的历史及其经验研究》、王海军《马克思主义中国化进程中经典著作编译与传播研究》等。

(8) 习近平新时代中国特色社会主义思想研究地位凸显

党的十九大以来，习近平新时代中国特色社会主义思想研究既是理论创新的需要，也是实践发展的需要，已成为当前马克思主义中国化理论成果研究的重点和热点，取得一大批高质量的研究成果。已有成果主要从产生背景、理论渊源、实践基础、科学体系、主要内容、哲学意蕴、价值意蕴、科学方法等多个方面对习近平新时代中国特色社会主义思想展开全面研究。代表性成果主要有：靳诺《习近平新时代中国特色社会主义思想的理论特色》、韩庆祥《深化研究习近平新时代中国特色社会主义思想的十个重要学理性问题》、肖贵清等《习近平新时代中国特色社会主义思想对科学社会主义创新和发展的四重维度》、陈学明《习近平生态文明思想对马克思主义基本理论的继承和发展》、陈曙光《中国样本与 21 世纪马克思主义》、辛向阳《治国理政新布局："四个全面"托起中国梦》、张雷声《习近平国家治理思想的中国智慧》、梅荣政《学习研究十八大以来党中央治国理政的创新理论》、韩喜平等《"四个全面"战略布局与中国现代化探索》、顾钰民《习近平治国理政新战略研究》、韩振峰《习近平新时代中国特色社会主义思想的几个重大问题初探》、尚庆飞《"新的历史特点论"：党中央治国理政科学体系的历史基座》、杨凤城《习近平关于党的建设的重要论述研究》、杨德山《习近平关于自我革命的重要论述研究》、张云飞《习近平生态文明思想话语体系初探》等。

2. 马克思主义中国化研究学科研究的薄弱环节

(1) 研究内容有待深入

目前已有的研究成果，主要集中于马克思主义中国化基本经验、基本规律和理论成果的研究，对马克思主义中国化复杂历程的研究还不够深入。虽然已经勾勒出这一历程的基本脉络，对于两次飞跃形成的理论成果的研究也相对成熟，但对于马克思主义中国化进程中的历史挫折尤其是阶段性成果的研究还比较薄弱。此外，关于中国化马克思主义在基本原理层面的贡献的研究也明显不足。

(2) 研究方法有待丰富

目前本学科研究多采用历史与逻辑相统一的方法，从历史活动中考察马克思主义中国化的基本经验、基本规律、理论成果等，但其他研究方法，尤其是社会科学的相关研究方法的运用较少，特别是在研究马克思主义中国化进程中的一些具体问题时，缺乏以问题为导向、综合应用相关研究方法的自觉意识。这也是当前马克思主义中国化研究在一些根本性问题上难以得出创新结论的原因之一。

（四）关于国外马克思主义研究

"十三五"时期，国外马克思主义研究学科围绕"五位一体"总体布局，结合自身学科特点，积极引介国外优秀成果、不断推出优秀著作和论文、积极提炼本土学术话语，学科建设取得重要进展，科学研究做出突出成绩，代表性著作和成果层出不穷。同时，根据学科的定位和特点，国外马克思主义研究二级学科在促进作为整体的马克思主义理论一级学科提升国际性功能方面承担了重要角色。

1. 国外马克思主义研究的主要进展

（1）高水平专著不断涌现，学科研究水平显著提升

"十三五"时期，国外马克思主义研究学科不再将研究重点局限于传统西方马克思主义经典人物、著作及其流派的"点断式"个案研究，而是在前期研究的基础上，逐步拓宽研究视域，更加注重对国外马克思主义的最新问题域及其所呈现的区域性特别是国别化倾向的比较研究——即"问题式"综合研究，涌现出一大批优秀成果。代表性著作有：胡大平《西方马克思主义话语转向研究》、张秀琴《西方马克思主义发展史》、毕芙蓉《符号与政治——后马克思思潮研究》等。代表性论文有：汪行福《国外马克思主义历史与现状的思考》、仰海峰《国外马克思主义视域中的马克思主义》、张亮《21世纪国外马克思主义思潮的发展趋势及其效应评估》等。同时，每年都有一批高水平论丛和研究报告问世，如张一兵等编写《当代国外马克思主义研究》（2017）、复旦大学当代国外马克思主义研究中心每年编纂《国外马克思主义研究报告》（2007年开始）和《国外马克思主义研究发展报告》（2016年开始）等。

这一时期，学界围绕国外马克思主义的区域、国别研究，很大程度上深化了我国对其他国家国情和马克思主义发展历史的理解。代表性成果有：黑龙江大学的"东欧新马克思主义译丛"和"东欧新马克思主义研究文丛"系列丛书、韩立新《"市民社会派马克思主义"及其对当代中国的意义——以望月清司的〈马克思历史理论的研究〉为中心》、张秀琴《西方

马克思主义在当代英美的传播与接受》等。

（2）"当代世界马克思主义思潮及其影响"研究全面推进

"十三五"时期，国外马克思主义研究学科立足"发展21世纪马克思主义、当代中国马克思主义"的现实要求，围绕国家发展需要，从多个角度深化了对于现实重大问题的认识。

第一，研究全球资本主义发展新动态，深化关于中国经济建设的认识。随着我国经济发展进入新常态和外部经济风险不断加剧，资本全球化的结构性失衡成为研究焦点。代表性成果有：唐正东《当代资本主义新变化的批判性解读》（著作）、魏小萍《批判还是修缮：如何面对资本逻辑的悖论——〈21世纪资本论〉的理论局限分析》、蓝江《一般数据、虚体、数字资本——数字资本主义的三重逻辑》、夏莹《生产逻辑的当代阐释：德勒兹与马克思思想相遇的理论境遇及其意义》等。

第二，研究全球政治生态新变化，深化关于中国政治建设的认识。近年来，全球霸权主义、单边主义、保护主义呈现抬头趋势，社会主义运动和西方左翼思潮亦日趋活跃。国内学界加强了对国外左翼社会思潮和左翼政党的研究，服务国家对外开放和外交工作大局。代表性成果有：王韶兴《社会主义国家政党政治百年探索》、郇庆治《新右翼主义、新民粹主义与当代左翼政治》、汪亭友《对"民粹主义"问题的一些看法——三种语境的不同解读》等。

第三，持续推进国外文化马克思主义研究，深化关于中国文化建设的认识。文化问题是国外马克思主义研究的重要论域，而随着近年来文化在我国经济和社会发展中的作用日益凸显，文化软实力建设、文化安全问题也引起国内学界的关注。代表性成果有：乔瑞金《试论霍加特文化生成的辩证法思想》、杨乐强《西方意识形态具象化运演的三重逻辑——基于西方马克思主义总体语境的分析》等。

第四，聚焦国外马克思主义研究中的"空间问题"与"正义问题"，深化关于中国社会建设的认识。随着我国社会主要矛盾的变化，社会的公平正义问题成为学界关注的焦点。代表性成果有：林进平《论马克思主义正义观的三种阐释路径》、刘怀玉《城市马克思主义的问题域、空间话语与中国实践》、张晓萌《超越与回归：马克思主义正义理论研究》等。

第五，研究全球生态问题，深化关于中国生态文明建设的认识。近年来,全球性的生态问题越来越受到普遍关注,积极借鉴国外生态治理过程中的经验与教训,对于深入推进我国的生态文明建设具有重要意义。代表性成果有:王雨辰《生态学马克思主义与后发国家生态文明理论研究》、郁庆治《绿色变革视角下的当代生态文化理论研究》、张云飞等《有机马克思主义共同体主义的价值诉求》等。

2. 国外马克思主义研究学科研究的薄弱环节

(1) 研究队伍尚需加强

目前,在马克思主义理论一级学科下设的七个二级学科中,国外马克思主义研究学科的总体规模相对较小,研究人员数量仅多于设立不久的党的建设学科,一定程度上制约了学科的发展。此外,国外马克思主义研究的后备人才队伍建设仍需重视,尤其应有意识地培养一批精通小语种的青年学者从事相关领域研究。

(2) 研究范式仍需完善

目前,国外马克思主义研究学科的研究范式偏重于哲学,对于历史学、政治学、经济学、社会学等其他学科的借鉴不足,一定程度上限制了研究领域。同时,国外马克思主义研究中存在某种程度的文本研究崇拜倾向。文本是研究的重要参考,但研究不能仅仅拘泥于文本,将其中包含的思想进行合理阐发和转化才是研究的真正目的。

(3) 研究视野亟待拓宽

国外马克思主义研究学科的研究对象是世界其他国家对马克思主义的运用、发展和研究。但目前国外马克思主义研究较多地关注欧美问题,对一直以来较活跃的拉美地区马克思主义研究以及亚洲、非洲一些发展中国家的马克思主义研究缺乏足够的关注和系统的梳理。与此同时,目前国外马克思主义研究多集中于西方马克思主义的创始人、结构主义、人本主义、法兰克福学派等经典流派和经典人物,对具有特色的其他学派或人物的研究尚有不足,如英国马克思主义史学派、日本马克思主义市民社会派等。

(五) 关于思想政治教育研究

党的十九大以来,思想政治教育学科的发展有了更好的条件和氛围,习近平总书记的亲自关心和谋划部署,使得思想政治教育学科在原有基础上得到了快速发展。学位点不断增加,研究队伍持续扩大,学术研究不断拓展广度和深度，取得了丰硕科研成果。

1. 思想政治教育研究的主要进展

（1）马克思主义经典作家思想政治教育理论研究取得新成果

为进一步夯实学科理论基础，一些学者从思想政治教育视角对马克思主义经典著作展开研究，取得了可喜成果。突破了那种认为经典作家对思想政治教育没有论述的传统认识，使思想政治教育学科不仅建立在马克思主义基本理论和党的理论创新成果的基础上，而且建立在经典作家对思想政治教育重要论述的基础上。代表性论文主要有：刘建军《马克思主义经典作家论思想政治教育的意义》、李忠军等《无产阶级思想政治教育的立场、任务与实践原则——基于马克思恩格斯相关论述的考察》、张智等《〈神圣家族〉对思想政治教育理论的启示》、李征等《论马克思恩格斯开展思想政治教育的方法艺术》等。

（2）思想政治教育基础理论研究持续深化

近年来，学界围绕思想政治教育的概念内涵、本质特征、内容构成、结构层次、过程要素、运行规律、方式方法、管理评估，以及基本范畴、研究范式、体系建构、现代转型、国际视野等，进行了全面系统深入的研究，形成了一批具有重要理论价值和现实意义的成果。代表性著作主要有：郑永廷主编《思想政治教育学原理》、张耀灿《思想政治教育学科建设研究》、张澍军《学科重要理论探索：我的18个思想政治教育见识见解》、吴潜涛《思想政治教育教学与研究》、罗洪铁等《思想政治教育学学科理论体系演变研究》、骆郁廷《思想政治教育引论》、沈壮海《思想政治教育有效性研究》（第三版）、孙其昂《思想政治教育现代转型研究》、苏振芳《思想政治教育理论与实践》、王学俭《思想政治教育理论与实践问题的研究视角》、白显良《隐性思想政治教育研究》、李合亮《解构与诠释：思想政治教育的基本问题研究》、董雅华《思想政治教育哲学》等。

（3）思想政治教育史研究重点领域深耕细作

近年来，学界对中国共产党思想政治教育史的研究不断深化。代表性著作主要有：王树荫主编"马工程"重点教材《中国共产党思想政治教育史》（第2版），李德芳、杨素稳、李辽宁主编多卷本《中国共产党思想政治教育史料选辑》，冯刚《改革开放以来高校思想政治教育发展史》等。同时，学界逐步克服关于"思想政治教育史就是中国共产党思想政治教育史"的狭隘认识，为全面开展古今中外的思想政治教育历史研究准备了思想前提。中国古代思想政治教育史研究的代表性著作主要有：王易《传统文化与思想政治教育创新》，王新山、王玉婷等《中国古代思想政治教育史论》等。

（4）比较思想政治教育研究扎实推进

近年来，比较思想政治教育研究在学理探索、论域拓展、佳作译介等方面取得突出成果。主要代表性著作有：陈立思《比较思想政治教育》（第二版）、周琪《比较思想政治教育学》、思勤途《比较思想政治教育学的研究意义》、康秀云《比较思想政治教育学前沿问题研究》、高峰《走向理性：公民教育比较研究》、段妍《比较视域下当代大学生核心价值观培育研究》等。此外，东北师范大学思想政治教育研究中心推出的《思想政治教育前沿译丛》，为掌握国外学术动态提供了参考。

（5）新时代思想政治教育重大现实问题研究全面推进

近年来特别是《新时代爱国主义教育实施纲要》印发以来，学界关于爱国主义教育研究出现新一轮热潮。主要聚焦于新时代爱国主义教育的理论内涵、重要意义、实施路径，以及爱国主义与思想政治理论课教学关系等方面。主要代表性著作有：庞士让《论爱国主义》，刘建军、王斯敏《厚植爱国主义情怀》，温静《中国共产党爱国主义思想史略》，蔡中华、潘静《新时期爱国主义教育研究》，董向前、万海霞《社会主义核心价值观视域下的爱国主义教育研究》等。

近年来，理想信念教育研究不断拓展和深化，出现了大量学术论文及部分著作。代表性的著作有：荆学民《马克思主义信仰学导论》、刘建军《信仰追问》和《守望信仰》、邱吉《信仰告白》、宇文利《中国人的理想和信仰》、谢晓娟《共产党员理想信念教育研究》、杨林香《中国青年的马克思主义信仰生成研究（1919—1949）》等。

近年来，社会主义核心价值观研究广泛开展并不断走向深入。代表性成果主要有：王学俭《社会主义价值论纲》、刘书林《当代青年与社会主义核心价值观》、戴木才《时代的价值坐标——社会主义核心价值观简明读本》、郭建宁《民族复兴的价值支撑：社会主义核心价值观研究》、黄蓉生《习近平社会主义核心价值观思想论析》、韩振峰《社会主义核心价值体系与核心价值观研究新进展》等。

近年来，特别是习近平总书记主持召开学校思想政治理论课教师座谈会以来，新时代思想政治理论课建设成为研究热点，主要涉及思想政治理论课的性质和意义、现状和问题、原因分析与对策建议等，特别是在教育教学的探索创新上出现了大量研究成果。代表性成果有：逄锦聚《马克思主义理论教育教学论》、艾四林《新时代如何办好思想政治理论课》、冯刚《理直气壮开好思政课，把握新时代思政课建设规律》、佘双好《思政课多元立体教学模式探索》、戴钢书《高校思想政治理论课教学跨学科研究方法论》、杨慧民《视域融合：高校思想政治理论课案例教学的基本经验研究》、吴付来《打造学生真心喜爱、终身受益的思想政治理论课》等。

(6) 思想政治教育跨学科研究凸显特色

随着思想政治教育学科综合属性的凸显，跨学科视域下的思想政治教育研究得到了越来越多的关注。代表性著作主要有：孙其昂《思想政治教育社会学的理论探索》和《社会学视野中的思想政治工作》（第 2 版）、杨威《思想政治教育的社会学研究》、马建青《高校心理健康教育与思想政治教育结合 30 年研究》、王习胜《思想政治教育人文关怀的理论与方法研究》等。

2. 思想政治教育学科研究的薄弱环节

(1) 学科建设的理论基础有待进一步拓展和夯实

思想政治教育学科是以马克思主义基本原理和马克思主义中国化理论为一般基础，并以经典作家关于思想政治教育的理论，特别是党和国家领导人的相关重要论述为直接指导的。虽然思想政治教育学者对马克思主义基本理论和党的创新理论、对经典作家和党的领袖重要论述有所关注和研究，但与马克思主义对思想政治教育学科发展的指导作用相比，与新时代进一步夯实学科发展基础的要求相比，仍然有明显的不足。

(2) 学科边界仍未彻底厘清，一些重要基础性理论问题尚未达成广泛共识

任何一个学科都有其边界，厘清学科界限对于自觉进行学科建设十分必要。由于学科建立时间较短，思想政治教育中许多基本问题尚待进一步厘清，比如本学科特有的研究对象、基本概念、学科内涵、学科定位、学科体系、学科方向等，在学界尚未完全形成统一的认识；一些思想政治教育的基础理论问题，如历史起源、本质规定、基本规律、范畴体系、学术

范式等，还有待在深化研究中形成学术共识。

（3）思想政治教育史与比较思想政治教育学研究力量相对薄弱

在思想政治教育史领域，研究者较少，新人不多，在研究范围上仍限于中国共产党的思想政治教育史，而对中国古代和近代的思想政治教育，对西方思想政治教育史，以及世界社会主义运动中的思想政治教育理论与实践关注不够。在比较思想政治教育学研究中，同样存在着研究人员不足和活跃度不够的问题，需要在国别研究、专题比较、综合比较等方面继续深化并扩大影响力。

（4）对新时代思想政治教育理论创新研究不够，特别是对新时代重大理论与实践问题的研究有待进一步展开和深化

进入新时代，社会主要矛盾发生转变，思想政治教育的环境出现了显著变化，一系列重大理论和实践问题需要思想政治教育去研究和解决。那么，社会主要矛盾转化对于新时代思想政治教育具有怎样的影响？为了适应新时代新使命的需要，思想政治教育应该在理念、内容、方法、载体等方面进行怎样的创新？在新时代如何进一步提高马克思主义理论教育、爱国主义教育、理想信念教育、革命精神教育、社会主义核心价值观教育等的实效性？在这些方面思想政治教育研究还不能完全适应新时代新形势的需要。

（六）关于中国近现代史基本问题研究

"十三五"时期，中国近现代史基本问题研究作为马克思主义理论一级学科下设立得比较晚的二级学科，获得了长足发展，取得了可喜成绩，但在发展中也暴露出一些薄弱环节。

1. 中国近现代史基本问题研究的主要进展

（1）学科建设的基本理论与方法论研究呈现新气象

学界从厘清研究对象和范围、研究内容和重点、研究主题与主线出发，逐渐形成适应思想政治理论课建设需求的中国近现代史基本问题研究二级学科体系，明确了其作为高校思政课《中国近现代史纲要》的主要学术支撑在马克思主义理论一级学科中的地位，基本完成了本学科的体系构建，基本形成了能够反映学科性质、较为稳定和规范的论域与研究方向。能够结合中国近现代的历史实际，把马克思主义世界观和方法论贯穿到本学科

研究与建设之中，提高了运用马克思主义理论分析历史问题、辨别历史是非的能力，在学科理论与方法论的研究方面有了很大的突破。代表性成果有：靳诺《全面建设一流马克思主义理论学科》、王炳林《高校思想政治理论课加强国史教育的思考》、李捷《从中国近代历史看中国梦》、周良书《讲好中国共产党的历史故事》、仝华《习近平新时代中国特色社会主义思想与"中国近现代史基本问题研究"学科建设》、齐卫平《高校马克思主义理论学科建设可持续发展的若干思考》、宋学勤《论马克思主义史学方法论的科学运用》等。与此同时，高度重视"中国近现代史纲要"课程的教材编写与教学改革与创新相关问题的研究，代表性成果有靳诺《新时代高校思想政治理论课改革创新的逻辑、方向和体系》、王顺生《"中国近现代史纲要"课教学基本要求》、王炳林《提升"中国近现代史纲要"课教学质量的调研与建议》、欧阳军喜《"中国近现代史纲要"课教学应该处理好几个关系》、何虎生《论革命文化融入高校思想政治理论课的三重逻辑》、宋俭《正确认识中国近现代历史需要关注的几个问题——以"中国近现代史纲要"课教学为例》、宋进《〈中国近现代史纲要〉课案例教学中的几个关系》等。

（2）中国近现代政治、经济、文化、社会等领域研究多维展开

近五年来，在多学科的交汇碰撞中不断激活中国近现代史基本问题研究新的学术因子，研究成果涉及面广，且方法多元。在中国近现代政治领域的研究主要体现在港澳台问题、党的民族宗教政策问题、党的基层政权建设与群团组织的研究等方面，代表性成果有：齐鹏飞《"一国两制"在香港、澳门的成功实践及其历史经验研究》、何虎生《完善党的宗教政策研究》、耿化敏《中国共产党妇女工作史》（2卷本）等；中国共产党重视经济建设的现实，提升了本学科对中国近现代经济史领域相关问题的关注和重视，学界开始总结社会主义与市场经济结合的经验，梳理共识凝聚与道路选择的历程，对1978年以前的共和国经济史也有了新的理解与认识，代表性成果有：武力《新中国70年的经济发展与体制改革》、萧冬连《从计划到市场：突破如何成为可能》、郑有贵《公有制的建立是新中国经济发展奇迹的基石——基于社会主义改造历史地位的分析》；"文化自信"的提出，使中国近现代文化史的研究得到了应有的关注和重视，中国共产党与传统文化成为学界研究热点，代表性成果有：陈先达《马克思主义和中

国传统文化》、李捷《从五四运动百年看马克思主义与中国传统文化》、杨凤城《中国共产党对待传统文化的历史考察》、王宪明《李大钊的"反孔"与"尊孔"》、黄延敏《中国共产党继承弘扬中华优秀传统文化的理论与实践》等；中国近现代社会变迁研究受到了学界的关注和重视，在不同历史时期的基层社会治理问题、区域社会变迁、灾荒救治等问题研究上有了很大的推进，代表性成果有：王建华《中国革命的乡村道路》、赵朝峰《当代中国社会救助事业的历史经验研究》、宋学勤《"与民族国家的建构同步"：中共城市社会整合思想与实践（1949—1957）》等。

（3）学界较为重视开展重要历史节点的庆祝、纪念活动，有力地推动了相关重大历史事件与重要历史人物的研究

"十三五"时期适逢多个历史节点的庆祝、纪念活动，相关研究成果颇丰。2016年中国共产党成立95周年、红军长征胜利80周年、西藏和平解放65周年、党的八大召开60周年等；2017年中国人民解放军建军90周年、全民族抗日战争爆发80周年、《关于正确处理人民内部矛盾的问题》发表60周年、十月革命爆发100周年、庆祝香港回归20周年等；2018年庆祝改革开放40周年等；2019年庆祝新中国成立70周年，五四运动100周年，古田会议90周年，人民海军、空军建军70周年，澳门回归20周年以及中美建交40周年等。围绕上述重要节点，学界均产生了大批研究成果。代表性成果有：王炳林《关键一招——改革开放的中国智慧》、靳诺《中国改革开放40年丛书》、杨凤城《中国共产党改革观的历史演进》、欧阳军喜《全球史视野下的改革开放及其历史书写》、齐鹏飞《改革开放40年"中国特色大国外交"的发展历程和基本经验》《新中国70年和平外交的发展历程及其基本经验》《香港回归20年"一国两制"实践的历史经验与现实启示》《在融入国家发展大局中实现更好发展——澳门回归20年经济发展过程中的"祖国内地因素"探析》、纪亚光《中国自信》、段治文《中国共产党对五四运动形象的历史建构》等。另外学界还举办了毛泽东、周恩来、陈云、王震等党和国家领导人诞辰周年纪念学术会议，并发表相关成果，代表性成果有：杨凤城《困境与突围：毛泽东思想研究的若干思考》、李佑新《深化毛泽东研究的重大意义》、陈晋《对深化周恩来研究的几点思考》、朱佳木《陈云与我国独立、完整工业体系基础的建立》。在举办重要节点纪念活动的同时，对纪念活动的研究也进入了学者视野，代表性成果有：陈金龙《中国共产党纪念活

动史》、熊秋良《新中国成立以来孙中山诞辰"逢十"纪念活动研究》、郭辉《论新中国成立以来的抗战胜利纪念活动》等。

围绕着纪念活动形成的研究成果，有的以宣传纪念为主，有的以学术探讨为主，更多的则是两者兼而有之。随着时间的推移，纪念性学术成果逐渐累积，推动了中国近现代史研究的繁荣发展，催生着新的研究热点，在创造社会共识、提高社会凝聚力方面也发挥了特殊的影响。

(4) 文献资料的整理研究持续深入

对于文献资料的整理与研究主要体现在两个层面，一是学术团体共同研发，二是学者个人搜集。学术团体注重结合地方特色、院校自身特色等挖掘本地区本领域历史资源开展研究，成为中国近现代史基本问题研究学科发展的新动向，从而带动了相关文献资料的整理与研究。许多研究团队将研究重心转向具体的中下层机构、群体、人物和事件，呈现出一定的地方性或自身研究特色。一些高校的学术研究团队从宏观、中观和微观三个层面，立足党的基层建设、红色经济、军事策略和社会动员等层面，开展资料搜集工作。如西北有高校设立中共中央西北局史料收集与研究中心，开展西北局文献收集和整理研究；东南有高校设立"红色记忆"资料的收集整理；还有高校利用新近开发的中外在线报刊数据库，整理外文报刊上有关中国共产党创建史、中国共产党革命史等方面的资料。代表性成果有《五四运动档案史料选编》《中国共产党第一次全国代表大会档案文献选编》《赣东北苏区档案史料汇编（1927—1935）》《中国工农红军长征史料丛书》《红军长征在宁夏——档案史料汇编》《红色档案——延安时期文献档案汇编》《外国观察者眼中的中共抗战档案文献汇编》《日本侵略上海史料汇编》《抗日战争时期广东经济损失档案史料选编》《世界记忆名录——南京大屠杀档案》《华南抗战时期史料汇编》《晋察冀抗日根据地史料汇编》《晋冀鲁豫抗日根据地史料汇编》《中共党史风云人物传略丛书》等。近五年来立项的纵向科研课题主要有"美国驻华使领馆报告中的中国共产党党史资料整理与研究""中国共产党揭露侵华日军暴行的报刊资料整理与研究（1931—1945）""英美在华报刊上的中共党史资料整理与研究（1919—1949）""国联调查团档案中关于中国共产党资料的整理、翻译"等。

个人独立编撰的文献资料已出版的代表性成果，主要有田子渝《马克思主义在中国早期传播著作选集（1920—1927）》、杨金海等《马克思主义经典文献通考传播》、吕延勤《马克思主义在中国早期传播史料长编（1917—1927）》、梁景和《中国近代史基本理论问题文献汇编》（全3册）、徐有威和陈东林《小三线建设研究论丛》、金大陆和金光耀《中国新方志知识青年上山下乡史料辑录》、岳峰《耶鲁大学图书馆馆藏日本侵华战争珍稀档案汇编与翻译》等。

2. 中国近现代史基本问题研究学科研究的薄弱环节

中国近现代史基本问题研究学科在学科与学术规范建设、科研凝聚力等方面有待进一步提升。

（1）学科体系建设有待进一步完善

中国近现代史基本问题研究学科，作为马克思主义理论研究一级学科下的二级学科，具有强烈的政治性和鲜明的实践性。在研究对象和范围、研究内容和重点，以及研究主题与主线、学科理论与方法论等问题上，一直与历史学一级学科所属的"中国近现代史"三级学科，政治学一级学科所属的"中共党史"二级学科，存在颇多交集。在学科建设中，许多高校延续或模仿传统历史学的一般方法，因此，目前本学科的学科特色还需要进一步明确。针对本学科如何进一步融入马克思主义理论学学科等相关问题，仍需不断加强、改进。在维持以中国近现代历史发展为基本研究主题的同时，需丰富其研究内容、明晰其学科定位，进一步夯实学科基础，提升学科体系建设的质量。

（2）重复性成果多，标志性成果少

对于纪念活动的重视与开展，催生了大批的研究成果，但这些成果的情况较为复杂，既存在着一定的重复性，又出现了拔高人、事、物价值的倾向。这是由于纪念活动的周期性与短期性，容易出现重复劳动的问题，研究成果内容趋同，数量巨大，佳作寥寥。又由于纪念活动的特殊性，"溢美"之词较多，宣传性话语偏多，有影响力的、能够体现本学科特色的标志性成果仍然较少。另外，对基础史料的挖掘整理工作需要加大推进力度。

（3）学术团队建设有待进一步加强

目前本学科研究者来自多个学科领域，尤其是历史学、政治学、管理学等，个别学者缺乏马克思主义理论的基础训练，需要完成不同学科向马克思主义理论学科的转型。这在全国多数高校都是普遍现象。本学科在师资队伍建设方面相较传统学科仍显薄弱，不能很好地体现马克思主义理论学学科的基本特色，应严格遵循本学科研究的内在要求进一步加强学术队伍建设。另外，多所高校的本学科领军人物存在老化以及青黄不接的现象，学术梯队建设亟须完善。

（七）关于党的建设研究

"党的建设"既是一门科学理论学科，又是一门客观实践学科，且理论又随着实践的发展而发展。"十三五"时期党的建设研究在"全面从严治党"战略部署不断深入推进的过程中，在原有的基础上有了新的进展。尤其是学科的单列，为党的建设研究朝着学理化、规范化方向发展开辟广阔的前景。

1. 党的建设研究的主要进展

（1）"党的建设"学科得到重视

2017年"党的建设"正式成为马克思主义理论一级学科下的第7个二级学科后，围绕学科建设问题，业内专家各抒己见，高论纷呈。中国人民大学、山东大学、复旦大学、上海交通大学、重庆大学、东北师范大学、湖南师范大学等高校先后召开学科建设专家论坛，交流见解，取得良好效果。一些知名专家纷纷建言献策，如欧阳淞《建好高校"党的建设"学科的看法和建议》、靳诺《关于建好"党的建设"学科的几点看法》、姚桓《把握党建学科构建四要点》、丁俊萍《党建学科构建的几点思考》、齐卫平《党的建设科学化与党建学科化建设》、杨德山《关于高校"党的建设"学科建设中四重关系的几点认识》、韩强《加强党建学科构建的重大意义》对学科建设的现状做了深入的分析，对其发展前景提出了若干创新建议。

（2）党的建设重大理论与实践问题研究成果丰硕

党的十八大以来以习近平同志为核心的党中央在推进"全面从严治党"战略部署进程中的实践探索和理论创新成就受到了党的建设学界的高度关注。在公开出版物方面，学术搜索"读秀"显示2015—2019年全国共出版"全面从严治党"类书籍达4463种之多，如王炳林《新时期党的政治建设研究》、杨凤城和赵淑梅等《全面从严治党新阶段》、刘红凛《全面从严治党的格局与谋略》等；"中国知网"显示主题为"全面从严治党"的报刊文章，2015年为4967篇；2016年为9637篇；2017年为12867篇；

2018年为8176篇；2019年为4525篇。在专题研究方面，吴付来主持的中央办公厅委托项目"加强党的政治建设基本理论问题研究"，成果的核心内容多为中央文件采用，并有两篇重要论文在核心期刊发表；齐卫平《"四个伟大"与新时代中国共产党的历史使命》、黄蓉生《全面从严治党与完善和落实民主集中制》等著述中的独见受到同行赞同。

（3）党的建设史和党的基础理论研究进一步深化

在党的建设史方面，谢春涛《中国共产党如何治党》、杨金卫《中国共产党管党治党理论与实践研究》、张士义《打铁必须自身硬：改革开放四十年党建史》等著述充分反映这方面的研究水平。中国人民大学中共党史党建研究院正在组织由欧阳淞、靳诺担任负责人的研究团队，按总论、分类专题由国内党史党建知名专家担纲研究中国共产党百年建设史。祝灵君《中国共产党人的党性与党性修养》构建了全新的党性和党性修养内容体系，得到同行认同。

（4）基层组织建设研究水平提升

党的基层组织建设在党建实际工作中相当重要。党的组织部门对这方面的研究工作高度重视。全国党的建设研究会每年布置的自选课题选题中基层党组织建设所占比例依次是：2015年为26/76；2016年为17/80；2017年为22/80；2018年为28/76；2019年为22/77。在近年来全国党建研究会编辑并公开出版的《优秀调研成果选编》中，基层党建的调研报告一般占1/4左右。另外，"十三五"时期有一些重要的基层党建专论问世，如徐达《国有企业党建工作研究》、林长兴《新时代民办高校基层党建工作机制研究》、周良书《中国高校辅导员工作史论》和《中国高校党的建设报告（2011—2015）》、孔卫拿《社会组织党建研究》等。

（5）党的建设研究视野拓展

在这方面，一些中青年学者近年来凭借对信息技术知识、学理掌握迅速等有利条件，结合较好的党的建设理论和党的建设历史知识积累，对党的建设尤其是基层党建实务的改进提出了新的见解，拓展了研究视野。代表性成果有：陈文胜《"微博问政"与党的建设创新研究》、陈建波《互联网时代党的建设研究》、束赟《大数据、移动互联网与基层党建：新技术时代基层党建理论与实践新探索》、薛小荣《互联网企业党建：技术、资本与政治逻辑张力下的政党治理》、张凤《新时代"互联网+"视域下高校党建工作研究》等。

(6) 党内法规研究成果丰硕

"十三五"时期党内法规研究取得新的进展。高质量著述纷纷面世,在中国期刊全文数据库C刊和核心期刊中进行精确检索,高质量的研究论文就有866篇;宋功德《党规之治》、欧爱民《党内法规与国家法律关系论》、殷啸虎主编《中国共产党党内法规通论》、王振民和施新州《中国共产党党内法规研究》、李军《中国共产党党内法规研究》等著述影响较大。

(7) 比较政党研究取得一定进展

关注政党、党建学科规范化、学术化,从整理基本资料入手,贡献学界,也是这一时期的研究别具一格的方面。杨德山主编《当代西方政党研究译丛》(5卷本)、林勋健主编《西方政党政治译丛》(4卷本)、俞可平、陈家刚等主编《世界主要政党规章制度文献》(20卷本),为政党和党建研究者提供了方便。吴辉等《西方政党学说史》反映了这一阶段国内对西方政党研究的水平。杨德山《中国政党学说文献汇编(1894—1960)》(4卷本)为人们从中国近代史、中国近代政党史角度认识中国共产党"党的建设"拓展了空间。

2. 党的建设学科研究的薄弱环节

(1) 党的建设史研究尚待深化

党的建设史是党的建设学科和中国共产党党史学科的交叉研究领域。但长期以来中国共产党的党建历史,尤其是党建思想史研究并未引起党建和党史学界的足够重视,基于丰富史料的深入性专题史研究较少,一些党的建设通史和阶段史研究成果存在以现实想象代替历史存在的倾向,缺少党建史研究应有的厚重。

(2) 政党比较研究仍需加强

中外(西)对比,今昔比较,是党建研究拓宽视野,避免自说自话、自卖自夸弊端的有效方法。但是自20世纪90年代后国内对西方政党政治的真实状况关注不够,对其研究状况了解不深,以致一些作品在涉及西方政党政治问题时要么资料、观点陈旧,要么以中国共产党的领导和建设模式量裁对方,得出匪夷所思的结论。21世纪以来,国内对中国近代以来除共产党之外的政党整体性、个别性研究处于裹足不前或简单重复状态,以致不少作品在阐述当代中国政党制度的新型特点时,论据、论点、方法、结论均无突破。

（3）理论、规制、实践研究联系不够紧密

在实际的党建工作中理论、规制、实践关系密切，理论指导制度建设，制度保证理论转化为实践的物质力量。作为严格的党建研究者必须对学术前沿、理论前沿、政策前沿、实践状况有完整的把握和思考。有较深的学术造诣才能做好对理论的阐释；有较好的理论修养才能把握好政策的精神实质；有了对政策的准确掌握才能对现实党建出现的情况做出正确的是非判断。但目前个别研究者存在用理论宣传替代学术研究、用政策话语阐释理论观点的倾向，对实际工作经验的学理性总结也相对不足。这是许多研究成果影响力难以持久的根本原因。

三 "十四五"时期学术发展趋势和重点研究课题

2005年马克思主义理论一级学科的设立对马克思主义理论学科，尤其是当代中国马克思主义、21世纪马克思主义的学术研究发展起到了重要推动作用。"十三五"时期，马克思主义理论研究取得的一系列成就，是党的十八大以来特别是党的十九大以来党中央不断支持发展马克思主义理论学科的成果，也是马克思主义理论学科研究者不懈努力的成果。在系统梳理已有成绩、代表性人物和成果以及认真分析当前的研究状况、存在问题和薄弱环节的基础上，我们对"十四五"时期学术发展趋势和重点研究课题做出如下概括。

（一）学术发展趋势

"十四五"时期，马克思主义理论学科应进一步加大对马克思主义基础理论的研究力度，加强马克思主义理论阵地建设，立足"两个大局"，强化学科引领作用，提升马克思主义理论学科的国际影响力。

1. 马克思主义基本原理

在新的历史发展起点上，马克思主义基本原理研究领域坚持以习近平新时代中国特色社会主义思想为指导，重视和加强学科基础理论建设，强化问题意识，深化整体性研究，推进学科体系、学术观点、科研方法创新，构建严谨、规范的学科理论体系。在总结中华人民共和国成立70年，特别是改革开放40多年来马克思主义中国化的巨大成就和经验的基础上，进一步深入研究马克思主义基础理论及马克思主义在当代社会发展中的重大问题；进一步深入研究马克思主义中国化的历史逻辑、基本规律及发展趋势；进一步深入研究习近平新时代中国特色社会主义思想对马克思主义基本原理的重大贡献；进一步深入研究马克思主义理论体系、学科体系、教材体系、教学体系、课程体系等内容，深化马克思主义整体性研究的路径和方法。

2. 马克思主义发展史

"十四五"时期，马克思主义发展史领域的研究将进一步深化拓展，具体表现在：一是深化马克思主义发展史存在的前提和基础的研究，涉及通史、阶段史、专题史、区域史等史论研究，以及马克思主义经典著作的研究。二是深度梳理马克思主义学术史，基于学术界对MEGA2文献学的新研究以及马克思、恩格斯同时代的思想家著作的新发现，以及对于某个具体问题的新阐释，从学术史层面分析与梳理马克思主义理论的发展。三是深入研究马克思主义发展史的核心问题，即如马克思主义发展规律问题，尽管这一问题的研究已经取得一定进展，但随着时代日新月异的变化和马克思主义面临着更为复杂多样的新情况、新问题，该问题的研究仍然是"十四五"时期学术发展的趋势性要求。

3. 马克思主义中国化研究

马克思主义中国化研究领域的学术发展趋势表现在：第一，加强马克思主义中国化研究学科的基础理论研究。马克思主义中国化作为一个独立的二级学科，须进一步明确与马克思主义理论一级学科中其他二级学科的研究界限；在学科研究内容中，规范研究方向，明确研究范围，突出研究特色。第二，深化中国化马克思主义的整体性研究。重点在于分析马克思主义中国化的重要理论成果之间一脉相承、与时俱进的关系，研究马克思主义中国化的理论主题、结构体系、价值定位等，揭示其完整内涵。第三，重视马克思主义中国化理论与实践的互动研究，着眼于"两个大局"分析马克思主义中国化需要破解的关键性问题，展开前瞻性研究。第四，拓宽马克思主义中国化的研究视域。马克思主义中国化的历史进程和形成的理论成果既具有中国意义又具有世界价值，对马克思主义中国化的研究将会从着重研究其中国意义进一步拓展到着重研究其世界价值、世界意义。

4. 国外马克思主义研究

"十四五"时期，国外马克思主义研究领域的学术发展，一是重视研究当代重大现实问题，二是加强研究世界社会主义思潮，三是加强研究国外马克思主义最新流派和理论成果，四是推进国外马克思主义研究与本土学术话语建构，五是重视现代科技发展对国外马克思主义研究的影响，六是深入开展党际外交和政党制度理论的研究，七是加强对世界左翼政党的区域和国别研究。根据学科的定位和特点，国外马克思主义研究二级学科将在提升马克思主义理论一级学科国际性方面承担重要功能，这对于推进马克思主义研究中"世界向度"与"中国向度"的有机结合，推动21世纪中国马克思主义在国际的广泛传播，加强习近平新时代中国特色社会主义思想在国际范围的思想引领，起着重要的作用。

5. 思想政治教育

思想政治教育研究领域在"十四五"时期的学术发展趋势，一是全面深化学科基础理论研究，进一步精纯思想政治教育的基本概念，明确思想政治教育的研究对象，划定思想政治教育的学科边界，提炼思想政治教育的研究理念与方法。二是全面开展并深化研究习近平总书记关于思想政治教育的重要论述，结合新时代中国的社会现实和人们的思想政治状况，运用思想政治教育理论与方法，对习近平总书记相关重要论述进行深入的理论阐释。三是全面完善思想政治教育的基本理论，结合新时代的实际研究思想政治教育原理的范围、理论表述、学理阐释等，并围绕满足人民日益增长的美好生活需要，总结新经验，升华新理论。四是开展新时代思想政治教育重大现实与理论问题研究，进一步凸显思想政治教育的实践性和现实性。

6. 中国近现代史基本问题研究

"十四五"时期，中国近现代史基本问题研究领域继续坚持史论结合，在总体上重视和加强学科基础理论建设，坚持把马克思主义世界观和方法论贯穿到学科建设的全过程的同时，强化问题意识，深化学科的研究内容，强化整体性研究，构建严谨、规范的学科体系、学术体系与话语体系。在具体问题研究的开展上，坚持以唯物史观为指导，准确把握中国近现代史上的"五个选择"，抓住该领域研究中带有基础性、导向性和战略性的重要问题，立足中国，面向世界，用中国话语解读中国道路、用中国理论回答中国问题，进一步推动理论创新。

7. 党的建设

依据党的十八大以来全面从严治党重大战略部署的实践经验和理论探索及其发展趋势，以及"十三五"时期党建领域研究存在的问题和薄弱的环节，未来五年，党的建设研究领域的学术发展趋势主要表现为，一是构建中国化的马克思主义党建理论体系，二是以迎接建党100周年为契机，加强和深化党的建设的历史的研究，三是加强党的政治建设研究，四是坚持和完善党的领导制度体系，提高党科学执政、民主执政、依法执政水平研究，五是做好比较政党研究，尤其是比较政党制度研究。

（二）重点研究课题

1. 习近平新时代中国特色社会主义思想的理论贡献研究

结合党的十八大以来的理论创新、实践创新、制度创新成果，深入系统研究习近平新时代中国特色社会主义对马克思主义理论的重大贡献。着重研究习近平新时代中国特色社会主义思想对马克思主义理论的原创性贡献，习近平新时代中国特色社会主义思想对马克思主义基本理论观点的重大贡献，习近平新时代中国特色社会主义思想对马克思主义立场、观点和方法的重大贡献，习近平新时代中国特色社会主义思想对马克思主义理论教育的重大贡献，习近平新时代中国特色社会主义思想贡献的逻辑生成研究等。

2. 马克思主义整体性研究

马克思主义整体性研究是马克思主义理论研究的重要视野和方法。学术界在这一问题的研究上，已经从马克思主义整体性的内涵和层次、马克思主义理论学科的特征等方面，取得了一定的进展。但是，还需要在研究的文本、研究的路径、研究的应用等方面，做出深入的研究。因此，该课题要求，在已有研究成果的基础上，进一步深化对马克思主义整体性研究的路径、马克思主义整体性研究的文本基础、马克思主义整体性研究的多维视角等的研究。

3. 马克思主义与新时代中国的重大问题研究

坚持问题导向是马克思主义的鲜明特点。该课题运用马克思主义立场、观点、方法，研究新时代中国社会发展中的重大理论与现实问题，加强对改革开放和社会主义现代化建设实践经验的系统总结，加强对发展社会主义市场经济、民主政治、先进文化、和谐社会、生态文明以及党的执政能力建设等领域的分析研究，加强对习近平新时代中国特色社会主义思想的研究阐释，揭示新时代中国社会发展、人类社会发展的大逻辑、大趋势，推动理论创新，增强马克思主义的学术创造力，打造具有中国特色、中国风格、中国气派的学科体系、学术体系、话语体系。

4. 当代世界马克思主义和社会主义思潮研究

该课题聚焦世界社会主义发展阶段、态势、前景的探讨，国际共产主义运动史重大问题的讨论，以及苏联解体、东欧剧变原因和教训的深层次研究。加强对世界社会主义思潮和流派发展新动态的研究，现实社会主义国家改革与建设新情况的研究，以及国外共产党、激进左翼政党的新发展与新变化，国外左翼联合的新进展的系列跟踪等研究，同时对全球化时代资本主义问题及"两制"发展趋势和格局进行新思考。

5. 马克思主义基本原理重大问题研究

根据习近平总书记在纪念马克思诞辰200周年大会上的讲话和党的十九届四中全会精神，深入系统研究马克思主义关于人类社会发展规律的思想、马克思主义关于坚守人民立场的思想、马克思主义关于生产力和生产关系的思想、马克思主义关于人民民主的思想、马克思主义关于文化建设的思想、马克思主义关于社会建设的思想、马克思主义关于人与自然关系的思想、马克思主义关于世界历史的思想、马克思主义关于马克思主义政党建设的思想，等等。

6. 马克思主义基本原理体系研究

从整体上把握马克思主义基本原理的体系，研究马克思主义基本原理学科体系、理论体系、教材体系、教学体系的关系，研究马克思主义基本原理体系在马克思主义理论研究中的重要地位，研究马克思主义基本原理学科体系在马克思主义理论一级学科体系中的基础地位，研究"马克思主义基本原理概论"教材体系和教学体系在思想政治理论课课程体系中的重要意义，等等。

7. 马克思主义基本原理及其当代价值研究

马克思主义关于世界的物质性及其发展规律、人类社会及其发展规律、认识的本质及其发展规律、资本主义的本质及其剩余价值规律、"两个必然"与"两个决不会"等原理,为我们研究和把握当代资本主义社会和社会主义社会的发展提供了基本遵循。该课题着重研究如何运用马克思主义基本原理分析当代资本主义的新变化、新问题,分析社会主义发展中的成就、经验与曲折,分析经济全球化发展的复杂性,以及经济全球化进程中的"两制"关系。

8. 中国共产党成立百年来马克思主义的发展历程与经验研究

中国共产党成立的百年历史,是一部把马克思主义与中国具体实际相结合的历史,是一部在马克思主义中国化的历史进程中形成和发展中国化马克思主义理论成果的历史,是一部以中国化马克思主义理论成果领导和推进中国人民进行革命、建设和改革的历史。科学总结中国共产党成立百年来马克思主义在中国不断发展的历史进程和经验,对于推进中国化马克思主义理论成果的不断创新具有重大的理论和现实意义。

9. 当代中国马克思主义话语体系的建构研究

中国马克思主义话语体系构建是当代中国面临的重大理论和实践问题。马克思主义的中国化过程,不仅包括马克思主义理论的中国化,而且还包括中国马克思主义话语体系的建构问题。当代中国马克思主义话语体系建构,一是实现民族复兴、走向世界舞台中央的需要,民族复兴不仅是硬实力的强大,也包含话语权的提升。二是中国特色社会主义文化发展的需要,只有建立起本国独具特色的话语体系,才能树立民族文化自信。三是中国马克思主义理论创新的需要,中国马克思主义需要用中国话语阐释,为世界传播中国声音,为世界贡献中国方案、中国思想、中国智慧。四是彰显马克思主义生命力的需要,马克思主义是中国革命、建设和改革的正确指导思想,使得科学社会主义在 21 世纪的中国显现出蓬勃生命力。

10. 当代国外马克思主义发展趋势及其启示研究

当代国外马克思主义正在发生着引人注意的新变化,呈现出新特征新趋势。该课题在考察当代资本主义世界发生的新变化基础上,对当代国外马克思主义理论流派进行通观性研究,聚焦当代国外马克思主义关于数字资本主义、新帝国主义、后殖民主义、文化霸权、空间异化等诸多问题的批判与反思。从这一课题的研究中批判性地把握当代国外马克思主义具有的启发性意义和理论局限,以拓展马克思主义的当代世界视野。

11. 社会主义国家执政党与国外左翼政党研究

中国共产党秉持社会主义国家执政党的宽阔胸怀和国际视野，基于中国特色大国外交战略，从全局高度和长远角度谋划政党外交，并在历史前进的逻辑中、在时代发展的潮流中探索中国特色政党外交。该课题聚焦对社会主义国家执政党和国外左翼政党的研究，能够进一步深化对社会主义国家执政党和国外左翼政党发展经验的认识，深化其对社会主义理论和实践的积极探索，以及当前世界社会主义发展的认识，服务好国家政党外交大局。

12. 习近平总书记关于思想政治教育的重要论述研究

习近平新时代中国特色社会主义思想是思想政治教育学科建设与发展的科学指南。在这一科学思想体系中，包含着极为丰富的思想政治教育相关内容，全面梳理习近平总书记关于思想政治教育的重要论述，并进行深入地学理阐释，对加强新时代思想政治教育学科建设具有重要指导意义。

13. 中国共产党百年思想政治教育历史经验研究

在中国共产党诞辰百年之际，全面回顾党的思想政治教育历程，总结百年来思想政治教育的历史经验，具有十分重要的理论和现实意义。该课题一方面结合党的历史不同时期和不同任务，深入研究和总结每一时期的思想政治教育特殊经验；另一方面对党的百年思想政治教育史进行全程把握，全面总结党的思想政治教育基本经验，并上升到理论高度，深刻把握党的思想政治教育的发展规律。

14. 新时代思想政治教育理论创新研究

当今世界，资本逻辑、科学技术、大众文化、消费实践等现代性要素已经深刻植入人们的生活世界之中，极大改变了人类的世界图景和文明形态，并对意识形态工作的运行环境、作用机理带来前所未有的影响。该课题聚焦思想政治教育的本质、起源、规律、体系等方面的研究，努力把握思想政治教育"因事而化、因时而进、因势而新"的客观规律，面向新时代的重大现实，总结概括思想政治教育实践的新鲜经验，实现思想政治教育的理论创新，力求凝练形成具有中国特色的思想政治教育学术体系、话语体系。

15. "四个选择"与中华民族伟大复兴的关系

近代以来，历史和人民选择了中国共产党、马克思主义、社会主义道路和改革开放。"四个选择"是中国人民在实现救亡图存与民族独立、探索中华民族复兴道路的进程中做出的重要选择。该课题聚焦从"三个选择"到"四个选择"的历史进程，尤其是在改革开放实践中确立中国特色社会主义的历史进程中的重大问题及其对于实现中华民族伟大复兴的意义等。

16. 中国共产党社会思想百年变迁史研究

中国共产党自成立以来，领导社会建设的实践不断深化，中国社会生活发生了翻天覆地的变化。该课题将中国共产党的社会思想史视为中国共产党思想史体系中一个不可或缺的分支，研究中国共产党社会思想百年的发展脉络、发展规律，以期拓宽并完善中国近现代史基本问题研究的学科体系、学术体系、话语体系，厘清中国近现代社会发展变革进程。

17. 中国共产党执政实践与历史经验研究

中国共产党带领中国人民实现了从"站起来""富起来"到"强起来"的历史性飞跃，其中的执政经验和执政规律需要系统总结。该课题从中国共产党的执政理念和执政方略入手，深入研究和把握中国共产党的执政规律，从历史维度深刻分析中国道路、中国之治的历史逻辑和实践经验，深度挖掘中国共产党在历史上成功的机制，为加强中国共产党执政能力建设提供借鉴经验，探索提升路径。

18. 中国化的马克思主义党建理论体系构建研究

党的十八大以来，党的领导和党的建设得到了全面加强，管党治党宽松软的状况得到了彻底改变，全面从严治党取得了卓著成效。习近平总书记关于党的领导和党的建设的论述丰富而又深刻，并且已经形成了一个较为完整的理论体系，迫切需要学术界、理论界从系统性、整体性角度对此进行梳理、探讨和研究。这既有利于人们能够完整地掌握这一理论的精髓，从而增强在这一理论体系指导下推进全面从严治党实践的自觉性，也有利于完善人们对习近平新时代中国特色社会主义思想的研究和探讨。

19. 加强党的政治建设研究

党的政治建设是党的根本性建设，在党的建设新的伟大工程中处于统领地位。加强党的政治建设是党的十八大以来以习近平同志为核心的党中央推进全面从严治党取得卓著成效的关键所在。习近平总书记关于党的政治建设的重要论述内容丰富，针对性、实践性极强。《中共中央关于加强的政治建设的意见》对新形势下如何加强党的政治建设做出了原则性指导。该课题着重对党的政治建设构成要素，即党的政治信仰、政治领导、政治能力、政治生态的深刻内涵，以及这些构成要素之间的关联性展开深入研究，尤其是以问题为导向，对相关问题展开实证性调研，提出科学对策。

20. 加强党的建设历史经验教训的研究

全面梳理百年来党的建设的发展历程，总结其经验教训，对于加强党的建设、党的领导，推进党领导的伟大事业具有重大的理论价值和实践意义。该课题研究重点在于：一是在对党的政治建设、思想建设、组织建设、作风建设、纪律建设、反腐倡廉建设、制度建设等党的建设各个组成部分发展历程的研究中总结概括党的建设的经验教训。二是在对新民主主义革命时期、社会主义革命和建设时期、改革开放新时期、中国特色社会主义新阶段不同历史时期党的建设历史的研究中总结概括党的建设的经验教训。三是在对党的中央组织、地方组织、基层组织，以及党的组织体系发展的历史的研究中总结概括党的建设的经验教训。

科学社会主义

在国家社会科学基金项目学科设置中,"马列·科社"并列作为一级学科。"科社"是指科学社会主义和国际共产主义运动(简称科学社会主义),在国务院学位办学科目录中,被划为政治学一级学科下的二级学科。本部分就科学社会主义和国际共产主义运动学科在"十三五"时期的建设进展和存在的薄弱环节进行综述,并在此基础上对本学科"十四五"时期的建设和发展提出一些建议。

一 学科发展的基本状况

科学社会主义是马克思恩格斯创立的科学理论体系。科学社会主义与马克思主义哲学、政治经济学共同构成马克思主义三个组成部分。科学社会主义是马克思恩格斯运用马克思主义哲学和政治经济学在考察资本主义社会的过程中获得的理论成果。科学社会主义根植于社会主义运动又指导社会主义运动,把建立社会主义和共产主义社会作为自己的理想,又指导无产阶级为实现这一理想而奋斗。

科学社会主义的研究对象是无产阶级解放的性质、条件、一般目的。无产阶级解放运动的全过程,包括社会主义取代资本主义的社会主义革命过程,也包括社会主义革命胜利后建设社会主义并最终实现共产主义的过程,既要研究社会主义革命的规律,又要研究社会主义建设的规律。科学社会主义要研究和回答的基本问题是:社会主义为什么必然取代资本主义,社会主义怎样取代资本主义;什么是社会主义,怎样建设社会主义。要探索和回答人类社会发展规律、社会主义建设规律和共产党执政规律。

科学社会主义学科主要分布在党校、普通高校和社科院系统。中共中央党校设有科学社会主义教研部，各省级党校也设有科学社会主义教研部或政治学部等相应机构。在高等学校中，一些高校曾设置科学社会主义、国际共产主义运动等系所二级机构，现在中国人民大学、北京大学、山东大学、华中师范大学等还设置有教研室、研究所等教研单位。中国社会科学院马克思主义研究院设置有科学社会主义相关研究机构，也有一些省级社会科学院如上海社会科学院，设置有专门的科学社会主义研究机构。除了专门的科学社会主义研究机构外，目前在高校设置的马克思主义学院中，党校和社科院系统马克思主义研究机构中，还有一些从事科学社会主义研究的专业人员。

目前，科学社会主义与国际共产主义运动的主要研究团队包括但不限于：

中共中央党校（国家行政学院）科学社会主义教研部，是科学社会主义和国际共产主义运动研究人员最多的成建制单位。中共中央党校（国家行政学院）是中国科学社会主义学会依托单位，编辑出版有《科学社会主义》杂志。有赵曜、严书瀚、王怀超、秦刚、刘海涛、倪德刚、胡振良等学者，在科学社会主义基本原理、中国特色社会主义等领域有研究优势。

中国社会科学院马克思主义研究院，内设有科学社会主义和国际共产主义运动的相关研究机构，研究人员较多。中国社会科学院还设有世界社会主义研究中心，跟踪研究世界社会主义情况，出版有《世界社会主义黄皮书》等。拥有靳辉明、李慎明、李崇富、姜辉、辛向阳等学者，在科学社会主义、国际共产主义运动、习近平新时代中国特色社会主义思想等领域有研究优势。

中国人民大学马克思主义学院设有科学社会主义和国际共产主义运动教研室，国际关系学院设有世界社会主义研究所。有许征帆、秦宣、陶文昭、蒲国良等学者，在科学社会主义原理、国际共产主义运动、习近平新时代中国特色社会主义思想等领域有研究优势。

北京大学马克思主义学院设有科学社会主义研究所，国际关系学院设有世界社会主义研究所。有闫志民、黄宗良、孙代尧、张光明等学者，在科学社会主义和国际共产主义运动等领域有研究优势。

中共中央党史和文献研究院，设有党的文献、马克思主义文献的研究和编译机构。有冷溶、韦建桦、王学东、杨雪冬等学者，在文献研究和编译方面具有优势。

山东大学政府管理学院设有当代社会主义研究所，是教育部人文社会科学重点研究基地，是目前全国唯一招收科学社会主义本科生的单位。编辑出版有《当代世界与社会主义》杂志。有刘玉安、王韶兴、崔桂田等学者，在当代世界社会主义、世界共产党等领域有研究优势。

华中师范大学在政治与国际关系学院设有科学社会主义研究所，编辑出版有《社会主义研究》杂志。有俞思念、牟成文、唐鸣、王建国等学者，在科学社会主义、中国政治等领域有研究优势。

在全国党校系统的省级党校中，普遍设立科学社会主义教研机构，科研力量比较强的有北京市委党校、上海市委党校、江苏省委党校等。在高校中还有一些学校设有科学社会主义和国际共产主义运动的博士点和硕士点，如复旦大学、南开大学、武汉大学、浙江大学、辽宁大学、江西师范大学等。

目前科学社会主义研究集中在以下几个领域：一是科学社会主义基本原理研究，主要研究经典作家的科学社会主义思想、社会主义革命和社会主义建设的基本理论、社会主义思想史等。二是国际共产主义运动基本历程研究，主要研究从共产主义者同盟到第三国际的重要历史、苏联东欧社会主义国家和世界共产党的实践等。三是中国特色社会主义研究，主要研究改革开放以来中国特色社会主义的理论创新、实践创新等。四是当代国际共产主义运动研究，主要研究冷战结束后各个社会主义国家、无产阶级政党的最新理论和实践等。而习近平新时代中国特色社会主义思想，是马克思主义各学科的研究重点，也是科学社会主义专业研究的重中之重。

二 "十三五"时期研究取得的进展和存在的薄弱环节

（一）科学社会主义学科研究的主要进展

"十三五"时期，是我国哲学社会科学大发展的时期。这期间，党的理论创新进入关键时期，习近平总书记在哲学社会科学工作座谈会上的讲话，为科学社会主义学科建设指明了新的奋斗目标。党的十九大概括提出的习近平新时代中国特色社会主义思想，为科学社会主义学科注入了新的活力源泉。科学社会主义学科研究人员全方位发力，在学科研究的各个方面都取得了长足的进步。

1. 科学社会主义基本原理研究

由于种种原因，科学社会主义专业在普通高校日渐减少，这也影响到有关专业教材的建设。中央将《科学社会主义概论》《国际共产主义运动史》纳入马克思主义理论研究和建设工程项目，"十三五"时期根据党的理论创新的新形势，对《科学社会主义概论》《国际共产主义运动史》进行了修订，即将出版。这是科学社会主义学科的基础性工程，具有重要意义。2017 年，王怀超、秦刚主编《科学社会主义基本理论（修订本）》，是 2003 年出版后的新版本。该书修订本结合当代中国发展的新实际，全面、客观、系统地阐述了科学社会主义的基本问题，并对一些理论问题、前沿问题做了深入的探讨。秦宣《科学社会主义基本理论研究》，作为当代马克思主义基础理论研究丛书中的一本，对科学社会主义一些基础问题和前沿问题进行了探讨。2012 年原中央编译局确立了马克思主义基本理论研究领域的重大理论研究课题，由李惠斌主编《马克思主义经典著作研究读本》，先后出版共 29 本，在文本文献研究方面提供了比较全面和权威的成果。在马克思诞辰 200 周年之际，中共中央政治局 2018 年 4 月 23 日就《共产党宣言》及其时代意义举行集体学习，王学东就这个问题做了讲解，并谈了意见和建议。闫志民、杨金海、陶文昭等参与纪念马克思诞辰 200 周年的重要文稿起草工作。贾建芳《列宁开创社会主义建设道路的理论逻辑》，指出列宁开创的社会主义建设道路，把世界历史发展规律的一般性与特殊性统一起来。倪德刚《试论马克思恩格斯的理论创新观》，指出创新是马克思主义的品质，探讨了马克思主义创新观的核心、关键和途径。陈崎《党的十九大对科学社会主义的新发展》提出，中国共产党人坚持把科学社会主义基本原则同当代中国实际和时代特点相结合，使科学社会主义在 21 世纪的中国焕发出了强大的生机活力。

2. 国际共产主义运动基本历程研究

"十三五"时期，正逢空想社会主义提出 500 年、十月革命胜利 100 周年、马克思诞辰 200 周年，这些历史节点使相关问题成为研究的重要热点。

王学东研究了德国社会民主党组织章程和选举条例，认为德国社会民主党是一个民主的人民党。俞良早《百年社会主义建设史：坚持科学社会主义价值的逻辑演进脉络》中提出，纵观100年社会主义建设的历史，坚持科学社会主义价值取向所形成的力量，使共产党和人民的事业连绵不断，持续前进。执着宣传实现共产主义理想社会和从当前实际出发阐述什么是社会主义，两者相互联系和相互影响形成前进的正能量。胡振良《从历史过程审视"苏共二十大"及其意义》中提出，苏共二十大是"后斯大林时代"苏联政策调整和战后世界社会主义历史进程的产物，是"苏联模式普遍化"进程和新中国借鉴苏联初期探索中遇到的事件，从内容到形式、从影响到结果都有特殊意义。苏共二十大后，当代世界社会主义纷繁复杂，起伏发展，但体制改革和模式转换始终是贯穿其后60年社会主义历史的一条"红线"。蒲国良在《重构中国特色十月革命话语体系》中提出，在革命年代，我们曾经成功建构起一套革命化的十月革命话语体系。但在时代主题转换、革命党向执政党转变、改革开放进程深入推进、苏联解体、东欧剧变以及话语自身的进化等各种因素的共同作用下，传统十月革命话语体系不断遭到挑战和质疑。在建设中国特色社会主义的大背景下，只有完成十月革命话语体系的重构，才能在话语权的争夺中掌握主动权和主导权。张光明《国际共运学科四十年回顾》对改革开放40年间国际共产主义运动学科发展情况按照时间顺序进行了概述，认为改革开放以来在国际共产主义运动或在世界社会主义领域中，成就是显著的和巨大的。学术发展有其自然的法则，对学问本身的无私忘我的探求，是发展的真正推动力。林建华《世界社会主义共产主义运动的历史进程与未来走势》认为世界社会主义、共产主义运动是一种客观存在的历史进程，在不同的阶段具有不同的内容、呈现不同的特点。以马克思主义为指导、由共产党领导的共产主义运动是世界社会主义、共产主义运动的主体，中国共产党人的理论与实践是世界社会主义、共产主义运动的重要内容和伟大创举。刘淑春《共产国际与中国共产党关系评析》中指出，共产国际促进了马克思列宁主义在中国的传播，为中国共产党的建立进行了必要的理论准备和组织准备，催生出中国共产党。共产国际为中国共产党早期制定理论纲领和行动策略提供了指导，培养了大批骨干力量，对中国共产党的生存和发展壮大起到至关重要的作用。与此同时，共产国际在指导中国共产党和中国革命过程中也犯有教条主义错误。

3. 中国特色社会主义研究

王怀超主持国家社科基金重大项目"坚持和发展中国特色社会主义研究",于2019年出版了《中国特色社会主义基本问题》,内容包括:第一篇中国特色社会主义道路,第二篇中国特色社会主义理论,第三篇中国特色社会主义制度等。全书论述了中国特色社会主义一系列基本问题,综合体现了现阶段我国理论界关于中国特色社会主义的研究水平。秦宣《中国特色社会主义重大问题研究》分两部分研究了中国特色社会主义的系列重大问题,第一部分主要论述了中国特色社会主义的热点难点问题,包括中国特色社会主义的历史起点、理论体系主题,当代中国的历史方位,当代中国伟大社会变革及其背后的价值观引领,完善和发展中国特色社会主义制度,改革开放的历史经验和中国特色社会主义的世界意义等;第二部分主要研究了习近平新时代中国特色社会主义思想中的重大问题,并对新时代如何丰富和发展21世纪马克思主义提出了思考。一些学者就中国特色社会主义的重要问题进行了研究。许耀桐《中国共产党党内民主研究》以"党内民主是党的生命"的论断和命题为主线,以民主集中制的原则和规定为核心内涵,从"党内民主的由来与发展""党内民主的重大理论和制度""党内民主的实践运用"三个维度,探讨了中国共产党党内民主的重要问题。孙力《中国为社会主义贡献了什么》从当代社会主义运动全局的高度,阐述中国特色社会主义的源起和发展,认为社会主义运动在当代发生了重大调整:这是一个社会主义运动的空间场域发生重大调整的历史性进程,是一个社会主义运动在时代转换中重构自身的历史进程,是一个社会主义理论近百年以来再一次实现飞跃的历史性进程,是一个社会主义制度确立以后进行改革的历史性进程,是一个当代社会主义运动翻开崭新篇章的历史性进程。秦刚研究了中国特色社会主义与科学社会主义的关系,在《社会主义"从传统到现代"的新发展——从社会主义发展进程看中国特色社会主义进入新时代》中指出,中国特色社会主义以"第二次革命"的方式,实现了对传统社会主义模式的全面更新和超越,成为现代社会主义的先行者和主要代表。社会主义"从传统到现代"的飞跃性发展,起始于中国特色社会主义的创立,实现于中国特色社会主义进入新时代。所谓从传统到现代之"现代",不是一般的时间概念上的"现代",也不仅仅是走出"苏联模式"困境的"现代",而是现代化意义上的"现代"。姜辉《21世纪中国特色社会主义的世界意义》指出,进入21世纪以来,中国与世界的关系发生了根本性变化。今天的中国,前所未有地走到世界舞台的中心。中国特色社会主义开辟了科学社会主义在21世纪新发展的"高度现实性和可行性的正确道路",创造性回答了"如何治理社会主义社会"的历史课题,为人类发展开辟了一条现代化新路,为人类社会发展提供了中国方案。余金成《社会主义市场经济是资本逻辑与人类发展逻辑的统一》中提出,中国改革最伟大的成果是更新了社会主义生产方式,即形成社会主义市场经济;社会主义市场经济最显著的标志是确立了共同富裕目标,凸显了对市场自发趋势的超越;而该超越通过建立资本逻辑与人类发展逻辑相统一的机制实现。

4. 当代国际共产主义运动研究

中国社会科学院的世界社会主义研究中心跟踪研究世界社会主义情况,出版《世界社会主义黄皮书》,已经进行了二十多年,"十三五"时期继续出版。2017年9月29日中央政治局就当代世界马克思主义思潮及其影响进行集体学习,姜辉就这个问题做了讲解,并谈了意见和建议。姜辉《21世纪的世界社会主义:新格局、新特征、新趋势》指出,20世纪的主旋律无疑是世界社会主义运动的兴起和发展,21世纪是世界社会主义走向振兴的世纪。21世纪世界社会主义发展的趋势和前景,取决于坚持世界社会主义的民族性与国际性、地域性与世界性、工人阶级运动与广泛群众运动、社会发展建设与生态文明建设的有机统一。赵明义、蒋锐、臧秀玲等著的《中国特色社会主义与相关主义比较研究》,对国内外一些人质疑和否定中国特色社会主义的根本性质,不认为它是社会主义,是其他一些"主义"的错误观点展开论证。一是从全球化、人类社会发展、社会主义发展的视域,正面阐述中国特色社会主义道路、理论、制度、实践的有机统一。二是中国特色社会主义与相关"主义"如经典科学社会主义、斯大林模式社会主义、三民主义、新民主主义、资本主义、民主社会主义等比较研究。三是对质疑中国特色社会主义的几种错误观点如"特色资本主义论"等进行辨析与驳斥。聂运麟《世界社会主义运动发展的现状及面临的挑战》中提出,当代世界社会主义运动正在低潮中奋进，它不同于以往的世界社会主义运动，已经发生了重大而深刻的变化，并实现了新的转型：从过去由一个国际中心领导、走唯一革命道路、建设统一社会主义模式的世界社会主义运动，转变成为由本国共产党独立自主领导、走符合本国国情的革命发展道路、建设具有本国特色社会主义的世界社会主义运动。国际金融危机以来，世界社会主义运动取得了战役性的成功，但在战略全局上仍然处于困局中。有的学者将世界社会主义新变化与中国特色社会主义关联起来。崔桂田《21世纪世界社会主义格局中的新时代中国特色社会主义》提出，新时代中国特色社会主义在21世纪世界社会主义格局中具有重要地位和意义。从中国化马克思主义的历史发展来看，新时代中国特色社会主义实现了一个新的飞跃，使中国特色社会主义发生了"阶段性质变"，开始进入制度完善和内涵提高的新境界；从21世纪世界共产主义运动的发展趋势来看，新时代中国特色社会主义是对正在"触底反弹"的世界共产主义运动的"空中加油"；从21世纪世界社会主义运动的多极格局来看，新时代中国特色社会主义在这一格局中具有举足轻重的地位和作用。柴尚金《世界大变局与资本主义、社会主义两种制度关系重构》指出，世界大变局是影响两种制度关系未来发展走向的重要变量和关键因素，正在重构社会主义与资本主义并存关系及共处空间。西方资本主义政治模式和发展经验光环黯淡，中国特色社会主义在21世纪的中国焕发出强大生机活力，成为振兴世界社会主义的中流砥柱，最终要靠社会主义取得成功的实例来证明社会主义制度优于资本主义制度。轩传树主持国家社科基金重大项目"世界社会主义发展大视野大格局大趋势下的中国特色社会主义研究"，认为社会主义是世界的也是民族的。中国特色社会主义作为世界社会主义运动的一部分，它是科学社会主义基本原则同当代中国具体国情相结合的结晶，是社会主义理论逻辑和中国社会发展历史逻辑的辩证统一。坚持和发展中国特色社会主义，需要世界眼光，尤其需要世界社会主义发展的大视野。路克利《全面看待当代西方中共学》中指出，随着中国的迅速发展和国际地位的提升，国外对中国共产党的研究更加重视，中共学逐渐成为西方学界的"显学"。对当代西方中共学，我们需要树立辩证的眼光，深入分析，全面看待。姜辉、潘金娥主编《国际共产主义运动发展报告（2018—2019）》，徐觉哉连续多年主编的《世界社会主义研究年度报告》，为本学科研究提供了及时全面的第一手资料。

5. 习近平新时代中国特色社会主义思想研究

习近平新时代中国特色社会主义思想是当代中国马克思主义、21世纪马克思主义。科学社会主义将研究习近平新时代中国特色社会主义思想作为重中之重，在这个方面有大量的成果和重要的贡献。学者们积极研究习近平总书记系列重要讲话，参与《习近平总书记系列重要讲话读本》《习近平新时代中国特色社会主义思想三十讲》《习近平新时代中国特色社会主义思想学习纲要》编写等工作。韩庆祥、颜晓峰、姜辉、辛向阳、秦宣、肖贵清、韩振峰、陶文昭等参与了较多工作、发表了较多成果、产生了较大影响。科学社会主义专业学者与党的十八大以来党的理论创新直接关联的国家社科基金重大项目有：李捷《中国梦理论与实践研究》、陶文昭《习近平总书记系列重要讲话思想精髓研究》、吴波《习近平总书记关于中国道路系列重要论述研究》、陈曙光《习近平总书记关于全面深化改革的方法论思想研究》、王永贵《习近平总书记意识形态建设系列重要讲话的理论贡献和实践要求研究》、唐洲雁《中国特色社会主义理论体系的内在逻辑与历史发展研究》和李楠《夺取中国特色社会主义新胜利的基本要求研究》等。孙代尧《协调发展研究》，从马克思主义协调发展理论中国化的历史进程、区域协调发展、城乡一体化发展、物质文明与精神文明协调发展、经济建设与国防建设融合发展、协调发展的价值等方面，提出了一些值得关注的思想观点，获得北京市哲学社会科学优秀成果一等奖。陶文昭《论中国特色社会主义新时代》，从马克思主义时代化视角，就中国特色社会主义新时代的性质、历史、标志等重要问题进行了论述，获得北京市哲学社会科学优秀成果一等奖和教育部高等学校科学研究优秀成果二等奖（人文社会科学）。

（二）科学社会主义学科研究的薄弱环节

当前，科学社会主义和国际共产主义运动研究存在一些比较突出的问题。

1. 研究队伍的不足

由于学科调整等因素，科学社会主义和国际共产主义运动，只有个别高校还在招收本科生，而且人数很少。普通高校建制性的教学和研究机构也在减少。研究队伍的规模正在缩减，并呈现出青黄不接的现象。

2. 学科建设的困惑

目前高校中科学社会主义和国际共产主义运动的研究机构，有的设在政治学院和国际关系学院，得不到足够的重视；有的设在马克思主义学院，因为不属于马克思主义理论一级学科，教师和学生都不能充分享受国家相关优惠待遇，处于比较边缘化的地位。

3. 基础研究的欠缺

由于研究机构的裁撤和研究队伍的缩小，有关科学社会主义基本文献、国际共产主义运动重要事件的研究明显不足，在空想社会主义提出500年、十月革命胜利100年、马克思诞辰200周年等重要节点，相关的研究成果数量不多、质量不高的情况比较突出。基本文献和重要历史的研究是学科的重要支撑，长此以往将制约整个学科的发展。

4. 现实研究的散光

科学社会主义研究领域广泛，学者们就各个方面的问题发表见解。这就造成了问题的另一面，研究不够聚焦，学科规范、学科话语、学科特色不明显。

三 "十四五"时期学术发展趋势和重点研究课题

"十四五"时期是中国特色社会主义发展的关键时期，在全面建成小康社会的基础上，我们将开启建设社会主义现代化强国的新征程。我们将迎来中国共产党成立100周年，也是世界许多国家共产党成立的重大纪念日。当今世界正处于百年未有之大变局，全球社会主义和资本主义两种制度之间的竞争和共存将出现新的历史特点。科学社会主义学科要抓住国内外发展的大势，发挥本学科宏大视野的特点，着力探索社会主义发展的规律，以更多的原创性成果服务于新时代中国特色社会主义建设，并在这个过程中加强学科建设，打牢学科基础，稳固学科队伍，凝练学科话语。

针对"十三五"时期本学科发展存在的问题，顺应时代发展和中国经济社会发展的需要，"十四五"时期，本学科应在以下领域和研究方向布局，并希望产生高质量的研究成果。

（一）习近平新时代中国特色社会主义思想研究

科学社会主义是政治性和实践性极强的学科，是与党的理论创新最为密切的学科。习近平新时代中国特色社会主义思想是当代中国马克思主义、21世纪马克思主义，理所当然是科学社会主义研究的重中之重。各个学科都在加强对习近平新时代中国特色社会主义思想的研究，科学社会主义学科应着力于对这一思想的系统性、原创性、话语权等重要问题进行研究，要研究这一思想对科学社会主义的理论贡献，研究这一思想与中国特色社会主义理论体系的关系，研究这一思想对世界社会主义的影响。

（二）时代性质和特点研究

时代是思想之母，理论研究必须顺应时代发展要求。时代问题是一个关系到人类前途和命运的大课题，也是学术创新和理论创新不可回避的问题。当今世界正处于百年未有之大变局，人类正处于大发展大变革大调整时代。这个时代虽然仍处于马克思恩格斯指明的那个时代，但毕竟时代已经发生了深刻变化。当今时代究竟发生了哪些新变化、时代性质是否发生了变化、时代主题是否也发生了变化、百年未有之大变局到底变在何处、当今时代与以往相比有哪些新的特点、我们该如何面对时代新变化提出的新问题、如何顺应时代发展的要求，推进实践创新、理论创新和制度创新，等等，这些问题，有必要设立重大课题进行深入研究。

（三）科学社会主义基础理论研究

重点研究马克思主义经典作家的社会主义思想、科学社会主义经典著作的文本解读、科学社会主义的基本原则、社会主义的本质、社会主义发展阶段及其发展规律、170多年来科学社会主义发展的历史逻辑、理论逻辑和实践逻辑、科学社会主义在新时代面临的机遇和挑战、科学社会主义的未来发展方向，等等。国家社科基金应在此方面设立课题进行长周期的系统研究，补齐研究短板，支撑学科体系，夯实学科基础。

(四) 国际共产主义运动的过去、现在和未来研究

未来几年，是世界上许多国家尤其是第三世界国家共产党组织相继成立 100 周年，国际共产主义运动将成为世界范围内一个研究热点。在此情况下，我们需要研究马克思主义指导下国际共产主义运动在不同时期的特点，探讨国际共产主义运动的发展规律，研究不同地区工人运动和共产主义运动的特点，研究国际金融危机以来世界范围内工人运动的特点，加强国外共产党的跟踪研究，更深入地了解国外共产党发展状况和国际共产主义运动的新特点。国家社会科学基金应在此方面布局，并设立相关课题进行研究。

(五) 当代资本主义新变化研究

在当今世界"一球两制"的总体格局之下，研究社会主义必然要关注资本主义。国际金融危机以来，当代资本主义发生了一系列新变化。当代资本主义到底处于什么发展阶段、资本主义新变化是否意味着资本主义的本质也在发生新的变化、当代资本主义与以往的资本主义相比呈现哪些新的特点、当代资本主义社会的主要矛盾有何新的特点、当代资本主义的新变化是否改变了资本主义必然灭亡的历史命运，等等，这些问题也需要设立重大项目进行深入研究。

(六) 科学社会主义学科前沿问题研究

科学社会主义学科始终具有放眼未来的战略眼光。中国特色社会主义新时代，世界正处于百年未有之大变局，把准趋势就是掌握未来。要强化对全球化、信息化最新变化对社会主义的机遇挑战的研究，强化对世界范围内各种新理论新思潮研究，强化对世界社会主义运动和左翼运动的新变化新特点研究，及时掌握世界社会主义运动的新动态并从中把握社会主义未来发展方向。国家社科基金应加大这方面研究的投入。

(七) 中国共产党与科学社会主义在中国的发展研究

围绕中国共产党百年来的历史、成绩和经验，科学社会主义应重点研

究以下几个方面问题：科学社会主义中国化的历程和基本经验研究、中国共产党对科学社会主义的主要理论贡献研究、中国共产党在执政党建设方面的成绩和经验研究、中国共产党领导人民全面建成小康社会的历史意义和经验研究，等等。

（八）中国特色社会主义理论体系研究

这是中国科学社会主义研究领域必须持久研究的课题。中国共产党领导中国人民近百年来取得的最大成就是开辟了中国特色社会主义道路，形成了中国特色社会主义理论体系，确立了中国特色社会主义制度，发展了中国特色社会主义文化。中国特色社会主义是科学社会主义理论逻辑与中国发展的历史逻辑的统一。下一阶段，要加强中国特色社会主义对科学社会主义理论贡献的研究、加强中国特色社会主义发展规律的研究、加强中国特色社会主义的世界意义研究。

（九）人类命运共同体背景下资本主义和社会主义的关系研究

在科学社会主义理论中，资本主义和社会主义是前后相继的两种社会形态，资本主义必然被社会主义所替代。而在全球化背景下，构建人类命运共同体要求不同社会制度的国家能够和平共处、合作共赢。在这种背景下，如何认识资本主义和社会主义两种制度的关系，在全球治理改革过程中，如何处理好社会主义国家和资本主义国家的关系，就成为新的时代课题。国家社科基金应加大这方面的投入，加强这些问题的研究。

（十）国家治理体系和治理能力现代化研究

早期空想社会主义就开始关注，如何建立最完善的国家制度。马克思恩格斯由于没有经历社会主义国家治理的实践，因而只是提出了国家治理现代化的一些原则和方法。在中国，社会主义制度的建立，只是完成了国家治理现代化的前半程，下半程的目标是完善和发展中国特色社会主义制度，实现国家治理体系和治理能力的现代化。因此，科学社会主义要加强如下问题的研究：国家治理现代化的理论依据是什么？国家治理现代化的标准是什么？社会主义国家治理的价值目标是什么？中国的国家治理现代化应该遵循什么样的原则、沿着什么样的路径？

最后，关于"十四五"时期马克思主义·科学社会主义学科建设的三点建议。

第一，高度重视，整体谋划推动马列·科社学科建设，特别是要深化习近平新时代中国特色社会主义思想的研究。马列·科社学科事关党的指导思想的理论基础，事关高校立德树人根本任务的完成，意义十分重大，影响极为深远。"十三五"时期马列·科社学科虽然取得比较快速的发展，但基础还比较薄弱，特别是与中央的期待，与时代发展的要求相比，还存在很多短板和薄弱环节。一定要从战略和全局的高度重视马列·科社学科建设，继续采取特殊的支持政策，加强重点马克思主义学院建设，加强马列·科社队伍建设，特别是在习近平新时代中国特色社会主义思想的研究上要有新的重大举措，推动新的重大进展，取得新的重大成果。

第二，注重顶层设计，加强科学社会主义学科与马克思主义理论学学科的统筹结合。在国家社科规划的序列中，马列·科社学科放在一起。从历史沿革来说，马列·科社学科的类别，在马克思主义理论一级学科建立之前就有。从学科内容来说，科学社会主义属于政治学学科。在马克思主义理论一级学科设立之后，马列·科社就跨越了两个一级学科。但科学社会主义与马克思主义理论密不可分，是马克思主义三个组成部分之一。就目前研究而言，科学社会主义专业学者很多研究的是马克思主义核心的、主流的问题。不应将马列和科社分开，而是要从顶层设计上、从各方面更好地加以结合和统筹。

第三，加强马列·科社学科中青年人才和后备人才培养。科研人员队伍质量是决定科学研究水平的关键。"十四五"时期对马克思主义理论教育的需要比以往更加迫切，对马克思主义理论人才的渴求比以往更为强烈。当前，马列·科社学科存在严重的人才断层，未来五年至十年将有一批学科带头人和学术骨干退休，如果不能及时补充中青年骨干人才，该学科的科学研究将受到极大影响。为此，建议国家在"十四五"时期高度重视马列·科社学科中青年人才和后备人才的培养。一方面，借鉴中华人民共和国成立初期和改革开放初期的经验，举办高质量中青年人才培训班，加大中青年人才的支持力度，让一大批中青年人才脱颖而出；另一方面，必须从源头上改善生源质量,加大马列·科社学科本硕博专业人才的一体化培养力度,确保马列·科社学科后备人才源源不断。

总审稿人 靳　诺

审　稿　人 吴付来　郑水泉　齐鹏飞

执　笔　人 张雷声　秦　宣　王　易　陶文昭　赵淑梅　刘建军
　　　　　　　杨德山　宋学勤　郑吉伟　张秀琴　王海军　郗　戈
　　　　　　　张晓萌　庄忠正　任劢婷　王　莅

参　加　人 冷　溶　韦建桦　黄蓉生　辛向阳　胡乐明　刘海涛
　　　　　　　许耀桐　颜晓峰　孙　力　陈占安　骆郁廷　王韶兴
　　　　　　　肖贵清　张曙光　钟明华　陈锡喜　俞良早　韩振峰

党史·党建

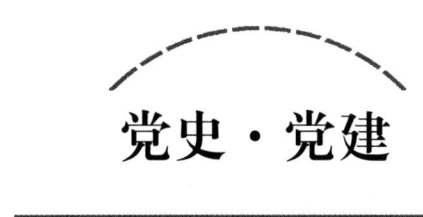

党　　史

"十三五"时期，适逢党的十九大胜利召开，适逢隆重纪念中国人民抗日战争暨世界反法西斯战争胜利70周年（2015年）、马克思诞辰200周年（2018年）、五四运动100周年（2018年）、改革开放40周年（2018年）、中华人民共和国成立70周年（2019年），中共党史学界坚持以习近平新时代中国特色社会主义思想为指导推动学科发展，五年来，中共党史学科建设成效明显，中共党史研究取得重要进展，为哲学社会科学的繁荣发展做出了重要贡献。

总结"十三五"时期中共党史研究的进展、特点和不足，进一步明确中共党史研究的方向和问题意识，有利于推进"十四五"时期的中共党史研究。

一　"十三五"时期中共党史学科发展基本情况

"十三五"时期中共党史学科在研究力量布局、人才培养、队伍建设、研究重点等方面出现了一些可喜变化。

（一）研究力量在党和国家机构改革中得到进一步整合

中共党史学科的研究力量主要来自党史和文献研究机构、高校、党校、军队和社科院系统。

2018年党和国家机构改革，将中央党史研究室、中央文献研究室、中央编译局的职责整合，组建中央党史和文献研究院，作为党中央直属事业单位，主要担负研究中国共产党历史，编辑党和国家重要文献、主要领导人著作，征集整理重要党史文献资料等任务。中央党史和文献研究院是中共党史研究的"国家队"，集中了中共党史研究的骨干力量。

随着中央党史和文献研究院的成立，部分地方党史部门也进行了调整。如浙江省调整为浙江省委党史和文献研究室；内蒙古自治区调整为内蒙古自治区党委党史和文献研究室；新疆维吾尔自治区调整为新疆维吾尔自治区党委党史和文献研究院；山西省调整为山西省委党史研究院（省地方志研究院）。各省市自治区党史（文献）研究室（院），集中了研究地方党史的骨干力量。

高校马克思主义学院、历史文化学院的部分教师选择中共党史作为研究重点，构成中共党史研究的重要力量。其中，2017年6月，中国人民大学成立中共党史党建研究院，旨在打造世界一流的以中国共产党研究为特色的教学研究中心、学术交流平台和新型高端智库。

党校系统汇聚了一批从事中共党史研究的学者。其中，中共中央党校（国家行政学院）中共党史教研部有14名教授、6名副教授从事中共党史研究。各省区市党校也聚集了一批从事中共党史研究的学者，如福建省委党校形成了以郭若平为代表的中共党史研究学术团队。

军队系统也加强了党史、军史研究力量。军事科学院和国防大学在改革中，不仅充实和完善了这方面的力量，而且加强了对这支科研队伍的统筹管理。全国著名中共党史和军史专家邵维正、徐焰、金一南等发挥着重要作用。

社科院系统有一批学者从事中共党史研究，如中国历史研究院近代史所的黄道炫、金以林，地方社科院也有少数学者从事中共党史研究，如湖南省社科院的刘建武、湖北省社科院的曾成贵。

（二）研究人才队伍建设得到加强

中共党史学科形成了本科—硕士—博士的完整人才培养体系。中国人民大学、延安大学、湘潭大学、广西民族大学开设了中共党史专业本科；中国人民大学、中共中央党校（国家行政学院）、中国社会科学院、国防大学等76家单位设立了中共党史专业硕士点；中国人民大学、中共中央党校（国家行政学院）、中国社会科学院、复旦大学、武汉大学、南开大学、山东大学、华东师范大学、东北师范大学、华中师范大学、天津师范大学、辽宁师范大学、湖南师范大学、湘潭大学 14 所高校和研究机构设立了中共党史专业博士点。

北京师范大学中共党史专业博士点撤销后，在马克思主义理论一级学科之下，自设了党的历史与理论专业博士点。

此外，马克思主义理论学学科之下的马克思主义中国化研究、中国近现代史基本问题研究二级学科学位点，也培养部分研究中共党史的硕士生和博士生。

（三）研究队伍建设得到加强

"十三五"时期，一批从事中共党史研究的学者入选国家高层次人才特殊支持计划（"万人计划"）哲学社会科学领军人才。如 2016 年，李正华（中国社会科学院）、陈理（中央文献研究室）、陈扬勇（中央文献研究室）、蒋建农（中央党史研究室）入选第二批国家"万人计划"领军人才。2017 年，罗平汉（中央党校）、王均伟（中央文献研究室）、李颖（中央党史研究室）、张士义（中央党史研究室）、金以林（中国社会科学院）入选第三批国家"万人计划"领军人才。此外，杨凤城（中国人民大学）、陈金龙（华南师范大学）入选教育部"长江学者"特聘教授。据不完全统计，全国每年有近 200 名从事中共党史研究的博士加入中共党史研究队伍，成为中共党史研究的后备力量和生力军。

（四）研究导向更加明确

"十三五"时期，中共党史学科的科研重点，主要围绕以下三个导向展开，很好地发挥了主基调、主旋律作用。

一是紧紧围绕党的理论创新最新成果的宣传阐释，如关于党的十九大胜利召开、党和国家机构改革、修改宪法、党的十九届四中全会决定等的重大宣传阐释任务，展开深入研讨，积极为全党和全国深入学习习近平新时代中国特色社会主义思想，深入学习贯彻党的十九大精神和历次中央全会精神，提供学理支撑和历史支撑。这一宣传阐释，也为中共党史学科发展拓展了重大科研选题，开拓了研究的领域与视野。

二是紧紧围绕党和国家重要历史节点，展开深入研讨，推出阶段性成果。在这方面，中央宣传部和原国家新闻出版广电总局发挥了重要指导作用，中央党史和文献研究院及各地党史系统发挥了骨干作用，紧紧围绕纪念中国人民抗日战争暨世界反法西斯战争胜利70周年、改革开放40周年、纪念中华人民共和国成立70周年等，推出高质量的学术文章、学术著作、通俗理论读物、大型历史展览、影视片、专题片等。

三是紧紧围绕国家社科基金年度课题指南和重大课题招标来推进。"十三五"时期，全国社科工作办每年发布的年度课题指南、重大课题招标，对中共党史学科的指挥棒作用日益凸显。这些选题的发布，将国家需求、现实需要与学科发展方向紧密结合起来，将政治方向、学术导向与价值取向紧密结合起来，将资金保障与学术荣誉适当结合起来，不但极大地推进了中共党史学科发展，而且有助于提升地位、凝聚队伍、增强自信。

（五）研究呈现新特点

1. 更加鲜明的现实取向

研究中共党史的目的在于资政育人，服务于党和国家工作大局。注重对习近平总书记关于中共党史、国史重要论述和新时代中共党史的研究，围绕红军长征胜利80周年、改革开放40周年、马克思诞辰200周年、中华人民共和国成立70周年开展中共党史研究，体现了研究取向的现实性。为传承中国共产党革命精神，高等学校中国共产党革命精神与文化资源研究中心组织编写了《中国共产党革命精神系列读本》（中共党史出版社2019年版）。

2. 更加开阔的学术视野

"十三五"时期，一方面，原有中共党史研究领域得到深化，对中共党史重要事件、重要人物、重要会议、重要文献、重要概念的研究持续推进，将中共党史研究建基于社会和民众生活之上；另一方面，开拓了中共党史研究的新领域，如中共纪念活动史、中共精神文化史、中共心灵史，引起了学术界的关注。

3. 研究方法创新得到重视

"十三五"时期，学术界围绕中共党史研究方法的创新进行了讨论，"新革命史"的研究进入实践层面，改革开放史、地域史、制度史研究方法创新的尝试已经开始。

4. 史料的发掘逐步多元化

除注意利用档案资料外，随着对外学术交流的增多，注意利用海外档案研究中共党史，如日方档案所见中共"九一八"事变周年纪念活动、由日方档案看全面抗战时期的中共对日军宣传战，从美国档案看中共、西南势力与蒋介石的战时博弈。

二 "十三五"时期中共党史学科取得的科研成果

"十三五"时期的中共党史学科，围绕习近平总书记关于中共党史与国史的重要论述、各个历史时期的中共党史、中共党史人物、中国共产党思想史、中共党史研究方法、地方党史、中共党史文献与资料的整理等方面展开深入研究，产生了一批有较大社会影响的成果。

（一）习近平总书记关于中共党史、国史重要论述研究

党的十八大以来，习近平总书记高度重视中共党史、国史的学习和研究，发表了系列重要讲话，为中共党史、国史研究提供了基本遵循。学术界对于习近平总书记关于中共党史、国史重要论述的研究，主要围绕如下问题展开。

一是习近平总书记关于中共党史、国史重要论述的文献整理。2017年，原中央党史研究室编辑了《习近平论中国共产党历史》，收录了党的十八大至2016年习近平总书记有关中共党史重要论述和讲话40篇。2019年，中央党史和文献研究院编辑了《习近平论党史和文献工作》，由中央文献出版社内部发行，收录了2012年至2019年习近平总书记关于党的历史和党史文献的重要论述47篇。2019年，中国社会科学院当代中国研究所编印《习近平关于党史国史论述摘编》，为系统学习、研究习近平总书记关于中共党史、国史的重要论述提供了基本文献。2021年，中央文献出版社出版了习近平总书记《论中国共产党历史》。

二是习近平总书记关于学习中共党史、国史重要性的论述。党的十八大以来，习近平总书记多次号召全党学习党的历史，强调"历史是最好的教科

书，也是最好的清醒剂";"中国革命历史是最好的营养剂";"学习党史、国史，是坚持和发展中国特色社会主义、把党和国家各项事业继续推向前进的必修课。这门功课不仅必修，而且必须修好。"① 党的十九届四中全会通过的《中共中央关于坚持和完善中国特色社会主义制度 推进国家治理体系和治理能力现代化若干重大问题的决定》，强调加强党史、新中国史、改革开放史教育。习近平总书记提出，中共党史研究要进一步发挥五个"揭示和宣传"的作用，即揭示和宣传中国共产党在中国的领导地位和核心作用形成的历史必然性；揭示和宣传中国人民走上社会主义道路的历史必然性；揭示和宣传通过改革开放和社会主义现代化建设实现中华民族伟大复兴的历史必然性；揭示和宣传党在革命、建设、改革各个历史时期领导人民所取得的伟大胜利和辉煌成就；揭示和宣传党在长期奋斗中积累的宝贵经验、形成的光荣传统和优良作风。② 高度重视党史的育人功能，用党的历史教育党员干部、教育群众尤其是教育青少年，是习近平党史观的重要内容。③

三是习近平总书记关于研究中共党史方法论的重要论述。党的十八大以来，习近平总书记对中共党史研究方法做出系列重要论述，具体包括：研究中共党史必须坚持马克思主义党性原则、人民立场、唯物史观、科学方法，准确把握党的历史完整过程，准确把握党的历史发展的主题和主线、主流和本质，准确客观公正地评价历史人物，在总结历史经验中把握执政规律。④ 习近平总书记对中共党史研究方法提出了系列要求，即牢固把握党的历史主流与本质；"站起来、富起来、强起来"的伟大历史飞跃，宏观而深刻地揭示了中国共产党近百年接续奋斗的成就，准确而形象地描绘了近百年历史的最重要特征；辩证看待和评价改革开放前后两个历史时期；改革开放是当代中国最鲜明的特色，重视改革开放史的研究；注意弘扬革命文化、传承红色精神。总的来说，研究党史就是要坚持大历史观、以马克思主义为指导、运用辩证唯物主义与历史唯物主义的方法研究党史。⑤

---

① 吴德刚：《做善于学习历史的马克思主义者——学习习近平总书记党史工作重要论述》，《中共党史研究》2017年第8期。
② 李颖：《党的主要领导人关于党史和党史工作相关论述学习和研究》，《党的文献》2016年第4期。
③ 杨凤城：《习近平党史观与中共党史研究》，《中共党史研究》2020年第1期。
④ 吴德刚：《做善于学习历史的马克思主义者——学习习近平总书记党史工作重要论述》，《中共党史研究》2017年第8期。
⑤ 杨凤城：《习近平党史观与中共党史研究》，《中共党史研究》2020年第1期。

四是习近平总书记关于反对历史虚无主义的论述。习近平总书记关于反对历史虚无主义的重要论述，集中体现在高度警惕历史虚无主义、深刻认识历史虚无主义的本质、坚决反对历史虚无主义等方面。[①] 习近平总书记还深刻阐明改革开放前后两个30年的辩证关系，结合苏联解体、苏共亡党的教训，有针对性地反对历史虚无主义。[②]

（二）关于中共党史、国史的总体性研究

盛世修史。中共党史学科经过改革开放40年的创新发展，进入"十三五"时期，到了春华秋实的收获季节，出版了一批研究中共党史的著作。

由欧阳淞总主编的《中国共产党历史系列辞典》（中共党史出版社、党建读物出版社2019年版），由《中国共产党历史重要事件辞典》《中国共产党历史重要会议辞典》《中国共产党历史组织机构辞典》《中国共产党历史重要文献辞典》构成，各卷收录的内容，时间起止大体从1919年五四运动到2016年7月1日，分别反映中国共产党历史上的重要事件、重要会议、重要文献、组织机构及其相关内容，力求全面准确反映党的历史的主题和主线、主流和本质。

张士义、王祖强、沈传宝主编的《从一大到十九大：中国共产党全国代表大会史（1921—2017）》（东方出版社2017年版），以党的历次代表大会为主题，以党的历史发展脉络为主线，以党代会重大决策为重点，对党的一大到十九大进行了较为深入的研究和详略得当的叙述。

柳建辉等著《百炼成钢——中国共产党应对重大困难与风险的历史经验》（人民出版社2017年版），按专题史写法，系统梳理了中国共产党在领导革命、建设、改革的过程中面对各种重大考验和风险挑战，沉着应对加以化解的艰辛历程，并总结了其中的历史经验。

李洪河著《往者可鉴：中国共产党领导卫生防疫事业的历史经验研究》（人民出版社2016年版），着重分析中国共产党成立后90多年在疾疫防控、卫生宣传、制度建构与公共卫生事业发展等方面的历史演进，以及中国共产党在国家卫生安全、公共卫生应急反应机制建设、疾疫与环境及

---

① 吴德刚：《做善于学习历史的马克思主义者——学习习近平总书记党史工作重要论述》，《中共党史研究》2017年第8期。
② 任贵祥：《学习领会习近平总书记关于反对历史虚无主义的重要论述》，《党的文献》2016年第4期。

社会关系的协调与发展、卫生知识的大众化、公共危机心理调适等方面的历史经验。

陈金龙著《中国共产党纪念活动史》（社会科学文献出版社 2017 年版），对中国共产党纪念活动的缘起、类型、方式与历史脉络进行了总体论述；对中国共产党历史上的马克思主义经典作家纪念、十月革命纪念、五一国际劳动节纪念、辛亥革命纪念、抗日战争纪念、建党纪念、新中国国庆纪念进行了具体考察。

2019 年是中华人民共和国成立 70 周年，集中出版了一批研究新中国 70 年的成果。当代中国研究所著《新中国 70 年》（当代中国出版社 2019 年版），全面、系统、准确地记述了新中国自 1949 年 10 月成立至 2019 年 10 月 70 年的历史，以及其间发生的重大事件、重大决策、重大理论、重大实践，是一部系统、完整记述中华人民共和国 70 年历史的权威著作。

郑谦、庞松主编的《中华人民共和国通史》（广东人民出版社 2019 年版），共七卷，按历史发展顺序及其内在逻辑，将中华人民共和国史分为三个大的阶段：第一阶段为 1949—1976 年社会主义革命和建设时期；第二阶段为 1976—2012 年改革开放和加快现代化建设时期；第三阶段为 2012 年以来建设中国特色社会主义新时代。全书全面、系统、准确地展示了 70 年来中国社会发生的巨大变化，特别是党的十八大以来各项事业所取得的成就。

武力主编的《中华人民共和国史研究丛书》（当代中国出版社 2019 年版），由《中华人民共和国政治史（1949—2012）》《中华人民共和国经济史（1949—2012）》《中华人民共和国文化史（1949—2012）》《中华人民共和国外交史（1949—2012）》《中华人民共和国社会史（1949—2012）》《中华人民共和国史研究的理论与方法》六卷组成，系统反映了新中国 70 年各方面发展的历史，是新中国史研究的专史著作。

朱佳木主编的《当代中国历史经验研究丛书》（当代中国出版社 2019 年版），由《新中国历史经验研究》《历史经验总结与中国当代史》《当代中国经济发展与制度变革研究》《当代中国政治发展史论》《当代中国的文化与意识形态建设》组成，从政治、经济、文化、意识形态管理等领域反映新中国成立以来所积累的历史经验。

武力主编的《中华人民共和国经济与社会发展研究丛书（1949—

2018）》（华中科技大学出版社2019年版），共14册，包括：《中国经济体制演变研究》《中国对外贸易发展研究》《中国乡村发展研究》《中国水利工程建设研究》《中国财政改革与发展研究》《中国金融业发展研究》《中国农村扶贫开发研究》《中国交通业发展研究》《中国区域经济发展研究》《中国社会治理演变研究》《中国工业经济发展研究》《中国国防工业发展研究》《中国旅游业发展研究》《中国医疗事业发展研究》，集中展示了新中国成立以来经济社会发展所取得的历史性成就、发生的历史性变革。

（三）关于新民主主义革命时期的中共党史研究

五四运动研究。2019年是五四运动爆发100周年，研究成果较为集中，并取得了一些突破。江沛考察了传媒、政争、工商业与五四运动的形成，认为技术性因素、新式教育的成长、民族主义思潮的兴起以及诸种政治力量的交织作用，共同导致了五四运动自北向南、由商埠至乡镇的广泛性传播，五四运动是近代技术、政治力量及民众共同推动的结果。① 欧阳军喜分析了美国对五四运动的发生、发展和演变产生的重大影响，认为巴黎和会召开之前，中国政府在美国的鼓励下确立了"联美制日"的方针，调整了巴黎和会的外交目标。和会期间，美国在山东问题上的态度转变导致中国外交彻底失败，进而导致五四运动的爆发。五四运动最初的外部思想动力来自"威尔逊主义"，而"威尔逊主义"的失败又导致五四运动发生方向性转折。② 程美东提出，五四运动就是新知识群体对于国家被列强蹂躏、社会被无能腐败的官僚阶层统治失望的悲情意识的激情表达，五四运动标志新式精英知识群体以整体的自觉来承担中国现代化发展的重任，以下层民众为主体的社会革命运动开始越来越发挥其对中国现代化的影响。③ 李里峰认为，五四运动呈现以民众为政治之主体、直接行动与社会制裁、公共空间与公开行动、有力的组织和宣传、力求根本之解决等观念与行为特征，造就了非群众运动不足以救国的社会舆论，堪称"中国群众运动的起点"。此后，政治精英与知识精英代表和唤醒"群众"，以"主义"解释世界，

---

① 江沛：《传媒、政争、工商业与五四运动的形成》，《中共党史研究》2019年第9期。
② 欧阳军喜：《论美国对五四运动的影响》，《中共党史研究》2019年第4期。
③ 程美东：《新知识群体与五四运动》，《北京大学学报》（哲学社会科学版）2019年第3期。

以"运动"改造世界,逐渐成为各种新兴政治力量共享的行为模式。① 欧阳哲生通过发掘利用档案文献,参照相关新闻报道和回忆录,还原北洋政府如何处置"火烧赵家楼"事件、审讯被捕学生、应对迅速升级的北京学生罢课和上海"三罢"及随后的事态发展,最后决定顺应民意,准免曹汝霖、章宗祥和陆宗舆,拒签巴黎和约这一历史过程,进而澄清过去在诸多历史细节上的误解。② 王续添认为,从五四运动到联省自治运动所体现的中国现代国家改造走向地方的总体过程可以视为一种"战略退却",实际上是五四知识精英和地方政治精英在国家改造问题上不约而同地退而求其次和顺"势"而为。五四运动对中国现代国家的改造成效和局限并存,成为联省自治运动兴起的一个基本背景和条件。通过主体参与、思潮和舆论传播、制度平台等途径,中国现代国家改造实现了从"五四"到"联省"即从"国家"走向"地方"的变化。③ 霍新宾考察了"五四运动"一词的早期文本传播与语义演化,认为"五四运动"一词的最早文本出现于1919年5月18日《申报》。自1919年5月下旬至年底,得益于单一指称和专题言说两种文本传播方式,"五四运动"一词开始普及与流行,并成为时人言说和纪念这一事件的标准术语。与之相应,其语义阐释亦呈现出由"政治五四"向"文化五四"合流与交融的演进态势。④ 霍新宾还提出,中国共产党早期五四纪念经历了个体自主参与到党团规划实施的过程。中共创立前,陈独秀、李大钊、恽代英、毛泽东等早期共产主义者着力推动五四纪念,并为其增添民众动员的新语义。中共建党初期,随着时局恶化及革命诉求增强,除倡导"到民间去""打倒军阀"的纪念话语外,还将其付诸实践。至国民革命时期,在国共合作背景下,中共进一步充实五四纪念话语,积极宣传"国民运动""民族运动",开展对民众的革命动员。中共早期五四纪念话语的演变与纪念体系的形成,奠定了五四阐释的基本范式。⑤ 李捷考察了五四运动后百年马克思主义与中国传统文化的关系,认为中国

---

① 李里峰:《"运动时代"的来临:"五四"与中国政治现代性的生成》,《中共党史研究》2019年第8期。
② 欧阳哲生:《作为"事件"的五四运动——从档案文献看北洋政府对五四运动的处置》,《中共党史研究》2020年第1期。
③ 王续添:《从"国家"到"地方":中国现代国家改造中的"战略退却"——对五四运动和联省自治运动关系的一种考察》,《中共党史研究》2019年第5期。
④ 霍新宾:《"五四运动"一词的早期文本传播与语义演化》,《中共党史研究》2019年第10期。
⑤ 霍新宾:《中共早期五四纪念及其内在理路》,《历史研究》2020年第2期。

传统文化在近代走向衰落，通过五四运动中国人民最终选择了马克思主义。马克思主义中国化的过程，既是与中国具体实践相结合的过程，也是同中华传统文化精华相融合的过程，思想引领、文化传承、文化创新交相辉映，推动民族的科学的大众的先进文化的培育与发展。①

中国共产党创建史研究。关于中共一大闭幕时间，学术界尚未形成统一认识。陈水林通过搜集有关中共一大的各种原始资料，包括火车、轮船时刻表，以及气象信息、游记等，并将其与各种回忆资料进行对比、辨析，它们之间形成的证据链逻辑地指向一个结论：中共一大嘉兴南湖会议是在1921年8月3日举行的。②陈水林主笔的《中共一大嘉兴南湖会议研究》（中共党史出版社2018年版）一书，除考证中共一大嘉兴南湖会议日期外，还论述了法租界巡捕侵扰中共一大会场的经过与原因、中共一大转移到嘉兴南湖续会的主客观因素，考证了出席中共一大嘉兴南湖会议的代表，并研究了中共一大嘉兴南湖会议通过的文件、中共一大选举问题、中共加入共产国际问题、中共一大上海会议与嘉兴南湖会议的关系。高红霞考察了乡缘在党的创立过程中发挥的作用，认为通过乡缘开展组织活动曾是中国共产党众多发展样态中的一种，显示了传统中国在其发展中的过渡性特征。中共成立前，在联络与开展工人运动以及宣传马克思主义方面，湖南籍青年知识分子贡献良多，与中共创立直接相关的上海共产主义小组也存在浙江、湖南籍成员居多的现象。③

大革命时期党的组织与党的历史研究。易凤林提出，大革命时期，知识分子、工人、农民等社会阶层在中共的引导下，其自身的革命意识得以唤醒。他们以其入党的方式宣示自己的政治态度和革命选择。知识分子尤其是青年学生成为最早响应中共革命主张的群体，也是入党主动性较高的群体，工农入党则与工农运动的发展紧密相关。随着群众入党人数的增加，中共党员成分也发生了较大的变化，即以学生、工人为主体尤其以知识分子为导向的格局，逐渐转向以工农为阶级基础的政党组成。从中共社会成分构成看，它始终呈现出不同阶层对共产主义信仰的

---

① 李捷：《从五四运动百年看马克思主义与中国传统文化》，《广东社会科学》2020年第1期。
② 陈水林：《中共一大闭幕日期考》，《中共党史研究》2018年第9期。
③ 高红霞：《乡缘与建党：中共创立时期的另一种图景》，《上海师范大学学报》（哲学社会科学版）2018年第2期。

差异，知识分子、工人、农民在不同时期、不同地方也有着不同的表现。[①] 刁含勇探讨了中国共产党早期民主集中制的发展历程，认为在建党初期呈现集中化的发展趋势，党组织的决策权力向中央及上级党部集中，但在实际运作中受到决策执行涣散化的影响。大革命失败前后，为适应艰难的斗争环境，党的民主集中制建设集中的程度空前强化，中央决策形成对地方党部、下级党部的巨大权威，并以政治纪律等方式保证了决策权力从上至下的传递和贯彻。[②] 王建伟考察了孙中山逝世前后中共的宣传策略，为应对国民党内复杂的权力斗争局面，中共一改先前对孙中山的多角度分析，专注于颂扬孙中山的革命精神，努力构建其作为"左派"的鲜明形象，孙中山被解读为自始至终一直与帝国主义及国内各种反动势力进行斗争的英雄人物。同时，中共发挥宣传工作方面的优势，积极与戴季陶等人争夺三民主义的权威阐释权。共产党人的这种集体行动有统一的安排与部署，对孙中山的各种评论也基本遵循了统一的语调与定位。这一时期，也是国共两党逐渐从党内合作走向分裂的阶段。两党之间的斗争、国民党内部的派系斗争、接班人之争相互缠结、愈演愈烈，最终走向各执一端、不可收拾的局面。[③]

土地革命时期党的历史研究。大革命失败后，党的组织遭遇重挫。李里以长江流域省份为中心，考察了大革命失败后中共党员组织关系的重建，认为中共在1927年后的白色恐怖下仍能继续发展固然存在多重因素，但其组织在逆境中的自我修复能力的确起到了重要作用。这种组织韧性，除了党组织体系的纵向横向整理外，还体现在隐含在组织体系下的党员网络。这种网络是革命与学缘、地缘等社会关系交织的产物。在1927年国民党"清党"运动中，中共有形的组织体系受到很大破坏，但隐含的党员网络却依然能帮助党员重新聚集，回归到组织体系中。与此同时，党组织体系通过加强组织审查，排除党员回流对组织产生的安全隐患。二者共同形成一个党员回流模式。[④] 在王明"左"倾教条主义统治下，激烈的党内斗争

---

① 易凤林：《差异性构成：大革命时期中共党员社会成分变化之考察》，《中共党史研究》2016年第4期。
② 刁含勇：《中国共产党民主集中制早期发展历程新探（1922—1927）》，《中共党史研究》2017年第10期。
③ 王建伟：《孙中山逝世前后中共的宣传策略》，《中共党史研究》2016年第9期。
④ 李里：《大革命失败后中共党员组织关系的重建——以长江流域省份为中心》，《中共党史研究》2016年第12期。

使中共白区党组织元气大伤，失去了一批经验丰富的干部，中共在白区的影响急剧下降。①

武装斗争是中国革命的主要形式，土地革命时期是中共从事武装斗争的开始。龙心刚、谢春娅提出，1921—1930 年，中共关于军事问题的认识与实践经历了从民众运动到民众军事化的演进过程，"由宣传而组织训练而军事行动"的认识过于机械，使中共付出了惨重代价。大革命失败后，中共着力从民众运动走向民众军事化、推动"武力与民众结合"，在苏区军事实践中建立了红军、游击队、赤卫队三结合的武装力量体制，在实现"全民皆兵"御侮自强的同时，又分别以脱产、半脱产、不脱产的形式保持了军事与社会的联系，最大限度发挥了"全民动员"的功效。②李里对中共武装暴动初期的枪械问题进行了探讨，认为中共所依赖的大多是群众武装，所持枪械数量少、类型旧、分布散。此时中共中央无法完全满足地方党组织的枪械补给需求。地方党组织在白色恐怖中逐渐借助地方军事化趋势，通过各种渠道和社会关系获取民间枪械用于武装暴动。这在促进各地武装暴动的同时，也引发了中共内部枪械控制问题和两种不同暴动观念的争论。③于化民通过对中共早期武装暴动和政权建设的考察，论述了苏维埃革命从宣传口号到行动纲领的演进过程，认为中国苏维埃运动的兴起，与国共合作破裂和大革命失败有着历史的因果关系。因应国民党新军阀突如其来的叛变，中共独立做出武装反抗国民党的决策，而暴动后采取苏维埃的政权形式，则遵循了共产国际和斯大林的指示。在中共领导的一系列工农武装暴动中，产生了历史上最早的一批县级苏维埃政权。但是，中共决策层把革命成功的全部希望寄托于城市，以主要精力用于搞中心城市的暴动。倒是毛泽东根据创建井冈山根据地的实践经验提出来的红色政权理论，把中国革命导引向另外一个新的方向。④应星对 1930—1931 年主力红军整编的源起、规划与实践进行了研究，认为红军整编是授权、理想、纪律、实力和人脉之间互动的结果。中央苏区的红军整编受到红四军的强烈

---

① 张永：《六届四中全会与罗章龙另立中央》，《近代史研究》2017 年第 1 期。
② 龙心刚、谢春娅：《从民众运动到民众军事化——中共早期关于军事问题认识与实践的演进逻辑（1921—1930）》，《中共党史研究》2016 年第 9 期。
③ 李里：《中共武装暴动初期的枪械问题探析》，《近代史研究》2017 年第 5 期。
④ 于化民：《苏维埃革命：从宣传口号到行动纲领——以中共早期武装暴动和政权建设为中心的解析》，《近代史研究》2016 年第 1 期。

辐射，毛泽东提出的"伴着发展"的战略思想是产生辐射力的重要源头；鄂豫皖苏区的红军整编几乎同步地反映了中央的政策变迁；湘鄂西苏区的红军整编则体现出一定的自主性。中共组织"集中领导、分散经营"的关系，在红军整编实践中初见端倪。中共中央对主力红军的整编增强了军队在苏维埃革命中的分量，促使红军从游击战向运动战的转移。[1] 黄珍德对第五次反"围剿"前夕共产国际远东局的分离作战计划进行了探讨，认为在中央苏区第五次反"围剿"前夕，共产国际远东局制订的分离作战计划受到"左"倾政治路线的影响，同时也是远东局针对当时敌我态势和红一方面军的实际困难而谋划的结果。实行外线主动进攻的作战方针，是当时较为一致的共识，但关于分离作战形式和以东线为主要突破方向的反对意见比较多。远东局和中共临时中央排除了来自红军前线领导层的反对意见，坚持分离作战计划，给第五次反"围剿"战争带来严重的不良影响。[2]

土地革命是这一时期中共革命实践的主要内容，刘祥对苏区"平分一切土地"政策的形成及影响进行了考察。1930年下半年，共产国际向中共提出只没收地主阶级土地，却按阶级成分平分一切土地的带有矛盾性的土地政策，王明将这一政策作为政治斗争中的重要工具，对其进行了具体化的加工并强令推行，不仅排挤掉毛泽东等人根据实际制定的土地政策，而且使苏区的阶级斗争出现偏差甚至走向极端，造成极为不利的影响。[3] 刘祥还对"抽多补少""抽肥补瘦"政策演进的过程进行了考证。[4]

2016年是红军长征胜利80周年，学术界围绕红军长征推出了一批成果。延安革命纪念馆等编纂的《长征：从瑞金·延安走向胜利》（三秦出版社2016年版），借助直观形象、真实精准的地图视觉语言和弥足珍贵、鲜为人知的长征史料，再现了红军长征的历史和深远影响。针对蒋介石"放水"长征说，卢毅提出，在第五次"围剿"后期，蒋介石运用"驱其离巢"策略，逼迫红军西走。这从表面上看虽有"放水"之嫌，但实际上乃是欲擒故纵，早已在"远处张网"。红军突围后，蒋介石频繁调动和督

---

[1] 应星：《1930—1931年主力红军整编的源起、规划与实践》，《近代史研究》2018年第2期。
[2] 黄珍德：《第五次反"围剿"前夕共产国际远东局的分离作战计划述论》，《中共党史研究》2016年第12期。
[3] 刘祥：《一九三〇年至一九三一年苏区"平分一切土地"政策的形成及影响》，《中共党史研究》2018年第8期。
[4] 刘祥：《"抽多补少""抽肥补瘦"政策考述》，《中共党史研究》2019年第3期。

促各部,希图用多道封锁线消灭红军,阻其入黔。而在红军进入贵州前后,蒋介石确实开始将追击中共与统一西南两个问题结合起来考量,以求"一石二鸟",但他从未放松追堵,仍处心积虑消灭红军,并无驱其入川之意。红军巧渡金沙江后,蒋介石更是在日记中懊恼不已,视为"用兵一生莫大之耻辱"。因此,或许蒋介石的某些决策在客观上有利于红军突围,但其主观上从未有意"放水"。① 在红军长征过程中,最高军事指挥体制几度发生变化,王新生对此进行了具体考察。②

抗日战争时期党的历史研究。步平、王建朗主编的《中国抗日战争史》(全8卷,社会科学文献出版社2019年版),从总体上反映了中国共产党在抗日战争中的中流砥柱作用。卢毅著《国共两党与抗日战争》(人民出版社2019年版),客观诠释了国共两党在抗战中的地位与作用,并结合大量珍贵翔实的历史资料生动再现了相持阶段国民党正面战场的表现及军队的腐败状况,着重介绍了中国共产党在倡导、促成、维护抗日民族统一战线中的贡献。

"七·七事变"的发生,对中共领导人来说既在意料之外又在预料之中。于化民分析了中共中央对七七事变性质、走势的判断和因应。中共中央判定事变是日本发动全面侵华战争的开始,同时也是中国全国性抗战的开始。据此,在到洛川会议召开的两个多月里,中共中央及时提出全面的全民族抗战的路线方针,制定了动员全国民众的抗日救国十大纲领,全力促成全民族抗日统一战线的正式建立,克服各种障碍完成红军改编,迅速开赴抗日战场。中共中央对事变做出的迅速反应,及时推出的促成全面的全民族抗战局面形成的因应措施,充分体现了遵义会议后的中央领导集体日益走向成熟,具有坚强的政治领导力和应对突然事变、掌控复杂局面的能力。③ 黄道炫通过分析抗战时期中共的贯彻机制来推断中国共产党的领导能力和领导艺术,认为中国革命是一个系统工程,贯彻机制也是环环相扣。在革命理念和政治文化的范导下,会议、巡视、检查、突击、竞赛、群众路线、数目字管理这些具体的落实机制交相影响,共同打造着一个效能优

---

① 卢毅:《蒋介石"放水"长征说辨正》,《历史研究》2016年第4期。
② 王新生:《红军长征中最高军事指挥体制的演变》,《中共党史研究》2016年第10期。
③ 于化民:《中共中央对七七事变性质、走势的判断和因应》,《中共党史研究》2017年第7期。

先、有令必行的落实体系。① 抗战时期，中共干部的养成卓有成就。黄道炫认为，民族统一战线的背景，使中共在坚持使用、提拔工农干部的同时，得以放手培养大批知识分子干部，促进干部群体的气质变化及整体提升。和中共革命实践通常都环环相扣一样，抗战时期中共干部的养成也是一个系统工程，教育、培训、考核、批评与自我批评等多管齐下、交相作用，内的自觉是基础，外的规训是手段，形成动态而非静态、固化而不僵化的干部养成路径。抗战时期，是中共开展整风运动，从思想上、行动上进一步统一、改造全党的关键期，"三八干部"的养成还打上了整风的深深烙印。② 赵诺以太行根据地为中心，探讨了抗战初期中共地方干部群体内部的"土客问题"，认为苏维埃革命时期干部队伍中的"土客矛盾"往往是引发各根据地大规模肃反的重要诱因。到抗战时期，尽管中共各根据地依然面对类似问题，却只是局部偶有波澜，而总体未兴风浪。太行根据地的干部来源异常丰富，再加上山西省内存在牺盟会这样的特殊统战形式，造成了干部队伍内存在离散却普遍的"土客矛盾"。随着党力增强，地方党的局部整合使得小范围矛盾渐趋缓和。因晋中特委强势融合牺盟会组织、加强对政权的控制力度，引发代表"外来党"的晋中特委与代表本土力量的牺盟会之间的武装冲突。不过，经八路军、北方局调处，冀豫晋省委以高调批判、低调处理的方式较好地解决了此事件，并将"融合"趋势继续推进。③

周勇主编的《中国共产党抗战大后方历史》（上下册，重庆出版社2017年版），全面呈现了中国共产党在抗战大后方的历史作用。上册包括重庆、四川、云南三省市的党史，下册包括贵州、广西、陕西、甘肃、宁夏、新疆、青海等省区的党史。

抗日战争时期，国共两党在思想舆论领域的斗争异常复杂。桑兵认为，全面抗战爆发后，持久战成为举国共识，可是国共两党的持久战思想却有着显著差异。针对国民党一味强调精神制胜和服从领袖以及专守防御的军事战略，共产党更加着重于动员和武装民众，及其以运动战为主，游击战、

---

① 黄道炫：《如何落实：抗战时期中共的贯彻机制》，《近代史研究》2019年第5期。
② 黄道炫：《抗战时期中共干部的养成》，《近代史研究》2016年第4期。
③ 赵诺：《抗战初期中共地方干部群体内部的"土客问题"——以太行根据地为中心的讨论》，《近代史研究》2017年第3期。

阵地战为辅的战略方针。《论持久战》问世后,得到社会各界的积极反响。后来国民党积极反共,社会各方表面称引国民政府的持久战主张,实则对《论持久战》的呼应仍是持久战舆论的稳定内核。[①] 桑兵还提出,《论持久战》问世后,中国共产党利用政党合法化以及在全国各地设立多处党政军办事处、兴办多种报刊的有利条件,有组织地统一行动,向各地各界民众开展舆论宣传,全面阐述《论持久战》的内容意义,树立了中共及其领导的军队坚决抗战的正面形象。左翼人士的踊跃呼应,扩展了《论持久战》的影响,进一步确立了毛泽东作为中共领袖的形象。而经济与文化的补充论述,既显示了《论持久战》的指导作用,也延伸了《论持久战》战略方针的内容。这一波舆论攻势凸显中国共产党在理论和宣传上的能力远超国民党和国民政府,民心的天平开始朝着共产党一方倾斜。[②] 程美东、裴植考察了抗战期间《新民主主义论》在沦陷区和国统区的传播及反响。毛泽东的《新民主主义论》发表不久,实现了向沦陷区和国统区的跨域传播,并引起巨大反响。在沦陷区,日伪政权在严行查禁、千方百计阻挠其传播的同时,唆使卖身投靠的文人政客对其发起攻击;而在国统区,诸多国民党人也极力以三民主义的"真理"否定新民主主义,并围绕中国近代以来的社会性质、革命步骤等问题,向《新民主主义论》发起围攻。值得注意的是,少数国民党人对《新民主主义论》关于中国社会性质的分析部分地予以认同,一些进步知识分子更是对《新民主主义论》做出了积极的回应。[③] 1943年5月,共产国际执行委员会提议解散共产国际。夏清提出,围绕共产国际解散,国民党、汪伪政权以及中共分别以"民族""亚洲""国际"为核心展开话语争夺。国民党以"民族至上"为核心立论,要求中共随之解散,以此达成其"国家统一"的目的。汪伪政权力图通过重新解释、编排将此事纳入"大亚洲主义"的意识形态框架,以减少共产国际解散对其政权合法性的冲击。中共从"国际"这一高度立意正面回应此事,反驳了前两者的民族观,最大限度地维护了抗日民族统一战线。此三种叙事都在讨论和使用"民族"一词,但每一种"民族"意涵都不同,其实质是三方

---

① 桑兵:《〈论持久战〉的各方反响》,《学术月刊》2019年第9期。
② 桑兵:《鼓与呼:〈论持久战〉的舆论攻势》,《中山大学学报》(社会科学版)2019年第6期。
③ 程美东、裴植:《抗战期间〈新民主主义论〉在沦陷区和国统区的传播及反响》,《中共党史研究》2016年第2期。

根据各自的政治诉求，通过阐释过去、解释现在，以期争夺合法性，主导中国政治的未来。① 1944年中外记者西北参观团的西北之行，是国共两党展开的一场争夺有关中共政治合法性话语权的舆论宣传战。吴志娟提出，国共双方都想以此控制诸如"抗战""民主""团结"等具有现实政治价值或道德意义、能凝聚大众力量并提升政治控制能力的政治符号的解释权与话语权。这场较量一定程度上改变了国共两党此前在政治话语权方面的强弱悬殊格局，对双方产生了诸多不同影响。②

抗战时期的"学术中国化"运动，是中国抗日战争进入相持阶段后由马克思主义者和进步知识分子发起的思想文化运动。以往的考察聚焦于重庆和延安地区，姚宏志以上海出版的有关报刊为主要依据，着力探讨"学术中国化"运动在上海的发生发展过程，深入剖析上海"学术中国化"运动的主要内容、思想论争以及历史地位。③ 设立文学旗手是延安文艺体制建构的基本方式之一。郭国昌认为，以1942年延安文艺座谈会的召开为分界线，解放区文学旗手的建构经历了前后两个明显阶段，解放区前期文学旗手的建构以鲁迅和高尔基为中心，解放区后期文学旗手的建构以赵树理为中心。解放区前后期文学旗手的调整意味着中国共产党以毛泽东"文艺理论"为主体的延安文艺政策的形成，也表明以工农兵为核心的延安文艺体制的确立，解放区文学的发展由此走向了以"大众化"为方向的体制化。④ 阅读史是近年来中共党史研究的新领域。李金铮对《晋察冀日报》的阅读史进行了研究，认为其读者不仅有广大民众，也有党政军各级干部、工作人员和编辑记者。读者获取报纸的渠道，是敌后战争环境下报社、党政军机构和读者共同完成的网络，送报人员付出了辛勤汗水乃至生命代价。读者的阅读方式，既有个人阅读，也有集体阅读，以自愿组织的读报组最具特色。读者阅读后的反应，是经由报纸的指引，投入边区建设，基本实现了党和政府的意志。读者还向报纸提出意见，发表呼声，形成编读之间的双向互动。在以上过程中，读者虽有其独立性、能动性，但党政军机构的

---

① 夏清：《"民族"之辩：一九四三年共产国际解散后国、伪、共的三方叙事》，《中共党史研究》2017年第9期。
② 吴志娟：《一九四四年中外记者西北参观团与国共舆论宣传战》，《中共党史研究》2016年第5期。
③ 姚宏志：《抗战时期"学术中国化"运动再探讨——以上海为中心的考察》，《中共党史研究》2017年第7期。
④ 郭国昌：《文学旗手的调整与延安文艺新方向的确立》，《中共党史研究》2016年第11期。

指示、规定和支持更有其不可忽视的塑造威力,这是党报不同于一般报纸的根本特征。①

中共在抗日根据地的政治建设、经济建设、武装力量建设实践,仍是学术界研究的重点。黄正林以抗日民主政权和"三三制"为中心,考察了中共在陕甘宁边区的执政问题。为了把中共政权真正改革为"几个革命阶级"联合专政的政权,在政权的人员组成上,毛泽东提出"三三制"原则。为解决非党人士"有职无权"的问题,中共在进行"党政分开"的改革后,在政府机关中设立党组加强党对政府工作的领导,并定期召开党外人士座谈会作为"三三制"政权的一种补充。一些地方精英通过选举、聘请的方法,进入边区各级政府和参议会中,重新获得社会的尊重,能够为中共政权服务,也为中共赢得了较好的社会声誉。② 俞小和提出,抗日根据地将减租减息政策变为现实的最佳方法是"说理会"。"说理会"需要经历工作组和基层干部繁难的宣传和组织,并通过农民群众团体的具体安排才得以顺利举行。通过"说理"斗争,农民组织起来,保卫了自己的经济利益,提高了自己的政治地位;中共培养了忠实于党的事业的基层骨干,从而大大提高了对农村的掌控能力。③ 抗战期间,为最大限度地动员社会资源为抗战服务,田赋在各个根据地相继恢复。张孝芳考察了抗日根据地的田赋整理,作为"国家正供",由于横亘在国家政权与农民之间的中间盘剥者截流了本应该由国家政权统一支配的税赋,根据地政权遂对田赋征收体系进行了整理。这些整理措施包括废除社书、清理粮册和清查田亩等。在民国以来国家政权内卷化的情况下,根据地政权进一步通过改造村政权来消除这些中间盘剥者,有效地实现了国家政权对乡村社会的直接统治。④ 在战争年代,作为硬通货的黄金是重要战略资源。在全面抗战时期,日本侵略者对胶东招远地区的金矿进行了疯狂开发和掠夺。为打击敌人的经济侵略和解决党中央的财政困境,中共胶东党组织发动抗日军民开展了旷日持久的"黄金抗战"。孙健伟提出,"黄金抗战"集武装斗争和经济斗争于一

---

① 李金铮:《读者与报纸、党政军的联动:〈晋察冀日报〉的阅读史》,《近代史研究》2018年第4期。
② 黄正林:《中共在陕甘宁边区执政问题研究——以抗日民主政权和"三三制"为中心》,《中共党史研究》2017年第9期。
③ 俞小和:《抗日根据地减租减息中的"说理会"》,《中共党史研究》2016年第2期。
④ 张孝芳:《抗日根据地的田赋整理》,《中共党史研究》2017年第9期。

体,其根本任务是将黄金运送至党中央所在地——延安。在国民政府停止供给中共抗日经费并对根据地进行经济封锁的严峻形势下,黄金成为中共实现自给自足的重要物资储备。在抗日战争时期,胶东抗日根据地一共向党中央输送了约13万两黄金,不仅缓解了中共抗日经费的燃眉之急,而且从物质上支撑了中共敌后抗战的胜利。① 郭宁通过分析抗战时期中共山东地区的武装,认为抗战时期的中共武装包括正规军、地方武装、民兵自卫队三个层级。这三个层级并不是等级分明的金字塔关系,而是三个相互交融的圆,互有重叠,也可相互转化。山东地区的武装由属于地方武装的游击队发展而来,组建了山东纵队,并发展为山东军区。这一过程实际上就是由游击队转化为正规军,再由正规军转化为地方军。这既是中共山东地区武装的特色,也反映了中共部队的灵活性。②

延安整风运动触及参加者的心灵,但学术界鲜有研究。黄道炫从心灵史的维度对整风运动进行了解读,认为整风的价值,固然体现于政治原则、组织纪律、意识形态等方面,细细追索,或许其对中共新的政治文化的创造更具持久和普遍意义。整风以运动的形式,通过训导和规范,促使党员在个体选择、个人生活上自觉按党的期望和标准要求自己,把自己打造成对党完全忠诚的"透明人",这样的规训实践在共产主义政党中也罕有先例。整风对自由主义、个人英雄主义的批判,虽然不及对教条主义、经验主义的批判那样广为人知,实际却具有不可低估的意义。③

高凤林著《党中央在延安十三年党群关系口述史》(人民出版社2017年版),运用口述史方法,从民主政治、经济发展、社会教育、妇女解放和医疗卫生、文艺宣传、"双拥"运动、陕北人民心目中的党中央和毛主席、外国人视野八个角度,真实再现了延安时期干部作风、党群关系的变化过程。延安时期毛泽东哲学小组、抗战时期延安日本问题研究会等社团,也引起了学术界的关注。

抗战时期,中国共产党开展积极的国际统战工作,在争取美英苏等国的政府和民众同情和支持方面积累了丰富经验。杜俊华著《抗战时期中国共产党应对危机的国际统战经验研究》(中国社会科学出版社2016年版)

---

① 孙健伟:《"黄金抗战"——胶东抗日根据地的黄金斗争与运金延安》,《近代史研究》2020年第1期。
② 郭宁:《正规化与地方化——论抗战时期中共山东地区的武装》,《中共党史研究》2016年第2期。
③ 黄道炫:《整风运动的心灵史》,《近代史研究》2020年第2期。

就此进行了探讨。

解放战争时期党的历史研究。为了应对抗日战争胜利后复杂的国内政局，中共决心通过土地改革实现"耕者有其田"，以此有效组织动员解放区农民。罗平汉提出，土地改革运动启动之初，中共曾考虑采取以土地债券征购地主土地的办法，为此专门征求各解放区的意见。陕甘宁边区在调查研究的基础上，制定了征购地主土地条例的草案，提出了土地征购的具体政策，并在绥德、庆阳、关中三个分区开展试点。随着国共关系全面走向破裂，中共的土地政策开始发生重大变化，考虑更多的是如何使农民得到土地的同时组织发动农民，而且日益倾向于采取平均分配土地的办法。到 1947 年 3 月国民党军占领延安后，通过土地公债征购地主的方式随之中断。[①] 张晓玲探讨了解放战争时期晋绥边区土改中私营工商业者的心态由不满、焦虑、恐慌到怀疑、信任，再到最终兴奋的转变过程，认为心态的转变折射出中共在面对私营工商业者利益受侵犯时进行纠偏的决心和成效。侵犯私营工商业者利益并非中共土改的题中应有之义，纠偏亦非权宜之计。中共上层政策的模糊和基层干部素质偏低是私营工商业者利益受侵犯的深层原因，私营工商业者的心态变迁反映中共面对政策失误时敢于承认、坚决纠正的作风，这也使中共最终赢得了民心。[②] 罗平汉著《土地改革运动史（1946—1948）》（人民出版社 2018 年版），主要介绍了五四指示、土地改革运动的展开、土改复查、全国土地会议、新区土改、立法、土地改革的完成等内容。

对于解放战争时期国共两党的军事较量，学术界进行了新的探讨。金冲及通过分析认为，从上党战役到平汉战役，中共军队实现了由以游击战为主向以运动战为主的转变。[③] 1949 年，蒋介石、桂系双方在败退之际产生南撤之争。张皓认为，蒋介石计划退往台湾，桂系企图撤退入粤割据两广，迫不得已时退守海南岛。桂系的战略导向是防守湘桂粤边一线并与解放军进行湘南决战，因之要求蒋介石调其嫡系军队参战，以便桂系军队入粤。蒋介石则通过加强广州部署阻止桂系入粤。其后，白崇禧部拟经滇黔

---

① 罗平汉：《陕甘宁边区试行土地公债征购地主土地述论》，《中共党史研究》2018 年第 6 期。
② 张晓玲：《解放战争时期晋绥边区土改中私营工商业者的心态》，《中共党史研究》2018 年第 10 期。
③ 金冲及：《游击战为主向运动战为主的转变——从上党战役到平汉战役》，《近代史研究》2018 年第 2 期。

进取云南并相机撤入缅甸或越南,但蒋介石通过布兵黔东和云南设阻使白崇禧的计划再次落空。中共中央军委利用蒋桂之间矛盾,根据战场形势变化,指挥解放军南线部队采取大迂回大包围战略,接连进行衡宝战役、广州战役、粤桂边战役,并在桂越边展开大追击。在蒋介石的掣肘和解放军的战场打击下,桂系军队最终覆灭,国民党军华南防线瓦解。解放军顺利达成华南大追击的战略目标,并一举奠定解放海南岛的基础。① 张皓、董莹探讨了国际因素对新疆、西藏、台湾等边疆地区的解放进程产生的深刻影响,其中最主要的因素来自苏联和美国。苏联始终关注中国解放边疆地区的决策和行动,并先后多次向中共中央提出意见建议;美国插手新疆、西藏问题,出兵朝鲜半岛,分别制造中国西北、西南、东北边疆局势的紧张。中共中央有关提前解放新疆与西藏、出兵朝鲜、推迟解放台湾等战略部署,与这种形势有着很大关系。②

中共北京市委党史研究室编的《中共中央北京香山革命历史丛书》(共8册,北京人民出版社2019年版),包括:《新中国的奠基》《北平和平解放》《进京赶考》《将革命进行到底》《建国方略》《协商建国》《开国大典》《老一辈革命家在香山》,呈现了中共中央在香山指挥解放全中国、筹备新政协、筹建新中国等历史进程中的重大事件、重要决策、重要人物。

其他重要专题研究。如高中华著《中国共产党社会救助历程研究(1921—1949)》(人民出版社2016年版),以社会、革命与救助的互动关系为主线,对新民主主义革命时期中国共产党社会救助的演变进行深入分析,并对其发展规律进行了揭示。李庆刚著《中国革命时期开明士绅群体研究》(河北人民出版社2017年版),对中国共产党成立后到新中国成立初期开明士绅群体的历史流变进行了宏观与微观相结合的历史考察,展现了中国传统社会一个阶层消亡并最终退出历史舞台的过程。

对于中共东京支部,学术界缺乏系统研究。徐志民认为,中国共产党成立后,出于顺应国际共运洪流和开展海外活动的需要,在日本秘密设立了中共东京支部。由于日本政府的严密监控和镇压,中共东京支部的革命活动和人员往来虽然极其隐秘,但仍数度被毁、几经重建。面对重重困境,中共东

---

① 张皓:《蒋桂南撤之争与解放军战略大追击》,《历史研究》2019年第3期。
② 张皓、董莹:《全中国解放进程中的国际因素述略(1949—1950)》,《中共党史研究》2016年第8期。

京支部共产党人并没有放弃革命理想与信念，一方面积极学习和宣传马克思主义，秘密发展党员和扩大组织；另一方面，通过策划反日游行、搜集日军情报来支持祖国的革命与抗日战争。更为特殊的是，中共东京支部作为中共与日共联络的秘密渠道，在两党之间传递信息、联合游行、合作反战等方面也发挥了重要作用。[①] 这一研究，弥补了中共党史研究的薄弱环节。

卢毅对民主革命时期国共宣传工作进行了比较，认为国共两党宣传工作成效大相径庭的原因，主要有以下几个方面：其一，国民党执掌全国政权后宣传日趋保守，而作为革命党的中共始终保持极为凌厉的宣传攻势；其二，中共宣传战线人才济济，国民党的宣传人才则乏善可陈；其三，中共非常重视宣传的统一，国民党内部的派系纷争却使其宣传日益涣散；其四，国民党的宣传工作始终未能深入农村，而共产党则成功动员了广大民众；其五，中共十分重视言行一致，国民党的作为却往往与其宣传背道而驰。[②] 这一研究从一个方面揭示了国民党败退大陆的原因。

（四）关于中华人民共和国前 30 年的中共党史研究

中华人民共和国成立初期党的历史研究。新中国成立初期，接受官僚资本、外国资本企业，是国有经济建立的基础。符鹏具体考察了天津解放初期的工厂接管，认为接管之前中共对天津工厂的历史理解并不深入；接管之初干部的工作能力和组织准备也不充分，不断遭遇各种层次的问题和矛盾。中共通过调整干部的工作状态，完善组织结构，理顺矛盾关系，逐步将资本家、职员、工人及其组织形式推向中共期待的工厂民主建制方向。[③] 外资在华企业的改造及式微非常具体复杂，涉及对谈判、交接、签约、转让、清估等历史细节，张旭东以英国亚细亚火油公司为例，对外国在华企业改造过程中的清估工作进行微观呈现。[④]

以往学界关于抗美援朝运动的研究主要集中在宣传动员方面，吴淑丽借助山东省聊城县的地方档案，探究抗美援朝运动对乡村社会带来的深刻

---

① 徐志民：《中共东京支部考论》，《中国社会科学》2019 年第 5 期。
② 卢毅：《民主革命时期国共宣传工作比较研究》，《中共党史研究》2016 年第 8 期。
③ 符鹏：《天津解放初期工厂接管的历史实践与伦理意涵》，《中共党史研究》2017 年第 6 期。
④ 张旭东：《外资企业改造过程中的清估工作——以英国亚细亚火油公司为例》，《中共党史研究》2017 年第 10 期。

影响。新中国成立之初,发展生产是国家与农民的共识,但二者需求角度有所不同,国家是从支援社会建设的角度,而农民则致力于个人的"发家致富"。农民甚至基层干部对国家政治渐失关注,专心于个人生产。政府以抗美援朝为契机,开始逐步强化"国家观念",推行"一切都要问政治"的方针政策,乡村社会新一轮的"政治化"倾向逐渐增强。[①]

以往学术界在研究一届全国人大时,对于基层选举缺乏系统研究。赵入坤提出,一届全国人大的基层选举明确剥夺地主阶级分子、反革命分子的选举权,限制了精神病人行使选举权,确定革命进程中涌现的先进分子为人民代表候选人。尽管中央选举委员会对剥夺选举权利的阶级身份与政治身份有相当细致且明确的界定,但是实际的选民资格认定依然存在差错。这些差错主要是由政策理解偏差而起,因而纠正起来并不复杂。虽然因身份原因而失去选举权利的比例不高,但绝对数量不小。然而,并不能因此而质疑一届全国人大基层选举的广泛性和民主性。[②]

对于社会主义改造,叶扬兵运用大量档案资料,探讨了私营工商业改造中资本家"摘帽子"问题。几位工商业者及家属的发言记录,真实反映了资本家"帽子"给他们所带来的沉重精神压力;着力考察1955年10月毛泽东的郑重承诺与随后政府方面的初步设想这两个涉及资本家"摘帽子"问题的关键环节,进而阐释在高潮中摘掉资本家"帽子"似乎指日可待的原因。[③]

1949年至1957年,作为学习苏联教育经验的举措,同时为了适应马列主义学习热潮,中共决定以中国人民大学为试点,落实全面学习苏联的政治理论教育制度。耿化敏、吴起民提出,在苏联专家指导下,马列主义进入新中国的大学,实现了课程体系化、教学组织化和教学活动计划化,并形成了一支政治理论师资队伍。高校政治理论课不仅是一种系统、正规的马列主义理论教育,更是一项意识形态教育工作,为中共确立对高等教育的领导权和管理权奠定了坚实的基础。[④]

[①] 吴淑丽:《抗美援朝运动对乡村社会的影响——以聊城县为中心的考察》,《中共党史研究》2017年第6期。
[②] 赵入坤:《身份与权利:一届全国人大的基层选举》,《中共党史研究》2016年第4期。
[③] 叶扬兵:《私营工商业改造中资本家"摘帽子"问题初探》,《中共党史研究》2016年第9期。
[④] 耿化敏、吴起民:《苏联专家与新中国高校政治理论课程的建立》,《中共党史研究》2016年第6期。

治淮工程是新中国成立后建设的第一个全流域、多目标的大型水利工程。王瑞芳认为，治淮工程经历了从点的治理，到点线结合的治理，再扩展到面的治理的过程，不仅修建了众多的大中型水库，提升了拦蓄洪水的能力，而且整治了淮河干支流，提高了防洪泄洪能力，有效地遏制了淮河水患。[①]

新生政权的基层社会治理，需要各方面力量的参与。黄利新探讨了新中国成立初期北京市街道积极分子培养问题。为构建新政权的社会基础，弥补基层行政力量的不足，北京市成立了众多功能不一的街道群众组织，培养了大量积极分子。街道积极分子以群众身份参与各项街道工作，事实上是没有薪酬的干部，其思想动机各有不同。中共组织针对这支队伍建立了包括选拔、教育、培养、考验等环节在内的一整套管理机制。街道积极分子在城市基层社会管理中发挥了重要作用，但也存在各种问题和局限，最终被纳入城市居民委员会之中。[②]

干部匮乏是20世纪50年代初期新区基层建政时所面临的共同问题。何志明以川北区为中心，考察了20世纪50年代初新区的干部培养及其群体发展趋向，认为中共川北区委采取上级训练输送与下级自行培养相结合的方式，在依靠南下干部的同时，着力培养地下党干部、民主人士干部以及乡村干部，使干部匮乏的状况得以迅速缓解，为该区政治经济秩序的恢复奠定了组织基础。在此过程中，川北区干部呈现地方化的特征，反映了整个新区地方干部群体的转型与发展趋向。与地方化趋向相伴随的，则是地方干部对于国家政权向心力的强化。[③]

"大跃进"专题研究。将这一研究同当时引起的城乡变迁结合起来，是近年来"大跃进"专题研究的新动向。林超超考察了"大跃进"时期上海街道工业的定位与转型，认为上海街道工业之所以能够在"大跃进"期间迅速崛起，关键在于其灵活多变的特性可以满足对大工业拾遗补缺、零星加工以及部分突击生产的要求。随着城市人民公社化运动的发展，上海街道工业作为城市人民公社的重要产业，达到了它的鼎盛时期。但是，由于在所有制性质上的天然劣势，上海街道工业始终未能获得较优的资源配

[①] 王瑞芳：《从点到面：新中国成立初期的淮河治理》，《中共党史研究》2016年第9期。
[②] 黄利新：《新中国成立初期北京市街道积极分子研究》，《中共党史研究》2016年第1期。
[③] 何志明：《二十世纪五十年代初新区的干部培养及其群体发展趋向——以川北区为考察中心》，《中共党史研究》2016年第10期。

置。一旦其突破"为大工业服务"的定位,出现扩大自产自销、抢购物资、长途运销等自主经营形态,就会被视作扰乱计划经济的"资本主义经营"倾向而遭制止。在"大跃进"和城市人民公社化运动止步以后,它也最先成为被改组和调整的对象。① 罗平汉著《问路——毛泽东与1961年全党农村大调查》(人民出版社2019年版),对1961年毛泽东所提倡的"调查研究年""实事求是年"做了全面系统的梳理,深化了这一时期中共党史有关问题的研究。

军队建设专题研究。军衔制是这一时期军队建设的重要问题。1965年,人民解放军取消了实行近十年的军衔制。徐金洲对取消军衔制的原因进行了分析,认为其内部和外部原因主要有以下几个方面:筹备实施军衔制过程中的理论准备不足,军衔条例存在许多不完善之处,与军衔制配套的制度和措施不完善,处理制度与实际情况之间的矛盾时出现偏差;在"左"倾指导思想影响下对军衔制产生了错误认识,错误地看待战争年代的成功经验,在取消军衔制过程中采取了错误的决策方式。②

对外关系研究。对于新中国前30年的对外关系,学术界的研究较为集中。1949—1951年尼赫鲁政府对藏政策的调整、1949—1953年的中缅关系、1950—1955年新中国与民主德国的贸易关系、1955—1957年中法围绕商务代表问题的外交互动、1950—1962年中国和印度有关地图边界划法的交涉、20世纪60年代前期中国从西方国家引进成套技术设备、中国对1962年科伦坡六国会议的因应、20世纪60年代中阿边界谈判、《中日和平友好条约》缔约谈判过程,都有专文进行研究。章百家梳理分析了1945—1978年中日关系的演进和新中国对日政策的形成过程,探讨了战后中日关系的"真空"期与阻碍两国关系正常化的长期障碍、50年代中国对日政策与中方推动两国关系走向突破的尝试、60年代中国对日政策的发展与"渐进的和积累的方式"以及中方关于战争赔偿、中日和约和邦交正常化等重大问题的设想、70年代中日关系正常化的"两步走",首先恢复邦交,然后签订和平友好条约。③

---

① 林超超:《"大跃进"时期上海街道工业的定位与转型》,《中共党史研究》2018年第8期。
② 徐金洲:《一九六五年取消军衔制原因探析》,《中共党史研究》2016年第8期。
③ 章百家:《长期积累,见机而作——新中国对日政策与中日关系正常化》,《中共党史研究》2018年第10期。

新中国建设时期的总体研究。李捷著《毛泽东对新中国的历史贡献》（社会科学文献出版社 2015 年 6 月典藏版）一书，从毛泽东与中国共产党的三件大事破题，着重从创建中华人民共和国、决策抗美援朝、确立社会主义基本制度、总结苏联社会主义建设经验教训、对科学社会主义的理论贡献、决策搞"两弹一星"和国防现代化、在纠正错误中继续探索、决策推动中美关系正常化等方面，阐明毛泽东同志在新中国发展中的历史地位。

（五）关于改革开放史研究

曹普著《当代中国改革开放史》（上下卷，人民出版社 2016 年版），再现了中国改革开放启动、展开、深化、经受困难和风险考验并取得成功的艰辛过程，总结了改革开放的成就和经验。2018 年是改革开放 40 周年，学术界围绕改革开放推出了一批研究成果。由中国人民大学中共党史党建研究院组织编写，靳诺、杨凤城担任主编的《中国改革开放 40 年丛书》（中共党史出版社 2018 年版），分设经济、政治、文化、社会、生态文明、外交和执政党建设七个专题卷，全方位、多视角、立体化地回顾总结改革开放 40 年的光辉历程、辉煌成就和历史经验。丛书以纵向历史回顾和横向核心专题研究为主要内容，注重历史叙述与理论分析、学术性与通俗性的结合。沈传亮著《中国改革为什么能成功？》（河北人民出版社 2018 年版），以时间为坐标、以重大事件为节点，从宏观和微观两个层次展示了中国改革开放 40 年的壮美画卷，深刻分析了改革开放和社会主义现代化建设取得伟大成就的宝贵经验、根本原因，彰显了中国特色社会主义道路自信、理论自信、制度自信、文化自信，为新时代全面深化改革积累了宝贵财富、提供了宝贵经验。沈传亮著《中国共产党如何决策》（五洲传播出版社 2019 年中英文版），结合从改革开放到全面深化改革的决策历程，介绍中国共产党如何实现决策机制越来越制度化、规范化、程序化，保证中国重大决策的民主化、科学化，高效率地做出正确决策，及时纠正小的错误，避免颠覆性错误，体现出"中国制度"和"中国决策"的独特优势。广东省委宣传部组织编写《广东改革开放 40 年研究丛书》（共 14 本，中山大学出版社 2018 年版），分总论、经济体制改革、行政管理体制改革、文化改革发展、社会体制改革、生态文明建设、教育改革发展、科技创新发展、全面推进依法治省、区域协调发展、对外开放、经济特区改革发展、海外华侨华人与广东改革开放、全面从严治党14个方面,对广东改革开放40年的历史与经验进行了系统总结。

除著作外,还有不少论文对改革开放40年的历史进行了整体研究。杨凤城从三个方面对改革开放进行了总结,即为什么要改革:从"摆脱贫困"到"必由之路""关键抉择";什么样的改革:从体现社会主义优越性到中国特色社会主义的自我完善和发展;改革方法论:从"摸着石头过河"到顶层设计。[①]

中国改革开放是如何发生的,是学术界研究较为集中的问题。萧冬连认为,随着"文化大革命"的结束,中国出现历史转轨的机会。"文化大革命"带来两大灾难性后果:一是伤人太多;二是老百姓生活太苦。这两个问题促使党内和知识界对以往所走过的道路进行深刻的反思。从1977年开始,中国政治和社会出现一连串变化,高层也开始酝酿结束持续多年的政治运动,集中致力于实现国家现代化目标,并为此寻找国家发展的新路子。1978年最初酝酿改革开放时,高层没有出现太大分歧,说明中国改革有着深刻的内在动力。当然,如果没有大批人员出国考察所感受到的挑战和机遇,国家领导人也不会有这么强烈的紧迫感,要达成改革的共识也会困难得多。[②] 萧冬连还分析了中国农村改革是如何率先突破的,认为农村改革是农民、基层干部、地方政府和中央领导各个层次、各个方面互动,一步一步获得共识形成全国性政策的过程。农村改革在粮食增产方面效果显著,既给农民带来收益,又丰富了城市居民的餐桌,同时满足了政府足额收购的要求,从意识形态角度提出的反对意见不足以阻止改革的进程。20世纪80年代前期农业超常规增长,农村商品经济的发展和随后乡镇企业的异军突起,对中国市场化改革具有全局性意义。[③] 文世芳认为,中国改革开放取得成功,"摸着石头过河"和总体规划相结合的探索模式发挥了重要作用。1979—1980年,由国务院财政经济委员会组织的大规模经济问题调查研究,就改革开放政策特别是经济体

[①] 杨凤城:《中国共产党改革观的历史演进》,《中共党史研究》2019年第2期。
[②] 萧冬连:《中国改革开放的缘起》,《中共党史研究》2017年第12期。
[③] 萧冬连:《中国农村改革是如何率先突破的》,《中共党史研究》2018年第8期。

制改革方向、路径、内容、步骤进行深入探讨，对改革做出总体布局，凸显了中国改革开放历史进程中决策者对总体规划的艰辛探索及重要影响。①

经济体制改革是改革的核心，也是学术界研究的重点。中国经济体制改革在20世纪80年代和90年代呈现各具特点的两种思路，闫茂旭从分税制改革入手对中国经济体制改革思路的转换进行了分析。80年代在放权让利改革思路下，微观经济快速市场化，包括财税体制在内的宏观经济改革明显滞后，成为宏观经济剧烈波动的重要原因。经过围绕财税体制进行的探索、反复和试点，20世纪90年代经济体制改革的思路转向宏观经济改革和制度创设，进入微观改革与宏观改革相配套的阶段。分税制改革在改革思路的转换中发挥出"中心环节"的作用。②王丹莉、武力从财政包干下的放权尝试、分税制与财政分配制度框架的初步确立、公共财政及现代财政制度构建与2004年以来的中央与地方财政关系三个阶段，梳理了改革开放以来中央与地方财政关系的演进。③

改革开放引起了思想文化领域的变动和思想文化的发展。吴志军具体考察了拨乱反正时期权威理论的重塑与演进，从最初一年多时间里对于重树权威的极端强调，到1978年后对"绝对权威"论的深入批判解构与新的政治权威理论之重塑的同步嬗变，充分展现了中国政治、社会与文化自身的起承转合及其历史的复杂性和多元性。④吴志军还提出，1983年至1985年的中共党史研究从多个关键层面巩固和强化了拨乱反正时期业已初步形成的实证史学理念。实事求是精神与历史评价理论的进一步科学重塑、党史资料征集工作的学术转向和史实考证的价值强化、整体性研究思维和治学思想的形塑与发展、以历史规律为核心元素的宏观叙事取向的加强等共同构成实证史学理念的文化意涵。⑤杨凤城对改革开放时期文化建设与发展的历史进行了总体把握，认为中共中央及其领导人关于文化建设与发展的思想，依历时性顺序依次为文化与政治的关系问题、一元主导与多元共存

---

① 文世芳：《一九七九年至一九八〇年的经济问题调查研究与改革总体规划》，《中共党史研究》2018年第12期。
② 闫茂旭：《分税制改革与中国经济体制改革思路的转换》，《中共党史研究》2018年第12期。
③ 王丹莉、武力：《改革开放以来中央与地方财政关系的演进与透视》，《中共党史研究》2018年第12期。
④ 吴志军：《试论拨乱反正时期权威理论的重塑与演进》，《中共党史研究》2016年第8期。
⑤ 吴志军：《实证史学理念的巩固、强化与中共党史研究的学术化进展（1983—1985）》，《中共党史研究》2020年第1期。

的问题、文化发展繁荣的基本路径与体制问题、文化自信与文化软实力问题。改革开放以来，中国由一元一体化的文化形态转型为一元主导、多元共存的"雁阵"式文化格局；中共对待中国传统文化、西方文化、马克思主义三大文化体系的态度既影响也反映着文化的发展与变迁；从社会主义思想道德建设到弘扬和践行社会主义核心价值观，反映了中共中央对于社会主义文化建设包括思想道德建设的认识的不断深化与聚焦。①

曲青山、吴德刚主编的《改革开放四十年口述史》（中国人民大学出版社2019年版），通过对胡福明、袁宝华、王梦奎、陈锦华、刘鸿儒、伍绍祖、龙新民等49位老领导、老同志的访谈，以口述史的形式，展现了改革开放40年中诸多重大决策出台的过程，全面回顾了改革开放进程中发生的重大事件的许多鲜为人知的细节。②

（六）关于新时代中共党史研究

随着党的十八大召开，中国特色社会主义进入新时代。学术界对于新时代取得的历史性成就、发生的历史性巨变进行了系统总结。

曲青山提出，新时代标注党和国家发展新的历史方位，它既是我国改革开放和社会主义现代化建设新时期的延伸，同时又是新的历史阶段的开始。新时代是党史新中国史的重要组成部分，是党史新中国史划时代的新坐标，是党史新中国史新的里程碑，是党史新中国史研究的新领域。③ 如此，凸显了新时代中共党史研究的意义。学术界对党的十八大以来在全面深化改革、全面依法治国、经济社会发展、脱贫攻坚、对外交往、党的建设等方面取得的成就，都有专题论文进行研究。

当代中国研究所著《新中国70年》，在全部七章中，该书用两章的篇幅，浓墨重彩地记述了党的十八大以来，以习近平同志为核心的党中央团结带领全国各族人民，奋力推动中国特色社会主义进入新时代的恢宏历史画卷，展现了新时代取得的历史性成就和发生的历史性变革。

李捷著《马克思主义中国化新飞跃是怎样到来的》（湘潭大学出版社2019年版）一书，则从中国共产党指导思想创新发展的角度，着重论述了

---

① 杨凤城：《改革开放时期文化建设与发展史的几个问题研究》，《中共党史研究》2016年第10期。
② 曲青山、吴德刚主编：《改革开放四十年口述史》，中国人民大学出版社2019年版。
③ 曲青山：《新时代是党史新中国史研究的新领域》，《中共党史研究》2019年第11期。

习近平新时代中国特色社会主义思想对毛泽东思想、邓小平理论的坚持、发展和创新。从推动马克思主义同中国实际的第二次结合到坚持和发展中国特色社会主义、从防止党和国家改变颜色到全面从严治党、从让马克思主义占领意识形态阵地到建设具有强大凝聚力和引领力的社会主义意识形态、从构建社会主义政治经济学到构建中国特色社会主义政治经济学、从自立于世界民族之林到构建人类命运共同体、从马克思主义的科学世界观和方法论等方面，诠释了习近平新时代中国特色社会主义思想对毛泽东思想的坚持、发展和创新，勾勒了二者之间继承与超越的关系。从党领导一切、实现中华民族伟大复兴、全面深化改革、发展社会主义民主政治、建设社会主义文化强国、在发展中保障和改善民生、推进生态文明建设、坚持"一国两制"与推进祖国统一、推动构建人类命运共同体、把反腐败斗争进行到底十个方面，诠释了习近平新时代中国特色社会主义思想对邓小平理论的坚持、发展和创新。

（七）关于中共党史人物研究

中国人民大学出版社2017—2018年重新出版中国中共党史人物研究会主持编写的《中共党史人物传》，共89卷，这是中共党史人物传记里的原创性著作，思想性、学术性和史料性兼备。

对毛泽东的研究依然是党史人物研究的重点。"十三五"时期，除《毛泽东研究》《毛泽东思想研究》集中刊发毛泽东研究的文章外，《湘潭大学学报》《湖南科技大学学报》等综合性期刊设立了毛泽东思想研究专栏，毛泽东生平与思想的研究取得了一些进展。

毛泽东在开拓中央苏区过程中所进行的大量农村调查，是调查研究这一政治传统和工作方法的开端。以往关于毛泽东农村调查的研究，或者侧重社会动员视野下的阐释，或者侧重从政策维度展开研究，尚缺少在总体史视野下的统合性考察。孟庆延通过详细梳理毛泽东从1927年到1930年的农村调查文本与实践，并将其置放于宏观政治史、社会思潮史与地域社会史的整体背景下加以理解，揭示这一政治传统的多重理论意涵。毛泽东早期农村调查是贯彻马列主义意识形态要求并不断根据中国社会的实际情况进行阐释与调适的重要实践机制；毛泽东早期农村调查以考察乡村社会中的地主与富农问题为核心，以翔实的调查材料为依据制定自身的斗争策略,形成了对当时中央苏区"左"倾错误路线等问题的有力回应;毛泽东早期农村调查是在民国以来各种社会科学思潮涌入、各种社会科学知识快速传播的整体社会思潮背景下展开的,他既重视经典理论的重要性,又将马列主义与中国社会的具体情况相结合,以农村调查的方式推进"新社会"的塑造,从而形成了对当时"问题与主义"之争的重要回应。① 欧阳淞从为当代中国一切发展进步奠定根本政治前提和制度基础,为开创中国特色社会主义提供宝贵经验和理论准备,为开创中国特色社会主义提供物质基础和创造外部环境,历史伟人的奠基之功、探索之果与未竟之业四个方面,论述了毛泽东与中国特色社会主义的关系。②

此外,关于毛泽东的著作研究,黄江军在扎实的文本分析的基础上,梳理了中共执政以前毛泽东著作的经典化历程,孙睿研究了《论持久战》的版本问题,邱德宇将《湖南农民运动考察报告》与彭湃的《海丰农民运动》做了比较研究。关于毛泽东思想的研究,丁俊萍探讨了毛泽东农民革命思想与中国革命新道路的开辟,王振民研究了海克尔在毛泽东话语空间中的地位,认为海克尔影响了毛泽东的世界观和思想。陶季邑辨析了青年毛泽东大同思想与孙中山大同思想之间的异同和关系。关于毛泽东政治活动的研究,欧阳湘考证了国民党一大期间毛泽东对中共党团的领导作用,认为毛泽东在国民党一大发言踊跃且精准,甚至掌控议题,在统一中共党籍代表的思想、组织与规范大会发言等方面起到了很好的作用。③ 庞振宇考察了1930年毛泽东开展赣西南农村调查的目的及影响。胡大牛研究了延安时期中共党史进入党校过程中毛泽东所起的作用,提出中共党史作为课程进入党校,是毛泽东全力倡导的结果。④

李大钊作为中共建党之初的重要领导人,在中共党史人物研究中也受到较多关注。李长银提出,学术界一般认为李大钊是唯物史观派史学的主要开创者。事实上,李大钊也对史料考订派产生过一定影响,作为史料考订派头面人物的顾颉刚的"疑古"思想就曾在一定程度上受到李大钊的启发。⑤ 安

---

① 孟庆延:《理念、策略与实践:毛泽东早期农村调查的历史社会学考察》,《社会学研究》2018年第4期。
② 欧阳淞:《毛泽东与中国特色社会主义》,《中共党史研究》2017年第12期。
③ 欧阳湘:《毛泽东参与国民党一大期间中共党团领导考》,《中共党史研究》2017年第9期。
④ 胡大牛:《毛泽东与中共党史课程进入党校》,《党的文献》2017年第1期。
⑤ 李长银:《"学则须疑":李大钊对顾颉刚的学术影响》,《中共党史研究》2019年第9期。

雅琴对陈溥贤的《马克思的唯物史观》与李大钊的《我的马克思主义观》的文本关系进行了考证,认为陈溥贤的《马克思的唯物史观》与李大钊的《我的马克思主义观》分别以河上肇的《马克思的唯物史观》和《马克思的社会主义的理论体系》为译文来源,两文尽管具有一定的相似度,但从译词选择等方面判断,李大钊援引河上肇内容是基于日文文本,而非陈溥贤译文。① 李大钊和瞿秋白是新文化运动时期马克思主义和俄国道路的重要宣传家与理论家,他们运用唯物史观研究、阐释俄国道路,张艳国从革命道路、革命手段和革命目标,俄国国情与革命和社会建设的关系,群众、阶级、政党和国家之间的关系,人类社会发展普遍规律,社会发展动力与革命主体,思想、意识和观念因素的社会作用等方面,具体考察了李大钊、瞿秋白对俄国道路的认识。② 此外,王小梅研究了李大钊民生观从传统思想影响下对民生的关注,到主张资本主义民主政体下用国家政策改善民生,再到马克思主义革命理论指导下通过社会主义革命彻底改革民生转变的过程③;裴赞芬从"民生"视角对李大钊的民生思想进行了梳理,以更好地理解其探寻中国道路、创建中国共产党的初衷。④ 段炼考察了民国初年李大钊关于政治正当性的思考,认为李大钊借助"民彝"观念,将政治秩序背后的现代价值诉求,与"内在超越"的传统道德价值实践相结合,论证了"德性统治"的正当性。⑤ 王东红以对李大钊译述文章《马克思的中国民族革命观》的考释为例,强调了文本辨识在李大钊研究中的重要性。⑥ 侯且岸从李大钊思想形成的特殊理论、理论内涵、西学背景以及思想特征四个方面,对五四时期李大钊的社会主义思想做了反思性研究。⑦

对邓小平生平事业的研究也取得进展。刘金田著《邓小平与第二个历史决议》(江苏人民出版社 2017 年版),系统记述了邓小平从 1980 年 3 月至 1981 年 6 月主持第二个历史决议起草的全过程,对第二个历史决议形成的历史背景和条件进行了深入阐释。王红续、孙浩、梁琳著《邓小平与中

---

① 安雅琴:《陈溥贤〈马克思的唯物史观〉与李大钊〈我的马克思主义观〉文本关系考——基于唯物史观的相关论述》,《中共党史研究》2016 年第 2 期。
② 张艳国:《李大钊、瞿秋白对俄国道路的认识》,《中国社会科学》2016 年第 10 期。
③ 王小梅:《从"问题"到"主义":李大钊民生思想的发展与质变》,《河北学刊》2016 年第 3 期。
④ 裴赞芬:《李大钊对"民生凋敝之原"的研究及认识》,《河北学刊》2016 年第 3 期。
⑤ 段炼:《从"心力"到"民彝":民国初年李大钊关于政治正当性的思考》,《史林》2017 年第 2 期。
⑥ 王东红:《李大钊译述文章〈马克思的中国民族革命观〉考略》,《中共党史研究》2017 年第 7 期。
⑦ 侯且岸:《李大钊社会主义思想探幽》,《北京党史》2016 年第 3 期。

国外交》（中国民主法制出版社2017年版），记述了自20世纪40年代末至90年代初邓小平的外交活动，系统反映了邓小平在各个时期对国际局势的准确研判、战略谋划和重大外交实践，生动展现了邓小平高超的战略决断能力和纯熟的外交艺术。

（八）关于中国共产党思想史的研究

马克思主义在中国的传播是中国共产党思想史生成的源头。陈红娟对陈望道翻译《共产党宣言》的版本源流与底本进行了甄别，认为陈望道翻译的《共产党宣言》的初版时间可以精确到1920年8月17日前；陈望道译本在全国共发现17种版本，可见该译本传播时间久、范围广、影响大；无论是陈望道本人的回忆还是陈望道译本与1906年日译本的文本比对，抑或是对译本术语差异的考究，都佐证了陈望道译本主要依据的底本为1906年幸德秋水、堺利彦合译的《共产党宣言》日译本这一事实。[①] 陈少卿考察了留法勤工俭学群体接受马克思主义的过程，认为勤工俭学生很少一开始就接受马克思主义，他们接受马克思主义是勤工俭学运动失败的后果，与自身的社会经济处境密切相关。[②] 姜喜咏注意到马克思主义在中国早期传播中的"反转"现象，认为这种"反转"不仅是马克思主义在中国早期的传播局面和传播主体的反转，而且是传播性质的反转，标志着一个旧的传播阶段的结束和一个新的传播阶段的酝酿与开启，"反转"现象表明马克思主义中国化进程中存在的文化认同与政治认同的分裂与悖论。[③] 刘雨亭考察了20世纪20年代中共马克思主义著作经典化的方式，即中共在革命实践中致力于营建"社会科学"的阅读环境和知识批判谱系，通过内外连续的、有组织的阅读来扩展马克思主义知识的内在化实践，同时依托著作译介、教材编写、经验总结等方式构建指导中国革命实践的马克思主义知识体系，试图实现真理权威性与组织纪律性的互动。[④] 裴植以北京大学为个

---

① 陈红娟：《版本源流与底本甄别：陈望道〈共产党宣言〉文本考辨》，《中共党史研究》2016年第3期。
② 陈少卿：《留法勤工俭学群体接受马克思主义过程再探讨》，《中共党史研究》2018年第7期。
③ 姜喜咏：《马克思主义在中国早期传播中"反转"现象研究》，《安徽师范大学学报》（人文社会科学版）2017年第4期。
④ 刘雨亭：《阅读与革命：二十世纪二十年代中共马克思主义著作经典化的发生》，《中共党史研究》2019年第10期。

案，考察了1927—1937年马克思主义在高校传播的状况。这一时期马克思主义在北大等国内各高校的传播，是在国民党以"整顿学风"为由展开意识形态高压、强力推行党化教育和三民主义进高校的背景下实现的。北大开设的马克思主义课程至少有21门，内容涵盖马克思主义三大组成部分；举办的学术讲演达数十场。这一时期马克思主义在北大的传播与马克思主义的科学性、北大马克思主义者的薪火相传、中共党组织的有效推动、北大兼容并包的学术氛围密不可分。①

概念史的研究是"十三五"时期中国共产党思想史研究的热点。陈红娟考察了《共产党宣言》汉译本中"阶级"概念的源起、语义，认为这一概念经历了不同文化间的语义旅行，在偏移原初内涵的同时与中国文化、中国实际相结合，获得了中国化的语义，"阶级"概念的社会功能经历了从服务于等级协作的封建礼制到彰显社会分化的嬗变。②

"帝国主义"是新民主主义革命话语的核心概念之一。毕玉华考察了"帝国主义"概念的输入与演进。19世纪末，"帝国主义"一词经由日本间接输入。五四运动后中共接受了列宁提出的帝国主义概念，并将其运用到革命意识形态的建构中。借助帝国主义概念，中国共产党人一方面描绘了帝国主义时代的世界图景，另一方面为民族解放事业的发展确立了方向。土地革命时期，中共认识到封建势力是帝国主义的工具，消灭封建势力的土地革命是反对帝国主义的必经之路；抗日战争时期改变了反对一切帝国主义的革命方针，提出凡是反对法西斯、援助中国的国家都不是帝国主义；"二战"结束后认为应联合美国人民等世界民主力量与美国的帝国主义者斗争；冷战格局确立后认识到美苏主导的两大阵营将世界分成了帝国主义与反帝国主义阵营，以苏联为首的反帝阵营终将战胜帝国主义。③"封建"概念在中共民主革命时期理论建构过程中具有重要地位。翁有为对中共民主革命理论建构中的"封建"意涵的演变进行了考察。中共在建党之际，探讨了军阀的"封建"性质，其意涵主要体现在政治方面；随着大革命的

---

① 裴植：《一九二七年至一九三七年马克思主义在高校传播的多维透析——以北京大学为个案》，《中共党史研究》2018年第8期。
② 陈红娟：《〈共产党宣言〉汉译本中"阶级"概念的源起、语义与理解（1900—1920）》，《中共党史研究》2017年第8期。
③ 毕玉华：《建构与调适：中共革命意识形态中的"帝国主义"概念》，《近代史研究》2018年第5期。

发展，认识到军阀与其背后的农村地主同属"封建"范畴，初步形成了由反城市"封建军阀"到反乡村"封建地主"的理论与实践；土地革命时期，中共进行反封建地主的土地革命，封建概念主要体现在经济方面；抗战时期，封建概念成为中国共产党人建构新民主主义理论和斗争实践的重要支点，体现在政治、经济和文化等方面全方位的建构和深化。① 翁有为还具体探讨了五四前后陈独秀对"封建"意涵的探索和"反封建"理论的构建。②

袁超乘考察了中共话语中的"苏维埃区域"，认为其产生与中共不断推进武装暴动、夺取政权的过程有关。中共党内从最初使用"革命地域"和"割据局面"来指涉进行革命实践的区域，到最终将"苏维埃区域"固定为对实施割据和建立苏维埃政权地域的特定指称。③ 红军长征既是一个重大历史事件，也是一个超越时空且具有极强"语义承载能力"的独特概念。杨东提出，红军长征的概念意涵既包含"跑"与"追"这样的具象话语，也涵括着"苦"与"乐"这样的叙述话语；既有"对"和"错"这样的路线话语，也有"胜"与"败"这样的辩证话语，同时也内在地包含"危"和"安"这一转折话语。中共话语中的"长征"是一个"行动"概念。中共一方面突破"长征"概念的意义空间，拓展它的"语义承载能力"，另一方面赋予其新的历史语境，形成新的概念话语和实践表达，并最终成为开拓进取的宝贵精神资源。④ 抗战时期的延安形成了一个众说纷纭的"延安"概念和超越时空的集体记忆，杨东考察了"延安"的概念史及其在战时的建构表达。自进驻延安以来，中共便以自己的语言体系重构了"延安"的概念意指和象征意义，形成了一种从未有过的概念话语表达。而在国统区以至世界范围内，也对"延安"有着各自的话语陈述。长期的历史积淀和各方对"延安"的演绎表达，使得"延安"演变成一个集体记忆，进而成为一种不竭的精神力量源泉。⑤

---

① 翁有为：《中共民主革命理论建构中的"封建"意涵之演变》，《近代史研究》2018年第5期。
② 翁有为：《"五四"前后陈独秀对"封建"意涵的探索——中共"反封建"话语的初步形成与发展》，《中共党史研究》2018年第9期。
③ 袁超乘：《分野与统一：中共话语中"苏维埃区域"的出现——一个概念史视角的解释》，《中共党史研究》2018年第3期。
④ 杨东：《概念史视野下的红军长征——兼论中共在革命道路中的实践表达》，《中共党史研究》2017年第5期。
⑤ 杨东：《循名责实——"延安"的概念史及其在战时的建构表达》，《中共党史研究》2016年第11期。

中华民族是使用广泛的概念。张太原认为,中共成立以后尽管在不少地方使用了中华民族的概念,但对它的具体含义一直存在模糊性和不确定性。直到全民族抗战开始以后,中共的中华民族观才发生根本性变化:相对于众多的类似称谓,中华民族一词的运用取得了压倒性优势;中华民族的含义趋于明确,即中国境内各民族的简称或统称;中华民族的整体"自决"代替了少数民族的单个"自决";从中华民族的角度和立场上来定位自身的存在。这种调整和变化有力地推动了中国作为一个现代民族国家的建构。①

此外,学术界对民主革命时期中共话语中"暴动"和"起义"称谓的使用变迁进行了考察,对"矛盾""人民""民主革命""宗派主义""新中国""改革开放"概念的历史演变进行了梳理。

学术界对于新民主主义革命时期中国共产党的思想发展进行了多方面的研究。周家彬探讨了大革命初期中共党内政权思想的分歧与整合,认为中共二大通过民主革命纲领后,中共内部围绕未来政权设计问题出现了瞿秋白的平民本位与陈独秀的国民本位两种逻辑的争论。随着中共对阶级关系、民族革命与阶级革命关系的认识发生变化,中共逐渐将民族资产阶级排除在政权主体之外,在政权的阶级属性上肯定无产阶级对政权的领导,在政权发展上强调政权向共产主义革命过渡中的作用。最终,瞿秋白的"平民政权"思想在党内占据主导地位,中共在"革命民众政权"的名义下整合了党内分歧。②李金铮考察了20世纪上半叶尤其是二三十年代中国马克思主义学者的农村经济主张,即认为中国农村经济的现状是半殖民地半封建经济、农民处于贫困化状态、土地分配集中、地主剥削农民、小农经济仍占绝对优势;主张中国必须走反帝反封建之路,实行土地革命,建立集体化农村经济。这些主张和看法对阐释、传播中共革命理论以及马克思主义经济学中国化做出了重要贡献。③张品良著《传播学视域下的中央苏区马克思主义大众化》(中共党史出版社2016年版),宋春华著《抗战时期国共两党民族主义思想研究》(人民出版社2017年版),深化了对新

---

① 张太原:《抗日战争与中共的中华民族观的形成》,《中共党史研究》2016年第3期。
② 周家彬:《从"平民主义"到"革命民众政权"——大革命初期中共党内政权思想的分歧与整合》,《中共党史研究》2016年第5期。
③ 李金铮:《早期中国马克思主义学者对农村经济的主张》,《近代史研究》2017年第5期。

民主主义革命时期中国共产党思想史的研究。

（九）关于中共党史学科研究方法的研究

如何拓展中共党史研究的思路、创新中共党史研究方法，是近年学术界讨论较多的问题。

"新革命史"的理念与方法得到了学术界的认可，但具体如何运用，需要进一步厘定。李金铮提出，新革命史不是一个新领域，其研究对象与传统革命史几乎无异，只是尝试使用新的理念和方法重新审视革命史，以揭示革命的艰难、曲折与复杂性，进而提出一套符合革命史实际的概念和理论。其方法主要包括五个方面：从国家与社会互动关系的视角，强调基层社会和普通民众的主体性、革命史与大乡村史相结合，从全球史视野考察革命史，以及开拓新的研究视点，所有能够进一步推动革命史研究的视角和方法，皆可视为"新革命史"。[①]

中国共产党历史上积淀而成的精神谱系，是中国共产党宝贵的精神财富，中共精神史研究是中共党史研究的重要组成部分。郭若平提出，中共精神史首先是一种历史形式，它由历史的史事叙事来体现，但作为一种精神存在，中共精神史又必须要由各种文化载体来表征它的历史存在，史事与文化共同构成中共精神史的存在方式。中共精神史的研究不同于中共精神现象的研究，在理论和方法上，它应当纳入历史研究的范畴。[②]

概念史的研究引起了学术界的关注，其研究方法也有待形成共识。李里峰提出，首先需要探究的是构成中共历史底色的核心概念，一些作为革命对象或对立面的概念同样值得深入探究。中共党史中的基本概念不是孤立存在的，往往由若干具有互文、类义、对比、分层等关系的概念共同构成一个"概念群"或"概念链"，只有从它们的相互关联出发，才能真正理解其中的每一个概念。[③] 杨东提出，概念史既要关注"概念"，更要关注"历史"，概念史要关注概念言说者的话语"意图"。[④]

中国共产党思想史的研究如何深化，是近年学术界关注的问题。吴起

[①] 李金铮：《再议"新革命史"的理念与方法》，《中共党史研究》2016年第11期。
[②] 郭若平：《史事与文化：中共精神史研究再思》，《中共党史研究》2016年第5期。
[③] 李里峰：《中共党史研究的概念谱系刍议》，《中共党史研究》2017年第11期。
[④] 杨东：《概念史在中共党史研究中的实例分析》，《中共党史研究》2017年第11期。

民提出，文件是中国共产党思想史研究的史料原型之一，而文件在转化为史料的过程中经历了生成流转、档案管理、史料处理等环节，使原初信息交互体系发生层累性构造。这一过程增长了史料形成过程的纵深维度和人为因素，内在地限定着治史者的历史视野和中共思想史研究的实证效力。因而，中共思想史研究应把史料生成过程纳入研究范围，揭示组织运作与文本表达的互动关系，通过重建信息交互体系来释放文件的写作意图、组织生态和实践环境等历史信息，呈现中共认识和改造客观环境的思想过程。①

就毛泽东著作及版本研究的方法而言，李捷提出，毛泽东著作及版本的研究，需要明确的是它绝不仅仅是对毛泽东个人的研究，还要紧密结合党的历史、民族复兴历程来研究。它是"大我"的研究，不是"小我"的研究，是理论与实践紧密结合的研究，不是"学院式"的研究。开展这一研究是理论逻辑与历史逻辑、实践逻辑高度统一的研究，不能把它搞成单纯的历史研究或单纯的理论研究。它是与现实紧密结合的重大理论（学术）研究，不是与现实毫无关联的所谓"纯学术研究"。我们还要明确毛泽东著作中哪些是经典，这需要从其思想性、规律性、指导性、代表性等方面判断，需要用发展的眼光、不同的视角看待这个问题。②

中共政治文化及心灵史的研究引起了学术界的关注。黄道炫提出，中共独特的意识形态和行为机制造就了不一样的政治文化，要深入了解中国共产党及其历史，对中共政治文化的了解就不可或缺。而要了解这样的政治文化，探寻这一政治文化如何在中共阵营中生根发芽，又具有不一般的意义。正是从这一角度说，心灵史的研究对于深化中共党史研究，或许具有重要的帮助作用。与思想史、心态史一样，心灵史注重考察社会政治背后的精神世界，试图从人类精神的角度，解读历史流变的脉络。不同的是，思想史、心态史相对而言更注重群体性的思想流变，而心灵史则更希望通过挖掘个体心灵的变幻，深入个体的内心世界，观察内心思想的轨迹，深究人类灵魂深处的世界。革命阵营高度注重意识形态，努力培育政治文化，

---

① 吴起民：《从文件到文本：试论中国共产党思想史研究的多维史料观》，《中共党史研究》2018 年第 11 期。
② 李捷：《毛泽东著作及版本研究的意义与方法》，《毛泽东研究》2020 年第 1 期。

这些都会在革命者的内心深处激起浪花。①

对于改革开放史的研究方法，《中共党史研究》发表六组笔谈进行讨论，提出了改革开放史研究的新思路。比如，改革开放史研究要注意说明改革发生的内在逻辑，从多维度总结改革开放的历史经验；改革开放史研究要有实践问题导向意识，通过易见史料强化改革开放史研究的实证性；从辩证统一关系中深化和拓展改革开放史研究；从身体史、情感史、记忆史、影像史的视域研究改革开放史，注意改革开放史研究的底层视角、心态维度；将改革开放史置于全球史视野下来书写。谢迪斌主张建立"改革开放学"，其研究对象包括改革开放的理念和思路、改革开放的动力机制、改革开放的演变逻辑，其研究内容包括改革开放的材料搜集和整理、改革开放的过程描述和建构、改革开放原理的抽象和概括、改革开放价值的评估和表达。②

此外，"十三五"时期，中共党史学学科在地方党史研究、文献资料收集与整理等方面，也取得重要进展，推出一批成果。

三 "十三五"时期中共党史学科存在的问题和薄弱环节

（一）中共党史学学科的定位有待进一步调整

长期以来，中共党史学学科一直属于政治学下面的二级学科。这个局面，是历史形成的。进入 21 世纪，一流学科建设在高校普遍推开，成为推动学科建设的指挥棒，中共党史学科在高校系统的学科建设面临日益被边缘化的危险。再加上马克思主义一级学科和二级学科地位的提高，马克思主义学院建设受到党中央和有关部门的高度重视，中共党史学科由于自身学科定位的局限，难以发挥在马克思主义学科中的基础性作用。这一矛盾，在党的建设学科列入马克思主义理论二级学科以后，更加突出。

"十三五"时期，部分高校在学科调整过程中，政治学一级学科及其所属中共党史专业二级学科被撤销，中共党史专业学位点有所减少。这已

---

① 黄道炫：《政治文化视野下的心灵史》，《中共党史研究》2018 年第 11 期。
② 谢迪斌：《改革开放学论纲》，《广东党史与文献研究》2018 年第 1 期。

成为当前决定中共党史学科发展能否后继有人、能否高质量可持续发展的重大问题。希望能够在"十四五"时期，随着高校思政课改革和马克思主义理论学学科建设的推进，这一矛盾能够得到根本性解决。

（二）中共党史学科亟须在新时代实现高质量创新发展

就目前中共党史学科发展的实际情况看，依然存在成果数量巨大但质量不高、方法与视野较为陈旧而创新不足、深入研究问题的气氛较沉闷而活跃度不足等问题。

1. 关注微观较多而对宏观观照不够

近年从事中共党史研究的新生力量，不少是中国近现代史专业毕业的博士，将历史学研究的微观视域引入了中共党史研究。其可取之处是使中共党史研究走向更为具体和实证，重视史料的发掘和利用，少了一些宏大叙事，由此带来的问题是对宏观观照不够，长时段的历史研究少，对历史经验分析不够。

2. 关注新民主主义革命时期较多而对中华人民共和国成立后的中共党史关注不够

学术界都意识到中共党史研究重心应向新中国成立后的中共党史转移，但从研究实践来看，一些有分量的成果仍集中在新民主主义革命时期，对新中国成立以来的中共党史研究仍关注不够。

3. 研究方法创新不够

虽然认识到中共党史研究方法创新的重要性，但不少研究成果的研究方法、研究视野仍较为传统，一定程度上影响了研究成果的质量。

4. 对历史虚无主义应对不够

从网络舆情来看，对中国共产党历史上诸多问题的认识存在历史虚无主义现象，特别是境外出版了一些包括吴法宪、陈伯达等人的回忆录，或其后人（如林豆豆）的作品，造成部分人对一些历史问题认识的混乱。对于这些问题，中共党史学界应对不够，一些以讹传讹的说法亟待澄清。

5. 缺少学术对话、交锋和争鸣

围绕某一个问题进行集中讨论多，但缺乏不同观点的对话、交锋和争鸣，多是自说自话、自言自语，如此影响了研究的深入。

中共党史学科发展的根本出路，在于坚定不移走内涵式高质量创新发

展之路。

四 "十四五"时期中共党史学科重点研究方向的建议

中共党史学科研究,在"十四五"时期应当注重内涵式发展,注重高质量发展,注重创新式发展。重点研究方向的确定,既要注意一定的延续性,又要注意一定的创新性,特别是关注现实关联度高、对全局影响重大的研究方向。

(一) 中国共产党百年历史和经验研究

中国共产党百年历史,波澜壮阔,丰富多彩,积累了丰富经验,既可以从整体上研究党的历史进程,也可以分专题、分阶段研究党的历史进程;既可从整体上研究党的历史经验,也可选择某一领域研究党的历史经验;既可研究中国共产党探索中国革命道路的历史经验,也可研究中国共产党探索社会主义建设道路、推进改革开放的历史经验;既可研究中国共产党局部执政的历史经验,也可研究中国共产党执掌全国政权的历史经验。

(二) 马克思主义中国化的历史进程研究

马克思主义的传入、传播和马克思主义中国化,是中国共产党历史展开的基础。从马克思主义传入中国到习近平新时代中国特色社会主义思想的形成,还有不少问题需要深入研究。如马克思主义经典文本在中国的翻译、出版和传播,马克思主义具体原理的中国化,中国化马克思主义核心概念的形成与演进,中国化马克思主义的话语建构,中国化马克思主义文本的经典化,毛泽东思想与中国特色社会主义理论体系的内在关系,中国特色社会主义理论体系的主题和内在结构,马克思主义中国化的历史经验。

(三) 中国共产党领导实现中华民族复兴史研究

这是习近平总书记在党的十八大后提出中华民族伟大复兴中国梦,党的十九大提出中华民族迎来从站起来、富起来到强起来的历史飞跃,中国共产党的初心与使命就是为人民谋幸福、为民族谋复兴等重大判断后,给中共党史研究的深入发展提出的新要求、新期待、新视野。既要加强对中国共产党如何领导中国人民和中华民族通过中国革命和建设站起来的研究，加强对中国共产党如何领导中国人民和中华民族通过改革开放和社会主义现代化建设富起来的研究，更要加强对中国共产党如何领导中国人民和中华民族在新时代强起来的研究，还要加强对整个这一历史进程的全景式、立体化研究。既要研究从站起来、富起来到强起来的中国经验、中国故事、中国奇迹，更要研究能够从站起来、富起来到强起来的道理、学理、哲理，通过中共党史研究树牢"四个意识"，坚定"四个自信"，坚决做到"两个维护"。

（四）中国共产党制度建设史和治国理政经验研究

治国必先治党，治党务必从严。中国特色社会主义制度的最大优势与最显著的特征，就是中国共产党领导。中国共产党的制度建设，既包括党的自身制度建设，也包括党领导的国家制度建设和国家治理体系建设，两者既有严格的区别，又有紧密联系。党的十九届四中全会对国家制度和国家治理体系的显著优势进行了系统概括，这些显著优势从何而来，是需要进一步回答的问题，我国国家制度和国家治理体系是在中国共产党领导下建立起来的。既要研究中国共产党自身制度建设的历史与经验，也要研究中国共产党领导国家制度和国家治理体系建设的历史与经验，特别是要把两者紧密结合起来加以研究。

（五）改革开放史研究

尽管改革开放在延伸，但改革开放已走过40多年的历程，形成了历史积淀。立体研究改革开放史，既要从中共党史的角度来研究，也要从国史的角度来研究；既要研究改革开放的具体实践史，也要研究改革开放的理论思想史；既要研究中央高层改革开放的决策，也要研究地方层面改革开放的实施；还要将中国改革开放与世界发展大势结合进行研究。

（六）新时代中共党史研究

尽管新时代的时间不长，但这一时期的中共党史的内涵丰富，从党的领导、政治建设、经济发展、文化发展、社会治理、生态文明建设、大国外交等方面总结党的十八大以来取得的历史性成就、发生的历史性巨变，是中共党史研究的使命。

(七) 新时代在党史、中华人民共和国史上的重要地位和意义研究

党的十八大以来，以习近平同志为核心的党中央不忘初心、牢记使命，统揽国内国际两个大局，统筹伟大斗争、伟大工程、伟大事业、伟大梦想，统筹推进"五位一体"总体布局、协调推进"四个全面"战略布局，取得全方位、开创性历史成就，发生深层次、根本性历史变革，推动中国特色社会主义进入新时代。与此同时，随着社会主要矛盾的深刻变化，我国发展站到了新的历史起点和历史方位上，进入了新发展阶段。新发展阶段是社会主义初级阶段中的一个阶段，是我们党带领人民迎来从站起来、富起来到强起来历史性跨越的新阶段。中华人民共和国成立不久，我们党就提出建设社会主义现代化国家的目标，未来30年将是党团结带领全国各族人民奋力完成这个历史宏愿的新发展阶段。要把新时代与新发展阶段结合起来进行深入研究，从伟大自我革命推动伟大社会革命的相互关系上，从坚持和发展中国特色社会主义同坚持中国式现代化建设道路的相互关系上，从基本国情与社会主要矛盾变与不变的相互关系上，深刻揭示进入新发展阶段、贯彻新发展理念、构建新发展格局之中贯穿的我国经济社会发展理论逻辑、历史逻辑、现实逻辑，深刻阐述新时代在党史、中华人民共和国史上的重要地位、深远影响、国际意义。

(八) 全面建成小康社会的历史与经验研究

全面建成小康社会的目标是如何确立的，全面建成小康社会的举措和路径，精准扶贫的政策和举措，全面建成小康社会的制度优势，全面建成小康社会的意识形态功能，后小康阶段如何解决返贫和相对贫困问题，全面建成小康社会的历史经验，这些都需要进一步研究。

(九) 中国共产党领导新中国经济建设的历史与经验研究

新中国经济建设经历了曲折，但取得了令世人瞩目的成就，已成为世界第二大经济体。中国共产党经济建设和经济体制改革思想、新中国经济发展道路、中国经济体制改革路径、新中国经济建设和经济体制改革的经验，都有深化和拓展的空间，需要加强研究。

（十）中国共产党协商民主的理论与实践

协商民主是中国共产党的创造，其历史可追溯至新民主主义革命时期，目前已从党派协商拓展至人大、政府、政协、人民团体、基层、社会组织协商。中国共产党协商民主的理论与实践有待深入研究，协商民主蕴含的政治智慧有待系统诠释。

（十一）中国共产党的文化理论与文化实践研究

新民主主义革命时期中国共产党的文化理论与文化实践，新中国成立后中国共产党的文化理论与文化实践，中国共产党如何掌握新中国的文化领导权，中华优秀传统文化、革命文化、社会主义先进文化在新中国历史发展进程中的作用与功能，中国特色学科体系、学术体系、话语体系的建构，这些问题都需要深入研究。

（十二）中国共产党领导医疗卫生、疾病防控的历史与经验研究

中国共产党领导医疗卫生、疾病防控的思想和理念，新民主主义革命时期中国共产党领导的医疗卫生事业，新中国医疗卫生体制的建立，新中国重大疾病的预防和救治，新中国医疗卫生、疾病防控的制度优势，中国共产党发展中医的政策，中国共产党领导医疗卫生、疾病防控的历史经验，有待系统总结和概括。

（十三）中国共产党领导生态文明建设的历史与经验研究

改革开放以来特别是将生态文明建设纳入"五位一体"总体布局后，我国生态文明建设取得了明显成效。生态文明建设的理念和取向、生态文明建设的制度创新、应对气候变化的大国担当、生态文明建设的历史经验，都需要深入研究。

（十四）中国共产党领导新中国外交工作的理论、实践与经验研究

新中国成立后中国共产党的外交理论、方针、策略、实践，新中国对外交往中的民间外交、政党外交，新中国对外交往中的国家形象、政党形

象、中华民族形象建构，新中国外交的多维效应，这些问题都具有研究价值。

（十五）中共党史重要人物研究

继续深化研究毛泽东、周恩来、刘少奇、朱德、任弼时、邓小平、陈云等老一辈革命家的思想和生平功绩、品德风范。加强改革开放以来中共党史重要人物的思想生平研究，着重做好资料征集和口述史整理等基础性工作。深化研究李大钊、陈独秀、瞿秋白、恽代英、邓中夏、张太雷、澎湃等中国共产党的先驱人物和领导人物所做的历史贡献。

（十六）中共党史研究的方法论创新研究

中共党史研究如何遵循辩证唯物主义与历史唯物主义，中共党史研究如何借鉴历史学、政治学及其他相关学科的研究范式与研究方法，中共党史研究如何处理学术与政治、历史与现实、中国与世界的关系，中共党史研究如何应对历史虚无主义思潮，需要专题研究。

党　建

"十三五"时期党的建设学科发展适逢党的十八大以来以习近平同志为核心的党中央全面从严治党、全面加强党对一切工作的领导，党的建设新的伟大工程取得前所未有的历史性突破和历史性成就，党的建设指导思想和实践创新基础上的理论创新取得前所未有的跃升，党的面貌焕然一新、党的威信显著提高。这为党的建设学科在新时代的创新发展，提供了前所未有的历史机遇，提出了许多带有引领性、创新性的重大理论与现实课题。与此同时，党校、社科院、高校及其他研究机构以及各级党组织更加重视党的建设学科建设与发展，党的建设学科也被确立为马克思主义理论一级学科下的二级学科，党的建设学科无论是研究水平、研究方法还是研究队伍都上了一个大台阶。

"十四五"时期既是党和国家事业发展的重要时期，更是中华民族从站起来、富起来走向强起来的关键时期。这个时代更加要求党的建设学科有大的作为与大的发展。在这一背景下，深入进行党的建设学科建设现状调研，对"十四五"时期党的建设学科发展进行规划意义重大。

一　"十三五"时期党的建设学科发展的总体情况

（一）党的建设学科定位的提升推动学科建设出现新局面

"十三五"时期，党的建设学科的定位发生了重大变化。2014年国务院学位办公布的学科目录中，作为政治学一级学科中的二级学科存在了31年的"中共党史（含党的学说与党的建设）"更名为"党的建设与中共党史"。2017年国务院学位办根据全国高校思想政治工作会议精神和《关于加强和改进新形势下高校思想政治工作的意见》（中发〔2016〕31号）的要求，决定推进部分有条件的学位授予单位在马克思主义理论一级学科下自主设立党的建设二级学科。党的建设学科建设由此形成了新的局面。

（二）党的建设学科为党和国家大局服务的作用进一步凸显

作为研究中国共产党的建设理论与实践问题的全国性社会团体的全国党建研究会，于2016年3月召开了第六次会员代表大会。习近平总书记做出重要指示，希望全国党建研究会坚持正确政治方向，发挥党建高端智库作用，发扬成绩，发挥优势，围绕协调推进"五位一体"总体布局和"四个全面"战略布局，深入研究党建理论和实际问题，深入总结全面从严治党实践经验，为构建中国化的马克思主义党建理论体系，为加强和改善党的领导、确保党始终成为中国特色社会主义事业的坚强领导核心做出新的更大的贡献。这次会议的召开，特别是习近平总书记的重要指示，为新时代党的建设学科更加积极主动地为党和国家中心工作服务，更好地为解决党的建设中提出的重大理论和现实问题贡献了智慧、指明了方向。

（三）党的建设学科的凝聚力和吸引力进一步增强

党的建设学科发展的一个得天独厚的条件，是全国党建研究会强有力的指导与组织。在全国党建研究会的领导和推动下，党的建设学科团结凝聚了全国党政机关、党校、高校、社会科学院、军队各系统从事党的建设研究工作者，形成了一支强大队伍。这支队伍既有专门从事理论研究和专业教学的专家学者，也有具有丰富领导经验和从政经验的领导干部，还有长期从事政策研究的研究人员和党务工作者。中央组织部和大多数省、自治区、直辖市党委组织部都有党建研究所，他们在党建理论和实践研究中发挥了重要的作用。从事科研教学工作的力量，主要集中在党校系统、社科院系统、军队系统、高校系统。在党校系统，中央党校党建教研部始终发挥排头兵作用，在它的示范带动下，全国各地方党校一般都设置有党史党建教研部门，有些省、区、市党校还设立了党建研究所。在军队系统，主要集中在军队院校及科研机构，始终受到各方面的高度重视，集中了不少专业骨干力量。在社科院系统，党的建设研究长期相对薄弱，但中国社会科学院设立了习近平新时代中国特色社会主义思想研究院和党建党史研究室，情况有很大变化。不少省、自治区、直辖市社会科学院中，也有一些从事马克思主义基础理论的科研人员转向党建研究方向。在高校系统，原先发展不平衡。自从党的建设学科成为马克思主义理论一级学科下的二级学科后，许多高校把党的建设学科作为马克思主义学院建设的重要发展方向，中国人民大学还专门设立中共党史和党的建设研究院，有力地推动了党建科研队伍在高校的较快发展。

（四）党的建设学科在全国高校系统的发展成为新亮点

自2017年7月国务院学位办下发《关于推进部分学位授予单位设置"党的建设"二级学科的通知》，首批9所高校重点马克思主义学院2018年设立"党的建设"硕士、博士学位点以来，另有9所高校重点马克思主义学院自主设立该学科的博士、硕士学位点；11所高校的马克思主义学院自主设立了硕士学位点。为解决师资力量不够的问题，中国人民大学再次发挥在全国高校马克思主义理论专业"排头兵"和"工作母机"的作用，2018年11月至2019年4月，由该校马克思主义学院、中共党史党建研究院、习近平新时代中国特色社会主义思想研究院联合免费举办了4期高校党的建设学科师资培训班，共培训高校教师227人，其中教授占43%，副教授占45%，讲师占12%。每次培训1周，42个课时，内容包括学科设置的缘由和要求，学科建设的基本状况，党的政治、思想、组织、作风、纪律、制度建设以及反腐倡廉、政党比较等。这为全国党的建设培养了一支高素质的生力军。从9所重点马克思主义学院近两年的研究生招生情况看，生源质量较高，规模呈扩大之势，各方面需求也比较旺盛。这对培养推动党的建设学科高质量可持续发展的后备人才做出了贡献，形势令人鼓舞。

表1　2019年部分全国重点马克思主义学院党建专业博导情况（不含兼职博导）

学校	博导数量	党建专业博导学科背景或以往研究方向
北京大学	3	哲学、党史国史、党建
中国人民大学	3	党史党建、政治学理论、马克思主义中国化
清华大学	3	政治学理论、马克思主义中国化、廉政问题
北京师范大学	2	中共党史、教育新闻与传媒、教师教育政策
山东大学	3	党建、政党政治、马克思主义中国化
兰州大学	4	马克思主义中国化、思想政治教育、扶贫开发、边疆学
南开大学	1	中国近现代史、马克思主义中国化、政治学理论
吉林大学	1	中国近现代史基本问题研究、思想政治教育
复旦大学	4	党史党建、思想政治教育、马克思主义中国化
武汉大学	4	党史党建、政治学理论、马克思主义中国化、基层治理
浙江大学	2	中国近现代史基本问题研究、马克思主义中国化

表2　第一批全国重点马克思主义学院党建专业招生数量

	2018级硕士	2018级博士	2019级硕士	2019级博士	合计
北京大学	0	3	4	5	12
清华大学	1	3	4	6	14
中国人民大学	5	3	8	8	24
山东大学	12	9	12	9	42
兰州大学	3	3	3	3	12
南开大学	10	3	2	3	18
吉林大学	2	4	2	4	12
复旦大学	0	0	6	8	14
武汉大学	7	2	7	8	24
历年小计	40	30	48	54	172

（五）党的建设学科学术研究稳步推进，学术交流空前活跃

中共中央党校（国家行政学院）、中国人民大学等单位党史党建学科建设比较早且一直持续发展，所以在马克思主义政党学说、中国共产党的政党学说、中国化马克思主义党建理论体系、中国共产党建设历史、党的建设重大问题等方面的研究一直处于全国领先地位，为本学科的发展奠定了一定学术与理论基础。"十三五"时期这两个单位在这方面又有了新的贡献。在党的建设的各个研究方面——政治、思想、组织、作风、纪律、

反腐倡廉和制度建设，几乎全国所有社会科学研究单位均有涉及，且文字成就数量之多，超过过往同类研究。党内法规的研究则以清华大学、武汉大学、山东大学和中国社会科学院大学等高校的法学院和马克思主义学院的建树为亮点。"十三五"时期，党的建设学科研究机构和研究团队始终坚持"开放、共享、合作"的理念，积极推动学术交流活动，既聚焦学术问题，又研讨学科建设，取得了明显的成效。特别是党的建设学科成为马克思主义理论的二级学科后，教育部分别和中国人民大学、山东大学、复旦大学、重庆大学等高校围绕党的建设学科的设置和发展举办多次研讨会、座谈会，来自中央和地方党政机关、党校、科研院所和高校的专家学者与会并发表意见建议。通过学术研究，大家在党的建设学科定位、本质特征、研究方向、课程体系、学术规范、话语体系、教材建设、人才培养、拓展交流、使命任务等方面形成了基本共识，也提出了很多具有前瞻性的思考。

表3　　　　　　　　近三年党建学科研讨会基本信息

时间	主办单位	研讨主题	与会人员单位
2017.5	中国人民大学	高校党的建设学科建设	中共中央6个部委机关、中央及省级4家党校、中国社会科学院、北京大学等全国11所高校
2017.6	山东大学	自主设置党的建设二级学科论证会	北京大学、清华大学、四川大学等6所高校
2018.4	重庆大学	新时代中共党史党建学科建设	教育部、中央党史研究室、国防大学、中国社会科学院、中国人民大学等60多个单位
2018.11	湖南师范大学	第30届全国中共党史党建学位点会议	教育部、中央党史和文献研究院、中央党校、中国社会科学院和全国50多所高校
2019.4	中国人民大学	全国高校党的建设学科座谈会	教育部、中央党史和文献研究院和中国人民大学等多家高校
2019.4	复旦大学	党的建设：理论体系与学科体系建设	全国党建研究会、教育部、中国浦东干部学院、上海党建研究会和中国科学院大学、华东师范大学等40多家高校与科研机构
2019.5	东北师范大学	党建二级学科建设与发展	北京师范大学、华东师范大学、华南师范大学、山东师范大学等高校
2019.7	中国科学院大学	首届习近平党建重要论述研究论坛	中央组织部、中央政策研究室、中央党校、全国党建研究会、中国社会科学院及有关高校

续表

时间	主办单位	研讨主题	与会人员单位
2019.7	上海交通大学	党的建设学科建设	中国社会科学院、上海党建研究会、中国人民大学、华东师范大学、上海市委党校等单位
2020.1	中国人民大学	党的建设高端学术论坛	全国党建研究会、中国共产党历史与理论研究院、中共中央党校（国家行政学院）、中国社会科学院、中国科学院大学、武汉大学、吉林大学、复旦大学以及全国其他30多个高校

二 "十三五"时期党的建设学科取得的科研成果

党的建设是一门理论性和实践性都很强的学科。党的建设学科发展，同中国共产党党的建设理论创新与实践创新息息相关。

"十三五"时期，以习近平同志为核心的党中央领导全党以极大的政治勇气面对重大风险考验和党内存在的突出问题，既全面发力，又抓住主要矛盾的主要方面、主要方面的关键性问题，循序渐进，有章有法，从观念、制度、方式等诸多方面一举扭转了管党治党宽、松、软的局面，使党在革命性锻造中更加坚强，焕发出新的强大生机活力。这期间党的建设重大实践活动依次有："三严三实"专题教育，"两学一做"学习教育，《关于新形势下党内政治生活的若干准则》颁行，部分中央机关和地方开展"旗帜鲜明讲政治"教育活动，学习、宣传、落实党的十九大全面从严治党工作部署，落实中央组织工作会议精神，"不忘初心、牢记使命"教育，等等。此外，健全和完善党的制度建设（党内法规建设），反腐倡廉建设（反腐败斗争）一直在有步骤、按计划地进行。习近平新时代中国特色社会主义思想中党的建设思想也在"全面从严治党"的伟大实践中形成并不断完善。习近平总书记关于全面从严治党重要论述的研究作为中央马克思主义理论研究和建设工程/国家社科基金重大项目，正在深入展开。

（一）习近平总书记关于全面从严治党的重要论述研究

这是"十三五"时期党的建设研究领域的热点和重点之一。学术搜索"读秀"显示，2015—2019年全国共出版"全面从严治党"类书籍达4463种之多。"中国知网"显示主题为"全面从严治党"的报刊文章，2015年为4967篇，2016年为9637篇，2017年为12867篇，2018年为8176篇，2019年为4525篇。在国家社科基金立项方面，2015年设立马克思主义理论研究和建设工程重大项目（杨德山任首席专家）、国家社科基金重大项目（张世飞主持）、重点项目（王世谊主持）、一般项目（李红权主持）各立1项，专门研究"全面从严治党"的理论与现实问题。2016年设立国家社科基金十八大以来党中央治国理政新理念新思想新战略专项工程项目"十八大以来习近平党建思想研究"（丁俊萍主持）。2019年设立中央马克思主义理论研究和建设工程/国家社科基金重大项目"习近平新时代党建思想研究"（王庭大任首席专家）。2019年设立国家社科基金重大项目"推进全面从严治党重大理论和实践问题研究"（刘红凛、唐皇凤主持）。学界研究认为，习近平总书记关于全面从严治党的重要论述是马克思主义党建理论与新的历史条件下中国共产党建设实践相结合的产物，中国化马克思主义党建理论的最新成果，是习近平新时代中国特色社会主义思想的重要组成部分，是新时代党的建设的行动指南、全面从严治党向纵深发展的基本遵循。这方面研究的主要成果在著述方面比较有影响的成果有：李捷的《持续彻底的自我革命 从防止党和国家改变颜色到全面从严治党》、冷溶的《学习习近平总书记关于全面从严治党重要论述的认识和体会》、虞云耀的《改革开放与中国共产党》、李景田的《改革开放40年党的建设成就与经验》、江金权的《完善全面从严治党制度》、曲青山的《全面从严治党新阶段新经验新要求》、谢春涛的《学习习近平总书记关于全面从严治党的重要论述》、柳建辉的《全面从严治党才能夯实党执政的政治基础》、杨凤城的《从历史与现实的两个维度看"全面从严治党"》、杨德山的《试论"全面从严治党"的理论价值》等论文，杨凤城等的《全面从严治党新阶段》、刘红凛的《全面从严治党的格局与谋略》和《新时代党的建设理论和实践创新研究》、邵春保的《新时代全面从严治党新布局》、吴传毅的《新时代党的全面领导与党的建设》、洪向华主编的《新时代党的建设丛书》等专著、编著。

(二) 关于坚持和加强党的全面领导原则研究

"中国共产党是最高政治领导力量","坚持党对一切工作的领导","中国特色社会主义最本质的特征是坚持中国共产党的领导","中国特色社会主义制度的最大优势是中国共产党领导"等重要论断是党的十八大以来以习近平同志为核心的党中央领导全党在治国理政实践中得出的中国政治建设的规律性认识。"十三五"时期,理论界、学术界一般从历史和现实两个角度在宏观层面阐述了党的全面领导的必要性和重要性。也有从党章内容出发,认为坚持党的全面领导是党的性质的基本内涵、是政治原则的核心原则、是政治纪律的根本要求、是基本方略的首要方略、是组织制度和组织工作程序的要求、是全面从严治党的核心。对党的全面领导的内容和范围,学者们从不同角度对"党政军民学,东西南北中"进行解读,对定位、范围、体制、方式、目标等展开论述,还有人指出,"党领导一切"不是以党代政、包办一切,而是总揽全局、协调各方。值得关注的是,不少学者考察党的全面领导和党的建设、国家治理、深化改革之间的辩证关系,使这方面研究更加丰富深入。在这方面,比较有影响的著述有:冷溶的《深刻领会新时代坚持和加强党的全面领导的重大意义》、何毅亭的《中国共产党是最高政治领导力量》、李捷的《坚持党对一切工作的领导》、谢春涛的《坚持和加强党的全面领导》、徐永军的《坚持党的领导是历史和人民的共同选择》、张晓燕的《坚持和加强党的全面领导探析》、陈志刚的《正确理解党的领导与依法治国、依宪执政》等论文,还有李君如的《办好中国的事情,关键在党》、邓纯东主编的《"中国道路为什么能成功"丛书》(10本)等专著、编著。

(三) 关于加强党的政治建设研究

无论是少数地方党委班子出现的断崖式贪腐案件引发的政治生态、政治文化建设讨论,还是《关于新形势下党内政治生活的若干准则》的颁行;无论是党的十九大将政治建设定位于党建总布局的"统领""首位""根本性"地位,还是《中共中央关于加强党的政治建设的意见》的颁发,"十三五"时期,加强党的政治建设一直是党建理论和学术界对党的建设各组成部分中最为关心的部分。研究者认为,党的政治建设具有与时俱进的特征，当下的主要任务是树牢"四个意识"，坚定"四个自信"，坚决做到"两个维护"，尤其是坚决维护习近平总书记党中央的核心、全党的核心地位；党的十九大突出政治建设的重要地位，既是党的十八大以来全面从严治党的经验总结，也是新时代党建理论和逻辑体系架构的创新，更是以习近平同志为核心的党中央领导全党应对百年未有之大变局的必然要求；政治建设对其他各项建设的统领作用都有具体的内涵和原则要求；落实"旗帜鲜明讲政治"，以国际共运史、中共党史上的"讲政治"传统为借鉴。这一研究的主要代表性成果有：柳建辉的《新时代党的政治建设统领作用论析》、王庭大的《党的政治建设是党的根本性建设》、吴付来的《新时代加强党的政治建设的几点认识》、杨俊的《论"党的规矩"和"党的政治规矩"的基本内涵和简明定义——学习习近平总书记系列讲话精神》、杨凤城的《从历史与现实的双重维度看党的政治建设》、齐卫平的《修复与创造：在全面从严治党中净化政治生态》、丁俊萍等的《党的政治领导与政治建设之关联》、陈金龙的《党内政治生活运行的内在逻辑》、杨德山等的《两部党内政治生活准则比较研究》、王世谊的《中国共产党政治建设研究：回顾与展望》等论文，王炳林的《新时期党的政治建设研究》等专著、编著。

（四）关于加强党内法规制度建设研究

党内法规制度是一个跨学科的研究议题。党的十八大以来，以习近平同志为核心的党中央大力加强党内法规制度建设，党内法规制度体系的"四梁八柱"基本立起来了，总体上实现了有规可依。"十三五"时期，关于加强党内法规制度建设的研究也成为党的建设理论界和学术界关注的重要问题。有人对党内法规制度建设的基本理论问题做了探讨；有人以《中共中央关于加强党内法规制度建设的意见》为基本框架，回顾党内法规体系化建设历程，梳理不同历史时期党内法规的种类和数量，提出党规不断丰富变化，依规治党就要以党章为统领和遵循，再依据各类党规制度分工从严治党；也有研究者提出要系统整理党内现行各类法规，出版党规全编，并且对党内法规规模和制定执行质量之间关系进行思考，提出要更加严格制定程序和及时清理不合时宜的法规文件。在这方面有影响的著述有：宋功德的《全方位推进党内法规制度体系建设》、杨德山的《坚持依规治党与以德治党相结合》、陈家刚的《新时代党内法规制度体系建设的路径》、陈松友等的《党内法规制度建设：全面从严治党的内驱力》等论文，宋功德著的《党规之治：党内法规一般原理》，俞可平、陈家刚等主编的《世界主要政党规章制度文献》（20卷本）等专著和编著。

（五）关于新时代党的组织路线和组织体系建设研究

党的组织建设一直是党的建设的重要组成部分。党的十八大以来，以习近平同志为核心的党中央不但高度重视和解决党的组织建设中出现的新情况和新问题，而且在组织建设的理论和制度建设方面均有若干创新成就，尤其是明确提出了中国特色社会主义新时代党的组织路线。这些实践探索推动了党的组织建设研究。有学者指出新时代党的组织建设理论和组织路线强调党中央权威体现了马克思主义的坚定立场，体现了中国共产党人对执政规律的深刻把握，是当代中国马克思主义理论成果的一个重要思想；有人从学术角度论述马克思主义政党的组织特点和组织原则，回顾中国共产党的组织工作历程和组织路线演变，分析党目前面临的现实环境和组织工作问题，提出新时代党的组织路线是马克思主义政党组织工作中国化的逻辑结果。这类研究成果有齐卫平的《习近平关于维护党中央权威重要论述的思想逻辑》、宁新杰等的《党的组织路线的历史考察》等。党的基层组织建设是党的组织体系中最重要的环节，属于党建实务、学理探索的成果不多，社会科学立项项目也较少，但是党的组织部门对此高度重视。全国党的建设研究会每年布置的自选课题选题中基层党组织建设所占比例依次是：2015年为26/76，2016年为17/80，2017年为22/80，2018年为28/76，2019年为22/77。在近年来全国党建研究会汇编并公开出版的《优秀调研成果选编》中，基层党建的调研报告一般占1/4左右。"十三五"时期，周良书的《中国高校党的建设报告（2011—2015）》、王清义的《立德树人：高校党建工作理论与实践》、林长兴的《新时代民办高校基层党建工作机制研究》、徐达的《国有企业党建工作研究》、刘国胜的《国有企业党委（党组）领导作用论》、孔卫拿的《社会组织党建研究》、束赟的《大数据、移动互联网与基层党建：新技术时代基层党建理论与实践新探索》、薛小荣的《互联网企业党建：技术、资本与政治逻辑张力下的政党治理》、张凤、郭龙的《新时代"互联网+"视域下高校党建工作研究》

等有一定的学术影响力。

(六) 关于党的自我革命研究

党的自我革命表明的是对全面从严治党的态度和精神状态，与"改革党的建设"，"以改革的精神推动党的建设"，"增强自我净化、自我完善、自我革新、自我提高能力"是一致的。但是，自"四个伟大"治国理政方针理论，尤其是"两个伟大革命"论提出后，理论界、学术界给予了积极的学理回应。有人从新中国成立以来党针对经受的考验、面临的危险不断加强自身建设的历程和经验出发，说明"自我革命"的历史意蕴和现实价值；有人从马克思主义政党的本质属性和内在要求，中国共产党长盛不衰的重要原因，以及不断弘扬自我革命精神的必要性等角度说明了自我革命的理论、历史和实践意义；也有人结合国际共运史、中共党史，从"两个伟大革命"内在的马克思主义政治理论逻辑出发说明了自我革命理论和实践价值。这方面有影响的著述有：李捷的《持续彻底的自我革命 从防止党和国家改变颜色到全面从严治党》、曲青山的《勇于自我革命是中国共产党最鲜明的品格和最大的优势》、韩凯的《"两个伟大革命"的时代内涵》、杨德山等的《论"两个伟大革命论"的马克思主义理论逻辑》等论文，齐卫平的《勇于全面从严治党：时代担当》、高波的《中国共产党的自我革命——党章中的纪律和规矩》、任仲文的《深入推进自我革命》（论文集）等专著和编著。

(七) 关于党的建设学科研究

"十三五"时期，高校系统围绕党的建设学科建设已召开多次研讨会、座谈会，也有不少专家学者撰文发表意见建议。论者就高校党的建设学科的性质定位、本质特征、研究方向、课程体系、学术规范、话语体系、教材建设、人才培养、拓展交流、任务使命等诸多方面展开论述，主要观点在后文有所归纳和体现。其中，部分文章发表于国务院学位办和教育部制定公布党建学科建设方案和人才培养方案之前，不少论文和观点显示出党建研究领域专家学者对学科建设的前瞻性思考和广泛性共识。这方面有影响的著述有：欧阳淞的《建好高校"党的建设"学科的看法和建议》、靳诺的《关于建好"党的建设"学科的几点看法》、姚桓的《把握党建学科构建四要点》、丁俊萍的《党建学科构建的几点思考》、齐卫平等的《高校马克思主义理论学科建设可持续发展的若干思考》、杨德山的《关于高校"党的建设"学科建设中四重关系的几点认识》、韩强的《加强党建学科构建的重大意义》等论文。

此外，"十三五"时期，在"党的建设"基础理论、发展历史研究方面，也有一些有影响的成果问世，如谢春涛的《中国共产党如何治党》、杨金卫的《中国共产党管党治党理论与实践研究》、宋福范的《执政党建设的中国逻辑》、张世飞的《改革开放40年的执政党建设》、张士义的《打铁必须自身硬：改革开放四十年党建史》、张志明的《打铁必须自身硬：新时代党的建设新的伟大工程》、祝灵君的《中国共产党人的党性与党性修养》等。还有，中组部党建研究所、中央党校（国家行政学院）、省区市党委组织部和地方党校等单位，在党的建设方面做出的一系列调研报告，对于推动党建实际工作起到了智库作用。

表4　　　　　　　　　近五年党建研究学术论文和课题数量

	2015年	2016年	2017年	2018年	2019年
核心期刊论文数量（篇）	376	403	615	721	465
硕博士学位论文数量（篇）	175	250	326	349	141
国家社科基金项目党建类课题数量（项）	56	62	66	82	90

三 "十三五"时期党的建设学科存在的问题和薄弱环节

（一）党的建设学科的全局站位和前瞻性亟须增强

党的建设学科不同于一般的哲学社会科学学科，它直接关系党的长期执政、保持党的先进性纯洁性、实现国家长治久安，理论性强，现实性更强。

目前来看，学科研究工作的顶层设计和总体规划，还存在着短期任务与长期目标、理论研究与对策研究、国内推进与国际交流之间的不平衡状况。就具体的研究项目设计来说，课题设计的逻辑性不足，前瞻性不足，引领性不足。例如在党的建设学科引领下，如何拓展党内法规研究、统一战线研究、新型政党制度研究等都还需要深入思考。

虽然近几年来国家社科基金、教育部社科基金关于党建类的课题立项数量不少，但基本上是时政类多、历史型少；表象性多、深层次少；宣传性多、学理性少。课题指南在问题意识、理论性、现实性，以及基础性项目设置方面，还需要进一步改进和完善。

（二）党的建设学科的史论基础、教学体系基础亟须夯实

这是制约党的建设学科发展的两个短板。就史论基础来说，党建学科的研究基础一是历史，二是理论。但是目前党的建设历程的系统梳理、研究还存在很大的不足。这不但体现在通史性研究不够，阶段史（断代史）、部分史（专题史）类别的研究成果亦付诸阙如。就理论来说，目前党的建设理论研究，基本上是单纯的概念演绎，只求引经据典和政治正确，缺乏深入分析，不触及尖锐的理论和实际问题，有时空话、套话、虚话连篇。由此，许多科研成果是低水平的重复，缺少学术价值，缺少原创性，既没有用新的方法探讨旧材料、老问题，也没有提供不同于既有研究成果的新观点、新理论。

随着党的建设学科成为马克思主义理论的二级学科，进入高校课堂，教材体系建设再次提上基础建设的日程。党的建设的教材体系和课程设置，在党校系统比较成熟。但在高校，则还在摸索之中。一个学科的研究工作，最为基础的成果就是教材。目前在高校系统，党建学科教材还不系统，还未成型。党建原理、党建史、党建前沿专题、党建研究方法论等各个方面的基础教材建设应该说有的刚刚起步，远未形成较为系统的体系。目前全国既没有编出一套适合党的建设学科硕士研究生使用的专业教材，也没有适合马克思主义理论学学科本科生使用的"中国共产党的建设理论与实践""马克思主义政党学说"等相关专业课教材。这是需要集中攻关、尽快补上的短板。

（三）党的建设学科创新能力不强，科研成果的传播力和影响力不强

1. 研究的视角单一、视野不开阔

存在着"山内看山多，山外看山少""中国站位多，世界视野少"的问题。以比较政党建设研究为例：基于比较政党政治视野、遵循政党政治一般规律、聚焦中国共产党与国外政党的比较研究明显不足；提早布局研究我国新型政党制度中的其他政党建设，以及包括港澳台地方政党的研究明显不足，这些都是目前党建学科研究中的一个短板。

2. 科研成果数量多，但传播力、影响力较大的高质量成果少

党的建设学科的研究工作虽然每年发表文章不少、新立科研项目不少，但具有权威性的品牌学术成果还比较缺乏（不管是论丛、译丛，还是系列专著），在推出具有时代标志性的学术成果方面还有待进一步努力。由此，缺乏基础性成果的学科的影响力、传播力就显得支撑不够，底气不足，难以得到其他学科研究者应有的尊重。

3. 国内学术交流多，但国际学术交流少

国际国内的学术交流是不断深化学科研究、拓展学术视野、构建学术共同体和学科共同体的重要渠道。党的建设学科还在迅速提升过程中，国内学术交流和国际学术交流都有不少短板。国内学术交流体系中，缺乏持续的、品牌性的、全国性党建学术论坛或研讨会，缺乏常态化、专题性、针对性的学术研讨会，缺乏基础性、训练性的学术沙龙和读书会等。相对而言，有步骤地扩大国际交流更加迫切。目前重点在于中外学术访问，而常态化的合作交流互访项目不足，与其他政党组织的交流也需进一步提升，这与中国共产党迅速提升的国际影响力很不相称，需要采取切实措施迅速转变。

4. 研究方法缺乏创新

就目前的普遍现状来说，研究方法陈旧的问题突出，主要体现为就党建谈党建、就党建论党建。需要在坚持正确政治方向、学术导向、价值取向的前提下，充分合理运用政治学、法学、社会学、管理学、心理学、统计学等跨学科的研究路径、研究方法和技术支持，来深化党建研究，形成符合党的建设学科规律的新方法论。

5. 科研成果发表的专业平台严重不足

本学科专业学术刊物极少，目前只有中办法规局的《党内法规研究》、中组部的《党建研究》、中宣部的《党建》、中央党史和文献研究院的《中共党史研究》等。各大学，尤其是知名大学的校刊均没有开辟党的建设研究栏目。甚至教育部、社科院办的马克思主义理论研究类刊物对党的建设研究也很少关注。这就极大地限制了本学科科研成果的展示，也无法促进

有效的学术交流。

（四）研究力量区域分布不尽合理

目前，党的建设学科主要分布在北京、天津、河北、辽宁、吉林、上海、江苏、浙江、山东、湖北、广东、四川、陕西、甘肃14个省市。其中，有18家党的建设学科点依托全国重点马克思主义学院开展建设。现在仍有17个省区没有设立党的建设二级学科。党的建设学科研究力量与学科点布局特征呈现高度一致，主要分布在经济文化发达地区或高等教育发达地区，呈现北强南弱、东强西弱的不平衡局面。这种状况，在很大程度上，既影响到党的建设学科均衡发展，也影响到研究力量薄弱地区的党的建设科学化水平。

四 "十四五"时期党史党建学科重点研究方向的建议

"十四五"时期是我国全面建成小康社会并在此坚实的基础上迈向基本实现现代化的起始阶段。在此期间一系列与党的建设研究直接相关的大事件值得人们关注。一是深化和拓展习近平总书记关于全面从严治党的重要论述研究。党的十八大以来，以习近平同志为核心的党中央针对一个时期以来党内存在的突出问题做出了全面从严治党的战略部署，以坚定决心、顽强意志加以推进，开创了党的建设新局面，为党和国家事业取得历史性成就、发生历史性变革提供了坚强政治保证。党的十九大强调"全面从严治党永远在路上"，要坚持问题导向，保持战略定力，推动全面从严治党向纵深发展。在党的二十大召开前夕，对十年全面从严治党的实践经验进行科学的、认真的、全面的总结，对十年间习近平总书记全面从严治党的全部重要论述进行系统的、深入的、整体的梳理，并以此为基础，深化和拓展对习近平总书记关于全面从严治党的重要论述，或者新时代中国化的马克思主义党建理论体系的研究，是未来五年党的建设学科的首要任务。二是认真总结百年党建历史经验和教训，对于党的建设、党的发展和党的领导意义重大。其间，适逢毛泽东诞辰130周年、邓小平诞辰120周年、陈云诞辰120周年等，系统地、历史地梳理和研究他们以及中国共产党其他领袖人物如陈独秀、李大钊、周恩来、刘少奇、朱德、任弼时、张闻天、王稼祥、蔡和森、恽代英、张太雷、彭真等人的党建思想，对于更加深入地研究中国化的马克思主义党建理论的形成发展具有重要的历史和理论价值。三是实现全面建成小康社会的战略目标，在认真总结 40 多年来中国共产党高度重视并不断推进党的建设新的伟大工程的历史经验，并提炼出理论结论的基础上，揭示党的"历史方位"发生转变背景下党的建设的规律，对于继续坚定不移全面从严治党，不断提高党的执政能力和领导水平具有重要的理论和实践价值。四是以习近平同志为核心的党中央领导全国人民抗击新冠肺炎疫情取得的胜利再次证明了党的领导是党和国家的根本所在、命脉所在，是全国各族人民的利益所在、幸福所在这一颠扑不破的真理；再次以"外国之乱"和"中国之治"的鲜明对比为中国共产党的政党自信提供了有力的证据；再次证明了当代中国新型政党制度的合理性和优越性；再次说明了党的建设是实行党的领导的根本保证。因此，在现实实践基础上，通过比较分析的方法，深化党的建设基本理论研究，以及深化中国特色社会主义政党理论和政党制度研究，都是十分重要的工作。基于以上展望，我们认为，未来五年党建研究领域有下列重点课题值得研究。

（一）深入开展对新时代中国化的马克思主义党建理论体系研究

党的十八大以来，党的领导和党的建设得到了全面加强，管党治党宽松软的状况得到了根本性改变，全面从严治党取得了卓著成效。习近平总书记关于党的领导和党的建设的论述丰富而又深刻，并且已经形成了一个较为完整的理论体系，迫切需要学术界、理论界从系统性、整体性角度对此进行梳理、探讨和研究。这不但有利于人们能够完整地掌握这一理论的精髓，从而增强在这一理论体系指导下推进全面从严治党实践的自觉性，也有利于完善人们对习近平新时代中国特色社会主义思想的研究和探讨。

（二）加强对党的建设历史经验教训的深入研究

全面认真梳理 100 年来党的建设的发展历程，总结其经验教训，对于加强党的建设、党的领导，推进党领导的伟大事业具有重大的理论价值和实践意义。而且以此为契机能将党的建设历史的研究推向新的境界，诸如党的政治建设、思想建设、组织建设、作风建设、纪律建设、制度建设、反腐败斗争等党的建设各个组成部分发展历程的研究；新民主主义革命时期、社会主义革命和建设时期、改革开放新时期、中国特色社会主义新时代不同历史时期党的建设历史的研究；党的中央组织、地方组织、基层组织，以及党的组织体系发展的历史研究，等等，均有很大的发展空间。全面研究党的建设历史更有利于丰富和完善党史的研究。

（三）加强对党的建设史上重要人物的党建思想的系统研究

这既是党的建设基本理论研究的重要组成部分，又是党史中重要人物重要思想研究的内容。改革开放新时期以来，这一领域的研究尽管有不少人先后涉猎，但是站在新时代高度，以百年党建为历史底蕴，以国际共产主义、社会主义运动史为背景，系统、深入地研究中共党建史上那些做出过创新性贡献，并提出过创新性观点和理论的人物的党建思想，对于中共党建理论史、人物史研究都具有重要的理论和史学价值。诸如对毛泽东、刘少奇、邓小平、陈云等老一辈革命家，以及江泽民、胡锦涛同志的党建思想和理论进行资料的收集和整理，发展状况的梳理和分析，观点、论断的解读和阐释，特色、贡献的说明和评价等研究工作，都需要党建研究领域予以高度关注。

（四）加强对马克思主义经典作家政党理论研究

近30多年来，学人们大多把关注的眼光放在马克思主义政党理论中国化，或者中国化的马克思主义政党理论问题上，而对马克思主义经典作家的政党理论留心甚少。而恰恰在这段时间里，国内马列主义著作的编译工作发展很快，不少原著原文的内容与20世纪90年代之前的版本有了很大的变化，这就需要以最新的版本重新对经典作家的政党理论进行缕析和阐释。再则，以新时代的认识水准为基点，结合国际共产主义、社会主义运动史研究的成果，在1990年成就的基础上，重新认识和评价经典作家的政党理论，对于推进党的建设基础理论的研究也是十分必要的。

(五)加强"坚持和加强党的全面领导"理论和制度化建设研究

"坚持中国共产党的领导"是当代中国立国之本中的根本。"中国共产党的领导是中国特色社会主义最本质的特征,是中国特色社会主义制度的最大优势","党政军民学,东西南北中,党是领导一切的","坚持和完善党的领导制度体系,提高党科学执政、民主执政、依法执政水平"等党的十八大以来党中央提出的这些重大理论命题和政治体制改革举措,都需要社会科学工作者从理论上进行深入的研究,从实际调研中提出具体的制度完善之道。党的十九届四中全会将"坚持和完善党的领导制度体系"列为"坚持和完善中国特色社会主义制度、推进国家治理体系和治理能力现代化"的首要目标。因此,对"坚持和加强党的全面领导"制度化建设的研究自然是未来五年党建领域研究的重大选题。

(六)加强党的自我革命理论研究

坚持以自我革命引领社会革命,是党的十八大以来的一个成功经验,也是习近平总书记关于全面从严治党的重要论述对马克思主义党建学说的重大理论创新和实践创新。党的十八大以来,以习近平同志为核心的党中央以刀刃向内的自我革命精神,直面党内存在的突出问题,以理论武装凝心聚魂,以整饬作风激浊扬清,以严明纪律强化约束,以从严治吏匡正用人导向,以"打虎""拍蝇""猎狐"惩治腐败,刹住了一些过去被认为不容易刹住的歪风邪气,攻克了一些顽瘴痼疾,解决了许多长期想解决而没有解决的难题,消除了党和国家内部存在的严重隐患,党内政治生态明显好转,党的创造力、凝聚力、战斗力显著增强,党群关系明显改善,党在革命性锻造中更加坚强,以党的伟大自我革命推动了伟大的社会革命。要系统梳理和深入研究党的十八大以来推动党的自我革命的理论创新、实践创新、制度创新,推出有理论高度、有现实针对性和可操作性的研究成果。

(七)加强对党的政治建设研究

旗帜鲜明讲政治,既是马克思主义政党的鲜明特征,也是我们党一以贯之的政治优势。党的政治建设是党的根本性建设,在党的建设新的伟大工程中处于统领地位，摆在首要位置。加强党的政治建设是党的十八大以来以习近平同志为核心的党中央推进全面从严治党取得卓著成效的关键所在。习近平总书记关于党的政治建设的重要论述内容丰富，针对性、实践性极强。《中共中央关于加强党的政治建设的意见》对新形势下如何加强党的政治建设做出了原则性指导。但是对党的政治信仰、政治领导、政治能力、政治生态的深刻内涵，以及这些党的政治建设构成重要要素之间的关联性展开深入研究，是党的建设理论研究的一项重要任务。尤其是以问题为导向，对相关问题展开实证性调研，提出科学的对策，更是当务之急。

（八）提高政治判断力、政治领悟力、政治执行力研究

中国共产党百年自身建设史和不懈奋斗史反复证明，我们党要始终做到不忘初心、牢记使命，把党和人民事业长长久久推进下去，必须增强政治意识，善于从政治上看问题，善于把握政治大局，不断提高政治判断力、政治领悟力、政治执行力。要深入研究政治判断力、政治领悟力、政治执行力的科学内涵，深刻揭示其在治国理政中的重要作用、重大意义，深入阐释其形成机理、基本要素，从而提出不断提高政治判断力、政治领悟力、政治执行力的有效途径和制度保障。

（九）加强党内监督制度研究

党的十八大以来，全面从严治党，严肃党内政治生活，严明党的纪律，强化党内监督，以构建严密的党内监督体系确保全面从严治党永远在路上，积累了成功经验。特别是在党的十九届三中全会深入推进党和国家机构改革过程中，深化党的纪律检查体制改革，推进纪检工作双重领导体制具体化、程序化、制度化；健全党和国家监督体系，完善权力运行制约和监督机制，组建国家、省、市、县监察委员会，实现党内监督和国家机关监督、党的纪律检查和国家监察有机统一，实现对所有行使公权力的公职人员监察全覆盖；完善巡视巡察工作，增强以党内监督为主、其他监督相贯通的监察合力。这些战略举措，有力地推进着党的纪律检查体制和国家监察体制改革，切实扎紧制度的笼子，构建不敢腐、不能腐、不想腐的钢铁长城。要以总结经验为重点，系统总结和梳理党的十八大以来党内监督制度方面

的成功经验,并提供扎实的学理支撑。要以问题为导向,在充分深入的调查研究基础上,提出进一步强化党内监督的对策论证。

(十)"不忘初心、牢记使命"主题教育经验和制度化建设研究

"不忘初心、牢记使命"是加强党的建设的永恒课题和全体党员、干部的终身课题。"不忘初心、牢记使命"主题教育是党的十九大做出的全面从严治党的重大决策。经过一年半的努力,党的先进性和纯洁性建设取得了新的成就。对这一党的思想建设的实践新探索及积累的新经验做深入的探究,并上升到理论高度加以认识,是党建研究的一项重要的任务。党的十九届四中全会将"建立不忘初心、牢记使命的制度"列为"坚持和完善党的领导制度体系"的首要任务。因此,加强"不忘初心、牢记使命"的制度化建设自当是未来五年党建研究的重要课题。

(十一)贯彻新时代党的组织路线,加强组织体系建设研究

2018年7月,习近平总书记在全国组织工作会议上发表的重要讲话中首次阐述了新时代党的组织路线的基本内容,并提出贯彻、落实组织路线要"以组织体系建设为重点"的重要论断。新时代党的组织路线贯彻、落实的状况如何,组织体系中各构成要素自身的建设情况,及彼此之间的关联性、有机性和运行的体制、机制等问题,既须在理论上做深入的探讨,又须在实践中做对策性的研究。尤其是贯彻落实组织路线和加强组织体系建设,与推动全党树牢"四个意识"、坚定"四个自信"、坚决做到"两个维护"结合在一起加以研究就更有理论和实践价值。

(十二)着力培养忠诚干净担当的高素质干部,着力集聚爱国奉献的各方面优秀人才研究

选人用人是党的组织工作的重要任务。干部、人才队伍建设是党领导的"伟大事业"成功的关键所在。党的十八大后,以习近平同志为核心的党中央对干部队伍建设、人才队伍建设提出了不少新理念新思想新战略,并在党的十九大之后得到了进一步丰富和发展。在干部队伍建设方面,培养、考核、选用、管理、激励体系的建立和完善方面的研究;在人才队伍建设方面,深化对人才队伍的培养、评价、流动、激励体制

机制改革，以及政治引领、联系服务工作机制改革的研究，都是未来五年值得重视的研究内容。

（十三）加强党的基层组织建设问题研究

党的基层组织是党的肌体的"神经末梢"，发挥着战斗堡垒作用。党的十八大以来，以习近平同志为核心的党中央特别重视党的基层组织建设。在目前及未来一段时间内，基层组织建设要解决的两个突出问题，一是企业、事业单位和社会组织如学会、协会等，如何通过理顺体制，完善机制，把党的领导贯彻落实到位，把党的建设落到实处；二是提升基层组织的组织力，突出其政治功能，尤其是突出支部对内教育、管理、监督党员，对外组织、宣传、凝聚服务群众的功能。这些现实问题，都需要学者们予以关注，并积极参与其中。这种研究既能为党的基层组织建设工作提供智力支持，又能拓展理论研究的视野，深化学理问题的认识。

（十四）反对官僚主义、形式主义研究

官僚主义、形式主义一直是共产党执政之后在党风建设上面对的难题。党的十八大之后，在群众路线教育活动中，"四风"和特权现象虽然得到了有效的整治，但"上有好者，下必甚焉"的敷衍塞责、弄虚作假现象，"为官不易""为官不为"的庸政懒政现象，滥权、潜规则等特权现象等官僚主义、形式主义风气在一些地方和部门依然存在，成为正常党群、干群关系的最大的破坏性要素。如何遏制新形势下的官僚主义、形式主义现象是未来几年党风建设，以致党的建设研究中需要给予关注的重要问题。

（十五）党的十八大以来反腐败斗争经验，以及"构建一体推进不敢腐、不能腐、不想腐体制机制"研究

党的十八大之后，以习近平同志为核心的党中央坚持反腐败无禁区、全覆盖、零容忍，坚定不移"打虎""拍蝇""猎狐"，反腐败斗争压倒性态势已经形成并巩固发展，其中的经验和规律性的认识，值得认真研究和总结。党的十九届四中全会从强化权力运行的制约和监督角度提出了"构建一体推进不敢腐、不能腐、不想腐体制机制"的"坚定不移推进反腐败斗争"方略。这些均需要相关的学术和理论研究工作协同推进。

（十六）党内法规体系的系统性、整体性研究

当前，《中央党内法规制定工作五年规划纲要（2013—2017年）》提出的到建党100周年之际要全面建成内容科学、程序严密、配套完备、运行有效的党内法规制度体系的战略目标，已经基本完成。但是，时代的发展，实践的需求时时对党内法规建设提出更新的需求，也对党内法规研究提出了更新的要求。在未来几年，党内法规研究要进一步研究的是如何构建中国特色社会主义执政党党内法规的系统性和整体性问题，诸如中国共产党党内法规基本原理或理论的研究，党章、准则、条例、规则、规定、办法、细则的专题性和协调性研究，党内法规系统与国家宪法、法律体系协调与衔接研究，中国共产党与境外政党、政团组织交往法规研究，等等。

（十七）严明政治纪律和政治规矩的制度建设研究

党的十八大之后，"把纪律挺在前面"是"全面从严治党"取得成效的重要经验。《中国共产党纪律处分条例》在不到6年时间里修订两次，足见纪律建设在"全面从严治党"战略布局中的重要性所在。两次修订中政治纪律和政治规矩改动最多，可见其在纪律建设中的地位。党的十九届四中全会亦将"严明政治纪律和政治规矩"视为"完善全面从严治党制度"的重要举措。因此，无论是从党的政治建设、党的纪律建设，还是从制度建设的重要性看，严明政治纪律和政治规矩的制度化建设都应该是未来几年党的建设研究的一个重要选题。

（十八）新型政党制度研究

中国共产党领导的多党合作和政治协商制度作为我国一项基本政治制度，是中国共产党、中国人民和各民主党派、无党派人士的伟大政治创造，是从中国土壤中生长出来的新型政党制度，历经70多年，日臻完善，并越发对境外产生政治影响。对新型政党制度的研究尽管在过去取得了一定的成就，但是从利益表达、功能形态、实践效果综合角度，从世界政党制度的比较角度，从中国传统优秀政治文化角度，从中国特色社会主义"制度自信"角度，从可以预期的世界影响角度（尤其是防范和战胜新冠肺炎疫情之后），对此进行进一步认真深入研究，是未来几年"党的建设"研究

领域的重要课题。

(十九) 比较政党（党建）研究

随着中国综合国力的增强，国际影响的扩大，中国共产党与境外政党的交流逐渐成为中国外交工作的重要组成部分。尤其在当下新型冠状病毒肺炎肆虐全球之际，"外国之乱"和"中国之治"形成了鲜明的对比。中国共产党的社会动员和组织能力、中国的政党制度受到不少国家的政府和政党的关注。所以，在认真研究的基础上，做好党的领导和党的建设情况的对外宣传是一项具有很高实践价值的工作。此外有些国家政党的政治治理能力和方式，作为他山之石，也值得我们学习和借鉴。所以，跟踪境外政党的发展状况，并做出理性分析和研究，对加强党的建设和党的领导工作具有重要的实践意义。

(二十) 党建工作绩效评价和提高党的建设质量研究

无论是实践，还是理论，党建工作在党的全部工作中的重要性自不待言。全党在党建工作方面投入的人力、财力亦非常浩大。但是，建立科学的党建工作的绩效评价机制一直未能引起实际工作部门和学界的重视，致使党建工作中有名无实的形式主义现象长期存在。因此，建立基于有形的实证材料评价机制，无形的间接效果评价机制，以及建立两者相结合的绩效评价机制应该成为未来几年研究的重要课题。与之相关的是事关永葆党的先进性和纯洁性的提高党的建设质量问题，具体包括提高发展党员质量、提高教育实践活动质量、提高选人用人质量、提高党内政治生活质量、提高人才培养质量、提高党的制度建设质量，等等。党的十八大以来习近平总书记对此高度重视，反复强调，但未引起学界的重视。所以对这一问题的研究未来几年应该引起高度重视。

(二十一) 构建中国特色党的建设话语体系研究

经过百年的历史积淀，中国共产党自身建设的方方面面都形成了与马克思主义经典作家政党学说不同的话语内涵和形式，而且已经系统化、体系化。对其进行整体性、学术化的梳理，并对它的发展过程做历史的描述和分析，对它的各构成部分做理论结构的剖析和阐述，对它的民族化、大众化、时代化特征做说明和解析,都有利于党建话语表达的规范,有利于党建知识理论的传播,有利于政党自信科学内涵的解读,有利于中国特色社会主义理论研究的丰富、完善。这应该是未来几年党建研究领域关注的重要议题。

(二十二)党建学科建设与研究方法创新研究

在这方面,尽管就事论事而言,若干学者"十三五"时期因应时事变化做出了回应,但是从20世纪90年代之后,尤其是21世纪之后社会科学界对相关问题的研讨结论看,问题并没有得到多数人所公认的解决。在未来几年内,深入推进党建学科建设与研究方法创新,必须做到两点:一是以马克思主义政党学说基本原理为理论指导,以中国政党学说作为历史基础,以党领导的伟大社会革命和党的自我革命为实践依据,形成中国特色的党建基本原理和基本研究方法;二是对借鉴政治学、历史学、社会学、心理学等其他学科,尤其是以西方政党学理某种范式来研究中国共产党的建设,一定要始终坚持政治方向、学术导向、价值取向的高度统一。未来几年对党的建设学科进行具有中国特色学科建设和研究方法的科学化、规范化建设乃是一项重要的任务。

总审稿人 李 捷
审 稿 人 陈金龙 杨凤城
执 笔 人 (按姓氏拼音排序)
陈家刚 陈金龙 胡国胜 杨德山 周建伟

哲　学

马克思主义哲学

一 "十三五"时期研究概况及主要成果

"十三五"时期,恰逢马克思与恩格斯诞辰200周年、改革开放40周年、新中国成立70周年等重要时间节点。学界围绕马克思主义哲学的相关理论主题,进行了深入研究。研究成果展示了中国化马克思主义哲学回答时代之问、推动实践发展的鲜明理论品格。

(一)马克思主义哲学原理研究

"十三五"时期,马克思主义哲学的一系列重要问题在中国特色社会主义进入新时代的背景下获得了新的视角,在本体论、认识论、辩证法、历史唯物主义、科学社会主义等相关研究领域,均有重要进展。

1. 本体论研究

"十三五"时期,学界在以往研究的基础上,继续以"实践"为中心展开对马克思主义哲学本体论问题的研究,对实践在马克思主义思想体系中的地位、实践与劳动和生产的关系等进行深入探讨。在反思物质本体论的过程中,讨论了马克思主义哲学体系构建的核心概念问题,主流观点是坚持物质概念的基础地位,但学者们也主张把实践、劳动、社会关系等作为马克思主义哲学体系中的基础概念。孙正聿教授在《全面掌握辩证唯物主义的世界观和方法论》一文(《党建》2019年第6期)中提出,全面掌握和更加自觉地运用辩证唯物主义的世界观和方法论,是我们认识世界和改变世界的重要思想武器。杨耕教授主编的《当代中国马克思主义哲学研究丛书》中着重讨论马克思实践理论的《现代唯物主义导论》《走向交往实践的唯物主义》等著作对马克思的实践论从全方位、多角度的讨论入手，系统地梳理了马克思实践唯物主义的形成和发展脉络。

2. 认识论研究

马克思主义哲学坚持认识的物质基础与实践基础，注重科学认识对于现实的指导意义。"十三五"时期，关于认识论的研究视角更加多元，更加注重借鉴心理学和认知科学的理论成果。研究问题涉及对"实践是检验真理的唯一标准"的回顾与讨论、唯物史观基础上的社会认识论、《资本论》中的认识论、马克思对黑格尔真理观的批判、马克思主义认识方法等。

3. 辩证法研究

对于马克思主义哲学中的辩证法的研究，是学界讨论的重点。"十三五"时期，学界围绕马克思与康德辩证法的对比、马克思对黑格尔辩证法的重构、马克思对普鲁东辩证法的批判等问题，对马克思主义辩证法的合理性进行了讨论。在讨论中，文本的梳理和辨析得到了高度重视，学术界注重研究辩证法在马克思原著中的表现，同时将政治经济学和辩证法的关系纳入研究视域，并对马克思主义辩证法的唯物主义基础进行了讨论。有学者以马克思的政治经济学批判为中心，通过对《资本论》中劳动辩证法的分析，讨论马克思的劳动概念与辩证法的发展；马克思在《1844年经济学哲学手稿》中对黑格尔辩证法的扬弃与超越也得到了研究人员的关注。吴晓明教授在《辩证法的本体论基础：黑格尔与马克思》（《哲学研究》2018年第10期）、《论马克思辩证法的"实在主体"》（《哲学研究》2020年第8期）等文认为马克思通过本体论革命，使辩证法重建于"实在主体"之上，从而完成了对于辩证法的拯救；通过对本体论基础的阐明，辩证法的实质和意义才突出地显示出来。

4. 历史唯物主义研究

随着全球化进程的推进和现代社会的深入发展，历史唯物主义的发展呈现出多种形态。"十三五"时期，学术界在历史唯物主义的重新考察和理解、恩格斯的历史观的解读、历史唯物主义的生成研究、历史唯物主义与文化史观的联系、历史唯物主义与资本运作的关系、历史唯物主义与政治经济学批判的关系、历史唯物主义与社会主义发展模式的关系、历史唯物主义的政治哲学解读、唯物史观和全球化等方面，研究成果颇丰。对于历史唯物主义的研究，不仅注重对于经典文本的研读，同时将理论与现实相结合，赋予其更为丰富的实践意义。国内学者通过对《德意志意识形态》的重读，重申恩格斯作为"第二小提琴手"在历史唯物主义创立过程中所发挥的重要作用，同时对晚年恩格斯的作品以及书信中所表现出的历史唯物主义观点进行了探讨，这有助于我们全面、系统地把握恩格斯晚年对唯物史观理论的新贡献。张一兵教授从黑格尔的"定在"概念出发，对马克思著作中的"存在""社会存在"概念进行了探讨，认为不恰当的翻译可能会造成对马克思历史唯物主义哲学原则深层思想构境的误解，马克思通过刻意回避使用"社会定在"等带有思辨哲学色彩的话语完成了历史唯物主义理论的建立；丰子义教授通过对历史阐释的限度问题的讨论，认为历史研究的健康进行，必须保持历史阐释的严肃性，应对历史规律予以深刻的分析和揭示。

（二）马克思主义哲学史研究

"十三五"时期，马克思主义哲学史的研究取得了丰硕成果。主要体现在马克思恩格斯经典著作研究、马克思主义哲学与西方古典哲学和中国传统哲学的关系研究、列宁哲学思想研究和国外马克思主义哲学研究等方面。

1. 马克思恩格斯经典著作研究

"十三五"时期，恰逢多个马恩经典著作发表周年纪念和马克思恩格斯诞辰200周年，围绕重要时间节点进行的学术交流活动频繁，成果颇丰。随着收录了《德意志意识形态》的MEGA2第一部分第5卷的出版，国内学者对《德意志意识形态》的文本学研究更为深入。如鲁克俭教授在《关于〈德意志意识形态〉第二个中文版的编辑出版问题》中就对中文版的编译工作提出了建议。《资本论》一直是近几年研究的重要文本，2017年是《资本论》第一卷发行150周年，学术界举行了数场学术研讨会，探讨热点集中于《资本论》的理论性质、重要主题及时代意义；随着恩格斯诞辰200周年的来临，挖掘恩格斯独特的理论贡献和历史地位成为一大重要热点。唐正东教授在《青年恩格斯对英国工人运动的社会历史性解读及其理论意义》与《财产与上层建筑要素的辩证关系：青年恩格斯的学术洞察及其思想史意义》中，考察了恩格斯摆脱青年黑格尔派方法论影响的过程，强调恩格斯工人运动观的维度，有助于全面地领会唯物史观与科学社会主义理论的内在统一性。总之，"十三五"时期，关于马克思恩格斯经典著作的研究在不断深入，表现在不仅注重历史语境下经典文本的释义和文本学研究，而且注重将经典文本与现实问题接轨，彰显了思想的时代性。

2. 马克思主义哲学与西方古典哲学和中国传统哲学的关系研究

在此期间，对马克思主义哲学的思想渊源及其与中国传统哲学共通性的研究得到进一步拓展。关于社会变革下的"中西马"哲学反思、"中西马"哲学的比较研究、中国传统哲学与马克思主义哲学融通、马克思主义哲学的现当代价值和意义等问题都得到深入研究。赵敦华教授以"互文性"的解读方法阐明《资本论》与黑格尔《逻辑学》的"存在论"和"本质论"相关范畴和环节之间的逻辑关联，丰富了对黑格尔逻辑学的经验内容的理解；在《人与自然界的思想价值：马克思对黑格尔〈哲学百科〉的改造吸收》一文，赵敦华教授认为在《1844年经济学哲学手稿》中，马克思通过对黑格尔"绝对观念"的扬弃，为唯物史观的诞生奠定了基础。

3. 列宁哲学思想研究

2016年是列宁《帝国主义论》发表100周年，2017年是"十月革命"胜利100周年，2020年是列宁诞辰150周年，"十三五"时期，学界一度掀起了"回到列宁"的热潮。安启念教授在《从〈帝国主义论〉到构建人类命运共同体》一文中提出列宁的《帝国主义论》接受了历史的考验，但面向新时代，《帝国主义论》要与时俱进，开创人类命运共同体的新篇章。学术界除了深入研究列宁的帝国主义论、执政党建设思想、文化建设思想、无产阶级专政思想之外，还探讨了列宁主义与苏联模式的关系问题、列宁哲学与马克思主义哲学的关系问题以及列宁思想的当代性及其价值。

4. 国外马克思主义哲学研究

近年来，我国当代国外马克思主义研究呈现日渐成熟且多元的特点。截至2020年，由全国当代国外马克思主义学会主办、合作高校承办的全国国外马克思主义论坛已历时十五届。从总体上看，研究对象在不断细化，聚焦问题研究趋势加强。而研究的内容主要集中为三大思潮：经典的法兰克福学派研究、英美马克思主义研究和后马克思主义研究。国内的国外马克思主义研究正从对研究对象的推介逐步转变为与思想对话，其理论视野更具批判性。陈学明教授的《西方马克思主义对人的存在方式的研究》（《中国社会科学》2018年第4期）一文梳理了西方马克思主义理论家对人的存在方式的研究成果，在此基础上考察了马克思关于人的存在方式的主张，深化了学界对于人的存在方式的理论研究，以期形成独特的中国话语体系；张秀琴教授的《西方马克思主义发展史》系统梳理了西方马克思主义的思想渊源以及传播流变，呈现出西方马克思主义各个流派发展背后的理论和现实意义。

（三）马克思主义哲学中国化研究

学术界在深入研究马克思主义中国化的理论成果基础上，继续探讨了马克思主义哲学中国化的内涵、历史进程和发展规律等基础问题，研究了毛泽东哲学思想的当代意义，持续解读了中国特色社会主义理论，尤其是习近平新时代中国特色社会主义思想中的哲学思想。

1. 马克思主义哲学中国化的内涵、进程与规律以及话语方式研究

"十三五"时期，关于马克思主义哲学中国化的内涵、进程与规律的研究表明，马克思主义中国化的发展和研究具有重要的理论和现实意义。研究认为，中国化马克思主义着眼无产阶级和人类解放的主题，具有鲜明的时代性、理论性和实践性特征。充分挖掘马克思主义哲学中国化的内涵，研究马克思主义中国化的历史进程，总结马克思主义中国化的规律，有助于推进马克思主义理论建设，发展中国特色社会主义政治经济学，满足社会主义实践的需要。汪信砚教授所著的《马克思主义哲学中国化：传统与创新》一书，揭示出马克思主义哲学中国化已成为当代中国马克思主义研究的范式，并成为中国马克思主义哲学发展的源头活水。同时，学界还展开了如何构建具有中国特色的马克思主义哲学学科体系、学术体系和话语体系的研究。在2016年出版的《马克思主义十五讲》一书中，陈先达教授以中国现实为基础，概括总结了15个马克思主义重大理论问题，明确了中国马克思主义哲学的独特性。

2. 毛泽东哲学思想研究

"十三五"时期，学术界对毛泽东哲学思想的研究愈加深入，肯定了"两个《历史决议》"对毛泽东哲学思想的坚持和发展。在《实践论》《矛盾论》发表 80 周年之际，杨瑞森教授发表《关于"两论"的当代价值——纪念〈实践论〉〈矛盾论〉发表 80 周年》文章，明确了"两论"作为马克思主义中国化最新成果的基石地位。近年来，学术界对海外"毛主义"概念及其理论发展也开展了较多研究。学者们主要对国外毛泽东研究的五次论战进行了分析和研究。学界还依托全国"毛泽东论坛""中国社会科学院毛泽东思想论坛"和"全国毛泽东研究青年学者论坛"等平台，促进学术交流，推进毛泽东哲学思想研究。

3. 中国特色社会主义理论中的哲学思想研究

近年来，中国特色社会主义理论中的哲学思想受到高度关注。韩庆祥教授在《中国特色社会主义基本原理》一书中，深入研究了中国特色社会主义的内在逻辑，并构建了中国特色社会主义的理论和实践框架。在纪念改革开放 40 周年之际，学术界回顾和探索了邓小平理论、"三个代表"重要思想和科学发展观在中国特色社会主义发展不同阶段所做的理论探索和理论贡献。中国特色社会主义进入新时代，以王伟光教授为代表的学者们深入研究了习近平新时代中国特色社会主义思想的哲学意蕴，考察了中国道路的哲学意蕴、中国道路的创新意义、中国道路中的人类命运共同体思想、马克思主义哲学中国化在中国道路中的地位与作用等。

（四）应用哲学研究

"十三五"时期，马克思主义哲学研究显现了强烈的"问题意识"，学界从政治哲学、经济哲学、价值哲学、文化哲学、生态哲学、人学理论等多个维度，对马克思主义哲学的丰富内容展开深入研究。

1. 政治哲学研究

近年来，关于马克思政治哲学思想的讨论比较热烈，学者们从不同角度阐释了马克思的政治哲学。学界围绕自由、平等、正义、市民社会、上层建筑等概念，依托马克思经典文本论述，挖掘其内在逻辑，提出构建符合中国实践的政治哲学的观点。关于马克思主义政治哲学的独特之处以及如何在实践中发展马克思主义政治哲学，也是学者们研究的重要论题。臧峰宇教授在《马克思正义论研究的两种进路及其中国语境》一文中分析了马克思正义论研究的新黑格尔派和分析马克思主义这两种主要进路，认为应当兼收并蓄，在中国语境中确认马克思主义正义论的现实作用。马克思的政治哲学与其他西方哲学家的理论有根本不同，要站在历史唯物主义立场上阐发马克思主义政治哲学的基本概念、理论范式，建构马克思主义政治哲学理论体系。

2. 经济哲学研究

随着社会主义现代化建设的不断深入，对马克思主义经济哲学的研究也成为学界持续关注的重点。"十三五"时期，学术界对《资本论》及其手稿进行了文本挖掘，论述了资本逻辑中的生产、消费、信用、空间等范畴，揭示了马克思的经济学与哲学之间的内在关联。仰海峰教授在《〈资本论〉与〈政治经济学批判大纲〉的逻辑差异》（《哲学研究》2016年第8期）一文中，通过对比马克思不同文本之间的内在逻辑，深化了对马克思经济哲学中的哲学架构的研究。在这些研究的基础上，学界围绕如何统一马克思主义政治经济学批判与中国当代现实经济问题，以及如何建构当代中国马克思主义政治经济学的哲学基础进行了探究。

3. 价值哲学研究

"十三五"时期，价值哲学研究继续向纵深发展。学界借助现代哲学的观念推进了价值哲学基础理论研究，利用调查研究方法考察了当代社会的价值观，特别是对社会主义核心价值观进行了专题研究。吴向东教授《中国价值哲学四十年》（《当代中国价值观研究》2018年第6期）一文认为中国价值哲学研究的发展历程证明，必须在实践论的基础上进行社会主义核心价值观的理论建构。孙伟平教授等学者在《创建"中国价值"：社会主义核心价值体系研究》一书中尝试用马克思主义的方法研究和提炼社会主义核心价值体系的核心理念。诸多研究表明，中国社会在目前的转型期产生了一些现实问题，人们的思想价值观念产生了诸多变化，必须立足于现实社会实践，用马克思主义价值哲学来对变化的价值世界做出解释和回应，建构中国社会的价值共识。

4. 文化哲学研究

"十三五"时期，学术界对当代文化的特征和内在逻辑进行了比较深入的研究，探究了文化与媒体、政治、语言等因素之间的关系及其心理学、美学、符号学基础。如何萍教授等学者在研究当代文化与资本主义全球化之间关系的基础上提出，当下资本主义世界的现象与问题很大程度上在"全球话语霸权"中得到体现,因此需要对这种文化霸权现象进行深入研究和批判。在此基础上学者们分析了当代多元文化背景下,马克思主义哲学中国化、时代化、大众化所面临的任务和挑战。研究成果表明,反思大众文化对当代中国的影响,警惕历史虚无主义在文化和意识形态领域中的抬头,同时推动中国文化与马克思主义哲学之间的深度融合是十分必要的。

5. 生态哲学研究

近年来,生态哲学及其相关论题受到学界重视。中国社会发展的内在要求促使人们对人与自然关系进行深入的思考。以自然、生态、资本、文化等概念为核心,以马克思关于自然的论述为依据,王雨辰、方锡良等学者深入分析了经济发展与生态环境之间的辩证关系。研究表明,基于当代生态危机的本质以及中国现代化建设的实际,应当将历史唯物主义作为理解人与自然关系的基础,建构中国特色生态文明理论。

6. 人学研究

近年来,人学的理论基础与现实关注得到进一步研究。刘同舫等学者在《马克思的解放哲学》等书中梳理了人的理论在马克思主义哲学中的发展历程,阐述了社会主义核心价值观的人学意蕴。研究表明,马克思主义关于人的理论对建构当代中国现实的人学有着基础性作用,而关注人的生存、发展、幸福等问题有助于建构中国社会发展的价值理论。

二 本学科研究的薄弱环节

马克思主义哲学研究在"十三五"时期取得了很多成果,但在一些方面还需要进一步推进。随着中国特色社会主义进入新时代,马克思主义哲学需要在新的历史起点上开展新的创造性研究,积极探索新时代新课题。

(一)马克思主义哲学基础理论研究需要进一步创新

首先,目前关于马克思主义经典文本的解读视角很多,但大多是以修辞性的"新颜"取代了原理性的"旧貌"。也就是说,以一些新的流行词、热词来解释原来的经典理论,在表达和论证方法上看起来采取了新形式,但知识量并没有获得实质性的增长。其次,缺少从学科融合的视角进行理论创新。目前，对马克思主义的研究还区分为哲学、政治经济学、科学社会主义等部分，不同学科之间的融合度不够，没有基于时代背景把文化学、社会学等最新成果融入现有的讨论当中。再次，对于一些经典概念的研究，缺少思想史的梳理和对比，综合性研究的视域相对缺乏，研究过程显得相对扁平化。最后，理论的创新性还需要进一步增强。当前，人类社会正处在大发展大变革大调整时代，人类越来越成为"你中有我、我中有你"的命运共同体，无论是新时代中国的巨大变革，还是当今世界的巨大变化，都为马克思主义哲学理论创新提出了新的要求，创造了难得的历史条件。目前，马克思主义哲学研究在提出具有原创性的思想和观念方面需要进一步加强。

（二）马克思主义现实指导作用需要进一步增强

当前，马克思主义哲学文本研究成果较为丰富，并且受重视程度也比较高，但很多研究缺乏现实观照，有理论脱离实际之嫌。有些学者只注重文本解读，讨论范围也仅局限在马克思本人的思想发展史内部，而忽略了写作的现实落脚点和解答现实问题的初衷。在这样的背景下，需要提升马克思主义哲学对现实的指导作用。另外，以马克思主义方法论把握时代的意识不足。对于人工智能、逆全球化、欧美民粹主义、当代生态问题等，总体上研究较少，缺少基于马克思主义的研究方法审视新时代问题的理论自觉。

（三）中国化的马克思主义研究与马克思主义普遍原理和经典著作研究相结合的力度需要加强

中国化的马克思主义研究要立足当代中国国情深入推进，要加快构建中国特色的马克思主义哲学学科体系、学术体系和话语体系。但不能因此忽略了马克思主义经典著作和原理研究的重要性。有些学者过于强调现实的特殊性，最后从这种特殊性中机械地演绎出马克思主义中国化的新发展，而不是从马克思主义的普遍原理出发，结合实际情况来提出马克思主义的新形态、新面貌。例如，对改革开放40年成就的分析研究，较少从生产力与生产关系辩证发展的维度进行解读。

三 "十四五"时期发展预测及课题建议

"十三五"时期,马克思主义哲学研究存在的问题和薄弱环节,应在"十四五"时期得到改进。根据当前马克思主义哲学研究现状及学界专家的意见,建议将以下问题作为"十四五"重点研究方向。

(一) 马克思主义哲学整体性研究

马克思主义哲学是一个有机的整体,只有在整体性的视域中才能真正把握马克思主义哲学的丰富内涵。当前,应当探索建构充分反映马克思主义哲学有机性、实践性的综合研究范式,融通文献考证、学理阐释、实践反思等多种形式,推动马克思主义哲学内部不同研究领域之间的深度融合,形成更加合理的研究范式。

(二) 历史唯物主义研究

历史唯物主义是马克思主义哲学的核心。对历史唯物主义研究的不断深化,始终关系着马克思主义哲学体系的完善和相关内容的创新发展。当前,应在研究马克思主义经典文本的基础上,结合中国特色社会主义新时代的发展,进一步阐明历史唯物主义的重要表述、核心内涵及其与政治经济学批判、社会发展理论的关系,关注并反思国外学者对历史唯物主义所做的阐发与"重建"。

(三) 政治经济学批判研究

政治经济学批判是马克思主义哲学的科学性和批判性的重要体现,也是构建当代中国马克思主义政治经济学的哲学基础。当前,应进一步深化研究以《资本论》为代表的政治经济学批判理论所蕴含的唯物辩证法思想,辨清政治经济学批判的哲学与经济学双重维度及其内在联系,进而推动在新时代建构中国特色政治经济学。

(四) 马克思主义哲学与西方哲学关系研究

马克思主义哲学以批判的方式吸收和借鉴着西方哲学思想,并对当代西方哲学发展产生着重要影响。当前,应深化研究德国古典哲学与马克思主义哲学的关系,进一步研究古希腊哲学、犹太—基督教传统、浪漫主义思想与马克思主义哲学的关系,关注当代西方哲学对马克思主义哲学的借鉴和思考,厘清马克思主义哲学同与之相似或相近的哲学传统的关系。

(五) 马克思主义社会哲学研究

社会哲学是对人类生活的社会性维度的研究,是实现马克思主义哲学改变世界这一实践旨归的重要向度。当前应建立马克思主义社会哲学的学科体系,增强哲学与经济学、政治学、社会学等社会科学的交流,切实增强马克思主义哲学对社会发展问题的哲学反思和实践指导力度。

(六) 国外马克思主义哲学研究

为了更好地借鉴国外马克思主义哲学研究的成果,应深入分析当代国外马克思主义形成、演变的社会历史条件,对其发展状况与趋势做出判断,对其理论创新性和局限性做出客观分析和评价。要进一步译介和研究经典西方马克思主义、东欧马克思主义、日本马克思主义、现象学的马克思主义、分析的马克思主义、生态马克思主义等流派与思潮的文本,梳理其发展脉络,关注其发展动向。与此同时,还应持续关注当前后马克思主义和激进左翼思潮中思想活跃的新人物、新思想,并对之做出深入的分析和评价。

(七) 马克思主义哲学的中国化研究

中国特色社会主义进入新时代,马克思主义哲学中国化的研究也面临着新的时代课题。要立足于新时代,把握中国特色社会主义进入了新时代这一历史方位,进行中国特色哲学理论体系的构建。就此而言,新时代的历史方位、社会主要矛盾的变化及其特征、社会主义现代化强国的战略目标、可资发展中国家参照的新发展观、社会主义生态文明观、人类命运共同体的构建等,共同凝练为新时代中国特色哲学理论体系的主要内容。这些应当作为进一步研究的重点。

习近平新时代中国特色社会主义思想是当代中国马克思主义、21世纪马克思主义,包含着丰富的哲学思想。要立足新时代中国特色社会主义伟大实践，以习近平新时代中国特色社会主义思想特别是其中包含的丰富哲学思想为指导，植根中国传统哲学思想，吸收国外优秀哲学资源，构建一个反映"新时代""中国特色"的 21 世纪马克思主义哲学体系，使其不仅成为反映当代中国的哲学，而且成为具有世界意义的哲学。

中国哲学

一 "十三五"时期研究概况及主要成果

"十三五"时期,中国哲学研究取得了可喜成就。在对传统经学做哲学诠释,中国传统哲学学派、思潮、典籍、人物研究,近现代中国学术转型研究,中国哲学学科特色探究,中国传统哲学的创造性转化、创新性发展研究,对出土文献内容的哲学解读,海外中国哲学研究等方面,皆有所突破。

(一) 经史传统与中国哲学研究

中国传统思想中的经史之学在近年来的中国哲学研究中逐渐被重视。中国社会科学院哲学研究所李存山研究员发表《经史传统与中国的哲学和学术分科》(《中国哲学史》2019年第2期)一文,提出经史传统包括中国文化的经学传统和史学传统,这也可以成为对中国传统学术的概称;"重新认识传统"的一个重要问题,是要正确认识和处理中国文化的"变"与"常"的关系,"变"是指中国文化发展的时代性、阶段性,"常"是指中国文化发展的继承性、连续性。

中国传统经史典籍虽众,但其核心主要围绕"人"来立论,提供人之为人的价值观,学术界对此问题也做了重点讨论。如四川师范大学黄开国教授在《经学是以五经为元典阐发常道的学说》(《哲学研究》2019年第6期)一文中,认为五经是经学的元典,经学的其他典籍都是训解或依附五经而成,经学全部的注疏以至整个中国文化都以五经为根荄;元典为

"五"决定了经学不是一经独尊,而是具有包容性、开放性的学说,经学也因此而能够实现日新不已的自我创新。

中华文化绵延数千年而不绝,古代中华民族精神之魂的铸造,皆与经史之学的传统相关联。故对《周易》《尚书》《春秋》《三礼》《论语》《孟子》《大学》《中庸》等经学典籍的研究及经学与历史、政治、哲学关系的探讨,成为这一时期学术界的重点议题。

经史之学与哲学有着重要关联。一些经史哲学概念的形成,存在一个后世学者不断"创新"的过程,这就有一个关于中国传统哲学经典诠释的现代转型问题。对此,学界主流观点认为应注意两个方面的问题:一是搭建中西对话平台,将西方诠释学作为中国诠释传统完成现代转变的参照镜像,建构问题域并在创造性思维的指引下实现"化西为中"的对话目的;二是因应"古今之辨",搭建由古通今之桥,将中国经典注释学由一个"古典论题"转变为"现代论题",打开从经典注释学转型为经典诠释学的通道。山东大学中国诠释学研究中心暨哲学与社会发展学院傅永军《论中国经典诠释传统现代转型的路径选择》(《哲学研究》2020年第1期),复旦大学哲学学院张汝伦教授《以西释中,还是以西化中?——以康德自律道德哲学为参照》(《哲学研究》2020年第1期),山东大学儒学高等研究院黄玉顺教授《前主体性诠释:主体性诠释的解构——评"东亚儒学"的经典诠释模式》(《哲学研究》2019年第1期),深圳大学国学研究所哲学系景海峰《经典解释与"学统"观念之建构》(《哲学研究》2016年第4期)等文章,对此问题做了探讨。

(二)中国传统哲学中的学派、思想研究与阐发

先秦诸子、两汉经学、魏晋玄学、宋明理学等作为传统中国哲学研究的典型范例,在这一时期也展开过深入而富有新意的讨论。

1. 先秦诸子哲学研究

先秦诸子哲学是中国古代哲学的源头活水,学术界对此的关注热度一直不低。先秦儒家哲学研究方面,孔子的政治哲学、人生哲学,孟子的人性论和王道理念,荀子人性理论的多层次考察,荀子的礼与法家的法之比较,《中庸》的天道思想、至诚无息理念,《大学》的明德思想等研究,成果颇丰。如清华大学哲学系陈来教授发表《儒家的政治思想与美德政治观》(《中国哲学史》2020年第1期),提出儒家政治哲学是中国古代哲学的政治思想的主要部分,孔子以为政者的"自正"转变了西周春秋政治"政以正民"的方向;孟子则引入"他正"的"批评政治",并被朱子继承,这反映出古代中国政治与传统的实际。中国人民大学梁涛教授,北京师范大学李景林教授、王楷教授等,亦皆有专著、专文讨论先秦诸子哲学相关话题。

在先秦道家哲学中,《老子》哲学中的"自然",道家的生态智慧、管理哲学等问题,关注者较多,如北京师范大学哲学学院刘笑敢教授,北京大学王中江教授,中央民族大学尹志华教授等;对《庄子》重要章节思想的阐发,《庄子》所受神仙、方术之影响,对《老子》《庄子》政治哲学的研究,也有不少成果,如北京大学王博、杨立华等教授,皆有相关研究专著。对早期道家的一些重要人物如范蠡、杨朱等人的哲学思想,以及战国黄老道家思想,学界也进行了探究,如首都师范大学白奚教授的相关研究。

先秦墨家的"十论"研究、墨辩研究,墨学对稷下辩者和惠施、公孙龙等名家辩者所代表的战国中后期名辩思潮产生的影响,其对当代逻辑学、论辩术以及自然科学的发展的启示等,在这一时期也得到关注。

在先秦名家哲学研究方面,学界对惠施"合同异"理论中的"历物"十事、"尺棰"论等命题进行探讨,对这些命题中蕴含的无穷、极限、运动、连续等观念进行考察,将惠施物质无限可分思想与西方哲学进行比较研究。另外,公孙龙的"马悖论"一直为学界关注。先秦法家思想的研究,集中在讨论商鞅变法思想对秦礼演变的影响,商鞅忠法思想、农战思想,韩非的管理思想、法治思想及其当代价值等问题上。

2. 汉晋隋唐哲学研究

探寻两汉经学家的经注之道、建构经典教化体系、阐发经书大义,熔铸观念与制度的文明土壤,是这一时期学界关注的一个重要话题。对魏晋玄学政治哲学思想的研究,包括玄学如何以"自然"来阐发道之本性和人之本性,在守护生命本真的前提下批判名教对人性的异化,玄学对圣人形象的理解或塑造等,成为这一时期学术思想探索的焦点问题之一。在佛教哲学方面,佛性问题、玄佛合流问题、般若空义问题、因果学说、唯识自性之说、如来藏思想、祖师公案与话头等问题的研究,也成为重点关注的话题。

3. 宋明理学研究

理学建构离不开对经典的诠释，学术界对理学通过经典诠释的方法，对道体、人性、天理（仁）与众德、天理与人欲、成贤成圣、人格气象、功用与生死、格正君心等方面的问题做了深入探讨，召开了一系列的学术研讨会，如"朱子经学与四书学"研讨会等；关于宋明理学研究，学界发表了一系列文章，讨论主题涉及周敦颐《太极图说》的哲理思想，张载气论哲学，邵雍"观物"的哲学宗旨，二程儒家的心性论哲学，朱熹理学概念体系的建构等，皆取得了丰硕成果。清华大学陈来教授及其研究团队，尤其重视对朱熹理学思想的探讨，他们通过召开学术研讨会，公开发表学术论文和专著等，进一步引领朱熹和宋明理学思想研究迈向更深入的阶段。

4. 阳明心学研究

学术界对明代阳明心学的研究也是热点话题之一，杜维明、杨国荣、董平、李景林、吴震、黄玉顺、李承贵等学者对"阳明心学"给予了重点关注，一些学者甚至提出儒家的源头活水就在阳明，21世纪将是王阳明的世纪，故我们于宋明理学之外，还要特别提一下这个问题。

这一时期，学界对王阳明"致良知"的道德形上学和"四句教"，明代晚期心学之流弊以及刘蕺山对此的批评，王夫之对宋明理学的批判、总结等，取得了丰硕成果。一些学者讨论了阳明学的精神及特质，如李承贵提出王阳明心学是以主体精神为核心，以平民精神、启蒙精神、淑世精神等为基本元素的有机的精神整体；李海超、黄玉顺则认为阳明心学的真精神，在于个体自由可能性的敞开，由于强化了本体的"个体性"以及常人良知的现实可靠性，阳明心学从而敞开了个体自由的可能性；李振纲讨论了阳明心学的泛易学特质，其以心为易、以易即心，心、易贯通之"道"在王阳明知行合一的生命实践中得以亲证；一些学者如朱义禄还考察了张岱的家族心学传承对阳明学传播的意义。阳明心学的当代价值问题，亦是讨论的热点话题。如董平认为，重建自我的身心秩序，重建物质与精神的价值平衡，重建社会公共生活场域的公共秩序与价值规范，在这些方面，王阳明的思想作为数千年文化传统的思想结晶，能够发挥其现实的有效作用。

5. 儒、释、道三教关系研究

儒、释、道三教关系的探讨，也为学者们所关注。在探讨本体之究竟、本原之起始、身心性命之修养等基本哲学问题方面，三教之间如何既相互借鉴、吸收各自的观点，又各自阐释、建构具有自身特色的哲学体系，为学界所关注。在三教并峙、发展的过程中，儒、释、道三家观察世界、理解世界和解释世界的基本模式如何互相影响；一些哲学范畴、术语乃至命题在儒、佛、道典中皆有所使用，其义理同异的原因分析等，这些问题，皆有所研究。

（三）明清之际学术转向与近现代中国学术转型研究

明清之际的学术转向作为中国哲学发展史上的重大转折，对近代中国学术研究转型有借鉴意义。这一时期的研究，对晚明以降中外思想交流与清代朴学回归经传本义、融通训诂义理和恢复致用精神有所介绍，对中国近代学术在纠偏补失中改筑旧学、别立新说的努力有所研究。面对近代严峻的危机，强烈的救亡意识开始凸显，对此，学术界的讨论也比较多，如对康有为"大同立教"的儒学史叙述，对谭嗣同民族主义和世界主义政治思想的解读，对严复"群己权界"自由要旨的讨论，对章太炎以佛学、西学作为资源诠释中学以应对时代危机的思考。另外，学术界认为，近代中国学术还关注东西方哲学的比较，探讨人类文明中国模式的可能性，例如中国社会科学院张利民研究员剖析了梁漱溟对东西方哲学的比较，山东大学颜炳罡教授则以后者的乡村建设运动为例，探讨了人类文明中国模式的可能性。

对现代新儒家的研究，仍然是这一时期的重要话题。学术界对现代新儒家以哲学的范式，以分析论证、思议言说的学术形态，吸收东西方哲学资源，致力于儒家传统的创造性转化，以回应西方式理智化、物化的文化生命，研究热情不减。如对梁漱溟、熊十力、冯友兰、马一浮、贺麟、牟宗三、唐君毅、徐复观等人的哲学思想研究，探究他们对西方哲学文化进行根源性回应，重建圆满的本体论来论证中国文化生命在本原上的自足的努力，以及他们为中国传统哲学向现代发展所具有的奠基作用。

(四) 中国哲学学科特色探讨

中国哲学学科及知识体系之建立，是在近现代西方学术思想的传入和冲击下，由中国传统的"经学""子学""玄学""理学"等表现形态转型而来。中国哲学界对中国传统思想系统发展到现代哲学学科转型过程的探讨，不但有助于深化经史传统与中国哲学关系的研究，也对当代中国哲学学科的发展有着重要的学术意义。对于中国哲学的学科特色，学界亦做出了探讨，认为中国虽然没有产生"哲学"这个名称，但中国古代哲学具有西方人公认的几乎所有哲学的基本特征。另外，学者们认为中国传统哲学的整体性取向和将哲学作为一种生活方式的态度，是其重要的特色所在，足以证明其对于现代社会具有十分重要的现实意义；中国传统哲学知论在主体认识能力承诺、认识路径选择以及真知确证原则的认定方面，亦呈现出与西方认识论不同的特点。诸如此类的讨论，反映出中国传统哲学自证其主体性、自主性的努力。

(五) 中国哲学的当代发展研究

狭义的中国哲学指中国传统哲学，广义的中国哲学则指涵盖各个哲学学科的现当代中国哲学。"十三五"时期，对于这两个视域下的中国哲学研究如何发展、取得重大突破，学界展开过热烈讨论。有观点强调，中国哲学的发展要回归"哲学"本身，要有更多的哲学味，同时，还要回应现实挑战，面向世界和未来；中国哲学的研究应该实现从哲学史到哲学的转变，要注重打造中国哲学的现代性知识体系。当然，也有观点认为，哲学史的学习与研究是哲学研究与理论创新的必要条件，依托哲学史提供的哲学智慧，结合现实给哲学提出的理论问题从事哲学创新，是哲学研究的基本要求；中国哲学的本质必须通过对哲学史的考察才能揭示出来，因为中国哲学中的相关概念或范畴植根于具体的文化经验之中，同时，中国哲学在发展过程中亦呈现出思想普遍化的理性倾向，故可以分层次来发展中国哲学，一种是从拓宽思想的广度着手，做观念普遍化的努力，另一种则是为显示经验之厚度，从事观念史的探讨，把中国哲学的世界化做成有根基的事业。关于这个问题，中国社会科学院哲学研究所陈霞研究员、罗传芳研究员，武汉大学哲学学院吴根友教授等做了相关探讨。

也有学者提出，当代中国的哲学研究，应提倡"问题导向"的理论思维，这主要是提升当代中国哲学捕捉和把握时代性问题的理论洞察力、分析和提炼时代性问题的理论概括力、阐释和论证时代性问题的理论思辨力、回答和解决时代性问题的理论思想力，赋予哲学范畴和哲学命题以新的时代内涵和思想内涵，从而为构建当代中国哲学的学科体系、学术体系和话语体系提供不可或缺的思想资源。吉林大学哲学基础理论研究中心孙正聿教授《从理论思维看当代中国哲学研究》（《哲学研究》2020年第1期），中山大学哲学系陈少明教授《中国哲学：通向世界的地方性知识》（《哲学研究》2019年第4期）等文章，对此问题有所讨论。

（六）中国传统哲学相关专题研究

1. 清华简研究

清华简与中国传统哲学研究，也是"十三五"时期的一个热点话题。在对清华简进行了必要的文字训释、整理工作之后，探讨清华简诸篇中所反映的哲学思想，就成为学界研究工作的一个重点。清华简中所反映的中国古代政治哲学、五行思想、身心性命之论、天道等问题，以及其中所呈现出的诸子百家思想交融、互摄等问题的探讨，取得了颇多成果，这对于重新审视战国中晚期诸子百家哲学思想之特征及其交融、互摄过程中的复杂发展面向，有所助益。中国人民大学国学院梁涛教授《清华简〈厚父〉与中国古代"民主"说》（《哲学研究》2018年第11期），曹峰教授《清华简〈心是谓中〉的心论与命论》（《中国哲学史》2019年第3期），清华大学出土文献研究与保护中心李均明《清华简〈邦家之政〉所反映的儒墨交融》（《中国哲学史》2019年第3期），陕西师范大学人文社会科学高等研究院陈民镇《清华简〈心是谓中〉首章心论的内涵与性质》（《中国哲学史》2019年第3期）等文章，有助于我们重新审视战国中晚期诸子百家哲学思想的交融。

2. 中医哲学研究

"十三五"时期的中医哲学研究，也取得了较好的成绩。中医既是一种治病救人的技术，更是一种整体的哲学、文化，理解中医不能脱离整个中国文化。探讨中医学说的中国哲学渊源，是学术界的一个努力方向。儒家、道家、阴阳五行之说等与中医学的亲近关系是中国特殊的一种文化现象。儒家"仁"的"生生"之力与医学的"活人"具有同质性，这使中医学获得其德性上的价值。学界也有观点指出，传统中医学的方法论是以易学为代表的整体观方法论，中医的生命本质论与道家的精气神理论、中医四时养生技艺与道家道法自然、恬淡清虚的精神旨趣相通。中医及其哲学是中国哲学的重要组成部分，通过对中医哲学的研究，或可以对中国哲学及其特质做出有意义的探讨。中国社会科学院研究生院方克立研究员《要重视研究钱学森的中医哲学思想》（《中国哲学史》2018年第1期），北京大学哲学系楼宇烈教授《应以直觉智慧建立中医的人文标准》（《中国哲学史》2018年第1期）等文章，呼吁加强对中医哲学的研究；苏州大学程雅君、四川师范大学赵怡然《中医经络学说的哲学渊源》（《哲学研究》2017年第9期），北京中医药大学国学院张其成、大理大学民族文化研究院颜文强《清代道医刘一明生命本质论：元神与识神的消长》（《中国哲学史》2019年第4期）等文章，对中医哲学及其特质做出了探讨。

3. 中国传统价值哲学研究

对传统价值观、价值哲学的研究，也是"十三五"时期学术界关注的重点问题之一。学术界对中国传统哲学与价值的关系做了探讨。北京师范大学价值与文化研究中心李景林教授、章伟文教授等认为，在中国传统哲学中，价值非仅哲学的一个部门，而是贯通所有哲学问题并规定了其本质的一个核心和辐射源。中国传统哲学以人的存在、价值实现为进路，而非对人性做静态的分析；在即心言性、即情言心的过程中，将"知"理解为人的存在所本具的智照、定向和主宰作用，其形上学体系坚持"真理"与"应当"的本原一体，体现了价值哲学的显著特征。学界对中华优秀传统价值观与社会主义核心价值观之间的关系问题，讨论也比较多，成果颇丰，如北京师范大学价值与文化研究中心韩震教授所带领的研究团队，公开发表了一系列专著、文章，包括《社会主义核心价值观与当代中国发展丛书》《社会主义核心价值观的话语构建与传播》《中国的价值观》《中国传统价值观及其当代转换》等，专门阐述此问题。

4. 易学哲学研究

《周易》蕴含着丰富的哲学思想、政治智慧、治国方略和人生体验，对铸造中华民族精神，推动中国文化的发展，做出了巨大贡献。学界对《周易》哲学顺天应人、居安思危、趋时尚中、贵易尚简、尚贤养贤、求同存异、节以制度、无为而治等哲学思想、治政理念、修养方法有所探讨。这一时期，关于图书易学的研究、《周易》卦序问题研究、"数字卦"的研究、《周易》观象取类思维研究、《归藏》研究、《周易》各卦释义、《周易》义理研究等，皆取得了较好的成绩。

（七）海外中国哲学研究

随着全球化进程的进一步展开，海外有不少汉学家对中国传统文化和哲学兴趣日增，如对《老子》和道家哲学的研究，对儒家思想的研究，日本、韩国学者对朱子学、阳明学等的研究，取得了一些成绩。这也吸引了国内学者对此学术现象的关注，通过考察海外汉学家对中国传统哲学与文化的具体诠释，可以从一个侧面透视国外汉学界内部在价值立场、问题意识、研究方法等方面的情况，同时可以在"跨文化"的语境中揽镜自鉴，重思中国哲学的当代价值与意义。

二 本学科研究的薄弱环节

（一）中国特色社会主义文化与中国传统哲学之间的内在关联、关系研究，有待进一步加强

中国特色社会主义文化，源自于中华民族五千多年文明史所孕育的中华优秀传统文化。中国传统哲学如何深刻影响当代中国特色社会主义文化建设，学界对此问题的具体探索、研究，还有待进一步加强。

（二）中西哲学比较研究，学界这方面的成果还显得不足

"文明因多样而交流，因交流而互鉴，因互鉴而发展。"[①] 中西哲学代表世界哲学发展的两种重要方向，"走入不同文明，发现别人的优长，启发自己的思维"，这是激发人们创新创造活力最直接的方法。中国哲学的创新、发展，同样如此。如何有效借鉴西方哲学研究的优秀成果，丰富、启发中国哲学的思维，是值得我们长期关注的一个话题。

---

① 《习近平新时代中国特色社会主义思想学习纲要》，学习出版社、人民出版社2019年版，第148页。

（三）中国传统哲学在当代的创造性转化、创新性发展，这方面的研究成果偏少

中国传统哲学具有其基本的特点和精神，但也要随着社会、时代的变化而发展，尤其中国特色社会主义进入新时代，对于中国传统哲学的创造性转化和创新性发展提出了更高的要求，如何更好地回应此要求，还值得学术界继续努力。

（四）中国传统哲学研究中存在的一些薄弱环节

在中国传统哲学中，儒家哲学、道家哲学、佛教哲学等研究比较充分，但承继道家的道教哲学研究，则显得比较薄弱。中国传统哲学中的部门哲学研究，也有待加强，如中国传统历史观、历史哲学的研究等。另外，中国传统哲学参与世界哲学对话，从中国传统中挖掘资源，以回应、解决世界性哲学问题，这一方面还有待进一步加强。

（五）具有前瞻性、时代性、世界性的中国哲学思想体系的建构、创新，还显得不足

哲学是时代精神的精华。当今中国进入一个伟大的发展时代，与此相应，新的中国哲学思想体系的建构、创新，也提上了日程。这方面的工作，目前学界似乎还缺乏有建树、有分量的成就。

（六）中国哲学学科方法论研究有待加强

中国传统哲学研究的"本土化"范式不是对"现代化"范式的否定和唾弃，而是在全球化时代对"现代化"范式及其成就与问题的反思和超越。寻找到一条适合中国思想历史特质的自身话语体系与中国哲学自身特色的道路，在此基础上实现中国哲学创造性转化和创新性发展，这项工作还有待进一步加强。

三 "十四五"时期发展预测及课题建议

（一）中国哲学与马克思主义哲学、西方哲学的交流互动研究

通过不同哲学学科之间的对话与交流，加强彼此间的沟通、互动，促

进中国传统哲学创新发展，是未来促进中国哲学发展需要持续开展的工作。尤其是，中国哲学研究要坚持马克思主义在世界观和方法论方面的指导，对构建中国化的马克思主义哲学学科体系、学术体系、话语体系做出独特的贡献。

（二）中国传统哲学与自然生态文明研究

中国传统哲学的研究者们对于当前的生态失衡和社会危机给予了不同程度的关注，但如何进一步挖掘中国传统思想的生态智慧，解决当今世界面临的环境危机，对中国传统生态智慧做出理论梳理，还可以进一步探讨。

（三）中国传统哲学与现代社会政治治理研究

近年来，中国传统政治哲学渐渐成为学界的研究热点，尤其是从儒家传统中挖掘现代社会治理可资借鉴的思想资源成为学者研究的旨趣。对儒家政治伦理化与伦理政治化的互动以及"民惟邦本""尊贤任能"等理念进行的深入探讨，对儒家典籍中的政治智慧及历代思想家的政治哲学进行新的诠释，运用西学资源，从权力的来源、权力的制衡、公平正义等角度发掘中国传统政治哲学的价值，是中国传统哲学关注当代社会现实问题的重要举措。

（四）中国哲学话语表达与研究方法的反思研究

深入考察中国哲学话语表达与研究方法，这是未来中国哲学发展的重要论题。对于这一问题的探讨，其意义在于为中国哲学寻求合适的话语方式，探索、建构中国哲学主体性。

（五）中国传统典籍整理和传统经典诠释研究

学界应继续关注对中国传统典籍的整理，关注对中国传统文史经典的理解、诠释，既强调经典诠释的准确性，也注重传统思想资源的现代转换。

外国哲学

一 "十三五"时期研究概况及主要成果

"十三五"时期,外国哲学研究在深度和广度上、在学术质量和数量上的确取得了长足进展。总体来看,外国哲学研究继续保持稳中求进的步伐,不管是学术活动方面,还是研究成果与翻译著述方面,都取得了良好的进展,并且有所突破,主要表现在国内国际间的学术交流与对话不断增多,各个层次的学术互动更加充分,前沿领域的研究得到增强。

(一) 古希腊哲学

"十三五"时期,古希腊哲学依然是国内哲学研究的重点关注领域。学术界对柏拉图、亚里士多德等古典时期哲学家的研究继续深入,对政治哲学与伦理学尤为重视,对前苏格拉底哲学家以及希腊化时代的哲学思想也有了广泛深入的研究,此外对荷马与修昔底德等古希腊文学家与历史学家的哲学研究也有了长足发展。近年来,国内多所大学建立古典学系或者古典学专业,以此为基础,对古希腊哲学的研究得到了学术体制和教学科研上的更多支持。专注于这一领域的年轻学者逐渐增多,尤其是从海外留学回来的年轻学者,其中又以亚里士多德研究学者为多数。国际交流也日趋增多,并且举办了众多国际会议与学术讲座等。在研究方法上,注疏方法日渐成为重要方式。对古希腊哲学的研究在译介与探索研究的基础上,也开始注重中西对话,并结合当下的政治伦理问题开展了诸多研究,取得了许多可喜成果。

（二）中世纪哲学

中世纪哲学研究相对比较沉寂，中世纪哲学传统在哲学研究中常常被忽视，其哲学价值被削弱和降低，中世纪哲学的专业性和难以理解的程度也成为被忽视的理由。"十三五"时期，关于中世纪哲学研究，在理性与信仰问题、欧洲中世纪的地位和作用问题和从新的角度对中世纪哲学的核心人物研究方面取得了新的进展，出版了一批专著，发表了一系列论文。但由于受某些客观条件所限，应该说该领域的研究仍存在一些相对薄弱甚或空缺之处。在将来一段时间内，应在史料文献的翻译、专题研究和中西经院哲学比较等方面加强研究。

（三）近代哲学

"十三五"时期，近代西方哲学研究取得了巨大进步，涵盖了这个时期最主要的几位哲学家。这种进步首先体现在经典原著的翻译方面，例如：斯宾诺莎全集的翻译与研究正在展开，填补了汉语学界的空白；培根、霍布斯、莱布尼茨、休谟等人的著作集或专著的翻译也在稳步推进，这些都为进一步的研究打下了坚实的文献基础。在近代哲学家中，最受关注的仍然是笛卡尔，相关研究涉及他的形而上学、认识论甚至历史影响等方面，与之前集中于其第一哲学方面的研究相比，取得了很大的进步。

此外，之前受到关注较少的苏格兰启蒙运动和德意志启蒙运动等领域开始更多地出现在研究者的视野中。这其中又以政治哲学方面的研究最为突出。除了之前就一直作为核心话题的霍布斯的政治哲学理论外，对洛克、卢梭等人相关思想的研究也在蓬勃发展，这对学术界深入理解西方现代政治的起源和发展脉络起到了积极的作用。

（四）德国古典哲学

康德哲学研究迅速发展。译介方面，实践哲学领域的一些文本出现了第二个译本。随着康德全集翻译工作的完成，译者的关注点逐渐从原著转向研究文献，一大批外文经典导论或研究性专著被翻译成中文。康德的理论哲学方面出现了一些重要专著和论文，研究逐步得到深化和细致化。但总体上看，康德研究的重心在道德哲学、美学、教育学等非理论哲学领域。传统上较少得到关注的费希特和谢林哲学逐渐得到重视：一些重要的文本被第一次译成中文，尤其是《谢林全集》的翻译工程正在加速进行；一批重要的外文研究文献得到译介。相关领域出现了一些专门研究文献，但从总体上看，相关研究成果仍较为匮乏。在黑格尔研究领域，一些重要著作比如《逻辑学》、讲义和手稿在《黑格尔全集》翻译框架下被翻译成中文，除此之外不少优秀的导论、经典研究文献被译成中文。除传统的黑格尔和马克思的比较研究之外，黑格尔的实践哲学是毫无疑问的研究热点，涌现了一大批专著和论文。

（五）分析哲学史

在分析哲学史方面，弗雷格的哲学研究平稳发展，相关译介工作获得进一步推进。维特根斯坦哲学占据主要位置，研究重点侧重于维特根斯坦的元哲学方法，新维特根斯坦与传统维特根斯坦的争论依然持续。与此同时，有学者也开始关注维特根斯坦哲学与其他哲学之间的关系问题，比如维特根斯坦与实用主义的关系、维特根斯坦与马克思哲学的关系、维特根斯坦与当代心灵哲学的关系。一些研究者引出很多后期维特根斯坦哲学中被忽视的问题，比如数学哲学、知识确定性、遵守规则悖论、心理学哲学、前后期维特根斯坦哲学的关系等问题。对戴维森、奎因、普特南等哲学家思想的探讨比较活跃，出现了一批质量较高的论文和专著，主要涉及意义理论、指称理论、指示词问题。匹兹堡学派的研究逐渐成为热点，涌现出很多关于塞拉斯、布兰顿、麦克道尔等哲学思想研究的论文与专著。

（六）当代分析哲学

在当代分析哲学研究方面，主要体现为四个领域。第一，语言哲学研究：主要涉及语义学与语用学之争、语境论研究、语义模糊性与精确性研究、语义实在论与反实在论的争论。第二，形而上学研究：规范性问题成为研究重点，规范主义与自然主义的竞争十分激烈；经验的概念论与非概念论之争方兴未艾；物理主义与非物理主义呈现调和迹象；哲学范式的转变、感受质的反思等元哲学浮出水面；因果理论、时间哲学等研究迅速崛起。第三，行动哲学研究：行动的原因与理由成为讨论的聚焦点，意向性、行动的信念、实践知识不断被讨论。第四，知识论研究：德性知识论、怀疑主义、认知证据、认知可靠性等都是比较突出的研究话题。此外，交叉学科的研究受到广泛关注，心灵哲学与认知神经科学、人工智能等学科的对话与合作逐步深化，主要涉及的领域包括高阶意识、理解、人格同一性、表征论、情感等方面的问题。

（七）实用主义

实用主义的经典文本翻译与研究不断取得突破性进展，实用主义研究呈现繁荣发展的局面。有关实用主义历史研究、分析的实用主义研究，《威廉·詹姆士文集》《杜威全集》的继续翻译出版，匹兹堡学派研究等都是这一阶段的突出成果。实用主义与匹兹堡学派的联系、实用主义中的经验概念、实用主义在形而上学中的方法论研究，都反映了对这一领域的研究势态。

（八）当代欧陆哲学

欧陆哲学研究以德国与法国为主，取得了长足发展。现象学运动的两位重要奠基人胡塞尔与海德格尔重要著作的中译本获得了更为系统的修订、完善与整理。2017年开始，由中山大学现象学研究所组织实施、由倪梁康担任首席专家的《胡塞尔文集》31卷本由商务印书馆陆续出版，现已出版6卷。2018年，由孙周兴和王庆节主编的《海德格尔文集》30卷本发布会在中国人民大学召开，由商务印书馆出版。同时对法国哲学经典作品的译介规模与质量也日益提高，比如，杨大春主持的《梅洛－庞蒂文集》编译与研究进展顺利，目前已经出版3卷。

对现象学的研究已经从译介逐渐深入批判与结合，学者们在现象学研究中展开中西对话，影响比较巨大的有张祥龙所发展的"家的现象学"以及倪梁康所推动的"心性现象学"研究。对海德格尔的研究涉及海德格尔对古希腊哲学、近代哲学以及德国古典哲学的诠释，同时也包括审视海德格尔关于技术、艺术等现象的考察。此外，由于海德格尔《黑皮书》的出版，关于其反犹主义以及与纳粹的关系也受到了国内学者的关注。

有大批学者投入对萨特、梅洛-庞蒂、列维纳斯、拉康、利科、阿尔都塞、福柯、德里达、德勒兹、亨利、马里翁等法国哲学家的研究中。这些研究结合现象学、诠释学、神学、生命哲学、伦理学等学科，研究重心从结构主义、后结构主义逐渐转向身心问题、唯灵论和唯物论等传统核心哲学问题，以及艺术、精神治疗、科技相关的现代性问题等跨学科问题。

（九）认知科学哲学

"十三五"时期，认知科学哲学发展迅速。从译介方面看，翻译了相当数量的外文经典导论、普及性和研究性专著。从自主研究方面看，出现了几种导论性质的著作，在意识的神经科学哲学、认知表征、人工智能哲学、具身认知等领域均有优秀专著出现。一批学者开始以外文期刊论文的形式积极参与国际讨论。以论文为形式的成果主要集中在人工智能的基础性问题、意识哲学（比如感觉性质、注意等）、知觉的概念和非概念性、心灵可塑性、4E认知（具身认知、嵌入认知、生成认知和延展认知）、认知渗透、自然化现象学等话题。另外，一些学者也从哲学史中的心灵和认知理论汲取理论资源来参与当代话题的讨论。

二 本学科研究的薄弱环节

（一）研究性成果需要进一步提升质量

相比于丰富的西学译作，西方哲学的研究性论著则明显不多，且大部分是一些解读性、综述性著作，主要集中在对柏拉图、康德、胡塞尔、海德格尔、罗尔斯、哈贝马斯等哲学家的研究。在学术论文方面，发表数量比较可观，其主题涵盖各个方面，论证技巧有所提升，总体上趋向更加专业和规范。但是，与国际学界相比，中文研究广泛存在处理的话题过于宏大、无法准确定位关键问题等欠缺。对一些基本问题比如《纯粹理性批判》的先验演绎和自我意识理论、费希特的本原行动、谢林的同一性概念等的处理深度和广度仍然欠缺。国际学界的一个主要工作是借助当代系统性哲学研究里的最新概念和理论工具来拓展文本阐释空间，并且同时反向利用经典文本的理论资源启发当代系统性哲学问题的讨论，此类进路在国内相对匮乏且不为人所推崇。在基本研究方法上，特别是在论证的准确重构、文本的精细分析等方面与国际学界的水平还有相当差距。

（二）哲学经典的系统翻译和研究依然需要加强

哲学经典文献翻译水平有提升空间。首先，经典文本翻译的精准性和全面性依然不足，经典文本需要有代表性的翻译作品，对经典哲学家的全部著作的关注度不足；其次，对中世纪哲学、近代早期哲学家著作的翻译工作十分匮乏，亟须推出这一方面高质量的翻译作品。

（三）外国哲学的研究领域中还存在不少薄弱环节

且不说中世纪、文艺复兴时期的哲学史研究不多，即便是近代早期哲学，除了其政治哲学思想而外，与国外学界的研究相比，依然过于薄弱。无论是人物研究，如笛卡尔、洛克、巴克莱、莱布尼茨、休谟，还是主题研究，如形而上学问题、认识论问题、激情与欲望等，均缺乏较高水平的研究成果。在受到广泛关注的德国古典哲学领域，能够深入这40年波澜壮阔的哲学巨擘时代的研究也难以见到，尤其是对不同时代、不同领域的交界地带的研究不足，例如对文艺复兴时期的研究仍然不足，缺乏整体性的视角，也缺乏相关的哲学史脉络的梳理。

（四）哲学研究的现实观照度不够

哲学理论研究对于现实的观照方面，在将外来理论结合自身文化传统方面，以及从现实提炼和发掘理论资源方面，还需要进一步增强。如何将外国哲学转换为本土思想的丰富资源，增进中国思想的活力，依然是一个十分重要的课题。比如，认知科学哲学是跨学科研究，涉及一些经验科学的最新成果，但是目前的研究与相关经验科学的合作程度不足，研究者对相关学科的了解从广度、深度和精度上看还不够，这个问题主要体现在对相关问题的技术性细节的复杂程度缺乏基本认识，仅仅流于大而化之的讨论。

(五) 让哲学说汉语的意识淡薄

国内学界应考虑如何以汉语为本位进行外国哲学研究,更多地使用汉语对哲学概念、哲学问题进行探讨,逐渐形成汉语语境中独特的研究范式。这一方面可以推动中国学术的国际影响力,另一方面可以推动汉语成长为具有世界意义的学术话语体系,让哲学真正说汉语,从而形成"古—今—中—西"文化融合会通的格局,让哲学说汉语,用汉语这一语言载体会通不同思想资源,表达多样性的生存体验,让当代人的经验在理论创造中得以充分凝练与展示。

三 "十四五"时期发展预测及课题建议

(一) 当代西方哲学与时代问题研究

随着时代问题的不断涌现,当代西方哲学研究要借助西方哲学的思想资源对时代问题进行研究。哲学研究除了对哲学史文献研究、文本梳理、背景考察,对重要命题和思想的考察之外,还要从理性的源泉当中汲取泉水,面向哲学问题本身,面向基本哲学概念及其在汉语当中的对应表达和诠解,利用当代西方哲学对于语言结构、思想结构、逻辑结构的考察,解决哲学问题,而不仅仅阐发某个哲学家到底说了什么,为什么这样说,而是要考察其观点具有什么样的哲学意义。哲学要以问题为导向,回应时代的要求。当今时代的哲学不仅要求我们理解古往今来哲学问题的来龙去脉,还要求我们重新表述问题、构造问题、回应问题。比如,重大国际政治事件和全球性的突发公共卫生事件都应该进入哲学分析的视野。

(二) 汉语哲学思想和话语体系研究

21世纪以来,汉语语境下的西方哲学研究发生重大变化,其融入汉语哲学的创造性建构进程的意识更加自觉。西方哲学研究应考虑如何以汉语为本位来推动西方哲学研究的深化。更多地使用汉语对哲学概念、哲学问题进行探讨,逐渐形成汉语语境中独特的研究范式。以一种开放性的胸怀,既把汉语世界自身的、纵向的、内生的资源视作哲学运思资源,也要把来自西方的他者的、横向的、外生的资源化作进行哲学创造性思维的资源,通过对汉语语言经验与文化—生存经验的概念分析和理论反思，化西为中，中西融通，建构一种指向未来的、具有汉语语言与文化风格的、体现了人类普遍哲学意识的、在国际上被广泛认可的汉语哲学。

（三）当代西方分析哲学与欧陆哲学传统的交叉与对话研究

当代西方哲学研究的特点之一是打破学科内部壁垒，加强学科内部对话。要加强不同风格、不同传统的学术传统之间的高水平对话，避免画地为牢。比如，分析哲学与其他哲学领域的对话，分析哲学与实用主义、现象学、古希腊哲学、马克思哲学的对话。另外，要加强欧陆现象学与英美分析哲学的交流与对话；关注现象学与当下学界讨论重点问题的结合，比如，将现象学研究与当代形而上学问题、伦理学争论以及心灵哲学和语言哲学问题相结合；加强现象学在中西对话中的作用。

（四）古希腊哲学研究

一方面加强对柏拉图、亚里士多德等古典时期哲学家的研究，尤其对他们的政治哲学与伦理学进行系统研究，同时加强对前苏格拉底哲学家以及希腊化时代的哲学思想的深入研究。在此基础上，进一步深化和拓展对希腊哲学自身发展与流变的研究，同时兼顾与希伯来宗教精神之间的复杂关系。这一研究可以呈现整个希腊哲学的起源、兴盛和衰退局面，同时也可以探讨"两希"（希腊和希伯来）文化之间的交流、碰撞以及相互激发的复杂关系。

（五）当代西方交叉学科研究

目前国内学术界的交叉学科研究处于起步阶段，缺乏对国际上成熟研究范式的借鉴与应用，急需复合型研究人员，研究的方向还停留在宏观反思和表面对话阶段，哲学与经验科学之间的壁垒依然存在。当代科学包括演化心理学、社会神经科学，在语言、概念、心理、认知、意识、道德等领域提供了大量研究成果，值得哲学理论创新重视借鉴。在分析哲学和心灵哲学的研究中，意识研究、知觉研究、人工智能研究会随着人机大战等事件的发酵而引起更多研究者的交叉学科探究。哲学与各个门类的社会科学的联系同样也是紧密相关。包括外国哲学在内的哲学各二级学科理应与自然科学、社会科学以及其他人文科学学科展开深入的交流对话。唯其如此，哲学才能葆有其生命力和时代性，而不至于故步自封。以分析哲学为例，分析哲学视域下的交叉学科研究，比如分析哲学与神经科学、人工智能、信息学、统计学、逻辑学、量子物理学、心理学等学科之间的交叉研究，需要深入推进。

伦 理 学

一 "十三五"时期研究概况及主要成果

"十三五"时期,我国伦理学形成了比较完善的学科体系、学术体系、话语体系,具有一定的中国特色、中国风格和中国气派。五年来,中国伦理学的理论成就主要体现在以下几个方面。

(一)马克思主义伦理思想

马克思主义伦理学是现代中国伦理学学科建设的起点,也是我国目前伦理学理论研究的重点和热点。然而,一段时期以来,由于各种原因,马克思主义伦理思想研究成果减少。党的十八大以来,马克思主义伦理思想研究再度复兴,在当代中国语境中,马克思主义伦理思想的研究一般集中在"马克思主义伦理思想史研究""马克思主义伦理思想范式研究"以及"马克思主义伦理思想中国化研究"等几个方面。

"马克思主义伦理思想史研究"重点关注以史鉴今,即在考察马克思主义伦理学研究发展历史的基础上,探讨马克思主义伦理学思想的主题、方法和未来趋向,并强调马克思主义伦理思想史不仅是马克思主义思想史的一部分,也是现代伦理思想史的一部分。如章海山教授的文章《马克思主义伦理学:主题、历程与视阈》以及李义天教授主持的2017年度国家社科基金重大项目"马克思主义伦理思想史研究"就属于此列。

"马克思主义伦理思想范式研究"主要考察如何从思想史的既有资源出发,将其中已经形成共识的问题和观念融为一体,并在表述过程中始终保持马克思主义的特征和立场。如龙静云教授所著《马克思主义伦理学》，从界定马克思主义伦理学的研究对象入手，对道德的本质和社会作用、市场经济的道德基础和主要伦理规范、社会主义道德体系与道德建设的重大价值、道德意识与道德选择责任的认定、道德修养与理想人格的塑造、道德环境与个人品德的养成等重大问题做了全面系统的分析和探讨。

"马克思主义伦理思想中国化研究"主要探讨马克思主义伦理思想基本原理如何与中国改革开放和社会主义现代化建设具体道德实践相结合、与中华民族优秀传统伦理文化相结合。如王泽应教授先后出版的《马克思主义伦理思想中国化研究》《马克思主义伦理思想中国化最新成果研究》就通过对物质文明与经济建设伦理思想、政治文明与政治建设伦理思想、精神文明与公民道德建设伦理思想、社会文明与和谐伦理思想、生态文明与可持续发展伦理思想、党的建设文明与执政伦理思想等一系列重大伦理道德问题的理性思考和科学解答，体现了几代中国共产党人的道德智慧和对人类伦理文明发展规律、社会主义道德建设规律、中国特色社会主义伦理文明建设规律等的深刻认识和科学把握。

（二）中国伦理思想

党的十八大以来，中央对中华优秀传统文化的创造性转换和创新性发展非常重视。伦理学界对此予以高度关注，诸多学者从中国伦理思想中的学派、人物、文本、特定领域入手，不仅通过考察和揭示中华民族道德生活发展的逻辑性和规律性来把握传统儒家伦理的历史内涵和当代积极价值，而且还致力于通过儒家伦理和西方伦理学的对比分析来为中国的道德思想寻找出路。如唐凯麟教授领衔主编的《中华民族道德生活史》（8卷本），考察了民族道德传统的形成、发展、演变和弘扬；陈来教授在《儒学美德论》一书中，对以追寻美德为中心的中国伦理思想进行了较为系统的阐述，证明了儒家伦理的现代意义；王楷的《当代儒家伦理研究的方法论省思》一文，从后果论、义务论和德性论三种伦理学进路，对儒家伦理和西方伦理学这两者不同的伦理学传统进行了比较分析。此外，学者们对中国伦理思想中的德福问题、义利问题、情理问题、经权问题、知行问题以及个体性思想、公共性思想、责任伦理、善恶问题以及幸福等问题也保持了一贯的持续关注，进行了较深入的阐发和讨论。

(三) 外国伦理思想

在外国伦理思想方面，古希腊至文艺复兴时期的伦理学研究获得了较大关注。相较此前，德性伦理（美德伦理）更受重视，一系列的伦理学核心问题，被追溯至古希腊时期，并针对诸多核心概念展开研究。如廖申白教授团队依托国家社科基金重大项目"希腊罗马伦理学综合研究"，对苏格拉底伦理学的核心问题，即"人该如何生活"或"何谓好的生活"进行了多维度的透视，整理出了一些译著。此外，其团队还对儒家与亚里士多德德性伦理学的基本问题进行了分析，认为儒家哲学和亚里士多德哲学在道与善、"人"的概念和"人"的潜能以及实现潜能的方法上存在诸多不同看法。江畅教授出版了四卷本个人专著《西方德性思想史》。该书通过设定一种较为宽泛的"德性思想范畴"，对西方历史上的德性思想和德性概念进行汇总、整理和提炼，对它们的表述内容及逻辑关联予以揭示，详尽描绘出一幅西方世界自古典时期以来的各种德性思想不断呈现和展开的整体历史画卷。

德国古典伦理方面也著述颇丰，主要聚焦于容易引起误解的相关论题展开探讨。如邓安庆教授针对学界普遍认为康德不区分伦理与道德的"常识"，其依据扎实的文本分析，对此予以澄清，认为黑格尔对康德的批判，是"故意的误解多于可接受的事实，是早就该抛弃的成见"。

此外，近年来情感主义也成为西方伦理思想研究的热点，相应地作为溯源与奠基性质的关于近代英国情感主义的研究也受到重视。作为领军人物的斯洛特教授，其思想开始被译介到国内，如《源自动机的道德》《从道德到美德》等。

(四) 应用伦理学

应用伦理学是对人类实践活动的各个社会生活领域进行道德审视，它主要涉及的是人类社会生活中遇到的道德问题或道德冲突，研究过程中会与多种学科交叉，应用性与现实性较强。其具体辐射范围包括生命医学伦理、人工智能伦理、科技伦理等方面。

生命医学伦理作为医疗行为和医学研究中的道德评价，不只在日常的临床诊疗活动中规范医患双方的行为，协调医患关系，同时在面对现代辅助生殖技术、器官移植、临终关怀、安乐死等生命科学、生物技术以及医疗保健方面的课题时，可以发挥重要作用。邱仁宗研究员对生命医学伦理保持一贯的学术兴趣，在《生命伦理学在中国发展的启示》一文中，他指出生命伦理学是一门具有规范性的实践伦理学，在中国其使命是帮助医生、研究者和公共卫生人员做出合适的决策，改进和完善伦理学理论不是它的工作。田海平教授依托其主持的国家社科基金重大项目"生命伦理的道德形态学研究"，以大数据健康革命为视角，对生命医学伦理进行了深入系统的研究，发表了《生命医学伦理学如何应对大数据健康革命》《大数据时代隐私伦理的论域拓展及基本问题：以大数据健康革命为例进行的探究》《大数据时代的健康革命与伦理挑战》《让生命伦理学说"中国话"再议》等一系列论文，产生了较大影响。

近年来，随着人工智能的快速发展和广泛应用，对人工智能的伦理反思随之成为学术热点。人工智能与人类的关系问题，是人工智能发展中需要认真思考的问题，这催生了人工智能的伦理学和跨人类主义的伦理学问题。赵汀阳研究员较早开始对人工智能伦理进行了研究，发表了《人工智能"革命"的"近忧"和"远虑"：一种伦理学和存在论的分析》《人工智能会是一个要命的问题吗？》《人工智能的自我意识何以可能？》《人工智能提出了什么哲学问题？》等论文。何怀宏教授也积极介入人工智能议题，聚焦人机伦理，先后发表了《人工智能与底线思维》《人物、人际与人机关系：从伦理角度看人工智能》和《人机伦理调节的底线》等文章，在人工智能的哲学讨论中发出了伦理学人的声音。

与人工智能伦理关系密切的科技伦理主要聚焦于伦理学的"未来转向"，即当前具有主体性特征的科学技术直指人类的未来和命运。人类不仅应关注当下，也应关注未来，不仅应对当代人负责，也应对未来人和人类命运负责。对此，李伦教授的《技术伦理学：关切人类未来的伦理学》、段伟文研究员的《直面数字技术与自动化技术突变的哲思》《面向智能解析社会的伦理校准》等均是这方面的重要著述。

（五）伦理学若干热点理论研究

"十三五"时期，伦理学研究的热点相对集中在人类命运共同体、社会主义核心价值观、社会主义道德体系建设、建构中国伦理学等方面，通过关注新时代中国经济社会发展中的现实道德问题，努力寻找改善社会道德风尚的有效路径，为建设中国特色社会主义道德文化大厦添砖加瓦。

1. 人类命运共同体研究

人类命运共同体思想既是人类命运共同体的重要指导思想和实践指南，也是构建国际关系伦理学的重要理论依据和思想源泉。伦理学界对人类命运共同体的伦理精神和伦理目标等进行了理论观照，主要探讨了人类如何超越偏见、改变不合理的国际秩序以及中华现代文明在其中如何赢得世界的广泛理解和认同，进而真正在推进和构建人类命运共同体这一伟业中贡献中国力量。如万俊人教授《人类命运共同体的爝火之光》《核心价值作为中华现代文明的精神标识》等文、中国伦理学会会刊《伦理学研究》以"人类命运共同体"为题的论文12篇、靳凤林教授的《王道政治的转型升级与人类命运共同体》以及郭清香副教授的《大同社会理想与人类命运共同体构建》等文均属此列，并产生了广泛的学科影响。

此外，为了回应伦理学人对人类命运共同体的关切，2019年中国伦理学大会以"伦理学与人类命运共同体"为主题，在湖南长沙召开了一年一度的全国伦理学年会，大会分为主旨报告和分会场的形式，全国共计800余名伦理学和德育工作者与会。

2. 社会主义核心价值观研究

社会主义核心价值观在凝聚社会共识，夯实共同的思想基础，增强人们的道路自信、理论自信、制度自信和文化自信，确保中国特色社会主义始终朝着正确的方向前进等方面，发挥着十分重要的作用。

如何把握社会主义核心价值观的内涵本质、社会普通大众如何全面把握和理解社会主义核心价值观、社会主义核心价值观如何进行价值输出及国际交流等方面引起了学者的广泛关注。如韩震教授领衔的研究团队在价值观特别是社会主义核心价值观研究方面进行了卓有成效的探索，取得了一系列标志性成果。出版了《社会主义核心价值观新论》《社会主义核心价值观与当代中国发展》（5种）等社会主义核心价值观系列著作，深化和引领了社会主义核心价值观研究。同时，还出版了《中国的价值观》（中、英、西、俄文版）、《社会主义核心价值观·关键词》（12种，中、英、希伯来文版），对于促进中国价值观的海外传播做出了突出贡献。

如何处理社会主义核心价值观与中国传统价值观之间的关系、如何看待中国传统价值观的现代转向等问题也引起了相关学者的关注。如江畅教授深耕价值论与伦理学研究30多年，近年来对当代中国价值观、价值文化和中国传统价值观及其现代转向等问题进行了系统研究，先后承担"构建我国主流价值文化研究"（国家社科基金重大招标项目）、"弘扬核心价值观与继承传统文化研究"（国家社科基金重大委托项目），近5年出版了《中国梦与中国价值》《论当代中国价值观》《中国传统价值观及其现代转换》（上下卷）等专著多部，在《中国社会科学》《新华文摘》《光明日报》等刊物发表论文30余篇，明确提出当代中国价值观概念并对当代中国主流价值文化及其构建做了系统的阐述，对中国传统价值观及其现代转向进行了整理和凝练。

3. 新时代公民道德建设研究

近年来，学术界聚焦公民道德建设现实，总结成功经验，深入分析公民道德建设的文化资源，致力于探讨如何在国际国内形势深刻变化、我国经济社会深刻变革的大背景下，始终坚持马克思主义对人类美好社会的理想，继承发扬中华传统美德，创造形成引领中国社会发展进步的社会主义道德体系，推动新时代的公民道德建设。

中国人民大学伦理学与道德建设研究中心发挥伦理学研究重镇的学科优势，在当代中国社会整体道德状况、道德领域现实社会问题治理、公民道德建设等方面研究成果丰硕。该中心承担了国家社科基金重大项目"公民思想道德素质与现代社会文明程度研究"等重要的研究课题。出版《当代中国社会道德理论与实践研究丛书》，该丛书力图集合全国最优秀的伦理学研究人才，关注当代中国社会中出现的热点道德论题，展现当代中国社会道德研究领域最前沿的成果。

以樊和平教授为首席专家的东南大学伦理学团队协同中共江苏省委宣传部和北京大学、吉林大学、华东师范大学、中山大学等多个国家重点研究基地，以江苏省"道德发展高端智库"和"公民道德与社会风尚协同创新中心"为依托，2017年进行了关于中国伦理道德发展的第三轮全国调查。通过十多年持续跟踪调查，出版了七卷本十二册的《中国伦理道德发展数据库》，面向社会与大众呈现当代伦理道德的中国现实、中国成就与中国发展。

韩震教授领衔的北京师范大学哲学研究团队，利用与教育学心理学结合密切的优势，在思想品德教育方面进行了系统全面持续的研究，并且对新时代公民道德建设的内容、路径和方法方面进行了探索，在新时代公民道德建设方面开展了卓有成效的研究。承担了国家社科基金特别委托项目"新时代公民道德建设研究"，团队成员参与了《新时代公民道德建设实施纲要》的起草研究工作。《纲要》经中共中央、国务院正式印发后，团队对新时代公民道德建设进行了深入解读。

4. 再写中国伦理学

在以西方学术话语为主导的世界哲学格局中，如何再写中国伦理学、构建具有中国特色的伦理学话语体系，是新时代摆在中国伦理学者面前的重大理论问题。基于此，在纪念改革开放 40 周年和新中国成立 70 周年等重要时间节点上，伦理学界掀起了一股"再写中国伦理学""建构中国伦理学""构建中国特色社会主义伦理学"的热烈讨论。其中，比较有代表性的是华东师范大学朱贻庭的《"伦理"与"道德"之辨——关于"再写中国伦理学"的一点思考》、复旦大学邓安庆的《何谓"做中国伦理学"？——兼论海德格尔为何"不做伦理学"》、南京师范大学高兆明的《伦理学与话语体系：如何再写——中国伦理学》和湖北大学江畅的《"中国伦理学"的三种意义之辨析——兼论当代中国特色伦理学构建》等。

5. 重大疫情防控的伦理思考

2020 年一场突如其来的新冠肺炎疫情，严重威胁着人民群众的生命安全和身体健康，给经济社会发展带来了较大冲击，也引发了哲学社会科学工作者的深度反思。作为具有极强社会实践责任的伦理学者，积极发挥伦理学学科反思、规范和引导作用，在伦理道德方面为抗击疫情提供建设性意见。令人欣慰的是，已经有很多伦理学者从政治伦理、市场伦理、角色伦理、慈善伦理、公共伦理等方面进行了思考。中国人民大学龚群教授在《公共健康及其优先性》一文中，结合武汉封城和重点人员隔离，对公共健康与个人自由之间的关系进行了论证，强调当公共健康与个人自由相冲突时，将公共健康置于优先地位考虑，体现了党和政府将人民群众的生命安全与身体健康放在第一位的原则和立场，彰显了"人民至上"的执政理念。上海师范大学晏辉教授在《面对公共危机，伦理学该如何思考和表达》一文中强调，公共危机具有两面性，它会把人性中"向善"和"趋恶"的倾向集中表达出来，这就为后危机状态下的"扬善抑恶"创造了条件。因此，面对公共危机，伦理学的表达方式应该是理性的，尽量做到客观因果性和意义妥当性的统一。此外，就新冠肺炎疫情的伦理审视，《道德与文明》和《光明日报》先后约请了国内高校和科研院所的伦理工作者，从敬畏自然、提升公民道德生态素养、生命伦理等维度积极建言献策。

二 本学科研究的薄弱环节

当前，伦理学研究一方面取得了长足的进步；另一方面，伦理学研究在回应社会现实和深化理论研究方面还存在不同程度的薄弱环节。

（一）马克思主义伦理思想

一段时期以来，马克思主义伦理学在伦理学研究中有弱化和边缘化的趋势。当前，随着马克思主义理论研究和建设工程的深入推进以及党和国家对意识形态工作的更加重视，马克思主义伦理学研究日益受到学者的关注。但是，目前从事马克思主义伦理思想研究的学者队伍偏少，对马克思主义伦理思想的文本分析成果不多，与国际上相关学者直接对话的能力有待进一步加强。

（二）中国伦理思想

从总体来看，这一时期学者们对德福、义利、经权、情理、知行等基本问题的探讨主要围绕儒家展开，对其他派别的考察有限。在"基本范畴"方面，学者们对智、勇、中庸、耻、友善、博爱等重要问题的讨论不足，对恶的问题研究较少且分散；学者们对"四书"的研究较为丰富，但对"五经"伦理学方面的阐释较少；学者们对"家训"的伦理学研究范围全面、广泛，但是总体上看，研究深度有待进一步加强。

（三）外国伦理思想

对外国伦理思想的研究，地域不均衡问题依然突出，研究的侧重点是对欧美国家的伦理思想的整理和挖掘。但对东方国家，如日本、韩国、印度及阿拉伯等国家的伦理思想研究较少。对西方伦理思想缺乏以马克思主义为指导的多视角研究，西方伦理思想研究还需要进一步在原本研读和深度理解上发力。此外，对中西伦理文化的比较研究也需要进一步推动。

（四）应用伦理学

通过对近年来应用伦理的研究成果整合来看，对科技研究、社会生活领域的道德问题等前沿性问题还应加大研究力度，跟进科技更新换代的速度，也要充分发挥哲学伦理学的前瞻性。同时，应用伦理学在对社会生活各领域中出现的道德问题进行伦理思考后，还应有一个回头反思的动作，即对于已经解决道德问题的相关领域进行伦理反思回顾，以便为目前或以后会出现的道德问题的解决提供思路或经验。

三 "十四五"时期发展预测及课题建议

（一）马克思主义伦理思想前沿动态追踪研究

进一步深化对马克思主义伦理学的系统研究，深入解读马克思主义伦理学的经典文本，创立有中国特色的马克思主义伦理学，构建新时代中国特色伦理学学科体系、学术体系和话语体系，提高与相关领域国际一流学者对话的能力，广泛传播马克思主义伦理学的中国话语。

（二）新时代公民道德建设的深度研究

2019年，中共中央、国务院印发《新时代公民道德建设实施纲要》，科学分析新时代对公民道德建设提出的新要求，进一步明确新时代公民道德建设的任务要求，对于推动全民道德素质和社会文明程度达到一个新高度，决胜全面建成小康社会、开启全面建设社会主义现代化国家新征程，具有十分重要的意义。伦理学界要以《新时代公民道德建设实施纲要》为契机，深入开展公民道德建设相关重大基础理论问题和实践问题研究，就培育时代新人的逻辑进路、传统美德传承、网络道德建设、新时代公民道德建设的法治保障、夯实新时代基层公民道德建设的实践基础等问题，进行富有深度的学理分析。

（三）新时代爱国主义的系统研究

爱国主义是鼓舞中华民族团结一致的奋斗旗帜，是推动中华民族历史前进的强大动力；爱国主义是中华民族最深厚的民族感情，也是中华文化的基本价值。《新时代爱国主义教育实施纲要》作为今后一个时期开展爱国主义的基本遵循，对新时代爱国主义教育进行系统研究，是伦理学工作者的使命和职责。

（四）社会主义核心价值观研究

厘清马克思主义价值理论的基本概念、基本命题，将马克思主义方法论充分运用到社会主义核心价值观研究中，阐明社会主义核心价值观在国家治理体系现代化、国家文化软实力提升等方面的重要作用。进一步凝练社会主义核心价值观的基本内涵。既要从人类思想发展脉络出发揭示社会主义核心价值观的丰富内涵，更应立足中国历史文化传统，着眼中国道路的艰辛探索历程，特别是立足新时代中国特色社会主义的伟大实践，来揭示这些概念的丰富价值意蕴。同时加强中外价值观比较研究，在价值观比较中更好地理解和发展自身，在比较研究中加强文化交流和文明互鉴，增强中国价值观的理论魅力和世界影响力。

（五）对新冠肺炎疫情的伦理反思

新冠肺炎疫情对我国经济社会发展产生广泛影响。面对公共危机，伦理学不应该缺位，应该在场。面对这次疫情及其相关问题，伦理学该如何思考和表达。对重大疫情防控的伦理反思，广大伦理学工作者责无旁贷。

（六）人工智能的伦理风险研究

近年来，人工智能技术逐渐应用在人类生活的诸多领域，正通过改变人类生存境遇的方式，改变着人的日常生活。随之而来的道德问题有：人工智能的责任伦理、人类如何与人工智能相处、人工智能技术在生物医学方面的应用、人工智能引申出的道德风险和道德伦理问题等。

科学技术哲学

一 "十三五"时期研究概况及主要成果

中国科学技术哲学研究在"十三五"时期整体实力显著提升。学术成果总量大幅增加，质量过硬。科技哲学学术社团不断壮大，执行力进一步增强。国内外学术交流活动频繁，交流也更加对等深入。从整体上看，科技哲学作为自然辩证法在高校思政课方面得到前所未有的加强。与此同时，科技哲学作为哲学研究专业性越来越强，对学科基本范式的反思也更加深入。科技哲学研究的跨学科特征显著，科学哲学与人工智能技术，技术哲学与工程实践方面的联系紧密。科学、技术与社会的研究热度不断攀升。其中一些研究具备国际视野，也能够将本土化研究成果介绍到国际学界。

（一）科学哲学

国际社会近些年来对传统科学哲学问题的研究兴趣发生了转移。科学划界问题、科学发现逻辑和发展模式问题已经渐趋冷落。传统认识论问题研究借助新兴科学的发展进入更加朝向经验的研究范式。2016年以来，国内同人在科学哲学研究方面呈现以下特点：一是科学哲学研究呈现明显的经验转向。科学哲学问题越来越关注前沿的科技发展，尤其是物理学哲学和生物学哲学两支随着人工智能技术的发展开始逐渐结合于心灵哲学研究，呈现出交叉研究特征。最近几年不少高校科技哲学教研室结合人工智能技术成立了专门的研究机构。其中中国人民大学的"心灵哲学研究跨学科平台"，北京大学的"哲学与人类未来研究中心"、复旦大学的"科技哲学与逻辑系"等都是比较突出的尝试，传统科学哲学认识论问题在人工智能讨论中焕发出生机。二是科学哲学实践性转向继续深入发展。经典科学哲学的工作重心在于考察科学认识的真理性、科学与非科学的划界等问题。科学哲学实践转向比较重视地方性科学知识的发生。地方性科学的讨论有助于本土科学哲学的繁荣。最近几年博物学异军突起。作为一种地方性科学，中国传统的博物学讨论试图重新定义科学。科学哲学实践性转向已经进入了真正的本土化阶段。三是非传统科学哲学研究持续引发兴趣。传统科学哲学重视科学认识的真理性问题，另类（非传统）科学传统希望借助对科技史的创造性回顾和阐释在一定程度上解构科学的真理性。近些年另类科学哲学研究得到了系统的介绍。其中比较重要的著作有刘大椿《思想的攻防：另类科学哲学的兴起和演化》。另类科学哲学传统的讨论带动了地方性知识、环境伦理等方面的思想探索。

（二）技术哲学

技术哲学在广义上指的是技术所涉及的一切哲学问题，包括技术形而上学、技术伦理学乃至于技术创新、技术管理哲学等。狭义的技术哲学主要指的仅是技术本体论和认识论研究。随着人类社会生活的深度科技化，技术哲学这几年研究呈井喷趋势。其中德国、法国、荷兰以及英美的技术哲学思潮蓬勃发展，在国内都有同步研究与回应，研究走入深水区，成果丰富多元。首先，马克思主义技术哲学思想在"十三五"时期得到了长足的发展。其中对马克思的技术观的发掘、整理和出版都取得了不少成果。马克思技术哲学批评在数据时代焕发了巨大的生命力。其中"数字无产阶级"问题研究得到了世界性的关注。一些重要教材和著作相继出版。其中比较重要的作品有马工程重点教材《科学技术哲学》《〈资本论〉及其手稿技术思想研究》等。其次，经验转向继续深入。技术哲学经验转向后，学者们不再把技术当作一个整体进行批评，而是考察具体技术活动在认识论和伦理意义上的重要启发。其中"荷兰学派"的技术哲学近年来产生了较大影响。其中分析的技术哲学以及后现象技术哲学研究已经聚集起一大批研究者。国内技术哲学研究和世界研究几乎同步，学者之间活动频繁，中外学者共同出版了一些著作。其中比较有影响力的有米切姆、李伯聪等主编的《哲学与技术：东方与西方》（*Philosophy of Technology: East and West*），彭巴特和王国豫等主编的《跨境能源与正义》（*Energy Justice Across Borders*），王前等主编的《中国技术哲学》（*Chinese Philosophy of Technology*）等。最后，技术研究的基础理论得到重视。随着技术哲学经验转向后学术研究的进一步繁荣，越来越多的学者注意到经验转向后哲学的继续深入发展有赖于对技术存在论和认识论资源的进一步挖掘。其中海德格尔、梅洛－庞蒂研究有复兴之势。斯蒂格勒的现象学研究最近也逐渐受到国内学术界的重视。技术哲学基础理论有助于划清技术哲学和科学哲学、工程哲学的边界，同时也有利于技术哲学作为纯粹哲学（第一哲学）的建构。

（三）工程哲学

工程哲学作为一门新兴发展领域逐渐受到重视，吸引了一大批研究学者。工程哲学一度被放置在宽泛的技术哲学中进行讨论，随着科技哲学专业化程度的进一步深入，科学技术和工程得到进一步区分。一般而言，科学重视认识，技术重视发明，工程注重改造。我国工程类大学生和工程活动数量可观，这几年工程所引发的哲学问题逐渐引起了广泛的关注。（1）工程伦理教育方面，随着我国工程教学的深入，工程伦理教育近些年得到了明显的重视与加强。工程伦理对于提升工程师的人文素养和社会关怀有现实而紧迫的意义。2016年，一系列重要的标志性教材出版，其中著名的有李正风等主编、由清华大学出版社出版的《工程伦理》教材。（2）工程设计哲学研究方面，工程哲学对"荷兰学派"工程主义传统技术哲学的介绍进入新阶段。随着一大批海外训练的年轻学者的成长，工程设计的价值敏感性问题引起了广泛的关注。"负责任创新"观念对技术创新提供了新的规范性范式。它要求工程设计之初就要加强利益相关者互动，将公共价值设计引入工程产品中。著名的负责任的创新学者如代尔夫特理工大学教授范登·霍恩、欧盟政策专家熊彼特等学者同中国学者互动频繁。（3）工程哲学理论研究方面，随着工程哲学的发展，工程哲学的基础理论问题越来越受到关注。工程本体论问题成为一些学者研究的重心。其中工程的本质与特性是什么，工程和科学技术的区分标准等问题急需得到进一步阐述。

（四）科学、技术与社会（STS）

"十三五"时期，从科技哲学核心期刊的论文分类的统计情况来看，STS 发文比例逐年增加。这充分反映了 STS 研究的繁荣。目前看 STS 研究还没有大一统的研究范式，其研究领域与科学哲学、技术哲学、工程哲学、社会学等都有交叉，能够紧跟社会热点问题。STS 研究在"十三五"时期具备以下特点。

第一，以热点问题为导向的特点显著。STS 研究因其跨学科特征能够及时关注社会热点。例如人工智能技术治理、基因编辑技术管理等问题首先总是在 STS 学者中引起热烈讨论。很多 STS 学者具备理工背景，了解具体的政策法规，能够第一时间把握技术与社会互动所产生的各种问题。在新冠肺炎疫情期间，大量科技哲学学者从 STS 视角针对疫情防控的中国经验在国内外媒体上发表了大量评论文章，向世界介绍了中国的抗疫经验。第二，跨学科融合趋势进一步深入。STS 的研究这几年学科融合趋势明显。很多研究利用定量分析模型，同一线企业有广泛而深入的合作，融合广度和深度都在持续深化。这一方面反映出 STS 研究的专业性日益增强，另一方面说明新技术所造成的社会问题迫切需要 STS 研究予以回应。第三，基本理论问题研究兴趣不减。随着 STS 研究的不断发展，对 STS 研究基础范式的兴趣逐步增强。学者们普遍开始注意 STS 研究同社会学、人类学等研究的划界问题。为防止 STS 研究湮没在其他学科研究范式中，回归传统 STS 研究经典文献，发展 STS 基础理论成为当下一些 STS 学者的重要工作。

（五）自然哲学

近年来，自然哲学的研究热度不减，成果显著。第一，生态文明问题成为热点。"十三五"时期，生态文明建设成为自然哲学研究的热点。一些著名的生态文明著作被翻译到国内。大量对自然环境、人与自然关系研究的哲学论文发表。学界一方面讨论自然观等形而上学问题，另一方面涉及社会治理研究。第二，中国化的自然哲学研究取得新进展。生态文明研究中的中国话语突出。不少学者通过对中国传统"儒释道"文化资源的挖掘来阐发中国化的生态文明思想。历史最为悠久的国际环境哲学期刊《环境伦理》（*Enviromental Ethics*）在 2019 年就专门刊登一组由中国多位学者完成的生态文明中国话语专刊。一些重要的国内教材相继出版。其中包括中国社会科学出版社出版的《生态哲学：新时代的时代精神》，西安交通大学出版社出版的《生态哲学十讲》（西安交通大学本科"十三五"规划教材）等。第三，马克思主义生态哲学研究蓬勃发展。马克思著作中有大量讨论人与自然关系的资料，这是发展马克思主义生态哲学的不竭资源。"十三五"时期大量专门研究马克思主义生态文明思想的著作出版。比较著名的有中国社会科学出版社出版的《马克思生态哲学思想与社会主义生态文明建设》《马克思主义与生态文明建设研究》等。

（六）科技思想史

科技史是科技哲学研究的重要组成部分。科技史研究为科技哲学研究提供重要的哲学史思路，同时其自身研究在理工院校作为一个理学学科有着举足轻重的作用。例如，清华大学成立了专门科技史系，将科技史从科技哲学研究中独立了出来。"十三五"时期，科技思想史的研究呈现如下特点。第一，研究兴趣国内外联动。近些年来国际科技史界引起特别关注的有中医学史、公共卫生史、清代科技史等问题。国外科技史研究与国内学者交往频繁。科技史尤其是医学史研究近些年来在国内也引起了浓厚的兴趣，一大批著作和教材相继出版。其中包括中山大学出版社出版的《中国近现代法医学史》，北京大学医学出版社出版的《医学史》（第3版）（第四轮五年制教材），以及"十三五"规划教材《中外医学史》等。第二，科技史研究中国化进一步深入。学者们不仅研究西学东渐的科技传播问题，也开始广泛地研究东学西渐问题。中国学者的研究得到国际同行的承认与赞誉。刘纯教授于2019年获得国际科技史界重要奖项科瓦雷奖章。中国学界使用英文介绍中国科技成就的著作显著增多。中国学者亦能在国际科技史界担任重要领导性角色，就科技史研究的基本范式问题提出真知灼见。第三，科技史研究专史和通史并重。一方面有专门研究特定时期特定科技发展的专史，也有大部头的思想通史问世。比较有代表性的著作有中国科学院科技史研究所卢嘉锡任总主编的《中国科学技术史》，刘大椿等撰写的展现中国近现代科技转型历史轨迹与哲学反思的《西学东渐》《师夷长技》等，在学界引起了较为强烈的反响。

二 本学科研究的薄弱环节

（一）科技哲学研究学科定位问题成为焦点

科技哲学学科最早作为自然辩证法确立，后改为科学技术哲学。截至 2006 年，全国有 26 个科技哲学博士点，60 多个硕士点，在哲学的二级学科中仅次于马克思主义哲学。近些年来随着学科调整，一些高校的科技哲学硕士点被撤销。研究生思想政治课"自然辩证法概论"从 2 学分减为 1 学分，从必修课改为限制性选修课。一些自然辩证法团队被并入马克思主义学院。但马克思主义一级学科下并没有"自然辩证法"的二级学科。科技哲学的学科定位问题再度引起热议。全国人大代表高琮提议增设"科技哲学与逻辑学"一级学科。未来有关学科定位问题仍将持续。科技哲学研究未来如何进行组织推进，研究重点如何安排，特点如何打造都必然围绕这一问题的解决而开展。针对这一问题进行专门广泛深入的讨论对科技哲学研究未来走向具有重要影响。

（二）基础理论研究不足

目前，科技哲学研究的基础理论仍然处在跟随国外特别是西方的状态。早期主要针对西方主要科学哲学著作进行译介。当前在科学哲学领域，尤其是认知科学哲学界能够在基础理论上提供创造性贡献的中文著作不多，论文数量有限。在技术哲学研究中，对技术本体论、技术的形而上学，无论是在分析传统、社会批判传统还是在现象学传统内部，基础理论研究都没有重大突破。科技哲学研究需要进一步深入研究基础理论，敢于啃硬骨头。

（三）与自然科学的结合仍显不足

随着科学技术的不断发展，科技突破所带来的哲学问题成了科技哲学当前研究的热点。在科学哲学界，心灵哲学很有可能为人工智能发展提供认识论的基础性概念资源。科学实践哲学旨在提供知识生产的地方性特征，特别关注实验室内部活动。但目前科技哲学研究尚未走入实验室，未能与自然科学家一起开展研究。技术哲学工作者也未能走入企业和工程场所。这使得科技哲学研究对科技工作的影响力不足，也不能从中汲取必需的资源。只有继续推进科技哲学和科技工作者之间的互动,才能有助于深化科技哲学问题研究。

三 "十四五"时期发展预测及课题建议

(一) 马克思主义科技哲学研究

在"十四五"时期,进一步推动马克思主义的科学技术哲学思想研究是一项紧迫任务。要进一步推动"自然辩证法"教学研究的探索与创新,发展并完善一套结合新时代特征、理论联系实际的自然辩证法课程。就哲学而言,马克思主义传统中科技哲学思想丰富。其中自然哲学、科学社会学、科学认识论以及技术社会批判理论等资料都尚未得到充分整理。进一步系统整理和研究马克思主义科技哲学,不仅有助于我们从哲学史意义上深入理解当代科技哲学的一些思想流派渊源,同时还对于充分把握技术的政治属性有重要作用。

(二) 科技哲学研究中国化研究

近年来,科学哲学和技术哲学都在经历深刻的实践转向,这给科技哲学提供了一个地方性知识尝试的空间。其中,什么是科学知识,什么是科学?以及包括"李约瑟难题"等在内的问题在科学实践哲学转向下都焕发出新的生机。科学传统作为一种博物学传统正在得到热烈讨论。传统文化资源如何楔入科学和技术哲学成为未来科技哲学中国化的讨论热点。

(三) 科学实践哲学研究

科学实践哲学研究需要进一步深入。诸如海德格尔、福柯和梅洛-庞蒂等对科学实践哲学的根源性影响需要进一步挖掘,科学实践哲学经典作品需要更加系统的翻译与介绍,目前这些翻译仍然不够充分。要进一步推动科学实践哲学与当下科技哲学研究热点的结合,在此基础上进一步拓展科学实践哲学研究的理论思路。

(四) 认知科学哲学研究

随着人工智能和机器人技术的深入发展,认知科学哲学研究进入深水区。何谓"智能""心灵"等问题随着新技术发展焕发出新的活力，迫切需要创造性回答。认知科学哲学研究能否为前沿智能科学研究提供有益的概念基础和研究框架，引起了科学和哲学界的热烈讨论。反思认知科学哲学与科学之间的关系，进而就具体认知概念结合科学实验进行哲学考察将持续引发学界兴趣。

（五）技术形而上学研究

技术哲学作为"第一哲学"的形而上学研究需要着力推动。技术哲学不能简单停留在考察应用技术使用所带来的伦理问题上，需要进一步考察技术的本质问题。经典技术哲学著作的译介工作目前做得还不充分。例如，海德格尔的技术哲学思想并未能系统地进行翻译介绍，后现象学和分析的技术哲学翻译也比较有限。在推动翻译的基础上，进一步加强对技术本体论问题的研究是未来的工作重点之一。其中技术的本质、技术与生活经验的构造、技术与存在等问题，都需要进行系统考察。

（六）技术批判理论研究

技术社会批判理论研究具有重要的现实意义。未来技术批判理论可以从两方面深入开展。一是细致系统地考察技术批判理论与马克思主义技术哲学的关系。在此基础上，进一步结合中国技术实践案例反思并发展技术批判理论。中国作为一个正在全方位深度现代化的国家，有大量的技术案例值得从技术批判理论视角进行研究。例如最近几年人气很旺的"负责任创新"哲学涌现出很多综合中国技术案例的哲学研究，深化了国际技术批判理论的讨论。

（七）工程哲学研究

工程哲学尤其是其中的工程伦理教育需要进一步加强，工程伦理教材仍需要进一步丰富。这要求进一步翻译西方经典工程伦理教材，结合中国实际与中国案例进行别开生面的研究工作。另外应加强对西方工程伦理实践体制、制度的观照。通过对这些问题的考察将工程哲学理论融入具体工程实践中，使得工程教育紧密结合实际，言之有物。

（八）科技伦理问题研究

随着基因编辑技术、人工智能技术的不断深入发展，科技伦理问题最近几年变得日趋严峻，"十四五"时期加强科技伦理的研究势在必行。科技伦理问题研究不能仅仅强调技术的风险评估，因为这种后发式的科技伦理研究范式往往要等到技术应用后才能开展研究。科技伦理研究必须进一步拓展到科学研究实验计划阶段、技术的工程设计、研发过程之中。这种科技伦理研究的"前端"思路值得进一步介绍和研究。其中"价值敏感性"设计、"说服性"技术、技术哲学的"设计转向"等问题都是未来科技伦理研究的可能热点。

逻 辑 学

一 "十三五"时期研究概况及主要成果

"十三五"时期，中国逻辑学研究在各个方面都有很大的发展，体现在经典逻辑和非经典逻辑的各个分支的研究成果中。无论是研究领域的宽度还是处理问题的深度，无论人才培养，国际交流与合作，还是逻辑学社会功能的发挥等方面，都呈现出欣欣向荣的局面。

（一）经典逻辑研究

按照通常的说法，经典逻辑是指两个演算（命题演算、谓词演算）加四论（集合论、模型论、证明论、递归论），这也是传统数理逻辑研究的主要领域。"十三五"时期，经典数理逻辑方面的研究主要由数学工作者完成，他们关心公理化集合论、模型论、递归论等领域中一些基础性的、深刻性的议题，比如"大基数""连续统""可测集""稳定理论"等。当然，也有来自哲学界的学者推进数理逻辑的发展，比如对非良基集和反基础公理的逻辑研究、对概念结构的形式化表述、对逻辑和计算理论的研究等。

按照"经典""非经典"这样的简单二分法，通常把模态逻辑归入"非经典逻辑"。但实际上，近几十年模态逻辑快速发展并在诸多领域得到了广泛的应用，学界已经逐渐将其纳入了"经典"的范畴。如果把模态逻辑理解成新的"经典逻辑"，有不少学者在研究和推进模态逻辑与经典逻辑的对应理论、模态代数语义学、模态模型论、模态证明论等方面的工作。

（二）哲学逻辑研究

用广义模态逻辑的理念和方法，对哲学中的一些重要核心概念，如"时间""行动""义务""知道""相信"等进行形式化的逻辑表述，相应地体现在时间逻辑、动态逻辑、道义逻辑、知识信念逻辑、直觉主义逻辑、条件句逻辑等领域的逻辑系统的构建与发展之中。

时间逻辑方面，有学者考察时态、语态与自然语言广义量词、语法、规范等结合，比如时态道义逻辑研究、时序逻辑程序语言研究、基于时间结构的不确定性研究等，近年来学者们更多地采用分叉时间结构。动态逻辑在经典命题动态逻辑和谓词动态逻辑的基础上，考虑与其他领域的结合，如动态偏好逻辑、动态道义逻辑、动态认知逻辑、博弈逻辑、社会网络的动态逻辑、计算性社会选择理论等。而对于道义逻辑和知识信念逻辑，前面已经提到了与时间逻辑和动态逻辑的结合，这也是21世纪之后逻辑动态化研究趋势的一种集中体现。当然，对于相应逻辑本身的核心议题的发展，国内学者也有贡献，比如对于"规范"和"知识"等概念的哲学分析等。又如，认知逻辑的另外一种研究范式正在形成：程序性知识（或信念）的逻辑和形式化研究，超越经典的"知道（相信）那样"尝试分析"知道（相信）怎样"；量化模态逻辑是常用的一种解释方式，为了使构造的逻辑系统在可计算性和计算复杂性方面具有优势，有些学者在技术上往往采用一阶量词与模态算子的打包（批处理）方式。

（三）悖论研究

"悖论"从分类上说似乎不应该单独作为与"哲学逻辑"并列的一类，但由于近些年不少学者涉及悖论研究的工作将其凸显出来。如今，"悖论"研究不仅受到哲学、逻辑学者的喜爱，也受到数学名家和计算机科学家等学者的关注。有些学者的工作涉及某些具体悖论的解析，比如"雅博鲁悖论""伯特兰悖论""说谎者悖论""意外考试悖论"等；有些学者研究解悖标准，深究一类悖论产生的根本原因；有些学者利用悖论作为切入点，揭示思维中某些奇妙的结构或缺陷，构造出更清晰的形式化表述，比如从方程的视角考察"说谎者悖论"；有些学者系统地研究各类悖论，总结出其中的共同性质或结构，并尝试与哲学、数学、计算机科学等领域中的核心议题联系起来。

（四）逻辑与人工智能、语言学等学科的交叉研究

随着 2016 年人工智能程序 AlphaGo 战胜人类围棋世界冠军李世石以及其他相关方面（如自动驾驶、互联网金融、医学诊断模式识别、大数据、深度学习等）的迅速发展和应用，人工智能得到各界空前关注，不少国家已经将人工智能研究提升到国家战略层面。作为人工智能的最早倡导和提出者，逻辑学家和计算机科学家很自然会重视逻辑与人工智能等学科的交叉研究。近期，哲学、语言学、逻辑学、计算机科学、认知科学等多学科视域下的"智能"研究就涉及日常概念分析、常识推理、概称句逻辑、形式化论证理论、自然语言及其学习的逻辑分析、自动翻译、非单调逻辑、学习理论、模式识别的逻辑描述、关于信息和知识信念的推理等诸多领域。

（五）归纳逻辑研究新进展：因果推理与概率逻辑

现在的因果推理研究通常归入人工智能逻辑领域，但现代逻辑视角下的演绎逻辑和归纳逻辑二分法也使得归纳逻辑作为逻辑学这枚硬币重要的另一面，必须得到单独的"关照"。对因果关系的研究有哲学上的因果本质思考，常常借助贝叶斯网络和概率论，给出一些能够解释科学或者日常生活中因果关系的模型；也涉及不确定信息背景情况下的决策理论，采用主观概率或者不精准概率工具来表述。既然演绎和归纳是一种简单的区分，那么通常把类比、隐喻等方面的逻辑研究归入归纳逻辑中。近五年这几个领域也有较多的成果出现。另外，还有学者从历史或其他视角来研究归纳逻辑，比如对于先秦和两汉归纳逻辑思想的梳理、从概称句的角度来解释归纳推理等。

（六）中国逻辑史与因明研究

中国是世界逻辑学的三大发源地之一，研究中国的逻辑史有理论事实依据，也可以增强我们的民族文化自信。近年来，比较多的国内学者将该研究目光聚焦在先秦和两汉的逻辑思想上，比如《墨辩》和墨家思想的逻辑解读、从中国古代的名辩学看逻辑和语言的关系、重新解读公孙龙为代

表的"白马论"等；一些学者用英语发表研究成果，把中国古代的逻辑思想传播到世界各地；也有学者考察海外汉学家视野中的中国古代逻辑，为国内研究中国逻辑史的学者提供独特的视角。除了研究中国古代逻辑，也有学者详细梳理了中国近代的逻辑教育，他们用比较翔实的史料展示了中国近代教育中逻辑教育的演变，改变了原先我们对中国近代逻辑教育的刻板印象。

因明起源于印度，是古代印度关于正确认识和推理论证的理论。随着印度佛教先后传入中国内地和藏区，经过1500多年的文化交流与融合，逐渐形成了汉传因明和藏传因明两个传统，简称为"中国因明"。近来有学者提倡并强调中国因明研究的重要性，指出中国因明既是中国优秀传统文化的组成部分，也是具有重要文化价值和传承意义的"绝学"、冷门学科。

（七）逻辑哲学研究

逻辑哲学研究主要涉及对逻辑学中的一些核心概念以及逻辑本身的哲学思考，比如"真""意义""知识""有效论证""否定"等概念。"十三五"时期，上述几个方面的工作相应地体现在"真理论""意义理论""知识论""论证评估理论"等领域。真理论近五年的特点是采用"形式化"或者"公理化"的做法，在前人对于真理论的研究基础之上，国内学者借鉴欧美专家的方法，用逻辑形式化或者公理化的方法为"真"概念做严格清晰的刻画。在意义理论方面，有学者关注并做了达米特和戴维森意义理论的详细比较研究。在知识论方面，有学者涉及关于知识和信念的哲学探讨、对盖梯尔论题的形式化分析等。在逻辑的反思方面，其中一个热门的议题是"逻辑多元论"，有学者展示了不同层次的逻辑多元论，也有学者解释了逻辑多元论是什么并为此做了辩护。在论证评估方面，近期热点集中在语用论辩理论、非形式谬误和形式化的论证理论研究等方面。

（八）逻辑在教育、法律、医疗等领域的应用

逻辑推理在国家公务员考试、研究生入学考试等领域的实践取得了明显效果，已经成为许多科目的考试模块。《逻辑与思维》课程也成为高中新课标政治科目的选择性必修，数学、语文等其他科目的高考大纲中也体现出了较多的逻辑推理和逻辑思维的元素。"十三五"时期，国内一些学者也为此做了理论分析和统计研究，探究了逻辑作为人才培养和选拔的重要作用和意义，并对相关方案的设计做了一定的探索和实践。逻辑在法律中的应用主要体现在法律逻辑这一分支学科中。近五年内，来自哲学界和法学界的学者有比较多的成果产出，这在一定程度上促进了法学理论的发展，也使得逻辑学本身更加具有生机和活力。逻辑在医学领域也得到了比较多的应用。医生的判断、诊断、决策等实践需要具有一定普遍性和可靠性的程序方法，而逻辑正是此类思维活动的重要工具。现阶段人工智能的发展及其在医学中的实践，也在一定程度上提升了逻辑的重要性。

二 本学科研究存在的薄弱环节

（一）逻辑人才培养力度还需要加强

逻辑学，尤其是现代逻辑学习和研究，对思维的要求比较高。中国高校具有逻辑学专业研究生硕士点或博士点的并不多，通常是设置在哲学一级学科下的一个二级学科点，逻辑学专业课程开设也不多。而数学、计算机相关专业的毕业生从事逻辑学方向工作的总体比较少。

（二）交叉研究缺乏真正的"化学"反应

目前，学术界学科之间的条块分割还比较明显。尽管逻辑学是许多学科的基础，并在不同的学科门类中得到研究，但因受到文理分科、不同学术共同体"各自为政"等影响，国内逻辑学者形成了不同的"逻辑学团体"。近些年来，有一些跨学科的真正交流，但总体上还很不够。

（三）历史传承性和系统性方面还有待提高

由于不同的研究团体有各自的兴趣和偏好，会对某一个片段或问题进行考察，这往往会忽视逻辑学学科发展史的连续性；一些研究者将精力更多地集中在自己关注的领域和历史文献中，整个逻辑学科的历史往往被割裂成机械的片段。

(四）研究成果的应用性还不够

目前，逻辑学者们主要还是停留在理论的构建和解析应用上，在实践的应用层面比较少。或者说，目前逻辑理论研究者和应用研究者缺少必要的合作，他们做各自的事情，这不利于理论研究成果的应用。

(五）对本土的逻辑历史工作研究不足

近五年逻辑学科的主要研究工作是针对欧美传统的现代逻辑研究，学者们将比较多的时间和精力用在对国外相关研究的考察上。尽管在中国传统逻辑研究方面，会集了一定数量的研究人员并取得了一些成果，但总体上看，这方面的工作力度和成效还有待提高。

(六）辩证逻辑和科学方法论的形式化研究缺乏

辩证法作为哲学和科学方法论的重要内容，有必要在逻辑学框架下实现形式化精确表达，这是一个有价值和前景的工作。但目前这一方面的研究显得还比较薄弱。

三 本学科"十四五"时期发展预测及课题建议

(一）中国逻辑史和因明研究

中国古代逻辑有丰富的内涵，因明也已成为中国传统的一部分，对它们本身的研究可以挖掘其中的瑰宝，丰富并弘扬中华优秀传统文化。而其他逻辑主题研究者则可能通过借助中国逻辑史或因明中的观点或者方法，获得实现某些领域创新的重要灵感。

(二）具有统一性的逻辑基础理论研究

逻辑学是一门基础性学科，虽然按照中国目前的学科分类，将其看作哲学门类下的一个二级学科，但实际上很多学科建立在逻辑学或者逻辑基础之上，涉及多学科的各类逻辑学分支的发展也充分说明了这一点。然而，从逻辑学的发展初衷来看，它又是一门普遍性的学科。如果不同的"领域"按照不同的"逻辑"来运行，显然不符合逻辑学的初衷。所以有必要从更抽象、更深刻的视角为现在各类丰富的"逻辑"构建统一的基础理论。

（三）逻辑与知识论等哲学领域交叉研究

知识论作为现代哲学的一个重要分支，如果能够借助逻辑工具尽可能地表述和分析清楚，将有助于某些哲学领域比如分析哲学的发展。反过来，哲学本身的进步和新问题的出现可能成为推进逻辑丰富和深化的动力。

（四）逻辑与数学、计算机科学、人工智能、认知科学、语言学等学科的交叉研究

现代逻辑的核心特征就是数学化的思维方式，数学和逻辑是许多学科的基础，而人工智能的快速发展和多方面应用对数学和逻辑提出了更高要求。数学、逻辑与计算机人工智能之间的关系很像是理论和实践的关系，在当今大数据背景下，我们更需要考虑它们之间的有机融合。逻辑与认知科学、语言学等学科的交叉研究是人工智能的几个核心领域之一。认知机制的逻辑表述、语言认知和理解中的结构和规律、自然语言和逻辑论证的互动研究等，应该是下一阶段逻辑学科的重要研究课题。

（五）逻辑在教育、管理、医疗等领域的应用研究

逻辑在教育、管理、医疗等领域的应用前景十分广阔，"十四五"时期，这一方面的研究需要进一步加强。可以考虑在现阶段的实践基础上，增加理论和科学测试层面上的工作，比如，可以研究逻辑学用于认知能力测试方面的理论分析和实际效果；可以从实践中进一步总结经验和规律，例如，根据医护工作者的临床病例和医学知识，借助逻辑工具和人工智能技术，尝试构建相应领域可能的模式识别判断方案和智能诊断系统，作为医生诊断和决策的重要辅助手段和参考。

美 学

一 "十三五"时期研究概况及主要成果

"十三五"时期,美学学科的发展与理论探索相对活跃。尤其是"推进美丽中国建设"被写入国家"十三五"规划纲要,极大地激发了美学研究者的现实使命感,并促进了美学学科的进一步发展完善。在美学基础理论、中国美学、西方美学、美育、身体美学、生态美学、环境美学等领域均取得了较多的成果。

(一)美学基础理论研究

美学基础理论研究是常规性问题。在"十三五"时期,它主要以马克思主义美学理论为指导,在译介和接受西方美学最新理论成果的前提下,对20世纪以来美学基础理论发展状况进行了理论反思,对新形势下面对的新问题进行了理论探索。并试图在现有的几个具备中国特色美学理论体系的基础上,进一步开拓新的理论增长点。代表性成果有"马工程"美学原理的系统化建设与完善。此外还有一些具体性美学基础理论的探索,如美学的空间转向问题,审美地理学问题,身体美学、生态美学、环境美学、生命美学以及意象美学,等等。

(二)中国美学研究

"十三五"时期,中国美学研究取得了显著成绩。主要体现在:对过去不太重视的美学家和经典文本的再阐释、对传统美学史料的系统化整理、大批美学通史性著作的撰述以及中国美学本土化理论的探索。

1. 重要美学家和经典文本的再阐释

在经典文本再阐释方面,由于儒、道、禅历来是中国美学研究的重要领域,相应地,对儒家、道家、道教、佛学等典籍的整理和再阐释也进入新阶段,涌现出一批代表性美学成果。此外,对过去容易忽略的重要思想家和美学典籍也进行了填补性研究,如《吕氏春秋》、《考工记》、《两都赋》、《洛阳伽蓝记》、董仲舒及其《春秋繁露》等。

2. 传统美学史料的整理

美学史料的梳理是美学史研究的前提。"十三五"时期对中国美学史料的整理,主要体现在三个方面:一是中国古代美学史料的整理。如张法教授主编的《中国美学经典》(七卷本)堪称典范。它将中国历代美学史料,按不同朝代,以哲学美学、宗教美学、文学美学、艺术美学、朝廷美学、生活美学、自然美学、制度美学、天下美学为划分依据,条分缕析地归类,形成颇具代表性的新文献体系框架。将中国传统天下观和朝廷制度美学列入其中,突破了现代启蒙史观对美学和美学史研究的限定,确立了一种更贴近中国美学历史的研究思路。二是近现代美学史料的整理。如金雅教授主编的《中国现代美学名家文丛》(六卷本),再一次出版,主要涵盖了梁启超、王国维、蔡元培、朱光潜、宗白华、丰子恺等现代重要美学史家及其著作。三是专史史料,如皮朝纲的《禅宗音乐美学著述研究》等。

3. 新的美学断代史和通史性著作问世

如陈望衡教授的《文明前的"文明":中华史前审美意识研究》(上下卷)和由朱志荣教授主编的《中国审美意识通史》(八卷本),二者将中国史前文明重新纳入中国美学史的述史范围,在一定程度上弥补了中国美学史研究在史前艺术和审美意识流变研究方面的缺憾。由曾繁仁教授主编的《中国美育思想通史》(九卷本),则深入剖析了中国美育思想从先秦到当代的发展轨迹,对推进具有中国特色的当代美育建设具有重要意义。祁志祥教授的《中国美学全史》(五卷本),在结合原先由其所著的《中国美学通史》(三卷本)的基础上,扩充史料,以全景式的方式,分析和描述了中国古代美学精神在历史中的运行轨迹及其在 20 世纪与现代美学学科对接的转型史。

4. 本土化中国美学研究的理论性探索

大致呈现三个方面：一是重回历史和拓展美学边界的研究。如刘成纪教授的《先秦两汉艺术观念史》（两卷本），基于对艺术概念的本土转化、对艺术史观的重新厘定，以及"三重证据法"的提出，创建了一种新型艺术观念史研究范式，以重新向历史提问的方式，发掘出了一些亟待研究的新领域，大大拓展了中国美学史研究的边界和内涵。二是对中国古典传统美学范畴、命题的深化和补充研究，如"意象美学""生生美学"。三是对马克思主义美学中国化的进一步深入解读和分析，涌现出一批值得关注的新成果。

（三）西方美学研究

"十三五"时期，西方美学的译介和研究成果，主要集中在古希腊美学、德国古典美学、现当代西方美学领域。相较而言，对法国美学的研究也引起学界高度重视，取得一批新成果。

1. 西方美学文献的译介

在文献译介方面，古希腊美学、德国古典美学、英美分析美学等相关文献的翻译出版仍占主导。此外，这一时期对西方当代美学家重要理论著作的翻译也是一个值得关注的现象。如克莱门特·格林伯格的《自制美学：关于艺术与趣味的观察》（2017）、门罗·比厄斯利的《美学史：从古希腊到当代》（2018）、格诺特·波默的《气氛美学》（2018）、柯蒂斯·L. 卡特的《跨界：美学进入艺术》(2018)、吉奥乔·阿甘本的《品味》（2019）以及雅克·朗西埃的《审美无意识》（2020），等等。这些新成果的出版，为国内美学界带来了第一手研究资料，使中国美学研究者在学术信息接受上基本与西方持平。

2. 对过去一些没有系统研究的西方重要美学家进行系统研究

如韦拴喜的《身体转向与美学的改造：舒斯特曼身体美学思想论纲》（2016），成为国内第一部系统研究舒斯特曼身体美学思想的专著。高艳萍的《温克尔曼的希腊艺术图景》（2016），是国内第一部系统研究温克尔曼美学思想的力作。而董龙昌的《列维－斯特劳斯艺术人类学思想研究》（2017），则是国内首部研究法国结构主义人类学家、哲学家列维－斯特劳斯的艺术人类学思想专著。其他还有对青年黑格尔派、杜威、梅洛－庞蒂、阿多诺、艾伦·卡尔松等人所进行的专题性深化研究，诸如此类甚多。

3. 对西方美学既有研究领域的深化和对新理论成果的接受

这一时期，德国古典美学的深化研究仍是重点。此外，对法国美学的研究以及对当代西方美学的"政治转向"和"伦理转向"理论的关注有上升趋势。探究审美与政治、审美与社会、审美与伦理之间的关系成为学术热点，对神经美学理论、身体美学理论以及阿多诺批判美学理论的运用和深化研究，也取得了一些成果。

（四）美学热点问题及其研究领域的拓展

"十三五"时期，美学领域的热点问题主要是接续"十二五"时期而来，当然有些也是这几年形成的新热点和新领域。主要体现在以下几个方面。

1. 身体美学及其与"身体"相关的美学问题

国内身体美学研究在这一时期比较凸显，其理论主要来源于梅洛-庞蒂的现象学美学、福柯的生存美学以及舒斯特曼的身体美学理论。国内身体美学的倡导者王晓华教授，在这一时期，通过"身体美学三书"（即《身体美学导论》《西方美学中的身体意象》《身体诗学》）等著作，从身体—主体概念出发，整合中西已有的身体—主体性思想，从而建构了主体论身体美学流派。与此同时，以身体美学为中心，出现了一些新的学术态势，重点探讨身体美学与人工智能、身体美学与诗学、身体美学与实践美学、身体美学与环境美学以及身体美学与生命美学之间存在的关系等。

2. 生态美学与环境美学

随着"美丽中国建设"被纳入"十三五"规划，生态美学与环境美学依然是国内美学学科研究的热点。主要成果体现在两个方面：一是进一步加大了对西方生态美学和环境美学相关理论和著作的译介和研究。如赵奎英的《生态语言观与生态诗学、美学的语言哲学基础建构》一书，以语言哲学为基础，分析语言观对当代生态美学和生态诗学研究的重要意义。二是对中国古代儒、释、道思想中蕴含的生态智慧进行深层汲取和梳理，提出构建中国生态美学的本体论基础，如曾繁仁的"生生美学"。

3. 脑科学与认知神经美学

随着脑科学技术的发展，探讨认知神经与文艺创作、审美教育、人工智能之间关系的研究，也开始进入美学研究视域，并有兴盛趋势。此外，这一时期还存在一些阶段性美学热点问题，如工匠美学、造物美学等。总之，这些新热点的生成和研究领域的拓展，对加强美学学科自身建设，强化理论与社会实践的关系，起到了积极作用。

二 本学科研究存在的薄弱环节

（一）对美学基本理论的反思和创新性建设不够

理论的价值往往在于对既有理论不断做出反思并形成新的阐释，以便获得新的理论增长。然而，纵观中国当代美学的发展，在经历了20世纪80年代相对理论活跃之后，此后基本形成了一种相对固化的思维模式和理论范式。即使有学者尝试突围，但力量也显得过于微弱。"十三五"时期，美学在基本理论研究方面基本缺乏进展。

（二）美学研究方法论的单调和趋同化

由于缺乏对既有理论形成有效反思和批判性重建，相应就导致美学研究在方法论层面的单调化和趋同化。21世纪美学的发展，方法论的多元化，跨学科、跨文化的交叉介入，将是一个重要趋势。因而，建构新理论、开拓新方法将是未来中国美学发展获得新生命的内在要求。

（三）美学研究内容的狭隘化以及对中国美学自身独特性的认识有待提高

相较于西方美学，中国美学有其独特的发展逻辑和丰富的研究内容。最显著之处，莫过于它与传统国家政治之间始终保持着一种建设性关系，并显示出对于社会文化的广泛弥漫。如中国古代的礼乐文明，既是美学问题，也是中国文化、王朝制度的统一性特征。礼乐在中国美学史研究中，是亟待开拓的领域。另外，像中国山水画所蕴含的哲学象征意义，也非西方美学的审美自律观念、无利害观念所能涵盖。在这种背景下，如何既借鉴西方美学又形成本土性的美学研究新范式，就成为亟待完成的任务。

（四）少数民族美学研究仍是一个重大薄弱环节

中国是一个拥有多民族的国家，各民族皆有丰富的审美文化创造，它是充实和丰富中国美学研究不可或缺的资源。各民族的神话传说、史诗、服饰、乐舞、工艺以及独特的审美观念，在中国当下美学史研究中依然相当薄弱，亟待加强。但如何找到恰当的理论和方法推进这项研究，目前还没有做好必要的准备。

（五）美学研究介入现实问题的力度有待进一步加强

美学作为一门人文学科，它既有与现实社会保持距离的一面，也有介入现实、重塑和引领时代精神的使命。目前，我国美学研究者大多仍停留在坐而论道的层面，这一方面造成对现实问题解释和解决能力的匮乏，另一方面则表现为与更具实践性的学科，如艺术学、设计学、美术学的疏离。如何重建美学与相关学科的共生和交互关系，形成跨学科的协同工作模式，应是下一步要解决的重点问题。

三　本学科"十四五"时期发展预测及课题建设

"十四五"时期，美学学科的发展与建设，应该兼顾基本理论研究、相关学科协同发展和加强美学实践研究，值得关注的具体领域如下。

（一）马克思主义美学中国化研究

马克思主义美学是当代形态的中国美学最重要的组成部分，具有重要的史学意义和现实价值。深入研究马克思主义经典理论，关注它在当代中国审美文化中的新发展，应是"十四五"时期的重点工作。

（二）美学原理与方法论的创新性建设研究

美学基本理论的创新，是避免美学发展在新时代新语境下失去话语权的重要保证。而美学基本理论的创新，通常也会相应带动方法论的革新。

唯有如此，才能改变中国美学研究过程中长期存在的"西方出理论，中国出材料"的尴尬处境。

（三）现代形态的中国美学学科体系建设研究

现代形态的中国美学学科体系，大致包括美学原理、马克思主义美学、中国美学史、西方美学史、现当代美学以及美育诸环节。但当下对现当代美学和美育的研究，依然相对薄弱；与哲学、艺术学、设计学等的多元一体关系，也没有处理好。如何理顺美学与相关学科的关系，并在此基础上重建美学的理论和学科体系，值得关注。

（四）"礼乐美学"与当代文化建设研究

中国以"礼仪之邦"著称，礼乐文明是中华文明的显性特征。这一文明形态在中国几千年的发展历史中具有纵贯性和弥漫性，因而礼乐美学研究是中国美学的重中之重，也是中国美学研究突破西方话语、获得理论创新的一个重要凭借。

（五）美学与当代中国社会发展研究

近十年来，美学和国家大政方针的关联日益紧密，如美丽中国建设、生态文明建设、传承和弘扬中华美学和美育精神、展现中华审美风范等，均需要通过美学给予理论阐释和推进。目前，我国处于重大调整和变革期，关注社会发展中美学维度的问题，应继续构成这一学科发展的重要内容。

政治哲学

一 "十三五"时期研究概况及主要成果

"十三五"以来,无论是从文献的翻译、教材的编写还是专门性的研究来看,中国的政治哲学研究都取得了较大的进展。例如,国外经典思想家的作品如霍布斯的《贝希摩斯》、阿伦特的《爱与奥古斯丁》首次有了中译本;教材编写方面,既出现了由中国人民大学组织众多研究者共同撰写的《西方政治哲学史》和《中国政治哲学史》,也有相关领域的学者独自撰述的政治哲学的导论性教材;研究性的论文和著作更是不断涌现,探讨的问题域涉及马克思主义政治哲学、中国传统政治哲学、西方政治哲学等领域。当然从总体上看,政治哲学研究在原创性、现实性和跨学科的对话等方面仍有进一步提升的空间。

(一)马克思主义政治哲学研究

虽然学界普遍认为政治哲学是马克思主义的必然面向,但明确提出马克思主义政治哲学进而展开学术研究还是比较晚近的现象。因此,与越来越精细化的西方政治哲学研究相比,该领域的研究进展主要表现为从整体上探讨马克思主义政治哲学的基本内涵、研究范式和话语体系等问题。

1. 对马克思主义政治哲学何以可能的研究

关于马克思主义政治哲学的合法性理由,学界的观点可以分为"现成派"和"证成派"。前者认为马克思主义关于阶级、国家、革命、自由、平等问题的论说本身就表明其天然包含政治哲学的属性,后者则强调马克思主义政治哲学这一说法的成立必须在政治哲学和马克思主义两个方面予以证成。与此相关的是，有观点认为马克思哲学的一个根本开展向度就是政治哲学，因此马克思不仅有政治哲学，而且马克思哲学的内容基本上就是在政治哲学的问题域中得以展现的。

2. 对马克思主义政治哲学的研究进路和体系建构的探讨

有学者致力于从宏观上厘清马克思主义政治哲学的不同研究进路（"政治性""规范性"和"革命性"三大进路），并主张通过对这些进路的视域融合来建构富有张力的马克思主义政治哲学。还有学者就历史唯物主义与政治哲学的关系、马克思主义政治哲学与西方政治哲学的关系和马克思主义政治哲学的学术体系进行了更深入的辨析。

（二）中国传统政治哲学研究

"十三五"时期，中国传统政治哲学研究致力于对古代思想家的深入解读和基于现代视角的批判性分析，围绕传统政治思想中的诸多重要主题展开了细致的梳理与论辩。这些进展主要表现为以下两个方面。

1. 从整体上对中国传统政治哲学的内在逻辑和研究进路的研究

虽然中国古代思想家在"天与人""民与君"和"德治与法治"等主题上都有着广泛而深入的探讨，但从现代学术的视角将这些论述予以整合进而揭示出其内在的逻辑，依然是有待完成的理论工作。有学者就尝试对中国传统政治哲学的内在逻辑予以分析，进而对当今学界所采取的不同研究进路进行了评析。

2. 对中国传统政治哲学的重要人物和主题的研究

中国传统政治哲学研究的主要脉络是围绕思想家（如孔子、韩非子、黄宗羲等）和重要主题（如天人关系、政治正当性、天下体系等）展开。尤其值得注意的是，随着加拿大学者贝淡宁的《贤能政治》的出版，关于儒家的贤能政治思想及其与西方民主的比较成为近几年学界热议的话题，相关讨论也渐趋深入。

（三）西方政治哲学研究

从历史上看，当代中国的政治哲学研究起源于20世纪80年代对《正义论》及其他西方政治哲学著作的译介。实际上，自改革开放以来，中国哲学界一直关注西方政治哲学著作的翻译与研究，商务印书馆、人民出版社、译林出版社、中国社会科学出版社等出版单位，出版了大量的西方政治哲学与政治理论的论著。对西方政治哲学思想及其代表人物的引介和研究一直是国内政治哲学研究中的重点内容。"十三五"以来，相关的研究进展主要包括以下几个方面。

1. 对主要政治哲学家经典思想的进一步研究

西方古典思想人物研究方面，学界从友爱共同体、公意与私利等角度对于柏拉图、亚里士多德等思想家进行了更为细致深入的分析。而霍布斯、阿伦特等思想大家此前被忽视的作品的首次翻译出版，也推动了相关研究的进一步深化。此外，对于罗尔斯等当代政治哲学家，基于新的研究视角如代际正义等，国内学者也展开了更为深入的探讨。

2. 对共和主义、民粹主义、新左翼等政治思潮的扩展研究

在近五年有关共和主义的研究中，马基雅维利的共和主义与当代共和主义的民主思想是学术界关注的热点话题。而随着欧美民主面临的民粹主义挑战，学界对于民粹主义的研究兴趣也日益浓厚。相关探讨触及民粹主义的概念反思以及民粹主义与民主的关系等重要问题。此外，以阿甘本、朗西埃、巴迪欧等为代表的当代欧陆新左翼思想家的作品的译介，也使新左翼的政治哲学日益成为学界热议的话题。

3. 围绕政治哲学中的重要概念和问题展开的主题式研究

长期以来，西方政治哲学研究主要以人物思想和思潮为研究对象。但随着研究的深入，学界的关注点逐渐扩展到对政治哲学的关键概念与重要问题的阐释，涉及包括国家建构、政治义务、分配正义、政治代表、生命政治、政治神学以及政治经济学等在内的广泛主题。

二 本学科研究的薄弱环节

（一）译介式的研究居多，原创性研究依然偏少

长期以来，对古今中外思想家的作品的译介和解读一直是政治哲学研究的重点。这种引介式的研究固然有助于拓展我们的学术视野，但过于偏

重这样的研究进路,势必导致原创性研究的缺乏,从而无法实现从"照着讲"到"接着讲"的转变。

(二) 与现实问题的关联度不够,大多数研究仍偏重于抽象的理论思辨

虽然政治哲学强调的是规范性的研究,但这并不意味着与现实问题无涉。相反,政治哲学的生命力恰在于以思辨的方式回应现实政治中的重大问题。但遗憾的是,当前的政治哲学研究仍然偏向于宏大叙事和概念的纯粹思辨,对于中国乃至于全球社会面临的重要问题和政策争议仍缺乏足够的关注和反思。

(三) 跨学科和跨领域的有效对话较为缺失

跨学科和跨领域的有效对话的缺失主要表现在三个方面:一是政治哲学内部不同领域的研究尚缺乏充分的交流和有效的整合;二是政治哲学与政治科学之间的相互隔绝;三是政治哲学与经济学、伦理学等学科也未能实现更有效的沟通。

(四) 研究范式的多元化有待进一步加强

经过30多年的发展,中国政治哲学的研究范式虽日趋多元化,但仍有进一步提升的空间。例如以罗尔斯为代表的英美政治哲学思想虽然受到很大关注,但国内本土性政治哲学的论述风格和研究进路多偏重于欧洲大陆的传统。此外,正如有论者所指出的,除了政治神学和政治诗学,与现代政治更为紧密的政治哲学研究仍有待加强。

三 "十四五"时期发展预测及课题建议

(一) 马克思主义政治哲学研究

马克思主义政治哲学内涵十分丰富,未来这一方面的研究需要加强。因为起步较晚,以往马克思主义政治哲学研究的关注重点主要是从整体上对本学科的合法性的论证和研究进路的剖析。未来这一领域的研究应该进

一步深入当下中国和世界的政治实践，从自身独特的理论视角对其中的重大问题展开更具针对性的研究。

（二）中国传统政治哲学的现代转化研究

中国传统思想包含丰富的政治思考，有着独特的理论价值。除了继承与发扬，我们更需要在古今中西的比较视野下探究中国传统政治哲学的现代转化，以回应当代中国和世界所面临的重大问题。虽然学界已经对其中的一些理念如德治、天下、天理等进行了较为深入的研究，但是如何在传统与现代之间保持恰当平衡依然是一个充满挑战的理论任务。未来仍需学者在这方面做出更具原创性的研究。

（三）人类命运共同体与全球治理的政治哲学研究

近些年人类面临的逆全球化挑战，更加凸显了人类命运共同体和全球治理的重要性。政治哲学理应对这一重大的现实问题予以理论上的回应。除了继续加强对命运共同体、世界主义、天下体系、帝国与民族国家等概念的研究，更应注重围绕其中的具体问题和政策如环境保护、全球正义、国际治理机制等展开政治哲学的分析。

（四）全球民主面临的新挑战及其应对研究

自进入 21 世纪以来，民主面临诸多新的挑战，引发了学术界对诸如民粹主义、代议制民主的危机、政党政治的变化、全民公投与街头政治等问题的关注和思考。民主理论如何通过自我更新以应对这些现实问题，值得期待。

（五）西方政治哲学研究

传统上的西方政治哲学研究，倾向于对思想家提出的理论进行引介和阐释，较少从主题的角度对不同思想家的观点进行整合式的研究。当然近些年学界越来越注重围绕具体的主题展开探讨，但这一努力仍然需要进一步推进。

总审稿人 韩 震

执 笔 人

  马克思主义哲学 罗松涛 侯振武

  中国哲学 章伟文

  外国哲学 李 红

  伦理学 刘 丹

  科学技术哲学 王小伟

  逻辑学 郭佳宏

  美学 刘成纪 刚祥云

  政治哲学 聂智琪

参 加 人 吴玉军 兰久富 田海平 郑 伟

理论经济学

理论经济学学科的基本状况

"十三五"时期，我国研究生教育迈入新阶段，"服务需求、提高质量"成为研究生教育改革发展主线，省级统筹和高校办学自主权进一步扩大，博士硕士学位授权审核制度改革，全国第四轮学科评估结果出炉，国家"双一流"计划启动，为理论经济学学科发展提供了指引方向和发展支持。本部分系统梳理了理论经济学学科发展的基本状况，重点从学科设置、队伍建设和人才培养三方面展开分析。

一　学科设置状况

（一）理论经济学学位授权点变化

《中华人民共和国学位条例》自1981年1月1日实施起，截至2017年，国家先后组织开展了十余批学位授权审核，建立起学位授权点动态调整制度。"十三五"时期，为了优化学科结构，落实按需授权，保证学位授权质量，引导学位授予单位形成学科特色，突出专业优势，实现内涵式发展，更好地服务国家和区域经济社会发展需求，2017年3月13日，国务院学位委员会印发了《博士硕士学位授权审核办法》，将学位授权分为新增学位授权审核和学位授权点动态调整两部分，建立常态化授权审核机制。根据该办法，新增学位授权审核侧重增量结构调整，每3年实施一次，学位授权点动态调整侧重存量结构优化，每年开展一次。

1. 国家撤销多于新增

"十三五"伊始，高校学位授权点就经历了大幅调整，不少高校主动撤销大量学位点。2016年9月23日经国务院学位委员会批准，25个省份的175所高校撤销了576个学位点，178所高校增列了366个学位点，其中，理论经济学博士学位或硕士学位授权一级学科以及政治经济学，西方经济学，经济史，人口、资源与环境经济学硕士学位授权二级学科撤销多于新增（参见表1）。

表1　　2016年理论经济学博士学位和硕士学位授权学科变化

撤销理论经济学硕士学位授权一级学科的学校	撤销政治经济学硕士学位授权二级学科的学校	撤销西方经济学硕士学位授权二级学科的学校	撤销经济史硕士学位授权二级学科的学校	撤销人口、资源与环境经济学硕士学位授权二级学科的学校	撤销人口、资源与环境经济学博士学位授权二级学科的学校	增列理论经济学硕士学位授权一级学科的学校
北京林业大学 延安大学	东北大学 辽宁师范大学 哈尔滨工程大学 同济大学 华东交通大学	中南大学	江西师范大学	河北农业大学 南京林业大学 福建林业大学 华北水利水电大学 中南大学	青岛大学	浙江工商大学 河南工业大学

资料来源：国务院学位委员会：《关于下达2016年动态调整撤销和增列的学位授权点名单的通知》，2016年9月23日。

2018年3月22日经国务院学位委员会第三十四次会议审议批准，共30所学校增列理论经济学博士学位或硕士学位一级学科授权点。同年5月2日国务院学位委员会公布了2017年审核增列的博士、硕士学位授予单位及其学位授权点名单，新增1所学校为理论经济学博士学位授权点，要求该校进一步提升办学水平和研究生培养能力，通过国务院学位委员会核查后再开展招生、培养、授予学位工作。具体变动情况参见表2。

2. 理论经济学自主审核学校增加

根据《博士硕士学位授权审核办法》和《关于高等学校开展学位授权自主审核工作的意见》，国务院学位委员会分两批公布了一共31所高校成为学位授权自主审核单位，这些高校可以对标"双一流"建设目标，根据自身学科发展和定位，自主设置博士和硕士学位点，每6年须接受一次评

表2　　2017年国务院学位委员会审核增列的理论经济学学位授权点

已有博士学位授权二级学科新增为博士学位授权一级学科的学校	新增博士学位授权一级学科的学校	已有硕士学位授权二级学科新增为硕士学位授权一级学科的学校	新增硕士学位授权一级学科的学校
中国政法大学 山西财经大学 山东师范大学 河南大学 暨南大学	黑龙江大学 湖南师范大学 云南财经大学 贵州财经大学	外交学院 河北师范大学 沈阳师范大学 东北师范大学 哈尔滨商业大学 西南民族大学 广东省社会科学院 中共山东省委党校 中共湖北省委党校 中共重庆市委党校 中共四川省委党校	北京航空航天大学 北京物资学院 太原科技大学 上海对外经贸大学 江苏科技大学 合肥工业大学 淮北师范大学 曲阜师范大学 广东财经大学 海南师范大学 重庆工商大学

资料来源：国务院学位委员会：《关于下达2017年审核增列的博士、硕士学位授权点名单的通知》《2017年审核增列的博士、硕士学位授予单位及其学位授权点名单的通知》。

估。2019年5月6日经国务院学位委员会第三十五次会议审议批准，18所学位授权自主审核学校新增28个学位授权点，2所学位授权自主审核学校撤销了10个学位授权点。[①] 2020年3月30日经国务院学位委员会审议批准，26所学位授权自主审核高校新增46个学位授权点，2所学位授权自主审核高校撤销3个学位授权点。[②] 这两次学位授权自主审核单位新增和撤销的学位授权点均不涉及理论经济学学科。

根据以上统计，"十三五"时期33所学校新增理论经济学博士学位和硕士学位授权点，2所学校撤销理论经济学硕士学位授权点。

3. 理论经济学学科分布仍然东强西弱

截至2020年3月，经国务院学位委员会审议批准的拥有理论经济学一级学科博士学位授权点的学校共44所，其中北京市9所，上海市3所，湖北省4所，湖南省3所，河北省、内蒙古自治区、安徽省、广西壮族自治区、海南省、西藏自治区、重庆市、甘肃省、青海省、宁夏回族自治区10

[①] 国务院学位委员会：《关于下达2018年现有学位授权自主审核单位撤销和增列的学位授权点名单的通知》。

[②] 国务院学位委员会：《关于下达2019年学位授权自主审核单位撤销和增列的学位授权点名单的通知》。

个省区市目前尚无理论经济学一级学科博士学位授权点。理论经济学一级学科博士学位授权点在全国的分布如图1所示,东部地区24个,占比54.55%;中部地区12个,占比27.27%;西部地区8个,占比18.18%。

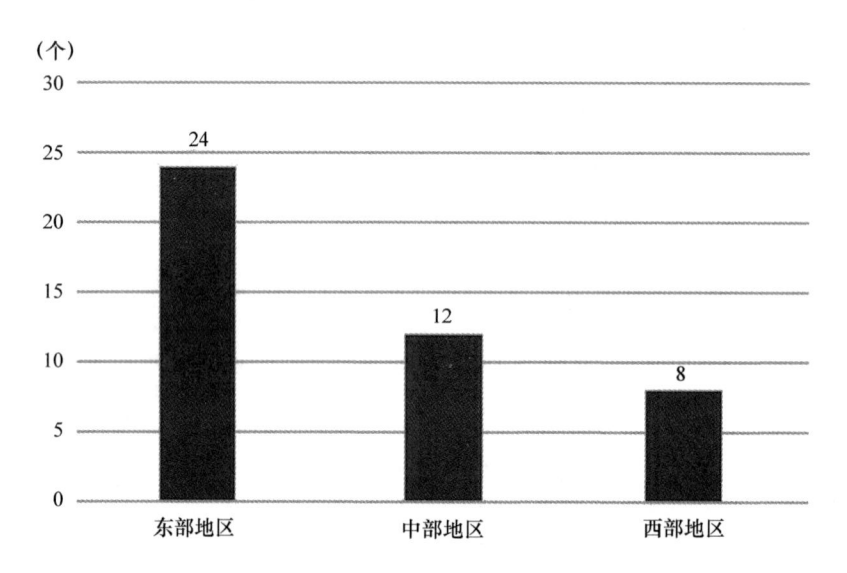

图1 理论经济学一级学科博士学位授权点地区分布

硕士点的区域分布特征也十分明显。截至2020年3月,经国务院学位委员会审议批准的拥有理论经济学一级学科硕士学位授权点的学校共120所,除去上述博士学位授权点的学校,还有76所学校仅拥有硕士学位授权点,贵州省、云南省、西藏自治区、青海省4个省区目前尚无理论经济学一级学科硕士学位授权点。按照学校所在地区分类,除去博士学位授权点的学校,理论经济学一级学科硕士学位授权点在全国的分布如图2所示,东部地区38个,占比50%;中部地区21个,占比27.63%;西部地区17个,占比22.37%。

(二)学科评估情况

2016年4月教育部学位与研究生教育发展中心启动第四轮学科评估,理论经济学一级学科中,当年全国具有博士学位授权点的高校共39所,38所参评,部分具有硕士学位授权点的高校也参加了评估,参评高校共90所,除高校外还有5家科研机构和党校也参加了评估。2017年12月28日

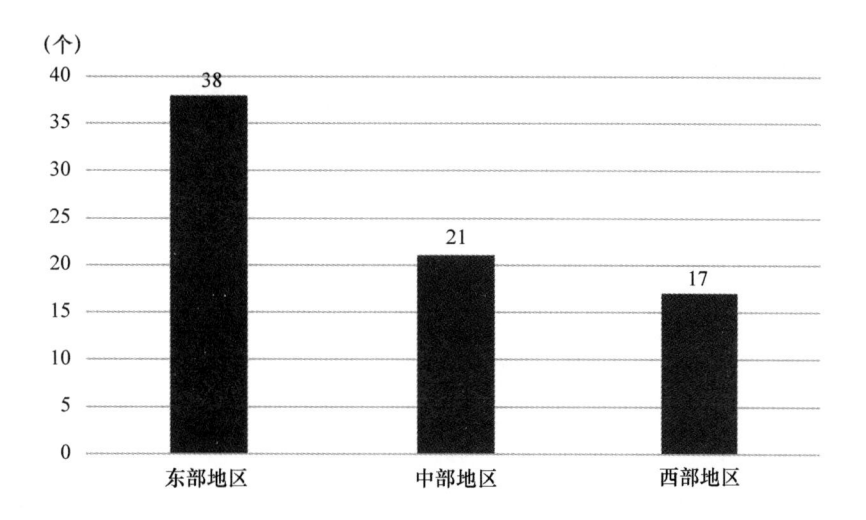

图 2　理论经济学一级学科硕士学位授权点地区分布

注：不包括博士学位授权点。

教育部学位与研究生教育发展中心发布了评估结果。中国人民大学和复旦大学理论经济学获评 A+，北京大学和南开大学为 A，9 所大学为 B+，9 所大学为 B-，10 所为 C+，10 所为 C，6 所为 C-。

表 3　　　　　　　第四轮学科评估理论经济学高校评估结果

评估结果（62 所）	高校名称（评估结果相同的高校按学校代码排列）
A+（2 所）	中国人民大学 复旦大学
A（2 所）	北京大学 南开大学
A-（5 所）	北京师范大学 南京大学 浙江大学 武汉大学 西北大学
B+（9 所）	清华大学 中央财经大学 吉林大学 上海财经大学 厦门大学 山东大学 华中科技大学 中山大学 西南财经大学

续表

评估结果（62 所）	高校名称（评估结果相同的高校按学校代码排列）
B（9 所）	对外经济贸易大学 辽宁大学 东北财经大学 福建师范大学 江西财经大学 中南财经政法大学 深圳大学 四川大学 云南大学
B-（9 所）	首都经济贸易大学 东北师范大学 湖北大学 湘潭大学 湖南大学 暨南大学 华南师范大学 陕西师范大学 新疆大学
C+（10 所）	北京理工大学 中央民族大学 中国政法大学 天津财经大学 河北大学 山西财经大学 华东师范大学 南京财经大学 河南大学 湖南师范大学
C（10 所）	山西大学 吉林财经大学 黑龙江大学 安徽大学 山东财经大学 华中师范大学 重庆大学 四川师范大学 青岛大学 浙江财经大学
C-（6 所）	北京工商大学 上海大学 云南财经大学 西安交通大学 兰州大学 兰州财经大学

资料来源：《全国第四轮学科评估结果公布（CUSR）》，中国学位与研究生教育信息网，http://www.cdgdc.edu.cn。

表 4　　第四轮学科评估理论经济学科研单位评估结果

评估结果	单位名称（评估结果相同的单位按单位代码排列）
B	上海社会科学院
B-	中共中央党校
C-	中国环境科学研究院

资料来源：《全国第四轮学科评估结果公布（CUSR）》，中国学位与研究生教育信息网，http://www.cdgdc.edu.cn。

（三）一流学科计划

2017年9月20日，教育部、财政部、国家发展和改革委员会联合公布了首批世界一流大学和一流学科建设高校及建设学科名单，其中世界一流大学建设高校42所，世界一流学科建设高校95所。根据教育部、财政部、国家发展和改革委员会《关于公布世界一流大学和一流学科建设高校及建设学科名单的通知》，理论经济学世界一流学科建设高校共3所，按学校代码排序，分别是北京大学、中国人民大学、武汉大学。

二　队伍建设状况

（一）博士点师资规模与结构

"十三五"时期，我国设有理论经济学博士点的高校师资数量超过2600人，其中专任教师约2400人，兼任教师超过200人。分地区的师资规模统计显示，东部地区的师资力量最为雄厚，中部地区次之，西部地区最少，具体分布见图3。

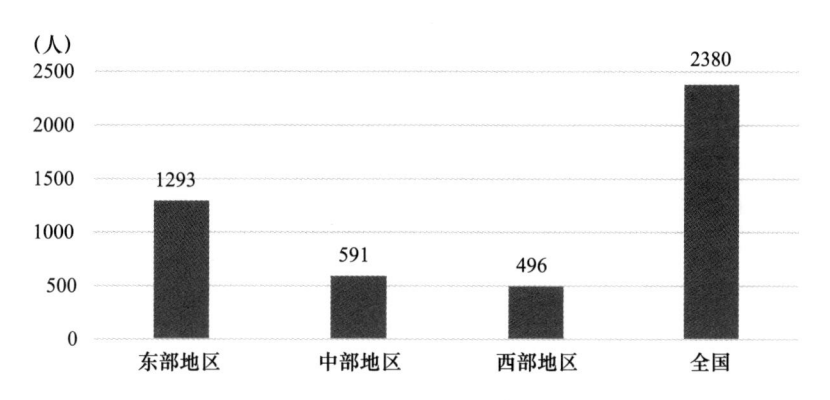

图3　理论经济学博士点专任教师规模

地区	人数
东部地区	1293
中部地区	591
西部地区	496
全国	2380

1. 年龄结构

将师资分为5个年龄段：35岁及以下、36—45岁、46—55岁、56—60岁以及60岁以上。36—45岁的教师占比达到34.22%；其次是46—55岁和35岁及以下，占比分别为27.80%和18.90%；56—60岁和60岁以上的教师占比分别为11.63%和7.45%（参见图4）。分地区的师资年龄结构与全国类似（参见图5）。

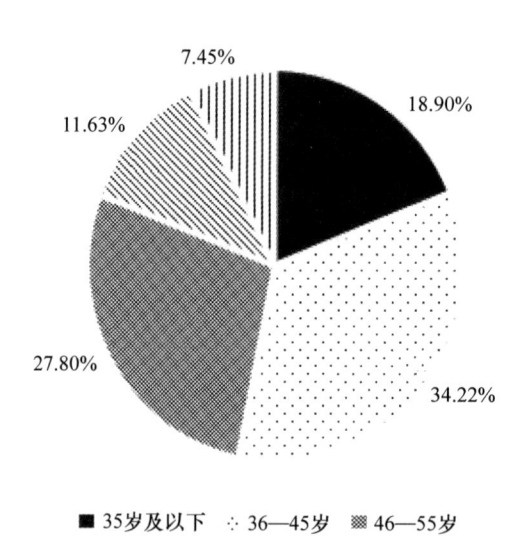

图4 理论经济学博士点专任教师年龄结构（全国）

注：百分比数据经过四舍五入处理。下同。

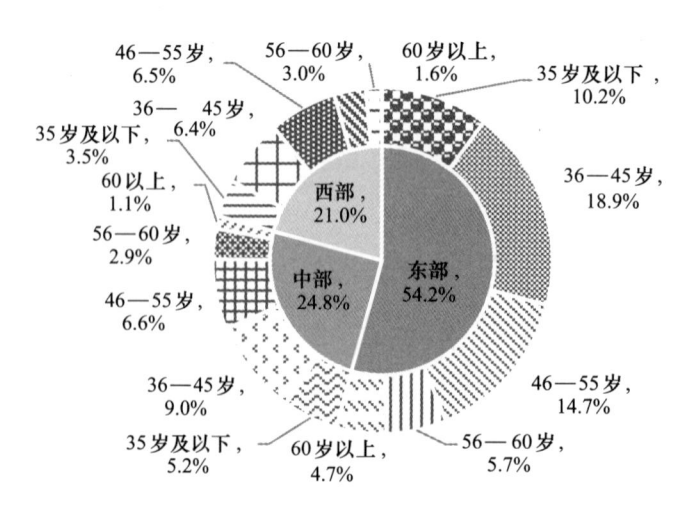

图5 理论经济学博士点专任教师年龄结构（分地区）

2. 职称结构

调研将教师职称分为四类：正高级、副高级、中级和初级。全国专任教师中占比最多的是副高级职称，达到42.22%；其次是正高级职称，为35.61%；中级职称为22.02%，初级职称占比小于1%。（参见图6）分地区看，东部、中部地区的职称结构和全国类似，西部地区有所不同，占比最高的是副高级职称，其次是正高级和中级。

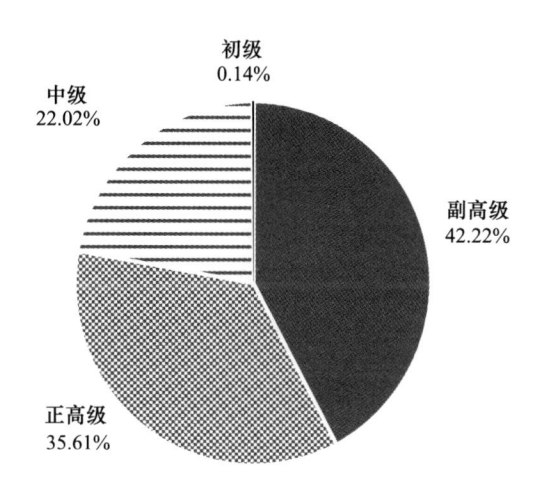

图6 理论经济学博士点专任教师职称结构

3. 学历结构

全国专任教师中拥有博士学位的占比为89.50%。东部地区专任教师拥有博士学位比例最高，达到92.06%，中部地区次之，比例为87.92%，西部地区再次，比例为84.68%。

4. 海外工作经历

全国专任教师中具有海外工作经历的比例为45.38%。中部地区具有海外工作经历教师比例最高（52.42%），西部地区最低（38.31%），东部地区居中（44.87%）。

六个二级学科的师资分布，如图7所示。

（二）硕士点师资规模与结构

"十三五"时期，我国拥有理论经济学硕士点的高校约有1200名教师，绝大多数为专任教师，兼任教师30人左右。东部地区的师资力量最为雄

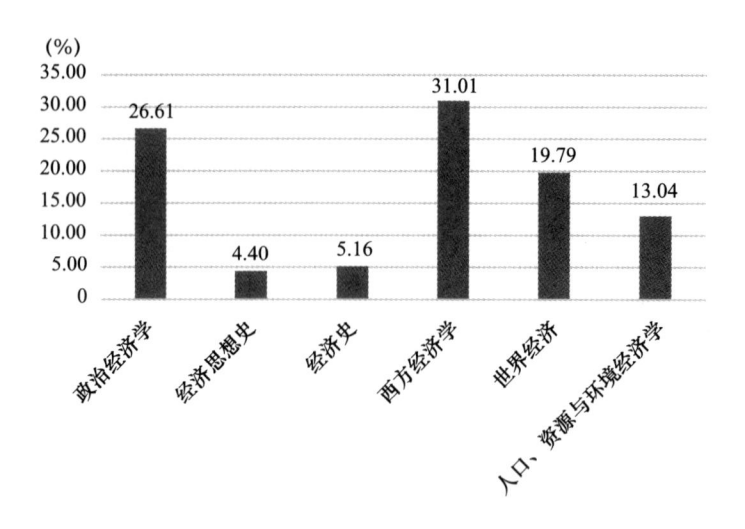

图7 理论经济学博士点各二级学科师资分布

厚，中部地区次之，西部地区最少，东部地区专任教师508人，占比42.55%；中部地区392人，占比32.83%；西部地区294人，占比24.62%（参见图8）。

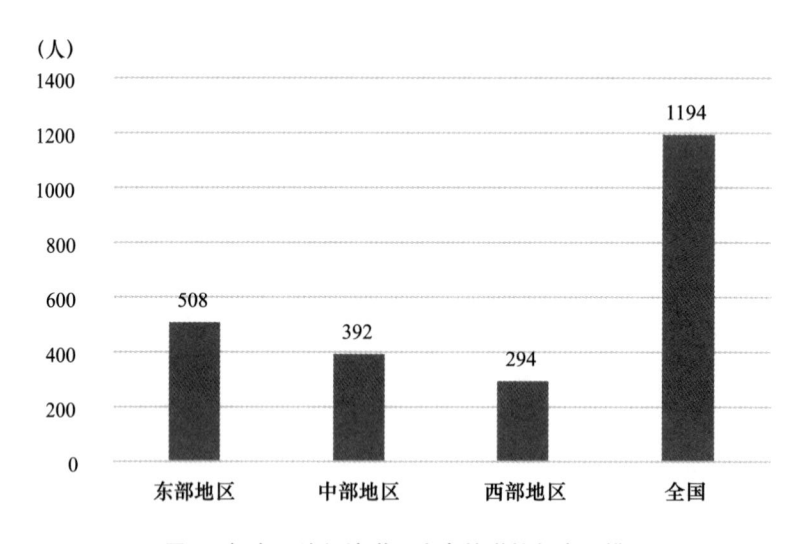

图8 拥有理论经济学硕士点的学校师资规模

1. 年龄结构

全国专任教师中36—45岁的人数占比最高，达到38.50%；其次是46—55岁和35岁以下，占比分别为32.84%和17.51%；56—60岁和60岁以上的均较少，占比分别为9.70%和1.45%。东部地区、中部地区、西部地区师资年龄结构与全国的分布类似。

2. 职称结构

全国专任教师中占比最多的是副高级职称，比例为 39.43%；其次是正高级职称，比例为 32.86%；再次是中级职称，比例为 26.86%；初级职称占比小于 1%。东部地区、中部地区、西部地区师资职称结构与全国的分布类似。

3. 学历结构

全国专任教师中拥有博士学位的占比为 71.13%。东部地区专任教师拥有博士学位比例最高，达到 88.67%，中部地区和西部地区次之，比例分别为 63.72% 和 34.01%。

4. 海外工作经历

全国专任教师拥有海外工作经历的比例为 24.12%。中部地区拥有海外工作经历的比例最高，达到 30.59%，西部地区该比例最低，为 13.61%。

六个二级学科的师资分布，如图 9 所示。

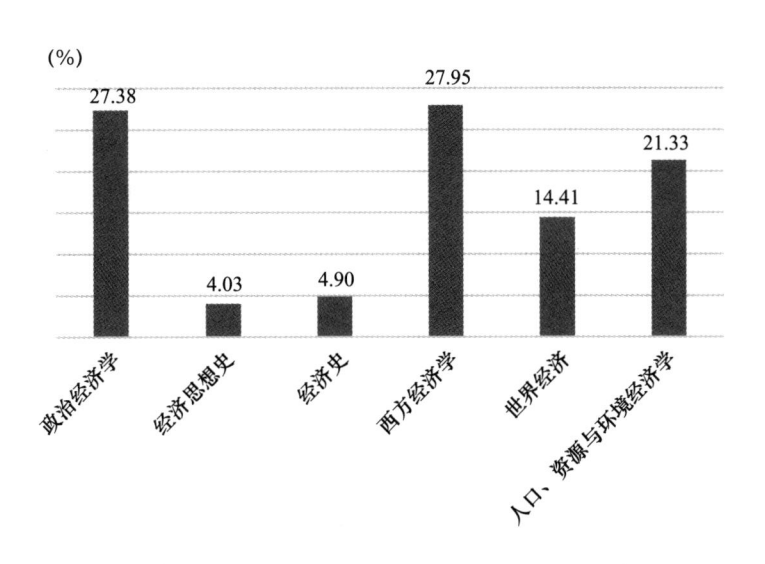

图 9 只拥有理论经济学硕士点的学校各二级学科师资分布

"十三五"时期，理论经济学教学与研究队伍规模不断壮大，质量显著提升。各高校新增的专任教师很多拥有境外知名高校博士学位，包括康奈尔大学、加州大学伯克利分校、加州大学戴维斯分校、佛罗里达大学、雪城大学、南安普顿大学、格拉斯哥大学、新加坡管理大学、英国伦敦政治经济学院等。

2012年9月,"万人计划"正式启动实施,包括杰出人才、科技创新领军人才、科技创业领军人才、哲学社会科学领军人才、教学名师、百千万工程领军人才、青年拔尖人才七类人才。截至目前公布了四批国家"万人计划"入选人员名单。理论经济学学科的"万人计划"入选者主要是哲学社会科学领军人才、青年拔尖人才以及教学名师。第四轮学科评估中理论经济学学科排名靠前的高校,"十三五"时期基本上都有2—3人入选。

三 人才培养状况

(一)培养规模

根据调研样本测算,2016—2019年全国高校理论经济学学科硕士研究生招生规模接近1万人,其中以全日制招生为主,约占97%;博士研究生招生规模近3000人,全日制学生约占93%。2019年与2016年相比,硕士研究生(不含境外留学生)招生规模没有大幅变化,具体招生人数和授予学位人数见图10。为了更好地促进中外文化学术交流,拓展学生眼界,很多高校设置了英文留学生和中文留学生硕士研究生项目,2016—2019年理论经济学硕士研究生境外留学生招生与授予学位情况如

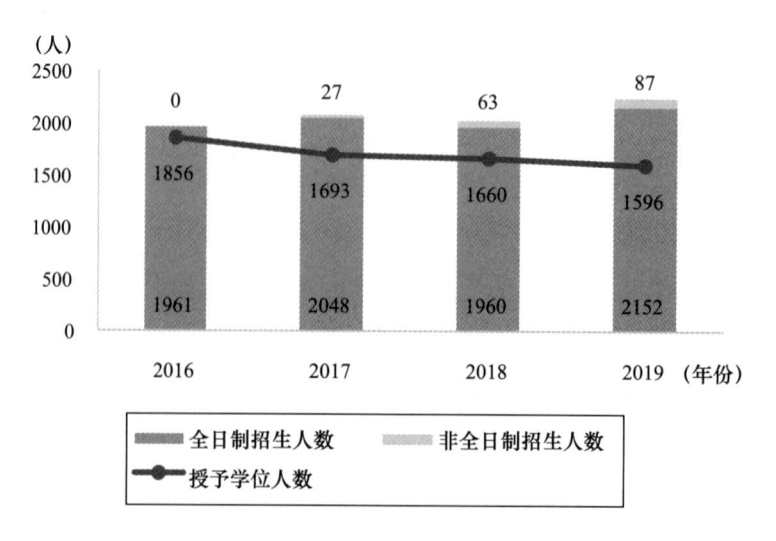

年份	全日制招生人数	非全日制招生人数	授予学位人数
2016	1961	0	1856
2017	2048	27	1693
2018	1960	63	1660
2019	2152	87	1596

图10 理论经济学硕士研究生(不含境外留学生)招生及授予学位人数

图 11 所示。

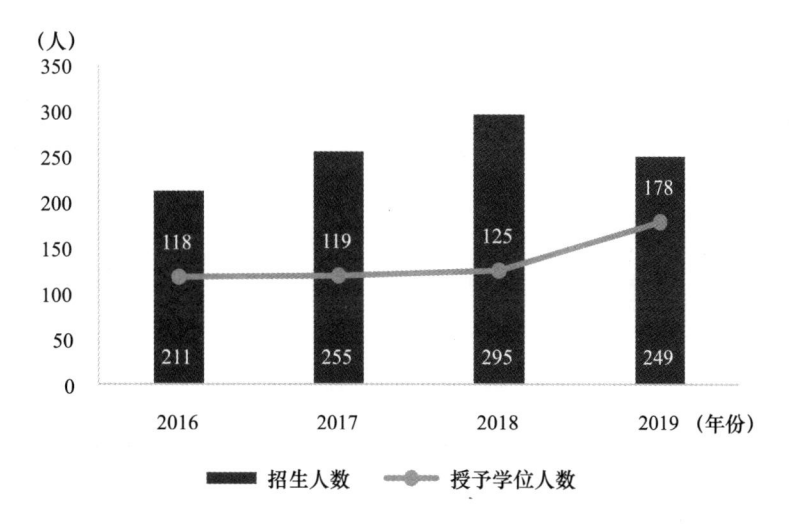

图 11　理论经济学硕士研究生境外留学生招生及授予学位人数

根据调研样本测算，2016—2019 年理论经济学博士研究生（不含境外留学生）每年招生约 600 人，最终授予学位比例却持续下降，反映出学科对高层次人才培养的要求日益严格，博士学位的含金量趋于提高，同一时期，博士研究生招生中境外留学生招生数量有所减少。2016—2019 年理论经济学博士研究生招生与授予学位人数如图 12、图 13 所示。

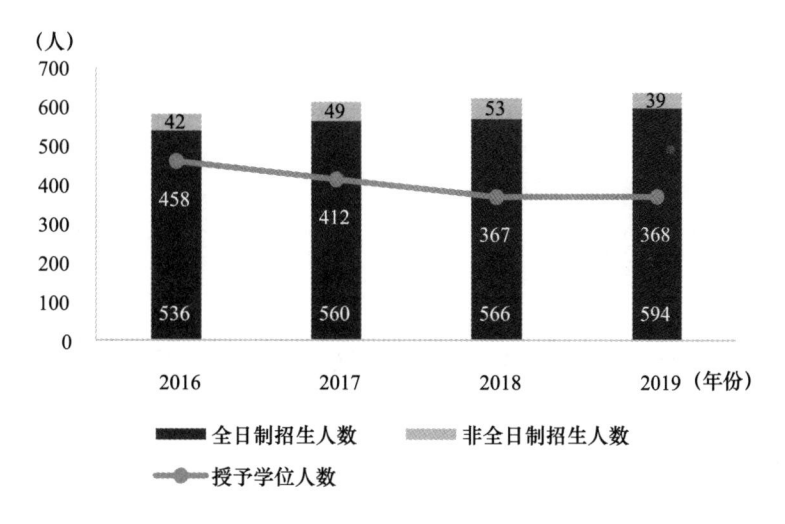

图 12　理论经济学博士研究生（不含境外留学生）招生及授予学位人数

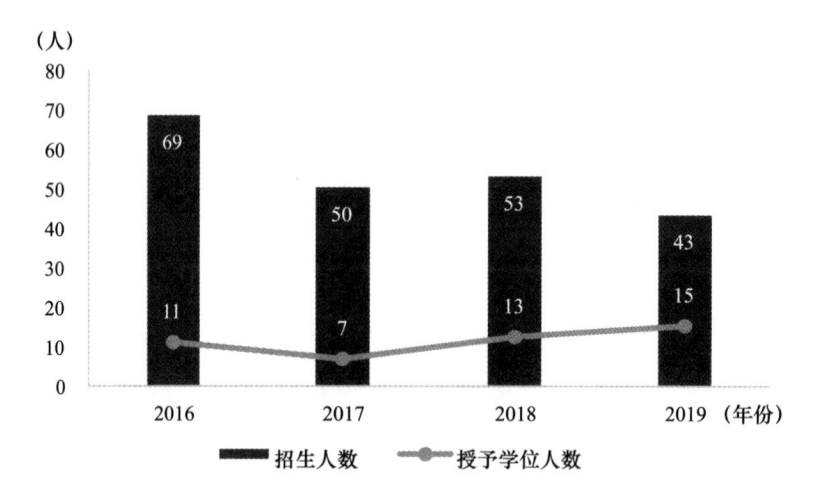

图 13　理论经济学博士研究生境外留学生招生及授予学位人数

（二）培养成效

"十三五"时期我国理论经济学学科学生培养质量稳步提升，成效显著。根据调研样本测算，2016—2019 年，研究生在学期间参与科研项目 2100 个左右，发表论文 4000 篇左右，出版著作 60 部左右，获得科研奖项 430 个左右，进行国内交流约 2000 次，国外交流约 580 次，创新创业约 200 人次，等等，具体情况如图 14 所示。

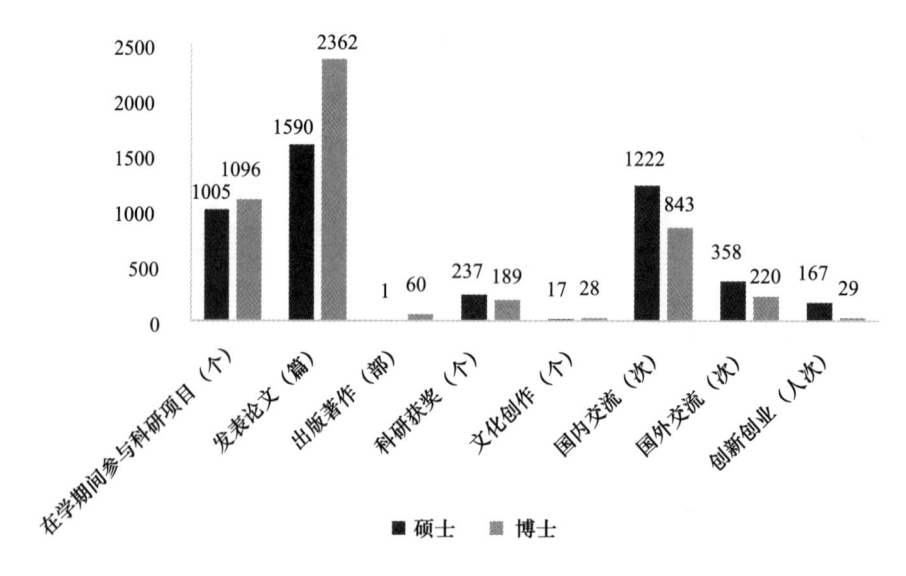

图 14　理论经济学硕士、博士研究生培养成效

2016—2019年研究生毕业人数中,签订就业协议、劳动合同的比例逐年下滑,由2016年的85.6%下滑至2019年的73.2%;与之相对,国内升学比例逐年上升,由2016年的7.5%上升至2019年的9.3%;同时期,国(境)外升学比例逐年下滑,由2016年的2%下滑至2019年的0.4%;以其他形式就业及未就业人数比例均在波动中上升,参见图15。

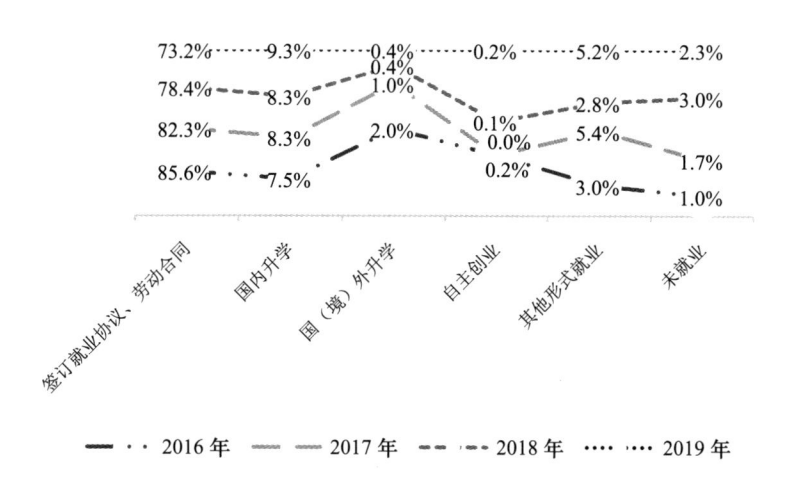

图15 理论经济学硕士、博士研究生毕业去向

"十三五"时期理论经济学研究的重要进展和主要成果

一 一级学科建设的重要进展

"十三五"时期,理论经济学在学科研究建设、学术共同体建设、重大平台建设、期刊和智库建设等诸多方面取得了显著进展。

(一)学科研究建设

"十三五"时期,理论经济学学科组建研究团队,提升人才队伍质量和学科人才实力,对中国特色社会主义经济建设实践中所面临的重大理论和现实问题展开深入的调查研究,为中央决策提供参考,服务我国经济社会发展。

学科研究涉及的重大现实问题包括中国经济增长质量、供给侧结构性改革、经济新常态、城乡经济社会一体化、城市群建设、精准扶贫、西部地区发展和对外开放、边疆地区经济改革与发展、东北亚地区经济一体化、普惠金融、数字经济、绿色发展等。

学科研究涉及的重大理论问题包括政治经济学的学科定位、《资本论》基础理论与方法论、中国特色社会主义政治经济学创新发展、马克思经济危机理论、经济增长与收入分配、中国特色社会主义收入分配制度、大国经济发展、新发展经济学、法经济学等。

学科的大量研究成果得到党和国家领导人批示或被政府部门采纳,一些建议从国家层面开始推进实施,为各级地方政府制定发展战略和规划提供资政。很多高校的教师参与了国家有关部门重要文稿的起草和干部读本的编写工作，一些高校还深入基层，广泛开展高水平的理论宣传和人才培训，为经济社会发展提供高层次的智力支持和人才服务。

（二）学术共同体建设

"十三五"时期，理论经济学学科打造学术论坛，加强学术交流，构筑学术共同体，瞄准国际发展前沿，提升学科的国际影响力，努力推动中国特色理论经济学走出去。

中国人民大学面向全国高校、各级地方党校和各科研机构开设"政治经济学大讲堂"系列讲座，产生了巨大的社会反响，并创办了具有全国影响力的"中国马克思主义政治经济学青年论坛"，鼓励全国青年学生投身政治经济学研究。中国人民大学开办的"中国宏观经济论坛"坚持将学科、人才方面的比较优势与中央的决策需求和社会需求相结合，将社会力量和学术力量相结合，将中国的真问题与全球视野相结合，将研究所取得的深刻思想与科学方法论相结合，所发布的中国宏观经济分析与预测报告受到党和国家领导人的高度评价以及政府部门和社会各界的高度关注，产生了广泛的社会影响力和国际影响力。中国人民大学开办的"世界经济论坛"、"经济与历史"学术研讨会、"中国发展理论"国际年会在本学科二级学科领域产生了持续的学术影响。山东大学主办了"新中国70年政治经济学学科建设研讨会"。对外经济贸易大学依托"WTO与中国对外开放重大问题学术快速反应机制"，与有关部门联合召开学术研讨和咨询活动。中央民族大学组织召开每年一届的"中国少数民族地区精准扶贫论坛"，发布中国少数民族地区扶贫进展年度报告和案例集。华中科技大学与中国建设银行总行签订共建协议，就中国普惠金融问题进行合作研究。南京财经大学加强政学合作，与地方政府联合开展江苏省农民工数据调查，获得大量有效样本，建立了相关数据库。湖南师范大学与湖南省人民政府发展研究中心联合建立宏观经济大数据挖掘与应用重点实验室，进行经济大数据的挖掘与分析。

各高校的理论经济学学科通过与海外高校和科研机构签署合作协议，教师赴海外知名高校从事访问研究工作，加强国际交流与合作，不断提升合作层次，创新合作模式。北京师范大学成立的"东京樱美林中心"

是在海外设立的教学科研综合基地，致力于人才培养和科研合作的高水平国际化。西北大学的"国外马克思主义经济学与中国特色社会主义政治经济学学科创新引智基地"以理论经济学学科为基础，汇聚国内外优势力量，组成马克思主义经济学国际一流研究队伍，借鉴国际经验推进政治经济学学科建设。对外经济贸易大学与国际组织、国外知名智库和高校进行常规性合作，连续 8 年参加并承办 WTO 公共论坛分论坛，积极拓展学术影响力和国际话语权。同时，本学科注重人才培养国际化，很多高校都设立了学生的交换学习和联合培养项目，组织并资助学生前往世界一流大学参观访学。

（三）重大平台建设

"十三五"时期，理论经济学学科依托重大研究平台，加强中国特色社会主义政治经济学研究，取得了一批有影响力的研究成果。

理论经济学学科拥有大量各级各类研究平台，包括国家经济学基础人才培养基地、教育部人文社会科学重点研究基地、教育部战略研究基地、"985 工程"国家哲学社会科学创新基地、2011 协同创新中心等，除了原有的这些平台，"十三五"时期又新增了两个重大研究平台。一个是"全国中国特色社会主义政治经济学研究中心"，一个是"习近平新时代中国特色社会主义思想研究中心（院）"。2017 年，中共中央宣传部面向全国确定了中国人民大学等 7 所高校和科研机构入选重点支持建设的全国中国特色社会主义政治经济学研究中心。同年，经党中央批准，10 家习近平新时代中国特色社会主义思想研究中心（院）在中共中央党校等成立。这两个重大平台涉及的相关高校和科研机构重点依托政治经济学、经济思想史、经济史等学科优势，不断传承和创新马克思主义政治经济学，在中国特色社会主义基本经济制度、习近平新时代中国特色社会主义经济思想学理化、新时代中国特色社会主义政治经济学理论体系构建等领域取得了一系列具有前瞻性和引领性的研究成果。

（四）期刊和智库建设

"十三五"时期，理论经济学学科不断完善期刊建设，介绍宣传国内外马克思主义经济理论最新研究成果，加强智库建设，通过从事开发性研究和提供创新思想，为中国特色社会主义经济建设献计献策。

在期刊建设方面，中国人民大学主办的《教学与研究》《政治经济学评论》，吉林财经大学主办的《当代经济研究》，北京师范大学的《教育经济评论》都已成为传播和发展马克思主义经济学、探讨教育经济理论和实践的支撑阵地。在智库建设方面，中国人民大学国家发展与战略研究院入选首批国家高端智库建设单位，2018年初在中国大学智库机构百强排行榜中名列首位；国内第一家中国特色社会主义政治经济学高端智库"当代中国马克思主义政治经济学创新智库"，在中国社会科学院挂牌成立；复旦大学中国经济研究中心连续多年登上"中国智库报告影响力排名"榜单；厦门大学宏观经济研究中心入选"中国智库索引"首批来源智库以及中国智库综合评价核心智库；西北大学教育部人文社会科学重点研究基地"中国西部经济发展研究中心"连续多年入选"中国核心智库"；北京师范大学中国收入分配研究院和首都教育经济研究院双双入选"2017中国智库综合评价核心智库"榜单；南京大学长江产业经济研究院被纳入国家高端智库建设培育单位。

二　各二级学科研究的重要进展

"十三五"时期，理论经济学学科坚持马克思主义政治经济学的指导地位，在努力实现各二级学科均衡发展的同时，政治经济学，经济思想史，经济史，西方经济学，世界经济，人口、资源与环境经济学各学科都取得了长足进展，学科整体实力不断提升。

（一）政治经济学学科

政治经济学学科坚持继承和创新马克思主义经济理论，积极推进中国特色社会主义政治经济学理论体系建设以及习近平新时代中国特色社会主义经济思想研究，不断丰富马克思主义政治经济学的研究方法和范式，取得了一系列具有极高学术价值的丰硕成果，产生了重大的社会影响，同时，注重马克思主义经济学教材建设与教学团队建设，形成并不断完善多层次的马克思主义经济学创新人才培养体系，巩固了马克思主义经济学教学和研究阵地。

"十三五"时期，中国人民大学组织编写了国内第一部《中国特色社会主义政治经济学》教材，为经济学院硕士、博士研究生开设了"习近平新时代中国特色社会主义经济思想系列讲座"，承担了国家社科基金重大项目"中国特色社会主义政治经济学读本编写"以及教育部人文社科研究专项重大项目"习近平新时代中国特色社会主义经济思想研究"等。南开大学编写了《中国特色社会主义政治经济学通论（修订版）》；西北大学组织编写了《新时代中国特色社会主义政治经济学的创新》等系列著作；厦门大学致力于马克思主义中国化研究，将马克思主义原理和方法拓展到财政、金融、收入分配等领域；安徽大学组织编写了《理解当代中国马克思主义政治经济学》；上海财经大学主持承担了教育部哲学社会科学研究重大课题攻关项目"习近平新时代中国特色社会主义经济思想研究"；南京大学建设"中国特色社会主义政治经济学课程集群"；西南财经大学承担了中宣部"马工程"重大项目、国家社科基金重大项目"中国特色社会主义政治经济学研究"，并着力打造"习近平新时代中国特色社会主义经济思想"精品课；福建师范大学组织编写了500多万字的《资本论》研究丛书，主持修订了"马工程"教材《马克思主义政治经济学概论》；山东大学组织编写了《政治经济学的学科性质》。

（二）经济思想史，经济史，西方经济学，世界经济，人口、资源与环境经济学学科

经济思想史学科加强了对马克思主义经济学说史、马克思主义文本分析、马克思主义经济思想发展等领域的研究，取得了一系列重要成果，同时，没有忽视对当代马克思主义经济学家学术思想的研究。中国人民大学教师发表的《第三次工业革命与工业智能化》荣获教育部第八届高等学校科学研究优秀成果奖（人文社会科学）；福建师范大学组织编写了《陈征经济思想研究》《吴宣恭经济思想研究》《张薰华经济思想研究》等著作，形成了富有特色的系列研究成果。

经济史学科坚持传统与现代史学相结合，使科研服务于发展中国特色社会主义，"十三五"时期，由中国人民大学经济史学科教师担任首席专家和主编的"马工程"重点教材《世界经济史》出版，同时出版了由教育部组织编写，南开大学、北京大学、北京师范大学联合主编的"马

工程"重点教材《中国经济史》,南开大学主持的"近代中国经济指数资料整理及数据库建设"获得国家社科基金重大项目立项。

西方经济学学科聚焦国际学术前沿,在国内外顶尖期刊上发表大量论文,成绩斐然,如中国人民大学的组织经济学研究、上海财经大学的行为与实验经济学研究、山东大学的竞赛理论研究等。

世界经济学科在持续推进世界经济与国际贸易理论和政策研究的同时,针对"十三五"时期我国对外开放、中美贸易摩擦、WTO、APEC、全球经济治理体系、丝绸之路经济带沿线地区发展、"一带一路"建设等领域的重大问题,开展理论研究和应用研究,不仅形成了新的学科增长点,一些高校的研究成果还转化为政策建议被中央和有关部委采纳,或在国际上产生重大影响。

人口、资源与环境经济学学科参与国家在经济可持续发展、人口老龄化、环境治理等领域的重大决策,相关咨询报告获得党和国家领导人重要批示,中央民族大学关于沙漠化治理、毒草治理、环境人类学等领域的研究处于全国前列。

三 科研成果

为了对"十三五"时期学科研究状况有一个定量上的认识,调研组面向拥有理论经济学博士点和硕士点的高校和科研单位,设计了包括学科教师申请的各类科研项目的新增项目数、结题项目数、国家级科研项目奖励数、公开发表的被 CSSCI/SCI/SSCI/EI 收录的论文数、出版的专著数等调研内容。

(一)科研项目数

"十三五"时期,学科新增的科研项目近 3500 个,结题的科研项目近 2400 个,新增科研项目数和结题科研项目数的分地区情况如图 16 所示。东部地区高校理论经济学学科新增科研项目数和结题科研项目数最多,中部地区次之,西部地区最少,东部地区的新增科研项目数与结题科研项目数约为中部地区的 1.7 倍和 1.8 倍,几乎是西部地区的 3 倍。

东部地区获得的省部级科研项目占比最大,约占三个地区全部新增科

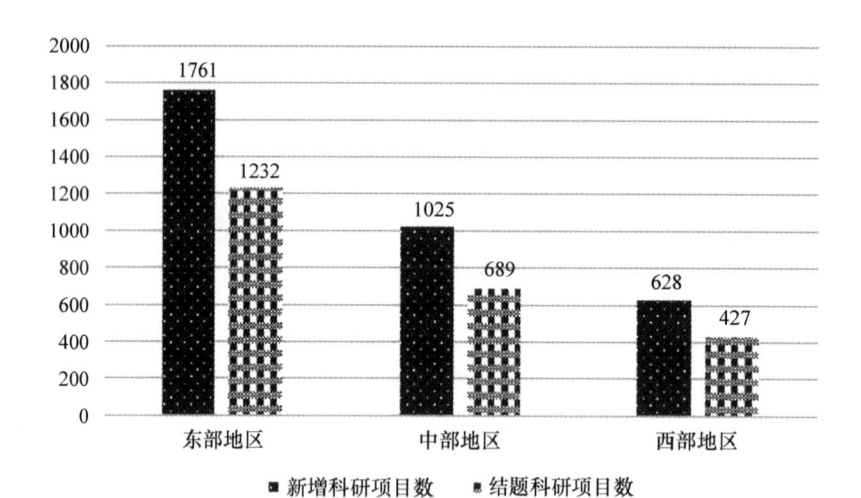

图 16 理论经济学学科新增科研项目数与结题科研项目数

研项目的17%（见图17）。西部地区获得的国家级科研项目和其他政府科研项目占比严重偏低。

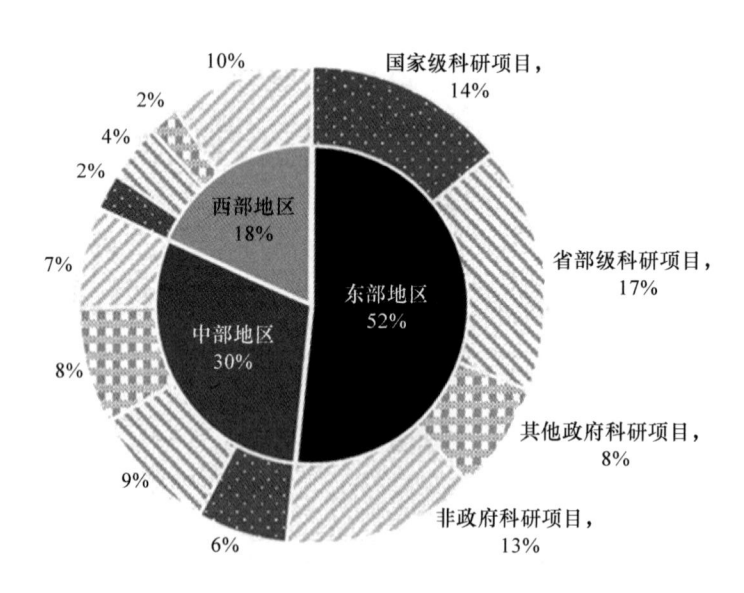

图 17 理论经济学学科新增科研项目情况（按类别）

从结题科研项目情况看，东部地区结题的省部级科研项目占比最大，约占三个地区全部结题科研项目的21%。（见图18）

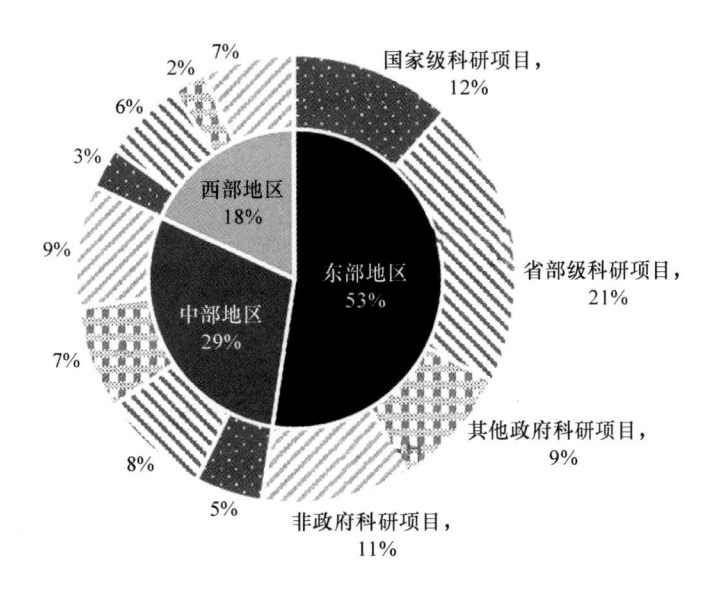

图18 理论经济学学科结题科研项目情况（按类别）

（二）公开发文和出版专著

根据调研数据，"十三五"时期学科公开发表的被CSSCI/SCI/SSCI/EI收录的论文近7800篇，出版专著2100多部。东部地区高校公开发表学术论文数和出版专著数最高，超过了三个地区总数的一半还多；公开发表的学术论文数约为中部地区的近2倍，西部地区的近4倍；出版专著数约为中部地区的5.5倍，西部地区的近7倍（见图19）。

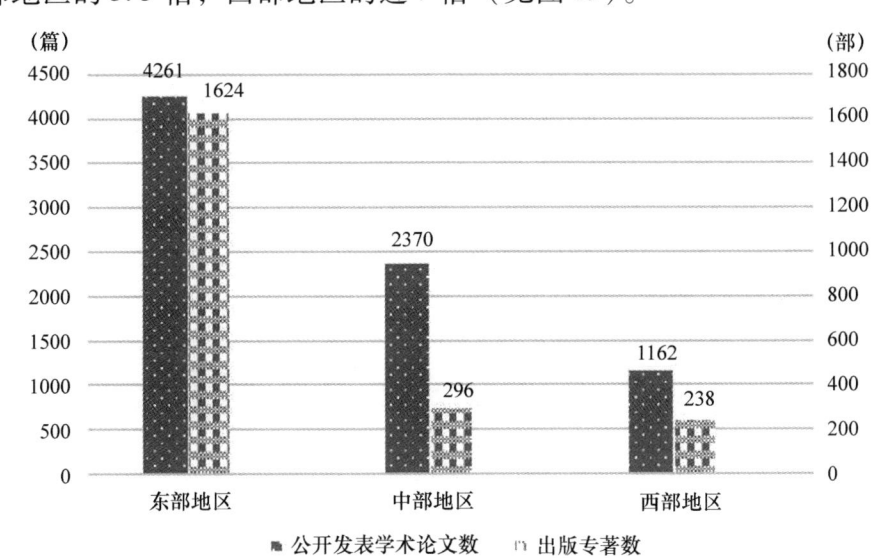

图19 理论经济学学科公开发文和出版专著情况

（三）科研获奖

根据调研数据，"十三五"时期获得的各类国家级科研奖励近180项，东部地区获奖数量最多，近120项，占比约为70%；中部地区次之，40余项，占比26%；西部地区最少，仅十余项，占比约为6%。东西部地区获奖数差异较大。（见图20）

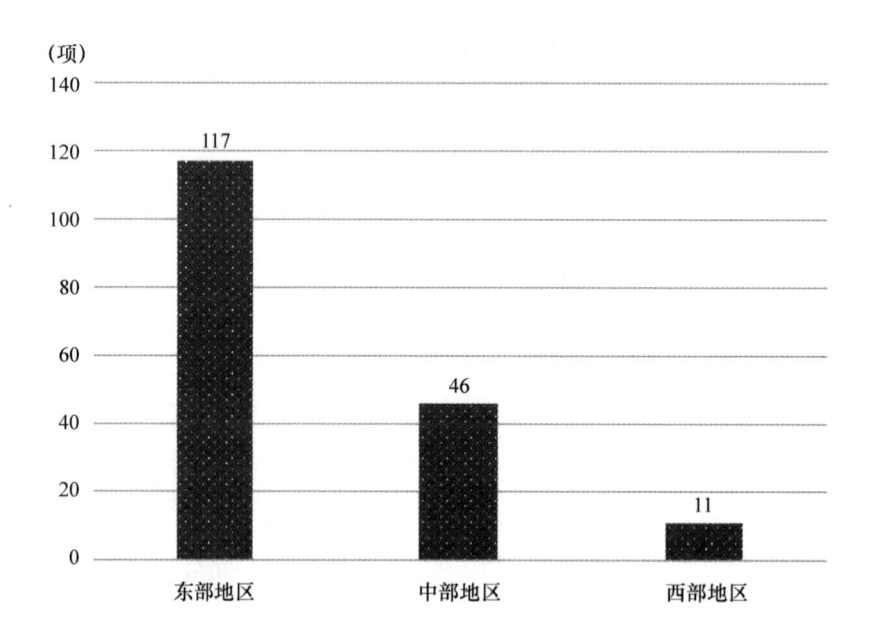

图20 理论经济学学科科研获奖情况

四 学科主要独创性成果及代表人物

（一）社会主义经济运行机制理论

1. 代表性学术观点

社会主义经济运行机制研究，基于社会主义商品经济理论的框架，阐述社会主义经济制度与商品经济的关系，研究计划与市场的内在联系，以及国家宏观调控机制与市场机制的相互作用。其基本思想是：企业是市场主体，经济规律通过市场机制调节企业，实现资源的有效配置；计划机制调节市场机制，市场机制调节企业经营活动，既要防止市场作用可能导致宏观总量的不平衡，又要市场按国家计划要求和产业政策，调整、优化产业结构；国家对市场的调节不应是行政性的，而是要运用经济杠杆，充分发挥市场的调节作用，体现出中国社会主义经济运行制度的特色。

2. 代表性学术人物

卫兴华、洪银兴、林岗、魏杰、何自力等。

3. 创新之处

在国内较早界定社会主义经济运行机制概念，较早提出在国家宏观调控下市场机制对资源配置起基础性调节作用的理论和观点，并对社会主义市场经济制度架构从经济运行机制和层次方面开展系统研究。

（二）中国特色社会主义政治经济学基本理论

1. 代表性学术观点

中国特色社会主义政治经济学既揭示处于社会主义初级阶段的中国经济的特殊运动规律，也揭示市场经济、社会化大生产和经济全球化条件下开放经济的一般规律。中国特色社会主义政治经济学的研究对象是中国社会主义初级阶段的生产方式及与之相适应的生产关系和交换关系。对中国特色社会主义经济的主要矛盾及其发展变化，以及对社会主义经济建设的影响做出了新的概括和研究。

2. 代表性学术人物

刘伟、逄锦聚、顾海良、张宇、洪银兴等。

3. 创新之处

将马克思主义政治经济学基本原理同中国经济改革发展的实践相结合，将对中国共产党的创新理论、路线方针政策的阐释同对政治经济学的学理性研究相结合，为推进中国特色社会主义政治经济学理论体系和话语体系的建设进行了有益尝试。

（三）社会主义市场经济理论

1. 代表性学术观点

社会主义市场经济是建立在以公有制为主体、多种所有制经济共同发展基础上的市场经济，是实行以按劳分配为主体、多种分配方式并存的市场经济，是充分运用调控与市场两种手段的市场经济，是积极参与经济全球化、坚持互利共赢开放政策的市场经济。社会主义市场经济是中国探索形成的一种新型经济体制，是对资本主义市场经济的扬弃，它既体现了市场经济的普遍原则，又体现了社会主义制度的基本特征，兼顾了效率和公平，使社会主义制度的优越性和市场经济的长处都得到了更好发挥。

2. 代表性学术人物

刘国光、吴敬琏、张卓元等。

3. 创新之处

深刻地阐释了社会主义市场经济的内涵和优势，揭示了社会主义市场经济如何实现社会制度优势与市场机制优势的有机结合，为坚持发展社会主义市场经济提供了理论支持。

（四）政府与市场的关系

1. 代表性学术观点

党的十八届三中全会把市场在资源配置中的作用由"基础性"改为"决定性"，这是理论上的重大突破。政府和市场的关系，不是简单的谁大谁小、谁强谁弱的问题。只要两者不是作用于同一资源配置领域和同一层面，政府和市场就不会冲突，因而不会有强政府和强市场的此消彼长的对立。在市场决定资源配置的条件下，政府在应该发挥作用的领域和层面上有效发挥作用，整个社会就可能做到效率和公平兼顾，经济发展既有活力又可持续。

2. 代表性学术人物

张卓元、洪银兴、刘世锦等。

3. 创新之处

对政府与市场的关系进行了深刻的学理界定，创新性地提出政府与市场并非简单的此消彼长关系。在市场决定资源配置的条件下，政府仍然应该而且需要在特定领域发挥重要作用。

（五）现代化经济体系建设

1. 代表性学术观点

建设现代化经济体系本质上是经济体系转换的过程，即从传统经济体系转换到现代化经济体系，具体包括"四个转向"：社会主要矛盾、资源配置方式、产业体系、经济增长阶段方面的特征性变化。与"四个转向"相对应，现代化经济体系运转体现为"四个机制"：一是，社会主要矛盾的性质决定了资源配置方式的选择；二是，资源配置方式决定产业体系特征；三是，产业体系特征与经济增长阶段一致；四是，高速增长引起社会主要矛盾转化。

2. 代表性学术人物

刘伟、高培勇、刘志彪等。

3. 创新之处

综合运用政治经济学、微观经济学和宏观经济学方法，创新性地提出了建设现代化市场经济体系的新逻辑框架，阐释了经济体系的内在运行机制以及从传统经济体系到现代化经济体系的转型逻辑。

（六）中国增长奇迹的经济解释

1. 代表性学术观点

中国经济增长的三大特征是经济转轨、结构转型和出口导向。在从计划经济向混合经济的转轨过程中，中国成功避免了各种利益集团的侵占行为。这是因为中国的各种暂时性安排成功连接了两种体制，既创造了足够的改变，又很好地保护了原有利益，形成"双赢"。中国的人口转型和城乡劳动力流动两大结构性因素解释了家庭收入占比在初次分配中降低、国民储蓄率上升和在保持高资本回报的同时出口资本密集型产品三大发展悖论。中国出口导向型发展是国内工业化和人口流动的结果。高增长带来了高经常项目盈余。中国的发展与历史上的大国崛起都不相同，是第一次在真正全球化时代的大国崛起，对全世界有着重要的影响。

2. 代表性学术人物

林毅夫、蔡昉、樊纲、张军、龚六堂等。

3. 创新之处

中国增长奇迹得益于中国的制度优势。中国的制度较好地处理了转轨和发展过程中的各种约束，成功避免了各种转型陷阱。中国的增长奇迹和发展奇迹丰富了经济学对制度等问题的认识，对其他发展中国家具有一定的借鉴意义。

（七）中国经济双重转型理论

1. 代表性学术观点

中国经济发展的过程，本质上是体制转型和发展转型相结合的双重转型过程。体制转型是从计划经济体制转向市场经济体制，发展转型是从传统的农业社会转向工业社会。因此，改革的思路是要继续以体制转型带动发展转型，旧的模式不可留恋，新的发展模式必须通过改革来实现。产权制度改革、经济体制改革思路设计、金融与货币政策研究、城乡一体化、工业发展转型、道德力量的调节等都需要从双转型的角度出发进行系统思考。

2. 代表性学术人物

厉以宁。

3. 创新之处

将中国的体制转型嵌入发展转型的大背景中，厘清二者的相互促进关系，以体制转型带动发展转型，强调改革的系统性和针对发展转型中的结构性问题导向。

（八）中国特色宏观调控理论

1. 代表性学术观点

提出在底线管理的前提下，重构宏观调控框架，全面推进"大改革"和"大调整"的观点。其一，宏观经济政策应当在坚守底线管理的同时，采取"均衡取向"，全力推进"大改革"与"大调整"，而不宜采取"唯增长"或"唯改革"的取向。而且，要防止把"均衡取向"等同于"中庸取向"，尤其要防止利用"稳增长"的借口使改革和调整流于形式，从而错过"大改革"和"大调整"的机遇期。其二，构建以稳增长、防风险为双底线的宏观调控体系，将需求侧管理与供给侧结构性改革协调推进，从而在化解债务风险的同时，确保经济平稳运行。

2. 代表性学术人物

刘元春、陈彦斌、张晓晶等。

3. 创新之处

一是强调理论研究与政策研究并重。我国宏观经济学理论研究与现实政策需求之间的脱节一直饱受诟病。在始终坚持宏观经济学理论研究的同时，积极开展对重大现实宏观经济问题的研究。二是坚持总量与结构结合。中国的诸多宏观经济现象都是在改革和结构动态调整的大背景下发生的，这不同于西方是在结构较为稳定环境中发生的总量波动。三是坚持长期和短期相结合。区分长期和短期时间维度，例如长期的潜在增长率和短期经济波动，为宏观经济理论建模提供了便利性，但同时也制约了宏观经济理论对现实问题的解释能力和指导能力。这不符合结构大调整背景下中国宏观经济实际。四是构建了宏观调控的系统评价体系，不是基于某一维度，而是基于六大维度，对宏观政策进行全面系统的评价，从而更加科学合理地为决策部门提供决策依据。

（九）中国经济发展中的产业结构变迁理论

1. 代表性学术观点

通过将经济结构尤其是产业结构纳入市场经济的背景下进行考察，用理论比较和实证分析的方法深入分析中国经济增长的数量特征、数量关系和数量规律，阐述了在人类经济发展史上，解决结构转换所面临的共同矛盾，发达国家为完成结构转换所采取的规律性措施，并由此探索在我国现阶段经济增长进入新常态后，如何根据经济形势与经济环境的新变化，通过新政策、新方法和新制度来改善经济增长和经济发展，从而得出中国产业结构的政策倾向。

2. 代表性学术人物

刘伟、黄群慧、沈坤荣等。

3. 创新之处

创新性地研究了工业化进程中经济发展类型和经济体制的转换，并在总结各国产业结构发展的共同规律之后，联系中国发展与改革现实，提出具有较强针对性和实践性的政策。

（十）经济发展阶段转换与新常态理论

1. 代表性学术观点

中国当前经济减速本质上是生产率和潜在增速下降的结果，因此具有"结构性"特征，很难用经济短期周期扰动的总量来解释。中国当前经济的主要问题是调整结构转变发展方式问题，而不是刺激经济扩张。中国的中速增长平台已经基本确立要依据潜在增长率作为稳定政策的基准，通过深化改革，走上"减速增效""攀登效率高地""由数量追赶到质量追赶"的道路，提升产业和企业的竞争力。

2. 代表性学术人物

刘世锦、白重恩、张平等。

3. 创新之处

较早地提出了中国经济出现结构性减速，指出中国经济不应再追求高速增长，而应该通过深化改革，走上"减速增效""攀登效率高地""由数量追赶到质量追赶"的道路。

（十一）中国供给侧结构性改革理论

1. 代表性学术观点

供给侧结构性改革是对我国新时代基本矛盾的回应。从经济角度来看，新时代基本矛盾的主要方面在供给侧，供给侧的问题主要是结构性的，解决结构性问题主要靠改革。正因为供给侧结构性改革是对基本矛盾的回应，就成为一个长期的、主线性的工作，其他经济管理需要围绕这条主线展开。供给侧结构性改革与西方供给学派有着本质不同。供给学派在经济学理论上没有多少创新，它主要是继承了英法古典经济学的一些理论，特别是法国经济学家萨伊在1803年提出的一种总产出的需求理论，即"萨伊定律"——"供给会创造它自身的需求"。供给侧结构性改革是针对新时代新问题的综合性改革。

2. 代表性学术人物

刘世锦、方福前、贾康等。

3. 创新之处

从理论上破除认为我国供给侧结构性改革是西方供给学派中国化翻版的错误观点，提供了供给侧结构性改革的理论基础。中国的供给侧结构性改革有许多创新，有中国特色。通过税制改革实施结构性减税，减税降费并举，而不仅仅是大规模减税；通过"三去一降一补"调整和优化经济结构，与供给学派主张通过减税降低企业生产成本的举措不可相提并论；通过大力度减少政府审批权和"放管服"改革重建中国社会主义市场经济中的市场与政府关系，而不是仅仅减少那些与企业经营活动有关的过时过多的规章条例；更重要的是，要通过供给侧结构性改革来完善中国社会主义市场经济体制机制，健全和完善市场体系，提高市场机制的调节能力，提高经济活动的市场化水平，使市场在资源配置中起决定性作用和更好地发挥政府作用。

（十二）现代产权制度理论

1. 代表性学术观点

中国经济转型的核心是如何建立现代产权体系，通过产品和要素市场改革，建立现代产权体系，构建与中国特色社会主义市场经济相兼容的激励机制。这就与"价格改革核心论""企业改革核心论"等改革路径有所差别。建议以产权改革为基础，推进国有企业等市场化改革。

2. 代表性学术人物

吴易风、黄少安、张军等。

3. 创新之处

通过综合交易费用、市场与组织、经济和法律等方面的研究进展，也涉足厂商理论、公司金融结构理论、外部性理论以及制度变迁理论，探索在中国转轨的大环境下如何构建中国产权体系，取得了一定突破。

（十三）地方竞争、政企关系和经济增长

1. 代表性学术观点

我国地方政府通过"锦标赛竞争"等模式参与中国经济，与中国高速经济增长及其各种特有问题有内在关联。在地方政府存在全面分权的情况下，"晋升锦标赛"作为中国政府官员的激励模式，激励地方政府通过土地、招商引资、竞争性改革等手段积极促进地方经济发展。但由于"晋升锦标赛"自身的一些缺陷，尤其是其激励官员的目标与政府职能的合理设计之间存在冲突，产生了一些问题，例如地方政府与企业关系存在合谋等，因此地方竞争模式仍需调整和转型。

2. 代表性学术人物

周黎安、聂辉华、周业安、杨其静等。

3. 创新之处

打破了西方固有的市场和政府关系理论，体现了中国制度的一些重要特征。西方主流理论认为，地方政府的竞争会导致大量的恶化问题，我国通过一系列的制度设计，进行了有效激励。

（十四）新时期中国收入分配理论

1. 代表性学术观点

在中国渐进式改革转型过程中，收入分配问题的背景更加复杂，双轨制改革在减小改革成本的同时，也带来更大风险，使得居民个人收入在新体制和旧体制之间、城乡之间、地区之间、部门之间、不同收入来源之间的收入差距呈现不一致的特征。近年来，中国收入分配格局发生了新的变化，一些缩小收入差距的因素更多地显现出来，遏制了收入差距持续扩大的势头，出现了收入差距小幅波动和高位徘徊的阶段。中国收入分配制度的改革是复杂且艰巨的，只有坚定地、尽快地、尽力地推进收入分配制度改革，才能实现经济社会的可持续发展。

2. 代表性学术人物

李实、赵人伟、陈宗胜、朱玲等。

3. 创新之处

该理论是借鉴现代经济学分析方法，结合中国国情而发展出来的，研究中国"收入分配"问题的理论体系。该理论体系与中国从计划经济体制向市场经济体制转轨的大背景密切联系，从对中国的收入分配状况、根源及趋势等问题的研究出发，认识并且努力解决收入分配中存在的问题。

（十五）发展中大国的贸易理论与政策

1. 代表性学术观点

发展中大国要获得迅速的发展需要借助干预的贸易政策。政府的贸易干预政策应是逐步精确化的，从简单的国家干预，实施保护贸易政策，到特定时期贸易保护政策，再到企业或特定产业贸易干预政策提升。中国作为发展中大国，政府的贸易干预政策不仅是国家对幼稚产业的保护，而且是伴随在整个国家经济成长过程中的。在此过程中，市场机制的建设是必需的，不仅要通过国际贸易完成发展的任务，还要通过国际贸易推动国内经济体制机制转型。

2. 代表性学术人物

佟家栋、李坤望、盛斌等。

3. 创新之处

系统阐述国际贸易政策理论及其演变过程，在总结国际贸易政策与经济发展关系的过程中为中国经济体制转型中贸易干预政策的选择指明了方向。

（十六）国有企业分类改革理论

1. 代表性学术观点

主张从产品性质及行业特性两个维度来客观制定功能导向的分类方法对国有企业进行分类改革。提供公共产品、处在垄断行业的国有企业必须选择国有国营模式；提供私人产品、行业特征是垄断的自然垄断国有企业可进行股份制改造，但国有资本占控制地位；提供私人产品、行业特征是竞争的竞争性国有企业一部分宜进行产权多元化的股份制改造，一部分宜实行民营化。在此分类改革原则下进一步提出应在利益相关者合作的逻辑下，分类分层推进国有企业治理结构的创新，分类构建国有企业经营者的激励机制。

2. 代表性学术人物

杨瑞龙、张维迎、金碚等。

3. 创新之处

创新性提出根据国有企业所处的行业不同以及所提供产品性质的不同来进行分类管理，为推进国有企业治理和国有企业混合所有制改革提供理论支撑。

（十七）中国特色土地制度变迁与经济发展

1. 代表性学术观点

土地不仅关系到农村发展和社会稳定，而且关系到工业化和城市化，因而土地问题是一个重大的经济、社会和政治问题。提出"三农""土地财政与土地金融""二元土地制度与双轨城市化""以地谋发展模式"等反映中国土地制度特征的概念。

2. 代表性学术人物

周其仁、刘守英、罗必良等。

3. 创新之处

通过重点关注土地的配置制度与配置效率问题，在农业部门内的土地有效配置和城乡部门间的土地有效配置方面进行了富有开创性的研究，系统反映了对土地问题研究的诸多独创性成果，突出了制度与资源配置内在的深刻关联。该理论以真实的世界发生的问题和现象为导向，力图通过深入实践来理解和解决中国经济发展中的重点难点问题。

（十八）精准扶贫理论

1. 代表性学术观点

精准扶贫是为了抵消经济减贫效应的下降而必须采取的创新性措施，以应对21世纪以来特别是21世纪第二个十年以来经济社会转型所出现的挑战。精准扶贫主要体现为精准识别、精准扶持和精准考核三个方面。需要从改革贫困标准的制定方法，完善精准识别机制；完善精准扶贫考核机制；探索和建立贫困户的受益机制；改革扶贫资金管理体制和加强资金整合及在金融方面创新到户机制等方面创新精准扶贫工作机制，以保证精准扶贫工作的实际成效。

2. 代表性学术人物

汪三贵、李小云、甘犁等。

3. 创新之处

系统阐述了精准扶贫既不是纯粹的科层制扶贫模式，也不是完全的运动式治理。中国采取的是行政主导型的扶贫治理模式，一方面能够实现科层内部的强动员；另一方面保证了治理的高效率。这种混合了革命成功经验、传统治理资源以及西方先进治理方法的"行政治理扶贫"模式，为世界其他国家和地区的减贫贡献了中国智慧和中国方案。

（十九）乡村振兴与城乡融合发展理论

1. 代表性学术观点

缩小城乡差距，促进城乡均衡发展，实现城乡居民生活质量的同步提升，是乡村振兴和城乡融合发展的重要目标。城市与乡村是一个有机体，只有二者可持续发展，才能相互支撑。全面实施乡村振兴、推进城乡融合与乡村持续发展的重大战略，是解决特定历史条件下形成的城乡二元体制及其造成的城乡多方面差距问题、解决"三农"问题的根本途径，也是决胜全面建成小康社会的必然要求。

2. 代表性学术人物

刘守英、黄祖辉、张晓山等。

3. 创新之处

乡村振兴与城乡融合发展理论是对我国当前社会主要矛盾变化的敏锐观察，体现了对城乡关系演变、现代化建设发展规律的深刻认知，对于推动中国经济现代化发展与小康社会建设起到了重要的作用。

"十三五"时期理论经济学发展特色、存在问题和薄弱环节

一 发展特色

（一）坚持理论探索，致力中国特色社会主义政治经济学的理论和方法创新

理论经济学研究坚持以马克思主义为指导，在系统总结我国社会主义经济建设和改革开放实践经验的基础上，对中国特色社会主义政治经济学重大理论问题进行深入探索，努力构建中国特色社会主义政治经济学理论体系和方法论。

第一，把马克思主义政治经济学基本观点和方法与中国经济改革发展的实践，特别是党的十八大以来的现代化建设实践相结合，不断完善经济理论和研究方法的创新，科学总结习近平新时代中国特色社会主义经济思想，尝试用学术话语和规范对党的治国理政方针政策进行学理上的阐释。

第二，适应马克思主义经济学现代化、国际化和中国化发展的需要，对现代政治经济学的前沿理论展开深入研究，做出符合现实和中国特色的新解释，为解决全球性共同问题提供政治经济学方案，为中国特色社会主义经济发展提供理论指导，为在国际舞台上参与讨论、应对质疑和争论提供思路。

第三，在马克思主义理论指导下，充分吸收世界各国的先进经验和适用理论及方法，研究中国经济发展的内在规律和特征，探讨我国经济增长与产业结构变化的关联性，寻找经济持续增长和结构不断演化的效率支撑和制度影响，寻找供给侧结构性改革的理论源头，为国家经济发展战略和

宏观经济政策的制定提供政策建议。

第四，坚持社会主义基本经济制度，合理利用西方经济学理论中对中国有借鉴价值的成分，对国有企业改革进行深入研究，探寻国有企业分类改革的逻辑路径和实施办法，构建国民共进的社会主义市场经济体制微观基础。

第五，不断创新经济学分析方法和框架，以全新的理念认识经济全球化中各个国家的关系，基于可持续和包容性的视角对发展中国家的结构转型进行研究，重新理解多极世界中真正能够帮助发展中国家消除贫困的发展援助。

第六，学科当前理论研究的布局广泛深入，主要涉及：中国特色社会主义政治经济学体系中的国家理论、马克思主义政治经济学视角的中国经济走势、经济增长内生动力、高质量发展的能力、民营经济高质量发展、地区创新要素的优化、技术变迁的动力和机制、包容性绿色增长、精准扶贫思想、2020年以后我国相对贫困问题、土地供给侧结构性改革、区域协调发展的利益补偿机制、国际经济规则重建、区域价值链构建与中国产业转型升级、"一带一路"相关研究等，此外，也涵盖大量经济思想史和经济史的研究，如居民消费史、国际投资史、中国经济学的构建史、货币制度史等。

（二）紧扣现实，解决全面建成小康社会阶段经济发展中的主要问题

坚持以问题为导向，及时运用理论创新成果研究世界经济和我国经济中具有全局性、战略性、前瞻性的重大经济问题和突出矛盾，分析新情况，得出新认识，在更好发挥中国经济学对我国现代化建设实践的理论指导作用的同时，不断总结中国特色社会主义经济建设新的成功经验，向世界讲述中国故事。

第一，深化供给侧结构性改革研究。议题有碳排放权交易、制造业结构变迁与产业升级、环境规制、经济增长的环境消耗、水权制度、高质量发展的指标体系、电力市场体制机制改革、水资源—能源—粮食协同发展、绿色消费升级、流通服务业高质量发展、数据赋能对制造业的激励、新旧动能转换机制、"互联网＋"促进制造业创新等。

第二，加快建设创新型国家研究。中国特色国家创新体系、技术进步

路径及动力、工业智能化、高技术产业发展、智慧能源、数字经济、智慧供应链等。

第三，实施乡村振兴战略研究。农地流转制度改革、农村宅基地退出与补偿、精准扶贫、农地经营规模、农民工贫困、城乡融合发展、多元化乡村治理、乡村振兴与新型城镇化、生态补偿与乡村绿色发展、耕地保护生态补偿机制、农业全要素生产率提升、非户籍人口市民化、新型城乡关系等。

第四，实施区域协调发展战略研究。中国城镇化下的居住模式、资源枯竭型地区经济、城市发展空间格局、海洋经济、区域产业融合发展、生态经济走廊、跨区域重大基础设施建设、雄安新区生态系统、振兴东北老工业基地重大体制机制、大气环境污染区域协同治理等。

第五，加快完善社会主义市场经济体制研究。资源配置效率的演化、产业政策实施效果、宏观税负政策的效应、企业并购与产业整合、企业的融资约束、资本市场重大风险防范、地方债务风险管控、实质性减税降费、平台企业社会责任、"放管服"改革、中小微企业国际竞争力、数字普惠金融、金融服务养老、国有企业监督制度等。

第六，推动形成全面开放新格局研究。中国金融开放与金融风险、中国海外投资效率、"一带一路"沿线国家的区域经济合作、人民币国际化、国际产能合作、中国—东盟区域经济一体化、中美经贸摩擦、中非产能合作、多边贸易体制改革、中国主动扩大进口、"一带一路"区域创新网络、"一带一路"国家间产业转移、逆全球化动向等。

（三）优化布局，注重学科之间、学校之间研究力量分布的相对均衡

选取2018年和2019年国家社科基金重点项目和一般项目作为样本，观察近几年理论经济学学科研究项目的学科分布、学校评估等级分布、地区分布，得出如下结果。

第一，学科间分布。理论经济学学科下设政治经济学，经济思想史，经济史，西方经济学，世界经济，人口、资源与环境经济学六个二级学科，如果将马克思主义政治经济学理论及其发展、发展经济学、收入分配、区域经济的相关选题计入政治经济学，将传统西方经济学理论及其发展、宏观经济、微观经济的相关选题计入西方经济学，将经济思想史与经济史合

并为"两史"计算,根据统计,属于政治经济学学科的研究项目占比约38%,属于西方经济学学科的研究项目占比约29%,属于世界经济学科的研究项目占比约20%,属于人口、资源与环境经济学学科的研究项目占比约7%,属于"两史"学科的研究项目占比约6%。以2019年理论经济学学科的16项国家社科基金重点项目为例,属于政治经济学学科的选题有:"坚持'两个毫不动摇'研究""中国社会主义政治经济学体系探索史研究""内生动力和自我发展能力视角的精准扶贫措施动能测度与返贫防范对策研究""推进农民工落户的区域差别化政策体系构建研究""新时代中国流动人口就业质量及其对高质量城镇化的影响研究""新型城镇化升级与乡村振兴统筹发展视角的农业转移人口市民化研究",共6项;属于西方经济学学科的选题有:"防范和化解地方政府隐性债务风险治理体系优化研究""宏观金融网络视角下的合意杠杆率研究""我国金融'脱实向虚'的形成机理、资源错配效应及其治理研究""开放条件下异质性企业要素配置与全要素生产率提升研究""新时代我国大中小企业融通发展的路径与机制研究",共5项;属于世界经济学科的选题有:"外国在华专利与中国出口贸易高质量发展的关系研究""中国参与区域经济合作对收入差距和环境质量相互关系的影响研究",共2项;属于人口、资源与环境经济学学科的选题有:"绿色技术创新促进长江经济带绿色发展的机制与政策研究""资源富集生态功能区脱贫的价值机制研究",共2项;属于"两史"学科的选题有:"无锡、保定22村村庄经济的90年变迁研究(1929—2018)",共1项。

第二,学校间分布。在第四轮学科评估中,62所高校的理论经济学榜上有名,被划分为从A+到C-九个等级,其中A+、A、A-级共9所高校,占上榜高校的比例约为14.5%,B+、B、B-级共27所高校,占比约为43.5%,C+、C、C-级共26所高校,占比约为42%。以此为参照,将所选样本分为A、B、C、未上榜四个等级进行统计,其中,A级包括A+、A、A-,B级包括B+、B、B-,C级包括C+、C、C-。统计发现处于A级的高校获得的研究项目占比约为8%,处于B级的高校获得的研究项目占比约为27%,处于C级的高校获得的研究项目占比约为15%,与上榜高校数量占比相比,处于C级的高校获得的研究项目占比偏小。注意到未上榜的高校获得的研究项目占比约为50%,显示有一半的研究项目与学校评估等级无关。以2019年理论经济学学科的16项国家社科基金重点项目为例，项目获得者中，3人来自处于A级的高校（北京师范大学、武汉大学、西北大学），4人来自处于B级的高校（对外经济贸易大学、江西财经大学、湖北大学），2人来自处于C级的高校（中央民族大学、西安交通大学），4人来自未上榜高校（北京外国语大学、安徽工业大学、山东理工大学、曲阜师范大学），还有2人来自中国社会科学院，1人来自国家发展和改革委员会。此外，如果将项目承担者工作单位所在地分为三种类型，即各省区市、在京部属高校、其他（包括社科院、机关、党校），据此进行统计，结果显示，各省区市所获研究项目占比最大，约为87%，在京部属高校和其他类型地区占比基本相同。以2019年理论经济学学科的16项国家社科基金重点项目为例，9项属于各省区市，4项属于在京部属高校，2项属于社科院，1项属于机关。

（四）讲求学术品质，坚持中国改革与发展中重大问题理论化

西南财经大学曾康霖、刘锡良、缪明杨教授主编，中国金融出版社出版的《百年中国金融思想学说史》（全三卷），选择百年以来近百位代表人物，介绍和评价他们的金融思想、理论观点及政策主张，并围绕17个主题对百年中国金融思想学说进行梳理研究。尽管该书的三卷本陆续出版于不同年份，一定程度上该书内容与应用经济学的金融学科关联性更密切，然而，从经济思想史学科的角度看，该书填补了我国金融思想学说史的空白，是中国第一部金融思想学说史专著。值得一提的是，在谈到撰写初衷时，该书主编对这些年博士生的文献综述引用的都是外国专著深有感慨，"难道中国人对此一无所知，没有进行研究吗？难道理论都在'老外'手里？中国人就只能盲从？"彰显出中国人在推动经济发展和社会进步中所展现的理论智慧，给后人留下值得学习思考参照的精神财富的驱动力。

二 存在的问题及其原因

（一）学科研究地区发展不平衡

根据前述统计，"十三五"时期，学科新增科研项目与结题科研项目

总数东部地区是西部地区的近 3 倍，公开发表的学术论文数东部地区是西部地区的近 4 倍，出版的专著数东部地区是西部地区的近 7 倍，各类国家级获奖项目东部地区是西部地区的 10.64 倍。由此可见，西部地区高校和科研单位理论经济学研究力量相对薄弱，尤其是与东部地区存在较大差距。导致这一现象的原因是多方面的，西部地区经济落后，对人才的吸引力不足，人们的思想观念较为陈旧，一定程度上影响了科研环境和氛围。教育资源匮乏更是直接原因，如前所述，从理论经济学博士学位/硕士学位授权点数量及师资规模、第四轮学科评估上榜学校数量来看，西部地区都明显弱于东部地区和中部地区。

西部大开发战略实施以来，中央和地方政府加大了对西部地区的科技教育投资，虽然大大提高了西部地区的科研能力，但并没有明显提高西部地区科技教育在全国的地位，东西部地区的差距依然在扩大。2020 年 5 月出台的中共中央、国务院《关于新时代推进西部大开发形成新格局的指导意见》提出支持西部地区高校"双一流"建设，着力加强适应西部地区发展需求的学科建设，支持"双一流"高校对西部地区开展对口支援，将会在一定程度上缓解学科研究地区发展不平衡的状况。

（二）学科研究力量的专业分布不均衡

根据前述统计，"十三五"时期理论经济学六个二级学科的师资规模呈现较大差异，在既拥有博士点也拥有硕士点的 44 所高校和科研单位中，西方经济学学科的师资规模最大，占比约为 31%；其次是政治经济学学科，占比约为 26%；世界经济学科再次，占比接近 20%；人口、资源与环境经济学学科师资比例也达到了 13%。与这些学科形成明显反差的是经济思想史与经济史学科，两个学科的师资规模加总占比还不足 10%。从只拥有硕士点的单位来看，西方经济学学科与世界经济学学科的师资规模占比有所下降，政治经济学学科，人口、资源与环境经济学学科的师资数量占比相对提高，然而，经济思想史与经济史学科的师资规模在六个学科中同样严重不足。

根据各二级学科的学科特点，如果用"土"来形容政治经济学和人口、资源与环境经济学，用"洋"来形容西方经济学、世界经济，用"史"来描述经济思想史和经济史，那么，全国理论经济学师资在二级学科的分布基本呈现"博士点以洋为主,硕士点以土为主,硕博点史均不足"的特点。习近平总书记曾经指出,新时代坚持和发展中国特色社会主义,更加需要系统研究中国历史和文化,更加需要深刻把握人类发展历史规律,在对历史的深入思考中汲取智慧、走向未来。经济思想史和经济史是经济学研究不可或缺的分析方法,为当今社会经济发展提供了厚重而深刻的历史解释和历史经验,经济思想史和经济史研究力量的普遍严重缺乏,极大地影响了理论经济学学科布局的均衡性,势必影响到中国经济学体系的构建,以及对中国特色社会主义经济发展的理论指导,是应该引起高度重视的一个问题。此外,博士点政治经济学和人口、资源与环境经济学建设的相对薄弱、硕士点西方经济学和世界经济建设的相对薄弱,也是学科专业分布不均衡的一个表现,在未来资源分配上应有所导向。

(三)学科体系完善任重道远

2016年5月,习近平总书记在哲学社会科学工作座谈会上讲话指出,要着力构建中国特色哲学社会科学,在指导思想、学科体系、学术体系、话语体系等方面充分体现中国特色、中国风格、中国气派,同时指出,构建中国特色的哲学社会科学,要把握好三方面资源,一是马克思主义的资源,二是中华优秀传统文化的资源,三是国外哲学社会科学的资源。习近平总书记的讲话为理论经济学学科发展指明了方向和源泉,把握好政治经济学、经济思想史、西方经济学等学科资源,构建中国特色的理论经济学学科体系,成为新时代理论经济学发展的明确目标,也是"十四五"时期理论经济学研究的重点和突破口。

从学科当前的发展状况看,尽管在"十三五"时期理论经济学在学科设置、队伍建设、人才培养、学科研究等方面都取得了长足进展,尤其是学科研究更加注重理论、紧扣现实、优化布局、讲求学术品质,但是仍然存在基础理论不统一、研究内容碎片化、问题导向意识欠缺、发现问题和获得资料的实地调研不足、研究方法过度数学化而缺乏有价值的经济意义和政策含义、大量以"中国特色社会主义政治经济学"为名称进行的研究充斥着期刊和学术会议却名不副实、对西方经济学概念和原理简单套用、过分看重研究成果的海外发表等问题。学科研究不是为了学术而学术,而是服务于我国的现代化建设和改革开放需要，只有从这一目标出发，才能正确认识理论经济学学科研究中存在的问题，也才能矫枉而不过正。学科研究是学科体系建设中的重要部分，克服理论经济学学科研究上存在的诸多问题不可能一蹴而就，决定了理论经济学学科体系的完善任重而道远，需要我国的经济学人共同努力。

（四）学科理论研究滞后于实践发展

理论经济学是我国高校经济学专业的基础课程，也是国家经济政策的理论基础，理论经济学的首要任务是运用理论科学解释并合理解决中国的经济问题，在构筑中国特色理论经济学自己的学科体系、学术体系和话语体系的同时，更好地服务于中国社会经济发展和提高人民福祉。经济理论与实践是相互促进、共同发展的关系，新中国成立后，无论是前30年的经济建设还是后40年的改革开放，都是经济理论与实践互相推动的过程，一般表现为先有局部个体小范围的实践，接着是能够作为指导的思想、理论和方针，其后是全面整体大规模的实践，在实践中再提出新的思想和理论，推动理论经济学向前发展。

经济实践的发展从根本上决定了经济理论的发展，我国社会主义经济实践复杂多变，新事物、新现象、新问题不断出现，为了使理论能够真正指导实践，要求经济理论有一定的超前性，同时又符合实际，其背后是对理论研究者了解实际、科学预见和理论素养的超高要求，也在客观上增加了理论创新的难度。新中国70年不断前行的经济建设和40年改革开放的巨大成就，使中国成为世界第二大经济体，也为经济理论创新发展提供了丰富扎实的实践基础，日新月异的经济发展实践呼唤科学的经济理论做指导，经济思想的历史发展也要求对中国特色社会主义经济学做出学理上的阐释。虽然我国学者立足新时代经济发展的现实基础，尝试构建中国特色社会主义经济学新的体系结构，对中国特色社会主义经济建设和治国理政实践过程中出现的新理论、新范畴进行阐释，然而，与快速发展的实践相比，在对我国经济发展过程中出现的一些现象的研究上，仍然存在理论滞后于实践的问题，在对中国特色社会主义经济学理论体系的构建上，迫切需要展开全面有序的研究。

（五）学科地位仍有待提高

作为经济学的两个学科分支，理论经济学与应用经济学相辅相成，理论经济学是应用经济学的基础，应用经济学则是理论经济学的具体运用，两者从本质上看是理论与实践的关系。应用经济学的二级学科涵盖国民经济学、区域经济学、财政学、金融学、产业经济学、国际贸易学、劳动经济学、统计学、数量经济学、国防经济学等，这些专业大多与人们的实际经济生活联系密切，实务性和操作性强，就业岗位居多，受到社会追捧。在我国的经济学研究中长期存在重实务、轻理论的倾向，与理论经济学相比学术界更为强调应用经济学的研究，不仅应用经济学的成果更容易出版和发表，在高校应用经济学也更受学生青睐。这一趋势导致理论经济学特别是政治经济学、经济思想史、经济史等学科受到极大冷落，不仅学科研究的投入资源不足，而且研究成果难以出版发表，学科发展甚至面临生存危机。

恩格斯曾说："一个民族要想站在科学的最高峰，就一刻也不能没有理论思维。"[1] 理论经济学不仅为应用经济学提供了理论基础和思想源泉，而且是应用经济学发展的动力，为各种经济中新生事物的出现提供理论解释。离开了作为基础的理论经济学，应用经济学只能是空中楼阁。这一认识日益得到更多人的认同，同时，随着国内经济学研究的深入，随着理论经济学对一系列涉及经济发展的重大问题在学术研究层面的不断推进，理论经济学研究的重要性越来越凸显。然而，现实中理论经济学与应用经济学的关系仍然处于扭曲状态，理论经济学的指导地位没有落实到位。举例来说，马克思主义政治经济学基本原理和方法本应该是各应用经济学学科的理论指导，为其提供理论基础和方法论，然而，目前很多应用经济学对诸如财政、金融、产业经济、区域经济等问题的研究，并不以马克思主义政治经济学作为理论支撑，而是转向从西方经济学中寻求理论依据。鉴于此，相关部门应强调理论经济学的基础地位，宣传理论经济学的重要性，加大对理论经济学研究和教学的资源投入，同时，理论经济学研究本身要密切联系实际，更加注重服务经济实践，破除理

---

[1] 恩格斯：《自然辩证法》，人民出版社2018年版，第43页。

论经济学只有学术价值而无实用价值的误解。

三　薄弱环节

（一）政治经济学

近年来，马克思主义政治经济学被弱化的趋势并没有得到根本扭转，各类期刊发表的马克思主义政治经济学方面的学术论文数量依然较少，各类社会科学研究项目资助的马克思主义政治经济学方面的项目数量相对较少，大学课堂上开设的"政治经济学"课程实质地位有待提高，各类《政治经济学》教材编写需要进一步完善。从政治经济学二级学科的具体研究内容来看，当前，以下项目相对薄弱，亟须加强。

第一，中国特色社会主义政治经济学理论体系。虽然有所尝试和进步，但尚未形成一个统一的中国特色社会主义政治经济学理论体系和研究框架，一定程度上影响了对中国特色社会主义政治经济学的研究和传播，非常有必要进行深化拓展研究。

第二，习近平新时代中国特色社会主义经济思想。习近平新时代中国特色社会主义经济思想是马克思主义经济理论创新的最新成果，必须从我国改革开放的伟大实践中，从马克思主义政治经济学的发展脉络中深化这一研究，目前研究相对滞后。

第三，《资本论》研究。作为马克思主义政治经济学的经典著作，对《资本论》的研究在任何时期都不能放松，特别是在为中国特色社会主义政治经济学提供基础理论方面，当前更应深入研究。

第四，政治经济学理论创新。近年来，我国的改革开放进入深水区，实践对理论创新的要求日益迫切，如何在坚持和继承的基础上，对政治经济学传统理论进行发展和创新，使之能够契合并指导实践，是政治经济学领域相对薄弱的环节之一。

（二）经济思想史

如前所述，经济思想史学科的教学和研究力量在国内高校中普遍薄弱，很多研究面临人才和科研成果的断档风险。从经济思想史二级学科的具体研究内容来看，当前，以下项目相对薄弱，亟须加强。

第一，马克思主义经济思想中国化。中国社会主义经济思想是马克思主义经济思想中国化的产物，其来源和传播、新民主主义经济思想、中国共产党主要领导人的经济思想、我国马克思主义经济学家的经济思想等，都需要继续加以全面系统的研究。

第二，马克思主义经济学说史。依据历史线索研究马克思主义经典作家的政治经济学思想，有助于我们理解和把握当前中国特色社会主义政治经济学的历史必然和逻辑规律，但这方面的研究尚不充分。

第三，中国古代经济思想史。作为一个有五千余年文明史的文明古国，我国古代曾产生过众多杰出的经济思想家，他们的经济学思想既反映了所处时代的历史特征，也饱含着丰富的中国经济社会元素，是世界经济思想史宝库中的璀璨明珠，非常值得当代人去挖掘收藏。

（三）经济史

改革开放伊始，我国的经济史研究异常活跃，并取得了可观的成绩。然而，近些年来，由于多方面的原因，经济史学科的教学和研究长期萎靡不振，很多专业课程被取消，毕业的学生大多放弃专业研究，学科师资极度匮乏，学科发展面临严重危机，整个学科都处于弱势状态。经济史学科的发展状况与外界环境有关，也与学科自身相关，仅着眼于传统的经济史研究课题，不能基于中国经济和世界经济的发展变化以新的视角开拓新的研究领域；对研究内容仅停留在认识层面上，难以深入展开；仅注重使用传统的历史学研究方法，忽视经济学的理论分析和定量研究方法，等等，都是经济史研究中普遍存在的问题。可见，研究范围的有限性、研究内容的不深入、研究方法的局限性等原因，共同形成了经济史学科今天普遍薄弱的研究局面，需要全方位予以加强。

（四）西方经济学

改革开放以来，随着西方经济学理论和方法的"西学东渐"，我国理论界对西方经济学的态度从过去的盲目排斥这一极端跳到盲目崇拜的另一极端，正如习近平总书记在哲学社会科学工作座谈会上讲话所指出的："在有的领域中马克思主义被边缘化、空泛化、标签化，在一些学科中

'失语'、教材中'失踪'、论坛上'失声'。"① 诚然，西方经济学各分支学科分工细致、新理论新方法层出不穷，有许多值得我们借鉴的科学成分。然而，近些年来，我国理论经济学界对西方经济学的批判越来越少，甚至基本看不到以批判的视角来研究西方经济学，相反，把西方经济学理论照搬过来，盲目套用中国数据进行所谓的实证研究却越来越普遍。对当代西方经济学盲目崇拜、述而不批具有很大的危险性，不仅会模糊青年人的思想意识，而且会对我国经济社会发展和改革开放产生误导，必须引起重视。从西方经济学二级学科的具体研究内容来看，当前，以下项目相对薄弱，亟须加强。

第一，对西方经济学特别是当代西方经济学的分析和批判。将当代西方经济学研究置于世界经济的发展历史中，实事求是客观地分析第二次世界大战后西方经济的发展；借助西方经济学说史，寻找西方经济学新学科、新理论、新流派的思想根源和学术渊源，等等，都有助于减少对西方经济学的盲目崇拜，坚持马克思主义在理论经济学研究中的指导地位。

第二，对西方国家激进派经济学的研究。新剑桥学派、加尔布雷思新制度学派、新左派经济学等西方激进派经济学研究和揭露西方国家的诸多社会经济矛盾，与西方主流派经济学形成鲜明对比。我们应重视对西方激进派经济学的介绍，翻译出版该学派的著作。

第三，与中国实际密切结合的西方经济学研究。西方经济学研究应以中国问题为导向，切实做到以西方的经济理论联系中国的实际情况，并在此基础上提出切实可行的政策建议，真正有益于国家的现代化建设和改革开放事业。"橘生淮南则为橘，生于淮北则为枳"，如何明辨西方经济学理论在中国的适用性，如何借鉴利用西方经济学理论来分析和解决中国所面临的经济问题，如何避免不顾中国国情而盲目使用西方经济学理论，是当前我国西方经济学研究中最大的薄弱点。

（五）世界经济

中华人民共和国成立后至改革开放前的30年，我国的经济发展基本上处于相对封闭的状态，与世界其他国家的经济交往无论在规模上还是程度

---

① 习近平：《在哲学社会科学工作座谈会上的讲话》，人民出版社2016年版，第10页。

上都非常有限，这种状况使得这一时期我国并不存在真正意义上的世界经济学术研究。直至1978年改革开放之后，伴随着对外开放进程的不断加深，学术界才正式开启并逐渐推进对世界经济的研究进程。从改革开放之初对苏联东欧国家经济改革动态的关注，到今天涵盖国际贸易、国际金融、国际投资、全球经济治理等内容的全面系统研究，世界经济学科的研究范围不断拓展，研究深度日益扩大。从世界经济二级学科的具体研究内容来看，当前，以下项目相对薄弱，亟须加强。

第一，中国在全球经济治理中的作用和地位。在多元复杂的世界经济中，任何一个国家都不可能独善其身，构建人类命运共同体是中国政府提出并倡导的全球价值观，全球治理是其中的一项重要内涵。作为全球第二大经济体，中国如何参与全球经济治理，在其中发挥什么作用以及如何定位等，都是迫切需要加强的研究内容。

第二，与发展中国家的经济关系。在当前的世界经济研究中，就国别来说，主要侧重中国与发达经济体之间的经济关系，其中又以中美之间的贸易投资为主要研究对象，对中欧、中日经贸关系研究相对较少，对中国与其他发展中国家经济关系的研究更是明显不足，包括中国与非洲国家、中国与新兴经济体国家、中国与金砖国家的经济关系等。

第三，世界经济史。从研究部门、国别、区域经济史到研究世界经济史，即研究世界经济这一经济范畴的产生、确立与发展，将世界经济作为一个整体考察其发展历史全貌，从中探寻世界经济本身的发展规律，这是一个本质上的飞跃。世界经济史属于经济史学科与世界经济学科的交叉内容，依赖两个学科的有效合作。

（六）人口、资源与环境经济学

1997年国务院学位委员会调整研究生专业目录时，在理论经济学一级学科下设立了人口、资源与环境经济学二级学科，侧重研究人口发展、自然资源、生态环境与经济发展的相互关系，经过20多年的发展，学科会聚了一大批专家学者，取得了很多有价值的研究成果。但相对于理论经济学的其他二级学科，本学科属于较年轻的新学科，在许多方面还有待提高。从人口、资源与环境经济学二级学科的具体研究内容来看，当前，以下项目相对薄弱，亟须加强。

第一，人口、资源与环境经济学的学科体系与研究框架。将人口、资源、环境问题统一置于理论经济学学科下，有其背后的道理，同时表明看似不同的三个方面问题，其实具有综合性特征，基于经济学范式探索人口、资源、环境在经济发展过程中的内在联系，明确学科研究对象和研究内容，构建学科基本理论和分析框架，形成完整的学科体系，是学科面临的难题也是学科研究的薄弱环节之一。

第二，与协调发展、绿色发展、生态文明建设相关的具体问题。包括"两山论"、资源型地区经济转型发展、节约资源和保护环境的基本国策、山水林田湖草系统治理、生态环境保护制度、绿色发展方式和生活方式、美丽中国、全球生态安全、人口与粮食安全、生态脆弱区人口与环境协调发展等方面的具体问题。

"十四五"时期理论经济学学术前沿和发展趋势

党的十八大提出"两个一百年"奋斗目标,党的十九大明确从2020年到21世纪中叶分两阶段把我国建成富强、民主、文明、和谐、美丽的社会主义现代化强国目标。按照这一战略目标,"十四五"时期是我国全面建设社会主义现代化强国新征程的历史开端,是由全面建成小康社会向基本实现社会主义现代化迈进的承上启下阶段,是我国跨入高收入阶段、迈向创新强国的开局时期。

根据我国发展仍处于并将长期处于重要战略机遇期的战略判断,围绕基本实现社会主义现代化这一阶段性总目标,"十四五"时期,理论经济学将以问题为导向,正视我国经济社会发展存在的不平衡、不充分性,研究关系到中国未来几十年甚至更长时期的发展战略;以开阔的国际视野追踪国内外前沿理论和最新研究方法,与中国的实践相结合,创建具有中国特色、中国风格、中国气派的理论经济学学科体系、学术体系、话语体系;坚持以人民为中心、为人民谋福利的根本立场,关注中国和世界重大理论与现实问题;以落实"五位一体"现代化总体布局、贯彻新发展理念、推动经济高质量发展、深化供给侧结构性改革、创造社会有效需求、构建国内国际双循环新发展格局为己任,为全面建设社会主义现代化强国建言献策;传承和挖掘学科深厚的历史积淀,不断进行理论创新,使学科研究与学科建设形成良性互动,抓住战略机遇实现学科建设的飞跃。

一 学术前沿

(一)政治经济学学术前沿

第一,中国特色社会主义政治经济学理论体系研究。以马克思主义政治经济学基本原理和方法论为指导，总结提炼我国改革开放和现代化建设事业中的规律性成果，把实践经验上升为系统化的经济学说，拓展马克思主义政治经济学研究对象，构建具有中国特色、中国风格、中国气派的理论体系和话语体系。相关研究涉及中国特色社会主义政治经济学理论体系的学理化、系统化构建；中国特色社会主义政治经济学的本质特征、运行机制、治理体系、历史趋势；《资本论》和当代马克思主义政治经济学的基本理论研究；对西方经济学在某些具体问题和研究方法上的借鉴吸收；等等。

第二，习近平新时代中国特色社会主义经济思想研究。习近平新时代中国特色社会主义经济思想丰富了中国特色社会主义政治经济学的理论体系和话语体系，开辟了马克思主义政治经济学新境界，其主要内容和基本内涵无疑是政治经济学学科最重要的学术前沿。相关研究包括创新、协调、绿色、开放、共享的新发展理念；高质量发展观；以人民为中心的发展思想；加强党对经济工作的集中统一领导；经济发展新常态；使市场在资源配置中起决定性作用、更好发挥政府作用；供给侧结构性改革；加快构建以国内大循环为主体、国内国际双循环相互促进的新发展格局；坚持问题导向部署经济发展新战略；人与自然和谐共生；生态文明思想；以稳中求进为工作总基调；等等。

第三，中国特色社会主义政治经济学重大理论问题研究。相关研究包括我国社会主义基本经济制度、经济高质量发展、国有企业改革、政府与市场的关系、收入分配、三农问题、对外开放、发展道路等方面的重大理论问题。具体来说，包括经济高质量发展的供给体系、战略支撑体系、国土空间体系、现代市场经济体系、外部环境体系；大国经济发展的机理和路径；中国经济运行的新逻辑；实现现代化的中国方案；长周期内中国经济增长的机制及动力；完善社会主义市场经济体制；国有经济战略调整的一般规律；国有企业的竞争性；国有企业的资产重组与分类改革；企业产权制度安排；企业的社会责任；混合所有制经济；振兴东北老工业基地的重大体制机制；等等，一定程度上代表了中国特色社会主义政治经济学理论研究的学术前沿。

第四，中国特色社会主义政治经济学重大现实问题研究。面向国家经济治理现代化与经济建设重大战略需求展开研究，学术前沿包括收入分配微观政策的应用评估；促进城乡一体化发展的财税政策、金融政策、产业政策；区域经济协调发展政策；创新驱动发展与地方科创中心建设；金融部门与实体经济的协调发展；现代化产业体系建设；2020年全面脱贫后相对贫困的治理与低收入群体的扶持；新型基础设施和节点城市建设；城市群建设；城乡融合发展；乡村振兴模式；农村土地三权分置；农民工市民化；粮食价格与安全；食品安全的公共治理；兴边富民战略的实施路径与效应；北疆自由贸易区建设；蓝色经济发展；等等。

（二）经济思想史学术前沿

第一，新中国70年重大历史经验总结。通过对新中国成立70年来，我国经济建设和改革开放伟大实践中的重大历史事件和政策措施进行总结梳理，提炼其中的经济思想体系及其发展变化的脉络。

第二，百年中国共产党经济思想史研究。中国共产党经济思想的历史来源，马克思主义与中国共产党经济理论；中国共产党经济思想史演变。

第三，填补空白的研究。近代工商业组织中社会关系网的活力；近代中国长途贸易形成的内在逻辑；近代中国工商活动中的政府与企业关系；等等，填补了经济思想史研究中的一些空白。

（三）经济史学术前沿

第一，新中国成立以来的经济史研究。新中国成立以来经济发展的经验教训；基于中国经济史构建中国特色政治经济学；制度经济学视角下的中国经济史；等等。

第二，百年中国共产党经济史研究。中国共产党执政前的经济状况；中国共产党领导下的经济变迁；中国共产党百年经济政策演变；中国共产党领导的经济与政治的互动关系与制度变迁。

第三，大国兴衰周期研究。涉及中国经济从古至今的历史变迁事实和典型特征；大国兴衰的周期律及长波机制；等等。

第四，区域环境史与自然灾害史研究。对区域环境史资料进行收集、整理，并建立相应的数据库，系统梳理中国的自然灾害历史，运用计量分析方法挖掘干旱洪涝、气温异常、地震海啸等自然灾害对经济发展的影响规律，不仅是经济史研究领域的前沿方向和方法创新，而且对于服务区域经济发展和生态文明建设都极有必要。

(四) 西方经济学学术前沿

第一，基于中国经济实践的市场机制理论与实验研究。研究我国经济实践过程中的市场作用机制，并设计市场制度，以期克服市场失灵，扩展市场功能，提高资源配置效率。相应的实验研究模拟新市场机制在实际经济环境运行中产生的作用和影响，避免设计失误造成损失。

第二，适应中国国情的经济增长理论和宏观经济模型研究。包括高质量发展背景下，基于非均衡分析框架的经济高质量发展研究；关注体制机制改革和转型的宏观经济形势分析与预测模型；转型背景下我国宏观经济管理和调控理论创新；等等。

第三，我国改革开放中的系统性金融风险防范研究。在金融—经济双向反馈的复杂系统中研究如何防范化解系统性金融风险，加强金融监管，提升金融服务于实体经济的能力；资产价格的影响因素和变化趋势以及相应的价格管制；等等。

第四，数字经济理论和经济转型研究。涵盖经济数字化转型；网络经济；平台经济；数字化浪潮下的企业理论；企业的平台化转型和智能化升级；企业管理变革和治理创新；等等。

(五) 世界经济学术前沿

第一，百年未有之大变局研究。具体包括：以大数据、人工智能为核心的科技革命对世界经济的影响；中美战略对抗长期化对世界经济格局的影响；建设开放型世界经济、实现全球经济可持续发展的中国方案；全球经济体系的变革及应对；国际经济合作新发展；制造业全球产业链、供应链、价值链重构；人民币国际化研究；国际货币体系重构；跨国并购和中国企业海外运营；等等。

第二，国际贸易规则与全球治理研究。涉及多边贸易体制的运行和发展；我国参与全球贸易治理；WTO改革；中美贸易摩擦的战略与政策；贸易便利化改革的制度体系；中国对外贸易战略；自贸区建设；基于人类命运共同体的视角重构国际经贸规则；等等。

第三，"一带一路"倡议与实施机制研究。涵盖中国参与全球化的新趋势和新模式；丝绸之路经济带沿线国家和区域产业分工合作；沿边开放与沿边民族地区跨境经济合作区建设；"一带一路"金融合作、"一带一路"营商环境；周边国家经济、制度、历史、文化的综合研究；等等。

（六）人口、资源与环境经济学学术前沿

第一，绿色发展和生态文明建设研究。涵盖大气和水体污染防治与治理；自然资源的价值决定；能源供给侧结构性改革与现代能源体系建设；资源型区域经济发展模式；边疆民族地区生态优先绿色发展；黄河流域生态保护与经济高质量发展；产业绿色发展政策；生态保护与经济发展的协调；等等。

第二，中国经济可持续发展研究。涉及人口、资源与环境的互动；人口增长变化趋势；人口流动；人口老龄化；中国特有的经济可持续发展道路；人口、资源、环境全面协调的可持续发展观；发展中大国的人力资本提升和自然资源开发利用；等等。

第三，低碳经济发展研究。包括低碳政策的减排效应及机制设计；碳泄漏的应对；碳交易市场理论与实践；低碳导向的新能源产业发展；等等。

二 发展趋势

（一）建设以问题为导向的"中国经济学"理论体系

我国社会主义经济建设和改革开放的伟大实践和成功经验，为中国经济学提供了丰富而扎实的实践基础，提炼梳理在实践中加以运用并成功解决实际问题的特有的经济范畴和原理，构建中国经济学研究范式、理论体系、学术话语体系的条件已经成熟，时机已经到来。当前，随着我国经济由高速增长向高质量发展转变以及国际环境发生的深刻变化，更加迫切需要建设具有中国特色的、能解决中国问题的、具有国际竞争力的中国经济学体系，彰显中国道路与中国经验。"十四五"时期，理论经济学学科一方面要深入开展对我国经济社会发展过程中亟待解决的具体问题的研究，另一方面，更要沉下心来提炼总结我国经济发展实践中的规律性成果，把中国特有的实践经验上升为系统化的经济学说，构建以马克思主义为指导

的、学科体系和话语体系相统一的理论经济学，实现学科研究和教学的有机结合。

（二）21 世纪马克思主义政治经济学中国化

中国特色社会主义政治经济学是中国化、时代化的马克思主义政治经济学，是对马克思主义政治经济学基本理论和方法的继承和创新。习近平新时代中国特色社会主义经济思想，是中国特色社会主义政治经济学的最新成果。时代是思想之母，实践是理论之源，随着中国特色社会主义进入新时代，开启全面建设社会主义现代化国家新征程，在建设现代化经济体系的伟大实践中，马克思主义政治经济学必将得到不断创新、丰富和发展。"十四五"时期，对马克思主义政治经济学的创新发展，要注意克服从文本到文本、从理论到理论的研究习惯，坚持以问题为导向，立足实践，创新研究方法，丰富研究工具，准确阐释新时代的经济范畴和经济规律。同时应注意到，中国特色社会主义政治经济学的跨学科综合研究特征日益明显，以理论经济学为主体，同时涵盖哲学、历史学、社会学、政治学等其他社会科学，成为中国特色社会主义政治经济学研究的一个趋势，学科交叉和多样性丰富了中国特色社会主义政治经济学研究内容，使研究结论更加全面、科学、准确，同时增加了研究难度，对研究者理论素养和学术能力提出了更高要求。

（三）面向新时代经济社会发展重大需求的重大理论问题研究

我国是发展中的社会主义大国，正经历着最为广泛而深刻的社会变革和经济转型，一方面经济发展进程波澜壮阔，改革开放成就举世瞩目，另一方面在国家和区域层面经济社会发展面临着很多新情况和新问题，急需经济理论工作者做出分析研究，尤其是对于那些具有全局性、战略性、前瞻性的重大经济问题，更是需要借助科学研究提供政策建议。今后一段时期，理论经济学研究将更加注重面向中国特色社会主义经济建设中的现实问题，服务国家重大战略需求，加强重要基础性研究和政策评估研究，为进一步完善社会主义市场经济制度，推进国家经济治理体系和治理能力现代化，实现我国经济可持续发展提供科学依据和学理支持。

(四)数字经济下的理论经济学创新

以数字经济、大数据和人工智能为代表的新技术革命,已经对经济生活的方方面面产生了深刻影响,并将继续扩展其影响的范围和程度,导致生产方式、收入分配、经济增长和运行模式等发生改变,最终引发生产关系和经济利益关系的调整。理论经济学研究必须充分认识这些变革对经济理论、经济研究方法以及研究范式产生的重大影响,密切跟踪与关注这些新变革的发展趋势,在受到冲击的研究领域寻求突破和创新。例如,面对信息技术和数字经济的蓬勃发展,传统西方经济学理论尤其是企业理论,受到了前所未有的冲击,理论本身既面临新的挑战,也迎来新的发展机遇,可以预测,数字经济研究将为企业理论突破提供巨大空间。

(五)经济思想史和经济史的实证研究

除了传统研究内容和热点外,大量新的空白研究点正在引起研究者的兴趣,极具现实性的一些话题,如企业制度、政企关系、贸易模式等被置于思想史的视角加以考察,丰富了经济思想史的研究内容,也为现实问题的解决提供了历史思考。此外,大量文献针对古代史进行计量经济学研究,拓展了经济史研究的分析工具,使研究更为规范。

(六)基于中国经济发展和改革实践的经济学研究主流化

与其他二级学科相比,西方经济学学科面对较多的来自成熟市场经济国家的前沿理论,研究既要与国际学术前沿接轨,还要指导我国的经济发展和改革实践。应辩证地处理好两者的关系,不能无视我国的具体国情照搬照抄西方理论,也不能忽视国际前沿理论发展动态。立足于我国经济建设和改革开放的具体实践,为学科发展提供具有中国特色的理论和经验证据,才是正确的研究方向。

(七)百年未有之大变局下的中国与世界经济

新冠肺炎疫情使全球经济受到历史性冲击,世界格局随之加速转变,逆全球化、新贸易保护主义、国际货币体系动荡等因素将比以往任何时期都活跃，促使一国的经济全球化战略以及国与国之间的区域经济合作战略发生新的变革调整。毋庸置疑，"十四五"时期对世界经济相关问题的研究，必须置于后疫情时代的大背景中，基于人类命运共同体的视角对世界经济发展做出准确判断，重新认识中国在世界经济中的作用与地位。

（八）理论经济学各学科之间进一步融合

理论经济学研究从世情、国情出发，立足世界经济和中国经济的现实，以马克思主义政治经济学及其创新发展成果为基础，借鉴西方经济学理论中的合理成分，以历史的眼光分析问题解决问题，实现史论结合。这一鲜明的特征本身就为理论经济学各学科之间的融合发展提供了必要性和可能性，"十四五"时期，面临百年未有之大变局，政治经济学的基础理论地位、中外经济思想史和经济史的史鉴价值、现代西方经济学的分析方法、世界经济，以及人口、资源与环境经济学的研究内容，都将得到进一步的巩固提升，各学科将在"中国经济学"这面旗帜下构筑起理论经济学学科共同体，实现历史性的新融合。

（九）"理论经济学+"交叉学科继续得到发展

随着各学科研究的不断深入和拓展，非经济学的学科知识越来越多地应用于理论经济学，各种"理论经济学+"交叉学科相继问世并不断得到发展，如计量经济学、行为经济学、实验经济学、金融经济学、物理经济学、法经济学、文化经济学等。当前，基于信息技术的网络经济学、数字经济学、平台经济学等正方兴未艾，"十四五"时期，"理论经济学+"交叉新兴学科的出现和发展也将得到延续。顺应趋势，无往不利，应积极探索理论经济学内部以及与其他学科之间交叉研究的可能性，鼓励跨学科跨领域合作，利用已有的学科资源搭建新的研究平台，扩展知识体系，共克学术难题，实现学科交融。

（十）在国际学术舞台上讲述中国经济故事

中国学者在理论经济学优势领域的一些突破性研究成果，已经达到国际一流水平，特别是那些根植于我国经济建设和改革开放实践的原创性成果，不仅推动了经济理论研究的国际化，而且向世界展示了中国的成功经验，为理论经济学在世界的发展贡献了中国力量。"十四五"时期，随着国家对理论经济学学科发展在资金、人才、政策上的大力支持，国际学术舞台上将会听到越来越多的中国声音讲述中国的经济故事。

三 进一步深化拓展的重点研究领域、方向和范围

在"十三五"时期学科研究的基础上，"十四五"时期理论经济学学科需要进一步深化拓展的重点研究领域、方向和范围如下。

（一）中国特色社会主义政治经济学

中国特色社会主义政治经济学是马克思主义政治经济学理论的中国化、时代化，这一领域的研究一方面要根植于马克思主义政治经济学，另一方面要着眼于中国化和时代化，基于这样两条路径，中国特色社会主义政治经济学研究应坚持将马克思主义基本原理与中国实际相结合，将国际化与本土化相结合，将规范研究与实证研究相结合，致力于实现政治经济学理论创新。中国特色社会主义政治经济学领域需要进一步深化的研究和有待突破的任务主要有：马克思主义政治经济学基础理论及《资本论》文本研究、《资本论》与当代中国经济发展、马克思主义政治经济学理论和方法的应用与创新、当代资本主义的新变化和新特征、中国特色社会主义政治经济学理论体系构建、新时代中国特色社会主义经济理论与实践（单列）、中国特色社会主义政治经济学教材建设等。

（二）新时代中国特色社会主义经济理论与实践

随着中国特色社会主义进入新时代，我国社会主要矛盾转化为人民日益增长的美好生活需要和不平衡不充分发展之间的矛盾，从中国发展这一新的历史方位出发，深刻领会习近平新时代中国特色社会主义经济思想的精神实质和丰富内涵，以此为理论指导提炼总结社会主义现代化经济建设各方面的实践成果，对新时代中国特色社会主义经济理论与实践进行全面系统的研究，具有重大而深远的理论意义和实践意义，必然是中国特色社会主义政治经济学研究领域的最重要内容。其中，我国社会主义基本经济

制度及其完善、社会主义市场经济体制中政府和市场的关系、新发展理念、经济高质量发展、现代化经济体系、国家治理体系和治理能力现代化、加快构建新发展格局、"一带一路"建设、区域协调发展战略、构建人类命运共同体，等等，都是重大的研究方向。

（三）中国经济学教材体系

马克思主义经济学和西方经济学在中国的传播，加上新中国 70 年经济建设和改革开放的伟大实践，尤其是党的十八大以来对经济学理论的创新发展，使探索中国经济发展的客观规律、构建中国经济学学科体系成为大势所趋，构建完整、系统、科学的教材体系也因此成为当务之急。作为中国经济学学科体系、学术体系和话语体系的现实载体，中国经济学教材体系应当包含哪些课程、怎样界定和组织每门课程的基本范畴和主要内容、如何统一教材编写的指导思想，等等，都是当下以及"十四五"时期迫切需要解决的问题。

（四）发展经济学与经济转型

改革开放以来，在日益融入全球化浪潮的背景下，中国经历了快速的城市化和产业结构的不断调整，经济发展取得了举世瞩目的伟大成就，基于中国实践的发展经济学是对传统发展经济学的最大发展，我国的经济转型也为其他发展中国家提供了有益借鉴。今后一段时期，发展经济学与经济转型领域的研究将围绕发展经济学基本理论及其创新、中国经济转型的理论与实践、新型工业化、新型城镇化、全面建成小康社会后相对贫困的治理、城乡反贫困问题、转型国家经济等研究方向展开。面对我国农业农村发展的阶段性特征和突出问题，党的十九大提出实施乡村振兴战略，建立健全城乡融合发展体制机制和政策体系，我国的城乡关系由此进入一个从城乡割裂、城市统治乡村到城乡一体化、城乡融合发展的历史新阶段。与此相适应，对城乡融合的研究将成为经济转型国家发展经济学中的一项重要课题，涉及的研究内容有马克思主义城乡发展思想、乡村振兴的基本理论、土地制度改革与乡村振兴、城乡融合的发展水平与体制机制、城乡融合的空间形态等。

(五)中国式增长的微观基础

企业是市场经营活动的基本经济单位,根据所有制性质的不同分为国有企业、私营企业、混合所有制企业等,在毫不动摇巩固和发展公有制经济,毫不动摇鼓励、支持、引导非公有制经济发展的原则指导下,微观经济领域对企业的研究将依据企业所有制性质差异,有针对性地围绕国有企业分类改革和治理、中国特色现代企业制度、国有资产监管体制、民营企业发展环境、新型政商关系、混合所有制改革、企业社会责任等方向展开。例如,在国有企业改革的研究中,应关注国有企业的功能界定、分类改革思路、改革效率的评价指标构建和测算评估等问题。党的十九届四中全会把"社会主义市场经济体制"上升为社会主义基本经济制度,提出充分发挥市场在资源配置中的决定性作用,2020年5月公布的《中共中央 国务院关于新时代加快完善社会主义市场经济体制的意见》,进一步为构建更加完善的高水平社会主义市场经济体制指明了方向和目标。今后一段时期,理论经济学将围绕构建更高起点、更高层次、更高目标的社会主义市场经济体制展开研究,总结"使市场在资源配置中起决定性作用和更好发挥政府作用"在我国实践中的具体运用,加强创新要素市场化配置体制机制研究。此外,探讨数字信息经济对企业和企业理论的影响和改变,将市场设计的最新理论成果与我国的市场实践相结合,探索市场设计的实验室研究,寻找最优的资源配置机制,也是微观经济领域研究中的一个前沿内容。

(六)收入分配问题

2019年以来,受宏观经济下行压力增大、全球经济增长乏力等多因素影响,我国的GDP和居民收入增速有所放缓,与此同时,经济转型和产业升级也使一些低技能劳动者面临就业困难,收入分配领域的矛盾不可避免并且会越发突出。收入分配问题关系到社会稳定,党的十九届四中全会将"按劳分配为主体、多种分配方式并存"上升为社会主义基本经济制度,提出坚持和完善统筹城乡的民生保障制度,满足人民日益增长的美好生活需要,可以预期,"十四五"时期收入分配与就业必然会成为理论经济学的重点研究领域。可围绕"健全劳动、资本、土地、知识、技术、管理、数据等生产要素由市场评价贡献、按贡献决定报酬的机制",展开关于中国特色社会主义分配理论和政策的研究。既要考察产业供应链变化对不同技术水平就业者的影响，更要高度关注那些受教育程度低、来自农村贫困地区的农村劳动力以及女性劳动力等社会弱势群体的就业和收入问题。同时，经济理论的发展和应用有赖于建立坚实的微观基础，收入分配理论与政策必须通过收集高质量的调查数据，运用前沿的模拟和评估技术进行优化，才能有效服务政府决策，也才能引领收入分配理论研究迈上新台阶。

（七）经济增长问题

根据现代经济增长理论，一国的经济增长水平取决于劳动力、资本、自然资源、技术、制度等因素，从我国实际来看，随着人口红利逐步消失、资本的边际生产率下降、自然资源消耗殆尽，转变经济发展方式，追求经济增长质量，更多依靠科技进步和制度创新实现经济增长，已经成为我国建设现代化强国的必由之路。当前和未来一段时期，中国经济正由高速增长转向高质量发展阶段，经济增长领域的研究将聚焦我国经济高质量发展问题，主要涵盖我国经济高质量发展的动力机制和实现路径、新经济与经济高质量发展的关系等方面的内容。其中，坚持创新驱动发展，通过完善科技创新支持体系和优化人力资源配置来推动创新，实现经济高质量发展，无疑是正确的思路和方向，研究涉及我国新时代科技创新支持体系的构建，科技创新支持体系推动经济高质量发展的内在逻辑、作用渠道、实现路径，有利的人力资本发展条件促进经济增长的最优路径，人才供需体系的综合平衡，等等。

（八）宏观调控领域

创新宏观经济理论，研究我国经济建设和改革开放进程中逐步形成的特有的宏观调控方式和机制，特别是经济新常态下如何通过供给端和需求端的宏观管理实现经济的长期增长和短期稳定；对现代西方经济学中的多种宏观经济模型进行比较研究，选择适用的模型对中国宏观经济形势做出模拟、分析与预测；加强金融风险防范理论与政策研究，探索金融风险的传染机制；着眼于宏观经济的微观市场基础，对政府规制理论、规制制度建设与公共治理、产业政策进行研究；构建由财政政策、货币政策、产业政策、地区和城乡政策、民生政策等组成的政府宏观调控政策体系，利用理论建模模拟分析政策的作用机制、影响因素及实施效果。

(九) 经济全球化

20世纪80年代以来,经济全球化一路高歌猛进,经济自由主义思想影响日甚,各国社会结构的变化无不受到这两大事件的深刻影响。当前,中国处于近代以来最好的发展时期,世界处于百年未有之大变局,两者相互交织、相互激荡,作为世界第二大经济体,我国与发达国家的正面竞争不断加剧,外部经济环境的不确定性空前提高,逆全球化浪潮和后疫情冲击进一步加大了经济发展过程中的风险性。在这一背景下,我国参与经济全球化的目标和方式,势必与之前有较大不同,因此,聚焦经济全球化新趋势下的世界经济与中国经济,准确判断中国的发展对世界产生的影响,探寻中国在重要战略机遇期的发展之路,就成为理论经济学不可回避的必答题。构建人类命运共同体、打造全面开放新格局、"一带一路"倡议将是这一领域的主要研究方向,研究范围包括马克思主义的全球化理论、全球价值链重塑与我国产业的转型升级、金融及现代服务业的开放、疫情与全球经济发展新趋势、中国企业海外投资面临的本土合法性问题、"一带一路"与跨境经济合作区的有机结合、"一带一路"区域价值链的形成路径和动力机制、"一带一路"沿线国家的经济发展和制度变迁历史、"一带一路"投资中我国企业面临的非传统性风险等。

(十) 全球贸易治理

随着世界经济格局和实力对比的变化,全球贸易治理在大国博弈中面临调整:一方面,多边贸易体制改革缓慢前行,全球价值链面临新调整,市场风险日益增大;另一方面,数字贸易新模式为全球贸易发展注入新动力,全球贸易治理有望从关税博弈变为规则博弈。在这一背景下,理论经济学将密切跟踪全球贸易治理的新变化和全球经贸新规则的制定,广泛拓展研究视野,深入开展对多边贸易体制运行和发展,我国参与全球贸易治理、WTO改革、贸易便利化和自由化的提升路径、中美贸易摩擦应对战略和政策、巨型区域贸易协定、多边贸易谈判、自贸区与自贸港等的研究,为我国在全球贸易治理中积极争取制度性话语权提供智力支撑,为政府部门提供高质量的决策咨询服务。

(十一) 人口、资源、环境与经济可持续发展

第二次世界大战后，在各国经济不断增长的同时，出现了人口膨胀、资源短缺、环境恶化等一系列全球性问题，我国是世界上人口、资源、环境问题比较严重的国家之一，社会经济发展与自然环境之间出现的不和谐，不仅影响到人民生活质量，而且制约了经济的可持续发展。本领域内人口、资源、环境三个方向上的相关研究都需要进一步深化拓展，具体包括经济可持续发展的理论分析框架；人口、资源、环境在经济发展过程中的内存联系理论；人口老龄化背景下的社会保障制度与政策；城市化中的人口迁移；少数民族人口贫困问题；经济发展中的资源使用效率与改进；煤炭、水、森林、草原等自然资源的开发、保护与利用；农地资源生态安全评价；循环经济理论与政策；环境污染治理与经济发展方式转变；生态补偿机制设计；应对气候变化的温室气体减排机制；山水林田湖草生命共同体理念，等等。

(十二) 经济思想史与经济史

两史领域的研究范围较为广泛，首先，马克思主义经济思想史是对马克思主义经济理论发展变迁的历史追溯，不仅为中国特色社会主义政治经济学研究提供了历史渊源和发展逻辑，而且为当代西方马克思主义研究向马克思的政治经济学批判靠拢奠定了思想基础，进入21世纪以来，西方马克思主义研究重新回归经典马克思主义，其思想史意义值得深入挖掘。其次，新中国经济史是一部关于新中国社会主义经济建设和改革开放实践的历史，也是马克思主义政治经济学理论创新的发展史，对新中国经济史和经济改革史进行全面深入的研究，系统梳理新中国经济发展和改革的脉络，有助于我们客观理解中国经济发展的机制和动力，准确把握未来发展的方向和路线。因此，构建系统全面的中国特色社会主义政治经济学史，从经济史角度开展国家治理体系与治理能力现代化的研究，将会成为理论经济学的重要课题。再次，鉴往知来，对我国古代和近现代的市场经济、产业演变、科技发展、金融实践以及企业经营等进行研究，以历史视角考察中国历代经济繁荣时期的市场发展特征，探寻产业和科技变革的历史路径，挖掘工商经济的影响因素和发展趋势，为当代市场经济的健康运行提供可

借鉴的历史经验。最后,"十三五"时期,相关高校以族别经济史为主要研究领域,在中国少数民族经济史研究方面取得了一定的成果,"十四五"时期,将两史研究拓展到区域经济史特别是民族地区经济史,以及对中国少数民族经济思想史的研究,都将是两史领域的重点研究方向。

(十三) 重大公共安全

现代社会是一个高风险社会,随时面临各种突发事件,诸如战争、内乱、公共卫生事件、生态环境灾难、事故灾难、经济危机、社会安全事件、自然灾害等,一些重大事件甚至导致国家或地区进入紧急状态。进入21世纪以来,重大公共安全的威胁不仅没有随着科技进步和经济发展逐步消失,反而以多种形式呈现出日益严重的趋势,威胁到人们的生命、健康和财产安全,2020年在全球暴发的新冠肺炎疫情再一次敲响了全世界对重大公共安全事件的关注。推动高质量发展,也必须统筹发展和安全,确保安全发展。西方经济学传统理论很难解决贫富差距加大、生态环境恶化、经济危机频发等一系列问题,西方国家的社会制度也不可能集中力量办大事,以举国之力应对重大自然灾害和公共卫生事件。因此,从马克思主义政治经济学的视角对自然灾害、公共卫生事件、社会安全事件、事故灾难等重大公共安全领域内的问题进行研究,着眼于重大公共安全约束下的科技进步、国际合作、空间布局、重点支持领域、应急管理保障体系、政策法规等内容,对于化解重大公共安全风险、严防发生重大公共安全事故具有重要意义。

四 十九个重点研究课题及选题理由

"十四五"时期,理论经济学将坚持以马克思主义为指导,坚持扎根中国大地,聚焦前沿、面向实际、解决真问题,不断提升学科的研究水平。为了发挥科研的先导性、示范性、引领性作用,在基础理论研究上取得原创性、前沿性的高水平学术成果,服务国家重大战略需求和新时代中国特色社会主义经济建设的需要,提高中国经济学的国际影响力与话语权,推动理论经济学学科建设高质量发展,按照二级学科分类特拟订下列19个重点研究课题。

（一）中国特色社会主义政治经济学研究

本课题坚守马克思主义理论品质，以马克思主义政治经济学为指导，瞄准世界经济与大国竞争格局的变化，对新中国 70 年社会主义经济建设和 40 年改革开放伟大实践中的规律性成果进行总结提炼，力争把实践经验上升为系统化的经济学说，构建中国特色社会主义政治经济学理论体系和话语体系，推进充分体现中国特色、中国风格、中国气派的理论经济学学科建设。以习近平新时代中国特色社会主义思想，特别是其中的中国特色社会主义经济思想为指导，贯穿于全篇；以深刻总结并基于中国特色社会主义经济发展实践依据，特别是提出具有鲜明中国特色的命题，作为阐释导向；以马克思主义政治经济学基本立场和方法为基础，阐释中国经济问题背后的道理、学理、哲理。在对新时代中国特色社会主义政治经济学理论体系的基本假设、基本概念、基本原理、逻辑推演进行研究的过程中，注重以问题为导向，深入探讨世界经济和我国经济中存在的突出矛盾，重点考察我国在社会主义现代化建设、经济体制改革与转型、对外开放等方面采取的新做法、遵循的新思路、提出的新观点、实行的新战略，对世界经济和中国经济发展趋势做出前瞻性思考和判断，在认识和总结中国实践的基础上将具有新时代中国特色的经济思想理论化、体系化。强调问题导向上的中国特色，切实针对中国特色社会主义经济中的鲜明命题，包括问题的产生和问题的解决等方面的中国特色。强调理论范畴的中国原创，包括在中国实践中提出的特有的范畴和被运用于中国实践进行了具有中国特色的改变且发生了特殊作用的范畴。强调结构体系上的中国逻辑：包括理论逻辑和在中国特色社会主义经济发展中的历史实践逻辑要求，以理论与实践的中国逻辑作为分析根据。

（二）中国现代化经济体系构建研究

党的十九大报告首次提出"建设现代化经济体系"，指出这是跨越关口的迫切要求和我国发展的战略目标。习近平总书记强调，建设现代化经济体系，这是党中央从党和国家事业全局出发，着眼于实现"两个一百年"奋斗目标、顺应中国特色社会主义进入新时代的新要求做出的重大决策部署。国家强，经济体系必须强。只有形成现代化经济体系，才能更好顺应现代化发展潮流和赢得国际竞争主动，也才能为其他领域现代化提供有力支撑。我们要按照建设社会主义现代化强国的要求，加快建设现代化经济体系，确保社会主义现代化强国目标如期实现。建设现代化经济体系是中国特色社会主义新时代，经济由高速增长向高质量发展转变过程中的重要战略举措，是适应社会主要矛盾变化，解决经济体系结构性矛盾问题的核心抓手。建设现代化经济体系应该以创新、协调、绿色、开放、共享为核心的新发展理念作为思想引领，紧密围绕现代经济体系建设的六大具体任务，以七个主要方面工作为实践抓手，推动经济体系的高质量发展，最终实现中华民族的伟大复兴。本课题重点围绕现代化经济体系的目标任务、重点难点、保障体系等展开研究。

（三）中国特色社会主义宏观调控与经济增长研究

一国宏观经济的平稳运行和持续增长离不开有效的宏观调控，我国在1992年之后逐步建立市场化的宏观调控体系，相比之前更多采用行政手段进行调控的阶段，1992年之后经济波动幅度明显变小，中国特色的宏观调控框架逐步成熟，调控效率上升。中国特色社会主义宏观调控是中国社会主义国家治理体系强调的重大制度安排，即在社会主义市场经济体制框架中，宏观调控属于社会主义基本制度的范畴，具有鲜明的"一主两多"的特征。一元化的调控主体，是指宏观调控权力主要集中在中央，地方政府在中央宏观调控统一部署下安排、落实各项政府调控规划和政策任务。多元化的调控目标（任务），即根据党的十八届三中全会精神，宏观调控的主要任务是保持经济总量平衡，促进重大经济结构协调和生产力布局优化，减缓经济周期波动影响，防范区域性、系统性风险，稳定市场预期，实现经济持续健康发展。多元化的手段体系，是指宏观调控在手段选择上应涵盖各种必要的手段，不仅限于经济手段，也包括法律手段，甚至并没有完全放弃源于计划经济时期的行政手段。其中，经济手段不仅限于财政政策、货币政策，也包括规划。本课题将聚焦中国特色的宏观经济调控模式，探索中国宏观调控体系成功稳定宏观经济运行的规律。

(四) 中国特色政府与市场关系理论研究

与所有的市场经济体制一样，中国的社会主义市场经济体制要发挥市场配置资源的决定性作用，具备市场经济的一般特征，即平等性、法制性、竞争性和开放性。不过，中国的市场经济在根本上具有社会主义性质而不同于一般市场经济。第一，中国的市场经济是在中国共产党及其政府领导下的市场经济，其根本目的是解放生产力和发展生产力，实现共同富裕。第二，基本经济制度不是以资本主义私有制，而是以公有制为主体、多种所有制经济共同发展作为社会主义市场经济体制的根基。第三，在承认市场配置资源的决定性作用的同时，强调国家有能力利用多种手段对宏观经济进行大力调控，减少经济波动的必要性，需要在不同的发展阶段针对发展战略合理调整政府职能，发挥好政府对经济的调控作用。正是在不断地调整政府和市场边界、发挥好各自作用的过程中，中国不仅经济总量持续高速增长，产业结构快速升级，而且宏观经济基本稳定且未发生明显的经济和金融危机，展现出制度优越性。因此，政府与市场关系是研究中国实践的牛鼻子，是分析各规律的一般性视角。随着我国经济体量日益增大，经济结构越来越复杂，各种利益相互交织，各级政府与市场之间关系更为复杂。为了更好地理解和发挥中国特色社会主义市场经济的优势并防止和克服其潜在弊端，更好地发展生产力和实现共同富裕，本课题重点关注如下问题：政府和市场的动态最优边界理论；公有制为主体与多种所有制并存的产权理论；所有制结构转型与市场竞争关系理论。

(五) 中国特色社会主义市场经济与国有企业改革研究

在中国特色社会主义市场经济的发展过程中，作为中国社会主义经济体制中的重要微观经济主体，国有企业一直处于国民经济的核心位置，在长达四十余年的中国经济改革进程中，国有企业改革也构成了中国经济改革的主脉络。可以说，一部中国国有企业的成长与改革史，也是一部中华人民共和国的成长史。然而，对于国有企业在国民经济中的地位、贡献及其改革方向，人们一直存在争论。对于国有企业这样一个多目标的微观主体而言，其企业的性质、功能、目标究竟是什么？如何评价其在整个国民经济中的贡献？深化国有企业改革，要符合中国的国情，既要遵循市场经济规律，也要避免市场的盲目性。如何完善国有企业治理结构，建立现代企业制度，增强国有企业活力，提高国有企业的经济效益，一直以来都是经济理论界研究的重要课题，也是我国发展实践中的一大挑战。本课题围绕中国特色社会主义市场经济与国有企业改革的核心问题展开研究。

（六）中国共产党百年经济史研究

2021年是中国共产党建党100周年，在这100年的历程中，中国共产党通过各个时期的经济政策，带领中国人民开辟了一条国富民强的康庄大道。总结中国共产党的百年经济政策与绩效，不仅有利于廓清历史事实，而且有利于总结经验教训，为完善社会主义市场经济体制提供有益借鉴，助力中华民族伟大复兴，形成全球经验。本课题应重点梳理新中国成立前、新中国成立后至改革开放前、改革开放后的三个阶段的中国经济政策及其效果，重点梳理中国共产党领导下的百年中国经济发展政策演变与经验成就。

（七）百年未有之大变局与中国特色社会主义市场经济完善研究

当今世界正处于百年未有之大变局。中国特色社会主义进入新时代，社会主要矛盾已经转化为人民日益增长的美好生活需要和不平衡不充分的发展之间的矛盾，经济已由高速增长阶段转向高质量发展阶段，与这些新形势新要求相比，我国市场体系还不健全、市场发育还不充分，政府和市场的关系没有完全理顺，还存在市场激励不足、要素流动不畅、资源配置效率不高、微观经济活力不强等问题，推动高质量发展仍存在不少体制机制障碍。我国当前经济发展面临的不确定性加大，长期存在的结构性问题依然存在，转型与治理难题在新冠肺炎疫情后进一步加大。在迈向中华民族伟大复兴的征程中，依然有很多的困难和挑战，中等收入陷阱如何跨越？如何在各种红利下降的情形下找到新动能？现代化经济体系怎么构建？如何更好地实现高质量发展？这些问题的解决，都建立在经济体制不断改革和完善的基础上，可以说，不断深化和完善经济体制改革是高质量发展的前提。在国际经济形势波诡云谲、保护主义抬头、逆全球化趋势加剧、新冠肺炎疫情导致全球经济面临衰退的背景下，如何在更高起点、更高层次、更高目标上推进经济体制改革，对我国经济的高质量发展以及建设社会主义现代化强国具有十分重要的意义。需要围绕我国经济体制改革的重大问题予以深入研究，一方面，形成更加具体细致、更加切合实际、更具可操作性的方案，推动中国经济体制改革与完善；另一方面，围绕中国四十余年的改革实践，提炼出具有国际影响的理论成果，为全球经济发展贡献中国智慧！

（八）中国经济制度渐进双轨改革与经济增长奇迹研究

中国1978年开始的向市场经济体制转型，并未遵从休克疗法的逻辑，而是在从传统的计划经济向市场经济转型的过程中，不断实践，探索出了一条具有中国特色的制度转型道路，即在党的统一领导下，地方分权、自主实验的渐进的双轨改革方式。这条具有中国特色的制度转型模式，既实现了制度转型的平稳性，又在此基础上优化了要素配置，提高了社会的整体生产效率。这种渐进式改革一度被西方学者认为不符合经济学主流理论的逻辑，其改革绩效也受到广泛质疑。然而，渐进式改革在中国取得巨大成功，主流经济学理论与渐进式改革在中国取得实际成效的冲突成为亟待解决的理论悖论。中国改革开放四十余年取得的经济发展成就使中国和西方学者逐步认识到，渐进式改革有其适应性效率，需要理论经济学界进行反思。国内经济学家开始对中国经济发展经验和模式进行解析，从中发现了诸多独特的因素。迄今关于中国经验和模式的研究发现，一些对长期增长至关重要的因素可能被现有主流经济理论忽略或轻视，由此激励经济学家重新审视中国经验和模式，拓展现有经济学理论，研究中国制度与中国增长的必然联系这一科学问题，解决现有的理论悖论是本课题的重要研究方向。

（九）中国经济以国内大循环为主体、国内国际双循环相互促进的新发展格局研究

面对复杂的疫情防控和经济社会发展形势，构建国内国际双循环相互促进的新发展格局，是中国经济高质量发展的内在需要。长期以来，中国在全球产业链中处于"世界工厂"的地位，附加值不够高，品牌效应不够强。我们要继续坚定不移走高质量发展之路，稳步实现从代工到研发、从模仿到创新、从"制造"到"智造"的转变，就必须着眼全球资源和市

场,更好地利用国内国际技术、人才、管理等各方面资源,全面提升国际竞争力。构建国内国际双循环相互促进的新发展格局,也是全球经济再平衡的客观要求。随着世界经济格局深刻调整,由个别国家长期主导的单一循环模式已经难以持续。近年来,中国致力于供给侧结构性改革和更高水平的对外开放,不断形成进口和出口平衡发展、利用外资和对外投资相互协调、增长动力更多依靠国内需求特别是消费需求的良性循环系统,为稳定国际产业链、促进全球经济良性循环做出了贡献。中国的发展离不开世界,世界的发展也离不开中国。如何将新冠肺炎疫情冲击带来的挑战转化为把握新机遇、开拓新空间的动力,是摆在我们面前的重大战略课题。本课题重点探索如何增强战略思维、系统思维,在做好常态化疫情防控的前提下,积极扩大内需、稳定外需,打通堵点、连接断点,加强国际协调合作,构建国内国际双循环相互促进的新发展格局。

(十)双循环格局下全球制造业中心与金融中心分离的影响及其应对研究

进入21世纪,国际分工格局逐渐形成双循环模式,全球制造业中心与金融中心分离,对我国经济产生了极大影响,不仅极大增加了我国与初级产品供给国之间的汇兑和交易成本,而且大幅提高了我国进口材料成本,甚至严重破坏了我国的经济安全。为了应对这些不利影响,必须增强我国生产网络的核心竞争力,维护中间品生产网络的开放和安全,我国国内生产网络的竞争力越强、开放度越高、安全性越好,应对成本上升和关税摩擦的能力就会越强。基于以上认识,本课题将围绕以下问题展开研究:第一,金融中心与生产网络中心分离对我国经济安全造成怎样的影响?第二,金融中心和生产网络中心之间发生金融摩擦的渠道和方式可能有哪些,应如何应对?第三,我国生产网络的核心竞争力是什么?在贸易和金融摩擦加剧的背景下如何保持和强化核心竞争力?

(十一)逆全球化动向与创新全球治理的中国方案研究

近年来,全球贸易持续低迷,欧美国家相继掀起逆全球化浪潮,中美贸易摩擦进一步加剧,2020年又出现新冠肺炎疫情大流行,对全球产业链和全球供应链带来巨大冲击。在此背景下,综合世界经济、国际贸易、国际关系、全球治理等学科的研究方法与范式，考察逆全球化动向的成因与效应，探究创新全球治理的中国方案具有重要的理论和现实意义。本课题将在贸易政策政治经济学的理论支撑下，从政治和经济互动的视角，深入考察不同类型国家所产生逆全球化动向的影响因素与动力机制，同时，基于中国视角在新政治经济学的框架下，考察中国参与全球治理、重构国际经贸规则的影响和制约因素，提出重构国际经贸规则的中国方案，为新时代的改革开放与经济全球化实践服务。具体研究思路和内容如下：第一，从理论和实践两个角度阐述现有国际经贸规则面临的问题与挑战，揭示逆全球化背景下国际经贸规则重构的迫切性和必要性。第二，全面描述逆全球化的源起、表现、成因，定量分析逆全球化动向对贸易发展、经济联系、国民福利等产生的效应。第三，通过考察重构国际经贸规则的动力基础揭示出重构过程须遵循的原则，从全球视角提出重构国际经贸规则的一般性路径与方案。第四，从全球治理的视角考察中国广泛深入参与国际经贸重构的利弊得失，提出切实可行的符合中国发展长远利益的政策建议。

（十二）中国产业结构演变与升级的空间政治经济学研究

中国的经济发展过程中始终伴随着产业结构动态变化和调整的重大现象，产业结构能否实现顺利调整和转型升级，实质上是中国经济创新引领发展、高质量发展、可持续发展的内生动力的决定性因素之一。当前，中国面临全面打造实体经济、现代金融、科技创新、人力资源协同发展的现代化产业体系的重大发展任务，面临提高产业链基础能力和提升产业链全球竞争水平的关键发展任务，迫切需要在产业结构动态调整规律方面，做出全新探索和深入研究。中国的产业结构动态调整规律，既包含中国产业结构动态调整的一般规律，也包含中国不同区域之间的产业梯度转移和演化规律，更包含中国参与全球价值链贸易和分工体系下的动态演变规律。而且，近年来，随着中国人口老龄化和劳动力成本的提高，原来劳动密集型的产业逐渐失去了竞争优势，面临产业转移和升级。国际上重构全球产业链的趋势越来越明显，中国面临与全球产业链脱钩的风险。在这一大背景下，中国的产业空间布局势必进一步调整。探讨中国产业升级的演化规律，完善和优化产业链体系，是保证中国未来经济稳定的重要课题。因此，本课题的具体研究问题包括：中国产业结构调整的动态演变规律；中国不同区域之间的产业梯度转移和演化规律；中国参与全球价值链贸易和分工体系下动态演变规律；如何提高产业链的系统抗风险能力；产业升级的实现路径；产业集群的形成和演化原理；产业链延伸和升级的制度保障机制。

（十三）新时代科技创新支持体系构建与高质量发展研究

创新是引领发展的第一动力，是建设现代化经济体系的战略支撑，科技创新对于生产力提高和经济发展具有决定性作用，谁抓住了科技创新这个核心，谁就抓住了牵动我国发展全局的"牛鼻子"。本课题以实现高质量发展为目标，以不同层级的科技创新支持体系为研究对象，结合经济实践探索研究推进不同层级科技创新支持体系不断完善的现实路径和成功经验，为落实创新引领经济高质量发展、从科技创新支持体系视角完善中国社会主义市场经济体制和相关理论体系做出贡献。本课题主要研究两个问题：一是为什么要通过完善科技创新支持体系来促进经济高质量发展，二是如何全面构建和完善科技创新支持体系以促进经济高质量发展。

（十四）传统企业数字化转型的微观机制研究

随着新一代科技革命和产业变革潮涌，包括我国在内的许多国家都把数字经济上升到国家战略的高度。在此背景下，我国已经有大量的传统制造业企业开始尝试数字技术和制造业深度融合，旨在通过先进制造和智能制造实现传统业务模式的转型升级。然而，从现有案例来看，数字化转型的大量实践均以失败告终。因此，能否通过数字化转型提升中国制造业竞争力，离不开对相关微观机制的研究。本课题将集中探讨实现数字化转型所必须具备的激励机制、治理结构、组织能力和产业链协作上的条件，解决好制造业数字化转型进程中的难点问题，切实推动制造业高质量发展。

（十五）中国的反贫困与发展经济学研究

历经四十余年的改革开放，在经济保持了高速增长的同时，我国的扶贫工作取得了举世瞩目的成就，数亿中国人摆脱了贫困。自1986年开展大规模扶贫开发以来，中国扶贫取得巨大成就。尤其是在党的十八大以后，党中央把贫困人口脱贫作为全面建成小康社会的底线任务和标志性指标，扶贫开发工作呈现新局面，至今绝大多数贫困人口已经脱贫。中国的反贫困与经济发展的成就是对世界反贫困和经济发展的巨大贡献。在我国减贫战略即将转型的历史节点，对中国扶贫实践的历史事实和相关数据进行系统整理，对精准扶贫绩效进行系统评估，探究各类扶贫政策的作用机制，有助于为贫困问题的一般理论贡献具有中国特色的原创性研究成果，为国际贫困治理贡献中国经验，也为下一阶段巩固脱贫攻坚成果、解决相对贫困问题提供决策参考。本课题将从中国减贫和经济发展的相关问题入手，总结中国的反贫困和经济发展经验，将之提炼为具有世界意义和全球价值的反贫困理论，丰富发展经济学的理论框架。

（十六）全面建成小康社会后相对贫困治理研究

2020 年是精准脱贫攻坚战的收官之年，我国现行贫困线标准的脱贫目标针对的是绝对贫困，脱贫攻坚战成功收官之后，消除相对贫困仍然任重而道远。为使脱贫攻坚胜利成果得以巩固，也为基本实现社会主义现代化的中期目标奠定坚实基础，接下来国家将压茬推进乡村振兴战略，实现精准脱贫与相对贫困治理和乡村振兴的有效衔接。因此，对全面建成小康社会后精准脱贫与相对贫困治理和乡村振兴的衔接，在理论层面上做出诠释，具有重要的理论和实践价值，是重大的现实课题。本课题将致力于反贫困的基础研究，探索如何制定中国新的贫困线，对脱贫政策进行科学评估，并系统研究全面建成小康社会后相对贫困治理的现状、问题、评价、长效机制、治理体系等。在研究过程中，将利用现代前沿方法，包括购买力平价、多维贫困指数、国际比较研究等，积极借鉴国际经验研究中国问题，用国际语言讲好反贫困的中国故事。

（十七）中国城乡转型和区域城市发展规律研究

中国的城乡转型和区域城市发展是中国经济发展过程中的两个重要结构特征。实现从乡土中国向城乡中国的转变，中国城市化的不断推进，是中国结构转型最重要的特征，也是推动中国经济奇迹创造和历史转型的重要力量。中国在经历急速的城市化以后，不同的城市表现出差异甚大的发展规律，既有政府主导型的，又有市场主导型的，而且，区域城市的规律正在发生变迁。总结城市发展背后的经济规律显得异常重要而迫切。而且，中国城市化发展的过程中形成了若干超大型城市群，这些城市群发展的内在规律有所不同。这些问题需要从以下方面予以研究：中国城乡转型的变迁规律研究；中国的区域差异及其动态演变规律研究；中国城市群的发展规律研究。

（十八）中国特色土地制度与中国经济发展模式转变研究

后发国家经济发展的起飞阶段都面临资本不足的制约问题。与其他经济体不同的是，中国独特的土地制度结构与变迁为经济发展创造了巨额的资本来源。地方政府以土地作为工具主导和推动经济发展，形成"以地谋发展"模式。自20世纪90年代起开启的"以地谋发展"模式在中国的经济发展初期的确起到了非常大的推动作用，通过对土地市场的把控和利用，显著拉动了地方工业化、城市化及经济的跨越式发展。随着中国经济发展进入转型期，"以地谋发展"模式积累的问题逐渐出现，土地对地方经济的拉动作用已经衰竭，部分地区风险不断累积，政府必须加快土地制度改革，为地方经济发展创造新的动力来源。本课题将重点研究中国特色的土地制度影响经济增长的路径及其转变。

（十九）中国劳动力市场就业与收入分配规律研究

劳动力市场就业和收入分配是中国市场体系的重要组成部分，也是国家经济运行中的重要内容。劳动力市场就业和收入分配的重要性体现在微观和宏观的方方面面。从微观视角来看，劳动收入是家庭收入的重要来源，平均占比达到80%以上；从宏观视角来看，几乎在所有国家劳动者收入占国内生产总值的比重都超过50%。劳动力市场的改革不仅可以提高劳动力和人才资源配置效率，还可以提升劳动者人力资本，实现更加充分和更高质量的就业，实现人才强国。与此同时，劳动力市场直接关系到收入分配结构。新中国成立后，我国实行了近三十年的计划经济体制，形成了城乡分割的基本格局，在一定程度上禁锢了劳动力市场的活力，削弱了劳动力要素的配置效率。改革开放后，伴随着社会主义市场经济体制的建立，我国劳动力市场进行了大幅度的改革，劳动者和企业拥有了更多的自主权，市场在劳动力资源配置中的作用愈加明显，劳动者工资显著提高。在渐进式的改革模式下，我国积累了大量关于劳动力市场改革的经验。总结改革经验、分析改革规律有助于指导劳动力市场进一步改革。与此同时，劳动力市场在逐步发展中出现了劳动力市场分割、劳动收入不平等加剧、劳动力市场结构性矛盾突出等重要问题，急需进一步改革。本课题旨在挖掘总结我国劳动力市场就业变迁和收入分配的内在规律和丰富经验，分析劳动力市场和收入分配领域存在的突出问题和改革思路。具体研究问题包括：中国人口结构变化与劳动力市场的演变规律；中国劳动力要素市场化双轨制的规律；中国渐进式劳动力市场改革的内在逻辑和规律；中国劳动力就业和收入分配规律。

总审稿人 刘 伟
审 稿 人 刘元春
执 笔 人 刘守英　谢富胜　周 文
参 加 人 张晓芬　王誉潼　陈 扬　马向鹏　刘成豪

应用经济学

农业与农村经济学

一 农业与农村经济学学科当前发展的基本状况

（一）主要研究力量布局

农业与农村经济学学科以"三农"问题为主要研究对象，研究力量分布比较广泛。从国家社会科学基金项目研究来看，农业与农村经济问题的应用研究和综合研究主要在应用经济学学科，理论经济学学科和管理学学科侧重于基础研究和政策开展；同时，马克思主义、科学社会主义、社会学、人口学、法学等学科在党的"三农"理论、农村组织建设、农村人口与就业、农村社会发展与法制建设等方面也进行涉农问题的相关研究。

从研究单位来看，研究力量主要分布于高校、科研院所、党政咨询研究机构等方面。在高校中，数量最多的分布在农业院校的经济管理学院和以土地资源管理为主的公共管理学院，其中以南京农业大学、华中农业大学、中国农业大学、华南农业大学、西北农林科技大学等为代表；综合院校和财经类院校次之，其中以浙江大学中国农村发展研究院、中国人民大学农业与农村发展学院、北京大学中国农业政策研究中心等为代表；中央和地方党校系统等最少。科研院所主要包括国家和地方的社会科学院、农业科学院等，其中以中国社会科学院农村发展研究所、中国农业科学院农业经济与发展研究所等为代表。党政咨询研究机构主要包括国家和地方的党委政策研究室、政府研究室、发展研究中心及有关部委所属的相关研究机构，其中以国务院发展研究中心农村经济研究部、中央政策研究室农村研究局、国务院研究室农村经济研究司、农业农部农村经济研究中心等为代表。

（二）人才培养

从研究生层面人才培养情况来看，在学位授权方面，农业与农村经济学学科对应于教育部学科目录中的农林经济管理一级学科，目前全国具有农林经济管理一级学科博士学位授权单位31个，其中农林类院校21个，约占68%，综合性及财经类院校7个，约占23%；具有农业经济管理二级学科博士学位授权单位14个；具有林业经济管理二级学科博士学位授权单位2个；具有农林经济管理一级学科硕士学位授权单位24个；具有农业经济管理二级学科硕士学位授权单位21个；具有林业经济管理二级学科硕士学位授权单位7个。

"十三五"时期，本学科人才培养规模稳定增长，国际化趋势明显增强。2014—2017年，农林经济管理学科全日制硕士、博士研究生招生总人数增长14.5%，其中境外招生人数上涨了90%，境外学生学位授予人数上涨了近2.4倍。

反映高层次人才培养质量的一个重要指标是全国优秀博士学位论文评选，先后有南京农业大学的蒋乃华（导师李岳云）、常向荣（导师顾焕章）、谭荣（导师曲福田）、纪月清（导师钟甫宁），华中农业大学的谭砚文（导师李崇光），中国农业大学的刘秀梅（导师田维明）、司伟（导师王秀清），华南农业大学的郑晶（导师温思美）共4所院校8人的论文获得全国优秀博士学位论文。南京农业大学的徐志刚（导师钟甫宁）、黄慧春（导师褚宝金），华中农业大学的祁春节（导师雷海章）、蔡银英（导师张安录）、李谷成（导师冯中朝）、赵玉（导师祁春节），浙江大学的郭红东（导师黄祖辉）、阮建青（导师卫龙宝），上海交通大学的徐翠萍（导师史清华），东北农业大学的王颜齐（导师郭翔宇）共5所院校10人的论文获得全国优秀博士学位论文提名。

（三）队伍建设

"十三五"时期，学科队伍规模进一步增长，结构进一步优化。目前，在规模上，全国设有农林经济管理学科的学校平均拥有专任教师40人；在结构上，具有高级职称人员约占75%，具有博士学位人员约占84%，具有一年以上海外研修经历人员约占35%，最高学位非本单位获得人员约占60%，拥有国家级和省部级人才称号人员约占10%。

从高层次人才队伍来看，张晓山、蔡昉为中国社会科学院学部委员，钟甫宁为南京农业大学钟山学者特聘教授，黄祖辉为浙江大学一级教授，一批专家学者入选国家级人才项目。本学科先后有华南农业大学罗必良、河南农业大学马恒运、南京农业大学朱晶、中国人民大学朱信凯和仇焕广、北京大学黄季焜等入选教育部"长江学者"特聘教授；同济大学程国强、北京大学王金霞和刘承芳等获得国家自然科学基金"杰出青年科学基金"项目资助；河北省社会科学院彭建强、南京农业大学周应恒和朱晶、东北农业大学郭翔宇和李翠霞、北京林业大学陈建成、华中农业大学张俊彪、贵州大学洪名勇、中国社会科学院魏后凯、华南农业大学罗必良、西南大学温涛、中华人民共和国国家发展和改革委员会姜长云等先后入选国家"万人计划"哲学社会科学领军人才。此外，还有一些研究人员入选国际学术机构院士和会士，如林毅夫入选第三世界科学院院士，黄季焜入选发展中国家科学院院士和国际农业经济学家协会终生荣誉会士，尹成杰、郭翔宇入选世界生产力科学院院士等。

二 农业与农村经济学学科"十三五"时期取得的重要进展和主要成绩

从重大课题立项情况来看，2016年以来，围绕乡村振兴、贫困治理、耕地保护、粮食安全、土地改革、农村集体产权制度改革、农村社会发展与乡村治理等问题立项的国家社会科学基金重大项目有40余项，其中研究贫困问题的11项，研究农村改革问题的7项；立项的国家社会科学基金重点项目中涉及"三农"问题的有100余项，其中60%是从经济学和管理学学科申报立项的，其他是从社会学、人口学、政治学、法学、民族学以及马列·科社、党史党建等学科申报立项的。

从科研成果获奖情况来看，2016年以来，钱文荣等《人口迁移影响下的中国农民家庭》、罗必良《科斯定理：反思与拓展——兼论中国农地流转制度改革与选择》等9项成果获得教育部人文社科成果一等奖，郭熙保《长期多维贫困、不平等与致贫因素》、孔祥智《中国农机购置补贴政策评估与优化研究》等40余项成果获二等奖，李谷成等《资本积累、制度变迁与农业增长——对1978—2011年中国农业增长与资本存量的实证估计》等11项成果获青年成果奖；潘劲《红林村：一个京郊山村的经济社会变迁》、孙君《农道——没有捷径可走的新农村之路》等7部专著和张晓山等《关于农村集体产权制度改革的几个理论与政策问题》、何秀荣《关于我国农业经营规模的思考》等18篇论文获中国农村发展研究奖；还有一批成果获得省级社会科学成果一等奖。

从学术论文发表和专著出版来看，2016年以来，本学科在SCI/SSCI、CSSCI源期刊发表论文稳步增长，2019年分别超过200篇和5000篇，每年在北京大学全国中文核心期刊发表论文8000篇左右；学术专著出版数量增加和质量水平提高更加显著，2017年专著出版数量比2014年增加50%，国家社会科学基金资助的专著出版数量比2014年增长了75%。

从社会服务来看，本学科研究人员积极参与国家和地方相关涉农规划等的编制和论证、涉农法律法规制定与修改等工作，积极参与农业农村部和财政部启动的现代农业产业技术体系建设；许多专家积极向党和国家以及地方党委和政府建言献策，对我国农业农村改革与发展提出了许多具有创新性、前瞻性、可操作性的决策建议和咨询报告，得到了党和国家领导人的肯定和批示。

三 农业与农村经济学学科当前的研究状况、存在问题和薄弱环节

（一）农业与农村经济学学科当前的研究状况

1. 研究范式日趋规范化，研究水平不断提高

农业与农村经济学学科的主流范式已经由传统重逻辑推演和定性分析转变为以数量和实证分析为主，以现代数理统计和计量经济学、计算机技术等为基础的实证主义研究方法已发展成为国内的主流范式，农业技术经济学等交叉科学开始兴起，包括国际上最近兴起的随机对照试验（RCT）、机器学习、大数据等前沿方法都能迅速地影响到国内。

每年发表在国际高水平农业经济类刊物上的高被引论文和入选Elsevier的高被引学者越来越多，有学者长期担任世界银行、联合国粮食及农业组

织等国际机构的顾问或咨询专家，担任国际主流农业经济期刊 *Agricultural Economics*、*Canadian Journal of Agricultural Economics* 等的编委、国际农业经济学家协会（IAAE）的理事等。现在每年都会有大量中国学者在美国农业与应用经济学会（AAEA）、IAAE 等高水平国际农业经济会议上报告论文，AAEA 还成立了专门的中国分会（China Section）进行学术交流，共同发出"中国声音"，在国际农业经济学界的话语权有所提高。

2. 学科分工不断细化，研究领域不断拓展

在深化农业生产增长与发展、国家粮食安全、农产品贸易与市场政策等问题的同时，开始关注农业的高质量、绿色和可持续发展，农村三产融合及生产经营方式转变等问题；在围绕消费偏好进行食物经济研究的基础上，逐渐向食物营养和健康领域拓展；从公共物品服务、城乡要素流动和社区治理等方面转向重点关注人力资本、包容性农村转型及制度、政策和投资等内容。特别是随着经济发展与结构转型，本学科研究领域正在经历一系列新的变化：从传统农业生产领域向流通消费领域拓展，从传统农业发展领域向农民福利领域延伸，从传统农村发展向农村环境治理领域深入，从传统农业经济向涉农产业经济领域扩展。

3. 学科交叉成重要发展方向，与资源环境融合成学科优势发展领域

农业与农村经济学学科的发展正继续得益于学科交叉、融合及创新。在传统经济学和管理学的基础上，本学科的研究正不断引入行为经济学、制度经济学、组织经济学、信息经济学和福利经济学等其他流派的理论与方法。另外，农学、水文学、气候学、生态学、环境工程、地理信息系统和遥感等自然科学及生物技术、信息技术和智能与经济管理学科的交叉将进一步推动本学科的研究，研究视角包括水、土、林、草、渔资源的保护和可持续利用，农业面源污染，气候变化的影响与适应，水—能—粮的协同效应及自然系统生态价值评估等。在学科交叉的基础上，与资源环境融合的研究正得到学术界和政策部门的高度重视。

4. 微观和宏观、国内和国际的结合更加紧密，研究综合性不断加强

在过去侧重于农产品生产、消费、贸易与市场等微观层面研究的基础上，越来越注重运用部门或一般均衡对区域及全国的农产品供需等宏观问题进行预测，并使微观层面的研究与宏观层面的研究更好地结合。在学科交叉的基础上，原有的农产品供需等经济模型将与水土资源、气候变化、

能源利用和环境保护等自然科学方面的模型进一步耦合，模型的综合分析能力将进一步提高。同时，国内学者在重点研究国内的农业与农村经济及管理问题的基础上，开始关注国外的农业与农村经济发展问题，并把中国农村转型的经验有效传播到其他发展中国家。

5. 反映中国特点的理论创新受关注程度不断提升

传统上，本学科的研究往往以应用研究为主，所依据的主要是西方发达国家的经济学和管理学理论。随着中国农村改革的不断深化和改革经验、成效的积累，国内学者将根据中国特色对以往应用经济学和管理学理论做出创新，使研究结果更有效地支持中国决策。同时，在定性研究的基础上，定量研究方法将成为研究的主要工具。除了计量经济学模型外，借助线性和非线性优化模型的比较静态和动态优化模型分析的运用将越来越普遍。另外，实验经济学将在学科领域得到进一步的应用与提升；基于学科交叉构建的局部或一般均衡经济模型等综合分析工具的应用也将得到进一步的发展。

（二）农业与农村经济学学科存在的问题和薄弱环节

1. 研究成果学术水平有待进一步提高

2016年至今，按照中国知网数据库中图分类号"农业经济"学科统计，发表论文数量近45万篇，但权威期刊高水平论文占比偏低。四年多来，《经济研究》发文总量790篇，其中农业经济学科论文35篇，仅占约4.4%；《管理世界》发文总量972篇，其中农业经济学科论文74篇，仅占约7.6%。在发文量排名前十的国际农业经济期刊上，除 Land Use Policy 期刊发文量占比达3.9%之外，在其他国际高水平期刊（如 Food Policy、Journal of Development Economics、American Journal of Agriculture Economics）上发表的论文占比均低于1.5%。

2. 政策研究的影响力有所下滑

近些年来，从事农业政策研究的人员比例相对降低，许多研究满足于一般的政策性服务，往往以政策解读或进行政策效果评价为主，影响政府决策的超前性、重大性和实操性强的研究成果偏少。特别是随着各级党政部门的智库建设不断发展，本学科在农业农村经济政策决策方面的影响力有所下降。

3. 学科发展面临压力和挑战

由于农业与农村经济学的基本理论大部分来源于经济学、管理学、统计学等学科，这些基础学科的介入和发展覆盖了许多农业与农村经济研究领域，对本学科空间形成一定的"碾压"态势。因国家对"三农"问题的高度重视，吸引了经济学、社会学、政治学、法学等非农学科对"三农"问题的关注，有些高水平综合性大学开始增设农学院或加强农业与农村经济研究，这也给本学科带来了一定的压力。此外，还有来自"新农科"的挑战，移动互联网、大数据、云计算、物联网等新一代信息技术和生物技术、人工智能、空间信息技术、智能装备等对本学科原有的知识体系、研究范式和专业设置等产生影响。在研究生层次的人才培养方面，本学科对考生的吸引力弱化，生源数量相对减少，优质生源不断流失，可能导致学科队伍后继乏人。

四 农业与农村经济学学科"十四五"时期的学术前沿和发展趋势

（一）治理相对贫困的制度政策和长效机制研究

随着贫困县"摘帽"退出和贫困人口脱贫，我国区域性整体贫困问题和农村人口的绝对贫困问题已经基本解决，但当前和今后将长期存在农村相对贫困问题。为此，要科学研判全面建成小康社会和脱贫攻坚任务完成后农村贫困状况新的变化和特点，分析将面临的问题、困难和挑战，明确反贫工作总体目标和具体任务；及时将扶贫工作重心转向减少相对贫困，重新界定相对贫困人口的概念，研究相对贫困人口的衡量维度、识别方式和测量方法，从区域层面和个人层面分析相对贫困的致贫原因；树立常态化、制度化的贫困治理思维，从反贫困政策目标、政策内容、政策措施、体制机制等方面探索建立解决相对贫困的制度框架和政策体系，构建多维相对贫困协同治理模式和长效机制，并从政府机构贫困治理职能转变与扶贫方式创新、市场与社会组织贫困治理参与度提高和治理能力提升、贫困地区和贫困人群贫困治理内生动力增强等方面设计具体的协同治理实施路径。

（二）全面深化农村改革与制度创新研究

（1）系统研究农村土地制度改革。围绕农村土地征收与利益分配、耕地承包经营权规模化流转及其契约化和规范化、集体经营性建设用地入市及城乡统一建设用地市场建设与用途管制和用途转换机制完善、宅基地制度改革试点与制度创新等问题，如何正确评价改革成效、科学评估改革推广的社会经济影响，总结当前改革中的经验及问题，提出下一步深化改革的思路及政策建议。（2）深入研究农村集体产权制度改革。系统梳理和总结当前我国农村集体产权制度改革中存在的问题以及体制机制障碍，提出推进农村集体产权改革的思路、举措及政策，重点研究集体所有权实现方式、农村集体经济组织成员资格、农村集体经济发展路径等问题。（3）深入研究完善农村基本经营制度、农业支持保护制度等问题。

（三）食品安全与食品消费行为研究

在理论层面上，食品经济的内涵应该与时俱进，打破传统由生产到消费的单一供应链条，构建以消费者为中心、市场需求为导向的辐射复合型功能网链，在食品市场分析模型拓展中引入政府、企业等行为主体，以明晰政府和市场双方力量在现代食品体系中的角色职能。在应用层面上，食品价格波动、农业生产力增长速度放缓引起的供需不平衡、价格波动时期决策者的决策行为、生产者和消费者面对价格变化的反应等都是食品经济有待回答的应用选题；围绕现代食品生产体系，如何充分利用国内外两个市场、两种资源推动中国食品生产、物流与营销发展是全球趋势；消费者食品消费行为及其对政府制定相关政策以改善国民健康、提高食品行业运转效率的影响，如何打破食品供应链条信息不对称和责任分割不清等瓶颈完善食品安全治理，如何在数字经济下运用"区块链"等技术加强食品供应链信息透明度，如何加强后疫情时代食品安全和公共卫生事件统筹管理，以及食品营销、食品企业的伦理道德、食品消费心理与行为、食品营养与安全等领域都有待深入研究。

（四）资源环境经济与农业可持续发展研究

在现代农业发展过程中，农业污染是我国面临的重要挑战。在过去二三十年里，该领域是发达国家农业经济研究中增长最快的领域，今后将成为我国农业经济研究的重点之一。（1）开展与农业密切相关的环境影响评估，如量化气候变化、外源污染等环境因素对农业经济的影响，测度农业生产活动引发的面源污染、温室气体排放等生态环境冲击，评估耕地保护、休渔禁渔等农业政策的环境影响；（2）立足国家层面，开展农业之外的广义环境问题研究，评估土地、水、矿产、森林、草地和海洋海岛等资源的利用与保护政策对生态系统的整体与局部影响，论证如何协调自然资源资产与经济增长以实现资源永续开发；（3）针对农业污染和资源短缺等问题，分析当前问题出现的根本原因，结合我国社会经济发展和城乡人口流动预测未来变化趋势，评估现有管理政策的政策效果，对未来相关政策的出台提供决策依据。相关研究需要加强经济学与农学、资源环境科学、地理学、计算机科学的跨学科合作，将生态环境演进融入经济社会分析框架，构建包含资源环境约束与气候变化冲击的区域经济增长核算模型，开发可计算的一般均衡模型，动态模拟资源与环境政策的综合影响，为政策制定提供参考。

（五）农业科技创新与推广研究

围绕农业科技创新与推广问题，需要在三个方面进一步深化研究和拓展。一是农业科技创新政策研究，涉及以高校和科研机构为主体的农业科研体制改革、农业企业的科技创新激励和基层农技推广体系完善等问题。二是农业技术进步与技术效率研究。随着前沿分析和数据包络分析方法的不断发展，使对技术效率的分析在测算国家或地区层面农业全要素生产率的同时向微观层面的农户、农场和农业企业等生产经营主体拓展，进一步实证分析影响效率的内外部因素。三是围绕农户的特定农业技术推广研究。农技推广问题需在内容上引入跨学科的社会经济因素以拓展经典的微观经济行为解释机制，在方法上基于情景选择实验的问卷调查和现实中开展农技推广的随机对照试验将是新的发展趋势。

（六）农村金融供给与创新研究

在乡村振兴的时代背景下，未来农村金融创新问题具有较大拓展空间。在制度层面上，亟须探讨如何通过农村金融制度和投融资体制机制优化，完善金融支农的激励政策，引导证券、保险、担保、基金和期货等金融资源向农业农村流入，以实现各类金融机构回归实体经济、助力"三农"发展；在金融供给层面，针对贫困农户的普惠金融需求、非农就业为主家庭的消费金融需求，专业化、规模化农业经营者的生产需求以及农村家庭对投资、理财、保险等资产配置和风险管理的需求，实现差异化的金融服务供给是需要细化的研究方向；在数字金融时代，如何推动传统金融机构借助金融科技降低交易成本、规范新兴数字金融机构发展，仍有待理论、实证和实践各个层面的积极探索。

（七）乡村振兴与农业农村现代化研究

"十四五"时期，乡村振兴一系列重要课题需要进一步深化研究和拓展，如：在加快推进农业现代化的基础上，重点探讨乡村非农产业发展问题，农村三产深度融合方式与机制问题，家庭农场培育与农民合作社规范发展问题；在加强基础设施建设的基础上，加快研究农村人居环境改善问题，空心村治理和乡村居住空间结构重构问题；在逆全球化和贸易摩擦加剧背景下，研究粮食安全问题，工商业资本大规模承租农地进行非粮种植行为约束问题，粮食流通体制和市场体系建设问题，乡村组织振兴的实现路径问题，农民充分就业与农民工市民化问题，乡村振兴进展与水平评价问题，农村现代化的内涵标准与推进路径问题，城乡融合发展的体制改革与机制完善问题，农民持续增收与城乡居民收入均衡化问题，要素配置农村优先满足与城乡合理化问题，公共服务农村优先安排与城乡均等化问题，乡村振兴与新型城镇化协同发展问题，等等。

五 "十四五"时期农业与农村经济学重点研究任务

第一，提高农业发展质量与国际竞争力研究。

第二，加快推进农村现代化的政策与路径研究。

第三，深化农村集体产权制度改革与新型农村集体经济发展研究。

第四，农村三产深度融合发展方式与机制研究。

第五，新型城镇化与乡村振兴协同发展研究。

第六，健全农业专业化社会化服务体系的对策研究。

第七，促进农民充分就业与农业转移人口市民化的政策体系研究。

第八，国家与区域农业科技创新能力及绩效研究。

第九，逆全球化和贸易摩擦加剧背景下的粮食安全问题研究。

第十，拓展脱贫攻坚成果与乡村振兴有效衔接和融合发展研究。

产业经济学

一 "十三五"时期产业经济学学科基本状况

(一) 主要研究力量布局

产业经济学学科的研究力量主要分布在以下两类机构：一是高等院校。综合性大学的产业经济学学科往往在经管类学院的经济系或应用经济系中以产业经济学专业的方式设立，依托学校学科门类齐全的优势，以综合性和基础研究见长；财经类院校往往单独设立经济学院，以博弈论与信息经济学、产业组织理论研究和政策研究见长。二是社会科学研究机构。其主要以服务于国家重大战略需求见长。

"十三五"时期产业经济学学科力量布局更加关注学科理论与国家重大战略结合，各大高校陆续成立各种政策研究型的产业经济政策研究院及研究中心，主要有：（1）北京大学新结构经济学研究院、能源经济与可持续发展研究中心；（2）清华大学绿色经济与可持续发展研究中心；（3）中国人民大学产业经济与竞争政策研究中心、"一带一路"经济研究院；（4）复旦大学能源经济与战略研究中心、产业发展研究中心；（5）武汉大学气候变化与能源经济研究中心、现代物流与供应链管理研究中心；（6）上海财经大学中国产业发展研究院、反垄断与竞争经济学研究中心；（7）对外经济贸易大学供应链研究中心、"一带一路"能源贸易与发展研究中心；（8）中央财经大学经济学院大信区块链与数字经济研究中心、中央财经大学全球经济与可持续发展研究中心；（9）西南财经大学产业经济研究所等。

"十三五"时期科研基金在产业经济学学科研究中发挥着重要的引领

和支撑作用。2010—2015 年国家社会科学基金重大招标课题中有 33 项产业经济类课题，其中 28 项的承担单位是高校，5 项是研究所；而"十三五"时期国家社会科学基金重大招标课题中有 37 项产业经济类课题，其中 35 项的承担单位是高校，2 项是研究所。这不仅说明我国产业经济学研究在国家重大研究课题中所占的比重逐渐增加，也说明了高校正在成为产业经济学研究的主力军。

（二）人才培养和队伍建设

"十三五"时期，各高校和研究机构普遍高度重视产业经济学学科的人才培养，稳步推进人才培养机制改革，大力实施研究生教育创新计划，不断加大投入，完善研究生培养奖助体系，创新培养方式，严格培养环节的全过程管理。产业经济学在课程教育上不仅注重传统理论和基本概念的阐述与解释，还开始探索将现实经济问题引入产业经济学创新教学模式中，加强产业经济学知识理论体系的开放性、包容性，提高产业经济学学科的应用性，更加注重培养产业经济学人才的实践能力和研究实用性，人才培养质量显著提升。

随着国家"双一流"建设工程的实施，"十三五"时期各高校普遍加强了产业经济学学科队伍建设，采取引育结合的方式，加大对中青年教师的培养力度，重视海外人才引进，创新和实施一系列人才工程项目，会聚和培养了一批高水平研究者。

二 "十三五"时期产业经济学学科取得的主要进展和成果

（一）产业组织研究

1. 产业组织理论研究

（1）企业绩效的影响因素研究有了进一步的发展

从激励理论角度对企业绩效的影响因素研究有了新的进展，包括团队成员分享信息的激励、企业事前筛选与员工主观表现对企业绩效与契约制定的影响、组织中进行矩阵式管理对企业绩效的影响等，激励理论的应用发挥了巨大的作用。

(2) 契约理论及机制设计在产业组织方面的应用更加广泛

一是最优契约的设计,包括双边交易特定投资激励的保护等;二是信息的设计,理论上进一步拓展贝叶斯劝说和企业边界的研究;在原有的科斯等学者的经典理论基础上研究跨国公司、全球价值链上公司产权以及边界界定问题、最优产业政策、反垄断政策的实施、创新动机的保护等。

(3) 平台经济研究有了一定的发展

平台经济、网络效应使企业定价、企业竞争策略有了新的特征,网络经济学的综述性文章也出现了更多的潜在研究领域和对象。比如,反向彩票技术下的竞赛设计、企业和信息平台之间的合作竞争关系、企业创新在政府采购设计中的分析、有奖励加成情况下的投入分析等。此外,公共经济学领域关于政府采购平台的分析也成果丰硕,而私人领域内的消费者购买行为也在平台和网络的影响下出现新的理论突破。

(4) 产业组织理论中开始融入行为经济学的元素

传统产业组织理论中引入异于经典消费者偏好的行为假设,学者得出基于传统理论不同的分析。例如,文化差异应用在中国跨境兼并收购中;在社会偏好比较下的国际贸易领域取得新的研究突破。在投资领域的泡沫研究中引入行为经济学,为传统的经典理论注入了新的内容。实验经济学的方法为传统产业组织理论提供了纷繁复杂的市场之外的可以控制的实验室环境,使学者们可以在更可控的范围内研究分析经典理论。

(5) 信息技术的发展带来的新问题

研究内容包括消费者精准定价、企业间数据共享与合谋、消费者数据保护等。电子数据的日新月异给经济模型带来了天翻地覆的变化,主要集中表现在产业经济学理论模型中的搜索成本、复制成本、运输成本、追踪成本等降低,以及这些成本降低给企业定价、企业合作、生产消费过程中的数据所有权界定以及使用权归属等问题的研究所衍生出来的研究主题,包括分享经济的研究、内容产品的研究、大数据下营销的研究等。此外,在产业经济学与信息技术发展进步的基础上的研究取得了新的突破和发展。

2. 产业组织实证研究

计算机技术的发展推动了海量数据的储存和运算,推进了产业组织实证分析识别条件和参数估计相关的计量理论和实现技巧,产生了一批理论与实证相结合的成果。产业组织实证方法日趋动态化、精细化、异质化。

同时，在计量模型的建立上，打破了传统对于结构模型的过分依赖，开启了以数据为导向、综合使用结构模型和简化模型的新篇章。主要研究内容包括：

（1）市场势力的测度

企业合并及其他策略行为的最新实证研究分为对价格、质量、产品种类和生产效率的影响。企业合并对价格影响的研究包括利用成本价格传递率预测企业合并的价格效应、上调定价压力作为合并价格效应的预测因素以及价格约束下的产业边际识别。

另外，对于价格效应的关注也延伸到对质量效应和效率效应的实证探索上。利用以离散选择模型为内核的结构模型，辅以行业内如交通行业等公司合并的自然实验，采用带有复合控制组构建的双重差分法，建立消费者需求、公司产品和定价决策的结构模型来检验寡头竞争与产品质量的关系，最终估计出企业合并对产品质量的影响。相关的应用还包括企业战略合并对效率的影响，有研究将认知层次模型嵌入竞标的结构模型中，并通过估算公司的战略技巧来解释企业战略能力的异质性。

（2）需求估计、需求预测与消费者选择

对于需求函数的估计一直是产业组织实证分析的重要组成部分。近年来，计算机技术的发展催生了异质产品需求估计的动态模型。包括如下方面：多项选择模型中随机系数的非参数识别与估计、动态离散选择模型反事实识别的最新结果、同步方程模型中内生变量的随机系数、具有经济供给模型的差异化产品需求估计的大市场渐近、异质产品行业替代模式的测量、基于零售竞争的连续时间动态离散选择模型估计等。

随着产业组织与其他领域（如行为经济学、消费心理学等）的交叉互联程度的加深，对于市场中消费者选择的估计能够引入更多的因素，对其刻画也更加真实准确。涉及的内容包括：消费者有限理性的因素、搜寻成本的因素、转换成本的因素以及影响消费者选择的其他因素。

（二）行业经济学研究

1. 运输经济学

（1）交通基础设施与我国经济和社会发展

将交通运输业置于宏观经济活动中，运用经济学理论研究交通运输业在我国经济和社会发展中的地位和作用，特别是交通运输业对经济增长和产业布局的影响。"十三五"时期国内涌现了一大批优秀的论文和专著，研究内容主要包括交通基础设施对区域经济效率及制造业、产业机构转型升级、国际贸易、社会消费等的影响；交通运输活动对城市空气污染的影响等。

（2）铁路改革

随着《交通强国建设纲要》提升为国家战略，深化铁路改革作为我国综合交通运输体系建设过程中最具关联效应的核心领域，再度成为舆论热点和研究焦点。"十三五"时期围绕事权与支出责任、铁路行政垄断混合垄断以及垄断力、企业市场化转型和铁路企业组织结构等新视角切入取得系列重要成果。

（3）航空运输经济与政策

随着近年来我国民航数据可得性的大幅度提高，"十三五"时期涌现了众多关于航空运输经济与政策方面的研究，研究内容包括我国民航业价格规制对机票价格的影响、航空公司多市场接触与反垄断分析、航空碳排放的政策评估方法与应用、航空公司并购对机票价格和社会福利的影响、机票价格和航空需求的影响因素分析、航空公司的市场集中度与市场势力分析等。

（4）高铁经济

中国高铁的运营实践历程因其建设规模之大、推进速度之快一直以来都是学术界关注的热点问题，众多学者从空间、时间、经济、技术、产业等多个维度对高铁经济进行了研究，研究内容包括高铁对我国经济和社会发展的影响，高铁对空间、区域和产业布局等的影响，高铁对民航业和乘客福利的影响等。

（5）轨道交通与都市圈时空形态发展

城际交通方式中，城际轨道交通因其更优的技术经济特征，近年来成为破解城市群未来发展瓶颈、实现区域可持续发展的有效方式之一。研究进展主要集中在大力发展城市公共交通涉及的体制规划政策方面的创新、结合时空经济学理论的大都市区发展等。

2. 能源经济学

（1）能源与经济增长

"十三五"时期，众多学者针对我国能源转型新变化与经济增长新变化展开耦合关系研究；同时，能源结构转型过程中的关键，即天然气、核能和可再生能源等备受关注；此外，基于经济增长新变化，国内学者还对我国能源的未来需求展开科学预测和评估研究。

（2）产业低碳经济

"十三五"时期，众多学者将现代经济社会发展过程中两个重要且不可忽视的因素，即产业经济和低碳经济交叉融合在一起，研究如何在实现我国碳减排目标的同时促进和实现产业可持续发展，并从中选择一条适合我国国情的低碳发展道路。研究内容包括低碳经济理论与前沿、产业碳评价与碳核查、循环经济与产业规划、碳排放权交易机制设计、绿色金融与产业低碳升级、全球价值链碳分布与碳转移等。

（3）能源战略与政策

"十三五"时期，我国学者主要研究我国能源供需格局存在的问题以及能源企业可持续发展过程中面临的能源矛盾与挑战，分析我国能源总体保障战略、专项能源战略、能源企业发展战略，为制定能够保障我国经济社会可持续发展的能源战略政策提供支撑。研究内容包括我国能源战略与政策、能源技术创新与政策、能源贸易与能源安全、能源市场和国际化、能源资源和项目经济评价、能源企业战略管理等。

（4）能源与环境

"十三五"时期，众多学者利用现代计量经济学和可计算一般均衡方法，研究能源供需与环境治理之间的复杂非线性多重耦合关系，进而揭示能源利用、环境治理、经济发展间的相互作用机制。研究内容包括能源—环境—经济社会发展系统的内在影响和反馈机制，环境污染对经济社会发展、能源利用、人类健康的反馈作用，基于投入产出方法的"贸易—经济发展—碳排放"模型开发、基于可计算一般均衡模型（CGE）模拟能源环境政策的社会经济影响，能源—环境—经济社会发展系统中的不确定性分析方法，能源—环境系统模型开发和利用等。

3. 旅游经济学

（1）旅游经济的空间溢出效应

"十三五"时期，学者们在旅游经济以及旅游经济溢出效应的研究方面取得了丰硕成果，研究内容包括旅游业对经济的影响、旅游经济溢出与经济增长、区域旅游经济空间溢出效应等。

(2) 旅游经济的绩效、耦合和协调

区域旅游经济空间结构一直是区域旅游经济平衡发展研究的核心论题。"十三五"时期，旅游经济空间的研究内容主要集中在旅游空间结构的动态演变、区域旅游经济空间差异分析、旅游经济的空间网络结构等。

（三）产业经济学和其他学科的交叉融合

1. 产业经济学与国际贸易学

(1) 产业结构、产业集聚与中国企业全球价值链分工地位

"十三五"时期，在全球经济贸易一体化进一步深化的背景下，我国学者针对产业结构、产业集聚与企业全球价值链分工展开深入研究。研究内容包括产业结构升级与中国企业融入全球价值链、产业集聚与中国制造业全球价值链地位攀升、全球价值链治理模式的划分与全球产业转移等。

(2) 产业集聚、产业政策与中国企业出口

"十三五"时期众多学者利用现代计量经济学的方法，研究产业集聚、产业政策与中国企业出口间的关系，进而揭示三者之间的作用机制。研究内容包括产业集聚与中国企业的出口产品质量、产业集聚产生的集聚经济效应与过度竞争效应、产业政策与中国企业出口转型、主导产业扶持政策的资源错配问题等。

(3) "一带一路"相关研究

"十三五"时期，经济全球化所促成的产业整合已是大势所趋，通过"一带一路"倡议构建新型跨国企业，让多种行业、多种规模的企业"走出去"，优化资源配置，实现区域集合稳定发展成为学术研究热点。相关研究内容包括中国对"一带一路"沿线国家的直接投资与提升中国企业在全球价值链的分工地位、"一带一路"倡议与区域经济发展、"一带一路"沿线国家融入全球价值链与产业结构升级等。

2. 产业经济学与金融学

(1) 产业结构升级与货币政策

"十三五"时期，众多学者利用一般均衡模型、数据模拟、计量分析等方法探讨产业结构升级与货币政策间的关系。相关研究内容包括经济新常态背景下中国结构性货币政策对产业结构升级的影响和机制、货币政策

对不同产业影响的非对称性等。

（2）产业集聚、产业政策与企业投融资

"十三五"时期，融资约束成为制约我国中小企业发展的重要瓶颈，缓解融资约束无疑能够促进企业提高创新能力和生产能力。众多学者的研究证实了产业集聚能够减轻企业的融资约束，而金融约束、企业投资在产业集聚与企业创新、生产力进步间起中介作用。研究内容包括产业政策错配给企业投融资带来的负面冲击、产业政策与企业的投融资效率、负债率间的关系等。

（3）产业布局与金融空间分布

如何借助金融力量促进产业的均衡布局是中国现阶段区域经济协调发展战略下必须解决的重要问题。"十三五"时期的相关研究内容包括金融从业者规模与产业集聚的关系、金融空间集聚效应影响产业布局的机制分析、地区银行业发展和金融体系建设与地区产业结构优化等。

3. 产业经济学与区域经济学

（1）产业转移与地区经济发展

"十三五"时期相关研究内容包括重点产业政策对土地资源空间配置的影响、产业转移和要素集聚与地区经济发展间的关系、产业转移与要素集聚通过交互作用影响地区经济发展的机制等。

（2）产业结构优化与区域创新

通过创新驱动加快产业结构优化升级是应对国内国际新形势发展的必然趋势，也是提升中国产业国际竞争力的必由之路。"十三五"时期我国学者利用计量分析法、案例分析法等对产业结构优化、经济集聚与区域创新三者间的关系进行了深入研究。

三 "十三五"时期中国产业经济学学科存在的主要问题和不足

（一）宏观研究和微观研究结合不够，学科体系有待完善

"十三五"时期，我国产业经济学的"宏观研究"主要集中于产业转型升级与经济发展的关系，产业经济学的"微观研究"则集中于产业组织，二者的研究基本属于平行线，没有太多的交叉。但是，产业组织、产

业结构和产业政策存在严谨的内在逻辑关系。正是因为微观企业具有技术、生产率、规模、所有制等的异质性，才会导致资源要素在企业间、产业间以及空间上的重新配置，由此形成了产业结构的变化，产业政策在其中起了非常重要的作用。目前，我国产业经济学的研究中，传统的产业结构研究由于缺乏微观动因方面的考察显得说服力不足；而产业组织理论则偏重于微观纯理论，对中国产业发展的现实与重大问题难以形成系统的解释与建议。宏观和微观脱节比较明显，学科体系还不完善。

（二）立足中国大地、解决实际问题的能力还需加强

主要表现在：一是对中国产业经济现实中的重大问题及发展态势的深入研究不够，尤其是在探索我国产业发展规律、产业发展方向以及产业转型升级模式与路径方面还有待提升和完善。同时，对现有案例及经验数据进行分析研究并上升到理论层面的总结提炼不足，尚未形成独特的中国特色分析范式。二是现有产业经济学研究仍然具有比较明显的跟随型研究特征，从国外学习借鉴研究方向和理论，对与国外类似的问题进行跟随模仿的研究较多，基于中国产业发展关键问题的高水平规范研究较少，对中国问题的针对性不强。三是研究方法较为单一，现有产业经济学领域的研究主要采用实证分析方法，但运用案例研究、博弈论等方法深入分析我国产业实践中的独特现象和最新问题的研究较为欠缺。

（三）国际学术话语权和影响力不足

国内产业经济学研究难以产生具有国际影响力成果的原因主要体现在以下三个方面。一是基础理论研究方面面临比较突出的理论滞后问题。中国和全球的产业发展面临一系列重大问题，现有的传统产业经济学理论难以提供有效解释，难以对新的产业发展和结构升级方向及路径提供有效的理论指导。二是实证研究方面，一些实证研究缺乏经济学逻辑及现实支撑，政策含义和应用价值不足。三是对学术研究成果的评价和导向有待改进。论文所发表的期刊水平是评价研究质量的一个重要指标，但不是唯一指标。需要进一步把论文发表与问题导向的学术研究结合好，通过学术研究来认识和解决理论与实际问题。

四 "十四五"时期中国产业经济学学科的重点研究领域、方向和范围

"十四五"时期,产业经济学学科应紧紧围绕新一轮科技革命和产业变革的发展趋势,重点关注新产业革命对传统产业结构理论、产业组织理论、产业竞争形态等带来的颠覆性影响,全面推进产业经济学的理论创新。

(一) 数字经济对产业发展的影响

我国数字经济走在世界前列。以互联网、人工智能、大数据为技术载体的数字经济,已经成为我国经济高质量发展的新动能,是结构转型与升级的重要驱动力。对我国数字经济的发展进行深入研究,有助于我国完成多数国家历时漫长而难以实现的经济结构变迁以及顺利跨越"中等收入陷阱",保持经济的长期中速增长。

理论上,随着数字技术在各产业的深入应用,产业组织形态将由大企业主导型和供应链主导型转向产业生态主导型,与之相适应的是企业组织结构会出现网络化、扁平化趋势,成本最低将不再是企业最重要的竞争优势来源。然而,现有产业组织理论还不能从理论层面回答新产业组织形态的产生机理及其效应,需要开辟新的产业组织理论范式进行研究。

"十四五"时期该领域的研究方向包括:(1) 数字经济与产业发展。包括数字技术产业的性质、特点和发展趋势;数字经济背景下如何发展新产业;如何实现新产业和传统产业的融合;如何利用数字技术促进传统产业转型升级和技术创新等。(2) 数字经济与行为规制。包括数字经济背景下,如何规范数据应用与消费者数据保护的关系;如何对大数据进行伦理监管;如何对平台企业的行为进行规制;网络安全的经济分析和政策;当市场失灵时,政府可以采取哪些措施和政策来指导市场等。(3) 数字技术与企业行为。包括数字经济条件下企业市场效益面临的机遇和挑战;企业对消费者信息的收集和使用如何影响企业的经营策略、竞争与合作关系、产业发展、消费者剩余和社会福利;数字经济中的企业或者行业是否以及如何能够实现"自治"、监管者应如何制定数据管理的规则、中国制定数据监管政策或法律的经济学理论依据等。

（二）后疫情时代的全球分工与产业转型升级

新冠肺炎疫情打破了人们对全球价值链稳健性的传统认知。新冠肺炎疫情过后，全球价值链可能发生大调整。作为全球价值链的枢纽之一，我国产业链将面临大挑战。如何应对新冠肺炎疫情对全球价值链的大冲击，抓住机遇往价值链高端攀升，完成产业结构升级，具有重大理论和实践研究意义。

与此同时，未来以互联网、大数据、人工智能等为核心的新技术不断演化，不仅能够带来经济学意义上的成本曲线、规模经济、范围经济、信息不对称等的变化，而且在形式上具有创造新产业和为传统产业赋能的功能，这些对产业结构的优化升级具有重要的促进效应。中国要从要素驱动到创新驱动发展，新经济、数字经济是今后产业发展的重要方向，产业结构必须优化和转型升级，其过程需要通过产业政策调整来影响产业结构变化的需求和供给的结构。深入研究这些新技术变革对产业转型升级的理论作用机制、实际作用路径以及相应的政策体系具有重大理论与现实意义。

"十四五"时期该领域的研究方向包括：（1）新冠肺炎疫情下产业升级的研究。包括新冠肺炎疫情后产业发展面临的挑战与对策；新冠肺炎疫情后各产业（比如交通运输业、旅游业、零售业等）如何应对经济新常态；后疫情时代中国产业发展如何应对国际政治经济环境变化。（2）新冠肺炎疫情对全球价值链的影响。包括新冠肺炎疫情后全球产业链的变化与重组；后疫情时代全球产业链供应链的风险管理；认识和构建中国企业在全球价值链中的地位与比较优势等。

（三）平台经济相关的理论与应用研究

近些年来，我国平台经济得到了迅速发展，如互联网平台、电商平台等。平台经济的崛起，为我们的生活带来了巨大的便利，在学术和应用领域也带来了很多新课题。

近20年来，产业经济学对平台经济以及参与平台经济的企业的研究基本依赖于双边或多边市场模型。随着此方向研究的不断深入，国际前沿的研究开始融入其他研究方法，包括引入搜寻成本、动态博弈、多产品定价、信息设计等。这是当前产业经济学中有很大发展空间的一个研究方向，国际学术讨论非常活跃，很多已有成果显示了较强的实用性。此外，我国企业和相关产业也占有国际领先的地位。

"十四五"时期该领域的研究方向包括：（1）与平台企业和平台市场有关的企业经营策略、竞争与合作关系、产业结构、市场设计、监管政策的研究，尤其是研究方法的创新和融合。（2）对平台市场相关的市场势力支配和福利影响的研究。比如，互联网平台企业滥用市场支配地位的行为多有存在，阻碍了创新，损害了竞争和消费者福利，亟须加强对滥用市场支配地位的互联网平台企业的反垄断执法。研究相关市场界定，对互联网平台企业在相关市场的市场支配地位认定，滥用市场支配地位的行为的竞争损害以及反垄断立法或执法政策，都具有重要的现实意义。

（四）创新保护及公平竞争政策相关的理论及实证研究

公平竞争政策和知识产权保护是激励创新的基本手段。中国正在加快建设创新型国家，对创新保护、公平竞争、反垄断等问题进行深入研究，提出反垄断立法与执法政策建议，有助于我国提高经济运行效率，优化营商环境，维护消费者利益和社会公共利益，促进社会主义市场经济健康发展。

"十四五"时期该领域的研究方向包括：（1）产业政策与企业创新。包括促进企业持续创新的激励机制与政策，保护知识产权的法律与政策设计，主导企业滥用知识产权行为的反竞争效应与竞争政策，如何协调知识产权与竞争政策的关系，数字技术和人工智能推动下的创新与技术变革趋势等。（2）产业政策与公平竞争。包括企业横向或纵向合并对市场竞争的影响，企业价格策略、合同约束等对市场竞争的影响，互联网平台企业滥用市场支配地位行为与竞争政策，不完全信息对消费者与企业行为以及市场运行的影响，政府如何为建立公平有效的竞争市场环境提供法律和制度保证；如何通过提高社会信任度来提高市场效益等。

区域和劳动经济学

一 区域和劳动经济学学科当前发展的基本状况

(一) 主要研究力量布局

区域经济学,又称空间经济学、区域科学,它将地理空间纳入经济理论、方法和政策,是研究经济活动空间组织的经济学分支,但也涉及地理学,具有跨学科的性质。城市经济学是区域经济学的一个主要分支,研究范围涵盖城市产生与发展过程中的各种经济关系及其规律,主要关注单个城市以及城市内部的问题。劳动经济学是研究劳动力要素配置与劳动力市场如何运行的学科,不同区域、不同城市和不同城乡之间的就业失业、收入分配和劳动力流动、教育与人力资本投资、劳动力市场结构等问题成为研究热点。

从类型来看,区域经济学、城市经济学、劳动经济学的研究力量主要分布在三类单位:一是高校,包括综合性大学、财经类院校、中央和地方党校,研究力量更侧重于理论研究。二是社科院、社科联系统,包括中国社会科学院、地方社科院、社科联,研究方向兼顾理论与政策实践,尤其是中国社会科学院服务国家重大战略的地位突出。三是其他科研机构,包括各级政府部门下属的研究机构,以贴近实践的政策研究见长。

从数量来看,高校的区域经济学研究人员数量远高于社科院、社科联系统和其他科研机构,这从论文数量上也有所反映。例如,人大复印报刊资料《区域与城市经济》的全文转载论文中,2016年全年转载的174篇文章的第一作者来自99个研究机构,其中有144篇文章的第一作者来自81

所高等院校，比例高达约82.76%；19篇文章来自社科院、社科联系统（其中5篇文章来自中国社会科学院），比例约为10.92%；11篇文章来自其他研究机构，比例约为6.32%。

（二）人才培养和队伍建设

从研究生层面人才培养情况来看，根据教育部第四轮应用经济学学科评估结果为A+的北京大学、中国人民大学、中央财经大学均设有区域经济学专业；此外，南开大学、东北财经大学、厦门大学等区域经济学专业的传统强校也是区域经济学人才培养的重镇。就教育部学位授予单位（不含军队单位）自主设置二级学科名单（截至2020年6月30日）来看，多所高校包括中国社会科学院大学、中国人民大学、南开大学、济南大学等，已将城市经济学从隶属区域经济学的三级学科独立设为应用经济学二级学科。在劳动经济学方面，2017年中国人民大学开设劳动经济学本科专业，2019年中国劳动关系学院和浙江大学也先后开设劳动经济学本科专业。据中国研究生招生信息网的数据，我国设有劳动经济学硕士点的高校共61所；设有劳动经济学博士点的高校共20所。中国社会科学院大学是"十三五"时期以中国社会科学院研究生院为基础、整合中国青年政治学院组建的，因以中国社会科学院为支撑，可以预见未来其在区域经济学、城市经济学、劳动经济学研究领域将会发挥更大的引领作用。

"十三五"时期，区域经济学、城市经济学和劳动经济学学科队伍规模有所增长，结构逐步优化。一方面，随着空间计量方法在经济学研究方面的应用渐成热点，越来越多的学者加入区域与城市经济学研究的队伍；另一方面，高校和科研机构引进海外人才的力度普遍加大，国际合作研究也进一步深化，人才队伍的国际化水平不断提高。

二 区域经济学

（一）"十三五"时期研究主要进展

1. 区域经济理论研究

"十三五"时期，区域经济理论研究的最新成果主要体现在运用新经济地理理论对中国区域经济发展进行实证研究，并引入西方空间经济学。

国内学者也开始关注"新"新经济地理学的发展。区别于新经济地理学，"新"新经济地理学（NNEG）更加关注空间选择效应和渐进式空间自组织，微观异质性在研究视野中占据极其重要的位置。"新"新经济地理学主要有异质性企业、异质性消费者、异质性劳动力集聚模型研究。它的诞生将空间异质性、技术外部性、不完全竞争甚至时间纳入一个统一架构，使建立经济地理、经济增长和产业组织的整合理论成为可能。

2. 区域经济分析方法

"十三五"时期，区域经济分析方法的进展主要体现在空间计量方法的应用和拓展以及地理信息系统（GIS）和大数据等平台、手段的运用方面。近年来，空间计量模型得到突飞猛进的发展，空间数据的空间效应、空间相关性和空间异质性在各领域得到广泛运用。标准差椭圆（SDE）是空间统计方法中揭示经济空间分布多方面特征的方法，而椭圆的局域化是空间格局聚类发展到今天面临的挑战。地理信息系统近年来在区域和城市规划、区域城镇土地利用、区域生态环境评价和生态风险评估等区域经济研究中得到了广泛运用。此外，大数据的运用是"十三五"时期区域经济研究方法和手段上的一个重大进展。

3. 区域发展与政策研究

（1）区域协调发展

"十三五"时期，在国家区域发展战略和政策的积极推动下，区域发展的协调性进一步增强，但也面临南北经济增长不平衡、区域创新能力差距较大、基本公共服务均等化任重道远等问题。从子系统来看，生态环境系统协调对区域协调发展的促进作用最大，公共服务系统协调的影响程度次之，人民生活、基础设施及经济发展系统协调对区域协调发展的作用较小。

（2）城镇化布局和形态

随着中国城镇体系核心特征的演变，对城镇体系的研究理论依据也由等级制的中心地理论向关系制的城市网络理论转变，城镇体系研究的重心从等级范式转向网络范式。除了交通数据、企业数据，夜间灯光数据、手机信令等新的数据来源和方法也开始出现在对城镇体系与空间结构的研究当中。研究视角也从中国扩展至全球。城市规模的扩大与资源环境的承载力密切相关，土地潜在综合承载力的挖掘能促进区域经济发展的水平提高和结构优化。

（3）城市群发展

城市群连续 15 年被纳入国家新型城镇化的空间主体，国家及国际战略地位得到快速提升。一方面，城市群发展中注重促进形成区域经济一体化发展的政策，促进大中小城市和小城镇合理分工、功能互补、协同发展，形成与要素禀赋结构相匹配的城市群分工和空间组织机制，以消除由要素价格扭曲导致的要素空间集聚失衡和产业空间分布的同构竞争现象。另一方面，人口和经济向中心城市和城市群有效集聚是客观规律，综合承载力和资源配置能力是中心城市和城市群聚集人口和经济的决定因素。

（二）存在问题和薄弱环节

1. 新时代呼唤重大理论创新

我国区域经济学研究还存在一些亟待解决的问题。比如，学科体系、学术体系、话语体系建设水平总体不高，学术原创能力还不强；经济地理、经济增长和产业组织的整合理论尚未取得重大突破，等等。推动区域经济学理论创新必须在更高层面上统筹把握学科研究对象，完善学科理论体系。在大量引入西方区域经济学理论方法的同时，必须坚持马克思主义的立场、观点和方法，使学科发展符合中国区域经济发展的要求。

2. 研究方法创新进展较慢

从研究方法上看，国内区域经济学研究方法以借用其他学科、跟随国外研究进展为主，引领性、原创性的创新方法较少。在模型和方法运用过程中存在明显缺陷：一是忽视对空间经济行为主体的研究；二是缺乏对个体行为和区域经济微观层面的把握；三是复杂性问题的建模方法还处于探索阶段。

3. 先导性、战略性研究成果较少

长期聚焦区域发展中的问题，使区域经济学对空间规律支配下的区域经济未来发展格局缺乏预见性，难以形成具有重要影响的先导性研究成果，或者使战略研究缺乏缜密论证和深入探讨。当今世界处于百年未有之大变局，必须在一个更加不稳定的世界中谋求区域发展。在以国内循环为主、国际国内互促的双循环发展中，如何增强区域韧性、推动区域高质量发展，成为区域经济学必须关注的重大战略问题。

（三）"十四五"发展趋势和重点研究领域

1. 区域经济理论创新

"十四五"时期，新空间经济学的研究将进一步加强。区域经济微观基础从供给端的生产转为需求端的消费与供给端的创新相结合，区域市场结构从不完全竞争的局域型市场向完全垄断与完全竞争相结合的平台型市场转变，区域增长方式从单一聚集为主向多元聚集—分散相结合为主转变，区域空间形态从线下实体空间向线上虚拟、线下实体二元空间转变，区域关系从竞争向协调发展转变。区域经济学发展秉承"既要立足本国实际，又要开门搞研究"的原则，推动实现区域经济理论的重大创新，构建具有中国特色的区域经济学学科体系、学术体系、话语体系。

2. 区域经济研究方法创新

探讨未来区域经济学研究方法创新的主要方向，可以从三个方面加以分析：一是信息技术、智能技术的深度融入，为区域经济研究注入新的活力。如，计算社会科学（Computational Social Science）相关方法在区域经济研究中得到更广泛运用，将充分纳入有限理性、分散的相互作用、没有全局控制者、层次交叉的组织、连续的适应性、动态进化、非均衡等思想，超越新古典经济学完全理性假设、均衡系统假设的局限，从而增强模型的解释力度和预测的科学性。二是区域经济的实证方向从有限样本的因果分析转向全样本的大数据分析，区域政策的走向向设计、评估、实施的全链条发展。三是在"新"新经济地理学理论模型下，将空间异质性、技术外部性、不完全竞争甚至时间纳入一个统一架构，使建立经济地理、经济增长和产业组织的整合理论成为可能。

3. 新时代区域发展和政策研究

"十四五"时期，推动区域协调向更高水平和更高质量迈进，对内要走高质量的空间一体化之路，使人民更幸福、环境可持续；对外要使国家更中枢化、更具竞争力。"十四五"和未来30年，构建多中心世界枢纽型城市系统，形成高质量区域经济布局，应坚持以人为中心的新型城镇化，着力提高中心城市与城市群综合承载力和资源配置能力。从国际经验来看，提高中心城市和城市群综合承载力和资源配置能力的方向在于：在地化和全球化相结合，推进中心城市都市圈化、城市群经济圈化、中心城市和城市群全球化，培育发展全球中心城市和全球中心城市群。此外，新时代空间治理体系和空间治理能力建设，区域创新、产业转型与高质量发展，国家和区域生态安全战略格局，京津冀、长江经济带、粤港澳大湾区、黄河流域等国家重大区域战略的推进和实施等也将成为新时代区域发展和政策的研究重点。

（四）"十四五"重点研究方向

1. 中国特色区域经济学构建研究。
2. 新发展阶段区域协调发展理论和政策研究。
3. 新发展阶段新型城镇化理论与政策研究。
4. 新发展阶段国土空间布局优化理论与政策研究。
5. 形成新发展格局与优势互补高质量发展区域经济的关系研究。
6. 现代化都市圈建设理论与政策研究。
7. 科技自立自强与国家创新体系区域布局研究。
8. 优势区域综合承载力和资源配置能力优化提升研究。
9. 全球中心城市和全球中心城市群建设与多中心世界枢纽型经济走廊系统建设。
10. 新发展阶段国土空间治理理论与对策研究。
11. 地方品质驱动发展研究。
12. 区域碳达峰、碳中和经济学研究。

三 城市经济学

（一）"十三五"研究主要进展

1. 人口城镇化：乡—城人口迁移流动与户籍制度等研究进一步深入

人口迁移流动、户籍制度等与"人的城镇化"密切相连的问题成为城市经济学在"十三五"时期的重要研究命题，获得了学者更多的关注，相关研究进一步深入。对乡—城人口迁移流动的研究，总结了国际经验与中国实践，也对影响人口迁移流动的种种因素进行了探讨；对户籍制度的研究，主要从户籍对人口迁移流动和劳动力市场的影响进行了分析。

2. 城市经济发展：产业结构、创新与经济增长等问题获得重点关注

"十三五"时期，产业结构、创新与经济增长等问题获得了城市经济学领域学者的关注。对城市产业结构的研究主要集中于城市规模、资源禀赋与产业结构、城市产业结构的升级与刚性等方面。对创新与经济增长的研究则主要集中在创新与经济增长的关系、不同类型城市之间的差异等方面。

3. 土地利用与住房：土地制度、住房供给、不动产权等研究成果丰富

城乡二元的土地制度是中国城镇化进程中的制度约束，也是城乡融合发展中需要改革的重点。"十三五"时期，城市经济学中关于土地制度的研究与改革交织而行，推动土地制度改革逐步走向深水区。与土地密切相关的是住房以及不动产产权问题，具体而言，住房供应体系、供给弹性、土地产权保护、小产权房等问题的研究在"十三五"时期都得到了进一步深入。

4. 城市增长：城市增长与蔓延、城市收缩等成为重要的研究对象

对城市增长（Urban Growth）的研究，既包括对城市发展规律的探索，也包括对城市可持续发展的政策建议。一方面，自2009年以来，全国城市建成区面积增速一直快于城镇人口增速，党的十九大报告指出要"完成生态保护红线、永久基本农田、城镇开发边界三条控制线划定工作"[①]，体现的就是对城市增长边界（Urban Growth Boundary，UGB）的界定，以控制城市的过度扩张与蔓延。另一方面，以资源枯竭型城市为代表的城市收缩问题已经引起学者及相关政府部门的关注。随着中心城市聚集、出生率下降和人口老龄化的发展，城市收缩可能会成为一种更为普遍的现象。

5. 公共服务与基础设施：民生类公共服务与交通类基础设施是研究热点

推进基本公共服务均等化是一项长期艰巨的任务。《"十三五"推进基本公共服务均等化规划》设定了到2020年基本公共服务均等化总体实现的

---

① 习近平：《决胜全面建成小康社会 夺取新时代中国特色社会主义伟大胜利——在中国共产党第十九次全国代表大会上的报告》，人民出版社2017年版，第52页。

目标，而基础设施是公共服务的物质载体，城市公共服务与基础设施建设都是"十三五"时期城市经济学者的重要研究对象。公共服务是影响农业转移人口市民化的重要考量指标，研究主要集中在教育、公共医疗服务等民生类的公共服务，而对基础设施的研究主要集中在交通基础设施建设对经济发展、环境保护等的影响方面。

（二）存在的问题和薄弱环节

1. 碎片化研究比较多，基于中国实践的理论研究不够

城市规划等城市经济学领域的研究存在着实践丰富多样但基于中国实践的理论研究严重缺失的问题。现阶段中国城市经济学领域的理论研究基本停留在照搬西方经济学的相关理论，然后在此基础上进行个别假设调整的水平上。同时，对于城市等基本概念的界定也没有统一规范，从而造成在研究讨论时没有共同的概念基础，难以进行深入的探讨。

2. 数据方法多基于行政区划，限制了都市圈等非行政单元的研究

从总体上讲大数据的获取难度相对较大，大部分研究者使用的还是统计年鉴等传统统计口径的数据。传统统计口径的数据往往是基于行政区划的数据，限制了对突破行政区划的都市圈等城市经济问题的研究，不利于都市圈的识别、划分，更缺乏都市圈统计单元等数据的支持，政策的研究与制定也仍然停留在以行政地域、实体地域为基础的层面上，缺乏功能地域方面的内容。

3. 生态文明理念有待落实，和谐、宜居城市的实现路径亟须探索

中国已有半数以上的人居住在城市，只有在城市的发展中践行生态文明的理念，才有可能实现生态文明的建设目标。城市经济学领域对于生态文明的研究还十分有限，对生态文明制度体系建设的理论支撑也甚为缺乏。如何协调经济增长、生活宜居与社会和谐之间的关系，落实生态文明的建设理念，实现人与自然的和谐共处，都急需城市经济学者的探索。

4. 缺乏政策模拟预测与评估，对城市相关政策制定的支撑力不足

与区域政策类似，城市政策的制定与实施过程中存在的主要问题之一就是缺乏政策模拟预测与评估，往往依赖经验进行政策制定，摸着石头过河和"交学费"现象普遍，由此导致政策的扭曲与低效。而且，出台了多项政策措施后，往往没有对已出台的各项政策措施进行系统的回顾与评估，对政策效果的研究评估不足，造成了在后续的政策制定与实施中难以充分吸取前期的经验与教训。

（三）"十四五"时期发展趋势和重点研究领域

1. 以理论与实践问题为导向，推动城市经济学理论创新

研究城市发展与促进经济增长、稳定就业的内在联系与运行规律以及空间结构的变化，应是"十四五"时期城市经济学的研究重点，也是取得城市经济学理论突破的重点。此外，如何在城市的发展中践行生态文明的理念，协调经济增长、生活宜居与社会和谐之间的关系，满足人民群众对良好生态环境的期待，是"十四五"时期我国面临的重大研究命题，也是城市经济学领域可能取得理论突破的重要内容。

2. 利用大数据与新方法，开展都市圈等跨行政区划研究

在新数据、新方法的支持下，对都市圈的识别、行政区划的设置调整、城市空间结构的再认识，都将在"十四五"时期迎来突破性的新发展。同时，"十四五"时期的城镇化任务将离不开城乡融合发展和城乡要素流动。如何打破要素流动壁垒，优化资源配置方式，加速城乡融合发展等将成为城市经济学领域的重点研究问题。其中，劳动力、土地等要素的流动更是城乡融合发展的重中之重。大数据和新技术的运用将为这些研究提供新的视角与新的技术支持。

3. 加强政策模拟与评估，为城市领域精准施策提供支撑

后疫情时代，城市规划与管理体系的改进需要将生态文明理念融入其中，并将其制度化、体系化。与城市规划和管理体系密切相连的是城市公共服务的供给，教育、住房保障等都是涉及基本民生的公共服务，也是以人为核心的新型城镇化不可或缺的重要内容。在新冠肺炎疫情等重大经济社会影响的冲击下，城镇基本公共服务的兜底性保障如何发挥作用，也将是"十四五"时期城市经济政策需要回答的问题。城市政策模拟、评估的技术实现手段的进一步增强，将为城市相关政策的制定与实施提供有力的支撑。

（四）"十四五"时期重点研究方向

1. 中国特色社会主义城市经济学建设研究。
2. 新发展阶段中经济增长、稳定就业与城市发展研究。

3. 在双循环新发展格局下的全球中心城市建设研究。
4. 生态文明理念下的绿色城市发展研究。
5. 城市更新、老旧小区改造与城市可持续发展研究。
6. 都市圈、城市群等跨行政区划研究。
7. 要素流动、土地利用与城乡融合发展研究。
8. 新型基础设施建设与城市数字化、智慧城市建设研究。
9. 后疫情时代的城市规划、管理体系改进与城市治理现代化研究。
10. 新型城镇化视角下的医疗、教育、住房保障等公共服务配置研究。

四　劳动经济学

（一）"十三五"研究主要进展

1. 劳动力市场中的劳动力供给问题是"十三五"时期的研究热点

首先，劳动供给变化带来的影响主要包括宏观和微观两个层面。从宏观层面来看，劳动供给变化会对产业结构优化、经济发展方式、企业生产率和利润率带来影响；从微观层面来看，劳动供给也会对家庭储蓄率及个人健康状况产生影响。其次，利用计量经济学政策评估法，探讨政策实施对劳动力供给带来的影响逐渐增多。包括全面二孩、延迟退休、最低工资、失业保险等政策的实施对劳动力市场供给带来的影响。再次，农民工、女性、老年人等重点群体的就业问题也是劳动力供给领域的研究热点。最后，劳动力市场结构变迁、劳动力市场的极化问题、城市规模与劳动力市场匹配效率、正规与非正规就业、新就业形态、贸易对就业市场的影响等也得到一定程度的关注。

2. 完善收入分配政策、缩小收入差距是劳动经济学研究的重要课题

从宏观政策层面来看，主要探讨了产业结构变迁、城镇化水平、户籍制度、税收负担、统计外收入、地方政府干预、人口老龄化等对收入分配格局带来的影响；从技术进步层面来看，以"互联网＋"为代表的技能偏向型技术进步对收入分配的影响得到学者的广泛关注，类似的研究还包括机器人、人工智能等新技术革命与劳动收入份额变动。城乡收入差距的影响因素也是该领域的研究热点。

3. 基于能力的新人力资本理论成为教育与人力资本领域的新热点

人力资本研究方面，随着新人力资本理论的提出和完善，基于能力的新人力资本成为该领域的新热点。从生命周期视角总结了新人力资本理论的最新进展，并利用该理论解释了其对个体就业创业决策、工资收入、劳动供给等就业市场变现的影响。还有研究从认知能力与非认知能力角度探讨了儿童早期的人力资本影响。人力资本的投资与积累也是该领域的研究热点。此外，高校扩招、美貌经济学和健康经济学等方面的研究得到了学者们的广泛关注。

4. 劳动力流动与就业歧视研究是劳动经济学领域的另一重点

劳动力流动研究方面，回顾了新中国成立 70 年来人口迁移的机制、过程与发展，并对我国城乡迁移和流动人口规模进行了估计，还探讨了劳动力流动对我国经济增长、城市居民的工资变动、区域经济发展等方面的影响。但更多研究集中在农村劳动力流动方面，包括农业劳动力流动的减贫效应研究、劳动力流动对农村收入及收入差距的影响等。关于劳动力流动的影响因素，包括户籍制度改革、延迟退休年龄、阶层分化等。就业市场歧视的研究得到一定关注，劳动力市场中的性别歧视和户籍歧视是重点。此外，社会保障对消除残疾歧视的影响以及就业市场中歧视的实验经济学研究得到一定关注。

5. 立足于中国情境的劳动经济学研究新主题

"十三五"时期，就业质量成为劳动经济学研究的新热点，如何提高就业质量成为学者们关注的话题。其主要探讨了就业质量的测量指标与体系，包括收入、工作时间、社会保障、工作自主性、工作满意度等多个维度，以及从人力资本、社会资本、生育政策、留守经历等方面探讨了就业质量的影响因素。关于精准扶贫的讨论，是劳动经济学领域关注的重点。幸福感及幸福感的影响因素、人口老龄化问题、创新创业等也成为该领域的研究热点。

（二）存在问题和薄弱环节

1. 基于中国情境的劳动经济学理论研究仍然滞后，质性研究方法没有得到足够重视

基于中国情境的劳动经济学理论研究发展速度滞后于经验研究，理论

创新十分稀缺，无法为我国经济发展实践提供理论支撑。劳动经济学的研究不仅需要根植于我国的劳动力市场的现象和问题中，更要能提炼出可以不断演化的理论。我国劳动经济学中基于现实问题导向的、面向基础问题展开的质性研究在科研环节和发表环节都没有得到足够重视。质性研究方法的不足也是我国劳动经济学理论研究滞后的原因之一。

2. 围绕劳动力市场政策评估的研究还较为落后

"十三五"时期，劳动经济学与劳动力市场政策的结合还比较薄弱，以实证研究为基础的政策评估比较欠缺，对某一项政策的跟踪性、系列性的连续研究尤为缺乏，研究的应用性价值不高。特别是与中央政府、地方政府工作相结合的政策研究还很滞后，贯穿劳动力市场法律、法规、条例等实施前后的政策评估研究十分稀少。与之相对应的是，我国劳动力市场的政策实践迅速推进，政策中亟待解决的问题不断增多。

3. 劳动力市场需求侧研究较为薄弱

首先，对企业作为"黑箱"的经济学分析仍显欠缺，内部劳动力市场资源配置的过程和效果值得进一步关注，人事经济学在我国企业实践中的理论与经验创新需要进一步推进。其次，新技术革命对劳动力市场造成冲击，除了劳动力供给侧的讨论，还需要进一步推进企业需求侧的研究，从产业结构调整的角度分析劳动力结构的变化趋势，资本投资与劳动力需求的互动，基于产业经济学视角探讨垄断对劳动力需求的影响以及对短、中、长期的变动趋势的预测研究。最后，现有围绕新经济发展对劳动关系的重构和影响的研究多从劳动者的视角展开，缺乏从企业侧角度的研究。

4. 劳动经济学研究的基础平台建设有待进一步加强

第一，劳动力市场需求侧的数据建设较为薄弱。相对于家庭调查而言，工作场所数据和企业—职工匹配数据库建设滞后，仍然缺乏对工作地点的大规模调查。需求侧的其他基础设施建设发展也较为缓慢，如能支撑内部劳动力市场研究的人事档案数据库建设，能够支撑新技术革命对劳动力市场影响研究的大数据平台及共享机制的建设。

第二，劳动力市场指标建设还有待进一步加强。劳动力市场指标和指数的研究在国内外都拥有大量的理论和实践案例，我国劳动力市场指标不够全面，部分基础指标设计还有待完善，一些就业失业统计信息脱离劳动力市场实际状况的情况时有发生，统计指标和数据结果无法全面反映劳动力市场新形势、新特点，这些问题对政府全面、真实评判就业形势产生了一定的阻碍。

(三)"十四五"时期发展趋势和重点研究领域

1. 宏观经济目标变化中的就业与失业研究

"十四五"时期，"稳就业"成为我国宏观经济的重要目标，在此背景下，就业与失业研究是这一阶段的研究重点。一方面，重点群体的就业问题、就业形势研判和预测，以及如何实现高质量充分就业仍然值得关注；另一方面，面临就业总量压力较大、就业结构性矛盾突出、国内外不确定因素增多等问题，我国出台了一系列稳就业政策并加强了社会保障，这些政策实施效果如何，失业保险等社会保障对就业市场会有何种影响等，也是急需关注的领域。

2. 中国劳动力市场的一体化、国际化、数字化研究

首先，"十四五"时期我国的劳动力市场改革继续朝向一体化的方向推进，特别是劳动力市场城乡一体化水平的持续提升和多区域一体化的不断推进。劳动力市场分割的理论与政策研究，城乡劳动者的就业创业和各类歧视问题，多区域劳动力市场理论、方法与政策研究，区域劳动力市场一体化水平测度和影响因素分析，流动人口定居意愿、子女教育、就业质量问题等都将成为重要研究内容。其次，随着我国人口年龄结构变化和劳动年龄人口规模的不断缩减，我国劳动力市场开启了全球配置人力资源时代，与此同时"一带一路"倡议的实施对我国劳动力市场产生深远影响，海外人才在中国的就业创业以及我国劳动力在外就业的保障问题值得进一步关注。最后，以人工智能为代表的新技术革命在我国的快速推进给劳动力市场带来深刻的变革，并在适应我国劳动力结构变化和服务中国经济转型与结构调整方面发挥了重要的作用，亟待从劳动力市场整体以及企业内部劳动力市场角度加强相关的研究。

3. "以增收调分配"为核心的人力资本投资与收入分配研究

首先"十四五"时期，我国收入分配领域最核心的问题是捋顺资本与劳动要素之间的关系，在此基础上进一步完善知识、技术、管理和数据要素按贡献参与分配的机制。生产要素市场化配置和改革理论与政策研究，多要素参与分配的收入分配理论与政策研究，城乡居民收入差距与代际收入流动问题研究等仍是未来的研究热点。其次，随着中央及地方政府精准扶贫政策的实施推进，以"教育扶贫、就业扶贫和社保扶贫"为核心的精准扶贫政策的效果评估也是需要关注的研究方向。最后，优化国家和个体层面的人力资本投资政策是提升劳动要素收入份额的重要抓手。在人力资本投资领域，随着高校教育改革、高校研究生扩招以及"职业技能提升行动"等政策的实施，各级正规教育回报率和在职培训的效果评估问题值得持续关注；围绕儿童早期人力资本投资、健康与医疗服务投资等话题亟待展开深入分析。

（四）"十四五"时期重点研究方向

1. 基于大数据的就业失业测量、大数据与劳动力市场分析。
2. 劳动力市场指标体系建设研究。
3. "稳就业"政策的实施效果评估研究。
4. 区域劳动力市场一体化测度研究。
5. 国际化背景下外国移民的就业与社会政策问题研究。
6. 新技术革命（大数据、人工智能、互联网等）对劳动力市场影响研究。
7. 多要素（知识、技能、管理、数据等）参与分配的理论与政策研究。
8. 城乡收入差距与代际收入流动问题研究。
9. 各级正规教育收益率和在职培训效果评估。
10. 儿童早期人力资本投资与干预研究。

财政金融学

一 "十三五"时期财政金融学学科基本状况

(一) 主要研究力量布局

财政金融学学科的研究力量主要分布在以下几类机构：一是综合性大学，这类高校依托学科门类齐全的优势，在财政金融研究中发挥着重要作用。其财政金融学学科往往在经管类学院中以系的方式设立，以综合性和基础研究见长。二是专门的财经院校，这类高校往往单独设立财政税务学院、金融学院，以财政学、金融学理论研究和应用研究见长。三是社会科学研究机构，往往以服务于国家重大战略需求见长。

"十三五"时期金融学科力量布局更加关注学科交叉融合，尤其是科技与金融的融合，各大高校陆续成立各种交叉融合型的金融研究中心，主要有：（1）北京大学数字金融研究中心；（2）中国人民大学金融科技研究所、中国艺术品金融研究所、生态金融中心；（3）复旦大学复旦—斯坦福中国金融科技与安全研究院；（4）中南财经政法大学金融统计与风险管理研究所、金融与数学研究所；（5）西南财经大学区块链研究中心、中国行为经济与行为金融研究中心；（6）上海财经大学金融科技与金融安全研究中心；（7）中央财经大学中国互联网经济研究院（首都互联网经济发展研究基地）、文化与金融研究中心、金融品牌与企业文化研究所、绿色金融国际研究院和普惠金融研究中心。

"十三五"时期科研基金在财政金融学学科发展中发挥着重要的引领和支撑作用。根据汤森路透集团 InCites（科研/学科绩效分析平台）的统计，2011—2015 年中国内地金融学科研综合排名为第 8 名，学科规范化引文影响力（Category Normalized Citation Impact，CNCI）为 0.69；而 2016—2020 年的排名上升为第 4 名，CNCI 为 1.24。"十三五"时期国家社会科学基金重大招标课题中有 62 项金融类课题，其中 59 项的承担单位是高校，3 项是研究所；18 项财政类课题中，95% 的项目首席专家为高校教师。"十三五"时期国家社会科学基金财政类项目有 101 项，其中 89% 的项目承担单位是高校。这说明高校是财政金融学学科研究的主力军。

（二）人才培养和队伍建设

"十三五"时期，各高校和研究机构普遍高度重视财政金融人才培养，稳步推进人才培养机制改革，大力实施研究生教育创新计划，不断加大投入，完善研究生培养奖助体系，创新培养方式，严格培养环节的全过程管理。金融学科在课程教育上开始探索大数据背景下金融实验教学模式创新研究。专业型硕士与学术型硕士的培养更具有区分度。人才培养更注重国际视野，比如，复旦大学成立的复旦泛海国际金融学院，是新型金融人才培养、产品研发与科学研究的重要载体。上述措施有效激发了财政金融人才的创造性和适应性，人才培养质量显著提升。

随着国家"双一流"建设工程的实施，"十三五"时期各高校和研究机构普遍加强了财政与金融学科队伍建设力度，采取引育结合的方式，人才引进以拥有高层次教育背景和多元化任职经历的研究人员为主，加大对中青年教师的培养力度，重视海外人才引进，创新和实施一系列人才工程项目，汇聚和培养了一批高水平研究者。

二 "十三五"时期财政金融学学科取得的重要进展与主要成绩

（一）基础理论研究有突破

1. 财政学科

党的十八届三中全会在关于全面深化改革的系统部署中，以前所未有的历史高度定位财政，赋予了财政"国家治理的基础和重要支柱"的特殊定位。这一重要表述极大地激发了财政学者进行基础理论创新的热情，财政基础理论创新迎来重要契机，也给财政学的基本方法和基本理论带来一系列重大挑战，"十三五"时期财政学科在基础理论创新上取得了一系列重要成果。

一是深化了关于财政活动的起点和基础的认识。研究者认为建立在"市场失灵"基础上的财政理论难以对财政实践做出有效解释[1]，提出应对主流财政学的研究范式进行反思。中国丰富的财政改革实践，为创新财政基础理论提供了重要基础，提出的代表性观点有："公共风险说""共同需要说"等。[2]"公共风险说"认为世界的本质是不确定性，而财政改革的目的就是应对各种不确定性，化解公共风险。而"共同需要说"则将社会的共同需要视为财政的起点。

二是加深了对财政学基本概念的理解。财政分权、税收负担、税收分成、财政压力、税收优惠等的经济效应分析一直是财政学研究的重要问题，但由于度量方式不一，得出的结论可能大相径庭。近年来研究者细化、深化了对上述财政学基础概念的理解，提出了一些新的度量方式。

三是对财政学的学科属性有了更清晰的认识。围绕财政学学科属性的定位和财政学理论框架的构建，研究者进行了广泛的讨论。[3]

2. 金融学科

新结构金融学理论研究初见成效。新结构金融学的诞生以2017年清华大学国家金融研究院成立新结构金融学研究中心为标志。新结构金融学主要研究中国金融结构变迁过程中最优的金融系统结构与功能，包括金融结构与产业结构的关系，提出最优的金融结构安排必须与特定发展阶段的要素禀赋结构及其内生决定的产业结构相适应的观点[4]；金融安排的资源配置功能在不同的发展阶段中的适用性，主要关注金融市场供给体系应以银行还是市场为主；从金融资产结构视角研究金融结构，近年来金融风险向银

---

[1] 李俊生、姚东旻：《财政学需要什么样的理论基础？——兼评市场失灵理论的"失灵"》，《经济研究》2018年第9期。

[2] 李俊生、姚东旻：《互联网搜索服务的性质与其市场供给方式初探——基于新市场财政学的分析》，《管理世界》2016年第8期；刘尚希、李成威：《基于公共风险重新定义公共产品》，《财政研究》2018年第8期。

[3] 安体富：《关于财政学的学科属性与定位问题》，《财贸经济》2016年第12期。

[4] 杨子荣、张鹏杨：《金融结构、产业结构与经济增长——基于新结构金融学视角的实证检验》，《经验学（季刊）》2018年第2期。

行部门聚集，最后相当一部分由政府承担①。"十三五"时期的代表性成果有林毅夫及其团队的研究成果。他们从中国特定的经济发展阶段和制度技术条件出发，以渐进式、双轨制改革的总体思路来研究中国特有的金融市场问题、金融政策制定、金融体制变迁以及金融主体行为。

金融有效支持实体经济的理论研究有新突破。大量研究深入分析实体经济金融化的逻辑，提出"金融超发展"概念②及其对实体经济的抑制作用；并就政府如何引导经济"脱虚向实"提出减税降费、推进市场优先的金融体系改革，以鼓励企业研发创新，重振实体经济，抑制金融化趋势③。代表性研究成果有张成思等的《中国商品金融化分层与通货膨胀驱动机制》。

（二）学科发展与改革实践之间形成良性互动

1. 财政学科

"十三五"时期财政学研究者围绕财政制度现代化、转移支付、财政竞争、地方债、税收征管、土地财政、财政再分配效应、"营改增"、大规模减税降费等一系列重大财税问题进行了系统深入研究，每一次重大决策出台前后，都会催生一批相关成果，为政府决策提供学理支撑和重要参考。以"营改增"为例，研究者从不同角度评估了"营改增"对税负、投资、分工和生产率等的影响。④ 不难发现"十三五"时期财税研究与财政改革实践之间形成了较为良好的互动发展态势。

2. 金融学科

防控风险与完善资本市场是"十三五"时期金融领域助力经济转型、深化改革、促进发展的重要内容，学术界围绕现代金融体系、资本市场有效性及金融风险等重大实际问题进行了大量研究，相关理论成果为我国金融风险防控和资本市场发展提供了实践指导，并逐步形成金融改革实践和金融学科发展的良性互动态势，具体体现在两个方面。

资本市场发展方面。（1）现代金融体系的完善，主要是构建服务实体

---

① 易纲：《再论中国金融资产结构及政策含义》，《经济研究》2020 年第 3 期。
② 黄宪、黄彤彤：《论中国的"金融超发展"》，《金融研究》2017 年第 2 期。
③ 胡海峰、窦斌、王爱萍：《企业金融化与生产效率》，《世界经济》2020 年第 1 期。
④ 杜莉、刘念、蔡至欣：《金融业营改增的减税效应——基于行业关联的视角》，《税务研究》2019 年第 5 期；范子英、彭飞：《"营改增"的减税效应和分工效应：基于产业互联的视角》，《经济研究》2017 年第 2 期；李永友、严岑：《服务业"营改增"能带动制造业升级吗？》，《经济研究》2018 年第 4 期。

经济的多层次资本市场。实践中，2019年科创板试点注册制是资本市场改革的重大成果。理论上，进一步深化了资本市场证券发行由核准制向注册制转变、完善资本市场退市制度、构建转板机制以及利用资本市场发展并购重组的研究。(2) 资本市场有效性问题，即资本市场的功能实现，包括资本、资金定价效率和优化资源配置。资本市场开放提高股票价格的信息含量，降低股价同步性，从而增强价格对资源配置的引导作用，提高资本市场的运行效率[1]；引入国际投资者有利于优化投资者结构，增强股价对实体经济的引导作用，提高资本市场效率[2]；资本市场上生产效率高的新兴产业股票价格的适当高估有利于产业结构升级。

金融风险防控方面。(1) 金融系统性风险，从金融机构、金融市场数据和实体经济等视角监测金融系统风险。学者将传导机制归纳为内部传导和跨境传导，将其扩散机制归纳为信贷紧缩机制、流动性紧缩机制和资产价格波动机制。[3] 尤其是极端金融事件的有效测度，以及货币政策与宏观审慎如何协同以平缓极端事件导致的金融波动。(2) 地方金融风险度量与预警。国家社会科学基金重大招标课题和教育部哲学社会科学重大课题攻关项目多次提到地方金融风险测度与预警，包括中国地区金融风险指数构建与应用研究，新时代下地方政府债务风险的新特征、管控目标、管控难点与实现路径，等等。(3) 经济新常态下金融开放与金融风险。中国正处在金融自由化的十字路口，2020年4月1日开始金融全面开放。"十三五"时期有大量成果研究金融开放问题，包括人民币国际化程度测算与影响因素分析及推进策略，粤港澳大湾区和"一带一路"跨境资本流动与金融风险防范，深度开放下外部金融冲击应急系统研究，经济新常态下中国金融开放的目标与路径以及如何保证金融安全研究等。(4) 金融机构经营风险。在如何降低金融机构风险方面，可以通过缓解期限错配，弱化银行间借贷关联，抑制银行系统性风险；提高非利息收入占比，强化银行的收入稳定

---

[1] 钟覃琳、陆正飞：《资本市场开放能提高股价信息含量吗？——基于"沪港通"效应的实证检验》，《管理世界》2018年第1期。

[2] 连立帅、朱松、陈关亭：《资本市场开放、非财务信息定价与企业投资——基于沪深港通交易制度的经验证据》，《管理世界》2019年第8期。

[3] 陶玲、朱迎：《系统性金融风险的监测和度量——基于中国金融体系的研究》，《金融研究》2016年第6期。

性，降低银行系统性风险。[1]

(三) 跨学科交叉融合发展趋势进一步凸显

1. 财政学科交融发展

"十三五"时期财政学科高水平研究成果明显增加。"十三五"前四年，财政学科在国内顶级刊物《中国社会科学》《经济研究》《管理世界》和《经济学（季刊）》上的发文量分别为16篇、48篇、32篇和12篇。这些研究绝大多数强调立足中国现实，聚焦中国重大现实问题，重视理论与实证的统一。研究成果多建立在可靠的数据基础之上，呈现出较明显的学科交叉趋势。其一，财政学与经管类学科的交叉融合愈发明显。研究者引入金融学、计量经济学、公共管理学等学科的方法与工具对政府债务、财政支出绩效评价、收入再分配等问题进行了广泛研究。其二，财政学与法学、政治学等学科也呈现出鲜明的交叉融合趋势。文献综合运用财政学、法学和政治学等学科理论与方法对财政治理、财税法等问题进行了深入探讨。

2. 金融学科交融发展

"十三五"时期，金融学科与其他学科的交叉更为紧密，突出表现在金融与科技、心理学、生态和社会保障等方面的融合。

大量研究成果集中在金融科技概念及相关理论体系构建方面，包括金融科技与传统金融部门间的关系，金融科技对传统金融行为的影响；金融科技与实体经济发展、科技与金融的融合深度与质量对实体经济发展的促进效应；金融科技的应用，比如深度学习，改进了金融领域预测分析方法，促使实证研究范式从线性向非线性转变、从关注参数显著性向关注模型结构和动态特征转变，同时为丰富金融经济理论做出了贡献。学者对互联网金融的探讨不断深化，主要集中于：一是互联网金融服务实体经济方式的研究[2]；二是互联网金融是否可以提升传统金融体系效率和降低风险的研究[3]。

---

[1] 黄秀路、葛鹏飞：《债权激励降低了银行系统性风险吗？》，《财经研究》2018年第1期。
[2] 张勋、万广华、张佳佳、何宗樾：《数字经济、普惠金融与包容性增长》，《经济研究》2019年第8期。
[3] 战明华、张成瑞、沈娟：《互联网金融发展与货币政策的银行信贷渠道传导》，《经济研究》2018年第4期；郭品、沈悦：《互联网金融、存款竞争与银行风险承担》，《金融研究》2019年第8期。

行为金融是近些年来金融领域的研究重点之一，特别是行为公司金融领域，许多学术成果基于同伴效应研究公司经理人经营决策对股票崩盘的影响、公司经营行为对其他企业的传染等。一些研究利用文本语意识别技术来解读社交媒体信息与分析师预测中的投资者情绪，从而引发了如何提升公司信息透明度以降低股价崩盘风险的讨论，如卖空交易通过提升公司信息透明度和改善公司治理，通过外部信息治理效应降低了财务分析师对目标公司盈利预测的偏差与分歧[1]；自愿社会责任信息披露相对于应规披露对股价崩盘风险的约束作用更强[2]，作为中介作用的分析师预测活动提高信息披露质量[3]。

"十三五"时期，绿色金融在服务社会经济发展方面做出了重要贡献。从 2016 年中国人民银行、中华人民共和国财政部、中华人民共和国国家发展和改革委员会等七个部门联合印发《关于构建绿色金融体系的指导意见》，杭州 G20 峰会以"绿色金融"为议题，到中国人民银行近年来每年出版《中国绿色金融年度报告》，说明"绿色金融"已成为一个和现实紧密相关的金融研究问题。学术界对绿色金融的研究也在不断加深，集中体现在 2016 年中央财经大学成立了绿色金融国际研究院，2018 年清华大学国家金融研究院设立了绿色金融发展研究中心。中国国际经济交流中心博士后科研工作站开展绿色金融发展研究。在"十三五"时期，一些学术成果更加关注绿色金融实践效益的量化研究[4]、绿色信贷激励政策（贴息、定向降准、再贷款）的效果及作用机制研究[5]。

普惠金融方面，2015 年中国银行业监督管理委员会设立普惠金融部，国务院《推进普惠金融发展规划（2016—2020 年）》，大力发展普惠金融，是金融业支持现代经济体系建设、增强服务实体经济能力的重要体现。根据实践需要，普惠金融理论研究主要集中在普惠金融经济效应的阐释[6]，普

---

[1] 李志生、李好、马伟力、林秉旋：《融资融券交易的信息治理效应》，《经济研究》2017 年第 11 期。

[2] 宋献中、胡珺、李四海：《社会责任信息披露与股价崩盘风险——基于信息效应与声誉保险效应的路径分析》，《金融研究》2017 年第 4 期。

[3] 肖土盛、宋顺林、李路：《信息披露质量与股价崩盘风险：分析师预测的中介作用》，《财经研究》2017 年第 2 期。

[4] 苏冬蔚、连莉莉：《绿色信贷是否影响重污染企业的投融资行为？》，《金融研究》2018 年第 12 期。

[5] 王遥、潘冬阳、彭俞超、梁希：《基于 DSGE 模型的绿色信贷激励政策研究》，《金融研究》2019 年第 11 期。

[6] 星焱：《普惠金融：一个基本理论框架》，《国际金融研究》2016 年第 9 期。

惠金融如何助力精准扶贫，数字普惠金融的创新、风险与监管，伴随人口老龄化而催生的养老金融，等等。

"十三五"时期在国家社会科学基金项目的资助和引领下，财政金融学学科出版和发表了一大批有影响的学术著作和学术论文。如江西财经大学王乔教授主持的国家社会科学基金重大招标项目"国家创新驱动发展战略的财税支持政策"在《财贸经济》《财政研究》《税务研究》等重要学术期刊发表论文23篇；中国人民大学孟生旺教授主持的国家社会科学基金重大招标项目"巨灾保险的精算统计模型及其应用研究"在《数量经济技术经济研究》《统计研究》《保险研究》等重要学术期刊发表论文18篇。这从一个侧面说明国家社会科学基金在人文社会科学研究引领作用不断增强。

三　存在问题和薄弱环节

（一）学科基础理论有待进一步强化

"十三五"时期虽然涌现出一系列有影响力的财政学基础理论成果，但距离建立一个能较好解释财政实践、逻辑自洽的基础理论尚有很长的路要走。财政学基础理论研究的不足是制约财政学对现实问题分析能力的一个重要原因。此外，由于对财政学中的一些基本概念的度量方式不一样，研究者经常会对同一问题得出不同结论，急需对这些基本概念进行进一步研究，寻找更加客观科学的度量方法，以增强相关研究结论的可靠性。

金融学方面，虽然近几年在国外顶级金融类期刊（JF、JFE、RFS）发表的中国题材论文有所增加（2011—2015年有11篇，2016—2019年有15篇），但决定中国金融学科的发展能否成为国际一流水平则取决于中国特色社会主义金融理论的构建。当前中国金融学研究一般是借用国际的研究方法和范式，对中国金融问题的研究缺乏中国特色社会主义金融理论的支撑，比如，为什么在金融体系不健全、不完善的背景下，中国经济仍然长期高速发展？在与国际对比的过程中，用什么理论去解释中国和外国的不同？这说明中国金融理论创新和实践探索潜力巨大，中国特色社会主义金融理论还有待进一步发展。因此应该鼓励基础性理论研究，比如金融史、金融思想史、量化金融史等。

(二) 学科交叉融合的广度和深度有待进一步加强

财政学科是一个跨越经济、政治、社会、文化和生态文明等多个学科和多个领域的综合性范畴，财政学实质是经济学、管理学、政治学、法学、社会学等多个学科的融合体。尤其是将财政定位于"财政是国家治理的基础和重要支柱，科学的财税体制是优化资源配置、维护市场统一、促进社会公平、实现国家长治久安的制度保障"之后，对财税的更高战略定位实质上是对创新财税理论体系形成了倒逼之势，仅从某一个学科出发，往往难以深入地揭示重大财税问题的全貌，亟须采用跨学科的方法对财政问题进行全景式研究，进一步强化财政与其他学科交叉融合的广度，改变"横看成岭侧成峰"的局面。

金融学科与其他学科的交叉融合发展相对较为充分，突出表现在金融与科技、金融与心理、金融与生态、金融和社会保障等多学科融合发展，还包括互联网金融、区块链金融等。但金融学科发展依然存在与应用数学、法学、伦理学等多学科融合不充分的问题，同时面对金融科技在业界应用比学术界的研究更加深远的实际，学界对金融科技的研究将随着行业的发展而向融合深度上发力。

(三) 讲好中国财税金融改革故事的能力有待提高

财政学科方面，以中国式财政分权为例，众多研究者采用不同方法对中国式财政分权进行了系统研究，在国内外期刊上发表了一批高水平成果，极大地拓展了学界对财政分权的理解。但从总体上看，财政学科对中国财税改革实践的凝练和总结还远远不够，实践往往走到了理论的前面。亟须进一步以国际规范的学术语言，讲好中国财税制度现代化故事，在此过程中以中国特色丰富学术话语体系，形成具有重要创新价值、广泛学术影响力的学术成果。

金融学科方面，较早、较多地采用国际通用的研究方法和范式，强调微观金融与实证金融的研究，更注重发表国际学术论文，这是一个好的现象，但也带来了许多问题。比如，过于偏重数量化，简单问题复杂化，用很复杂的数学模型证明一个简单的金融现象，而在理论创造及政策建议方面贡献不足；脱离中国实际讨论问题，注重论文发表，而不注重解决中国经济金融的实际问题等。因此，金融学研究应该倡导研究中国金融问题、讲好中国金融故事。

四 "十四五"时期深化拓展的重点研究领域和方向

（一）强化财政金融学学科的基础理论研究

"财政是国家治理的基础和重要支柱"，财政的这一定位要求全面推进财政基础理论创新。党的十九大报告指出"加快建立现代财政制度"，而现代财政制度的构建也给财政学的基本理论和基本概念带来了挑战。中国的财政学作为引进的学科体系，先后仿效苏联、欧美，但中国财政学者始终有强烈追求学科独立和自主的情结。[①] 需要从中国丰富的财税改革实践中创新财政学基础理论并指导财税改革，加速推进财政制度现代化，在此过程中构建具有中国特色、中国风格、中国气派的财税理论。当前关于财政基础理论的研究往往对主流财政理论批评得多，实质性的建设相对不足，"十四五"时期迫切需要立足中国的财税改革实践，进一步强化财政基础理论研究，推动财政学学科体系、学术体系、话语体系建设。

金融学科是一门应用性和实践性很强的学科，在"十四五"时期通过建立完善现代金融体系促进经济转型、提质增效大有可为。在国际金融竞争日益白热化的后疫情时代，中国金融界需要着眼国际，同时立足自身，需要从金融背后人们赖以依存的行为及文化出发，结合当前迅速发展的科技和制度变迁，进一步加强马克思主义金融理论研究，逐步形成具有中国特色的金融学理论，为中国金融改革伟大实践提供理论依据。

（二）加强新冠肺炎疫情带来的财政金融冲击问题研究

在后疫情时代，随着世界经济增长持续放缓，国内经济下行压力加大，财政政策的积极有为可能成为新常态。为提升财政政策的前瞻性、针对性、有效性，需要采用科学的方法对重大财政政策的效应进行评估，以期为决策提供有重要参考价值的成果。

---

① 马珺：《财政学基础理论创新：重要但需审慎对待的诉求》，《财政研究》2018年第8期。

后疫情时代背景下,货币政策与金融政策的转变如何使金融更好地服务于实体经济,需要关注以下问题:(1)外部金融风险冲击下中国货币政策与金融工具的应用研究;(2)逆全球化对经济发展与金融开放的冲击与政策应对研究。

(三)加快建立完善现代财政金融制度和人民币国际化研究

财政制度方面,需要关注以下问题:(1)政府间事权的合理划分。事权的划分是政府间关系的核心,科学合理的事权划分,有助于充分调动中央和地方两个积极性。(2)优化税收制度改革的路径。科学的税收制度有利于更好地发挥税收在国家治理中的基础性、支柱性、保障性作用,税收制度现代化是现代财政制度的重要组成部分。(3)现代预算和绩效评价体系的建立和完善。现行财政支出绩效评价往往针对单个项目,但实际是多个支出项目的协同配套才能发挥应有作用,需要进一步优化财政支出绩效评价办法,对财政支出绩效进行更为科学的评价。

现代金融制度方面,关注资本市场的改革深化,尤其是科创板的制度建设,研究如何激发资本市场活力,规制资本市场的违规行为,探讨集体解禁与恶性套现对中国股市的负向影响,实现有效监管。研究中国融资市场信息扭曲的根源问题,设计更为科学有效的信息披露制度,为建立和完善我国资本市场的制度建设出谋划策。

在欧美国家金融"去中国化"思潮盛行的当下,"十四五"时期我国学者需要关注并研究中国与世界金融之间的关系,积极构建中国在全球金融与货币体系中作为引领者的实现途径以及金融治理现代化实现路径。结合央行近期推出的电子货币(DCEP),关注数字货币金融理论的构建,丰富数字货币的金融现象的理论解释,不断增强人民币在世界货币金融体系中的地位和作用。

(四)重视基本公共服务均等化的财政政策研究

如何实现基本公共服务均等化已成为党和国家在新时期的重要命题和历史使命。由于经济、社会、历史等多方面原因,基本公共服务在区域间、城乡间仍存在较为严重的不均衡现象,亟须全面总结旨在提升基本公共服务均等化的财政改革的举措，科学评估在改进基本公共服务均等化、可及性方面的绩效，为继续巩固现有成效、加大财政改革力度、实现基本公共服务均等化提供理论依据。

（五）加强科技与金融学科深度融合的研究

金融与科技已经进入深度融合的新阶段，正在进行从数字金融到智能金融的跨越，聚焦融合方式和融合领域。在金融微观研究方面，利用大数据的高频数据进行金融资产定价与风险建模与分析；利用文本语意识别等在金融投资与公司金融的应用；金融人工智能 AI 广泛应用于量化投资；在金融宏观研究方面：利用大数据和人工智能通过模拟动态现实世界构建金融危机的预警体系。在创新金融监管方式方面，金融学家和金融业界更多关注的是金融的技术性、专业性及其所产生的利益，他们对伦理问题的漠视使金融风险放大；金融产品的不当和过度创新导致金融风险加剧。重视金融创新与弹性监管之间的博弈研究，在有效防控风险的前提下鼓励金融科技创新，以科技为工具创新金融监管方式。

（六）关注中国债务杠杆与金融风险研究

"十四五"时期政府与企业的债务杠杆水平和系统性金融风险的防范依然是一个持续而重要的研究课题。（1）全面系统深入地掌握地方政府的债务杠杆水平，在后疫情背景下，既要加大"新基建"的投资，又要把地方政府负债水平控制在安全范围内。坚持"开前门、堵后门"的发债准则，灵活运用专项债券融资，同时严防地方融资平台的隐性借贷风险。（2）金融部门要把控资金投向，引领资金投向政府推进的"新基建"项目，关注绿色金融、普惠金融的发展；同时防止资金"空转"，不进入实体经济。（3）研究房地产生产部门的信贷调控政策对房地产部门和其他部门的影响，以及对制造业的"挤出效应"。（4）估算商业银行系统性风险指标，考察银行贷款行业结构对系统性风险的影响及其结构性变化，并研究非正规金融工具的供给对于地区隐性金融风险的影响。（5）研究新冠肺炎疫情下，如何降低中小企业，尤其是民营企业的融资成本，探讨公司现金持有水平与公司债务风险的关系。

五 "十四五"时期需要重点研究的重点课题

(一) 大规模减税降费等重大财税政策效应评估研究

进一步强化对重大财税政策影响效应的评估,以为改进和完善重大财税政策提供有效支撑和有前瞻性、落地生效的政策建议。

(二) 财政学科的基础理论研究

现代财政制度给财政基础理论创新提出了研究新论题。深化财政学基础理论研究对促进财政学科体系、学术体系、话语体系的建设重要性的认识。

(三) 促进基本公共服务均等化的财政政策研究

系统梳理基本公共服务均等化的财政改革措施,科学评估其在推进基本公共服务均等化、可及性方面的绩效,分析存在的问题,为加大财政改革力度、实现基本公共服务均等化和可及性提供理论依据和重要参考。

(四) 促进数字经济发展的财税政策研究

对于数字经济涉及的财税问题进行研究,不仅关系到我国经济发展方式的转变和经济的高质量发展,构建和提高数字经济的核心竞争力,而且关系到中国能否在国际税收管辖权冲突中占据有利地位,推动公平合理的国际税收秩序的构建,维护我国的税收主权。

(五) 新形势下央行货币政策研究

创新直达实体经济的货币政策工具,务必推动企业便利获得贷款。研究货币政策对社会财富创造的影响,加强新型货币工具的中间作用研究。

(六) 金融开放的尺度把控与边界确定

研究如何避免金融开放对金融稳定和经济波动的冲击,以及外部风险传染对我国系统性风险的影响;金融进一步开放后,中国金融企业如何

"与狼共舞"。

（七）中国资本市场的制度建设与市场基础

深化中国资本市场的制度建设与市场基础研究，为完善我国资本市场的制度建设、夯实市场基础提供理论支持与决策参考。

（八）重大公共安全事件的金融风险防范研究

探讨重大公共安全事件的意外结局，金融逆生长问题的相关研究。

（九）金融科技监管研究

研究如何利用大数据和人工智能模拟动态现实世界构建金融危机的预警体系。

（十）数字货币研究

研究货币数字化应用过程中产生的问题，包括多中心货币主权与流动性如何协调、数字货币泡沫与风险防控。

数量信息经济学

一 "十三五"时期数量信息经济学学科的基本状况

(一) 主要研究力量布局

第一类是综合性大学。这类高校依托学科门类齐全的优势,在数量信息经济学学科发展过程中发挥着重要作用。其数量信息经济学学科大都以研究中心和研究机构方式设立,以基础理论研究和基础性研究见长。数量经济学重点研究新兴的计量经济方法,技术经济学则集中在经济发展效率和组织模式研究,信息经济学和大数据科学集中研究信息经济和数字经济等重大现实问题。

第二类是专门的研究机构和研究基地。这类研究机构发挥着科学研究和学科建设引领的重要作用,不仅承担了大量科研项目,而且为解决重大现实问题提供了大量对策研究。

第三类是各类融合和交叉的研究机构,尤其是以大数据为研究依托的各类重点研究机构。有别于数量经济学和技术经济学的学科发展过程,这些大数据研究院直接开始招收本科生,从而进一步夯实了学科发展基础。

"十三五"时期,国家社会科学基金重大招标课题中有101项课题与数量信息经济学有关,其中79项的承担单位是高等院校,22项由研究机构承担;其中直接与大数据有关的课题有9项;国家社会科学基金资助了与数量信息经济学有关的项目355项,其中90%的项目承担单位是高等院校。同时,数量信息经济学学科还承担了大量国家自然科学基金的重大项目、重点项目和面上项目，国家统计局、国家信息中心和政府有关部门也招标了多项与数量信息经济学学科直接相关的课题。

（二）人才培养和队伍建设

1. 数量信息经济学学科的人才培养质量得到显著提高，国际化步伐加快，联合培养绩效显著

"十三五"时期，国内高校和研究机构普遍高度重视数量信息经济学学科的人才培养，稳步推进高水平人才培养机制改革，从本科生教育开始，着力于学科培养体系的连贯性和完整性，在突出定量分析和信息处理能力的同时，加强了问题导向和实践能力的培养，使所培养的学生不仅具有定量分析和信息处理能力，而且具有扎实的经济学理论基础和经济对策的形成能力。基本上所有高等院校和研究机构，均将计量经济学、信息经济学、经济统计学和大数据科学等作为专业必修课和核心课，使高水平经济学人才培养突出了数学、统计学和信息科学的工程化、数理化和信息化的复合培养特色。

2. 数量信息经济学学科的师资队伍建设取得了重大进展

目前国内已经汇聚和培养了一批高水平数量信息经济学学科的领军人才。随着国家"双一流"建设工程的实施，"十三五"时期各高校和研究机构普遍加强了数量信息经济学学科的队伍建设力度，采取引育结合的方式，人才引进以拥有高层次教育背景和多元化任职经历的研究人员为主，加大对中青年教师的培养力度，重视海外人才引进，创新和实施一系列人才工程项目，汇聚和培养了一批高水平研究者。

二 "十三五"时期数量信息经济学学科取得的重要进展与主要成绩

（一）数量信息经济学学科的学科边界更为清晰，部分学科的主体地位得到加强，整个学科对经济学研究的方法支持和辐射作用得到显著提高

1. 数量经济学

数量经济学主要包含计量经济学、数理经济学和经济博弈论等重要内容。其中计量经济学的发展最为迅速，国际化进程显著加快，在国际顶级

杂志中经常出现中国学者的名字，在研究方法上已经实现了与国际高水平的接轨和同步。数理经济学的发展稍微缓慢一些，但是在该学科的教学和研究中，也出现了一些优秀的青年学者。经济博弈论则是目前国内发展最为迅速的一个经济学分子，在市场机制设计和资源配置效率测度上，国内出现了大量优秀成果。与此同时，微观计量和微观经济行为研究快速发展是国内数量经济学领域的一个新特色，其中具有中国背景和中国数据的劳动经济学研究取得了重大进展。

2. 经济统计学

经济统计学是"十三五"时期发展最为迅速的数量信息经济学学科。经济统计学是统计学一级学科下的重要学科方向。在"十三五"时期，经济统计学方向的题目占据了统计学整个项目的 2/3 左右。主要研究重点有三个：第一个是关于经济发展各类指标的测度和计算。目前该研究领域研发了大量新型重要经济指标，例如高质量发展指标、经济稳定性指标、经济不确定性指标、绿色发展指标等，为描述各类市场行为提供了直接的定量数据。第二个是关于经济增长和国民经济行为的测度和核算。经济统计学利用了各种类型的数据，对中国经济增长新动力机制、中国经济发展的动态平衡机理、中国经济发展的结构性问题等进行了测算，为实现精准扶贫、区域发展战略和经济结构调整等提供了定量依据和决策支持。第三个是对经济结构和经济关联的测度和检验。进入经济新常态和经济新时代以后，中国经济结构优化问题愈发突出，因此度量经济结构优化和提升产业结构等级便成为经济统计学的重要研究对象，与之相关的经济关联程度的检验也成为重要研究问题。

3. 信息经济学和大数据科学

大数据科学的兴起和发展为数量信息学学科的发展注入了强大的发展动力，成为目前数量信息学学科发展的亮点和重点。大数据科学的兴起为信息经济学的发展发挥了重要支撑作用。目前该学科方向的重点研究领域主要有：第一个是经济行为复杂性研究取得重要突破。行为经济学和实验经济学是目前应用经济学领域的新兴和重点研究方向，由于大数据和信息技术的提高，使描述人类经济行为的能力大为提升，机器学习、人工智能和云计算等技术使描述人类经济行为成为可能，由此产生了经济学研究方法和传统经济学理论的重大变革，带来了信息时代经济学理论的深入发展。

第二个是经济模拟和方针能力取得重大进展，尤其是对经济个体和经济行为的异质性假设和处理取得了突出性进展。第三个是经济不确定性和经济风险管理上，由于大数据和信息处理能力的提高，不仅取得了计算和控制上的突破，而且在不确定性条件下的系统控制和风险管理方面，无论是风险管理工具的开发和使用，还是各种网络环境下的风险测度和风险管理，都取得了重大进展。

（二）数量信息经济学学科的发展，促进了经济政策和经济决策制定的合理性和科学性，为进一步夯实经济学科的基础理论和加强经济学科的应用提供了更为丰富可靠的事实依据

1. 数量经济学

"十三五"时期，数量经济学的主要进展体现在数理模型设计和估计方面的理论和方法创新上，尤其是宏观计量的 DSGE 模型和微观计量的异质性模型等出现了重要进展，同时利用这些模型在实证分析和应用研究上获得许多重要成果。利用这些模型在经济周期波动测定、经济政策机制分析、产业结构优化调整和区域经济协同发展方面的研究，提供了重要决策对策建议。

2. 经济统计学

随着统计学一级学科的设置，经济统计学迎来了快速发展的重大机遇。随着国家对经济运行监测和国家经济中长期发展规划的重视，经济统计学在金融学、发展经济学、区域经济学、劳动经济学和国际经济学等经济学科中的应用逐步深入，在承担重大课题和产出高水平研究成果方面取得了重要进展。主要体现在：对高质量发展的指标设置和监测取得了显著成就，对高质量发展的整体测度和分层测度取得了较好的效果；对收入分配差距和实现精准扶贫进行了合理的统计度量，为实现精准扶贫提供了数据和指标支持；对区域经济协调发展和国家实施重大区域发展战略给出了统计指标测算和区域政策绩效测度，为国家重大战略实施提供了决策依据；对产业结构调整和实现经济发展方式转变提供了定量依据，同时对我国产业结构、就业结构和资源配置结构等经济结构问题进行了数据研究和指标研究。

3. 信息经济学和大数据科学

信息经济学和大数据科学在"十三五"时期取得的重大进展主要体

现在：（1）开始了大数据背景下的金融系统性风险测度和金融风险管理研究。在金融大数据条件下，金融风险测度和风险管理研究已经从传统的计量模型和统计分析框架，逐步拓展到非参数模型和文本数据模型，融入了人工智能、机器学习和云计算等新技术，使金融系统性风险测度变得更为及时和可靠，并据此开发出多种新型金融风险管理工具，在保持金融稳定和经济增长稳定等方面发挥了重要作用。（2）国家和地方债务风险预警和债务风险管理。在此领域，本学科发挥了大数据技术的集成性、学习性和自适应性等优势，对各种债务危机、杠杆率波动和违约概率进行了动态监测和评估，实施了动态债务风险管理程序，对防控国家和地区债务风险提供了重要帮助。（3）在有效测度经济政策不确定性和经济运行不确定性的前提下，开始了大数据背景下行为经济学和实验经济学的全面研究。

（三）数量信息经济学的学科交叉融合趋势进一步显现，方法论优势得到进一步发挥

数学、统计学、计算机科学和大数据科学的集成，在经济学领域聚焦出一批新兴学科增长点，出现了数字经济、信息经济、智能经济等新的研究范畴和领域，使一些传统经济学无法处理或者分析的问题得以研究。例如，生产者、消费者和产品的异质性问题，大规模经济系统的模拟方针问题，大量文本数据和非时序数据的建模和处理问题，经济政策不确定性和经济政策效应评估问题等。数量信息经济学科的快速发展，直接将数学、统计学、计算机科学、信息科学和大数据科学的最新进展融入经济学之中，为进一步提升经济学科的理论性和科学性提供了支撑。

（四）以国家社会科学基金、国家自然科学基金为主的项目引领和导向作用明显，这些基金项目极大地促进了数量信息经济学学科的快速发展

"十三五"时期在国家社会科学基金、国家自然科学基金等国家级别项目的资助和引领下，数量信息经济学学科出版和发表了一大批有影响力的学术著作和学术论文，尤其是在国际顶级学术期刊上出现了多篇中国作者的研究成果，我国数量信息经济学学科与国际接轨和接近世界前沿水平

的进展十分显著,本学科领域的发展出现可喜局面。

三 数量信息经济学学科目前存在的主要问题和薄弱环节

(一) 数量信息经济学学科的规范性、主体性和长期性有待进一步巩固和夯实,应该加快该学科整体的布局优化和协同发展,从学科顶层设计上进一步协同该学科的协调发展

数量信息经济学学科本身就是一个在发展中不断交叉和融合的产物,无论使用的方法和技术如何,都是以研究重大现实经济问题和寻求经济发展规律为研究目的的,该学科的本质属性应该是经济学。由于数量信息经济学学科发展的历史比较短暂,因此数量信息经济学的学科主旨、学科边界和学科属性都存在一定程度的混杂和歧义成分,主要体现在该学科领域中的本科生专业不够广泛和集中,与后继研究生专业缺乏对应和衔接,诸如技术经济学和信息经济学的学科归属和学科发展的持续性等存在一定争议,该学科领域的师资队伍和研究团队来源分散,缺乏在经济学方面的本源性和持续性,在经济学大学科中,如何促使数量信息经济学入主流,仍然是该学科未来发展面临的严峻挑战。

(二) 数量信息经济学要走出具有中国特色的发展道路,在国际化进程中,要形成具有中国品牌和中国学术话语权的学科特点,并融入中国经济学内涵的学科理论构成和知识体系

虽然我国近年来数量信息经济学学科发展迅速,且学术水平得到显著提高,但是存在模仿、学习和跟随的趋势,因此,如何建设具有中国特色和具有学术话语权的数量信息经济学学科,是我国经济学界的重要使命,这需要整个学科建设团队融入中国经济发展的时代潮流之中,认真学习马克思主义经济学的基本原理,了解中国经济改革和发展的伟大实践,这样才能建立和发展中国特色的数量信息经济学理论和方法,为解决中国经济发展中的重大现实经济问题提供理论和实证依据。

（三）数量信息经济学学科需要进一步实现有机融合，突出自己在经济学问题上的研究特色和方法优势，有进有退，集中和优化学科资源配置，实现学科建设中的规模收益和范围经济，进一步推动经济学整体学术化和科学化进程

数量经济学、经济统计学、信息经济学、技术经济学和大数据科学等重要经济学学科方向，都是数学、统计学、信息科学、计算机科学和大数据科学在某些经济问题上的应用，这些方法并不是因经济学而独创，因此这些方法的使用和推广必然存在着局限性。我们迫切需要一些高水平研究者致力于这些方法在经济学领域的长期潜心研究，而不是多项全能地在经济学上浅尝辄止，这就要求数量信息经济学学科在经济学上的专门融合和聚焦新学科方向，例如经济政策计量学、金融风险管理学、数字和智能经济等，这样就可以在交叉和融合中聚焦新学科，形成特色鲜明、问题导向突出和发展前景广阔的新兴经济学专业分支，真正发挥数学、统计学、信息科学、计算机科学和大数据科学在经济学领域专业化和科学化上的画龙点睛作用。

（四）数量信息经济学学科需要进一步提升应用能力，增强服务国家重大决策的意识和能力

数量信息经济学具有集数据处理、信息生成、模型构建、模拟仿真、政策设计和效果检验于一体的经济系统控制和管理功能。如果能够有效组织和利用复杂经济系统模型，就可以在实验经济学范围内，对复杂经济系统运行和经济政策组合进行准确的模拟和对比，从而为经济机制设计、经济资源配置和社会福利状态测度给出准确的判断依据。但是，目前我国数量信息经济学学科的发展水平与上述要求还存在一定差距，还需要在实践中不断提升重大经济问题的判断和决策能力。

四 数量信息经济学学科需要深化和拓展的重点研究领域和研究方向

数量信息经济学学科在"十四五"时期的整体发展趋势为：计量模型系统化、随机化和结构化，统计指标集成化、标准化和动态化，数据科学多维化、智能化和机器化，数字经济、数字金融、智能经济和网络经济深入经济和社会组织的各个层面和角落，实验经济学和行为经济学都将在数量信息经济学的促动下取得长足发展，未来的经济学研究范式将在异质性假设和微观行为渐近理性假设下发生革命性变革，我们必须对此做出充分预期和准备，利用这次信息技术、计算技术和大数据技术取得突破的关键机遇期，尽快缩短我国数量信息经济学学科与世界先进水平的差距，实现本学科领域的全面赶超和快速发展。经过充分调研和专家论证，我们归纳目前该学科领域的重点研究内容有：

第一，加强数理模型和计量模型的系统化、随机化和结构化研究，既要在经济实时预测上加强开发和应用，又要加强经济政策效应的估计和评价。

预测、政策评价和结构分析是数量经济学的核心研究内容。随着目前结构化系统方程的快速发展，不确定性和随机环境下的经济系统分析能力不断提升，使非完全经济市场的经济运行机制得到更为详细和深入的解析和研究。

第二，加强经济运行的动态监测能力，提高统计指标设计的集成化、标准化和动态化程度，显著提升经济统计的信息化和智能化水平。

监测经济运行状态、测度经济指标之间的关联和描述经济结构转变，这些都是经济统计学研究的重要目标。虽然我国经济统计指标体系正在趋于完善，但是某些重要经济统计指标仍然需要改进和提高，特别是历史原因导致一些重要经济指标出现缺失和不规范。为此，我们需要进一步提高我国经济统计指标体系的科学化和系统化，发挥经济统计指标的经济监测、预警和管理功能，保证各项经济政策和政府经济管理措施发挥重要作用。

第三，加强大数据背景下经济运行不确定性测度和经济政策不确定性检验，对国家之间的经济关联和经济冲击进行全面检测，对出现的各种金融风险传染、金融投机攻击，以及金融脆弱性和金融非稳定性进行深入研究。

第四，利用数量信息经济学的学科综合、学科交叉和学科融合的独特优势，加强对全球产业链、供应链和区块链的集成和系统研究，结合大数据和云计算技术，在此类研究的网络化、集成化和智能化等方面取得突破，形成产业、市场、消费者三者有机关联的经济空间网络化研究体系。

第五，利用数量信息经济学的学科特色和优势，加强经济系统各种预期管理、指标管理、舆情管理，增加市场信息有序流通、提高信息质量、提升信息传播效率，使经济系统信息化、智能化、数字化和网络化程度进一步提高。

第六，利用数量信息经济学的学科特色和优势，加强经济运行不确定性、突发事件和各类经济冲击的传导机制研究，强化风险防控意识和严防发生系统性金融风险，实施更为有效的金融风险管理，保障国家金融安全、市场安全、资源安全等多维度的经济安全。

第七，利用数量信息经济学的学科特色和优势，加强对市场微观运行机制和经济要素微观配置机制的研究，尤其是对劳动力市场和资本市场的微观基础问题加大研究力度和研究深度，在大数据和网络化背景下，推动中国微观经济学的基础研究。

五 "十四五"时期数量信息经济学学科的重点研究课题

（一）大规模系统模型构建、经济实时预测和经济增长趋势分析

该课题是数量经济学、经济统计学和大数据科学交融的重大研究课题，该课题的设置、落实和进展将对中国未来一个时期的经济学研究产生重要影响。大规模动态经济模型构建一直是我国宏观经济模型分析的薄弱环节，构建、维护和运行一个国家级别的动态经济模型是制定国家中长期发展战略和实施有效宏观调控的基础，该项工作势在必行；实时预测技术和方法是目前计量经济学的重要发展领域，对于我国采取精准预测具有重要意义；经济增长趋势分析主要包括经济周期波动研究，对中国未来一个时期的经济周期波动态势研究是国家进行宏观调控政策及其模式选择的重要依据。

（二）大数据和不确定性背景下经济政策规则和绩效研究

经济决策科学化的首要目标就是经济政策制定的科学化。我国在长期的宏观调控过程中制定和实施了多次成功的经济政策组合方式，也为评价和检验经济政策效应提供了重要依据。在经济进入新常态以后，如何利用和发挥财政政策和货币政策的有机组合，发挥就业政策、产业政策和区域

政策等协同发力的宏观调控作用，是目前研究经济政策理论的核心问题。为此，我们需要在大数据和不确定性背景下，利用最新的计量方法和信息处理方法，对经济政策规则性、经济政策时间一致性和经济政策逆周期性等动态特征进行描述和检验，促进经济政策学和经济政策计量学等新兴学科方向的形成和发展。

（三）坚持以供给侧结构性改革为主线的市场机制设计和微观政策机制研究

坚持以供给侧结构性改革为主线，是国家对当前经济总量主要矛盾转化的清醒判断，为此需要我们从数量、指标、结构和制约关系等多重角度，利用数量信息经济学的模型和计量方法，以大数据和网络平台为依托，寻求和建立保证总供给和总需求有效衔接、彼此促动、消除短边的良性改进机制，此时市场机制设计、经济政策设计和资源要素配置效率等至关重要，而系统结构性模型、经济统计方法和大数据技术等能够顺利地促使这些经济系统关键环节有效衔接和灵活运行，在提高经济整体运行效率的同时，降低系统性金融风险，保证经济持续稳定发展。

（四）经济不确定性下产业结构升级、产业链和供应链安全研究

重大突发事件和强烈不确定性冲击对经济系统的重要影响在于阻断或者割裂了生产过程和消费过程中的若干链条，进而对经济运行产生整体影响。此类研究需要利用大量统计指标，利用大数据和区块链技术，对全球范围内的产业组织、产业状况、资源状况等进行全面调查、监测和评估，厘定系统性和整体性风险发生的阈值，对各类风险传导和溢出途径进行甄别，既要保证投入要素的流畅配置，又要阻断各类风险的传播，确保金融安全、产业安全和资源安全等经济安全。

（五）高质量发展的指标体系设计和高质量发展路径研究

高质量发展是我国目前经济发展的重要方式，也是实现两个一百年奋斗目标的必由之路。综合运用数量信息经济学的理论和方法，构建符合中国经济特征的高质量发展指标体系，是保证高质量发展的重要前提。我国的高质量发展是集五大发展理念于一体的协调持续发展，所涵盖的内容十

分广泛,因此测度高质量发展的指标体系必定是一个动态复杂的综合指标体系,必须利用大数据科学和智能化网络平台,才能构建这样一个复杂的高质量发展指数体系。有了这样的高质量发展指标体系,我们就可以对高质量发展路径进行模拟和仿真,通过经济实验和政策实验等方式,寻求符合中国国情、达到发展目标要求的经济发展道路。

(六)大数据下的金融安全、产业安全和经济安全研究

在新冠肺炎疫情冲击下,美国采取了无限宽松的非常规货币政策,导致国际货币流动性和资产负债表受到严重冲击;同时,贸易保护主义和经济霸权主义愈演愈烈,国际贸易摩擦加剧,国际金融投机攻击时有发生,导致全球金融、产业和资源正常秩序受到严重干扰,此时爆发新一轮金融危机、债务危机和产业危机的可能性大大增加。我们需要利用大数据技术,严密监视国际金融、国际贸易和大宗商品价格波动等重要经济指标,积极筹划和设计我国的应对措施,确保我国经济正常运行,并尽量减少新冠肺炎疫情对经济的负面影响。

(七)大数据背景下宏观经济稳增长和金融系统防风险研究

如何保持我国宏观经济稳定增长,同时限制和降低金融风险,是一个重要的动态平衡和替代问题。为了实现这种高难度的稳增长和防风险的动态平衡,必须依靠系统复杂的宏观调控制度体系。健全宏观调控制度体系成为"十四五"时期的重要经济管理工作。为了实现这个研究目的,一是要能够准确预测经济增长的主要趋势,为宏观经济稳增长提供各种经济基础;二是要对金融风险进行实时动态度量和监测,严守不发生系统性金融风险的底线;三是要建立稳增长和防风险的动态平衡机制,在风险和收益之间进行可靠的替代和选择。这些研究都需要数量信息经济学的理论和方法支持。

(八)大数据背景下金融建模和金融风险管理研究

随机非线性复杂模型系统是数量信息经济学中出现的新理论和新方法,结合大数据科学和现代统计方法,使金融建模和金融风险管理成为数量信息经济学的特色和核心研究领域。大数据背景下,传统资产定价理论、资

产价格波动理论和金融风险管理理论都出现了重大变化，随之出现的金融数据中的非线性、非平稳和非参数化等动态特征都需要在本学科范畴内进行深入研究。利用金融大数据，我们可以采用人工智能方法，对资产定价行为、市场交易行为、交易者风险态度和"羊群效应"等金融市场特征进行描述和刻画，更加深入地揭示新兴资本市场的属性，进而为实施有效风险管理提供参考依据。

（九）大数据背景下的实验经济学研究

随着数据技术、计算技术和模型技术的进步，实验经济学取得了显著发展。利用这些辅助技术方法，可以使一些重要经济变量之间的影响关系和因果关系的验证在实验室里进行，这不仅极大地降低经济实验的成本，而且可以重复实验和对比实验，从而获得一致性和稳健性的实验结果，对于评估和检验经济政策效应更为重要。一些重要的经济政策，通过政策实验过程来模拟和仿真政策效应，对制定和选择最优经济政策提供直接参考依据。

（十）大数据背景下行为经济学研究

行为经济学产生的主要原因在于以往传统经济学中的完全理性假设或者利益最大化假设与现实出现了显著偏差，而产生这种偏差的主要原因在于经济行为的渐近理性或者有限理性。描述经济行为是十分复杂的过程，需要在多种条件下测试给定条件下经济个体的选择方式及其效果，在概率意义下给出经济行为规律性的认识和发现。复杂系统、经济统计、大数据和人工智能等技术的综合运用，使行为经济学的研究变得可行和可靠，行为金融学、消费者行为、投资者行为、行为财务学等行为经济学研究分支纷纷出现并获得了重大研究成果。

资源环境经济学

一 资源环境经济学的学科概况

资源环境经济学与生态经济学在渊源上均有着西方经济学的学理和方法基础，但实际研究中多具有技术经济学内涵，问题导向明确，以政策需求为驱动，其应用经济学特质明显多于理论经济学内涵。因此，全国哲学社会科学规划办公室2010年开展的学科调研报告中，将资源环境经济学从理论经济学剥离纳入应用经济学一级学科的建议是客观的、科学的、符合实际的。全国哲学社会科学工作办公室"十四五"学科调研将资源环境经济学归入应用经济学类别，对于推动学科的建设和发展，具有十分积极的重大意义。

二 "十三五"时期资源环境经济学基本发展状况

"十三五"时期，我国经济发展进入"新常态"，生态文明建设迈上新台阶，在理论支撑、决策实践和政策分析方面，资源环境经济学研究资助规模大幅增长，相对于以前的成果数量、质量和人才队伍建设，成就突出。

（一）研究立项

资源环境经济学研究立项，包括国家基金、中国科学院、中国社会科学院、教育部以及资源环境的相关部委、地方政府和国际合作等来源。本调研主要基于国家社会科学基金和国家自然科学基金项目数据库截至2020年年初的数据考察国家基金。由于学科的新型和交叉属性，例如生态文明发展范式转型的经济学研究项目，在学科类别界定中，不尽精准和全面。

"十三五"时期与环境经济学相关的课题32项，总量比"十二五"提高50%。国家自然科学基金的研究立项多归口于经济科学中的人口、资源与环境经济学和宏观管理与政策大类下的环境与生态管理。根据其项目数据库统计，"十三五"时期，人口、资源与环境经济学的立项项目共有111项。宏观管理与政策大类下的环境与生态管理共立项157项，以环保税、排污权等环境规制问题、环境风险管理、流域生态治理等研究内容为主。立项数量均比"十二五"有所提升。

与资源经济学相关立项项目105项。涉及"自然资源""能源""矿产""水资源""土地""循环""气候变化""产业生态"等内容。在国家自然科学基金管理科学部经济科学中与资源经济学相关的立项43项；宏观管理与政策中相关的立项153项，包括能源体系变革、金属资源安全管理、农村集体用地转型、资源优化配置、可再生能源发展等。

与生态相关的国家社会科学基金重大研究课题30项，重大招标项目课题15项，占50%；"生态"相关研究课题559项。"生物多样性"选题3项，"可持续性"选题19项，归口应用经济的有4项，归口理论经济学的有3项。国家自然科学基金委员会管理科学部经济科学中以"生态"入题的立项项目有29项，"多样性"有213项，"可持续性"有237项。管理科学部宏观管理与政策中以"生态经济"入题的立项项目有197项，"多样性"有175项，"可持续性"有211项。

（二）学术性研究成果

尽管许多学术成果在国外尤其是英语学术期刊上发表数量较大，但本调研的重点以国内中文发表的论著为主，大略根据国家图书馆的馆藏目录、中国知网、经济学和相关领域的顶级或权威刊物的文献情况进行梳理。

"十三五"时期环境经济学相关专著有32部；中国知网经济与管理科学名录下"环境污染控制/防治/治理"文献4000余篇，主要发表在《生态经济》《中国人口·资源与环境》；排污权相关的研究共有178篇，其中《中国人口·资源与环境》《生态经济》《中国管理科学》刊文最多；环境税的研究成果主要来自西南大学、西安交通大学、中央财经大学、武汉大学以及中南财经大学；环境审计领域的研究重镇主要来自财经类院校。以"环境"为主题的论文在顶级期刊也有较多录用，其中《经济研究》51篇，《中国社会科学》9篇，《管理世界》33篇。

资源经济学相关专著82本，涵盖资源、能源、煤炭、油气、土地、海洋、循环、气候变化等领域。教科书主要包括2019年马中主编的《环境与资源经济学概论》、2017年焦露主编的《环境与资源经济学导引与案例》、2016年张帆主编的《环境与资源经济学》、2017年唐旭和王建良主编的《能源经济学》和2016年张同功编著的《能源经济学》。相关的文献共30452篇，主题包括"自然资源""能源经济""煤炭经济""油气经济""土地经济""海洋经济""循环经济""气候变化经济""产业生态"等。"资源"主题刊文数量包括《中国人口·资源与环境》542篇，《经济研究》74篇，《中国社会科学》28篇，《管理世界》139篇。在经济学和管理学的高水平中文期刊当中，侧重于自然资源角度下的"资源经济学"为主题发表的论文数量有限。

从专著主题看，生态经济学21部、生态文明140部、绿色发展150部、生物多样性130部、可持续发展420部。论文发表方面，"生态经济学"主题4200多篇、"生态经济学"主题1600多篇。《经济研究》刊"生态"主题8篇、"可持续性"主题7篇。《中国社会科学》刊"生态"主题15篇、"可持续性"主题1篇。《管理世界》中"生态"主题26篇，有3篇长文与生态经济学选题相关；"可持续性"主题5篇。三大刊物中，气候变化的适应性研究相关论文仅1篇。生态经济学中文论文总体发文数量不少，但生态经济学研究成果的中文论文发表档次有待提高。

（三）高校人才培养建设

普通高校开设资源经济学、环境经济学、生态经济学课程较为普遍，但设置本科专业的高校数量不多。研究生教育中按教育部学科设置或自主设置相关专业的高校数量众多，培养资源、环境和生态经济学专业人才不断增多。

环境经济学在研究生专业目录中，归口理论经济学一级学科下的"人口、资源与环境经济学"，本科生专业目录以"资源与环境经济学"作为专业培养方向。中国研究生招生信息网统计，2020年经济学学科门类下设环境经济学专业或研究方向的高校和研究机构有85家，其中博士点25家。中国人民大学建成从本科到博士完整的环境与资源经济学人才培养体系。超过100所高校开设"环境经济学""环境与资源经济学""人口、资源与环境经济学"等课程，环境经济学人才培养体系发展迅速。

《普通高等学校本科专业目录（2020年版）》中涉及资源经济学的本科专业共两类，"资源与环境经济学"与"能源经济"，全国12所高校设"资源与环境经济学"专业，17所高校设"能源经济"专业。中国研究生招生信息网硕士专业目录中，涉及资源经济学的硕士点共69个，涉及资源经济学的硕士专业有9类，包括低碳经济学，可持续发展经济学，人口、资源与环境经济学，资源与环境经济学，国土资源与生态经济学，能源经济与管理，能源经济学，能源与气候经济，资源环境与循环经济；资源经济学博士点共32个，其中人口、资源与环境经济学博士点25个，其他包括能源经济学、能源经济与管理、国土资源与生态经济学、资源环境与循环经济等。

生态经济学在应用经济学、理论经济学、管理学、生态学等一级学科博士点、硕士点中均有布点，但应用经济学下尚无高校或研究机构直接设置生态经济学博士、硕士专业。经济学学科门类下设"生态"相关专业或研究方向的博士点高校和研究机构有13家，无"生物多样性"或"可持续性"研究方向；生态学学科门类下设"经济"相关专业或研究方向的博士点高校和研究机构有5家，管理学学科门类中设"生态"相关专业或研究方向和生态学学科门类中设"管理"相关专业或研究方向的博士点高校和研究机构有19家。

三 "十三五"时期资源与环境经济学学科研究进展

"十三五"时期，针对生态文明建设中污染控制、生态保护和资源节约的突出问题，为服务于决策需求而展开理论探索，资源与环境经济学研究进展显著。

环境经济学的进展主要表现在：一是环境污染影响因素的分析与溯源；

二是污染控制的成本收益以及环境政策的有效性分析；三是拓展研究边界，推动环境经济学与法学、医学、审计等领域的多学科交叉研究。环境经济学与医学的交叉研究集中在污染控制与健康收益之间的关系，以大气污染健康损失估算居多；环境审计内容从生态环境审计逐步扩展到土地资源、矿产资源、水资源、大气污染等领域，学术探讨也逐步延伸至审计方法、审计模式等方面。

资源经济学研究进展涉及自然资源资产确权登记与产权出让制度、探索编制自然资源资产负债表、资源环境承载力评价与监测预警体系、国土空间用途管制与开发许可制度、能源资源、水资源、土地财政与土地制度等方面。2015年国际社会达成应对气候变化的《巴黎协定》，气候变化经济学研究也成为学科研究热点。中国社会科学院气候变化经济学研究团队，2018年出版《气候变化经济学》，2020年完成包含"导论""减缓""适应""气候金融""碳市场""碳核算方法学"等主题的气候变化经济学系列教材。

生态经济学的学科前沿和进展充分体现在高级别中文期刊的论文标题中。《经济研究》《中国社会科学》《管理世界》的代表性选题包括：郑艳等的《基于气候变化脆弱性的适应规划：一个福利经济学分析》[1]；李虹、熊振兴的《生态占用、绿色发展与环境税改革》[2]；崔莉、厉新建、程哲的《自然资源资本化实现机制研究——以南平市"生态银行"为例》[3]；牛志伟、邹昭晞的《农业生态补偿的理论与方法——基于生态系统与生态价值一致性补偿标准模型》[4]；包智明、石腾飞的《牧区城镇化与草原生态治理》[5]。生物多样性和生态系统的可持续性等主题甚少被主流期刊关注。2015年9月通过的《联合国2030年可持续发展议程》，中国社会科学院可持续发展研究团队自2016年开始，对17个可持续发展目标进行系统梳理，组织国内专家完成了"2030年可持续发展目标系列丛书"。

---

[1] 郑艳、潘家华、谢欣露、周亚敏、刘昌义：《基于气候变化脆弱性的适应规划：一个福利经济学分析》，《经济学研究》2016年第2期。

[2] 李虹、熊振兴：《生态占用、绿色发展与环境税改革》，《经济研究》2017年第7期。

[3] 崔莉、厉新建、程哲：《自然资源资本化实现机制研究——以南平市"生态银行"为例》，《管理世界》2019年第9期。

[4] 牛志伟、邹昭晞：《农业生态补偿的理论与方法——基于生态系统与生态价值一致性补偿标准模型》，《管理世界》2019年第11期。

[5] 包智明、石腾飞：《牧区城镇化与草原生态治理》，《中国社会科学》2020年第3期。

四　资源与环境经济学研究现状评估与对比分析

资源与环境经济学的国内外研究，具有许多共性的内容，例如气候变化经济学；也有许多不同之处，如环境污染控制和生态保护。中国所面临的问题与发达国家和许多其他发展中国家存在较大差异，因而研究内容、方法和视角也有所不同。

（一）国内研究与国际研究比较

欧美环境经济学研究，界定环境问题源于经济社会发展中的外部性，力求以最低的成本实现既定的环境管制目标；研究中重视模型构建和量化分析方法，例如运用可计量的一般均衡分析方法对环境政策绩效进行模拟分析；选题方面侧重全球性或区域性问题，包括气候变化、流域水资源管理、生物多样性等跨境环境问题的治理模式分析以及全球化背景下的贸易与环境问题等。在中国环境经济理论体系的构筑中以西方经济学中的微观经济学与福利经济学为基础，主要聚焦于环境与经济的关系、环境经济基本理论的政策运用等研究，理论研究逐渐在西方理论框架中引入中国特色，多使用国外较为成熟的模型；环境政策研究以国内环境保护的诉求以及客观经济发展规律为出发点，评估污染控制的社会经济效益，并就排污收费政策失灵、初始排污权分配不合理等问题作进一步评估和分析。

西方资源经济学研究重视资源资产价值和资源生态服务功能价值等方面的研究，但各类资源价值的概念和核算方法难以达成共识，导致难以制定核算资源资产价值的统一标准和量化方法。我国资源经济学往往直接引用国外的成熟理论，在形成有中国特色的、符合中国国情的资源经济学理论方面仍存在不足，在方法研究方面，没有形成我国资源经济学的方法体系。

国际生态经济价值理论的发展使生态经济学理论从定性走向定量。中国的生态经济学研究来源于中国特色的生态经济实践。中国积极探索将"绿水青山"转化为"金山银山"的价值实现机制。

(二) 资源与环境经济学"十三五"时期研究的新进展

环境、资源与生态经济学研究的一个共性进展是交叉融合。例如环境经济学与管理学、政治学、地理学、法学、医学等领域的方法与理论相结合，进行较为综合的环境治理评估；生态学与经济学在基础研究领域的互动和融合，为应对复杂的生态经济问题提供系统性解决方案，建立起生态经济学的理论体系。

环境政策制定从经验学习到实践检验，从环境政策在中国的实施效果评估入手，就排污收费政策失灵、初始排污权分配不合理等问题作环境污染控制以及社会经济收益的分析。资源经济学从侧重单种资源研究转向对自然资源系统、可持续发展、全球性资源经济问题研究。生态经济学学科建设主动回答不同阶段上的生态文明实践、构建生态经济学的生态经济模型。

五 资源与环境经济学存在的问题与薄弱环节

（一）环境经济学

数据平台、研究模型等研究工具开发建设仍需完善。国内环境经济学的实证分析自主创新性较弱，多引用国外计量以及政策模拟模型，缺乏原创内在机理研究。研究理论滞后于实践。对政策失灵、市场失灵、财产权失灵等环境政策研究缺少从理论层面提炼一般性的规律以及深度剖析问题机理。系统性分析与国家重大战略性改革政策的协调发展研究不够。例如在"一带一路"倡议以及长江经济带建设这些国家战略的推进方面，系统性的环境风险和环境效益评估比较薄弱。

（二）资源经济学

经济学的学理性不强。研究主要集中在自然资源领域，经济学学科性不强。学科领域跨度较大，导致研究内容严重割裂，学科发展缓慢。兼具资源科学和经济学背景的学者十分有限，导致资源经济学的基本理论和研究方法差异较大，学科发展缓慢。理论研究和探索不足，前瞻性研究较为缺乏。

（三）生态经济学

总体上仍面临研究缺乏理论分析框架和学科边界尚待廓清的挑战。生态经济学理论发展较快，如生态价值理论、生态经济协调发展理论、生物多样性理论、可持续发展理论等，但对于生态经济学的一些概念、研究范畴、理论体系等尚未达成共识。生态经济学的学科体系建设需要继续完善。动态随机一般均衡模型等主流经济学分析方法有待深入开发与应用。尚未作为一个独立的学科专业进入高等学校培养目录，人才培养有待强化。

六　资源与环境经济学"十四五"发展趋势与展望

（一）"十四五"发展趋势

"十四五"时期资源环境经济学的发展趋势，主要表现在多学科交叉、融合研究方法的创新突破。一方面凸显基础理论和基本理论的研究深化，另一方面需要众多具体领域的专项研究和综合分析。作为环境、资源和生态学领域与经济学交叉的学科，规范经济学研究方法和自然科学方法的融会贯通，将不断突破固有的学科藩篱，促进跨学科、多领域的研究。

（二）"十四五"展望

环境经济学在理论与方法体系上相对成熟，重点在拓展与深化基于社会公平、环境正义、管理有效的环境经济学理论与体系构建，规范研究与实证研究并重。全面建成小康社会后环境保护的经济政策设计与评估研究也将有新的挑战。资源经济学的学科建设与发展重点聚焦重大战略性资源挑战，涉及水资源管理改革、生态资源资本化、资源环境绩效评估、能源转型与绿色发展、战略性矿产资源安全保障等。

生态经济学的发展将在学理和方法上有所创新，涉及内容主要包括生态经济学的范畴和规律研究、生态经济化和经济生态化的机理、系统论视角下生态经济阈值问题研究、生态产品和生态环境融入市场体系的机理研究、完善生态经济制度和政策研究等。

(三) 构建具有学理基础和方法体系的新资源环境经济学或新生态经济学

环境经济学、资源经济学和生态经济学三个专业向领域，不论是学科发展，还是研究成果，都具有新型交叉属性；依托西方经济学的资源环境经济学和中国缘起的生态经济学，尚未为主流经济学所接纳，尚不能"自立门户"。以功利主义为伦理价值基础的西方经济学理论，目标函数是效用或收益最大化，寻求的是物质财富的不断增加和无限积累，分析方法上的单要素考量，核算单位时间内的市场实现的增加值。这些与生态文明发展范式下的人与自然和谐共融、分析方法上的系统综合考量，以及寻求长时间尺度的可持续力（Sustainability）存在根本冲突。

习近平生态文明思想具有丰富的哲学内涵，其经济学理论体系是对西方功利主义经济学体系的否定，是构建具有中国特色并具有人类普遍意义的人与自然关系经济学的准则。不论是全球层面人类未来命运的气候变化经济学，还是中短期可持续发展目标导向的"可持续力科学"（Sustainability Science），抑或是世界发展格局演化中的发达、新型、欠发达各类经济体人与自然的和谐发展，都需要经济学理论的生态革命。

"十三五"时期资源与环境经济学的学科发展和研究进展，已经有一定基础，"十四五"时期国家哲学社会科学体系构建中的资源与环境经济学，需要跳出西方固有的功利主义价值观，以习近平生态文明思想为指导，创新生态文明范式转型的资源与环境经济学研究，强调资源经济学、环境经济学和生态经济学的基本原理和学理基础研究，重视系统性、综合性、长时间系列方法论探索，形成中国哲学社会科学体系应用经济学领域的资源与环境经济学或新生态经济学。

(四) 学科发展与重点课题建议

学科发展有自身的规律，而且也呈现动态变化。就资源与环境经济学的学科建设与发展，建议如下：

明确学科归属。将理论经济学科下的人口资源与环境经济学明确归属于应用经济学下的环境、资源与生态经济学。环境、资源和生态经济学的理论和方法具有交叉属性，又有各自的特色和大致的边界，可并行不悖、兼容发展。

深化学理研究。基于西方经济学的环境、资源与生态经济学的学理基础有根本性缺陷，或者说与人与自然和谐发展具有不兼容的特征，方法困境难以突围。生态文明发展范式的学理研究，必须成为重中之重。

强调原创方法。理论创新需要方法论突破。改变简单的拿来主义，攻关独创性、系统性研究与评价方法，支撑学术研究和决策实践。

汇集数据基础。数据一直是短板，环境、资源、生态研究，需要系统性、权威性、开放性的数据，改变课题导向的临时性、封闭性数据方式，使之成为学术和决策研究共同体的强有力的基础设施。

重视学术交流。包括环境经济学、资源经济学、生态经济学作为新兴、交叉学科，学科之间、学术团队之间和东西方之间的学术交流。

"十四五"时期资源与环境经济学研究的重点课题，建议纳入：（1）"绿水青山就是金山银山"理念的经济学释义。从价值理论、价值测度和分配理论等方面深化学理研究。（2）土地—水—能源关联分析（Nexus Sustainability）的方法论创新。自然资源要素是相互关联的，要综合、整合、一体化分析，要创新方法论基础研究。（3）碳达峰、碳中和路径研究。对如何削峰压峰、减碳去碳，清零碳排放，开展科学严谨的政策分析。（4）联合国 2030 年可持续发展目标（SDGs）进程研究。SDGs 无所不包（People, Prosperity, Planet, Peace, Partnership, etc.），提炼中国经验，形成国际话语，拓展推进全球生态文明转型的综合研究。

会计学和审计学

一 会计学

(一) 会计学"十三五"时期发展状况

"十三五"时期,会计学研究在多个维度展开,成果丰硕,多项重点研究有显著推进,学术创新与交流进一步加强,学术理论落地与现实需求提升相得益彰。"十三五"时期,会计学科取得了一大批重要的研究成果,促进了国家经济社会的发展,在学术界形成了广泛影响,有力地促进了学科建设。与此同时,会计学科产学研结合步伐加快,科研成果的社会效益和经济效益进一步增强,在推动科学发展、构建和谐社会、加强国家治理和公司治理及社会治理、适应和推进企业智能化的过程中发挥越来越重要的作用。与此同时,由于信息技术飞速变革对会计实务发生着深刻影响,会计教育本科层面正在进行"专业整合与重构"的改革尝试,在"互联网+"会计、大数据会计和智能会计等方面进行了广泛探索,并取得了一些成功经验。会计硕士教育取得了长足发展,会计学术硕士在规模持续递减的同时学术培养得以加强,会计专业硕士的质量和声誉持续提高且形成了广泛的社会影响。会计博士培养总体水平也在提高。会计教师队伍建设有了显著改善,人才竞争激烈,一批优秀中青年学者脱颖而出。

会计学领域是我国经济社会发展中提出问题多、实践问题具体、交叉研究和理论扩展研究机会多、成果丰硕的学科之一。在学术研究方面,"双一流""985"等院校在冲刺国际一流学术期刊方面取得了显著成果,"211"等院校也逐渐取得在国际顶级学术期刊发表文章的突破。"十三五"

时期，据不完全统计，在全球 5 本会计类顶尖学术期刊发表学术论文的大陆学者所在的学校主要是上海财经大学、中央财经大学和北京大学，作者主要是中青年学者，例如李增泉、吴溪、靳庆鲁、何贤杰等。同时，有很多优秀学术成果发表在国内社会科学和经济管理类顶级期刊，诸如《中国社会科学》《经济研究》《管理世界》。《会计研究》作为会计学界的顶级期刊，无论是稿源、选题和论文质量都获得同行和 CSSCI 检索系统的高度评价，在高校会计教师聘任考核晋升评价中占有重要地位。

"十三五"时期，会计学研究领域有一定扩展，优秀研究成果不断涌现，研究的广度和深度在逐步增强。具体说来，会计基本理论研究和会计准则研究仍然处于相当重要的地位，并且取得一系列显著成果。会计信息质量与会计信息披露及分析师行为研究也十分活跃。商誉与盈余管理研究一度非常火爆。管理会计的理论拓展和根植于我国管理实践的创新性研究取得丰硕成果。与此同时，新兴或交叉研究领域吸引了大批学者，诸如会计与文化研究、会计与国家治理研究、会计与公司治理研究、民营企业股权传承与治理问题研究、研发支出与企业创新研究，等等。

从国家社会科学基金重大项目立项来看，2016—2019 年四届评审，据不完全统计，会计学共中标 7 项，分别是 2016 年立项的中国人民大学戴德明教授主持的"面向国际趋同的国家统一会计制度优化路径研究"、2017 年立项的中山大学辛宇教授和苏州大学权小锋教授分别主持的"国有企业监督制度改革与创新研究"、2018 年立项的中国人民大学王化成教授主持的"基于马克思劳动价值论的会计宏观价值指数的编制与分析"和大连理工大学李延喜教授主持的"'一带一路'国家资金融通机制设计及资金配置效率评价体系研究"、2019 年立项的东南大学陈志斌教授主持的"平台企业社会责任治理机制研究"和对外经济贸易大学祝继高教授主持的"'一带一路'投资安全保障体系研究"。此外，重大专项项目有 2 项，分别是 2018 年立项的国家社会科学基金研究阐释党的十九大精神专项——中山大学林斌教授主持的"新时代诚信建设制度化的深化与创新研究"和 2020 年立项的国家社会科学基金重大项目研究阐释党的十九届四中全会精神——山东大学潘爱玲教授主持的"现代文化产业体系和市场体系的协同发展研究"。"十三五"时期，会计学科重大项目立项总数有了很大提升，一方面说明会计学界科研创新团队围绕国家经济建设和社会发展重大问题的关注度和竞争力在提高，另一方面却表现出会计重大基础理论在国家社科基金重大项目选题中难以出线，这也在一定程度上制约了高水平会计重大理论问题的研究和会计理论体系的发展。

在总体上，国内学者在国际顶级学术期刊发表文章明显增加，而且正在逐渐由过去使用国外方法和国外数据研究国外问题的通行做法，转向从中国制度背景出发，针对中国的特有问题或有代表性的问题，使用中国数据，开展原创性研究。这是一个可喜的变化，显著提升了中国会计研究在国际会计学术界的影响力，也为相应的政策制定提供了经验证据。与此同时，国内的学术期刊发表的学术论文质量显著提升。

会计学科国内外学术研讨会和互访交流十分活跃。代表全球会计学术研讨会最高水准的美国会计学会年会上，论文入选并报告及点评和参与论坛演讲及会议期间会长招待会和学术期刊联谊招待会的我国学者数量越来越多。同时，社会科学研究网（SSRN）上我国学者上传论文越来越受到关注，且常有点击下载Top10的论文出现。校际、学术组织和会计职业组织之间的国际交流频繁，财政部和中国会计学会及中国注册会计师协会与国际会计准则理事会（IASB）等国际会计准则制定机构和区域协调机构的交流和合作活跃。会计学术界与实务界的交流日益广泛和深入。

在人才培养方面，"十三五"时期会计学本科教育聚焦"互联网＋会计"和"会计专业整合与重构"，以适应大智移云物区等信息技术的迅猛发展。在教学法和实训方面也进行了很多创新，实现了多维度的教学改革。会计学术硕士招生逐年减少，突出学术思路日益清晰，继续深造指向更为明确。会计专业硕士（MPAcc）快速发展，目前培养单位已达269家，招生量增加很快，报录比和录取分数线逐年提高，MPAcc教育社会影响力越来越大。会计学博士招生和培养也在不断改革之中，博士生招生采取申请考核制方式的院校越来越多。博士生毕业发表学术论文的要求也越来越高。早期几批博士点单位博士生招生名额处于低位运行，新增博士点单位招生积极性高涨，招生数量相对而言较大。由于博士生毕业难，就业几乎没有到高水平院校工作的机会，因而一些特别优秀的博士生生源向境外流失已经成为一种趋势。同时，博士生培养缺乏境内校际之间交流的专门平台。此外，由于博士学位授权改按一级学科多年，很难统计会计学博士培养单位及相关情况，因而现存的一些问题也很难解决。

在人才队伍建设方面，各校会计学科广纳贤才，人才竞争进一步加剧，特别是以国际顶尖学术期刊发表文章为侧重的人才招聘和引进的支持力度很大，以致国内外名校博士入职显著增多，优秀青年学者校际流动也时而发生。同时，很多高校新聘助理教授实行入职5—6年非升即走的政策，在科研方面显著提高了考核标准，由于国际国内顶级学术期刊发表文章的难度极大且周期很长，也促进了一部分人才的被动流动。

青年优秀学者不断成长并入选国家高层次人才项目。"十三五"时期，会计与财务学科涌现了多位优秀青年学者，如会计学方面中国人民大学叶康涛教授，重庆大学辛清泉教授，北京大学陆正飞教授，南京大学陈冬华教授，武汉大学李青原教授，复旦大学方军雄教授，上海财经大学李增泉教授、何贤杰教授，清华大学薛健教授等；财务学方面中国人民大学许年行教授，上海交通大学吴文锋教授，厦门大学吴超鹏教授、游家兴教授，对外经济贸易大学祝继高教授等。这些优秀的青年学者主持重要科研项目，在国际顶尖学术期刊发表论文并入选国家高层次人才项目，如教育部长江学者和青年长江学者、中组部"万人计划"青年拔尖人才、国家自然科学基金优秀青年科学基金、财政部"会计名家培养工程"等。

（二）会计学"十三五"时期存在的主要问题和薄弱环节

会计学科"十三五"时期的总体形势是好的，但在科研成果质量、队伍建设、创新性研究等方面存在的问题不容忽视，需要认真加以研究和解决。虽然在国际顶级期刊发表文章数量增长很快，但研究领域比较分散，研究的选题与国内迫切需要解决的现实问题联系不够密切。会计基础理论研究的关注和参与度普遍不高。科研成果数量虽然有大量增加，但是真正高质量的原创性精品力作不多。会计学科科研成果转化为政策咨询和实务应用的成果也缺乏统计。

会计人才培养方面，由于信息技术和人工智能的迅速发展形成倒逼，虽然会计教育界以会计教育专家委员会主任、中国会计学会会计教育专业委员会主任委员刘永泽教授为代表的专家学者从不同方面、不同教学层次组织探讨基于"互联网+"和人工智能的会计专业整合与重构，推进智能会计教育改革并得到广泛认可，但很多学校限于现有师资知识结构在AI和大数据方面的欠缺，会计专业适应信息技术变革和企业智能化管理做出改革举步维艰。此外，会计博士教育质量校际差异也很大。

(三) 会计学"十四五"时期重点研究方向

1. 会计基础理论

我国会计基础理论研究在财务报告概念框架和会计准则趋同、新经济环境与会计基础理论、自然资源会计基础理论和会计相关政策实施的经济后果检验等领域取得显著进展。但是，国内现有会计基础理论研究的重大独创性理论突破十分有限，可直接用于指导会计准则制定和会计实务的理论也不多见。"十四五"时期，我国的会计体系应当服务国家战略，适应数字经济和新商业模式对于会计理论的冲击，积极开展以下研究：（1）适应新经济环境的会计理论研究，包括如何构建新的会计理论体系，使之更好地服务于新的经济环境，避免会计被信息技术革命时代洪流"抛弃"，这是我国乃至全球会计理论界最重大的研究课题；（2）配合国家战略的会计理论研究，针对我国经济发展方式的转变、供给侧结构性改革的推进、国有企业改革的深化和资本市场的发展，国家大数据战略和"互联网+"行动计划的实施，我国积极参与全球经济治理以及"一带一路"倡议的实施，中美经贸摩擦影响，重大公共危机事件等相关的会计问题。

2. 文化影响与会计审计行为

围绕儒家文化、公司（组织）文化、社会风俗文化等对会计审计行为的影响发表的一系列研究成果，促进了学术界和实务界了解中国传统文化及其对上市公司财务报告与审计行为的影响。上述研究发掘了儒家文化等中国文化维度的度量，从而在理论探讨之余，增加了分析文化对会计行为影响实证研究的科学性，确保可以提供有针对性的政策建议；具象化和发掘了不同的中国文化的维度，分析了这些文化维度对公司治理与会计行为的影响。文化影响与会计行为领域的研究，代表性人物包括厦门大学会计学系的杜兴强教授与刘峰教授，重庆大学、南京大学与上海交通大学部分教授；代表性的成果包括杜兴强教授的著作《儒家文化与会计审计行为研究》等。杜兴强教授获得国家自然科学基金会计学科第一个重大项目课题；杜兴强教授与刘峰教授在国内外重要学术期刊上发表了多篇学术论文，并获多项教育部人文社会科学优秀成果奖以及福建省社会科学优秀成果奖。"十四五"时期，文化影响与会计行为这一领域在研究框架体系化、研究发现推广及使之服务于国家宏观政策制定方面仍有待进一步改善，研究重点包括发掘不同的中国文化维度，构建不同文化维度的科学度量，深入研究不同的文化维度对会计审计行为与公司治理的影响等。

3. 会计与治理

会计是治理的基础工具和信息支撑，会计与治理的研究是国家治理体系和治理能力现代化对会计学术工作提出的方向性要求，也是国家经济高质量发展、企业价值可持续创造领域中重要的研究课题。关于会计与治理领域的研究，微观围绕企业会计与公司治理、宏观围绕政府会计与国家治理并线展开。在政府会计与国家治理研究领域，以厦门大学李建发教授、东南大学陈志斌教授、中南财经政法大学张琦教授的研究团队为代表，在该领域展开了积极探索，取得了一系列可喜的成果。另外，已有一些高校相继成立了专门的研究机构，如东南大学政府治理与政府会计研究所、中南财经政法大学政府会计研究所、南京审计大学国家治理与国家审计研究院等研究机构。然而，政府会计与国家治理的研究还处在概念框架讨论、观点竞争、机制探索阶段。形成话语体系、体现制度优势、树立理论自信的任务依然艰巨，需要在经济高质量发展和发挥制度优势的背景下，针对公司治理中的新环境、新问题，探索出中国企业会计信息系统和控制系统在公司柔性治理、价值观治理、可持续高质量治理中发挥的独特作用，形成与国家治理现代化的有机衔接。需要深化政府会计与国家治理领域的研究，围绕政府会计与国家治理的内在关联和关键作用节点展开，从政府治理、市场治理、社会治理、生态治理等层面，深入挖掘政府会计服务国家治理现代化的微观作用机制与实现路径，并构建有中国特色的公共治理理论体系。

4. **中国管理会计理论体系建设**

在政府主导下，本领域发展迅速，并积极引入大智移云等创新科技。管理会计研究力量主要集中于：厦门大学团队围绕管理会计控制系统及其框架开展研究；上海财经大学团队围绕中国管理会计理论体系开展企业价值创造、管理控制系统、环境保护、文化治理等方面的研究；中央财经大学团队围绕管理会计系统在作业链或供应链中的应用等开展研究；东北财经大学团队围绕管理会计的内涵及其边界进行探讨；暨南大学团队围绕环境会计展开研究；对外经济贸易大学团队围绕国有企业负责人业绩评价等开展的研究。本领域存在三个方面的主要问题：一是人才梯队建设存在不足，二是理论体系建设进展缓慢，三是实践结合工作较为滞后。因此，迫切需要构建具有中国特色的管理会计体系，从根本上实现价值创造，确保企业可持续发展，今后需要特别考虑不同企业的行业背景和技术特征，企业如何进行组织重构以适应管理会计实践，并注重生态环境的影响。

5. 供给侧结构性改革下中国企业财务决策行为

"十三五"时期，公司财务学的学术研究取得较大成绩，国际顶尖财务学期刊发表多篇中国问题的研究论文，相关论文都以中国问题为选题，采用国际严谨的实证研究方法，利用中国公司数据进行经验分析，得到一些重要的研究发现和结论。就国内公司财务学术研究而言，中国人民大学、中山大学、厦门大学、上海财经大学、中央财经大学等具有较强的研究实力。国家级课题立项数量不断增加，并首次获得国家自然科学基金重大项目立项。公司财务学研究存在的问题主要是学术研究与经济实践还存在一定的脱节。学者的研究更多的是从已有的文献和理论出发，论文选题较少针对经济实践中的重大问题。"十四五"时期公司财务领域将迎来重要的研究机遇，在诸如资本市场建设、国有企业改革、银行体系改革等方面都有重要的问题值得深入研究。

6. 现金持有研究

国际金融危机强化了"现金为王"的经营理念，由此学术界围绕现金持有从不同视角展开了较为深入的研究。"十三五"时期，现金持有研究中既含有公司治理、融资约束与不确定性等微观特征，也包括行业特征、国企混改、地理位置、业绩考核、卖空与反腐等中宏观视角，主要涉及企业现金持有可能的动因、公司现金持有的影响因素、现金持有的经济后果和公司现金持有水平等方面。现有关于现金持有的研究大多基于传统理论，对于基础理论的发展探讨较少，缺乏扎根中国的本土化和前瞻性研究。未来中国经济转型发展的机会与挑战并存，新冠肺炎疫情对社会经济和企业运营造成负面影响，现金持有的重要性进一步提升。有关现金持有决定及后果等研究需要基于新场景进行深入探讨，尤其是融入学科交叉、理实结合、宏微互动以及新技术的相关研究成为明显的发展趋势。

7. 智能化环境下税务征管效率与公司会计、财务行为

税务与公司会计和财务领域的研究主要集中于税收监管与企业避税和

税务与财务决策。由于税务存在影响企业现金流出和代理成本两方面作用，税务与财务决策研究，一部分以债务利息费用抵税作用以及固定资产等长期资产折旧、摊销等非债务税盾为起点和基础，认为税率变动会影响企业资本结构的决策，非债务税盾的存在对债务有替代效应；另一部分则从公司治理角度切入，研究避税对企业信息、投资效率等多方面的影响。信息技术的发展为政府税收征管和企业避税研究提供了新的研究背景。现有研究从涉税信息互通角度来论证信息监管技术的反避税作用，认为第三方涉税信息可以降低税务机关和企业之间的信息不对称程度，税务机关可以借此立即发现企业避税行为，从而进行有效征管。同时，信息监管技术会增加企业瞒报的边际成本，以降低企业逃税程度。"十四五"时期，基于大数据背景以及智能化环境的企业纳税行为和税负研究将是重点。

（四）会计学"十四五"时期建议重点课题

1. 后互联网时代的财务报告研究

互联网、数字经济、区块链等构成了新的社会环境，人们的行为模式受到不同程度的冲击；建构于新环境之上的经济行为，已经并还将继续发生大的变革。企业主体已经有别于以往那种实体厂房式的概念；企业运行同样如此，包括阿里巴巴、京东、Uber 等基于互联网平台的企业，它们的运行特征已经不同于传统经济环境下的企业行为了。环境的改变必然会改变会计的存在形态；另外，互联网化的社会，人们对信息的需求、获取信息的方式也在改变，社会对会计的需求同样在改变。这些都对企业财务报告的方式、结构、内容等提出新的要求。因此，需要研究后互联网时代与多重信息来源，财务报告信息使用者与目标，财务报告基本框架，财务报告的确认、计量及相应的会计准则等问题。

2. 文化影响与会计审计行为研究

正式制度如法律、企业会计准则、独立审计准则等的确可以在一定程度上约束会计审计行为，但是任何制度的执行都离不开具体的人，而人的行为受到诸多非正式制度与文化因素的影响，从而最终影响会计审计领域内正式制度的执行效果、财务报告披露的会计信息质量与审计行为。为此，发掘中华民族优秀文化传统，分析其对微观企业的会计审计行为的影响非常必要和迫切，需要研究影响会计审计行为的文化维度及其影响方向以及以儒家文化为代表的中国文化的科学度量。对 CEO、董事及高管的行为模式对会计审计行为的影响和影响会计审计行为的路径的研究，中国文化与会计审计行为领域的研究对国家宏观政策制定的咨询或借鉴作用。

3. 会计助力国家治理现代化的作用机制与实现路径研究

自党的十八届三中全会提出"推进国家治理体系和治理能力现代化"以来，推进国家治理现代化成为中国当前最为重要的政治命题之一，党的十九大报告进一步明确了这一富有时代精神的战略。"天下欲治计乃治"，会计历来与政府、市场和社会的治乱兴衰、竞争成败紧密关联。探索会计助力国家治理现代化的作用机制与实现路径，对于促进会计更好地助力国家治理现代化的实现至关重要。因此，需要从宏观、微观两个方面建立会计助力国家治理现代化的分析逻辑和理论框架，探讨会计内嵌并发挥其微观和宏观治理功能的机制，会计助力宏观、微观治理现代化的路径，会计助力国家治理现代化的制度创新。

4. 中国管理会计理论体系建设研究

中国管理会计理论体系建设需要将中国问题国际化、国际问题中国化，同时需要将西方管理会计的思想理念与中国特殊制度背景以及人际关系、社会文化等进行深度融合，形成中国特色的管理会计理论，为全球管理会计理论与实践提供助力，进而推动企业价值创造和经济高质量发展。因此需要研究中国管理会计理论与实践的"顶层设计"，探索中国企业的管理会计实践，创新中国特色管理会计理论。

5. 供给侧结构性改革下我国企业财务决策行为研究

供给侧结构性改革被寄予了实现我国经济转型升级和持续增长的厚望，是我国政府近年来实施的重大经济发展战略举措。现有文献主要基于宏观经济层面，围绕供给侧结构性改革的逻辑、意义、目标和内涵等进行讨论，关于微观企业层面的研究还较少见，尤其是针对供给侧结构性改革下企业财务决策行为的分析。因此需要梳理供给侧结构性改革政策和举措，研究供给侧结构性改革下企业融资行为、供给侧结构性改革下企业投资行为、供给侧结构性改革下企业经营绩效分析。

6. 财务共享中心与企业现金持有行为研究

财务共享中心作为一种新的财务管理模式正在许多跨国公司和国内大型集团公司中兴起与推广，旨在通过一种有效的运作模式来解决大型集团公司财务职能建设中的重复投入和效率低下等弊端。已有关于企业代理持现行为的相关研究难以控制研究对象对信息不对称的影响，而企业财务共享中心的设立则可一定程度上保证在控制企业外部信息不对称不变的情况下，考察其对企业代理持现行为的直接影响，以深入揭示"现金持有"的代理动机，并为技术变革时代的企业实践提供相应的学理支持。因此，需要研究企业财务共享中心制度背景、企业财务共享中心对企业持现水平的影响以及企业持现价值的后果。

7. 智能化环境下税务征管效率与公司会计、财务行为研究

我国以金税系统为代表的税收管理信息系统工程日趋成熟。已有研究认为信息监管技术能够压缩企业避税空间，提高政府税收收入。以往关于信息技术对税收征管效率的影响由于难以度量、影响因素混杂等，研究存在较大的挑战，而金税三期工程的试点和推广，区块链技术在税收管理中的应用，为相关研究提供了良好的契机。因此，需要梳理智能化税收征管系统及信息技术进化发展，研究智能化环境对税务征管效率的影响，智能化环境对公司财务决策的影响，与税收征管智能化相适应的企业财务系统的智能化发展及其对企业会计、财务决策的影响。

二 审计学

（一）审计学"十三五"时期研究发展状况

"十三五"时期，我国审计领域问题日益受到社会关注，特别是审计师在多起财务舞弊事件中的作用引发了社会讨论，新的《证券法》也对审计师提出了更高的要求。审计研究在质和量上取得了快速发展，以我国数据或制度为基础的研究越来越多地登上国际国内顶级会计期刊。以国际顶级会计期刊（CAR、JAE、JAR、RAS、TAR）为例，在"十三五"时期均刊出了以我国数据或制度为基础的、有国内学者参与或主导的审计研究论文。2016—2020年，这类论文共13篇；而1999—2015年仅有16篇。其中值得关注的国内学者包括方军雄、何贤杰、李留闯、齐堡垒、吴联生、吴溪、薛爽、叶飞腾等。通过这些论文可以看出，国内学者与国外顶级学者的合作日益频繁，这将有助于我国审计研究整体水平的提高。

在国内顶级期刊（如《管理世界》《会计研究》）上，"十三五"时期

审计研究话题更为丰富，主要包括：（1）审计领域重大变革，如关键审计事项的经济后果研究；事务所合并、转制效果的研究。（2）审计师个人特征的研究。（3）公司治理因素，如独立董事与审计质量关系的研究。（4）宏观环境、经营行为对审计的影响的研究，如经济政策不确定性、供应链集中度、并购、股权质押、媒体报道等。值得注意的是，政府审计相关研究数量十分可观。

在审计研究内容方面，首先，"十三五"时期审计研究愈发与国际接轨，一部分较好的研究在研究方法、研究范式上已达到国际水平。其次，审计研究不再只是复制国外文献，也开始关注中国特色。国际上发表的论文出现了中国数据、中国制度，国内发表的论文既关注到了审计自身的问题，也及时研究了相关政策变化的影响。

（二）审计学"十三五"时期存在的主要问题和薄弱环节

1. 关于独特数据的研究

目前审计研究的一个现象是应用我国审计市场的独特数据作为一个重要贡献点（包括发表于国外期刊、顶级期刊的论文在内）。首先，我国审计报告较早地开始披露审计师个人签字信息。通过中国注册会计师协会的公开信息，学者还可获取审计师的毕业院校、性别等个人信息，这为审计师个人层面的研究提供了数据基础。其次，中国注册会计师协会等管制机构还提供了一些私有数据，如审计调整、审计时间投入，这些都是难得的、更直接地反映审计师行为的数据。但是，这也造成部分论文中存在以数据推动研究的倾向，或者说对更重要的制度背景的分析不够充分。也正因为未厘清制度间的差异，以我国数据为基础的文献（尤其是在国外顶级期刊上的文献）很少能够对现有审计基础理论做出贡献。

2. 关于制度的研究

审计是给定制度条件下的经济装置，它会受到我国各种相关制度的影响与限定，同时，它会反过来作用于当时的社会环境。我国一些具体的制度，如事务所合并、转制、集团审计已经获得学者的关注，事务所内部组织结构、审计团队相关问题也逐渐进入学者视野，部分研究则讨论了弱投资者保护、关系文化等的影响。但是，目前对基础制度问题的分析仍显不足，例如审计风险、审计师处罚、审计师选聘、审计决策单元等。我国审计市场以及相关的法律、监管环境仍有待更多、更深入的讨论，这些才是塑造我国审计行业、决定审计质量等的最重要、最基础的因素。这样的研究将有助于将研究与现实紧密相连，并逐步形成中国制度情境的相关审计基础理论。

（三）审计学"十四五"时期重点研究方向

1. 重大审计基础理论问题研究

重点研究问题是：现代审计的职责边界与功能拓展内在依据研究；审计元理论的相关研究；重塑舞弊防控审计目标的研究；审计基本规定性与基本逻辑的研究；审计的权能属性问题研究；审计监督在党和国家监督体系中的定位及其功能作用独特性研究；审计监督与非审计监督的关系研究；审计对"事"与对"人"的关系研究；责任履行审计与权力运行审计的关系研究；权力导向审计机制研究；政府绩效评价的理论与审计问题研究等。

2. 审计管理体制改革问题的深化研究

重点研究问题是：国家审计体制组织模式构建的决定性因素与模式选择研究，构建集中统一、全面覆盖、权威高效审计监督体系研究，中央审计委员会与地方党委审计委员会的关系与作用研究，完善审计制度体系问题研究，整合监督力量、优化职责权限后国家审计运行方式研究，预算制度与预算审计问题研究，中央预算执行与决算的审计问题研究，审计全覆盖的推进与实现方式问题研究，国家审计与内部审计、社会审计的协同效应研究，审计机关与纪委监察委协同治理机制研究等。

3. 审计服务国家治理体系与治理能力现代化建设问题研究

重点研究问题是：审计在国家治理体系与治理能力现代化建设中的关键作用研究，审计机制的独特性与不可替代性和国家治理关系的研究，国家治理质量水平的衡量与审计评价问题研究，审计结果公告的完善与促进政府透明度的问题研究，"一带一路"国际合作与审计国际协调问题研究，审计促进民主政治建设的机理与作用研究，公权运行监督全覆盖与审计作用研究，国家治理结构中审计权优化配置问题研究，国家审计法定职责履行的界定标准问题研究等。

4. 审计服务重大风险防范与化解的问题研究

重点研究问题是：经济高风险领域的审计监控机制研究；审计监控经

济运行风险的机制与路径研究；审计对社会风险的监控与促进完善社会治理的机制与路径研究；系统性金融风险与系统重要性机构的审计监控机制研究；国有企业境外投资风险审计研究；地方政府隐形债务风险的审计问题研究；重大风险防范与化解机制中嵌入审计机制的问题研究；审计在应对突发公共危机事件风险中的作用研究；构建经济安全/金融风险审计监测与预警体系问题研究等。

5. 审计服务经济高质量发展问题研究

重点研究问题是：审计促进经济高质量发展提升的内在机理与路径研究；经济高质量发展的衡量与审计评价研究；政策执行效果审计促进经济高质量发展的作用研究；审计方式方法创新对促进经济高质量发展的作用研究；审计服务区域协调发展战略实施问题研究；粤港澳大湾区建设与审计功能发挥问题研究；审计市场在资源配置中发挥决定性作用问题研究；科创板审计问题研究等。

6. 审计方式方法创新问题研究

重点研究问题是：大数据分析导向的审计方式方法研究；人工智能审计研究；审计仿真模拟问题研究；连续性审计问题研究；政策执行效果审计的目标、内容与方法研究；制度合理性审计的目标、内容与方法研究；神经网络模型在审计职业判断中的运用研究；新IT技术环境下审计职业未来发展形态问题研究；新技术条件下政府审计未来发展研究；区块链审计研究；审计思维培养与审计方式方法创新研究；审计组织方式"两统筹"审计问题研究等。

7. 审计领域国际学术前沿问题研究

重点研究问题是：会计师事务所组织模式与监管机制改革对审计质量影响的研究；会计师事务所治理对审计质量的影响研究；审计过程、合伙人薪酬方式与审计质量问题研究；共享审计师的作用与治理效应研究；审计师政治关联与风险应对问题研究；审计师个体特征与行为选择问题研究；社会责任鉴证与审计问题研究；人力资本可持续发展审计问题研究；社会文化环境对审计质量与审计行为的影响研究；审计师道德水准对审计质量和审计行为影响问题研究；大数据时代审计质量和审计效率问题研究；大数据应用下的审计报告文本分析研究；合伙制会计师事务所中的代理问题研究；IPO注册制下审计风险与应对问题研究；组成部分审计与集团总部审计的关系问题研究；审计师轮换的网络研究；公众关注与审计师行为研究；审计准则与会计准则相互作用的关系研究；政策不确定性与审计师行为研究等。

8. 内部审计问题研究

重点研究问题是：国家审计对内部审计的指导与监督问题研究；内部审计在公司治理中的关键作用研究；增值型内部审计体系的构建与运行方式问题研究；财务共享与内部审计研究；内部审计与合规管理的关系研究；内部审计与隐私保护问题研究；内部审计与企业文化建设研究；内部审计服务外包问题研究；区块链视角下的内部审计方法研究等。

（四）审计学"十四五"时期建议重点课题

1. 监管变革、宏观环境波动下的审计市场结构研究

紧扣我国制度环境特征，结合新冠肺炎疫情带来的风险意识转变，研究我国审计市场结构和相应的事务所审计行为，主要研究我国围绕审计的相关制度，包括管制和法律法规等的甄别、认定，代表性审计事件与审计生态分析，新冠肺炎疫情与风险观念的转变，外部的监管变革对审计市场结构的影响，内生的审计工作特性与审计市场结构。

2. 国家审计在应对突发重大公共危机风险事件中的作用研究

研究国家审计在应对突发公共危机风险事件中的作用具有特别重要的理论价值和实践与政策意义。预期可以推动审计服务国家治理体系与治理能力现代化问题研究，拓展审计服务重大风险防控的研究领域，创新国家审计的理论与方法。主要研究突发公共危机风险事件治理与国家治理的关系，国家审计参与公共危机风险事件治理的理论逻辑与实践逻辑，审计机制嵌入公共危机风险事件应急管理体系问题，国家审计服务应对公共危机风险事件的方式方法创新，国家审计服务应对突发公共危机风险事件的关键切入点，国家审计服务应对突发公共危机风险事件的政策与法规支撑体系。

"十四五"时期应用经济学重点研究任务

"十四五"时期是我国全面建成小康社会之后开启全面建设社会主义现代化强国新征程的起步期,这是全党全国的核心任务和中心工作。"十四五"时期应用经济学研究也要根据这一核心任务和中心工作,以国民经济学、区域经济学、财政学、金融学、产业经济学、国际贸易学、劳动经济学、统计学、数量经济学、国防经济学十大学科为方向,围绕一系列重大理论和实践问题,进行总体规划和前瞻研究、系统研究。

一是社会主义现代化强国建设的整体性研究。从理论和实践结合上系统回答建设什么样的社会主义现代化强国、怎样建设社会主义现代化强国,包括社会主义现代化强国的总目标、总任务、总体布局、总体战略和发展方向、发展方式、发展动力、战略步骤、政策体系、外部条件等基本问题。

二是当前社会主义现代化强国建设的重大问题研究。着眼于实现社会主义现代化建设良好开局,规划重大理论和现实问题研究,主要包括:新冠肺炎疫情对中国和世界经济的冲击与应对;转变经济发展方式、培养经济社会发展新动力;以国家重大战略实施为依托,加快形成具有全球控制力和影响力的世界级战略新兴产业集群;优先保障农村地区、中西部地区、边疆地区发展,统筹推进经济、社会和生态文明建设,补齐不充分、不平衡发展短板;深化国有企业改革、收入分配制度改革、城乡体制改革、农村产权制度改革,完善公共卫生等重大突发事件的应急管理机制,加快健全公共安全体系和长效机制,建设更高水平的开放型经济新体制等。

三是社会主义现代化强国建设的长期性重大问题研究。着眼于未来年基本实现社会主义现代化，规划重大理论和现实问题研究，包括：提高超大城市群治理能力，推动国际大都市圈的形成，形成世界级增长动力源；加快中西部发展和产业的梯度转移，重塑全国生产力布局，平衡地区发展；加快乡村振兴，推动城乡融合，平衡城乡发展；调整行政区划，适当缩小部分省域面积，实现扁平化管理；持续开展农业转移人口市民化攻坚战，基本解决"半城镇化"问题；把我国社会主义经济社会发展的优势转化为文化优势和话语优势，加快形成更加自信的文化和话语氛围，大力推动人类命运共同体建设，全面提升我国参与全球治理的地位和作用；抓住全球经济格局和产业链布局调整的时间窗口，努力构建新型国际经济秩序，推动形成新型全球化格局。

具体的重点研究任务如下：

第一，"十四五"时期国民经济学重点研究任务。

1. 中国特色社会主义国民经济学学科体系构建思路研究。
2. 中国特色社会主义生产体系的本质与内涵。
3. 社会主义现代化强国的经济体系支撑思路研究。
4. 新时代政府与市场关系的重新认识与定位。
5. 高质量发展的改革需求与政策体系支撑。
6. 供给侧结构性改革的深化路径研究。
7. 经济体系可持续循环的难点与改革思路研究。
8. 要素配置模式的比较与中国道路的选择。
9. 新旧动能转换的政策支撑体系研究。
10. 收入分配制度改革与实现路径。

第二，"十四五"时期区域经济学重点研究任务。

1. 中国特色社会主义区域经济学学科体系构建思路研究。
2. 区域协调发展战略的实施重点与思路。
3. 重大国家区域发展战略的耦合匹配发展思路研究。
4. 区域管理制度的内涵与构建思路。
5. 四大板块区域发展的主要思路与各自定位研究。
6. 新时代六大区域发展战略（京津冀协同发展、长江经济带、粤港澳大湾区、长三角一体化、黄河生态流域保护与高质量发展、成渝地区双城经济圈）深化思路研究。

7. 雄安新区的全面推进和系统发展思路研究。

8. 深圳建设中国特色社会主义先行示范区的内涵与具体路径研究。

9. 提升中心城市、城市群与都市圈的承载力和辐射效应思路研究。

10. 城乡二元结构的深度融合与协调发展路径研究。

第三，"十四五"时期财政学重点研究任务。

1. 中国特色社会主义财政学学科体系构建思路研究。

2. 现代财政制度的内涵与中国模式。

3. 中央和地方财政关系的平衡与调整思路研究。

4. 中国税制结构改革的必要性与方向研究。

5. 破解地方政府土地财政依赖的系统战略研究。

6. 房产税的国际比较与中国方案选择。

7. 财政转移支付制度的完善方向研究。

8. 提升 GDP 财政收入含金量的发展思路研究。

9. 财政支出结构优化的方向与思路研究。

10. 财政政策的新方向与效率提升思路研究。

第四，"十四五"时期金融学重点研究任务。

1. 中国特色社会主义金融学学科体系构建思路研究。

2. 中国金融体制改革思路研究。

3. 构建服务实体经济的金融体制思路研究。

4. 防范化解金融风险的思路研究。

5. 提升金融对外开放水平的思路研究。

6. 利率与汇率市场化改革思路研究。

7. 多层次资本市场发展方向与思路研究。

8. 金融监管体系改革思路研究。

9. 绿色金融体系构建思路研究。

10. 供应链金融的内涵与构建思路研究。

第五，"十四五"时期产业经济学重点研究任务。

1. 中国特色社会主义产业经济学学科体系构建思路研究。

2. 现代化经济体系的产业结构支撑研究。

3. 推动产业在全球价值链位置攀升的战略研究。

4. 避免产业过早"去工业化"现象的政策思路研究。

5. 独立自主的农业发展道路研究。

6. 推动有助于产业内部转移的政策发展体系研究。

7. 产业政策的内涵与界限研究。

8. 数字产业的推进与提升思路研究。

9. 中国文化产业的内涵与培育思路研究。

10. 国家安全视角下的大健康产业内涵与发展思路研究。

第六,"十四五"时期国际贸易学重点研究任务。

1. 中国特色社会主义国际贸易学学科体系构建思路研究。

2. 百年未有之大变局和逆全球化思潮下对国际贸易的重新认识。

3. "一带一路"倡议的深化思路研究。

4. 自由贸易试验区与自由贸易港的建设思路研究。

5. 高质量开放型经济体制构建研究。

6. 全球命运共同体的构建思路研究。

7. 贸易强国建设思路研究。

8. 新一轮国际贸易规则的设想与思路研究。

9. 人民币国际化的稳步推进思路研究。

10. 国际经贸金融组织的系统化改革思路研究。

第七,"十四五"时期劳动经济学重点研究任务。

1. 中国特色社会主义劳动经济学学科体系构建思路研究。

2. 构建劳动力自由流动的体制机制。

3. 中国人力资本红利的培育思路研究。

4. 农业劳动力的培育方向与思路研究。

5. 构建与产业转型相匹配的劳动力培育体系的思路研究。

6. 农业转移人口市民化的策略与支撑体系研究。

7. 延迟退休制度的国际比较与中国模式。

8. 引进合适国外劳动力的重点与思路研究。

9. 高质量教育体制的构建思路研究。

10. 应对老龄化冲击的政策系统设计。

第八，"十四五"时期统计学重点研究任务。

1. 中国特色社会主义统计学学科体系构建思路研究。

2. 中国统计体制完善与改革思路研究。

3. 保障经济数据真实性的统计体制结构优化研究。

4. 中小微企业统计数据体系建设思路研究。

5. 区域间投入产出统计数据体系构建思路研究。

6. 地方债务统计与调查体系建设思路研究。

7. 新技术与统计体制的融合发展研究。

8. 企业生命周期系统监测体系构建思路研究。

9. 国民经济行业分类问题研究。

10. 高质量统计人才培育体制研究。

第九，"十四五"时期数量经济学重点研究任务。

1. 中国特色社会主义数量经济学学科体系构建思路研究。

2. 经济发展质量测度模型构建研究。

3. 世界经济周期与波动的模型构建与运用研究。

4. 中国经济周期与波动的模型构建与运用研究。

5. 金融系统风险的多维测量模型研究。

6. 复杂模型视角下的系统性风险测量研究。

7. 地方政府协调发展的演化博弈模型分析。

8. 生产效率的前沿测度模型比较研究。

9. 空间计量模型的前沿与创新研究。

10. 地理加权回归模型的前沿研究。

第十，"十四五"时期国防经济学重点研究任务。

1. 中国特色社会主义国防经济学学科体系构建思路研究。

2. 国防产业的空间布局思路研究。

3. 国防产业与其他产业融合发展思路研究。

4. 战争的经济风险与机遇分析。

5. 与国家经济利益相匹配的国防体系构建思路研究。

6. 国防经济的量化模型与思路研究。

7. 防范战争风险的经济运行体支撑体系研究。

8. 军工与民营经济融合发展路径研究。
9. 地缘经济变化与国防产业的关系研究。
10. 高质量国防经济学人才培养体制研究。

总审稿人 魏礼群　郭克莎　汪　玲
参 加 人 胡庆平　杨书瑞

农业与农村经济学
  审稿人　钟甫宁　黄季焜　朱　晶
  执笔人　郭翔宇　姜国忠　王学真　耿明斋
  参加人　仇焕广　张俊彪　余志刚　宋志彬

产业经济学
  审稿人　王　强
  执笔人　曹小勇　杨杭军　马文良

区域和劳动经济学
  审稿人　杨开忠
  执笔人　李学锋　董　昕　李晓曼　毛宇飞
  参加人　陈　丽

财政金融学
  审稿人　王　乔
  执笔人　王　乔　严　武　杨得前　王展祥　潜　力

数量信息经济学
  审稿人　王文举　王维国　朱平芳
  执笔人　刘金全　方　颖　周亚虹　郑挺国　隋建利
  参加人　傅元海　张世伟　孙　巍　陈守东　张小宇
  　　　　　　刘　汉　方　毅

资源环境经济学
  审稿人　徐晋涛　何　平　李　迅　刘呈庆　关大博
  　　　　　　徐琳瑜　沈　镭　季　曦
  执笔人　潘家华　沈满洪　李　虹
  参加人　谢慧明　程　钰　杨心然　于　冰　王　帅
  　　　　　　裘文韬　刘晓丽　赖慧琳

会计学和审计学

  审稿人 曲晓辉

  执笔人 曲晓辉 刘 峰 杜兴强 蔡 春 陈志斌

       潘 飞 黄 俊 杨兴全 朱 凯

"十四五"时期应用经济学重点研究任务

  审稿人 张占斌

  参加人 黄 锟 蔡之兵

统 计 学

"十三五"时期社科领域统计学概况

一 从事社科领域统计学研究的师资规模和博士培养规模

在政府统计系统的研究人员之外，高校专业师资是社科领域统计学研究的重要力量。从事社科领域统计学研究的师资主要包括两大类，一是从事哲学社会科学领域统计学（如经济测度、国民核算、国际比较等）的研究人员，二是将数理统计等数学方法应用到社科领域的交叉研究人员。

在全国开设统计学相关本科专业的423所院校中，有129所院校有效反馈此次"十四五"社科领域统计学调研问卷，其中综合类和财经类院校的有效反馈数最多，均为37所；师范类和理工类院校有效反馈均在20所以上，其余类型院校的有效反馈均不足10所。

由有效反馈院校数量及相应统计学学科教师人数可知，不同类型院校的统计学学科师资队伍规模存在较大差异，故基于院校类型的分层抽样比例关系可推算全国统计学学科师资队伍规模，约有6800人。其中，综合类和财经类院校统计学学科师资队伍人数分别约有1700人和1500人。由于财经类院校往往将数学与统计学合并成立"统计学与数学学院"，扣除其中从事纯数学研究的师资，再补充其他类型院校中从事社科领域统计学研究的师资，这1500人大致是统计学研究人员规模的上限[①]。

[①] 由于中国高校的学位点分类体系，本次调查无法准确算出从事哲学社会科学统计学研究者的真实规模，只能大致估算。

同样基于院校类型的分层抽样比例关系，可推算全国统计学学科博士生培养规模和博士学位获得者规模。综合类和财经类院校统计学学科的博士生培养规模分别估计为1000人和400人以上，而近五年综合类和财经类院校统计学学科博士学位获得者的规模分别估计为245人和238人。经过院校类别与专业类别差异的调整，社科领域统计学的博士生培养规模上限大致为400人，而近五年社科领域统计学博士学位获得者规模的上限为240人。

二 "十三五"时期社科领域统计学的科研项目概况

"十三五"时期，社科领域统计学共获批545项国家级项目（包括国家社科基金项目354项和教育部人文社科项目191项）和1405项省级项目（包括全国统计科学研究项目758项，省级哲学社会科学基金项目647项）。

"十三五"时期，社科领域统计学共获批25项国家社科基金重大项目和3项教育部人文社科重大攻关项目；共获批30项国家社科基金重点项目，299项国家社科基金一般项目等其他项目，343项国家自然科学基金其他项目和188项教育部人文社科其他项目。

"十三五"时期，社科领域统计学的科研项目的分布如下：大数据应用（国家社科基金项目43项，国家统计局项目138项）、国民经济核算（国家社科基金项目28项，国家统计局项目28项）、政策效应研究（国家社科基金项目28项，国家统计局项目22项）、金融研究（国家社科基金项目27项，国家统计局项目47项）、新经济（国家社科基金项目20项，国家统计局项目11项）、风险监测预警（国家社科基金项目17项，国家统计局项目31项）、高质量发展（国家社科基金项目14项，国家统计局项目21项）以及生态环境保护（国家社科基金项目29项，国家统计局项目4项）。

其中，国家级重大项目分布在大数据（7项）、新经济（5项）、国民经济核算（4项）等领域；重点项目分布在经济发展问题（51项）、金融研究（15项）、国家治理和监测（14项）、生态保护（12项）等领域；国家社科基金一般项目等主要集中在风险监测预警（37项）、生态文明（35

项)、经济效应（24项）和经济新常态（16项）等领域。

社科领域统计学发表的论文主要涉及以下应用领域：农村问题（包括农业普查、农业发展、贫困问题、农村发展，449篇）、投资（383篇）、金融（包括利率问题，454篇）、创新问题（包括高技术产业、创新绩效等，373篇）、收入（包括收入分配，381篇）、生产消费（包括生产、居民消费、能源消费，362篇）等。

"十三五"时期，社科领域统计学积极参与社会服务，在被调查的136所高校中，共获批横向课题1829项。

三 "十三五"时期国家社科基金统计学学科立项概况

1997—2019年，统计学学科国家社科基金项目共立项838项。从1997年的8项增加到2019年的100项，年均增长12.17%。2019年立项总数最多。

进一步观察统计学学科八大类项目立项情况可以发现，一般项目"十三五"时期比"十二五"时期有显著增加，2016—2019年立项186项，多出60项。重大项目在2016—2019年数量显著增加，总数达到23项，比"十二五"时期的14项增长64.29%。

深入分析高校社科领域统计学的科学研究成果，可以看出，国家社科基金项目增长支撑了社科领域统计学研究的持续，构建了社科领域统计学研究的主平台，维系了社科领域统计学研究队伍的基本稳定。

"十三五"时期政府统计科研发展

"十三五"时期,我国政府统计科学研究始终坚持以习近平新时代中国特色社会主义思想为指导,深入贯彻落实党的十八大、十九大精神,始终把增强"四个意识"、坚定"四个自信"、做到"两个维护"贯穿于统计科研工作全过程,各项科研工作紧紧围绕党和国家事业发展,紧密围绕统计中心工作,突出重点,狠抓落实,积极推动统计科学研究与统计实践相结合,取得显著成效。

"十三五"时期是我国经济由高速度迈向高质量发展的转型升级时期,对政府统计科研工作提出了许多新任务、新要求。政府统计科研在任务重、难度大、时间紧、要求高的情况下,高质量完成了经济社会问题统计研究、政府统计理论与方法研究、统计重点问题研究、国际统计合作研究、科研管理机制建设、统计人才队伍建设和统计学术交流宣传等各项任务,推动了统计科学的进步与发展。

一 经济社会问题统计研究

"十三五"时期,政府统计在经济社会领域围绕宏观经济形势分析、脱贫攻坚、生态文明建设、人才贡献率测算、社情民意等方面加大了科研力度,取得了丰硕成果。

(一)宏观经济形势分析

宏观经济监测分析是宏观决策的基础。2016年国家统计局较早提出经济出现阶段性筑底企稳迹象的判断;2017年提出国民经济稳中有进、稳中向好的态势持续发展,但持续向好基础尚需进一步巩固;2018年提出国内外环境更趋严峻复杂,经济运行稳中有变、稳中有忧,下行压力有所显现;2019年强调经济下行压力持续加大,要加大逆周期调节,狠抓六稳政策落实等。利用投入产出表对"十四五"时期及2035年、2050年的经济增长、结构变化等方面进行展望分析。在《人民日报》《求是》等主流媒体刊发多篇署名文章,以权威声音分析经济态势,有效引导社会预期。

(二)中国贫困地区农村居民收入分配与消费研究

自2018年起,国家统计局连续三年承担有关脱贫攻坚项目的调研任务。研究以防止"摘帽"后的返贫为重点,对贫困地区农村居民收入分配的总体动态、结构和变化等做出中长期趋势预测,并提出具有可操作性的政策建议。在实地调研基础上,高质量完成《明确阶段政策目标,增强内生发展动力,实现贫困地区社会经济发展良性循环》《中国贫困地区农村居民收入分配与消费研究》《收入消费双增长态势下的扶贫攻坚与可持续发展——山西省岢岚县调研报告》等研究成果,为有关部门和地区提供了决策参考。

(三)绿色发展与生态文明建设评价考核体系研究

2016年,中办、国办印发了《生态文明建设考核目标体系》和《绿色发展指标体系》,建立了生态文明建设目标评价考核的制度规范。为确保评价方法的科学性、客观性和可操作性,国家统计局研究制定了《绿色发展指数计算方法(试行)》和《绿色发展统计报表制度(试行)》;研究制定了《公众生态环境满意度调查方案》,科学组织开展公众生态环境满意度调查。2017年12月26日,国家统计局、国家发展改革委、环境保护部和中共中央组织部联合发布《2016年生态文明建设年度评价结果公报》,标志着首次生态文明建设年度评价工作圆满完成。

(四)国家生态文明指标核算方法研究

该研究聚焦分析我国生态文明统计核算现状及基础,通过比较借鉴生态文明统计的国际实践与经验,分析我国生态文明核算方面存在的问题;从我国生态文明建设的实际需求出发,结合《环境经济核算体系2012(中心框架）》（SEEA-2012）内容，构建我国生态文明统计与核算体系框架，以反映资源环境与国民经济发展的协调状况，为生态文明建设提供可靠的数据基础；提出建立和完善与 SEEA-2012 接轨的环境经济核算制度。

（五）重大区域发展战略统计研究

国家统计局组织研究京津冀协同发展、长江经济带等区域发展战略统计监测，推动京津冀协同发展相关统计监测工作，组织制定并印发了《长江经济带发展统计监测工作方案》，推动长江经济带发展统计监测工作。推动建立雄安新区、长三角一体化等统计监测制度，开展粤港澳大湾区统计监测研究。

（六）人才贡献率测算研究

根据中共中央组织部、人力资源和社会保障部、国家统计局《关于进一步加强和改进人才资源统计工作的通知》的部署，持续开展人才贡献率测算研究。每年对全国人才资本及人力资本总量及其对经济增长的贡献率进行测量，逢"0"和"5"的年份测算全国 31 个省（市、自治区）的人力资本贡献率和人才资本贡献率。测算结果编入中共中央组织部编制的《中国人才资源统计报告》，作为国家编制人才发展规划纲要的重要参考依据。

（七）国内社情民意调查现状分析研究

为深入了解我国社情民意调查机构现状，促进社情民意调查机构的规范化管理，2019 年开展国内社情民意调查机构发展现状重点调查，对现有从事社情民意调查项目机构的基本情况、性质、主要经济指标、人力资源状况、调查研究的方式、客户类型、基础设施、互联网应用、数据库类型、信息来源、经营环境评价、调查内容和主要服务的党政机关及政府部门等方面进行了深入分析。

二 政府统计理论与方法研究

"十三五"时期，政府统计科研认真贯彻落实习近平总书记等中央领导同志关于统计工作重要讲话指示批示精神和党中央关于统计工作的重大决策部署，围绕优化统计顶层设计、提高统计调查效能、完善统计调查方法、加强统计基层基础建设等方面开展有关政府统计理论与方法的研究工作，取得明显成效。

（一）国民经济核算改革问题研究

围绕党的十八届三中全会提出的三大核算改革任务，研究编制完成2017年全国资产负债表，2018年制定《地方资产负债表编制制度》；探索编制自然资源资产负债表，修订完善《自然资源资产负债表编制制度（试行）》，试编2016年和2017年全国和省级自然资源资产负债表，推进县级试点试编；编制2017年资金流量表，研究研发资本化核算方法，研究改进支出法国内生产总值和派生产业增加值核算，研究完善知识产权产品核算。我国在2020年公布了全国资产负债表的主要数据，2019年开始实施年度地区生产总值统一核算，2020年第一季度开始实施季度地区生产总值统一核算。这些在中国统计史上具有里程碑意义。

（二）投入产出表编制研究

在投入产出表的编制以及数据库拓展方面取得突破，为实证分析提供坚实基础。一是编制完成2015年投入产出延长表和2017年投入产出表；二是完成我国2012年31个省份的投入产出模型，扩展包含4种就业类型的就业矩阵；三是建立从基准年度更新到目标年度、反映加工贸易的非竞争型投入产出表的模型与方法体系，编制完成区分企业异质性的投入产出表和京津冀城市间投入产出表；四是着手编制我国时间序列年度投入产出表，并取得阶段性进展。

（三）统计标准体系建设研究

深入研究统计分类标准，修订《国民经济行业分类》，研究制定派生性产业分类标准，着力健全统计标准体系；深入研究统计监测评价分析方法，研究完善统计全面质量控制方法，真实准确、完整及时反映高质量发展进程。相关研究工作形成数十篇研究报告，有关测算数据、观点和建议被中央重要文件采纳，为国家宏观经济决策、重大战略制定和重要领域改革提供了有力统计科研支持。

（四）有效发挥统计监督职能的实践与探索

对9个省（区）和2个国务院部门开展第一轮统计督察，精准发现问题，压实主体责任，推动党中央、国务院关于统计工作重大决策部署落地见效。加强与中央纪委、国家监委在查处统计违法案件工作中的协同配合，严肃查处多起经济普查违法案件，扎实开展统计造假专项整治。修改《统计执法监督检查办法》等2部部门规章，印发实施《企业统计信用管理办法》等8部规范性文件。加大统计普法宣传，举办市级领导干部依法统计培训班。

（五）统计信息化建设研究

完成国家统计云建设项目申报，实施联网直报安全备份子系统建设项目，推动华南数据中心建设。建成使用国家统计基础数据库，实现三大普查、常规调查和专项调查微观数据的集中统一管理。推广电子记账等新技术在统计调查中的应用。研究在统计工作中利用大数据，探索大数据分析挖掘方法在数据质量管理中的应用，与贵州省政府共办大数据统计学院，筹建杭州大数据应用中心。利用"五证合一"改革成果，实现对工商共享信息每日自动抓取和加载入库。研究利用现代空间信息技术，开展主要农作物的种植空间分布与长势遥感测量监测，助力统计信息化建设跃上新台阶。

（六）加强和改进抽样调查研究

创新经济普查个体经营户抽样设计，完成第四次全国经济普查个体经营户抽样设计研究，通过"县县"抽样设计、应用权数调整技术满足了行业分布和地区分布需求，提高了总体估计精确性，推算结果能够满足各专业和核算使用需求。进一步优化劳动力调查、小微企业抽样调查等报表和指标，测算和研究调整"一套表"单位的统计起点标准，研究"四下"抽样调查的统筹设计问题。

（七）数据协调性评估方法研究

"十三五"时期，通过优化评估流程和指标、改进评估方法，提高了地区数据协调性评估的科学性、可靠性和时效性。针对各地区经济结构差异，对部分地区采用差异化标准；扩充判别指标，增加年度数据协调性评估。2018 年，地区数据协调性评估分别被纳入《国家统计局数据质量审核评估管理办法（试行）》和《主要统计指标数据质量审核评估办法》。

（八）统计调查第三方评估研究

根据《统计调查项目、改革方案、发展规划执行情况评估办法》，通过制订具体评估方案，采用定性与定量相结合的方法开展统计调查项目第三方评估研究。评估内容覆盖统计调查项目实施全过程，包括确定需求、统计设计、审批备案、任务部署、数据采集、数据处理、数据评估、数据发布与传播、统计分析、整理归档 10 个主要环节的评估研究。先后开展了规模以下工业抽样调查、第四次全国经济普查、农林牧渔业统计中的畜牧业调查、企业（单位）研发活动统计、工业生产者价格统计等统计调查方案执行情况评估，为修订完善有关统计调查制度方法提供了依据。

（九）其他领域政府统计研究

组织开展完善第四次全国经济普查方案研究，创新事后质量抽查方法；研究建立并不断完善"三新"统计制度方法，布置实施《新产业新业态新商业模式统计监测制度》；持续研究推进服务业和投资统计改革，研究改进就业失业、住户、人口和能源资源统计工作；探索研究法人单位与产业活动单位并重的统计改革。

三 重大统计问题研究

面对国内外挑战叠加、长短期问题交织和错综复杂的经济形势，政府统计科研人员围绕全面建成小康社会统计监测、宏观经济预测预判、大数据应用、高质量发展、全要素生产率、新经济统计、中国近代统计史以及其他统计重点问题，持续加强分析研究，敏锐反映经济运行中的新变化新问题。

（一）全面建成小康社会统计监测研究

通过"全面建成小康社会统计监测指数"分析与监测，在"五位一体"监测领域的基础上，研究增设"三大攻坚"以及"十三五"规划关注指标，全方位多角度地监测"十三五"时期我国决胜全面建成小康社会进程；开展年度小康建设满意度调查研究，形成多篇重要报告；开展农村全面建成小康社会重大问题研究，提出了"农村全面建成小康社会评价指标体系"，并对农村全面建成小康社会实现程度进行了量化评估，形成了《农村全面建成小康社会评价指标体系及量化评估研究》报告。

（二）宏观经济预测预判

研究构建宏观经济预测模型，按季度对主要宏观经济指标进行分析预测和预判。研究建立了宏观经济预测模型和较为齐备的经济金融数据资料库，构建了宏观经济分析框架，形成了一系列宏观经济预测报告和专题研究报告，发挥了宏观重要参考作用。

（三）大数据应用研究

研究制定《非传统数据统计应用指导意见》，定期编发《大数据企业统计月报》和《大数据统计应用国际动态》，及时汇集大数据企业在经济增长、新经济、价格、就业、国际贸易等领域中的重要统计指标，为推进我国大数据统计应用提供国际先进经验做法。利用基于就业网站点击数据、商业记录数据、互联网搜索数据等新型大数据，对失业率、经济增速等指标开展预测监测分析，形成了《利用大数据预测季度 GDP 走势的方法体系研究》报告。

（四）研究高质量发展统计指标体系

研究构建高质量发展指标体系，印发《构建推动高质量发展统计体系的实施意见》，开展高质量发展综合绩效评价研究，形成《高质量发展综合绩效评价方法和综合绩效评价指标体系（征求意见稿）》，并研究确定分领域指数测算方法，开展全国和地区历史数据试算等。

（五）全要素生产率测算方法研究

在认真总结、归纳和梳理国内外有关全要素生产率测算方法的基础上，研究适合我国政府统计机构测算全要素生产率的方法，并在有限数据条件下，开创性地尝试使用投入产出表、时间利用调查等数据，测算了不同时期不同情境下我国全要素生产率增长率及其对经济增长的贡献率，并进一步分析影响全要素生产率变动的深层因素，对我国政府统计制度方法改革和统计工作实践提出建设性建议。

（六）新经济统计问题研究

完成 2016—2018 年各年的经济发展新动能指数测算，形成的研究报告供相关决策部门参考。开展"三新"统计研究，2017 年 7 月出版《新产业新业态新模式统计探索与实践》。依托第三次全国农业普查课题研究，完成了我国农村经济发展新动能指数研究报告。

（七）中国近代统计史研究

该项研究涵盖鸦片战争至中华人民共和国成立前（1840—1949 年）政府统计发展情况以及中国统计学学科的发展情况。内容包括鸦片战争至清朝末期的统计史、北洋政府时期的统计史、国民政府时期的统计史、党在中央苏区的统计史、党在陕甘宁边区的统计史、毛泽东在中央苏区的调查研究、中国统计学发展史。该项研究对近代统计史料进行了深入挖掘和系统梳理，时间涵盖完整，内容翔实丰富，填补了国内这一领域研究的空白。

（八）其他问题研究

通过对世界银行的《营商环境报告》进行系统梳理，对近年来我国的营商环境及变化情况进行分析，开展我国营商环境评价和标准研究，形成了《2017 年全球和中国营商环境排名》《中国营商环境统计测算研究》《基于网络搜索数据评估我国营商环境变化》等分析研究报告。

通过对国内外数字经济及其发展进行系统梳理，建模研究数字经济融合应用的规模和结构。结合新经济、"三新"统计，从统计制度方法、统计指标体系、报表制度等方面，以分享经济的统计问题为研究目标，形成了《分享经济内涵及从统计上界定的研究》《从统计上界定分享经济》《分享经济统计问题研究》等系列研究报告。

四 国际统计合作研究

"十三五"时期，政府统计科研积极学习借鉴国际统计先进理论和实践经验，推动我国统计与世界接轨；积极帮助发展中国家加强统计能力建设，积极展示我国统计发展成果，主动参与重大国际统计事务和国际统计规则制定，共同开展国际合作研究项目，不断提升我国统计能力。

（一）国际比较项目（ICP）研究

国际比较项目（ICP）是一项探索性、研究性的国际统计合作研究项目。研究成果主要有：一是根据2017年轮ICP工作需要，开展了包括撰写参加世界统计大会相关学术论文、ICP进展情况的报告、ICP结果分析报告以及ICP调查地区减少对价格水平影响的分析报告等；二是对ICP中的生产率调整方法、住房租金测算方法、国际贫困线制定等进行专题研究，并取得多项研究成果。

（二）全球价值链贸易增加值核算研究

为落实2014年APEC贸易部长会议通过的《亚太经合组织促进全球价值链发展和合作战略蓝图》，以及中美两国共同推进的《APEC全球价值链贸易增加值核算技术团队行动计划》，积极编制并协调经济账户和国际贸易数据核算，提交基准年的投入产出表。通过合作、共享和能力建设等手段，协助各经济体编制供给使用表，为多个经济体提供技术培训，完成APEC区域供给使用表及投入产出表的编制，得到APEC官方以及多个经济体的好评。

（三）联合国可持续发展目标统计监测研究

围绕联合国2030年可持续发展全球指标框架，开展可持续发展目标统计监测问题研究，研究确定可持续发展目标全球指标框架，完善数据汇集和报送机制；结合我国国情和优先发展领域，研究探索建立可持续发展目标本土化监测指标体系；研究在住户调查等常规调查、人口普查等重大国情国力调查项目中增加与可持续发展目标相关的调查指标和问题；研究探索运用地理信息数据等数据新来源，进一步拓宽我国可持续发展目标统计数据的可获得性。

（四）其他国际统计合作研究

加强中德、中法、中英项目合作，与荷兰统计局、经济合作与发展组织签署合作备忘录，积极推动我国政府与联合国开展第 3 期信托基金项目协议签署工作。2019 年，首次联合编辑《金砖国家统计摘要》，成功举办第 5 届中国—东盟统计论坛，支持柬埔寨、孟加拉国、古巴和巴拿马等发展中国家统计能力建设。与联合国统计司共同举办"大数据在官方统计中的应用"国际研讨班，积极参加联合国全球大数据平台咨询委员会工作；积极参加联合国统计委员会第 50 届会议、第 62 届世界统计大会等双边多边会议，连任 2019—2022 年度亚太统计研修所理事会成员，成功竞选 2030 年可持续发展议程统计伙伴关系、协调和能力建设高级别小组成员席位，积极参与国际统计规则制定。

五　科研管理机制建设

（一）统计科研项目立项

"十三五"时期，全国统计科学研究项目申报数量呈逐年增长态势，项目资助总额也不断提高。为破解政府统计工作中亟待解决的重大理论问题和现实问题，自 2018 年起国家统计局设立重大统计专项，面向社会公开招标。2018 年立项 15 项，2019 年立项 17 项。

（二）统计科研项目管理

一是从 2017 年开始，定期编发《科研成果摘报》，并在国家统计局政务办公综合平台发布；二是选编贴近当前经济社会发展的优秀成果，为中央决策提供依据；三是进一步加强科研成果的宣传力度，编辑出版《全国统计科研项目优秀成果汇编（2019）》；四是完善项目网络管理平台建设，提升工作效率；五是进一步规范科研项目管理，对历年逾期未结项项目进行集中清理。

（三）落实国家相关科研政策

2017年以来，根据党中央、国务院先后出台的一系列优化科研管理、简政放权、激发科研活力的政策措施，组织对《全国统计科学研究项目管理办法》和《全国统计科学研究项目资金管理办法》进行修订。2018年，为完善统计系统分析工作机制，研究提出《关于加强统计分析研究工作的意见》。2019年，研究制定《国家统计局科研课题经费使用管理暂行办法》。

六　统计人才队伍建设

（一）人才发展体制机制改革

2018年，研究制定统计专业技术资格考试新大纲，调整完善各级别考试内容，并组织专家编写新版教材。2019年，研究制定《国家统计局正高级统计师资格评价办法（试行）》，组建国家统计局第一届正高级统计师评审委员会。2020年，人力资源和社会保障部、国家统计局印发《关于深化统计专业人员职称制度改革的指导意见》，通过完善统计职称层级，优化评价标准，向基层一线和特殊人才倾斜，下放职称评审权限，进一步畅通人才评价渠道。

（二）统计专家制度和统计智库

2017年，成立由15名统计和相关领域专家组成的国家统计专家咨询委员会；通过《国家统计局加强党组党支部（党委）联系服务专家工作办法》，建立联系服务专家制度和工作机制；国家统计局统计科学研究所入选中国社会科学院发布的《中国智库综合评价AMI研究报告（2017）》中核心智库榜单的部委所属专业性智库。

（三）统计人才培养新模式

与贵州省人民政府签署共办大数据统计学院战略合作协议，培养大数据统计创新型复合型高端人才；邀请知名教授开办国民经济核算系列讲座，依托国内高校资源，加大统计专业人才培养；连续多年组织统计系统各专业、各级别、各年龄段人员赴国外学习；各地统计部门积极与高校、科研院所合作，依托当地资源开展联合办班、办学，开展业务合作，为统计工作培养人才。

（四）统计系统人才储备

"十三五"时期，精心做好国家统计局第二批和第三批首席统计师评聘、培养工作，积极搭建人才成长平台，充分发挥专家作用；政府统计系统享有国内外声誉、具有业内一流水平的统计领军人才和高层次统计人才数量稳步增长；统计制度方法、国民经济核算、统计分析、统计执法、统计信息化等重点专业领域人才数量保持稳定，保障了政府统计工作需要。

七 统计学术交流宣传

"十三五"时期，国家统计局高度重视科研成果的转化推广，积极参加国际、国内学术交流，及时将具有重要应用价值、学术价值的研究成果通过学术研讨会、期刊报纸等进行分享交流，促进统计科研成果价值实现最大化。

（一）国际学术交流

2017年，参加国际统计学会第61届世界统计大会，与国际统计学会、意大利统计学会、意大利统计局、南非统计局和世界银行数据发展局等机构组织，就加强多边与双边统计合作进行沟通和交流。2019年，参加国际统计学会第62届世界统计大会，作了题为"中国政府统计面临的机遇与挑战"的报告，介绍中国统计发展的成就、挑战与未来目标，还参加了可持续发展目标、大数据应用、统计素养提升等专题会议。

（二）国内学术交流

"十三五"时期，2017年和2019年分别召开了第十九次和第二十次全国统计科学讨论会；2016年和2018年分别举办了第十届和第十一届海峡两岸统计与概率研讨会；2017 年，与清华大学中国经济社会数据研究中心联合主办中国政府统计研讨会，与上海财经大学统计与管理学院联合举办了政府统计发展研究高峰论坛等学术交流会。通过不同层次与形式的学术交流会，强化了对统计科研工作的组织协调，拓展了统计科研沟通交流平台，鼓励社会经济统计学与数理统计学的相互交流与互相促进，促进了统计教研与政府统计实际工作之间的结合，加快了中国统计学学科建设步伐。

（三）统计科研成果宣传

"十三五"时期，政府统计系统主办的《统计研究》《中国统计》《调研世界》《中国国情国力》《统计科学与实践》《统计与咨询》《中国信息报》等期刊报纸刊载了大量反映统计学术前沿与实践发展动态的优秀研究成果，得到了统计学界的广泛认可。《统计研究》被《中文社会科学引文索引》《中文核心期刊要目总览》《中国人文社会科学核心期刊要览》评为统计类中文核心期刊第一名，在"十三五"时期连续获得国家社科基金资助；2018 年，《统计研究》被评为"中国人文社会科学期刊 AMI 综合评价" A 刊权威期刊，以及"国家哲学社会科学文献中心学术期刊数据库统计学学科最受欢迎期刊"。

高校系统"十三五"时期社科领域统计学科研成果

"十三五"时期，在以国家社科基金项目为主的研究平台支持下，高校系统的学者在社科领域统计学研究上取得了突出业绩，主要表现在六个方面。第一是研究紧密联系实际，大力从事中国经济问题的实证和对策研究。对中国新经济新动能、经济增长质量、贫困测度和退出第三方评估、分享经济、农业风险与安全预警、残疾人事业发展、区域经济布局、跨境电商统计监测等重大现实课题做出了专业水准的研究。第二是政府统计与数据质量研究，与国家和地方统计部门一起，对国家治理能力与绩效测度、国际统计规范、现代化统计调查体系、国家统计数据质量管理等课题做出了理论与实践相结合的专业研究。第三是在国民核算已有研究的基础上，进行方法提升、应用拓展和系统化工作，尤其在国际比较、收入分配统计和环境核算等领域取得较为突出的成绩。第四是社会经济统计学基础性方法及其应用的研究，在经济测度原理、多指标综合评价和中国社会经济系列指数的编制和分析等方面取得了重大进展。第五是社科领域统计学顺应大数据时代的研究，除了认知性研究外，还开展统计学参与推进工业大数据等专项，特别是开拓了数据工程专业方向，培养适应时代要求的新型统计学人才。第六是社科领域统计学的学科研究，在国际经济统计学的历史背景和时代发展趋势的格局中提出本学科需要坚守的基本原理和创新的若干方向。

本部分主要从成果表现形式与发表平台、外部评价、核心观点与学术贡献、研究路径这些方面概要介绍中国高校系统"十三五"时期的统计学科研成果。

一　中国经济问题研究

清华大学许宪春教授创建"中国经济社会数据研究中心",主持国家社科基金重大项目"大数据背景下我国新经济新动能统计监测与评价研究"和国家统计局重大统计专项课题"数字经济统计框架研究"等项目;开展智库研究,领导批示、政府部门采纳成果共计13项;围绕新冠肺炎疫情对中国经济的冲击,完成多篇研究报告;针对世界银行新一轮国际比较项目结果,在人民网发文《中国仍为世界最大的发展中国家——从购买力平价法视角评析》;接受新华社"两会声音"采访,解读两会政府工作报告热词"新基建";主讲课程"中国新经济:作用、特征与挑战"在"学习强国"平台发布。

浙江财经大学李金昌教授承担了国家社科基金重大项目"大数据背景下我国新经济新动能统计监测与评价研究"。李金昌教授团队发表《关于新经济新动能统计研究的若干问题》《众创空间集聚的连续距离测度及影响因素分析》《非正规经济对城镇居民收入的影响效应与路径研究》等论文。

北京工商大学李朝鲜教授主持完成国家社科基金重大项目两项——"中国服务业发展政策的演变及有效性协同性研究等"和"粮食安全目标下市场起决定作用的粮食价格形成机制研究",出版专著两部,分别获北京市哲学社会科学优秀成果二等奖和商务部商务发展成果论著类优秀奖;发表的论文被《新华文摘》转载。

对外经济贸易大学施建军教授等在《管理世界》发表论文《中国开放型经济面临的挑战与创新》。

河北大学顾六宝教授等出版的专著《环东北亚国际自由贸易区及我国保税港区发展研究》,陈志国教授等出版的专著《中国对外直接投资的增长与结构效应研究》入选国家哲学社会科学成果文库。

内蒙古财经大学杜金柱教授主持国家社科基金重大项目"住房制度改革的民生福祉效应核算与测度研究",是内蒙古在国家社科基金经济管理领域的第一个重大项目。

浙江财经大学洪兴建教授承担国家社科基金重大项目"数字经济对我

国经济社会发展的影响效应测度与统计评价"。

东北财经大学田成诗教授主持的"基于增加值率的中国经济增长质量研究"是国家社科基金重大项目,研究成果主要包括增加值率的演进、变化和实践创新,中国产业和行业增加值率方面的优势和不足,中国增加值率变动的影响因素等。

西南财经大学马丹教授承担国家社科基金重大项目子课题"我国数据资产价值评估与统计监测研究",其研究团队发表《大维不可观测变量的中国宏观经济不确定性测度研究》《技术差距、中间产品内向化与出口国内增加值份额变动》《危机传递、逆全球化与世界经济周期联动性》《关联效应还是传染效应》等。

云南财经大学石磊教授主持建立了"行为与实验经济学研究中心",利用统计学、实验经济学、演化博弈论等方法开展了大量的行为实验。研究成果产生了重大的学术影响,在网络结构下基于公共物品博弈的实验结果对公共政策制定提供了理论支撑,有利于有效缓解所面临的环境污染、气候变化、资源无序竞争等困境。

二 反贫困核查与贫困测度

江西财经大学罗良清教授团队在贫困测度研究和中国实践方面取得了卓越成果。该团队受江西省调查总队和江西省扶贫办委托,先后承担了2015—2020年江西省贫困县退出第三方评估及扶贫成效核查项目,撰写了《实现高质量脱贫亟待关注的问题及政策措施》专报。2018—2020年,受国务院扶贫办委托,对四川、广西、河南、海南、云南、江西、湖北、湖南等省份累计70个县退出情况进行评估检查并提交评估报告;还承担四川省2019年贫困县退出的技术总控工作,督导完成了31个贫困县退出的评估工作。

罗良清团队承担了国家社科基金重大项目"贫困退出考核评估的统计测度研究",完成国家社科基金项目"农村扶贫效果评价体系及对策研究——以江西省为例"(结题等级优秀)、国家自科基金项目"政府主导型的农村扶贫效率与政策调控研究——以赣南苏区为例"。在丰富实践经验基础上,罗良清团队在贫困测度领域取得了系列重要研究成果。论文《中国贫困动态变化分解：1991—2015 年》《扶贫工作范式转换的系统仿真与政策模拟》，针对现有贫困变化分解研究中存在的问题，系统考察经济增长、不平等和人口三方面因素对贫困变化的综合作用，分析中国城镇化进程对城乡贫困变化的影响，为因地制宜制定减贫战略提供依据。

北京师范大学吕光明教授先后完成国家扶贫办建档立卡数据的专项评估分析、建模和应用分析系列项目研究，并最终参与到《"十四五"时期巩固拓展脱贫攻坚成果同乡村振兴有效衔接规划》的编制中。

中南财经政法大学刘洪教授主持的国家社科基金项目"中国农村贫困测度与识别研究"，构建了中国贫困农户识别指标体系，为中国贫困农户精准识别提供参考。

山西财经大学高艳云教授承担的国家社科基金重点项目"多维贫困测度方法论及其应用的系统研究"，产生了较好的社会影响。

河北地质大学刘德智教授接受国家扶贫办和河北省政府的邀请，积极参与河北省贫困县退出和扶贫成效评价工作。

三　产业与领域发展研究

上海对外经贸大学汪荣明教授承担国家社科基金重大项目"农业灾害风险评估与粮食安全对策研究"，建立我国气象要素和气象灾害系统性数据库，用统计学技术方法服务于国家粮食安全，该成果被中国银行保险监督管理委员会等机构采纳。

上海社会科学院朱平芳研究员团队在《经济研究》发表《中国工业行业间 R&D 溢出效应研究》，基于国民经济核算、内生经济增长与空间计量理论方法，提出工业企业研发活动不同维度溢出效应的机理，给出我国改革开放以来中国工业以技术创新推动内生发展的重要测度，并指出未来中国工业创新驱动的前进路径。

中国人民大学高敏雪与交通运输部合作开发的"综合交通运输统计内容框架"被纳入交通运输部"十三五"统计发展规划。

浙江工商大学向书坚教授承担国家社科基金重大项目"分享经济核算理论、方法与应用研究"，针对分享经济核算面临的新问题，提出解决思路和办法。

南京特殊教育师范学院凌亢教授主持发布的《残疾人蓝皮书：中国残疾人事业发展报告》是国内第一部从统计学视角研究残疾人事业发展的蓝皮书，首创中国残疾人事业发展指数和平衡发展指数，动态反映残疾人事业发展进程，为中国特色残疾人事业发展建言献策，助推国家治理体系和治理能力现代化。该成果获第八届高等学校科研优秀成果三等奖。

中国人民大学王晓军教授主持国家社科基金重大项目"我国养老保障体系应对人口老龄化挑战的对策研究"，针对我国养老保障体系面临人口老龄化和长寿化风险冲击，构建经验数据量化分析模型，提出应对政策建议。

中国人民大学孟生旺教授主持国家社科基金重大项目"巨灾保险的精算统计模型及其应用研究"，突破我国巨灾保险短板，在农业指数保险定价、地震指数保险设计和定价、地震损失预测、巨灾债券定价及巨灾准备金评估等方面取得重要成果。

山东工商大学王艳明教授团队完成了国家统计局重点项目"中国海洋产业集聚与生态环境耦合效应统计研究"和企业委托项目"基于统计分析的工业企业统计决策支持系统"，发表了《海洋产业集聚与生态环境耦合研究——基于山东半岛蓝色经济区》《山东省海洋经济实力评价分析》。

中南财经政法大学张虎教授主持国家社科基金"我国制造业与服务业协调发展的统计测度研究"，基于制造业与服务业协调发展机理，构建其协调发展的测度框架。主持第四次全国经济普查公开招标课题"工业基础能力和重点行业产业链布局研究"，提出大力推进优势互补的高质量区域和产业发展布局实施建议。

天津财经大学李腊生教授完成国家社科基金项目"基于我国居民家庭资产选择偏好的资产价格体系及其统计监测研究"以及多篇论文，开展了结构性资产泡沫的统计监测与预警研究。

河南大学杨凤娟教授完成了国家社科基金"货币与金融统计的新国际准则及实践研究"，出版《货币与金融统计核算原理研究——基于 IMF 最新 MFSMCG》，研究了国际核算准则在中国的应用。

河北经贸大学彭国富教授团队承担国家社科基金一般项目"人民币内外价值调节机制统计研究"和国家社科基金重点项目"基于拓展货币度量效用函数的居民福利统计评估体系研究"，指出人民币存在内外价值失衡问题，研究基于居民福利提升的人民币汇率调整政策。

南京财经大学陈耀辉教授主持国家社科基金项目"互联网金融风险测度方法与监管机制研究",构建了理论分析模型与测度框架,开展我国互联网金融市场多个产品的风险实证研究。

江西财经大学魏和清教授领衔的团队先后与国家体育总局合作,完成了"国家体育产业单位名录库核查、分析""全国体育产业专项调查数据分析及研究报告"。

北京师范大学陈梦根教授主持完成了国家社科基金重大项目"政府债务管理及风险预警机制研究",对政府债务的经济效应、管理体系、风险预警等问题进行了系统研究。

四 区域和地方发展研究

浙江工商大学苏为华教授面向区域经济特色,主持研发了30多个专业市场或产业类统计指数体系,其中"义乌·中国小商品指数"是中国首个专业市场指数。"十三五"时期,先后研发了"杭州跨境电子商务指数""中国茶产业杭州指数""中国·温岭泵业指数"等8个指数系统。主持国家社科基金重大项目"基于大数据的跨境电子商务统计监测、评估与监管体系研究",提出的《跨境电子商务统计体系》获得应用推广;对跨境电商人才进行长期跟踪调查;编制中国跨境电商综试区城市发展指数,并在第三届全球跨境电商大会上发布。完成"金华市工业企业电子商务统计调查国家试点工作方案编制",出版《商贸流通现代化测度与波及效应的统计研究》。两项成果分获商务部与省政府三等奖。主持完成浙江省海洋经济统计核算与调查分析系列项目。

内蒙古财经大学杜金柱教授团队注重统计学学科区域服务和智库决策咨询价值建设,主动与内蒙古经济社会发展需要对接,针对经济社会发展的重大问题与热点问题开展战略性、前瞻性研究,提交"内蒙古政府生产性投入改革问题研究""内蒙古旅游业转型升级的长效机制与对策研究"等报告。

安徽财经大学余华银教授认为经济统计研究应关注和服务地方发展战略目标,其团队发表系列《安徽经济发展研究报告》,率先提出安徽应纳入以上海为核心的长三角经济圈——"东向战略"。

周国富教授完成国家社科基金项目"基于京津冀一体化的雾霾治理与产业关联统计研究",提出京津冀产业与环境协同推进的现实路径。

兰州财经大学统计学院庞智强团队服务地方发展,积极参与经济社会重大现实问题决策过程,为地方政府提供重大公共政策的决策咨询。

江西财经大学陶长琪教授及其团队,对江西省制造业发展状况做了持续跟踪研究,提出了促进江西省先进制造业发展的若干建议。撰写了《打造美丽中国"江西样板",实现绿色崛起的若干建议》等系列研究报告。2019年主持国家社科基金重大项目"高质量发展视阈下创新要素配置的统计测度与评价研究"。

刘洪教授主持了湖北省科技支撑计划软科学研究重点项目"湖北省科技进步对经济增长贡献率的研究与测算"。湖北省重大调研课题基金项目"湖北省地方政府债务风险评估与对策",分析了地方政府债务存在的主要问题,提出了化解风险的对策建议。

东北财经大学孙玉环教授主持国家社科基金重大项目"基于投入产出技术的长江经济带省域生态补偿研究",完成了长江经济带土地利用栅格数据、自然资源公开统计数据和大气环境监测数据的收集和清理,初步形成了较为完备的长江经济带生态补偿数据资料库。

徐国祥教授等主持了"上海市商务环境调查分析和研究"等项目13项,获决策咨询研究成果奖两项。

南京审计大学林金官教授团队坚持用现代统计方法服务地方社会与经济发展,撰写了《城市经济密度比较与发展潜力研究》《南京旅游吸引力和影响力的影响因素分析》《基于大数据资源辅助的普查数据采集与分析方法研究》和《江苏省区域消费环境指数研究》等专题报告。

辽宁大学马树才教授主持自然资源部的"金融支持海洋经济发展政策效果评估研究"等两个项目和辽宁省"高校一流学科带头人服务辽西北经济社会发展指标重点任务"等4个项目,并获辽宁哲学社会科学成果奖(政府奖)两项。

五 政府统计

许宪春教授在政府统计领域的学术研究成果主要包括以下三个方面:

一是对中国政府统计重点领域改革和发展进行总结和梳理；二是针对新时期经济社会发展出现的新情况和新问题对中国政府统计进一步改革和发展提出建议；三是针对社会上对中国政府统计方法和统计数据的质疑进行解读。许宪春教授出版了《中国国民经济核算体系修订问题研究》《中国国内生产总值核算问题研究》《中国资产负债核算问题研究》《中国政府统计重点领域解读》等著作；《中国政府统计问题研究》获北京市第十五届哲学社会科学优秀成果一等奖（2019年）和教育部第八届高等学校科学研究优秀成果一等奖（2020年）。

河南大学宋丙涛教授承担国家社科基金重点项目"国家治理能力与绩效测度指标体系研究"，将中国统计明确定位于国家治理的基础工具，将国家治理内涵及其测度评估指标体系的构建放在了人类文明演化与比较的视野下进行探索，形成国家治理测度评价应以集体主义方法论为基础，以中国优秀的传统文化与马克思主义世界观为依据，能够充分反映基于人民需求的国家治理变化动力机制的观点。宋丙涛教授关于文明测度与国家治理绩效测度的研究先后在美国经济学会（AEA）、美国经济测度学会（SEM）、世界跨学科制度经济学会（WIRIN）的年会上作报告。

高敏雪教授从事政府统计的基础性研究。编纂120万字《政府统计国际规范概览》，收录国际规范206部，在政府统计系统产生了很大的影响，获北京市哲学与社会科学著作类二等奖。出版《中国政府统计建设与应用专题研究报告》，主持完成《中国研发（R&D）投入统计规范（2016）》的修订工作，承担国家统计局重大专项"供给侧结构性改革统计指标体系研究"，承担国家"四经普"评估项目、北京市"十四五"统计发展规划研究项目等。

李金昌教授发表了《论建立现代化统计调查体系》《高质量发展评价指标体系探讨》《完善统计体制——从统计职能与政府统计本质说起》《数字经济向我们快速走来》等，提出基于大数据和人工智能建立现代统计调查体系，从"人民美好生活需要"和"发展不平衡不充分"两个角度构建高质量评价指标体系。

陈梦根教授主持出版《中国统计发展报告》，对中国统计体系改革与发展、危机信息缺口、统计能力建设等问题开展了深入研究，为中国统计体系改革和统计能力建设提供借鉴和政策建议。

暨南大学陈光慧博士承担国家社科基金项目"建立中国政府现代统计调查体系的问题研究",主要集中在与政府统计相关的一些亟待解决的研究领域,核心观点包括研究推广以平衡样本轮换为基础的连续性抽样调查方法、以辅助变量和超总体模型为基础的模型辅助抽样估计方法,以及围绕新时代现代化统计调查体系在思想意识、组织机构、调查制度、经费效率和调查方法等方面提出系列改革设想。

六 政府统计数据质量

厦门大学曾五一教授等著的《中国政府统计数据质量管理问题研究》,在系统总结数据质量管理基本理论的基础上,提出了构建我国政府统计数据质量全面管理的基本框架,进而又探讨了统计数据质量检验、评估和修订的方法,并对我国的GDP、CPI和房地产价格指数等重要宏观经济统计数据的质量问题开展了较为深入系统的研究,从体制机制和方法制度等不同角度分析探讨了产生数据质量问题的原因,提出解决问题的具体对策建议。本书入选国家哲学社会科学成果文库。2017年,本书获得国家社科基金中华外译项目资助,全球最大的学术出版机构施普林格·自然集团与社会科学文献出版社合作将此书翻译成英文出版,并获得教育部第八届全国高校哲学社会科学优秀成果二等奖。

中国劳动关系学院付德印教授利用大数据分析方法(因子分析稀疏处理技术)研究了政府统计数据质量问题。

北京师范大学邱东教授和吕光明教授等著的《国家统计数据质量管理研究》是国家社科基金重大项目成果,基于国际视野和统计能力视角,注重数据质量管理的基础性研究和评估方法论研究,并就中国GDP、CPI及其他典型数据的质量管理做了系统论述。其中,河南财经政法大学陈相成教授主持完成的第七篇《地方统计数据质量管理研究》,系统总结了国家统计局平顶山调查队开创的改革经验。

七 国民核算体系研究

山西财经大学李宝瑜教授持续地进行国民经济核算体系研究,"十三五"时期延续了"十二五"时期系列性研究,主要贡献包括:(1)针对SNA只有投入产出表和金融流量表而缺乏国民收入分析表的问题,设计了矩阵式国民收入流量表与模型,为国家进行国民收入分析提供了一个有效的工具。(2)研究了金融流量表的编制方法,构建了分析模型体系,将原有的4个斯通资金流量模型扩展为16个适用于不同情况下的分析模型,拓展了资金流量模型的应用范围。(3)提出了有关国民经济核算体系整体结构理论,将国民经济核算体系划分为账户体系、平衡表体系和社会核算矩阵三个层次,在理论上实现了核算体系可分可合的积木式结构。(4)提出了一整套SAM编制方法和模型,实际编制了中国连续21个年度的SAM。(5)在原有两种投入产出表编制假定外,又提出了适用于国民收入流量表和金融流量表的"固定部门结构假定"和"固定市场份额假定"的总体概念,将两种假定扩展为6种技术假定,并提出了相应的模型。(6)设计了国际资金流量表并进行了实证分析,将一个国家的国内资金流量表推广到国际。(7)对经典的三方等价原则加以发展,提出了多方等价的国民经济核算平衡原则,进而设计了一系列国民经济核算数据的平衡检验公式,并将其用于中国数据的实际检验。这些研究,丰富了我国国民经济核算体系的理论与方法,也为完善联合国SNA体系提供了参考。

曾五一教授承担了国家社科基金重大项目"资本存量核算的理论、方法研究与相关数据库建设"。他在系统总结有关资本核算的理论与方法的基础上,对构建我国资本存量核算体系进行了系统研究,并估算了我国国家层面、分省份、分行业的固定资本存量数据,在此基础上还利用这些数据测度我国的全要素生产率,并对生产要素在地区间和行业间配置变动的效应进行量化分析。

厦门大学杨灿主持完成了国家社科基金重点项目"中国产业关联特征与支柱产业研究",基于投入产出核算和分析的基本框架,综合Leontief与Ghosh两大模型和参数系统,并利用其分析上的互补性特点,围绕产业关联测度和关键产业甄别两大基本问题,进行系统、深入的方法探讨、理论开发和实证分析。

东北财经大学蒋萍教授等著的《国民经济核算理论与中国实践》入选国家哲学社会科学成果文库,并获第八届高等学校科研优秀成果二等奖。2019年主持的"卫星账户编制的理论、方法与中国实践"课题是国家社科基金重大项目。项目以卫星账户的国际标准、国家经验及成果梳理为起点，在明确卫星账户概念范畴、核算指标及表式设计的基础上，引入大数据，对卫星账户编制数据的采集、预处理与质量评估进行分析，最后分别基于SNA生产范围和生产范围扩展的卫星账户进行编制实践与应用，形成了完整的卫星账户编制理论、方法与中国实践的研究脉络。蒋萍教授参与了《中国国民经济核算体系2016（征求意见稿）》《全国资产负债表编制制度（征求意见稿）》《地区生产总值统一核算实施方案（征求意见稿）》的修订讨论，相关意见被接纳吸收。

向书坚教授承担国家社科基金重点项目"政府部门资产负债核算研究"。主要观点：（1）只有单独编制政府资产负债表，才能真正摸清政府家底，以合理制定宏观政策，降低政府债务危机风险；（2）社会再生产理论、公共受托责任理论和公共经济理论为政府资产负债核算奠定了理论基础；（3）政府会计、政府财政统计核算体系、国民经济核算体系是政府资产负债核算的基础；（4）政府资产负债核算应当明确政府界限，狭义政府、广义政府与全口径政府（含公共公司）核算范围相差巨大，合理确定核算口径才能确保数据可比性，更有利于实现编表目的；（5）将自然资源纳入政府资产负债核算范围，以更全面体现政府资产负债状况。

西南财经大学史代敏教授承担了国家社科基金重点项目"我国绿色金融核算理论和方法研究"。

成都信息工程大学蒋志华教授承担国家社科基金一般项目"新型服务业态增加值核算方法及其数据源研究"，依据不同的数据来源构建了六种新型服务业增加值核算方法，推动了新经济核算研究。

北京师范大学王亚菲教授承担国家社科基金重大项目"中国多区域投入产出数据库建设"，基于国际通行核算理论与测度方法，进行中国供给使用核算，形成一个多区域投入产出核算与国民经济账户完整结合的综合核算框架，并汇集大量宏微观数据、贸易数据，开发"中国多区域投入产出数据库"。

邱东、王亚菲发表在国际收入与财富学会SNA专题会议上的论文《全球核算体系SNA可持续发展面临的潜在挑战》，从新兴国家核算主体、SNA全球公共产品特征和经济统计范式转变三个方面指出了SNA面临的潜在挑战。

浙江工商大学徐蔼婷教授承担国家社科基金重点项目"研发卫星账户编制方法与应用研究"、教育部人文社科规划项目"纳入风险因素的金融中介服务产出核算方法研究"等项目，取得研发卫星账户架构设计、R&D资本存量核算等一系列成果，发表论文5篇，出版专著1部，对创新核算产生重要影响。

江西财经大学平卫英教授的《分享经济统计核算：一个初步的研究框架》，较早地研究如何将分享经济纳入宏观经济核算的范畴，对其定义、核算范围、核算内容和形式等基本问题展开分析，构建了分享经济核算的基本框架。

李金昌教授发表了《自然资源资产负债表编制研究——以林木资源为例》《生态系统核算研究进展》等论文。

江西财经大学李海东教授的国家社科基金项目"中国非营利机构卫星账户研究"，探讨了如何在SNA的框架之内构建中国非营利机构卫星账户的若干问题。

八 国际比较

邱东教授承担的国家社科基金重大项目"国际统计标准测度问题挖掘与中国参与的方法论基础研究"，对ICP的研究侧重于其比较机理，对基本类别PPP计算中隐含的"纯价比假设"和"等价比假设"做了深入系统的剖析，这是判断ICP数据质量的关键问题，并于2016年在日本国民核算研究会上进行工作论文专题报告和讨论。

东北财经大学杨仲山教授主持的国家社科基金重大项目"我国全面参加全球国际比较项目（ICP）的理论与实践问题研究"，立足为我国经济发展战略服务宗旨，系统总结了我国参加全球国际比较项目（ICP）的理论与实践问题，研究分析了国际学术前沿和国际实践经验，为我国全面参加国际比较项目在理论准备、统计方法、统计实践等方面提供了相关研究结论和决策建议。完成的多篇阶段成果被人大复印报刊资料和《中国社会科学文摘》等转载，完成学术著作4部，多次获得省部级以上科研奖励。提交多份决策咨询报告，部分成果已用于指导我国实践。

王亚菲教授协助国家统计局译校、审核2011年ICP的两本手册《测度世界经济的真实规模操作指南与步骤——国际比较项目的框架、方法和结果》和《测度世界经济的真实规模操作指南与步骤》。对世界银行2011年第八轮ICP数据进行了全面核查与分析，对中美实际经济规模进行了模拟计算；与日本一桥大学联合，开展了2019年中日美居民消费品质量差异调查，估计三国的PPP，对2017年轮ICP结果进行调整研究。

青岛大学张迎春教授承担国家社科基金重点项目"国内购买力平价测度方法研究"，指出了ICP汇总方法、迪卡汉诺夫表法、空间调整因子方法等存在的缺陷，分析了非市场服务类和不完全市场产品类国际比较的难点，强调了中国参与国际比较需要注意的问题。

九　收入分配统计

浙江财经大学洪兴建教授承担国家社科基金重点项目"城乡居民共享发展成果的统计测度研究"，提出了居民收入增长与经济发展同步的测度方法。

吕光明教授承担了国家社科基金重大项目"贫困退出考核评估的统计测度研究"，围绕"中国收入分配差距的演变特征、形成机理与调控对策"，"收入不平等中机会不平等的程度大小、源泉和作用机制"两大主题，撰写并发表了数篇有影响力的学术论文。

天津财经大学曹景林教授主持国家社科基金项目"我国公共支出利益归宿不平等测度与影响因素研究"，给出公共产品的支出分配机制。

首都经济贸易大学阮敬教授承担国家社科基金项目"共享改革发展成果的理论、测度方法与实现路径研究"，围绕发展成果共享这一重大经济社会问题，在多维收入分布基础上实现了共享发展成果的统计测算，并将不同主体成果分享格局的宏观效应和微观因素解构出来，研究出逐步形成橄榄型分配格局最终实现共同富裕的精准路径，并给出可操作的数量标准和界限。

十　环境统计与核算

高敏雪教授在环境统计方面的贡献主要包括：（1）主持翻译的联合国

《环境经济核算体系2012（中心框架）》（SEEA 2012）作为联合国官方中文版本使用。论文《环境经济核算体系（2012）发布对实施环境经济核算的意义》被人大复印报刊资料和《中国社会科学文摘》转载。（2）《扩展的自然资源核算——以自然资源资产负债表为重点》一文于2020年获教育部人文社科优秀成果论文奖二等奖。（3）在国家重点研发计划"生态资产、生态补偿及生态文明科技贡献核算理论、技术体系与应用示范"中，承担"生态系统生产总值核算的理论论证"子项，发表论文《在SNA–SEEA–SEEA/EEA链条上认识生态系统核算——实验性生态系统核算文本解析与延伸讨论》和《生态系统生产总值的内涵、核算框架与实施条件——统计视角下的设计与论证》。

东北财经大学王建州教授主持国家社科基金重大项目"大数据时代雾霾污染经济损失评估及防治对策研究"。该项目分别从雾霾污染的大数据采集、预处理及存储研究，雾霾污染的产业关联效应分析及防治对策研究，雾霾污染对交通、人体健康、旅游的影响，经济损失评估及防治对策五个方面开展了深入的研究。

南京信息工程大学王桂芝教授承担国家社科基金重大项目"大数据时代雾霾污染经济损失评估及防治对策研究"，从数据的采集整合与可视化处理、存储、预测、经济损失评估及防治对策五个方面开展多学科交叉研究。建立了区间灰数的灰色多变量预测模型，解决了只能针对实数序列建模的问题。从健康、交通运输和产业水平三个角度构建相应模型，评估雾霾污染造成的经济损失。

平卫英教授主持的国家社科基金重点项目"生态文明视角下的中国省级地方政府环境治理绩效的统计测度研究"，克服以往研究中仅仅关注终端治理的局限，从统计指标进行投入端和产出端的测度，以完善现有的绩效评价理论体系，为环境决策提供有效可靠的定量工具。

浙江工商大学程开明教授主持国家社科基金重点项目"中国城市绿色全要素生产率测算与分解研究"和国家自科基金项目"城镇化进程中的能源消耗：影响机理、中国实证及管理策略"，基于能源效率与全要素生产率关系的测度，提出缓解我国城市化进程中的能源环境约束、提升经济效率的路径。

吉林财经大学李国荣教授基于主持的国家发改委"吉林省气候变化统

计核算制度研究及能力建设研究"项目,形成《关于加强吉林省应对气候变化统计工作的意见》,被吉林省政府采纳。

江西财经大学徐斌教授主持国家社科基金项目"中国区域 PM2.5 污染的空间分布差异、影响因素及溢出效应研究",拓展了空间计量方法,为中央政府制定 PM2.5 污染防控政策提供经验支持,相关成果在《经济研究》发表。

十一 经济测度

河南财经政法大学李冻菊教授最早对 SSF 经济测度报告开展研究,"十三五"时期主持国家社科基金项目"经济表现和社会进步的测度与实证",发表论文《GDP 测度的相关问题研究》《生活质量的测度研究》《可持续发展与环境的测度研究》。

邱东教授出版《经济测度逻辑挖掘:困难与原则》,是"当代经济统计学批判系列"的第一部,剖析了四种指标方法在福利测度中的可行性问题,指出经济统计学研究和教学应该深入和提升的内容,指出经济统计学不同于数理统计的学理,指出当代经济学基本概念和实证的基础薄弱。

李金昌教授发表《统计测度:统计学迈向数据科学的基础》《再谈统计测度》,对统计测度进行基础理念性的研究。

浙江工商大学陈钰芬教授主持国家社科基金重大项目"高质量发展视域下创新要素配置的统计测度与评价研究",取得创新要素配置测度与评价理论方法及其相关政策有效性研究等重要成果。

十二 社会经济指数

徐国祥教授主持完成了国家社科基金重点项目"我国创新驱动转型发展评价指数的构建与应用研究"。该项目拓宽了目标值的设定思路,为消除单一赋权方法产生的系统性偏差,综合运用了主观和客观赋权法,基于四种组合权重编制了 2009—2016 年各省市区创新驱动转型发展评价指数及其子指数。通过指数值的相关性分析与指数排序的一致性检验,确定合适的权重方案进行指数测算,以便能更客观地表征现实情况。

徐国祥教授坚持调查、编制和发布了每年各季度上海市社会经济指数系列，包括消费者满意度指数、消费者信心指数及投资者信心指数，并构建了原创性的动态数据库。徐国祥教授编制的中国指数建立在对指数理论和方法论深入研究的基础上，主持的专著《统计指数理论、方法与应用研究》入选国家哲学社会科学成果文库，获第七届高等学校科学研究优秀成果（人文社会科学）三等奖，还在《统计研究》等高水平期刊上发表了系列论文。

西南财经大学任栋教授承担国家社科基金重大项目"中国各地 HDI 指数编制与研究"，改进了人类发展指数（HDI），将马克思的"人的全面发展"理论和习近平总书记的"可持续发展观"融入传统的"可行能力"人类发展理论，设计并编制出中国人类发展指数（CHDI）。

上海对外经贸大学刘永辉教授持续对"一带一路"沿线国家的贸易和投资的效率和潜力、竞争力指标进行测度研究，出版《中国—中东欧贸易指数报告》《中国—其他金砖国家贸易指数报告》等研究报告，与海关总署全球贸易监测分析中心合作发布"第二届中国国际进口博览会主宾国进口贸易指数"。

顾六宝教授等基于国家社科基金项目研究成果，出版《金融危机扩散指数的编制与应用研究》。

东北财经大学徐强教授发表《国际视野下指数研究与实践的进展、动向与挑战》《国际上对 CPI 偏差问题的研究及其评析与展望》《基于波动性—持续性的中国核心 CPI 测算及其评估》《基于广义 Bonferroni 曲线的中国包容性增长测度及其影响因素分析》《中国金融包容指数的测度及其与贫困减缓的关系》《中国新克强指数的构建与实证分析》等，提出了改进 CPI 编制与应用的相关建议，指出了指数领域面临的挑战和问题，扩展了统计指数的应用领域。

十三　综合评价方法论与应用研究

苏为华教授在综合评价方法及应用方面取得了一系列有重要影响的学术成果。"十三五"时期，主持国家社科基金重大项目，从综合评价工作组织形式与数值表现形式角度开辟新的研究领域。主持出版《子群评价的理论、方法与应用研究》，探讨了子群评价原理、类型、共识度、同质子群的集成模型、异质子群链式评价系列模型。指导团队对区间数据、函数型数据、直觉模糊数据的综合评价问题进行研究。该领域相关成果获省部级政府奖一等奖 2 项，二等奖 4 项。

邱东教授在批判 SSF 经济测度报告时，结合福利测度指出了综合评级方法存在的"当量转换"问题，即社会经济意义上的"可加性问题"，还有"构成指标"间相关关系对评级结果的潜在负面影响。

对外经济贸易大学刘立新教授主持国家社科基金项目"我国中小微企业信用评价指标体系及信用评级研究"，针对中小微企业信用评价的复杂性，建立综合反映复杂因素的信用评价指标体系，分析信用评价信息提取方法选择问题。

湖南大学晏艳阳教授主持国家社科基金重点项目"创新创业政策绩效评价与机制优化研究"和全国统计科学研究项目"双创指标体系研究"，提出创新政策对全要素生产率的影响及其溢出效应综合评价机制，给出数字金融发展对创业影响的统计评价。

浙江工商大学陈骥教授主持国家社科基金项目"群组评价中的杠杆效应及其评价机制设计研究"，提出区间值综合评价及动态变权评价方法。发表论文 5 篇，出版专著 1 部，获相关计算机软件著作权 3 项成果。

十四　大数据认知与应用

李金昌教授围绕数据和大数据进行认知性研究，发表了《基于大数据思维的统计学若干理论问题》《关于统计数据的几点认识》《大数据应用的质量控制》《大数据分析与小数据研究》《如何读懂数据》等论文，《大数据与统计新思维》一文获第八届高等学校科研优秀成果二等奖。

厦门大学朱建平教授团队完成了社科基金重大项目"大数据与统计学理论的发展研究"，并出版了《大数据：统计理论、方法与应用》，从大数据的数据特征对统计学发展的影响、大数据下的数据整合、高维变量选择方法研究、大数据下的技术保障以及大数据应用探索等方面展开研究，完成了大数据领域研究和应用的系列成果。研发完成系列房地产网络舆情分析报告、房地产文本数据挖掘大数据平台，基于大数据的厦门市房屋租赁资源禀赋指数正式上线。

重庆工商大学李勇教授主持完成《推动工业大数据和产业互联网与实体经济融合发展》研究报告，被国家发改委综合司采纳应用；与企业进行产学研合作，荣获第三届"创青春"中国青年互联网创业大赛优秀作品奖和重庆市高新技术产品奖。获得专利软著权的包括"大数据挖掘管理平台""数据仓库管理平台""大数据混合云计算管理平台""大数据容器云管理平台""一种工业品精准推荐方法及系统""一种数据同步系统及数据同步方法"。

天津财经大学杨贵军教授团队与天津市统计局合作完成"基于智能手机 APP 大数据的人口数据监测研究"。针对手机大数据不能直接应用于人口统计的情况，该研究提出了信号状态转移模型，实现了由信号累计监测推断人口行为特征，进而用于天津市常住、短期流动及其市内通勤人口的推算。成果被天津市政府采纳。

中国人民大学金勇进教授等发表了《大数据背景下非概率抽样的统计推断问题》一文。

西安财经大学张维群教授主持国家社科基金项目"基于多因素的空间抽样设计理论与应用研究"和全国统计科学重点项目"统计数据质量多维系统诊断理论与应用研究"，还主持多项地方和企业大数据项目，服务实体经济。

湖南工商大学欧阳资生教授主持国家社科基金重点项目"网络舆情影响下的金融系统性风险度量与预警研究"。

对外经济贸易大学唐晓彬教授主持国家社科基金项目"大数据背景下地区主要经济统计指标预测预判方法体系研究"。

十五　开拓数据工程专业方向

天津财经大学肖红叶、杨贵军教授团队在 2013 年启动经济统计专业对接大数据改革、构建数据工程专业方向基础上，在"十三五"时期大数据应用人才培养方面探索取得突破。核心观点和研究路径如下：（1）大数据是有领域主题的。（2）目前大数据应用推广存在数据供求断层瓶颈，需要具备领域知识的复合人才，经济统计同时具备经济、统计和计算机专业的知识集合优势。(3) 不同于"数据科学"（该概念学术界尚未取得共识），基于经济统计的"数据工程"对应大数据领域应用的数据工程师培养。(4) 基于经济主题的数据生成、数据组织和数据应用逻辑形成专业课程体系。"十三五"时期该数据工程方向已毕业135名学生，受到用人单位好评，成果获天津市第八届高等教育成果二等奖。目前74所高校及其机构组建了全国经济统计学专业数据工程方向教学联盟，统一课程体系，编写相应教材，已完成10部书稿即将出版。同时基于"数据工程+专业领域"的模式，开发金融数据工程、财务数据工程相关课程与教材，并为各经济领域专业开设拓展数据认知素质的通识课程。

内蒙古财经大学杜金柱教授团队设立了数据工程专业方向，同时设立经济统计学蒙汉双语授课本科专业，成立了大数据实验室与协同创新中心，成为内蒙古自治区"经济数据挖掘与分析"重点实验室，这是自治区首个社科类重点实验室，也是自治区大数据学会的牵头单位。

十六　社科领域统计学的学科研究

曾五一教授撰写《经济统计学如何才能做到不忘初心》一文，指出了当前我国经济统计学存在的问题。经济统计的初心与使命并没有改变，即通过数据反映国家经济发展的动向和规律，为政府和社会公众服务。论文从四个方面讨论了如何使经济统计学真正能够"不忘初心"。

除数据工程专业方向探索外，肖红叶教授还长期坚持统计学与经济学交叉研究范式。在全国统计科学讨论会、全国统计中青年科学讨论会及统计学年会上作了相关研究报告。

邱东教授撰写了《经济统计学：从德国传统到当代困境》《社会问题导向的方法论——〈联邦经济统计开发过程背后的论战〉述评》，在学说史和社会大系统的纵横框架下阐述了经济统计学学科发展的主要问题。

"十三五"时期，中国人民大学赵彦云教授及其牵头的中国人民大学"大数据与应用统计"研究组在《统计研究》等发表了《大数据时代统计学的重构与创新》《对大数据统计设计的思考》《互联网统计研究》《互联网统计与广义统计学》《数字化、广义统计与数族协同》《互联网时代工业企业统计研究》《统计能肩负互联网时代发展的伟大使命吗?》《大数据环境下的统计元数据建设》等系列学术论文，研究了统计学学科适应互联网时代发展的互联网统计及应用的发展趋势。互联网技术革命已经收敛到数据资源、数据生产要素、数据资产，正在通过新科学、新技术、新产业推动人类社会的巨大进步。该研究针对互联网技术革命作用的基本架构做出系统研究，提出数字化、全面量化、广义统计、数族协同一系列关键领域的分析研究，强调了最大总体统计设计、动态统计分类、最小颗粒统计样本，确定性统计与随机性统计相结合，以及走向智能化的设施支撑和社会生态系统平台的统计学习、优化及数字孪生的重要作用，还论述了统计学学科在互联网技术革命中的基础地位和巨大发展空间，为统计实践工作和战略定位提供理论依据。

李金昌教授发表《基于大数据思维的统计学若干理论问题》《说文解字"统"与"计"》《经济统计学是不是方法论科学》《为什么说统计学既是科学也是艺术》《统计学的道》《统计学三要素：问题、数据和方法》等，对统计学的学科性质等问题进行了不同角度的探讨。

社科领域统计学存在的问题和薄弱环节

尽管"十三五"时期社科领域统计学取得不小的成绩,但相对于中国经济社会发展对统计学的要求而言,相对于世界格局和时代变迁对统计学的新挑战而言,我国社科领域统计学的发展并不理想,主要问题表现在以下几个方面。

一 统计学在国势和世界格局判断中的基础作用发挥不够

经济统计学源自"国势学"和政治算术,重大经济统计问题事关中国的国家经济安全,近年来若干重大事项都表明:(1)美国与中国的贸易摩擦,最初借口就是贸易差额。(2)ICP 将中国(及其他发展中国家)的所谓"真正规模"算得比汇率法高,客观上为发达国家卸责提供了便利。(3)忽略人口寿命表的系统编制,个别学者预测人口增长出现重大偏误,种种原因导致我们失去调整生育政策的最佳时机。(4)世界三大信用评级公司垄断了全球的评级业务,欧洲、日本、俄罗斯等的正反经验都表明,中国需要在金融开放中做出恰当的准备。

当前世界格局正在发生重大变化,中国作为"经济流转大国"处于矛盾的焦点,如何理性判断中国国势,如何校正国内外流行的且指向截然相反的诸多不实之词,如何为中国发展的正当权利提供辩护,需要反思和甄别由发达国家制定的通行指标,对统计学提出了许多迫切需要研究解决的重大课题。然而基础研究欠账太多,难以立竿见影,中国国民核算的总体水平并不高,典型的如投入产出表,与发达国家的编制路径不同,刚刚开始编制的供给使用表,部门和产品分类过粗,往往难以反映实际经济关系,造成我们在国势和国际经济关系判断中的种种偏差。

从未来发展看,中国参与了联合国"2030年可持续发展议程",需要开展可持续发展目标的统计监测,目前我们还有150多个项目指标无法提供,时间窗口只剩下十年,如何逐步落实这些发展目标的统计监测,需要做出填补缺口的规划安排,任重道远。

社科领域统计学的科研水平亟待提高。一些高校教师和研究生深入社会实践不够,缺乏社会科学理论思考,用数学公式替代理论,仅仅在方法和数字之间"转圈圈",存在着用教材和大作业替代科研的现象,本来应该是现代数理方法在社会领域中的应用,以适用性和可行性为要,却沦为"公式套用",仅仅满足"形式化"要求,无法切实满足社会和国家对统计学的现实需求。学科交叉成"学科替代","应用"退化成了数字演算。

政府统计面临一系列重大改革和发展的新任务、新需求,统计研究未能做到理论先行,不能为政府统计改革和发展提供理论支撑,政府统计科研学术水平还不高。当前政府统计改革发展需要解决一些深层次问题,在广度和深度上都需要加强统计科研力度。一是缺乏对统一领导、分级负责的统计管理体制的深入研究;二是统计制度方法不够科学,与真实准确完整及时反映日益复杂多变的经济社会现象这一需求还不适应;三是统计调查方法和手段亟待改进,如何更好地运用现代信息技术,特别是大数据技术在政府统计工作中的应用,研究还不够深入;四是一些地区统计造假、弄虚作假屡禁不止,围绕防范和惩治统计造假、弄虚作假,提高统计数据质量的研究还需进一步加强;五是对微观数据等统计数据资源开发利用的深入研究不够。

二 未能为社科领域统计学营造本应具备的良好发展氛围

中国仍然是一个发展中国家,而发展中国家的阶段性特征是重实物生产轻服务生产、重产量轻质量、重实物基础建设轻社会基础结构、重硬件轻软件、重理工科轻人文社会科学。社科领域的统计学是基础性学科,政府统计提供的经济统计信息是基础性公共产品,有效供给不足是其内在性质，加上快速发展所造成的资源分配偏态，很难为社科领域统计学的发展争取到应有的支持，而且其后果不大容易显现，使人们长期采取若无其事的态度。

由于研究不够深入，对学科学理的科普工作不力，这些年社会形成并固化了一些似是而非的谬见：（1）以为只有一门数理统计学，不知道经济统计学比之早产生100多年；（2）以为经济统计学即使存在，也只是数理统计学的应用，不知道二者分属两大学科领域，具有本质区别；（3）以为经济统计学是苏联的舶来品，不知道德国、英国和美国在崛起时对经济统计学的器重；（4）以为发达国家没有经济统计学，不知道它们早就而且一直利用经济统计学优化宏观管理；（5）以为经济统计就是指标解释，非常简单，不知道采用国际核算体系与达到现代核算水准之间的工作量，更不知道误用指标对中国发展造成的巨大损害；（6）以为经济统计照搬国际标准就行了，不知道发达国家制定世界规则隐含的偏误；（7）以为经济统计就是描述统计，同一指标对谁的含义都相同，不知道经济统计学从来就有国家立场，从而把GDP对中国经济的不当表征认作事实。

欧洲有学者指出了国际经济统计中的"四大偏误"，也指出了GDP对新兴国家造成的成就幻觉，但我们不重视国外经济统计学说的最新成果，研究和实务中往往套用西方现成标准，或者固守"计量不较质"的数理视角。我们长期用GDP排位，对中国在全球化中的"真实链位"没有理性的认知，自认是"最大受益者"，忽略了快速发展的潜在成本，内在逻辑上迎合了美国所鼓吹的"中国占便宜"之说，在国际竞争中往往处于被动地位。

社科领域统计学本来作用潜力巨大，但由于学科发展氛围局限，起点比较低，在研究资源的分配上长期处于"小学科"行列。与哲学社会科学整体水平快速发展相比，统计学学科组的基金立项数一直处于垫底水平。尽管"十三五"时期得到了支持，项目数增长较快，但仍然列于23个学科的倒数第二名；占全国立项总数的百分比只有0.17%—1.73%。此外，全国哲学社会科学基金立项数与统计学学科规模也不匹配。本来设置全国统计学专业的学校比较多（本科423所，硕士生207所，博士生65所），但与其他办学规模较小、师资力量较少的学科比，统计学的立项数呈倒挂关系。

从政府统计系统的科研激励机制看，存在以下问题：一是全国统计科研项目对开展政府统计科研的引导力不强。"十三五"以来，全国统计科学研究项目申报数量虽然呈逐年增长态势，但每年立项数量却固定在150项左右，特别是有资助的项目（重大和重点）立项每年均在50项左右，由于资助立项的广泛度并没有增加，不能有效激发学术界围绕政府统计改革发展问题开展研究的热情，特别是对于非资助类项目的选题方向无法发挥有效的引领作用。二是统计学术刊物对政府统计科研成果的宣传力不足，政府统计部门主办的统计类学术刊物仅有《统计研究》被中国社会科学院期刊评价研究院列为核心期刊，影响了刊发政府统计科研成果的宣传力度。三是缺乏全国性的统计科研成果评奖机制，无法充分发挥政府统计部门对统计学学科发展的引领作用，难以激发国内高校和学术界开展政府统计科研的热情。

三 偏向理学的评价和资源配置机制遏制了社科领域统计学的人才供给

在各种人才评选、学科设置和评估、教学科研评奖和各种资源配置中，社科领域的统计学学科未得到应有的重视和公平的对待，处于边缘化状态。研究生目录修订以来一共评选了20位统计学长江学者，其中社科领域统计学研究人员为0。

学科评价标准是学科建设的指挥棒。一个时期以来，在一流学科评价标准方面存在一些偏差。例如有人主张，应以在海外高水平学术期刊上发表论文作为最主要甚至唯一的标准，以博士能在世界一流大学找到教职作为人才培养标志，这才是衡量中国世界一流学科的"国际标准"。

学科分类体系是有关部门进行管理的重要工具。国家标准中统计学被划为社会科学下的一级学科，数理统计则被列为数学下的二级学科。目前高校的本科专业目录中，统计学类专业成立了单独的统计学类教学指导委员会，被列在理学门类下；经济统计学专业则列为经济学类专业，但没有成立单独的教学指导委员会。在研究生专业目录中，统计学成为单独的一级学科，列在理学门类，但既可授予经济学位，也可授予理学学位。

从国际视角看，统一划归理学类别并非世界标准操作。联合国教科文组织制定的国际文献联合会分类体系、美国科研基金会科学和工程研究资助大纲、日本大学学科分类目录、日本文部省学术国际局研究课题分类等，不少也是采用分设的形式，数理统计归入理学、生物统计归入生物学、社会经济领域的应用统计列为社会科学。我国将统计学统一划归理学也不符合国家科委颁布的国家学科分类标准。而且从这些年的实践效果看，高校的统计学统一划归理学是否妥当值得推敲。

所谓"大统计"的成立和持续需要前提，那就是不同领域的统计学者必须互相包容、互相欣赏、存异求同，这一点在我国目前的现实中较难做到。经济统计学的成果很难得到理科学者的理解和承认；经济管理学科的学者又把经济统计认作数理学科，不应再参与经济管理学科的评审，这就使得经济统计学在学科和人才评审等方面处于两边被排斥的尴尬地位。否定社科领域的统计学，其实搞的是"小统计"，最终伤害的是宏观管理的数据质量，伤害了国家和社会利益。

四 社科领域统计学理论与实践相结合的机制有待建立和落实

政府统计系统不仅包括国家统计局，还包括中国人民银行总行、海关总署、商务部、工信部等部门，此外，社会统计、人口统计等也还有相当多的工作需要开展。如何强化各部委的经济社会统计工作，如何协调分工？如何综合各部门的统计信息？这些都需要统筹布局。

就国家社科基金项目的立项分布而言，政府统计系统的研究人员申报量比较少，我国缺乏鼓励此项申报的机制。地方统计系统和部门统计系统中社科领域统计学的研究人员缺乏，不利于开展统计研究，统计工作与统计研究并不等价，如果没有基于社会科学视角对统计工作经验教训的总结，那就缺失了进一步做理论和方法论升华的实践基础。如果这类研究活动的生产率低下，则坚守这块阵地的研究人员会流失。

现有政府统计机构与高校、科研机构的统计学术交流机制无法满足政府统计科研成果转化的需要，导致统计理论、方法与统计实践之间缺乏真正有效的双向互动。一方面，高校统计科研工作缺乏对政府统计工作实践的了解，有关政府统计研究的针对性和实用性不强，不能及时有效地解决政府统计工作中面临的实际问题；另一方面，政府统计系统也缺乏对高校统计科研工作的了解和支持，缺乏对全国统计科研工作的统筹和规划。这会造成经济统计理论工作者无法参与政府统计重大改革和发展问题研究，政府统计面临的重大改革和发展问题缺乏理论研究的支持。

统计理论与实践的结合得不到应有的重视，政府统计部门与高等学校的结合与联系甚至有所退步。有的人忽视统计科学研究对政府统计工作的指导作用，有的人忽视统计测度和统计指标研究在统计研究中的作用，还有的人鄙薄政府统计工作，瞧不起联系政府统计工作实践开展研究的成果。

五 社科领域统计学的国际交流现状与提升大国地位的愿景很不匹配

中国要承担其大国责任，势必更多地参与国际管理，这需要参与国际统计标准的修订和改进，目前存在以下问题。

（1）各国际组织设立了各种统计标准，我们翻译介绍进中国的并不多，系统的研究就更少。我们对围绕国际统计标准展开的基础性研究关注不够，比如SSF经济测度报告、SFD经济测度报告和英国经济统计独立评估报告等，国内鲜有深入研究。缺乏这种基础研究的积淀，将来根本没有国际对话能力，无法有效地参与世界统计标准的修订和改进。

（2）社科领域统计学的国际交流范围不大。国际统计学会不仅有两年一度的大会，还有官方统计学会等三四个属于社科领域的学会，此外还有国际收入与财富学会、经济测度学会等，这些与经济社会统计相关度更高的活动，国内学者反而参与较少。

（3）我们缺乏能够实在性地进行学术方面交流的人员，交流深度不够。在有的国际会议上我们往往自说自话，实效甚微。

（4）知识界国际交流中客观上存在"文明等级歧视"，特别是在社会科学领域，这种歧视比较明显。对自己所研发的国际统计标准，欧美学者通常采用一种守护的基本态度，认定其普适有效，认定后来者应该也必须按照他们设计的路径进行统计，无视新兴国家发展带来的新情况，无视新情况对原有测度、核算、比较的挑战，对我们提出的质疑、见解和建议往往持先验否定态度，所以，中国学者更需要加倍地、持续地、高质量地开展基础性研究。

总之，中国距参与国际统计规则的制定和修订还有相当大的距离。

六 社科领域统计学研究队伍处于严重萎缩状态

就培养中国发展急需的社科领域统计学研究人才而言，高校本该是工作母机，但目前难当此任。全国目前开办统计学本科专业的学校有423所，从学科设置与人才培养方向上看，无论是本科生，还是硕士研究生、博士研究生，都极不平衡，理学门类统计学专业点数量居多，分别是经济学门类经济统计的3倍、2.7倍和2.5倍。

在全国8所具有统计学学位点的"双一流"高校中，理学统计硕士点和博士点分别是经济学统计学位点的5倍和3.7倍。在教育部的一流本科专业建设"双万计划"中，这些高校申报经济学门类经济统计专业的为0。2004—2019年统计学方面的国家社科基金重大项目共36项，4所"双一流"高校承担0项，1所承担1项，2所承担2项，1所承担3项。而就国家社科基金面上项目看，2011—2019年6所"双一流"高校仅在3项之内，处于各高校的垫底水平，1所9项，1所刚过10项，不及立项数量最多学科项目的一半。

近年来部分高校过于强调新引进教师必须具备高校海外学历。由于国外统计学人才的培养模式与我国不同，经济统计学研究和人才培养主要分布在国际组织、政府统计部门和大学的经济学系，从而造成国内高校统计学学科新入职的多是数理统计博士。国内经济统计学学科培养的博士留校难以得到认可，而到金融证券等行业却能获得高薪。很长一段时期，国内经济统计学学科的研究人员受到歧视，苦于学术生存环境，中国的经济统计研究力量和专业教育师资队伍青黄不接。经济统计专业的师资后继乏人，此次"十三五"社科领域统计学研究成果总结中，所列示的高校代表性人物多数在55岁以上，就学科核心领域而言，青年研究人员更少，数遍全国不及原来一个博士点院校的知名教授人数。

政府统计科研人才队伍建设和培养机制尚不健全，作为拥有高层次人才的部门，国家统计局本该具有博士和硕士学位授予权，但长期缺失，不能充分发挥政府统计科研人才的应有作用，影响了政府统计改革发展中的创新。业务骨干职务提升需要到地方挂职,难以持续提升专业素质,对高级干部的业务水准也有影响。

现在提出统计调查开展第三方评估研究,这个思路非常好,但要取得预期效果,是以存在高素质的第三方为前提的。

"十四五"时期形势研判及统计学发展的前沿目标

一 国势和世界格局的研判

与"十三五"时期比较,"十四五"时期国内外形势将面临很多新变化,也具有很多新特征。

(一)世界进入大数据时代

世界各国都已将大数据开发应用上升为国家战略。我国作为数据大国,已经将大数据战略作为驱动引领经济高质量发展的新动力、重塑国家竞争力的新机遇、提升国家治理现代化的新途径、满足人民日益增长的美好生活需要的新举措。

(二)人工智能将深入社会生活的各个方面

与传统的生产方式、生活方式和社会行为模式相比,人工智能社会更加重视智能化分析、智能优化和智能决策。在硬件方面,各种工业机器人将发挥主要的作用;在软件方面,人工智能将在每个社会生活领域,如个人行为决策、企业决策、政府政策等方面都发挥重要作用。大数据时代给人工智能大发展创造了基础条件。

(三)经济创新加速,数字经济占据主导地位

经济是人类社会各种活动的基础,其他社会发展都依赖于经济发展。在大数据和人工智能时代,新产业、新业态、新的管理和社会组织模式将不断涌现，更新速度很快。传统经济很快被新经济替代，特别是网络经济、信息经济、智能经济、高科技经济、共享经济等以数字经济为特征的新经济比重将越来越大。

（四）全球化与对中国的国际贸易遏制并存

由于美国推行单边主义，挑起贸易摩擦，贸易保护主义抬头，全球化发展出现逆潮。这种趋势将对世界经济格局和社会关系产生重大影响，将对中国的发展产生重大的冲击。

二 新形势下社科领域统计学发展的前沿目标和任务

（一）以统计大创新引领大数据和人工智能时代

习近平总书记在十九届中共中央政治局第二次集体学习时的重要讲话中做出了"推动大数据技术产业创新发展、构建以数据为关键要素的数字经济、运用大数据提升国家治理现代化水平、运用大数据促进保障和改善民生、切实保障国家数据安全"的战略部署，为我国构筑大数据时代国家综合竞争新优势指明了方向。当前，大数据引领新一轮科技革命的浪潮正在向各区域、各领域快速渗透，数字竞争力已经成为国家综合竞争力的重要内容。《中共中央国务院关于构建更加完善的要素市场化配置体制机制的意见》正式将数据定为与土地、劳动力、资本、技术并列的核心要素。大数据发展已进入新时期，数据成为生产要素、基础性资源和战略性资源。

为了适应大数据和人工智能时代要求，统计学必须有大创新。大数据时代，统计学是数据挖掘与分析不可或缺的要素。完整的大数据开发应用需要经历数据搜集与存储、数据挖掘与分析、产品开发与应用的系列流程。在数据生产要素被确立及亟须充分发挥数据生产力的时代背景下，互联网技术和云计算的发展使得大规模数据搜集与存储不再是难以逾越的技术难题，阻碍大数据发展的关键因素是如何在杂乱无章的大数据中挖掘有用信息和知识、开展数据分析，从而为实现大数据产品开发应用提供保障。统计学要解决的核心问题恰恰是大数据时代的难点和重点，这也是大数据时代对统计学提出的要求。科技是统计强盛之基，创新是统计进步之魂。在

"十四五"时期，统计学和统计人员应更加积极，勇于争当大数据开发利用的"排头兵"，以统计大创新引领大数据时代。

人工智能的实现需要计算机科学、数学、各种其他自然科学和社会科学的共同协作，其中统计学将发挥极其重要的作用。每一项人工智能决策都需要大量的统计样本，需要大量的统计模拟，需要统计的概率判断，特别需要社会经济统计的评价和优化标准。在大数据和人工智能时代，统计学应积极发挥引领作用。

（二）以统计大发展促进社会向数字经济转型

在全球范围内，一场范围更广、层次更深的科技革命和产业变革正在发展之中。以互联网、大数据、人工智能等现代信息技术为代表的数字经济正在不断取得突破，呈现出蓬勃发展的生机，并为世界经济发展注入了强劲的新动能。数字经济具有渗透力强的突出特征，可以渗透到国民经济的各个环节。数字经济拓展了传统的生产可能性边界，促进了生产效率的提升；为需求端提供了更加多样性的供给，显著提升了消费能力和意愿；从供给和需求两端实现了生产活动与消费活动更加有效的匹配。

数字经济已成为经济高质量发展的新引擎，对我国新常态下的经济发展起到核心支撑和引领作用。当前，我国数字经济的发展以供给侧结构性改革为主线，注重发挥数据的基础资源作用和创新引擎作用，大力推进以信息基础设施、融合基础设施、创新基础设施为主要内容的新基建，重点推动实体经济和数字经济的融合发展，深入实施工业互联网创新发展战略，以期加快形成以创新为主要引领和支撑的数字经济。可以预见，我国未来经济社会发展会因数字基础设施的完善和数字技术的更新迭代而发生更加深刻的变革，这将对新时代的统计学研究产生深刻影响。

（三）以统计全球化视野积极应对深刻变革的世界经济格局

全球化发展正在发生深刻变革，国际经济合作的内涵和国内经济发展的格局相应也会发生巨变，这给已有的统计核算带来了极大挑战。从全球经济一体化的发展现状来看，国际分工体系越来越复杂、越来越细化，国家间的经济联系也日益紧密，全球性的生产安排已经从初始简单的以生产外包为主要形式的经济合作转变为产业链、价值链、供应链的创造与融合，世界经济"你中有我,我中有你"的局面已经形成。在这种全球化格局中,统计学需要不断创新,不断探索快速变化中的全球化体系统计评价的新理论和方法。

此外,还需要积极应对全球化逆潮所带来的影响,在如何测度和评估诸如对华贸易遏制、贸易战、贸易保护等对社会经济、未来世界格局、结构变化等方面的影响提出新的统计方案。

三 以经济社会统计四大创新满足社会发展需求

随着信息技术和互联网的迅速发展,经济社会涌现出许多新的现象,给经济社会统计带来一系列挑战。经济社会统计必须勇于创新才能妥善应对这种挑战,才能适应经济社会发展的需要,才能生存和发展。

经济社会统计的创新包括以下几方面。

第一,理论创新。随着信息技术和互联网的迅速发展,经济社会涌现出来的许多新的现象对经济社会统计理论带来一系列挑战,包括对生产统计理论、收入分配统计理论、投资统计理论、资产负债统计理论、价格统计理论、就业统计理论都带来严峻挑战。例如,数据已经成为一种有别于货物和服务的新产品和生产要素,对传统概念构成了挑战,投资、资产和增长等核算无法自洽。

第二,方法创新。普查、抽样调查等仍然是政府统计的主要调查方法,但大数据、云计算、人工智能迅速发展,具备时效性强、频率高、覆盖面广等特点,传统统计调查方法受到严峻挑战。

第三,标准创新。互联网不断创造出新的经济活动和灵活多样的就业方式,对传统的统计分类标准和就业统计标准带来挑战。例如,目前居民可以通过在滴滴出行 APP 进行注册,利用私家车服务乘客获得收入,这种就业方式对传统统计标准就构成挑战。

第四,应用创新。微观数据和大数据的开发应用成为经济社会研究的重点领域,经济社会统计必须在应用领域进行创新,在微观数据和大数据的开发应用方面有所作为。

实现经济社会统计的创新需要重视以下几个方面。

第一,通过深入基层、深入企业、深入实践充分了解经济社会发展出现的新情况，掌握第一手资料，让经济社会统计贴近现实，贴近时代，提出解决新问题的方案，在服务经济社会发展实践的同时，实现经济社会统计的创新。

第二，政府统计面临一系列挑战，但人手不足，高校应当加强与政府统计工作者的交流与合作，充分了解现实中政府统计面临的理论和实际问题，积极主动开展研究，为政府统计改革与发展做出重要贡献，实现经济社会统计的创新。

第三，加强国际交流与合作。经济社会统计面临的问题具有国际性，国内学者要加强与国际学者的交流与合作，充分汲取经济社会统计领域的国际经验，提升中国的研究能力和水平，推动经济社会统计的创新与发展。

四 "十四五"时期社科领域统计学研究的战略任务

（一）聚焦中国问题研究，为中国社会经济高质量发展服务

在全球一体化进程中，统计学可以研究国际问题，也可以研究国内问题。不同的国家社会制度不同，国情国力不同，历史基础不同，现实需求不同，因而科学研究的对象和重点也就不同。应鼓励中国的社科领域统计学把研究服务重点放到中国发展上，要紧扣中国特色社会主义新时代的脉搏，从中国改革开放的大格局中确定选题。要以深入研究中国问题为导向，校正以西方理论和标准对中国的误评、误判，用社科领域统计学的独特视角讲好中国故事，注重解决问题的对策，为中国社会经济高质量发展服务。

（二）以科研带动学科发展，优化中国社科领域统计体系

开展社科领域统计研究，必须有一个强大的统计学学科体系作为支撑。以科研促学科发展，以学科支撑统计科研，二者相辅相成，是推进中国社科领域统计研究的强大力量。统计学跨越不同领域，一是数理统计学，二是社科领域统计学。前者归属理学门类，受国家自然科学基金资助较多；社科领域统计学主要研究社会、经济、管理的现实问题，课题多数来源于国家社科基金。构建具有中国特色的社科领域统计学的学科体系，是历史赋予统计学学科的重要任务。

不同于国外一些高校，统计系只有数理统计，而社会经济统计的研究力量则分散在经济系和管理系，中国经济管理类院校设有经济统计专业。这本来具有一定的学科优势，但由于各种原因，学科发展中还存在任务与资源不协调，数量与质量不匹配，学科体系不健全等问题，需要借助国家社科基金平台，以社会科学课题研究促进学科体系完善和优化。

（三）加强人才队伍建设，促进社科领域统计学繁荣昌盛

世界发展进入了大数据时代，对统计学的需求日益扩大，但在中国社会科学领域研究中，统计学还属于小学科。为了满足日益增长的社会需求，应该快速充实统计研究力量。

建设统计科研队伍，既要重视扩大人员规模，也要重视提高科研人员素质。要将统计专业研究与社会服务的实证研究相互结合，更好地满足社会多方面的需求。将社会经济统计研究与数理统计研究相结合，扩展社科领域统计学研究的方法与工具。要与数学、计算机科学、经济学、管理学、社会学等学科广泛交叉，将统计方法应用于各个领域。要优化队伍的年龄结构，既要充分发挥中老年专家优势，更要积极培育一代新人。要用国家社科基金项目平台集聚研究力量，造就一批统计科研骨干。要结合学科布局，加强高校统计师资力量培养，要在统计实践改革中扩大政府统计研究力量，要在市场化进程中动员社会各界统计力量投入统计改革和统计创新。要以统计人才队伍为强力支撑，加大力度促进统计科学繁荣昌盛。

（四）主动适应社会需求，实现统计理论和方法大创新

"十四五"时期，国际国内形势将发生巨大变化，大数据普遍进入社会日常生活，人工智能方兴未艾，新经济蓬勃发展，全球化与逆全球化趋势并存，后新冠肺炎疫情时代也将改变世界格局。这会导致对统计的社会新需求也必将越来越多，原有的一些理论要实现更新，新的统计理论要产生。一些传统的统计调查方法和分析方法已经不能满足新的社会发展，这就要求统计学主动适应社会需求，实现统计理论和方法大创新。

统计理论和方法创新，要以中国的社会实践为基础，立足中国实际状况，立足发展中国家的特点，特别是要构建具有中国特色的社会经济统计理论。创新统计测度、统计指标、统计指数等理论，改进综合指数等方法，

创新大数据、人工智能等方法在社会经济领域的应用，圆满完成统计理论和方法为中国实践服务的重大任务。

（五）坚持中国统计特色，为国际统计事业发展做出更大贡献

中国政府统计和市场统计在国家发展中发挥了巨大作用，以社科领域统计学的理论和方法为基础，结合中国特色社会主义市场经济统计实践，形成了具有中国特色的一整套统计制度、统计标准和统计方法。这套统计制度既能与国际接轨，也能适应中国的国情，特别是能够适应发展中国家的现实。

多年来，中国积极参与了国际统计组织和世界性的统计活动，也按照国际标准向国际组织报送统计数据。但在国际标准的制定和修订上，在社会经济统计的理论和方法上，还有很大的发挥作用的空间和潜力。在新的历史时期，要积极鼓励中国的社会经济统计学者走出去，主动参与国际统计研究，向全世界推出更多、更有影响力的科研成果。积极推动政府统计研究与国际统计组织进一步融合，为国际社会提供更多的中国统计经验，为国际统计事业发展做出更大贡献。

"十四五"时期社科领域统计学重点研究领域和方向

选题方向应有利于推动中国统计学学科体系、学术体系、话语体系建设，有利于对接"十四五"时期国家和地方发展战略的实施，有利于促进新时代统计科学的繁荣发展。按照这一指导思想，根据"十四五"时期国家、地方和统计学学科的重大发展需求，特提出如下选题方向。

一 国家重大改革与发展战略统计监测研究

科学反映经济社会发展新情况、新变化、新问题是统计的重要职责。统计科研紧紧围绕党中央、国务院关于统计工作各项决策部署，坚持围绕中心、服务大局，切实发挥统计服务现代化经济体系的"导航仪"作用，建立健全重点领域统计指标体系。利用大数据构建国家或区域新统计监测体系，是提高统计数据真实性、推进国家治理体系和治理能力现代化的内在要求。研究方向主要包括：（1）对接国家或区域发展战略实施的统计监测体系研究，紧紧围绕"一带一路"倡议和长三角一体化、京津冀协同发展、长江经济带、大湾区、黄河流域发展、海南自贸区等发展战略，建立统计监测体系及应用研究。（2）大数据背景下统计监测理论与方法研究，包括体现国家治理能力现代化的统计监测体系。（3）适应新冠肺炎疫情防控常态化的经济与发展统计监测体系研究。

二 当代国际合作与竞争格局和国势研究

社科领域的统计学以国势学和政治算术为学科起源，具备切实服务社会和国家的优良传统。当代全球发展呈长期下行态势，国际合作与竞争格局和国势的判断至关重要，在此背景下，党和政府多次强调准确判断国际经济局势。需要现代国民经济统计学甄别量化指标，指明认知陷阱，破除数字迷幻，提供坚实的方法论和实证基础。需要重点关注的问题主要包括全球生产链、供应链、价值链、财富链的格局及其变化趋势，发展中国家的判断标准，用 GDP 测度和比较新兴国家国力的局限，全球化时代如何判断一个国家产业体系的完整性，中国是不是全球化最大赢家，中国快速发展的隐性成本究竟如何计算，中国是不是资源消耗和污染大国，中国在全球化当中的"真实链位"究竟如何。只有对上述相关问题做出专业水准的回答，中国才可能在国际合作与竞争新格局中争取较为主动的地位。

追踪全球化变化态势，密切监测新冠肺炎疫情对中国的影响。疫情发展及其后果还具有很大不确定性，一些国家积极推动孤立、打压中国，统计研究要密切追踪和观察这些动向及其影响，研究减少疫情和全球化逆潮负面影响的措施。

三 深入开展产业部门和专业统计研究，构建推动高质量发展的统计体系

产业部门统计不仅是国民经济总量核算的基础，而且为供给侧结构性改革、经济高质量发展政策提供精准有效的数据信息。专业统计是社会经济统计在专业方向上的延伸，是国家对社会经济进行纵向监测的重要工具。没有统计支撑，宏观经济研究必然遭遇空心化瓶颈。加强和完善创新、协调、绿色、开放、共享发展指标评价研究，研究建立健全农业、制造业、服务业高质量发展统计监测，研究完善供给侧结构性改革统计监测，研究完善新产品产量、产能等实物量统计制度方法。深入研究能够反映综合发展质量效益和新发展理念落实情况的统计指标，不断完善统计指标体系；深入研究派生性产业分类标准，着力健全我国统计标准体系；深入研究统计监测评价分析方法，真实、准确、完整、及时反映高质量发展进展情况。联合国工业发展组织的《工业统计手册》已经修订多次，中国对它的研究需要跟进。

四　数据要素的统计创新研究

中共中央、国务院在 2020 年 3 月 30 日出台的《关于构建更加完善的要素市场化配置体制机制的意见》中，将"数据"作为新型生产要素写入文件。这是一项经济理论与实践的重要创新，同时也提出了开展数据要素统计的要求。因数据要素统计具有高度创新性和探索性，至少可以从以下研究起步：（1）"数据"作为"要素"，其概念的理论界定和统计界定，解决统计对象问题。包括数据与自然资源、资本、劳动和技术要素的联系与区别，数据要素的分类等。（2）数据要素统计框架的构建，解决统计什么的问题。包括如何将数据要素纳入基于生产、流通、分配、消费再生产过程的现行统计框架；数据要素市场统计，包括数据要素物量及其价格；数据要素生产收入核算等。（3）数据要素的增长贡献及其对国民经济各部门、国家治理各领域的影响测度等。

五　数字经济测度问题研究

数字经济（Digital Economy）已成为学术界和实际部门关注的重要课题，世界各国纷纷将发展数字经济上升为国家战略。数字经济的发展对传统核算体系带来了巨大挑战。数字经济是一个不断变化的经济现象，其技术方式所影响下的内涵也不断变化，本质上是一种融合性经济，对其研究至关重要。研究方向主要包括：（1）数字经济核算的系统理论框架与方法体系研究。（2）数字经济的统计监测和评价研究。（3）数字经济与经济增长和其他产业的联动效应研究等。（4）开展数据资产核算研究，将数据资产与知识产权资产等共同列入国家资产负债核算系列。

六　新经济测度方法和制度研究

国际组织和中国政府已经对新经济的统计测度进行了大量的探索，新经济新动能的统计测度已成为国家统计工作的重点。需要研究的问题主要包括：（1）新经济新动能的统计核算理论和制度研究，研究新经济的统计测算边界，推动新兴经济形态与国民经济核算账户体系对接，从生产法、收入法和支出法三个角度对其进行核算。（2）数字经济的统计分类标准化研究。（3）新经济与经济增长关系的统计监测和评价，持续关注新增长核算理论模型、新经济生产率测度等统计方法的创新。（4）新经济对产业部门的影响研究，评价新生产方式推动的经济组织方式变革对经济各部门的影响。（5）探索微观层面的新经济增加值测算方法，开展基于产业链关联关系对新经济影响的核算。（6）新基建、新投资对经济增长的贡献测度和分析。

七 统计指数理论、方法与应用研究

统计指数在社会经济统计中历史最悠久，应用最广泛，同社会经济生活关系最为密切，在经济理论、宏观经济分析、政府宏观经济管理和微观决策中发挥着极其重要的作用。近年来，在联合国等国际组织推动下，国内外众多经济学家和统计学家参与到统计指数的研究中来，统计指数成为统计学界一个活跃的研究领域。研究方向主要包括：（1）统计指数理论和指数体系创新研究，包括各国际组织经济指数方法论手册研究。（2）国家或地区重大发展需求和重大发展战略实施评价指数及跟踪研究。（3）全要素市场或单个要素市场发展评价指数及跟踪研究。（4）我国高质量发展和高品质生活评价指数及实证研究等。

八 国民经济核算体系研究的内容深化和质量提升

中国国民核算的内容需要深化，质量需要提升，国民核算是现代统计学研究永恒的主题，从而为发挥国家治理能力提供坚实基础，优化中国发展和改革的社会基础结构。

主要研究内容包括：（1）进一步借鉴国际经验，开展国家间供给使用表或投入产出表编制的研究工作，并以此计算各国的贸易价值链。同时，要进一步加强国民经济核算在供给使用表编制、派生产业增加值核算、居民自有住房服务和知识产权产品核算等方面的研究。（2）进一步推动三大核算改革与建设，深化和完善国家和地方资产负债表、自然资源资产负债表的编制。（3）健全资源环境核算，开展海洋经济统计与核算，评估经济活动的生态成本和环境承载度，支撑可持续发展。（4）研究落实中国新国民核算体系，研究如何利用产业统计数据细化总量指标的分组，提高指标编制频率，完善地区生产总值的统一核算。（5）建立和完善新经济核算的理论和方法制度，反映数字经济、共享经济、信息经济、绿色经济、智能经济等在高质量发展中的推动作用。（6）结合中国国情，密切跟踪国际SNA修订的新动向和发展趋势，推进中国核算标准与国际标准的衔接。（7）将政府统计改革发展融入国民核算体系的质量提升中，全面提高国民核算体系的数据时效性和精准性。（8）探索和完善在新经济时期国民核算的国际和国内分类标准。（9）研究传统SNA如何适应大数据时代发展。（10）要加强季度支出法GDP核算方法研究，推动政府统计部门建立季度支出法GDP核算制度，满足从需求角度分析经济形势和制定政策的需要；开展GDP和投入产出核算细化分类研究，推动政府统计部门细化GDP和投入产出核算分类，实现与发达国家的可比性，满足经济结构转型分析和管理的需要。（11）拓展国民核算数据的开发应用领域，在投入产出模型、资金流量模型等传统基础上，开发新型的宏观经济系统分析模型。

九 国际统计比较的理论、方法和中国实践研究

国际比较项目是研究判断国际合作和竞争格局非常重要的基础，是中国政府统计工作发展的重要内容。需要深入研究的问题主要包括：（1）总结中国及其他新兴国家参与国际ICP比较项目的经验，为国际比较方法制度的修订提供案例基础。（2）系统梳理各轮ICP比较项目的发展过程，预判国际比较的动向和发展趋势。（3）国际比较方法论的机理研究，不同方法适用场合的研究，为全球统计规则改进做出中国贡献。（4）ICP比较的偏误来源及其矫正方法，特别要分析ICP测算结果与中国经济实际的差异，揭示其产生的原因，提出解决方案。（5）研究国内价格统计调查和国际比较基础数据之间转化利用的可行性，研究不同统

计项目的结合方案，借以提升中国经济统计的质量和总体水平。（6）促进相关人员系统掌握 ICP 在全球和区域层面的比较原理和操作实务，进一步开发 ICP 数据的使用价值。

十　数字贸易与国际收支动态的统计理论方法研究

全球化发展面临重大调整关口，多边贸易协议不断被破坏，商品、资本和劳动力等生产要素跨国流动的壁垒愈发显现，今后指向有待多方博弈形成。但从技术层面看，数字贸易以跨境电子商务建立多主体联动电子商务生态，完善跨境支付体系，提升物流通关服务能力，拓展数字服务贸易发展空间，共建共享数字化发展成果。

在对国际收支和国际经济格局动态统计分析中，需关注以下方面：（1）新兴国际贸易方式对国际收支的影响评估，分析服务贸易、无形资产、数字经济等新贸易形态的发展趋势，评价新兴贸易方式对国际收支关系的影响。（2）新型多边贸易体系下的增加值贸易统计，建立完善的贸易增加值统计框架，构建产业角度的国际分工测算体系，为分析逆全球化的经济影响提供方法基础。（3）新时期国际资本流动对国际收支的影响，从数字货币、区块链等角度，分析以人民币国际化和人民币数字化等为主的跨境交易方式的流动性监测和风险评估框架。

十一　社会经济统计与人工智能的融合发展研究

作为一种新型科学技术，海量基础数据的识别、有效性和安全性等是其社会功能得以发挥的重要前提，人工智能与社会经济统计学有着密切的关系，因此，社会经济统计与人工智能的融合发展，就成为现代统计研究的重点。研究方向主要包括：（1）人工智能在各行业的应用分析，从人工智能在金融业、制造业、物流业等的应用，分析智能金融、智能制造、智能电商等发展情况，评价其对经济社会生活的影响。（2）人工智能、区块链与物联网等新技术给社会、经济和民生带来了重大变革，需要开展人工智能社会影响的统计测度研究。(3) 在人工智能、区块链与物联网等新技术环境中，社会经济统计方法的创新研究。(4) 政府决策智能化研究。研究以大数据为基础，以计算机模拟、多方案最优化为特征的人工智能决策如何在政府经济与管理决策中应用。

十二　经济测度方法论研究

OECD 等国际组织对经济测度研究非常重视，2009 年和 2018 年两次发布了以斯蒂格利茨为首席专家的"经济测度报告"，引发了全球经济统计重心从 GDP 转向社会福利，报告涉及若干重大经济测度方法论问题，需要深入研究。以经济测度理论与方法论为研究对象，本课题的主要内容包括：(1) 经济测度理论，包括基本概念和逻辑机理研究。(2) 就业、非充分就业和失业测度研究。(3) 经济增长与生产率的测度机理。(4) 收入分配的测度机理。(5) 资本测度的逻辑、问题与方法论基础。(6) 福利测度的可行性研究。(7) 可持续发展测度的可行性研究。

十三　政府统计改革与提供高质量公共服务研究

深化政府统计改革是国家治理体系和治理现代化能力建设的重要环节，是深化机构和行政体制改革，提供高质量公共产品，更好地满足人民对美好生活需求的客观需要。互联网数字化智能化的信息技术革命为国家治理体系现代化和治理能力建设提供技术基础。从公共服务角度，对政府统计改革的研究将涵盖：(1) 探索和完善统计公共产品的供给机制，丰富统计公共产品内容，在满足政府部门统计需求的同时，更好地满足社会公众对统计产品的需求。(2) 推动政府统计体制创新，打破部门间壁垒，加强与其他行业的数据交流和信息共享，建立政府部门共享数据平台，将行政记录、监督互动纳入政府统计过程。(3) 充分利用互联网数字化智能化云技术，建立政府统计基础设施，推动政府统计资源的配置效率，做好政府统计监督，发挥科学决策的统计作用，满足社会公众需求，不断提升公共服务的质量和效率。(4) 政府统计在新时代政府现代化大生态中的分工协同理论技术方法。政府统计改革发展的方向探索，包括是否需要从生产、监督和服务等方面构建中国特色的政府统计平台体系等。

十四　市场统计理论、方法论和应用研究

市场统计是现代统计的重要组成部分。在新时期，市场统计将从海量市场数据的统计特征研究入手，着力研究市场数据分析方法创新，逐步深入到企业经济管理决策的核心微观层面——企业投资、市场预测和市场营销中，开展相应的统计理论及应用研究。主要的研究内容包括：（1）高维市场数据的数据特征及其建模研究。对商务数据的分布特征及其建模展开研究，提高数据的拟合精度，改进有关的统计模型，并促进决策的科学化。（2）推动大数据分析等现代统计方法在经济管理决策中的应用，建立微观市场数据搜索、压缩以及智能化分析的框架，与人工智能技术相结合，创新经济管理决策中的统计方法与理论。（3）依托于大数据框架的中国市场新统计体系建设，通过与卫星遥感技术、传感技术等结合，建立健全物流统计、商品贸易统计等，推动中国区域间贸易统计体制等的建设。

十五　构建现代化统计调查体系研究

改进传统调查方法。建立新型调查体系是大数据和网络时代发展对统计提出的要求，重点研究方向有：（1）深入研究抽样调查如何更好地与我国分级管理的行政体制相结合，普查与抽样调查如何结合，普查与常规统计如何相互衔接。（2）深入研究如何在确保代表性的前提下，尽可能做到多目标抽样、样本相对集中等。（3）深入研究投入产出调查与经济普查、农业普查合并与分工问题，为做好第五次经济普查工作提供参考。（4）研究制定可持续发展目标的本土化监测指标体系，研究在住户调查等常规调查、人口普查等重大调查项目中增加与可持续发展目标相关的调查指标，进一步拓宽我国可持续发展统计数据的可获得性。（5）对网络调查的理论与方法进行系统性研究，在价格指数、流动人口网络调查的基础上，大幅度扩大网络调查的项目，争取有更高的网络调查覆盖率，并相应改进依赖

于统计调查的统计推断方法。

十六　完善统计体制发挥统计监督职能问题研究

强化统一领导、分级负责的统计管理体制，需要进一步组织研究构建确保国家统计职责有效履行的制度机制，研究完善地方党委政府防范和惩治统计造假、弄虚作假问责制；同时，要对如何解决基层基础薄弱、建立健全部门数据互联互通共享共用机制、更好推动民间统计调查行业健康发展等问题进行深入研究。同时，还要研究如何建立与大数据时代相适应的政府统计管理体制的问题。

党的十九届四中全会明确提出要发挥统计监督职能作用，为新时代统计改革发展指明方向，提供遵循。深入研究并不断强化统计监督职能作用，既是中央的明确要求，也是提高统计数据真实性、推动统计工作高质量发展、推进国家治理体系和治理能力现代化的内在要求。要充分发挥统计监督职能作用，还有许多理论和实践问题需要研究。比如新时代统计监督的内涵与外延，统计监督在党和国家监督体系中的定位，统计监督的体制机制框架，统计监督的方式方法和手段，如何提高统计监督的权威性与公信力，统计监督和其他监督的关系等。

十七　国际统计标准改进与中国适当实施研究

国际统计形成了系列标准，但这些标准大多是在原有经济发展格局下由发达国家引导制定的，即便在新兴国家占全球经济比重与发达国家相当之后，基于变化的标准修订也不充分。因而，需要系统挖掘国际统计标准中的测度逻辑及其存在的问题，识别中国参与实施国际统计标准需具备的方法论基础，为中国更好地实施国际统计标准提供理论和方法论参考，同时为国际统计标准如何适应中国和其他新兴国家提供系统的理论基础和方法基础研究。其核心是要将以发达经济体为基础设计的国际统计标准转变为同时适应新兴国家和发展中国家经济测度的国际标准，使其成为真正意义上的全球化统计标准和全球公共产品。

十八　基于社会经济统计教学体系培养经济大数据应用人才的研究

2010 年前后，计算机网络数据技术及其应用大爆发，"大数据"概念问世。该技术驱动新兴产业涌出，引发生产与生活方式的深刻变革。测度大数据对社会经济的巨大影响，成为社会经济统计关注研究的热点。但应当看到，当前大数据技术领域的应用才刚刚起步，需要通过数据工程化应用的长期推动才能广泛普及。社会经济统计因同时具备经济、统计和计算机专业的知识集合优势，应该积极参与经济领域数据工程师专业人才培养。基于经济统计专业的数据工程师培养探索研究主要包括：（1）大数据技术进步与经济领域大数据应用专业人才培养目标和规格。（2）基于认知科学的经济统计教学体系与大数据技术应用对接的研究，包括课程体系设计和教材体系建设、试验与实践设计。（3）基于大数据的社会经济问题研究范式的探索。（4）大数据技术对经典经济统计教学体系的影响，探索经济统计教学变革的研究等。

十九　统计学学科发展研究

统计学学科研究属于基础性研究，应当高度重视，大力支持。（1）要站在世界统计相关科学（如复杂经济学、社会认知学等）发展前沿，力争产出统计学学科的原创性、引领性重大成果。（2）要聚焦我国统计改革发展实践提出的新问题，提出科学可行的解决方案，并在此基础上进行理论与方法论研究。（3）要总结近年来中国统计学学科发展的经验教训，改变用数理科学代替社会领域专业研究的偏向，为社科领域统计学学科的可持续发展提供机会。（4）要大力促进国民经济统计学的学科层级提升，研究编撰"高级国民经济统计学"教材，改变将经济统计视为工作条文的偏见。（5）要积极推动统计学学科大发展，深化经济社会统计、国民核算、经济测度与计量、数理统计、统计实务等多个专业领域的交汇融合发展。（6）要高度关注统计科学与数据科学和数据工程的深度融合，高度关注统计测度方法、国际比较、数据识别、统计建模、数据实验、数据分析、数据挖掘以及数据可视化等统计领域研究新方向、新课题。(7) 积极引进包括社会科学在内的前沿理论, 借鉴先进方法和技术, 开展具有前瞻性、针对性和探索性的研究。(8) 基于社会经济统计同时具备经济、统计和计算机专业的知识集合优势, 主动落实国务院《促进大数据发展行动纲要》提出的"创新人才培养模式, 建立健全多层次、多类型的大数据人才培养体系。鼓励高校设立数据科学和数据工程相关专业, 重点培养专业化数据工程师等大数据专业人才"要求, 探索构建数据工程师培养体系, 积极开展推动大数据在各领域应用的研究。

进一步加强社科领域统计学工作的建议

根据近些年的实践经验和教训，为了保证我国社科领域统计学的健康发展，我们特提出以下初步建议。

一 发挥经济统计甄别指标的专业优势，抓紧开展当前国势问题的专项研究

当前，世界和中国发展都面临着关键时期，也暴露了长期隐藏的各种问题和矛盾，需要加强高质量的系统性研究，得出理性的认知，服务于国家和社会的科学决策。国家社科基金和国家统计局科研项目应该组织当前国势问题的专项研究。

二 按照社会科学的学科标准和学术评价机制管理社科领域统计学

统计学不同于那些领域相对单一的一级学科。在领域上有着巨大跨度，这决定了其二级学科的研究范式与成果表征存在极大差异。因此，作为一级学科之"统计学"，更加合适扮演一个供不同领域统计学及学人协同互鉴的一个平台，而不宜也无法确定单一标准的所谓共同学术范式或学术要求。

在学术评价和高校学位点评估时，切实按照国家学科分类标准执行，不再按照单一的理学标准管理经济统计学，即社科领域统计学和理学类统计学应采用不同的学科评价标准。在人才评审、成果评审、学科评审中可

给定名额分别评审。

恢复全国统计学科学研究优秀成果奖励工作,让评奖成为社科领域统计学科学研究提升和人才队伍建设的重要机制。

批准和支持构建社科领域统计学的中国学术期刊体系,同时支持系统翻译出版国际统计方法论手册和国外经济统计学著作。加大社科领域统计学对用户的科普工作,以提升政府干部和经济学界的社科领域统计学的学科意识和专业理解能力,营造优良的社科领域统计学的发展氛围,以支撑提升政府政策和企业、民众决策的质量。

三 切实开展高校与政府统计的合作

让政府统计部门与院校已有的合作项目切实发挥作用,而不是流于形式。国家统计局、人民银行、商务部等政府部门通过实质性合作研究建立常规性沟通渠道,以取得社科领域统计方法论的进展和突破,借鉴"英国卓越经济统计中心"的做法,让高校(社科领域统计学的师资力量)真正成为国家宏观管理中经济统计研究的重镇。

为了保证社科领域统计学的健康发展,作为政府统计的主管部门,国家统计局应更好地发挥主导作用。

首先,要加强对统计科研的投入。统计设计阶段具有投入少、效益大的特点。要大力鼓励高校和实际部门联合攻关,注意吸收理论部门的同志深度参与重大统计方法制度改革的设计和研究、统计数据的加工与处理、统计数据的分析与解读,解决统计系统人力不足的问题。对于实践中亟待研究解决的重大课题可向全国高校开放招标,实际部门应提出需要解决的问题和希望实现的目标的形式,拨付必要的研究经费。

同时,实际部门还应为理论部门提供充分的信息,包括实践中具体采用的方法、各种中间数据和最终数据。因为只有这样,理论部门的研究才可能做到有的放矢,真正为解决实际问题提供有用的参考。对于涉及保密的文件和数据,可以与研究者签订必要的保密协定,规定研究者只能向有关部门提供研究的结果,不能擅自向社会公布需要保密的内容。对于有参考价值但不适宜公开发表的研究成果可通过领导批示、开具采纳证明等形式予以肯定。

在政府微观数据向学术研究开放方面，在保守政府微观数据的商业秘密、个人隐私和国家安全的前提下，将更多专业、更多部门、更多指标、更长时间数据向学术研究开放，推动我国学术研究产生更多具有原创性和国际影响力的研究成果，提高我国软实力，更好地服务于国家治理体系和治理能力现代化，更好地服务于经济社会健康发展。

其次，要促进各类基金的适当分工。属于一般通用统计方法论的研究应主要由自然科学基金评审和资助，属于社科领域统计方法的理论和应用研究应主要由社会科学基金资助。而在国家统计局组织的科研课题立项、科研成果的评选等方面，则应重点鼓励联系政府统计工作存在的难题开展的研究，必要时可规定该类研究课题和研究成果所占的最低比例。

最后，要重视经济统计教育在培养政府统计人才中的基础性作用，采取各种必要措施扶持经济统计学专业的发展，并且大力鼓励经济统计专业毕业的高水平学生到政府统计部门工作。

四　完善政府统计科研的组织实施

国家统计局统计科学研究所应该提升为统计科学研究院，与教育部协商成为博士和硕士学位点授权单位。围绕着政府统计中心工作，独立或与有关高校联合开展社会科学领域的研究生培养工作，以理论与实践相结合为特色，为全国统计系统培养高层次应用型人才。

调整和优化政府各部门各层级的统计人才结构，确保社科领域统计学的专业人才比例。目前应该由社科领域统计学的博士学位授权单位为中国人民银行、国家统计局等部门的统计单位和岗位定向培养毕业生。制订长期规划，由社科领域统计学的博士学位授权单位承担政府部门高级统计人才的培训工作。

在科研组织实施上，要注重以下方面：（1）要充分发挥全国统计科研项目和国家统计局重大专项研究对政府统计科研的引领作用，推动政府统计科研的深度和广度。（2）创新方式开辟渠道，为政府统计各部门、政府统计科研人员与高校研究人员搭建平台，充分发挥高校人才优势、团队优势与政府统计部门的数据优势，特别是微观数据开发利用优势，开展具有前瞻性、针对性和探索性的研究。（3）要在发挥好既有学术交流机制作用的基础上，结合深化统计改革发展中的重大问题，进一步丰富学术交流内容，创新交流模式，为开展更多综合性、跨学科的学术活动搭建好平台，增强政府统计科研学术影响力。（4）要提高政府统计系统统计学术刊物的办刊质量，加强统计学术刊物对统计科研成果的宣传展示。（5）要建立和完善我国政府统计科研成果转化制度，促进知识互补、资源共享、联合攻关。建立统计科研基地，发挥社会组织的先天优势，与相关机构密切合作，构筑优势互补的统计科研交流机制。（6）要组织动员统计科研人员深入基层、深入实际开展调研，使科研成果更接地气，更好地应用于统计实践。（7）积极推进跨部门的国家统计数据管理机制，解决数据部门分割问题，实现数据共享。

五 注重大数据时代统计研究的技术设施应用资源投入

大数据时代统计研究与以前统计研究存在重要区别。随着时间推移，大数据人工智能技术进步，社会经济统计研究需要充分利用互联网、物联网海量数据，需要采用新的抽样技术、多源数据融合等技术，收集包括数字、文本、图像视频、声音以及遥感数据等在内的各种类型数据资源。因此，统计研究不仅需要文、理、工兼备的高端人才，还需要高性能计算设备和能力。社会经济统计研究也要配置相应技术设施使用的资源。

六 重视社科领域统计学的青年人才发展，持续加强科研梯队建设

统计人才是统计事业发展的第一资源。要加大人才培养力度，培育打造统计科研的学术带头人和核心团队；要最大限度地激发统计科研人员的创新激情和活力；要有效引导青年人在统计科学研究最前沿探索前进，为推动统计改革发展做出更大贡献；要充分了解统计人才的市场需求，站在人才培养规划的高度，优化统计人才结构，满足市场需求，满足新时代对统计人才的需求。

坚持以中国特色社会主义理论为指导，大力鼓励密切联系中国的国情，

针对现实问题开展研究。注重培养既有坚实经济理论功底又掌握现代统计方法和计算技术的复合型人才。注重正确的学术研究导向，让青年人才在为国家和社会服务中成长，防止和杜绝那种精致的利己主义者投机钻营，以免耽误社会科学研究的时机，端正社科领域统计学研究的风气，让国家学术资源真正发挥作用。

要充分发挥好举贤荐能、奖掖后学的作用，不拘一格，慧眼识才，敢于让青年人挑大梁、出头彩，着力营造包容兼蓄、和谐有序的人才成长环境，通过完善制度、强化激励、鼓励创新等多种方式，不断激发青年统计科研工作者的积极性、主动性、创造性，为他们勇攀高峰、各展所长提供舞台、搭桥铺路，促进优秀年轻人才脱颖而出，在实践中茁壮成长，努力培养一批德才兼备的统计科研尖子人才和领军人物。

七　注重参与统计国际标准制定和修订的专项人才准备

制订长期专项行动计划，政府相关部门分工负责，根据国际统计不同领域协调院校科研力量，与相关国际组织进行定期人员交流，并参与工作，逐步建立起中国专家参与经济统计全球规则制定的格局。

特别要加大对 ICP 基础理论和方法的研究，将其作为中国统计参与国际标准修订的先行项目。一是发挥研究院校的智力支持作用和研究优势，从高校在校生就读期间就开始培养 ICP 人才，壮大 ICP 研究队伍；二是进一步开发 ICP 数据的使用价值；三是争取更多的国际交流机会，系统掌握 ICP 在全球和区域层面的操作实务；四是国家社科基金项目和全国统计科学研究项目将 ICP 相关重难点问题纳入选题指南。

"十三五"时期，在国家社科基金项目和国家统计局科研项目支持下，社科领域统计学取得了难能可贵的业绩。"十四五"时期，正值中国和世界发展的关键时机，需要社科领域统计学贡献专业智慧，为国家、地方和产业发展提供坚实的信息基础和理论方法论支持。我们坚信，在中国特色哲学社会科学"三大体系"构建的大背景下，社科领域统计学一定会得到相应的支持，我们坚守初心，克服困难，解决问题，努力组建学术梯队，深入持续提升本领域研究，为中国高质量发展发挥应有的基础作用。

顾　问
　　肖红叶　曾五一　许宪春

执笔人
　"十三五"时期社科领域统计学概况
　　李金昌　向书坚
　"十三五"时期政府统计科研发展
　　文兼武　许亦频
　高校系统"十三五"时期社科领域统计学科研成果
　　苏为华　杜金柱
　社科领域统计学存在的问题和薄弱环节
　　蒋　萍　罗良清
　"十四五"时期形势研判及统计学发展的前沿目标
　　李宝瑜　杨仲山
　"十四五"时期社科领域统计学重点研究领域和方向
　　赵彦云　史代敏　徐国祥
　进一步加强社科领域统计学工作的建议
　　曾五一　康　君

参加人（按姓氏拼音排序）
　　杜金柱　蒋　萍　康　君　李宝瑜　李金昌
　　罗　良　罗良清　邱　东　史代敏　苏为华
　　王亚菲　文兼武　向书坚　徐国祥　杨仲山
　　赵彦云

政 治 学

"十三五"时期政治学学科发展的重要进展和主要成果

"十三五"时期,面对新的时代背景和社会主义政治发展的新局面,我国政治学学科坚持以马克思主义为指导,通过思想创新、观点创新、命题创新和概念创新,全面总结中国发展经验,深刻揭示中国特色社会主义政治发展道路的历史逻辑、理论逻辑和实践逻辑,并通过学科体系、学术体系和话语体系的一体建设,为助推社会主义经济社会的长效发展提供学理支撑和智力支持。

政治学是哲学社会科学的基础性和主干性学科。"十三五"时期,为全面落实党中央加快构建中国特色哲学社会科学的指示,我国政治学学科在马克思主义、毛泽东思想、邓小平理论、"三个代表"重要思想、科学发展观和习近平新时代中国特色社会主义思想的指导下,深入贯彻习近平总书记在哲学社会科学工作座谈会上的重要讲话精神和全国教育大会精神,围绕立德树人的根本任务和构建中国特色政治学的重要任务,一方面大力推进学科体系建设,以优化学科布局、落实人才培养、强化队伍建设为主攻方向,形成了基础研究与特色研究相结合、强基固本与突出优势相统一的专业结构,完备的学士、硕士、博士教育培养体系以及种类齐全、梯队衔接的教学和科研队伍体系;另一方面不断充实政治学的师资队伍和研究力量,着力加强支撑条件和软硬件基础建设,为进一步发展中国特色的学术体系和话语体系提供了科研阵地和资源保障。

"十三五"时期,我国政治学学术研究取得了丰硕成果,有力发挥了知识生产和理论创新的使命和功能,据不完全统计,2016—2019年,政治学学科领域发表CSSCI学术论文达2.4万余篇,在国外政治学和公共管理学领域排名前 50 的期刊上发文 150 余篇，政治学范畴内的各类社科基金项目立项 3020 项。

调研显示，"十三五"时期，我国政治学学科体系建设取得显著发展和优异成果，呈现出学科专业建设日趋完善，人才培养规模和质量持续提升，科研队伍数量不断增长，研究力量、学科基础和支撑条件全面改善的蓬勃发展势头。我国政治学学术体系建设成果集中体现为思想理论研究得以稳步推进，重大实践研究取得积极成就，现实对策研究得到显著加强，基础学术研究趋向纵深发展，新兴交叉研究受到普遍重视，方法研究和应用取得明显进展，对外学术交流更加深入开展。

一　学科体系建设取得优异成果

（一）学科专业结构日趋完善

据统计，在学科点建设方面，截至 2020 年，我国累计有 30 个高校院所获批政治学一级学科博士学位授权点，5 个单位设有政治学二级学科学位授权点；32 个单位设有政治学一级学科硕士学位授权点，12 个单位设有政治学二级学科硕士学位授权点，150 多个单位拥有政治学本科学位授予权，27 家单位获批政治学博士后流动站，1300 多所教学与科研单位设有政治学相关专业和课程，基本形成了高等院校、科研机构、党校系统协同共建的学科体系和研究集群。

在学科设置方面，根据国务院学位委员会办公室颁布的学科专业目录，政治学属于法学类的一级学科。

政治学的本科教育，根据教育部颁布的目录，目前包括政治学与行政学、国际政治、外交学等基本专业方向，以及国际事务与国际关系，哲学、政治学与经济学（PPE）等特设专业方向。

在研究生教育方面，目前包括政治学理论、中外政治制度、科学社会主义与国际共产主义运动、中共党史（含：党的学说与党的建设）、国际政治、国际关系、外交学 7 个二级学科。同时，一级学科硕士或者博士学位授予单位可遵循相关程序与要求，在一级学科学位授权权限内自主设置交叉学科与目录外二级学科。

当前，政治学培养单位普遍以目录内二级学科为主体平台，结合自身研究特色和所在区位优势等因素自主设置研究生学科专业方向。比如，北京大学在政治学一级学科下，设置了政治学理论、中国政治、比较政治、国际政治、国际关系、外交学、国际政治经济学、国际组织与政策、国家安全战略与管理等二级学科；中国政法大学根据国家体制的调整，设置了国家监察学学科方向；上海外国语大学发挥域外语言与文化研究优势，设置了中东研究、区域国别研究和国际公共管理等学科方向；云南大学发挥边疆治理、民族政治学和周边外交关系等领域的研究专长，设置了民族政治与公共行政等学科方向。

"十三五"时期，比较政治学学科的发展成就引人注目，比较政治的教学和研究机构先后成立。例如北京大学和上海交通大学专门成立比较政治学系，开展本科和研究生的教学工作；有的高校设有以"比较政治"命名的研究机构，其数量已超过十个，如复旦大学陈树渠比较政治发展研究中心、中国人民大学比较政治研究所、上海师范大学比较政治研究中心等。此外，随着"一带一路"倡议的实施，中国各高校和研究机构新成立了大量区域和国别研究中心，属于广义的比较政治研究范围。据不完全统计，目前全国已有的区域研究机构和国别研究机构已达上百个之多，其中获批为教育部区域和国别研究培育基地的有37个。

在研究领域方面，依托结构不断优化、门类逐步健全、规模日趋增长的学科体系，我国政治学呈现出继续强化基础研究、探索特色研究、持续开辟新的研究生长点的复合性学术成长态势。具体而言，"十三五"时期，我国政治学在深化和细化马克思主义政治学、中国特色社会主义政治学理论、习近平新时代中国特色社会主义思想和重要政治论述、政治学基础理论、政治思想、中国政治、政治制度、比较政治、公共行政等传统优势研究的同时，进一步围绕党领导人民有效治理国家的政治发展主线，形成了党的建设、国家治理体系和治理能力现代化、党和国家机构改革、社会治理、民族边疆地区治理、城乡基层治理、贫困治理、公共卫生和应急管理、人类命运共同体和全球治理等重点、热点议题。此外，"十三五"时期，各单位普遍加强了对特色研究的投入力度，也产出了丰富的学术成果，表现出"百花齐放"的多样研究格局。

(二) 人才培养工作持续提升

围绕"培养什么人，怎样培养人，为谁培养人"的根本问题，我国政治学通过不断调整、优化学科方向设置，强化教材体系建设，形成了完备的本科、硕士、博士教育培养体系，培养了一批面向国家与社会需要、服务于社会主义现代化事业的高素质人才。

在人才培养目标上，当前，我国政治学学科遵循高等教育的发展规律，已从单纯追求数量的扩张式增长过渡到稳定存量、提升质量，以追求效益为核心的内涵式发展模式。一方面通过构建更高水平的人才培养体系，深化教育模式改革创新，全面提升学生的综合素质，致力于培养一代又一代拥护中国共产党领导和我国社会主义制度、立志为中国特色社会主义奋斗终生的理论工作者和优秀管理人才；另一方面则加强校地合作和成果转化，努力将教学科研成果转化为助力国家治理体系和治理能力现代化，建设社会主义政治文明的智识资源。

在人才培养方式上，我国政治学目前已形成了分级分类的培养模式。根据就业需求和发展方向的具体差异，学科实施了本科教育与研究生教育、学术型人才与应用型人才、学历教育与继续教育相分殊的多元化培养方案。对于本科教育，各培养单位贯彻厚基础、宽口径、重专业的培养原则，通识教育与专业教育并重，为学生提供更为多样化的发展选项。对于研究生教育，各培养单位明确区分了学术型人才与应用型人才的发展路径，对学术型硕士生和博士生制定了以科研为中心的训练体系、培养标准和流程，对在读期间的必修学分、学术发表、专业阅读等环节提出了明确要求，以全面提升学生的理论基础、创新能力和科研能力；对应用型硕士生则坚持面向市场、服务发展、促进就业的培养原则，加强专业技能训练，强化实践能力，为学生提供更为丰富多样的实习机会和实践岗位，不断提升人才供给与社会经济发展需求的适配度。

在人才培养成效上，我国政治学依托涵盖本科、硕士、博士的分级教育体系，学术型与应用型研究生培养，学历教育与继续教育的分类管理体系，为政府部门、高校院所、企事业单位等输送了大批熟练掌握政治学理论知识和实践技能的优秀人才。调研显示，全国公共管理专业硕士教育（MPA）的学位授权点每年的毕业生规模达到万余人，各类公共行政在职培训班每年培训的公务员和事业单位干部达1200万人次。这表明,我国政治学学科不仅通过学术研究为国家建设建言献策,提供智力支持,还通过多层次、多类型的教育体系为国家公共行政事业的发展,为社会主义现代化事业直接提供了人力资源保障。

在境外学生的招生和培养方面,"十三五"时期,我国政治学围绕世界一流建设目标,不断扩大对外交流和合作办学的规模和力度,加强境外学生培养的质量管理,在提高教育国际化水平方面取得了重要进展和显著成效。

(三) 学术研究基础不断拓展

在支撑条件上,我国政治学在总体部署和统筹协调的基础上,发挥各学科点的教学和科研专长,形成各具特色、有机互补的整体性联动格局。各科研单位通过选择多样化、差异化的研究方向、研究重点和特色领域,建立起自身的学术优势。基于各具特色的发展思路,各单位结合研究兴趣、研究专长和发展规划,不断在人才队伍建设和支撑条件建设方面持续发力,打造出一支具有良好教育背景、突出科研能力和国际化视野的师资队伍,一批国家重点建设项目、教学科研团队、研究基地、专业智库、学术期刊等高质量学术平台,为教学、科研和社会服务的长效发展提供了重要载体和坚实依托。

在队伍建设方面,调研显示,经过四十多年的建设与发展,我国政治学教学与科研队伍的规模不断扩大,质量持续优化。据不完全统计,目前从事政治学相关领域教学与科研工作的教师、研究人员已达万余人。在教育背景上,拥有博士学位的专业人员占比达到80%以上;具备境外教育经历的人数也在逐年提升,在部分科研实力较为雄厚的高校院所,这一比例已超过50%。在队伍结构上,年龄、资历构成较为合理,不仅拥有具备深厚理论素养和强大学术引领力、影响力的学术大师,也成长起一批理论功底扎实、勇于开拓创新的学科带头人,还涌现出一批年富力强、锐意进取的中青年学术骨干,老中青有机搭配、梯队衔接、后劲充沛的政治学人才体系已然成型。

在平台建设方面,目前,我国政治学学科依托国家、地方与社会支持,筹集各类办学与科研资源,搭建起种类丰富的研究平台,不仅实现了平台之间的资源共享、有机协同，发挥出学术研究的系统效应，也为发展着的中国特色社会主义实践述学立论、建言献策，并通过对外交流与合作传递出学术研究的中国声音。这些平台包括：

第一，国家重点学科和"双一流"建设学科等政策支持平台。目前，北京大学政治学一级学科，中共中央党校（国家行政学院）、复旦大学、中国人民大学、南开大学、吉林大学、山东大学、华中师范大学、天津师范大学8个单位的12个二级学科被评为国家重点学科，北京大学、复旦大学、中国人民大学、清华大学、华中师范大学、外交学院（自设）6所高校的政治学学科入选"双一流"建设学科。在国家战略和政策的指引、支持下，我国政治学进一步明确了发展方向、使命宗旨和重点领域，坚定了理论自信和学术自觉，走上了构建政治学中国学派的高速发展之路。

第二，重点与特色研究基地和平台。例如教育部人文社科重点研究基地，包括北京大学国家治理研究院、华中师范大学中国农村研究院、中国人民大学欧洲问题研究中心、吉林大学东北亚研究中心、华东师范大学俄罗斯研究中心、上海外国语大学中东研究所、暨南大学华人华侨研究院、浙江师范大学非洲研究院等。还有国家治理新型智库平台，党的十八大以来，全国高校中有五家设立了国家治理研究院，包括北京大学国家治理研究院、中山大学国家治理研究院、清华大学国家治理研究院、华中科技大学国家治理研究院、山东大学国家治理研究院；国家高端智库建设试点平台，包括国务院发展研究中心、中国社会科学院、中共中央党校（国家行政学院）、中央编译局等党中央、国务院、中央军委直属的综合性研究机构；中国社会科学院国家全球战略智库、中国现代关系研究院、北京大学国家发展研究院、清华大学国情研究院、中国人民大学国家发展与战略研究院、复旦大学中国研究院、中山大学粤港澳发展研究院、上海社会科学院等依托大学和科研机构形成的专业性智库。[①] 部分高校和研究单位也依托优势领域建立起特色性研究基地，例如吉林大学社会公平正义研究中心；中国政法大学国家监察研究院；深圳大学当代中国政治研究所；天津师范大学政治文化研究院；华东政法大学比

[①] 《25家机构入选首批国家高端智库建设试点单位》，中国社会科学网，http://www.cssn.cn/zk/zk_jsxx/zk_zx/201512/t20151204_2741912.shtml? COLLCC=1719422076&。

较政治研究院；山西大学的省人文社科重点研究基地城乡治理研究中心；河南师范大学的教育部人文社科培育基地中原文化生态研究中心、省重点社科研究基地河南省中国特色社会主义理论体系研究中心、河南省文化产业发展研究基地等。

第三，中外文学术刊物。在中文刊物方面，中国社会科学院主办的《政治学研究》《美国研究》《欧洲研究》《当代亚太》，北京大学主办的《国际政治研究》，吉林大学主办的《东北亚论坛》，华中师范大学主办的《社会主义研究》，外交学院主办的《外交评论》，中国现代国际关系研究院主办的《现代国际关系》9本期刊获得了国家社科基金资助。《行政论坛》（黑龙江行政学院）、《公共管理学报》（哈尔滨工业大学）、《公共行政评论》（中山大学）、《公共管理与政策评论》（中国人民大学）、《公共管理评论》（清华大学）、《中共中央党校学报》（中共中央党校）、《北京行政学院学报》（北京行政学院）、《甘肃行政学院学报》（甘肃行政学院）、《政治思想史》（天津师范大学）、《比较政治学研究》（天津师范大学）等，都是在政治学界享有广泛影响力的刊物。此外，部分高校政治学研究机构主办和出版的政治学专业期刊和丛书等，也发挥了重要的知识传播和学术交流功能，例如北京大学政府管理学院主办的《北大政治学评论》，北京大学国家治理研究院主办的《国家治理现代化研究》，复旦大学国际关系与公共事务学院主办的《复旦政治学评论》，复旦大学思想史研究中心主办的《思想史研究》，复旦大学社会科学高等研究院主办的《复旦政治哲学评论》，中国人民大学国际关系学院主办的《中国政治学》《世界政治研究》，南开大学周恩来政府管理学院主办的《南开政治学评论》，中山大学政治与公共事务管理学院主办的《中大政治学评论》，武汉大学政治与公共管理学院主办的《珞珈政治学评论》，深圳大学当代中国政治研究所的《当代中国政治研究报告》等。在外文期刊方面，清华大学主办的 Chinese Journal of International Politics 是目前我国唯一一个国际政治类 SSCI 期刊，复旦大学主办的《中国政治学评论》（Chinese Political Science Review）被 SSCI 扩展版收录。2016 年，浙江大学公共管理学院创办了全英文刊物 Journal of Chinese Governance（JCG），由国际著名出版社 Routledge 正式出版发行，并于 2017 年年底被 Emerging Sources Citation Index（ESCI）收录。清华大学非政府管理（NGO）研究所与 Brill 出版社合作出版的英文期刊 *The China Nonprofit Review* 已经连续出版了 16 期。中国人民大学公共管理学院参与主编了公共管理学 SSCI 期刊 *Public Performance & Management Review*，其学术影响力和影响因子在"十三五"时期也得到了长足的进步。

第四，经常性学术共同体交流与合作平台。例如由北京大学国家治理研究院牵头，吉林大学、复旦大学、中山大学和中国财政科学研究院协同运行的国家治理协同创新中心，为相关单位围绕国家治理现代化的研究主题，整合科研资源，强化协同攻关，推进学科发展，提供咨政支持，展开人才培养提供了重要平台。

为了加强师资培养质量和力度，在教育部政治学类专业教学指导委员会指导下，北京大学、复旦大学、中国人民大学、清华大学、吉林大学、南开大学、南京大学、厦门大学、中山大学、山东大学、天津师范大学和中国政法大学在"十三五"时期举办了政治学核心课程师资"全国高级研讨班"，对于培养学科后备力量、推动学术共同体的建设与交流起到了重要作用。

二 思想理论研究得以深入推进

（一）马克思主义政治学理论研究更趋深化

马克思主义是随着时代、实践、科学发展而不断发展的开放的理论体系，"十三五"时期，我国马克思主义政治学理论研究也在进一步理解人类社会发展规律和社会主义建设规律的基础上，基于新的问题意识、研究情境和研究材料，取得如下成果和进展。

一是深化对马克思主义经典作家思想理论的认知和诠释，推进对国际共产主义运动的脉络梳理和事件分析，从而加强了马克思主义政治学基本理论研究，这方面的成果包括对马克思、恩格斯有关东方问题的政治论断进行的研究；对巴黎公社政治体制的意义考察；从土地制度的角度，对马克思国家起源学说的再认识；对马克思国家理论的进一步研究；对马克思主义的"阶级"概念在近代中国传播过程的考证；对马克思的社会共和国思想进行的深入解读；关于马克思主义政治发展理论的系统研究等。[1]

二是将马克思主义政治学理论与中国特色社会主义实践相结合,不断推动马克思主义中国化政治学理论研究与时俱进,这方面的主要成果有:在学科建设上,涉及从马克思主义中国化的视角建构我国的政治学学术体系和话语体系。[2] 在问题导向上着重加强对中国特色的执政党建设主题的研究,包括对新中国成立70年来马克思主义政党学说中国化的历史进程和具体经验进行理论呈现;构建中国化马克思主义党建理论体系的方法论基础,明确新时期巩固党的领导地位,加强党的建设的重要任务、核心使命、制度依托、法治保障和实现路径等。[3] 在专项主题上,结合新的文献资料、时代背景、实践经验,对毛泽东思想、邓小平理论、"三个代表"重要思想、科学发展观进行了新的理论发掘和学理阐释,[4] 进一步明确了习近平新时代中国特色社会主义思想与之的继承和发展关系,彰显了其对当代实践的指导意义,尤其紧密结合新时代伟大斗争、伟大事业、伟大工程和伟大梦想,强化了关于习近平新时代中国特色社会主义思想和重要政治论述的研究。

三是注重引介、吸收和扬弃西方马克思主义的最新成果,并结合全球化时代资本主义政治发展的总体特征予以反思性探讨,以强化对国外马克

---

[1] 参见徐勇《从中国事实看"东方专制论"的限度——兼对马克思恩格斯有关东方政治论断的辨析与补充》,《政治学研究》2017年第4期;彭才栋《以消灭阶级为基础的政治形式——正确理解巴黎公社政治体制的意义》,《政治学研究》2016年第6期;陈明《土地制度与早期国家的创制——基于马克思恩格斯国家起源论说的分析》,《中国农史》2018年第1期;张潇爽《重述波兰尼的当代意义——马克思的国家理论何以重要》,《国外理论动态》2019年第12期;曹龙虎《身份观念的转换与现代国家建构——对马克思主义"阶级"概念在近代中国传播的理论解读》,《南京大学学报》2020年第1期;陈刚《马克思主义的国家起源观及其重大意义》,《经济社会体制比较》2019年第1期;汪世凯《从现代国家到社会共和国:卡尔·马克思的国家理论》,《经济社会体制比较》2018年第5期;吴晓林《走向共同体:马克思主义政治发展观的"条件论"》,《政治学研究》2019年第4期。

[2] 张师伟:《马克思主义中国化与中国政治学话语体系的现代建构》,《江淮论坛》2019年第1期。

[3] 参见张荣臣《新中国成立70年来马克思主义党的学说中国化的历史进程与经验》,《湖湘论坛》2019年第5期;王长江《构建中国化马克思主义党建理论体系的方法论思考》,《科学社会主义》2017年第6期;欧阳淞《党的领导是改革开放取得成功的关键和根本》,《中共党史研究》2019年第1期;王浦劬、汤彬《当代中国治理的党政结构与功能机制分析》,《中国社会科学》2019年第9期;宋功德《坚持依规治党》,《中国法学》2018年第4期;张荣臣教授《全面从严治党:党的建设新主线》,《人民论坛》2017年第1期;张晓燕《论党组工作条例对新时代党的领导理论的制度创新》,《理论与改革》2019年第5期。

[4] 参见丁晓强《毛泽东思想的形成与发展脉络——中国社会主义基本制度的确立》,《人民论坛》2019年第27期;田克勤《邓小平社会主义改革思想的形成及其当代价值》,《思想政治教育研究》2018年第5期;周锟《邓小平共同富裕思想的发展轨迹和现实意义》,《党的文献》2017年第5期;童贤东《改革开放四十年中国化马克思主义群众观的发展》,《重庆社会科学》2018年第12期;郑大华《继承、发展与超越——毛泽东、邓小平、习近平民族复兴思想之比较》,《湖南师范大学社会科学学报》2018年第3期。

思主义政治学理论的研究。这方面的主要研究成果包括：对西方马克思主义民主理论及其在实践中困境的剖析；西方马克思主义社会革命理论在新形势下的适用性分析；西方马克思主义关于种族和族群理论的研究。[①]

"十三五"时期，在全面深化马克思主义政治学基本理论体系研究的同时，我国政治学界高度重视马克思主义教材体系和话语体系建设。自2018年开始至今，我国政治学学科在中央马克思主义理论研究与建设工程部署下，启动、实施并且完成了以《政治学概论》《中国政治思想史》《西方政治思想史》等为代表的一批"马工程"政治学重点教材的修订和再版工作，为进一步提升和优化育人质量，打造梯次结合的马克思主义政治学理论研究和教学队伍，推动习近平总书记关于中国特色社会主义政治方面的重要论述"进教材、进课堂、进头脑"提供了重要载体和保障。

（二）习近平新时代中国特色社会主义思想研究成果斐然

党的十八大以来，以习近平同志为核心的党中央，在继承和发展马克思列宁主义、毛泽东思想、邓小平理论、"三个代表"重要思想和科学发展观的基础上，立足中国特色社会主义现代化建设的伟大实践，通过系统性地回顾和总结党领导人民治理国家的光辉历程和先进经验，深刻把握共产党执政规律、社会主义建设规律和人类社会发展规律，准确判断新时代我国社会主要矛盾转化的基本事实，形成了习近平新时代中国特色社会主义思想。这一思想不仅为我国政治学提供了创新发展的科学指引和行动指南，也构成了我国政治者深入学习和研究的重大理论课题。"十三五"时期，我国政治学围绕习近平新时代中国特色社会主义思想和习近平总书记关于一系列重大理论与实践问题的重要论述，展开了全面、深刻、持续的学术研究和理论阐释，搭建了一批高端研究平台，产出了丰富的研究成果，产生了广泛的学术影响。其中的研究主题包括以下几方面。

1. 关于习近平新时代中国特色社会主义思想的总体研究

有学者系统考察了习近平新时代中国特色社会主义思想形成的依据和过程，全面呈现了其所包含的基本思想理论、基本方针方略和具体理

[①] 参见于欣《西方马克思主义民主理论与实践的困境》，《学术交流》2018年第11期；阮华容、陈曙光《乌托邦的革命——西方马克思主义社会革命理论评析》，《理论视野》2019年第8期；左宏愿《种族、族群与阶级：西方马克思主义种族和族群研究的路径及其启示》，《民族研究》2017年第3期。

论政策。有学者着重阐述了习近平新时代中国特色社会主义思想"八个明确"和"十四个坚持"的核心内容,彰显了其丰富的内涵。有学者紧扣习近平新时代中国特色社会主义思想形成的时代背景和发挥的重要功能,认为这一思想有力回答了"坚持和发展什么样的中国特色社会主义、怎样坚持和发展中国特色社会主义"的重大时代课题,新时代坚持和发展中国特色社会主义的总目标、总任务、总体布局、战略布局和发展方向、发展方式、发展动力、战略步骤、外部条件、政治保证两大基本问题,以及经济、政治、法治、科技、文化、教育等十七个方面的具体问题。有学者认为坚定而远大的奋斗目标、深切的忧患意识、直面问题的政治勇气以及以身许国的责任担当所集中体现的使命自觉是习近平新时代中国特色社会主义思想的鲜明特质。有学者则认为人民立场是习近平新时代中国特色社会主义思想最鲜明、最生动、最深刻的本质特征,它集中体现为坚持以人民为中心、代表人民根本利益、实现人民美好愿望、激发人民创造活力等。[①]

2. 关于习近平新时代中国特色社会主义思想学理基础的研究

有学者系统考察了习近平新时代中国特色社会主义思想的理论渊源,追溯了社会主义思想在欧洲的起源、演变及其在中国的发展历程,呈现了习近平新时代中国特色社会主义思想的宏大而深厚的知识背景。有学者全面整理了习近平新时代中国特色社会主义思想的学理基础,认为它包括马克思主义哲学的方法论来源,马克思主义中国化系列理论成果的主要来源,中国优秀传统文化的丰富滋养,世界优秀文明成果的学理借鉴。同时,关于习近平新时代中国特色社会主义思想的哲学基础,有学者认为,辩证唯物的世界观、实事求是的认识论、唯物辩证的方法论、人民至上的价值论、知行合一的实践论、唯物主义的历史观构成了其中的核心要素;有学者将这种哲学基础总结为人与自然生命共同体的有机自然论,战略思维、辩证思维等六大思维组成的实践方法论,绿水青山就是金山银山的绿色生产理

[①] 参见邱乘光《论习近平新时代中国特色社会主义思想》,《新疆师范大学学报》(哲学社会科学版) 2018 年第 2 期;梁仲明《论习近平新时代中国特色社会主义思想——中华民族伟大复兴的行动指南》,《党政研究》2017 年第 6 期;辛向阳《深刻把握习近平新时代中国特色社会主义思想的精髓要义与鲜明特征》,《中共杭州市委党校学报》2017 年第 6 期;龚少情、齐卫平《使命自觉:习近平新时代中国特色社会主义思想的鲜明特征》,《学术探索》2017 年第 11 期;姜建成《人民立场:习近平新时代中国特色社会主义思想的价值根基》,《苏州大学学报》(哲学社会科学版) 2017 年第 6 期。

论，以人民为中心的历史主体论，实现国家治理体系和治理能力现代化的现代国家论，坚持中国特色社会主义文化自信的先进文化论，构建人类命运共同体的人类发展论的有机统一。①

3. 关于习近平新时代中国特色社会主义思想专项主题的研究

我国政治学者从社会主要矛盾的变化与党治国理政的战略部署的辩证关系出发，对习近平新时代中国特色社会主义思想的核心构成和战略布局，进行全方位、多角度的深入研究。这些丰富多元的学术关注主要集中于：

在政治发展方面，有学者认为，习近平新时代中国特色社会主义思想以中国特色社会主义政治发展道路作为根本坚持，阐明了新时代中国特色社会主义政治发展的时代坐标、经济基础、社会主体、总体主题、宏伟目标、系统动力、本质规定、推进路径和评价标准，形成了系统的政治发展理论体系，其特质在于实现了坚持中国特色社会主义与全面深化改革，坚持强化党的全面领导与调动各方积极性，坚持国家有效治理与人民民主，坚持问题导向、目标导向与发展战略，坚持强化顶层设计与重点推进，坚持制度建设与人的全面发展，坚持核心价值与扬弃吸收其他价值等多重关系的辩证统一。②

在党的政治建设方面，有学者认为习近平总书记围绕新时代党"为什么要强化政治建设""强化什么样的政治建设"和"怎么样强化政治建设"等基本命题，阐明了新时代党的政治建设的动因、内容、目标及其方法论；有学者对习近平总书记关于维护党中央权威重要论述的思想逻辑进行了分析和考察；还有学者从习近平总书记关于党性修养的重要论述入手，阐明了党性修养的核心在于坚定人民立场，其关键在于努力修德守纪，坚持党章标准构成了党性修养的衡量标尺，严格的党内政治生活则是增强党性修养的实施路径。③

---

① 参见张瑞才《习近平新时代中国特色社会主义思想的理论渊源、时代背景、科学内涵》，《学术探索》2017年第12期；韩庆祥、杨建坡《习近平新时代中国特色社会主义思想的哲学基础》，《山东社会科学》2019年第7期；董振华《习近平新时代中国特色社会主义思想的哲学基础》，《机关党建研究》2020年第6期；孙要良《习近平新时代中国特色社会主义思想的哲学基础》，《理论视野》2020年第1期。

② 王浦劬：《习近平新时代中国特色社会主义政治发展思想论析》，《政治学研究》2018年第3期。

③ 参见胡洪彬《习近平新时代党的政治建设思想论析》，《探索》2017年第6期；齐卫平《习近平关于维护党中央权威重要论述的思想逻辑》，《党政研究》2020年第4期；丁彬《论新时代共产党员的党性修养——学习习近平总书记关于党性修养的重要论述》，《长白学刊》2020年第3期。

在培育和践行社会主义核心价值观方面，有学者认为，社会主义核心价值观，是在中国特色社会主义伟大实践中逐步形成的，从本质上说是中国特色社会主义的核心价值观，十二个价值准则集中体现了中国特色社会主义在国家、社会和个体层面的本质规定和基本规范；有学者对社会主义核心价值观思想进行了全方位的分析和把握，认为这一思想蕴含着社会主义核心价值观的理论渊源、本真精义、培育路径等，具有深远的战略性、浓郁的民族性、广泛的实践性和丰富的国际性等特征；有学者将美好生活作为审视和理解社会主义核心价值观的关键角度，认为其不仅是社会主义核心价值观的本质属性，也是中国共产党人带领人民培育和践行社会主义核心价值观的现实基石。[1]

在生态文明建设方面，有学者认为习近平生态文明思想是对我国传统自然生态思想，马克思、恩格斯的生态文明思想以及西方可持续发展理论的吸收和扬弃，其核心在于实现了从"人类中心主义"向"人与自然和谐共生"的认识观、从"半自然生态系统"向"复合生态系统"的系统观和从"优先追求经济效益"向"山水林田湖草生命共同体"发展理念的根本转变；有学者认为习近平生态文明思想的理论内涵在于阐明了生态生产力理念、生态文明建设的最终目的和生态文明建设的重大意义；有学者认为包含着生态文明的全球命运共同体论、国家治理体系论、人民福祉论、制度保障论、系统建设论和"两山"协调论的"习近平新时代生态文明观"开创了生态文明思想认识与实践的新境界。[2]

在贫困治理方面，有学者总结了习近平总书记关于新时代中国特色社会主义精准扶贫方面的重要论述的理论基础和思想渊源，认为其主要内容在于责任体系、工作体系、政策体系、投入体系、帮扶体系、社会动员体系、监督考核体系的有机联动和相互支撑。有学者认为，习近平总书记关于精准扶贫方面的重要论述所包含的"六个精准"和"五个一批"核心要

---

[1] 参见包心鉴《习近平新时代中国特色社会主义思想的鲜明特质和社会主义核心价值观的本质规定》，《学校党建与思想教育》2018年第1期；黄蓉生《习近平社会主义核心价值观思想论析》，《西南大学学报》（社会科学版）2018年第4期；何海兵《习近平新时代社会主义核心价值观思想的现实品格——基于美好生活视角》，《经济社会体制比较》2019年第2期。

[2] 参见刘耀彬、郑维伟《习近平新时代中国特色社会主义生态文明思想：历史形成、逻辑主线及实践创新》，《湖南科技大学学报》（社会科学版）2018年第1期；段蕾、康沛竹《走向社会主义生态文明新时代——论习近平生态文明思想的背景、内涵与意义》，《科学社会主义》2016年第2期；胡长生、胡宇喆《习近平新时代生态文明观的理论贡献》，《求实》2018年第6期。

素,集中展示了真情扶贫、组织扶贫、发展扶贫和自立扶贫四种扶贫理念。有学者认为通过精准扶贫实现建成全面小康社会与共同富裕,是解决新时代我国社会主要矛盾的重要途径,为国际减贫事业的发展提供了中国方案与中国智慧。[①]

在外交与全球治理方面,有学者认为,习近平新时代中国特色社会主义外交思想的内涵在于围绕中华民族伟大复兴的历史使命,以走和平发展道路为宗旨,通过综合分析国内、国际形势,实现构建新型国际关系的核心目标。有学者更为细致地剖析了这一思想体系的丰富内容,认为其基本理论涵盖大国理念及其基本外交取向、大国的国家利益观、大国与世界的关系(包括国际秩序观、国际责任观及正确义利观)等层面;方针方略涉及构建人类命运共同体、新型国家关系、伙伴关系等层面;具体政策则包括全方位多领域外交、周边外交、"一带一路"倡议、国家形象塑造等议题。有学者指出,习近平新时代中国特色社会主义外交思想,创造性地提出"一带一路"、人类命运共同体等国际合作和全球治理倡议,为世界提供了人类发展的中国方案和中国智慧。[②]

此外,对习近平新时代中国特色社会主义思想的研究还广泛涉及公共安全、民族工作、法治建设、人民健康、政治与经济关系、网络意识形态、文化自信等众多的领域,[③] 充分显示出习近平新时代中国特色社会主义思想研究已成为我国政治学学术研究的重点和热点议题。

需要特别指出的是,为了进一步深化对习近平新时代中国特色社会主

[①] 参见潘慧、滕明兰、赵嵘《习近平新时代中国特色社会主义精准扶贫思想研究》,《上海经济研究》2018年第4期;蒋英州《使命担当与理论开创:习近平精准扶贫思想的新时代意义》,《四川师范大学学报》(社会科学版)2018年第1期;杨宜勇、杨泽坤《习近平精准扶贫思想探究》,《武汉科技大学学报》(社会科学版)2018年第1期。

[②] 参见闫兴《习近平新时代中国特色社会主义合作共赢大国外交思想探析》,《中共福建省委党校学报》2018年第1期;宋效峰《习近平新时代中国特色社会主义外交思想探析》,《社会主义研究》2018年第5期;徐坡岭《世界和平的中国价值与中国方案:构建人类命运共同体——学习领会习近平新时代中国特色社会主义思想》,《学习与实践》2017年第11期。

[③] 参见钟开斌《习近平关于公共安全的重要论述:一个总体框架》,《上海行政学院学报》2020年第2期;郝时远《习近平新时代中国特色社会主义思想与民族工作》,《民族研究》2017年第6期;张文显《新思想引领法治新征程——习近平新时代中国特色社会主义思想对依法治国和法治建设的指导意义》,《法学研究》2017年第6期;燕连福、王芸《习近平总书记关于人民健康重要论述的思想内涵与实践价值研究》,《北京工业大学学报》(社会科学版)2020年第5期;向红《论习近平新时代中国特色社会主义经济思想的创新——从社会主义经济和政治关系的视角看》,《中共福建省委党校(福建行政学院)学报》2020年第3期;孙炳炎《新时代网络意识形态工作的意义、主要内容和基本策略》,《社会主义研究》2019年第2期;刘波《习近平新时代文化自信思想的时代意涵与价值意蕴》,《当代世界与社会主义》2018年第1期。

义思想的研究阐释，构建坚实有力的理论研究和思想宣传阵地，2017年，经党中央批准，十家习近平新时代中国特色社会主义思想研究中心（院）在中共中央党校、教育部、中国社会科学院、国防大学、北京大学、清华大学、中国人民大学和北京市、上海市、广东省成立，通过广泛集中马克思主义理论、政治学、社会学等多学科研究力量，这些各具特色的研究单位发挥了理论研究与思想宣传的组合效应。

（三）政治学基本理论研究得到创新发展

"十三五"时期，我国政治学在顺应学术发展的一般趋势，回应现实政治发展的最新动态的复合背景下，一方面对国家理论、政党理论、民主理论、治理理论等学科基本理论范畴进行了深入、精细的学术推进和议题拓展；另一方面也结合中国实践经验对相关理论进行了本土化创新。

国家理论一直是我国政治学理论研究的核心领域，"十三五"时期我国政治学的国家理论研究取得了丰硕的成果。在研究形式方面，既有对新中国成立70年来我国政治学国家理论发展历程的系统综述，也有关于国家起源、国家建设、国家形象、国家治理、国家能力、国家失败等理论的专题研究。在研究内容方面，既有关于国家理论的一般性研究，例如从国家自主性的文化视角切入，探寻一种非零和博弈的国家与社会关系理论；也有在中国本土的政治思想传统中提炼国家理论的具体形态，例如有学者发掘和梳理了先秦诸子关于国家起源及其存在的必要性、国家权力的横向与纵向配置、国家的职能与国家存在的目的等问题的专门论述，形成了我国古代的国家理论。在研究方式上，这一时期的政治学者更倾向于将国家理论研究与中国政治实践相结合，一方面在本土经验中抽象理论命题；另一方面积极探索以国家理论的分析框架解释和解决中国政治建设和发展问题。在研究方法上，规范研究与经验研究相结合、定性方法与定量方法相组合成为"十三五"时期国家理论研究的重要特征，学者们在对传统国家理论命题的概念化、操作化方面取得重要进展，例如对国家认同的测量指标体系设计和建构等。"十三五"时期，我国政治学国家理论研究的代表性原创成果来自吉林大学周光辉教授领衔的学术团队，该团队以吉林大学行政学院、国家治理协同创新中心等为依托，基于中国独特的政治实践，提出了原创性的国家认同理论和国家自主性理论。①

"十三五"时期，政党理论研究得到政治学界的广泛重视，无论是成果数量还是研究质量都得到显著提升，无论是基础研究还是研究范围都得到进一步拓展。具体而言，在研究西方政党政治的大量专著和论文中，主要包括对西方政党政治发展的国别分析；对选举制度与西方政党体系变迁的关联性分析；对"脱欧"、全球化及其逆反背景下的西方政党政治变化逻辑与困境的分析；对西方民粹主义政党崛起的机理分析；对政党体制与国家能力的关联性分析；对西方政党制度中的具体制度安排，如党内纪律监督、遴选机制的比较分析；对西方传统左翼、右翼政党和社会民主党等具体党派的研究。② 对中国特色社会主义政党政治的研究是"十三五"时期我国政治学理论研究的重点和热点议题。其中，对作为执政党的中国共产党的研究构成了我国政党理论研究的核心内容，这方面的研究主题包括：在中国政治分析范式转型的背景下，不断强化和深化对中国独特的"党政体制"的制度形态和运行机制的研究；在党的建设范畴中，对党的执政能力建设、制度建设、反腐倡廉、党内法规体系建设、监察制度改

---

① 参见郭忠华《新中国国家理论研究70年：回顾与展望》，《政治学研究》2019年第6期；杨阳《中国传统国家理论的奠基——先秦诸子的国家学说》，《政治学研究》2018年第1期；郭忠华《观念·结构·制度——关于民族国家起源的三种解释》，《湖北社会科学》2016年第5期；周平《民族国家认同建构的逻辑》，《政治学研究》2017年第2期；王海洲《国家形象战略的理论框架与中国方案——基于象征政治学的探索》，《上海行政学院学报》2018年第4期；庞金友、汤彬《当代西方"回归国家"学派国家能力理论的逻辑与影响》，《天津社会科学》2018年第2期；庞金友《当代西方国家失败理论的路径与逻辑》，《政治学研究》2017年第5期；李艳霞、曹娅《国家认同的内涵、测量与来源：一个文献综述》，《教学与研究》2016年第12期；周光辉、李虎《领土认同：国家认同的基础——构建一种更完备的国家认同理论》，《中国社会科学》2016年第7期；周光辉、彭斌《国家自主性：破解中国现代化道路"双重难题"的关键因素——以权力、制度与机制为分析框架》，《社会科学研究》2019年第5期。

② 参见刘红凛《政党政治发展与政党制度变迁：以英国为例》，《探索》2017年第4期；彭姝祎《法国总统及立法大选与法国政党格局的演变》，《国际论坛》2018年第6期；周淑真《从美国现状看西方国家政党政治的新变化、新特点》，《当代世界与社会主义》2017年第2期；周延胜《借鉴与超越：世界政党制度的类型与特征》，世界知识出版社2016年版；张鑫《混合选举制度对政党体系之影响：基于德国和日本的比较研究》，天津人民出版社2018年版；李少文《西方政党初选机制比较研究》，上海三联书店2018年版；张耀军《二战后西欧左翼政党联盟研究》，社会科学文献出版社2018年版；谭鹏《西欧社会民主党执政管理经验与启示》，九州出版社2018年版；祁玲玲《欧洲激进右翼政党选举格局论析》，《世界经济与政治》2019年第2期；钟准《不同政党制度下民粹主义政党的影响与局限——以意大利、德国、法国和英国为例》，《当代世界与社会主义》2020年第1期；林德山《欧洲政党党内纪律监督制度探析》，《国外理论动态》2017年第3期；戴辉礼《政党体制与国家能力的关联性研究》，湖南人民出版社2018年版；张君《西方政党遴选的政治学：民主化进程中的政党与议员候选人遴选》，中国社会科学出版社2019年版；王聪聪《债务危机之后南欧激进左翼政党的政治革新和发展》，《欧洲研究》2019年第6期。

革等进行了全面研究；在党和国家政权体系的关系范畴中，集中研究了执政党对各级人大、政府、法院、检察院的领导方式；在党和社会的关系视域中，研究了党对国企、民企、社会组织、社会团体的领导方式，以及对基层的具体引领机制；对中国共产党领导下的新型政党制度的全方位研究；中国特色政党制度研究的话语体系建构；我国政党政治中的"类政党"和"准政党"现象研究。同时，技术进步对党建形式和政党组织形态的影响也受到了学界的关注。①

"十三五"时期，我国政治学关于民主理论的研究进一步深化。一方面，是传统的民主理论研究主题，如马克思主义民主理论、共和主义民主、多元民主、精英民主、参与式民主、选举民主、协商民主、共识民主、激进民主等民主形式继续成为学者们关注的学术焦点，相关研究更为细化，例如对协商民主理论范畴的系统构建、质量评估方法的研究等；另一方面，随着社会环境的变化和现代技术的进步，一些由之衍生的民主类型，如网络民主、数据民主、生态民主等逐渐成为民主理论研究的新的增长点。比较政治学是"十三五"时期民主理论研究和成果产出的重要学科方向，学者们对民主化和民主转型过程展开了深入的研究，相较于传统民主化和民主转型范式的线性历史观预设，这一时期的相关研究更重视对民主的条件、基础以及限度的研究，对第一波民主化和第三波民主化的比较分析引起了对民主质量的评估与反思。部分学者对中国

---

① 参见柴宝勇《新中国70年政党理论的回顾与总结》，《政治学研究》2019年第6期；景跃进、陈明明、肖滨主编《当代中国政府与政治》，中国人民大学出版社2016年版；景跃进《将政党带进来——国家与社会关系范畴的反思与重构》，《探索与争鸣》2019年第8期；肖滨、卜熙《一核统领下的差异化格局——以地方党委书记任人大常委会主任的三种模式为例》，《开放时代》2020年第3期；于龙刚《基层党领导司法的组织生成——"结构—机制"的视角》，《华中科技大学学报》（社会科学版）2019年第5期；汪仕凯《先锋队政党的治理逻辑：全面从严治党的理论透视》，《政治学研究》2017年第1期；周光辉、赵学兵《政党会期制度化：推进国家治理体系现代化的有效路径》，《政治学研究》2019年第2期；邹东升、姚靖《改革开放以来党内反腐倡廉法规的建设与经验》，《甘肃社会科学》2019年第2期；秦前红、苏绍龙《论党内法规与国家法律的协调衔接》，《人民论坛》2016年第10期；强舸《"国有企业党委（党组）发挥领导作用"如何改变国有企业公司治理结构？——从"个人嵌入"到"组织嵌入"》，《经济社会体制比较》2019年第6期；李朔严《政党统合的力量：党、政治资本与草根NGO的发展——基于Z省H市的多案例比较研究》；田先红《政党如何引领社会？——后单位时代的基层党组织与社会之间关系分析》，《开放时代》2020年第2期；黄天柱《统一战线与政党关系》，载陈明明、肖存良主编《统一战线理论与实践前沿》，复旦大学出版社2017年版；陈家喜《中国情境下政党研究的话语建构》，《国外社会科学》2019年第5期；金安平《简论政党政治中的"类政党"与"准政党"现象》，《北京行政学院学报》2016年第2期；赵宬斐、万艺《新时代政党的"云"治理及其体系建构》，《苏州大学学报》（哲学社会科学版）2019年第6期。

特色社会主义民主制度和民主政治的研究，在一定程度上立足地方性的知识与经验，实现了对西方普世性民主模式及其理论的解构与超越。这方面的代表性原创理论成果主要包括天津师范大学佟德志教授领衔的学术团队对"中国式民主理论"的要素、结构、战略和模式所进行的原创性研究；中国人民大学的陈家刚、北京大学的金安平教授等进行的中国特色社会主义协商民主研究。①

治理理论和实践是"十三五"时期我国政治学学术研究的热点领域，学者们围绕治理的概念、内涵、本体论基础、适用语境和条件等进行了广泛、热烈的讨论，进一步澄清和反思了中国情境中的治理的特殊意涵，也对其概念边界的无限扩张和滥用、混用现象提出了质疑和批评。治理理论的学理资源与中国本土经验的有机结合，即治理理论的本土化发展是"十三五"时期我国治理理论研究的重要路径，它一方面以中国实践经验和生动素材丰富了治理理论，另一方面也以治理理论框架有效分析和解读了现实政治现象。在具体的研究中，我国政治学者围绕治理的多重维度，对全球治理、国家治理、政府治理、社会治理、基层治理、城市治理、乡村治理、技术治理等各个方面进行了深入研究，跟踪和引介了国际学界关于整体性治理、多中心治理研究的新进展，也结合中国实践经验提出了运动式治理、第三方治理、社会综合治理、协同治理等本土性治理形态，并试图在治理理论视域下阐明中国政治运行及其发展成就的逻辑与奥秘，多领域、跨学科视角、方法的引入也使得研究主题更

---

① 参见殷冬水《改革开放40年中国政治学理论研究的重要主题及本土化探索》，《天津社会科学》2019年第2期；夏远永、张国清《佩迪特的新共和主义民主理论及其评价》，《国外社会科学》2019年第3期；景跃进《"选举"何以成为"威权"的修饰词——选举概念的重构及新政体分类》，《探索与争鸣》2017年第5期；马德普、黄徐强《论协商民主对代议民主的超越》，《政治学研究》2016年第1期；李鹏《当代自由主义民主理论的新进展：共识民主理论的兴起及其局限性》，《理论月刊》2016年第8期；佟德志、程香丽《当代西方协商系统理论的兴起和主题》，《国外社会科学》2019年第1期；佟德志、郭瑞雁《当代西方生态民主的主体扩展及其逻辑》，《社会科学研究》2019年第1期；徐圣龙《从载体更新到议程再造：网络民主与"大数据民主"的比较研究》，《社会科学》2019年第7期；陈尧《西方民主化研究的认识论反思》，《天津社会科学》2016年第5期；包刚升《第三波民主化国家的政体转型与治理绩效（1974—2013）》，《开放时代》2017年第1期；张飞岸《民主与社会主义的相关性：比较的视野——以第一波民主化进程为例》，《学海》2017年第3期；杨光斌《以中国为方法的政治学》，《中国社会科学》2019年第10期；佟德志《法治民主：民主与法治的复合结构及其内在逻辑》，北京大学出版社2016年版；陈家刚《基层协商民主的实践路径与前景》，《河南社会科学》2017年第8期；金安平《协商民主中"大会发言"的机制与效率——基于全国政协全体会议的观察》，《北京行政学院学报》2018年第1期。

加多样，质量不断提升。[①]

中国特色学科体系、学术体系和话语体系的研究得到积极推进。例如，2017年3月18日，由中国政治学会主办、西北大学公共管理学院承办的"构建中国特色政治学学科体系、学术体系与话语体系"学术研讨会；2018年12月1日，由中国政治学会主办、中国社会科学院大学（研究生院）管理学院承办的"改革开放40年中国政治学与政治建设"学术研讨会；2018年12月15日，由中国政治学会主办、中山大学政治与公共事务管理学院承办、广东省社会科学界联合会协办的中国政治学会2018年年会暨"以习近平新时代中国特色社会主义思想为指导，加强马克思主义政治学话语体系建设"学术研讨会；2019年4月20日，由中国政治学会、《政治学研究》编辑部主办，山西大学政治与公共管理学院承办的"中国政治学会2019年会长会议暨中国政治学知识体系建设"学术研讨会；2020年12月5日，由中国政治学会主办、中国社会科学院政治学研究所和中国社会科学院大学政府管理学院承办的"庆祝中国政治学会成立四十周年暨新时代中国政治学发展"学术研讨会等，这些学术会议为推动政治学概念和话语创新、构建我国马克思主义政治学话语体系发挥了重要指导意义。

"十三五"时期，我国政治学者还进一步推进了传统的权力理论、公民身份理论、代表制理论的研究，分别就权力、权威的含义与辩证关系；

[①] 参见王绍光《治理研究：正本清源》，《开放时代》2018年第2期；姜晓萍主编《社会治理创新发展报告》（2016、2017），中国人民大学出版社2016、2017年版；姜晓萍主编《社会治理创新发展报告》（2018、2019），四川大学出版社2019、2020年版；姜晓萍、董家鸣《城市社会治理的三维理论认知：底色，特色，亮色》，《中国行政管理》2019年第5期；王浦劬、臧雷振编译《治理理论与实践：经典研究议题新解》，中央编译出版社2017年版；杨光斌《发现真实的"社会"——反思西方治理理论的本体论假设》，《中国社会科学评价》2019年第3期；尚虎平《"治理"的中国诉求及当前国内治理研究的困境》，《学术月刊》2019年第5期；熊光清《治理理论在中国的发展与创新》，《江苏行政学院学报》2018年第3期；刘贞晔《全球治理与国家治理的互动：思想渊源与现实反思》，《中国社会科学》2016年第6期；唐亚林《新中国70年：政府治理的突出成就与成功之道》，《开放时代》2019年第5期；王浦劬、雷雨若《我国城市治理现代化的范式选择与路径构想》，《深圳大学学报》（人文社会科学版）2018年第2期；韩志明《国家治理技术的演进逻辑——以流动人口管控实践为例》，《武汉大学学报》（哲学社会科学版）2017年第5期；韩兆柱、张丹丹《整体性治理理论研究——历程、现状及发展趋势》，《燕山大学学报》（哲学社会科学版）2017年第1期；吕志奎《通向包容性公共管理：西方合作治理研究述评》，《公共行政评论》2017年第2期；王丛虎、王晓鹏《"社会综合治理"：中国治理的话语体系与经验理论——兼与"多中心治理"理论比较》，《南京社会科学》2018年第6期；原超《"领导小组机制"：科层治理运动化的实践渠道》，《甘肃行政学院学报》2017年第5期；陈潭《第三方治理：理论范式与实践逻辑》，《政治学研究》2017年第1期；周雪光《中国国家治理的制度逻辑：一个组织学研究》，生活·读书·新知三联书店2017年版。

国家基础性权力的来源与塑造；话语权、权力结构、权力转移等权力理论的基本命题，[①] 公民身份的基本要素、历史源流、获得方式、思想变迁、研究方法以及不同政治思潮关于公民身份的多元论述等公民身份理论的主要议题，[②] 以及西方代表制理论的新动向进行了学术考察。[③] 此外，我国政治学基本理论研究的视域也有所扩大，这方面的研究成果主要包括：追踪国际政治学界的最新进展，对西方的政府质量研究成果进行系统性的翻译、介绍和研究，为我国相关领域的研究者提供了重要智识启发；在问题意识驱动下，推动传统研究领域的互动与融通，例如综合国家理论和治理理论的学理资源，不断推进对国家治理能力问题的研究。[④] 总体而言，这些研究重塑了对相关主题的理解和认知，拓展了传统理论的视域边界和研究范围，成为我国政治学基本理论研究进一步发展的重要学术增长点。

需要特别指出的是，"十三五"时期，我国政治学学术研究以马克思主义为指导，基于中国特色社会主义实践，在构建适应中国政治实践发展和时代需要，具有中国特色、中国风格、中国气派的原创性政治学基础理论方面做出了积极的学术努力。例如，北京大学王浦劬教授领衔的学术团队，协同北京大学国家治理研究院和政府管理学院、中共中央党校（国家行政学院）政治学部等单位的学者，积极构建中国特色的利益政治学理论；华中师范大学徐勇教授领衔的团队，积极构建原创性中国本土国家理论和乡村治理理论；云南大学周平教授领衔的团队基于多年的民族政治学研究，积极构建原创性的民族政治学理论。

---

① 参见聂智强、谈火生编《代表理论：问题与挑战》，广东人民出版社2018年版；段德敏《权威作为自由的前提？——从规范角度思考政治权威》，《复旦学报》（社会科学版）2017年第4期；殷冬水、赵德昊《基础性权力：现代化国家的标识——国家基础性权力的政治理论透视与解释》，《学习与探索》2019年第9期；陈雪莲《全球治理评估制度性话语权研究——以世界银行"全球公共部门指数"项目为例》，《新视野》2020年第1期。

② 郭忠华：《公民身份的核心问题》，中央编译出版社2016年版。

③ 参见张令伟《西方代表理论的建构主义转向：缘起、内容和前景》，《国外理论动态》2019年第2期；黄小钫《弱势群体的集体权利及其代表：当代西方群体代表制理论评析》，《国外理论动态》2019年第3期。

④ 参见［瑞典］索伦·霍姆伯格、［瑞典］博·罗斯坦主编《好政府——政治科学的诠释》，包雅钧等译，北京大学出版社2020年版；聂平平、万苏春《国外政府质量研究：话语阐释、测评指标与研究困境》，《国外社会科学》2018年第5期；梁波《结构分化视域下的国家治理能力建设》，《教学与研究》2019年第2期。

三 重大实践研究取得积极成就

党的十八大以来,我国政治学进一步强化了对我国改革开放和社会主义现代化政治建设经验的研究和总结,着力围绕国家建设和政治发展过程中所形成的制度优势,及其转化为国家治理效能的机制和原理,尝试阐明新中国成立70年来我国经济快速发展和社会长期稳定的两大奇迹以及中华民族实现从站起来、富起来到强起来的三大飞跃的奥秘,由此形成了一系列扎根中国大地的主体性、原创性理论研究成果,系统呈现了国家治理的中国模式、中国道路和中国方案,为讲好"中国奇迹"背后的道理、学理、哲理做出了重要的学术贡献。

(一) 党的领导与中国政治发展的理论研究

党的十九大报告明确指出:"中国特色社会主义最本质的特征是中国共产党领导,中国特色社会主义制度的最大优势是中国共产党领导,党是最高政治领导力量。"[1] 党的十九届四中全会报告进一步突出党的领导核心地位,将党的领导制度体系放在中国特色社会主义制度的首要位置。习近平总书记则详细论述了为什么要强调、如何理解、怎样做到"党对一切工作的领导",科学回答了理论和实践中的一系列重大问题。[2] "十三五"时期,我国政治学界围绕党的领导制度的内涵、定位、党的自身建设、发展路径等方面展开了深入、全面的研究。

首先,从内涵与定位来看,政治学者认为党的领导制度体系是由党和国家权威机构制定通过的,明确和实现了党的全面领导的规则体系,是由不忘初心、牢记使命的制度,坚定维护党中央权威和集中统一领导的各项制度,党的全面领导制度,为人民执政、靠人民执政各项制度,提高党的执政能力和领导水平制度,全面从严治党制度等所组成的复合体系。作为中国特色社会主义制度的最大优势,党的领导制度体系能够为中国特色社

---

[1] 习近平:《决胜全面建成小康社会 夺取新时代中国特色社会主义伟大胜利——在中国共产党第十九次全国代表大会上的讲话》,人民出版社2017年版,第20页。
[2] 习近平:《论坚持党对一切工作的领导》,中央文献出版社2019年版。

会主义现代化事业指引明确的政治方向、确定正确的思想路线、统领先进的组织建设、凝聚强大的社会力量。同时，党的领导还具有深刻的民主价值，对我国的民主制度构造产生了重要的影响。①

其次，从建设和发展路径来看，有学者认为党的领导制度是由思想建设、政治建设、作风建设、能力建设和工作制度等多个方面构成的系统完备的制度体系，只有多措并举才能够发挥其综合性效应。有学者认为，党的领导制度的优化路径在于坚持和加强党的全面领导，不断增强全党全社会坚持和完善党的领导制度体系的政治定力；增强制度创新的针对性和有效性，提升不同次级制度体系和制度单元之间的协调性和系统性，以及增强党的领导制度体系的规范力和执行力，尽快补齐党的领导制度体系的突出短板。有学者认为，只有处理好党的领导核心地位、党的全面领导以及党的领导与依法治国的关系，才能够不断推进党的领导制度的发展。也有学者认为，只有清晰认识到"党的领导原则是当代中国的最高政治原则"等五大原则，正确理解和贯彻落实"认识和把握党的领导重大原则与党的领导根本制度的关系"等四种关系，才能够不断完善党的领导制度。还有学者提出，要充分发挥党章在坚持和完善党的领导制度中的重要作用。②

同时，我国政治学者还以中国共产党领导制度及党政体制的形成与发展为主线，理解和阐明中国政治发展的内在逻辑。这方面的研究主题包括：梳理中国特色的党政体制产生和形成的历史逻辑、功能逻辑和制度逻辑；回顾党政体制发展演变的三大历史阶段，尤其是对党的十八大以来党政体制的结构性调整以及执政党与多元主体之间的互动关系进行研究，刻画党的集中统一领导地位的强化趋势；对党政体制的理想形态及其据此展开的制度变革与关系调适进行阐述，明确党政体制发展的价值取向、功能指向

---

① 参见周建伟《党的领导制度体系：内涵、定位、意义与内在逻辑》，《华南师范大学学报》（社会科学版）2020年第2期；徐斌《党的领导是中国特色社会主义制度的最大优势》，《人民论坛》2018年第9期；陈家刚《党的领导与协商民主》，《江汉论坛》2018年第11期。

② 参见张峰《党的领导制度是系统完备的制度体系》，《人民论坛》2019年第31期；唐皇凤、梁新芳《党的领导制度体系：构成要素、逻辑结构和优化路径》，《新疆师范大学学报》（哲学社会科学版）2020年第4期；李亚男、王久高《坚持和完善党的领导制度需要厘清三个基本问题》，《理论导刊》2020年第5期；丁俊萍《坚持和完善党的领导制度体系应深刻把握的若干关系》，《理论探索》2020年第2期；王维国、陈雯雯《坚持和完善党的领导制度要充分发挥党章的作用》，《红旗文稿》2019年第24期。

和建设重点。①

"十三五"时期,关于党的领导的原创理论研究还包括:中共中央党校祝灵君教授领衔的研究团队,对党的领导理论的研究和对政党制度的原创性比较研究;② 中国人民大学杨光斌教授领衔的学术团队,围绕构建中国共产党研究话语体系所进行的学术探索;复旦大学郭定平教授领衔的学术团队,对"政党与国家"的关系模式进行的研究等。

(二)国家治理体系和治理能力现代化研究

"十三五"时期,我国学者围绕国家治理的多重维度和具体构成,进行了深入的研究和探索,这方面的研究主题集中于:在宏观层面对国家治理体系的内容解读、体系构建、路径探索、实现机制、面临的挑战等进行了全方位的分析与讨论;在乡村振兴的战略背景下,考察了乡村权力结构的调整与变迁,明确了乡村治理现代化的实施进路;围绕构建"基层社会治理新格局"的目标,论述了城市治理的理念、结构和治理能力的维度,并针对出现的新问题和新情况,提出了技术治理、精细化治理、无缝隙治理、协商式治理、嵌入式治理等具体方式和路径。③ 其中的代表性研究成果包括以下几方面。

第一,中国国家治理现代化研究。北京大学王浦劬教授和燕继荣教授

---

① 参见景跃进《将政党带进来——国家与社会关系范畴的反思与重构》,《探索与争鸣》2018 年第 8 期;林尚立《当代中国政治:基础与发展》,中国大百科全书出版社 2017 年版,第 108 页;陈明明《发展逻辑与政治学的再阐释:当代中国政府原理》,《政治学研究》2019 年第 2 期;陈明明《双重逻辑交互作用中的党治与法治》,《学术月刊》2019 年第 1 期。

② 祝灵君:《坚持和加强党的全面领导》,《学习时报》2017 年 12 月 20 日。

③ 参见吴传毅《国家治理体系治理能力现代化:目标指向、使命担当、战略举措》,《行政管理改革》2019 年第 11 期;李震、傅慧芳《新时代国家治理现代化研究综述与前瞻》,《东南学术》2020 年第 1 期;宋世明《推进国家治理体系和治理能力现代化的理论框架》,《中共中央党校(国家行政学院)学报》2019 年第 6 期;庞明礼《国家治理效能的实现机制:一个政策过程的分析视角》,《探索》2020 年第 1 期;亓光、徐金梅《新时代中国国家治理现代化的整体性探析——基于"关系性论题"的视角》,《探索》2019 年第 2 期;刘金海《中国农村治理 70 年:两大目标与逻辑演进》,《华中师范大学学报》(人文社会科学版)2019 年第 6 期;邓大才《走向善治之路:自治、法治与德治的选择与组合——以乡村治理体系为研究对象》,《社会科学研究》2018 年第 4 期;夏志强、谭毅《城市治理体系和治理能力建设的基本逻辑》,《上海行政学院学报》2017 年第 5 期;韩志明、雷叶飞《技术治理的"变"与"常"——以南京市栖霞区"掌上云社区"为例》,《广西师范大学学报》2020 年第 2 期;张丙宣、狄涛、董继、倪玮苗《精细化治理:城市治理现代化的路径——以杭州市富阳区为例》,《上海城市管理》2019 年第 6 期;胡伟、张润峰《无缝隙治理:我国城市社区治理的一种新模式》,《中共天津市委党校学报》2018 年第 6 期;顾杰、胡伟《协商式治理:基层社区治理的可行模式——基于上海浦东华夏社区的经验》,《学术界》2016 年第 8 期;屈群苹《嵌入式治理:城市基层社会治理压力的组织化解逻辑——基于浙江省 H 市 S 社区的理性审视》,《浙江学刊》2019 年第 6 期。

领衔的学术团队,从国家治理理论、战略方略、体制机制、治理评估等方面开展理论和经验研究,致力于构建原创性的中国国家治理现代化的基础理论,开展国家治理现代化制度建设路径和对策研究。近年来,该团队的重点研究领域有:一是对国家治理现代化的理论内涵和逻辑的解读,研究指出新时代国家治理的中国内涵是指在中国共产党全面领导下,遵循人民民主专政的国体规定性,基于党和人民根本利益一致性,在社会主义市场经济发展和社会变化的新的历史条件下,按照科学、民主、依法和有效性来优化和创新领导方式和执政方式,优化和创新执政体制机制和国家管理体制机制,优化和提升执政能力,实现民主与法治的共融、国家与社会的共通、政府与公民的共治,由此达成国家与社会的和谐发展和长治久安。二是对中国国家治理现代化的战略和体制机制的研究,分别就党的领导、人民当家做主和依法治国的关系;政府与市场、政府产业政策与经济发展模式的关系;政府监管市场的体制机制和政策的改革进行了深入分析。三是对中国社会治理与公共服务的研究,主要阐述了中国政府购买公共服务的机理、民众公共服务主体选择偏好分析、中国社会治理实践模式等内容。四是对中国国家治理体系和治理能力现代化经验评估研究,致力于构建中国国家治理经验的评估指标体系。[①]

第二,中国基层治理现代化研究。华中师范大学徐勇教授和邓大才教授领衔的学术团队,基于对中国基层治理的历史经验和当代实践的理解、观察,开展原创性理论研究,形成了一批具有"中国性"的学术概念和话语,并将"中国性"置于与西方学术概念和理论的比较之中去理解,凸显了与西方学术概念和理论的"对话性",以及中国理论研究的"创新性"。近年来,该团队的重点研究领域有:一是对基层治理基础理论的深度研究,注重从中国事实出发,提炼原创性概念,提出了"家户制""产权治理""社会化小农""韧性小农"等原创性概念和理论。二是对村民自治的拓展研究,关注村民自治有效实现的条件、形式、单元和机制等。在对村治实践进行持续性、长期性跟踪观察的基础上,解读实践特性,构建村治理论,提出了村民自治的三阶段理论和村民自治有效实现的五大条件,此外,研

---

① 参见王浦劬《国家治理现代化:理论与策论》,人民出版社 2016 年版;王浦劬、[英]郝秋笛等《政府向社会力量购买公共服务发展研究:基于中英经验的分析》,北京大学出版社 2016 年版;燕继荣等《中国治理:东方大国的复兴之道》,中国人民大学出版社 2017 年版。

究还从产权单元与治理单元、行政单元与自治单元的相关性中讨论村民自治的有效单元。

第三，中国边疆安全和治理现代化研究。以云南大学周平教授领衔的团队、以中央民族大学李俊清教授领衔的团队，在这方面做出了重要的原创性理论和对策贡献。周平教授团队以国族为分析视角，分析了现代国家基础性的社会政治机制，阐述了中华民族共同体的理念。李俊清教授团队从民族与国家、民族地区行政管理与行政改革、民族地区经济发展中的政府职能、民族地区社会组织与社会治理等方面研究阐述了民族关系和公共治理。[①]

（三）国家治理的中国模式及其原理阐释

如前文所言，新中国成立 70 年来我国取得了经济快速发展和社会长期稳定的两大奇迹，学者们试图在揭示这一伟大成就背后的原理与奥秘的基础上，呈现国家治理的中国模式、国家建设的中国方案和政治发展的中国道路，这些理论尝试和学术努力主要包括以下几点。

第一，中国共产党与国家治理效能的辩证关系研究。研究者们立足中国特色社会主义的制度优势，着力分析党对多元主体和各项事业的集中统一领导所产生的国家治理效能，从而回答中国之治的根源问题。例如北京大学王浦劬教授领衔的学术团队，分析了中国特色党政治理结构的构成要素与主要特征，并进一步揭示了党政结构运行中所实现的运动式治理与科层治理、"行动主义"与"制度主义"、实质正义与程序正义辩证统一的复合效能。也有学者分析了党在国家治理体系中的"统领"和"圆心"地位所具有的驱动治理体系有效运转、增进政治信任、促进国家稳定发展等重要功能。还有学者在与总体性治理进行历时性比较、与多中心治理进行共时性比较分析的基础上，明确了当代中国基层治理中的"政党整合治理"这一特殊形态及其治理效能。[②]

---

① 参见周平《现代国家基础性的社会政治机制——基于国族的分析视角》，《中国社会科学》2020 年第 3 期；周平《政治学中的民族议题》，《政治学研究》2020 年第 1 期；李俊清《族群和谐与公共治理》，生活·读书·新知三联书店 2019 年版。

② 参见王浦劬、汤彬《当代中国治理的党政结构与功能机制分析》，《中国社会科学》2019 年第 9 期；周建伟《党的领导制度体系：内涵、定位、意义与内在逻辑》，《华南师范大学学报》（社会科学版）2020 年第 2 期；唐文玉《政党整合治理：当代中国基层治理的模式诠释——兼论与总体性治理和多中心治理的比较》，《浙江社会科学》2020 年第 3 期。

第二，中国国家自主性与国家发展道路的关系研究。吉林大学周光辉教授领衔的学术团队认为，新中国的国家建设面临着实现规模治理与推进发展相互交织的"双重难题"。在中国共产党的领导下，通过构建以领导权为核心的国家权力结构、分工合作的制度体系和高效的国家权力运行机制，支撑、保障、发挥国家自主性，逐步破解了现代化进程中的"双重难题"，并形成了具有中国特色的现代化发展道路。[1]

第三，中国国家体制与中国治理奇迹的关联性研究。中山大学肖滨教授领衔的学术团队，以率先进行经济和治理改革地区的经验为据，试图提炼和概括"中国奇迹"背后的学理。该研究认为，中国的国家体制是一种由三个层面的分层组合所形成的"整合性体制"，其独特性在于实现了国家、市场与政党三个元素的有机整合。国家与市场在结构分离中形成组合，将市场带入国家，形成有中国特色的市场经济；国家通过治理结构与机制的转型，形成权力集中的中央政府与分权竞争的地方政府的组合，塑造了中国独特的发展型国家，促进经济的腾飞；执政党的执政体制与调适机制的组合，有力地保持了政权的稳定性。

同时，学者还围绕中国国家建设中的关键难题以及由此赋予政治学研究的定位和任务展开了讨论。有学者基于中国案例相对于西方主流理论的"例外"状态，直指中国政治学研究的逻辑起点在于"政治共同体"，认为大一统逻辑支配下的政治发展存在集权体制与西式民权之间的结构性张力，并据此提出了"国体、政体和政治共同体"的"三位一体"分析框架，从而明确了我国政治学研究的独特使命和发展方向。但有学者却认为这一框架夸大了这种张力的本土性色彩，认为立足于政治共同体的"一体逻辑"与立足于"民权"的共和逻辑辩证统一于我国政治发展过程，"国权"则构成了实现这两大价值目标的工具手段，因此这种"一体双权"的分析框架更适切于我国政治学的发展定位。[2]

第四，科技创新的中国路径与国家发展的逻辑分析。北京大学路风教授领衔的研究团队对中国科技创新从跟跑、到后来的并跑以及部分领

---

[1] 周光辉、彭斌：《国家自主性：破解中国现代化道路"双重难题"的关键因素——以权力、制度与机制为分析框架》，《社会科学研究》2019 年第 5 期。

[2] 相关学术争论参见景跃进《中国政治学的转型：分化与定位》，《政治学研究》2019 年第 2 期；肖滨《"一体双权"：中国政治学的一个分析框架——与景跃进教授商榷与对话》，《政治学研究》2020 年第 1 期。

域的领跑的创新路径进行了经验总结和学理解释。研究认为，科技创新很难通过引进技术的方式实现，关键原因在于缄默知识和研发平台的重要性。知识转化为产业需要经历无数个环节，大量环节无法从纸面获得，而是需要大量的试验、试错和研发整合。这背后需要具备技术积累、技术消化和开发能力的研发团队与平台。因此，自主创新和技术积累是中国奇迹背后的力量来源。①

第五，中国政策创新和国家治理效能的关联性分析。中国人民大学杨宏山教授领衔的学术团队认为，中国的政策创新是一种独特的双轨制政策创新模式。中央政府通过区分试点地区和一般地区，批准试点地区开展政策试验并给予政策优惠，这一制度有效激发了地方政府的改革热情，降低了政策试验可能遇到的阻力，加速了典型经验的扩散速度，提升了国家政策创新能力。②

第六，人民获得感与社会发展奇迹的逻辑关联分析。除了以执政党、国家自主性视角探究中国之治根源的宏观性研究成果之外，有学者试图为澄清中国发展奇迹提供更为微观的解释框架。例如北京大学国家治理研究院学术团队，借鉴社会学方法，通过设计科学严谨的人民获得感的调查问卷，对基层群众进行获得感调查，认为中国公众的社会稳定感知实际上并不取决于传统理论所谓的社会比较维度产生的剥夺感，而更多地取决于时间比较维度上产生的"纵向获得感"。这种"纵向获得感"的提高，总体上可以促进社会比较维度上人民的"横向获得感"和社会稳定感知的相应提高，从而在主观感知层面解释中国社会发展的"两个奇迹"的心理逻辑。③

第七，当代中国的信仰体系与政治发展的关系研究。北京大学关海庭教授认为，中国的理想与现实合一的一元社会结构，决定了需要世俗的信仰。中国传统文化的"实用理性"和"平民化"的特征，加上传统信仰的心理结构，决定了需要有一种反映大多数人意志的世俗的政治信仰。中国

---

① 参见路风《冲破迷雾——揭开中国高铁技术进步之源》，《管理世界》2019年第9期；路风《光变——一个企业及其工业史》，当代中国出版社2016年版；路风《新火》，中国人民大学出版社2020年版。
② 参见石晋昕、杨宏山《政策创新的"试验—认可"分析框架——基于央地关系视角的多案例研究》，《中国行政管理》2019年第5期；杨宏山、李娉《政策创新争先模式的府际学习机制》，《公共管理学报》2019年第2期。
③ 王浦劬、季程远：《我国经济发展不平衡与社会稳定之间矛盾的化解机制分析——基于人民纵向获得感的诠释》，《政治学研究》2019年第1期。

顺应历史潮流，以马克思主义为指导，构建出了政治信仰。这个信仰是以体系的方式存在的，包括奋斗目标、核心价值观和民生政策三个层次，是对社会发展规律的正确反映。[①]

四 现实对策研究得到显著加强

现实对策研究是我国政治学作为经世致用之学的集中体现，也是我国政治学学术成果的重要来源。"十三五"时期，我国政治学围绕国家治理体系和治理能力现代化的建设目标和满足人民日益增长的美好生活需要的发展目标，通过开展校地合作、撰写研究报告等形式，着力推动对策研究的应用转化和资政辅政效能的提升，产出了丰富的研究成果，取得了良好的社会效应。

（一）现实对策研究的基础不断强化

我国政治学的对策研究主要分布于公共行政、公共管理和公共政策等领域，"十三五"时期，我国政治学者和公共管理学者加大了对相关领域学术和话语体系的研究力度，为提升实务对策研究的专业化和科学化提供了坚实的学理基础。例如厦门大学陈振明教授领衔的学术团队，长期致力于构建具有中国特色、中国风格和中国气派的政策科学话语体系，产出了以《中国政策科学的话语指向》《党中央治国理政政策思想与中国特色政策科学理论构建》《中国政策科学的学科建构》《中国公共政策的话语指向及其演化》《加强政策科学话语体系建设，推进决策的科学化民主化》《公共政策研究的行为途径》《国内政策工具研究新进展》等系列论文，以及《公共政策分析导论》《政策科学教程》等教材为代表的原创性成果。在学科体系建设成效的基础上，学者们致力于在治国理政和政策运行的实践中提炼策论研究的基本概念和基本命题，构造理解和解释政策现象的分析框架，并通过引入行为研究、实验研究、预测研究、模拟仿真、数据挖掘等方法和技术，全面提升制定和检验政策方案，评估政策执行效果的对策研究能力，有力推动了学术体系的进步。在学科体系和学术体系的驱动和支持下，我国政治学的现实对策

---

① 关海庭：《当代中国的信仰体系与政治发展》，北京大学出版社2020年版。

研究的专业性、科学性以及对策方案的可操作性都得到明显改善。

多元化、多层次的学术团队和专业智库是开展现实对策研究的专门载体，也是确保现实对策研究长效推进的重要学术阵地。"十三五"时期，我国政治学在研究团队和智库建设方面的主要成就包括：一是统筹各类资源，加快建设高水平研究团队和中国特色新型智库的实践步伐。例如以政策创新为核心主题的清华大学公共政策研究团队，以"粤港澳大湾区"为研究特色的华南理工大学公共政策研究院（IPP），以政策分析见长的厦门大学公共政策与政府创新研究中心，以及南京大学的公共政策研究院、华智全球治理研究院、社会风险与公共危机管理研究中心等。二是加强对智库本身的研究，包括探索以智库为载体，促进公共政策相关研究的增长与积累，推动知识开发与应用的具体路径；强化对智库组织和管理方式的研究，为智库的健康发展和良性运作提供理论指导。[1]

（二）现实对策研究聚焦国计民生的重要问题

"十三五"时期，我国政治学现实对策研究紧扣实务应用的研究定位，对关乎国计民生的重大问题进行了细致分析，并据此有针对性地提出科学、合理、可行的对策建议。

第一，关于优化中国特色社会主义政治建设的现实对策研究。这方面的主题包括：围绕深化政治体制改革的发展目标，明确政治体制改革的内在逻辑、主要特征、价值取向、基本经验、重点和难点，从而在总结经验，解析难题的基础上提出优化提升的方向和路径；[2]围绕巩固和强化党的领导核心地位的政治建设目标，探索全面从严治党和新时代加强党的执政能力建设的路径和方式；[3]围绕完善中国特色社会主义制度体系的建设目标，针

---

[1] 参见陈振明、黄元灿《智库专业化建设与公共决策科学化》，《公共行政评论》2019年第3期；王卓君、余敏江《政府决策与新型智库知识生产的良性互动》，《政治学研究》2016年第6期；钱再见《新型智库参与公共政策制定的制度化路径研究——以公共权力为视角》，《智库理论与实践》2016年第1期。

[2] 参见周前程《改革开放以来政治体制改革的理论历史与逻辑》，《党史研究与教学》2018年第4期；周少来《全面现代化亟需大力推进政治体制改革》，《人民论坛》2018年第28期；何玉芳《40年政治体制改革的发展脉络》，《人民论坛》2018年第28期。

[3] 参见方正《新时代坚持和加强党的全面领导研究述评》，《中州学刊》2019年第5期；梅荣政《论新时代党的政治建设》，《政治学研究》2019年第6期；高振岗《新时代党的基层组织提升组织力的理论探源与实践路向》，《探索》2018年第2期；林清新、陈家喜《提升组织力：城市社区党建的战略着力点——基于深圳市宝安区的个案研究》，《理论视野》2019年第2期。

对我国现行选举制度存在的问题与不足，对各级人大履行职权所面临的挑战进行分析，从而提出相应的改进思路；①围绕推进国家治理体系现代化的改革目标，对构建科学高效的权力规制和监督体系进行研究，提出了合理配置国家权力、加强国家治理的法治建设、推进党和国家监督体系创新发展的着力点和实施路径。②

第二，关于提升行政效能的现实对策研究。这方面的主题包括：围绕行政体制改革的重要目标，明确新时期行政体制改革的主要任务是深化体制机制变革、加强公共政策创新，并根据现行行政管理体制中存在的一系列问题，提出制约政府权力与开拓公民权利空间、政府治理能力与治理制度建设、法治政府和服务型政府建设有机结合的对策建议；③围绕破解行政执行梗阻的主要任务，对行政审批制度改革亟待突破的重点问题，例如多头多层审批、重审批轻监管、固守信息孤岛等，提出了以横向部门、纵向层级和政府与外部主体关系为着力点的改革突破口；④围绕政府流程再造的发展主题，加强了对"放管服"改革的研究，例如对浙江"最多跑一次"改革案例的深度研究，为缓解政府职能碎片化，打造"互联网+政务服务"的整体性政府提供了重要典范；⑤围绕提升政府效率的建设任务，强化对政府绩效管理，尤其是对政府预算绩效、绩效管理与公共问责、公共服务绩效与公民信任、绩效评估与公民参与、电子政务与绩效管理、公共部门绩效管理赋能等主题的研究，并设计出相应的绩效评价指标体系和绩效管理的框架、战略等。⑥此外，还就基层行政的内

---

① 参见袁达毅《推进我国选举制度建设的几点思考》，《北京行政学院学报》2016年第3期；左才、张林川、潘丽婷《地方人大中的地域代表现象探析——基于五省市人大代表建议的内容分析》，《开放时代》2020年第2期；李梅《新时代县乡人大制度的探索创新》，《东吴学术》2019年第3期。

② 参见唐勤《论党内权力的科学配置》，《中州学刊》2016年第5期；张梁《授权与监督：国家权力配置的中国逻辑与当下拓展》，《理论月刊》2019年第10期；李景平、曹阳《改革开放以来党和国家监督体系发展之省思》，《广西社会科学》2019年第4期；宋伟、过勇《新时代党和国家监督体系：建构逻辑、运行机理与创新进路》，《东南学术》2020年第1期；张梁《健全党和国家监督体系论纲》，《求实》2019年第3期。

③ 参见朱光磊等《政府职能转变研究论纲》，中国社会科学出版社2018年版；谌卉珺、叶美霞《地方推行大部制行政体制改革的进路》，《重庆社会科学》2018年第2期。

④ 参见孙彩红《地方行政审批制度改革的困境与推进路径》，《政治学研究》2017年第6期；陈朋《行政审批制度改革亟待突破的重点问题》，《行政管理改革》2018年第7期。

⑤ 郁建兴等：《"最多跑一次"改革：浙江经验，中国方案》，中国人民大学出版社2019年版。

⑥ 参见王泽彩《预算绩效管理：新时代全面实施绩效管理的实现路径》，《中国行政管理》2018年第4期；郑方辉、费睿《财政收入绩效评价：兑现减税降费政策目标的价值工具》，《中国社会科学》2019年第6期；周志忍《为政府绩效评估中的"结果导向"原则正名》，《学海》2017年第2期。

卷化、府际关系协同障碍、行政信访的弊端等问题进行了分析,并提出了相应的解决对策。①

第三,关于保障和改善民生的现实对策研究。为了践行以人民为中心的发展理念,落实发展成果由人民共享的庄严承诺,党和政府大力实施各类民生保障工程,以提升人民的获得感、幸福感,满足其对美好生活的追求。在这种背景下,我国政治学的现实对策研究主题包括:围绕减贫脱贫的帮扶目标,对贫困治理的政策体系、治理结构、运作流程、技术运用、绩效评估等进行综合研究,在识别和发现其中不足和缺陷的基础上,明确优化改进的现实方案;围绕乡村振兴的长效发展目标,探索推动贫困治理与乡村振兴有机衔接的可持续发展模式;围绕完善和优化社会保障的建设目标,对社会保障与经济发展、国家治理的辩证关系进行了研究,为促进三者协同发展提供有益的政策建议;围绕解决社会保险现金给付刚性上涨所带来的福利病等问题,提出了新型"服务+保险"的社会保障模式,以超越社会保险国家的传统方案,建构中国特色的社会保障理论。此外,研究者们还就健康中国建设、医疗卫生政策和制度改革、完善中国社会保障制度体系等议题提出了对策建议。②

第四,关于国家与社会治理中的机遇、风险与挑战的对策研究。这方面的研究主题主要包括:立足互联网、大数据、人工智能等迅速发展的技术背景,一方面探索将现代信息技术引入国家与社会治理各领域,以发挥其治理优势的可行路径和方式方法,推进数字治理和数字政府发展,另一方面也关注数据公开、数据共享所带来的隐私与安全风险,并提出相应的预防和解决对策;③基于国家总体安全的视角,加大对边疆这一传统的治理

---

① 参见夏瑛《信访制度的双重逻辑与"非行政信访"——以 A 市重复集体访为例(2010—2014 年)》,《政治学研究》2019 年第 4 期;孙崇明、叶继红《转型进程中开发区管理体制何以"内卷化"?——基于行政生态学的分析》,《行政论坛》2020 年第 1 期;周楠、于志勇《天津自贸试验区管理体制:现状、问题与优化路径》,《经济体制改革》2019 年第 2 期。

② 参见陈升、潘虹、陆静《精准扶贫绩效及其影响因素:基于东中西部的案例研究》,《中国行政管理》2016 年第 9 期;汪三贵、冯紫曦《脱贫攻坚与乡村振兴有机衔接:逻辑关系、内涵与重点内容》,《南京农业大学学报》(社会科学版)2019 年第 5 期;何文炯《社会保障与国家治理》,《中国社会保障》2018 年第 2 期。

③ 参见常保国、戚姝《"人工智能+国家治理":智能治理模式的内涵建构、生发环境与基本布局》,《行政论坛》2020 年第 2 期;庄国波、时新《大数据时代政府绩效评估的新领域与新方法》,《理论探讨》2019 年第 3 期;陈晓运《技术治理:中国城市基层社会治理的新路向》,《国家行政学院学报》2018 年第 6 期;庞明礼、王晓曼、于珂《大数据背景下科层运作失效了吗?》,《电子政务》2020 年第 1 期;何晓斌、李政毅、卢春天《大数据技术下的基层社会治理:路径、问题和思考》,《西安交通大学学报》(社会科学版)2020 年第 1 期。

薄弱区域的研究，在准确把握边疆治理与国家安全、经济发展之间密切关系的基础上，提出自觉构建中国的利益边疆、战略边疆乃至太空边疆的重要任务和具体策略;[①] 在新冠肺炎疫情的背景下，加强了对突发公共安全事件和应急管理的深入研究，致力于在风险管控、危机处置的全过程中检视国家治理体系的效能，并针对暴露出来的问题与短板，提出相应的调适与改进方案。[②]

（三）对策研究的现实应用和资政辅政效能日趋显著

"十三五"时期，我国政治学界通过加强与实务部门的联系，构建常规化、制度化的合作平台，并以横向课题的形式为实务部门的专项需求提供对策方案，有效服务了国家和地方经济社会等各类事业的发展。学术研究与实务应用之间的良性循环模式取得明显成效。

此外，通过新型智库机构，向实务部门提交资政报告，也是政治学现实对策研究的重要形式，报告的采纳是对策研究获得现实应用的基本标志和重要条件。例如华南理工大学公共政策研究院，首提"环珠江口湾区"的设想，为"粤港澳大湾区"战略的提出提供了决策依据。2018年以来，该机构共报送政策报告百余篇，被相关部门采纳20余篇。2019年7月，中国社会保障学会组织的国情调研组赴四川省调研凉山州脱贫攻坚情况，并撰写了《关于巩固扩大四川凉山彝区脱贫攻坚成果的建议》的专题调研报告。中国农业大学李晓云教授团队，在扶贫脱贫政策的经验提炼、政策实践等方面开展了大量研究，提出许多有关2020年后扶贫工作的思考和政策建议。

五　基础学术研究趋向纵深发展

基础学术研究是我国政治学学术研究的重要构成，其基本使命和关键

[①] 参见周平《中国边疆观的挑战与创新》，《云南师范大学学报》（哲学社会科学版）2014年第2期；李咏宾《新时代国家治理视阈下的边疆治理》，《青海社会科学》2019年第3期；高永久、郑泽玮《"人类命运共同体"视域下西部边境牧区地缘政治治理测量指标构建》，《广西民族研究》2018年第5期。

[②] 参见唐燕《新冠肺炎疫情防控中的社区治理挑战应对：基于城乡规划与公共卫生视角》，《南京社会科学》2020年第3期；汪伟全、陶东《新冠疫情防控情境下区域应急协同机制与效能优化》，《深圳大学学报》（人文社会科学版）2020年第2期。

作用是推进学科的知识积累，主要方式是在古今中外的思想流变和制度谱系中提取政治学的学理资源，明确政治学的研究对象，并以成果汇编和学术回顾的形式呈现我国政治学发展的历史沿革、学术脉络和成果体系，从而夯实和强化我国政治学作为独立学科的学术基础。"十三五"时期，我国政治学的基础学术研究在向纵深发展的过程中，取得了丰硕的研究成果。

（一）基础性分支领域的研究工作进一步深化

我国政治学研究的基础性分支领域主要包括中西政治思想、中西政治制度和比较政治学研究几个方面。

"十三五"时期，中国政治思想研究的主要成就和最新进展体现在：第一，出版了刘泽华教授总主编的《中国政治思想通史》，该书作为我国政治思想领域的第一部专门性通史著作，填补了学术建设空白。第二，强化了中国政治思想研究的主体意识，致力于在马克思主义指导下，实现西方社会科学本土化和中国政治思想科学化的有机统一，从而构建起基于中国经验的政治思想史研究范式和原创性的话语体系。[①] 第三，以中国政治思想的视角和方法，研究相邻或相近学科的学术主题，以促进不同学科之间的学术滋养，例如对中国政治伦理思想和古代行政管理思想的研究等。[②] 第四，加强了对传统研究薄弱环节的科研投入，关于政治思想与政治制度的综合研究，亚文化层面的政治观念与意识的研究初见成效。[③] 第五，研究队伍建设取得显著成效，形成了一些优秀研究团队和学科带头人，产出了大量各具特色的优势研究成果，例如南开大学周恩来政府管理学院孙晓春教授团队的中国古代政治思想和政治哲学研究，中国政法大学政治与公共管理学院的杨阳教授团队对中国传统政治思想与政治文化及其现代化的研究，东北大学文法学院的颜德如教授团队对中国近现代

[①] 参见任剑涛《重思中国社会科学的本土化理想》，《广州大学学报》2020年第3期；张星久《论学术规范与人文社会科学研究的"中国话语"构建》，《武汉大学学报》2018年第4期；张师伟《中国政治思想史研究的百年回眸与学术省思——本土政治理论的概念检视与话语梳理》，《人文杂志》2019年第2期。

[②] 参见孙晓春《中国政治伦理思想史研究初论》，《思想战线》2018年第1期；葛荃《中国古代行政管理思想史》，天津人民出版社2016年版；葛荃《构建公共管理知识体系的中国话语——从中国传统行政管理思想说起》，《行政论坛》2018年第6期。

[③] 参见季乃礼《政治制度、政治思想与政治制度思想——一种理论建构的努力》，《武汉大学学报》2016年第4期；张星久、陈青霞《从族谱看传统政治思想的民间表达与实践》，《江苏社会科学》2019年第6期。

政治思想的研究等。[1]

　　"十三五"时期，西方政治思想研究的主要成就和最新进展体现在：第一，强化和深化了对西方政治史方法论的研究，概念史以及跨政治、宗教、社会、经济、法律、哲学、历史等多个学科理论资源和研究方法的引入，历史政治学、政治现象学等跨学科研究方法的探索以及围绕施特劳斯学派与剑桥学派的方法论之争所展开的学术讨论等，都使得西方政治思想的研究方法更为适切、科学。[2] 第二，结合新的时代背景和技术潮流，加大了对西方政体学说和现代民主理论的综合审视，包括对西方政治思想家经典理论的再认识，对西方政体实践本质的重新考察，对西方民主理论及其限度的批判与反思，对西方政体设计和民主制度未来发展的构想等。[3] 第三，对民粹主义的研究构成了"十三五"时期西方政治思想研究的热点和重点，随着西方民粹主义运动和政治现象的大规模返潮，学者们不仅重构了传统民粹主义的分析框架以适应变化了的政治现实，也对西方民粹主义势力崛起的根源和理路进行了探究，还对民粹主义的负面效应进行了深度批判。[4] 第四，进一步深化对平等、正义与公共理性等经典研究议题的学术探索，在新的时代背景下重新思考分配正义、代际正

---

[1] 参见孙晓春《中国传统政治哲学史论》，江苏人民出版社 2020 年版；季乃礼《亦法亦儒：赵普的"半部论语治天下"新解》，《贵州社会科学》2019 年第 1 期；杨阳《中国传统国家理论的奠基——先秦诸子的国家学说》，《政治学研究》2018 年第 1 期；张春林《解构与建构：近代天下观向国家观转变历程解析》，《福建论坛》2018 年第 1 期；颜德如《中国近代政治思想论集》，吉林大学出版社 2010 年版。

[2] 参见方维规《概念的历史分量：近代中国思想的概念史研究》，北京大学出版社 2019 年版；陈伟《西方政治思想史》，中国社会科学出版社 2020 年版；孙江、张凤阳等主编"亚洲概念史研究"系列，生活·读书·新知三联书店 2013—2019 年版；郭台辉《语言的政治化与政治的语言化：政治学方法论的"语言学转向"问题》，《政治学研究》2019 年第 4 期；郭忠华《日常知识与专业知识的互构：社会科学概念的双重建构模式》，《天津社会科学》2020 年第 1 期；胡传胜《剑桥学派政治思想史：西方传统的阐释与颠覆》，《江苏行政学院学报》2019 年第 6 期；郑维伟《政治思想研究的经与纬：萨拜因与施特劳斯的争论辨析》，《南京社会科学》2018 年第 7 期；王海洲、刘训练等《政治现象学研究（笔谈）》，《南京大学学报》（哲学·人文科学·社会科学）2019 年第 1 期。

[3] 参见黄涛《孟德斯鸠的优良政体论——〈论法的精神〉第一编中的一对不为人知的政体》，《兰州大学学报》（社会科学版）2017 年第 3 期；张辰龙《君主不专制》，《读书》2019 年第 4 期；汤晓燕《十八世纪法国思想界关于法兰克时期政体的论战》，《中国社会科学》2018 年第 4 期；刘瑜《当代自由式民主的危机与韧性：从民主浪漫主义到民主现实主义》，《探索与争鸣》2018 年第 7 期；吴冠军《竞速统治与后民主政治》，《当代世界与社会主义》2019 年第 6 期。

[4] 参见段德敏《民粹主义的"政治"之维》，《学海》2018 年第 4 期；高春芽《政党代表性危机与西方国家民粹主义的兴起》，《政治学研究》2020 年第 1 期；郭中军《民粹主义与现代民主的纠缠——与丛日云教授商榷》，《探索与争鸣》2017 年第 12 期；刘瑜《民粹与民主：论美国政治中的民粹主义》，《探索与争鸣》2016 年第 10 期；林红《西方民粹主义的话语政治及其面临的批判》，《政治学研究》2018 年第 4 期。

义、全球正义和公共理性的实现路径。① 第五，加强了对西方政治思想中的核心概念的辨析，以概念史的视角考察了西方现代政治话语体系的生成过程，并在借鉴、反思和扬弃的基础上，消弭本土化和西方化之间的张力，为加快构建起中国特色的政治学话语体系，向国际学界传递中国声音创造了条件。②

"十三五"时期，中国政治制度研究的主要成就和最新进展集中体现在：第一，对中国古代政治制度的总体研究取得了重要进展，不仅围绕皇帝制度与其他政治制度的关系、中央与地方的制度关系等关键逻辑线索，系统梳理和介绍了中国古代政治制度的整体结构、运行机理和演变趋势，还陆续使用一些开创性的视角研究政治制度，例如，从政治思想与政治制度的互动关系切入，获得了全新的智识成果。③ 第二，加强了对古代断代性和专题性的政治制度研究，对历朝历代的监督、职官、言谏、司法、礼法、兵役等各种制度进行了细致的考察。④ 第三，对清末、北洋政府和南京国民政府时期的政治制度进行了全面研究，着重探究从传统到近代的剧烈历史变迁所推动的制度变化以及传统制度要素的存续逻辑。⑤ 第四，当代中国政

---

① 参见葛四友《分配正义新论：人道与公平》，中国人民大学出版社2019年版；李石《平等理论的谱系——西方现代平等理论探析》，中国社会科学出版社2018年版；高景柱《论代际正义视域中人类命运共同体的构建》，《国外理论动态》2018年第11期；谭安奎《公共理性与民主理想》，生活·读书·新知三联书店2016年版；陈肖生《公共理性的构建与慎议政治的塑造》，《政治思想史》2017年第2期。

② 参见段德敏《名词、概念和理论——西方政治思想中的"国家"》，《北大政治评论》2019年第6辑；张凤阳、罗宇维、于京东《民族主义之前的"民族"：一项基于西方情景的概念史考察》，《中国社会科学》2017年第7期；佟德志、樊浩《美国"政治正确"的语义流变及其三重向度》，《探索与争鸣》2020年第3期；张桂林《逻辑要义、历史努力与认知前提：建构中国特色政治学话语体系》，《政治学研究》2017年第5期。

③ 参见刘文瑞《中国古代政治制度：皇帝制度与中央政府》（修订本），中国书籍出版社2018年版；杨熙时《中国政治制度史》，河南人民出版社2016年版；杨阳主编《中国政治制度史纲要》（第3版），中国政法大学出版社2016年版；白钢主编《中国政治制度史》（第3版），天津人民出版社2018年版。

④ 参见广东省纪检监察学会编著《中国古代监督史览》，人民出版社2018年版；王晓卫《中国兵役制度史》，贵州大学出版社2018年版；张晋藩主编《中国古代司法文明史》（全8卷），人民出版社2019年版；阎步克《从爵本位到官本位》（增补本），生活·读书·新知三联书店2017年版；李宜春《团队与统筹：古代内辅体制研究》，浙江大学出版社2017年版；史伟《唐代言谏与政治生态变迁》，科学出版社2017年版；徐栋梁《汉魏六朝礼法调适与公共秩序的建构》，吉林大学出版社2018年版。

⑤ 参见房列曙《中国近现代文官制度》，商务印书馆2016年版；李志茗《晚清幕府：变动社会中的非正式制度》，上海社会科学院出版社2018年版；肖传林《民初内阁制度研究》，中国社会科学出版社2018年版；李云霖《枢机转捩：近代中国代议制度研究》，中国政法大学出版社2016年版；孙宗一《国民政府监察院分区监察制度的历史考察与当代启示》，科学出版社2018年版；李细珠《新政、立宪与革命：清末民初政治转型研究》，北京师范大学出版社2018年版；杨天宏《革故鼎新：民国前期的法律与政治》，生活·读书·新知三联书店2018年版。

治制度研究构成了我国政治学学术研究的一个重要领域，学者们运用更多元的研究方法，对党的领导制度、人民代表大会制度、新型政党制度、民族区域自治制度、基层群众自治制度、国家和地方行政制度、司法制度、军事与国防制度、党和国家监督体系、干部人事制度与公务员制度、国家安全制度等支撑中国特色社会主义制度的根本制度、基本制度、重要制度都进行了细致的专题研究，还在传统的以静态结构研究的基础上，更加关注对政治制度的实际运行进行实体化、动态化的描述及其研究方法，形成了观察当代中国政治制度的新范式。[1]

"十三五"时期，西方政治制度研究的主要成就和最新进展体现在：第一，强化了对西方政治制度的总体研究，全面梳理了西方政治制度体系中的议会制度、选举制度、政党制度、行政制度、司法制度的具体形式，并在对西方各主要国家政治制度的形成背景、基本内容、主要特色、运行原理、发展趋势进行纵向和横向比较的基础上，展示了各国政治制度的多样性和差异性，以解构政治制度普适化想象的迷思。[2] 第二，以历史变迁为主线，强化了对古希腊、古罗马和中世纪三个历史时期政治制度的研究。[3] 第三，进一步加大了国别研究力度，产出了一批关于美国、英

---

[1] 参见唐皇凤、梁新芳《党的领导制度体系：构成要素、逻辑结构和优化路径》，《新疆师范大学学报》（哲学社会科学版）2020年第4期；浦兴祖《人大制度优势与国家治理效能》，《探索与争鸣》2019年第12期；王天海、王彩玲《中国新型政党制度的内涵、发展逻辑与文明价值》，《当代世界社会主义问题》2020年第1期；周平《民族区域自治制度的内在逻辑》，《学术界》2019年第6期；邓大才《中国农村村民自治基本单元的选择：历史经验与理论建构》，《学习与探索》2016年第4期；陈瑞莲、张紧跟《地方政府管理》，中国人民大学出版社2016年版；张志红《中国政府职责体系建设路径探析》，《南开学报》（哲学社会科学版）2020年第3期；张文显《论司法责任制》，《中州学刊》2017年第1期；杨高明、王玲《新中国国防制度建设的若干基本经验》，《中国军事科学》2016年第2期；王英津《比较视野中的港澳政治体制：特色与评价》，《学海》2016年第1期；马怀德《国家监察体制改革的重要意义和主要任务》，《国家行政学院学报》2016年第6期；余绪鹏、聂平平《干部制度改革：历史回顾、主要成就与基本经验》，《中州学刊》2018年第11期；傅丽、梁丽萍《国家安全治理体系现代化的观念与制度分析——以国家意识形态安全治理为视角》，《甘肃政法学院学报》2018年第6期。

[2] 参见于玉宏等《当代外国政治制度》，北京时代华文书局2016年版；房宁等《中国政治制度》，中国社会科学出版社2017年版等。

[3] 参见晏绍祥《古代希腊民主政治》，商务印书馆2019年版；曹义孙、娄曲《柏拉图〈法义〉中的监察官制度探究》，《山东社会科学》2017年第12期；何立波《罗马帝国元首制研究：以弗拉维王朝为中心》，首都经济贸易大学出版社2016年版；黄美玲《律师职业化如何可能——基于古希腊、古罗马历史文本的分析》，《法学家》2017年第3期；侯建新《中古政治制度》，江西人民出版社2011年版；马华峰《中世纪西欧议会代表制的双重功能——基于三个罗马法原则的分析》，《浙江学刊》2017年第4期；王银宏《从"政治共识"到"共识政治"：神圣罗马帝国〈选举让步协议〉的制度意涵及其宪法意义》，《学术月刊》2019年第5期。

国、法国、德国、日本、加拿大、奥地利、意大利、瑞典、希腊等国政治制度的优秀研究成果。① 第四，西方政治制度的专题研究取得明显进展，围绕西方政党制度与政党政治、议会制度、选举制度和民主制度三大领域，学者们重点关注了选举制度、社会结构、政党体制、政治发展之间的逻辑关联，民粹主义政党的兴起以及各国政治制度的微观机制，各国议会制度构成和斗争模式、中西民主制度的比较等议题。②

"十三五"时期，比较政治学研究的主要成就和最新进展体现在：第一，明确了比较政治学的发展方向，致力于通过对西方政治学的特点与不足的反思，强化中国比较政治学研究的主体性和本土性，从而更好地突出"中国视野"。③ 第二，比较政治学的研究方法取得重要进展，不仅推进和创新了既有的研究范式，还促成了新范式的生成。第三，加强了对国家治理的比较研究，例如北京大学王浦劬教授对中央与地方的事权划分及其运行这一国家治理的重大命题进行了理论和策论研究；中国人民大学杨光斌教授通过将抽象的国家治理能力概念分解为可量化的分析性概念，实现了对各国治理能力的比较研究。④ 第四，对族群冲突进行了深入研究，其主题

---

① 参见游腾飞《美国联邦制纵向权力关系研究》，上海人民出版社2016年版；赵可金《现代总统制中的后现代总统——美国总统权力的扩张及其制度制约》，《美国研究》2016年第6期；施蕾《美国最高法院大法官提名制度研究》，中国政法大学出版社2017年版；祁玲玲《理解美国大选的"非比例代表性"》，《政治学研究》2019年第2期；彭成义、张宇燕《美国的官员财产申报与公示制度》，《美国研究》2017年第6期；孟广林《英国"宪政王权"论稿：从〈大宪章〉到"玫瑰战争"》，人民出版社2017年版；孔新峰、何婧祎《从2019年大选看英国政治的制度韧性》，《当代世界社会主义问题》2020年第1期；韩伟华《从混合政制到代议制政府：近代法国对最佳政制之探索》，《学海》2019年第3期；庞冠群《高等法院是否导致了法国旧制度的崩溃——一个学术史的分析》，《浙江学刊》2019年第2期；程迈《政党与德国联邦宪法法院：创建、博弈与双赢》，《政治学研究》2016年第3期；罗湘衡《德国联邦制下府际财政关系研究》，人民出版社2018年版；林尚立《日本政党政治》，上海人民出版社2016年版；朱晓琦《日本政治文化与选举制度》，社会科学文献出版社2018年版；任海燕《加拿大政党及政治发展变迁》，《比较政治学前沿》2017年第1期；田野、李存娜《全球化冲击、互联网民主与混合民粹主义的生成——解释意大利五星运动的兴起》，《欧洲研究》2019年第1期；潘若喆《瑞典议会监察专员制度运行机制及其借鉴》，《广东开放大学学报》2018年第5期；徐松岩、王三义《近现代希腊政治制度的嬗变及其特征》，《清华大学学报》（哲学社会科学版）2020年第1期。

② 参见周建勇《欧洲主要国家的政党与政党体制》，江西人民出版社2017年版；张鑫《混合选举制度对政党体系之影响：基于德国和日本的比较研究》，天津人民出版社2018年版；葛丽《当代欧洲社会民主党的组织变革》，山东大学出版社2016年版；王书君《论西方议会监督制度》，中国社会科学出版社2010年版；周叶中《代议制度比较研究》，商务印书馆2018年版；屠振宇《选举制度》，江苏人民出版社2019年版。

③ 参见徐湘林《中国认识世界：把迷失的国家找回来》，《探索与争鸣》2016年第8期；杨谧、林尚立《以中国情怀研究中国政治》，《光明日报》2016年1月14日第16版；杨光斌《论政治学理论的学科资源——中国政治学汲取了什么、贡献了什么?》，《政治学研究》2019年第1期；李路曲《比较政治学的基本特质与学科划分标准》，《当代世界与社会主义》2019年第1期。

④ 参见王浦劬《中央与地方事权划分的国别经验及其启示——基于六个国家经验的分析》，《政治学研究》2016年第5期；杨光斌《关于国家治理能力的一般理论——探索世界政治（比较政治）研究的新范式》，《教学与研究》2017年第1期。

广泛涉及族群冲突的原因、族群冲突的控制和管理、族群冲突与选举政治的关系等。[①] 第五，加强了对民粹主义的比较研究，21世纪以来，现实政治中民粹主义势力的增长使得民粹主义研究重新成为比较政治领域的热点问题，这方面的研究成果涵盖了对民粹主义的概念界定和测量，对民粹主义的历史发展趋势进行归纳，对各种民粹主义现象的区域或国别研究等。[②]

（二）系统性的知识整理工作取得明显成绩

"十三五"时期我国政治学开展的系统性知识整理工作成绩显著，先后组织编撰和出版了一批专业系列丛书，学术团队研究成果的专题合集以及政治学年鉴、年度总结等，对我国政治学学术研究的知识积累发挥了重要作用，产生了广泛而积极的社会影响。

首先，系列丛书的出版工作不断推进。例如，北京大学国家治理研究院推出的"国家治理研究丛书"，是我国政治学国家治理研究领域的学术品牌。截至2019年，该系列已由北京大学出版社、中国社会科学出版社等机构出版了涵盖社会民主、社会资本与国家治理、纯公共物品供给模式、户籍制度改革、政府跨部门协同治理、政府购买公共服务、欧债危机等主题的11本专著，有力推进了对国家治理和深化改革专门问题的学术研究，对实现优秀成果的转化与应用具有重要意义。南开大学周恩来政府管理学院的政府学研究团队主办的"中国政府与政治研究系列丛书"集中体现了我国政府学研究的特色和进展。2002—2018年，该系列共推出17本相关著作。此外，我国政治学与行政学领域的知名系列丛书还包括复旦大学的"复旦公共行政评论"、中国人民大学的"治国理政新理念新思想新战略系列丛书"、华东师范大学的"知识分子论丛"、南开大学的"政治思想通史"系列等。

[①] 参见 Tang, Shiping, Yihan Xiong, and Hui Li, "Does Oil Cause Ethnic War? Comparing Evidence from Process-tracing with Quantitative Results", *Security Studies*, Vol. 26, No. 3, 2017, pp. 359–390；唐世平、王凯《族群冲突研究：历程、现状与趋势》，《欧洲研究》2018年第1期；张春、蔺陆洲《输家政治：非洲选举与族群冲突研究》，《国际安全研究》2016年第1期。

[②] 参见韩冬临、张渝西《欧洲民粹主义的发展与变化（2000—2019年）——基于民粹主义政党的测量》，《欧洲研究》2020年第1期；林红《当代民粹主义的两极化趋势及其制度根源》，《国际政治研究》2017年第1期；房宁、涂锋《当前西方民粹主义辨析：兴起、影响与实质》，《探索》2018年第6期；董经胜《拉丁美洲的民粹主义：理论与实证探讨》，《拉丁美洲研究》2017年第4期；林红《东南亚民粹主义的形态分析》，《南洋问题研究》2017年第4期。

其次，在研究成果的系统汇编方面，我国政治学界还出版了一批有影响力的百科全书、年度评论和年鉴系列，例如中国政治学会会长李慎明教授领衔、王一程研究员等担任副主编，集全国政治学、行政管理学、国际政治学等学科力量和数年心血编撰的《中国大百科全书》（第三版）纸质版和网络版已经成形。中山大学政治学研究所组织编撰的《中国政治学年度评论》，根据不同的年度主题，批判性地总结、评估国际和国内政治学界的研究动向，为研究者提供了掌握相关资讯的重要文献。在年鉴方面，"十三五"时期仍在连续推出的学术年鉴主要包括中央社会主义学院中国政党制度研究中心主编的《中国政党制度年鉴》，全国政府绩效管理研究会、兰州大学中国地方政府绩效评价中心主编的《中国政府绩效管理年鉴》，电子政务理事会主编的《中国电子政务年鉴》等。此外，北京大学中国政治学研究中心负责编撰的《政治通鉴》项目已于2017年启动，该课题作为北京大学重大基础研究工程，致力于在古今中外的政治学经典、基本政治制度、重大政治事件、重要政治人物、主要政治理论五大领域开展深入研究，并以连续出版物的形式呈现。

（三）学术发展回顾和学科建设思考更加深入

2018年是党的十一届三中全会召开和我国改革开放40周年，2019年是新中国成立70周年，我国政治学者以此为契机，对改革开放以来国家发展、政治建设的实践经验、伟大成就进行了系统总结和理论阐述，也对我国政治学恢复重建以来的研究进程和学术脉络进行了回顾、反思和展望，由此形成了一批关于学术研究和学科建设思考的有力成果。

我国政治学者关于学术研究和学科发展的研究成果主要包括：第一，学科史研究取得重大进展。2018年，北京大学金安平教授完成了《中国现代政治学的发端与拓展：北京大学政治学（1899—1929）》一书，该书以发端和创立于京师大学堂和北京大学的近代中国政治学科为研究对象，阐明了近代中国政治学科的思想启蒙价值和历史地位，及其对近现代中国政治发展所具有的推动意义，标志着我国学科史研究取得重要突破。第二，我国政治学者完成了一系列学术回顾、学科建设展望的综述性研究成果，如王浦劬的《近代中国政治学科的发轫初创及其启示》，房宁主编的《新中国政治学研究70年》，张贤明的《成就、经验与展望：新中国政治学70

年》，王中原、郭苏建的《当代中国政治学70年发展：学科建设与学术研究》，杨海蛟、亓光主编的《创新·繁荣·发展：中国政治学四十年巡礼与撷英》，杨海蛟、张永主编的《中国政治学的重建与发展》，俞可平主编的《中国政治学四十年》，桑玉成、马天航的《中国政治学40年：议题设置与政治发展》，周光辉的《新时代应以原创性研究推动中国政治学发展》，张桂林的《中国政治学走向世界一流的若干思考》，王炳权的《改革开放后的中国政治学：演进轨迹与内在逻辑》，王中原、郭苏建的《中国政治学学科发展40年：历程、挑战与前景》等。

"十三五"时期适逢改革开放40周年和中国政治学恢复重建40周年，在2018年和2020年这两个有特殊纪念性意义的年份，我国政治学界举办了多场重要的发展回顾专题研讨会，主要包括2018年，中国政治学会与中国社会科学院大学（研究生院）管理学院联合召开的"改革开放40年中国政治学与政治建设"学术研讨会，教育部社会科学委员会政治学部与北京大学国家治理研究院联合举办的"改革开放与中国政治学的发展"学术研讨会，北京大学中国政治学研究中心与西华师范大学政治与行政学院联合举办的"中国政治学发展40年"全国学术研讨会，中国社会科学院政治学研究所与中国社会科学院政治学研究所联合举办的"改革开放40年来中国的政治发展"学术研讨会，中共中央党校（国家行政学院）科学社会主义教研部举办的"改革开放四十年与中国政治发展"研讨会等。2020年，由北京大学国家治理研究院、北京大学政府管理学院和北京大学国际关系学院联合举办的"庆祝新时期中国政治学恢复重建40周年暨《新时代中国政治学学术发展》新书发布会"，由中国政治学会主办，中国社会科学院政治学研究所和中国社会科学院大学政府管理学院承办的"庆祝中国政治学会成立四十周年暨新时代中国政治学发展"学术研讨会等，都产生了广泛的学术影响。与此同时，"十三五"时期，国务院学位委员会组织编写了《政治学一级学科发展报告》，对我国政治学科最新建设成果进行了系统梳理。

六　新兴交叉研究受到普遍重视

在政治学领域，"十三五"时期我国政治学交叉与新兴研究在进一步深化既有研究方向的基础上,通过搜寻新的研究主题、借鉴其他学科的研究方法和分析方式而开辟出更多的学科交叉、新兴和跨学科研究方向,产出了大量开拓性、创新性研究成果,有力推进了政治学学术研究的整体发展。

(一) 政治学内部的专业细分进一步深入发展

长期以来,政治学学科内部的专业化趋势显著增强,研究主题、研究领域更加深化、细化,形成了众多政治学自身的新兴研究议题和学科方向,为政治学学科建设和学术研究的发展创新提供了关键动力。"十三五"时期,我国政治学内部新兴研究的主要成果包括以下几方面。

第一,农村政治学取得新的进展。农村/乡村政治研究一直是我国政治学研究的重点领域,学者们从国家与农民关系的结构视角、农村与城市相对的空间范畴,以农村变革为主线,围绕集体化、基层政权、村民自治和乡村治理等主要议题,通过田野调查或实证分析的方法,对农村、农业、农民问题进行了广泛的研究,取得了丰富成果,农村政治学作为学科范畴的边界更为清晰。[①]

第二,民族政治学取得积极进展。"十三五"时期,学者们围绕历史演进中的民族国家制度体系及其机制等相关问题,对这一领域进行了深入探索,不仅加强了对民族政治学基本理论,如国族研究和国民研究的辩证结合研究,多民族国家族际政治整合、国家认同等重大问题的研究,也对西方族群政治理论、多元文化主义做了深刻反思,并以此为参照,对中国本土的民族政治学问题,例如中华现代国家的内涵、本质和"铸牢中华民族共同体意识""坚持和完善民族区域自治制度"等社会政治问题进行了新的分析和解读。[②]

第三,互联网政治学研究不断深化。随着互联网和信息技术的日新月异,网络空间逐渐成为与现实世界并重的人类活动界面,也成为我国政治

[①] 参见张大维《农村政治学研究》,载房宁编《新中国政治学研究70年》,中国社会科学出版社2019年版;贺东航《困境与挑战:农村政治学的研究方法演化与范式转换》,《政治学研究》2019年第4期。
[②] 参见周平《民族政治学知识体系的构建、特点及取向》,《政治学研究》2019年第1期;青觉、徐欣顺《中华民族共同体意识:概念内涵、要素分析与实践逻辑》,《民族研究》2018年第6期;高永久、左宏愿《论现代国家构建中的民族政治整合》,《南开学报》(哲学社会科学版) 2018年第1期。

学关注的重要领域。"十三五"时期，我国政治学以网络安全、网络的公共性、互联网国际政治为切入点，明确了互联网政治学的学科范畴和基本内涵，形成了特定的学科意识和学术自觉，并在回应不断凸显的网络空间重要性的背景下，加大了对中国的网络社会治理、网络主权、网络安全、网络反腐、网络政治参与、网络国际政治学等理论和现实问题的研究力度，对网络空间的结构特点及其对国家权力、政府治理与网民政治行为、政治心理产生的影响进行了系统分析，并提出了"网络空间国家主权""网络地缘政治"等新概念。①

第四，历史政治学研究开始起步。历史政治学的兴起是近年来我国政治学研究的新颖学术现象，从一个角度反映了我国政治学主体性和本土性的提升。它表明，我国政治学者试图在源远流长的中国历史文明进程中把握中国政治发展脉络，通过将中国的政治问题置于中华文化传统的背景下予以审视，以准确理解中国政治自身的演化逻辑和结构性特征。②

（二）政治学跨学科的交叉研究取得重要进展

"十三五"时期，我国政治学与其他学科的交流与融合趋势进一步增强，不仅政治社会学、政治心理学等传统的交叉研究方向得到进一步深化，同时也在政治传播学、政治人类学、计算政治学等领域取得了新的进展。

第一，政治社会学获得深入发展。"十三五"时期，这方面的主要进展包括：在国家—社会关系研究方面，超越了传统的二元分析范式，形成了多维度、多层次的观察视角和阐释路径；在现代化转型研究方面，对古今之变和社会变迁所造成的社会政治新问题和新形势进行了全面、深入的考察，并对中国现代化过程中的增长和稳定奇迹给出了政治社会学的解答思

---

① 参见孙萍、赵海艳《我国网络政治生态研究：基于社会网络分析视角》，《深圳大学学报》（人文社会科学版）2017年第4期；杨嵘均《政治体系的网络化与网络政治学的发展》，《南京大学学报》（哲学·人文科学·社会科学）2017年第1期；杨嵘均《论网络空间国家主权存在的正当性、影响因素与治理策略》，《政治学研究》2016年第3期；刘远亮《网络政治安全内涵探析》，《中南大学学报》（社会科学版）2016年第6期；蔡翠红《网络地缘政治：中美关系分析的新视角》，《国际政治研究》2018年第1期；张爱军《社会主要矛盾转化与网络治理转型》，《求实》2018年第2期。

② 参见徐勇、杨海龙《历史政治学视角下的血缘道德王国——以周王朝的政治理想与悖论为例》，《云南社会科学》2019年第4期；杨光斌、释启鹏《历史政治学的功能分析》，《政治学研究》2020年第1期；杨光斌《什么是历史政治学》，《中国政治学》2019年第2期。

路；在中国特色社会主义现代化发展模式的定性方面，围绕中国道路提出了众多新观点，例如明确了中国发展道路的本质是政府主导性与市场基础性的有机结合；在研究范围的拓展方面，政治社会学既强化了对宏观主题的研究，如国家崛起、国际政治的社会文明分析等，又强化了对微观主题的研究，如基层社会治理、地方政府行为等，并提出了"控制权"视角下的政府治理理论。[1]

第二，政治心理学获得长足发展。"十三五"时期，我国政治心理学在问题意识的驱动下，取得了显著的研究成效，主要包括：在研究主题和研究方法上，将田野调查、抽样问卷和实证分析等研究方法的最新成果运用于政治认同、政治信任、政治态度和政治参与等传统议题，加大了对农民维权和公民网络政治参与的政治心理分析；加强了政治心理学中国化的研究，在研究范围上侧重于对政治人格与政治行为的关系、现代犬儒主义、民族认同与国家认同、政治信任的本土机制等本土研究议题的探索；为中国政治实践、政治发展提供了政治心理学的观察视角和解释路径；对政治心理学的学科定位与发展思路进行了学术讨论。[2]

第三，政治传播学研究不断繁荣。"十三五"时期的政治传播学产出了丰硕的研究成果，包括：围绕构建中国特色的政治传播理论体系的发展目标，明确了政治传播范畴、政治传播框架、政治传播机制、政治宣传、政治沟通、政治营销等学科的概念体系和理论框架，充实了政治传播学的基础理论；在研究主题上，侧重于对当代中国政治传播实践的研究，体现出以理论回应现实的学术自觉；突出了新媒体时代，我国政治传播的功能、模式、效果、规制和调适路径。[3]

第四，政治人类学取得丰富成果。"十三五"时期，政治人类学充分

---

[1] 参见周飞舟《政府行为与中国社会发展——社会学的研究发现及范式演变》，《中国社会科学》2019年第3期；张静《社会变革与政治社会学——中国经验为转型理论提供了什么》，《浙江社会科学》2018年第9期；周雪光、邓小南、罗祎楠《历史视野中的中国国家治理》，《中国社会科学》2019年第1期；周雪光《中国政府的治理模式：一个"控制权"理论》，《社会学研究》2012年第5期；李强《从社会学角度看现代化的中国道路》，《社会学研究》2017年第6期。

[2] 参见刘伟、王柏秀《政治心理学的学科发展与前沿议题》，《政治学研究》2019年第5期；李蓉蓉、段萌琦《政治心理学的中国研究：价值、基础与议题》，《山西大学学报》（哲学社会科学版）2019年第1期；季乃礼《西方政治心理学史》，天津人民出版社2016年版；李俊《转型期农民维权的行为逻辑——基于政治心态的检审》，《政治学研究》2016年第3期。

[3] 参见马得勇《政治传播中的框架效应——国外研究现状及其对中国的启示》，《政治学研究》2016年第4期；谢进川《新媒体语境中政治传播的实践形态与效力提升途径分析》，《现代传播》2019年第8期。

吸收和借鉴了人类学的有益学理资源，相关成果主要集中在：推进了政治人类学的范式发展，提出了以政治学科学化、人类学政治化、民族志写文化为建设目标，权力要素、田野要素、民族志要素和扎根理论要素相结合的研究内容的"新政治人类学"分析框架；明确了立足中国经验，构建中国特色社会主义政治人类学的学术自觉；将政治人类学的理论视角引入乡村治理领域，对宗族、差序格局等研究主题和经典命题进行了再阐释；强化了政治人类学的个案研究，获取了生动的研究素材。[①]

第五，计算政治学研究方兴未艾。"十三五"时期，计算政治学的研究成果主要包括：在研究内容方面，涉及互联网与现实世界的双向影响，以及通过互联网改进政治实践方式的基本思路等；引入人工智能和计算科学的先进技术，构建精密、高效、科学的分析模型，对现实政治现象进行深度解释，并不断改进和提升对政治行为和政治趋势的预测能力；以计算政治学的迅速发展为契机，探索社会科学范式转化的可行性与操作思路。[②]这方面的代表性学术团队是清华大学张小劲教授、孟天广博士牵头组建的"中国政治与大数据政治学"研究团队，其围绕政治吸纳、协商民主、群众路线以及大数据政治学等议题产出了大量优秀成果。

（三）政治学跨学科的交叉研究获得丰硕成果

政治学的交叉研究还包括以政治学的理论方法研究原属于其他学科的政治现象所形成的新兴研究方向，例如法律政治学、教育政治学和环境政治学等，这些跨学科的研究方向不仅反映了现代社会政治现象弥散化的基本事实，也折射出我国政治学学术研究的增长势头。

第一，法律政治学研究不断推进。"十三五"时期，这方面的研究成果主要包括：构建起基于法律与政治有机关联的学科体系、学术体系和话语体系；着力考察社会政治与法律机制，尤其是法治政党与依法治国之间的逻辑关联与辩证关系，探索党内法规与国家法律的有机衔接与协调的实

---

① 参见陶庆、陈津京《新政治人类学：一种跨学科的理解范式》，《学术月刊》2017年第2期；张小军、李茜《哈尼族阿卡人的"措卡"治理制度——普洱市孟连县芒旧新寨个案研究》，《民族研究》2016年第2期。

② 参见杨阳、林鸿飞、杨亮、任巨伟《大数据时代的计算政治学研究》，《中文信息学报》2017年第3期；张小劲、孟天广《论计算社会科学的缘起、发展与创新范式》，《理论探索》2017年第6期。

现路径；以文献梳理的形式发掘了支持当代中国法治建设的历史文化资源；以法律政治学的视角和方法具体研究了相关案例。① 相关的代表性研究有吉林大学张文显教授、周光辉教授领衔的学术团队的丰硕成果，西南政法大学的法政治学研究等。

第二，教育政治学研究受到关注。教育政治学的根本主题是阐明政治与教育的相互关系，明确教育的政治功能和政治对教育的重要影响。"十三五"时期，我国教育政治学研究围绕这一主题所取得的主要成果包括：强化了对教育与国家、教育与民主、教育与公正、教育与权利、教育与权力、教育与国际关系等学科主要议题的研究；将教育政治学分析框架运用于具体的案例中，例如对高校学生自治程度的研究等。②

第三，生态环境政治学研究逐步展开。随着生态问题的日益凸显，无论是国际层面还是国内层面，都出现了相应的政策反应，这为我国政治学提供了重要的研究素材。"十三五"时期，我国环境政治学的主要进展包括：着力对环境政治理论、环境政党与运动、政府环境政策、国际环境治理与合作进行全面、细致的研究；不断尝试使用新的范式和方法，研究新的案例和样本；明确了环境政治学研究的本土意识，加强了中国特色的学术体系和话语体系建设；提出了"绿色治理"的原创性概念，并据此展开了进一步的研究。③ 其中的代表性原创研究来自北京大学郇庆治教授领衔的学术团队。

七 方法研究和应用进一步发展

作为一门起步较晚的哲学社会科学学科，我国政治学在研究方法的研究和运用方面长期存在短板和不足，极大限制了学术研究规范化、科学化

---

① 参见曾明《法治政党建设路径探析》，《湖南师范大学社会科学学报》2018年第2期；王立峰《法政治学视域下党内法规和国家法律的衔接与协调》，《吉林大学社会科学学报》2019年第3期。

② 参见胡洪彬《改革开放40年来我国教育政治学研究的历程、主题与新时代展望》，《湖北社会科学》2019年第1期；黄坤琦、姚小玲《"高度政治"还是"低度政治"：我国高校学生自治的教育政治学审视》，《高教探索》2017年第10期。

③ 参见郇庆治《2010年以来的中国环境政治学研究论评》，《南京工业大学学报》（社会科学版）2018年第1期；叶娟丽、韩瑞波、王亚茹《我国环境治理政策的研究路径与演变规律分析——基于CNKI论文的文献计量分析》，《吉首大学学报》（社会科学版）2018年第5期；史云贵《绿色治理：概念内涵、研究现状与未来展望》，《兰州大学学报》（社会科学版）2019年第3期。

水平。在政治学学者的共同努力下，这一问题在"十三五"时期有了明显改善，不仅更多种类的研究方法被运用于我国政治学学者的具体研究中，关于研究方法的研究和方法论反思也不断深化，显示了我国政治学追赶国际先进水平的学术努力和日益彰显的方法自觉、规范意识。

（一）关于研究方法的研究与反思逐步深入

"十三五"时期，对政治学研究方法的研究和反思构成了我国政治学学术成果的重要来源，首先，国外社会科学研究方法的优质成果不断被翻译出版，例如在学界享有广泛影响力的重庆大学出版社"万卷方法"系列仍在持续更新，"十三五"时期共计推出 14 部新译著，目前该系列已累计出版 141 部，极大充实了我国政治学方法研究的知识积累。此外，格致出版社的"社会科学研究方法译丛"也推出了多部精品译著，其中加里·金（Gary King）、罗伯特·基欧汉（Robert O. Keohane）、悉尼·维巴（Sidney Verba）的《社会科学中的研究设计》在学界引起了关于定性研究科学化的广泛热议，有力推进了我国政治学方法论的研究与反思。同时，我国社会学、行政管理和公共管理学领域的学者也出版和修订再版了一批关于研究方法的专著与教材，为我国政治学的方法借鉴和人才培养提供了重要的发展条件。在政治学领域，一批有海外教育背景的青年学者，也在日常研究和教学活动中阐述了一些国际前沿的方法论思考，例如复旦大学左才副教授在 2017 年出版了《政治学研究方法的权衡与发展》，中国农业大学的臧雷振教授先后出版了《政治学研究方法：议题前沿与发展前瞻》（2016）、《政治科学分析的艺术：方法论的分野、实验及融合》（2018）等一系列作品。

"十三五"时期，我国政治学研究方法的队伍建设和人才培养机制也更为健全和完善，为研究方法的深化研究和方法论进步提供了重要的发展动力。

首先，众多的政治学研究单位举办了一系列的研究方法研讨班和培训班并逐步制度化，取得了良好的学术效应。例如，美国杜克大学与中国人民大学、复旦大学、吉林大学、上海财经大学等多所大学合作举办的"中国公共管理与政治学研究方法暑期研讨班"，自 2006 年以来共举办了 10 届，培养的师资和研究生近 3000 人。中国人民大学的"全国公共管理与政策研究方法暑期研讨班"，清华大学的"大数据社会科学讲习班"，上海交通大学的"暑期社会科学方法班"等，都围绕特色主题，培养了大批专业人才。

其次，近十年来，国内各重点高校普遍加大了对海外人才的引进力度，目前我国政治学各教学与研究单位的海外博士比例均有了明显提升，北京大学、复旦大学、清华大学等超过了40%。这批青年教师的加入，带来了政治研究的新视角，提升了我国政治学的科学研究能力。在本土的人才培养方面，"十三五"时期我国主要的政治学教学单位普遍将政治学研究方法课程纳入各层次学生的必修环节，也根据自身的师资力量情况为学生提供了更为多样的研究方法课程选择，学生受到的方法论训练更为系统、全面。

"十三五"时期围绕政治学研究方法而展开的学术交流活动也更加活跃，各研究机构举办了一系列关于研究方法的专题研讨会，例如清华大学的"政治科学前沿理论与方法研讨会"，截至2019年，已举办六届。

随着我国政治学者不断推进对研究方法和方法论的研究，关于研究方法的反思也同步展开。这一时期，我国政治学者对研究方法的研究主要表现为：第一，更为系统全面，对规范方法与实证方法、定性方法与定量方法以及各种具体的研究方法都进行了一定的介绍和讨论。[①] 第二，在介绍各种方法的基础上，也就具体的技术操作及其优化改进提出了发展思路。[②] 第三，更加注重以研究主题和研究对象为中心进行方法选择，从而提高方法的适配性和研究的准确性。第四，基于中国情境对西方的方法论进行了广泛、深刻的反思，方法运用的主体意识有明显提升，不断立足中国的历史传统和经验现实发展适合自身的研究方法，[③] 质疑了简单的拿来主义研究倾向。

（二）研究方法的具体应用趋于多样和规范

目前我国政治学研究方法的具体应用，其成果主要包括四个方面。

第一，学术研究所采用的分析路径和操作性方法种类更为丰富。有

[①] 参见韩冬临、释启鹏《改革开放40年中国政治学研究方法的多元发展及问题》，《天津社会科学》2019年第2期；臧雷振《争论中的政治学实验方法及其发展前景》，《社会科学》2016年第11期；左才《政治学案例分析方法中的争论与共识》，《复旦政治学评论》2016年第2期。

[②] 参见沈明明、李磊《流动人口、覆盖偏差和GPS辅助的区域抽样方法》，《理论月刊》2017年第6期；严洁《政治学研究中的抽样调查：难点、问题与方法创新》，《政治学研究》2018年第3期；孟天广《从因果效应到因果机制：实验政治学的中国路径》，《探索》2017年第5期。

[③] 景跃进：《中国政治学的方法论反思——问题意识与本土关怀》，《浙江社会科学》2017年第7期。

学者统计,"十三五"时期,我国政治学领域的部分重要期刊的发文中,涉及规范研究方法以外的各种研究方法的论文占比不断提升,这些方法主要包括定性研究、定量研究和混合方法三大类型,以及个案研究、比较分析法、历史分析法、OLS类回归、二值或多值回归、小样本研究、描述性统计、面板回归分析、综合评价相关方法、实验模拟法、网络分析法、田野实验或调查、大数据分析法、文献计量法、统计检验、文本分析法、内容分析法、多层回归分析、生存分析法、非参数前沿法、过程追踪法、类型学与聚类分析、叙事分析法、话语分析法、单变量时间序列、空间计量法、均衡分析法、Logistic回归、结构方程模型等具体研究方法。①

第二,实证研究方法的优化促进了研究质量的提升。长期以来,我国政治学研究过于偏重规范研究方法,实证研究方法相对滞后,定性方法不仅种类单一,使用过程还存在不规范现象,定量方法则存在掌握程度较低的问题。"十三五"时期,我国政治学实证研究方法的进步,极大推进了相关议题的研究。例如,学者们依托发展了的研究方法,对经济发展与社会稳定、廉政建设、政治参与、政治民主化、国家治理、网络舆情、政治信任、央地间的政府信任、社会阶层的流动与变迁、国际秩序变迁与评估、国家认同、居民幸福感、社会政策创新与政府间扩散机制乃至学科建设等传统研究主题进行了新的研究。②

第三,更加注重在学术研究中检验和调适研究方法的适用性,探索

---

① 王炳权:《政治学研究方法的演进逻辑与趋势——基于中外政治学期刊的文献计量分析》,《华中师范大学学报》(人文社会科学版)2020年第3期。
② 参见王延中、宁亚芳《民族地区的廉政建设与社会稳定——基于云南、西藏、新疆干部问卷数据的分析》,《政治学研究》2017年第3期;周健宇《村官职务犯罪的演变与治理探析——基于1993—2017年案例的研究报告》,《政治学研究》2018年第6期;郑建君《个体与区域变量对公民选举参与的影响——基于8506份中国公民有效数据的分析》,《政治学研究》2016年第5期;肖唐镖、易申波《当代我国大陆公民政治参与的变迁与类型学特点——基于2002与2011年两波全国抽样调查的分析》,《政治学研究》2016年第5期;吴进进、何包钢《中国城市协商民主制度化的决定因素:基于36个城市的定量分析》,《政治学研究》2017年第4期;夏瑛《信访制度的双重逻辑与"非行政信访"——以A市重复集体访为例(2010—2014年)》,《政治学研究》2019年第4期;文宏《网络群体性事件中舆情导向与政府回应的逻辑互动——基于"雪乡"事件大数据的情感分析》,《政治学研究》2019年第1期;郑振清、苏毓淞、张佑宗《公众政治支持的社会来源及其变化——基于2015年"中国城乡社会治理调查"(CSGS)的实证研究》,《政治学研究》2018年第3期;罗家德、帅满、杨鲲昊《"央强地弱"政府信任格局的社会学分析——基于汶川震后三期追踪数据》,《中国社会科学》2017年第2期;唐世平《国际秩序变迁与中国的选项》,《中国社会科学》2019年第3期;朱旭峰、赵慧《政府间关系视角下的社会政策扩散——以城市低保制度为例(1993—1999)》,《中国社会科学》2016年第8期。

研究方法改进的方向。一方面研究方法的优化能够提升研究质量；另一方面也只有在具体研究的实施过程中才能检视研究方法的信度和效度，并为进一步优化和改进研究方法指明探索空间。目前，我国政治学者在这方面的学术努力主要体现为以具体案例或研究情境为背景，演示研究方法的具体使用过程和注意事项，明确其优势和效果，查验其缺陷与不足。①

第四，比较政治学领域的方法创新，集中展示了我国政治学研究方法的研究进展。例如在方法论反思方面，杨光斌教授认为，鉴于转型范式的失败，西方提出的种种作为补救的治理理论却始终没有脱离原有范式的窠臼，它们依然是西方国家自己的内在需要而非发展中国家的实际需要，因此，比较政治学迫切需要替代性的新主题和新范式。唐世平教授等提出了将时空规制加入研究设计的具体操作方法。这样的研究不仅有助于保证研究概念与背景条件的一致性，避免由于时空情境所导致的概念同质性问题以及纷繁复杂的时空差异而导致的遗漏变量问题，也有利于减少在过大的样本中选取案例的困扰。同时，围绕如何进行"比较"的深层问题，中国学者正在形成以中国为中心的方法论，例如李怀印教授依据新中国前30年的发展经验对新古典经济学的经典理论提出了质疑，北京大学潘维教授通过对世界各类文明的比较，基于先进基础设施的密集程度和国防的强大程度等两个前提，以及维护公共财产及其使用秩序的程度、精算公权使用成本与收益的程度和劳动者再生产的社会化/均等化程度三大标尺，去解释和衡量社会形态的先进与落后。②

八 对外学术交流更加深入开展

围绕世界一流的学科建设目标，我国政治学在"十三五"时期的对外

---

① 参见王浦劬、季程远《论列举实验在敏感问题调查中的应用——以非制度化政治参与为验证》，《中国软科学》2016年第9期；王金水、胡华杰《现场实验研究在中国政治语境下的应用分析》，《国外社会科学》2017年第4期。

② 参见杨光斌《什么是历史政治学》，《中国政治学》2019年第2辑；叶成城、黄振乾、唐世平《社会科学中的时空与案例选择》，《经济社会体制比较》2018年第3期；李怀印《历史地认识新中国前30年的经济发展战略——与"比较优势"论者商榷》，《开放时代》2019年第5期；潘维《论社会进步的标准》，《开放时代》2020年第1期。

交流中呈现出规模不断增长、范围持续扩大、效益显著提升的发展态势，不但引介和翻译出版了大批高质量、宽领域、多学科的学术作品，也积极探索学术研究外向交流、推广的方式，还进一步拓宽了交流渠道，有效促进了我国政治学界与国际学界的接轨，为知识传播、学术合作、信息共享、相互理解创造了有利条件。

（一）翻译和出版了国外政治学领域优秀作品

"十三五"时期，政治学、行政学和公共管理学界筛选、翻译和再版了一批高质量的国外学术作品，部分成果还以系列译丛的形式继续予以出版。其中，比较有代表性和影响力的包括《牛津政治行为研究手册》《牛津比较政治学手册》等专著，中国人民大学出版社的"公共行政与公共管理经典译丛"，北京大学出版社的"现代政治学名著译丛"，江苏人民出版社的"汉译精品·思想人文"系列，上海三联书店、华东师范大学出版社、华夏出版社联合出品的"西方传统：经典与解释"系列，重庆大学出版社的"万卷方法"系列等。这些译著广泛涉及政治学基础理论、公共行政与公共管理、政治思想史、比较政治学、政治学研究方法等众多领域，是对西方学界最新研究进展的集中展示，对于加快我国政治学研究的知识积累和学术发展起到了重要的促进作用。

（二）中国政治学者的外向交流取得重要进展

长期以来，我国政治学者致力于转变成果引介的单向度对外交流形式，扩大成果输出的规模和质量。"十三五"时期，我国政治学的外向交流取得了重要进展，政治学者、公共行政和公共管理学者在国外重要期刊发表的论文、出版的专著数量有显著增长，被引次数逐步提高，国际影响力日益扩大。

首先，在论文发表方面，以 *Journal Citation Reports*（JCR）的 2018 年度期刊影响因子排名为参考标准选择国外政治学（Political Science）及公共管理学（Public Administration）领域排名前 50 的期刊，通过检索 Web of Science 数据库中的相关文献信息，发现中国学者 2014—2019 年发表在这些期刊上的论文共计 186 篇。其中，2014—2015 年、2016—2019 年两个时期，我国学者的发文数量呈现出快速增长的趋势（见图 1）。

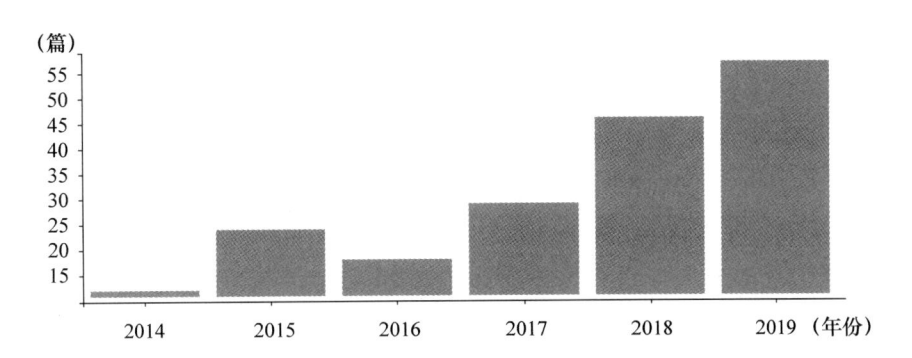

图1　中国学者2014—2019年发表于国外政治学及公共管理学领域排名
前50的期刊的文章数量趋势变化情况统计

同时，对文章的被引频次的统计情况表明，自2016年起至2019年末，我国学者于国外期刊发文的被引频次从109次增加到了576次，总体上实现了5倍有余的增长，充分说明了我国学者在国际上的学术生产力和影响力有较为可观的提升，也反映出我国学者在政治学和公共管理领域的强劲发展势头（见图2）。

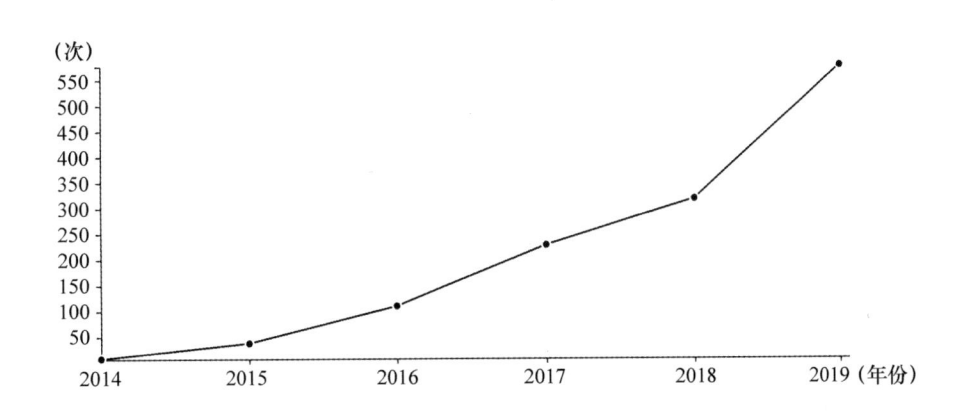

图2　中国学者2014—2019年发表于国外政治学及公共管理学领域排名
前50的期刊的文章被引频次趋势变化情况统计

令人关注的是，随着习近平总书记有关"绿水青山，就是金山银山"的生态文明建设和环境保护思想研究的不断深化，以及相应政策体系的不断推进，我国政治学和公共管理学者加大了对相关领域的研究力度。调研表明，我国学者在公共管理领域所发表的论文中，有45篇集中于"Climate

Policy"（环境政策）期刊。这种与中国实践紧密结合的研究取向有力地向世界传递出国家治理的中国声音，产生了积极的国际传播效应。

此外，"十三五"时期，我国政治学、行政管理和公共管理学者还出版了部分外文专著，例如复旦大学张维为的《中国震撼：一个"文明型国家"的崛起》，先后由韩国景仁文化社（Kyungin Moonhwasa）和埃及 Sama 出版社翻译出版；武汉大学张晓通的 China's Economic Diplomacy：The PRC's Growing International Influence in the 21st Century 由英国查思出版（亚洲）有限公司（ACA Publishing Ltd.）出版；北京大学封凯栋的 Innovation and Industrial Development in China：A Schumpeterian Perspective on China's Economic Transformation 由 Routledge 出版社出版；中国人民大学出版社组织出版的"认识中国·了解中国"书系，包含了多部英文著作，为向世界展示中国成就提供了重要窗口。

（三）对外学术交流的形式、载体更为丰富多样

"十三五"时期，我国政治学围绕世界一流的建设目标，在不断扩大对外学术交流规模的同时，也进一步开辟了更为多元化的对外交流渠道。当前，我国政治学各科研单位与国际学界的常规化交流形式主要包括学者和学生出国访学、学习和参加会议；邀请国外学者来华举办讲座；与国外学术机构联合举办国际学术会议；我国政治学者在国际机构兼任职务；以编辑海外人文社会科学发展年度报告的形式追踪国际学术前沿等。

人员交流是我国政治学对外交流的主要形式。据不完全统计，我国29所政治学一级学科学位授权单位年均资助教师出国交流约10人次，年均资助学生出国交流约21人次。同时，我国政治学的科研单位与美国哈佛大学、哥伦比亚大学，英国牛津大学、伦敦政治经济学院，法国巴黎政治大学，俄罗斯莫斯科国立大学，新加坡国立大学等国外著名高校院所建立的学术交流与合作、学生交换与联合培养等项目平台的数量也有了大幅度增长，为加强对外学术交流提供了重要的载体和通道。

邀请海外专家举办学术讲座是开展对外学术交流的重要方式，也为师生提供了了解国际学术热点和前沿议题的直接窗口。据不完全统计，"十三五"时期，我国政治学高校院所分别邀请到米格代尔（Joel Migdal）、弗朗西斯·福山（Francis Fukuyama）、魏昂德（Andrew Walder）、米尔斯海默

(John J. Mearsheimer)、菲利普·施密特（Philippe Schmitter）等多位国际一流政治学者举办学术讲座，引发了热烈反响，有力发挥了知识传播和学术品牌推广的社会功能。

举办国际会议是我国政治学开展对外学术交流的重要载体。"十三五"时期，我国政治学界通过主办和合办的方式组织了一系列高端国际会议，对于促进中外学术交流、强化学术对话、加深学术理解、传播中国声音起到了关键作用。例如，北京大学国家治理协同创新中心（Co-innovation Center for State Governance）、北京大学国家治理研究院与牛津大学、哥伦比亚大学、东京大学、成均馆大学联合主办的国家治理论坛，已经成为我国政治学的国际知名品牌论坛，为建设国际一流的政治学科提供了基础平台，营造了学术氛围。

同时，随着我国政治学整体学术研究水平和学者个体国际影响力的提升，我国政治学者更多地担任了国际机构、学术期刊的职务。这些职务主要包括亚洲协会政策研究所、开罗美国大学全球事务与公共政策学院、国际预防危机组织、亚太安全理事会（CSPAC）的理事，《美国利益》杂志、《全球亚洲》杂志、德国外交政策月刊 Welt Trends（世界趋势研究）、Academic Reviewer for African East-Asian Affairs（南非）、The Journal of Modern African Studies Board、Korean Journal of Policy Science 的编委会和学术顾问委员会成员，新加坡东南亚研究院、美国亚洲协会美中关系研究中心、澳大利亚悉尼 China Matters 智库、德国全球公共政策研究所的客座研究员，还有国际行政科学学会专家委员会成员，剑桥大学海外研究中心年会中方召集人，世界华人研究学会（ISSCO）常务理事等。

当前中国政治学学术研究的现状分析

"十三五"时期，我国政治学始终高举中国特色社会主义伟大旗帜，以习近平新时代中国特色社会主义思想为指导，坚定了为人民服务、为社会主义服务的研究取向；坚持运用马克思主义立场、观点和方法分析重大问题，研究政治现象，不断推进马克思主义政治学理论的深入发展；进一步贯彻习近平总书记在哲学社会科学工作座谈会上的讲话精神，加快构建立足中国、借鉴国外，挖掘历史、把握当代，关怀人类、面向未来的政治学理论体系，不断彰显中国特色、中国风格和中国气派，取得了积极进展和阶段性成果；贯彻落实党的十八大和十八届三中、四中、五中、六中全会文件精神，党的十九大报告，十九届二中、三中、四中、五中全会文件精神，围绕社会主义现代化和中华民族伟大复兴的奋斗目标，在"五位一体"总体布局和"四个全面"战略布局中，加强对党领导人民治理国家的理论和策论研究，不断推进社会主义民主法治建设和政治文明建设。整体来看，我国政治学在"十三五"时期围绕中国特色、世界一流的建设和发展目标，取得了丰硕的学术研究和理论创新成果，有力践行了回应时代呼唤，为党和人民述学立论、建言献策的核心使命。但是，在总体向好的同时，我国政治学也存在一些理论基础、研究议题、研究视野和研究方法上的短板与不足，这构成了我国政治学迈向世界一流的重要优化方向。

一 马克思主义指导地位进一步巩固

"十三五"时期，我国政治学学科坚持马克思主义指导地位，将中国特色社会主义理论体系贯穿于研究和教学的全过程，在建设中国特色、中国风格和中国气派的学科体系、学术体系和话语体系方面取得了丰富的成果，不仅培养了大批具备马克思主义政治学理论素养的优秀人才，也结合新的实践，不断推动马克思主义政治学的理论创新和学理运用。

第一，我国政治学深入贯彻习近平总书记在哲学社会科学工作座谈会上的讲话精神，以实施马克思主义理论研究与建设工程为契机，大力加强马克思主义教材体系建设，通过学者、高校和出版社的协同合作，编写、推广和使用的有效连接，为我国政治学教育工作提供了立场鲜明、理论深厚、视角前沿的教材体系，良好服务了社会主义教育现代化、建设教育强国的重大部署。

第二，"十三五"时期，我国政治学高度重视对马克思主义政治学基础理论的深入研究，在准确阐释马克思主义政治学基本原理及其立场、观点和方法的基础上，一方面，灵活运用历史分析法、经济分析法和阶级分析法研究国家建设与发展中的政治现象和实践命题，形成了各具特色的研究专题；另一方面，系统梳理马克思主义政治学理论的发展脉络，重点对经典马克思主义政治学理论、马克思主义中国化政治学理论和西方马克思主义政治学理论进行全面研究，并在历时比较和中西对勘中深化对马克思主义政治学理论内涵的认识。这一系列的研究进路丰富和充实了马克思主义政治学的理论体系。

第三，马克思主义政治学不仅是一套科学的理论体系，也是指导我国政治学总体发展的根本方法论。我国政治学者自觉运用发展着的马克思主义政治学基本立场、观点和方法，研究政治思想、政治制度、公共行政、国家治理等政治学各分支领域中的重要议题和前沿问题，深刻理解了知识现象和实践现象的内在机理和辩证关系，推动这些领域取得了重要研究进展和丰硕成果，从而进一步巩固了马克思主义政治学在我国政治学研究中的指导地位。

第四，新时代的中国正经历着最为广泛而深刻的社会变革，进行着人类历史上最为宏大而独特的实践创新，习近平新时代中国特色社会主义思想作为马克思主义中国化最新成果，有力回答了新时代坚持和发展什么样的中国特色社会主义、怎样坚持和发展中国特色社会主义的重大时代课题。这一重大理论创新，成为我国马克思主义政治学理论研究的新议题和增长点,由此产出的学术成果深刻体现和促进了我国政治学研究的民族性、原创性和时代性。

二 政治学学术发展的根本方向明确

坚持马克思主义的指导地位,是我国政治学研究区别于其他政治学的根本标志,是近代以来的政治发展历程、人民民主的国家属性和当代中国政治实践共同赋予的规定性和必然性。在"十三五"时期,我国政治学高举中国特色社会主义伟大旗帜,明确了为人民服务、为社会主义服务的根本方向和正确取向,为推进马克思主义政治学研究的中国化、时代化和大众化做出了重要贡献。

随着中国特色社会主义事业进入新时代,我国政治学者深入贯彻党的十九大和十九届三中、四中、五中全会精神,不断加强对中国特色社会主义理论体系,尤其是习近平新时代中国特色社会主义思想的学习和研究,并结合中国特色社会主义政治建设和发展实践,为推进马克思主义政治学学术研究奠定了政治基础。明确政治学学术发展的根本方向,其关键在于进行科学的理论选择,坚持正确的价值立场,构造优良的制度依托。我国政治学者坚持运用马克思主义的基本方法,在深刻理解中国特色社会主义政治发展历程、运行机理、现实基础、价值底蕴的基础上,辨明了中国特色社会主义政治学的本质规定;在深入研究中国特色社会主义政治的重要现象和焦点问题的基础上,阐明了中国特色社会主义政治学的学术使命和核心宗旨;在对不同政治学说、制度安排的历史渊源、民情基础和功能指向的比较分析中,呈现出中国特色社会主义政治的必要性和必然性,以及由此确定的政治学根本属性和内涵,从而明确了我国政治学将在中国特色社会主义理论体系的指引下,以构建21世纪的马克思主义政治学为学理目标,以推进中国特色社会主义政治文明和制度发展为现实关怀的根本任务和发展方向。

明确政治学学术发展的根本方向,决定了我国政治学学术发展的根本路径在于坚持马克思主义的根本立场,回答好"为谁著书、为谁立说,是为少数人服务还是为绝大多数人服务"的问题。在人民民主的社会主义中国,一切工作的出发点和落脚点都是实现好、维护好和发展好最广大人民的根本利益。我国政治学作为中国特色哲学社会科学的重要部分，始终坚持以人民为中心的研究导向，树立为人民做学问的理想，自觉将学术研究与党执政兴国的政治需求结合起来，与人民群众对美好生活的追求结合起来，不断为发展中国特色社会主义政治提供智识成果和理论支持。同时，在学术发展过程中，我国政治学高度重视保持和维护自身的马克思主义政治学的本质和品格，明确划清与各类反马克思主义和非马克思主义政治学说的界限，进一步突出了我国政治学研究的政治站位和坚定立场。

同时，坚持政治学研究的根本方向，还要注意正确区分学术问题和政治问题，我国政治学坚决反对把一般学术问题当成政治问题的极端主义倾向，也反对把政治问题当作一般学术问题的虚无主义倾向，在学术研究中始终以学术伦理、宪法法律为准绳，保持严谨的治学态度和严格的学术自律，产出高质量的理论和策论作品，以服务新时代中国特色社会主义事业和中华民族的伟大复兴为己任。

三 政治学学术研究的重要使命清晰

从党的十一届三中全会到党的十九大，中国特色社会主义理论体系先后回答了什么是社会主义，怎样建设社会主义；建设什么样的党，怎样建设党；实现什么样的发展，怎样实现这样的发展；新时代坚持和发展什么样的中国特色社会主义、怎样坚持和发展中国特色社会主义的系列命题。在新时代的历史背景下，我国政治学结合中国特色社会主义政治发展的新形势和新实践，明确了政治学学术研究的核心使命是准确阐述新时代中国特色社会主义政治建设的重要内容和具体内涵，是有效解答中国特色社会主义政治建设中的重大现实问题，是以发展着的政治学理论推进和指导中国特色社会主义政治现代化。

"十三五"时期，我国政治学立足使命承载，深化和拓展研究议题，细化研究任务，致力于通过学理辨析、理论交锋和思想政治教育，应对新形势下多元思想观念和价值取向对主流价值体系的冲击和挑战，以巩固和强化马克思主义在意识形态领域的指导地位，为铸造人民的政治信仰，发展社会主义先进政治文化提供学术和话语支持；致力于通过创新理论、创新理念和创新思维，应对新常态下的复杂国内、国际局势，为优化发展结构，提升发展效益，坚持社会主义共同富裕的根本原则和价值取向提供学理指导；致力于通过理论联系实际，加强校地合作和成果转化，在改革进入攻坚期和深水区、各种深层次矛盾和问题不断呈现、各类风险和挑战不断增多的复杂背景下，为推进国家治理体系和治理能力现代化、提高决策水平、完善决策程序、强化执行能力、实现治理效能建言献策，提供方案；致力于在全面从严治党的新阶段，加强党建理论研究和实践经验总结，为提升党拒腐防变、抵御风险能力，维护和巩固党在中国特色社会主义事业中的领导核心地位提供策论思路；致力于在坚持和扩大对外开放的背景下，通过加强国际学术交流、合作与对话，传递中国声音，强化中国话语，并结合建设人类命运共同体，推进"一带一路"建设等重大理论构想，提炼中国特色的政治学概念体系和命题体系，为构建政治学的中国学派奠定学理基础。

四　治国理政研究成为重要学术领域

我国政治学作为治国安邦之学，始终以经世致用为理论关怀和学术理想，因此对"十三五"时期的中国政治实践和国家治理经验展开了系统、深入、细致的剖析和考察，从而一方面总结和归纳了国家治理的中国模式、中国道路和中国方案并形成相关的原创理论，为构建中国特色的政治学理论体系提供知识基础和学理养分；另一方面则试图在张扬有益经验、诊断发展梗阻的基础上，为党执政所面临的重大而紧迫的问题建言献策，为全面深化改革、推进国家治理体系和治理能力现代化、推进社会主义民主法治建设做出重要理论贡献。

我国政治学在"十三五"时期呈现出学术研究的实践取向，即在继续深化基础理论研究的同时，更多地从实践经验中探寻新的学术增长点，在研究目的上，从纯粹的知识生产开始转向实践应用；在研究对象上，从较多地对理论本身的思辨研究转为更多地对现实议题的策论研究；在研究旨趣上，从主要发挥理论研究的学术批判功能转为主要服务于国家和社会发展的建设性功能；在成果形式上，从主要是学术论文、学术专著转向学术成果与咨政报告的有机结合。

理论和策论的双重研究任务使得治国理政的现实问题构成了我国政治学在"十三五"时期研究的热门议题。本部分使用 Cite Space 软件，对国内外政治学学科范畴内的代表性学术期刊进行计量分析，生动呈现了这一研究现状。

在国内期刊方面，对 CSSCI 数据库政治学学科中 2016—2019 年的关键词聚类和研究热点的关联性分析表明，出现频次最高的前十个关键词分别为：中国特色社会主义、新时代、中国共产党、习近平、改革开放、马克思主义、人类命运共同体、全面从严治党、全球治理、党的建设，并形成了以这些关键词为中心的众多研究主题（见图3）。

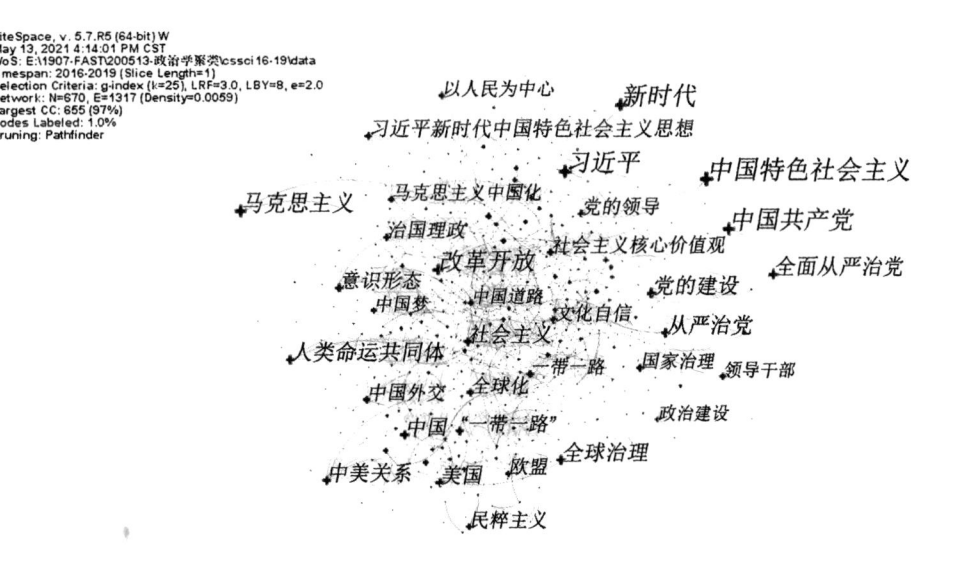

图3　CSSCI 数据库 2016—2019 年政治学学科的关键词聚类图谱

在国际期刊方面，对我国学者 2014—2019 年发表于国外政治学及公共管理学领域的论文研究主题进行的检索和统计表明，热度最高的研究关键词包括中国（China）、绩效（performance）、治理（governance）、管理（management）、制度（institution）、改革（reform）、经济（economy）、威权主义（authoritarianism）、市场（market）、地缘政治（geopolitics）和公共服务（public service）等（见图4）。在进一步将核心词语限定为"中国"（China）的情况下，与之相关的高频关键词包括政治经济学（political economy）、治理（governance）、管理（management）、政策（policy）、国家（country）、合作（cooperation）等（见图5）。

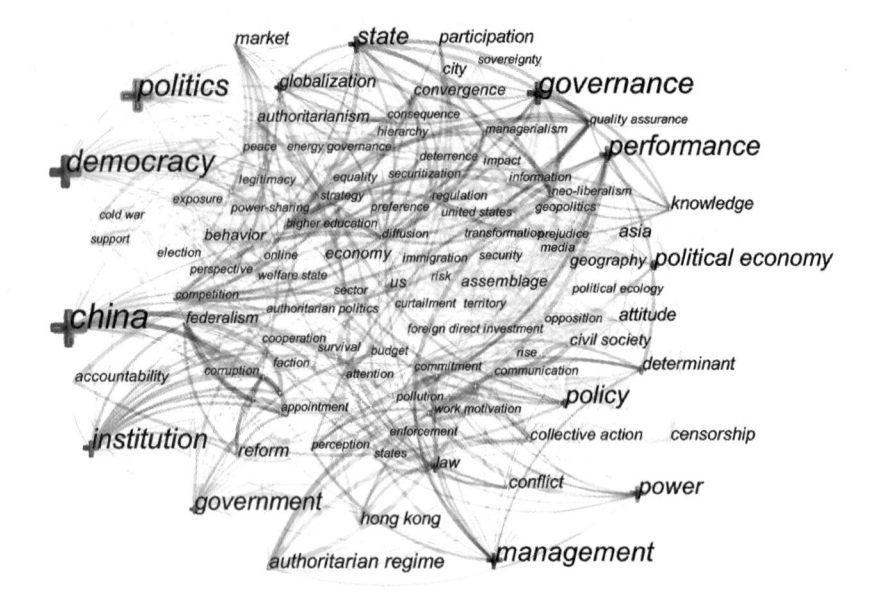

图4 2014—2019年中国学者在国外政治学领域排名前50的期刊上所发表文章的关键词热点共现图

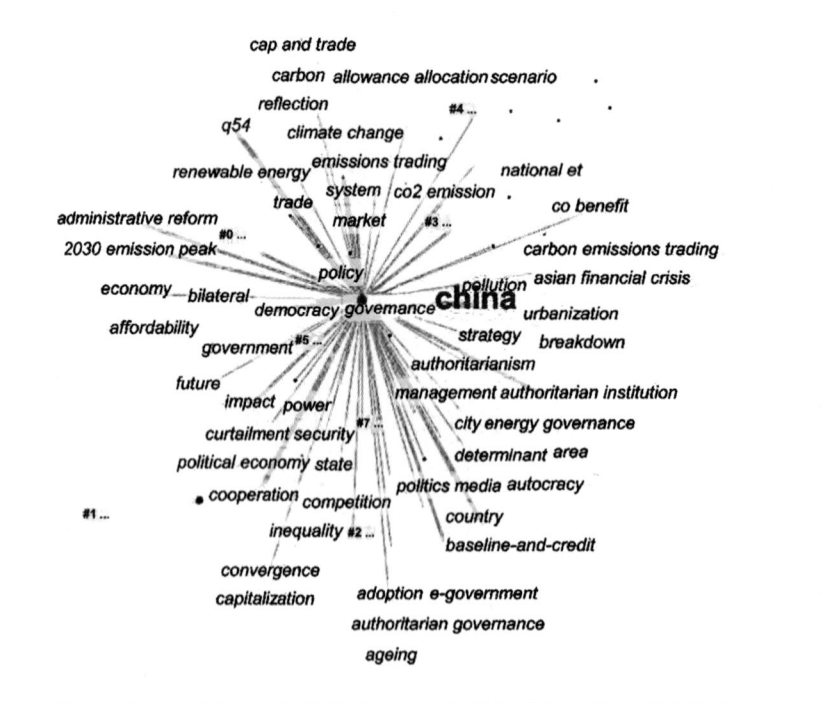

图5 2014—2019年中国学者在国外政治学领域排名前50的期刊上所发表文章关于China的关键词相关性图

可见，在"十三五"时期，我国政治学者的学术研究具有高度的问题敏感性和实践指向性。在内容上则以党领导人民治理国家为逻辑主线，涵盖了社会主义政权体系建设和治理体系建设两大关键维度，涉及指导思想、领导核心、制度体系、实现路径、方式方法、政策体系等各个环节，系统呈现了新时代中国特色社会主义政治实践的生动场景和宏伟蓝图。

五 学术研究方法逐步趋向科学完备

研究方法是政治学学术研究内容的重要构成，良好适配的方法运用也是学术研究得以科学推进、学术成果精确有效的前提和保证。我国政治学学科恢复重建 40 年来，不断通过知识累积、理论创新、成果引介等方式，以立足中国、借鉴国外为发展原则，实现了各分支领域、研究方向的整体性进步。长期以来，研究方法一直是我国政治学研究的薄弱环节，在一定程度上制约了学术研究的发展步伐，因此，研究方法始终受到学界的普遍关注和重视。"十三五"时期，我国政治学关于研究方法的研究和运用取得了显著成就，不仅推动了学科方法论的发展，获得了更为完备、系统的分析工具，也形成了清晰的方法论自觉，提高了方法运用的科学性和规范性。

第一，我国政治学研究坚持以马克思主义为根本指导，不断运用历史唯物主义、辩证唯物主义研究方法分析发展着的政治实践，不仅为准确理解、阐明政治现象，把握共产党执政规律、社会主义建设规律、人类社会发展规律提供了分析框架，加强战略思维、创新思维、辩证思维、法治思维、底线思维和系统思维的研究，也使马克思主义方法在不断的灵活运用中经受实践检验，获得发展活力。

第二，我国政治学通过长期的知识积累、学术探索和方法引介，逐渐掌握和熟悉了实证研究和规范研究、定量分析和定性分析等政治学主要研究方法，围绕研究方法本身的学术研究也日益增多。具体而言，随着学科融合的深化，政治学广泛吸收和借鉴人类学、社会学、经济学等学科的研究方法，在定性研究层面广泛使用档案文献、参与观察、精英访谈和口述史方法；在定量研究层面借鉴计算机、统计学领域的研究进展，尝试利用新技术优化统计方法、实验设计、调查方法、数学建模及博弈论，并在其最新发展的基础上推进政治学的量化研究水平。混合方法论的兴起更是标志着传统方法界限与区隔的消失，使我国政治学方法研究开辟了新的空间和发展思路。

第三，我国政治学对研究方法的运用本身也趋于科学规范，方法论自觉逐步形成。这表现在：对研究方法的使用从依靠经验直觉，转变为依托详细的研究设计；从笼统的方法表达，转变为对研究方法的具体说明；从研究方法与研究内容的浅层贴合，转化为二者的深度融合。

第四，我国政治学研究方法的快速发展，也引发了学者的方法论反思，它不仅体现为学者们围绕特定研究方法及其适用性的对话与辩论，也体现为学者们基于中国本土经验对西方研究方法的批判性反思。面对中国政治建设与发展问题，我国政治学者逐渐意识到发展独创性方法论的重要意义，这不仅是提升研究方法与中国场景适配性的必然要求，也是构建政治学的中国学派的重要内容。

六 研究领域呈现分化与融合的统一

随着社会的发展，无论是自然科学领域还是社会科学领域，其研究对象都呈现出高度的复杂性、交叉性特征，为了有效应对学术研究的新挑战，保证研究的信度与效度，各学科普遍出现了分化与融合这两种发展趋势。"十三五"时期，我国政治学的学术演化正是这两种趋势的深化和强化，它一方面带来了学术研究的专业化和专门化，另一方面也推动了政治学研究视域的不断扩展，研究方法的相互借鉴，促生了更多的学科生长点。

作为转型社会的当代中国，具有流变性、复杂性、碎片化等复合特征，这使得传统的较为宏观的学科分类形式，如政治学理论、政治哲学、政治制度、行政管理、国际政治等已经难以适应研究需要。为了准确把握分化着的研究对象、提高理论的覆盖面，我国政治学结合国情现实和学科发展规律，不断在原有分类的基础上分化出新的研究方向，例如国家治理、社会治理、政府治理和政府创新、智能化与技术伦理等。这些细化研究领域的开辟，不仅满足了我国政治学追踪发展着的中国特色社会主义政治实践的研究需求，也使得政治学学术研究的视角、理论和方法更加专业、精细，还使得研究成果在内容和形式上更为丰富、齐全，实现了发展着的学术与发展着的实践的双向强化。

政治学研究领域的融合同样是对变化着的研究对象的学理回应。社会的流动性和复杂性模糊了传统学科领域之间的界限，也超出了单一学科、单一方向的研究范畴和研究能力。在这种学术发展背景下，我国政治学不断探索从"以学科为中心"到"以问题为中心"的研究转向，围绕中国特色社会主义政治建设的重大理论和实践问题而拟定研究课题、组织研究力量、整合研究资源、综合研究方法，消解了传统学科方向之间的专业壁垒，实现了学科方向之间的深度交叉与融合。

首先，对于我国政治学而言不同领域之间的融合实际上与政治学的领域拓展是一体两面，它表现为政治学研究对象的范围扩张，对其他学科理论资源和研究方法的吸收与借鉴等，所形成的相对于传统研究方向之外的新兴领域。例如，非公企业党建、"两新"组织党建政策的深入推进使得党建研究与企业治理和社会组织管理等问题发生了学术关联；政治学对数字政府、电子政务和技术治理的研究则涉及信息技术、人工智能、区块链以及伦理困境等问题，从而勾连起政治学、信息技术、社会学和伦理学等学术领域；随着生态环境问题在国家社会经济发展中的影响日益突出，围绕这一问题而展开的政治分析构成了生态政治学的主要内容。

其次，政治学与其他学科也通过理论资源、研究方法的交流与借鉴而形成了众多交叉学科。例如，政治学通过引入经济学相关范式而形成了理性政治研究、政府经济学研究等；政治学与社会学、经济学、心理学、民族学、军事学的融合分别形成了政治社会学、政治经济学、政治心理学、民族政治学和军事政治学等。

对 CSSCI 数据库 2016—2019 年政治学学科的被引作者聚类分析验证了这一现状判断。研究结果表明，被引频次居于前列的作者和机构主要为：习近平、中共中央文献研究室、中共中央宣传部、亨廷顿、张明楷、王利明等。被引频次超过 100 的作者，广泛分布于政治学、社会学、哲学、法学等社会科学领域各学科，可见我国政治学研究具有高度的跨学科特性，积极从其他学科领域获取理论滋养、借鉴研究方法，取得了良好的研究效益（见图6）。

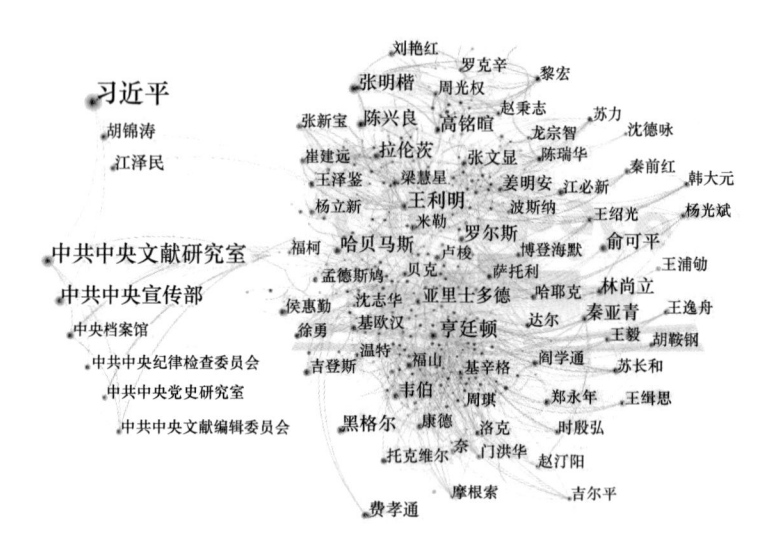

图 6 CSSCI 数据库 2016—2019 年政治学学科的被引作者聚类图谱

七 研究逐渐形成各具特色的生长点

经过 40 年的不懈发展，我国政治学已经形成了富有创造力、凝聚力和发展活力的学术共同体。在几代政治学人的共同努力下，政治学研究不仅通过持续性的知识生产和知识积累而取得了"量"的进展，也经由各教学和科研单位的团队合作形成了多元化、特色性的研究集群和多中心的政治学研究格局，从而获得了"质"的优化。这种学术研究的结构性特点使我国政治学实现了各美其美、有机联动的辩证优势，一方面，各研究团体、研究单位经过长期沉淀，形成了自身的研究专长和特色领域，共同组成了政治学研究的完整谱系；另一方面，各单位有机协调，加强沟通交流的平台建设，拓宽联系渠道，共同开展重大复合型、交叉型项目的联合学术攻坚。

在研究特色方面，政治学各研究单位的主攻方向和优势研究包括：中共中央编译局的马克思主义政治学研究，中国社会科学院政治学研究所的中国政治制度研究，北京大学的政治学理论、国家治理研究、比较政治分析、政府绩效管理研究、中国政治发展的实证研究等，中山大学的行政管理学理论、公共预算研究和区域公共管理研究，吉林大学的国家理论、政治权力理论和法政治学研究，复旦大学的政治学理论、中国政治、中国共产党和中国政党政治研究，中国人民大学的制度理论和方法、比较政治、历史政治与政治历史研究，清华大学的政治学方法论（量化分析）、大数据与计算政治学、中国政府与政治研究、比较政治研究，南开大学的政府理论研究，华中师范大学的农村政治、中国基层民主研究，南京大学的当代中国政治制度、政治学方法论研究，天津师范大学的政治文化和政治哲学研究，中国政法大学的西方政治思想史、中国政治思想史和全球治理研究，厦门大学的国家学说、公共政策研究、台湾政治研究和东南亚政治研究，华中科技大学的电子政务和模拟决策研究，云南大学的民族政治学研究，郑州大学的国际网络政治研究，浙江师范大学的非洲研究，深圳大学当代中国政治研究所的中国政治体制改革与乡镇民主研究，兰州大学地方政府绩效评估中心的绩效评估研究，暨南大学的侨务政治和政策研究等。

八 开展学术交流成为重要发展途径

学术研究作为一种特定的知识生产工作，只有在广泛的思想交流和深度的理论对话中才能获得充沛的发展活力。"十三五"时期，我国政治学一方面大力开展学界内部的交流与合作，推动学术共同体建设；另一方面坚持"开门搞研究"的基本原则，积极与国际学界开展多层次、多渠道、多形式的学术交流活动，不仅大量吸收了其他国家政治学的前沿理论、经典理论和先进方法，也以此为平台，向国际学界传播中国特色的政治学研究成果，有效提升了中国政治学学术研究的国际影响力。目前，我国政治学学术交流的主要特征包括以下几方面。

第一，内部的交流和合作机制更为健全，学术共同体建设初见成效。长期以来，我国政治学各单位依托优势研究，确立了各具特色的发展方向，彼此之间形成有机互补格局，丰富了我国政治学研究的谱系，但是这种研究特点和力量分布也使得各单位之间缺少紧密的联系，一定程度上存在各自为战的缺陷。"十三五"时期，我国政治学通过举办学术研讨会、学科建设会，搭建科研协同平台等以加强各研究单位和学者之间的交流与合作，对于提升共同体凝聚力，形成学术发展合力奠定了基础。

第二，对外交流的形式和渠道更为多元、扩展。如前所言，"十三五"时期，在国家政策支持下，我国政治学加大了对外交流的范围和力度，人员交流、国际会议、科研合作、成果引介等学术交流活动的规模和频次都有了显著提升。在人员交流层面，五年来我国政治学科大力资助教师、科研工作者和学生参加国际学术会议，进行国际访学、求学等，对于提升我国政治学人的国际视野、强化多元学术训练发挥了重要作用。同时，也邀请了大批国际知名政治学者来华讲学和访学，发挥了重要的知识引介作用。各科研单位举办国际学术会议的频次、规格也不断提升，国际影响力日益提升。

第三，对外交流的目标和宗旨更为全面、均衡。长期以来，我国政治学研究相比国际学界存在明显差距，这也使得我国政治学在一定阶段内扮演着追赶者和学习者的角色，对外交流的主要目标是追踪学术前沿，翻译和引介西方学人的最新研究成果，借鉴和吸收先进的研究方法，以提升我国政治学学术研究的整体水平。近年来，中国治理的成就和奇迹令世人瞩目，由此衍生的当代中国治理研究成为国内、国际普遍关注的"显学"，从而使我国政治学在这一特定研究领域内获得了相对西方的比较优势。因此，高度的理论自信和学术自觉推动我国政治学的对外交流逐渐从单向度的引入转为吸收与推广并重的均衡发展态势。

九 学术研究的不足之处和优化空间

第一，政治学学科划分和方向设置还存在调整空间。目前的政治学一级学科包括政治学理论、中外政治制度、科学社会主义与国际共产主义运动、中共党史（含：党的学说与党的建设）、国际政治、国际关系、外交学 7 个二级学科，这种范围设定和分类方式事实上存在如下不足：一是学科之间存在研究交叉现象，例如公共行政，一方面是政治学研究中的重要内容构成，但是在学科设置上却被纳入管理学一级学科。这种交叉现象不仅导致了相关研究方向的定位模糊，也因此造成了重复建设和资源浪费、力量分散和协同障碍等问题。二是部分研究方向尚未取得正式的学科地位，例如比较政治的学科属性仍不明确，其研究被置于"中外政治制度"的国别研究或"政治学理论"的范畴，这种模糊的定位制约了比较政治学教学和研究的深入发展。三是部分学科名称不统一，例如与公共行政研究相关的名称用法有十多种，包括公共行政学、行政学、行政管理学、公共行政管理学、行政科学、国家行政管理等，学者们大多根据个人偏好混用，在具体定名上没有达成共识。

第二，学科支撑条件的建设还需要进一步加强。一是教材体系还不够完备，目前政治学学科依托马克思主义理论研究和建设工程组织编写了覆盖主要课程的专门教材，例如政治学概论、地方政府与政治、中国政治思想史、西方政治思想史等，但仍有部分专业方向的教材尚未出版，例如党的建设、比较政治学等。二是有影响力的专业期刊仍然不足，目前政治学相关的学术发表主要分布于高校学报、综合类期刊的政治学栏目、版块以及本学科领域内的专业刊物。相比于其他学科，政治学一级学科和二级学科领域的专业刊物相对较少，尤其是缺少有国内外影响力的核心期刊。三是科研基地、研究平台之间的协同合作仍需推进。四是目前我国政治学领域的数据库等基础设施和信息化建设还存在短板，必须依托互联网和大数据技术，构建方便快捷、资源共享的政治学研究信息化平台。

第三，原创性理论供给能力相对不足。一是尚未完全跳出西方既有的政治话语与理论体系，原创性不足，适用性有限。我国政治学学术研究在相当长的一段时期内以引进西方研究成果作为"补课"的重要方式，研究内容停留在对既有研究议题的解读和阐释上，较少有超越性的反思性成果。同时，学术研究的本土性也尚未得到充分挖掘，一方面，部分学者倾向于套用西方的理论框架分析中国问题，从而出现了情景错置、水土不服问题；另一方面，基于中国经验而抽象出的独创性、有效性概念比较匮乏，例如只有"差序政府信任""依法抗争"等少数几个概念在国际政治学界得到认可，这种学术话语供给能力的短板使得我国政治学研究呈现出一种"整体性的知识短缺"。[①] 二是从本国经验中提炼的新概念、新范畴和新表述尚未形成学界共识，制约了学术交流与学术对话的有效性。部分学者还存在片面求新的问题，不仅造出了大量缺乏学术价值的"新"概念，也给不同研究之间的学术交流带来了话语隔阂。

第四，理论研究和方法研究水平还有待提升。一是我国政治学恢复重建的时间较短、起点较低，学科的理论体系和学理基础尚显薄弱，存在着范式陈旧、理论更新迟滞等问题，导致相关研究的总体水平不高，学科的

---

① 周平：《政治学构建须以知识供给为取向》，《政治学研究》2017年第5期。

基础不牢。二是我国政治学基础性研究的本土化进程刚刚启动，具备时代特色和中国特色的学术、话语体系还不健全。三是部分研究存在以政策思维取代学理思维、以咨询服务取代学术研究的问题，这种"阐释学""操作学"的研究取向，挤压了基础理论研究的发展空间，[①]导致了政治学研究的功利化和短视化。四是我国政治学方法研究由于底子薄、起步晚，与国外政治学研究相比，在方法使用上还有一定差距，例如目前我国政治学研究方法依然是规范研究和定性研究占据主导地位，经验研究和实证研究相对不足，如基于大数据分析的实证研究、计量方法、数学模型等在政治学研究中的运用比较有限。

第五，我国政治学学术研究的主体性、原创性相对较低，在对外交流中的话语竞争力比较欠缺，国际影响力还相当有限。经历40多年的建设与发展，我国政治学有了长足进步，但西方政治学学术体系、话语体系在国际上的主体性、主导性地位没有被根本动摇，我国政治学的对外学术交流仍然围绕西方的学术命题、学术思想、学术观点、学术标准、学术话语而展开，西方的话语霸权依然存在。同时，由于我国政治学部分原创性概念和话语未得到国际学界的普遍认可和接受，因此在学术交流过程中也出现了"话语"隔阂问题。

---

① 王炳权：《政治学话语体系建构的路径分析——基于"反思"的视角》，《社会科学研究》2019年第4期。

"十四五"时期政治学发展的趋势研判和重点课题

党的十九届五中全会的召开,奏响了决胜全面建成小康社会、走向全面建设社会主义现代化国家新征程的时代号角。会议及其文件不仅明确了"十四五"时期经济社会发展的近期目标,也为2035年基本实现社会主义现代化的远景目标做出了科学设计和总体部署,从而为我国政治学在新时代的中长期发展提供了基本思路和行动指南。因此,紧扣党的十九届五中全会赋予的重大命题,加强对中国特色社会主义伟大政治实践进程的系统研究,并据此进行相应的议题拓展、方法创新、学科优化等,将构成新时代中国政治学发展的主攻方向。这意味着,在研究主题上,新时代中国政治学将对中国特色社会主义事业和治国理政的巨大成就予以理论抽象和学理提炼,深刻阐发中国特色社会主义建设历史进程中党的领导优势和制度优势,深入研究国家治理与全球治理的重大命题;将以日趋成熟的理论、科学的方法、有效的策论回应我国发展环境面临的深刻复杂变化,准确识变、科学应变、主动求变,从而在中华民族伟大复兴战略全局和世界百年未有之大变局中更好地抓住机遇、应对挑战;将进一步加强前瞻性和储备性研究,助推国民经济与社会发展"十四五"规划乃至远景目标的实现,并基于亿万人民从事的中国特色社会主义事业建设、发展和改革的伟大实践,以改革创新为根本动力和重要手段,创新政治学的理论框架、分析范式、研究方法、话语体系、交流方式,实现学科建设和学术研究的高质量发展。

一 马克思主义政治学理论研究将得到进一步深化

作为中国特色哲学社会科学的支撑性学科,坚持马克思列宁主义、毛泽东思想、邓小平理论、"三个代表"重要思想、科学发展观、习近平新时代中国特色社会主义思想的指导地位，保持学术研究的社会主义方向，以发展着的理论服务于中国特色社会主义建设事业，服务于人民群众的根本利益，是我国政治学学术研究的根本遵循、价值底色和研究取向，也是我国政治学作为治国安邦之学所肩负的重大思想定向责任。在我国政治学的学术研究中，这种思想责任的承载与践行，集中体现为马克思主义政治学学术研究的推进及其成果产出。因此，为了更好地履行这一重大使命责任，我国政治学势将以马克思主义政治学理论研究为引领，将马克思主义基本原理、立场和方法贯穿于各分支学科和专业领域的学术研究之中，构建起系统性的中国特色马克思主义政治学学术体系。

第一，我国马克思主义政治学的基础理论研究将得到进一步深化。在未来的学术发展中，我国政治学将围绕马克思主义经典作家所开辟的研究领域、提出的理论命题展开深入研究，不断依据发现的新材料、掌握的新方法、构建的新视角，对经典的马克思主义政治学说进行更为深入、精准的认知和解读；也将根据国际、国内的学术进展和实践经验，对马克思主义政治学的基础理论，如国家理论、政治经济学理论、阶级理论等进行新的发展，从而保持马克思主义政治学的与时俱进。

第二，我国政治学的各分支学科和研究领域将在马克思主义的指导下获得新的发展。在未来的研究中，我国政治学者势必将马克思主义的基本原理和方法运用于对政治学理论与方法、中国和西方的政治思想、中国政治与治理、中外政治制度、比较政治的理论与方法、中国共产党与中国政党政治、交叉研究、公共行政、公共管理和公共政策等各分支学科及其具体研究领域之中，以明确研究方向、确定研究价值、形成思想观点，不仅将引领这些学科、方向的深入发展，也为构建马克思主义的相关学科体系创造条件。

第三，我国政治学必将强化对马克思主义中国化理论成果，尤其是对习近平新时代中国特色社会主义思想这一中国特色社会主义理论体系最新成果的深入研究和系统阐释。中国特色社会主义道路是实现社会主义现代化、创造人民美好生活的必由之路，中国特色社会主义理论体系是指导党和人民实现中华民族伟大复兴的正确理论。[①] 因此，一方面在既有研究的基础上，推进对邓小平理论、"三个代表"重要思想、科学发展观的深刻内涵的发掘和阐发；另一方面则紧扣中国特色社会主义进入新时代、我国社会主要矛盾发生转化的重大历史背景，不断强化对中国特色社会主义理论体系的最新成果——习近平新时代中国特色社会主义思想的深入研究，必将构成我国马克思主义政治学研究的重要内容。

二 政治学学术研究发展要求将推动学科结构优化

学科作为学术研究的基本承载，其内在结构和领域划分情况不仅限定了各分支的具体研究内容，也影响了学科整体的覆盖范围和研究能力。总体来看，未来我国政治学将按照中国特色、世界一流的标准展开中国特色政治学科体系的深入研究，而学科结构的优化将体现为学科方向的重组与整合。

第一，我国政治学研究领域的完善要求将促成学科专业的调整，其中主要涉及党的建设、公共行政和比较政治学三个领域。如前文所言，目前关于党的建设研究同时存在于政治学一级学科和马克思主义理论一级学科之中，未来的发展必将根据具体的研究需要和学科属性明确二者的研究定位，以科学研判这一研究领域的整合或分化发展模式。公共行政学是研究国家治权体系结构和运行的专业方向，因此是政治学研究的有机组成部分，在未来的发展中，公共行政的研究领域和行政管理的专业方向，必然将回归政治学的专业范畴。比较政治是我国政治学研究的重要领域，但在当前的学科目录中还未获得单独的二级学科地位，不利于组织和整合专业研究力量，推进比较政治研究的深入发展。在现有的改革尝试中，北京大学政治学学科已将中外政治制度专业调整为中国政治和比较政治学方向，取得了良好的效果，在未来的发展中，势将有更多的政治学学科点进行相应的发展探索，乃至进一步促成学科专业目录的调整。

---

① 习近平：《决胜全面建成小康社会　夺取新时代中国特色社会主义伟大胜利——在中国共产党第十九次全国代表大会上的报告》，人民出版社2017年版，第16—17页。

第二,我国政治学研究由学科导向向问题导向的转变,使得交叉研究不断兴起,进一步对政治学学科结构提出了调整和优化的要求。当前,我国政治学学科点普遍结合自身研究优势,自主设置了二级学科,例如公共政策、地方政府、区域国别研究、政治哲学、政府经济学、国际公共管理、民族政治与公共行政等,有效提升了学科设置的灵活性。在未来的发展中,我国政治学学科点势将进一步运用自主权限,打造新兴的专业方向,为学术研究提供更为广阔的探索空间。

三 理论创新使命将促成主体性原创性研究大发展

"十四五"时期,我国政治学学术研究必将进一步增强创新意识和创新能力,进一步深入开展中国特色的政治学学科体系、学术体系和话语体系研究,以在构建主体性、原创性理论方面取得新的进展和突破。

第一,在改革发展的实践中发现新问题、提出新观点、构建和检验新理论势将成为我国政治学理论创新的主要方式。我国政治学的理论研究是对发展着的中国特色社会主义政治实践及其成就的学术呈现和学理阐述,在未来的研究中,我国政治学必将基于党领导亿万人民治理国家的伟大实践,基于我国政治建设的社会、经济、文化背景和特定时空场景,基于中国特色社会主义政治发展的深层逻辑,不断提出新的概念、理念和命题,构建出具有中国特色、中国风格和中国气派的理论创新成果,并在发展着的实践中进行检验、修正和证明。

第二,推动我国优秀传统文化、政治思想、政治哲学的创造性转换、创新性发展,并依据国家治理现代化的实践取向予以继承、扬弃和发展,势将成为我国政治学理论创新的重要路径。在未来的理论研究中,我国政治学一方面将会结合当代社会的具体情势,探索促成优秀传统文化创造性转化的路径和机制,实现传统与现代的有机融通,积极履行文化传承的学术使命;另一方面将围绕推进国家治理现代化的现实关怀,在系统梳理和提炼优秀传统文化中的治道和政道思想学说的基础上,发掘有利于古为今用、指导当下的传统实践智慧,从而实现优秀传统文化的创新性发展与构建中国特色政治学理论研究的双向强化与有机统一。

第三，对中国特色社会主义政治建设实践和发展道路的提炼、概括和阐释将成为我国政治学理论创新的重要内容和基本形式。新中国成立 70 年来，依托中国特色社会主义制度优势，党领导中国人民创造了经济快速发展奇迹和社会长期稳定奇迹。对这种制度体系和实践历程进行深入的政治学分析，对制度优势转化为治理效能的机理原理进行深刻的学理阐释，势将成为我国政治学未来理论创新的重要内容。目前，围绕我国的政治实践已经形成了诸如中国道路、中国模式、国家治理体系和治理能力现代化、社会主义民主政治、社会主义协商民主、中国特色社会主义法治体系、社会主义核心价值观、社会主义和谐社会、生态文明建设、社会治理共同体、国家治理效能、总体国家安全观、人类命运共同体、"一带一路"倡议等主体性和原创性概念和理论，在未来的发展中，在这些概念和理论的基础上，进一步增加标识性概念和理论内涵供给，将继续成为我国政治学学术研究的重点和热点。

第四，立足中国、走向世界势将成为我国政治学理论创新的评价标准和价值取向。在未来的发展中，我国政治学必将立足本国经验，提出具有中国特色、中国风格、中国气派的原创理论，并确保其在学理上既具有针对中国问题、中国现象的特殊解释力，又具有对世界政治发展的一般性启示；在价值上既坚持人民至上，以促进人民的根本利益为价值依归，又突出本土理论的世界意义，在全面总结和提炼中国实践经验的基础上为解决世界性问题提供思路和办法，为推进全人类的发展和福祉贡献中国方案、中国智慧和中国价值。在未来的研究中，我国政治学必将以博大的视野和关怀，打造原创性的理论体系，不断走向世界，形成世界一流的学术成果，并以强有力的解释力和说服力，打破西方学术体系的话语霸权，使中国学术声音得到更为广泛的传播，使中国学术的国际影响力进一步提升。

四　政治学的长效发展需求将进一步拉动基础研究

如前文所言，基础性研究是政治学长效发展的核心动力，因此，在"十四五"时期乃至更为久远的未来，我国政治学基础性研究必将得到进一步充实和优化提升，其发展轨迹和基本态势主要会表现为以下几方面。

第一,基础理论研究将会更为深化、细化。无论是传统理论研究,如国家理论、民主理论、政党理论和权力理论等,还是基础理论研究,包括中西政治思想和中外政治制度的研究,抑或是新兴研究领域,如比较政治学等,都会以其特有的理论特性、问题意识回应中国和世界发展的"百年未有之大变局",以及中国特色社会主义政治和治国理政的实践历程,不断在接收新的时代讯息,观察新的实践素材的基础上聚焦更为多元、细致的主题和命题,构建更为专业、深入的研究范式、分析框架和理论体系。

第二,现实对策研究的理论基础将会强化。我国政治学的对策研究主要依托公共行政、公共政策和公共管理学科,长期以来,这些研究方向因缺乏成熟的中国政治学研究范式、学术体系和话语体系,而依赖政治学其他分支学科的理论供给和知识生产,自身的学科定位并不明晰。随着这些学科学术自主性的不断增长,理论引介、方法引入和知识整合工作的持续推进,其学科专属的理论体系也将逐步成型,并形成理论与实践的有机联动机制,在现实对策研究的深入展开中为其理论发展提供强劲动力。

第三,学科发展的基础建设将会不断推进。政治学学术基础建设将集中于:首先,系统性的知识整理和回顾工作将会深入展开。例如北京大学的《政治通鉴》工程预计将每年出版2辑,每辑10个条目,50万字左右。北京大学政治学系开展的学科史研究也将进一步延伸视野,加快对我国政治学完整发展历程的考察和梳理。其次,基础学术设施建设将取得显著进展。例如,随着大数据和信息技术的发展,我国政治学学术文献的电子化工程将会实施,各类案例库、数据库和文献库等的存储量将大为增长,也会在数据共享、数据开放层面不断推进,从而为学术研究提供坚实的技术支撑。

五 治国安邦的现实关怀将驱动对策研究不断强化

我国政治学研究的现实关怀,集中体现为以不断强化和拓展着的对策研究,为有效化解发展难题、应对治理困境、增强前进动力提供学术支撑和智力支持。

总体来说,在当前和未来相当长的一段历史时期内,在实现"两个一百年"奋斗目标、实现中华民族伟大复兴的中国梦的历史征程中,我国社会面临着主要矛盾与次要矛盾、现实风险与潜在风险、短期挑战与长期困难相并立的复杂形势,具体体现为:在思想价值领域,社会思想观念和价值取向日趋活跃和多元化,主流和非主流同时并存,迫切需要就巩固马克思主义在意识形态领域的指导地位,培育和践行社会主义核心价值观,强化全党全国各族人民团结奋斗的共同思想基础进行对策研究;在经济发展领域,随着经济发展进入新常态、国际发展环境深刻变化的新形势,迫切需要就贯彻落实新发展理念,加快实现政府职能转变,建设服务型政府等进行对策研究;在社会发展领域,还存在不平衡不充分的发展问题,阶层差距进一步拉大,迫切需要就满足人民日益增长的美好生活需要,保障和改善民生、促进社会公平正义,提升人民获得感和幸福感进行对策研究;在政治发展和国家治理领域,面对新时代、新时期、新形势和新情况,迫切需要就坚持和完善中国特色社会主义制度,推进国家治理体系和治理能力现代化展开深入学理研究,围绕国家治理效能、社会主义民主法治、社会公平正义、国家行政体系、政府职能、行政效率和公信力、社会治理现代化、防范化解重大风险体制机制、突发公共事件应急能力、自然灾害防御水平、发展安全等进行理论、战略和对策研究;在党的建设领域,面对全面从严治党进入重要阶段、党面临的风险和考验集中显现的新形势,迫切需要就不断提高党的领导水平和执政水平、增强拒腐防变和抵御风险能力进行对策研究;在对外交往领域,面对世界范围内各种思想文化交流交融交锋的新形势,迫切需要就加快建设社会主义文化强国、增强文化软实力、提高我国在国际上的话语权进行对策研究。凡此种种,都是我国社会主义现代化建设过程中的重大迫切问题,都需要我国政治学承担政治使命,予以对策回应。

六 研究方法改进需求将不断规范方法研究和运用

根据我国政治学方法研究的长期态势,结合"十三五"时期相关研究的积极进展,在未来的发展中,我国政治学研究方法将呈现出马克思主义政治学方法研究的进一步强化,方法论探讨和反思更为深化,研究方法的具体使用更为综合、规范，新技术应用更为普遍等发展走向和总体趋势。

第一，马克思主义作为我国政治学学术研究的指导思想，决定了我国政治学学术发展的正确方向和核心使命，马克思主义政治学研究方法则是确保研究准确性、科学性的方法论基础和有效分析工具。只有充分掌握和熟练使用马克思主义历史唯物主义方法，才能在"百年未有之大变局"中准确判明历史大势和时代潮流，阐明人类社会的发展规律；只有充分运用马克思主义唯物辩证法，才能在变动不居的社会结构中，在纷繁复杂的社会事实中，在政治现象的普遍联系中，在政治关系的对立统一中，科学地认识世界，积极地改变世界，才能更好地制定行动战略、政策方案和实施策略，维护好、发展好人民利益，实现人的自由而全面的发展，为推进全人类的共同福祉而贡献力量。因此，在未来的发展中，我国政治学将深入开展对马克思主义研究方法的研究，以提升使用相关方法解释和解决问题的能力。

第二，我国政治学将在国内交流和国际对话的基础上，对方法论问题展开更为丰富的讨论和反思：一是以马克思主义政治学研究方法为主体，观照西方政治学方法的效用和限度，尤其是以马克思主义的人的本质学说检视西方方法论的人性预设以及西方研究方法的机械唯物论、形而上学本质。二是以中国特色的实践经验为参照，反思西方研究范式方法在中国情境中的不足与短板，探索外域研究方法本土转化，以及立足本土经验构建中国特色的研究方法的可行性和可能性。三是在本土性与世界性的辩证关系层面，反思本土概念体系和话语体系的国际化问题，尤其是要围绕相关概念形成学术共识，确保其得到国际学界的理解和认可。

第三，我国政治学学术研究将会坚持问题导向和科学取向，根据研究需要，选择和综合使用与研究对象相适配的分析工具，不断推动研究方法运用的规范性、严谨性。目前量化分析还存在数据规范研究不规范、实证研究不实证的问题，例如论证和解读不规范、不合理，甚至有的研究会通过数据倒推出"故事"，裁剪数据、漠视或忽视事件背景，让数据服务于故事，以手段替代方法；还有的研究通过各种数据或方法，提炼伪命题，得出各种似是而非的结论。[①] 在未来的发展中，我国政治学研究中的规范研

---

① 蔡永顺：《政治学与中国研究》，《学海》2018年第1期。

究会继续保持强势地位，经验研究和实证研究比例会进一步上升，定性研究的科学化水平会不断发展，[①] 混合研究方法将更受重视。

第四，我国政治学学术研究也将紧跟技术前沿，将各学科、各领域的最新研究成果纳入不断发展、更新着的研究方法工具库。例如，大数据、云计算和人工智能技术的兴起，不断为政治学研究方法提供新的分析工具，大数据、云计算和人工智能方法在社会科学研究领域的应用使社会科学研究正在经历从定性研究、定量研究、仿真研究向大数据研究的第四研究范式转型，突破了传统社会科学研究目标弱化、学科学派对立、有限数据质量和统计偏误等的局限性，重建了社会科学预测的可能性。[②] 同时，统计方法和调查方法等也在不断更新，一些新技术的应用，有效提高了问卷调查的信度和效度。

七　不断增长的研究需求将推进政治学的系统研究

如前所言，各学科的学术研究和资源布局普遍出现了由传统的以学科、专业为中心向以问题为中心的转化，这种新文科研究取向的出现，有利于打破学科、专业壁垒，实现超领域、跨学科的研究力量整合。因此，在我国政治学的未来研究中，系统性将成为不断深化、拓展的发展趋势和研究取向，它意味着视角的全面性、过程的统一性、主体的联动性、思维的综合性、层次的复合性以及领域的交融性，必将推动建立起全方位、全领域、全要素的理论体系。

第一，我国政治学学术研究将在唯物辩证思维的指导下，推进政治结构和政治过程的一体化分析。政治学学术研究的专业化趋势一方面提升了研究的精细化和深入化水平，也在事实上造成了政治结构、政治过程等各个维度和环节的分解与割裂。在未来的研究中，我国政治学将遵循马克思主义的辩证统一思维，重视不同政治主体、要素、成分、现象之间的普遍联系，在辩证关系中探寻政治现象的因果机制、互动规律和发展思路。在

[①] 陈周旺：《中国政治学的知识交锋及其出路》，《政治学研究》2017年第5期。

[②] 米加宁、章昌平、李大宇、林涛：《第四研究范式：大数据驱动的社会科学研究转型》，《学海》2018年第2期。

未来的研究中，我国政治学也会重视过程层面的有机连贯，例如在过程分析的基础上，全面考察制度设计、政策制定、决策执行、评估与反馈等各个环节，以体悟中国国家治理的制度优越之所在。

第二，我国政治学学术研究将在复合性思维的指导下，强化对不同分析层面的综合把握。政治学分析层次的划分，不仅体现为宏观、中观和微观的视野分殊，也表现为理论与实践、制度与价值、历史与现实、本土与国际、战略与政策、结构与行为的分野。在未来的研究中，我国政治学将进一步推进不同分析层面的贴合与贯通，不仅研究宏观的制度体系、制度变迁，也会分析中观的制度运行、政策过程、组织机理，还会考察微观的政治心理、政治行为，并着重研究三者的辩证互动所产生的政治效应。

第三，我国政治学学术研究将在交融性思维的引导下，加快不同学科、领域之间的交叉研究。以问题为中心的研究取向对理论资源、分析路径、研究方法、研究视角等提出更高的要求，我国政治学的学科交叉以及跨学科研究趋势将会随之不断推进，其不仅体现为政治心理学、政治社会学、民族政治学等交叉领域的研究成果更为丰富，也体现为大数据、云计算和人工智能背景下的计算政治学、计算政策学、计算治理学等新兴领域的大量涌现，还体现为政治学对社会学、经济学、哲学以及统计学、计算科学、信息技术、机器学习等专业领域新技术的引介和借鉴。

第四，我国政治学学术研究将在联动性思维的指导下，推动学术共同体内部的交流与合作。在未来的研究中，我国政治学势必将在问题导向的驱动下，积极开展联合科研、集体攻坚，并形成稳定的资源共享、智慧共享和成果共享机制，必将使我国政治学学术共同体和科研平台的联动优势得以充分释放。

八　世界一流建设目标将有效激励对外交流与合作

党的十八大以来，中共中央、国务院对新时期我国高等教育重点建设做出战略部署，明确了建设"世界一流大学和一流学科"的发展目标和总体方案，为包括政治学在内的各学科体系建设指明了前进方向，为进一步推进国际化发展注入了强劲动力。"十四五"时期，我国政治学学术研究将坚持中国特色、世界一流为核心，不断强化和深化对外交流与合作，以向世界传递中国声音、展示中国特色社会主义建设成就为己任，致力于让世界了解和理解政治学中的中国和中国的政治学。

"十四五"时期，随着国家政策支持的持续提升、投入力度的不断加大，我国政治学将进一步开展多层次、多渠道、多样式的对外交流。其中在对外交流方式上，这种发展趋势主要体现在：更多由学者个体间的交流发展为国内外高校、研究机构和公共部门之间的大规模、组织化交流；更多由短期内的交流形式，如学术会议、专家讲座等发展为长期化、制度性的交流形式，如联合开展科研项目、成立研究机构、组织学术团队合作攻坚等。同时，在对外交流的格局上，当前还存在着分散化、不均衡的特点，例如高校、研究机构的平台层次、学术资源、所处地域等因素高度影响政治学学科点对外交流的能力、水平和范围，从而使我国政治学对外交流呈现出传统的"985""211"建设平台领先于普通高校平台，"双一流"建设学科领先于非"双一流"建设学科，东部高校领先于中西部高校的总体态势。在未来的发展中，随着国家政策扶持力度的不断提升、各研究单位科研条件的不断优化，我国政治学学术研究的对外交流格局将更为扩展与均衡，与各国、国际政治学学术机构和组织的合作也将不断紧密，从而为进一步提高我国政治学学术发展水平和国际影响力奠定坚实基础。

在对外交流的内容和目标上，我国政治学将从更为注重成果引介发展为更为注重成果输出，从单向引入发展为双向互动，从主要研究和关注西方议题发展为构建中国本土研究议题。尤其是随着社会主义市场经济、民主政治、先进文化、和谐社会、生态文明以及党的执政能力建设取得重要成就，国家治理的中国智慧和中国理论逐渐为世界所瞩目，在这种背景下，我国政治建设和发展的理论形态，如中国优秀传统治理思想要素、中国治理法理、中国治理机理、中国制度体系、中国特色社会主义民主样式、意识形态等，不仅成为我国政治学学术研究对外交流的主要议题和内容，也将成为国际学界主动关注和研究的热点。这种主体性地位、原创性理论的发展，将成为我国政治学对外交流演化的总体趋势，也将加快我国政治学建设世界一流学科的步伐。

九 "十四五"时期学术研究前沿领域和重点课题

根据党的十九届五中全会决议精神,结合中国特色社会主义政治发展战略、政治学学术发展的一般规律以及我国政治学学术研究的当前状况、薄弱环节、肩负责任,基于对我国政治学研究未来趋势的科学研判,现将我国政治学"十四五"时期的重点领域和重大课题拟设为以下方面。

(一) 中国特色社会主义政治学学科体系、学术体系和话语体系构建研究

为全面提升我国政治学学术研究水平,提炼和构造同我国综合国力和国际地位相称的学术命题、学术思想、学术观点、学术标准和学术话语,本课题旨在围绕我国政治学建设和发展的核心使命、基本思路、关键路径和实现机制等,构建中国特色社会主义政治学学科体系、学术体系和话语体系,彰显政治学研究的中国特色、中国风格、中国气派。

(二) 习近平新时代中国特色社会主义思想研究

习近平新时代中国特色社会主义思想,作为马克思主义中国化最新成果,是全党全国人民为实现中华民族伟大复兴而奋斗的行动指南,具有丰富而深刻的实践意义和理论意涵。本课题旨在围绕习近平新时代中国特色社会主义思想中的政治、经济、文化、党建、生态文明、贫困治理和全球治理等内容,展开深入、系统的重大专题研究和总体研究,以深化对这一思想的认知和阐释。

(三) 中国特色社会主义政治建设的理论和经验研究

新中国成立 70 年来,党领导人民沿着中国特色社会主义政治发展道路,实现了经济快速发展和社会长期稳定的两大奇迹,形成了国家治理的中国模式。对这种既继承本国优秀历史传统又符合社会主义发展规律的现代化道路的理论研究和经验总结,不仅为坚定"四个自信"提供了坚实的理论注脚,也为向世界展示中国智慧和中国方案提供了理论支撑。本课题

的研究重点在于全面阐述中国特色社会主义政治建设和发展道路的具体成就，分析发展成就的体制机制根源，以及二者之间的微观转化和实现机制。

（四）中国新型政党制度及其世界意义研究

习近平总书记指出，中国共产党领导的多党合作和政治协商制度作为中国的一项基本政治制度，是中国共产党、中国人民和各民主党派、无党派人士的伟大政治创造，是从中国土壤中生长出来的新型政党制度。这种政党制度的中国方案，超出了西方政党理论和民主理论的传统认知，在理论与实践层面实现了对西方制度双重超越，也为广大发展中国家提供了一条不同于西方模式的政党建设思路。本课题的研究重点是在学理上阐明中国特色新型政党制度的历史渊源、发展历程、具体内涵，并明确其实践中的制度优势、发展趋势，进而呈现其广泛而深远的世界意义。

（五）中国传统优秀文化的创造性转化和创新性发展研究

作为源远流长的文明古国，中国具有深厚的传统优秀文化根基，中国传统优秀文化是包括政治建设在内的中国特色社会主义现代化事业的重要思想资源和精神内核。本课题围绕文化传承和现实关怀的双重宗旨，重点探讨中国传统优秀文化创造性转化和创新性发展的实现路径与实施方案，以激活和释放其蓬勃的生命力，推动其与当代文化相适应、与现代社会相协调，更好滋养中国发展的历史进程。

（六）新时代坚持和健全总揽全局、协调各方的党的领导制度体系研究

党的十九大报告明确指出，中国特色社会主义最本质的特征是中国共产党领导，中国特色社会主义制度的最大优势是中国共产党的领导。本课题旨在探讨新时代加强党的全面领导的基本内涵、要素与特征，以及实施路径和实现机制等核心议题，为巩固和强化中国共产党总揽全局、协调各方的领导核心地位和领导能力提供学理支撑。

（七）新时代建立健全党的各方面建设的体制机制研究

加强党的各方面建设，是保障和提升党领导能力、执政本领的前提和

基础。本课题重点设计全面从严治党新问题、新经验研究，不断提高党的政治建设实效性研究，有效提高党的建设质量研究，干部人事制度改革研究，提高党员干部教育培训实效性研究，基层党建创新研究，适应百年大党要求的党员规模和党员质量研究，应对现代化考验的城市基层党建问题研究，纪律建设新情况、新问题研究，深化党内法规学理化、系统化、专题化研究，应对重大突发事件的党组织和党员发挥作用体制机制研究，党员干部增强危机意识、树立底线思维和党面临的执政风险研究等专项研究主题，为建立健全党的各方面建设的体制机制提供思路。

（八）推进国家治理体系与治理能力现代化，开启全面建设社会主义现代化国家新征程的理论研究

推进国家治理体系与治理能力现代化是全面深化改革的总目标，也是我国社会主义现代化建设的重要构成，因此是我国政治学学术研究的焦点领域。本课题的研究重点是探讨国家治理体系与治理能力现代化的基本内涵、要素与特征，阐释我国推进国家治理体系与治理能力现代化的路径和机制，为推动国家治理实践的优化发展提供理论支撑。

（九）把中国政治制度优势更好地转化为国家治理的政治效能的途径和机制研究

党的十九届四中全会决议明确了中国特色社会主义制度体系的优势所在，全面回答了在我国国家制度和国家治理体系上应该"坚持和巩固什么、完善和发展什么"这个重大政治问题，提出了把我国制度优势更好地转化为国家治理效能的发展目标和关键任务。作为对国家实践需求的理论回应，本课题聚焦我国政治制度优势的具体内涵，明确国家治理的政治效能的形式与实质，并着重探究二者之间因果关联的内在机制。

（十）党政机构改革背景下的政府职能转变和有为政府建设研究

党的十九届三中全会做出了深化党和国家机构改革的决策部署，力图构建系统完备、科学规范、运行高效的党和国家机构职能体系。本课题紧扣与推进党和国家机构设置、职能配置及统筹推进"五位一体"总体布局、协调推进"四个全面"战略布局，实现国家治理体系和治理能

力现代化的要求相适应的发展思路，重点研究保障和强化党的全面领导的体制机制设计，优化党政机构职责、权限的实施路径，"放管服"改革与优化营商环境，政务服务、公共服务、社会服务体制机制构建，有为政府建设、法治政府建设、政府公信力建设，中央与地方关系创新等关键问题。

（十一）新兴技术发展与国家制度变革研究

当前，以5G网络、人工智能、大数据等为代表的新兴技术，为国家治理带来了前所未有的机遇与挑战。本课题重点围绕新兴技术变革对传统政治制度的影响形式，着力探讨新兴技术背景下国家、政府、政党、公民等多元政治主体的行为模式及其关系变化，研判和阐明各层次国家制度变革的路径和方向，从而推进新技术时代政治学理论的发展与创新，更好地回应现实政治的实践需求。

（十二）新时代优化基本公共服务体系，推进共建共治共享的社会治理体系，提升人民获得感、幸福感、安全感的路径研究

中国特色社会主义进入新时代，我国社会主要矛盾已经转化为人民日益增长的美好生活需要和不平衡不充分的发展之间的矛盾，坚持在发展中保障和改善民生，实现发展成果由人民共享是党和国家对人民的庄严承诺。本课题着力研究新时代促进社会公平正义、增进民生福祉、维护社会安全、优化居住环境的基本公共服务体系和社会治理格局的构建和优化路径，为坚持以人民为中心的发展理念，持续提升人民获得感、幸福感和安全感贡献智力成果。

（十三）相对贫困长效治理机制构建与中国特色社会主义乡村振兴战略有效衔接问题研究

2020年是全面打赢脱贫攻坚战的收官之年，我国的绝对贫困得到彻底消除，但相对贫困问题仍将长期存在，并成为制约我国经济社会进一步发展的结构性障碍，这使得构建科学高效的相对贫困治理长效机制成为今后改善民生、扶贫减贫的着力点。本课题围绕构建相对贫困治理的长效机制的理论关怀，重点对相对贫困治理长效机制的核心构成、建设难点、实施路径等进行深入研究,并对乡村振兴战略与相对贫困治理长效机制有效对接的可行性、可能性问题进行分析和探索。

(十四)生态环境保护与协同治理的体制机制研究

生态文明建设是新时代"五位一体"总体布局的重要组成部分,是创新发展理念、实现可持续发展的必由之路。本课题旨在探讨生态环境问题对政治生活领域的挑战与冲击,明确生态环境保护和生态文明建设的内涵、要素和意义,并准确诊断环境治理和生态文明建设中的主体协同梗阻和功能障碍,并在充分分析政治主体应对生态环境问题的行为规范、责任的基础上,为建立健全有效协同的生态环境保护体系提供有效的体制机制建设思路和方案。

(十五)建立健全网络综合治理的体制机制研究

随着信息技术的不断发展和生活方式的快速变革,网络空间日益成为重要的政治表达、政治参与和政治行动的平台和场域。网络所具有的去中心化、即时性、相对匿名性等特征,不仅为政治发展提供了重要契机和支持,也形塑了网民的政治心理和政治文化,还对政治秩序本身形成了一定挑战,造成了部分违法和非法乱象。本课题旨在对网络空间的结构特征进行全方位的分析和阐释,在此基础上,考察网络综合治理体制机制的具体内容和多维构成,并提出建立健全的实现路径和实施方式。

(十六)防范化解重大风险与突发事件应急管理的体制机制研究

当代中国正处于现代化转型的关键时期,各种公共安全突发事件层出不穷,对国家发展、社会秩序、人民生活构成了严峻挑战,当前时期,防范化解各类重大风险已经成为国家高度关注的重要领域,也构成了我国政治学和公共管理学学术研究的重点和热点。本课题以构建统一指挥、专常兼备、反应灵敏、上下联动的中国特色应急管理体制机制,提升风险治理、灾害管理能力为主线,加强对应急管理体制机制、应急管理能力、应急准备、应急指挥、应急问责和灾害恢复等应急管理全过程的深入研究,为攻克应急管理中的科学问题和技术难题提供理论支撑和智力支持。

（十七）铸牢中华民族共同体意识的体制机制研究

党的十八大以来，习近平总书记着眼于新时代民族团结进步事业新发展，创造性地提出"铸牢中华民族共同体意识"的重大命题，为新时代民族工作指明了前进方向和行动指南。本课题以铸牢中华民族共同体意识的体制机制为理论主题和策论指向，重点研究相关的制度体系、政策体系、文化思想和心理机制的内涵和形式，对这些体制机制的现实效能进行总体评估，并在此基础上提出不断调适、优化的思路和建议。

（十八）全球化时代国家安全与国家认同理论研究

全球化时代，人口、资源的跨国流动性，思想观念和价值立场的多元化显著增强，对国家安全和国家认同造成了强烈冲击和严峻挑战。本课题旨在对全球化时代国家安全与国家认同面临的现实威胁和风险进行细致分析和科学研判，阐明全球化时代国家安全与国家认同的基本内涵、特征和功能，维护国家安全、强化国家认同的体制机制设计思路，并为推进全球化时代国家安全与国家认同研究的理论发展与创新提供本土经验和比较视野。

（十九）服务于国家对外战略需要的区域和国别政治研究

该课题的出发点在于根据国家对外战略需要，如深入推进"一带一路"倡议等，加强对相关国家和地区，尤其是既有研究关注较少的东南亚、中东欧、大洋洲以及拉美国家和地区的政治学研究。研究重点在于全面呈现相关国家的政治历程、政治结构及其运行机理。

（二十）民粹主义与西方国家民主制度危机研究

当前西方国家普遍出现了民粹主义崛起的政治现象，对既有政治秩序产生了剧烈的冲击和挑战，民粹主义与西方民主制度的暧昧关系，使得西方民主制度深陷内在的结构性困境。本课题旨在跟踪西方社会的政治激变，通过对西方代议制民主制度的悖论、西方建制派政党的缺陷、民粹主义政党的类型、选举制度与民粹主义之间的关系调适等课题的研究，为认识西方、理解西方和超越西方的民主困境奠定理论基础。

总审稿人	王浦劬					
执 笔 人	王浦劬	周光辉	祝灵君	葛荃	高健	徐勇
	朱光磊	张桂林	杨光斌	陈明明	高小平	陈振明
	周平	马骏				
参 加 人	汤彬	许艳	王京京	殷冬水	林奇富	赫泉玲
	彭斌	郑寰	张博	郑琦	张蔚	王玉柳
	吕品	张弛	马丽	陶元浩	李丹青	王可卿
	熊阿俊	任敏	贾景峰	贾乾初	佟德志	刘训练
	高景柱	陈军亚	张大维	贾义猛	郭道久	季乃礼
	徐明强	陈璐	候绪杰	黄雅卓	刘亚强	路旖帆
	裴新伟	申程仁	伊文静	吴涵博	诸冰璐	庞金友
	何涛	付语嫣	崔欣怡	韩冬临	李松	臧雷振
	刘超	张冰倩	林荣全	陈昭	魏景容	白利友
	韩定祥	孙保全	刘军强	王秋石	岳经纶	朱亚鹏
	叶林	郑跃平				

中国特色哲学社会科学发展报告

"十三五"回顾与"十四五"展望

中 卷

全国哲学社会科学工作办公室 编

中国社会科学出版社

中　卷

◎ 法学 / 535
◎ 社会学 / 599
◎ 人口学 / 663
◎ 民族学 / 727
◎ 国际问题研究 / 799
◎ 中国历史 / 901
◎ 世界历史 / 997
◎ 考古学 / 1059
◎ 宗教学 / 1137

法　学

"十三五"时期法学学科主要标志性研究成果

一 习近平法治思想研究

马克思主义法治理论中国化经历了多次历史性飞跃,创立形成了三大理论成果,分别是毛泽东思想法治理论,邓小平理论、"三个代表"重要思想、科学发展观的法治理论,习近平法治思想。

习近平同志在长期的领导实践中始终关注法治、研究法治、践行法治,一以贯之地推进依法治县、依法治市、依法治省、依法治国,特别是党的十八大以来,领导党和人民全面依法治国、建设法治中国,在坚持和发展中国特色社会主义伟大实践中创立并不断丰富发展了习近平法治思想。

中国法学界深入开展"习近平法治思想"的政理法理哲理研究,发表相关学术论文2000余篇,其中核心期刊论文500余篇。中央马克思主义理论研究和建设工程重点教材《法理学》、教育部国家精品教材《法理学》在修订出版过程中,全面贯彻、有机融入习近平法治思想,有力推动了习近平法治思想进教材、进课堂、进头脑。

"习近平法治思想"研究的鲜明特色和学科创新主要体现在:

(1)全面梳理了习近平同志自1982年以来在依法治理实践中形成发展,在继承毛泽东思想法治理论、中国特色社会主义法治理论中创立的习近平法治思想的理论逻辑。

(2)科学阐释了习近平法治思想的实践逻辑、理论逻辑和历史逻辑,注重学理性建构,将习近平总书记有关法治重要论述中的政治话语、工作话语、实践话语有机转化为理论话语、学术话语。

(3)精准提炼了习近平法治思想的时代特征和鲜明特色,即以人民为中心的政治立场、奉法强国的坚定信念、守正创新的理论品格、求真务实的实践理性、统筹全局的系统观念、精准练达的辩证方法、尊法据理的法治思维。

此外，还研究了习近平法治思想的理论体系和实践伟力。

二 国家制度、国家治理与法治研究

党的十八届三中全会确立了全面深化改革的总目标，即坚持和完善中国特色社会主义制度、推进国家治理体系和治理能力现代化。中国法学界普遍认为，国家制度建设、国家治理体系和治理能力现代化是新时代法学研究的重大任务，并系统开展了国家制度、国家治理与法治研究。

（一）凝练了国家制度建设和国家治理现代化的五个核心命题

国家制度建设和国家治理现代化的五个核心命题，即"坚持和完善中国特色社会主义制度、推进国家治理体系和治理能力现代化""中国特色社会主义制度是人类制度文明史上的伟大创造""中国共产党的领导是中国特色社会主义制度的最大优势""突出坚持和完善支撑中国特色社会主义制度的根本制度、基本制度、重要制度""在法治轨道上推进国家治理体系和治理能力现代化"。

（二）深入阐释了"中国共产党的领导是中国特色社会主义制度的最大优势"这一命题的法理基础

党的领导优势集中体现在党的性质优势、宗旨优势、组织优势、理论优势、制度优势、治党优势。把党的领导贯彻到依法治国全过程和各方面，是我国社会主义法治建设的基本经验。

（三）对"中国之制"到"中国之治"的辩证关系做了理论论证

中国特色社会主义法治体系是中国特色社会主义制度的法律表现形式，宪法是国家制度体系和国家治理体系的法律底座。"中国之制"引领"中国之治"奇迹，"中国之治"推动"中国之制"完善。

（四）对法治是国家治理的基本方式做了深入阐述

法治是国家治理体系和治理能力的重要依托，是国家的核心竞争力。

中国特色社会主义法治的核心要义是良法善治，中国特色社会主义法治为国家治理注入了良法的基本价值、提供了善治的创新机制。

三　法治中国的法理基础研究

党的十八大以来，法治中国建设取得巨大成就、彰显制度优势、成就中国奇迹，实现了从法制到法治、从依法治国到全面依法治国、从建设"法治国家"到建设"法治中国"的历史转变。中国法学界深入研究法治中国建设的法理基础，提出了"以法理作为法理学的中心主题和法学的共同关注"，倡导发起了"法理研究行动计划"，对法治中国的法理基础做了具有独创性的深入研究。

第一，提出法理是法治中国的精神内核，是法学体系的核心概念。当代中国要实现"良法善治"，就要开展"法理研究"，凝聚"法理共识"。

第二，深入研究中国特色社会主义法律规范体系的法理基础。对公法、私法、经济法、知识产权法、家事法、环境法、国际法等部门法的法理进行了全面系统的研究，初步构建起了中国特色法理体系。

第三，系统研究中国特色社会主义法治体系的法理基础。中国特色社会主义法治体系是推进全面依法治国的总目标和总抓手，也构成当代中国法治理论的基石范畴和核心概念，对中国法治建设实践具有现实的解释力、科学的穿透力和理论的整合力。

第四，提出法理思维的概念，对法律思维、法治思维和法理思维的辩证关系做了深入论证。法律思维关注法的规范性，法治思维关心法的合法性，法理思维关切法的正当性，它们共同构成了新时代中国特色法学思维三维融合的新结构新范式新体系。法理思维既包容又超越了法律思维和法治思维，它回答了法律思维和法治思维无法解决的问题，反映了新时代良法善治的实践理性，彰显了中国特色社会主义法治的核心价值。

四　中华法治文明理论研究

中华法治文明是人类文明史的瑰宝，中国古代典籍沉淀着睿智的法理思想和治理智慧。中华法治文明是建设法治中国的重要智识资源，是追寻中国特色治理之道的文化源头。全面依法治国、建设法治中国，需要对中国古代法律传统和中华经典法理进行深入研究，实现中华法治文明新的伟大复兴。中国法学界对中华法治文明做了多视角、纵深性的研究。

（一）依法治国与以德治国相结合的治国理念的历史文化基础

中国古代社会基于人文精神形成的礼刑合一、德法共治的治理模式，在中国古代官吏制约、基层社会治理方面取得突出成效，有效维护了国家统一、社会稳定、文化绵延，充分展示了中华传统法律精神、法律价值、法律理想。中国古代德法共治思想是当代中国依法治国和以德治国相结合的治国理念的文化源泉。

（二）全面依法治国与中华法文化的创造性转化研究

中华法文化在治国要略、良法善治、德法共治、监察法制、司法文化、法律宣传等方面，有着历久弥新的优秀资源，既是标志其文明高度的思想丰碑，也是支持我国治国理政和增强文化自信的智识资源。弘扬优秀传统法律文化，推动中华法文化的创造性转化和创新性发展，是全面依法治国的基础性工程。

（三）构建新中华法系

伴随中华民族的伟大复兴，弘扬中华法文化、重构中华法系成为历史的必然。在中华法文化中，民惟邦本的民本主义，礼法结合的礼治文化，德法互补的治国要略，法情允协的司法原则，天人合一的和谐观念，严以治官、宽以养民的施政方针，明职课责的法律监督，良法善治的法治追求等，是构建新时代中华法系的重要文化资源。

五　中国特色社会主义宪法理论研究

全面贯彻和实施宪法是新时代全面依法治国的首要任务和突出亮点。习近平总书记就宪法问题提出了许多新论断、新表述、新观点，极大地丰富了中国特色社会主义宪法理论。中国法学界从中国国情和实际出发，大力加强宪法理论研究，为现行宪法第五次修改和宪法实施提供理论支持和学理支撑，推进宪法理论创新。

（一）2018年第五次修宪

修改后的宪法将习近平新时代中国特色社会主义思想确立为党和国家的指导思想，将"中国共产党领导是中国特色社会主义最本质的特征"写入总纲，调整充实了中国特色社会主义事业总体布局和第二个百年奋斗目标的内容，增加了倡导社会主义核心价值观等内容，为党和国家长治久安做出顶层设计和制度安排，在宪法发展史上具有里程碑意义。此次修宪，既体现了习近平总书记和党中央高超的政治智慧，又凝聚了中国宪法学界多年来的研究成果。

（二）宪法实施原理研究

宪法的生命在于实施，宪法的权威在于实施。在宪法监督和宪法解释层面，中国法学界以宪法文本为基础，围绕合宪性审查、合宪性解释和备案审查等制度，努力探索具有自身特点的宪法监督制度，在理论和方法上推进创新，有力推进和回应了我国相关制度的建构和完善。

（三）特别行政区宪制基础

正确处理宪法与特别行政区基本法的关系，是特别行政区宪制实践的前提性、根本性问题。宪法和特别行政区基本法共同构成了特别行政区宪制基础，要维护宪法在特别行政区的根本法地位。

六　党内法规、党内法制、党内法治研究

党的十八大以来，以习近平同志为核心的党中央在全面从严治党的伟大实践中，创造性地提出了"制度治党""依规治党"等重大命题，发展了马克思主义政党理论，走出了一条通过依规治党推进全面从严治党的管党治党新路。

（一）从党内法规到党内法制到党内法治

健全党内法制，实现党内治理的规则化、程序化、制度化，在健全党

内法规基础上，推进全面依规治党，进而在完善党内法制基础上，实现井然有序的党内法治。

（二）依法治国与依规治党有机统一

党既要依据宪法法律治国理政，又要依据党内法规管党治党，发挥依法治国和依规治党的互补性作用。全面从严治党必须加强党内法规制度建设，注重党内法规同国家法律的衔接和协调，加快形成覆盖党的领导和党的建设各方面的党内法规制度体系。

（三）思想建党与制度治党紧密结合

从严治党必须坚持思想建党和制度治党相结合。思想建党是党建的原则之一，也是党的建设的优良传统和自身优势。制度治党是全面从严治党的"牛鼻子"，全面从严治党在根本上要靠制度治党。制度治党具有根本性、统领性、长期性，这是由"制度之治"的优势决定的。

（四）加强党内法规实施

依规治党的关键是有规必依、执规必严、违规必究。制度的生命力在于实施。有了好的党内法规，就要确保其实施。关注和强调党内法规的实施，体现在注重环环紧扣、形成完整实施链条，"常"抓抓"长"、健全长效机制，抓住"关键少数"、坚持以上率下等方面。

七 法治政府理论研究

法治政府建设是依法治国的关键，是国家治理体系和治理能力现代化的重要标志。党的十八届三中全会提出，建设法治中国，必须坚持法治国家、法治政府、法治社会一体建设。《法治政府建设实施纲要（2015—2020年）》对法治政府建设做了统一部署。党的十九届四中全会提出，坚持和完善中国特色社会主义行政体制，构建职责明确、依法行政的政府治理体系。法学界围绕法治政府建设做了系统研究，形成了一批独具特色的研究成果。

（一）法治政府的基本法理

国家治理体系和治理能力现代化最重要的方面，是政府治理体系和治理能力现代化。法治政府建设必须坚持法定授权必须为、法无授权不得为，严格规范公正文明执法，规范执法自由裁量权，加大关系群众切身利益的重点领域执法力度，保障法律的有效实施，完善社会公平正义的制度保障体系。

（二）行政法总则研究

法治政府建设的关键是所有行政活动都必须遵循法治原则，取得法律的授权。为此，必须制定行政法总则，为各类行政行为提供统一的法律依据，确保政府在法律范围内活动。行政法总则的制定，作为具有中国特色、中国风格、中国气派的法律制度成果，必将为世界法治文明发展做出贡献。

（三）行政执法体制改革

行政执法体制既是行政体制的重要组成部分，更是法律实施体制的关键环节。深化行政执法体制改革，应着力抓好完善行政执法体制、完善行政执法程序、创新行政执法方式、严格行政执法人员管理制度、加强行政执法经费财政保障、全面落实行政执法责任制。

八 司法改革与政法改革研究

党的十八大以来，全面深化改革在国家治理领域深入实施，政法领域改革从以往以司法改革为主拓展到政法工作各方面，作为实践形态和理论范畴的"政法改革"破土而出。司法改革和政法改革问题成为新时代中国法学研究的重大主题，产出了一大批具有标志性意义的理论成果，有力地服务和推进了司法改革和政法改革实践。

（一）以司法责任制为基石的司法改革研究

党的十八大以来实施的以司法责任制为基石的新一轮司法改革，范围之广、力度之大、程度之深，不仅在中国司法文明史上前所未有，在世界司法改革史上也很少见。法学界关于司法责任制改革、司法管理体制改革、司法权运行机制改革、以审判为中心的刑事诉讼制度改革、认罪认罚从宽制度研究、司法职业保障制度改革、多元化纠纷解决机制改革等重大问题的研究，为司法改革方案科学设计、有序实施提供了强大智力支持，为司法改革全面发力、纵深推进营造了良好的舆论氛围。

(二) 司法体制综合配套改革研究

司法体制综合配套改革，是新时代司法改革总蓝图和路线图中的统领性概念，既表明中国司法改革进入了新阶段，又开创了一种司法改革新范式、新进路。司法体制综合配套改革的主要任务，是加快推进司法版图革命、管理革命、程序革命、科技革命等改革进程，推动司法体系和司法能力现代化，提升国际话语权和全球竞争力。

(三) 政法改革研究

政法改革包括党委政法委、审判、检察、公安、国家安全、司法行政等各领域的改革，是政法领域的一场全方位深层次的革命。从司法改革到政法改革，是法治领域改革的一次历史性飞跃，标志着法治领域改革进入系统性变革的新阶段。

(四) 司法改革哲学研究

对中国司法改革实践和经验进行学理总结与思想升华，认真梳理作为国家意识形态的中国司法改革哲学，特别是深入研究习近平总书记有关司法体制改革的重要论述，推进了中国司法改革哲学的科学化、系统化、时代化。

九 国家监察体制改革与监察法研究

反腐败斗争法治化是全面依法治国和全面从严治党的重点难点问题。2016年以来，党中央深入推进国家监察体制改革，推动制定和实施《监察法》，构建起了中国特色的纪检监察体制，把反腐败斗争纳入法治轨道。在此背景下，监察法学理论应运而生，为国家监察体制改革和监察法治做出了积极的理论贡献。

(一) 国家监察体制改革与监察法的法理基础

监察法的理论基点在于社会主义国家权力监督原则和公职人员廉洁义

务，核心价值是通过宪法法律调整整个国家的监察活动，主要法治原则包括合法性原则、正当性原则、功能优化原则、人权保障原则等。

（二）监察法学的基本范畴研究

监察法学研究的基本范畴，包括监察法与监察法治、监察权（力）与监察权利、监察主体与监察对象、监察行为与监察责任等。

（三）监察法学的运作机理研究

融合宪法学、行政法学、刑事法学等学科知识和内容，对监察委员会的性质定位及运行机制、监察对象与范围、监察措施的适用条件与程序、监察程序与刑事诉讼程序的衔接、对监察委员会的监督与制约等基础理论问题做了系统研究。

十 中国民法典和中国民事法律体系研究

中华人民共和国成立以来，民法典编纂工作几起几落，既有经济社会发展条件不成熟的原因，也有中国民事法律体系理论准备不足的原因。自党的十八届四中全会决定编纂民法典以来，围绕构建以民法典为核心的中国特色社会主义民事法律规范体系，中国法学界形成并完善了中国特色社会主义民事法律体系理论。

（一）中国民法典体系和内容创新

在民法典体系上，学界提出以私权的确认和保护为中心构建民法典的体系、人格权法和侵权责任法在民法典中独立成编等建议，确立了区别于法、德、日等国民法典的新体系。《民法总则》吸收民法学界的研究成果，在"非法人组织"制度，营利法人与非营利法人的分类，特别法人制度的构建，个人信息、数据保护等问题上做出了创新性规定。

（二）社会主义核心价值观融入民法典

推进社会主义核心价值观和法理全面融入民法典。以核心价值观为基础，法学界提出生命至上、人身自由、人格尊严、性别平等、财产神圣、契约自由、诚实信用、公平正义、公序良俗、生态正义、权利救济、定分止争等核心法理。

（三）新发展理念在民法典中的充分体现

新发展理念给民法典相关民事制度特别是民法总则、物权制度、债权制度等确立了基本理念和基本原则。民法典中的绿色原则，民法典规定的生态修复制度，对基因编辑、深度伪造、人体试验等的规制，都体现了新发展理念。

（四）民事法律体系中的中国元素

中国民事法律体系植根中国本土，来自中国实践，体现中国特色。在民法价值理念上，《物权法》在按"国家、集体和私人"划分所有权并分别加以规范的同时，又始终强调对物权的平等保护，鲜明地体现了物权法的中国特色。从具体制度来看，民法典特别是其婚姻家庭篇的制度设计饱含中国元素，家庭成员、家风等的法律概念和法律规则的设计体现了中国传统和本土关怀。

（五）现代市场经济制度在民法典中的体现

民法典对农村土地制度、营商环境、登记制度、非营利法人、建筑物区分所有权、居住权等方面的制度设计，充分吸收了民法学界的相关创新性研究成果。

（六）知识产权法律制度和知识产权法学研究

加强知识产权保护，是完善产权保护制度最重要的内容，也是提高我国经济竞争力的最大激励。与蓬勃发展的知识产权法治相伴而行，中国特色社会主义知识产权理论日益完善。

十一　中国特色社会主义刑事政策和刑事法治研究

刑事政策作为指导国家刑事立法、司法、执行活动的方略，直接影响国家刑事法治建设的质量和实效。党的十八大以来，我国刑事政策不断创新，刑事法治更加完善，我国成为世界上最有安全感的国家之一。法学界加强对刑事政策和刑事法治的深入研究，积极参与刑法和刑事诉讼法的修改工作，推动刑事政策和犯罪治理的科学化、法治化。

（一）宽严相济的刑事政策

对于严重危害国家安全和社会治安的案件，坚持该严则严，有效震慑犯罪，保护人民群众生命财产安全。对于社会危害性较小、被告人认罪认罚的案件，坚持该宽则宽，激励被告人认罪服法、迁善远恶，展示刑法宽和、人文的一面。坚持以宽严相济刑事政策为指导，完善认罪认罚从宽制度、刑事速裁程序，促进案件繁简分流、轻重分离、快慢分道。

（二）谦抑审慎的刑事政策

刑法是法律救济的最后手段，是社会治理的最后一道防线。在刑事立法上，能用民事、行政手段解决的社会问题，尽量不使用刑事手段，不做犯罪化处理。在刑事司法中，严格区分经济纠纷与经济犯罪、企业正当融资与非法集资等界限，准确把握经济违法行为入刑标准，严防刑事执法介入经济纠纷。

（三）文明化人道化的刑事政策

刑罚制度从野蛮、残酷到文明、人道，是人类刑事法治文明进步的重要标志。刑罚文明化人道化包括刑种科学化、量刑轻缓化、行刑社会化、监狱人性化、赦免制度化等方面。法学界在减少死刑罪名、严格控制死刑适用、社区矫正、监狱制度、特赦等方面的研究成果，为国家死刑制度改革、社区矫正制度创新、监狱制度改革、2015年和2019年特赦的方案设计和顺利推进提供了智力支持，推动我国刑罚制度和刑罚适用更加文明化人道化。

（四）扫黑除恶专项斗争

扫黑除恶专项斗争是党中央推进平安中国和法治中国建设的重要部署，是对黑恶现象进行系统治理、依法治理、综合治理、源头治理的重大举措。法学界对扫黑除恶专项斗争中涉及的法律、政策问题进行深入研究，推动在法治轨道上开展专项斗争，确保取得最佳的法律效果、政治效果、社会效果。

十二　法治经济理论研究

党的十八大以来，以习近平同志为核心的党中央创造性地发展了中国特色社会主义政治经济学原理，为法治经济建设培植了更加深厚、更加科学的理论基础。中国法学界在此基础上对法治经济理论开展了系统研究。

（一）坚持和完善社会主义基本经济制度

法治经济的基石是基本经济制度，法治经济的第一要务是以宪法和其他法律确认和巩固社会主义基本经济制度，引领经济体制改革的社会主义方向，完善和发展社会主义基本经济制度。坚持和完善社会主义基本经济制度，必须毫不动摇巩固和发展公有制经济，毫不动摇鼓励、支持、引导非公有制经济发展，毫不动摇地坚持社会主义市场经济体制。

（二）完善社会主义市场经济法律制度

法治经济建设的基础性工作是坚持社会主义市场经济改革方向，遵循社会主义基本制度与市场经济有机结合的规律，以保护产权、维护契约、统一市场、平等交换、公平竞争、有效监管为基本导向，不断完善社会主义经济法律制度，充分发挥市场在资源配置中的决定性作用，更好发挥政府的作用。

（三）营造公平竞争、规范有序的市场经济法治环境

保障各类市场主体享有公平竞争的权利，特别是保障非公有制经济的平等主体地位和平等权利，打造一个法治化、国际化、便利化的营商环境，积极推进和完善自贸区和经济法治示范区的建设。

（四）适应、把握和引领经济发展新常态

以法治方式适应、把握和引领经济发展新常态，深化经济新改革，有效应对金融等经济风险。

（五）加快建设市场经济法律体系

建设法治经济，必须以新发展理念为指导。在编纂民法典的同时重视商法体系的建设，推进兼具公法和私法双重属性和特征的知识产权法、经济法等专门法律的完善和创新，与民法、商法共同构建出适应和引领经济发展新常态的社会主义经济法治体系。

十三　法治社会理论研究

社会治理是国家治理的重要组成部分。在习近平新时代中国特色社会主义思想的指引下，在坚持和完善中国特色社会主义制度、推进国家治理体系和治理能力现代化的伟大进程中，法学界对法治社会（社会治理法治化）理论做了系统化的学理研究。

（一）社会治理现代化是国家治理体系和治理能力现代化的重要组成部分

社会治理法治化的理论创新主要体现在，明确"社会治理是国家治理的重要方面"，树立"以人民为中心"的社会治理理念，坚持"四维治理"，将新时代社会治理的核心目标设定为构建和谐社会、建设平安中国，打造共建共治共享的社会治理共同体，夯实以民生保障制度和社会治理制度为主线的社会建设制度，完善社会治理体系，推进市域社会治理现代化，优化基层社会治理格局，涵养社会治理核心价值等。

（二）市域社会治理现代化

市域具有承上启下的枢纽作用、以城带乡的引擎作用、以点带面的示范作用。树立系统融合、开放共治、包容协商、精细精致理念，充分发挥法治保障、德治教化、自治基础、智治支撑作用，将不断提高市域社会治理现代化水平。

（三）新时代"枫桥经验"的理论逻辑

新时代"枫桥经验"是在党的领导下由枫桥等地人民创造和发展起来

的化解矛盾、促进和谐、引领风尚、保障发展的一整套行之有效并且具有典型意义和示范作用的基层社会治理机制和方法。"枫桥经验"由五个核心要素组成，包括党建统领、人民主体、自治法治德治"三治"结合、共建共治共享、平安和谐。

十四　生态环境法治理论研究

党的十九大报告将人与自然和谐共生作为新时代坚持和发展中国特色社会主义的基本方略之一，提出"生态文明建设是关系中华民族永续发展的千年大计"。法学界坚持以习近平生态文明思想为指引，在生态环境法治建设研究上取得了重要研究成果。

（一）生态环境法治的基本法理

人和自然是生命共同体是习近平总书记对人和自然关系的规律性阐释和科学定义。生态文明建设的终极目标是建设美丽中国，生态环境法治的基本法理即为人和自然是生命共同体、建设美丽中国。

（二）环境权理论

环境权是由国家环境权、法人环境权和公民环境权构成的统一整体，环境权包括享有环境的权利及保护环境的义务的有机统一。应当建立以环境权为基石范畴的环境法理论体系、环境法学科体系，环境权应当在《宪法》中作为基本权利予以确定并具体化于生态环境保护的相关法律之中。

（三）民法典的"绿色原则"

在民法典中确立"绿色原则"，不仅是中国特色，也是中国对世界民法典的贡献。"绿色原则"是绿色发展、生态安全、生态伦理价值理念在民法典中的具体体现，具有协调发展与环保、交易安全与生态安全、代内公平与代际公平之关系的功能。

（四）以生态恢复论重构环境侵权救济体系

以"损害论"为基础建立的传统环境侵权救济制度具备明显局限性，

应当以生态恢复论重构环境侵权救济体系。生态恢复论以整体主义环境哲学为基础，以修复为主要救济方式，以民法典和环境法规范中进行制度分离为其表达形式。

十五　数字法治理论研究

当今世界正在进入数字时代，中国正在加速建设成为"数字中国"。数字科技的广泛使用已经成为人民生活、生存和发展须臾不可或缺的一部分。数字法治涉及对互联网、大数据、人工智能、区块链等领域的依法治理，已成为中国法学一个崭新的研究领域。法学界就数字法治提出了具有独创性、前沿性的法学理论，形成了一系列新概念、新命题、新知识。

（一）以数字人权为基础的数字法治理论

在当今中国，人民对美好生活的需要最广泛体现为对数字科技的需要。把对数字科技的掌握和运用奉为"权利"并将其归属于"人权"，提炼出"数字人权"概念，普及"数字人权"理念，具有价值、制度、实践上的正当性、合理性、紧迫性。

（二）数据权利的法律保护

数据是一种新型生产要素。法学研究回应"大数据"时代权利保护的要求，对数据要素市场的数据产权、数据保护、数据开放等做了系统研究，提出要厘清信息商业利用与个人权益保护的界限，保障互联网社会和数字经济的健康有序发展。

（三）数字技术与智慧治理

数字技术是智慧化的治理技术。法学研究对数字技术支持的智慧治理即智治做了系统研究，重点是数字技术、人工智能技术在司法改革、法治政府建设、社会治理中的重要作用，并对互联网法院、电子证据等新现象新制度背后的学理法理做了深入探讨。

（四）科技伦理与法理

以信息科技和生命科技为代表的新一轮前沿科技在推动伦理和法治现代

化的同时,也给伦理和法治带来新的挑战。需要将伦理学和法理学有机结合,深入反思新科技背景下的人伦关系、法律关系、社会秩序,推进伦理和法理在科技新领域的正确运用。前沿科技的伦理治理和法理引导主要有两条路径:一是推进对人类主体权利的保护,二是建构科技创新的责任机制。

十六　涉外法治理论研究

统筹推进国内和国际两个大局是我们党治国理政的基本理念和基本经验。从统筹考虑和综合运用国际国内两个市场、国际国内两种资源、国际国内两类规则的基本理念出发,中国法学界提出,在当前的国际环境下,及时提出统筹推进"两个法治",使国内法治和涉外法治、全球治理相得益彰,有其重大现实意义和长远战略意义。

(一) 涉外法治的基本法理

一方面,21世纪以来,全球治理体制发生历史性变革,加强全球治理、推进全球治理法治化已是大势所趋;另一方面,中国正前所未有地走近世界舞台中心,中国的快速崛起必定要面临既有国际规则和国际秩序的限制。中国参与推进全球治理体制变革,目标是争取在国际秩序和国际体系长远制度性安排中体现和尊重中国应有的地位和作用,争夺发展的制高点。

(二) 涉外法治的基本内容

首先,更加积极主动地以构建人类命运共同体为目标,以推动全球治理体系和治理规则变革为动力,秉持共商共建共享的全球治理观,推进国际关系法治化。其次,更强有力地推动各方在国际关系中遵守国际法和公认的国际关系基本原则,用统一适用的规则来明是非、促和平、谋发展,维护国际法和国际秩序的权威性和严肃性,反对歪曲国际法,反对以"法治"之名行侵害他国正当权益、破坏和平稳定之实。最后,有效地参与并尽可能主导国际立法,参与和支持国际执法、国际司法、国际仲裁,参与国际法律服务,积极开展法律外交,推动国内法治与涉外法治的协调。

法学学科主要问题与未来发展方向

一 法学学科"十四五"时期整体发展方向

努力构建具有中国特色、中国风格、中国气派的哲学社会科学，是改革开放以来中国特色社会主义的伟大理论工程。法学是治国理政之学，是中国特色哲学社会科学的重要学科，也是新时代构建中国特色哲学社会科学体系的重点工作。近年来，法学界坚持把构建中国特色法学体系作为新时代中国法学发展的总主题、总目标、总抓手，以习近平新时代中国特色社会主义思想为指导，致力于构建中国特色法学学科体系、学术体系和话语体系，已经取得阶段性成果，但仍有很大提升空间，亟须我们加快推进、提高质量。今后一个时期，构建中国特色法学体系的重大历史任务和重点工作在于以下几个方面。

（一）构建中国特色法学学科体系

基于中国法学发展的历史和现实，法学学科体系建设应在以下三个方面着力。

第一，推进基础学科和传统学科的转型升级。法理学、法史学等基础学科和宪法学、刑法学、民法学等传统学科在发展过程中积累了丰富的智识资源，持续不断地为法治建设提供智力支持，但与全面依法治国、推进国家治理现代化的实践进程相比，仍存在理论脱离实际、概念和命题老化、研究方法陈旧等问题。针对这些问题，我们必须加快推动基础学科和传统学科立足实践、创新方法、转型升级，指引它们从中国特色社会主义实践中凝练新概念新命题新理论。尤其是法理学、宪法学、刑法学和民法学，它们在法学学科体系中体量大、内容多、影响广，必须以研究和解决中国问题、凸显中国特色为导向，更加注重立足国情和本土资源，对复杂现实进行深入分析、做出科学总结、提炼规律性认识，不断丰富中国特色社会主义法学理论体系并将其贯穿于法学研究和教学全过程，使我国的法学基础学科和传统学科坚持法治的中国道路、凝聚法治的中国经验、彰显法治的中国精神。

第二，推进新兴学科的原始创新。面对社会发展和法治实践中产生的新问题和新需求，发展新兴学科是构建新时代中国特色法学学科体系的当务之急。最近几年发展起来的法治学、立法学、司法学、国家安全法学、党内法规学、社会治理法学、网络法学、数据法学、计算法学、人工智能法学、空间法学、气候法学、极地法学等，就是诸多新兴学科的代表。新兴学科是在实践需求中产生的，也必然要在解决实践问题中成长，从实际出发、从问题入手的原始创新是发展新兴学科的唯一选择。

第三，推进交叉学科加快发展。全面依法治国各领域各环节中的诸多问题，仅靠法学一个学科是难以解决的，需要哲学、政治学、伦理学、管理学、经济学、社会学、统计学、网络工程学、生物科学、数学等学科的共同参与，需要文理工医等学科领域的协同攻关。加快发展法学交叉学科，关键是要加强交叉学科的范畴研究，以推进概念共享。概念共享是建设交叉学科的前提，也是衡量交叉学科发展水平的标尺。法经济学、法社会学、法人类学、法政治学、法伦理学、比较法文化、法律方法论、法律与文学、法律与艺术研究等，正是在范畴研究和概念共享的沃土上蓬勃成长起来的。

（二）构建中国特色法学学术体系

法学学术体系，包括法学知识体系、理论体系以及作为知识和理论重要载体的教材体系。我国现行的法学学术体系是以我国现行法律体系为基础、以西方国家法学体系为参照而构建的，除了法理学和法史学，宪法学、行政法学、民法学、商法学、经济法、社会法学、环境法学、刑法学、刑事诉讼法学、民事诉讼法学等都对应着法律体系中相关法律部门。这一学术体系滞后于全面依法治国的伟大实践和中国特色社会主义法治体系建设。

从中国法学发展的规律和趋势来看，应当致力于构建法律学、法治学、法理学三位一体的法学学术新体系。近代以来，法现象和法实践有三个基本方面，即法律、法治、法理，相应地，法学体系有三个核心概念，即法律、法治、法理。法学理论体系则由法律理论、法治理论和法理理论组成。这三种理论的学术化就是法律学、法治学、法理学，它们统合起来构成了法学学术新体系。

以"法律"为研究对象和中心主题的"法律学"是最古老的法学形态。古罗马的注释法学、文艺复兴时期的新注释法学、中国古代的律学、德国的法律教义学等，都属于法律学的范畴。法律学通常把法律看作一套规范体系，并采用逻辑实证或经验实证的方法去注解、分析、解释法律规范的含义及其适用范围。从法学发展史看，法律学对于法律精确化、体系化，对于正确理解和适用法律，对于法学学术体系的形成，都发挥着历史性作用。

以"法治"为研究对象和中心主题的"法治学"是随着全面依法治国的伟大实践以及法学体系的创新而逐渐形成的。改革开放以来，法治一直是我国法学研究的重点领域。党的十八大以来，随着全面依法治国、建设法治中国的实践展开，新兴的法治理论和实践问题大量涌现，诸如，法治与人治、法治与德治、法治与法制、民主与法治、依法治国与以法治国、依法治国与依规治党、法治理念与法治文化、法治与改革，如何走中国特色社会主义法治道路，如何推进法治中国建设，如何建设法治经济、营造最优营商环境，如何统筹推进国内法治与国际法治、推动国际关系法治化，如何阻断美国等西方国家的"长臂管辖"、维护国家制度安全和公民、法人合法权益，等等。这些重大的前沿性法治问题是法律学无法解决的，于是，以法治为研究对象和中心主题的法治学应运而生，而且一出生就成为显学。

以"法理"为研究对象和中心主题的"法理学"是随着法理概念的内涵更新、法理研究的广泛开展再次崛起的。早在东汉时期，中国先贤就提出了"法理"概念，在近两千年的流传演变中，"法理"的意涵不断丰富，包含着人们对法的规律性、终极性、普遍性的探究和认知，对法的目的性、合理性、正当性的判断和共识，对法律之所以获得尊重、值得遵守、应当服从的那些内在理据的评价和认同。法理概念承载了法律和法治文化传统中定分止争、惩恶扬善、光明正大的美德，积淀着法治文明的优秀成果；融通了古今中外法律和法治的原理、理论、学说、共同价值。法理是古代律学和现代法学的共享概念，始终内含于法学体系之中，以美德支撑着法律，以智慧推动着法治。在构建中国特色法学体系的新时代探索中，"法理"受到前所未有的关注，一个以"法理"为核心概念和中心主题、以良法善治为历史使命的中国"法理学"正在崛起。

以法律学、法治学和法理学为支柱构建中国特色法学学术体系，必将在世界法学中彰显中国法学的主体性和民族性、时代性和原创性、规律性和融通性，必将充分体现我国法学体系的中国特色、中国风格、中国气派。

（三）构建中国特色法学话语体系

一个国家的话语体系是以本国语言文字对由诸多概念、理论、信念和经验所组成的思想体系的系统表达，话语体系以其自身所负载的思想力量而形成的影响力、支配力、权威力就是话语权。法学话语体系是中国特色哲学社会科学话语体系的重要组成部分。当前，我们占领世界话语体系高地、掌握话语主动权的能力仍显不足，特别是在国际法治和全球治理领域，"西强我弱"的格局还没有根本改变。其中一个重要的原因，就是我们的话语体系还没有建立起来，我国发展优势和综合实力还没有转化为话语优势。

近代以来，我国法治领域基本上是"西学东渐"，以引进西方法治话语为主。经过40余年改革开放和学术创新，我们有条件有能力提出推进中外法治思想和法学话语的双向交流和互鉴。但与构建学科体系和学术体系相比，构建中国特色法学话语体系的难度更大、任务更重、耗时更长。这是因为，话语的内核是思想，法学话语体系能否建成、法学话语权能否发挥作用，关键在于能否产生出具有感召力、影响力和说服力的法学思想体系，以及能否产生出创造这一思想体系的法学思想家群体。从这个意义上讲，中国特色法学话语体系的建构，离不开法学学术研究的繁荣发展，离不开法治实践基础上的思想创造，离不开马克思主义及其中国化成果，也离不开解放思想、创新理论、平等对话的学术环境。

二 法学二级学科主要问题与未来发展方向

（一）法理学

1. 主要问题

一是理论资源的挖掘尚待加强。法理学是理论的学科，法理学的创新发展，需要深入发掘、充分利用相关理论资源，特别是要系统发掘理论资源中的法理。大致说来，作为当代中国法理学的理论资源主要包括以下几个方面：中国传统法律思想；西方法律思想；马克思主义经典作家的法学理论；中国共产党人的法律思想特别是习近平新时代中国特色社会主义思想中的法治理论。总体而言，上述研究还有待深入。例如，在充分发掘马克思主义经典作家和西方法律思想的法理资源方面，法学界的研究还有很大空间。

二是本体范畴的研究有较多缺漏。关于法律基本原理、基本概念、基本方法的研究，是法理学的根本。综观"十三五"时期的研究成果，法学界有关法律关系、法律行为、法律效力、法律位阶、法律责任、法律制裁等基本范畴的研究成果有限、创新性不足，其中，权利、义务作为法学基石范畴，近年来缺少权威性的研究成果。

三是回应实践的能力不足。党的十八大以来，法治中国建设取得重大进展，中国特色社会主义法治理论不断创新发展。相对于法治实践取得的显著成就，法理学为全面依法治国实践提供理论支撑、回应实践的能力存在不足，集中表现在法理学的学科体系、理论体系、话语体系和教材体系尚需与时俱进，善于把法治普遍原理同全面依法治国的伟大实践相结合，有效回应宪法实施、立法、执法、司法等法治运行各环节提出的新问题，提出新的概念、命题和理论，凝练新时代的法治思想。

四是法学方法的体系还不完善。研究方法的体系化，是构建中国特色法学体系的重要标志，也是法理学科学性的重要基础。就当代中国法理学的研究而言，主要存在以下问题：第一，将法学方法论仅仅理解为法律方法论，或者说将法学方法论的研究集中于法律方法的分析和提炼，导致对法学研究的基本模式、路径和方法欠缺分析与归纳；第二，不注重政治学、经济学、社会学等与法学类似的人文社会科学研究方法的借鉴与吸纳，导致法学学科的研究方法在与其他学科的对比中缺乏先进性；第三，缺少从经验事实、社会现象与法律实践中归纳、分析法律理论的动力与能力，文本实证、社会调查、个案研判亟须成为法学研究的常态。

2. 发展方向

一是加强新时代中国特色社会主义法治思想的研究，大力推进马克思主义法学的时代化、本土化、中国化。要继续加强马克思主义经典作家法治思想的研究，提升马克思主义法学的时代化、本土化、中国化水平；深化中国特色社会主义法治理论的研究，系统深入研究习近平法治思想。在法学思想研究方面，要采取积极开放的态度，兼容并蓄，吸纳作为人类文明共同成果的法治思想资源，充实法理学的思想资源。

二是以法理研究为契机，提升法理学研究的学术品位与学术旨趣。要进一步扩大"法理研究行动计划"的成果，形成以法理为中心的法学学术取向。要对中西传统上广泛存在的法理予以梳理，对部门法中的共性法理加以归纳，对法律实践中的法理加以抽象，从而使整个法学研究体系都以法理作为其理论基础，提升法理学乃至整个中国法学研究的学术品位。

三是对部门法学涉及法学基本理论的重要观念、范畴、理论加以分析和总结，充实法理学的研究内容。要改变法理学与部门法学各自为政的局面，一方面对部门法学中涉及法学基础理论的观念、范畴、理论加以提炼，充实法理学的研究范围与研究内容；另一方面注重法理学自身范畴、理论的深度加工甚至重构，提升法理学对部门法学理论的支撑力与解释力，真正体现法理学在法学学科体系中的基础理论、一般理论和方法论地位。

四是发现与提炼法治中国建设的重大法学命题，形成以问题为导向的研究意识。要有组织、有计划地加强法学领域的实证调查与实证研究，梳理事关国计民生、法治建设同时又具有中国特色的现实问题，以问题为导向，集中研究力量，进行理论攻关。例如，美好生活中好的生活与美的生活的不同法律需求，社会公平正义的学理逻辑、法理逻辑、制度逻辑等。要积极回应执法、司法实践中出现的疑难案件和新型案件，提升法理学对社会现实问题的回应力。

五是加强法学方法论与法律方法论的理论研究，提升法学的科学化现代化水平。法学方法论是促成法学理论科学化的重要保障，要就法学研究的逻辑起点、基础预设、研究视角、研究模式、研究路径、研究方法等进行细致的研究，在吸收已有研究成果的基础上大胆创新，从而充实法学方法论的研究内容。在法律方法论层面，要就法律思维规律以及法律技术进一步细化研究，在传统的法律适用技术（如法律解释、法律推理）上，加大对法律文本分析技术和法律事实发现技术的研究，促进执法、司法实践的规范化现代化水平。

（二）中国法律史

1. 主要问题

一是现有研究较多注重传统法律制度、法律思想、法律文化的分析、研究，在传统法治文化的创造性转化与创新性发展方面，尚缺少具有重要价值的学术成果，特别是结合当前中国特色社会主义法治体系建立与完善、将重塑中华法系作为实现中华民族伟大复兴重要内容的时代主题，缺少系统、深入的全面研究。

二是从体系建构方面看，现有研究具有一定的学术"碎片化"特征。对于具体的思想、概念、制度、法典等，分别具备较高学术价值的研究成果，但缺少从整体上将传统法律思想、法律概念、法律制度、法律文本统合一体的研究，缺少从中国古代五千年文明绵延不绝、在漫长的历史过程中实施卓有成效的大国治理并在人类法治文明中独树一帜等角度对中国古代法律的宏观研究，因而在构建具有中国特色、中国风格、中国气派的古代法律制度体系、古代法律话语体系、古代法律理论体系方面，仍有较大缺失。

2. 发展方向

一是传统法律文化的创造性转化与创新性发展。围绕中华民族伟大复兴的时代主题，基于坚定的文化自信与民族自信，深入分析中华传统法律文化之中历久弥新、具有借鉴价值的核心内涵，特别是通过对于传统法律文化的创造性转化与创新性发展，为建设中国特色社会主义法治体系提供全面、系统的文化资源与历史借鉴。

二是传统法律制度与法律文化与大国治理模式。中华民族五千年绵延发展，"大一统"的国家格局始终是民族历史的主流。在漫长的历史发展过程中，国家统一、社会和谐、民族融合、文化繁荣、经济发展，也始终是历史发展的主流。在卓有成效的大国治理模式之中，传统法律制度与法律文化发挥了何种作用，包括在主流价值观弘扬、中央集权维护、文武百官管理、基层社会治理等具体领域，传统法律文化与法律制度如何有效配合其他理念与制度，共同构建并维护泱泱大国的治理体系。

三是研究方法的创新发展。在研究方法上，要保持学者、团队根据自身优势与特长，根据自身研究兴趣，在各自的研究领域，形成新的高水平成果。在保持这种"点阵式探索"的同时，需要重点推进"统合式研究"，将传统法律思想、法律概念、法律制度、法律文本统合一体，通过深入研究，真正构建具有中国特色、中国风格、中国气派的中国法律史理论体系和话语体系。

（三）外国法律史

1. 主要问题

一是外国法律史的学科地位弱化。外国法律史在高校课程体系上未受到足够重视，开设外法史课程的法学院校越来越少。近年来，除华东政法大学、复旦大学等少数院校还保留外法史相关必修课外，多数学校都只开设了外法史的选修课，还有不少高校选修课也不再开设。在2018年教育部颁布的《法学本科专业教学质量国家标准》中，《外国法制史》课程也未被列入"10 + X"（共19门）的必修课范围。虽然外国法制史并不在教育部之前确定的16门"法学核心课程"之中，但在"10 + X"新增法律职业伦理、财税法、证据法三门必修课的情况下，未能增设《外国法制史》这一传统必修课，也表明外国法制史学科未能受到应有的重视。同年，在司法部新公布的《国家统一法律职业资格考试考试大纲》中，外国法制史也不再作为考试内容。受这些新政策的影响，开设《外国法制史》课程的高校进一步减少。学科发展的关键是人才队伍建设。从各高校的实际来说，人才队伍的发展与课程设置密切相关。如果没有必修课作为依托，势必导致外国法律史教学科研队伍的进一步萎缩，严重阻碍新鲜血液的流入。

二是外法史研究成果的发表平台不断减少，研究者的科研积极性受到极大制约。近年来，在法学类的核心期刊上，外法史论文的发表数量越来越少、难度越来越大。从近5年中国法学会的CLSCI统计数据来看，每年重要法学核心期刊（16种）发表论文总数在1500篇左右，其中法律史论文平均在50篇以下，而外国法律史的论文更是在5篇以下，在全部发文数中的占比不足0.3%。总体表现为外国法尤其是外国法律史研究的论文大幅减少。有些期刊甚至为了提高他引率，不考虑论文的价值与质量，只是因为论文的研究领域是外国法律史就拒绝发表。这些状况的存在，势必挫伤外国法律史研究的积极性，严重制约学科的发展。

三是研究布局尚需拓展和深入。在研究领域和主题上，近年来外国法律史研究虽然取得了一些重要成果，但从总体的研究布局来说还有待进一步拓展和深入。这些问题主要表现为：英语国家的研究成果较多，而小语种国家的研究较少；近现代的研究成果较多，而古代和中世纪的研究相对匮乏。从目前的研究来看，对英、美等英语国家的法律史已有较系统的研究，但在小语种国家中，除德国法的研究较多之外，法语、意大利语、日语、西班牙语、阿拉伯语等语种国家的法律史研究成果仍然较少。在古代法律史的研究中，罗马法的研究已有了较丰厚的成果，但关于古埃及、两河流域、古希腊、中世纪的法律史研究成果仍然呈零星状态，未能形成系统深入的研究。即使在英、美、德等已有较多研究的领域，研究也只是局限在宪法、民法等传统领域，对行政法、社会法等领域的研究依然匮乏。

2. 发展方向

从世界大势和国家发展战略来看，新时代的中国正走向世界舞台中央，成为世界文明的引领者。这就要求我们进一步加强对外国法律历史与现状的研究，增进对世界各国法律文明及其发展规律的理解；也只有在加深对异域法律文明理解的基础上，才可能真正理解中国法律文明的优势与特点。因此，我们建议在"十四五"规划中进一步加强对外国法律史学科的重视与扶持，具体的措施包括：一是在法学本科教学质量的 X 类必修课中增加《外国法制史》课程，或将 10 门必选课中的《中国法律史》改为《中外法律史》，从课程上保证外法史学科的可持续发展。二是引导法学核心期刊增加外国法、外法史、比较法等领域的论文发表数量，增加国家社科基金项目中外法史领域的立项数量，以激励更多更优秀的外国法律史研究成果的产生。三是加强对小语种国家、"一带一路"沿线国家法律文明史的研究，为中国法治发展和对外输出提供更多智识资源。四是加强世界古代法律史、中世纪法律史等早期法律史的研究，支持运用一手文献开展外国法律史的研究，推动中国气派的世界法律史研究尽快达到国际一流水平。

（四）宪法学

1. 主要问题

一是构建中国宪法学学术体系与话语体系的任务仍未完成。虽然宪法学已有的研究普遍能以问题导向，但仅有问题意识仍然不够。由于缺乏体系性的理论构建，目前研究呈现碎片化特征，构建中国特色的宪法学理论体系任务仍未完成。

二是缺乏国际视野。中国宪法学在强调主体性的同时，仍缺乏国际比较视野。整体而言，虽能立足中国，却无法面向世界。如何推进提升研究的国际化水平，推动中国宪法学"走出去"，不断提升我国宪法学研究的国际影响力，依然任重道远。

三是宪法史研究有待进一步强化。整体而言，中国宪法学对宪法观念和制度的历史研究仍十分不够。目前的宪法史研究大多从文本角度切入，研究大多局限于宪法文本的变化，从深层次分析中国宪法背后历史逻辑的研究成果仍不多见。

2. 发展方向

第一，加快构建中国宪法学学术体系和话语体系。注重规范分析和体系化分析的研究方法，形成中国宪法的解释学体系。在此基础上，立足中国宪法实践，不断提炼新表达、新概念、新命题，推进宪法理论创新。

第二，进一步深化宪法史研究。宪法学要深入研究总结中国宪法发展的历史逻辑，特别是中国共产党带领中国人民进行的宪法理论和宪法实践探索，为坚持和发展中国特色宪法道路提供法理基础和历史依据。

第三，加强中国共产党的宪法理论研究。中国共产党领导是中国宪法区别于其他国家宪法最本质、最显著的特征。宪法学需要对宪法序言和总纲确认的中国共产党领导地位提出具有解释力和说服力的理论体系，这是未来我国宪法学的一个重要努力方向。

第四，加强宪法全面实施的体制机制研究。党的十九届四中全会对宪法实施的体制机制做出了新的规划、提出了新的要求，宪法学必须对此进行深入研究。具体包括：如何加强党对全面贯彻实施宪法的领导；如何落实宪法解释程序机制；如何积极稳妥推进合宪性审查工作等。

（五）行政法学

1. 主要问题

第一，我国行政法学界对行政法基本原理中的若干重大问题尚缺乏共识，对于行政法学如何更好地服务于行政合法性和有效性的双重任务；行政执法与司法相比的独特性质如何加以体现；在强化合宪性审查机制的背景下，作为动态宪法的行政法如何为宪法的实施做出自己的贡献；党的领导、执政与行政权区别是什么；领导权的运行是否或如何纳入国家法律的调整范围等一系列新时代行政法（学）发展的基础和重大问题，都值得进一步思考与探讨。

第二，中国行政法学尚未完成自身的理论体系建构，即理论内容本身尚未达将行政法提升到价值统一性和逻辑一致性的层面。主要原因在于"具体行政行为"等核心概念基本属于被解释的法律概念,因而理论中缺乏统领性的抽象概念;既有概念无法统合法学发展以及提出的诸如"行政程序"和"行政规制"等新问题;既有法学方法上的形式框架难以容纳现代行政所需要的政策目的。

第三,我国行政法学学术话语在某种程度上成为远离实践的教科书知识,行政法学学术话语不足以为立法实践、司法实践和行政管理实践提供导引,不足以回应中国法律实际运行中的真问题,不足以回应中国法律制度的发展与改革。行政法学分论仍存在诸多薄弱环节和空白领域。例如,在医事行政法、文化行政法、财税行政法等领域,还缺少有力的研究成果;关于职业安全行政、核能行政、农业行政等更为具体领域的研究则寥若晨星。缺乏对分论领域基本法律框架和法律制度的梳理,更缺乏有深度的理论分析。

2. 发展方向

第一,深化对行政法理的研究。结合宪法、行政法律规范及行政法原则,结合司法实践、行政管理实践,结合对行政法学理论的阐发,构成在行政法领域一以贯之的法理。行政法中的法理构成解释法律规则的依据,有助于弥补法律规则的缺失,阐明行政法制度改革的方向。探讨保障公民权利、捍卫公共利益、有效实现行政任务等核心法理,分析行政法基本原则、行政法律关系论、行政行为形式理论、行政程序论等基本法理,研究行政组织、行政改革、行政决策、行政执法、行政治理等具体法理。

第二,通过对行政法学概念、原则、原理的爬梳,对行政法解释和适用方法的研究,建构起更加精细化的行政法释义学体系,对现行行政法规范的客观内容提供概念性、系统性的描述和说明。行政法释义学以特定的行政法秩序为中心,以法律方法为主要工具,探求行政法适用中之疑难问题的解决之道。建构行政法释义学需要关注的基本问题,包括公私法区分论、行政法适用的方法论、行政裁量论、行政法一般原则论、行政行为形式论、行政组织法论、行政救济法论等。

第三,研究中国行政法治实践的真问题,回应我国的立法、执法、司法、普法和守法实践。例如,研究食品药品监管、医疗卫生体制改革、公共卫生法治体系建设的行政法治问题。选取研究问题时,应关注经济领域的新发展、社会生活中的新现象、改革开放中的新方略。例如,应关注人工智能、大数据、云计算、物联网、区块链、气候变化、转基因技术等给行政法治带来的新挑战，从中国的法律生活和法治经验中提炼出一系列概念、范畴和理论，发展行政法学学术话语，来阐释中国法律实践，推动实践的深化与发展。

第四，回应建设中国特色社会主义法治体系的要求。研究行政法治的本质、行政法治的普遍规律、行政法治的一般原理及行政法治的本质特征、内在要求、价值功能、基本原则、发展方向等重大问题。研究在行政法学学术话语的建构中，如何坚持"以人民为中心"，如何"坚持人民主体地位"。研究在行政立法中，如何深入推进科学立法、民主立法，进而"以良法促进发展、保障善治"，恪守以民为本、立法为民理念。研究在行政执法中，如何通过严格规范公正文明执法，捍卫当事人合法权益。研究在司法中，通过怎样的方略，让人民群众在行政审判案件中感受到公平正义。行政法学还应研究法治与发展的关系，探讨政府与市场的关系。探讨行政法治与社会治理的关系，在加强和创新社会治理、打造共建共治共享的社会治理格局背景下，如何从行政法治的维度，去研究现代社会治理体系的构建、现代社会治理能力的形成。

第五，研究习近平法治思想中蕴含的依法行政思想和法治政府理论。研究法治政府建设的重要意义、价值立场与建设路径，分析法治国家、法治政府与法治社会的关系，探讨制约行政法制度有效实施的因素；探讨行政法律体系的完善，聚焦行政法总则的编纂、《行政复议法》和《行政许可法》的修改；探讨重大行政决策程序的法治化，如何把党的领导贯穿于重大行政决策全过程和各方面，坚持科学决策、民主决策、依法决策的统一；探讨如何坚持严格规范公正文明执法的统一性，如何推进综合执法改革，如何实现智能监管；探讨法治政府与政府职能转变，深入推进放管服改革，持续改善优化营商环境；探讨完善调解、仲裁、行政裁决、行政复议、诉讼等有机衔接、相互协调的多元化纠纷解决机制，探讨不同行政纠纷解决机制的衔接与配合。

（六）民法学

1. 主要问题

第一，民法学基础理论研究有待进一步发展和完善。民法是"社会生活的百科全书",涉及社会生活的方方面面。但迄今,民法学者对许多民法学基础理论问题还缺乏深入的研究,如胎儿的民事主体地位、非法人组织与其他组织的关系、违约方合同解除权、典型合同的确立与入典标准等,认识上都还存在较大分歧。

第二,现有的研究主要局限于传统狭义民法学,对民法学与其他学科的交叉领域的研究有待进一步拓展。这突出体现在民法与宪法、商法、知识产权法、民事诉讼法以及行政法等的关系问题上,如宪法基本权利与民事权利的关系、民法典之外是否需要创设独立的商法典、民法典时代知识产权的立法体系如何建构、民事主体与民事诉讼主体的关系、民事合同与行政协议的关系等,都未取得普遍共识,有待进一步研究。

第三,对世界民法文化的贡献仍有欠缺。中国是世界第二大经济体,正日益走近世界舞台的中央。但迄今,我国民法学研究在民法学体系和制度、规则层面,总体上吸收别人的多,输出的少,在世界民法学研究中的话语权还比较弱。

2. 发展方向

一方面,应当加强民法典适用问题的研究,如民法典施行与九部既有民事单行法废止之间的新旧法衔接适用问题,最高人民法院相关民事司法解释的废改问题,民法典与商事特别法(公司法等)、知识产权法(著作权法等)、民事诉讼法等适用的衔接问题等,应当紧密结合立法原意、审判实践以及理论研究成果,进行系统梳理和研究。

另一方面,应当坚持开展"中国民法典评注"的编撰工作,致力于打造具有广泛国际影响力的有关解释民法的学术精品。通过法典评注提炼民事立法、司法、理论体系中的"中国元素",塑造法律人的共同话语体系,为世界民法文化做出新的更大的贡献。

(七)商法学

1. 主要问题

第一,商法学的基础理论研究还较为薄弱,商法学的研究质量、研究高度和深度有待提升。商法学基础理论研究虽有所加强,但任重道远,在几个主要的学科领域,商法学的学术成果数量不够多,尤其是分量重、影响大的高质量学术成果不够多,在法学核心期刊和权威刊物上发表的高水平的学术成果数量偏少；商法学虽有全国乃至世界规模最大的学科队伍，但这支队伍的层次并不够整齐，素质亟须提升，虽有一些具有学术声望的学术带头人和学科骨干，但人数还太少，其学术地位和影响力还需要提升，尤其是青年骨干教师的成长还不够快。

第二，商法学科的独立发展存在现实条件的制约。我国目前对商法学的定位是一个相对独立的学科，在法学一级学科之下的分类中，商法学与民法学被统一为"民商法学"二级学科。无论是国务院学位办、教育部的学科分类，还是高等院校的专业划分，民商法都被看作一个学科和专业对待，这与商法学的发展历史和民商法之间的紧密联系密切相关，但是这种定位和分类在现实中也导致了一系列的问题，民法与商法的本身体系都非常庞大，享用同一个学科的资源导致民法的强势地位限制和压缩了商法的发展；高等院校的民商法学专业研究生招生考试中，很多高校往往仅设置民法试题，而忽略了商法题目，导致民商法专业学生常常仅重视民法的学习，忽略了商法的学习；不少高校、科研机构往往将教学科研的重心放在民法，而将商法边缘化，或者商法萎缩的现象被掩盖。凡此种种，大大限制了商法学与商事立法的发展进步。

第三，商法学的研究成果转化力度有待加强。尤其是商法学研究成果向立法和司法规范的转化。近年来，商法学研究虽然取得了丰硕的成果，但由于各种原因，这些成果有许多并未应有地、快速地向商法实践转化，包括一些国家社科基金项目的研究成果，并未如期转化为国家的立法规范，并未得到执法和司法机关的充分重视和采用。理论和实践脱节的情况不同程度地存在。要实现商法学为现实服务的目标还要付出各种努力，也需要社会各方给予应有的关注和支持，需要建立相应的、有效的沟通和工作机制。

2. 发展方向

第一，建议将商法学设置为独立的学科和专业。商法学界同人应把握我国市场经济发展的机遇，继续积极地推进商法学科体系、人才培养体系建设，推动商法学科的转型升级，为商事法治体系的完善和创新做出贡献。

第二，民法典后商事立法与商事司法研究。商法通则的制定已成我国民商法制发展的当务之需和当务之急，是我国民商立法体系最富创新的立法安排和突出特色，也是中国商事法律制度未来发展的最新期待。与民法典的制定一样，在民商合一的基本立法体例之下，民法典的实施研究，既是民法学界的任务，也是商法学界的使命。开展民法典中有关商事关系的法律规范的适用研究将是"十四五"时期商法学研究的重要课题。其中，特别是民法总则中的法人制度规范、物权编的涉及营业财产、商事担保等的规范、合同编中的商事合同规则等，将成为商法学研究的重要内容。

第三，公司法制度改革和《公司法》修订研究。此次公司法修改将在深入总结我国公司法十几年理论和实践的基础上，对现有公司法制度进行全面、系统的修订、补充和完善，包括对某些重要制度做出进一步突破和创新设计。公司法修改的理论研究既是商法学理论服务于国家民主立法和科学立法的需要，也是公司法理论自身难得的历史发展机遇，可以预见，围绕公司法修改中的一系列重要问题，将会形成热烈的学术探讨，甚至激烈的学术争鸣，将会催生一大批高质量的学术成果包括学术论文和学术著作，并由此有力地推动公司法的教学科研和公司法理论研究的繁荣。

（八）经济法学

1. 主要问题

经济法是现代法，与传统法有诸多不同，经济法学科是新兴学科，社会各界对其认识还存在一定偏差。在国家推进现代化的进程中，结合国家建设现代化经济体系、推进高质量发展的需要，结合市场经济和法治建设发展的需要，仍需要大力加强经济法的理论研究和制度建设。目前，经济法学科的重要性还没有得到应有的重视，这说明学界的研究和推介还不够，还需要大力加强经济法的基础理论研究，不断提升经济法理论对经济发展和法治建设的影响力和指导力，增强全社会特别是领导干部的经济法意识，这对于国家的长治久安尤其重要。

2. 发展方向

第一，要聚焦社会主要矛盾。随着我国社会主要矛盾发生转化，经济法应从发展不平衡不充分的相关问题入手，加强对分配、发展、公平竞争、优化营商环境等问题的研究，形成经济法的相关理论，从而更好为建立和完善现代化产业体系、市场体系、收入分配体系、城乡区域发展体系、绿色发展体系、全面开放体系等服务。

第二，要紧紧围绕进入新发展阶段、贯彻新发展理念、构建新发展格局开展协同攻关，加强经济立法，推进"两有"（市场更加有效、政府更加有为），为开启全面建设社会主义现代化国家提供科学完备有效的经济法保障。

第三，关注前沿热点领域。现代社会经济运行中风险不断增多，风险防控、危机处理对经济安全非常重要，需要我们加强经济法的风险防范理论研究。此外，经济社会各方面数字化、网络化、智能化水平日益提升，也给经济法研究带来了数据权力与权利、人工智能产业发展规制等新问题，其中涉及竞争法、消费者权益保护法、财税法、金融法、产业法等诸多经济法领域，对这些新问题的回应将成为经济法学理论创新的增长点。

第四，要发展经济法治理论。全面深化改革和全面依法治国为当今中国法学研究打下深刻的时代烙印，成为各个部门法学问题意识的重要来源和持续繁荣的重要动力。经济法学领域也应加强改革与法治、法治与发展等经济法治理论的研究，从而深刻揭示我国经济法的特殊性，更好地解决我国现实问题以及与相关国际经济法律的协调问题，进一步促进改革开放和经济法治的发展。

（九）环境法学

1. 主要问题

首先，环境法学基础理论研究尚显薄弱，尚未形成自足、自洽、系统的理论基础和统一、完整、严谨的逻辑体系。"重城市、轻农村""重污染防治、轻自然保护""重环境法、轻资源法""重翻译引介、轻本土原创"等研究失衡的现象虽有所好转，但完全克服还需要一段时间。

其次，环境法学学术队伍质量仍待提升，有较大影响力的环境法学者不多，合理、持续的学科梯队建设仍然需要不断加强。环境法成果研究在国内权威法学学术期刊的发表数量有所增加，但依然不足，特别是具有重大社会影响的科研成果不多，获得的国家级政府奖项、奖励还有很大的提升空间。

最后，中国环境法学界对本学科的基本话语仍未形成基本共识，大量移植、借用其他学科中的概念而未考量这些概念之间是否存在内在统一的逻辑联系的现象还较为普遍。科学的研究范式与方法尚未形成，过于强调环境法学区别于其他社会科学特别是法学学科方法的"独特性""创新性"，简单照搬照抄甚至刻意复制自然科学特别是生态学方法的情况并不少见。此外，在外国环境法和比较环境法研究上，拿来的多、"拿来主义"的少，中国化、本土化研究尚显不足。

2. 发展方向

首先，对环境法学"法理"研究的广度和深度会不断扩大、加深。生态文明的法理、环境权理论、环境法益理论、环境多方共治、环境法律规范的宪法和部门法表达、环境法典化、环境法的激励机制、环境侵权与生态损害赔偿、生态补偿理论、党内环境法规等研究课题，将会成为我国环境法学基本理论研究的热点和重点。

其次，国家环境政策的法教义学研究将会受到更多的关注。运用法教义学的方法，对国家生态文明建设总体设计和组织结构的政策（如环境监察与督查机制、政府环境责任和领导干部环境追责、设立国有自然资源资产管理和自然生态监管机构、统一行使全民所有自然资源资产所有者职责、建立以国家公园为主体的自然保护地体系、生态损害赔偿与补偿机制等）等进行解释论而非立法论研究，将会获得更多的关注。

再次，环境法学和法学学科内的其他传统二级学科间的对话、交流将会进一步增多，环境法学会不断学习吸收其他学科以及传统法学，如法理学、宪法学、行政法学、民法学、刑法学、诉讼法学和国际法学等的研究成果，形成更多交叉性研究成果。

最后，随着人类命运共同体理念的推广和"走出去，请进来"战略的不断推进，国际环境法、外国环境法和比较环境法的研究领域会进一步扩展，研究成果会越来越多。与此同时，中国环境法治问题、经验和模式的国际交流也会日益扩大。

（十）社会法学

1. 主要问题

第一，社会法基础理论的研究还相对薄弱。相比于民法、刑法等传统学科，社会法的研究起步较晚，社会法的基础理论研究相比之下还稍显薄弱。这种薄弱体现在社会法的许多基本问题，例如社会法的定位、范畴、体系、概念、原则、基本理念等，都尚未取得基本的共识，理论分歧较大。社会法基础理论薄弱，导致社会法的知识体系缺少根基，具体制度的研究也缺少必要的指引，长此以往可能导致社会法研究失去方向。

第二，社会法学科知识体系尚未成型。社会法作为一门学科，目前尚未形成一个外部完整、内部逻辑结构清晰的知识体系。社会法学科的基础知识和理论缺乏必要的抽象和整理，导致社会法的知识体系缺乏总则的统领，无法对社会法学科的基础问题做出一般性的规定；社会法各部门法之间的一般性和特殊性缺少研究，无法与总则形成严密的联系。因此，从知识体系完整性和逻辑性视角看，社会法尚未形成一个总分清晰、前后照应、科学严密的知识体系，导致许多社会法问题无法在知识体系中找到定位，相关法律问题进行适用时缺少规范基础的必要指引。

第三，社会法研究重点存在失衡现象。目前的社会法学研究重心，主要集中在劳动和社会保障法领域。对于社会法的其他部门法，则缺少必要的关注，特别是对于部分相对"冷门"的学科，如慈善法、特殊群体保护法、社会救助法、卫生法等法律部门，相关的概念、原则、制度等，都缺少研究。

第四，社会法理论和成果的本土化问题。社会法的概念以及大部分理论，最早在德国提出，后经学者翻译、介绍引入我国。因此目前大部分的理论研究，都借鉴德国、日本等社会法研究相对成熟国家的理论。然而，社会法是对本国社会生活中产生的重大社会问题进行调整和规制的法律部门，具有很强的本土性，需要进行本土化的扬弃，并最终发展成为本国的社会法理论。域外的社会法理论虽然对我国的实际情况有一定借鉴意义，但无法彻底解决我国社会法领域的现实问题。目前我国的社会法研究还缺少具有本土化特色的研究，特别是针对我国目前经济社会进入转型期、经济发展步入新常态等新形势、新问题的社会法研究。

2. 发展方向

第一，要继续推进社会法二级学科的发展建设。目前，多所高校设立社会法三级学科，部分法学类重点院校已经设立社会法二级学科。社会法作为中国特色社会主义法律体系的法律部门，其研究力量和人才培养应当继续加强，因此亟须将社会法学科设定为教育部法学一级学科下的二级学科。未来社会法二级学科的建设重点,应当从培养目标明确化、课程设置精细化、科学研究深入化推进。在培养目标方面,应当以培养理论和实践知识兼修的高水平社会法人才为目标,特别是社会法学博士生的培养,为社会法的人才队伍不断提供后备力量;在课程设置方面,应当在社会法通识教育的基础上,特别加强对社会法各部门法的讲授;在科学研究方面,应当注重问题导向,针对社会法研究薄弱的领域,进行重点攻坚和突破,提升社会法整体科研水平。

第二,要深入社会法基础理论的研究。社会法基础理论,处于社会法研究金字塔底端的重要位置,其研究水平将直接影响社会法知识体系的完整性,以及各部门法研究的科学性。社会法的基础理论研究,目前并没有较有影响力的观点,不同观点之间分歧很大,极大地阻碍了社会法基本共识的形成。社会法基础理论研究未来应当由浅入深,从最基本的概念入手,形成基本的学术共识和讨论基础,然后逐步深入至社会法各部门法和各项具体制度,在具体制度中验证和补充社会法基础理论的解释力,从而形成能够奠定研究基础、提供学术指导的社会法基础理论。

第三,要构建完善的社会法知识体系。完善的社会法知识体系,不仅能够使社会法的各项原则、制度和概念各归其位,形成严谨自洽的体系,同时也能够为相关法律法规的学习和适用,提供科学的指引。未来社会法知识体系的构建和完善,可以借鉴我国民法、刑法等传统学科的经验,在加强对一般制度的总结和提炼,构筑社会法总则的内容,形成社会法知识体系的基石;在部门法方面,在对各部门法的制度进行完善的基础上,要加强对各部门法之间关系以及部门法和总则之间关系的研究,从而形成一个体系完整、总分照应的学科知识体系,方便社会法知识的学习和适用。

第四,要加强社会法理论研究成果的转化。社会法作为一门应用型的学科,其科研成果应当能够转化为现实方案,为社会法的重大问题和热点问题提供参考。社会法的科学研究,具有一定的前瞻性,一定程度上可以预测社会法领域的潜在问题,并提供相应的解决方案。目前,社会法的部分科研成果,已经在如互联网平台从业者权益保护、小微企业与劳动者保护、重大疫情情况下劳动法适用等热点问题上,形成了极具价值的学术贡献,为相关问题的解决提出了良好的学术建议。未来应当继续以社会法热点问题为导向,提高科研成果的前瞻性和实用性,使之能够成为相关立法和政策制定时的学术依据，提升立法和政策的科学性。

（十一）婚姻家庭法学

1. 主要问题

第一，婚姻家庭法作为民法典支柱之一，其对党和国家、对社会、对民法典的重要意义，尚未得到各界尤其是其他部门法学者的足够重视，婚姻家庭法所体现出的价值理念与制度意义在一定程度上被忽视。

第二，婚姻家庭法学研究对基础理论、司法实践现状、社会争议焦点以及科技发展带来的冲击回应不够，民众对于婚姻家庭问题的敏感度要求婚姻家庭法学的研究要进一步植根于社会实践。

第三，以婚姻家庭法为主要研究方向的博士点较少，不利于婚姻家庭法学人才的培养。

第四，对外交流工作较少，婚姻家庭法学研究领域及弱势群体的保障研究领域没有建立有效的对外交流学习渠道，这种状况不利于更好地发出中国声音、宣传中国法律。

2. 发展方向

第一，立足于民法典婚姻家庭编展开学术研究。一方面，梳理婚姻家庭编与原《婚姻法》《收养法》等的司法解释、规章制度之间的关系；另一方面，打通婚姻家庭编与民法总则、民法典其他编以及其他法律之间的关系，体系性地解释与回应婚姻家庭编的适用问题。关注婚姻家庭编的实施效果，坚持问题导向，准确透视当下社会发展对婚姻家庭领域带来的深刻变化，继续深挖基础理论，为婚姻家庭法学发展提供不竭的源泉，保持婚姻家庭法学研究的生机。

第二，中国社会转型为婚姻家庭带来全面而深刻的影响，婚姻家庭法学研究需要与社会发展同步，回应社会需求，顺应社会发展规律。人工生殖技术应用引发的父母子女关系认定标准扩充，已成为不可回避的法律问题；结婚率下降，同居率上升，包括同性同居，已经成为社会生活事实，家庭形式多样化呼吁婚姻家庭立法提供多层次的制度供给；离婚率上升，配偶关系趋于流动性，单亲子女增多，人口老龄化等，也是不容忽视的现状。社会和谐稳定既需要婚姻家庭法确立正确的价值导向，也需要加强婚姻家庭法学界与其他部门法学界及相关立法、司法机构的联系，建构起符合社会潮流的婚姻家庭法规范体系。

第三，学界对婚姻家庭法作为民法有机组成部分的论证相对成熟，对婚姻家庭法与财产法在法哲学、基础理论以及法学方法等方面的差异揭示得尚不充分，婚姻法司法解释对彩礼的规制、对夫妻共同债务的规制等，暴露出婚姻法适用财产法规则所体现的"水土不服"。应当加强婚姻家庭法基础理论研究、宪法基本原则对婚姻家法的指引研究、婚姻家庭法与财产法规则适用研究、婚姻家庭立法与弱势群体保障的关系研究、婚姻家庭立法与新时代人民群众对美好生活的需求和向往，婚姻家庭立法与人民群众的获得感、幸福感、安全感的关系研究等。

（十二）知识产权法学

1. 主要问题

第一，本学科对知识产权法基础理论的研究不够重视，知识产权法学者倾向于采取实用主义的研究策略，较多关注司法实践中的新现象，热衷于对具体问题、具体制度和具体规则进行对策性研究。大多数学者不重视对知识产权法基本范畴、知识产权法的理论体系和制度体系，支撑知识产权法理论和制度的法理、知识产权法学方法论等问题的研究。这种研究状况不利于知识产权法学科的发展和成熟，也导致了知识产权法学的研究成果对司法（执法）实践的理论支持能力不足。

第二，本学科对于国际知识产权规则体系和知识产权全球治理的关注和研究程度不够，对复杂环境下国际知识产权保护秩序的变化趋势缺乏研判，为国家的战略决策提供咨询服务和理论支撑的能力有待加强。

2. 研究方向

第一，着重于构建中国特色知识产权理论体系。加强知识产权的基础理论、基本制度的研究，推动知识产权基本法的编制。

第二，着重于推动建立相对独立的知识产权学科地位。知识产权学科是新文科、大文科、强文科背景下最具学科交叉融合的新兴学科之一。知识产权学科研究涉及法学、管理学、经济学、技术科学、政策科学、伦理学等多种学科领域，有必要推动知识产权学科的独立建设，形成符合学科发展需求的人才培养体系。

第三，着重于建立知识产权的中国话语体系。知识产权学科发展应紧密服务于国家国际贸易往来的需要，积极参与知识产权国际规则的制定，向世界传递中国声音。

（十三）刑法学

1. 主要问题

第一，随着对德日刑法理论知识与方法论的吸收与借鉴，刑法教义学成为刑法知识生产的基本方式和主要来源，但刑法学研究应当是多面向的，研究方法应当是多元的，除刑法教义学外，刑事政策、刑法案例、刑法的经济学和社会学分析等方法都不应被忽视。

第二，学术研究中持肯定或批判态度的各色刑法立法观与司法观（所谓积极刑法观、风险刑法、预防刑法、功能主义刑法、工具主义和象征性刑法等），多为主张者或批判者的主观想象，既缺乏司法实践的实证支撑，也不是在犯罪学等事实科学基础上的总结与提炼，各种论证难免自说自话，导致理论论证割裂社会现实，背离实践理性。

第三，对我国刑法学发展所处的时代缺乏准确认知。我国当前一方面在对域外刑法理论进行吸收时还停留在其过去的刑法理论上，却对其潜在的危机和最新发展缺乏及时的追踪研究；另一方面对我们国家自己刑法学所处的时代和语境也缺乏一种自觉。事实上，中国当前的快速发展使得我们在网络犯罪的刑事立法和刑事司法等方面呈现出自己的创新和特点，而世界局势也在发生剧烈变迁，但我们的刑法学对这种国内外的最新发展还缺乏足够的回应。

第四，在引入域外知识的过程中没有很好地本土化，造成用语混乱，使各种理论的准确性捉摸不定，给后来者的借鉴和研究起点带来困扰。近年来我国刑法理论界和司法实务界之所以在很多地方存在两张皮的现象，一个重要原因就是理论界在热衷引进各种域外理论和学说的时候，没能有效地转换成我们自己的语言，或者没有在我们自己已经形成的话语体系内尽可能地给有关域外理论和学说找到一个相应的位置。

2. 发展方向

第一，扎根中国本土法治实践，以本国刑法文本和判例为研究支点开展刑法学研究。刑法终究是要解决本国实际问题的，为了使中国刑法学研究在国际上具有影响力和话语权，我们应当有更强的主体意识，从本国国情出发，强化问题导向，逐步建构起国际视野、中国视角和本土方案三位一体的研究格局。

第二，进一步从整体上加强对刑事法学的基础理论研究。刑法基础理论是与一个时代的哲学思想紧密相连的，而一个时代的哲学思想又往往与一个时代的科技发展及其所面临的其他社会问题紧密相连。当前我国刑法学研究在追求精致化的同时，碎片化的现象也日益凸显，只有从整体上强化对刑法基础理论研究才能逐步克服这一现象。

第三，开展多元化的刑法学研究方法，加强刑法学与相关学科之间的理论对话。在进一步开展刑法教义学外，也要大力发展刑事政策、刑法案例、刑法的经济学和社会学分析等方法。扩展宪法学的理论视野，加强刑法学与宪法学、刑事诉讼法、犯罪学、社会学等相关学科之间的理论对话。

（十四）刑事诉讼法学

1. 主要问题

第一，理论研究结合司法实践仍不充分，妨碍了理论成果的实践转化。部分研究成果还存在忽略中国刑事诉讼的实践条件制约，不注意实际运行状况，闭门造车，或照搬国外制度与理论的情况，因此对实践的指导性不强。

第二，对一些突出的刑事诉讼问题仍然缺乏深入研究，甚至有畏难情况，宁回避而不应对。如某些专项执法活动采用"运动执法"方式、忽略程序制约及当事人权利和律师权利的问题。又如监察与司法办理案件的程序逻辑不够一致如何协调的难题，等等。

第三，高水平研究成果仍然较少。相当一部分学者的课题成果与文章，虽然中规中矩，但理论研究的深度不足、创新欠缺、内容不实的问题十分突出，刑事诉讼研究成果数量大但质不优的问题，仍然是"十三五"时期刑事诉讼法学科研究存在的突出问题。这一质量问题，也存在于国家社科规划项目、教育部项目等社科项目的研究中。

2. 发展方向

一是在刑事诉讼法研究中增强大局意识。从扩大对外开放、深化国内改革、提升大国形象、建设人类命运共同体的大局出发，认真研究《公民权利和政治权利国际公约》的批准问题，以推动刑事诉讼程序制度进一步改革完善，全面落实对内资外资、国企民企平等保护的要求，扩大刑事司法对经济社会持续健康发展的保障功能。

二是研究如何保障程序制度的有效实施。我国刑事诉讼程序虽然尚待完善，但更重要的问题是相关程序制度的实际执行。尤其要防止某些案件借口"讲政治"而不讲法治，以运动冲击程序等。而非法证据排除、证人出庭等，虽有制度，但落实不好亦是需要重点研究、解决的问题。

三是要研究谋划下一步改革。中央提出推动"以审判为中心"刑事诉讼制度改革。但这几年的改革，仍然是基本维系原体制的技术性改善，重点在强化庭审。下一步，应当研究如何进一步推进落实中央的改革意见，尤其是如何在诉讼体制上确立"以审判为中心"。进一步落实党的十八届四中全会决定关于加强人权司法保障和完善审级制度的要求，促进国家治理能力和治理体系现代化。

四是关注司法实践中的突出问题，应对现实挑战。深入研究解决贯彻非法证据排除规则和证据裁判原则问题，研究强制措施的适当运用，完善认罪认罚从宽制度，协调监察和司法的办案逻辑和程序机制等。同时，要应对大数据、智能化挑战，促进科技与司法的融合，通过学术研究，促进新时代刑事司法能力和水平的提高。

（十五）民事诉讼法学

1. 主要问题

第一，我国民事诉讼理论呈现出比较凌乱、彼此缺乏整合、非体系化的状态。这种状态与我国民事诉讼理论的多源性、理念冲突和民事诉讼体制转型过程有直接关系。苏联的民事诉讼理论本身就是对大陆法系基本理念的批判和否定，是一种阶级分析或政治分析的理论体系。这一特点在苏联的民事诉讼法权威教科书中有明显的呈现。因此，在同一理论架构中也必然存在着紧张关系。大陆法系民事诉讼与英美法系民事诉讼在制度、理念上均存在一定的差异，实践环境的不同又形成了不同的理论。因此，在我国吸纳、包容两大法系理论的过程中，两种理论内在的紧张也必然存在。

第二，目前我国民事程序规范法学的发育明显不足，原有的概念和理论尚未完成体系化，更不能跟进中国法律规范的动态发展。我国民事程序法律规范是外国法律规范与中国司法实践合成的产物，在40年来的规范变迁过程中，这两方面的渊源又分别或同时与其他国家的法律规范和中国司法实践出现的新问题发生杂交、拼接、合成，是一种非有机融合；我国民事诉讼法学理论和概念也是以外国法学理论和概念为源头，而且并不一定与其定义或分析的具体法律规范出于同源国家，而是来自学者基于自身的学术背景或资源优势的无序选择；但我国学者所持的各外国理论和概念本身是外国学者基于其对自己本国相应法律规范的提炼和分析而形成的，其本身也可能存在不同观点或流派。因此，我国民事诉讼法学理论从源头上就没有完成法律概念与法律规范之间的匹配与整合，而是在上述各种理论渊源、规范渊源、中国实践渊源之间进行（无意识）选择和多种排列组合的结果。

第三，因为我国民事诉讼法的建构还处于初创阶段，民事诉讼法制的体系化尚未完成，也由于缺乏民事诉讼经验的长期积累和提炼，目前还不能形成与我国时代发展要求相适应的本土化民事诉讼理论体系。目前我国的民事诉讼理论主要以大陆法系民事诉讼理论为参照，但由于我国正处于社会转型的过程中，受传统诉讼理念以及司法制度、政治构架的影响，我国并未体系化地接受大陆法系民事诉讼理论。我国的民事诉讼理论中部分嵌入了我国传统民事诉讼的认识和观念，并遗留了苏联理论的部分残余，如职权干预理论（限制性处分原则）、无独立请求权第三人理论、泛检察监督理论等。

2. 发展方向

第一，民事诉讼理论的体系化。我国民事诉讼理论的非体系化现实必然对从事民事诉讼理论的研究者们提出民事诉讼理论体系化建构的使命。面对越来越复杂的纠纷形态以及诉讼关系，人们对纠纷的解决正当性要求越来越高。在这样的现实情形下，民事诉讼理论的体系化建构也显得越来越迫切。任何理论体系都需要建构主体的主动意识，因此不能被动消极地等待民事诉讼理论体系的自然成形。理论体系的建构包括原有理论的整合、调整以及理论的丰富和扩展两个方面。无论是理论的整合与调整，还是内容的丰富与扩展，都首先涉及理论的基本框架和基础的问题。

第二，以中国问题为指向、关注中国制度的实际运行状况，综合运用社科法学、比较研究、法教义学等多种研究方法对民事诉讼制度进行多元化研究。真正值得关注的是如何用研究方法去解决研究对象的具体问题，避免由于研究对象的先天不足导致研究方法上的裹足不前。无论使用哪一种方法，在直面现实困难、解读具体规范时，或许都需要关注法律的价值、宗旨和背景，才可能真正认识中国民事诉讼法纷繁复杂的规则体系和不断变迁的实践操作，并通过各种解释方法谋求相应程序的机理及其与案件特点的适应性，为体系化的制度修补提供理论补给。

（十六）证据法学

1. 主要问题

第一，证据法规范蓬勃发展的同时存在法出多元、体系混乱的问题，亟待全国统一适用的证据法规则来加以有效整合。以刑事证据法为例，首先，从证据规范的来源来说，在全国层面既有法律层面的刑事诉讼法，也有最高人民法院和最高人民检察院的司法解释、规范性文件，也有公安部的部门规章；在地方层面，许多省、市甚至县一级的政法委和公检法等单位也都出台了与证据有关的规范性文件。其次，从证据规范内容和范围来说，既有涵盖刑事诉讼整个范围的证据规定；也有专门针对某一类型案件的证据规定，比如安徽、辽宁、贵州等地方出台的有关毒品类案件的证据规定，江苏有关故意杀人案的证据审查指引；还有专门针对某一类证据的规范性文件，比如有关电子证据的相关规定。最后，从规范效力来说，有关证据的不同规范之间效力差异非常大，既有非常权威的法律，也有相对低阶的部门规章；既有效力相对刚性的"规定"，也有相对柔性的各类"指引""规程""意见"。这些来源不同、范围不同、效力层级各异的证据法规范性文件体现出当前我国刑事诉讼当中对证据性规范的需求，但如何超越个别证据规则的离散性问题，通过规范优化将我国证据法整合成一个相对体系化的证据法将是我国未来在证据法治化道路上所要解决的问题。

第二，证据法学的理论话语来源众多但彼此杂糅互不兼容，传统的证据理论正在向现代证据理论进行转型。一方面，作为一个在证据法方面后发型的国家，我国证据法的研究话语传统来源众多。在我国的证据法学研究当中，既有来自苏联的一套学术话语，比如证据种类制度；也有来自大陆法系的一套学术话语，比如证据能力、证明力、主观证明责任与客观证明责任、内心确信等；还有来自英美法系的一套学术话语，比如关联性（相关性）、可采性、证据分量、举证责任与说服责任、排除合理怀疑。不仅有来自域外的学术话语，也有本土自我创造的一些学术话语，比如"定案根据""印证"等。这些不同的学术话语不仅广泛存在于证据法学的研究当中，而且常常在同一部证据法规范当中被同时使用。另一方面，证据法自身内部的一些基本范畴都没有得到有效的清理，一个共识性的证据法学理论体系还远远没有形成。证据法研究的各个传统之间彼此分离甚至存在内在的张力，缺乏一个相对统一的理论框架来加以有效的整合。

第三，蓬勃发展的证据法学与相对有限的学科发展空间之间的矛盾。作为一个学科而言，证据法学目前在我国处于比较尴尬的地位：一方面，证据法传统上分属于三大学科，属于三大学科的各自一部分，证据法规范立法和表述方式深深嵌入三大诉讼法自身。但随着证据规范的不断增长，三大诉讼法又似乎很难完全容纳证据法本身。以刑事诉讼法为例，刑事诉讼法最高人民法院司法解释证据一章和法庭调查将近100条。特别是随着审判中心主义的推进，各类证据审查规则还要进一步细化，法庭有关证据调查的程序与规则也将进一步完善。无论是就证据法还是就刑事证据法学课程本身来说，需要一部能够通用于整合多个法律传统、体系权威的证据法教科书，而这样的教科书则需要以相对成熟、体系化的证据法理论体系为基础。

2. 发展方向

第一，进一步加强证据法学基础理论研究。面对证据法体系化不足这样一个现实困境，需要穿透这些规范和话语的表象去追问这些法律规范和不同学术话语背后的本源性原理，将其放置于一个体系化的整体中加以理解，这也是"证据法理"的核心追求。证据法理关注的是证据法作为一个法学学科的理论维度和作为一个部门法的证据法背后的基本原理。随着证据法作为一个部门法的逐渐形成，"如果部门法学仅仅停留于注释和实证研究，将会枯竭其思想体系而退化为单纯的知识体系，同时对该部门法的完善和进步产生负面制约"。未来一段时间，应该对作为证据法学基础的认识论、价值论、规范论、证据法基本原则等基本问题做进一步的研究，最终逐渐形成一个由若干基本问题组成的证据法理论内核。

第二，进一步拓展证据法学科的发展空间。一方面，证据法学应当和历史学、心理学、政治学、法庭科学等其他具有密切关系的一级学科进行对话交流，为证据法学基础理论研究提供跨学科的资源和滋养。另一方面，证据法学还应该与法学学科内的其他二级学科进行对话交流，不断学习吸收其他学科以及传统法学如法理学、宪法学、行政法学、民法学、刑法学、诉讼法学和国际法学等的研究成果，形成更多交叉性的研究成果。

第三，进一步加强证据法学解释学方面的研究。当前证据法已经存在大量的证据法规范，但这些规范话语多元，彼此杂糅甚至叠床架屋，对作为一个部门法的证据法体系和司法实践运用都构成很大的障碍。通过法律解释学对相关规范和话语进行梳理，将司法实践当中产生的大量证据法指导性案例或判例填充进证据法当中，进一步形成体系化的证据立法，从而为证据法学科进一步健康发展奠定基础。

（十七）国际公法学

1. 主要问题

第一，国际法基础理论基本问题的研究成果仍然数量极少。2016 年《北京大学法学百科全书 国际公法学·国际私法学》出版，这一基础工具书融学术性、知识性和应用性于一体，努力反映法学研究和法治建设的新成果、新观点、新发展和新经验，对于显示中国国际法研究的整体状况和前沿态势具有标志性的意义。例如，2016 年出版的《国际法治论》、2017 年出版的《国际法的中国理论》，对于中国在国际法领域的理论立场进行了系统深入的论述。2018 年出版的《国际法：作为法律的存在和发展》，阐释了国际法的存在、国际法发展的整体结构、国际法律制度的具体存在方式和体系。2019 年出版的《条约解释的国际法》，是有关条约解释的国际法理论与实践的系统性创新性研究专著。从国家需要和学科发展长远计议，如果缺乏对于基本问题、基础理论的研究，则国际法学的发展潜力不足。基础理论研究和基本问题认知，对于国际法人才培养涉外法制人才的教育也至关重要，在这方面的短板也显然会影响中国国际法的实践发展，制约解决现实国际法问题的能力建设。

第二，国际法研究成果仍较多停留在追逐热点浅尝辄止的层面，未能进行理论上的深化。从研究成果的学术评价来看，"十三五"时期获得比较广泛认可的国际法学术作品，主要仍然是研讨国际法的基本问题或者中国国际法理论的核心问题相关的成果。所以在科学研究中要进一步减少或者挤压掉华而不实的作风，要倡导深挖、深思、深耕的精神。这是科学家精神和科技伦理在国际法研究上的体现，也是国际法研究者把论文写在祖国大地上，学术研究真正为祖国建设服务、为人类文明发展服务的体现。

第三，中国国际法学界的建设性建议和战略性前瞻相对缺失，也就是说国际法理论界的多数研究成果是对中国实践或外国实践的一种追随和解读，但是在世界发展的过程中，不能仅仅有追随和解读，还应当有面向未来的战略展望、前景研判和风险评估，所以国际法学界如果能够与国际关系（国际政治）研究者协同发展，或者展开国际法与国际政治的协同创新，则对于国际法而言具有更大的启发性，同时对国家的国际事务也有重大的推进意义。

2. 发展方向

第一，在系统梳理中国国际法实践的基础上，深化中国国际法基础理论和基本问题研究，特别是聚焦于人类命运共同体的国际法构建问题。推动构建人类命运共同体是新时代坚持和发展中国特色社会主义的基本方略之一，是中国未来长期秉持的基本外交政策，是中国引领全球治理和国际法制度发展的话语武器。此次全球抗击新冠肺炎疫情实践进一步凸显了构建人类命运共同体、提升中国国际法实践能力和话语权的重要性与紧迫性，我们需要积极探索在全球治理的各个具体领域融入命运共同体思想，形成具有国际话语权的国际法治观。

第二，国际法与国际政治学跨学科的方法与协同创新研究。国际法自身的理论深化和更新，一方面植根于法学特别是法理学、民法学、刑法学，另一方面需要在国际关系的案例和社会场景中去理解和认知。只有一方面拓展到法学的相关学科，另一方面拓展到国际关系学，才能避免国际法学的理论贫困和实践脱节状态。在这方面前期已经有了一些中外研究的成果。如何将这些倡议和观念真正地落实于实践之中，为中国的外交和涉外法制事业做出有益的贡献，是下一步要着力研究乃至深入实践的重要方面。

第三，继续加强新疆域的国际法规则研究。当下及未来的国际竞争呈现出从传统国家疆域向深海、极地、外空、网络等新疆域拓展的态势。国家管辖外海域法律规则正在发展关键时期，极地、外空国际治理被提上重要议事日程，网络空间战略地位不断上升、制网权之争已悄然拉开帷幕。我们要深度参与新疆域的各项国际进程，影响相关规则发展走向，提高中国的制度性权力，迫切需要国际法学界的持续深入研究。

第四，国际争端解决机制的运用与实证分析。我国对利用国际争端解决机制维护我国的合法权益一直持谨慎态度，这与我国国际法研究储备和应用能力不强有关。我们需要对国际司法、仲裁、调解、调查等争端解决机制的程序性规则加强研究，对它们处理的案件开展系统的实证分析，提升我国利用国际性争端解决机制维护合法权益的能力。

（十八）国际私法学

1. 主要问题

第一，国际私法研究成果数量，特别是高水平成果数量偏少。"十三五"时期成果在研究内容上，过多追求热点，缺少对基本理论的研究，缺乏理论指导性和方法创新性，学术价值不高。在成果质量方面，出版教材较多，法学核心期刊特别是三大权威期刊发文数量少，学术创新能力和影响力不够彰显。发表研究成果数量偏少固然有国内核心期刊为了提高引用率青睐民商和刑法等传统学科的原因，也在一定程度上折射出国际私法学科论文理论深度不足和学术价值有限等深层次问题。在国际高水平期刊论文方面，近年来国际私法论文发表虽然出现了良好势头，但是总数仍偏少，并且高度集中于少数学者。我国国际私法学科国际影响的拓展尚有巨大空间。

第二，学术研究范式亟待转换。中国国际私法学在"十三五"时期乃至40年来的发展历程中，居于主导地位的是"立法中心主义"。学者围绕国家需求，起草、论证和制定相关的国际私法规则，无疑是中国国际私法学界对于国家的重大贡献，也是中国国际私法学界的时代使命。但随着相关立法的逐渐颁布，"立法中心主义"必然逐步让位于"司法中心主义"。在当前过渡和并行阶段，在关注立法发展和完善的同时，应积极推动国际私法学研究范式的转换，更多地关注司法实践所反映出的理论问题，以解释论和法教义学方法推进国际私法研究的精细化发展。

2. 发展方向

第一，中国法域外适用法律体系和法律问题研究。这是一个国际法学者均高度关注的课题，特别是在国际私法学界讨论较早较多。国内法域外适用需要以国家实力为后盾，以体系化的立法和司法实践为基础。伴随着全球化进程和国家间联系的错综复杂、交织密切，国内法域外适用越来越频繁和普遍，尤以美国的"长臂管辖"为代表。在改革开放以来的中美关系中，美国法对中国当事人的域外适用始终存在，但近年来呈愈演愈烈之势。中国学界也在反思如何推动中国法域外适用体系和法律问题研究，以更好地维护国家和当事人利益。党的十九届四中全会决议指出，要"加快我国法域外适用的法律体系建设"，为相关研究工作进一步明确了方向。

第二，中国国际私法立法完善研究。2010年颁布的《涉外民事关系法律适用法》还不是一部真正完善的国际私法典，不仅海商法、民用航空法和票据法中的法律适用规定没有纳入该法之中，也没有把司法解释中的成熟规定纳入其中。而且该法还存在很多问题，诸如新法和旧法的关系、结构体系和逻辑顺序等。一些重要的领域尚没有得到规定。例如，涉外民事关系的界定、法律规避、先决问题、国际条约和国际惯例的适用、联结点的认定和准据法的解释、国际民事诉讼程序等。随着民法典的颁布，中国国际私法立法进一步的完善应提上议事日程。

第三，国际民商事争议解决机制研究。改革开放以来，我国综合实力大幅增强。国际舞台上大国的角色和形象必然要求平等保护内外国公民的权利，尤其是在处理争议解决领域。然而，我国法院目前在国际民商事领域坚守的绝对主权豁免观，存在着漠视个体权利保护的现象；在内外国公民的平等保护上，也存在法律制度和司法解释的单边保护规定，相关的司法实践也较为保守。我国在国际民事诉讼、国际商事仲裁、国际民商事和解、调解以及网络争议解决领域的研究，对探索中的国际商事法庭机制的研究，都需要进一步深入。

（十九）国际经济法学

1. 主要问题

第一，基础理论研究薄弱，过于追逐热点问题。"十三五"时期，中国国际经济法学基础理论研究成果仍显单薄，这从相关论著的数量和影响以及国际经济法教材"绪论"部分即可看出。虽然基础理论研究相对难度较大，其他法学学科基础理论研究成果也仅占其学科总成果的较小比例，但国际经济法学科在此问题上尤为突出。"十三五"时期，中国对外经济交流领域的热点问题不断涌现，引起学者们极大的研究兴趣，产生了很多既有理论价值又有实践意义的学术成果。但这种热点迭现的状况，对于中国国际经济法学术发展又存在一定不利影响，突出表现为热点愈热而冷门愈冷。一些领域，如国际经济法中的私法部分研究成果极少，如国际货物买卖法、国际投资协议、国际融资协议、国际工程承包等。

第二，理论创新和国际影响力不足。国际经济法学是西方的舶来品，长久以来，我们一直在吸取国外学术营养，忙于追赶，还远远谈不上对学术的创新和贡献。从"十三五"时期的研究成果来看，我们的学术研究虽然在质量上已有长足进步，在国际高水平学术期刊、国外知名出版机构发表和出版了一些研究成果，但这些研究更多的是跟随国际学界的视野和焦点而变化，并且很难脱离国外理论的窠臼，基本是复述、延伸和细化，而缺乏理论的自觉和创新，这也就无法创设理论话题并引领学术风向。再加上学术环境、学术资源、语言等因素，中国国际经济法学研究成果的国际影响力有限，缺乏国际学术话语权。

第三，学术研究成果定位模糊。学术研究成果在用途上大致可以分为两类：理论性的和应用性的。国际经济法学是一门实务性很强的学科，因此其应用性色彩浓厚。但作为一个独立的知识体系，国际经济法中无疑仍有大量的理论问题待研究。回顾"十三五"时期中国国际经济法学术研究成果，我们可以发现，有不少成果对自身定位是模糊的，既非指向理论研究，也非指向应用研究，而是出现了二者皆非的情况，研究成果的理论性严重不足，同时应用性也严重不足。也就是说，这种研究成果既不能提供新的知识，也不能提供具体解决方案，或解决方案过于浅显，不具有可行性。

2. 发展方向

第一，"一带一路"倡议的法治保障体系及相关法律问题。"一带一路"是新时代我国对外开放的主要抓手，也是践行人类命运共同体的重要平台。而完善的法治保障不仅为"一带一路"建设提供稳定的制度环境，也是我国深度参与和引领全球治理的重要保障。我们需要加强研究，从国际法和国内法两个层面，从公法和私法两个领域，从实体和程序两个维度，结合"一带一路"倡议的实际需求和现实问题，梳理所涉及的法律问题。在理论性研究方面，应研究"一带一路"倡议的新全球合作与发展范式的意义，讲好中国故事，提炼中国经验，创新中国理论，参与国际学界的交流与交锋，逐步形成中国特色国际经济法理论体系。在实用性研究方面，应在"十四五"时期推进更为精细化、实用化的研究，助力形成一整套符合"一带一路"实际需要的条约和法律体系、风险防范机制与争端解决机制。

第二，逆全球化背景下全球经济治理体系变革中的法律问题。中美贸易摩擦、WTO 上诉机构停摆、发达国家收紧外资政策等现象都已充分说明，经济全球化的上一阶段已经告一段落，全球经济治理规则体系面临大的调整。WTO 改革、大型区域自由贸易协定、国际投资争端解决机制、技术转让和知识产权保护、数字经济与全球数据治理规则等问题都是重要的博弈领域，需要国际经济法学界积极关注，前瞻研究。

第三，中国对外开放中的重大涉外经济法律问题。虽然面临着逆全球化浪潮，但中国一直反复重申继续深化改革扩大开放的基本国策，在"十三五"时期陆续推出经济领域重大开放政策。随着内外部形势的发展，以及我国在新的阶段面临的新问题和新挑战的发展，国际经济法学界需要及时对这些问题做出理论分析，提供法律建议。例如，自由贸易试验区，特别是海南自由贸易港区的建设，产业政策、竞争中立与我国贸易投资法律环境，负面清单、准入前国民待遇和外资法的发展，健全对外经济合作与开放中的国家安全制度，人民币国际化和金融市场开放的法律问题等。

（二十）新兴交叉法学

1. 主要问题

第一，尚未获得独立的学科地位。为了回应社会发展和法律实践中产生的新问题和新需求，近年来国家安全法学、党内法规学、社会治理法学、网络法学、数据法学、计算法学、人工智能法学等新兴学科获得很大发展，但是它们在中国法学学科体系中还没有取得应有的独立学科地位，从全国性学术组织、国家学科专业目录、课程教材建设、学术影响力等方面来看，新兴交叉学科与传统学科相比，其学科地位还有明显差距。

第二，缺乏鲜明的概念范畴体系。总体看，新兴交叉学科还没有形成表明其学科地位的范畴概念体系。没有范畴概念体系，就不可能有自己的知识体系和思想体系，因而也就不可能有这些新兴学科作为一门独立学科的学术地位。环境权、数据权、被遗忘权等新兴概念范畴的法理意涵，研究不够充分；环境正义、转型正义、全球正义、全球治理等借鉴移植的概念范畴，尚需根据新的时代语境赋予其特定内涵；权利、义务、责任等法学基本范畴，必须以马克思主义法学的理论和方法论为指导，在揭示研究对象客观规律的基础上赋予以新兴学科的认识内涵。

第三，回应实践需求的能力不够。法学领域新兴学科开设不足，法学与其他学科的交叉融合不够，反映了学科设置滞后于实践，不能回答现实问题，不能通过知识空间开拓和理论创新为法治实践提供有力理论支撑。这些问题凸显了我国法学学科体系、学术体系、话语体系的短板和弱项，也暴露了我国法学新兴交叉学科回应实践需求的能力不够。新兴学科是在实践需求的呼唤中产生的，也必然要在解决实践问题的经验和反思中成长，从实际出发、从问题入手的原始创新是发展新兴学科的唯一选择。

2. 发展方向

第一，打破学科间壁垒。科技进步和社会发展中出现的许多新问题，不是传统法学理论和方法可以独立解决的，诸如电子商务、网络治理、金融治理、社会治理、人工智能规制、无人驾驶规制等，需要管理学、经济学、统计学、社会学、政治学、网络工程学等学科的参与，需要文理工学科的协同。要突破以往按照法学二级学科设计重大研究领域和重点选题的习惯做法，着力打破法学内部的学科壁垒，大力支持新兴交叉学科的建设和重大课题研究。

第二，善于多学科合作。要主动"走出去"，善于与哲学、政治学、经济学、社会学、人类学、自然科学、工程技术科学等其他学科开展交流合作、共同研究重大课题，以寻求思维启迪和理论资源，提高消化吸收其他学科理论和技术成果的能力，推进法学和其他学科的交叉与融合，增强与其他学科开展平等对话与交流的素质和能力，系统研究法治实践中需要多学科协同创新的重大问题。

第三，提出新概念新范畴。法学学科要在概念共享中富有成效地开展与其他学科的交叉研究，通过增强范畴意识、提出新的概念范畴，使法学范畴内涵精准、思想透彻、便于融通。近几年来，法经济学、法社会学、法政治学、法伦理学、比较法文化、法律与艺术研究等的蓬勃发展，正展示出范畴研究对开辟交叉学科新境界的巨大作用，它们打破了学科壁垒造成的智识隔绝，提升了法学应对新问题新挑战的能力，扩充了法学学科的知识容量，越来越彰显出概念共享带来的理论能量和实践优势。要在提炼、移植、转化、深化范畴和概念的基础上，形成一系列具有原理性、解释力和想象力的命题，为新兴学科的知识和理论大厦构建"四梁八柱"。

对未来五年法学研究重点领域和重大问题的建议

当今世界正经历百年未有之大变局，我国正处于实现中华民族伟大复兴的关键时期。完善中国特色社会主义制度体系和法治体系、推进国家治理体系和治理能力现代化、建设社会主义现代化法治强国，坚持和巩固马克思主义在法治意识形态领域指导地位、确保中国法治建设行稳致远，积极参与国际法治建设、推动全球治理体系改革、构建人类命运共同体等，向中国法学提出了前所未有的理论需要和智识供给。根据党的十九届四中全会、五中全会重大决定和有关部署、中央全面依法治国委员会第三次会议和中央全面依法治国工作会议提出深入推进全面依法治国的重大任务，贯彻习近平总书记一系列重要讲话精神，立足对深入推进全面依法治国面临的新形势新情况新任务的前瞻性研判，在充分调研的基础上，提出以下中国法学未来五年的重要研究领域和重大问题。

一　习近平法治思想研究

近百年来，在中国革命、改革、建设的各个历史时期，中国共产党矢志不渝地推进民主法治建设，把马克思主义法治理论与中国法治实践相结合，创立和发展了中国化的马克思主义法治理论。改革开放以来，我们党倍加重视法治建设和法治理论创新，把马克思主义法治理论与中国特色社会主义法治建设实践相结合，形成了中国特色社会主义法治理论。党的十八大以来，以习近平同志为核心的党中央在全面依法治国、建设中国特色社会主义法治体系、建设社会主义法治国家、推进国家治理体系和治理能力现代化新的伟大实践中，创造性地发展了中国特色社会主义法治理论，创立了习近平法治思想。2020年11月，具有里程碑意义的中央全面依法治国工作会议明确提出了"习近平法治思想"。在开启全面建设社会主义现代化国家的重要时刻，提出习近平法治思想，既有充分的科学依据，又有重大的现实意义和深远的历史意义。习近平法治思想是习近平新时代中国特色社会主义思想的重要组成部分，是对中国特色社会主义法治建设经验和成就的科学总结，是马克思主义法治理论中国化的最新成果，是引领新时代法治中国建设取得更大成就的思想旗帜。习近平法治思想内涵丰富、论述深刻、逻辑严密、系统完备，科学阐明了法治的基本原理、中国特色社会主义法治的基本理论和全面依法治国的基本观点，系统回答了为什么要实行全面依法治国、如何推进全面依法治国、如何在法治轨道上推进国家治理体系和治理能力现代化等根本性、全局性和战略性问题，是新时代全面依法治国、建设法治中国的指导思想和根本遵循。开展习近平法治思想研究，对之进行学理化阐释、学术化表达、体系化构建，是法学界和理论界的重大政治任务和学术使命。

本课题着重研究：习近平同志对创立习近平法治思想所做出的独创性、集成性、原创性贡献；习近平法治思想形成发展的时代背景、实践逻辑、理论逻辑和历史逻辑；习近平法治思想的基本精神、核心要义、实践要求、科学方法；习近平法治思想的政治意义、理论意义、实践意义、世界意义；习近平法治思想与中国特色法学学科体系、学术体系、话语体系构建；在全面建设社会主义现代化国家新的伟大实践中推进习近平法治思想与时俱进、创新发展。

二 中国共产党领导体制的法理基础研究

中国特色社会主义最本质的特征是中国共产党领导，中国特色社会主义制度的最大优势是中国共产党领导，中国共产党是最高政治领导力量。中国共产党的领导决定着其他各项制度优势的存在和发展，其他各项制度的独特优势都以中国共产党领导这个最大优势为前提和基础。中国共产党领导体制是实践必然性、时代现实性和法理正当性的逻辑连接，深入研究、深刻阐释中国共产党领导体制的法理基础，优化党的领导和国家体制，巩固党的执政地位，改善党的领导方式，提高党的领导能力，是法学未来长期研究的重大领域和重大问题。

三　国家制度与国家治理研究

法律制度与国家制度、依法治国与国家治理、法治体系与国家治理体系之间具有内在的本质关系。国家治理体系是在党领导下管理国家的制度体系，是一整套紧密相连、相互协调的国家制度。法治是国家治理体系和治理能力的重要依托，全面依法治国是完善和发展中国特色社会主义制度、推进国家治理体系和治理能力现代化的重要方面。围绕国家制度与国家治理这个重大问题，法学学科将聚焦如何科学阐释"制度""治理"及其关系；如何在法治轨道上推进国家治理体系和治理能力现代化；如何把法治理念、法治思维、法治方式贯穿于国家治理各领域、各方面、各环节；如何坚持以法律制度为依据、以法治体系为保障，推进国家治理科学化、民主化、法治化；如何把制度体系与治理效能有机结合，推进"中国之制"向"中国之治"的实践转化。

四　依宪执政、依宪治国重大理论和实践问题研究

宪法是国家的根本法和总章程，是我们党治国理政的总依据，是我们党长期执政的根本法律依据。由此，坚持依法治国首先要坚持依宪治国，坚持依法执政首先要坚持依宪执政。全面贯彻实施宪法，是建设社会主义法治国家的首要任务和基础性工作。依宪执政、依宪治国重大理论和实践问题研究，要重点开展宪法与法治体系建设，依法治国、依宪执政制度体系建设，全面贯彻实施宪法的制度体系研究，党的领导地位的宪法保障研究，党内法规制度建设的宪法问题研究，宪法监督研究，宪法解释程序机制研究，合宪性审查研究，备案审查制度研究，健全法律面前人人平等保障机制研究，维护国家法制统一、尊严、权威研究，增强领导干部宪法意识研究等。

五　社会主义法治核心价值体系研究

社会主义法治核心价值体系是社会主义价值体系的重要组成部分，是社会主义核心价值观的法治表现形式。中国特色社会主义法治核心价值体系研究，应当以习近平新时代中国特色社会主义思想和历史唯物主义价值论为指导，深刻阐释社会主义法治的价值基础；着力研究"以人民为中心""以公正为生命线""以和平、发展、公平、正义、民主、自由为人类社会共同价值"的社会主义法治核心价值体系；社会主义核心价值观全方位深层次融入法治体系。

六　中国特色社会主义法治理论创新发展研究

守正创新是中国特色社会主义法治理论的内在特征和应有品格。创新发展中国特色社会主义法治理论，是党中央全面依法治国战略布局的重要方面，是建设中国特色社会主义法治体系、建设社会主义法治国家的必然要求，是加快构建中国特色法学体系的迫切需要。围绕这个重点领域，法学界将深入学习和研究马克思主义法治理论及其中国化的理论成果，特别是习近平法治思想，增强中国特色社会主义法治理论自信和坚持中国特色社会主义法治理论的实践自觉；深入挖掘中华法治文明的法理基因并进行创造性转化和创新性发展；深入研究世界法治文明的有益成果并进行反思性审视和择善性借鉴；跟踪研究全面依法治国进程中的新问题、新经验，形成新概念、凝练新思想、发展新理论；在深化、拓展、创新中构建起对中国法治问题具有回应和解决能力、对世界法治议题具有设置和攻坚能力的科学化当代化的法治理论体系。

七　中国特色法学体系研究

当代中国正经历着我国历史上最为广泛而深刻的社会变革，也正在进行着人类历史上最为宏大而独特的法治实践创新。面对思想、观念和价值取向纷纭激荡的新形势，面对经济发展新常态与国际发展环境深刻变化的新挑战，面对全面改革进入攻坚期和深水区的新问题，面对世界范围内各种法学思想文化交流交锋的新局面，面对全面依法治国实践的新需要，必须加快建设中国特色法学体系，构建能够解决中国问题乃至世界性问题、具有国际竞争力的法学学科体系、学术体系和话语体系。未来几年，法学界应当把构建中国特色法学体系作为新时代法治中国建设的重要方面，作为中国法学发展的总主题、总目标、总抓手，以习近平新时代中国特色社会主义思想及其法治思想为指导，大力推进中国法学的理论创新，形成具有感召力、影响力和说服力的法学思想体系，为中国特色法学体系夯实思想理论基石，统筹推进法学基础学科、新兴学科、交叉学科建设，促进以法律学、法治学、法理学为主体的法学学术体系创新，大幅度提升中国法学的话语权和中国法治的影响力、支配力。

八 法治政府建设督察与评估研究

法治政府建设的质量和成效是国家治理效能的重要体现和关键标志。2019 年 5 月，中办、国办印发了《法治政府建设与责任落实督察工作规定》，对法治政府建设督察和评估做出了明确规定。但是，如何开展法治政府建设督察与评估，精准精细地评价评估各地各部门行政法治工作绩效，亟须加强理论研究。法治政府建设督察与评估研究，应当聚焦法治政府建设督察与评估的基本原理，法治政府建设督察的法治原则和制度机制，法治评估的法理基础、法律依据、指数指标和评估方法，法治评估结果运用等，为有关部门开展督察与评估工作提供学理政理法理支撑和操作建议。

九 中国民法典实施研究

2020 年 5 月 29 日，十三届全国人大三次会议审议通过了民法典，这在新中国民事立法史上具有里程碑意义，是人类法治文明的标志性事件。实施好民法典，是建设社会主义法治体系、建设社会主义法治国家的重要组成部分。开展民法典实施研究，对民法典实施的重大理论和实践问题提供学理法理支撑，是法学学科的重要使命。民法典实施研究，应当深入研究民法典实施的重大法治意义，民法典实施中的学理和政策问题，商法、知识产权法与民法典的衔接，民事司法解释清理和完善，民法典与民事审判工作，民法典的对外宣传等。

十　现代化经济体系建设的法治问题研究

现代化经济体系是以法治为基础的经济体系。社会主要矛盾的历史性变化，经济发展方式的深刻转型，对建设现代化经济体系提出了新目标、新任务，也对法治经济及其理论研究提出了新课题、新要求。现代化经济体系建设的法治问题研究，要着力围绕政府与市场关系的法律规制、完善产权保护体系、加强民营企业和企业家权益保护、完善法治化营商环境、健全市场主体信用制度、涉外经贸法律和规则体系、国家经济和科技安全法律保障等问题开展深入研究，产出一批高水平研究成果和高水平咨询建议。

十一　贯彻新发展理念、推进经济高质量发展的法治保障

党的十九届五中全会做出我国进入新发展阶段的重大判断，提出要贯彻新发展理念、构建新发展格局、推进高质量发展。法治在贯彻新发展理念、构建新发展格局、推进高质量发展等方面必将发挥更为重要的引领、保障和规范作用。法学界应当就如何更好发挥法治在高质量发展中的重大作用进行深入研究。本重大研究领域和课题将着重研究坚持和发展社会主义基本经济制度、构建高水平社会主义市场经济体制、产权法治保护的基本原则、加强知识产权法治保护、完善产权法治保护的制度体系、维护公平竞争的法律秩序、加强守法诚信法律和道德体系建设、构建市场化法治化国际化营商环境等。

十二　社会治理法治化、现代化研究

法治在社会治理中具有固根本、稳预期、利长远的作用。如何运用法

治思维和法治方式凝聚社会共识、化解社会矛盾、维护社会稳定、增强社会活力，提高社会治理法治化水平，推动社会治理现代化，是法学研究的重点领域和重大课题。社会治理法治化、现代化研究，将着力研究在国家治理现代化的总体布局中，统筹推进基层治理、县域治理、市域治理、省域治理；深入研究党委领导、政府负责、民主协商、社会协同、公众参与、法治保障、科技支撑的社会治理体系；研究政治、自治、法治、德治、智治"五治"融合的社会治理模式；适应社会治理现代化的社会治理制度体系建设；社会治理共同体建设。

十三 美丽中国建设的法治保障研究

美丽中国建设是社会主义现代化强国建设的应有之义和重要方面，对生态法治建设和法学研究提出了更高要求。美丽中国建设的法治保障问题，既是一个新时代法学研究的重大课题，也是法学学科开展前沿交叉学科研究的重要增长点。围绕美丽中国建设的法治保障，应当着重深入开展生命共同体的哲理政理法理研究、美丽中国和生态文明建设的法治保障体系研究、环境权利体系研究、环境法法典化研究、自然资源产权制度研究、生态环境修复法律制度研究、生态环境执法司法制度研究、生态环境法治保护国际合作研究等。

十四 生物安全法治研究

生物安全法治建设，是当前和今后一个时期具有重大意义和迫切需要的研究领域。围绕这个重大问题，法学与生物科学、社会学等学科协同攻关，以国家总体安全观为指引，按照法治原则系统规划国家生物安全风险防控和治理体系建设，全面提高国家生物安全治理能力。着力研究生物安全法原理；探索维护生物安全应当遵循的法治原则和科技伦理；规制生物安全风险根源、类型及领域的各种法律规范体系；传染病防控、病原微生物、实验室生物安全、基因工程和转基因、生物制品、人类遗传资源与生物资源保护、动植物检疫、突发安全事件等生物安全重点领域的法治化、科学化治理；探讨生物安全的国际法治合作，以法治思维筑牢生物安全人类命运共同体。

十五　新时代中国刑事政策研究

刑事政策问题在犯罪治理和刑事法治中居于指导性、基础性、全局性地位，事关平安中国、法治中国建设的质量，事关国家长治久安、人民安居乐业、社会安定有序。适应新时代经济社会发展和法治中国建设新要求，加快创新完善中国特色刑事政策体系，是刑事法治理论和实践的重大课题。新时代中国刑事政策研究，要着力研究刑事政策的学理基础和法理依据，刑事政策和刑事法治的关系，中国刑事政策体系的创新完善，刑事政策、实体法、程序法一体化，刑事实体法和程序法的修改完善，犯罪预防和治理的政策策略等。

十六　"一国两制"的宪制问题研究

"一国两制"是党领导人民实现祖国和平统一的一项重要制度。坚持依法治港治澳，维护宪法和基本法确定的宪制秩序，是维护国家主权、安全、发展利益，维护香港、澳门长期繁荣稳定的必然要求。法学界应重点开展中央对特别行政区全面管治权研究、中央对特别行政区行政长官和主要官员任免制度完善研究、特别行政区司法体制改革、全国人大常委会对基本法的解释制度研究、特别行政区维护国家安全的法律制度和执行机制研究、特别行政区行政长官对中央政府负责的制度研究、特别行政区同宪法和基本法实施相关的制度机制研究、特别行政区宪法教育等重大问题，为特别行政区宪制的维护和落实提供高水平的对策建议。同时，要从战略高度前瞻性地研究如何将"一国两制"运用于未来台湾地区的治理。

十七　国际法治与国内法治良性互动研究

法治作为全球治理的根本方式，包括国内和国际两个基本面向。在全球治理体系中国内法治和国际法治各有差异又相互依存。围绕这个重大问题，应着力研究在全球化背景下国内法治与国际法治良性互动的客观必然性和现实需要性；国内法治与国际法治既相互制约又相辅相成的宏观样态；在国内法治和国际法治的互动格局中我国法治的国际定位；在国际关系法治化进程中，我国如何积极参与国际法治活动，提升中国负责任法治大国形象，增强法治话语权和支配力；如何统筹国内法治与涉外法治。在加强国际法治研究的同时，高度重视国别法研究，特别是有影响力的大国法律研究，为开展对外法律斗争提供理论支撑和政策咨询。

十八　国际斗争中的法理问题研究

全球格局正处于"冷战"结束后最重要的变革转型时期，意识形态、民族种族、经济发展、生态环境等方面的区域冲突、全球竞争和国际斗争，对世界和平和中华民族伟大复兴构成了重要威胁和严峻挑战。做好国际斗争中的法律对策研究和法理问题研究，争夺法治话语权和法理制高点，是捍卫国家利益、维护世界和平的必然要求，也是中国法学界的使命担当所在。国际斗争的法理问题研究，要着重研究国际秩序历史变迁的法律制度演变及其法理基础，国际斗争与国际法治的发展，人类命运共同体理论的国际法治意义，国际斗争中的法律战、诉讼战，依法反制西方国家"长臂管辖"，捍卫全球和平、维护国家利益的军事斗争的法理基础，从根本上瓦解由美西敌对势力支撑的"法理台独""法理港独"图谋。

十九　网络法治理论建设

随着信息技术的发展，网络空间已日益成为社会生活的重要空间，其自身架构和功能亦不断演进和丰富，深刻改变着人们的生产生活方式，对国计民生产生着长足影响。党和国家高度重视网络空间的发展和安全，强调"让互联网在法治轨道上健康运行"，对建立健全网络法治提出了要求和方向。我国在网络法治建设方面开展了积极行动，建立了从《信息网络传播权保护条例》到《网络安全法》《电子签名法》《电子商务法》《电子政务法》等法律法规和配套制度，并正积极推动《个人信息保护法》《数据安全法》等立法活动，为网络法治建设提供了重要的制度基础；在网络领域形成了丰富的司法实践，开设了多家互联网法院进行体制机制创新探索,建设融合了区块链等技术的电子存证、侵权检测和多元化纠纷解决平台,积累了大量网络法治经验。在习近平总书记关于网络法治重要论述的引领下,立足中国立法和司法实践,着眼国际竞争和合作局面,进一步开展网络法治思想和理论研究,对网络法治进行体系化构建,对关键网络法治问题进行深度研究,是法学界的重大任务。

着重研究以下内容:网络法治的基本范畴与研究范式、法理原则、价值体系、秩序形态、法律与技术相结合的治理理论与法治框架;网络空间个人信息保护的基本概念、核心理论与制度构建;网络空间数据及虚拟财产的法律属性、权利设置与分配、权利限制和交易规则;网络平台的类别及法律属性、组织与运行规律、监管与责任规则;网络平台的反不正当竞争与反垄断理论与规则;网络犯罪的概念、形式、定罪和刑罚制度,包括单位犯罪、共同犯罪、刑罚种类等;以"共建共治共享"为理念的网络纠纷多元化解决机制与理论;网络主权、网络安全及数据安全保障的基本原理、基本范式与制度构建。

二十　人工智能法治研究

人工智能等前沿信息技术的融贯运用和蓬勃发展正掀起新一轮科技革命,带来智慧家居、智慧交通、智慧医疗、智慧城市、智慧司法等诸多领域的发展,正使人类社会迈进智能时代。人工智能是智能社会重要的生产要素,是生产力发展水平的重要标志,将深刻改变现代以来的经济关系、政治关系、社会关系和法律形态与结构。但其在推动社会发展的同时,也产生了算法黑箱、算法歧视、算法滥用、算法及系统缺陷、算法合谋与算法垄断、失业危机、监管及责任规则有待完善等一系列潜在风险和问题,亟须开展深入的法治理论研究和治理体系变革。我国《新一代人工智能发展规划》中特别提出要"加强人工智能相关法律、伦理和社会问题研究,建立保障人工智能健康发展的法律法规和伦理道德框架"。习近平总书记更多次强调,"要加强人工智能发展的潜在风险研判和防范,维护人民利益和国家安全,确保人工智能安全、可靠、可控"。在此背景下,我国需要以促进人工智能健康发展为基本目标,平衡技术革新与风险防范,本着"分享、互利、共赢"的发展思路,以科学、人本、公正、包容、共治为核心,建立包容创新、审慎发展的法治环境,解决我国人工智能发展过程中的社会问题,推进人工智能技术和产业符合伦理、安全可信地创新发展,进一步提升我国人工智能产业在国际竞争中的优势地位,为智能时代的法治理论与秩序建构做出贡献。

着重研究以下内容:智能社会的基本规律及人工智能法治的基本范畴和价值体系;人工智能时代数字人权的基本内涵、权利体系及保障机制;人工智能法律规制的基本原则、规制路径与体系建构;自动驾驶、智慧医疗、智能投顾、智慧城市等人工智能具体应用领域的法律问题解决与秩序构建;人工智能在司法、执法中运用的基本原理、应用边界与程序正义;激励与合理保护人工智能相关创新的知识产权法与竞争法完善;人工智能时代劳动法的功能调适与制度发展。

二十一　应急管理法治建设

近年来,我国应急管理事业持续发展,有必要加快应急管理法治建设,推进应急管理法治化进程。研究的重点在于,把应急管理纳入国家总体安全体系,作为平安中国建设的重要内容;完善应急法律体系,建设完备的应急法律规范制度;推进应急预案和标准体系建设,包括总体预案和专项预案,规范预案编制、衔接、演练、宣教、培训等工作;完善应急准备制度,推动制定明确、刚性、严格的应急准备制度,提高政府工作人员的响应能力、应急物资的储备和调拨能力,整体提高应急水平;改进安全生产监管执法体制机制等。

二十二　卫生法学前沿问题研究

卫生法学是一门蓬勃发展的新兴法学学科,以卫生法和卫生法律关系为研究对象,与医学、药学、管理学、伦理学等多门学科存在交叉部分,具有无限宽广的研究前景。一是公共卫生法问题。系统研究政府在防范健康风险和促进公共卫生方面的权力和职责、政府与民众的关系、公共利益和私人利益的权衡等问题,以法律为工具促进公共卫生。二是卫生保健问题。对医疗损害赔偿制度、安乐死的合法性等前沿问题进行综合研究,为医疗卫生与健康事业发展提供法治保障。三是生命伦理学问题。生命伦理法律化是20世纪70年代以来最引人注目的立法动态之一，有必要对生物技术的应用等问题进行法律研究。

法学界还将以庆祝中国共产党成立100周年为契机，集中研究马克思主义法治理论中国化的百年历程、中国共产党依规治党的历史经验和成就、中国共产党依法执政规律研究等。

总审稿人	张文显					
审 稿 人	王利明	李　林	韩大元	张鸣起	黄　进	吕忠梅
	马怀德	陈泽宪	赵旭东	张守文	卞建林	张卫平
	刘春田	朱　勇	何勤华	王　轶	吴汉东	龙宗智
	张保生	夏吟兰				
执 笔 人	黄文艺	吴洪淇	王奇才	郭　晔	齐延平	林　嘉
	刘仁文	秦天宝	张　翔	王敬波	韩　波	张　辉
	刘　超	谢增毅	王国柱	林　华	王银宏	刘征峰
	张吉豫					
参 加 人	付子堂	杨宗科	潘剑锋	申卫星	何志鹏	冯　果
	胡玉鸿	谭启平	孔祥俊	宋方青	王志强	周江洪
	黄　瑶	周长军	卢建平	左卫民	屈茂辉	单文华
	高　巍	李玉基	钭晓东	翟国强	孙立军	

社 会 学

"十三五"时期社会学学科建设与发展情况

一 中国社会学学科建设的基本情况

自社会学恢复重建至今,已整整40年。40年来,社会学已成长为我国哲学社会科学的重要组成部分,在学科门类中属于法学门类的一级学科,是我国普通高等院校常设专业课程之一。社会学源于社会变迁中对社会问题的思考,改革开放以来,我国社会学以问题为导向,立足现实、弘扬传统、解放思想、紧追前沿、凸显特色,从中国社会发展变迁中的问题出发,对社会结构转型、社会治理创新、社会分层与流动等重大社会议题展开科学研究,并以此为契机构建具有中国特色话语体系的社会学理论与方法,努力实现社会学的本土化,承担起一门学科的历史使命和责任担当。在社会学发展40年之际的今天,中国社会学面对新的社会现实和社会议题即将步入新的发展阶段。因此,对我国社会学学科建设的发展历程、现状、成就及问题做出总结和反思,就显得尤为必要。

(一)中国社会学的学科建设

费孝通认为:"要成立一个学科,一是要有个学会,第二要有专门研究发展这门学科的机构——研究所;第三要培养人才,大学要有社会学系;第四要有一个图书馆;第五要向社会发表研究成果,要有刊物、出版社。这五脏全了,学科就成了。"中国社会学恢复、重建、发展之路就是从这五个方面展开的。当前,社会学在学会组织、专业研究机构、高校社会学系(所)建设、图书资料和出版刊物等方面已建立了较为全面的学科基础。

1. 学会组织

中国社会学会是由从事社会学教学、理论研究的工作者和实际工作者自愿组成的全国性群众学术团体，由中国社会科学院社会学研究所主管，并常设办事机构中国社会学会秘书处。自1979年成立以来，中国社会学会已选聘十一届会长，现任会长为陈光金研究员，有团体会员31人，个人会员千余人，下设十余个社会学专业委员会。除全国性的社会学会外，各地方也分设地方社会学会，如在北京设有北京社会学会，共有团体会员34人，个人会员3000余人，几乎覆盖了北京市市辖范围内的社会学教学、科研、政策制定等相关的所有专业单位。总体而言，无论是全国性的中国社会学会，还是地方性的社会学会，其在培养人才、普及社会学知识，推动社会学学科建设，开展国内外学术交流合作等方面均做了大量的工作，为扩大社会学研究机构、建立社会学系（所）、扩大社会学专业队伍、提高专业队伍质量、培养社会学人才等贡献了力量。

2. 专业研究机构

中国社会科学院社会学研究所是改革开放之后，中国社会学恢复成立最早的社会学研究所，也是中国社会学的国家级学术研究机构。中国社会科学院社会学研究所聚焦社会发展中具有重大理论意义和现实意义的课题，探讨社会发展的一般规律和中国社会发展的特殊规律，并对此进行专门化、整体性和综合性的研究，促进了我国社会学事业的繁荣发展。现今，中国社会科学院社会学研究所已经成为在中国社会学界学科门类比较齐全、人员规模最大的社会学研究机构。除此之外，全国31个省份，包括一些较大的地级市，在社科院、党校和行政学院系统中也纷纷设有社会学研究所（中心或室），诸多高校也在大学之内设置社会学研究中心等，从事学术智库的相关研究。这些社会学专业研究机构成为中国社会学学科建设和社会学学术研究的重要载体，推动着社会学学科的应用与发展。

3. 高校社会学系（所）建设

高校社会学系（所）作为社会学的基本教学单位，是社会学学科建设的重要组成部分。自1980年复旦大学将政治系改为社会学系，成立我国社会学恢复重建以来在高校设立的第一个社会学系后，我国高校社会学系（所）重建与新建之路即开始有序进行。目前，我国高校社会学系（所）建设无论是在人才培养上，还是在研究层次上，都取得了较大的进展。在人才培养方面，各高校社会学系（所）建立了比较完善的社会学人才培养方案，无论是在人才培养方式上，还是在人才培养的知识结构和课程要求上，都更加规范和科学。中国社会学年鉴的数据显示，目前，全国已共有两百多所高校设立社会学系（教研室），开展社会学本科教育教学工作，每年全国社会学本科毕业生达3500—4000人。除此之外，还有348所高校开设了社会工作专业，有150个社会工作专业硕士学位点，每年毕业生达12000—14000人。在研究层次上，各高校社会学系（所）也形成了比较完善的学科发展体系，理论社会学、应用社会学、社会学研究方法等学科专业研究方向得到了深入的研究和推进，甚至有些高校在此基础上形成了具有本土化或标识性的研究派别和研究团队，在国内和国际上受到社会学界的关注和认可。

4. 图书资料

社会学图书资料室是为社会学教师教学科研、学生学习研究服务的学术机构，所收藏的书籍、报纸、杂志等专业性较强且系统全面，能够为社会学专业教学和科研提供大量的图文资料。改革开放以来，我国各社会学会、各高校社会学院系、各党政机关社会学研究机构等纷纷设立社会学图书资料室（中心），以便师生社会学的学习和科研。同时，为方便师生借阅，部分社会学图书资料室（中心）实现了网络化建设，不仅可以通过互联网借阅资料，还可以实现资料实时在线共享。

另外，随着基于全国调查资料的完善，社会学文献库和公共数据库已建设完备，成为中国社会学开展实证研究和量化分析的主要平台。例如，中国社会科学院社会学研究所的社会学文献数据库收录了社会学主要著作和重大科研课题成果，大量社会学专业文献、调查报告和有关社会学研究课题的专题资料，现已记录2421卷，存储量达36.82G，丰富的资料为社会学及相关学科工作者、相关研究人员以及学生提供了服务。在公共数据库方面，由中国人民大学中国调查与数据中心负责的中国综合社会调查（CGSS）是我国最早的全国性、综合性、连续性学术调查项目，自2003年起，每年一次，对中国大陆各省份10000多户家庭进行连续性横截面调查，推动了国内社会学科学研究资料的开放与共享，也为社会学国际比较研究提供了数据资料，充当了多学科的经济与社会数据采集平台，提高了社会学学科影响力。类似的数据库还包括中国家庭动态跟踪调查数据库（CFPS）、中国健康与养老追踪调查数据库（CHARLS）、中国劳动力动态调查数据库（CLDS），以及中国家庭收入项目（CHIP）等，详见表1。

表1　　我国社会学主要调查数据库情况

名称	启动时间	主要承建单位
中国健康与营养调查（CHNS）	1989年	中国疾控中心营养与健康所
中国私营企业调查（CPES）	1993年	中国社会科学院社会学所
中国综合社会调查（CGSS）	2003年	中国人民大学中国调查与数据中心
社会网络与职业经历问卷调查（JSNET）	2003年	西安交通大学人文社会科学学院
中国社会状况综合调查（CSS）	2005年	中国社会科学院社会学所
中国家庭动态跟踪调查（CFPS）	2008年	北京大学社会科学调查中心
中国乡城人口流动调查（RUMIC）	2008年	暨南大学社会调查中心
中国家庭金融调查（CHFS）	2009年	西南财经大学中国家庭金融调查与研究中心
中国劳动力动态调查（CLDS）	2010年	中山大学社会科学调查中心
中国流动人口动态监测调查（CMDS）	2010年	国家卫健委流动人口服务中心
中国健康与养老追踪调查（CHARLS）	2011年	北京大学社会科学调查中心
上海都市社区调查（SUNS）	2013年	上海大学社会学院
中国教育追踪调查（CEPS）	2013年	中国人民大学中国调查与数据中心

5. 出版刊物

改革开放40年，社会学在图书出版、电子出版物、数字出版、期刊出版以及报纸出版等方面有了较大的发展与繁荣，社会学类出版刊物在哲学社会科学类占比达到1/3。其中，与社会学专业教育学习相关的基础教材，如社会学概论、社会学理论、社会学研究方法以及各分支领域的教材经国内学者的编写已较为完善，能够满足社会学学科的教育与教学需求。在期刊方面，随着南京大学"中文社会科学引文索引"数据库和北京大学"中文核心期刊要目总览"数据库的建设，社会学专业期刊影响力不断提升，《社会学研究》《社会》《社会学评论》《青年研究》《社会建设》《社会政策研究》《社会发展研究》《社会学刊》等期刊在引介西方社会学、促进中国社会学研究的规范化、发布关乎中国社会发展重大问题的杰出研究成果、引导中国社会学研究取向的发展等方面发挥了重要的作用，在我国学术界和期刊界产生了重要影响。

(二) 中国社会学的学科使命与方向

中国社会学学科建设和国家发展的命运紧密相连。我国社会学的恢复和重建是从学习西方社会学理论与方法开始的，然而改革开放后中国社会的急剧变迁给社会学提出了新的任务，如何基于中国社会现象、社会事实和社会问题提炼出符合中国社会生活并能解读指导中国改革实践的社会学理论、方法和概念体系，成为中国社会学发展的新方向。也正是在这一基础上，中国社会学开始探索本土化之路，承担起作为一门社会科学的使命与担当。

中国社会学的本土化之路与中国不断探索现代化道路的进程是一脉相承的。在西方，社会学起源于社会转型和现代化进程，为应对现代化转型中的社会问题，西方社会学应运而生。在中国，改革开放的历史进程使中国社会的组织形式、住房制度、社会保障体制等发生了全方位的变革，给重视社会实地调查研究的社会学提供了丰富的研究对象和研究素材。相应地，社会学相关的研究也为中国现代化道路指引了方向。2013年，国务院学位委员会对社会学学科目录进行了调整，确定了社会学的七个学科方向：理论社会学、应用社会学、人口学、人类学、民俗学、社会工作、社会政策与社会管理。从社会学学科建设的角度来看，中国社会学40年的学科方向，与中国现代化的历史变迁具有高度的相关性，主要集中在以下几个方面。

1. 理论社会学

理论社会学既是社会学学科体系的一门分支学科，也是社会学的学科基础，其并不侧重于建构某种社会理论，而是注重为社会学理论的建构提供理论和方法论的框架，提供一般化的理论体系概念和逻辑框架，从而为理论研究提供框架性指导。因此，理论社会学的推进和发展对于社会学学科建设具有重要的意义与价值。

"十三五"时期，中国理论社会学更具自觉性和独立性。1977年，费孝通先生提出"文化自觉"，指出要认识自己的文化，明白它的来历、形成过程、所具有的特色和发展趋向，才能在多元文化的世界中确定自己的位置。对于中国社会学来说，"理论自觉"是一个非常重要且不能回避的重要问题，社会学需要对自身的理论进行反思，既要基于中国的社会事实创造具有中国特色的理论，也要正确对待外来理论，加强自身理论的自主能力和创新能力。中国理论社会学经过40年的努力和发展，更趋成熟，目前已初步形成了一批具有中国特色的社会学理论，在独立性和原创性方面获得了极大的提升，实现了中国理论社会学的持续发展。

立足中国社会现实，中国理论社会学在马克思主义社会学理论、中国特色社会学理论、社会运行理论、社会治理理论等方面取得了颇丰的研究成果。在此基础上，理论社会学的应用性也大为增强，通过对中国社会的实地调查，学者将理论社会学的成果进一步应用于中国展开的社会实践。例如，社会治理是中国理论社会学的重要议题，也是中国社会在转型变迁中的新问题、新任务。通过对这一议题的深入研究探索，中国社会学已形成了具有中国特色的社会治理概念体系、理论内容和话语表达，对中国经济社会发展和体制机制改革具有重要的价值和意义。

2. 应用社会学

应用社会学是社会学的基本分科之一，侧重于运用社会学的基本理论、概念、方法以及研究成果、发现等，对现实的、具体的社会生活、社会现象、社会问题、社会政策等做描述、分析、评价和提出对策或解决办法。作为高校本科和研究生课程的应用社会学，也培养学生在具体的社会应用领域，学会采用社会学的分析视角、研究方法，去实际解决多方面的社会问题。因此，应用社会学非常注重方法的研究，意在将社会学概念、理论等转化为可操作的实践，从而对社会现象和社会问题做出探索。

"十三五"时期，中国应用社会学已成为社会学学科体系主干分支领域，并成为社会学的核心课程之一，其在中国社会学学科体系中不断提升的学科地位得益于其对中国社会发展的贡献。我国社会主义现代化实践对社会学提出了诸多新问题、新任务，也由此成为应用社会学独有的研究领域。近年来社会学对基层社会治理、基层社区治理的研究，成为应用社会学发挥学科效能的最为重要的载体，也成为社会学应用比较稳定的具体领域、具体对象，对完善社会治理体系和社区治理体系具有重要的作用。

社会学在中国的发展，一直有比较强的应用传统。在我国社会科学的各个学科中，社会学也是讨论本土化问题并系统进行社会调查最多的学科之一。"十三五"时期，中国社会学家在众多领域的社会学应用研究中都做出了突出的贡献，特别是在社会分层研究、劳动社会学研究、城市社会学研究、工业社会学与国企改革研究、流动人口研究、家庭婚姻妇女问题研究、社会指标研究等方面，均取得了丰硕的研究成果，并被各级决策部门和管理部门广泛采纳。例如，民生是社会生活的重要领域，也是中国社会学的一个非常重要的本土化概念，通过对教育、就业、收入分配、社会福利与社会保障、住房、医疗健康、养老政策、扶贫政策、基层社会治理九大领域的研究，中国社会学对如何保障和改善人民生活，如何让每个人得到平等的发展机会进行了探索，不仅促进了中国改革进程中的社会建设和民生完善，也促进了社会学的实际应用和发展。

3. 人口学

人口学是一门研究人口出生、死亡和迁移的学科，同时经由这些人口增减现象进一步探讨人口变迁的影响因素和社会影响。也就是说，人口学是研究人口及其与社会、经济、生态、环境等变量之间相互关系的学科。虽然人口学作为一门独立完整的学科，历史并不悠久，但是却表现出很强的应用性，具有重要的实用价值。

"十三五"时期，人口学学科发展和研究取得了重大进展。面对社会经济转型发展和人口政策调整，人口学的理论研究与方法日渐成熟完善，特别是人口研究方法，包括人口统计学、现代人口分析技术以及人口的社会调查方法为人口学的分析和应用奠定了扎实的学科基础。"十三五"时期，人口研究的议题越来越多元，人口学对于人口调查与分析、生育议题、老龄问题、人口流迁、人口与社会、人口与经济、人口与发展、人口资源环境等方面的研究越来越深入，并对中国社会转型中人口政策的制定和修改产生了极大的影响。

随着全面二孩政策、老龄化应对策略、国家人口发展规划等相继出台，我国人口红利趋势下行，人口老龄化速度加快，生育水平持续降低，城镇化水平持续提高。面对人口发展转向，人口学逐渐建构起新时代中国特色人口理论体系，注重跨学科视角下老龄化研究及顶层制度设计，致力于新时代生育政策调整及配套设施的完善，探寻新城镇化的内在动力，并不断拓展和创新人口分析技术方法，承担起在中国人口发展转向之下的人口学学科使命。

4. 人类学

人类学家马林诺夫斯基认为，"人类学是研究人类及其在各种发展程度中的文化的科学，包括人类的躯体，种族的差异，文明，社会构造，以及对于环境之心灵的反应等问题之研究"。费孝通在1981年获得应用人类学会"马林诺夫斯基纪念奖"时所做的《迈向人民的人类学》演讲中指出，人类学的目的，"应当是使广大人民对自己的社会具有充分的知识，能按照客观存在的社会规律来安排他们的集体生活，去实现他们不断发展的主观愿望"。因此，人类学强调文化自觉，以人类社会文化为其研究对象，以为人民服务为学科责任。

"十三五"时期，人类学的研究领域得到了极大的拓展，发展人类学、体育人类学、医学人类学、文化人类学、景观人类学、艺术人类学等呈现出百花齐放、百家争鸣的态势。人类学的应用性也得到了极大的提升，研究领域逐渐扩大，并呈现出跨学科、重方法、偏执行的特点。特别是，应用人类学在社会转型和结构变迁的背景之下，转向对社会文化和社会发展的研究，打破了既有研究的局限，在经济与社区发展、资源与环境保护、乡村振兴、城市化与城市问题、医疗保健、教育等方面展开研究并取得了丰硕的成果。

随着人类学学科建设的完善及学科研究的发展，其学科的独立性、主体性和创新性不断增强。人类学在被引入中国的同时，几乎也就开始了它的本土化过程，文化人类学、反思人类学、发展人类学、教育人类学、文化生态学等得到了较大的发展。"十三五"时期的人类学更加注重对中国经济社会转型中出现的新问题和新现象的研究，研究领域从乡村拓展至城市，从现实社会拓展至网络社会，并对经济社会发展的重要议题展开了深入的调查与分析，逐渐实现了人类学发展的专业化、组织化和区域化。

5. 民俗学

民俗学是以民俗习惯、口承文学、传统技艺、生活文化及其思考模式为研究对象的学科，中国作为一个多民族的国家，民俗学对民族社会结构和文化习俗的研究，在国家民族研究和民族关系处理中具有举足轻重的地位。

"十三五"时期，民俗学在完善其理论方法的同时，也努力进行了自身角色的调整并承担起其时代责任与担当，经历了民俗学实践性和公共性的"学术自觉"过程，重视民俗学在社会文化发展，特别是非物质文化遗产保护中的作用和影响。同时,在具有特殊性的民俗议题之外,民俗学也开始直面社会日常生活,在现代社会的多元文化和多样性日常生活中展开学科研究。

20世纪初民俗学传入中国时,其主要以中国各民族,特别是少数民族的文化作为研究对象,在对少数民族实施民族区域自治政策和少数民族社会改革和现代化建设中发挥了重要的作用。例如,潘光旦先生关于湘西土家族的研究深深改变了土家族人的命运,中国国务院根据潘先生的研究将土家族确定为一个单一的民族,追溯其历史渊源并保护其民族文化,为民族保护与发展做出了贡献。类似潘先生的研究成果还有很多,特别是随着中国社会变迁和民俗学的发展,基于历史研究和社会调查相结合的民俗学开始以中国经验构建和创新民俗学理论与方法,形成了具有中国特色的民俗学,其对社会与文化的解释力不断提高,公共性和实践性得到了加强,与社会学其他学科的关系更加明确。如今,在"一带一路"倡议的引领下,中国民俗学得到了进一步的发展,民俗研究的理论应用和中国化进程进一步拓展。

6. 社会工作

社会工作是一个以实践为本的职业及学科,致力于推动社会变迁和发展,增强社会凝聚力,赋权并促进人的解放,是一种不以营利为目的的助人自助的专业性社会服务工作,也是一门独立的学科和专门的职业。社会工作的服务对象是多层次的,从贫困的个体和家庭到有问题、发展落后的社区,从困难民众到一般公众都可以是社会工作的服务对象。作为一门建立在利他主义之上的学科,社会工作强调尊重、接纳与非评判、案主自决、保密、潜能激发、促进社会福祉和社会公正等价值。

"十三五"时期,我国社会工作得到了较快的发展,截至2018年年底,我国有近80所高职院校开展社会工作专科教育、348所高校开展社会工作本科教育、150所高校和研究机构开展社会工作专业硕士(MSW)教育,十余所高校提供社会工作博士教育项目。每年培养社会工作专业毕业生3万多名。在这一过程中,中国社会工作也从引介西方的概念、理论和方法转移到对本土经验的关注,为社会转型过程中社会信任、利益分化、弱势群体等问题的解决提供了中国方案。

7. 社会政策与社会治理

社会政策是国家通过法律、法规、行政干预等方式影响社会领域资源配置的过程，所影响的社会领域包括教育、医疗、卫生、住房、社会福利和社会保障等方面。面对急剧变迁的中国社会，为保障和改善民生，维护社会公平正义，我国政府制定和实施了一系列的社会政策，包括社会保险政策、医疗卫生政策、劳动就业政策、公共教育政策和住房社会政策等，这些政策的基本目标就是保障公民维持社会所认可的基本生活权利。中国社会政策具有强干预性的特点，因此推进社会学的社会政策学科建设即成为社会学学科发展的重要工作。

"十三五"时期，社会发展和实践为社会政策研究拓展了新空间。目前，教育、医疗、住房、养老、扶贫等领域社会政策的制定和实施，是社会管理者和实践者基于社会实践经验的政策创新，社会学需要将这些一线社会创新的经验教训总结成理论和学术范畴，将社会政策、民生领域的知识变成社会学的学科语言，提升其理论意义和国际学术对话的能力。

近年来，社会治理成为中国社会学界乃至社会科学界研究的热门话题。但是，传统的社会学理论并没有社会治理概念，社会治理研究在社会学理论上具有明显的创新意义。与社会治理相关的"治理"概念是从西方学术界引入的，而"社会治理"是21世纪以来，我国思想界、理论界在基层治理实践的基础上，结合已有的理论认识，提出的具有中国特色的社会学概念，这个概念的提出本身即是一种创新，因为其体现的是一种"民本位"的理念，强调多主体的增能赋权。面对改革开放以来中国社会的巨大变迁，学界需要对中国基层社会治理的机制进行梳理、总结、提炼和创新，需要结合新的基层实践经验促进社会治理理论的创新和改革。

二 中国社会学学科建设的发展情况

为完成本报告，调研组面向全国高校的社会学院、系、研究所等发放问卷，收集资料，主要工作内容包括：一是收集各高校社会学学科的本科、研究生培养方案；二是对社会学学科课程进行问卷调查；三是对社会学学科院系负责人进行问卷调查；四是对社会学学科的学生进行问卷调查。当前，我国国内高校开设有社会学专业的院系共有160余所，本调研组陆续向108所社会学专业院系单位发送电子问卷，目前共收回47所高校的反馈信息。因此，针对中国社会学学科建设的发展情况所使用的数据，主要是基于这47所高校的反馈数据。

（一）中国社会学学科发展概况

1. 社会学学科的发展布局情况

关于相关高校社会学学位授权点建设的情况，调研组共收回47所高校的反馈信息，在这47所高校中，社会学一级学科硕士学位授权点共有23所，社会学二级学科硕士学位授权点共6所，社会工作专业硕士学位授权点共39所，占比最高，达83.0%。

表2　　　　　　　　中国高校社会学学位授权点情况统计

学位授权点	是	否	不适用	总计
一级学科博士学位	11	36	—	47
	23.4%	76.6%		100.0%
二级学科博士学位	6	30	11	47
	12.8%	63.8%	23.4%	100.0%
一级学科硕士学位	23	13	11	47
	48.9%	27.7%	23.4%	100.0%
二级学科硕士学位	6	7	34	47
	12.8%	14.9%	72.3%	100.0%
社会工作专业硕士学位	39	8	—	47
	83.0%	17.0%		100.0%

从博士学位授权点来看，社会学一级学科博士学位授权点有11所，占比23.4%，是社会学一级学科硕士学位授权点的1/2；二级学科博士学位授权点占比12.8%，与社会学二级学科硕士学位授权点占比相当。

从社会学学科授权点申请情况来看，2017年情况允许且进行社会学一级学科博士学位授权点申请的高校共12所，占比最高，达25.5%；进行一级硕士学位授权点申请的高校为2所，占比4.3%；进行社会工作专业硕士学位授权点申请的高校为4所，占比8.5%。

表3　　　　　　　　　　中国社会学学科授权点申请情况①

申请学位点名称	是	否	不适用	总计
一级学科博士学位	12	24	11	47
	25.5%	51.1%	23.4%	100.0%
一级学科硕士学位	2	11	34	47
	4.3%	23.4%	72.3%	100.0%
社会工作专业硕士学位	4	4	39	47
	8.5%	8.5%	83.0%	100.0%

2. 社会学师资队伍的建设情况

在47所高校中，社会学学科专业教师共计1035人，其中，拥有专业教师最多的高校共有53名社会学学科专业教师，拥有专业教师最少的高校仅有5名社会学学科专业教师，平均每所高校拥有22名社会学学科专业教师。

从表4的数据可以看出，中国社会学学科师资队伍主要以正式在编人员为主，在47所高校中，平均在编教师21.3人，平均非在编教师0.7人。

从社会学学科教师职称结构来看，我国社会学教师职称结构较为合理，其中教授/研究员占比29.4%，副教授/副研究员占比28.3%，助理教授/助理研究员/讲师占比最高，达42.2%。合理的职称结构为社会学学科教师的职业发展提供了良好的保障。

从社会学学科教师学历结构来看，当前我国社会学教师主要以博士学历为主，占比达到84.6%；其次是硕士学历，占比12.3%；本科及本科以下的学历占比仅为2.2%。从最高学历来源看，78.6%的教师最高学历授予为内地高校，10.8%来自海外，还有8.0%来自港澳台。

另外，从社会学学科教师年龄结构来看，我国社会学教师以青年为主，其中年龄介于36—45岁的教师占比最高，达42.1%；年龄介于46—55岁的教师占比27.8%，35岁以下的教师占比22.5%，56岁及以上的教师占比仅为8.0%。教师队伍的年轻化有利于增强社会学教师队伍的活力，促

---

① 经过加权及取整后，各个类别的频次相加不一定严格等于总数。下文不再说明。

进社会学研究从经验型转向科研型。

表4　　　　　　　　中国高校社会学专业教师队伍建设情况

教师情况		人数	平均数/百分比
专业教师数量	正式在编	1002	21.3
	非正式在编	34	0.7
教师职称结构	教授/研究员	304	29.4%
	副教授/副研究员	293	28.3%
	助理教授/助理研究员/讲师	437	42.2%
最高学历结构	本科及本科以下	23	2.2%
	硕士	127	12.3%
	博士	876	84.6%
学历来源结构	海外	112	10.8%
	港澳台	83	8.0%
	内地	814	78.6%
教师年龄结构	35岁及以下	233	22.5%
	36—45岁	436	42.1%
	46—55岁	277	27.8%
	56岁及以上	83	8.0%

3. 社会学学科发展的支撑条件

良好的物力和财力支撑是学科得以发展的重要条件。自社会学学科恢复重建以来，不断增加的物力和财力支撑使社会学学科发展的基础设施建设不断完善，经费来源日益多元，交流合作项目也日益丰富，满足了我国社会学学科建设向多元化、高水平、国际化发展的需求。

表5　　　　　　　　中国高校社会学学科教育教学支撑情况

项目名称	是	否	总计
实验室	103	9	112
	92.0%	8.0%	100.0%
实习基地	104	8	112
	92.9%	7.1%	100.0%

为了解高校社会学学科的教育教学支撑情况，本调研组通过调查共

搜集到112所高校实验室建设和实习基地信息，如表5所示。在这112所高校中，具有社会学学科实验室的高校有103所，占比92.0%；拥有社会学学科实习基地的高校有104所，占比92.9%；仅有8.0%左右的高校没有实验室或实习基地。可以看出，随着社会学学科自身的学术积累和创新以及其在社会发展研究中的重要性不断凸显，社会学学科在教育教学中的支撑条件也在不断完善，从而为社会学专业人才的培养奠定了良好的教学基础。

表6　　　　　　　　中国高校社会学学科经费投入情况

经费类型	最小值（万元）	最大值（万元）	平均值（万元）	标准差
教学经费	0	300.0	48.9	67.7
横向课题研究经费	0	556.4	77.9	97.8
纵向课题研究经费	0	725.0	93.4	114.1

在经费投入方面，2017年，47所高校社会学学科拥有的教育经费总和为2299.3万元，经费最高的高校有300.0万元，最少的四所高校均为0万元，平均投入为48.9万元，标准差为67.7；另外，社会学学科横向课题研究经费总和为3659万元，经费最高的高校拥有556.4万元，三所高校为0万元，平均投入为77.9万元，标准差为97.8；社会学学科纵向课题研究经费总和为4387.9万元，经费最高的高校拥有725.0万元，经费最低的高校为0万元，平均投入为93.4万元，标准差为114.1。可以看出，各高校社会学学科的教学经费投入有较大的差异。

从跨校和国际合作来看，在31所高校中，平均有4.5%的社会学学科课程是通过与国内其他高校或科研单位合作开发完成的，另有0.6%的课程是通过与国际其他高校或科研单位合作开发完成的。可以看出，我国社会学学科建设的国内交流与合作较为频繁，但国际化建设有待进一步加强和提高。除此之外，我们也可以看出，在与国内其他高校或科研单位合作中，有的高校尚未开展合作课程开发，有的高校合作开发课程数已达50.0门，标准差为10.6，高校之间的跨校合作差异较大，这也是我国社会学学科发展的一个突出问题。

表7　　　　　　　　中国高校社会学课程跨校和国际合作情况

课程分类	最小值	最大值	平均百分比（%）	标准差
与国内其他高校或科研单位合作开发课程	0	50.0	4.5	10.6
与国际其他高校或科研单位合作开发课程	0	7.1	0.6	1.7

（二）社会学学科的人才培养情况

1. 培养规模

社会学学科发展的一项重要任务是学科人才的培养，这项任务不仅关涉社会学学科发展的广度和深度，也关涉社会学学科发展的延续性。在我国高校社会学学科建设中，学科建设的根本在于对人才的培养。

根据调研组的数据分析发现，2017年，47所高校中招收硕士研究生最多的高校硕士生招生规模为99人，招收硕士研究生最少的高校硕士生招生规模为0人，平均每所高校硕士生招生规模为27人，标准差为23.4。在博士研究生招生方面，2017年，招收博士研究生最多的高校博士生招生规模为25人，招收博士研究生最少的高校博士生招生规模为0人，平均每所高校博士生招生规模为4人，标准差为6.8。

从在校研究生规模来看，2017年47所高校中，在校硕士研究生最多的高校有在校硕士研究生240人，在校硕士研究生最少的高校有在校硕士研究生0人，平均每所高校在校硕士研究生63人，标准差为51.7。从博士研究生来看，在校博士研究生最多的高校有在校博士研究生82人，在校博士研究生最少的高校有在校博士研究生0人，平均每所高校在校博士研究生为12人，标准差为24.1。可以看出，我国高校研究生规模各校之间差异较大，特别是硕士研究生，这与各高校的学科基础、学科定位、学科力量差异有很大的关系。

2. 培养体系

高校社会学学科人才培养的目标在于思维和能力的培养，攻读社会学学科的学生应该具有社会学、人类学、历史学、经济学以及人文科学其他方面的宽广而扎实的理论基础，了解学科的国际学术研究前沿，并具有独立从事科学研究的能力，能够独立承担并完成相关的科研课题。其中，博士研究生应该能够胜任高等院校教学科研工作或有关部门、机构的文化咨询、决策和管理等相关工作。

因此，社会科学学科人才培养的知识结构应该是完善与多元的，包括思想史类、社会理论类、社会学研究方法类、社会学各方向类、人类学类、社会工作与社会政策类、人口学类等课程的学习与训练。

第一，思想史几乎是大部分高校社会学本科生的必修课，常见的课程有中国社会学思想史（中国社会学史）、外国（西方）社会学思想史。在23所高校的本科生培养计划中均开设了思想史相关课程，其中有22所高校开设了中国社会学思想史这门课程，开设率达到了95.7%。

第二，社会理论类课程是高校社会学本科生的必修课，常见课程有社会学概论、各类社会学理论、名著选读、马克思主义经典等相关课程。在23所高校的本科生培养计划中均设有社会学理论类课程，开设率达100.0%。

第三，社会学研究方法主要包括统计方法类和社会调查研究方法类。统计方法类课程是高校社会学本科生的必修课程，常见课程有社会统计学、统计软件应用类课程等，部分高校开设了数据分析类课程。在23所高校的本科生培养计划中，有23所高校开设了统计方法类课程，开设率为100.0%。其中，开设社会（调查）研究方法、统计软件应用课程比率较高，分别为100.0%和91.3%；开设数据分析类课程的高校有10所，开设率为43.5%。

第四，社会学各方向类课程包含在所有高校社会学本科生的培养方案中，不少高校还结合本校特征开设了一些富有特色的社会学方向类课程。具体说来，在本科人才培养中，经济社会学22所，开设率为95.7%；组织社会学20所，开设率为87.0%；家庭社会学19所，开设率为82.6%；发展社会学18所，开设率为78.3%；城市社会学17所，开设率为73.9%；农村社会学16所，开设率为69.6%；宗教社会学15所，开设率为65.2%；政治社会学14所，开设率为60.9%；人口社会学、环境社会学各13所，开设率为56.5%；其他分支学科均不足50%。可以看出，在当前我国社会学学科人才培养中，与中国社会转型密切相关的经济、组织、家庭、城市、农村等议题，是中国社会问题聚集的社会领域，也是社会学研究关注的焦点领域，体现出社会学学科的时代性，及其发展对社会建设的当代意义。

第五，人类学类相关课程在很多高校社会学本科生的培养方案中均有涉及，常见课程有人类学概论、文化人类学等。在23所高校的本科生培养计划中，22 所高校开设了人类学课程，开设率为 95.7%，其中 13 所高校开设了文化人类学，开设率为 56.5%。在研究生的培养方案中，人类学常见课程有人类学理论、文化人类学、社会人类学等，部分高校也开设了民俗学、人类学田野调查方法等相关课程。

第六，社会工作与社会政策类课程在大多数高校社会学本科生的培养方案中，常见课程有社会工作概论/理论、社会政策研究等，很多高校也开设了社会福利、社会保障等相关课程。在 23 所高校的本科生培养计划中，23 所高校开设了社会工作与社会政策类课程，开设率为 100.0%。其中，社会工作概论 20 所，开设率为 87.0%；社会政策研究 18 所，开设率为 78.3%；社区概论 17 所，开设率为 73.9%；社会保障 13 所，开设率为 56.5%。

第七，人口学类相关课程在少数高校社会学本科生的培养方案中出现，常见课程有人口社会学、人口学概论。在 23 所高校的本科生培养计划中，17 所高校开设了人口学课程，开设率为 73.9%，12 所高校开设了人口社会学，开设率为 52.2%。

表 8　　　　　　　　　中国高校社会学课程开课情况

课程类别	具体课程	开课率（%）	课程类别	具体课程	开课率（%）
思想史类	中国社会学思想史	95.7	社会学各方向类	经济社会学	95.7
	外国（西方）社会学思想史	39.1		组织社会学	87.0
社会理论类	社会学概论（导论）	100.0		家庭社会学	82.6
	国外/西方社会学理论	65.2		发展社会学	78.3
	社会学名著选读	65.2		城市社会学	73.9
	现当代社会学理论	34.8		农村社会学	69.6
	古典社会学理论	21.7		宗教社会学	65.2
社会学方法类	社会（调查）研究方法	100.0		政治社会学	60.9
	统计软件应用	91.3		人口社会学	56.5
	数据分析	43.5		环境社会学	56.5
	质性社会研究方法	34.8		文化社会学	43.5
	问卷调查与统计分析	13.0		社会网分析	39.1
	量化研究方法	8.7		性别社会学	34.8

续表

课程类别	具体课程	开课率（%）	课程类别	具体课程	开课率（%）
人类学类	文化人类学	56.5	社会工作与社会政策类	社会工作概论	87.0
	民俗学	34.8		社会政策研究	78.3
	人类学概论	21.7		社区概论	73.9
	人类行为与社会环境	21.7		社会保障	56.5
人口学类	人口社会学	52.2		社会福利	30.4
	人口学概论	17.4		社会管理	13.0

3. 课程管理

社会学恢复重建40年，无论从理论、分支，还是从方法来看，社会学学科架构和体系不断完善，各高校依据自身的研究特色形成了基本的人才培养方案，并培育出符合学科发展和社会现实需求的社会学人才。其中，社会学学科课程在其中发挥着重要的作用。在31所高校中，社会学学科开设的课程平均有43.8%是前沿性课程，平均有5.7%的专业课程是全英文课程，有16.7%的课程是跨学科课程，有9.9%的课程是精品课程，有16.5%的课程是研究方法类课程，有39.2%的课程是专题类课程。

从授课方式来看，在这些课程中，平均有63.1%的课程属于模块化课程。在课程教学大纲设置中，31所高校社会学学科开设的课程平均有95.6%配课程教学大纲，有65.0%的课程授课方式以讲授为主，有25.0%的课程授课方式以研讨为主，仅有2.8%的课程授课方式以实践为主。最后，从课程管理来看，有90.2%的课程在课程管理中会给学生布置课后作业。可以看出，社会学学科课程授课方式比较灵活和多元，可以根据不同课程的内容采取与之相匹配的授课形式，方便学生灵活掌握课程知识。

表9　　　　　　　　中国高校社会学学科课程授课情况

课程分类	平均百分比（%）	最小值	最大值	标准差
前沿性课程	43.8	0	100	37.0
全英文课程	5.7	0	27	7.5
跨学科课程	16.7	0	100	22.3
精品课程	9.9	0	100	24.7
研究方法类课程	16.5	4.23	50	10.1
专题类课程	39.2	1	100	34.8

47所高校中，有28所学校在课堂教学中使用网络教学工具，占比为59.6%。同时，47所高校中，有36所开通的社会学学科网课数量为0，占比高达76.6%；仅2所高校开通的社会学学科网课数量达到5门，占比4.3%；社会学学科开通网课的高校总共不足25.0%。因此，加强高校教育教学课程的网络化建设，实现课程资源的共享应该是社会学学科建设需要进一步提升和加强的地方。

表10　　　　　　　　　中国高校社会学学科教材使用情况

教材类型	平均百分比（%）	最小值	最大值	标准差
马工程教材	5.4	0	100	17.7
自定（英文）	4.8	0	24.5	6.1
自定（中文）	50.5	0	100	37.1
国外优秀教材	2.8	0	41.7	8.6
国内优秀教材	10.6	0	75	16.9
没有教材	23.9	0	100	36.3
其他	2.0	0	31.8	6.6

在教材使用方面，在31所高校中，社会学学科开设的课程平均有5.4%的高校采用马工程教材，标准差为17.7；平均有4.8%的高校采用自定的英文教材，标准差为6.1；平均有50.5%的高校采用自定的中文教材，标准差为37.1；平均仅有2.8%的高校采用国外优秀教材，标准差为8.6；平均有10.6%的高校采用国内优秀教材，标准差为16.9；平均有23.9%的高校没有教材，标准差为36.3；平均有2.0%的高校采用其他类型的教材，标准差为6.6。

课程考核方面，在31所高校中，社会学学科开设的课程平均有7.0%主要考核方式为闭卷考试，标准差为14.7；平均有11.2%主要考核方式为开卷考试，标准差为21.8；平均有74.0%的高校课程主要考核方式为课程论文，标准差为29.7；还有8.0%的课程采用其他方式对学生的课程学习情况进行考核。

4. 教学评价

教学评价包括学生评课、教师互评以及教务评估三部分，教学评价是发现课程问题，改进教学方案，完善教学体系的重要方式，对社会学学科建设具有重要的意义。在学生评课方面，47所高校中有31所高校将教学课程纳入课程质量考核范围，占比为66.0%。另外，对于学生评课进行系统分析的高校有33所，占比为70.2%。据此进行教学改进的高校有43所，占比达91.5%。

表11　中国高校社会学学科教学评估情况　　　　　　单位:%

评估方式		是	否
学生评课	纳入课程质量考核	66.0	34.0
	进行系统分析	70.2	29.8
	改进教学	91.5	8.5
教师互评	—	68.1	31.9
教务评估	—	93.6	6.4

在教师互评方面，47所高校中，院系的同行教师间会进行互评的学校有32所，达到68.1%；没有进行院系同行教师互评的高校有15所，占比为31.9%；同时，在教务评估方面，有44所高校的教务处会进行课程教学质量评估，占比为93.6%。

"十三五"时期社会学的重要成果及问题

一 "十三五"以来社会学研究的重要成果

"十三五"时期,社会建设与治理、社会生活的网络化进程等促进了中国的现代化建设道路,也为社会学的发展提供了历史性机遇。中国经济社会进入高速发展的阶段,但其带来的纷繁复杂的问题也对社会学提出了严峻的挑战,需要社会学予以解释和回应。为此,社会学学科基于自身的学科发展,社会学研究者基于自身的问题意识和科研基础,抓住机遇、面向现实、回应挑战。这一时期的社会学,无论是在理论建构上,还是在现实关怀上,都取得了较为突出的成绩,理论更加扎实、面向更为宽广、方法更为严谨、学科地位更加牢固。对于社会学在"十三五"时期的研究成果,本调研报告重点从以下八个研究领域加以介绍。

(一) 社会学理论研究

中国社会学恢复重建以来,社会学理论大致经历了从侧重引介和翻译国外主要社会学理论到发掘基于中国历史传统和社会经验的本土化社会学理论的过程。在"十三五"时期,社会学理论研究的进展主要表现在中国社会学界立足中国国情、围绕中国问题、明晰中国视野,构建中国理论,创造中国话语,提出中国方案,创新中国实践,提出了一系列具有中国特色的社会学理论,开展了一系列具有中国特色的社会学理论与方法研究,做出了社会学理论与方法的创新,形成了一批具有原创性价值的研究成果。

1. 开创中国特色社会治理理论研究

党的十八大以来,我国社会治理70年的发展使社会治理的对象、社会治理的体制基础、社会治理的手段、社会治理的目标和社会治理的环境发生了转型，基层社会治理在城市社会治理、农村社会治理等方面都有很大的创新。社会学对这些创新进行概括，总结了其中成功的体制机制案例，并将其上升到社会学理论层面，提炼出了具有中国特色的社会治理理论体系。

随着中国现代化进程的深入，社会学界开始根据国情提出具有中国特色的社会治理理论。传统的社会学理论并没有"社会治理"概念，社会治理是21世纪以来，理论界在基层治理实践的基础上提出的极具中国特色的社会科学理论概念，是具有理论创新意义的。[①] 社会治理理论突出了中国基层社会的特点。第一，我国社会治理是在具有中国特色的社会结构与组织机制下形成的。中华人民共和国成立以后，建立了非常严密的组织管理体系，层层组织直到最基层的村庄、社区，中国的社会治理正是以这样的组织体系为基础的。党和政府在社会动员、资源调配、社会整合方面的能力极为突出。[②] 第二，社会治理的突出特色就是共建、共治、共享。社会治理的参与者是广大老百姓，治理的成果也为广大人民群众所享有，享受了治理的成果就更激发了参与的积极性。[③] 第三，社会治理重心下移，重心在基层，基层是社会治理最为核心的环节。越是在基层就越接近人民群众，就可以最为有效地激发广大居民参与公共事务治理的积极性，这样就可以将很多社会矛盾解决在萌芽状态。[④] 第四，保障改善民生与追求社会和谐是社会治理的目的。[⑤] 社会治理就是要更好地满足老百姓日常生活中的民生需求。经过多年的理论与实践探索，社会学梳理出了民生的九大领域：教育、就业、收入分配、医疗、住房、养老、社会福利与社

[①] 魏礼群：《坚定不移推进社会治理现代化——新中国70年社会治理现代化历程、进展与启示》，《社会治理》2019年第9期；李强：《人的城镇化的本意》，《北京日报》2018年5月14日。

[②] 魏礼群：《党的十八大以来中国社会治理的新进展》，《社会治理》2017年第5期；魏礼群：《坚定走中国特色社会治理之路——改革开放40年社会治理变革的经验》，《中国经济报告》2018年第8期；李强、卢尧选：《疫情防控与我国基层社会治理创新》，《江苏社会科学》2020年第4期。

[③] 李友梅：《中国社会治理的新内涵与新作为》，《社会学研究》2017年第6期；李友梅：《当代中国社会治理转型的经验逻辑》，《中国社会科学》2018年第11期。

[④] 李强：《中产过渡层与中产边缘层》，《江苏社会科学》2017年第2期；李强：《就近城镇化与就地城镇化》，《北京日报》2019年2月25日；李友梅、相凤：《我国社会治理共同体建设的实践意义与理论思考》，《江苏行政学院学报》2020年第3期。

[⑤] 李培林：《改革开放近40年来我国阶级阶层结构的变动、问题和对策》，《中共中央党校学报》2017年第6期；李培林：《新中国70年社会建设和社会巨变》，《北京工业大学学报》（社会科学版）2019年第4期；李强：《人的城镇化的本意》，《北京日报》2018年5月14日。

会保障、扶助贫困、社会治理，由此社会建设就有了具体抓手。第五，社区是社会治理的载体。社会治理只有落实到社区、下沉到社区，才有了坚实的基础。社区作为一个社会共同体，具有很强的综合性、生活性、基础性和居民自治特征，是社会治理的最重要载体。

2. 深化中国特色现代化建设理论研究

"十三五"时期，中国社会学界对于现代化尤其是具有中国特色的现代化的认识不断加深，围绕中共中央关于坚持和完善中国特色社会主义现代化建设的问题，进行了本土理论的提炼和总结，确证了相对于"欧美模式"和"东亚模式"之外的后发型、赶超型现代化建设的中国模式，总结了行之有效的中国经验。

首先，在现代化中国道路的认识和经验总结上，李强指出，现代化是一个长期奋斗的目标，中国特色的现代化道路属于"后发型现代化"和"赶超型现代化"，中国经验对发展中国家具有启发性。在此基础上，李强提炼了现代化道路的中国经验，即集中统一有效的管理机制（中央的决策机制和严密的各级管理组织）、中国特色的市场机制、全社会对于体制改革的共识、开放政策和中国特色的产业化城镇化道路。[①] 吴忠民论证了社会公正与中国现代化的关系，认为社会公正有助于现代化建设内生动力的激活和生成，是影响整个社会共同体当中各个群体之间利益协调与否，进而成为影响整个社会安全与否的最为关键、最为直接的问题。[②]

其次，在现代化中国道路的未来发展趋向上，李培林从社会学视角出发，从四个维度阐释了中国"现代化新征程"的含义及意义，即长远发展战略构想的新征程、发展理念变革跃升的新征程、应对新阶段新挑战的新征程和走出现代化诸多陷阱的新征程。[③] 李友梅论述了中国现代化新征程与社会治理再转型的问题，认为中国现代化新征程是社会治理创新实践的新起点，社会高质量的发展诉求要求社会治理再转型，强调理性化、法治化和公共性等启蒙精神，因此社会学亟须增强跨学科合作意识，以提升开辟

---

① 李强：《从社会学角度看现代化的中国道路》，《社会学研究》2017年第6期。
② 吴忠民：《社会公正与中国现代化》，《社会学研究》2019年第5期。
③ 李培林：《社会学视角下的中国现代化新征程》，《社会学研究》2021年第2期。

新领域的综合能力。[1] 王春光则从农村社会学的角度，深入分析了农业农村现代化的多元实践行动主体及其关系，并提炼了未来实现农业农村现代化的可能路径。[2]

最后，在现代化的产业化与城镇化发展上，叶敬忠、张明皓[3]和周飞舟等[4]指出，中国的"产业化"概念始终是将农业现代化涵括在内的，中国的农业也正在经历着从传统小农农业走向用现代产业模式运营的集约化农业模式，包括大户统一种植、公司加农户模式、合作社模式，等等，创新比比皆是。在此基础上，中国正在走一条具有中国特色的城镇化道路，从过去比较注重"物的城镇化"转变为今天强调"人的城镇化"。[5] 人的城镇化注重：实现人的生产方式、生活方式转变，实现公平公正的权利权益，以及实现人的文明素质的提升。为此，李强教授提出了就地城镇化和就近城镇化概念，[6] 体现了现代化道路的中国特色。

3. 夯实中国特色社会发展理论研究

"十三五"时期，在新的时代和社会背景之下，对社会分层的机制、社会流动的因素、中产阶层发展情况、社会网络发展、社会文化情感等方面进行了分析和研究。

首先，在社会分层与流动理论的研究中，面对我国社会分层结构的深刻变化，李培林对改革开放40年来我国阶级阶层结构的变动、问题和对策进行了深入的研究，其认为当前我国社会结构并未固化，社会结构正在努力形成橄榄型分配格局。[7] 李强根据"五普"和"六普"的调查数据指出，中国社会结构逐渐从"倒丁字形结构"向"土字形结构"转

---

[1] 李友梅：《中国现代化新征程与社会治理再转型》，《社会学研究》2021年第2期。
[2] 王春光：《迈向共同富裕——农业农村现代化实践行动和路径的社会学思考》，《社会学研究》2021年第2期。
[3] 叶敬忠、张明皓：《"小农户"与"小农"之辩——基于"小农户"的生产力振兴和"小农"的生产关系振兴》，《南京农业大学学报》（社会科学版）2019年第1期；叶敬忠、张明皓：《小农户为主体的现代农业发展：理论转向、实践探索与路径构建》，《农业经济问题》2020年第1期。
[4] 周飞舟：《地方产业和就地就近城镇化》，《城市与环境研究》2016年第2期；周飞舟、吴柳财、左雯敏、李松涛：《从工业城镇化、土地城镇化到人口城镇化：中国特色城镇化道路的社会学考察》，《社会发展研究》2018年第1期。
[5] 李强：《新中国现代化建设的成就与经验》，《人民日报》2016年1月17日；李强：《中产过渡层与中产边缘层》，《江苏社会科学》2017年第2期。
[6] 李强：《新中国现代化建设的成就与经验》，《人民日报》2016年1月17日。
[7] 李培林：《改革开放近40年来我国阶级阶层结构的变动、问题和对策》，《中共中央党校学报》2017年第6期。

变，需要从产业升级、城镇化转型、农民工社会地位提升、收入分配调整、社会保障制度建设、教育发展、市场准入门槛降低七个方面做出努力，推进我国橄榄型社会的建设。① 李春玲则在社会学系列研究的基础上总结分析了我国阶级阶层研究 70 年的反思、突破和创新，并对阶级阶层理论走向和研究模式进行了总结。②

其次，在中等收入群体研究中，社会学对中等收入群体的特点、结构和流动进行了深入的研究。李强指出，我国中产阶层总体上比例还不高，大部分属于中产过渡层和中产边缘层，中产阶层的发展壮大需要适时的辅助推进政策，例如大学毕业生的政策辅助，技术工人边缘中产层的政策辅助，城镇化、市民化与中产边缘层的政策辅助。③ 中产阶层发展滞后的原因在于在整个社会财富的分配中，居民家庭收入占比偏低、社会贫富分化比较严重。④ 经济增速放缓，市场竞争急剧激化，生活成本持续上升，股市、房市剧烈波动，以及未来的社会经济风险凸显，导致中产阶层产生了不安全感和焦虑感。⑤ 中产阶层稳定发展有利于社会和谐稳定，政府的政策制定应该更多有针对性地考虑维护这一群体的利益和促进这一群体的增长，要构建公平的财富增长环境，企业和政府适当让利给居民，努力提高居民收入水平。⑥

4. 社会学研究的理论导向更加明确

在社会学研究的理论导向方面，"十三五"时期中国社会学在加深对中国社会思想史和社会学史的研究基础之上，不断拓展社会学传统边界，开拓社会学研究新领域。其中，翟学伟对儒家人伦思想进行了分析，提出儒家的社会理论是由"对偶生成"为起点建立的一种具有

---

① 李强：《中国离橄榄型社会还有多远——对于中产阶层发展的社会学分析》，《探索与争鸣》2016 年第 8 期；李强：《人的城镇化的本意》，《北京日报》2018 年 5 月 14 日。
② 李春玲：《中国社会分层与流动研究 70 年》，《社会科学文摘》2019 年第 12 期。
③ 李强：《中产过渡层与中产边缘层》，《江苏社会科学》2017 年第 2 期；李强：《人的城镇化的本意》，《北京日报》2018 年 5 月 14 日。
④ 李强：《人的城镇化的本意》，《北京日报》2018 年 5 月 14 日；李春玲：《中等收入群体的增长趋势与构成变化》，《北京工业大学学报》（社会科学版）2018 年第 2 期。
⑤ 李春玲：《中等收入群体与中间阶层的概念定义——社会学与经济学取向的比较》，《国家行政学院学报》2016 年第 6 期。
⑥ 李强：《中产过渡层与中产边缘层》，《江苏社会科学》2017 年第 2 期；李春玲：《中等收入群体的增长趋势与构成变化》，《北京工业大学学报》（社会科学版）2018 年第 2 期。

价值导向性的关系运作理论。① 陈心想通过现代认知科学的视角，重新解读了王阳明"心外无物"思想，并提出"心"即认知的观点。② 田毅鹏以历史朝代和社会发展阶段为时间线索，对从春秋战国至 20 世纪初中国历代思想家、政治家、主要宗教流派的社会福利思想做了系统介绍与评价。③ 景天魁以群学命题演进史的形式书写中国社会学史，体现了群学作为合群、能群、善群、乐群之学这条主线，也展现了群学 2200 多年的绵延和发展历程。④ 群学命题体系及其历史演进，是中国社会学话语体系和学科体系的历史版本，从而为实现中国社会学的崛起奠立深厚的学科史基础。通过对中国社会思想史和社会学史的深入研究，中国社会学有了实现崛起的深厚历史基础，为社会学学科史的梳理寻得了历史根基。

在此基础上，社会学传统研究界限得到了拓展。刘少杰认为，群学研究为当代中国社会学承继传统、形成特色做出了重要贡献，从学术底蕴和思想理论等方面增强了中国社会学学术自信和理论自觉。⑤ 对在传统与现实、理论与经验的复杂关系中，清楚认识和理解中国社会的历史变迁，具有重要的学术价值和现实意义。谢立中认为，不同时空情境下的社会现实既有特殊性又有共同性，对这些不同时空情境下的现实加以再现的理论知识既包含着特殊性的内容又包含着普适性的内容，整合这些包含着普适性的内容，就有可能形成一些超越具体时空情境界限的理论知识。⑥

（二）社会研究方法

"十三五"时期，社会学界在社会研究方法上对既有方法论展开了反思，并对定量研究方法，特别是基于大数据的定量分析方法展开了探讨。在定性研究方法上，社会学对定性研究，特别是基于互联网的网络民族志

---

① 翟学伟：《儒家的社会理论建构——对偶生成理论及其命题》，《社会学研究》2020 年第 1 期。
② 陈心想：《"心"即"认知"：认知框架、社会事实与赋值力》，《南京师大学报》（社会科学版）2020 年第 2 期。
③ 田毅鹏：《中国社会福利思想史》（第二版），中国人民大学出版社 2017 年版。
④ 景天魁：《中国社会学：起源与绵延》（上、下册），《社会学研究》2017 年第 6 期。
⑤ 刘少杰：《追根溯源：中国社会学的自信追求》，《中国社会科学报》2020 年 3 月 10 日。
⑥ 谢立中：《从地缘多元主义走向话语多元主义》，《社会学研究》2020 年第 1 期。

等方法也展开了深入的探讨。

1. 方法论研究的反思

在方法论层面，中国社会学对东西方社会研究的方法论进行了反思，例如，渠敬东进一步提出，源自西方的实证主义方法有其自身的人心和文化根源，当下的社会科学家好像还没有找到合适的概念话语，来更丰富、准确、深入地理解今日现实状况及其历史经验，而走出这一步则是中国社会学破除"方法主义"迷信，从中国以往的教化和学术系统中去寻找。[①] 翟学伟也在比较东西方人际模式时指出，西方的背景是宗教观、个人主义、正义平等，相应的方法原则是基于"心相异、心相隔"的实证方法；中国（传统）的背景是天命观、家族主义、等级伦常，相应的方法原则是基于"心相同、心相通"的体验方法。[②] 基于此，中国社会学者展开了本土社会研究方法的构建和反思。谢立中倡导多元话语分析以消除以实证主义和古典诠释社会学为主要代表的传统"实在论"分析模式在社会研究中的影响，通过借鉴传统话语分析的一些技巧，他将其与后现代思潮所倡导的多元主义视角相结合，构成一种以"话语分析"和"多元主义"为特征的社会研究思路。[③] 王建民则以差序格局背后的"推"字展开，认为"推"具有重要的方法论意涵，运用的关键在于：对生活世界的浸淫与体会、社会圈子"中心"的确定，以及关系链条的梳理。对社会学研究而言，关于"推"的理论和方法论思考具有"明伦"和"自省"的意义。[④] 渠敬东则呼吁社会科学防止陷入"方法主义"泥潭，造成学术研究既不动心，也不动情，找不到与研究对象之间的同情共感。[⑤]

2. 定量研究方法

在定量研究方面，大数据时代的社会学研究面临机遇与挑战。机遇表现在：大数据为探索未知的社会现象提供了更多的可能性，极有可能催生新的社会学分支学科，为更全面地描述社会现象、认识社会发展的

[①] 渠敬东：《破除"方法主义"迷信：中国学术自立的出路》，《文化纵横》2016年第2期。
[②] 翟学伟：《人如何被预设：从关系取向对话西方——重新理解中国人的问题》，《探索与争鸣》2017年第5期。
[③] 谢立中：《实证性量化研究和诠释性质化研究的联结：来自韦伯的启示》，《社会学研究》2018年第5期。
[④] 王建民：《"推"与中国人行动的逻辑——社会学本土化视野下的理论与方法论思考》，《天津社会科学》2020年第1期。
[⑤] 渠敬东：《防止陷入"方法主义"泥潭》，《北京日报》2019年1月14日。

规律和预测社会发展的趋势提供了新的机会，为公共政策和社会政策的制定和完善提供了数据支撑和决策依据；但同时，利用大数据的社会学研究也面临样本偏差、重要变量缺失、重相关关系轻因果分析、各种公共数据整合困难等问题的挑战。邱泽奇认为大数据作为一种痕迹数据，与实证社会学研究有非常密切的关系，对调查数据的替代程度和扩展程度带来了机遇，也对社会学的研究范式带来了挑战。[①] 张文宏认为，大数据挖掘和分析技术与传统数据相比，在规模、类型、质量、时效性和分析方法与逻辑等方面存在着本质性差异，对社会学研究带来巨大的机遇和严峻的挑战。[②] 因此，在大数据时代的宏观背景下，社会学家与计算机专家、统计学专家的协同合作和联合攻关，是社会学理论与研究范式创新的必然出路。

随着大数据近年来在社会学研究中的广泛应用，对社会学视角下的大数据方法论及其困境问题，学界也进行了深刻的反思。鲍雨认为在社会学研究领域，大数据的引入被认为是定量研究的范式下所做出的收集和分析资料方法的创新。[③] 但是大数据在多大程度上反映人群的状况、能否解决被研究者的主观性问题、如何洞悉变量间关系的真伪、如何解决数据缺失问题等方面，还存在一定程度的方法论困境。罗家德等则强调以理论导引大数据分析的方法论，加强数据挖掘、社会学理论与预测模型间的三角对话。[④]

3. 定性研究方法

在定性研究方法方面，中国社会学者对定性研究的整体性、互为主体的理解与建构和对差异且不乏矛盾冲突与偶然性的生活逻辑进行了再剖析，并将这种剖析与对复杂的社会运行机制解释进行了结合。例如，黄盈盈对定性研究中的"开放性"思维与实践进行研究后指出，"开放性"需要既有理论、相关知识、生活经验的积累作为前提与促进因素，也需要有一个被视为有着不同程度与弹性标准的衡量尺度对定性研究的质量产生影响，

[①] 邱泽奇：《大数据给社会学研究带来了什么挑战？》，《实证社会科学》2018年第2期。
[②] 张文宏：《大数据时代社会学研究的机遇与挑战》，《社会科学辑刊》2018年第4期。
[③] 鲍雨：《社会学视角下的大数据方法论及其困境》，《新视野》2016年第3期。
[④] 罗家德、刘济帆等：《论社会学理论导引的大数据研究——大数据、理论与预测模型的三角对话》，《社会学研究》2018年第5期。

其背后触及研究者对于社会、生活与人的认识与想象。[①] 渠敬东深入分析了迈向社会全体的个案研究，认为个案研究需要运用人文地理志、制图术、人口志、历史编纂学、传记学、语词编纂学等各类民族志方法，通过"事件化"的社会激活过程，呈现出多重社会构成的脉络。[②] 因此，个案研究可进一步展现社会诸要素之间多重连续的相关关系和共变关系，发现主导性的社会机制或逻辑，并最终通过结构化的方式呈现出社会全体的完整图景。黄荣贵提出的定性比较分析法以集合论为数理基础，更为适用于中小规模样本的系统比较分析，能够较好地处理非确定性的充分关系和必要关系，从而为研究者提供了一个超越定性研究与定量研究的第三条道路。[③]

伴随社会生活的网络化进程，更加注重文化与田野的社会学如何适应这种网络化趋势，也是"十三五"时期社会学在定性研究方法的探索中思考的问题。赵旭东认为微信是继房地产之后给中国全体老百姓又一次参与式的机会，使人与人的关系呈现一种差序格局的颠倒，并通过使真实扭曲化来实现一种真实性。因此，在这个微信的时代里，"微信民族志"即成为一种社会学研究中拼插式的创新。[④] 唐魁玉、邵力也认为，微信与民族志这一人类学的质性研究方法的相遇所形成的微信民族志，对微信朋友圈中微友之间的话语、文本的"田野作业"式关注和记录，将线下的关系拓展到线上，成为人类学人介入网络日常生活的重要渠道。[⑤]

（三）城市社会学

"十三五"时期，城市社会学研究取得了较大的进展，在城镇化道路、城市文化、城市治理和城市空间等方面的研究都有了更为前沿和系统的研究成果。

1. 城镇化道路研究

在对传统城镇化道路进行反思的基础上，中国社会学提出了新型城镇

[①] 黄盈盈：《定性研究中的"开放性"思维与实践》，《学习与探索》2019年第12期。
[②] 渠敬东：《迈向社会全体的个案研究》，《社会》2019年第1期。
[③] 黄荣贵：《作为一种研究路径的定性比较分析：揭开复杂因果关系的面纱》2019年第4期。
[④] 赵旭东：《微信民族志与写文化——基于文化转型人类学的新观察、新探索与新主张》，《民族学刊》2017年第2期。
[⑤] 唐魁玉、邵力：《微信民族志、微生活及其生活史意义——兼论微社会人类学研究应处理好的几个关系》，《社会学评论》2017年第2期。

化道路，突出了以人为核心的城镇化道路。李强认为，新型城镇化最重要的四个方面是，作为城镇化主体的人自身的生产方式、生活方式、文明素质和社会权益所发生的重大变化。[1] 李强还认为，推进市民化和城镇化，城市需要从就业、户籍、子女教育、保障四个方面来推进各项任务。在此基础上，李强、王昊等人提出了"人的城镇化"，认为城镇化本身不是目的，而是一种手段，其根本目的是提升人民的生活水平，改善人们的生活质量，提高人们的素质，进而提高社会的整体发展水平，使人与人、人与自然关系达到和谐发展。[2] 在此基础上，李强进一步深入分析了就近城镇化和就地城镇化，并区分了就近城镇化的三种模式和就地城镇化的三种模式，认为其是以城市群为主体的大中小城市协调发展的重要支撑。[3]

除对中国城镇化路径进行深入探讨外，中国城镇化对经济增长的影响及其区域差异[4]、中国新型城镇化在党的十九大后发展的新态势[5]、中国70年城镇化与城乡关系[6]、我国特色小镇建设与城市化模式创新[7]、产业结构调整与中国新型城镇化[8]等在"十三五"时期都得到了关注和研究。

2. 城市文化研究

在城市化、城镇化基础上，学者对城市文化进行了深入的研究，逐渐构建起中国城市文化发展和评估的指标体系。陈忠[9]认为城市是多样异质文明的空间化聚集，文明多样性是城市社会的重要特征，是城市创新、发展的重要机制和动力。侯兵等阐述了城市文化旅游竞争力，并构建出城市文化旅游竞争力评价指标体系。[10] 李和平等以文化资本为视角，探索了后消费

---

[1] 李强：《新型城镇化建设的四个方面》，《北京日报》2016年11月14日。
[2] 李强、王昊：《什么是人的城镇化？》，《南京农业大学学报》（社会科学版）2017年第2期。
[3] 李强：《就近城镇化与就地城镇化》，《北京日报》2019年2月25日。
[4] 杨浩昌：《中国城镇化对经济增长的影响及其区域差异——基于省级面板数据的分析》，《城市问题》2016年第1期。
[5] 陈明星、叶超等：《中国特色新型城镇化理论内涵的认知与建构》，《地理学报》2019年第4期。
[6] 吴莹：《新中国成立七十年来的城镇化与城乡关系：历程、变迁与反思》，《社会学评论》2019年第6期。
[7] 张鸿雁：《特色小镇的"城市文化资本"——论小镇"文化动力因"的整合与建构》，《新理财》（政府理财）2017年第7期。
[8] 吴穹、仲伟周：《区域协调发展与产业结构变迁——基于演化博弈理论的GMM实证分析》，《河南社会科学》2018年第10期。
[9] 陈忠：《城市文脉与文明多样性——城市文脉的一个本真性问题》，《探索与争鸣》2017年第9期。
[10] 侯兵等：《城市文化旅游竞争力评价体系的构建与实证分析——以长三角地区城市群为例》，《世界地理研究》2016年第6期。

时代城市文化资本空间生产的状况,揭示了城市文化的"异质的同质化"与文化认同偏差。[1] 黄昌勇和解学芳基于城市文化生产、文化生活和文化生态构建起包括三大一级指标、八大二级指标和108个三级指标的中国城市文化发展指标体系。[2]

除了对城市文化的指标建构之外,以城市文化为分析工具,学者也展开了对城市社会的再认识和再反思过程。张鸿雁从特色小镇的城市文化资本角度论述了小镇"文化动力因"的整合与建构。[3] 胡惠林在两种不同生存价值观之间的矛盾与冲突中,分析了城市文化的空间建构。[4] 张学昌从城市文化的双重变奏及现实选择视角分析了城市的空间与权利。[5] 王淑娇则通过对城市文化空间功能变迁的分析,探讨了城市与现代性的关系。[6]

3. 城市治理研究

中国特色城市化的重要特点是弹性城市化模式,[7] 在这一过程中如何保持社会的稳定有序,就需要探讨中国特色的城市治理模式。孙永正和王秀秀[8]认为中国传统的城市治理主体单一,目标功利化,治理空间封闭化,因此中国城市治理需要进行三维战略转型:在治理主体上,应由一元治理向多元治理转型;在治理目标上,应由唯GDP目标转为人本化目标;在治理空间上,应由城乡分割转为城乡统筹。唐皇凤[9]认为中国城市治理要从传统的粗放式、经验化治理转向精细化治理,构建以人为中心、极具包容性且富有弹性的城市治理模式。李强[10]则从社会学角度分析了以人民为中心的城市建设和治理,认为城市治理要行使好城市公共权力,约束资本的力量,处理好不同利益群体的关系,以保护好大多数人的最大利益。容志[11]则充分

---

[1] 李和平、杨宁等:《后消费时代城市文化资本空间生产状况解析》,《人文地理》2016年第2期。
[2] 黄昌勇、解学芳:《中国城市文化指标体系的构建与实践》,《学术月刊》2017年第5期。
[3] 张鸿雁:《特色小镇的"城市文化资本"——论小镇"文化动力因"的整合与建构》,《新理财》(政府理财)2017年第7期。
[4] 胡惠林:《城市文化空间建构:城市化进程中的文化问题》,《思想战线》2018年第4期。
[5] 张学昌:《空间与权利:城市文化的双重变奏及现实选择》,《北京行政学院学报》2018年第2期。
[6] 王淑娇:《城市文化空间功能变迁与当代性重塑——以北京前门为例》,《治理现代化研究》2019年第2期。
[7] 王德福:《弹性城市化与接力式进程——理解中国特色城市化模式及其社会机制的一个视角》,《社会科学》2017年第3期。
[8] 孙永正、王秀秀:《中国城市化与城市治理的反思与转型》,《城市问题》2016年第1期。
[9] 唐皇凤:《我国城市治理精细化的困境与迷思》,《探索与争鸣》2017年第9期。
[10] 李强:《人的城镇化的本意》,《北京日报》2018年5月14日。
[11] 容志:《推动城市治理重心下移:历史逻辑、辩证关系与实施路径》,《上海行政学院学报》2018年第4期。

4. 城市空间研究

在城市社会学研究中，社会学界对于城市空间的研究逐渐从理论层面的学术探讨拓展至对城市空间的具体分析中。郑雄飞以时空解构的逻辑出发重新理解了地租的生成和演化。[①] 张兆曙和王建立足农民收入的空间转换逻辑和城乡关系的差序类型，分析了城乡关系的空间差异。[②] 陈进华则提出了"空间治理"的概念，认为空间治理作为一种由役物至化人的现代化城市公共治理的创新形态，旨在通过政府、企业、社会、市民等不同主体在空间生产及其权益分配层面上诉求结构合理、功能高效和生态优化的"空间利益共同体"。[③] 除此之外，城市空间的经典研究议题，如城市空间生产[④]、空间权利[⑤]、空间价值[⑥]、空间关系[⑦]等也得到了进一步的研究和发展。

（四）社区研究

社区是社会学研究的重要研究领域，"十三五"时期，社区研究进一步推进，在社区治理、社区养老、智慧社区建设、社区服务与社区建设等方面取得了丰硕的研究成果。

1. 社区治理研究

在既有关于社区的研究中，大量社区研究是围绕业主维权展开的，对社区治理的研究主要形成了社区治理的"寡头化"和"碎片化"的判断。基于此，"十三五"时期，社会学对社区治理创新、幸福社区探索、社区政体等展开了研究和讨论。其中，葛天任和李强提出了城市社区治理创新的四种模式，包括政府主导模式、社会自治模式、市场主导模式和专家参与模式，并

---

① 郑雄飞：《地租的时空解构与权利再生产——农村土地"非农化"增值收益分配机制探索》，《社会学研究》2017年第4期。
② 张兆曙、王建：《城乡关系、空间差序与农户增收——基于中国综合社会调查的数据分析》，《社会学研究》2017年第4期。
③ 陈进华：《中国城市风险化：空间与治理》，《中国社会科学》2017年第8期。
④ 殷洁、罗小龙等：《国家级新区的空间生产与治理尺度建构》，《人文地理》2018年第3期。
⑤ 营立成：《空间权利与城市治理》，《中国社会科学报》2016年9月28日。
⑥ 高万辉：《新兴城镇化下的大城市边缘社区公共空间价值探讨》，《经济地理》2016年第9期。
⑦ 张振、杨建科：《城市社区的空间关系异化：生成机制与治理机制——基于空间生产视角的分析》，《学习与实践》2017年第11期。

认为社区治理创新的关键环节是统筹多种社会资源、激发多元社会活力、创新居民参与机制,从而形成多元共治、共建共享的社区治理新格局。[①] 同时,李强、谈小燕提出了幸福社区指标体系,认为幸福社区的真正实现需要建立市场约束机制、提高治理水平、激发社区活力,幸福社区的建设也意味着不断"形塑"新型社会关系或社区关系。[②] 陈鹏提出了社区政体的概念,深入剖析了社区政体形成的治理模式、自治绩效、影响因素和结构特征,认为以业委会为核心建制的社区政体系统能够释放出可观的"制度红利",并有力促进和改善商品房社区的治理境况和业主福祉。[③]

除此之外,徐选国和徐永祥[④]、王思斌[⑤]对社区治理中的"三社联动"的内涵、机制及实践逻辑进行了分析。唐有财和王天夫深入分析了社区参与式治理的实现路径。[⑥] 文军论述了社区情感治理的可能性及实现路径。[⑦] 李迎生等探索了城市老旧社区治理创新的机制。[⑧] 夏建中对超大城市社区治理进行了深入分析。[⑨] 李强对社区治理中基层政府与社会组织的关系进行了探讨。[⑩]

2. 社区养老研究

"十三五"时期,城市老人社区居家养老服务的需求现状及其影响因素得到了较为深入的研究。王琼研究表明,城市老年人有较高的社区居家养老服务需求,但现阶段需求被满足的程度却较低。[⑪] 丁志宏等研究了社区

[①] 葛天任、李强:《我国城市社区治理创新的四种模式》,《西北师大学报》(社会科学版)2016年第6期。

[②] 李强、谈小燕:《幸福社区理论、测量与实践探索——基于两个中产社区的实证调查研究》,《学术界》2016年第10期。

[③] 陈鹏:《城市社区治理:基本模式及其治理绩效——以四个商品房社区为例》,《社会学研究》2016年第3期。

[④] 徐选国、徐永祥:《基层社会治理中的"三社联动":内涵、机制及其实践逻辑——基于深圳市H社区的探索》,《社会科学》2016年第7期。

[⑤] 王思斌:《"三社联动"实践中与社会治理创新和社区建设》,《清华社会学评论》2017年第1期。

[⑥] 唐有财、王天夫:《社区认同、骨干动员和组织赋权:社区参与式治理的实现路径》,《中国行政管理》2017年第2期。

[⑦] 文军:《西方社会学理论:当代转向》,北京大学出版社2017年版。

[⑧] 李迎生:《城市老旧社区创新社区治理的探索——以北京市P街道为例》,《中国人民大学学报》2017年第1期。

[⑨] 夏建中:《基于治理理论的超大城市社区治理的认识及建设》,《北京工业大学学报》(社会科学版)2017年第1期。

[⑩] 李强:《人的城镇化的本意》,《北京日报》2018年5月14日。

[⑪] 王琼:《城市社区居家养老服务需求及其影响因素——基于全国性的城市老年人口调查数据》,《人口研究》2016年第1期。

居家养老服务均等化，发现各项养老服务的供给、需求、利用结构存在明显差异，基于此提出要大力发展上门看病、康复护理、日间照料、上门做家务、助餐服务和助浴服务等居家养老服务。[1] 汪泳、刘桂华分析了社区居家养老服务供给侧改革的实践与创新。[2] 周红云从协同视角出发，分析了社区居家养老服务体系建设的议题。[3] 同时，基于"互联网+"的社会背景，社会学也分析了智慧社区养老的服务体系、构建原则、服务内容、服务载体及服务平台等前沿性问题。[4]

3. 智慧社区建设

在互联网和大数据环境下，社会学对智慧社区建设进行了深入的研究。陈自立对智慧社区治理内容的社区公众服务智慧化、智慧式参与协商、政府职能智慧化、社会力量参与治理等展开了详细的论述，并认为智慧社区建设应该从治理工具的完善、治理角色的转换、治理方法的转变和治理理念的变革四个关键问题入手。[5] 张鹏认为提升智慧社区公共服务治理能力既要重视服务的"智能化"，又要强调人的"智慧化"，依循整体性治理的分析框架，从"五位一体"的治理思路出发（突出居民需求导向、加大多元主体的协调整合、共享信息资源、共建信任参与机制、培育"智慧社工"人才等），推动智慧社区公共服务治理兼具技术含量和人文品质。[6] 陈立文和赵士雯对智慧社区运营管理体系及平台构建进行了研究，并对利益相关者的责任及相互之间的协调关系进行了总结。[7]

4. 社区服务与社区建设

"十三五"时期，社会学将社区参与和社区治理联系了起来，并对社区多元参与治理模式进行了反思和深化。刘阳认为，多元参与治理已经成

---

[1] 丁志宏、曲嘉瑶：《中国社区居家养老服务均等化研究——基于有照料需求老年人的分析》，《人口学刊》2019 年第 2 期。

[2] 汪泳、刘桂华：《政策网络治理视域下我国政府养老服务政策内容分析及优化》，《理论探讨》2019 年第 4 期。

[3] 参见周红云《协同视角下居家养老服务体系建设研究》，中国社会科学出版社 2019 年版。

[4] 陈莉、卢芹等：《智慧社区养老服务体系构建研究》，《人口学刊》2016 年第 3 期；睢党臣、彭庆超：《"互联网+居家养老"：智慧居家养老服务模式》，《新疆师范大学学报》（哲学社会科学版）2016 年第 5 期；睢党臣、彭庆超：《我国城市"互联网+社区居家养老"服务模式的构建基础分析》，《社会保障研究》2017 年第 3 期；肖阳：《"互联网+"打造居家养老新模式》，《人民论坛》2018 年第 6 期。

[5] 陈自立：《智慧社区治理的实践经验与关键问题》，《江汉大学学报》（社会科学版）2016 年第 3 期。

[6] 张鹏：《智慧社区公共服务治理模式、发展阻碍及整体性治理策略》，《江淮论坛》2017 年第 4 期。

[7] 陈立文、赵士雯：《智慧社区运营管理体系及平台构建研究——基于利益相关者视角》，《当代经济管理》2018 年第 8 期。

为当前社区治理学术研究和政策主张的主导性模式。[①] 唐有财和王天夫分析了社区参与式治理的实现路径，包括社区认同、骨干动员和组织赋权。[②] 梁肖月和罗家德阐释了清华社造团队在大栅栏街道培育社区自组织的实验历程，介绍了自组织培育工作的五大流程，即资源调查、社造培训、微公益创投、组织培育和组织评估。[③] 李强等以"新清河实验"为案例，从居委会议事委员实验、物业管理实验、社会组织实验、社区空间改造实验和社区民生实验五个层面深入分析了推进社会治理创新的路径。[④]

（五）农村社会学

"十三五"时期，农村产业结构调整、金融改革、现代化建设等持续推进，伴随精准扶贫和乡村振兴战略等政策扶持，我国农村进入快速发展的时期，城乡关系走向融合，农村基本经营制度巩固和完善，农业供给侧结构性改革深化，精准脱贫进入攻坚阶段，这些都为社会学关注和研究乡村提供了很好的田野和契机。"十三五"时期，乡村社会变迁与治理、精准扶贫、乡村振兴等成为社会学聚焦的重点议题。

1. 乡村社会变迁与治理

乡村社会作为中国社会变迁与发展的重要方面，其变迁模式及治理方式的转变势必影响中国社会变迁与治理的整体走向及成效。"十三五"时期，面对乡村社会经济转型，其内部存在的一些结构性问题也日渐凸显。王天夫等研究发现，农村土地的集体化，彻底改变了传统家庭生产与生活的组织方式，改变了父权制度下的代际关系与结构，进而启动了家庭结构转型的历史进程。[⑤] 焦长权和周飞舟指出，工商企业资本下乡大力推动"农民上楼"和"土地流转"，构造了新的村庄治理结构：村庄日益依附于公司，公司替代村庄成了基层治理的社会基础，政府和企业联合"经营村庄"对村庄社会产生了深远影响。乡村社会结构的变迁，也带来了一些社

[①] 刘阳：《把系统性治理带回来——对社区多元参与治理模式的反思与深化》，《甘肃行政学院学报》2016年第6期。

[②] 唐有财、王天夫：《社区认同、骨干动员和组织赋权：社区参与式治理的实现路径》，《中国行政管理》2017年第2期。

[③] 梁肖月、罗家德：《大栅栏街道社区自组织培育历程研究》，《城市建筑》2018年第25期。

[④] 李强、卢尧选：《社会治理创新与"新清河实验"》，《河北学刊》2020年第1期。

[⑤] 王天夫、王飞等：《土地集体化与农村传统大家庭的结构转型》，《中国社会科学》（英文版）2016年第3期。

会治理的问题。① 例如蓝宇蕴指出，伴随农村集体经济的非农转型，集体经济呈现出资本化和规模化运作，但许多村庄并没有实现真正的市场化转轨，也没有解决或缓解诸如"集体性"的问题，因为在这一过程中，改革忽视了非农集体经济的"社会经济"事实。②

面对乡村基层治理，徐林等分析了农村基层治理中的多重社会网络，从政府组织网络自身特点、村庄自身社会结构和精英状况出发，着重分析（正式）制度设计与（非正式）社会关系交织下的村庄内部互动模式，对学界较为流行的"强政府论"和"传统论"理论取向进行了反思和批判。③ 邓大才从国家治理视角出发，分析了中国农村产权的变迁与经验，认为农村产权集体化改革，以承包权为重点的"两权分离"及以搞活土地经营权为核心的"三权分置"改革，是国家治理现代化条件下产权经济属性增强、社会属性弱化的过程。④ 马华分析了中国农村基层民主的发展样态及逻辑，认为中国农村基层民主的实践和发展是乡村社会内在需求与现代国家建构双向互动的民主。⑤

2. 精准扶贫研究

精准扶贫是新时期我国扶贫开发战略的重大转型。首先，学者对精准扶贫的对象进行了分析和研究。如李博等分析了精准扶贫中精准识别的国家逻辑与乡土困境，发现在精准识别过程中以追求工具理性为目标的国家逻辑和以追求价值理性为目标的乡土逻辑二者之间的张力仍然是目前困扰精准扶贫对象识别的主要障碍。⑥ 其次，学者对精准扶贫的方式进行了深入研究。王雨磊⑦从技术治理出发，认为数字下乡是国家向农村进行信息渗透、试图精准干预治理过程的后果，是技术治理在农村扶贫开发中的典型应用。朱启臻等⑧提出了"柔性扶贫"的概念，认为村落贫困是由于村落

---

① 焦长权、周飞舟：《"资本下乡"与村庄的再造》，《中国社会科学》2016年第1期。
② 蓝宇蕴：《非农集体经济及其"社会性"建构》，《中国社会科学》2017年第8期。
③ 徐林、宋程成等：《农村基层治理中的多重社会网络》，《中国社会科学》2017年第1期。
④ 邓大才：《中国农村产权变迁与经验——来自国家治理视角下的启示》，《中国社会科学》2017年第1期。
⑤ 马华：《村治实验：中国农村基层民主的发展样态及逻辑》，《中国社会科学》2018年第5期。
⑥ 李博、左停：《谁是贫困户？精准扶贫中精准识别的国家逻辑与乡土困境》，《西北农林科技大学学报》（社会科学版）2017年第4期。
⑦ 王雨磊：《数字下乡：农村精准扶贫中的技术治理》，《社会学研究》2016年第6期。
⑧ 朱启臻、胡方萌：《柔性扶贫：一个依靠乡村自身力量脱贫的案例》，《中国农业大学学报》（社会科学版）2017年第5期。

有机体的构成要素或结构发生了变化，导致村落正常运行受阻。因此，发现村落价值，修复村落结构，使其在更高层次上实现健康运行，而不是对原有村落价值系统视而不见地去建立新系统，是精准扶贫理应遵循的重要理念。叶敬忠和贺聪志指出，以市场为导向的产业扶贫方式在我国的精准扶贫工作中发挥了重要作用，但它很难全面覆盖深度贫困的小农户，也面临很多挑战。因此，需要探索和创新适合贫困小农户的多种生产扶贫方式。[①] 赵晓峰等分析了农民合作社与精准扶贫协同发展的机制构建[②]；袁君刚分析了社会工作参与精准扶贫的比较优势。[③]

对于当前精准扶贫面临的困境，许汉泽和李小云发现，产业扶贫背后隐藏着扶贫济困的社会道德逻辑与产业发展的市场化逻辑的矛盾，前者决定了产业扶贫是以项目为载体，后者则容易导致规模化的经营方式，两种逻辑之间的张力与冲突增加了产业扶贫项目失败的风险。[④] 殷浩栋等研究发现，基层政府的项目制实践在科层理性主导下遵守规章制度，在两种理性共同作用下变通执行，在价值型关系理性主导下异化了项目用途。[⑤]

3. 乡村振兴研究

乡村振兴战略是习近平总书记在党的十九大报告中提出的，要推动乡村产业振兴、人才振兴、文化振兴、生态振兴和组织振兴。在此背景下，大量政策和资源补给乡村，乡村发展的内在动力也得到了极大的释放，带动了乡村政治、经济和社会生活的全方位改革与发展。为此，社会学从乡村振兴战略的前提、实施和问题展开了多方位、多层次的研究。

首先，贺雪峰[⑥]从乡村建设出发，分析了乡村振兴战略的实施前提。他认为当前乡村建设存在四种模式：一是为农民在农村生产生活保底的乡村

[①] 叶敬忠、贺聪志：《基于小农户生产的扶贫实践与理论探索——以"巢状市场小农扶贫试验"为例》，《中国社会科学》2019年第2期。

[②] 赵晓峰、邢成举：《农民合作社与精准扶贫协同发展机制构建：理论逻辑与实践路径》，《农业经济问题》2016年第4期。

[③] 袁君刚：《社会工作参与农村精准扶贫的比较优势探索》，《西北农林科技大学学报》（社会科学版）2017年第1期。

[④] 许汉泽、李小云：《精准扶贫背景下农村产业扶贫的实践困境——对华北李村产业扶贫项目的考察》，《西北农林科技大学学报》（社会科学版）2017年第1期；许汉泽、李小云：《精准扶贫：理论基础、实践困境与路径选择——基于云南两大贫困县的调研》，《探索与争鸣》2018年第2期。

[⑤] 殷浩栋、汪三贵等：《精准扶贫与基层治理理性——对于A省D县扶贫项目库建设的解构》，《社会学研究》2017年第6期。

[⑥] 贺雪峰：《谁的乡村建设——乡村振兴战略的实施前提》，《探索与争鸣》2017年第12期。

建设；二是由地方政府打造的新农村建设示范点；三是满足城市中产阶级乡愁的乡村建设；四是借城市中产阶级乡愁来赚钱的乡村建设。不同模式的目标、实践和方式各不相同，由此构成了乡村振兴的实施前提。

其次，对于乡村振兴的实施，叶敬忠[①]从历史沿循、总体布局与路径省思层面分析了乡村振兴战略，认为在具体落实乡村振兴战略时应注意坚守"五不"原则，即乡村振兴不是"去小农化"、不是乡村过度产业化、不能盲目推进土地流转、不能消灭农民生活方式差异、不能轻视基层"三农"工作，应在坚持乡村和农民主体地位的基础上实现农业农村与现代化发展的有机结合。温铁军则从生态文明和比较视野出发分析了乡村振兴，认为对于当下中国而言，只有通过补短板、再平衡，全面贯彻生态文明、乡村振兴等国家重大战略，加强中央政府逆周期的综合协调能力和基层政府夯实乡土基础应对软着陆的能力，才能使作为最大发展中国家的中国在全球化过程中保持平稳。[②]

面对当前实施乡村振兴战略中的问题和困境，学者也进行了探讨。其中，孔祥智指出，当前乡村振兴存在的主要问题：一是一些地区做表面文章，在"五句话、二十个字"总体要求中，主要致力于整顿村容村貌的改变；二是引进资本下乡必然对土地非农化有所要求；三是农业旅游化，容易削弱农业的基础地位。[③] 朱启臻认为，乡村振兴战略需要扭转单向城镇化趋势，认识乡村学校的重要性，克服土地流转与规模经营的盲目性，深化乡村宅基地改革。[④] 贺雪峰也提出乡村振兴要避免成为资本下乡、城市富人下乡的市场通道。[⑤]

（六）社会分层与流动

"十三五"时期，学界对于社会分层与流动这一传统社会学议题进行了更为深入的研究，并在新的时代和社会背景之下，对社会分层的机制、社会流动的因素以及中产阶层等进行了分析和研究。

[①] 叶敬忠：《乡村振兴战略：历史沿循、总体布局与路径省思》，《华南师范大学学报》（社会科学版）2018年第2期。
[②] 温铁军：《生态文明与比较视野下的乡村振兴战略》，《上海大学学报》（社会科学版）2018年第1期。
[③] 孔祥智：《实施乡村振兴战略的进展、问题与趋势》，《中国特色社会主义研究》2019年第1期。
[④] 朱启臻：《当前乡村振兴的障碍因素及对策分析》，《人民论坛·学术前沿》2018年第3期。
[⑤] 贺雪峰：《关于实施乡村振兴战略的几个问题》，《南京农业大学学报》（社会科学版）2018年第3期。

1. 社会分层研究

社会分层与流动一直是社会学研究的一个重要主题，在社会学学科中占据极其重要的地位。李路路[1]梳理了改革开放40多年中国社会阶层结构的变迁，认为中国社会结构变迁的基本特征是从一个曾经是高度集中、相对同质性的社会结构体系逐渐分化为资源、地位、机会和利益相对分散、相对独立的结构体系。在这个过程中，阶层、代际之间的相对流动率经历了一个由低到高、又由高到低的波动过程。李培林也认为，改革开放40多年来我国阶层结构发生了深刻的变化，包括工人队伍空前壮大，农民工成为新生力量，农民数量增大但规模减小且日趋分化和高龄化，专业技术人员成为中产阶层的主力，私营企业主成为广受关注的社会阶层等。[2] 但他也指出，我国当前阶级阶层也存在的一些争议问题，必须高度重视这种社会巨变带来的积极影响和面临的挑战，正确处理现阶段阶级阶层关系，在改善民生、促进社会公平正义等方面采取措施。

因此，面对新的社会，李春玲[3]认为我国社会分层与流动研究的学科发展是伴随着中国社会学恢复重建的过程而推进的，并且在整个社会学学科发展中处于较为领先的位置，特别表现在定量研究方法和与国际社会学相关研究的接轨上。但我国社会分层与流动研究70年尚需要理论创新，需要突破研究方法与研究模式的局限，需要更及时、更准确地把握社会分层变化的新趋势。例如，王春光等[4]对当代中国农民的社会分层进行了研究，发现过去十多年农民的社会分层并没有完全定型，还存在从纯务农向非农的向上流动的机会和空间，农民兼业成为明显的社会阶层现象，但这个机会和空间又显得比以前局促。整体来看，对作为社会身份的农民而言，其内部的分层并不能有效地改变其整体的社会经济地位。

2. 社会流动研究

首先，学者对社会流动所形成的社会结构进行了分析。李强[5]通过对

---

[1] 李路路：《改革开放40年中国社会阶层结构的变迁》，《武汉大学学报》（哲学社会科学版）2019年第1期。
[2] 李培林：《改革开放近40年来我国阶级阶层结构的变动、问题和对策》，《中共中央党校学报》2017年第6期。
[3] 李春玲：《中国社会分层与流动研究70年》，《社会科学文摘》2019年第12期。
[4] 王春光、赵玉峰等：《当代中国农民社会分层的新动向》，《社会学研究》2018年第1期。
[5] 李强：《中国离橄榄型社会还有多远——对于中产阶层发展的社会学分析》，《探索与争鸣》2016年第8期。

五普和六普数据的对比分析发现，中国社会结构逐渐从"倒丁字形结构"向"土字形结构"转变，社会中下层所占比例较大，不同地位群体之间需求差异很大，阻碍了经济社会的发展。为此，需要从产业升级、城镇化转型、农民工社会地位提升、收入分配调整、社会保障制度建设、教育发展、市场准入门槛降低七个方面做出努力，推进我国橄榄形社会的建设。王春光[1]认为，合理、公平、顺畅和有序的社会流动是过去40年我国取得快速发展的秘诀，但在高质量的发展过程中，也亟须消除阻碍劳动力和人才公平、合理流动的各种障碍，从水平流动和垂直流动两个维度，观察构筑公平、合理、顺畅和有序的社会流动新体制机制。冯仕政[2]指出，在社会流动中要全方位而有重点地破除妨碍劳动力、人才社会性流动的体制机制弊端，促进个人向上流动，促进个人跨区域流动，防止贫困的代际传递。

其次，跨阶层代际流动是社会结构开放性的重要标志，社会学也对代际流动进行了研究。其中，王宁[3]对目标导向与代际社会流动进行了分析，认为尽管阶层的各种资源对代际社会流动具有支配性的影响，能动性对代际社会流动的作用同样不可忽视，而能动性与目标导向密切相关。它具体体现为人生目标及人生规划的确立。边燕杰和芦强[4]认为，21世纪以来社会实现了跨阶层代际流动的群体增加了人际网络规模，其效果对于中下阶层尤为明显。与此同时，向下流动群体保持其出身阶层的优势，其网络资源含量显著高于未流动群体；向上流动群体，虽然出身于较低阶层，其网络资源已达到了流入阶层的平均水平。

最后，社会学也对社会流动的影响进行了分析。例如，王甫勤[5]通过对当前中国民众精神健康水平及影响机制的研究发现，持续的低地位及向下流动更有可能产生精神抑郁。父辈和子辈阶层地位对人们的精神健康水平存在显著影响，地位越低者，其发生精神抑郁的可能性越高。代际社会流

---

[1] 王春光：《破除社会流动的先赋性和结构性障碍》，《中国劳动保障报》2020年1月11日。
[2] 冯仕政：《以社会流动厚植市场流动基础　致力实现活力与秩序有机统一》，《中国劳动保障报》2020年1月11日。
[3] 王宁：《目标导向与代际社会流动——一个能动性的视角》，《山东社会科学》2019年第4期。
[4] 边燕杰、芦强：《跨阶层代际流动是否增加人们的社会资本——基于中国综合社会调查的分析》，《求索》2017年第12期。
[5] 王甫勤：《地位束缚与生活方式转型——中国各社会阶层健康生活方式潜在类别研究》，《社会学研究》2017年第6期。

动，增加了精神抑郁症状发生的可能性，但这种影响主要来自向下的社会流动者。翟学伟从社会流动视角分析了中国信任结构的变迁，认为中国农耕文化所建立的信任网络是自在的，计划经济中的信任是管控的，但在市场经济出现之后，伴随人口的大规模流动，目前还没有寻求到一套行之有效的信用体系。[1]

3. 中产阶层研究

社会变迁，特别是社会分层与流动带来了"新的社会阶层"[2]，即中产阶层，他们在新的社会结构中形成了比较稳定的社会力量，往往是体制外群体，与新生产业、新生职业相关联。"十三五"时期，社会学对中产阶层展开了综合性的深入研究。

首先，社会学对中产阶层的构成进行了分析。李强分析了中产阶层的四大群体，包括各类管理者职业群体，专业技术职业群体，普通办公室职员群体，各类市场、商业营销人员群体。[3] 在此基础上，李强和王昊对我国中产阶层的规模、结构问题与发展对策展开了探讨。[4] 在学理上，李春玲从社会学与经济学取向的比较中，分析了中等收入群体与中间阶层的概念定义，深入分析了社会中间群体的兴起过程以及随之而来的社会结构变化和其他社会生活层面的变化。[5] 朱斌对当代中国的中产阶级研究进行了系统梳理。[6]

其次，社会学也对中产阶层的生成机制进行了分析。李强分析了进入中产阶层的三大渠道：教育渠道、专业技术证书渠道和市场渠道。[7] 张海东等从如何培育和扩大中产阶层的问题出发，从市场化与市场能力的视角分析了我国中产阶层的生成机制，认为教育渠道仍然是中产阶层最主要的生成渠道，但在市场化内部，单位类型和行业类型对中产阶层的生成发挥着不同的作用，城市市场化越高，个人越容易成为中产阶层。[8] 文军和李珊珊研究发现，中产阶层和工人阶层家庭的文化资本在代际传递过程中表现出

---

[1] 翟学伟：《流动的社会如何重建信任》，《北京日报》2019年7月22日。
[2] 李强：《中产过渡层与中产边缘层》，《江苏社会科学》2017年第2期。
[3] 李强：《中产过渡层与中产边缘层》，《江苏社会科学》2017年第2期。
[4] 李强、王昊：《我国中产阶层的规模、结构问题与发展对策》，《社会》2017年第3期。
[5] 李春玲：《中等收入群体与中间阶层的概念定义——社会学与经济学取向的比较》，《国家行政学院学报》2016年第6期。
[6] 朱斌：《当代中国的中产阶级研究》，《社会学评论》2017年第1期。
[7] 李强：《中产过渡层与中产边缘层》，《江苏社会科学》2017年第2期。
[8] 张海东、杜平：《新社会阶层的生成机制及其再组织化问题》，《中央社会主义学院学报》2017年第4期。

不同的行为模式，这不仅进一步明确了阶层之间的界限，甚至加剧了阶层之间的差距和不平等。[1] 胡荣、沈珊对中国中产阶层的主观阶层认同进行了分析，发现不同阶层成员的自我认同已出现明显分化。[2]

最后，社会学对中产阶层发展的问题与挑战也进行了分析。李强认为，我国中产阶层总体上比例还不高，大部分属于中产过渡层和中产边缘层，中产阶层的发展壮大需要适时的辅助推进政策，例如大学毕业生的政策辅助，技术工人边缘中产层的政策辅助，城镇化、市民化与中产边缘层的政策辅助。[3] 李强和戈艳霞认为我国中产阶层发展滞后的原因在于在整个社会财富的分配中，居民家庭收入占比偏低、社会贫富分化比较严重，等等。因此，要构建公平的财富增长环境，企业和政府适当让利给居民，努力提高居民收入水平。[4] 李春玲[5]也对中国中产阶层发展趋势及其挑战做出了分析，其认为经济增速放缓，市场竞争急剧激化，生活成本持续上升，股市、房市剧烈波动，以及未来的社会经济风险凸显，导致中产阶层产生了不安全感和焦虑感。政府政策缺位以及对中产阶层诉求反应迟缓，更加剧了这种不安全感和焦虑心态。中产阶层稳定发展有利于社会和谐稳定，政府的相关政策制定应该更多有针对性地考虑维护这一群体的利益和促进这一群体的增长。

（七）计算社会学研究

大数据时代推动着社会科学的研究。最近几年，西方发达国家纷纷成立以计算为名的社会科学研究机构，跨学科、跨行业、跨地域的合作研究发展迅速。中国在"十三五"时期也逐渐发展起计算社会科学，在大数据的理论建构、计算社会学的社会应用和大数据为工具的研究等方面研究不断深化，逐渐形成社会学领域的计算科学，不断强化我国社会科学在大数

---

[1] 文军、李珊珊：《文化资本代际传递的阶层差异及其影响——基于上海市中产阶层和工人阶层家庭的比较研究》，《华东师范大学学报》（哲学社会科学版）2018年第4期。

[2] 胡荣、沈珊：《客观事实与主观分化：中国中产阶层的主观阶层认同分析》，《东南学术》2018年第5期。

[3] 李强：《中产过渡层与中产边缘层》，《江苏社会科学》2017年第2期。

[4] 李强、戈艳霞：《我国中产阶层发展滞后的现状、原因与对策》，《中国人民大学学报》2017年第3期。

[5] 李春玲：《中国中产阶级的不安全感和焦虑心态》，《文化纵横》2016年第4期；李春玲：《中等收入群体的增长趋势与构成变化》，《北京工业大学学报》（社会科学版）2018年第2期。

据时代的话语权。计算社会学是社会学借助计算机、互联网与人工智能技术等现代科技手段,利用大数据、新方法来获取数据与分析数据,从而研究与解释社会的一种新的范式或思维方式。[1] 计算社会学的产生是大数据时代社会学发展的必然结果,有利于克服既有社会学研究方法的局限与不足,达到对人类行为与社会运行规律的真实认知与科学解释。

首先,在社会学理论的引导之下,社会学将大数据与理论构建结合起来,努力挖掘大数据对于建构理论的意义。例如,罗家德、刘济帆等的《论社会学理论导引的大数据研究——大数据、理论与预测模型的三角对话》[2]即从大数据、理论与预测模式的三角对话出发,认为大数据分析开启了许多研究新议题,大数据分析的结果也可以成为建构理论的线索,提供验证理论的资料,进而指导预测模型的建构,推论并解释更多的现象。梁玉成和贾小双的《数据驱动下的自主行动者建模》[3]、陈云松等的《大数据机遇与宏观定量社会学的重启》[4]等也做了类似的探讨。

其次,关于计算社会学的应用和社会影响研究。社会计算不仅可以更好地监测社会运作、洞察社会规律、预测社会趋势,也可以在一定程度上改变社会关系和结构。冯仕政指出,社会治理是计算社会学运用前景最现实、最广阔的领域之一,对舆论监控、社会信用体系建设、交通拥堵治理、社会治安管理、智慧养老服务、电子商务发展等领域具有重要的意义。[5] 张小劲等指出,计算社会科学已广泛应用于社交媒体、抗争运动、社会治理、经济决策等研究之中,并以"大数据+"的形式产生了大数据社会学等学科领域。[6]

再次,社会学也积极运用大数据这一分析工具进行更为深入的社会学研究,也利用这一工具开启了许多新的社会学研究议题。例如,陈云松等[7]

---

[1] 罗玮、罗教讲:《新计算社会学:大数据时代的社会学研究》,《社会学研究》2015年第3期。
[2] 罗家德、刘济帆等:《论社会学理论导引的大数据研究——大数据、理论与预测模型的三角对话》,《社会学研究》2018年第5期。
[3] 梁玉成、贾小双:《数据驱动下的自主行动者建模》,《贵州师范大学学报》(社会科学版)2016年第6期。
[4] 陈云松等:《大数据机遇与宏观定量社会学的重启》,《贵州师范大学学报》(社会科学版)2016年第6期。
[5] 冯仕政:《社会计算如何可能?》,《贵州师范大学学报》(社会科学版)2016年第6期。
[6] 张小劲、孟天广:《论计算社会科学的缘起、发展与创新范式》,《理论探索》2017年第6期。
[7] 陈云松、严飞、张翼:《"大数据"的文化建设战略价值:案例与实践》,《学术论坛》2016年第6期。

分析了"大数据"的文化建构战略价值，认为大数据能够以其超越传统调查数据的样本量和时空跨度，为研究者和管理者提供前所未有的海量数据、资料和信息，从而帮助研究者从过程性的历史视角来审视和验证重要理论问题，并为公共管理提供新的决策依据。冯仕政分析了大数据时代的社会治理与社会研究，并揭示了大数据所具有的数据、社会和技术的三重面相。① 陈云松等基于大数据，论证了"文化反授"的存在。② 黄荣贵基于大数据分析，研究了网络场域、文化认同与劳工关注社群的关系。③

最后，关于计算社会学的挑战，韩军徽和李正风④指出，大数据社会分析所面临的方法论挑战主要源于其所利用的数据通常并非为特定的研究问题而产生，以及数据的收集和分析方法对很多研究者而言是一个"黑箱"，这些都使其难以保证研究结论的可靠性。应对这些挑战的主要途径包括挖掘计算社会科学自身的潜力、加强计算社会科学与传统社会科学的结合以及加强计算社会科学不同进路之间的融合。何晓斌和李强⑤指出，使用大数据的实证社会科学的发展还处于初步阶段，主要受制于以下几方面的原因：大数据的获得还有很大的制度障碍、获取成本和技能障碍、大数据本身的代表性问题等。因此，推动大数据在实证社会科学领域的应用，最重要的是推动数据的公开和分享，建立社会科学大数据应用和交流的平台，加快对于大数据相关分析工具的开发和普及。

（八）社会政策、社会保障和社会工作研究

社会政策、社会保障和社会工作是社会学研究的重要领域，也是关乎社会民生的重要方面，对这三部分的研究对于中国社会发展具有重要意义。"十三五"时期，社会学对社会政策、社会保障和社会工作等方面进行了深入分析与研究，在此基础上积极推动社会学的"社会政策学科"建设。⑥

---

① 冯仕政：《大数据时代的社会治理与社会研究：现状、问题与前景》，《大数据》2016 年第 2 期。
② 陈云松、朱灿然等：《代内"文化反授"：概念、理论和大数据实证》，《社会学研究》2017 年第 1 期。
③ 黄荣贵：《网络场域、文化认同与劳工关注社群——基于话题模型与社群侦测的大数据分析》，《社会》2017 年第 2 期。
④ 韩军徽、李正风：《计算社会科学的方法论挑战》，《自然辩证法研究》2018 年第 4 期。
⑤ 何晓斌、李强：《中国实证社会科学的演进及使用大数据研究之现状与挑战》，《学术界》2018 年第 5 期。
⑥ 李强：《推进社会学的"社会政策学科"建设》，《社会学研究》2019 年第 4 期。

1. 社会政策研究

伴随社会治理的日益复杂和多样，政策创新已成为政府回应诸多治理挑战的重要手段。在政策创新和扩散基础上，对政策属性与中国社会政策创新的扩散研究就显得尤为重要。[①] 基于此，关信平[②]在分析我国当前存在的民生短板和社会政策面临的挑战基础之上，提出了提升社会政策的目标在于处理好福利与市场、国家和家庭、政府与社会这三对关系的论断，认为在新时代发展积极稳妥的社会政策的基本原则应包括协调社会政策与经济发展，坚持尽力而为和量力而行。除此之外，我国社会政策的"自性"特征与发展[③]、社会政策的工具性作用[④]、我国社会政策的目标[⑤]、新时代中国社会政策的特点与走向[⑥]等也得到了较为深入的研究。

在社会学学科建设上，李强[⑦]指出，社会政策研究对于中国社会发展具有重大的意义，社会建设、社会体制、社会领域制度创新以及社会治理等都属于社会政策的范畴，其发展、改革和创新，都需要通过出台社会政策、通过调整社会政策变量来处理和解决，因此需要推进社会政策的学科建设，从课程体系、人才队伍、学科制度建设等推进社会政策深入、扎实、细致的研究。冯仕政[⑧]从学科生态、学科链的角度出发，论述了社会政策在社会学中的学科定位以及当前加强中国社会政策学科建设的重要意义和基本思路，认为加强社会政策学科建设，既是社会学学科建设的需要，也是国家建设的需要。

2. 社会保障研究

在社会保障研究中，基层福利治理和社会救助体系研究在"十三五"时期取得了长足的进步。其中，李迎生等基于福利治理的分析框架，对中国转型期乡土社会农村低保的运作过程进行了分析，发现基层福利治理是导致农

---

① 张亚鹏：《中国产业政策的国家行动与进路转型——基于国家治理的视角》，《中共福建省委党校学报》2019年第3期。
② 关信平：《论我国新时代积极稳妥的社会政策方向》，《社会学研究》2019年第9期。
③ 王思斌：《我国社会政策的"自性"特征与发展》，《社会学研究》2019年第4期。
④ 房莉杰：《平等与繁荣能否共存——从福利国家变迁看社会政策的工具性作用》，《社会学研究》2019年第5期。
⑤ 王思斌：《"三社联动"实践中与社会治理创新和社区建设》，《清华社会学评论》2017年第1期。
⑥ 贡森、李秉勤：《新时代中国社会政策的特点与走向》，《社会学研究》2019年第4期。
⑦ 李强：《推进社会学的"社会政策学科"建设》，《社会学研究》2019年第4期。
⑧ 冯仕政：《学科生态、学科链与新时代社会政策学科建设》，《社会学研究》2019年第4期。

村低保目标定位偏差的深层原因，治理理念、治理目标、治理关系与治理过程构成的基层福利治理结构与机制导致了"上有政策，下有对策"的政策变通。① 同时，李迎生和徐向文也对城乡统筹社会救助体系进行了分析，认为推进社会救助体系的城乡统筹发展，保障城乡居民平等的社会救助权利，既是社会政策的核心追求，也是新型城镇化的应有之义。②

反贫困是社会保障研究的重要领域，在对中国反贫困社会政策的发展演变研究基础之上，李迎生和徐向文提出了一个农村反贫困社会政策的分析框架——PCG 双层场域模型，在发展型福利视野之下反思中国反贫困社会政策的改革创新。③ 在此基础上，李迎生等又从走向一体的反贫困政策框架出发，分析了我国扶贫开发与农村低保衔接的路径与趋势，为我国开展的精准扶贫工作提出了社会学学科的政策建议。④

3. 社会工作研究

首先，在"十三五"时期，社会工作对基层社会治理做出了回应。⑤ 自全面加强学科建设以来，我国逐渐实现了从薄弱到丰富、从宽泛到精细、从综合到专项的社会工作政策体系⑥，专业社会工作开始介入反贫困⑦、精准扶贫⑧、信访矛盾⑨、金融改革⑩、民族事务⑪等社会治理中，逐渐形成了中国特色社会工作体系。⑫ 可以说，社会工作与社会治理具有高度契合性，社会工作在社会治理舆论环境建构、各方理性参与和发展自身能力方面为促进共建共享社会治理格局做出了贡献。⑬

---

① 李迎生、李泉然、袁小平：《福利治理、政策执行与社会政策目标定位——基于 N 村低保的考察》，《社会学研究》2017 年第 6 期。
② 李迎生、徐向文：《构建城乡统筹的社会救助体系——以太仓市为例》，《河海大学学报》（哲学社会科学版）2017 年第 3 期。
③ 李迎生、徐向文：《发展型福利视野下中国反贫困社会政策的改革创新——基于一个本土化分析框架》，《社会科学》2018 年第 2 期。
④ 李迎生、李金珠：《走向一体化的反贫困政策框架——扶贫开发与农村低保衔接的路径与趋势研究》，《江苏行政学院学报》2019 年第 4 期。
⑤ 何雪松：《基层社区治理与社会工作的专业回应》，《浙江工商大学学报》2016 年第 4 期。
⑥ 李迎生、李冰：《走向系统：近十年来中国社会工作政策发展的轨迹》，《社会科学》2016 年第 12 期。
⑦ 李迎生、徐向文：《社会工作助力精准扶贫：功能定位与实践探索》，《学海》2016 年第 4 期。
⑧ 王思斌：《精准扶贫的社会工作参与——兼论实践型精准扶贫》，《社会工作》2016 年第 3 期。
⑨ 李迎生、李文静：《新时期我国信访矛盾的社会工作介入研究》，《学海》2017 年第 3 期。
⑩ 李迎生：《新时代发展金融社会工作的意义及其路径》，《社会建设》2019 年第 2 期。
⑪ 李迎生：《社会政策在民族事务治理中的担当》，《中共中央党校（国家行政学院）学报》2020 年第 2 期。
⑫ 李迎生：《中国特色社会工作体系建设初探》，《人文杂志》2019 年第 9 期。
⑬ 王思斌：《社会工作在构建共建共享社会治理格局中的作用》，《国家行政学院学报》2016 年第 1 期。

其次，社会工作在参与社会治理之外，与社会民生、社会救助、社会保障的关联也很密切。例如，关信平分析了社会工作介入社会救助的需求、能力及体制机制，并提出了推动社会工作介入社会救助需要解决的基础条件和相关体制机制。① 文军通过从灾区民众个体心理、人际关系、社区组织和社会文化等层面的项目化服务运作出发，分析了社会工作对灾区社会记忆修复和重建的影响，并在此基础上探讨了社会工作增能服务介入灾区重建的路径及其发展前景。②

最后，在推动社会工作学科建设上，彭华民深入分析了中国社会工作学科在高等教育、学科准入、知识基础建设、专业成果发表、学科伦理规则和专业报酬等方面的发展情况，提出化解当前社会工作学科弱势因素，需要强化社会工作学科的自主性。③ 何雪松等对社会工作的理论及发展趋势进行了深入分析，提出积极推进社会工作的本土化观点。④ 李迎生则从方法论出发，对构建中国特色社会工作的方法论原则进行了探讨，提出以此为根基积极构建中国特色的社会工作学科体系和学术体系。⑤

二 "十三五"以来社会学研究存在的主要问题

"十三五"以来，社会学研究尽管取得了丰厚的研究成果，学科建设也取得了可喜的进展，但是在理论研究和经验研究的各个层面，社会学也存在不少问题，在回应中国社会发展变迁和社会结构转型的能力上还有待提高，在学科专业化、科学化和规范化上还需进一步完善。

(一) 理论研究方面

首先，以理论为指导从事社会学研究的能力还比较弱。社会学研究

---

① 关信平：《社会工作介入社会救助的需求、能力及体制机制分析》，《湖南师范大学社会科学学报》2017年第1期。
② 文军：《灾区重建过程中的社会记忆修复与重构——以云南鲁甸地震灾区社会工作增能服务为例》，《社会学研究》2016年第2期。
③ 彭华民：《中国社会工作学科：百年论争、百年成长与自主性研究》，《社会科学》2017年第7期。
④ 何雪松：《社会工作的理论追求及发展趋势》，《西北师大学报》（社会科学版）2017年第4期；何雪松、杨超：《中国社会工作的本土化：政治、文化与实践》，《济南大学学报》（社会科学版）2019年第1期。
⑤ 李迎生：《中国特色社会工作体系建设初探》，《人文杂志》2019年第9期。

必须以理论为指导,只有以理论为指导,才能透过表象进行深入的剖析,才能对社会学的整体发展和阶段性发展、社会学理论流派的共性和个性特征做出较为深刻的理论概括。同时,以理论为指导的社会学研究也有助于我们更为深入和系统地理解社会现象和社会事实,梳理所掌握的信息,使这些信息在理论基础之上形成具有相互关联的概念体系和知识系统。但是,目前社会学研究中,理论研究和经验研究失衡的现象尚存,由于理论修养和运用理论的能力不足,有些社会学研究往往仅停留于简单地介绍西方社会学理论和思想的层面,联系社会学研究实践的理论分析和理论评价的内容偏少,也就谈不上为实际社会学研究提供借鉴的可能。

其次,对西方社会学理论的研究和反思不够。目前对西方社会学理论研究成果主要集中于著作和理论的引介,有深刻见识的理论概括和提炼的研究成果偏少。很多研究仅停留在对西方社会学理论的粗俗化、庸俗化、简单化理解上,从理论脉络、历史发展、传承创新和现实应用等进行全面、系统、深入分析的著作较少,造成食洋不化、概念炒作等社会学研究现象。这样的后果之一就是,我们很难对西方社会学的整体发展或阶段性发展做出较为深入的学术概括和理论认识,总结其关于社会学发展规律,并以此为中国社会学的发展提供借鉴。

最后,理论本土化和理论创新意识还有待加强。中国社会的政治、经济、文化等各个层面与西方社会具有较大的差异,因此在运用西方社会学理论来解析中国社会现象和社会事实时要时刻保持理论自觉的警惕性,反思理论适用的条件和解析的范围,切勿不加限制地宽泛运用。从这一点来看,中国社会学理论的本土化还有待进一步加强,从中国的历史、现实中发掘中国经验和运作规律的能力不足。"十三五"以来,中国社会正处于一个全面转型的加速期,社会变迁极速进行,社会生活的各个层面均发生了深刻的变化,这一方面需要社会学的宏观理论来解释和回应这些转型实践,另一方面也需要社会学的微观理论来透视基层的社会生活变迁。这些都需要社会学依据社会经验和事实实现理论创新。但目前,我国社会学理论自觉和理论创新的意识和能力还不够强烈,对社会问题、社会现象还停留在经验描述、具体问题分析维度,缺乏对中国社会变迁和中国经验的深度理解和理论概括。

(二) 经验研究方面

首先，经验研究缺乏理论支撑而使学术研究较为浅薄。由于理论意识和理论能力不足，不少社会学的经验研究尚停留在运用社会调查和统计分析对社会现象和社会事实的描述层面，缺乏理论对话和理论提升，从而使经验研究较为浅薄。这种简单描述虽然是学术研究的一部分，但是缺乏理论支撑，往往呈现描述有余而解释不足的问题，不仅会对我们认识和理解社会现象、社会事实的效力产生影响，而且也会对社会学学科发展产生影响。因为，这种描述性研究会在与其他学科的比较中降低社会学学科的解释力和学科特性，制约社会学的整体发展。

其次，经验研究的连贯性和传承积累有待加强。经验研究并不是对单一的社会现象做出描述和解读，还需要在一个学术脉络里，在既有学术研究的基础上，通过对经验的解读，对社会运行的规律做出说明。因此，经验研究不能就事论事，而是需要理论对话，需要理论预设，需要分析框架。当前，我国社会学的经验研究由于缺乏理论统揽，而使研究处于碎片化的状态，生产出一些没有关联的概念、相互矛盾的观点，围绕相似的现象反复进行描述和论述，由此造成经验研究的同质化，使社会学对社会现象和社会事实的解读停留在原地，不能推动学科的进一步发展。

最后，经验研究的方法有待创新和完善。社会学对于社会现象和社会事实的观察和分析是通过社会学调查方法和分析方法进行的，他们共同构成了社会学的分析工具，这些工具的有效性和规范性是社会学进行科学分析的基础。目前，社会学的调查方法和分析方法较为多元，因此面对经验事实，采取何种调查方法和分析工具对其展开研究就成为社会学者需要思量的问题。在我国社会学当前开展的经验研究中，对问卷和数据的偏好使定量研究成为社会学研究的主流，但对这种方法所适用的范围和条件却缺乏反思，从而使研究在方法的选择层面出现偏差，无法保证研究结果的准确度。另外，随着社会发展和变迁，特别是社会生活的网络化，经验研究方法也亟待创新，以适应新的社会环境和田野需求。

"十四五"时期社会学发展趋势及重点研究课题

从总体来看,"十四五"时期社会学的研究,理论研究与经验研究将进一步融合,社会学研究方法将进一步完善创新;社会学研究的领域将进一步拓展,学科对话将越来越必要和日常;社会学在"十四五"时期的发展趋势和重要研究领域,分别从以下方面加以分析。其中,需要指出的是,作为社会学研究的本土化概念,社会建设是一个比较综合和宏观的概念体系,以保障和改善民生、加强和创新社会治理为重点。在分析"十四五"时期社会学发展趋势时,本报告将社会建设的研究拆分成社会学关于社会治理研究和民生研究两个部分。

一 "十四五"时期社会学发展趋势

(一)推进中国社会学的马克思主义社会学研究

马克思主义社会学研究的理论和方法对于理解社会学学科及其当代发展具有重要的意义。马克思主义是社会学的重要来源,并塑造了社会学学科理论与实践相结合的学科品质。马克思主义在中国的传播,不仅指导了我国改革开放和社会发展建设等重大历史进程,而且也奠定了我国社会学形成和发展的基础。改革开放以来,特别是党的十九大之后,加强马克思主义在哲学社会科学发展中的主导地位,已成为繁荣和发展新时代哲学社会科学的基本原则。社会学学科建设和理论自觉要求继续推进马克思主义社会学的研究。

马克思主义社会学是社会学十分重要的学科传统,中国早期马克思主义者对马克思主义社会学开展了大量的研究,但在很长一段时间里,同社会学其他方面的研究状况相比，马克思主义社会学仍然是当代中国社会学研究的一个薄弱环节。在过去的五年中，社会经济取得显著成就的新形势下，马克思主义社会学也面临空前有利的发展机遇，如何在新形势下认真总结马克思主义社会学的历史发展，明确认识马克思主义社会学的本质特点与历史地位，充分发挥马克思主义社会学在社会建设中不可替代的指导作用，是"十四五"以来中国社会学认真探讨的重大课题。

同时，随着马克思主义社会学的完善和发展，越来越多的学者开始意识到马克思主义社会学对于中国社会学的发展所具有的重要建设性作用，回到马克思主义社会学的概念、范式和议题，并对其再挖掘，已成为社会学发展历程中的一个重要方向。[①] 马克思主义社会学的基础理论和经验基础也得到了总结和升华[②]，马克思主义社会学的理论特点得到了提炼和完善[③]，使马克思主义社会学在当代发展和在社会学学科建设中保持了旺盛的活力和深远的影响。

（二）推进中国社会学的社会治理研究

社会治理是具有中国特色的社会学概念，其基本含义是维护社会秩序、激发社会活力、促进社会稳定的一系列体制机制、组织安排和工作过程。社会治理不单是党和政府的管理，还包括多元社会力量的参与。党的十九大报告明确提出要打造共建共治共享的社会治理格局，加强社会治理制度建设，完善党委领导、政府负责、社会协同、公众参与、法治保障的社会治理体制，提高社会治理的社会化、法治化、智能化、专业化水平。党的十九届四中全会更是将社会治理提升到国家治理的层面，认为社会治理是国家治理的重要方向，必须加强和创新社会治理。

社会治理为社会学学科建设提供了一个非常好的平台。社会学是一门研究社会良性运行与协调发展机制的学科，以维护社会稳定、促进社会公平正义为学科发展的使命，因此社会治理即成为社会学研究的重要领域。

---

① 应星：《事件社会学脉络下的阶级政治与国家自主性——马克思〈路易·波拿巴的雾月十八日〉新释》，《社会学研究》2017年第2期；王小章：《马克思主义社会学：打通实证与理解的藩篱》，《社会学研究》2018年第5期。
② 赵万里：《马克思主义与中国社会学理论再出发》，《社会科学辑刊》2019年第1期。
③ 刘少杰：《马克思主义社会学的学术地位与理论贡献》，《中国社会科学》2019年第5期。

同时，作为一门科学，社会学也在不断寻找它的应用领域，展示社会学的学科实践性；社会治理也需要一个学科作为依托，寻得社会治理的科学性支撑。因此，社会学和社会治理的相互需要促成了两者的合作与共赢。自社会学恢复发展以来，我国社会治理70年的发展使社会治理的对象、社会治理的体制基础、社会治理的手段、社会治理的目标和社会治理的环境发生了转型①，许多地方的社会治理都有了很大的创新，包括特大城市基层社会治理②、基层社会治理③、农村社会治理。④ 可以说，广大人民群众推动改革开放的社会实践已经走在了前面，社会学需要对这些创新进行概括，总结其中成功的体制机制案例，将其上升到社会学理论层面，提炼出我国社会现代化转型的理论模式。⑤

（三）推进中国社会学的"社会政策学科"建设

中国社会学学科恢复重建40年来，在应对社会转型和现代化进程中出现的诸多社会问题方面取得了不菲的成果，在社会学理论和方法创新方面也取得了很多优异的成绩，但是目前来看，社会学学科在"二级学科"建设方面还有不足，特别是在社会政策学科建设方面，因此亟须推进我国社会政策学科建设。

在中国社会学学科恢复重建初期，社会学学科建设具有很强的学习特征和开放特征，从西方引进了大量的理论和方法，搭建起我国社会学学科的主要架构，主要是社会学、人类学、人口学和社会工作等专业，而在一定程度上忽视了社会政策的研究。中国改革开放以来，社会经济的实践具有非常强的特殊性，即强调社会管控的力量，在引入市场经济体制过程中，中国依然强调党和政府的社会政策干预，这与西方社会学具有很大的区别。因此，在社会政策较强干预能力的背景下，中国政治、社会和文化的各个方面均受到政策干预的影响，而以社会现象为研究内容的社会学在学科构

---

① 李友梅：《中国社会治理的新内涵与新作为》，《社会学研究》2017年第6期；李友梅：《当代中国社会治理转型的经验逻辑》，《中国社会科学》2018年第11期。
② 李友梅：《我国特大城市基层社会治理创新分析》，《中共中央党校学报》2016年第2期。
③ 张静：《中国基层社会治理为何失效？》，《文化纵横》2016年第5期。
④ 叶敬忠：《作为治理术的中国农村教育》，《开放时代》2017年第3期；张明皓、叶敬忠：《权威分化、行政吸纳与基层政府环境治理实践研究》，《北京社会科学》2020年第4期。
⑤ 李强：《新中国现代化建设的成就与经验》，《人民日报》2016年1月17日。

建中也应该将社会政策作为最主要的学科方向之一。

中国社会学在社会政策领域也取得了一些研究成果,在教育、医疗、卫生、住房、养老、扶贫等社会政策研究中,也提出了诸多具有重要影响的社会政策观点和举措,如就地城镇化[1]和就近城镇化[2],对农民工政策的研究[3],关于民生问题的探讨[4],对社会建设和社会治理的研究等取得了一些研究成果[5],但是从学科建设的角度,在社会政策人才培养和体系搭建上的关注和行动还不够。因此中国社会学需要推进社会政策学科建设,为学科发展打下牢固的基础。

"十四五"时期,社会学要进一步推进社会政策学科建设,并做深入扎实的基础工作。第一,推进社会政策课程体系、教材体系建设。社会政策是一个比较完整的知识体系,需要确立这个知识体系的基本框架,还需要设立社会政策的专业基础课程,包括理论与方法两个方面。同时在社会政策的专业课程,如教育政策、就业政策、养老政策、扶贫政策、住房政策等方面进行建设,建立社会政策完整的知识体系课程。第二,推进社会政策专业人才队伍建设。培养社会政策专业人才,吸引一些在一线工作且具有丰富经验的社会政策决策者、研究人员加盟社会政策专家队伍。第三,对社会政策学科培养学生的就业前景进行深入细致的调查研究。推进学科建设、专业建设的重要目标是培养为国家经济社会发展服务的人才,需要不断探索社会政策专业在我国现代化建设中的就业情况。第四,妥善处理社会政策与其他学科的关系。社会政策学科具有交叉学科的特征,需要厘清与其他相关学科的边界,特别是要处理好与公共政策学科的关系。

(四)推进中国社会学的民生研究

民生也是颇具中国特色的社会学概念。早在 2004 年,面对经济高速发

---

[1] 李强、张莹、陈振华:《就地城镇化模式研究》,《江苏行政学院学报》2016 年第 1 期。
[2] 李强、陈振华、张莹:《就近城镇化模式研究》,《广东社会科学》2017 年第 4 期。
[3] 王小章、冯婷:《从身份壁垒到市场性门槛:农民工政策 40 年》,《浙江社会科学》2018 年第 1 期。
[4] 童星:《社会主要矛盾转化与民生建设发展》,《社会保障评论》2018 年第 1 期。
[5] 王思斌:《社会工作在构建共建共享社会治理格局中的作用》,《国家行政学院学报》2016 年第 1 期;李强、王拓涵:《新清河实验:基层社会治理创新探索》,《社会治理》2017 年第 7 期;李友梅:《当代中国社会治理转型的经验逻辑》,《中国社会科学》2018 年第 11 期;李强、卢尧选:《社会治理创新与"新清河实验"》,《河北学刊》2020 年第 1 期。

展而社会建设不足的社会局面，社会学理论界即提出了社会建设的理论，主张加强社会领域的建设、治理与服务。但是，后来在研究中，由于社会建设的概念较大，涵盖内容较多，因此学者进一步将社会建设的概念进行界定，突出"以保障和改善民生为重点的社会建设"。改革开放发展以来，我国社会主要矛盾已经转化为人民日益增长的美好生活需要和不平衡不充分的发展之间的矛盾，人民不仅对物质文化生活提出了更高的要求，而且在民主、法治、公平、安全、环境等方面的要求也日益增长。为此，党的十九届四中全会提出要坚持和完善统筹城乡的民生保障制度，满足人民日益增长的美好生活需求。

经过多年的理论和实践探索，社会学在民生的就业、教育、收入分配、社会福利与社会保障、医疗、住房、养老、扶助贫困、社会治理九大领域进行了全面而深入的研究，在取得丰硕研究成果的同时，努力通过社会政策影响民生资源的社会配置。随着国家社会治理重心向基层下移，以及社区作为居民民生需求与社会民生服务的基本着力点，我国社会学成功地将民生研究具体化为社区研究，通过对社区基础设施和社会资源的配置满足居民在民生方面的需求。[①] 近几年，社会学者以专家参与的模式，通过组织社区实验、社区规划、社区空间营造、社区民生实验等，配置民生资源，改善民生需求。例如清华大学社会学系研究团队与地方政府合作开创了"新清河实验"，采取了社会学学术研究与社区干预相结合的方式。因此，随着国家治理重心的下移，社区治理在社会治理中的基础性作用凸显，"十四五"时期的社会学研究需要对民生议题展开重点分析。

（五）推进中国社会学大数据分析与计算社会科学研究

网络技术的发展和社会信息的数据化催生了大数据时代的到来，数据已渗透到每个社会层面和行业业务领域，成为重要的生产性因素。因此，对大数据的挖掘、分析和运用即成为认识社会的一种重要方式。相对于传统数据，大数据规模更为巨大、结构更为复杂、分析难度更高，因此需要

---

① 王琼：《城市社区居家养老服务需求及其影响因素——基于全国性的城市老年人口调查数据》，《人口研究》2016年第1期；唐有财、王天夫：《社区认同、骨干动员和组织赋权：社区参与式治理的实现路径》，《中国行政管理》2017年第2期；李强、陈孟萍：《社区治理中基层政府与社会组织关系探讨——中国台湾M县"村里"与"社区发展协会"案例研究》，《社会学评论》2018年第4期。

更为专业的数据分析方法和技术作为支撑，由此给社会学研究带来了发展机遇和挑战。

计算社会学是社会学研究发展的前沿，其产生是大数据时代社会学发展的必然结果。计算机科学、人工智能和AI技术的发展是计算社会学得以产生的基础条件，而社会学在研究方法上对科学研究方法的不懈探索和追求则是计算社会学得以产生的内在动力。总体而言，计算社会学主要研究五方面内容：大数据的获取与分析、质性研究与定量研究的融合、社会学互联网实验、ABM模拟方法在社会学研究中的运用以及新型社会计算工具的研制与开发。计算社会学通过对大数据相关新技术、新工具的运用，能够在一定程度上克服社会学研究存在的局限和障碍，提高社会学研究的科学性和有效性，是未来社会学发展的一个重要方向。

二 "十四五"时期中国社会学重点研究课题

（一）新时期马克思主义社会学理论研究

深入夯实马克思主义社会学的基本立场、价值追求和方法原则，在面对中国社会转型变迁的新现象和新问题时，要进一步依托马克思主义社会学的深厚影响，形成中国特色社会学的新理论或新学说。中国马克思主义社会学的研究，不仅要进一步深化我们对于社会整合、社会秩序、社会运行、社会发展与社会学关系的认识，而且也要为我国当前开展的社会治理、社会建设提供理论支持。

（二）中国特色社会学学科体系、学术体系、话语体系研究

在马克思主义的指导下，中国特色社会学学科体系、学术体系、话语体系不断拓宽，创造出很多具有中国特色的社会学范畴，如社会建设、民生、社会治理、社会体制改革等，开拓了与中国特色社会主义实践紧密结合的社会学研究新领域，为推进改革开放和社会主义现代化建设做出了贡献。因此，"十四五"时期，回顾与展望新时代中国特色社会学的学科体系、学术体系、话语体系，深入发展有关中国特色社会学基本理论研究，推进社会学的学科建设，是我国社会学界面临的重大课题。

（三）新时代社会治理体系和治理能力现代化研究

社会安定有序而又充满活力，是社会治理体系和治理能力现代化的内在诉求。新时代的发展，特别是中国政治、经济、文化、社会、生态等各领域的重大变革，在推动中国现代化进程的同时，也对我国社会治理提出了更高的要求。社会学关注社会秩序、社会整合、社会结构和社会功能，因此对社会治理的研究一直是社会学的经典议题。在新的社会条件之下，推进国家社会治理体系和治理能力现代化建设研究是应有之义，社会学需要对现代化进程中社会治理体制创新、社会治理结构优化、社会治理模式探索、社会治理协同参与等展开深入的研究。

（四）中国社会学的本土化发展及创新研究

社会学恢复重建发展至今，引入了西方社会学的一系列理论、方法和概念体系，如社会化、社会互动、社会角色、社会分层、社会网络。然而，经过探索与验证，我们逐渐发现，社会学的概念、理论其实是对社会现象、社会行为、社会生活的总结概括，因此，以我国社会生活为基础，提炼出解读与指导我国改革与发展的概念、理论、方法，才是中国社会学界最重要的任务。在此意义上，可以说，中国社会学界最为重要的工作就是探索社会学的本土化。

（五）西方社会学理论的发展与反思研究

对西方社会学理论最新发展前沿的借鉴和反思是中国社会学理论研究的一个重要方向，包括古典社会学理论、当代社会学理论和后现代西方社会学理论等，如身体社会学理论、空间社会学理论、情感社会学理论、网络社会学理论等，也包括西方社会学理论对于社会信任、社会网络、社会运动、社会资本等重要领域的研究。

（六）中国特色社会主义共同富裕理论和实践探索

巩固发展脱贫成果，推动共同富裕，将是"十四五"时期国家发展的重要战略任务，也是从解决发展不平衡不充分问题出发，以提高人民收入水平、缩小收入分配和基本公共服务差距为导向,通过促进更加公平的发展,实现全体人民共同富裕,取得更为明显的实质性进展目标的重要部署。因此,对中国特色社会主义共同富裕理论和实践进行探索,是我国社会学界的重要任务。

(七)中国社会主要矛盾演化及其化解机制研究

党的十九大报告指出,中国社会主要矛盾发生了变化,中国特色社会主义进入新时代,我国社会主要矛盾已经转化为人民日益增长的美好生活需要和不平衡不充分的发展之间的矛盾。社会学需要从历史与现实、从理论与实践综合视角考量,科学认识与准确把握新时代中国社会主要矛盾转化的理论基础和现实依据,以及主要矛盾转化所彰显出的时代特征,需要揭示主要矛盾的转化逻辑,并针对矛盾的化解提出相应的对策建议。

(八)中国社会政策体系建设与改革创新研究

社会政策是实现社会公平的主要手段,需要科学认识我国社会政策在社会保障、社会福利和社会稳定中的重要意义。研究建设以人民为本的民生政策体系,重在探索如何通过一定的制度安排和制度创新,将社会发展的成果转化为社会成员的公共权利,从而推动和促进社会公平正义的实现。社会学需要推进社会政策学科建设,尤其需要基于民生和公平推进我国社会政策的改革和创新。

(九)大数据时代社会学研究方法的挑战与创新研究

大数据对社会生活、媒介生态和商业带来的机遇与挑战是颠覆性的,大数据同时带来了社会科学研究的"春天"。大数据时代已经来临,如何从海量数据中发现知识,寻找隐藏在数据中的模式、趋势和相关性,揭示社会现象与预知社会发展规律,需要我们拥有更好的数据洞察力。随着社交网络、移动互联网和物联网的兴起,大数据的应用会越来越广泛,网络科学和数据科学也需要新的科学发展观和方法论。

(十)发展和改善民生的社会学研究

民生是社会和谐之基,是人民幸福之本。近些年,我国经济持续发展的同时，人民群众对社会事业和改善民生的需求日益强烈，如何增强经济发展和社会发展的协调性，如何促进教育改革发展，如何推动社会文化发展繁荣，如何促进社会就业，如何提高城乡居民收入并改革分配制度，如何加快完善中国特色社会保障体系，如何积极稳妥推进我国医疗卫生体制改革，如何推进社会事业领域改革，是"十四五"时期社会学关于民生研究的重要议题。

（十一）重大突发公共卫生事件社会治理研究

新冠肺炎疫情是一次重大突发公共卫生事件，对我国医疗卫生体系提出了重大挑战，也对我国经济社会造成较大冲击。在重大突发公共卫生事件之下，如何构建社会治理体系、公共服务体系、民生保障和社会救助体系、公众风险感知和行为规律，如何引导公众情绪并做好舆情应对和治理，是社会学需要研究和参与的重要课题。

（十二）中国社会工作转型与制度建设研究

伴随中国特色社会主义建设进程，我国社会工作进入从总体性发展向特色化发展的转型时期。社会工作也需要适应和满足新时代国家和人民的需求，提升其在介入社会治理、精准扶贫、扶危济困的效能，促进中国社会工作教育与实务的深化改革。因此，中国社会工作发展模式面临着来自专业化、职业化、本土化等各方面的挑战，需要采取切实措施加以应对。

（十三）中国多元养老服务模式研究

随着中国人口老龄化形势的加剧，高龄老人、空巢老人、失能老人的数量迅速增加，如何养老已成为社会普遍关注的问题。大力发展社区养老、居家养老以及与"医养结合""互联网＋"服务相结合的多元服务模式，已成为我国克服传统养老方式的局限性。多元养老服务模式与时代紧密结合并兼具针对性和普适性，是符合我国国情的养老发展方式，对完善整个社会养老体系、保障老年人生活权利、提高老年人生活质量具有非常重要的作用。

(十四）中国环境社会学的理论建设与社会价值研究

环境社会学研究的主要事实应该是具有社会影响的、激起社会反应的环境事实和具有环境影响的社会事实。中国社会的急剧发展和转型，在带动社会经济高速发展的同时，也带来了一系列的环境问题。环境社会学需要对这些事实进行关注，其理论建设需要充分体现社会学的视角，需要有清晰的反思意识，不断扩展社会学的想象力。在对待环境与社会关系的演化趋向、经济发展与环境保护的关系、保护环境和社会公平之间的关系、对与环境相关的重要社会主体进行分析、对待理论导向的研究和政策导向的研究等方面，环境社会学者应该有自己的学术立场。

(十五）中国基层社会治理转型与体制机制创新研究

基层社会治理是国家治理体系和治理能力建设的重要组成部分。随着中国现代化快速发展和社会结构深刻转型，传统基层社会治理的弊端凸显，难以契合现代性之价值诉求，基层社会治理体制机制亟待转型。基层社会治理转型和体制机制创新需要从构建多元化治理格局、建设高效互动社区组织体系、重塑现代社区权威、促进政府角色转型、培育社区居民公共精神等方面介入，这些都需要社会学的紧密参与和研究。

(十六）中国城镇化推进模式研究

中国城镇化的动力机制与空间模式具有中国特色，最突出的特征是政府主导、大范围规划、整体推动、土地的国家或集体所有、空间上有明显的跳跃性、民间社会尚不具备自发推进城镇化的条件等。由此我国的城镇化模式的七种类型：建设开发区、建设新区和新城、城市扩展、旧城改造、建设中央商务区、乡镇产业化和村庄产业化需要进一步追踪不同类型的发展模式和社会效果差异。中国城镇化推进模式的多元化类型充分体现了中国制度创新的灵活性，但如何在尊重客观经济规律之下，促进城市与民众良性互动，实现城镇化的公平正义也需要社会学对此进一步研究和探讨。

(十七）新时代城乡融合与乡村振兴研究

城市与乡村是一个有机体，只有二者可持续发展，才能相互支撑。全面实施乡村振兴,既是推进城乡融合与乡村持续发展的重大战略,也是破解"三农"问题,决胜全面建成小康社会的必然要求。在城乡二元结构仍较为明显的背景下,如何促进农业农村现代化跟上国家现代化步伐,如何把握农业农村优先发展和城乡融合发展,需要社会学予以持续研究。因此,学界应该从产业、文化、生态、组织、人才等多个层面对城乡融合和乡村振兴进行分析和研究。

(十八) 中等收入群体生存状况和社会心态研究

我国中等收入群体规模总体比例逐渐增加,但是大部分处于过渡层和边缘层,因此,社会学需要对我国中等收入群体发展滞后的现状、原因与对策做出分析,需要对中等收入群体的生存状况和社会心态做出研究,以此构建促进中等收入群体发展的社会体制机制,以提高中等收入群体的规模和比例,推进社会向上流动。

(十九) 中国网络社会的现实基础与运作模式研究

经过改革开放 40 多年的发展,中国社会的各个方面都已经发生了广泛而深刻的变化。特别是在网络信息化快速进展的背景下,社会生活的活跃程度和行动效率空前增长。中国网络社会已经大规模崛起,不仅占全国总人口半数以上的社会成员已经成为网民,而且网络社会的交往行为、经验基础和群体形式都已呈现出与传统社会迥异的方式和特点,网络社会由此而具备了充实的空间内容和崭新的空间关系。社会学面对广阔的网络空间,需要借鉴已有互联网技术发展的研究成果,对中国网络社会的发展进行考察分析,揭示出网络社会的现实基础运作模式。

(二十) 网络社群的组织化及其舆论引导机制研究

随着互联网的日益普及和 IT 技术的快速发展,人类活动领域已向网络和网络化的方向推进。这种变化已经超越了单纯的信息技术层面,广泛而深刻地影响到人们的社会生活。作为人类活动的基本组织方式之一的社会群体也随之发生了重大的变化,催生出新的社会互动模式——网络社群。作为一种新型的组织形式,网络社群具有超时空性与开放性、行动空间再生产中的虚拟性、社会关系的平等性与自主性、秩序建构中的扁平化与多中心性、社群交往纽带的网缘化、群体成员的异质性较高和群体边界模糊等社会组织特征。网络社群的圈层化和群体极化等现象，需要社会学予以关注并探索社群舆论引导机制。

总审稿人　李培林　李　强
执 笔 人　李　强　王艺璇　安　超　刘精明　郑　路
参 加 人　李培林　李　强　郑　路　刘精明　王艺璇
　　　　　　安　超　董晓萍　何晓斌　肖　林　王拓涵
　　　　　　廉　思　李汉林　翟振武　张　静　周晓虹
　　　　　　周大鸣　李　斌　于建明　卢尧选　陈宇琳
　　　　　　赵罗英

人 口 学

"十三五"时期人口学学科发展的基本状况

2016年5月17日，习近平总书记在哲学社会科学工作座谈会上的讲话中强调，要加快构建中国特色哲学社会科学，在谈到加快完善对哲学社会科学具有支撑作用的学科时，特别提到人口学，提出要打造具有中国特色和普遍意义的学科体系，极大地推动了人口学学科的发展[①]。理论与实践结合是中国人口学发展的主要特点，人口学紧紧围绕国家发展中的重大人口问题、国家关于人口问题的重大决策和学科建设展开研究，取得一批重要研究成果，为国家经济社会发展提供来自人口研究方面的支持，推动学科建设更上新台阶。

一 人口学教学与研究力量布局

人口学是一个交叉性的综合学科，研究力量主要来自高校、社会科学院、党校以及政府相关部门的人口学专门研究机构，其他则来自与人口学相关的学科领域和机构，如社会学、经济学、教育学、公共管理、资源环境、计划生育等研究机构。

（一）人口学研究机构分布

第一，专门的人口学研究机构，全国共有近60家，其中，高校和科研院所超过40家，期刊社10余家，包括英文期刊社1家。分区域来看，华北地区人口研究机构近20家，过半数集中在北京市；东北地区3家，分布

---

① 习近平：《在哲学社会科学工作座谈会上的讲话》，人民出版社2016年版，第22页。

在吉林省和辽宁省；华东地区 16 家，主要集中在上海市、江苏省和山东省；华中地区 4 家，主要集中在湖北省；华南地区 5 家，主要集中在广东省；西南地区 3 家；西北地区 5 家。第二，如果涵盖发展改革委、卫生健康委、老龄委、统计局、公安户政等政府部门的相关研究机构，全国有超过 100 家人口研究机构，遍布国家部委和各省（直辖市、自治区）。

（二）人口学博士点分布

人口学博士点主要集中在高等院校，少数社会科学院也有分布。全国人口学专业博士学位点近 30 个，其中，华北地区 6 个，主要集中在北京市，天津市和河北省也有分布；东北地区 2 个，在吉林省和辽宁省；华东地区 8 个，主要集中在上海市，江苏省、浙江省、福建省也有分布；华中地区 3 个，在湖北省；华南地区仅广东省 1 个；西南地区 5 个，主要集中在四川省、云南省和贵州省；西北地区 2 个，在陕西省和甘肃省。

（三）人口学硕士点分布

人口学硕士点主要集中在高等院校，少数社会科学院和党校也有分布。全国人口学专业硕士学位点近 40 个，其中，华北地区 8 个，超半数集中在北京市，天津市、河北省和山西省略有分布；东北地区 3 个，主要集中在辽宁省和吉林省；华东地区 9 个，超半数集中在上海市，江苏省、浙江省、安徽省和福建省也有分布；华中地区 6 个，集中在湖北省和湖南省；华南地区 2 个，集中在广东省；西南地区 8 个，主要集中分布在四川省、云南省、贵州省和重庆市；西北地区 3 个，集中在甘肃省和陕西省。

二 人口学人才培养情况

人口学及相关学科致力于培养研究生层次的学术型人才，均未开设人口学本科和专科学历教育。人口学学科是人口科学硕士和博士人才培养的主阵地；也有高校和科研院所在人口、资源与环境经济学学科和公共管理学科下培养人口科学专门人才，例如南开大学人口与发展研究所依托人口、资源与环境经济学学科开展人口科学研究和人口经济学研究，西安交通大学人口与发展研究所依托公共管理学科开展人口与社会发展的公共政策研究。

三 人口学队伍建设情况

（一）人口学师资及构成

目前，全国高校、科研院所、政府部门相关科研机构从事人口学及相关学科的研究人员估计超过2000人。以中国人口学会年会为例，征稿论文近千篇，参会正式代就达800人左右。副高及以上职称是人口科学研究的主力军，以高校为例，约八成为副教授及以上职称，教授职称占比超过40%。从地域分布来看，华北地区是目前中国人口科学研究的中心，研究人员约占全国的1/2；华东地区约占1/4；其他地区合计约占1/4。从机构分布来看，科研人员主要集中在高校。

（二）人口学研究队伍及构成

高校人口学研究的龙头机构为中国人民大学，设有"一系（人口学系）、一所（老年学研究所）、一中心（人口与发展研究中心）"的人口学研究格局，其中"一中心"是指人口与发展研究中心，系教育部普通高等学校人文社会科学重点研究基地在全国设立的唯一的人口学研究基地，汇聚北京大学、首都经济贸易大学、南开大学、复旦大学等国内一线人口学专家力量，是目前中国人口学研究实力最强的科研机构。此外，北京大学社会学系和人口研究所、首都经济贸易大学人口经济研究所、南开大学人口与发展研究所、河北大学人口研究所等研究团队实力雄厚；中国人口与发展研究中心、中国社会科学院人口与劳动经济研究所、中国老龄科学研究中心等研究机构也是全国颇具实力的人口科学研究实体。以上单位共同构成华北地区人口科学研究的庞大体系。

复旦大学人口与发展政策研究中心，整合复旦大学人口研究所、社会管理与社会政策系等系所师资，与华东师范大学人口研究所、浙江大学人口与发展研究所、南京大学社会学院、南京邮电大学社会与人口学院等单位，共同构成华东地区的人口科学研究基地。西南财经大学人口研究所、西安交通大学人口与发展研究所，是西部地区人口科学研究的主阵地。吉林大学人口、资源与环境研究所和辽宁大学人口研究所是东北地区人口科学研究的主阵地。华中科技大学人口研究所、中南财经政法大学公共管理学院、武汉大学经济研究所和人口资源环境经济研究中心是华中地区人口科学研究的代表性团队。中山大学人口研究所、广东省人口发展研究院、广东省社会科学院社会学与人口学研究所是华南地区人口科学研究的中心。

(三) 政府决策部门与研究单位合作成立研究基地

政府部门与研究机构联合设立研究基地，是"十三五"人口科学发展的一大亮点。国家卫生健康委员会人口监测与家庭发展司与中国人民大学、中央民族大学、华东师范大学、西安交通大学、西南财经大学等多所高校签约成立人口与家庭发展研究基地，整合高校力量，致力于新时代中国人口与家庭发展领域重大问题，围绕中央重大关切和重大决策开展研究工作。中国老龄协会与中国人民大学、南开大学、复旦大学、浙江大学等20家科研机构签订合作协议，成立首批老龄科研基地。此外，地方政府积极与高校合作成立研究基地，以天津市为例，天津市老龄委与南开大学、天津财经大学、天津师范大学、天津社会科学院等科研机构联合成立老龄战略、老年法学、老年健康、老年心理、老年调查与大数据、老龄社会与经济社会发展等研究基地，致力于地方老龄科学研究。

"十三五"人口学学科发展的主要成就

人口学学科实践性强,与国家发展战略和政策紧密相关。"十三五"恰是中国人口转型的关键时期和人口政策进行重大调整时期,这构成了"十三五"人口研究和人口学科发展的基本背景。

2015年10月29日,党的十八届五中全会公报提出"促进人口均衡发展,坚持计划生育的基本国策,完善人口发展战略,全面实施一对夫妇可生育两个孩子政策,积极开展应对人口老龄化行动"。这是继2013年11月宣布实行"单独二孩"政策以来,再次调整生育政策,它标志着中国的生育政策开始从严格控制型转向宽松型。为全面贯彻新生育政策,2015年12月27日,全国人大常委会通过《中华人民共和国人口和计划生育法》(2015年修订),规定自2016年1月1日起在全国实行全面两孩生育政策。2015年12月31日,中共中央国务院发布《关于实施全面两孩政策 改革完善计划生育服务管理的决定》,从"充分认识实施全面两孩政策和改革完善计划生育服务管理、稳妥扎实有序实施全面两孩政策、大力提升计划生育服务管理水平、构建有利于计划生育的家庭发展支持体系、切实加强组织领导"五个方面布置了推进全面两孩政策和计划生育服务管理改革的任务。这是新时期全面依法实行计划生育的法律和政策依据。

2016年5月18日,习近平总书记在中国计划生育协会第八次全国会员代表大会暨先进表彰会上就推动计划生育基本国策贯彻落实,促进人口长期均衡发展与家庭和谐幸福做出重要指示,人口问题始终是我国面临的全局性、长期性、战略性问题。在未来相当长时期内,我国人口众多的基本国情不会根本改变,人口对经济社会发展的压力不会根本改变,人口与资源环境的紧张关系不会根本改变,计划生育基本国策必须长期坚持。这是对新时期中国人口问题和计划生育工作的高度概括和指示。

2017年10月18日,党的十九大报告指出:"促进生育政策和相关经济社会政策配套衔接,加强人口发展战略研究。积极应对人口老龄化,构建养老、孝老、敬老政策体系和社会环境,推进医养结合,加快老龄事业和产业发展。"

2019年10月31日,党的十九届四中全会通过《关于坚持和完善中国特色社会主义制度　推进国家治理体系和治理能力现代化若干重大问题的决定》,进一步指出:"优化生育政策,提高人口质量。积极应对人口老龄化,加快建设居家社区机构相协调、医养康养相结合的养老服务体系。"

2020年10月29日,党的十九届五中全会将积极应对人口老龄化上升为国家战略,重点强调"增强生育政策包容性"和"支持家庭承担养老功能"等内容。显然,优化生育政策和积极应对人口老龄化战略,构成了新时代中国人口学研究的两大重要领域。

正是在这样一种大的人口政策逐步调整背景下,"十三五"时期人口学学科发展在以下九个方面取得了显著成就。

一　人口变动趋势与生育政策效应

"十三五"时期对于中国人口变动具有重要意义:一方面生育率持续低迷,人口负增长的惯性日益累积,速度日益加快;另一方面,中央连续进行了两步递进的生育政策调整,对人口发展格局产生重要影响。人口学界围绕这两方面的问题开展了深入的研究、判断和评估。

(一)人口动态监测

人口数量变动趋势的监测分析无疑是人口研究最重要的内容之一,人口学界对于中国人口低生育水平及变化态势进行了密切跟踪和深入研究。许多学者注意到,生育率过低已经成为中国人口发展的主要困境之一,并呈现出长期化的明显特征。[①] 有学者还提出了人口负增长的判断,认为长期

---

① 陆杰华、刘芹:《人口发展转向背景下中国人口学研究的重点领域及其展望》,《人口学刊》2019年第3期。

以来的低生育率状况正在不断累积,"十三五"时期中国人口惯性正经历由正到负、生育率弹性逐渐丧失的历史转折。长期低生育率引起的人口负惯性作用以及育龄妇女生育意愿的持续低迷,未来中国的生育率或有进一步下降的可能。①

另一部分学者对中国人口动态有不同的判断,他们研究发现,中国的总和生育率整体处于平缓波动之中,而且由于户籍登记数据在低龄组不可避免地存在漏登现象,因而可以推断出2008年、2009年和2010年中国的总和生育率至少应该在1.66、1.66和1.63以上。现阶段中国的生育水平的确较低,但在未来短期内,不太可能降至部分欧洲国家和日、韩等国家或地区曾经达到的"很低"或"极低"的水平。②从估计的生育水平和趋势看,"低生育率陷阱"的判断还缺乏说服力。③学者们对中国人口动态的深入研究和判断推进了学界对于人口变动规律的认识和把握,为国家及时进行生育政策调整提供了重要的决策支持。

关于生育率持续走低的原因,有学者通过考察"五普""六普"和2015年小普查的分年龄生育率的变化发现,年轻人口生育率的大幅下降导致了生育率的不断走低,并将不可避免地继续走低。④还有研究发现2006—2016年初婚、初育年龄分别上升2.7岁、2.6岁。与2006年和2011年相比,2016年的年龄别生育率分布曲线明显右移。青年女性晚婚趋势与生育率下降密切相关。⑤晚婚因素所导致的生育率下降幅度很大,是理解生育率下降并达到极低水平的一个不可忽略的重要因素。⑥除了上述原因分析,有学者从生育意愿着手研究发现,中国育龄人群平均理想子女数变化幅度很小,保持在1.94左右。年轻队列的生育意愿较低和理想子女生育目标集中在二孩的特征进一步强化。明确打算和不确定生育二孩的比例均随

---

① 茅倬彦、申小菊、张闻雷:《人口惯性和生育政策选择:国际比较及启示》,《南方人口》2018年第2期;张现苓、翟振武、陶涛:《中国人口负增长:现状、未来与特征》,《人口研究》2020年第3期。
② 翟振武、陈佳鞠、李龙:《现阶段中国的总和生育率究竟是多少?——来自户籍登记数据的新证据》,《人口研究》2015年第6期。
③ 陈卫:《中国近年来的生育水平估计》,《学海》2016年第1期。
④ 顾宝昌、侯佳伟、吴楠:《中国总和生育率为何如此低?——推延和补偿的博弈》,《人口与经济》2020年第1期。
⑤ 贺丹、张许颖、庄亚儿、王志理、杨胜慧:《2006—2016年中国生育状况报告——基于2017年全国生育状况抽样调查数据分析》,《人口研究》2018年第6期。
⑥ 郭志刚、田思钰:《当代青年女性晚婚对低生育水平的影响》,《青年研究》2017年第6期。

着年龄的增长而递减,无此打算的比例则随着年龄的增长稳步上升。其中,育龄人群的意愿生育水平要显著高于其终身生育水平,从而使中国未来生育水平存在进一步下降的可能性。① 这些研究都很好地揭示了中国人口生育变动的内在机制。

(二) 生育政策效应评估

中国在2014年和2016年连续对生育政策进行了调整,分别实施了"单独两孩"和"全面两孩"政策。中央政府高度关注生育政策调整的效果,学界则及时参与了其政策效应评估工作并提供了自己的研究发现。

部分学者认为,全面两孩政策开启了相对宽松性的生育政策时代,其政策实施的人口效果预期利远大于弊。全面两孩政策对稳定二孩生育水平具有重要意义。② 通过对全面两孩政策效应进行预测,认为"十三五"时期将累计多出生近2100万人,总人口峰值将推迟到2030年,略大于不调整政策的情况。③ 同时,全面两孩生育政策一定程度上放缓了总人口和劳动力人口的减少速度,增加了2035年之后的劳动力供给,减轻了劳动力负担和人口老龄化程度。但预测结果也显示总人口的减少趋势并没有改变,政策效应相对有限,2030年后中国人口将以平均每年640多万的规模持续减少,到21世纪末人口减少到10.16亿人。④

也有一些学者认为,短期来看,全面两孩政策效果明显,但中长期难以适应人口长期均衡发展要求,中国妇女总和生育率很难达到1.7。⑤ 翟振武等也认为,在全国启动实施全面两孩政策虽然目标人群规模十分庞大,但是新增出生人口数量却相对有限,这主要是因为目标人群的年龄结构原本就比较老,"双独两孩"与"单独两孩"政策的实施又大量减少了已育

---

① 刘金菊、陈卫:《中国的生育率低在何处》,《人口与经济》2019年第6期;王广州:《生育政策调整目标人群总量与预期效果再检验》,《人口学刊》2017年第6期;杨菊华:《新时代家庭面临的新问题及未来研究方向》,《妇女研究论丛》2018年第6期。
② 原新:《我国生育政策演进与人口均衡发展——从独生子女政策到全面二孩政策的思考》,《人口学刊》2016年第5期。
③ 翟振武、李龙、陈佳鞠:《全面两孩政策下的目标人群及新增出生人口估计》,《人口研究》2016年第4期。
④ 王金营、戈艳霞:《全面二孩政策实施下的中国人口发展态势》,《人口研究》2016年第6期。
⑤ 石人炳、陈宁、郑淇予:《中国生育政策调整效果评估》,《中国人口科学》2018年第4期。

一孩的年轻妇女数量。[①] 因此，全面两孩政策启动实施时，目标人群的实际生育数量相对有限，总体平均的二孩生育比例较低。同样有很多学者提出，尽管二孩政策显著提升了二孩生育率，但整体生育水平仍然偏低。二孩政策的短期效应是明显的，但是长期效应似乎微茫。[②]

对于影响两孩生育政策效应释放的原因，一些学者认为，除了生育成本较高以外，还有另外两个重要原因：第一，女性家庭——工作的平衡[③]、女性职业发展压力大等因素的影响，一些家庭对生育第二个孩子存在很大顾虑，应妥善降低企业对女职工的就业歧视，提高女职工对企业保护生育期女性就业权益的满意度，加大财政投入，增加托幼资源供给，尤其是解决0—3岁幼儿的托育难题，缓解妇女家庭——工作冲突，减轻家庭的生养负担，进而提高生育水平，促进人口的长期均衡发展。第二，0—3岁婴幼儿托育服务[④]。由于养育成本走高，托育服务短缺，"父母为主，祖辈辅助"是当前家庭普遍采用的婴幼儿养育模式，家庭正承担着较重的养育负担，婴幼儿照料的社会化程度低；城市父母更倾向于选择购买托育服务。家庭始终是婴幼儿最主要的照料主体和中心场域，社会服务是"幼有所育"的必要延伸，围绕家庭需求和"居家育教"，形成"政府主导、市场主体、社会补充、社区依托"的服务机制，才能保证托育服务的总量供给和质量保障。

上述关于生育政策效应的评估结论和原因分析，对于国家全面了解生育政策调整的效果，掌握其影响机制，具有重要的参考价值，也为国家进一步优化生育政策提供了重要的决策参考。

---

① 翟振武、李龙、陈佳鞠：《全面两孩政策下的目标人群及新增出生人口估计》，《人口研究》2016年第4期。
② 靳永爱、宋健、陈卫：《全面二孩政策背景下中国城市女性的生育偏好与生育计划》，《人口研究》2016年第6期；王广州、张丽萍：《中国低生育水平下的二孩生育意愿研究》，《青年探索》2017年第5期；陈卫：《中国的两孩政策与生育率》，《北京大学学报》（哲学社会科学版）2019年第5期；陆杰华、刘芹：《人口发展转向背景下中国人口学研究的重点领域及其展望》，《人口学刊》2019年第3期。
③ 杨菊华：《生育支持与生育支持政策：基本意涵与未来取向》，《山东社会科学》2019年第10期；刘金华、彭敬、刘渝阳：《城镇女职工再生育后的职业发展支持及其效用》，《经济体制改革》2017年第3期。
④ 高琛卓、杨雪燕、井文：《城市父母对0—3岁婴幼儿托育服务的需求偏好——基于选择实验法的实证分析》，《人口研究》2020年第1期；杨菊华：《生育支持与生育支持政策：基本意涵与未来取向》，《山东社会科学》2019年第10期；宋健：《托幼服务相关政策：中国现实与国际经验》，《人口与计划生育》2016年第11期；李沛霖、王晖、丁小平、傅晓红、刘鸿雁：《对发达地区0—3岁儿童托育服务市场的调查与思考——以南京市为例》，《南方人口》2017年第2期；洪秀敏、朱文婷、陶鑫萌：《新时代托育服务的供需矛盾与对策——基于青年家庭获得感和需求的Kano模型分析》，《人口与社会》2019年第6期。

二 人口变动与经济增长

（一）从储蓄的视角研究人口年龄结构变化对储蓄率的影响

随着人口年龄结构的老龄化，居民储蓄和消费模式在很多方面都会发生变化。[①] 有学者研究发现，老龄化对储蓄有着正向效应，家庭由于老龄化产生的预防动机大于生命周期消费模式对储蓄率的负效应，老龄化对家庭的储蓄选择和储蓄规模都有显著正效应。[②] 另有学者对老年储蓄进行深入研究后进一步发现，随着人口老龄化进程的加速，寿命延长带来的正效应会相对减弱，而老年负担效应会增强，这种此消彼长的变化导致人口老龄化的净效应发生正负转换。分区域来看，在人口因素和经济因素的共同推动下，东部和中部储蓄率从 2015 年开始快速下降，西部储蓄率到 2030 年左右也会迎来进入下降通道的转折点，最终各区域间储蓄率的梯度差异会缩小并发生反转。[③] 熊焰和丁莹基于中国 31 个省份数据，按六大行政区域细化，采用面板模型研究人口结构转变对储蓄和经济发展的影响时发现老年抚养比的提高都在不同程度上对储蓄有负向影响。[④]

（二）从劳动力供需结构变动的视角分析人口与经济之间的关系

有学者观察到，中国劳动年龄人口供给已由增加转为减少，就业的主要矛盾已由总量矛盾变为结构矛盾。随着技术进步加快和产业优化升级，技能人才短缺问题将更加凸显。部分地区、企业用工需求与劳动力供给存在结构性失衡，造成企业招工难与劳动者就业难并存。除此之外，中国劳动力市场面临新一轮产业革命对就业带来的严重冲击以及人力资本积累所面临的结构性矛盾等多重挑战，预测在"十三五"时期，新增劳动力供给规模稳中略降，年均增加 1568 万人，劳动需求增长也比较平稳，年均增加 1542 万人，劳动供求呈现基本平衡的格局。但就业的结构性矛盾却在不断

[①] 翟振武、郑睿臻：《人口老龄化与宏观经济关系的探讨》，《人口研究》2016 年第 2 期。
[②] 李超、罗润东：《老龄化、预防动机与家庭储蓄率——对中国第二次人口红利的实证研究》，《人口与经济》2018 年第 2 期。
[③] 汪伟、艾春荣：《人口老龄化与中国储蓄率的动态演化》，《管理世界》2015 年第 6 期。
[④] 熊焰、丁莹：《我国人口结构与储蓄增长关系的实证分析》，《统计与决策》2017 年第 22 期。

加大，结构性失业问题比较突出。就业的结构性矛盾突出体现在大学生就业难和民工荒并存，以及青壮年劳动力短缺与中老年劳动力过剩并存两个方面。① 徐奇渊和张斌提出，以学历作为衡量标准可以划分出两个劳动力市场，一个劳动力市场包含高中及其以下学历的求职者，另一个则涵盖大专及以上学历的求职者，大学生就业难与民工荒并存的问题折射出了两个劳动力市场的供求结构变化。② 人力资本初始化程度高的大学生群体由于"过度教育"导致其人力资本结构与经济发展需求脱节，就业专业对口程度低，出现结构性过剩。不过有学者提出"民工荒"和"大学生就业难"现象是局部的和短期的，受到诸如摩擦性失业、劳动力市场分割、产业结构等其他因素的影响，因而要促进劳动力市场的融合以及劳动者之间的自由流动和公平竞争。③

（三）从人力资本存量增加及其结构优化的视角分析经济增长的新动力

人口要素是一个综合体，人口变动也是一个多维过程，随着人口红利机会窗口日趋收窄，越来越多的学者开始将关注点放到人口质量与经济增长的关联上来。钟水映等提出人口年龄结构老化和人口红利逐渐消失对经济增长的负面影响可以通过人口受教育程度的提高得到补偿。④ 在经济增长动能转换的今天，人力资本成为经济增长的一个重要动力源，用人力资本积累所形成的人口质量红利补偿逐渐消失的人口数量红利，是预防劳动力短缺的未雨绸缪之举，也是提升其综合竞争能力和可持续发展能力的重要举措。人力资本积累的主要方向是加大劳动力质量的投资，这种投资于人的全面发展是人口红利最大化的主要举措。⑤ 杨成钢和闫东东进一步对这种替代效应进行了实证分析，通过比较质量型红利与数量型红利对经济增长的平均贡献率，测算出人口质量红利对数量红利形成替代的年份在 2010 年

---

① 张车伟、赵文：《当前的就业形势及劳动力市场表现》，《中国劳动》2019 年第 5 期。
② 徐奇渊、张斌：《中国经济：通过产业结构调整释放人力资本红利》，《上海金融》2016 年第 1 期。
③ 马艳林：《教育水平对失业风险影响的实证研究——"民工荒"和"大学生就业难"现象的再解释》，《人口与经济》2016 年第 1 期。
④ 钟水映、赵雨、任静儒：《"教育红利"对"人口红利"的替代作用研究》，《中国人口科学》2016 年第 2 期。
⑤ 王金营、戈艳霞：《全面二孩政策实施下的中国人口发展态势》，《人口研究》2016 年第 6 期。

前后。①

（四）人口红利从实证研究走向转型升级研究

人口红利概念由西方引进后，国内学者主要围绕改革开放以来经济增长与人口红利的关系、人口红利何时结束等问题开展实证研究。"十三五"时期，相关研究推进到人口红利基本理论的深化、人口红利阶段性划分以及人口红利转型升级的层面，进展主要集中于以下三个方面。第一，对人口红利概念的界定。原新等通过对人口红利、人口机会窗口等概念的厘清，指出人口红利是建立在人口机会窗口上的经济学概念，人口机会窗口的开启并不意味着存在人口红利，需要社会经济条件充分配合，才能将潜在人口机会转变为现实的经济红利，为人口红利研究奠定基本前提。② 第二，对人口红利是否消失的判断。学者们从开启继续收获人口红利的条件入手，认为未来劳动力数量、产业结构发展情况、老年人口素质以及未来政策改革方向等方面均说明，中国收获数量型人口红利的机会犹在，收获质量型人口红利的机会越来越大，③ 并通过增长核算模型，模拟政策改革作用大小。④ 程虹和高诗雅实证验证了人口红利在制度红利的叠加作用下对新中国成立70年经济发展质量的影响。⑤ 蔡昉指出，伴随人口转变过程，第一次人口红利终将消失，应当从各年龄段入手改善人力资本，提高劳动者的就业能力和老年人的劳动参与率，可分别从供给侧和需求侧对经济增长产生促进效果，从而开启第二次人口红利。⑥ 童玉芬和周文总结新中国成立70年以来中国如何收获人口红利，认为关键在于实现产业结构升级对劳动力的需求与劳动力供给相匹配。⑦ 还有学者实证测算了人口红利是否存在，

---

① 杨成钢、闫东东：《质量、数量双重视角下的中国人口红利经济效应变化趋势分析》，《人口学刊》2017年第5期。
② 原新、高瑷、李竞博：《人口红利概念及对中国人口红利的再认识——聚焦于人口机会的分析》，《中国人口科学》2017年第6期。
③ 原新、高瑷、李竞博：《人口红利概念及对中国人口红利的再认识——聚焦于人口机会的分析》，《中国人口科学》2017年第6期；蔡昉：《中国如何通过经济改革兑现人口红利》，《经济学动态》2018年第6期；蔡昉：《如何开启第二次人口红利？》，《国际经济评论》2020年第2期。
④ 陆旸、蔡昉：《从人口红利到改革红利：基于中国潜在增长率的模拟》，《世界经济》2016年第1期。
⑤ 程虹、高诗雅：《新中国70年经济发展质量：制度红利与人口红利的叠加效应》，《宏观质量研究》2019年第2期。
⑥ 蔡昉：《如何开启第二次人口红利？》，《国际经济评论》2020年第2期。
⑦ 童玉芬、周文：《人口红利的形成、收获与消失——新中国建立70年来人口红利的变化》，《人口与健康》2019年第7期。

"十三五"时期人口红利存在的测算已经从第一次人口红利的数量测算，发展到第二次人口红利的质量测算，但目前这部分研究相对匮乏，仅有部分学者聚焦于第二次人口红利的"储蓄效应"，实证检验证明了老龄化产生的预防动机大于生命周期消费模式对储蓄率的负效应。[1] 事实上，有学者将对人口红利是否消失的判断总结为人口红利的转型，如陆旸和蔡昉将改革对人口红利的促进总结为"改革红利"[2]；杨成钢和闫东东建立内生增长模型，核算质量红利对数量红利在经济增长上的替代作用[3]；钟水映等建立理论模型论证教育水平提高弥补人口数量红利缺失对经济发展的影响。[4] 也有学者跳出质量和数量的定义，探究劳动力地区再配置的经济红利。[5] 第三，人口红利的分析落脚到对经济增长的作用。既有聚焦整体框架详细总结改革开放40年经济成就中人口红利的作用[6]，又有落脚具体问题分析人口红利对中国出口的影响。[7] 从人口红利概念的再认识，到人口红利消失与否的判断与替代，最终落脚到人口红利对经济的促进，构成了"十三五"时期人口红利研究的整体脉络。

三 人口流动与社会融入

人口迁移流动问题既是人口学研究的基本范畴，也是目前国内外热点研究领域。"十三五"时期国内相关研究进展主要聚焦于人口流动和社会融入等问题。

（一）人口流动

中国流动人口规模经历长期增长之后步入了调整期，城—城流动显著

---

[1] 李超、罗润东：《老龄化、预防动机与家庭储蓄率——对中国第二次人口红利的实证研究》，《人口与经济》2018年第2期。
[2] 陆旸、蔡昉：《从人口红利到改革红利：基于中国潜在增长率的模拟》，《世界经济》2016年第1期。
[3] 杨成钢、闫东东：《质量、数量双重视角下的中国人口红利经济效应变化趋势分析》，《人口学刊》2017年第5期。
[4] 钟水映、赵雨、任静儒：《"教育红利"对"人口红利"的替代作用研究》，《中国人口科学》2016年第2期。
[5] 王婷、程豪、王科斌：《区域间劳动力流动、人口红利与全要素生产率增长——兼论新时代中国人口红利转型》，《人口研究》2020年第2期。
[6] 原新、高瑗：《改革开放以来的中国经济奇迹与人口红利》，《人口研究》2018年第6期。
[7] 李昭华、湛文婷：《市场制度、人口红利和中国的出口增长》，《人口与经济》2017年第4期。

增加，并将继续增加，同时流动人口整体趋于家庭化，流动人口在城市居留趋于稳定化。① 跨省流动人口规模在空间上呈现出"东南沿海集中连片、中西部一枝独秀"的特点。② 也有学者研究发现，尽管当前中国流动人口的规模仍持续增长，人口向东部沿海地区集中化迁移流动趋势日渐增强，人口回流和城—城流动的增长也带动着人口流动空间模式的多元化和城市规模体系的重构，特别值得注意的是当前人口的暂时性回流现象。以前人们关注的主要是人口的"永久性回流"，忽视了人口流动过程中的"暂时性回流"现象，以至于对人口流动暂时性回流过程中所出现的问题特征的认识都比较模糊，而有过暂时性回流经历的人口数量占总流动人口的27.99%，暂时性回流只是流动人口流动过程的一种暂时性中断，需要将其置于动态的角度进行考察。③ 还有学者注意到，我们目前所了解的流动人口大都是"一代"流动人口，对于"生于城市，长于城市"的"二代"流动人口研究有待深入。④ 另外，少数民族人口流动进程滞后于全国的状况开始改变，城市地区将迎来更加民族多元的时代，少数民族参与社会流动的增长空间较大，而且少数民族特色产业将会在城市大量出现并发展。⑤

流动人口空间分布格局其实不仅仅是空间上的隔离。城乡—区域双重分割对拉大城市流动人口与本市居民两大群体之间的社会距离具有明显的强化叠加效应，流动人口与本市的居民不仅在籍贯上存在差异，在社会距离上更显差异。⑥ 许鹏运用2000年、2010年人口普查资料，分析广州人户分离人口的居住空间分异，提出广州市内人户分离人口和常住外来人口居住分异指数和孤立指数，发现人户分离人口更加集中于近郊区，而且市内人户分离人口和常住外来人口的居住分异差别较大；人户分离人口的居住

---

① 段成荣、程梦瑶、冯乐安：《新时代人口发展战略研究：人口迁移流动议题前瞻》，《宁夏社会科学》2018年第2期。

② 余运江、高向东：《中国流动人口空间分布格局与集聚状况研究——基于地级区域的视角》，《南方人口》2016年第5期。

③ 彭璐、朱宇、林李月：《流动人口在流动过程中的暂时性回流及其影响因素——基于生命历程的视角》，《南方人口》2017年第6期。

④ 段成荣、靳永爱：《二代流动人口——对新生代流动人口的新划分与新界定》，《人口与经济》2017年第2期。

⑤ 段成荣、肖锐、王伊文：《我国少数民族流动人口形势分析与展望》，《福建论坛》（人文社会科学版）2016年第6期。

⑥ 王桂新、胡健：《城乡—区域双重分割下的城市流动人口社会距离研究》，《中国人口科学》2018年6期。

空间分布更多受家庭结构、房价、交通和户籍政策等因素的影响。[1] 王桂新认为，户籍制度与中国城市行政等级制度对流动人口形成多个层面的影响。[2] 由于大量优质的社会资源配置在行政级别较高的大城市，城市行政等级越高，越吸引外来常住人口的进入，人口规模扩张的速度也就越快。有学者提出，住房保障政策可以引导流动人口向中小城市聚集，从而提升中小城市规模，实现城镇化均衡发展，积分落户制可用于超大城市人口调控。[3] 但李竞博等以天津市为例研究发现，积分落户制为流动人口落户设定的门槛不但没有起到控制超大城市人口规模的作用，反而提高了流动人口的永久迁移意愿。[4] 以上研究的结论尽管不尽一致，但对于地方政府进行城市治理，调控人口规模都具有重要参考价值。

（二）流动人口的社会融入

社会融入的界定同时包含多个维度，杨菊华等学者从经济整合、社会适应、文化交融和心理认同四个层面进行探讨，认为不同维度的流动人口城市融入进程都是不同步的，而且也尚未实现从"流动"到"留住"的转型，总体融入水平低。

流动人口的定居意愿是其城市融入的重要指标，目前学界对流动人口对流入地定居迁移意愿的关注较多，例如从生态环境、人文环境和制度环境三个维度定量分析流动人口定居意愿，从主观幸福感方面探讨户籍迁移意愿，还有对流动人口户籍迁移意愿的空间差异进行精确的刻画等。[5] 这些研究发现，流动人口对流入地的环境感知对其定居意愿有着重要影响。流动人口的户籍迁移意愿对于等级高、规模大的城市显著高于等级低、规模小的城市。流动人口的城市居留意愿和城镇基本公共服务获得率也呈现出随城市规模扩大而上升的趋势。城市规模水平显著影响

---

[1] 许鹏：《大城市人户分离人口的居住空间分异研究——以广州为例》，《南方人口》2018年第2期。

[2] 王桂新：《新中国人口迁移70年：机制、过程与发展》，《中国人口科学》2019年第5期。

[3] 吴宾、张春军、李娟：《城镇化均衡发展视阈下流动人口差异性住房保障政策研究》，《北京交通大学学报》（社会科学版）2016年第3期。

[4] 李竞博、高瑷、原新：《积分落户时代超大城市流动人口的永久迁移意愿》，《人口与经济》2018年第1期。

[5] 林李月、朱宇：《中国城市流动人口户籍迁移意愿的空间格局及影响因素——基于2012年全国流动人口动态监测调查数据》，《地理学报》2016年第10期。

流动人口身份认同。① 住房实现模式也是影响流动人口城市居留意愿的重要因素，相对于单位宿舍来讲，获得保障性住房能显著正向影响流动人口的城市融入。②

流动人口所面临的困境（如贫困问题）也引起许多关注。离土又离乡的农民工中贫困人口规模较大，分性别贫困程度为"土"形分层结构，以"收入少，劳动时间长，缺社会保险"的"三维贫困剥夺"为主，而且越是在经济发达的地区，相对贫困的发生率越高，流动人口的相对剥夺感就会越强，对于他们的城市融入就越不利。还有在流动人口的城市消费方面，消费水平低、消费结构不合理的状况依旧突出。③ 另外，"二代"流动人口这个群体很可能会成为城市的边缘群体，无论是在教育还是就业等其他方面，"二代"流动人口所面临的困境并不会比"一代"流动人口所面临的少。④ 所以，研究表明，无论是制度层面还是行为和价值层面，流动人口市民化都面临较大困境，最主要的原因还是在于户籍制度的"双二属性"（城镇与乡村、本土与外来）及其对流动人口社会融合带来的排斥效应，只有突破户籍墙、结构墙和理念墙，跨越人为设置的各类边界才能有效促进流动人口的城市融入。⑤

四 大城市发展与人口增长

大城市人口研究是"十三五"时期人口学界的热点话题，其主要内容和重要发现聚焦于大城市人口增长与调控、城市承载力与区域均衡发展两方面内容。

（一）大城市人口增长与调控

改革开放 40 多年来，中国城市化的发展除了城市数量与规模变大，更

---

① 杨菊华：《中国流动人口的社会融入研究》，《中国社会科学》2015 年第 2 期。
② 王子成、郭沐蓉：《住房实现模式对流动人口市民化的影响效应分析：城市融入视角》，《经济社会体制比较》2020 年第 2 期。
③ 段成荣、靳永爱：《二代流动人口——对新生代流动人口的新划分与新界定》，《人口与经济》2017 年第 2 期。
④ 段成荣、靳永爱：《二代流动人口——对新生代流动人口的新划分与新界定》，《人口与经济》2017 年第 2 期。
⑤ 杨菊华、杜声红：《部分国家生育支持政策及其对中国的启示》，《探索》2017 年第 2 期。

为突出也更为重要的变化是大城市所体现的现代城市的功能性与开放性的变化①，李恒以中国十大城市群为例，实证分析了城市群对经济增长的作用。② 宋建和王静则是以2000—2016年262个地级市为研究对象，从城市规模视角探究城乡收入差距的动态收敛问题，分析人口迁移和户籍城市化对城乡收入差距的影响。③ 奚美君等利用中国劳动力动态调查（CLDS）数据，测度了新时代背景下中国大城市"工资溢价"现状。④

许多学者探讨了大城市人口增长的影响因素。童玉芬和王莹莹以北京、上海、广州三个大城市为例，基于个体成本收益分析解释了人口选择向大城市流动的原因。⑤ 沙勇则是选取中国的两个超大城市——北京和上海作为研究对象，通过因子分析方法对影响两市人口规模增加的因素进行分析，试图从中找出大城市人口增长与集聚的一般性规律⑥。秦贤宏基于人口迁移流动与区域经济发展的关系，构建了一套用于解释中国快速城市化地区人口分布演变的空间模型，并以苏南地区为例，证明由于跨区域外来人口迁入流的存在，中国快速城市化地区出现了人口全域增长的现象。⑦ 赵海涛和朱帆基于2014年全国流动人口动态监测数据，选择了多元选择模型，考察了家庭联合迁移决策过程，发现人们更加偏好朝大城市流动。⑧ 王桂新和胡健研究了中国东部三大城市人口城市化与产业集聚之间的影响，其研究表明三大城市群产业结构转型在2000—2010年期间趋向合理化，都表现出不同程度的"U"形演变特征，2010年之后才转呈持续升势。⑨

---

① 何一民：《新中国城市的发展与主要特征》，《中华文化论坛》2019年第4期。
② 李恒：《人口集中、城市群对经济增长作用的实证分析——以中国十大城市群为例》，《河南大学学报》（社会科学版）2019年第1期。
③ 宋建、王静：《人口迁移、户籍城市化与城乡收入差距的动态收敛性分析——来自262个地级市的证据》，《人口学刊》2018年第5期。
④ 奚美君、陈乐、汪奕鹏、吴鹏：《大城市工资溢价、集聚经济与学习效应——基于城市劳动力动态迁移视角》，《当代财经》2019年第4期。
⑤ 童玉芬、王莹莹：《中国流动人口的选择：为何北上广如此受青睐？——基于个体成本收益分析》，《人口研究》2015年第4期。
⑥ 沙勇：《超大城市人口规模增长影响因素及人口对策研究》，《南京社会科学》2016年第10期。
⑦ 秦贤宏：《快速城市化地区人口空间演变模型》，《中国人口·资源与环境》2017年第S2期。
⑧ 赵海涛、朱帆：《农业转移人口的超大城市偏好与家庭联合迁移决策》，《人口与经济》2019年第3期。
⑨ 王桂新、胡健：《城乡—区域双重分割下的城市流动人口社会距离研究》，《中国人口科学》2018年第6期。

一些学者注意到了高速铁路在推动人口城市化发展中的贡献。高速铁路开通有助于城市人口增加，但不会在一开始就表现得那么明显，有一个增量和增速的关系比较。[1] 陈卫和王若丞基于 MODIS 遥感数据，考察 2010—2016 年中国高速铁路快速发展时期 297 个地级市的城镇化空间分布格局及其变化趋势，在一定程度上证明在高速铁路快速发展时期，中国的城镇化发展格局空间集聚特征日益明显。[2]

延续过往对大城市是否应该进行人口调控的问题，童玉芬认为，在特大城市人口调控理念上，要提防陷入人口决定论，避免将人口规模作为唯一调控目标。[3] 张车伟等以上海市为例，提出特大城市的人口调控应该以结构优化为主要目标。[4] 王桂新则提出应当放弃人为强制性控制，让大城市按市场规律和自身的内在规律发展。[5] 辜胜阻等经过分析中国城市的现实基础，认为城镇化要实现健康发展，需要推动六大转型，以大城市带动小城市发展，大力培育"五线"城市，改变城市群内中小城市发展严重不足的现状，实现大、中、小城市的协调发展。[6]

（二）城市承载力与区域均衡发展

随着城市增长，在经济效应提高的同时，拥挤效应也会提高，城市承载力约束将会越来越显著，表现出比较严重的城市病。[7] 并不是所有的资源都能够做到无限提供，其中水资源和土地资源就是最重要的不可替代的短板资源，并往往成为特大城市发展的硬约束。[8] 环境质量的恶化也是城市病的一环，并对人口流动和迁移产生影响。[9] 王莹莹等在研究当前首都圈人口空间分布格局的形成时，发现初始的人口规模和自然地理禀赋是其形成和

---

[1] 邓涛涛、闫昱霖、王丹丹：《高速铁路对中国城市人口规模变化的影响》，《财贸研究》2019 年第 11 期。
[2] 陈卫、王若丞：《高铁对中国城镇化发展的影响》，《人口研究》2020 年第 3 期。
[3] 童玉芬：《中国特大城市的人口调控：理论分析与思考》，《人口研究》2018 年第 4 期。
[4] 张车伟、王智勇、蔡翼飞：《中国特大城市的人口调控研究——以上海市为例》，《中国人口科学》2016 年第 2 期。
[5] 王桂新：《超大城市治理的几个问题》，《中国领导科学》2020 年第 3 期。
[6] 辜胜阻、吴永斌、王建润：《"五线"城市培育的思考与战略对策》，《中国人口科学》2016 年第 6 期。
[7] 王桂新：《超大城市治理的几个问题》，《中国领导科学》2020 年第 3 期。
[8] 赵亚莉：《长三角地区城市建设用地扩展的水资源约束》，《中国人口·资源与环境》2016 年第 5 期。
[9] 杨晓军：《城市环境质量对人口流迁的影响——基于中国 237 个城市的面板数据的分析》，《城市问题》2019 年第 3 期。

发展的基础。① 首都圈"中心—外围"的人口空间分布格局是一系列集聚力和离散力"博弈"和"对抗"的结果，其中就业机会、工资水平以及反映科教实力的高校数量是主要的集聚力，而房价、交通拥堵以及水资源短缺是主要的离散力，水资源短缺的制约作用最大。

关于城市化与区域均衡发展，刘欢等以2006—2013年长江经济带126个地级市的人口、土地数据为基础，从长江经济带、区域和市域视角，采用熵值法、发展水平评价模型和均衡发展模型测度人口城镇化和土地城镇化协调发展度，并结合空间分析方法对协调发展度进行分析，使用ArcGIS10.2得出二者协调发展度的空间分布图。② 劳昕和沈体雁尝试引入地理空间异质性，构建空间参考明确、全域均衡、空间单元之间存在明确人口迁移机理的城市体系模型。③ 也有学者在探讨中国城镇化进程的各区域的空间集聚态势时发现，改革开放以来中国人口与产业向东部地区集聚具有一定的历史必然性，但二者的空间集聚未能协同一致，由此导致两个"不协调"，即人口分布与产业和就业岗位分布的不协调及人口、经济分布与资源环境承载能力的不协调。这两个"不协调"造成了数以亿计的"两栖"农民工跨区域迁移、能源与大宗商品的跨区域流动、局部地区资源环境面临巨大压力、不稳定因素和社会矛盾日益激化等突出问题。④

还有学者提出，城市群是中国城市化发展必然的路径选择，城市群与区域一体化是未来发展的新趋势，但却是以绿色发展与城市生态化为重点。⑤ 方创琳通过梳理中国改革开放40年来城镇化与城市群取得的成就，提出城市群依然是国家新型城镇化的主体，未来城市群应该向高度一体化、绿色化、智慧化和国际化方向发展。⑥

---

① 王莹莹、童玉芬、刘爱华：《首都圈人口空间分布格局的形成：集聚力与离散力的"博弈"》，《人口学刊》2017年第4期。
② 刘欢、邓宏兵、李小帆：《长江经济带人口城镇化与土地城镇化协调发展时空差异研究》，《中国人口·资源与环境》2016年第5期。
③ 劳昕、沈体雁：《基于人口迁移的中国城市体系演化预测研究》，《人口与经济》2016年第6期。
④ 关兴良、魏后凯、鲁莎莎、邓羽：《中国城镇化进程中的空间集聚、机理及其科学问题》，《地理研究》2016年第2期。
⑤ 何一民：《新中国城市的发展与主要特征》，《中华文化论坛》2019年第4期。
⑥ 方创琳：《改革开放40年来中国城镇化与城市群取得的重要进展与展望》，《经济地理》2018年第9期。

五　婚姻与家庭研究

婚姻与家庭是人口学和社会学共同关注的研究领域，人口学视野下的婚姻家庭研究着重于将婚姻家庭放在整个人口生命周期中，与各主要人口事件和人口过程相联系；而社会学则更倾向于将婚姻家庭研究归类为社会问题，关注的是社会变迁中的婚姻家庭的演变及其呈现出来的问题，涉及的范围包括婚姻结合方式、择偶标准与婚姻观念、家庭结构与家庭功能、家庭关系等方面。"十三五"时期婚姻家庭方面的研究进展主要涉及婚姻匹配与婚姻挤压，婚姻观与择偶观，结婚、离婚与同居，城乡家庭结构与功能，家庭代际关系与互动等方面。

（一）婚姻匹配与婚姻挤压

婚姻匹配模式主要有同质婚和异质婚两种，前者指的是夫妻双方在自致性或先赋性方面比较相似的婚姻；后者则指双方在自致性或先赋性方面差别较大的婚姻。学者研究认为，现阶段中国城乡初婚夫妇同质婚和异质婚中的"男高女低"仍是中国城乡婚姻匹配的主要形式。[1] 婚姻匹配中的不合理或者称之为不充分性就会造成婚姻挤压问题。婚姻挤压会造成"剩男"和"剩女"的出现。"剩男"问题上，从时期角度分析，当前中国男性婚姻挤压主要表现为农村地区的超低初婚水平的挤压模式，农村男性初婚概率的年龄分布受挤压明显且平均初婚年龄的变动出现停滞，男性婚姻挤压区域分布相对集中并已出现扩散趋势。从队列角度分析，农村未婚男性受初婚概率偏低和死亡概率偏高的双重挤压，其终身结婚期待率在各个年龄段均低于城镇男性，成婚期望年数则均高于城镇男性，说明农村地区实际婚姻挤压程度比同时期指标所反映的更加严重。当前农村男性婚姻挤压状况可能构成未来中国男性总体的婚姻挤压态势。[2] "剩女"问题上，高等学历女性的婚姻推迟已经得到了学界的验证，高等学历对于女性教育婚

---

[1] 梁颖、张志红、高文力、阚唯：《近40年我国18—59岁初婚夫妇婚姻匹配变动的城乡差异性分析》，《人口学刊》2018年第2期。

[2] 果臻、李树茁、Marcus W. Feldman：《中国男性婚姻挤压模式研究》，《中国人口科学》2016年第3期。

配的年龄和时期效应都说明了教育水平始终是择偶的重要标准。中国的教育同质婚在不断地强化，这一结果是对"男高女低"的传统婚配模式的挑战。[1]

（二）婚姻观与择偶观

肖武通过对中国青年婚姻观的调查发现，新一代青年群体的婚姻观念正在日趋多元化，是否选择婚姻、如何选择婚配对象、成婚时间早晚等问题的自主意识不断增强，"闪婚""闪离""裸婚"等新的婚姻现象逐渐增加。[2] 同性结合、丁克家族等新的两性结合方式和家庭组建形式正越来越被全社会所包容。

对青年择偶观的研究则发现，尽管择偶时重视道德、性格、感情等内在品质，但"郎才女貌"的传统择偶观依然具有较大的影响力。高玉春对2008年和2017年某网络征婚平台的征婚广告进行文本分析发现，受高等教育青年择偶的身体特征偏好相对一致、稳定，即男性更在意对方的外貌，女性更在意对方的身高。[3] 自致性资源（如教育背景）同质匹配是普遍期望，但先赋性资源（如家庭背景）日益成为婚配的重要界限，尽管受高等教育青年追求的婚姻带有互惠性质，但根本上他们期望稳定和相容的感情。[4]

（三）结婚、离婚与同居

於嘉和谢宇的研究认为，目前中国无论是男性还是女性都呈现出初婚年龄推迟的现象，男性和女性初婚年龄的中位数随着出生年份的推移呈现增加的趋势，这种变化亦造成了中国生育率的逐渐降低。结婚率出现降低的趋势，一方面是由于人口年龄结构整体呈现老龄化态势，在各年龄组结婚率不变的条件下，老化的年龄结构会导致较低的粗结婚率；另一方面，结婚人口年龄结构也在不断老化，或者说，结婚年龄在不断推迟。两者相

---

[1] 范文婷、宋健、李婷：《高等教育与女性婚配：基于年龄、时期和队列的视角》，《人口学刊》2018年第2期。
[2] 肖武：《中国青年婚姻观调查》，《中国青年研究》2016年第6期。
[3] 高玉春：《受高等教育青年择偶标准：社会变迁中稳定、相容、互惠的婚姻期待》，《中国青年研究》2019年第10期。
[4] 陆峥、刘梦琴：《青年择偶观现状研究》，《当代青年研究》2016年第5期。

结合是近些年结婚率开始走入第二个低谷的主要原因。① 但是有的研究提醒人们，"80后"人群的婚姻特征是结婚普遍推迟，并非有高比例的终身不婚，至少对这些人群而言，不结婚的仍是少数。②

离婚方面，中国的离婚率随着出生年份的推移而持续上升，但从离婚风险的角度来看，相比于美国等西方国家中有接近一半的婚姻以离婚告终的情况，中国婚姻的稳定程度仍然较高，并没有出现部分媒体所报道的严重的离婚危机。③ 对于离婚率升高的原因，穆光宗认为是过去几十年来巨大而深刻的社会经济变革和转型的历史产物，包括急剧的社会转型、社会文化价值的多元化发展、独生子女的增多、性别的失衡等。④ 石智雷通过对区域婚姻文化的研究发现，影响中国离婚率上升的重要因素之一就是社会文化与价值的转变。⑤ 离婚文化对个人行为的影响表现为继承效应和浸染效应：高离婚率地区形成了一种强势的离婚文化，无论是从低离婚率地区流入高离婚率地区，还是从高离婚率地区流入低离婚率地区，曾在高离婚率地区生活过的跨省流动人口都会保持较高的离婚概率。

与结婚离婚率相关的重要内容之一是未婚同居现象在年轻的出生队列中逐渐变得越来越普遍。研究发现，在"80后"当中，超过1/4的男性和女性都有过初婚前同居的经历，且这一比例已经接近甚至超过了一些欧洲国家。作为第二次人口转变最重要的标志之一，同居已经被越来越多的人接受并实践。目前来看，其在中国正处于从边缘行为向婚姻前奏转变的阶段，且地区经济越发达，个人越有可能有过初婚前同居的经历。⑥

（四）城乡家庭结构与功能

李婷等和杨菊华的研究都发现，随着社会整体的变迁，城乡家庭整体上正朝着规模小型化、代数变少的方向发展，主要家庭模式趋于稳定，多代和联合大家庭比例持续降低，单人户比例不断上升，家庭形式变得更为

---

① 於嘉、谢宇：《中国的第二次人口转变》，《人口研究》2019年第5期。
② 李婷、宋健、成天异：《中国三代直系家庭变迁：年龄、时期、队列视角的观察》，《人口学刊》2020年第3期。
③ 於嘉、谢宇：《中国的第二次人口转变》，《人口研究》2019年第5期。
④ 穆光宗：《离婚率增长背后折射了什么社会问题——提高新生代中国人"爱人"之能力》，《人民论坛》2019年第23期。
⑤ 石智雷：《区域文化对婚姻稳定性的影响：基于跨省流动人口的研究》，《社会》2020年第1期。
⑥ 於嘉、谢宇：《我国居民初婚前同居状况及影响因素分析》，《人口研究》2017年第2期。

多样化。① 家庭结构的变化表现在：核心家庭虽然一直是占据主导地位的家庭结构，然而其比重却在近些年来呈现出下降的趋势；直系家庭、单人家庭、空巢家庭比例提升，三代直系家庭（主干家庭）的比重在整个时期保持相对稳定。

家庭功能方面，李婷等认为，包括抚育、养老、教育等部分家庭功能逐渐市场化，造成家庭关系表现出既亲密又疏离的特点。家庭规模虽然在不断缩小，但深受传统家族家庭文化影响的中国家庭仍有很强的抗逆力，加上结构性因素的制约，传统的家庭形式对亲代和子代仍具有较强的吸引力，生、养、教化功能仍多由家庭承担。②

家庭功能与工作就业的冲突情况引起学者们的研究重视。杨菊华从边界与跨界的视角出发，通过工作与家庭的双向渗溢关系的探究，将工作与家庭之间的关联机制和关联模式概括为"各自安好型、彼此增益型、相互对抗型、双向模糊型、舍家从业型、弃业从家型"六大类。造成家庭角色和工作角色相冲突的因素有很多，既包括宏观上社会转型带来的就业压力和传统家庭功能的保留，也包括微观上夫妻关系、就业类型、育儿观念等。家庭与工作相冲突的情况尤其体现在女性群体之中。女性在工作和家庭之间的双重压力依然存在，家务劳动和职场压力同时耗费了女性大量的时间和精力。特别是对0—3岁孩子的抚育上，夫妻双系父母的帮助成为最主要的力量，少部分家庭可以依靠市场力量获得家庭功能的正常保障，但由于经济条件的制约一般家庭普遍会遭遇家庭与就业的冲突。空间的不共域性、时间的不共时性和心理的不共情性，带来工作—家庭的边界效应及领域张力，加上日益提升且过度的职场要求和家庭责任，加剧了角色之间的不兼容性。③

（五）家庭代际关系与互动

宋健的研究发现，社会发展进步丰富了物质和精神生活，家庭成员之

---

① 李婷、宋健、成天昇：《中国三代直系家庭变迁：年龄、时期、队列视角的观察》，《人口学刊》2020年第3期；杨菊华：《边界与跨界：工作—家庭关系模式的变革》，《探索与争鸣》2018年第10期。

② 李婷、宋健、成天昇：《中国三代直系家庭变迁：年龄、时期、队列视角的观察》，《人口学刊》2020年第3期。

③ 杨菊华：《边界与跨界：工作—家庭关系模式的变革》，《探索与争鸣》2018年第10期。

间的异质性也在增强，呈现的立体化多维需求也映射出代际关系正越来越多元化。物质层面上，传统的"反哺模式"依然在发挥作用，传统的家庭居住模式使得父母依然倾向于同儿子居住，但物质反哺期推后和削弱的趋势也在凸显。精神层面上，"后喻时代"成长的子女借助于网络、电脑、智能手机等现代手段，比长辈更多、更早地获取知识，都市化的现代生活和整体上对于更高教育水平的追求，使得晚辈在家庭中更多地起到了反向社会化的作用。生活照料层面，社会化、专业化的服务能够满足每代人的需求，也改变了代与代之间在生活需求满足方面的关系。①

从代际居住模式和互动来看，父代和子代的需求使得不同生命阶段的代际居住距离缩小，传统的家庭居住方式仍然存在，但具有变化性和流动性。总体来说，家庭结构和代际居住模式的变迁使得家庭功能减少，尤其是家庭养老功能正因此面临着危机。②

六 人口老龄化研究

为积极应对人口老龄化和建设理想老龄社会，习近平总书记多次做出重要指示，在中央政治局集体学习时提出一揽子方针政策，并在"十三五"规划中做出周密安排；新修订的《中华人民共和国老年人权益保障法》顺利实施；各级政府和老龄工作部门出台三百余项配套政策措施。社会各界积极行动，广泛参与，人口老龄化和老龄社会研究进入高峰期，高质量的研究报告、学术论文、专著、战略规划层出不穷，老龄研究迎来大发展和大繁荣的新格局，取得了前所未有的研究和实践成果。

（一）从人口老龄化研究拓展到老龄社会研究

人口老龄化是生育率和死亡率双降以及寿命延长综合作用的客观规律，是人口年龄结构老化的动态演变过程，老龄社会是人口老龄化过程中的社会形态。中国正处于老龄社会的初期阶段，未富先老特征明显，亟待调动社会力量，巩固家庭养老，构建符合国情的老龄服务体系。③ 十四部委联合

---

① 宋健：《多元化是家庭未来发展的趋势》，《人口与计划生育》2017年第9期。
② 宋健：《多元化是家庭未来发展的趋势》，《人口与计划生育》2017年第9期。
③ 党俊武：《我国老龄社会初期阶段发展老龄服务的战略思考》，《老龄科学研究》2017年第3期。

发布人口老龄化国情教育文件，从树立积极老龄观视角增强了全社会对人口老龄化国情和老龄社会形态的认知。①站在新时代"两个十五年"现代化强国战略周期，在人口老龄化快速发展和演进的过程中，中国老龄社会正在由"未富先老"走向"速老快富"，由"未备先老"走向"边老边备"，由"未康先老"走向"康老同行"，由"农村先老"走向"城乡共老"②。

老龄社会形态不可逆转，相应治理体系亟待构建，回顾改革开放以来中国老龄化社会治理的成就和问题，可以从老龄化认知、治理体系、治理能力和治理成本等方面构建老龄化社会治理框架。③老龄社会治理需要把握中国特征和优势，走出"以人口变动适应制度"的窠臼，向"以制度变革适应人口"转变。④长寿社会下全球公共治理需要遵循公正与平等、权利与尊严、生命周期、代际公平及参与等基本原则，核心议题主要集中于公共制度创新与多元主体治理体系构建、长寿红利与经济可持续发展、技术进步与年龄友好环境建设、家庭照料体系与文化变迁、健康不平等与社会公平五个方面。⑤

老龄社会是人口城镇化和人口老龄化交织下的社会形态，关注老龄社会下的城市治理是推进老龄社会治理现代化的重要维度。中国存在老年人口城镇化严重滞后现象，主要源于大规模的人口流动，制度性原因在于户籍制度和社会保障水平低导致土地依赖。⑥迁入城市的数以亿计的农村人口未能变更户籍，虽已常住在城市生活就业，却不能获得城市户籍和享受城市居民待遇，无法实现与城市居民的融合等，造成留守人口问题，在人口老龄化加速期，留守老人问题更为突出，只有彻底改革现行户籍制度，允许人们自由迁徙和居住，才能实现人口迁移与经济社会良性互动和健康发展。⑦

---

① 吴玉韶：《加强老龄化国情教育 树立积极老龄观》，《人民政协报》2018年10月8日。
② 原新、金牛：《"危""机"与应对：中国人口负增长时代的老龄社会》，《中共福建省委党校（福建行政学院）学报》2020年第1期。
③ 杜鹏、王永梅：《改革开放40年我国老龄化的社会治理——成就、问题与现代化路径》，《北京行政学院学报》2018年第6期。
④ 胡湛、彭希哲：《应对中国人口老龄化的治理选择》，《中国社会科学》2018年第12期；胡湛、宋靓珺、郭德君：《对中国老龄社会治理模式的反思》，《学习与实践》2019年第11期。
⑤ 陆杰华、汪斌：《长寿社会下全球公共治理新动向研究》，《中国特色社会主义研究》2019年第6期。
⑥ 林宝：《中国老年人口城镇化滞后问题研究——基于国际比较的视角》，《中国人口科学》2018年第3期。
⑦ 王桂新：《新中国人口迁移70年：机制、过程与发展》，《中国人口科学》2019年第5期。

"十三五"时期，老龄研究领域的国家级重大项目有序开展。国家自然科学基金设立"应对老龄社会的基础科学问题研究"重大项目，彭希哲担任首席专家，研究团队由复旦大学、中国人民大学、北京大学、浙江大学、上海社会科学院等机构的专家组成。国家社科基金先后资助重大项目"依靠科技创新应对人口老龄化跨学科研究"（首席专家黄鲁成）、"实现积极老龄化的公共政策及其机制研究"（首席专家陈友华、杨燕绥）、"构建中国特色老年法体系研究"（首席专家陈雄）、"金融服务养老的理论框架、国际经验、中国路径研究"（首席专家江世银）、"积极老龄化的法治问题研究"（首席专家鲁晓明）、"积极老龄化的公共政策与法治问题研究"（首席专家李连友）、"中国人口老龄化对经济增长的影响路径与政策选择研究"（首席专家张俊森、穆怀中）。"中国特色养老服务体系建设研究"（首席专家陈功）、"积极应对人口老龄化背景下加快养老服务体系建设研究"（首席专家彭希哲）分别获得阐释党的十九届四中全会精神国家社科基金重大项目立项。教育部哲学社科研究重大课题攻关项目分别资助了"积极应对人口老龄化战略行动研究"（首席专家封进）、"推动我国老龄事业和产业高质量发展研究"（首席专家张思锋）、"智慧化养老服务研究"（首席专家左美云）、"健康中国2030背景下的健康老龄化体系优化研究"（首席专家王晓军）。

（二）老龄事业与老龄产业的研究和实践全面展开

在积极应对人口老龄化的过程中，老龄事业、养老事业、老龄产业、老年产业、养老服务等各类概念纷呈，从中国语境界定相关概念，基本上老龄事业应包括老年事业，老年事业应包括老有所养、老有所医、老有所为、老有所学、老有所乐五部分，其中老有所养即为养老事业，老龄产业及相关概念的划分与之类似。[①]

受市场经济影响，老龄产业的研究热度较高，具体以区域老年人口可支配收入总额作为估计区域老龄产业市场潜力的度量指标，可以测算出中国不同省市区老龄产业的市场潜力[②]；整体上也可以通过形势分析，研判中

[①] 郑志刚、陆杰华：《中国语境下老龄事业和老龄产业相关概念的关系界定》，《老龄科学研究》2017年第1期。

[②] 张丹萍、李军：《中国区域老龄产业市场潜力测算与分析》，《老龄科学研究》2016年第4期。

国老龄产业发展的巨大潜能[①];结构上中国老龄产业"叫好不叫座",从产能过剩和结构失衡角度分析,其原因在于养老机构定位偏差、政府和市场责任不清、意愿和需求混同等。[②] "十三五"时期,为深入贯彻党的十九大关于加快发展老龄产业的战略部署,落实习近平总书记关于"培育老龄产业新的增长点"的重要指示,中国老龄科学研究中心正式启动"中国老龄产业发展中长期规划研究"项目和"新时代中国老龄产业发展中长期发展战略研究"项目。

(三)养老服务体系研究提上日程

"十三五"时期,养老服务体系建设成为政府的重大工程,也是人口老龄化研究中的热门话题。在养老服务体系内容延展方面,以健康老龄化为总目标,可以从生命历程视角构建整合性"医养结合"健康养老服务体系。[③] 在养老服务体系模式创新方面,构建科学合理养老服务体系,应探索"互联网+"智慧养老模式、建立长期护理保险制度、完善农村养老服务供给体系、推广时间银行志愿服务模式等诸多方面[④]。在农村养老服务体系方面,乡村振兴战略为破解农村地区养老困局带来机遇,应进一步明晰新时代农村养老服务体系建设的思路与重点领域,前瞻性地做好顶层制度设计[⑤];面对城乡老龄化倒置的现实,农村整合养老服务资源,可以引入"网格化"模式。[⑥] 在城市养老服务体系方面,社区居家养老服务体系的供需失衡矛盾仍待调和。[⑦] 2019年,党的十九届四中全会系统提出"加快建设居家社区机构相协调、医养康养相结合的养老服务体系",规范了养老服务体系研究框架。

---

① 党俊武:《新时代中国老龄产业发展的形势预判与走向前瞻(上)》,《老龄科学研究》2018年第11期;林宝:《老龄产业大发展时期即将到来》,《中国经营报》2019年5月13日。
② 陈友华:《中国老龄产业产能过剩与结构失衡的原因》,《新华日报》2016年5月27日。
③ 杜鹏、王雪辉:《"医养结合"与健康养老服务体系建设》,《兰州学刊》2016年第11期。
④ 辜胜阻、吴华君、曹冬梅:《构建科学合理养老服务体系的战略思考与建议》,《人口研究》2017年第1期;陈功、江海霞:《包容性发展视角下我国残疾人福利体系的完善》,《西北大学学报》(哲学社会科学版)2017年第4期。
⑤ 杜鹏、王永梅:《乡村振兴战略背景下农村养老服务体系建设的机遇、挑战及应对》,《河北学刊》2019年第4期。
⑥ 原新、周平梅:《农村"整合式—网格化"养老模式探索研究》,《河北学刊》2019年第4期。
⑦ 陆杰华、周婧仪:《基于需求侧视角的城市社区居家养老服务满意度及其对策思考》,《河北学刊》2019年第4期。

七 人口发展战略与人口政策研究

"十三五"时期是积极应对人口老龄化规划、战略及其相关研究密集出台和发表的时期。2016年,国务院出台《国家人口发展规划(2016—2030年)》,将推动实现适度生育水平,增加劳动力有效供给,优化人口空间布局,促进重点人群共享发展四个方面作为人口发展规划重点。党的十九大报告指出,实施健康中国战略,促进生育政策和相关经济社会政策配套衔接,加强人口发展战略研究,积极应对人口老龄化,构建养老、孝老、敬老政策体系和社会环境,推进医养结合,加快老龄事业和产业发展。中共中央、国务院印发《国家积极应对人口老龄化中长期规划》,从夯实社会财富储备,改善劳动力有效供给,提高为老服务和产品供给体系质量,强化科技创新能力,构建养老、孝老、敬老的社会环境五个方面部署应对人口老龄化的具体工作任务。党的十九届五中全会将积极应对人口老龄化上升为国家战略。

(一) 人口发展战略研究

"十三五"时期,人口发展战略研究集中于两个方面。首先是制定人口发展战略的原因,自党的十八大以来,中国人口和计划生育工作取得重大成就,为接续这一成功局面,有必要站在历史新起点制定人口发展战略[1];当前中国面临人口发展困局,人口增长率稳定下降,零增长和负增长时期即将到来,低生育率水平将会长期持续下去,人口老龄化将会不断提高,人口问题的复杂性和长期性要求加强人口发展战略研究[2];在中国特色社会主义进入新时代和两个百年目标的历史交汇期,更需要进一步加强人口发展战略研究。[3] 其次是如何制定人口发展战略,"十三五"时期人口学尤为关注制定人口发展战略框架的基本思路研究,人口红利、老龄化、生育水平和新型城镇化预计成为未来人口学主要关注

---

[1] 王培安:《学习贯彻党的十九大精神 加强人口发展战略研究》,《人口研究》2018年第1期。
[2] 翟振武、邹华康:《把握人口新动态 加强人口发展战略研究》,《人口研究》2018年第2期。
[3] 贺丹:《加强战略研究 迎接新时代人口发展挑战》,《人口研究》2018年第2期。

领域[1]，因此应确立符合国情的人口目标，探究人口素质提高路径，探索应对人口老龄化的战略措施，促进人口融合，优化人口布局，强化人口学基础理论研究。[2] 建立人口发展战略研究数据平台[3]，是制定人口发展战略的可行思路。

（二）人口政策研究

人口政策是包括生育政策以及相关经济社会政策的一揽子政策体系。党的十九大报告提出"促进生育政策和相关经济社会政策配套衔接，加强人口发展战略研究"。在全面两孩生育政策的基础上，掀起了《中华人民共和国人口和计划生育法》以及地方条例修订、生育友好型社会和家庭发展支持政策等相关经济社会政策的研究浪潮。中共中央、国务院发布《关于实施全面两孩政策 改革完善计划生育服务管理的决定》，大力提升计划生育服务管理水平，加强妇幼健康计划生育服务，推进流动人口基本公共卫生计生服务均等化，并且构建有利于计划生育的家庭发展支持体系，加大对计划生育家庭扶助力度，增强家庭抚幼和养老功能。2019年，国务院办公厅印发《关于促进3岁以下婴幼儿照护服务发展的指导意见》，提出完善婴幼儿照护的三方面举措：一是加强对家庭婴幼儿照护的支持和指导；二是加大对社区婴幼儿照护服务的支持力度；三是规范发展多种形式的婴幼儿照护服务机构，逐步满足人民群众对婴幼儿照护服务的需求。

"全面两孩"生育政策出台之后，有学者着重分析了中国普遍二孩生育的人口环境、社会经济环境和政治文化环境，认为应当以此为契机，努力创造生育友好型社会[4]，提升家庭的长期发展能力，助力全面两孩政策落实。[5] 关于生育友好型社会的含义，其核心概念是尊重、满足与环境，即生育行为被尊重、生育需求被满足、生育环境有保障[6]，为有生育和照料需求的家庭提供时间、经济、服务、就业等方面的一揽子支持和服务，出台公

---

[1] 陆杰华、刘芹：《人口发展转向背景下中国人口学研究的重点领域及其展望》，《人口学刊》2019年第3期。
[2] 翟振武、邹华康：《把握人口新动态 加强人口发展战略研究》，《人口研究》2018年第2期。
[3] 张许颖：《破解人口数据难题 构建人口发展战略研究基础数据新平台》，《人口研究》2018年第2期。
[4] 宋健：《中国普遍二孩生育的政策环境与政策目标》，《人口与经济》2016年第4期。
[5] 杨菊华、岂新强、杜声红：《家庭友好政策有助落实"普二新政"》，《中国社会科学报》2016年9月22日。
[6] 石人炳：《生育友好型社会：概念、目标和举措》，《中国人口报》2017年7月26日。

共政策加以保障。① 关于如何建设生育友好型社会，首先应明确主体，建立生育友好型社会需要从党委政府、社会力量、卫生机构、用人单位、父母家庭到个人自己六个维度全方位集中发力、协同发力、有效发力、持续发力②；其次应制定目标，生育友好型社会的目标应当涵盖儿童、生育水平、生育意愿、生活质量、兼顾工作等方面，围绕目标强化制度环境、物质环境、人文环境和环境体验③；最后要解决问题，目前生育支持政策存在产假缺乏灵活性，育儿假和家庭照护假基本缺失，资金补给多为一次性补贴，托育服务供给严重不足，管理制度尚未理清，女性就业保障力度不足等问题④，应从解决问题的角度建设生育友好型社会。

（三）积极应对人口老龄化战略研究

2019 年，中共中央、国务院印发《国家积极应对人口老龄化中长期规划》，从夯实应对人口老龄化的社会财富储备，改善人口老龄化背景下的劳动力有效供给，打造高质量的为老服务和产品供给体系，强化应对人口老龄化的科技创新能力，构建养老、孝老、敬老的社会环境五个方面部署应对人口老龄化的具体任务。2020 年，党的十九届五中全会提出实施积极应对人口老龄化国家战略，从制定人口长期发展战略，优化生育政策，增强生育政策包容性，提高优生优育服务水平，发展普惠托育服务体系，降低生育、养育、教育成本，促进人口长期均衡发展，提高人口素质；积极开发老龄人力资源，发展银发经济；推动养老事业和养老产业协同发展，健全基本养老服务体系，发展普惠型养老服务和互助性养老，支持家庭承担养老功能，培育养老新业态，构建居家社区机构相协调、医养康养相结合的养老服务体系，健全养老服务综合监管制度等方面提出了具体要求，开启积极应对人口老龄化战略研究新征程。

八　其他人口学研究

人口学具有很强的学科张力，人口问题几乎涉及人类社会的各个方面，

---

① 杨菊华：《生育支持与生育支持政策：基本意涵与未来取向》，《山东社会科学》2019 年第 10 期。
② 董玉整：《建设生育友好型社会有六大维度》，《中国人口报》2017 年 6 月 23 日。
③ 石人炳：《生育友好型社会：概念、目标和举措》，《中国人口报》2017 年 7 月 26 日。
④ 杨菊华：《生育支持与生育支持政策：基本意涵与未来取向》，《山东社会科学》2019 年第 10 期。

难以逐一叙及。除了上述七个方面以外，"十三五"时期，中国的人口研究在人口健康、死亡、性别比、贫困人口、边疆人口和民族人口以及大数据的使用等方面也取得了很好的研究进展。

（一）人口健康研究

在生殖健康和出生干预方面，对空气污染与人类生育能力关联进行的研究表明，中国正经历着严重的空气污染对生育能力带来的损失会比发达国家更为严重的过程。[①] 此外，在对于未婚流动青少年性与生殖健康的研究中，北京大学人口所的团队分析了未婚流动青少年性与生殖健康的主要风险，提出从生命历程的视角分阶段确立支持性环境的优先干预领域的健康促进设计路径，为有针对性地给中国未婚流动青少年性与生殖健康服务利用的支持环境改善策略提供了证据。

在关于"全面两孩"政策对于生殖健康与出生干预的影响中，丁若溪等提出，政策施行后，个人及家庭拥有计划生育的主要决定权，但这并不意味着避孕节育工作可以有所懈怠。[②] 相反地，应避免过去计生服务中存在的问题，加强避孕节育、优生知识的普及，提倡男性参与，为已婚妇女的健康生育奠定基础。

在残疾人口研究方面，杨蓉蓉等认为，排斥性的社交环境和标签化的社会舆论常常导致残疾人的负面心理，导致残疾人在自我层面和家庭、社区与社会层面遭遇不同形式的歧视，提出要以包容性发展的思路促进我国残疾人福利体系的建立与完善。[③]

（二）死亡研究

死亡研究最值得关注的进展是关于安宁疗护（临终关怀）的研究。安宁疗护是指为疾病终末期或老年患者提供身体、心理、精神等方面的照料和人文关怀等服务的医学照护模式。[④] 郭欣颖等认为，中国临终患者生活质

[①] 程云飞、郑晓瑛：《空气污染与人类生育能力关联研究进展》，《中国公共卫生》2019年第8期。
[②] 丁若溪、温煦、王振杰、郑晓瑛：《既往家庭避孕决策满意度对"全面二孩"政策启示》，《中国公共卫生》2018年第9期。
[③] 杨蓉蓉、陈功：《民众视角下残疾人是否办残疾人证的社会成因研究》，《残疾人研究》2019年第2期。
[④] 陆宇晗：《我国安宁疗护的现状及发展方向》，《中华护理杂志》2017年第6期。

量极低，安宁疗护是必不可少的。目前安宁疗护（临终关怀）聚焦在临终患者的疼痛和身体症状的治疗和护理上，而临终患者的社会、心理和灵性方面的需求并没有得到充分的关注和满足。[1] 苏永刚立足于当前国家建设健康中国的目标，指出开展临终关怀是建设健康中国的应有之义，在这样的大背景下实现临终关怀的发展需要给予各医疗机构资金和政策的支持，并做好监督和保障。[2] 同时，要动员社会力量参与进来，形成社会化的大众参与局面。沈澈从长期护理保险出发，认为针对中国的发展现状，安宁疗护需要实现本土化的发展要注意以下三点：确定长期护理保险进入安宁疗护期的临界点，以科学的临界点释放供给侧潜力；强调居家服务和非正式照顾的重要性，合理配置各方资源；重视心理关怀和人文关怀，让临终患者获得最需要的心理关照。[3] 王梦云和杨环宇也指出，虽然现阶段开展生死观教育的组织和机构的数量大规模提高，但是中国的人口基数大，现存的机构满足不了庞大的需求。[4] 想要进一步提高临终关怀的效果，就需要不断拓展教育的内容，使内容不断丰富。同时，要建立多方合作机制，政府发挥主导作用，市场、社区、家庭广泛地参与其中。陆宇晗还以护士的专业角度提出了中国安宁疗护的发展路径。[5]

（三）性别比研究

性别偏好对出生性别比的影响在于男孩偏好和女孩偏好的弱化不同步，出现"相对数变动效应"。当男孩偏好弱化迟缓于女孩偏好弱化时，呈现出男孩偏好相对强化，从而在生育率持续下降的进程中，导致出生性别比上升。[6]

李树茁团队的研究发现，性别失衡后果造成男多女少的社会风险，以男性婚姻挤压、女性人身安全的形式扩散至社区和家庭。[7] 男性婚姻挤压的

---

[1] 郭欣颖、朱鸣雷、苑晶晶：《老年临终病人安宁疗护的临床实施》，《护理研究》2017年第31期。
[2] 苏永刚：《"健康中国"视域下的临终关怀》，《中国医学伦理学》2019年第3期。
[3] 沈澈：《安宁疗护：长护服务的最终阶段》，《中国社会保障》2017年第8期。
[4] 王梦云、杨环宇：《我国临终关怀教育的现状及对策》，《河北大学成人教育学院学报》2018年第4期。
[5] 陆宇晗：《我国安宁疗护的现状及发展方向》，《中华护理杂志》2017年第6期。
[6] 侯佳伟、顾宝昌、张银锋：《子女偏好与出生性别比的动态关系：1979—2017》，《中国社会科学》2018年第10期。
[7] 果臻、李树茁、Marcus W. Feldman：《中国男性婚姻挤压模式研究》，《中国人口科学》2016年第3期；孟阳、李树茁：《性别失衡背景下农村大龄未婚男性的社会排斥——一个分析框架》，《时事观察》2017年第4期；杨博、李树茁：《性别失衡后果的社会风险及其社区和家庭扩散研究》，《南京社会科学》2018年第5期。

社区风险强于家庭风险,女性人身安全的社区风险和家庭风险持平。对普通居民而言,男性婚姻挤压对所有居民都会形成风险环境,对弱势男性及其家庭更体现出男性无法成婚的困境。男多女少的人口结构不仅形成了女性的社区风险环境,更强化了家庭对其女性成员安全的担忧。

在当前社会发展转型的重要时期,性别失衡问题进一步与低生育率、人口老龄化、流动人口等社会问题相互交织,形势越发严峻复杂。长远来看,性别失衡不仅是中国建设可持续发展的社会、实现第二个百年奋斗目标必须面对的重要考验,作为一个全球化问题,同时也是全人类必须面对的共同挑战。[①]

(四) 贫困人口研究

传统的贫困研究多为静态分析范式。近 30 年来,国内外贫困研究逐渐从静态转向动态。[②] 研究发现,同代人的多维贫困程度已从高维向低维转变,并且 2000 年以后子代贫困下降更为显著;教育贫困是代际多维贫困的关键贡献因素,教育扩大了代内的能力不平等,从而造成贫困的不平等。[③] 王卓和张凌华则利用 2018 年彝族长期贫困调查数据对中国彝族地区贫困代际传递的现状、影响因素及代际传递机制进行研究,结果发现,彝族聚居区贫困代际传递发生率较高。两代人的人力资本均显著影响贫困代际传递。[④]

健康扶贫是国家精准扶贫中防止因病致贫、因病返贫的重要战略举措,健康扶贫绩效研究对贫困人口实现稳定脱贫具有重要意义。韦艳等利用 2018—2019 年在中国 5 省份进行的精准健康扶贫与人口发展专项调查数据,运用倾向值匹配方法,从客观医疗支出和健康状况及主观健康扶贫的效果感知两个层面对健康扶贫的绩效进行了评估,并对提高健康扶贫项目绩效提出了优化建议。[⑤]

[①] 孟阳、李树茁:《性别失衡背景下农村大龄未婚男性的社会排斥——一个分析框架》,《时事观察》2017 年第 4 期。
[②] 王卓:《论暂时贫困、长期贫困与代际传递》,《社会科学研究》2017 年第 2 期。
[③] 郭熙保、周强:《中国农村代际多维贫困实证研究》,《中国人口科学》2017 年第 4 期。
[④] 王卓、张凌华:《中国各民族人口空间分布格局研究——基于 31 个省级行政区域 1990—2010 年人口数据》,《西北人口》2019 年第 1 期。
[⑤] 韦艳、徐赟、高迎霞:《贫困地区健康扶贫绩效评价研究——来自全国 5 省调查分析》,《调研世界》2020 年第 4 期。

（五）边疆人口和民族人口

王朋岗等研究发现，三类边境地区人口发展面临的主要问题差异较大，东北边境地区面临的是人口流失严重；西部边境地区是经济社会发展缓慢、各民族人口发展不均衡；西南边境地区则是经济社会发展缓慢、人口跨境流动活跃。[①]

原新等对少数民族省（自治区）的人口发展进行了较为全面的梳理后发现：少数民族省（自治区）总和生育率 10 年间趋势性上升，已然回到更替水平，高于全国平均值。其中，少数民族妇女生育率水平高于汉族；分孩次分析，少数民族妇女各孩次生育率水平均高于汉族，汉族二孩总和生育率上升明显，生育政策效果凸显；分民族分析，维吾尔族和苗族生育行为强劲，彝族倾向生育两个孩子，藏族生育冲动相对较弱；少数民族和汉族妇女生育高峰段均从 20—24 岁推迟至 25—29 岁，汉族高龄育龄妇女生育水平升高明显，生育年龄逐步提高，汉族生育年龄迟于少数民族。总体判断，少数民族省区处于适度的生育率水平。[②]

吕利丹基于儿童发展的视角，重点考察了少数民族儿童的规模、性别比、空间分布、户口漏报等情况，分析了少数民族儿童家庭的民族构成和抚养人情况，并考察分析了少数民族儿童接受义务教育的现状。[③] 其研究反映了少数民族儿童生存发展的基本现状和突出问题，弥补了少数民族人口研究中儿童视角的不足，为少数民族儿童的学术研究以及相关工作的开展提供了基础性支持。

（六）大数据的使用

人口学以数据分析见长，大数据时代为人口学的发展创造了更好的条件。蒋小荣和汪胜兰基于百度迁徙大数据，运用复杂网络分析方法，构建中国 334 个城市间人口日常流动网络模型，测度并分析其复杂性网络特征，

[①] 王朋岗、王力、朱贺：《基于分类视角的中国陆地边境地区人口发展状况及其对策》，《西北人口》2020 年第 3 期。

[②] 原新、刘绘如、刘旭阳、刘志晓：《2006—2016 年少数民族省区生育水平研究——基于 2017 年全国生育状况抽样调查数据》，《人口研究》2019 年第 2 期。

[③] 吕利丹：《我国少数民族儿童的人口、家庭特征及教育现状分析——基于第六次人口普查数据的分析》，《人口与发展》2016 年第 1 期。

试图解释各个大城市与城市群的人口流动特点与分布，这一研究是利用大数据开展人口学分析的很好尝试。[1]

九　围绕国家发展重大人口问题，课题立项和获奖成果丰硕

针对国家发展过程中的重大问题开展研究是全国哲学社会科学规划办和国家社科基金的基本要求和研究重点，人口科学研究很好地体现了该特点。

"十三五"时期恰逢改革开放40年、中华人民共和国成立70年和即将全面建成小康社会的历史节点，人口学界相继开展了一系列的纪念活动，如座谈会、研讨会、学术报告会、专题征文等，通过对人口科学的发展历史、取得成绩、存在问题和未来发展趋势的总结和凝练，在丰富人口科学理论研究的同时，紧紧围绕国家发展中的重大人口问题，从理论联系实际的视野，确立了一批具有较强针对性和可行性的研究项目。许多研究成果，或以咨询报告的形式为国家决策建言献策，或以调研报告为政策和法规出台提供依据，或以规划和战略的方式成为人口经济社会发展的蓝图，或以专著和学术论文形式发表，广泛传播和交流人口科学的研究成果。

（一）获得立项的人口科学研究项目增加

2016—2019年，国家社科基金人口学专业平均每年申报项目超过600项，累计约2500项，立项的研究项目共计274项，年均立项68.5项。其中，重点项目15项，占5.5%；一般项目155项，占56.6%；青年项目83项，占30.3%；还有西部项目17项，后期资助项目2项和中华学术外译项目2项。此外，国家自然科学基金、教育部人文社会科学研究规划基金以及各省（直辖市、自治区）人文社会科学研究规划基金还设立一批与人口科学相关的研究项目。这些研究项目不但推动了人口学科建设，同时为回答和解决发展中遇到的重大人口问题做出重要学术贡献。

---

[1] 蒋小荣、汪胜兰：《中国地级以上城市人口流动网络研究——基于百度迁徙大数据的分析》，《中国人口科学》2017年第2期。

(二) 一批研究成果获得奖励

第一，高等学校科学研究优秀成果奖（人文社会科学）是国家人文社会科学的最高奖项。2020年第八届高等学校科学研究优秀成果奖（人文社会科学）首次把人口学作为独立的评奖学科，共有11项成果获奖。其中，杨菊华的论文《中国流动人口的社会融入研究》获得一等奖；郭志刚的论文《清醒认识中国低生育率风险》、彭希哲的论文《当代中国家庭变迁与家庭政策重构》、翟振武的论文《现阶段中国的总和生育率究竟是多少？——来自户籍登记数据的新证据》、原新作为第一作者的专著《国家应对人口老龄化战略研究总报告》、李树茁的专著《中国人口性别结构与社会可持续发展》、王金营的专著《连片贫困地区贫困家庭调查及对策研究——基于燕山—太行山和黑龙港流域的调查》6项成果获得二等奖；还有宋健、侯佳伟获得三等奖；胡湛、杨凡获得青年成果奖。第二，2018年由国家卫生健康委员会和中国人口学会主办的第七届人口科学优秀成果奖评选，共选出一等奖19项（其中专著6项、论文11项、调研报告2项）、二等奖55项（其中专著16项、论文34项、调研报告5项）、三等奖60项（其中专著21项、论文32项、调研报告7项）。第三，除此之外，各省（直辖市、自治区）人文社会科学优秀成果还奖励数十项人口科学及其相关学科的研究成果。这些成果代表了"十三五"时期人口科学研究的前沿和进展。

"十三五"人口学发展特征、存在问题和薄弱环节

"十三五"时期，在人口发生重大转型和人口政策发生重大调整的背景下，在社会实践需求的呼唤下，人口科学研究继往开来，全面推进，在重大人口理论研究和实践问题研究方面形成了系列重要成果，为党和政府的重大决策提供了智力支持。纵观"十三五"时期人口学科发展的过程，既呈现出突出的特点和优势，也仍存在着一些影响学科发展的问题与薄弱环节。

一 发展特征

(一) 与国家重大战略决策和社会热点问题紧密结合

人口问题始终是人类社会共同面对的基础性、全局性和战略性问题，人口变化会对经济社会发展产生深刻影响。人口状况是党和国家制定重要战略决策时需要考虑的基础变量，人口问题是涉及千家万户的社会普遍关心的问题。这就决定了人口研究始终与党和国家的重要决策密切相关、与社会热点问题紧密结合的特点。这种特点在"十三五"时期表现得更为明显。

"十三五"以来，人口发展表现出许多新的态势，人口规模增速明显放缓、人口负增长时代即将来临、人口老龄化进入急速增长的快车道、流动人口增长进入调整期，对这些新态势、新问题的研究成为人口学者们关注的重点议题。《中华人民共和国人口与计划生育法》进行修订，"全面二孩"政策实施，《国家积极应对老龄化中长期规划》和《国家人口发展规划（2016—2030年）》等战略规划相继出台；改革开放40年和党的十九大

的召开，明确了国家未来重点发展的方向，人口学者们纷纷对这一系列重大事件给予积极的回应、展开相关领域的研究，充分体现了人口学科理论与实践紧密结合的特征。

（二）研究领域得到极大的丰富和拓展

"十三五"时期，随着人口学基础性学科特征的日益显现和与其他学科交叉研究的不断发展，人口学的研究领域在深度和广度上都得到了极大程度的拓展。一方面，对传统人口学变量的研究不断深入，对死亡、生育、人口迁移、人口年龄性别结构、人口质量等主题的研究已经形成专门的研究领域，有些研究主题甚至超越人口学范围形成新的学科。一方面，人口变量与非人口变量相互关系的研究，包括人口与经济、社会、政治、资源和环境等关系等研究，变得日益丰富，形成了社会人口学、经济人口学、人口健康、人口与资源环境、人口与市场和人口政策学等多门分支学科。另一方面，学术领域不断深挖细分，对亚人口的研究成为重要的学术增长点。学者们不仅关注总人口的现状和过程，也开始对不同的人群进行重点研究。女性人口、老年人口、劳动年龄人口、迁移（留守）人口、少数民族人口和儿童等亚人口都成为人口学者们重点关注的研究对象。

（三）研究热点紧密跟随人口形势变化而发生改变

"十三五"时期，人口学科的研究也呈现出一定的集中趋势。受到人口发展形势的共同影响，学者会不约而同地围绕某些社会普遍关心的问题展开研究，形成研究热点，这些研究热点也会紧密随着人口发展形势的变化而改变。20世纪90年代，伴随着低生育水平的实现和第一次人口转变接近尾声，人口学研究热点逐步从生育向人口素质、老龄化、出生性别比、生殖健康、迁移与流动、人口资源环境等问题及人口分析方法和人口学理论的创新等方面拓展。"十三五"初期，随着农村改革和户籍制度松动，人口大规模流动渐成常态，并改变着中国家庭和地区格局，因而以迁移为主题的研究开展得如火如荼，涉及流动人口（新生代农民工、流动儿童、"老漂族"）、留守弱势群体（老人、妇女和儿童）、家庭化迁移、"民工潮"与"民工荒"、回流人口或返迁人口、城镇化和人口迁移流动与区域经济发展关系等问题成为研究热点。而近年来，随着流动人口增长进入调整期，低生育所带来的人口负增长和年龄结构变化的问题引起了政府和社会各界的广泛关注，所以研究热点又逐渐从迁移转向对生育政策、家庭支持政策的探索与研究、人口负增长、"人口红利"消减、人口老龄化应对等方面问题的研究。

（四）研究的本土化特色明显

"十三五"时期，研究者们立足于中国丰富的人口现象和人口实践，对国内人口问题的研究表现出高度热情和充分关注，致力于讲好中国故事，学科的本土化特征依然非常明显。中国是世界第一人口大国，在短短几十年时间内完成了人口转变，人口发展经历了快速而剧烈的变动，而且经济社会发展和国家政策都在人口变动过程中发挥了非常重要的作用。这些特点都为中国的人口研究提供了非常丰富的研究问题和研究素材。而且，中国的城乡差异、地区差异都非常大，人口现象、人口问题在不同的区域之间所表现出规律可能不尽相同，这就为国内区域性的人口问题研究提供了广阔的舞台。所以，目前在中国人口学的研究中，大多关注全国性或者区域性的人口现象和人口问题，研究其他国家人口问题的比较少，这与其他学科相比有明显的不同。对本国人口问题的充分研究，为学科构建有中国底蕴、中国特色的思想体系、学术体系和话语体系奠定了坚实的基础。

（五）实现全面深度的学科融合

人口变量的基础性地位和人口学的综合性学科性质使人口学研究与其他学科的交叉性研究不断发展。"十三五"时期，与以往相比，学科融合已从研究内容扩展到研究理论、研究方法，进入了全面深度融合的新阶段。在研究内容方面，人口学的研究已经扩展到人口健康、婚姻与家庭、社会性别、贫困人口、劳动力与就业、老龄化与养老、城镇化、户籍改革、人口资源环境等交叉研究领域。而在关于这些问题的研究过程中，人口学者们也经常借鉴和运用社会学、政治学、医学、经济学、地理学、资源环境学等多门学科的理论对人口现象和问题进行分析和解释，极大拓展和深化了对人口规律的认识。在研究方法方面，人口学的研究中也越来越多地使用其他学科的方法，如使用统计学的思路和方法通过回归模型等进行解释性研究，使用计量经济学的方法对因果关系的内生性等问题进行处理，使用地理学的空间分析技术对人口分布等相关领域进行研究等。

（六）数据的丰富推动学科新发展

注重定量研究是人口学相比其他社会科学的独特性之一，这个特点依然没有发生改变，但"十三五"时期，数据的丰富为人口学研究的进一步发展提供了新的动力。除了普查、小普查等人口研究基础数据外，人口、家庭、老龄、健康等微观调查数据库的建设，为人口学科的发展提供了新的动力。这些数据包括：北京大学主持的"中国家庭追踪调查"（CFPS）、"中国健康与养老追踪调查"（CHARLS）和"中国老年人健康长寿影响因素追踪调查"（CLHLS），北卡罗来纳大学与中国疾病控制中心合作的"中国健康与营养调查"（CHNS），中国人民大学与香港科技大学合作的"中国综合社会调查"（CGSS），中国人民大学主持的"中国教育追踪调查"（CEPS）、"中国宗教调查"（CRS）和"中国老年社会追踪调查"（CLASS），北京师范大学主持的"中国家庭收入调查"（CHIP），西南财经大学主持的"中国家庭金融调查"（CHFS），中山大学主持的"中国劳动力动态调查"（CLDS），国家统计局主持的"中国城镇住户调查"（UHS）和"中国农村住户调查"（RHS），原国家卫生计生委主持的"全国流动人口动态监测调查"，中国老龄科研中心主持的"中国城乡老年人追踪调查"，中国妇女研究所主持的"妇女社会地位调查"等。这些微观调查数据的出现，加上各种数据分析方法的引入，促进了利用多元统计模型对人口现象和人口问题对中微观层面因果机制分析的研究蓬勃发展，弥补了以往人口学偏于宏观分析的不足。另外，大数据为人口学研究特别是在空间和时间维度分析的拓展带来了机遇，开始被运用于人口总量和变化趋势估计、人口迁移变动、人口空间集聚与扩散过程等相关方面的研究。总之，新的数据和分析技术的出现使人口学定量研究的领域和深度都得到极大拓展，为学科发展提供了更坚实的基础和更宽广的视野。

（七）学科队伍发展后劲强

"十三五"时期，大量的海内外优秀毕业生加入人口学的科研、教学队伍，为学科未来的可持续发展注入了新的动力。多年以来，国内人口学及相关学科一直致力于培养研究生层次的学术型人才，回报效应日益显现，他们当中有相当一部分在毕业后加入全国各地的人口学及相关学科的教学科研机构，成为从事人口研究的新生力量。另外，近年来各高校和科研机构也通过各种人才政策引进了许多海外一流大学人口学及相关专业的毕业生，为人口学的教学科研队伍补充了新鲜的血液。各个人口教学科研机构都非常注重对青年学者的支持和培养，中国人口学会专门成立了"青年人口学者专业委员会"助力青年学者的发展，多年来连续主办的"全国人口与发展研究生论坛""青年学者人口研究论坛"等品牌项目已经成为促进青年学者交流和成长的优质平台。年轻的人口学学者成长速度非常快，短短数年时间内就获得副高、正高职称，成为学科发展的中坚力量。大量青年学者的加入和快速成长，为学科的发展提供了充足的动力。

（八）学科国际性显著提升

"十三五"时期，中国人口学科各种形式的国际交流日益增多，国际影响力进一步扩大。在国内召开许多国际性的会议，包括第四届亚洲人口学会大会、第一届中印老龄化人口论坛、第二届亚洲人口与发展国际研讨会、"可持续发展视野下的人口问题：生育转变与社会政策应对"国际研讨会、2017年金砖国家老龄会议、第十三届世界华人地区长期照护研讨会和老龄化与可持续发展（Ageing and SDGs）国际学术研讨会等，中国人口学科的国际影响力显著增强。中国的人口学学者们也积极走出去参加各种国际会议，一些具有重要影响力的国际学术会议，如国际人口科学联盟（IUSSP）大会、美国人口学会（PAA）年会、欧洲人口学会（EAPS）年会、亚洲人口学会（APA）年会等，每个会议每年都有大量国内学者参与分享交流。国内学者的研究内容与研究水平逐步与国际前沿接轨，在国际刊物上发文量和影响力持续增加。2015—2019年，中国学术机构的学者在国际人口学期刊发表人次超过120次，而且许多文章已经发表在一些国际人口学界公认的顶级刊物上，如 *Demography*、*Population and Development Review*、*Demographic Research*、*Population Studies* 和 *Population Research and Policy Review* 等。通过国家留学基金委项目以及各种机构间、校际间的国际合作项目，人口学科教师和学生赴海外高校和科研机构交流、访问、培训和学习的人数也迅速增长。学科整体国际性的提升为传播有中国特色的人口理论和实践，向世界发出中国人口学者的声音，提升中国人口学者在全球人口学界的国际话语权奠定了坚实的基础。

二 存在问题和薄弱环节

"十三五"时期，人口学科的研究成果丰硕，科学研究和人才队伍建设成绩显著，但也存在一些问题，需要在今后的发展中解决、改进和完善。

（一）理论研究相对薄弱

以数据、统计为导向的人口研究成果繁多，数据模型驱动类研究日益增多，各种各样复杂的计量模型应用越来越广泛，但理论研究成果偏弱。中国的人口发展既遵循世界的普遍规律，又具有中国特色。相比于中国人口发展的伟大实践，目前的研究在对中国人口发展的道路、规律、模式的总结和理论升华上显得不足。

（二）"短平快"类型研究多，厚重类型研究少

在市场经济的大环境下，目前能够开展起来的科学研究基本上都要依靠项目资金的支持，而人口研究领域中，研究项目的主要来源则多为各级政府部门。这些项目研究目标的指向基本是应用型的，时间要求大多是短期的（1年以内或左右），对成果产出的要求主要是快速、应对型的。这种状况导致了人口科学研究中"项目导向"明显，"短平快"特点突出，浮躁之风增长，需要长期坚持的、深入的和厚重的研究被忽视。结果是成果虽多，但有重大学术影响力的、有系统创新性的成果较少。

（三）传统人口学研究有所弱化

中国的人口学是伴随着党和政府制定人口政策、应对人口问题的过程发展壮大起来的，人口政策、人口管理的特点非常突出。现有研究主要关注的是大人口下的某些特殊群体（亚人口）问题，如老年人口、流动人口、少数民族人口等，弱化了传统人口学（如死亡规律、生育规律、人口变动规律等方面）的研究，对传统人口学方法的创新和发展较少。这一方面与整体研究导向有关，因为跨学科研究多了，人口因素多作为一个要素纳入研究中，而缺乏对其本身发展规律的深入探究；另一方面也受制于现

实需求，市场上对应用导向性研究的需求与日俱增，使得传统人口学研究所受的关注和重视较少。

（四）人口研究发展基础亟须进一步夯实

人口研究属于公共事务管理类的研究，在市场经济驱动下，人口学学科经济效益不高，吸引力不够强大。在多学科竞争的冲击下，学科能否持续聚集人才、不断发展，令人产生"远虑"。此外，人口学没有本科专业，在从本科到研究生的培养上缺乏了连贯性和体系性，攻读人口学专业的研究生，往往人口学理论和方法基础薄弱，对学科队伍建设和学科发展的后劲力补充都带来了一定的挑战。

"十四五"人口学学科展望

一 "十四五"人口发展形势

"十四五"时期既是中国由全面建设小康社会向基本实现社会主义现代化迈进的关键时期,也是"两个一百年"奋斗目标的历史交汇期,更是全面开启社会主义现代化强国建设新征程的重要机遇期。国家建设要依靠人民,建设国家是为了人民,这也彰显了以人民为中心的理念。人口发展历来是影响经济社会发展的核心议题,人口治理也是"中国之治"与大国治理现代化进程中一项重要的治理内容,人口学学科发展始终与中国社会主义现代化建设进程相伴相生。

如前所述,中国人口发展已经进入重要的转向时期,在人口总量、人口结构、人口迁移和流动、婚姻家庭、城镇化、人口健康、人口素质等方面都将呈现出与以往明显不同的、新的阶段性特点。毋庸置疑,当前乃至今后一段时期人口发展格局是前所未有的,既给人口学繁荣发展带来了千载难逢的机遇期,同时也给人口学如何在新时期更加发挥学科的应用价值引发了挑战。"十四五"时期,人口发展新格局决定了人口学的核心研究议题。

第一,生育水平持续徘徊,生育政策走向及配套措施引发关注。"十三五"时期,中国年度出生人口规模尚处于波动阶段,2016年和2017年因受生育政策调整的影响,年度出生人数均在1700万以上,较"十二五"时期明显增加,但"十三五"后期出生人口规模明显回落,2019年的出生人数降至1500万人以下，为21世纪以来的最低点。① 预计进入"十四五"时期后，中国育龄妇女总体规模缩减至少在2000万人以上。② 伴随着社会经济转型带来的生育意愿和行为变化，即使在个体生育水平不变的前提下，育龄妇女规模的大幅度缩减必然会带来出生人口的持续减少。与此同时，住房、教育成本的普遍上涨、职场生育歧视等一系列现实问题直接或间接地提高了子女抚养成本，不想生、不敢生、生不起等情况已经成为社会痛点，不同程度地降低了个体生育意愿和个体生育水平。由于育龄妇女规模的缩减和个体生育意愿的降低协同作用，"十四五"时期中国生育水平预计将持续低迷。因此，生育政策的适时进一步调整和生育政策的相关配套措施作为国家宏观调控生育水平的重要手段必然会引起人口学学界的更多关注。

第二，人口红利趋于下行，人口年龄结构呈现嬗变的重要时期。中国劳动年龄人口规模在"十三五"时期总体呈现平稳态势，2019年年底劳动年龄人口数为8.9亿人。③ 预计"十四五"时期，中国劳动年龄人口数量虽在波动中呈现小幅下降趋势，但仍将基本保持总数稳定。但总体稳定中却埋伏着年龄结构的老化危机。"十四五"时期，预计15—64岁劳动年龄人口的年龄中位数将从2020年的39.6岁增长到2025年的40.3岁，45—64岁大龄劳动力的占比也将从2020年的42.5%增长到2025年的43.5%左右，在整体劳动年龄人口中占比很高。④ 从更长的时间来看，由于中国劳动年龄人口结构趋于老化，预计"十五五""十六五"中国劳动年龄人口数量将快速下降，一直到2040年以后，生育政策调整后扩大的出生队列逐步进入劳动力市场有可能暂时缓解这种快速下降的趋势。因此，"十四五"时期将是中国人口红利下行的前奏时期，也是中国人口年龄结构呈现嬗变的重要时期。

第三，人口老龄化进程速度更快，应对老龄化将成为新的国家战略。中国自20、21世纪之交已经进入老龄化社会，老年人口规模和比例逐年上

---

① 国家统计局：《人口总量平稳增长　人口素质显著提升——新中国成立70周年经济社会发展成就系列报告之二十》，http：//www.stats.gov.cn/tjsj/zxfb/201908/t20190822_1692898.html。
② 数据来源于课题组的人口预测结果。
③ 国家统计局：《2019年国民经济运行总体平稳　发展主要预期目标较好实现》，http：//www.stats.gov.cn/tjsj/zxfb/202001/t20200117_1723383.html。
④ 数据来源于课题组的人口预测结果。

升。"十三五"时期，中国65岁及其以上老年人口规模从1.44亿人增长到1.86亿人，预计进入"十四五"时期后老年人口规模仍然保持高速、持续的增长，2022年将突破2亿人，2025年这一数字将达到2.15亿人，这种增长在"十五五""十六五"也将继续保持。由于20世纪60年代出生人口即将成为老年人口，"十四五"时期中国进入中度老龄型社会之后人口老龄化速度将比以往更快。同时，中国老年人口规模巨大现象还与未富先老、未备先老、地区发展不均衡、城乡倒置、"少子化""高龄化""空巢化"等一系列其他特征并存，使中国老龄化面临着前所未有的复杂局面，将给国家和社会治理带来新的机遇和挑战，如何化挑战为机遇，推动全生命周期的健康老龄化目标实现，提升老年人口及其家庭的幸福感的重要性日益凸显，实施积极应对人口老龄化将成为新的国家战略。

第四，城镇化水平将持续提高，人口聚集新形态备受关注。"十三五"时期，中国流动人口规模已经从长期增长步入调整阶段。受劳动力人口出生队列的影响，2015年，中国流动人口的规模继增速下降后出现了数量逐步减少的现象，比2014年减少了约600万人，2016年和2017年也在上年的基础上下降了约100万人，与"十二五"时期流动人口每年1000万—1300万人的高增量形成鲜明对比，流动人口总体规模长期增长的态势发生了根本性的转变。[①] 除此之外，人口在流动中不再以个人流动为主，整体呈现家庭化的明显趋势，长期定居城镇的流动人口数量与比重明显上升，并渐渐成为主流。"十四五"时期，中国流动人口总体态势将和"十三五"时期基本一致，但随着户籍改革进入全面实施阶段，大量农业转移人口和其他常住人口在城镇落户，人口城镇化和户籍城镇化都将迅速发展，城镇化的水平将持续提高。此外，城镇化的迅猛发展和家庭化的流动也将带来城市群人口聚集新形态，值得学界给予更多的关注。

第五，新时期婚姻家庭变化多元化，婚姻家庭新形态值得关注。我国家庭结构正在经历前所未有的变化，家庭户规模在逐渐减小。一代户和二代户开始占据主流地位，三代户及以上家庭占比降至1/5以下，核心家庭比例明显提高，平均家庭户规模不足3人。与此同时，受人口年龄结构和婚姻推迟的影响，人口粗离婚率连续多年持续上升，粗结婚率不断下降，

---

① 国家卫生健康委员会编：《中国流动人口发展报告2018》，中国人口出版社2019年版。

加上人口跨区域流动的频繁化、婚育观念和婚育行为的多元化、个体需求的立体多维化等因素的影响，传统家庭制度和婚姻制度受到巨大冲击，一人户、不完整家庭户、单亲家庭、丁克家庭、同居、空巢家庭等比例将逐步提高，中国家庭形态也将呈现多元发展的态势。

第六，人口健康水平持续提升，但健康差异化趋势不容忽视。随着中国医疗卫生水平的不断提高和国家的重视，中国居民的人口健康水平也在持续提升，"十三五"时期，中国居民平均预期寿命由2015年的76.34岁提升到了2019年的77.3岁。"十四五"时期，由于《"健康中国2030"规划纲要》战略地位的进一步凸显及其相关政策的进一步贯彻落实，中国总体人口健康水平还将继续稳步提升，迈向更高的新台阶。但与此同时，由于资源在城乡、地区间的不平衡分配，中国某些地区还未能充分享受医疗卫生水平发展的成果，健康差异化趋势不容忽视。

第七，人口素质总体提升，人才助力经济发展。受益于中国加大在教育领域的投入和高等教育事业的快速发展，高素质人才规模不断扩大。总体来说，中国高等学校的招生规模从2011年的661.8万快速增长到2019年的914.9万。[①] 同时，中国人口的整体素质也得到了明显的提升。2018年，中国高等院校的入学率已经达到51%，大专以上人口数占6岁及以上人口数的比例也从2009年的7.3%增长到2019年的14.6%。[②] 劳动年龄人口的平均受教育年限也在不断增加，"十三五"中期时已经达到了9年，而2019年劳动年龄人口平均受教育年限达到10.7年，新增劳动力的平均受教育年限更是已经达到了13.7年。[③] 整体人口素质的提升和劳动力素质的提升趋势还将在"十四五"时期持续，这是中国经济的转型升级的坚实基础，将为中国经济发展提供充足的原动力。

总而言之，上述人口发展七个方面不仅影响到"十四五"时期人口变化及其发展趋势，同时也势必贯穿到新时代社会主义现代化建设的整个征程，更决定着未来人口学发展的核心研究议题及其学科走向。除了上述提

---

① 教育部：《中国教育概况——2019年全国教育事业发展情况》，http://www.moe.gov.cn/jyb_sjzl/s5990/202008/t20200831_483697.html。
② 《中国统计年鉴》之2009年与2019年的全国人口变动情况抽样调查样本数据。
③ 教育部：《"数"看"十三五"——教育改革发展成就概述》，http://www.moe.gov.cn/fbh/live/2020/52692/sfcl/202012/t20201201_502591.html。

到的七个方面人口变化之外，我们还要特别关注后小康时候人口发展面临的一些新问题，如性别平等、边疆人口、贫困人口、互联网时代人口与技术关系等议题，从而进一步拓展人口学研究的范畴，推动人口学的繁荣发展。

二 "十四五"人口学学术前沿和发展趋势

"十四五"时期是中国全面建设社会主义现代化新征程的重要开端，"十四五"规划既是党的十九大后首个制定的国民经济和社会发展五年规划，也是我国全面建成小康社会后的首个五年规划，意义重大。党的十九届五中全会昭示着在迈向中国特色社会主义新时代征程上谋划全面建成小康社会的新篇章，这无疑不仅将助力"十四五"时期乃至今后一段时期人口学学科的进一步繁荣和发展，同时也指明了新时期人口学学科发展的定位及其方向。如前所述，"十四五"时期，站在"中国之治"的新时代和人口与发展新格局的关键节点，中国人口与发展将呈现出与以往明显不同的新形态、新特点和新趋势，既迎来人口与发展新的战略机遇期，又面临着前所未有的新挑战。因此，面向"十四五"人口发展新常态，人口学学术研究应紧跟国家治理的新形势及其人口发展的新变化，与时俱进，不断进取。综合而言，"十四五"时期人口学学术前沿和发展趋势也将呈现出如下新特点。

一是聚焦"中国之治"时代人口发展新特点、新动向等相关议题。"十四五"时期是为"中国之治"打下坚实基础的重要时期，人口发展议题向来是经济发展和社会治理的重要环节，对人口发展特点和动向的了解是"中国之治"的基础柱石之一。"十四五"时期，人口学将重点聚焦人口规模变化新特点，特别是即将到来的人口负增长对国家社会经济发展、国家实力等方面的潜在影响；人口结构变迁新格局，包括人口红利下行轨迹、劳动力规模波动变化等；人口老龄化新国情和新战略，包括积极应对老龄化的新思维及其中长期规划等；新型城镇化新方向与新路径，包括户籍制度改革路径、流动人口变化特点、农民工市民化路径等；人口与健康新变化，包括健康水平提高与社会经济发展关系、健康红利的影响、健康不平等的缓解措施等；婚姻家庭形态新转向，包括婚姻模式新特点、家庭结构及其代际支持变化的新走向；大数据应用新方法等研究领域，包括人口大数据在社会经济的影响，等等。上述这些研究议题无疑为"中国之治"勾勒精准的人口学画像，进一步夯实"中国之治"的基础。

二是聚焦"中国之治"时代人口治理新方案相关议题。"中国之治"对人口治理思维及其模式精准性的要求远高于从前，在全面和动态洞悉新时代人口发展特点和动向后，人口学还应该在此基础上准确觉察人口发展中面临的主要痛点和难点，直面人口发展中呈现的诸多问题，并运用专业知识为"中国之治"下的人口治理提供新方案。这就要求人口学需要利用全方位、跨学科的视角探索渐行渐近人口负增长应对的配套措施、积极老龄化国家战略的定位及其政策框架、流动人口社会融合体制机制、新型城镇化带动经济增长的配制要素政策红利、经济新常态下人口要素优化、超越人口红利的战略举措等中国本土化方案，为"中国之治"提供更多创新方案和模式。

三是聚焦"中国之治"时代人口研究多样性相关议题。事实上，"中国之治"是一个复杂的治理过程，即使人口学在其中扮演了重要的基础性角色，但一味囿于人口学本身的要素是无法全面精准发挥作用的。这就启发人口学在新时代不仅应该关注人口要素本身的变化特点及其规律性，包括人口规模、人口结构及其出生、死亡与迁移的人口过程变化，同时更应该关注人口要素与社会、经济、文化、技术等之间的关联性，从跨学科视角剖析当今人口研究领域和主题的多样性和复杂性；不仅要关注人口理论话语体系的构建和创新，还特别强调新时期人口技术方法的开发和应用，进一步提升新时代人口学研究的整体学术水平，拓展研究边界，为"中国之治"贡献力量。

四是聚焦关注"中国之治"时代人口治理的效能。夯实治理基础、创新治理模式、拓展研究边界最终的目标都在于提高人口治理的效能。这就要求新时代下人口学要更加关注治理效果，并根据现实情况及时调整完善相应治理方案，包括但不限于关注国家治理视域下人口发展目标的调整和完善、优化生育政策的实践和理论逻辑、实施积极应对人口老龄化国家战略的理论诠释和实践走向、深化户籍制度改革的方向及其效果、城镇化发展模式选择及其路径等，在动态调整过程中提高新时代人口治理效能。

三 "十四五"人口学深化和拓展的
重点领域、方向和范围

众所周知，人口问题始终是新时代中国经济发展和社会治理必须面对的基础性、全局性、战略性问题，其重要地位毋庸置疑，尤其是对公共政策制定者更是至关重要。中国当前人口发展已经进入重要的转向期，人口自然增长率低于预期、即将开启人口负增长时代、劳动力老化且人口红利趋于下行、人口老龄化对社会经济的压力加大、传统婚姻家庭模式遭受冲击等问题既给中国经济发展和社会治理带来了新挑战，也为人口学进一步繁荣和发展创造了千载难逢的机遇。人口学必须在新时代勇于担当、建言献策。国家人口均衡发展是个重大课题，具有长期性和挑战性，是中国未来很长一段历史时期都会关注的重要议题，也是时代赋予人口学学界的现实命题。"十四五"时期作为中国由全面建设小康社会向基本实现社会主义现代化迈进的关键时期、"中国之治"的新时代和人口与发展新格局的关键节点，人口学在人口发展方面必须有所应对，不负学科发展的使命。人口学也应该把握新时代人口发展的特征，聚焦在一些重要领域和关键问题上。

第一，构建适合中国国情的人口研究理论话语体系。理论体系是学科发展的关键支撑，是学科发展的重要方向引导。中国是发展中国家且是人口大国，具有自身的发展特色，人口发展特征与西方国家浑然不同，国情更是与其他国家大相径庭，具有自身独特的发展规律，同时应对人口问题的治理思维范式更是具有本土化的鲜明特征。西方发达国家历经人口转变早于中国，积累了较多应对人口转变的经验和理论，一定程度上可以为我国人口研究提供参考和借鉴。但是，人口理论体系是政治、经济、文化和社会等多方面现实在人口领域的综合反映，因此完全照搬西方人口理论是不符合中国国情，尤其是"中国之治"新时代的发展特征，一成不变地套用西方理论更是不可取的。虽然目前人口学界已经有相关的努力和尝试，但是我们必须清醒地认识到，以中国国情为基础的人口理论体系尚未完全形成。因此，在"十四五"乃至更长时间的建设中，人口学都应该努力拓展、发展和丰富出符合中国国情的、具有中国特色、扎根中国土壤的人口理论，构建本土化人口学理论话语体系，包括中国范式人口转变理论与实践、人口红利理论的拓展、婚姻家庭发展多元模式等，并在此基础上开展人口研究、制定相关的人口政策。

第二，重点关注新时代发展新议题，拓展和丰富学科发展体系。当前中国人口发展呈现出重大的转向：长期低生育水平导致人口负增长时代的即将到来；劳动力结构持续老化拉开人口红利下行序幕；人口老龄化进展快，未富先老、未备先老和未康先老并存带来挑战和压力；城镇化水平持续提高，家庭化流动成为主流；婚姻家庭变化多元化为社会治理带来了新挑战；人口健康水平和人口素质总体提升，但差异化趋势也不容忽视。人口问题是基础性问题，不仅显示了人口问题的重要性，还揭示了人口问题与社会其他要素密不可分的联系。尤其是在中国特色社会主义开启新时代征程、开启了国家治理和治理能力现代化新篇章的时代背景下，人口问题与经济、政治、文化、社会等多方面问题的联系更加紧密，人口问题来自新时代的社会整体，也只有在社会整体中才能得到充分认识和解决。新时代既是机遇也是挑战，化挑战为机遇就要求人口学要开阔视野，以整体思维思考和审视新时代发展新议题，发挥学科既有的优势，积极拓展学科边界，从跨学科视角剖析当今人口研究领域和主题的多样性和复杂性，增加与其他学科的交流交融，在保持自身特色的基础上不断拓展和丰富学科发展体系，如人口与技术、人口大数据开发与应用等，在开放与包容中谋求自身发展，与社会整体发展共同实现双赢。

第三，围绕国家重大攻关需求，培养高素质人才队伍。新时代下中国人口转变的态势是不可逆的，基于对人口问题和社会总体的剖析和认知，我国当前存在一些人口痛点和难点问题，亟待攻关：探索渐行渐近人口负增长及其应对的配套措施；实施积极应对人口老龄化的国家战略框架；流动人口社会融合体制机制相应建构；新型城镇化带动经济增长的配制要素、政策红利；经济新常态下人口要素优化；应对人口红利下行、优化生育政策的实践和理论逻辑；探索深化户籍制度改革的方向及评估其效果、家庭结构变化新特征及其理论解释；等等。人口学发展需要理论体系的支撑，但同时也要注重与现实的结合，这也是体现人口学学科价值的方向之一。除此之外，学科的发展离不开高素质人才的支持，除了关注学科的发展方向，高素质人口学人才在培养上也不能放松，一方面坚持用理论培养和实践锻炼相结合的方式提升人口学研究队伍整体水平，另一方面依靠高素质的人口学研究队伍拓展理论边界、切实发现并解决现实人口问题，能够实现攻关国家重大需求和培养高素质人才队伍的良性循环，进而促进人口学学科整体研究水平的提升。

第四，更加注意人口数据共享，推动人口学方法创新。人口数据是人口学研究和学科发展的重要基础之一，更多、更丰富的数据是多样化的人口学研究的必要条件之一。人口数据共享的重要性不言而喻，但光有数据是不够的，还需要建立起数据和理论、现实问题之间的桥梁，即拓展人口分析新技术。人口分析技术是利用现代数学、系统工程和电子计算机等现代理论和研究手段，整理和分析各种人口调查数据，从而对人口现象及其与经济、文化和社会的联系进行分析和研究的科学技术。人口分析技术是人口学科最有力的武器之一，也是人口学进一步繁荣和发展的生命力所在，能够在庞杂的数据流中建立起人口学理论和复杂现实的联系。随着科学技术进步发展尤其是大数据技术的应用，人口学研究可以应用的数据越来越丰富，但也越来越杂乱。因此，人口学学科亟须创新和拓展更多人口分析技术，提高庞杂数据的利用率；同时在借鉴国外人口方法的基础上，创新符合中国国情的人口学新方法。此外，要充分利用2020年第七次全国人口普查数据，研究最新人口变化的轨迹，探索新时代人口发展规律，以及最大限度地应用到国家社会经济发展建设之中。

第五，在从宏观角度关注人口问题同时，中观和微观角度也不容忽视。下好全国一盘棋是人口学研究义不容辞的使命和责任，但"中国之治"的最终目标之一是促进发展、提高人民的幸福感。从中观角度来说，人口学学科应该加强对区域人口问题的研究。中国地大物博，地区间经济发展阶段、社会建设重点领域、文化背景有一定差异，各具特色，不能一概而论，尤其是近些年来颇受关注的人才引进问题，引进多少人、引进什么人、人来了怎么用等问题都需要各地区、各城市结合自身实际情况统筹规划；再比如各个地区人口负增长的时间表及其老龄化程度存在明显的差异等。因此，在此过程中，中观角度人口学研究不应该缺位。从微观角度来看，人口研究的落脚点是一个个具体而微的人,对个体的关怀本就是人口学不可或缺的部分,引入微观视角能够更精准、更全面地描绘问题,尤其是近些年来针对家庭形式愈发多元情况的相关研究,在对婚姻家庭总体变迁过程中引入具体家庭视角能够反映问题的另一个面向,能够为国家应对新人口形势提供更多有效信息。

"十四五"人口学学科重点研究课题

一 中国人口红利的持续和转变研究

重点研究在人口负增长渐行渐近和老龄化程度不断加深的背景下，人口红利下行对经济的中长期影响，聚焦于探索传统人口红利消失之后如何超越人口红利、提升人力资本的路径及战略构想。例如，经济发达地区利用自己的经济聚集能力形成了人口流动的洼地效应，尽管挤兑了欠发达地区的人口红利，但也通过空间回旋使整个中国的人口红利效应得到最大限度的发挥，产生了人口红利空间流动的经济效应。

二 新时期中国人口变动与经济发展战略研究

长期低生育率和老龄化对未来中国人口变动有着深远影响，国际形势也对中国未来的经济发展产生冲击，需对中国的人口经济战略进行新的反思和设计。一方面，过去那种利用人口优势发展劳动密集型产业，抢占低端制造市场的思路已经难以为继；另一方面，冲突表明，未来国际社会将会在高端制造领域进行激烈竞争。中国未来需要挖掘人口质量红利，发展技术密集型产业，抢占高端制造市场。中国的人口经济战略必须从过去以人口数量红利为主导转变为今后以人口质量红利为主导，才能在国际贸易冲突中占据主动。

三 人口负增长与经济社会适应及应对研究

区别于历史上外生性、短期性的人口负增长，未来很多国家面临的人口负增长是由人口内在增长机制所导致的内生性、长期性负增长,部分国家人口转变进入新的"低低负"阶段。在人口负增长时代,研究需要重点集中于:人口负增长的趋势、特征以及国际比较;人口负增长的发展阶段;人口负增长的城乡和区域特征;适应人口负增长状态的经济社会发展模式和路径选择;应对人口负增长状态的经济社会模式和道路选择。

四 中国人口发展规律、前景与趋势研究

利用2020年第七次全国人口普查资料,对中国人口未来发展的中长期趋势进行多元、多方案预测,提供中国版"中国人口展望"数据库和研究报告,供政府决策、企业规划和学者研究使用。人口预测应包括全国与省级人口数量预测、人口结构预测、城乡人口分布预测、人口受教育状况预测、人口健康状态预测、城乡家庭多状态预测等,全方位展示中国人口未来的发展规律、前景和趋势。

五 第七次全国人口普查资料的深度开发研究

2020年第七次全国人口普查资料是最新的人口国情资料,应将其与新中国成立以来的六次人口普查资料和历年的人口统计资料相结合,深入开发最新的人口普查数据,全景展现中国人口现状。一方面,需对第七次全国人口普查资料进行全方位的质量评估,并对各年龄段各方面数据提出使用指导意见;另一方面,可与此前的六次普查数据进行比对,全方位、多角度展示中国纵向人口变化规律和横向人口区域差异,从时期和队列角度深度分析中国人口发展的特征与变化。

六 实施积极应对人口老龄化国家战略研究

实施积极应对人口老龄化国家战略事关中国未来人口结构、经济和社会发展的总体部署及发展的可持续性,事关生育率下降与生育政策包容、经济增长结构转变、城乡老龄倒置下的乡村振兴、健康中国建设与健康服务管理、家庭模式与代际关系、养老与社会保障制度创新等一系列重大议

题。"十四五"时期是实施积极应对人口老龄化国家战略思路及其战略框架的重要时期。在以往积极老龄化相关行动基础上需要对积极应对人口老龄化国家战略的构建与推进议题进行更加深入的研究，在着眼于对积极应对人口老龄化国家战略的理论基础、基本内涵、功能定位、构成要件、实践路径进行全面系统建构的同时，着力从实证和理论两个层面探讨实施积极应对人口老龄化作为国家战略的总路线、总方针和总政策。

七 构建中国养老服务体系研究

随着人口老龄化的持续快速发展，"养老"已成为中国社会广泛关注的焦点问题，可持续的多层次养老服务需求充足。未来养老服务体系研究需要重点关注的议题为：重构公共卫生体系与养老服务体系的关系；生产生活方式改变（如数字屏障、智能沟通屏障等）与养老服务体系建设；"六稳六保"政策制度与养老服务业发展；深化改革举措与养老服务市场主体活力；扩大内需战略与养老服务业发展新契机；保障和改善民生举措与养老服务业基本需求等。

八 新型城镇化建设与提高劳动力有效供给研究

要素市场化配置体制机制改革、新型城镇化建设和城乡融合发展是未来促进新时代城镇化发展的新思路。劳动年龄人口数量长期负增长是新时代发展的人口基础，优化劳动力与其他生产要素的配置结构是改善劳动力规模萎缩的重要途径。在新型城镇化推进过程中，如何通过劳动力空间转移、质量提升、强化职业和技术培训等手段提升劳动力的有效供给，是充分开发新时代劳动力资源的必然选择。

九 乡村振兴战略中积极应对农村人口老龄化研究

城乡二元社会经济特征和人口老龄化"城乡倒置"格局是中国人口老

龄化的典型特征，具体表现为农村人口老龄化进程超前于城镇，农村人口老龄化水平高于城镇，但是，农村应对人口老龄化的能力和准备却不及城镇。积极应对人口老龄化，农村是重中之重，如何在乡村振兴战略规划中融入老龄社会思维，如何把积极应对人口老龄化纳入乡村振兴规划，是城乡融合发展必须考虑的重大课题。

十 全面建成小康社会后健康老龄化的主要特征及其对策研究

健康老龄化既是面临人口老龄化挑战的战略目标，同时也是应对人口老龄化的对策。应准确把握全面建成小康社会后健康老龄化的新特征，从健康中国目标的要求以及老龄健康本身出发，探究健康老龄化的影响因素及其变化规律，旨在建立健全全人类健康促进的政策框架体系。通过研究相关政策对老龄健康的直接影响，全面科学地评估政策效果，并提出改进方案。

十一 性别平等视角下中国性别红利的发展潜力及其相关公共政策研究

性别红利主要是基于人口红利和女性主义两个理论源头产生的延伸理论，性别红利并不是女性红利，过分强调女性红利会造成对男性的"反向歧视"。在明确性别红利概念的分析框架下，聚焦人口红利的宏观背景，探索性别平等视角下中国性别红利的发展空间以及释放中国性别红利存在哪些制约性因素，并就释放性别红利的公共政策做前瞻性的研究。

十二 新时期大数据技术与人口研究方法拓展研究

新时期大数据技术的推广为动态监测奠定了技术基础，弥补了现行统计制度下，人口普查、抽样调查、各类专项调查等经典调查方法的静态观测不足。人口数据来源的多元化将大大丰富人口研究的领域。应重点基于当今不同大数据的来源，探讨出生、死亡、迁移及其人口动态变化的新技术、新方法，尤其是关注人口大数据在公共政策中的应用，为国家人口治理提出恰当的解决方案。

十三　中国特色人口转变的实践、道路与理论研究

中国人口转变具有自身的特点与模式，是对世界人口转变实践的拓展和补充。新时期中国人口发展呈现出新的趋势和特点，低生育率、老龄化、人口负增长等对传统人口转变理论提出挑战。应全面梳理中国人口转变的道路与实践，探究人口低增长甚至负增长时代中国第二次人口转变发生发展的机制，发展、拓展和丰富出符合中国国情、具有中国特色、扎根中国土壤的人口转变理论，构建本土化人口学理论话语体系。

十四　中国家庭转变的理论与实践研究

中国家庭正在发生剧烈变化，关于中国家庭转变的未来趋势、家庭转变的理论脉络与路径、家庭转变与人口转变的内在机制、家庭转变的社会经济效应等问题有待解答。系统阐述中国的家庭转变道路与实践，揭示教育普及、生育政策实施以及城镇化和人口流动等重大社会变迁和人口变化对家庭规模、结构和功能的影响，剖析家庭转变对经济发展、文化观念、社会安全和稳定的作用，既是对中国家庭结构变迁现状的理论回应，也为促进家庭健康发展及相关政策制定提供决策依据。

十五　中国特色人口迁移转变理论与指标体系构建研究

改革开放以来，中国经历了人类历史上和平时期最大规模的人口迁移流动。巨量人口流迁在有力推动我国社会经济发展的同时，也对完善社会治理结构提出诸多挑战，更是对全球范围内学术界对人口迁移理论和规律

研究，特别是人口迁移转变理论研究空白提出了巨大挑战。深入研究改革开放40多年来人口迁移流动的规律，总结、提炼人口迁移转变的动因、发展阶段，建立完整的人口迁移转变理论，构建测度人口迁移转变的定量指标体系，既是新时代有效实现新型城镇化的需要，又是填补人口学理论体系中长期存在的人口迁移转变理论空白的重大举措，是在人口学领域创建中国话语体系的重要体现。

十六　促进人口合理分布，确保边疆（境）人口安全研究

近半个世纪以来，生育率的急剧下降、年龄结构的快速老化、流动人口的大潮式涌现并集中向东部地区、南部地区涌动，持续加剧了中国人口空间分布的不均衡状态，成为突出的人口不安全因素，对边疆（境）整体安全构成新的威胁。研究探索有效措施，促进中国人口的合理空间分布，包括人口规模、性别年龄结构、人力资源特征、民族构成以及人口增长潜能等多方面、多视角的合理分布状态及调节机制，为确保边疆（境）安全提供坚实的人口安全保障。

十七　中国社会发展与婚姻变迁研究

21世纪以来，中国婚姻模式正在发生显著变化，特别是大城市地区。应研究世界各国婚姻转变的规律性和差异性，基于人口转变和生育率转变理论探讨婚姻转变的决定因素，构建婚姻转变理论及测量指标。基于此，进一步探究中国特色婚姻转变的过程及特征，回答中国在婚姻转变中是后行者还是另类者的理论问题，考察婚姻转变对低生育率的影响机制。这对于丰富人口转变理论，构建与完善婚姻生育相关的社会支持政策体系，具有重大的学术价值和现实意义。

十八　低生育率背景下中国妇女生育水平及影响机制研究

"十四五"时期，低生育率将是中国人口发展的客观事实。在低死亡

率和低国际迁移背景下，生育仍是塑造中国人口形态的重要力量。考察中国妇女生育意愿和生育行为的变化与特征，从个体、家庭、代际关系、文化、社会、经济等多角度全方位探究影响妇女生育的机制，研究低生育率的人口学后果和社会经济影响，形成、发展和丰富中国特色生育转变理论，既是分析和把握中国人口长期发展趋势的需要，也为制定生育政策和相关配套经济社会政策提供智库支持。

十九　新时代中国特色社会主义人口理论研究

新时代中国特色社会主义人口理论是对中国特色社会主义建设中的人口管理实践所进行的理论总结，是马克思主义人口理论现代化与中国化的重要理论成果，党的十九大报告中关于人口问题的各种论断以及习近平总书记关于人口问题的系列重要讲话是中国特色社会主义人口理论发展的最新成果。认真学习和充分阐释这些成果不仅对于我们正确地认识和理解中国过去的人口政策实践及其政策效应具有正本清源的理论价值，而且对于我们科学地判断和预测中国未来的人口走向和树立正确的人口价值规范具有重要的政策指导意义。

二十　马克思主义人口理论中国化与现代化研究

马克思主义人口理论作为人类思想财富无疑具有永恒的理论价值，但马克思主义的活的灵魂在于它不断创新、自我革命的特质和对不断变化的人口实践的适应性。所以马克思主义人口理论的现代化既是其保持思想活力的基本要求，也是其自身根本的理论特征。在中国，马克思主义人口理论是中国开展人口管理服务工作的指导思想和制定各项人口政策的理论依据。新中国成立以来特别是改革开放以来，中国人口理论界对于如何将马克思主义人口理论与中国的人口发展实践相结合这一问题进行了大量理论思考和思想探索，这些思考探索为新时代中国特色社会主义人口理论的建构奠定了厚实的思想基础，做好了充分的理论准备。同时，半个多世纪以来，中国的人口发展实践经历了一个曲折的过程，其中既有失误的教训，也有成功的经验，对这一过程进行理论总结既是马克思主义人口理论中国化和现代化的客观要求，也为其提供了充足的实践素材。

总审稿人	翟振武
审 稿 人	翟振武　原　新　杨成钢　陆杰华
执 笔 人	原　新　金　牛　刘旭阳　刘绘如　杨成钢　杨紫帆
	翟振武　杨　凡　靳永爱　陆杰华　朱　荟　曾筱萱
	段成荣　陈　卫　宋　健　陶　涛　张现苓　陈佳鞠
	李竞博
参 加 人	詹韵秋　黄　罡　李兴宇　王昭维　杜婷婷　牛子豪
	李晓睿　陈梦怡　谭　静

民 族 学

民族学学科建设取得显著进展

在我国哲学社会科学体系中，民族学学科是立足于统一的多民族国家基本国情而不断发展的科学，与党和国家的民族工作等相关事务联系紧密，具有基础性与应用性兼备的学科特点。党的十八大以来，在全面建成小康社会和实施"十三五"规划的进程中，民族学的学科布局、学科建设和队伍建设实现了进一步发展，学科影响力显著增强。

一 民族学学科研教学机构和研究力量呈现全国性分布的趋向

鉴于民族学传统研究领域和民族工作事务的关注重心，民族学的学科布局，特别是科研、教学机构的设置，突出了民族区域自治地方、多民族省的"西部"特点。如传统"八省区"社会科学院内设的相关研究所、高等院校（含民族院校）设置的民族学学院（系所）和属于民族研究范畴的科研实体以及相关省区民族工作部门设立的民族研究机构等。[①]

随着我国改革开放事业的发展，特别是实施西部大开发战略以后，东西部地区之间、城乡之间、各民族人民之间经济社会发展的关系格局，发生了持续的重要变化。尤其是东西部地区之间、边疆与内地之间的人口双向流动、劳动力转移，以及全国范围的城镇化进程，各民族人口聚居分布的传统地理空间发生了显著的变化，如1990年全国人口统计中仅北京市有

---

① 如属于民族工作部门系统的广西民族研究中心、贵州民族研究院、甘肃民族研究所、辽宁民族研究所、黑龙江民族研究所、云南省民族研究所、四川民族研究所、广东民族宗教研究院、福建民族与宗教研究所和湖南省民族宗教研究所。

56个民族成分的人口结构特点,但到"十三五"末期,已经成为全国各省、市、自治区人口结构中的普遍现象。这种发展趋势,不仅对民族工作提出了新任务,而且也为民族学学科的建设和发展打开了新视野。其中,民族学研究的学科设置、力量配置展现了向全国各地扩散的趋向。特别是党的十八大以来,我国各民族人民交往交流交融的共同发展态势持续深化,民族学学科的全国性布局进一步发展,研究视野也从区域、族别向全国、整个中华民族渐次放大和展开。

进入21世纪,国家教育发展战略在"211"和"985"工程以及当前"双一流"建设的持续推进中,都包括了对民族学学科的支持。[1] 在"教育部人文社会科学重点研究基地"建设中,中央民族大学、四川大学、西藏大学、兰州大学、新疆大学、内蒙古大学、云南大学、宁夏大学先后获准设立少数民族研究、藏学研究、蒙古学研究和西夏学研究中心(或院所)。这些"基地""中心"或研究院所的设立,与相关院校普遍设立的民族学学院(系)相互依存,对推动民族学学科建设、培育民族学学术人才、促进民族学知识生产都发挥了积极作用。[2] 这是一个持续的、多部门参与的学科平台建设过程,包括文化部、国家民族事务委员会等,也启动了类似的工作。

2017年,国家民族事务委员会根据中共中央、国务院印发的《关于加强和改进新形势下民族工作的意见》(中发〔2014〕9号)、《"十三五"促进民族地区和人口较少民族发展规划》(国发〔2016〕79号)、中共中央印发的《关于加快构建中国特色哲学社会科学的意见》(中发〔2017〕8号)的精神,本着"择优立项、分区布局、重点扶持、注重实效"的原则,实施了"民族理论政策研究基地"的建设,明确定位"基地是国家民委民族工作智库的重要组成部分,是国家民委与高校、科研院所、民族工作部门联系的重要平台"[3]。这一举措,推动了相关高等院校在原有民族学类学科设置的基础上,整合资源建立了一系列分门别类、各有侧重的研究基地。在这方面,除国家相关部委的推动,各省市自治区也

---

[1] 2017年中央民族大学、云南大学的民族学学科入选"双一流"建设。
[2] 参见何明《民族学知识生产与学科建设调研报告》,2020年5月。
[3] 《国家民委办公厅关于印发〈国家民委民族理论政策研究基地管理办法〉的通知》,2017年5月5日。

制定了相关的政策措施并加大力度扶持，地区社会科学院（所）、高等院校也纷纷建立综合性或专业性的"基地"和"中心"，展现了学科发展和研究力量整合的多样性。①

如果说，这类"基地"或"中心"的学科平台设置，仍彰显了学科布局区位性的"西部"特征，那么内地、东南沿海地区科研机构、高等院校中学科性的"西部"因素增多，则体现了民族学及其相关学术领域全国性的扩展。其中包括东部发达地区高等院校建立的属于民族学研究领域的学科生长点，如复旦大学民族研究中心（2013）、浙江大学汉藏佛教艺术研究中心（2015）等。同时，这类平台建设在"协同创新"理念下形成跨省区、多单位合作交流的机制，密切了东西部之间、西部地区之间高等院校、科研单位的协同创新合作。②

2019 年，中共中央统战部、宣传部，国家教育部、民族事务委员会联合启动"铸牢中华民族共同体意识研究基地"遴选，要求以铸牢中华民族共同体意识为主线，全面贯彻党的民族理论和民族政策，建设具有中国特色、中国风格、中国气派的民族研究学科体系、学术体系和话语体系，建立为实现中华民族伟大复兴的中国梦提供重要智力支撑的研究实体。这些研究基地从申报（56 个单位）到评选和批准（10 个基地和 5 个培育基地），在学科参与多样性、区域布局广泛性和高等院校属性等方面，都体现了全国性、多学科的特点。③

因此，"十三五"时期，我国的民族学学科不仅在国家社科基金的学

---

① 例如，中南民族大学除国家民委重点研究基地南方少数民族非物质文化遗产研究中心外，还建立了南方少数民族研究中心、民族政策与社会发展研究中心、中国城市民族与宗教事务治理研究中心、民族团结进步创建活动研究中心等总计 18 个省部级科研平台；类似的平台建设如西北民族大学建有 17 个省部级重点研究机构，西南民族大学拥有省部级社科重点研究基地 8 个，等等。

② 如中央民族大学建立的少数民族事业发展协同创新中心，协同单位包括：国家民委民族问题研究中心、国家宗教局、国务院发展研究中心、中国社会科学院世界宗教研究所、中国社会科学院民族学与人类学研究所、西北民族大学、西南民族大学、中南民族大学、北方民族大学及大连民族大学。参见国务院学位委员会民族学学科评议组《民族学一级学科发展报告》，田敏等执笔，2018 年 7 月。

③ 首批 10 个重点研究基地包括：中央民族大学铸牢中华民族共同体意识研究院、四川大学中国藏学研究所、北京大学社会学人类学研究所、中国社会科学院民族学与人类学研究所、云南大学民族政治研究院、广西民族大学广西中华民族共同体意识研究院、华中科技大学铸牢中华民族共同体意识研究院、暨南大学中华民族凝聚力研究院、东南大学中华民族视觉形象研究基地、新疆大学西北少数民族研究中心。此外，清华大学人文与社会科学高等研究所、兰州大学西北少数民族研究中心、浙江大学人文高等研究院、内蒙古大学民族学与社会学学院、北京师范大学史学理论与史学史研究中心为铸牢中华民族共同体意识重点研究培育基地。

科体系中实现了从"民族问题研究"到"民族学"的学科"正名"和复位,[①] 而且显著地改变了民族学研究局限"西部"、聚焦"少数"的传统认识,民族学的学术地位、知识体系和科学功能,得到学术界更广泛的认知,多种学科背景的学人涉足民族学研究领域,一些著名高校或以理工见长的综合性高等院校,在人文社会科学类学院建设中都把民族学研究的一些专业要素吸纳其中,如边疆问题、民族问题、多文字历史文献、民族文化遗产、移民问题等。特别是学界具有广泛共识的"中华民族"和"中华文化"研究,在以"铸牢中华民族共同体意识"为主题的科研实体建设实践中,为新时代中国民族学学科创新发展注入了新的动力。

二 民族学人才培养和队伍建设成绩显著

民族学学科的基础性人才培养,主要依托于相关高等院校的民族学等教育科系,其中民族学硕士、博士层级的专业人才培养,是传承、接续、充实民族学教学与科研队伍的主要来源。"十三五"时期,以西部地区为重心的民族学硕士、博士授权单位进一步增加并在布局上有所扩大,其中博士授权单位由"十二五"末期的 13 个增加和升级到 18 个。在人才培养、师资队伍建设、学位授予和就业等方面都取得了新的进展。

"十三五"时期,我国高等院校、科研机构的民族学硕士、博士授权单位共 42 个,其中博士授权单位 18 个,硕士授权单位 24 个,集中分布于北方、华北、中东南、西南和西北地区。博士授权学科分布在 15 个省市,北京、云南、内蒙古、宁夏分布较为集中,各有 2 个博士学科授权单位。硕士授权学科分布于 20 个省市,11 个省市在 2 个以上(博士授权单位均有硕士授权学科)。云南、内蒙古、新疆三省区各有 4 个硕士授权单位,北京、甘肃、湖北、贵州各有 3 个硕士授权单位。这些学位授权单位,既包括列为全国"双一流"学科建设的中央民族大学、云南民族大学,也包括列为省级"双一流"学科的中南民族大学、内蒙古大学、陕西师范大学,以及列为省级重点学科的贵州民族大学、云南民族大学、广西民族大学、

[①] 根据习近平总书记"5·17"重要讲话精神,经专家学者建议和国家哲学社会科学工作领导小组批准,从 2018 年开始,国家社科基金学科体系中长期沿用的"民族问题研究"学科名目,改为符合学科发展要求的"民族学"学科称谓,反映了学界长期以来的意愿和发展要求。

青海民族大学、延边大学、吉首大学、内蒙古师范大学、丽水学院等。

从 2012—2017 年各授权单位的招生规模来看，显示了稳步增长的态势。中央民族大学、云南大学、中南民族大学、兰州大学、西南民族大学的博士招生规模平均在 100 人以上。其中，中央民族大学达 334 人、西南民族大学 171 人、云南大学 153 人、中南民族大学 132 人。硕士招生人数平均在 200 人以上的授权单位，有中央民族大学、云南大学、西南民族大学、云南民族大学、湖北民族学院、延边大学，其中中央民族大学达 549 人。此外，硕士招生人数在 100 人以上的学科授权单位有中南民族大学、兰州大学、西北民族大学、三峡大学、西藏大学、广东技术师范学院、西藏民族大学。[①] 2016—2020 年，民族学学科招收硕士、博士总数达 6591 人。[②]

相关统计表明，2012—2017 年各学位点博士生就业率近 100%，硕士生就业率普遍在 90% 以上，其中，西南民族大学、广西民族大学、北方民族大学、湖北民族学院、西北民族大学在 95% 以上。

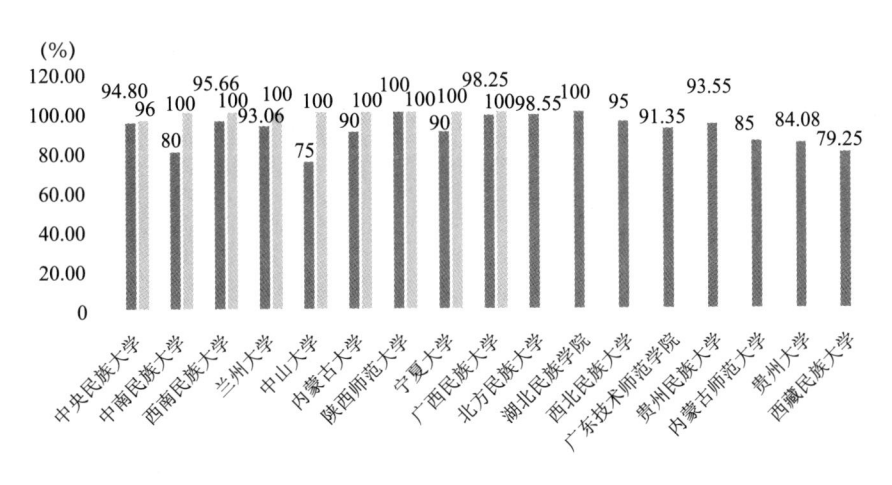

图 1　各学科授权单位硕博毕业生就业率

资料来源：国务院学位委员会民族学学科评议组：《民族学一级学科发展报告》，田敏等执笔，2018 年 7 月。

相对于全国高等院校近年来硕士、博士签约就业的总体平均水平而言，

---

① 参见国务院学位委员会民族学学科评议组《民族学一级学科发展报告》，田敏等执笔，2018 年 7 月。
② 参见田敏《民族地区社会发展研究调研报告》，2020 年 5 月。

民族学学科的签约就业情况处于较高水平。而就业去向和取向也有其特点，如硕士生、博士生签约就业的地域特点基本上保持在本省54.7%、外省45.3%的比例，其中博士生签约高等教育和科研单位的比例为92.3%。这些特点，既体现了本地区、特别是西部欠发达地区对高学历人才的需求，也反映了全国各地对民族学教学科研人才的需要。特别是高等院校和科研单位的就业取向，也为民族学教学和科研充实了新生力量，改善了师资和科研队伍的结构。

根据国务院学位办组织的学科建设评估，"十三五"时期，中央民族大学、云南大学等28个民族学学科授权单位共有专任教师1366人，其中教授654人，占47.9%；副教授441人，占32.3%；讲师263人，占19.4%。

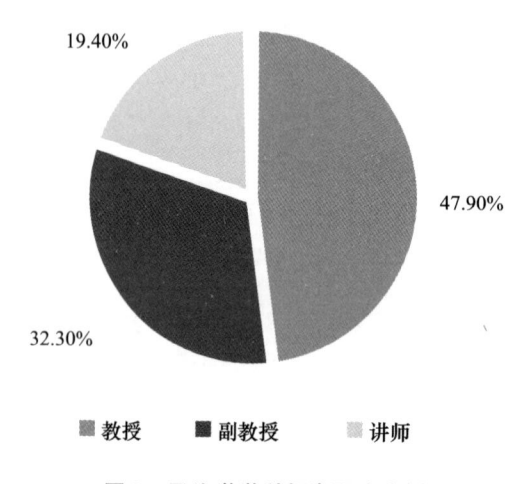

图2　民族学学科师资职称比例

资料来源：国务院学位委员会民族学学科评议组：《民族学一级学科发展报告》，田敏等执笔，2018年7月。

就师资队伍结构的整体平均水平看，上述比例与内地、东部地区的一些高等院校类似，但是具体到各个学校，情况则差别明显、正如民族学二级学科的学位授权点及其师资、科研力量分布有差一样。例如二级学科的马克思主义民族理论与政策专业，硕士学位授权单位21个、博士授权单位13个，每年硕士招生100—120名、博士三四十名不等。[①] 其中包括中国社会科学院大学研究生院民族学系和马克思主义学院这一专业的招生情况。

---

① 参见王希恩、杨须爱《"十四五"规划民族理论和政策研究调研报告》，2020年5月。

近年来，引进海外或境外同类学科和相关专业的博士毕业生、博士后人员，也是加强民族学学科建设的重要途径之一。而国内科研机构、高等院校之间的跨地区人才引进，以及对资深专家（含退休人员）的"兼职引进""专职聘任"等措施也比比皆是。这对民族学学科建设、人才培养、科研力量配置和学术影响力等，都产生了积极的促进作用。这方面的成效，得益于国家有关部门、地方政府、学校和科研单位实施的政策利好和持续加大的经费投入。

三 民族学学科的教学科研条件显著改善

随着民族学学科各类学科"基地""中心"等学术平台的建立，民族学各学科、各专业方向的教学和科研工作条件、学术环境不断改善。关系到民族学学科建设的支撑力量，如图书资料和数据库建设，提高学术刊物质量和影响力，开展国际交流，举办国内外学术会议等，都取得了新进展。

教学育人，离不开科学的教材体系建设和教学的课程设计。在民族学学科的教学实践和教材建设中，各个教学单位积极探索教材编写和课程设计，其中以国家级精品课程和国家教材重点研究基地建设最具代表性。在实践中，民族学学科发挥专业特色与优势，建设了一批国家级精品视频公开课、国家级精品资源共享课。在博士学位授权高校平均0.7科的比较中，中央民族大学、内蒙古大学、中南民族大学、广西民族大学、西南民族大学、云南大学、陕西师范大学、新疆大学平均达到了1.3科的水平。表1所列可见一斑：

表1　　　　　　　　　　民族学学科精品课程一览

序号	单位	课程类别	课程名称	主讲教师/课程负责人
1	中南民族大学	国家级精品资源共享课	民族理论与民族政策	田敏
2	中南民族大学	国家级精品视频公开课	走进神奇的民族医药	梅之南
3	中央民族大学	国家级精品视频公开课	文化与性别	丁宏
4	中央民族大学	国家级精品视频公开课	中国民族志·西北篇	杨圣敏
5	中央民族大学	国家级精品视频公开课	中国民族志·南方篇	杨祝慧

续表

序号	单位	课程类别	课程名称	主讲教师/课程负责人
6	云南大学	国家级精品视频公开课	中国少数民族的生态智慧	何明
7	西南民族大学	国家级精品视频公开课	彝族传统文化	屋尼乌且
8	西北民族大学	国家级精品视频公开课	民族文化的数字化传承与创作	沙景荣
9	广西民族大学	国家级精品视频公开课	民族和谐发展情趣建导课堂	龚永辉
10	广西民族大学	国家级精品视频公开课	民族理论与民族政策	龚永辉
11	陕西师范大学	国家级精品视频公开课	中国筝艺术	孙卓

资料来源：国务院学位委员会民族学学科评议组：《民族学一级学科发展报告》，田敏等执笔，2018 年 7 月。

同时，为了服务国家教育发展和教材建设重大战略，推动提高教材建设科学化水平，为教材建设、管理和政策制定提供理论支持和智力支撑，发挥筑牢思想防线的重要作用，国家教材委员会决定建立国家级教材研究专业机构——国家教材重点研究基地。经过严格评审，2019 年教育部认定批准的首批 11 个基地中，云南大学民族教材和管理政策研究中心成为民族学界唯一的教材研究基地。[①]

学术刊物是学科专业知识积累、传播和交流的重要载体，其传播力、影响力体现着学科的发展水平和同行凝聚力。在民族学学科领域众多的学术期刊、学报中，不乏质量上乘、影响力广泛的优秀刊物。综合 2017 年以来学界相关评价体系的情况，民族学界的这类刊物影响力基本保持稳定，而小幅度的升降则反映了在提升学术质量方面的竞争活力。如在南京大学中国社会科学研究评价中心 CSSCI 体系核心期刊名录中的《北方民族大学学报》（哲学社会科学版）、《广西民族大学学报》（哲学社会科学版）、《广西民族研究》《贵州民族研究》《民俗研究》《民族教育研究》《民族研究》《青海民族研究》《世界民族》《西北民族研究》《西南民族大学学报》（人文社会科学版）、《中国藏学》《中南民族大学学报》（人文社会科学版）、《中央民族大学学报》（哲学社会科学版）；北京大学、中国社会科学评价研究院评价体系的权威期刊和核心期刊名录中的《黑龙江民族丛刊》《回族研究》《云南民族大学学报》（哲学社会科学版）、《藏学学刊》《思

---

① 参见何明《民族学知识生产与学科建设调研报告》，2020 年 5 月。

想战线》《文化遗产》《吉首大学学报》《民族学刊》，以及"扩展"名录范围的期刊、学报等，[①] 都相继呈现了学术影响力的上升之势。

在"2018 中国国际影响力优秀学术期刊"遴选中，《西南民族大学学报》（人文社会科学版）的"国际影响力指数 CI""国际他引总被引频次"和"国际他引影响因子"等计量指标，在与上述名录基本契合的 32 种"民族学学科期刊影响因子"计量排序中脱颖而出，列入"2018 中国国际影响力优秀学术期刊"（人文社会科学）60 强榜单，位居第 30 名。[②] 在扩大民族学类学术刊物的国际影响力方面，除《中国藏学》英文版在国内外的长期影响外，2017 年中国社会科学院民族学与人类学研究所举办了开放获取、同行评议的电子英文期刊 International Journal of Anthropology and Ethnology（《人类学民族学国际杂志》），成为向国际学界推出中国人类学民族学研究的前沿性和优秀研究成果的新窗口，拓展了国际学术交流的渠道。

"十三五"时期，民族学学科依托的科研机构、高等院校保持了持续加大科研经费投入的力度，其中既包括国家级、省部级学术基地和研究中心的配套经费，也包括各实体自主性的经费支持，特别是来自国家社科基金等渠道的项目经费，总体上改善了以往科研经费不足的窘境，为学科建设、课题设置、调查研究、国内外学术交流等方面提供了较好的保障。但是，鉴于民族学学科依托的科研院所、高等学校大多处于西部欠发达地区，在科研经费方面总体上仍受到区域经济社会发展水平的制约，与内地和东南沿海发达地区的比较差距依然明显。例如，"十三五"时期进行的学科调查显示，民族学学科学位授权单位的科研经费和人均水平，各个学校仍存在着明显差别。

尽管如此，同期调查结果也显示，在以"师资队伍与资源""人才培养质量""科学研究水平"和"社会服务与学科声誉"四个一级指标为框架的全国第四轮一级学科评估中，民族学在同属法学门类的法学、政治学、社会学的评估结果比较中仍显示了相对优势。如民族学 A 档（A＋，A，A－）占该学科参评高校的 14.3%，高于同比法学的 14%、社会学 13.3% 和

[①] 本报告引证的学报等刊物，均为"人文社会科学版"或"哲学社会科学版"，相关注释不再一一标注。

[②] 参见《〈西南民族大学学报〉（人文社会科学版）入选"2018 中国国际影响力优秀学术期刊"》，2019 年 1 月 4 日，http://news.swun.edu.cn/info/1004/47690.htm。

政治学的 13.2%；B 档（B+，B，B-）、C 档（C+，C，C-）的占比则与上述学科处于同等或正负 1 个百分点的水平。① 这也从一个侧面体现了民族学学科的建设和发展水平。

四　探索新时代中国特色民族学学科的建设和发展

现代民族学学科在中国已经历了百年的发展，也形成了不同历史阶段的学科建设过程。党的十八大以来，随着全面建成小康社会和西部大开发战略的深入展开，在 2014 年中央民族工作会议和中央西藏工作、新疆工作座谈会精神的指引下，民族学学科如何适应新时代民族工作的战略部署，怎样推动民族学在学科、学术、话语"三大体系"的建设和发展，引起民族学界的高度重视。

"十三五"时期，特别是习近平总书记 2016 年在哲学社会科学工作座谈会上的重要讲话发表后，民族学界展开了新时代中国特色民族学学科建设的新思考。围绕如何使民族学学科在"打造具有中国特色和普遍意义的学科体系"建设中发挥应有的作用？怎样在民族学学科建设和发展中"体现继承性、民族性"，"体现原创性、时代性"，"体现系统性、专业性"？以及践行"每个学科都要构建成体系的学科理论和概念"的发展要求等一系列重要指向，展开了讨论和研究。其中既包括规模不一、多种类型的专题研讨会，也包括一系列专题性的科学研究。其中具有代表性的论文如：何明《民族研究的危机及其破解——学科认同、学者信任和学术体制的视角》（《清华大学学报》2016 年第 1 期），杨圣敏《民族学如何进步——对学科发展道路的几点看法》（《中央民族大学学报》2016 年第 5 期），郝时远《中国民族学学科设置叙史与学科建设的思考——兼谈人类学的学科地位》（上、下）（《西北民族研究》2017 年第 1、2 期），张小军《世界的人类学与中国的民族学》（《世界民族》2018 年第 5 期），何明《民族研究认识论转向与民族学知识体系重构》（《思想战线》2019 年第 6 期）等，以及

---

① 据"全国第四轮学科评估结果（2017）"计算，https://souky.eol.cn/api/newapi/assess_result。

同类论文结集出版的论著。①

这些研究立足于民族学学科"中国化"这一主题,以民族学传入中国的百年发展史为背景,对学科基本定义、学科设置进行历时和共时的国内外比较,针对民族学研究对象的局限性和学科"母体"萎缩等问题,展开了民族学研究的理论范式和研究方法的反思,探讨我国民族学研究解释力、信度和效度不足的深层次根源,提出学科理论建设、学科认识论转向、创新研究范式和方法、学科知识体系重构、坚守学科"母体"、总结中国学派经验、民族学与人类学并存发展的国内外重心、民族学二级学科设置的思考等一系列建议,展开了民族学研究立足本土、放眼世界、聚焦中华民族共同体的整体性学科视野,民族学学科建设也因此纳入了我国哲学社会科学"三大体系"建设的专项研究。②

---

① 如王延中、祁进玉主编《民族学如何进步》,社会科学文献出版社2018年版。
② 即2019年国家社科基金"加快构建中国特色哲学社会科学学科体系、学术体系、话语体系"研究专项之一,"新时代中国特色民族学基本理论与话语体系研究"(19VXK04)。

民族学研究取得丰硕的成果

"十三五"时期，民族学界在面向新时代的科研实践中，紧密围绕中国特色解决民族问题的正确道路，立足全面建成小康社会的伟大实践，在广义的民族研究涵盖的多学科、多领域和多专题的学术研究实践中，取得了丰富多样的科学研究成果。其中既包括基础理论研究，也包括应用实践研究，以及属于学科基本建设方面的各类成果。本报告择其要者做一评介。

一 马克思主义民族理论及其"中国化"成就的研究

马克思主义民族理论是民族学界长期坚持的重要研究方向，其中全面系统地梳理马克思主义经典作家的民族理论及其基本原理，是我国民族理论研究的基础性工作。进入21世纪，以中国社会科学院民族学与人类学研究所民族理论研究室为依托，相继承担了"马工程"有关马克思主义经典作家民族理论的研究，在此基础上对经典作家有关民族理论的论著摘编和基本原理研究，也取得了持续性进展，如王希恩主编《马克思恩格斯列宁斯大林论民族》（中国社会科学出版社2013年版）。在这方面，最具代表性的基本建设成果，是以该研究室名义选编的《马克思主义经典作家民族问题文选》（共3卷5册）（社会科学文献出版社2016年版），这是目前我国马克思主义民族理论原著选编最全面、系统和权威的一部文献著作。

党的十八大以来，学术界对马克思主义经典作家民族理论的研究，聚焦于基本原理、重要论断、基本概念和当代意义等内容，发表了大量的学术论文，据统计近200篇，① 显示了民族学界从指导思想及其基本来源的高度，在马克思主义民族理论研究方面的持续性和深入性。值得注意的是，对马克思主义民族理论展开专题性的系统研究，也成为民族理论专业博士后、博士学位的重要选题。从出版面世的著作来看，包括张三南《马克思主义经典作家关于民族主义的论述及当代意义研究》（时事出版社2014年版），杨须爱《马克思恩格斯列宁民族理论文献在中国的百年传播》（中国社会科学出版社2018年版），是中青年学者在马克思主义民族理论基本原理研究、马克思主义民族理论中国化历史背景研究方面的代表性成果，也有学者对共产国际时期相关历史人物的民族理论进行了较系统的研究，② 以及世界民族研究方面对西方马克思主义民族理论研究的关注，③ 都为马克思主义民族理论的发展提供了历时和共时的比较参照系。

对马克思主义经典作家民族理论的研究，学者们从坚持马克思主义指导地位的基本立场出发，不断深化对马克思主义民族理论基本原理及其当代意义的理解和阐释。其中有关民族理论的基本概念问题，仍是民族理论研究的重要关注点。"概念是理论的支点"，④ 几乎所有的民族理论研究著述都会涉及中文"民族"与西方话语的同类概念如何对话问题。马克思主义经典作家如何阐释和使用这类概念，也是学界长期研究的课题。"十三五"时期，一些专题论文代表了这方面的新进展，如陈玉屏《对"民族国家"和"国族"问题的理论思考》（《西南民族大学学报》2016年第1期），杨须爱《马克思主义经典作家"民族"概念及其语境考辨——兼论"民族"概念的汉译及中国化》（《民族研究》2017年第5期），陈建樾《民族国家：认识、分类、治理及其争议——改革开放四十年来讨论的背景与前景》（《中央社会主义学院学报》2018年第1期），严庆《民族议题研究如何走进新时代：概念、问题、政策的视角——基于改革开放四十年来

---

① 参见王希恩、杨须爱《"十四五"规划民族理论和政策研究调研报告》，2020年5月。
② 如王幸平《奥托·鲍威尔民族理论研究》，中国社会科学出版社2017年版。
③ 另见陈玉瑶《世界民族研究"十三·五"学科调研报告》，2020年5月。
④ 郝时远：《类族辨物——"民族"与"族群"概念之中西对话》，中国社会科学出版社2013年版，第1页。

的变迁》(《中央社会主义学院学报》2018年第1期),钱雪梅《从"民族"概念的流变反思中国民族理论建设》(《中央社会主义学院学报》2018年第2期),陈玉瑶《19世纪欧洲民族问题中的"族体"与马克思恩格斯的解读》(《世界民族》2018年第6期)等,作者多为中青年学者。

对马克思主义经典作家民族理论基本原理及其时代意义的研究,重在对马克思主义民族理论植根中国的创新发展做出"中国特色"的论述和解读,为中国特色解决民族问题正确道路的"自信"提供理论与实践的研究成果。因此,中国共产党的民族理论与民族政策研究,是民族学界长期、持续和不断深化的研究对象。[①] 特别是习近平总书记在2014年中央民族工作会议上的重要讲话精神,成为马克思主义民族理论中国化成就和中国特色解决民族问题正确道路实践的研究主题。在习近平新时代中国特色社会主义思想的研究中,民族学界就习近平总书记关于民族事务的论述展开了广泛、深入的研讨和解读,[②] 围绕道路、制度、法律、政策、治理能力等民族工作实践,发表了大量论文和数量可观的学术成果。[③]

具有代表性的学术专著,即紧密围绕中央民族工作会议精神的著作,一是纳入中国社会科学出版社"理解中国丛书"的郝时远《中国特色解决民族问题之路》(中国社会科学出版社2016年版),该书在中国统一的多民族国家形成和发展的历史背景下,展开了中国共产党解决民族问题的理论发展和政策实践,在古今中外的比较中阐释了中国特色解决民族问题正确道路的形成与发展,较充分地论述了习近平总书记的重要讲话精神,该书已作为中华外译项目推出;二是雷振扬《中国特色民族政策与民族发展问题探究》(中国社会科学出版社2016年版),从中国特色民

[①] 其中包括纪念建党90周年学界相继推出的著作,如郝时远《中国共产党怎样解决民族问题》,江西人民出版社2011年版;康基柱《中国共产党民族纲领政策文献导读(1921年7月—1949年9月)》,中央民族大学出版社2013年版;李凤鸣等《乌兰夫民族和统战理论与实践研究》,民族出版社2013年版;金炳镐等《中国共产党民族理论90年》,辽宁民族出版社2014年版;雷振扬《坚持和完善中国特色民族政策研究》,中国社会科学出版社2014年版,等等。

[②] 如郝时远:《习近平新时代中国特色社会主义思想与民族工作》,《民族研究》2017年第6期;该文英译版 "A Review on Xi Jinping's Ideas of Ethnic Minority Work",发表于 International Journal of Anthropology and Ethnology, volume2, 2018。

[③] 据王希恩、杨须爱《"十四五"规划民族理论和政策研究调研报告》(2020年5月)的统计,这一时期发表的学术论文、文章中,篇名包含"中国共产党民族理论"的共有459篇,包含"中国特色民族理论"的84篇,包含"中华民族"(包括中华民族共同体和铸牢中华民族共同体意识)的4714篇,包含"民族工作"的7012篇,包含"民族团结"的5270篇,包含"民族区域自治"的764篇,等等。

族政策形成、发展的思想渊源与实践历程，探讨了社会主义国家解决民族问题的经验与教训，阐述了坚持与完善中国特色民族政策的重大意义，重点研究了市场经济背景下少数民族合法权益保障、加快少数民族与民族地区经济社会发展和加强民族法治建设等问题，从不同角度回应了对民族理论与民族政策的质疑。此外，结合民族工作实践，从方法论的视角解读中央民族工作会议精神，进行民族理论和政策解读、教材建设和著作修订也产生了诸多新成果。[①] 这些著作的出版，对阐释习近平新时代中国特色社会主义思想中有关民族工作的重要论述，对坚持中国特色解决民族问题正确道路和新时代民族工作创新发展，对回应国内外质疑中国解决民族问题的理论和政策的错误观点和模糊认识，从坚定"四个自信"的高度发挥了重要作用。

二 民族区域自治制度与民族法治建设研究

在少数民族聚居地区实行民族区域自治，是我国《宪法》规定的大政方针，是中国特色社会主义的国家基本政治制度。党和国家历来强调坚持和完善民族区域自治制度，全面贯彻落实民族区域自治法。习近平总书记在2014年中央民族工作会议的重要讲话中强调指出：民族区域自治是中国特色解决民族问题正确道路的重要内容和制度保障。同时对质疑这一制度的"取消论""改省论""苏联模式说"等错误认识给予批评，对新时代坚持和完善民族区域自治制度的着力点——"重"在改善民生，"要"在处理好统一与自治、民族与区域两个关系，以及加强对宪法和民族区域自治法规定的研究等，做出一系列重要论述。这是"十三五"时期国家社科基金年度课题指南和重大项目持续关注的研究方向，也是民族学界政治理论、

---

① 如丹珠昂奔《民族工作方法论——中央民族工作会议精神学习体会》，民族出版社2016年版；朱维群《民族宗教工作的坚持与探索》，四川人民出版社2016年版；国家民族事务委员会编《中央民族工作会议精神学习辅导读本》，民族出版社2014年版；国家民委民族政策研究室编《中央民族工作会议创新观点面对面》，民族出版社2015年版；国家民委研究室编《新时代民族理论政策问答》，民族出版社2019年版；吴仕民主编《中国民族理论新编》（第3版），中央民族大学出版社2016年版；丁龙召、李晶主编《民族理论与民族政策》，内蒙古出版社2016年版；艾尔肯主编《新疆历史与民族宗教理论政策教程指南》，新疆大学出版社2016年版；龚永辉等《民族理论政策讲习教程》，高等教育出版社2018年版；中央民族干部学院教材编写组编著《中国共产党的民族理论与民族政策》，民族出版社2019年版；郝时远《中国共产党怎样解决民族问题》（修订版），江西人民出版社2018年版；等等。

政治制度、法制建设和人权保障等研究的重心，推出了一批有价值的研究成果。

全面准确地解读中央民族工作会议精神是学界的责任。诸如以"民族区域自治：中央民族工作会议讲了什么"为题的论文，① 依据习近平总书记重要讲话精神，从学理上辨析中国的民族区域自治制度是"苏联模式"还是"中国特色"，是"坚持和完善"还是"放弃与取消"，对这一制度在新时代坚持和完善的着力点进行解读和论证，对准确理解新时代坚持和完善民族区域自治制度具有现实意义。围绕这一制度的"中国特色"及其作为国家基本政治制度的实践的研究，在"十三五"时期也经历了五个自治区相继庆祝成立 50、60、70 年和举国纪念改革开放 40 年、新中国成立 70 年等重大时间节点，中央代表团出席五个自治区庆祝大会发表的讲话，对民族区域自治制度的"中国特色"和实践经验以及如何在新时代坚持和完善，做出了进一步的深刻阐释。民族学界根据党和国家传达的这些理论判断和思想指向，结合党的十九届四中全会精神，从国家治理体系和治理能力现代化的高度，对坚持和完善民族区域自治制度展开了新的研究视野。②

坚持和完善民族区域自治制度的根本途径，是在全面依法治国的实践中贯彻落实《中华人民共和国民族区域自治法》，将民族工作事务全面纳入法治轨道。在这方面，学者们或从全面依法治国的高度探讨习近平新时代中国特色社会主义理论中有关民族法治的重要论述，如雷振扬、贾兴荣《习近平"用法律来保障民族团结"思想初探》（《中南民族大学学报》2017 年第 5 期），毛公宁、董武《习近平关于民族法治的重要论述及其意义初探》（《广西民族研究》2019 年第 1 期），吴大华、王飞《习近平民族法治重要论述及时代价值探析》（《贵州民族研究》2019 年第 3 期）；或从宪法原则、地方立法、配套立法等方面展开理论与实践的探讨等，如周世

---

① 郝时远：《民族区域自治：中央民族工作会议讲了什么》，《中央民族大学学报》2015 年第 2 期。
② 如陈永亮《省直管自治县体制研究》，人民出版社 2018 年版；毛公宁《坚持和完善民族区域自治制度——学习党的十九届四中全会精神的几点体会》，《中国民族》2020 年第 1 期；熊文钊、王楚克《试论民族区域自治的制度特色与理论创新》，《中央社会主义学院学报》2019 年第 3 期；周平《民族区域自治制度的内在逻辑》，《学术界》2019 年第 6 期；戴小明《区域法治研究：价值、历史与现实》，《中共中央党校学报》2020 年第 1 期；彭谦、程志浩《民族区域自治制度实现形式与时俱进的有益探索——兼评〈省直管自治县体制研究〉》，《民族论坛》2019 年第 1 期；等等。

中、钟林林主编《依法治国与我国部分少数民族地区的治理》（法律出版社 2019 年版），雷振扬、王明龙《改革开放 40 年民族区域自治制度的发展与完善》（《中南民族大学学报》2018 年第 5 期），刘玲《中国民族法制建设 70 年：历程、成就与展望》（《贵州民族研究》2019 年第 10 期），戴小明《区域法治研究：价值、历史与现实》（《中共中央党校学报》2020 年第 1 期），等等。其中，2017 年立项的国家社科基金重大项目"国家建设视域下民族区域自治理论原理、实践经验与现实挑战"的阶段性成果，潘红祥的《论民族自治地方自治立法权和地方立法权的科学界分》（《法学评论》2019 年第 3 期），在界分民族自治地方自治立法权和地方立法权基础上，科学厘定"本民族内部事务"内涵的研究指向，对民族自治地方配套立法具有重要意义。有学者认为，民族区域自治制度作为国家宪法确立的基本政治制度，最有条件成为一项"更加成熟、更加定型"的制度。

依法管理民族事务，是国家治理体系和治理能力现代化建设中民族工作的重要内容。"十三五"时期围绕民族事务治理的法治化研究，在探讨基本理论的同时，更侧重于实践性和应用性，从区域、边疆和边境展开了司法实践和社会治理的新视野。[①] 同时，与乡村振兴、兴边富民行动的实践、实证紧密结合，从治理体系和治理能力现代化的高度，顺应人口流动、城镇化的发展进程，从有利于加强民族团结、促进各民族交往交流交融的发展态势出发，对城市民族工作、散杂居民族地区社会治理实践中如何强化依法保障少数民族权利等问题展开研究。[②]

三 少数民族和民族地区经济社会发展研究

我国西部地区特别是民族区域自治地方及其所覆盖的陆路边疆地区，

[①] 如邢广程《新时代中国边疆治理的新思路》，《边界与海洋研究》2018 年第 2 期；张紫东《从兴边富民看新时代边境治理》，《新生代》2018 年第 12 期；周建新《乡村振兴战略下中缅边境村寨边民流失问题及其治理策略》，《贵州民族研究》2020 年第 2 期；等等。

[②] 如陆平辉《散居少数民族权利保障：理论、制度与对策》，法律出版社 2016 年版；马俊毅《论城市少数民族的权利保障与社会融入——基于治理现代化的视角》，《中南民族大学学报》2017 年第 1 期；严庆、牛朋利《比例代表制框架下的少数民族政治参与分析》，《民族研究》2017 年第 2 期；徐爽、胡曼《我国城市少数民族移民权利保障研究》，《贵州民族研究》2017 年第 7 期；常安《民族区域自治与新中国对少数民族权利保护 70 年》，《法律科学（西北政法大学学报）》2019 年第 5 期；等等。

基本上都属于经济欠发达地区，普遍存在基础设施水平差、城镇化率低、传统经济生活制约性强、贫困发生率高、文化遗产保护任务重等现象，加之自然环境、人文环境（语言、习俗和宗教等）的特殊性，在融入国家整体建设和发展中始终离不开中央政府的支持、内地和东部地区的援助、本地区各民族人民的自力更生三大发展动能的支撑。改革开放以来，特别是实施西部大开发战略以来，这三大发展动能的势能不断增强、汇聚，成为全面建成小康社会、实现中华民族伟大复兴第一个"百年目标"的强劲动力。这也是民族学界长期关注、持续开展、成果丰厚的实证性田野调查领域。

"十三五"时期是全面建成小康社会的关键时期，精准扶贫进入攻坚阶段。这一时期，国家深化西部大开发战略、加快少数民族和民族地区经济社会发展的政策组合效应最为显著。在持续实施扶持人口较少民族、兴边富民行动、对口支援、精准扶贫和乡村振兴战略的进程中，西部地区集中连片贫困地区的扶贫攻坚战、"三区三州"等精准扶贫专项政策，形成少数民族和民族地区全面建成小康社会的政策体系保障。以这些政策的组合效应和实践成效，展开的少数民族和民族地区经济社会发展研究，在范畴、概念和专业方向上超越了经济学的局限，呈现了多学科知识、理论和方法交融的综合研究领域，成为民族学界着力关注、广泛调研的动态"田野"，推出大量的多样性研究成果。

（一）少数民族和民族地区经济发展研究的科研能力、学术水平显著提高

从"十三五"时期国家社科基金年度课题的立项情况来看，2016—2019年，民族经济方向的课题立项共253项，占民族学学科立项总数的21.5%，年均立项63项。除年度性立项外，还包括重点项目、重大招标项目的立项，如"民族地区深度贫困大调查与贫困陷阱跨越策略研究"（2018）、"集中连片特困民族地区乡村振兴战略研究"（2018）、"新时代传统牧区的乡村振兴与绿色发展研究"（2019）、"中国特色社会主义少数民族经济发展经验及国际比较"（2019）等。同时，部委、地方、科研单位、高等院校的同类课题立项则更加广泛，为推动民族经济学的发展和科研

成果的产出发挥了重要作用。[1]"十三五"时期，民族经济研究界在回顾改革开放四十年学术事业的发展成就中，对民族经济学学科理论体系完善、研究水平提升、研究内容多元和人才培养显著等方面的评判，[2] 对依托于不同地区、不同科研教学单位形成的学术理论流派性特征的提炼，[3] 对新时代民族经济学研究的学科发展进行的探索，[4] 都反映了民族经济学研究业已形成的学术体系和紧密联系少数民族与民族地区经济社会实际的发展特征。其学术成果的多样性展现，也反映了学科知识生产的系统性特点，[5] 以及基于较大规模田野调查的实证性研究成果扩容到"经济社会"范畴的各类发展报告。[6] 值得关注的是，在民族经济学的学科发展和研究实践中，对民族学学科内涵的经济学研究，也形成了从民族经济学到经济民族学的认知转变，这是基于民族学学科"母体"推进学科建设的思考，即立足民族学学科本位，聚焦经济生活的民族表征与民族的生产生活类型，以期构建一门具有领域开拓性与理论超越性的新学科。[7] 在这方面，云南大学陈庆德、吉首大学罗康隆等学者做出了深入的思考并推出了具有代表性的学术成果，如陈庆德、杜星等《经济民族学》（社会科学文献出版社2019年版）。

---

[1] 据乌日陶克套胡《民族经济学学科"十三五"研究现状及"十四五"发展趋势》（2020年5月）的统计，即2016年1月—2020年5月，知网、国图等数据库查询以"少数民族经济"或"民族地区经济"为主题的学术论文共629篇，其中核心期刊论文174篇，学术专著共46部。研究内容主要包括"十三五"时期民族地区社会经济发展状况调查、民族地区精准扶贫、绿色发展与生态建设、民族地区新型城镇化与人口流动、"一带一路"建设与民族地区边境贸易等，多为实证研究、应用研究成果。

[2] 参见黄健英编《民族经济40年》，中国经济出版社2018年版；王长文、李育儒《中国少数民族经济学科提出40年：回顾及思考》，《财经理论研究》2019年第5期。

[3] 参见张丽君、杨秀明《基于学科发展史视角的"民族经济学"学科评述与展望》，《中央民族大学学报》2016年第4期。

[4] 李曦辉：《民族经济学学科新范式研究》，《现代经济探讨》2019年第9期；包玉山、斯日吉莫德格：《推动新时代中国少数民族经济发展的建议》，《财经理论研究》2019年第5期；马先标：《民族经济学的概念含义、义理性与学术使命》，《现代经济探讨》2019年第2期；王来喜：《中国特色社会主义少数民族经济发展理论体系建构研究——基于政治经济学视角》，《内蒙古师范大学学报》2019年第5期。

[5] 较有代表性的如杨思远主编《蒙古族经济史》，中国社会科学出版社2016年版；肖金成编著《少数民族省区经济史研究（西藏自治区、贵州省、青海省）》，山西经济出版社2016年版；黄健英编著《当代中国少数民族地区经济史》，中央民族大学出版社2016年版；乌日陶克套胡等编著《内蒙古自治区牧区经济发展史研究》，人民出版社2018年版；等等。

[6] 如西南大学中国西部民族经济研究中心郑长德等编著的《中国西部民族经济调查》年度系列（中国经济出版社）；西北大学中国西部经济发展研究中心编发的《中国西部发展报告》系列蓝皮书（社会科学文献出版社）；中国社会科学院民族学与人类学研究所主持的《中国民族地区经济社会调查报告》（中国社会科学出版社）；等等。

[7] 参见罗康隆《从生态民族学的发展看民族学的新兴分支学科》，2020年5月。

(二) 以精准扶贫、改善民生为主题的调查研究深入开展

精准扶贫、精准脱贫是全面建成小康社会、实现"一个民族也不能少"的重要战略方针。在国家政策、资金支持和东部发达地区的对口支援下，特别是全国支援西藏、19个省市支援新疆等区域差别化政策的实施，西部地区尤其是民族区域自治地方的各民族人民自力更生、艰苦奋斗，展开了全面建成小康社会的攻坚战。聚焦这场摆脱贫困、实现"两不愁三保障"的攻坚战，成为民族学界多学科参与的重要课题。在这方面开展的调查研究，主要包括基于全面建成小康社会的发展要求和政策内涵，以较宏观的视野展开对少数民族地区精准脱贫政策实践整体性评估研究，[1] 或以省区、州县、乡镇、村落等渐次微观化、个案性的研究，以及对精准脱贫如何因地制宜、因族制宜的实践路径、特色模式、社区参与进行的理论与实践探讨，[2] 包括针对地区、民族及其当地拥有的自然资源、经济资源、文化资源，开展旅游扶贫、产业扶贫、生态扶贫、特色村寨建设扶贫、文化资源开发扶贫等不同地区案例的研究。诸如王孔敬的《民族地区特色资源产业精准扶贫研究》（科学出版社2017年版），王超等《贵州少数民族地区特色旅游产业精准扶贫路径研究》（科学出版社2018年版）和大量的学术论文、研究报告等。聚焦集中连片特困地区

---

[1] 如张丽君等编著《中国少数民族地区扶贫进展报告》年度系列，中国经济出版社；付雨鑫《民族地区精准扶贫机制创新研究》，吉林大学出版社2018年版；权丽华《甘肃民族地区精准扶贫研究》，九州出版社2018年版；以及郑瑞强、曾国庆《巩固提升阶段民族地区精准扶贫关键问题与治理策略研究》，《云南民族大学学报》2018年第3期；张旭、蔡曙山、石仕婵《人类认知五层级与民族地区精准扶贫研究》，《吉首大学学报》2018年第3期；张琦、张涛、贺胜年《供给侧改革视角下民族地区产业精准扶贫的路径探索》，《西南民族大学学报》2019年第1期；等等。

[2] 如郑长德、单德朋《集中连片特困地区多维贫困测度与时空演进》，《南开学报》2016年第3期；郑长德《"三区""三州"深度贫困地区脱贫奔康与可持续发展研究》，《民族学刊》2017年第6期；丁赛、李文庆、李霞《民族地区精准脱贫退出机制的实施、效果及问题——以宁夏永宁县闽宁镇为例》，《宁夏社会科学》2017年第5期；刘小珉《多维贫困视阈下的民族地区精准扶贫——基于CHES2011数据的分析》，《民族研究》2017年第1期；朱玉福、伍淑花《人口较少民族精准扶贫须走特色经济之路——以西藏人口较少民族门巴族、珞巴族为例》，《广西民族研究》2018年第5期；郑瑞强、曾国庆《巩固提升阶段民族地区精准扶贫关键问题与治理策略研究》，《云南民族大学学报》2018年第3期；赖扬恩《宁德畲族地区扶贫开发的实践与启示》，《民族研究》2019年第4期；张琦、张涛、贺胜年《供给侧改革视角下民族地区产业精准扶贫的路径探索》，《西南民族大学学报》2019年第1期；张现洪、陈翎《民族地区精准扶贫的政治溢出效应——以海南、湖北和贵州民族地区的脱贫攻坚为例》，《湖北民族学院学报》2019年第3期；阿班·毛力提汗、曹兹纲《脱贫攻坚战，新疆一定打得赢——2019年新疆脱贫攻坚报告》，《新西部》2020年第1期；等等。

的实证案例研究是这类研究的重要特点。① 在这方面,国家社科基金年度"西部项目"对扶持和推进西部地区相关省区的科学研究,创造了发展条件、提供了重要保障。

(三) 城镇化、特色村寨建设与乡村振兴战略研究取得新进展

坚持走中国特色新型城镇化道路,对西部地区、少数民族地区的城镇化进程具有特殊意义。在这一发展建设进程中,不仅涉及从地理空间上改变城乡关系的格局重构,而且关系到一系列体现区域、自然、民族、文化特点具有的重要功能和作用,由此也决定了这些地区城镇化道路的多样性和特色性。相关研究从民族地区城镇化的目标、路径、模式、问题、对策等各个方面着眼,认为民族地区城镇化应该与特色产业发展、传统文化保护、生态文明建设、公共资源配置乃至社会治理等结合起来。② 民族地区新型城镇化建设必须立足于民族地区文化、生态、民族关系等复杂因素的观点,必须依托于当地自然环境资源和传统文化资源的可持续发展认知,已属共识。③ 与此相关的是少数民族特色村寨建设,这是新型城镇化的题中之义。在这方面,中南民族大学李忠斌教授团队产出的系列成果数量多、涉及面广、水平较高,具有代表性。④ 该团队对少数民族特色村寨建设的实践个案、保护政策、体制机制、路径选择、评价体系以及特色村寨建设与传统文化保护、特色资源开发、区域经济发展的相互促进等进行了全面系统的研究。⑤ 党的十九大提出的乡村振兴战略,与精准扶贫、生态移民、特色村寨和城镇化建设具有

---

① 舒小林:《新时期民族地区旅游引领产业群精准扶贫机制与政策研究》,《西南民族大学学报》2016年第8期;马楠:《民族地区特色产业精准扶贫研究——以中药材开发产业为例》,《中南民族大学学报》2016年第1期;陈灿平:《集中连片特困地区精准扶贫机制研究——以四川少数民族特困地区为例》,《西南民族大学学报》2016年第4期;李佳、田里、王磊:《连片特困民族地区旅游精准扶贫机制研究——以四川藏区为例》,《西南民族大学学报》2017年第6期;张超、王嘉薇、万光彩:《西藏连片特困地区精准扶贫综合绩效评价研究》,《西藏大学学报》2018年第4期;高志英、沙丽娜:《整乡推进整族帮扶:独龙族整族脱贫实践研究》,《广西民族大学学报》2019年第4期;王喜莎:《新时代新疆多民族地区文化精准扶贫问题探析》,《喀什大学学报》2019年第2期;等等。
② 如何建兴《藏区新型城镇化与社会治理创新协同发展研究》,四川民族出版社2018年版;王新哲《西南沿边民族地区新型城镇化模式研究》,科学出版社2019年版;等等。
③ 周竞红:《文化旅游:民族地区新型城镇化的产业切入》,《开发研究》2016年第6期;李忠斌、郑甘甜:《民族地区新型城镇化发展的现实困境与模式选择》,《民族研究》2017年第5期。
④ 如李忠斌《少数民族特色村寨建设的理论与实践》,湖北科学技术出版社2016年版;李忠斌《少数民族特色村寨理论探讨、效果评价及政策创新》,湖北科学技术出版社2019年版。
⑤ 田敏:《民族社会发展研究调研报告》,2020年5月。

内在机理的一体性，这是一个生态环境、人文环境、生活条件兼容共进的乡村建设工程。因此，学术界对民族地区乡村振兴的意义、路径、实践经验研究，突出了民族地区乡村振兴与精准扶贫、旅游开发、传统文化保护、民族团结进步创建等方面的紧密联系，推出了丰富多样的科研成果。①

（四）少数民族文化发展与文化遗产保护研究受到广泛关注

中国作为统一的多民族国家，具有文化多样的国情特点。在漫长的历史长河中，汉文化构成了中华文化的源流主脉，少数民族文化构成了中华文化的斑斓色彩，这是集各民族文化之大成的中华文化建设和繁荣发展的本土文化资源。民族学学科的传统视点、现代视野，民族文化都是最基本、最重要的研究领域。其中既包括对各民族文化类型、特质的深入记录和描写，也包括在比较中揭示各民族文化相互影响、相互吸收、相互融通的历史、现实和未来。在党和国家对少数民族文化、中华文化发展繁荣的大政方针的指引下，②少数民族文化保护和发展、传统文化融入现代经济社会发展中的开发应用、非物质文化遗产保护和传承研究，成为民族学文化研究领域广泛关注的课题，产出的学术成果也尤为显著。③其中既包括列入非物质文化遗产名录的个案研究，也包括非物质文化在保护中开发和产品化、市场化的通识性研究，以及在呈现方式上属于影视民族学范畴、涉及主题多样的可视性成果。④这类研究不仅与各民族交往交流交融的历史进程直接

---

① 如雷兴长《民族贫困地区脱贫攻坚与乡村振兴的深度衔接研究》，《兰州财经大学学报》2019年第2期；于红梅《乡村振兴战略背景下民族地区乡风文明建设调查研究》，《内蒙古民族大学学报》2019年第2期；王章基《民族地区乡村振兴的"村寨模式"研究——以黔东南45个民族特色村寨模式为样本》，《广西大学学报》2019第3期；张丽君《民族地区乡村振兴战略的理论回溯与研究展望——基于知识图谱的可视化分析》，《中央民族大学学报》2019年第2期；荣玥芳、高溪《乡村振兴背景下少数民族村庄文化保护与传承策略研究——以北京巴园子村庄规划为例》，《小城镇建设》2019年第10期；李郡萍《乡村振兴战略背景下民族团结进步创建工作的经验与启示——以大理州漾濞县平坡镇为例》，《滇西科技师范学院学报》2020年第1期；朱万春《乡村振兴战略视阈下贵州民族旅游业的发展研究》，中国纺织出版社2019年版；等等。

② 如《国务院关于进一步繁荣发展少数民族文化事业的若干意见》（2009年），中共中央办公厅、国务院办公厅印发《关于实施中华优秀传统文化传承发展工程的意见》（2017年）。

③ 如陈静梅《贵州少数民族非物质文化遗产传承人保护研究》，中国社会科学出版社2016年版；穆伯祥《少数民族非物质文化遗产的知识产权保护模式研究》，知识产权出版社2016年版；谭东丽《少数民族非物质文化遗产的法律保护研究》，吉林大学出版社2018年版；郑宇、谭本玲、黄绍文《非物质文化遗产的田野图像——哈播哈尼族长街宴》，云南美术出版社2019年版；王丹《中国少数民族非物质文化遗产传承与发展研究》，中央民族大学出版社2019年版；张魏《云南少数民族非物质文化遗产保护与开发研究》，商务印书馆2019年版；色音《中国少数民族非物质文化遗产调查研究》，知识产权出版社2019年版；陈炜、文冬妮：《桂滇黔少数民族特色村寨体育非物质文化遗产活态传承研究》，科学出版社2020年版。

④ 在"十三五"时期获国家社科基金支持的影视民族学项目即达43项，其中包括重点、重大招标项目。参见罗康隆《从生态民族学的发展看民族学的新兴分支学科》，2020年5月。

相关，而且与特色村寨建设、乡村振兴战略、文化扶贫、生态保护乃至地方性"文化大省"建设、民族文化旅游业等发展要求紧密联系在一起。[①] 因此，这些研究包括相对宏观的理论性或普遍意义的探讨，[②] 更多则从应用实践的角度关注民族文化遗产保护较成功的案例。其中以不同民族文化遗产保护案例调查研究为主，涉及民族文化保护区模式的实践和经验，概括为民族文化主题公园、民族文化生态保护区、民族村寨生态博物馆、民族旅游开发保护、档案式保护以及丽江古城、黔东南非遗保护模式等研究，[③] 也包括对更微观的地理单元、乡村开展的实证个案研究。中山大学孙九霞团队在旅游民族学（旅游人类学）方面长期持续开展的研究，深入到旅游地居民参与的身份、就业和演艺文化产品等具体内容。[④] 近年来，这方面的研究显著地融入全面建成小康社会、精准扶贫的进程中。[⑤] 旅游民族学等学科的发展成为民族学参与社会现实问题研究的一个亮点。学术界在民族地区旅游与文化涵化、旅游与文化自觉、旅游经济增长产生的文化和社会问题等诸多方面展开了卓有成效的调查研究。[⑥] 相关调查研究表明，非物质文化遗产保护、旅游开发、精准扶贫三者之间的有机统一，[⑦] 将是少数民族地

[①] 如李旭《非物质文化遗产保护及其文化变迁研究——以镇宁县布依族为例》，《湖北民族学院学报》2016年第4期；吕俊彪、赵业《后传统时代民族文化遗产保护的困境与出路——基于广西京族社会的田野考察》，《黑龙江民族丛刊》2017年第3期；黄艳《生态博物馆理念嵌入民族村寨文化遗产保护研究》，《广西民族研究》2018年第6期；张璐《基于文化共同体构建的民族非物质文化遗产保护探究》，《贵州民族研究》2019年第6期；等等。

[②] 如饶勇、林雪琼《民族村寨旅游发展中的同质化竞争困境及其成因研究》，《贵州民族研究》2018年第12期；张新友《新疆多民族地区非物质文化遗产旅游资源评价》，《贵州民族研究》2018年第10期；卢世菊、吴海伦《精准扶贫背景下民族地区民宿旅游发展研究》，《贵州民族研究》2019年第1期；罗君名《民族旅游资源资本化研究》，《贵州社会科学》2019年第2期；谢冰雪、胡旭艳《"舞台真实"理论在民族旅游文化保护策略中的运用误区——基于对"前台、帷幕、后台"开发模式的反思》，《云南社会科学》2019年第4期；等等。

[③] 参见田敏《民族社会发展研究调研报告》，2020年5月。

[④] 孙九霞、王学基：《旅游凝视视角下的旅游目的地形象建构——以大型演艺产品〈印象·刘三姐〉为例》，《贵州大学学报》2016年第1期；孙九霞、廖婧琳：《旅游参与对少数民族两性家庭分工的影响——以西江千户苗寨为例》，《思想战线》2016年第1期。

[⑤] 何莽、黄凯伦、李靖雯：《四川兴文苗族旅游扶贫情景下的非物质文化遗产保护与开发》，《广西民族大学学报》2018年第6期；张晓萍、张超旋、李春梅：《民族宗教旅游资源开发与利用的人类学思考——以云南为例》，《青海民族研究》2019年第1期；张冠群：《民族旅游场域中文化符号系统的构建——以草原旅游为例》，《青海民族研究》2019年第1期；张英、龙安娜：《民族村镇旅游精准扶贫实证分析——以湘西州德夯、芙蓉镇、老洞、惹巴拉四村为例》，《中南民族大学学报》2019年第3期；等等。

[⑥] 参见罗康隆《从生态民族学的发展看民族学的新兴分支学科》，2020年5月。

[⑦] 何莽、黄凯伦、李靖雯：《四川兴文苗族旅游扶贫情景下的非物质文化遗产保护与开发》，《广西民族大学学报》2018年第6期。

区发展的一个重要路径。

（五）生态环境保护与建设的民族学研究迅速发展

生态文明建设是新时代"五位一体"总体布局的重要支撑之一，也是西部地区经济社会发展的重要内容。习近平总书记"绿水青山就是金山银山"的发展理念，对生物多样性、生态环境脆弱的西部地区具有事关现实和未来的重大指导意义。因此，保护生物多样性的自然环境资源，修复和增强生态环境的自我平衡能力，是深化推进西部大开发、全面建成小康社会和扶贫攻坚中最重要的实践，这为生态民族学的发展提供了面向新时代的重要任务。民族学界对生态环境问题的关注，是伴随着多样性自然环境中少数民族经济社会发展和文化变迁而形成的一个研究方向。多年来，学术界对一些少数民族传统经济生活中的"刀耕火种""逐水草而居"等所谓"原始""落后"生产方式的反思性研究中，体会到"一方水土养一方人"的"水土"道理，感知到传统生存智慧在人与自然互动关系中的"本土知识"学理，深刻意识到自然与人"皮之不存毛将焉附"的哲理。生态民族学正是在这一循序渐进的认识论过程中形成学科化发展的。在这方面，从20世纪90年代云南大学尹绍亭展开人与森林的系列研究，到吉首大学杨庭硕、罗康隆团队持续开展的研究，为生态与人的民族学、人类学研究做出了突出贡献。除了学科性基本理论、范畴和概念的研究外，党的十八大以来，该团队围绕全面建成小康社会和生态环境保护，聚焦于生态扶贫理论的创新与应用、连片特困地区生态保护与建设、民族地区生态经济与产业扶贫三个研究领域，发表了有关生态扶贫的学术论文500余篇，出版了"生态扶贫研究丛书"等40余部学术专著，其中包括国家社科基金和国家自科基金重大项目、重点项目、一般项目、青年项目和西部项目等各类项目20余项成果。[①] 从全国范围同类选题立项的情况可以看出，西部地区、少数民族聚居地区的课题取向都突出了生态民族学研究的实践应用价值。这方面推出的研究成果，体现了区域分布、族别分类、生态类型、传统文化中的地方性知识、环境保护、经济社会开发中的生态补偿、集中连片贫困地区的生态扶贫等多样

---

① 参见罗康隆《从生态民族学的发展看民族学的新兴分支学科》，2020年5月。

性的研究视角。[①] 其中，对集中连片特困区致贫原因及类型进行的探究，包括了系统研究生态扶贫理论的概念、命题、方法与实践路径等问题，并从应用的视角出发，对自然资源、文化资源的多样性保护与利用，发掘本土生态知识开展生态环境保护与生态安全建设，以及在具体扶贫实践中从文化、生态、区域、制度与人口等视角出发进行文化干预、运行效果、评估指标等实践操作体系研究，生态经济发展与产业扶贫协调发展的路径与对策研究，都聚焦于确保生态扶贫成效的稳定与可持续发展，为生态扶贫理论的创新研究与脱贫致富路径做出了新的探寻。"十三五"时期，在生态移民和异地搬迁脱贫方面，学者们的研究视点着力于生态移民的生计资本、生计模式与生计风险，生态移民的文化适应与社会适应，生态移民政策效益评估，生态移民可持续发展及后续产业四个方面，并产出了大量研究成果。[②] 这方面的研究也包括了在生态文明建设和经济社会发展中颇为特殊的牧区、牧业、牧民这一领域。

（六）"三牧"问题研究引起学界的高度重视，研究水平不断深化

解决"三农"问题，是我国改革开放以来长期、持续推进且关涉地域广阔、人口众多的经济社会发展问题。在民族学研究领域，除了对"三农"问题开展的广泛研究外，对牧区、牧业、牧民在现代化发展进程中的"三牧"问题调查研究，也是日益受到重视的研究方向。在我国辽阔的国土上，草原生境是分布广阔的重要生态系统之一。草原畜牧业是历史悠久的传统经济生产行业，也是中国历史上农耕文明与游牧文明交汇互补、相互依存的物质生活基础。在现代社会的国民经济发展统计口径中，农林牧渔业都属于农业门类，其中畜牧业包括广义的畜禽养殖业。

---

① 如安富海《地方性知识与民族地区地方课程开发研究：以甘南藏族为例》，中国社会科学出版社 2016 年版；罗康隆、吴寒婵《侗族生计的生态人类研究》，中国社会科学出版社 2017 年版；黄龙光《上善若水：中国西南少数民族水文化生态人类学研究》，商务印书馆 2017 年版；吴彤《科学实践与地方性知识》，科学出版社 2017 年版；陈祥军《阿尔泰山游牧者：生态环境与本土知识》，社会科学文献出版社 2017 年版；李全敏《秩序与调适：德昂族传统生态文明与区域可持续发展研究》，社会科学文献出版社 2017 年版；靳乐山、胡振通《中国草原生态补偿机制研究》，经济科学出版社 2017 年版；冯明放、彭洁《中西部连片特困地区生态移民问题探索》，西南交通大学出版社 2017 年版；何俊《当代中国生态人类学》，社会科学文献出版社 2018 年版；石彦伟《地方性知识与边缘经验》，作家出版社 2019 年版；沈云都、杨琼珍《纳西族山林观念研究：地方性知识的建构与科技文明的袭入》，中国科学技术出版社 2019 年版；等等。

② 参见罗康隆《从生态民族学的发展看民族学的新兴分支学科》，2020 年 5 月。

"三牧"问题则确指依托于草原生态从事传统游牧、圈养的牲畜养殖，通常是一些少数民族经年继世因袭的古老生产行业，主要分布在内蒙古、青海、西藏、新疆四大牧区和其他草原地区。这些地区相对于农业种植区域称为牧区。相关统计表明，我国的牧区分布在13个省区268个旗县市（包括半农半牧），草原面积占国土面积的40%以上。[①] 这些地区的重要特点是地域广阔、行政建制乡村疏离、从事牧业生产的人口分布稀疏，传统畜牧业与草原生态环境的依存关系极其密切。改革开放以来，随着农村家庭联产承包制的改革，牧区乡村也实施了草场、牲畜的家庭承包。这种适合于农村种植业、养殖业的变革，在草原牧区的发展实践中出现了一系列问题。传统的"逐水草"游牧方式，在草场分割和追求牲畜数量的发展实践中凸显了"草畜矛盾"。没有牲畜的规模效应和出栏率，牧民不能脱贫致富；而草场的分割，在改变和取代有利于草原生态休养生息的游牧方式及其所蕴含草畜平衡传统知识的同时，又造成了牲畜无草可食的困境，乃至牧民的贫困。针对这些问题，学术界和相关行业管理部门展开了长期的调查研究，研讨了诸多原因。诸如从草原载畜量视角分析"超载过牧"论，从生产方式角度辨析"粗放经营"论，从气候变暖的大环境解释"草原干旱"论，从追求山羊绒效益大规模牧养山羊造成"刨食草根"论，以及草场局限、草场退化、牲畜过多的"蹄灾"论，等等。[②] 事实上，在这些聚焦于草原—牲畜—人的互动依存关系的研究中，学界越来越清楚地意识到草原畜牧业传统智慧的现代意义，进而从草原生态环境保护和可持续发展的高度，审视"三牧"问题背后更大范围的人为活动及其影响。其中包括草原地区企业化的矿产资源开发、民间性的草原采摘搂刮（蘑菇、发菜）等普遍性问题。一项针对"过度放牧"问题的调查表明，占内蒙古草原面积80%的典型纯牧区并不存在超载的"过牧"问题，而"过牧"严重区域集中于半农半牧、草原农区，尤其是工矿开发区域，该项研究从草地利用方式或畜牧业生产方式的差异比较中揭开了"过牧"问题的"统计幻觉"。[③] 这类研究对深入观

---

① 参见海山《"三牧问题"研究综述》，2020年5月。
② 参见海山《"三牧问题"研究综述》，2020年5月。
③ 达林太、郑易生：《真过牧与假过牧——内蒙古草地过牧问题分析》，《中国农村经济》2010年第5期。

察"三牧"问题提供了重要启示。随着全面建成小康社会的进程,"十三五"时期的"三牧"问题研究在诸多学科和专业的参与下,聚焦于草原生态保护、草场科学合理利用、资源开发与生态补偿、牧区乡村振兴和城镇化、牧区生态移民与定居化、草场流转与畜牧业可持续发展等一系列议题,发表了大量学术论文,其中草原地区矿产资源开发与生态环境问题也引起广泛关注。事实上,不合理的开发矿产资源,不仅是造成草原生态恶化、环境污染和草场退化的重要原因,而且也是相关地区畜牧业收益下降,牧民增收乏力,甚至畜牧业产业链断裂的原因。[1] 对此,学术界从草原生态、民族关系、法律机制和保障牧民合法权益等多角度展开了调查和研究,其中关涉内蒙古牧区的案例最为突出。[2] 同时,对牧区本土知识的调查研究,也从游牧文明内涵的生态平衡观展开了历史梳理和知识提炼,阐释游牧文化的现代性。特别是"十三五"时期,习近平总书记在两会期间参加内蒙古代表团讨论时,针对内蒙古生态环境问题发表了重要讲话,提出了筑牢祖国北疆生态安全屏障、打造北疆亮丽风景线的发展战略,使学术界关注的"三牧"问题在生态文明建设的层面展开了新的视野。在这方面,关涉"三牧"问题的学术研究成果形成了较丰富的积累,推出了一批综合性、专题性的研究著作。[3] 同时,立足调

---

[1] 参见海山《"三牧问题"研究综述》,2020年5月。
[2] 如杨春梅《呼伦贝尔草原地区矿产资源开发与生态环境保护的法律研究》,《呼伦贝尔学院学报》2016年第1期;刘昕《内蒙古矿产资源开发与草原生态保护协调发展现状及其法律对策研究》,《商》2016年第28期;马媛媛《内蒙古草原矿产资源开发引发的社会矛盾及化解机制研究》,《中国市场》2016年第21期;张群《牧区矿产开发中的牧民受益机制探析——基于内蒙古A苏木的考察》,《甘肃理论学刊》2017年第6期;阿拉坦格日乐、恩和《内蒙古牧区资源开发中的"资源诅咒"现象分析》,《农业展望》2017年第5期;刘敏、包智明《西部民族地区的"压缩型现代化"及其生态环境问题——以内蒙古阿拉善为例》,《云南社会科学》2019年第2期;等等。
[3] 包凤兰:《半农半牧区经济发展模式研究:以内蒙古为例》,中国社会科学出版社2016年版;王婧:《牧区的抉择》,中国社会科学出版社2016年版;李继刚:《西藏农牧区反贫困与乡村建设》,厦门大学出版社2016年版;徐慧贤:《牧区民间金融发展——草原文化与社会结构变迁视角下》,经济管理出版社2017年版;贾晓华:《内蒙古牧区城镇化发展研究》,中国经济出版社2017年版;嘎强琼达:《西藏农牧区妇女教育现状分析与对策思考》,社会科学文献出版社2017年版;成世勋:《新疆少数民族牧区双语教育发展研究》,知识产权出版社2017年版;乌静:《牧区生态移民的生活变迁研究》,中国政法大学出版社2018年版;杨丽雪:《青藏高原东缘牧区生态保护与经济发展耦合研究》,科学出版社2018年版;孔春梅、赵首军、王佳锐:《牧区民生发展报告——基于内蒙古自治区的研究》,经济管理出版社2018年版;陈洁、原英、乔光华等:《我国传统牧区转变畜牧业发展方式问题研究》,上海远东出版社2018年版;哈斯其格:《牧区贫困状况与提升牧民自我发展能力研究》,经济管理出版社2019年版;刘鑫渝:《新疆牧区土地流转中哈萨克牧民可持续生计研究》,知识产权出版社2019年版;吴春宝:《西藏农牧区精准扶贫对象瞄准及施策效果研究》,中国社会科学出版社2019年版;等等。

查研究的实证资料,展开了学理性更强的讨论,如达林太、齐木德道尔吉的《草地畜牧业的价值链分析——基于内蒙古12个典型纯牧业旗的调查》(《中央民族大学学报》2020年第1期)一文,通过一系列实证调查,探讨了草地畜牧业价值链分配的不公平性及其所造成的问题和挑战,并对维护"生态优先、绿色发展"国家战略具有重要意义的草原畜牧业,立足牧区实施乡村振兴战略的实践,从资本、技术和国家税收等方面提出制定有利于提高牧民收入和保彰草原畜牧业可持续发展的政策建议。这类成果显现了"三牧"问题研究的深化发展趋势,同时也为政府决策提供了智力支持。内蒙古自治区在打造北疆亮丽风景线的改革发展实践中,确立了草原是广大牧民群众赖以生存的命根子和精神家园的观念,强调牧区工作一定要把保护草原生态作为第一位的、压倒性的任务,要求深入研究草原生态系统内在机理、尊重和顺应自然,做出了严禁在草原上进行新的矿产资源开发项目等决策,与学界"三牧"问题及其聚焦的草原生态问题研究和对策建议达成共识。

(七)少数民族地区社区建设和社会治理研究受到广泛关注

少数民族聚居地区的社区建设与内地、东部地区差异显著,很多地区存在地域辽阔、人口分布广、城镇稀疏、自然地理环境多样(如山区、草原、森林、高原、戈壁绿洲等)等情况,加之农区、牧区、林区等生产生活环境不同,城镇社区、乡村社区、牧业社区类型多样,其中也包括族别性人口集中聚居的特点以及涉及的语言环境、宗教信仰等文化因素。因此,对少数民族地区社区建设的研究,既包括城镇少数民族聚居或多民族混居的社区建设,也包括农村牧区的乡村(寨、嘎查)社区建设。从党的十六届五中全会提出按照"生产发展、生活宽裕、乡风文明、村容整洁、管理民主"的要求扎实推进社会主义新农村建设以来,农村牧区的社区建设就引起了学术界持续性的关注。党的十八大以来,在全面建成小康社会的建设进程中,全面推动美丽乡村的建设展开了全面、系统和指标明确的新局面。美丽乡村建设与特色村寨、扶贫、生态移民、乡村振兴等组合发展政策融为一体,在基础设施方面,实现"打通最后一公里"的"村村通",实现乡村设施的"五通十有"。在乡风文明建设方面,以社会主义核心价值观为引领,发展特色产业,保护和发展少数民族文化,倡导和构建多民族互嵌式社区，巩固和健全党的基层组织，充分发挥村民自治作用，依法管理宗教事务，等等。这些内容为民族地区的农村牧区乡村社区建设提出了众多研究理论视点和实证案例。其中，根据2014年中央民族工作会议关于促进各民族交往交流交融的方针，构建各民族共居共学共事共享的互嵌式社区的倡导，学术界从社区建设和社会治理的民族关系因素出发，对城镇社区（包括生态移民新村）开展了各民族互嵌社区模式的调查研究，取得了较突出的学术成果。[①] 在涉及少数民族地区农村社会治理研究方面，大多是结合实际问题展开具有应用价值的对策研究。[②] 随着国家治理体系和治理能力现代化建设的进程，这方面的研究将开辟更为广阔的实证性和应用性的空间。

四　民族团结进步与铸牢中华民族共同体意识的研究

党的十八大以来，在习近平新时代中国特色社会主义思想指导的战略布局中，民族工作等相关领域是关系全局的重大事务。以2014年中央民族工作会议为标志，以及中央西藏工作座谈会、新疆工作座谈会，全国统战工作会议、全国宗教工作会议相继召开，习近平总书记发表了一系列重要讲话，并通过视察少数民族地区、接见各民族人士等多种形式，反复强调了新时代民族团结进步和铸牢中华民族共同体意识的重要性。习近平总书记指出："各族人民亲如一家，是中华民族伟大复兴必定要实现的根本保证"，要"把民族团结进步事业作为基础性事业抓紧抓好"。这是中国共产党对民族团结进步事业面向新时代做出的理论阐释和实践指导。民族团结

[①] 如来仪《城市民族互嵌式社区建设研究》，《学术界》2015年第10期；魏冰《互嵌式治理：新疆多民族互嵌社区建设的有效选择》，《西北师大学报》2016年第1期；袁淑玉、王震《民族交往交流交融的一招好棋——为什么要建设民族互嵌式社区》，《人民论坛》2017年第13期；宋红彬、艾恒平《国外社区建设对新疆构建"嵌入式"多民族聚居区之借鉴》，《新疆社会科学》2017年第2期；刘东旭、孙嬿《围市而居：南阳流动维吾尔族的社区建设》，《中央民族大学学报》2018年第6期；王俊《城市民族社区民族艺术的建构与传承——基于昆明西郊白族社区的研究》，《贵州民族研究》2018年第8期；陶斯文、杨风《各民族相互嵌入式社区建设：制约因素与发展路径——对成都市的调查与思考》，《西南民族大学学报》2019年第3期；等等。

[②] 如汗克孜·依布拉音《新疆少数民族地区农村社会治理模式探析》，《农村科技与经济》2016年第22期；王鹏《少数民族地区农村社会治理出现的新问题及对策研究》，《新疆社科论坛》2016年第2期；张伟《我国少数民族地区社会治理的创新发展的路径研究》，《贵州民族研究》2018年第4期；李晨、周裕兴《乡村振兴背景下少数民族地区农村社会治理面临的新问题与应对机制》，《贵州民族研究》2019年第4期；等等。

进步的"根本保证"作用和"基础性事业"的重要意义，为民族团结进步研究揭示了新的理论境界、开辟了新的实践路径。特别是中华民族伟大复兴的目标写入宪法，铸牢中华民族共同体意识写入党章产生的巨大社会效应，引起了民族学研究界的积极响应，在"十三五"时期形成了理论与实践相结合的前沿课题，研究成果呈快速增长态势。这方面的研究，既有民族理论和民族政策研究的基本特点，又立足于各民族共同团结奋斗、共同繁荣发展的实践，其研究主旨则是中华民族伟大复兴不可或缺的"民族共同体意识"，即中华民族共同体意识。从这个意义上说，各民族共同团结奋斗，是铸牢中华民族共同体意识的精神动力；各民族共同繁荣发展是铸牢中华民族共同体意识的社会基础。民族学界正是在这一认知下展开了民族团结进步和铸牢中华民族共同体意识的研究。

"十三五"时期，民族学界从多学科、多专业方向开展的民族团结研究，与国家民族工作部门、民族团结进步示范省区建设等推动的民族团结进步创建实践紧密联系，形成了若干稳定的学术团队，通过实施重大课题、协同创新等方式开展研究。如中央民族大学严庆团队，以教育部哲学社会科学研究重大课题攻关项目"健全民族团结进步教育常态化机制研究"开展的民族团结与中国民族理论政策体系研究；中国社会科学院民族学与人类学研究所民族理论研究室陈建樾团队，以"马克思主义民族理论中国化与中国共产党民族理论政策的百年历程"为题的创新工程项目，以及和云南民族大学共建的民族团结进步研究中心开展的研究；属于国家民委"民族团结进步创建活动研究中心"建制的中南民族大学研究团队，聚焦于民族团结进步创建理论与实践研究，并设立经济社会发展、民族文化和体育、城市民族关系等研究方向。[①] 随着高等院校普遍开展的民族团结进步创建示范活动的开展，[②] 以民族团结进步为主题的学术研究也显著增多，并展开了理论与实践的广阔视野。

中文话语中的"民族团结"，是对统一的多民族国家维护各民族人民平等、互助、和谐关系的状态描述，是衡量巩固和发展社会主义民族关系

[①] 参见刘玲、张少春、陈建樾、周竞红《"十四五"学科专题调查报告：民族团结研究》，2020年5月。
[②] 杨圣祥、陈英：《开创高校民族团结进步创建工作新模式》，《中国民族报》2019年2月15日；周涵：《凝聚与适应：高校民族团结进步教育实践的创新——基于对河南省C大学"石榴树"工程的研究》，《民族教育研究》2020年第1期。

的核心标志。民族团结体现各民族一律平等的实现程度，展现各民族守望相助、和衷共济的相互依存，象征各民族和睦相处、美美与共的和谐发展。因此，民族团结不仅是一种理念，而且涉及民族关系的经济、政治、文化和社会生活等方方面面的实践。对中国来说，民族团结的"历史基因"存在于统一的多民族国家形成和发展的历史过程中，需要我们从各民族共同建立伟大祖国的历史脉络中去提炼和阐释。但是，更重要的是现实，即聚焦于中国共产党在领导中国革命和建设事业中倡导和维护民族团结、践行和创建民族团结的理论与实践。对此，学术界不仅从马克思主义经典作家有关民族团结的论述展开了中国共产党民族团结理论的溯源性研究，如金炳镐等14位高校民族理论一线教师撰写的民族团结进步理论与实践的系列论文；[1] 而且通过专题性研究，对中国共产党民族团结思想形成的历史脉络、创新发展、创建实践及其中国特色进行解读。[2] 从相关学术资源的数据库统计，可以看出这方面的研究对"民族团结""民族团结进步"的理论分析和阐释占到发表总量的一半以上，民族团结教育、创建实践、民族区域自治的法律和制度对民族团结的保障作用等，均有专题性的研讨。

同时，一批以民族团结为主题、立足于地区经验、行业特点的研究著作也相继面世，如徐杰舜、孙亚楠、刘少莹《大象——中国民族团结南宁经验研究》（民族出版社2017年版），刘玲《企业发展与民族团结——民族地区企业社会责任的理论与实践》（社会科学文献出版社2017年版），其中周竞红《内蒙古自治区民族团结进步的理论与实践》（社会科学文献出版社2017年版）一书，突出了"模范自治区"的经验，颇具代表性。

---

[1] 如杨文顺、韩艳伟《马克思主义关于民族团结联合与民族发展进步的理论与实践——民族团结进步理论与实践研究系列之一》，毕跃光、苏亚曦《列宁主义关于民族团结联合与民族发展进步的理论与实践——民族团结进步理论与实践研究系列之二》，毕跃光、李红云《毛泽东思想关于民族团结友爱与发展的理论与实践——民族团结进步理论与实践研究系列之三》，木永跃、金浩《邓小平关于民族团结友爱和民族发展进步的理论与实践——民族团结进步理论与实践研究系列之四》，金炳镐、文兵、张娇《中国民族团结进步实践的内涵、历程和特点——民族团结进步理论与实践研究系列之五》，余文兵、尹雄艳、肖锐《中国民族团结进步实践的成效、经验与创新——民族团结进步理论与实践研究系列之六》，连续刊于《黑龙江民族丛刊》2017年第2、4、6期。

[2] 如陈建樾《互动与激荡：中国共产党民族团结思想的提出与清晰化》，《西南民族大学学报》2017年第2期；周竞红《各民族在交往交流中团结凝聚——兼论十八大以来中国共产党民族团结思想继承与发展》，《中国边疆史地研究》2017年第3期；隋青、李钟协、孙沐沂、李世强、陈丹洪《我国民族团结进步创建的实践》，《民族研究》2018年第6期；严庆《中国民族团结的意涵演化及特色》，《民族研究》2019年第1期。

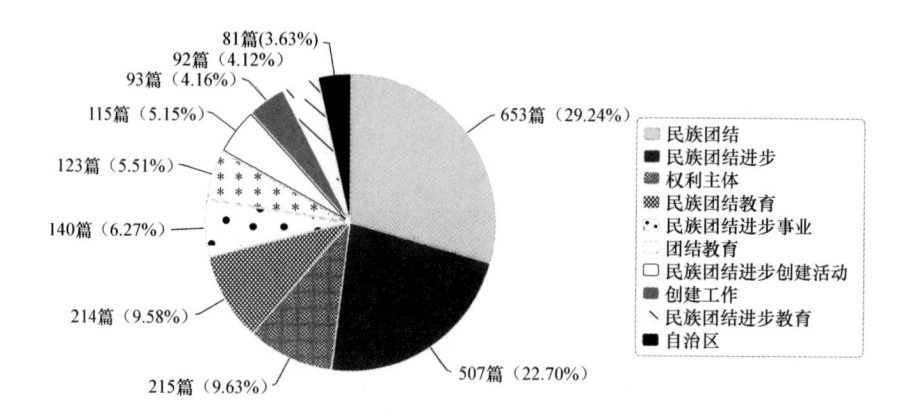

760 \ 中国特色哲学社会科学发展报告（中卷）

（饼图内容）
- 653篇（29.24%）民族团结
- 507篇（22.70%）民族团结进步
- 215篇（9.63%）权利主体
- 214篇（9.58%）民族团结教育
- 140篇（6.27%）民族团结进步事业
- 123篇（5.51%）团结教育
- 115篇（5.15%）民族团结进步创建活动
- 93篇（4.16%）创建工作
- 92篇（4.12%）民族团结进步教育
- 81篇（3.63%）自治区

图3　2016—2020年以民族团结为主题的学术论文

资料来源：刘玲、张少春、陈建樾、周竞红：《"十四五"学科专题调查报告：民族团结研究》，2020年5月。

这一阶段，以民族团结进步为主题的硕博论文也呈前所未有的增长之势，同期以国家社科基金为主导的科研项目支持，也体现了民族团结进步研究倍受关注的现实。

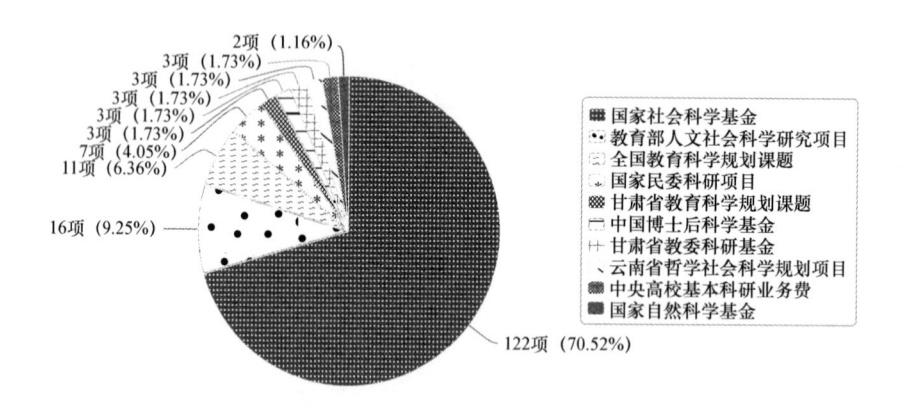

（饼图内容）
- 122项（70.52%）国家社会科学基金
- 16项（9.25%）教育部人文社会科学研究项目
- 11项（6.36%）全国教育科学规划课题
- 7项（4.05%）国家民委科研项目
- 3项（1.73%）甘肃省教育科学规划课题
- 3项（1.73%）中国博士后科学基金
- 3项（1.73%）甘肃省教委科研基金
- 3项（1.73%）云南省哲学社会科学规划项目
- 3项（1.73%）中央高校基本科研业务费
- 2项（1.16%）国家自然科学基金

图4　2016—2019年各类基金对民族团结进步课题的支持

资料来源：刘玲、张少春、陈建樾、周竞红：《"十四五"学科专题调查报告：民族团结研究》，2020年5月。

对我国来说，民族团结进步事业作为国家基础性建设事业的意义，集中体现为铸牢中华民族共同体意识的倡导和引领。因此，民族团结进步研究与铸牢中华民族共同体意识研究形成了相辅相成、相得益彰的交融发展态势。如前所述，"十三五"时期，铸牢中华民族共同体意识的研究在相关部委的支持下，依托于科研院所和高等院校建立了一系列实体化的研究基地。这些研究实体的建立，不仅体现了铸牢中华民族共同体意识的国家意志，而且也顺应和激励了包括民族学界在内的哲学社会科学界长期以来解读中华民族凝聚力、阐释"多元一体"、探讨"民族建构"的学术取向。从近代以来，有关"中华民族"的概念、内涵以及形成和发展一直为学界所关注，改革开放以后围绕中华民族凝聚力的研究在民族史学界多有成就，费孝通先生的"多元一体"理论则不断深化学界的思考，直至党中央关于构建社会主义和谐社会的决定中提出"尊重差异、包容多样"的理论命题，形成了在多样中求统一、在差异中求和谐的研究取向。但是，从"共同体"的视角对中华民族进行深入的研究尚未形成学术热点。

党的十八大以来，中国特色社会主义现代化建设事业，展现了比历史上任何时候都更接近实现中华民族伟大复兴目标的前景，铸牢中华民族共同体意识的新时代要求，以新的思想境界展示了中华民族共同体建设的现实需要和发展前景。对此，我国哲学社会科学界诸多学科都给予了关注和研究，从2015年以来国家社科基金、教育部资助立项的各层级项目达60余项，涉及马列·科社、政治学、文学、社会学、新闻传播等学科，尤以民族学为多。[①] 从"十三五"时期民族学界推出的研究成果及其关注点来看：一是解读和阐释中央民族工作会议关于中华民族的新思想，[②] 二是论述以中华民族共同体为对象的民族研究新任务，[③] 三是论述建设中华民族的重要意义，[④] 四是对中华民族共同体的基本内涵进行解读，[⑤] 五是从中华民族形成和发展的历史过

---

① 参见麻国庆、蒙祥忠《"十四五"学科专题调查报告：中华民族共同体意识研究现状》，2020年5月。
② 如郝时远《中华民族：从中央民族工作会议的论述展开》，《黑龙江民族丛刊》2016年第1期；林林、赖海榕《习近平关于中华民族共同体意识的重要论述探析——对全球化视域下中华民族共同体意识的塑造》，《经济社会体制比较》2019年第5期。
③ 如麻国庆《民族研究的新时代与铸牢中华民族共同体意识》，《中央民族大学学报》2017年第6期；周平《中华民族研究的国家视角》，《思想战线》2019年第1期。
④ 如周平《再论中华民族建设》，《思想战线》2016年第1期；王延中《铸牢中华民族共同体意识建设中华民族共同体》，《民族研究》2018年第1期；常士訚《中华民族共同体的现代多重建构及其逻辑》，《西南民族大学学报》2019年第3期；高永久《正确认识铸牢中华民族共同体意识中的几个重要关系》，《广西民族大学学报》2019年第6期。
⑤ 如青觉、徐欣顺《中华民族共同体意识：概念内涵、要素分析与实践逻辑》，《民族研究》2018年第6期；陈茂荣《论"中华民族共同体"的基本内涵》，《广西民族研究》2019年第5期；孔亭、毛大龙《论中华民族共同体的基本内涵》，《社会主义研究》2019年第6期；孙懿《中华民族共同体的本质属性及意义》，《思想战线》2019年第3期；高承海《中华民族共同体意识：内涵、意义与铸牢策略》，《西南民族大学学报》2019年第12期。

程和内在机理进行探讨,[①] 六是铸牢中华民族共同体意识与"五个认同"的研究,[②] 七是铸牢中华民族共同体意识的实现路径思考,[③] 八是铸牢中华民族共同体意识的地方经验和案例研究。[④] 可以说,基本上展开了全面研究铸牢中华民族共同体意识的学术视野,体现了民族学学科探索前沿课题、创新发展的新取向,并在建设"中华民族共同体"和倡导"人类命运共同体"的内政与外交两个大局相结合的视野中,推进中国特色"共同体"研究的理论与实践。这一时期的学术专著,以黄兴涛《重塑中华:近代中国的中华民族观念研究》(北京大学出版社2017年版)最具代表性,从中国近代历史的视角、以翔实的史料和理论工具,析述了中华民族自觉兴起的历程,其中包括对日本的"蒙满学"、美国的"新清史"学派一些基本观点的回应,是目前有关中华民族共同体建构和自觉认同的一部重要著作。

五 民族史志研究与民族古文献研究

民族史学科是民族学二级学科之一,也是具有广泛影响力的传统优势

---

① 如李贽、金炳镐《中华民族共同体的历史发展过程和政治结构解析》,《北方民族大学学报》2017年第5期;平维彬、严庆《从文化族类观到国家民族观的嬗变——兼论"中华民族共同体意识"的理论来源》,《贵州民族研究》2017年第4期;青觉、赵超《中华民族共同体意识的形成机理、功能与嬗变——一个系统论的分析框架》,《民族教育研究》2018年第4期;王文光、徐媛媛《中华民族共同体意识形成与发展的历史过程研究论纲》,《思想战线》2018年第2期;闫丽娟、李智勇《"中华民族共同体意识"的理论渊源探析》,《广西民族研究》2018年第4期;李秀敏、刘春延《中华民族共同体意识的形成与培育》,《江苏大学学报》2018年第2期;严庆、平维彬《"大一统"与中华民族共同体意识的形成》,《西南民族大学学报》2018年第4期。

② 如麻国庆《记忆的多层性与中华民族共同体认同》,《民族研究》2017年第6期;郎维伟、陈瑛、张宁《中华民族共同体意识与"五个认同"关系研究》,《北方民族大学学报》2018年第3期;王希恩《中华民族建设中的认同问题》,《西南民族大学学报》2019年第5期;陈瑛、郎维伟《中华民族共同体意识与"五个认同"关系再探析》,《北方民族大学学报》2020年第1期;王鉴、胡红杏《打牢中华民族共同体意识的思想基础研究》,《民族教育研究》2020年第2期。

③ 如扎西、刘玉、靳勇强《新时代铸牢中华民族共同体意识的时代价值和路径探析》,《西藏研究》2018年第3期;乌小花、艾易斯《"一带一路"在中华民族共同体与人类命运共同体之间:理念、价值与实现路径》,《西北民族研究》2018年第4期;宫丽《铸牢中华民族共同体意识的文化路径》,《中南民族大学学报》2019年第4期;张龙《论缘的场域对中华民族共同体意识的铸造》,《广西民族研究》2019年第4期;纳日碧力戈《双向铸牢中华民族共同体意识》,《中南民族大学学报》2019年第4期;王新红《铸牢中华民族共同体意识的四维体系构建》,《中南民族大学学报》2019年第4期;管健《跨民族友谊:铸牢中华民族共同体意识的积极路径》,《西南民族大学学报》2020年第4期;纳日碧力戈、李鹏程《四方铸牢中华民族共同体意识》,《广西民族研究》2020年第1期;纳日碧力戈、左振廷《三维铸牢中华民族共同体意识》,《中央民族大学学报》2020年第1期。

④ 如田敏、陈文元《论民族关键符号与铸牢中华民族共同体意识——以南宁市三月三民歌节为例》,《云南民族大学学报》2019年第1期;乌小花、郝囡《践行守望相助理念与铸牢中华民族共同体意识——论内蒙古民族团结进步的理论与实践》,《民族研究》2019年第5期。

学科。"十三五"时期,民族史研究发展较快,取得一些重要进展。我国是一个统一的多民族国家,民族学学科开展的历史学研究,聚焦于各民族的形成和发展史,各民族的相互关系、特别是经济文化交流关系史,各民族在国家统一历史进程的作用和贡献,中华民族凝聚力研究等,这都是民族史学界长期关注、积累深厚的研究课题。"十三五"时期,从国家社科基金年度资助的项目情况来看,在2016—2019年民族学学科立项项目中民族史类课题占17.7%,但在重点项目中占27%,同期重大招标项目中民族史类的项目也达到40项之多,其中民族历史文献整理和研究类的项目超过一半,足见对基础性课题的重视和支持。[①]

从民族史学研究的指导思想来看,"十三五"时期也产生了一系列新发展。党的十八大以来,习近平总书记对研究好中国历史多次做出重要指示,对中国统一的多民族国家的多民族互动关系给予了高度重视,这对民族史学界的研究取向、课题立项、成果产出都产生了重要指导作用。一方面,民族史研究作为中国史的组成部分,具有族别史研究的特点;另一方面,民族史与地方史、国家通史相互交织,在古代社会的历史发展进程中反映着诸如"中心—边缘""中原—边疆""汉族—少数民族"等格局中的互动关系,渗透着政治、经济、文化和社会生活的交往交流交融因素,而且还包括域外多种因素的影响,尤其是近代以来帝国主义列强对中国边疆地区的侵略造成的复杂因素。因此,民族史研究与地方(区域)史、边疆史密不可分。如何构建中国民族史理论体系,也是学界一直努力的研究方向。近些年来,有代表性的著作如陈育宁《中国民族史理论新探索》(中国社会科学出版社2015年版),该书立足于中华民族多元一体格局和中华民族凝聚力,对我国统一的多民族国家形成发展所关涉的重大问题做出了理论思考。史金波、关志国《中国民族史学史纲要》(中国社会科学出版社2019年版),从贯通古今的历史视野,对历朝各代相关的历史文献、研究脉络和史学观念进行了线索清晰的梳理和评介,其中包括对历史上多民族、多文字的文献资料做出论说。姚大力《追寻"我们"的根源》(生活·读书·新知三联书店2018年版),对古

[①] 参见黑龙、吕文利、白玉冬、辛时代、于占杰《民族史学科"十四五"规划调研报告》,2020年5月。

代"中国"、民族、少数民族入主中原、王朝认同等话题展开的研究，对深化认识古代中国的国情具有理论启发意义。这类研究从历史观、民族观方面展开了超越传统的"内华夏、外四夷"陈旧观念，从各民族共建统一的多民族国家的历史事实探讨中国历史的内在机理，对中国历史书写提出了一些新的思考。①

在民族史研究展开新视野、注入新观念的发展中，学界很大程度改变了以往中国史研究和民族史研究之间的"区隔"或边界，很多中国史、民族史学者在"大中国"的多民族历史视野中，找到了日益增多的共识，诸如葛兆光、徐文堪、汪荣祖、姚大力等《殊方未远：古代中国的疆域、民族与认同》（中华书局 2019 年版）一书，就体现了中国历史研究从王朝史、民族史向中华民族史扩展的特点。同时，古代民族、现代民族的族别史研究，在"十三五"时期也取得了进一步发展。② 其中包括关涉少数民族的专门史研究也推出了新成果。③ 在族别史研究方面，值得关注的是汉民族的民族学研究在长期积累的基础上产出了系统性成果，徐杰舜主编《汉民族史记（九卷本）》（中国社会科学出版社 2019 年版）堪称汉民族研究的集大成之作，其中也揭示了中国古代"五方之民"及其后裔互动不懈的历史过程对汉民族形成和发展的作用。

"十三五"时期，中国民族史研究的国际学术对话也引起了学界的高度重视，这与国外有关中国历史研究中的"内亚史""新清史"等关涉民族因素的背景直接相关。如乌云毕力格《五色四藩：多语文本中的内亚民族史地研究》（上海古籍出版社 2016 年版），钟焓《重释内亚史》（社会科学文献出版社 2017 年版），即从多语言文本和研究方法上重新评价内亚史

---

① 如陈其泰《中国民族史理论研究》，《陕西师范大学学报》2016 年第 3 期；黄达远《欧亚时空视野中的"西北"》，《陕西师范大学学报》2017 年第 3 期。
② 一些代表性的成果如：程妮娜《古代东北民族朝贡制度史》，中华书局 2016 年版；石硕、邹立波、黄博《西藏古文明中的中原文化因素》，社会科学文献出版社 2016 年版；成臻铭《土司制度与西南边疆治理研究》，社会科学文献出版社 2016 年版；白玉冬《九姓鞑靼游牧王国史研究（8—11 世纪）》，中国社会科学出版社 2017 年版；李大龙、李元晖《游牧行国体制与王朝藩属互动研究》，内蒙古大学出版社 2018 年版；石硕《康藏历史与文明》，四川人民出版社 2018 年版；都兴智《东丹史》，中国社会科学出版社 2019 年版；范恩实《地域与族群：辽代以前蒙古草原与东北地区族群发展与互动研究》，内蒙古大学出版社 2019 年版；杨瑾《唐代墓葬胡人形象研究》，人民出版社 2020 年版；包括中国台湾学者刘学铫《游牧文明与中华史》（匈奴帝国、鲜卑列国、突厥汗国、大辽王朝），陕西人民出版社 2018 年版；等等。
③ 如王佑夫、艾光辉、李沛《中国少数民族文学史》，人民文学出版社 2016 年版；王苹《中国少数民族服饰文化研究》，内蒙古科学技术出版社 2018 年版。

研究的代表性著作。钟焓对北美"新清史"观点反思的《清朝史的基本特征再探究》（中央民族大学出版社 2018 年版）一书，在与国外"新清史"学派对话方面有代表性。沈卫荣《大元史与新清史》（上海古籍出版社 2019 年版）一书，聚焦于少数民族入主中原建立"大一统"的元、清两代，通过与藏传佛教相关的多语言历史文献的研究，对元、清两代中央王朝与吐蕃—西藏地区关系的根基做出了符合历史事实的解读和阐释，揭示和评判了西方学界、"新清史"学派在这类问题上的误读和具有政治意蕴的导向，体现了中国学者在国际交流对话中的学术修养和对话能力。总之，从古代中国渐次放大的"天下一统"和"五方之民"及其后裔长期交往、密切互动中阐发中华民族形成和发展的历史基础，已经成为民族史学研究范式转型发展的基本取向。

"民族古文字与古文献"研究，在中国历史、民族、语言、文化、宗教、艺术等学术领域都占有重要地位，也是近现代以来西方形成"汉学""东方学"中成就最突出的方面，其原因就是中国是世界上古文字种类和古文献遗存最丰富的国家。历史上，中华大地上曾经出现过近 40 种民族古文字，除甲骨文、金文体系形成的汉字书写系统外，属于"少数民族"范畴的文字系统，主要有佉卢文、焉耆—龟兹文、于阗文、藏文、八思巴文、傣文、突厥文、回鹘文、蒙古文、托忒式蒙古文、满文、锡伯文、方块壮字、方块白文、方块苗文、契丹大字、契丹小字、女真文、西夏文、水书、察合台文、云贵川老彝文、纳西东巴文、哥巴文等。其中存世文献比较多的文种有古藏文、傣文、蒙古文、满文、方块壮文、西夏文、察合台文、彝文、纳西东巴文等。[①]

对这些古文字及其留存文献的研究，在中国有悠久的学术传统，传承至今形成了全国性研究机构依托和学者队伍的布局。国内涉及多文种古籍研究的机构或学科设置分布较广，如中国社会科学院民族学与人类学研究所、北京大学、清华大学、中国人民大学、中央民族大学、复旦大学、南京大学、南开大学、兰州大学、陕西师范大学、内蒙古大学、云南民族大学、西南民族大学、西北民族大学、宁夏大学、广西大学等，高等院校中的学科设置或人员配置，多分布在中文系、历史系、外语系所属的一个专

[①] 参见孙伯君《民族古文献（古文字）研究报告》，2020 年 4 月。

业方向，如北京大学梵文、巴利文专业，也从事于阗、吐火罗等西域文字文献的整理研究，南京大学历史系有蒙古文、藏文文献研究的传统。其中有一定规模的机构如敦煌研究院的历史文献研究所、中国人民大学国学院、兰州大学敦煌研究院、宁夏大学西夏学研究院、中央民族大学的少数民族古籍研究所等。从事民族古文献、古文字研究的队伍规模虽然有限，但是独特的术业专攻、研究能力和学术成就则为学界所信服，在对外学术交流和对话方面也具有明显优势。

"十三五"以来，随着国家社科基金"绝学"项目的开设，显著增强了民族古文字、古文献研究的发展动力和传承影响力。[1] 古文字的研究直接关系到古文字释读和古文献的解读，这类文献的刊布即对历史、文化认知的丰富和充实。由于历史的原因，在近代帝国主义侵略中国的背景下，中国的文化资产被列强国家的探险家、学者等大量掠夺性地攫取，其中包括种类繁多、规模巨大的民族古文献。改革开放以来，我国的学术机构等相关部门采取合作开发的方式，陆续对流失海外的这些宝贵文化资产进行调查、介绍、[2] 收集和整理刊布。"十三五"时期，在这类流失海外珍贵文献的持续整理和刊布方面成绩显著。[3] 古文字、文献新材料的发现、释读和刊布，成果令人瞩目。就研究专著和多种大规模的文献整理而言，诸如聂鸿音《西夏佛经序跋译注》（上海古籍出版社2016年版），江桥《〈御制五体清文鉴〉研究》（北京燕山出版社2016年版），才让《菩提遗珠——敦煌藏文佛教文献的整理与研究》（上海古籍出版社2016年版），叶尔达《伊犁河流域额鲁特人托忒文文献荟萃》（中国社会科学出版社2017年版），清格尔泰、吴英喆、吉如何编著《契丹小字再研究》（内蒙古大学出版社2017年版），黄建明、张铁山主编《中国少数民族文字珍稀典籍汇编》（福建人民出版社2017年版），聂鸿音、孙伯君《西夏文华严经著作研究》（中华书局、宁夏人民出版社2018年版），张公瑾主编《中国少数民族古籍珍品图典——民族古文字古籍

---

[1] 如文献资料较丰富的西夏文、藏文、蒙古文、满文、彝文、南方仿汉字等文种的项目呈现迅猛发展态势，2015—2019年重大项目立项达21项。
[2] 如魏曙光《域外文献与蒙古史研究》，科学出版社2018年版。
[3] 如蒙古学研究文献集成编委会编《美国哈佛大学哈佛燕京图书馆藏蒙古文文献丛编》（全63册），远方出版社2016年版；中国和蒙古国合作编辑的《清代钦差驻库伦办事大臣衙门档案档册汇编》（全20册），广西师范大学出版社2017年版；史金波、［法］克丽斯蒂娜·克拉美罗蒂主编《法国吉美国立亚洲艺术博物馆藏西夏文献》，中华书局、天津古籍出版社2018年版；等等。

整理研究 100 年通览》（中国社会科学出版社 2018 年版），春花主编《故宫博物院藏乾隆年编"华夷译语"》（故宫出版社 2018 年版）等。特别是契丹大、小字，女真文、回鹘文、突厥文、西夏文等古文字碑铭、石刻、书卷等新资料的发现，为学界提供了日益增多的研究课题，而这些新材料的释读刊布，也从更广泛的领域揭示了统一的多民族国家形成和发展进程中文化多样的交流互动关系。

此外，在中国各少数民族文字建立字形和编码的国际标准方面，在国家有关部门的支持和学界的努力下也取得了重要进展。到 2019 年，23 种少数民族古文字字符的搜集和属性标注工作已经完成，电脑字库的制作正在进行。这些字符的搜集和属性标注代表了国内外的最新研究成果。民族古文字字库和编码的制作，字符国际标准的申请，为民族古文字资源的保护和利用、民族古文字研究成果的出版，以及少数民族历史文化的研究与交流提供了更为广阔的空间，增强了该领域的国际学术话语权。[①]

六 蒙古学、藏学和新兴综合性专题研究

在我国的学科设置分类中，一些综合性的专门学术领域由于内涵的学科多样性和学术名目的确指性，如蒙古学、藏学这类综合性且国际化的学问，通常归为民族研究范畴，故与民族学学科的关系最为密切。鉴于本次学科性调研没有专门的蒙古学、藏学发展调研，所以通过本报告对这些学术领域的相关发展给予反映。同时，民族学界长期关注、近年来发展很快的一些综合性专题研究，如民族走廊的跨地域、多民族互动研究，台湾少数民族研究等专题，也以综合性研究为特点迅速发展，在此一并加以评介。

（一）蒙古学研究整体实力增强、学术成果显著、国际影响力扩大

蒙古学作为一个综合性的学术领域，是我国哲学社会科学的重要组成部分，具有深厚的学术传统和国际对话能力。我国的蒙古学研究不仅有得天独厚的历史资源和地缘优势，而且形成了学科分布广、兼容性强、专业

---

① 孙伯君：《民族古文献（古文字）研究报告》，2020 年 4 月。

方向多的学科设置和学术队伍,内蒙古自治区堪称国内蒙古学研究的学术重镇。相关调查表明,在内蒙古的教育、科研机构布局中,内蒙古大学、内蒙古师范大学、内蒙古民族大学、呼和浩特市民族学院、赤峰学院、呼伦贝尔学院等高校均设有蒙古学的学科实体,其中以内蒙古大学蒙古学学院、蒙古学研究中心(教育部人文社会科学重点研究基地)最具有代表性。同时,在中央民族大学、西北民族大学、新疆大学、新疆师范大学也设有蒙古学相关教学科研机构。而从事蒙古学研究的学者在全国诸多高等院校、科研机构中均有分布,总体队伍规模近千人。①

传统上,蒙古学研究以蒙古高原游牧民族为历史背景,聚焦于蒙古族的历史、语言、文学、文献等方面的研究,随着时代的发展逐步扩展到近现代历史,进而延伸到哲学、法律、政治、军事、经济、社会、宗教、艺术和习俗等诸多领域。从内蒙古社会科学院的研究所设置可见,如果说历史(成吉思汗)研究所、蒙古语言文字研究所等属于蒙古学研究的传统着力点,那么草原文化研究所、牧区发展研究所、内蒙古"一带一路"研究所以及融汇于哲学、法律等研究所内的蒙古学研究,则在体现蒙古学研究现代性发展方面颇具代表性。因此,当代中国蒙古学以贯通古今、融汇中西、关注现实的学术视野和综合学术实力,不仅在国内学术界占有重要地位,而且在国际蒙古学界也具有重要影响力。尤其是"十三五"时期,蒙古学研究开启了一系列重大课题研究,推出了一系列具有基本建设意义、原创性和学术影响力大的学术成果。

例如,2017—2019 年,蒙古学研究界获 14 项国家重大课题,内蒙古地区占一半以上。同时,一批重大成果也相继完成面世。如 2019 年,内蒙古大学几代学者用 20 多年时间完成的《内蒙古蒙古语方言地图资料集》(13 册)出版;《中国蒙古学文库》在第一版百部著作出版后,续版的百部著作也成为"十三五"的收官之作;大型工具书《中国少数民族古籍总目提要·蒙古族卷》和《蒙古学蒙古文论著索引》问世;历时 20 余年的汉、蒙古文版《蒙古学百科全书》(20 卷),在 2020 年将完成《国际蒙古学卷》和《科学技术卷》最后两卷的出版,以及白初一、李俊义、庞雷主编《清朝内蒙古盟旗印章图鉴》(辽宁民族出版社 2020 年版)等。这些具有

---

① 参见姑茹玛、玉海、齐木德道尔吉《蒙古学研究的回顾与展望(2016—2019)》,2020 年 5 月。

标志性的学术基本建设成就，集中体现了我国蒙古学研究繁荣发展的现状和在国际蒙古学界的引领作用。

与此同时，蒙古学研究在多学科和专业方向上都推出了大量学术成果。除蒙古语言研究的众多成果外，① 在蒙古文学史研究领域，以史诗为代表的研究取得显著进展。例如，在进一步收集国内外蒙古文文本的基础上，推进了《格斯尔》研究成果的产出，包括对1716年北京木刻板《格斯尔传》的全新汉译再版。② 在这方面，内蒙古大学的塔亚教授研究团队，从俄罗斯的蒙古地区及我国新疆等地收集到丰富的文本及口传活体资料，产出了一系列新的研究成果，推进了卫拉特英雄史诗《江格尔》的研究。内蒙古社会科学院树林等《蒙古文"格斯尔"与藏文"格萨尔"比较研究》（内蒙古文化出版社2018年版），北京大学陈岗龙《蒙汉目连救母故事比较研究》（昆仑出版社2016年版）等，则是民族文学比较研究成果中的代表性著作。相应的蒙古族文学史、学术史、文字史、翻译史和文学资料方面的成果也十分丰厚。③ 而李俊义、李彦朴编著《草原金枝：元朝鲁国大长公主祥哥剌吉》（上、下）（内蒙古科学技术出版社2018年版），是以"穷尽"资料的功力，历经23年磨砺完成的一部人物研究大作，为学界所瞩目。

蒙古学的历史研究既与民族史相交织，如白玉冬《九姓达靼游牧王国史研究（8—11世纪）》（中国社会科学出版社2017年版），齐木德道尔吉《有关匈奴历史的珍贵遗存》（蒙古国乌兰巴托2018年）等；又聚焦蒙古族形成和发展的历史，其中蒙古族部落（部族）的历史研究趋于活跃。"十三五"时期，随着新资料特别是档案资料的发现和刊布，在蒙古族部落史研究方面既有修订版的成果面世，④ 也有一系列新作出版，如姑茹玛《喀尔喀车臣汗部研究》（辽宁民族出版社2016年版），白初一《内喀尔喀

---

① 这方面的成果应属语言学学科的少数民族语言研究范畴，本报告不赘述。
② 陈岗龙、哈达奇刚等译：《十方圣主格斯尔可汗传》，作家出版社2016年版。
③ 如玛·扎拉丰嘎、巴·孟和主编《蒙古族文学通史》，内蒙古教育出版社2016年版；道荣尕编《蒙古族文学资料汇编》（上、中、下），内蒙古人民出版社2016年版；达·额尔德木图主编《蒙古族古代文学史》（蒙古文），内蒙古大学出版社2017年版；斯琴孟和等著《蒙古英雄史诗学术史》（蒙古文），民族出版社2018年版；鲍·包力高主编《蒙古文字史》，内蒙古科学技术出版社2017年版；唐吉思《蒙古族翻译史研究》，民族出版社2019年版；等等。
④ 如胡日查、长命《科尔沁部史略》，内蒙古文化出版社2016年版；晓克《土默特史》，内蒙古大学出版社2018年版；胡日查、长命《嫩科尔沁史》，内蒙古文化出版社2018年版；等等。

五部历史研究》（民族出版社2017年版），乌云毕力格《青册金鬘——蒙古部族与文化史研究》（上海古籍出版社2017年版），宝音初古拉《察哈尔万户研究》（辽宁民族出版社2019年版），玉芝《蒙元东道诸王及其后裔所属部众历史研究》（内蒙古人民出版社2019年版）等。此外，在断代史（特别是清代），关涉民族关系、宗教、文书等专门史研究方面，也取得了新进展。[①] 学术口述史、学者全集刊布方面，以特布信《民族历史的见证：特布信口述史》（人民出版社2018年版），乌云毕力格等整理的《亦邻真教授蒙古文学术论著全集及手迹选》（辽宁民族出版社2019年版）最具有代表性。在中华民族多元一体共建统一的多民族国家视野中，《中华民族文化大系·天之骄子——蒙古族》（上、下）（上海锦绣文章出版社、上海文化出版社2017年版）一书，则是齐木德道尔吉等一批蒙古学专家学者推出的一部"讲好中国故事"的普及读物，2018年荣获第15届上海图书奖"优秀奖"，2019年获第四届全国党员教育培训教材展示交流活动"优秀教材奖"。

"十三五"时期，我国蒙古学界在国际交流合作方面继续保持了深入发展的势头，国际会议、人员交往、田野调查、合作研究、共同开发学术资源等学术活动频繁。值得一提的是中国和蒙古国合作开展科学考察发现和刊布"封燕然山铭"的学术贡献。2017—2019年，内蒙古大学齐木德道尔吉教授带领的中国学者团队与蒙古国成吉思汗大学的专家学者，联合开展了蒙古国中戈壁省摩崖石刻的田野考察，获得了摩崖石刻的完整拓片和其他历史遗存的调查资料。考察研究证明，这一摩崖石刻的文字是东汉窦宪远征匈奴时，命随军史家班固撰文勒石山崖以铭记胜利的记录，即史称的"燕然勒功"。虽然汉文史料中载记了这一铭文，但是"燕然山"在何处则是历史研究中未解之谜团。所以，"封燕然山铭"的发现不仅从确切的地理位置上展开了中国古代多民族互动的历史空间，而且其地名流变的语言学意义和附近考古资料的发现，也将为深化汉—匈奴关系的研究展开

[①] 如哈斯巴根《清初满蒙关系演变研究》，北京大学出版社2016年版；吕文利《嵌入式互动：清代蒙古入藏熬茶研究》，内蒙古大学出版社2017年版；黄治国《漠南军府——清代绥远城驻防研究》，社会科学文献出版社2018年版；白玉双《清代喀喇沁三旗历史研究》，内蒙古大学出版社2019年版；额尔敦巴特尔：《16—18世纪蒙古佛教史研究》，内蒙古人民出版社2018年版；胡日查：《近代内蒙古社会变革中的藏传佛教》，辽宁民族出版社2019年版；图雅《〈桦树皮律令〉文书研究》，内蒙古人民出版社2019年版；等等。

新的课题。国际学术交流,最重要的条件之一是学术成果的互译交流。"十三五"时期,一批在国际蒙古学界有影响的著作相继在中国翻译出版。[1] 国家社科基金重大委托项目"蒙古族源与元朝帝陵综合研究",也出版了回溯国内外学界相关研究的论集。[2]

2019年7月,习近平总书记在内蒙古大学考察时,针对蒙古文古籍展阅室收藏的历史文化典籍指出:要加强对蒙古文古籍的搜集、整理、保护,挖掘弘扬蕴含其中的民族团结进步思想内涵,激励各族人民共同团结奋斗,共同繁荣发展。这对蒙古学研究的现代性发展具有重要指导意义。近些年来,蒙古学研究领域对国内外历史档案、文献的收集整理不断取得进展,与蒙古国学术界展开的资料整理和刊布工作不断深入,这些基础性的资料建设成果,将为学术界贯彻落实习近平总书记的重要指示提供有力的支撑。同时,蒙古学研究在我国"一带一路"和推动中蒙俄经济走廊建设中,具有推动人文交流、促进民心相通的重要作用。

(二)藏学研究在广度和深度上持续发展,在服务大局、创新发展方面成就显著

藏学虽然是一门国际性的学问,但是我国是藏学的原乡。以中国藏学研究中心为代表的科研、教学机构分布在北京、西藏、四川、青海、云南、甘肃等十多个省区市,据不完全统计,在该领域从事科研、教学和图书资料、出版等相关业务工作的人员超过5000人,其中,藏族学者约占半数。[3] 藏学是一门综合性研究的学问,聚焦中国藏族的历史文化、语言文字、宗教信仰等传统议题,扩展到现代经济社会发展所涉及的各方面,除中国藏学研究中心各个研究所集中体现着藏学研究现代性发展的趋势外,相关地区、科研单位和高等院校的科研实体也不断增多。例如,"十三五"时期,西藏民族大学成立藏学研究所(2016年),西藏大学成立珠峰研究所

---

[1] 如[日]冈田英弘《世界史的诞生:蒙古帝国的文明意义》,北京出版社2016年版;[日]杉山正明《蒙古颠覆世界史》,生活·读书·新知三联书店2016年版;[苏]吉谢列夫《古代蒙古城市》,商务印书馆2016年版;[印度]G.D.古拉提《蒙古帝国中亚征服史》,社会科学文献出版社2016年版;[美]梅天穆《世界历史上的蒙古征服》,民主与建设出版社2017年版;等等。同时,内蒙古人民出版社出版了国际蒙古学家经典著作十多部蒙古文译本。

[2] 王巍、孟松林主编:《蒙古族源与元朝帝陵综合研究》第一辑、第二辑,科学出版社2017、2018年版。

[3] 参见张云《民族学学科·藏学"十四五"规划调研报告》,2020年5月。

(2017年),西藏民族大学成立西藏乡村振兴战略研究所(2018年),中国社会科学院中国边疆研究所设立西藏研究室(2019年)等。2017年,中国藏学研究中心成立的藏文文献资源数据中心,代表了中国藏学研究在藏文文献资源收集整理、开发利用方面的潜力和优势。

党的十八大以来,中国的藏学研究界以中央西藏工作座谈会、中央民族工作会议精神为引领,贯彻落实习近平总书记关于新时代"治藏方略"的重要论述,在全面建成小康社会进程中努力服务大局、应对国际涉藏问题的挑战、推进藏学事业的发展,产出了大量基础性、应用性的学术成果。就"十三五"时期而言,我国的藏学研究取得了一系列新成果。其中最引人注目的是历时14年、由全国30多家科研机构和近百名专家学者参加完成的重大工程性项目《西藏通史》出版。这部由拉巴平措、陈庆英总主编,张云执行总主编的《西藏通史》(8卷13册,中国藏学出版社2016年版),是国内外首部完整、全面、系统介绍西藏地方历史的大型通史著作,全书分为早期卷、吐蕃卷(两册)、宋代卷、元代卷、明代卷、清代卷(两册)、民国卷(两册)、当代卷(三册),集中体现了中国西藏历史研究的最高成就,具有重要的学术价值和政治意义。《西藏通史》是中国藏学引领国际藏学的重要标志性成果。这部巨著在2017年相继获得第四届中国出版政府奖和第四届中国藏学研究珠峰奖特别奖。此外,规模较大的重要著作如郑堆担任总主编的"西藏民主改革60年系列丛书",该项成果以经济、政治、文化、社会和生态文明建设"五位一体"总体布局为专题,比较系统、全面地呈现了西藏民主改革60年来取得的辉煌成就和历史经验。[①]

藏学研究和蒙古学研究类似,其学科包容性大、研究对象专,所以从学术成果的学科性和专业性来说呈现了多样性。就国家社科基金的学科性支持而言,藏学研究是民族学学科始终关注和支持较多的一个方向,其中包括由中国社会科学院主持的重大委托课题"西藏历史与现状综合研究项目"分解的百项课题。2016年以来,藏学研究在多学科和专题研

[①] 2019年中国藏学出版社出版的"西藏民主改革60年系列丛书"包括:廉湘民主编《西藏民主改革60年·政治卷》,扎洛主编《西藏民主改革60年·经济卷》,黄维忠主编《西藏民主改革60年·民生卷》,张云主编《西藏民主改革60年·文化卷》,刘应华主编《西藏民主改革60年·生态环境卷》,桑丁才让、张子凌主编《西藏民主改革60年·文献资料卷》,梁俊艳、张云主编《西藏民主改革60年·大事记》。

究方面的成果显著，学术质量不断提高。其中从历史文化等方面展开的研究，着眼于西藏—内地、藏族—汉族（或其他民族）的互动关系和交互影响，展开了古代文明以降的多文化、多民族交融视野。学者们从古代文明、历史、宗教文献、民间故事和信仰等宏大或细微之处展开研究，取得诸多令人信服的学术成果。如石硕、邹立波、黄博《西藏古文明中的中原文化因素》（社会科学文献出版社2016年版），张云《多元一体国家中的西藏》（中国藏学出版社2017年版），沈卫荣、侯浩然《文本与历史：藏传佛教历史叙事的形成和汉藏佛学研究的建构》（中国藏学出版社2016年版），林继富《汉藏民间叙事传统比较研究：基于民间故事类型的视角》（人民文学出版社2016年版），加央平措《关帝信仰与格萨尔崇拜——以藏传佛教为视域的文化现象解析》（社会科学文献出版社2016年版），陆离《吐蕃统治河陇西域与汉藏文化交流研究》（社会科学文献出版社2018年版），谢继胜、魏文、贾维维主编《北京藏传佛教艺术：北京藏传佛教文物遗存研究（全3册）》（人民出版社2019年版）等，都属于这方面的代表性著作。

从多学科的视野来看，西藏地区乃至整个青藏高原的考古学研究成就颇为显著。如霍巍《青藏高原考古研究》（北京师范大学出版社2016年版），张建林、席琳、夏格旺堆、田有前、胡春勃《西藏东部吐蕃佛教造像：芒康、察雅考古调查与研究报告》（社会科学文献出版社2018年版），及较全面辑录考古学研究成果的大部头著作，即四川大学中国藏学研究所、四川大学历史文化学院编《青藏高原考古》（全十册）（天地出版社2018年版）。藏文历史文献、藏传佛教文献方面的研究，如才让《菩提遗珠——敦煌藏文佛教文献的整理与解读》（上海古籍出版社2016年版），张延清、华青道尔杰《吐蕃敦煌抄经研究》（民族出版社2016年版），杨铭《汉藏文献与西陲古族》（民族出版社2017年版），孙伯君、聂鸿音《西夏文藏传佛教史料："大手印"法经典研究》（中国藏学出版社2018年版），巴桑旺堆《吐蕃历史文献研究论集》（上海古籍出版社2018年版）等。这些研究成果，在深入发掘藏文、汉文等多文字史料的基础上展开的解读、翻译和比较，也都揭示了历史上藏、汉等民族之间的密切交往关系。同时，多类型的专题研究，成果也令人瞩目。① 而关注红色文化、民生改善和经济社会发展方面的现实议题，也日益增多。② 此外，总结历史上中央王朝的治藏经验，梳理"西藏问题"的由来，论证中国共产党的治藏政策，都是学界高度重视的研究方向。"十三五"时期的成果如程早霞《雪域谍云——美国的西藏政策及其秘密行动》（哈尔滨工程大学出版社 2016 年版），车明怀《中华民族历史背景下藏事论衡》（中国社会科学出版社 2018 年版），方素梅主编《西藏乡村五十年社会变迁》（社会科学文献出版社 2019 年版）等。

藏学研究中的档案资料整理和文献翻译工作，是推动藏学研究的基础性工作，也是学界长期持续开展的一项艰苦工作。"十三五"时期，这方面的工作也有一定的进展。如西藏自治区档案局（馆）编研室扎雅·洛桑普赤主编《清代西藏地方档案文献选编（全 8 册）》（中国藏学出版社 2017 年版），特别是辑录了元代至清代中央政府统辖治理西藏和西藏地方形成的珍贵档案资料 1394 件的《西藏自治区档案馆馆藏蒙满文档案精选》（全 12 册）（四川民族出版社 2019 年版），文献时间跨度长达 604 年，由多种文字写成，充分证明了元代以降中央政府对西藏的统辖治理。同时，藏文文献翻译工作也有可观成绩，如阿旺洛追扎巴著，索南才让译《觉囊派教法史》（青海人民出版社 2017 年版）；西藏大学藏文古籍研究所编《菩日文献（精选本）》（西藏藏文古籍出版社 2018 年版）；任乃强、任新建主编《清代川边（康藏）史料辑注（全 5 册）》（巴蜀书社 2018 年版）等。此外，国外藏学档案资料和研究成果的翻译也有新进展，如俄罗斯科学院东方学研究所、俄罗斯科学院远东研究所编，E. A. 别洛夫主编，陈春华编译《俄国与西藏：俄国档案文件汇编（1893—1914）》（社会科学文献出版社 2017 年版）；［英］阿拉斯泰尔·兰姆著，梁俊艳译《中印涉藏关系史：1914—1950 以英帝国外交史为中心》（社会科学文献出版社 2017 年版）；

---

① 如赵心愚《清代西藏方志研究》，商务印书馆 2016 年版；阿贵《吐蕃小邦时代历史研究》，西藏人民出版社 2016 年版；冯志伟、柏桦《清王朝涉藏刑事案件处理问题研究》，社会科学文献出版社 2016 年版；梁俊艳《清末民初亚东关税务司研究》，中国藏学出版社 2016 年版；阿旺嘉措《甘南苯教历史与文化》，中国藏学出版社 2016 年版；朱悦梅《吐蕃王朝历史军事地理研究》，中国社会科学出版社 2017 年版；白玛朗杰主编《西藏门隅地区的人文历史与现状》，中国藏学出版社 2018 年版；等等。

② 黄维忠等：《红色记忆——红军长征在藏族地区及其当代启示》，中国藏学出版社 2016 年版；久毛措、王世靓：《城镇化进程中青藏两省区农牧民生存状况调查与研究》，科学出版社 2016 年版；韦仁忠：《高原城市的陌生人：三江源藏族生态移民的文化调试和社会资本重建》，中国社会科学出版社 2016 年版。

[英] 阿拉斯泰尔·兰姆著，梁俊艳译《中印涉藏关系史（1904—1914 以麦克马洪线问题为中心)》（社会科学文献出版社 2017 年版），以及新近出版的"西藏边境地区历史与文化译丛"。①

总之，"十三五"时期，我国的藏学研究在学术平台搭建、人才队伍建设（包括海外人才延揽）、资料基本建设、各类科研成果产出、对外学术交流等方面成绩显著。其中，以中国藏学研究中心为代表的学术机构、西藏智库在深入开展国内藏学各类调查研究、咨政建言的同时，一些从事藏学研究的学者如张云、扎洛、苏发祥等也持续参加了西藏文化对外交流、讲好"中国西藏故事"等工作。

（三）探索统一的多民族国家形成和发展的人文地理经纬，民族走廊研究展开综合研究的新田野

自 20 世纪 80 年代费孝通先生提出"民族走廊"概念及其昭示的非传统区域性研究之后，前辈学人李绍明先生从古代民族长期、持续沿袭相对固定的自然生境迁徙互动，做出了"民族走廊"积淀多民族交往、多文化汇聚的历史解读，由此展开了民族学界对民族走廊研究的关注。进入 21 世纪以后，李绍明、石硕、李星星等学者基于民族走廊的"藏彝走廊"率先推出了研究范式和学术成果，引领和激发了学术界对民族走廊研究的高度关注和积极响应，展开了从"藏彝走廊"到"西北走廊"（或称"河西走廊"）、"南岭走廊"三大民族走廊与民族区域研究，进而拓展到包括"苗岭走廊""武陵走廊""辽西走廊"在内的六大民族走廊与民族区域研究。②民族走廊研究的开展，不仅突破了行政区划、"民族地区"、西部地区等宏大地域概念，而且也超越了"唐蕃古道""茶马古道"等直观线性的局限，展开了各民族历史文化流动变迁区域的多学科视野，"民族走廊"衍生的"走廊"遍布中国东西南北。③展现了中国古代各民族互动迁徙、交往交流

---

① [英] 阿拉斯泰尔·兰姆：《西藏、中国与印度（1914—1950）》《麦克马洪线（1904—1914）——印度、中国与西藏关系研究》《中印拉达克边界》；[英] 劳伦斯·奥斯丁·瓦代尔：《拉萨及其神秘》，中国藏学出版社 2020 年版。
② 参见李沛容《"十三五"规划以来民族走廊与民族区域研究调研报告》，2020 年 5 月。
③ 即学界根据区位特性，这六大板块内又衍生出新的民族走廊与民族区域概念，如"甘肃走廊""湘桂走廊""藏羌彝走廊""渤海走廊""苗疆走廊""跨境民族走廊""横断山民族走廊""北方草原走廊""松花江流域民族文化走廊""汉藏走廊""西北民族走廊""甘青走廊"等。

交融的历史格局。

"十三五"时期，民族走廊的区域性研究仍是民族学界相关学科关注的主流议题。相应地，研究机构建立和学术平台搭建也取得了新进展，继 2013 年贺州学院建立的"南岭民族走廊研究院"后，2018 年四川省社会科学院成立了"藏羌彝走廊民族问题与社会治理协同创新中心"，2019 年西北师范大学整合国内相关高校优势资源成立的"河西走廊研究院"，显示了民族走廊研究实体化的发展趋向。同时，年度性的学术论坛，如"南岭走廊论坛""苗疆走廊高峰论坛"等，以及《藏羌彝走廊研究》等学术刊物的创办，都促进了相关学术活动的常态化开展。据统计，自 2016 年至今，相关议题的国家社科基金项目立项数共计 36 项，学术会议与论坛召开 15 次，出版学术著作 15 部。中国知网（CNKI）数据库的检索结果显示，国内学术界共有 314 篇与民族走廊与民族区域议题相关的论文发表，其中尤其以藏彝走廊（藏羌彝走廊）、河西走廊、南岭走廊的研究关注度较高，辽西走廊、苗疆走廊研究也呈逐渐上升态势。

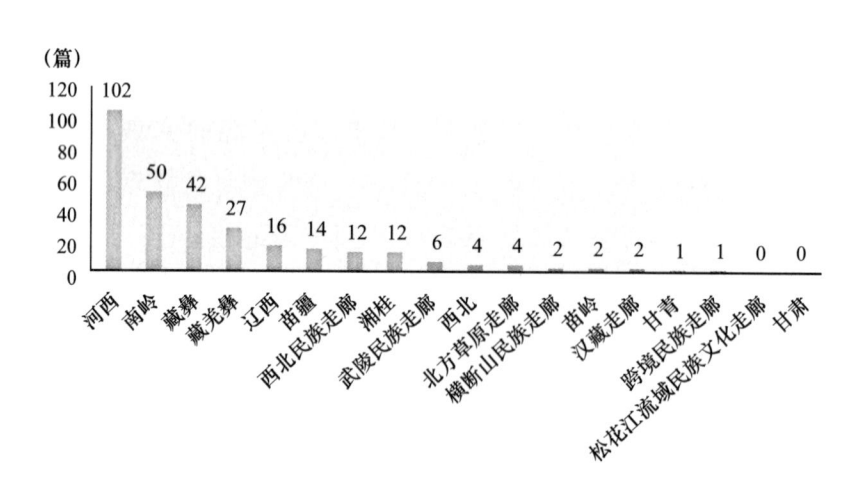

走廊	论文数（篇）
河西	102
南岭	50
藏彝	42
藏羌彝	27
辽西	16
苗疆	14
西北民族走廊	12
湘桂	12
武陵民族走廊	6
西北	4
北方草原走廊	4
横断山民族走廊	2
南岭	2
汉藏走廊	2
甘青	1
跨境民族走廊	1
松花江流域民族文化走廊	0
甘肃	0

图 5　近五年民族走廊研究论文发表量

资料来源：石硕：《"十三五"规划以来民族走廊与民族区域研究调研报告》，2020 年 5 月。

这些研究成果的着眼点，聚焦分布于不同地理环境相互连接的多民族交集地带（区域），以多学科的专业知识考察其文化类型、民族分布及其交互影响的文化变迁，进而概括和提炼出"走廊"的概念、特点、研究对象等，从理论与方法等方面论述在不同区位环境深刻影响下，民族走廊及其辐射区域一体性的各自特色，阐释其研究的学术价值。[①] 如果说，走廊地带的族际关系是民族走廊的基本着眼点之一，[②] 那么多文化交汇产生的族际交互影响和相互吸收则是学者们开展田野调查的重心。这方面的研究，既包括文献记载、民间文本资料的发掘，也包括活态的社会生活、习俗文化的个案观察和采撷。[③] 其中包括宗教生活、民间信仰在走廊文化区域发生的影响。[④] 关涉民族走廊多民族文化交互影响的研究，学术界注重于交往交流交融的历史过程，包括语言学意义上的相互吸收。[⑤] 同时，也涉及了中央王朝对民族走廊区域的治理等探索。[⑥] 值得重视的是，有关民族走廊的区域研究，从历史过程展开了对当代民族关系和谐、文化共生发展、民族团结进步、精神家园构建和乡村振兴等方面的探讨，彰显了民族走廊研究的

[①] 如马尚林、马良《藏彝走廊回藏民族的源流、分布述论》，《民族学刊》2016年第4期；李勇军、李双《南岭民族走廊研究的回顾与展望》，《广西师范学院学报》2016年第5期；覃慧宁《"中心"与"边缘"的研究范式初探——从南岭民族走廊到岭南地区研究》，《百色学院学报》2016年第5期；左岫仙《辽西走廊：北方和中原各民族交融的重要通道》，《中国民族报》2017年5月12日第8版；石硕《藏彝走廊多民族交往的特点与启示》，《中华文化论坛》2018年第10期；周毓华、邹莹、周紫东《"古苗疆走廊"的提出、特点及其研究趋势》，《贵州师范学院学报》2018年第1期；杨志强、安芮《南方丝绸之路与苗疆走廊——兼论中国西南的"线性文化空间"问题》，《社会科学战线》2018年第12期；李建宗《通道之间：西北民族走廊界隔中的连续——基于河西走廊与河湟地区之间的关联性分析》，《青海民族研究》2018年第2期；王希辉、莫代山《武陵走廊杂居民族的文化特征与研究价值论述》，《西南民族大学学报》2020年第5期；等等。

[②] 如李红春、马滔《多元共生视野下的藏彝走廊族群关系——以大理邓川坝为例》，《广西民族研究》2017年第3期；吕瑶、周明星《清代至民国时期藏彝走廊地区的汉藏交融史——以四川省甘孜州九龙县为例》，《四川民族学院学报》2018年第1期；崔向东《从辽西走廊看朝阳地区早期族群迁徙和文化交流》，《渤海大学学报》2019年第5期；等等。

[③] 如吴声军《从贺江文书看清代以降南岭走廊妇女的权利——兼与清水江文书的比较》，《广西社会科学》2016年第6期；刘译蔓、陈才佳、黄立丽《南岭走廊中段民间文献俗字研究——契约文书俗字解析之一》，《贺州学院学报》2018年第3期；托兄、郝文军《辽西走廊地带民族文化共生互化研究——基于喀喇沁左翼蒙古族自治县饮食习俗视角》，《渤海大学学报》2019年第5期；陈宇思《晚晴民国时期南岭走廊山区经济开发研究——基于湘粤桂边界民间文献的考察》，《人文论丛》2019年第1期；刘秀丽《南岭"将军""仙娘"信仰的混融及其意义》，《民族论坛》2019年第2期；吴声军《南岭走廊平桂瑶族的婚俗特点与文化调适——基于民族民间文献的考察》，《中南民族大学学报》2020年第1期；等等。

[④] 如陈东、袁晓文《多种信仰共存：以藏彝走廊东缘多续藏人为中心的个案研究》，《中南民族大学学报》2016年第1期；张超《南岭民族走廊流域神灵体系与区域社会整合》，《青海民族研究》2017年第4期；李卫青《藏羌彝走廊民间信仰与道教文化的互融与整合》，《青海社会科学》2019年第3期；张超《南岭走廊地区的宗教、边界与跨地域想象》，《中山大学学报》2018年第6期；等等。

[⑤] 如李学文、王丽萍《横断山民族走廊族际文化互动发展研究》，《贵州民族研究》2016年第10期；崔燕《北方草原走廊地区游牧与农耕互动模式下的生机文化传播》，《内蒙古民族大学学报》2016年第2期；吴正彪、郭俊《论"古苗疆走廊"中的族群语言构成特点》，《长江师范学院学报》2016年第6期；王晓《商品交换与和谐民族关系构建——基于三江并流"核心区"的历史人类学考察》，《青海社会科学》2017年第1期；高荣《汉唐时期河西民族融合类型及其特点》，《河西学院学报》2018年第1期；杨平平《试论西夏时期河西走廊各民族对西夏文化的认同》，《河西学院学报》2018年第4期；宁军《河西走廊多民族文化交融方式探析》，《西南民族大学学报》2018年第9期；等等。

[⑥] 如陈敬胜《明清王朝治理南岭瑶族的策略研究——以湖南省江华县上伍堡平地瑶族为例》，《西南边疆民族研究》2016年第2期；李洁《元明清三代治理甘青多民族走廊之比较》，《中国边疆史地研究》2017年第3期。

现实意义。①

民族走廊及其区域作为"历史形成的民族地区",具有开放性、过渡性、连接性等民族流动通道的特征,这项研究开辟了审视和探讨历史上各民族互动交往关系的研究领域。"十三五"时期,这项研究立足于民族走廊的区域特征,探讨多民族互动共生的关系和文化交融历史脉络,学者在依据文献、考古资料基础上开展的田野调查,尤其注重发掘和提炼地方性知识,通过揭示促成和实现民族间和谐共处、交融共生的内在逻辑,为深入理解中华民族多元一体格局提供了重要的实证案例。除专题学术论文外,近年来推出的学术专著也令人瞩目,如李星星《规程:藏彝走廊尔苏藏族的神话民族志》(民族出版社2017年版),马尚林、罗凉昭《藏彝走廊中的回藏和谐民族关系研究》(民族出版社2017年版),武沐、金燕红《13—19世纪河湟多民族走廊历史文化研究》(中国社会科学出版社2017年版),张曦、黄成龙《地域社会深描:藏羌彝走廊研究新视角》(社会科学文献出版社2017年版),黄远达《从河西走廊看中国:中华民族共同体意识形成的区域经验》(社会科学文献出版社2018年版),余小洪、席琳主编《唐蕃古道路网结构及沿线文物遗存考古调查与研究》(中山大学出版社2018年版),王建新《南岭走廊民族宗教研究》(宗教文化出版社2018年),叶舒宪《河西走廊——西部神话与华夏源流》(陕西师范大学出版社2019年版),等等。多学科学者的学术参与,不仅为民族走廊的区域性研究打开了专业知识的广阔视野,而且使这一具有中国特色的研究领域增强了学术成长的综合优势。

(四)台湾少数民族与台湾民族问题研究持续开展,多学科关注的态势显著,取得了新进展

大陆对台湾少数民族的记录和研究源远流长,尤以清代文献最为丰富。在日本殖民占领台湾时期,大陆学者林惠祥率先开展了台湾少数民族的现

---

① 如马尚林《论藏彝走廊回、藏和谐民族关系的形成机制》,《民族学刊》2017年第2期;马尚林《论藏彝走廊回、藏民族的和谐社会关系》,《西南民族大学学报》2017年第7期;吴畏《乡村振兴背景下的古苗疆走廊民族语言文化研究》,《贵州社会科学》2018年第11期;崔燕、崔银河《北方草原走廊少数民族文化软实力暨文化精神研究》,《内蒙古大学学报》2018年第4期;王建新、关楠楠《河西走廊多民族交融发展的历史作用与现实意义》,《西北民族研究》2019年第2期;顾文兵《河西走廊多元文化共生与民族关系和谐发展模式探析》,《原生态民族文化学刊》2019年第1期;侯翀《文化理论视域下丝路文化对河西走廊民族团结的影响研究》,硕士学位论文,广西民族大学,2018年。

代民族学、人类学研究，到 1949 年之前大陆学术界对台湾少数民族的研究已形成一定规模，为 1949 年以后海峡两岸学界传承接续的研究奠定了重要的学术基础。改革开放以后，随着两岸关系的改善和交流，大陆学界对台湾少数民族、两岸关系中的民族问题（"台独"问题）展开了日益广泛的研究，推出了不断深化的研究成果。其中，郝时远、陈建樾主编的《台湾民族问题：从"番"到"原住民"》（社会科学文献出版社 2013 年）颇具代表性，将台湾少数民族的历史文化研究与台湾少数民族政策、台湾地区"族群"政治、"台独"问题、大陆高山族的实证调查贯通一体，在"十二五"时期形成了综合性研究的一个范例。"十三五"时期，在台湾少数民族研究方面，得到国家社科基金等学术支持机制的大力支持，2016—2019 年社科基金项目中从青年、一般、后期资助到重大项目达 16 项。这些项目的主题聚焦两个视点，一是台湾少数民族的历史文化、当代发展、中华文化认同、台湾当局的少数民族政策等，二是从"两岸一家亲"的视角展开中华民族、中华文化认同的历史与现实研究。[①] 这类项目中包括台湾在大陆工作的学者主持的国家社科基金重大招标项目，如马腾岳主持的"台湾的中华民族认同与记忆研究"课题，显示了两岸学者在国家、民族认同方面的共识基础。

"十三五"时期，大陆学界围绕上述主题发表的学术论文 200 余篇，其中以厦门大学董建辉等学者刊发量最为显著，从民族学、人类学方面凸显了厦门大学、福建省高校和科研机构对台湾相关议题研究的学术传统和区位优势。事实上，大陆有关台湾事务的研究机构、研究中心在社会科学院系统、高校系统多有设置，并与台湾相关研究教学机构保持着多种类型的学术交流合作关系。国家民族事务委员会主管的"台湾少数民族研究会"是目前规模最大的全国性社团，在开展两岸学术交流方面组织了一系列全国性的年会和专题研讨会。[②] 值得一提的是由中国社会科学院社会政法学部与台湾"中国边政协会""蒙藏文化基金会""台湾大陆研究会"自 2010 年以来持续开展的两岸学术互动研讨会，所谓"互

[①] 参见贾益《"十四五"学科专题调查报告：台湾民族问题与少数民族研究》，2020 年 5 月。
[②] 2016 年以来台湾少数民族研究会与相关科研机构、高等院校连续组织了六次较大规模的学术会议，会议主题涉及台湾少数民族历史文化、经济社会发展、台湾当局少数民族政策实践和关涉两岸关系的一系列话题。详见贾益《"十四五"学科专题调查报告：台湾民族问题与少数民族研究》，2020 年 5 月。

动"就是每年在两岸交相举行,与会学者对两岸少数民族地区进行实地考察,形成了具有"品牌性"的学术交流效应。① 近年来,较系统的学术著作也取得了一定进展,如陶道强、李颖《台湾少数民族政策研究:1624—1945》(厦门大学出版社 2017 年版),杜辉《据有他者:帝国、知识与台湾"原住民"物品收藏实践(1840—1945)》(中央民族大学出版社 2017 年版),孙志中《台湾少数民族文化与经济社会概述》(九州出版社 2017 年版),李文甦《台湾布农语词及词结构分解汇编》(民族出版社 2017 年版),以及国家社科基金特别委托项目"21 世纪中国少数民族经济社会调查"实施中涉台事务的智库研究报告——陈建樾、贾益《台湾"原住民"的历史来源、称谓与国家定位研究》。而一些硕士、博士的论文选题取向,则体现了台湾少数民族与台湾民族问题研究的后继力量培养和发展潜力。

七 世界民族研究与相关专题研究

世界民族研究是一个兼具理论研究与应用研究特点的综合性学术领域,在我国民族学学科中占有重要地位,并与国际政治、世界历史等学科相互交织。自 1979 年作为学科设立以来,经过 40 多年的探索和积累,形成了一支集多学科专业背景的学者队伍,并在全国性学术团体中国世界民族学会的组织、协调、凝聚下展开了日益广泛的研究。在以"问题、政策、理论"为研究重心的发展中,产生了诸如世界各国解决民族(种族、族群)问题的经验教训比较研究,中国"跨界民族"研究,海外华人与国际移民研究、海外民族志研究和"一带一路"建设关涉的区域、国别民族、宗教和文化因素等方面的研究。在国际问题研究的科研、教学机构关注世界民族、宗教、反恐等关涉非传统安全的全球性议题的同时,一系列凸显世界民族研究指向的全球性、区域性、国别性学术平台也相继建立,其中也包括民族工作事务部门设立的机构和依托相关高校

---

① 除 2020 年因疫情和两岸关系的变化未能实施外,这一两岸民族学交流机制保持了连续开展的机制,会议主题都与关涉两岸少数民族发展战略的重大决策紧密联系,如大陆的乡村振兴与台湾的社区营造、大陆的生态保护与台湾的生态保育、"一带一路"与两岸的融通发展,两岸处理民族问题的经验与路径,等等。

建立的基地、中心等。[1] 这些趋向表明，世界民族研究一方面在全球事务、国际关系和周边环境等方面，呈现了学科性扩散，引起了广泛关注；另一方面则与国内民族研究日益紧密结合在一起，从国际经验教训思考中国解决民族问题正确道路的理论与实践。正是在此意义上，"十三五"时期（截至2019年），世界民族研究取得了一系列新进展。仅就国家社科基金的民族学学科立项的规模，即可看出这一发展趋势。"十三五"时期世界民族研究课题立项，较"十二五"时期增长了一倍，达到78项。其中，青年项目达到22项，几近"十二五"时期的一倍，显示了不同专业背景、日益增多的青年学子对世界民族研究的关注。[2] 从研究成果的刊布来看，有关世界民族研究的深化发展集中于以下几个方面。

（一）国外民族理论研究日益受到重视，中西话语中的基本概念问题不断深化探讨

西方国家的民族理论大多聚焦于民族主义、民族—国家、身份政治和民族认同问题。长期以来，对国外民族理论的评介、研究，为世界民族研究领域的学者所重视，在从过去以苏联东欧民族理论为主，到以美西国家民族（种族、族群）理论为重的扩展过程中，国外民族理论研究与中国民族理论研究的对接、比较和融通，形成了我国民族理论研究的新特点。特别是党的十八大以来，习近平总书记在中央民族工作会议的重要讲话精神，从道路、理论、制度和文化自信方面对中国特色解决民族问题正确道路的阐释，打开了中国特色与西方模式的比较视野，促进了国内外民族理论研究对"民族""民族—国家""民族认同"等问题的兼容性研究。[3] 其中，

---

[1] 如2019年内蒙古师范大学建立的民族学人类学研究中心，即以追踪研究世界民族热点问题为研究方向，承担相关部委委托的"世界民族热点跟踪研究"课题，撰写"世界民族热点"月度和年度报告，2019年年度报告作为第一批公开刊布的成果已送交出版社。

[2] 参见陈玉瑶《世界民族研究"十三·五"学科调研报告》，2020年5月。

[3] 如纳日碧力戈《"一国多族"和"一族多国"的现实发展与理论创新》，《新疆师范大学学报》2017年第2期；郝亚明《国家认同与族群认同的共生：理论评述与探讨》，《民族研究》2017年第4期；夏引业《"国族"概念辨析》，《中央民族大学学报》2018年第1期；张健《西方族体概念的语义流变与演进逻辑》，《西南民族大学学报》2018年第4期；叶江《多民族国家的三种类型及其国家认同建构问题——民族学研究的视角》，《民族研究》2018年第1期；丁林棚《"民族"，还是"国家"？——Nation的歧义性与翻译之争》，《淮阳师范学院学报》2018年第2期；牛新春《对"民族"概念的一些思考》，《现代国际关系》2019年第11期；李安山《非洲民族主义史学流派及其贡献》，《世界历史》2020年第1期；周平《政治学中的民族议题》，《政治学研究》2020年第1期；周平《现代国家基础性的社会政治机制——基于国族的分析视角》，《中国社会科学》2020年第3期等。

也包括在国家社科基金民族学研究课题指南引导下开展的"当代西方马克思主义对民族问题的理论观点研究"。① 这方面也推出了几部学理性较强的专著,如于春洋《现代民族国家建构:理论、历史与现实》(中国社会科学出版社2016年),暨爱民《国家认同建构:基于民族视角的考察》(社会科学文献出版社2016年版),许利平主编《民族主义:我们周围的认同与分歧》(社会科学文献出版社2017年版),李红杰《多维视角下的"民族"》(中央民族大学出版社2018年版)。这方面的研究,在努力厘清民族理论基本概念、探讨西方民族—国家形态、思考"多民族国家"及其"国家—民族"建构,都具有立足中国的国际视野,推进了中国民族理论研究的深化发展。

(二)全球性、区域性和国别性民族问题与民族政策研究,持续为学界所重视并取得新进展

苏联解体、东欧剧变,引起了国际社会对民族问题、民族分离主义的普遍关注和持续性研究,其中对苏联解体、东欧剧变中民族问题动因的审视和民族政策实践的解读为"热点"。对此,西方学者从冷战格局消弭的巨变中,做出了诸如后冷战时代"文明的冲突"和"历史的终结"等判断,并以"民主""人权"等理念兜售美西发达国家解决民族问题的"成功模式"。但是,进入21世纪以来,特别是2014年以后,西方国家内源性的民族问题、种族问题、移民问题、宗教问题伴随着民族主义、种族主义的回潮,民粹主义的高涨和对多元文化主义的质疑,出现了一系列严重的族际冲突和社会裂变。对此,我国世界民族研究界展开了多视角的观察与思考,其中既包括对国别性民族问题和民族政策实践的案例性研究,② 也包

---

① 如刘烨《汤姆·奈恩:基于唯物史观的民族主义研究》,《世界民族》2016年第6期;左宏愿《种族、族群与阶级:西方马克思主义种族和族群研究的路径及其启示》,《民族研究》2017年第3期;刘烨《全球化时代的人民、民族与阶级——汤姆·奈恩西方马克思主义语境下的民族主义研究》,《民族研究》2017年第4期;等等。

② 庄晨燕:《民族冲突的建构与激化——以卢旺达1994年种族屠杀为例》,《西北民族研究》2017年第2期;何俊芳:《苏联、俄罗斯联邦族群识别的状况、方式及利弊》,《中央民族大学学报》2018年第2期;王坚:《无政府状态的终结——美国印第安人事务管理局的创立、移转及其归属权争议》,《世界民族》2018年第5期;蒋俊:《"去族群化":大屠杀后卢旺达身份政治的重建》,《世界民族》2019年第1期;李安山:《利比亚的部落因素与卡扎菲的民族政策》,《世界民族》2019年第1期;张青仁:《新自由主义秩序下墨西哥土著居民的发展困境评析——以索盖人抗争格里哈尔瓦河水电开发事件为例》,《世界民族》2019年第4期;等等。

括对西方国家民族政策理念及其实践的辨析,[①] 以及西方发达国家的民族—地区分离主义运动及其动因,英国的苏格兰、西班牙的加泰罗尼亚等个案的研究。[②] 同时,在全球化进程中,特别是2015年以来中东难民危机对欧洲国家的冲击性影响,包括"伊斯兰国"极端恐怖主义及其在欧盟国家中引发的交相"响应",引起了西方国家对移民、难民问题政治、社会、文化和认同等方面的普遍性争论。我国学界在这方面也展开了一些关涉难民政策和移民问题的学理性研究。[③] 这些研究,揭示了西方国家在解决民族问题方面的确没有什么"灵丹妙药"的现实,同时也指出了继续加强对世界各国民族政策研究的重要性。事实表明,现代民族—国家的建构进程,对西方发达国家而言并没有临近"成功的最后阶段",对众多发展中国家而言则大都处于初级阶段,其建设的过程都面对着民族、种族、语言、文化和宗教生活等多样性的现实。因此,研究世界各国的民族理论、政策实践仍属"方兴未艾"的课题。这方面,近年来推出的学术专著,既包括析述众多国家民族政策类型及其理论依据的著作,如朱伦主编《五十国民族政策研究》(中国社会科学出版社2018年版);也包括国别性、专题性研究的成果,如周少青《权利的价值理念之维——以少数群体保护为例》(中国社会科学出版社2016年版),《民族政治学:加拿大的族裔问题及其治理研究》(中国社会科学出版社2017年版),何俊芳《族体、语言与政策:

[①] 青觉、王伟:《多民族国家建设:民族冲突与国际干预》,《民族研究》2016年第5期;夏瑛:《差异政治、少数群体权利与多元文化主义》,《马克思主义与现实》2016年第1期;王军:《少数民族差别性权利的正当性:理论基础与范式》,《民族研究》2017年第1期;常健、杨帆:《族际冲突中族群因素与非族群因素及其相互作用》,《西南民族大学学报》2017年第6期;张金岭:《法国语境下的民族理念及其价值导向》,《西南民族大学学报》2018年第12期;张颖军:《欧洲安全与合作组织的少数民族保护问题研究》,《中南民族大学学报》2018年第6期;梅祖蓉:《论近代西方哲学与历史中的种族契约——以洛克与康德为例》,《世界民族》2019年第1期;等等。

[②] 夏庆宇、吴迎来:《英国、西班牙分离主义政党比较研究》,《国外社会科学》2018年第1期;王伟:《西方式民主不是治理族群冲突的良方——新兴民主国家族群冲突不断滋生的机理分析》,《民族研究》2018年第1期;石亚洲、尚大超:《试析21世纪分离性公投的主要诱因——基于认同冲突的视角》,《世界民族》2019年第1期;朱君杙:《近年来加泰罗尼亚分离主义运动活跃的动因及走向分析》,《世界民族》2019年第3期;翟晗:《西班牙加泰罗尼亚分离危机的再审视》,《欧洲研究》2019年第5期;沈本秋:《多民族与多族群国家整合模式的比较研究——以英国、印度、马来西亚为例》,《世界民族》2020年第1期;刘泓等编著《当代国外民族分离主义与反分裂研究》,社会科学出版社2016年版;等等。

[③] 李明欢:《当代国际移民发展趋势及主要国家的政策应对》,《世界民族》2018年第2期;田烨:《英德两国难民政策比较研究》,《德国研究》2018年第2期;朱骅:《离散研究的学术图谱与理论危机》,《世界民族》2018年第3期;周雷、牛忠光:《国际移民视域下的"Diaspora"话语:概念反思与译介困境》,《世界民族》2018年第3期;宋全成:《反移民、反全球化的民粹主义何以能在欧美兴起》,《山东大学学报》2018年第5期;梁茂春:《远距离民族主义:离散族群的跨国政治认同与实践》,《世界民族》2020年第1期;等等。

关于苏联、俄罗斯民族问题的探讨》（社会科学文献出版社 2017 年版），李秉忠《土耳其民族国家建设和库尔德问题的演进》（社会科学文献出版社 2017 年版），张金岭《法国人文化想象中的"他者"建构》（社会科学文献出版社 2018 年版），陈玉瑶《国民团结：法国的理念与实践》（社会科学文献出版社 2019 年版）等。世界民族研究涵盖的国际移民和海外华人研究，也有大量的论文呈现，以及较为系统的著作面世，如李安山《非洲华人社会经济史（上、中、下）》（江苏人民出版社 2019 年版），李其荣《国际移民与海外华人研究》（第三卷）（湖北人民出版社 2019 年版）等。译介国外的民族理论、民族政策研究的高质量著作，是世界民族研究开展国际学术交流的重要形式之一，也是提升国内研究水平、增强国际对话能力的必要条件。"十三五"时期这方面的成果也很显著，有一批代表性的理论著作。①

（三）跨界民族研究深入开展，与国家兴边富民、"一带一路"建设的边疆地区开放发展日益紧密结合

在我国 1.9 万千米长的陆路边境线内含的边疆地区，大多是少数民族聚居地区。有 30 多个少数民族与周边国家的相关民族具有历史渊源、语言文化等方面的同一性，属于历史民族在现代国家形成过程中分属不同国度的范畴，这在世界范围属于普遍现象，通常称为跨界民族或跨境民族现象。自 20 世纪 90 年代始，随着改革开放和边境口岸建设、边民贸易的发展，民族学等学科开始关注跨界民族的研究，并逐步从经济交往关系深入到社会文化等诸多领域，形成了多学科交叉的综合研究发展态势，成为国内民族研究与世界民族研究最密切的结合部。

---

① 如［德］李峻石著，吴秀杰译《何故为敌（族群与宗教冲突论纲）》，社会科学文献出版社 2017 年版；［法］热拉尔·诺瓦里埃尔著，陈玉瑶译《国家、民族与移民》，中国社会科学出版社 2017 年版；［土耳其］乌穆特·奥兹基瑞穆里著，于红译《当代关于民族主义的争论》，中国社会科学出版社 2017 年版；［英］安东尼·D. 史密斯著，王娟译《民族认同》，译林出版社 2018 年版；［德］斯特凡·贝格尔主编，孟钟捷译《书写民族：一种全球视角》，浙江大学出版社 2018 年版；［瑞士］威默著，叶江译《国家建构：聚合与崩溃》，格致出版社 2019 年版；［英］阿米娜·玛玛著，徐佩馨、许成龙译《面具之外：种族、性别与主体性》，浙江工商大学出版社 2019 年版；［美］蒂莫西·斯奈德著，潘梦琦译《民族的重建：波兰、乌克兰、立陶宛、白俄罗斯，1569—1999》，南京大学出版社 2020 年版；［美］伊布拉姆·X. 肯迪著，朱叶娜、高鑫译《天生的标签：美国种族主义思想的历史》，社会科学文献出版社 2020 年版；［日］川本芳昭著，刘可维译《东亚古代的诸民族与国家》，社会科学文献出版社 2020 年版；等等。

2013年，以延边大学民族研究院为依托的中国人类学民族学研究会跨界民族研究专业委员会成立。该专业委员以"跨界民族与边疆和谐""人口流动与跨界民族""东北亚区域发展与跨界民族""'一带一路'与跨界民族""边界、认同与跨界民族发展""新时代跨界民族发展机遇与挑战""跨界民族与铸牢中华民族共同体意识"等主题，逐年召开了七届学术研讨会，[①] 成为国内开展跨界民族研究的重要学术交流平台。这一学术交流机制产生的成果，集中体现在朴今海、张学慧主编的《跨界民族研究（1—4辑）》（辽宁民族出版社2015、2016、2017、2018年版）。同时，在一些高等院校相继设立了诸如"跨境民族与边疆问题研究室""云南跨境民族宗教社会问题研究基地"等，与边疆学关涉的边民、边界、边境等研究内容相兼容。在一些高等院校的民族学教学体系中，跨界民族研究也成为一个专业方向。[②] 据统计，2013年以来以跨界民族为主题的硕士、博士学位论文达67篇之多，所涉学科包括民族学、人类学、社会学、管理学、政治学、宗教学、艺术学、地理学、新闻学、语言学、法学、历史学等。[③]

在跨界民族研究方面，如同其他研究领域一样，基本概念的讨论是学人关注的研究内容之一，有关"跨界""跨境""跨国"概念的厘清，多年来学者们各抒己见，近年来从概念到研究范式的讨论有所深入，包括参酌国外相关研究进行比较。[④] 其中，方天建的《国外跨界民族研究》（《青海民族研究》2018年第3期）一文对此进行了较翔实的梳理和论说。事实上，跨界民族研究在通识意义上主要指现代国家边境线两边毗邻居住的历史同源民族的互动关系研究。其中既涉及边民的经贸交往、文化交流、亲缘往来等社会生活关系，也涉及身份认同、宗教影响、文化渗透的问题。同时，在一些地区还包括了跨国劳务、婚姻、教育、难民安置等社会问题，以及属于危害边境安全的毒品贸易、武器走私和人

[①] 参见朴今海《我国跨界民族研究调研报告》，2020年5月。
[②] 如云南大学的西南边疆跨境民族社会文化研究、云南民族大学的西南跨境民族历史与文化、延边大学的东北跨界民族研究、广西民族大学的中国南方与东南亚跨国民族研究、兰州大学的跨国民族及边疆安全，中央民族大学的西南跨境民族语言文化等专业方向。
[③] 参见朴今海《我国跨界民族研究调研报告》，2020年5月。
[④] 黎海波：《"一带一路"战略下"跨界民族"概念及其逻辑连接》，《湖北民族学院学报》2017年第1期；周建新：《封而不闭的民族国家——兼论跨国民族研究两大范式》，《广西民族研究》2018年第2期；施琳：《何以为邻？——"跨境民族"之关键概念辨析与研究范式深化》，《西亚非洲》2019年第3期。

口贩卖等犯罪行为。这些内容，都在跨界民族研究中受到学者的关注。"十三五"时期跨界民族研究相对聚焦的课题，主要包括宏观层面的理论分析，[①] 族别性人口跨国流动与边疆地区社会稳定、国家安全的关系，[②] 族别性的个案及其内涵的身份认同、国家认同研究。[③] 此外，发生在跨界民族之间和更多出现在中缅、中老、中越边界地区的外籍妇女非法入境的"跨国婚姻"现象及其引发的社会问题，以及如何实施社会治理的研究，也为民族学等多学科所重视。[④]

民族学界对跨界民族的研究，东北地区和云南、广西地区的实证性案例较为丰富，对内蒙古、新疆地区的跨界民族研究也有所关注。从发表的学术论文来看，以跨境和跨界民族为主题的研究自党的十八大以来显著增多，"十三五"时期达到高峰。

"十三五"时期跨界民族研究的发展，与我国陆路边疆地区在"一带一路"建设布局中位居开放发展的前沿直接相关，与国家《兴边富民行动"十三五"规划》颁布实施紧密相连。特别是"一带一路"建设的实施，使学界围绕跨界民族在对外民心相通、人文交流中的重要作用，展开了新的认知和

[①] 周建新：《边界、边民与国家——跨国民族研究的三个面向》，《广西民族研究》2017年第3期；尤伟琼：《中缅边境少数民族跨境流动的理性分析》，《广西民族大学学报》2018年第1期；周建新、杨啸：《中国跨国民族研究的脉络与趋势》，《湖北民族学院学报》2019年第6期；等等。

[②] 黄彩文、和光翰：《中缅边境地区外籍劳务人员与边疆安全》，《学术探索》2016年第8期；黎海波、陈瑞：《"体制困境"与跨界民族地区基层政府维稳研究——以内蒙古额尔古纳市为例》，《湖北民族学院学报》2016年第1期；王江成：《中国边疆安全视阈下的跨界民族问题研究》，《云南行政学院学报》2019年第3期；王军、黄鹏：《跨界民族的安全问题——类型、成因与限度》，《世界经济与政治》2019年第5期；等等。

[③] 朴今海、姜哲荣：《流动的困惑：跨国流动中的朝鲜族身份认同多元化》，《广西民族研究》2017年第3期；黄玲：《村落在国境上：跨境民族的乡土植根与国家认同——基于广西防城京族巫头村的调查》，《贵州社会科学》2018年第1期；等等。

[④] 方天建：《云南跨界民族涉外婚姻外籍子女受教育问题之探讨》，《民族教育研究》2016年第2期；谢尚果、罗家珩：《中越边境地区跨国婚姻治理模式分析》，《广西民族研究》2016年第2期；纪洪江：《中越边民通婚的促动因素研究——以云南麻栗坡县马崩村为例》，《云南民族大学学报》2016年第4期；熊威、杨海东：《中缅边境跨国婚姻子女教育问题及对策研究——以云南某德昂族乡C村为个案》，《民族教育研究》2016年第6期；陆海发：《边境治理中的跨国婚姻移民：特征、动力及其影响——基于对云南两个边境县的调查与思考》，《云南民族大学学报》2017年第5期；梁海艳、代燕、骆华松：《滇桂边境地区跨境婚姻的现状、特征与原因》，《热带地理》2017年第2期；宋才发：《西南边疆地区跨国婚姻问题的法治探讨》，《北方民族大学学报》2019年第5期；陈炼：《滇越边境哈尼族跨国婚姻的"制度路径"探索分析》，《红河学院学报》2019年第3期；沈朝华：《跨国婚姻妇女权益保障：德宏傣族景颇族自治州"在地化"实践》，《湖北民族学院学报》2019年第6期；等等。

研究视野。① 随着全面建成小康社会"一个民族也不能少"的圆满收官，兴边富民和"一带一路"建设的成效将为我国跨界民族的开放发展增强新的优势，在对外关系中展现中国特色社会主义制度的优越性和作为中华民族成员的优越感，也将为我国新时代的跨界民族研究注入新的动力。

（四）"海外民族志"研究开辟了世界民族研究的国际交流新形式，扩展了人类文化多样性和社会变迁复杂性的研究视野

进入21世纪以来，民族学、文化/社会人类学、社会学和民俗学等学科进行的"海外民族志"研究，为世界民族研究的发展注入新的动力。当代中国学者接续老一辈学人的学术传统，走出国门开展国外田野调查和"写文化"的民族志研究，在包容世界民族研究传统的"问题、理论、政策"范畴的同时，聚焦于国外社会文化的实证观察和描写，进而通过一个个鲜活案例，展开对相关国家政治、经济、文化和社会生活环境的解读和理论探讨。这方面的工作，以北京大学高丙中团队及其推出的《海外民族志丛书》、云南大学的何明团队及其推出的《东南亚民族志丛书》最具代表性。同时，中央民族大学、中山大学、广西民族大学、厦门大学等高校，都开展了"海外民族志"的研究，并与博士生培养、博士后研究相结合。一些区域性、国别性的研究机构也都设置"海外民族志"研究方向。特别是在国家提出"一带一路"倡议的引领下，"海外民族志"研究在开拓"全球流动"视野的同时，② 也更加聚焦于"一带一路"沿线国家。

---

① 李梅花：《"一带一路"与跨界民族的社会文化结构的改造与创新——以延边朝鲜族社会为例》，《贵州民族研究》2016年第1期；崔海亮：《"一带一路"背景下中国跨境民族的中华民族认同》，《云南民族大学学报》2016年第1期；杨斌、王金亮：《基于新丝路建设的新疆跨界民族现代公民意识培育》，《产业与科技论坛》2017年第4期；高蕊、毕跃光：《跨界民族在"一带一路"倡议中的作用——以民心相通为视角》，《郑州轻工业学院学报》2017年第5期；邬诗茜、汪航：《新媒体与新疆跨界民族的对外文化交流》，《产业与科技论坛》2017年第17期；丁洋洋、赵志朋：《"一带一路"背景下跨界民族国家认同的重要性》，《四川职业技术学院学报》2017年第5期；穆智：《"一带一路"倡议背景下中缅边境地区的跨界民族事务治理》，《云南行政学院学报》2017年第4期；李伶俐：《"一带一路"视域下跨界民族对新疆民族发展的意义》，《唐山文学》2017年第8期；郭志超、张宇：《"一带一路"背景下跨界民族文化传承对创新创业发展的研究——以赫哲族和那乃族为例》，《全国流通经济》2018年第5期；乔峰：《"一带一路"倡议下的中老跨界民族关系》，《山西青年》2018年第18期；王俊鹏、黄银华：《"一带一路"倡议中跨界民族的价值、挑战及对策研究》，《民族论坛》2019年第1期；宋丽荣、姜君：《"一带一路"视域下黑龙江（阿穆尔河）沿岸中俄跨界民族文化教育的比较分析及发展策略研究》，《民族教育研究》2019年第5期；等等。

② 参见陈盈莹、赵萱《2018年海外民族志述略：全球流动背景下的海外民族志研究》，《中国图书评论》2019年第1期。

存在问题与"十四五"规划的建议

"十三五"时期,我国的民族学学科建设、队伍建设、学术研究与交流平台建设,以及服务于教学、科研等可衡量的能力建设,无疑都取得了显著的进展,在学术资源发掘、学术成果产出、学术质量提升方面也取得了很大成绩。在此基础上,本次调研也较全面地审视了存在问题,其中既包括在各学科普遍存在的一些现象,也包括民族学研究中突出的问题,并在此基础上对"十四五"规划提出了一些建议。

一 民族学学科发展存在的主要问题

(一)民族学研究领域涵盖的学科、专业方向众多,学术成果丰厚,但是普遍存在基础理论研究薄弱的问题

一是在马克思主义经典作家民族理论研究方面,对基本原理提炼,特别是对基本原理的现代意义阐释不够;二是对马克思主义民族理论中国化成就的形成和发展,缺乏从思想脉络上一以贯之的研究,注重论断性理解、缺乏体系化梳理。这两个方面的不足,虽然并未弱化马克思主义民族理论及其中国化成就的指导思想地位,但是也未能有效地实现指导思想学理化阐释及其对学科理论和思想方法的渗透和浸润。

(二)民族学学科理论建设滞后,学术实践中的理论范式、研究工具和观点证明,缺乏立足本土的中国特色

在教学、科研实践中,以西方学界为代表的民族学、文化/社会人类学、社会学、政治学等学科的经典论著，居于理论和方法的优势地位，对此无可厚非，这是促进中国民族学繁荣发展的重要条件之一。但是，中国民族学厚重的历史资源和百年来的学术实践，除了具有广泛共识的费孝通"多元一体"命题的理论阐释外，大多停留在资料和经验层面，未能有效提炼、凝结和丰富学科理论并在国内外学术界产生显著影响，这也是一个基本事实。同时，对西方民族学理论的研究，也大多处于解读、评介层面。

（三）民族学学科的中国话语体系建设亟待加强，尤其是关涉基本概念、范畴方面的中国资源需要大力发掘、科学提炼

中国多民族国情条件下的历史学、民族学、文献学、语言学等都有广博的历史文化资源，但是学界在概念史、观念史、学术史研究方面着力不够，导致以西方相关概念界定和解读中国现象的偏颇或困扰。概念是理论的支点，也是话语体系建构的关键。中国自古就是一个"五方之民"互动不懈的国家，先秦时期的"修教""齐政"理念在秦汉"大一统"后形成和维系了统一的多民族国家格局，其间产生了诸多基于"修教""齐政"理念的民族观、"民族理论"和民族政策，对此学界的研究大多停留在"是什么"的论说层面，缺乏理论的提炼。

（四）民族学研究个案调查研究日趋普遍，学理性的宏观思考和比较研究明显不足

在教学和科研实践中，一方面田野调查日益受到重视甚至蔚然成风，另一方面个案研究的微观化、局限性问题也日渐突出。研究成果的知识系统性不够，知识再生产的综合能力不足，缺乏触类旁通的思想启发性，缺少通过比较研究对特殊性与普遍性的辨析，缺失宏观概括的学理性阐释力。这同样反映在日益强化的应用性对策建议方面，或有一时一事的操作性启发，但缺乏通识性理论的启示，未能在学术理论积累方面做出贡献。

（五）学术研究原创性、学术观点创新性的要求，在实践中存在高标准"普及化"的"稀释"问题

学界在课题论证，硕博论文开题、答辩，论著评价等环节，强调原创性、创新性的自我评价或他人评判，但事实上又缺乏对"原创"的清晰界定和"创新"的明确标准,以致造成"原创"和"创新"这类高标准在普遍性的评价尺度中被"稀释"。事实上,一些"原创"话题早已为前人或他人所论及,一些"新观点"只是用不同话语表述的陈说。例如,近些年学界开始深度关注中国近代民族研究的学术成果,才意识到今天讨论的一些新话题实际上是民国年间的老话题。由此也产生了诸多重复立项、重复劳动的现象,这也反映了学界在学术史研究方面的缺失和学术资源数据库建设的滞后问题,其中也存在学风浮躁的问题。

(六)由于民族学学科教学和科研设置的"西部"特征,仍普遍存在科研经费、教研队伍、硕博授权招生等学术资源和科研条件的困难

就科研项目而言,国家社科基金是民族学界获得国家课题的主要渠道,加之西部项目的长期支持。其次是教育部的项目支持,相关部委的项目支持,以及地方性的课题立项,研究实体自主立项的科研活动明显不足且与发达地区的同类实体差距显著。此外,在后续人才培养方面,硕博招生规模偏少、招生质量不高,存在学术队伍接续、研究能力提升方面的困扰。

二 "十四五"规划重点研究课题建议

"十四五"将开启中国特色社会主义现代化建设步入第二个百年的第一阶段,即新时代的新发展阶段。根据党的十九大报告对这一阶段绘制的蓝图及其内涵的一系列发展目标,遵循《中共中央关于制定国民经济和社会发展第十四个五年规划和二〇三五年远景目标的建议》的精神,结合我国民族工作在国家治理体系和治理能力现代化进程中的创新发展要求,立足于有利于推动中国特色民族学学科"三大体系"建设的需要,提出"十四五"规划的主要研究方向如下。

(一)全面系统深入研究习近平新时代中国特色社会主义思想有关民族工作的重要论述

党的十八大以来,习近平总书记对我国的民族工作发表了一系列重要讲话,深刻阐释了中国特色解决民族问题的正确道路,指明了新时代我国民族工作创新发展的方向、路径和工作着力点，对我国民族事务领域的一系列重大原则做出了全面的论述，深刻阐释了党的治藏方略、治疆方略，需要民族学界在前期解读性研究基础上，以综合或专题的形式展开系统、深入和持续的研究。

（二）习近平总书记关于铸牢中华民族共同体意识的重大原创性论断的理论研究

铸牢中华民族共同体意识是习近平总书记统筹国内外两个大局、深刻把握中国历史文化和世界民族发展规律做出的重大原创性论断，它植根统一的多民族国家形成和发展的历史，立足多元一体的中华民族大家庭，体现各民族共同团结奋斗、共同繁荣发展的实践，面向中华民族伟大复兴的中国梦目标，是中国民族理论创新发展的核心课题。铸牢中华民族共同体意识研究，具有历时和共时研究相结合的特点，关系到中华民族形成和发展、整合与升华的伟大复兴过程，是民族研究领域的重大理论和重大现实课题，也是引领新时代民族工作创新发展的思想主线和实践指南。

（三）中国特色社会主义民族理论政策的话语体系研究

习近平总书记指出："加强民族领域基础理论问题和重大现实问题研究，创新中国特色社会主义民族理论政策的话语体系，提升在国际上的影响力和感召力。"[1] 民族学界应基于马克思主义民族理论及其中国化成就、中华历史文化的民族观念、国外民族学和人类学等学科理论，根据中国特色哲学社会科学"三大体系"建设的要求，遵循我国民族学指导思想和基础理论创新发展的原则，结合我国民族事务的重大现实问题，开展概念、范畴、理论逻辑和话语体系的建设性研究。

（四）民族团结进步事业的实证和理论研究

党的十八大以来，习近平总书记对民族团结进步事业发表了一系列重要讲话，深刻阐释了民族团结的重大意义及其对实现中华民族伟大复兴的基础性建设作用。学界应结合"十四五"民族团结进步事业规划，扎实开

---

[1] 习近平：《在全国民族团结进步表彰大会上的讲话》，人民出版社2019年版，第11页。

展民族团结进步创建的实证研究、提升中国特色民族团结进步的理论研究，加强民族团结进步示范区和基层社区（乡村、街道）的民族团结进步创建活动调查研究，开展系统的追踪、回访和经验提炼以及民族团结进步个人、集体事迹及其影响力的学术故事书写，探索和构建中国特色民族团结进步事业的思想理论体系。

（五）新时代坚持和完善民族区域自治制度研究

民族区域自治制度是中国特色解决民族问题正确道路的重要内容和制度保障。习近平总书记指出："加强民族团结，根本在于坚持和完善民族区域自治制度。要高举各民族大团结旗帜，全面贯彻党的民族政策，使民族区域自治制度这一理论根源越扎越深、实践根基越打越牢。"坚持，要从"这一制度根植于中国历史传统，契合统一多民族的基本国情"出发；完善，要遵循"更好做到统一和自治相结合、民族因素和区域因素相结合"的原则。以"进一步发挥民族区域自治制度在维护国家统一、领土完整，在加强民族平等团结、促进民族地区发展、增强中华民族凝聚力等方面的重要作用"为研究目标。

（六）民族区域自治法与民族工作治理能力现代化研究

以习近平法治思想为指导，按照依法治理民族事务的总要求，遵循"要全面贯彻落实民族区域自治法，健全民族工作法律法规体系，依法保障各民族合法权益"的基本原则，对新时代全面贯彻落实民族区域自治法的重点、难点开展研究，为完善民族区域自治法提供理论与实践的智力支持。从社会主义民主法治的视角，加强对民族区域自治制度在保障各民族人民共同当家做主、推进社会主义民主政治建设、提升民族工作治理体系和治理能力现代化的理论研究。

（七）民族区域自治地方经济发展自治权落实情况的调查研究

实行民族区域自治、贯彻落实民族区域自治法，关键是解决好经济权益问题。习近平总书记关于"落实民族区域自治制度，关键是帮助自治地方发展经济、改善民生"的重要论断，集中体现了党和国家一以贯之的思想原则。在新时代坚持和完善民族区域自治制度的进程中，如何依法发挥民族区域自治地方的经济社会发展自治权效能,是体现民族区域自治制度优势的重要内容,也是"推动区域协调发展"和"推动西部大开发形成新格局"的法律保障。通过典型调查、案例分析开展这方面实证性研究,从全面贯彻落实民族区域自治法的高度对经济权益实现程度进行科学评估、提供咨政建议。

(八) 推动西部大开发形成新格局研究

依据党的十九届五中全会审议通过的《中共中央关于制定国民经济和社会发展第十四个五年规划和二〇三五年远景目标的建议》,结合《中共中央国务院关于新时代推进西部大开发形成新格局的指导意见》,立足于新发展阶段"支持革命老区、民族地区加快发展,加强边疆地区建设,推进兴边富民、稳边固边"的明确指向,按照"到2035年,西部地区基本实现社会主义现代化,基本公共服务、基础设施通达程度、人民生活水平与东部地区大体相当,努力实现不同类型地区互补发展、东西双向开放协同并进、民族边疆地区繁荣安全稳固、人与自然和谐共生"的目标,从"强化举措推进西部大开发形成新格局"的发展要求开展综合性的政策实践研究。

(九) 推进西部地区高质量发展的文化支点研究

习近平总书记指出:"'十四五'时期,我们要把文化建设放在全局工作的突出位置,切实抓紧抓好。"其中特别强调指出"推动高质量发展,文化是重要支点"。西部地区、民族地区具有文化多样的优势。根据"传承弘扬中华优秀传统文化,加强文物古籍保护、研究、利用,强化重要文化和自然遗产、非物质文化遗产系统性保护,加强各民族优秀传统手工艺保护和传承"等要求,在国家"支持西部地区发挥生态、民族民俗、边境风光等优势",倡导西部地区"依托风景名胜区、边境旅游试验区等,大力发展旅游休闲、健康养生等服务业,打造区域重要支柱产业"的高质量发展政策实践中,如何"在加强保护基础上盘活农村历史文化资源,形成具有地域和民族特色的乡村文化产业和品牌",怎样在大力促进城乡融合发展的乡村振兴战略中"保护传统村落和乡村风貌"以及"培育发展一批特色小城镇",都属于高质量发展的文化支点研究范畴。

(十) 全面建成小康社会后的区域差别化政策研究

在全面建成小康社会的条件下,西部地区是"我国发展不平衡不充分问题仍然突出"的重点区域,西部民族地区全面建成小康社会的实现程度,与内地和东南沿海地区的经济社会发展差距依然显著。加快少数民族和民族地区经济社会发展的区域差别化政策,在新发展阶段的实施重点、扶持对象和推动高质量发展的指向等方面,既要与"实现巩固拓展脱贫攻坚成果同乡村振兴有效衔接"的普遍要求相结合,又要与"强化举措推进西部大开发形成新格局"和"推动区域协调发展"的战略要求相适应。根据党中央、国务院关于新时代推进西部大开发形成新格局的指导意见,重点结合相关地区(特别是"三区三州")的实际开展研究。

(十一)少数民族和民族地区巩固脱贫成就的政策保障和致富措施研究

全面建成小康社会的根本标志是摆脱绝对贫困,实现"两不愁三保障"。本课题研究方向着眼于脱贫之后防止返贫的政策保障,脱贫之后的致富发展路径和成效,包括民族地区农村、牧区"实现巩固拓展脱贫攻坚成果同乡村振兴有效衔接"方面的政策措施研究,这是关系到各民族人民共享发展成就的大局问题。通过追踪式实证调查发现问题、总结经验,为实现稳定脱贫、可持续致富提供典型案例和对策研究。

(十二)民族地区提高"绿水青山"转变为"金山银山"的能力研究

"绿水青山"代表生态环境优美,"金山银山"象征社会发展和人民幸福安康,习近平总书记的"两山理论"及其实践,对西部地区、边疆民族地区意义尤其重大。"绿水青山"是生态文明建设的目标,关系到保护、修复和再生的实践;"金山银山"则是在"绿水青山"基础上实现可持续、惠及民生的经济社会发展,这是路径、方法和价值观迥然不同的新发展理念。民族学界所关注的各民族传统生产生活方式、地方性生态知识和智慧,是生态功能区建设、生态安全、绿色产业发展的重要文化资源,需要以不同生境为系统,进行收集、整理、研究和学理化提炼,为践行新发展理念和绿色发展模式提供源自民间道理的学理智慧。

(十三)基于第七次全国人口普查数据各民族人口发展和交往交流交融新态势的研究

2020年11月1日,我国开始进行第七次全国人口普查,这是步入新时代的第一次全国人口普查。"十四五"时期，相关的数据将渐次公布。可以预期，第七次人口普查将在各民族人口的聚居、结构、城乡、教育、职业等诸多方面，特别是在全国范围融散式分布和城镇人口多民族化方面展开一系列新局面。民族学界应从各民族共同团结奋斗、共同繁荣发展，各民族交往交流交融，城市（镇）民族工作，民族关系社会化、民间性等多方面给予关注和开展研究。

（十四）中华文化集各民族文化之大成研究

习近平总书记在 2014 年中央民族工作会议的重要讲话中明确指出，中华文化不等于汉文化，中华文化是中国各民族文化之集大成。对这一论断的研究，应立足于中华文化内涵多样性文化的整合机制研究，其中包括各民族文化特别是少数民族文化的传承、保护和发展，党领导各族人民创建的革命文化和社会主义先进文化的弘扬，这是构筑中华民族共有精神家园的题中之义，也是实现中华文化有机整合的基础性研究。中华民族共有精神家园的建设目标，即各民族文化集大成的中华文化，这是中华民族伟大复兴目标中的文化复兴、创新发展的研究课题，也是中国各民族在新时代繁荣发展基础上实现文化认同、文化互渗、文化整合的理论研究。

（十五）中华文化认同的深层性和中华文化自信的根基性研究

习近平总书记关于"五个认同"和"四个自信"的重要论述中，深刻揭示了文化认同的深层性和文化自信的根基性。他强调指出："加强中华民族大团结，长远和根本的是增强文化认同，建设各民族共有精神家园，积极培养中华民族共同体意识。"中华文化的认同，是实现国家、中华民族、中国特色社会主义、中国共产党认同的基石；中华文化自信是坚定道路、理论、制度自信的根基。这些论断及其蕴含的道理、学理和哲理，对以民族文化多样性研究见长的民族学、文化人类学等学科，以及在学术实践中关注"文化认同"研究的学人，无疑都有深刻的启示。在中华文化认同基础上昭示的中华文化自信，体现了铸牢中华民族共同体意识的深层动力和文化自觉。

（十六）以"四个共同"的思想境界展开民族史新视界的研究

习近平总书记指出，一部中国史，就是一部各民族交融汇聚成多元一体中华民族的历史,就是各民族共同缔造、发展、巩固统一的伟大祖国的历史。并从四个方面阐释了"共同"这一关键词的核心要义,即"我们辽阔的疆域是各民族共同开拓的""我们悠久的历史是各民族共同书写的""我们灿烂的文化是各民族共同创造的""我们伟大的精神是各民族共同培育的"。这对中国史、中华民族史和区域史、族别史等专门史研究,都具有新时代的指导意义。其要在于通过发掘历史文献、考古资料,以统一的多民族国家形成和发展为主线,聚焦各民族"四个共同"的提炼、阐发和书写,以新的史学境界和新的理论视野为中华民族共同体形成和发展提供历史镜鉴,为中华民族史的研究和编撰积累学术资源。

(十七)民族古文献(古文字)发掘、利用的研究

在这方面,"十三五"时期取得了显著的成绩,流失国外的文献回归、国内外档案文献的整理刊布、民间文献的收集整理都形成了规模效应,但是发掘这些历史文献的内涵及其学术价值,通过释读、翻译等专门的研究使其为学界广泛认知和使用,尚需扎实、持续地开展研究。特别是通过历史上各民族之间相互认同、相互吸收、相互借鉴的互动关系史证中,去发掘和阐释中华民族多元一体"源自各民族文化上的兼收并蓄、经济上的相互依存、情感上的相互亲近,源自中华民族追求团结统一的内生动力"。

(十八)民族走廊的区域性多学科、多维度研究

民族走廊研究的开展,展开了民族学区域研究的新格局,其跨行政区划、跨民族聚居地区的多种文化交织现象,反映了历史上各民族流动迁徙、交往融汇、共生发展的图景。以"藏彝走廊"为引领的研究在全国范围产生的示范效应,显示了这种"民族走廊"在中国古代历史上的普遍性。对"民族走廊"区域研究的多学科介入,不仅能够见微知著地展现中国各民族"四个共同"的历史脉络,而且有利于为民族团结进步事业、铸牢中华民族共同体意识提供植根民间社会的鲜活例证。

(十九)世界民族的多学科研究

"十三五"时期,世界范围的广义民族问题(含种族、民族、宗教、移民等)形势发生了重大变化,西方国家的民族主义、种族主义假民粹化

思潮的泛起而趋于高涨，特别是在新冠肺炎疫情全球扩散的形势下，美国根深蒂固的种族歧视问题引起了社会文化裂变，并在欧洲等一些国家激发了"交响"，包括一些西方国家的民族分离主义运动的消长，集中反映了西方发达国家内源性的制度和社会问题。由此引起的民族观、种族观、国家观、历史观和文化观的变化已经显现。美西国家的民族理论、民族政策、移民政策变化及其走向，需要世界民族研究界展开综合性、国别性或专题性的追踪研究。同时，在"一带一路"的开放发展和构建人类命运共同体的倡导中，立足于人文交流、民心相通的跨界民族研究，以周边国家为重心的海外民族志研究应继续开展和推进。

（二十）民族研究的基本问题与新时代中国特色民族学知识体系建构研究

"十三五"时期，中国民族学的学科建设所涉及的本土理论、知识生产、话语体系等议题已引起学界较普遍的关注。"十四五"时期以"三大体系"建设为目标，引导民族学界深入开展民族研究领域基本问题和中国特色民族学知识体系的研究，是一项学科基本建设的重要指向。其中，中国历史上民族观念、思想及其概念、范畴和民族学知识的本土资源，百年来立足中国国情的现代民族学研究的知识谱系，国外民族学、人类学研究范式的影响等议题尤其值得关注。

审稿人 郝时远　陈玉瑶

执笔人 郝时远

参加人 （按报告内容顺序排列）

　　　　王希恩　杨须爱　吴大华　杨海涛　刘　玲　张少春
　　　　陈建樾　周竞红　麻国庆　蒙祥忠　乌日陶克套胡
　　　　田　敏　范　可　张雨男　罗康隆　海　山　黑　龙
　　　　吕文利　白玉冬　辛时代　于占杰　李沛容　孙伯君
　　　　齐木德道尔吉　姑茹玛　玉　海　张　云　贾　益
　　　　陈玉瑶　朴今海　段嘉美　何　明

国际问题研究

马克思主义国际问题

一 当前发展的基本状况

目前，国内对马克思主义国际问题的理论研究总体上仍处于边缘状态，尚没有建立起具有中国特色的、真正以马克思主义为指导的有关国际问题的理论体系。因此，在学科上，马克思主义国际问题的研究以零散和碎片化的方式分布于马克思主义、科社与国际共运、国际政治、国际经济、国际关系和国别研究等领域。相关研究机构主要集中于中国社会科学院马克思主义研究院、中国社会科学院世界社会主义研究中心、各个高校的马克思主义学院等。近些年，随着全球化的纵深发展、资本主义制度性危机积重难返以及中国快速发展和日益融入国际社会，国内学界持续涌现出以马克思主义方法和立场研究国际问题、分析国际问题、批判西方国际理论的重要成果。李慎明主编的《马克思主义国际问题基本原理》一书从分析国际问题的世界观和方法论、国际分工与国际贸易、世界货币与国际金融、资本主义经济危机、帝国主义与殖民主义、世界战争与和平、世界民族与宗教、世界人权和民主、社会主义革命和建设九大方面论述了马克思主义国际问题基本理论，反映马克思主义国际问题理论创立和发展的历史。此外，杨斌的《坚持和发展马克思主义理论　剖析当前重大国际问题》、王伟光的《运用马克思主义立场观点方法分析国际问题》、谭吉华的《马克思恩格斯认识和分析国际问题的方法论》、周新城的《关于国际问题研究的几个方法论原则》等文章阐述了运用马克思主义分析国际问题的立场与方法。

二 研究成果与代表人物

（一）马克思主义国际政治思想研究

1. 马克思主义国际关系思想研究

马克思主义国际关系思想研究对于国际关系理论发展和中国的外交实践具有重要的理论和实践意义。李静对西方国际关系理论进行了批判，指出尽管当前在国际关系研究中占主导地位的是以美国为代表的西方国际关系理论，然而，从整体上看，西方国际关系理论流派众多、观点庞杂，却难以解决现代国际体系中最重要的问题，西方国际关系理论的主要问题在于历史依据的狭隘性、研究内容的片面性、研究方法的形而上学和历史唯心主义等。郭树勇、郑桂芬的《马克思主义国际关系思想》、武海宝的《金融资本全球积累视角下的当代国际关系——兼论马克思主义国际关系理论构建的根基》、曹泳鑫的《马克思主义国际关系理论研究》、李季的《马克思恩格斯国际关系思想及其现实意义》，钮菊生、朱新荣的《马克思主义国际关系理论：内涵、特征与发展前景》，孙伟、张森林的《关照体系：推进马克思主义国际政治理论研究》等研究成果对马克思主义国际关系思想的理论内涵、特征及现实意义进行了阐释。

2. 中国外交对马克思主义国际关系理论的践行与创新发展

70年中国外交砥砺奋进，始终践行着马克思主义国际关系理论，中国外交倡导的和平共处五项原则成为国际关系的基本准则。21世纪以来，随着国际局势的深刻变化和中国综合国力的稳步上升，中国外交与时俱进、不断创新，习近平总书记提出的人类命运共同体理念被国际社会普遍接受。相关研究一方面继续加强对毛泽东、邓小平外交思想的研究，另一方面还致力于系统整合与阐释70年中国特色大国外交对马克思主义国际关系理论体系的践行与创新。如黄庆、张萍的《毛泽东和平外交思想的基本主张及其历史贡献》，李才义的《论毛泽东外交思想中的意识形态与国家利益》、李毅弘的《论邓小平对毛泽东独立自主外交思想的继承与创新》，李文、沈予加的《论邓小平外交思想对构建新型国际关系的指导意义》、尚伟的《中国外交对马克思主义国际关系理论的践行与创新发展》等。

3. 世界秩序、国际格局思想研究

当今世界处于百年未有之大变局中，对世界秩序、国际格局的历史变迁与发展趋势及对时代主题的关注是马克思主义国际问题研究的一个重要方面。相关著述有郑保国的《当今世界剧变背景下的时代主题和未来走向》、姜辉的《我们依然处在马克思主义所指明的历史时代》、宋国栋的《马克思世界历史思想再思考》、刘海霞的《马克思主义时代观与国际秩序的重构——再议马克思主义国际关系理论的发展路径》、张文木的《战后世界政治格局的三次变动与历史质变"临界点"的出现——基于世界地缘政治结构的分析》、石云霞的《马克思的世界历史理论及其当代意义》等。

代表人物与代表作如下：

自党的十九大报告提出推动构建人类命运共同体的任务以来，人类命运共同体理念始终是马克思主义理论界关注的一个热点问题。学者们从马克思主义理论的不同视角对人类命运共同体的科学内涵、理论贡献和时代意义进行了阐释。

上海交通大学郭树勇的《从国际主义到新国际主义：马克思主义国际关系思想发展研究》一书从国际政治社会学的视角分析了马克思主义国际关系思想的演变，认为推动马克思主义国际关系思想演变的主要因素有时代主题、国际共运主角以及国际社会结构与进程等。该书认为，在和平发展的新时代，中国要走一条适应时代特征的、爱国主义与国际主义相结合的大国成长道路，追求一种符合国际社会需求与大国责任的新国际主义，这也是当代马克思主义国际关系思想的基本要义。

中国社会科学院原副院长李慎明在《正确认识和深刻理解构建人类命运共同体的科学内涵》一文中指出，习近平总书记创造性继承与发展了马克思主义"真正共同体"的思想，站在人类历史和时代发展的高度，统筹国际国内两个大局，高屋建瓴地提出构建人类命运共同体理念。构建人类命运共同体理念是对时代呼声的及时回应，在不同历史时期具有的不同内涵，是最广泛国际统一战线的根本战略，以各国人民为最根本的依靠力量，在本质上是对马克思主义"真正共同体""自由人联合体"即共产党人的最高纲领和最终目标是共产主义思想的继承和发展。

南京大学李滨在《什么是马克思主义的国际关系理论?》一文中提出,马克思主义的国际关系理论应具有四个要素:冲突和动态的世界观;历史唯物主义的方法论;对资本主义世界体系的社会分析;对社会主义的向往。文章还指出,中国的马克思主义国际关系理论建设应在坚持国际关系矛盾性和冲突性的同时,用历史唯物主义的方法分析具体的国际生产活动对国际政治与社会关系的影响,并从理论上深入探讨国际伦理与世界正义问题,而不仅是简单地批判现有世界秩序。

(二) 马克思主义国际经济思想研究

1. 马克思主义国际政治经济学研究

近年来,马克思主义国际政治经济学作为国际经济学的子学科,其研究得到长足的发展,学者们围绕时代背景、研究方法、研究对象和逻辑主线等一系列基本问题展开了深入研究。胡键的《资本的全球治理》、林楠的《马克思主义政治经济学世界货币相关问题探析——文献概览、拓展分析与政策优化》、欧阳向英的《马克思主义国际政治经济学的几个基础性问题》、李翀的《关于马克思主义国际经济学的构建》、周森的《马克思主义国际政治经济学的发展与成熟——列宁帝国主义理论再认识》等文章对马克思主义国际政治经济学思想及基础理论问题进行了总结。

2. 马克思主义全球化思想研究

袁堂卫、张志泉的《逆全球化、再全球化的马克思主义分析》,栾文莲的《对当前西方国家反全球化与逆全球化的分析评判》,鲁品越、王永章的《从"普世价值"到"共同价值":国际话语权的历史转换——兼论两种经济全球化》、朱燕的《马克思主义分工理论视角下两种经济全球化模式比较研究》等文章从马克思主义视角和方法论出发,对全球化、逆全球化和再全球化问题进行了分析与阐释。

3. 帝国主义、资本主义经济危机研究

对帝国主义和资本主义金融危机的研究一直是马克思主义国际问题研究领域的重要方面。赵可铭的《正确看待和应对当前的金融帝国主义》、杨艳的《论世界资本主义体系危机的持续加剧》、邢文增的《经济金融化必将加剧资本主义经济社会动荡》、张作云的《〈资本论〉与当代资本主义

金融和经济危机研究》、徐崇温的《国际金融危机与当代资本主义》、张全景的《金融帝国主义世界体系终将走向崩溃》等著述对当代帝国主义的新特征、资本主义经济危机作了深入研究。

代表人物与代表作如下:

中国社会科学院原副院长、学部委员蔡昉和中国社会科学院经济研究所副所长张晓晶合著的《构建新时代中国特色社会主义政治经济学》于2019年3月出版。该书在概括已有马克思主义政治经济学理论成果的基础上,重点围绕新时代新发展的内容展开:一是"世界大变局",以百年未有之大变局把握世界发展新趋势;二是"中国新时代",中国特色社会主义进入新时代确立了我国发展新的历史方位;三是"发展新标杆",聚焦新发展理念的引领作用;四是"治国新思想",重点把握习近平新时代中国特色社会主义思想;五是"全球新方案",展示中国发展道路作为可供选择的新的现代化模式是中国对世界的贡献。

(三) 世界社会主义运动研究

1. 世界社会主义运动的历史进程与发展前景研究

区别于西方国际理论,马克思主义国际问题研究的逻辑起点和终极目标是实现无产阶级与全人类的解放,因此,对当代世界社会主义运动发展状况及前景趋势的研究成为马克思主义国际问题研究的必要议题。李慎明、陈之骅等的《居安思危——苏共亡党20年的思考》、姜辉的《21世纪的世界社会主义:新格局、新特征、新趋势》、柴尚金的《世界大变局与资本主义、社会主义两种制度关系重构》、顾海良的《人间正道是沧桑——世界社会主义五百年》、林建华的《世界社会主义共产主义运动的历史进程与未来走势》、奚广庆的《关于国际共产主义运动进入第三阶段的思考》、李彩艳的《论全球化背景下无产阶级联合的必要性及可能性》等著述对世界社会主义运动的历史进程与发展趋势进行了分析与总结。

2. 苏东剧变原因与教训的总结

苏东剧变对国际关系和世界社会主义运动的影响巨大,因此,对苏东剧变原因与教训进行归纳总结是马克思主义国际问题研究的应有议题。

相关著述有吴恩远主编的《俄罗斯最新历史著述暨评析(2007—2017

年)》、叶书宗的《改革：社会主义国家生存与发展之需——以苏联74年历史为鉴》、李瑞琴的《东欧剧变30年：重塑与蹉跎》、张树华的《苏联政治改革与民主化的教训》、李燕的《苏联社会主义经济制度选择与西方批判辨析——驳"社会主义不可行"论》等。

3. 国外左翼思想和共产党研究

尽管世界社会主义运动仍处于低潮中奋进之态，但当今世界处于百年未有之大变局之中，这为学者跟进研究国外马克思主义思想、左翼思想和国外共产党的发展状况提供了广阔的空间和丰富的素材，涌现出一批能够反映政党理论与实践新发展以及左翼思想理论新思考的研究成果。姜辉的《西方左翼何去何从？——21世纪西方左翼的状况与前景》、户晓坤的《21世纪俄罗斯左翼学者对社会主义理论的新探索》、聂运麟的《当代共产党和工人党国际团结合作的几个问题》、吕薇洲的《变动世界中的国外激进左翼》、刘淑春的《独联体国家共产党的理论与实践》、柴尚金的《西方国家政党政治新变化与发展趋势》和《西方国家政党政治新变化与发展趋势》、张春满的《21世纪国外政党政治研究：理论、前沿与情势》、王森的《当代国外共产党对社会主义的探索》、金梦的《当代资本主义的危机与西方左翼的反抗——从2017年纽约左翼论坛看西方左翼思想发展新动态》等文章对当代国外左翼和共产党的现状、发展与前景进行了介绍与研究。

代表人物与代表作如下：

华中师范大学聂运麟在《世界社会主义运动发展的现状及面临的挑战》一文中指出，当代世界社会主义运动正在低潮中奋进，它不同于以往的世界社会主义运动，已经发生了重大而深刻的变化，并实现了新的转型：从过去由一个国际中心领导，走唯一革命道路，建设统一社会主义模式的世界社会主义运动，转变成为由本国共产党独立自主领导，走符合本国国情的革命发展道路，建设具有本国特色社会主义的世界社会主义运动。国际金融危机以来，世界社会主义运动取得了战役性的成功，但在战略全局上仍然处于困局中。资本主义各国共产党要破解战略性的困局，必须从解决自身存在的诸多问题做起，只有使党自身健康起来，强大起来，才能为党探索符合国情的社会主义发展道路创造条件，为破解战略发展的困局创造条件。

三 研究不足与薄弱环节

（一）提升马克思主义国际话语权，加快世界社会主义事业的复兴和发展

马克思主义是关于全人类解放的科学的世界观和方法论，对正确认识人类社会的发展发挥着重要的指导作用，本质上从内在就规定了应拥有国际话语权。但是，自苏联解体后，马克思主义国际话语权存在着被削弱的情况。当前，资本主义全球问题不断扩大、累积、叠加，对人类的生存和发展造成越来越严重的威胁。如世界两极分化加剧、过度生产和消费、生态环境恶化、难民潮、宗教和民族冲突、国际恐怖活动，等等。由此就必须发挥马克思主义在解决国际问题和全球问题方面的指导作用，提升马克思主义国际话语权，用马克思主义的理论和方法深刻揭示资本主义制度引发全球性问题的原因，加快世界社会主义事业的复兴和发展。

（二）加强对西方国际关系理论的批判，加快建设马克思主义国际问题研究的学术体系、话语体系

国际关系研究领域多年来是西方国际关系理论占据优势，并日益对现实的国际关系产生重要影响，但与此同时，马克思主义国际关系理论被明显忽视，有中国特色的国际关系理论研究更是少而不足。从马克思主义国际关系视角对西方国际关系理论加以分析和批判，揭示其研究的狭隘性、片面性和历史唯心性，重新归纳和总结马克思主义国际关系理论，加快建设马克思主义和中国特色社会主义国际问题研究的学术体系、话语体系不仅对构建有中国特色的国际关系理论是必要的，而且对于应对当前国际政治经济格局新变化也是重要的。

国际经济学

一 当前发展的基本状况

(一) 主要研究力量布局

从2015—2019年国家社科基金国际经济学领域立项的901个项目来看,全国在国际经济学领域的研究力量在学科和机构上的分布如下。

1. 学科分布

2015—2019年,国际经济学学科分布以全球宏观经济学和国际贸易学的研究为主,五年间这两个学科的立项数分别占国际经济学项目总数的20.7%和18.6%,研究全球宏观经济学和国际贸易学的立项团队占国际经济学立项团队总数的39.2%,平均每个学科的立项团队占国际经济学立项团队总数的约20%。

排在第二梯队的学科是全球经济治理学、国际发展经济学、国际金融学和国际投资学,五年间这四个学科的立项数分别占国际经济学项目总数的13.5%、12.7%、10.9%和9.6%,四个学科的立项团队占国际经济学立项团队总数的46.7%,平均每个学科的立项团队占国际经济学立项团队总数的约12%。

排在第三梯队的学科是国际政治经济学、马克思主义国际政治经济学和世界经济统计学,五年间这三个学科的立项数分别占国际经济学项目总数的7.2%、4.2%和2.6%,三个学科的立项团队占国际经济学立项团队总数的14%,平均每个学科的立项团队占国际经济学立项团队总数的约5%。

2. 机构分布

国际经济学研究的主要力量集中在高等院校。国家社科基金对国际经济学研究的资助对象主要是高等院校。2019年国际经济学领域国家社科基金立项的机构中占比最大的为普通地方院校，占比为53%，其次是"985"高校，占比为19%，再次为"211"高校，占比为18%，三者合计占比近90%，比2015年高约11个百分点。非"985"和非"211"高校的研究力量呈现上升趋势，这类院校基数庞大，受到国家社科基金的资助强度越来越大，立项数占比从2015年到2019年上升了9个百分点。"985"院校数量较少，但科研能力较强，人才队伍充足，因此占据了第二高位置，以平均课题数量看，"985"院校依然是高校中的研究主力。

中国社会科学院是国际经济学的重要研究力量。中国社会科学院世界经济与政治研究所管理中国世界经济学会这一本学科的全国社团，出版《世界经济》这一本学科排名第一的学术杂志。但是，各级社会科学院和党校与党政机关总体研究力量呈下降趋势，2019年立项团队占比仅为10%，比2015年下降11个百分点。

（二）人才培养

近年来全国国际经济与贸易类招生计划总数逐年下降，但东部地区招生比例高于全国平均水平。2016—2019年，全国普通本科批次国际经济与贸易类招生计划数分别为70555人、69659人、67836人、65005人，逐年下降。但是，东部地区因为外向型经济发达，需要更多国际经济与贸易类人才。如上海，国际经济与贸易类本科招生计划占比为3.69%，位居全国第一；北京、浙江、福建和广东的国际经济与贸易类招生计划占比均接近3%，同样高于全国平均水平。

中国的国际经济学研究人才主要包括三个系列：研究人员系列、教职人员系列、研究生系列。这些人才主要分布在高校、社会科学院和党校系统、政府机构和新兴智库类机构中。

公开发表国际经济学论文的作者在过去五年近7000人。署名可以显示活跃的国际经济学人才主要情况，2015—2019年，按《世界经济年鉴》统计，在31份中文学术期刊中发表学术论文的中国学者达6916人。

相关人才的素质不断提高。2019年，在承担国家社科基金项目的研究人员中，正高级职称拥有者占36.1%，比2015年相应数字高5.5个百分点；副高级职称拥有者占37.8%，比2015年高2.1个百分点；中级职称拥有者占比26.1%，比2015年下降7.7个百分点。

（三）队伍建设

据《世界经济年鉴》记录，国际经济学学术研究队伍主要有如下三部分：其一，高等院校。这是国际经济研究队伍的主要部分。其中，教育部管理的高等院校，有257家设有国际经济相关研究的院、系、所、中心。这些相关机构主要从事国际经济学术研究。其二，国务院及其附属机构。设有国际经济主管机构或研究机构，有115家，主要从事国际经济政策研究。其三，社会科学院系统。包括中国社会科学院和省级社会科学院，设有国际经济研究机构（所、室、中心）74家，同时从事国际经济学学术研究和政策类研究。

此外，还有各级党校系统或社科联所设国际经济研究机构，兼事国际经济学术与政策咨询类研究。

近年来，国际经济智库类研究兴起。中国12家相关机构参与了美国宾夕法尼亚大学的智库排名。其中，与国际经济相关的榜单有3个。在2020年国际经济政策排名中，中国社会科学院世界经济与政治研究所排名全球第12位，中国国际经济交流中心排名全球第62位，国务院发展研究中心排名全球第63位，中国人民大学重阳金融研究院排名全球第65位。

二 "十三五"时期取得的重要进展与存在的问题

（一）重要进展与成绩

国际经济学论文数量不断上升。31份经济学综合期刊和国际经济学专业期刊所发表的国际经济学论文，2019年为668篇，比2015年增长35.4%，比2017年增长23.5%。

国际经济学学科体系不断丰富。国际经济学科的传统子学科为国际贸易学、国际金融学、国际投资学、世界经济统计学、全球宏观经济学、国际发展经济学等，近年来，国际政治经济学、马克思主义国际政治经济学和全球经济治理学等新兴子学科得到长足发展。2015—2019年，国际政治经济学发文数量增长100%，马克思主义国际政治经济学增长80%，全球经济治理学增长15.5%。

国际经济学学科结构持续优化。新兴子学科的发展，改变了国际经济学由部分传统子学科强势主导的局面。国际政治经济学、马克思主义国际政治经济学和全球治理学纷纷崛起，在国际经济学发文总量中的合计占比从2015年的14.1%提升至21%，而国际贸易学的占比则从32.7%降至27.4%，国际发展经济学的占比从17.1%降至14.2%，全球宏观经济学从10.2%降至8.6%。

国际经济学研究坚持问题导向，紧扣时代主题以及全球特别是中国的实践。近年来，"一带一路""全球价值链""全球经济治理"和"中美经贸摩擦"是国际经济界的大事，国家社科基金围绕这些关键议题资助了大量课题，学者们发表这些议题的学术论文和出版的图书成为国际经济学的主流。在国家社科基金资助课题的关键词词频统计中，"一带一路"从2016年以来一直高居首位，"链"（含"价值链""生产链""供应链"等）从2015年以来高居第二位或第三位，"治理"在2016—2018年高居第五位或第六位。2017年，属于国际经济学范畴的"一带一路"主题图书即达211种，而2016年仅42种。按《世界经济年鉴》的统计，"丝绸之路"主题相关论文2015年排到第五位。分别以"中美经贸摩擦"和"全球价值链"为主题的国际经济学中文论文，各有3篇入选《世界经济年鉴》的"2018年国际经济学最佳中文论文TOP10"。

有关国际经济学成果的评价体系已初步建立起来。学术评价是引领国际经济学发展的重要一环，但长期以来较为薄弱。2014年以来，中国社会科学院世界经济与政治研究所主编的《世界经济年鉴》逐步探索建立科学的国际经济学评价体系，迄今为止已建立国际经济学"最佳论文TOP10"（分为中文榜单和英文榜单）、"国际经济学主要图书"和"国际经济学主要学人"等栏目，正在建立"国际经济学主要机构"等榜单。这些评价以学术成果为基础，注重学术传播力，在国际经济学领域的品牌效应日渐提升，对国际经济学发展的引领能力不断提高，有力地贯彻了习近平总书记关于加快中国哲学社会科学学科体系、学术体系、话语体系建设的指示精神。

(二) 代表性人物和成果

自我国深度融入全球产业链、供应链和价值链以来，对外开放、投资和经济合作方面出现的问题日益增多，有些是与其他国家类似的问题，但更多是源自中国独特国情的个性问题。针对这些问题，国内国际经济学界进行了深入的研究，涌现了一大批代表性人物，相关成果对我国更好推进对外开放事业产生了积极的影响。

我国老一辈国际经济学学者为在国际经济学领域讲好中国特色话语为我们奠定了基础。他们坚持以马克思主义立场、观点、方法观察和分析世界，至今仍在不断深入思考国际经济学特别是中国特色国际经济学的发展。如：薛荣久（对外经济贸易大学，代表作有《世界贸易组织与中国大经贸发展》等）、施用海（商务部国际贸易经济合作研究院，代表作有《日本怎样依靠技术进步发展经济》等）、江小涓（清华大学，代表作有《新中国对外开放70年》等）、余永定（中国社会科学院，代表作有《见证失衡——双顺差、人民币汇率和美元陷阱》等）、陈文玲〔中国国际经济交流中心，代表作有《中国与世界——以中国视角解析国际问题（上、下）》等〕、庄宗明（厦门大学，代表作有《中美经贸关系及其影响研究》等）、佟家栋（南开大学，代表作有《贸易自由化、贸易保护与经济利益》等），等等。

我国的国际经济学科之所以能够持续保持很强的国际竞争力，还与一大批中年国际经济学骨干学者执着和不懈的追求分不开。他们在坚持马克思主义的基本立场、观点和方法的基础上，也注重吸收借鉴西方国际经济学有益成果，对我国国际经济学科的创新发展，对分析和解决我国对外开放中遇到的各种现实问题等，做出了重大贡献。如：张宇燕（中国社会科学院，代表作有《全球经济治理结构变化与我国应对战略研究》等）、赵忠秀（山东财经大学，代表作有《中国对外开放与全球价值链升级》等）、鞠建东（清华大学，代表作有 On the Connections between Intra-temporal and Intertemporal Trades 等）、盛斌（南开大学，代表作有《金融结构、契约环境与全球价值链地位》等）、姚枝仲（中国社会科学院，代表作有《贸易强国的测度：理论与方法》等）、张二震（南京大学，代表作有《贸易投资一体化与中国的战略》等）、黄先海（浙江大学，代表作有《中国中间品进口企业"低加成率之谜"》等）、余淼杰（北京大学，代表作有《企业创新、产品质量升级与国际贸易》等）、张斌（中国社会科学院，代表作有《货币升值的后果——基于中国经济特征事实的理论框架》等）、彭水军（厦门大学，代表作有《碳排放的国家责任核算方案》等）、陈诗一（复旦大学，代表作有《多重冲击下的中国与世界经济增长》等），等等。

青年一代国际经济学学者作为我国国际经济学研究队伍中茁壮成长的生力军，被寄予了厚望。在习近平新时代中国特色社会主义思想的指引下，在前辈国际经济学学者的研究基础上，广大的青年一代国际经济学学者坚持站在国家、民族和人民的立场，刻苦学习，既能紧跟国际前沿，又不照搬西方理论，勇于批评创新。如：肖立晟（中国社会科学院，代表作有《中国国际投资头寸表失衡与金融调整渠道》等）、苏庆义（中国社会科学院，代表作有《中国省级出口的增加值分解及其应用》等）、吴群锋（北京大学，代表作有《网络与贸易：一个扩展引力模型研究框架》等）、孙浦阳（南开大学，代表作有 Does US Quantitative Easing Affect Exchange Rate Pass-through in China 等）、毛其淋（南开大学，代表作有《贸易政策不确定性是否影响了中国企业进口？》等）、李春顶（中国农业大学，代表作有 How Close is Asia Already to Being a Trade Bloc 等）、周默涵（浙江大学，代表作有 Trade, Educational Costs, and Skill Acquisition 等）、纪洋（厦门大学，代表作有 How Will Financial Liberalization Change the Chinese Economy? Lessons from Other Middle-Income Countries）、戴翔（南京审计大学，代表作有《要素分工与国际贸易理论新发展》等），等等。

（三）存在问题和薄弱环节

国际经济学的学科体系内部不平衡，有待加快重构。如前所述，在国际经济学内，世界经济统计学、国际投资学等部分传统子学科发展缓慢，未能充分发挥自己的潜力，以充分满足实践的需要；国际政治经济学以及全球经济治理学，在世界百年大变局中广受期待，但仍很薄弱，有待扶持；国际发展经济学范围广阔，但现有研究聚焦不够，尚待紧扣实践需求，加快研究时代和实践所需的重点议题。此外，国际经济学内部各子学科之间的广泛交叉，特别是马克思主义国际经济学学科体系的加快构建尤需大力倡导和践行。

国际经济学学术体系有待增强中国特色。"议题—理论—方法—实践"是迄今为止国际经济学术论证的主要范式，其中的"理论"和"方法"目前仍主要来自欧美学界。部分中国相关议题甚至全球相关议题的学术研究，迫切需要更多地在马克思主义指导下，坚持和发展中国立场、中国原创的理论与方法，尤其是从中国改革开放以来的伟大变革和实践中汲取养分。

国际经济学领域的中国话语权有待加强。中国话语权的存在甚至强大，不仅在于国际经济学领域的中国议题和中国实践的话语权，更在于中国原创且在全球相关学界行之有效的学术体系的话语权。而这两方面的话语权均有待国际经济学学科体系的强力支持。

国际经济学的基础学术设施有待完善。其一，重视国际经济政治数据库的自主创建。现有相关数据库根本上多由外资主导，国内用户的相关花费巨大。中国现有相关政治经济数据，包括历史文本数据，均已具备一定基础，但相关研究、考据、整理和应用，面临各种约束。其二，国际经济学研究的计量等数据处理软件多来自欧美，本土原创的软件极少。国内原创基础学术软件的开发与应用，有待鼓励、支持和保护。

三 "十四五"时期的发展趋势和学术前沿

（一）国际经济学学科的发展趋势

国际经济学的指导思想将更加明确。国际经济学的建设和发展，要坚持在马克思主义指导下，结合建设中国特色社会主义的需要来进行。习近平新时代中国特色社会主义思想是当代中国的马克思主义，是引领党和国家事业不断从胜利走向新的胜利的强大思想武器和行动指南。因此，我国国际经济学界会更自觉地坚持习近平新时代中国特色社会主义思想的指引，努力提高国际经济学研究的站位。

国际经济学的学科地位将不断提升。全球层面的协调、合作和运行规范等，是国际经济学主要的研究对象。"十四五"时期，尽管和平、发展、合作、共赢仍会是时代潮流，但全球发展深层次的矛盾也会更加凸显，霸权主义、强权政治依然存在，保护主义、单边主义更会不断抬头，全人类面临的治理赤字、信任赤字、和平赤字、发展赤字可能更加严峻。因此，党和国家将对国际经济学科研究的理论性、科学性和实效性等提出更高的要求，国际经济学在学科门类中的重要性会更突出。

国际经济学的体系建设将逐步完善。改革开放以来，我国国际经济学界在建立国际经济学体系上进行了广泛的研究和探讨，成绩显著。但实践的发展日新月异，研究重点也在转移。我国国际经济学界会更广泛吸收和借鉴国外的理论与方法，结合我国改革开放的实践，进行深入和系统的研究，为国际经济学学科进一步创新发展奠定基础，实现中国特色国际经济学学科体系、学术体系和话语体系建设的逐步完善和现代化。

国际经济学的问题导向将显著强化。中国正日益走近世界舞台中央，这为我国国际经济学研究开辟了更加广阔的天地。我国的国际经济学研究将主动服务于国家重大战略，回应重大实践问题和时代课题，加强对改革开放和社会主义现代化建设实践经验的说明、阐释、总结、概括，并将其上升为系统化理论学说，构建中国问题的系统化理论阐述，推动世界经济更好地发展。

与其他学科的交叉融合将深入发展。在解决世界经济发展以及影响国家经济进步、社会可持续发展的重大问题过程中，国际经济学科与其他如应用经济学学科的各类资源会以多种方式实现有机整合。不仅如此，国际经济学科在整体性研究的基础上，还会进一步细化、深化各下一级学科方向研究，形成既体现国际经济学学科整体性研究特色，又具有各下一级学科边界清晰的国际经济学内部学科体系，推进学科建设向纵深发展。

（二）国际经济学学科的学术前沿问题

国际经济学是研究在国际分工和世界市场上形成的现代世界生产、流通、交换和分配及其相互关系，以及各种类型国家的经济发展特点和变化基本规律的学科。当前，无论是对世界经济问题的研究，还是在高校课堂上使用的国际经济学教材，总体上呈现出不断增加吸收、消化国外国际经济学的理论基础和研究成果的特征。但是，越来越多的研究是结合当前世界经济发展的实践以及中国经济国际化面临的问题和挑战展开。目前，研究前沿包括构建具有中国话语权的国际经济学新体系、经济全球化的新趋势和新特点、人类命运共同体理念与全球治理等诸多方面。

第一，构建中国特色国际经济学新体系。中国特色社会主义国际经济学肩负着提炼和总结我国对外开放典型化事实的规律性成果，把实践经验上升为系统化的国际经济学学说的时代使命。要特别重视全面深入阐释以习近平同志为核心的党中央做出的一系列重大战略部署，如构建更高水平对外开放新体系，加快推动"一带一路"、自由贸易试验区和自由贸易港建设等，以便从共享共赢的视角指导和解决世界经济出现的新问题。

第二，经济全球化的新趋势、新特点。日益严重的"逆全球化"趋势，叠加上以信息技术和人工智能为主要标志的新一轮技术革命，导致经济全球化进入调整期。在这一背景下，要深入分析世界经济发展新格局和新动能，系统地研究推动建设开放型世界经济以及包容均衡的全球价值链的战略思路，以提出融入中国智慧和中国力量的中国方案。

第三，不确定性情况下全球价值链变动问题。传统全球价值链领域的研究，是从跨国公司主导的国际分工和市场失效视角出发，结合企业转型升级，围绕全球价值链的结构性变动展开。但中美经贸摩擦和新冠肺炎疫情等，对全球产业链、价值链、供应链等造成冲击，不仅使全球价值链分工格局被迫调整，还使我国有陷入"脱钩悖论"的可能。现有研究在这一方面的理论体系构建及经验研究有待加强，案例研究也应当进一步深入，以与理论相适应。

第四，全球治理问题。历次经济危机，尤其是国际金融危机的爆发暴露了世界经济和全球治理结构的复杂矛盾。在既有的全球治理结构走向人类命运共同体的过渡阶段，要重视全球经济治理机制改革与平台建设、全球经济治理机构改革，以及在单边主义和贸易保护主义日益严峻的情况下推动以WTO改革为代表的国际经贸规则重构等，从而在现实中构筑有利于全人类的贸易、金融和国际协调机制，进而提高全人类的福祉。

第五，人民币国际化问题。随着中国经济的全球化，世界各地不同程度的区域货币合作实践日益丰富，国内外针对区域货币合作的研究也日益深化。这之中人民币国际化的相关研究，总体上是围绕人民币国际化的条件、成本与收益分析以及人民币国际化路径选择这三个方面展开，与国际金融体系改革、金融对外开放、金融风险等方面的联系还有待拓展。

第六，维护国家安全和发展利益问题。"十四五"时期，我国安全环境更趋复杂，安全问题的综合性、复杂性、多变性明显增强。传统安全威胁和非传统安全威胁相互交织，大国博弈风云激荡，国家安全威胁日益多样，维护国家安全和发展利益的任务愈加复杂和艰巨。深入研究如何健全国家安全法律制度体系，如何建立高标准的国家安全风险研判、防控协同、防范化解等机制，如何加强海外重大项目和人员安全保护等，对于维护主权、安全、发展利益，营造良好外部环境，维护国家安全和发展利益等，具有重大意义。

（三）重点研究课题

第一，构建更高水平开放新体系的战略和政策研究。本课题应研究"十四五"时期世界经济格局演变趋势及其给国际分工格局、全球化、社会生活方式、社会思潮等方面带来的机遇与挑战，并在此基础上提出我国构建更高水平对外开放新体系的战略思路及对应政策选择。

第二，依托国内大循环谋篇布局内外双循环研究。本课题应研究以国内大循环为主体、国内国际双循环相互促进新发展格局的科学内涵，其与对外开放新体系、供给侧结构性改革等的联系，并在此基础上提出统筹国内国际双循环的政策建议。

第三，建设中国特色高质量高标准自由贸易港研究。本课题应立足海南实施全面深化改革和试验最高水平开放政策的独特优势，针对如何建立以贸易自由化和投资便利化为重点的自由贸易港政策制度体系提出政策建议。

第四，构筑内陆地区高效优质国际贸易通道研究。本课题应针对我国内陆地区不沿边、不靠海，以及对外运输和贸易服务成本较高、效率较低等问题，从深度融入"一带一路"的大格局下，提出促进内陆地区构建以水、陆、空运输无缝对接、多式联运和通关贸易一体化等为特征的现代国际贸易通道的政策建议。

国际政治与国际安全

国际政治专业是研究以国家为主体的国际行为体的跨国互动关系，并进而主要从政治的视角研究影响这种互动关系的一切因素的学科。国际政治学是围绕权力、利益和安全来认识和研究国际社会演变和发展规律，主要是解释国际政治行为体间相互的政治的作用及其演变的一般规律。

一 当前发展的基本状况

（一）主要研究力量布局

当前我国国际政治和国际安全领域研究力量已基本形成较为完整的学科体系和研究领域。大体上可以分为基础理论研究、学科体系建设和战略政策研究三大部分，它们之间相互交叉渗透，相互促进。

基础理论研究主要由教育部直属"双一流"高校（覆盖部分原"985"和"211"高校）和中国社会科学院国际研究学部各研究所承担。其中又可分为中国特色国际关系理论体系建设、西方国际关系理论研究和国际关系史研究三个主要方向。根据社科核心刊物论文统计，国际政治和国际安全类发表篇数前20位的大学[1]，按地域分布状况是：京津地区7所；长三

---

[1] 此处统计的核心论文刊物指《中国社会科学》《世界经济与政治》《国际问题研究》《当代亚太》。相关院校的排序为：1. 复旦大学；2. 中国人民大学；3. 外交学院；4. 清华大学；5. 南开大学；6. 兰州大学；7. 北京大学、南京大学（并列）；9. 华东政法大学；10. 同济大学；11. 上海外国语大学；12. 对外经济贸易大学；13. 武汉大学；14. 吉林大学、暨南大学（并列）；16. 上海交通大学；17. 北京外国语大学；18. 浙江大学、广东外语外贸大学（并列）；20. 浙江师范大学、上海大学（并列）。

角地区 7 所；东北地区 1 所；华中地区 1 所；华南地区 2 所；西南地区 1 所；西北地区 1 所。总体上形成"三分格局"，即北京及附近地区、上海及附近地区、全国其他地区。总趋势是国际政治学科分布正在形成"两大中心、四面八方"的格局。

教育部学科第四轮（2017 年）评比中，政治学学科从 A 级到 C－级的高校共有 50 所[1]。学科体系建设布局相比基础理论研究显示出"更集中、更分散"的特征。前 20 位高校在京沪两地更加集中，后 30 位高校在全国各地更加分散。各高校在相关领域各有优势，通过重大项目协作和教材编写实现优势互补。

中国社会科学院国际研究学部有关各研究所和隶属中央部门的研究机构，是中国外交和安全战略研究智库的第一方阵[2]。第二方阵是各省市的地方社科院和国际研究机构，最近 10 年异军突起，它们各有特色并对国家高端研究机构提供了有力的补充支持[3]。第三方阵各高校战略研究机构及国别和区域研究基地后来居上，部分进入国家高端智库行列。教育部列入研究基地名单的机构超过 150 个。此外形成一系列跨学科的专门研究机构，如"一带一路"和"全球治理"研究机构。

部分半官方或民间智库、企业智库、媒体智库也进入国际问题研究领域。其资源来自四部分，一是资金来源多数依靠企业巨头；二是人才资源多数吸收高校或官方机构的权威专家作为领军人物；三是善于利用网络平台放大其影响面；四是一般挂靠体制内某个部门，以取得影响决

---

[1] 其具体结果如下：A＋北京大学，复旦大学；A 中国人民大学，清华大学；A－南开大学，吉林大学，华中师范大学；B＋中国政法大学，天津师范大学，华东师范大学，上海外国语大学，南京大学，厦门大学，山东大学，云南大学；B 对外经济贸易大学，东北师范大学，华东政法大学，苏州大学，武汉大学，中山大学，暨南大学；B－北京师范大学，北京外国语大学，山西大学，同济大学，南京师范大学，湖南师范大学，华南师范大学，四川大学，西华师范大学；C＋首都师范大学，上海交通大学，上海师范大学，华侨大学，湘潭大学，深圳大学，西南政法大学；C 辽宁大学，黑龙江大学，浙江师范大学，中国海洋大学，郑州大学，河南师范大学，广东外语外贸大学；C－辽宁师范大学，聊城大学，广西民族大学，贵州师范大学，陕西师范大学，延安大学，新疆大学，青岛大学。

[2] 主要有隶属于外交部的中国国际问题研究院、国家安全部的中国现代国际关系研究院、中共中央联络部的当代世界研究中心、商务部的国际贸易经济合作研究院，中央军委的军事科学院、国防大学和中国国际战略学会，中共中央党校的国际战略研究院，国务院发展研究中心的欧亚社会发展研究所，新华社的世界问题研究中心等。

[3] 各地国际问题研究机构主要有上海国际问题研究院、上海社会科学院国际问题研究所等综合性研究机构；边疆省区主要有黑龙江省社会科学院的俄罗斯远东地区研究，吉林省社会科学院的朝鲜半岛研究，内蒙古自治区社会科学院的蒙古国研究，广西社会科学院的东盟及越南研究，云南省社会科学院的缅甸及南亚研究，新疆社会科学院的中亚研究等。

策通道。

(二) 人才培养情况

国际政治专业在我国高校近年来发展较快。一是国政专业三大名牌北京大学、复旦大学、人民大学依然在全国三甲领先。二是21世纪以来建立的国政院系构成第二方阵,与第一方阵互有高低。三是理工科大学和地方大学建立国政或国际事务院系,形成第三方阵。

三大方阵都具有本科、硕士、博士、留学生的培养能力,部分学校还具备博士后培养和MPA项目。第一方阵国政院系一般招收全日制本科生、硕士生、博士生2000—2500人,另外有留学生、博士后和MPA,共计在校学生3000人左右。第二方阵在校生平均1000人左右。第三方阵在校生平均在500人左右。三大方阵总计在校生规模为26000—27000人,平均每年毕业4500人左右。这个人才培养规模实际上超出现有需求,出现毕业生供大于求的状况。如考虑到中国企业"走出去"和"一带一路"前景以及国际组织需求,又远远不够。

(三) 队伍建设情况

与国际政治与国际安全专业相关的研究和教学人才队伍。我们以100个主要研究和教学机构为对象,平均每个机构在编科研和教学人员50名计算,总数在5000人左右。目前"双一流"大学中具有博士学位的专业人员占比已达90%以上,其他大学和研究机构也达到70%左右。在年龄结构中,60岁以上仅有5%左右;50—60岁占20%左右;40—50岁占30%左右;30—40岁占35%左右,30岁以下的占5%左右。有海外留学、访学和交流经历的达到90%以上,获得外国大学博士学位的仍不到5%。

另一方面,由于国政专业队伍普遍年轻,实践经验不足,接受教育以西方理论为主,对中国特色大国外交和新型国际关系理解不足,对国际环境的复杂性认识不足,把握重大理论和实践问题的能力不足。目前在决策咨询中仍然是以60岁以上一代人为主,这是目前国政专业人才队伍急需改变的短板状态。

二 "十三五"时期取得的重要进展与存在的问题

(一) 重要进展与成绩

"十三五"时期国际政治和国际安全专业学术成果丰富,在诸多领域取得创新和突破。

其一,系统性阐述习近平新时代中国特色社会主义外交思想,努力构建新型国际关系理论体系,为新型大国外交的实践服务,为"人类命运共同体"提供长期战略的思维框架[1]。学者们力求说明"人类命运共同体"适应新时代人类共同发展共同安全的需要;以"新型国际关系"的内涵作为新时期中国外交的总指针;从与其他大国外交政策比较中,证明习近平新时代中国特色社会主义外交思想是中国外交主动权和话语权的根本保证[2]。

其二,纪念中华人民共和国成立70周年和改革开放40周年之际,系统总结中国外交的历史经验,是一项重要的历史任务,为认识中国外交的发展规律并建构中国外交理论的科学体系打下坚实基础。更多专家学者对中国外交的不同领域如周边外交、多边外交、民间外交、大国外交、人权

---

[1] 阮宗泽:《构建人类命运共同体 助力中国战略机遇期》,《国际问题研究》2018年第1期;赵永琛:《试论习近平外交思想的辩证统一性》,《国际问题研究》2018年第2期;苏格:《习近平外交战略思想全面领航》,《国际问题研究》2016年第5期;吴志成、吴宇:《人类命运共同体思想论析》,《世界经济与政治》2018年第3期;肖河:《中国外交的价值追求——"人类共同价值"框架下的理念分析》,《世界经济与政治》2017年第7期;陈须隆:《习近平外交思想的指导意义和国际影响》,《国际观察》2018年第6期;郭楚、徐进:《打造共同安全的"命运共同体":分析方法与建设路径探索》,《国际安全研究》2016年第6期;陈岳、蒲俜:《构建人类命运共同体》,中国人民大学出版社2017年版;卢黎歌编:《新时代推进构建人类命运共同体研究》,人民出版社2019年版。

[2] 杨守明:《新时代中国外交话语体系的知识结构要素与实践功能》,人民出版社2019年版;罗建波等:《中国特色大国外交研究》,中国社会科学出版社2016年版;张静主编:《中国梦与中国外交:历史、现实与未来》,世界知识出版社2017年版;金灿荣:《中国智慧:十八大以来中国外交》,中国人民大学出版社2017年版;杨洁勉:《中国特色大国外交和话语权的使命与挑战》,《国际问题研究》2016年第5期;刘建飞:《新型国际关系基本特征初探》,《国际问题研究》2018年第2期;孙学峰、丁鲁:《伙伴国类型与中国伙伴关系升级》,《世界经济与政治》2017年第2期;陈志敏、周国荣:《国际领导与中国协进型领导角色的构建》,《世界经济与政治》2017年第3期;肖晞:《构建中国特色大国外交理论体系的框架》,《世界经济与政治》2017年第8期;门洪华:《构建新型国际关系:中国的责任与担当》,《世界经济与政治》2016年第3期;袁伟华:《时间与空间:新型国际关系中的时空观》,《世界经济与政治》2016年第3期。

外交、区域外交（如中东地区）等，展开有价值的创新研究①。

其三，对构建具有中国特色的国际关系理论体系进行全面深入的学术研究，在马克思主义方法论和历史唯物主义的指引下，为该理论体系提供多元、多层、多视角的框架设计，为中国国际关系理论体系的未来发展开拓空间。构建中国特色国际关系理论体系主要来自三个方面：一是从马克思主义经典理论出发②；二是从中国悠久的历史文化和外交经验出发③；三是对美国三大主流理论流派的批判不断深入。在此基础上，形成中国特色国际关系理论体系的框架雏形，取得了一系列具有国际影响力的学

---

① 张蕴岭、任晶晶等：《中国对外关系（1978—2018）》，社会科学文献出版社2019年版；徐进、李巍：《改革开放以来中国对外政策变迁研究》，社会科学文献出版社2017年版；秦亚青主编：《实践与变革：中国参与国际体系进程研究》，世界知识出版社2016年版；杨洁勉：《改革开放40年中国外交理论建设》，《国际问题研究》2018年第5期；卢静：《国际定位与改革开放以来的中国外交》，《国际问题研究》2018年第5期；俞新天：《论新时代中国民间外交》，《国际问题研究》2017年第6期；吴心伯：《后冷战时代中美关系研究范式变化及其含义——写在中美建交40周年之际》，《世界经济与政治》2019年第1期；祁怀高：《新中国70年周边多边外交的历程、特点与挑战》，《世界经济与政治》2019年第6期；孙德刚：《论21世纪中国对中东国家的伙伴外交》，《世界经济与政治》2019年第7期；王在邦：《关于中国外交遗产研究的思考》，《世界经济与政治》2018年第5期；柳华文：《改革开放40年与中国人权发展道路》，《世界经济与政治》2018年第9期；周加李：《中国外交礼宾的发展变化与中国特色大国外交》，《外交评论》2019年第2期；张清敏等：《中国外交转型与制度创新》，《外交评论》2017年第6期。

② 李慎明主编：《马克思主义经典作家关于战争与和平问题的基本观点研究》，人民出版社2017年版；汪仕凯：《在国际团结与民族国家之间——现代世界体系中的劳工阶级》，《世界经济与政治》2017年第11期；李滨、杨蓉荣：《历史唯物主义的国际关系理论体系建构》，《世界经济与政治》2017年第4期；汪仕凯：《第三世界的政治主题转换及其对世界政治的影响》，《世界经济与政治》2016年第12期；李滨：《无政府下的世界秩序——一种历史唯物主义的分析》，《世界经济与政治》2016年第7期；徐能武、刘杨钺：《马克思主义国际关系理论视域下太空安全研究新范式》，《国际安全研究》2017年第2期；王存刚：《国际关系理论研究再出发：马克思主义的路径》，《外交评论》（外交学院学报）2017年第1期。

③ 时殷弘：《华夏传统对外战略教益：经典前四史摘录和评注》，中国社会科学出版社2018年版；李扬帆：《被误读的天下秩序》，北京大学出版社2016年版；赵汀阳：《天下的当代性：世界秩序的实践与想象》，中信出版社2016年版；陈康令：《礼和天下：传统东亚秩序的长稳定》，复旦大学出版社2017年版；陈康令、潘忠岐：《中华经典国际关系概念研究：指向、起点和路径》，《世界经济与政治》2019年第8期；苗中泉：《从三强并立到帝国秩序——西汉时期东亚国际体系的演变》，《世界经济与政治》2016年第2期；朱小略、叶自成：《"攘夷"与"徕外"——传统社稷安全观的对象与对策》，《世界经济与政治》2016年第12期；汪乾：《儒家思想基础上的世界秩序》，《国际政治科学》2017年第4期；杨倩如：《汉匈西域战略成败的原因——兼论大国的对外战略导向与战略信誉》，《国际政治科学》2016年第3期；孟维瞻：《古代东亚等级制的生成条件》，《国际政治科学》2016年第3期；王庆新：《儒家王道理想、天下主义与现代国际秩序的未来》，《外交评论》2016年第3期；赵洋：《周边需求的视角：古代东亚体系中的区域公共产品》，《当代亚太》2019年第2期；徐波：《对古代东亚朝贡体制的再思考》，《国际政治研究》2017年第3期；王泉伟：《天朝意识与明清中国的朝贡外交》，《国际政治研究》2017年第1期；钱栖榕、游国龙：《天下体制下的"角色"与"角色"确认问题——再探"角色原理"的运作》，《国际政治研究》2016年第4期；朱中博：《中国古代对外战略传统的非扩张性基因——〈大学衍义补〉的启示》，《国际观察》2017年第4期。

术成果[1]。

其四,全球化和全球治理是当前国际问题研究的最大热点之一,涉及国际组织、国际体系、国际机制与规则等,是国际政治学科近年来的突出进展之一[2]。与全球化和全球治理相关的问题研究比较集中在"保护的责任"、反全球化与民粹主义[3]、规范竞争等问题上。中国参与全球治理而发生的许多实践问题如维和、对外援助、人道主义干预等问题也是近年来国际政治研究的新生长点[4]。

---

[1] 最具代表性的是阎学通(关于"道义现实主义")和秦亚青(关于"关系理论")的专著分别在普林斯顿大学出版社和剑桥大学出版社出版,Yan Xuetong, *Leadership and the Rise of Great Powers*, Princeton University Press, 2019; Yaqing Qin, *A Relational Theory of World Politics*, Cambridge University Press, 2018。

[2] 赵斌:《全球气候政治中的新兴大国群体化:结构、进程与机制分析》,社会科学文献出版社 2019 年版;董勤:《气候变化问题安全化的国际趋势及中国外交对策研究》,社会科学文献出版社 2018 年版;董亮:《全球气候治理中的科学与政治互动》,世界知识出版社 2018 年版;赵龙跃:《制度性权力:国际规则重构与中国策略》,人民出版社 2016 年版;田野:《中国参与国际合作的制度设计:一种比较制度分析》,社会科学文献出版社 2017 年版;韩叶:《国际河流:规范竞争下的水资源分配》,社会科学文献出版社 2019 年版;王志坚:《水霸权、安全秩序与制度构建——国际河流水政治复合体研究》,社会科学文献出版社 2015 年版;毛瑞鹏:《美国与联合国安理会改革》,上海人民出版社 2017 年版;吴文成:《选择性治理:国际组织与规范倡导》,上海人民出版社 2017 年版;陈拯:《新兴大国建设国际人权规范研究》,上海人民出版社 2017 年版;陈拯:《说辞政治与"保护的责任"的演进》,上海人民出版社 2019 年版;李明月:《国内规则与国际规则的互动研究》,中国社会科学出版社 2019 年版。

[3] 李立:《西欧大国移民的融入与参与》,世界知识出版社 2017 年版;吴前进主编:《欧洲移民危机与全球化困境:症结、趋势与反思》,社会科学文献出版社 2018 年版;金晓文:《拉美反建制主义的周期性探析》,《国际政治科学》2018 年第 1 期;梁雪村:《发达国家的反建制运动——自由秩序与现代性危机》,《国际政治科学》2017 年第 2 期;肖河:《美国反建制主义和特朗普政策》,《国际政治科学》2017 年第 2 期;沈晓雷:《非洲反建制主义的勃兴——对当前非洲政治变迁的另一种解读》,《国际政治科学》2017 年第 2 期;叶江:《全球化退潮及民粹民族主义兴起对现代世界体系的影响》,《国际观察》2017 年第 3 期;佟德志:《解读民粹主义》,《国际政治研究》2017 年第 2 期;赵可金:《大众的反叛——第三波民主化浪潮及其社会根源》,《国际政治研究》2017 年第 1 期;俞可平:《全球化时代的民粹主义》,《国际政治研究》2017 年第 1 期;蔡拓:《被误解的全球化与异军突起的民粹主义》,《国际政治研究》2017 年第 1 期;林红:《当代民粹主义的两极化趋势及其制度根源》,《国际政治研究》2017 年第 1 期;吴宇、吴志成:《全球化的深化与民粹主义的复兴》,《国际政治研究》2017 年第 1 期。

[4] 王逸舟:《仁智大国:"创造性介入"概说》,北京大学出版社 2018 年版;白云真等:《中国对外援助的支柱与战略》,时事出版社 2016 年版;任晓、刘慧华:《中国对外援助:理论与实践》,格致出版社 2017 年版;宋海啸:《中国海外利益风险分析:基于中国"走出去"战略的全球视角》,时事出版社 2017 年版;黎海波:《中国领事保护:历史发展与案例分析》,中国社会科学出版社 2017 年版;庞珣、王帅:《中美对外援助的国际政治意义——以联合国大会投票为例》,《中国社会科学》2017 年第 3 期;杨攻研:《援以止战:国际援助与国内武装冲突——来自中国对外援助的证据》,《世界经济与政治》2019 年第 11 期;肖河:《国际私营安保治理与中国海外利益保护》,《世界经济与政治》2018 年第 1 期;李东燕:《中国国际维和行动:概念与模式》,《世界经济与政治》2018 年第 4 期;何银:《联合国维和事务与中国维和话语权建设》,《世界经济与政治》2016 年第 11 期;刘铁娃:《中美联合国维和行动比较与合作空间分析》,《国际政治研究》2017 年第 4 期;孟文婷:《中国参与联合国维和行动的研究述评》,《国际政治研究》2017 年第 4 期;李廷康:《安理会授权使用武力:中国的政策和策略研究》,《国际政治研究》2019 年第 2 期;夏莉萍:《海外中国公民和中资企业的安全风险——基于中国驻外使馆安全提醒之分析》,《国际安全研究》2019 年第 6 期。

其五，国际安全理论创新方兴未艾，安全与发展、冲突与合作等核心概念不断深化，围绕一连串"陷阱论"展开辩论。国家主权和人类共同安全在新安全理论体系中找到结合点[①]。与国际安全领域紧密相关的"地缘政治""盟国体系""权力转移"等传统核心概念仍有重要影响[②]，涉及中国周边地缘环境、防止新的反华同盟、霸权国与新兴大国对抗陷阱等重大战略问题[③]。

其六，研究领域不断拓宽，研究方法更加多元。近年来，跨学科研究成为国际关系研究新的增长点，并逐步形成了一批新的交叉学科。如国际关系文化语言学、国际关系伦理学、国际政治心理学等，产生一批跨学科

---

① 阎学通：《政治领导与大国崛起安全》，《国际安全研究》2016年第4期；黄朴民：《新天下主义安全观？——中国古代的天下安全战略述论》，《国际观察》2018年第5期；陈定定：《合作、冲突与过程建构主义——以中美新型大国关系的建立为例》，《世界经济与政治》2016年第10期；廖小平、孙欢：《论价值安全与国家总体安全体系》，《国际安全研究》2016年第4期；刘跃进：《政治安全的内容及在国家安全体系中的地位》，《国际安全研究》2016年第6期；梁怀新：《国家安全学学科建设路径探析——体系聚合、制度构建与内涵建设》，《国际安全研究》2019年第6期；王菲易、黄胜强：《国家安全学中的国门安全研究》，《国际安全研究》2019年第6期；陈一一：《非捆绑性冲突管理战略的选择：第三方调停还是双边协商》，《世界经济与政治》2019年第1期；董柞壮：《时机选择、军力对比与领土争端升级》，《世界经济与政治》2016年第1期；黄海涛：《不确定性、风险管理与信任决策——基于中美战略互动的考察》，《世界经济与政治》2016年第12期；凌胜利、杨帆：《新中国70年国家安全观的演变：认知、内涵与应对》，《国际安全研究》2019年第6期。

② 吴心伯等：《亚太大棋局：急剧变化的亚太与我国的亚太方略》，复旦大学出版社2017年版；李开盛：《第三方与大国东亚冲突管控》，中国社会科学出版社2018年版；苏浩：《东亚整合的艰难之路："平轴"—"胡桃"—"双核"模式的建构》，世界知识出版社2018年版；高婉妮：《战后美国在亚太地区的权威研究》，社会科学文献出版社2018年版；凌胜利：《构建周边安全共同体：挑战与对策》，《国际问题研究》2017年第5期；刘卿：《美国亚太同盟关系衍化新趋势》，《国际问题研究》2016年第2期；翟新、王琪：《日本新安保法对日美同盟的双重影响》，《国际问题研究》2016年第2期；王栋：《国际关系中的对冲行为研究——以亚太国家为例》，《世界经济与政治》2018年第10期；刘若楠：《大国安全竞争与东南亚国家的地区战略转变》，《世界经济与政治》2017年第4期；［美］布兰特利·沃马克、赵洋：《中国、东盟和亚洲中心的再定位》，《世界经济与政治》2017年第7期。

③ 刘峥：《中国地缘政治的战略选项》，人民出版社2019年版；李冉：《天然气管道外交与地缘政治博弈》，中国社会科学出版社2020年版；葛汉文：《国际政治的地理基础：当代地缘政治思想的发展、特色及国际政治意义》，时事出版社2016年版；顾全：《大陆强国与海上制衡——1888—1914年德国的海军扩张》，上海人民出版社2020年版；张小明：《地缘政治、历史记忆与有关朝鲜半岛的想象》，《世界经济与政治》2019年第12期；林民旺：《"印太"的建构与亚洲地缘政治的张力》，《外交评论》2018年第1期；姜鹏：《海陆复合型大国崛起的"腓力陷阱"与战略透支》，《当代亚太》2018年第1期；毛维准、潘光逸：《均势、霸权抑或协调？德约视域下的国际体系结构选择》，《当代亚太》2018年第5期；蔡翠红：《网络地缘政治：中美关系分析的新视角》，《国际政治研究》2018年第1期；郑义炜：《陆海复合型大国海洋转型的"危险地带"假说：历史叙说与现实超越》，《国际观察》2018年第5期。

研究成果[1]。同时，在研究方法上，经济学、社会学、心理学等方法在国际关系研究中的应用越来越多，统计指标方法、数学方法、数理统计学方法、经济计量学方法等定量分析方法的运用也日益增加。

其七，在非传统安全领域，研究成果迭出不穷。其中太空安全、网络安全和生物安全领域成果数量和质量都有较大突破。网络安全领域与人工智能、5G 技术、舆情战结合，成为全面覆盖的战略研究课题[2]。生物安全、气候安全、粮食安全、能源安全、水资源安全等已进入研究视野[3]。恐怖主义和反恐合作研究也有新的分支和延伸，涉及极端民族主

---

[1] 孙吉胜主编：《国际政治语言学：理论与实践》，世界知识出版社 2017 年版；贺刚：《叙述、身份与欧洲化的逻辑：克罗地亚与塞尔维亚的欧洲化进程比较研究》，世界知识出版社 2018 年版；詹德斌：《试析中国对外关系的差序格局——基于中国"好关系"外交话语的分析》，《外交评论》2017 年第 2 期；傅强、袁正清：《隐喻与对外政策：中美关系的隐喻之战》，《外交评论》2017 年第 2 期；李永成：《国内政治、对外政策与美国外交谎言——兼及发展中美关系的若干问题》，《外交评论》2017 年第 2 期；袁莎：《话语制衡与霸权护持》，《世界经济与政治》2017 年第 3 期；周明、曾向红：《适当性逻辑的竞争："基地"与"伊斯兰国"的架构叙事》，《世界经济与政治》2016 年第 4 期；赵洋：《纵向建构与中国负责任大国身份的形成》，《世界经济与政治》2016 年第 7 期；《21 世纪以来宗教与国际关系研究的发展——徐以骅教授访谈》，《国际政治研究》2017 年第 4 期；涂怡超：《宗教与当代外交：历史、理论与实践》，《国际政治研究》2017 年第 5 期；郭树勇：《文化国际主义论析》，《世界经济与政治》2018 年第 9 期。

[2] 余丽：《互联网国际政治学》，中国社会科学出版社 2017 年版；蔡翠红：《中美关系中的网络政治研究》，复旦大学出版社 2019 年版；姚旭：《欧盟跨境数据流动治理：平衡自由流动与规制保护》，上海人民出版社 2019 年版；沈逸、江天骄：《网络空间的攻防平衡与网络威慑的构建》，《世界经济与政治》2018 年第 2 期；刘杨钺：《网络空间国际冲突与战略稳定性》，《外交评论》2016 年第 4 期；封帅：《人工智能时代的国际关系：走向变革且不平等的世界》，《外交评论》2018 年第 1 期；王桂芳：《大国网络竞争与中国网络安全战略选择》，《国际安全研究》2017 年第 2 期；李青：《美国网络安全审查制度研究及对中国的启示》，《国际安全研究》2017 年第 2 期；艾仁贵：《以色列的网络安全问题及其治理》，《国际安全研究》2017 年第 2 期；张耀、许开轶：《攻防制衡与国际网络冲突》，《国际政治科学》2019 年第 3 期；任琳、吕欣：《大数据时代的网络安全治理：议题领域与权力博弈》，《国际观察》2017 年第 1 期；徐龙弟、郎平：《论网络空间国际治理的基本原则》，《国际观察》2018 年第 3 期；马润凡：《论网络空间政治认同的变化》，《国际观察》2018 年第 3 期；杜雁芸：《大数据时代国家数据主权问题研究》，《国际观察》2016 年第 3 期；陈菲：《大数据时代背景下的国家安全治理》，《国际观察》2016 年第 3 期；董青岭：《大数据安全态势感知与冲突预测》，《中国社会科学》2018 年第 6 期；阙天舒、张纪腾：《人工智能时代背景下的国家安全治理》，《国际安全研究》2020 年第 1 期；刘国柱、尹楠楠：《美国国家安全认知的新视阈：人工智能与国家安全》，《国际安全研究》2020 年第 2 期；陈伟光、袁静：《人工智能全球治理：基于治理主体、结构和机制的分析》，《国际安全研究》2018 年第 4 期；高奇琦：《人工智能时代发展中国家的"边缘化风险"与中国使命》，《国际安全研究》2018 年第 4 期；鲁传颖等：《体制复合体理论视角下的人工智能全球治理进程》，《国际安全研究》2018 年第 4 期。

[3] 晋继勇：《国家安全与霸权护持：美国军事部门的全球卫生参与》，《外交评论》2019 年第 2 期；晋继勇：《美国全球卫生安全战略及其对世界卫生安全体系的挑战》，《国际安全研究》2020 年第 3 期；徐彤武：《当代全球卫生安全与中国的对策》，《国际政治研究》2017 年第 3 期；王思丹：《生物多样性议题安全建构的碎片化》，《国际安全研究》2020 年第 3 期；刘长敏、宋明晶：《美国生物防御政策与国家安全》，《国际安全研究》2020 年第 3 期。

义、分离主义、内战和代理人战争等新的国际安全问题，相关研究成果也十分可观①。

其八，海洋安全、海洋主权和海洋治理共同构成国际政治研究的新领域即海洋政治领域。近年来，由于南海主权争端、"国际仲裁"和"航行自由"问题，引发了以南海为中心的海洋问题研究。它与周边安全环境、中美海权博弈、"一带一路"等重大问题紧密相连，成为国际政治和国际安全两大领域的共同研究热点。在此带动下，一批海洋政治和海洋安全的研究机构和人才也迅速成长起来②。

其九，最近五年，美国全球战略和对华政策发生重大转变，直接改变着世界秩序和国际体系，对国际政治和国际安全领域产生持久的冲击。目前有关研究成果仅仅是开端，从中美经贸摩擦开始的中美关系变化预示着

---

① 李捷：《世界暴力极端主义实践与理论研究》，中国社会科学出版社2018年版；曾向红等：《社会运动理论视角下的中东变局研究》，中国社会科学出版社2018年版；张金平：《当代恐怖主义与反恐怖策略》，时事出版社2019年版；王震：《全球反恐战争问题新论》，时事出版社2018年版；张洁：《中国—东盟反恐合作：挑战与深化路径》，《国际问题研究》2017年第3期；刘宏松：《反恐融资领域的国际机制间合作——政治机会与决策程序的视角》，《世界经济与政治》2019年第9期；朱永彪等：《结构压力、资源动员与极端组织的攻击策略》，《世界经济与政治》2016年第9期；章远：《"伊斯兰国"："准主权"与地区安全》，《国际安全研究》2016年第6期；王宏伟：《国家安全治理的内外整合：以打击"东突"恐怖主义为例》，《国际安全研究》2019年第3期；武兵科、张家栋：《美国国家反恐战略的分析框架与历史演进》，《国际安全研究》2019年第3期；刘乐：《论恐怖主义的社会解构》，《国际安全研究》2019年第4期；宛程：《"伊斯兰国"核心意识形态的渊源和实践》，《国际安全研究》2019年第4期；沈晓晨：《后"伊斯兰国"时期恐怖意识形态蔓延：一个新的讨论框架》，《国际安全研究》2019年第4期。

② 朱锋、余民才主编：《菲律宾"南海仲裁案"透视》，世界知识出版社2018年版；赵卫华：《权力扩散视角下的中越南海争端研究》，世界知识出版社2019年版；胡波：《国际海洋政治发展趋势与中国的战略抉择》，《国际问题研究》2017年第2期；袁发强：《航行自由制度与中国的政策选择》，《国际问题研究》2016年第2期；高圣惕：《论南海仲裁管辖权裁决之谬误》，《国际问题研究》2016年第2期；马晓雪：《中国海上运输通道安全脆弱性演化机理论析》，《世界经济与政治》2019年第11期；朱剑：《航行自由问题与中美南海矛盾——从海洋的自然属性出发》，《外交评论》2018年第4期；洪农：《南海争端解决：南海仲裁案的法律解读及政治意义》，《外交评论》2016年第3期；罗国强：《南海仲裁案初步裁决评析》，《外交评论》2016年第2期；聂文娟：《中国的身份认同与南海国家利益的认知》，《当代亚太》2017年第1期；尹继武：《中国南海安全战略思维：内涵、演变与建构》，《国际安全研究》2017年第4期；李文良：《印度洋区域安全治理的中国因素》，《国际安全研究》2017年第5期；齐皓：《东亚海洋争端与海洋秩序的演变》，《国际政治科学》2018年第3期；张景全、潘玉：《美国"航行自由计划"与中美在南海的博弈》，《国际观察》2016年第2期；高兰：《〈联合国海洋法公约〉的缺陷及中美日南海海权博弈对策比较分析》，《国际观察》2016年第4期；于英红：《南海争端的国际法适用探析》，《国际观察》2016年第4期；王勇：《论南海仲裁案仲裁庭对于〈联合国海洋法公约〉解释权的滥用》，《国际观察》2017年第2期。

世界秩序重构[1]。

其十，最近五年，是中国国际问题研究智库大发展的黄金时期。在 25 家国家高端智库中，具有国际问题研究功能的机构占 2/3 以上。这些智库为高层决策每年提供的研究报告数以千计。教育部的 100 余家国别和区域研究基地几乎都是潜在的国际问题研究智库。中国智库与国际同行对话交流，已经成为第二轨道战略对话的主要通道。

（二）代表性人物和成果

国际政治和国际安全领域的学科代表人物和智库代表人物往往不能兼容。各重点大学的学科代表人物以发表论文和出版专著作为主要成果形式，较少参与决策咨询研究。体制内各主要智库的代表人物以提交决策咨询研究报告或内参为主要成果形式，经常参与不公开或半公开的国际战略对话。体制外的民间智库代表人物常常以大众传媒或自媒体活动作为活动平台，其研究报告发布和国际交流活动也一般以媒体公开报道为主。最近几年，这种差别在迅速缩小，出现一批学科、智库、媒体、国际交流"四合一"的代表人物，如北京大学的王缉思、王逸舟、潘维、叶自成等；清华大学的阎学通、刘江永等；中国人民大学的杨光斌、陈岳、金灿荣等；复旦大学的黄仁伟、陈志敏、张维为、徐以骅等；外交学院的秦亚青；中国政法大学的蔡拓；吉林大学的刘德斌；中国海洋大学的庞中英；中国社会科学院的姜辉（代表作如其主编的最近出版的《中国战"疫"的国际贡献和世界意义——国外人士看中国抗疫》）、张宇燕、黄平、李向阳、张蕴岭、周弘等；中国现代国际关系研究院的袁鹏；中国国际问题研究院的阮宗泽；国防大学的唐永胜、孟祥青等；上海国际问题研究院的杨洁勉、陈东晓等。

---

[1] 谢建国等：《利益集团与美国能源政策——基于美国 ACES 法案投票分析》，《世界经济与政治》2016 年第 9 期；王浩：《社会联盟与美国对外战略演化的逻辑（1945—2015）》，《世界经济与政治》2016 年第 7 期；韩召颖等：《中美在朝核问题上的分歧与合作》，《国际政治科学》2020 年第 1 期；尹继武：《领导人、国内政治与中美战略沟通（2016—2018）》，《国际政治科学》2019 年第 4 期；李泉：《个人信念体系对美国国际危机应对行为的影响》，《国际关系研究》2017 年第 6 期；齐尚才：《错误知觉、议题身份与国际冲突——以中美南海航行自由争议为例》，《外交评论》2017 年第 5 期；李永成：《国内政治、对外政策与美国外交谎言——兼及发展中美关系的若干问题》，《外交评论》2017 年第 2 期；潘忠岐：《中国人与美国人思维方式的差异及其对构建"中美新型大国关系"的寓意》，《当代亚太》2017 年第 4 期；王浩：《美国对外战略变迁的动力、机制与进程——基于"社会中心"视角的分析》，《当代亚太》2016 年第 6 期；尹继武等：《特朗普的政治人格特质及其政策偏好分析》，《现代国际关系》2017 年第 2 期。

另有一批从部级和部队将军岗位退下来的高级专家进入大学和相关研究机构，成为重要智库代表人物，如李慎明、裘援平、傅莹、何亚非、赵白鸽、魏建国、周力、于洪君、彭光谦、王海运、孔丹、朱民等。上述代表人物总体年龄在60—70岁，作为学科和智库带头人已有20—30年。仅有少数为40—50岁的中青年代表人物，"带头人断代"现象十分明显。

当前应把选择代表人物的重点放在50岁左右（20世纪60年代后期和70年代前期出生）的一代学者上。在国际政治学科领域，实际上有大批人才可供选择。首先应选择致力于构建中国特色国际关系理论体系的学者，如复旦大学苏长和、吴心伯、任晓、张建新等，对外经济贸易大学戴长征（国际政治），郑州大学余丽（网络政治），上海外国语大学郭树勇，同济大学门洪华，外交学院王帆，北京大学王栋、翟崑、张清敏等，中国人民大学方长平、翟东升、黄大慧、王文等，南京大学朱锋，南开大学吴志成，暨南大学陈定定，中共中央党校刘建飞，国防大学赵小卓，中国社会科学院张树华、倪峰、杨伯江、姚枝仲、孙壮志、李瑞琴等。

其次是在不同研究领域具有创新成果的中青年学者，如复旦大学唐世平（国际关系理论、预测模型）、沈逸（网络安全）、潘忠岐（国际关系理论）、张建新（国际政治经济学）等；华东政法大学高琦奇（人工智能政治）、何奇松（太空安全）；上海国际问题研究院杨剑（极地安全）、于宏源（生态政治）；上海外国语大学刘忠民（地区安全）、汤蓓（国际组织）；中国社会科学院马克思主义研究院于海青、刘志明、潘金娥、周森等；中国社会科学院世界经济与政治研究所徐进（中国外交理论）、袁正清（国际政治理论）、徐秀军（国际政治经济学）；兰州大学曾向红（非传统安全）、李捷（反恐合作）；中国人民大学尹继武（国际政治心理学）、李巍（国际经济关系）、王义桅（中国外交）；外交学院孙吉胜（国际政治语言学）、卢静（中国外交）、凌胜利（国际安全战略）；浙江大学余潇枫（非传统安全）；广东外语外贸大学周方银（国际安全战略）等。这些中青年学者在各自领域都有较为突出的成果，居国内领先地位，具有国际对话和传播能力。应充分发挥其创新力，把握好政治方向，形成国际政治与国际安全领域的基本骨干队伍。

(三) 存在问题和薄弱环节

国际政治与国际安全领域的学科和智库建设虽然取得了许多可喜的成绩，但是也存在一些不容忽视的问题和薄弱环节。只有正视这些问题，才能继续前进。

其一，国际政治和国际安全学科为国家战略和外交实践服务意识还不够自觉不够强烈。虽然有大量论著阐述习近平新时代中国特色社会主义外交思想，但是停留在表面解释、泛泛而论的为多，深入核心内容、揭示尖锐矛盾、指导外交实践的时代之作相对较少。例如，什么是"百年未有之大变局"，它所包含的各种国际因素将发生什么样的变化，为此我们要准备进行什么样"具有新的历史特点的伟大斗争"？几乎没有一篇论文深入论述"新的伟大斗争"的内涵，似乎这个概念与我们学科毫无关系。接踵而至的中美经贸摩擦和全球疫情大流行，展现了"伟大斗争"和"大变局"的艰巨性、复杂性、持久性。短短两年时间里，国际环境就从一个时代跨越到另一个时代。大部分学者的思维和研究落后于国际政治经济的变化，理论创新远远跟不上实践的需求。这是国际政治学科当前最大的薄弱环节。

其二，在构建中国特色国际关系理论体系的过程中，缺乏大范围的深入讨论，没有整体结构设计，尚未确立重要概念和指导思想的逻辑一致性。中国特色国际关系理论体系在马克思主义国际关系理论指导下，如何进行系统的建构？西方国际关系主流理论究竟能否用于解释中国的外交实践？习近平新时代中国特色社会主义外交思想如何继承和发展了马克思主义国际关系理论？这些都需要认真思考和讨论。新一代学者对毛泽东战略思想和策略艺术不甚了了，甚至接受了许多背离历史事实的评价，大大限制了中国国际关系理论体系对毛泽东战略思想的继承发展。对中国历史上的外交经验和"天下观"，也没有真正融会贯通，牵强附会之处甚多。一些学者以其薄弱国学功底，却在构造一套古典中国外交理论，实在勉为其难。至于对西方理论的批判扬弃，难有系统本质的论作。西方国际关系理论无论哪个流派，归根结底是为其国家利益和阶级利益服务的，如果不看清这个本质，就谈不上扬弃批判。因此，构建中国特色国际关系理论体系的基础还很薄弱，还需要自上而下和自下而上的几次循环，才能形成体系性的核心概念和基本框架。

其三，对于外交实践的具体问题和国际环境的现实挑战，大部分学术研究存在脱节现象，大部分智库研究报告提出的政策建议可操作性不强。其原因有三：一是大部分学者缺乏外交实践经验，往往凭空想象或瞎子摸象似地判断复杂问题，受到网上舆情影响做出左右摇摆的结论。二是国家决策部门与专家沟通渠道不畅，学者往往在不知情的情况下要提出有针对性的建议，不免造成大量低质量重复的研究报告。无论从右的或"左"的立场上提出各种观点和建议，其后果都是极其危险的。总之，理论脱离实际，是各种研究出现偏差的根本原因。需要在实践中考察和培养战略研究人才，给他们创造条件，造就一大批忠诚于祖国和人民、头脑清醒方法正确、勤于调研勇于探索的国际问题研究专家，我们的战略全局急需这样一支人才队伍。

其四，在研究力量配置上缺乏跨部门的沟通与合作。国际政治和国际安全研究力量分散在不同部门、不同系统、不同地域、不同领域，造成极大的分散和重复。当然，我们不能搞强行统一平调，但是必须摸清家底，确定各个研究领域的核心研究机构和与之相结合的外围团队，做到在最需要的时候、最紧迫的问题上，找到最能解决问题的研究团队。当前，不同部门、研究单位和研究人员重复研究的现象仍然存在，并因此导致了研究资源的浪费。相比改革开放以前，我们现在研究国际问题的专家多了、机构多了，但到关键时刻却会出现找不到有用、合适专家的情况。这种状况如不尽快改变，我们既难以构建理论体系，也难以解决好应急问题。

其五，国际政治研究队伍建设问题亟待解决。现在研究人才的主要来源是各大学国政专业博士研究生，其优点是年轻、包袱少、外语好、反应快、掌握专业理论、了解新情况，缺点是难以把握战略全局、西方理论熏陶较深、缺乏外交实践经验、研究领域过于狭窄、容易受舆情影响左右摇摆。显然，这种状况无法承担"大变局"和"伟大斗争"的战略研究任务。对以博士生为主的新一代国际政治研究队伍要进行补短板的"再教育"。对40—50岁的中年骨干队伍，要挑选一批立场坚定、战略意识强、具有实践经验的专家，创造各种条件促使他们迅速成长为学术领军人才和智库团队带头人。对60岁以上的一代资深专家要继续发挥他们的作用，现在最主要的任务是让他们带动中青年两代研究队伍，在重大理论问题和实践问题上把好关出好主意。要加大"旋转门"力度，加快实务部门和学术机构的人员交流，形成一批"能文能武、官学商三栖"的战略人才。

三 "十四五"时期的发展趋势和学术前沿

（一）主要发展趋势

一是大国权力转移过程加速，由此引起大国力量新的不平衡，大国关系更趋紧张，西方盟国体系大分化大改组。与此有关，中国和平崛起将进入"2.0版"，中美关系进入战略相持阶段，我们将面临与以往40年有重大差别的国际环境。

二是全球化和全球治理出现曲折反复，进入产业链供应链重组和国际体系重构的新阶段。全球化是中国经济崛起的历史机遇，全球治理是中国政治崛起的历史机遇。现在这两大机遇都出现逆转，中国必须发现新的战略机遇。

三是高科技的新突破新应用引发国际政治的新形态和国际安全的新挑战，原有的国际规则和国家治理出现严重的不适应状态。中国在高科技领域的国际地位从追随者向领跑者转变，在治理和观念领域也必须成为领先者。

四是在新的国际环境背景下，意识形态因素明显上升，并与安全因素、市场因素结合，导致国际关系复杂化。中国展开具有新的历史特点的伟大斗争，需要全要素、全方位、全领域、全空间、长时段的战略构想和能力建构。

五是由于上述国际环境的深刻复杂变化，中国提倡的"人类命运共同体""新型国际关系""一带一路"等核心概念急需深化、创新和实践。核心概念内涵支撑中国特色国际关系理论体系，理论体系的科学性决定战略实施的可持续性。

（二）学术前沿问题

一是学习、研究、阐述、建构、实践习近平新时代中国特色社会主义外交思想。以习近平新时代中国特色社会主义外交思想为指导，回答下列重大问题：什么是"百年未有之大变局"，它将如何展开"具有新的历史特点的伟大斗争"，在国际政治和国际安全领域如何构建"新型国际关系"，如何以此来推进以"一带一路"为核心的新型全球化和全球治理？

二是急需进行中国外交的历史经验、特点和规律研究。这方面已有大批成果涌现，现在需要系统整理和科学抽象。中国外交研究应包括古代、近代、现代和当代这四个历史阶段的外交经验总结；中国不同时期外交思想理念和外交战略策略的归纳抽象；中国最重要的战略思想家和外交家评述，特别是毛泽东、周恩来、邓小平等老一辈战略家的外交思想和实践研究；中国外交档案、口述史料记录及国外文献整理等。

三是中美关系是否已进入"新冷战"和"经济脱钩"的历史阶段。以中美经贸摩擦和疫情大暴发为标志，以美国最高级官方文件《2017年国家安全战略报告》和《美国对中华人民共和国的战略方针》为基点，中美关系出现1972年《上海公报》以来所没有的重大转变。这种转变是否标志着中美关系进入"新冷战"和"经济脱钩"的历史阶段，国内外战略界存有深刻分歧。对这个问题的判断，关系到世界和平与发展的走向，关系到中国内外战略和体制的调整方向。

四是全球化和全球治理是否进入逆向发展的轨道，全球产业链、供应链是否正在发生去全球化和去中国化，以美元为核心的世界货币体系是否会解体，联合国体系将进行重大改革还是逐渐退出世界舞台，以区域板块为基础的碎片化是否会取代全球化，反全球化的民粹主义、分离主义和极端主义是否会成为国际政治主流？如果这些问题成为世界普遍的长期现象，中国应对的战略策略应及早研究。

五是国家安全和国际安全的理论概念、战略路径和操作模式，都面临着重构的紧迫性。国内安全与国际安全的高度交织，国家总体安全体系下面的十几个领域相互关联，高科技突破带来的新安全挑战，大国安全博弈复杂变化和国家核心利益基本不变，二者之间合作与冲突的保持平衡，我国国家安全战略与发展战略的链接转换，都需要深入分析和综合研究。

六是西方国际关系/国际政治主流理论的批判扬弃，这方面的研究梳理存在着大面积的空白。大学课堂充斥西方三大流派的教材，国际战略研究参照西方核心刊物发表的观点，智库对策咨询研究依据美欧著名智库的报告，是非判断标准和话语权基本上不在中国方面。应深入分析西方国政/国关理论的是非曲直，吸收其合理成分，揭露其霸权本质，摒弃其遏华反华的工具手段。

（三）重点研究课题

一是习近平新时代中国特色社会主义外交思想与中国外交实践相结合的战略问题研究。目前这两个方面的研究是脱节的。前者往往与外交和战略实践问题结合不够；后者往往居于一隅，缺乏整体大局观。因此，二者结合研究对于中国外交理论和战略对策研究十分必要和迫切。这有助于改变国际政治/国际安全领域中国话语权滞后的现象。

二是中国国际关系理论创新和理论体系构建。在马克思主义国际关系理论指导下，加快创立中国特色的国际关系理论，对西方主流国际关系理论进行科学分析和评判。通过这项研究，构建一批以中国特色国关理论"科学概念"的形式、中国外交实践证明其正确性的内容、有较完整国际关系理论范畴和概念的学术体系、话语体系。

三是在"百年未有之大变局"背景下的大国权力转移和国际体系转型相结合的中国战略选择研究。"百年未有之大变局"的最突出特征就是大国权力转移和国际体系转型，这两个进程是重叠并行的，而且以中美两个大国的国力盛衰、冲突合作的变化为主轴，联合国体系、盟国体系、新兴国际组织的组合更新都围绕这条主轴展开。这项研究将改变对大国关系和国际组织的一般性研究。

四是国家安全、国际安全、综合安全、人类安全相结合的安全危机应对和安全理论构建研究。国际安全研究应当与国家安全研究相结合，体现中国核心安全利益，反映中国综合安全的整体框架。疫情大流行对世界各国提出了人类安全的挑战和重构。传统安全和非传统安全之间的界限模糊化，使安全与发展两大范畴高度结合。以此为基础，中国的国家安全战略和国际安全理论都需重新界定。

五是"人类命运共同体""新型国际关系""一带一路"三大核心概念的实践性及相互关系研究。三大概念之间的内在联系："人类命运共同体"是中国外交和国家战略的最高理念；"新型国际关系"是中国外交的核心概念；"一带一路"是中国新型伙伴关系和新型全球化的实践平台。三者之间在本质上高度一致，在结构上属于不同层次。三者关系处理得越好，则中国外交就越能体现原则性与灵活性、长远目标和近期安排、中国利益和人类命运的完美结合。

六是新时代的战争与和平问题。列宁关于时代、战争与和平等问题早有经典论述，在新时代如何认识和发展列宁的这些论断？帝国主义是垄断的、腐朽的、垂死的资本主义的本质特征在新时代发生了怎样的变化？如何认识当代资本主义的新变化，是仍有强大生命力还是走上了下坡路？美国凭借军事实力优势、美元优势、话语优势，打家劫舍，称霸世界，为所欲为，是强大的表现还是垂死的回光返照？世界各国人民如何争取和平与保卫和平？当代战争有哪些新的特点与规律？这些都必须做出清晰回答。

七是欧洲"战略自主"与西方世界裂变。一段时间以来，欧洲不仅陷入脱欧危机、难民危机、暴恐危机、乌东危机难以自拔，而且美欧矛盾日益加深，无论在贸易逆差、汽车关税、防务分担，乃至全球抗击新冠肺炎疫情的政策选择，美欧龃龉不断。在防务问题上，欧洲不甘于长期受制于美国，充当美国的"小跟班"。欧盟筹集"欧洲防务基金"，力图建立独立于美国的国际支付系统。法德积极主张建立欧洲联军。默克尔公开称：跪拜了半个世纪的德国，要主宰自己的命运。美欧关系的变动是世界格局变动的必然反映，必将打破原有世界平衡，值得关注。

八是中美战略结构性矛盾及中美战略博弈的世界影响。进入21世纪以来，中美之间早已潜在的结构性矛盾，包括地缘战略结构矛盾、金融结构矛盾、意识形态结构矛盾、力量结构矛盾全面激化。美国不能接受在苏联解体后，在亚欧大陆再出现一个非西方价值观、实力强大的国家。中国在亚欧大陆东部边缘地带存在这一事实本身就被美视为其"天敌"，视为其实现全球地缘战略统治地位的天然障碍。中国的快速发展打破了美国控制亚欧大陆，进而控制全世界的美梦。美国不能容忍人民币国际化趋势对美元地位的严峻挑战。人民币国际化趋势触动了美国金融垄断资本的敏感神经。美国不能容忍任何不同于西方价值观的"异教徒"，更不能接受优于西方的社会制度与发展道路。2018年9月18日，特朗普在联大发言就公开扬言"世界各国都应抵制社会主义及其给每个人带来的痛苦"。亨廷顿早在1994年就声称："如果中国政治稳定保持20年，如果中国的经济高速增长保持20年，那个时候的中国对世界秩序的挑战是肯定的。"种种迹象表明，中美战略较量短期内难以了结。中美关系走向将影响国家命运与未来，不能不察。

九是当代国际竞争新领域与战争新形态。海洋、太空、网络空间、生物、5G、量子技术、可控核聚变等新兴领域正在成为未来国家战争新的较量场，也是智能时代新质战斗力生成的新空间。世界各大国大力进行颠覆性技术创新，锻造新质、新机理、新概念武器。目前中国以华为等为代表，在云计算、大数据、人工智能等领域位居世界前列。未来5G与人工智能、量子革命、可控核聚变将可能带来三大波洗牌。未来战争能量将以何种方式释放？战争形态将如何演变？人与武器将如何结合？对我国提出了哪些新要求？

十是如何投身现实国际斗争，为民族复兴大业提供理论支持。我们的研究不是为了装门面，而是为了寻求真理而探索的，为富国图强、自立于世界民族之林而研究的，是为了戳穿国际金融垄断资本"剥削有理""压迫有理""霸权有理"的谎言而研究的。国际问题研究工作者应该是投身国际斗争激流的战士，而不是看客，更不是国际垄断资本的代言人。

国际文化

一 当前发展的基本状况

(一) 研究布局

1. 学科背景

国际文化研究属于跨学科研究，涉及马克思主义、哲学、语言学、政治学、法学、新闻学与传播学等多个一级学科。与国际问题研究直接相关的学科包括政治学下设的国际关系、国际政治等二级学科。由于国际政治、国际关系主要研究民族国家间的关系，但全球化的快速发展使得仅仅从国际关系视角研究国际问题的局限性凸显，以世界政治的研究范式弥补国际关系研究思路的呼吁愈发强烈。"世界政治"作为一门学问，研究的是全世界范围内政治发展的总趋势、各个国家和地区内部的政治、国家之间的关系（即"国际关系"），比一般理解的"国际关系"涉及的领域更深、更广。在当今世界发生重大变化的过程中，文化和文明对于世界政治的影响已经越来越明显。如何在学理上发展和深化文化和文明研究议程，仍然是一个具有深刻意义的问题。

2. 主要机构

当前，国内研究国际文化的机构比较分散，既有中央和地方的官方智库机构，也有高校的教学科研机构，参与机构较多。根据国家社科基金项目数据库数据，2015—2019 年，从文化视角研究国际问题的立项总计 78 项，其中，中国社会科学院 5 项，中国人民大学、长沙理工大学、四川大学各 3 项，中共中央党校（国家行政学院）、云南省社会科学院、山西大学、厦门大学、国际关系学院、贵州大学、贵州财经大学、复旦大学、北京大学各 2 项。其他如中国国际问题研究院、外交学院等有 1 项立项。获得 2 项及以上立项的机构如下。

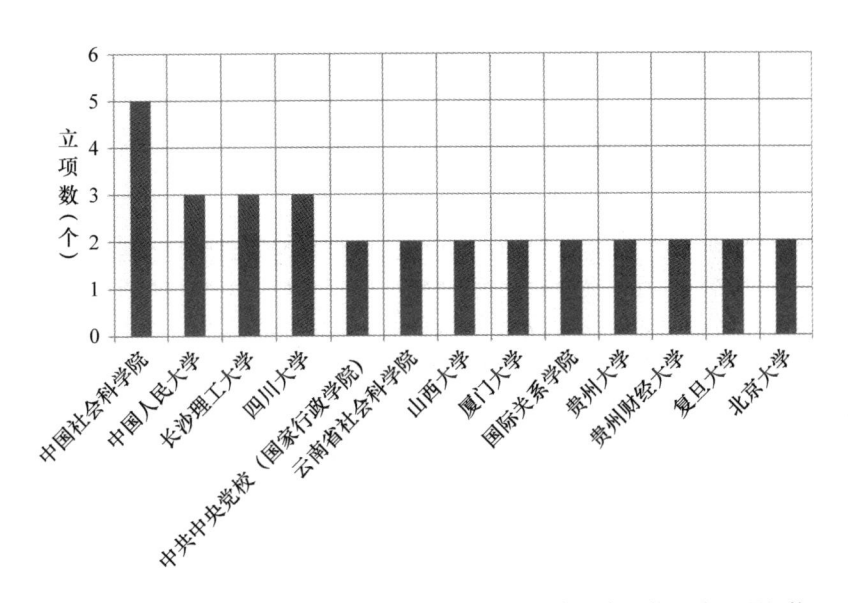

图 1　2015—2019 年国家社科基金国际问题研究类别中文化研究立项机构

根据本团队前期问卷调查和采访，从综合影响力和原创性等多维度考察，认为中国社会科学院赵汀阳团队、黄平团队、袁正清团队，外交学院秦亚青团队，复旦大学任晓团队、徐以骅团队在国际文化研究领域具有突出代表性。

（二）人才培养情况
1. 人才培养机构

在国际文化研究中，高校是当前人才培养的主要来源之一。以"文化领导权""中国文化软实力＋国际文化""中国话语权（或话语体系）""国家形象"为主题词，分别在中国知网共检索到 2015—2020 年的 27 篇、6 篇、20 篇、16 篇博士论文，共计 67 篇（去重后）博士论文。其中，博士论文的来源最多的分别是中共中央党校、陕西师范大学、吉林大学、东北师范大学、华中师范大学、电子科技大学、西南交通大学、上海交通大学、辽宁大学、安徽大学、福建师范大学、华东师范大学、中央民族大学以及中国社会科学院研究生院等。总体来看，在国际文化研究领域进行深入探索的人才数量尚欠缺，分布较为零散。

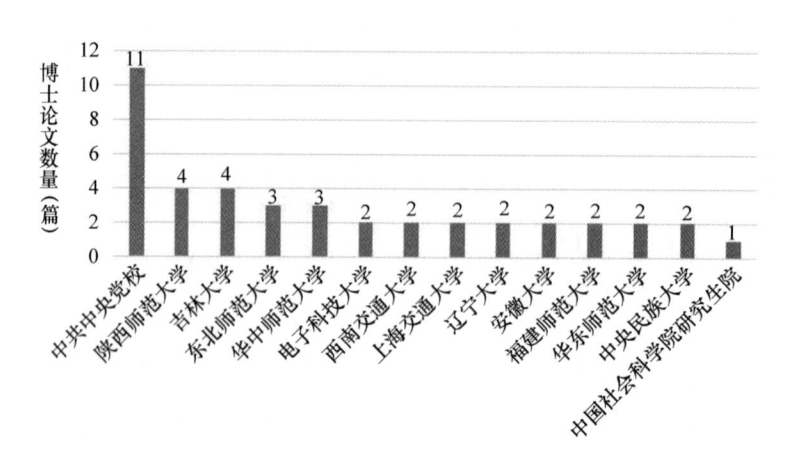

图 2　2015—2020 年"国际文化"研究各高校博士论文数量以及数量靠前的部分培养机构

资料来源：中国知网博士论文数据库。

2. 培养模式

一是以传统高等教育为主，按照博士研究生的总体培养计划及要求，对国际文化的基本理论知识、现状研究、具体问题进行全面、有重点的专业课教育，以加强博士研究生在国际文化研究领域扎实的理论功底、养成科学的思维方法；二是以参与导师本人或导师组课题项目为重要锻炼、培养平台，在对下文中代表人物进行调研以及梳理其作品过程中，或直接或间接可反映出此类培养方法，以课题过程中参与科学调研、思考写作、沟通完善等方式，促进博士研究生了解、掌握当前最新研究成果，加强对国际文化研究人才的培养和塑造，为国际文化研究进一步探索，打好未来科研人才基础。

（三）队伍建设

从文明、文化视角研究国际问题、区域问题的愿望越来越强。2012年，中国社会科学院欧洲研究所与北京大学、南开大学联合成立"世界文明与区域研究协同创新中心"，中心的建设目标是用 10 年左右的时间建立具有中国特色的"区域研究"学科领域；创建人才培养的新机制和新模式；探索基础理论研究与现实研究相结合的新的科研体系；为中国现代化与国际地位提升服务。但目前来看，进展缓慢，协同作用未凸显。

总体来看，中国国际文化研究的队伍有以下特点。

一是有较深厚的研究积淀。以上研究团队均来自我国国际问题研究的重要研究机构或高校，具有扎实的研究基础和研究条件。

二是有较高的研究水平和较广泛的国内外影响力。黄平、赵汀阳、秦亚青等在国内外具有广泛学术影响力，他们的研究在国际主流理论界引起关注，作品在欧美出版；有的担任过国际知名研究机构的主要负责人。

三是有较强的依托力量。以上研究团队均来自于国内知名的科研院所和高校，其国际问题研究在人才储备、资金支持、研究水平等方面有较强的实力，为国际文化研究提供了较好的物质支持和人才保障。

四是有较强的自主创新意识。国际文化研究的学者从中华传统文化与世界的比较入手，提出了一系列具有较高水平的原创性理论，在国内外引发关注。比如黄平提出的"生存理性"、赵汀阳的"新天下理论"、秦亚青的"世界政治关系理论"等。

五是有较强的国际交往能力。黄平、赵汀阳、秦亚青等学者30多年来与世界知名学者开展理论研讨和文明对话，反映了我国国际文化研究的国际视野和交往能力。

但相比于国际政治、经济、外交等领域，我国国际文化研究在人才队伍建设方面还存在不足，主要表现为：（1）受制于课题制影响，学者多以个体研究为主，团队研究的支持相比国外较弱。（2）人才培养体系不完善。相比于其他国际研究领域，在高校或科研院所专门从事国际文化研究的学者较少。（3）学科意识不强。国内从事国际文化研究的学者主要学术背景是国际关系、国际政治、外交学等，这导致国际文化研究学科意识弱，国际问题研究中从文化视角的深入研究不甚充足。

二 "十三五"时期取得的重要进展与存在的问题

"十三五"以来文化研究的热潮有增无减，尤其党的十八大以来，以习近平同志为核心的党中央高度重视"四个自信"建设，特别重视"文化自信",多次强调增强文化自信和价值观自信的重要性。国际文化研究（international study from cultural perspectives）既是国际问题研究的一支，也是对文化研究的一种方向拓展。随着中国国际影响力的增强，世界各国对中国的探索欲望与日俱增，与中国模式、中国道路、中国经验相关的话题备受国际热议与关切。

（一）重要进展与成绩

"十三五"时期，在国际问题研究的国家社科基金立项及权威、核心期刊发文中，从文化视角对中国模式、中国道路、中国经验进行分析、阐释、总结的学术研究多有呈现，这为国际文化研究中的中国特色哲学社会科学学科体系、学术体系、话语体系的构建与完善奠定重要基础。这些研究进展主要体现在以下四个方面。

1. 注重话语分析与传播研究，对讲述中国故事、增强中国国际话语权进行的相关研究

进入 21 世纪以来，中国在世界舞台与全球治理中的角色与影响愈加重要，这对构建中国国际公共话语体系、提升国际话语权、增强自身的文化软实力提出更加紧迫的要求。如何在国际学术舞台上"讲好中国故事"，增强中国与世界互信合作，推动跨文化交流，提高中国的国际影响力成为当前国际问题研究的一项重要工作。"十三五"以来，一些学者重视话语分析与传播研究，对讲述中国故事、增强中国国际影响力与话语权并形成属于中国自己的话语、理论、学派做出一定的贡献。

张国祚主编的中国文化软实力研究丛书，李慎明、杨晓萍的专著《国际交往与文化软实力——兼论中国特色社会主义新文化战略》，"十三五"时期以韩庆祥的"改革开放以来中国特色社会主义的发展逻辑研究"、刘瑞生的"'讲好中国故事'的国家叙事范式和语境"、刘肖的"'人类命运共同体'思想对外传播的时、度、效研究"、方长平的"新型国际关系构建进程中的中国角色研究"、赵思洋的"传统文化的创造性转化与近代中国国际关系研究"为代表的项目得到国家社科基金立项支持。

2. 坚持中国立场与中国视角，发掘中国传统文化资源，对中国外交、新型国际关系构建及全球治理进行的研究

"十三五"以来，一些学者坚持中国立场与中国视角，发掘中国传统文化资源，在中国外交理论的文化和制度含义阐释、中国外交战略与政策的制定、国际关系理论转型及中国外交话语向世界话语转变等方面的研究取得一定的进展。

任晓[1]、苏长和、金应忠等围绕"共生"概念提出共生理论，并以此作为分析人类文明、社会发展变迁以及新型国际关系构建的理论分析工具，以"共生"为核心概念，从不同方面阐述或论证共生观、共生秩序及其价值基础、共生型国际体系，跳脱出西方国际关系理论的窠臼，为中国理论的成长提供一种新路径。王存刚[2]等学者结合"正义"概念，深入解读中国的国际正义在外交实践中的体现，指明中国的国际正义理念既是对国际秩序、规范、伦理的反映，也具有鲜明的中国特色。余潇枫、章雅荻[3]等认为由中国经典文化提炼出的和合主义较之于传统西方国际关系理论更具历史过往的解释性、现实困境的超越性与未来发展的包容性，是深度全球化进程中正在形成的一种颇具中国特色的国际关系理论范式，为国际关系理论的转型升级提供新的探索方向。此外，秦亚青[4]、金应忠[5]等学者在国内核心期刊发表多篇学术论文对此做出研究、阐释。

3. 配合"一带一路"倡议，对中国文化的对外交流及国家形象建构的研究

2013年习近平总书记提出"一带一路"倡议，为重塑开放包容的新型全球化、推动世界经济在危机后的重建提供有力抓手，为中华文化的对外传播、交流以及国家形象的维护与建构提供重要契机。

配合"一带一路"倡议，"十三五"时期国家社科基金有较多立项研究项目，聚焦到国际文化研究中，如张海云的"'一带一路'背景下我国旅游文化融通创新与国家形象的建构研究"、袁赛男的"'一带一路'建设面临的国际舆论挑战及对策研究"、蓝茵茵的"'一带一路'背景下中国对外直接投资的国际形象构建研究"等，依托"一带一路"从不同

---

[1] 任晓编：《共生——上海学派的兴起》，上海译文出版社2015年版。
[2] 王存刚：《论当代中国的国际正义理念》，《世界经济与政治》2016年第10期。
[3] 余潇枫、章雅荻：《和合主义：国际关系理论的中国范式》，《世界经济与政治》2019年第7期。
[4] 秦亚青：《中华文化与新型国际关系》，《世界知识》2019年第1期。
[5] 金应忠：《从"和文化"到新型国际关系理念——兼论人类命运共同体意识》，《社会科学》2015年第11期。

方面切入对中华文化、中国对外交流以及国家形象建构的剖析。以王国刚[1]、孙发友、陈旭光[2]为代表的学者也就以上研究视角在国内核心期刊发文论证。

4. 将国际政治与语言学相结合，对国家形象与国际政治话语的研究

孙吉胜[3]在国内最早提出"国际政治语言学"的概念，通过发挥语言的政治性、权力性、建构性特点，拓宽国际关系研究的理论视域及思维边界，通过学科交叉丰富国际文化研究框架。王健[4]在国际政治语言学视域下，通过对权力和秩序概念的重新定义，对中国国家形象的核心概念做出新的界定。总的来讲，"十三五"时期国际文化研究坚持中国立场，开始有意识地对中华传统文化资源进行挖掘，从话语分析与传播等视角展开研究，配合"一带一路"倡议对中国文化、中国外交、构建新型国际关系以及建构国际形象等进行了有益探索，为"讲述中国故事"、探索中国道路、形成中国学派的研究做出一定贡献，并且对改善中国"大国弱语""他国误解"等现实困境有一定的推动作用。

（二）代表性人物和成果

在国际文化研究领域，由于人才队伍较难建立，且学科意识有待强化，研究多建立于学者个人的学术积累与研究旨趣之上，较少有团队合作研究。本次调研重点筛选出三个年龄梯度内的八位具有代表性的学者，即年龄在50岁以上的四位学者：张维为、赵汀阳、秦亚青、黄平；年龄在40岁以上50岁以下的学者：孙吉胜、白钢、魏南枝；年龄在40岁以下的学者：殷之光。现就八位学者的创新观点及代表性成果概要总结如下。

1. 张维为，复旦大学特聘教授，复旦大学中国研究院院长，主要从事中国道路和中国话语的原创性理论研究和政策研究

张维为教授长期致力于中国道路、中国模式和中国话语的原创性理论

---

[1] 王国刚：《"一带一路"：基于中华传统文化的国际经济理念创新》，《国际金融研究》2015年第7期。
[2] 孙发友、陈旭光：《"一带一路"话语的媒介生产与国家形象建构》，《西南民族大学学报》（人文社会科学版）2016年第11期。
[3] 孙吉胜：《跨学科视域下的国际政治语言学：方向与议程》，《外交评论》2013年第1期。
[4] 王健：《国际政治语言学视域下对于国家形象概念的探讨》，《东北亚外语研究》2017年第2期。

研究和政策研究，把解构西方话语、建构中国话语作为重点，以中国人自己的话语阐释中国道路和世界大事，帮助中国人树立起发自内心的中国自信，推动中国思想和中国话语在世界范围内的崛起。

他认为，中国的崛起一定要伴随中国话语的崛起。在理论研究及对外传播交流过程中，他强调四个侧重：一是侧重范式转换，从根子上颠覆西方话语对中国的主流叙述，他提出的"文明型国家"概念、"阿拉伯之冬"概念、"良政还是劣政"范式取代"民主还是专制"范式等已被国际主流媒体和学者广为引用。二是侧重国际比较，围绕制度绩效等进行各种类型和专题的国际比较，如与发展中国家比，与前社会主义国家比、与西方国家比、把"选贤任能"与"美式民主"进行比较等，通过国际比较加深对中国制度优势和西方制度劣势的理解。三是侧重文化叙事，把中国道路和制度安排背后深厚的文化传承讲述出来，例如，用中国源远流长的"民本主义"传统来阐述中国道路的特点，并与西方模式下政治机器空转进行比较，引起广泛共鸣。四是侧重现代视角，从中国今天许多领先西方的现代化成就出发，揭示这些成就与中国道路和中国文化之间的联系，指出中国的成功某种意义上正在重新界定"现代性"，即一种"以人民为中心的现代性"，这使中国叙述更具说服力和传播力。

张维为参加过一系列具有广泛国际影响的学术辩论会，如2011年与美籍日裔学者福山关于中国模式的辩论，2017年奈克萨斯论坛关于中西方政治文化的辩论，2020年与牛津大学艾什教授关于战疫与中西方政治制度比较的芒克辩论等。

张维为著有《邓小平时代的意识形态与经济改革》（英文）、《改造中国：经济改革及其政治影响》（英文）、《重塑两岸关系的思考》、《文明型国家》、《中国战疫》和"思考中国三部曲"系列（《中国触动》《中国震撼》《中国超越》）等。他的《中国人，你要自信》网络视频点击量达数亿次，与上海东方卫视联袂出品的思政节目《这就是中国》广受海内外观众的欢迎，为包括中国民间外交在内的广义国际传播提供了原创性的思想、话语和弹药。

2. 赵汀阳，中国社会科学院哲学研究所研究员，主要研究方向为政治哲学和伦理学

赵汀阳的独创性理论成果为新天下体系理论。赵汀阳认为，天下指的就是整个世界，新天下理论不仅是一个世界政治理论，同时也是对政治概念的重新定义。天下概念意味着一个使世界成为政治主体的世界体系，一个以世界为整体政治单位的共在秩序。从天下去理解世界，就是以整个世界作为思考单位去分析问题，从而超越现代的民族国家思维方式。此外，他还提出世界内部化（即消除外部性）才能真正解决冲突。如何内部化？这意味着政治的概念需要通过共在存在论和关系理性而重新定义，同时，政治的领域需要在天下理论中得到充分伸展。只有引入天下无外原则，才能获得充分延伸的政治完全语境，也因此能够清楚理解政治的概念和问题，才能够一般地定义政治的普遍性和合法性。

围绕新天下理论，赵汀阳提出"旋涡模式"等，为新天下理论奠定坚实基础。首先，用"旋涡模式"解释中国历史的天下属性。中国"旋涡"的形成与争夺核心的博弈游戏有关，也与天下秩序的发明有关，天下秩序是能够化解旋涡的激烈冲突而兼收并蓄的万民共在制度，即使在天下体系终结之后，天下精神也作为遗产而化为中国国家的内部结构，因此得以形成一个多文化多民族的大一统国家。其次，提出"共在存在论"，为新天下理论奠定哲学基础。"共在存在论"包含以下基本观念：（1）存在本身的意图就是继续存在，因此存在的意义在于未来。（2）未来没有必然性而只有可能性，因此未来问题就是把可能世界创作为现实世界，于是，存在论同时是创世论。（3）对人来说，存在论的出发点是"我行故我在"，任何一种未来都在我与他人的互动行为中展开并且在与他人关系中被确定，因此未来具有共在性，于是共在先于存在，无共在就不可能存在，无共在就没有未来。天下体系期望一个以共在为原则的世界存在秩序。（4）提出"关系理性"，为新天下体系提供理论支撑。"关系理性"针对的是西方"个人理性"，后者强化了个体与个体以及主权国家之间非赢即输的零和关系，从而导致世界冲突。为适应全球化，必须要提出普遍适用的新规则，即"关系理性"，"关系理性"正是与全球化游戏相配的思维模式，也是全球化游戏规则构建的基础和标准。

赵汀阳的以上观点及研究集中收录于：《天下的当代性：世界秩序的实践与想象》《惠此中国：作为一个神性概念的中国》两部专著，以及《以天下重新定义政治概念：问题、条件和方法》《共在存在论：人际与心际》《全球化之势：普遍技术和关系理性》等核心学术期刊文章中。

3. 秦亚青，外交学院原院长，教授、博士生导师，主要研究方向为国际关系理论等

秦亚青教授的研究建树主要体现在五个方面：（1）提出世界政治关系理论。（2）阐释文化作为共同背景知识对国际关系理论乃至社会理论建构的作用和意义，认为要对中国文化做凝练和升华，使之成为具有价值意义的思想和理论建构的硬核。比如中国文化对世界本体的思考，对事物发展的认识，生存方法的道理等。（3）聚焦中华文化的关系性，提出基于中华文化的原创概念。目的是发现一种不同于西方主流理论的背景知识和实践意义，建构一个从不同视角看人类世界和国际关系世界的理论体系。理论思考主要集中在宇宙的关系本体和互系意义，元关系概念的提出及其自然状态，中庸辩证法中所包含的互嵌主体间意义和关系性思考，涉及行动者行为的关系性逻辑等。（4）对西方主流国际关系理论核心概念的再概念化。以中华文化的关系视角，重新审视权力、治理、合作等世界政治中的基本概念，并对其原有定义进行扩展或是再定义。（5）推动非西方国家关系理论的兴起和发展，使国际关系学真正成为一门国际性和全球性的学问。

秦亚青教授的以上观点及研究集中收录于：《关系与过程：中国国际关系理论的文化建构》、*A Relational Theory of World Politics*，*Globalizing IR Theory：Critical Engagement*（editor）等中英文专著，以及《全球国际关系学与中国国际关系理论》《文化与国际关系理论创新——基于理性和关系性的比较研究》《中国国际关系理论的发展与贡献》《国际政治关系理论的几个假定》《全球学与全球国际关系学》《行动的逻辑：西方国际关系理论"知识转向"的意义》、"Diplomacy as Relational Practice" "Relationality and Rationality in Confucian and Western Traditions of Thought" "A Relational Theory of World Politics" 等中英文期刊文章中。

4. 黄平，中国社会科学院欧洲研究所原所长，研究员，主要研究方向包括社会学和国际政治等

黄平的研究呈现出对国际问题、中国道路、中国发展等的强烈关切，并在多年的理论研究与实地调研基础上形成独创性理论成果：全球与历史视野下的中国道路理论。在该理论框架下，黄平对中国道路与发展模式、百年未有之大变局与人类命运共同体进行独到的阐释。

关于中国道路，黄平提出其具有延续性、正当性、普遍性。延续性：提出"三个 30 年",即:1919 年"五四"至 1949 年中华人民共和国成立的 30 年、1949—1979 年新中国社会主义建设与探索的 30 年、1979—2009 年改革开放和以经济建设为中心的 30 年,它们既互相衔接,又互相继承。2019 年,又提出当前我们已进入第四个 30 年(2019—2049 年),这将是实现中华民族伟大复兴的中国梦的 30 年。正当性:一个有着世界上最多人口的国家,连续几十年高速发展,并在此过程中解决了人类有史以来最大规模的脱贫与城镇化,并且,未发生社会的内乱、暴动,也没有对外殖民、侵略,是完全不同于西方的发展道路。普遍性:从理论上说,任何一个事物、现象、经验,如果它跨越的时间越长、覆盖的空间越大、包含的个体越多,那么它所蕴含的普遍性就越强。黄平认为,中国的革命和中华人民共和国成立解决了"挨打"问题、经济社会发展与改革开放解决了"挨饿"问题,民族复兴路上要解决"挨骂"问题,核心是必须有自己的思想、理论、话语和价值体系,而不是要顺从于西方的话语和价值体系。最后,黄平提出理解中国道路的五个维度,即:"经济的中国""政治的中国""历史的中国""文明的中国""规模的中国"。

关于百年未有之大变局与人类命运共同体,黄平的独到观点主要集中在:(1)对百年未有之大变局做出独到解读:三百年来西方与非西方力量对比第一次发生如此巨大变化,不仅在事实层面非西方力量在世界经济中的比重、作用及影响在上升,而且在道理层面整个世界正进入新的格局重构之中,人类命运共同体正在建构之中。(2)指明进入 21 世纪以来国际关系正在发生深刻变化:国际关系主体、国际关系的规则、国际关系的议题、世界政治的性质〔即已不只是国际性的(International),而是越来越跨国性的(Transnational)〕都在深刻变化。(3)不确定性成为世界政治的常态。黄平指出,进入 21 世纪以来,全球化更多以变化、风险、危机为基本标识。2007—2008 年金融风暴以来,不确定性更是成为常态,范式转换正在发生,新的世界格局正在形成。(4)黄平认为,"人类命运共同体"的理念和建构,既是历史的选择、现实的选择,也是制度的选择、价值的选择,是从利益共享、责任共担,再走向命运共同的世界性历史过程。(5)关于文明互鉴。黄平认为,各种文化可以超越傲慢、偏见与无知,实现新的文化重建与文明互补,关键是跳出非黑即白的二元话语,构建起多元文化和多重现代性的互补性人类知识。

黄平的以上研究及观点集中收录于：《误导与发展》《我们的时代：现实中国从哪里来、往哪里去？》《梦里家国：社会发展、全球化与中国道路》《家国天下：中国发展道路与全球治理》《中国、世界与新天下观》等专著及论文中，党的十八大以来，黄平在《人民日报》《求是》《红旗文稿》等发表多篇文章，阐述中国在世界上如何讲好中国故事，如何克服有理说不出、说了没人听的问题。

5. 孙吉胜，外交学院副院长、教授，主要研究方向为国际政治语言学、国际关系理论与中国外交和伦理学

孙吉胜的研究重点是把语言学与国际政治进行交叉创新研究，创设了国内首个语言学与国际政治的交叉研究领域和博士研究项目：国际政治语言学（International Political Linguistics），该研究强调从国际政治的视角来研究语言，从语言学的视角来研究国际政治。

孙吉胜认为，该领域的研究得益于语言哲学领域对语言的认识。语言不仅是人们交流的媒介，同时具有建构功能，在国际政治中发挥重要作用，会影响国际关系的进程与结果。从学理层面讲，研究语言对国际政治的影响以及国际政治中的语言，有助于拓宽国际政治理论研究视域，更好地理解国际政治。从实践层面讲，立足语言学进行国际政治研究，有助于更具针对性地分析与语言密切相关的政策及影响。从政策层面讲，国际政治语言学的研究涉及国家形象塑造、国际话语权提升、对外话语体系建设、外语战略与话语危机应对等多个方面，学科交叉开展研究，有助于深化认识，更好地提供政策建议。

国际政治研究通过借鉴语言学开展交叉创新研究，可以形成以下四个方面的研究优势：一是可以将修辞、叙事、翻译等语言学的相关领域同国际政治理论相结合，进行拓展研究；二是可以借助语言学中的核心概念，如言语行为、隐喻、类比、言语习惯、互文性等，为国际政治研究引入新的元素，促进学科交叉研究；三是可以借助具体语言、话语等对国际政治理论做补充解释；四是发掘语言学与国际政治相关理论之间的潜在联结，进行理论创新，为国际政治现象与问题提供更多元的解释方式。

孙吉胜的以上观点及研究集中收录于：《语言、意义与国际政治——伊拉克战争解析》《国际政治语言学：理论与实践》。代表性理论研究论文包括：《国际关系的语言转向与建构主义的发展研究：以语言游戏为例》《国际关系理论中的语言研究：回顾与展望》《跨学科视域下的国际政治语言学：方向与议程》《国际政治话语的理解、意义生成与接受》《从话语危机到安全危机：机理与应对》等。代表性政策类研究成果包括：《新冠肺炎疫情下国际舆论的新特点与中国国际话语权建设》《当前全球治理与中国全球治理话语权提升》《中国国际话语权的塑造与提升路径——以党的十八大以来的中国外交实践为例》《传统文化与十八大以来中国外交话语体系构建》等。以上论文均发表于国际政治与外交领域的核心期刊，多篇被《新华文摘》《中国社会科学文摘》、中国人民大学复印报刊资料等转载。

6. 白钢，复旦大学思想史研究中心研究员，主要研究方向为世界文明史、世界体系学说、历史比较语言学—语文学

白钢最具特色的学术路径，在于借助其对于各种东西文明传统中重要原典文献的直接释读能力（他学习和掌握了超过 30 种古今语言），形成具有扎实的语文学基础的世界历史—世界文明史整体视野，并试图从世界历史—世界文明史的角度探索中国道路与中国社会主义实践所包含的超越一时一地局限的真理性。白钢最重要的理论成果有三：

（1）世界文明共同体五千年论。世界文明共同体，由地中海文明圈（包括美索不达米亚文明、埃及文明、安纳托利亚文明、西亚闪米特文明、希腊—罗马文明、伊朗文明）、印度文明圈与中华文明圈三大部分构成。公元前 350—前 30 年的"希腊化时代"是人类的第一次全球化的高峰期，并在西方语言中形成 οἰκουμένη 这样包含"天下"意味的概念。第二次高峰期出现在公元 7 世纪后，中国完成了大统一，在中亚直接遭遇同样处在上升期的阿拔斯王朝。这种交流与对抗并存的格局，对于这一时期的全球化产生了极深远的影响。13 世纪中后期，蒙元帝国崛起，对大半个亚欧大陆的征服，影响了整个地中海文明区的社会生态，并为欧洲资本主义提供各种发展的便利条件。某种程度上，这是现代世界体系的真正开端。

（2）16 世纪以来世界体系重组论。自 16 世纪资本主义的生产方式在西欧生成确立，东西方整体攻守之势发生重大逆转，一种以欧洲经验与逻辑为主导的世界体系将世界所有国家—民族摄入其中，形成超级跨国资本以最强势的民族国家为寄生宿主、与之结盟共同支配世界的结构。目前，美国主导的世界体系正日益丧失其效力，世界体系的转型、整合与重组，不但指向由西方主导的世界体系的终结，也包含着世界体系摆脱 16 世纪以来由主要霸权国家进行统治之模式的可能。新的世界体系，更大可能不再由单一的霸权/单一核心区作为主导，而将呈现类似 13 世纪世界体系的更为均衡、更富张力的国际格局。

（3）中国社会主义道体论。对于文明论意义上的社会主义之大本大源的探索，指向决定社会主义之为社会主义、文明之为文明的根本，以其至大无外，至小无内，有情有信，无为无形，既是文明得以生起的生机之源，又贯彻遍满于其全体之中，故可名之为"道体"。社会主义道体最核心的品质，在于平等与觉悟。社会主义文明，意味着通过制度化的方式使平等与觉悟的循环圆满地展开与实现。

白钢的上述观点集中收录于：《东西方古典语言与文明比较研究》《美国世纪的终结与世界体系的未来》等著作中。

7. 魏南枝，中国社会科学院美国研究所副研究员，主要研究方向包括比较政治社会学和国际政治等

魏南枝的研究呈现出对国际问题、比较政治学和中国道路等的强烈关切。从比较政治社会学的研究视角出发，在对美国、法国、英国等多个国家长期跟踪研究的基础上，突破"东方—西方""中国模式—西方自由民主模式"的二元分析框架，形成将国内制度和国际关系两个层面相结合的分析路径，对世界格局和中国道路进行独到的阐释。

对于世界格局，魏南枝认为目前资本主义世界体系已经深陷结构性危机，而中国正在探索世界发展的另一种可能。（1）从国际关系的层面来分析，世界处于"去中心化"进程之中：一是世界体系正在从以美国为中心的"中心—边缘"结构慢慢向网络状结构发展，二是国际秩序的主体不再局限于主权国家而是呈多元化方向发展。（2）从国内制度的层面来分析，政府、市场与社会三者关系的失衡背后是资本主义经济的结构性矛盾和西方代议制民主、精英政治的普遍危机，西方各国的发展轨迹和趋向呈现出"共性"与"个性"并存，即差异化的发展特点和共同的发展趋势，说明西方文明不是一个整体性范畴，而是一个由多国多民族文明所组成的复数形式和动态过程。（3）从国际关系和国内制度互动机制的层面来分析，世界格局变化的推动力量是政治国家权力与资本权力之间的复杂博弈，而政治国家权力的正当性来源植根于各国人民的认同，资本权力的膨胀和劳资失衡的恶化导致世界多国社会思潮和社会运

动再度多元化和极端化。

对于中国道路，在对国际问题和比较政治社会学进行深入研究基础之上，魏南枝的独到观点主要集中在：（1）中国不是世界发展道路的例外，中国现有发展进程更不是对美国模式的追赶或者复制，中国道路本身是世界文明多样性的重要一支和世界历史进程的重要参与者。（2）中国道路的核心力量在于人民与中国共产党的关系，中国共产党的最大优势在于将政治性（不忘初心、坚持全心全意为人民服务）、组织性（人民的先锋队、人民的组织者、从群众中来到群众中去）与人民性（党和人民谁也离不开谁）融为一体。（3）不应当拘泥于将中国与西方的关系作为中轴，也不应当受西方思维范式所囿，而是用更自主和多元的思维范式去思考中国与世界、发现不同文明形态下独立精神生产的成果。

魏南枝的以上研究及观点集中收录于：《梦想与挑战——中国梦与美国梦的比较研究》《当代国际形势下中国面临的双重压力与挑战》《法国大革命的内在矛盾与"黄马甲"运动》《走出中西文明二元对立叙述》《"机会平等"鸿沟与共同体的瓦解——评帕特南〈我们的孩子〉》《中美政治、安全矛盾与经济相互依存》《英国"脱欧"、社会碎片化与福利国家危机》《不平等、充分就业与政治正当性——从社会角度分析当今美国国内挑战》等专著及论文中。党的十八大以来，魏南枝在《光明日报》《求是》《红旗文稿》等发表多篇文章，阐述西方资本主义体系性危机和中国道路。

8. 殷之光，英国艾克赛特大学人文学院副教授（即将担任复旦大学国际关系与公共事务学院教授），主要研究方向包括区域研究和国际关系与政治思想史等

殷之光的研究采用思想史与文化研究的方法，着重强调从全球史角度出发，理解19世纪以来包括"自由贸易帝国主义""泛伊斯兰主义"、亚非国家内的"民族主义"、"天下"观、"国际主义"等几种普遍主义秩序话语的消长及其对全球政治秩序的影响。他也是中文世界最早开始从历史、文化研究与意识形态等多角度出发，深入讨论近年来宗教恐怖主义问题及其社会影响的研究者。结合他多年在中东与欧洲的工作经验，他的研究表现出强烈的当代关怀，从中国当代社会发展与全球政治格局大变迁的前提出发，尝试探索一套产生于中国现代历史进程中，且具有普遍意义的世界秩序观及在此基础上"区域研究"的根本问题意识。

(1) 在研究视野上重新重视亚非国家。殷之光认为，今天对世界秩序的讨论，受到过去 40 年美国社会人文科学的局限，轻视非西方世界现代化与 19 世纪以来反帝反殖民的经验。通过梳理 20 世纪以来中国以及亚非诸多"弱小民族"以"反帝"为目标的历史，殷之光对"现代"与"现代化"的内涵进行丰富。他指出，自 1955 年万隆会议以来，在广大亚非世界普遍的现代化诉求，推动国家间的平等合作与互助的进程，这种历史经验需要被重新发现，并系统地理论化。

(2) 强调对过去 40 年人文社会科学界"世界观"进行祛魅的必要性。这一工作，体现在他对帝国史与 19 世纪以来英美帝国主义实践的批判研究中。通过对于英美两国依托于历史与政治经济科学两个学科展开的"官方意识形态"表述的思想史梳理，殷之光指出两者"倒叙"的特点。他强调，两个学科的兴盛都在两国取得全球影响力之后 20 年，并都随着其世界霸权活动的流动而变迁，并不遗余力地为霸权的政治现实编写着起源与发展的道德神话。这一工作，从历史的角度，有力地消解了英语世界这两个学科过去 40 年中着力塑造的"客观""公正"的普遍主义形象，也为未来破除西方中心论世界观范式奠定了重要基础。

殷之光的以上研究及观点集中收录于：*Politics of Arts*，*Clashes of Universalisms*、《伊斯兰的瓦哈比化：ISIS 的不平等根源与世界秩序危机》《"美利坚和平"——作为帝国主义话语的新自由主义及其全球化神话构成的历史考察》《叙述世界——英国早期帝国史脉络中的世界秩序观》《"全球六十年代"与"全球治理"话语的局限——以阿拉伯世界和第三世界为视角》《国际主义时刻——中国革命视野下的阿拉伯民族独立与第三世界秩序观的形成》《政治实践中的"中华民族"观念：从立宪到革命中国的三种自治》等专著与核心学术期刊论文中。

(三) 存在问题和薄弱环节

首先，理论基础薄弱、理论功底有待夯实。从此次调研情况来看，除了上述推荐的赵汀阳、秦亚青、黄平等团队在国际文化研究中呈现出极强的中西方基础理论积累并形成较大的理论创新之外，从整体来看该领域大部分学者的研究都存在这一问题。一方面，缺乏原创性理论；另一方面，西方理论范式长期居于主导地位，在研究与话语构建中极易陷入被西方理论与价值引导的被动处境。

其次，"十三五"时期的国际文化研究依然较多囿于现象层面，对深层次的、超验的思考和人文情怀观照不足。"讲述中国故事"是使世界重新发现、认识中国的途径，中国要向世界"重释"东方，就要在故事内容和讲述方式上做出新的改变。比如，虽然"十三五"以来一些学者站位中国立场与视角尝试对中国传统文化进行再挖掘，但在如何跨越历史语境，利用现代科学方法，探寻话语解释的方法与路径，使历史话语在当下继续焕发生机的问题上依然研究不足。

再次，国际问题研究中"天然"缺乏文化研究的视角，更多的研究倾向于国际政治、国际关系领域。在国际问题研究中，国际政治与经济、国际关系研究是主流，文化视角的研究一直处于非主流的地位。人们倾向于从国家间的政治权力、经济利益与实力对比、国与国之间的竞争与博弈等方面去关注国际问题、国际关系，而忽视文化与理论的视角。

最后，由于国际文化研究人才缺乏、队伍建设缓慢，导致该领域学术研究缺乏必要的争鸣。目前国内除极少数学者有极强的文化研究基础与造诣，大部分研究者的理论水平都还有待提高，专业研究人才紧缺，研究团队也难以建立，不利于理论研究的碰撞、交融。

三 "十四五"时期的发展趋势和学术前沿

（一）主要发展趋势

随着全球国际关系发展不确定性的加强，国际文化研究领域也随之出现了一些新变化和新问题，国际文化问题研究的发展方向、发展方式都需要做出重大的调整，基本思路和规划纲要编制的研究重点也要随之做出调整和创新。当前，国际文化研究中的文化自觉性的不断提升、文化强势的国家文化霸权主义的新发展引起了全球化时代国际文化关系的相应变化，公正、合理的国际文化新秩序也日益成为世界的迫切需求。国际文化研究领域，不确定性下的国际关系范式转化、非西方世界话语权的建构等前沿问题，将逐渐提上研究日程。

(二) 国际文化研究中的几个前沿问题

1. 从文化、文明角度看当前世界百年未有之大变局

世界处于百年未有之大变局，人类向何处去？当前人类社会所经历的大发展大变革大调整，应当让西方回归西方、让世界成为世界，也就是建立起一个以世界为整体政治单位的新秩序：人类命运共同体。在这一秩序内，每一种文明都有其价值，而具有连续性、兼容性和非宗教性等特征的中华文明是其中重要的一支。个体、群体和主权国家之间应当超越"个人理性"，突破非赢即输的零和关系，倡导以互相伤害最小化的"关系理性"来改善全球化游戏规则，并且在坚持"美人之美、美美与共"的基础之上得以兼收并蓄、互相借鉴。

2. 不确定条件下的国际关系研究与范式转化

18—19世纪以来的社会科学研究范式以追求确定性为目标，试图在实证和经验研究基础上，发现普遍的社会规律。当代国际社会失范、政治失序、制度失灵、安全失控，结构变迁、科技革命等均以变动为基本标识，不确定性已经成为常态。客观地看，国际关系的主体不再仅仅以国家为基本单位，跨国资本成为重要的主体，随着政治越来越地方化、资本越来越全球化（或跨国化），国际关系的规则和议题也在变化，世界现象既有国际性的（International），也有跨国性的（Transnational）。主观地看，美国挑起大国竞争新战略，并将中美欧俄等国家全部卷入，视中国为主要威胁。

3. 从文化意义的现代性看多边主义

现代性制度和观念是欧洲中心论视角下衍生出的话语霸权，在它的支配下，中国制度和道路取得再大成功，都因为不符合西方现代性的模板，而被贬斥为"传统的""落后的"，进而声称中国只有融入西方制度和价值之中，才能成为"正常国家"。"多重现代性"，秉承复合史观和求同存异的价值观，在学术话语上，将非西方社会的政治制度和生活经验，带入对于现代性问题的探讨之中，通过彰显包括中国在内的非西方世界的主体性价值，在国际学术平台上展开平等的对话与话语博弈。对中国而言，这要求围绕经济中国、政治中国、历史中国、文明中国、规模中国等维度设置学术议题，研究"多重中国"，从而在学术上勾连"多重现代性"的学术命题以展开交流和对话，在实践上将中国社会主义制度建设和中华文明复

兴提上世界学术议程，在延续性中探索中国道路，在多重现代性中探索中国道路的普遍性。

4. 关于非西方世界的话语和学术自主性研究

中国发展不仅要解决"挨打""挨饿"问题，还要解决"挨骂"问题，它的关键不是要顺着西方的话语和价值体系，而必须有自己的思想、理论、话语和价值体系。与此同时，中国学术话语的建构，并不只是中国自身的问题，而是同广大非西方世界共同发展并建立自己的文化自主权的问题。如果不能在话语建构和议题设置上具有自主性，就必然被西方学术界、舆论和媒体牵着鼻子走。中国的哲学社会科学研究，迫切需要总结包括中国在内的非西方国家的发展经验和智慧，提出新的学术概念和理论体系，这样才能掌握话语主动权和文化领导权。

5. 从文化霸权到文明互鉴

文明因为交流、交融而发展。文明冲突的思维方式，是当前国际冲突的一个重要原因。中华几千年文明之所以绵延不断，很重要的一点就是它的开放性、包容性。有必要深刻总结历史经验，认清当前西方政治背后的文化、思维根源，为解决国际冲突提供智慧和超越之道。也有必要挖掘中华文化中协和万邦、天下无外等思想，为全球治理提供中国思想与理论方案。在新型国际关系建构中，文化霸权转向文明互鉴是基础，必须超越文明偏见，超越威斯特伐利亚体系以来的西方中心论，构建新型的世界理论：人类命运共同体理念。

（三）"十四五"可重点研究的课题与方向

1. 西方政治背后的文化与话语研究

西方在古代纷争不断，小国林立。近代以来，则以对外掠夺、殖民为主，侵略和战争连绵不断。有必要深刻总结世界历史经验，认清当前西方政策背后的文化和思维因素，为我们妥善处理国际冲突、构建新型国际关系提供理论依据。

2. 人类命运共同体的文化与话语研究

从国际文化角度，探讨构建人类命运共同体思想的内在理论和实践逻辑，如何能够突破文明冲突论、西方中心论，为建构人类命运共同体提供逻辑和理论依据。在话语建构和议题设置上把握自主性，改变"西强我弱"的话语格局。

3. 不确定条件下国际文化研究的范式转变

现有学科范式和概念已经不足以对国际关系的现状与未来进行描述与阐释，更无从对其进行调整与超越。这迫切要求探索不确定时代的国际关系研究新范式，从而在理论上回应国际秩序重构的要求，在实践上呼应伟大斗争的号召。习近平新时代中国特色社会主义思想中关于文化与文明的论述也十分丰富，为新时代国际文化研究提供了基本思路与根本遵循。因此，要以习近平新时代中国特色社会主义思想为指导，加快构建中国特色国际文化理论体系。

4. 国际文化"多重现代性"下如何看待多边主义

以"多重现代性"为研究议题，彰显非西方世界的主体性，并以此次抗疫为契机，在国际文化的多元融合中探索中国制度、中国道路以及中国思想的普遍性。

5. 从跨文化视角理解文明互鉴

文明并非只能彼此冲突，各种文化可以是更开放更包容的姿态，跨越傲慢与偏见，实现新的文化重建与文明互鉴。探索如何跳出西方中心论的非黑即白的二元框架，真正形成多元互补的新文化。

国际秩序与全球治理

2016年既是"十三五"开局之年，又是国际秩序转型与全球治理变革同步加速的关键一年。这一年6月，英国全民公投决定"脱欧"；11月，特朗普当选美国总统。自此，21世纪以来国际力量对比和全球治理体系的深刻变化与西方世界逆全球化倾向和民粹主义浪潮相互交织，引发西方国家经济社会政策的深度调整，应对全球性挑战的内顾保守化倾向加剧，以单边主义、保护主义政策维护狭隘的国家利益，严重损害国际多边合作机制与既有全球治理体系，导致大国战略博弈加剧、全球风险集聚和不确定性凸显，国际社会对世界失序、全球化进程挫折的忧虑进一步增加。在这种全球战略情势下，国内学界在"十三五"时期对国际秩序转型与全球治理变革的研究不断深入，涌现出一批具有重要价值的研究成果。

一 当前发展的基本状况

"十三五"时期，国内主要国际问题研究机构和拥有国际关系学科的高等院校大多都对国际秩序与全球治理议题进行了积极探索，并合理匹配了科研力量。从国家社科基金项目来看，"十三五"时期有关国际秩序与世界秩序的研究立项4项，其中青年项目3项（皆为2019年立项），西部项目1项（2016年立项），选题涉及宏观层面的东西方国际秩序冲突，大国关系与国际秩序的互动，以及区域国际秩序的演进。全球治理研究立项14项，其中一般项目9项，青年项目3项，西部项目1项，中华学术外译项目1项；2016年5项，2017年、2018年、2019年各3项。选题涉及中国参与全球治理的理念、战略与方案，美、俄等其他大国的全球治理战略研究，中等强国、外国非政府组织、我国地方政府等不同主体参与全球治理的现状、作用和影响研究，网络安全、知识产权、反洗钱等新兴全球治理领域研究，以及全球治理背景下"一带一路"倡议、金砖国家合作的推进研究等。18 个项目负责人单位包含教育部直属高校、外交部直属高校、地方重点院校和普通院校，以及人民出版社。[①] 总体而言，研究人员年龄结构合理、所属高校层次与区域分布广泛，但几乎所有立项都来自高等院校，各类国际问题研究机构在本研究领域未获得国家社科基金立项。

从学术论文发表来看，"十三五"时期，在 CSSCI 核心和"北大核心"期刊上共发表国际秩序和全球治理研究论文 2500 余篇。发文量较多的研究机构包括：中国人民大学 121 篇（国际关系学院 38 篇），清华大学 93 篇（公共管理学院 12 篇），复旦大学 78 篇（国际关系与公共事务学院 23 篇），武汉大学 74 篇（马克思主义学院 12 篇），中国社会科学院 73 篇（世界经济与政治研究所 47 篇），中共中央党校 72 篇（国际战略研究院 12 篇），南开大学 71 篇（周恩来政府管理学院 36 篇），北京大学 68 篇（国际关系学院 30 篇），吉林大学 58 篇（行政学院 9 篇），上海国际问题研究院 55 篇，外交学院 51 篇，上海外国语大学 48 篇（国际关系与公共事务学院 29 篇），广东外语外贸大学 42 篇，南京大学 40 篇（政府管理学院 17 篇）。发表较多的期刊包括：《当代世界》77 篇，《世界经济与政治》75 篇，《太平洋学报》61 篇，《国际观察》57 篇，《现代国际关系》53 篇，《探索与争鸣》41 篇，《当代世界与社会主义》40 篇，《国外理论动态》34 篇，《国际问题研究》34 篇等。[②] 总体而言，国际秩序与全球治理研究力量涵盖中央和地方高等院校、国际问题研究机构、外事部门直属机构，但高等院校仍是研究力量的主体。同时，与国际问题学科整体情况相一致，国际秩序与全球治理研究的主要研究力量和研究成果仍集中在北京和上海。除南开大学、吉林大学、武汉大学、南京大学、广东外语外贸大学外，国际秩序与全球治理研究在地方高校的研究力量分布相对薄弱。

在队伍建设和人才培养方面，作为国际关系研究的重要领域，全球治

---

① 数据来自国家社科基金项目数据库，http：//fz.people.com.cn/skygb/sk/index.php/Index/seach，最后检索时间：2020 年 5 月 25 日。

② 数据来源：中国知网，https：//www.cnki.net，以"中国社会科学索引"（CSSCI）和"北大核心期刊"两个子数据库作为检索源，检索时间跨度为 2016 年至今，最后检索时间：2020 年 5 月 25 日。

理研究人才队伍建设在"十三五"时期取得了显著进展。中国学者自 20 世纪 90 年代起就已开始关注全球治理研究。党的十八大以来，中国以积极的姿态确立了全面参与全球治理和推进国家治理体系与治理能力现代化的战略目标后，[①] 中国政法大学全球化与全球问题研究所、中共中央编译局全球治理与发展战略研究中心、南开大学全球问题研究所、中国国际问题研究院全球治理研究中心、华东政法大学政治学研究院、上海大学全球学研究中心等一系列研究机构便在前期研究基础上继续深入推进相关研究和学科与学术队伍建设。"十三五"时期，由中国政法大学、中共中央编译局、南开大学等单位发起推动的"全球学与全球治理论坛"每年举办，已成为国内全球治理研究的常态化学术交流平台。以"十三五"规划教材《全球治理概论》出版为契机，北京大学出版社与中国政法大学、南开大学联合举办"全国高校全球治理概论课程教学研修班"，每年一次，为推动全国高校"全球治理概论"课程建设和全球治理研究、教学人才培养建立了有效机制。此外，一批全球治理研究新机制和智库相继成立。如 2016 年 10 月成立的北京外国语大学"区域与全球治理高等研究院"，2017 年 11 月成立的复旦大学"一带一路及全球治理研究院"，2018 年 9 月成立的上海外国语大学"上海全球治理与区域国别研究院"，以及 2020 年 4 月成立的清华大学"国家治理与全球治理研究院"等。

因应逆全球化趋势的新挑战和中国参与全球治理的新需要，在相关科研机构和学术平台支撑下，"十三五"时期，各类全球治理和国际秩序学术会议高质量开展。全国高校国际政治研究会 2016 年、2017 年年会主题分别为"全球治理与中国对外战略"和"世界秩序转型与区域治理"，表明全球治理与国际秩序已经成为我国国际问题研究的中心议题。2016—2019 年，"全球学与全球治理论坛"分别结合当年中国全球治理实践的新进展，围绕"G20 与全球治理转型""全球化困境下的国家治理与全球治理""'一带一路'与中国参与全球治理""中国与世界之关系：全球治理视角下的审视与前瞻"等重要前沿理论议题进行研讨。此外，2016 年复旦大学"中国与全球治理"研讨会、2017 年上海国际问题研究院举行的"世界秩序转型中的金砖国家"国际学术研讨会、2018 年北京大学"世界

---

① 蔡拓：《全球治理与国家治理：当代中国两大战略考量》，《中国社会科学》2016 年第 6 期。

秩序的未来"研讨会、南开大学"一带一路与全球治理"研讨会、2019年浙江大学"全球视野中的中国治理"国际研讨会和南京大学华智全球治理研究院首届华智论坛等学术会议就中美战略竞争与世界秩序,地区秩序与国际秩序,科技竞争与世界秩序,全球治理与国家治理的关系,中国参与全球治理的理念与策略,"一带一路"与全球发展治理,全球经济、网络、非传统安全治理,全球治理与区域治理,全球治理研究人才培养等主题展开深入研讨,显示出本领域研究多种平台协调联动,理论现实紧密联系的良好发展态势。

二 "十三五"时期取得的重要进展与存在的问题

在2016年以来世界权力格局加速重塑,全球化发展失衡负面效应凸显,保护主义、民粹主义等逆全球化浪潮损害全球多边治理体系,助推大国竞争回归冲击现存国际秩序的时代背景下,理解和把握世界百年未有之大变局,缓解国际社会的不稳定性不确定性,应对全球各领域共同挑战,为中国积极参与全球治理体系改革和建设,推动构建人类命运共同体提供智力支撑,成为"十三五"时期中国学者关于国际秩序和全球治理研究的主要内容。

(一)国际秩序研究的重要进展

首先,在"十三五"初期,我国学者仍沿着前一阶段的研究内容,普遍认为国际秩序正处于加速调整时期,由美国主导下的单极格局继续向多极化演变,国际体系中的权力由国家行为体向非国家行为体流散。如崔立如提出,世界力量结构变化的核心是"去美国中心化",其本质特征是权力扩散,不仅中、欧、俄、日、印等大国和地区自身独立性不断强化,众多中等国家也在国际事务中扮演着更加重要的角色。[①] 赵可金则认为,国际秩序正由以国家中心主义为基础的秩序向以人为中心的社会秩序转变,全

---

① 崔立如:《国际格局演变与多极时代的秩序建构》(上),《现代国际关系》2016年第1期。

球公共领域替代国家成为国际秩序的基础，最终将向全球秩序转变。[①] 为应对国际秩序转型，中国应构建以合作共赢为核心的新型国际关系，以塑造长期稳定健康发展的新型大国关系为关键，推动国际秩序变革、积极参与全球经济治理。[②]

其次，特朗普执政后，美国对外政策转型对国际秩序的冲击和美国主导下的自由国际主义世界秩序的衰朽受到了学术界的集中关注。基本共识是，特朗普"美国优先"的单边主义和保护主义政策正在破坏美国主导下的国际秩序的合法性，削弱美国的同盟体系，使美国得自秩序的权力优势在一定程度上开始出现下降态势，[③] 并最终将从根本上侵蚀现存国际规则的制约能力[④]和全球多边治理秩序[⑤]，不仅将加速美国霸权的衰落，也将给世界带来巨大的不确定性。就未来国际秩序的发展趋势，秦亚青认为，全球化、全球治理和逆全球化、反全球治理的论争会成为秩序之争的重要辩题，但以多边主义为原则、以国际规则为机制的基本秩序形态仍然是世界秩序的主要方面。真正遭遇危机的不是多边制度的秩序原则，而是霸权主导这一冷战结束伊始的秩序要素。[⑥]

再次，中美关系以及中美战略竞争的走向是决定未来国际秩序的关键因素。随着中美实力差距缩小，中国获得国际秩序领导权的能力和信心在增强，美国维持国际秩序领导权的能力和信心在减弱，这是自由国际主义世界秩序在近期遭遇危机的根本原因。美国维持霸权地位的努力将使得国际秩序的调整愈发困难，而中国作为现存国际秩序的维护者与改革者，也不主张颠覆既有秩序，只能以"建制"和"改制"的方式逐步扩大本国对国际秩序的领导权。[⑦] 徐进提出，中美战略竞争很可能演变为"权力＋理念"的复合竞争，双方在人类发展道路、经济发展模式、国际贸易理念、国际发展理念、安全合作理念、网络空间秩序理念以及国际关系基本价值

---

① 赵可金：《从国际秩序到全球秩序：一种思想史的视角》，《国际政治研究》2016 年第 1 期。
② 门洪华：《构建新型国际关系：中国的责任与担当》，《世界经济与政治》2016 年第 3 期。
③ 任琳：《"退出外交"与全球治理秩序——一种制度现实主义的分析》，《国际政治科学》2019 年第 1 期。
④ 周方银、何佩珊：《国际规则的弱化：特朗普政府如何改变国际规则》，《当代亚太》2020 年第 2 期。
⑤ 时殷弘：《全球治理和开明秩序面对的倾覆危险》，《世界经济与政治》2017 年第 6 期。
⑥ 秦亚青：《世界秩序刍议》，《世界经济与政治》2017 年第 6 期。
⑦ 徐进：《中美战略竞争与未来国际秩序的转换》，《世界经济与政治》2019 年第 12 期。

观等方面的竞争将塑造国际秩序的发展方向。① 李巍和罗仪馥则认为,国际制度竞争逐渐成为大国战略竞争的新焦点与新特质,国家围绕国际制度展开竞争的最终目标正是塑造或维持对本国有利的国际秩序。中国需要制定积极而又审慎的国际制度战略,有效利用包括规则、机制和机构在内的各种形式的国际制度,建立一个更加公平合理的国际新秩序。②

最后,需要特别提出的是,习近平总书记在2018年6月中央外事工作会议上提出"当前,我国处于近代以来最好的发展时期,世界处于百年未有之大变局"③的重要论述后,如何把握和应对"百年未有之大变局"成为国内学者进行国际秩序研究的重要抓手。总体来看,学界的基本共识是,"百年未有之大变局"是经济全球化、政治多极化和国际力量多元化过去30年来引发的全球治理结构的"大变局",以及新一轮科技革命对人类经济活动、生活方式和国家间竞争形态的根本性重塑。④ 金灿荣等提出,未来的世界格局将由"两超多强"构成,未来的科技与产业主要由中美两国竞争,但在全球经济复苏动能不足的背景下,面对各领域全球性问题,作为全球治理支出主要提供者的美国和欧洲却趋向保守,导致未来十年间世界的总体性趋势便是不确定性的升高,这将倒逼中国深度介入全球治理,进而重塑近代以来西方主导下的人类工业化进程。⑤ 作为应对,蔡拓等提出,大变局的症结在于非理性,中国需要坚定不移推进全球化、践行人类命运共同体理念、理性对待中美关系的新变化、深化改革开放和国家治理。赵可金认为,中国在大变局中有三个角色,一是坚决维护以联合国宪章宗旨和原则为核心的国际秩序的存量巩固角色;二是推动全球治理体系朝着公正合理方向发展的增量改革角色;三是倡导普遍的全球共同价值观体系的智慧创新角色。⑥ 唐永胜指出,当前的世界变局属于结构之变和性质之变,而不是简单的周期循环,霸权兴替已经成为过时而失效的原则,国际社会

---

① 徐进:《理念竞争、秩序构建与权力转移》,《当代亚太》2019年第4期。
② 李巍、罗仪馥:《从规则到秩序——国际制度竞争的逻辑》,《世界经济与政治》2019年第4期。
③ 《坚持以新时代中国特色社会主义外交思想为指导 努力开创中国特色大国外交新局面》,《光明日报》2018年6月24日。
④ 朱锋:《近期学界关于"百年未有之大变局"研究综述》,《人民论坛·学术前沿》2019年第4期。
⑤ 金灿荣、张昆鹏:《"新时代"背景下未来十年世界趋势分析与中国的战略选择》,《东北亚论坛》2018年第1期。
⑥ 蔡拓、赵可金、张胜军等:《"百年未有之大变局":重识中国与世界的关键》,《探索与争鸣》2019年第1期。

迫切需要推进更为有效的全球治理，构建广泛参与以及包容开放的多边制度框架及秩序，为可持续发展和可持续安全提供必要保障，进而实现国家之间的共同进化。① 总体而言，面对变局，中国应坚定道路和制度自信，坚定维护全球多边经贸体系和治理机制，积极参与全球治理，通过自身发展为国际社会注入确定性，推动构建更加合理包容的国际新秩序。

（二）全球治理研究的重要进展

首先，统筹国内国际两个大局，推动全球治理体制向着更加公正合理的方向发展，为我国发展和世界和平创造更加有利的条件，是以习近平同志为核心的党中央治国理政新理念、新思想、新战略的重大主题之一。自党的十八大提出"人类命运共同体"以来，在全球治理的积极参与中，寻求与世界其他国家和地区的共同发展，将国家繁荣与人类共同福祉联系在一起，已经成为中国的重要战略。② 因此，对全球治理与国家治理的关系，以及中国与全球治理的关系探讨，成为"十三五"时期我国全球治理研究的两个中心议题。

关于全球治理与国家治理的关系，2016年《中国社会科学》第6期策划了"人类命运共同体视角下的全球治理与国家治理"专题，蔡拓、陈志敏、吴志成、刘雪莲、姚璐、刘贞晔等学者从国际关系视角，就全球治理与国家治理的互动进行了深入探究。蔡拓指出，党的十八大以来，全球治理和国家治理两个概念分别写入党和政府的重要文献，获得了前所未有的战略重要性，成为当代中国的两大战略考量，必须从两者的相互关联、互动角度予以统筹、协调，借助全球治理深化国家治理，依托国家治理推进全球治理。③ 陈志敏则将国家治理、全球治理与世界秩序的建构联系起来，分析两种治理在世界秩序建构中所扮演的角色，认为世界秩序的建设首先要从本国的国家治理出发，减少本国对世界秩序的负面影响，同时强化本国在世界秩序建构中的积极贡献。④ 吴志成集中探讨了全球治理对国家治理的影响，指出全球治理的发展不仅试图强化全球性组织与机制的职能，

---

① 唐永胜：《解析世界变局》，《现代国际关系》2020年第2期。
② 蔡拓等：《人类命运共同体视角下的全球治理与国家治理》，《中国社会科学》2016年第6期。
③ 蔡拓：《全球治理与国家治理：当代中国两大战略考量》，《中国社会科学》2016年第6期。
④ 陈志敏：《国家治理、全球治理与世界秩序建构》，《中国社会科学》2016年第6期。

而且从价值、理念、机制、结构、主体等不同方面，给国家治理带来了越来越多的外部影响。国家治理的现代化必须立足于本国的实际国情和治理基础，同时积极学习和借鉴全球治理的有益规范和经验，在与全球治理的良性互动中，促进和深化国家治理。① 刘雪莲和姚璐则从另一方面提出，国家治理的效果影响全球治理目标的实现和全球治理体制转型的走向，因而，从国家治理对全球治理的影响角度来看，中国国家治理能力的提升对中国有效参与全球治理，积极推动全球治理转型，更好地发挥负责任大国的影响力和增强话语权将起到关键性作用。② 刘贞晔在全面梳理全球治理与国家治理互动的思想渊源的基础上提出，全球治理与国家治理互动已日益呈现出统一性，二者互动互融，形成一种"整体性治理"。这种状态有助于全球治理与国家治理向着整体性善治的目标迈进，塑造一个共享共融、和合共生的全球秩序。③

关于中国与全球治理的关系，在中国参与全球治理的基本原则、理念和顶层设计方面，张宇燕总结了中国特色的全球治理观，即坚持发展中大国身份是中国参与全球治理的基本前提，"共商共建共享"是中国参与全球治理的基本理念，共建"一带一路"是中国参与全球治理的顶层设计，权利与义务相平衡是中国参与全球治理的基本原则。④ 同时，人类命运共同体理念作为新时代中国特色社会主义思想的重要内容，也是新时代坚持和发展中国特色社会主义的基本方略，为全球治理变革和国际秩序转型确立了根本方向，⑤ 是中国关于全球治理的总体理念，⑥ 其在中国参与全球治理进程中发挥的理念指引作用也得到了学者们的集中论述。而针对近期西方世界在全球治理中以美国为代表的保护主义、单边主义倾向，杨洁勉提出中国应坚定支持和维护多边外交，把多边外交提升到多边主义的高度，使之成为全球治理的基本立场、重要途径和重要理论，促进新型国际关系和人类命运共同体的建设。⑦

---

① 吴志成：《全球治理对国家治理的影响》，《中国社会科学》2016年第6期。
② 刘雪莲、姚璐：《国家治理的全球治理意义》，《中国社会科学》2016年第6期。
③ 刘贞晔：《全球治理与国家治理的互动：思想渊源与现实反思》，《中国社会科学》2016年第6期。
④ 张宇燕：《全球治理的中国视角》，《世界经济与政治》2016年第9期。
⑤ 吴志成、吴宇：《人类命运共同体思想论析》，《世界经济与政治》2018年第3期。
⑥ 高奇琦：《全球治理、人的流动与人类命运共同体》，《世界经济与政治》2017年第1期。
⑦ 杨洁勉：《中国应对全球治理和多边主义挑战的实践和理论意义》，《世界经济与政治》2020年第3期。

在中国参与全球治理的具体方案和路径方面,"一带一路"倡议被大多数学者理解为中国探索全球治理模式的重要实践,是中国在新时期参与全球治理的重要平台;① 是中国统筹国内国际两个大局,在实现国家治理现代化的同时引领全球治理包容普惠发展,构建人类命运共同体的现实依托;是中国以实际行动回应逆全球化趋势,为世界发展提供新动能,为和平发展提供公共产品,以中国智慧、中国方案推动构建平等、包容与合作的新型国际关系和新秩序,推动中国与世界良性互动的重要抓手。② 同时,"十三五"时期,国内学界还对提升中国参与全球治理的"内力",即中国在全球治理中的定位、引领能力和话语权的提升进行了深入探讨,为明晰中国在全球治理转型中的责任定位,增强全球议程设置能力,完善全球治理话语体系,加强全球治理制度能力建设,做好治理人才培养和储备提出了具体策略。③

其次,在既有的全球治理研究议程下,"十三五"时期国内学者对各领域全球治理研究和不同行为主体参与全球治理的研究全面扩展深化。在全球经济、气候环境、安全等传统治理领域的研究之外,对全球发展治理,恐怖主义治理,难民治理,海洋、极地等公域治理,网络安全与人工智能治理,能源治理,城市治理等新兴领域和议题的研究全面推进。④ 同时,学者们还对比研究了美国、欧盟、日本、德国、印度等主要大国和国家集团

---

① 参见谢来辉《"一带一路"与全球治理的关系——一个类型学分析》,《世界经济与政治》2019 年第 1 期;张文木《"一带一路"与世界治理的中国方案》,《世界经济与政治》2017 年第 8 期。
② 参见门洪华《"一带一路"与中国—世界互动关系》,《世界经济与政治》2019 年第 5 期;欧阳康《全球治理变局中的"一带一路"》,《中国社会科学》2018 年第 8 期。
③ 参见薛晓芃《全球治理转型与中国的责任定位:基于全球问题属性的研究》,《东北亚论坛》2018 年第 6 期;吴志成、李冰《全球治理话语权提升的中国视角》,《世界经济与政治》2018 年第 9 期;孙吉胜《当前全球治理与中国全球治理话语权提升》,《外交评论》2020 年第 3 期;吴志成、王慧婷《全球治理能力建设的中国实践》,《世界经济与政治》2019 年第 7 期。
④ 参见孙伊然《全球发展治理:中国与联合国合作的新态势》,《现代国际关系》2017 年第 9 期;曾向红《恐怖主义的整合性治理——基于社会运动理论的视角》,《世界经济与政治》2017 年第 1 期;严晓骁《国际难民机制与全球难民治理的前景——叙利亚难民保护实践的启示》,《外交评论》2018 年第 3 期;丁煌、朱宝林《基于"命运共同体"理念的北极治理机制创新》,《探索与争鸣》2016 年第 3 期;贺鉴、王雪《全球海洋治理视野下中非"蓝色伙伴关系"的建构》,《太平洋学报》2019 年第 2 期;高奇琦《全球善智与全球合智:人工智能全球治理的未来》,《世界经济与政治》2019 年第 7 期;郎平《从全球治理视角解读互联网治理"多利益相关方"框架》,《现代国际关系》2017 年第 4 期;马妍《全球能源治理变局:挑战与改革趋势》,《现代国际关系》2016 年第 11 期;汪炜《世界政治视野下的全球城市与全球治理——兼谈中国的全球城市》,《国际政治研究》2018 年第 1 期。

的全球治理战略,[1] 深入剖析了区域治理、次国家行为体、非国家行为体参与全球治理的特征和具体机制路径,[2] 为中国在全球、区域、次区域等不同层面,不同治理领域和治理机制平台参与全球治理,展开与世界其他国家和地区的全球治理合作提供了大量的理论论证和政策建议。

特别值得指出的是,蔡拓等学者在长期研究全球化、全球问题、全球治理的基础上,开始创建中国的全球学学科,设立了全球学博士学位点,培养全球学专业人才。其代表作《全球学导论》从总体上概述了全球学兴起的原因、研究现状、学科定位和研究方法,阐述全球学的时代与学科前提,揭示全球学内涵、外在表征与内容、价值追求与内在本质。

最后,面对近年来全球治理体系变革与国际秩序转型的同步加速,以及近期全球新冠肺炎疫情对全球治理和国际秩序的冲击,学术界也进行了积极的探讨和回应。[3] 阮宗泽认为,此次疫情既是对当前国际秩序和全球治理有效性的大规模检验,也是对国际秩序调整与全球治理变革进程的加速。国际社会越来越明显呈现多边主义与单边主义(霸权主义)角力的局面,两种秩序之争是国际秩序调整的核心内容,其中以中美两国角色的转变为关键,美国的全球领导作用正在逐渐丧失,中国则为全球有效治理提供了新的引领力量。[4] 张蕴岭指出,对全球化的破坏是疫情影响国际秩序与全球治理的重要杠杆。疫情对全球产业链的严重打击,迫使安全成为国家参与全球化的重要考量,几乎所有国家都表示将对关键产业实施内向性支持。此外,疫情也展现了互联网产业为全球化开辟新出路的潜力。[5] 杨洁勉认为,新冠肺炎疫情促进了国际主要力量的加速重组,不仅表现在硬实力的对比上,还体现在国际思想感召力和政治影响力的变化上。疫情还迫使人

---

[1] 参见刘贞晔《美国全球治理战略新转向及其动因》,《人民论坛·学术前沿》2018 年第 22 期;杨娜、吴志成《欧盟与美国的全球治理战略比较》,《欧洲研究》2016 年第 6 期;吴志成、王亚琪《德国的全球治理:理念和战略》,《世界经济与政治》2017 年第 4 期;时宏远《印度参与全球治理的理念与实践》,《国际问题研究》2016 年第 6 期。

[2] 参见郑先武《全球治理的区域路径》,《探索与争鸣》2020 年第 3 期;薛晓芃《网络、城市与东亚区域环境治理:以北九州清洁环境倡议为例》,《现代国际关系》2017 年第 6 期;董亮《次国家行为体与全球治理:城市参与联合国可持续发展议程研究》,《太平洋学报》2019 年第 9 期;庄贵阳、周伟铎《非国家行为体参与和全球气候治理体系转型——城市与城市网络的角色》,《外交评论》2016 年第 3 期;李昕蕾《美国非国家行为体参与全球气候治理的多维影响力分析》,《太平洋学报》2019 年第 6 期。

[3] 参见刘建飞《世界政治变局下的全球治理与中国作为》,《探索与争鸣》2019 年第 9 期;苏长和《互联互通世界的治理和秩序》,《世界经济与政治》2017 年第 2 期。

[4] 阮宗泽:《一个世界 两种秩序》,《国际问题研究》2020 年第 3 期。

[5] 张蕴岭:《高度重视全球化发展的新调整及影响》,《国际问题研究》2020 年第 3 期。

们将视线从近年来日益回归的传统安全转移到非传统威胁上,并以残酷的事实宣示全球有效治理的重要性。①

作为应对,秦亚青指出,面对日渐脆弱的国际秩序与成效甚微的全球治理,合作是促进世界稳定与应对全球问题的唯一选择。合作是全球治理的本质,加强大国之间的深度合作是建设多边合作机制的必要条件,开展全球广泛合作是构建全球有效治理的必然发展方向。②孙吉胜提出,疫情在世界各国无差别肆虐,是各国被动接受人类共同体理念的意外机会。推动全球治理变革还要改革现有国际制度,增强其权威性和行动力,使其在全球问题的应对中发挥更大作用。③此外,各国还应该在有效交流的基础上努力建构政策共同体与行动共同体。从中国自身的视角出发,于洪君认为,当前应在巩固国内抗疫战果的同时,积极推动和参与全球抗疫合作;有序推进"一带一路"建设,为疫后区域化与全球化的复苏以及全球经济的重建做好准备;开展政策沟通与民心相通建设,不仅向国际社会澄清西方国家的无端指责,更为中国进一步崛起与国际新秩序的建设培养舆论空间;此外,还要大力宣扬人类命运共同体理念,为国际新秩序与新型全球治理奠定理念与价值基础。④

(三) 存在的问题与薄弱环节

尽管"十三五"时期国际秩序与全球治理研究取得显著进步,积累了丰富成果,但面对当今国际关系发展的新形势新要求,依然存在一些问题和不足。

首先,理论创新供给仍显不足。在全球各领域风险集聚、国际体系中的不确定性显著上升的时代背景下,学界和决策界都迫切需要满足直接针对现实问题的实效性研究。然而,功利性、实用化的研究取向无法对不确定性现象背后国际秩序转型和全球治理变革的深层次规律做出有效的理论阐释,在国际秩序与全球治理研究中,就表现为回应国际突发性事件和各治理领域,尤其是新兴治理领域的研究项目和论文数量可观,但多止步于

---

① 杨洁勉:《疫情和当代国际关系互动初探》,《国际问题研究》2020年第3期。
② 秦亚青:《合作:命运共同体发展的铁律》,《国际问题研究》2020年第3期。
③ 孙吉胜:《新冠肺炎疫情与全球治理变革》,《世界经济与政治》2020年第5期。
④ 于洪君:《疫情肆虐全球 中国当行"四个坚持"》,《国际问题研究》2020年第3期。

零散的描述性探讨。对"百年未有之大变局"的研究则多停留于阐述既有秩序动摇和衰落的表现,但缺少对变革根源的系统性理论回应。然而,以变革为契机,深刻反思西方主导下的现存国际秩序和既有全球治理体系出现衰朽的深层动因,并以此为基础寻求适应变革、利用变革构建符合全球发展大势的国际新秩序和全球治理新体系的中国理论与中国方略,不仅有助于突破21世纪以来世界国际关系学界理论创新的整体性沉寂,[1] 也将在回应国际关系根本性议题的进程中,为中国国际关系理论的自主创新提供新的增长点。

其次,研究议程与理论话语体系自主性不强。尽管中国在国际体系中实力地位的迅速提升已经成为当前国际秩序和全球治理体系变革的关键因素,新时期中国特色大国外交实践也为国际关系研究提供了诸多新概念、新表述,但受国际秩序和全球治理领域西方学界的理论积累和国内学者的学术背景制约,现有研究成果仍然存在追随西方理论议程设置的问题。对国际秩序和全球治理变革的理论回应很多仍停留于"结构性要素"的探讨,被动回应"权力转移论""修昔底德陷阱论"等话语建构,或者简单地基于国际权力结构"东升西降"的基本态势,描述"中国治下的和平"[2]取代美国霸权秩序的可能。这不仅将限制中国视角、中国范式的原创性理论的出现,也将可能导致对新时期中国特色大国外交的阐释重新落入西方话语体系,继续将我国以共商共建共享的全球治理观推动构建更加包容合理的国际秩序的努力解读为以"新殖民主义"手段"建立势力范围""争夺全球霸权"的表现。

最后,仍然存在学科间封闭割裂的问题。在全球化深入发展,国际秩序深度调整的新时期,国家行为体、非国家行为体在国际体系中的地位和作用发生深刻转变,全球各领域挑战相互交织、相互作用。全球治理以国家治理为依托,国家治理是全球治理中的国家治理。这就客观上要求打破国内政治与国际政治的界限,从两者日益紧密的互动中开展整体性的研究。[3] 而近年来互联网与人工智能等高新技术及相关产业政策在大国权力竞

---

[1] 刘丰:《国际关系理论研究的困境、进展与前景》,《外交评论》2017年第1期。
[2] 朱锋:《近期学界关于"百年未有之大变局"研究综述》,《人民论坛·学术前沿》2019年第4期。
[3] 蔡拓:《全球学与全球治理》,北京大学出版社2018年版,第391—393页。

争、国际秩序重塑以及全球治理模式上的影响力也一再被证明。近年来，尽管学术界鼓励跨学科创新研究，但是国内真正接受过跨学科良好训练的成熟学者数量不多，导致诸多涉及国际秩序与全球治理新领域、新议题、新趋势的现实问题研究往往浅尝辄止，无法系统深入地剖析全球利益与国家利益在政治现实中的联动过程，无法阐明技术产业要素对国家间战略竞争和全球事务运行模式的实际作用方式，显著制约了国际秩序与全球治理研究的有效性。

三 "十四五"时期的发展趋势和学术前沿

（一）"十四五"时期的发展趋势

综合考察"十三五"时期既有研究的进展与不足，"十四五"时期国际秩序与全球治理研究的发展存在以下三种发展趋势。

首先，超越结构层面的国际秩序转型研究。既有的国际秩序转型研究仍较多受西方理论体系和话语建构影响，下一阶段的研究既要避免被动回应西方的"权力转移""霸权竞争""遏制与制衡"逻辑，也要警惕基于国际权力结构变化趋势轻率"唱衰西方"和简单强调"中国优势"的倾向。从结构层面来看，有学者指出，"大变局"中有五个"不变"：和平与发展的主题不变，全球力量结构不变，民族国家的基础性地位不变，国内治理优先于全球治理不变，中国的历史任务和国际使命不变。[①] 在此基础上，新时期的研究应当超越结构层面的稳定特征，侧重于探索变化中的进程性因素。狭隘国家主义的回归和大国权力博弈的加剧将如何影响世界和平发展的进程？美国及其盟友仍处于全球力量结构中的优势地位，但全球化不充分不平衡发展引发的民粹主义、保护主义倾向是否将削弱和分化西方同盟体系？民族国家依然是主体，但新一轮科技与产业革命将如何改变民族国家间权力竞争和转移的方式？新媒体与大众政治在互联网时代的结合将如何影响国家治理与全球治理的互动？以及中国如何适应和把握上述转变进程，在国际秩序重塑中发挥合理作用？都将是"十四五"时期国际秩序研

---

① 蔡拓、赵可金、张胜军等：《"百年未有之大变局"：重识中国与世界的关键》，《探索与争鸣》2019年第1期。

究的发展方向。

其次,新时代中国特色大国外交中对全球治理与国家治理的统筹研究。全球化的不断深化,使得协调国家与国内社会、国际社会的关系成为各国面临的共同任务。面对各种新老问题,许多既有的国家权力使用模式和政策手段都失去了原有效力,甚至陷入危机,[①]而此次新冠肺炎疫情对国际秩序和全球治理的挑战与冲击则进一步凸显了加强全球治理与国家治理统筹互动研究的必要性。党的十八大及十八届三中全会以来,中国确立了全面参与全球治理和推进国家治理体系与治理能力现代化的战略目标。而实现国家治理体系现代化,离不开全球善治理念的引导和规范;[②]要在国际秩序出现根本性调整的时代背景下应对各类全球性挑战,实现全球有效治理,必须依托成功的国家治理,对不同国家治理理念、政策以及全球利益与国家利益进行有效协调。更为重要的是,积极参与全球治理,也是中国化解崛起阻力、推动构建更加公正合理的国际秩序的重要路径。因此,进一步探索全球治理与国家治理的互动机制和协调手段,将二者作为一个整体加以统筹谋划,应是"十四五"时期本领域研究的重要发展方向之一。

最后,跨学科的自主创新研究。全球化和互联网的发展,使得具有全球影响力的行为体种类和数量不断增加。非政府组织、次国家行为体、跨国倡议联盟、自下而上的公私伙伴关系乃至个人的参与使得国际体系中的权力流散,全球治理的复杂性不断提升;极地、海洋、城市治理等新兴领域和互联通信技术、人工智能、新媒体等一系列新要素对国际秩序和全球治理转型也发挥着愈发重要的作用。因此,跨学科或交叉学科的研究,一方面有助于加深我们对国际秩序转型和全球治理变革的现实及其本质的理解,另一方面也能够为我国参与各领域治理、推动国际秩序合理重塑提供更具操作性的理论方案和现实路径。

(二)"十四五"时期的重点研究课题

"十四五"时期的重点研究课题应该聚焦国际秩序与全球治理的学术

[①] 杨雪冬:《全球化进程与中国的国家治理现代化》,《当代世界与社会主义》2014 年第 1 期。
[②] 吴志成:《全球治理对国家治理的影响》,《中国社会科学》2016 年第 6 期。

前沿领域和国家战略需求，比如国际秩序转型与中国的战略选择、共商共建共享共赢的全球治理观、全球治理体系变革与人类命运共同体的构建、全球治理的不确定性与全球治理能力建设、国家治理与全球治理的战略统筹等。

"一带一路"研究

一 当前发展的基本状况

(一) 主要研究力量布局

1. 学科背景

"一带一路"研究是一个跨学科研究，涉及马克思主义、哲学、经济学、政治学、法学等多个一级学科。其中，与国际问题研究相关的学科，主要是理论经济学中的世界经济，应用经济学中的国际贸易、国际投资和国际金融，国际关系研究，以及马列科社、新闻与文化传播、生态环境等的部分研究。

在"十三五"时期，"一带一路"研究快速发展，国际问题研究是"一带一路"问题研究的主力军。从2015年以来国家社科基金的立项情况来看，广义的"国际问题"类项目的数量占比逐年攀升[①]。在2019年，除重大项目以外，在所有与"一带一路"研究相关的国家社科基金立项项目中，仅狭义的国际问题类项目就达到31项，约占1/3；如果再加上理论经济、应用经济和马列科社类等，广义的国际问题研究类项目达到59项，占比为56%（参见图3）。

---

① 国家社科基金项目中的"国际问题研究"是较为狭义的，只涵盖国际关系类别研究。广义的国际问题研究至少还应该包括理论经济学中的世界经济，应用经济学中的国际贸易、国际金融和国际投资，以及马列科社类。

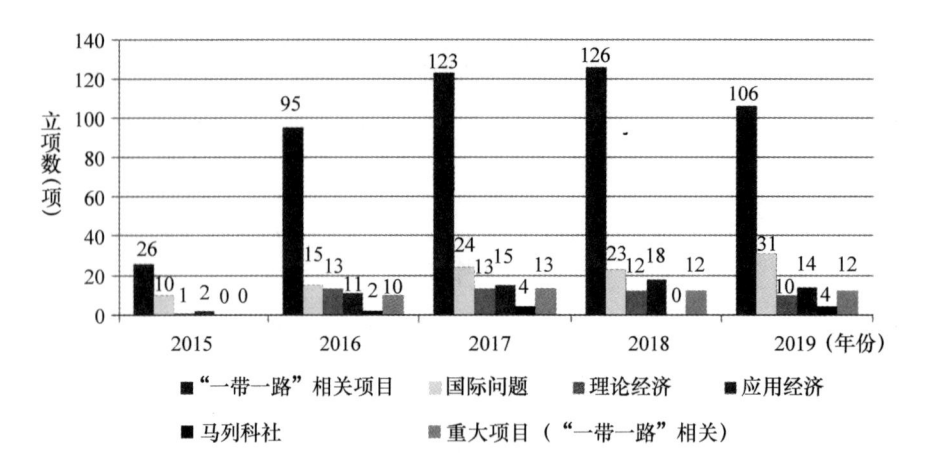

图 3 2015 年以来国家社科基金项目的国际问题类研究项目的立项情况

资料来源：基于国家社科基金网站的数据库整理，数据截至 2020 年 5 月 20 日。

从图 3 可以看出，"十三五"时期，国际问题类的基金项目数量和占比都日益增长，专业性优势更加突出，不同学科之间的关系也更加平衡。国际问题研究在"一带一路"研究方面的专业性和重要性得到了更多肯定。

教育部人文社科基金项目也是重要的补充。2015 年以来，一共有 324 项聚焦"一带一路"研究项目（参见图 4）。虽然总体数量无法与国家社科基金项目相比，但是其中属于国际问题研究类项目共有 210 项，占比大约为 2/3。

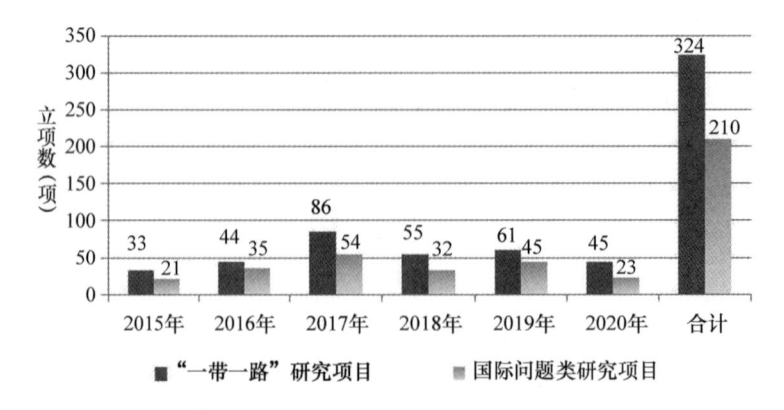

图 4 教育部人文社科项目中的"一带一路"研究项目立项和学科情况

资料来源：作者基于教育部官网人文社科基金历年项目的统计。

近年来,"一带一路"研究在各主要学科得到了广泛关注,研究成果数量快速增长。比如,一项基于中国知网的文献研究发现,"一带一路"在2017年跃升为我国经济学领域的研究热点。2017年,"一带一路"的出现频次首次超过"经济增长",跃升首位。相比之下,"一带一路"的频次在2016年只排在第9位。[①]

2. 主要机构

当前,国内研究"一带一路"的机构较为多元,既有中央和地方的官方智库机构,也有高校的教学科研机构、非官方的智库及咨询机构。除了社科系统的机构外,中国科学院系统的地理科学与资源研究所、中国科学院大学等研究机构的不少相关研究,也在国际问题研究的范围之内(参见图5和图6)。

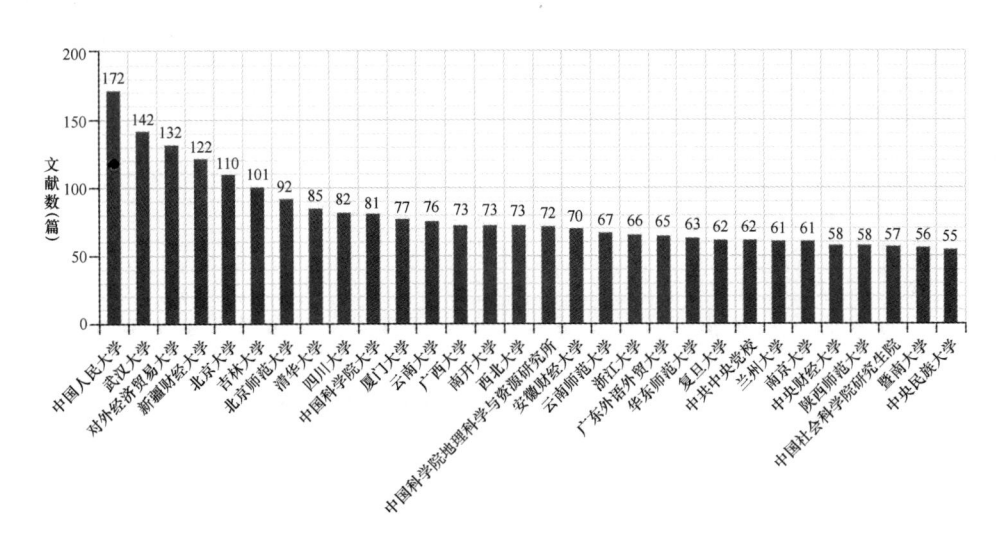

图5 发表以"一带一路"为关键词的期刊论文的国内主要机构一览
资料来源:中国知网CNKI,数据截至2020年5月18日。

(二)人才培养情况

高校是"一带一路"建设和研究人才培养的主要来源。我们以"一带一路"为主题词,在中国知网共检索到2015—2020年的377篇博士论文。其中,博士论文的来源最多的分别是对外经济贸易大学、中共中央党校、吉林大学、辽宁大学、上海外国语大学、武汉大学以及中国社会科学院研究生

---

① 罗润东、李超:《2017年中国经济学研究热点分析》,《经济学动态》2018年第4期。

院等（参见图7）。

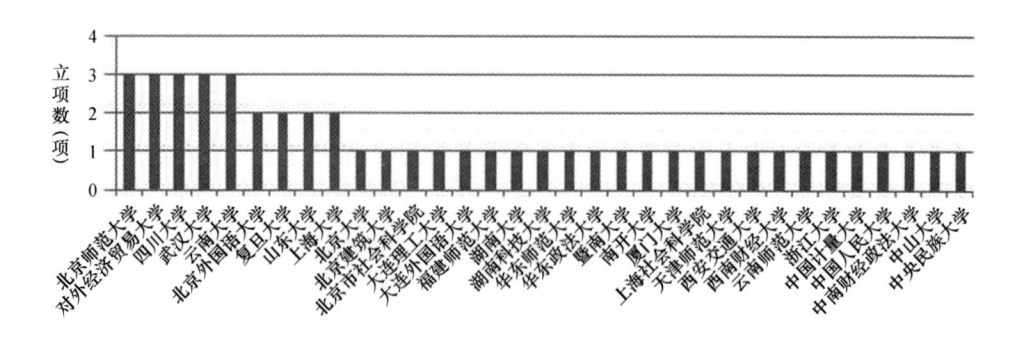

图6　2016—2019年国家社科基金重大项目立项机构

资料来源：全国哲学社会科学工作办公室网站。

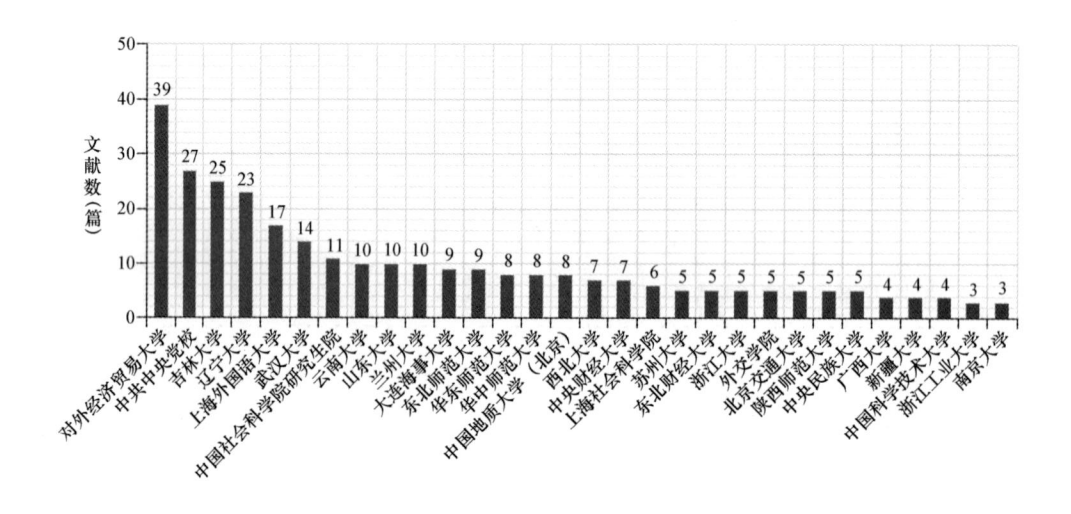

图7　2015—2019年"一带一路"相关博士论文发表者的培养机构

注：有些高校比如北京大学和中国人民大学，没有向中国知网提交博士论文，所以该图只是部分体现了国内高校的博士培养情况。

资料来源：CNKI博士论文数据库。

从专业背景来看，其中重要的专业分别是世界经济、国际贸易、国际关系、马克思主义理论和国际政治；其中世界经济和国际贸易所占的比例最为突出，国际关系和国际政治专业的数量增长势头明显（参见图8和图9）。

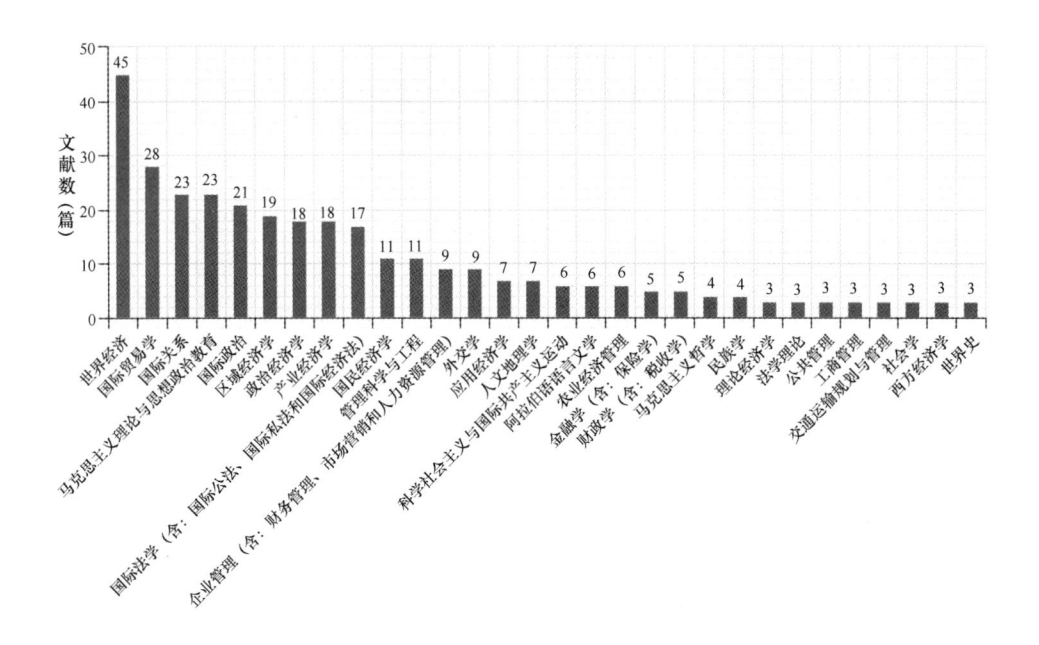

图8 2015—2019年"一带一路"相关博士论文的归属学科

资料来源：CNKI博士论文数据库。

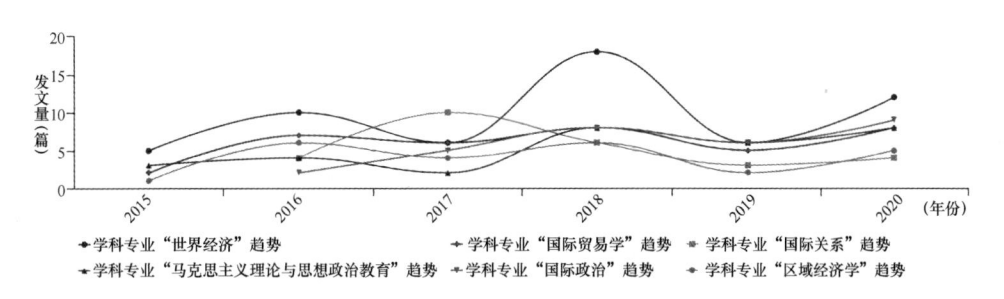

图9 2015—2019年"一带一路"相关博士论文的专业情况

资料来源：CNKI博士论文数据库，2020年的数据为数据库提供的估计值。

（三）队伍建设情况

国内已经形成一批专门从事"一带一路"研究的团队，主要涵盖国内的国际问题研究机构和高校院所，也包括一些研究宏观经济和地方经济社会发展的机构。清华大学、北京大学和复旦大学等国内著名高校都纷纷成立了以"一带一路"为主要研究对象的研究院或研究中心。

2015年4月8日，由中共中央对外联络部牵头，联合国务院发展研究中心、中国社会科学院、复旦大学等在北京成立了"一带一路"智库合作联盟。理事单位包含中国社会科学院亚太与全球战略研究院、俄罗斯东欧中亚研究所等涉外研究所，中共中央党校（国家行政学院）国际战略研究院、中国现代国际关系研究院、上海国际问题研究院、山东大学亚太研究所、云南大学国际关系研究院、南开大学周恩来政府管理学院、中国人民大学重阳金融研究院、察哈尔学会等。截至目前，该智库联盟拥有国内理事单位137家，涵盖了国内开展"一带一路"研究的主要机构。

从影响力方面来看，根据国家信息中心发布的报告，"一带一路"研究的国家级智库中影响力最大的前十家分别是：中国社会科学院、国务院发展研究中心、中国现代国际关系研究院、中国国际问题研究院、商务部国际贸易经济合作研究院、中共中央党校（国家行政学院）、国家信息中心、当代世界研究中心、中国宏观经济研究院和中国科学院地理科学与资源研究所。[①]

二 "十三五"时期取得的重要进展与存在的问题

（一）重要进展与成绩

"十三五"时期，国内学术界对于"一带一路"倡议表现出极大的研究热情，投入了巨大的学术资源开展研究。从中国知网的期刊论文检索结果来看，每年发表的论文数量均为2000篇以上，在2018年左右达到峰值（参见图10）。

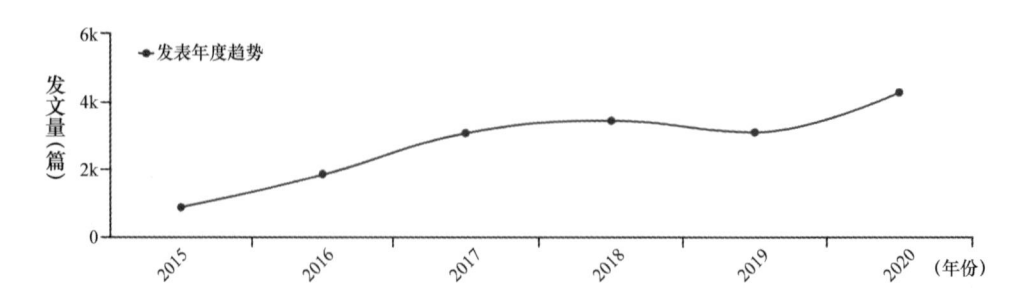

图10 2015年以来中国知网发表的"一带一路"期刊论文数量

资料来源：中国知网，其中2020年的数据为该数据库提供的预测值。

---

① 国家信息中心"一带一路"大数据中心：《"一带一路"大数据报告：2017》，商务印书馆2017年版。

其中，国家社科基金在上述检索的相关研究论文所记录的支持资金来源中占有绝对优势地位，远远超过国家自然科学基金，教育部人文社科基金、博士后基金，地方研究基金等（参见图11）。可见，国家社科基金成为国内"一带一路"研究的主要资金支持力量。而且，从国家社科基金资助立项的项目主题来看，立项课题的研究主题明显呈现出从粗到细、由浅入深的变化。

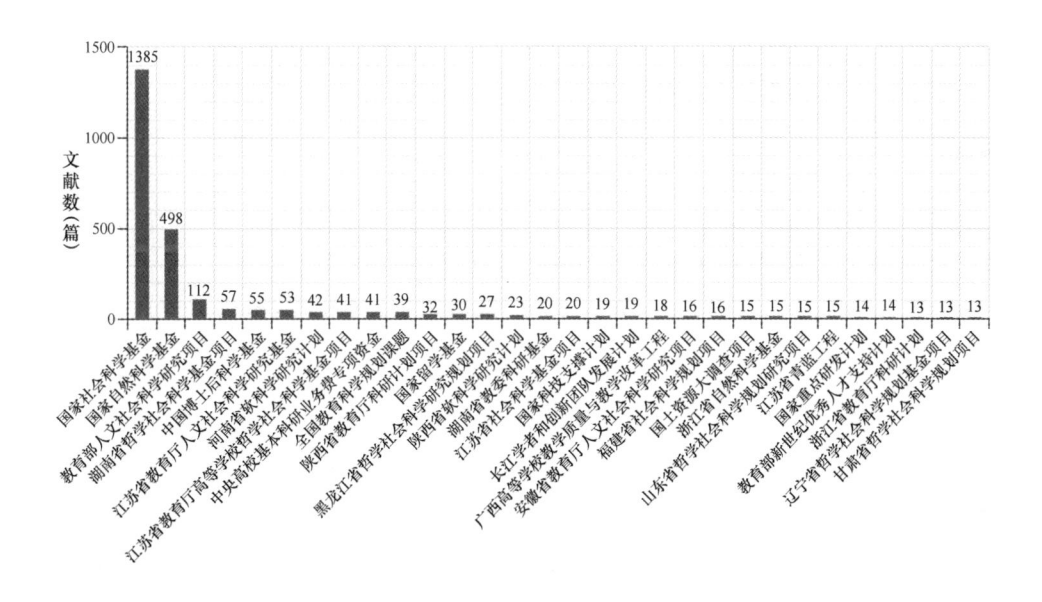

图11 中国知网发表的"一带一路"研究论文所获得的资金支持情况

资料来源：中国期刊网，https://kns8.cnki.net/kns/Visual/Center，数据截至2020年5月19日。

"十三五"时期，国内也出版了大量以"一带一路"为主题的学术著作。我们从国家图书馆网站检索到国内自2015年以来出版的相关图书共计1100部。[①] 其中，2017年和2018年的图书出版数量分别为301部和288部，2019年有所降温（参见图12）。

"十三五"时期，国内一些研究机构开始连续出版针对"一带一路"的系列年度报告，专门跟踪"一带一路"建设的进展以及相关的问题。比如中国社会科学院俄罗斯东欧中亚研究所主编的《"一带一路"建设发展报告》（2016年起）、国家信息中心"一带一路"大数据中心主编的《"一带一路"

---

① 参见国家图书馆主编《丝绸之路研究论著叙录》，学苑出版社2019年版。

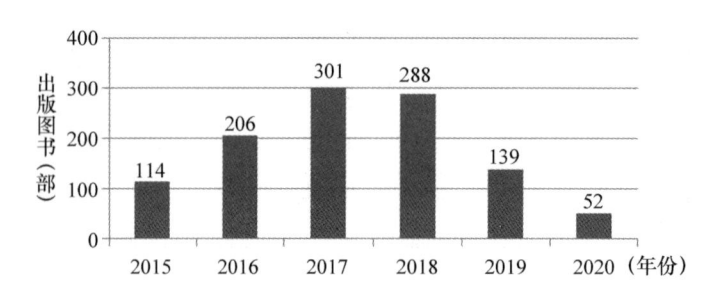

```
出版图书（部）
400
300  301  288
200       206
100  114            139
 0                       52
   2015 2016 2017 2018 2019 2020 （年份）
```

图12 2015年以来国内历年出版"一带一路"有关图书的趋势

资料来源：基于国家图书馆数据库的检索和统计，其中2020年的数据来自网上书店的检索，数据截至2020年5月20日。

大数据报告》（2016年起）、"一带一路"百人论坛主编的《"一带一路"年度报告》（2016年起）、中国—东盟环境保护合作中心与中国—上海合作组织环境保护合作中心主编的《"一带一路"生态环境蓝皮书》（2016年起）、西北大学马莉莉等主编的《丝绸之路经济带发展报告》（2015年起）等。

2017年以来，国内还出版发行了一批专门研究"一带一路"的刊物（主要以以书代刊的形式发行）。其中包括：贾益民主编的《21世纪海上丝绸之路研究报告》（2018年第1辑，社会科学文献出版社）、马丽蓉主编的《新丝路学刊》（2017年第1期，社会科学文献出版社）、陶一桃主编的《"一带一路"研究》（2018年第1期，社会科学文献出版社）、中国开发性金融促进会等主编的《丝路经济文化前沿》（2017年第1辑，中国金融出版社）等。

（二）代表性人物和成果

1. 代表性人物

尽管有学者建议成立"'一带一路'学"，但是从目前来看它还只是一个跨学科的研究议题。所以，不同学科的学者从各自的学科视角出发来参与研究，并未形成一个成熟的学科体系。从国际问题研究学科的角度来看，世界经济和国际关系两个学科的很多重要学者都参与了对"一带一路"问题的研究，一大批主要从事区域国别研究的专家也在"一带一路"研究中脱颖而出。[①]

[①] 由于"一带一路"研究兴起的时间较短，对代表性人物的界定尚存在较大难度。本部分在此遵循根据研究文献的成果和影响力来归纳的原则，并主要根据中国知网的学术论文成果，来进行初步的总结。

首先是一批老一代学者，在"十三五"时期积极活跃在"一带一路"研究一线。比如中国社会科学院的张蕴岭、金碚、裴长洪，中国国际经济交流中心的陈文玲，复旦大学的黄仁伟和武汉大学的陈继勇等。他们利用自身优势，通过建言献策、发表论文和演讲等不同形式，对相关问题的研究有重要的贡献。

其次是国内"一带一路"研究主要机构的学术带头人或负责人，他们是"十三五"时期"一带一路"研究的主要引领者，主要包括：中国社会科学院的蔡昉、邢广程（中国边疆研究所）、李向阳（亚太与全球战略研究院）、孙壮志（俄罗斯东欧中亚研究所），中国科学院地理科学与资源研究所的刘卫东，北京大学国家发展研究院的黄益平、卢锋以及区域与国别研究院的翟崑，清华大学的胡鞍钢，南京大学的刘志彪，中国人民大学的王义桅，北京师范大学"一带一路"研究院的胡必亮，北京航空航天大学的张文木，浙江大学经济学院的黄先海，复旦大学的周文，等等。他们都是年龄在50—60岁的资深学者，其关于"一带一路"的著作或者论文在国内外产生了重要的影响力，构成了国内"一带一路"研究的第一方阵。

最后是在"一带一路"不同研究领域具有创新成果的中青年学者，年龄主要在40—50岁。这批学者年富力强，积极投入"一带一路"研究的具体领域，产生了较大的影响力，主要包括：国家开发银行的曹红辉（发展金融），中国社会科学院亚太与全球战略研究院的叶海林（南亚研究）、王玉主（东盟与区域一体化）、高程（周边战略）、钟飞腾（对外投资与大国关系）、沈铭辉（区域合作），世界经济与政治研究所张明和王永中（投资风险）、薛力（地缘政治），中共中央党校（国家行政学院）国际战略研究院的赵磊（国际文化传播），清华大学当代国际关系研究院的赵可金（国际关系），国际关系学院的储殷（周边外交），复旦大学的林民旺（南亚政治）、黄河（国际政治），对外经济贸易大学的洪俊杰和桑百川（国际贸易），兰州大学中亚研究所的曾向红（中亚），西北大学的马莉莉（经济合作）、白永秀（"一带一路"经济学），浙江大学法学院的王贵国（国际法），广东外语外贸大学的周方银（周边战略）、陈伟光（治理体系），华侨大学的许培源（华人华侨），云南大学的李晨阳（缅甸研究）、卢光盛（澜湄合作），云南财经大学的朱翠萍（南亚经济合作），云南省社会科学院的杨思灵（南亚政治）等。这些学者各有专业特长，在不同领域深入挖掘和锐意创新，推动了"一带一路"研究的深化发展。

"十三五"时期，"一带一路"研究快速发展，涌现出一大批重要的成果，在理论和实践两个方面都取得了重要的进展。

2. 理论研究进展成果

在理论层面，国内学者围绕"一带一路"倡议的内涵与外延进行了大量深入的探讨，极大地促进了对"一带一路"倡议的理论认识。其中最有代表性的成果，主要集中在以下几个方面的讨论：科学内涵[1]、新型义利观[2]、"一带一路"与经济全球化的关系[3]、"一带一路"与全球治理的关系[4]、"一带一路"与亚洲经济一体化的关系[5]，"一带一路"与多边主义和区域主义的关系[6]，等等。

从理论构建方面来看，国际关系学者更多是从地缘政治学的角度进行探索。"一带一路"倡议本身不是一个地缘政治战略，但是具有重要的地缘政治影响，不少国家都从地缘政治的视角来看待它。为此，学者们认为，"一带一路"倡议的提出意味着进行地缘政治学的理论创新，需要打破原有的西方地缘政治学的束缚。[7]

---

[1] 比如刘卫东：《"一带一路"战略的科学内涵与科学问题》，《地理科学进展》2015年第34卷第5期；金玲：《"一带一路"：中国的马歇尔计划？》，《国际问题研究》2015年第1期；卢锋等：《为什么是中国？——"一带一路"的经济逻辑》，《国际经济评论》2015年第3期；李向阳：《构建"一带一路"需要优先处理的关系》，《国际经济评论》2015年第1期；黄益平：《中国经济外交新战略下的"一带一路"》，《国际经济评论》2015年第1期。

[2] 李向阳：《"一带一路"建设中的义利观》，《世界经济与政治》2017年第9期。

[3] 刘卫东、Michael Dunford、高菠阳：《"一带一路"倡议的理论建构——从新自由主义全球化到包容性全球化》，《地理科学进展》2017年第36卷第11期；金碚：《论经济全球化3.0时代——兼论"一带一路"的互通观念》，《中国工业经济》2016年第1期；王义桅：《"一带一路"2.0引领新型全球化》，《中国科学院院刊》2017年第32卷第4期。

[4] 秦亚青、魏玲：《新型全球治理观与"一带一路"合作实践》，《外交评论》（外交学院学报）2018年第2期；张幼文：《"一带一路"建设：国际发展协同与全球治理创新》，《毛泽东邓小平理论研究》2017年第5期。

[5] 李向阳：《亚洲区域经济一体化的"缺位"与"一带一路"的发展导向》，《中国社会科学》2018年第8期。

[6] 李向阳：《"一带一路"：区域主义还是多边主义？》，《世界经济与政治》2018年第3期；王明国：《"一带一路"倡议的国际制度基础》，《东北亚研究》2015年第6期。

[7] 比如张文木：《丝绸之路与中国西域安全——兼论中亚地区力量崛起的历史条件、规律及其因应战略》，《世界经济与政治》2014年第3期；邢广程：《理解中国现代丝绸之路战略——中国与世界深度互动的新型链接范式》，《世界经济与政治》2014年第12期；冯维江：《丝绸之路经济带战略的国际政治经济学分析》，《当代亚太》2014年第6期；李晓、李俊久：《"一带一路"与中国地缘政治经济战略的重构》，《世界经济与政治》2015年第10期；曾向红：《"一带一路"的地缘政治想象与地区合作》，《世界经济与政治》2016年第1期；科林·弗林特、张晓通：《"一带一路"与地缘政治理论创新》，《外交评论》（外交学院学报）2016年第3期第33卷。

在经济学领域，很多学者对理论基础进行了探索。比如郑伟和桑百川从世界市场失灵角度探讨了"一带一路"合作的基础[①]；黄先海和余骁从重塑全球价值链入手为"一带一路"提供经济学的解释[②]；刘志彪和吴福象试图用全球价值链的双重嵌入为"一带一路"奠定理论基础[③]；裴长洪和刘斌则从外贸新业态的发展探讨中国外贸竞争新优势的形成[④]；洪俊杰和商辉在产品内国际分工框架下，探究以新兴市场经济体为枢纽的全球分工网络，提出了中国开放型经济"共轭环流"理论。[⑤]

另一批国内学者则侧重从马克思主义政治经济学或西方左翼思想的理论资源来理解和讨论"一带一路"的理论逻辑。其中，马克思关于世界历史的理论、沃勒斯坦的现代世界体系论以及阿瑞吉的体系积累周期理论等，被应用于解释当前资本主义体系的不公平不平衡性，进而论证"一带一路"倡议的必要性与合理性。[⑥]

当然，目前"一带一路"的理论研究更多是基于单一学科，在理论提升和学科交叉方面还有较大的提升空间。比如，中国科学院地理科学与资源研究所也从地理学的学科和理论出发，开展了非常重要的专业研究和交叉研究。所以，一些经济学领域的学者认为，"一带一路"主要内容是经济合作，它的核心概念具有超越传统理论的重要创新意义，应该围绕理论基础与学科定位等方面进行全面的理论创新，因此提出了建设"一带一路"经济学的设想。[⑦] 另外，也有学者认为"一带一路"倡议的提出极大地推动了传统的"丝路学"研究，建议基于"丝路学"发展"'一带一

[①] 郑伟、桑百川：《"一带一路"倡议的理论基础探析——基于世界市场失灵的视角》，《东北亚论坛》2013年第2期。
[②] 黄先海、余骁：《以"一带一路"建设重塑全球价值链》，《经济学家》2017年第3期。
[③] 刘志彪、吴福象：《"一带一路"倡议下全球价值链的双重嵌入》，《中国社会科学》2018年第8期。
[④] 裴长洪、刘斌：《中国对外贸易的动能转换与国际竞争优势的形成》，《经济研究》2019年第5期。
[⑤] 洪俊杰、商辉：《中国开放型经济的"共轭环流论"：理论与证据》，《中国社会科学》2019年第1期。
[⑥] 周文、方茜：《"一带一路"战略的政治经济学思考》，《马克思主义研究》2015年第10期；付宇珩、李一平：《资本主义世界体系结构性危机中的"一带一路"倡议——基于亚洲秩序变迁与中国现代国家构建经验的反思》，《当代亚太》2017年第4期；翟东升、王淼：《夯实"一带一路"倡议的政治经济学理论基础》，《中央社会主义学院学报》2017年第5期；王生升、李帮喜：《是周期性更迭还是历史性超越？——从世界体系变迁透视"一带一路"的历史定位》，《开放时代》2017年第2期；白云真：《"一带一路"高质量发展的政治经济逻辑》，《太平洋学报》2020年第3期。
[⑦] 陈伟光、黄亮雄、程永林、韩永辉：《"一带一路"经济学创立及其诸多向度》，《改革》2017年第2期；白永秀、王泽润：《"一带一路"经济学的学科定位与研究体系》，《改革》2017年第2期；吴振磊、于重阳：《"一带一路"经济学的研究主线》，《西北大学学报》（哲学社会科学版）2017年第4期。

路'学"。①

3. 实践研究成果

从实践的研究来看,"十三五"时期也涌现出一大批实证性的研究,为"一带一路"建设提供了最严谨且最直观可用的技术支撑与科学支持。这些研究以问题为导向,通过科学方法和实证数据展开研究,以回答并服务于问题的解决。

在这方面,国际问题研究发挥学科优势,主要从剖析国外的认知与反应[②]、估算经贸合作潜力[③]、评估沿线国家的投资风险[④]、分析不同地区和产业发展机遇[⑤]以及探讨国际政策监管合作机制[⑥]等方面开展研究,产生了一大批研究成果。[⑦]

(三) 存在问题和薄弱环节

尽管在"十三五"时期取得了巨大的成就,但是学界也普遍认识到当前的"一带一路"研究还存在一些需要注意的问题与缺陷。

1. "一带一路"研究的"泛化"问题

这一方面体现为研究主题的"泛化",很多文献冒用"一带一路"研究的主题,却没有真正围绕该主题开展研究。当前相关的研究文献非常庞杂,其中不少只是把"一带一路"作为背景来开展的研究。正如有学者指出的那样,"有些文献顶着'一带一路'的帽子,但讨论的问题不见得非

---

① 马丽蓉、王文:《构建一带一路学:中国丝路学振兴的切实之举》,《新丝路学刊》2019年第1期;昝涛:《"一带一路"、"丝路学"与区域研究》,《新丝路学刊》2018年第1期。
② 比如林民旺:《印度对"一带一路"的认知及中国的政策选择》,《世界经济与政治》2015年第5期;马建英:《美国对中国"一带一路"倡议的认知与反应》,《世界经济与政治》2015年第10期;黄凤志、刘瑞:《日本对"一带一路"的认知与应对》,《现代国际关系》2015年第11期;李秀蛟:《俄罗斯智库专家对"一带一路"的评析》,《西伯利亚研究》2015年第3期;米拉、施雪琴:《印尼对中国"一带一路"倡议的认知和反应述评》,《南洋问题研究》2016年第4期;李晨阳、宋少军:《缅甸对"一带一路"的认知和反应》,《南洋问题研究》2016年第4期。
③ 比如陈继勇、刘燚爽:《"一带一路"沿线国家贸易便利化对中国贸易潜力的影响》,《世界经济研究》2018年第9期。
④ 比如周方银:《"一带一路"面临的风险挑战及其应对》,《国际观察》2015年第4期;张明:《直面"一带一路"的六大风险》,《国际经济评论》2015年第4期;王永中、李曦晨:《中国对一带一路沿线国家投资风险评估》,《开放导报》2015年第4期。
⑤ 比如董锁成等:《"一带一路"交通运输业格局及对策》,《中国科学院院刊》2016年第31卷第6期;巴曙松、王志峰:《"一带一路":香港的重要战略机遇》,《人民论坛·学术前沿》2015年第9期。
⑥ 比如国家税务总局税收科学研究所课题组等:《构建"一带一路"税收争端解决创新机制的研究》,《国际税收》2020年第5期。
⑦ 胡必亮:《"一带一路"五周年:实践与思考》,《中国科学院院刊》2018年第33卷第9期。

常相关。这也是当前文献中常见的问题"[①]。与此相关的问题也体现在，目前我们还有大量成果集中于"一带一路"的必要性和潜力研究，而非可行性研究，对实践的指导性不足。

另一方面也体现为"一带一路"目标的"泛化"，即把中国内外各个层面各个领域需要解决的问题和目标任务都赋予"一带一路"。其实从中央文件的精神来看，"一带一路"的目标应该是三个方面：一是推动新时期中国全方位的对外开放；二是促进中国经济外交的构建；三是推动构建人类命运共同体。过于泛化的目标对于"一带一路"的理论研究与实践可能会产生严重的误导。

2. 尽管"一带一路"的理论研究取得了一定的进展，但是目前的理论进展还明显滞后

当前，构建"一带一路"理论体系或"一带一路"学正在日益成为学术界的共识，但是相关的理论进展还相当滞后。迄今围绕"一带一路"的学理化定义、范围与边界、目标和定位、治理结构、基本属性等最基本的问题，学术界还远未达成共识。关于"一带一路"的理论研究，没有形成自洽的理论体系。[②]

"一带一路"研究在概念化和理论化方面还存在很大的潜力需要挖掘。党的十八大以来，我国提出了一系列的新理念新思想，包括中国特色大国外交、新型国际关系、开放型经济新体系、新型义利观、新发展理念和人类命运共同体等。"一带一路"倡议本身也提出了大量丰富的新概念，也是承载上述新理念的重要实践平台。现有理论研究在一定程度上还落后于"一带一路"的实践，以至于经常还难以指导实践。而且，理论发展的滞后也表现为中国学术界面对国际社会的一些误解和质疑还缺乏及时有效和有说服力的回应。习近平总书记指出："我国是哲学社会科学大国，研究队伍、论文数量、政府投入等在世界上都是排在前面的，但目前在学术命题、学术思想、学术观点、学术标准、学术话语上的能力和水平同我国综合国力和国际地位还不太相称。"[③]

[①] 刘卫东等：《"一带一路"建设研究进展》，《地理学报》2018 年第 73 卷第 4 期。
[②] 李向阳：《"一带一路"的研究现状评估》，《经济学动态》2019 年第 12 期。
[③] 习近平：《习近平谈治国理政》第二卷，外文出版社 2017 年版，第 338 页。

3. 有必要积极开展和加强中外学者之间"一带一路"研究的对话，鼓励合作研究

当前，国内外的大量研究成果都充分肯定和支持"一带一路"倡议及其实践的贡献与意义，但是在国外媒体和学术界也存在不少疑虑，甚至还有抹黑与否定的声音。可以认为，目前国内研究与国外文献特别是西方学者文献之间仍然对话不足[①]；"一带一路"研究的话语权仍有待于扎实有效的建设。比如有学者分析了 Web of Science 哲学社会科学核心数据库近五年关于"一带一路"的 369 篇主题文献，研究发现，中国学者的发表文章数量占据绝对优势，正面、肯定的结论占据全球学术研究的主流，并认为中国学者把握住了"一带一路"的国际学术话语主导权。但是同时作者也建议，考虑到当前国外还存在一些消极和负面的声音，我们未来"在宣传、推进、研究'一带一路'的过程中，还应该加强文化传播的效应"。[②]

三 "十四五"时期的发展趋势和学术前沿

（一）主要发展趋势

当前，"一带一路"研究方兴未艾，正处于朝气蓬勃的发展阶段。"十四五"时期，预计相关研究主要存在以下方面的发展趋势。

首先，研究成果正从粗到细，从浅到深，从数量为主到质量优先。随着"一带一路"倡议变为实践，相关建设总体框架建立起来，目前正从"大写意画"发展到细腻的"工笔画"阶段，相关政策和项目实践也在不断走深走实，"一带一路"的研究也在不断深化细化。这体现在原来大量的宏观的、宣传性的文章数量在迅速减少，实证性的深度研究的文献正在增长。

其次，研究内容将主要围绕"一带一路"的高质量发展这一主题，聚焦可持续性和机制化等议题。习近平总书记在 2019 年 4 月第二届"一带一路"国际合作高峰论坛的演讲中提出了"高质量发展"的要求。后续的研究也必然要跟进这一基本方向，理论研究要为实践服务。

---

① 刘卫东等：《"一带一路"建设研究进展》，《地理学报》2018 年第 73 卷第 4 期。
② 杨敏敏、Gretchen McAllister：《国际学界"一带一路"研究的热词与最前沿——基于 Web of Science (2014—2018) 的文本计量与细读》，《西南民族大学学报》（人文社会科学版）2020 年第 5 期。

最后，研究更加重视国际化和全球视野，积极回应沿线国家和域外国家的关切。"一带一路"是一个全球性的倡议，应该遵循"共商、共建、共享"原则。随着"一带一路"建设深入发展，国际社会的关切会更加重要。未来的研究必然加强国际合作和考虑国际互动博弈的结果。

（二）学术前沿问题

当前，"一带一路"研究存在很多重要的学术前沿热点和重点问题，其中值得关注的大概有以下五个方面。

1. "一带一路"合作的多边化与第三方市场合作

"一带一路"建设遵循开放包容的精神，要以包括双边合作、三方合作、多边合作等各种形式，"共同推动建设开放型世界经济"。截至目前，与我国签署"第三方市场合作"协议的发达国家有 14 个。为了适应实践发展的需要，当前相关研究正在快速增长。[①]

2. "一带一路"与全球治理的关系

全球治理体系涉及各个领域的法律规则与规范纷繁复杂，"一带一路"建设在各个层面与之互动，仍需要深入展开研究。在体系层面，"一带一路"推动的方向是否与现有的世界秩序相协调，还是可能相冲突？如何处理与霸权国的关系？在产业层面，如何与国际标准进行对接，也是"一带一路"建设面临的重要问题。

3. "一带一路"建设的债务可持续性问题

近年来，西方媒体和政客无端指责"一带一路"是"债务陷阱外交"。为此，有不少文献发表予以分析和驳斥。在 2019 年国家社科基金立项项目中，有 3 项与此问题相关。"一带一路"建设如何体现义利观，在债务问题上也是重要的试验。

4. "一带一路"的安全保障问题

"一带一路"要建设成为"和平之路"，要同时解决发展与安全的问题。在实践过程中，"一带一路"建设面临恐怖主义等诸多安全风险挑战。

---

① 比如崔健、刘伟岩：《"一带一路"框架下中日与第三方市场贸易关系的比较分析》，《现代日本经济》2018 年第 5 期；徐梅：《从"一带一路"看中日第三方市场合作的机遇与前景》，《东北亚论坛》2019 年第 28 卷第 3 期；张菲、李洪涛：《第三方市场合作："一带一路"倡议下的国际合作新模式——基于中法两国第三方市场合作的分析》，《国际经济合作》2020 年第 2 期。

新冠肺炎疫情暴发后，建设"健康丝绸之路"也成为关注热点，在非传统安全领域实现更多国际合作也将是研究的前沿热点。

5."一带一路"与实现人民币国际化的路径

人民币的跨境支付和结算对于"一带一路"建设的顺利发展具有重要意义。现有的国际货币体系束缚了我国政府和企业的自主性和灵活性。中国与沿线国家的投资和贸易的发展对于人民币国际化的发展也会起到重要的推动作用。

（三）重点研究课题

1."一带一路"建设的高质量发展

习近平总书记已经提出了新时期"一带一路"建设高质量发展的总目标和基本要求，提出要遵循开放、绿色和廉洁理念，落实"高标准、惠民生、可持续"目标。

"十四五"时期，相关研究应该围绕这一总目标，具体研究分目标、衡量标准和实施路径等。

2."一带一路"的机制化研究

"一带一路"建设要实现高质量和可持续发展，需要向机制化的方向发展。这方面既有理论的问题，需要研究"一带一路"机制化的必要性和理论基础；它同时也是实践方面的研究，需要结合具体领域提供可行性研究和方案建议。

"一带一路"如何处理与中国已有的区域合作机制之间的关系，如何与其他国家和地区的区域一体化计划进行有效和深入的对接，也是值得研究的重要课题。

3."一带一路"如何作为推动建设人类命运共同体的实践平台

"人类命运共同体"具有非常丰富的内涵。习近平总书记指出，"一带一路"是推动实现人类命运共同体的实践平台。人类命运共同体是一个更高层次的终极目标，但相关研究存在把人类命运共同体与"一带一路"具体功能性目标相并列的倾向。

相关的理论和实践研究，需要把实现人类命运共同体目标的过程分解为不同阶段，体现到不同领域（安全格局、伙伴关系、经济发展、文明交流、生态和可持续发展），成为"一带一路"建设的指南。

4. "一带一路"与全球可持续发展目标的链接

"一带一路"倡议与全球可持续发展目标（SDGs）并行不悖，互相促进。当前国际学界对此问题较为关注，但是国内研究尚处于起步阶段，主要还停留在理念层面的讨论。[①] 全球可持续发展目标涉及 17 大类的目标，内容繁杂。"一带一路"以发展为导向，自然应该结合该目标探索协调实现的路径。

[①] 比如朱磊、陈迎：《"一带一路"倡议对接 2030 年可持续发展议程——内涵、目标与路径》，《世界经济与政治》2019 年第 4 期；薛澜、翁凌飞：《关于中国"一带一路"倡议推动联合国〈2030 年可持续发展议程〉的思考》，《中国科学院院刊》2018 年第 33 卷第 1 期。

区域国别研究

一 区域国别研究的中国源起与民族传统

区域国别研究近年成为中国政治学尤其是国际问题研究的热门领域，呈现出日益繁荣的景象，这与中国日益成为一个在国际事务中具有自主意识与某种全球作用的角色有很大的关联。近年来中国日益重视全球性的区域国别研究，甚至一些遥远的小国、岛国、弱国、穷国的研究也开始受到重视，这一新的趋势给当代中国哲学社会科学的视野拓展与观念变革，给当代中国域外知识的丰富与创新，带来了新的机遇与挑战。[1]

事实上，中国有深厚的区域国别研究的学术传统与实践积累。[2] 历史上中国不仅要处理好国内东西南北间复杂多元多维的民族、种族与文化关系，而且作为一个周边国家、民族、文化极其复杂多样的洲际规模的大国，中国自上古之时起就特别重视对于境内外之中原与边疆、华夏与四夷、本国本族与他国他族之复杂关系的认知[3]，从而形成了丰富而久远的中国区域、地理、环境、民族、文化等不同维度的知识传统和治理经验。[4]

中国最早一部有关区域国别研究的经典之作是孔子整理的《诗经》。《诗经》中的十五国风，就是当时通过田野调查、民间采访所获得的国情、区情或民情，这些资料按孔子的理解，可观民情、听民声，从而美教化、移风俗、施良策、治天下。汉代以后，中国知识思想体系渐趋于成熟，班

---

[1] 刘鸿武：《非洲研究：中国学术的"新边疆"》，《光明日报》2009 年 11 月 9 日第 8 版。
[2] 刘鸿武：《"非洲学"的演进形态及其中国路径》，《国际政治研究》2016 年第 6 期。
[3] 刘鸿武、林晨：《中非关系 70 年与中国外交的成长》，《西亚非洲》2019 年第 4 期。
[4] 刘鸿武：《从中国边疆到非洲大陆：跨文化区域研究行与思》，世界知识出版社 2017 年版，第 54 页。

固撰《汉书》，专门设《地理志》之部，承继了《诗经》写十五国风的传统，分别推论自远古夏商以来的国家疆域沿革变迁、政区设置、治理特点。这一传统后世连绵传承，促成中国古代史上形成了发达的具有资政治国意义的"疆域地理学"或"政区地理学"[①]。除正史外，中国发达的方志学、郡国志、地理志，也是历史上中国"区域研究"重要知识传统。国家治理、社会协调、区域管理，都强调"入乡随俗"，要"因地制宜""到什么山唱什么歌"，这些思想传统都十分重要而有价值。

二 "十三五"时期取得的重要进展与存在的问题

（一）中国区域国别研究的进展与特点

新中国成立后，中国的哲学社会科学开始起步，在中国科学院建立了国际研究学部，有关国际问题研究的机构逐渐建立。万隆会议后，亚非民族解放运动风起云涌，以亚非拉国家为研究重点的区域国别研究有了现实的需要。

20世纪60年代，按照毛泽东同志的指示，开始在中央部委、全国高校布局国际问题研究机构。[②] 如在中联部建立了亚非研究机构，后归并于中国科学院，在高校也成立了一些科研机构，大体分工是北京大学重点开展亚非拉研究，中国人民大学侧重苏联和东欧社会主义国家研究，复旦大学主要研究美国和欧洲，此外，一些地方院校形成了按地域分工的国际问题研究结构，如厦门大学、中山大学、暨南大学主要关注东南亚研究，西北大学、四川大学、云南大学主要关注西亚南亚研究，东北师范大学、吉林大学主要关注东北亚、日本研究。进入"文化大革命"时期，专深系统的研究工作停滞，但做了一些翻译与资料编辑工作。[③]

"文化大革命"结束后，国际问题研究开始受到重视，20世纪80年代后中国社会科学院和各地省区社会科学院建立，专门化的国际问题研究机

[①] 刘鸿武：《命运共同体视域下中非共享知识体系的建构》，《西亚非洲》2018年第5期。
[②] 中华人民共和国外交部、中共中央文献研究室编：《毛泽东外交文选》，中央文献出版社、世界知识出版社2011年版，第465页。
[③] 安春英：《非洲国际关系研究综述》，《西亚非洲》2011年第5期。

构在中央和地方都获得了推进。在高校系统，基于学科传统与地域特色的国际问题研究机构逐渐增加。20世纪90年代和21世纪头十年，研究重点聚焦于欧美西方发达国家，其次是苏东国家、周边国家，周边研究有一定拓展，形成东南亚、南亚、东北亚、中亚研究的划分，相对受到忽视的非洲和拉美研究也有一定的发展。①

2012年，教育部在浙江师范大学召开了首次"区域和国别研究培育基地工作会议"，批准成立了37个教育部区域和国别研究培育基地，全球主要大国、主要区域和地域都有分布。②为适应"一带一路"建设需要，国家加大了对区域国别研究和非通用语人才的培养力度，③到2018年教育部国别和区域研究备案中心第四次交流会议时，全国高校已有近400家研究机构成为教育部国别和区域研究备案中心，基本覆盖了全球主要区域和国别，包括一些长期受到忽视的小国、岛国。④

目前国内区域国别研究的主要机构大致如下。

东南亚南亚研究方面：主要有中国社会科学院亚太与全球战略研究院、中山大学东南亚研究所、厦门大学南洋研究院、暨南大学东南亚研究院、四川大学南亚研究所、云南大学东南亚南亚研究院，北京大学、中国人民大学、广西大学、贵州大学也有相应力量；各地方省市社会科学院如广东省社会科学院、四川省社会科学院、广西社会科学院、云南省社会科学院有相关机构，广西民族大学、云南师范大学等高校也设立有专门机构。

中东中亚研究方面：主要机构有中国社会科学院西亚非洲研究所、中国边疆研究所、俄罗斯东欧中亚研究所，上海外国语大学中东研究所、西北大学中东研究所、兰州大学中东研究所、新疆大学中亚研究所、宁夏大学中东研究院、云南大学西南亚研究所。

拉美和大洋洲研究方面：有中国社会科学院拉丁美洲研究所，厦门大学、上海大学、聊城大学、福建农林大学也建设有拉美和太平洋岛国研究

---

① 刘鸿武：《初论建构有特色之"中国非洲学"》，《西亚非洲》2010年第1期。
② 教育部办公厅：《区域和国别研究培育基地第一次工作会议成功召开》，2012年4月17日，中华人民共和国教育部政府门户网站，http：//www.moe.gov.cn/jyb_sjzl/s3165/201204/t20120417_134244.html。
③ 中国教育报：《全面深化综合改革 全面加强依法治教 加快推进教育现代化——袁贵仁部长在2015年全国教育工作会议上的讲话》，2015年2月12日，中华人民共和国教育部政府门户网站，http：//www.moe.gov.cn/jyb_xwfb/moe_176/201502/t20150212_185813.html。
④ 朱慧：《教育部国别和区域研究备案中心第四次交流会议在我校举行》，2018年11月14日，浙江师范大学新闻网，http：//news.zjnu.edu.cn/2018/1114/c8449a274042/page.htm。

机构。此外，近年来在一些外国语大学也建立了拉美研究机构，如四川外国语大学、天津外国语大学、浙江外国语学院等。

非洲研究方面：主要有浙江师范大学非洲研究院、中国社会科学院西亚非洲研究所（中国非洲研究院），在中国现代国际关系研究院、中国国际问题研究院、上海师范大学、云南大学、华东师范大学、北京大学、外交学院、广州外语外贸大学、云南师范大学、电子科技大学、商务部研究院，也有非洲研究机构或研究人员。

代表性人物和主要成果：区域和国别研究的专业性比较强，需要长期的知识积累与扎实的现实跟踪，要形成稳定的研究队伍，出现著名的学者，并不容易。总体上看，重要的研究人员一直比较集中在少数几个国家研究机构和大学中，但这些年来队伍逐渐扩大，年青一代成长明显。

东南亚研究方面，老一辈有北京大学张锡镇、中国社会科学院张蕴岭、厦门大学庄国土、云南省社会科学院贺圣达，中青年一代如中国社会科学院李向阳、许利平、林海林，北京大学翟崑、暨南大学张振江、曹云华，云南大学李晨阳。南亚研究方面，已去世的北京大学季羡林先生是开山鼻祖，影响甚远，中老年学者如四川大学张力、云南省社会科学院任佳，中青年学者如复旦大学林民旺、张家栋，四川大学孙士海。中东中亚研究方面，已去世的北京外国语大学纳忠先生，开创了当代中国阿拉伯语言文化和历史研究先河；中老年学者如北京大学安维华，西北大学彭树智、王铁铮、黄民兴，中国社会科学院杨光、殷罡、王京烈、邢广程，上海外国语大学朱威烈、刘中民，中国现代国际关系研究院李绍先，兰州大学杨恕，云南大学肖宪，上海社会科学院潘光；中青年一辈如浙江外国语学院马晓霖、中国社会科学院王林聪、北京语言大学罗林、上海社会科学院余建华、上海外国语大学孙德刚、西北大学韩志斌。拉美研究方面，中老年学者如中国社会科学院徐世澄、江时学；中青年学者如中国现代国际关系研究院吴洪英、孙岩峰，中国社会科学院拉丁美洲研究所郭存海等。非洲研究方面，老一辈学者如中国社会科学院的葛佶、杨立华，北京大学夏吉生、陆庭恩、宁骚，华东师范大学艾周昌，南京大学姜忠尽，以及一批具有研究能力的退休大使如艾平、刘贵今、程涛、舒展；中老年学者如上海师范大学舒运国，浙江师范大学刘鸿武，华东师范大学沐涛，中国社会科学院张宏明、贺文萍，中国人民大学刘青建，中国现代国际关系研究院徐伟忠，北京大学李安山，南京大学张振克、刘成富，武汉大学王战，上海师范大学张忠祥，湘潭大学洪永红，湖南师范大学陈晓红等；近年出现一批较年轻研究者如中国社会科学院李新烽、李智彪、姚桂梅、安春英，中共中央党校（国家行政学院）罗建波，浙江师范大学万秀兰、吴卡、周倩、刘云、王珩、李鹏涛、徐薇、牛长松、周海金，云南大学王涛、梁益坚，北京大学潘华琼、刘海芳，上海师范大学刘伟才等。还值得一提的是，近年来，浙江师范大学非洲研究院重视对象国学术人才的引进与培养，如格特大使（南非）、约罗参赞（马里）、和丹博士（索马里）、迈克博士（尼日利亚）、李坤博士（尼日利亚）、罗德里格博士（喀麦隆）等，他们长期在华工作，经常在非洲学术刊物和主流媒体发文，在各场合演讲，在国际上产生重要影响，起到了沟通中非学术的特殊桥梁作用，这一成功做法和经验，值得各区域国别研究机构参考借鉴。

（二）对区域国别研究学科内涵的再认识

"区域研究"的基本特点是"区域性""专题性""综合性"和"实践性"的综合运用，要求有纵横开阔的学术视野与灵活多维的治学方法，有服务于现实的实践可操作性。从目前趋势来看，这一学科的发展，有可能成为我国哲学社会科学创新发展的一个重要突破点。[1]

如前所述，所谓"区域性"是指以某个特定自然地理为范畴的研究，该空间范围可根据对象与需要不同而有差异，可大可小。[2] 大者如非洲、拉美、西亚、中东、东亚、南亚、中亚之划分；小者，非洲研究就可划分为东非、西非、北非、中部非洲、南部非洲的研究，或撒哈拉以南非洲、非洲之角、非洲大湖地区、萨赫勒非洲等各特定区域研究。[3] 拉美可分为加勒比地区、墨西哥与古巴、巴西与南美大陆等。也可按照语言文化、宗教传统与种族集团而开展专门化研究，如"班图文化研究""斯瓦希里文化研究""豪萨文化研究"，等等。[4]

---

[1] 刘鸿武：《"非洲学"的演进形态及其中国路径》，《国际政治研究》2016年第6期。
[2] 刘鸿武：《国际关系史学科的学术旨趣与思想维度》，《世界经济与政治》2006年第1期。
[3] 刘鸿武：《非洲研究的"中国学派"：如何可能》，《西亚非洲》2016年第5期。
[4] 刘鸿武、暴明莹：《蔚蓝色的非洲——东非斯瓦希里文化研究》，云南大学出版社2008年版，第5—8页。

"区域化"研究也是"国别化"研究,即按照"国家"这一政治疆域开展专门化的研究,比如非洲研究就可做非洲54个国家的专门化研究,形成某种意义上的"埃及学""尼日利亚学""埃塞学""南非学"等。国际上也有所谓的"埃及学""埃塞学"的学会、机构与组织的存在。

无论区域划分大或小,"区域化"研究总是将某一特定的自然或文化的"区域"作为一个有内部联系性、相似性的"单位"进行"整体性研究",探究这一区域上的一般性、共同性的种种政治、经济、社会、文化的结构与关系、机制与功能、动力与障碍、稳定与冲突等问题。①

"区域国别"研究之下,可作进一步的"专题性"研究,对此特定区域与国别的问题作专门化研究,比如,对非洲的政治、经济、环境、语言、安全等专题研究,即"非洲+学科"的研究,如非洲政治学、非洲经济学、非洲历史学、非洲语言学、非洲民族学、非洲教育学等。

"综合性"研究是指这类区域研究往往具有跨学科、跨领域的交叉综合特点,需从历史与现实、政治与经济、军事与外交等不同角度,对这一区域的某个专门问题进行综合研究。② 比如,研究非洲安全问题,就要同时联系其经济、环境、民族、资源、宗教等问题作综合研究。

(三) 中国区域国别研究存在的主要问题

第一,缺乏自主性、原创性、系统性、长期性、专业化的基础研究支撑。区域国别研究具有突出的专业性、适地化特点,要求研究者一方面有深厚国学基础与自主见识,另一方面又能长期系统地跟踪、观察、熟习研究对象之一国一地。由于世界各区域、国别、民族的区情、国情、民情的历史与现实千差万别,研究者很难从全球层面上来把握对象,只能深入某一地某一国,长期跟踪,积累一线体验、获取一手资源、结识一流人脉,方可把握真实情况,做出扎实的研究,得出可靠的结论。目前国内区域国别研究,有的往往停留在肤浅表面现象,或臆想研究对象,有的搬用西方教条和空泛概念,玩文字游戏与文献堆砌,许多研究不深入、不具体、不

---

① 刘鸿武:《推进有特色的中国非洲研究事业的发展——关于建构有特色的"中国非洲学"的若干思考》,《非洲研究》2010年第1卷。
② 刘鸿武:《非洲发展大势与中国的战略选择》,《国际问题研究》2013年第2期。

管用。①

第二，缺乏机制化、机构化、实体化的专门科研机构的长期建设。长期以来，我国的区域国别研究人员散布在不同行业与领域，一些高校区域国别研究机构，多是挂牌的"三无"机构，"无编制、无经费、无场地"，聚散随意，或半路出家，或行半而弃，能够长期稳定存在、形成深厚学术积累和高深成果的寥寥无几。因为缺乏机制化、实体化机构支撑，目前全国数得上来的成建制的、稳定存在的区域国别研究机构还是屈指可数。

第三，缺乏专业化的学科与学位建设和人才培养平台来支撑一些重大基础项目。区域国别研究因为涉及范围广泛，具有跨学科、跨领域、跨地域研究的特点，从事区域国别研究的人学科背景多样，各自以固有的研究方法和工具手段进入区域国别研究领域，难以形成稳定成熟的专门化知识体系。目前国内人才培养按照传统一级学科布局，从政治学、经济学、历史学等领域来培养人才，不能按地域聚焦来培养人才，区域国别研究的学科建设、学位建设、师资建设、课程建设、教材建设总体进展都比较缓慢。

第四，缺乏专业性、多样化的研究资源和研究基地建设来支撑专门化研究。长期以来，我国区域国别研究大多停留在"一支笔、一张纸、一篇文章"的"学者工作坊"书斋式状态，闭门造车，自说自话，做沙发上的学问，缺乏长期在对象国留学、调研、访问的经历，也缺乏一手资源积累，往往是抄袭借用西方的东西，深受人家的影响与牵制。与欧美国家到处都是亚非拉主题的博物馆相反，目前国内如浙江师范大学非洲研究院那样建有专业博物馆的研究机构很少，绝大多数机构都没有专业性的对象国博物馆、影像馆，大众知识普及与传播也很难开展。

第五，缺乏畅通有效的国际合作机制与交流协同管道来推进双方的知识共建与共享。区域国别研究对象是世界各国各地的事情，我们研究人家，先要懂得人家，拜人家为师，向人家学习，这就需要有十分畅达直接地与对象国学者交流、合作的机制，在深度对话沟通中寻求双方的思想交流与

---

① 刘鸿武：《发展研究与文化人类学：会通及综合——关于黑非洲发展问题研究的一种新探索》，《思想战线》1998 年第 1 期。

智慧共享。目前我国区域国别研究机构很少聘请对象国的专家学者作为科研人员，自己的科研人员也很少在对象国家长期工作，赴对象国作访问调研的手续繁杂，程序冗碎，影响着相关工作的开展。

第六，缺乏政、企、社、学、商之间的整体协同与统筹安排来提升成果的实际效应。经世致用是中国传统地理学、区政学的核心精神，区域国别研究的活力在于它是一种行走在大地上的学问，必须服务于国家发展现实需要，紧密围绕"国家关心、企业关心、社会关注、百姓关心"的主线来开展研究、评价成果、奖励贡献，而目前国内多数区域国别研究还停留在自己的体制内作学者间的微循环，自说自话，所谓的"影响因子"其实只是学者小圈子的相互引用，对国家、社会、大众能产生的影响或关联很小，在对象国的影响就更小了，这种自我封闭的状态如不打破，就谈不上实质性的学科建设意义。

（四）推进中国区域国别研究的若干建议

2016 年 5 月 17 日，习近平总书记在"哲学社会科学工作座谈会"上指出，"我国哲学社会科学学科体系已基本确立，但还存在一些亟待解决的问题"，一是学科设置同社会发展联系不够紧密，二是学科体系不够健全，三是新兴学科、交叉学科建设比较薄弱。他提出四个步骤的解决办法，一是突出优势，二是拓展领域，三是补齐短板，四是完善体系。他提出，"要加快发展具有重要现实意义的新兴学科和交叉学科，使这些学科研究成为我国哲学社会科学的重要突破点"。①

区域国别学正是一个新兴交叉学科，是我国学科建设中的"短板"，也是中国哲学社会科学创新发展的"重要突破点"。② 为此我们建议从如下方面努力。

第一，把"区域国别学"提升到服务国家发展重大战略的支撑学科的高度，作为"特色学科"列入新一轮国家双一流大学和学科建设中，给予专门化支持。以切实举措加强专业学科基础建设，形成专门化的"区域国别学"的学科、学位、师资、课程、教材建设平台。建议设置"区域国别

---

① 习近平：《在哲学社会科学工作座谈会上的讲话》，人民出版社 2016 年版，第 22 页。
② 刘鸿武：《非洲研究的中国学派：学科内涵与精神气度》，《非洲研究》2011 年第 1 卷。

学"为特色学科的博士、硕士专业，其二级学科如区域国别研究理论与方法、非洲学研究、拉美学研究、亚洲学研究、中东学研究、亚太学研究、中亚学研究、欧美学研究、南极北极研究等，努力培养专门化师资、编撰专门化教材、建设专门化课程、培养专门化人才。

第二，推进专业化的区域国别学的科研条件建设，包括专业数据库开发，世界各大区综合博物馆、专题博物馆建设，特色语言文字和文献档案馆建设。区域国别研究是具有古典气质的基础研究，许多专题领域研究具有冷门、绝活、秘传的特点，没有专业化、系统化的知识积累和基础条件建设很难实质性地推进。建议各高校和科研机构努力建设非洲博物馆、亚洲博物馆、拉美博物馆、中东博物馆，以及专题领域如古典文明博物馆、东方语言文字博物馆、丝绸之路博物馆、亚非人类学博物馆等。目前培养的相关专业的博士硕士，没有对象国的基本功、童子功的扎实修炼，一些特色工具手段不足，应努力补上短板。

第三，采取特殊举措，制定一个系统推进中国区域国别研究人才培养的国家方案与国家标准，努力培养复合型、跨学科、专业化加外语能力的通用型区域国别人才。制定基本的目标与方向、原则与框架，由各高校和科研机构根据自己的区域国别研究对象特点来细化方案。包括从本科、硕士、博士、博士后阶段的对于不同专业的阶梯式人才培养方案。本科阶段采用通识型的人才培养方案，从世界文明史与古典学术层面系统学习"文史哲＋外语"通识型专业，获得广博知识积累；硕士研究生和博士研究生阶段，则偏向于区域国别专业化的深化学习，如非洲研究、拉美研究、亚洲研究、欧洲研究、美洲研究、亚太研究等，毕业时分别授予区域国别学专业的学士、硕士、博士学位。

第四，审慎而积极地引进研究对象国家的高级专业人才，尤其是需要启动一个专门面向非洲、拉美、亚太国家的各类区域国别专业研究人才与师资队伍的培育引进专项。实现我国区域国别研究人才队伍的国际化改造，逐渐形成中国学者与对象国学者紧密合作、相互学习、共同创造知识的局面。建议启动"国家社会科学基金外国学者特殊专项"，主要为非洲、亚洲、拉美、亚太地区的发展中国家学者申报，也可面向在中国学习的相关国家留学博士研究生和硕士研究生。启动诸如"非洲学者论非洲""拉美学者论拉美"丛书撰写项目，由亚非拉和中国学者合作重新撰写世界与本国的著作,改变以往通过欧美西方学者著作来看世界的缺陷。①

第五,重视跨学科跨领域的专业人才整合,建立一批具有综合实验、数据处理、信息加工、智能服务的文理工交叉的"区域国别学综合实验室",开发编辑相关专题数据库,制定人才培养与成果转化的指南,形成以我为主的话语形态与概念体系。分区域、分地域、分主要国家和组织推进相关专业数据库、信息库、实验室、文献收藏室的建设,并且通过与研究对象国的国家档案馆、博物馆合作,双向培养中方人才与对象国人才,支持研究对象国也相应地建设中国博物馆、中国研究中心等机构,形成诸如"中国的非洲学"与"非洲的中国学"的双向建构与知识共享,② 最终建立起中外共建、共通、共享的知识体系,为建设人类命运共同体提升知识与思想准备。③

三 "十四五"时期的发展趋势和学术前沿

(一) 主要发展趋势

第一,非西方世界知识体系逐渐复兴并成为未来全球区域国别知识的主体。过去五百年,随着西方世界的兴起并逐渐征服世界,西方的本土知识也逐渐传播于全球,包括西方对于非西方世界的认知与研究所形成的知识形态,也主导世界并被冠上"普世知识"的光环,而支配了人类的知识形态。④ 但是,随着今日非西方世界重新崛起,非西方世界对于世界的认识与研究也随之有了崛起的机会。未来的世界,应该有一个在东西南北世界各国、各地区、各民族相互认知与了解基础上的更加平衡与多维的人类知识体系重建的过程。在这个过程中,具有中国特色与气度的中国区域国别研究,以及它所提供的新的知识体系与思想智慧,也将为人类全球知识体系重建做出特殊的贡献。

第二,全球范围内的人类区域国别传统知识与现代复兴发展知识创造

---

① 刘鸿武:《非洲研究的"中国学派":如何可能》,《西亚非洲》2016年第5期。
② 刘鸿武:《命运共同体视域下中非共享知识体系的建构》,《西亚非洲》2018年第5期。
③ 刘鸿武:《非洲学发凡:实践与思考六十问》,人民出版社2019年版,第6页。
④ 刘鸿武:《当代中非关系与亚非文明复兴浪潮——关于当代中非关系特殊性质及意义的若干问题》,《世界经济与政治》2008年第9期。

两者间将形成新的互动建构形态。过去那种将传统知识与现代知识相分割、前现代与现代知识相对立、西方知识与东方知识相对抗、北方知识与南方知识相撕裂的格局将被突破。整合、融合、拓展了人类各种区域文明与国别知识的人类知识新综合体系,需要在人类平等交往、相互尊重、交流互鉴的基础上,获得新的塑造和推进。通过人类的共同努力,建设起一种共建、共通、共享的人类新知识体系,并以这样人类共享的知识体系,助推人类发展共同体、利益共同体、命运共同体的建构。[①] 这方面,中国的区域国别研究学者应该有更多的机会,也应该有更高的抱负和眼光。

(二) 学术前沿问题

第一,非西方世界各国、各地区、各民族未来发展的道路选择与知识重建,如何获得实质性、自主性推进,并且在与西方知识的互动中重建人类新知识综合体。

第二,经过数百年西方主导的人类知识体系建构进程后,非西方世界各国、各地区、各民族如何重建自己的知识体系与发展理念,保护人类传统知识形态并赋予其现代的意义。

第三,克服传统旧式的那种不平等、不公正、不可持续的全球化缺陷,而开拓公平、公正、可持续的新型全球化,需要什么样的全人类区域国别发展知识的共同支撑。

第四,建构开放形态的人类区域国别知识体系需要什么样的现代技术支撑,人工智能与新技术手段在区域国别研究中如何运用,如何建构大数据条件下人类各区域、各国、各民族的知识体系。

(三) 重点研究课题

1. 中国区域国别研究的学科建设与人才培养的战略路径与政策支撑

本课题需要从国家发展的战略高度,系统深入研究新形势下推进中国区域国别研究的宏观战略、基本路径、政策支撑、平台建构。本课题可以演化成若干个分领域、分地域、分专题的研究课题,分别对非洲、亚洲、拉美、中东、亚太各大区域国别研究的专题问题进行更深入细化的研究。

---

① 刘鸿武:《命运共同体视域下中非共享知识体系的建构》,《西亚非洲》2018 年第 5 期。

2. 新时期中国区域国别研究的总体规划与地域分布的战略研究

本课题主要研究新时期推进中国区域国别研究的整体规划与分地域、分领域、分国别研究的对策，研究全国各科研机构与大学如何在分工有序、整合有效的基础上，形成中国对世界上所有国家、所有区域、所有民族的全覆盖研究，以及推进这一工作的国家政策协调与学科建设战略。

3. 新时期中国区域国别研究的综合大数据开发建设与利用

本课题研究在新时期推进中国区域国别研究的学科建设和人才培养所需要的专业大数据平台、系统化的专业实验室，博物馆、文献馆、翻译馆建设。如何开发建设多语种的古典文献与现代资料库，从而提供区域国别研究所需要的公共平台。

4. 中国学术传统中的区域国别学优秀遗产总结与当代发扬

本课题着重从历史纵深的视野上回顾考察中华文化多元一体形态与中华多民族国家形成过程中，历朝历代处理境内与境外、内地与边疆、华夏与四夷、本国与他国的关系的种种历史经验与治理智慧，并从近代以来中国追求民族复兴而努力走向外部世界所形成的域外知识与思想智慧以及这一过程中，研究提炼出具有中华学术精神的新时代的中国区域国别研究理念与方法，形成中国特色的全球区域知识体系，以助推人类命运共同体建设。

总审稿人　李慎明

审 稿 人　李慎明　姚枝仲　黄仁伟　彭光谦　黄　平　吴志成
　　　　　　李向阳　刘鸿武　王立强　徐秀军　周　淼

执 笔 人　康晏如　姚枝仲　黄仁伟　彭光谦　苏长和　张建新
　　　　　　黄　平　刘　玮　马汉智　张超颖　吴志成　王亚琪
　　　　　　谢来辉　刘鸿武

参 加 人　刘仕国　高凌云　臧成伟　陈　拯　周逸江　李雨霏
　　　　　　叶海林　朴光姬　王玉主　高　程　沈铭辉　钟飞腾
　　　　　　王金波　张中元　刘　乐　林　晨　陈　彪

中国历史

中国古代史

一 "十三五"时期中国古代史学科发展的基本状况

在习近平新时代中国特色社会主义思想的指导下,党和国家对中国历史文化研究提出新的更高要求。中国古代史学科站在时代高度,把握时代主题,不断开拓创新,砥砺前行,实现创新性发展,力争推出具有时代穿透力的精品力作,不断扩大国际影响力,努力为加快构建中国特色马克思主义史学理论和创新学科体系、学术体系、话语体系做贡献,为实现中华民族伟大复兴的中国梦贡献历史智慧。

随着中国综合国力显著增强,中国古代史学科发展迅速,门类日益齐全,结构日趋合理,产生了简帛学、古文书学、形象史学等新兴学科,成为学科发展的重要增长点,不少研究领域加速发展,引领世界学术发展的新潮流。

中国古代史学科根据国家重大战略需求和现实需要,自觉调整和优化研究力量布局,进一步加强人才培养和队伍建设。优化研究力量战略布局主要表现在进一步加强对中国古代史学科的统筹指导,做大做强优势学科、特色专业,同时通过扶持基础薄弱的学科和研究方向,促进学科生态系统良性发展。《关于实施中华优秀传统文化传承发展工程的意见》的颁布实施,对中国古代史学科提出了新的更高要求。2019年1月,在习近平总书记和党中央的直接关怀下,中国社会科学院中国历史研究院成立,并对古代史研究所及其研究室进行了相应的调整和完善,不仅有利于更好地承担中国古代通史、断代史和专门史研究，也有助于更好地统筹指导全国中国古代史研究。国家社科基金项目和教育部人文社科项目等在中国古代史学科建设和学术发展方面继续发挥着重要的示范引导作用，尤其是重视发展甲骨学、简帛学、敦煌学、考据学、古籍及特色文献整理与研究、非物质文化遗产研究等"绝学"、冷门学科和研究方向，对促进中国古代史学科均衡化、可持续发展具有重要意义。

总之，"十三五"以来中国古代史学科坚定文化自信，大力推动马克思主义史学中国化、特色化、全球化发展。中国古代史学科新的发展机遇与挑战并存。遵循学科发展的基本规律，聚焦时代关切的重大课题，以更加开放、包容的态度应对挑战，不断推出标志性学术成果，提高国际学术影响力，将是中国古代史研究坚持和努力的方向。

二 "十三五"时期中国古代史研究的主要成就

（一）文献整理与研究

传世文献和出土新资料的整理与研究成就斐然。传世史籍有多种新整理本问世，比如中华书局点校本二十四史修订工程分别推出《魏书》《南齐书》《宋书》《隋书》《辽史》《金史》六种，各修订版皆吸收了自原点校本出版以来几十年间学界的相关研究成果，质量有显著提高。《元代古籍集成》推出第二辑，《全宋笔记》共十编全部问世，国家清史纂修工程陆续推出相关文献整理成果，所出皆为较权威的点校本。随着古籍整理的快速发展，对史书编撰、史料批判和历史书写的研究也同步推进。代表性著作如陈晓莹《晚近的历史记忆：两宋的五代十国史研究》、邱靖嘉《〈金史〉纂修考》等。

甲骨文、金文、简帛、石刻、黑水城文书、敦煌文书、明清文书、纸背文献、地方文书等新史料的整理与研究持续推进。各地所藏甲骨文资料陆续结集出版，如《绘园所藏甲骨》《殷虚书契四编》《安阳博物馆藏甲骨》《复旦大学藏甲骨集》。甲骨缀合与整理研究成果如黄天树主编《甲骨拼合四集》；金文资料的整理成果如吴镇烽主编《商周青铜器铭文暨图像集成续编》。其他早期文字资料也得到收集整理，如成颖春《齐陶文集成》，严志斌、洪梅《巴蜀符号集成》。

出土简帛新资料的整理进程显著加快，20世纪七八十年代出土的西北汉简得以全部整理出版，如《肩水金关汉简》《地湾汉简》《玉门关汉简》，90年代出土的敦煌悬泉汉简整理出版《悬泉汉简》第一卷，长沙走马楼三国吴简的整理接近尾声，出版《长沙走马楼三国吴简·竹简》第五、六、九卷。最近十余年来发现的简牍新资料也陆续整理出版，如《清华大学藏战国竹简》第六至第九卷，《安徽大学藏战国竹简》第一卷，《里耶秦简》第二卷，《岳麓书院藏秦简》第五、六卷，《长沙五一广场东汉简牍》第一至第四卷。

新出墓志陆续推出多种图录本，系统整理成果渐多，如刘琴丽编《汉魏六朝隋碑志索引》。其他中古文字资料如造像记、镇墓文、墓券、字砖，以及都城和墓葬遗址、砖画壁画等图像、石窟造像等考古资料，日益受到海内外学界的重视，出版多种整理成果与研究论著，如《墨香阁藏北朝墓志》《洛阳新获墓志二〇一五》，魏宏利《北朝关中地区造像记整理与研究》，贾小军、武鑫《魏晋十六国河西镇墓文、墓券整理研究》。

写本文献方面，中国黑水城汉文文献整理已经全部完成，重要成果如杜建录《中国藏黑水城汉文文献释录》、孙继民《中国藏黑水城汉文文献的整理与研究》。敦煌文书的整理研究持续推进，如郝春文、游自勇主编《英藏敦煌社会历史文献释录》第十四卷，浙江大学出版社推出"浙江学者丝路敦煌学术书系"第一辑，共十位作者的十种著作。明清文书的整理成果主要有《徽州合同文书汇编》《徽州民间珍稀文献集成》《贵州清水江文书》。近年发现的各地博物馆、图书馆所藏古籍纸背残存的宋、元、明等朝代的公文书日益受到学界关注，相关整理工作正在广泛展开。邯郸学院收藏的20多万件太行山地方文书亦在修复整理中，已出版《太行山文书精粹》。

（二）政治史研究

政治史作为中国古代史研究的传统议题，仍然是研究重点并呈现活跃态势。早期中国的形成是近年学界关注的热点问题之一，考古学和历史学互动以构建或反思上古史成为新的研究趋势。代表性著作如孙庆伟《鼏宅禹迹——夏代信史的考古学重建》、裴安平《中国的家庭、私有制、文明、国家和城市起源》、郭明《牛河梁遗址红山文化晚期社会的构成》等。

融合多学科成果与理论,从新史料、新视角出发,重新解读政治现象与政治运作,是近年政治史研究的另一大趋势。代表性论文如王子今等学者发表的关于秦统一及其历史意义再考察的系列研究论文,李治安《元朝诸帝"飞放"围猎与昔宝赤、贵赤新论》;著作如邓小南主编《过程·空间:宋代政治史再探研》、樊树志《重写晚明史:朝廷与党争》。

制度史研究突破传统的静态视野,转向动态观照和政治文化视角,重视制度的运行过程,关注国家统治与社会治理,形成融合政治史与文化史、社会史、宗教史等的"新政治史"研究取向。探索历代国家治理经验是近年的热点之一,《中国社会科学》推出"历史视野中的中国国家治理"专题,《中国史研究》推出"唯物史观视野下的清史研究"专题。代表性论文如卜宪群《谈我国历史上的"大一统"思想与国家治理》等。

政治文化研究是另一个核心议题,代表性著作如侯旭东《宠:信—任型君臣关系与西汉历史的展开》、李若晖《久旷大仪:汉代儒学政制研究》、陈侃理《儒学、数术与政治——灾异的政治文化史》、胡鸿《能夏则大与渐慕华风:政治体视角下的华夏与华夏化》、刘浦江《正统与华夷:中国传统政治文化研究》、刘后滨《唐代选官政务研究》、黄楼《神策军与中晚唐宦官政治》;论文如龚延明《唐宋官、职的分与合——关于制度史的动态考察》、高翔《18世纪中国的反正统政治思潮》等。

地方行政运作也是近年来的研究重点。军制研究取得显著进展。

(三)经济史研究

大量新公布的史料,使得以往因材料欠缺认识不清的若干社会经济史问题得以重新阐释。户籍管理、赋役制度、经济结构、土地所有制形态、财政税收、货币等成为研究热点。代表性著作如臧知非《秦汉土地赋役制度研究》、凌文超《秦汉魏晋丁中制衍生史论》、卢厚杰《唐代财经问题与国家治理研究》、李园《明代内库与财政体制变迁研究》、邱永志《"白银时代"的落地:明代货币白银化与银钱并行格局的形成》、倪玉平《清代关税:1644—1911年》等。

近年来，经济史领域尤其是明清经济史在研究范式上出现了欲摆脱对社会经济形态、生产关系等理论的过分依赖，向多元思维及理论转化的趋势。诸如人口增长与土地等资源的关系，地租、税收与生活水准，经济作物的传播与移民，贸易的发展以及自然环境变化对经济现象的影响过程、对市场发育的研究、有关区域性地方商业和经营特点的研究等问题，愈益受到学者们关注。跨学科、跨地区的经济史研究成为热点。家庭经济、商业贸易、经济发展与社会变迁、农业发展等成为重要议题。代表性著作如邢铁《唐宋家庭经济运行方式研究》、范金民《国计民生：明清社会经济新析》、史志宏《清代农业的发展和不发展（1661—1911年）》、谭培根《明清时期南靖东溪窑与对外贸易》、刘志伟《贡赋体制与市场：明清社会经济史论稿》、黄国信《国家与市场：明清食盐贸易研究》等。

（四）法制史研究

法制史研究延续了以往与新资料紧密结合的路径，从法律文本走向法律实践成为重要的研究趋势。战国秦汉时期的法制史研究不仅关注出土简牍所见律令的性质、内容、结构、术语等文本分析，而且重视法制理论、法制思想、司法实践等方面的探讨。代表性著作如陈松长《岳麓秦简与秦代法律制度研究》、徐世虹等《秦律研究》、赵久湘《秦汉简牍法律用语研究》等；论文如连劭名《包山楚简法律文书丛考》、南玉泉《秦汉的乞鞫与覆狱》等。

（五）社会史研究

社会史研究的传统领域如社会风俗、身份秩序、士人、宗族等持续受到关注。代表性著作如彭卫、杨振红《秦汉风俗》，李伯森主编《中国殡葬史》，梁建国《朝堂之外：北宋东京士人交游》，陈宝良《明代士大夫的精神世界》，谢思炜等《唐代荥阳郑氏家族世系与婚姻关系考》；论文如贾丽英《秦及汉初二十等爵与"士下"准爵层的剖分》、杜正贞《"异姓为嗣"问题中的礼、法、俗——以明清浙南族规修订为例》、杨海英《山阴世家与明清易代》、赵思渊《士气之藩篱：清末常熟清赋中的士绅身份意识转变》等。

社会控制、礼仪制度、谱牒源流、族群与区域社会等成为近年社会史研究的重要论题。代表性著作如李禹阶主编《秦汉社会控制思想史》、吴丽娱主编《礼与中国古代社会》、潘晟《知识、礼俗与政治：宋代地理书术的知识社会史探索》、赵世瑜《长城内外：社会史视野下的制度、族群与区域开发》、胡小安《"动乱"、制度与社会变迁：明清以降桂林地区的族群问题研究》等。

生态环境与疾病医疗是近年社会史研究的热点。日常生活、民间信仰、伦理观、性别史也是社会史研究的重要组成部分。

（六）思想文化研究

思想文化研究受到"新文化史"的影响，知识观念、宗教信仰、形象史学、物质文化研究涌现一批新成果，学者们注重探究宗教文化与社会发展、政治演变的内在关联性等问题，道教、佛教、仪式、性别、艺术等成为研究热点。主要著作如姜生《汉帝国的遗产：汉鬼考》、姜守诚《出土文献与早期道教》、刘屹《六朝道教古灵宝经的历史学研究》、张径真《法律视角下的隋唐佛教管理研究》、孙亦平《唐宋道教的转型》、白照杰《整合及制度化：唐前期道教研究》、唐晓峰《元代基督教研究》。

中国古代的儒学仍然是研究重点。

（七）民族史和中外关系史研究

随着战国秦汉时期相关考古发掘和简牍资料的披露，秦人族源、族群迁徙、早期秦文化、西戎文化、华南文化等问题成为关注的重要议题。代表性论文如刘宇《〈清华简·系年〉与"秦人东出"说》、雍际春《关于秦早期文化形成的思考》；著作如刘瑞《秦汉帝国南缘的面相——以考古视角的审视》等。

魏晋时代五胡夷族社会形态的转变及其对华夏文化的态度是学界关注的重点之一，学者们致力于突破早先单一的"汉化"视角，尝试从魏晋南北朝整体的族群互融与社会发展来审视夷夏之间的互动交流。北族国家政权发育过程中胡汉制度、文化的碰撞与交融及正统论一直是本领域的核心议题。代表性著作如楼劲《北魏开国史探》。

利用多语种史料，重视历史文本的分析，是近年民族史研究的重要路径。代表性著作如吴玉贵《突厥汗国与隋唐关系史研究》、李鸿宾《墓志所见唐朝的胡汉关系与文化认同问题》、周峰《五代辽宋西夏金边政史》、程妮娜《古代东北民族朝贡制度史》、徐凯《满洲认同"法典"与部族双重构建——十六世纪以来满洲民族的历史嬗变》、成臻铭《土司制度与西南边疆治理研究》、陆离《吐蕃统治河陇西域与汉藏文化交流研究》等。

积极响应国家共建"一带一路"的号召，近年来中外关系研究异常活跃。代表性著作如石云涛《汉代外来文明研究》、周繁文《长安城与罗马城：东西方两大文明都城模式的比较研究》、冯立君《唐朝与东亚》、马晓林《马可波罗与元代中国》、邱轶皓《蒙古帝国视野下的元史与东西文化交流》、刘迎胜《从西太平洋到北印度洋：古代中国与亚非海域》、夏代云《卢业发、吴淑茂、黄家礼〈更路簿〉研究》、李伯重《火枪与账簿：早期经济全球化时代的中国与东亚世界》等。

（八）综合研究

除了专门史研究之外，中国古代史在通史研究、专题研究等综合性研究方面也取得了丰硕的成果。通史研究方面，推出了融汇新体例、新史料、新观点的通史著作，代表性成果如卜宪群总撰稿《中国通史》，曹大为、商传、王和、赵世瑜总主编《中国大通史》。专题史研究方面，代表性著作如张希清主编《中国科举制度通史》、周振鹤主编《中国行政区划通史》（修订版）。

综合性研究的一个重要趋势是突破断代史的局限，从宏观视角关注中国古代社会的重要变革，如秦汉社会演进、唐宋变革、宋元变革、元明社会变动等，并掀起了关于"大宋史""大元史""新清史"的讨论。代表性著作赵昆生、唐春生《秦汉两晋南朝政治与社会》，陆扬《清流文化与唐帝国》，王小甫《隋唐五代史：世界帝国开明开放》，沈卫荣《大元史与新清史——以元代和清代西藏和藏传佛教研究为中心》，韦兵《完整的天下经验：宋辽夏金元之间的互动》，钟焓《清朝史的基本特征再探究——以对北美"新清史"观点的反思为中心》等。

中国古代社会形态问题重新受到学界关注，提出了"皇权专制社会"

"富民社会""帝制农商社会"等概念，代表性论文如李振宏《从政治体制角度看秦至清社会的皇权专制属性》等。

"十三五"时期，中国古代史学界的国际学术交流进一步加强，除了举办众多国际性学术会议、学者互访、合作研究等学术活动之外，学术著作的译介成效显著，主要体现在引进来和走出去两个方面。一方面，国内学界的国际视野进一步拓展，对欧美、日本学界相关研究成果的关注明显增加，大量海外论著被引进翻译出版。另一方面，众多国内学者的研究成果也被翻译为外文介绍到国外。双向互动的交流，有力促进了中国古代史研究的发展。

三 "十三五"时期中国古代史研究的基本特点和存在的问题

（一）新资料的发现、整理与研究继续推动中国古代史研究的深入与拓展

大量考古资料的公布，促进了史前文明与早期国家的研究；甲骨文新资料及缀合成果、青铜器及铭文等，使得殷商西周史研究在政治、经济、军事、地理族属、国家结构、社会形态等多方面取得了新进展；出土简帛新资料有力地推进了先秦两汉魏晋时期社会历史研究的各个方面，综合利用出土资料和传世文献探讨相关历史问题，已经成为一种重要的研究路径，取得了众多学术成果，同时朝鲜、韩国、日本出土简牍也逐渐成为国内学界关注的资料，大大扩展了学者的研究视野；大量墓志、石刻、字砖、壁画、石窟造像记、都城遗址、写本文献、民间文书等资料则引发了对魏晋至明清时期社会历史文化的新思考。

（二）研究方法有所创新，跨学科研究日益加强

研究方法不断拓展，新技术和新方法被引入历史学研究领域，例如科技考古利用锶同位素研究古代人类食物构成与所属地域，利用大数据进行古文字释读与资料整理，利用卫星、3D技术构建新的历史地理学等，都极大促进了相关领域研究的前进。

近年来，一些学科理论探索与思考也不断取得进展。随着简帛日益成

为研究先秦两汉魏晋历史的推动力量，简帛学理论的构建和探索，成为近年的热点之一。中国社会科学院简帛研究中心和首都师范大学历史学院连续合作主办了四届简帛学理论与实践专题学术研讨会，并连续在《中国史研究动态》和《河南师范大学学报》等刊物上组织刊发"简帛学理论与实践"专题系列论文开展集中讨论，提出建立简帛学科的学术要求和理论构想；"中国古文书学"是由中国社会科学院古代史研究所倡导建立的新学科，主张将中国古代先秦至明清的出土或传世古文书（不含典籍）作为研究对象，重视具有不同格式的原始文书，将其作为研究历史的第一手资料加以利用。经过近五年的培育，中国古文书学的理念得到进一步普及，古文书学已经成为国际学界的一大学术热点。

跨学科研究日益受到关注，历史学与考古学、人类学、社会学、气象学等的结合，催生出新学科和成果，成为学术研究新的增长点。"形象史学"是中国社会科学院古代史研究所文化史研究室提出的一种新的史学方法论，以古代的造像、图像等作为主要研究对象，结合历史学、考古学、艺术史等学科的共性与特殊性，融会图像学、新文化史等方法论与中国古史研究中的考据法，多角度、多层面梳理人类文明演进的基本脉络，进一步拓展史学研究的路径和视野。近年来相关的理论思考与建设得到进一步加强，2018年在《中国史研究动态》推出"形象史学理论与实践前瞻"系列笔谈，做了有益的探索，越来越受到学界关注。

（三）理论思考日益受到重视，取得若干新进展

关于中国思想文化史研究理论与方法的探讨、如何处理新出文献与传统史料的关系、如何将西方史学研究方法和理论本土化、大数据时代的史学研究等议题，都引起学界广泛的讨论和反思。

学界在积极与西方汉学界展开学术互动、吸收国外先进研究成果的同时，立足中国历史与国情，与西方史学界展开平等对话，对历史虚无主义、"新清史"等理论进行了全面的梳理与驳正，努力建立适合中国历史情况的学术体系和话语体系，取得了丰硕的成果。

"十三五"时期，中国古代史研究虽然取得了令人瞩目的成绩，但仍然存在若干缺陷和薄弱环节，有待改善。

第一，理论创新和方法研究不足，综合性研究成果较少，选题细碎化倾向依然明显，缺乏宏观的、长时段的考察。虽然学科理论建设受到一定程度的重视，但比较而言，仍然是实证性研究突破更大，基础性的支撑性理论研究进展甚微，在一定程度上制约了研究的前进步伐；大时段宽视野的研究不足，学者更多是局限于本人所擅长的领域，研究专而深，但涉及时段和研究面较小。不少领域虽然积累了丰富的微观研究，但整体性认识缺乏质的飞跃，具有原创性和国际重大影响的标志性成果尚不多见。

第二，学科壁垒仍然存在，历史学对其他学科整合不足。历史是包罗万象的，历史学的研究范围也是无所不包的，社会学、人类学、考古学等都是历史研究的有益支撑，但目前历史学在整合跨学科研究方面虽然不断进步，却依然不够充分，例如考古学与历史学在早期国家与社会研究方面，尚未找到有效解决途径将两门学科完美结合进行阐释；另外历史学自身分支分段也过细，与历史的整体性和动态性之间存在矛盾。

第三，在研究风气上，存在过分重视新出材料而忽视对传世文献的解读与阐释的问题；还存在受资料和课题导向影响的问题，对于新资料和大课题十分关注，有跟风研究的倾向；也存在简单、重复研究的现象，影响对传统经典问题的冷静思考和深入探究。出土材料的整理和研究固然应该受到重视，但不应因此而轻忽传世文献，应在研究中做好考古材料、出土文献和传世文献的整合与系统分析，在进行细致入微研究的同时，贯通整合各类材料进行深入的综合研究，进一步开创中国古代史研究的新局面。

第四，在研究时段和领域方面，存在发展不平衡的问题。比如断代史方面，战国史、新莽史、东汉史的研究相对较为薄弱，有待加强。这些时段皆有新资料出土，但相关研究仍然以文本研究为主，缺乏宏观系统的视野和思路。在研究领域方面，经济史、物质文化史、社会形态等研究，尚有待加强。

第五，学术争鸣与交锋较少。虽然一些研究领域形成了共同关注的课题，但是学术争鸣与交锋比较少见。在公众史学领域，学者也还需要担负起更多的社会责任。

第六，数字化欠缺。从技术方面与其他学科相比，历史学研究及其成果在数字化方面也有明显不足，许多资料和成果仍然依赖于传统出版方式，未能充分利用数据库、网络的便利性。

四 "十四五"时期中国古代史研究的趋势

首先,结合现实,加快构建具有中国特色与世界影响力的历史学学科体系、学术体系与话语体系。中国古代史研究的现代化转换完成于近代中国"西学东渐"的特殊背景下,学科构成与研究范式至今仍然保留着西方学术的深刻印迹,如何立足本土,放眼全球,推动中国古代史的三大体系建设,必然成为下一阶段的学术热点话题。

其次,研究范式的求"新"。新视野、新材料、新方法与新技术等一系列新生元素,是当代学术不能回避的世界潮流。随着数字人文、新文科等概念的陆续兴起,如何为古老的中国古代史学科赋予新的活力是一个重要问题。"十四五"时期,如何在研究范式上求"新",以及把这些"新"意落到实处,实现切实之"新"而非停留于概念层面的肤浅论述,会引发更多关注。

最后,回归经世致用的本质,彰显中国古代史的现实关怀。历史是最好的老师,最好的教科书,也是最好的清醒剂。作为以经世致用为初衷建构的古老学科,如何在当代视野下积极探索古代史研究的现实意义,如何使古代史研究与现实联结得更紧密,充分彰显中国古代史研究的实践特性与现实关怀,值得诸多学人进一步的思考与探索。

五 中国古代史研究重点方向的建议

(一)中国古代土地制度与社会形态研究

作为农耕文明的重要代表,土地制度始终是中国的国家基础性制度,中国古代土地制度的发展始终与社会形态的演变息息相关,保持着鲜明的时代风貌。以唯物史观为指导,找寻二者的内在逻辑,把握二者的互动规律,有益于我们把握中国古代历史的发展演变规律。

(二)中国古代的历史观念与史书编纂

中国古代宗教色彩较弱,为现实提供合理性的任务很大程度上由史学承担。如何认识中国古人的历史观念，史学文本如何形成，中国古代的史学编纂范式与史学思想的发展等，都是值得探讨的课题。比如"通"就是中国史学上是一个重要概念，司马迁"通古今之变"之说，正是通史性纪传体史书《史记》的指导思想。此后"通"成为史学家追逐的境界。因此厘清中国史学上"通"的观念及相关历史编纂实践，有利于更好地理解中国历史的渊源以及史学的功能。

（三）新时代中国通史的编纂

基于当下的学术视野、史学观念和研究方法编撰新时代的中国通史，以时代精神呈现波澜壮阔的历史画卷，满足社会各界对于公众史学的现实需求，是历史学在新时代充分发挥社会功能的重要渠道，也是中国古代史重振自身叙事特质的内在需求。

（四）新出材料与中国古代史研究

在传统研究范式发生根本性转变之前，新材料始终是中国古代史研究实现自我超越的重要突破口，进一步扩大新材料的概念与范畴，对新材料进行更为深刻的解读剖析，实现新材料与传世文献的有机结合，延续"二重证据法"的研究理路，才能更全面、准确地还原中国古代社会的原貌。同时，中国古代史各领域以往借助于出土新资料取得的重要进展，也有必要进行全面系统的学术史总结，为后续研究提供参照。

（五）"大一统"与中国历史上的国家治理研究

全面而深入地考察中国历史上"大一统"思想与实践的形成及其对国家治理的影响，以及中国历史上的国家治理范式的深刻内涵以及运行机制，剖析不同时代、不同形态下国家治理思想与机制兴起、发展、成熟的基本规律和内在成因，有助于进一步丰富与完善当下的国家治理体系。

（六）中国古代君主专制与中央集权制的政治运作研究

君主专制与中央集权制长期存在于中国的封建时代，在历史不同时期以及同一时期的不同阶段，二者表现出截然不同的发展特征。基于中国古代史的整体视野，从中央决策的形成方法、手段、机制，以及中央与地方的互动等角度，对中国古代的政治运作展开深入研究，具有重要的学术价值与现实意义。

（七）中华优秀文化一脉相承的思想观念研究

中华文化源远流长，在不同历史时期有着不同的精神意旨与表现形式，在累世传承的过程中，每一代都有其鲜明独特的时代特征，但每一时代又都表现出合理扬弃、去芜存菁的理论自觉，中华文化中的优秀基因借此方式得以代代相承。深入研究传承过程中文化选择层面的一致性，有助于更好地理解和把握中华文化的深刻内涵。

（八）中国古代统一多民族国家的形成与发展研究

"大一统"的国家观念与"多元一体"的民族理念是中国古代形成的重要文化传统，不论入主中原的是哪个民族，最终都会接纳和秉承这一传统。在新时期基于新视野对这一问题进行深入考察，有助于更好地认知、理解和把握中华民族多元一体的基本格局，为中华民族的伟大复兴提供学理支撑。如元朝与清朝是北方游牧民族建立的王朝，虽然其制度和文化层面有别于宋、明之处，但纵观宋元明清的制度文化和思想理念，可以看到十分明显的传承融合特点，综合利用汉、蒙、满、藏多语种文献，探究宋元明清在制度文化方面的传承与融合，有助于铸牢中华民族共同体理论。

（九）环境史视野下中国古代疾疫的流行与防控研究

纵观中国古代疾疫流行与防控的历史，始终随着医药科技的进步而不断取得突破，不过环境问题始终是核心。考察环境变迁中的人为因素，以及环境变迁与古代疾疫的流行、防控机制之间的逻辑关系，在当前形势下具有重要的现实意义。

（十）中国古代对外关系研究

中国古代对外关系的演进与中华文明的发展相始终，加强对中国古代对外关系史的研究可以为当前形势下建构中国特色大国外交体系提供丰富历史经验与历史智慧，研究重心亦应突破传统视域下的周边邻国范畴，对古代中国与西亚、欧洲以及非洲等区域对外关系的开拓与发展给予更多关注。

中国近代史

一 "十三五"时期中国近代史学科发展概况

中国近代史学科起步虽晚，但发展迅速，具有从业人员多、教研机构多、课题立项多、培养学生多、学术成果多等特点。

全国社会科学院系统的历史研究所和全国高校历史学院、人文学院历史系、马克思主义学院和校史馆科研教学人员，是研究中国近代史的主要力量。据初步统计，中国社会科学院近代史研究所、历史理论研究所、中国边疆研究所，以及各省、市、自治区和部分省会城市的社会科学院历史研究所，有中国近代史研究人员约250人。教育部75所直属高等院校中有26所设有历史系或历史学院，72所高校设有马克思主义学院，全国共有本科院校2652所。全国社科院系统和高校系统"中国近代史学科"从业人员大约有1.5万人。如果考虑到党史研究部门、方志编写部门以及国家机关内的研究部门从事中国近代史研究的人员，人数还要多。

从研究机构看，有关中国近代史研究的重点研究基地分布于北京、天津、上海、广州、武汉、南京、合肥、太原和长春等城市，包括中国人民大学的清史研究所、北京师范大学的史学理论与史学史研究中心、南开大学的中国社会史研究中心、复旦大学的中外现代化进程研究中心、中山大学的历史人类学研究中心、南京大学的中华民国史研究中心、华中师范大学的中国近代史研究所、武汉大学的中国传统文化研究中心、安徽大学的徽学研究中心、山西大学的中国社会史研究中心和东北师范大学的世界文明史研究中心。

国家社科基金（2016—2019）和教育部人文社科项目（2016—2020）

立项的有关中国近代史的课题共有1336项。其中，国家社科基金980项，教育部资助356项（详见表1和表2）。可见，国家社科基金设立的与中国近代史相关的课题平均每年245项，教育部资助的课题平均每年71项。由于除中国史和党史外，其他文科类专业也有不少涉及中国近代史和抗日战争史领域的议题，因此，本项统计包含了民族学、文学、法学、新闻学和艺术学等学科受资助的近代史课题。

表1　　　　2016—2019年国家社科基金中国近代史领域立项数目　　　　单位：项

时间	重大项目	青年项目	年度项目	西部项目	后期资助	合计
2016	22	45	117	30	32	246
2017	34	45	101	26	28	234
2018	32	38	121	25	33	249
2019	23	47	117	22	42	251
合计	111	175	456	103	135	980

表2　　　　2016—2020年教育部中国近代史领域相关立项数目　　　　单位：项

时间	人文社会科学重点研究基地重大项目	教育部哲学社会科学重大项目	中共革命精神与文化资源研究中心基地项目	教育部哲学社会科学后期资助	教育部青年项目	教育部新疆项目	教育部西部项目	教育部西藏项目	合计
2016	9	2	7	1	36	2	9	0	66
2017	6	1	4	3	53	1	6	0	74
2018	2	3	3	2	47	0	12	0	69
2019	5	1	4	3	62	2	10	1	88
2020	未出	未出	未出	4	46	0	9	0	59
合计	22	7	18	13	244	5	46	1	356

中国近代史方向博士毕业生，数量众多，就业情况良好，全国高校均设有马克思主义学院，需要大量中国近代史专业的博士生。博士生的就业，存在明显的地域集中、就地消化现象。据不完全统计，在北京，中国社会科学院近代史研究所、北京大学、清华大学、中国人民大学、北京师范大学的"中国近代史"方向毕业生，多数留在京内部属或市属高校以及研究院所工作；在成都，四川大学和四川师范大学"中国近代史"方向毕业生覆盖了西南财经大学、西南交通大学和电子科技大学马克思主义学院的中

国近代史纲要教研室；在南京，南京大学"中国近代史"方向博士生较多进入南京农业大学、河海大学等南京省属高校马克思主义学院；华中师范大学"中国近代史"方向毕业生为西安和武汉的理工院校的马克思主义学院提供了充足的教师资源。

二 "十三五"时期的进展和主要成绩

(一) 资料的整理和出版，成就斐然

海内外留存的中国近代史资料，汗牛充栋，浩如烟海。"十三五"时期，由于科研经费不断增加，资料搜集、整理和出版，呈现迅速发展的良好势头，为进一步提高研究水平奠定了资料基础。

1. 地方档案和民间文献

《清代四川南部县衙门档案》《龙泉司法档案选编》《贵州清水江文书》《腾冲契约文书资料整理与汇编》第一编、《客家珍稀文书丛刊》第一辑等地方性资料相继出版，极大地丰富了近代中国社会经济的图景。

安徽大学徽学研究中心在2016—2019年，以近代徽州的文书归户、民众日常生活、商人及商业转型和乡村变迁为研究对象，获得4项教育部重大项目的立项批准，充分体现了史料对于史学研究的重要性。

尚在整理中的地方资料，有山西大学民间文献资料研究中心收藏的明清至民国时期"山西契约文书"、清华大学图书馆收藏的"清至民国华北契约文书"、邯郸学院收藏的"太行山文书"等。这些富有地域特色的民间文书为探知清代至民国的社会实态及发展演变提供了重要参考资料。

2. 孙中山研究资料

桑兵主编《孙中山史事编年》（12卷），以编年体例梳理孙中山的生平活动，补充了大量中、日、英文资料，对孙中山及其时代的研究具有重要参考价值。

3. 中华民国外交史料

王建朗主编《中华民国时期外交文献汇编1911—1949》（10卷24册），收录珍贵中外档案史料和重要文献，为民国时期中外关系史的研究提供了极大便利。

4. 中日关系史料

《近代日本对华调查档案资料丛刊：第一辑 满铁调查月报》（100册），收录吉林省社会科学院所藏《满铁调查月报》，时间跨度为1930年2月至1944年2月；《日本侵华决策史料丛编》（46册），收录现存于美国、日本及中国台湾收藏机构尚未公开的日本侵华决策最新资料，是国内这一领域迄今篇幅最大、相关史料收录最完整的专题史料汇集。

金以林、罗敏主编《中华民族抗日战争军事资料集》（100册），以抗战军事为核心，编选了大量珍稀官方出版物和内部文件，包括根据地建设、游击战战略战术、作战总结、对日作战战术等内容，对深入研究抗日战争史具有重要价值。

有关华北、大后方和华南的抗战文献搜集和整理也是"十三五"时期国家社科基金和教育部人文社科项目的重点资助课题。山西大学张俊峰主持的"山西抗日战争文献搜集整理与研究"重大项目、华南师范大学左双文主持的"华南抗战历史文献的整理与研究"重大项目、吉林省社会科学院李倩主持的"东北抗联档案文献资料整理"重大项目、西北师范大学尚季芳主持的"抗战时期西北国际通道资料整理及研究"重大项目和"西北抗战大后方文献资料整理研究"重点项目，意在系统搜集整理地方抗战史第一手文献，提高地方抗战史研究的广度和深度。第一批华南抗战文献整理成果《华南抗战时期史料汇编》第一辑共50册，已经出版。

国家社科基金抗日战争研究专项工程，设立课题30项，不少是从事资料搜集、整理和研究的课题。其中最突出的是"抗日战争与近代中日关系文献数据平台"建设项目。这一平台立足公益，目前已上传2400万页资料，获得海内外学术界的一致好评。

5. 海外珍稀中国近代史资料

中国社会科学院近代史研究所设立"海外近代中国珍稀文献搜集、整理与研究工程"，已开展多年。"十三五"时期又从美国、俄罗斯等国搜集了"顾维钧档案"等多种珍贵资料。

继英国外交档案解密档案（Foreign Office Files & Confidential Print）和《日本外交文书》获得广泛利用外，法文文献成为中国近代史研究者的关注重点。"十三五"时期，共有4项关于法国外交部南特外交档案中心所藏"中国抗战"和"中国西南"的文献整理课题得到国家社科基金和教育部人文社科项目的立项资助。英文文献方面，美国国家档案馆所藏"新民主主义革命"未刊史料、美国馆藏"中国工合运动（1938—1951）"英文史料、英国驻天津领事馆档案资料（1860—1895）、美国驻迪化领事馆往来函电，以及英国藏怡和太古集团糖业档案资料的搜集整理也得到立项资助。

（二）科研成果丰富，三大体系建设进一步加快

1. 抗日战争史研究

2019年，由步平、王建朗主编的《中国抗日战争史》（全8卷）出版，这套著作是学界重写抗战史的重要成果。该书将中国抗日战争放在中华民族复兴和中国近代社会转型的大背景中考察，是一部展示中国努力奋斗并获得大国地位的抗战史。

各高校近代史学者也整合力量，推出一系列将区域史和抗战史相结合的研究，如左双文和肖自力教授的"华南抗战史"研究、袁成毅的"浙江抗战史"研究、马俊亚的"经济抗战史"研究、李玉的"企业抗战史"研究、张生的"战时中国社会研究"和张瑾的"战时陪都重庆形象建构"等。

跨学科研究丰富了抗战史研究的内涵。近年来，一批语言学、新闻学、艺术学等专业的学者开始关注抗战时期的音乐、美术、地方戏曲、音乐期刊，并获得"十三五"国家社科基金和教育部立项。另外，细菌战、香港抗战和东京军事法庭审判也是当下抗战史学者关注的重点。

2. 中共党史和革命史研究

2016年，中国社会科学院近代史研究所革命史研究室主持出版的《裂变与重构：人民共和国的创世纪》，对中华人民共和国成立的历程做了比较深入的研究，出版后得到好评。黄道炫有关抗战时期中国共产党的研究引起学界较大反响。他认为研究中国共产党革命史要结合宏大叙事和民众生活，揭示中国共产党革命的内在脉络。吴敏超关于华东新四军抗战史的研究，是近年来新四军史研究领域的重要成果，引起学界和社会上的高度关注。另外值得重视的有：李里关于中共党员组织关系的研究、蒋建农主持的"毛泽东口述史料的搜集、校勘、整理与研究"和"粤港澳大湾区中共党史文献的整理与研究"等。

在课题立项方面，延安时期（1935—1948）中国共产党的政治仪式、

报纸宣传、马克思主义学术话语权、革命话语体系、对外形象建构等题目得到重点资助。

3. 近代思想、知识、制度和社会转型研究

学者们在传统思想史和学术史的基础上，对新概念的跨语际实践、知识生产、学科转型、知识分子精神等议题进行了重新审视和拓展。思想史方面，由王伟光主持、近代史研究所承担的《中华思想通史·半殖民地半封建编》已完成3600万字的资料搜集与校对工作，目前正在撰写专著。耿云志主持的中国社会科学院重大项目《中国近代思想通史》多卷本的编写工作，进展顺利，2020年年底结项。相关的重要成果有：桑兵和关晓红主编《近代的知识与制度转型》（8卷本），关晓红《清末新政制度变革研究》，罗志田系列著作 *Shift of Power*: *Modern Chinese Thought and Society*、《裂变中的传承：20世纪前期的中国文化与学术》（修订本）、《风雨鸡鸣：变动时代的读书人》和《中国的近代：大国的历史转身》，郑大华《中国近代民族复兴思潮研究——以抗战时期知识界为中心》，章清《会通中西：近代中国知识转型的基调及其变奏》，胡逢祥《中国近现代史学思潮与流派》，等。伴随概念史和出版史的兴起，从语言文字和观念认同的角度研究中国现代国家建设出现了一些有分量的论著，如黄兴涛《重塑中华：近代中国"中华民族"观念研究》、杨念群《五四的另一面："社会"观念的形成与新型组织的诞生》、王东杰《声入心通：国语运动与现代中国》和许纪霖《家国天下：现代中国的个人、国家与世界认同》等，都在学界产生了较大影响。

4. 晚清史研究

晚清政局与历史人物、戊戌变法、科举改制、清末新政、黄河治理等问题研究方面佳作迭出，重要的著作有：吴义雄《大变局下的文化相遇：晚清中西交流史论》、崔志海《当代中国晚清政治史研究》、茅海建《茅海建戊戌变法研究》、杨国强《晚清的士人与世相》、韩策《科举改制与最后的进士》、贾国静《水之政治：清代黄河治理的制度史考察》和《黄河铜瓦厢决口改道与晚清政局》、李文杰《中国近代外交官群体的形成（1861—1911）》、罗检秋《清代汉学家族研究》、张海荣《思变与应变：甲午战后清政府的实政改革（1895—1899）》等。在"十三五"课题立项方面，晚清和民国时期的辞典研究、报刊整理，以及外文新闻报道和翻译中

的中国形象是热点题目。

5. 中华民国史研究

重要著作有王建朗、黄克武主编《两岸新编中国近代史 民国卷》、汪朝光《和与战的抉择：战后国民党的东北决策》、金以林《国民党高层的派系政治：蒋介石"最高领袖"地位的确立》（修订本）、尚小明《宋案重审》、王奇生《党员、党权与党争：1924—1949年中国国民党的组织形态》（增订第三版）、杨天宏《革故鼎新：民国前期的法律与政治》、刘大禹《战时国民机构行政机构改革（1937—1945）》、李在全《变动时代的法律职业者：中国现代司法官个体与群体》等。中国人民大学民国史研究院举全院之力，完成了16卷本《中华民国编年史（1912—1927）》，获得2020年国家社科基金后期资助。该套丛书是对民国编年史新写法的重要尝试。

6. 近代中外关系史研究

在中日关系史、民国外交史、内地与香港关系史、早期中俄关系史、近代不平等条约研究和中国与第一次世界大战关系、中美交流等若干研究方面成果迭出。中国社会科学院近代史研究所近代中外关系史研究室，已完成多卷本《中华民国外交史》（近200万字），即将交付出版。值得重视的成果有：唐启华《洪宪帝制外交》、张俊义和刘智鹏《中华民国专题史：香港与内地关系研究》、侯中军《中国外交与第一次世界大战》等。

7. 近代经济史研究

在契约文书、晚清财政、对外贸易、家产研究、区域经济史等方面成果众多。重要成果和项目有：郑起东等人合著《当代中国近代经济史研究》、龙登高《中国传统地权制度及其变迁》、刘增合《嬗变之境：晚清经济与社会研究疏稿》、任智勇的《晚清海关再研究：以二元体制为中心》、周健《维正之供：清代田赋与国家财政1730—1911》、冯筱才《在商言商：政治变局中的江浙商人》、云妍《官绅的荷包：清代精英家庭资产结构研究》，以及仲伟民主持的"明清华北乡村经济研究及清华馆藏民间文书数据库建设"重大项目及研究等。

8. 近代社会史研究

基督教在华传播史、民间信仰、华人华侨史、乡谊流动、妇女史和区域社会史等跨学科领域取得重要进展，主要成果有：李长莉等合著《当代中国近代社会史研究》、赵晓阳《域外资源与晚清语言运动：以圣经中译本为中心》、田涛和罗艳春从事的"近代天津与中国社会转型"研究，秦方和曲宁宁的近代妇女史研究、行龙《区域社会史研究导论》、王先明《乡路漫漫：20世纪之中国乡村》。随着华侨华人史的勃兴，近代史研究所杜继东主持完成的三卷本《新西兰华侨华人史》引发学界热烈关注。该书收集了海内外大量一手资料，包括口述史资料和图片史料，详细论述了1866年至今150余年来新西兰华侨华人的历史，是近代新西兰移民史、口述史和社会史的代表作。

环境生态史的兴起是近年来中国史研究中的创新点和增长点，也是中国近代史研究的亮点之一。环境史研究具有长时段和跨学科的特点，是与经济史、灾害史、社会史、历史地理和人类学跨学科交叉的新兴领域。"十三五"时期，多项涉及中国近代史的环境史课题得到国家社科基金和教育部的资助，重要的有梅雪芹主持的"环境史及其对史学的创新研究"重大项目（2016）、马俊亚的"近代中国社会环境历史变迁研究"年度项目（2016）、滕海键主持的"东北区域环境史资料收集、整理与研究"重大项目（2018）。相关代表成果和学人包括夏明方提倡的"江南山海生态系统"理论、侯深有关"环治国家"的论文、夏明方和侯深主编《生态史研究》第一辑、周琼主编《道法自然：中国环境史研究的视角与路径》等。

边疆治理、边疆开发和民族认同是"十三五"时期边疆民族史研究的重点领域。西南边疆研究方面，潘先林、罗群、王振刚围绕民国时期的西南边疆开发等问题，做了学术史、经济史的研究与梳理。医疗卫生史方面，受新冠肺炎疫情影响，"中国历史上的瘟疫、检疫与卫生"问题得到学界和社会前所未有的关注。"十三五"时期，相关代表作品包括：余新忠《清代卫生防疫机制及其近代演变》、余新忠主编《医疗史的新探索》和译著《瘟疫与人》、徐畅《战争·灾荒·瘟疫——抗战时期鲁西冀南地区历史管窥》、杜丽红有关东北鼠疫和营口卫生局的研究等。

9. 台湾史研究

中国社会科学院近代史研究所台湾史研究室成绩突出，除发表相关论文外，承担的国家社科基金项目正在稳步推进，主要有：李细珠主持的重点项目"清政府治理台湾政策研究"、冯琳主持的重点项目"关键期的台美分歧研究（1949—1958）"、程朝云主持的"美台农业合作与农复会研究

（1948—1979）"、褚静涛主持的"蒋介石政权的琉球、钓鱼岛政策研究"、李理主持的"近代日本对南海诸岛的非法侵占及战后中国的接收研究"、汪小平主持的"蒋经国与国民党大陆政策（1972—1988）"、郝幸艳主持的"台湾统派舆论重阵：《海峡评论》研究"。2019年，台湾史研究室的集体项目、中国历史研究院重大项目"台海两岸关系历史与现状研究"获得立项。

三 存在的主要问题和薄弱环节

第一，中国近代史学科研究存在地区差异，欠发达和西部边疆地区较为薄弱。

欠发达和西部边疆地区（包括广西、贵州、青海、甘肃、宁夏、新疆、西藏、内蒙古、海南）高校和科研机构，中国近代史学科领域的总体研究力量较为薄弱。

第二，学科队伍建设存在短板。

目前大多数高校中国近代史专业教职人员存在人数少和年龄结构不合理的短板。例如，北京大学近代史学科有12人，且年龄偏大，各自形成专门的学术领域，不利于打通晚清、民国和共和国史，做长时段的研究。南京师范大学（7人）、武汉大学（5人）和天津师范大学（9人）的近代史学科存在学科方向和团队建设的短板。山西大学（23人）和山东大学（15人）的近代史学科团队，虽然人数较多，但45岁至55岁之间的骨干教师较少，出现断层，不利于学科梯队的有序衔接。周边国家关系历史，至今没有建立专业队伍。

第三，研究布局存在不平衡现象。

就具体研究领域而言，近代经济史、台港澳近代史、北洋政府时期史研究力量薄弱，研究成果较少。

中国人民大学、中山大学等高校以及中国社会科学院近代史研究所，都面临近代经济史研究人才不足、科研成果少的问题。

北洋政府时期的历史，近年来虽有几部有分量的专著面世，但总的来说，在资料整理出版、人才培养、科研成果产出等方面，都弱于晚清史和国民政府时期史。

关于台湾史，虽然不少高校和科研机构都成立了台湾研究所或研究中心，但多偏重于当代台湾现状研究，台湾近代史的研究力量非常缺乏，特别是日据时期的台湾史，目前的研究人员年龄偏大，即将出现后继乏人的状况。清代及早期台湾史的研究人才也较少。

1997年香港回归中国以前，内地的高校和科研机构曾形成香港研究热，中国社会科学院近代史研究所中外关系史研究室的专家，曾出版专著《十九世纪的香港》和《20世纪的香港》，引起海内外关注。但是，1997年香港回归以后，香港史研究趋于沉寂。自2019年开始，香港局势出现重大变化，史学研究近期积累较少的问题开始显现出来。

澳门史的研究，亦曾在澳门回归之前出现过一个小高潮，之后归于平静。学界应吸取香港史研究的经验教训，做未雨绸缪之计。

第四，涉及敏感议题的著作出版困难。

近代史研究中存在大量涉及边疆、民族、宗教、台湾、香港、伪满洲国、中朝关系、中印关系、国共关系等敏感议题，这些议题的研究成果因送审制度导致出版困难。

四 "十四五"学科发展趋势与建议立项课题

"十四五"时期，中国近代史研究需要在系统总结以往研究的基础上，大力加强对薄弱环节的研究，同时加强宏观的、长时段的系统性研究，纠正史学研究碎片化现象。对目前以重大历史事件和重要人物为中心的政治史研究进行再审视，并沟通近代史学科内部各时段以及各学科的研究。

在时段上，应尝试突破1840年鸦片战争和1949年中华人民共和国成立的界限，向前打通近代史与前近代史（特别是清史）的隔阂，向后打通近代史与现代史的区隔。这不仅有利于拓展近代史学科的研究范围，有助于正确认识清代史的发展走向，正确认识历史中发展的中国，也有助于在21世纪中国改革发展的新阶段，重新认识中国近代史在中国历史上的作用。

在中国近代史学科内部，需要打通专门史的学术壁垒，加强跨领域的综合性研究。要鼓励学术带头人培养学术团队，集中优势力量，研究重大课题。

晚清史方面，随着海量新资料的出版，在总结"冲击—反应"模式、革命史观、中国中心观、现代化史观、国家与社会视角、新清史等的长处和不足的基础上，学者们将在下述方面进行探索：晚清制度史研究；晚清革命、改良及改革史研究；晚清人物与政局研究；晚清边疆和民族问题研究；19世纪中叶中国社会转型研究。

中华民国史方面，中华民国史在经过国民党研究热、中共研究热之后，近年又有边疆研究热、抗战研究热的兴起，这一趋势在"十四五"时期将得以延续。与此同时，民国史学界的学者们，将努力沟通北洋政府时期史与国民政府时期史，沟通国民党史与共产党史，沟通1949年中华人民共和国成立前后的历史，沟通中国史与外国史，引领民国史研究的一个大趋势——"大民国史"综合性研究。

革命史研究方面，未来的研究趋势包含三个方向：第一，打通民国史学科与革命史学科之间学科壁垒，兼顾国共双方的史料与视野，全面考察两支对立政治力量之间的动态博弈过程；第二，兼顾宏大叙事与民众日常，撰写立体、丰满的中共基层革命史；第三，搜集整理马克思主义中国化的重要文献，努力寻找和解释中国共产党强大组织力、宣传力的来源。

思想史方面，近代中国知识生产、思想系谱、学术转型、出版传播以及知识与制度的互动仍将是下一阶段的研究重点。经济史方面，近代环境史、经济史研究的数量化、区域经济史这三个方向的发展势头将更为强劲。社会史方面，涉及环境生态、医疗卫生、物质文化和华侨华人等跨学科研究的课题日益得到学界重视。

中外关系史方面，建议加强香港史、联合国史、中共对外关系史、跨国史研究和周边国家关系史。跨国史研究群的兴起将改变以往中外关系史、政治史、经济史等方向的"国别史"研究局限。周边国家关系史除了中日、中俄（苏）关系史有较多研究，中国与周边国家关系历史基本上是空白。

台湾史方面，大陆学界将继续坚持在中国史的框架下研究台湾历史，加强清代和日据时期的台湾史研究，批判"台独"史观，批判"去中国化"趋向，为海峡两岸和平统一贡献力量。中国社会科学院近代史研究所台湾史研究室拟计划撰写六卷本《台海两岸关系通史》，并以开放的心态与两岸及海外学界加强交流合作，打造更加全面的中国台湾史。

鉴此，建议"十四五"时期设立如下课题。

第一，晚清政治转型研究：拟改变以往单纯的"事件史"研究路径，加强晚清制度史、革命与改良及改革史、晚清人物与政局、晚清边疆和民族问题研究，探讨进入晚清以来中国由传统国家向近代国家转型过程中各项制度转型的契机、问题与挑战，抵制美国"新清史"学派有意将满族认同与中国国家认同对立起来的错误观点。在此综合研究基础上，揭示清朝由盛转衰，直至灭亡的过程和原因。

第二，近代中国的知识与制度转型研究：拟整合各研究方向力量，以西学、东学（日本）和中学为支点，重新理解中国的社会、历史和文化的本意、本相及其在近代的变化，希望打破欧洲中心观影响下的学术话语体系，重新认识和思考世界与中国的关系。由制度入手研究历史，可以提纲挈领，认识中国历史文化精义。始于晚清的制度变动，基本脉络延续至今，深入认识近代制度变革的前因后果，有助于理解和把握制度的现状和未来走向。

第三，生态史视野下的黄河治理研究（1644—1949）：融合生态史的视角和方法，从自然和人文双重层面入手，重新追索近三百年来的黄河治理问题，势必能够推陈出新，知古鉴今。

第四，海外关于义和团运动资料整理与研究述评：本题包含两部分，一是系统整理海外关于义和团运动的文献资料，包括档案、书信、日记、回忆录等；二是全面掌握近百年来海外对义和团运动史的研究状况。通过对比海内外对该问题的资料记载与学术研究，总结得失，取长补蔽，以期重燃学术热点，将其推向深入细化。

第五，中国共产党广州时期文献整理与研究：1923—1927年，中国共产党主要依托广州，通过与孙中山领导的国民党合作，共同领导了声势浩大的国民革命运动。这一阶段是中共党史上的一个重要阶段，是马克思主义中国化的第一次伟大尝试，为后来党独立自主地领导中国革命奠定了基础。对这一时期的资料进行整理和研究，具有重要的理论和现实意义。

第六，中国共产党政治文化研究（1921—1949）：该课题以中国共产党政治文化为研究对象，着重研究中国共产党政治文化的形成、内涵、作用，尤其重视从中国共产党人的行动方式、行动机制中透视政治文化的影响，并把政治文化纳入具体的思想行为中展开研究，形成鲜活的政治文化的行为史。

第七，中国与国际秩序研究：探讨进入近代后，东亚传统秩序的崩溃及中国国际地位的沉沦、中国争取改善国际地位的努力、中国参与战后国际秩序重建等问题。在注意政府外交的同时，注意对中国共产党对外关系史的研究，注意对国民外交的研究。

第八，香港历史发展中的国际因素研究：作为一个国际性大都市，香港的历史发展除内地因素外，国际环境及中国与各大国的关系对其影响也很深。香港回归前，中英关系占据了香港历史发展中的决定性因素，但美日等国在港也拥有很大的利益与影响。香港回归后，虽然香港问题成为中国的内政，但香港的发展与国际环境、中国与各大国之间的关系依然密切相关，尤其近年来美英等国干涉香港事务，牵制中国对外发展战略等事例比比皆是。因此，从近代外交史以及中、英、美、日关系史的角度持续关注香港问题仍有必要。

第九，中华人民共和国成立前后社会转型研究：拟着重研究新中国成立前后，中国社会各个方面的转型过程及其影响，如中外关系的变化、传统礼仪制度的转型、音乐戏剧文化的变革、媒体报刊信息的转型和作用、学科体系的调整、各种传统宗教的社会主义改造、党的统一战线政策的变化，等等。

第十，台海两岸关系史研究：拟在马克思主义唯物史观指导下，系统论述台海两岸关系自远古至今的历史演变进程，具体探讨早期台湾海峡两岸关系史、明郑及清代、日据时期及战后台湾两岸关系史等问题，以进一步深化台湾是中国不可分割的一部分的认识，明确两岸必然走向统一的历史趋势。

中国现当代史

一 "十三五"时期学科取得的重要进展和主要成绩

(一) 中国现当代政治史

"十三五"时期中华人民共和国政治史学科总体呈积极发展态势,学科建设的基本概念已明晰化,学科建设方面取得了新的重要进展。取得的主要成绩有:

(1) 深刻总结了新中国成立70年与改革开放的经验,将对领导人生平思想的研究,与庆祝新中国成立70周年、总结新中国经验结合在一起。此外,对改革开放的经验总结,持续成为研究热点。(2) 政治制度史研究稳步推进。总结了新中国70年政治制度发展的成就与经验,党的十九届四中全会召开后,研究国家制度和国家治理成为学界热点。(3) 改革、治理、法治研究进行跨学科拓展,当代中国政治史学科与政治学学科的联系逐渐密切。(4) 国防与军事史研究取得进展。国防与军事史研究的一项热点是对新中国军队建设成就与经验的考察。退役军人安置制度的历史演变也是研究热点。(5) 热点专题研究与创新角度研究成果众多,知青研究、南下干部、党的建设等专题研究继续成为热点。

(二) 中国现当代经济史

"十三五"时期,中华人民共和国经济史学科(即中国现当代经济史学科)发展迅速,表现出以下趋势。第一,研究对象不断扩展。第二,研究的方法和利用的材料不断创新。第三,学者们更加注重在中国历史长河中和全球视野下审视和分析中华人民共和国经济的发展与变迁。第四,资政功能愈加显著。

"十三五"时期本学科的重要进展和代表性成果有:

第一,全面系统地回顾和总结改革开放 40 年来,以及新中国成立 70 年来中国经济发展的历程和经验。2018 年、2019 年恰逢改革开放 40 周年和新中国成立 70 周年,一大批回顾和总结新中国经济发展历程、成就与经验的学术成果纷纷面世,极大地推动了本学科的发展。多套系列丛书相继出版。

第二,正确评价改革开放前后两个时期,尤其是改革开放前中国经济发展的得失。

第三,党的十八大以来的经济史进入研究视野。如中国社会科学院当代中国研究所经济史研究室对其 2016 年出版的《中华人民共和国经济史（1949—2012）》进行了修订,于 2019 年出版了《中华人民共和国经济史（1949—2019）》。

第四,以历史研究推动中国特色社会主义政治经济学的发展和创新,阐明了新中国经济史研究对于构建中国特色社会主义政治经济学的作用和意义,将新中国经济发展的历史经验上升为中国特色社会主义政治经济学的理论原则。

第五,新中国工业史研究呈现上升趋势。2017 年,中国社会科学院当代中国研究所、科学出版社等单位共同发起创办了《产业与科技史研究》辑刊。2019 年,中国工业经济学会成立了工业史专业委员会。同年,"'156 项'建设工程资料整理与相关企业发展变迁研究"获得国家社科基金重大项目立项资助,优秀的新中国工业史研究成果不断涌现。

(三) 中国现当代文化史

"十三五"时期,学术界围绕坚持和发展中国特色社会主义,围绕"五位一体"总体布局,坚定"四个自信",对中国特色社会主义文化发展道路、文化制度、文化理论、各分支领域展开研究,取得显著进展。

主要成绩:一是文化史文献资料建设形成多面立体格局。官方权威部门编辑出版的重要文献选编、中国文化年鉴、文化文物统计年鉴、文化政策法规等,形成立体化、多层次、多方面的资料体系。文化和旅游部、国家统计局，以及上海市文化局等地方文化行政部门网站，公布若干重要文献和统计资料。二是在新中国文化通史、断代史方面取得重要突破。以新中国成立 70 年为契机，欧阳雪梅主编《中华人民共和国文化史（1949—2019）》；为庆祝改革开放 40 周年，耿化敏等著《改革开放 40 年的中国文化》。三是出版一批代表各个领域高水平的专史成果。如科学技术部编著《中国科技发展 70 年（1949—2019）》，蔡武主编《筑牢文化自信之基——中国文化体制改革 40 年》，以及《中国教育改革开放 40 年》丛书。四是编著出版文化蓝皮书系列产品。各领域蓝皮书报告如《中国教育发展报告》，公共文化服务、文化产业、文旅产业、文化遗产保护、文化贸易年度发展报告等。地方文化建设皮书系列，如上海、北京、四川、山东等省市的文化及文化产业发展报告等。五是对新时代中国共产党文化思想研究全面发展。如张江主编《建设新时代社会主义文化强国》《实现新时代中国特色社会主义文艺的历史使命》（《习近平新时代中国特色社会主义思想学习丛书》谢伏瞻主编）；蔡名照主编《习近平新闻舆论思想》等，是这方面的代表著作。

（四）中国现当代社会史

"十三五"时期，中国现当代社会史研究稳步推进，"国史中的社会史"的学术理念，以及"自上而下"与"自下而上"视角相结合的学术视角，广泛地为学界同仁所接受，研究队伍逐步成长壮大。研究和概括改革开放 40 年、新中国成立 70 周年的研究成果斐然，历史节点推动研究成果迈上新台阶，呈现出历史跨度较大、研究水平较高、突出中国特色、聚焦新时代的新面貌。由李文主持的哲学和社会科学创新工程项目——《中华人民共和国社会史》是国内首部真正学科意义上的中国当代社会史著作，得到新中国史、党史学界和社会史同仁的一致肯定。2019 年 10 月再版的《中华人民共和国社会史》增补了新时代内容，将研究内容下延至 2019 年，广泛借鉴社会学、经济学、政治学等多学科跨领域研究成果，成为凸显新时代社会史研究成果、全面展现新中国成立 70 年社会建设成就的代表著作。

（五）中国现当代外交史

五年来，本学科研究无论从研究的广度上还是从研究的深度上都取得了显著进展。

大国外交一直是当代中国外交史研究的重点，中国对美外交是重点中的重点，成果显著，有张静的《美国国务院与中美关系缓和研究（1969—1972年）》，何子鹏的《中美新型大国关系与台湾问题》，王仲春、蔡劲松的《中美对弈大棋局》，罗小军的《新型大国经济关系的生长：1978—2015中美经济外交》，闫晓萍的《中美关系正常化与台湾问题》、姚百慧的《冷战时期中美法关系研究》等。五年来，中国周边环境发生了复杂而深刻的变化，因而探索中国与周边国家交往的历史逻辑引发越来越多学者的兴趣。再加上在华东师范大学特别委托项目"中国周边国家对华关系档案收集及历史研究"的推动下，一批年轻学者崭露头角。围绕"一带一路"建设开展，从事国际问题研究的学者开始重视对"一带一路"沿线发展中国家研究，现实对策性成果不断问世，相应的从历史视角研究中国对相关发展中国家外交的成果也有所进展。

（六）中国现当代史理论

"十三五"时期，以当代中国研究所理论研究室为代表的一批学人积极开展新中国史理论问题的研究，新中国史理论学科研究取得重要进展，大体有以下方面：（1）巩固新中国史理论学科的地位。（2）努力开展新中国史理论研究。（3）积极开展新中国史理论研究学术活动。（4）取得积极学术研究成果。"十三五"时期，当代中国研究所理论研究室取得了一批学术研究成果。朱佳木的《当代中国史理论问题十二讲》以及宋月红、王爱云的《中华人民共和国史研究的理论与方法》的出版，填补了新中国史理论学科没有专著的空白。（5）积极开展智库研究，报送近百篇要报成果。

二 学科当前的研究状况及存在问题

2016—2020年五年来，中国现当代史的研究方法得到新突破、既有研究领域取得稳步进展、新的研究领域逐渐开创和拓展。但也主要存在以下不足。

中国当代政治史。一是在对政治人物的研究上，关注少数政治精英人物的多，对普通民众的行为、观念和情感注意得不够；二是在对政治事件的研究上,关注重大政治事件的多,挖掘事件背后潜藏的因素,把具体的政治事件当作透视社会结构及其变迁的窗口方面注意得不够;三是在政治制度的研究上,对政治机构设置及其沿革、制度条文规定及其演变的表层化描述的多,对政治制度的实际运作情形,对影响制度形成、运作和变迁的社会历史背景关注得不够。在学科平台建设方面,虽然在学术资料建设等方面等取得很大进展,但本学科的平台支撑还有一些短板,存在一些薄弱环节,需要进一步加强:一是缺少自己的品牌学术论坛;二是本学科所依托的非实体中心发挥作用不够;三是缺少与国内其他相关研究机构的学术交流合作机制;四是缺少自己的学术阵地。

中国现当代文化史存在高质量论著少,发展不平衡问题突出,理论和方法相对单一,思想界存在诸多错误的文化史观等问题。

文化史研究相较政治史和经济史来说,研究相对薄弱。文化史研究意识形态性强,涉及生产力和生产关系、经济基础和上层建筑各方面,领域广阔,学术界缺少全面系统研究文化史的通史著作。在梳理中国共产党百年文化工作史、意识形态建设史方面,需要以习近平新时代中国特色社会主义思想为统领、系统全面、科学客观、把握主流本质、史料丰富、高学术素养的重量级著作。在文化史各领域中,新中国的教育史、科技史、文艺史、电影史、对外文化交流史等成果较为丰富,而对传统文化传承发展史、新闻出版、社会文化等研究相对薄弱。此外,新中国文化史研究,存在就文化谈文化问题,应该从整个社会结构中研究文化史。从事文化史研究,需要马克思主义、国史、历史学和相关专业理论等综合知识储备。文化史是交叉学科,需要运用历史学、文化学、经济学、政治学、社会学等多学科有益成果。再者,指导思想方面,存在马克思主义被"边缘化""空心化""教条化"现象;在文化史叙事方面,存在"去意识形态""去主流价值观""去工农群众"等所谓精英文化史观;在继承传统文化方面,存在文化保守主义和文化复古主义思潮,也存在文化虚无主义和历史虚无主义错误,在文化评论方面,也存在扣帽子、打棍子、上纲上线倾向等问题。

中国现当代社会史研究出现了繁荣、反思、理性三个阶段,研究成果不断增加,质量不高问题逐渐凸显,学科理论与体系研究较为薄弱,现有成果更多呈现出"碎片化"特征。

中国现当代外交史研究存在的主要问题:(1)研究结构失衡,关于中国大国外交研究相对深入一些，但也不平衡，中国与欧洲及中等发达国家关系的研究比较薄弱甚至非常薄弱。中国与非洲、拉丁美洲、中东乃至东南亚地区等国家关系的研究就更为薄弱。研究时段上，20世纪50—60年代研究比较深入，党的十八大以来研究比较热，而20世纪80年代至21世纪初研究较弱。（2）当代中国外交史研究领域多数成果偏重经验叙事，主题概括，延伸叙述和理论解释的能力欠缺。

此外，学科建设中存在的客观困难。（1）学术成果呈现难。由于外交问题高度敏感，当代中国外交史研究有很多成果受当前外交局势的影响，发表或出版困难。在现有的科研评价体制下，直接影响是不利于人才培养。（2）学术资料。目前国内档案开放和披露进度缓慢，本学科的研究除利用国内已公开的文献资料、报刊、有关回忆录及口述史资料外，一般都要借助国外解密的档案资料。目前本学科研究比较深入的领域或一些问题领域研究有所突破一般借助于国外解密档案资料。建议进一步加大对国外相关解密档案的搜集和整理力度。

中国现当代史理论学科的建设与发展，存在的一些不足与问题：首先，对于学科重要性认识不足。其次，学术研究成果质量有待提升。现有研究成果，选题重复，结论趋同化、概念化的问题有不同程度地存在。再次，学科前瞻性发展规划有待深入推进。目前，新中国史理论学科没有重点研究中心，也没有纳入科研机构与高等学校学科发展规划之中，总体上还是一个散发状态。全国成建制的新中国史理论研究机构仅有中国社会科学院当代中国研究所理论研究室一家。人才队伍建设存在很大不足，专门人才建设是制约学科发展与学科建设的一大瓶颈。

三 "十四五"时期进一步深化和拓展的重点研究领域、方向和范围

（一）编写《中华人民共和国史》

在《中华人民共和国史稿》和各专门史基础上编写《中华人民共和国史》。

（二）中国共产党治国理政经验研究

结合党的十九届四中全会相关精神，深入研究党治国理政的经验，为

当前国家治理能力建设和治理体系现代化提供有益的借鉴。

（三）新时代在党史、新中国史上的重要地位和意义研究

新时代对党史、新中国史来说，是个什么概念？它具有怎样的内涵呢？新时代标注了党和国家发展的新的历史方位，它既是我国改革开放和社会主义现代化建设新时期的延伸，同时又是新的历史阶段的开始。量变积累历史，质变划分历史。认真考察和深刻理解新时代在党史、新中国史上的重要地位和意义，对于我们从宏观上进一步正确认识和把握党史、新中国史，坚定"四个自信"，奋力实现"两个一百年"奋斗目标、实现中华民族伟大复兴的中国梦，具有十分重要的历史意义和现实意义。

（四）中国特色社会主义政治发展道路研究（1949—2020）

习近平总书记指出，中国特色社会主义政治发展道路，是近代以来中国人民长期奋斗历史逻辑、理论逻辑、实践逻辑的必然结果。在改革开放的生动实践中，党带领人民战胜了各种世所罕见的艰难险阻，取得了举世瞩目的伟大成就，充分证明了中国特色社会主义政治发展道路的正确性。

（五）新中国经济发展历程研究

"十四五"时期，中国即将在全面建成小康社会的基础上，开启全面建设社会主义现代化强国新征程，新中国经济发展历程研究也需要继续扩展和深化。重点和难点在于坚持大历史观，在回顾往昔、直面现在、开创未来的维度上，在立足中国、环顾世界、纵贯古今的视野中，整体考察新中国经济发展的历史进程，全面分析新中国经济发展取得历史性成就的原因，贯通总结改革开放前后两个时期中国经济发展的历史经验。

（六）新中国对外经济关系发展历程研究

本课题试图从中国对外经济政策、对外贸易、引进外国技术设备、引进外国投资、对外直接投资等方面，全面梳理新中国对外经济发展历程，分析影响中国对外经济关系的国内国际条件的历史变化，厘清中国对外经

济关系发展的内在结构和历史逻辑，展现中国从贫穷落后到成为世界经济增长的最主要贡献者的历史进程。

（七）中国共产党百年意识形态建设史研究

意识形态决定文化的性质和方向。建设具有强大凝聚力和影响力的社会主义意识形态，是正确开展意识形态领域斗争，掌握文化领导权和意识形态工作领导权的重中之重。

（八）中国社会主义精神文明建设史研究

精神文明建设是整个社会全面发展、全面进步的思想保证。在全面建成小康社会、进而开启现代化建设强国新阶段，精神文明建设起着保驾护航、同心筑梦的作用。

（九）铸牢中华民族共同体意识的理论基础与实践路径研究

党的十九大将"铸牢中华民族共同体意识"正式写入党章，体现了党和国家在新时代解决中国民族问题的新的治理方略。当前世界正经历百年未有之大变局，中华民族正处于实现伟大复兴的关键阶段，改革攻坚正面对复杂多变的局面，社会进入风险集中爆发期，需要牢固的社会基础来共克时艰，筑牢中华民族共同体意识、实现各民族团结进步正是实现中华民族伟大复兴的根本保证。从理论与实践两个维度推进筑牢中华民族共同体意识具有重大的现实意义。

（十）新中国外交理论研究与新中国外交战略史研究

大国外交一直是当代中国外交史重点研究领域，虽然"十三五"时期在外交史学科中这方面成果比较突出，但与大国外交在中国外交实践中的重要地位相比，这方面研究还有待进一步加强。特别是在当前中国大国外交面临前所未有挑战的背景下，深入开展中国的大国外交史研究显得尤为重要。

（十一）唯物史观与新中国史研究

新中国史研究，必须坚持以马克思主义及其中国化最新理论成果为指导。在当代中国，也就是要坚持以马克思列宁主义、毛泽东思想、邓小平理论、"三个代表"重要思想、科学发展观、习近平新时代中国特色社会主义思想为指导，要高度重视马克思主义基本理论与中国化马克思主义理论的学习与研究，将马克思主义作为意识形态领域这一根本制度落实到新中国史学科研究之中，结合新中国史来对党的最新思想理论成果进行理论阐发，用学术讲好新中国的历史故事与理论逻辑。

史学理论

一 "十三五"时期史学理论学科发展的基本状况

"十三五"时期,史学理论学科的发展延续了改革开放以来的既有局面,在研究力量布局、人才和队伍建设方面呈现出重点研究基地优势明显、新的研究力量分散涌现、学科建设存在局部性短板的局面。

就全国史学理论学科发展的现有布局而言,"十三五"时期最引人瞩目的事件是中国社会科学院历史理论研究所的成立。历史理论研究所为中国历史研究院成立后新建研究所,集中国社会科学院古代史研究所、近代史研究所和世界历史研究所三所史学理论与史学史力量而成,在中国史学理论、西方史学理论、马克思主义历史理论研究等方面都有着深厚传统。下设马克思主义历史理论、中国史学理论与史学史、外国史学理论与史学史、历史思潮、中国通史、国家治理史、中华文明史、中外文明比较、海外中国学九个研究室,在学科设置上打通古今中外,注重大历史和长时段研究,相关课题和成果覆盖史学理论学科的各个领域,在当代中国史学理论体系构建、唯物史观研究、历史虚无主义研究等方面有着特殊优势。《史学理论研究》为该所成熟型史学理论专业刊物。作为一支新组建的研究力量,相信不久的将来会在史学理论学科建设中绽放异彩。

从研究力量分布来看,原有的几个研究基地保持了传统优势并有所转型和发展。

北京师范大学史学理论与史学史研究中心作为教育部人文社会科学重

点研究基地,在学界享有盛誉。该中心有刘家和、瞿林东、吴怀祺、陈其泰、杨共乐等众多知名学者,专职人员近30人。在中国古代史学理论研究、中西史学比较、当代中国史学理论体系构建等领域有着极其重要的地位。

2017年10月,南开大学史学理论及史学史研究中心正式成立,标志着南开大学史学理论学科发展迈上了新台阶。研究方向覆盖了史学理论体系建构、中国史学史、中外史学交流等多分支领域。

华东师范大学史学理论学科有着悠久的学术传统,其中国史学研究中心于2018年12月挂牌成立,这是该校史学理论学科建设的一个里程碑。该中心在中国传统史学理论、中国近现代史学思潮流派及马克思主义史学等方面,有着突出成就。

首都师范大学历史系史学理论与史学史教研室延续了宁可先生开创的史学理论研究传统,在当代史学理论思潮和趋势研究、中西史学理论比较等领域有着重要建树。兰州大学历史学院史学理论与史学研究所有着以汪受宽为代表的研究团队,研究近代史学史、史学理论亦颇有成绩。

还有许多学校开设有史学理论专业。

总体看来,史学理论学科在"十三五"时期的发展取得了令人瞩目的成就。相关学者除了承担了多项国家和省级课题外,发表的学术成果数量、培养的研究生的数量、举办的学术研讨会的数量也相当可观,甚至还有稳步上升的趋势,而尤其值得注意的是,全国原有的几个史学理论研究基地在"十三五"时期实现了转型升级,中国社会科学院历史理论研究所的成立,南开大学、华东师范大学史学研究中心的挂牌,一方面体现了国家、各高校对史学理论研究给予的重视和支持,另一方面也反映出史学理论学科发展迎来了新的机遇期。

史学理论学科发展也面临着诸多挑战和局限。如从全国高校史学理论与史学史课程的设置来看,其数量有所减少;就现有各大研究基地和全国史学理论学科教师队伍的配置来看,人才梯队存在一定程度的断档,尤其是青年学者的数量不够,很多从事史学理论研究的年轻学者被迫从事跨领域,甚至转向其他领域的研究。这些情况的出现与一些高校领导对史学理论研究的重视程度减轻有关,因为在学科评审中史学理论学科相对中国史的其他学科并不占优势。

二 "十三五"时期史学理论研究取得的重要成就

(一)历史理论研究的进展

第一,关于唯物史观的研究。沿袭了21世纪以来的实证风格,文本研究和概念史研究是其中的两大亮点,也是成果比较集中的领域,而由此产生的学术争鸣更是反映了唯物史观研究的活跃状态。如关于唯物史观形成和发展史的研究中,以某一经典文献为中心,考察它在唯物史观产生和发展历程上的作用是近年来研究的一大特点。

围绕唯物史观中国传播史的研究,汪信砚的《马克思主义哲学中国化:传统与创新》、吴元梁总主编的《马克思主义哲学形态史》较具代表性,这些研究注意沟通中国传统文化、社会历史实践与马克思主义哲学的关系,突出中国化的马克思主义哲学的内在特色。

关于唯物史观内涵及其基本原理的研究中,首先涉及唯物史观概念和内涵的争论。此外还有关于"唯物史观"与"历史唯物主义"概念的区分,"劳动唯物主义""辩证唯物主义"概念的讨论。其次,以实践观点和人学观点透视唯物史观的逻辑起点也是近年的热点。如王让新、李弦的《"现实的人"的理论跃迁:历史唯物主义的深度解读》和陶富源、陶庭马的《马克思学说现实人本主题论》就强调唯物史观是以"现实的人"为出发点的。最后,关于唯物史观的基本原理及其科学性的研究,相关探讨涉及社会形态理论、阶级斗争、生产力与生产关系、世界历史等问题,代表作有刘森然的《历史唯物主义:现代性的多层反思》、杨耕的《重建中的反思:重新理解历史唯物主义》、吴英的《唯物史观:一门真正的实证科学》等。

第二,中国历史理论的研究。有通过通史撰述实践深化对中国历史理论认识的,也有用唯物史观理论阐释中国古代历史的。如有关中国社会历史理论的研究,近年来也取得了一些重要成果。例如,由卜宪群总撰稿的5卷本《中国通史》开创了以专题式的综合体叙述中国历史的先例,回顾了中国历史的发展道路。曹大为、商传、王和、赵世瑜总主编的14卷《中国大通史》,强调要正视历史多重合力的作用,承认历史偶然性对历史进程的影响，不再采用五种社会形态理论，并依据生产力形态演进将中国历史划分为史前社会、农耕社会、工业社会三大阶段。

第三，历史虚无主义批判。这是中国历史理论研究中较受关注的领域。其中较有代表性的如《史学理论研究》2019年第3期的一组文章：夏春涛的《历史虚无主义解析》、左玉河的《"魔鬼"还是"天使"：帝国主义侵华"有功"论辨析》、吴英的《驳中国非社会主义论》、高希中的《中国优秀传统文化不容否定》、韩炯的《因果解释的迷失：历史虚无主义的方法论基础批判》，这些文章从不同角度讨论了有关中国历史研究中的相关"历史虚无主义"论点，为近年来历史学界相关讨论中的力作。宋月红的《历史虚无主义的破产》，朱佳木的《同历史虚无主义思潮斗争的有力思想武器》，郭彦林的《历史虚无主义思潮评析》，丁辉、陈奕锟的《历史虚无主义研究与批判》等从不同角度剖析了历史虚无主义的缘起与实质，都是富有价值的成果。

（二）关于史学理论及其体系构建的思考

在史学理论体系构建方面，有许多学者尝试提出了新的思路。如2016年，乔治忠的《用中国话语发展当代史学理论》和《试论史学理论学术体系的建设》、邹兆辰的《关于建构中国特色马克思主义史学的思考》、于沛的《〈史学理论研究〉三十年：构建马克思主义史学理论新形态的三十年》、瞿林东的《理论研究与学科体系》、李振宏的《关于建设中国历史哲学的初步构想》、陈其泰的《历史编纂学史与史学史学科关系辨析》等，这些研究对于构建中国史学理论体系无疑有启示意义。强调本土特色则为大多数学者的共识。王学典指出，在某些史学理论研究领域，从中国本位出发已渐成主流，"中国史重返故土"的历程在未来若干年将会在更深程度和更广范围内展开。

对史学理论某一专门领域的研究也为我们探索史学理论体系构建提供了新思路。如历史认识论是近年研究的一个热点。其中，赵轶峰在《"新时期"史学理论之我见》中强调史学理论研究必须直面历史认识论、知识论等当代世界范围史学理论的高水平前沿问题，历史学永远需要对影响历史认知的非证据性因素保持警觉。2018年，《历史研究》发表了一组"公共阐释与历史阐释"的笔谈，于沛、朱孝远、吕一民、李宏图、孟钟捷等人从不同角度发表了自己对历史阐释问题的见解，强调要构建当代中国的历史阐释学。所谓历史阐释，实际还是突出历史认识论对历史研究的作用。刘泽华的《刘泽华全集·历史认识论与方法》收录了其44篇历史认识与方法论方面的论文、采访稿，对历史认识论的思考具有深度。

关于历史学的实践性，彭卫曾结合中西史学实践中的经验与教训、运用中西尤其是西方史学材料，回答历史学与现实的关系问题，也即历史学的实践性问题。此外，关于历史思维、史学批评论、史学价值论、史学方法论，都有许多研究成果。

历史美学的研究中，路新生的《历史美学的理论与实践》从理论与实践角度讨论了历史美学学科建设的可行性问题。

专门史研究的理论与方法也值得关注。这其中涉及经济史、社会史、思想史、文化史等诸多领域的问题。其中社会史方面如蔡一平、杜桂琴主编的《妇女与社会性别史研究的理论与方法》，赵世瑜的《眼随心动：历史研究的大处与小处》，李文的《中国当代社会史研究理论与方法刍议》；思想史方面如葛兆光的《思想史研究课堂讲录：初编 视野·角度与方法》（增订版），张茂泽的《中国思想史方法论集》；经济史方面如林文勋、黄纯艳主编的《中国经济史研究的理论与方法》，刘巍的《计量经济史研究方法》等。这些成果能够有效推动相关研究的进展。

（三）中国史学理论研究

围绕中国史学理论遗产的总结，"十三五"时期有许多颇有分量的成果。瞿林东的《中国古代史学批评纵横》、十卷本《瞿林东文集》，汇集了作者40余年耕耘史学理论及中国史学史的研究所得，在卷帙构成上是一部自成体系的史学理论与中国史学史研究成果。

《陈其泰史学萃编》具有四个特点：从文化视角研究史学；对"经"与"史"作贯通考察；探讨传统史学向近代史学转变的途径，阐发其理论意义；认识到历史编纂学作为新的学术增长点的重大意义。而作为研究实践，其5卷本《中国历史编纂学史》由国家图书馆出版社于2018年出版，这是第一部中国历史编纂学通史著作。

吴怀祺主编16卷本的《中国史学思想会通》是总结古代史学思想遗产的代表性著作，展示了中国史学思想发展的历史脉络、总体特点和时代精神，是史学思想史研究的重要著作。

胡逢祥主编的《中国近现代史学思潮与流变》对近代史学理论遗产的总结做出了贡献。该书力求在把握中国近现代历史分期的同时，勾勒出每一时段的主要思潮和流派。

王也扬、赵庆云的《当代中国近代史理论研究》展现了当代中国在近代史理论领域的研究状况和发展历程，尤其强调现实政治发展对近代史理论诠释体系、学科规范、学术研究生态之深刻影响。

卜宪群主编的《习近平新时代治国理政的历史观》对国家领导人习近平同志的史学理论观点作了考察，较为全面地研究阐释了习近平新时代治国理政的历史观，对于深入理解和认识习近平总书记的历史观具有重要的理论意义和学术价值。

三 当前史学理论研究存在的问题

（一）重于史的考察而薄于理论的探讨

与史学史、学术史的研究相比，不论是对历史理论还是对史学理论的研究，都较为逊色。史学理论研究地位有逐渐被边缘化的倾向。就史学理论学科本身而言，如何在学术研究、学科建设上取得突破，任重而道远。

（二）本土史学理论和话语体系建设相对不足

史学理论学科发展存在的主要问题是本土史学理论和话语体系建设相对不足。现有史学理论与史学史学科研究侧重对以往史学遗产的知识清理和总结，对理论建设的探索还有很大空间，尚未将既有史学史研究成果上升为具有理论高度的系统认识和话语体系，同时未能有效借鉴西方史学理论和其他学科的优秀理论和概念工具，导致学科发展问题意识和研究范式的更新相对缓慢，在一定程度上削弱了史学理论研究的"高度"和"反思"特质。

（三）对社会重大问题的关注不够，与现实呼应不够

长期以来，史学理论与社会现实仿佛隔着一道鸿沟。越来越多的史学理论与史学史研究者专注于自身领域的探讨，对现实重大问题缺乏关注，

史学理论研究有流于空洞的风险，即从理论到理论，从概念到概念，脱离具体社会实践。另外，相当一部分的史学工作者缺乏应有的理论视野和运用理论指导史学实践的自觉，历史研究存在较为严重的"碎片化"现象，最终妨碍对所从事的研究进行必要的提炼总结和深刻的理论概括，影响研究的层次和对历史进程的规律性认识。

（四）加强史学理论研究队伍培养，加大对史学理论的研究力度

史学理论是历史研究的重要组成部分，它关系到能否形成自洽的、具有普遍性的历史叙事与历史观，能否认识到许多历史研究与历史叙事背后的政治与文化根源，能否对一个时期的历史研究现状进行总结与检讨。因此，必须加强史学理论研究队伍的培养，提高他们的理论功底与思辨能力，让他们形成宏阔的知识视野与接地气的问题意识，为建设新时代的学术话语体系做贡献。

四 "十四五"时期史学理论研究的努力方向

（一）加强马克思主义唯物史观对历史研究的指导

加强唯物史观对历史研究的指导，提高人们运用马克思主义进行历史研究的自觉性和坚定性，推动和促进马克思主义史学理论的进一步发展。如何将马克思主义和唯物史观贯彻于具体的历史研究，增强马克思主义和唯物史观的解释力，并产生具有创新性的学术成果至关重要。

（二）加强中国传统史学理论研究

中国有着悠久的历史编撰传统，历代史籍浩如烟海，这是一笔十分宝贵的民族文化财富，其中的编撰形式、核心概念、经世致用理念、道德功能，在今天值得从新的角度、以新的问题意识进行阐释，可以使之成为构建符合当代中国境况的历史叙事的理论资源。成为衔接中国传统与中国特色社会主义之间的重要中介，并由此进一步培育人民群众的政治与文化认同。要善于从史学知识中提炼史学理论，以当代历史认识重新发掘传统史学蕴含的现代价值；同时借鉴和运用当代西方史学理论中的精华部分，注重考察历史文本背后的具体语境与深刻内涵。

(三) 加强历史理论研究

自改革开放以来，史学理论研究注重了自身学科性研究，但对历史本体重视不够，尤其是对中国本土历史经验重视不够，导致了目前历史理论研究乏力。在各种因素的综合作用下，"历史理论"探讨被冷落，有关历史进程本身的一系列重大问题被束之高阁、乏人问津。这也导致在最需要为社会发展和国家建设提供历史借鉴的时候，历史学却不能及时发挥应有作用，这也是国家成立"中国社会科学院历史理论研究所"的初衷所在。支持历史理论的研究，应是"十四五"时期的一个重点方向。

(四) 了解全球理论动态，提升中国史学的国际地位

要构建切合中国历史与现实的思想理论话语体系，必须更全面、客观、深入地了解全球理论动态，加强与国外学者的对话，提升中国史学的国际地位。

(五) 构建中国特色的史学理论学科体系、学术体系、话语体系

30多年以来，以欧美为代表的西方现代史学理论、史学方法、话语体系以及各种概念工具，一方面极大地扩充了我们历史研究的手段，拓宽了我们的研究视野，激发了我们的理论与思想创新；另一方面，也使得我们的历史研究越来越失去"主体性"。21世纪中国史学的发展，需要具有历史合理性和学理科学性的历史解释体系。我们应当立足于中国史学产生和发展的深厚土壤，结合中国史学的优良传统和优秀的思想与理论遗产，在对马克思主义唯物史观新的认识的基础上，构建既符合中国历史和中国史学的实际而又具有全球视野的、融通古今中外的当代中国史学话语体系。

五 "十四五"重点研究课题

(一) 中华民族共同体意识的历史逻辑研究

党的十八大以来，习近平总书记多次强调实现中华民族伟大复兴的中

国梦，就要以"铸牢中华民族共同体意识"为主线，把民族团结进步事业作为基础性事业抓紧抓好。2019年9月27日，习近平总书记《在全国民族团结进步表彰大会上的讲话》指出："一部中国史，就是一部各民族交融汇聚成多元一体中华民族的历史，就是各民族共同缔造、发展、巩固统一的伟大祖国的历史。"新时代史学工作者有责任用丰富的历史事实，从理论上、学术上阐述中国统一多民族国家形成、发展、巩固的历史进程。

（二）"中国道路"的历史与思想渊源

如何继承、光大中国文明的历史传统，如何借鉴吸收外来经验，走出一条长治久安的现代国家之路，形成和确立现代中国文明的自觉意识，也为世界文明指出新的前途和发展方向，这是当代中国的重大历史任务，也是当代中国思想学术界的核心关切。

（三）中国历代兴盛规律研究

当今世界正历经百年未有之大变局，新中国也已成立70余年。如何汲取中国历代兴盛的智慧和经验，服务于当下的治国理政，既是一个富有重要价值的学术问题，也是一个具有重要现实意义的理论问题。

（四）马克思主义社会形态理论研究

社会形态理论是马克思主义唯物史观的基本内容，是整体长时段大跨度的观察历史的理论和方法。其中积淀了马克思主义史学十分丰富的学术内容，也折射着时代发展、现实政治与史学研究的关系。从学术史角度看，社会形态理论是中西比较、中外会通的重要理论平台，对历史有着相当强的解释力。有必要对社会形态理论进行全面系统深入的研究。

（五）马克思主义史学理论与中国史学学科体系的构建

中国马克思主义史学的形成与发展，是中国现代史学不可分割的一部分，对中国马克思主义史学理论的研究与反思，可以进一步发展马克思主义史学理论创新能力，推进当下中国历史学学科的理论体系和话语体系建设，将具有极其重要的借鉴意义。

(六) 毛泽东、邓小平、江泽民、胡锦涛、习近平论历史科学

毛泽东、邓小平、江泽民、胡锦涛、习近平等中央领导人对历史、历史科学、历史事件、历史人物、重大历史问题、中华优秀传统文化等有一系列重要论述。对这些重要论述全面摘编、辑录、出版，不仅能够有效全面、系统展现中央领导人关于历史科学的重要思想，而且为后世留下可资借鉴的精品力作。

(七) 新时代历史理论研究

在中国特色社会主义新时代背景下，结合中国历史进程本身的一系列重大问题研究习近平历史理论，为社会发展和国家建设需要提供借鉴，发挥历史学应有作用。

(八) 中国近代史学科体系的形成与嬗变研究

中国近代史学科体系之内涵颇为丰富。本课题的研究，在既有研究的基础上，努力拓展研究的视野，丰富中国近代史学科体系问题的内涵，从不同角度和不同层面对近代史学科体系进行深入探讨。

(九) 近代以来通史编纂理论方法研究

近代以来，曾形成通史编纂的热潮，不同流派的学者就通史编纂的理论方法加以探讨，也有不少史家将通史编纂的构想付诸实践。这些理论方法之探讨，值得全面梳理；通史编纂实践的成败得失，亦值得系统总结。本课题结合考察近代以来通史编纂的理论与实践，力图从中汲取思想资源，为今日的通史提供借鉴。

中国史学史

一　中国史学史学科当前发展概况

（一）主要研究力量布局、人才培养、队伍建设

北京师范大学、华东师范大学、南开大学和中国社会科学院中国历史研究院成为史学史研究的几个重要研究单位。

浙江大学、兰州大学、中国人民大学、山东大学、四川大学、武汉大学、苏州大学、西北大学、首都师范大学、四川师范大学、华中师范大学、河南师范大学、安徽师范大学、淮北师范大学、廊坊师范学院等院校均有中国史学史研究力量分布，并培养多名本学科方向的研究生。

（二）本学科重点刊物及交流平台

《史学史研究》是国内唯一的研究史学史的专业刊物。2002年，《史学理论与史学史学刊》集刊由北京师范大学史学理论与史学史研究中心主办，以集刊形式向国内外发行，是史学理论与史学史工作者发表研究成果的阵地。《理论与史学》集刊，由中国社会科学院历史理论所中国史学理论与史学史研究室主办，2015年发刊以来，已连续出版5辑，成为中国史学理论与史学史研究和学术交流的创新平台。

二　"十三五"时期本学科重要成果

（一）系统性著作

瞿林东主编《中国史学史》系马克思主义理论研究和建设工程重点

教材，由教育部组织编写，经国家教材委员会审查通过。该书内容贯通，从中国史学的产生写到习近平《致第二十二届国际历史科学大会的贺信》，是反映中国史学发展全貌的最新教材。贯通古今、反映多民族史学和中外史学交流，是此书的突出特点。谢保成著《增订中国史学史》4册以中国史学自身的发展为基本线索，采取按时间跨度和史书系列相结合的框架，叙述史家、史书、史法演进、修史制度等基本内容，分析发展演变趋势。

（二）通论性著作

瞿林东主编7卷本《中国古代史学批评史》作为教育部人文社科重点研究基地重大项目成果，首次对中国历史上各个时期的史学批评现象、观点和代表性成果做出系统的研究和阐释。揭示了中国古代史学批评在中国史学发展中的作用、中国古代史学批评与传统史学理论的关系、中国古代史学批评与史学话语体系构建的联系等重要问题，彰显了中国古代史学批评的内在价值、研究方法和中国特色。

陈其泰主编5卷本《中国历史编纂学史》系国家社科基金重点项目。全书秉承白寿彝关于历史编纂学的相关论述和思想体系，系统梳理中国历史编纂学遗产，进行创造性阐释，旨在提炼出具有中西学理融通意义的新的理论概括，大力提升中国学术话语权。该书首次对近现代民族危机刺激下历史编纂出现的新格局、从梁启超到白寿彝对新综合体的探索等理论问题进行了论述。

吴怀祺主编16卷本《中国史学思想会通》"通史"部分论述先秦、秦汉、魏晋南北朝、隋唐、宋辽金、元、明、清、近代（包括近代前卷和近代后卷）等中国史学思想的发展阶段；"通论"部分含历史思维、经史关系、历史盛衰、历史文献学思想、历史编纂学思想5个专题，展示了中国史学思想发展的历史脉络、总体特点和时代精神，是史学思想史研究的重要著作。

（三）断代与专题史学史

汪高鑫著《中国经史关系史》首次通论中国历代经史关系。邱锋著《春秋经传与传统史学》围绕"《春秋》经传在传统经史之学当中的地位与影响"这一论题展开专题研究，说明传统经学领域内的《春秋》经传在史学上的价值和影响。

杨艳秋等著《礼与中国古代社会·明清卷》有力地挖掘了明代礼制的演变和特色。乔治忠著《清代官方史学与私家史学相互关系研究》深入揭示清代史学发展的整体形态和丰富内涵。章益国著《道公学私：章学诚思想研究》对章学诚思想中的核心观念如"史意""六经皆史""圆神方智""通""史德""浙东学派"等做出新的解释。

胡逢祥等著《中国近现代史学思潮与流派：1840—1949》是一个史学群体积20年之功而成的鸿篇巨制，对中国近现代史学思潮与流派作了详尽论述。周文玖著《史家、史著与史学——中国史学史探研》，谢保成著《传统史学与20世纪史学》，李孝迁、任虎编校《近代中国史家学记》，徐国利著《中国现代史家思想与现代史观研究》等亦具代表性。王东、李孝迁主编"中国近代史学文献丛刊"系列，汇聚海内外学者共同推进中国近代史学文献资料的整理，为中国近现代学术史、史学史研究提供了厚实的史料基础。

史金波、关志国著《中国民族史学史纲要》，主要叙述中国民族史学的发展史（古代、近代及现代），在中国史学传统背景下介绍民族史学发展情况，体现出专门史学史的学术特征，突出了中国民族史学史的特色。

王记录等著《河南史学史》考察了自先秦至近代中原地区史学发展的情况、中原史学之特征及对中国史学之贡献。王晴佳著《台湾史学史》以过去五十年台湾的历史研究为主要研究对象，重点描述、分析历史意识的变化，并涉及历史研究对台湾的社会影响等问题。

孙卫国著《从"尊明"到"奉清"：朝鲜王朝对清意识的嬗变，1627—1910》系《台大哈佛燕京学术丛书》之一，从政治认同与文化心态来考察清代中朝关系的变化。李勇著《中国新史学之隐翼》概述中国新史学中世界史研究和欧美史学研究的总趋势。时培磊著《明清日本研究史籍探研》深入剖析了明清两代日本研究勃兴之原因。

"十三五"时期，中国史学史研究取得了重要进展，总体上形成研究重镇突出、全国各地开花的形势，为"十四五"时期的有序推进打下优良基础。史学史是历史学范围内的一门分支学科，重点在于对史学自身发展的反思和前瞻。目前，本学科关于史学的发展过程及其阶段性特点，史官、史家与史学成果及其特点，历史思想与史学思想等方面做出了较为充分、深入的探索。尤其是《中国古代史学批评史》《中国历史编纂学史》《中国史学思想会通》三部重量级著作问世，系统、深入地梳理了中国古代史学遗产，极大推进了中国史学史分支学科的研究步伐。

三 "十四五"时期重点研究课题的建议

（一）新时代中国马克思主义史学的研究任务

党的十八大以来，中国特色社会主义进入新时代。新时代中国史学面临许多新任务，包括：加快中国马克思主义史学的建设进程；处理好中国史学同外国史学的关系，逐步做到"中中有外，外在中中"；建立以人民为中心的发展观，这是新时代中国特色历史学基本理论的核心之一；进一步确立以史学服务于社会的史学观。

（二）中国古代史学的优良传统和理论遗产研究

史学遗产是历史遗产的一个部分，也是构建中国特色历史学话语体系的土壤。在挖掘古代史学遗产方面还有许多工作要做，譬如以概念史的视角透视古代史学某些重要范畴，对古代史学的某些重要命题作再挖掘与阐释，从本体论、认识论角度考察中国古代史学的理论遗产和学术传统等。如从宋人笔记入手深化对宋代士大夫政治、文化的研究，开拓探索中国史学史的新视角、新领域，促进史学史与思想史、政治史的交叉研究。

（三）中国古代史学话语体系研究

在加快构建中国特色历史学话语体系的进程中，史学史研究者理应发出自己的声音。从史学遗产出发，研究、梳理中国古代史学话语的生成、发展及其理论体系，着重研究中国古代史学话语体系中的重要命题、宗旨、概念、范畴及其运用、史学话语的体系化历程、话语表述的文风、审美及其与中国古代史学发展的相互影响，为当代中国历史学话语体系的建构提供历史依据和理论支撑。

（四）中国史学的叙事传统与理论成就研究

随着西方叙事学和后现代主义历史叙事学的传入，中国史学界未能把握解释中国叙事传统的话语权。中国史学应当且有责任凸显自身的叙事传统、风格和话语。中国叙事风格植根于中国历史撰述的传统中。"叙事"作为一个史学范畴提出来，在中国已有1300多年的历史，并从一个史学批评用语发展成为一个史学理论范畴。对于中国史学叙事传统与理论成就的深入发掘和系统研究，尤其成为加快构建中国史学话语体系、学术体系的重要环节。

（五）中国历史教育研究

历史教育是史学实现社会价值的重要方式，是史学史研究的一个重要领域。历史教育与爱国主义精神的养成关系密切，研究中国历史教育发展史，厘清中国历史教育的阶段性与时代性，探究不同时代的关键转折，有利于认识中国历史教育的整体面貌。梳理中国历史教育的重大问题（历史教育与历史解释、民族精神、历史前途、人生价值），有利于推动制订中国历史教育的国家战略与发展规划。

（六）20世纪中国马克思主义史学文献数据库建设

中国马克思主义史学自19世纪20年代以后逐渐产生并茁壮成长。1949年之后，马克思主义史学在中国确立了主导地位。汇集百年间（1900—2000）中国马克思主义史学文献，有利于全面客观地记录、反映马克思主义史学在中国的发展历程，为推进中国马克思主义史学发展，促进社会大众了解中国马克思主义史学提供一个开放平台。

（七）20世纪中国史家和史学机构研究

从传统学术向近代学术转型是20世纪中国史学最重要的特征之一。在此过程中，近代史家群体和史学研究机构发挥了举足轻重的作用。对这些史家群体和学术机构展开全面考察，有助于明晰中国史学近代化的宏观历程和微观细节，重新审视、定位20世纪中国史学谱系，深化学术机构与地域文化发展相互关系的认识，也有助于为当前历史学学科建设与机构设置提供历史借鉴和启示。

（八）中外史学交流史研究

从国际视野出发研究中国史学史，有助于扩大史学史学科的研究范围，是目前得到学界认可的新研究途径之一，也是中国史学史研究新的学术增长点。如历史上朝鲜、越南、日本等东亚各国史学受中国影响尤深，留下大量汉文史籍；20世纪中国"新史学"深受欧美、日本、苏联史学影响；中国传统史学成果在翻译成多种文字"走出去"的同时也存在误译、漏译情况等。研究中外史学交流史，不仅有利于考察历史上史学交流的规模和特点，同时可以探索史学在不同社会条件下的运行机制，在比较中进一步认识中国传统史学的演进路径，推动中国史学走向世界。

（九）当代中国史学大众化研究

当代中国史学大众化问题尚缺乏系统、宏观的研究。史学大众化的理论和方法论建设应当及时跟进实践，及时反思史学大众化的目的、原则、内容选择、呈现手法、表现手段、受众的定位以及参与者的素养等问题，由此推动史学大众化实践活动向纵深发展。有鉴于此，有必要在学界已取得成就的基础上，对当代中国史学大众化问题做更深入的探讨。

当前，中国史学史学科在学科建置上名列中国史之下的二级学科，但在整个历史学专业中处于相对弱势。有鉴于此，"十四五"时期本学科在努力做好科学研究、队伍建设、人才培养的同时，需要得到更大力度的政策支持，重点围绕本学科重大理论问题进行规划论证，列入国家社科规划重大招标项目的选题指南，争取每年立项数量在3—5项。

总体上，新中国成立70多年来，中国史学史研究伴随着伟大祖国前进的步伐不断探索发展、开拓进取，在研究者认识、著作类型、理论发掘以及专业人才培养等诸方面呈现日新态势。在新时代，中国史学史应继续推进各方面研究走向深入，并着重发挥自身连续性发展的特点和成果丰富的优势，努力在中国特色历史学学科体系、学术体系、话语体系构建中，在史学服务于现实的历史运动中，做出应有的贡献。

中国经济史

粗略估计,"十三五"时期全国发表的经济史论文有14000篇左右,学术著作约400部,资料集逾百部。整体上看,"十三五"时期经济史学界能够坚持历史唯物主义的理论和方法,厚积薄发,成果丰富,不论发表、出版的研究成果的数量还是质量,均值得肯定。同时,经济史研究也存在一些值得注意和改进的地方。

一 中国经济史研究的主要成绩

(一)大量史料的发掘、整理与出版,为经济史研究提供了更加坚实的资料基础

"十三五"时期经济史研究利用考古材料,包括出土实物和文字材料,如秦汉三国简牍、敦煌吐鲁番文书、墓志、碑刻、民间文书、档案、族谱、家书、账簿等,被广泛运用于经济史研究,与文献记载相印证,不断补充、匡正乃至深化人们的认识,使经济史研究增添了活力。特别值得一提的是,利用地下考古资料以对古代经济史进行研究,取得了重要研究成果。如汉代海昏侯考古发现对于汉代手工业史、经济史的研究,"南海一号"沉船遗址考古对于宋代贸易、手工业史的研究,均有积极的推动作用。传统经济史资料的整理中,清史纂修工程组织编辑出版的数量可观的清代史料,对于推动清代经济史研究功不可没。大型类书《中华大典》系搜集、整理、编纂自有文字记载以来至1912年以前的有关汉文字资料,其中《经济典》《工业典》《农业典》包含古代及近代约1.3亿字的经济史研究资料,于2016年后陆续出版。河北大学宋史研究中心等组织出版的《晋商史料集成》，包括数万件晋商文书契约，对于推动明清商业史研究意义重大。

（二）专题性研究有所进展

"十三五"时期经济史专题研究取得了令世人瞩目的成绩。传统研究课题如城镇化及城市空间管理、工业化、近代化、海洋经济史、唐宋变革、富民社会与农商社会、晚清财政税收与近代转型、中国传统经济的近代转型、民族地区经济发展演变、传统社会的工匠精神等，成果卓著。新中国经济史特别是改革开放史成为经济史研究的一个亮点。区域经济史方兴未艾，对青藏高原社会经济史特点的系统研究，有利于区域经济史研究的完善与推进。公共卫生、社会赈灾救灾史研究备受关注。货币制度的变迁对我国社会经济的影响，引起学界的高度关注。城乡史特别是历史上城乡接合部的历史研究，成果引人注目。近代商会研究、"三农"问题研究、革命根据地经济发展等，研究成果不一而足。

（三）经济史研究得到社会的认可度高

国家社科基金对于经济史研究课题的资助力度不断加大，不论是重大招标课题、一般课题、青年课题还是后期资助项目，包括国家哲学社会科学成果文库，经济史均有丰硕收获。社会资助经济史研究也有了长足发展，其中用友基金会从2017年开始，每年资助"商的长城"（商业史）项目20项，其中一般项目和重点项目各10项，有力支持了商业史研究，受到学术界尤其中青年学者的欢迎。

2019年教育部"长江学者"的遴选中，经济史、经济思想史学者收获巨大，理论经济学的"长江学者"特聘教授中均有经济史、经济思想史学者，历史学的"长江学者"特聘教授、青年长江学者中也有经济史学者，颇受学术界关注。

（四）中青年学者成为经济史研究的中坚力量

经济史研究人才辈出，中青年学者茁壮成长，已经成为"十三五"时期经济史研究的中坚力量。中国经济史学会等每年主办一届全国经济史博士后论坛，北京大学、清华大学每年举办量化历史国际年会及青年讲习班，

《中国经济史研究》编辑部分别于 2018 年、2019 年发起青年经济史论坛等，一些经济史研究团队组织各种经济史讲座，对于推动经济史研究特别是年轻学者的成长具有一定引领作用。随着中国改革开放的不断深入和国际地位的提高，大量留学归国人员加盟经济史研究与教学团队，也有一定数量的国外青年学者前来中国从事经济史研究工作。

（五）国际交流进一步活跃

中国学者与国外学者在经济史学界的对话与交流，"十三五"时期更加活跃。2016 年、2018 年在日本京都和法国巴黎举行的世界经济史年会上，中国学者积极参与，受到国际经济史学界一致好评，对于讲好中国故事，传播中国声音均有积极作用。中国学者与世界经济史学界的沟通，在深度与广度上均有所进展。比较典型的案例是，《剑桥中国经济史》中文版 2018 年出版后，中国学者与作者进行了直接对话，对话坦诚、实事求是，大家既对该书给予了充分肯定，同时也对其中不足提出了诸多批评。

（六）构建中国特色经济史话语体系取得进展

随着中国在全球的不断崛起，联系现实的经济史研究日益受到重视，关注现实经济问题，从历史中总结经验，并更好地服务于现代社会，当是经济史研究的最终归宿。

其中，构建中国经济史话语体系显得特别重要。经济史学科既有对中国传统学术的继承，也有与时俱进的学术创新。经济史学界以全球视野和当代立场总结中国经济发展所走过的历程，深入探讨包括历史在内的中国国情，现代化是当今世界不可逆转的发展潮流，是经济史研究的题中应有之义。中国经济史研究者在参考、引进理论方法的同时，立足中国经济的历史与现实，走中国特色的经济史研究道路。今天，构建具有中国特色的经济史话语体系正逢其时。

（七）经济史研究领域不断拓展

"十三五"时期，经济史研究的内容有所拓展，如新中国经济史特别是改革开放史成为经济史研究的一个亮点。区域经济史、公共卫生、社会赈灾救灾史、货币制度的变迁对我国社会经济的影响，受到学界高度关注。城乡史研究成果引人注目。"一带一路"背景下，经济史学界立足于全球史视野，对相关议题展开持续深入的研究，重点围绕以下方面进行讨论：首先对"丝绸之路"的概念传播与功能特征进行深入剖析与全面呈现，特别是揭示中外贸易与文化交流决非单向地从东到西或从西到东，而是具有"双向"的功能特征；其次通过个案研究，如澳门与巴西、丝路叶尔羌—拉达克段、丝路与西南历史交通地理等，探讨不同区域间的中外经贸、交通、文化往来，呈现中外关系的多元化形成与发展；最后海上丝绸之路研究持续深入，如对古代海上丝绸之路的起点进行考辨，利用中外古地图来呈现海上丝绸之路的发展演变及贸易往来，进一步拓展研究的深度和广度。

（八）经济史研究平台在不断增加

经济史学科的集刊数量在增加，一些集刊也登有一定数量的经济史论文，其学术质量得到学术界普遍肯定。《海洋史研究》《产业与科技史研究》《中国经济史评论》《新丝路学刊》等集刊，编辑越来越规范，文章质量不断提高。与此同时，不少综合性期刊也开辟经济史研究的专栏，增加了经济史研究成果发布的园地。中国经济史学会、中国经济思想史学会、中国商业史学会等，定期和不定期进行各种学术讨论会，学会成为经济史学工作者联系、沟通和交流的不可或缺的平台。

（九）重视学科建设与人才培养

各研究单位及高校对于经济史学科建设和人才培养比较重视，取得了明显成效。经济史作为理论经济学的二级学科和中国历史二级学科专门史的主要方向之一，系重要基础学科，越来越受重视。

经济史研究人才建设取得了长足进步，各研究单位均比较重视人才培养与引进。在人才方面，出现了一些标志性学术人才。清华大学社会科学学院经济学所龙登高教授，南开大学历史学院李金铮教授，上海财经大学程霖教授，清华大学历史系倪玉平教授，均入选了教育部经济史专业的长江学者。

二 经济史研究的总结与不足

"十三五"时期，恰逢改革开放40年和中华人民共和国成立70年，学术界对中国经济史研究进行学理层面的认真梳理与总结。诸如《中国经济史研究》《中国史研究动态》《历史研究》《文史哲》等刊物对改革开放40年和新中国成立70年的经济史研究进行了总结，内容涉及非常全面，举凡先秦经济史、魏晋南北朝隋唐五代经济史、辽宋夏金元经济史、明清经济史、近代经济史、现代经济史、史学理论等，均有涉猎。这种总结既有对中国经济史研究的理论、方法、研究范式和特点的总结，尤其是对国际化、研究方法的多样化给予充分肯定；同时也对经济史研究中存在的一些问题进行了分析，并对研究的碎片化倾向、对国外研究成果消化不良乃至囫囵吞枣的个别现象给予了批评。学者特别强调努力构建包括经济史在内的中国特色学术理论体系。这些总结，无疑对于以后经济史的研究多有裨益。

经济史研究中的学术评论尤其是学术批评是一个非常薄弱的环节，也是经济史研究的一个瓶颈。对新公布的经济史资料的甄别、深入解读和研究显得严重滞后，一些成果只是对关键词的简单量化统计，没有对资料、数据背后的东西进行深入挖掘与研究。重复研究现象时有发生。贯通宏大、具有理论突破的研究成果比较少见。历史学的经济史与经济学的经济史在研究方法上处于各自为政的局面，融合或相互借鉴方面有待加强。需要加强对经济史教材编写的支持力度，虽然有南开大学、北京大学、北京师范大学教授主编的《中国经济史》教材出版，但是相对于该学科，经济史教材还是显得单一，难以满足学科建设与人才培养的需要。对我国第一代、第二代马克思主义经济史学家的论著的整理与研究不够。经济史研究方法的多样化正在兴起，这无疑推动了经济史研究的进步，但是一些研究成果在利用数据和研究工具时，已经表现出背离经济史本质，没有考虑数据背后的深层次原因，为数据而数据、为模型而模型的倾向，受到学者的诸多诟病。近现代档案资料公布严重滞后，在一定程度上制约了经济史研究的深入。

三 展望

一是2020年新冠肺炎疫情暴发后在全世界蔓延，这对经济史研究也会产生一定的影响。自然灾害特别是疾病史的研究，会成为新的研究热点，包括赈灾、恢复与发展经济等，将成为"十四五"时期经济史研究的重点方向之一。

二是全球视野下中国经济史话语体系的构建，需要从资料与理论两方面努力，为进一步形成并树立中国经济史学独特的话语体系奠定坚实基础。

三是经济学、历史学和社会学之间方法和理论的融合，系经济史研究的一个重点。

四是经济史资料的甄别、消化和利用，尤其数据库建设会越来越受重视。

五是贯通宏观的研究成果颇受期待。

六是社会转型研究有所突破，目前我国正处于社会转型的关键时期，学者将研究视野置于历史上的社会转型，力图从经济史的角度对社会转型提供经验与教训。

七是鼓励开展经济史学术评论与批评，促进学术不断进步。

八是继续重视新史料的发掘、整理与出版，加强大型综合数据库的建设，重视研究资料的交流与共享，为实证与理论研究提供更扎实的资料基础。

中国城市史

一 "十三五"时期中国城市史学的研究现状

据初步统计，2016年至今，中国城市史学界共承担了57项国家哲学社会科学基金、18项教育部基金规划的城市史课题，出版中国城市史的专著、资料集等共计185部，发表相关论文745篇。

（一）中国城市史论文发表概述

2016年至2020年4月，中国知网所载有关中国城市史的论文总数达745篇。根据论文涉及断代时限及内容题材分析，涉及现当代城市史研究79篇，近现代城市433篇，古代部分179篇，跨时段研究的论文有19篇，综述性论文22篇，理论研究论文10篇，书评文章3篇。

有关中国城市史研究的论文从时段划分来看，主要集中在近现代城市史研究，占全部中国城市史发文总数的58.1%。同时，中国古代城市史的研究也受到重视，每年都发表有一定数量的研究论文，其论文数量占全部中国城市史发文总数的24%。从目前发表的相关的中国城市史论文来看，有关中华人民共和国城市史的论文较少，这表明中华人民共和国城市史的研究明显不足，可以说这是一个有待深耕的中国城市史学术领地。未来五年应加强中华人民共和国城市史研究，梳理城市发展的历史脉络，总结城市发展的历史经验和规律。在当今面临百年未有之变局的转折关头，如何在从传统工业文明向新型生态文明战略的转型中把握城市发展的方向和城市社会治理及城乡的良性互动发展，亟须探索中国特色的城市发展理论和路径。

(二) 中国城市史的主要著作出版概述

"十三五"时期（2016—2020年）学界有关中国城市史的专著成果丰硕，出版物总共有185部。

"十三五"时期大量出版的中国城市史著作中，可以分为以下几类。一是具体某一议题的研究，例如熊月之著《上海租界与近代中国》、何一民等著《20世纪新疆区域与城市发展研究》、包伟民《多被人间作画图：江南市镇的历史解读》等多部城市专题研究。二是城市史研究史料的整理与出版，为城市史研究进一步发展提供了史料基础。三是雅俗共赏的城市通俗读物，有力地推动了城市史研究服务于人民日益增长的文化需要，扩大了城市史的影响力。四是城市通史类著作再次受到关注，为城市立传，助力单体城市史的纵向研究。

(三) "十三五"时期中国城市史研究概述

1. 中国城市通史研究

"十三五"时期，在国家社科基金重点项目研究的基础上，何一民主编的大型多卷本《中国城市通史》通过结题评审，得到同行评审专家的高度评价，评审结论为优秀。旋即得到国家新闻出版基金重点资助，已经付梓，即将于2020年内出版。《中国城市通史》共7卷，计400余万字。该书标志着中国城市通史研究又跨上了一个新的台阶。

除此之外，近年来一些区域城市通史和单体城市通史的研究成果也令人瞩目，如陈国灿主编的《江南城镇通史》（国家社科基金后期资助项目），分7卷，全面考察了江南城镇发展的历史进程、发展轨迹、形态演变和运作机制。

2. 中国古代城市史研究

（1）城市起源与先秦早期城市研究

"十三五"时期，仍有不少学人继续对中国城市的起源、城市与文明的关系等问题进行进一步的研究。先秦早期城市奠定了中国城市发展的基础，对于该段城市史的研究有其不可替代的重要意义。同时，考古技术的日益进步、考古活动的逐步扩大、考古材料的广泛应用都有利于将考古学与先秦城市史研究良性地结合在一起,近年来也多有这方面的成果涌现。

(2) 秦汉至隋唐城市研究

近年来,秦汉城市研究主要集中在秦汉时期郡县设置的研究与秦汉都城、王城的研究两方面。在秦汉时期郡县设置的研究领域,相关学者对秦朝陇西郡、即墨郡以及秦汉时期闻喜县等郡县的沿革变化进行了专文探讨。

隋唐时期结束了南北朝的长期分裂,再建了专制主义中央集权的大一统王朝,众多的城市也随之复兴、发展,城市史研究的成果也相对丰硕。唐朝边疆地区城市得到了更好的恢复与发展,因而对此一时期的研究也受到重视。

(3) 宋元明清时期城市研究

两宋时期,以北宋四京为典型的宋代城市取得了突出的发展,学者对北宋四京的研究也较为关注,颇具新意。南宋城市的研究也在此一阶段有所进展。

中国古代的城市发展历经数千年在明清时期达到了顶峰。因此,学者们对于明清城市的研究可谓着力颇多,硕果累累。何一民等人撰写多篇长文对清代区域城市分布的数量、特点进行了详细、深入的研究,探讨了清代江河水系、长江、黄河、珠江等沿江沿河区域城市的历史发展状况。

3. 中国近现代城市史研究

据统计,"十三五"时期(2016—2020年),学界围绕中国近现代城市史共发表论文多达433篇,占期间城市史发文总量的58%。可见这一论题在学界中受追捧的热度之高。

4. 中华人民共和国城市史研究

近年来,有关中华人民共和国城市史研究成为新的热点,比较有代表性的著作主要有《革新与再造:新中国建立初期城市发展与社会转型(1949—1957)》《新中国城市的发展与主要特征》《20世纪新疆中等城市与区域发展研究》《从城市发现历史:深入开展20世纪新疆城市与区域发展研究》《中国70年中国特色城镇化道路的演进与发展》《20世纪50年代北京城市规划中的苏联因素》、吴晓霞的《当代中国城市基层治理的历史演进》等。

5. 城市史理论研究

"十三五"时期(2016—2020年),中国城市史研究的许多学者都有着对于城市史研究理论的思考和探索，积极开拓，吐故纳新，融汇中西，试图找寻出更多行之有效且具有中国特色的城市研究理论。

二 中国城市史学科存在的不足与加强建设的建议

（一）中国城市史研究存在的问题与不足

调查过程中，相关研究者对中国城市史学存在的问题与薄弱环节十分关注，分别从不同的角度指出了问题，提出了批评。

1. 中国城市史研究在人才培养和队伍建设的学科建设存在不足

首先，人是一切的核心，所有研究都与人有着密切的关系，一个学科是否发展，与这个学科的人才和队伍建设有着直接的关系。普遍认为当前中国城市史学在人才培养和队伍建设方面存在不足，需要改进和加强。其次，是中国城市史学科建设存在不足，甚至有研究者认为中国城市史学还未形成独立的学科，或认为学科的重要性未受到充分的重视，甚至前景不明确。

2. 理论研究相对滞后，理论体系不完善

任何一门学科的发展与进步都离不开持续性理论创新的重要支撑。20世纪80年代以来，张仲礼、罗澍伟、隗瀛涛、皮明庥等改革开放后的第一代城市史研究的学者开拓出了现代意义上的城市史研究，开创出了诸如"结构—功能"等城市史研究的理论。之后，熊月之、何一民、涂文学、张利民、李长莉等改革开放后的第二代城市史研究的学者继续推陈出新，不断深化城市史研究的理论探索，何一民即提出了"三大视野"作为城市史研究的理论指导。

但是，目前学界仍然存在对中国城市史研究理论相对乏力的普遍焦虑。城市史基础理论的系统研究明显不足，外来城市史研究的理论引进不系统、不及时，对已引进的理论亦未能很好地借鉴、吸收与落地转化，具体理论与实践操作也还存在脱节。相当部分研究者认为中国城市史学理论未成体系；也有人认为理论较为零散；跟西风，理论本土化严重缺失。

3. 中外学术交流的不足，在国际学术领域缺乏话语权

中国古代虽然有城市史研究的悠久传统，但是现代意义上的城市史研究则主要是产生于西方，中国现代意义上的城市史研究也是在改革开放后受西方学术思潮影响方才开启的。此外，伴随着科技的进步，学术研究的理论、方法日新月异，全球化浪潮下的世界联系也不断加深，学术研究共同体日益成形。西方国家有大量的城市史研究专家学者、科研机构、专业刊物，而目前中国城市史学界在与西方城市史学界的交往交流、互学互鉴等方面是明显不足的，未能很好地开展城市史研究的中外学术交流活动，更缺乏相应的常规化良性互动的交流平台和交流机制。

4. 多学科、跨学科融合研究亟待深化

目前，中国城市史学界虽然都已经认识到多学科、跨学科研究的必要性和重要性，但是在具体的实践过程中，往往流于表面，只是简单地堆砌、罗列城市经济、文化相关的内容，缺乏深度的密切的融合与连贯。此外，在运用其他社会科学知识、方法、理论进行中国城市史研究时，也存在生搬硬套的情况，并没有考虑到相关知识、方法、理论迁移的可行性与科学性，乃至引发了一些本可避免的错误。

5. 长时段整体史研究不够

总体来看，不少研究者对中国城市史的研究视野较窄，整体把握不足，如对近代以来中国城市的发展变迁缺乏宏观的把握。目前学术界对20世纪中国城市史的整体研究还不充分。现有的研究成果主要集中在对20世纪前半段（清末民国时期）的研究，而对于后半段（新中国时期）的研究则非常薄弱，尤其是将整个20世纪贯通起来的研究成果更是寥寥无几。

6. 中国城市史资料库建设有待加强

当前中国城市史研究越来越走向繁盛和深入，与之相对应的却是还没有一个大型的、动态的、可多角度检索的城市史资料中心。这不能不说是一个重大的遗憾。因此，在信息时代条件下，为了高效快捷地推进城市史研究事业的发展，实现研究手段现代化、信息传输网络化，并使相关资料信息能够全员共享共用，建设一个综合性、科学化、现代化的"中国城市史资料库"，是摆在城市史研究者面前的一个重大课题。

（二）加强城市史学科建设的相关建议

中国城市史研究领域需要不断拓展和深化。目前对于不发达城市、中小城镇、边远地区城市和边疆地区城市的历史研究较少，对少数民族

地区的城市史研究关注仍然不够。虽然单体城市研究已经颇有成效，产出成果丰硕，但是仍存在研究区域不均衡问题，从地域来看，重视东部近海地区城市史，忽视内陆城市史，重汉族地区城市的历史研究，而轻民族地区城市史研究；从城市史的断代研究来看，目前研究成果多集中于近现代阶段，故而古代城市史研究需加强，当代城市史更需开拓，尤其是中华人民共和国城市史研究更是有着大片未开垦的处女地。此外城市建设思想史、城市公民意识的演变、城市文化和形态、城市空间与功能的变化、城市人居环境史、城市生态环境史等研究领域亟待拓展。对于城市综合贯通研究十分不足，河流与城市研究，特大城市研究，城市带、城市群等的历史演变研究，城市问题与城市治理史研究等领域都有待拓展。

三 中国城市史学术前沿与拟开展研究的重大课题

通过问卷调查，共征集了93条建议，共68个中国城市史未来拟开展研究的重大选题，经一定范围内研讨后，现将部分重要课题介绍如下。

（一）20世纪中国城市史系列研究

20世纪无论对世界还是中国来讲都是非常重要的一个历史时期，从世界范围来看，两次世界大战和社会主义阵营的兴起，对人类社会的发展产生了前所未有的深刻影响。中国经历了从半殖民地的沉沦走向复兴的伟大过程，中国共产党领导的中华人民共和国建立，改变了中国历史的发展进程，中国出现了前所未有的巨大变化。因而从不同的视域加强20世纪整体史研究，总结其历史经验，探寻发展规律，有着十分重要的作用。因而应将20世纪中国城市史研究作为未来研究的重点。

（二）河流与城市——长江黄河流域城市史研究

长江和黄河是中华民族的母亲河，也是中国城市的重要依托。水是生命之源，临河建城是世界城市的一个普遍规律，也是中国城市发展的重要规律。中国早期城市主要在长江流域和黄河流域形成并发展，长江和黄河流域是中华文明与城市的发祥地，五千多年来，两大流域的城市持续不断地发展，承载了中华文明的源与流，是中华文明未曾中断的一个重要原因。近代以来，两大流域的城市出现转型，推动了中国的工业、城市化和现代化的发展。因而开展两大流域城市史研究不仅具有重要的学术意义，也具有重要的现实意义。

（三）中国城市治理史研究

中国的城市治理因历史因素等多方面的原因，与西方国家有巨大的差异性，因而开展中国城市治理史研究，对于当下中国城市管理者深入理解中国国情，在继承和发展传统城市管理体制的基础上，通过在立法、行政和财政等领域的制度创新和结构重塑来促进城市发展具有重要的现实意义，尤其是对于当下正确处理政府与民间组织的关系，使其各自发挥应有的作用有所帮助。

（四）不同历史时期城乡关系演变研究

城市与乡村是人类居住的两大空间组织，随着城市的形成，城乡之间就出现了互动关系。因而城市史研究不仅要研究城市本身，还需要研究与城市紧密相连的乡村以及两者之间的关系，城市的形成发展离不开乡村的支撑作用，城市的存在离不开乡村，城乡关系是广泛存在于城市和乡村之间的相互作用、相互影响、相互制约的普遍联系与互动关系，是一定社会条件下政治关系、经济关系、阶级关系等众多因素在城市和乡村之间的集中反映。城乡关系在不同历史时期有不同的表现，需要从历史的视域来研究两者关系的演变。

（五）民族地区边疆地区城市史研究

目前学界对民族地区和边疆城市发展史研究较少，许多问题还没涉及，有非常大的研究空间，而且，通过城市史研究反映国家在边疆地区的社会治理与边疆现代化进程，是一个较好的切入点。民族地区城市发展史应与城市发展现实结合研究，民族地区因为独特的区域地理、文化背景形成了独特的城市发展史；民族地区城市的未来发展应有独特的发展路径和方式。如何从城市历史观照城市发展现实，探索民族地区城市发展路径，避免千篇一律的城市化模式，具有重要意义。

（六）中国城市史数据库和数字图书馆建设与研究

21世纪世界正在从工业时代向信息时代转型，大数据和5G的建设，将推动人文社科研究进入一个新的阶段。因而中国城市史研究应尽早谋划建设中国城市史数据库和数字图书馆。不仅要为城市史研究者提供研究资料，也要为城市规划、建设和现代化治理提供优质服务。

中国思想文化史、社会史

社会史、思想史与文化史研究，在研究主题方面，社会史和文化史的相向扩展和交融趋势明显，许多研究论题实际已无法确指是社会史还是文化史，只能以"社会文化史"予以概指；不过相对而言，社会史与文化史大体也还有自己论域的边界。而思想史与文化史实际上已经无法严格区分，无论是基于人物（思想家或文化学者）的研究、思潮史或文化观念的研究，抑或是思想（文化）资料文献的整理研究，许多成果的论题和研究取向已经高度融合，实际上不能截然区分。故此，本调研报告以"思想文化史"合而论之。

一 当前研究状况

（一）思想文化史研究

21世纪以来，思想文化史研究早已突破了聚焦精英的视域，而相对地扩展了研究范围，以前被忽视的思想家、思想流派和多面向的文化问题，都程度不同地进入学术研究视野。对于"一般知识、思想与信仰的世界"的关注，成为学术研究的主导趋向。"十三五"时期，就其整体研究状况而言，中国古代思想文化史研究相对地侧重于传统学术文化和思想流派的深入解析及探讨，其中以关于庄子思想学术、道家思想与理论、法家文化与学说，以及儒学流变等方面的研究为多。

中国近代思想文化史研究论题更为开阔，一方面，关于近代思想家的研究仍然集中在曾国藩、康有为、严复、梁启超、孙中山等代表性人物上，对于新文化思潮和新儒家研究，以及各类学人思想和文化观的研究也较为集中；另一方面，关于"五四"新文化、新思想和近代民族主义思想与文化研究比较突出。

概念史与观念史研究取向也是思想文化史领域拓展的一个方面。学者们选取特定的话语、概念、语词、术语等，从其生成、引入、流变，乃至会通和建构的不同角度进行多方位诠释，将思想文化史研究引向精细化。此外，情感史、心灵史、记忆史研究也构成近年来思想文化史研究新取向，特定人物、群体或社会运动的情感、心态、心灵解读，成为研究者关注的主题。

（二）社会史研究

社会史研究仍然是学界热点之一，专门性的社会史和区域社会史研究，均有创新性成果涌现，如刘晨著《太平天国社会史》、徐文彬著《明清以来福建区域社会史论》、朱晴晴著《移民、市场与社会：清代以来小江地域文化的演变》、蒋威著《清代江南乡村塾师与地方社会》、张小坡著《旅外徽州人与近代徽州社会变迁研究》等。医疗社会史、环境史研究也不断趋热，如韩毅著《宋代医学方书的形成与传播应用研究》、费杰著《历史时期火山喷发与中国气候研究》、皮国立著《近代中西医的博弈：中医抗菌史》、杨祥银著《殖民权力与医疗空间：香港东华三院中西医服务变迁（1894—1941年）》等。

社会生活史是近些年史学研究特别关注的领域之一，相关研究成果也比较突出，如万军杰著《唐代宫女生活研究》、吴洋洋著《宋代士民的"花生活"》、徐永斌著《明清江南文士治生研究》、左玉河著《民国社会生活史》等。

乡村史研究持续展开，并与社会治理和日常生活论题紧密结合，趋向于深描细析，如郝春文著《中古时期社邑研究》、陈柏峰著《半熟人社会：转型期乡村社会性质深描》、王志明著《清代乡居进士与官府交往活动研究》、陈家建著《多样的现代化：一个苏南村庄的"集体主义"史（1950—2017）》等。

（三）主要研究力量布局

就研究领域成果的呈现状况看，思想文化史与社会史研究存在明显不均衡态势。我们可以从两个层面调研统计：一是就《历史研究》《中国史研究》和《近代史研究》三大主要杂志刊载的论文分布情况；二是从同时期的国家社科重大项目分布统计情况。

两项针对性的调研统计表明，社会史研究成果和研究力量整体上远多于思想文化史，其中重要期刊论文方面社会史占63%，思想文化史占37%，重大项目方面社会史占74%，思想文化史占26%。

就研究队伍整体分布态势看，思想文化史主要集中于京、沪地区，如北京师范大学、中国社会科学院近代史所、中国人民大学、复旦大学等实力厚实；社会史研究主要集中于南开大学、中山大学、上海师范大学、中国社会科学院历史研究所、中国社会科学院近代史研究所以及山东大学等，而一些地方院校如河北、河南等地的高校也有明显特色和优势。

二 重要进展和主要成绩

"十三五"时期，思想文化史与社会史专题不断深入，相对而言，思想文化史在传统思想家与传统文化研究领域成果比较突出，关于孔子思想、孔学以及儒学研究相对集中；社会史则更多地关注社会生活史和社会治理研究。其中一些代表性成果在学术界引起较大反响，如陈宝良著《明代士大夫的精神世界》、黄兴涛著《重塑中华：近代中国"中华民族"观念研究》、余新忠著《清代卫生防疫机制及其近代演变》、王先明著《乡路漫漫：20世纪之中国乡村（1901—1949）》等。

关于马克思主义中国化的学术研究相对集中，且取得了不少成果，主要有：周全华的《马克思主义中国化学术史》、孙建华的《马克思主义中国化思想通史》、金民卿的《马克思主义中国化思想史论》和《马克思主义中国化的思想逻辑》、陈剑敏的《抗日战争时期马克思主义中国化研究》、石劲松的《井冈山时期马克思主义中国化研究》、李张容的《近代中国社会性质认知与马克思主义中国化：1921—1949》、李德芳的《琼崖革命进程中的马克思主义中国化》、赵付科的《民主革命时期的中共报刊与马克思主义中国化》、吴文珑的《"实践导向"及其双重意义：1935—1942年的马克思主义中国化》等。

就其学术研究进展或成绩看，则更多地体现在资料汇编和整理研究方面。这在社会史和思想文化史领域呈现出共同性。比如从国家社科重大项目在资料整理与专题研究立项分布情况看，专题类研究立项占比整体上远低于资料整理类，社会史领域资料类与专题类之比为 25∶17，思想文化领域资料类与专题类之比为 27∶18。这表明，侧重于或倾向于基础建设尤其是基本资料建设的趋势已经成为史学界近年一个基本朝向。更值得关注的是，资料整理类研究项目，都是相对长程性、基础性、重要性问题的内容，它们的系统性整理和研究，是整体学术实质性进步的必要基础。

与此相应的还有文献、文集或日记等思想文化史资料的出版，如《老子异文总汇》《曾子辑校》《朱熹师友门人往还书札汇编》《王阳明文献集成》《孙中山思想政见各方论争资料集》《侯外庐著作与思想研究》等；文献、文集资料：如《方苞全集》《焦循全集》《柳诒徵文集》等；日记类资料整理出版的有：《江标日记》《严修日记：1876—1898》《黄尊三日记》《史久芸日记》《宋云彬日记》等。这些资料的大量汇编、整理和研究课题的集中立项和资料、文集的出版，是这一阶段重要学术研究成果的体现；同时，这也是社会史、思想文化史学术研究时代性变动的一种学术自觉的表现。

三 存在问题和未来发展重点

从社会史与思想文化史研究领域情况看，发展的失衡性态势十分明显，这是学科发展中应该注意的问题。一方面，社会史研究成果和力量分布仍然处于超越性地位；另一方面，思想与文化史则相对处于弱化态势。更值得警惕的是，思想文化史研究中实际上文化史仍居主导地位，思想史研究则异常清冷。重大课题立项和研究成果获奖方面，就其内容而言实际上更多地归属于文化史，而少有思想史内容。

比较而言，思想史研究呈现严重滞后性，而且力量分布也不均衡，其研究重点或者侧重于先秦，或者聚集于民国；研究课题的创新性和时代性也少有突破性发展，特别是在传统思想与近代（现代）思想的历史转折和传承跃迁的内在学理或学术关联上，未有突破性研究；立足于历史长程性的中国思想与学术的深度关联，亦缺乏研究。

社会史研究成果丰硕，研究队伍持续扩充，但作为学科建设的问题亦十分突出：如研究取向日趋琐碎，缺乏对于社会发展和社会演进的通贯性研究；在群趋于日常生活的细微性精研中寻求"新异"，而缺失了社会历史发展大势的整体关照；等等。

立足于学科体系、学术体系和话语体系建设的高度，这些问题都应该加以重视，尤其是高校历史学科，承担着育人的社会责任，在学术研究和学科体系建设中，应该均衡性地发展。以下问题需要总结和反思。

思想史研究队伍原本较强的单位，现在也呈现衰退现象：思想史研究梯队后继乏人，团队力量不复存在。在我们进行问卷调研的单位中，大多数历史学科研究队伍都相对地聚集在社会史、经济史、政治史或区域史领域，思想史研究队伍十分缺乏。这一问题甚至影响到课程建设。比如，南开大学原思想史团队力量强，成果突出，近年来相对集中于社会史，而思想史和文化史趋于弱化，尤其思想史优势不再。社会史、思想史和文化史一直以来都是山东大学历史学科的传统研究方向，近年来山东大学的思想史研究也趋于弱化，等等。

思想的深度代表着时代的高度。如何超越社会史研究的琐碎和散乱，如何建设具有独特性的话语体系、学术体系和历史学科体系，思想史研究的学术地位至为重要，应该着力建设和发展。

四 重点研究课题建议

（一）中国社会治理的历史演变与转型研究

此一研究，可弥补社会史选题过于琐碎之缺憾，也可为当代社会治理、国家治理提供历史借鉴。

（二）中国文化的转型与重构研究

中国文化源远流长，今天的中国文化从传统中走来，完成近代转型后建构了现代文化。如何从文化史视角诠释中国发展道路，值得深入探讨。

（三）20世纪以来中国新学术与新思想的互动性研究

近代以来新思想、新思潮迭起，同时新学术、新领域也不断呈现。以往研究将思想与学术各自展开，呈现着割裂性发展。事实上，新学术与新思想之间,既区分显然,又内在相关。这一课题展开,有助于突破思想史与学术史(文化史)的人为区隔,或可拓展新的研究领域。

(四) 中国民生问题的历史演进

近代以来,在民族—国家建构和社会重建进程中,民生问题凸显为时代性问题。但民生问题又是与人类社会相始终的问题,在不同历史时期,民生问题有不同的聚焦、不同的呈现。

(五) 近代中国社会建设研究

社会建设逐步生成并成为现代化建设中五大建设内容之一,这是伴随着工业化、城市化和现代化进程而出现的命题。如何历史地加以研究,以为当代社会建设提供借鉴,也是学术研究当务之急。

(六) 中国乡村治理思想与理论研究

中国历史上形成了丰富而多样化的乡村治理思想和理论,所谓"乡村治则天下治,乡土安则国家安"。如何梳理传统乡村治理思想、理论,并探讨其在近代社会转型和民族国家重建中的变化和升华,具有重要学术价值和现实意义。

(七) 中国社会公产史研究

中国历史上形成并发展的公产观念和公产事业,是社会建设重要内容,对于社会发展、社会秩序稳定,对于文化建设和文明发展有着重要作用。关于公产观念、公产事业、公产体制及其在近代以来的剧烈蜕变、重建等历史脉络和历史特征问题,还缺乏系统研究。

(八) 中国海洋环境史研究

基于社会史视角,将环境史与海洋资源及其社会群体结合研究,具有拓展社会史、经济史、环境史意义。

(九) 中国民本思想的近代演进

民本思想是中国传统思想文化中具有丰富内涵和特色的内容之一,其因时因势而变，自有其思想演进的历史时代（此与社会历史时代不完全同一），如何从思想史意义上系统研究，并着重其在近代的演进和变化（与民权思想关系、与三民主义关系等），是值得深入展开的思想史与社会史课题。

历史地理学

一 历史地理学当前发展的基本状况

总体来说,"十三五"时期,历史地理学呈现出欣欣向荣景象。

一是新成立历史地理研究机构的多达5家(中国人民大学、广西师范大学、上海师范大学、首都师范大学、云南大学)。

二是近半数单位的研究力量有所加强。特别是复旦大学、陕西师范大学、中国社会科学院、北京大学这些老单位,进人相对困难,但这几年也明显补充了力量。而且除北京大学外,其余三家补充力度还比较大。此外,中山大学、首都师范大学、贵州大学、云南大学的力量聚集也引人注目。

三是2018年,经复旦大学史地所多方努力,史地专委会、中国地理学会全力支持,《历史地理》(辑刊)终于成功获批刊号,更名《历史地理研究》,自2019年9月起作为季刊出版。这可以说是历史地理学科发展史上一个重要突破。

二 "十三五"时期历史地理学的重要进展、主要成绩、代表性人物和成果

(一)从工作推动的角度看

"十三五"时期,历史地理学获得国家社科基金重大项目11项。这11项,与地图相关的工作占有相当大的比重。

加上之前国家社科基金重大项目,以及其他来源项目,近五年中

历史地理学界利用GIS（地理信息系统）技术编绘历史地图的工作方兴未艾。如：龚胜生主持的国家社科基金2012年重大项目"中国疫灾历史地图集研究与编制"，韩茂莉主持的国家社科基金2013年重大项目"中国历史农业地理研究与地图绘制"，张萍主持的国家社科基金2014年重大项目"丝绸之路历史地理信息开放平台"，复旦大学史地所主持的国家社科基金2015年重大项目"中国行政区划基础信息平台建设（1912—2013）"，孙宏年主持的国家社科基金2018年重大项目"西藏历史地图集"，张伟然主持的国家社科基金2018年重大项目"魏晋隋唐交通与文学图考"。这些工作，特别是开放信息平台的建设，上线之后，将极大地改善中国人文社会科学研究的基础环境，为所有涉及中国历史空间的工作提供空前便利的服务。

此外，陕西师范大学周宏伟主持的"传统村落保护利用价值的分级分类体系与评价导则"课题在"十三五"国家重点研发计划重点专项项目"传统村落保护利用与现代传承营建关键技术研究"中立项。

（二）从成果获奖的层面看

"十三五"时期，覆盖度最高的奖项是新近出炉的"第八届高等学校科学研究优秀成果奖（人文社会科学）"（2020），历史地理学共获得11项。"第五届郭沫若中国历史学奖"（2018）中，历史地理学获得4项。2017年，中国地理学会组织评选"第二届全国优秀地理图书奖·学术著作"，对1994—2013年二十年间的地理著作评选出50部，不分等级。历史地理学共入选3部。此外还获得4项全国性的青年学者奖。

（三）从论著发表的层面看

"十三五"以来，历史地理学领域比较繁荣的是历史政治地理、历史经济地理、环境变迁（环境史）、灾害地理、历史地图与地图史、考古地理、史地资料整理与研究、域外历史地理、历史地理学科史和学科理论九个方面。兹将其中比较重要的撮述于此。

1. **历史政治（政区）地理**

这是历史地理学的传统强项，成果非常多，时空分布很广泛。较突出的除前述《中国行政区划通史》外，以清代较为集中。邹逸麟、华林甫主编的《清代政区地理续探》是《清史·地理志》《清史地图集》项目成果的又一次结集。华林甫主编的《清儒地理考据研究丛书》共有4册，其实也多与政区有关。其他有不少关于交界地区、边疆地区、特殊政区的研究，视角延伸至政区界线及边疆治理。

2. 历史经济地理

这方面主要是吴松弟团队的多卷本近代经济地理研究以及一些个人专著。

3. 环境变迁研究

这方面成果很多，分量较重的有王建革《江南环境史研究》、陆韧等《历史时期滇池流域人地关系及生态环境演变研究》、吴宏岐《明清珠江三角洲城镇发展与生态环境互动研究》、李并成《西北出土文献中的民众生态环境意识研究》、张萍《近五百年黄土高原环境扰动与社会变迁（1449—1949年）》等。

历史自然地理研究，成果向来较少。2018年邓辉主持完成的国家自然科学基金重点项目"基于《水经注》的华北地区自然景观演变过程重建及其人类影响机理研究"，是历史地理学界目前唯一的一项国家自然科学基金重点项目。该项目成果66万字，对华北平原黄河以北的400多条河流作了全面梳理，从科学高度揭示了公元6世纪以来华北平原河湖水系演变的特点和规律。

4. 灾害地理

重要成果是龚胜生编著的《中国三千年疫灾史料汇编》，该书5卷，280万字，为国家社科基金2012年重大项目"中国疫灾历史地图集研究与编制"的阶段性成果。王尚义团队的集体成果《流域灾害与生态环境重建——以山西为例》，包含《历史流域学论纲》《近六百年来山西气象灾害与气候变化》2部专著以及6篇重要论文。

5. 历史地图与地图史

成果丰富，参与学者人数众多。历史地图编绘，有蓝勇主编的《重庆历史地图集》。地图史研究，有华林甫等《德国普鲁士文化遗产图书馆藏晚清直隶山东县级舆图整理与研究》、钟翀等《上海城市地图集成》、蓝勇《重庆古旧地图研究》，还有成一农《中国古代舆地图研究》、马保春《加州大学伯克利分校图书馆藏中国古地图的整理与研究》。

6. 考古地理

进展最大的是荆楚地理研究。武汉大学史地所素以擅长运用考古资料为特色，近年出版了多部专著，如晏昌贵《秦简牍地理研究》、郑威《出土文献与楚秦汉历史地理研究》、徐少华等《楚都丹阳探索》。此外还有陈隆文《中原历史地理与考古研究》。

7. 史地资料整理与研究

中山大学史地中心结合历史人类学手段，从田野中发现新资料，编辑出版《广西恭城碑刻集》《湖南江永碑刻集初编》。李晓杰对《水经注》做落实到地图的笺释，出版了《水经注校笺图释·渭水流域诸篇》《水经注校笺图释·汾水涑水流域诸篇》。李勇先则运用文献学手段，出版了《中国历代地理总志珍本汇刊》等大型地理古籍整理丛书9种。

8. 域外历史地理

在"十三五"时期是个比较明显的趋势。立项有韩宾娜的"7—10世纪东亚国际秩序背景下的日本都城制度演变特征"（教育部人文社科重点基地重大项目，2015年）。但尚未形成有规模的成果。大体上，东北地区学者关注日本，西北以及关于"一带一路"地区的学者重视中亚、北方，西南、华南地区学者重视东南亚。

9. 历史地理学科史、学科理论方面

一直不断地有一些新论著出现。"十三五"时期，有一项工作比较重要。中国地理学会历史地理专业委员会为迎接2016年8月在北京召开的第33届国际地理学大会，组织出版了《历史与现代的对接：中国历史地理学最新研究进展》。这是一次试图从科哲高度梳理学科脉络，廓清突破性进展和学科贡献的总结，深度空前。

三　当前的研究状况、存在问题和薄弱环节

（一）队伍建设亟待加强

此次调研，绝大多数单位都感到，本单位研究力量薄弱。有些单位是历史地理研究队伍规模偏小。有些单位则是缺乏专职研究人员，以兼职为主，使得学科建设没有长远的发展规划，处于维持现状状态，引进不了新人。

截至目前，全国仅复旦大学史地所、陕西师范大学西北研究院两家单位兵强马壮，而且年龄、职称结构较为合理。其他各家多少都存在这样或那样的问题。多数情况是研究队伍规模小，科研产出受限，因而经费支持、平台建设都受限。既不容易增强团队，也不容易产生有一定高度的学术带头人。

另外，全国很多高校还没有历史地理学科点，尤其一些历史学总体实力很强的名校，历史地理学方面仍是空白。历史地理的队伍建设，仍任重道远。

（二）力量分散，亟待整合

历史地理研究的对象横跨文理，纵贯古今，特别发散。因而即使在同一单位有很多同行，也往往容易出现单打独斗的局面，较难形成分工合作、优势互补的团队。导致力量不能整合，科研"碎片化"局面比较严重。"碎片化"的结果，便是难以产出标志性的大成果。

（三）历史自然地理萎缩严重，人才奇缺

历史自然地理与历史人文地理是历史地理学的两翼。当前，各单位包括复旦大学史地所、陕西师范大学西北研究院的团队中，历史自然地理人才都相对偏少，其他各单位更不用说。很多单位虽然历史地理学者数量不少，但研究历史自然地理的一个都没有。就全国来看，历史自然地理领域也是研究气候的相对较多，很多历史自然地理门类，就没有受过地理学训练的学者在研究。这种局面，是堪忧的。

（四）解决国家急需，为社会服务做得不够

历史地理学是一门有用于世的学问。当前国家面临的一些重大战略决策，有很多是与历史地理相关的。如"一带一路"倡议、南海问题、新疆问题等，都是历史地理问题。但在这中间，历史地理学并没有发挥充分的作用。

这里面，客观原因是当前历史地理学人手有限，很多重要问题过去一直没来得及开展足够的研究。例如，上述诸问题，历史地理学者过去

的研究都不多。主观原因就是历史地理学界主动对接国家政策需要的意识不够。"十三五"时期有所加强，承担了一些决策咨询，但做得仍很不够。

四 "十四五"时期的学术前沿和发展趋势

"十四五"时期，历史地理学的学术前沿应该表现在以下三个方面。

一是，空间分析。进入21世纪以前，历史地理对于地理学技术的应用一直停留在计量革命前的阶段。21世纪以来，由于计算机技术的支撑，数据库、GIS技术逐渐应用，历史地理学跳过了计量革命，直接进入大数据时代。在这样一个时代，资料海量、数据海量，用传统的分析处理手段是完全应付不了的。需要借鉴现代地理学和一些相关学科中较为成熟的手段。其中，空间分析是非常强大、行之有效的分析处理空间问题的手段。地理学从90年代以来不断探索发展这一技术，现在已经相当成熟。国际上一些学术比较敏锐的历史学者（尤其关心地理问题的）已经在跟一些GIS专家合作，探索其在历史地理研究中的应用，展现了非常好的前景。可以说，这是在大数据时代，处理海量数据的必由之路。

做空间分析需要专业技术人员。一是现有从业人员形成空间问题，产出数据，中间过程请专业技术人员协助解决。再就是吸引一些掌握空间分析技术的年轻人投身到历史地理研究中来，培养一些掌握空间分析技术的研究生。

二是，相关学科交融渗透，提升历史地理学研究的科学水平。历史地理学其实是一个三维领域，除了与历史学、地理学相关，还与研究对象相关。以往较常见的是在历史学、地理学方面用力甚勤，而对研究对象所属的学科重视不够；更有甚者是对地理学相关领域重视都不够。总体结果就是导致研究精度不高，表面看起来很努力、很繁荣，但研究结果派不上真正的用场。例如，历史交通地理的研究，长期只能复原出一些交通站点、线路，而不能上升到运输量的层面加以分析，也就无法揭示各站点、线路在当时交通体系中所发挥的实际作用，远不能揭示古代交通运输地理的实态。可以预见，"十四五"时期这方面将有所改善。

三是，从本土的经验事实中提出有国际意义的学术问题。现代地理学的一个重要趋向，是国际化、全球化。中国由于经济、科技水平长期落后，因此在学术上长期追踪国际。往往是国际上出一个新的问题、新的理论方法，便将其拿到中国来，套用一下。这样的结果，便是将中国当作国外理论的试验场。这样一来，中国学术在国际上便不可能有太多话语权。

我们的学术怎样才能形成与之相应的话语权？这个问题，地理学界十几年前已经开始考虑。在历史学领域，问题没有那么突出，但事实上也同样存在。

中国的地理学要做出自身特色，一定要从本土的经验事实出发。因此，相对于地理学其他分支，历史地理学具有更多的责任。因为历史地理学研究的对象都是本土的，相对较容易摆脱国外理论的束缚。

五 需要进一步深化和拓展的重点研究领域

第一，空间实验室建设。复旦大学史地所、陕西师范大学西北研究院都已经建有空间实验室，但发展速度不尽如人意，较期望值有距离，须加大力度，提升速度。其他单位，是创造条件自建空间实验室，还是集中全国力量建好若干空间实验室，同时为相关单位提供服务，需要一个制度设计。

第二，基础性数据产出。各种专题数据库（集）的编制、整合，在此基础上通过GIS实现自动制图。既可在线开发成数据平台，也可出版专题或区域历史地图集。

第三，对接国家战略急需的基础性研究。如社会治理、边疆战略、乡村振兴、文化安全等。就区域来说，边疆、南海、西北地区尤值得重视。

第四，可以为相关学科提供支撑的新兴研究领域。如宗教地理、文学地理等。这些领域对历史地理需求很高，也有一些相关学科的人在做，但因对历史地理学了解不深，导致研究精度有限。需鼓励历史地理学者开展相关研究，提升中国人文社科研究的总体水平。

第五，基于历史自然地理的环境变迁研究。纯粹人文的环境史研究，不容易解决重大问题。需从气候、地质、地貌、水文、土壤、生物等科学层面上，揭示环境变迁的内在机理。在此基础上再讨论人类社会的响应。传统的历史自然地理研究，主要是定性描述；现在运用 GIS 手段，整合多源数据，可以开展适当的量化分析。

第六，域外历史地理研究。过去历史地理基本上只关注国内，连边疆关注都不多，更不用说域外。现在随着国际化日益发展，国家、社会上对国外历史地理的需求愈来愈迫切。历史地理学应想方设法加大这方面的研究投入。

六　重点研究课题

（一）中华文明核心区的形成及动力机制

中华文明的核心区域从最初的华夏文明发源及形成的黄河流域不断向外扩展。本课题探讨：（1）中华文明核心区的范围；（2）其形成过程；（3）形成机理。

（二）关中平原城市群城市历史地理研究

为配合关中具有国际影响力的国家级城市群建设，对关中平原中心城市、重要节点城市、中小城市、特色小（城）镇形成演变的历史地理过程展开探讨，丰富区域历史地理学研究的理论和方法。

（三）淮河流域自然景观演变研究

以《水经注》的地理解译为基础，结合历史文献、考古报告、地理信息系统、遥感影像分析等手段，系统复原淮河流域的河湖水系与自然景观的变化过程，揭示其变化的自然与人文驱动力，为生态文明建设提供理论依据和参考。

（四）宋元以来珠江三角洲海湾城市港口水环境变迁史料搜集与研究

重点包括：（1）宋元以来珠江三角洲出海水道变迁与港口格局演变；（2）港口发展与城镇兴起及城镇发展格局的关系；（3）港口城市水利建设与濠渠治理工程；（4）宋元以来珠江三角洲海湾城市港口水环境变迁史料

数据库的建设。

（五）明清南岭历史地理综合研究

包括政区、族群、卫所、市场等问题，在田野调查基础上进行南岭地区 HGIS 数据库建设，开展南岭历史地理综合研究。

（六）南海地区历史地理研究

包括南海周边地区历史自然地理、历史地名、历史疆域、古旧地图、历史地图等，建设南海维权历史证据链（文献）及基础数据仓库、《南海历史地图集》编研等。

（七）中国历代人均寿命的时间变化、空间差异与形成机理研究

从时间、空间、关系三方面来剖析中国历代人均寿命时空分异规律及形成机理，并采用现代制图技术直观表达这些规律和机理。具体内容包括编制各历史阶段中国人的生卒谱、研究不同历史阶段人的平均寿命及其区域差异、研究历史时期中国人均寿命时空变化的形成机理。

（八）中国古地图的搜集、整理与研究

中国现存古地图，资料分散，需要开展全世界范围内的搜集、整理与研究工作，作为历史地理学研究的基础资料。

（九）中亚历史地理研究

聚焦中亚地理环境变迁及其对中亚文明的影响，探讨丝路与中亚兴衰之间的关联性，研究中亚城市兴起与选址、类型与谱系、形态与功能及中亚城市发展演变与中国城市发展演变的异同。

（十）东亚城市历史地理研究

以都城为中心，结合其他重要城市如军事重镇、边境贸易城市，对中国、朝鲜半岛和日本的城市从历史地理角度加以整体研究。

七 进一步加强和改进哲学社会科学工作的建议

历史地理学是一个跨文理的学科。20世纪80年代，它在地理学中有一席之地。当时学者感到，要想让它得到更好发展，应该得到历史学的支持。从90年代以来，它在历史学领域得到了良好的发展，生机勃勃。然而与此同时，它在地理学中的生存环境变得很艰难。希望能从国家层面协调好这中间的关系，让它得到均衡的、更好的发展。

中国边疆史

"十三五"时期,以马克思唯物主义史观、习近平新时代中国特色社会主义思想为指导,中国边疆史研究领域出版中国边疆史学术专著180多种,发表学术论文1500余篇,涌现了一批颇具影响力的研究成果。

本报告拟就"十三五"时期中国边疆史学科构建、中国边疆史重大基础理论和方法研究进展、前沿与热点问题、学科发展能力建设等问题作简要梳理,在此基础上还将对"十四五"时期中国边疆史研究发展趋势及拟开展的重大项目作初步展望。

一 中国边疆史研究与中国边疆学构建

"十三五"时期,构建"中国边疆学"成为中国边疆史研究者一项亟待完成的重大使命。中国社会科学院中国边疆研究所制订的"十三五学科发展规划",明确提出了"123战略"。这其中,"1"即以构建"中国边疆学"为中心,从边疆形势和边疆研究的实际出发,通过实施哲学社会科学创新工程和推进有中国特色新型"智库"建设,进一步夯实构筑"中国边疆学"基础。

五年来,中国边疆史研究者与相关学科的边疆研究者一道,围绕中国边疆学构建问题发表了一些具有较高质量的研究成果,展开了热烈讨论。总体而言,目前有关"中国边疆学"构建问题的讨论,大致可划分为两大"阵营":一个是由中国边疆史研究学者组成,如马大正、李国强、周伟洲、方铁、李大龙等,主张以中国边疆史研究作为中国边疆学构建的基础;另一个则是由具有政治学、哲学学科背景的学者组成,主要关注西方理论与中国实践的适应性问题。有鉴于中国边疆学主要是由一批从事历史学研究的学者推动起来的，一些具有政治学、哲学等相关学科背景的边疆学构建论者极力主张在边疆学构建的路径选择上"告别"中国边疆史。

中国边疆史研究者一直在阐明中国边疆史在中国边疆学构建中的地位与角色，即"中国边疆学"应以中国边疆史研究为基础，并强调中国边疆学构建的跨学科参与的重要性。李国强在《开启中国边疆学学科建设新征程》（《中国边疆史地研究》2018年第1期）一文中明确提出：中国边疆史研究是不同时期边疆研究的出发点和着力点，它厚实了新时代中国边疆学的学术渊源，汇聚成新时代构建中国边疆学的思想源泉，奠定了新时代构建中国边疆学的理论基石，因而是构建中国边疆学必须遵循的基本学术规律；如果背离了这一学术规律，中国边疆学必将失去根基和传承，很难成为科学意义上的中国边疆学。林文勋亦提出，不论中国边疆学学科体系最终朝哪个方向发展，都源自中国边疆史地。也就是说，作为一门新兴的交叉学科，中国边疆史地研究始终是贯穿中国边疆学学科建设的一条基本主线，"边疆史地研究是边疆学的源，而不是流。因此，我们要赋予边疆史地研究更加强大的生机与活力，而不是忽视边疆史地的研究"（《开创新时代中国边疆学学科建设的新局面》，《历史研究》2019年第1期）。

中国边疆史研究者认识到，中国边疆学绝不等同于中国边疆史地研究，并且有意识地将中国边疆学作为一个高度综合、横跨文理、多学科交叉的研究领域予以对待，研究对象、研究手段愈发丰富多样；与此同时，中国边疆史研究者也坚定地认为，中国边疆学之构建离不开中国边疆史研究，后者应当成为构筑面向未来的中国边疆学之基石。

二 中国边疆史重大基础理论和方法研究进展

"十三五"时期，中国边疆史研究呈现出以下两个方面特色。一是，在理论创新和话语体系构建层面，逐渐突破本土性边疆研究知识构架的局限，以一种全球性的多元化视角汲取国外边疆理论的营养，加强对国外边疆理论源流考镜和前沿成果的追踪，积极开展马克思主义国家边疆理论、历史疆域理论等重大基础理论问题研究。二是，在研究方法上，逐步冲破传统"中原中心"史观和西方"殖民"史观的束缚，从边疆观中国，以边疆为本位（中心）来考察中国边疆的历史地位与现实发展。

（一）重大基础理论研究

长期以来，中国边疆史研究者多致力于具体的历史事实方面的考证，却不太关注基础理论领域的探索。这一情况自 21 世纪以来逐渐有所变化，根据我们的观察，"十三五"时期，中国边疆史研究的重大基础理论问题主要体现在以下两个方面。

一是对马克思主义国家边疆理论研究的初步开展。马克思主义经典作家对国家、疆域、边疆、边界与民族等问题有过精辟论述，这是中国边疆史地研究的重要理论源泉。自 2015 年起，《中国边疆史地研究》杂志开辟了专栏，邀请相关学者就马克思主义国家边疆理论问题进行了有益探讨。

二是持续推进中国历史疆域形态与知识话语的研究。21 世纪以来，关于历史"中国"的讨论一直都是中国边疆史研究领域的学术热点。"十三五"时期，学者们对历史疆域理论问题的探讨表现出强烈的现实关怀，即着重研究历史上中国疆域形成路径及规律等诸领域的问题。整体而言，中国边疆史研究者对历史疆域理论的探索，主要围绕以下四个主题予以展开：（1）考察历史上的中国与中国历史疆域；（2）回应"构建人类命运共同体"的时代命题，围绕"新天下主义"展开讨论；（3）受相关西方边疆理论的启发，并以此观照中国历史，检讨历史中国的"内"与"外"；（4）遵循"内亚视角""区域中国"的阐释路径，从边疆看中国。

（二）"从边疆观中国"研究范式的兴起与检讨

中国边疆史研究深受两种研究范式影响：一是，在中国学术界，"中原中心主义"史观大行其道，从而构筑起"中心—边缘"的讨论范式，边疆被预设为一个恒定性的"边缘"角色；二是，发端于西方学界的"西方中心主义"史观，将中国边疆变成了一种基于西方经验而发的"异域想象"，历代中央政府经营边疆的历史多被解读为"殖民的历史"。

如果说以往的中国边疆史地研究多基于"中原中心主义"或"西方殖民主义"，从"中心"俯瞰"边缘"，那么最近十年来，作为回应，从边疆观中国、从边疆望周边、从边疆看世界的研究范式开始兴起。"十三五"

时期,"从边疆观中国"的研究范式在一些中国边疆史研究者的成果当中得以延续。

"从边疆观中国"的研究范式旨在构建中国边疆本位,阐释边疆对于中国的重要性,从学理上丰富了中国边疆史地研究的多样性。过于强调边疆的历史主体地位,可能会走向另一个极端。边疆社会、边疆民族的历史脉络,蕴涵于对国家制度和国家话语的深刻理解当中,如果忽视国家的存在而奢谈边疆研究,难免有"隔靴搔痒"的偏颇。

三 中国边疆史研究前沿与热点问题

(一) 海疆史研究

进入21世纪,我国海洋维权形势日趋复杂,海洋主权和海洋权益面临重大挑战。在此背景下,基于为维护领土主权和海洋权益提供历史依据的现实考量,南海问题、钓鱼岛问题成为海疆史研究最受关注的领域,学术研究十分活跃。"十三五"时期,海疆史研究延续了这一态势,成为中国边疆史研究领域的一个重要学术前沿和热点问题。从研究内容来看,这一时期的海疆史研究主要集中在两个方面:一是对中国在相关海域历史性权利的探讨;二是对历史时期中国政府对相关海域管辖的考察。

(二) 历代边疆治理研究

历代边疆治理研究,是中国边疆史研究领域的前沿性问题,一直以来受到研究者推崇和关注。"十三五"时期,中国边疆史研究者赓续了这一传统。

(三) "一带一路"与中国边疆历史、现状研究

"一带一路"倡议提出以来,缘于中国边疆省区与"一带一路"所具有的天然的、地理上的联系,中国边疆领域的研究者纷纷撰文讨论其与边疆治理的关系。

针对国内外有人提出"中国的'一带一路'倡议是要恢复历史上的朝贡关系"的说法,李国强撰文指出:(1) 古代朝贡关系不是丝绸之路的产物,而是特定历史时期、特定对象之间的双边关系;尽管不少朝贡使团走

的是丝绸之路，但与丝路的形成和发展并无关联；（2）中原王朝的回馈没有附加条件，反而因"厚往薄来"，不堪重负，不得不屡屡限制各国朝贡次数和人数，朝贡贸易的真正受益者并非中原王朝；（3）朝贡贸易不是古代丝路贸易的全部，它只是其中之一，朝贡关系绝不等同于朝贡贸易，朝贡贸易绝不等同于丝绸之路贸易。基于此分析，文章指出把"一带一路"倡议与朝贡关系联系起来违背历史事实，是一种错误的观点。

冯建勇《"一带一路"的中国边疆研究新视角》一文，重点探讨了当前的边疆省区在努力融入"一带一路"过程中展现出来的"从边缘到中心"之情怀。文章认为，"一带一路"提供了一个检讨边疆传统发展模式认知、构建边疆发展新视域的契机，即边疆地区从曾经的发展边缘地带，将经历一个"去边疆化"的进程，呈现出其开放、多元的一面，边疆议题越来越具有全国性、国际性意义，边疆地位的重要性得以凸显。

（四）边疆环境史、社会史研究

"十三五"时期，受西方后现代史学的影响，国内中国边疆史研究者开始提出，从环境史视域探讨生态边疆的内涵及其形成、变迁的原因及后果，以及生态界域里的边疆安全与生态防护屏障的建立等。也有中国边疆史研究者从边疆环境史的视角考察边疆社会史、边疆政治史，进一步丰富了中国边疆史的学术内涵。

（五）边疆地图史研究与边疆历史地图绘制

用古地图作为思想史的证据，研究思想观念和意识形态的问题，近些年开始流行起来。正是基于此研究视角，一些研究者试图通过古代地图透露出的历史信息，考察历史上的疆域观。研究者认为，历代古地图最能够显示古人对待疆域的独特观念，它们可作为理解古人关于国家疆域及其观念的重要资料。

在边疆历史地图绘制方面，代表性成果为《内蒙古历史沿革地图集》。在前人成果的基础上，该图集在现今中国标准底图上标注不同历史时期的行政建制、重要地名、山川关隘及交通等信息，反映历代中央及地方政权在内蒙古的沿革面貌，以及中国古代北方民族在内蒙古区域内外的分布情况和大致势力范围，填补了内蒙古长期没有一部完整历史沿革地图的空白。

四 中国边疆史研究学科发展能力建设

"十三五"时期,中国边疆史研究学科发展能力建设进一步增强,体现在:(1)在重大项目牵引下,中国边疆史研究吸引了越来越多研究者加入其中,日渐成为一门显学;(2)中国边疆史档案文献史料整理取得显著突破,信息资料专题数据库建设取得初步成果,进一步夯实了中国边疆史研究基础;(3)相关边疆研究平台建设如雨后春笋,为中国边疆史研究的人才培养、学科发展奠定了坚实基础。

(一)重大项目和相关课题的实施

"十三五"时期,国家社会科学基金特别委托项目"西南边疆历史现状综合研究项目"(以下简称"西南项目")、"西藏历史与现状综合研究项目"(以下简称"西藏项目")、"北部边疆历史与现状综合研究项目"(以下简称"北疆项目")有序推进。其中,"西南项目"共立项101项,至2016年年底均已结项,至2018年年底已公开出版成果48种,包括学术专著36种,档案12种。"西藏项目"立项总数达104项,相关成果陆续出版,至2019年年底已出版数种中国边疆史专著和文献档案资料汇编。"北疆项目"立项课题数共172项,至2019年,154项成果完成结项,其中44项涉及北部边疆史,已陆续出版。这三项重大特别委托项目有效整合了国内中国边疆史的研究力量,对于推进相关区域边疆史的研究起到了重要作用。

此外,在全国哲学社会科学工作办公室组织实施的国家社科基金项目(包括年度重大项目、重点项目、一般项目、青年项目、西部项目、中华学术外译项目、后期资助项目、高校思政项目、冷门"绝学"和国别史等各类资助项目),以及相关省份、部门、高校、科研院所设立的各级各类课题之中,大量与中国边疆史研究密切相关的项目获准立项。据统计,2016年1月至2020年4月,国家社会科学基金立项的中国边疆史项目达629项。

（二）中国边疆史档案文献史料整理、出版与数据库建设

"十三五"时期，学术界高度重视边疆文献史料与档案的发掘及整理工作，既对汉文、少数民族语言文字的档案、史料进行整理，又注重搜集国外各类边疆档案、文献，涉及英文、俄文、法文、日文等多个语种。以西南边疆史档案文献为例，2016年以来先后出版《清代西藏地方档案文献选编》（全8册）、《民国时期西康史料汇编》（全50册）等。

南京大学张生等编著的10卷本《钓鱼岛问题文献集》（南京大学出版社2016、2017年版）是目前为止内容最全面、梳理最详尽的钓鱼岛文献资料集，其搜集整理的民国时期报刊资料、中国晚清及民国时期外交档案、美国国务院外交档案、美国国家安全委员会档案、英国外交与联邦事务部档案、日本外务省档案等内容，有很多是以往学术界未曾发掘和关注的文献，为深化钓鱼岛问题研究提供了良好基础。

在信息资料数据库建设方面，"高句丽、渤海史研究信息、资料数据库平台建设"是较为典型的代表性成果。"十三五"时期，在国家社科基金专项支持下，2018年中国历史研究院中国边疆研究所启动该项工作，已完成数据库技术平台搭建，确定了数字资源标引字段（10类23种），正在开展考古资料管理系统的建设工作。已收集数量达到1000余册；数字化图书2000余册，论文5000余篇，日、韩博士学位论文100余篇，硕士学位论文100余篇，韩国报刊资料300余篇，以及一批影像、音频、图片资料。预计2020年年底前建成，在此基础上拟扩建为东北边疆研究信息资料数据库。

（三）中国边疆史研究平台建设

"十三五"时期，中国边疆史研究平台建设体现在三个方面。

一是国内数所大学先后以"中国边疆学"或"中国边疆史地学"的学科定位建立相关学科专业，如云南大学通过整合边疆问题研究、中外关系史和经济史研究力量，在历史学一级学科博士学位授权下自主增设"中国边疆学"二级学科博士学位授权；四川大学、南京大学设立"边疆学"二级学科，招收硕士、博士研究生，为中国边疆学的发展培养了后备力量。

二是国内相关高校、科研机构的期刊以推进中国边疆学学科建设为使命，开设"中国边疆学"学术专栏，吸引诸多学者投入中国边疆史研究当中。这其中，既有一些专业的期刊或辑刊，如《中国边疆史地研究》《中国边疆学》（辑刊）和《华西边疆评论》（辑刊）等，也有一些期刊开设的"中国边疆学"学术专栏，较有代表性的期刊有《云南师范大学学报》《新疆师范大学学报》《北方民族大学学报》《西南民族大学学报》等。

三是"边疆智库"建设如火如荼。其中声名颇著的主要有中国社会科学院"新疆智库""西藏智库"，中国藏学研究中心的"西藏智库"，武汉大学"维护国家领土主权和海洋权益协同创新中心"，南京大学"中国南海协同创新中心"等。此外，各边疆省区地方社科院也成立相关"边疆智库"，服务于边疆地方政府的经济社会发展目标。

五　中国边疆史研究发展趋势展望

综上所述，"十三五"时期，中国边疆史研究得到了长足发展，大量成果的涌现及其展现的研究纵深，不仅推动了中国边疆学学科构建的进程，也促进了一些重大基础理论问题的研究，并在中国边疆史研究范式上有所创新，为中国边疆史研究的进一步发展奠定了良好基础。展望"十四五"时期，中国边疆史必将开创更加繁荣发展的新时代。

根据我们的调研，从事中国边疆史研究的专家学者们普遍认为，中国正在进行着的人类伟大实践和世界正在发生的"百年未有之大变局"，为新时代中国边疆史地研究的学术繁荣和理论创新提供了强大动力和广阔空间。"十四五"时期如何加快构建中国特色的中国边疆史地研究学科体系、学术体系与话语体系，成为摆在新时代边疆史地学人面前的一项重要使命。学科体系、学术体系构建方面，目前学者们所倡导的"中国边疆学"，某种意义上仍然是传统边疆史地研究的延伸。作为一门新兴的交叉学科，中国边疆学需要从跨学科的视角构筑学科体系和学术体系，但它绝不是多学科的简单叠加，而应是跨学科的深度融合。至于新时代中国特色的边疆史研究话语体系构建，则应在学科体系、学术体系构建的基础上，以中国边疆治理的内外双重性为导向，扎实推进三个方面的理论创新：一是检讨王朝国家"朝贡体系"与民族国家"自国中心主义"纠结下的领土主权与文化"首发权"问题，消除所谓"中国威胁论"，推进中国与周边国家人类命运共同体之构建；二是破解西方学术话语体系中已有的"中国乃汉族国家""长城以外非中国"等错误观点，构筑基于中国历史与实践的历史疆域理论和统一多民族国家理论，在事关国家主权与领土（领海）完整等问题上取得优势话语权；三是反思传统的"中原中心主义"史观，在国家沿边开放政策和"一带一路"倡议全面实施的背景下，阐释边疆的社会历史地位，揭示边疆与中国、世界的联系，探讨以边疆为"中心"，推进中国与周边睦邻友好、互信合作的可行性。

基于上述总体学术指导思想，建议"十四五"时期重点开展以下项目研究。

（一）凝聚共识，构建中国边疆学学科体系

以中国边疆史研究为基础，将历史学、民族学、社会学、国际法、政治学、国际关系学、地缘政治学等理论与方法纳入研究视野，打造跨学科的学术研究平台，超越已有研究成果的单一学科的局限性，通过对中国边疆学基本原理的探索，构筑一个具有开放性、多学科视野的中国边疆学学科框架，形成一部具有共识性的《中国边疆学通论》学术专著。

（二）加速推进中国边疆史若干重大基础理论问题研究

一是加强马克思主义国家边疆理论研究。马克思主义关于边疆、领土、主权、民族等问题的阐述，对于构建具有中国特色的边疆研究理论体系具有重要指导意义，建议开展"马克思主义国家边疆理论文献整理与研究"专项研究。

二是加强统一多民族国家理论、铸牢中华民族共同体意识理论、历史疆域理论、边疆治理理论等重大基础理论问题研究，推进中国边疆学学科体系、学术体系、话语体系建设，破解"中原中心主义""西方殖民主义"史观提倡的"中国乃汉族国家""长城以北非中国"等错误思潮，用以打

破西方学者话语权，梳理自古至今中国边疆形态与疆域范围，充分展现中国自古以来就是统一多民族国家的事实。

（三）持续实施中国边疆区域历史地图集研究与绘制项目

目前国外学术界，以及"藏独""台独""港独"等分裂势力和某些西方反华势力，出版了一批有关中国边疆的"历史地图集"，其中大部分"历史地图集"将历史上的"中国"等同于中国历史上的"汉族居住区"，如《泰晤士世界历史地图集》（The Times Atlas of World History），Karl E. Ryavec 的《西藏历史地图集》（芝加哥大学出版社 2015 年版），在学术界和社会上产生了较大负面影响。因此，我国学术界应重视中国边疆区域历史地图集的研究和出版，推进"新疆历史地图集""西藏历史地图集""云南历史地图集""广西历史地图集""中国台湾历史地图集""中国海疆历史地图集"等专项地图集的绘制和出版工作。

（四）加强中国边疆与周边关系史及命运共同体研究

当今世界处于百年未有之大变局，现有国际政治经济秩序面临持续性的紧张和动荡。在此背景之下，一些西方国家不断就新疆、西藏、南海等边疆问题发出杂音，企图借此实施对中国的阻遏和打压。一方面，应加强和深化中国边疆与周边关系史研究，对历史上中国与周边邻国维持的"朝贡体系""藩属关系"，形成系统性理论研究和话语体系构建；另一方面，在人类命运共同体理念下，历史上中国边疆地区与周边人民交往、交流的专题研究也有待开展。

（五）促进中国边疆史档案文献搜集整理、专题数据库及信息化建设

尽管中国边疆史研究档案文献整理、数据库建设已经取得一定成绩，但与中国边疆史密切相关的档案文献搜集与整理仍有较大空间，学术界普遍呼吁应继续加大工作力度。同时，充分运用信息化、云数据等高科技手段，加快专题数据库建设，以便学术界共享资料、充分利用。优先建设中国海疆史研究档案文献数据库、国外藏中国边疆史研究多语种档案文献数据库、历代边疆治理文献整理与专题数据库建设、近代有关边疆问题文献整理与专题数据库建设等专题数据库。此外，还应利用地理信息系统（GIS）等手段，进行中国边疆历史地理数据的管理、展示和分析。

总审稿人　张海鹏
执 笔 人　（按姓氏拼音排序）
　　　　　　卜宪群　杜继东　冯建勇　何一民　李国强
　　　　　　李正华　李治安　瞿林东　孙宏年　王建朗
　　　　　　王先明　魏明孔　杨艳秋　张伟然　朱露川
参 加 人　（按姓氏拼音排序）
　　　　　　姜胜利　李孝迁　凌文超　卢　树　邬文玲
　　　　　　徐歆毅　徐义华　薛　磊　袁宝龙　张　岩
　　　　　　朱昌荣

世界历史

史学理论及史学史

一 本学科发展的基本情况

科研机构或高校设立的史学理论与史学史研究中心、所、基地、教研室，是史学理论与史学史研究的主体力量。现有机构主要有：中国社会科学院史学理论研究所、中国社会科学院史学理论研究中心、北京师范大学史学理论与史学史研究中心、复旦大学历史学系西方史学史研究中心、东北师范大学历史文化学院史学理论研究所、南开大学史学理论及史学史研究中心等。

自1999年国家重点研究基地建设启动以来，教育部在史学理论与史学史研究领域设立了唯一一个人文社会科学重点研究基地——北京师范大学史学理论与史学史研究中心（现任主任杨共乐）。此中心依托北京师范大学国家重点二级学科"史学理论及史学史"，对史学理论与史学史领域的重大问题展开研究；中心下设四个研究室，即史学理论研究室，中国古代史学与史学理论研究室，中国近现代史学与史学理论研究室，中西史学比较研究室，专兼职研究人员近30人。由于中心在史学理论与史学史研究领域和社会服务方面的显著成绩，2016年被教育部评定为优秀基地。

史学理论及史学史研究领域的主要学术团体为中国史学理论研究会（中国史学会史学理论分会）。它是中国社会科学院领导、中国史学会主管的国家二级学会。史学理论及史学史是历史学或世界史一级学科下的二级学科。中国社会科学院、北京师范大学、复旦大学、东北师范大学、南开大学、中国人民大学等科研机构和高校设有史学理论及史学史的博士点、硕士点。上述机构和高校的史学理论及史学史研究力量相对齐整。但就全国的情况来看，史学理论及史学史研究队伍相对弱小。具有高层次人才头衔的研究人员较少。

二 "十三五"时期取得的重要进展、主要成绩、代表性人物和成果

（一）主要进展

史学理论及史学史研究在历史学研究中居于关键地位，具有重要指导作用。2016年以来，史学理论相关研究不断推进，成果丰富，以下就该领域的研究重点和热点作简要介绍。

1. 马克思主义史学

在过去的五年中，马克思主义唯物史观研究取得了新进展，成果丰硕。研究的重点和热点问题有：马克思主义史学源流、历史观、历史认识模式、历史进步思想，唯物主义的历史形态及变革，唯物史观的理论演进、唯物史观与历史阐释，唯物史观与学科体系建设，唯物史观指导下的古史分期问题，历史唯物主义在中国的运用与新发展，以及马克思的所有制思想等。

2. 概念史与观念史

概念史与观念史的研究是学者们感兴趣的主题。五年来的研究重点和热点包括："丝绸之路"概念起源与传播，"文艺复兴"概念发展史，"资本主义"概念的生成及使用历程，"帝国"概念的流传，冈绍夫"封建主义"概念的内涵与特点，"阶级"的概念重构与范式问题，Charity 概念的历史流变及意涵，古代埃及人的边疆观，罗马帝国早期疆域观，近代早期欧洲的历史观念，欧洲基督徒的奥斯曼观念，等。

3. 形象研究与历史书写

近五年来，该领域的研究重点与热点问题包括：他者视野下的罗马帝国形象，文本中的国家形象、文本中的人物形象，文本写作与社会的关系，文本的创作模式，文本写作与形象塑造的关系，等。

4. 史学史研究

近五年来，史学史研究领域中的重点与热点问题：古典史家的撰史特点，古典史学的特征，西方史学发展史，西方城市史的起源、嬗变与研究实践等。

5. 学科与学术领域研究的反思

对学科和研究领域发展的总结与反思，是我们进一步发展的基础。2018年、2019年分别是我国改革开放40年和新中国成立70年，学术界纷纷展开对学科或研究领域发展的总结与理论性反思。其研究关注的重点和热点问题有：新中国70年史学理论与史学史研究，新中国70年世界史学科的成就与贡献，历史科学与中国特色社会主义，西方史学理论与历史书写的史学考察，后现代史学在中国等问题。

此外，全球史、跨国史、历史阐释、历史研究碎片化问题、历史虚无主义批判、史学批评、史学的求真与致用、经典人物思想与理论的阐释等问题，也都是学者们研究的重要课题。

史学理论及史学史学科的学术活动非常丰富，效果显著。中国社会科学院《史学理论研究》杂志编辑部、中国社会科学院史学理论研究中心，每年都会与高校合作举办全国性的史学理论大会，截至2019年已经举办22届。教育部人文社会科学重点研究基地北京师范大学史学理论与史学史研究中心自2001年建立以来，每年都会主办或与兄弟高校联合举办国际或全国性的以史学理论与史学史研究为主题的学术会议。例如，2018年10月19—21日，中国社会科学院《史学理论研究》杂志、中国社会科学院史学理论研究中心、上海财经大学人文学院历史学系，联合举办第21届全国史学理论研讨会，与会学者围绕主题"传统史学与现当代史学发展研究"，分别从唯物史观与马克思主义史学、中国史学理论与史学史、西方史学理论与史学史等方面展开热烈研讨。2019年10月19—21日，中国社会科学院历史理论研究所《史学理论研究》杂志编辑部、中国社会科学院史学理论研究中心、复旦大学历史学系西方史学史研究中心联合在上海举办第22届全国史学理论研讨会，与会学者主要围绕会议主题"当代史学的问题与方法"，就中国马克思主义史学、中国古代史学批判与史学理论、史学理论核心观念、近20年来西方史学理论的新进展等议题开展深入研讨。2019年12月14—15日，北京师范大学史学理论与史学史研究中心与北京师范大学历史学院联合在京举办"2019年史学理论与史学史国际学术研讨会"，与会学者围绕"中国古代史学""中国近现代史学""外国史学"等议题展开讨论。尤其值得一提的是，2019年9月21日，"首届新时代史学理论论坛"在中国历史研究院召开，回顾了新中国70年史学理论研究的重大成就，总结了新中国 70 年史学理论研究的经验教训，展望了新时代史学理论研究的新愿景。

（二）主要成绩

1. 重要科研立项（国家级、教育部课题）

近五年来，史学理论及史学史学科研究人员共获准国家社会科学基金、教育部各类课题立项 61 项，其中，国家社科基金重大项目 5 项，重点项目 2 项，后期资助项目 11 项，一般项目、青年项目、西部项目计 40 项；教育部人文社会科学重点研究基地重大项目 2 项，西部项目 1 项。

2. 学术论文、学术文章

近五年来，史学理论及史学史学科研究人员在各类刊物、报纸发文 600 余篇，在顶级权威刊物《中国社会科学》发文 17 篇、《历史研究》26 篇、《世界历史》33 篇、《史学理论研究》303 篇，被《人大复印报刊资料·世界史》《人大复印报刊资料·历史学》全文转载 150 余篇。

3. 专著

近五年来，史学理论及史学史学科研究人员有两项成果获得第八届高等学校科学研究优秀成果奖（人文社会科学）二等奖，分别是张倩红的《犹太史研究新维度——国家形态·历史观念·集体记忆》和王晓德的《文化的他者：欧洲反美主义的历史考察》；此外，还出版专著近 20 部。

4. 重要史料编、译、整理

近五年来，史学理论及史学史研究领域重要的史料编、译、整理成果包括：《二十世纪人文译丛》《汉译世界学术名著》（新书陆续出版）《科学史译丛》《黑格尔全集》（陆续翻译出版）等。

（三）代表性人物和成果

刘家和，北京师范大学资深教授，博士生导师，曾任中国世界古代史研究会理事长，现任名誉理事长，并任中国先秦史学会理事。其专著《史苑学步：史学与理论探研》，北京大学出版社 2019 年版，是刘先生从哲学角度对史学理论问题思考的最新成果。

于沛，中国社会科学院世界历史研究所研究员，博士生导师，曾任中国史学会副会长，中国历史研究院咨询委员会委员。近年来，代表性成果有：《当代中国世界历史学研究（1949—2019）》，中国社会科学出版社2019年版；《历史科学与中国特色社会主义》，《中国社会科学》2019年第10期；《批判与建构：新中国史学理论研究的回顾与思考》，《历史研究》2019年第4期。

张广智，复旦大学教授，博士生导师，中国史学会史学理论分会副会长，中国世界古代史研究会副理事长，上海世界史学会理事，北京师范大学史学理论与史学史研究中心学术委员会委员。近年来，代表性成果有：《影视史学：亲近公众的史学新领域》（《人民日报》2016年6月22日）、《史学应关注人类生存环境》（《人民日报》2016年2月29日）；《西方史学史》（第四版，复旦大学出版社2018年版）。

庞卓恒，天津师范大学教授，博士生导师，曾任中国世界古代中世纪史研究会副理事长、中国史学会史学理论分会副会长。近年来代表作有《中世纪史料学》（译著），商务印书馆2018年版；《坚持科学标准深化史学评论振兴历史科学——30年的回顾、祝福和期盼》，《史学理论研究》2017年第2期。

陈恒，上海师范大学教授，博士生导师，现任上海师范大学副校长，马工程重点教材《外国史学史》首席专家、国家社科基金重大项目"多卷本《西方城市史》"首席专家，国家"万人计划"哲学社会科学领军人才，上海市世界史学会副会长、上海市社联副主席等。近年来代表性成果有《西方城市史学》，商务印书馆2017年版；《全球化时代的中心城市转型及其路径》（合著），《中国社会科学》2017年第12期。

三 存在问题和薄弱环节

第一，史学理论研究急需加强。

就学科建设和研究领域来说，史学理论与外国史学史是世界史一级学科下的一个二级学科，主要研究西方从古希腊的希罗多德和修昔底德一直到今天这2500年的时间中历史学家以各种方式研究和书写历史的历史，并探讨其中所涉及的理论和方法问题，目的是让当代人更好地研究和书写历史。需要强调的是，历史作品是历史思维、历史思想或历史理论的表达，史学史实际上是历史理论或思想的历史，因而，史学史应该致力于揭示不同时代历史学家及其历史作品背后的思维、思想或理论。这也就是为何"史学理论"和"史学史"通常并置在一起的原因所在。因此，本学科的研究和教学，应该在研究西方历史作品的基础上，弄清楚其背后的思维或理论模式，进而增进对具体历史作品的理解，最终提高我们对于史学实践的理论自觉。然而，就当前国内史学理论与外国史学史的研究和学科建设来说，一个不容忽视的问题是，过分偏重史学史，而不同程度地忽视了史学理论。比如，在国内有关"外国史学史"的教材中，其中不少主要是对史家及其作品的编年史呈现，并辅之以简单的评论和分析，而缺乏对其中思想和理论的深入挖掘。在外国史学史研究领域，也同样存在重"史"（史学史）轻"论"（史学理论）的现象。

第二，人才培养和队伍建设滞后。

受学科建设和研究理念的影响，在人才培养方面，国内本学科从业人员也同样缺乏对史学理论素质和意识的培养，而在研究队伍建设方面，国内高校历史院系和研究院所大多重视引进史学史方面的教研人员，较少关注对史学理论教研人员的培训和引进。另外，随着国家对历史学科的日益重视，相对于国内学科建设和历史学学科体系建设的紧迫需要，史学理论与外国史学史的人才培养和队伍建设严重滞后。在人文学科中，相较于中文和哲学等其他学科，历史学科仍需增强其对于智力资源的吸引力，而在历史学门类的三个一级学科中，相较于中国史以及世界史的其他二级学科，史学理论与外国史学史则仍然需要增强其对青年才俊的感召力。国内本学科从业人员应该意识到培养后备力量的必要性和紧迫性，通过课程讲授和学术研究等多种途径，重点培养一批具有较强竞争力的青年，以带动本学科的长远发展。

第三，国际合作尚需加强。

在国际合作和影响方面，本学科特别需要在学术研究和人才培养方面，与国外史学界加强交流与合作。2019年，北京师范大学历史学院本学科教师通过邀请一批外国学者参加"史学理论与史学史国际学术研讨会"，同他们建立了良好的学术联系，包括邀请其中个别著名学者与本学科教师合作授课。类似的学术交流与合作活动在复旦大学、中国社会科学院历史理论研究所也在进行。但这些工作还远远不够，国内学界同行仍需努力，进一步扩大和深化与国外学者的合作和交流，"走出去，请进来"，进一步拓展学术视野，推动人才培养工作。

第四，社会服务方面仍有开拓空间。

社会服务与成果转化方面，本学科从业人员已经取得了一些可喜的成绩。比如，有的通过对历史文化与认同方面的理论研究，为民族文化认同的研究和实践提供学术支持；有的通过引进西方新文化史、大众史学和影像史学，拓宽了我国民众的历史视野，提高了群众的历史意识。但总的说来，本学科的学术研究成果在转化为公共产品，服务于国家社会方面，仍然有很大的开拓空间。

四 学科前沿和发展趋势及重点研究方向

进入20世纪，西方史学理论加速发展，特别是自从第二次世界大战以来，几乎每隔三四十年就会发生一次范式的转换。随着史学理论和史学观念的转变，西方历史书写也会发生相应的改变。20世纪70年代，在海登·怀特等人的推动下，西方史学理论进入后现代主义或叙事主义阶段，西方历史编纂随之强调叙事或讲故事的文化史和大众史学。而从20世纪末，特别是21世纪初开始，不满足于后现代史学的极端立场，西方史学开始了一条超越之路，进入所谓的后—后现代阶段。针对后现代主义者从语言层面对历史客观性的质疑，西方学者，包括一些后现代主义者，开始为历史学重新奠基，重建对历史客观性和历史理性的信念。在后—后现代阶段，人们已经开始探讨历史经验、历史在场和历史记忆等概念。针对后现代主义者对历史宏大叙事的解构，也鉴于当前世界历史日新月异的变化，人们开始重新讲述统一性和连续性的故事，全球史或世界史以及各种文明史的书写也随之异军突起。为了增强与西方史学界的沟通对话能力，让国内学界了解西方史学的新发展和新变化，本学科可以在前期研究的基础上，加强对后—后现代主义等最新前沿问题的研究。

对西方史学的研究应该最终落脚在如何促进我们中国史学的发展上。中国史学与西方史学之间应该是一种协作共生和相互补充的良性关系。而且，共同作为史学，二者也存在相互对话的基础和条件。近年来，国家非常重视历史学科的发展，习近平总书记特别强调中西史学的贯通性研究。

因此，本学科应在多年相关研究成果的基础上，尽可能整合国内外各种学术资源，启动以下这样一项重大课题：中西比较视野下的几个重要史学理论问题研究。课题内容主要包括：（1）中西史学中的历史客观性问题；（2）中西史学中的历史认同问题；（3）中西史学中的"通史"（普遍历史）问题；（4）中西历史理论（历史观）及其对于史学实践的价值问题；（5）中西史学理论（史学观）及其对于史学实践的意义问题；（6）新世纪西方史学理论的范式转型问题；（7）中国史学理论的体系和话语权构建问题。对于这些重要理论问题的研究，有助于澄清史学领域的一些模糊认识，帮助提高国内史学界的理论自觉。

世界上古中世纪史

一 本学科发展的基本情况

(一) 主要研究力量布局

1. 研究机构

世界上古中世纪史是我国世界史学科的重要组成部分。由于学科的特殊性，其研究力量相对薄弱，研究机构主要分布在中国社会科学院和部分大学的历史学院/系。以下列出部分研究机构的名录：中国社会科学院世界历史研究所、北京大学历史学系、南开大学历史学院、东北师范大学历史文化学院、北京师范大学历史学院、复旦大学历史学系、首都师范大学历史学院、天津师范大学历史文化学院、南京大学历史学院、武汉大学历史学院、西南大学历史文化学院、上海师范大学世界史系。

2. 高校中实体科研机构——研究院/所/中心

为适应国家建设和社会发展需要，许多高校建立了科研院、所、中心、基地等，其中就包含主攻领域与世界上古中世纪史密切相关的研究机构。以下列出部分科研机构的名录：北京大学希腊研究中心、南开大学东欧拜占庭研究中心、首都师范大学全球史研究中心、天津师范大学欧洲文明研究院、中国人民大学古典文明研究中心、吉林大学东北亚研究院、东北师范大学世界古典文明史研究所、东北师范大学世界文明史研究中心、东北师范大学世界中古史研究所、西北大学中东研究所、西南大学希腊研究中心、北京外国语大学希腊研究中心、河南大学希腊文明研究中心。

3. 世界史一流学科、A级学科

2017年9月21日，教育部、财政部、国家发展和改革委员会联合公布了世界一流大学建设高校和一流学科建设学科名单，北京大学、南开大学和东北师范大学的世界史学科名列其中。2017年12月28日，教育部第四轮学科评估结果公布，北京大学、华东师范大学、南开大学、东北师范大学、首都师范大学等高校世界史学科获评A+、A-。这些高校的世界史学科实力强劲，世界上古中世纪史的研究队伍阵容比较强大。

4. 世界史国家重点学科、国家重点（培育）学科

2006年，根据第三次国家重点学科评选结果，北京大学、南开大学的历史学被列为国家重点一级学科，其世界史学科自然成为国家重点学科。首都师范大学、东北师范大学、南京大学、武汉大学的世界史学科被列为国家重点二级学科，华东师范大学的世界史学科被列为国家重点（培育）二级学科。上述高校的世界上古中世纪史研究队伍比较齐整，在过去几年中取得了丰硕成果。

5. 教育部人文社会科学重点研究基地

自1999年国家重点研究基地建设启动以来，教育部在世界史学科设立了两个人文社会科学重点研究基地，其中与世界上古中世纪史研究密切相关的是东北师范大学世界文明史研究中心（主任王晋新）。此中心下设世界古典文明史、世界中古史、亚洲文明史等五个研究室，以东北师范大学国家重点学科"世界史"为依托；确定了三个主攻方向：古代文明国家起源比较研究、文明转型比较研究和现当代文明研究；现有包括国务院学科评议组成员、"长江学者""跨/新世纪优秀人才"等在内的专兼职研究人员30余人。该中心的研究重点集中在古代文明，是目前国内世界上古中世纪史研究的重镇之一。

6. 学术团体

从事世界上古中世纪史研究的学术团体，主要为挂靠在中国社会科学院世界历史研究所的中国世界上古中世纪史研究会。此学会下设世界古代史专业委员会和世界中世纪史专业委员会。此外，中国英国史研究会、中国德国史研究会、中国法国史研究会等学术团体，也兼及世界古代中世纪史相关领域的研究。

（二）人才培养和队伍建设

1. 世界史一级学科博/硕士学位授予点数量及分布

博/硕士学位授予点是培养人才的主要基地。截至 2020 年 4 月底，全国设有世界史一级学科博士学位授予点的研究机构和高校有包括中国社会科学院（大学）、北京大学、南开大学、复旦大学、东北师范大学、北京师范大学、中国人民大学、南京大学、中山大学等在内 33 家，分布于北京、天津、上海、吉林、江苏、广东等 10 多个省/直辖市。全国设有世界史一级学科硕士学位授予点①的研究机构和高校有 70 家，设有世界史二级学科硕士授予点的高校 4 所，它们分布于 20 多个省/直辖市。此外，还有世界史博士后流动站数十家。它们中基本上都包含世界上古中世纪史的教学和研究。

2. 教育部"长江学者""青年长江学者""万人计划"领军人才、"四个一批"理论人才、"百千万人才"数量及分布

教育部"长江学者"、中宣部"文化名家"暨"四个一批"理论人才、"百千万人才"工程国家级人选、"万人计划"哲学社会科学领军人才、青年拔尖人才是相关研究领域的中坚力量。自 2016 年至 2020 年 4 月底，世界上古中世纪史研究领域徐晓旭、李云飞、金寿福、杨共乐、陈恒、郭子林等学者入选上述人才计划。

二 "十三五"时期取得的重要进展、主要成绩、代表性人物和成果

（一）重要进展

世界上古中世纪史是我国世界史学科的重要组成部分。在过去五年中，学术界在该研究领域取得了丰硕成果，不仅发表了大量的学术论文，还出版了一系列重要的学术著作。现就其中的研究重点和热点问题，简述如下：

第一，政治史研究。政治史始终是学术界关注的重点，也是学者们研究的热点问题。政治史研究领域的重点与热点问题有：两河流域与埃及的

---

① 教育部的学科目录分为学科门类、一级学科和二级学科三级。2011 年历史学门类拆分，有了世界史一级学科。世界史二级学科是组成世界史一级学科的单元。学位授予单位根据自身条件设置世界史的一级学科或二级学科硕士授予点。

王表问题，古希腊的政治思想，古希腊的民主制度，伯罗奔尼撒战争及"修昔底德陷阱"问题，罗马共和末期的政治派系，罗马共和国的衰亡问题，罗马帝国晚期政局及衰亡，晚期古代问题，西欧封建制度，中古欧洲的政治发展道路、国家治理，英国的议会、王权问题，中世纪乡村的组织结构问题。

第二，经济史研究。经济史研究领域的重点和热点问题：古代埃及土地私有化问题、埃及的赋税体系，两河流域的"神庙经济"、货币问题，雅典的海上贸易，罗马埃及与东方的贸易，古罗马的社会救助，西欧的封建经济形态，中世纪西欧的工商业、工资劳动市场、封建地租、财产观念嬗变、城乡关系，英国的圈地运动、公簿租地农问题，中世纪教会经济立法，宗教改革与工业的关系，济贫改革等。

第三，文化与社会研究。世界上古中世纪领域的文化与社会史研究持续受到关注，其中的重点和热点问题有：文字与埃及人的心理认知，希腊神话，希腊人的种族起源、种族认同、身份认同、蛮族观念，希腊化时代的文化交流，丝绸之路沿线诸古代文明，罗马与中国之关系，古典文化与中世纪文化之关系，拜占庭文化之特征，古代及中世纪特殊群体研究，妇女史，疾病史、医疗史等。

第四，比较研究。比较研究日益受到国内外学术界的重视。中西古史比较是比较研究中的重点，也是其热点问题，主要涉及，中西思维之比较，比较视野下希腊史学之特征问题，中国与希腊哀悼仪式、"竞争"观念比较研究，中西历史发展特点和路径比较，东西方古代专制制度比较研究，中西中古税制比较研究等。

此外，宗教史研究、军事史研究、古代人物研究等，也是世界上古中世纪史研究领域，学者们关注的重要主题。

五年来，世界上古中世纪史研究，学术交流频繁、形式多样，学术活动丰富多彩，既有参会人数众多的大型会议，也有颇具特色的工作坊、小型研讨会。以中国世界古代中世纪史研究会的学术活动为例，五年来，学会每年都会和高校合作举办学术年会。如：2018年9月15—16日，世界古代史研究会与浙江师范大学合作举办"文献、考古与古代世界史"研讨会暨中国世界古代史2018年年会，大会围绕"古代语言教学与研究""考古学与古代史研究""古代世界政治、经济和社会史研究"等主题进行深入探讨。2019年9月27—29日，世界中世纪史学会与中山大学历史学系联合主办"中国世界中世纪史学会2019年学术年会"，与会学者围绕"政治与社会变迁""经济与生活""思想与宗教"三大主题进行了广泛讨论。2017年10月14—15日，世界中世纪史学会与四川师范大学联合举办"中国世界中世纪史学会2017年学术年会"，大会围绕"欧洲文明研究""亚非主要文明研究""各主要文明关系研究"主题进行了充分交流与探讨。其他会议如：2019年9月21—22日，世界古代史研究会与哈尔滨师范大学合作举办"1949—2019：中国世界古代史研究70年"学术研讨会，与会学者围绕"世界古代史研究回顾与展望""古代世界的帝国、战争与和平""世界古代史研究前沿问题"展开研讨。此外颇具特色的小型会议比如：2019年12月16日，北京师范大学举办的"3—6世纪中西历史与文明比较"学术研讨会；2017年11月25—26日，复旦大学举办的"中西古典学的会通"国际学术工作坊等。

（二）主要成绩

1. 重要科研立项（国家级、教育部课题）

（1）近五年来，世界上古中世纪史领域的研究人员共获得国家社会科学基金各类课题立项142项，其中重大项目12项、重点项目11项、一般项目47项、青年项目35项、后期资助项目25项、西部项目3项、冷门绝学和国别史项目9项。

（2）近五年来，世界古代中世纪史领域的研究人员共获得教育部各类课题立项共20项，其中哲学社会科学研究重大课题攻关项目1项、人文社会科学重点研究基地重大项目4项、青年项目14项、后期资助项目1项。

2. 学术论文、学术文章

2016—2020年（截至2020年4月底），在世界上古中世纪史领域，研究者在各类学术期刊和报纸发表学术论文和文章近1700余篇。其中，在顶级权威刊物《中国社会科学》发文7篇、《历史研究》发文27篇、《世界历史》发文66篇，被《人大复印报刊资料·世界史》全文转载140余篇。

3. 专著

（1）国家哲学社会科学成果文库

世界上古中世纪研究领域，张强的《古希腊铭文辑要》入选国家哲学社会科学成果文库。

（2）中国出版政府奖

2017年1月17日，国家新闻出版广电总局官网发布《关于第四届中国出版政府奖表彰决定》。世界上古中世纪史研究人员共有两部著作获选第四届中国出版政府奖：①郭丹彤：《古代埃及象形文字文献译注》，东北师范大学出版社2015年版。②贺圣达：《东南亚历史重大问题研究·东南亚历史和文化：从原始社会到19世纪初（上、下）》，云南人民出版社2015年版。

（3）高等学校科学研究优秀成果奖

2020年1月19日，第八届高等学校科学研究优秀成果奖（人文社会科学）公布，世界上古中世纪史研究人员共有3项成果获奖，3项均为二等奖，分别为：顾銮斋的著作《中西中古税制比较研究》，社会科学文献出版社2016年版；郭丹彤的著作《古代埃及象形文字文献译注》，东北师范大学出版社2015年版；向荣的论文《敞田制与英国的传统农业》，《中国社会科学》2014年第1期。

此外，还出版了世界上古中世纪史研究领域60余部专著。

（4）马工程重点教材

经过《世界古代史》编写组的多年努力，马工程重点教材《世界古代史》（上、下册）2016年由高等教育出版社出版，于2018年出修订版，在学术界影响很大。

4. 重要史料编、译、整理

近五年来，世界上古中世纪史研究领域重要史料编、译、整理的代表性成果有：《剑桥古代史》《新编剑桥中世纪史》（系国家社会科学基金重大招标项目成果）、《西方古典译丛》（该译丛获得2020年度国家出版基金资助）《古埃及〈亡灵书〉》。这些作品的出版，将推动我国世界古代中世纪史学科的发展。

（三）代表性人物和成果

马克垚，北京大学教授，博士生导师，中国世界中世纪史研究会名誉理事长，教育部社会科学委员会历史学学部召集人，代表性成果有《英国封建社会研究》，北京大学出版社2016年版；《古代专制制度考察》，北京大学出版社 2017 年版；《西欧封建经济形态研究》，商务印书馆 2020 年版。

侯建新，天津师范大学教授，博士生导师，欧洲文明研究院院长，第七届国务院学位委员会学科评议组（世界史）召集人之一，国家社会科学基金项目评审委员会委员，世界中世纪史学会理事长，曾任世界古代中世纪史研究会会长，近年来代表性成果有《西欧中世纪乡村组织双重结构论》，《历史研究》2018 年第 3 期；《封建地租市场化与英国"圈地"》，《世界历史》2019 年第 4 期。

陈志强，南开大学教授，博士生导师，第六、第七届国务院学位委员会学科评议组（历史学、世界史）成员，国家社会科学基金项目评审委员会委员，世界古代中世纪史研究会副会长，世界中世纪史学会副理事长，近年来代表性成果有《拜占庭帝国史》，商务印书馆 2017 年版。

杨共乐，北京师范大学教授，博士生导师，国家"万人计划"哲学社会科学领军人才，中国历史研究院学术咨询委员会委员，国务院学位委员会第七届学科评议组（世界史成员），国家社会科学基金项目评审委员会委员，北京市历史学会会长，近年来代表性成果有总主编《"一带一路"古文明书系》（六卷七册），北京师范大学出版社 2018 年版；专著《通向世界的丝绸之路》，北京师范大学出版社 2017 年版。

晏绍祥，首都师范大学教授，博士生导师，"长江学者"特聘教授，世界古代中世纪史研究会会长，马工程重点教材《世界古代史》首席专家，长期致力于有关古希腊民主的研究，近年来代表性成果有《希腊城邦民主与罗马共和政治》，人民出版社 2019 年版；《古代希腊民主政治》，商务印书馆 2019 年版。

三 存在问题和薄弱环节

第一，学科建设还跟不上时代发展的需要，亟待加强。现在的世界古代中世纪史学科分布极不平衡，主要集中在北京、天津、上海与吉林等几个地区，其他地区的力量相对较弱。学科建设缺少全国规划，急需在整体布局上加强设计，提出对策。

第二，人才培养质量有待进一步提高。首先，在招生方面，招生人数过少、生源结构也不是很理想，一定程度上束缚了学科的发展。其次，在教学方面，教学内容缺乏系统性，教材建设跟不上；教学方法较单一，教学实践仍以知识传授为主，学生社会实践尤其是到国外的实践机会极少。由于评价体系存在重学术、轻教学的现象，导致导师队伍在研究生的专业培养上花的精力不够。最后，在科研训练方面，学术训练和学术交流机制不够完善，学术成果发表层次不是很高，研究生的培养质量有待提高。人才培养方面的欠缺有碍学科的可持续发展。

第三，研究领域相对分散，原创性作品明显缺乏，高层次成果和奖项相对不足，难以在全国扩大学术影响力。部分院校的学科方向仍存在设置过散、重点领域不明确等问题，不利于学科的交叉、拓展和通融，不利于科研合力的形成。

第四，社会服务功能未能得到充分发挥。世界上古中世纪史学科离现实较远，但因为任何文明都离不开历史渊源，了解世界上古中世纪史对于搞清当下现实意义重大。但就现实情况来看，对社会生活的参与也欠深入，在实现"以史为鉴"，维护国家核心利益、坚定文化自信等方面还有很大的发展空间。

第五，师资队伍尚须进一步优化调整。不少高校存在着师资规模较小、年龄结构失衡、职称结构不合理、中青年骨干偏少且正高级职称人数不足等问题。后备人才缺乏将直接影响学科实力的提高和发展。

第六，国际化水平依然较弱。世界上古中世纪史学科具有要求高、外文史料需求大等特点，提升国际化水平对学科的发展意义重大。而从调研的情况看，目前北京、天津等重点高校已经在积极探索世界上古中世纪史学科师生的国际交流路径，但更多的地方院校尚不具备相关条件，教师出国学习、进修的机会很少，学生的国际化交流更是无从谈起。甚至部分高校的外文书籍、史料、期刊的购买、订阅都很困难，更谈不上国际化了。

四 学科前沿和发展趋势及重点研究方向

世界上古中世纪史研究学科前沿和发展趋势较为复杂，但有几点是可以看得清楚的。

第一，坚持唯物史观指导，推进世界上古中世纪史学科的三大体系建设。在中国历史研究院的统筹协调下，强化世界上古中世纪史学科的基础地位，为推进中国特色世界史学科体系、学术体系和话语体系建设，推动历史学融合发展，充分发挥资政育人的镜鉴作用。

第二，突出院校优势特色，努力创建一流学科。国家实施"双一流"建设战略，为世界上古中世纪史学科的发展提供重要契机。依托"双一流"和一级学科博士、硕士点，本学科将围绕国家战略需求和国际学术前沿，打造学科建设平台，凝练学科方向，处理好总体布局和重点建设之间的关系，处理好继承与发展之间的关系，从传承中夯实基础，从传承中形成学派。

第三，坚持问题导向，深入探研重大基础性问题。多年来，前辈先生们已经对世界上古中世纪史学科建设做了很好的奠基工作，搜集翻译了许多必需的史料，在城邦学、帝国学、中世纪学、古代中世纪史学研究等方面取得了丰硕成果，但对于世界古代中世纪史的许多核心问题如所有制的变革、国家的政体、古代国家的治理以及古代国家间的关系等问题都需要有中国人的声音。

具体而言，重点的研究方向有：

1. 国家起源问题研究

国家起源是马克思主义史家长期关注的重要问题。在继承前辈学者研究成果的基础上，努力用唯物史观来阐述世界早期国家的起源，用更多的历史案例和史实进一步证明马克思恩格斯等经典作家的伟大论断：国家是阶级矛盾不可调和的产物，把国家研究推向新高度。

2. 古代国与国关系研究

"修昔底德陷阱"是一个现代命题，但它有历史基础。它来自古代雅典历史家修昔底德对古代最大战争——伯罗奔尼撒战争的研究与思考。随着"修昔底德陷阱"越来越为政治家和学者所重视，阐述产生"修昔底德陷阱"学说的历史背景也就成了必然的事。而这个历史背景恰恰与古代国与国之间的关系密不可分。

3. "一带一路"古文明研究

"一带一路"是中国领导人提出来的建设倡议，在世界各国影响很大。"一带一路"沿线地区又是古代主要文明的核心区，其文化对后世影响深厚。中国要通过"一带一路"与世界建立"互联互通"的关系就必须对沿线的古文明做深入、系统的研究。"经济深交往、文化需先行"，这是世界经济强国兴起时所普遍采用的措施，极具借鉴意义。

4. 世界上古、中世纪国家兴衰规律研究

中国历来重视王朝兴衰规律研究，提出许多对后世帮助极大的真知灼见。但对世界上古和中世纪所出现的国家兴衰现象关注得不多，对这些国家兴衰的经验和教训总结得也不够。当中国即将进入世界舞台中心的时候，对这些国家进行规律性研究是极其重要的。

5. 中外古史比较研究

比较是一种方法，一种手段。有比较才有鉴别。通过古史的比较可以更深刻地揭示各国的特色与存在理由，更全面地理解人类社会发展过程中的同和异，更有效地探求人类社会发展的规律。中外古史比较有难度，但极具价值。

世界近现代史

一 本学科发展的基本情况

（一）主要研究力量布局

1. 研究机构

国内世界历史研究机构主要集中在北京、上海和沿海沿边省市，除了各大学设立的世界历史系、所、基地之外，以中国社会科学院和各省市社科院设立的研究机构为多，以下列出部分研究机构的名录：中国社会科学院世界历史研究所、上海社会科学院欧洲研究中心、上海社会科学院世界经济与政治研究院、天津社会科学院日本研究所、天津社会科学院东北亚研究所、内蒙古自治区社会科学院俄罗斯与蒙古国研究所、吉林省社会科学院日本研究所、吉林省社会科学院俄罗斯研究所、吉林省社会科学院朝鲜·韩国研究所、黑龙江省社会科学院东北亚研究所、黑龙江省社会科学院俄罗斯研究所、云南省社会科学院东南亚研究所、云南省社会科学院南亚研究所。

2. 高校中实体科研机构——研究院/所/中心

近年来，为适应国家建设和社会发展需要，许多高校建立了多形式多层次的实体科研院、所、中心、基地等，其中也包括相当数量的世界近现代史研究机构。以下列出部分高校实体科研机构的名录：北京大学区域与国别研究院、首都师范大学全球史研究中心、南开大学美国历史与文化研究中心、南开大学日本研究院、南开大学拉丁美洲研究中心、天津师范大学欧洲文明研究院、内蒙古民族大学世界史研究所、吉林大学东北亚研究院、东北师范大学世界古典文明史研究所、东北师范大学世界文明史研究中心、东北师范大学世界中古史研究所、东北师范大学东亚研究院、东北师范大学亚洲文明研究院、东北师范大学美国研究所、东北师范大学史学理论研究所、南京大学英国与英联邦研究中心、江苏师范大学澳大利亚研究中心、华东师范大学冷战国际史研究中心、华东师范大学非洲研究所、浙江师范大学非洲研究院、厦门大学美国史研究所、武汉大学边疆与海洋研究院、西北大学中东研究所、聊城大学太平洋岛国研究中心。

3. 世界史一流学科

2017年9月21日，教育部、财政部、国家发展和改革委员会联合公布了世界一流大学建设高校和一流学科建设学科名单，北京大学、南开大学和东北师范大学的世界史学科名列其中。这三所高校的世界史学科均拥有阵容强大的世界近现代史研究队伍。

4. 世界史二级学科中的国家重点学科、国家重点（培育）学科

2006年，根据第三次国家重点学科评选结果，首都师范大学、东北师范大学、南京大学、武汉大学的世界史学科被列为国家重点二级学科。华东师范大学的世界史学科被列为国家重点（培育）二级学科。在上述高校的世界史学科中，世界近现代史的研究队伍都比较齐整，成果丰硕。

5. 教育部人文社会科学重点研究基地（世界史学科）[①]

自1999年国家重点研究基地建设启动以来，教育部在世界史学科设立了两个人文社会科学重点研究基地——南开大学世界近现代史研究中心（主任杨栋梁）、东北师范大学世界文明史研究中心（主任王晋新）。

南开大学世界近现代史研究中心，以该校国家重点学科"世界史"为核心，以国家211工程"亚太地区史"项目和985工程"世界现代化进程创新基地"为依托，下设资本主义史研究室、社会文化史研究室、国际关系史研究室和《世界近现代史研究》编辑部。现有包括国务院学科评议组成员、"长江学者""新世纪优秀创新人才""百千万人才"等在内的专兼职研究人员38人，其中教授18人，副教授15人，讲师5人。该中心以世界近代史研究为主，兼及现代史，为国内目前世界近现代史研究的重要基地和中心，成果斐然。

---

① 相关数据截至2020年11月。

东北师范大学世界文明史研究中心，以该校国家重点学科"世界史"为核心，确定了三个研究方向：古代文明国家起源比较研究、文明转型比较研究和现当代文明研究，现有包括国务院学科评议组成员、"长江学者""新世纪优秀创新人才""百千万人才"等在内的专兼职研究人员30人，其中教授20人，副教授10人。该中心的研究重点集中在古代文明，对近现代文明也有一定研究，与世界近现代史研究关联颇多。

6. 学术团体

世界史学科的相关学术团体众多，其中由中国社会科学院世界历史研究所代管、专事或主要从事世界近现代史及相关国别、区域、专题史研究的国家级学会就有12个：中国世界近代现代史研究会、中国第二次世界大战史研究会、中国朝鲜史研究会、中国日本史学会、中国中日关系史研究会、中国非洲史研究会、中国拉丁美洲史研究会、中国美国史研究会、中国英国史研究会、中国法国史研究会、中国德国史研究会、中国苏联东欧史研究会。

（二）人才培养和队伍建设

1. 世界史一级学科博/硕士学位授予点数量及分布

博/硕士学位授予点是培养各级各类人才的主要基地。截至2020年4月底，全国设有世界史一级学科博士学位授予点的高校有包括北京大学、南开大学、复旦大学、东北师范大学、中山大学等在内的30余所，分布于北京、天津、上海、吉林、广东等10多个省/直辖市；全国设有世界史一级学科硕士学位授予点的高校有70余所，分布于20多个省/直辖市；还有世界史博士后流动站数十家。它们中的绝大部分都包含世界近现代史研究。世界近现代史是世界史学科的重要分支，高校中世界历史系（或教研室）的相关教研人员所占比例一直都非常高（平均占2/3左右）。以国内世界史研究重镇北京大学和南开大学为例，北京大学世界史教员数为29人（含外籍教员3人），其中世界近现代史教员数为20人（含外籍教员2人）；南开大学世界史教员数为31人（含外籍教员1人），其中世界近现代史教员数为21人（含外籍教员1人）。

2. 教育部"长江学者""青年长江学者"数量及分布

由教育部评定的"长江学者"，是迄今为止人文社科研究领域较受认可的学者评定项目。截至 2020 年 4 月底，世界史学科的"长江学者""青年长江学者"有近 20 人。自 2016 年至 2020 年 4 月底，世界近现代史研究领域共产生了 3 位"长江学者"、3 位"青年长江学者"，分别来自北京大学、南开大学、东北师范大学、上海大学等高校，研究领域都是世界近现代史中的国别史和专题史。目前，在世界史学科的"长江学者"中，世界近现代史方面的学者约占 70%。

3. "四个一批"理论人才、"百千万人才"、"万人计划"领军人才

2016 年以来，中宣部"文化名家"暨"四个一批"理论人才、"百千万人才"工程国家级人选、"万人计划"哲学社会科学领军人才、青年拔尖人才入选者（世界史学科）中的大多数为世界近现代史研究者，研究领域为地区国别史（中东各国、德国等），他们来自西北大学、郑州大学、华东师范大学等高校。

通过对上述这些学者、人才计划的入选人的观察，世界近现代史研究者均在其中占了大多数，可见世界近现代史研究在世界史学科中的重要地位。

二 "十三五"时期的重要进展、主要成绩、代表性人物和成果

（一）近五年世界近现代史研究的主要进展

世界近现代史研究一直以来都是我国世界史学科的重头部分。2016 年以来，世界近现代史相关研究不断推进，基础研究与应用研究并重，相关研究成果十分丰富，每年在专业期刊上发表的论文数量十分可观。下面从国别区域史的维度对该领域的研究重点和热点进行简要介绍。

第一，近五年的欧洲近现代史研究，主要集中在英国、法国、德国、意大利、俄国（苏联）、东欧近现代史等方面。英国近现代史研究关注的重点和热点，是近代早期英国经济社会史、英国医疗社会史、英国环境史以及中英关系史；法国近现代史关注的重点和热点，是近代早期法国政治文化史、法国旧制度、法国启蒙运动、法国大革命；德国近现代史关注的重点和热点，是宗教改革史、德意志帝国史、魏玛共和国史、第三帝国史、两德统一史；意大利近现代史的重点与热点，是意大利文艺复兴史；俄国

（苏联）近现代史研究关注的重点和热点，是俄罗斯帝国史、俄国十月革命、苏联经济社会史、苏联外交史、冷战史；东欧近现代史研究关注的重点与热点，是冷战期间的东欧史、东欧剧变、冷战结束后的东欧转型。

第二，近五年的美洲近现代史研究，主要集中在北美史（美国史、加拿大史）和拉丁美洲近现代史（墨西哥史、古巴史、阿根廷史、巴西史）。北美史研究关注的重点和热点，是美国政治外交史、美国城市史、美国疾病和医疗史、美国环境史、冷战史、中美关系史、加拿大政治外交史、加拿大环境史、美加关系史、中加关系史；拉丁美洲近现代史关注的重点和热点，是美拉关系史、中拉关系史、拉美外交史、拉美移民史和族裔史、拉美城市史。

第三，近五年的亚洲近现代史研究，主要集中在中国的周边国家和亚洲大国上，如朝鲜、韩国、日本、越南、印度、伊朗等。关注的重点和热点，是近代朝鲜与日本关系史、中朝关系史、韩国独立运动、日本明治维新、日本近代思想文化史、日本侵略战争、东南亚冷战史、印度独立运动、中印关系史、中东变局、国际关系及伊斯兰教与现代化。

第四，近五年的非洲史研究，主要集中在南非史和埃及史。关注的重点和热点是殖民主义史、现代化问题研究、国际关系史、中非关系史。

第五，近五年的大洋洲史研究，主要集中在澳大利亚史和新西兰史。关注的重点和热点，是澳大利亚经济社会史、澳大利亚移民史和族裔史、澳大利亚环境史、澳大利亚对外政策、新西兰经济社会史，以及斐济等国的历史。

当下的世界近现代史研究，学术交流十分活跃，各种学术活动频繁且众多。以中国世界近代现代史研究会为例，近五年来，几乎每年都和各地高校联合举办学会年会。如，2016年9月24—25日中国世界近代史研究会在兰州召开的年会，围绕"近代历史与当今的世界""'一带一路'与近代国际关系""世界近代史研究与教学实践""史学理论和历史研究的学术规范"等主题进行讨论；2017年10月21—22日在郑州召开的中国世界近代史研究会2017年年会暨学术研讨会，围绕"全球化的历史进程""高校世界历史教学问题"等主题展开深入讨论；2018年10月26—28日在江苏徐州举行的中国世界近代史研究会年会暨学术研讨会，围绕"民族国家与现代化进程""一带一路与近代东西方文明交流""史学理论问题研究"，以及"世界近代史教学"等问题进行了探讨;2019年10月19—20日在聊城大学召开的中国世界近代史研究会2019年年会暨纪念新中国成立70周年学术研讨会,就新中国成立70年以来的中国世界史学科发展及世界近代史各领域研究课题进行了热烈而深入的研讨。中国世界现代史研究会方面,2016年7月14—15日在哈尔滨召开的中国世界现代史研究会年会暨学术研讨会,围绕世界现代史热点和前沿问题展开了讨论;2017年8月25日在云南大学召开的中国世界现代史研究会年会暨学术研讨会,围绕"十月革命""周边国家的历史与现状""高校的世界现代史课程教学"以及"国际关系史热点问题"展开了讨论;2019年7月26—28日在内蒙古通辽举行的中国世界现代史研究会年会,以"纪念中国世界现代史研究会成立40周年"暨"全球化与世界现代史热点问题研究"为主题进行了研讨。

(二)近五年世界近现代史研究取得的主要成绩

1. 重要科研立项(国家级、教育部课题)

近五年来,世界近现代史研究人员共获得国家社科基金各类课题立项308项,其中重大项目12项、重点项目20项、一般项目132项、青年项目102项、国家社科基金后期资助项目42项。

近五年来,世界近现代史研究人员共获得教育部哲学社会科学、人文社会科学各类课题立项共66项,其中哲学社会科学研究重大课题攻关项目3项、人文社会科学重点研究基地重大项目4项、人文社会科学研究一般项目18项、青年项目38项、哲学社会科学研究后期资助项目(一般项目)3项。

2. 学术论文、学术文章

(1)发表概况

据统计,近五年来,世界史领域的学术论文和学术文章在各类学术期刊和报纸(如《光明日报》《中国社会科学报》)上每年发表的数量约为1300篇,这意味着2015—2019年世界史领域的学术论文和学术文章发文量约6500余篇。按照70%的比例计算,世界近现代史领域的发文总量约为4500余篇,年均900余篇。

(2)在顶级、权威学术期刊上的发表

据统计,2016年至2020年5月中旬,世界史学者在《中国社会科学》

《历史研究》《世界历史》发表世界近现代史（包括国别、区域、专题史）学术论文220余篇，其中《中国社会科学》9篇、《历史研究》29篇、《世界历史》180余篇。

（3）学术论文的转载

据统计，2016年至2020年5月中旬，有400多篇高质量的世界近现代史学术论文和学术文章被重要文摘报刊转载。其中，《新华文摘》转载30余篇，《中国社会科学文摘》转载（含论点摘要）110余篇，《高等学校文科学术文摘》转载（含学术卡片）50余篇，《人大复印报刊资料·世界史》全文转载220余篇。

3. 专著

（1）国家哲学社会科学成果文库

近五年，世界近现代史研究人员有5项社科基金成果入选国家哲学社会科学成果文库：刁书仁的《东亚视域下中朝宗藩关系与中朝疆界历史研究》；王丽萍的《成寻〈参天台五台山记〉研究》；徐蓝的《英美军事战略同盟关系的形成与发展（1919—1945）》；周钢的《美国西部牛仔研究：真实历史与热点论题》；付成双的《发展与保护的博弈：美国现代化中的环境问题研究》。

（2）中国出版政府奖

2017年1月17日，国家新闻出版广电总局官网发布《关于第四届中国出版政府奖表彰决定》。其中，世界近现代史研究人员共有三部著作获选第四届中国出版政府奖。具体如下：钱乘旦（北京大学）总主编《世界现代化历程》，江苏人民出版社2015年版；贺圣达（云南省社会科学院）著《东南亚历史和文化：从原始社会到19世纪初（上、下）》，云南人民出版社2015年版；俞金尧（中国社会科学院世界历史研究所）著《西欧婚姻、家庭与人口史研究》，现代出版社2014年版。

（3）高等学校科学研究优秀成果奖

2020年1月19日，第八届高等学校科学研究优秀成果奖（人文社会科学）公布，世界近现代史研究人员共有4项成果获奖，其中一等奖1项，为钱乘旦、许洁明《英国通史》（全6卷），二等奖3项，分别是：梁茂信的《美国人才吸引战略与政策史研究》，王晓德的《文化的他者：欧洲反美主义的历史考察》，张勇安的《科学与政治之间：美国医学会与毒品管制的源起（1847—1973）》。

此外，还出版了包括一些国别通史系列在内的30余部专著。

4. 重要史料编、译、整理

近五年来，世界近现代史研究领域重要的史料编、译、整理成果，主要集中于冷战史、国际关系史和中外关系史，如《东欧各国社会制度转型档案文献编目》《美国对华情报解密档案1948—1976》《冷战史研究档案资源导论》（第二版）、《英国与冷战起源档案选编》《中法建交多国档案选编》《中西交通史料汇编》《法国外交部档案馆藏中法关系史档案汇编》（巴黎分馆卷1）、《法国档案中的清末中法（中越边界）划界史料选编》等。

（三）近五年世界近现代史学科代表性人物和成果

钱乘旦，北京大学博雅讲席教授，历史系博士生导师，北京大学地区与国别研究院院长，国家社科基金专家评审组成员，国家教材委员会专家委员会委员，教育部社会科学委员会委员，教育部国别区域研究咨询委员会委员，中国英国史研究会荣誉会长；第4—6届国务院学位委员会历史学科评议组成员、召集人。其主编的《世界现代化历程》（江苏人民出版社2015年版）荣获第四届中国出版政府奖（提名奖）（2017年），六卷本《英国通史》（江苏人民出版社2016年版）荣获高等学校科学研究优秀成果奖（人文社会科学）一等奖（2020年）。

王晓德，福建师范大学教授，教育部"长江学者"特聘教授（2012年入选），主要研究方向为美洲史，其著作《美国文化与外交》（修订本）、《文化的帝国：20世纪全球"美国化"研究》相继入选"国家哲学社会科学成果文库"，后者还曾入选"国家社科基金中华学术外译项目"。新著《文化的他者：欧洲反美主义的历史考察》获第八届高等学校科学研究优秀成果奖二等奖（2020年）。

韩东育，东北师范大学副校长，教授，博士生导师，教育部"长江学者"特聘教授，国家"万人计划"哲学社会科学领军人才，"百千万人才"工程国家级人选，国务院学位委员会学科评议组成员，国家社会科学基金项目评审委员会委员，兼任吉林省历史学会会长。获第七届国家高等学校科学研究优秀成果一等奖（2015年）。近年著有《从"请封"到"自封"：

日本中世以来"自中心化"之行动过程》（台大出版中心2016年版，2017年再版）等。

李剑鸣，复旦大学历史学系教授，博士生导师，教育部"长江学者"特聘教授，教育部"新世纪优秀创新人才"，"百千万人才"工程国家级人选，兼任教育部社会科学委员会委员、国家社会科学基金项目评审委员会委员、国务院学位委员会学科评议组成员，曾任中国美国史研究会理事长（2002—2010年）。著有《学术的重和轻》（商务印书馆2017年版）、《"克罗齐命题"的当代回响：中美两国美国史研究的趋向》（北京大学出版社2016年版）等。

梁茂信，东北师范大学美国研究所所长，博士生导师，"仿吾学者"特聘教授，教育部"长江学者"特聘教授，教育部"新世纪优秀创新人才"，中国美国史研究会理事长，中华美国学会常务理事。专著《美国人才吸引战略与政策史研究》（中国社会科学出版社2015年版）获高等学校科学研究优秀成果奖（人文社会科学）二等奖（2020年）。

三 存在问题和薄弱环节

近五年来，世界近现代史研究虽有长足发展，但仍然面临着一些不足和问题，需要学界继续努力。

第一，世界近现代史研究的学科涵盖面仍不够宽。就国别区域而言，迄今为止的研究主要集中于少数几个"重要"国家，如美、英、日、俄等，不少国家还缺乏研究，如欧洲的西班牙、葡萄牙、意大利等国，北欧、东欧的研究更少，更不用说亚洲、非洲、南美洲的国家了，存在着大片的研究空白；就专题而言，现有研究多集中在政治史、外交史。近年来，环境史、冷战史研究得到很大发展，但仍有大量值得关注的主题缺少研究。

第二，人才问题凸显。世界近现代史研究的人才队伍建设虽有较大发展，但还远不能适应研究的需要，能够对空白国别、地区、专题做研究的人才寥寥无几甚至没有，现有研究队伍的整体素质也有待提高。这些都远不能适应形势发展的要求。现在我国已成为世界第二大经济体，与各国的交往不断加强，走出国门的国人也越来越多，国家又在推动"一带一路"建设和构建"人类命运共同体"，这些都对我们的学术研究提出更高的要求，需要历史尤其是近现代历史的学术研究提供基础性支撑。

第三，世界史学界目前存在着碎片化倾向，整体研究的成果较少，主要研究的是分散的地区史，而又以国别史为中心，且"重大国、轻小国"，不平衡的研究局面仍然存在。另外，过多强调小和细的个案研究，缺乏理论指引，史学体系尚待完善。尽快形成有中国特色的世界近现代史研究体系，还需全体世界史工作者共同为之努力。

第四，相对于中国史学科而言，世界史学科的整体发展还很艰难，研究队伍依然薄弱。2016年至今，增加的硕/博士学位授予点数量明显少于撤销的硕/博士学位授予点数量。据统计，近年来撤销了10个世界史博/硕士学位授予点，新增了5个世界史博/硕士学位授予点。研究生培养是加强世界史学科建设的重要方面，学科点建设的滞后，不利于人才的培养和队伍建设。

第五，世界史学科硕/博士学位授予点布局不平衡，导致研究力量失衡。例如，北京地区拥有6个世界史博士学位授予点，上海地区拥有4个世界史博士学位授予点，广东地区拥有3个世界史博士学位授予点。与之相对，安徽、湖南作为人口、文化大省，目前还没有世界史博士学位授予点。

四 学科前沿和发展趋势及重点研究方向

世界近现代史研究在未来可能的发展存在着多方面的趋势，此处结合我们的观察，提出一些重点研究方向和课题。

（一）科技革命与大国崛起研究

科技是第一生产力，现当代更为突出。对世界近代以来发生的几次科技革命及其影响进行历史性考察，特别是探究科技革命与大国崛起之间的关系，同时对当代科技革命的特点、影响及其发展趋势进行深入研究，可以为我国的发展提供经验及借鉴。

（二）20世纪以来资本主义的发展研究

资本主义在20世纪进入垄断阶段，其腐朽性导致两次世界大战，但资本主义也在不断变化发展，助推现代化与全球化，接着又产生金融危机和贸易保护主义，需要历史地全面分析。另外，资本主义在二战后不断进行调整，对这些发展变化也需要进行深入的研究。

（三）20世纪社会主义发展研究

20世纪社会主义的发展经过了成功与挫折，需要对其发展历程，尤其是十月革命的必然性及社会主义国家的兴起和东欧剧变、苏联解体及社会主义遭遇的挫折和挑战，进行深入的剖析和实事求是的总结，同时对各社会主义国家的建设模式进行比较，分析它们的优长和不足之所在，特别是对社会主义初级阶段理论，需要进行史论结合的研究。

（四）中国与世界的关系研究

中国与世界的关系，特别是互动关系，其内涵和形式都在发生越来越大、日益深远的变化。中国的发展对世界历史的进程发挥着重要影响，世界的发展也不断影响着中国的发展进程。加强对世界历史视阈下中国与外部世界关系的研究尤为重要。

（五）重要历史人物在历史进程中的作用

重要历史人物，特别是主要国家的领导人等重要决策者，其个性、成长历程、心理素养等个性范畴的诸多方面，在重大决策中的作用日显，特别是在当今全球化和信息传播发散化的背景下，加强对重要历史人物的研究更为必要。

（六）第三世界国家发展道路研究

在结合西方列强殖民主义统治的基础上，对二战后第三世界发展中国家的发展道路选择及其成败进行历史性考察，深入分析第三世界发展中国家复兴之路面临的历史与现实问题，有助于我们更好地认识世界的多样性。

（七）冷战史研究

当前，冷战史研究已成为新的学术增长点。20世纪80年代以来，伴随着美国、英国、苏联等国档案的解密，在多国解密档案互证研究的基础上，通过对相关档案文献的整理、翻译和解读，可以对冷战时期的历史进行深入研究，尤其是涉及与中国有关的历史问题，增加我们的话语权和解释权。

（八）全球化背景下的国际文化战略

民族的也就是世界的，国际文化交流的兴盛是世界现代史的一大特点，特别是要对西方大国实施的国际文化战略进行历史分析，同时还需深入考察国际文化与世界政治和世界经济之间的互动关系，为中国的全球文化战略提供借鉴和参考。

（九）20世纪生态环境问题与环境治理

环境问题虽产生于近代，但到了现当代变得更为严重。因此，有必要认真探究生态环境恶化的原因，以及世界各国在环境治理方面采取的措施，所取得的成果和经验教训，为我国的环境保护及社会主义现代化建设提供参考和借鉴。

国际关系史、二战史

一　本学科发展的基本情况

主要研究力量布局。国际关系史和二战史研究力量相对集中的单位包括：华东师范大学（冷战史研究、中国与周边国家关系研究）、首都师范大学（20世纪的战争与和平、大国关系研究）、吉林大学（国际关系理论与历史、公共外交）、北京大学和南开大学（美国外交）、南京大学（欧美外交）、武汉大学（二战史研究、边界与海洋问题研究）、中国社会科学院（中外关系研究）。在学术团体方面，有两个相关机构。一是中国第二次世界大战史研究会，二是中国中日关系研究会。这两个机构都是一级学会，挂靠中国社会科学院世界历史研究所。

人才培养和队伍建设。根据第四轮学科评估结果，全国有世界史博士一级学科授权点31个，但专门培养国际关系史和二战史的学科不多。首都师范大学自设"国际关系史"二级学科；华东师范大学设"冷战国际史""中国与周边国家关系""东北亚国际关系史""当代中外关系史""东亚国际关系史""美日关系史"等招生方向；南开大学设"现代国际关系史""日本外交史""国际关系史"等招生方向；北京大学设"美国史（含美国外交史）"招生方向；南京大学设"中外关系史"招生方向；武汉大学设"现代国际关系与中国外交史""第二次世界大战与边界海洋史""冷战国际史""美国对外关系史"等招生方向；福建师范大学设"美国外交""亚太国际关系史"等招生方向；陕西师范大学设"冷战国际史"招生方向。有国务院学科评议组成员3人，长江学者3人。

二 "十三五"时期取得的重要进展、主要成绩、代表性人物和成果

(一) 重要进展

近五年,研究的热点主要包括中外关系史研究、20世纪大国关系研究、冷战史研究。在重要活动和交流机制上,首都师范大学国际关系研究中心创设了系列会议,包括:针对青年学者的"国际关系史青年论坛"(2011年首届,2017年第四届)、针对研究生的"国际关系史研究生论坛"(2014年首届,2019年第四届)、针对两岸学者和日本学者的"国际关系史工作坊"(2013年第1期,2018年第4期)、"宣传与公共外交史工作坊"(2016年首届)、"战争与和平"系列会议;华东师范大学周边国家研究院连年举办"当代史:文献与方法研习营"(2015年首届,2019年第四届),其中一项重要内容是培训青年学子的冷战史研究方法;2017年上海师范大学成立光启国际学者中心,该中心通过两馆两中心(光启学术馆、光启编译馆、光启通识教育中心、光启口述中心)的建设,积极推进包括国际关系史研究在内的国内外学术界之间的学术交流与合作。

(二) 主要成绩

1. 立项情况

自2016年以来,国家社科基金、教育部人文社科项目两个国家层面的人文社科项目共立项232项,其中国家社科基金重大项目29项,教育部人文社科重大课题攻关项目1项。

在重大项目方面,比较集中的选题包括:

中日关系与抗战研究8项,包括:东北师范大学李广的"日本对华精神侵略民间史料收集、整理与研究"、北华大学郑毅的"近现代日本对'满蒙'的社会文化调查书写暨文化殖民史料文献的整理研究(1905—1945)"、北京大学臧运祜的"日本全面侵华战争的决策问题研究"、吉林省社会科学院武向平的"近代日本在华资源'调查'及盗绘图表整理与研究(1868—1945)"、西北师范大学尚季芳的"抗战

时期西北国际通道资料整理及研究"、华南师范大学左双文的"华南抗战历史文献的整理与研究"、中国第二历史档案馆马振犊的"中国远征军档案整理与研究"、吉林省社会科学院李倩的"东北抗联档案文献资料整理、翻译与研究"。

中印关系3项,包括中南财经政法大学邓烈的"中印关系中的重大国际法问题研究"、云南大学戴超武的"冷战时期的中印关系史研究"、复旦大学林民旺的"建立全方位的中印战略互信研究"。

中国边疆与其他周边国家关系研究7项,包括:西南民族大学张世均的"晚清以来中国西藏与周边国家边界问题文献整理与研究"、海南大学王琦的"百年南海疆文献资料的发掘与整理研究"、四川大学赵艾东的"美英涉藏档案文献整理与研究"、南京大学陈谦平的"二十世纪中国收复南海诸岛历史主权研究"、福建师范大学赖正维的"中琉关系通史"、中共山东省委党校王巨新的"清代中国与东南亚国家关系研究暨数据库建设"、山东大学陈尚胜的"壬辰战争史料的搜集、整理、翻译和研究"。

中国与其他国家关系、中国外交及华侨研究5项:华东师范大学沐涛的"中非关系历史文献和口述史料整理与研究"、北京外国语大学丁超的"中国与中东欧国家文化关系史研究"、中国政法大学张法连和吉林大学郭永虎共同中标的"美国国会涉华法案文本整理、翻译与研究(1979—2019)"、暨南大学叶农的"鸦片战争后港澳对外贸易文献整理与研究"、厦门大学焦建华的"中国侨汇档案整理与研究(1915—1995)"。

另有部分项目涉及经济社会发展与印度外交、美国的非政府组织与东西方冷战、世界反法西斯战争中的欧洲抵抗运动、不结盟运动等。

2. 重要奖项

第八届高等学校科学研究优秀成果奖(人文社会科学)中,徐勇的《日本侵华决策史料丛编》获一等奖,王立新的《踌躇的霸权:美国崛起后的身份困惑与秩序追求(1913—1945)》、苏智良的《日军"慰安妇"研究》、张生的《钓鱼岛问题文献集》获二等奖。中国出版集团公司的《抗日战争》获得第十四届精神文明建设"五个一工程"优秀作品奖。

表 1　　2016—2020 年国家级项目关于国际关系史、二战史立项情况表

		2016 年	2017 年	2018 年	2019 年	2020 年
国家社科基金	重大项目	6	4	9	8	—
	重点项目	1	3	2	4	—
	一般项目	9	10	20	13	—
	青年项目	9	8	11	9	—
	西部项目	2	1	0	3	—
	后期资助项目	0	8	4	7	—
	冷门"绝学"和国别史等研究专项	—	—	—	8	
	中华学术外译项目	1	5	2	0	
	入选成果文库作品	1	1	—	—	
国家项目小计：169		29	40	48	52	
教育部人文社会科学研究项目	重大课题攻关项目	0	0	0	1	—
	规划基金、青年基金、自筹经费项目	5	5	6	9	10
	后期资助	1	1	0	1	2
教育部人文社会科学重点研究基地重大项目			—	3	1	
教育部项目小计：45		6	9	7	11	12

注：凡有"世界历史"单独学科的（如国家社科基金多数项目），从该学科中选取项目；没有"世界历史"但有"历史学"的，从"历史学"中选项目（如教育部人文社会科学研究项目）；如果未明晰学科的（如重大项目），则根据立项题目内容选取。

"—"表示三种情况：当年无此类项目（如 2016 年、2017 年还没有冷门"绝学"和国别史等研究专项）；当年此项目未官方总公示（如教育部人文社会科学重点研究基地重大项目多数年份）；当年官方评审结果未出。

（三）代表性人物和成果

武寅，中国社会科学院世界历史研究所研究员，中国社会科学院原副院长、党组成员，现任中俄友好、和平与发展委员会专家理事会主席，中国中日关系史学会会长，国务院学科评议组成员（第六届、第七届），国家社科基金重大招标项目首席专家，主要学术专长是日本近现代政治史、中日关系史。主编并参与撰写国内第一部大型多卷本《世界历史》（38 卷本），获中国社会科学院优秀科研成果奖一等奖。主编大型多卷本译著《剑桥古代史》、《新编剑桥中世纪史》（29 卷册、3000 万字），中译本为该

巨著第一部外文译本，彰显了中国的文化实力。

胡德坤，武汉大学人文社会科学资深教授，武汉大学原副校长，中国边界与海洋研究院院长，现任国家领土主权与海洋权益协同创新中心主任、首席专家，中国第二次世界大战史学会名誉会长。长期从事第二次世界大战史、中日战争史和大国海洋史、中国海疆史研究。先后承担国家社会科学基金重大项目、教育部哲学社会科学研究重大课题攻关项目等各类课题40余项，出版《第二次世界大战史》《中日战争史（1931—1945）》《反法西斯战争时期的中国与世界研究》（九卷本，主编）、《中国抗战在世界反法西斯战争中的历史地位》等著作15部。

徐蓝，首都师范大学资深教授，长期从事世界近现代史、国际关系史、第二次世界大战史等领域的教学与研究工作。出版专著8部（独著4部）、教材8部12册（主编2部）、译著3部（独译1部）、论文120余篇。6次获得省部级科研奖励，14次获得国家和省部级教学奖励。马克思工程重点教材《世界现代史》《世界文明史》编写组首席专家。国家社科基金重大项目"20世纪国际格局的演变与大国关系互动研究"首席专家。兼任中国史学会副会长、中国第二次世界大战史研究会会长等职务。2011年获国家级高等学校教学名师奖。

刘德斌，吉林大学教授，吉林大学公共外交学院创始院长、国际关系研究所所长，兼任中国国际关系学会副会长、中国世界近代现代史研究会副会长等职务，主要研究方向包括国际关系史、国际关系英国学派理论、东北亚国际关系、软实力理论和公共外交等，中央马工程项目"当代国际政治"和教育部马工程"国际关系史"首席专家。

王立新，北京大学博雅特聘教授、教育部"长江学者"特聘教授。著有《意识形态与美国外交政策——以20世纪美国对华政策为个案的研究》和《美国传教士与晚清中国现代化》等。其专著《踌躇的霸权：美国崛起后的身份困惑与秩序追求（1913—1945）》入选国家哲学社会科学成果文库，2020年获第八届高等学校科学研究优秀成果奖二等奖。

（四）研究成果

"十三五"时期，国际关系史方面的学术论著出版了80部左右，译著40部左右。关于第二次世界大战的学术著作有十余部，译著110多部。在主要专业核心期刊发表的国际关系史、二战史论文 900 篇左右。

在 20 世纪前半期的国际关系史和二战史方面，徐蓝和天津师范大学耿志合著的《英美军事战略同盟关系的形成与发展（1919—1945）》入选 2017 年"国家哲学社会科学成果文库"。本书是国内第一部系统讨论 20 世纪上半期英美结成军事战略同盟关系的专著。作者在占有大量原始档案资料的基础上，详细探讨了第一次世界大战后至第二次世界大战结束期间，英美军事战略同盟关系的形成基础和确立过程；并以二战为载体，特别从军事外交角度，研究在这一同盟关系形成过程中，两国所完成的在国际事务中的角色转换，揭示 20 世纪上半期英美等大国之间关系的互动状态，以及与 20 世纪国际格局演变之间的深层关系。

在 20 世纪后半期的国际关系史尤其是冷战史方面，沈志华等著的《冷战启示录：美苏冷战历史系列专题报告》是国家社科基金重大委托项目成果。该书通过十八个专题报告，分析了美苏从合作到对抗、太空竞赛、争霸、心理战与宣传战、经济冷战、德国问题、朝鲜问题、美韩同盟、美日同盟、美法关系与北约问题、美日经济摩擦、东亚冷战、中美苏战略三角、东欧剧变等历史，揭示苏联是如何掉入"修昔底德陷阱"、为何在冷战中败北等重要问题。

在中外关系史领域，管建强获得上海市哲学社会科学优秀成果一等奖的著作《中日战争历史遗留问题的国际法研究》，从国际法的角度，立足于《开罗宣言》《波茨坦公告》《中日联合声明》等涉日国际法律文件，剖析中日战争历史遗留问题，如战败国日本的地位、战后中日协定、民间战争受害者索赔运动、钓鱼岛争端以及中国台湾主权问题等。

一些出版社还策划了国际关系史系列研究丛书。如：社会科学文献出版社 2014—2019 年陆续出版《20 世纪国际格局的演变与大国关系互动研究丛书》9 种；世界知识出版社自 2004 年陆续推出《冷战国际史丛书》已出版 15 种；九州出版社出版的《冷战国际史研究文库》自 2013 年以来已出版 12 种；北京大学出版社出版的《美国对外战略的设计者》自 2014 年以来已出版 8 种，涉及基辛格、麦克纳马拉、克莱顿、布热津斯基、罗斯托、富布赖特、保罗·尼采、艾奇逊 8 人；江苏人民出版社的《凤凰文库·历史研究》系列自 2009 年以来出版了国际关系史研究的图书 10 种。

一些高校的研究中心新推出或继续推出以书代刊的专题系列出版物，

专门收录和刊发国际关系史方面的论文。如：华东师范大学冷战国际史研究中心的《冷战国际史研究》、首都师范大学国际关系史研究中心的《近现代国际关系史研究》、中国社会科学院中国历史研究院近代史研究所中外关系研究室的《近代中外关系史研究》、吉林大学国际关系研究所的《中国与世界》、中国中俄关系史研究会的《近代中俄关系史研究》、何亚非主编的《中外关系评论》、张西平和刘洪涛主编的《中国文化与世界》。姚百慧编的《国际关系史研究辑刊论文目录》共收录95种辑刊、829册，共收各类辑刊的国际关系史论文条目约7000条。

除了研究性著作，"十三五"时期还编纂了大量的档案资料集、资料目录。如：中国第一历史档案馆编《清代外务部中外关系档案史料丛编》，从2004年起到2017年，共有中西关系卷1册、中葡关系卷1册、中英关系卷5册（路矿实业、留学办校、通商贸易、交聘往来、综合）、中美关系卷8册（交聘往来、通商贸易、财税金融、路矿实业、留学办校、国际会议、侨务招工、综合）。中国第一历史档案馆编《中琉历史关系档案》，从2006年起到2020年，共有《顺治朝康熙朝雍正朝》2册、《乾隆朝》17册、《嘉庆朝》9册、《咸丰朝》3册、《同治朝》3册、《道光朝》11册。2016年，国家图书馆出版社出版了对日战犯审判文献丛刊编委会的《二战日军战史资料汇编》29册、《丸之内审判文献汇编》17册。另有关于中英关系、中法关系、中苏关系、中日关系、中美关系、中国与东南亚关系、苏联与东欧的若干资料集出版。

（五）社会服务

研究国际关系史和二战史的学者积极发挥史学的社会服务功能，在基础教育方面，徐蓝等知名教授承担着普通高中历史课程标准修订、义务教育历史课程标准修订、高中历史教材编写、初中历史教材编写、中学骨干教师培训等方面的领导工作；在中国与周边国家关系、边疆与海洋、冷战史、抗日战争、国别区域研究等领域，相关学者也多次提交咨询报告；在资政服务方面，2018年底国内史学权威期刊《世界历史》杂志刊登了一组从历史角度解读"人类命运共同体"理念的文章，其中首都师范大学梁占军教授的《关于构建人类命运共同体的历史思考》与武汉大学胡德坤教授的《合作共赢发展模式是世界历史整体发展的产物》等两篇文章次年被

《新华文摘》全文转载，从不同侧面体现了国际关系史和二战史学者"学术报国"意识及其努力。

三 存在问题和薄弱环节

第一，学科建设和学位点布局来说，虽然招收"国际关系史"类似方向的学科不少，但单独拆分为二级学科的，目前只有首都师范大学一家；招收"第二次世界大战史"的单位更少。从人才梯队来说，缺乏青年领军人才。

第二，研究领域偏窄，二战史总体研究较少，国际关系史对20世纪之前的研究成果不多，对20世纪及之后的研究主要偏中国外交和美国外交，对第三世界国家、国际组织等涉猎少。

第三，缺乏与国际学术界的深度合作，在国际学术期刊上发表成果少，国际出版专著不多，国际影响相对弱。

四 学科前沿和发展趋势及重点研究方向

第一，国际关系史重大问题档案资料整理与研究。资料尤其是一手的档案文献资料是国际关系史研究的基础，但在国际关系史一些重大问题上，国内的资料建设非常不够。这里所指的资料建设包括购买和整理两方面。可以考虑根据国家紧急需要的程度，陆续建议一批重大选题的资料整理工作，如美国对华遏制档案整理、冷战起源问题档案整理、国际关系中的经济战问题、核战略问题、二战起源问题，等等。整理可包括搜集、目录制作、原档影印出版、重要文件翻译等方面。在整理的基础上，进一步推进相关问题的研究。

第二，冷战起源问题研究。随着中美关系紧张，关于是否会爆发新冷战的讨论甚嚣尘上。甚至有外国政要提出"轻冷战"的提法。只有认真分析冷战爆发的起源，才能对这些提法及当前的国际局势有清晰的认识，并为国家决策提供参考意见。虽然冷战起源问题是学术界研究的热门问题，但基于新的问题意识，还是可以提出中国学者新的观点。

第三，国际组织史专题研究。二战以后，国际组织在国际关系史中愈加发挥重要作用，无论是政治性的如联合国，还是军事性的如北约、华约，抑或经济性的如世界银行、国际货币基金组织，或者一些非政府组织，都在相关领域起着重要影响。深入了解国际组织的历史及运作机制，对我们掌握国际政治的主动权很有裨益。该选题可考虑选择某一种或某一类型的国际组织加以研究。

第四，发达国家对外援助专题研究。对外援助作为实现国际政治目标的重要手段，历来为发达国家所采用。考虑到中国目前的实力和发展状况，以及"一带一路"倡议的实施情况，系统了解历史上发达国家对外援助的机制、规模、效果、与有关国家的互动等历史，有助于我国制定恰当的对外援助政策。本选题可以选某一国家系统研究，也可以选同一时段国家做对比研究，或选择机制、效果等做比较研究。

全 球 史

一 本学科发展的基本情况及取得的成绩

"十三五"时期，国内的全球史研究取得了较大发展，出现了一批全球史研究的论文和著作成果，全球史领域的社科基金立项也不断增加，全球史学术论坛等相关学术活动比较活跃，并且在国内新成立了3家全球史研究机构。可以说，中国史学界中出现了"全球转向"的热潮，从全球视角来考察历史的研究成果越来越多。

（一）全球史著作译介和理论探讨

近五年来，中国史学界继续在译介全球史著作和理论探讨方面取得了显著成绩。西方一些有影响的全球史著作被译介过来，其中由首都师范大学全球史研究中心组织翻译的"全球史译丛"，包括 J. R. 麦克尼尔的《阳光下的新事物：20世纪世界环境史》，C. A. 贝利的《现代世界的诞生》，大卫·阿米蒂奇的《独立宣言：一种全球史》，珍妮特·L. 阿布－卢格霍德的《欧洲霸权之前：1250—1350年的世界体系》，帕特里克·曼宁的《世界史导航：全球视角的构建》，塞巴斯蒂安·康拉德的《全球史是什么》，佩里格林·霍登和尼古拉斯·珀塞尔的《堕落之海：地中海史研究》、托马斯·本德的《万国一邦：美国在世界历史上的地位》、贡德·弗兰克等的《19世纪大转型》等。在全球史理论探讨方面，中国学者也不再纠缠于"全球史观"概念的讨论，而是开始探索全球史主要领域的相关理论与方法，如世界历史上的跨文化互动、跨国史、海洋史等理论和方法,并取得了一些成果。例如刘新成的《构建具有中国特色的全球史》,刘文明的《跨国史:概念、方法和研究实践》(《新华文摘》转载),夏继果的《全球史研究:互动、比较、建构》等论文,都将中国的全球史理论研究推进了一步,尤其是刘新成的文章,为中国全球史的进一步发展提出几个努力的方向,有助于推动全球史在中国发展成为一个具有中国特色的新兴历史学分支学科。

(二)全球史的实证研究

"十三五"时期,国内学者在全球史实证研究方面也取得了不少成绩。随着全球史的发展,国内许多学者开始从事基于原始资料的全球史个案研究,全球史研究迈入微观化、实证化和多元化发展的新阶段。这些研究从一些国家社科基金项目体现出来:梁占军的"国外历史教材中有关中国抗日战争的历史叙述"(委托重大项目),刘文明的"中日甲午战争的英美报刊舆论研究",夏继果的"7—15世纪地中海史研究",刘勇的"近代中国茶叶欧洲传播史研究",杨捷的"全球化视野下的近代夏威夷外来人口研究",王永平的"全球史视野下汉唐丝绸之路多元文明互动中的殊方异俗外来风研究",田汝英的"海上丝绸之路西段香料贸易及其对西欧社会影响研究(7—18世纪)",莫玉梅的"丝绸之路上的犹太商人与跨生态交流研究(6—15世纪)",李庆的"16—17世纪的东亚海域与早期全球化研究",陈玉芳的"《耶稣会士在亚洲》档案文献与16至18世纪中欧交流史研究",孔源的"全球史视域下17世纪中俄两国早期交往的跨族群、跨大陆、跨文化特征研究",张小敏的"北太平洋航路及其构建的历史空间研究(18世纪末—19世纪末)",昝涛的"全球史视野下的土耳其革命与变革研究",刘晓莉的"全球史视域下联合国创建问题研究"等。

这一时期,《历史研究》《史学理论研究》和《世界历史》等杂志刊载了一些颇有影响的全球史论文,并且出现了全球史专著,例如刘文明的《全球史理论与文明互动研究》(2015年),包括全球史理论探讨和中西文明互动实证研究两部分内容,是全球史理论与实证研究相结合的有益尝试。李伯重的《火枪与账簿:早期经济全球化时代的中国与东亚世界》(2017年),从全球视角考察了处于世界历史大变局中的晚明中国,包括从世界贸易、军事革命、宗教扩张、国际关系等几个维度,将晚明中国置于东亚世界的情境中来考察其经济和军事。从上述研究项目及相关成果可以看出，全球史学者将中国纳入世界之中进行考察，在很大程度上克服了以往世界史与中国史分隔的情况，这种将世界史与中国史相结合进行整体和关联研究的视角，成为全球史的一个重要特点，也是"十三五"时期历史研究中一个明显的学术趋势。

（三）全球史其他学术活动及学科建设

"十三五"时期中国全球史的发展过程中，刘新成主编的连续性学术集刊《全球史评论》也在其中扮演了重要角色。它以刊发国内学者的全球史研究成果为主，成为国内集中发表全球史研究成果的一个重要平台，在国际全球史学界也有广泛影响，已被收录为 CSSCI 来源集刊。另外，国内史学界每年都举办一些全球史学术研讨会，如首都师范大学全球史研究中心主办的"全球史论坛"每年举行一次，每次研讨不同的全球史主题；山东大学全球史与跨国史研究院也多次主办全球史与跨国史研究论坛，研讨全球史与跨国史中的重大问题。

二 存在问题及发展趋势

近年来国内对于全球史的认知和认同发展迅速，但总体属于方兴未艾的阶段。比如，"十三五"时期，中国的全球史研究虽然取得了不少成果，但作为世界史一级学科之下一个新的学科增长点的发展仍然缓慢，相关的研究机构设置和人才培养都还大有可为。目前国内设立的全球史研究机构，主要有首都师范大学全球史研究中心（2004 年成立），北京外国语大学全球史研究院（2014 年成立），山东大学全球史与跨国史研究院（2016 年成立），华东师范大学全球思想史研究中心（2019 年成立）等。他们开展的科研和学术活动，大大推动了全球史研究在中国的发展。例如首都师范大学全球史研究中心定期举办全球史系列讲座和学术沙龙活动，北京外国语大学全球史研究院也举办了"全球史与中国"的系列讲座。然而，除了首都师范大学全球史研究中心自 2007 年以来自主设立全球史专业培养研究生外，其他高校尚未开设这一专业或方向，因此全球史专业人才培养和学科建设仍然任重而道远。

环 境 史

一　本学科发展的基本情况

世界史领域的环境史研究也在近五年来取得了发展：学科体系建设进一步完善，学术研究队伍不断扩大，优秀的学术研究成果不断涌现，国内外学术交流日益深化，环境史学的社会服务也得到初步的发展。

世界环境史研究已经形成以北京大学历史学系、清华大学历史系、中国人民大学历史学院、南开大学历史学院为代表的重要学术团队和人才培养基地。近五年来，有20余名外国环境史方向的博士研究生从以上高校毕业。2015年北京大学成立世界环境史研究中心，该中心在包茂红教授的主持下于2015年、2016年连续举办了"世界环境史研究前沿"精品课程班，致力于扩大环境史的影响并培养环境史新人。南开大学的生态环境史研究中心也在稳步发展。该中心成立后不久即设立了国内高校第一个环境史专业学科点，目前下设"中国环境史""外国环境史""灾害、疾病和公共卫生史"三个研究方向，采用跨学科的培养方式指导硕士生和博士生。中国人民大学历史学院和清华大学历史系也建立起持续、稳定的环境史研究队伍和人才培养模式。

世界环境史学者积极参与国际学术交流：近年来世界环境史大会、欧洲环境史双年会、东亚环境史双年会都活跃着中国环境史学者的身影。2012年人民大学历史学院与德国慕尼黑大学卡森中心合作成立了生态史研究中心，这是我国环境史研究与国际接轨的一个界标。中心每年一次的国际学术会议，已成为国际环境史学界知名的学术活动。2017年南开大学承办了第四届东亚环境史双年会，也为关注东亚及世界环境史的学者提供一个多学科国际学术对话的机会。

二 "十三五"时期取得的重要进展、主要成绩、代表性人物和成果

世界环境史的研究形成数个重要的研究板块：与传统国别史、对象国史研究相结合的美国环境史、英国环境史、日本环境史，德国环境史；与区域史研究相结合，采用中观研究视角的东南亚环境史研究、亚太区域环境史研究、大洋洲环境史研究；以经济史的"生态转向"为契机的经济环境史研究。另外，农业环境史、城市环境史、军事环境史、全球环境史、海洋环境史等领域也出现了不少优异的研究成果。其中重要的论著有付成双的《动物改变世界：海狸、毛皮贸易与北美开发》和毛利霞的《从隔离病人到治理环境：19世纪英国霍乱防治研究》等。重要的译著有《英格兰景观的形成》《地球上最大的庄园——土著人如何塑造澳大利亚》《自然的大都市：芝加哥与大西部》等。探索学科前沿的论文有《人类世与环境史研究——〈大加速〉导读》《摩登饮品：啤酒、青岛与全球生态》《环境史研究的全球化与"南方视角"问题》等。

近五年来，以世界环境史为主题的重要科研立项数量不断突破。据不完全统计，省部级项目超过十项。其中，清华大学历史系教授梅雪芹主持的国家社科基金重大项目"环境史及其对史学的创新"探讨当代学者在从事环境史研究时创造的新知识与新概念，课题分总论卷和美国、德国、英国、日本四个子课题。目前该项目已经通过中期审核，并计划出版《环境史与新史学》（多卷本）。另外，中国社会科学院世界历史研究所高国荣研究员的《美国环境史学研究》、南开大学历史学院付成双教授的《美国现代化中的环境问题研究》被列入国家哲学社会科学成果文库付梓出版。

环境史的成果转化和社会服务功能也有了初步进展。2018年，清华大学人文学院成立了绿色公众史学研究中心，中心旨在研究人类关注环境、呵护自然、参加环保的思想观念、政策法规和行为实践，为培养环境保护、可持续发展和生态文明建设所需要的人才提供必要的、可行的服务。

三　学科前沿和发展趋势及重点研究方向

环境史是近来世界史领域的热点之一，我国的世界环境史研究已经完成了基础的理论建设，进入稳扎稳打的实证研究阶段。

展望未来，一方面以国别、区域为基本单位的环境史研究版图有待拓展。另一方面，全球环境史、海洋环境史等专题性的前沿研究初露端倪，且有广阔的施展空间。把全球史新思维应用于环境史、建构新的环境史叙述模式，从全球环境领域的重点问题进行回溯，有助于探讨从史前到现在，世界范围内的人与自然环境相互作用的历史，反思现代文明给全球环境带来的破坏，进而更冷静和客观地看待人类文化对自然的塑造与环境调试。探索人类历史上认识海洋、改变海洋的过程，研究人类社会与海洋及沿海地区环境的互动关系，并在此基础上吸收海洋生态学、海洋生物学、环境考古学等其他学科的研究成果，采用跨学科的研究方法对海洋环境史理论、海洋捕捞业、海洋环境思想以及海洋灾害和污染等问题进行深入的论述是未来海洋环境史研究的方向。

国别区域研究

一 本学科发展的基本情况

"十三五"时期，世界史学科服务国家战略和"一带一路"建设，积极参与国别区域研究。其模式主要分为两类，第一类是世界史参与学校国别区域研究平台建设，以北京大学世界史专业深度参与北京大学区域与国别研究院建设为代表；第二类是以世界史为依托建立教育部国别与区域研究基地和备案中心，以首都师范大学文明区划研究中心为主要代表，后者发挥全球史和国际关系史的学科优势聚焦巴尔干研究，是教育部国别与区域研究首批基地中唯一以世界史为依托的基地。"十三五"时期，第二类是世界史参与国别区域研究的主流模式，东北师范大学东北亚研究院，南开大学希腊研究中心、拉美史研究中心、美国研究中心，西北大学中东研究所、叙利亚研究中心，陕西师范大学土耳其研究中心，西南大学希腊研究中心、伊朗研究中心等都是以世界史为依托建立的教育部国别与区域研究备案中心。这些中心在基础研究、人才培养等方面积极探索，努力寻找发挥史学资政功能的有效途径。

目前，为夯实国别区域研究的学科基础，世界史学科正在推进国别区域研究交叉学科建设。首都师范大学率先启动相关试点，即由世界史专业联合外国语言文学、考古学等专业开展国别区域研究；北京大学世界史学科也深度参与区域国别研究，为国别区域研究院提供8门历史选修课程等。

二 "十三五"时期取得的重要进展、主要成绩、代表性人物和成果

"十三五"时期,世界史参与国别区域研究取得重要进展。

第一,促进国别区域研究的新理念不断出现。主要有首都师范大学刘新成教授率先提出国别区域研究中心的三个"建设目标",即能对对象国过去发生的事情进行深度解读;能对对象国即将发生的事情做出准确预判;能给驻对象国企业提供有效咨询等,为高校智库建设明确了方向,为实现此建设目标,他进一步提出对象国研究中"人才库"和"信息库"建设的重要性。这是世界史学界对推进国别区域研究的重大思考;北京大学钱乘旦教授认为国别区域研究不属于某一个特定的学科,而是需要多个学科共同协同的跨学科研究,包括语言、历史、民族学、人类学、宗教学、语言学、博物学等。他提出世界史"深度参与""深度交叉"的平台建设理念;东北师范大学韩东育教授提出的"学术戍边"和"突破学术岛链"的研究理念,即从事国家边疆、周边邻国和区域关系研究的人员及相关工作者,为维护国家主权和区域安全而自觉承载学术责任和职能担当。"十三五"时期,世界史积极参与国别区域研究并初步发挥建言献策作用,是服务国家战略发展需要的重要转型。

第二,提高世界史成果转化和服务现实能力。例如,仅2020年上半年北京大学世界史学科就参与了4份央批要报的撰写;"十三五"时期首都师范大学文明区划研究中心呈递各类咨政报告70余篇,被采纳20余次;西北大学中东研究所有20余篇咨政报告获得省部级以上评审、采纳。

第三,以历史为基础填补国内国别区域的薄弱之处。例如首都师范大学世界史专业依托国际关系史和全球史两个学科优长新增巴尔干研究方向,从历史出发参与和完善巴尔干的现实问题研究。南开大学世界史学科与北京语言大学阿拉伯语专业合作共同申请国家社科基金重大项目并获批,成功迈出世界史与外国语言文学跨学科开展合作研究的第一步。

"十三五"时期世界史在国别区域研究方面取得的主要成绩有:国家社科基金重大项目2项,即戴超武的"冷战时期的中印关系史研究"和东北师范大学陈秀武的"日本东亚历史海域研究"(2018);国家社科基金重

大项目滚动资助 1 项：陈志强的"拜占庭历史与文化研究"（2016）；教育部哲学社会科学研究重大课题攻关项目 1 项：王新刚的"古叙利亚文明史研究"（2019）；教育部知识体系重大专项 1 项：钱乘旦的"党的创新理论引领贯穿中国世界史学科体系专项研究"（2018）；国家"冷门绝学和国别史"3 项，分别是：马瑞映"土耳其安全战略研究"（2018）；武鹏的《希腊通史（从爱琴文明至今)》（2019）；王新刚的"叙利亚古代史研究"（2018）。另外还有教育部国别和区域研究一般项目 6 项；科技部"中斯科技交流"项目 1 项；外交部"中欧关系研究"项目 1 项等。总体上看，第一，这些项目提高了世界史成果转化和服务现实能力。例如，2018 年度国家社科基金重大课题戴超武的"冷战时期的中印关系史研究"和东北师范大学陈秀武的"日本东亚历史海域研究"将为"中印关系"现实问题和"海洋命运共同体"的构建提供建议。第二，这些项目也从国别区域研究的角度充实了世界史研究。例如梁占军主持的科技部国际合作项目"中国与南斯拉夫在南半球的政策：趋同与分歧"，既加强了中国中东欧学者间的合作，也充实了中南关系研究。

世界史参与的国别区域研究在刊物、专著、编著、对象国发展报告、译著等方面都取得重要成果。在刊物方面，首都师范大学文明区划研究中心出版国内第一本巴尔干区域研究学术辑刊《巴尔干研究》（第一辑）（梁占军主编，世界知识出版社 2020 年版）、陕西师范大学土耳其研究中心出版《土耳其研究》和北京大学区域与国别研究院出版的《区域与国别研究学刊》等；在专著方面有陈志强的《古史新话——拜占庭研究的亮点》（人民出版社 2019 年版）、白伊维（Ivica Batoka）的巴尔干学术研究丛书之《前南地区社会转型与社会发展研究》（世界知识出版社 2020 年版）、王新刚的《现代叙利亚国家与政治》（人民出版社 2016 年版）、冀开运的《伊朗综合国力研究》（时事出版社 2016 年版）和李秉忠的《土耳其民族国家建设和库尔德问题的演进》（社会科学文献出版社 2017 年版）等；在对象国发展报告方面，社会科学文献出版社的蓝皮书系列在"十三五"时期连续出版多种年度报告，如冀开运主编的《伊朗发展报告》、王新刚主编的《叙利亚发展报告》和张倩红主编的《以色列发展报告》等都已连续推出多部，这是世界史学家积极参与国别区域研究的重要体现。

三 存在问题和薄弱环节

第一,世界史学科国别史和区域史的研究很不均衡,无法全面与国家急需的现实问题研究形成无缝对接。

第二,成果转化与发挥智库功能的体制机制尚未真正形成和建立起来,现有评价机制限制了世界史学科为现实服务的潜能更好地发挥。

第三,由于语言限制等方面的原因,世界史学科的教师和学生到对象国开展实地调研和数据采集严重受限。

第四,世界史与其他学科专业的交叉深度和广度还有待拓展。

当前世界史研究存在的问题和薄弱环节

"十三五"时期世界史学科取得了显著的成绩,但也存在不少问题和薄弱环节,概括起来主要有以下几个方面的表现:

第一,在基础研究方面,仍存在重大国轻小国,重热点轻一般,空白点多,缺乏宏观视野的问题。理论创新、构建三大体系的努力与国家要求相比还有很大差距;在应用对策研究方面,科研团队与需求部门之间没有建立起完善的对接机制,影响智库功能的有效发挥。

第二,偏重实证研究和微观研究,对理论修养和研究方法的改进重视不够。一些学者的马克思主义理论素养比较欠缺,对与自己的研究领域相关的理论与方法论也缺乏必要了解。因此一些成果形成了史料堆砌,一些成果对问题的解释框架仍然囿于国外学者的语言体系,缺乏创新。

第三,对发展中国家和地区的研究严重不足。长期以来,我国一直存在世界史学科分布不均衡、研究领域不平衡的问题。这种状态也与世界史研究队伍较小、质量参差不齐、掌握各种小语种的研究人才严重缺乏有很大关系。

第四,资料建设以及建立在资料建设上的研究成果仍有待加强。国家社科基金这些年资助了一些资料整理工作,取得了一些进展,但资料问题仍是制约世界史发展的一个瓶颈。

第五,在处理基础研究与应用对策研究的关系上存在两种不良倾向:一是完全无视或忽略世界史研究的社会功能,追求"象牙塔"式的学术研究,盲目求新、求洋,以追踪西方史学的理论范畴和关注热点为主要内容;二是在如何"关注现实、服务大局"的问题上,搞简单化、庸俗化。

"十四五"时期世界史学科应加强的重点研究课题

一 中西史学理论与史学史研究

进入21世纪以来，新科技革命推动生产力突飞猛进，世界格局发生了重大变化。这不可避免地对中外史学产生深刻影响：研究视野扩大、研究领域增加、基于实证研究的范式转型；在理论、原则和方法等方面，提出许多新问题，亟待深入研究。

二 国家起源与古代国与国关系研究

对经典作家关于国家起源的理论做出新的研究，回顾和清理从古代以来直至当今有关国家起源的各种假说和理论。根据最新的考古资料，结合古代文献，在马克思主义理论指导下，借鉴当代人类学理论，对古代世界包括中国在内的不同地区国家的起源和发展做出最新的前沿性论证，并对古代文明中国家间关系的发展、影响国家间关系的各种因素，以及国家间关系对国家自身兴衰的影响进行探讨。

三 中外古史比较研究

古代中国是世界最重要的文明区之一，国家和文明的发展既体现出共性，更表现出独特性，对古代中国与大体同一时期的域外文明进行总体或者某个方面的比较，既有助于深刻把握古代中国历史发展的特点，也有助于阐释人类历史发展的共性和特性。比较的内容可以包罗万象，包括国家起源、国家形态的发展、政治社会制度、经济结构与日常生活、赋税制度、战争、文化创造等多个方面。对百余年来中外古史比较的理论和实践，也需要做必要的总结，在此基础上提出比较史学的理论和方法论。

四 科技革命与大国崛起研究

科技是人类社会发展的重要推动力。近代以来世界上英美德法等大国的崛起与科技革命的推动密不可分：引领科技革命的国家在国际竞争中拥有先发优势，在竞争中不断进取，进而崛起为时代强国。考察历史上科技革命对各国社会、政治、经济、文化观念所产生的影响，以及大国在崛起过程中是如何借力科技革命来保持竞争优势等问题有着重要的现实意义。

五 20世纪资本主义与社会主义的发展研究

资本主义和社会主义是20世纪历史发展的两条并行的主线，二者间充满斗争和竞争，各自的发展轨迹交织，相互影响深刻，无论是理论还是实践均对世界历史的发展产生了巨大影响。梳理资本主义和社会主义的发展历程，有利于明辨不同的意识形态对人类社会发展的重要影响。

六 第三世界国家发展道路研究

20世纪后半叶第三世界的兴起，以及相关发展中国家独特的建设道路是世界现代史上难得的宝贵财富，内含着丰富经验和惨痛教训。对第三世界国家的发展历程及其道路选择进行深入的历史考察，有助于更好地总结其历史经验和教训，研判其未来发展的方向。

七 重要人物在历史进程中的作用研究

个人在历史上的作用历来是中外史学界研究的重点问题之一，特别是重要人物在历史进程中究竟起了怎样的作用，对历史的发展具有怎样的影响，等等，弄清这些问题不仅对坚持唯物史观具有重要的理论意义，而且对于史学实践和历史认知也有重要的学术意义。

八　20世纪生态环境与环境治理研究

20世纪人类的生产生活对生态环境的破坏和影响前所未有，与此同时，环保意识的苏醒、科学技术的进步也促成环境治理水平的极大提升。研究20世纪的生态环境与环境治理，有利于梳理人类社会发展与环境变迁的复杂关系，反思人类的环境观和发展观；对于更好地理解全球与中国的环境问题、寻找合理的解决办法也会有智慧性的启迪。

九　国际组织史专题研究

国际组织是当今世界非常活跃的社会组织形式，在现实生活中其作用和影响大都显而易见。但是国内有关国际组织历史的了解并不多，研究也很缺乏，这不利于我国在国际组织中合理有效地开展工作。针对一些重要的国际组织的历史开展系统的梳理和研究，有助于我国在各类国际组织中更好地发挥作用。

十　国际关系史重大问题档案资料整理与研究

全球化时代，随着各国政府档案的不断解密，国际关系史研究越来越依赖多国档案资料的互证。但由于语言局限，运用多国多语种档案资料的研究并不多见。因此，围绕国际关系史上重大问题的档案资料进行整理和研究是突破语言限制，提升国际关系史研究水平的必要前提，其重要性不言而喻。

十一　全球化与全球史

全球化进程贯穿着人类历史，不同文明之间的交流成为人类社会进步的重要推动力。古代丝绸之路把亚欧大陆东西两端联结起来，使得亚欧大陆自古以来成为人类社会最具活力的区域。15世纪末新航路开辟以来，西欧首先与美洲结为一体，大大促进了西欧的快速发展。此后的世界，全球化促使各地区日益成为一个整体，形成了资本主义世界体系，人类社会在科学技术和物质文明方面取得了巨大进步。全球史研究是国际学术界世界史研究的前沿领域，有助于理解人类社会这种发展进程。今天，全球化进程面临挑战，加强中国视角的全球史研究，可以在考察全球化历史进程的同时，反思资本主义全球化，为理解当今全球化进程中的各种问题提供历史的思考维度，进而构筑中国特色的学科体系、学术体系和话语体系，助力中国以更强的文化自信和理论自信走上世界舞台。

十二 近代以来西方国家对华政策史

近年来，我国学界在中国与西方国家关系史等领域取得了一系列的研究成果。但是，许多相关成果主要基于中方档案资料，囿于中方视角，自说自话，立足于梳理中国与主要西方国家的关系发展，通常不能深入探究西方国家对华政策的真正动机和目的。为了全面深入考察近代以来西方主要国家对华政策的真实动机和目的，认清其对华政策的真正面目，我们需要利用相关西方国家的一手外交档案资料等，挖掘和揭露近代以来西方主要国家对华政策的真正目的和意图，弄清他们在涉华问题上的外交套路和伎俩，从而为我国制定相关对外政策提供参考。

十三 中国特色世界现代史的学科体系、学术体系和话语体系建设

自习近平总书记提出建设具有中国特色学科体系、学术体系和话语体系的要求以来，学术界积极响应。世界现代史是一门具有鲜明时代特色的学科，具有重要的研究价值与现实意义，需要与时俱进进行建设。为适应新历史时期发展的需要，建议此课题为重点研究项目。

十四 西方大国殖民史和殖民地史研究

全球史是目前国际史学界的研究趋势。在全球史视野中，殖民史和殖

民地史重新得到重视。第一，西方大国的殖民史和对殖民地的统治在史学上是全球政治文化经济流通和关联研究的重要组成部分；第二，同时西方大国的殖民史与对殖民地的统治也影响到宗主国本身内部的政治经济与文化，对全面了解这些大国的历史也非常有帮助；第三，西方大国的殖民地独立以后，基本上成了第三世界国家，有些是中国"一带一路"构想的组成部分，这一问题的研究也可以加深对这些国家历史和现状的认识，可以服务于我国的外交与战略构想。

十五　文化因素与拉丁美洲不发达根源研究

天主教伦理是西班牙和葡萄牙对美洲征服和殖民化过程中给拉丁美洲留下的文化遗产，迄今依然在拉丁美洲占据着主导地位。对于生活在这个文化圈内的人来说，这套文化伦理观对他们的言谈举止和生活方式产生了举足轻重的影响，同时给拉丁美洲国家在迈向现代化过程中打上了本地区特征的深刻烙印。与北部新教伦理居于主导地位的美国相比，拉丁美洲在历史上长期处于经济发展落后的状态。造成这种落后状态的因素固然很多，但天主教伦理在其中起到了毋庸置疑的重要作用。探讨天主教伦理对拉丁美洲发展的影响，是从文化上理解拉丁美洲地区长期不发达的一个视角。

十六　冷战史研究

冷战作为20世纪最重大的历史事件之一，直接影响了战后近五十年世界历史的发展。冷战期间各国制定的政策、形成的思维定式等，至今仍影响着当代国际局势的发展。从整体史观的角度，将冷战作为一个独立对象进行全球范围的、全方位的综合考察有着重要的时代意义。冷战史研究应涵盖冷战的方方面面，其成果形式不应仅限于高水平专著和教科书，还可以包括有关冷战史研究的整体学术发展史、大型资料数据库、大型目录工具书等。

十七　世界历史上的重大疫情及其影响研究

人类历史本身就是一部不断与各类疾病抗争的历史，如古罗马与雅典时期的瘟疫、拜占庭帝国时期的查士丁尼瘟疫、中古时期的黑死病、近代欧洲鼠疫、近代英国霍乱、19世纪美国黄热病病毒、近代日本霍乱、1918年西班牙大流感、东南亚与印度的天花与鼠疫以及二战后发生的非洲埃博拉病毒、非典、中东呼吸综合征、目前的新冠肺炎疫情等。从古到今，世界历史上发生的一系列重大疫情不仅影响到区域国别的政治、经济、社会、文化，也影响到地缘环境、国际关系及世界格局，对其进行系统研究十分必要。本课题的基本目标是：系统收集、整理外国历史上重大疫情的相关文献，进行翻译、整理，在此基础上，从全球史、医疗史、社会史、文化史、外交史的角度，对其进行分类研究，研究疫情对国家、区域以及世界历史进程发展的影响；探讨人们在疫情防控斗争中所积累的经验与教训。

十八　世界各国历史上维护国家统一的经验与教训研究

世界上有不少国家曾经和正在遭受分裂、分离问题的困扰，有一些国家，比如印度、苏联、南斯拉夫，已经承受了国家分裂的灾难。它们在反对分裂、维护统一问题上，或者有经验，或者有教训。我国维护国家统一的任务在全世界各国中是最艰巨的。21世纪，分裂问题是威胁国家安全的头号问题。为了挫败分裂图谋，维护国家统一，全面实现中华民族的伟大复兴，我们要吸取世界各国维护国家统一的经验与教训。

十九　历史上大国崛起的文化因素与全球化背景下的国际文化战略研究

文化是大国的软实力。历史上，文化曾经助推一些大国崛起。拿破仑时代的法国、工业革命之后的英国、第一次世界大战后的美国，其崛起均得益于其文化，得益于软实力与硬实力互相配合、互相促进。

今天，我国的经济崛起已经是不争的事实，在文化方面也取得了重要的成就，我们对自己的文化充满了自信。但是，必须承认，我们的文化在世界上的影响力还不够大，在推动建设创新型国家方面所起的作用还不够大。研究历史上大国崛起背后的文化因素，探讨全球化背景下各国实施国际文化战略的得失利弊，将有助于我国文化建设和软实力建设。

二十　世界大战研究

作为影响人类历史发展最大的 20 世纪的两次世界大战，它们深刻改变了国际格局、国际体系和国际秩序，影响了世界历史发展进程。一战和二战的专题研究都可以选择一个侧面进行，如一战、二战的起源问题、战争中的军事与外交、战争与社会、从战争到和平、战后遗留问题，等等；也可以选择史料整理和数据库建设，如可以分别对第一次世界大战和第二次世界大战起源档案进行整理、对一战史和二战史的文献数据平台建设；也可以翻译经典名作，如剑桥第二次世界大战史，并在此基础上做出中国学者自己的研究。

二十一　美国的经济冷战战略及其影响研究

为赢得冷战，美国采取了很多经济战略，如对社会主义国家的经济禁运和贸易制裁，对盟国的经济援助，对第三世界国家的援助计划，等等。这些战略所依托的是美国强大的经济和军事实力，其实施对相关国家产生了层次不一的影响。这个研究领域可选择一个层面进行，如可选择援助或制裁国家的一种类型；可以选择不同的经济手段（禁运、制裁、贸易战、经济援助等）；也可以进行资料整理和名著翻译工作。这个领域的资料整理与研究，对今天中国应对美国与其他西方国家的经济贸易战（这场贸易战会持续进行若干年），有现实意义和学术意义。

二十二　近代以来世界大变局研究

当今世界正处于百年未有之大变局，我们正在见证世界历史的大转折。

国际格局日趋均衡，非西方化和多极化到了重要关头，变革完善现行国际体系的呼声越来越大。世界经济版图发生了深层次的变化。新科技革命加快重塑世界。国际力量对比发生最具革命性的变化。全球治理体系正在发生深刻变革。维护人类文明多样性呈现新态势。习近平总书记指出："只有回看走过的路、比较别人的路、远眺前行的路，弄清楚我们从哪儿来、往哪儿去，很多问题才能看得深、把得准。"[①] 对近代以来大变局中的世界的研究，有重要的理论意义和现实意义。

二十三　海洋文明和海洋史研究

近年西方有关太平洋史、大西洋史、印度洋史、黑海史、地中海史的著作相继出版，而我们作为一个海洋大国，却对这些研究十分薄弱，有些几近空白。十五六世纪，西方列强是从海上发展起来的；近代中国正是在海上遭到列强侵略，沦为半殖民地半封建国家。在 21 世纪的今天，我们的国家安全，依然面临着来自海上的威胁。这些问题，都值得我们认真思考。因为制定国家安全战略，不能没有历史的支持。对海洋文明和海洋史研究，有重要的理论意义和现实意义。

二十四　拓展人类共同体历史演进研究

以"共同体"研究为出发点，超越古代、近代和现代等以欧洲历史演进为基准时间的限制，把从部落、城邦、帝国到民族国家再到区域共同体等人类组织形式的历史演进，置于"人类共同体"的视野里考察，以新的视角开辟世界历史研究的新领域，总结和归纳"人类共同体"演进的基本模式及其在不同历史环境中合作与冲突的经验与规律，最终为"人类命运共同体"的理论构建，提供更为系统的历史经验和理论思考。

[①] 人民时报社评论部：《论学习贯彻习近平总书记"1·5"重要讲话》，人民出版社 2018 年版，第 2 页。

二十五　周边国家与"一带一路"沿线国家历史文明研究

在推进"一带一路"倡议的背景下，加大对我国周边国家和"一带一路"沿线国家的历史文明研究的需要日益迫切。研究这些国家古代文明的发生发展和交流互动；探究其基本历史文化特征；特别是重点对近代以来在这些国家中发生的具有重要国际国内影响的政治、经济、社会、文化现象以及制度建构等进行深入的考察，对于促进今天的文明对话和互鉴互信有着不可替代的作用。本课题可以根据具体研究重点和研究领域对题目进行适当分解。

总审稿人　武　寅

审 稿 人　杨共乐　汪朝光　孟庆龙　梁占军

执 笔 人　（按史学理论与史学史、世界上古中世纪史、世界近现代史、专门史排序）

　　　　　　梁占军　武晓阳　董立河　杨共乐　孟庆龙　王　超
　　　　　　姚百慧　刘文明　乔瑜　李建军

参 加 人　刘新成　钱乘旦　于　沛　徐　蓝　陈志强　李世安
　　　　　　吴恩远　张倩红　刘德斌　沈　坚　王晓德　赵文洪
　　　　　　邢来顺　晏绍祥

考 古 学

旧石器时代考古

2016年以来，中国旧石器时代考古学继续保持着快速发展的势头，成绩卓著。在考古新发现、成果产出、人才培养、学术交流、学科建设等多个方面皆取得长足的进步。

一 "十三五"时期旧石器时代考古新发现

五年间，旧石器时代考古研究人员在多个地区进行了系统的旧石器时代调查和发掘，新发现旧石器时代遗址约100处，包含旧石器时代早、中、晚期各个时段。其中吉林东部区域、陕西汉中盆地、新疆吉木乃县及周边地区、内蒙古赤峰地区、河北泥河湾盆地、广西百色盆地、云南天华洞及其周边区域等的考古调查成果丰硕，新发现的多处保存良好的旧石器时代遗址，学术潜力巨大。

正式发掘的旧石器时代遗址计20余处，其中宁夏青铜峡鸽子山遗址（2016）、新疆吉木乃通天洞遗址（2017）、广东英德青塘遗址（2018）、陕西南郑疥疙洞遗址（2019）获评年度全国十大考古新发现。

宁夏鸽子山遗址地处腾格里沙漠东南缘，遗址于2014—2016年发掘，首次在西北沙漠边缘地区建立了距今约12000—5000年的文化演化序列；发现原地埋藏的磨盘、磨棒和典型的两面器与尖状器，明确了这类具有重要文化指示意义遗物的时代属性；浮选获得了丰富的植物遗存，为研究该地区晚更新世末期古人类对植物资源的强化利用提供了重要信息；发现直径小于2毫米的鸵鸟蛋皮装饰品，是迄今同时代发现最小的同类型遗物，革新了我们对万年前人类认知水平和复杂技术能力的认识；发现了疑似建筑遗迹，是目前我国同类遗迹的最早者。

新疆通天洞遗址保存了从距今约5万年到3500年前古人类生活、居住的遗存，不仅是旧石器时代考古的重要收获，也是新疆北部史前考古文化序列构建的重大突破。该遗址旧石器时代遗存具有莫斯特技术组合特征，显示其与西伯利亚阿尔泰地区同时代遗存的关联性，对于研究距今约5万—4万年前古人类的文化传播与交流通道，探讨尼安德特人群的扩散等，具有重要的学术意义。

广东青塘遗址是华南旧—新石器时代过渡阶段的标志性遗址，发现晚更新世晚期至全新世早期连续的地层堆积，清理出墓葬、火塘等多个重要遗迹，出土古人类化石、石器、陶器、蚌器、角骨器、动物骨骼及植物遗存等各类文物标本1万余件，建立起该地区距今约2.5万年至1万年较为连续的地层与文化序列，对研究现代人行为复杂化发展、社会复杂化，以及华南狩猎采集社会向早期农业社会过渡等科学问题具有重要意义。

陕西疥疙洞遗址出土距今10万—1.5万年丰富的遗迹和遗物，包括人类化石、活动面、石器加工点、火塘等，丰富了中国境内距今10万—5万年的关键考古资料，填补了汉中盆地旧石器时代晚期人类洞穴型居址的空白。早期现代人类化石的发现意义重大，为讨论东亚现代人的起源、演化模式等重大课题提供了重要材料。

除上述获得全国十大考古新发现的遗址外，对其他旧石器时代遗址的发掘也有重要收获，为研究远古人类演化与生存适应提供了丰富材料。泥河湾盆地马圈沟（鱼咀沟）、石沟、东谷坨、西白马营、油房、马鞍山等的持续考古发掘工作，获得了丰富的文化遗存，为讨论盆地内人类的演化、建立泥河湾盆地旧石器时代文化序列、探讨现代人演化的模式等提供了新的材料。贵州省招果洞遗址的发掘揭示出该地区距今3万—1万年比较连续的地层和文化序列，云南省蝙蝠洞、硝洞、佛洞地遗址等的发掘揭示出该地区距今10万年前后及距今1万年前后的旧石器时代文化遗存，为了解云贵高原古人类的演化、扩散、区域适应等问题提供了重要的信息。

目前，中国的旧石器时代遗址已逾2000处。近五年来，越来越多经过系统发掘的旧石器时代遗址采取了多学科合作的野外工作策略，在重视地层序列、考古遗物空间信息采集、遗物遗迹全方位提取等常规操作方法之外，多数新发掘遗址经过了系统的测年和古环境重建，为更好解读遗址所赋存的遗存的学术价值，解析古人类的生存适应方式提供了材料基础。

二 "十三五"时期旧石器时代考古学研究进展

此期间旧石器时代考古学领域发表学术论文近 200 篇，专著多部。这一阶段的研究成果特点显著，主要体现在以下两个方面：一是理论、方法和实践研究多点开花；二是国际化特色显著，所发表的成果在国际学术界具有较强的影响力。

此阶段的旧石器时代考古学研究在多个层面取得了重要成果：

（一）理论创建和思考

1. 关于中国地区现代人起源与演化的考古学思考

高星等以丰富的旧石器时代考古材料为基础，结合古人类和古 DNA 研究结果，强化了该地区现代人"连续演化"假说的考古证据（高星等，2017）；通过具有欧亚大陆西方石器技术特点遗存的详细分析，系统论证了早期现代人扩散的"北方路线"，指出以勒瓦娄哇石叶技术为代表的旧石器时代晚期初段遗存指示了现代人沿西伯利亚、中国西北地区、蒙古等地的扩散（Li et al. 2016，2018，2019）。上述考古学证据共同支持中国古人类"连续演化、附带杂交"的假说。

2. 关于旧石器时代石制品遗存研究理论的思考

李英华的《旧石器技术：理论与实践》（2017）一书，详细介绍了法国学者于 20 世纪开创并发展起来的旧石器技术研究的理论和方法，将石器技术分为"修型"和"剥坯"两种理念，并选择中国代表这两种技术理念的多个遗址进行了系统运用，为旧石器技术研究提供了重要的理论思考和研究实例。

3. 关于旧石器时代考古遗址发掘、记录方法的思考

旧石器时代遗址的考古发掘向来被认为是特殊的，"水平层"发掘成为旧石器时代遗址发掘的标签。近五年来，学者们发表了多篇文章讨论旧石器时代遗址发掘方法。有学者强调按"文化层"发掘与按"水平层"发掘各有优势（林壹，2016），有学者则加以纠正，指出旧石器时代遗址的发掘是

"文化层中划分水平层",而非单纯的按"水平层"发掘(李锋等,2019)。

(二)方法和视角的拓展与深化

1. 石器原料来源与原料经济分析

石料是旧石器时代重要的资源,对石料的采备、开发利用能够反映古人类行为决策的多个方面,也是古人类适应生存的重要体现。刘爽的《中国东北地区旧石器时代晚期遗址黑曜岩制品原料来源探源》(2019)一书,采用检测联用技术对我国东北地区黑曜岩制品的化学特征进行总结和讨论,通过考察地质学上已经发表的各地区地球化学元素克拉克值,找到在中国有效的黑曜岩判源元素组合,并通过与中国东部地区火山碎屑岩元素对比值的比较,得出中国东北地区旧石器晚期黑曜岩制品具有本土特征的结论。杨石霞、岳建平等采用岩石切片等多种手段,分别对黑龙江桃山、桦阳遗址的石器原料产地进行了细致分析,系统揭示出上述遗址的原料打制特点、古人类对石料资源的采备和开发利用策略等(Yang et al. 2017;Yue et al. 2020)。李锋等对宁夏水洞沟遗址第 2 地点不同层位的原料利用经济进行了分析,重建了该遗址古人类不同层位的流动组织模式,并探讨了环境变化对古人类流动性的影响(Li et al. 2016)。上述研究扩展了石器原料研究的维度和深度,为更好地理解旧石器时代石器原料与人类行为的关系等提供了基础。

2. 微痕分析

微痕分析是旧石器时代考古学的重要学科方向。方启、张晓凌、陈虹、宋艳花等开展了相关研究,促进了这一分支的发展。方启的《吉林省东部地区黑曜岩石器微痕研究》(2019)一书较为系统地分析了吉林省东部出土黑曜岩石制品的微痕特征等;陈虹的《微研大义——石器微痕研究与思考》(2020)一书,收录了其关于微痕研究的诸多论文。上述学者针对中国多个旧石器时代遗址的石制品、装饰品等开展了大量的微痕实验研究、考古标本微痕分析等工作,为石器的功能、装饰品的制作和佩戴方式、古人类的适应生存方式等研究提供了新的认识。

3. 动物考古学

遗址中动物化石的埋藏学研究、古人类对动物资源的利用方式等是旧石器时代考古学研究的重要方面。以张双权、张乐、王晓敏等为代表的学者针对贵州、宁夏、河北泥河湾出土的材料开展了多项研究，丰富了对古人类利用动物资源的认识。王晓敏等的《于家沟遗址的动物考古学研究》（2018）一书，通过解剖与分类鉴定、猎物生态特征、骨骼表面痕迹、骨骼单元出现频率、骨骼破碎状况及猎物死亡年龄与季节判定等研究手段，分析了于家沟遗址（15.95～8.4cal ka BP）出土动物骨骼的状况、埋藏学及古人类利用动物资源的模式。

4. 人类演化与环境演变的关系

人与环境的关系不仅仅是考古学研究的重要内容，同时也是当下社会发展决策的重要指导。旧石器时代以其延续时间长，为研究长尺度人类行为演化与环境演变之间的关系提供了理想的材料。裴树文等在泥河湾盆地麻地沟遗址开展了多学科研究，揭示出百万年前古人类适应当地自然资源和环境的行为方式（Pei et al. 2019）；还对泥河湾盆地重要遗址进行了梳理和总结，提出虽然早期人类在上百万年的时间内大都采用相对简单的模式1技术，但是在距今1.2Ma至0.7Ma时期，遗址数量明显增多，多个遗址的环境指标存在较大差异，与中更新世气候转型期的气候特点相吻合；早期人类在原料选择、剥片策略、精致加工等多方面显示了多样化的策略，是古人类针对当地资源和气候波动背景下而采取的积极应对方略；杨石霞等学者提出相近的认识（Yang et al. 2020）。

（三）多维度的考古研究实践

除了旧石器时代常见的考古材料——石制品的研究外，近年来旧石器时代其他材质人工制品的研究也有了长足的发展，揭示出古人类多维度的适应生存特点，为我们了解远古人类的演化提供了更为全面的认识。

1. 骨器研究发展迅速

张双权、张乐、宋艳花等学者对旧石器时代晚期出土的骨器进行了详细的研究，揭示出旧石器时代晚期骨器类型的多样性和制作技术的复杂性（Song et al. 2016；Zhang S. Q. et al. 2016；Zhang Y. et al. 2016）。张双权对马鞍山遗址出土的骨器进行的微观研究确定了距今3.5万—1.8万年前古人类已经加工和使用磨制骨器（Zhang S. Q. et al. 2016），是目前中国最早制作和使用磨制骨器的证据，对骨器在东亚地区的起源和早期现代人的生存适应研究具有重要价值。

2. 装饰品研究有了长足的进展

高星、魏屹、王春雪等学者对旧石器时代晚期出土的装饰品进行了多层面的分析。高星、魏屹等（Wei et al. 2016；Martí et al. 2017）对水洞沟遗址出土的鸵鸟蛋皮装饰品等进行了研究，揭示了古人类制作装饰品的技术、染色技术及装饰品使用所反映的社会网络等。王春雪出版《鸵鸟蛋皮串珠：不止于装饰》（2018）一书，综合运用国内外考古成果，以中国出土的鸵鸟蛋皮串珠为例，探讨了旧石器时代个人装饰品的生产工序及其象征性意义，为分析解释古人类象征性行为的产生与发展、原始艺术的起源与传播提供重要启示。

上述众多成果在国际重要古人类学、考古学专业期刊上发表，体现了中国旧石器时代考古学研究的高度国际化。此外，多项重要研究在国际高影响力期刊 Nature、Science、Journal of Human Evolution 上发表，引起国际学术界的广泛关注。

2018 年，Nature 发表了由地质学家朱照宇及多位旧石器考古学家的合作成果——蓝田上陈遗址的年代学和石器研究，对出土石器的地层进行了古地磁年代学分析，表明这里的远古先民生活在距今 212 万—126 万年，成为目前所知非洲以外最古老的古人类遗址之一，被评选为 2018 年度"中国科学十大进展"。

2018 年，Science 发表了高星、张晓凌等在西藏尼阿底遗址的发现，在距今 4 万—3 万年前的青藏高原腹地发现古人类留下的石叶技术遗存。该发现是目前青藏高原最早、世界上海拔最高的史前人类遗存，改写了学界对早期现代人征服极端环境、扩散到高海拔地区的过程与能力的认识，为评估早期现代人的适应能力提供了关键证据。该项研究成果被评选为 2018 年度"古生物学十大进展"和中科院年度亮点成果。

2018 年，高星、李锋等在 Journal of Human Evolution 上报道了内蒙古金斯太遗址距今 5 万—4 万年前的莫斯特石制品组合。此项研究揭示出欧亚大陆最东端的该类遗存，将此技术体系的分布范围向东扩展了 2000 公里。这项新发现和研究成果开辟了新的课题——莫斯特遗存及其所代表人群

（尼安德特人）在东北亚的扩散及与早期现代人的互动。

三 "十三五"时期旧石器时代考古学的人才培养与学术交流

"十三五"时期，各科研院所、大学等教学科研单位培养了数十位旧石器时代考古学的研究生，为学科的发展注入新鲜血液。五年间，共培养旧石器时代考古学方向硕士、博士30余名。这些青年学子撰写了数十篇涉及旧石器时代考古的学位论文，同时部分青年学子发表了研究论文。

旧石器考古专委会在河北师范大学、吉林大学、吉林考古研究所和中科院古脊椎动物与古人类研究所的参与下，面向全行业举办了两次石器打制培训班，对青年人才的成长起到重要的激发作用。

我国旧石器时代考古学青年学者成长迅速。依托国家高层次人才特殊支持计划、国外人才计划、地方人才计划等，多位旧石器时代考古学研究人员入选不同层次的人才计划，其中包括"万人计划"青年拔尖人才1人、德国洪堡学者2人等。目前，旧石器时代考古学科已经形成了"老中青""海内外"相结合的人才队伍梯队。

学术交流方面，旧石器专委会、各科研院所、高校组织行业会议、小型研讨会、学术培训数十次。旧石器专委会自2017年创立"旧石器时代文化节"，每年依托一处重要遗产地举办学术论坛、科普讲座、石器打制展示、小小讲解员比赛等活动，兼具学术性与普及性，既活跃了学术气氛，又传播了科普知识，在学术界、媒体和公众中都有很好的口碑，成为中国旧石器时代考古学一张靓丽名片。

旧石器专委会还组织多次国际会议，并积极参与亚洲旧石器考古学会两年一届的会议、国际第四纪大会等活动，向国际同行介绍中国旧石器时代考古学研究取得的成果，促进与国际同行的交流。2019年12月纪念北京猿人第1头盖骨发现90周年国际古人类学学术研讨会召开，会议以"远古人类的迁徙与交流及环境背景"为主题，吸引了近200名国内外专家学者参加，并提交了54篇论文摘要。

四 学科面临的问题

该学科也面临着一些问题，主要体现在以下方面：

（一）人才培养面临危机

虽然近五年来人才培养成果显著，但与时段相比仍存在巨大的差距，稀少的毕业生难以满足学科发展的需要。目前该领域高端人才面临新老更替，多个高校的该学科研究生导师因面临退休不再招收研究生，青年学者还未获得导师资格。此种情况将导致旧石器时代考古学研究培养面临新的困难。

（二）基础研究还存在薄弱环节

目前，中国的旧石器时代遗址虽达到了2000余处，然而具有确切年代数据且考古遗物与地层关系明确的遗址并不多。增加新的区域性旧石器时代考古调查，对关键遗址进行补充发掘和系统地层、年代研究，亟待加强。

（三）课题引领下的多学科研究仍待加强

虽然"十三五"时期旧石器时代考古学研究体现出明确的多学科合作特点，然而针对重大问题的多学科研究还不多。以明确的科学问题组织多学科队伍重点攻关的研究策略有待进一步加强。

（四）对重大学术问题的关注度不够，成果产出还较少

针对人类起源（中国最早人类活动的迹象）、现代人演化、农业的起源（新旧石器过渡阶段）等重大课题，虽然取得了一些成果，但还未形成具有广泛影响力的理论和假说。

（五）对中国以外区域的旧石器时代研究相对较少

"十三五"时期在境外仅零星开展了旧石器时代考古发掘和研究工作。今后应加大对境外的相关研究，使中国旧石器时代考古学成为国际学术界

的重要组成部分。

五 "十四五"时期建议重点研究课题

旧石器时代涉及的时间跨度长、学术问题的国际化强,"十四五"时期的旧石器时代考古学研究应瞄准国际学术热点和发展趋势,夯实基础材料的研究、推动分析方法的创新、拓展研究方向和范围、重视有普遍接受度的理论的创建。

(一) 加强基础数据的整理、分析和总结

考古学作为以实物材料为基础的学科,基础数据的准确性、完整性和可共享性对于学科的发展至关重要。旧石器时代考古遗址和重要遗物数据库的建设是旧石器时代考古学研究基础但具有战略意义的举措,是占领国际学术高地的重要手段。

(二) 中国旧石器时代考古学时空演化框架建设

针对中国旧石器时代的考古材料,通过系统的多学科分析,提取出不同时段古人类的技术特点、行为适应方式等,总结中国旧石器时代考古学的时空演化框架,对我们了解中国大地上古人类的演化具有重要的学术价值。

(三) 早期人类的起源与扩散

学术界基本认可最早的人类起源于非洲。以往认为,最早人类走出非洲的时间在距今约180万年。然而蓝田上陈遗址的发现和研究表明,在距今212万年前古人类便开始在黄土高原活动。"十四五"时期,旧石器时代考古学者应继续探索此项重大问题,为早期人类扩散和适应的研究贡献中国材料和中国认识。

(四) 现代人及其行为演化

我们的直接祖先"现代人"的起源和演化是国际学术界关注的重大问

题。随着古DNA研究的发展，多地区连续演化和非洲单一起源假说有了契合点。中国的古人类和旧石器时代考古材料是东亚"现代人"连续演化假说的重要基础。"十四五"时期应立足中国丰富的材料，结合古人类学、古DNA研究成果，补充"现代人"演化的关键证据，形成具有普遍接受度的"现代人起源"新假说。

（五）旧—新石器时代过渡与农业起源

中国作为农业起源地之一，有丰富的新石器时代早期相关材料。然而农业的起源和与农业社会相关人类生计模式的起源需要追溯到旧石器时代末期。针对狩猎采集生计模式向农业生计模式转变这一问题，旧石器时代考古学者需与新石器时代考古学者合作，研究农业起源的模式与过程，探讨技术、环境、知识储备等因素对农业起源的影响与作用。

新石器时代考古

一 "十三五"时期新石器时代考古学的发现

近五年来,重大考古发现仍然是学科发展和创新的最重要推动力。

新旧石器时代过渡阶段及农业早期发展阶段的重要发现内容丰富。贵州贵安新区牛坡洞遗址第一期的发现以体型硕大的打制石制品为主,年代距今15000年前后。第二期发现石器和大量动物骨骼及植物遗存,并有墓葬6座,填补了缺乏人骨资料的空白,绝对年代在距今10200—8700年。新资料引发对华南地区独特的新旧石器过渡生业模式的新思考。浙江上山文化义乌桥头遗址距今约9000年,陶器有大口盆、平底盘、双耳罐和圈足盘等,陶衣鲜亮,类型之丰富和保存之完好出乎意料,乳白彩和红彩纹有类似八卦图案和太阳纹,丰富了对彩陶起源的认识。黑龙江饶河小南山遗址第一期距今约17000—13000年,发现5000余件打制石器和珍贵的早期陶片。第二期距今约9200—8600年,发现50余座的土坑竖穴墓随葬石、玉、陶器等,墓葬上方均有封土积石,将以前被认为形成与西辽河流域的兴隆洼文化的玉器和积石墓传统时间提前、空间北移,将研究视野扩展到与俄罗斯东西伯利亚地区的早期交流。内蒙古化德县裕民遗址、四麻沟遗址年代为距今8400年至7800年,聚落规整,遗物丰富,被命名为裕民文化;河北康保县兴隆遗址第一期遗存与之相似。这些发现填补了北方草原地带距今8000年前后定居聚落发展的空白,为研究北方旱作农业形成过程中人群的移动和早期东北亚文化产生及交流提供了线索。

距今6000年至5300年是中国史前各文化区同步跨越式发展的灿烂转折期,文明因素在各地如"满天星斗"出现,"古国"形成;同时区域间密切交流，多元一体的"中国相互作用圈"即"最初的中国"形成。陕西高陵杨官寨为仰韶文化庙底沟时期的核心聚落，新发现庙底沟时期大规模墓地，是继河南灵宝西坡遗址墓地后的又一次重要发现，稀少的随葬品进一步揭示了庙底沟人群的"质朴"传统。侧洞室墓的发现为甘青地区类似葬俗找到了源头，提示庙底沟人群与西北地区的密切联系。辽宁朝阳半拉山红山文化积石冢发现的石雕像再次提示石雕传统是辽西地区的重要文化特征，对北方地区后来宗教观念表现形式产生了深刻影响。

距今5300年前后，中国史前时代进入动荡整合期，在黄河中游地区，以陕西关中地区和河南西部为活动中心区域的仰韶文化中期的庙底沟类型转变为晚期的西王村类型，其分布的中心区域迁移至河南中部的郑州地区。近年，在郑州地区发现了多个由多重环濠围绕，面积在70万平方米到100多万平方米的仰韶文化晚期大型聚落遗址。其中，荥阳双槐树遗址面积最大，由三重环濠围绕，面积达107万平方米。在最内侧环濠围绕的区域内发现多座成排分布的建筑群。在一座规模较大的建筑附近，发现多件依照北斗星的形状埋放的陶罐，附近发现了有意埋放的猪和麋鹿的骨架。发掘者认为，这应是当时的人们已经形成了对北斗星崇拜的反映，并进而认为，当时已经出现了朦胧的"天中"观念。最近，又在这个建筑群以南发现面积超过2000平方米的超大型建筑基址。在双槐树遗址聚落内发现的三处公共墓地中，墓葬的规模显现出较大的差异，说明在庙底沟类型时期已出现的社会分化进一步发展。墓葬中极少随葬品的现象也与庙底沟类型时期相同。郑州地区双槐树等大型遗址的发现表明，仰韶文化晚期中原地区的文明化进程并未中断或改变方向，而是沿着原来的方向继续发展。中原地区"文明洼地"的说法并不符合实际。

与双槐树遗址形成期大体同时，辽西地区红山文化的牛河梁大型墓葬和祭祀设施群的营建中止，暗示着辽西地区社会发生了较大的转折。此时期，庙底沟类型向西北地区拓展形成的马家窑文化在甘肃地区兴起。此后，其文化的一支沿岷江南下，进入四川北部乃至成都平原。在东南地区，海岱地区大汶口文化进入兴盛期，江汉平原的屈家岭文化兴起，营建了天门石家河谭家岭等城址；在长江下游地区，以面积达百万平方米的安徽含山凌家滩遗址和贫富贵贱分化悬殊的墓地为代表的崧泽文化早期古国文明向发达的区域文明——良渚文明过渡。良渚文化在其存续的近一千年期间，创造了高度发达的区域文明，近年对古城以北巨型水利工程系统又有新的认识，并在良渚古城内发现玉器作坊遗址。2019年7月，良渚古城被列入世界文化遗产名录，中华五千年文明得到世界遗产理事会的认可。

湖北沙洋城河遗址王家塝墓地发现屈家岭文化墓地200余座，其等级之高、规模之大以及随葬品数量之多，为屈家岭文化之首见。独木棺葬俗与良渚文化的联系尤其引人注目。同时期的湖北保康穆林头墓地兼具大汶口文化风格，反映了该时期密切的文化互动。湖北天门石家河遗址印信台地点发现石家河文化时期祭祀遗迹，共揭露出5个人工黄土台基、6组套缸遗迹等祭祀遗存。其中最大黄土台基东西长30米、南北宽13米左右，边沿有大量瓮棺、扣碗、立缸等相关遗迹，包括两组由数十个红陶缸首尾套接而成的套缸遗迹，部分陶缸上新见一些刻划符号，是目前发现的长江中游地区规模最大的史前祭祀场所。

山东章丘焦家遗址大汶口文化墓葬发掘清晰呈现出高等级墓葬的棺椁制度，丰富了对极具特色的海岱墓葬礼仪的认识。玉器的大量出现最引人关注。无论随葬玉器墓葬所占比例，还是玉器在随葬品总数中占的比例，均超过已发现的其他大汶口墓地，表明在大汶口中晚期开始，受到与良渚文化持续交流的影响，玉器在礼仪系统占有了日益重要的地位，大汶口文化与陶寺文化葬俗的相似性强化了对海岱与晋南互动的认识。

距今4300年至3800年，各地进入龙山时代，普遍开展新的构建更复杂政体的实践。陕西神木石峁遗址皇城台的发现无疑是近年最令人瞩目的考古成果。包裹山体的层层护墙重叠而起高达70余米，虽然只清理了上部数层，已经展露出中国史前时代最宏伟人工建筑的巍峨。台顶为16000平方米的高台建筑，其石砌护墙中有70多件石雕，主题为神面、人像和动物形象，表现出与山东龙山文化和后石家河文化同样的继承自良渚文化的宗教传统。

延安芦山峁遗址的大规模夯土台城和超大型建筑的发现更加凸显陕北地区人群的强大组织力量。石家河遗址谭家岭地点发现后石家河文化瓮棺葬，随葬玉器种类之丰富、制作之精美均超过此前对后石家河玉器的认知。湖南澧县孙家岗的同时期墓葬玉器也颇为丰富。这些发现促使学界重新思考石家河文化向后石家河文化转变的背景与原因。

山东日照尧王城遗址鲁东南地区龙山文化核心聚落，近年发现三重环壕，内城台基和墓葬，有与良渚文化相同的城墙底部铺石工艺。滕州西孟庄遗址面积仅2000余平方米，但结构完整，有早期为方、晚期成圆的规矩寨墙和环壕，呈现出的是一个"防御功能得到反复加强的特殊聚落"。该聚落扼据南北通道之咽喉，发掘者做出的"军事据点"的推断颇具说服力。更重要的是，考虑到对外来人力和物力的依赖性，这个难以独立生存的据点明显是一个大规模政治组织的大范围军事部署的一部分。

河南淮阳平粮台河南龙山文化城址面积3万余平方米，端正的方城和中轴大道被发掘者盛赞为"中国古代城市规划思想的源头，在城市发展史上具有里程碑式的突出价值"。但其高城、宽壕和墩台表现出的与西孟庄同样的军事防御性是更值得关注的"龙山价值"。白沙铺垫的道路、车辙、排水陶管、黄牛牺牲和卜骨固然都表明了更高的聚落等级和更丰富的社会生活，但仍难与王城岗甚至瓦店那样的都邑相比，而更像以大型都邑为核心的社会组织之下较高级别的军事性聚落。

此外，海南岛陵水桥山、英墩等遗址和福建明溪南山遗址、平潭岛诸史前时期遗址的发掘，以及平潭国际南岛语族考古研究基地的建立，为南岛语族起源研究提供了关键资料研究平台，为中国学术界参与这一国际研究热点，取得国际话语权打下了良好基础。

二 "十三五"时期新石器时代考古学的研究

重要考古报告的及时刊布是学科发展的基础。《两城镇：1998—2001年发掘报告》（文物出版社2016年版）、《清凉寺史前墓地》（文物出版社2016年版）、《枝江关庙山》（文物出版社2017年版）、《茂县营盘山新石器时代遗址》（文物出版社2018年版）、《良渚古城综合研究报告》（文物出版社2019年版）和《石家河遗珍：谭家岭出土玉器精粹》（科学出版社2019年版）等资料的发表推动了相关研究的开展。对于旧—新石器时代过渡、各地考古学文化时空框架的完善、农业的发展、手工业专业化、聚落考古分析等重要问题的讨论仍然是研究的主流，多学科结合研究有新的收获。尤其值得注意的是以下几个新趋势。

一是对长时段、大范围文化演进的整体思考的加强。《中国考古学：旧石器时代晚期到早期青铜时代》（刘莉、陈星灿，生活·读书·新知三联书店2017年版）汇集全面资料、综述以往研究、凝聚中西合璧的两位作者的最新思考，既有教科书式的权威而清晰的资料描述，又有前沿的理论思考，全景式地叙述了中国史前文化发展和文明形成的万年历程。《仪式圣地的兴衰：辽西史前社会的独特文明化进程》（李新伟，上海古籍出版社2017年版）虽然以辽西地区的社会发展为核心，也力图在整个"中国相互作用圈"区域互动的背景下解读其独特的演进道路。这样的大时空讨论引发对中亚草原地带社会发展和"青铜时代世界体系"的强烈关注，张弛在对二里头文化形成的讨论中着力强调外来青铜文化的影响（《龙山—二里头：中国史前文化格局的改变与青铜时代全球化的形成》，《文物》2017年第6期）。这些研究为认知中华文明形成的背景提供了更广阔的视角。

二是关于什么是"最初的中国"的讨论继续深化。这一重大学术问题"十二五"时期即已引起关注，有《何以中国》（许宏，生活·读书·新知三联书店2014年版）等论述发表。近年来相关研讨不断，李新伟阐发张光直在"中国相互作用圈"基础上提出的"最初的中国"的概念，强调此概念应为一个广大的地理和文化范围，而非这个范围中心的高级政体，并以考古学标准认定"最初的中国"形成于公元前第四千纪后半叶（《"最初的中国"之考古学认定》，《考古》2016年第3期）。

三是对图像及意识形态研究的重视。王仁湘一直专注于此方面研究，结集出版的新著呈现了近年对史前图像资料的新思考（《凡世与神界：中国早期信仰的考古学观察》，上海古籍出版社2018年版）。王青也进行了类似研究（《远方图物：早期中国神灵考古探索》，上海古籍出版社2019年版）。《图画与符号：良渚原始文字》（夏勇、朱雪菲，浙江大学出版社2019年版）对良渚图像资料进行了全面收集。冯时通过对史前宇宙观和天文学的研究探讨人文之发展，多有创见（《文明以止：上古的天文、思想与制度》，中国社会科学出版社2018年版）。李新伟对史前与"天极"有关图像进行综述（《中国史前陶器图像反映的"天极"观念》，《中原文物》2020年第3期）。

四是随着对"最初的中国"和夏王朝形成的热烈讨论，古史记载与考古资料的对应成为热点。孙庆伟（《鼏宅禹迹：夏代信史的考古学重建》，生活·读书·新知三联书店2018年版）在无明确文字证据的情况下做出以考古资料实证夏王朝存在的努力。韩建业综合其以前的研究，又做出将石崶的新发现纳入古史叙事的新努力（《走近五帝时代》，文物出版社2019年版）。

五是对研究史的重视。《安志敏日记》（社会科学文献出版社2020年版）和《徐旭生陕西考古日记》（陕西师范大学出版社2017年版）的出版，为史前考古学史研究提供了重要的第一手资料。对苏秉琦"中国学派"考古学理论建设的讨论（孙庆伟《苏秉琦："为历史而考古"的学科缔造者》，《读书》2019年第4期）也引发对相关理论问题的重新思考。

六是外国考古学理论和研究的介绍。社科基金重大项目支持的外国经典考古学理论著作翻译项目促进了对经典理论和研究个案的了解，为中国史前考古学理论建设奠定了基础（《圭拉那魁兹：墨西哥瓦哈卡的古代期觅食与早期农业》，上海古籍出版社2019年版；《国家与文明的起源》，上海古籍出版社2019年版）。

三 学科面临的问题

一是关于中国文明起源的理论建设仍然需要加强，各种发展模式和"古国"等概念均需要进行梳理。

二是古史与考古资料有机结合的方式仍然需要探索。

三是科技手段的运用与考古学解读社会的努力仍需更紧密结合。

四是需要加强国际视野。首先是在与周边地区互动的视角下理解相关地区的文化发展，其次是在与世界主要文明发展历程对比的视角下理解中华文明的特质。

五是对于基础考古资料的整理和出版仍然需要加强。

四 "十四五"时期建议重点研究课题

（一）关键地区和关键时段的考古新发现

新的重大考古发现永远是学科最有力的推动。我们期待的新发现主要包括以下三类。

1. 资料薄弱地区的新的考古学文化或其地方类型的发现

例如在广大的华南和西南地区，史前文化的发展脉络至今仍然模糊。

新的发现将使整个中国史前文化的时空框架更加丰满，为讨论各地区史前社会发展和互动提供更坚实的基础。

2. 新的中心性遗址的发现

相关新发现令学界认识到尚在地下埋藏的代表史前社会发展程度的重要资料之丰富超过我们的预期。然而，齐家文化至今未发现与其繁荣程度相匹配的中心性遗址，庙底沟类型核心区域的北阳平等中心性遗址也有待开展大规模考古工作，河南龙山时代的大型墓葬至今未见，这些都是学术界期待的突破性发现，将极大深化我们对中华文明形成过程的理解。

3. 在已经开展了大量工作的都邑性和中心性遗址中获得新的发现

近年良渚遗址群水利系统、石家河遗址高等级墓葬、陶寺遗址宫城等都是在新理念引导下的新发现。有理由期待在这些重要遗址上，在同样重要的河南新砦、河南和山东的龙山城址等遗址上，会有新的重要发现，更充分地展示中华文明形成之初的壮丽图卷。

（二）多学科结合研究的深入开展

科技发展日新月异，多学科手段的应用是非常令人期待的，可以引发各项研究取得突破性进展。已经得出有新意的研究成果，并很可能取得新突破的研究方向包括古 DNA 分析对亲属关系、驯化农作物和动物演变研究，淀粉粒等食物残留分析对古代食谱、酿酒和宴饮等活动的研究，锶同位素分析对人群迁徙和农产品再分配的研究，土壤微结构分析发现遗址使用和废弃的详细信息等。多学科结合的大型课题应是推动学科发展的重要手段。

但各种科技手段与考古资料的结合仍然是亟待解决的问题。例如，动物考古和植物考古都面临除了种属鉴定和初步统计，如何深入探讨动植物资源的利用与社会复杂化的关系问题。陶器和玉器等多学科结合的手工业生产专业化的研究也需要在制作技术复原之外，结合考古背景讨论不同工匠间技术的细微差别等与专业化生产组织更密切相关的内容。同时，考古学家也应更多地了解科技手段的基本内容，深度参与研究过程，在田野工作和取样阶段，就明确要解决的问题和可行的技术路线。只有这样的密切协作，才能充分发挥科技手段的优势，切实解决史前社会复杂化研究的相关问题。

（三）重大学术问题的新探索

1. 中华文明探源的继续开展

中华文明探源和中国古史重建仍然是未来史前考古最重要的工作。

（1）定居和农业起源研究仍然有待深入探讨。由目前的资料看，农业之形成是经历了由定向集中采集农作物，到适当干预其生长，再到农业形成的漫长过程，需要进行更细致的研究。

（2）与此相关的是距今6000年前社会复杂化的初期发展问题。以前的研究更关注距今6000年之后发生的社会转变，在此之前，尤其是距今8000年至6000年的社会初步分化和文化交流问题值得深入开展。

（3）距今5500年至3800年仍然是中华文明起源研究的关键时段。除了以前对各地区文明化进程的讨论之外，关于"最初的中国"的认识是值得深入开展的研究方向。

（4）关于古史的文献记载是中国史前考古的重要财富，距今5500年之后考古资料与古史记载的契合绝非偶然，是古史记载自有"真实的素地"的明证，但仍存在如何在坚持考古学科学性和严谨性的前提下正确处理考古资料和古史传说关系的问题。

在欧亚大陆的文化互动的背景下观察中华文明起源进程是近年流行的学术趋势，取得了很多引人深思的成果。距今4000年前后中国早期王朝形成的进程确实与以农作物、家畜和金属冶炼技术为标志的中西交流的加强同步展开，有学者因此强调外来因素的重要所用。但需要牢记的是，在欧亚大陆的辽阔空间内，只有中国完成了早期王朝兴起的进程，而且以二里头文化为代表的早期王朝从政治理念到权力表达的具体方式都深受自距今5000年前即开始的各地政治实践的影响。中华文明的形成从根本上说是自身发展的结果。

2. 坚持以马克思主义为指导，吸收国外相关理论与方法，促进中国特色考古学体系的建立

马克思主义唯物史观对中国考古学研究具有重要指导意义。国内考古学前辈以马克思主义为指导开展的研究，以及国外学术界对马克思主义理论的吸收都值得我们学习和借鉴。中国特色考古学体系的建立，应该在苏秉琦等学者搭建的框架下开展系统的基本概念构建工作。礼制、王权、宗

法倾向的社会结构、多元一体的文明发展模式等同样是需要系统论证的极具中国特殊性的基本概念。

3. 国际新视野

更广阔的国际视野是另外一个我们可以期待，并应该精心培育的新学术生长点。

欧亚草原青铜时代背景下的中华文明起源已经成为热点，但我们对欧亚草原地带整体文化发展脉络的了解仍需要加强。东北亚地区的史前互动也曾发生了深远影响，涉及玉器的起源、农业的传播等重要问题。南岛语族的扩散是国际学术界的热点问题，也是我们理解华南地区社会演变和人群移动的关键。除了周边国家和地区的史前文化发展，了解其他原生文明的发展道路是开拓国际视野的另一个重要方向。

重建古史，探寻多民族统一国家建立的史前基础，是百年前现代中国考古学诞生之日起就肩负的使命，中国史前考古学必将继续为之努力。

夏商周考古

一 "十三五"时期夏商周考古学的发现

"十三五"时期，夏商周三代考古工作成果斐然，在多个方面取得了长足的进展——考古新发现除了主动性的工作之外，在既往工作较为薄弱甚至空白的区域，也有了较大的突破。

三代考古的主动性工作重点基本都集中在既往有工作基础的都城之上，核心学术目标基本都是围绕遗址的布局展开的，尤其是在城址考古的工作方法上，更多关注了遗址布局、功能结构等问题。

河南偃师二里头遗址和湖北黄陂盘龙城遗址围绕遗址的布局和功能区中心的历时性变迁，进行了系统的工作。二里头数年中的新发现暗示，在二里头遗址"井"字形道路形成的"九宫格"外，可能存在其他的围垣建筑。换言之，二里头遗址有可能存在多个围垣建筑，已知的宫城区仅是九宫格中的中心围垣。这一发现无疑为二里头的布局研究乃至中国早期都城制度研究提供了新线索。

盘龙城的工作在多学科联合攻关的协助下，对当地的自然环境变迁有了全新的认识。安阳洹北商城在近五年中重新开展系统工作，在原宫城外的西北方向发现了较大规模的以冶铜为主的手工业作坊，在作坊区边缘发现的铸铜工匠墓地更是填补了学术空白。

安阳市殷墟在配合城市建设、棚户区改造的施工时，对既往工作不太系统的殷墟核心保护区外围及洹北大司空与豫北纱厂范围进行了较为系统的工作，为殷墟都邑的布局研究提供了重要资料。新近在殷墟核心区以外较远范围内发现的辛庄、任家庄铸铜遗址说明殷墟在作为都城使用期间，存在多个类似"卫星城"的外围聚邑。而洹北大司空地区发现了多处晚商时期院落和道路布局。传统殷墟宫殿宗庙区，围绕宫庙区西侧和北侧的新工作更是突破既有认识，基本厘清殷墟宫殿区水系构成和"池苑"遗址的范围、分布、大致淤积情况。同时发现了在宫庙区北部存在人工水道围合的岛。这些发现，为探索殷墟时期都城的布局、范围，地方控制网络等重大学术课题都是一次突破性的发现。同时，也为晚商都城的保护范围与方式提出新的方向。

远在西南地区的三星堆遗址，在 2019 年年底也传来令人振奋的新消息，距离原来的一号、二号祭祀坑不远处，可能存在多个形制接近的祭祀坑，这将为沉寂多年的早期巴蜀文化研究带来突破性的发现。

西周时期各都邑的考古发现在近五年中，突破不多。比较令人瞩目的是周原凤雏三号基址的发现，该基址院落中央发现有立石，结合周围的其他遗存，很可能是西周早期殷遗民的社祭遗存。

东周时期列国都城都有一定的工作，郑韩故城围绕城址北门、曲阜鲁故城外城和内城高等级建筑基址、江陵纪南城围绕松柏区建筑基址、望山桥墓地、熊家冢墓地、秦栎阳城围绕建筑基址、咸阳城围绕六号宫殿相继开展了工作，对既往认识不清的始建年代和布局演变进行了持续的专项工作。

"十三五"时期，在长期工作的都邑性遗址之外，既往被视为三代王朝的周边地区考古也获得较多的进展。重要者可举肥西三官庙、阜南台家寺、凤阳古堆桥、肃宁后白寺、闻喜酒务头、济源柴庄、彭阳姚河塬、澄城刘家洼、襄汾陶寺村北、宁县石家与遇村、滕州大韩、伊川徐阳、行唐故郡、凤翔血池与吴山、成都青白江双元村等。这些发现，有的补充了当地考古学发现的空白，有的为研究夏商周三代王朝对管辖区域内的经略模式提供了新的证据支撑，有的则开启了不同族群文化互动的新课题，对研究当地青铜文化面貌、社会发展水平及其与中原王朝的关系等，都具有重要的学术价值。这些考古发现，泰半源于基本建设，其中很多工作在抢救性清理之后转为主动性的持续工作。这种工作模式，也逐渐成为新时期考古工作的常态。

在上述工作中，曾国考古的突破无疑最为重要，以随州义地岗墓群（汉东路、枣树林、文峰塔）、枣阳郭家庙墓地和京山苏家垄的系列发现，完全由考古材料基本构建起了一个现今已知延续世系最长却失载于文献的周代诸侯国。曾国考古的系列发现，对夏商周时期考古学的发展和工作模式，具有深远意义。

在传统的考古学发现之外，"十三五"时期，夏商周时段考古在手工业生产方面的田野工作惊喜不断。近五年中，以中条山地区矿冶资源的获取与初步加工为专项考古工作的绛县西吴壁、闻喜千斤耙遗址相继发掘，河西走廊地区以缸缸洼、白玉堂等遗址的调查和西城驿遗址发掘，为探知夏商时期中原和河西走廊地区铜料资源的开采与初步加工提供了难得的资料。而类似洹北商城铸铜遗址、安阳任家庄、辛店铸铜遗址、阜南台家寺、荥阳官庄铸铜遗址、镇江孙家村遗址的发掘，则为不同时期青铜生产在中央和地方的差异研究，提供了新的思路。

对于考古学文化编年框架的构建，集中于广义中原以外的三代周边地区。西南、长城沿线、西北地区、长江及其以南地区青铜文化谱系的研究，在近五年中成为学科研究较为注重的区域。这一现象在青年学者和研究生的论文选题中，表现十分鲜明。实证研究虽仍然是当前夏商周考古研究的发展方向，但考古学文化的谱系研究新成果较少。

二 "十三五"时期夏商周考古学的研究

"十三五"时期，夏商周考古研究有两个突出的趋势。一是以学术课题带动主动性田野工作；二是多学科联合攻关的研究模式开始关注夏商周时代。

以各地区域文明化进程或青铜结构体系构建、国别文化研究为主线，多个考古学研究课题经由不同渠道得以确立。围绕课题研究主线，不同地区的夏商周时期考古工作以调查或对重点遗址有计划进行田野工作，逐步成为各地夏商周时期考古学工作常见的模式。

同时，以中华文明和王朝诞生的探索为核心，夏商周考古对类似资源获取、开发与利用，人群流动与交融、制度构建等重大问题给予了充分的研究。但也需要承认，基于民族学、人类学、历史学等人文社会科学的宏观视角观察仍然相对冷落。对文献记载的夏商周历史与考古材料之间的互动，学者之间的态度进一步分化，如何对待传统三代考古与文献史学记载的关系,已明显成为夏商周考古研究方法论不可回避的问题。同时,由于学术范式的转换和研究者的训练原因,对传世文献史料的斟勘疏证以及如何充分利用出土文献与考古学物质文化资料对接,仍然是当代学者需要从方法论角度予以探索的目的。

五年来,各种出版物共刊发有关夏商周时代的中文考古报告、简报、研究论文、专著等逾 3000 部/篇,占全国各时段考古研究成果的三成以上。各教学科研单位培养的硕博士及在站博士后以夏商周时期作为主要研究方向的人数,每年逐步增加,五年间总量约 500 人,虽然每年人数有所变动,但学术硕士、专业硕士和博士生的总量基本保持在百人左右。随着越来越多的高校扩大专业硕士的培养规模,夏商周方向的硕士研究生数量也在不断增长。这些青年学子在五年间也撰写了数百篇涉及夏商周考古的学位论文或出站报告。这从一个侧面反映了夏商周考古学研究仍为青年学者所关注。

据不完全统计,五年来以夏商周时代的遗址或专题研究为主题召开的学术会议约逾 200 场次。伴随着新媒体手段的勃兴,学术新成果公布平台增多,使不同机构与学者间的交流进一步广泛,学术信息和成果的互通也更具时效。

五年来,夏商周考古的研究以时代和主题差异为主,大体集中于如下几个方面。

(一) 夏商周时期的考古学文化谱系与区域研究

近五年,夏商周考古学研究的全面梳理和系统总结的著作极少。五年中,针对三代王朝国族的系统宏观谱系研究稀缺,但对三代王朝核心区内的专题性区域研究成果较多。

在三代王朝的控制区内,刘亦方(博士学位论文,北京大学,2019年)对郑州夏商聚落、秦小丽对夏商陶器(复旦大学出版社 2019 年版)、宋江宁对关中地区商代晚期(台北花木兰出版社 2018 年版)、毕经纬对山东半岛(2019)、蒋刚对太行山两麓(2016)、徐峰对两淮地区(上海古籍出版社 2019 年版)等区域整合研究可视为代表性个案研究。

对于东周时期列国文化圈背景下的政治、军事变动引起的人群与文化互动在考古学文化上的反映,近十年中研究亦较多。比如,张爱冰(上海古籍出版社2018年版）分析周、楚文化对群舒遗存的影响，陈洪（科学出版社2016年版）对秦文化向东方的扩张传播研究，梁云对早期秦文化的综合研究（生活·读书·新知三联书店2019年版）都可视为是这一类研究的缩影。

对考古学文化谱系构建尚有空白或缺环的区域，近十年间各考古研究机构进行了带有针对性和明确学术目的的调查。这其中对南洞庭湖（科学出版社2016年版）、浑河下游地区（文物出版社2017年版）、吉县州川河流域（科学出版社2017年版）、山西翼城（科学出版社2018年版）等地区的区域系统调查研究成果已在近十年中陆续刊布。

对周边地区的系统谱系研究，以东南地区的研究最具代表性。王昌月对浙赣地区夏商时期考古学文化的谱系构建（博士学位论文，北京大学，2019年），付琳对江南地区土著文化与其他文化的互动（厦门大学出版社2019年版），杨建军以商周时期墓葬为对象，对岭南地区考古学文化的谱系构建（科学出版社2019年版）已经从单纯的编年研究，开始上升到边地的中国化和人群互动层面，甚至于部分研究已经开始探讨山地与盆地文化的经济模式带来的物质文化差异。

（二）夏商周时期的国、族

对文献记载的夏商周历史与考古材料之间的互动，学者之间的态度进一步分化，如何对待传统三代考古与文献史学记载的关系，已明显成为夏商周考古研究方法论不可回避的问题。夏文化探索，先商、先周和戎狄人群的识别等重大课题，是夏商周考古研究历来不可回避的重大学术问题。但如何构建物质文化遗存与文献记载曾存续的国、族人群之间的关联，在近十年来呈现十分明显的二分现象。一部分学者认为，若无同时期的直接文字证据予以证明，则不应将以陶器为代表的考古学文化与历史文献记载的某国、某族或某人群相联系；甚至于部分极端学者认为，从考古学"纯洁性"和学科特性而言，不应将考古学的研究目的与历史文献挂钩，而应将研究重心倾向于对社会状态的描述上去。与上述学者不同，大多数学者仍然认为，以商文化探索的成功范式构建的夏商周考古学科论证体系和方法，仍是目前夏商周考古学研究较成熟的研究范式，且数十年来夏商周考古暨出土文献的新发现，基本仍是在证明或补充《左传》和《史记》记载的上古史体系，尚未发现颠覆性证据。

五年中，对考古学文化如何研究国、族问题，夏时期或夏文化探索可以视为学术界分歧的缩影。在夏商周考古学界内部，是秉持"有条件的不可知论"还是将夏王朝视为"信史"，成为夏文化研究的关键点。最近几年，许宏（2016、2017）、孙庆伟（2018）分别作为两种研究理念的践行者，引发了1980年以来对夏文化探讨的一个新高峰。

近年来，以曾国、霸国、倗国、芮国和石鼓山墓地的发现为代表，对两周时期文献记载较少的新见国家和族别，学术界讨论十分丰富，不仅为这些新发现而多次召开现场会、学术专题研讨会，还专门出版相关学术论文集和图录，以这些新发现为主题的学位论文也不少。"十三五"时期，国别专著以曾国考古的新发现为代表，不但有《曾国历史与文化——从"左右文武"到"左右楚王"》（上海古籍出版社2018年版）这样的学术专著，亦有《曾国考古发现与研究》（科学出版社2018年版）这类对曾国考古的重要论著和代表性资料汇总刊布的著作。

（三）夏商周时期的阶层与制度研究

"十三五"时期，夏商周考古物质文化遗存是否并且在多大程度上能够反映文献记载的礼仪、制度，能够客观反映社会人群的阶层等级，在方法论层面也出现了取向的严重分歧。如国族的拟合研究对文献适用效力的认识差异，直接影响到夏商周考古对制度、阶层的研究取向之上。

夏商周时代是中国历史时期各类礼仪制度和社会层级阶层区分的创立和系统化时期，秦汉以降的帝国时代等级差异、制度分野，源头或制度化构建的草创阶段都在夏商周时期。因此，对于三代社会的阶层和制度研究必然成为夏商周考古的重点研究对象。但由于文献记载的不全面和后代文献的理想化构建，使得对东周以降文献记载的效力认可，以及对文献记载和现实世界的差异程度的理解不同，中青年学者相较于老一辈研究者而言，对文献的使用更为审慎。这其中，张明东《商周墓葬比较研究》（中国社会科学出版社2016年版）对商周墓葬葬俗的各方面进行了制度化差异比较，代表了中国考古学界对三代社会阶层差异和制度构建认知的现状。谢肃对商系祭祀遗存的梳理则体现了传世和出土文献与考古现象相结合的典范（中国社会科学出版社2019年版）。对于墓葬葬制、葬俗、器用制度差异所反映的人群等级差别、时代演进等问题，学者依国别、年代的差异进行的个案研究较多，但整合性的专著相较"十二五""十一五"时期明显减少。

（四）城市建筑与手工业研究

以都邑性城址和地区中心城址为工作的考古工作，历来都是夏商周考古的核心任务。在城址考古的工作方法上，以聚落考古为方向，关注遗址的布局、功能结构等问题已成为共识。"十三五"时期，围绕大型都邑和地方性区域中心城市的田野考古工作，一系列三代城址个案研究和综合研究成果相继刊布。许宏（金城出版社 2017 年版）的整合性研究堪为这一方面的代表。同时，对三代城址及各类建筑的综合研究也渐受关注。除了对三代建筑的功能推测研究之外，建筑遗存本体的关注问题也有所变化，对建筑构筑方式与过程、同类建筑设施遗存的时代和国别差异，建筑材料的细致区分，成为建筑研究的新领域（郭明，科学出版社 2019 年版）。

与城市建筑研究关注度的增长相同，夏商周考古最明显的变化之一，是对各门类手工业生产考古遗存的关注空前高涨。这是与过去夏商周考古研究与发现不同的现象。"十三五"时期，夏商周三代的田野考古工作不但在多处遗址中发现了不同门类的手工业遗存，相关研究也成果斐然。铜器生产无疑是商周考古最为核心的手工业生产门类，近年来对铜器的范铸工艺、金属资源的获取、铜器合金配比、铜料来源的地域变迁等问题都有专门的研究成果问世。围绕着曾国、芮国、淮河中下游东周国家的数批成系列的铜器，已经开展了细密的多学科分析。刘煜对殷墟青铜器生产的系统研究（广东人民出版社 2018 年版），苏荣誉对铜器生产中南方技术的专门研究（2016、2018），常怀颖、何毓灵等对铜器生产的空间布局问题研究（2017、2018），则展示了铜器生产研究的另一方向。

铜器生产之外，近十年中手工业考古研究的另一个热点是对陶器和东南地区原始瓷生产的分析。王迪《中国北方地区商周时期制陶作坊研究》（科学出版社 2016 年版）展示了当前陶器生产研究最系统的研究成果。对东南地区的原始瓷生产，东南地区的考古工作者付出了辛勤的劳动。黎海超《金道瓷行——商周时期北方地区印纹硬陶和原始瓷器研究》（上海古籍出版社 2018 年版）则在类型学研究的基础上，对两类器物的产地问题进行了讨论，由此发现了南北方对于印纹硬陶和原始瓷器的价值认知是完全不同的。

（五）青铜器研究

青铜器研究作为夏商周考古研究中被持续关注的方向，一直以来都被研究者重视。十年中，青铜器的研究成果层出不穷。过去数十年中，由于商周墓葬资料的持续增加，进行系统和精细化的研究已初步具备条件。近十年来，青铜器研究的总体方向是在综合性铜器谱系分析、各类铜器发展变化格局、铜器的地区差异以及铜器所反映的礼制上展开。在此研究背景下，青铜器也成为青年学子所喜爱的研究对象或学位论文选题。张懋镕在十年中撰写了大量青铜器研究论文（科学出版社2016、2019年版），并指导硕博士学生从器类、纹饰、国别对铜器进行全面、有序的整理。这些最新的成果，已陆续出版20余部（科学出版社2010—2019年版）。韩炳华对晋系商代青铜器的整理（科学出版社2018年版）、李伯谦与刘绪主持出版的《中国出土青铜器全集》（科学出版社2019年版）、中国社会科学院考古研究所与中华书局共同主持整理的陈梦家《美国所藏中国铜器集录》等大型铜器著录的出版，可以视为近年青铜器综合研究、资料刊布和区域研究的缩影。

东周列国铜器的整合性研究以及整体性编年框架体系的构建，长期以来一直是较为薄弱的。"十三五"时期，路国权出版了《东周青铜容器谱系研究》（上海古籍出版社2018年版），彭裕商出版了《战国青铜器年代综合研究》（巴蜀书社2018年版），对东周青铜容器进行了统一的形态学研究，并在此基础上进行了较全面的年代学分析和文化属性研究。

（六）课题引领下的多学科研究

以中华文明探源研究、先秦时期中原与边疆地区冶金手工业考古资料整理与研究、早期秦文化、河套地区先秦社会复杂化研究、长江中游地区早期国家形成等大型课题为代表，夏商周考古研究进入以田野考古为核心，跨研究单位、跨自然科学与社会科学领域的多学科联合攻关阶段。

多种科学技术手段在中国考古学中的探索和运用，新石器时代考古扮演了先行者和实验者的角色。近十年来，诸如利用环境考古手段对都邑的水利系统和选址分析；利用冶金考古方法进行金属器的矿料来源获取、金属资源生产和技术传统传承；利用动物考古研究进行肉食资源、动物皮毛资源和祭祀用牲分析；利用植物考古研究成果探讨商周时期农业经济发展水平和食性分析；利用分子生物学手段分析夏商周国族的家族形态和墓地形成过程，讨论动物资源的流动与繁衍饲养等问题，都取得了可喜成果。以二里头遗址、殷墟遗址和盘龙城遗址的多学科分析实践，已经显现出夏商周考古正在大踏步走向科学化的获取信息，多学科综合分析信息的社会分析阶段。

三 学科面临的问题

夏商周考古学在近五年乃至更长的时间内，研究方法、技术等多方面均会有稳步和坚实的发展，在一些重大问题的研究上取得重要成果，包括多元一体文明化进程、夏商周至秦汉帝国形成过程中古代族群文化、社会经济、社会制度的演进变化，城镇、手工业专题等方面都取得了不同程度的成绩和进展。但随着学科深入发展和社会环境变化，学科也面临着若干问题。举其要者如下：

（一）考古工作的区域发展不平衡性仍然存在，若干薄弱环节需要进一步加强

考古学文化时空框架体系的研究是非常基础的研究领域。《考古学科"十一五"规划调研报告》和《"十二五"规划调研报告》中都曾经指出："尽管中国考古学文化框架已经基本建立起来，但其内容的疏密程度在不同时段或不同地区还很不平均，甚至还存在着一些空白。"各地的夏商周时代考古很不平均，某些地区甚至一直缺少这方面的工作，寻找、确认新的文化遗存的任务还十分艰巨。边疆地区与古黄河下游、长江上游、珠江、闽江地区的考古学文化编年体系还是颇为薄弱的环节。因此，基本材料的总结、归纳和基础框架体系的建立十分迫切。

考古学深入古代社会历史的复原与重建研究虽然已经开展起来，但在不同地区或不同时段的考古学研究中同样存在着深度、广度方面的差异。

在那些考古学文化框架还没有建立起来或者建立得十分粗糙的地区，有关考古学文化背后社会历史内容的研究显然尚未提上日程。因此，依然有必要围绕复原重现历史与社会的主题，针对各历史时段的一些关键问题，精心设计组织一批研究课题，通过多学科的综合研究带动夏商周考古学科发展。

（二）考古学研究技术的现代化和方法的科学化发展还有相当大的空间

如前所述，中国考古学在研究技术的科学化、现代化和建设不同研究领域的技术方法体系方面取得长足进步，但从学科发展趋势的角度，从学科复原重建古代社会历史的目的的要求看，这方面显然还有相当大的发展空间。加强自然科学技术与考古学研究的有机结合，推动技术现代化和方法多样化，需要各学科研究者的共同努力。

（三）加强夏商周基础研究和考古学史的研究，寻找核心问题

夏商周考古学与中国考古学同时诞生，在很长一段时间内甚至是中国考古学在世界考古学界中最具代表性的部分。进入夏商，开始陆续有了文字与文献记录，因此夏商周时期的考古学文化研究不可避免地要涉及古代族群及其背景问题，较新石器时代考古学文化研究显得更为复杂。对文献的态度和对文本的研究深度，直接决定了夏商周考古学关注问题和研究能力。加强对夏商周考古学史的研究，寻找并探索一条能够在文献与考古学物质文化材料之间构建关联的研究路径，将成为未来夏商周考古学研究的重要理论任务。

四 "十四五"时期建议重点研究课题

夏商周时期的考古学文化研究不可避免地要涉及古代民族背景的问题。同时，三代周边地区的考古学文化序列甚至文化面貌尚未厘清。因此，考古学文化研究在三代考古中始终是备受关注的领域，"十四五"时期还很有必要予以继续和充分的重视，以此为基础阐明中华文明多元一体发展格局，也将成为重要课题。建议以下作为重点课题：

（一）夏商周三代文化及周代列国文化的缘起过程，以及其处在文化并行期间的相互关系研究

此项研究工作虽然历时已久，却仍需关注。三代王朝文化与周边地区诸文化关系的研究，对历史上"九州""中国"概念的理解，重构上古历史分区以及周边集团与中原王朝关系等提供线索，是一项基础性研究。当前，周边地区考古资料的积累很不均衡，制约了研究的深入开展。因此，需要有计划地开展一些田野考古工作，抓紧已获考古资料的整理和发表。在对这些周边青铜文化、中小型分封国、族兴衰过程梳理的同时，其背后的原因与背景也应予以关注。

（二）三代国家形态的研究

夏、商两代的国家形态尚存许多模糊不清的问题，考古发现的诸多城址及中心聚落，为研究夏、商两代政治布局、结构、流变及其从中体现的社会政治生活的演变提供了第一手资料。在讨论这个问题时，还应注意城址或中心聚落与周边聚落的关系，即"国"与"野"的问题。加强对龙山时代、二里头时代和二里岗时期各地城址与中心聚落的研究，可望从两个时代的经济发展水平、社会分化状况、生产组织和社会职能的复杂化状况、都邑营造制度之异同等方面综合和深刻考虑夏、商两代国家形态这一广受争议的问题。

（三）各类礼乐制度研究

在三代各种制度的研究中，礼乐制度是核心问题。礼制本质上是互为里表的宗法制和分封制的物化表达形式，前者是以血缘关系的亲疏决定的社会基本结构，后者是根据这种基本结构安排的财产、权利、义务乃至国家政权的分配与继承法，而礼制则是规范在这种社会结构中各成员的行为，维持社会秩序的规定，涉及出行、燕饮、服饰、用器、宫室、营国、婚丧、礼宾外交等各个方面。礼制在西周发展成完备体系，对后世产生重大影响。礼制通常可通过相关遗迹现象的规模等级、数量和质量表现出来，这正是考古学研究的特长。

（四）古代墓葬制度起源的考古学研究

三代时期是各类葬制的起源甚至定型阶段，对后世历代葬制的形成有直接影响，其研究重点首先应放在墓葬制度的构建、地域差异，墓地的整体布局，墓葬所反映的意识形态及宗教观念的演变等方面上。夏商周三代墓葬所见等级制度、社会结构，以及三代礼俗的异同等历来是重要课题，但仍然有必要进一步研究。其次，从各地埋葬制度、随葬品风格的不同所见区域社会文化或国别族属等的研究，亦应得到加强。应当充分运用各种自然科学手段，深入墓地与墓葬宏观与微观关系研究，探讨墓地布局结构、陵寝制度所反映的权力、族属、等级和世俗观念等的变化情况，从中探讨相关社会、文化背景及其变迁。

（五）古代城市与村镇研究

城市考古是历史时期考古学的重要领域。古代社会的政治制度、经济发展水平、文化交流等都在城市遗迹里有集中表现。城市考古研究的核心问题，是历时性的布局结构变迁，需要考虑宫城和宫室、道路、城门、作坊、给排水系统和仓库等物资保障系统的相对空间位置关系。对于二里头、偃师商城、周原、曲村、燕下都、临淄、曲阜等保存尚好的城址，需要尽快组织力量详细勘察，统一部署考古工作规划，全面获取资料。

（六）古代手工业遗存的考古学研究

以铜器铸造、制陶手工业为突破口，开始对玉石器、骨角牙蚌器、陶器和原始瓷器的制作、分配和使用问题，进行多学科合作的研究，尝试进行铅、锡、铁、金、银等金属开采冶炼和制作、玻璃制造、制盐等门类的手工业考古研究。对有工作基础和具备条件的遗址进行重点工作，尽快整理发表资料，可望取得与前几项比肩的成果。

（七）早期中外文化交流的考古学研究

长期以来，中外文化交流的考古学研究重点在张骞凿空西域以来，经丝绸之路和北方草原地带与西方的文化交流。但在丝绸之路开通以前，中西人群就已有数千年的交流史，人员、物资和技术不断交往。"十四五"时期有必要继续深入加强研究，为"一带一路"倡议提供文化软实力支撑。同时，对西南地区沿独龙江、怒江、澜沧江、红河向东南亚的陆路交流课题，东南沿海经山东半岛至辽东半岛、再至朝鲜半岛的海陆交通课题，福建、两广地区向台湾及东南亚地区的传播课题也应展开前期的研究准备，在此方向上做些开创性工作。

秦汉考古

一 "十三五"时期的秦汉考古学发现

随着国家经济的快速发展,"十三五"时期秦汉考古不断取得重要收获,在传统都城、帝陵等主动性考古项目取得重要发现时,各地大量开展配合基本建设的考古新获不断。特别是伴随着"一带一路"倡议的稳步实施和不断推进,在过去工作较少的秦汉政权统治的边缘也取得重要发现,"丝绸之路"开凿时期的汉代考古引人注目。

秦汉考古的主动性考古长期坚持于秦汉国家政权核心物质体现的都城与帝陵,着力于整体揭示统一帝国时代都城的布局及功能演变。"十三五"时期,无论之前开展工作较多的秦咸阳城、汉长安城,还是重启的秦汉栎阳城、秦阿房宫,或是因晚期都城叠压而很难取得突破的东汉洛阳城,都取得了重要进展。秦汉栎阳城遗址在确定存在三座古城后,确认三号古城时代为战国中期至西汉前期,是秦都栎阳、秦末汉初塞王司马欣栎阳和汉初刘邦之都栎阳所在,二号古城是仅次于汉长安城而超过东汉洛阳的第二大汉代城址。通过大面积勘探,在秦都咸阳宫殿区西侧发现大面积建筑遗址,发掘确认一组府库建筑,咸阳城六号建筑基址发掘,石铠甲手工作坊遗存、城南大路等的发现,不断改变已有的秦咸阳认知。秦阿房宫考古揭示其并非"因高就基"而是选址于池沼洼地,其原因与始皇"表南山之巅以为阙"的轴线意识有直接关系。

在配合完成"丝绸之路:长安—天山廊道路网"世界文化遗产申报的汉未央宫遗址项目考古后,汉长安城内继续展开大面积勘探,重点进行了建章宫的太液池考古,并对北宫一号建筑进行大面积发掘。汉长安城北侧中渭桥考古是古代桥梁考古的重大发现,"丝路一号"古船是中西古代船舶工业交流和丝路考古的重要成果。东汉洛阳因被北魏洛阳叠压,使得考古学上的东汉洛阳认识一直有限,近年城内对北魏建筑解剖发掘中发现的汉代道路、沟渠和建筑遗存,逐步填补着东汉洛阳的认知空白。

都城之外,继西安窝头寨铸钱遗址之后,位于秦汉上林苑中的陕西户县锺官铸钱遗址发现环濠,丰富了古代铸钱遗址布局研究。汉唐昆明池勘探确定取水口、引水河、进水口、出水口、池岸线,发现与昆明池同口取水并在其东侧流淌的汉唐漕渠,与栎阳考古时意外发现并不断开展的郑国渠、白渠考古一起,填补了中国古代最重要国家水利工程考古的空白。陕西宝鸡凤翔血池、吴山等发掘的秦汉祭祀遗存,是秦汉国家祭天行为的重要发现。甘肃肃北马鬃山、敦煌旱峡等玉矿遗址的发现,填补了丝绸之路玉石开凿、生产与交流的研究空白。

"十三五"时期,地方城址考古开始增多,北京通州汉路县故城、湖北宜城汉宜城县城、四川渠县城坝宕渠县城、广西勒马中溜县城、山东邹城邾国故城、山西榆社偶尔坪遗址、江苏扬州蜀岗古城、新疆奇台石城子遗址的发掘,改变了秦汉城址考古集中于都城的工作面貌。

"十三五"时期秦汉墓葬考古发现不断,秦始皇帝陵兵马俑一号坑持续发掘,陵园西侧大墓丰富了秦始皇陵园布局,西汉文帝霸陵考古取得突破性成就,东汉帝陵陵园建筑持续发掘。江西南昌海昏侯刘贺墓的发现震惊世人,山东青岛土山屯、湖北荆州胡家草场汉墓出土简牍大大改变相关问题研究的既有面貌。贵州习水黄金湾汉墓、山西太原迎泽龙悦台汉墓、陕西靖边杨桥畔渠树壕东汉壁画墓、河南洛阳西工纱厂路西汉墓、四川成都张家墩战国秦汉墓葬、河北黄骅郛堤城瓮棺葬群、云南曲靖八塔台墓地等为代表的各地秦汉墓葬不断丰富着秦汉考古的研究内容。

二 "十三五"时期的秦汉考古学研究

"十三五"时期,秦汉考古研究一方面是主动性发掘和配合基本建设考古项目新发现不断,另一方面是既有考古资料的陆续整理刊布。但与新石器考古、夏商周考古等有着"文明探源""夏商周断代工程"等大型国家课题的引领不同，秦汉考古无论是田野发掘还是资料整理均以分散开展为主。

五年来与秦汉考古有关的遗址现场研讨会、相关专题讨论会、大型学术研讨会举办近百场，出版秦汉考古发掘报告、考古简报、简讯、研究专著、论文集和论文近2000部（篇），各高校科研单位培养的秦汉考古方向的硕士、博士和博士后人数逐年增加。

五年来，秦汉考古研究主要集中在以下几个方面：

（一）秦汉考古学资料的整理与公布

"十三五"时期秦汉考古资料的整理和出版以墓葬报告为主，如浙江汉墓（2016）、曹操高陵（2016）、新郑坡赵一号墓（2016）、益阳罗家嘴（2016）、沅水下游汉墓（2016）、合浦汉晋墓（2016）、临泽沙河汉晋墓（2016）、20世纪50年代陕西考古资料整理（2016）、双龙机床厂墓群（2016）、西安西汉壁画墓（2017）、新丰秦汉墓（2017）、宜城跑马堤（2017）、辉县路固（2017）、合浦文昌塔汉墓（2017）、巨鹰墓地（2017）、临淄山王村汉代兵马俑（2017）、江西莲花罗汉山（2017）、屯留后河（2017）、陆良薛官堡（2017）、荥经高山庙（2017）、杭州余杭汉六朝墓（2017）、秦始皇帝陵一号兵马俑坑2009—2011年考古（2018）、西安张家堡秦墓（2018）、咸阳东郊秦墓（2018）、西安长安区韩家湾墓地（2018）、郑城汉墓（2018）、邙山陵墓群（2018）、北京城市副中心（2018）、钟山铜盆汉墓（2018）、南阳陈棚汉代彩绘画像石墓（2018）、萧山溪头黄（2018）、丰台南苑汉墓（2019）、长沟汉墓（2019）、淅川泉眼沟（2019）、登封双庙（2019）、合浦汉墓（2019）、重庆汉代画像考古（2019）。秦汉遗址考古报告的数量非常有限，如禹州阳翟故城遗址（2016）、华县东阳遗址2014年考古（2018）、陕西杨凌邰城汉代铸铁遗址（2018）、秦汉上林苑遗址（2018）。

秦汉考古资料中石刻、简牍等出土文献刊布，延续了很早即形成的考古学家与历史学家共同开展整理的机制。"十三五"时期，整理出版了如任城王汉墓石刻（2017），湖南里耶秦简（二）（2017），岳麓书院藏秦简（五、六）（2017、2020），甘肃地湾汉简（2017），玉门关汉简（2019），悬泉汉简（一）（2019），湖南长沙尚德街东汉简牍（2016），长沙五一广场东汉简牍（一—四）（2018—2019），四川汉代砖文（2017）等大量成果，其中2018年中华书局出版的汉长安城未央宫骨签报告，其90册的整体规模和收录64305枚骨签的数量，使其成为迄今为止最大规模的考古报告和出土文献资料。

秦汉墓葬报告远多于遗址报告的情况，与各地考古工作主要是配合基本建设展开且集中于墓葬清理而积累下大量墓葬资料有直接关系，也是各地长期未主动开展遗址调查、发掘工作的真实反映。在大量墓葬资料积累的推动下，秦汉考古研究的重点自然集中于墓葬研究。"十三五"时期，除对单一墓葬开展研究，如张卫星2016年《礼仪与秩序——秦始皇帝陵研究》。越来越多学者开始从更大空间上进行区域墓葬分析，如2016年宋蓉《汉代郡国分治的考古学观察——以关东地区汉代墓葬为中心》、蒋璐《北方地区汉墓的考古学研究》、2019年董睿《汉代空心砖墓研究》都是对大区域汉墓研究的重要成果。2018年陈亚军《南阳地区汉墓的考古学研究》虽研究的区域略小，但研究所及依然甚为宽广。崔雪冬2017年《图像与空间（和林格尔东汉墓壁画与建筑关系研究）》、2019年周学鹰《楚国墓葬建筑考——中国汉代楚（彭城）国墓葬建筑及相关问题研究》，都是墓葬材料研究的新突破。

由于秦汉城址的考古资料有限，因此"十三五"时期秦汉城市研究依然多从宏观层面展开，如陈博2016年《从中心到边疆——汉帝国城市与城市体系的考古学研究》利用地理信息系统精细化地开展了汉代城市体系分析，2017年周繁文《长安城与罗马城：东西方两大文明都城模式的比较研究》是迄今为止最全面的东西方两大都城的考古学比较研究。而一旦考古资料积累丰富，地方城市研究迅速出现，如2017年廖国一和黄启善《广西北部湾地区出土汉代文物与海上丝绸之路研究》、2018年熊照明《汉代合浦港的考古学研究》。

多年来学者从宏观层面开展的秦汉考古研究一直不多，2019年白云翔集多年研究成果整合出版的《秦汉考古与秦汉文明研究》文集和刘兴林《战国秦汉考古》教材的出版在很大程度上弥补了这个缺憾。虽断代研究仅有2016年陈洪出版的《秦文化之考古学研究》一部，但区域性研究开始集中出现，2017年吴小平《两汉时期云贵地区汉文化的考古学探索》、

2019年叶成勇《战国秦汉时期南夷社会考古学研究》、刘瑞《秦汉帝国南缘的面相：以考古视角的审视》，南方地区是区域研究的重点。与此同时，针对某类遗存开展的研究陆续完成，如2016年张建锋《汉长安城地区城市水利设施和水利系统的考古学研究》填补了汉代城市水利考古空白，2017年刘兴林《先秦两汉农业与乡村聚落的考古学研究》是秦汉考古学农业研究的首部专著。

器物研究是秦汉考古的传统内容，"十三五"时期完成的成果不断填补之前空白。如2016年朱学文《秦漆器研究》是第一部秦漆器研究专著、长沙市考古所《西汉长沙王陵出土漆器辑录》是长沙地区汉代王陵漆器专辑；2016年徐蕊出版的《汉代服饰的考古学研究》是第一部从考古角度出发的汉代服饰研究成果。在2018年喻燕娇出版《湖南出土珠饰研究》后，2020年广州市文物考古研究院推出《广州出土汉代珠饰研究》，这样与2011年熊昭明等出版的《广西出土汉代玻璃器的考古学与科技研究》一起，南方地区最重要的珠饰出土成果都有了集中公布和专题研究。石刻研究继续集中于画像石，如2017年朱浒《汉画像胡人图像研究》、练春海《汉代车马形像研究：以御礼为中心》等，但也有如2016年秦臻《汉代陵墓石兽研究》、2017年何志国《汉晋佛像综合研究》等专题研究。铜器研究集中在南方地区，如2017年李洋《炉捶之间：先秦两汉时期热锻薄壁青铜器研究》、2018年张合荣《夜郎青铜文明探微：贵州战国秦汉时期青铜器研究》。铜镜研究集中于北方，如临淄区文物局2017年《山东临淄战国汉代墓葬与出土铜镜研究》。

"十三五"时期有关秦汉文物保护专著涌现，如2017年《秦俑及彩绘文物保护与研究学术研讨会论文集》、2019年邵安定《秦始皇帝陵园出土彩绘青铜水禽制作工艺及相关问题研究》、2018年《大葆台汉墓黄肠题凑及棺椁的保护与研究》《定陶汉墓黄肠题凑调查、保护与研究》，表明只有开展充分研究，才能切实推进文物保护。

（二）社科基金项目中的秦汉考古

"十三五"时期，在2016—2019年已立项社科基金项目中，考古学门下秦汉考古项目在40项左右，以专题研究为主，墓葬研究为辅。如"从两京汉墓看'汉制'"（2017）、"秦始皇陵铜车马陪葬坑"（2017）、

"汉代画像石椁墓"（2017）、"曹操高陵及陵园"（2018）、"晋南豫北战国至西汉前期墓"（2018）、"东周秦汉时期巴蜀文化墓葬"（2018）、"滇国墓葬"（2018）、"汉代列侯墓"（2019）、"越南汉墓"（2019）。城址方向的研究明显偏少，如"先秦两汉都城礼制"（2016）、"中原地区东周秦汉城市体系"（2016）、"秦汉时期道路体系"（2017）、"周秦都邑体系下的宫室研究"（2019）。秦汉建筑研究项目更少，如"秦汉阙"（2017）、"三辅地区秦汉建筑"（2018）。器物研究项目不多，如"江淮地区汉代漆器"（2016）、"海昏侯刘贺墓及车马坑出土铜器"（2019）、"汉代葬玉"（2019）。此外有少量区域交流研究，如"战国秦汉时期云南地区的对外交流"（2017）、"青藏高原与北方草原地带的文明联系"（2018）。

"十三五"时期，多个针对秦汉考古的文物保护项目获得社科基金立项，如"汉阳陵外藏坑保存状态预测"（2016）、"汉长安城遗址保护与民生发展"（2017）、"太原东山汉墓M6简牍保护"（2019）。科技考古也有少量立项，如"东疆地区青铜至铁器时代先民食谱与家畜饲养"（2018）、"汉水中游地区新石器时代至秦汉时期的动物考古"（2019）。

在公布的立项中，四分之一以上项目是各地考古资料报告整理，亦以墓葬报告为主。如"秦东陵陵园"（2016）、"北京延庆西屯墓地"（2016）、"随州周家寨墓地"（2017）、"洛阳朱仓M722东汉帝陵"（2018）、"云南师宗县大园子墓地"（2018）、"泾渭秦墓"（2019）、"合浦汉墓"（2019）、"开县余家坝墓地"（2019）、"新津瑞麟寺山墓地"（2019）。遗址资料整理立项不多，如"秦雍城遗址"（2016）、"洛阳汉唐运河遗址"（2016）、"凤翔雍山血池遗址"（2018）、"咸阳城北宫区手工业"（2018）、"秦直道考古"（2019）等。

与此同时，在中国历史门下使用简牍、铭文等秦汉出土文献的社科基金项目超过60项。虽大多数项目是利用简牍等考古资料进行历史学研究，但也有"敦煌悬泉置墙壁题记"（2016）、"地湾汉简"（2018）、"里耶秦简"（2019）等项目是对已刊简牍再整理，还有极个别如"益阳兔子山遗址七号井出土简牍"（2019）的考古资料整理立项于中国历史门中。

三　秦汉考古面临的问题

（一）遗址发掘亟待加强

虽秦汉都城考古工作持续进行，但除南越国都城番禺、长沙国都城长沙等少数郡国城开展较多考古外，绝大多数郡级城市考古一直空白。而文献记载的西汉晚期汉代县级城市有1500个以上，加上文献未载、城址变迁等原因，秦汉县级城市数量在2000以上，近年虽不断开展秦汉县城考古，但绝大多数县城或没有开展任何工作，或仅开展过有限的考古调查。秦汉聚落考古更是罕见。在有限遗址发掘中，多数工作集中于宫殿、府库等核心建筑，而手工业考古、水利工程考古还有大量空白。有必要在秦汉城市、聚落、手工业、水利工程等方面，对各地秦汉遗址组织一批专门课题，通过持久工作和研究推动秦汉考古稳步发展。

（二）考古资料的整理和出版亟待加强

虽然"十三五"时期出版了大量秦汉考古报告、简报和研究成果，但与各地历年开展的秦汉考古庞大工作量和收获相比，无论是秦汉墓葬还是遗址的考古资料，很多都未能及时整理出版，不少遗址、墓葬在调查、发掘后甚至连简报都未发表，资料积压问题严重；各地简牍等出土文献整理和出版周期普遍偏长，远不及大学等机构收藏流散简牍的整理速度。因此，依然需要不断加强各类秦汉考古资料的整理和出版资助，不断推进综合研究。

（三）秦汉科技考古亟待加强

随着科技手段的不断更新，不同领域的科学技术方法和手段快速发展。从秦汉学科的发展情况看，在新石器、夏商周考古中使用较多的科技考古手段，秦汉考古中开展甚少，甚至碳十四、动植物考古、人类学考古的开展也甚为有限。在秦汉考古的工作和研究中，亟待紧跟科技发展，加强与自然科学的深度合作，不断推进秦汉科技考古研究。

（四）未能从五千年不断裂文明中两千年统一帝国角度设立课题进行研究

由于考古工作开展的局限和考古资料存在的不足，长期以来秦汉考古的研究重点，一直集中于墓葬和具体器物研究，遗址工作有限。从考古学上一直未结合文献记载较全面地开展秦汉帝国的系统化研究，没有从秦汉统一帝国角度设立大的宏观课题进行引导。对秦汉考古而言，设立诸如"文明探源""夏商周断代"等大型的全国合作、多学科联合攻关的秦汉考古学课题，引领、组织、协调各地考古工作进行针对性的发掘和资料整理，并不断探索考古资料、出土文献与传世文献的有机结合及综合研究，是秦汉考古必须推进的重要任务。

四 "十四五"时期建议重点研究课题

统一的秦汉帝国，有着丰富而系统的文献记载，历年积累下海量的考古资料，建议"十四五"时期从以下几方面设立重点课题。

（一）秦汉统一帝国研究

长期以来各地开展的考古工作和陆续发表的考古资料、研究成果，都是秦汉统一帝国研究的重要组成部分，但由于尚未有宏观课题指引，相关成果分散开展而系统化严重不足，全局性整合迫在眉睫。急需从秦汉帝国四百多年发展的层面，从秦汉帝国如何巩固和完善统一多民族中央集权国家的角度，设立一个大型集体攻关项目，其下设一系列重大研究专题，通过整合全国考古工作、考古资料和科研力量，从考古学上回答秦汉为什么统一、如何加强和巩固统一、如何实现长时间稳定高效发展、不同区域发展差异和影响、大型帝国中央集权长久发展等重大理论问题。

（二）秦汉边疆与民族聚居区研究

从文献记载看，秦汉统一帝国在边疆和民族聚居地区，既有直接设置郡县，也有设置初郡、属国、道等不同程度民族自我管理的统治形式，形式多样的政治统治和发展模式成为两千多年统一中央集权王朝加强和巩固统治的重要参考。数十年来虽在边疆和民族地区积累了一定量的考古资料，但它们几乎都是在"无意识"中产生，缺乏系统性完善与整合。因此急需从边疆和民族聚居区长久发展的角度设立专门课题，用考古学资料回答如何在边疆完成统治、为何不同地区采取不同统治政策及效果如何、如何长久保持边疆和民族聚集地的社会稳定与共融发展。

（三）秦汉城市与聚落研究

文献记载有上百个郡城、1500多个县道城，与更大量的乡级聚落构成秦汉社会统治的层级单元。由于考古工作的不平衡，秦汉都城考古有序进行，大量郡城、县道城和乡级聚落或仅开展过考古调查或完全空白。这种情况使得秦汉都城之下郡城、县道城、乡级聚落为"节点"的国家治理研究一直难以突破，未能从秦汉"城市化"角度开展资料整合和有序发掘。因此需针对城市及聚落设置课题，引导和组织开展秦汉城市和聚落考古。

（四）秦汉墓葬资料整理与研究

墓葬研究在很长时间里一直是秦汉考古的主要内容，历年考古报告、简报和研究成果均以墓葬为主，但从各地秦汉考古工作看，大量墓葬资料未曾整理，每年还不断新增庞大的墓葬资料。因此在继续大力支持墓葬资料整理课题的同时，应积极引导一些重要且积压时间较长的墓葬资料设立专项课题，逐步改变墓葬发掘多报告少、积压日益严重的学科现状。同时引导在墓葬发掘和报告整理阶段即开展多学科合作，从墓地布局、墓葬演变、墓葬反映思想，到区域文化发展、文化交流，不断探讨秦汉帝国统治下各地墓葬制度差异、形成原因及影响。

（五）手工业考古研究

除近年在铸钱、铸镜等手工业考古取得一定进展外，大量如制陶、建筑材料生产、玉石加工、制铜、冶铁、制盐等秦汉手工业门类的考古一直有限。多数秦汉手工业考古积累材料为早期所得，受时代局限很少开展多学科合作，且多在偶然所获后未再开展系统考古，因此当积极引导课题设立并予以广泛支持，在推进积压资料整理的同时，推进多学科合作，对有条件的遗址进行重点发掘与研究。

(六) 水利工程考古研究

据文献记载，秦汉帝国为解决用水、运输和粮食生产，进行了一系列大型国家水利工程建设，各地也建设了一批中小型水利工程。但长期以来，不仅郑国渠、白渠、灵渠、漕渠等著名国家水利工程未开展系统考古工作，而且各地池、陂、塘、堰、渠等水利工程的考古也一直空白，秦汉水利工程研究长期停留在从文献记载出发缺乏实证的状态而罕有进展。因此，需设立相关课题，引导和组织秦汉水利工程考古工作，不断填补秦汉考古空白。

(七) 出土文献整理与研究

秦汉考古发掘中，不断获得的简牍帛书、玺印封泥、砖瓦陶文、石刻文字、铜铁铭文、骨签等各类出土文字资料，是探讨遗址时代和性质、墓主时代与身份的重要参考，也是传世文献的重要补充，备受关注，近年相关出版颇多。但与其他已发掘资料相比，出土文献整理和出版周期普遍都在20年以上，长达30年以上者亦不罕见。因此，当针对各类出土文字资料，引导组织专项课题，努力推进如里耶秦简、胡家草场汉简、海昏侯墓汉简、长沙西汉简等成批出土简牍资料的整理，尽量缩短整理与出版周期。并正视研究人员严重不足的现实，从制度上打破单人申请课题的数量限制，允许有能力、有愿望的学者同时申报多个课题。

(八) "丝绸之路" 研究

张骞出使西域是古代王朝主动开展中外交流的起点，"丝绸之路" 研究是近年来秦汉考古的重要内容，随着 "一带一路" 建设的发展，相关研究成果不断。"十四五" 时期当继续加大 "丝绸之路" 为主题的中外文化交流，积极推进绿洲丝绸之路、西南丝绸之路、草原丝绸之路、环黄海之路和南海海上丝绸之路研究。

三国至隋唐考古

一 "十三五"时期三国至隋唐考古学学科发展现状

"十三五"时期,三国至隋唐考古专业委员会于 2015 年 3 月 25 日在陕西西安成立,这是国内唯一的三国至隋唐时期考古学的专业行业组织,在举办的两届中国考古学大会上,承担了专业委员会分组讨论交流,取得良好的效果。

"十三五"时期,召开了多次三国至隋唐考古研究具有一定影响力的学术会议,这些专题学术会议的举办,不仅凝聚了国内外从事同时期相关领域研究的广大学者,也为促进学术交流和讨论研究创建了平台。

在我国城镇化加快推进的情况下,国家文物局高度重视城市考古,委托中国社会科学院考古研究所连续举办三届城市考古专题研修,旨在总结、推广近年来城市考古的新方法和实践经验,培养高层次专业人才队伍,提升全国城市考古工作整体水平。此外,11 家历史文化名城所在地的文物考古单位缔结城市考古联盟,深化了城市文化遗产保护理念,促进了城市考古勘探与发掘工作互鉴互通,加强学术科研领域交流,推动了中国历史时期城市考古学的发展。

二 "十三五"时期三国至隋唐考古学代表性科研成果

(一)城址考古发现与研究

城址方面的工作多集中于当时的政治、经济或文化中心,如邺城、洛阳、平城、建康等地区及其周边；与地方城镇相关的发现则主要有武川、扬州、泉州、喀什、哈密等处。

都城制度演变是中古时期都城考古学最为重要的学术课题。

"十三五"时期都城考古的新发现主要集中于邺城、洛阳、平城和建康城等处。2016年以来，邺城遗址的考古工作主要围绕东魏北齐宫城区和核桃园北齐佛寺两个地点展开（《考古学报》2016年第4期、《考古》2018年第12期）。汉魏洛阳城考古工作集中于以太极殿为核心的宫院及其周围，主要包括太极殿宫院东北角、北侧廊庑建筑、宫院西门等处，为确认宫城核心区域的形制布局积累了丰富资料（《考古》2016年第7期）。平城开展的考古工作刊布资料有操场城二号遗址简报（《文物》2016年第4期）等。

此外，统万城遗址（《中国考古学年鉴·2016》）、晋阳城遗址（《中国重要考古发现·2016》）、辽西地区东晋十六国时期都城（《辽西地区东晋十六国时期都城文化研究》，辽宁人民出版社2016年版）的发掘与研究也有新的突破。

一些三国至隋唐时期的地方城市遗址考古"十三五"时期逐渐被重视，如辽宁盖州青石岭山城（《考古》2017年第12期），沈阳塔山山城（《中国重要考古发现·2018》），北魏六镇如武川、山西蒲州故城（《中国重要考古发现·2016》），江苏扬州蜀岗古城（《中国重要考古发现·2017》），四川成都天府广场（《成都天府广场东北侧古遗址考古发掘报告》，文物出版社2016年版）等都是新的重要发现。

隋唐五代时期的重要城址基本上都是古今叠压型，沿用至今，在长期的田野考古工作中总结出的"古今重叠型城市"考古方法在三国至隋唐时期城市考古中发挥了极大作用。"古今重叠型城市"的重要考古成果有：隋唐长安城配合大遗址保护展示对明德门、东市等考古发掘；隋唐洛阳城遗址重点对九洲池、宫城玄武门、南城墙、厚载门、长夏门等重要遗址进行大面积、全方位的发掘，厘清了宫城区隋、唐、宋三个时期的空间布局；扬州城在蜀冈上考古发掘，厘清了隋江都宫、唐子城的形制和沿革，并对长江与城址变迁进行探索。长安、洛阳、扬州等都城继续考古工作，两京的周边离宫、行宫考古成为亮点，骊山朝元阁、九成宫、甘泉宫考古收获重大。晋阳城、蒲州城、益州（成都）城、宁波明州城、泉州、杭州吴越国城、正定故城等考古工作取得重要收获。

考古学进入转型期，历史时期考古在解释中华民族多元一体形成过程中发挥了不可替代的作用。唐帝国的边疆军政城址，多为荒野型，保存较好，考古潜力巨大，这些城址是隋唐帝国经营边疆的重要实证，为中华民族多元一体的形成提供切实证据。新疆的轮台县奎玉克协海尔古城和卓尔库特古城、库车县龟兹故城、塔什库尔干县石头城、喀什市汗诺依古城、奇台县石城子和唐朝墩古城、吉木萨尔县北庭故城、博乐市达勒特古城，东北的高句丽、渤海城的考古都取得重要收获。北庭故城对内城西门、内城北门、外城北门、外城南门四座城门、一个佛寺、一座佛塔进行考古发掘和勘探，发现唐、高昌回鹘、蒙元等多个时期的遗迹。通过考古可以看到北庭作为北疆最重要的军政、军府的格局及发展历程，北庭考古将以实物证明汉唐时期，特别是唐代时期中原王朝在新疆有效的统治。

都城考古研究中，集中于都城布局等方面，比较突出的成果有王银田组织编著的《北魏平城考古研究：公元五世纪中国都城的演变》论文集（科学出版社 2017 年版），以及出版的《成都通锦路唐净众寺园林遗址》《隋唐洛阳天堂遗址考古发掘报告》等。此外贺云翱（《东南文化》2016 年第 4 期）、钱国祥（《华夏考古》2018 年第 6 期）等学者的论文也值得关注。

（二）墓葬发现与研究

墓葬的发现与研究向来在考古工作中占据比较重的分量。"十三五"时期，洛阳西朱村曹魏大墓和安徽马鞍山当涂"天子坟"的发现十分重要。据发掘者推断，洛阳西朱村曹魏大墓墓主人应为曹魏时期的皇室成员（《考古》2017 年第 7 期）。马鞍山当涂县发掘的"天子坟"为前后室四隅券进式穹窿顶砖室墓，是迄今发现孙吴时期仅有的 3 座同类结构大墓之一，发掘者判断墓主人可能为孙吴宗室成员（《中国重要考古发现·2016》）。

江苏邳州发现的 9 座西晋墓是近年较为重要的西晋时期墓葬考古发现，墓葬排列有序，出土各类器物 300 余件，据砖铭判断该墓地为西晋时期高级贵族的家族墓地（《中国重要考古发现·2016》《考古学报》2019 年第 2 期、《考古学报》2020 年第 1 期）。此外，重庆巫山（《考古》2016 年第 2 期）、河南偃师（《文物》2016 年第 9 期）等处亦发现重要的西晋时期墓葬。重要的新资料如《临沂洗砚池晋墓发掘报告》《2009—2013 年合浦汉晋墓发掘报告》《临泽沙河汉晋墓葬》等。

十六国时期墓葬向来发现少、辨识困难，以致研究极为有限。陕西西安西咸新区雷家村发现的十六国时期家族墓地（《中国重要考古发现·2018》）和西安南郊焦村发现的十六国大墓较为重要，特别是焦村大墓时代明确，具有重要标尺意义。著作有吴桂兵的《两晋墓葬文化因素研究》（南京大学出版社2017年版）。此外，有文章对汉晋南北朝时期新见帷帐进行了探讨（《文物》2018年第3期）、对四川地区汉晋陶俑进行了分析（《考古学报》2018年第1期）、对汉晋时期双头龙纹镜进行了研究（《考古学报》2020年第1期）。

2016年出版的《南朝真迹》（江苏凤凰美术出版社）一书公布了近年在石子岗、铁心桥和狮子冲等处新发现的4座南朝墓葬的砖印壁画资料，掀起了新一轮研究热潮，其中比较有代表性的有耿朔和杨曼宁（《考古》2019年第4期）、左骏（《故宫博物院院刊》2019年第7期）等人的研究。杭州市文物考古研究所先后出版了《杭州余杭汉六朝墓》（文物出版社2017年版）、《萧山溪头黄战国汉六朝墓》（文物出版社2018年版），丰富了浙江地区六朝考古资料。长江中游地区六朝墓葬在湖北襄阳地区发现较多，如麒麟村南朝画像砖墓（《文物》2017年第11期）、柿庄一号东晋墓（《考古》2019年第1期）、柿庄南朝画像砖墓（《文物》2019年第8期）均是近年的考古新发现。此外，河南淅川下寨遗址亦发现东晋至南朝时期墓葬（《文物》2016年第1期）。

与南朝相对应，北朝墓葬多集中发现于平城、洛阳、邺城等都城的周边地区。平城发现的墓葬以北魏前期为主，如云波路北魏墓群（《文物》2017年第11期）、二电厂北魏墓群（《文物》2019年第8期）等。洛阳涧西衡山路发现的北魏墓是一座较为重要的墓葬，被推测与北魏节闵帝元恭有关（《文物》2016年第7期）。邺城附近的磁县北朝墓群为配合南水北调中线工程曾发现3座北朝墓葬（《磁县双庙墓群考古发掘报告》，文物出版社2017年版）。研究方面，倪润安在《光宅中原——拓跋至北魏的墓葬文化与社会演进》一书从考古发现探索拓跋至北魏文化的演进，提出"北魏制"的新概念。沈丽华对邺城地区发现的6世纪墓葬进行了考古学编年与布局研究（《考古学报》2017年第1期、《考古》2016年第3期）。韦正的《将毋同——魏晋南北朝图像与历史》（上海古籍出版社2019年版）亦是其近年对魏晋南北朝墓葬图像研究的汇编。

隋唐墓葬考古资料非常丰富，截至2020年5月出版考古发掘报告突破60部，简报1300余篇，据此可以初步统计出已公布的经科学发掘的隋唐五代墓葬7000余座，其中纪年墓950座左右，包括纪年唐墓820座左右，地域分布明显往两京集中，时代也以唐代前期居多。

重要的隋唐时期墓葬发掘报告有《唐李倕墓》《洛阳龙门唐安菩夫妇墓》《太原沙沟隋代斛律徹墓》《唐昭陵韦贵妃墓发掘报告》《唐懿德太子墓发掘报告》《彭阳海子塬墓地发掘报告》《吐鲁番晋唐墓地》《吐鲁番阿斯塔那—哈拉和卓墓地：哈拉和卓卷》《三门峡市印染厂墓地》《岳阳唐宋墓》《唐陈元通夫妇墓》等。

（三）手工业遗迹发现与研究

手工业是考古学研究中的重要内容，历年十大考古发现中都有重要的考古发现入选。如2016年浙江慈溪上林湖后司岙唐五代秘色瓷窑址、湖南桂阳桐木岭矿冶遗址等。

三国两晋南北朝时期手工业考古主要体现在陶瓷方面。浙江省文物考古研究所对凤凰山早期越窑遗址进行了发掘，揭露长条状斜坡龙窑1座，出土大量高质量的成熟青瓷器，对于探索龙窑的技术演进具有重要承启意义。邺城考古队则对位于东魏北齐邺城东郭区的曹村青釉器窑址进行了发掘，发现东魏北齐时期马蹄形窑炉3座，出土大量青釉器残片和窑具，为探讨北方青瓷、白瓷起源以及唐三彩起源提供了重要新资料（《中国重要考古发现·2016》）。

浙江上林湖后司岙发现的唐五代时期秘色瓷器，解决了越窑秘色瓷的时代和来源的重大学术问题，并有《秘色越窑：上林湖后司岙窑址出土唐五代秘色瓷器》及时向学界公布。重要的窑址考古成果有：《窑火唤彩：中国古代瓷器制作技术》《扬州出土唐代长沙窑瓷器研究》《巩义黄冶窑》《洛阳市定鼎北路唐宋砖瓦窑址考古发掘报告》等。此外，关于纺织与技术的重要专著有《中国纺织考古与科学研究》。

（四）佛教遗迹、遗物发现与研究

佛寺和石窟的发现与研究一直是佛教考古的重点，"十三五"时期这一考古发现主要集中于平城、邺城、晋阳和新疆等地区。

平城在云冈石窟窟顶西区和二区均发现北魏佛教寺院遗址（《考古学报》2016年第4期、《考古学报》2019年第1期），为重新认识石窟与寺院的关系提供了新的线索。研究云冈石窟的论文发表多篇（《文物》2017年第2期、2018年第10期、2019年第12期）。此外，彭明浩《云冈石窟的营造工程》（文物出版社2017年版）一书从营造技术与工艺角度的研究值得关注。

晋阳蒙山开化寺佛阁遗址的发掘，新发现了晚期重修的佛阁西墙及早期佛阁遗址，作为中国北朝体量最大的摩崖大佛和佛阁，为研究大佛雕造和早期佛阁形制提供了重要材料（《中国重要考古发现·2016》）。新疆地区的佛教考古发现主要集中于吐鲁番地区，以吐峪沟石窟（《中国重要考古发现·2016》）和胜金口石窟（《考古学报》2016年第3期）为代表。此外，赵超、邱亮对甘肃泾川大云寺发现的舍利石函铭和佛教塔基进行了分析研究（《考古》2016年第6期）。唐仲明以石窟图像为主，对中原地区北朝佛塔进行了分析研究（《考古》2016年第11期）。

"十三五"时期，造像埋藏坑的发现与研究成为佛教考古崭新的一面。比较重要的发现有：邺城北吴庄佛教造像埋藏坑（科学出版社2019年版）、南宫后底阁佛教造像埋藏坑，成都下同仁路佛教造像埋藏坑（《考古》2016年第6期；文物出版社2017年版）。此外，河北定州（《文物》2019年第9期）、河南新乡（《华夏考古》2016年第3期）、山东临朐（《文物》2018年第10期）、山西忻州（《文物》2018年第12期）、辽宁喀左（《文物》2018年第8期）、甘肃泾川（《文物》2016年第4期）、重庆奉节（《文物》2016年第1期）等地区亦有数量不等的小规模发现。

对于造像的研究成果有：霍巍（《考古学报》2018年第3期、《考古》2018年第8期），何利群（《华夏考古》2016年第3期、《中原文物》2017年第4期），苏铉淑（《考古》2017年第9期），陈悦新（《文物》2016年第10期、《文物》2018年第6期、《文物》2019年第4期），李裕群（《考古》2017年第8期、《文物》2019年第7期）等。

相关考古发掘报告较以前有了很大的推进，《云冈石窟全集》（青岛出版社2019年版）收录了大量照片、线图、拓片和历次考古发掘成果，对于推进云冈石窟研究具有重要学术意义。《云冈石窟》（中译本1—20卷）系首次将日本学者水野清一、长广敏雄编著的石窟报告在国内翻译出版，并补充了不少新的资料和图片（科学出版社2016年、2017年、2018年版）。此外，还有《龙门石窟考古报告——东山擂鼓台区（全六册）》《成都下同仁路——佛教造像坑及城市生活遗址发掘报告》《南宫后底阁》等书出版。佛教考古研究重要的专著有《西域古佛寺——新疆古代地面佛寺研究》《唐代长安地区佛教造像的考古学研究》《归义军时期敦煌石窟考古研究》等。

（五）中外交流及其他

中外交流方面的研究以徐苹芳先生的《丝绸之路考古论集》（上海古籍出版社2017年版）和葛嶷、齐东方主编的《异宝西来：考古发现的丝绸之路舶来品研究》（上海古籍出版社2017年版）最为瞩目。相关研究成果还有《从长安到拉萨：2014年唐蕃古道考察纪行》《金银器与草原丝绸之路研究》等。

此外，葛承雍（《文物》2016年第1期）、林梅村（《文物》2017年第10期）、李静杰（《故宫博物院院刊》2017年第1期）等对石棺床、鹊尾炉、束颈瓶等具有西方特色的器物进行了专题研究。《文物》2020年第2期刊发了一组专稿以梁元帝的《职贡图》为中心，进行了充分讨论（王素《梁元帝〈职贡图〉与西域诸国——从新出清张庚摹本〈诸番职贡图卷〉引出的话题》，罗丰《邦国来朝——台北故宫藏职贡图题材的国家排序》，米婷婷《梁元帝〈职贡图〉"女女蛮"即"临江蛮"考》）。

新疆尉犁克亚克库都克烽燧遗址的发掘，清理发掘出珍贵的纸文书、木牍633件（组）。确认这里为一处游弈所级机构驻地，新发现了孔雀河烽燧群一线的军事防线被称为"楼兰路"。对实证唐代中央王朝对西域的有效治理和管辖、西域地区对于中央政府文化认同等方面具有重要意义。

大运河遗址考古黎阳仓是大运河重要的仓储遗址，考古发现仓城、仓窖等遗迹，仓城系依山而建，其东、西及北面均留有夯土筑成的仓城城墙遗迹，城址平面近长方形，东西宽260米，南北残长300余米，有地下仓窖90余座。《柳孜运河遗址第二次考古发掘报告》出版，是对2012—2013年考古发掘的全面报道，此次发掘重要遗迹包括运河河道、两岸的河堤、两岸的石筑桥墩、河道中间的石板路、道路、建筑址和木船等。

海上丝绸之路考古发掘成果显著。近年来在我国东部沿海地区陆续发现江苏东掘港国清寺遗址、江苏张家港黄泗浦遗址、上海青龙镇遗址等。这些地点的出土遗存真实反映了我国东部沿海地区3—14世纪海上丝绸之路主要通道及其网络关系的构成，秦汉时代以今山东古登州港一线为中心对外交往，隋唐时期以今江、沪、浙诸港口为中心，这种空间演变的背后隐藏着复杂的运动机理。

此外，墓志图录专著有《陕西省考古研究院新入藏墓志》《长安高阳原新出土隋唐墓志》等。在多学科合作研究方面，《唐李倕墓——考古发掘、保护修复研究报告》《花树摇曳钿钗生辉：隋炀帝萧后冠实验室考古报告》的出版，呈现了从考古发掘、遗物的提取，到实验室再发掘、检测、清理、修复等多种方法综合应用以及多学科的合作和互证的典型综合性考古报告，这种报告将成为未来考古报告的主流。

中国社会科学院考古研究所编著的《中国考古学·三国两晋南北朝卷》于2018年出版，该卷全面综合介绍了20世纪以来三国两晋南北朝时期田野考古调查发掘和研究的成果，是目前三国两晋南北朝时期考古最为权威的综合性著作。

三 "十四五"时期亟待加强研究的学术课题

"十三五"时期三国至隋唐考古学研究中存在历史学意识薄弱、考古学理论研讨不足的问题，例如：历史时期考古学理论单一，缺乏创新；对于历史理论缺乏自觉意识，如唐宋变革论、中世纪城市革命、胡汉体制等；在研究三国至隋唐考古遗迹遗物中，类型式的划分与研究缺乏历史维度的纵深讨论和认识；历史时期考古学研究中面临遗物与出土文献和传世文献方面的挑战。

"十四五"时期建议加强多学科合作，既包括与文献史学、历史地理等传统学科的合作，也包括与自然科学相关学科的密切合作。

（1）加强在东亚都城制度的国际视角下的综合研究、中外合作研究，探讨3—10世纪中华帝国具备的世界性特征。

（2）加强自然科学在墓葬考古、手工业遗迹遗物考古研究中的应用。

（3）系统进行出土文献、出土文字方面的考古学研究。

（4）加强中外考古学文化交流方面的研究：海上丝绸之路、陆上丝绸之路、陶瓷等。

宋辽金元明清考古

一 "十三五"时期研究现状

(一)"十三五"时期宋辽金元明清考古的重要发现

"十三五"时期基础设施建设的规模依然很大,考古工作依然繁重。在配合基建的同时,有明确课题意识的"主动性"发掘项目也取得了成果。

宋辽金元明清城镇考古"十三五"时期取得了较大的学术收获。在都城方面,辽上京通过多年大规模的发掘揭露,确认了辽上京的城市轴线。金上京做了系统性的勘探和数字化测绘。对南宋临安城德寿宫、金中都西南城墙和局部护城河、明中都的宫皇城区域也都进行了考古发掘。

地方城址中,正定开元寺南广场遗址发现自唐延续至明清的城墙、街巷和开元寺寺庙建筑,为探讨正定城子城位置与范围提供了新的线索。对抗蒙元山城近年也做了不少调查与发掘工作,其中钓鱼城范家堰遗址的大规模发掘揭露了南宋衙署遗址。明蜀王府遗址东华门区域发现了可分为南北两区的一组与水道、建筑有关的遗址,开封发掘了明代永宁王府遗址,对其中轴院落上的三进院落进行了大规模揭露,上述王府遗址的发掘深化了我们对明代王府制度和营建技术的认识。

市镇是宋元以来江南最为活跃的社会细胞。上海青龙镇、太仓樊仓泾都曾经是重要的港口,遗址发现了大量的瓷器,其中樊仓泾遗址的瓷器总量多达150余吨,青龙镇对隆平寺塔基及地宫进行了发掘清理。

水下考古近年来也取得不少新收获。"南海Ⅰ号"近年来基本完成了清理工作，清理出较为完整的"福船"类型船体，出土了大量贸易瓷器和其他金、银、铜币等。这些发现，都为宋元时期海上瓷路与海外贸易研究提供了重要资料，再现了当时海洋活动的繁荣景象。四川彭山江口沉银遗址广受关注，是目前国内规模最大的内水考古项目。经远舰、致远舰的水下考古工作开启了近代沉舰水下考古工作的新篇章。

近年来的另一个热点是高等级离宫或祠庙等类型遗址的发现与发掘。吉林安图宝马城揭露了完整的金代长白山祠庙遗址，对于研究金王朝对于东北边疆的经略以及南北方文化的交流与互动，探索多民族统一国家的形成与发展具有重要意义。河北崇礼太子城遗址出土了大量珍贵的金代遗物，初步判定为金代的皇家行宫。

医巫闾山辽代帝陵考古取得重要收获。对新立遗址、琉璃寺遗址进行了考古发掘，初步推定新立遗址即乾陵的陵前祭殿，琉璃寺遗址为显陵的陵寝建筑址。韩德让家族墓地的发掘，为乾陵及其陪葬墓提供了新的资料。此外，辽宁康平张家窑林场辽墓群、内蒙古多伦县小王力沟辽代墓葬、浙江绍兴兰若寺南宋墓地、陕西晋中龙白金代砖雕壁画墓、贵州遵义皇坟嘴墓地及赵家坝墓地、北京石景山净德寺遗址及明清墓群等，也都是近年来重要的墓葬考古新发现。

手工业方面，河津固镇宋金瓷窑址发现十分重要，产品包括白瓷、黑酱釉瓷和三彩器，以白瓷为大宗。最能代表烧造水平的是北宋的精细白瓷和金代的装饰瓷枕。此外，河北井陉窑遗址、安徽淮北烈山窑遗址、四川成都琉璃厂窑址、浙江武义溪里窑址、浙江黄岩沙埠竹家岭窑址、福建闽清下窑岗窑址、福建闽侯碗窑山窑址等瓷窑址的考古工作也比较重要。江苏南京官窑村明代官办窑场是烧造南京明城砖的专门窑场。湖南桂阳桐木岭遗址是明清时期一处重要的冶炼遗址，是锌、铅、铜、银等多种金属及重要工业原料砷的冶炼遗存。

宗教考古方面，以江西鹰潭龙虎山大上清宫遗址和重庆江津石佛寺的考古发现最为引人注目。前者是近年来最为系统的一次道教考古工作，后者则揭示了宋至明佛教寺院的变化历程。

（二）学科发展状况与人才队伍建设

2015年10月，中国考古学会宋辽金元明清考古专业委员会在江苏扬州成立，通过定期组织和召开有关宋辽金元明清考古的学术活动，积极为从事宋辽金元明清时期考古学研究的学者搭建学术合作平台。

"十三五"时期，国家社会科学基金重大、重点、西部、一般、青年与后期资助项目中，与宋辽金元明清考古直接相关的合计41项，占考古学科总项目数（367项）的11.2%。其中重大项目7项，占总数34项的20.6%。

宋辽金元明清考古的专业人才，主要分布在中国社会科学院考古研究所等一线考古单位和北京大学等高等院校。各省级考古研究所一般都有从事宋辽金元明清考古方向的考古专业人才，过去宋辽金元明清考古在高校考古与文博专业中属于较为弱势的专业方向，但近年来发展得比较快。

二 学科面临的问题与薄弱环节

（一）需要进一步加强重要薄弱环节的研究

中原地区以墓葬和出土器物为代表的考古学文化框架已初步建立起来，但周边地区的考古学文化框架尚需进一步开展工作。宋以后商品流通的情况更加频繁，不同族群之间的交往范围扩大，考古学文化框架的建设比此前的时段显得更为复杂，不同考古学文化之间的相互关系也需要给予足够的重视。

宋辽金元明清考古各领域发展得不均衡。其中，地方城镇的考古工作亟待加强。宗教考古，包括地面祠庙等古建筑、石窟寺和埋藏在地下的祠庙遗址的考古工作，开展都不充分。在开展工作较多的墓葬和陶瓷等手工业领域，历史时期考古的研究中仍存在专业分工过细、见物不见人的问题。如何发挥考古学在复原重建古代社会历史方面的独到作用，特别是对社会基层的组织结构，手工业生产的方式、组织形式，商品的传输范围及传输路线，以及社会生活、大众精神文化等领域的研究，需要学者们有更广阔的学术视野和多专业的合作。

（二）考古学研究技术的现代化和方法的科学化发展还有相当大的空间

科技考古为传统考古提出新的学术命题。在陶瓷考古、冶金考古方面，学者们通过合作已经在宋辽金元明清考古领域取得一定的成果。数字技术的运用也已比较普及。同时，越来越多的田野考古工作者意识到多学科合作和专门考古的重要性，更多的科技考古和专门考古工作者参与到田野考古工作的第一线，有效地提升了田野考古工作的水平。但总体来看这方面仍有很大的进步空间。

（三）在文化遗产保护理念下指导大遗址考古工作的开展

"十三五"时期大遗址名单中，宋辽金元明清考古领域涉及的都城、帝陵、窑址、文化线路遗产等占据了相当大的比重。这个时期是中国多民族国家形成的关键时期，遗迹遗物的分布范围明显扩大，类型多样，包括长城、丝绸之路、大运河、万里茶路、茶马古道、明清海防等超大类型的项目。考古工作不仅需要究明考古学对象的内涵，还需要为文化遗产保护提供扎实的基础资料。遗址发掘工作本身，也需要在文化遗产保护理念指导下开展。

三 "十四五"时期的学科发展趋势与重点研究课题

（一）古代城镇的考古学研究

古代城镇是历史时期考古学的重要研究对象。除了"十三五"时期开展考古工作的辽上京、金上京、明中都等都城遗址，其他都城特别是北宋东京、南宋临安、辽中京等"十四五"时期有必要加强考古工作。特别对于沿用时间较长和古今重叠的城址，要注意努力廓清不同时期的遗存，确定城市发展不同阶段的准确布局。

宋以后经济型城镇的兴起是一个重要特点。以往做过系统考古工作的市镇十分有限，有必要进一步对市镇展开考古学的调查与研究。并在此基础上，把城镇考古研究从个案推进到城镇网络的研究阶段，更好地探索和总结古代城市的发展规律。

（二）古代陵墓制度及葬俗的考古学研究

陵墓的考古学研究，历来是中国考古学最为重视的领域。在进行陵墓考古工作时，要注意对墓地整体布局、祭祀遗存、附属设施的探查，注意墓地规划、墓葬营建、埋藏、祭祀等环节遗留下的各种信息，从而把陵墓考古学研究提升到新的高度。要注意对陵寝、墓葬制度及其反映历史问题的探索。

要进一步加强对丧葬习俗、地理堪舆等方面的关注与研究，注意探索墓葬背后反映的社会文化背景及其变迁过程。

（三）古代手工业遗存的考古学研究

宋辽金元明清考古领域中，手工业遗存开展最多的是陶瓷考古。要加强开展金银器、玉器、玻璃器、砖瓦、漆木器、铜器等手工业的考古研究，重视冶金、造纸、造船、制盐、酿酒等领域考古工作的开展和系统研究。

一方面，要重视各手工业考古门类内的专题研究，梳理各自的技术发展过程，探讨生产环节与技术进步。另外，有必要加强以陶瓷、金银器等为代表的贸易和商品流通及其反映的社会经济问题的研究。

（四）中外文化交流的考古学研究

宋元时期的中外文化交流的考古学研究以往在金银器、玻璃器、陶瓷器以及景教的传播等专题方面做了比较深入地探讨，"十四五"时期要加强中外文化交流特别是对陆上丝绸之路、草原丝绸之路和海上丝绸之路的考古学研究。另外，也需要开展其他国家的考古工作与研究，为文明的比较研究提供资料。

科技考古

科技考古是一门交叉学科，即据考古学的研究思路，借用自然科学相关学科的方法与技术，对考古遗址所在的区域进行调查和取样，对多种遗迹和遗物进行鉴定、测试和分析，对各类与考古研究相关的资料进行定量统计，从而在一定程度上认识遗址或遗迹的空间信息、遗址的绝对年代、遗址的自然环境、人类自身与体质相关的特征、人类的多种生存活动，以及生产和社会行为特征。

在当今的世界考古学研究中，科技考古正在发挥越来越重要的作用，科技考古应用和推广的深入程度已经成为衡量考古学科发展水平的主要指标之一。近年来，尤其是"十三五"以来，科技考古产生了一系列新的变化。一方面，科技考古技术与方法的快速发展，使得大量常规方法无法观察到的考古信息被逐渐提取和记录下来，极大丰富了考古学科的资料库。另一方面，科技考古研究的不断深入，使得我们可以使用更多与古代社会相关的知识，去讨论和总结文化、生业、技术与资源环境的相互关系，发现和阐释人类社会跨时空异同。现将"十三五"时期科技考古学科发展情况简要报告如下。

一 "十三五"时期研究现状

（一）人才队伍与实验室建设

2016年以来，本学科在多个领域加大人才梯队建设力度。在加强国内人才队伍建设与培育的同时，大力引进在国际上有较大学术影响力的中青年学者和十多位国外名校毕业的博士归国。依托国家高层次人才特殊支持计划、中国国家重大人才工程的支持，多位科技考古研究人员入选不同层次的人才计划，其中包括"万人计划"青年拔尖人才2人、"万人计划"科技创新领军人才1人、"长江学者"1人、"青年长江学者"3人、中宣部文化名家暨"四个一批"人才1人。目前，已经形成了"老中青""海内外"相结合的科技考古学科人才队伍。

实验室建设方面，各高校和科研院所逐步加大力度，不仅增设、扩建、升级了相关实验室，在硬件设施建设方面也逐步缩小了与国际同行的差距。包括碳十四年代学实验室已经增至十多家，加速器质谱、二代测序技术、气（液）相色谱质谱联用技术、脂肪酸单体同位素分析等相关设备的采购和应用，极大促进了相关领域的分析测试技术的创新发展。

（二）科技考古学科发展状况

研究队伍建设与人才培育，促进了科技考古学科在理论层面的反思和方法与技术层面的发展，由此取得了一系列重要成果。

"十三五"时期国家社会科学基金重大、重点、西部、一般与青年项目中，与科技考古直接相关的合计55项，其中重大课题5项。此外，还有许多课题的内容涉及科技考古多个领域的研究。

科技考古学科层面上，袁靖教授组织科技考古各领域研究骨干结合科技考古的科研实践与学科发展规划，出版论文集《中国科技考古纵论》，指明了未来发展的方向。新出版的教材《中国科技考古导论》《中国科技考古讲义》则成为考古研究人员和青年学生系统学习和开展科技考古的必备参考书。

"十三五"时期，科技考古各研究方向之间开始打破学术壁垒，实现融合发展、协同创新。比如《中国新石器时代至青铜时代生业研究》（复旦大学出版社2019年版）综合植物、动物、环境、考古学文化等研究成果系统构建了中国新石器时代至青铜时代生业经济的时空特征，及其与中华文明形成与早期发展的关系。陈相龙则通过系统对比甘青地区与中原地区动植物遗存、饮食结构、工具组合、陶器类型等提出，距今4000年前后生业经济的分化是两个地区考古学文化演变与社会发展格局呈现重大差异的主要原因之一。

（三）科技考古各领域研究现状与代表性成果

科技考古作为考古学科的六个分支学科之一，各领域的研究已经贯穿田野调查、发掘与研究的全过程，是考古学不可或缺的组成部分。"十三五"时期，科技考古各领域均取得了较大进展。

数字考古领域，研究方法上取得了革命性的突破。刘建国研究员的著作《考古现场多视角三维重建》，系统地介绍了无人机拍摄、多视角三维重建、虚拟现实等技术之于考古调查、发掘、研究与公众宣传的作用，这是考古信息获取、分析、模拟、展示等技术的重大变革。

环境考古领域，在不同地区多个尺度的古环境重建研究，以及具体遗址古代人地关系研究中均取得了较大成就。莫多闻课题组从资源获取与环境利用的角度对农业起源最可能发生在山麓地带的假说进行了论述。王辉对瓦店等遗址地貌形成过程的系统研究解释了相关遗址的聚落布局与生业经济特点。

碳十四年代学领域，研究理念、数据分析、实验技术等都有了较大的提高。以郭立新等为代表的考古学家开始反思考古学年代谱系构建研究中对碳十四测年数据重视不够的问题。数据分析方面，以张雪莲等为代表的越来越多的学者开始利用贝叶斯模型对特定考古学文化、区域性考古编年开展高精度系列样品拟合研究。实验技术上，吴小红与吕厚远课题组联合探索植硅体等微体化石碳十四测年方面的应用，并取得初步成功。

人类骨骼考古研究领域，在古人类演化、汉民族起源等方面均有新的进展。刘武团队在距今约30万年安徽华龙洞人、距今约10万年河南许昌人的研究揭示了早期现代人演化的复杂过程。朱泓团队的研究认为现代汉民族最早的源头应是新石器时代主要分布在今河南、山东、陕西一带的古中原类型居民。

动物考古领域，学科体系建设日臻完善，研究实践向纵深挺进，领域不断拓展。比如，袁靖等在前期研究的基础上提出对于我国家养动物起源方式的理论性认识。李志鹏、吕鹏等初步形成了仪式性动物使用方式的规律性认识。马萧林、李志鹏、杨苗苗等对动物次生产品（羊毛、奶制品开发）与制骨手工业进行了深入探索。

植物考古领域，主要进展体现在农业起源与发展过程及理论的阐述、农作物的传播等方面。赵志军研究员厘清并从理论上阐释了北方旱作农业和南方稻作农业的起源发展脉络。吕厚远课题组系统构建了中国新石器时代南北方农业经济的发展过程。陈发虎课题组对甘青地区新石器时代至青铜时代植物遗存的综合研究，认为青稞等农作物的传播为早期人群向青藏高原移民提供了重要支撑。

古 DNA 研究领域，研究方向已经从以古代人类为中心逐渐扩展到了古代动物、古代植物以及古微生物基因组等多个领域。如，付巧妹团队与盛桂莲团队分别成功测定了古代大熊猫的完整线粒体基因组和全基因组。崔银秋团队成功提取出首例距今约 3800 年的小麦全基因组序列，并提出普通小麦从青藏高原边缘到长江流域的扩散路线；该团队对东天山石古人群基因组的研究为探讨印欧语系和印欧语人群的扩散历史和路径提供了关键证据。蔡大伟等对吉林后套木嘎遗址牛科动物 DNA 的研究发现了最早的家养黄牛世系（距今 5500—5300 年）。

食性分析领域，在研究思路、理论探讨、实验方法方面都取得了明显的进步。胡耀武课题组从稳定同位素入手提出粟黍通过新疆和草原之路向中亚以及欧亚大陆的西部渐次传播的假说，而骨骼与牙齿序列样品稳定同位素分析则初步呈现了在揭示个体生命过程中饮食转变方面的研究潜力。陈相龙等对早期墓葬与祭祀遗址出土动物牺牲食物结构多元化的分析则为认识祭祀礼仪的形成与其背后的社会流通网络提供了重要证据。

锶同位素分析领域，对人群迁徙与动物资源流通进行了讨论。如，赵春燕等在青海喇家、陕西石峁等遗址发现了少量非本地的人和家畜。唐自华等研究认为新疆吉尔赞喀勒在 2500 年前出现了大规模的人群迁徙。金正耀课题组对山西清凉寺、山东丁公和尹家城鳄鱼古板的分析，发现这些扬子鳄属于本地的可能性较大。

残留物分析领域，由于实验方法改进，得到了一大批新发现，极大增加了我们对古代社会生活的认知。龚德才等在贾湖遗址检测到蚕丝蛋白残留物。周旸则在距今 5000 多年前的汪沟遗址发现了现存最早的丝织品。杨益民课题组发现了中国最早的芝麻油，迄今为止最早的西汉松烟墨，中国最早的桦树皮焦油。

冶金考古领域，这一阶段在冶铜、冶铁工业生产体系以及相关方法论建设上都有突破。比如，Mark Pollard 团队综合器物类型、主量元素、微量元素、铅同位素发现二里头、二里岗、殷墟与西周早期掌握的金属资源交流网络具有明显的连续性。李延祥课题组提出二里头时期已经出现了王室控制下的采矿、冶炼、铸造等相分离的青铜工业生产体系，并延续至商周时期。陈建立课题组发现公元前5世纪前钢铁工业体系存在明显的地域性差异，而直到秦代这种差异才逐渐缩小。

陶瓷科技考古领域，研究对象从史前陶器到明清瓷器都有涉及，研究主题包括产地、烧制工艺、呈色机制、断代研究和方法标准建立等。王芬等通过丁公及周边遗址龙山文化白陶岩相和成分分析讨论其产地及流通。李青会等对南澳一号出水青花瓷窑口进行分析。李涛探讨红山文化无底筒形器专业化生产问题。朱剑等对唐代长沙窑和清代粉彩瓷彩料的呈色机制进行研究。李合等对锶同位素在瓷器产地的应用进行了探讨。

玉石器科技考古领域，玉器研究队伍日渐壮大，研究成果主要体现了玉石器加工工艺的研究以及对玉石器、绿松石矿料资源的调查与分析。叶晓红等通过微痕分析方法探索早期玉器加工技术，寻找玉器技术史上发生重要变革与发展的关键性节点。李延祥等对古代绿松石开采与产地进行研究。张有来为首的团队利用先进的仪器设备，对各地出土的新石器时代至汉代的数以万计的玉器进行了材质、侵蚀、使用痕迹以及制作工艺技术的检测和研究，积累了大量数据，为古代玉器的科学检测与综合研究开辟了全新的领域。

二 存在问题和薄弱环节

虽然经过多年的发展，从学科层面上科技考古研究队伍和研究水平已经大为提升，但我们要清醒地认识到科技考古的研究思路、方法与实践，都有需要进一步完善之处。现就存在的主要问题归纳如下。

（一）学科发展不均衡

科技考古各个领域发展差异较大，有些领域已经形成了系统的研究理论、明确的研究目标、独立的研究内容、成熟的研究方法、规范的学科体制，而有些学科基础性工作仍有待加强，如锶同位素等。学科发展的不均衡影响了科技考古学科的整体进步和协同发展。

（二）原创性研究与理论性思考不足

目前，国内科技考古研究多是追踪国际学术前沿与热点，缺乏创新性，整体上仍处于模仿、跟跑的发展态势。因此，总体上来说尚未形成本土特色的科技考古学科体系，尚没有根据中国考古学的特点发展出相应的理论、方法以及学科体系，多个领域的理论建设仍处于初级阶段。

（三）科技考古与考古学未能有机融合

科技考古研究实践中，经常出现科技考古专家与传统考古学者因为缺乏沟通而导致研究方案设计不够合理、数据解释简单化、研究问题与实际需求脱节等现象。这样不仅会打击双方合作的积极性，也会影响考古学科的快速发展。

（四）科技考古各领域尚未形成合力

科技考古不同领域研究过程中容易形成学术壁垒，导致科技考古学科内部无法形成彼此交融、协同创新的局面，有时同一个考古学问题会得出较大纷争甚至矛盾的结论。如此一来，科技考古学科便无法形成合力，产出综合性、创新性较强的研究成果。

（五）对历史时期关注较少

科技考古研究主要集中在史前和先秦时期，除了陶瓷、冶金等领域之外，对历史时期的关注较少或不充分。

三 "十四五"时期的发展趋势与学术前沿，需要重点深化和拓展的研究领域、方向和范围

（一）加强科技考古标准化建设，推动标本库与数据库建设

加强科技考古学科分析测试方法的标准化建设，推动标本库和数据库的建设，提高科技考古相关标本和数据生产和保存的规范性、系统性和安全性，为考古学综合研究提供支撑，增强科技考古创新能力。

（二）开展科技考古整合研究

1. 开展大数据支持下的科技考古整合研究

打破研究壁垒，实现科技考古与考古学其他分支学科以及科技考古内部不同领域的密切合作和协同创新，用全方位、多视角的研究理念开展大数据支持下的科技考古综合研究。

2. 对具有代表性的遗址开展科技考古整合研究

选择一批在文化属性、聚落层级、社会功能等具有代表性的遗址，开展科技考古研究，并对考古学与科技考古研究成果进行整合，以便得到全面的关于古代社会的认识。

（三）加强科技考古研究成果的理论思考

如何从科技考古研究成果中提升认识，检验、修正、构建新的关于古代社会的相关理论模型和假说，增强对于人类社会时空差异及原因的理解，是科技考古人员在今后相当长的一段时期内需要认真思考的问题。

四 本学科需要重点研究的课题建议与简要说明

（一）史前考古学文化高精度年表的完善与修正

随着学科的发展，碳十四测年样品选择、前处理、加速器测试、数据校正等测试与分析技术都有了较大的发展，尤其是高精度系列样品拟合方法的使用，可极大完善原有的考古学文化年代框架。

（二）遗址形成过程的环境考古学研究

为更好地理解考古研究的材料和古代人类活动，必须进行"场景的重建"，开展遗址形成过程的系统研究，如此才能更准确地阐释古人的选址、生业乃至认知等活动。

（三）人类演化与早期人群互动研究

开展基于DNA与人类骨骼考古学的人类演化与早期人群互动研究，以提升对于古代人群迁徙、文化交流、社会形态、婚姻制度等诸多方面的认知，深化对华夏民族形成与发展过程的理解。

（四）文化交流与中华文明的形成和早期发展

以非本土驯化的动植物、金属制品及相关技术为研究对象，研究其东传的过程、传播机制和动因，以及在中华文明形成和早期发展过程中的作用。

（五）公元前三千纪晚期农牧交错带的反刍动物利用

陶器有机残留物分析能识别出反刍动物的体脂和乳脂，有助于解读牧业的发展程度，从而为评估畜牧业在社会复杂化过程发挥的作用提供重要信息，以便理解北方长城沿线公元前二千纪前后考古学文化等蓬勃发展的原因。

（六）中国冶金技术起源与传播问题研究

从田野考古调查、发掘、资料整理和实验室研究中发现、揭示更多的证据，考察早期冶金术在中国中原地区的本土化过程，深入分析中国钢铁制品及工艺技术的发展以及向域外的传播过程，研究中国冶金起源的模式，展现冶金术在推动中外文明交流、互动和发展上的巨大贡献。

（七）热膨胀率分析技术对陶器烧制与生产体系的研究

热膨胀率与陶器的烧成温度密切相关，从科学分析角度对陶窑本身进行分析，进而与陶器产品的相关科技分析数据（陶坯在窑内放置位置、烧制时间）进行对比研究是制陶工艺研究的重要内容，也是将陶窑烧制技术与作为产品的陶器研究结合的联结点。

博物馆与文物保护

一 博物馆领域发展报告

(一)"十三五"时期博物馆事业的发展状况

"十三五"时期,我国的博物馆事业发展迅速。博物馆的数量以每2天新增1家的速度增长,而且布局日趋合理,高校博物馆、行业博物馆、非国有博物馆等多种类型的博物馆全面发展,博物馆行业的从业人数也有明显的增长。截至2019年底,全国已备案博物馆达到5535家。2019年一年接待观众便达12.27亿人次,教育活动33.46万场,举办展览2.86万场。博物馆行业呈现井喷式的发展态势,但同时也遭遇到瓶颈(国家文物局局长刘玉珠语)。

2015年,《博物馆条例》正式颁布,对于博物馆事业的发展起到了良好的促进作用。在博物馆行业内也先后出台了馆藏资源授权操作、展览内容和形式设计、促进文创产业发展等方面的通知和规范,修改和完善了博物馆分级评估的指导办法,进一步从政策层落实对博物馆各个业务环节的引导,推动博物馆发挥时代所需的职能。同时,博物馆也应时而变,大力推出线上展览和活动,实现博物馆与多元人群的新联结。

博物馆的专业研究得到加强,从事博物馆学相关领域研究的研究人员集中在一些大型博物馆和高校中。相对而言,博物馆的研究人员从事博物馆实践的研究,而高校的博物馆研究更多地偏重博物馆理论的研究。由此出现了一批有影响的专业性的研究著作,独立创办的博物馆方面的专业杂志发挥着越来越大的影响。一些博物馆和出版社还组织翻译了西方博物馆学方面的代表性著作，这些著作涉及博物馆理论与实践的多个领域。

（二）博物馆学科现状及发展方向

与博物馆事业的快速发展和从业人员的增长相比，博物馆学的学科建设和专业人员培养明显滞后。较早开设博物馆学的高校如北京大学、南开大学、复旦大学、浙江大学等高校的教师队伍人数变化不大。新增博物馆学的高校除上海大学在教师引进投入较大、课程设置比较合理之外，其他一些高校虽然在博物馆学学科建设上也在积极努力，但是与学科历史悠久的考古学相比，要想获得国家和学校在学科建设上的大力支持，还有待时日。这种状况反映了博物馆事业快速发展与专业人员培养相对滞后之间的矛盾，作为文物事业新的增长点，博物馆专业人才队伍和博物馆学的学科建设"十四五"时期需要得到加强。

1. 博物馆结构有待优化

促进中小型博物馆的协同发展，尤其需要激活市、县一级博物馆的发展潜力。进一步引导和规范非国有博物馆的发展，完善社会文物管理制度。

2. 馆藏文物的研究是保护和利用的基础，应在博物馆业务环节中受到更大程度的重视，从而真正做到盘活馆藏文物资源，形成各馆特色

博物馆馆藏文物的管理模式有待进一步探讨，尤其需要与整个博物馆业务体系形成更为密切的配合，制定系统化的藏品征集政策。

3. 进一步规范博物馆展览设计，引导和鼓励多类型、有原创性、重视内容深度、贴近观众需求的展览

建立符合中国博物馆发展实际的策展人制度，强调收藏、研究、展览、教育的系统化配合。

4. 继续探索如何更好地发挥博物馆在公民素质教育、终身教育领域的作用

寻找适合我国国情的博物馆与学校、公共传媒、特定社区之间的合作和互动模式，真正实现博物馆走出围墙。加强博物馆对弱势群体的关注，深入开展更细致的观众研究。

5. 积极鼓励智慧博物馆的建设

探索数字化、信息化技术在博物馆领域内更全面、系统化的应用。目前，数字化、信息化技术在博物馆导览、博物馆虚拟展示技术、博物馆藏品管理等领域得到了比较多的运用，但是如何将技术与博物馆方的需求、博物馆观众的行为特点有机地结合在一起，仍是需要深入探讨的问题。

6. 探寻博物馆文创的合理发展模式

开放馆藏文物资源，促进博物馆与馆外机构和组织的良性合作，加强博物馆的品牌意识、版权意识、原创意识，做符合博物馆自身定位的文创。

7. 加大红色文物的征集、保护和研究的力度

通过多种形式，发挥红色文物在社会主义精神文明建设中的重要作用。

二 文物保护在"十三五"时期的发展状况

从保护实践和制度设计上，继续完善文物保护规划、工程的审批和资质管理工作。在大遗址、历史文化名城、传统村落、线性遗产等重要的遗产类型上，继续推动相关名录的建立和完善，落实加强具体遗产点的保护和规划工作，推动文物建筑在保护的基础上合理有序开放。

监测的理念得到了进一步的贯彻落实，不仅在技术层面更加先进，并且在制度层面也建立起了系统化的控制、处理以及应急措施。鼓浪屿、良渚遗址等成功申报世界文化遗产，并且以此为契机进一步完善了相应的保护和管理制度。

从保护技术方面，进一步完善并建立起石窟寺、馆藏壁画等各类文物保护国家文物局重点科研基地，部分省市成立了独立的文物保护中心，充实和壮大一线文物保护抢救和研究能力。

在这个过程当中，文物保护的意识在诸多层面得到强化。在考古工作中，专业的保护人员不断将文物保护工作前置，以落实对地下文物和遗址的全面保护。在壁画、水下文物、土遗址保护、彩塑文物保护等重要领域取得突破，例如敦煌壁画的有效保护、南海一号沉船的整体出水与保护等保护项目取得显著的成果。馆藏文物保护技术不断提高，博物馆文物保护的微环境不断得到改善。文物保护形成了地上、地下，高校和科研院所协力共进的局面。北京大学、西北大学等高校进一步加大对文物保护专业的投入力度，扩大了整个行业的人才储备和基础研究实力。

三 "十四五"时期的文物保护事业的发展方向

第一,西方传统的文物/遗产保护理念与中国实践之间的关系还需进一步理顺,探讨符合我国国情尤其是基层现状的保护制度,国内传统文物保护的一些技艺和做法还应当得到进一步重视,从中发现并提炼其当代价值。

第二,进一步强化文物保护规划的落地和可操作性,以及与其他规划文件的协调性,加大对地面各类现存建筑、遗址、石窟寺、壁画以及馆藏文物等文物对象的保存现状的调查工作,建立健全相关信息的数据库,实现更大范围内、更长期有效的文物监测工作。

第三,继续严格对文物保护规划和工程的审批,建立对文物对象的长效评估机制,有条件的可进一步扩大对公众的开放程度,有危险的及时建立起预警机制和叫停机制。对于目前保护级别更低或文物保护条件有限的文物对象,制定更全面、更具可行性的保护规范或引导性准则,合理激活社会资源,加强文物保护工作在各级地方领导和基层工作者当中的意识。

第四,强化文物保护基础研究的重要性。基础研究的内涵不仅应包括对文物本体的现状调查,也应纳入对文物所在地社会经济现状的协调性考虑。

第五,进一步建设和细化各类文物保护重点实验室,围绕壁画/彩绘保护、出水文物、土遗址保护、有机质文物保护等重大难题开展进一步的示范工作,加大对必需的实验设备的投入,重视关于各类文物性质、材料等领域的基础研究,加大对预防性保护项目的重视,提高文物保护工作的主动性。

第六,建立健全文物保护抢救机制,尤其是对新出土出水文物的现场保护工作需要得到进一步的完善。这不仅需要在技术层面发展更符合现场可操作性的工具与技术,也需要各级文物保护工作者具备基本的文物保护能力和建立联动配合的体制。

外国考古研究

由于历史原因，长期以来，中国考古学科的研究领域主要限于国内，在中国考古学以外的研究领域，中国考古学家几乎没有发言权。

2013年，我国领导人提出共建"一带一路"的倡议之后，我国学术机构在国外开展的考古项目迅速增加。至"十二五"末，我国已有15家学术机构在12个国家实施了15项田野考古工作。据不完全统计，截至2019年，我国共有32家学术机构在21个国家开展了37项田野考古工作。目前我国学术机构在国外的考古工作多与所在国学术机构合作开展，主要有以下区域和内容。

一　北亚地区考古

北亚地区主要指俄罗斯和蒙古国，是目前我国学术机构开展考古工作最多的区域。在北亚地区的联合考古工作内容和项目主要有：

（一）北亚地区史前文化研究

欧亚大陆北方草原地带是东西方人群和文化较早发生交流的区域，中国早期文明在形成和演变过程中与北亚地区存在交往。因此，对北亚地区新石器时代和青铜时代文化的研究具有重要的学术意义。目前这方面的研究项目有：南京大学、中国科学院古脊椎动物与古人类研究所在俄罗斯阿尔泰边疆区苏联路-1青铜时代聚落遗址考古发掘项目；黑龙江大学、黑龙江省文物考古研究所的黑龙江流域联合考古项目。

（二）北亚地区古代各族群文化研究

北方草原地带是古代游牧人群活动的重要区域，与东亚地区的农业文化关系密切，历史上有匈奴、东胡、月氏、丁零、鲜卑、柔然、突厥、回鹘、黠戛斯、契丹、女真、蒙古等多个族群在这一区域活动过，游牧人群与农业人群的南北互动是影响中国古代历史演变轨迹的决定性因素。因此，开展北亚地区古代各族群考古学文化遗存研究很有必要。目前这方面的研究项目有：内蒙古自治区文物考古研究所的"蒙古国境内古代游牧民族文化遗存考古调查与发掘研究"项目；内蒙古博物院的蒙古国后杭爱省和日门塔拉匈奴三连城遗址联合考古发掘项目；河南省文物考古研究院等的蒙古国后杭爱省高勒毛都匈奴墓地考古发掘；中国国家博物馆的蒙古国中央省石特尔匈奴墓地考古发掘；吉林大学的蒙古国巴彦洪戈尔省索尧胡林匈奴墓地考古发掘；内蒙古大学的"中蒙联合燕然山铭摩崖及相关历史遗址调查"项目；中国人民大学的蒙古国鄂尔浑省艾尔根敖包鲜卑墓地考古发掘。

（三）草原之路研究

欧亚大陆北方草原之路是古代丝绸之路的重要组成部分。现有资料表明，草原之路的开通早于丝绸之路的主线沙漠绿洲之路，并一直沿用至近代。目前这方面的研究项目有：内蒙古自治区文物考古研究所等的"草原丝绸之路考古学遗存研究"项目；内蒙古博物院的"草原丝绸之路与万里茶道考古调查与发掘"项目；中国人民大学的"一带一路视野下的漠北草原考古"项目。

二　中亚地区考古

中亚地区主要指乌兹别克斯坦、塔吉克斯坦、哈萨克斯坦、吉尔吉斯斯坦、土库曼斯坦五国。中亚地区是古代东西方文明交往的中间地带，是古代丝绸之路的关键路段和区域。中亚地区考古工作，对于了解中国文明形成和演变过程中与西方文明的关系，探讨东西方文明交往互动的历史过程具有重要的学术意义。目前我国学术机构在中亚地区的联合考古工作，主要在乌兹别克斯坦、哈萨克斯坦、塔吉克斯坦、吉尔吉斯斯坦四国的三个区域开展。

（一）西天山地区考古

西天山地区主要指天山山脉西端区域，包括今乌兹别克斯坦东南部和塔吉克斯坦西南部。该区域的联合考古研究主要以古代月氏文化的考古学探索为切入点，主要由西北大学与国内多家学术机构和乌兹别克斯坦、塔吉克斯坦两国学术机构合作开展。从2009年起，在对西天山地区进行全面系统的区域考古调查的基础上，先后选择撒马尔罕州撒扎干遗址、苏尔汉河州拜松拉巴特遗址、乌尊谢尔哈拉卡特遗址进行了考古发掘，初步确认了古代康居和月氏的考古学文化特征及分布范围。此外，复旦大学发掘了苏尔汉河州克孜尔特佩遗址，发现了早期琐罗亚斯德教的神庙。

（二）伊犁河、楚河流域考古

主要指哈萨克斯坦南部的伊犁河中下游区域和吉尔吉斯斯坦北部的楚河流域。该区域目前的联合考古项目有：陕西省考古研究院的伊犁河流域考古调查和拉哈特古城遗址考古发掘和楚河州科拉斯纳亚·瑞希卡古城（新城）西侧佛教寺院遗址考古发掘。

（三）费尔干纳盆地考古

费尔干纳盆地位于中亚东部，处于古代丝绸之路的咽喉要道，是古代大宛的所在地。该区域历史上与中国关系密切，汉代开始就已属西域都护府管辖。因此，该区域考古研究对于了解古代中国与周边地区关系和丝绸之路交通的演变具有重要的学术意义。

（四）乌兹别克斯坦安集延州明铁佩古城遗址考古发掘

该项目由中国社会科学院考古研究所与乌兹别克斯坦学术机构合作实施，2012年以来，已连续开展了8次全面系统的考古勘探和发掘，初步明确了明铁佩古城遗址的形制、布局和年代。

（五）费尔干纳盆地四国（中国、乌兹别克斯坦、塔吉克斯坦、吉尔吉斯斯坦）联合考古

由于历史遗留的民族和领土问题，同处于费尔干纳盆地的乌兹别克斯坦、塔吉克斯坦、吉尔吉斯斯坦三国之间多年来关系紧张，考古研究工作也是各说各话，互不交流。2019年3月、7月和9月，西北大学在与乌兹别克斯坦、塔吉克斯坦、吉尔吉斯斯坦三国的考古学术机构已建立的双边合作关系的基础上，联合国内多家单位与乌兹别克斯坦、塔吉克斯坦、吉尔吉斯斯坦三国学术机构合作，通过座谈研讨会、联合考察等方式，正式启动了费尔干纳盆地四国联合考古项目，开创了国外联合考古工作的新形式、新局面。

三　南亚和东南亚地区考古

南亚和东南亚地区各国是中国的近邻，与中国文明形成和演变过程关系密切，是历史上丝绸之路南亚廊道的所在区域和海上丝绸之路的关键通道。佛教文化在南亚起源并流传至中国和东南亚。到目前为止，我国学术机构在南亚和东南亚地区开展的联合考古项目主要有：

（一）南亚和东南亚古代文明研究

对于旧大陆四大原生文明之一的印度河文明，我国历史学界和考古学界长期以来缺乏了解和研究。从2018年起，南京大学等单位在巴基斯坦首都伊斯兰堡近郊阿托克市Jhang Bahatar遗址开展了连续两年的考古发掘，揭示了一处哈拉帕文化的聚落遗址，是中国考古学家首次对印度河文明开展的考古研究工作。

（二）丝绸之路南亚廊道和海上丝绸之路考古研究

这方面的联合考古项目主要有：故宫博物院的印度喀拉拉邦帕特南、奎隆港口遗址考古调查与发掘项目；四川大学的斯里兰卡西北部曼泰港遗址考古调查与发掘项目；西北大学等的尼泊尔北部木斯塘地区联合考古项目。

（三）重要文化遗产保护过程中的考古项目

这方面的联合考古项目主要有：中国文化遗产研究院的柬埔寨吴哥古迹茶胶寺保护修复工程考古专项、吴哥城王宫遗址修复工程考古专项；湖南省文物考古研究所的孟加拉国毗诃罗普尔古城和纳提什瓦佛教寺院遗址联合考古项目；云南省文物考古研究所的老挝沙湾拿吉省 Sepon 矿区联合考古项目。

四　其他地区考古

主要包括古代文明和丝绸之路相关遗产的考古学研究。

（一）古代文明研究

这方面的联合考古项目主要有：中国社会科学院考古研究所的埃及卢克索孟图神庙联合考古项目；中国社会科学院考古研究所的洪都拉斯科潘遗址发掘及中美洲文明研究项目；中国社会科学院考古研究所等的罗马尼亚雅西市多布若瓦茨遗址联合考古项目；南京大学的伊朗北呼罗珊省纳德利土丘遗址考古发掘；中国科技大学的伊朗拉扎维呼罗珊省内沙布尔市 Borj 遗址联合考古项目；中国科技大学的希腊 Sarakenos Cave 遗址考古发掘项目；中山大学的意大利托斯卡纳大区索拉诺市 La Biagiola 遗址联合考古项目；河南省文物考古研究院的肯尼亚裂谷省巴林戈湖、博高利亚湖、吉门基石遗址联合考古项目等。

（二）丝绸之路相关遗产考古研究

这方面的联合考古项目主要有：中国国家博物馆的肯尼亚拉穆群岛地区水下考古项目；北京大学的肯尼亚拉穆群岛地区陆上考古项目；国家文物局水下文化遗产保护中心的沙特阿拉伯塞林港遗址联合考古项目等。

五　代表性成果

蒙古国高勒毛都 2 号墓地 M10、M189 的考古发掘，是我国考古工作者首次发掘的匈奴大型贵族墓葬，是匈奴考古的重大新发现，被《美国考古杂志》评为2019年世界十大考古发现之一。在蒙古国中戈壁省杭爱山支脉调查发现的东汉永元元年（89）窦宪北征北匈奴后命班固所撰《燕然山铭》摩崖石刻，是研究汉匈历史的重要实物证据，引起了国内外学术界和社会各界的广泛关注。内蒙古自治区文物考古研究所出版了《蒙古国古代游牧民族文化遗存考古调查报告（2005—2006年）》《蒙古国后浩腾特苏木乌布尔哈布其勒三号四方形遗址发掘报告（2006年）》《蒙古国后杭爱省浩腾特苏木胡拉哈一号墓园发掘报告》等多本考古报告。四川省文物考古研究院、陕西省考古研究院出版了《越南义立——冯原文化遗存发掘报告》。此外，冯恩学的《俄国东西伯利亚与远东考古》、杨建华等的《欧亚草原东部的金属之路——丝绸之路与匈奴联盟的孕育过程》、邵会秋的《新疆史前时期文化格局的演进及其与周邻文化的关系》等学术专著，在收集和编译整理北亚地区已有考古资料的基础上，对北亚地区史前文化和古代各族群文化、草原之路、北亚与东亚古代人群和文化交流互动关系等进行了探讨。

西北大学联合国内多家学术机构与乌兹别克斯坦、塔吉克斯坦两国学术机构合作，在西天山地区持续开展了10年的考古调查和发掘工作，已发表了多篇考古调查、发掘简报和学术论文等阶段性研究成果，初步确认了古代月氏文化以及康居文化的特征和分布范围。2019年，西北大学和中国社会科学院考古研究所分别在乌兹别克斯坦国家历史博物馆举办了《中乌联合考古成果展——月氏与康居的考古发现》《从长安到宛都——中乌联合考古成果展》，在国内外学术界和社会各界产生了良好的影响。2016年至2019年，习近平主席、李克强总理等党和国家领导人，通过接见考古工作者、发表重要讲话和在中亚各国媒体上发表署名文章等方式，对中亚考古和文化遗产保护工作多次给予高度评价。

六　国外考古资料和成果编译出版工作

"十三五"时期，我国已有复旦大学、吉林大学、北京大学、郑州大学、山东大学、中山大学、云南大学、中国人民大学、中央民族大学、中国政法大学、中国社会科学院考古研究所、新疆文物考古研究所等学术机构，与上海古籍出版社、商务印书馆、广西师范大学出版社、科学出版社、文物出版社等出版机构合作，编译出版了国外考古资料和研究成果30部。其中国外考古学理论方法类6部，北亚地区考古5部，中亚考古4部，东北亚考古2部，美洲考古2部，南亚考古1部，西亚考古1部，埃及考古1部，希腊考古1部，艺术考古类7部。

总审稿人 王　巍
审 稿 人 陈星灿
执 笔 人 高　星　李　峰　陈星灿　李新伟　方　辉
　　　　　　常怀颖　刘　瑞　朱岩石　韩建华　沈丽华
　　　　　　杭　侃　王子奇　袁　靖　朱　泓　陈相龙
　　　　　　王思渝　王建新
参 加 人 王　辉　熊建雪　张　旭　罗运兵　钟　华
　　　　　　崔银秋　杨益民　陈建立　秦小丽　鲍　怡
　　　　　　叶晓红

宗教学

马克思主义宗教观研究

一 "十三五"时期的研究成果

"十三五"时期，马克思主义宗教观基础理论研究和应用研究都取得了进一步的发展。共有500余篇内容相关的论文公开发表，其中约有三分之一是专业学术论文。出版的相关专著、译著、论文集和研究报告众多，包括《马克思恩格斯列宁论宗教著作精选和导读》（国家宗教事务局宗教研究中心编，宗教文化出版社2016年版），《民族宗教工作的坚持与探索》（朱维群著，四川人民出版社2016年版），《马克思主义宗教观概论》（王来法主编，浙江大学出版社2016年版），《马克思主义宗教观研究（2014）》（曾传辉主编，社会科学文献出版社2017年版），《马克思主义经典作家关于宗教的基本观点研究》（卓新平主编，人民出版社2017年版），《宗教理论前沿》（晏可佳主编，上海社会科学院出版社2017年版），《马克思主义无神论研究》（第3辑·2013）（习五一主编，中国社会科学出版社2017年版），《无神论》（［苏］卢卡启夫斯基著，谭辅之译，上海社会科学院出版社2017年版），《马克思主义与宗教：一种对马克思批判基督教的描述和评估》（［英］戴维·麦克莱伦著，林进平、林育川、谢可晟译，天津人民出版社2018年版），《中国宗教法治研究报告（2016）》（冯玉军主编，中国人民大学出版社2018年版），《"马克思主义祖国观、民族观、宗教观、文化观教育概论"课教学体系探索》（葛数金主编，四川大学出版社2018年版），《大学生马克思主义宗教观教育研究——以文化安全为视角》（赵子林著，社会科学文献出版社2018年版），《多元和谐的中国宗教》（叶小文著，外文出版社2018年版，英文版：*Pluralism and Harmony in the Religions of China*，Clark Martin Lewis 译），《完善党的宗教政策研究》（何虎生著，中国人民大学出版社 2018 年版），《无神论》（中英双语）（［英］巴吉尼著，付满译，译林出版社 2018 年版），《马克思主义无神论研究》2015 年第 5 辑（习五一主编，中国社会科学出版社 2017 年版），《基督教中的无神论》（［德］恩斯特·布洛赫著，梦海译，中国社会科学出版社 2018 年版），《科学与无神论文集》（学部委员专题文集）（杜继文，中国社会科学出版社 2014 年版），《马克思主义宗教观研究》（2017）（曾传辉主编，社会科学文献出版社 2019 年版），《马克思主义无神论研究》（第 2 辑·2012）（习五一主编，中国社会科学出版社 2019 年版），《科学无神论》（第二辑）（习五一主编，中国社会科学出版社 2019 年版），《与神作战：古代世界的无神论》（［英］蒂姆·惠特马什著，陈愉秉译，社会科学文献出版社 2020 年版），《经典与实践：论马克思主义宗教学》（卓新平著，中国社会科学出版社 2020 年版），《唯真与求实：马克思主义宗教观中国化之探》（卓新平著，中国社会科学出版社 2020 年版）等。

二 "十四五"时期需要重点关注的问题

（一）深入领会与学科发展相关的方针政策

党的十八大以来，以习近平同志为核心的党中央科学把握国内外发展大势，顺应实践要求和人民愿望，推动党和国家事业发生历史性变革，领导人民取得改革开放和社会主义现代化建设的历史性成就。在宗教工作方面，随着改革开放的深入发展，宗教信仰自由政策得到全面落实，国际国内宗教形势发生了深刻的变化，形成了很多新的特征，这就迫切需要从新的历史方位、新的时代坐标，科学认识和全面把握客观实际，与时俱进地推动中国特色社会主义宗教理论发展，在全面贯彻宗教工作基本方针的基础上，对宗教工作的重点难点做出新的战略布置。2016 年 4 月 22—23 日，中央召开了全国宗教工作会议，习近平总书记发表了重要讲话。此次全国宗教工作会议的召开距上次会议时隔 15 年之久，是我国马克思主义宗教观发展史上一次具有里程碑意义的历史事件。2016 年 9 月，国务院法制办公室发布了《宗教事务条例修订草案（送审稿）》，并广泛向社会各界征求意见。该草案明确了宗教事务的基本准则，并对宗教团体、宗教院校、宗教活动场所、宗教教职人员、宗教活动、宗教财产以及法律责任做出了明确的规定。2017年8月，新修订的《宗教事务条例》发布，并于2018年2月1日起施行。2016年11月，《关于新形势下党内政治生活的若干准则》发布实行。其中特别强调，"党员不准搞封建迷信，不准信仰宗教，不准参与邪教，不准纵容和支持宗教极端势力、民族分裂势力、暴力恐怖势力及其活动"[①]。2017年10月，习近平总书记在党的十九大报告中，指出民族宗教工作要创新推进、宗教工作是新时代中国特色社会主义思想和基本战略的重要组成部分，强调"全面贯彻党的宗教工作基本方针，坚持我国宗教的中国化方向，积极引导宗教与社会主义社会相适应"，并且要"严密防范和坚决打击各种渗透颠覆破坏活动、暴力恐怖活动、民族分裂活动、宗教极端活动"[②]。这一指导精神对我国新时代宗教工作具有重要的理论和现实意义。

（二）把握学科发展的时代优势和核心要义

从这一学科领域的优势来看，马克思主义是社会主义中国的主流意识形态，尤其是在以习近平同志为核心的党中央领导下，在中国特色社会主义进入新时代背景下，党和国家对巩固马克思主义主流意识形态的任务抓得实、抓得紧、抓得有力，对于反马克思主义的思潮和各种有神论进行严厉的揭露与批判，对为宗教去中国化和极端化辩护的"研究"及那些偏离客观研究立场，直接或间接为有神论鼓与呼的思潮加以抵制和批评。在这一大背景下，马克思主义宗教观的研究获得了更宽广的学术空间，更多学者敢于发出声音，批评社会上出现的各种不正确的立场及观点，强调以马克思主义的立场、观点和方法来研究宗教，批判神学唯心主义，这是我们的时代优势。在这一研究领域必须要体现出真正的马克思主义精神，正是这种精神鼓舞着老一辈和新一代马克思主义宗教观研究的学人，精诚团结，为坚持真理而奋斗，也是我们继承发扬马克思主义宗教观的核心要义。

[①] 《关于新形势下党内政治生活的若干准则》，《人民日报》2016年11月3日。
[②] 习近平：《决胜全面建成小康社会 夺取新时代中国特色社会主义伟大胜利——在中国共产党第十九次全国代表大会上的报告》，人民出版社2017年版，第40、49页。

（三）积极处理亟待解决的具体问题

马克思主义宗教观研究工作的核心任务，是以马克思主义为指导来研究宗教，包括对无神论的科学研究。目前，中国马克思主义宗教观研究领域，在机构设置、人才队伍建设、学术环境等诸多方面，仍然存在诸多困难和挑战。

首先，与马克思主义宗教观相关的专门研究机构较少，且缺乏统筹的优势。在某种意义上，无神论研究和马克思主义宗教观研究是一体两面的。一方面，目前的马克思主义宗教观研究比较集中在中国社会科学院世界宗教研究所的两个研究室，即中国社会科学院马克思主义研究院马克思主义无神论研究室和无神论研究中心（非实体）。中国无神论学会是全国性的学会，集结了一大部分对无神论研究有兴趣的学者。中国也有众多马克思主义学院、党校和社会主义学院，但事实上，这些研究机构的马克思主义宗教观研究则比较分散，问题意识不够集中，成果少且深度不够，因此其研究在今后应该得到加强。另一方面，中国有大量的宗教学研究机构，这些机构也应承担起马克思主义宗教观研究的重任，将马克思主义的思想指导落实在具体学术研究上。但实际上，这些机构研究马克思主义宗教观的力量并不强，在如何坚持以马克思主义宗教观的指导去研究宗教的问题上分歧较大，观点不一，这都成为学科建设的现实问题，也是当前马克思主义宗教观研究所面临的一个巨大挑战。这说明，中国当前马克思主义宗教观研究机构的设置有待加强，以便组织一批研究力量，建立一个稳定的研究社区，更好地推动中国的马克思主义宗教观研究。

第二，马克思主义宗教观的研究队伍出现了滑坡现象。目前马克思主义宗教观的研究人员较分散，多数学者从事的还不是严格意义上的专业研究，大量的论文是在马克思主义与当代中国宗教与宗教工作课题结合之下推出的成果。然而，真正把握好马克思主义宗教观的关键则是认真研究马克思主义经典作家的原典，结合当代中国国情来推动马克思主义宗教观的中国化及创新发展，这一方面的研究力量则亟待加强。此外，目前人才队伍断档也很严重，尤其是中青年学者奇缺。如果马克思主义宗教观的研究力量不能加强，则难以满足我国当前以马克思主义为指导所从事的宗教工作及学术研究的需要。

第三，近年来马克思主义宗教观研究的学术环境有所改善，但尚未根本扭转。"十四五"时期我国进入新发展阶段，我们应该以积极的姿态和学术担当进入新时代，努力开拓创新，与时俱进，研究新问题，提出新思路，积极参与建设和完善马克思主义宗教观研究领域的学科体系、学术体系和话语体系，全面推动中国特色的马克思主义宗教观研究发展。

（四）重点研究领域和选题

鉴于马克思主义宗教观的研究基础、学术发展逻辑和服务于党政实际工作的需要，建议加强如下研究：

1. 马克思主义宗教学的"三个体系"建设。

2. 马克思主义宗教学原理。

3. 积极引导我国宗教中国化的理论与实践。

4. 苏联宗教学与无神论研究。

5. 马克思主义宗教学的理论来源。

6. 中国无神论史重要人物和问题研究。

7. 西方马克思主义重要人物宗教观研究。

8. 马克思主义视域下的宗教与环保思想研究。

9. 马克思主义视域下的科学与宗教研究。

10. 西方宗教学研究与马克思主义宗教学建设。

宗教学学科建设及现状研究

一 "十三五"时期宗教学研究的基本状况

"十三五"时期，宗教学基础理论仍主要集中在高等院校和社会科学研究机构。在综合性高等院校中，"建制性"的教研机构（如宗教学系等）发挥了基础性学科平台建设的作用。一方面，为政府职能部门、高校、党校、社科院，以及其他科研机构输送了大量经过系统宗教学培训的人才；另一方面，其自身也是诸多宗教学研究的领军人才的大本营，形成了一批既具有学术价值，又在宗教学理论方面有所突破的重要的研究成果。

社会科学研究机构的研究重点则是"智库导向"。"十三五"时期，中国社会科学院世界宗教研究所和上海社会科学院宗教研究所等都发挥了宗教学领域的"智库"功能，特别是围绕"国家高端智库试点单位"项目、国家重大项目"宗教渗透与国家意识形态安全"、创新工程项目"中国宗教和民族热点问题研究""一带一路与宗教"等，在"咨政育人"方面发挥了重要的作用。

在应用研究方面，近年来，一些依托高校科研资源的智库型"研究基地"异军突起，如复旦大学的"宗教与中国国家安全研究建设项目"，以宗教和国际关系为主轴，形成大量有质量、高水平的研究成果；而设立在复旦大学的"中国统一战线理论研究会统战基础理论上海研究基地"，在全国平行的机构中始终保持领先地位。在兰州的"中国统一战线理论研究会民族宗教理论甘肃研究基地"亦发挥了巨大作用，推出了许多成果。华东师范大学社会发展学院社会学系的宗教社会学研究，既有扎实的理论基础，又有丰富的实践经验，"十三五"时期，中国社会学会宗教社会学专业委员会成立并挂靠该系。

在方法论上，宗教学具有显著的跨学科研究，这决定了它不可能"依附于"某些"专业化"的研究机构，而是必然呈现百花齐放的局面。事实上，各高校人文学科的院所中有不少学者及其相关团队依托自身研究特色和研究专长，倾注了大量的学术精力来从事宗教学的基础研究，如北京大学张志刚教授的宗教中国化研究、清华大学朱东华教授的景教文献研究、上海大学文学院历史系的陶飞亚教授和上海师范大学的侯冲教授的基督教和佛教文献整理，复旦大学社会学与公共政策研究院的范丽珠教授等致力于中西学术交流和对话的实践与研究等。

在科研的体制机制上，虽然一些研究机构不是以宗教研究为主攻方向，但是其许多成果与宗教研究相关，如上海外国语大学的丝路战略研究所的马丽蓉及其团队的研究。

二 重要进展和主要成果

（一）"十三五"时期立项在研的"国家社科基金重大项目"

1. 2016 年立项

（1）何虎生：中国特色社会主义宗教理论体系研究，中国人民大学。

（2）郑筱筠："一带一路"倡议实施中的宗教风险研究，中国社会科学院。

（3）李建欣：中国宗教研究数据库建设（1850—1949），中国社会科学院。

（4）郑筱筠："一带一路"沿线东南亚国家的宗教治理经验及管理模式研究，中国社会科学院。

（5）何建明：多卷本《中国现代佛教史》（1912 年至今），中国人民大学。

（6）郑贤章：历代汉文佛典文字汇编、考释及研究，湖南师范大学。

（7）刘中民：全球伊斯兰极端主义研究，上海外国语大学。

（8）曹峰：黄老道家思想史，中国人民大学。

2. 2017 年立项

（1）郑堆："一带一路"与藏传佛教发展研究，西南民族大学。

（2）高志英：基督教中国化背景下的农村基督教问题研究，云南大学。

（3）马品彦：新疆伊斯兰教中国化的理论与现实问题研究，新疆维吾尔自治区社会科学院。

（4）圣凯：汉传佛教僧众社会生活史，清华大学。

（5）同美：西藏本教通论，西南民族大学。

（6）刘震：吠陀文献的译释及研究，复旦大学。

（7）侯冲：汉文大藏经未收宋元明清佛教仪式文献整理与研究，上海师范大学。

（8）汪小洋：多卷本《中国宗教美术史》，东南大学。

（9）冯玉军：宗教工作法治化研究，中国人民大学。

（10）王宪昭：中国少数民族神话数据库建设，中国社会科学院。

3. 2018 年立项

（1）李向平：中国特色宗教社会学话语体系及其本土知识结构研究，华东师范大学。

（2）石沧金：中国民间信仰海外传播图谱与功能研究，暨南大学。

（3）何峰：宗喀巴传记文献整理挖掘翻译及其精神研究，青海民族大学。

（4）张志刚："宗教中国化"的基础理论建构，北京大学。

（5）濮文起：中国民间宗教思想史，陕西师范大学。

（6）洪修平：儒佛道三教关系视域下中国特色佛教文化的传承与发展研究，南京大学。

（7）李艳枝：伊斯兰教视域下的宗教对话资料整理与研究，辽宁大学。

（8）张禹东：海外华人宗教文献资料的收集、整理与研究，华侨大学。

（9）张俊：西方基督教美学通史，湖南大学。

（10）龙秀清：西方政教关系核心文献整理、翻译与研究，中山大学。

4. 2019 年立项

（1）程恭让："一带一路"佛教交流史，上海大学。

（2）张晓林：明清中国天主教汉籍校注整理及耶儒佛道对话研究，华东师范大学。

（3）崔红芬：西夏文佛教文献遗存唐译经的整理与综合研究，河北师范大学。

（4）游斌：基督教中国化之经典、礼仪与思想研究，中央民族大学。

（5）张桥贵：中国少数民族基督教通史，云南民族大学。

（6）卓新平：新时代中国特色宗教学基本理论问题研究，中国社会科学院。

（二）主要研究成果

1. 专著

这一阶段出版的学术专著包括《宗教与中国国家安全研究》（徐以骅等著，时事出版社2016年版），《宗教与历史4：世界史视野下的宗教》（刘义主编，上海大学出版社2016年版），《"一带一路"战略与宗教对外交流》（卓新平、蒋坚永主编，社会科学文献出版社2016年版），《科学、宗教与人文传统》（马建钊、夏志前主编，广东人民出版社2016年版），《宗教学是什么（第2版）》（张志刚著，北京大学出版社2016年版），《宗教学学术史问题研究》（朱东华著，清华大学出版社2016年版），《境外宗教渗透论》（段德智著，经济科学出版社2016年版；再版为《境外宗教渗透研究》，人民出版社2018年版），《儒释道耶与中国文化》（汤一介著，外语教学与研究出版社2016年版），《全球化时代的宗教与世俗社会：问题与机遇》（王志成等主编，宗教文化出版社2016年版），《张力中的朝圣者：宗教多样性问题之知识论研究》（钱雪松著，中国政法大学出版社2016年版），《人类学角度——殷墟卜辞中祖先崇拜研究》（金梦瑶著，中国文史出版社2016年版），《基督教中国化的社会学研究》（李向平著，宗教文化出版社2016年版），《当代美国宗教社会学理论研究》（李向平著，中西书局2016年版），《宗教与历史》（第4—11辑）（陶飞亚主编，社会科学文献出版社等，2016—2019年版），《金泽：江南民间祭祀探源》（李天纲著，生活·读书·新知三联书店2017年版），《宗教与慈善》（范丽珠著，英文版：*Religion and Charity: The Social Life of Goodness in Chinese Societies*, Cambridge University Press 2017），《神明与市民：民国时期上海地区迎神赛会研究》（郁喆隽著，上海三联书店2017年版),《法律文明史(第5卷):宗教法》(何勤华等著,商务印书馆2017年版),《全球化与对话》(第一辑)(范丽珠、陈纳主编,中国社会科学出版社2018年版),《国际法与宗教非政府组织》(秦倩著,上海人民出版社2018年版),《宗教理论前沿》(晏可佳主编,上海社会科学院出版社2018年版),《中古中国祆教信仰与丧葬》(沈睿文著,上海古籍出版社2019年版),《中国特色个体宗教心理发展研究》(陈永胜著,中国社会科学出版社2019年版),《中国宗教学40年(1978—2018)》(卓新平主编,中国社会科学出版社2019年版),《当代中国宗教学研究(1949—2019)》(卓新平主编,中国社会科学出版社2020年版),《宗教学史论:宗教学的历史与体系》(卓新平著,中国社会科学出版社2020年版),《世界宗教论》(卓新平著,中国社会科学出版社2020年版)等。

2. 翻译著作

这一领域出版的翻译著作则包括《中国社会中的宗教:宗教的现代社会功能及其历史因素之研究》(修订版,范丽珠译,杨庆堃著,四川人民出版社2016年版),《柏拉图对话中的神——薇依论古希腊文学》(吴雅凌译,西蒙娜·薇依著,华夏出版社2016年版),《科学与宗教的领地》(张卜天译,彼得·哈里森著,商务印书馆2016年版),《DK宗教百科全书》(柴晨清等译,菲利普·威尔金森和道格拉斯·查令合著,中国大百科全书出版社2017年版),《信仰的本能:人类宗教进化史》(陈华译,尼古拉斯·韦德著,电子工业出版社2017年版),《宗教学:学科的构成》(常宏等译,瓦尔特·凯普斯著,社会科学文献出版社2017年版),《中国的宗教系统及其古代形式、变迁、历史及现状》(6卷,林艾岑、芮传明等译,高延著,花城出版社2018年版),《神圣的存在:比较宗教的范型》(晏可佳等译,伊利亚德著,广西师范大学出版社2019年版),《理与人》(王新生译,德里克·帕菲特著,上海译文出版社2020年版)等。

三 研究现状

党和国家历来重视宗教问题。在"十三五"的开局之年,习近平总书记在繁荣发展哲学社会科学座谈会的重要讲话中,将宗教学作为十一种对加快完善哲学社会科学具有支撑作用的学科之一；同年，他在全国宗教工作会议上指出，坚持马克思主义立场观点方法，结合本国实际，"不断丰富和发展中国特色社会主义宗教理论，用以更好指导我国宗教工作实践"。

在"十三五"时期，宗教学基本理论各专业学科及其现实问题研究已经形成一批学术机构，涌现出各个领域的代表人物及学科带头人。从全国范围来看，比较突出的研究机构包括中国社会科学院世界宗教研究所，上海社会科学院宗教研究所，上海、广州等地的宗教文化研究院或研究中心，宁夏、新疆等地的民族宗教研究所，中央统战部系统的宗教研究中心及相关研究基地；另外还有高校范围的北京大学、中国人民大学、中央民族大学等设立的宗教高等研究院及宗教学系，清华大学、北京师范大学、复旦大学、华东师范大学、上海大学、浙江大学、南京大学、武汉大学、中山大学、山东大学、四川大学、西北大学、南开大学、陕西师范大学、湖南大学、中南大学、暨南大学、华侨大学、华中师范大学、福建师范大学等设立的宗教学系或相关宗教研究所及研究中心等。

（一）"十三五"时期宗教学研究的发展及其特点

回顾"十三五"时期的宗教学研究，在总体上能遵照中央部署，精心设计，合理布局，在宗教学的学科建设上取得了阶段性的重要成就，为"十四五"宗教学研究的进一步发展打下了良好基础。具体表现在以下三个方面：

1. 马克思主义中国化视域下中国特色社会主义理论有所推进

相关领域的领军人物和学术团队的有关项目取得重要进展，尤其是围绕坚持宗教中国化方向的研究成果颇为引人注目。如李天纲的《金泽：江南民间祭祀探源》一书，由点及面，通贯古今，提供了中国宗教研究全新视角，在理论上具有重要的创新价值，对于以中国为原点开展真正意义上的比较宗教研究产生了深远的影响。李向平在宗教社会学基础上对宗教话语权的研究同样如此。金泽将宗教人类学及宗教社会学的方法辩证地应用在当代中外宗教发展的现实领域，也取得了突出成果。

2. 基础研究扎实深入、特色鲜明

一方面，如陶飞亚教授领衔的宗教史学科研团队，在国家社科基金重大项目的有力支撑下，到世界各地寻访各类汉语基督教典籍，从而极大地

丰富了中国基督教史的资料，为坚持宗教的中国化方向提供了重要的文献支撑；侯冲教授在佛教典籍资料收集方面也有异曲同工之妙。另一方面，在传统五大宗教领域的研究也全面开花。程恭让和侯冲的佛（道）教研究、葛壮的伊斯兰教研究等都具有学术的积淀，同时也不乏现实的关怀。

3. 应用研究问题意识明确，对国内外重大民族宗教问题的反映同步，针对性强，操作性大

典型的研究团队包括复旦大学国际政治系徐以骅的"宗教与中国国家安全研究建设项目"、中国社会科学院世界宗教研究所郑筱筠组织的"一带一路"与宗教调研课题，以及上海社会科学院宗教研究所围绕"国家高端智库"建设和国家社科基金重大项目，而形成的比较重要的研究成果。

（二）"十三五"时期宗教学研究仍存在的问题

1. 宗教学的学科建设平台略有收窄

高校课程设置、通识教育中的宗教内容有所减少，成果的发表和出版渠道有待拓展。"研究难""调研难""发表难"较其他学科相对突出。由于学术成果不能发表、出版，科研人员无法完成科研任务、高校研究生不能按期毕业，一方面会使科研人员为了生存而转向其他领域的研究，造成宗教学学术队伍的萎缩；另一方面则会使报考宗教学的研究生越来越少，形成本学科后继乏人的现状。目前全国宗教学专业刊物不到五个（正式刊物仅有三个），许多成果无法发表。此外，由于一些对宗教研究的特别限制，也造成本学科为宗教培训和理论研究进党校以及高校通识教育的学术活动锐减。

2. 涉及重大学术理论问题的研究尚需深入和完善

马克思主义中国化视域下中国特色社会主义宗教理论的系统化建设有待加强。而针对社会上对宗教"误解"大于"了解"的状况，宗教学界的回应也明显弱化甚至缺位。

3. 对于理论研究和应用研究的辩证关系的认识有待加强

目前，理论与应用研究方面都存在不少有待厘清的问题，其智库作用减弱。这些问题都亟待解决，以使中国宗教学能够真正形成其具有中国特色及时代精神的学科体系、学术体系及话语体系。

（三）"十三五"时期宗教学主要分支学科的发展状况

在当代中国，宗教学的主要分支学科研究取得了明显进展，其跨学科研究和交叉学科探究特点突出，这反映出新时期中国宗教学研究的新思路和新发展。

1. 宗教社会学研究

宗教社会学是由国外引入的新兴学科，在"十三五"时期发展迅速，影响扩大。这一期间，"中国宗教与社会高峰论坛"和"宗教社会学论坛"继续举办，吸引了学界的特别关注；《宗教社会学》辑刊先后于2016年、2018年出版了其第四辑、第五辑，研究的深度及广度都在不断拓展。卓新平的新著《宗教社会论》（2020），展开了宗教社会学的系列探讨。范丽珠所译杨庆堃的《中国社会中的宗教：宗教的现代社会功能及其历史因素之研究》于2016年出了其修订版，相关研究更加深入。此外，中国社会学会于2017年成立了宗教社会学专业委员会，这一社会学与宗教学的跨学科研究明显加强。中国宗教社会学的研究体现出定性研究与量化研究的并重，其学科建设亦日臻成熟。

2. 宗教人类学研究

在"十三五"时期宗教人类学在原有基础上出现新的突破，其田野调研更接地气，善于发现新的研究亮点并及时推出其最新成果，如章立明等于2016年推出的《民族地区宗教信仰与社会秩序的民族志研究：以南传佛教文化区为例》，罗杨2016年的成果《他邦的文明：柬埔寨吴哥的知识、王权和宗教生活》，以及金梦瑶2016年的著作《人类学角度——殷墟卜辞中祖先崇拜研究》等；翻译著作则包括赵玉燕2016年所译罗伊·A. 拉帕波特著《献给祖先的猪》，马仲荣2017年所译拉基亚·艾拉汝伊·科奈尔著《初期女性苏菲研究》，丁宏译A. A. 张著《东干人的习俗、礼仪与信仰》等。中国人类学民族学研究会成立的宗教人类学专业委员会在深化其跨学科探究，2016年以来也召开了"人类学视野中的民族与宗教"等主题的学术会议。

3. 宗教心理学研究

宗教心理学研究在我国起步较晚，其研究难度也比较大。显然，这一领域乃自然科学与社会科学的跨学科研究，在中国科学院和中国社会科学院都得以展开。其研究成果包括葛鲁嘉著《宗教形态的心理学——宗教传统和研究的心理学智慧》（2016）、陈青萍和周济全著《膜拜危害的心理学预警思考》（2016），以及刘欢著《道教仪式音乐及其心理影响机制探析》（2017）等；译著则有铃木大拙等著《禅与心理分析》（2017）等。此外，宗教心理学论坛的召开和《宗教心理学》辑刊的出版，也有力推动了这一学科的发展。中国学界在推动宗教心理学发展时，不仅注重理论研究，而且在实践上也积极参与了心理咨询等活动。

在推陈出新上，宗教文化研究和宗教文学艺术研究则异军突起、发展迅猛，有着不少创意，如禅意书画、宗教艺术、宗教建筑、宗教文学、宗教音乐、宗教节日及其民俗文化、宗教美学研究等领域都反映了跨学科研究的新动向。中国宗教学会自2017年成立了宗教建筑文化专业委员会之后，已组织四次学术研讨会专题探究宗教建筑。此外，在"十三五"时期召开的宗教文学、宗教音乐、宗教艺术的研讨研究也颇多。这也是宗教学跨学科探究的典型实践探索，取得了可喜成就。其最新成果包括张小燕著《梅州香花仪式——及其宗教艺术象征研究》（2018）、苏金成著《信仰与规范——明清水陆画像研究》（2020）、卓新平著《宗教文明论》（2020）和陈粟裕著《禅意绘画》（2020）等。

四 关于"十四五"时期宗教学研究的若干设想

一是围绕宗教学重大理论问题，积极推进中国社会主义宗教理论的系统建设。总结和梳理1949年以来党和国家宗教工作和实践的宗教学意义，逐步形成既有学术价值，又有现实指导意义，同时能与国际学术界交流对话的宗教学话语体系。

二是围绕"十四五"经济社会发展重大战略，继续深化现有传统宗教研究领域，同时着重突出以下几个方面的研究内容：

（1）中国社会主义特色宗教理论中无神论地位和作用，及其实践意义的研究；邪教问题的宗教学理论、方法和实践研究。

（2）国家安全视域下的宗教问题研究。

（3）京津冀一体化、长三角一体化以及珠港澳大湾区等国家战略的相关宗教问题研究。

（4）在改革开放背景下，境外宗教、新兴宗教以及准宗教现象在我国传播的现状、问题和应对措施的研究。

（5）在传统文化复兴背景下，对五大宗教之外包括民间信仰在内的传统宗教的现状及其发展趋势展开研究。

（6）加强各种具有理论和现实意义的宗教学研究"冷门绝学"和文献整理。

（7）组织国内外宗教经典和国外学术研究成果的翻译和研究。

（8）新冠肺炎疫情暴发以来世界宗教的发展变化研究。

（9）新冠肺炎疫情期间中外宗教的态度、举措及社会影响研究。

（10）新时期我国新疆、西藏及相关少数民族地区的宗教现状研究。

宗教哲学研究

一 "十三五"时期的主要研究成果

宗教哲学涵括较广，是跨越哲学和宗教学等学科的综合性、关联性研究领域。总体来看，中国宗教学领域中宗教哲学的研究比较强，"十三五"时期的学术成果大致包括如下一些方面。

在佛教哲学思想研究领域的主要著作包括姚卫群著《印度婆罗门教哲学与佛教哲学比较研究》（中国大百科全书出版社2015年版），郑伟宏主编《佛教逻辑研究》（中西书局2016年版），张云江著《唐君毅佛教哲学思想研究》（高等教育出版社2016年版），姚卫群著《佛教与印度哲学研究》（中国大百科全书出版社2016年版），张源旺著《从空性到佛性——晋宋佛学核心论题的转换》（武汉大学出版社2016年版），史经鹏著《从法身至佛性——庐山慧远与道生思想研究》（人民出版社2016年版），解兴华著《庐山慧远与中国哲学心性本体论的建立》（西南师范大学出版社2016年版），宇恒伟著《汉地民俗佛教的哲学思考——以唐宋为中心》（中国社会科学出版社2016年版），吴忠伟著《宋代天台佛教思想研究》（宗教文化出版社2017年版），学愚著《汉传佛教义理研究》（宗教文化出版社2017年版），学愚主编《佛学思想与佛教文化研究（上、下）》（社会科学文献出版社2017年版），冯焕珍著《经藏游意——佛教义学综论》（上海古籍出版社2017年版），阿忠荣著《佛教哲学概论》（青海民族出版社2017年版），叶离集撰《佛学之哲思径观》（上海三联书店2018年版），姚卫群著《佛教思想与印度文化》（北京大学出版社2018年版）等。

在道教哲学研究领域的主要著作包括余平著《神仙信仰现象学引论——对几部早期道经的思想性读解》（四川大学出版社 2015 年版），陈鼓应主编《老子的学说与精神——历史与当代》（中国社会科学出版社 2016 年版），程乐松著《中古道教类书与道教思想》（宗教文化出版社 2017 年版），孙亦平著《唐宋道教的转型》（中华书局 2018 年版），郑开著《道家形而上学研究》（中国人民大学出版社 2018 年版），郑开著《道家政治哲学发微》（北京大学出版社 2019 年版）等。

在基督教哲学研究领域的主要著作包括董尚文著《阿奎那语言哲学研究》（人民出版社 2015 年版），徐弢著《基督教哲学中的灵肉问题研究》（中国社会科学出版社 2017 年版），吴飞著《心灵秩序与世界历史——奥古斯丁对西方古典文明的终结》（生活·读书·新知三联书店 2018 年版），吴功青著《上帝与罗马——奥利金与早期基督教的宗教—政治革命》（上海三联书店 2018 年版），董尚文著《托马斯哲学专题研究》（华中科技大学出版社 2018 年版），张仕颖著《路德与惠能思想比较研究》（中国社会科学出版社 2018 年版），徐龙飞著《永恒之路——奥古斯丁本体形上时间哲学研究》（商务印书馆 2018 年版），徐龙飞著《循美之路——基督宗教本体形上美学研究》（商务印书馆 2018 年版），徐龙飞著《法哲之路——论马丁·路德宗教改革作为法哲学》（商务印书馆 2019 年版）等。

在伊斯兰哲学研究领域的主要著作包括朱国明著《明清回族伊斯兰哲学范畴研究》（宁夏人民出版社 2015 年版），金宜久著《中国伊斯兰先贤——马注思想研究》（社会科学文献出版社 2016 年版）等。

在犹太哲学研究领域的主要著作包括刘精忠著《犹太神秘主义概论》（中国社会科学出版社 2015 年版），赵同生著《迈蒙尼德宗教哲学思想研究》（上海三联书店 2016 年版）等。

在中国宗教哲学思想史领域的主要著作包括张广保、杨浩主编《儒释道三教关系研究论文选粹》（华夏出版社 2016 年版），牟钟鉴著《儒释道三教关系简明通史》（人民出版社 2018 年版）等。

在宗教哲学理论领域的主要著作包括先刚著《哲学与宗教的永恒同盟——谢林〈哲学与宗教〉释义》（北京大学出版社 2015 年版），吕大吉著《哲学与宗教学研究》（中国社会科学出版社 2016 年版），李林著《理一分殊——宗教多元论研究》（宗教文化出版社 2016 年版），钱雪松著《张力中的朝圣者——宗教多样性问题之知识论研究》（中国政法大学出版社 2016 年版），朱东华著《宗教学学术史问题研究》（清华大学出版社 2016 年版），卓新平著《宗教思想论》（中国社会科学出版社 2020 年版），游斌主编《比较经学》研究辑刊（已出 10 辑，宗教文化出版社），赵广明主编《宗教与哲学》（第五辑至第八辑，社会科学文献出版社 2016 年、2017 年、2018 年、2019 年版）等。

二 宗教中国化研究

从哲学的角度来思考宗教学的理论及现实意义，"宗教中国化"的研究则极为突出。有效推动宗教的"中国化"发展方向，需要厚重的理论支撑，以此方可回顾过去、思考现今、展望未来。在"十三五"时期，"宗教中国化"研究也取得了实质性进展，对之理应加以深刻反思和科学谋划。

（一）"十三五"时期的主要研究成果

"宗教中国化"研究，是由我国学界为创建中国特色宗教学理论、建构中国宗教研究的话语体系而开辟的一个学术前沿领域。自 2013 年，由北京大学宗教文化研究院与中国社会科学院基督教研究中心合作，共同发起"宗教中国化"研究这一重大课题以来，现已取得下列具有标志性、有国际影响的系列学术成果。

1. 张志刚、卓新平总主编的《宗教中国化研究丛书》（宗教文化出版社 2017 年至今），现已出版 4 种

（1）张志刚：《"宗教中国化"义理研究》，获第八届高等学校科学研究优秀成果（人文社会科学）一等奖。

（2）张志刚、张祎娜主编：《"宗教中国化"研究论集》。

（3）杨志文主编：《伊斯兰教中国化的理论与实践》。

（4）唐晓峰：《基督教中国化理论研究》。

2020 年，宗教文化出版社又推出了由张志刚、卓新平主编的《宗教中国化研究丛书精选集》。

2. 张志刚、卓新平总主编的《基督教中国化研究丛书》（宗教文化出

版社 2013 年至今），现已出版 26 种。

（1）卓新平：《基督教与中国文化处境》，2015 年获第五届中华优秀出版物图书提名奖，2020 年修订出版。

（2）唐晓峰：《改革开放以来的中国基督教现状及研究》。

（3）刘金光：《主教任命制的历史嬗变及其对国际关系的影响》。

（4）孙尚扬：《基督教与明末儒学》。

（5）吴飞：《麦芒上的圣言：一个乡村天主教群体中的信仰和生活》。

（6）余国良编著：《拆毁了中间隔断的墙——基督教与转型中的中国社会》。

（7）王鹰：《试析艾香德的耶佛对话观——基督教与佛教的相遇和互动》。

（8）梁燕城：《会通与转化：基督教与儒家的新对话》。

（9）蓝希峰：《民国时期基督教社会服务研究》。

（10）李向平：《基督教中国化问题的社会学研究》。

（11）梁燕城：《当基督遇到儒道佛：中国文化与基督信仰的对话》。

（12）李韦：《吴雷川的基督教处境化思想研究》。

（13）唐晓峰：《赵紫宸神学思想研究》。

（14）韩思艺：《信德与德性：耶儒伦理思想的会通与转化》。

（15）梁燕城：《儒道易与中国基督神学》。

（16）刘安荣：《中国化视野下的山西天主教史研究》。

（17）徐晓鸿：《景教文献研究释义》。

（18）梁燕城：《中国境界哲学与境界神学》。

（19）康志杰：《东方蒙塔尤：一个天主教社区的兴衰史》。

（20）唐晓峰、尹景旺编译：《辽金元基督教研究重要研究文献汇编》。

（21）中国天主教"一会一团"研究室编：《中国天主教本地化神学论集》。

（22）冯浩主编：《基督教中国化的历史进程与地方实践》。

（23）张志刚、唐晓峰主编：《基督教中国化研究》（第一辑）。

（24）张志刚、唐晓峰主编：《基督教中国化研究》（第二辑）。

（25）张志刚、唐晓峰主编：《基督教中国化研究》（第三辑）。

（26）张志刚、唐晓峰主编：《基督教中国化研究》（第四辑）。

(二)"十四五"时期科研规划建议

"十三五"时期,我国学者在宗教哲学研究的诸多方向取得了大量成果。宗教哲学可以说是中国宗教学研究领域的"重中之重",如冯友兰先生所说,哲学在中国文明里所占据的地位,一向可跟宗教在其他诸多文明里的地位相比。所以,中国学界一向注重以哲学的立场、观点与方法来研究宗教问题。坚持与发展马克思主义宗教观,尤其是马克思主义的宗教哲学思想,可谓"宗教哲学研究的中国国情"。与此同时,我国的宗教哲学研究还要立足中华文化优良传统,具有开阔的国际学术视野。这就是说,我们要继续加强马克思主义的宗教哲学思想研究,批判借鉴国际宗教哲学界的先进学术成果,深入阐发中华文化的优良传统,包括宗教文化传统的丰厚哲学思想资源;只有将这三者结合起来,才能立足中国国情,跨入国际学术前沿,创建有中国特色的宗教哲学体系。自2015年、2016年相继召开中央统战工作会议、全国宗教工作会议以来,"坚持我国宗教中国化方向"已成为我国政界、教界、学界所关注的重大课题。习近平总书记在党的十九大报告里指出:全面贯彻党的宗教工作基本方针,坚持我国宗教的中国化方向,积极引导宗教与社会主义社会相适应。由此可见,"坚持我国宗教的中国化方向"是中国特色社会主义宗教理论的"最新创见、最大亮点",也是构建中国宗教研究话题体系的前沿课题。

据此,建议围绕下列四个方面来制订"十四五"科研规划:

(1) 改革开放以来马克思主义宗教观中国化重要成果整理与研究。

(2) 当代宗教哲学前沿课题研究,如世界宗教对话的新近理论研究、宗教哲学认识论研究、儒家与基督教比较与对话研究、宗教伦理比较研究等。

(3) 中国宗教哲学思想专题研究,如"儒释道"人文精神研究、"儒释道"伦理观比较研究、道家道教自然观与生态观研究等。

(4) 五大宗教中国化史料整理与研究,拓展与深化"坚持我国宗教中国化方向"研究,增列"宗教中国化"的民族化、地域化(地方化)、佛教中国化、伊斯兰教中国化、天主教中国化、基督教中国化等专题研究。

佛教研究

一 佛教专业科研队伍

我国设有佛教专业研究机构的高校和科研院所包括中国社会科学院世界宗教研究所佛教教研室和哲学所东方哲学研究室、中国藏学研究中心宗教研究所、兰州大学敦煌研究院、南京大学哲学系、中国人民大学佛教与宗教学理论研究所、中国艺术研究院、陕西省社会科学院宗教研究所、北京大学哲学系、中央民族大学哲学与宗教学学院、西北大学玄奘研究院、陕西师范大学宗教研究中心、四川大学道教与宗教文化研究所（教育部基地）、中山大学哲学系、上海师范大学哲学与政法学院、华南师范大学、上海社会科学院宗教研究所、南昌大学哲学系、苏州大学哲学系、西藏民族大学、武汉大学、浙江工商大学、中国政法大学人文学院哲学系、云南省社会科学院宗教研究所、中国计量大学人文与外语学院、复旦大学哲学院宗教学系、贵州大学哲学与社会发展学院、厦门大学人文学院哲学系、东南大学人文学院哲学系、山东大学哲学系、华东师范大学哲学系、辽宁大学哲学与公共管理学院、九江学院庐山文化研究中心、西南大学哲学系、湖南大学岳麓书院、宜春学院宗教文化研究中心、台州学院天台山文化研究院、广东省民族宗教研究院宗教研究所等。除了上述比较成建制的佛教学科研究队伍，尚有部分知名高校、知名学者以及中年学术骨干在佛教研究中也具有较高影响力，包括清华大学、北京师范大学、首都师范大学、浙江大学、南开大学、上海大学、南京师范大学、南京农业大学、浙江社科院哲学所、江南大学、福建师范大学、郑州大学、贵州社会科学院文化研究所、鲁东大学、云南大学、华侨大学、忻州学院五台山文化研究中心、内蒙古大学、暨南大学等学术机构的相关学者。

在我国高校和科研院所中，专业从事佛教研究的科研人员已达数百人，就其分布而言，可谓"遍地开花"。此外，还有一些研究人员分散在各个高校的哲学系或政教、政法、哲社，乃至马克思主义研究院之中。在文史、外语（梵文、巴利文、日语）、考古、艺术等院系，也有很多专门从事佛教研究的队伍，如北京大学外语学院、四川大学文学院中国俗文化研究所、复旦大学文学院、南开大学文学院、中国藏学研究所等都具有很强的研究力量。

然而，佛教研究虽然已具较大规模，但有正式刊号的宗教学专业期刊只有3个，且皆为双月刊或季刊，每年能够发表佛教专业论文仅数十篇，加之大量佛教专业博士毕业有发表文章的硬性规定，致使发表平台不足，对佛教专业人员留用、职称评聘等人才队伍建设造成困难。此外，我国佛教专业研究人员在高校科研院所中分布较分散，虽有利于跨学科交流，却因宗教学常常是"非建制性"存在而使佛教专业人员很容易转向文史、外语等其他专业，即便跨领域研究，也缺少与其他宗教研究者进行交流合作的机会。长此以往，不利于宗教学理论研究和宗教学学科主体性的确立。而开设宗教学专业的高校，一般均为历史悠久、学术水准比较高的大专院校，佛教研究专业队伍在一流高校中相对集中，致使专业队伍的分布呈现"头重脚轻"的格局。这为本专业毕业生进入有对口专业的高校、科研单位就业造成一定困难，不利于人才梯队的后备建设和选拔。特别是近年来许多一流高校实行"非升即走"的人才政策，而佛教专业人员从一流高校"走"后很难有其他次一级高校对口专业接收，造成人员流动过于频繁，队伍不稳定，导致佛教专业科研人员流失与浪费。

在我国宗教学专业人才队伍建设中，年龄断层情况也十分严重，特别是年富力强、即将承担学科带头人的"70后"十分缺乏。一些传统宗教学研究重镇由于老一辈研究学者退休，佛教研究梯队建设遇到一定的困难；而地方院校新组建的佛教研究团队，则以青年教师为主，缺乏中年骨干研究人员。

二 "十三五"时期佛教专业代表性成果

这一时期具有重大标志性的集体成果为魏道儒主编的《世界佛教通

史》(全14卷，800余万字，中国社会科学出版社2016年版)。该书2018年获国家新闻出版广电总局评选的"第四届中国出版政府奖图书奖"，2019年获中共北京市委、北京市政府颁发的"北京市第十五届哲学社会科学优秀成果奖特等奖"。具有重要原创性的学术著作则包括张文良著《东亚佛教视野下的华严思想研究》(国际文化出版公司2017年版)，周裕锴著《禅宗语言》(复旦大学出版社2017年版)，萨尔吉著《〈大方等大集经〉研究》(中西书局2018年版)，龚隽、陈继东著《作为"知识"的近代中国佛学史论》(商务印书馆2019年版)等。在某一具体研究领域具有探索性开创价值的学术著作包括汤铭钧著《陈那、法称因明推理学说之研究》(中西书局2016年版)，才让著《菩提遗珠——敦煌藏文佛教文献的整理与解读》(上海古籍出版社2016年版)，圣凯著《中国佛教信仰与生活史》(江苏人民出版社2016年版)，沈卫荣著《藏传佛教在西域和中原的传播：〈大乘要道密集〉研究初编》(北京师范大学出版社2017年版)，侯冲著《中国佛教仪式研究：以斋供仪式为中心》(上海古籍出版社2018年版)等。其他研究成果还包括王颂著《华严法界观门校释研究》(宗教文化出版社2016年版)，张延清著《吐蕃敦煌抄经研究》(民族出版社2016年版)，张云江著《唐君毅佛教哲学思想研究》(高等教育出版社2016年版)，韩剑英著《宋学先觉孤山智圆思想研究》(中国社会科学出版社2016年版)，程恭让著《佛典汉译、理解与诠释研究：以善巧方便一系概念思想为中心》(中国社会科学出版社2017年版)，侯冲著《"白密"何在——云南汉传佛教经典文献研究》(广西师范大学出版社2017年版)，周贵华著《"批判佛教"与佛教批判》(中国社会科学出版社2018年版)，韩传强著《禅宗北宗敦煌文献录校与研究》(江苏人民出版社2018年版)，于薇著《圣物制造与中古中国佛教舍利供养》(文物出版社2018年版)，王颂主编《太虚——近代中国与世界》(社会科学文献出版社2018年版)等。

三 "十四五"时期重点选题建议

(一) 中国佛教宗派问题研究

宗教派别的分类与相互转化一直是宗教组织制度、宗教社会学研究中的经典课题。近年来，国际学术界一直在反思对以往的"Religion"界定过于基督教化；中国学界中部分学者也在反复强调中国的儒释道三教之教，本意为教化。

宗派问题对于中国佛教则更为根本和重要，近代佛教领袖太虚法师提倡"八宗兼弘"，成为对中国佛教的经典叙述方式。汤用彤先生则构建起魏晋南北朝"学派"——隋唐"宗派"的学术典范，1949年之后，在历史唯物主义的指导下，更加注重僧团组织、寺院祖庭、教产经济在佛教宗派形成和发展中的作用。至今中国佛教史仍以各宗派历史为主要叙述方式。

但近年来，打破以往教科书式的中国佛教宗派历史叙述，反思中国佛教是否存在宗派，或者应该以什么方式来理解中国佛教的宗派，成为中国佛教史研究的重要学术热点。学界逐渐形成共识，以往对中国佛教宗派的理解过于简单化，不应该用日本佛教宗派的概念来"回溯"或构建中国佛教宗派，两者性质差异很大。而中国的各宗派之间，如所谓的禅宗和净土宗等，所谓的"宗派"性质有根本性的区别，很难等量齐观。亦有学者从中国传统宗法制度入手，用中国传统宗族的框架模式，来重新诠释明清佛教宗派，提出"法缘宗族"的概念，颇具启发意义；而且对地方性佛教教派的深入研究，提供了新的理论解释框架。

中国佛教宗派问题的深入研究和理论突破，不仅可以对中国佛教叙事带来创新，而且将有助于构建中国特色宗教学理论，特别是探讨有中国特色的宗教组织制度，亦对中国道教、基督宗教、伊斯兰教的教派问题有对比和启发的价值。

（二）佛教义疏学

佛教义理研究，一直是佛教研究的核心，但近年来出现学术发展瓶颈，需要产生新的学术增长点。任继愈、杜继文等前辈学者曾经提出"佛教经学"的概念，虽然主要旨在对佛教"神学"糟粕进行批判，带有一定的时代烙印，但在很大程度上反映了佛教义理发展的重要特点，即历史上的佛教徒很少"孤明先发"，而是通过对以往佛教重要典籍不断注疏的方式来发挥新的教义思想。近年来，中国儒家的经学史研究，有比较大的进展，特别是以往研究相对空白的汉末魏晋南北朝经学史研究有较大突破，提出了"义疏学"的理论范式。也有学者将义疏学引入佛教的研究领域，提出了佛教义疏学。

以往佛教义理研究，主要采取概论式或佛教思想通史的方式，方立天将概念范畴史引入到佛教哲学义理研究，撰写出《中国佛教哲学要义》这样里程碑式的著作，可见论著研究径路和题材的重要性。有日本学者撰写过《法华经》在六朝的注疏史，颇具启发意义。如果引入儒家经学的视角，并参考国际学界《圣经》《古兰经》等宗教典籍释经学的研究方式，以汉译佛经典籍或论书（如《大乘起信论》）的历史重要注疏作为研究对象，撰写出如中国哲学史家朱伯崑先生《周易哲学史》这样的经典著作，将会极大地促进中国佛教哲学义理的研究；而且会对进一步探讨宗教诠释学、宗教教义发展方式与特点，带来理论创新。

（三）佛教中国化与东亚佛教研究

佛教中国化一直是中国佛教研究的重要范式，当前又具有重要的现实意义。近二十多年来，日本和我国台湾等地出现了少数否定汉传佛教的思潮，认为佛教在中国的发展、佛教中国化是对佛教基本教义的歪曲，进而在东亚范围内否定汉传佛教的历史价值。这是值得我们警惕的。

实际上，宗教在不同地域传播发展过程中的"处境化"研究，一直是国际宗教学界关注的焦点问题。如很多基督教史研究者认为，不能将基督教在欧洲的发展视为基督教历史，而将其在亚非的发展仅仅视为基督教"传播史"。同样，佛教中国化是佛教自身发展演变的重要成就，是包括中日韩在内的整个东亚佛教的基本形态。

东亚佛教是建立在鸠摩罗什、玄奘等经典汉译佛经基础上的。古代中日韩越各国的佛教徒都诵读、研习，并在宗教仪式实践中使用汉译佛经，同时几乎所有重要的古代东亚佛经文献，也都是由汉语文言写成的。当前中国哲学学界在韩国、日本、越南儒学领域均取得了长足进展。中国佛教研究界也应在东亚佛教研究方面做出自己的贡献。汉传佛教先后在韩国、日本、越南的在地化发展，为佛教中国化、处境化研究提供了重要参考。古代东亚佛教，应被视为一个整体进行研究。佛教中国化不仅是佛教在中国的适应和发展，而且具有世界性意义。在佛教中国化研究上，汉传佛教的中国化研究比较突出，学界在对东晋僧人道安的中国化探究上讨论较多，对其"不依国主则法事难立"之论亦多有分析阐述；此外，佛教经典的汉译对于佛教中国化也起了极为关键的作用。而对南传佛教、藏传佛教的中国化问题也开始得到关注和重视，如南传佛教经典的中文翻译及注释，其适应中国当代社会的发展，以及藏传佛教起源与中国文化的关联，特别是藏传佛教传入的初期及后来发展中的中国元素探析等，都是人们所关注的焦点，相关研究也正在展开。

（四）太虚与佛教的现代化

近年来，随着国内集中影印出版了大量民国佛经期刊，引起了海外学术界研究近现代中国佛教史的热潮，这股热潮又回流并进一步刺激了中国近现代佛教史的研究。在近现代中国佛教史的研究中，人间佛教的倡导者太虚仍然是研究的重要焦点。加之海内外公私档案等诸多材料不断涌现，太虚研究至今方兴未艾；更为重要的是，时至今日，海峡两岸的佛教界仍然将太虚的人间佛教思想作为指导，同时也引发了许多讨论与争鸣。

中国佛教现代化的同时伴随着中国佛教国际化，太虚在东亚、东南亚、欧美范围内的广泛交游可谓中华民国时期的中国文化"走出去"。太虚的活动在当地的反响、对当地佛教的影响也是值得深入研究的议题。从现代性、民族主义，乃至全球化等多重视角重新审视太虚的人间佛教思想和实践，并将之放在世界佛教现代化的范围内观察，人间佛教是"社会参与式佛教"（Engaged Buddhism）的重要表现形态，又与20世纪基督教"社会福音"理论有对比研究的意义。对于反思宗教世俗化、宗教现代化等西方宗教学流派，构建中国特色宗教学理论，都是具有学术前瞻性的课题。

（五）佛教仪式研究

仪式研究一直是西方宗教学研究的热点问题，而且近年来西方汉学界越来越将如何做（礼俗仪式）而不是如何信（新教式的信仰）作为中国宗教的核心问题。但相对于道教和民间宗教仪式研究来说，佛教仪式研究相对滞后。除了佛教艺术方面的田野采风外，既有的佛教仪式研究也基本上是从经忏科仪的文本出发，进行历史学研究或阐释其教义思想基础。应用既有的宗教学仪式理论，结合人类学实地调查的佛教仪式研究十分缺乏。这既是对经忏佛教的轻视，也是我国佛教学术研究工作者既有的学术方法训练不足造成的，急需补课。

关注中国地方性佛教仪式传统的同时，也需要与东亚佛教圈内韩国、日本、越南各国的佛教仪式，乃至与藏传佛教仪式、南传佛教仪式做比较研究。与道教、民间宗教，乃至于与儒家传统祭祀等仪式活动的比较研究，也应提上日程。通过比较研究，以阐明中国佛教仪式的重要特色，及其在中国宗教仪式传统中的地位，并力图在宗教学仪式理论上有所突破，做出中国学术界的贡献。

道教及民间宗教研究

一 研究发展的基本状况

我国的道教及民间宗教研究经过改革开放四十余年来的蓬勃发展，总体上已经建立了初步的学科体系，如陈耀庭先生所说："中国道教研究学科的各个门类都已经有人把守"，"中国道教研究的各个学术领域都已经齐备，各尽所能。这是我们在三十年以前根本不敢想象的"。[1]

目前，我国的道教及民间宗教研究已经形成了以北京、成都两地为学术中心，上海、山东、山西、陕西、湖北、湖南、江西、重庆、云南、贵州、江苏、浙江、福建、广东、广西等多地都有进行道教及民间宗教研究学术机构的科研力量布局，形成了一支由学科领军人物带头，老中青相结合，各个研究领域都有学者专攻的专业研究队伍。

在北京这一学术中心，我国的道教及民间宗教研究主要以中国社会科学院世界宗教研究所道教与民间宗教研究室为核心，旁及北京大学、中国人民大学、中央民族大学等高校相关科研力量。在成都，则是以四川大学道教与宗教文化研究所为核心，旁及四川省社会科学院、西南民族大学、四川师范大学等单位相关科研力量。以上这些道教及民间宗教研究方向的相关科研机构，每年都会培养数十名博士研究生，不断为相关研究方向充实新鲜血液，培养优秀青年人才。尤其是四川大学道教与宗教文化研究所，

---

[1] 陈耀庭：《关于道教研究的前沿问题（代序）——在四川大学宗教学研究所成立35周年庆典上的主题演讲》，载盖建民主编《回顾与展望："青城山道教学术研究前沿问题国际论坛"文集》，巴蜀书社2016年版。

该所除每年培养博士研究生外,还常年遴选儒释道研究领域优秀博士论文,作为《儒释道博士论文丛书》结集出版,自1999年创办以来,已连续出版21批共200余本,解决了大量优秀青年学者的博士论文难以出版的困难,为我国道教及民间宗教方向青年学术人才的培养做出了重要贡献,有力推动了我国道教及民间宗教方向学科队伍建设。

我国道教及民间宗教方向学术领军人物卿希泰(1927—2017)先生,他于1980年负责创建了四川大学宗教学研究所,曾任国家"985工程"二期四川大学宗教与社会研究创新基地、"985工程"三期四川大学宗教·哲学与社会研究创新基地首席科学家、《宗教学研究》主编、《儒道释博士论文丛书》和《宗教、哲学与社会研究丛书》主编,并负责《中国道教史》修订工作。而马西沙等人在中国民间宗教研究上亦卓有成就,其编辑整理的《中华珍本宝卷》(三辑三十大册)是我国民间宗教研究领域中"里程碑"式的学术成果,他还于2017年再版了《中国民间宗教史》。老一代学者为"十三五"时期我国道教及民间宗教研究起了重要的引领作用。此外,各高校和研究机构在这一期间也涌现出许多优秀的中青年学者,以及大量优秀的青年博士研究生。我国道教及民间宗教研究方向形成了一支老中青相结合的专业学术研究队伍,为构建具有中国特色、中国风格、中国气派的道教及民间宗教研究做出了重要贡献。

二 "十三五"时期取得的成果

"十三五"时期,我国道教及民间宗教研究领域取得了大量优秀学术成果。首先,我国道教及民间宗教方向最重要的成果就是国家"十三五"规划文化重大工程——《中华续道藏》编纂出版工程正式启动。该项目工程主要采集明代万历年间至1949年中华人民共和国成立以前的道教文献,分为三大系列:一是编纂影印本《珍本道书集成》(《中华续道藏》之原始文献编);二是编纂点校本《中华续道藏》;三是建立《中华续道藏》电子文献数据库。该工程的实施,将极大推进我国道教及民间宗教方向研究进展,是我国道教及民间宗教研究学术史上值得铭记的大事。此外,"十三五"时期还出版了不少具有标志性意义的重大学术成果,包括《中国道教通史》（五卷本，卿希泰、詹石窗主编，人民出版社2019年版，获该社2019年度"十大优秀学术著作奖"），《百年道学精华集成》（十辑50册，詹石窗主编，上海科学技术文献出版社，2018年出齐），《儒道释博士论文丛书》（卿希泰为创始主编，巴蜀书社，"十三五"时期出版了50部），《中国道教版画全集》（全100册，翁连溪、李洪波主编，中国书店2019年版），《道藏集成 第五辑·关帝卷》（全32册，何建明主编，本辑由王见川、高万桑〈Vincent Goossaert〉主编，中国书店2020年版），《道医集成》（81册，中国道教协会编，学苑出版社、中医古籍出版社2019年版），《东方道藏·民间道书合集》第一辑（全20册，孔令宏主编，社会科学文献出版社2019年版）等。

其他相关研究成果还包括宇汝松著《道教南传越南研究》（齐鲁书社2017年版）、钟晋兰著《宁化县的普庵教与地方宗教仪式》（社会科学文献出版社2017年版）、姜守诚著《中国近世道教送瘟仪式研究》（人民出版社2017年版）、袁志鸿主编《北京东岳庙志》（宗教文化出版社2018年版）、刘屹著《六朝道教古灵宝经的历史学研究》（上海古籍出版社2018年版）、濮文起和李永平编《宝卷研究》（商务印书馆2019年版）等。

总的来说，"十三五"时期，我国道教及民间宗教研究领域不少具有重要学术意义的突破性大型科研成果问世。加之在《世界宗教研究》《宗教学研究》《世界宗教文化》《道家文化研究》《道学研究》《老子学刊》《全真道研究》《正一道研究》《中国本土宗教研究》《道教学刊》等学术园地上发表的大量学术论文，还有众多具有原创性的学术专著。可以说我国道教及民间宗教研究取得了可喜的成绩，为扎实推进构建中国特色宗教学学科体系、学术体系、话语体系做出了自己的贡献。

三 "十四五"规划重点课题设计

"十三五"时期，道教及民间宗教研究的大型学术成果积累仍然主要在于传统道教文献与道教历史研究领域，其他方面的研究在具有重大影响的大型学术成果上还有所欠缺。同时，在方法论转型、学科核心概念提炼、学科体系的建构上还需要进一步理论创新和突破，提升理论高度，从而推动学科范式转型，找到新的学术增长点。此外，学术界关心的一个现实理论及实践探讨的问题，即道教是否需要"中国化"，以及如何进行"中国化"的问题。其达到的共识则是道教同样有着"中国化"及如何"中国化"的问题，而道教的中国化则应该从积极弘扬中华优秀传统文化，以及其社会发展与时俱进这两大层面来推进，今后对之需要加大研究的力度，以寻求获得重大突破。而民间宗教及民间信仰的中国化问题则与中国社会的基层文化发展相关联，所涉及的问题包括地域文化、民俗文化、非物质文化遗产的研讨等。基于这种对学术前沿的宏观判断，我们对道教及民间宗教方向"十四五"规划重点课题设计提出以下几种设想：

（1）出土文献研究与早期道教史研究。
（2）宋元道教史研究。
（3）明清道教史研究。
（4）民国道教史研究。
（5）道教宗派史研究。
（6）西域（新疆）道教史与中华文化认同研究。
（7）西南少数民族地区道教传播与中华文化多元一体研究。
（8）西北地区道教研究。
（9）台湾道教与福建道教关系研究。
（10）敦煌道教分类研究。

以上课题设计主要针对道教断代史、区域道教与民间宗教历史研究，如汉代道教史研究、两晋南北朝道教史研究、隋唐道教史研究，福建、浙江、江西、四川等区域道教研究等还亟须加强。当下的道教与民间宗教研究越来越凸显道教在各个地域的具体存在，说明道教研究出现了一个"在地化""本土化"的趋势。地方道教与民间宗教研究在社会学、人类学等学科的方法指导下已经产生了一些优秀成果，但这一领域还需要进一步拓宽细化，学界需要进一步运用多学科交叉融合的研究方法，聚焦微观，以小见大，加强"在地化"的研究，总结出具有区域化特征的成果，从而为中华文化认同、构建具有中国特色宗教学学科体系提供扎实的学术素材。

此外，在道教与民间宗教经典及其诠释、道教与民间宗教文化习俗方面，则可考虑如下课题的构设：

（1）明清道教经典整理与思想研究。

（2）民间宗教经典整理与思想研究。

（3）道教洞天福地与道教宫观研究。

（4）道教生态思想研究及其现代价值研究。

（5）道教生命哲学思想及其现代价值研究。

（6）道教绘画艺术与审美研究。

（7）道教造像与建筑研究。

（8）道教仪式与民间信仰研究。

（9）道教法术与民间社会研究。

（10）道教岁时习俗与民间地方社会研究。

以上课题设计主要针对道教与民间宗教经典思想及其现代诠释研究，以及其礼仪、社会生活及文化习俗来展开。道教是个文献大教，历代道教经典迭出不穷，蕴含有丰富思想。对传统道教教义经典，做出符合社会进步的诠释，是道教中国化的一个主要体现。以往学界对民间宗教多从历史与社会学角度探究，对民间宗教经典的思想研究重视不够，也应加强这方面的研究。

此外，地方道教与民间宗教法术、科仪与社会生活互动研究也很重要。法术与科仪，是道教与民间宗教在社会中发挥宗教功能的主要途径，现存的道教及民间宗教文献，也以大量法术、仪式类文献为主。对道教与民间宗教仪式的研究需要进一步加强，从而深入揭示现实社会中道教与民间宗教所起到的宗教意义。

大数据时代下的道教与民间宗教文献收集整理与信息化。对道教及民间宗教文献进行电子化、信息化整理，在这方面已经设立了一些课题，但从整体来看还有待加强。利用不断进步的大数据技术，将道教与民间宗教文献收集整理进行资料信息化，建立电子文献数据库，能够极大地利用技术手段推进科研效率，为今后的道教及民间宗教研究起到重要推进作用。

总的来说，"十三五"时期，我国道教及民间宗教领域在学科队伍与学术成果等方面都朝着在指导思想、学科体系、学术体系、话语体系等方面充分体现中国特色、中国风格、中国气派这一方向发展，而且已经取得了可喜的进展。在"十四五"时期，道教及民间宗教研究方向也将针对目前的不足之处与本学科的前沿问题，为推动构建中国特色哲学社会科学进一步努力。

基督教研究

在新时代中国特色宗教学基本理论的总体框架之内，中国基督教研究受两个基本问题的定位而决定其发展：第一，中国特色基督教研究的学科体系、学术体系、话语体系的建设；第二，基督教的中国化方向。这两个问题相辅相成，为当前中国基督教研究提供了基本方向和根本动力。

一 学科队伍建设

近年来，按照中国特色宗教学的总体布局，中国基督教研究学界在世界基督教、基督教自身学科体系的分支学科、中国基督教研究等方面都取得了一些进展。

（一）研究领域的基本情况

在世界基督教研究领域，由卓新平牵头的《剑桥基督教史》（9卷本）翻译工作已基本完成，正在等待出版。而从思想史的角度切入世界基督教的研究，则有一些中青年学者在世界基督教思想史的研究上展示出较好的潜力。在基督教中国化研究领域，由游斌牵头开展的国家社科基金重大项目"基督教中国化的经典、礼仪与思想研究"，将沿着基督教中国化的方向，以基督教与中华学术体系的对接为目标，进行中国特色基督教研究的体系搭建工作。此外，在张志刚、卓新平牵头的"宗教中国化"系列研究中，唐晓峰等人也推出了其基督教中国化的研究成果。在"宗教中国化"探究中，基督教的中国化问题具有典型意义，因而更值得系统而深入地研讨。其关注的视角主要在政治、社会、文化等层面的基督教中国化，基督教经典的中文翻译及中国化诠释，以及爱国爱教的人才建设等。这些探讨都已经全面展开，但仍有待不断深化。在中国基督教研究方面，以陶飞亚、肖清和、张西平等带领的团队在搜集、整理中国基督教的基本史料方面，分别出版了《汉语基督教珍稀文献丛刊》以及《汉语基督教文献书目数据库》《梵蒂冈图书馆藏明清中西文化交流史文献丛刊》等。

除了文献的搜集和整理、研究之外，中国基督教研究的一个重要方面就是其现实状况研究。在"十三五"时期，学术界展开了对城乡基督教现状的田野调查，推出了部分成果，而对乡村基督教的发展亦有关注和研究，对其在城市化进程中的流变，以及在新农村建设中的演化等也都有相应的观察和研究。其现状应该说已经有了颇为明显的变化，其社会及人口结构都发生了相应的变动。

中国的《圣经》研究目前有三支学术队伍值得关注：一是由李炽昌带领的《旧约》研究团队基于山东大学而展开的系统研究，以在中国语言文化处境下发展"跨文本的圣经研究"为特色；二是由梁工在河南大学的《圣经》文学研究团队，从比较文学的角度以《圣经文学研究》为抓手；三是游斌提出的"比较经学"《圣经》研究方法，探索采用跨宗教经典注释的方式，用中国的宗教文化来对圣经进行创造性诠释。在宗教对话方面，多元宗教现实推动国际宗教学界对宗教对话进行深入研究，基督教中国化的命题使得中国宗教学者对于基督教与中国宗教间的对话更多一份紧迫感，其最新成果是游斌对当前国际宗教对话理论界的比较神学、经文辩读、跨宗教的经典互释、分形理论等研究介绍，组织出版了译著《一花一世界：分形理论视角下的佛耶对话》（［德］佩里·施密特－里克尔著，张绪良等译，宗教文化出版社2020年版）等。

（二）学科专业、重点领域分布及学术成果情况

从综合性研究情况来看，基督教研究的学科队伍及其研究侧重包括中国社会科学院世界宗教研究所对基督教的系统、综合研究，北京大学对基督教思想、宗教哲学的研究，清华大学对中世纪哲学、景教的研究，中国人民大学对基督教思想文化的研究，北京师范大学对基督教神学、东正教的研究，中央民族大学对宗教理论及对话、圣经的研究，复旦大学对国际基督教现状、中国基督教历史的研究，上海大学对中国基督教历史的研究，上海社会科学院对基督教现状的研究，浙江大学对基督教思想及对话的研究，武汉大学对中世纪哲学和阿奎那的研究，山东大学对圣经旧约及犹太思想文化的研究，中山大学对世界基督教历史、政教关系的研究，暨南大学对中国基督教历史的研究，福建师范大学对中国基督教历史、教案的研究，华中师范大学对教会大学的研究，华侨大学对海外华人基督教的研究，云南民族大学对少数民族基督教状况的研究等。

"十三五"时期基督教研究以专著为主的成果包括：李向平著《基督教中国化的社会学研究》（宗教文化出版社 2016 年版），谢必震、吴巍巍著《闽台基督宗教关系研究》（福建教育出版社 2016 年版），王德硕著《北美的中国基督教史研究述论》（上海人民出版社 2016 年版），刘海涛著《河北基督教史》（宗教文化出版社 2016 年版），丁锐中著《王徵评传》（宗教文化出版社 2016 年版），赵敦华著《圣经历史哲学（修订版）》（江苏人民出版社 2016 年版），李华伟编《三十年来中国基督教现状研究论著选》（社会科学文献出版社 2016 年版），季玢著《中国当代基督教文学与新世纪文化建设》（上海三联书店 2016 年版），梁康民著《雅各书注释》（上海三联书店 2016 年版），陶飞亚、杨卫华编《宗教与历史：汉语文献与中国基督教研究》（上海大学出版社 2016 年版），黄浩仪著《腓利门书注释》（上海三联书店 2017 年版），林季杉著《T. S. 艾略特基督教思想研究》（人民出版社 2017 年版），谭厚锋等著《贵州基督教史》（中央民族大学出版社 2017 年版），陶飞亚主编《汉语基督教珍稀文献丛刊第一辑》（10 册）（广西师范大学出版社 2017 年版），董江阳著《迁就与限制——美国政教关系研究》（生活·读书·新知三联书店 2017 年版），刘义著《全球灵恩运动与地方基督教：一种生活史的考察》（台湾基督教文艺出版社 2018 年版），肖清和、李灵主编《基督教与近代中国教育》（上海译文出版社 2018 年版），徐龙飞著《永恒之路：奥古斯丁本体形上时间哲学研究》和《循美之路：基督宗教本体形上美学研究》（商务印书馆 2018 年版），李天纲著《中国礼仪之争：历史、文献和意义》（中国人民大学出版社 2019 年版），王涛著《托马斯·阿奎那伦理学研究》（人民出版社 2019 年版），卓新平主编《中国基督教青年会史料汇编》（第一辑）（广州基督教青年会编，宗教文化出版社 2019 年版），卓新平著《基督教思想》（中国社会科学出版社 2020 年版）、《基督教文化》（中国社会科学出版社 2020

年版)和《中国基督教》(中国社会科学出版社 2020 年版)等。此外,基督教研究领域在"十三五"时期也有大量译著出版。

二 本领域有哪些需要关注的问题

(一) 关键问题

1. 体系性建设

建立中国基督教研究的学科体系、学术体系和话语体系,是本领域的学术战略目标。我们不仅应该关注基督新教传统,对于历史更为悠久、人数更为众多的天主教传统的研究也需要大力加强,而对东正教以及亚非的东方教会同样需要有一个全面的研究。只有这样,基督教的广泛社会意义、历史文化意义才能展示出来。就基督教的内部结构而言,以往中国基督教研究偏重于对基督教思想或历史方面,而对于基督教的灵修传统、礼仪神学、经典研究都注视得不够。只有加强这些研究,中国特色基督教研究的体系性才能建立起来。

2. 基础性建设

目前中国基督教文献的整理已经初具规模,但是世界基督教的文献整理方面却还没有迈开步伐。如何介绍并初步呈现世界基督教文献,仍有待人们进行讨论和尝试。在一些基础性的工具书方面,也有必要进行翻译整理,这样才能为未来中国特色基督教研究打下一个长远的基础。

3. 学术团队的建设

由于种种原因,基督教研究的中青年梯队建设仍需加强,尤其需要系统性地确定关键领域,通过合作研究的方式,使梯队得以成型、团队得以磨合。

(二) 存在的薄弱环节

1. 缺少系统性的基础文献建设

与其他宗教研究相比,基督教在中国本土化程度仍然不高,反映在基础文献方面,在基督教研究领域也应确定类似佛教《大藏经》《续大藏经》、道教《道藏》《续道藏》的文献编修工程,并展开初步的协同攻关研究。

2. 对基督教的研究还较为片面

国内基督教研究主要通过基督新教的角度来了解，而对基督教的灵修传统、礼仪传统、经学传统、教会法等基本上还未深入开展。这使得国内学术界对于世界宗教的了解、人类命运共同体的建设所面临的信仰多样性，缺少充分的信息。

3. 基督教研究的重大项目仍然偏少，对取得重要成果的研究应加强持续性支持

目前以基督教为研究对象的国家社科基金重大项目不到 10 个，与基督教在世界和国内的重要影响并不相称。重大项目的研究成果产出仍需加强管理。除了卓新平、陶飞亚主持的重大项目外，其他重大项目的成果有待督促。对于已经取得重要成果的重大项目，如由卓新平主持的世界基督教史翻译，建议持续地加以支持与培育，以期从中衍生出中国学派的世界基督教史写作。

三 "十四五"时期重点研究领域和选题

（一）在世界基督教研究领域

1. 梵二后的天主教文献整理及研究

梵二会议及其后的 50 多年时间里，天主教推出了一系列的教理教义及训导文献，对于天主教的现代转型具有重要的指导意义，对于基督教内的普世对话、东西和好等也产生了重大影响。对这批文献进行整理研究，对于了解基督教的现代转变具有重要意义。

2. 当代基督教的思想家或教会领袖研究

无论是东方教会、东正教还是天主教，出现了一批标志性人物或思想家，如天主教教宗、东方教会牧首、当代神学家等，系统地对他们展开个案研究，可以揭示出当代基督教的总体面貌。

3. "一带一路"沿线的基督教国别研究

"一带一路"沿线上有众多国家是传统基督教国家，对它们进行深入系统研究，对于建设"一带一路"具有重要意义，对于我们深入了解普世基督教传统，尤其是东方教会的社会文化，并将之与中国基督教相参照，亦意义重大。

4. 当代海外汉语神学作品集成

基督教中国化是包括海外华人在内的重要社会和文化工程，海外华人神学家用汉语写作、出版了众多的神学作品。它们对于基督教中国化来说具有重要意义，如同海外新儒家之于中国大陆儒学。对这些作品进行整理研究，能增强海外华人基督徒对中国的向心力，对于当前基督教中国化研究亦有重要的参考价值。

5. 对世界基督教文献进行集成式整理、翻译与研究

应该以时间段或区域为单位，站在中华文明与基督教文明对话互鉴的高度，以国家文化工程的姿态，推动对古典时期、中世纪、现代和当代基督教思想、礼仪、释经作品的整理、翻译与研究，从而为基督教中国化的释经、神学思想建设提供重要参考价值。

6. 对世界基督教的普世对话运动进行深入研究

当代基督教各宗派之间的普世对话，既产生了重要的社会效果，促进了宗派间、不同国民之间的理解，也是当今重要的基督教思想产生的总体背景。应对世界基督教在神学、礼仪与制度上的普世对话成果加以系统的深入研究，使其为基督教中国化提供有益的动力。

(二)《圣经》研究领域

1.《圣经》诠释的通史性研究

应对《圣经》诠释在基督教历史上如何进行、基本方法、其引起的神学思想运动和社会运动展开贯通性研究，以对基督教经学与神学变迁的关系形成清晰了解，并对中国化的《圣经》诠释学产生重要的参考价值。

2. 对《圣经》评断学的评估与回应研究

近代《圣经》评断学的兴起，对于现代基督教的转型起到了重要的推动作用。而基督教思想界也在消化、吸收并转化其提出的挑战，如正典评断学、梵二会议后的天主教经学等，对此都应加以深入研究，并考察其对基督教中国化《圣经》诠释的意义所在。

3. 从中国化角度对《圣经》进行系统诠释工作

在中国基督教历史文献中，少有系统成熟的《圣经》诠释作品。而海外华人的《圣经》诠释工作与中国社会和文化之间则有一层隔膜。因此，从基督教中国化、中国文化与基督教文明对话的视角，对基督教《圣经》

进行逐卷的诠释工作,促使基督教真正成为中国新文化的有机组成部分。

(三) 宗教对话领域

对近来国际宗教学界提出的若干种宗教对话理论,如跨宗教经典注释、分形理论等进行深入系统的探索,并按中国宗教文化的实际加以新的发展,赋予其新的内涵,从而对中国自身的对话模式进行提炼和总结,提出有中国特色的宗教对话理论。基于基督教中国化来探讨中国宗教史上的多元宗教对话路径、原则与理念,提炼出具有普遍意义的、以国际学术话语表述的宗教对话模式。

伊斯兰教研究

一　伊斯兰教研究主要课题与成果

（一）伊斯兰教中国化研究

"伊斯兰教中国化"是 2016 年以来国内伊斯兰教研究的关键词，根据知网检索，2017 年以"伊斯兰教中国化"为主题的检索结果共有论文 56 篇，2018 年有 37 篇。[①]《世界宗教研究》《中国宗教》《中国穆斯林》《回族研究》等杂志也相继刊登了一些从理论和现实层面探讨伊斯兰教中国化的论文，包括吴云贵的《从刘智〈天方典礼〉看伊斯兰教中国化的路径方式》（《世界宗教研究》2019 年第 3 期），李林的《教法何以随国法？——从国法与教法关系看伊斯兰教的中国化进程》（《世界宗教研究》2016 年第 6 期）、《"教法随国论"——理解伊斯兰教法中国化的新视野》（《文化纵横》2018 年第 1 期，后收入张志刚主编《"宗教中国化"研究论集》）、《礼法、教道与法治化——伊斯兰教法中国化的传统方向与现代挑战》（会议论文）、《六和合：伊斯兰教参与构建健康宗教关系的可行之路》（《中国民族报》2018 年 4 月 9 日）和《伊斯兰教中国化的五条路径》等。其他代表论文包括马景的《金吉堂先生与〈月华〉旬刊》、杨发明的《坚持伊斯兰教中国化方向弘扬爱国主义传统》、高占福的《改革开放以来的伊斯兰教中国化研究》、朱剑虹的《正确看待新疆宗教历史深入推进新疆伊斯兰教中国化》、亓子龙的《新时代伊斯兰教中

[①] 2018 年伊斯兰教类论文发表的统计数字引自杨文炯《坚持宗教中国化：2018 年中国伊斯兰教的主治话语》。

国化的三个共识维度》等。

代表性专著包括高占福和敏俊卿合著的《伊斯兰教与坚持中国化方向》（宗教文化出版社 2019 年版）。而张志刚、张祎娜主编的《"宗教中国化"研究论集》（宗教文化出版社 2018 年版）收录了"伊斯兰教中国化研究"的相关论文。这些研究从历史与现实、本土性和民族性的多元视角充分揭示了中国伊斯兰教的"中华性"，发掘了伊斯兰教中国化的根深蒂固的历史文化基础。

（二）"伊儒会通"研究

习近平主席在亚洲文明对话大会开幕式的主旨演讲中指出，中华文明是在同其他文明不断交流互鉴中形成的开放体系。从历史上的佛教东传、"伊儒会通"，到近代以来的"西学东渐"、新文化运动、马克思主义和社会主义思想传入中国，再到改革开放以来全方位对外开放，中华文明始终在兼收并蓄中历久弥新。"伊儒会通"是中国伊斯兰教中国化道路上的重要举措，习主席重提"伊儒会通"传统，不仅是对中国伊斯兰教优良传统所做出的充分肯定，而且为新时代坚持伊斯兰教中国化指明了新的方向。

《中国宗教》杂志特别辟出《"伊儒会通"传统与新时代伊斯兰教中国化》专栏，还加了题为"什么是'以儒诠经'"的"编者按"。刊登的文章有杨桂萍《文明互鉴伊儒会通》、韩星《儒学在历史上对我国伊斯兰教的影响》、王树理《坚持以儒诠经传统努力寻找中华传统文化与伊斯兰教教义的契合点》、米寿江《金陵学派对"伊儒会通"的贡献》、谢世超《伊儒会通：明清时期的经堂歌探析》、哈正利和刘占勇《伊斯兰教中国化进程及其理论反思》。

除了《中国宗教》杂志外，其他相关刊物如《世界宗教文化》《中国穆斯林》《回族研究》发表了伊儒会通类文章，代表性文章有：方金英《新时代重新认识"以儒诠经"运动及其意义》、马景《马坚对"伊儒会通"的继承与发扬》《王浩然阿訇与近代穆斯林的开智活动》、沈一鸣《"伊儒会通"的典范——以舍起灵和刘智对术语 fanā' 汉译为例》、金贵《明清回儒汉文译著研究的当代启示》、马琳娜《陇上名儒张质生对伊斯兰教的几点观察》、金刚《"回儒"和"西儒"思想活动的新时代思考》等。

（三）伊斯兰文明与文化研究

其代表性专著包括李林著《伊斯兰文明》（已纳入云南人民出版社出版计划），为汝信主编的《世界文明史丛书》之一。该著作系统阐述了伊斯兰文明是什么、经历哪些历史阶段、取得过哪些辉煌成就，同时揭示出伊斯兰文明为什么以及如何解决文明必须面对的一系列重要问题等。

代表性论文有张美霞的《元明时期伊斯兰文化对我国青花瓷的影响》，韩敬文的《元代青花瓷纹样中的伊斯兰文化因素》，梅腾的《伊斯兰文化对新疆民居的影响》，朱光亚的《中国传统文化与伊斯兰文明》以及《从整体性视角认识伊斯兰文明——华涛教授访谈》等。2019 年，商务印书馆再版了由埃及学者穆罕默德·爱敏所著、纳忠等人翻译的系列丛书《阿拉伯伊斯兰文化史》。

译著方面的成果包括夏勇敏等译、易卜拉欣·卡伦著《认识镜中的自我——伊斯兰与西方关系史入门》（新世界出版社 2018 年版），王永宝译、穆丹希尔·阿卜杜·惹希慕著《伊斯兰传统下的人权》（中国民主法制出版社 2018 年版），王永宝译《奥斯曼帝国民法典》（商务印书馆 2018 年版）等。

（四）近现代伊斯兰思想与思潮研究

相关研究成果包括吴云贵著《近当代伊斯兰宗教思想家评传》（中国社会科学出版社 2016 年版），丁俊著《伊斯兰文明的反思与重构——当代伊斯兰中间主义思潮研究》（中国社会科学出版社 2016 年版）等。代表性论文则有王希的《存在与本质——伊斯兰哲学中的本体论之争》等。

（五）伊斯兰学术史研究

李林在《中国宗教学 40 年》（卓新平主编，中国社会科学出版社 2019 年版）中以"回顾与展望：百年伊斯兰教研究史"为题对中国伊斯兰教研究、世界伊斯兰教研究、学术研讨会、"工具书、资料整理和学术刊物"、当代伊斯兰教研究、近期重大问题的研究、学科建设等方面的研究成果进行了总结。其《中国的现代伊斯兰学术是如何形成的?》(《中国穆斯林》2020年第2期)亦探讨了中国伊斯兰学术现代转型的多种原因,提出其客观之态度、实证之方法、科学之精神及其现代学术"会通"的内涵和意义。

(六) 中国伊斯兰教历史与文献研究

其代表性成果包括佟洵和孙勐合著的《北京伊斯兰教史》(宗教文化出版社2018年版),姚继德主编的《云南回族古籍典藏》(云南人民出版社2019年版)等。

(七) 国外伊斯兰教与国际关系研究

相关成果包括方金英著《穆斯林与激进主义》(时事出版社2016年版)和《文明的交融与和平的未来:穆斯林"去激进化"理论与实践》(时事出版社2016年版),刘中民著《当代中东国际关系中的伊斯兰因素研究》(社会科学文献出版社2018年版),李艳枝著《伊斯兰主义与现代化的博弈——基于土耳其伊斯兰复兴运动的个案研究》(中国社会科学出版社2018年版),田艺琼著《非传统安全视域下的"当代瓦哈比派"研究》(上海社会科学院出版社2019年版)等。

此外,相关专题论文还包括方金英《穆斯林激进主义》,肖文超《伊拉克库尔德伊斯兰运动的发展演变及其影响》,王凤《十二伊玛目派传统政治思想的演进及其根源》,宋全成、温婧《欧洲缘何泛起排斥穆斯林族群的思潮?》,何思雨《国际伊斯兰救济组织参与全球发展援助研究》,杨玉龙《阿富汗哈扎拉问题的历史嬗变与安全困境》,钮松《现代国际关系视角下的伊斯兰朝觐活动变迁》,李光《欧洲的穆斯林兄弟会——以与政府间的关系为视角》《欧洲穆斯林兄弟会》《法国的穆斯林兄弟会:意识形态的重构与发展困境》,张来仪《法国的穆斯林移民及其与主流社会的互动》,章远《后"伊斯兰国"时期库尔德民族主义的宗教困境——兼论西方推行世俗政治秩序的危险》,陈中和《马来西亚穆斯林脱教的法律问题及其影响》,王鹏《信仰与乡愁:历史人类学视域下的东南亚郑和清真寺与华人穆斯林》，周颖昕《在日穆斯林：因波澜不惊而引人关注》，李维建《十九世纪西非圣战运动的性质与影响》，周明、雷环瑞《"伊斯兰国"对圣战萨拉菲思想的继承与"伊斯兰国化"》，王晋《"远敌"与"近敌"：伊斯兰极端主义的内部论争》，王利文《东南亚伊斯兰极端主义思想的扩散：诱因、影响及应对》等。

二　学科发展态势与主要问题

（一）学科出现萎缩趋势

近五年来，伊斯兰教研究学科总体呈现萎缩趋势，表现为研究机构和人员不断减少，论文发表大幅下降。目前，全国还保留有伊斯兰教研究学科的高校和研究机构主要有中国社会科学院世界宗教研究所伊斯兰教研究室、北京大学哲学系、中国人民大学哲学院、中央民族大学哲学宗教学院等；以"长期兼顾"方式从事伊斯兰教研究的包括南京理工大学、南京大学历史系、陕西师范大学边疆研究中心和宗教研究中心、兰州大学西北少数民族研究中心等的个别学者。此外，还有一些科研人员仅因选题关系而短期涉及伊斯兰教研究。

鉴于伊斯兰教学术会议召开难的现实困境，以及我国伊斯兰教学科发展的迫切需要，中国社会科学院世界宗教研究所伊斯兰教研究室决定将搭建引领性和导向性的全国性学术平台作为工作重点之一，创办了"全国伊斯兰教学术研讨会系列"，目前已经举办五届，是国内伊斯兰教研究领域最具代表性、参与人数最多、层次最高、规模最大的伊斯兰学术会议，被评价为"上接20世纪80年代以来在西北五省区召开的伊斯兰教学术研讨会，重启了全国伊斯兰教学术研讨会的帷幕，具有承上启下的作用和里程碑式的意义"。同时，伊斯兰教研究室还创办了"伊斯兰学术高峰论坛系列"包括"伊斯兰教与丝绸之路经济带""伊斯兰教与国家安全战略""伊斯兰教与中国社会""伊斯兰教与新疆社会发展""伊斯兰教与欧美社会"等，具有很好的学术效果和社会反响。但是，近年来，其学科发展却面临困难，一是学科被边缘化；二是伊斯兰教方面的研究著作出版难；三是研究队伍萎缩。这一状况亟须改变。

（二）研究论文断崖式下降

根据学者统计，近期伊斯兰教研究类论文发表总数量出现了大幅度下降。根据2016—2018年中国知网刊载伊斯兰教研究文章数量统计，截至2018年11月15日，在中国知网（CNKI）上以"伊斯兰教"为主题的检索结果共有论文396篇，是近17年以来（2002年以来）发表研究伊斯兰教的论文最少的一年。同时，与最近的2016年和2017年相比，大幅下降趋势更较明显，仅相当于2016年的38%和2017年的48%。[①]

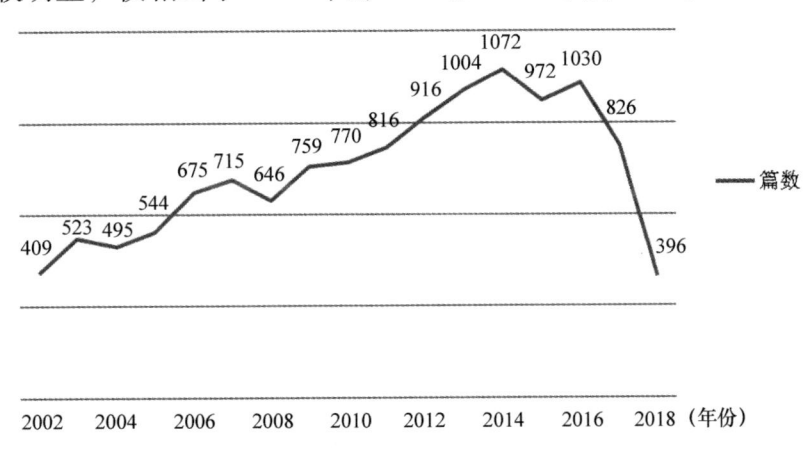

图1 2002—2018年中国知网刊载伊斯兰教研究文章数量（篇）

"发表难、出版难、会议召开难"一直是伊斯兰教研究领域最为突出的制约因素。由于很难出书和发表文章，这个领域的学者特别是中青年学者，有不少已经转行，不再从事伊斯兰教研究。此外，受到支持的伊斯兰教中国化研究也出现了"考据之风"，即只研究具体文献资料，不再触及重大理论和现实意义的问题。

三 "十四五"规划选题

1. 伊斯兰教中国化研究。
2. 伊斯兰教与健康宗教关系研究。

---

① 2018年伊斯兰教类论文发表的统计数字引自杨文炯《坚持宗教中国化：2018年中国伊斯兰教的主治话语》。

3. 当代伊斯兰教与宗教极端主义、国家安全研究。
4. 伊斯兰教与现代性、伊斯兰教现代转型研究。
5. 世界伊斯兰教国别和区域研究（伊斯兰教与"一带一路"研究）。
6. 伊斯兰文明研究。
7. 伊斯兰政治思想史研究。
8. 伊斯兰教学术史研究。
9. 开创中国学派的伊斯兰教法研究。
10. 网络伊斯兰研究。

其他宗教研究

一 犹太教研究

（一）当前犹太教研究机构的发展现状

改革开放以来，国内犹太教研究重新启动，建立起相关研究机构，涌现了一批著名学者和新生代中青年学者，主要分布在宗教学、哲学和历史学（世界史）学科。其中，山东大学、南京大学的犹太教研究主要在宗教学和哲学学科，河南大学、上海社会科学院等高校和科研机构的犹太教研究则主要分布在历史学科。其研究机构"十三五"时期的发展情况如下。

1. 山东大学犹太教与跨宗教研究中心

山东大学犹太教与跨宗教研究中心是教育部人文社会科学重点研究基地之一，以犹太宗教与哲学研究为特色和优势。在傅有德教授的带领下，经过20多年的发展，山东大学的犹太学研究形成了实力雄厚的研究队伍，研究成果数量和质量均居国内一流，且具有一定的国际影响力。2019年新成立山东大学—特拉维夫大学犹太与以色列联合研究所，山东大学的犹太研究进入新的发展时期。

2. 南京大学犹太和以色列研究所

南京大学戴安/杰尔福特·格来泽犹太学和以色列研究所由徐新担任所长，该所是国内高校系统中最早从事犹太文化研究的机构，主要侧重从文化和历史的角度对犹太教进行研究。

3. 河南大学以色列研究中心

河南大学以色列研究中心由张倩红等学者所创立，其犹太教研究以

"开封犹太社团"研究为开端,侧重于历史学进路,近年来主要转向犹太历史和现代以色列国研究,合作发表《以色列发展报告》。

4. 上海社会科学院上海犹太研究中心

上海社会科学院上海犹太研究中心是国内最早开展犹太研究的机构,主要围绕二战期间来华避难的"上海犹太人"进行研究,"十三五"时期,潘光主持完成了国家社科基金重大项目"来华犹太难民研究"。

(二)"十三五"时期犹太教研究的重要成果

"十三五"时期,国内犹太教研究取得的重要成果主要集中在犹太经典翻译与研究,犹太教思想、历史与现实研究,犹太教与中国传统思想的比较研究等领域。其中重要著作包括傅有德主编《汉译犹太文化名著丛书》(山东大学出版社自1996年至今已经出版16部译著),2017年出版了张平译注《密释纳·第二部:节期》,傅有德主编《犹太研究》(辑刊)(山东大学出版社自2015年以来持续出版),傅有德主编《犹太学博士文库》(上海三联书店),夏歆东著《迈蒙尼德释经思想研究》,赵同生著《迈蒙尼德宗教哲学思想研究》(上海三联书店2016年版),张倩红、张少华著《犹太人千年史》(北京大学出版社2016年版),潘光主编《来华犹太难民资料档案精编》(4卷本,上海交通大学出版社2017年版),张倩红、张少华著《犹太人3000年》(北京大学出版社2020年版)等。

这一时期的译著包括乔戈译《古以色列史》(上海三联书店2017年版),王戎译《以色列:一个民族的重生》(浙江人民出版社2018年版),胡浩等译《犹太文明》(中信出版集团2019年版),蔡永良等译《五千年犹太文明史》(上海三联书店2019年版)等。

此外,学者们在《世界宗教研究》《世界宗教文化》《宗教学研究》等国内宗教学专业三大刊物,以及 Philosophy: East and West, Journal of Chinese Philosophy,《道风》等国际刊物上还发表了多篇"犹太教研究"的专题论文。

(三)对存在问题的分析

盘点最近几年国内犹太教研究领域取得的成果,相较于更早一段时期进步明显,尤其在犹太教思想、犹太教历史和中国犹太社团研究等方面取得了显著成绩，并且不断跻身于国际学术前沿。但当前尚存在如下问题：

1. 犹太教传统经典及其解释著作的翻译工作有待进一步深入

犹太教是典型的"经典宗教"，拥有蔚然大观的经典与解释体系，虽然已有一定数量的作品译介到国内，但是其主流经典如《圣经》《密释纳》《塔木德》等仍然没有完整中文版。

2. 原创性成果数量有限

目前更多的研究成果在于梳理和阐释文献，而原创性研究仍然缺失。

3. 研究领域有待进一步拓展

中世纪犹太教、犹太教神秘主义、当代著名犹太教学者、犹太思想的现代阐释、犹太教经典传统之外的民间表达等研究仍不够系统和深入。

（四）"十四五"规划重点课题建议

1. 犹太教《圣经》翻译注释与研究。
2. 《巴比伦塔木德》汉译、注释与研究。
3. "亚伯拉罕宗教"关系历史与现实研究。
4. 犹太教对现代以色列国的政治影响研究。
5. 宗教与以色列社会研究。
6. 中世纪拉比犹太教研究。
7. 犹太教保守派和正统派思想研究。
8. 犹太教与现代犹太人创新精神的关系研究。
9. 犹太教民间传统研究。
10. "大屠杀"记忆研究。
11. 犹太教在中犹两个民族和中以两国关系中的影响研究。
12. 犹太教文明与中华文明的交流互鉴研究。

二 印度教研究

（一）印度教研究的基本状况

1. 主要研究力量布局、人才培养和队伍建设情况

"十三五"时期，中国的印度教及其文化的研究力量仍弱小，研究人员散见于中国社会科学院世界宗教研究所、北京大学东方语言学院、四川大学、浙江大学、复旦大学、华侨大学等高等学府和科研机构，其中相关研究人员最多的是四川大学中国南亚研究中心（国家高端智库、南亚研究所和道教与宗教文化研究所）。从全国的情况看，印度教及其相关研究的人才培养和队伍建设十分不足。

2. "十三五"时期印度教研究成果

据"国家哲学社会科学学术期刊数据库"的论文统计，2016—2019年发表相关论文共计约50篇，大致分为三类：印度教（人文研究，经典、神灵及在世界各地的发展）研究、印度教与政治的关系研究和印度教民族主义研究。

（1）印度教研究

印度教研究的代表性人物是邱永辉研究员，继专著《印度教概论》（国家哲学社会科学成果文库）和《印度宗教多元文化》之后，邱永辉发表了《马克思论印度教社会与"东方学家"的印度观批判》（2017年）和《印度教在中国：韦伯命题与云南经验》（2019年）等研究论文。

"十三五"时期发表的印度教研究论文包括邱永辉著《马克思论印度教社会与"东方学家"的印度观批判》《印度教在中国：韦伯命题与云南经验》，王靖著《人神之间：论印度教中黑天形象的起源和嬗变》，王晴锋著《印度圣牛观解析——基于宗教、历史、理性选择与文化唯物主义》，李政阳著《国际奎师那知觉协会中国发展传播探析》，金杰著《泰国宗教文化中的印度教元素探析》，周广荣著《四部怛特罗考源》等。

（2）瑜伽研究

王志成在印度瑜伽经典翻译、著述甚丰，其"十三五"时期的著作包括《瑜伽之海》（四川人民出版社2016年版），《瑜伽是一场冒险》（四川人民出版社2017年版）和《阿育吠陀瑜伽》（四川人民出版社2018年版）；译著包括《九种奥义书》（罗摩南达·普拉萨德著，商务印书馆2017年版），《智慧瑜伽》（商羯罗著，四川人民出版社2018年版），《瑜伽喜乐之光》（室利·维迪安拉涅·斯瓦米著，斯瓦米·斯瓦哈南达英译，四川人民出版社2017年版），《直抵瑜伽圣境》（斯瓦米·尼提亚斯瓦茹帕南达英译，商务印书馆2018年版），《〈瑜伽经〉直译精解》（四川人民出版社2019年版），《帕坦伽利〈瑜伽经〉及其权威阐释》（斯瓦米·帕拉伯瓦南达、克里斯多夫·伊舍伍德著，商务印书馆2016年版）和《吠陀智慧》

(马赫什·帕布著,四川人民出版社 2018 年版)等。

"十三五"时期,中国学者发表瑜伽研究论文共约 350 篇,其中大部分是瑜伽作为健身、体育运动的研究,有论文约 300 篇。作为宗教文化的研究论文主要有:邱永辉《瑜珈报告——印度文化软实力的传播》,乔斌《中国传统瑜伽与中华养生文化比较研究》,田克萍《从宗教修行到身体技术——论瑜伽文化的变迁》,巢巍《文化向外交的跃变——印度瑜伽软外交之路初探》等。

(3)印度教与印度政治、经济和国际关系的研究

相关研究成果包括邱永辉的专著《印度宗教与政治的关系研究》和论文《文化视角下的中印关系》《文化视角下的中印边界问题》等,其他论文还有:陈小萍《印度对华安全认知与政策选择:印度教民族主义的视角》,欧东明《印度教派民族主义析论》,宋丽萍《印度教特性运动的政治文化解读》,张家栋《印度的克什米尔政策:从稳定优先到主权优先》,陈金英《2019 年大选后印度政党政治的发展动向》等。

(二)印度教研究尚存问题

长期以来,我国学者对印度佛教、古典印度教(婆罗门教)研究较多,对当代印度教的研究不足;印度教与政治(印度教民族主义)、经济和文化的关系,以及印度教民族主义政府的内政外交的研究还十分缺乏。"十三五"时期对之虽有所纠正,但远不能满足学术研究和应用的迫切需要。而随着瑜伽成为连接中印文化交流的新纽带,中国社会和普通民众需要对印度瑜伽加深了解,研究界翻译著作日益增多,但印度瑜伽的"中国化"问题日渐突出。未来对于印度瑜伽经典的翻译与中国理解、中国实践与世界传播的研究,应当注意以中国文化和语言解释印度教的一些理念和概念,分析印度教特色的一些实践的(缺乏)理性化问题,以及对中国社会和民众的影响。

(三)"十四五"时期印度宗教的重点研究课题建议

1. 印度教民族主义研究

包括 19—20 世纪印度教发展(改革)简史,20 世纪 30 年代印度教民族主义思想的产生,印度教民族主义的发展——从"印度教特性"(Hindutva）到"印度教国家"，以及当代印度宗教与政治的关系，印度教民族主义的海外发展和印度教民族主义与中印关系等内容。

2. 中印文明对话与建构人类命运共同体的印度教思想

包括研究印度古典宗教哲学和传统文化，特别是《梨俱吠陀》等经典文献，展开印度文明和文化的宗教性研究，以及在中印双边研讨中，提出建立具有中印文化特色的"世界新文化"的思想观念（和平、非暴力、平等、分享、和谐等），并以此作为"百年未有之世界变局"之下中印全球治理合作的文化和价值观。

中国少数民族宗教与边疆地区宗教研究

一 中国少数民族宗教的学科理论建设

（一）"十三五"时期研究回顾

中国少数民族宗教学自2009年牟钟鉴先生出版《民族宗教学导论》而提出了相对成熟的学科理论框架。"十三五"时期，张桥贵、孙浩然等以宗教文化生态论的视野展开研究，出版了《云南多元宗教和谐关系研究：基于社会学的跨学科视角》（中国社会科学出版社2016年版）。此外，中央民族大学出版社出版了周永健著《中国西南苗族传统宗教研究》（2016年）、魏强著《藏族宗教民俗研究通论》（2016年），胡文会著《湘西宗教文化源流研究》（2018年）；民族出版社出版了福建省民族与宗教研究所主编《福建民族研究文集》（2018年）等。这些都是针对特定地域或特定民族宗教文化进行的中观研究，既不是基于民族宗教学的整体考虑做出的宏观研究，也不是基于某一民族社区、某一宗教现象进行深描的民族宗教志微观研究。实际上，我国少数民族宗教现象的调查已经积累了较为坚实的学术基础与资料基础，相关研究突出了学术性、现实性、基础性，为今后学术突破提供了保障。

此外，龚学增、闵丽、吴碧君等学者基于全球化、现代化、城市化的视野反思民族宗教问题，也取得一些成果。相关成果还包括李晟赟著《现代性视域下宗教对西北民族关系的影响》（中央民族大学出版社2017年版），孙浩然著《云南宗教文化与民族团结的关系研究》（社会科学文献出版社 2017 年版），曾豪杰著《边疆多元宗教和谐及其治理：以云南为例》（云南大学出版社 2017 年版）。而中国统一战线理论研究会民族宗教理论甘肃研究基地主编的《当代中国民族宗教问题研究》至 2017 年已由中国社会科学出版社出版到第 10 集。

在新时代推进西部大开发形成新格局的新征程中，城镇化、现代化、全球化对于中国少数民族宗教的影响仍然需要进一步关注。"十三五"时期对民族宗教问题新情况、新趋势的研究成果并不多，今后有必要继续从边疆安全、国防安全、国家安全的视角关注民族宗教问题，加强民族宗教工作的法治化水平，引导民族宗教更好地服务民族社会发展。

（二）"十四五"规划选题建议

1. 中国少数民族宗教学的学科理论与学科建设研究（通论、通史）。
2. 互嵌式社区中的民族关系与宗教关系研究。
3. 中国少数民族宗教问题及对策研究。
4. 中国边疆民族地区宗教治理研究。
5. 新时代中国少数民族宗教工作研究。

二　中国少数民族原始宗教文化研究

（一）"十三五"时期研究回顾

在中国少数民族原始宗教研究领域，中国学者取得了丰硕成果，包括高志英、苏翠薇著《云南原始宗教史纲》（云南大学出版社 2016 年版），收入《云南宗教系列专史》。

在萨满教研究方面，孟慧英主编的"萨满文化研究丛书"继续推出学术译著，如 2017 年出版加拿大学者杰里米·纳尔贝等主编的《穿越时光的萨满：通往知识的五百年之旅》，2019 年出版英国学者 I. M. 刘易斯的《中心与边缘：萨满教的社会人类学研究》等。此外，中国社会科学出版社 2016 年出版了 А. Ф. 阿尼西莫夫的著作《西伯利亚埃文克人的原始宗教（古代氏族宗教和萨满教）：论原始宗教观念的起源》；社会科学文献出版社 2018 年出版了美国学者米尔恰·伊利亚德的著作《萨满教：古老的入迷术》。这一期间国内更加注重从语言、文化，特别是非物质文化遗产的视角开展萨满教研究，主要有杨朴等著《二人转与萨满研究》（社会科学文献出版社 2016 年版）、高长江著《萨满神歌语言认知问题研究》（吉林大学出版社 2017 年版）、宋和平著《满族石姓萨满文本译注与满语复原》（中国社会科学出版社 2018 年版）、刘桂腾著《鼓语：中国萨满乐器图释》（上海音乐出版社 2018 年版）、陈佳著《萨满艺术非物质文化遗产研究》（社会科学文献出版社 2018 年版）、邹克瑾著《萨满造型艺术的当代传承与转化》（中国社会科学出版社 2019 年版）等；朱恒夫主编的《东北汉军旗陈汉军萨满神书·宽甸汉军旗香香卷》（上海大学出版社 2018 年版）收入《中国傩戏剧本集成》。女性视角也有助于拓展萨满教研究的思路，如张丽红著《满族说部的萨满女神神话研究》（中国社会科学出版社 2016 年版）。此外，郭淑云《〈乌布西奔妈妈〉研究》的英译本也于 2019 年在英国出版。而富育光、邵丽坤、高荷红、杨春风、苏静、李克、朱立春、周惠泉等，也都对满族说部进行了整理与研究。学者们从原始宗教、自然宗教、原生宗教、巫教等层面对萨满教进行了探究。

在中国少数民族图腾崇拜研究方面，何星亮等人有较为丰富的成果。而王士立著《海南黎族艺术中太阳崇拜文化意象研究》（中国纺织出版社 2018 年版）则说明从非物质文化遗产视角探讨少数民族宗教艺术，正逐渐成为该领域的一个热点话题。在 21 世纪前后，学术界已经对蒙古族、纳西族、苗族等少数民族区域的祖先崇拜及其仪式、经典等进行了较为深入的研究与整理，呈现出一大批研究成果。其中于洋、孟慧英等人著《满族罗关穆昆续谱与祭祖考察》（社会科学文献出版社 2019 年版）较有代表性。祖先崇拜在中国宗教文化中是一个典型现象，在少数民族的信仰传统中也特别突出，故其研究值得加强。

（二）"十四五"规划选题建议

1. 中国少数民族原始宗教研究学术史回顾。
2. 中国少数民族原始宗教研究的多学科拓展。
3. 中国少数民族祖先崇拜研究。

三 中国少数民族民间宗教文化研究

(一)"十三五"时期研究回顾

学术界主要基于特定时期、特定地域、特定民族等范围，对中国少数民族的民间宗教或民间信仰进行研究。民族出版社2016年出版黄家信主编《历史人类学视野下的土司信仰与土兵》、麻勇恒的著作《敬畏：苗族神判中的生命伦理》，2017年出版滕兰花、胡小安主编《清代广西地区民间信仰、族群与区域社会研究》、明跃玲著《沅水流域民间村落的盘瓠神话与文化空间》，中国社会科学出版社2016年出版巫宇军的著作《羌族释比音乐的功能、变迁与保护策略研究——以四川汶川阿尔村为例》、2017年出版张犇著《族释比法器风格研究》、2018年出版李祥林著《民俗事象与族群生活：人类学视野中羌族民间文化研究》，皆与南方少数民族民间宗教文化有关；此外，其在2019年底出版的李琳著《湖南地区信仰民俗的文化生态及保护研究》，也触及到相关少数民族的信仰传统及对地方民俗文化发展演变的影响等。

比较而言，南方少数民族的民间宗教文化形态更为多样，相关研究成果也较多，包括陈金文著《壮族民间信仰的传说学管窥》（中国社会科学出版社2016年版），陈正勇著《自然、神性与美：现代语境中的纳西族审美精神研究》（复旦大学出版社2017年版），曹端波著《国际视野中的贵州人类学：侗族巫蛊信仰与阶层婚研究》（贵州大学出版社2017年版），瞿州莲、罗中编著《中国土家族梯玛歌研究》（民族出版社2017年版），庹修明编著《土家族冲寿傩仪及戏剧剧本》（贵州民族出版社2017年版），金娟著《时光的记忆：湘西土家族毛古斯舞研究》（文化艺术出版社2018年版），吉首大学等编《中国土家族梯玛歌研究》（上、下册，民族出版社2018年版），杨鸿荣著《纳西族东巴画田野调查及艺术教学研究》（云南大学出版社2018年版），莫独著《阿倮欧滨：哈尼人一座灵魂的高地》（广西师范大学出版社2019年版），田松著《神灵世界的余韵——纳西族传统宇宙观、自然观、传统技术及生存方式之变迁》（民族出版社2019年版），孟猛著《贵州丹寨县苗族丧葬仪式中的芦笙乐舞研究》（九州出版社2019

年版），聂森等著《土家族傩文化数字化传承研究》（中国社会科学出版社2019年版），魏育鲲著《湘西苗族仪式音乐研究》（文化艺术出版社2020年版）等。

北方少数民族民间宗教研究成果则包括鄂崇荣著《青海民间信仰——以多民族文化为视角》（中国社会科学出版社2016年版），奇车山、迪木拉提·奥迈尔编著《锡伯族民间信仰与社会田野调查》（第一集、第二集，民族出版社2017年版）等。

学术界对中国少数民族民间宗教祭祀的研究，涉及祭祀仪式、祭祀场所、祭祀音乐、祭祀典籍等内容，当前研究成果则主要围绕蒙古族展开，包括田宏利编著《漫话蒙古族节日与祭祀》（内蒙古人民出版社2017年版），红梅著《当代蒙古族敖包祭祀音乐研究：以呼伦贝尔蒙古族敖包祭祀仪式为个案》（内蒙古人民出版社2017年版）等。

在中国少数民族民间宗教或者本土特色宗教研究方面，如纳西族的东巴教、藏族的苯教、壮族和布依族的"么教"、白族的本主崇拜、彝族的土主崇拜和毕摩教崇拜等，也取得了丰富成果，主要集中在典籍整理、历史考证、仪式研究等领域，且其研究者多为本民族学者。其中关于东巴教的研究著作既有概论性的和力民著《田野里的东巴教文化》（民族出版社2016年版），和继全著《东巴文考论稿》（民族出版社2017年版），李静生著《纳西东巴文字概论》（云南大学出版社2016年版），徐丽华编《东巴文古籍艺术》（民族出版社2016年版）；也有关注祭祀仪式与叙事传统的成果，如鲍江著《象征的来历：叶青村纳西族东巴教仪式研究》（民族出版社2017年版），杨杰宏著《东巴仪式叙事程式研究》（中国社会科学出版社2017年版）与《东巴叙事传统研究》（暨南大学出版社2019年版）；还有调查研究与比较研究，如喻遂生等著《俄亚、白地东巴文化调查研究》（中国社会科学出版社2016年版），王娟著《纳西东巴文辞书研究：方国瑜、李霖灿、洛克字词典的比较》（民族出版社2018年版）；在学者讨论东巴文化变迁与文化遗产保护上也有成果问世，如光映炯著《旅游场域与东巴艺术变迁》（民族出版社2017年版），胡莹著《档案学视野下的东巴古籍文献遗产保护研究》（中国社会科学出版社2016年版）等。

关于苯教的研究著作，主要涉及其历史源流、重要人物与宗教场所，如西藏藏文古籍出版社 2017 年出版雄·嘎玛坚参主编《苯教源流》，2019 年出版琼布·洛追坚赞著《苯教远古历史源流》，2018 年出版珠达·索朗坚参著《苯教尊者尼玛彭色传记》；东南大学出版社 2019 年出版戚瀚文、汪永平著《西藏苯教寺院建筑》等。

关于彝族毕摩崇拜的研究重点围绕宗教人物与宗教艺术，如马嘿玛伙等著《安宁河流域毕摩与苏尼研究》（民族出版社 2016 年版），师有福著《彝族阿哲毕摩绘画选》（云南民族出版社 2017 年版）。此外，关于白族本主崇拜的著作，则有饶峻姝、杨荣彬等著《大理白族本主崇拜及其本主庙装饰艺术》（中央民族大学出版社 2019 年版），其特点是突出了宗教艺术的研究视角。

民族信仰与民俗文化有着密切关联，相关宗教甚至已经成为其民俗文化的重要组成部分，形成其地方文化传统及生活习惯，在其民族记忆、风俗、标志、符号、语言、文字、艺术、音乐、节庆等方面留下了深深的印痕，甚至作为其民族文化传统、非物质文化遗产等得以保留。而这些以宗教信仰形式而保留的民族传统及文化习俗在跨境少数民族居住区则更应该值得高度重视和特别关注，其研究现实感强、政治性突出，尤其是其对策研究必须及时、有效、具有明显的可操作性。这对于加强中华民族命运共同体及文化共同体的构建、防范境外敌对势力利用宗教的渗透，都有着独特而无法取代的现实意义及政治意义。

（二）"十四五"规划选题建议

1. 非物质文化遗产视野下的中国少数民族民间宗教文化研究。
2. 中国少数民族民间宗教的生态文明思想与实践研究。
3. 中国少数民族宗教文献的翻译、整理与研究。

四　中国少数民族宗教文献的翻译、整理与研究

（一）"十三五"时期研究回顾

广义上的中国少数民族宗教文献，既包括其原始文献，也包括使用民族文字撰述的研究文献，还包括相关外文研究文献。"十五"至"十二

五"时期完成的《中国各民族原始宗教资料集成》《中国少数民族原始宗教经籍汇编》《中国西北宗教文献》《彝文典籍集成》《甘肃宕昌藏族家藏古藏文苯教文献》《中国贝叶经全集》《纳西东巴古籍译注全集》等,具有重要的文献价值。"十三五"时期缺少集成性的民族宗教文献丛书,主要成果有胡展耀等编著《中国民族研究文献题录集成》(6册,华中科技大学出版社2015年、2016年、2017年版),何晓芳编《满族历史资料集成·民间祭祀卷》(辽宁民族出版社2016年版),徐丽华著《藏族古日历和祭祀图谱研究》(民族出版社2016年版),广西壮族自治区少数民族古籍工作办公室编《仫佬族地区文书古籍影印校注》(全2卷,广西教育出版社2016年版),张月福等著《国家级非物质文化遗产:德江傩堂戏》(贵州民族出版社2016年版),三都水族自治县档案史志局编《水书:六十龙备要》(上、下册,贵州民族出版社2017年版),中国社会科学院民族学与人类学研究所等编《哈佛燕京学社藏纳西东巴经书》第五卷、第六卷(中国社会科学出版社2017年版),曾晓梅、吴明冉编《羌族石刻文献集成》(巴蜀书社2017年版),贵州省民族古籍整理办公室编《彝文文献经典系列·祭祀经文篇》(贵州民族出版社2017年版),郭晓炜编《中国彝族梅葛史诗丛书:梅葛祭》(中国质检出版社2017年版),王明贵著《黔西北彝族经籍研究》(民族出版社2017年版),楚雄彝族文化研究院《国家珍贵古籍名录楚雄彝文古籍合编影印本》(云南人民出版社2017年版),龙倮贵、曹贵雄著《云南彝族重要古籍文献数字化保护与整理研究》(中国商务出版社2017年版),《彝族传世经典》(四川民族出版社2018年版),贵州省民族古籍整理办公室编《贵州少数民族经典遗存大系》(贵州大学出版社2018年版),周国炎主编《布依族古籍文献研究文集》(贵州大学出版社2018年版),安顺市民族宗教事务委员会编《布依族摩经典籍》(贵州民族出版社2018年版),从江县苗学会等编《月亮山苗族贾理》(贵州大学出版社2019年版),杨才华编译《赫章苗族祭祀经》(贵州大学出版社2018年版),叶黑龙著《佤族祭词研究》(社会科学文献出版社2018年版),以及朱恒夫主编《中国傩戏剧本集成》(上海大学出版社2018年版)中的相关部分。

"十三五"时期,少数民族文字的研究文献主要有雄·嘎玛坚参主编

《苯教因明学入门知识》（西藏藏文古籍出版社2017年版），蒙古文著作包朝格柱、包嘎日迪编《科尔沁蒙古族博祭祀》（辽宁民族出版社2017年版）等。

（二）"十四五"规划选题建议

1. 中国少数民族宗教文献数据库建设。
2. 中国少数民族宗教志通编。

五　中国少数民族的佛教文化研究

佛教对中国一些少数民族的影响较深，学术界的相关研究颇为丰富，"十三五"时期关于中国少数民族佛教文化的研究主要关注其文化艺术。

藏传佛教的研究成果，涉及佛教造像的有译著《喜马拉雅西部早期佛教泥塑：10世纪末至13世纪初》（克里斯汀·卢扎尼兹著，中国藏学出版社2018年版），张建林等著《西藏东部吐蕃佛教造像：芒康、察雅考古调查与研究报告》（社会科学文献出版社2018年版）；关注佛教艺术传承的有郑云峰编著《佛光照高原：三江源地区的佛教源流与佛教艺术》（青岛出版社2016年版），夏吾才让与关却杰著《藏传佛教唐卡艺术绘画技法》（青海人民出版社2016年版），李元元著《经堂与市场之间：青海黄南藏族自治州唐卡文化产业与民族社区发展研究》（民族出版社2018年版）；关注佛教仪式的有卡尔梅·桑丹坚赞著《藏族历史、传说、仪轨和信仰研究》（中国藏学出版社2016年版），旦增·龙多尼玛著《藏传佛教大圆满传承史》（西藏藏文古籍出版社2016年版），何杰峰著《藏传佛教判教研究》（巴蜀书社2016年版），堪布·班玛香曲著《藏传佛教八关斋戒》（青海民族出版社2017年版）；探讨教理教义及哲学思想的有班班多杰著《藏传佛教思想史纲》（人民出版社2017年版），周炜著《佛智：藏传佛教的文化语境》（中国藏学出版社2018年版）、周炜著《古藏语文学写本的佛教语境》（中国藏学出版社2019年版）；研究风俗习惯的有魏强著《藏族宗教民俗研究》（中央民族大学出版社2016年版），才让著《藏传佛教信仰与民俗》（上海古籍出版社2017年版）；涉及藏传佛教寺院及佛塔的有李顺庆著《藏彝走廊北部地区藏传佛教寺院研究》（巴蜀书社 2016 年版），覃力等著《青海同仁藏传佛教寺院》（中国建筑工业出版社 2016 年版），龙珠多杰著《藏传佛教寺院建筑文化研究》（社会科学文献出版社 2016 年版），周晶、李天著《雪山中的曼荼罗：藏传佛教大型佛塔研究》（中国建筑工业出版社 2016 年版），次旦扎西与顿拉著《西藏佛教寺院事务管理研究：以拉萨三大寺为例》（社会科学文献出版社 2016 年版），汪永平等著《拉萨藏传佛教建筑》（东南大学出版社 2019 年版）；对某一民族地区或多个民族藏传佛教进行研究的有杨学政著《藏族、纳西族、普米族的藏传佛教》（云南人民出版社 2016 年版），昂巴著《安多藏区藏传佛教实地研究》（甘肃人民出版社 2017 年版），拉科·益西多杰编译《藏传佛教五大教派名僧传》（青海人民出版社 2019 年版）；张玉皎著《藏传佛教女性观研究》（社会科学文献出版社 2020 年版）则突出了性别视角，而国家宗教事务局组编《藏传佛教爱国主义教程（试用本）》（宗教文化出版社 2016 年版）和郑堆主编《藏传佛教教义阐释研究文集·藏传佛教与爱国思想研究专辑》（中国藏学出版社 2019 年版）则可置于藏传佛教中国化的视野来理解。

南传佛教的研究成果，涉及艺术与仪式关系的有田玉玲著《供奉与表达：傣族南传佛教艺术与"赕"的关系解析》（云南大学出版社 2018 年版），杨民康著《中国南传佛教音乐文化研究》（高等教育出版社 2016 年版）；涉及信仰功能的有章立明等著《民族地区宗教信仰与社会秩序的民族志研究——以南传佛教文化区为例》（人民出版社 2016 年版），郑筱筠、康南山主编《首届南传佛教高峰论坛文集》（中国社会科学出版社 2017 年版），陈荟著《西双版纳傣族寺庙教育与学校教育共生研究》（科学出版社 2019 年版），徐伟兵著《傣楼与佛寺：西双版纳曼景傣人的"家"》（社会科学文献出版社 2019 年版）等。

关于蒙古族佛教信仰的研究，主要关注其音乐艺术，如楚高娃著《蒙古佛教本尊与护法神诵经音乐之密律》（中央民族大学出版社 2019 年版），乌兰杰等编《蒙古族佛教歌曲选》（宗教文化出版社 2017 年版）。

关于白族佛教信仰的研究主要围绕其佛教画像与经典，如侯冲著《"白密"何在：云南汉传佛教经典文献研究》（广西师范大学出版社 2017

年版），古正美著《〈张胜温梵画卷〉研究：云南后理国段智兴时代的佛教画像》（民族出版社2018年版）。

西夏佛教研究成果包括崔红芬著《西夏佛教文献研究论集》（宗教文化出版社2017年版），《俄藏黑水城文献（25—29）西夏文佛教部分》（中国社会科学院民族学与人类学研究所编译，上海古籍出版社2016—2019年版），孙伯君等著《西夏文藏传佛教史料："大手印"法经典研究》（中国藏学出版社2018年版）。

新疆佛教研究成果包括新疆维吾尔自治区文物局编纂的两卷本《新疆佛教遗址》（科学出版社2016年版），薛宗正、霍旭初著《龟兹历史与佛教文化》（商务印书馆2016年版），乌云著《新疆佛教石窟中的古代民族服饰研究》（中国建筑工业出版社2017年版），杨富学著《回鹘文佛教文献研究》（上海古籍出版社2018年版）等。

目前对少数民族中的佛教信仰研究，重点在于南传佛教、藏传佛教在相关少数民族及地区的存在和发展的探讨，其中藏传佛教与象雄文化的关系、藏传佛教与苯波教的关系等相关研究都明显加强。此外，蒙古族佛教问题也受到了特别关注，其中亦涉及对蒙藏佛教、蒙古佛教或蒙文佛教等表述的推敲和商榷等。而在上述研究中，其文献研究则占用很大比重，推出了不少可喜成果。不过，在汉传佛教的全面研究中，少数民族与汉传佛教的复杂关系及其历史演化尚未得到足够重视，故此建议"十四五"规划设立汉传佛教与中国少数民族关系研究选题。

六　中国少数民族的道教文化与儒教文化研究

（一）"十三五"时期研究回顾

加央平措著《关帝信仰与格萨尔崇拜：以藏传佛教为视域的文化现象解析》（社会科学文献出版社2016年版）涉及藏传佛教与道教乃至儒教的关系。此外，相关研究成果还有陈杉、平一斯编《清代瑶族神像画》（四川大学出版社2018年版），刘尧汉著《中国文明源头新探——道家与彝族虎宇宙观》（云南人民出版社2016年再版）等。

(二)"十四五"规划选题建议

1. 中国少数民族道教通史。
2. 儒学儒教在中国少数民族地区的传播研究。

七 中国少数民族基督教研究

(一)"十三五"时期研究回顾

基督教的各派与中国少数民族产生过较深关系,历史上中国北方一些少数民族信仰景教,东正教主要影响中国东北部分俄罗斯族、鄂伦春族群众。新教则在西南少数民族地区有着明显的发展及影响。学术界对基督教与中国少数民族的关系研究积淀了一定成果,"十三五"时期的研究相对较少,以张桥贵教授主持的国家社科基金重大招标项目"我国少数民族基督教研究"(2018年免于鉴定结项)和"中国少数民族基督教通史研究"(2019年立项)为这一领域的标志。在这一研究中,学术界重点对西方传教士在我国少数民族地区传教及其形成的影响等展开了系统研究;除了历史的回溯之外,目前关注的焦点也包括在跨境民族地区境外基督教渗透的现状及其有效防范等问题。其研究成果如下:

在新教与中国少数民族关系研究方面,有邓杰著《医疗与布道:中华基督教会在川康边地的医疗服务研究》(中国社会科学出版社2017年版),东人达等译《塞缪尔·柏格理——在华传教士的开拓者(1864—1915)》(W. A. 格里斯特著,中国文史出版社2018年版)。在天主教与中国少数民族关系研究方面,则有张彧著《晚清时期天主教会在内蒙古地区活动研究》(中国社会科学出版社2018年版),刘瑞云著《19世纪中叶法国人在川滇藏区的活动研究——以巴黎外方会会士为主体的历史学考察》(四川大学出版社2018年版)等。

(二)"十四五"选题建议

1. 中国少数民族地区外国传教士文献的翻译、整理与研究。
2. 天主教与中国少数民族关系研究。
3. 中国少数民族地区基督教传播比较研究。

八　中国少数民族的伊斯兰教研究

(一)"十三五"时期研究回顾

中国少数民族的伊斯兰教信仰，应突出伊斯兰教与中国少数民族的关系，而不是泛论伊斯兰教。有一些少数民族在历史上形成了与伊斯兰教的复杂关联，这是学术界在研究中极为关注和研究颇多的领域。"十三五"时期的相关著作较为关注现实，如马晓军著《城市化进程中的中原回族伊斯兰教研究》（甘肃人民出版社2016年版）；也较为关注民俗艺术，如马盛德著《西北地区信奉伊斯兰教民族婚俗舞蹈研究》（中华书局2017年版）；同时还关注文献整理，如姚继德主编《云南回族古籍典藏》（十卷本，云南人民出版社2017年版），广州市回族历史文化研究会与广州市伊斯兰教协会编《广州回族碑刻匾联集》（广东人民出版社2017年版）；有的则突出性别研究，如马桂芬著《西北穆斯林妇女社会参与研究——基于甘肃省回族、东乡族妇女的个案研究》（人民出版社2017年版）等。

(二)"十四五"规划选题建议

1. 伊斯兰教在西北十个少数民族地区的中国化研究。
2. 中国少数民族女性穆斯林群体研究。

"十四五"时期宗教学发展前瞻

一 需要深化和拓展的重要研究领域、方向和范围

中国宗教学的发展应该体现出其政治性、中国性和时代性这三大特点,这在构建中国特色宗教学学科体系、学术体系和话语体系上至关重要,也是其深化和拓展的重要研究领域、方向和范围。

"政治性"就是要体现出中国宗教学的政治定位,从而形成与西方乃至国外宗教学的定位区别。这种政治性即要彰显中国宗教学是以马克思主义为指导的哲学社会科学研究领域,因此认真钻研、探究马克思主义经典作家关于宗教的思想论述及其时代文化背景是中国宗教学的基本功和政治站位,对于马克思主义必须持有科学、认真、严谨的学术态度,必须回到其原典仔细推敲,言之有据,阐发合理。这样,深入研究马克思主义宗教观、创建马克思主义宗教学,就是我们中国宗教学的首要任务。这一重要研究领域及其方向在世界宗教学上是独一无二的,只有中国宗教学才能承担这一使命、完成这一任务。于是,中国宗教学的这种"政治性"既是其唯一拥有,也是其理论特色。

"中国性"就是要发展中国特色的宗教学,从而与国际宗教学形成对比、对话、对接、对应。"中国性"是中国宗教学独立于世界宗教学之林、傲然独步于国际宗教学舞台的独门绝技。因此,如何发掘、弘扬这种"中国性"就是中国宗教学未来的重要发展方向和研究范围。这种"中国性"首先是其学术精神的中国性,要弘扬中国学人的中华精神传承,使中国宗

教学体现出中华优秀文化的精气神；其次是要突出中国思维特色，如与西方"二元分殊"思维明显不同的"多元通和"及其圆融整合的思想，可在中国宗教学的基本思想理论中得以充分体现；再次是要展示中国的学术传承，从古至今地梳理中国学术界对宗教的思考、研究、态度及其运用，形成中国自己的宗教学思想史，发掘并展现中国自己的宗教认知历史及其学术传承；最后则是要总结、建立中国宗教学基于中华文化传统、语言特色的话语体系，这就要求我们基于中国丰富的语言文库及其思维传承来重新梳理、创新建立中国宗教学的话语体系，有我们自己文化资源中的宗教术语、宗教理解。在此，建议应该重点梳理、回溯、解释、厘定我们对"宗教""宗教性""信仰""祭祀""巫术""巫魅""迷信""神明""神秘""神性""神圣""神学""神修""神仙""神灵""上帝""天主""天""帝""道""太一""虚神""教""灵魂""心灵""修行""修炼""修养""修道""道统""天人合一""绝地天通""心醉神迷""生死""怪力乱神""寺""庙""宫""观""堂""淫祀""建构性""弥散性"等术语的文字渊源、语义演变、实际应用、当代诠释等内容。不过，这种"中国性"也要以开放性、对话性的姿态来形成国际比较、世界对话，达到知己知彼、分清异同。

"时代性"就是要展示中国宗教学鲜明的时代特色，使之发展为一种与时俱进、不断创新的、充满活力的当代学科存在。因此，一要观察国际现实状况，放眼看世界，有冷静分析、正确应对国际局势的智库参与，把握宗教在世界现实中的处境及其作用；二要关注重大现实问题，参加对"共建人类命运共同体""一带一路国际合作""新冠肺炎疫情发展"等当下议题的学术建言献策，说明其中的宗教因素及其可能影响；三要注意中国当代社会的发展变迁及其未来走向，研究中国宗教现状及其作用，分析其社会功能、政治动向以及对民众的影响、对自我的定位，以学术睿智来帮助处理好当代中国的政教关系、政社关系、政群关系等；四要正确分析、判断社会舆论、舆情对宗教的影响和引导，帮助形成促进宗教积极社会功能、防范其负面功能的社会氛围，以对宗教的正确理解、合法包容来参与积极引导中国宗教的中国化和对中国社会主义社会的积极适应；五要研究现代宗教在文化发展、精神传承中的意义与作用，鼓励并协助宗教界的学术研究、理论创见、文献整理以及文化遗产的保存等活动，使中国宗教真正能够与中国社会有机结合、与中华文化和谐圆融。

二 重点研究课题建议

（一）马克思主义宗教学的理论与体系

建立马克思主义宗教学的理论体系，应该是"十四五"时期中国宗教学发展的一个重大课题，其内容包括对马克思主义宗教观的系统阐发，勾勒出其基本思想和基本原则；以及对马克思主义宗教学"三大体系"即学科体系、学术体系和话语体系的系统构建。

（二）马克思主义宗教观的历史发展

应该认真发掘、系统梳理马克思主义宗教观的思想渊源、社会背景、历史发展、基本内容、体系结构、理论特色、精神关联、发展方向，以及中国特色的体现，注重马克思主义宗教观在当代中国的创新性发展和弘扬。

（三）中外无神论的历史及其史料研究

我国的无神论研究应该中外并重、齐头并进，对无神论的历史发展做深入、系统的梳理，给出历史唯物主义的解说，展示出科学、客观的辩证思考。

（四）当代中国宗教学"三大体系"建设

中国宗教学经过上百年的学科建设和改革开放以来四十多年的全面发展，已经具备建立系统学科体系的条件和能力，因此今后应注重其学科体系、学术原理、理论方法的创建，以开放、比较之姿态而重点基于中国话语、中国资源，以及中国问题意识，形成中国宗教学的理论特色和学科特点。

（五）宗教中国化史料整理与研究

建议由那些有重要前期研究成果的相关机构来牵头承担，使一部中国宗教史主要展示为五大宗教基于及扎根中华大地、融入并体现中华文化传统、适应中国社会发展的历史,以历史的厚重来推动"宗教中国化"的研究与实践。

(六)中国宗教思想通史研究

中国特色宗教学体系的建立,需要中华宗教文化的思想资源为历史基础,因此应该对中国宗教的思想发展史展开深入、系统的研究;这一研究基于思想史料的梳理来探索中国宗教思想发展演变的轨迹和其思维特点,找出其精神传承的历史规律和社会启迪意义,以有利于对中国宗教理解的客观、科学阐释。

(七)新冠肺炎疫情后的世界宗教发展研究

新冠肺炎疫情给世界发展已带来巨变,其迹象也越来越明显,而宗教的变化也引人注目,因此有必要深入观察、研究疫情后宗教对国际政治的影响、对各国政教关系的作用、其宗教自身存在方式、传播模式、社会结构、信仰思想的演变,并对宗教未来走向和前景加以预测。

(八)中国佛教宗派特色研究

中国佛教已与印度佛教明显不同,其变化的一个典型特点就是中国佛教宗派的形成及发展。对宗教派别的分类一直有着不同理解,中国佛教是否存在宗派,或者应该如何来理解其宗派,已成为中国佛教史研究的热点问题。不应简单化地用日本佛教宗派的概念来"回溯"或构建中国佛教宗派,而应建基于对中国社会结构及其组织特点来理解其宗派,与中国传统宗法制度相对应和比较,反思"法缘宗族"的概念。中国佛教各"宗派"之间的性质有根本性区别,很难等量齐观,因此应通过对地方性佛教教派的深入研究而提出新的理论解释。

(九)佛教义疏学研究

佛教义理研究作为佛教研究的核心值得进一步拓展,需要产生新的学术增长点。历史上的佛教徒很少"孤明先发",而是通过对以往佛教重要典籍不断注疏的方式来发挥新的教义思想,形成所谓"佛教经学"。随着中国儒家经学史研究的深入，及其"义疏学"理论范式的提出，应考虑将义疏学引入佛教的研究领域，展开相应研究。

（十）人间佛教研究

人间佛教的倡导者太虚是佛教思想及其人物研究的一个重点，当今海峡两岸的佛教界都很重视，对其宗教传承及当下代表，也有着许多讨论与争鸣。人间佛教在一定程度上反映了中国佛教现代化的进程。随着中国佛教的国际化，从其现代性、民族主义，乃至全球化等多重视角来研究人间佛教思想和实践，并将之放在世界佛教现代化的范围内观察，视为"社会参与式佛教"的重要表现形态，有着现实及理论意义。其对于反思宗教世俗化、宗教现代化，构建中国特色宗教学理论，都具有学术前瞻意义。

（十一）道教礼仪与民间社会信仰研究

道教与中国民间社会文化有着密切的关联，其礼仪则充分体现出中国社会基层民众的宗教信仰实践及其与民间习俗的有机联系。道教文献典籍研究已取得了很多成果，因此今后应该加强对道教礼仪及其社会实践的研究，找出其与基层民间社会紧密关联的奥秘，进而有理有据地说明中国社会基层及其民俗活动中的宗教因素及特点。这也是分析当代中国基层社会信仰生活的一个重要参照点。

（十二）道教生态思想及其现代价值研究

生态文明是当代中国社会的一个关注焦点，对中国传统宗教中的生态思想加以发掘有着典型意义。其中道教的生态思想则极为突出，值得深入探讨和系统阐发。可从道教生态观的理论、文献、实践来展开研究，依此对其特点及意义加以理论说明。

（十三）世界基督教文献整理、翻译与研究

目前对世界基督教文献整理、翻译相对滞后，已做的文献整理主要集中在中国基督教历史文献，范围相对窄小。因此应以时间段或区域为单位，

站在中华文明与基督教文明对话互鉴的高度，推动对古典时期、中世纪、近现代和当代基督教思想、礼仪、释经作品的整理、翻译与研究，从而为基督教中国化的释经、神学思想建设提供重要的参考资料。

（十四）世界基督教的对话研究

当代基督教各宗派之间，以及基督教与其他宗教之间的对话，虽已渐入低谷，却仍然值得回顾和总结，以重视其产生的社会效果，肯定其促进各宗派间、不同国民之间相互理解的积极意义。应与世界基督教在神学、礼仪与制度上的现代发展结合起来展开研究，使其为基督教中国化提供启迪和思考。

（十五）《圣经》诠释的通史性研究

《圣经》诠释是当前学术关注的重点之一，其对两千年基督教历史及其神学思想和社会运动有着独特影响，尤其是近代圣经评断学的兴起对于现代基督教的转型起到了重要的推动作用。基督教思想界在消化、吸收并转化圣经评断学提出的挑战后也形成了近现代的革新发展及《圣经》诠释。这在中国学术界尚缺少贯通性研究。其通论及通史对了解基督教经学与神学变迁的关系有重要启迪，也会对中国化的《圣经》诠释学起到重要参考作用。

（十六）伊斯兰教现代转型研究

伊斯兰教与现代性的关系是当今世界关注焦点，在当前国际处境中如何促使伊斯兰教适应现代社会，实现其现代性转型有着巨大社会意义，对当今世界和平与发展，中国"一带一路"倡议、伊斯兰教中国化、抵御宗教极端主义等问题都具有重要的现实意义。其重点是注意从伊斯兰传统内部发掘其自身所蕴含的现代性因素，实现伊斯兰传统与现代文明的会通与交融。

（十七）伊斯兰教与"一带一路"合作关系研究

在"一带一路"沿线，尤其是其重点区域主要信仰伊斯兰教的国家和地区占有较大比重，应从这些区域和国别的视角来加强对世界各国伊斯兰教的研究。由于地缘政治、资源储备、历史争端、民族教派等因素，伊斯兰世界往往处于国际冲突和争端的前沿，所谓"伊斯兰潮"巨大地冲击着国际政治舞台、震撼了全世界。中国推动的"一带一路"国际合作，正有着这一时代特征和社会环境，因而对我们的基础理论研究提出了严峻挑战，在实践中也会面对不少"热点"和"难点"，所以需要在应用理论和对策研究层面加强相应的伊斯兰教学术研究。

（十八）"亚伯拉罕宗教"关系历史与现实研究

犹太教与基督教、伊斯兰教被统称为"亚伯拉罕宗教"，三者之间具有深刻的历史渊源关系。其在历史及现实中都有着错综复杂的关联，当前世界诸多热点问题也可以在此找到源头，而今后的世界格局走向在一定程度上也会受到这三教关系的影响。故其研究很有必要性和紧迫性，会涉及国际政治与国际关系，中国与以色列及美国的关系、与伊斯兰世界的关系，以及中东问题的斡旋和妥善处理等。其研究对于世界宗教史、宗教思想史也大有裨益。

（十九）印度教民族主义研究

自20世纪90年代以来，该问题的研究显示出重要性和迫切性。其研究内容包括分析印度教的当代发展与印度教民族主义的形成，当代印度教与其国内及国际政治的关系，印度教民族主义的政治进化，印度政治中的印度教民族主义思想观念，印度教极端（恐怖）主义的近期发展，印度教民族主义的海外发展等。还应特别关注印度教民族主义对中印关系的影响，其对华认知和对华政策，并在一定程度上聚焦西藏问题、边界争端和核问题等敏感话题。当代中印人文交流现状也颇值得关注。

（二十）中国边疆民族地区宗教治理研究

应从学科理论高度系统总结新中国民族宗教工作经验，探讨宗教工作、民族工作、群众工作、统战工作和社会工作的有机结合，以及中国民族宗教工作的理论框架、实践路径、服务意识、政策方法等。也应识别中国边疆民族地区的宗教风险，研判其新问题、新趋势，提出治理对策，服务于

"一带一路"国际合作和边疆民族地区社会稳定,推动中国边疆民族地区宗教治理的现代化、科学化、法治化。

总审稿人 卓新平
执 笔 人 曾传辉 晏可佳 张志刚 张风雷 张雪松
　　　　　 盖建民 游　斌 李　林 傅有德 邱永辉
　　　　　 张桥贵 孙浩然 卓新平
参 加 人 苏冠安

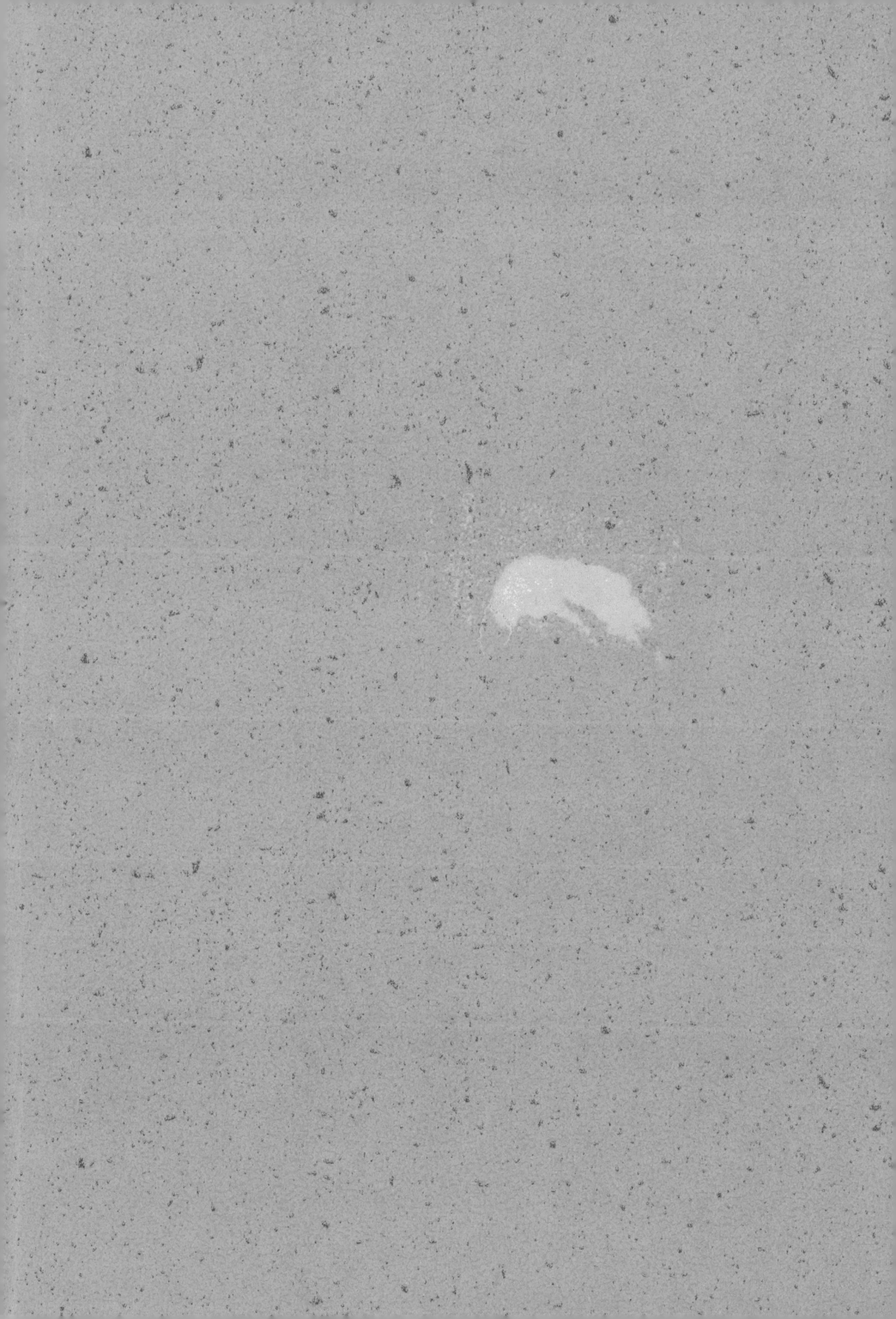

中国特色哲学社会科学发展报告

"十三五"回顾与"十四五"展望

下 卷

全国哲学社会科学工作办公室 编

中国社会科学出版社

下　卷

◎ 中国文学 / 1211
◎ 外国文学 / 1287
◎ 语言学 / 1353
◎ 新闻学与传播学 / 1435
◎ 图书馆·情报与文献学 / 1509
◎ 体育学 / 1609
◎ 管理学 / 1677
◎ 教育学 / 1807
◎ 艺术学 / 1843

中国文学

文艺理论研究

继 2014 年 10 月在北京召开文艺工作座谈会并发表重要讲话之后，2016 年 5 月 17 日，习近平总书记主持召开了哲学社会科学工作座谈会并发表了重要讲话；同年 11 月 30 日，又出席中国文联十大、作协九大开幕式并发表重要讲话；2019 年"两会"期间，他参加了政协文艺界别和哲学社会科学界别的联席会并发表重要讲话。这一系列重要讲话，成为新时代中国哲学社会科学研究繁荣发展的思想导引，为新时代文艺理论研究和学科发展提供了导向与目标，发挥了学术引领作用。在习近平总书记关于文艺、哲学社会科学工作系列重要论述精神的导引下，"十三五"时期，文学理论研究工作者围绕新时代中国文学理论学科和话语体系建构这一中心，深入研究阐述习近平总书记关于文艺和哲学社会科学重要讲话的精义，积极呼应时代精神，紧密联系当下的文艺和文化现实，在理论研究和学科建设两个方面都取得了丰硕的成果和长足的进步。以下从五个方面对这几年来的文学理论研究和学科建设情况予以总结和评述。

一 习近平总书记关于文艺工作重要论述的研究状况

近年来文艺理论研究领域对于习近平总书记关于文艺工作重要论述的研究取得了较大进展，既有总体解读和研究，也有各种专题研究。总体而言，在视域拓展和理论深化两个方面都取得了良好的成绩，主要体现为：

第一，许多研究论文阐释了习近平总书记关于文艺工作系列讲话的深刻内涵，认为习近平总书记关于文艺工作重要论述，是 21 世纪中国马克思主义文艺理论的最新思想结晶和理论成果；习近平总书记的重要论述，坚持守正与创新的辩证统一，面向动态中的文艺、文化和社会现实，重视与中国传统文化的会通，从全球化视野和中国特色社会主义建设的历史与现实出发，站在中华民族文化复兴的高度，揭示了文艺与国家民族的发展、文艺与中国精神的塑造、文艺与市场以及文艺与人民之间的重要关联，针对当下社会与文化生态的多元分化现实状况，重新确立了新时代中国社会主义文学所应秉持的价值立场和美学原则，以及在市场经济条件下文艺工作如何坚持"以人民为中心"的创作导向。近年来，这方面研究比较有代表性的论文有董学文《习近平文艺思想对马克思主义文艺理论的贡献》、党圣元《以〈讲话〉精神引领和推进当代马克思主义文论研究》、丁国旗《习近平总书记文艺思想论纲》等。

第二，在专题研究方面，对于"坚持以人民为中心的创作导向"的研究阐发逐步得到深化，不少学者研究指出，"坚持以人民为中心的创作导向"这一命题，具有非常丰富的思想内涵和很大的理论阐述空间，科学总结和概括了中国社会主义文艺的本质特征，体现出对新时代我国文艺发展阶段及其特殊规律的新认识、新把握，具有鲜明的当代性、具体性，是对马克思主义文艺批评思想的丰富、充实和发展。这方面研究的代表性论文有季水河《论中国马克思主义文学批评的人民性》、范玉刚《论新时代文论话语体系建构的人民性价值取向》、王银辉《关于文艺人民性的四维度理论构建》等。

第三，文论界还通过学习习近平总书记系列讲话中的"人类命运共同体"建构、"共享发展"理念、反对历史虚无主义等方面的思想，结合当下文艺创作和理论批评的实际状况，对文学理论批评中的一些重大前沿性、焦点性理论问题展开讨论和辨析。这方面研究比较有代表性的论文有丁国旗《文艺创作的世界视野与"人类命运共同体"构建》、刘方喜《论人类命运共同体与共享理念的文化战略学意义》、党圣元《新时期四十年中国文论反思：问题与导向》、张蕊《揭开"幽蔽的面纱"：文艺领域中的历史虚无主义批判》等。

第四，2018 年是贯彻党的十九大精神的开局之年，文论界围绕习近平新时代中国特色社会主义思想展开了深入而广泛的探讨，许多学术刊物开设了相关专栏。《文学评论》2018 年第 3 期开设了"研究阐释党的十九大精神"专栏,刊登了泓峻、赖大仁、孙士聪等学者的文章。《中国文学批评》2018年第1期开设了相关专栏,刊登了张江、段吉方、杨向荣等学者的文章,从不同角度阐释了新时代文艺的丰富内涵,提出民族的复兴需要强大的精神力量,文艺要做新时代的参与者、推动者、建构者,文艺工作者应以人民的伟大实践为中心,谱写新时代"中华新史诗"。

当然,在认识与阐发逐步深化并且取得较为丰硕的学术成果的同时,研究中也还存在一些不足和亟须改进的问题,比如对于习近平总书记关于文艺、文化重要论述的研究总体上还存在系统性不强的问题,主要体现在:(1)对于习近平总书记关于文艺工作系列讲话在习近平新时代中国特色社会主义思想中的重要位置、功能与作用的揭示还不够深入,研究阐释中的思想视野、理论力度、历史意识还不够强,系统性和学理性强的研究论文还不够多。(2)一般性的直接阐释、就某一概念或命题的研究论文相对较多,而从建构中国特色马克思主义文艺理论学科体系、学术体系、话语体系的角度,展开对习近平总书记关于文艺、文化重要论述研究的自觉意识还有待进一步强化,有深度的、建构性和创新性突出的具有大格局、大气象的研究成果还在期待之中。

二 马克思主义文艺理论研究状况

"十三五"时期,马克思主义文艺理论中国化问题的研究继续得到高度重视,中央马克思主义理论研究和建设工程重点教材《文学理论》被进一步修订,国家社科规划办立项一批马克思主义文艺理论研究的重点课题、重大课题,马克思主义经典作家文艺、文化思想的研究得到进一步重视,马克思主义文艺理论核心范畴、基本问题等的研究得到加深。在国内外已有相关选本的基础上,根据新的时代状况和研究成果,中国社会科学院文学研究所刘方喜、陈定家、丁国旗主编出版了《马克思恩格斯列宁斯大林论文艺与文化》(上、下册),总计一百三十多万字,对于相关原始文献整理、马克思主义文论的学习和研究等,有重要推进作用。在近年的马克思主义文论研究中,学界还围绕毛泽东《在延安文艺座谈会上的讲话》发表75周年、改革开放40周年、马克思诞辰200周年和《共产党宣言》发表170周年、中华人民共和国成立70周年这四个重要时间节点,对中国化马克思主义文艺理论发展史进行了反思和总结，取得了较多研究成果。2018年，以"不忘本来、面向未来"为主题而开展的"回到马克思"的相关文论问题的研究，也成为马克思主义文论研究中的一个重要话语和理论亮点。具体的研究情况分述如下：

（1）《文学评论》2017年第5期设置"纪念毛泽东《在延安文艺座谈会上的讲话》发表75周年笔谈"专栏，刊发了张炯、程凯等学者的文章，对《在延安文艺座谈会上的讲话》（以下简称《讲话》）发表前后的时代背景等作了历史梳理，对于更深入理解《讲话》精神有重要助益。代表性论文还有丁国旗《始终将人民群众放在文艺的中心位置》、杨向荣《〈在延安文艺座谈会上的讲话〉的审美意识形态诉求与审美政治话语建构》等，从多方面探讨了《讲话》的历史意义和当代价值，对于进一步推动马克思主义文艺理论建设等有重要助益。

（2）对改革开放40年和中华人民共和国成立70年文艺理论研究和学科发展历程进行总结性研究，也成为近年来文学理论研究中的一个热点。刘方喜《语言·文化·技术：40年文论三次转向与马克思归来》具体分析了40年文论发展所经历的语言、文化、技术3次转向及其特点；党圣元、李昕揆《新中国70年马克思主义现实主义文艺观念的发展与走向》，王杰、石然《论新中国70年马克思主义文艺理论的历史语境转换与范式创新》，刘方喜《文艺与政治、经济、技术：七十年文论问题域的演进》等则对70年文艺理论历史发展进程作了宏观勾勒和理论反思。文论界还重视把马克思主义理论与改革开放40年、中华人民共和国成立70年以来中国文论发展历史结合在一起加以讨论，代表性论文有金永兵、朱兆斌《"回到马克思"与当代性建设——改革开放40年中国马克思主义文论研究的回顾与反思》，张永清《始终确保马克思主义文学理论与批评的"在场"》等。这种总结与反思性研究，还体现出对于如何进一步强化当代中国文论的本土化、自主性的强调，代表性论文有傅其林《马克思主义文论本土化命题的理论自觉》，季水河、季念《论马克思主义文艺理论创新的中国问题意识》，丁国旗《从邯郸学步之失败看改革开放40年中国文论自主性之缺乏》等。这些研究为在新的时代条件下进一步推进马克思主义文艺理论的发展清理出了坚实的理论出发点。

（3）马克思主义文论中国形态与当代化问题研究。这方面的研究，当首推由胡亚敏任首席专家的国家社科基金重大项目"马克思主义文学批评的中国形态研究"的结项和最终研究成果之推出,该项目研究成果由《马克思主义文学批评中国形态的当代建构》《马克思主义文学批评范式研究》《马克思主义文学批评中国形态的历史演进》等6部专著组成,围绕如何构建一种既有鲜明特色又有普遍意义的马克思主义文学批评中国形态这一重大理论问题进行深度探讨和阐述,可视为近年来马克思主义文论研究的一项重大学术成果,在马克思主义文论中国形态研究方面贡献了许多可资借鉴的学术见解,并且起到了引领问题意识的作用。在中国马克思主义文论的当代建构与反思方面,《文艺理论与批评》2016年第3期以"面向21世纪的中国的马克思主义文艺理论"为题开设专栏,发表相关专稿,其中,董学文提出"21世纪中国的马克思主义文艺学"是一个新的理论形态。许多学者强调在新的时代条件下,要重视马克思主义文艺理论的批判性、实践性、现实性、政治性、民族性等。这方面研究的代表性论文还有赖大仁《马克思主义文论研究的当代困境与理论反思》,孙士聪《马克思主义文论批判精神的当代反思》,范玉刚《马克思主义文学批评的现实性探究》,胡亚敏《中国马克思主义文学批评中的文学与政治新探》,李西建、谭诗民《现代中国"政治美学"思想遗产探析——马克思主义文论中国化的理论创造》等。此外,许多学者强调要在反思以往研究诸多不足尤其"西化"等方面的基础上,进一步推进马克思主义中国化,代表性论文有董学文《反思文艺理论"转型"研究中的误区》、丁国旗《当代西方文论作为一种知识还是一种理论》、张清民《现实主义的话语歧变:马克思主义文论中国化的一段问题》等。

(4)马克思主义经典作家文艺、文化思想研究。首先,2018年是马克思诞辰200周年、《共产党宣言》发表170周年,文论界发表了不少有关马克思、恩格斯的研究论文。《中国人民大学学报》2018年第2期开设了马克思诞辰200周年纪念专栏,刊登了汪正龙、张宝贵、谷鹏飞等学者的文章,指出就理论的力量与思想的深邃性而言,马克思仍然活在21世纪,其影响遍及政治、经济、文化、美学等领域,如果能把作为方法的马克思主义恰当地运用在我们的美学、文学问题研究上,那么,新时代美学理论的创新性就会有所呈现。这方面的文章还有丁国旗《马克思主义的当代价值和时代意义》,王杰、王真《略论中国现代悲剧观念的起源——为纪念

〈共产党宣言〉发表一百七十周年而作》等。其次，一段时间以来，理论界侧重西方马克思主义研究，对经典马克思主义研究有所弱化，近年来有所改观，并且出现了一些卓有学术建树的研究成果，代表性论文有张永清《马克思主义批评理论的初始形态——试论马克思恩格斯1844—1895年的批评理论》《论青年恩格斯思想视域中的白尔尼因素》《青年恩格斯与"青年德意志"——对相关问题的再思考》等；代表性专著有冯宪光《马克思主义经典著作的文艺理论思想》等。再次，马克思主义经典理论的当代价值继续得到关注，代表性论文有宋伟《现代性的批判与解构：马克思主义文艺理论的当代性》、詹艾斌《马克思主义文学批评的当代形态问题》等。最后，对于马克思主义文论体系、哲学基础等方面研究进一步深化、细化，代表性论文有宋伟《前提性理论反思：马克思主义美学的哲学基础问题》、谭好哲《论马克思主义文艺理论的历史形态与理论形态》、高楠《〈政治经济学批判〉导言的启示：建构文学理论》等。

（5）有关"艺术生产"和"生产性"的专题研究。"艺术生产"和"生产性"等是马克思提出的重要概念，这方面的研究一直在持续进行，而"十三五"时期这方面的研究得到了更多的关注并且取得了一些优秀成果，代表性论文有姚文放《生产性文学批评论纲》、孙文宪《"艺术生产"视域中的文学批评——释意场域的构建与批评的生产性》、阎嘉《当代西方生产性文学批评理论的缘起与问题》、高楠《论文学批评的生产属性》、万娜《论"艺术生产"的生产劳动性与非生产劳动性》等。

（6）结合当代新技术革命的马克思主义文论研究。互联网、大数据、人工智能等新技术发展越来越快，对文艺创作、研究的影响也日益增强，"十三五"时期从马克思主义文艺、文化理论角度展开的探讨也日渐增多，并取得较多研究成果，代表性论文有胡亚敏《高科技与文学创作的新变——中国马克思主义文学批评视域下的文学与科技关系研究》、丁国旗《习近平关于人文科技重要论述探讨》、李春青《互联网时代的"文艺"与"人民"之关系》，而刘方喜发表的《当机器成为艺术生产主体：人工智能引发文论生产工艺学转向》《超越"鲁德谬误"：人工智能文艺影响之生产工艺学批判》《文化奇点：人工智能革命的生产工艺学批判》《人工智能开启中国文论自主创新时代》等系列论文，尤其引起了学界的关注。

在取得上述成就的同时，马克思主义文艺理论研究也还存在一些不足之处和需要反思的问题，主要有：

（1）在整体格局上，尽管关于经典马克思主义、中国化马克思主义研究与前几年相比有较大程度的增强，但是，过分偏重国外尤其是西方马克思主义文论的研究的整体格局还有待进一步调整，结合新时代新现实的经典马克思主义文艺思想的研究还有待加强。

（2）高度重视、自觉推进中国马克思主义文艺理论学科体系、学术体系、话语体系建设的意识还不够强，研究视野还不够广阔，跨学科的综合创新意识还不够强，以习近平总书记关于文艺、文化重要论述为指导的理论建构还亟待推进。

关于马克思主义文艺理论研究的学术前沿和发展趋势，主要应该关注以下几个方面的问题：

（1）以习近平新时代中国特色社会主义思想为基本理论指导，立足习近平总书记关于文艺、文化重要论述，结合中国特色社会主义新时代新实际，全面、系统推进中国马克思主义文艺理论学科体系、学术体系、话语体系建设，是当前及今后相当一段时期内马克思主义文艺理论研究的一大重要发展趋势，需要作为一个重大理论前沿问题集中科研力量进行攻关性研究。

（2）文艺及其理论批评的"生产性"问题，正在成为马克思主义文艺理论研究的一个新的理论和学科增长点，以此会通西方马克思主义与经典马克思主义研究，也是马克思主义文艺理论进一步创新发展的一个重要方向。

（3）当代新技术革命使文艺与技术之间关系问题成为马克思主义文艺理论研究新的重要时代课题。继互联网等技术之后，当代大数据尤其是人工智能技术等对当今物质生产、社会生活等正在产生越来越广泛而深刻的影响，并且正在对文艺创作生产、理论研究等产生越来越大的影响，文论界已开始这方面的初步探讨，并取得一定研究成果，进一步展开深入、系统研究以推动中国马克思主义文艺、文化理论的创新发展的研究空间还非常大。

三 中国古代文论研究状况

在习近平总书记关于中华优秀传统文化"创造性阐释"和"创新性转化"系列讲话和论述精神的导引下，2016—2020年，古代文论的学科建设、学术生态、研究格局较之以往都有了很大转变，学术进展明显，学界对传统文论资源对于当代文论建设的重要作用与意义的认识更加深化,对于中华优秀传统文艺思想传承弘扬与增强文化自信意识之间的辩证关系的认识更加理性化,并且产生了一系列重要学术成果,整体呈现出蓬勃发展的良好态势。

(一) 研究现状与成果综述

据知网统计,近五年以古代文论为主题的各类文章有三千余篇;据读秀网统计,近五年出版古代文论各类著述有八百余部。据国家社科基金项目数据库统计,近五年古代文论方面立项重大项目16项,重点、一般等其他项目98项,这些数据均说明了近年来古代文论研究的学术成就和学科发展状况。

"十三五"时期古代文论研究所呈现出来的较为鲜明的特点主要有:一是在"实现中华民族伟大复兴""弘扬中华优秀传统文化""坚定文化自信"等系列思想指引下,古代文论研究动力明显增加,研究思路更加清晰,古代文论在当代文化建设中的功能、定位、作用等更加明确,服务时代、服务国家、服务人民的意识显著增强;二是坚持"既坚守本根又不断与时俱进",注重古代文论研究的中国特色、中国风格、中国气派,同时加强研究的"创造性阐释、创新性转化",整合哲学、历史学、社会学等多个学科,促进跨学科和综合性研究,不断拓宽视域,为研究注入新的生机与活力;三是重建古代文论学科体系、学术体系、话语体系,进一步加强研究中的民族意识、本土意识、文化主体意识,以学术研究促进民族文化认同,弘扬中国精神;四是回归文本研究,坚持经典文论作家作品研究与基本理论问题研究并重的学术传统,同时拓展和发现新的问题域,进一步推进和深化古代文论范畴、文体观念的研究,尤其是开辟了中国传统阐释学这一新的研究领域,并且逐渐呈现出学科化的发展趋势,为古代文论研究提供了一个新的学术生长点。

总的来说,近五年古代文论研究在学科体系重建、传统文论的当代价值、中国阐释学、传统文体观念、少数民族传统文论等领域的研究,都有明显推进。主要表现在:

1. 古代文论学科体系、学术体系、话语体系的重建

古代文论学科奠基和繁荣于20世纪,受"西方中心主义""逻各斯中心主义"等的影响，以"原始表末"模式构建的传统文论体系，已不能完全适应新文学发展的理论批评所需，所以当时的中国古代文学理论批评史研究便是最大限度地追求"现代性"，援西入中、以西解中，甚至是以西律中、以西绳中，这当中体现出当时的批评史研究与书写亟须适应现代文学理论语境，借用西方文论观念和方法来推进古代文论研究学术范式和学科建设之需要，具有历史的必然性。21世纪以来，尤其是新时代以来，随着强化文化自信、文化自主意识越来越成为思想文化建设中的一个核心问题，反思与重建古代文论学科体系、学术体系、话语体系便成为古代文论研究发展的当务之急。"十三五"时期的古代文论研究领域对以往的研究进行了反思性审视，产生了一些颇具参考意义的研究成果。而由黄霖领衔编撰的"马克思主义理论研究和建设工程"重点教材《中国文学理论批评史》的出版，则在这方面做出了集中的努力，其以马克思主义为指导，贯彻唯物史观与唯物辩证法，以中国文学理论批评核心范畴为纲目，史论结合，系统展示了中国文学理论批评史的主要内容、基本精神与研究现状，为古代文论研究所涉及的话语体系、学术体系的重构提供了诸多可供参考的路径与方法。

2. 古代文论的现代性和当代价值

这一问题自中华人民共和国成立以来持续受到学界关注，近五年的研究特点是突出了"还原"意识。党圣元指出要秉持回到文化原点的学术方法与理念，即回到古代文论研究的学术史、文学史和价值论的语境，追求古今之间"文化视界"的深度融合，梳理传统与现代之间的紧张关系，疏浚古今文论之间文化根脉的传承与统序关系，释放古代文论的当代价值。左东岭认为，"以还原中国古代文学观念的真实历史内涵为研究目的，以理论批评与创作实践相结合为基本学术方法，以文人心态研究作为连接文学思想与社会历史环境的中间纽带，以总结中国优秀文学思想的传统与增强民族自信为基本学术宗旨，从而形成了中国特色与中国气派的研究体系"。张毅则主张建立在考据实证基础上的历史还原，以审美鉴赏和士人心态分析为中心的思想还原，在此基础上进行理论重建。

3. 古代文论学术史的回顾与总结

温故知新，回顾总结上一阶段学术史的经验，指出存在的问题与潜在的学术生长点，探索未来发展之路，这是中华人民共和国成立后文论研究的一个学术传统。近五年中恰逢改革开放 40 年、中华人民共和国成立 70 年，对这两个阶段的总结也成为学术研究的一部分。概括来说，古代文论研究始终处于中西和古今的碰撞、对话之中；学科发展呈现明显的阶段性特征；古代文论的当代作用逐渐增强、海外影响日益扩大等，是学术总结的共同经验。这一类回顾与总结文章，主要有党圣元等"百年中国文学批评史研究"笔谈，朱立元《当代中国文艺理论的演进与思考》，曹顺庆、李斌《学术话语与文化软实力》等。

4. 古代文体观念和文体批评研究

"以体论文"是古代文论的传统，20 世纪末掀起文体学研究的热潮，至今仍是学界关注的重点。任竞泽《中国古代辨体理论批评研究》、陈民镇《有"文体"之前：中国文体的生成与早期发展》、吴作奎《古代文体研究论稿》、张海鸥《宋代文章学与文体形态研究》、杨冬林《汉魏六朝文体论与文体观念的演变》等著述，以及由党圣元担任首席专家的国家社科基金重大项目"中国古代文体观念文献整理与研究"课题组成员近两年来发表了二十多篇阶段性研究论文，在古代文体思想和文体批评观念研究的方法路径和重要个案问题等方面多有拓展和学术推进。

5. 中国传统阐释学研究

就文学理论研究的范围而言，由张江教授率先开始的对中国传统文史哲领域的阐释学问题展开研究，是近年来文论研究中出现的一个新的学术亮点和理论前沿问题，并且已经取得了相当好的学术进展和研究成果。该方面的研究反对简单地套用西方文论的观念、方法、术语来研究中国文学、文论，强调尊重中国文本自身的特质存在，并且主张在此基础上来阐发新意，提倡建立和完善中国的理论来研究中国的文学，解决中国的问题。为此，张江近年先后就"强制阐释"和"公共阐释"发表了多篇重要论文，在原理层面提出建构中国当代阐释学的理论构想，引起学界普遍关注，也引发了阐释研究的热潮。中国古代阐释学作为其中的重要内容，论争中也多有涉及。张江"基于中国古代文化与哲学传统，借鉴西方哲学及理性方法"来建构当代阐释学、以文学阐释学来促进当代文论话语建构的思路，体现了当代阐释学发展的趋势。关于中国传统文学阐释学的研究，还有王水照、侯体健主编《古代文章学的阐释与建构》，郭持华《经典与阐释》等专著；论文则有张晶《阐释：作为古代文论的提升途径》，韩伟、李楠

《中国古代文论的理论自觉与阐释学重构》等。

6. 少数民族古代文论研究

在先后经过了早期族别文论、民族诗学的收集整理阶段之后，少数民族古代文论研究进入综合、融通、系统研究的阶段，开始形成族别文论史。近五年尤其突出了中华多民族文学史观，以"多民族文论""多民族视野下的古代文论"为主题的研究增多。这类研究以《新中国少数民族文学理论研究史（1949—2009）》为代表，其作为国家社科基金重大项目于2019年结项。

（二）研究中存在的主要问题

1. 古代文论研究的学术创新能力和学科体系建构还有所不足

虽然古代文论研究在近年产生了一定的新的积极性的变化，但是还不能完全满足在当代文论建设中发挥作用、阐释当代和国外文学作品、显现理论价值等需求。理论的生命力在于创新。在全球化和互联网时代的背景下，只有尊重中国思想文化史上文史哲合一的学术传统，以当代眼光、国学视野、文化通识意识，对传统文论进行"现代阐释""当代选择"和"大文论"话语体系建构，挖掘中国传统文论的当代价值和理论生长点，才能摆脱古代文论研究和学科发展中经常遇到的一些困境，从而推动学术创新和使学科焕发出新的生命力。

2. 古代文论学科发展和研究方面的不均衡

古代文论研究中存在几种不均衡，除了传统诗文评、小说戏曲、美术理论等领域的研究较为集中外，传统文艺思想中的诸如音乐舞蹈、园林建筑等方面的理论研究相对薄弱，此外还有几种情况需要引起关注：一是对古代文论从精神价值层面展开的深度挖掘和研究有所不足。古代文论是中国精神、中华文脉和诗性智慧的重要载体，具有丰富的精神内涵，不同时期的社会精神深刻地影响了古代文论思想价值和诗学智慧的演生，这是古代文论区别于西方文论的特点，也是其价值的重要体现，今后的研究应该加强对古代文论和中国精神的关系进行深入的阐发。二是倚重20世纪以来形成的研究范式和相对固定的研究套路，集中于基本理论问题和经典文论著作的释读性阐述研究，而对可与当代文论中的一些理论问题对接的深度理论问题的研究，以及对一些在过往的研究范式中被认定为非主流的文论家和文论作品的关注相当不够，对于传统文学理论批评的阐释学特色和理论范式的研究更是非常不足。这是造成学界部分研究流入窠臼，陈陈相因，成果低水平重复，将复杂的现象和问题简单化、固定化的一个重要原因。三是古代文论的跨文化、跨地域研究中，与东亚地区的比较研究有了较大进展，与其他地域和文化的比较研究还有待拓展。这些问题，均需在今后研究和学科建设中予以重视和得到改善。

四 西方文论、"西马"文论研究状况

这一阶段的西方文论、"西马"文论研究，可分为译介性研究和阐述性分析两种情况，而相互之间又有交叉，因而形式多样。在这一时期的西方文论研究中，具有全球性、思潮性的问题得到持续的关注，论文和专著类研究成果相当多，而在研究中坚持本土意识，在认识与评价中体现反思意识和批判性意识，以及强化文化选择意识方面，与过去相比，则有所强化、有所凸显。近年对西方文论进行宏观审视和分析性评价方面的学术特色鲜明、具有代表性的论著有张江《作者能不能死：当代西方文论考辨》、朱志荣《西方文论史》、朱国华《权力的文化逻辑：布迪厄的社会学诗学》、周宪《文化间的理论旅行》、曾繁仁《西方美学范畴研究》、赵宪章《文体形式论》、吴娱玉《西方文论中的中国》等。

在这一时期的西方文论研究中还形成了一些学术热点问题，其中引起普遍关注并得到学界持续讨论的是张江发起的关于"强制阐释""公共阐释"问题的研究与讨论，这成为近年来文学理论研究中的一个重要的问题域，并且连带生发出对一系列相关文学理论问题的讨论与理论争鸣，可以视为近年来不可多见的西方文论乃至整个文学理论研究中出现的一个现象级的理论问题。"强制阐释"与"公共阐释"问题的理论研究与讨论，主要围绕西方文论的理论前设、理论立场、理论有效性限度等核心命题展开，学界对于这些问题展开了广泛的学术争鸣，并经历了从"强制阐释"到"公共阐释"的逻辑演变，体现了文学理论界对于西方文论批判性研究与反思的深化，以及摆脱西方话语表述、走向本土创新性探索的可贵努力。

这一时段的"西马"文论研究，首先，在总体性研究方面有所推进，

研究中的反思性、本土性意识也有所增强，代表性论文有赵文《走出理论循环，找回现实感——浅议"西马"文论难题性与马克思主义文论的实践品格》、王庆卫《理论旅行中的批评意识——西方马克思主义文学批评形态刍议》等；代表性专著有冯宪光《西马文论与中国当代文论建设》、傅其林《东欧新马克思主义文艺理论的核心问题》、王庆卫《西方马克思主义文学批评形态研究》、段吉方《文化唯物主义与现代美学问题：20世纪英国马克思主义文学批评理论范式与经验研究》等。其次，在个案研究方面也取得较多研究成果，代表性专著有张文杰《艺术"裂变"时代的文化美学：本雅明艺术美学理论研究》、阴志科《回归古典：新世纪伊格尔顿文论研究》等。最后，国外马克思主义文论在中国的接受过程的研究，开始得到更多关注，代表性论文有李缙英、曾军《西方马克思主义文论接受与当代中国文论话语建设》，傅其林《里夫希茨马克思主义文艺理论在中国的旅行》，王银辉《卢卡奇与他的中国印象》，李世涛《詹姆逊文化理论在中国的接受及其问题》等。

近年来的西方文艺理论研究，在学术前沿和发展趋势方面体现出三个方面的特点：一是随着社会经济政治文化的演变，当代西方文论的历史语境发生了变化，理论话语之间的纠缠更为复杂，带来西方文论的自我反思、自我批判趋势；二是对当代社会文化与文学实践中的现实问题进行研究；三是西方文论话语与中国文论话语的对话互鉴研究得到更多的关注。

近年来的西方文学理论研究中也存在一些不足和需要改进的问题，主要体现为：虽然中西文论的对话互鉴视域日益拓展，但对于当代西方文论的跟踪性、热点性研究依然比较普遍，而如何将对于西方文论的批判性阐释与借鉴吸收，落实在本土文论的建设与发展上，彻底摆脱形形色色的强制阐释陷阱，依然是需要高度重视、下大力气解决的重要课题。此外，随着文化研究的知识化、学科化，西方文学理论研究存在一定程度的文化研究化倾向，以及西方文学理论研究的哲学化倾向，两种倾向都遗忘了文学，以致我们的西方文论研究面对中国现实的、具体的文学实践时，在理论可信度和说服力方面往往显得苍白无力，难以有所作为。

虽然近年来的西方马克思主义文论研究，不再停留于简单介绍，也初步改变了简单跟着说的倾向，研究者对其理论不足等也开始进行反思，但反思的全面性、深刻性还有待加强，尤其是对西方马克思主义文论家疏离甚至背离经典马克思主义思想的方面，还需进一步加以系统和深入的反思和讨论。

五 新媒介和网络文学理论批评的研究状况

自 2014 年习近平总书记《在文艺工作座谈会上的讲话》发出"抓好网络文艺"的号召以来，新媒介文艺现象和网络文艺理论批评研究就进入了一个新的发展阶段。2020 年全国"两会"期间，数字文化新基建成为热词，以 5G 建设为标志的数字文化新基建迎来发展机遇，并且催生了一些新的文艺业态和文艺现象的出现，融媒体文艺、网络文学、网络影视领域迎来了一个高速发展阶段，并且促进了新媒介诗学、网络文艺理论批评研究的新的发展变化。

以计算机网络为代表的数字媒介，以不可抗拒的技术力量引发了当代中国文学的转型，又约束和限定了这一转型的内涵，为汉语文学的历史演变扮演了"消解"和"启蒙"的双重角色。但是，无论如何发展变化，新时代的中国文学仍需秉持人文性的精神原点，自觉履行文学的价值承诺，通过调控引导和主体自律改善文学生态，使数字媒介对传统的挑战变成文学新生的契机，让新媒介成为新时代中国文学发展的强大动力和有效资源。近年来有影响的关于"数字文化与网络文学"话题方面的论文，主要有欧阳友权《数字媒介与中国文学的转型》、范玉刚《网络文学：生成于文学与技术之间》、单小曦《"网络文学"抑或"数字文学"？》、陈定家《网络文学：扬帆出海正当时》等，这些论文对当前互联网文艺和媒体诗学方面的主要理论问题进行了全方位、大纵深的研究与探讨。据初步统计，近年来关于网络文学和互联网文艺的理论批评文章有八千多篇，这也反映了互联网文艺理论批评和媒介诗学研究的活跃程度。

近五年，文化产业、IP 开发等，一直是网络文学研究的爆款热词。诞生于市场化语境下的网络文学借助新媒介技术获得了爆炸式发展，作为文化创意产业源头的网络小说的产业链跨界延伸速度快，市场研发业务拓展范围广，全产业联营价值增幅大，尤其是 2015 年以来，连续出现的网文 IP

爆款现象更是令人称奇。随着产业化模式不断完善，网文全版权运营迎来了价值爆发期，但网文运营机制的种种弊端也逐渐显现出来。网络文学产业化的大好机会到来之时，它所面临的考验和危机也随之而至，如果文学的审美价值丧失殆尽，网文产业也必将消亡。审视之，网络文学的生存与发展存在着形形色色的问题与缺失，这里略举数端：一是"量大质不优"，有热点而缺精品的困局和顽疾，非但没有得到有效改进，反而有愈演愈烈之势；二是"片面追求经济效益"的不良倾向依然突出；三是剽窃、复制、洗稿这些乱象屡禁不止；四是"IP 泡沫化"现象愈演愈烈；五是媒介诗学研究和网络文艺理论批评力量不能得到有效扩容与壮大，理论批评的声音弱小，互联网文艺价值观混乱，这一长期以来困扰互联网文化和文艺发展的薄弱环节依然没有得到根本的改观；六是互联网文艺科学评价体系建构进展迟缓；七是在思想、理论和文艺实践方面具有高素质、高水平、丰富的互联网文艺实践的中高级管理人才和编辑队伍严重匮乏；八是文学本位与审美价值备受冷落。凡此种种，已成为网络文学健康持续发展的障碍。由此可见，当代网络文学的"诗性持守"和"审美重建"可以说是关系到网络文学产业前途和命运的大问题。

理论研究和学科建设的发展趋势实质上反映的是现实对于学术研究的召唤。以计算机、互联网数字技术为基础的大数据、人工智能等当代新技术正在飞速发展，并对全球社会产生越来越广泛而深刻的影响，正在引发人类物质生产和文艺、文化生产方式新革命。在实践上，中国在人工智能等新技术的发展上基本与西方同步，国家已将这些新技术的发展提高到了整体战略的高度，这为中国马克思主义文艺、文化理论的创新发展提供了坚实的实践基础。在理论上，马克思对于现代科学技术对物质生产、精神生产的影响有许多经典论述，习近平总书记关于当代新技术及其社会影响也有很多重要论述，这为相关研究提供了丰富的思想资源。在这些实践和理论基础上，批判性吸收国外相关理论资源，展开系统、深入的研究，将成为推进马克思主义文论中国化、当代化以及马克思主义文艺理论学科体系、学术体系、话语体系建设等的突破口。

中国古代文学研究

"十三五"时期中国古代文学研究平稳推进。新出土文献的发现与整理推进了先秦乃至唐代文学研究,以《全唐诗》为代表的传世文献的整理也取得了重要成果。对中国古代文学概念与内涵的重新思考,拓展了古代文学的研究视野和领域,研究方法也从传统的跨学科研究路数发展为融学科的研究观念与方法。在中国古典学的建构、传世文献的形成与传播、经典的研究与再阐释以及新经典的发现与建构、文学发展轨迹的深入描述、文体研究、家族与文学地理学研究等方面都有较大进展,取得了丰硕成果。在队伍建设方面,古代文学队伍面临着新一轮的新老交替。改革开放之初培养的研究生,是此前古代文学研究的主力。进入"十三五"之后,除少数学术带头人之外,大部分学者逐渐退出教学、研究的前台。新的学术人才崭露头角,并成为学术主要力量。"十三五"时期国家社科基金古代文学重大招标项目的立项以文献综合整理为主体,2018年以来稍有改变,综合性研究有所加强。

一 先秦两汉魏晋南北朝文学研究

"十三五"时期,先秦两汉魏晋南北朝文学研究取得了较大进展。总体来说,在全面总结20世纪中国古代文学研究的基础上,21世纪的先秦两汉魏晋南北朝文学研究,从狭义的文学观念中解脱出来而渐趋开放,逐渐回归于传统的文学形态,整体研究也呈现出跨学科与跨领域的趋势。先秦文学研究持续保持强劲的势头,两汉魏晋南北朝文学体现出更强的综合性,呈现出五彩缤纷的局面。

(一) 先秦文学研究

"十三五"时期,以"上博简""清华简"为代表的大量出土文献的问世,提供了大量新的研究材料,也为研究传世文本提供了新的视角与研究方法。围绕这些新发现的文献,学术界召开了各类研讨会,推出了系列成果。如姚小鸥主编《清华简与先秦经学文献研究》2016年出版,收录论文三十余篇,大致囊括了此前几年学者们围绕"清华简"相关问题的讨论。2019年《安徽大学藏战国竹简(一)》出版,公布了新发现的57篇(包括残简)《诗经》文本,以及黄德宽等人的整理报告和相关论文,引起了学术界的强烈关注,成为2020年一个重要的学术热点。此外,对"上博简"、西周铭文、楚帛书等其他出土文献的研究也继续深入,取得了丰富的成果。

将出土文献与传世文献比较,也推动了学者对传世先秦文学文献的认识和研究方法的新讨论,如刘钊《当前出土文献与文学研究的几点思考》、赵敏俐《中国早期书写的三种形态》、徐正英《上博简〈孔子诗论〉"颂"论及其诗学史意义》、徐建委《试论战国秦汉文学研究中的惯例方法及其相关问题》等文章。谭德兴《出土文献与先秦文学思想研究》、李锐《人物、文本、年代:出土文献与先秦文献年代学探索》等著作,就先秦文献的传承流变、传世文献与出土文献的关系等问题展开的深入讨论,将深刻影响今后先秦文学研究的发展方向。

《诗经》《楚辞》仍是先秦文学研究的重点领域。国家一级学会中国《诗经》学会、中国屈原学会每两年举行一次全会,每年都有一系列学术活动,出版会刊,极大地推动了《诗经》和《楚辞》的研究。鲁洪生《诗经集校集注集评》、黄灵庚《楚辞文献通考》,是近年来对《诗经》《楚辞》的系统文献整理成果,为此后的研究提供了方便。姚小鸥《〈诗经〉三颂与先秦礼乐文化的演变》、杨义《屈子楚辞还原》、熊良智《楚辞的艺术形态及其传播研究》、张树国《出土文献与上古历史文学研究——以楚史及屈赋为中心》、常森《屈原与楚辞学论考》等著作,李炳海《〈天问〉对吴国初创期的历史叙事及价值》、傅道彬《"变风变雅"与春秋文学精神的转向》、廖群《〈诗经〉早期书写的定本考索》、李山《论〈诗经·小雅·楚茨〉的仪式书写》、马银琴《〈诗经〉史实与周民族的历史建构》、李辉《〈诗经〉重章叠调的兴起与乐歌功能新论》、江林昌《远古部族文化融合创新与〈九歌〉的形成》、梁大伟和刘刚《包山楚简与宋玉研究中的若干问题》等论文，或是对以往研究成果的系统总结，或是在原有研究的基础上更加深入，或开辟新径，皆多有创获。

先秦文学的其他领域也呈现出繁荣景象，如在此期间列入国家社科基金重大招标项目的就有："老子的学说与精神：历史与当代"（陈鼓应）、"先秦文体与话语方式研究"（过常宝）、"子海"（郑杰文）、"中国诸子学通史"（方勇）、"《国语》文献集成与研究"（俞志慧）、"《春秋左传》校注及研究"（傅刚）、"《春秋》三传学术通史"（郭晓东）、"先秦名学文献整理及其思想流别研究"（程水金）、"《五经正义》汇校与研究"（杜泽逊）、"《尚书》学研究"（马士远）、"台湾经学文献整理与研究"（郜积意）等。重要的著作，如赵辉《中国文学发生研究》、韩高年《先秦文学与文献考论》、叶修成《西周礼制与〈尚书〉文体研究》、赵沛霖《重读经典——上、中古文学与文化论集》、贾学鸿《庄子名物研究》、张庆利《先秦文学的文化精神》、杨树增《儒学与中国古代散文》、董静怡《先秦南北方音乐文化分野下的〈诗经〉〈楚辞〉研究》、侯文华《先秦诸子散文文体及其文化渊源》等，在不同的领域都有新的开拓。代表性论文，如李炳海《荀子赋文本生成的多元性考论》、吴承学《中国早期文字与文体观念》、陈桐生《殷商甲骨卜辞的散文成就》、杨秀礼《〈周易〉古歌语象组合方式探论》、钱志熙《从王官诗学、行人诗学到诸子诗学——先秦时期诗学及其发展进程的再认识》、过常宝《祭告制度与〈春秋〉的生成》、于雪棠《从战国公共理性看〈庄子〉的思想方法与话语方式》、姚苏杰《商代青铜器铭文的体式与功能——兼论文学视野下的铭文研究》、程苏东《书写文化的新变与士人文学的兴起——以〈春秋〉及其早期阐释为中心》、马振芳《〈礼记〉叙事的虚拟成分与文类辨析》、裴登峰《〈战国策〉中的"个人作品"集》、王宁邦《戏之发生考——中国戏曲起源新说》、孙少华《韩非、李斯之死与周秦之际文学思想的变化》等论文，都富有新意。

（二）两汉魏晋南北朝文学研究

首先是出版了几部较为重要的学术著作，如谭家健《中华古今骈文通史》、徐公持《曹植年谱考证》、刘怀荣、张新科、冷卫国主编《魏晋南北朝大文学史》，刘跃进主编《汉魏六朝集部珍本丛刊》，傅刚《汉魏六朝文学与文献论稿》，许志刚、杨允《汉代文化转型与文学流变》，戴燕《远游越山川：魏晋南北朝文学史研究论集》，韩兆琦《〈史记〉与传记文学二十讲》，刘运好《魏晋经学与诗学》等，均是作者多年在这一领域研究的总结。此外如赵敏俐主编《汉代文学与文化研究》（上、下册）、曹胜高《秦汉文学格局之形成》、徐兴无《经纬成文：汉代经学的思想与制度》、徐建委《文本革命：刘向〈汉书·艺文志〉与早期文本研究》、孙明君《南北朝贵族文学研究》、胡旭《先唐文学研究》、陈引驰《中古文学与佛教》等，都是这一阶段值得关注的著作。论文则有郑杰文《由谶纬说"神守文化""社稷守文化"对先秦文学的影响》，曹旭、蒋碧薇《宫体诗与汉魏六朝赋的悖论》，胡大雷《文学新动力与建安诗歌兴盛》，廖群《代拟琴歌与先秦人物故事的汉代演绎》，胡可先《新出文献与中古文学史的书写和建构》，龙文玲《刘向刘歆文献整理意义的争论与反思》，孙少华《文本系统与汉魏六朝文学的综合性研究》，陈君《"南朝词臣北朝客"——陈隋间入北的南方文人及其文学活动》，程苏东《〈春秋繁露〉"五行"诸篇形成过程新证》，孙立涛《魏晋"题目"与官员选拔制度关系再议》等，从这些论著的题目与范围，可见两汉魏晋南北朝文学研究正在走向跨学科研究。

乐府与歌诗研究一直是新时期以来汉魏六朝文学研究的热点，2013年国家一级学会乐府学会成立，《乐府学》会刊每年两辑，现在已经出版20辑。专著方面，则有吴相洲《乐府学概论》、王辉斌《中国乐府诗批评史》《乐府诗通论》、胡大雷《中古乐府广义》出版。论文如葛晓音《日本伎乐"吴公"本事与汉魏乐府》、刘怀荣《〈俳歌辞〉的发展源流及表演方式》、许继起《魏晋南北朝鼓吹乐署考论》等多有新意。乐府学本身就是包括文学、音乐、语言和文化制度的交叉与综合研究。

赋学研究近年来颇受关注。专著有许结《中国辞赋理论通史》、冷卫国《先秦汉唐诗赋论稿》，彭春艳《汉赋系年考证》，赵敏俐《赋体的生成与先秦〈诗〉学传统》，傅刚《论赋的起源和赋文体的成立》，王德华《唐前辞赋句式演变与诗歌韵律节奏》，马银琴《从赋税之"赋"到登高能"赋"——追寻赋体发生的制度性本原》，龙文玲《刘歆〈遂初赋〉文本早期载录之文献考察》，张新科、刘彦青《新时期对汉赋经典的重新建构》，易闻晓《辞赋联绵字语用考述》，莫道才《六朝诗赋文的同步骈化与文体互融》等论文富有新意。关于诗歌文体的研究近年来很受重视，有杜晓勤《汉魏六朝五言诗"篇中转韵"现象之考察》、徐艳《永明声律新论》、白崇《永明声律论发生的双重因素》、袁济喜《"永明体"与永明时代再探》等。小说的研究成果不够丰富，但也有宁稼雨《六朝小说研究的回顾、反省与展望》，潘建国、李鹏飞、刘勇强《中国古代文学经典再发现之搜神记研究》，张庆民《南朝宣佛志怪小说与思想界论争探析》等值得关注的文章。

陶渊明研究是这一段文学史研究的另一热点，著作如钱志熙《陶渊明经纬》，以及古直笺、李剑锋评《重定陶渊明诗笺》出版。论文则有范子烨《易代前夜的心曲：陶渊明〈赠羊长史〉诗发微》等系列论文，顾农《从陶渊明〈述酒诗〉说到他的政治态度》等系列论文，邓小军《陶渊明〈述酒〉》笺证，蒙金含、胡旭《文学脸谱与历史真容：陶诗自传形象的双重阐释》，董铁柱《作为儒家思想家的陶渊明：论罗伯特的陶渊明研究》，卞东波《日韩所刊珍本〈陶渊明集〉丛考》等。除陶渊明外，对曹操、曹植、阮籍、陆机、谢灵运、鲍照、谢庄、庾信等名家之诗也均有新的较为丰富的研究成果。

《文选》研究持续受到重视。刘跃进主编的《〈文选〉旧注辑存》20册，是第一次对《文选》旧注做系统的整理，有助于《文选》学的研究。由刘跃进、柳宏主编的《现代学术视野下的〈文选〉研究》，是一部论文集，所收均是本研究领域具有较高学术水平的专家学者的文章。此外，如黄燕平《〈文选〉赋立"情""志"二目考论》、曾朝骄《〈文选〉李善注"以赋注诗"现象研究——以〈文选〉谢氏行旅诗注为例》、穆克宏《汪师韩〈文选理学权舆〉平议》等论文，在《文选》学与文献方面有所推进。

二 唐宋文学研究

（一）总集别集的整理以及以新材料、新文献的研究

传世文献整理方面，此一时期有重要推进。周勋初等主编《全唐五代诗》由陕西人民出版社从 2014 年起陆续推出。由萧涤非先生任总主编的《杜甫全集校注》历经数十年，2014 年由人民文学出版社出版。安旗主编《李白全集编年注释》在修订后由中华书局于 2015 年推出，并被列入"中

国古典文学基本丛书"。郁贤皓主编《李太白全集校注》由凤凰出版社于2015年出版，出版后先后获"第四届中国出版政府奖""全国优秀古籍图书一等奖"等。这些成果体现了"十三五"时期古籍整理和优秀传统文化研究的新实绩。此一时期，分别列入国家社科基金重大招标项目的有："历代唐诗选本整理与研究"（詹福瑞）、"东亚唐诗学文献整理与研究"（查清华）、"日韩藏唐诗选本研究"（查屏球）等。

出土文献的整理与揭示，此一时期也有重要成果。陈尚君《贞石诠唐》集录其据新出土文献研究唐代文学的三十多篇论文。胡可先也集中精力在新文献与唐代文学的关系研究上，先后出版《出土文献与唐代诗学研究》《考古发现与唐代文学研究》《新出石刻与唐代文学家族研究》。李浩承担博物馆整理新出唐代石刻文献的工作，主要成果以《摩石录》结集，内容分为两组：一组是唐代士人知识分子的墓志，另一组则是中古时期少数民族及入华外族人的墓志、塔铭，与史家陈寅恪所谓"塞表殊族"有关，属于中西交通、西域学或丝绸之路研究。

（二）打通唐宋文学的"唐宋转型"与"唐宋会通"研究

唐宋文学研究的总体格局，历史地形成了两种范式，一种是以唐宋诗比较研究为中心的"唐宋转型"范式，另一种是以唐宋古文研究和唐宋词研究为中心的"唐宋会通"范式。基于"唐宋转型"的学术视域，宋代文学研究界近年来又凸显出"宋型文化"的特定话题。2016年11月召开的"会通视野下的唐宋文学研究"学术研讨会具有重要的学术史意义。此次研讨会，中国唐代文学学会和中国宋代文学学会首次联合开展讨论，研讨会就会通视野下的唐宋文学研究，进行了充分热烈的自由讨论。会议发言结晶为"唐宋文学的会通研究"笔谈：莫砺锋《关于"会通唐宋"的简单思考》、陈尚君《唐宋因革与文学渐变》、卢盛江《用会通的眼光发现和研究新问题》、周裕锴《通读细读、义例义理与唐宋文学会通研究》、查屏球《唐宋变革与唐人偶像的宋型化》、李贵《唐宋文学会通研究的"四文"说》。由此可见，"会通"研究的新视角实际上内含着"转型"说的变革观，缘此而生成一种特定的交替视野，产生了一批视野交替中的代表性论文。葛晓音《杜甫七绝的"别趣"和"异径"》、罗漫《〈黄鹤楼〉诗案的千年偏误及其学术史的警省意义》、商伟《题写名胜：从黄鹤楼到凤凰台》,都是重读唐诗,以小见大,即通过具体的个案和文学现象,重新阐释古典诗学中的一些命题。韩经太《宋型文化人格与唐宋转型艺境的一体生成》一文指出:深入探询这种同时涵摄政治与艺术、道德与风流、人格与诗艺的学术问题,将大有益于通过宋型文化典型来重新阐释中华优秀传统文化的核心精神。

(三)以《数字人文》与《唐宋文学编年地图》为标志的数字人文建设取得新进展

此一时期国家社科基金重大招标项目有多个数字人文课题立项:如中南民族大学"唐宋文学编年系地信息平台建设"(王兆鹏)、清华大学"基于大数据技术的古代文学经典文本分析与研究"(刘石)等,推进了数字人文建设。2017年,王兆鹏主持的《唐宋文学编年地图》上线两天,点击量超过220万次。王兆鹏复又提出历史形态的"多媒体"传播理念。其《宋代〈赤壁赋〉的"多媒体"传播》,研究了苏轼《赤壁赋》南宋时成为经典名篇,与书法绘画和可听的吟诵歌唱等"多媒体"传播的关系。以徐永明教授为首席专家的浙江大学"学术地图发布平台"在包括唐宋文学在内的优秀传统文化数据化和地图化方面也推出了很多成果,相信在"十四五"时期,会有更重要的成果问世。2019年,由清华大学和中华书局联合主办的《数字人文》创刊,是中国大陆正式出版的第一本数字人文学术期刊,旨在为数字人文研究提供发表平台。在国家教育管理者自觉提倡"新文科"的时代氛围下,数字化的研究方法为唐宋文学这一传统学术生命体注入了新的灵性。与此相呼应的论文有罗时进《宋代图像传播对唐代诗人与作品形塑》。

(四)唐宋文学研究的"新视界"

唐宋文学历来是古代文学研究中发表论文数量最多的所在。从"新视界"考察,有数篇论文可参看。詹福瑞《唐宋时期李白诗歌的经典化》以李白为个案,研究其传播过程中经典化的历史过程,关乎诗人及其作品所承载之价值观的问题,显然属于诗歌抒写的"内涵之内涵",包括士人特立独行之人格力量的"内在精神源泉",都需要超越直觉现象而切入本质的哲学剖析。蔡宗奇《唯识三类境与王昌龄诗学三境说》揭示出唯识性境、独影境、带质境三类境说和王昌龄三境说有不少相似之处,为王昌龄受唯识三类境影响而得其三境之推断提供了另一种旁证。钱志熙《黄庭坚哲学思想体系述论》明确提出黄庭坚的"哲学思想体系"问题,显而易见,和"哲学思想"相比,"哲学思想体系"的体系化追求,也折射出研究者的某种主体追求。伴随着"新文科"之"数字人文"的新视野,一种内向深入的"新视界"开拓尝试,理应得到学界的关注。

(五) 海外唐宋研究成果的移译与评介

由刘东创办并主编的海外中国研究丛书,自1988年起开始陆续推出海外汉学家的系列成果,目前已经有150余种,其中涉及唐宋思想文化的有多种。王水照先生主编的"日本宋学研究六人集"第一辑和第二辑共12部译著。高兵兵主编的"长安文化国际研究译丛"也分为两辑共7部译著。由李浩、松原朗主编的"海外中国研究书系·日本学人唐代文史研究八人集"遴选日本唐代文史研究具代表性的8部著作,内容涉及唐代政治、经济、军事、礼制、文学、财政、地理、都城、农业等方面,史学、文学著作各半,史学研究著作包括妹尾达彦的《隋唐长安与东亚比较都城史》、金子修一的《中国古代皇帝祭祀研究》、丸桥充拓的《唐代军事财政与礼制》、石见清裕的《唐代的民族、外交与墓志》。文学研究著作包括松原朗的《晚唐诗之摇篮——张籍、姚合、贾岛论》、古川末喜的《杜甫农业诗研究——八世纪中国农事与生活之歌》、埋田重夫的《白居易研究——闲适的诗想》、冈田充博的《唐代小说〈板桥三娘子〉考》。4部文学研究著作,从另一个侧面映衬唐代社会的繁荣兴盛。这8部著作均为日本汉学界唐代文史研究的最新成果,与此前由蒋寅主编的"日本唐代文学研究十家"(《莲与荷的文化史:古典诗歌中的植物名研究》《韩柳文学论》《唐代的诗人研究》《唐代岭南文学与石刻考》《唐代文化与诗人之心》《诗海捞月:唐代宗教文学论集》《文字觑天巧:中晚唐诗新论》《中唐文学研究论集》《中唐文人之文艺及其世界》《中国离别诗形成论考》)前后照应,有联系呼应,而绝无雷同。"八人集"总体揭示唐代文化与文明对日本社会形成的影响,呈现现代日本学者对出土文物和传统文本的另一种解读,展示其细部把握和全局观照相结合的研究方法和重视传承、开放自由的文化观念,为现代学术研究提供多样性思考领域。据作者之一的妹尾达彦介绍，丛书收录的都是日本学界最前沿、最富个性的专著。日本学者的这些研究成果，一定会给予读者充满多样性和新鲜感的阅读体验。

三　元明清文学研究

元明清文学研究从整体上呈现出较为繁荣的局面，其基本特征是研究队伍整齐、学术成果丰富，并出现了一些值得注意的新趋势。最值得关注的是诗文的研究无论从数量上还是从质量上看，都已超越传统的戏曲小说研究。就国家社科基金立项情况看，2016—2019年有关元明清文学研究的课题共260余项，其中重大招标项目40余项。与中国古代文学的其他时段相比，处于明显的优势。当然，问题也很明显，从整体上看，依然是平庸成果数量巨大而精品成果偏少。因此，从整体上判断，近五年的元明清文学研究看似繁荣活跃，实则推进不大，仍处于蓄势待发的阶段。

（一）诗文研究

近五年最明显的成果呈现还是文献的整理与研究。其中国家图书馆出版社推出的《明代诗文集珍本丛刊》与《清代家集丛刊续编》可作为代表，这些都是200余册的大型丛刊，选择版本精当，印制质量上乘，为明清文学的研究提供了可靠的文献。此外，对于明清文人别集和相关文献的深度整理也取得了一些重要成果。如陈广宏主持的《明人诗话要籍汇编》与《稀见明人文话二十种》、杜桂萍主编的《清代诗人别集丛刊》（五种）、张寅彭主持的《清诗话全编》（顺治康熙雍正期）等，都是国家社科基金重大招标项目的阶段性成果，体现了近几年科研立项的水平与质量。在此尤其值得介绍的是孙小力《杨维桢全集校笺》（10册），作者耗费20余年时间，收入杨维桢诗文集19种，精心加以校笺，集版本、笺注、辨伪、编年及相关问题考辨之大成，实为古籍整理之精品。在专题研究方面，传统的问题有了进一步的深入与细化，如陈广宏《闽诗传统的生成》、廖可斌《明代文学思潮史》、何宗美《〈四库全书总目〉的官学约束与学术缺失》、严志雄《钱谦益的"史诗"理论与实践》、王宏林《乾嘉诗学研究》等，都是很有分量与深度的专题研究。值得注意的是，复古诗学研究成果在这一时期超过了性灵诗学研究成果的数量与质量。研究复古派的重要论文有：

郑利华《王世贞与明代七子派诗学的调协与变向》、孙学堂《李攀龙"诗可以怨"说探论》、许建平《〈弇州山人四部稿〉的最早版本与编纂过程》、郑利华《晚明诗学于复古系统的因应脉络与重构路径》、杨遇青《论"古学渐兴"与复古诗学的原初意义》、魏宏远《王世贞诗文集的文献学考察》等。研究性灵派的重要论文有：刘彦彦《袁宏道心路历程与诗风嬗变》、都轶伦《重审公安派之思想与文学——"真"及其导向阐论》、李瑄《〈楞严经〉与竟陵派文学思想的指归》、武道房《"天机说"与唐顺之诗学思想的演进》等。从数量上看，近五年研究王世贞的论文有近300篇，而研究袁宏道的论文仅有120余篇。在此之前，性灵诗学研究曾掀起过一次持续时间较长的热潮，起码也与复古诗学的研究局面势均力敌，但目前显然已经不具备明显的优势。元代诗歌近几年逐渐受到重视，其中史洪权《论元代采诗的新变》关注到了元代采诗由官方转向民间的变化以及对明清两代采诗的影响，是一篇值得关注的文章。邱江宁《视角·文本·研究模式——略论元代诗文研究模式的突破》则对元诗的研究模式贡献了自己的想法。元明清的散文研究一向在研究格局中不占主要地位，近几年情况稍有改观。其中重要的论文有：郭英德《以经术、文章主持风会——阮元"文章之学"新诠》、刘尊举《真我·破体·摆落姿态：徐渭散文的文体创格》、张德健《正文体与明代的思想秩序重建》等。文学理论批评研究历来是元明清文学研究的优势所在，近几年依然保持了研究高度。其中左东岭《"话内"与"话外"——明代诗话范围的界定与研究路径》、陈广宏《从〈诗法要标〉看晚明诗法著作的生产与传播》《诗论史的出现——〈诗源辩体〉关于"言诗"传统之省察》，对明代诗话的文体性质、传播方式及诗学价值进行了深入的探索。罗时进《作为清代文学批评形式的"岁末祭诗"》发掘了一种新的清代文学批评方式。郭英德《论〈四库全书总目〉的古文观》从新的角度论述了清代的古文观念。蒋寅《在中国发现批评史——清代诗学研究与中国文学理论、批评传统的再认识》立足中国立场，从清代诗学批评实际出发，阐述了中国文学批评的系统性、理论性特征，纠正了长期以来视中国文学批评感悟、零碎的学术偏见。从目前的研究趋势看，文学理论批评的研究大都能和作家的创作实践结合起来进行讨论，有别于传统的理论批评与诗文创作相互孤立的研究状况。

（二）戏曲小说研究

戏曲小说历来是元明清文学研究的重要领域与主要特色，近五年其规模依然保持了传统的优势。根据中国知网检索，近五年所发表的关于四大名著的文章以及所提交的博士、硕士学位论文的数量是《水浒传》1012 篇、《三国演义》1077 篇、《西游记》1762 篇、《红楼梦》4271 篇，共 8122 篇。戏曲研究报刊论文与学位论文数量则是《西厢记》486 篇、《牡丹亭》735 篇、《桃花扇》213 篇、《长生殿》149 篇，共 1583 篇。单从数量上看，诗文研究依然无法望其项背，但从质量上看则已难以与诗文研究相抗衡。其中除了《牡丹亭》有 10 篇发表在顶级期刊外，其他文章已经难以进入学界的主流话语。小说研究依然继承了传统的叙事功能研究，其中重要的著作有杨志平《明清小说功能性叙述研究》、叶楚炎《明清通俗小说婚姻叙事研究》、赵毓龙《明清小说伦理叙事研究》等，论文则有谭帆《"叙事"语义源流考——兼论中国古代小说的叙事传统》，这些论著乃是对于古代小说叙事研究的细化与深入。对于小说概念与文本形态的研究，著作有陈才训《明清小说文本形态生成与演变研究》，重要论文则有段江丽《中国古代"小说"概念的四重内涵》、叶楚炎《从"表演的分回"到"文本的分回"——论章回小说分回体制的形成》等。从以上成果可以看出，古代小说的研究目前依然没有走出瓶颈期，需要在理论方法上有新的突破，刘勇强《小说知识学：古代小说研究的一个维度》从知识传播的角度提出了一种新的认知视角，但也仅仅是一个"维度"，需要更多人做出多元的探索。元明清戏曲的研究无论是研究队伍的建设还是成果的呈现，都要略逊于小说的研究。在戏曲文献方面，廖可斌《稀见明代戏曲丛刊》的出版提供了更多的研究资料，尤其是一些孤本剧本，对于以前的戏曲文献整理具有补充之功。作者在其《〈稀见明代戏曲丛刊〉的文献学价值》一文对此有专门论述。在专题研究上，杜桂萍《明清戏曲宗元问题论稿》对于"宗元"这一传统论题进行了全面深入的研究，对于明清戏曲观念的厘清具有重要价值。另有薛海燕《近代视域下明清戏曲小说研究》、江巨荣《诗人视野中的明清戏曲》、陈贵炳《台上台下：泉州明清戏曲文本的历史民俗学解读》等著作，都提出了观照明清戏曲的新角度，当然也就有了一些新结论。近五年戏曲研究的重要论文有：朱万曙《〈全清戏曲〉整理编纂的理念》提出了整理清代戏曲文献的六大理念，不仅适合清代戏曲整理的操作，也可作为其他古籍整理的参考。何宗美《四库体系中的曲学思想辨证》从一个新的角度探讨了清代曲学观念。叶晔《〈牡丹亭〉集句与汤显祖的唐诗阅读——基于文本文献的阅读史研究》对于汤显祖研究提供了新的视角。但从总体上看，戏曲研究依然需要找到新的突破点，才能提升研究的水平，这包括研究文献、研究队伍、研究方法与研究态度等。廖可斌《向后、向下、向外——关于古典戏曲研究的转移》一文，希望能为戏曲研究找到新的途径与方式，以挽救其日渐呈现的颓势。

近五年的元明清文学研究，也有一些值得关注的新趋势，体现了该领域文学研究的阶段性推进与特征。一是学科交叉的关联性研究。有的是文体或不同学科之间的关联性研究，如乔光辉《明清小说戏曲插图研究》、杨宗红《明清短篇小说的文学地理研究》、李瑄《"梅村体"歌行的文体突破及其价值》、彭玉平《论词体与其他文体之关系——以况周颐为中心》、李桂奎《诗稗互渗与〈聊斋志异〉意趣创造》等。在中国古代，文体之间本来就是相互影响并互有渗透的，但由于现代研究的分类分科原因，使得分体研究成为常态。这些成果的出现，显示了回归历史的倾向。或者是朝代之间的关联性研究，这方面的成果不多，廖可斌《关于明代文学与清代文学的关系——以诗学为中心的考察》对此进行了有益的尝试。关联性的研究，既是学科交叉的需要，也是文学研究整体思维方法的体现，可称之为"通观"。二是地域与民族视角的观照。许雁平《清代家集叙录》一书是其《清代家集丛刊》及续编的配套著作，对1000余种清代家集进行了详细的作者、版本、序跋的介绍。家集是地域文学研究的基本单元，该书对于清代家集的叙录，基本摸清了研究对象的家底，其文献价值毋庸置疑。罗时进《文学社会学——明清诗文研究的问题与视角》一书对论题做出了系统的论述，其中既有文学地理的学理阐述，也有成功的个案研究。顾浙泰《清代藏事诗研究》一书，对有清一代吟诵藏地山川风光、风土民情与藏汉民族交往的诗歌进行了系统的论述，是继星汉《清代西域诗研究》之后的又一重要成果。其他重要论文有：聚宝《蒙古国所藏明清小说蒙译本及其学术价值》、米彦青《蒙汉文学交融视域下的乾嘉诗坛》、冯文开《明清小说的蒙古演绎——论胡仁乌力格尔的创作》、多洛肯《"改土归流"后的土家族文学家族述论》等。地域与民族文学研究包含了两个重要的学理层面：一是地域与民族是两个既相互包容又互有区别的范畴。二是少数民族文学与汉民族文学的关系问题。其中牵涉论述路径的设置与研究价值的认定，需要学界认真思考。三是易代之际的文学研究。随着2014年国家社科基金重大招标项目"易代之际文学思想研究"的立项，近几年该领域的研究也有明显的进展。主要成果有：朱雯《易代之际的女性诗歌——个人与命运的自我书写》、左杨《元明易代与宋濂题跋文的创作》、左东岭《"台阁"与"山林"文坛地位的升沉浮降——元明之际文学思潮的流变》《闲逸与沉郁——元明之际两种诗学形态的生成及原因》、杨绍固《元末明初偰氏五进士的文学交游及影响》、郭英德《明清之际王时敏家族的戏曲活动与江南戏曲生态》、于婧《明清之际文学从大陆向台湾地区的传播》等。易代之际是一个新的学术增长点，具有巨大的学术空间。传统研究往往依照朝代划分格局，常常将易代之际的作家作品进行人为的切割，从而影响了研究对象的完整性和历史发展的连续性。其实易代之际往往是思想活跃、流派纷呈而创作丰富的历史时期，加之文献散佚错乱较多，因而具有相当的研究难度，同时也为研究者提供了更为广阔的施展平台。上述三种趋势并非近五年所产生，而是在此之前已经有所呈现，但它们显然是新的学术增长点，具有较为强劲的后发优势。当然也存在诸多问题，需要在学术理念、研究方法与学术选题上予以完善。

（三）存在的问题

近五年的元明清文学研究也存在一些共同的问题，并且相当严重，如果不加以提示纠偏，将会影响学术研究的整体质量与水准。这些问题主要包括三个方面：一是学位论文的碎片化。元明清文学涉及研究领域广阔，研究对象群体庞大，可供选择的余地较大，这一点与唐前的文学研究差异明显。纵观近五年的博士、硕士研究生的学位论文选题，大致呈现出如下一些特点。选经典名著的较少，选二三流作家作品的较多；选明清小说的较多，选其他文体的较少；选综论性题目的较多，选问题型题目的较少。其中原因可能比较复杂，既有传统影响的因素，也有避难就易的学术懒惰因素。但有一点是相同的，就是选题的碎片化。二是研究论文的平庸化。

所谓"平庸化",指的是研究题目的重复,征引文献的陈旧,写作方式的平熟,文字表述的粗疏,研究结论的毫无新意等。比如《红楼梦》研究,仅2020年前4个月,就有200余篇文章见诸各种专业与地方刊物,选题依然是书名、人物、环境、版本、续书、翻译等传统内容,这样的文章想不平庸都难。学术研究历来都存在这样的矛盾:研究经典作家作品难出新意,研究三四流作家作品缺乏价值。但无论如何,都不是产生平庸文章的理由,因为学术的本质就是发现与创造。三是研究项目缺乏问题意识与精品意识。近五年元明清文学研究申报设立了各个层面的科研立项,其中尤其以国家社科基金重大招标项目为学界所瞩目。然而浏览一下近五年的元明清文学的中标项目,会发现一种重要的倾斜现象与一种严重的认识偏差。倾斜现象是文献整理的选题占很高比例,比如2016年所立有关元明清文学的6个重大招标项目全为文献整理内容。认识偏差是多数项目申报者与主持人都将字数多少、篇幅大小作为重大的标准。国家社科基金重大招标课题作为一种国家行为,左右着学术的导向,也就不能仅偏向于文献整理而失去研究的根本。同时,国家社科基金重大招标项目的"重大"不完全在于字数的多与部头的大,而是取决于项目所解决问题的创新程度,对本领域学术研究的推进程度和对于解决现实问题的意义。因此,无论是文献的整理还是思辨性的问题研究,都应以学术贡献的大小作为判断的依据,力求产生学术的精品。目前的文献整理项目大部分带有明显的汇集性质,也就是把现成的文献撮合在一起,其成果看起来是皇皇巨著,实则没有多少学术难度与学术贡献。以上三方面的缺陷并非孤立的存在,学位论文的碎片化导致研究队伍的学术能力低下;这些能力低下的毕业生进入高校研究队伍后,必然产生平庸化的学术成果;研究成果无法取得学术的创新与社会贡献,当然就会以论文数量的多少与学术著作的厚薄作为衡量水平高低的标准。长此以往,学术研究的整体水平就会日益降低。鉴于近五年元明清文学研究的实际状况与存在的问题,特提出以下改善研究状况的建议:一是人才培养应以质量为目标,以打牢专业基础与提高研究能力为旨归。二是学术理念与研究方法的更新。三是精细化研究方式的讲究。

中国现代文学研究

"十三五"时期，中国现代文学研究在不同的领域和方向持续深化。国家社科基金年度立项呈现递增趋势，包括重大、重点、一般、青年和后期资助项目在内，中国现代文学2016年立项72项，2019年增长到85项。五年内出版的现代文学研究著作达到400种左右，据中国知网统计，近五年发表的相关学术论文在3万篇以上。在此期间，关于现代作家作品的整理亦有进展，出版有多种作家作品文集，如《周作人作品四十种》《汪曾祺全集》《凌叔华文集》和《现代名家经典文库》等。"文学革命"100周年，"五四"运动100周年，中华人民共和国成立70周年，改革开放40年等重要历史节点，均为"十三五"时期中国现代文学研究提供了新的热点与发展机遇。

一 现代文学研究的重要进展

（一）"文学革命""新文学""五四文学"成为研究的重要关注点

2016年《中国社会科学》杂志刊出贺仲明《五四作家对中国传统文学经典的重构》、李怡《五四文学运动的"革命"话语》、宋剑华《百年新文学的"新"之释义》等文，对百年新文学的历史意义做出了重要阐释。《新文化运动与百年中国》《中国新文化百年史》等丛书的出版，回顾了百年新文学的历史。2017年是"文学革命"兴起100年，该年出版的研究专著如宋绍香《中国新文学俄苏传播与研究史稿》、张瑜《1916：新文学发生的年代学研究》，相关论文如李新宇《新文学的幸运与不幸——纪念文学革命一百周年》、黄乔生《〈新青年〉与中国新文学》、姜涛《"社会改造"与"五四"新文学——作为一个整体的研究视域》和袁一丹《新大陆的旧文苑——重构文学革命的前史》等,对"新文学"的发生及影响做出了新的论述。由北京鲁迅博物馆(北京新文化运动纪念馆)主办的"中国新文学百年纪念"学术研讨会在北京举行。由中山大学中文系、《中国现代文学研究丛刊》、《鲁迅研究月刊》、《新文学史料》杂志社联合主办的"纪念鲁迅来穗九十周年暨新文学百年学术研讨会",就鲁迅思想轨迹与新文学研究等方面,进行了深入研讨。

2019 年是五四运动一百周年。王德威、宋明炜主编的《五四@100:文化、思想、历史》一书收录了当代著名学者阐述五四文学文化的多篇论文。陈平原、夏晓虹《触摸历史:五四人物与现代中国》(增订本),邓瑗《晚清至"五四"文学批评的人性话语:1897—1927》等著作对五四时期的历史、时代和文学进行了系统论述。《探索与争鸣》杂志 2019 年第 5 期推出"纪念五四运动 100 周年专辑",收录有陈平原、王德威、郜元宝、刘勇、沈卫威等学者的论文 17 篇。2019 年 6 月,中国人民大学文学院主办了"百年回顾:文化与文学"国际学术研讨会,海内外学者近七十人围绕相关学术论题,展开了深入对话。百年文学历史的总结回顾与再研究,是"十三五"时期现代文学研究的重点。

(二) 总结和反思 70 年现代文学研究的成绩

中华人民共和国成立 70 年和改革开放 40 年来,中国现代文学研究取得了长足发展,总结成绩和经验,是"十三五"时期现代文学研究界的要事。张福贵《对近年来中国现当代文学几种命名的反思》一文对近年来出现的"民国文学""汉语新文学""华语语系文学"等概念进行了辨析。谭桂林《与时代对话中的知识谱系建构——新中国 70 年现代文学研究成就概述》对现代文学研究的学术体系、问题意识、话语方式、研究方法等做了较为全面的梳理和论述。刘慧宽、王贺《"周邦虽旧,其命唯新":晚清民国旧体文学研究 70 年》则对 1840—1949 年创作的旧体文学的研究状况做了总结。

重要著作的再版或修订,也可以看作对以往学术研究的重温与致敬。钱理群、温儒敏、吴福辉《中国现代文学三十年》(修订本),丁帆《中国新文学史》(第 2 版),陈思和《新文学整体观》,陈平原《千古文人侠客梦》（增订本），朱正《鲁迅传》（第 2 版），李今《海派小说与现代都市文化》（修订本）等的出版，既是回顾以往学术研究的成果，也是打造现代文学学术经典的方式。

（三）中国现代文学整体研究的进一步深化

陈国恩《现代性与中国现代文学》、金宏宇《现代文学的史学化研究》、刘志华《美的观念与中国现代文学》、金理《文学史视野中的现代名教批判》、原小平《中国现代文学图像论》等专著，李永东《中国现代文学研究的地方路径》、周海波《中国"现代小说"的理论建构及其文学史意义》等论文，都从一定角度拓展了现代文学整体研究的思路，运用新的方法，对现代文学的特征、理论价值、思想内涵等做出整体观照。

（四）建构"世界中的中国文学"

王德威《"世界中"的中国文学》一文是 2017 年《新编中国现代文学史》的"导论"部分。"世界中"是一个动态开放的视点，中国文学处在"世界中"的情境中，即在与世界的交互关系中呈现出"常"与"变"。陈思和《读王德威〈"世界中"的中国文学〉》、丁帆《"世界中"的中国现当代文学史编写观念——王德威〈"世界中"的中国文学〉读札》和王尧《"何为文学史"与"文学史何为"的再创造》等文章，都对中国文学与世界的关系问题做出了富有启发性的论述。在此视野之下，讨论中西文学关系、中国文学如何走向世界、世界语境中的现代文学、翻译与现代性等论题成为学界的关注热点。

李今主编 13 卷约 450 万字的《汉译文学序跋集 1894—1949》是"十三五国家重点出版物出版规划项目"，为现代文学的翻译研究整理了重要史料。季进、余夏云《英语世界中国现代文学研究综论》，李怡《东游的摩罗：日本体验与中国现代文学的发生》，李春《文学翻译与文学革命：早期中国新文学作家的翻译研究》，杨肖《论美国的中国现当代文学研究》等著作都在"世界中"的视野中梳理了中国现代文学的重要问题。刘俊《"南洋"郁达夫：中国属性·海外形塑·他者观照——兼及中国作家的海外影响与华文文学的复合互渗》、陆建德《从中国现代文学的发生看中外文化的融通》、李松《走向"世界的中国文学理论"》、余婉卉《跨文化的诗与思：吴宓〈欧游杂诗〉探析》、高放《〈乌托邦〉在中国的百年传播——关于翻译史及其版本的学术考察》等论文以具体视角呈现了文学的中外联系。这些研究不能仅用"比较文学"的眼光限定住，而应看到现代文学研究视野的更新和拓展。

（五）对文学传统与现代文学研究进行专题细化

清末民初是传统向现代转型的关键时期，对这一时期文学的研究依然是现代文学研究的热点。夏晓虹《晚清人物寻踪》、陈平原《左图右史与西学东渐：晚清画报研究》等著作呈现出文学从传统到现代转变的复杂面貌，这一时期文学的诸多问题值得细致辨析。夏晓虹《晚清"新小说"辨义》，胡全章、关爱和《晚清与"五四"：从改良文言到改良白话》，陆胤《晚清文学论述中的口传性与书写性问题》，黄怀军《清末至五四文人认同尼采的心理动因——兼谈古代文学中的孤傲不群》，张勐《清末民初社会小说的思想蕴藉》等论文都从具体问题入手对清末民初文学做出了有价值的研究。

中国现代文学与古代文学的关系仍有细化研究的空间。李遇春《中国文体传统的现代转换》、张蕾《章回体小说的现代历程》、权绘锦《〈文心雕龙〉与现代文学批评》、程致中《鲁迅的文化自觉和文学传统》等著作对传统文学在现代的境遇问题做出了专门讨论。刘勇、李春雨《百年新文学的"传统"与"现代"》，李遇春《中国文学传统的创造性转化——重建现代中国文学研究的古今维度》，陈平原《古文传授的现代命运——教育史上的林纾》，石明园《废名小说中的道家思想与静柔之美》，王璞《郭沫若与古诗今译的革命系谱》等论文突出了"传统"遭遇"现代"的问题，对这一问题的细化研究存在进一步开掘的可能。

二　现代文学研究的主要成绩

（一）现代作家作品研究成果丰硕

这方面研究成果最多的还是鲁迅研究。2016年鲁迅诞辰135周年暨逝世80周年，钱理群《在世界文明大检讨视野下重新认识鲁迅的超越性力量》、孙郁《文学批评史中的鲁迅遗产》、张福贵《拿来主义与文化主体性：鲁迅传统中的中国与世界》、郜元宝《打通鲁迅研究的内外篇》、葛飞《许寿裳与1938年版〈鲁迅全集〉》等论文对鲁迅的现代意义有深入阐释。2018年《狂人日记》发表100年，《文学评论》杂志推出"《狂人日记》发表100周年纪念专辑"，北京鲁迅博物馆与中国鲁迅研究会举办了"纪念《狂人日记》发表一百周年学术研讨会"。张业松《〈狂人日记〉百年祭》、宋明炜《〈狂人日记〉是科幻小说吗？——论鲁迅与科幻的渊源，兼论写实的虚妄与虚拟的真实》、金理《〈狂人日记〉与现代中国的青春想象》等论文都呈现出新的视角和观点。这一时期出版的学术专著如汪卫东《鲁迅与20世纪中国民族国家话语》等"鲁迅与20世纪中国研究丛书"、王锡荣《日记的鲁迅》、房向东《太阳下的鲁迅：鲁迅与左翼文人》、吴中杰《鲁迅与出版界》、徐昕《鲁迅与博物学》等对鲁迅研究做了多方位拓展。陈子善《〈呐喊〉版本新考》、季剑青《"声"之探求：鲁迅白话写作的起源》、宋声泉《〈科学史教篇〉蓝本考略》等论文也是鲁迅研究的可贵收获。

对沈从文、郭沫若、巴金、老舍、钱锺书、张爱玲等现代作家的研究也取得了进展。张新颖《沈从文的前半生：一九〇二——一九四八》和《沈从文的后半生：一九四八——一九八八》（增订版）是沈从文研究的重要成果。李斌《女神之光：郭沫若传》、刘奎《诗人革命家：抗战时期的郭沫若》二书是对郭沫若的再解读。周立民《闲话巴金》等"回望巴金"丛书、陈思和《巴金的魅力》、关纪新《旗人老舍的文化解析》、孙洁《老舍和他的世纪》、陈子善《说徐志摩》、谢泳《钱锺书交游考》、祝宇虹《无双的自我：张爱玲的个人主义文学建构》、许子东《许子东细读张爱玲》、吴晓东《梦中的彩笔：中国现代文学漫读》、李松睿《文学的时代印痕：中国现代文学论集》等著作都推进了现代重要作家作品研究的进程。刘东《跨域·"越轨"·诠释——重读萧红的〈生死场〉》、张治《"围城"题下的阅读史》、妥佳宁《〈子夜〉对国民革命的"留别"》、李扬《仪式、原型与曹禺早期剧作的主题呈现》、王毅《重读穆旦〈诗八首〉：原诗、自译和安德鲁·马维尔》等论文对现代文学的经典文本做出了新的阐释。《文学评论》2018年第6期推出"纪念郑振铎诞生120周年"专栏，刘跃进《郑振铎的文学理想与研究实践》等论文对郑振铎的文学史贡献做出了总体评价。

（二）现代通俗文学研究取得进展

范伯群主编《中国现代通俗文学与通俗文化互文研究》为"国家出版基金 2017 年主题出版项目"，以宏大视野对现代通俗文学的研究空间做出了拓展。陈建华《紫罗兰的魅影：周瘦鹃与上海文学文化 1911—1949》一书是目前周瘦鹃研究最出色的成果。金晔《平襟亚传》、"回望张恨水"丛书等对著名的通俗文学家平襟亚、张恨水做出了较为系统的研究。倪斯霆《旧报旧刊旧连载》专门论述了现代通俗作家作品的报刊连载情况。魏艳《福尔摩斯来中国：侦探小说在中国的跨文化传播》一书、汤哲声《中国现代通俗会党小说论》一文分别研究了"侦探小说""会党小说"等通俗文类的生成。范伯群《炫耀式消费所拉动的都市畸形风尚》、徐斯年《姚民哀的〈四海群龙记〉和〈箬帽山王〉》、张蕾《英雄何处不相逢：〈水浒传〉对现代通俗小说的影响》、凌云岚《垃圾堆上放风筝——张恨水小说中的北京城市贫困空间》等论文从社会、文本、传统、城市等角度对通俗文学的相关问题做出了新的阐述。

（三）左翼文学、抗战文学、解放区文学研究依然受到关注

王锡荣《"左联"与左翼文学运动》、王之望等《中国解放区文学研究：纪念抗日战争胜利 70 周年专辑》、胡玉伟《传统的建构与延拓：解放区文学研究及其他》、毕海《中国现代文学论争与文化政治："民族形式"文艺争议及相关问题》、赵勇《赵树理的幽灵：在公共性、文学性与在地性之间》及"赵树理研究文丛"等著作深入阐释了左联、解放区文学、赵树理的文学史意义。对左翼作家的专门研究得到了进一步深化，姜涛《动态的"画框"与历史的光影——以抗战初期卞之琳的"战地报告"为中心》、熊权《"革命人"孙犁："优美"的历史与意识形态》、姚玳玫《1925—1931：阶级论美学的初期实践——以蒋光慈小说为考察中心》等论文是这方面的代表。程国君、李继凯《延安革命家的诗词创作实践及诗史价值》、路杨《劳者如何"歌其事"——论解放区群众文艺的生产机制》、康凌《"大众化"的"节奏"：左翼新诗歌谣化运动中的身体动员与感官政治》等论文显示出左翼诗歌研究的重要成绩。高远东《经与权的辩证法》、范雪《出版延安的"知识"与"政治"——延安与

生活书店的战时交往史》、逢增玉《东北解放区文学制度生成及其对当代文学制度的预制》等论文对文学制度的考察和辨析推进了解放区文学研究的发展。

（四）史料研究越来越受到重视，相关研究成果显著

解志熙《文本的隐与显：中国现代文学文献校读论稿》、付祥喜《问题与方法：中国现代文学史料研究论稿》、刘进才《文本·史料·方法：中国现代文学研究片论》、宫立《中国现代作家佚文佚简考释》、张立群《中国现当代诗人传记版本辑录》等专著在史料开掘与研究方法上做出了新的探索。易彬《集外文章、作家形象与现代文学文献整理的若干问题——以新见穆旦集外文为中心》、张丽华《通向文化史的现代文本文献学——以鲁迅〈随感录〉〈新青年〉刊本与北新书局〈热风〉本的校读为例》等论文为现代作家佚文的考释和文献学研究做出了贡献。史料整理是现代文学研究的基础，促进史料研究才能真正推动现代文学研究的实质性进程。陈子善助成的郁达夫中篇小说手稿《她是一个弱女子》的影印出版，是郁达夫完整手稿的第一次面世。黄诚整理的包天笑《钏影楼日记》的刊出对研究20世纪二三十年代上海文坛的状况提供了历史见证。

期刊研究是史料研究的重要构成部分，也是现代文学研究的常备课题。李直飞《中国现代文学转型的政治经济学维度：以〈小说月报〉上的广告为中心》、罗紫鹏《〈申报〉〈新申报〉小说家述考1907—1919》等著作都以报刊史料的研究为基础，为现代文学研究提供了扎实而有说服力的成果。陈大康《论近代日报小说》、马勤勤《女报与近代中国女性小说创作的发生——以发刊词和征文广告为中心》等论文以史料为据，论述了现代小说与报刊生产之间的关系。

（五）整理和研究著名的现代文学研究者的论著，是"十三五"时期令人瞩目的现象

贾植芳、孙中田、范伯群、王富仁、朱德发等已故的现代文学研究者，他们的研究成果也被纳入现代文学研究的视野。陈思和主编《贾植芳全集》的出版是学界大事。《孙中田文集》《范伯群文学评论选》《赤地立新：王富仁先生学术追思集》《朱德发学术精选集》等前辈的研究成果和对他们的追念研究，筑成了今后中国现代文学研究的出发点。

三 现代文学研究存在的问题

中国现代文学研究在"十三五"时期取得了显著成绩，但也存在一些问题。

首先，偏重于文学的外部研究，对文学本身、对作品的深入探讨相对不够。文学与社会、时代、传媒、思潮乃至历史的联系固然是认识文学的基础，但在过分注重这些外部研究时，文学文本自身的价值没有得到彰显。中国现代文学已走过百年的历程，这百年中留下的作品和作家，是首先应被梳理和解读的存在。如何在历史的淘洗中呈现出现代文学的文学价值，是一个值得反复考虑的问题。

其次，现代通俗文学研究尚可进一步深耕细作。尽管通俗文学已被作为"另一只翅膀"纳入了现代文学史的范畴，建构已成，但内在布局仍有待细致琢磨。一些重要的现代通俗文学家如张恨水、周瘦鹃等已有了较为系统的研究成果，但包天笑、徐枕亚、李涵秋、秦瘦鸥、向恺然、顾明道、王度庐等诸多作家的研究值得进一步开掘。通俗文学研究如何打破雅俗壁垒，真正融入现代文学史的整体叙述中，其间涉及很多细部问题，尚有待史料的考察与支撑。

再次，"古今""中外"的文学视野，是定位"中国现代文学"的基本角度。尽管对古今文学的演变研究，对"世界中"的中国现代文学的开拓研究，已取得了观念的认同和重要的成果，但是尚有诸多文学史问题值得深究。例如古今文学的关系是否仅可理解为传承、背离或转换，海外汉学视角如何与现代中国文学研究相促生以形成"共同体"，台港澳文学研究尚嫌不足，其视野拓展具有哪些可能性等，都值得进一步思考。

最后，已取得的现代文学研究成果总体而言十分丰硕，但一些具体研究背后缺乏大视野的观照，理论深度显得不足。对一些宏大问题的讨论，不够着实，结论难免偏颇。中国现代文学研究需要研究者投入更多的深度思考与性情关怀。

四 "十四五"现代文学研究发展趋势

"十四五"时期中国现代文学研究既需要进一步扩大研究视野，也需要向纵深发展。要打通古今文学的区隔界限，不仅应看到现代文学的传统资源问题，也应看到现代文学对传统的吸纳、创造和融会。事实上，鲁迅、胡适、郭沫若、周作人、郑振铎、闻一多、朱自清等现代著名作家无不是精通古代文学的优秀学者，他们对古典的传承和对现代的创造，均可以纳入现代文学研究的整体视野。

现代文学与世界文学的关系问题值得进一步拓展和深化。现代文学家的世界视野和西方经验或许比目前所有的研究和想象都要更为丰富。这些视野和经验带给中国现代文学的不仅是吸纳也是输出和交流。如何在世界文学的格局与平台上，探讨中国现代文学的特征、成就和价值，仍需要研究的进一步推进。翻译研究固然是一个基础，却更需要纳入历史的维度，翻译史研究、海外文学研究都存在较大的拓展空间。

加强整理现代文学史料，作家全集、文集、史料汇编等的修订与出版是现代文学研究的基础工程。这方面需要现代文学研究者长期的潜心投入。加强网络数据库建设，电子资源的整理与保存也是现代文学史料建设在今后的重要任务，是现代文学研究得到进一步发展的有效途径。

现代文学的小说研究已蔚为大观，诗歌、戏剧、散文等其他文类的研究应加大力度，更新理论观念，深化文学内部研究，探讨中国现代文学本身特有的文学价值。现代通俗文学如何更好地整合进现代文学的整体叙述中，融通新旧与雅俗，也是需要付诸研究的问题。另外，社团流派、报刊出版、文学思潮等方面的研究，也需要在史料整理的基础上，用新的理论方法做出更多切实的研究成绩。

中国当代文学研究

"十三五"时期,中国当代文学学科在国家有关部门的指导下,在诸位学人的共同努力下,取得了系列成绩。作为最富有活力的年轻学科,中国当代文学学科经过近年来的不懈探索,取得丰富扎实的学术成果,学科体系逐渐建立,并始终将学科建设作为当下中国文化凝聚力和精神推动力的重要载体,为文化自信和文化软实力的提升做出突出贡献。

一 总体状况和趋势

"十三五"时期,当代文学学科始终坚持正确的政治导向,在研究领域取得突出的成绩,主要包括:推动了当代文学学科的科学化,在文献与史料整理工作上做出系列实绩,文学史书写有了更多新收获,文学批评更为注重中国经验。具体表现在:

(一)推动当代文学学科的科学化

当代文学学科已经走过70年的历程,仍在发生、发展、变化中,如何完成学科建构成为诸位学人努力的方向。"十三五"时期,从批评到研究的学术理路,注重从中国传统文化的思想资源与本土经验出发,建立学科研究方法,进而推动当代文学学科建设与研究,尤其是将当代文学进行历史化的研究方面,涌现出一批优秀学者,如洪子诚、程光炜、吴俊等,被称为中国当代文学研究的"乾嘉学派",在学科的科学化拓进方面成果显著。

(二) 文献与史料整理工作取得突破性进展

"十三五"时期，中国当代文学研究领域的一个显著变化是对于文献史料的重视，会议运动、报纸杂志、人物访谈、思想检查、年表年谱、版本选本、书信日记、阅读生活、馆藏档案等有关研究工作，均取得丰硕成果。当代文学研究的史料学转向越来越受到学界认可。

1. 大型学术文库的编纂与出版

代表性的有：吴秀明主编"中国当代文学文献史料丛书"（十一卷本）（浙江大学出版社出版，2017年出齐），涵盖文学期刊、社团与流派史料卷。还有吴俊主编《中国当代文学批评史料编年》（全十二卷）（华东师范大学出版社2017年版），程光炜主编"中国当代文学史资料丛书"（全十六册）（百花洲文艺出版社2018年版）等。这些学术工具书的出版，基本涵盖了中国当代文学史的重要现象，具有显著的学术价值。通过勾勒当代文学发展的基本脉络，展现大量丰富的历史信息。而对于相关珍稀文献的深度发现，使原本碎片化的文献逐步整合为有效的学术资源，同时为以后的史料研究工作开辟新路。

2. 当代文学史料学术会议的交流与推进

2016年，中国当代文学史料研究中心成立大会暨学术研讨会在长春召开，将当代文学史料学研究推向专业化。在与会专家的建议下，设立系列的研究新方向，如中国当代重要作家史料、年谱研究，当代重要作品出版始末及版本演变，当代重要文学思潮史料研究，当代口述史料的搜集与整理等。2017年，中国人民大学召开程光炜主持的"八十年代文学史料文献研讨会"；2018年，中山大学召开张均主持的"中国当代文学史料建设与研究"学术研讨会、杭州师范大学举办"中国当代文学史料问题高峰论坛"；2019年，中国社会科学院文学研究所召开"中国现当代文学史料研究工作坊"。史料学转向也推进了当代文学学科建设的日趋成熟。

3. 地方性作家研究资料的编著与出版

丁帆、王彬彬、王尧、朱晓进等学者编著的"江苏当代作家研究资料丛书"（人民文学出版社2016年版），共16卷，560万字。丛书收集整理江苏当代作家的研究资料，作家祖籍、出生地、教育和成长环境、工作单位、终老之所和作品时空背景共同造成文学的地方性或地域性特征。每本书前面编者的长序,以"某某作家创作论"为统一标题,在整个中国当代文学大背景下详细梳理作家的创作历程,分析作家的文学观念,阐述作品的分类与特色。此外,由程光炜担任总顾问的《中原作家研究资料丛刊》(第二辑,十册)(河南大学出版社 2017 年版),在第一辑十三册的基础上推进。每册研究专集均由"自述·访谈·印象记""研究论文选辑""作家创作年表""研究论著索引"四部分组成,较为全面地呈现每一位作家的创作和被研究情况,强化了对中原作家群像的理解和认知。

(三) 文学史写作的新收获

1. 全景式文学史的编撰

张炯主编《中国当代文学史》三卷本,是一部内容丰富、涵盖地域广、具有鲜明时代特色的中国当代文学史,展示了中国当代文学发展的脉络与历程。全书分为上、中、下三册,共计 160 余万字。从时间跨度上看,主要反映了从 1949 年到 2000 年中国文学的发展;从空间地域上看,涵盖中心与边地、内地与台港澳,民族方面则包括汉族与少数民族;从文体上看,主要有文学理论批评、诗歌、小说、散文、戏剧、电影文学、儿童文学等。同时还包含对重要文学现象、重要小说流派、代表作家、经典作品的论列,全景式地反映了中国当代文学发展的历史进程。此外,还有吴秀明《当代文学史写真》(北京大学出版社 2017 年版)等。

2. 个体文学史的新尝试

个人文学史成为新的著史方式,洪子诚《中国文学 1949—1989》(北京出版社 2020 年版),试图建立新的叙述体系,从当代文学的独特体验和理解出发,来把握当代文学的基本特征和生存状态。在 20 世纪中国文学的整体格局中,描述当代文学体制的建立,文学高度一体化的形成、削弱、崩溃的过程。程光炜《文学史二十讲》(东方出版中心 2016 年版),探讨文学史的学科建构,在当下性、现代性、历史化等问题上深入剖析,指出寻根文学与先锋文学等现象出现的历史背景及时代诉求,尤其是中国作家面对世界所表现出的接轨与对话,与改革开放之前文学创作方法和审美立场的多种不同。此外还有孟繁华《中国当代文学史论》(人民文学出版社 2018 年版)等。

(四) 文学批评更为注重中国经验

近年来，当代文学批评实践开始强化中国经验，主要表现在批评理念、思维方式、诗性表达、理论资源等方面。李敬泽提出的如何寻求本土资源批评，与强势文化国家构成对话关系，引起学界热议。2019年，适逢中华人民共和国成立70周年，《文艺报》《光明日报》等开辟相关栏目，陈晓明、白烨、孟繁华、朱向前等撰文，总结当代文学的探索道路，以历史回望、作品重读的方式重温文学记忆。吴义勤指出，如何正确理解经典，是当代中国文学必须正视的问题。汪正等以知识生产的视角考察，丁帆从历史、现实、未来三个时间维度进行审美考量。同时，对于经典作家作品的批评研究，对于文坛新作的发现热议，对于网络文学、科幻小说的批评研讨，都使学科研究始终关注时代前沿与中国经验。

二 北大、人大、复旦、南大四大学科群

为了使学科问题更为集中，具体以北京大学、中国人民大学、复旦大学、南京大学四大当代文学学科群来详细介绍当代文学学科建设情况。选择"四大学科群"，是因为其有较为突出的研究实绩，以及完整的学科梯队，基本代表了"十三五"时期当代文学学科建设的最高水平。因篇幅所限，仅选择代表性学人进行概述。

(一) 北京大学

北京大学作为中国语言文学学科重镇，具有深厚的学术传统和坚定的人文信念。张钟、谢冕、洪子诚先生都参与了当代文学的学科建设，并率先在高校开设当代文学史课程。《当代文学概观》是新时期第一本当代文学史，在全国产生极大影响。洪子诚著《中国当代文学史》、陈晓明著《中国当代文学主潮》在学界有着较大影响力。此外，"学者作家"曹文轩获国际安徒生奖。邵燕君的网络文学研究也走在国内学术研究前列。"十三五"时期，北大学人自觉传承学术精神，即传统的以材料为基础的文学史研究方法，并始终关注当下思潮与创作动态，进行当代文学的学科建构，为人才培养、学术传承和社会文化创新做出卓越贡献。

在当代文学评论研究的学术推进过程中，洪子诚是一位标志性人物。"当代文学"史学形态的正式确立，他起的作用最大。洪子诚既是北大中文系当代文学学科的最早筹建者，也是学术研究传统确立的核心人物，他在不同时期的研究著作，基本代表当代文学研究的最高水平，且近年来始终保持旺盛的学术生命力。在文学史研究方面，《中国当代文学史》（修订版）（北京大学出版社 2020 年版），一直是当代文学必备的工具书。《中国文学 1949—1989》（北京大学出版社 2020 年版）亦被认为是 20 世纪文学史研究的典范成果。文学史语言逻辑与诗性结合，构成作者别具的风格与魅力。不自信带来的认真严谨，与历史同行获得的历史感，博览群书得来的才学识，也使洪子诚的研究带有独特的个人标识。在处理文学史观念与史料的关系问题上，《材料与注释》（北京大学出版社 2016 年版）、《读作品记》（北京大学出版社 2017 年版），以材料编排为主要方式成为撰写文学史的新尝试，也为文学史研究提供了方法论的借鉴。洪子诚不断完善的"一体化"文学观、"知识学"研究方法以及"价值中立"的价值立场，极大地拓展了中国当代文学的研究空间。其"历史批判"方法，使他的当代文学研究具有范式革新的意义。

陈晓明主编"改革开放 40 年文学丛书"（作家出版社 2019 年版），共计 14 卷 20 册。丛书根据中宣部和中国作家协会部署，由作家出版社隆重推出。丛书选取改革开放 40 年出现的较有典型性和影响力的文学思潮和重大题材的代表作品，构成了一部特殊形态的当代文学史，集中代表了当代文学 40 年的成就。

同时，陈晓明、贺桂梅的理论拓进在当代文学研究领域独树一帜。陈晓明《无法终结的现代性：中国文学的当代遭遇》（北京大学出版社 2018 年版），系统地回应了"为何中国当代文学在经历了后现代思想文化的冲击后却没有转向后现代"的问题，并以"世界性"与"晚郁"维度确立了当代文学的当代性。贺桂梅《书写"中国气派"：当代文学与民族形式建构》（北京大学出版社 2020 年版），以个案研究的方式历史性地分析了中国文学实践在现代化、社会主义革命、民族主体性建构等方面的不同面向。对于摆脱西方理论话语，从中国社会历史结构关系中理解当代文学实践史，具有重要的现实意义。

邵燕君对于网络文学的研究取得突出成绩，被称为"中国网络文学发展的绘图人"。《创始者说：网络文学网站创始人访谈录》（北京大学出版社2020年版），由北京大学网络文学研究团队完成。在对中国网络文学发展的动因分析、历史回顾中，呈现出中国网络文学的丰富样貌与发展图景。此外，邵燕君参与的"十三五重点工程"《新中国文学史料与研究·网络文学卷》也在进展中。

（二）中国人民大学

中国人民大学文学院的前身是由陕北公学、延安鲁迅艺术学院等合并成立的华北联合大学文艺学院，后者是中国新文艺孕育和发展的摇篮。在当代文学研究领域，中国人民大学研究实力雄厚，近年来学科建设稳步发展、态势良好。程光炜及其学术团队"八十年代作为方法"的研究在国内学界产生积极共鸣，且已经延伸到"十七年文学""七十年代文学""九十年代文学"，并在大历史的视野中建立起当代文学的整体性。对于促成当代文学学科从"批评"向"研究"的学术性转变起着重要作用。孙郁对于当代文学"士"文化的研究及系列散文在国内产生重要影响，杨庆祥的文学批评引起广泛关注，创意写作也走在国内前沿。

在当代文学研究领域，程光炜著述丰厚，建树颇多。具体表现在：文学史料的编撰工作方面："中国当代文学史资料丛书"（16册）（百花洲文艺出版社2018年版），为"十三五"国家重点出版规划项目支持出版的当代文学领域大型学术工具书，为进一步细化当代文学史文献收集、辑佚和整理工作开辟了一条新路。《八十年代文学史料研究》（中国社会科学出版社2019年版），对20世纪80年代诸多文学现象、思潮、流派的史料进行了大规模的开掘。文学史研究方面：《文学史二十讲》（东方出版中心2016年版）、《当代中国小说批评史》（中国社会科学出版社2019年版），都是近年来潜心著史的新收获。学科建设的路径与方法方面："莫言家世考证"系列，《小说九家》（中国社会科学出版社2017年版）、《放宽小说的视野——当代小说国际工作坊》（北京大学出版社2016年版），都引起学界的热议与肯定。

孙郁《往事难追：我的阅读与记忆》（人民文学出版社2019年版），收录了作者在《读书》杂志发表的系列文章，点评了李欧梵、赵园、格非等人的作品，通过作品进入作家的文学世界与个人命运。既是书评，也是充满温情的人物散文。《六代之民：张中行别传》（北方文艺出版社 2018 年版），是为张中行先生所作的传记。作者从自己与张中行先生交往中的感性印象出发，以饱含情感的笔触勾勒出这位有故事的老人的丰富一生。作者和传主的心灵之交，让这部传记在严谨客观之余，增加了以情动人的力量。

杨庆祥作为近年来成长较快的新锐批评家，成为年青一代学人的优秀代表。他始终保持对于文学现场和学科前沿问题的关注。包括：《社会问题与文学想象——从 1980 年代到当下》（上海文艺出版社 2017 年版），关注"80 后"写作与 20 世纪 80 年代文学史。近年来，杨庆祥主持的联合文学课堂，直面当下文学批评的困境，提出文学批评应该聚焦于作品还是聚焦于问题，应该聚焦于知识的梳理还是聚焦于生命体验的追问。其对 AI 写作的敏锐关注，《与 AI 的角力——一份诗学和思想实验的提纲》《AI 写的诗可以成为标准吗？》系列论文的发表，使得当代文学学科保持旺盛的活力，在跟进文学现场和前沿研究取得诸多突破性进展。

（三）复旦大学

复旦大学当代文学专业有着深厚的学术积累，在全国同类学科中始终保持领先地位。文学史家贾植芳创建学科并主编了许多重要的工具书，陈思和的系列论著对于当代文学研究领域拓展及方法更新起着重要作用，郜元宝的当代文学批评不断推出新见，张新颖的人物传记研究独树一格。在学科的积累和建设中，复旦大学具有自己的独特风格，即注重打通现代、当代文学学术领域，注重美学批评与文本细读的研究方法。强调通过文本细读的批评范式，通过直面作品、寻找缝隙，实现"细读文本"作为主体心灵审美体验的交融与碰撞，充分显现作品的艺术内涵，使文学研究真正回到文学性上。

陈思和主编《中国当代文学史教程》在学界备受好评。《未完稿》（东方出版中心 2019 年版）对于现代与当代文学的打通，使得文学解读不仅有"史"的高度，更具有理论自觉的深度。《陈思和文集》（七卷本）（广东人民出版社 2018 年版），对于文学现场的介入，对于文学现象的聚焦，以及以文本细读为依据，以中国经验为基础，有意识地反思学术史脉络及学科定位，并强调民间立场，自觉承担知识分子的社会责任，体现出优秀批评家的学术理想。

郜元宝的文学研究被孟繁华称为"江南才俊的真功夫",他是名副其实的学院派。在文学批评领域,他擅长接近批评对象,为作家的精神画像。《编年史和全景图——细读〈平凡的世界〉》,从《平凡的世界》的读解与接受,主要人物、次要人物、初期改革前后人物群像,阐释编年史式的全景图。对于语言问题的持续关注,有《千古一哭有素芳——读〈创业史〉札记》《汪曾祺写沪语》等。在文学史研究方面,郜元宝对于当代文学研究的史学化趋势提出忧虑,认为过分倚重外部研究,导致鲁迅特别关注的时代文学所反映的整体时代精神及其嬗变线索的方法反而被轻视。

张新颖近年来在人物传记领域用力颇深,备受好评。《沈从文的后半生:1948—1988》(上海三联书店 2018 年版),以近 20 年发现的新材料,从沈从文的内心激越与人生庄严落笔,坚持在场叙事姿态,诠释生命对一切存在的热情。《九个人》(译林出版社 2018 年版)通过九个人相异又相通的命运,写出一代人的精神血脉和人格底色,以及 20 世纪中国的大故事。

(四)南京大学

南京大学文学学科是南京大学历史最为悠久的学科之一,可追溯到汇文书院。新文学研究中心前身是中央大学文学研究室,陈中凡、陈瘦竹、陈白尘、董健等学者为学科建设奠定了坚实的基础,该中心现已成为中国现当代文学与文化研究的大型科研基地。启蒙话语是南京大学当代文学研究重要的思想谱系。丁帆、王彬彬等学者多次强调知识者的启蒙角色,并呼吁知识界重新启蒙、恢复主体性及责任意识。对于文化批评的风骨和风格的重视,以及作为批评家的自我反思意识也是其难能可贵之处。2020 年该中心举办的"中国新文学的现实关怀学术研讨会"召集当代文学研究界专家学者探讨新文学的现实关怀与历史反思,以及未来发展走向,对于拓展新文学研究空间,推动学科建设和发展起到积极作用。

丁帆近年来一直致力于文学制度与百年文学史建构之间的关系。《文学制度与百年文学史》,强调外部结构是法律、规章、出版、会议、文件等大量的制度软件系统,内部结构是文学思潮、现象、社团、流派、作家、作品等硬件系统。《亟待抢救的共和国文学史料》一文提出需要因循文学与政治的关系，按照时段，针对各个不同历史时期的特点进行拉网式的清理，有助于集中一批断代文学史研究者和作家作品研究专家联合作战，形成一个相对集中的研究共同体。此外，他的学术研究多强调启蒙主义价值观和知识分子的自我塑造。《知识分子的幽灵》（东方出版中心2017年版）、《先生素描》系列散文，也是对传统知识分子精神的再一次呼唤和回望。

吴俊在史料汇编方面用力颇深。他主编的《中国当代文学批评史料编年》（12卷）（华东师范大学出版社2017年版），是第一部系统、完整地著录中国当代文学批评史料的大型专业图书，以编年形式著录1949—2019年中国当代文学批评的各类文献资料名，包括海内外的批评史料，相关政策文件、领导人或领导机构的重要指示与报告，及报刊、图书的相关资料等。此外，他对于当代文学史料问题的多维考察，提出的基于专业学术、社会发展现状、国家政治、网络技术等综合条件，从文献学、国家文学制度、网络新媒介等视野，探讨当代文学史料研究的问题与挑战，在学界产生广泛共鸣。

王彬彬善于从历史角度看文学，追求文学与历史的扭结点。《新文学作家的修辞艺术》（上海人民出版社2017年版），以个案研究的方式从语言理论和创作实践深入分析中国新文学语言学问题的来龙去脉，并以此研究小说语言。《顾左右而言史》（江苏文艺出版社2018年版），也是对知识分子品格的强调与自省。近年来，他对于高晓声的研究用力颇深。《高晓声评传》（江苏凤凰文艺出版社2020年版）、《八论高晓声》（上海人民出版社2019年版），从小说语言的修辞艺术、作家的生活境遇出发，探讨高晓声生平、心理与文学的关系，以及高晓声回归文学的身份问题及写作策略的变化，被认为是高晓声研究的新突破。

三　成就与不足

如上所述，"十三五"时期，当代文学学科在诸多学者的努力下，成果斐然，学科体系基本确立，探索出行之有效的研究范式，推动学科从"批评"向"学术"的转向，史料文献整理与研究已经得到业界肯定，并吸引更多的学者加入并为之努力，但也存在一些不足之处。

(一) 成就方面

1. 围绕各自研究方向，建立起坚实的学术根据地

如上所述，诸位学人在各自的学术领域精耕细作，取得很多有分量的研究成果，也带动当代文学的学术规范和学科建设。吴秀明、丁帆、程光炜、陈晓明都是改革开放后成长起来的第一代优秀的人文学者，一直活跃在学术前沿，作为批评家、文学史家和人文学者一直通过学术实践取得卓越的学术成果，成为一代人文知识分子的重要代表。吴俊对于当代文学批评史料工具书的编纂，拓展了史料研究的多维视野。郜元宝结合自己的现代文学背景，对于汪曾祺的研究既有细密的探索，又有文学史观的通达。诸多学者凭借多年的经营和积累，大多建立了属于自己的学术根据地。

程光炜以"八十年代文学"为出发点的当代文学研究取得的成果已经远远超过其预期，并且"建构起了某种可以称之为'文学史哲学'的问题视野和理论方法"。其"历史化"的工作，促进当代文学学科从"批评"向"研究"的学术性转变。近年来，他在当代文学史料方面做出许多重要成果，如路遥的招工问题、韩少功的变线、北京批评圈与新时期文学等，通过分析材料发现新问题，并推进当代文学研究的历史化。同时，他所提出的重建当代文学与现代文学、古典文学的历史关联，也对学科建设有积极意义。此外，郜元宝的汪曾祺研究、王彬彬的高晓声研究、邵燕君的网络文学研究同样成果卓著，得到学界的一致认可和好评。

2. 树立学科共识，推进学科研究的体系化

史料学转向已基本成为学科共识，并且学者们已做出很多基础性和拓荒性工作。当代文学文献史料的生成始终与意识形态缠绕，为了学科建设及自身水平、层次和规格的提升，需要将长期以来被遮蔽的文献史料纳入研究视野。当代文学研究者自身的素养不断进益，系统的、理论化的研究将取代传统的、个体的、手工式的研究，毕竟史料发掘的目的在于学术创新和文学史观的变革。因此，需要摆脱理论泛化、意义和方法崇拜，强调论从史出，尊重历史客体。

近年来，洪子诚重点研究了当代文学中的苏联文学资源，基于作为亲历者的体验，他认为在当代文学与世界文学的关系上，史料整理和研究做得还不够，还有很大的提升空间。他的《死亡与重生？——当代中国的马

雅可夫斯基》，认真反思马雅可夫斯基作为20世纪重要诗人，对中国当代诗歌尤其是政治诗产生极大影响，而20世纪80—90年代以来，对其评价迅速衰落。基于形象变迁历史的考察，有助于学界认识文学接受中的错位、误读、改写，与社会政治、意识形态以及文学观念变迁之间的复杂关系。

3. 学术梯队的成功搭建

在当代文学研究领域，既有诸多人文学者的中坚力量，也有年轻学术新锐的迅速成长。中坚力量如吴秀明、丁帆、程光炜、陈晓明、吴俊、郜元宝有着丰富的人生经历，具备自觉的学术人文性特点，多注重社会历史的批评，借鉴吸纳西方现代主义、后现代主义、文化学、心理学、叙事学、阐释学、生态学等新的方法与观念，视野和格局显得更为开阔和开放。年青一代学人，如黄发有、张均、斯炎伟，经过专业训练，有较好的西学背景、外语水平和理论素养，熟悉报纸杂志史料、文学会议史料，充分借助现代新媒体、互联网，发掘现有的大型数据库、文学网站、学术网站、数字图书馆等网络资料。新锐力量如杨庆祥、黄平、金理共同讨论"80后"与当代中国的诸多问题，从历史与现实的角度剖析"80后"写作的历史和趋向，被认为是"80后"学人的优秀代表。思维观念与知识结构的不同，也能助力在当代文学学科领域取得新的发现与理解。

（二）不足之处

1. 学术平台的建设需要进一步加强

以"四大学科群"为代表的当代文学研究者不论在史料研究的意识还是在投入、成果与影响方面，都成为厚重的中坚力量。他们直面当代文学学科的文化和困惑，寻求学科发展的新路径和新方法，但也存在学术合作需要加强的问题。如大型工具书和史料整理的问题，耗时费力，更需要国家有关部门提供资金支持。如果扶持或协作力量不够，就只能各自在研究领域探索，会影响到全局性的、宏观研究问题的整体规划和细密研究。

研究期刊的发展同样应该得到更多的规划与整合。2018年，《中国当代文学研究》创刊，也是基于当代文学研究和评论的队伍日益壮大，现有的当代文学研究和评论刊物已不能满足文学界的需求，创办刊物，支持专家学者聚焦当代文学的研究和评论，有助于满足需求、引导创作、促进繁荣。同时，也应多发挥现有刊物的平台作用，对于当代文学研究的问题多加关注与支持。

2. 需要进一步探索科学有效的研究方法

如何寻找新的突破口，探索新的学术增长点，以及克服研究思维的局限性，引入新的研究方法，深入发掘新的史料，建构新的研究体系与格局，寻找新的学术研究路径，仍是当代文学学科亟待解决的问题。尤其是史料研究，当代文学史料浩如烟海，漂泊不稳定，量大面广，面临着艰难的海选、甄别的问题。原始史料往往分散芜杂，发掘、整理极为耗时耗力，因此科学有效的思路方法极为重要。

当代文学毕竟是年轻学科，既有自身的独特优势，也存在一定的问题。表现在缺乏共识性的原则、标准与方法，缺乏严谨的理论体系和有效的操作规范。近年来，在洪子诚、程光炜、吴俊等诸多学者的努力之下，乱象有所扭转，但还是应该借鉴其他成熟学科发展的历史经验，建立起规范和理念，以史料学转向重建当代文学研究的整体观，才能有助于当代文学研究走向学术与学科的成熟。

四　前景与展望

（一）进一步做好当代文学的学科规划

在下一阶段的工作中，亟须整合资源，对于当代文学做好学科规划与学术分工。始终没有将自身和研究对象历史化，是困扰当代文学学科建设的主要问题之一。当代文学发展历程 70 年，文献数量很大，除了文字文献，还有大量的声音文献、图像文献。尤其是特殊年代的特殊文献，需要抢救式整理。面对浩瀚的文献，更是需要团队建设和学术分工。

如果能够确立当代文学文献学学科，将有助于当代学人在学术交流层面开展校际合作，互通有无，相互补充，也能借助科研合作的方式对当前的研究工作进行反省和检讨，拾遗补阙，完善学科建设。学界可以先以不同时期文学的历史化进行尝试，从思潮、现象、流派到作家作品，进行整理和研究，基于学科的社会主义属性，寻找起历史背景和当代特质的复杂联系，以此建立起全局观，并实现当代文学研究的历史接续。

（二）史料建设应进一步加强

史料建设是当代文学研究的基础性工作。只有将史料建设的基础做好，研究才会有进步和更大的发现。史料研究应进一步确立学术规范，并服务于文学史研究。研究者应该尽可能多地占有史料，以帮助自身形成高于这些史料的视野与思维，将其置于历史情境与主体情境之中加以审思，才能使之成为学术的史料。史料整理包括收集、阅读、鉴别和研究，注重发现史料如何补充、拓展、修正、改写中国当代文学史论述。

对于当代文学的史料研究，可以适当地进行分期问题的讨论，要带着历史视野和框架进行研究。如关于专题性的"十七年"文学研究，洪子诚的《材料与注释》，黄发有的"十七年"文学传媒研究，张均的"十七年"报刊史研究，王秀涛的档案研究，"材料"已经成为"史料学"的骨干部分，被学界所重视，这也说明近年来，在史料研究的支撑下，"十七年"文学制度研究成果斐然。但不能忽视的是，具体作家研究还没有跟上来，例如柳青、浩然、李准、王汶石、马烽的研究，远远不够，今后还需要更多的拓展和跟进。其他时间分期也可以按照此方法，深入推进研究。

（三）文学研究更多地参与社会文化建设

处理好学术与现实的关系问题，有助于不断认识当代社会，发挥当代文学学科的积极作用。同时也要强调研究者的主体意识，如基于研究积累关注的重心问题。既有关于现实主义文学的问题，强调对现实主义的理解和运用往往伴随着政治与社会的需求而变化；也有对 AI 和科幻文学的敏感和跟进。亦有学者提出文学三种体制理论，其一是媒体市场，其二是国家机构，其三是学院体制。媒体市场主要是资本逻辑，国家机构主要是在国家再分配体制下的保障与约束，而学院主要是各种学科规范下的知识再生产。如果对这些大的权力本身的限定缺少自觉意识，就无法真正把握文学的实质。

近年来，新媒体文学、网络文学的研究呈现上升趋势。中国文学的外译及对域外的影响加大，大国形象问题的研究、交叉学科的研究、跨界研究有待加强，借鉴其他学科方法、手段、视角和对象进行科际整合研究的相对还较少，这也是当代文学学科应该关注的多元动向。

中国少数民族文学研究

一 中国少数民族文学研究概况

"十三五"时期，中国少数民族文学为中国文学的发展与繁荣继续贡献着自己的力量和特色。少数民族文学丰富了中国文学的构成，凭借神话、歌谣、传说、史诗等多种体裁的作品，使中国文学更加丰富多彩。"十三五"时期，中国少数民族作家使用本民族语言和汉语进行写作，在诗歌、小说、散文、戏剧、影视文学等领域都推出了大量具有全国性影响的作品，其中许多作品还被翻译到国外，为祖国赢得了声誉。这些文学作品为书写和培育中华民族的悠久历史、灿烂文化和伟大精神做出了重要贡献，也为中国少数民族文学研究奠定了深厚基础。

"十三五"时期，中国少数民族文学领域获批了一系列国家级重大、重点研究课题。例如，国家社科基金重大项目有：2016年的"20世纪维吾尔文学编年""中国少数民族口头传统专题数据库建设：口头传统元数据标准建设""傣、佤、景颇等云南跨境民族文学资源数据建设与研究""元明清蒙汉文学交融文献整理与研究""蒙古语族诸民族民间故事类型分析与数字化研究"，2017年的"国内外民国时期蒙古文学史料集成与编年研究""英雄史诗《格萨（斯）尔》图像文化调查研究及数据库建设"，2018年的"东北人口较少民族口头文学抢救性整理与研究""中国当代少数民族文学制度研究""中国阿尔泰语系诸民族民间文学比较研究""国内外蒙古文学理论遗产资料整理及研究""伊犁河流域厄鲁特人民间所藏托忒文文献搜集整理与研究"，2019年的"新中国少数民族文学政策文献的整理、研究与信息平台建设"。

"十三五"时期，中国少数民族文学学会分别在云南民族大学、湖南大学、广西师范大学、广东技术师范大学和内蒙古大学召开了5届年会。除此之外，中国作协在2016年和2019年还召开了中国少数民族文学期刊会议和第六届全国少数民族文学创作会议，为"十三五"时期的少数民族文学作品和创作阵地问诊把脉。同时，也出版了一批与此呼应的中国少数民族文学研究论文集。例如，2016年的《影响与发展——"中国多民族文学高层论坛"论文集》《全媒体时代少数民族文学的选择》《民族文学的书写与构建：阿扎提·苏里坦维吾尔文学评论集》《丝路文学语境下的多民族文学审美：2015中国少数民族当代文学论坛论文集》，2017年的《少数民族文艺漫谈》，2018年的《民族文学新声》《少数民族女性写作与我们的时代》《批评与价值——内蒙古优秀文艺评论选》（蒙古文），2019年的《地域文化、民族文学与中国当代文学史》。

"十三五"时期，各大出版机构和报刊为少数民族文学研究提供了广阔的传播平台与话语空间。例如，民族出版社、辽宁民族出版社、内蒙古大学出版社、内蒙古人民出版社、内蒙古教育出版社、内蒙古文化出版社、内蒙古科技出版社、内蒙古少儿出版社组织编纂了多部大型蒙古文学总集、工具书及资料汇编，为研究工作者提供了丰富的资料。此外，《内蒙古大学学报》《内蒙古师范大学学报》《中国蒙古学》《内蒙古社会科学》《金钥匙》等期刊和相关网站开辟了蒙古族文学研究、批评专栏，刊发了大量学术论文和评论文章，推动了学科发展。据《内蒙古文学发展报告：2016年》统计，在内蒙古地区公开发行和注册的32种蒙古语期刊、10种蒙古语报刊、16家蒙古语网站共发表21578篇作品，其中蒙古文学研究论文和评论有2119篇。五年间，共发表蒙古族文学研究论文和评论上万篇。尤其是一些在《文学遗产》《民族文学研究》《中国文学研究》《明清小说研究》等汉文核心期刊发表的文章，以及在欧洲各国、日本、韩国、蒙古国所发表、出版的蒙古族文学研究成果有效地增强了蒙古族文学研究的社会影响和国际声望。

"十三五"时期中国少数民族文学数据库建设也取得了令人瞩目的成绩。中国知网统计数据显示，关于人文数据建设的专题论文数量呈现出明显的逐年上升趋势。许多论文从图书情报学的角度对少数民族口述历史资料的概念进行界定并分析其价值，提出了其来源与特点以及单一和复式分类方法，为少数民族口述历史资料的搜集整理及数据库建设提供了理论基础。例如2019年11月公布的《2019年度国家社科基金重大项目立项名单》就有"易学古籍数据库建设""满族民间历史档案资料整理研究与数据库建设""明清时期黄河治理工程文献的整理研究与数据库建设""宋代'广韵—集韵'系统韵书韵字大成、数据库建设及宋代韵书史建构""中国电影文化竞争力与海外市场动态数据库建设""我国四大古典文学名著维吾尔文、哈萨克文译本的接受、影响研究及其数据库建设""大小凉山彝文经籍文献语音资源库建设""俄藏《格萨尔》文献辑录及电子资料库建设""东方古代文艺理论重要范畴、话语体系研究与资料整理""回鹘式蒙古文文献数据库建设"等近30项立项课题都与大数据建设与文学资料学建设有关，显示出社会科学资料学建设的强大生命力和巨大社会需求。

以中国社会科学院民族文学研究所的"民族文学资料学建设"为例，该单位以持续发展少数民族文学实体资料建设、多媒体资料数字化、民族文学网网络建设以及相关学术信息编辑发布等与资料和数据相关的工作为主，以2011年以来长期承担的中国社会科学院"少数民族口头传统音影图文档案库"创新项目为重点，积极采集全所研究人员和一些民族地区的学术资料及研究成果，适当拓展与社会科研机构和高校的业务合作。特别是该单位通过与中国科学院计算机网络中心持续合作开展"中国少数民族口头传统专题数据库建设：口头传统元数据标准建设""中国少数民族神话数据库建设"等国家重大社科基金项目研究，将少数民族文学资料学建设不断推向深入。成果方面，该单位2017年出版了《中国创世神话母题（W1）数据目录》，2018年出版了《盘古神话资料汇编》和《布洛陀文化研究文集》（第一辑）。

二　中国少数民族民间文学研究

"十三五"时期中国少数民族民间文学研究持续向纵深方向发展，在神话、传说故事、歌谣、史诗等领域都取得了系列研究成果。

少数民族神话不仅数量浩瀚，而且许多民族的神话自成谱系，具有鲜明的民族性和清晰的体系性。"十三五"时期少数民族神话的"应用性"

研究得到关注。许多民族神话不仅是这个民族不可再生的优秀非物质文化遗产，而且在很大程度上反映出该民族古老的民族精神。了解和解析这些神话对于增进民族文化交流具有非常重要的意义。许多民族地区政府实行依靠古老民族神话"走出去"的"文化搭台、经济唱戏"的战略，激发民族文化的新活力。更有一些民族地区通过学术策划将神话元素融入公园建筑、乡土教材、民风教化等社会实践中，这都可以作为当今少数民族神话研究的有益借鉴，也是传统文化在当今创造性转化和创新性发展的具体体现。少数民族神话研究的代表性成果有2017年的《中国创世神话母题（W1）数据目录》，2018年的《盘古神话资料汇编》和《布洛陀文化研究文集》（第一辑）。

围绕传说、故事、歌谣等民间叙事，近五年来，钟进文在《民族文学研究》《西南民族大学学报》等刊物发表了系列论文，重点阐述人口较少民族民间叙事和作家书写如何深刻地反映着一个民族的思想感情、生活智慧和沉淀于意识深层的历史记忆。通过扎实的田野调查和丰富可靠的文献资料，展现了人口较少民族如何在文化上兼收并蓄，经济上相互依存，情感上相互亲近，形成"你中有我、我中有你"的多元一体格局。例如，论文《"创伤经历"与幻想记忆——以保安族民间叙事为例》，认为民间叙事有两种文本，一种是具有社会学意义的社会文本，另一种是具有文学审美价值的文学文本，对一个族群而言，两种文本都是不可或缺的社会记忆。论文以保安族民间叙事为例，探讨社会文本和文学文本的关系，尤其从族群民间叙事角度重点探讨，社会创伤事件如何进入文学文本，或者说文学文本是如何"消解"或表达社会"创伤经历"的。论文《从"民族唱"到"唱民族"：基于〈裕固族姑娘就是我〉的考察》，主要以一首裕固族人家喻户晓的歌曲为例，深入探讨一首歌是如何从最初的一首民间小调，经过无数次的演唱，演变成一部裕固族文化史诗的。换言之，从最初的"民族唱"如何一步步发展到"唱民族"，论文提出的观点是，其中的"误读"以及再"建构"即从另一角度呈现民族即叙述这样一个重要话题。论文《"失忆"与"记忆"之间——中国人口较少民族文学"跨境叙事"研究》，认为人口较少民族文学经历了口头文学到书面文学的发展历程，在此过程中书面文学的"集体记忆"与之前的民族"口头记忆"形成许多有趣现象，建构出一套从"失忆"到"记忆"，再从"记忆"到"失忆"的

"跨境叙事"话语体系。

少数民族歌谣研究方面，2018年出版有《贵州少数民族童谣研究》。此外，有关彝族仪式歌的研究成果也比较集中，主要有《路南彝族密枝节仪式歌译疏》《彝族撒尼祭祀词译疏》《彝族撒尼丧葬经译疏——丧家经》《彝族撒尼丧葬经译疏——舅家经》《彝族撒尼人仪式文学研究》等。国家社科基金一般项目有"彝族撒尼人仪式文学研究""彝族祭祀辞的文学治疗研究"等。

少数民族史诗研究在"十三五"时期最重要的成果就是出版了多民族的《格萨尔文库》。这是西北民族大学几代科研人员坚守中华文化立场，坚守新时代哲学社会科学工作者使命和任务，辛勤耕耘、呕心沥血二十余载所完成的重大工程。《格萨尔文库》含藏族、蒙古族、土族、裕固族等多民族、多语种，共计30册（16开本，每册600页左右，共计约2500万字）。该书作为《格萨尔》史诗研究领域的标志性成果，对多民族《格萨尔》史诗进行了全方位、多层次的整理与研究，充分展示了对我国少数民族优秀传统文化的有效保护和传承，具有里程碑意义。它的出版，使"格萨尔学"文献资料的丰富程度大大增强。《格萨尔文库》发掘整理了藏族《格萨尔》早期珍藏版本，并进行了科学梳理和划分。增加了藏族、蒙古族等多民族异本资料，进一步丰富和完善了《格萨（斯）尔》史诗。在国内现有的《格萨尔》资料的基础上，通过对有本民族文字的藏族、蒙古族《格萨（斯）尔》多种异本进行精选、规范、汉译、注释和版本说明；对无本民族文字的土族、裕固族《格萨尔》进行了国际音标记音对译、整理翻译和解题研究，使《格萨尔》史诗得到了进一步的规范化、完整化和系统化。《格萨尔文库》的出版，使西北民族大学的"格萨尔学"学科建设得到了提升。《格萨尔文库》的出版促使《格萨尔》研究向纵深、广阔的方向发展，使《格萨尔》研究与教学的整体水平居国内领先地位，并在国际史诗研究领域享有较高学术声誉，成为名副其实的重点学科。以《格萨尔文库》为龙头，带动"格萨尔学"多个分支学科的研究与建设，积极挖掘各相关民族的《格萨尔》文化资源；通过研究方法、研究手段的科学化创新，将还不被人们充分认识其价值的人类非物质文化遗产之一的以《格萨尔》为代表的各民族口头传承文献的研究，提高到国内外领先的水平；在已创建并已取得较大成果的多个分支学科的基础上，进一步加强研究，从总体上构建"格萨尔学"的理论体系和方法论；挖掘和研究《格萨尔》的多重价值，进一步带动以格萨尔文化为特色的民族文化产业及旅游业的联动发展，促进中国西部民族地区更进一步的对外开放和经济繁荣。不同于以往单个民族的《格萨尔》史诗文献整理研究，《格萨尔文库》首次出现藏族、蒙古族、土族、裕固族四种民族语言、文字和汉文对照本，以及在几百本木刻本、手抄本文献中选取的情节连贯的、不含现代艺人演唱的经典本，不仅能丰富和完善《格萨尔》英雄史诗，也将对中国民间文学的丰富和完善产生一定的推动作用；挖掘、抢救、保护各民族《格萨尔》对加强精神文明建设，丰富人民群众的文化生活，提高人民群众的文化素质，促进人们全面发展，构建社会主义和谐社会，都具有重要意义。

此外还出版了以下研究著作：2017年的《伊犁河流域新发现的托忒文〈格斯尔〉文献学研究》（蒙古文）、《藏族牧区社会与〈格萨尔〉叙事传统——以青海果洛甘德县德尔文部落为个案》，2018年的《中国土家族梯玛歌研究》（上、下）。

三　中国少数民族古代文学研究

在中华多民族文学史上，古代少数民族诗文创作具有重要的地位。以往对于少数民族古代文学的研究过于分散、单一，偏重于单个作家的研究，缺乏整体性的观照。古代少数民族文学研究走到今天，面临着主题、意义、方法等多方面的挑战。20世纪学人的研究以作品和作家介绍、分析为主要内容，以民族美学展示为主要特征，为少数民族古代文学的研究打下了坚实的基础。当代学人固然要继承前辈的学术遗产，但也不能故步自封，而应结合学术发展的趋势，推动这一学科走向深入。

"十三五"时期，越来越多的学者意识到少数民族古代文学研究的当代意义和创新的重要性，并尝试从一些新的角度展开相关的研究。例如，从文学家族与地域文化的视角，从民—汉文化交融的视野进行研究，这都是古代少数民族文学领域重新调整研究思路的重要机遇。

西北民族大学的多洛肯将古代少数民族文学创作放在民族大融合和多元文化交融的社会文化背景中，阐述其内涵特色，从少数民族文士对经典诗文的接受研究、汉族与少数民族的文学交往研究、少数民族代表性文士的文学影响研究、民—汉文学交融的历史背景和文化内涵研究四个方面展开科学研究。

"十三五"时期，该领域发表的代表性论文有《明清土家族土司家族文学创作及其风貌叙略》《明清回族文学家族文学创作述略》《明清回族文学家族文化生态环境探析》《明清彝族文学家族谫论》《明清白族文学家族诗歌创作述论》《明清少数民族诗人唐诗接受研究》《明清滇人宗法唐诗》《"改土归流"后的土家族文学家族述论》《文学地理学视域下的清代酉阳土家族文学家族研究》《略谈清代少数民族诗文别集的整理研究及其价值意义》《民汉文化交融中的元代唐兀氏文人群体》《清代主流诗学影响下的满族汉军蒋氏家族的诗歌创作》《清代少数民族文学家族研究现状与前瞻》等。出版专著有《元代哈萨克诸部族汉语作品搜集整理研究》。2018—2019年，上海古籍出版社先后出版古籍整理丛书《清代少数民族文学家族诗集丛刊》即《鄂尔泰文学家族诗集》、《和瑛文学家族诗集》、《法式善文学家族诗集》（上、下册）、《萨玉衡文学家族诗集》、《蒋攸铦文学家族诗集》、《丁澎文学家族诗集》（上、下册）等著作，共6部、8册，总计271万字。该丛书对清代满族鄂尔泰、蒋攸铦家族，蒙古族法式善、和瑛家族，回族萨玉衡、丁澎家族的诗集诗作进行了整理与辑刊。这些古籍整理成果为深入考察梳理清代少数民族文学家族文学创作的基本情况，深度挖掘清代少数民族文学家族文学创作文本和生态环境的阐释意义奠定了坚实的基础。

"十三五"时期，蒙古族古近代文学研究以蒙古文学文献史料的挖掘整理和民族文学接触与交流研究最为繁荣。其中，蒙汉文学关系研究和蒙藏文学关系研究成为亮点。国家社科基金重大项目有"元明清蒙古族藏文典籍挖掘、整理与研究""伊犁河流域厄鲁特人民间所藏托忒文文献搜集整理与研究""元明清蒙汉文学交融文献整理与研究""明清蒙古族历史文学文献整理与研究"等，出版的代表性成果有《蒙汉目连救母故事比较研究》《〈三国演义〉蒙古文诸译本研究》《"育民甘露"在蒙古地区的传播研究》《天竺云韵——〈云使〉蒙古文译本研究》《果亲王允礼藏〈密印授记请问经〉研究》《〈一层楼〉〈泣红亭〉审美形态研究》等。此外，《蒙古国所藏明清小说蒙译本及其学术价值》和《光宣诗坛的蒙古族创作与蒙汉诗学思潮》在《文学遗产》上发表，实现了蒙古族文学研究成果在中国古典文学顶尖期刊上刊载的历史性突破。

古代藏族文学研究成果主要体现在两个方面：一是传统藏戏研究，二是清代藏事诗研究。传统藏戏研究成果有《西藏藏戏形态研究》。清代藏事诗研究成果主要有《清代藏事诗研究》，主要考察清代这一古代传统文化集大成的特定历史时期，藏事诗的传承、发展与新变；这部专著除论述藏事诗的渊源及演化之外，还总结了清代藏事诗的诗体特点，分析了清代藏事诗的艺术和文学特色，考察了清代藏事诗与多元一体文化格局形成的内在关系等问题。

四 中国少数民族现当代文学研究

"十三五"时期，中国少数民族现当代文学研究发展迅速，取得了一系列重要成果。出版的专著主要有：2016年的《纳·赛音朝克图研究》（蒙古文）、《哈·丹毕扎拉森研究》（蒙古文）、《民族文学语境中的小说互文性研究——以哈尼族作家存文学为例》、《在乡村与城市之间抒情》、《卫拉特作家嘎·贡巴及其小说研究》（蒙古文）、《探寻民族心灵的秘密——新疆多民族文学评述》、《新疆当代少数民族女性文学初探》、《文学的民族认同特性及其文学性生成：以中国当代少数民族小说为中心》、《文学之谈》（维吾尔文），2017年的《广西当代少数民族文学概观》、《多元化时期东北三省朝鲜族散居地区文学研究》（朝鲜文）、《民族身份、女性意识与自我认同——论新时期以来少数民族女作家小说创作的历史流变》、《达斡尔族报告文学及戏剧文学研究》、《达斡尔族散文研究》、《达斡尔族诗歌研究》、《达斡尔族小说研究》、《抒情记忆的探寻》（蒙古文）、《藏族女作家论创作》（藏文）、《锡伯族当代母语诗歌研究》、《多元共生，精彩纷呈：少数民族文学研究与探索》、《族性构建与新时期回族文学》、《凉山内外：转型期彝族汉语诗歌论》，2018年的《现场与观察：来自蒙古族当代文学现场报告》（蒙古文）、《当代少数民族小说的汉语写作研究》、《中国当代多民族文学共同体发展格局研究》，2019年的《云南十五民族当代文学映像》《20世纪满族小说史论》《边地文化与中国西部小说研究（1976—2018）》《金石榴：中国少数民族文学作品年度精选（2018）·评论卷》《沈从文与老舍比较研究：以民族文学为视角》。

在这诸多研究中，蒙古族现当代文学发展迅速，除传统的社会历史批评、审美批评平稳发展外，文学史料建设和生态文学、网络文学、"城镇化"主题文学研究成为新亮点。例如乌日斯嘎拉申报的"国内外民国时期蒙古文学史料集成与编年研究"被列为国家社科基金重大项目。近五年出版的代表性著作有满全的《现场与观察：来自蒙古族当代文学现场报告》《モンゴル文学》（日文），策·朝鲁门的《文化视角与文本阐释》，敖特根白乙拉的《启蒙思潮中的蒙古文学》，阚海英的《蒙古族中国现代翻译文学史研究》等。

"十三五"时期，藏族当代文学在专题性研究方面也取得了重要成果。其中之一是当代藏族女性文学研究。胡沛萍教授在博士后课题研究基础上，出版《当代藏族女性文学史论》（2018年再版）。该著作集中探讨了当代藏族女性文学发生、发展的社会历史原因、文化原因，对当代藏族女性文学的发展阶段做了初步分析，并重点讨论了当代藏族代表性女作家，如益西卓玛、西绕拉姆、德吉措姆、益娜、索娜德吉、才让娜姆、完玛央金、央珍、梅卓、白玛娜珍、格央、尼玛潘多、单增曲措等的创作状况。作者把当代藏族女性文学发生的动因归结为社会制度的变革、现代民族教育的推行与普及、藏族女性社会角色变化等方面，认为这些因素为当代藏族文学的现代性提供了社会文化的土壤。徐琴教授的《文化身份的建构与书写——当代藏族女性文学研究》也是一部值得关注的叙述著作。这部著作敏锐地看到了当代藏族女性作家蕴藏的巨大能量及文学价值，从文学的理论、文本分析、比较、渊源等角度出发，精细入微地对当代藏族女性文学创作的成就、特性、品质、共性等进行了详细的研究，提出了许多很有见地的想法，并提出了当代藏族女性创作面临的难题。于宏、胡沛萍的《当代藏族小说中的女性形象研究》，从特定的研究对象——"小说中的女性形象"入手，考察当代藏族小说对女性形象的塑造类型和文化内涵。该书认为考察文学作品中的"女性形象"的一个重要维度，就是要审视她们在社会领域中的角色与地位，借此来检视整个社会为女性所创造的生活环境到底处于一种什么样的状况，进而探测社会在特定的历史时期对于女性的关注和重视到底达到何种程度，这种关注与重视是否存在着偏差与误导，是否依然隐藏着对女性的种种习焉不察的忽略与歧视。这部著作在某些方面拓展了当代藏族文学研究的视野，为中国当代少数民族文学研究提供了可资借鉴的学术经验。

围绕藏族现当代文学还有以下专题研究：一是纪念"西藏民主改革六

十年"西藏当代文学成就的专题研究。主要有王军君、胡沛萍的论文《回响在高原大地上的时代足音——民主改革六十年西藏当代文学发展概述》，回顾从西藏民主改革前后到改革开放之后的西藏文学创作成就，揭批旧西藏的落后野蛮体制，书写高原大地巨变，表现出与时代同脉搏、与人民共命运的现实主义精神。马小燕的论文《论西藏当代汉语长篇小说的人性之问——纪念西藏民主改革60周年》研究西藏作家在当代汉语长篇小说中表现出的强烈的善恶观，这些小说通过对农奴主骄奢淫逸的生活、等级森严的礼仪、残酷刑罚和农奴悲惨命运的书写，揭露了旧西藏农奴主的人性之恶。透过农奴间的互助和对农奴主的幻想，表达了人性之善。作家们批判了旧西藏的恶，赞扬了新西藏的善，宣告了社会主义新文化的胜利，表达出农奴对人身平等和美好生活的渴望，发挥了弘扬时代主旋律的积极作用。二是当代藏族文学的地域性研究，这也是这几年当代藏族文学研究领域的一个主要方向。于宏、胡沛萍的专著《20世纪80年代西藏汉语文学发展概论》，是这方面的尝试之作。这部学术著作立足中国当代文学发展的宏大背景，集中考察了西藏当代汉语文学在20世纪80年代的发展历程，分析了西藏当代文学在特定时期的发展轨迹并阐发了其地域性特色。魏春春的专著《守望：民族文学的诗意创造》，以《西藏文学》这一藏区文学期刊为研究对象，考察了21世纪以来《西藏文学》在栏目设置、作品选择发表、办刊倾向等方面的特色，并探究了这种特色产生的社会文化原因。这些著作对开拓中国当代少数民族文学研究视野和领域具有一定的启发意义。

除此之外，还有以下成果：首先，编写了地方文学史《西藏当代文学史》。"十三五"时期，由西藏民族大学文学院和西藏文联合作，由西藏其他高校和科研单位一些学者参与，共同编撰了三卷本80多万字的《西藏当代文学史》。《西藏当代文学史》涵盖1949—2016年西藏当代文学创作领域的重要作家作品，既包括藏语创作的作家、作品，也包括汉语创作的作家、作品。这部文学史按照时间顺序，在内容上分别从作家生平、作家创作概况、代表性作家介绍评述等方面入手，既是一部全面反映西藏当代文学发展历程的文学史，也是一部客观、全面地反映西藏当代文学成就的文学史。2018年，编委会聘请南京大学、复旦大学、中山大学、华中师范大学相关专家召开了文学史终审会。目前书稿已提交相关单位并交付出版社编辑出版。其次，创办了地域（民族）文学研究辑刊《西藏当代文学研究》。为了适应地域性民族文学研究蓬勃发展的态势，西藏民族大学文学院以"西藏当代文学研究中心"为主体，创办《西藏当代文学研究》辑刊。该辑刊以研究西藏当代文学为主，同时关注当代藏族文学和其他地区当代少数民族文学创作研究，每辑根据所刊论文的内容，分别设置"作家谈创作""西藏当代文学研究""文学地理""女性书写""影视文化"等多个栏目。该辑刊由西藏自治区作协副主席、西藏民族大学文学院院长王军君教授主编，邀请国内外关注西藏当代文学和当代藏族文学的专家学者担任编委，在相关研究领域产生了一定影响。最后，举办了"新时代藏族文学高端论坛"。2017年西藏民族大学创办并召开了首届"新时代藏族文学高端论坛"，2019年召开第二届"新时代藏族文学高端论坛"，引起少数民族文学创作和研究领域的高度关注，吸引了全国20多个省区40多所高校、研究机构和文联作协的研究者参会。

"十三五"时期少数民族现当代诗歌及诗歌群研究成果也不在少数，尤其针对西南少数民族诗人诗歌的研究成果较为集中。主要有《当代大凉山彝族诗人群研究》《凉山内外：转型期彝族汉语诗歌论》《新时期"少数民族打工诗歌"的概念界定及其发展》《当代少数民族汉语诗歌创作中的母语困境——以彝族诗歌为例》《新时期彝族汉语诗歌的多元发展》《当代凉山彝族社会流动中的文学想象》《文化流散、母语与现代性想象——珠三角少数民族的文学发展现象》《寓言、族群记忆与抒情诗——关于新时期彝族抒情诗的再观察》《身体书写、性别隐喻与族裔想象——重读1980年以来的少数民族女性诗歌》等。

五 中国少数民族影视文学研究

中国少数民族影视文学作为我国影视文学的重要组成部分，对中华民族的文化认同和民族文化的传承与传播具有重要意义。少数民族电影作品的不断出现，促进并繁荣着该领域的学术研究。2016年中国电影出版社出版《新中国少数民族影视文学创作回顾与展望学术论文集》，论文集收录29篇学术论文，其中既有对少数民族影视剧创作历史的回顾、梳理和总结，也有对其创作现状及具体作品的论析。2016年6月中央民族大学与北京民族电影展组委会共同成立了"中国民族影视研究中心"，同年10月29—30日中央民族大学举办中国少数民族电影高层论坛。此次论坛三个专题为"少数民族电影：影像叙事与主题表现""少数民族电影：功能、认同与建构""少数民族影视：问题、发展与创新"，分别对他者与主体的身份认同与寻找、历史与现实的叙述与呈现、人的民族与民族的人、全球化话语下少数民族影视面对的现代与传统的冲突、矛盾与困惑等问题进行了深入的分析与坦诚的交流。2017年由钟进文和牛颂主编出版了《多元文化与共享价值——中国少数民族电影高层论坛文集》（民族出版社）。"十三五"时期代表性学术论文成果还有：《光影历程与时代激流——改革开放40年中国少数民族题材电影述论》《传承与嬗变：少数民族题材电影的拓展路径（1978—2018）》《母语、影像、文化互动及象征——评电影〈塔洛〉》《新世纪少数民族电影与"中国故事"表述》《跨文化语境下民族题材电影创作探析——以电影〈家在水草丰茂的地方〉为例》《从扎根田野、空间媒介到神话述行——民族影视创作元素构建的一个新路径》等；"十三五"时期有关少数民族影视文学的学位论文主要有《近十年中国少数民族题材电影的叙事分析（2007—2016）》（赵鹏，贵州大学，硕士，2018）、《松太加的电影艺术与电影剧本研究》（藏文）（龙万多杰，西藏大学，硕士，2019）、《以新疆少数民族题材影视剧视角探讨文学作品的影视改编》（艾可拜尔·阿不都热依木，中央民族大学，硕士，2019）等。这些论文专门探讨了少数民族文学作品被改编成电影后的文本再现和意义拓展等问题。

六 中国少数民族文学史与文学理论研究

"十三五"时期，中国少数民族文学史的撰写与出版处于稳步推进的状态，主要出版了以下文学史著作：2016年的《中国少数民族文学史（小说卷）》《中国少数民族文学史（散文卷）》《中国少数民族文学史（文学批评卷）》《中国少数民族文学史（诗歌卷）》《中国少数民族文学史（戏剧卷）》《多彩的文学世界：云南多民族作家文学研究》，2017年的《重庆少数民族文学概观》、《藏族当代文学概要》（藏文）、《蒙古族古代文学史》（蒙古文），2018年的《辽宁朝鲜族文学通史》（朝鲜文）、《彝族文学作品选读》（彝文），2019年的《中国少数民族当代文学史》《湖南当代少数民族作家小传》《中国少数民族儿童文学》《百年广西多民族文学大系（1919—2019）》等。由此可见，中国少数民族文学史的编撰由过去按照族别编撰转向综合、按体裁、分地域编撰的新局面。

"十三五"时期，中国少数民族文学理论研究呈现了历史性飞跃。学科理论建设和文献资料挖掘方面取得显著成绩。例如由蒙古族学者满全主持的国家社科基金重大项目"蒙古文学学科史：资料整理与体系构建"，是我国首个蒙古族书面文学研究的国家社科基金重大项目，该项目填补了以国家重大项目形式梳理和研究少数民族文学学科史的历史空白。由额尔敦哈大主持的国家社会科学基金重大项目"国内外蒙古文学理论遗产资料整理及研究"以40多年来蒙古文论资料整理研究为基础，最大限度地挖掘、整理、阐释国内外蒙古文论遗产资料。该项目不仅能够打好蒙古文论研究的文献基础，也能推动中国文论的学科建设。近五年出版的代表性文学理论著作还有满全的《蒙古文学学科史：梳理与分析》（西里尔文）、《碎片与体系：蒙古文学学科史相关问题研究》、《内蒙古文学发展报告：2016年》，额尔敦白音的《奈曼陀音研究》《〈智者入门〉综合研究》，树林的《松巴堪布益西班觉》等。

"十三五"时期全国范围内出版的文学理论研究著作有：2016年的《多民族文学史观与中国文学研究范式转型》、《文化翻译与少数民族文学对外译介研究——基于翻译研究和民族志的视角》、《文化视角与蒙古文化思维》（蒙古文）、《少数民族民间文学概论》、《在华朝鲜文人作品中的中国形象研究》（朝鲜文）、《多民族国家的文学与文化》、《广西少数民族作家生命意识研究》、《多民族文学意象的叙事性研究》、《跨越中的边界——中越跨境民族文学比较研究》、《民族文学生态关系论》、《新中国少数民族文学总体研究的叙述框架》，2017年的《贵州世居少数民族文学史（彝族卷、苗族卷）》《西南多民族的文学与文化研究》《生态批评与民族文学研究》《千灯互照：新世纪少数民族文学创作生态与批评话语》，2018年的《碎片与体系：蒙古文学学科史相关问题研究》《守望：民族文学的诗意创造》，2019年的《民族民间文艺学》《中国当代少数民族文学的文化寻根》《现代南方民族文学话语研究》《天府镜像与文学中国：当代四川多民族文学发展研究》《贵州民族文学生态论》，2020年的《当代少数民族文学批评的"西方话语"与"本土经验"研究》。

七 中国少数民族文学研究存在的主要问题及未来研究重点

目前中国少数民族文学发展和研究总体态势是良好的，并取得了一些突破性成果，但是也存在一些亟待解决的问题和需要重点研究的内容。

一是母语文学翻译数量和研究成果偏少。虽然从整体看，在中国当代少数民族文学创作中，用母语创作的作家所占比例不高，但就具体民族而言，母语创作却占据重要位置。尤其当代藏文文学、蒙古族文学、维吾尔族文学等，对于这类文学创作的翻译和研究还比较薄弱，希望今后工作中加强这方面的研究。

二是中国当代少数民族文学史料整理和研究相对滞后。在中国少数民族文学研究领域，相对而言，古代少数民族文学史料的整理和研究成果较为丰富，而当代少数民族文学史料的整理与研究则相对滞后。中国当代少数民族文学已有70年的发展历史，史料整理与研究应该尽早提上日程。尽管有些学者在这方面做了一些工作，如作家访谈、作家传略编撰、文学作品集编辑出版等，但不能全面呈现中国当代少数民族文学史料的整体状况。

三是对少数民族影视文学和新媒体文学关注不够，目前依然存在学科主体意识不明确、研究立足点不高等问题。

未来研究重点：

（1）中国当代少数民族文学史料整理、研究与数据库建设。

（2）中国当代少数民族母语文学翻译与研究。

（3）中国少数民族优秀文学作品影视化研究。

（4）海外中国少数民族文学研究资料汇编与研究。

（5）中国当代主流文学影响下的少数民族文学创作与发展研究。

（6）各民族文学创作与培育中华民族伟大精神专题研究。

中国文学学科"十四五"时期重点研究选题

一 新时代中国马克思主义文学阐释学理论和话语体系建构研究

阐释学理论在文学理论研究和学科体系建构中居于重要的位置，涉及价值导向、知识理论生产、学术方法等诸多层面，近年来一直是文艺学研究领域颇具前沿性和基础理论创新的热点，新时代中国马克思主义文学理论研究与学科建设迎来了一个新的历史起点，从文学阐释学的层面对新时代中国马克思主义文论研究、理论话语体系建构展开深入的有哲学高度与深度的研究，意义重大。主要应该围绕以下几个方面展开：中国化马克思主义文学阐释学理论、话语体系建构的基础理论研究；马克思主义经典作家文艺论著阐释史研究；中国传统文史哲阐释学史研究及其创新性转化问题研究；西方阐释学史尤其是西方当代阐释学研究及其批判性吸收与借鉴问题研究；新时代中国形态马克思主义文学阐释学理论与话语体系建构中的具有原创性和标识性的新范畴、新概念、新命题、新术语、新方法等方面的研究。

二 新时代中国马克思主义文论的创新发展

新时代中国马克思主义文论研究的理论学术创新主要应该围绕这样几个向度展开：对习近平总书记关于文艺工作系列重要论述在思想和理论方面进行深度阐释，并且与习近平总书记关于文化建设、新闻传播、互联网等工作的系列重要论述的研究阐释结合起来、深度融合进行综合性的研究；强化对马克思主义经典作家的文艺论著原典在文本细读基础上进行创新性阐释，发掘其中蕴含的时代"新义"；切实贴近新时代中国的社会政治经济、思想文化现实，理论联系实际，积极开展有学理性和思想深度的具反思性和批判性的文学理论批评；以马克思主义辩证唯物主义和历史唯物主义的立场和方法，以习近平总书记关于中华优秀传统文化"双创"学说为指导，深入探析中华传统文学资源对 21 世纪中国马克思主义文论创新发展与筑牢文化根脉方面的重要意义；在"人类命运共同体"视域下，在反思与批判性借鉴的前提下，追踪性研究西方的马克思主义文化、文论研究。

三　中国形态马克思主义文论的人民性、民族性、当代性问题研究

人民性、民族性、当代性，是习近平总书记关于文艺工作系列重要论述中的关键词，其在新时代中国形态马克思主义文论研究及理论与话语体系建构研究中的重要地位和作用，不言而喻。这方面的研究应该重点围绕如下维度展开：重温马克思主义经典作家关于文学的"人民性"问题的论述和再阐释；习近平总书记对于文艺创作和理论批评的"以人民为中心的创作导向"命题的研究阐释和在创作与理论批评中的具体运用；中华优秀传统文艺对于树立和强化新时代中国文化自信意识、中国当代文艺发展繁荣的根脉、魂魄作用，以及新时代中国多民族文化、文艺关系建构性研究；新时代思想文化语境、时代精神、中华民族伟大复兴和"两个一百年"目标、百年未有之大变局与人类文明共同体建构问题与新时代中国文艺发展之关系的研究与阐述。

四　马克思主义媒介诗学建构及人工智能时代互联网文艺重要理论批评问题研究

针对当下媒介传播学和互联网生态实际状况，强化问题意识，密切关注这样一些研究重点：互联网、自媒体时代文学艺术生产与传播出现的新特点、新问题，文艺理论批评如何在这方面展开深入研究、反思批判和不

可或缺的社会和学术责任担当；媒介传播和人工智能等技术与手段的发展对文艺生产与传播、对文艺理论批评产生的变革乃至颠覆性作用，以及文艺创作和理论批评与人工智能、新媒介、新传播之"体用"关系及相互融创问题研究；互联网、自媒体上重大文艺舆情的跟踪性、智库性研究；新时代中国马克思主义媒介诗学建构的理论与实践研究。

五　中国文学特质与早期文化关系研究

每个民族的文学都有其独特性，中国文学的发生早在先秦，它是在中华早期文化环境中形成的。结合传承下来的早期文献，包括以"六经"和"诸子""楚辞"为代表的早期传世经典，和以甲骨文、金文与简帛文为代表的出土文献，分析它们在早期文化中所承载的不同文化功能，所书写的不同内容、所采用的不同语言表现形态与篇章结构之法，发现体现在其中的共同特点并进行总结，是我们认识中国文学特质的重要途径。

六　中国早期文本的生成、传承与流变研究

我们现在所看到的中国早期经典，都是经过历代不断的传承转录才保存下来的。以往对这个问题尚缺少深入研究，或认为中国早期经典从生成之始就是如此，或认为它们都是由后人整理编辑而成。因此，从传承流变的角度，认真分析中国早期经典生成和发展的过程，探寻中国文化思想发生的早期源头，最初的文本形态，在传承过程中的各种变异，探寻其传承流变的方式与规律，是我们当前需要扎实进行的一项基础工作。

七　唐宋文学转型研究

将唐宋两代"一代有一代之文学"的独立观照，置于"唐宋转型"以及"宋型文化"的人文通观视域之下，聚焦"中唐—北宋"文化建构模式和唐宋易代历史形态，从而探究唐宋文学转型的深层历史动因。开拓唐宋诗词作品深度细读的研究格局，反思唐宋诗情韵思致之别的既定结论。开展唐宋诗现代选本研究。注重唐宋古文研究的文学性，在深化古典文章文

体研究的同时，辨识文学散文的唐宋范式。推进唐宋文学批评研究的系统性，提炼唐宋文学思想的核心命题。

八 宋代理学与文学研究

宋代理学家的文学书写研究，重在发掘理学代表人物朱熹的文学世界；宋代文学家的心性哲思研究，聚焦"孔颜乐处"的心性哲学课题与文化诗学主题深层研究；江西诗学方法论生成的思想文化语境分析；苏轼思想特质与朱熹对苏轼思想的批评研究；党争政治生态中的理学路径和文学志趣，探索"光风霁月"的精神内涵和审美机趣；"吾与点也"的人格范式构筑实践经验总结研究，求解中国道德主义的历史难题。

九 元明清文学文体互渗研究

中国古代的文学体裁是一种滚雪球式的累积发展过程，发展至元明清时代遂形成了体类繁多、雅俗并称的复杂文体格局，许多文体从自身来看已经较少出现变化与发展，但却展现出文体交叉、文类互渗的新趋势，并产生出综合性很强的文体形式和复杂的审美格调。对于元明清文体进行互渗研究，可以将该时段的文学史研究提升至新的层面，展现出其立体复杂的历史样貌。同时，文体互渗现象是文体资源消费的一种新的文学史现象，是区别于宋代之前文体创造的新特征，以前学界较少关注此种差异，今后一个阶段应加强研究。

十 中国古代文章观的再发现与当代学术转型

五四时期是中国文学研究的转型期，其主要特征是用西方的纯文学观念与各种西方输入的理论方法建构文学史研究模式与各种研究范式。经过百余年的运行，逐渐显露出其局限性，需要重新检讨与重构。中国古代的文章观是一种包括诗歌、骈体文、戏曲、小说等纯文学体裁，同时也囊括了各种实用文体的大文学观念，其主要特点就是强调文类的差异与文体的不同功能，并由此导致不同的体貌特征与写作方式。弄清中国古代的文章观,既可以重构中国古代文学史研究的理论范式,也可以为中国现代文学理论的建构提供丰富的思想资源。

十一 易代之际文学创作与文学思想转型研究

易代之际文学研究是一个新的学术领域,其主要价值就是可以弥补以前文学史以历史分期作为基本研究格局的学术弊端,将被割裂的文学史发展过程完整地呈现出来,将以前断裂的诸多文学思潮线索、诗文作家创作历程以及文学流派演变始末等环节重新联系起来。易代之际的文学创作与文学思想具有巨大的研究空间,它往往与政治变迁、思想转型、民族融合、文化变异、重心转移等复杂的历史因素紧密相关,包含诸多重要的文学命题、复杂的文学现象与新的学术增长点,对于推动文学史的研究具有重要意义。

十二 古今文学的传承、演变、发展研究

"通变"是中国古代文学史发展观的重要内涵,它包括文体、观念、范畴、创作方法等在历史演变过程中继承什么、改变什么、增加什么、创造什么,以及导致其"通变"的文学内外因素的考察等。自近代中国的文化、文学转型以来,学界更多关注的是新变问题的研究,而对于中国传统则往往采取批判的态度,从而使诸多传统的优秀文化文学元素被忽视。在当今建立中国理论、中国话语的背景下,应该加强古今文学的"通变"研究,以便汲取中国传统的优质思想资源,弘扬中国文化精神,建设新的文学理论体系与中国批评话语。

十三 世界格局中的中国现代文学研究

把中国现代文学纳入世界文学文化格局中,可以更清晰地呈现中国现代文学的面貌。其中包括作家作品的译入与输出,翻译史视角下的中外文学关系,现代文学家的西方文学与文化经验,台港澳文学资料的深度开掘及其与内陆现代文学的互动联系等。对相关具体问题的研究有助于建构世

界格局中现代中国文学的独特视景。

十四 通俗文学作家作品的系统整理和雅俗文学关系研究

现代通俗文学研究已取得了开拓性的成就，现代文学史的建构与现代文学研究已不能无视现代通俗文学的存在价值。但就目前情况来看，对现代通俗文学的关注力度还不够，还未出现有分量的研究成果。特别是需要加强对重要的现代通俗作家作品的研究，加强通俗文学史料的整理与阐述。要突破雅俗观念，考察"通俗"包容的可能限度，真正把通俗文学融入现代文学史的论述视野。

十五 当代文学实践中重大理论问题的辨析与研究

强化问题意识，明确要害与重大问题，重点针对近40年来文艺创作、文学研究、文艺理论批评中，受"历史虚无主义"、作为西方"冷战"工具的"民主自由"、"告别革命"、马克思主义过时论、文学去意识形态去政治去道德论、"告别理想躲避崇高"、以颠覆革命文学和社会主义文学叙事和研究为目的的"重写文学史"论、消费主义市场与娱乐至上思潮、西方"颜色革命"战略及其手段的影响与渗透、民族文化虚无论等影响下，当前文艺生产传播和研究中存在的严重问题，进行深入研究和思想理论辨析与评判，更要积极深入地开展对象与问题明确、针对性强的具思想锋芒和理论深度之个案研究。

十六 中国当代文学"史学化"现象研究

近年来，随着当代文学研究内部的分工和学科本身需要，当代文学研究界开始出现了"史学化"的趋向。不少学者不再满足于一般性的文学批评和作家论，而在发掘、整理和利用文学史料的基础上，展开相关研究。已经出现的有"十七年文学研究""重返八十年代研究""九十年代文学研究"等不同的学术群体,也出版了相应成果。因此,有必要将之列为重大课题,继续深入地开展这一工作。

十七 当代文学的史料建设研究

随着当代文学"史学化"现象的出现,以及研究的深入开展,当代文学的"史料学"工作被提上了工作日程。目前,已有一些"双一流"高校的教师,组织研究团队,广泛收集、整理相关资料,在出版诸多史料工具书的基础上,对此项工作进行更为系统化、体系化的准备,有一些高校,亦开始形成一定的资料平台。这对列为重大课题准备了先期条件。

十八 90年代学院派批评研究

20世纪80年代后期,尤其是90年代以后,因高校研究生教育恢复培养的诸多研究生毕业,分配到全国各所大学。加之这一时期20世纪西方各种理论的翻译和引入,促进了80年代以美学批评感悟式批评的弱化和衰落,学院派批评的兴起。这一批评流派的交替中,涉及研究生教育制度、西方学术著作阅读热和知识结构调整等诸多问题,值得研究。

十九 "作者意图"与作家生活史、创作史关系研究

近年来,理论批评界关于"作者意图"的争论,成为一个热点。因此,有必要从文学史角度,将"作者意图"与作家生活史、创作史相联系,通过资料积累、梳理和统计,采取史论结合的方法,对之开展研究。具体可设置莫言、贾平凹、王安忆、余华、张承志、苏童、格非、韩少功、路遥、陈忠实等作家的研究作为子课题。

二十 中国当代少数民族母语文学翻译与研究

自古以来,母语文学是中国少数民族文学的核心组成部分,中华人民共

和国成立以来，各民族母语文学和汉语文学并行发展，有传统通用民族文字的各少数民族一直坚持母语创作，有些民族母语文学创作一直非常活跃，并且在本民族中拥有广大的读者。母语文学创作要得到发展，必须走出民族，走向全国，走向世界，走向更加广阔的领域。将少数民族作家用母语创作的文学作品，翻译介绍给全国的各族读者乃至世界各国读者，对其进行全面系统研究，关系到各民族的交流交往交融，对于铸牢中华民族共同体意识具有重要意义。

二十一　海外中国少数民族文学研究资料汇编与研究

随着我国文化"走出去"战略的实施，越来越多的中国少数民族文学被翻译介绍到国外，也引起了国外学界的关注和专题研究，但是目前国外中国少数民族文学研究依然成果不多，这些成果也很少为国内学界所关注。对海外中国少数民族文学研究资料进行系统搜集整理，并对其从中华民族文化发展战略角度进行全面系统研究，可以进一步引导海外少数民族文学研究的发展，也减少海外读者对中国少数民族文学的误读，进而在中国少数民族文学作品的海外出版发行介绍中发出更多的中国声音，使我国少数民族文学能够真正"走出去"。

二十二　各民族文学创作与培育中华民族伟大精神专题研究

在历史长河中，农耕文明的勤劳质朴、崇礼亲仁，草原文明的热烈奔放、勇猛刚健，海洋文明的海纳百川、敢拼会赢，源源不断注入中华民族的特质和禀赋，共同熔铸了以爱国主义为核心的伟大民族精神。文化是一个民族的灵魂，加强中华民族大团结，需要建设各民族共有精神家园，积极培养中华民族共同体意识。建构中华民族共同体意识，各民族文学任重道远，要以优秀文学作品不断增强中华民族文化认同。民族精神是民族文化自觉的产物，是一个民族赖以生存和发展的精神支柱与精神动力。通过文学创作实践，通过文学作品的传播，影响所在国家人群，这个过程就是培育共有精神价值的过程。要充分利用各民族文学资源优势，广泛开展民族精神教育。

总审稿人	张　江					
审　稿人	党圣元	詹福瑞	王　尧	程光炜	钟进文	张　跣
执　笔人	党圣元	刘方喜	杨子彦	孙士聪	陈定家	赵敏俐
	韩经太	李　浩	左东岭	詹福瑞	王　尧	张　蕾
	王　振	程光炜	魏华莹	钟进文		
参　加人	满　全	聚　宝	多洛肯	龙　珊	王宪昭	王军君
	胡沛萍	邱　靖	裴磊敏	杨　易	张夏放	权　达

外国文学

比较文学与外国文学理论研究

一 "十三五"时期的基本状况、主要成绩、代表性人物和成果

国内比较文学与外国文学理论的研究队伍在"十三五"时期不断壮大，结构日趋合理，学科建设也凸显新的特点。2017年，国务院学位办将外国语言文学下的十三个二级学科调整为包括比较文学与跨文化研究在内的五个二级学科。新增的比较文学与跨文化研究专业有着外国语言文学研究的多语种优势，与中国语言文学一级学科下的比较文学与世界文学可以互补互鉴，共同促进中国比较文学学科的进一步发展。

"十三五"时期，中国的比较文学与理论研究一方面致力于中国学术话语体系的建构，另一方面积极展开与国际学术界的对话。其中比较文学变异学、文学伦理学批评、世界诗学理论、"双重叙事进程"理论及比较视野中的中国叙事学研究等都是具有中国特色的学术话语体系，在国内外产生了热烈的反响，引领了国际学界的互动研讨，为世界比较文学与理论研究注入了活力。中国学者不仅具备了与国际学界进行平等对话的资格和水平，其中的佼佼者还被国际著名的科学院，如欧洲科学院、欧洲艺术与科学院等选为外籍院士，如王宁（上海交通大学）、聂珍钊（浙江大学）、曹顺庆（四川大学）、何成洲（南京大学）、尚必武（上海交通大学）等。

在"一带一路"倡议引领下，中国的比较文学与理论研究在"十三五"时期取得了突破性的进展和丰硕的成果，主要体现在以下几个方面。

（一）比较文学学科建设取得突破性进展

中国学者在比较文学学科理论方面不断推陈出新，促进了学科理论"中国话语"的建设。

1. 比较文学学科理论

主要代表成果有：在变异学方面，曹顺庆的英文专著《比较文学变异学》在海外出版，引起国际学界较多关注；王超的著作《比较文学变异学研究》，对变异学理论做出系统阐述。在翻译研究和译介学方面有谢天振的著作《译介学概论》，蒋洪新的论文《新时代翻译的挑战与使命》，查明建的论文《论比较文学翻译研究》，李伟昉的专著《外国文学比较文学实证方法与审美批评关系研究》。另外，张辉和宋炳辉主编的《比较文学与世界文学学术文库》24册中的部分著作在"十三五"时期出版，集中体现了中国比较文学界对学科理论的深度思考。

2. 全球化与世界文学理论研究

国内学界近几年积极参与世界文学新建构主义思潮的讨论，展开深层次的"中西对话"。这方面的代表成果有：上海交通大学王宁主持的国家社科基金重大项目"马克思主义与世界文学研究"，论文《作为问题导向的世界文学概念》；由陈众议、王宁、曹顺庆、刘建军、蒋承勇、方维规、高照成共同完成的"世界文学研究"专题，陈众议撰写主持人语《世界文学七人谈》；蒋承勇的论文《"世界文学"不是文学的"世界主义"》；方维规主编的论文集《思想与方法——地方性与普世性之间的世界文学》及其主编的英文论文集《世界文学的张力》；方汉文的专著《当代世界文学史新编》，刘洪涛、张珂的论文《全球化时代的世界文学理论热点问题评析》，以及郝岚的论文《当今世界文学理论的系统论倾向》等。王宁从世界文学新建构主义思潮中进一步创新转化，在比较诗学与世界文学的基础上提出"世界诗学"的理论范式，代表性论文有《比较诗学、认知诗学与世界诗学的理论建构》《从世界文学到世界诗学的理论建构》等。

3. 海外汉学、流散文学和少数族裔文学研究

主要成果有：张西平的论文《全球化时代的汉学研究》，季进的论文《论世界文学语境下的海外汉学研究》；中华书局的"海外汉学丛书系列"，

上海古籍出版社的"海外汉学丛书",以及江苏人民出版社的"海外中国研究丛书"在这一时期都在持续译介海外汉学著作;徐新建的著作《多民族国家的文学与文化》、梁昭的著作《文学世界与族群书写》等。

(二)理论与跨学科研究取得丰硕成果

1. 文学伦理学批评的理论建构与批评实践研究

聂珍钊等学者构建的文学伦理学批评理论体系立足中国问题,并为解决具有世界意义的普遍问题提供研究范例,不仅在国内形成热潮,在国际学术界得到高度评价,而且能够引领国际学术话语。例如,由30多个国家著名大学的学者共同成立的以文学伦理学批评理论为研究对象的国际文学伦理学批评研究会,迄今为止已经分别在中国、英国、日本、韩国、爱沙尼亚等国共举行九届年会。文学伦理学批评的主要成果有:聂珍钊的著作《文学伦理学批评导论》;聂珍钊、苏晖、黄晖主编的《〈外国文学研究〉文学伦理学批评论文选》;聂珍钊主持的国家社科基金重大项目"文学伦理学批评:理论建构与批评实践研究";杨革新2019年获得立项的重大项目"当代西方伦理批评文献的整理、翻译与研究"。

2. 叙事学和符号学研究

中国学者"十三五"时期的叙事学研究更加注重理论创新及跨媒介的深入挖掘。申丹2018年出版《英美小说叙事理论研究》,其国家社科基金结项成果《短篇小说双重叙事进程研究》提出了"隐性进程"和"双重叙事进程"的原创理论,被西方学界认为是对半个世纪以来流行的西方叙事理论的"重大突破",是中国的叙事诗学立足世界、超越西方学者的一大明证。傅修延是最早提出从比较视野研究"中国叙事学"的学者,2016年承担国家社科基金重大项目"中西叙事传统比较研究",相关成果以"重新发现中国叙事传统"为题在西方学术期刊《世界文学与比较文学》上发表。尚必武主持2017年国家社科基金重大项目"当代西方叙事学前沿理论的翻译与研究";龙迪勇2019年结项的国家社科基金项目"图像叙事与文字叙事比较研究",在跨媒介的比较研究方面推进了叙事学的发展;谭君强2019年结项的社科基金项目"诗歌叙事学研究",突破了叙事学研究文类上的局限;陈芳的专著《聚焦研究:多重叙事媒介中的聚焦呈现》对"聚焦"这一重要的叙事学要素加以整体研究,以提供在多重叙事媒介中进一步切入的途径。在符号学与比较文学研究领域,赵毅衡的著作《哲学符号学:意义世界的形成》在国内外学界产生了较大反响,其主持的国家社科基金重大项目"当今中国文化现状与发展的符号学研究"于2019年结项。

3. 马克思主义文学理论与批评研究

主要代表性成果有:陈众议的"马克思主义文艺观刍议"系列论文;陆扬、阎嘉分别主持的2015年立项的国家社科基金重大项目"西方新马克思主义文论与空间理论重要文献翻译和研究",胡亚敏2018年结项的重大项目"马克思主义文学批评的中国形态研究"。这几个课题都是在跨学科的知识语境中研究马克思主义文学批评,探究了西方新马克思主义文论对文艺理论创新的重要价值,以及马克思主义文学批评中国形态的理论特质;2019年胡亚敏又获得国家社科基金重大项目"马克思主义文学批评经典重铸与当代拓展研究"。这些成果,都在推动着中国本土学术的创造性转化,为中国马克思主义文艺理论不断向前发展做出贡献。

4. 比较文学跨学科研究

数字人文方面的主要成果有:南方科技大学陈跃红的论文《诗学·人工智能·跨学科研究》和《新文科:智能时代的人文处境与历史机遇》;彭青龙的《科技人文、思维比较和人类精神》跨界访谈中国工程院院士钱旭红并形成跨学科的交流。比较文学与宗教研究领域的代表成果有:杨慧林《作为方法的比较文学及其可能——以阿甘本的解经为例》等相关论文;杨建的论文《从先知末世论到启示末世论——〈圣经〉末世论神学思想的嬗变研究》。文学人类学研究方面的成果有:叶舒宪的论文《文学人类学的理论与方法》、徐新建的论文《数智时代的文学幻想——从文学人类学出发的观察思考》;文学与政治领域有江宁康2016年立项的国家社科基金重点项目"启蒙文学经典与国家认同研究";文学与传播学领域有吴笛总主编的国家社科基金重大项目成果《外国文学经典生成与传播研究》(八卷);文学与法律领域有吴笛的《作为跨学科研究方法的文学法律批评》;文学与认知科学领域有何辉斌2017年立项的国家社科基金重点项目"戏剧表演和观赏的认知研究"等。

5. 西方文论研究

代表成果主要有四项国家社科基金重大项目,即蒋承勇2015年立项的

"19世纪西方文学思潮研究",王柯平2015年立项的"《剑桥文学批评史》（九卷本）翻译与研究",曾军2016年立项的"20世纪西方文论中的中国问题研究",以及耿幼壮2019年立项的"西方文论核心概念考绎"。

二 "十三五"时期存在的问题

"十三五"时期,比较文学与理论研究取得了一些突破性进展以及丰富多元的成果,但整体而言,在理论体系创新、学术话语体系建构和扩大国际影响力等方面仍存在不足。

（一）富有中国特色的理论和话语体系仍比较缺乏

改革开放以来中国的文学评论界,几乎是西方文学批评理论和方法一统天下,尽管21世纪以来尤其是"十三五"以来,中国学者在理论创新方面加强了自觉,也进行了一些本土理论和话语体系的建构与探索,但仍然不够,需要大力推进和加强,尤其是在强调创新的今天,更是需要重视比较文学与理论的突破和创新。

（二）研究中存在模式化倾向,创新意识薄弱

在当前的研究中,存在着不少模式化的研究成果,对于学科建设以及理论创新和批评实践并无增益;有些理论成果在向具体的批评研究转化中存在误读的情况,这就使批评实践显得混乱,也使理论建构显得空泛。理论创新是理论体系建设的核心,在具体批评研究中对理论的滥用和误用实际上会造成理论创新的阻滞。今后应当融合各种理论资源,不断深化理论内涵,同时创造性地进行批评实践,反思理论,改进理论。

（三）比较文学与理论研究的国际影响力仍有待进一步扩大

比较文学与理论研究在国际交流与合作方面已经取得诸多成绩,但仍需进一步加强,尤其是在开展国际学术对话和引领世界学术研究的走向方面,需要付出更多的努力。

三 "十四五"时期的学科前沿和发展趋势

(一) 进一步加强本土理论和话语体系的建构与创新

比较文学与理论研究在未来的发展中,既要继续拓展和深化比较文学变异学、文学伦理学批评、世界诗学理论、"双重叙事进程"理论及比较视野中的中国叙事学研究,扩大其在国内外的影响,也要在进一步挖掘本土理论资源、借鉴国外理论资源的基础上,开展新的本土理论和话语体系的建构。

(二) 进一步争取比较文学与世界文学研究的国际学术话语权

习近平总书记强调要"着力打造融通中外的新概念、新范畴、新表述,增强在国际上的话语权"。在世界比较文学研究的目光转向东方、转向中国的时候,中国学界一方面需要加强本土理论话语的建设,另一方面需要加强人类命运共同体意识,更好地与国际学界展开对话和交流,并争取国际学术话语权,引领世界学术研究的走向,为世界文学研究注入新的生命力。

(三) 进一步加强比较文学与理论的跨学科研究

跨学科的趋势在比较文学与理论的研究中非常明显,这也是比较文学的学科内涵。在当前科技高速发展的时代,人类社会现实日新月异,人们陷入前所未有的迷茫和焦虑之中,人文学科需要提高自身应对新局面的能力。比较文学的跨学科特性,使得比较文学更有责任去利用广泛的理论资源,打破学科壁垒,通过中西方科技与人文思想的互学互鉴和交叉融合,解释、应对新的现象,为解决人类社会面临的共同问题提供方案,实现人文关怀,为人类命运共同体的建设贡献力量。

东方文学

"十三五"时期,由于"一带一路"倡议的实施和"人类命运共同体"观念的建构,东方文学的区域研究和重要作家研究都出现了新的气象和特点,取得了重要的成绩。我国东方文学学者近年来主张,将整个亚洲、非洲(也有学者认为,主要应是亚洲和北非)文学当作一个整体,作为与"西方文学"相对称的一个学科概念。因此,应该更重视研究东方文学的内在统一性基础、审美共性、演变发展规律,以及内部构成的丰富性。东方文学在宏观、整体研究上的新视野和新进展,也为东方区域文学的研究奠定了更坚实的基础。整体文学研究的成果主要有孟昭毅的《东方文艺思潮研究》《百年中国的国外文学研究(亚非诸国文学卷)》,黎跃进的《文化转型中的东方集体想象:东方现代民族主义文学思潮的多维考察》,林丰民的《东方文艺创作的他者化倾向》。代表性论文有王向远的《"味"论与东方共同诗学》,黎跃进的《"哈米沙现象":丝路文学交流的个案研究》《近四十年来我国"东方文学史"的三种形态及其建构》,陈明的《"老鼠嗷铁"型故事及图像在古代亚欧的源流》,刘建军的《关于"东方文学"几个深度问题的思考》等。

一 "十三五"时期的基本状况、主要成绩、代表性人物和成果

(一) 日本文学

"十三五"时期,我国日本文学学科继续乘势发展,学术论著数量呈现出爆发式增长;国内博士与留日归国博士相互砥砺;中青年学术力量崛

起；一些中文系学者以及在我国文史哲领域获得博士学位的本学科学者的"跨学科"研究为学科发展带来了良性刺激，而本学科学者的一些"越界"研究亦为我国传统文史哲领域注入了新鲜血液。这种研究趋势使得我国日本文学研究的"本土化"转向成为新锐研究者必须思考的课题，这主要表现在日本文学研究在方法上呈现出寻求突破、力图打通中日或中日西文学壁垒、多用跨文化研究视角等趋势。这种"越界"的冲动是我国日本文学研究走向成熟的标志之一。

"十三五"时期，日本文学学科的学术专著每年出版近 10 部、论文每年达到 300 篇左右，在经典作家作品研究、中日比较文学、日本汉文学、日本文论、日本诗歌史、日本女性文学、侵华时期中日文学关系、日本生态文学、冲绳文学、译介学、日本先锋文学、日本海洋文学、伪满殖民地文学等诸多领域都有了标志性成果或突破性尝试。

专著方面：中文系学者王晓平的《日本诗经要籍辑考》、王向远的《中日"美辞"关联考论》分别在日本汉学、中日古典美学方面展示了较好的研究视角。本学科学者马骏、黄美华的《汉文佛经文体影响下的日本上古文学》对汉文佛经与日本上古文学的关系进行了梳理，在中日古代文学交流史、日本古代文学研究方面提供了多元视角。邵艳平的《日本军记物语中的中国历史故事》、乌日古木勒的《柳田国男民间文学思想研究》、潘贵民的《芥川龙之介文学中的佛教思想研究》、王升远的《文化殖民与都市空间：侵华战争时期日本文化人的"北平体验"》、周萍萍的《日本教科书中的"军国美谈文学"研究》、杨晓辉的《日本文学的生态关照》、卢茂君的《井上靖的中国文学视阈》、王海的《司马辽太郎的日本战后民族主义》等专著对各时期的日本文学进行了较详尽的梳理，亦展示了较为独特的研究视角。

论文方面：王晓平的《〈性灵集〉疑难词语考释》、张哲俊的《五山文学的研究与别集的校注》、陆晚霞的《试论〈世说新语〉对〈徒然草〉的影响——以兼好法师的审美意识为中心》、王志松的《中江兆民的〈理学沿革史〉与梁启超的〈霍布士学案〉——HISTOIRE DE LA PHILOSOPHIE 在中日接受的东亚语境》分别在日本汉诗、日本汉文学、中日古典美学、译介学等方面展示了较好的研究范式。

邱雅芬的《帝国时代的罪与罚：论夏目漱石的救赎之"门"》、周阅的

《冈仓天心的中国之行与中国认识》、朴婕的《"满洲"铁路叙述与日本帝国神话》、刘金举的《作为"国家认同"工具而被经典化的〈源氏物语〉与"物哀"》、高华鑫的《日本文艺批评中的"自然"、"对幻想"与近代批判：以柄谷行人初期写作为线索》等论文在日本现代性批评、日本当代文论等领域展现了较好的研究视角。

（二）朝鲜—韩国文学

朝鲜—韩国文学的科研情况，总的来说发展较快，科研队伍明显壮大，科研项目有突破性进展，产出有一定影响力的学术著作和学术论文，国家社科基金项目立项较多。

相关科研成果为：（1）文学史类。如金柄珉的《朝鲜文学史》，朴银淑的《朝鲜—韩国近现代文学史》等。（2）比较文学类。如徐东日的《朝鲜通信使眼中的日本形象》，马金科的《黄庭坚与朝鲜古代文学的发展》，张振庭的《朝鲜古典诗学范畴及其批评体系》等。（3）本体研究类。李岩的《朝鲜诗学史研究》，李岩、李杉蝉的《朝鲜寓言拟人体传记研究》，金明淑的《九人会作家研究》等。（4）文献整理类。如牛林杰的《东亚抗日叙事丛书》（12 卷），金柄珉的《"韩国文学与中国"资料丛书》（13 卷）等。（5）学术外译著作。学术外译成果较多，而且国外反响较好。如李永男的《中国考古学的起源》，金哲的《儒佛道的生态智慧与艺术诉求》，张英梅的《文学的命名与文学史观的反思》，朴成日的《中华艺术哲学》等。

（三）中亚、西亚文学

"一带一路"倡议的实施，推动着整个东方文学研究的发展，对中亚、西亚和南亚地区文学研究的影响尤为突出。近年的一些"互译项目""翻译工程"就是在政府相关部门的推动下展开的，呈现出不同于以往的规划性、系统性和团队协同的特征。

近年活跃在东方文学研究领域的是 20 世纪 60—70 年代出生，80—90 年代接受研究生教育的一批学者，他们成为中坚力量；少数 40—50 年代出生的学者还在显示他们长期积累的学术功力；出生于 80 年代、21 世纪初期完成研究生教育的新一代，以比较完备的知识结构和活跃的思维，展示出他们的发展潜力。

按照历史发展、文化关联、文学影响等因素综合考虑，"十三五"时期的中亚、西亚文学研究可以分成如下几个部分。

1. 中亚文学研究

中亚五国地处亚洲腹地，是丝绸之路的枢纽，也是东亚、南亚、西亚，甚至地中海文化的荟萃之地。但由于历史的原因，我国对中亚文学的研究，除个别作家（如艾特玛托夫）、个别文学现象（如东干文学）外，长期以来几乎是空白。近年中亚文学研究的热点是"中亚东干文学"，代表性成果有：常文昌的《中亚东干文学论稿》、常立霓的《多元文化语境下的中亚东干文学》、杨建军的《丝绸之路上的华裔文学奇葩：中亚东干文学》等。

2. 波斯—伊朗文学研究

波斯是文明古国，在阿拉伯帝国兴起之前，波斯曾建立横跨亚非欧的大帝国，有自己独特的文化传统，为后来发展的阿拉伯帝国提供大量文化资源。我国对波斯文学的翻译研究相对冷门。2016年商务印书馆出版了"汉译波斯经典文库"，在2001年湖南文艺出版社出版的"波斯经典文库"的基础上进一步修订和补充，包括波斯中世纪8位诗人的10部诗作23册。研究方面，穆宏燕的《伊朗小说发展史》是这一领域的代表性成果。

3. 阿拉伯文学研究

阿拉伯文学以阿拉伯语和伊斯兰教为共同的文化基础。历史上的阿拉伯帝国，发展成现在的阿拉伯地区，包括西亚、北非的22个国家。

近年我国在阿拉伯文学翻译方面取得了较大的成绩，主要表现为两套翻译丛书。其一是商务印书馆的"汉译阿拉伯经典文库"，计划推出30部左右涉及古代阿拉伯文学、历史、哲学和地理等学科的经典著作，2019年出版了《悬诗》《卡里来和笛木乃》《觉民之子：哈义·本·叶格赞的故事》《玛卡梅集》4种古代文学作品。其二是五洲传播出版社的"中阿典籍互译出版工程"，这是中阿领导人协商后确立的文化交流工程。"十二五"时期五洲传播出版社与阿拉伯出版商协会共同签署了《"中阿典籍互译出版工程"合作框架协议》，2015—2019年陆续翻译出版了埃及、巴勒斯坦、叙利亚、巴林、伊拉克、阿尔及利亚、毛里塔尼亚、摩洛哥、苏丹等阿拉伯国家当代作家的19部作品。

研究领域的代表性成果有邹兰芳的《阿拉伯传记文学研究》、郅溥浩的《中外文学交流史：中国—阿拉伯卷》、宗笑飞的《阿拉伯安达卢斯文学与西班牙文学之初》、唐珺的《抵抗作为一种诗观：巴勒斯坦诗人马哈茂德·达尔维什诗歌研究》等。

4. 希伯来—以色列文学研究

希伯来—以色列文学主要包括古典时期的希伯来圣经文学、次经文学、伪经文学和当代以色列国文学。

"十三五"时期，我国希伯来—以色列文学研究整体上呈现出繁荣、稳定的态势：专业队伍不断壮大，研究成果日趋丰富，在文学作品译介等方面也取得了较大的进展，为该领域研究品质的进一步提升奠定了坚实的基础。

这一时期越来越多的学者尝试从不同角度关注希伯来文学研究问题，涌现出一大批有较高质量的论文。这些论文或探讨学科发展的基本方向与定位，或介绍、反思、探索圣经研究方法，或从具体文类、具体文本出发进行希伯来圣经本体研究。其中较有代表性的有：2016年，钟志清的《世纪转型——十九世纪圣经研究》，王立新的《"出埃及"叙述的史诗品格与叙事策略》等。2017年，梁工的《欧洲近代圣经研究范式转型回眸》，王立新的《〈路得记〉与〈以斯帖记〉的历史文化意蕴与诗学风格》等。2018年，钟志清的《东方还是西方：关于希伯来文学学科的定位》，李炽昌的《从跨文本阅读到文本/共处的诠释——希伯来智慧书及〈论语〉中的天人维度》，梁工的《结构主义圣经研究再思考》等。2019年，王立新的《神话叙事与一神信仰同构的希伯来神话文本》，钟志清的《不同文化语境下的〈雅歌〉读法》，梁工的《国外马克思主义圣经批评概览》等。2020年，曲彦静的《圣洁的不名誉收入：对〈以赛亚书〉23：15—18中妓女比喻的阅读》，黄玲的《征服迦南的序曲：作为历史叙事的底拿事件》等。

"十三五"时期希伯来文学研究的主要著作有：徐亮、梁慧的《圣经与文学》，梁工的《经典叙事学视域中的圣经叙事文本》，姜宗强的《先知与诗人——跨文本诠释〈阿摩司书〉与杜甫诗篇》等。

当代以色列文学研究方面的主要论文有：唐珺的《当代巴以诗歌中"土地"空间的两种构建——以达尔维什与阿米亥为例》，钟志清的《阿格农的〈末日未远〉与第二次阿里亚》《〈爱与黑暗的故事〉与以色列人的身份认同》等。

（四）南亚文学

"十三五"时期南亚文学研究的成果包括文学翻译和研究论著两个方面。文学翻译成就卓著的是黄宝生先生，近年出版两套译丛：《梵语文学译丛》和《梵汉佛经对勘丛书》。《梵语文学译丛》已出版 10 种，均为印度梵语古典文学经典之作的首次汉语翻译，如迦梨陀娑的《六季杂咏》《罗怙世系》、檀丁的《十王子传》、薄婆菩提的《罗摩后传》等。《梵汉佛经对勘丛书》10 种，虽然是佛经翻译，但大都是富有文学性的佛经文学作品，如《佛所行赞》《维摩诘所说经》《妙法莲华经》等。

"中印经典和当代作品互译出版项目"是一个颇具规模的文学翻译工程。这一项目是 2013 年李克强总理访问印度时中印领导人在"联合声明"中确定的项目，中方由姜景奎主持，组织一批年轻学者组建翻译团队，译作由中国大百科全书出版社出版。计划翻译出版的既有《苏尔诗海》《格比尔集》这样的古代作品，也有伯勒萨德、阿格叶耶、拉贾拉奥等各种不同风格的 20 世纪经典作家的代表作。目前已经出版了首批 10 种。

研究成果规模较大的是薛克翘、姜景奎主编，中国大百科全书出版社出版的《南亚研究丛书》。这一丛书之外的重要成果还有王邦维的《跨文化的想象：文献、神话与历史》，郁龙余的《中外文学交流史：中国—印度卷》，侯传文的《中印佛教文学比较研究》，尹锡南的《印度诗学导论》等。

泰戈尔研究依然是学界的热门课题。除了董友忱主编的《泰戈尔作品全集》外，还有魏丽明的《理想之中国：泰戈尔论中国》、虞乐仲的《印度精神的召唤：作为政治理想主义者的泰戈尔研究》等。

二 "十三五"时期存在的问题及相关建议

（一）日本文学

"十三五"时期，日本文学研究取得了可喜的进步，但长期以来的问题依然存在。例如，研究者的主体意识还未得到充分认识，一味追随日本的"无意识研究"或"拷贝式研究"以及一味追求学术 GDP 的"为研究而研究"的现象还相当普遍；技术精巧而内涵缺失的论文亦不在少数；对某些热点课题的扎堆式研究现象还较普遍。这也是学术生态的问题，需要依托更多标志性成果来引领学科的整体进步。日本文学研究应更加积极地介入中国学术，将作为"中国学术"之一环的日本文学研究，展现出具有"中国特色"的日本文学研究视角。

（二）朝鲜—韩国文学

迄今为止，朝鲜—韩国文学的研究尚缺乏系统性和前沿性，而且其研究尚不能体现中国特色。似乎流于申请什么就评选什么，凭印象选定项目。造成这种现象的主要原因，一是研究方向的导向缺乏前沿性。二是评审专家尚不了解学科发展的情况。三是国内专家也不甚了解国家需求和国外学术发展动态。鉴于这种情况提出如下具体设想。

1. 学术史的研究

目前有不少学者不太重视学术史的研究，对前人研究成果没能梳理和研究就选择课题或者进行研究，故难免导致研究的肤浅以及盲目性，解决这些问题的最好的办法就是以学术史的研究来予以引导。学术史的研究可以是断代，也可以是专题。

2. 本体研究

本体研究对于科学研究的可持续发展具有至关重要的意义。在本体研究方面要提倡小题大做、宏观细作，可以考虑在国别文学史中的不同文学体裁发展史做专门研究。

3. 比较研究

比较研究有利于探讨文明的互动与对话。在比较研究方面要鼓励跨学科跨文化的研究。当然要提倡中国与周边的比较研究，但也允许周边与周边的比较研究，还要允许周边与西方的比较研究。

4. 前沿研究

前沿研究包括国别文学中的新领域的研究和新的研究方法，通过前沿研究可以以小见大，发现文学发展的一般规律和普世价值。同时，可以防止学术研究的大而空的弊端。

（三）其他东方文学

与东亚文学研究，尤其是与日本文学研究相比，现有的中亚、西亚和南亚文学研究存在着这样一些局限。

1. 各区域文学的研究仍不平衡

与东亚文学研究尤其是与日本文学的研究相比，无论从学者队伍、与所在国学界的交流密切程度还是从作品译介与研究上看，都相对滞后。而在中亚、西亚和南亚文学研究中，中亚文学尤其薄弱。一些著名经典尚未翻译，更无人研究。

2. 对东方区域文学自身特点和规律的认识仍然需要加强

例如对属于本区域文学特有文类的认识、跨境与跨民族文学形式与主题的认识等还不够充分。

3. "文学性"在研究中有所缺失

一些成果将文学文本作为佐证社会、文化的材料，对文学蕴含的审美内涵把握不够。

为此，特提出两方面的建议：一方面，在补足各区域文学研究诸多空白点的同时，更加重视中亚、西亚和南亚文学与中国文学传统关系的研究，使"一带一路"丰富的文化内涵在文学领域呈现出更多中国话语特色。另一方面，立足于当今的学术语境，加强各区域文学研究中的人类命运共同体意识，揭示历史上和现实中中亚、西亚和南亚地区人民在文学创作中表现出的可贵的多元共生、同异相依的东方精神价值。

俄语文学

一 "十三五"时期的基本状况

我国的俄语文学研究传统悠久，成果丰硕，至今仍为我国外国文学研究中的重镇。我国的俄语文学研究队伍主要由以下几种力量构成：（1）高校俄语系教师；（2）专业研究机构的研究人员；（3）新闻出版单位的编辑和记者；（4）非专业的爱好者和研究者。研究力量大致分布在以下几个领域：俄语文学理论研究，俄语文学与文化，俄语文学与艺术，中俄文学比较研究，古代俄语文学研究，19世纪俄语文学研究，20世纪俄语文学研究，当代俄语文学研究。我们对俄语文学理论和19—20世纪俄语文学的研究投入较多，在俄语古代文学、俄语文学与文化、俄语文学与艺术等领域的开掘尚嫌不足。从研究队伍的分布来看，京津冀、长三角和东北地区的力量比较集中。目前全国从事俄语文学研究的专业人员约500人，全国共有150所高校设有俄语系或俄语专业，每年招收俄语专业学生万余名，每年毕业的俄语文学专业的硕士生约500名，博士生约30名，这为我国的俄语文学研究队伍提供了源源不断的后备人才。

二 "十三五"时期的主要成绩、代表性人物和成果

"十三五"时期，国家对学术研究支持力度加大，仅国家社科基金资助的俄语文学方面的项目就有数十项之多，这些项目的实施推动了俄语文

学研究的深化，并开辟了一些新的研究领域。俄语文学研究界的国际交流也比较活跃。近五年，国内召开了十多次较为重要的国际学术会议，众多中外学者与会，促进了学术交流。一批基础扎实的学者走向收获期，一批理论思维活跃的年轻学者开始成为研究的主力军，俄语文学研究队伍保持总体健康的发展势头，俄语文学研究的成果更为丰硕和多元，不少成果在研究领域和研究方法上显示出开拓意识和创新精神。成果数量较"十二五"继续增加，共出版专著、编著和论文集130余种，发表论文2700多篇。另有博士学位论文30篇，硕士学位论文620多篇。成果主要集中在以下几个方面。

（一）俄苏现代文论研究

1. 巴赫金文论研究

国内学界对巴赫金文论表现出持续的兴趣，出版了多部有分量的成果，如程正民的《跨文化研究与巴赫金诗学》、张冰的《巴赫金学派马克思主义语言哲学研究》等。这些著作在巴赫金的文化诗学、语言学思想等领域展开多侧面研究，并对巴赫金理论的中国本土化问题做了有深度的思考。

2. 其他现代文论与流派研究

出现了多本批评史方面的研究著作，如程正民的《俄罗斯文学批评史研究》《俄罗斯文学批评家研究》、杨旭的《重新审视俄罗斯白银时代的文学批评理论》等。贾放的《普罗普的故事诗学》、王志耕的《俄罗斯社会学诗学》、马晓辉的《俄罗斯历史诗学》、张冰的《俄罗斯形式主义诗学》《洛特曼的结构诗学》等著作则全面梳理了20世纪俄罗斯诗学流派。

（二）俄苏文学思潮和文学史研究

文学史与思潮史研究热度不减。这方面的成果有专著、论文集和资料集等多种形式，内容丰富，如柏叶的《20世纪俄罗斯文学思潮与流派》、郑体武的《俄罗斯诗歌通史》和《俄国象征主义研究》、刘文飞编的《俄国文学史的多语种书写》、张建华等编的《当代外国文学纪事（1980—2000）·俄罗斯卷》、汪介之编的《民族精神生活的艺术呈现：俄罗斯文学与文学史研究》等。

苏联解体前后的俄语文学和文化思潮研究成为新的热点，出现了王丽丹等的《当代俄罗斯戏剧文学研究（1991—2012）》、张建华的《新时期俄罗斯小说研究 1985—2015》、郑永旺等的《俄罗斯后现代主义文学研究》等成果。

（三）俄语作家研究

1. 19 世纪俄语经典作家研究

成果主要集中在列夫·托尔斯泰、契诃夫、布宁等少数作家。列夫·托尔斯泰研究主要成果有：张兴宇的《列夫·托尔斯泰的自然生命观研究》、杨正先的《〈安娜·卡列尼娜〉研究》等。另有 7 本托尔斯泰传记类的著作问世。契诃夫研究有董晓的《契诃夫戏剧的喜剧本质论》、徐乐的《契诃夫的创作与俄国思想的现代意义》等成果。布宁研究出现小高潮，有王文毓的《布宁小说的记忆诗学特色》、万丽娜的《布宁小说的现代主义文学诠释》等专著问世。其他作家专题研究涉及库普林、果戈理、涅克拉索夫、普希金、冈察洛夫和陀思妥耶夫斯基，古典作家研究中相对薄弱的环节也得到弥补。

2. 20 世纪俄苏作家研究

苏联时期"主流"作家的研究有专著、文集和传记各一部，即戴可可的《宏伟的现实主义：阿·托尔斯泰的生存智慧与创造美学》、岳凤麟的《马雅可夫斯基诗歌艺术研究》和王志冲的《尼·奥斯特洛夫斯基传》。"非主流"作家和新俄罗斯作家受到学界关注，出现了梁坤的《布尔加科夫小说的神话诗学研究》、胡学星的《词与文化：曼德尔斯塔姆诗歌创作研究》（2016）、邱畅的《纳博科夫长篇小说研究》、汪介之的《诗人的散文：帕斯捷尔纳克小说研究》等成果。其中汪介之等人的研究较有深度。

（四）俄语重要文学现象研究

1. 中俄文学关系研究和俄语汉学研究

中俄文学关系研究成果有：阎国栋等的《中俄文化交流史·清代民国卷》、庄桂成的《中国接受俄国文论研究》、宋绍香的《中国新文学俄苏传播与研究史稿》等著作，多侧面地展示了俄语文学文化与中国的深度关联。此外，张冰的《俄罗斯汉学家李福清研究》、李伟丽的《俄罗斯汉学的太阳：尼·雅·比丘林》等著作，体现了俄语汉学研究的新进展，其中在跨文化的视域中考察李福清的学术成就，颇有价值。

2. **文体研究、生态文学研究、侨民文学研究等**

国内学者对众多的文学现象进行多视角的研讨，如刘改琳等的《俄罗斯民间故事中的智慧与文化》对民间文学进行专题探讨，王加兴的《俄罗斯文学经典的语言艺术》从文体角度研究文学现象，张中锋的《俄罗斯文学中的新美学思想》关注文学中的美学思想问题，王永编的《俄罗斯文学的多元视角》探讨了文学与艺术等跨学科研究，李茜等的《俄罗斯文学中的自然与生态文化研究》关注生态问题，苏丽杰的《20世纪俄罗斯本土文学与侨民文学研究》探讨本土文学与侨民文学的关系，杜国英的《俄罗斯文学中彼得堡的现代神话意蕴》关注文学中的现代神话意蕴，田刚建等的《当代俄罗斯大国重建中的文艺战略研究》探讨了俄罗斯当代文艺战略问题，陈新宇的《俄罗斯当代乡土小说研究》是乡土文学研究的新成果。

三 "十三五"时期存在的主要问题

第一，俄苏文论研究需要拓宽视野，除巴赫金文论外，可以关注更多的研究领域。此外，理论运用不够严谨，甚至生搬硬套。有学者对滥用理论的现象给予尖锐批评，称有些人只是取某些理论的只言片语，生吞活剥，"仅仅满足于舞弄这些新鲜术语，让批评文章有所谓的浅薄的新意"。

第二，喜欢追"热点"，导致某些研究对象过于集中，有些领域的研究几乎出现空白。苏联主流作家研究只有1部专著，而布宁研究、纳博科夫研究分别有5部和4部专著。

第三，部分研究成果学术含量不高，有些成果甚至编译色彩较浓；有些研究者缺乏主体意识，跟着国外研究人云亦云。

第四，大型综合性的高质量研究成果相对缺乏。出现过大型综合性的成果，如程正民主编的《20世纪俄罗斯诗学流派研究》丛书，但数量偏少。

四 "十四五"时期的机遇和挑战

"十四五"时期，我国的俄语文学研究又走到了一个十字路口，中国学者面临的机遇和挑战集中体现在以下几个方面。

第一，如何更上一层楼。我们的研究在继承老一辈学者学术传统和学术成就的基础上顺利展开，成果越出越多，研究的面越铺越大，但具有学科代表性的标志性成果还比较少。与20世纪八九十年代我国的俄苏文学研究对于20世纪50年代至70年代的研究水准的全面超越相比，进入21世纪的我国的俄语文学研究似乎尚未实现对其前一时期20年间研究水准的整体超越。

第二，如何更好地与国际接轨，并在世界的俄语文学研究界真正发出中国学者的声音。随着俄罗斯国力的提升，国际学术交流条件的改善，中国的俄语文学研究者如今拥有了老一辈学者无法想象的优越的国际学术机遇，出国留学和访学，举办或参加各种国际学术会议，与国外学者甚至是顶级学者的当面交流，似乎都成了家常便饭，但是在这样的机会突然出现的时候，我们的倾听远远超出发声。除了语言等方面的制约（我们的工作语言汉语无法被国际斯拉夫学界学者所广泛使用），我们的研究工作缺乏原创性，在面对国外学者时过于"谦卑"的心态，不太注重用包括俄语和英语在内的国际学术语言发表我们的成果等，也都是亟待解决的问题。

第三，如何尽早推出优秀的学术接班人。我国高校的俄语系虽然每年都培养出大量俄语文学专业的硕士、博士，但他们后来真正从事俄语文学研究的并不多。与在20世纪七八十年代空前推崇文学的社会氛围中成长起来的一代学者不同，如今中国的青年学者之研究俄语文学，往往是一连串被动选择的结果，从被调剂到俄语系，再到为就业考虑而考研，再到为成为高校教师而读博，选择研究俄语文学可能是一件迫不得已的事情，而文学研究又是一种需要激情投入、义无反顾的事业，因此，21世纪一代俄语文学研究者相较于他们的前辈，普遍成才较晚，成果不多，若干年之后，当改革开放初期展开俄语文学研究的一代学者纷纷退休、淡出学界之后，这个问题可能会变得更加严重。

英语文学

一 "十三五"时期的基本情况

英语文学的研究力量分布广泛，目前全国有数百家高校拥有英语文学研究人员，研究方向涵盖英语文学的主要国别和领域。主要的研究力量集中在教育部"双一流"、"985"建设高校和中国社会科学院外国文学研究所。这些高校和研究所的英语文学研究各具特色，北京大学的叙事学和英国18—19世纪文学研究，北京外国语大学的美国女性文学和英国诗歌研究，上海外国语大学的现代主义文学和犹太文学研究，南京大学的当代英美文学和经典作家研究，浙江大学的中世纪英国文学研究，上海交通大学的大洋洲文学研究，湖南师范大学的英美诗歌研究，以及社科院外文所的英国文学文化研究等方向研究力量较强，成果丰硕，在中国的英语文学研究中起着引领作用。

从英语文学研究的人才培养来看，目前约50个博士点每年招收数百名博士研究生，近200家硕士点每年招收数千名硕士研究生，为中国的英语文学研究培养了充足的生力军，也为英语文学研究未来的发展奠定了坚实的基础。在位居前列的高校和社科院外文所中，有120多位教授从事英语文学的研究工作，其中教育部长江学者特聘教授5人、长江学者青年学者3人，绝大多数英语文学的研究者具有博士学位和海外学习经历。

二 "十三五"时期的重要进展、主要成绩

英语文学涵盖多个国家，产生的作家作品众多，小说、诗歌、戏剧、

散文等都有极大的出版量。我国的英语文学研究历史悠久，基础扎实，在我国整个外国文学研究中占有重要地位。近五年，英语文学研究有长足的进展，取得显著成绩。

英语文学研究受到国家的重视。2016—2019年国家社科基金资助外国文学学科共483项，其中英语文学研究课题298项，占总数的62%；2016—2020年教育部人文社科基金项目英语文学研究课题202项。除此以外，每年均有国家社科基金重大项目获批立项。在教育部第八届高等学校科学研究优秀成果奖（人文社会科学）评审中，虞建华主编的《美国文学大词典》获一等奖。

五年来，英语文学研究的学术活动空前活跃，全国性的学术组织和高校经常举办全国性或国际性的学术会议。中国外国文学研究会英语文学研究分会每两年召开一次全国性年会，并出版会议论文集。全国美国文学研究会于2016年和2018年召开年会，中国外国文学研究会英国文学研究分会于2017年和2019年召开年会，为学者搭建学术交流的平台。各学会在年会之间还举办专题研讨会。

学术刊物在推进英语文学研究的发展过程中起到积极作用。《当代外国文学》常年设有"美国文学专辑"专栏。上海外国语大学编辑出版的《英美文学研究论丛》于2000年创刊，近年来开始不定期开设非英美国家的英语文学专栏。2019年北京外国语大学创办《英语文学研究》，关注的主要对象是英语国家的文学。

（一）文学史研究

英语文学研究有治史的优良传统，老一辈学者撰写了一批经典著作，起到学科基础研究的奠基作用。新的史著以此为出发点，或在资料方面更为翔实，或从新的视角对文学发展做新的透视，或转向更为深入的专题探讨。五年来英语国家文学史研究取得重要进展。张子清的三卷本《20世纪美国诗歌史》，内容丰富、多有创见，全面、完整地回望和梳理美国诗歌在20世纪的历程，特别关注与中国文化和文学有交往或接受其影响的美国诗人，书中不少内容是用第一手资料写就。李维屏主编的"美国文学专史系列研究"是对美国文学历史展开的一次较大规模的专题研究。乔国强等著《美国文学批评史》梳理了19世纪以来美国各个文学批评流派的批评思想，对不同时期主要批评家的著作做出了比较客观和实事求是的分析评价。英国和爱尔兰文学史研究新作有：王守仁、何宁的《英国文学史论》，王卫新的《苏格兰小说史》，李元的《20世纪爱尔兰戏剧史》。王腊宝等的《澳大利亚文学批评史》系统梳理了澳大利亚文学批评的兴起和发展脉络，彭青龙等的《百年澳大利亚文学批评史》分析了四个阶段的文学批评思想变化，探究澳大利亚文学批评"非原创性杂交"的本质特色。文学史理论方面取得新的进展，乔国强的《叙说的文学史》运用叙述学的基本理念和研究方法，讨论文学史的性质、结构和叙事特点，形成了一个系统的文学史叙述理论研究体系。

（二）英美文学研究

"十三五"时期我国英美文学研究成果丰硕，《外国文学评论》《外国文学》《当代外国文学》《外国文学研究》《国外文学》等专业期刊有将近一半文章的选题是研究英美文学，100多部专著问世，涵盖各个时期英国和美国文学的文学运动、文学体裁、作家作品、主题思想和艺术形式等。何江胜的《神话与英美现代主义文学研究》探讨神话与文学的关系，系统梳理分析了英美现代主义文学中的希腊神话、希伯来和基督教神话。陈红薇的《论集体创作范式下的"她者"的书写》通过分析《李尔的女儿们》剧中的女性莎剧改写，揭示当代英国戏剧的合谋性和意义的流动性。张剑的《美国现代作家史耐德的中国之行与他的生态政治观》关注中美文学的交流互动，认为美国当代诗人史耐德对中国的认知与"垮掉的一代"的叛逆精神和他自己的生态政治观密切相关。20世纪之前的英国文学研究有一批学术水平较高的专著，如刘立辉等的《英国16、17世纪巴罗克文学研究》、乔修峰的《巴别塔下：维多利亚时代文人的词语焦虑与道德重构》等。吕洪灵的《当代苏格兰小说研究》提炼出若干"苏格兰的元素"，分析它们如何形塑苏格兰小说的内容与风格。美国文学的专题性研究著作有：张颖的《现当代美国少年小说类型研究》、胡亚敏的《美国民族神话与战争小说研究》等。

英美文学发展史上涌现出许多有影响的作家作品，成为人们关注的研究对象。近五年经典作家作品的研究持续不衰，学者们力求从新的视角解读经典，拓展研究范式。杨金才的《赫尔曼·麦尔维尔的现代阐释》对麦尔维尔进行重新定位，追寻麦尔维尔创作思想根源，考察他同美国社会、文化、文学传统之间的关系。综合性研究专著有：朱新福的《美国经典作家的生态视域和自然思想》、田俊武的《美国19世纪经典文学中的旅行叙事研究》。

诺贝尔文学奖获奖作家是研究的热点。石黑一雄于2017年获得诺奖后，备受学界关注，近五年出版的专著有梅丽的《危机时代的创伤叙事：石黑一雄作品研究》、朱平的《石黑一雄小说的共同体研究》、王烨的《石黑一雄长篇小说权力模式论》等，众多期刊论文涉及石黑一雄小说创作的方方面面。除石黑一雄外，不少论著研究其他诺贝尔文学奖获奖作家，如吉卜林、贝克特、奈保尔、莱辛、品特、奥尼尔、福克纳、斯坦贝克、海明威、贝娄、莫里森、鲍勃·迪伦等。

当代英美文学文坛活跃着一批优秀作家，我国学者注意跟踪他们的创作。女性作家受到重视，研究专著有徐蕾的《身体视角下的 A. S. 拜厄特小说研究》、武田田的《像顽童一样写作：安杰拉·卡特小说研究》、王丹的《甜蜜的暴力：乔伊斯·卡罗尔·欧茨小说的现代文化悲剧研究》等。当代英美作家是博士学位论文的热门选题，不少博士学位论文以专著的形式出版，研究的作家包括麦克尤恩、阿克罗伊德、洛奇、冯尼古特、厄普代克、加迪斯、罗斯、奥斯特、麦卡锡等。众多研究成果体现了近五年英美作家作品研究新的广大阵容和多方面的深入探讨。

（三）澳新加及爱尔兰文学研究

"十三五"时期澳新加及爱尔兰文学研究取得重要进展，主要体现在国家级课题、学术专著和论文、译著和学术交流等方面。彭青龙主持的国家社科基金重大项目"多元文化视野下的大洋洲文学研究"获批立项，该课题拟对多元文化进行理论建构，从多元文化的视角研究澳大利亚和新西兰文学。

2016年以来，新出澳新加及爱尔兰文学研究的专著16部，知网文章400余篇，涉及澳大利亚历史小说、生态文学传统、土著文学，新西兰毛利小说和爱尔兰移民小说中的身份问题等。袁霞的《女性、生态、族裔：

全球化时代的加拿大文学》分析后殖民语境下的女性书写、人类世语境下的生态文本与动物书写、多元文化语境下的民族叙事和族裔书写,陈丽的《爱尔兰文艺复兴与民族身份塑造》分析爱尔兰文艺复兴运动的核心文化遗产,探讨其对于20世纪爱尔兰民族身份塑造的巨大影响。对具体作家作品的研究成果较多,这些重要作家有凯里、卡斯特罗、马洛夫、温顿、库切、门罗、阿特伍德、曼斯菲尔德、叶芝、多伊尔、巴里等。张加生的《澳大利亚丛林现实主义小说研究》考察了劳森、弗菲、弗兰克林、拉德四位作家的丛林书写,认为澳大利亚丛林现实主义小说是澳大利亚民族主义时期的重要文学范式。

(四) 非洲英语文学研究

非洲英语文学研究在我国开展较早,近五年快速发展,已呈现出一种从边缘向主流渐进的趋势。2019年朱振武的国家社科基金重大项目"非洲英语文学史"获批立项,标志着我们国家对非洲国家英语文学的研究进入一个新时期。

非洲英语文学有着不同于澳新加等其他英语国家文学的独特文化表征、美学特色和主题意蕴,朱振武、袁俊卿刊登在《中国社会科学》2019年第7期的《流散文学的时代表征及其世界意义——以非洲英语文学为例》一文认为本土流散、异邦流散和殖民流散共同构成了非洲英语文学的流散表征,研究非洲英语文学的流散表征对了解非洲国家的政治、历史和文化、增进中非人民相互了解具有重要价值。朱振武是国内较早关注非洲英语文学的学者,近年来取得一系列成果,他还主编《非洲国别英语文学研究》,涵盖南非、尼日利亚、肯尼亚、索马里、博茨瓦纳、冈比亚和喀麦隆等国家,梳理非洲英语文学发展的历史脉络和非洲文学在中国的传播与接受,并对未来研究的前景进行展望。

(五) 少数族裔文学研究

少数族裔文学研究已引起人们的广泛关注,特别是美国作为一个移民国家,少数族裔文学创作繁荣,相关研究一直是一个热点。近五年少数族裔文学研究主要集中在美国非裔、亚裔、本土裔文学。综合性研究成果有赵莉华的《当代美国少数族裔小说空间历史记忆和重构》，刘肖栋、杨孝明的《讲我们自己的故事：美国少数族裔作家早期作品研究》等。非裔文学研究成果较多，莫里森依旧受到学界关注，王守仁、吴新云的《走出童年创伤的阴影，获得心灵的自由和安宁》解读莫里森新作《上帝救助孩子》，成为知网英语文学研究被引次数最多的文章。专著有谭惠娟、罗良功的《美国非裔作家论》，隋红升的《反思与重构：当代非裔美国文学中的男性气概研究》，陈后亮的《当代非裔美国作家查尔斯·约翰逊小说研究》等。王玉括的《非裔美国文学批评论稿》聚焦非裔美国作家的文学批评，深入探讨每个时期代表性作家或学者、批评家的文学批评思想和批评观点。华裔文学研究稳步推进，并拓展到亚裔研究。宋阳的《华裔美国英语诗歌研究》分析华裔美国英语诗歌的语言表征和意象使用。郭英剑主编的"美国亚裔文学研究丛书"是国内第一套较为完整的"美国亚裔文学"方面的系列丛书，由文学史、文学作品选、文学评论集、学术专著等组成。在本土裔文学研究中，陈靓的《现实维度中的族裔性重构：路易斯·厄德里克作品研究》探讨厄德里克的文本策略和身份构建理念，梳理作品中文化、历史、文本三者的互动关系，并分析当代美国本土裔文学的文本特征和发展趋势。生安锋等的《抵制、存活与文化身份的商讨》系统梳理印第安文学的发展历程和主要成就，深入探讨了印第安文化传统、文化身份等问题。

（六）文学批评理论研究

英语文学批评理论研究取得新的成果，体现在不少高影响力的期刊论文上，如刘岩的《生态女性主义的学理基础与批评范式反思》、程虹的《自然文学的美学价值》、聂珍钊的《脑文本和脑概念的形成机制与文学伦理学批评》等。《外国文学》期刊的"西方文论关键词"系列有相当一部分是基于英语文学研究，如殷企平的《共同体》、方红的《物质女权主义》、张剑的《田园诗》、刘英的《文化地理》、姚成贺的《环境阐释学》等。高奋的专著《走向生命诗学——弗吉尼亚·伍尔夫小说理论研究》以伍尔夫的随笔、书信、日记等为研究对象，提炼出伍尔夫对小说创作的洞见，揭示其诗学渊源的生命体悟本质。文化研究、文学伦理学批评和叙事学研究的新成果有杨革新的《美国伦理批评研究》、何卫华的《雷蒙·威廉斯：文化研究与"希望的资源"》、申丹的《叙事、文体与潜文本——重读英美经典短篇小说》等。

三 "十三五"时期存在的问题和薄弱环节

第一，问题意识不强，研究目的不够明确，服务国家发展战略的主动性不够足，与中国文学的联系不够密切，与现实社会有疏离，未能充分发挥哲学社会科学"认识世界"的重要作用，缺乏对英语国家人民及其社会文化的洞见。

第二，从区域国别看，发展不平衡，研究成果集中在英美两个国家的文学，其他国家英语文学研究相对滞后且不均衡，如新西兰文学研究论著比较少，视角不够新颖，评介性工作多于真正意义上的学术研究。

第三，英美文学研究真正有创见的成果不太多，论文数量多但高质量论文少，存在重复研究倾向，"跟踪式研究"是不少论著的通病，中国学者的主体意识和文化立场彰显不够，对西方研究范式的批判意识比较缺乏。

第四，"一带一路"沿线国家及非洲英语文学研究是薄弱环节，对一些英语国家文学的认识基于第二手资料，知识陈旧，研究几乎是空白。

四 "十四五"时期的学术前沿和发展趋势

第一，重视从世界文学的视角审视英语文学，聚焦英语文学与中国的关联、中外文学文化的互动影响，体现中国学者的文化立场、本土视角和原创性贡献。

第二，重视英语文学研究与当下现实需求的契合，跟踪当代文坛发展态势，关注重大事件、科技、生态、疫病等现实主题在文学作品中的反映，增进对英语国家社会的理解和认识。

第三，重视文学史撰写，以我为主，有观点、有新意地开展断代史、专门史研究，推出21世纪国别文学史，将历史脉络梳理清楚，兼重文学思想与艺术成就的分析，立体呈现近二十年英语国家文学发展全貌。

第四，重视研究领域的拓展，加强非英美国家英语文学的研究，关注"一带一路"沿线国家英语文学、非洲英语国家文学。

第五，重视理论问题的探讨，关注英语文学与文学理论发展的关系，重视经典作家研究的理论阐释新发展，继续开展文学伦理学批评、叙事学理论的研究，取得原创性成果，对经典理论性命题如马克思主义文学批评思想、现实主义进行深入探究。

法语文学

一 "十三五"时期的基本状况

(一)队伍建设和人才培养总结

"十三五"时期,法语文学研究力量主要由高校外语学院法文系、文学院中的"世界文学和比较文学"专业的部分法语文学教师,附属于高校的各类外国文学文化研究院所(中心)的教师,中国社科院外文所法语文学研究人员组成。

1. 高校法语系

2019年,全国高校法语专业中从事法语文学教学和研究的副教授41人,教授35人(有少数学校未反馈),讲师助教人数不详,但各校法语专业系主任反映年轻的讲师助教从事法语文学研究的人数在逐年减少。

2. 高校文学院

2019年全国高校文学院中的"世界文学与比较文学"统计不完全,但仅从武汉大学等高校的文学院来看,文学院中从事法语文学研究的教授、副教授和讲师在逐年增加,原因是外语学院的学士和硕士中报考中文系的硕士生和博士生的人数逐年增加,法语文学研究人才队伍建设注重优势互补、逐渐以中国视角研究法语文学、在法语文学研究中形成中国学派的趋势日益明显。

3. 社科院系统

至2019年,社会科学院系统除中国社会科学院有9名研究员、3名副研究员外,其他省市社会科学院中从事法语文学的研究人员较为少见,只有偶尔从二手资料中进行零星法语文学研究的研究者。

4. 出版社系统

2019年，全国出版系统从事法语文学出版编辑和研究的编审、副编审为数较少，只有商务印书馆、人民文学出版社、北京大学出版社、译林出版社、漓江出版社、上海译文出版社等拥有十余名法文编辑，他们中也只有少数人在编辑工作中从事法语文学研究。

5. 法语文学硕士生和博士生培养

有的学校法语文学专业硕士和博士招生人数减少，生源质量也不够理想，学位论文有低水平重复现象。

（二）法语文学研究成果总结

1. 论文

有少数"新发现"，如福柯"胜利者史学"研究、"问题哲学"研究等；开始与国外合作办刊，向国外文学界直接传播中国声音，开始形成作者群。

2. 法语文学翻译

"十三五"时期法语文学翻译成绩显著，其中个人或单位通过法国驻华使馆文化处申请的法国外交部出版资助的法语文学作品、文艺理论等翻译作品大多为法语经典作家、当代重要作家和理论家的重要作品，是"十三五"时期法语文学汉译的重要部分。"傅雷翻译奖"也在法语文学汉译工作中做出了重要贡献；由商务印书馆、北京大学出版社、上海译文出版社、译林出版社等出版社自主引进版权的大量法语文学及文学理论译本是"十三五"时期法语文学及文艺理论汉译中国的精品。

3. 法语文学研究学术专著

著名作家研究成果较多，但少见理论和方法论突破。

二 "十三五"时期的代表性成果

（一）论文

全国高校法语文学教授副教授、社科院研究员副研究员、博士生等在重要文学期刊和国外相关刊物发表的代表性学术论文，主要包括这样一些研究领域：朗松、勒克莱齐奥、巴尔扎克、布尔迪厄、普鲁斯特、布朗肖、罗兰·巴特研究，福柯"胜利者史学"研究，保罗·利柯诠释学研究；索莱尔斯实验小说研究，法国17世纪文学研究，法语诗学研究，翻译学研究，法语文学与文化身份研究，"可能性文本理论"研究，中法文学比较研究，法语文学主题学研究，"后恐怖主义时代小说书写"研究，文学与文化学研究。

总的来说，学术论文方面有少数"新发现"，如福柯"胜利者史学"研究、"问题哲学"研究等；开始与国外合作办刊，向国外文学界直接传播中国声音，开始形成作者群。

（二）专著

全国高校法文系所、文学院的世界文学与比较文学系或所的教师、中国社会科学院外国文学研究所法语文学研究员及少数其他法语文学研究者在"十三五"时期取得了较丰富的成果，代表性学术著作包括：吴岳添的《法国小说发展史》、史忠义的《问题学初探》、冯寿农的《法国文学批评史》等十余部。

总体而言，国家社科基金对"十三五"时期法语文学研究起到了重要的引领作用，法语重要的作家作品、重要流派都取得了重要的研究成果，其中如《二十世纪法国先锋文学理论和批评的"文本研究"》等国家社科基金成果还进入了"国家社科基金成果文库"。

（三）译著

翻译工作是外国文学研究不可分割的部分，"十三五"时期，法语文学的翻译工作取得了众多成果。代表性译著包括《修辞学原理》《狄德罗哲学全集》《语言的第七功能：谁杀死了罗兰巴特》《轻文明》等三十余种。

三 "十三五"时期的研究现状、存在问题、薄弱环节

全国各高校法语专业年轻的讲师助教从事法语文学研究的人数在逐年

减少，后继乏人。社会科学院系统除中国社会科学院有一部分研究人员外，省市社会科学院中从事法语文学的研究人员较为少见。有的学校法语文学专业硕士博士招生人数减少，生源质量不够理想，学位论文有低水平重复现象。

全国除少数几份文学杂志发表的较有分量的法语文学研究论文外，其他一些非文学杂志也发表过一些法语文学的研究文章，但大多学术水平低，重复率相当高。对20世纪后期和21世纪初期法语文学新趋势的研究缺乏。尚有部分引进的作品品位不高、译文质量也较差。

"十三五"时期法语文学研究各类立项中，国家社科基金立项总体上在较高水平上把握了法语现当代文学作品和文学理论发展的现状，但是由于全国法语文学研究高层次人才逐渐减少的状况，申报课题数量不足，质量不高，立项数量偏少。

虽然社科基金规划办在国家总体发展战略的指导下较全面地考虑了法语文学研究发展的实际状况和为我国文学和社会文化发展提供了借鉴并提出了年度指南，但是仍因法语文学研究队伍建设滞后，一些有价值的法语文学研究指导性课题无人申报；极少数已立项的研究课题也存在准备不充分的情况，因此在研究中拼凑应付，成果质量不高。

四　"十四五"时期的学术前沿和发展趋势

第一，20世纪下半叶至21世纪初，法语现代派文学逐步式微，许多作品虽然在形式上尚存"现代派"遗风，但在内容上已有诸多变异，比如类似"新寓言"小说的作品，对社会现实特别是对人类社会未来在生态、伦理、消费形式、精神文化需求的回归等作品面世，需要我们进行全面调查、译介和研究。

第二，对文学作品生产及其社会经济功能的研究在法语文学中继续表现出较为强劲的势头，这体现在21世纪以来，法语文学批评界对诸多经典作家的研究有了新的解读，对于文学发生学的研究部分重归皮亚杰、戈德曼、法兰克福学派的"新马克思主义"研究方法，值得我们继续译介和研究。

第三，法语文学创作与法国文化其他领域，特别是生态文化、旅游文化、美食文化、时尚文化领域的交集现象较为明显，特别是2019—2020年这场世界性的新型冠状病毒危机，必然会成为法国乃至世界文学艺术的重要主题，一方面是一种文学艺术意义上的全球范围内历史性灾变的"再现"，另一方面必然会与政治、经济、文化主题重合，发展出一种全新的，即与特殊的政治、经济、精神文化相互交织展现的"灾变文学"。

德语文学

一 "十三五"时期的基本状况

在我国加大、加快对外开放和交流进程中,我国大学的德语语言文学专业得到空前发展。据统计,2018年,我国开设德语语言文学专业的高校有112所,本科毕业生人数达4000多人,有硕士学位授予点的学校有33所,硕士毕业人数近170人,有博士学位授予点的学校有11所,博士毕业人数近30人。

这112所开设德语语言文学专业的高校,分布在除新疆、西藏、青海、宁夏、云南、贵州、广西这几个地区之外的其他24个省市。这些高校德语学科的培养目标基本相同,即培养具有扎实德语语言基础、广博文化知识和基本科研能力,能熟练运用德语在外事、教育、经贸、文化、科研、军事等部门从事翻译、教学、管理、科研等工作的德语人才。

每所学校德语学科点的在编中国籍德语教师师资力量不尽相同。虽然全国高校大多数德语学科在编中国籍德语教师人数都在15人以下,但基于各校专业设置和教师队伍建设的高标准,基本都是学历层次高、平均年龄低和很有发展空间的队伍。

就获得的国家级奖项、拿到的国家和省部级科研项目、发表成果以及在国内外影响等项指标而言,北京大学、北京外国语大学、上海外国语大学、同济大学、复旦大学、浙江大学、四川外国语大学等校的德语语言文学科研力量可谓目前国内最强。其他学校的德语学科点,也发挥各自优势,在德语文学研究、德语语言学研究、中德文化交流研究、跨文化交际学研究、翻译学研究、德语教学法研究、跨文化教育学研究、德语叙事学研究、德语文化学研究、德语国家国情研究、图像及传媒学研究、奥地利社会文化研究等方面形成自己的科研强项和特色。

二 "十三五"时期的重要进展、主要成绩、代表性人物和成果

（一）学科史梳理和学术史研究

总体而言，中国的德语文学学科仍相对较为欠缺学科史梳理和学术史研究的意识，叶隽的《六十年来的中国德语文学研究》系统梳理了1949—2012年的中国德语文学学科史，这是在《德语文学研究与现代中国》基础上的延伸，如此就形成了相对贯通的中国德语文学研究的学科历史。专题性的学术史研究也值得深入，赵山奎所著的《卡夫卡与卡夫卡学术》其实也是一个近乎于学术史研究的著作，一方面进行了卡夫卡研究史的梳理，另一方面则是对卡夫卡作品的整理与解读，但作者自承不及进行系统的学术史研究，做的只是一种初步的学术史触碰工作。此外，基础性文献整理的工作也很重要，在《中国德语语言文学研究文献汇编（2005—2009）》之后，冯亚琳、李大雪主编的《中国德语语言文学研究文献汇编（1995—2004）》《中国德语语言文学研究文献汇编（2010—2015）》相继出版。

（二）德国古典作家研究

赵蕾莲的《弗里德里希·荷尔德林和谐观研究》是国内首部关于荷尔德林的专著，具有开拓意义。唐艺军的《流逝与记忆——艾兴多夫作品中的诗人形象》是对艾辛多夫的专门研究。吴建广和谷裕发表的关于歌德《浮士德》研究的系列论文值得关注，如前者的《基于视域融合与情节结构的文本诠释——歌德〈浮士德〉对人本—光照思潮的诗学批判》等，后者的《歌德的欧洲及近代史思考——〈浮士德〉中的海盗、海洋自由与欧洲新秩序》等。这种基于某个特定文本的持续研究很有意义。此外，论文有冯亚琳的《歌德小说〈维廉·迈斯特的漫游时代〉中文化记忆的展演与重构》、莫光华的《"正因为研究自然我才没有得精神病！"——论歌德与自然哲学》、徐畅的《〈米夏埃尔·科尔哈斯〉与十九世纪初普鲁士改革》等。

(三) 德国现当代作家研究

夏波出版《布莱希特叙述体戏剧研究》，重新探讨了布莱希特的戏剧概念，将其定名为"叙述体戏剧"。张辛仪出版《君特·格拉斯研究》，格拉斯已是学界研究的焦点，但如何推陈出新却并非易事。李昌珂出版《"我这个时代"的德国——托马斯·曼长篇小说论析》，于2018年获得北京大学人文社科科研奖。论文有杨宏芹的《论斯特凡·格奥尔格的神圣战争观》、黄燎宇的《一部载入史册的疗养院小说——从〈魔山〉看历史书记官托马斯·曼》、吴晓樵的《隐藏与袒露——论特奥多尔·冯塔纳的小说〈马蒂尔德·墨琳〉》等。

(四) 其他地区德语文学研究

瑞士德语文学方面，雷海花的《罗伯特·瓦尔泽小说中的现代边缘人》是一部研究罗伯特·瓦尔泽作品的专著。论文有范捷平的《罗伯特·瓦尔泽〈强盗〉小说手稿中"Eros"情结》、安尼的《佯装与反叛——解析〈雅各布·冯·贡腾〉的辩证艺术》等。奥地利文学方面，尹岩松、汤习敏的《禁锢与解放——施尼茨勒小说中的女性形象塑造演变》研究了施尼茨勒小说中的女性形象。论文有魏育青的《空间与界限——里尔克〈杜伊诺哀歌〉第八首中的"敞开者"》、徐畅的《回望帝国：后奥匈时代作家笔下的奥匈帝国——以〈没有个性的人〉和〈拉德茨基进行曲〉为例》等。

(五) 中德文学关系研究

具有代表性的是谭渊的《德国文学中的中国女性形象》，此书发掘第一手材料，且具有良好的学术史意识，在前人基础上对此论题有所推进。另外值得一提的是张帆主持的"德语上海小说翻译与研究系列"，其专著《德语文学中的上海形象》系统梳理了德语文学中上海城市形象，是汉语语境中首次开展此类工作，同时还计划翻译一批上海小说，包括《上海犹太流亡报刊文选》等材料的译介。詹春花的《黑塞与东方》研究黑塞作品与东方思想的关系。范劲的论文《"文学中国"的内在结构：德国的中国文学史书写》则从德国汉学学科史的角度来反思"文学中国"问题。卫茂平的《君特·艾希与中国》主体是他当年在德国完成的博士学位论文,并附录相关德语论文。

(六) 翻译史研究

宋健飞的《德译中国文学名著研究》开辟了新的领域,考察中国文学名著在德语世界的译介状况。谢淼的《德国汉学视野下中国当代文学的译介与研究》考察中国当代文学在德国的译介和研究情况。论文如卫茂平的《〈浮士德〉汉译及解读考索——兼论其副标题"一部悲剧"的阙如》等。

(七) 跨学科研究

谷裕的《近代德语文学中的政治和宗教片论》是其相关论文结集,涉及文学、政治、宗教等诸多领域。叶隽的《德国教养与世界理想——从歌德到马克思》实践了他的"德国学"理论主张,在一个更为广阔的场域中理解从歌德到马克思的德意志精神结构。

(八) 专题研究

张世胜的《德国浪漫主义文学中的反讽》考察了反讽在德国浪漫主义文学中的表现。胡一帆的《魔鬼合约与救赎:德语文学中的魔鬼合约母题研究》讨论魔鬼合约的母题,选择若干经典文本,考察魔鬼形象、签约者、合约内容、签约形式、合约的结局等命题。

(九) 新的理论方法

王炳钧发表的《游戏话语的历史转换》《人与物关系的演变》等论文尝试将德国文化学等理论引入,提供了新的视角。范捷平主编的《主体话语批评》是一部论文集,涉及多个学科关于德语文学的主体、主体性、主体间性和主体话语批评等。冯亚琳选编的论文集《德国文化记忆场》尝试对德国文化记忆场的理论进行了较为全面的介绍。《同济大学学报》"德语诗学与文化"栏目推出了相关的侨易学专题,发表了多篇论文,都颇具新意。还有关于德国文学理论的研究,如贺骥的论文《伊瑟尔的"游戏"概念》等。方维规的论文《何谓"世界文学"》则在更高层次上思考了理论问题。

三 "十三五"时期的研究状况、存在问题和薄弱环节

(一) 研究状况

第一,21世纪以来,德语文学研究谱系逐步拓宽,研究内容逐渐走向细化,研究成果有了质和量的增长。

第二,德语文学在德语语言文学学科中一家独大。由于国内德语文学培养能力的进步和大量留学人员学成回国,从业人员在过去15年中急剧增加,迅速补全了国内德语专业扩张带来的人员缺口,德语文学研究者已非紧缺人才,部分研究者开始转型。

第三,与英美和日本等国别文学以及比较文学、世界文学研究相比,以文本分析为根基的传统德语国别文学研究成果较少,无法与比较文学、英俄日法文学齐头并进。

第四,国内德语文学研究大致形成了传统文学文本研究、近当代西方理论消化与接受以及文学文化思想史研究三个方向。

总体看来,"十三五"时期的德语文学研究难言成功。传统的、单纯的德语文学文本研究逐渐失去影响力和吸引力,要取得自我突围,与邻近学科与前沿理论的结合、用新的视角审视经典成为必然选择。

(二) 存在问题

第一,近年来流行的文化记忆、媒介考古等理论研究尚无法与德语文学文本实现有机结合,这成为德语文学研究界无法提升的内在原因,同时也是其外在体现。一方面,部分理论研究者在未打牢文学基础的前提下就沉迷于理论,在他们眼中文本完全成为附庸与工具;另一方面,部分文本研究者缺乏理论和哲学修养,缺乏洞见,无法构建分析问题的模式。

第二,开拓研究维度的尝试难言顺利。随着纯德语文学的形势变得艰难,部分研究者顺应"文化走出去"和"一带一路"倡议,转向中德文学文化交流史甚至是区域国别研究(这一方面是一种研究人员资源的再分配,另一方面也映射出了德语文学研究的弱势与尴尬)。然而,德语文学界的比

较文学研究总体上还采用旧的方法和视角，缺乏比较文学和世界文学的视野以及理论和哲学基础，导致大量研究限于搜集、总结和梳理史料，而缺乏在此基础上进一步分析和厚描，产生出厚重成果的能力。在这一点上，德语文学学界与侧重德语文学文化的比较文学界有较大差距（但后者从业人数较少）。

第三，与德语语言学和翻译学等领域类似，德语文学未能跟进国际前沿，也无法在国内学界证明自己。德语语言学和翻译学的生存空间比文学的更小，两者更难以在国内核心期刊发声，便开始寻求在国外发文。以语言学为例，相关论文多以介绍德语在中国的语言应用与中德语言比较为主，虽符合德国部分刊物需求，但在构建了国内学者舒适空间的同时，无法真正提升国内德语语言学研究实力。部分德语文学研究者也面临类似问题，虽然顺利完成了在国外期刊发表文章的指标，但并没有产生有影响的成果。要改变这种状况，需要研究者走出舒适区，在开拓国际视野的同时，也不能满足于对外信息加工，而要面对学术本身，加入和其他学科的正面学术竞争，在国内学界突破和证明自我，在祖国大地上产出优秀论文。

（三）薄弱环节

第一，攻克学术难题的耐心与付出尚显欠缺。在德语学界，挑战难题、十年磨一剑的学者较少，这导致德语文学文化界还有不少难题有待解决，而德语文学文化本就以艰深著称。

第二，后备人才尚未成长起来。从研究人员和人才培养角度讲，一方面部分老一辈研究者已经停止学术生产，这意味着中青年学者需要承担起提升德语文学研究的时代重任，但中生代未能形成规模，年青一代研究者虽然数量较多，但尚未挑起大梁，出现断层现象。此外，海外归国博士已不再是"质量保障"，部分海归无法在国内学术土壤中扎根，未能将国际前沿研究转化为国内学术成果。

第三，与国家政策结合的研究虽然有所开展，但尚未取得显著成果。德语文学界响应了国家文化和教育政策，但未取得实质性和突破性成果，这与后备人才与研究者的视野与理论思维能力息息相关。

第四，在高水平学术产出匮乏的同时，也没有独有的高水平学术发表前沿阵地，造成了无优秀产出与无发展平台的恶性循环。

第五，研究人才主要集中在京沪两地，跨校人员整合与科研团队建设需提高。

综上所述，德语文学研究者需开拓眼界，在根植文学文本的基础上，努力提高自己的理论水平与哲学素养。这意味着，德语文学研究者要敢于离开舒适区，勇于接受挑战，不再局限于比较容易消化的研究内容，而是去求新、求深、求自我突破，尤其在德语文学和比较文学、世界文学与哲学哲思的深度交融、现当代德语文学文化蕴含的现代启发意义的挖掘与阐释、德语文学与数字人文、媒介技术等前沿领域的融合等方面深入发展。

四 "十四五"时期的学术前沿和发展趋势

进入21世纪以来，特别是2010年以来，德国文学研究领域的国际潮流特点鲜明，继国际学术的文化学转向以来，德国文学理论经历了"身体转向""图像转向""述行转向""日常转向"等一系列学术转向，文学研究从形而上学逐渐朝社会实践转向的趋势明显，学术前沿和热点问题突出，并呈现出一定的发展趋势和持续性，其延伸点和新的热点问题均与21世纪德语文学研究总趋势相关。

（一）德语文学研究的发展总趋势

进入21世纪后，德国及主要德语国家对日耳曼文学学科危机的讨论逐渐偃旗息鼓，德语文学作为文化学的学科定位和跨学科研究的范式得到基本认可。文学研究与欧洲社会历史、文化认同、地缘政治、生态环境、移民等社会热点问题相结合的特点比较鲜明，从一定程度上可见德国的文学研究关注文学边缘与交叉问题和尝试与社会实际问题相结合的趋势。从德国科学研究联合会的"卓越研究集群"和"特别研究领域"立项情况以及其下属的子项目情况来看，文学研究已经成为学科交叉研究的一部分，其中与文化人类学相结合的研究范式形成了主流，与其他相关学科交叉成为普遍现象，呈现一种多元化趋势。如德国科学研究联合会"精英大学计划"框架下支持的以文学为主要领域的"卓越研究集群"（EXC）共2个，一个为"语言与情感"，另一个为"图像、知识、造型"，其跨学科性和文化人类学特征非常明显。"特别研究领域"（SFB）近十年立项的"文学与人类学""述行与文化""文学与记忆——民族文化与认同""陌生与贫困""物与文本文化""国际和民族文学""休闲、方案、空间、人物"、数字化时代的文学与文学传播等也同样呈现学科交叉和文化人类学研究范式转向的大趋势。

在这一框架下，德语文学研究具有下列特征：（1）文学媒介与跨媒介研究，其中包括文学与图像、文学与文字、文学与影视；（2）文学与动物、机器（人工智能）以及与人的关系的研究；（3）文学中的物质与非物质性探讨；（4）文学与自然、文化、知识秩序的关系；（5）文学中的身体（手、脸、姿势、面具、运动）；（6）日常与仪式研究；（7）生态文学、人工智能和后人文主义等。

（二）德语文学研究新热点

近年来，特别是2019年以来，德语国家的文学研究在上述总的趋势下又呈现出新的前沿问题和热点，继续延续跨学科性和文化学特征。

其中有几个热点尤其鲜明：（1）文学与医学及疾病美学问题，如肺结核等的诗学问题，其中文学与脑科学研究为最大热点，其次是老龄化社会面临的问题，如老年痴呆症、临终关怀、医助死亡等。这些既是文学中出现的热点现象，也是文学研究的热点问题，可以预见，目前欧洲的新冠肺炎疫情也将在这一领域形成新的文学研究热点。（2）知识诗学、文学与科学的互动研究，其中数字化及数据库算法文学研究很热。这一热点源于英美文学研究，但近年来在德语国家的热度不亚于英美国家。（3）随着德国新保守主义势力上升，以德国图书奖获得者 Uwe Tellkamp 和网红作家 Christian Kracht 为代表的新锐作家具有鲜明的保守主义特征，保守主义文学研究也成了新的热点之一。与此相关，德国和英美国家学界有关"故乡文学"的研讨和媒介热议导致其成为新的热点。（4）文学研究的语文学回归。这一热点的形成受到近几年德国国内政治和文化语境的影响，其主要态势为对近年来文学研究多元化的逆向发展，研究者主张将传统的阐释学与文学研究新范式相结合，重新回归文学作品的语言艺术研究。（5）人类行为学及与此相关的生态环境、多元文化（移民）、创伤记忆研究也成为热点。

（三）中国德语文学研究趋势

1. 经典研究

首先，从歌德全集翻译和歌德研究来看，很多中国德语文学研究者参与了国家社科基金重大项目的研究，同时也带动了文学研究者的教育和培养工作，一大批研究成果和博士学位论文均出于该领域。其次，对传统经典文学（特别是长篇小说）和著名作家的研究仍然保持较强的发展势头。值得注意的是，一些研究者开始采用跨学科和文化学等方法研究文学经典。

2. 对中德文学关系的研究和中德比较诗学研究

此方向研究形成了一定的规模，有相当一部分研究者参与了对德国文学中的中国文化元素的接受、文学生成、翻译、传播和交流机制的研究，以及对德国文学中的中国诗学的研究，逐渐形成特色。

3. 跨学科与文化人类学研究

与德国近年来的文学研究趋势相适应，中国有相当大的一部分研究者开始关注和从事跨学科研究，文学与文论、文学与哲学、文学与传播学、社会学等结合的研究已现端倪。特别值得注意的是，文学结合文化学、文化人类学视野的研究已经初步形成规模，其中部分院校的研究者已经在"媒介、身体、知识、记忆、机器、动物、述行、物、图像"等领域进行了系列研讨，形成了一支队伍。

以上研析主要基于德国科学研究联合会（DFG）近年来获批和在研的文学科研项目"卓越研究集群""特殊研究领域"以及结合中国德语文学研究现状做出。在"十四五"时期，中国德语文学研究的上述总格局和大框架基本会得到保持，发展也会继续向上述三个方向延伸，值得注意的是，其中第三个方向，即跨学科和文化学研究将会得到较大的发展。

具体说来，本学科学术前沿话题包括：德语文学文化中的技术人文（例如技术反思、数字人文）；具有理论高度和历史深度的德语文学文化"库存"；德语文学强势时代（浪漫派、19世纪和20世纪之交）的深入研究；中德文学和人文沟通史的深度研究与框架建设；德国文学中的地缘政治；德国的世界文学史传统。

未来学术前沿话题可能有：移民文学、少数族裔文学；身份认同危机与化解；现当代德语文学中的中国书写；全球化与全球化危机；现当代德语文学中对语言媒介功能的创造性运用；文学中的反思；德国美学思想中的浪漫派传统；奥地利文学的特殊性；瑞士（德语）文学的特殊性；德语文学批评史；以作家、时代为主题的专项译介史、接受史（集）；国内中学德语教学中的德语文学内容。

五 "十四五"时期需进一步深化和拓展的重点研究领域、方向

研判"十四五"时期德语文学发展应主要考虑两个方面：其一是现当代德语文学创作的发展趋势；其二是本学科在新时代的自身定位。前者体现德语国家文学界的关注点和走向，后者为本学科在国内未来数年的发展勾勒出一个大致方向。前者突出他者的"新"，后者强调自身的"异"。

德语学科的学术发展，必然以德语文学的文本为载体。除了传统和成熟的领域，现当代德语文学创作的发展动态和趋势同样影响未来学术的关注点，而此种动态可以从近几年德语国家颁发的重要文学奖项中梳理出来。因为文学奖项的颁布，在于彰显新的文学典范，同时也给学界带来新现象和新的可能性。所以梳理近些年的重要德语文学奖项，对研判未来发展有管窥之效。

本学科在新时代的自身定位与学术发展互为表里。近几年，国内德语文学方向的研究虽然取得了相当成果，但多是以具体文本为载体的研究，相对数量虽多，但呈点状散布的局面，缺乏彼此关联，难以形成学术体系和学术特色，更难升华到理论层面进而参与国际学界的学术话语权建设。为了促成从量变到质变的转变，应在现有基础上加强学术关联性建设，以点连线，使现有点状成果彼此呼应，构建片状学术传统和体系，为下一步搭建理论框架并形成话语权奠定基础。为此，应促成阶段总结性的学术活动，如对文学史、译介史、学术史的整理更新。

本国德语文学方向的学术建设，相对于母语国而言，属于外国日耳曼学范畴。基于此特殊性，应该积极建立具有自己特色的理论，形成有自己特色的话语权。这方面，叶隽的"侨易学说"已经做出了有益的尝试。

综上所述，"十四五"时期本学科应关注国外的"新"和国内的"异"两个方向。而国内学界为达成自成一体的"异"，则应采取三步走的策略。在保证点状研究量的基础上，以点连线构建系统的学术体系促成质变，最后形成异于他人的理论，形成学术的话语权。

欧洲古典和中世纪文学研究

一 "十三五"时期的基本情况和主要成绩

近年来,国内学术界的欧洲古典与中世纪文学研究,具有较好的发展态势,逐渐成为一个受到学界关注的热点研究领域。在研究力量、研究领域、研究成果、研究质量等方面,都出现了此前从来没有过的良好态势。

(一)研究领域有了新的深化和拓展

(1)由于近年来学习和掌握古希腊语和拉丁语的中青年学者日益增多,从原始文献入手,采用语文学手段进行研究的学者不断出现。例如对古希腊、古罗马乃至中世纪原始文献的收集、注疏、梳理、翻译等,都取得了较好的成绩。择其要者有:罗锋的"欧里庇得斯《酒神的伴侣》研究与笺释"、张芳宁的"古希腊哀歌全集翻译、注疏与研究"、黄薇薇的"阿里斯托芬《阿卡奈人》研究"、刘津瑜的"古罗马诗人奥维德全集译注"、李永毅的"奥维德晚期诗歌翻译与研究"和"拉丁语诗歌通史研究"、史敬轩的"英国盎格鲁萨克森神话的语本研究"等。(2)在研究内容和研究方法上,突破了原有的单一的主题学、机械的形象学以及纯文学角度的研究模式,开始向跨学科、跨知识领域的深入。如王倩的"欲望之镜:论荷马史诗中的'东方'形象"、许相全的"阿格农与犹太教传统"、吴笛的"但丁《神曲》的跨媒体传播及其变异"、包慧怡的"8—15世纪手抄本中文本与图像的互动,欧洲古文书学"、张亚婷的"中世纪英国动物叙事文学研究"、朱振宇的"中世纪意大利文学及其古典传统"等,都是此前国内学术界较少涉及的研究领域。

除了古典和中世纪这些传统的研究领域继续深入发展外,在"希腊化时期的文学研究""拜占庭文学"等几乎很少涉及的领域,近年来也取得了很好的进展。杨丽娟在古希腊文学研究的基础上,拓展了"希腊化时期的文学"研究领域,系国内最早涉及这一领域的研究者之一。在拜占庭文学研究领域近年来也出现了可喜的发展态势,刘建军主持的社科基金的重大项目"拜占庭文学的文献翻译与文学史书写"和刘文孝主持的社科基金一般项目"拜占庭(东罗马)文学史研究"均产生了一批较好的研究成果。

(二)学术著(译)作取得了新的成绩

近年来,国内出版的学术专著和译著数量较多,是中华人民共和国成立以来此类成果出版和发表的高峰期。其中较为重要的译作有刘光耀、章智源主持翻译的《英语文学与圣经传统大辞典》(三卷),浙江大学出版社启真馆组织的"中世纪与文艺复兴译丛";此外还有刘建军翻译的拜占庭史诗《狄吉尼斯阿克里特:混血的边境之王》,林振华翻译的《欧洲文学与拉丁中世纪》等多部重要译著。在学术专著的出版方面,有沈弘的《弥尔顿的撒旦与英国文学传统》、杜力的《边缘人的呼喊与细语:西欧中世纪晚期女性作家研究》、中国台湾学者李耀宗的《噢西坦抒情诗:欧洲诗歌的新开始》。在专业学术论文方面,近些年发表了相关论文百余篇。

(三)高级别项目立项稳定发展

据初步统计,"十三五"时期,欧洲古典与中世纪文学在国家社科基金年度项目中共有近30个项目获得立项;在教育部人文社科年度项目共有11个项目获得立项。总体而言,古典学和中世纪文学立项数量基本稳定,年度立项一般在6—8项。研究内容主要集中在古希腊、古罗马的文学作品(祭歌、长诗)与西方文学传统研究;古希腊、古罗马、中世纪西欧文学、拉丁语诗歌史研究、拜占庭文学文献的翻译、整理等方面。尤其是国家社科基金重大项目立项5项,显示出了这一研究领域日益受到国家的重视。

这些项目的一个共同特点是以整理翻译史料或文本为先，聚焦于重大学术问题，优先解决国内长期缺少第一手资料的问题，这为这个领域今后的发展，奠定了很好的基础。

（四）学科建设、学术机构建设与学术交流有较大进展

现有北京、上海、杭州、长春、天津、南京、武汉、重庆、西安等地的40多所高校，开设了古希腊罗马文学或中世纪文学方面的专业课程。在研究生培养方案上设立了这方面的研究方向，并连续培养了一批这一领域的硕士和博士。据不完全统计，2014—2019年，北京大学、浙江大学、东北师范大学、南开大学、华东师范大学、上海师范大学、南京师范大学、中央美术学院、中国美术学院、上海外国语大学等高等院校，在中外专业教授的合力下，共培养希腊罗马、中世纪与文艺复兴研究领域的硕士和博士近40多名，涵盖西欧的文学、历史、艺术、戏剧、教育、法律等多个学科领域。

在研究机构建设方面，近年来也取得了新的成绩：2016年12月，浙江大学外语学院成立了"中世纪与文艺复兴研究中心"，这是国内第一家类似的研究中心。2016年11月，南京大学成立"伯明翰大学—南京大学—译林出版社莎士比亚（中国）中心"。2019年6月，上海交通大学成立"欧洲古典与中世纪文学研究中心"。此外还有东北师范大学"欧洲古典与中世纪文学研究中心"、山东大学"古希腊思想研究中心、犹太教与跨宗教研究中心"、北京第二外国语学院"希腊研究中心"、中国人民大学"古典文献研究中心、古典文明研究中心"等十余个科研机构。

学术交流活动日益频繁，研讨会的水平越来越高。近年来，以古希腊罗马和中世纪文学为主题的研讨会，召开得越来越频繁。例如，东北师范大学的"欧洲古典与中世纪文学"全国学术研讨会目前已成功举办三届。浙江大学的"中世纪与文艺复兴研究中心"自2017年起，每年举办一次关于欧洲中世纪与文艺复兴研究的国际学术研讨会。中国外国文学学会莎士比亚研究分会自2013年4月在北京大学成立以来，每年都举行全国学术研讨会。"十三五"时期，中国人民大学、天津师范大学、贵州大学、河南大学等，也有多场这一领域的学术论坛举行。

(五) 专业的学术刊物开始出现

在这五年间，国内学术界出版了三种以书代刊的专业性的学术刊物。《古典学研究》是中国比较文学学会古典学分会主办的辑刊，已由华东师范大学出版社出版四辑。浙江大学的《中世纪与文艺复兴研究》已经出版两辑；东北师范大学文学院和上海交通大学外国语学院联合出版的《欧洲古典与中世纪文学研究》也已经出版第一辑。三个刊物均以马克思主义的历史唯物主义为基本指导思想，从历史、社会、政治、经济、文化等角度研究这一时期的文学现象和阐释文学作品。改善了我国此领域研究成果发表阵地不足的问题，并推动了中国的欧洲古典文学与中世纪文学研究的深入。

二 "十三五"时期存在的主要问题

(一) 研究力量相对较为薄弱

由于该领域研究对古代语言方面要求较高，故而难度很大。现在国内能够熟练掌握古希腊语、拉丁语等语言的学者相对较少。尽管随着一批中青年学者的崛起，情况有所改观，但研究队伍仍然较为弱小。

(二) 原始资料或第一手研究资料缺乏系统性收集和整理

尽管近年来靠学者们各自的努力，欧洲古典文学和中世纪文学的原文资料（如手稿、摹本和国外学者的研究著作等）有了引进、整理和翻译，但总的来说，这项工作仍然还属于各个课题组和研究者的个体行为，资料的收集整理仍处于零散的自发状态。购买或引进这些原始资料比较昂贵，也在一定程度上影响了这一领域资料的系统收集整理。

(三) 对现有研究者的培养和训练尚需加强

由于欧洲古典文学与中世纪文学既有文学特性也有史学特性，学科交叉、知识交叉领域较多，进行深入研究需要较为丰富的知识储备。而长期以来我国缺少这一领域专门的培养和研究机构，很多学者都属于半路出家，这势必造成研究的难以深入。令人欣慰的是近年来一批中青年学者在国外接受了专业训练，具备了很好的古典学和中世纪学的研究素质，假以时日，今后该领域的研究将会有一个新的面貌。

三 "十四五"时期需进一步深化和拓展的重点研究领域

第一，设立重大专项课题，组织全国力量，系统进行相关文献的翻译和整理。文学研究的基础就是文献，特别是对本研究领域来说，这是当务之急。

第二，依托相关单位或研究机构，联合国外相关的学术重镇，从硕士生阶段开始，培养古典学与中世纪学方面的人才。

第三，继续加大对该研究领域一些重要但却长期没有引起国内学界重视的课题研究。例如古代和中世纪东地中海周边不同民族文学交流史；从中国视角对古代希腊罗马文学乃至中世纪文学的再认识；关于欧洲文艺复兴文学的中国话语建设等。

西葡拉美文学及其他

一 "十三五"时期的基本情况和主要成绩

（一）西班牙语、葡萄牙语文学研究

"十三五"时期，我国西葡语文学研究依然集中在古典和当代两个领域，成果数量不算多，但质量提升明显。主要专著有陈众议主编的《西班牙和西班牙语美洲文学通史》前两卷，内容自中世纪初延伸至17世纪。在西班牙语现当代文学研究方面，有王军的专著《西班牙当代女性成长小说》，它系统梳理了当代西班牙女性小说。滕威的《"边境"之南：拉丁美洲文学汉译与中国当代文学（1949—1999）》、曾利君的《马尔克斯在中国》、邱华栋的《大陆碰撞大陆：拉丁美洲小说与20世纪晚期以来的中国小说》、郑书九主编的《拉丁美洲"文学爆炸"后小说研究》、范晔的《诗人的迟缓》等，也在学界产生了较大反响。此外，《外国文学动态研究》自2010年起，每年刊发有关西葡语文学发展综述。

此外，王军的《葛兰黛丝：西班牙历史记忆的发掘者》、任少凡的《女性意识的苏醒及其对传统的颠覆——西班牙内战后第一代女作家笔下的"怪女孩"》、范晔的《从鹿特丹到拉曼却：〈堂吉诃德〉中的伊拉斯谟"幽灵"》、樊星的《"混血儿的面孔"：亚马多〈奇迹之篷〉中的混血文化书写》、魏然的《讲话在阿根廷的阅读和挪用》等都是这一时期较为重要的学术论文。

（二）东欧文学研究

随着国家的"一带一路"倡议和"17+1"的合作趋于深广，中国与

"一带一路"沿线中东欧国家的文化交往日益密切。在这样的大背景下,东欧文学的译介和研究呈现井喷态势,其中体量最大,影响最广的要数高兴主编、花城出版社出版的"蓝色东欧"系列。其中的前言、后记是我国东欧文学研究的最新成果。

在文学翻译全面铺展的同时,东欧文学研究也呈现纵向深入的趋势。柯静、景凯旋、丁超、宋炳辉等发表了颇有分量的著述。其中丁超、宋炳辉的《中外文学交流史:中国—中东欧卷》和宋炳辉的《弱势民族文学在现代中国:以东欧文学为中心》是近期比较重要的著作。

(三) 意大利文学研究

"十三五"时期,我国意大利文学研究主要集中在文艺复兴运动和现当代。其中,2016年王军的《意大利文学简史及名著选读》是这一时期较有代表性的一部作品,既有文学史梳理,也有重要作品选译。同时,他还就马基雅维利与复兴运动中民族国家的构建等问题发表了论文。其他重要评论有董丹的《语篇—历史视角下意大利主流媒体"一带一路"倡议报道的文本分析》,以及陈绮、彭倩等人关于意大利文学的年度综述和评价。

(四) 非洲小语种文学研究

受语言等诸多因素的限制,非洲小语种文学,尤其是土著语言文学一直没有受到重视。因此,中国非洲文学研究起步很晚,即使在中华人民共和国成立后前30年"三个世界"理论框架下,也没能提上议事日程。但同时也正因为如此,非洲小语种文学研究是近年来发展最快的一个学科。随着我国的综合国力的增长,尤其是"一带一路"建设的实施,中非之间的交往日益密集、深入,非洲文学研究在国内学界也获得了前所未有的关注。其中一个长足的发展是学者们开始注意并提出问题。2017年,由北京大学非洲研究中心策划的《中国非洲研究评论》出版了非洲文学研究专刊。该书首次收集了大陆16所高校的非洲文学研究与教学资料,并勾勒出学科发展的特点——国内各类高校的非洲文学研究与教学分别依托深厚的东方学传统、比较文学和外国文学理论优势、传统语言教学基础等,开拓并发展出充满活力的非洲文学研究学科。

国内非洲文学研究领域的一个重要问题是过去只关心欧洲语言书写的

非洲文学。为改变这一状况，有关学者开始将注意力集中到非洲本土语言文学研究。这一转向与近期非洲大陆上诸多学术机构和高校开展的轰轰烈烈的去殖民教育运动遥相呼应。在此过程中，应中国社科院外文所的邀请，索因卡访问中国，带来了非洲文学的光芒。在著名非洲文学批评家拜尔顿·杰依夫教授、非洲戏剧家费米·奥索菲桑教授和沃莱·索因卡的倡导下，北京大学外国语学院亚非系筹备并正式建立了国内第一个非洲文学与文化研究硕士研究生专业方向，为该学科的建设做出了一定的贡献。此外，北京外国语大学、天津外国语大学、中国传媒大学等高校也依托传统的斯瓦希里语、豪萨语等传统非洲语言教学优势，不断有非洲本土语言文学相关的研究成果诞生。

总结近年来的国家社科基金等各种研究项目和课题，除了作家作品研究，还出现了不少将文学现象与思潮、文学史与社会史相结合的研究课题或项目，如"20世纪60年代以来的尼日利亚戏剧转型研究""英殖民时期斯瓦希里语和豪萨语本土文学嬗变研究""文化记忆与身份认同视角下的当代戏剧研究"等。

非洲文学的研究成果，也与近年来非洲文学的译介工作相辅相成。除了从20世纪中叶就得到关注的阿契贝等非洲文学的经典作家，许多新兴作家的作品也被译成汉语。最近，不少高校相继设立非洲研究院所（中心），非洲文学开始从英、法、葡、阿等大语种转向土著语言。总之，随着"一带一路"建设从"互联"到"互通"、从"互利"到"互赢"，我国非洲文学研究必将迎来新的高潮。

二 "十三五"时期存在的主要问题及相应建议

西葡拉美文学、东欧文学、意大利语文学以及非洲小语种文学普遍存在的问题，是研究人才流失严重、研究队伍严重萎缩。虽然西、葡语言文学专业近年来开始扩招，但仍与其他小语种文学一样，未能真正缓解后继乏力的现象。为了更好地建设和完善相关学科，响应国家的"一带一路"倡议，"十四五"时期应当加大相关小语种文学研究人才的培养力度和研究扶持力度。

北欧文学

一 "十三五"时期的主要成绩

近年来，随着我国"一带一路"倡议的不断深入，处于"一带一路"最北端的北欧五国的文化战略地位愈发凸显。同时，国家也逐步加强对北欧文学研究的支持力度，国内学界对北欧文学领域的研究也日趋彰显。总的来看，近年来我国的北欧文学研究，在队伍建设、翻译介绍、研究成果和学术交流等方面，有了一定的发展。其中复旦大学的北欧文学研究所，南京大学的北欧文化中心等，在原有的基础上，增添了新的力量。东北师范大学、上海戏剧学院等也建立了研究团队。在与国际学界的对话上，我国学者在易卜生研究上已形成团队优势，并逐渐走向前台。在人才培养方面，一些博士研究生和硕士研究生相继选择北欧文学作为自己的研究方向。北欧文学研究连续获得国家社会科学基金立项资助，研究成果的数量快速攀升，方法呈现多元化态势并日渐成熟。

（一）译介成果有新的拓展

"十三五"时期，我国对北欧文学作品的译介力度不断加大，不仅包含以往的儿童文学和经典重译，还拓展了译介的文体，从小说拓展到诗歌、戏剧和文学批评领域，并呈现一定的规模化特征。如2019年，中国国际广播出版社出版了《北欧文学译丛》，并计划到2022年陆续出版80部左右以小说为主的北欧作品。

从具体国别来看，我国在对挪威文学的译介方面力度最大。在经典作家翻译中，继续关注易卜生的作品重译，易卜生的思想研究也有翻译成果面世。同时，译界对挪威当代作家的关注在不断加强。上海译文出版社出版《挪威现当代文学译丛》系列丛书，介绍了琳·乌尔曼等十位现当代作家的作品。不仅加大了对尤·奈斯博、乔斯坦·贾德等知名作家的作品译介，也对哈瓦德·苏瓦森、拉斯·萨贝·克里斯滕森、图尔瓦·斯坦等当代作家进行了译介。

在对丹麦文学的译介中，除了儿童文学和经典作家的译介外，增加了对经典作品和当代流行作品的译介。如对约翰内斯·威廉·延森的诺奖作品《希默兰的故事》、著名现实主义作家汉斯·基尔克的《短工》等作品的译介。一些当代影响力较大的作家如 J. C. 龚达尔、尤西阿德勒－奥尔森和多尔特·诺尔斯的作品也被翻译出版。

对冰岛文学的译介集中在犯罪推理小说上。新华出版社出版了阿诺德·英德里达松的《寒城疑云》等9部作品，此外，知名度较高的作家约恩·卡尔曼·斯特凡松、埃纳尔·茂尔·古德蒙德松和奥杜·阿娃·奥拉夫斯多蒂的作品也被翻译出版。

对瑞典文学的译介体裁较丰富，涵盖了小说、诗歌和文学批评。小说集中于三个领域：悬疑推理（如弗雷德里克·巴克曼的9部作品）、科幻小说（如西蒙·斯塔伦海格和斯蒂格·拉森的作品）和经典作品（如斯特林堡的《海姆素岛居民》和海顿斯坦姆的诺奖作品《查理王国的人马》）。体裁也进一步拓展，出版了霍拉斯·恩格道尔的文学评论集《风格与幸福》和诗人托马斯·特朗斯特罗默的诗作《早晨与入口》。

对芬兰文学的译介主要集中于对经典作品（如芬兰史诗《卡莱瓦拉》）和科幻小说的译介。此外，对芬兰当代作品的译介力度也在加大。中国青年出版社2017年出版了《芬兰文学丛书》，推出了尤哈尼·阿霍的《铁路》《尤哈》和阿历克西斯·基维的《库勒尔伏》三部作品。

总体来看，北欧五国文学作品译介，在保持对经典作品和儿童文学的热度的同时，对北欧五国当代作家的关注度开始提升，译介范围较前期有明显拓展。翻译的热点集中于瑞典、丹麦和挪威，冰岛的犯罪推理小说和芬兰的科幻小说也有后来居上之势。

(二)学术研究有新的进展

"十三五"时期,北欧文学研究领域几乎每年都有研究者申报的课题获得国家社科项目和教育部人文社科项目的立项。近年来,国内学者还出版了关于北欧文学的研究专著和教材。孙建主编的《跨文化背景下的北欧文学研究》从跨文化视角及现代女性主义、电影改编、结构主义神话学、虚构故事传统和戏剧文本与视觉艺术等角度审视北欧文学,推进了北欧文学的现代性研究。

除整体性研究之外,代表性作家研究主要包括以下几方面。

关于易卜生研究。主要研究方向集中在:(1)戏剧理论批评,如易卜生戏剧中的"叙事性";(2)易卜生戏剧中的文化元素,如易卜生的宗教观、精神进化论和伦理观;(3)比较研究,如易卜生与格里格、曹禺和鲁迅的比较;(4)易卜生对中国文化的影响分析;(5)易卜生作品的专题研究。同时,经典作品依然热度不减,如《玩偶之家》《海达·高布乐》等。主要成果有汪余礼的《双重自审与复象诗学——易卜生晚期戏剧新论》等。

关于安徒生研究。对安徒生的研究逐渐摆脱早期以安徒生童话为内容的教学实践探讨,在批评视角和深度上均有一定程度改善。李红叶的《安徒生童话诗学问题》从文体、叙述方式、儿童形象等角度谈安徒生作品作为儿童文学的诗学建构,较系统地从整体论的高度讨论了安徒生作品的文本特质。"十三五"时期,研究安徒生童话的论文总计65篇,除探讨安徒生作品在教育学中的意义以外,亦关注童话中的自然观念、死亡母题及其与德国浪漫主义童话的关系。

关于斯特林堡研究。"十三五"时期,有关于斯特林堡的作品有《海姆素岛居民》一本译著出版。这一时期关于斯特林堡的学术论文(含报刊文章)共30篇。主要探讨了斯特林堡的自然主义的戏剧理论、《朱丽小姐》的人物形象和斯特林堡"梦剧"中的死亡美学。

关于克尔凯郭尔、哈姆生、勃兰兑斯等作家研究。国内关于克尔凯郭尔的研究以往局限在其作为哲学家的一面,"十三五"时期,对他的译介在作品的文体上有一定拓展,演讲集《原野里的百合与天空中的飞鸟》于2019年出版。人民文学出版社出版的散文集《远处的青山》中收录了勃兰兑斯的《人生》，"十三五"时期共发表关于勃兰兑斯的论文4篇。哈姆生的作品已有中文全集，徐晓红的《民国时期对哈姆生的译介》《〈生之呼喊〉中日译本比较研究》是这一时期关于哈姆生的相关研究成果。

（三）学术交流日趋频繁

"十三五"时期，学者们在国际和国内的学术交流方面，更为自觉和主动。例如，复旦大学2019年举办"跨界与散播：全球化语境下的北欧文学"研讨会，这是国内唯一的以北欧文学整体研究为主题的学术研讨会。会议关注在全球化语境下北欧文学在不断的文学跨界和散播过程中所呈现的新的文化特征，从中国学者的角度初步尝试了构建北欧文学的批评理论和批评视角。2018年3月南京大学举办的"纪念易卜生诞辰190周年暨易卜生、跨文化戏剧与数字人文研究"工作坊，探讨易卜生研究的数字化人文趋势。不仅如此，还举办了很多由北欧驻华文化机构与国内学术机构合办的相关文化活动。如2018年9月26日，中国作家协会和丹麦文化协会举办首届中国—丹麦文学论坛。2018年12月12日，冰岛驻华使馆主办了冰岛文学沙龙暨《世界文学》冰岛小辑、冰岛文学经典《夜逝之时》中译本首发式。2019年1月9日，丹麦文化中心和北京外国语大学丹麦研究中心共同主办了"北欧文学译丛"新书发布会，丛书主编为中国社会科学院北欧文学专家石琴娥教授。

二 "十三五"时期存在的问题

进步虽然明显，但同时也存在亟须解决的问题，例如缺乏系统、完整的北欧文学史研究成果；跨学科研究成果匮乏，跨语种合作不足；尤其是对北欧文学史的更新和修撰，是当前最为迫切的问题。石琴娥的《北欧文学史》面世距今已有15年。就北欧文学的地位和发展来看，国内学界需要更为系统、详尽的多卷本《北欧文学史》。

在译介方面，结构不合理，体裁较单一，翻译成果国别分布不均匀。长期以来，因市场利益驱动，对北欧的悬疑、侦探文学、儿童文学翻译较多，对严肃、高雅文学的翻译力度不够。这种情况虽然在这一时期有所改观，但严肃文学所占的比例依然有限，而且主要集中在小说，对诗歌、戏剧的译介严重不足。另外对当代北欧作家的译介力度亟须加强。

在重要作家研究方面，仍局限于传统批评领域，视角创新不够；虽有一定的比较研究意识，但跨学科的研究成果匮乏，这一点在戏剧改编研究领域尤甚，且立足于中国文化和文学特质的研究成果不多。在作品研究上，对作家缺乏整体性把握。一方面集中于戏剧或小说等体裁，对其余体裁的作品重视不足；另一方面集中分析该作家接受度高的作品，对别的时期的作品没有足够关注，对作品的文本性挖掘有待进一步深入。缺乏对北欧文学的专题研究成果。目前的研究多以作家为对象，对北欧五国的文学互文性、北欧神话、生态主题、女性主题等缺乏整体性的专题把握。另对北欧文学批评思想研究严重不足，这一点可以以勃兰兑斯为出发点进行突破。

相对而言，研究队伍仍然规模较小，专门研究机构过少。

"十四五"时期重要任务及重点研究课题建议

一 "三大体系建设"与"十四五"时期的重要任务

近年来,很多在西方产生重要影响的比较文学研究著作,都利用中华文明的差异性元素重新阐释西方文明,以拯救西方比较文学的"学科死亡"。出于中国学术话语体系建设的发展需要,我们既要对西方采用的比较文学阐释学方法从学科理论上予以总结,更要认真检视当今西方学界"以中释西"阐释模式的合理性及其有效性。因此,从跨文明比较立场出发,形成一批英文著作或论文成果,在国际学术界发出自己的声音,构建"以中释西""以西释中""双向互释"的一整套话语体系和方法论,这对中国思想"走出去"具有重大实践意义,也能够促进国际比较文学界的理论创新、实践创新,对当前比较文学学科理论话语体系创新具有重要的实践意义。

然而,对标党的十九届五中全会精神和我国社会发展第十四个五年规划和2035年远景目标,本学科尚有一些短板亟待补齐。除了后面的课题建议,其中最重要的一项任务是修订文学原理。众所周知,修订文学原理是"三大体系"建设的龙头课题。近百年来,我国的文学原理学经历了三个阶段。首先是以马宗霍先生的《文学概论》为代表的第一阶段。该著凡三篇,由"绪论""外论""本论"组成。作者试图用本体论与方法论相结合的路径建构文学原理,但因攫取的几乎皆为中国本土材料,且偏重于文字学方向,故而略嫌偏狭。虽如此,然作为首创,他功不可没。在界定完一般意义上的文学这个偏正结构（文与学）之后，作者认为凡文学者，"一属于知，一属于情。属于知者，其职在教。属于情者，其职在感"[①]。在"法度"章中，作者认为文学既不可无法，也不可泥法；复在"内相"章中说到古来文学一曰有神，二曰有趣，三曰有气，四曰有势；又在"外象"章中归纳出四曰：声、色、格、律。如此等等，基本以汇集古来文人学者各家之说而成，尽管偶尔也会牵涉西洋人等的相关点滴学说。此类以中国古典诗学观念为基准的文学原理学绵延不绝，且越来越多地同西方诗学杂糅。当然，坚持中国诗学体系纯粹性（包括材料和认知）的学者依然不在少数。比如认为中国有独立完备的诗学体系，相关观点不仅足以与西方各色流派对应，而且在神韵、意境、风骨、气势等方面具有相对广阔的审美维度。但从方法论的角度看，这些人基本是配菜师的做法，缺乏纵深感（即学术史意识），比如说到修辞，它们可以将孔子、刘勰、归庄等并置一处，全然不顾他们之间的承继与变异；说到意境或其他也是如此。殊不知同样一个美字，古今中外的认知却是同少异多。再说美是客观的还是主观的？如果是客观的，为什么萝卜白菜、燕瘦环肥各有所爱？如果是主观的，为什么青山绿水人见人爱、窈窕淑女君子好逑？虽然难有定论，但若不顾时代的偏侧、历史的演变，单说文艺司美又有什么意义？况且近百年来许多被定于一尊的所谓现代经典不仅彼此殊异，而且与古典美学的界定大相径庭。

其次是以蔡仪先生的《文学概论》为代表的第二阶段。正所谓"时运交移，文质代变"，蔡仪先生的这部文学概论在原理性揭示方面广泛接受马克思主义文艺观，尽管这一文艺观带有鲜明的苏联色彩。作品凡九章，是谓"文学是反映社会生活的特殊的意识形态""文学在社会生活中的地位和作用""文学的发生和发展""文学作品的内容和形式""文学作品的种类和体裁""文学的创作过程""文学的创作方法""文学欣赏"和"文学批评"。其中，第一章开宗明义，认为文学与社会生活的关系是文艺理论的一个最根本的问题。[②] 也就是说，文艺的首要标准是反映生活，而且是客观的社会生活。这里最重要的当然是客观这个词。且不说客观是相对的，即

---

① 马宗霍：《文学概论》，商务印书馆1935年版，第6页。
② 蔡仪：《文学概论》，人民文学出版社1983年版，第1页。

使照相也有光与对象、角度等诸多因素构成,遑论作为语言艺术的文学。在这一时期的文学原理或文学史写作中此类问题多多,但最根本的依然是学术史方法的缺失,盖因单就西学而言,客观论从模仿说到反映论经过两千多年的沿革,不用说还有不少后续者,譬如20世纪泛而滥之的超现实主义、超自然主义(也即超级现实主义、超级自然主义)等。几相对位,不能不令人胆战。

最后是以董学文、张永刚先生的《文学原理》为代表的第三阶段。这部《文学原理》是我国近一个时期出版的诸多《文学原理》当中的一部,拿它作代表是因为它目前在我国高校文学系使用率最高,几乎没有之一(除却塞尔登的《从柏拉图到现在》)。这部作品显然自觉地揉进了西方文论的不少思想,并从"文学的本体与形态""文学的客体与对象""文学的主体与创造""文学的文本与解读""文学的价值与影响""文学的理论与方法"六个方面阐释中外文论,演化出文学的观念与现象、真实与超越、语言与修辞、形象与意境、体裁与类型、通俗与高雅、游戏与宣泄、阐释与批评等数十个话题。作者在解释文学理念、文学现象时总体上是以西方现当代文艺理论为主要参照,而且是平面化的和相对任意的攫取。换言之,从方法论的角度看,这样的原理依然缺乏基本的学术史维度,依然像是在文学概念的版图上指点江山,因而依然缺乏纵深感、历史意识和唯物辩证法思想(这正是马克思在《黑格尔法哲学批判》中所批判的)。反之,真正的历史意识、问题意识必须尽可能地置概念、问题于历史语境当中,比如文本一词,假使你还有起码的作家关注、读者关注,那么就应该尽量回避之,盖因它是形式主义美学崛起之后,尤其是结构主义和后结构主义强调作品独立性时常用的一个称谓,如罗兰·巴特(《作者死了》)和德里达文本之外一切皆无的唯文本论思想;再比如同样这些个话题,完全可以取法学术史方法,在来龙去脉中去粗存精、推导规律。当然,这并非否定他们在兼容古今中外、厘清文学研究与文化研究的关系及扬弃文学研究碎片化、去原理化等方面所做的努力和贡献。但这只是一个新的开始,用作者的话说,"对文学原理某些从思辨性讨论转向实证性研究的趋势并没有表明文学基本理论的探索已经完结。相反,实践表明文学原理基本概念、深刻内涵、应用前景及其新形态的展示,还远未被发掘出来，一个很大的必然王国还摆在我们面前"①。既然必然王国尚在前方，那么我们距离自由王国必定还很遥远。由是，他们提出的文学功利性与非功利性、文学感性之象和理性之意以及文学认识和评价等问题当然也远未解决。

有鉴于此，我国外国文学学科亟须以"三大资源"为基准，遵循习近平总书记关于"不忘本来，吸收外来，面向未来"的指示精神，对文学原理进行一次认真的梳理，使之既具有学术史向度，又符合我国文学和文化发展的需要、展示新时代的精神风貌。归根结底，一切文学原理终究是为了研究、总结和引导文学批评，梳理、概括和揭示文学创作的基本规律（认知、鉴赏和评判文学经典亦在其中）。没有符合时代要求的原理学著作，"三大体系"建设有可能付之阙如。

二　"十四五"时期的重点研究课题建议

（一）国外马克思主义文艺理论研究

包括西方、中东欧、俄罗斯、美洲及其他地区的马克思主义文艺理论研究。

（二）物联网兴起背景下的"物叙事"研究

5G 与物联网的时代正在到来。万物互联理念在当下的传播，使汉语中的物感一词焕发出新的生机。与人物互感问题关系紧密的人文学科，应当贡献自己的认知与思考。近年来，国内外学界出现了明显的"物转向"讨论，试图让我们重新回到客体自身，去探索人类理性之外的"物"，给文学叙事理论和批评提供了新的机遇和视角。目前国际学界的"物"叙事研究缺乏中国视角，需要得到中国哲学思想（尤其是道家思想）和中国"物"叙事实践的补充，与国际学界形成对话，方能于理论体系建构有所增益，形成具有国际影响力的理论话语。目前与"物"有关的叙事研究缺乏系统性，还没有任何一部完整呈现"物"叙事理论的学术著作，也缺乏用"物"理论嫁接来解决叙事研究中关键问题的研究，因此亟须拓展纵深

---

① 董学文、张永刚：《文学原理》，北京大学出版社 2001 年版，第 1、25—26 页。

度。本课题面对前沿科技的发展，切合实际的精神需求，有助于我们避免坠入消费主义的陷阱，抛弃高高在上的人类中心主义，恢复像古人那样把自己当成万物之一的意识。

（三）文学基础理论跨学科研究

从跨学科角度以及使用跨学科研究方法开展文学基础理论的深入研究，深入探讨文学的性质、文学的价值与功能、文学同语言及相关学科的关系、文学与科技等基础理论问题，为构建全新的文学理论体系寻找新的思路、提供理论支持以及奠定新的理论体系建构基础。除此而外，通过对文学基础理论的研究，为相关学科如语言学、哲学、伦理学等学科提供借鉴。

（四）比较文学阐释学

近年来，很多在西方产生重要影响的比较文学研究著作，都利用中华文明的差异性元素重新阐释西方文明，以拯救西方比较文学的"学科死亡"。出于中国学术话语体系建设的发展需要，我们既要对西方采用的比较文学阐释学方法从学科理论上予以总结，更要认真检视当今西方学界"以中释西"阐释模式的合理性及其有效性。因此，从跨文明比较立场出发，形成一批英文著作或论文成果，在国际学术界发出自己的声音，构建"以中释西""以西释中""双向互释"的一整套话语体系和方法论，这对中国思想"走出去"具有重大实践意义，也能够促进国际比较文学界的理论创新、实践创新，对当前比较文学学科理论话语体系创新具有重要的实践意义。

（五）21世纪外国文学研究

对当代外国文学按国别、语种进行的系统研究，也包括欧美日韩等国家、地区的网络文学。

（六）灾变文学

结合当前世界性新冠病毒危机选择各语种文学中不仅艺术地反映灾变

现实，而且往往能给人类未来应对灾变提供有益思路的文学代表作为基础，开展世界灾变文学研究，文学艺术界还应定期举办"灾变文学主题"的学术研讨，使我国的灾变文学走上更具文学、文化和社会、政治影响力的轨道。新冠病毒本身给世界格局带来的影响，也会远超 2008 年国际金融危机的影响，这必将在包括文学在内的人文领域得到各种体现，及时地对相应的文学创作、人文反思进行研究，也是这一题目的应有之义。

（七）当代现实主义及理论研究

考察当代现实主义的内涵、形态、特征，分析现实主义回归现象，重估现实主义，对现实主义进行理论创新。

（八）文学地理学研究

文学地理学是文学与地理相互交融的跨学科产物，涵盖地域批评、地理批评、地图批评与地理诗学等核心概念。从构建人类命运共同体的语境出发，文学地理学研究具有重要的时代意义和实践价值。

（九）中外文学关系史及国外文学中的中国元素研究

对中外文学交流中诞生的经典作品进行系统的整理、翻译和阐释，对于揭示中国文化对国外文学的影响，推动中国文化走出去都具有积极意义。无论是中国元素的表征还是中华文明的世界影响与反思都是值得开掘的课题，可以进一步梳理国外文学作家及其相关文本，通过史料引证回溯复杂历史现象，阐明中国元素之于国外文学在创作个性和特色中的构成性意义以及中国文化在异域的再生产机制。如汉字文化圈文学研究，对日本、朝鲜—韩国、越南等国汉文学的系统研究，也可以更好地把握"传统与现代"问题，有助于深入认识我们自身的文学传统。

（十）欧洲古典文学研究、中世纪文学的翻译研究及"中国话语"建构

在国内，与外国文学的其他研究领域比较起来，欧洲古典和中世纪的文献资料还较为匮乏，有些极其重要的文献资料目前还没有翻译过来。即使此前已经翻译过来的一些经典著作，因为受当时各种条件的限制，也需

要重新修订或重新翻译整理。现在国内的古典与中世纪文学史，仍然是在原始材料并不充分的基础上建构起来的，其中有些观点或看法，存在很多缺陷，有些看法其实就是从西方学者那里接受过来的，带有鲜明的西方中心论痕迹。为此，需要在占有第一手材料的基础上，重新阐释古希腊罗马文学和中世纪文学，这有助于进一步从中国立场角度认识西方文化乃至文学的传统，从而建立属于中国的学术话语。

（十一）外国文学学术史研究

鼓励中国社科院外文所倡导的"外国文学学术史研究"，加强经典作家作品中小语种经典作家作品的研究，同时考虑将这类研究的研究方法，扩展至学科史、概念史，以及文学主题史，系统梳理各类重要的、对我国文学文化、经济社会发展有借鉴意义的文学主题，进行发生学意义上的发展过程和科学预判研究。

（十二）各国别与区域的文学史研究

对于英、俄、德、法等较为成熟的语种文学，鼓励细化、专门化的文学史研究，如文学体裁史、文学断代史、类型文学史、专题文学史。对于意大利、东欧、西葡拉美、非洲、除日韩外的亚洲文学等研究队伍相对较小的小语种文学，鼓励各种个案、国别及重要流派、重要现象的文学史研究，尤其鼓励"一带一路"倡议涉及国家、区域的文学史书写。

（十三）外国文学的跨学科研究

鼓励数字人文、跨媒介、人工智能等与外国文学的跨学科研究的具体实践，以及对文学传播的技术媒介进行研究。同时应鼓励文学研究的社会责任意识和问题导向，集结文学、哲学、社会学、历史学、艺术学等相关学科，展开文化人类学视野下的文学研究，关注文学与图像、文学与自然环境、跨文化诗学等问题。

（十四）外国文学学科建制与政策综合研究

包括国别或语种学科史、学科与文化战略等。

（十五）中外文学批评的道德传统与文学教育研究

文学伦理学批评作为中国学者提出并倡导的批评方法，已独创性地构建了自己的理论体系和话语体系，在国内外产生了广泛的影响。文学伦理学批评在未来的发展中，需要在多元化的理论格局下拓展新的研究方向，在与其他理论的对话中整合新的理论资源。为丰富和深化文学伦理学批评的理论体系，进一步扭转当前的文学批评中存在的价值和道德判断缺席的现状，推进文学教育改革，有必要系统而深入地研究中外文学批评的道德传统及其发展演变，探讨文学批评与文学教育的互动关系。

总审稿人　陈众议

审　稿　人　陈众议　聂珍钊　王晓平　刘文飞　王守仁　罗国祥
　　　　　　方维规　刘建军　王　涛

执　笔　人　陈众议　苏　晖　邱雅芬　金柄珉　王立新　黎跃进
　　　　　　刘文飞　陈建华　王守仁　何　宁　罗国祥　王　涛
　　　　　　王　静　史忠义　方维规　范捷平　范　劲　李昌珂
　　　　　　刘　炜　叶　隽　刘建军　陈　靓

参　加　人　陈众议　聂珍钊　王晓平　刘文飞　王守仁　罗国祥
　　　　　　方维规　刘建军　王　涛　苏　晖　邱雅芬　金柄珉
　　　　　　王立新　黎跃进　刘文飞　陈建华　王守仁　何　宁
　　　　　　罗国祥　王　静　史忠义　方维规　范捷平　范　劲
　　　　　　李昌珂　刘　炜　叶　隽　刘建军　陈　靓　曹顺庆
　　　　　　傅修延　申　丹　王　宁　米　睿

语 言 学

中国语言学学科建设、语言学发展规划、现代辞书和术语问题研究

一 中国语言学的学科建设与"十四五"发展规划

(一)"十三五"时期取得的主要成绩

1. 研究队伍壮大

"十三五"时期,从事语言教学与研究的队伍进一步壮大。据《中国教育统计年鉴(2018)》,目前我国大中小学的外语教师1449438人,中小学语文教师3089317人,如果加上大学语文教师和进行汉语国际教育的教师,那么语言(语文)教师的数量应不少于500万人。语言学学科的研究力量集中在高校和科研院所。伴随研究队伍的扩大,语言学类的期刊、集刊、微信公众号、国际国内学术会议等增长迅猛。

2. 研究成果丰硕

在中国国家图书馆馆藏目录中,以中图分类法"H语言、文字"为检索对象,"十三五"时期每年出版的语言学研究著作在160部以上,如果加上散落在"C、G、Z"等各类中的语言学著作,那么每年应在200—300部。在古今汉语、民族语言、外语、手语盲文等研究方面都有进步,尤其在语言规划、语言资源保护、海外华语研究、国际中文教育、计算语言学、语言库语言学、语言类型学、生态语言学、古文字研究等方面推陈出新、与时俱进。

3. 人才培养规模和质量不断提升

国内多所高校成立语言学系、语言科学与技术系等,专门培养语言学

类本科生。随着中国语言文学、外国语言文学硕士点和博士点的扩容,以及汉语国际教育专业学位和翻译专业学位培养单位的增加,语言学专业人才培养的规模不断扩大。在教育部指导下,各培养单位对研究生教育进行综合改革,有力提升了研究生培养质量,为语言学学科的进一步发展壮大提供了人才保障。

4. 国际交流日益扩大

人员方面,语言学专业留学生回国就业的人数越来越多,也逐渐有港澳台语言学者在内地从业,各项人才计划也为在国际上享有一定声誉的华人语言学者在国内高校和研究机构开展学术合作与交流创造了条件。成果方面,国内学者在国际专业期刊上发表的研究成果越来越多,依托中华学术外译项目等出版计划而见诸国际学界的国内语言学专著数量稳步增加。学术活动方面,国内学者积极参加国际学术会议,诸多国外知名语言学者来华讲学,营造了双向互动的良好氛围。

(二) 存在的主要问题

1. 学科归属欠妥

语言学的学科地位归属是语言学科建设绕不过去的话题。在当前的学科目录中,语言学被语种分割,且处在多个学科的二级学科、三级学科的地位,分散在中国语言文学、外国语言文学、民族学、信息科学、教育学等不同学科门类中。这一情形已经远远不能满足语言学学科发展的实际需求,对语言学学科的发展形成严重阻碍。语言学是一个横跨文理工的学科群,当前的学科设置导致研究队伍严重分散,队伍建设活力不足,无法形成强有力的学术共同体;导致研究成果既不能很好地解决学科的内部问题,又不能及时回应相关学科和社会对语言学科的需求;导致人才培养有先天局限,零散的课程模式很难满足真正意义上的语言学专门人才的知识需求。目前体系下,培养的是各个语言学分支学科、各个语种的人才,而不是语言学整体意义上的人才,给学科发展带来极大缺憾。

2. 研究队伍分散

由于没有独立的学科地位,语言学研究队伍散落在中国语言文学、外国语言文学、计算机科学与技术、心理学、教育学等不同的院系中,彼此之间缺少往来,成果缺乏交流、思想缺乏碰撞,"两层皮"现象仍未得到根本改善，严重阻碍了学科的健康发展。

3. 缺乏"本源问题"意识

语言学研究论著数量庞大，但影响力特别是国际影响力有待提升，缺乏具有普通语言学意义的有分量的理论性论著，中国语言学在国际语言学界的话语权还有待提升。研究成果创新程度不够，各领域甚至各方向各自为政，缺乏共同的学术目标和学术"问题"，导致各学者、各分支的研究成果难以为语言学界所共享、共研。

4. 社会服务能力不足

语言学过去在语言教学、语言规范、文化传承等方面取得了较大成绩，积累了较高声誉。但当前的"一带一路"建设、脱贫攻坚、"两个共同体"建构、突发公共事件处置等一系列国家战略，语言学介入程度不深。对汉语国际教育、外语教学、中小学语文教学、人工智能等相关领域的支持不够。狭义语言学很难吸收其他学科的成果，自身研究成果也难以被其他学科吸收与应用，学术穿透力弱，社会服务的意愿和能力较弱。

5. 人才培养质量不容乐观

人才培养关系到学科的自我生产和长远发展。当前语言学的人才培养是以语种为基础，"碎片化"严重，为的是单方面应付汉语国际教育、外语教学和民族语文教学等，导致语言学学术视野狭窄，语言学研究方法训练无法系统化。当前的人才培养格局特别是研究生的培养已经不能满足学科和社会对语言学人才的需求和期待。

（三）"十四五"时期发展规划

1. 提升学科地位

提升语言学在国家学科门类体系中的层级和地位是当务之急。无论是设立语言学学科门类，还是只设语言学一级学科，都需要尽快改变语言学在国家学科门类体系中层级过低的状况。2017年9月国家公布世界一流大学和一流学科建设高校及建设学科名单，其中"'双一流'建设学科名单"的"学科名称"中，既有一级学科中国语言文学、外国语言文学，也有现代语言学、语言学。这种不同层级相提并论"建设一流学科"的格局，既反映了现有学科设置的局限，也昭示了语言学学科发展的新动向。

2. 加强发展规划

加强语言学队伍建设：语言学研究人员要以开放的心态，积极吸纳其他学科的知识，积极回应其他学科对语言学的期许。提升语言研究的问题意识：语言学应注意发现语言生活中的问题，包括行政、外交、国家安全、科学教育、新闻出版、社会公共服务等不同领域的语言生活问题，强化问题导向，提升研究。注重复合型人才的培养：在当前学科设置下，打破学科壁垒，为心理语言学、语言智能、神经语言学、数字人文等有众多职业需求的交叉学科培养更多人才。

3. 促进资源数据建设

当前国际语言学界正处于新一阶段学科大发展的肇兴之时。语言学有向资源数据科学方向发展的势头，将来可能会形成一门新的交叉学科——语言资源数据学。更重要的是，就整个语言学科群来说，每个分支学科都应该加强资源数据建设，由资源数据来推动语言学的发展。资源数据是语言学发展的基本动力和内在需求，也是服务智能化社会的必然选择。未来的中国语言学需要在资源数据获取方面，从田野调查、实验研究、新技术应用等几个角度用力；在资源数据处理方面，主动吸纳当前数据科学的发展成果，包括资源数据的预处理、管理、计算、统计与计量等各个面向。这无疑将对未来语言学者的培养和发展提出新的要求，课程设置和研究模式都将发生巨大改变。

4. 拓宽研究视野

语言学的研究对象主要是人类正在使用的约七千种语言。国际上许多卓有成效的研究项目都是基于广泛的调查才得以展开并获得成果的。随着我国综合国力的提升和对国际事务的参与甚至引领，语言学研究也应提升全球眼光。一是逐步有序增加对象语言，将更多的语种纳入研究范围；二是展开更为深广的国际合作与交流，精准地走出去、迎进来；三是设计相应的人才培养计划，包括以掌握具体语言为目的的应用型人才和以理论研究为目的的学术型人才；四是有针对性地开展国别化语言政策以及语言本体对比研究。

5. 理论创新与方法应用

语言学发展的历史表明，没有任何一种理论和方法是放之四海而皆准的。语言研究需要基于语言事实来运用恰当的方法，提出自身的理论。中国语言学在经过了长时间的向国外学习之后,近些年开始出现了立足中国语言国情来研究中国语言和世界语言的趋势,这无疑是学术自觉和学术自信的回归。未来的中国语言学应继续这一路向,立足中国、放眼世界,补上理论创新这一短板。

6. 学术期刊国际化

和国际期刊相比,国内专业期刊还有很多方面有待完善。一是建设完备的配套网站,可以把大量无法刊印的材料作为网络附件出版;二是增加文章和期刊篇幅,以承载更有分量的研究成果;三是丰富出版形式,鼓励刊发学者之间的论辩、编读双方的往来、最新论著的推荐等。争取中国学术期刊的国际话语权。

二 中国辞书学发展状况与"十四五"发展规划

(一)"十三五"时期发展状况及取得的成绩

1. 学术活动和学术团体

中华人民共和国成立初期,辞书品种不多,专门辞书学术活动较少,学术研究成果也多依附于语言学、词汇学研究成果。1979年5月,《辞书研究》创刊,辞书学终于有独立的学术交流平台,刊物广泛开展辞书理论研究探讨,为形成我国辞书学理论体系起到了重要作用。1992年10月,中国辞书学会成立,学会和各专业委员会积极开展各种活动,在理论研讨、学术交流、辞书评奖、打假批劣、培训中青年辞书工作者、组织建设方面展开了卓有成效的工作。近年来,中国辞书学会根据国家新闻出版署新闻出版领域行业标准制修订工作的安排,制定了《辞书出版标准体系表》,并于2019年6月获得批准,该体系表所列的各项标准已在部署制定中。

2. 辞书理论成果

进入21世纪以后,词典学研究领域的"认知转向"推动了认知词典学的诞生。20世纪末,国外积极型词典的编纂理念吸引着国内编者思考汉语辞书的发展走向。同时,随着对外汉语教学在全世界的兴盛,学习词典成为推广汉语的有效工具,促使汉语辞书编纂由意义重心向用法重心转型。

3. 辞书出版成果

中华人民共和国成立后，国家有关机构组织编写《新华字典》《现代汉语词典》，后不断修订，使之成为新中国标志性辞书。改革开放以来，《汉语大字典》《汉语大词典》《中国大百科全书》先后出版，结束了我国没有历时性汉语大型语文辞书与现代百科全书的历史，《辞海》《辞源》等原有品牌辞书陆续修订，还出版了为数众多的民族语文辞书、外语辞书等，改变了"大国家、小字典"的落后面貌，中国正在由辞书大国向辞书强国稳步迈进。

（二）存在的主要问题

我国辞书编纂出版在繁荣的背后，还存在一些隐忧。对比国际品牌辞书，我们还有不少距离。

1. 创新不足

有学者把我国辞书理论研究的现状概括为"四多四少"：跟踪研究多，原创研究少；描写多，理论少；模仿多，创新少；整合或综合研究多，独创研究少。理论研究上的"四少"，在辞书编纂实践上表现为同质化出版严重，创新能力不足。其中跟风、仿冒和抄袭现象严重，极大地损害了广大读者的利益。

2. 发展不均

各类辞书虽然都有出版，但分布不均衡，语文类、学生类辞书多，民族语言类、专科类辞书少。从总体上看，各民族语言和学科都有自己的辞书，但是不少辞书长期没有修订更新。对内向型词典而言，外向型词典的编写还比较薄弱，还缺少为大家所认可的专为帮助非汉族人学习汉语的权威辞书。基于国外品牌辞书研发的双语辞书对我国原创辞书的编纂与出版造成很大冲击，亟须重视并努力提高原创辞书特别是中小型学习词典的编纂质量，增强其品牌竞争力。

3. 人才匮乏

目前在很多高校，辞书编纂不算科研成果。很多中青年教师迫于晋升职称等压力，不愿意参与辞书编纂，辞书编纂队伍建设面临青黄不接的尴尬局面；由于辞书编纂不算科研成果，各种成果奖励和基金评议也极少落到辞书上面；少数高校虽然设置了辞书学专业，但理论研究与编纂实践往往相互脱节，尤其是面对数字化和智能化的挑战，融媒辞书、跨界辞书人才更是稀缺资源。

4. 转型缓慢

随着互联网与新兴媒体的发展，人们的辞书生活也发生了改变，在线阅读和移动终端阅读成为许多人的读书常态，人们的辞书查阅习惯由纸质辞书转向手机、电脑等网络平台。学界很早就关注到辞书编纂模式的改变，但现有辞书的数字化、融媒化进展还比较缓慢，促进辞书编纂向融媒辞书发展、辞书研究由辞书编纂向辞书生活转变，是辞书人的时代使命。

（三）"十四五"发展规划

1. 融媒辞书的理念与实践

融媒体的关键是"融"，是把传统传播方式纳入"互联网+"和人工智能这两大领域。当今的辞书实践正在朝着"融媒辞书"的方向发展，辞书数字化、融媒化成为大势所趋，辞书的内容、载体、用户习惯都发生着重大变化。辞书编纂要积极思考和探索新时代尤其是数字时代的中国辞书学，推进辞书学的理论创新和实践发展。

2. 智能时代的辞书生活

融媒体引起的辞书编纂与出版的融合是全方位的，从辞书资源、辞书文本、编纂平台的融合到媒体、部门和行业的融合。我们需要创新编纂理念和手段，拓宽辞书学研究领域，把辞书生活作为研究对象，把网络辞书的灵活性和传统辞书的扎实内容融合起来。用户是辞书生活的核心角色，辞书生活的核心理念应是一切为了辞书用户。要利用网络大数据平台，让广大民众参与辞书生活，使他们既是辞书的使用者，更是辞书的编纂者，以实现辞书人共享资源、新旧媒体辞书协调发展。

3. 中国特色的辞书经验

中华人民共和国成立以来，党和政府围绕文字改革、语言规范化和推广普通话三大任务，在国家层面制定语言文字政策和辞书发展规划，集中力量开展学术研究和编纂辞书，对推动国家文化发展、社会进步具有极大作用。我们既需要外国学说的本土化，更需要总结辞书组织、编纂的经验，特别是要注意发现和解决学科发展的问题，改进研究方法。

三 中国术语学研究状况与"十四五"发展规划

(一)"十三五"时期国内术语学研究状况及取得的成绩

中国学界对于术语学的研究起步较晚，但经过 30 多年发展，也取得了很大的进步及令人瞩目的成果。我国从 20 世纪 80 年代起开始引进国外术语学理论，跟踪国际前沿，介绍国外术语学成果，并根据中国国情及汉语特点做出了一些创新性的研究成果。然而时至今日，我国的术语学研究还相对薄弱，也不完全适应我国术语工作实践。为根本转变这一状况，国内术语学界积极开展中国术语学建设工作，既重视术语学的方法论和哲学认知意义，又强调术语学的应用学科特点，在理论术语学领域和应用术语学领域均开展了大量具有中国特色的研究及实践活动。

1. 理论术语学领域成果

（1）构建科研队伍和开展学术研究活动

近年来，逐步形成了以全国名词委、国内高等院校和研究机构专家学者为主体的科研力量。先后建立了以国内高等院校为主的若干研究基地，形成一支初具规模的研究队伍。在此基础上，确立了若干稳定的研究方向，包括术语学理论研究、术语翻译、术语标准化与规范化、术语词典编纂、术语数据库建设、术语教学理论等。全国名词委积极组织协调科学研究工作，承接国家有关部门的科研课题，并按年度下达术语学研究课题，有关机构也给予了更多的配套专项支持。全国术语标准化技术委员会在国际标准本地化领域也组织开展了大量的研究工作。为共同推动中国术语学学科建设，全国名词委联合国内相关机构和高等院校，先后举办了 10 届术语学研讨会，逐渐打造了一个开放、共享、协同创新的术语学研究平台，有利于交流学术思想，总结研究成果，做出发展规划，为中国术语学建设奠定了重要的理论基础。

（2）开展国内外学术交流合作

多年来，术语学界积极参与国家语言文化建设；将术语学研究纳入国家总体语言战略，提升国家在科技领域的国际话语权；国内相关机构持续开展术语学研究合作。与此同时，同国际术语学界建立长期稳固交流合作机制，开展经常性的学术交流活动。例如，全国名词委于 2017 年 11 月组织召开了国际术语学学术研讨会，150 余位国内外专家学者参加了会议；黑龙江大学与俄罗斯科学院俄语研究所 3 次联合举办"术语与认知国际学术研讨会"。通过这些努力，中国术语学研究工作获得国际同行认可与积极评价，在国际术语学界占有一席之地。

（3）取得术语学学科代码

鉴于国内术语学学科建设与学术科研活动的持续开展，全国名词委于 2008 年起草了"申请术语学学科独立代码"的文件，向国家标准化管理委员会提出申报并获得批准，于 2009 年 10 月出版的我国国家标准"学科分类与代码"（修订版）中，术语学获得了独立的学科代码（740.3570），这为我国术语学学术研究和人才培养创造了可以依赖的基础和有利的条件。

（4）培养术语学后备人才队伍

为探索术语学人才培养模式，全国名词委联合黑龙江大学共同组建了术语学研究所，承担完成了"术语教育理论与实践"课题，郑述谱所长等专家对术语教育理论进行了系统研究。据不完全统计，黑龙江大学、同济大学等高等院校和研究机构开设了术语学方向的博士生课程，培养了 10 多名术语学方向的博士研究生。

（5）坚持开展学术出版工作

全国名词委分别于 2009 年和 2016 年推出了"中国术语学建设书系"和"中国科学技术名词规范化理论建设书系"，以及其他一些著作，迄今共出版了近 20 部术语学学术专著。全国名词委于 1998 年创办的《中国科技术语》是目前全国唯一聚焦汉语术语研究的学术期刊。全国术标委也曾于 1996—2012 年期间创办了《术语标准化与信息技术》刊物（后改刊）。这些工作在探索术语学理论、推动科技名词审定工作实践、促进术语学研究与应用等方面发挥了积极的作用。

2. 应用术语学领域成果

在应用术语学研究领域，学界将大量研究成果用于指导实际工作，最大限度地实现理论与实践的密切结合。按照国际术语组织 Infoterm 主席加林斯基先生的说法，中国的术语工作在世界上是"异军突起"；联合国教科文组织和不少国家都与中国开展了合作。

(1) 应用术语学的理论研究

全国名词委成立以来即制定了《科学技术名词审定原则与方法》，将普通术语学理论与中国语言文字特点相结合，理论联系实际地运用于汉语科技名词审定工作之中，并不断完善；1999 年，国家标准化技术委员会制定了《术语工作原则与方法》，指导各个行业的术语标准制定工作。此外，学界在术语翻译、辞典编纂、术语数据库、计算技术等学科领域，开展了许多与术语相关联的应用与研究工作。

(2) 名词术语工作实践和发展

应用术语学理论研究成果与工作实践的密切结合，使名词术语规范化工作取得丰硕成果。迄今，全国名词委已建立了近百个学科的名词审定分委员会，审定公布了 130 多种科技名词，基本覆盖了基础科学、技术科学、农业科学、医学、人文社会科学、军事科学等各个领域，建立了较完整的科技名词体系。前后共有 5000 多位专家学者参与了科技名词审定工作，这在世界范围都是规模空前的。ISO/TC37 与 IEC/TC1 中国分技术委员会在国际技术标准本地化方面也取得了很大进展；IEC 国际标准已经将汉语纳入 6 种工作语言之中。

(3) 国际领域的交流合作

2008 年，中国标准化研究院承担了国际术语机构 ISO/TC37 秘书处工作，并按年度组织开展国际术语标准的制订、修订工作及召开国际术语标准会议。2013 年，全国名词委成为国际术语组织 Infoterm 常任理事单位，积极参与国际术语学界的各项工作。

(4) 普及推广工作

近年来，应用术语学在知识传播与知识应用领域也取得良好发展。全国名词委和全国术标委在各自的工作领域均建立了大规模术语数据库，在推广普及名词术语规范方面发挥了非常重要的作用。此外，通过技术培训等活动，也使术语普及与应用达到历史最高水平。

(二) 存在的主要问题

目前在理论术语学研究方面存在的问题和薄弱环节为：学科建设发展时间不长、基础还不够牢固；国内术语学研究队伍规模不大且较为分散；作为科技名词工作实践主体的科技专家中参与术语学研究的人员不多。

1. 研究基础相对薄弱

术语学获得独立学科代码仅有 10 年左右时间，尚处于培育发展、积聚力量的过程中，需要获得国家和相关部门的更大支持、相关学科领域和专家学者更广泛的关注和参与，以及术语学界同人的共同努力。

2. 研究力量分布不均

术语学虽是边缘跨界学科，但更偏向于语言科学，目前国内术语学研究人员主要分布在语言学（含翻译学）专家学者中。然而，除从事科技名词审定实践工作之外，自然科学及工程技术领域的专家中还少有术语学本体研究者。一般情况下，自然科学与工程技术专家更为关注本专业领域，而对于边缘学科的关注程度明显较低。

3. 文理兼容型人才不足，缺乏教育培养渠道

术语学既涉及语言学，又涉及各个科学技术领域，这就决定了术语学研究需要各学科领域知识的深厚积淀，需要文理兼通的"跨界人才"。基于我国总体上"文理分科"的教育制度，文理融合类专业比较缺乏，特别是对于从高等院校毕业不久的青年学者而言，需要较长时间的学术积累才能较好地从事这项研究工作。此外，由于行业规模较小、就业方向不明朗等原因，国内高等院校尚未开展"术语学"大学本科教育，远不能满足术语学研究工作的实际需要。

4. 尚待建立全国性学术组织

虽然术语工作在翻译、编辑、企业标准等很多领域都有实际需求，但尚待在全国范围内形成核心，以广泛动员和凝聚各学科、各行业中的术语学研究和应用力量。目前，迫切需要成立"中国术语学会"等机构，以团结和统一国内术语学研究和推广普及力量，共同推进中国术语学建设。

（三）"十四五"时期发展规划

中国术语学建设在已取得成绩的基础上应当继续努力，取得更大的发展。未来发展方向主要包括：

第一，更加广泛深入地开展名词术语规范化工作，尽快覆盖科学与技术全部领域。

第二，及时转化术语学研究成果，用于指导名词术语工作实践。

第三，在术语学理论上提出原创性的思想、观点，实现中国术语学理论系统化，建立以汉语为描写对象的术语学理论体系。

第四，整合国内术语学资源，在全国形成术语学研究合力。同时，做好国际、区域、政府间合作，传播中国声音。

第五，充分发挥术语学应用成果和方法论作用，对我国学科体系、概念体系、话语体系的创新做出更大贡献。

中国语言学理论、现代汉语研究

一 语言理论研究"十三五"总结与"十四五"展望

"十三五"时期,音系学研究继续朝着纵深方向发展。对中国境内汉语方言和少数民族语言的音系研究不断深入,更多单点方言和少数民族语言的音系结构得到描写,语言接触中的音系现象得到重视。对于以北京语音为基础的普通话音系来说,基于当代前沿音系学理论的分析层出不穷。其中,超音段音系研究成为热点,探讨韵律单位性质的韵律层级研究、探讨音系与词法句法界面的韵律语法研究,在理论建设和事实挖掘上都有突破。在应用方面,与普通话音系相关的一语、二语习得研究不断进步,与音系相关的病理研究和工程研究等亦有进展。对清末民初这一现代汉语早期阶段的音系特点做了一定的分析整理,填补了既往研究的空白。

在上述研究中,基于汉语事实的音系学理论建设意识尚有不足,对普方材料、古今材料和中外材料的综合利用和分析还有待加强,仍需突出汉语及少数民族语言音系学研究对普通音系学研究的反哺及其在语言类型上的重要性。

"十四五"时期,应加强基于中国境内语言事实的音系理论建设,加强方言和少数民族语言在超音段音系层面的探索,加强方言和少数民族语言之间的横向比较,更快地促进音系学和其他应用学科的融合发展。

"十三五"时期,句法研究方面除了少量宏观的理论研究(如对人类语言句法生成的"高先低后"特点的解释），主要是对英语、汉语具体现象的句法考察，如对英语词组动词的结构、致使动词的非宾格化、汉语数量名结构、"NP 的 VP"结构、"把"的句法性质等问题提出不同于以往的分析。继续深挖汉语句法结构的特点，在汉语轻动词设立、宾格/作格性表现等方面提出新的看法与质疑性观点。同时，句法研究继续与语义研究紧密合作，在多功能成分的语义研究，主要是模态成分的语义研究方面，提供句法的手段和证据（制图理论下的研究），并且在虚词研究，主要是副词研究中继续发挥作用（副词的语义功能也与其句法位置紧密相连）。

"十三五"时期，语义研究方面成果较多。模态、量化、时态、叙实性（真值判定）与事实性（反事实条件）等语义研究的经典问题依然是研究的重点。对焦点、话题、指称等的研究相对较少。量化问题仍然是热点。研究涉及焦点与量化的关系以及由此产生的量化句句法语义结构错配问题，汉语量化算子（如"每""都""总"等）的具体量化功能及机制，以及如何解释汉语量化表达的特点，如"每""都"共现的问题等。方法上，制图理论、语义图理论等依然是多功能词研究的主要理论方法。但是对形式语义学重视不够，不过有文章对认知心理实验与形式语义学研究相结合的方法进行介绍，有望为今后国内形式语义学研究展开新的研究领域和课题。

"十三五"时期，语用学研究取得了长足的进步，主要表现在以下几个方面：第一，除了经典课题（如指示语、限制语、预设、会话含义、言语行为）研究继续发展外，一批新兴课题（如话语标记、话语结构、语用策略、语用能力、语用失误）研究取得了丰硕的成果。第二，语用—语法、语用—语义界面研究走向深入。比如认知语言学视角的虚词语法意义及其语境变异关系研究，构式语法视角的语句句法结构与信息结构互动研究。第三，研究范式日益多样化。源自英美分析哲学的分相论语用学和源自欧陆人本哲学的综观论语用学并驾齐驱。社会语用学、文化语用学、认知语用学、形式语用学、历史语用学异彩纷呈。

当然，"十三五"时期中国语用研究也还存在如下不足：第一，历史语用学研究虽因得益于语法化研究的兴盛而有所突破，但这方面的成果还很少。集中在语言演变语用动因研究上，而语用功能实现方式和语符

(串)语用功能的演变(如句法成分语用标记化)研究还很少。第二,实证研究虽得益于大型电子语料库和语料分析软件的问世而越来越多,但这方面的研究还不够。

"十三五"时期的历史比较语言学研究主要集中在三大热点问题上。第一个热点问题围绕白一平、沙加尔2014年出版的《上古音:构拟新论》展开。这部专著在西方语言学界引起很大反响,2016年获得美国语言学会颁发的"布龙菲尔德奖"。中国学者围绕这部著作所使用的材料、运用的方法、得出的结论提出了自己的看法。在承认这部著作在使用材料的广泛性上有所突破之外,中国学者普遍认为这部著作犯了不少错误,有些甚至是根本性的失误。第二个热点问题是方言音韵演变中历史层次分析法的运用。汉语方言在形成的过程中既有分化又有融合,呈现不同的历史层次。只有在离析出不同层次后历史比较法才有可靠的比较基础。"十三五"时期方言音韵历史层次问题引起了方言学者广泛的关注,研究对象从东南方言扩展到了晋语,甚至官话。不过,现有成果还是以个案研究为主,缺乏对某一方言在某一历史时期的宏观构拟,也缺乏更具概括性的理论总结。第三个热点问题是对历史比较语言学和人类学、考古学、生物学、遗传学等进行跨学科的交叉研究,以探讨人类语言的起源和演变。

"十四五"时期应该更加重视出土文献材料在历史比较语言学中的运用;拓展历史层次分析法的运用范围,加强与其相关的理论建设;继续开展与相关学科的交叉研究,以期更好地了解汉语的起源、演变。

二 现代汉语语音研究"十三五"总结与"十四五"展望

(一)"十三五"时期研究现状与成绩

"十三五"时期,我国现代汉语语音研究取得了丰硕的成果。在广度方面,现代汉语语音研究的对象已经从过去的以普通话为主,拓展到现代汉语方言。在深度方面,既往的现代汉语语音研究侧重于对普通话/方言单点语音现象的实验和分析,近年来很多研究在实验分析基础之上,尝试从理论上对语音现象的来源和演变进行阐释。这些阐释既有发生学层面的,也有历史语言学层面的。在研究方法和技术手段方面，心理学、脑神经科学、生理学、统计学等技术手段在现代汉语语音研究中的使用越来越普及。其中，心理学和脑神经科学的技术手段使得语音实验研究的结果具有更强的音系层面的解释力，而统计学手段的进步使得语音实验的结果在量化的精度和可信度方面更上一层楼。

（二）存在的问题与不足

国内的现代汉语语音研究在深度、广度和技术问题上都还有广阔的拓展空间。如：（1）目前现代汉语语音研究的语料以实验室语料为主，如何将实验研究的结果与在自然语言的情境（例如自然语言语料库）中得到的结果进行相互验证，目前似乎还没有找到令人满意的方法。（2）产出实验（声学分析）和感知实验（心理和脑科学的分析）的结合还有待加强。（3）与方言田野调查所取得的成果相比，对现代汉语方言纯语音学角度的研究还远远不够。（4）汉语母语者习得母方言之外的汉语方言或者普通话作为第二语言的语音习得研究尚未得到足够的重视。（5）语音学与音系学研究的结合似乎一直没有明显的进步。

（三）"十四五"时期应重点研究的课题

近20年来，现代汉语语音在普通话超音段特征研究（韵律研究）方面取得了丰硕的成果，在普通话声调、重音和语调等问题上，语音学界达成了一些重要的共识。"十四五"时期可以以这些共识作为基础和借鉴，对汉语方言的韵律特征进行从声调到语句甚至篇章的系统的语音学实验研究。

三 现代汉语词汇研究"十三五"总结与"十四五"展望

（一）"十三五"时期研究现状与成绩

"十三五"时期，现代汉语词汇研究既有继承，也有发展。继承的方面体现在，以往较传统的研究格局得以保持并在原有基础上得到具体深入。对词汇研究最核心的问题，即义位研究领域，义位的结构模式，同义、近义词的辨析，具体义类中词语的释义，具体词语的来源及语义演变，语义成分/特征在义位研究中的作用，词义衍生的认知和逻辑机制等方面都有涉及。在构语研究领域，除了词法与句法的接口、复合词结构与句法结构的关系、构词形式与构形形式的区别等传统议题仍有讨论外，也有对既有结构类型的深入探讨，以往鲜有注意的一些构词次类型得到关注和挖掘，在构词过程中起作用的一些机制（如韵律、语义类推、隐喻、转喻等）得到进一步探讨。在新词语、词语的社会属性、海峡两岸以及东南亚各国之间华语词汇的同异及其相互影响、国内不同族群对同类词语的认知、方言词语向普通话词语趋近的现状等方面的研究也都得到了关注。

二语词汇习得研究在"十三五"时期也有较好的发展，研究切入点多样，成果的数量和质量也比较可观。主要涉及语言中的各种因素以及教学方式本身的特点对词汇习得效果或教学效果的影响，也包括词汇知识对学习者词义推测能力、写作、阅读理解等的贡献，对语素法教学的作用，等等。

"十三五"时期，词汇研究引介和运用国际前沿理论有多方面的进展。比如，在生成词库理论框架下，解释词义构成、词语义项关联、构词机制等；以认知语言学基本层次范畴为理论指导，提取汉语基本层次动词；从原型理论看词典释义的操作方向，借助意象图式来把握多义体系的概念根基；从隐喻、转喻理论看词义关联的认知机制，从体验理论观察构词模式的能产性，引进词汇类型学对词群内词语更替的规律、语义演变的普遍方向做出了新的探索，在语法化、词汇化研究的启发下，提出词法化的概念并加以具体探讨；借鉴构式语法理论来分析固定语和习用词组等。

（二）存在的问题与不足

本阶段词汇研究的不足之处也很明显。一是对词语的组合关系重视和研究不够；二是固定语研究从质到量几乎没有什么进步；三是词汇本体研究对应用研究的滋养还远远不够，甚至在很大程度上还要依靠某些应用研究（如词典编纂）的依托；四是与其他相关学科相互介入还可以更广更深；五是对语言学其他分支学科还应有更多的交流和借鉴；六是对各种国际前沿理论还应有更多更深的了解，并积极应用到词汇研究上。

(三)"十四五"时期应重点研究的课题

对固定语的忽略长期存在,总体来看研究基础薄弱,研究视角单一,研究成果很少,这与固定语在汉语词汇系统中的数量、作用及固定语的研究价值极不相称。"十四五"时期应该加强对固定语的研究,加深对汉语相对凝固的单位的探讨,并给其他语言单位比如词、自由短语、构式等研究以启发。

四 现代汉语语法研究"十三五"总结与"十四五"展望

(一)"十三五"时期研究现状与成绩

1. 语法事实的挖掘和分析

很多探讨都与探索汉语语法特点、反思汉语研究方法有关。主要表现在下列方面。

(1)词类问题一直是焦点,但有了新的认知角度,如从词法、句法、语义、韵律、语体等角度对词类问题的新认识。"名动包含"说和"词类的语体分化"观都是词类问题的新认识。与此相关的是汉语形态的结构和功能,尤其是关于重叠的形态特征、韵律形式算不算形态、名物化现象的分析。基于不同语法理论的虚词研究有了新的发展。

(2)句式问题仍是基本论题,如"把"字句、"被"字句、"给"字句、"有"字句、存在句、中动句、领主属宾句、无定宾语句、比较句、容纳句、供用句、动结式、重动式、连动式、同语式等。这是不同理论解释力的试验场。

(3)论元结构与及物性相关的特殊句法结构研究得到新的充实,尤其是旁格现象以及相关的施用结构、保留宾语现象、准定语结构。

(4)范畴研究,主要集中于对句子识解有较大影响的范畴,如量范畴、否定范畴、情态范畴等,尤其是"每、都、只、总"等量化词及相关量化表达手段的意义和用法。意外范畴是新建立的范畴。语义地图模型的分析也大多建立在范畴系统关联之上。

(5)逻辑事理与语用分析,如关于事实性、叙实性、非叙实、反叙实及反预期等的内涵及其句法表现的分析。这种分析常跟分析哲学的理念相通。

（6）语篇研究，尤其是话题和焦点问题。流水句的性质、范围、结构方式常受关注。

（7）词法和词法化问题集中在合成复合词、跨层词汇化以及词汇—句法互动、词法—韵律互动等方面。

（8）利用认知语言学关于概念结构与主体间性的理论，研究汉语的否定句和隐性否定词语与相关构式，揭示其隐秘的意义识解机制。

2. 语法理论的发展和探新

在引进与借鉴各种先进的语言学理论与方法的同时，积极地根据汉语事实的实际情况，进行修正与改造。

（1）认知语言学和功能语言学，其基本理论架构已经成为语法解释的基础理论。对转喻机制的语法后果的研究则有了新的认识。

（2）生成语法主要是延续最简方案的研究路径来重新思考句法结构的生成和识解、句法结构的系统运作，其中制图理论分析路径有较大影响。分布式形态学被引入汉语研究中进行形态—句法接口方面的分析。

（3）互动语言学是新的理论生长点，重点关注互动交际对语法单位和结构的塑造方式。以自然口语为基本事实，关注视角表达、话语立场、主观性和交互主观性等话题。多模态语言学则将更多的非语言因素引入对语言结构和成分的描写和解释中。

（4）构式语法是又一个新的理论生长点。经过十数年的发展，此期更多地将该理论用于汉语事实的分析中，个案考察非常丰富，注重构式压制机制的刻画。其中在方法论上具有创新性的则是互动构式语法的提出和实践。

（5）语体语法同样是此期新的理论生长点。分体语法的专项研究得到重视。功能语体学强调叙事、说明、政论表达方式的语体差异，形式语体学则强调语体语法学体系的建构和语言系统各部门、各层级语体特征的挖掘。

（6）韵律语法也有了新的拓展。当前对韵律和语法的根本关系，多有不同认识；有很多韵律问题引发新的争议，如汉语有无重音以及相关现象。

（7）生成词库论尤其是物性结构理论在句法、词法层面上的应用性解释功能得到强化。

（8）库藏类型学也是在上一阶段基础上的发展，但在某些基础概念上有了新拓展，如显赫范畴、库藏裂变等。

（9）对于汉语语法的意合特征进行挖掘，并且尝试揭示汉语意合语法的运作机制，并且建构系统的汉语意合语法的描写体系。

（二）存在的问题与不足

1. 事实层面

虽然有了大规模语料的支撑，并且在个案的专题研究方面比较深入，但语法系统的体系性描写并不多见，基于大数据的启发作用并未得到凸显。

2. 理论层面

有不少理论探索，基本上仍处于引进加验证的分析路径，而基于汉语事实的理论探索并不充分。不同理论之间批判有余，互动不足。

3. 学科层面

各种理论处在不断发展的过程中，如何从学科的角度来重新审视其理论体系及方法论原则，做得并不充分。

（三）"十四五"时期应重点研究的课题

1. 在不同理论背景下的汉语语法特征新探索。
2. 基于汉语语体特征的语料库建设及理论探索。
3. 构式、韵律、语体互动的语法研究。
4. 音系、词法、句法互动的语法研究。
5. 形式语法和功能语法的互动互补研究。
6. 多维度的语体语法理论和应用研究。
7. 互动语言学的理论和应用研究。
8. 多模态语言学的理论和应用研究。
9. 语言类型特征的调查和分析。
10. 现代汉语学科体系建设。
11. 汉语语法理论的应用研究。
12. 海外华语语法的调查与研究。

五 "十四五"时期可重点研究的课题

第一,清末民国时期弹词及方言报刊中吴语资料的整理与研究。
第二,汉语方言的韵律特征的实验语音学研究。
第三,汉语固定语的词汇学研究。
第四,"构式—韵律—语体"多层面互动的语法理论探索与应用研究。

汉语国际教育和语文教育研究

一 汉语国际教育研究

"十三五"时期,汉语国际教育研究在学科体系建设、教材教法研究、学科理论研究、汉语传播方式研究等领域都取得了突出成绩,这些成绩也为"十四五"时期汉语国际教育研究和汉语国际教育事业的发展奠定了坚实的基础。

(一)"十三五"时期汉语国际教育研究主要进展与薄弱环节

1. 进一步明确了"汉语国际教育"的学科定位,进一步完善了学科体系

"十三五"时期,汉语国际教育的学科定位更加清晰,其作为汉语语言学与学科教学的交叉学科的观点已基本形成共识,汉语国际教育建构了从本科到专业硕士、专业博士这样一个相对完整的人才培养体系。汉语国际教育的学科体系建构也日趋全面。

2. 教师、教材、教法"三教"问题研究进一步引起重视

海外本土教师是汉语国际传播的前沿力量和主要力量已渐成共识。这些年,进一步加大了对"一带一路"沿线国家特别是东南亚国家汉语教师的培训。国际汉语教师这一群体的职业性和专业性逐步得到社会和学界的认可。在教材方面,汉语加快走向世界对教材建设提出了新挑战,对教材创新的需求越来越强烈,因此"三教"研究中教材的研究成果最为丰富。一是加强了教学理论创新研究,促进"教材"向"教学资源"的转变。二是加强了教材编写的类型和国别研究，促进"多用教材"向"专用教材"的转变。三是加强了专业教材、少儿教材、海外多语等专用教材的研究，促进教材的多元化发展。但在教法方面，研究进展不是很大，之前有关任务教学法、翻转课堂等方面的研究也逐渐退热。近些年比较关注孔子学院教学和评估研究等，尤其是关注教学策略和适应海外汉语教学的教学法。

3. 关于汉语国际教育的科学研究取得突出成绩

汉语国际教育领域的学术研究更趋成熟。①学术体系更加稳定，主要表现在三个方面：第一，新增了数种专业性学术期刊，如《汉语国际教育研究》（2016）、《国际汉语教育》（2016）等；第二，以"汉语国际教育"为主题的研究成果大幅增加，体现出本领域研究在术语体系方面日渐达成共识；第三，从事汉语国际教育研究的学者群体更趋稳定，更多专门从事汉语国际教育研究的学者涌现出来。②研究朝向深细化方向发展。"十三五"时期，汉语国际教育研究的成果数量虽较之前略为减少，但表现出学术体系稳定化、研究成果深细化等特征，显示出这一学科的学术研究正在走向成熟。

4. 汉语汉文化传播取得突出成绩，但也存在一定的问题

近年来，以"孔子学院"和"孔子课堂"为代表的汉语汉文化海外传播取得突出成就，但快速发展也带来了教育体制、管理体制、教学质量、教学方式、生源数量、教师质量、中外文化差异、所在国关于文化安全担忧等问题。这说明，必须充分重视汉语国际教育和汉语国际传播的体制机制研究，以适应新时代背景下的汉语国际教育发展。

（二）"十四五"时期汉语国际教育研究的学术前沿与发展趋势

1. 强化新时代背景下的汉语国际教育与研究

新时代背景下，汉语国际教育的研究和教学须向广度和深度发展：第一，更加注重国内外汉语教学的协调发展；第二，更加注重国内汉语教学各领域的统筹规划；第三，更加注重探索汉语（汉字）自身特点，探索更符合汉语（汉字）自身特点的教学方法、研究路径。

近一段时间"国际中文教育"这个概念引起关注，国际中文教育基金会和中外语言交流合作中心的相继成立，标志着国际中文教育事业进入全新时代，汉语国际教育也必将迎来深刻变革和更大发展，必须加强语言交

流合作的相关领域研究。

2. 提升海外师资力量，融通本土特色

汉语国际教育发展，师资力量是关键，海外的师资力量包括三部分：第一部分是国内派遣的汉语教师，第二部分是海外华人华侨教师，第三部分是海外本土教师。全球持续"汉语热"现象，对海外汉语教育师资力量提出了更高的要求，大力培养海外高层次本土汉语师资力量，确保"汉语热"的持续性，是汉语国际教育可持续发展的一个重要研究课题。未来数年汉语国际教育的本土化师资和本土化教材及教法研究将受到重视。

3. 加强专业研究，实施精准教学

汉语国际教育要加强汉语本体研究，要有针对性地加强汉语有特点的、常用的语音、词汇、语法、篇章的研究，确保知识点精准，把最新的研究成果转化到国际教育上来，根据外国学生的学习需求和主要存在的问题，因国别（区域）施教，确保教学方法精准。教材在第二语言教学中起着纽带的重要作用，要根据不同国家或区域的外国学生实际情况和需求，推出一批典范国别化汉语教材。

4. 把汉语国际教育与华文教育结合起来，重视对华侨、华人的汉语教学与研究

相对于汉语国际教育的发展，海外华文教育与华文教学研究发展较慢。汉语国际教育与华文教育有差异，但也有共性，可以而且也应该互相借鉴、结合融通。重视适合海外华人的本土师资培养、本土化教材编写、专门性教法研究、适切性远程教育平台开发，这是提升海外华文教育与华文教学研究迫在眉睫的课题。

5. 探索在线汉语国际教育理论体系及实践机制

汉语国际教育要紧跟时代信息化步伐，在政策、技术、现实诉求等多重因素合力推动下，汉语国际教育与互联网的深度融合必将成为新的研究趋势。在线汉语国际教育研究是一个宏大而复杂的议题，首先它必将借力于关键技术的突破，将教育理论的发展与技术的突破相协同。其次，更加科学、系统地开发汉语国际教育在线课程，形成资源好用、易用和师生愿用的局面。最后，加强在线教学模式的研究，建构完善的在线汉语国际教育理论体系，并探索行之有效的实践策略。

二 语文教育研究

(一)"十三五"时期语文教育研究主要进展与薄弱环节

"十三五"时期语文教育,处于一个急切变革的当口。在语文教育政策方面,一是普通高中语文课程标准(2017年版)颁布实施,职业高中语文课程标准和义务教育语文课程标准也正在修订中;二是义务教育和普通高中的国家统编语文教材推行使用;三是中国高考评价体系研究成果发布并初步形成语文学科的高考改革方案,各地市也正在积极探索基于学科核心素养的语文中考命题和评价方式。在语文教学实践方面,出现了一些新的做法并形成热点,如群文阅读、整本书阅读、单元教学、基于项目的学习等。

有证据表明,语文课程标准研制、统编语文教材编撰和语文中考、高考改革,前期的理论研究和先行试验的实证研究,都不够充分;形成热点的一些中小学语文教学的创新实践,也主要是先行者较强的个人化的经验探索。

"十三五"时期的语文教育研究和高层次人才培养取得了一定成绩。如:(1)理论研究逐步受到重视,出版了一批有影响力的著作。(2)语文教育高层次人才培养受到重视,博士和博士后培养得到加强,出现了一批高质量的博士学位论文和博士后出站报告。(3)在语文课程研究、阅读教学研究、传统文化和古诗文教学研究、语文教育评价等方面也有不少成果。

从整体上看,"十三五"时期对以后有开拓意义的专题研究为数不多,语文研究的广度和深度有待加强;语文教育理论研究与教学实践相脱节,国际语文教育的比较研究有待加强。

(二)"十四五"时期语文教育研究的学术前沿与发展趋势

1. 强化本体性的基础研究

纵观以往研究,在阅读、写作、口语沟通乃至识字等方面,本体性的理论研究十分薄弱。缺乏基础性的理论研究,缺失可依据的学理基础,语文课程、教材、教学和测评,都不可能取得实质性的改进或改善,这种状况必须改变。其他如写作、口语沟通、语言和文化素养，也必须加强本体性基础研究。

2. 倡导基于语文知识"大概念"的单元教学研究

以往语文学科并无单元教学这个概念，也不知如何组织单元教学，随着相关译著的引进，基于语文知识"大概念"的单元教学及其研究引起关注，这方面的研究应进一步开展。

3. 加强学科阅读和学科写作研究

阅读与写作是超学科的，所有教师都是语文教师，借鉴国外的经验，在基础教育阶段所有学科都介入阅读与写作指导，在大学阶段所有教师都肩负学术阅读和学术写作的指导，广泛开设学科阅读和学科写作的课程，深化学科阅读、学科写作及学术语言能力培养，是当务之急。

4. 深化整本书阅读、群文阅读研究

"十三五"时期形成热点的"整本书阅读""群文阅读"，都是源于一线的通俗说法，其概念本身不具可分析性。学理不明，教学实践必然不得要领，而只能流于对某些先行者个人化经验的模仿，这势必重蹈语文教育一再重演的一哄而上又戛然而止。有必要结合教学实践，开展相关问题的深入研究。

5. 进一步强化小学低段语文教育特点研究

小学尤其是小学低段的特点，是阅读教学与识字写字教学相互交织。这就要求在理论上必须先把"相互交织"这件事情理清楚、讲明白。小学语文教学在三个方面要改换思路：一是回归我国传统语文教育，识字与写字要分流；在信息技术背景下，写字教学还要与计算机输入法贯通。二是"学文识字"，以"学文"带"识字"、以"识字"促"学文"。也就是说，识字教学要从念准、写对，转向在课文语境中对字义、词义的理解和感受。三是以汉语知识"大概念"来组织课文学习和识字教学。这样，关注点可能就要从"语言知识""汉语知识"转移到"关于语言的知识""关于汉语的知识"。

6. 重视传统文化与古诗文教学研究

重视传统文化与古诗文的教学，已经成为共识，但在新时代背景下，老师如何教，学生如何学，教与学的效果如何评价等，都值得进一步研究。

三 "十四五"时期的重点课题

1. 汉语国际教育和语言交流合作的体制机制及模式研究。
2. 不同区域、不同国家、不同语言环境的汉语教材编写、汉语教学方法及教学模式研究。
3. 面向汉语国际教育的汉字、词汇、语义、语法、语用、篇章等方面的基础研究。
4. 在线汉语国际教育理论体系及实践机制研究。
5. 语文教育"文语并重"与培养和提高学生的语言运用能力研究。
6. 基于语文知识"大概念"的单元教学理论研究及实践探索。
7. 面向新时代的国民语文能力的构成、分类、标准、培养、测量等一体化问题探索与研究。

上古汉语研究

一　上古音研究

（一）"十三五"时期取得的成果与存在的不足

近年来上古音研究继续不断推进，虽然并没有重大的突破，但仍取得了一些有价值的重要成就，产生了一批新成果。如关于上古汉语的复杂辅音与复辅音声母、上古汉语韵重现象、谐声假借与上古音构拟、古文字材料与上古音研究、方言历史比较与古音研究等方面，发表了多篇论文，对上古音研究有积极推进作用。

上古音研究也存在一些不足。如：（1）学术队伍的规模较小，从事者不过寥寥数人，后继人才的培养亟待加强。（2）学者们的学术背景各异，有的观念差别相当大，缺乏共识，导致难以展开有效的学术交流，容易陷入自说自话的境地。（3）某些方面的研究推进不够，比如结合上古汉语形态的上古音研究，上古音的演变、基于历史比较的上古音研究等，对于古文字资料的发掘利用也不够充分。

（二）"十四五"时期研究课题

"十四五"时期上古音研究可以"与出土文献相结合的上古音研究"作为重点课题。从商代晚期甲骨文到秦汉时代的简牍帛书中，出土文献谐声和假借材料十分丰富，结合这些材料来开展上古音的研究，比如宏观的韵母系统和声母系统的构拟，微观的一些具体文字的声母和韵母的确定，探讨上古语音的演变、方言差异等，都是有待深入系统开展的工作。

二　上古汉语语法研究

(一)"十三五"时期取得的成果与存在的不足

上古汉语语法研究在"十三五"时期取得了一定的成绩，主要体现在以下几个方面：(1)研究资料空前拓展，更加重视出土文献的语法研究和将传世文献与出土文献结合起来进行研究，产出了一批成果。(2)理论意识进一步增强，不仅重视新理论的运用，并且有了一定的理论自觉和理论创新意识。一是运用形式语言学理论研究上古汉语语法问题有一定的起色，对上古汉语的多种增价结构的分析和解释取得进步。二是运用语法化理论和构式化理论研究上古汉语语法及其演变向纵深发展，并且开始结合汉语实际探讨相关的理论问题。(3)研究视野有了新的拓展，不少论著具有了类型学视野或跨语言视角。(4)上古汉语形态问题得到了进一步重视，上古汉语具有"综合性"逐渐成为共识。(5)上古汉语动词及相关的句法问题是一个研究热点，在研究视角、理论思考方面都有所革新。

"十三五"时期上古汉语语法研究取得了显著进展，但也存在一些不足，主要表现在以下几个方面：(1)理论意识增强无疑是一件好事，但一些学者驰骛于新的理论方法，存在忽视对上古文献正确认识和透彻理解的倾向。(2)在上古汉语语法专题或者语法个案方面的很多研究只见树木不见森林，不注重语法的系统性和相互关联性，得出一些看似新颖却不符合上古汉语语法系统规律的结论。(3)汉语的语法研究逐渐从描写走向解释，上古汉语语法研究也顺应了这一发展趋势，但一些学者的研究在未能弄清语言事实的情况下，偏执于某些文本现象而强为解释。(4)古代汉语语法研究仍未能完全革除为语文教育服务的负面影响，不仅仍有不少研究满足于自圆其说的分析和解释，而且受文言教学观念的影响，仍有一些研究者将上自殷商甲骨文下至西汉（乃至东汉）的文献作为一个同质系统加以研究而罔顾上古汉语内部因时代、地域、语言融合等因素造成的异质性。(5)上古汉语与亲属语言的比较研究、上古汉语与周边其他民族语言的关系研究没有得到应有的重视。

(二)"十四五"时期研究课题

1. 结合出土文献和形态音变的上古汉语语法专题研究。
2. 上古汉语早期（殷商至春秋）与中期（战国）的语法演变研究。

三 上古汉语词汇研究

(一)"十三五"时期取得的成果与存在的不足

"十三五"时期上古汉语词汇研究有以下几个方面的成就：（1）词语考辨是上古汉语词汇研究的传统，这一传统得到了继承和发扬，"十三五"时期产出了不少有分量的成果。（2）常用词的历史演变与兴替研究、汉语核心词的历史演变研究成绩斐然。（3）吸收词汇学新理论研究汉语词汇问题，对汉语词汇史研究产生了推进作用。

上古汉语词汇研究的主要不足是结合上古汉语形态的研究还非常薄弱，上古汉语的构词法研究长期处于停滞状态。

(二)"十四五"时期重点课题

1. 出土战国文献词汇专题研究。
2. 基于概念空间（或语义场）的上古汉语与亲属语言的词汇比较专题研究。

中古近代汉语研究

一 中古近代汉语词汇研究

(一)"十三五"时期的主要进展

"十三五"时期中古近代汉语词汇研究继续保持繁荣兴旺的局面,据初步统计,共出版著作(含辞书、古籍校注等)130多部,发表论文1100余篇。研究方法和手段也有所更新,引入新的语言学理论和方法,重视传世古籍与不同材料之间、古代语言与现代方言之间的相互比较和印证,研究视野逐渐开阔,注意对相关学科方向的借鉴和学习。

1. 词汇分类研究

第一,常用词研究方面,近年来继续受到学界关注,是热点研究领域之一,在既有研究的基础上取得了较大进展,汉语核心词的历史与现状研究成果突出。

第二,语源研究方面,近现代汉语辞源研究,尤其是近现代汉语外来词研究有所推进。此外,在外来词研究、称谓词研究方面也提出了一些新说。

2. 词汇系统研究

第一,断代词语研究方面,如在近代汉语词汇、汉语官话词汇系统的形成等方面发表了不少新作。第二,在词汇系统演变及其规律研究方面有较大进展,发表了一批质量较高的论文。第三,语言接触视角下的词汇差异与演变研究,主要集中于中土文献与汉译佛经的对比研究、从语言接触的角度考察近代汉语词汇系统的形成等方面。第四,语体视角下的词汇演变研究，历史词汇系统及其演变中的语体因素越来越受到重视，有一些值得关注的新成果。

3. 专书、专类文献词汇研究

第一，专书词汇研究，由于近代汉语语料丰富，对代表性的专书词汇考察研究成果可观。第二，专类文献词汇研究得到重视，相关成果也更多，涉及的专类文献有佛经、道经、六朝石刻、唐代公文、隋唐墓志、敦煌变文、宋代都市笔记、禅宗文献、法律文献、近代民间契约文书、明清戏曲小说、清代藏学汉文文献等类别。

4. 词义考释研究

中古近代汉语词汇研究是从考释疑难词语起步的，"十三五"时期词义考释仍是研究重点之一，成果丰硕，在单个疑难词语考释、专书或专类疑难词语考释等方面取得不少新的成果。

（二）存在的不足和薄弱环节

尽管在"十三五"时期中古近代汉语词汇研究取得了很大的成绩，但存在的缺憾和问题也不少，有待改进。第一，从业者文献功底薄弱，缺乏对语料进行鉴别和分析的意识与能力，因使用材料不当而影响研究质量的问题比较严重。第二，研究领域仍需拓宽，研究课题需进一步拓展和深化，目前讨论的话题日渐老旧，亟待创新。第三，理论风气仍较淡薄，研究方法有待创新。

（三）"十四五"时期的研究趋势

1. 继续做好语料的发掘和整理工作

汉语史语料的本体研究还很薄弱，在校勘、辨伪等文献学工作基础上，还应针对语料文本的生成、结构、性质、研究价值等问题进行文本学考察，进而逐步建立中古汉语语料学和近代汉语语料学，编写详尽可靠的《汉语史语料解题目录》，为初学者和专业研究人员提供利用语料的指南。

2. 加强汉语史专题数据库建设

从专题入手进行深加工的数据库现在还很少，例如基于特征的常用词历史和现状数据库，要将汉语词汇在历史发展过程中所体现的特征按照一定的参数（语音、词法、句法、语义、语体及书写形式等）用数据库的形式展现出来。

3. 拓展研究课题，填补空白

结合移民史，研究词语的历史层次和历史上方言与通语、方言与方言之间的互动关系。方言词汇史的研究有赖于中古近代汉语词汇史的深入开展。利用出土的中古近代文献，考察中古近代汉语字词关系，进行形音义综合研究。全面开展语体与词汇关系的研究。继续做好专书和断代词汇研究，编写更多专书词典。

（四）"十四五"时期可开展的重点研究课题

1. 纵横结合的中古近代常用词历史层次研究。
2. 基于出土文献和传世文献的中古近代字词关系形音义综合研究。
3. 基于词汇类型学和语义地图方法的中古近代汉语语义演变规律研究。
4. 语体视角的中古近代汉语词汇研究。
5. 中古近代汉语词汇多功能模式的历时演变研究。
6. 中古近代专书词汇系统研究和专书词典编纂。
7. 中古近代断代词汇系统的研究和断代词典编纂。

二　中古近代汉语语法研究

（一）"十三五"时期研究基本状况

"十三五"时期中古近代汉语语法研究热度不减，成果丰富，突出特点是研究视野更为开阔，问题探索更为深入。研究力量比较集中的是中国社会科学院语言研究所、北京大学中文系。其中，中国社会科学院重点学科"历史语法词汇学"有从事中古近代汉语语法研究的学者十余位，承担多项相关的国家社科基金重大项目，有多位学者在国内外有重要影响。

（二）"十三五"时期取得的重要进展

"十三五"时期，中古近代汉语语法在研究领域、研究视野和研究方法等方面都有重要的发展。

1. 虚词与句式研究

虚词研究成果丰富，中古时期各类助动词的考察和发展研究，代词、副词、连词的产生或演变研究，发表了多篇有影响的论文。句式研究方面，重点讨论了一些句式的来源及演变。

2. 语法化、词汇化、构式化研究

"十三五"时期，汉语语法化研究呈现出多元化趋势，在词汇或构式语法化的历时和共时研究、语法化理论的探索、研究方法的更新等方面都有很大收获。词汇化研究仍以个案为主，集中于对具体问题的深入考察。构式的历时研究也受到大量学者的关注。在研究方法上，最值得关注的是语法化与类型学尤其是语义图的结合。

3. 语言接触与中古近代汉语语法研究

与中古近代汉语有关的语言接触研究主要集中在中古译经语言、元白话、清代满汉语言接触等方面，中古译经语言接触研究数量有所增加，多是运用梵汉对勘来考察某一结构或用法的产生。

（三）存在的问题和薄弱环节

1. 学术快餐化，文章数量多，精品少，质量良莠不齐。
2. 语言理论和语言事实的结合不足，一方面需要加强理论思考与创新，另一方面不能满足于国外理论的介绍与照搬。
3. 研究领域需要进一步拓展，应加强出土文献资料的整理与利用。
4. 对以往成果，尤其是改革开放以来的成果要系统地加以整理和梳理，以利于国内外相关学者理解与吸收。

（四）"十四五"时期发展趋势和研究课题

"十四五"时期可重点开展汉语语法史研究、中古译经语法研究、汉语与阿尔泰语接触的历史研究、语法化与汉语句法语义演变研究、语用意义的语法化研究。以下课题可作为重点：

1. 接触视野下的中古译经语法研究。
2. 少数民族语言对汉语语法发展史的影响研究。
3. 语法化、类型学视野下的汉语句法语义演变研究。

三 中古近代汉语语音研究

（一）"十三五"时期的研究状况及主要成果

1. 中古音研究

对《经典释文》反切结构的类型、层次的重新定义与考察，是近年来专书文献语音研究的重要成果。佛典音义校注产生了一些代表性成果，对《王韵》《广韵》等中古韵书的语音研究进一步深入。通过综合考察诗文用韵、反切、史书、笔记等文献材料探讨北朝通语语音，从社会语言学角度探讨了南北语音差异，利用中古时期域外语音材料研究中古音问题，都取得一定成绩。

2. 近代音研究

明清韵书韵图的整理和研究仍旧是最主要的内容，金元语音的研究引起学者的关注，利用对音材料来进行明清汉语音的研究继续深入，对方音文献和方音史的研究、域外汉语教科书等拼音资料文献的关注度不减。

（二）存在的问题和薄弱环节

"十三五"时期汉语中古近代语音研究虽然取得了一些重要成果，但是仍然存在一些问题和薄弱环节。如：（1）各类语音材料的研究虽有所加强，但仍需进行深度挖掘并注重综合利用。（2）中古近代时期通语系统与方音系统之间分合关系的研究薄弱，成果较少。（3）中古时期南北语音的差异研究薄弱，成果较少。（4）宋代语音的研究比较薄弱，成果较少；明清时期的音注材料关注度不够。（5）非韵书韵图类的汉语近代音文献的研究整理有待加强。

（三）"十四五"时期的发展趋势、研究的重要领域

"十四五"时期的发展趋势、研究的重要领域：（1）各类语音材料的深度挖掘和综合运用；（2）在加强专书音系研究的基础上，重点攻关近代方音史和通语史的研究；（3）中古时期南北语音的差异研究；（4）清代韵书史的研究；（5）非韵书韵图类的近代音文献的整理和研究。

（四）"十四五"时期可开展的重点课题

1. 各类语音材料的深度挖掘及其综合利用。
2. 域外相关文献以及少数民族文献的整理与利用。
3. 中古近代时期通语系统与方音系统之间的分合关系研究。
4. 中古时期南北语音的具体差异研究。
5. 清代韵书史研究。
6. 明清非韵书韵图类的汉语近代音文献的整理和研究。

汉语方言研究

一 "十三五"时期汉语方言研究的基本状况

"十三五"时期,汉语方言研究在研究领域、理论方法等方面进行了积极探索,呈现出以下态势。

(一) 大规模方言调查的开展

随着大量汉语方言研究课题的立项,大范围、成片区的汉语方言调查也随之展开。2015年由教育部、国家语委领导实施"中国语言资源保护工程",相继出版了多套方言调查研究丛书。

(二) 地理语言学与方言研究

主要表现为方言特征地图的绘制及地理语言学视角下的方言研究。通过绘制区域性方言地图展现某一区域内语言特征的面貌和分布状况,与自然地理、人文地理等结合分析语言现象的分布与变化,成为方言研究的重要方法。

(三) 语言/方言接触研究

本阶段的汉语方言接触研究除了共时语言现象的接触分析,更加注重接触引发的语言演变研究和区域比较研究,方言交界地带的语言现象也得到了较多的关注。

(四) 方言历史文献研究

方言历史文献研究对于探索汉语方言的历史状况、印证汉语方言现状、探究汉语方言的历史演变不可或缺。本阶段,传教士文献、域外汉语文献、古音韵文献、古方言文献等历史文献的学术价值得到重视。

(五)资料整理与数据库建设

历史方言文献及近一个世纪的现代方言调查积累了丰富的汉语方言资料。这些资料的整理汇总与数字化有助于语言资源的留存和保护,同时给汉语方言研究带来极大的便利。这一时期的数据库建设更加注重区域性方言当下资料和历史资料的结合,对于汉语方言的共时比较和演变分析具有重要价值。

随着汉语方言调查的持续推进和研究的深入,"十三五"时期出版了大量的汉语方言调查和研究著作,反映了近期汉语方言调查、保护和研究所取得的成果。汉语方言研究的广度和深度进一步拓展,为后续研究奠定了基础。

二 "十三五"时期汉语方言研究的进展

(一)方言语音研究

1. 方言语音的调查和描写分析

方言语音的调查描写为方音研究提供了新材料,一些特殊音类得到关注。连读变调的描写分析及理论方法的探索,儿缀、子缀等引起的合音、变声、变韵、变调等音变研究,文白异读、又读、新老异读等字音异读分析,声母锐钝分韵、介音洪细分韵、异调分韵、韵尾分调、声母和声调的相互影响等声韵调互为条件的音变研究都是本阶段语音研究的热点。

2. 方言语音的共时比较和方音史研究

方言语音研究更加注重区域性比较及类型归纳分析,并从共时差异中探寻历史流变。历史文献与汉语方音史研究通过方言历史文献的整理分析,探讨方言语音的历史状态及演变。

3. 方言语音的实验研究

有学者提出实验描写主义,以现在的语音科学实验手段探寻方言语音中的音类、音值区别的性质与规律,把实验证据导向汉语方言研究。方言语音的声学特征考察、感知实验分析、声学格局研究等方面都产出了一些新成果。

4. 方言语音的接触研究

关注到系统内演化造成的层次及不同系统接触造成的层次，对语音的借用、类推、自身调节等机制以及方言接触地带的一些特殊语言现象或区域语言特征等进行了考察分析。

（二）方言词汇研究

1. 方言词典编纂实践与理论研究

方言词典的编纂是一项基础性工作，近年来有多种方言词典出版，随之出现一些对方言词典的介绍、评价及编纂经验分享和理论探讨等成果。

2. 本字/词源考证

本字或词源考证从音义两方面入手，结合现代方言的表现和历史文献记录，考察方言字词的源流。

3. 方言词汇的比较研究

主要涉及区域方言词汇的异同考察及差异原因分析。

4. 方言词汇的接触研究

以词汇的借用、扩散及反映的接触程度研究为主。

（三）方言语法研究

1. 构词法和句法研究

构词法主要是对小称手段及其他词缀的描写和考察。句法研究主要涉及处置式、使役式、被动式、动词重叠式、差比句、疑问句、判断句、虚拟句以及一些特殊结构等。

2. 虚词或多功能词研究

汉语方言虚词或多功能词的研究涉及副词、连词、介词、量词、语气词、助词等词类及语法标记和话语标记的功能、来源、语法化和语义演变的考察。语法化理论广泛运用于汉语方言语法的研究，尤其是对虚词、多功能词来源、演变的研究。

3. 指代词研究

涉及方言指示词和代词的系统、功用、来源和演变研究等。代词的虚指、回指以及语法化为强调标记、虚拟标记、副词等用法受到关注。

4. 时体范畴研究

涉及方言时制范畴的考察、将来时间指称的表达方式、方言完成体标记的语法化等。

5. 历史文献和方言语法史研究

通过研究方言历史文献探寻方言语法早期状态，与现代方言加以比较来探讨方言语法的历史演变，发表了一些有价值的成果。

（四）方言研究领域的拓展

1. 海外汉语方言调查研究

此类研究对于研究早期汉语方言文化情况及其传播变异具有重要价值。海内方言与海外方言关系研究、国外华人区方言调查研究、海外方言的播迁和变异研究等都有成果问世。

2. 方言历史文献整理和研究

传教士文献、域外汉语文献、古代音韵文献和方言文献等成为研究汉语方言史的重要历史资料，产出了不少整理研究成果。

3. 语言/方言接触研究

汉语方言的接触研究从接触现象的共时描写分析深入到接触引发的语言演变及层次研究，出版了多种专著。

4. 方言文化研究

以《中国语言文化典藏》为代表，汉语方言与文化的结合研究得到重视，成为当下方言研究的新热点。

5. 方言地理研究

结合自然地理、人文地理来考察方言及其特征的地理分布和流变，已经出版了多种方言地理学专著。

三 存在的不足和薄弱环节

"十三五"时期汉语方言研究存在的不足主要有以下几点。

第一，单点方言的调查研究有待深入。从全国来看，西北地区、西南地区方言调查研究的提升空间很大。

第二，连读变调的考察多集中于单点方言，广泛的比较研究尚待进一步开展。

第三，方言词汇研究仍然是一个薄弱环节，研究成果主要集中在词源考释和方言地理学研究方面。

第四，一些语法化的研究囿于本方言语音和字形的对应，忽略了广泛的共时比较和系统的考察。

第五，方言接触研究局限于复杂语言现象或区域性语言特征的描写分析，外部比较及语音、词汇、语法系统结合考察不足。语言、方言接触促动的方言演变，需要加强实证性研究。

第六，现有方言资料参差不齐，尤其是词汇、语法调查描写的标准和体例不一致，不利于方言的比较研究。

第七，方言比较研究的广度和深度有待进一步拓展，共时差异比较和历时源流分析都需加强。

四 对"十四五"时期方言研究的展望

汉语方言学在"十四五"时期应加强以下问题的研究：

第一，单点方言的调查研究（尤其是西部地区、语言接触地区）。

第二，汉语方言声调/连读变调的共时分布与历时演变研究。

第三，地点方言大词典的编纂及其研究。

第四，汉语方言语法研究理论的创新和比较研究。

第五，语音、语法、语义的接口研究。

第六，方言与文化研究（尤其是方言与民间口传文化的结合研究）。

第七，方言的地理语言学研究。

第八，方言接触的形式、类型、机制及引起的语言演变的理论实证研究。

第九，大型方言资料数据库的建设。

第十，方言资源的开发与社会应用研究。

汉字学研究

一 "十三五"时期汉字学研究的主要成就

"十三五"时期的汉字学研究总体上是繁荣的,特别是古文字学研究成就显著,主要表现在如下几个方面。

(一)汉字材料的多元利用

"十三五"时期,汉字学研究的材料进入多元化新时代。除传统的经典文献、历代字书和层出不穷的出土文献外,还有两个方面的拓展,一是民间杂字书、明清契约文书、明清宫廷档案等手写文献材料逐渐进入汉字研究者的视野。二是少数民族地区的汉字材料,域外汉籍中的汉字材料得到关注。

(二)汉字理论研究的开拓

在汉字形体和结构研究的基础上,近年来汉字研究有不少突破,如汉字字词关系、用字现象的研究、创建楚文字学的探讨、汉字阐释理论的探索与实践、跨文化汉字研究等,不仅拓展了研究领域,也带来文字学理论的一系列创新。

(三)汉字发展史研究的进展

汉字发展史研究的理论建构有所突破,提出了汉字层累性与动态发展理论,确立了汉字发展的分期框架和发展史研究的理论视角。在古文字发展谱系研究、历代汉字字形表谱编制、近代汉字研究、汉字发展史断代和专题研究、域外汉字传播研究等方面，出版了一批重要论著，取得了引人瞩目的成就，将汉字发展史研究推向了更高水平。

（四）古文字学研究的加强

"十三五"时期古文字学研究得到国家的倡导和支持，2017年，教育部、国家语委牵头设立甲骨文研究与应用研究专项，国家社科基金从2018年开始设立包括古文字学的冷门"绝学"和国别史等研究专项，2020年教育部推出古文字学专业"强基计划"，这些措施为甲骨文等古文字研究的发展创造了良好的政策环境，地下材料的不断出土和百余年的学术积累为古文字学取得新进展奠定了基础，古文字学研究展现出繁荣景象，如整理新发现出土文献和古文字，编著了一批高质量的字编、全编、集释著作；古文字专题研究成果不断涌现，涉及古文字文例、字词关系、形体结构及其演变等方方面面；甲骨文、金文和简帛文字中的疑难字考释有许多新的成果；古文字的数字化建设和智能化探索也有较大进步。

（五）汉字文化与汉字教育受到空前重视

汉字与汉字研究事关中华优秀传统文化的传承和弘扬。近年来或从社会历史着眼，或从具体构形切入，或关注形体演变和用字变化的背后因素，形成了汉字的泛文化认识。特别在汉字文化的阐释和普及方面，不仅有如火如荼的各种社会活动和电视节目，也在学术研究和学校教育中出现许多成果。一些古文字知识读物为非专业人员了解古文字和古代文化提供了窗口，利用互联网开展的汉字教学和汉字文化普及受到广泛欢迎。

（六）现代汉字及汉字规范研究取得新成绩

现代汉字研究的主要成就集中在汉字规范领域。2013年《通用规范汉字表》颁布，学术界围绕字表的规范理念、当代汉字应用热点问题提出了一系列建设性的建议。海峡两岸用字与汉字规范问题也有新的成果。"汉字全息资源应用系统"，为通用汉字建立了包括"形""音""义""用""码"五种属性的资源库，为现代汉字的研究与应用提供了重要资源支撑。以《通用规范汉字表》所收字为研究对象产生了一批成果，推进了汉字规范和汉字应用的研究。

二 "十三五"时期汉字学研究的不足之处

"十三五"汉字学研究取得巨大成就，但也存在一些问题，主要包括以下几方面。

(一) 理论和方法论研究薄弱

相对于汉字材料的整理、汉字形音义的考证和汉字文本的解读，汉字理论和方法论的研究成果相对较少。特别是汉字学的学科体系、学术体系和话语体系建构还缺乏充分的讨论，还没有建立起科学的汉字学系统。

(二) 汉字史研究不平衡

汉字发展的不同方面研究不平衡，如汉字的职用演变虽然近年来受到一些关注，但与汉字形体演变和汉字结构演变相比，研究仍很薄弱。汉字发展各个历史阶段的研究不平衡，如上古汉字和近代汉字比较热，而中古汉字和现代汉字的研究相对冷清。

(三) 汉字资源利用效果欠佳

近些年出土文献数据库建设可谓如火如荼，很多研究机构都有自己的数据库，有些还是国家社科基金、教育部人文社科基金资助的建设项目，但很少相互沟通，也很少共享。导致数据库建设大量重复，而且各数据库无法连通和兼容。非公益性的数据库往往集成性不足，各类型文献开发不均，数据库内容更新慢，获取资料比较困难，甚至出现著作权纠纷。

(四) 汉字应用研究有待加强

汉字应用研究目前涉及的领域主要在汉字规范和汉字教学，汉字文化方面多流于表面浅层，重复琐碎，跟现实结合不紧。如古文字资源如何应用于中小学和对外汉字教学，就缺乏系统的原理阐释、操作规则和实验检测。

三 "十四五"时期汉字学研究的展望

"十四五"时期,汉字学研究应在既有成果基础上,从材料的整合、理论的完善、方法的创新、应用的落实等方面拓展深入。

(一)汉字材料资源整理利用要注重宏观统筹

在高科技时代,汉字材料的数字化、智能化和资源共享是大势所趋。"十四五"时期,汉字资料整理利用应注意克服重复低效的小作坊模式,尝试由国家层面统筹规划,集中资金和人力,分类建设集成性的大型资源库。各地建设的数据库,应该有国家统一标准,以利互补兼容、资源共享。

(二)理论方法上要注重体系性建设

汉字研究材料整理和字词考证是很重要的基础工作,但不宜整个领域的学者都沉浸其中。目前来看,从事汉字理论研究的人偏少。理论研究应避免没有实际意义的"无是非"争议,多着眼全局和系统,同时注意与语言学以及考古学、历史学、文献学、文化学等联系沟通,进一步拓展文字学研究的广度和深度,创立不同风格的汉字学理论体系,建构汉字学面向世界的学科体系和话语体系。

(三)汉字发展史研究要注重全面和全程

在单线的、局部的、断代的汉字史研究基础上,应进一步追求多维度的立体呈现,系统展示汉字发展全貌。一是汉字本体演变的各个方面,包括字形、结构、职用的演变;二是汉字演变的各个时期,包括上古汉字、中古汉字、近代汉字和现代汉字。在描写演变现象的同时,还应注重揭示规律和特点,加强动因和原理阐释,使汉字发展的历史轨迹得到更为清晰的呈现。

(四)汉字文化价值的推广应用要落到实处

在弘扬中华优秀传统文化的背景下,汉字研究应该有文化自信、文化兴国的自觉意识和追求。充分阐释汉字的文化功能，加强本土文化汉字应用和跨文化汉字推广，要跟国家的文化政策和精神文明建设相结合，阐释汉字文化的现代价值，开展汉字文化教育工程。

四 汉字学"十四五"时期重点课题

第一，甲骨文普查和全息性整理著录。
第二，甲骨文等古文字文化价值研究。
第三，汉字与汉语的动态关系研究。
第四，汉字发展史研究。
第五，汉字理论与汉字学学科建构研究。
第六，汉字文化阐释与汉字教育研究。

中国传统语言学传承与创新发展研究

"十三五"时期,中国传统语言学在充分继承和吸收传统语言学理论和方法的基础上不断创新和发展,在研究材料和研究视角上更加多元化,为传统语言学的现代化积累了丰富的成果和经验。以下从文字学、音韵学、训诂学三个方面进行综述。

一 "十三五"时期的主要成果

(一)文字学

1. 传统文字学理论的传承与发展

汉字学理论的创新发展对于中国语言学理论体系的建构具有十分重要的意义。传统文字学研究特别重视汉字汉语研究的融会贯通,在文献语言学内涵的全面阐述和理论概括、传统文字学研究中潜理论的挖掘、汉字字用学理论的总结等方面,都有新拓展。

传统文字学现代发展的另一个重要表现是跨文化汉字研究的兴起。跨文化汉字研究的实践已有多年,特别是"十三五"时期,这方面的研究在理论和实践上都有了很大提升,域外汉字资源及域外汉字研究已经成为汉字学研究新的生长点。

2. 《说文》学与汉字学史研究

汉字学史研究是传统文字学的重点内容,而《说文解字》依然是传统文字学的核心研究对象。现代化的研究手段被引入《说文》学的研究,新研发的"数字化《说文解字》"实现了多种研究功能,并收集了历代《说文》学的代表性研究成果。《说文》学史研究持续得到关注,对大、小徐和清代《说文》学家的研究相对较多。其他传统字书的研究也有显著推进，《仓颉篇》《玉篇》《类篇》《字汇》《正字通》《篇海》等字书的研究都有一定的成果问世。字书疑难字和传世文献疑难字考辨成果突出。

（二）音韵学

1. 古音学研究

古音学研究的成果主要体现在古音学研究方法和材料、古音学史的总体研究、古音学专人专书研究和古音学工具书四个方面。近年来，出土文献不断涌现，学界围绕如何重新认识上古音研究的材料和方法展开了一系列讨论，提出了许多新的见解。对一些古音学论著名篇进行了解析，从不同角度讨论了古音学史的相关问题。古音学专人专书的研究不断深化，关于朱熹"叶音说"以及顾炎武、万光泰、戴震、段玉裁、王念孙、朱骏声、黄以愚、章太炎、黄侃的古音学研究都有成果问世。

2. 韵书研究

近五年来，学界继续深入挖掘不同韵书的版本、体例和传承关系，并由此讨论不同韵书背后的编纂情况和语音性质，进而推动对韵书所反映的语音史研究。《切韵》系韵书的研究弥久不衰，时见新论，也是韵书研究关注的重点和焦点。在比较的视野下考察《切韵》《广韵》《集韵》及《礼部韵略》系韵书各自的特点和前后差异，从而为深入认识各书的特点及韵书的前后沿革奠定了基础。金元韵书研究方面有较大进展，成果富有特色，进一步揭示了这些韵书所反映的语音事实。

3.《经典释文》和其他音义类书的研究

关于《经典释文》和其他音义类书的研究较为活跃，围绕《经典释文》的校勘、体例及《经典释文》所反映的经师音读等不同方面，推出不少新成果。其他音义专书的研究主要集中在佛经音义和儒家经典释音材料两大方面。

4. 其他方面的研究

关于字书的反切注音、字书与韵书音切比较的研究，以及《古音汇纂》的编纂出版等，也是音韵学的新发展。

(三) 训诂学

1. 训诂理论研究

在 20 世纪末，训诂学基本完成自身的理论建设，建立了自身的研究方法和术语体系，厘清了与相邻学科的界限。本期关于训诂理论的讨论在原有研究基础上稳步前行，主要成果有两大方面：第一，对训诂定义、训诂类型和训诂方法的研究和讨论。一是从新视角、新材料出发对训诂学进行阐释。二是对训诂考据、训诂类型进行具体讨论。第二，汉语词源学是从训诂学中发展出来的一个重要分支。本期词源学研究的重点，一是对传统训诂学中同源词学术思想与方法的总结和同源字的考证。二是对同源词的分类考析与专书同源词的研究。

2. 训诂学史及训诂专书研究

训诂学史突出的研究成果集中在对清代乾嘉学术思想的深入发掘和训诂专书的研究方面，主要包括纂集类小学专书研究和文献训诂研究，两者的共同点是都以某本专书为研究对象，并对其中的训诂现象和训诂材料进行分析阐释。

3. 词语考据研究

本期利用训诂学对传世文献的词语考释成果较为丰富，既包括考据原理结构的分析，也包括具体文献的考证工作。如依托王念孙的经典考据，对考据过程中的发疑、设问、取证、释理四个步骤进行的阐释，为考据建立了清晰的结构体系和评价标准；充分利用出土文献研究成果进行传世文献词语的考释，对解决传世文献中的疑难问题发挥了重要作用。

4. 基于训诂学的汉语词汇语义学研究

训诂学在发展其理论传统、开掘其潜理论的前提下，与现代词汇语义学接轨，发展出"基于训诂学的汉语词汇语义学"。这一研究主要在两个方面拓进：一是基于训诂学的汉语词义特点的发掘，二是基于训诂学的汉语复合词和词汇系统研究。

5. 其他训诂研究

训诂学除了建立自身理论体系、提高应用价值、寻求现代化发展外，也因为训诂材料的多元性，出现了一批与经学、解释学、哲学等相关学科交叉融合的研究成果。

二 "十四五"时期重点研究方向

"十三五"时期,传统语言学虽然取得了丰富的成果,但也存在一些薄弱环节。"十四五"时期,可重点关注以下几个方面的问题。

(一)加强汉字学基础理论研究

本期汉字学基础理论在某些方面取得了较大突破,但汉字学的理论体系仍有待完善。文字学理论体系的建构应与中国语言学理论体系的建构相呼应,从而使文字学理论体系的完善带有更宏阔的意义。"十三五"时期疑难字考释成果丰富,但考释理论的提炼仍显不足。对中国古代训释实践中所蕴含的潜理论,仍需进一步深入挖掘和提炼,以形成具有现代学科意义的汉字考释理论。

(二)加强跨文化汉字研究

跨文化汉字研究方兴未艾,为传统汉字研究带来了材料拓展,也为传统汉字理论的创新提供了机遇。未来的跨文化汉字研究需要加强两方面的工作。一方面是跨文化汉字研究的理论建设,另一方面是共享资源平台的建设。跨文化汉字研究使汉字材料从传世文献、出土文献拓展到域外文献,建立跨文化汉字研究的数字化资源库,是近期的重要任务。

(三)加强音韵学专人专书研究

音韵学研究方面,通贯而深入的古音学研究和总结仍显薄弱,专人专书的研究深度和广度亦有欠缺。中古以来的韵书研究,对重要韵书的继承及其所反映的时音关系、韵书和韵图之间的关系等问题的讨论仍有待加强。

(四)加强传统训诂学向汉语词汇语义学转化的路径和方法研究

训诂学方面,"十三五"时期的研究重视材料分析,在训诂理论和方法上没有大的突破。"十四五"时期，训诂学的重点任务是深入探讨传统训诂学向汉语词汇语义学转化的路径和方法。"基于训诂学的汉语词汇语义学"是一个将传统训诂学引入现代学科的命题，如何建立自身的理论框架和研究范式，值得进一步深入思考。

中国少数民族语言研究

一 "十三五"时期取得的重要进展

"十三五"时期,中国少数民族语言研究的广度、深度都有所推进。主要表现在以下几个方面。

(一)重要大型工具书、丛书出版

"十三五"时期,汉藏、南岛、南亚语系语言的语音和词汇介绍与研究,拉萨话、土家语、哈尼语、义都语、白语、藏语甘孜话、嘉绒语卓克基话、壮语、纳木兹语、水语、维吾尔语和达让语等中国民族语言语法标注文本,以及包括中国境内阿尔泰、南岛、汉藏、南亚语系诸语言在内的亚欧语言基本词比较等大型著作和资料相继出版,是民族语言研究的标志性成果。

(二)描写分析理论方法的创新研究

结合音系学、形态学、句法学、语义学、实验语音学、社会语言学等理论方法对民族语言进行深度描写和分析研究,从类型学视角对民族语言现象进行探究解释,产生了一些代表性论著。地理语言学方法作为一种新的研究思路和方法,在民族语言学研究领域也有尝试。

(三)文献考证与历史比较研究

通过文献考证研究西夏文、突厥语、藏语等语言历史,采用历史比较法拟测原始语言并探究汉藏、汉台、侗台语等语源关系，综合文献考证、田野调查、历史比较来研究壮语、彝语、傣语等语言历史演变等，这类研究要求研究者懂得汉藏语系两种以上语言文字，具备汉语音韵学素养和历史语言学理论知识，处于民族语言学研究高地。

（四）跨境语言研究

过去这方面研究非常薄弱，近几年取得了一系列成果。如老挝跨境语言、中缅跨境景颇族语言、缅甸金三角曼囡寨布朗族语言、中越仡佬语多罗方言等调查和研究都有新成果发表，对跨境语言研究价值和意义的认识也有较大提升。

（五）语音识别、自然语言处理

藏语语音识别、自然语言处理研究成绩相当突出，如基于条件随机场的藏文人名识别研究、面向藏语声纹识别的语料库建设、藏语拉萨话中焦点和疑问的韵律编码方式、论元角色的藏语语义角色标注研究等，都是民族语言学和计算机科学密切结合产生的交叉研究成果。

二　存在的问题和薄弱环节

（一）各种语言研究不平衡

有的语言研究成果丰富，有的语言研究薄弱，甚至无人研究，尤其是一些濒危语言亟待抢救记录。

（二）总体研究水平还有待提升

研究论著处于低水平的不少，比如调查记录的材料粗疏、分析研究比较粗浅等。

（三）人才队伍存在青黄不接的状况

"十三五"时期民族语言研究的显著成绩，绝大多数是基于国家社科基金重大项目平台取得的研究成果，而这些重大项目的首席专家基本上都处于 60—85 岁年龄段，中年领军人才偏少。

三 "十四五"时期的学术前沿和发展趋势

（一）少数民族语言现状的记录描写

我国少数民族语言的语种多、分布广、情况复杂，所以至今对许多民族的语言尚未进行系统、全面的调查，即便是已经做过描写研究的语种，由于人员少，时间短，比较深入的成果也不多。对语言现状认识的不足，直接影响少数民族语言总体研究的深入，不能为解决少数民族语言应用问题提供可靠的基础。

"十四五"时期，有必要选择 20 余种语言（或方言）进行有深度的描写研究，以充实少数民族语言的基础研究。应优先研究濒危语言和衰变语言，在语言现状记录描写上，应鼓励新理论方法的运用，并促进完善各民族语言数据库平台的整合建设以供学界共享。

（二）构建各民族语言和谐生活研究

构建语言和谐是构建和谐社会的一个重要组成部分。我国是一个多语种的国家，由于民族差异、语言差异的存在，不同形式、不同程度的语言矛盾必然会在一些地区出现，即便是在科学技术不断发展的条件下，语言矛盾问题仍会存在。语言矛盾处理不当，就会导致民族矛盾，影响国家安定。因此，构建和谐语言生活非常重要。相关研究内容主要包括：现代化进程中的我国语言关系；强势语言和弱势语言；语言竞争和语言互补；现代化进程中的语言关系；语言和谐的概念和定位；构建语言和谐生活的必要性和可能性；语言在民族发展中的地位；语言关系的历史沿革；语言濒危与语言衰变；民族语言功能在新时期的变化和特点，怎样科学地处理好民族语言和汉语的关系等。

构建各民族语言和谐生活还需重视中国跨境民族语言研究。我国语言中有 20 多种语言是跨境语言。跨境语言是由于国界引起的语言变体，产生、变化有其自身的规律。跨境语言研究，是语言研究的一个组成部分，有其特殊的理论价值和应用价值：加强跨境语言研究有利于国家制定跨境语言政策，解决跨境语言使用中出现的问题；有助于解决跨境民族文字的使用、规范和统一；有利于促进跨境民族的交流和保障边境安全。

"十四五"时期，应大力加强双语问题研究，如双语关系的认识和处理，通用语和少数民族语言的关系，双语教学法，双语教育体制等；同时，继续探索完善适合我国跨境语言研究的理论方法，再完成8—10个点的个案研究。

（三）民族语言的历史比较研究

中国境内语言的历史演变具有浓厚的本土特色，少数民族语言历史研究应结合与汉语的历史比较研究。这方面的研究难度大，其中有许多语言的系属及其分类问题至今未能解决，成为一个长期困惑语言学家、历史学家的难题。"十四五"时期，应在过去的基础上继续深入，争取有新的突破。由于课题的复杂性，应加强语支之间、语族之间的历史比较，鼓励多做"由下而上"微观的比较研究课题。语言接触和语言影响与语言系属研究关系密切，要加强这一领域的研究，理出我国语言接触和语言影响的规律。

（四）民族文字和古文献的研究

继续挖掘我国民族文字（包括古文字、现行文字、已消亡文字）和古文献的历史遗产。运用现代语言研究手段建立民族文字和古文献的文字库；揭示民族文字和古文献在历史上生成、演变的规律和条件。

（五）民族语言语音识别、自然语言处理研究

目前我国少数民族语言的信息化处理研究已经具有相当的基础，"十四五"时期应进一步加强这方面文理交叉学科的合作，争取相关研究取得创新突破。

（六）民族语文人才培养

近年来，一批国内外培养的民族语言学博士已经展露出优秀潜质，但数量很少，总体而言，目前我国民族语言学领域人才培养尚不能适应民族

语文工作发展的需要，有些领域还出现青黄不接的现象。"十四五"时期，要大力培养民族语文人才，研究高等学校（包括综合院校和民族院校）的民族语文专业设置、民族语文人才的培养等问题。

四 "十四五"时期重点研究课题

第一，少数民族语言（尤其是濒危语言）"浸润式调查"研究。

第二，民族地区语言和谐生活研究。

第三，少数民族语言历史演变研究。

外国语言学及外语教育教学研究

"十三五"时期,外国语言学及外语教育教学研究领域的学者继承优良研究传统,放眼世界,跟进国外前沿理论,吸纳先进研究方法,立足本土,紧贴国情,大胆创新,挖掘新材料、发现新问题、探索新领域,提出新观点、构建新理论,涌现出一批令人关注和具有影响力的研究成果,但也存在不少有待解决的问题。

一 "十三五"时期研究概况

(一)外国语言学研究

1. 语音研究

在英汉语节奏类型对比研究方面,探讨英语重音与汉语声调在节奏属性、音节结构、诗歌韵律、构词理据、音步类型、语调特征和语音实现等方面的异同;在英汉语音系统对比研究方面,以音系类型学为理论框架分析英汉语音系统的异同。

2. 词汇研究

英汉词汇对比研究聚焦于英汉词汇形态对比及语义对比,梳理英汉词汇对比研究的发展脉络,检视英汉词汇的特点,探索彼此的共相与殊相;近代汉日词汇交流研究,以近代汉字词汇的交流为对象,从宏观角度考察中日两国词汇交流过程中出现的文化现象及其对中日两国社会发展及国家关系产生的影响。

3. 语义、句法研究

语义研究方面,英汉乏词义构式的认知对比研究、英汉无定名词短语的语义研究有新的进展;相对而言,句法层面的研究专著较少,现代俄语句法中的特殊句子成分、特殊句型、主从复合句等，有学者予以探讨。

4. 语用研究

语用学研究成绩突出，对汉语文化中人际关系建构与管理作用及人际语用特征的探究，体现了植根于本土化交际语境的人际语用思想，突破了长期以来西方人际语用学理论的研究缺陷。中国语用学重要理论问题研究和本土理论建构取得进展，推进了语用学的国际对话。

5. 语篇研究

语篇研究成果较为丰富，如关于汉英报纸新闻中转述言语的语篇和语用功能比较研究，探究汉英转述言语的分类和分布、汉英报纸新闻中转述言语的社会语用阐释、不同新闻语类和语境中汉英转述言语的形式与功能等问题；功能语篇体裁分析理论与实践研究，讨论语篇体裁概念的本质、理论起源及其发展，探究语篇的语言实现与语篇所处的社会文化环境及交际目的等因素的关系，构建语篇体裁分析的理论模式。

6. 汉外语言对比研究

语言对比研究实现整体性的发展，以跨语言研究为视野审视语言与语言之间的共性与个性，不论是从词、短语、句子还是从语篇层面，都做了较为系统的对比考察，而且在理论上具有明显的创新，如有学者提出超越主谓结构，力图打破印欧语语法分析框架，聚焦汉语事实研究，指出汉语并非像英语固守主谓结构，而是超越主谓结构；关于英汉的时空性差异研究，从英汉语言与英汉民族思维的关系角度探视英汉语的不同表现行为，揭示英汉语的本质特性差异，提出英语具有强时间性特质，而汉语则具有强空间性特质。

7. 语料库语言学

语料库语言学尽管在我国的研究历史不长，但近几年呈现井喷式发展，不仅在理论上不断创新，而且在语言分析、语言教学和翻译等领域也已得到广泛应用，语料库与话语研究、语料库与学术英语研究、基于语料库的中国理工科大学生英语写作能力研究等都有新成果发表。

8. 翻译研究

翻译研究成果最为丰硕，如傅雷翻译研究、翻译与中国现代性研究、认知翻译学研究等方面的成果，显示翻译研究不断走向深入，并在理论上有所突破。

9. 语言学理论的引进和研究

外语界在语言学新理论和方法的跟踪研究和引进方面做出了积极贡献。近年来，形式语言学、系统功能语言学、认知语言学、生态语言学、心理语言学在我国的介绍和研究都取得了可观的成果，利用系统功能语言学、认知语言学等理论和方法研究汉语也取得许多重要成果。

10. 世界语言生活研究

世界语言生活研究取得重要进展，分区域阐述世界各语言片区语言生活和政策的变化，分主题考察国际上语言生活各层面的动向及关联，以多语种数据挖掘和语料库信息处理为工具分析和预测国际社会政治经济文化动向，先后编写出版《世界语言生活报告》《世界语言生活动态报告》《世界语言生活状况报告》等。

（二）"十三五"时期外语教育教学研究

近五年来，外语教育教学研究成果卓著，出现了以"产出导向法""以续促学论（续论）""外语教育学""人文英语教育论""思辨外语教育论""整体外语教育论"等为代表的具有原创性的外语教育教学理念、理论和方法。除此之外，在外语教育政策与规划、外语教师发展、外语课程设置、外语教材编写、外语教学方法、外语学习方法、外语测评手段、外语教育技术、外语教育史、外语教育需求、专业外语教育教学、基础外语教育教学、大学外语教育教学、非通用语教育教学研究等方面都取得了令人瞩目的成就。同时，涉及语音、音系、词汇、语法、句法、语义、语用、语篇、话语、翻译等具体方面的外语教学探索也取得了可喜的成绩。

"十三五"时期，外语界出版了一批有重要影响的外语教育教学与研究著作，极大地推动了我国外语教育教学研究的可持续发展。

（三）外国语言学与外语教育教学研究发展概观

1. 外国语言学与外语教育教学研究的高频主题词

"十三五"时期，我国外国语言学与外语教育教学领域的13家主要刊物，从2016年1月1日至2020年6月30日刊发论文总数达5043篇。通过软件CiteSpace 5.7R1对这些论文进行统计分析（不含会讯、书评、启事等），得出如下主题词和知识图谱：

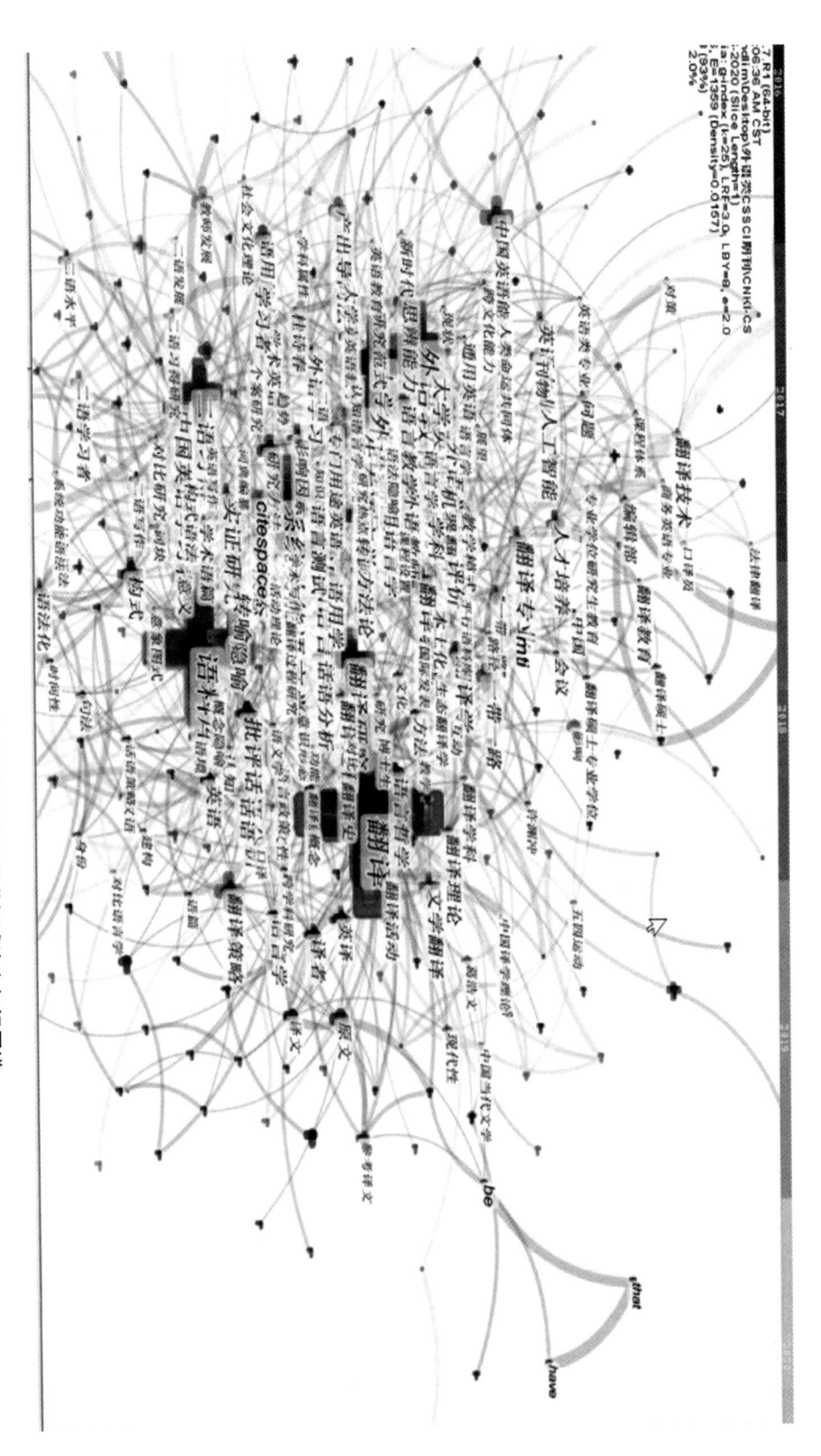

图 1 "十三五"时期中国外国语言学与外语教育教学领域论文知识图谱

从这一知识图谱上所出现的主题词频次，可以发现，"十三五"时期外国语言学与外语教育教学研究具有三大特征：其一，相关研究主要集中在翻译、语料库、系统功能语言学、大学英语和外语教育等方面，其中翻译研究占比最高；其二，生态语言学作为新兴学科发展迅速；其三，理论语言学研究整体不足，其中语音学、音系学、语义学等研究相对匮乏。

从出现10频次以及10频次以上的主题词来看，其总体情况见表1。

表1 "十三五"时期外国语言学与外语教育教学论文在本领域主要期刊上的主题词频次

频次	主题词	频次	主题词	频次	主题词	频次	主题词
154	翻译	24	学术英语	17	话语	12	文化
115	语料库	23	翻译学	17	英语专业	12	原文
76	系统功能语言学	23	一带一路	16	大数据	12	商务英语
75	大学英语	22	产出导向法	16	英语	12	二语习得研究
65	外语教育	22	思辨能力	16	教师发展	12	语言学
60	外语教学	22	人才培养	16	外语教师	12	概念隐喻
55	翻译研究	21	外语学科	16	汉语	12	翻译史
55	二语习得	21	认知	16	二语水平	11	话语策略
51	隐喻	21	翻译专业	16	认知语法	11	新时代
49	认知语言学	21	转喻	16	评价	11	教育语言学
36	翻译策略	21	话语分析	15	人工智能	11	MTI
36	生态语言学	20	译者	15	互文性	11	最简方案
32	中国英语学习者	20	语言哲学	15	动态系统理论	11	问题
32	中国英语能力等级量表	20	方法论	14	英语写作	11	政治话语
29	大学英语教学	19	机器翻译	14	大学英语教师	11	ERP
29	翻转课堂	19	语法化	14	会话分析	10	对比
28	构式	19	教学模式	14	许国璋	10	语言政策
27	翻译教学	19	意识形态	13	语境	10	翻译能力
27	多模态	19	影响因素	13	翻译技术	10	翻译理论
26	文学翻译	19	CiteSpace	13	二语学习者	10	方法
26	实证研究	18	意义	13	译文	10	传播
26	构式语法	18	语用能力	12	学科	10	学术写作
25	英译	18	"一带一路"	12	语言学研究	10	外语学习

续表

频次	主题词	频次	主题词	频次	主题词	频次	主题词
25	研究方法	18	翻译过程	12	学习者	10	情感
25	批评话语分析	17	应用语言学	12	跨文化能力	10	生态翻译学
24	语用学	17	二语写作	12	英语教学	10	葛浩文

2. 外国语言学与外语教育教学研究承担的国家社科基金课题情况

"十三五"时期，外国语言学与外语教育教学研究承担的国家社科基金各类课题（含翻译）共589项（2020年暂缺），具体情况见表2，为深入研究本领域的各种现实问题做出重要贡献。

表2 "十三五"时期外国语言学与外语教育教学承担的国家社科基金各级课题数

年度	重大	重点	一般	青年	西部	后期资助	合计
2016	5	4	94	20	6	5	134
2017	4	10	105	29	5	6	159
2018	2	8	79	22	10	7	128
2019	4	8	110	23	14	9	168
2020	暂缺	暂缺	暂缺	暂缺	暂缺	暂缺	暂缺
合计	15	30	388	94	35	27	589

3. "外国语言文学"一流学科点

教育部2017年颁布的一流建设学科名单中，具有"外国语言文学"一流学科的高校共6所，分别为：北京大学、北京外国语大学、上海外国语大学、南京大学、延边大学（自定）、湖南师范大学（自定）。

这些高校"外国语言文学"一流学科建设的成功获批，既是对以往外语人才培养和学科建设的肯定，同时在全国也必将起到示范和带动作用，能进一步助推我国外国语言学与外语教育教学研究的健康成长。

4. 具有"外国语言学及应用语言学博士点"的高校

截至2020年7月，全国共有46所高校拥有外国语言学及应用语言学专业博士点，其分布情况如下：

- 北京市（8所）：北京大学、北京外国语大学、清华大学、北京师范大学、北京航空航天大学、北京科技大学、北京语言大学、首都师范大学。
- 上海市（5所）：复旦大学、上海外国语大学、华东师范大学、上海交通大学、同济大学。
- 天津市（1所）：南开大学。
- 重庆市（2所）：西南大学、四川外国语大学。
- 江苏省（6所）：南京大学、南京师范大学、苏州大学、解放军国际关系学院、扬州大学、东南大学。
- 湖北省（2所）：武汉大学、华中师范大学。
- 湖南省（3所）：湖南大学、中南大学、湖南师范大学。
- 河南省（3所）：河南大学、郑州大学、中国人民解放军信息工程大学。
- 福建省（2所）：厦门大学、福建师范大学。
- 广东省（3所）：中山大学、广东外语外贸大学、华南师范大学。
- 黑龙江（2所）：黑龙江大学、哈尔滨师范大学。
- 吉林省（2所）：东北师范大学、延边大学。
- 山东省（2所）：山东大学、中国海洋大学。
- 浙江省（2所）：浙江大学、浙江工商大学。
- 四川省（1所）：四川大学。
- 陕西省（1所）：西安外国语大学。
- 广西壮族自治区（1所）：广西民族大学。

"十三五"时期，这些高校通过外国语言学及应用语言学博士点建设，为国家培育了大批的高端外语研究人才和教育教学人才。

二 "十三五"时期存在的主要问题

（一）外语学科地位尚未得到真正的确立

据统计，我国目前有近3亿人从事外语的教与学活动。但是，外语学科的边缘化地位较为明显，在杂志数、专家数、成果获奖比例、人才工程的入选人数、社会各级部门的重视度等诸方面均与其重要性不相称。

(二) 外语语言本体研究明显式微

语言学固然需要进一步拓宽其外延研究，但语言研究最为核心的任务就是其音、形、义，关涉语音学、音系学、形态学、词汇学、短语学、语法学、句法学、篇章学、话语分析、词义学、短语语义学、句子语义学、篇章语义学等。近五年来，语言方面的研究虽取得可喜成绩，但语言的一些基本问题和理论问题却受到严重忽视，成果寥寥无几，存在舍本逐末现象。

(三) 除英语外其他语种研究明显不力

英语研究有独霸天下之势，其他语种的研究力量却严重不足，明显处于劣势，这固然与英语以外语种研究的总体实力偏弱相关，但根源在于人们思想上的认识和重视程度不够。

(四) 汉外研究两张皮问题依然存在

纵观世界近代语言学发展史，语言研究几乎都是在语言与语言之间的比较和对比过程中不断地向前推进。若仅精通某种单一的语言，不把握其他语言，那是难以做好语言学研究的。只有精通多种语言，我们才能有比较或有对比，也才能有鉴别。遗憾的是，当前有相当一部分研究成果仅研究某一门外语，或仅研究汉语，汉外两张皮问题依然存在，语言比较和对比研究成果屈指可数。

(五) 外语教育教学研究对国外理论的倚重度过高

近几十年来，国外关于外语教育教学的理论和方法已大量引入国内，但目前的许多研究言必称国外理论和方法，做国外理论和方法的搬运工，不断花样翻新，令人目不暇接，而最为严重的问题是许多国外的理论和方法水土不服，难以直接用来解决国内外语教育教学领域面临的各种实际问题，这一局面尚未得到根本性的改变。

(六) 外语教育教学理论与实践脱节

在外语教育教学的理论研究和实践探索方面，也存在两张皮问题。理论研究管理论研究，实践探索管实践探索，相互割裂，鲜有将理论研究成果真正应用于外语教育教学实践，以解决当下的种种实际问题。

（七）外语教育教学分校施策、分类教学尚未真正落实到位

目前全国共有普通高等学校 2688 所（含独立学院 257 所），其中，本科院校 1265 所，高职（专科）院校 1423 所。学校与学校之间的人才培养目标不尽一致，况且还有专业差异、区域不同、行业之别等，千校一面的外语教育教学理论和方法显然难以适合各校的实际需求。但这方面的问题尚未引起足够关注，相关研究寥若晨星。

三 "十四五"时期的研究发展建议

第一，夯实语言本体研究，掘深基础问题，直面久而未决的疑难杂症，同时拓展研究宽度，防止语言本体研究"空心化"。

第二，继续引介国外先进理论，立足中国，解决我国外国语言学与外语教育教学存在的现实问题。

第三，提升理论自觉、理论自信和理论创新，鼓励新思想和新观点，不求全责备，构建具有本土特色的外国语言学和外语教育教学理论体系，为世界语言学和外语教育教学研究贡献中国智慧。

第四，正确处理语言学的独立性与跨科性关系以及学科的交叉性与融合性关系。语言研究需要思考相对的学科边际问题，既不能坐地自划，也不能无限外延，最后丢失学科的认同和属性。

第五，继续推进形式语言学、系统功能语言学、认知语言学、心理语言学、生态语言学等学派和学术维度的研究，进一步倡导语言研究需从单语分析走向汉外语言比较和对比分析，以世界语言的眼光看汉语，也以汉语的眼光看世界语言，探寻世界语言的普遍性和特殊性。

第六，坚持以问题为导向，有的放矢地开展各项研究工作。研究外国语言学时，要充分理解中国语言学的特点，并分析外国语言学研究得出的理论是否适合中国语言学的特点，而不能将外国语言学研究理论生搬硬套到中国语言学研究之中。

第七，外语教育教学是个系统工程，涉及重大国家利益，需要政策层面的顶层设计，需要对市场商业化进行有效的规范。学术共同体在理论研究方面应起到积极引导和集中攻关的作用。政府管理部门应积极培育社会非营利的公益机构，实施诸如外语考试、教师培训、教学评估之类的实际工作。

第八，进一步探寻国外外语教育教学与我国外语教育教学的共性和特殊性，寻求其本质和规律，破除外语教育教学殖民化现象，消除国外外语教育教学理论在我国的南橘北枳现象。

第九，创新我国外语人才培养模式，从国家发展需求和外语教育教学实际出发，分语种、分层次地进行规划设计，大力提升外语教育师资队伍的外语能力和教育教学水平，快速提升我国的外语教育教学水平。

第十，以不忘本来、吸收外来、面向未来为理念，以顶层设计、总体布局、综合施治、协调推进新时代我国外语教育教学中国化为总体指导思想，力求结合中国外语教育教学实际，构建具有中国特色的新时代外语教育教学理论和实践体系。

中国语言学跨学科研究

一 计算语言学研究

（一）"十三五"时期的研究进展

"十三五"时期，计算语言学受深度学习算法掀起的人工智能第三次浪潮推动，在很多方面都有了长足的进步与发展。随着算法、算力的提升配合以大数据的运用，国内的众多高校、实验室与互联网公司，在计算语言学基础研究、应用研究方面都有非常好的表现。

1. 计算语言学基础研究

（1）算法框架方面

世界范围内，基于大规模数据的无监督预训练在自然语言处理领域取得了里程碑式的突破。国内很多机构对预训练模型进行了深入研究，2019年7月，百度公司发布了 ERNIE 2.0，可以通过持续的多任务学习，逐步学习和建立预训练任务。这一框架在 16 个自然语言处理任务中有着优于 BERT 和 XLNet 的表现。哈工大讯飞联合实验室发布了基于全词掩码的中文 BERT 预训练模型 BERT-wwm-ext，其在多个中文数据集上取得了当前中文预训练模型的最高水平。

（2）知识图谱方面

在知识图谱领域，最新的研究中出现了关于类型约束、层次化类型体系、考虑几何空间属性的论文，意味着知识图谱研究正在朝着可解释性更强、意义更明确的表示学习方向发展。作为知识图谱的基本单元，实体识别与链接是知识图谱构建和补全的核心技术。随着深度学习在不同领域的火爆，越来越多的深度学习模型被提出用于解决实体识别问题（Lample et al., 2016[①]；Xu et al., 2017[②]）与实体链接问题（Ganea & Hofmann, 2017[③]；Gupta et al., 2017[④]；Sil et al., 2018[⑤]）。黄峻福提出了一种基于实体属性信息及上下文主题特征相结合进行实体对齐的方法。[⑥] 万静等提出了一种独立于模式的基于属性语义特征的实体对齐方法。[⑦] 京东人工智能研究院提出了一种新的基于距离的知识图谱嵌入方法，称为基于图上下文的正交变换嵌入（Orthogonal Transform Embedding, OTE），以解决知识图谱中 1-to-N、N-to-1 和 N-to-N 的链接预测问题。[⑧] 刘知远等展现了数据驱动的深度学习与符号表示的知识图谱之间相互补充和促进的技术趋势。[⑨]

2. **计算语言学应用研究**

（1）语音识别方面

2015 年之后，由于端到端技术兴起，语音识别进入了一个新的发展阶段，2017 年微软在 Switchboard[⑩] 上达到词错误率 5.1%[⑪]，从而在语音识别的准确性上首次超越了人类，当然这是在一定限定条件下的实验结果，还不能推广到比较复杂的场景。国内在声学模型的研究方面也取得了不小的进展，主流方向是更深更复杂的神经网络技术融合端到端技术，表现比较突出的有：科大讯飞的 DFCNN（Deep Fully Convolutional Neural Network）、阿里巴巴达摩院机器智能实验室语音识别团队的 DFSMN（Deep Feedforward

---

[①] Lample G, Ballesteros M, Subramanian S, et al. *Neural Architectures for Named Entity Recognition*, 2016.

[②] Xu M, Jiang H, Watcharawittayakul S., "A Local Detection Approach for Named Entity Recognition and Mention Detection", Proceedings of the 55th Annual Meeting of the Association for Computational Linguistics (Volume 1: Long Papers), 2017.

[③] Ganea O E, Hofmann T., *Deep Joint Entity Disambiguation with Local Neural Attention*, 2017.

[④] Gupta N, Singh S, Roth D., Entity Linking via Joint Encoding of Types, Descriptions, and Context, Proceedings of the 2017 Conference on Empirical Methods in Natural Language Processing 2017, pp. 2680–2690.

[⑤] Sil A, Kundu G, Florian R, et al., *Neural Cross-Lingual Entity Linking*, 2017.

[⑥] 黄峻福：《中文 RDF 知识库构建问题研究与应用》，硕士学位论文，西南交通大学，2016 年。

[⑦] 万静、李琳、严欢春等：《基于 VS-Adaboost 的实体对齐方法》，《北京化工大学学报》（自然科学版）2018 年第 1 期。

[⑧] https://arxiv.org/pdf/1911.04910.pdf.

[⑨] 刘知远、韩旭、孙茂松：《知识图谱与深度学习》，清华大学出版社 2020 年版。

[⑩] 一个电话通话录音语料库，作为国际通用的语音识别系统的基准，已被使用超过 20 年，具有广泛的影响力。该数据集是真实的电话数据，数据录音质量比较好，但是说话人口音多样，风格多变，是难度较大的测试集。

[⑪] https://www.microsoft.com/en-us/research/blog/microsoft-researchers-achieve-new-conversational-speech-recognition-milestone/.

Sequential Memory Network)、百度的 SMLTA (Streaming Multi-Layer Truncated Attention) 等。① 在 2018 年举行的 CHiME-5② 比赛中，科大讯飞赢得了 4 项冠军，体现了很强的技术实力。在特定任务条件下语音识别已经达到很高准确率的基础上，众多研究者开展了语音情感识别研究。目前已有一些研究者基于脑电信号展开情感识别研究并建立了相关识别模型。③

(2) 机器翻译方面

机器翻译，作为深度学习在自然语言处理领域最成功的应用之一，在经历了基于规则、基于统计的机器翻译之后，2016 年年底，Google 研究人员推出了新一代机器翻译系统。④ 在 ACL 2019 年度会议上，百度美国研究院黄亮博士介绍了同声机器翻译的最新进展，为了有效克服同声传译过程中的时间延迟，黄亮团队提出了一种 prefix-to-prefix 的框架，区别于传统的 sequence-to-sequence 的翻译框架，实验证明此框架在保证一定翻译质量的前提下，可以实现严格的时延控制。⑤ 在全球学术界公认的国际顶级机器翻译比赛 WMT (Conference on Machine Translation) 2019 年的比赛中，微软亚洲研究院机器学习组将多个创新的算法运用在机器翻译的任务中，从学习机制、预训练、网络架构优化、数据增强等方面，大大提升了机器翻译结果的质量，在参加的 11 项机器翻译任务中，有 7 项获得第一名，另外 4 项获得第二名。⑥

(3) 自动问答系统方面

在自动问答系统方面，深度学习为问答系统提供了一个简单高效的解决方案。崔万云等基于知识图谱提出了一种基于模板的问题表示方法，这一方法不仅能够使模型实现对问题的语义理解，而且可以应用到更大规模的数据层面上，使得模型泛化能力得到显著的提高。⑦ 陶重阳等提出了一种

---

① https://blog.csdn.net/Enochzhu/article/details/105081677.
② 难度极大的语音识别赛事，体现了语音识别领域的众多难点技术，包括多麦克风阵列录音同步问题，快语速和随意的说话风格，高混响和大环境噪声，大量的语音交叠（鸡尾酒会问题）。
③ 陈景霞、王丽艳、贾小云等：《基于深度卷积神经网络的脑电信号情感识别》，《计算机工程与应用》2019 年第 18 期；田莉莉、邹俊忠、张见等：《基于改进的卷积神经网络脑电信号情感识别》，《计算机工程与应用》2019 年第 22 期。
④ https://arxiv.org/abs/1609.08144.
⑤ http://www.acl2019.org/EN/program/invited-talks.xhtml.
⑥ http://www.statmt.org/wmt19/papers.html.
⑦ https://arxiv.org/pdf/1903.02419.

结合无参考回复和有参考回复的开放领域的对话系统评测方法，该方法同时考虑了问题（先前用户的话语）和参考回复对生成的回复进行评测。在两种典型的对话系统（基于检索的和基于生成的）上的实验结果表明，该模型评价得分与人工评价得分很相近。[1] 最近，香港科技大学冯雁教授团队在培养机器回答系统具有记忆和感情、个性化对话等方面，开展了一些具有探索性意义的工作。[2]

（4）知识资源建设方面

北京大学计算语言学教育部重点实验室袁毓林教授主持研制的《北京大学现代汉语实词句法语义功能信息词典》成功上线，该词典主要是为汉语自动语义分析和文本生成、汉语国际教育与研究而研制的，可以为汉语的理论研究、教学应用和信息处理工程提供语言知识资源，也可以帮助机器进行语义理解和常识推理。[3] 在藏语研究领域，西北民族大学建立了开源的藏文分词词性标注系统。[4] 随着"一带一路"建设的推进，有学者以维吾尔语、哈萨克语及柯尔克孜语为主领域进行了比较广泛的研究，不过主要采用相对过时的技术和方法，前沿理论、技术和方法的应用力度不够。[5]

3. 研究力量布局

在研究力量布局方面，在算法、算力、数据方面有着巨大优势的工科院校、综合院校与互联网巨头公司都有自己的计算语言学中心（平台或团队），影响比较大的有清华大学自然语言处理与社会人文计算实验室、清华大学智能技术与系统信息检索组、北京大学计算语言学教育部重点实验室、北京大学计算机科学技术研究所语言计算与互联网挖掘研究室、哈尔滨工业大学社会计算与信息检索研究中心、哈尔滨工业大学机器智能与翻译研究室、哈尔滨工业大学智能技术与自然语言处理研究室、中国科学院计算所自然语言处理研究组、中国科学院自动化研究所

---

[1] https://arxiv.org/abs/1701.03079.
[2] http://www.acl2019.org/EN/program/invited-talks.xhtml.
[3] 袁毓林、卢达威：《怎样利用语言知识资源进行语义理解和常识推理》，《中文信息学报》2018 年第 12 期。
[4] 李亚超、江静、加羊吉、于洪志：《TIP-LAS：一个开源的藏文分词词性标注系统》，《中文信息学报》2015 年第 6 期。
[5] 吐尔根·依布拉音、卡哈尔江·阿比的热西提、艾山·吾买尔、买合木提·买买提：《中亚语言自然语言处理综述》，《中文信息学报》2018 年第 5 期。

自然语言处理研究组、南京大学自然语言处理研究组、复旦大学自然语言处理研究组等，还有百度自然语言处理部、腾讯优图实验室自然语言处理团队、阿里巴巴人工智能实验室自然语言处理团队、微软亚洲研究院自然语言计算组等。[①]

"十三五"时期，为了更好地推动人工智能发展，多所以计算语言学见长的高校在原有优势力量的基础上成立了人工智能相关机构。在人才培养与队伍建设方面，一批计算语言学研究优秀人才得到国家重点扶持。

（二）存在问题与薄弱环节

虽然在"十三五"时期，国内的计算语言学研究取得了不小的进步，但是无论在理论研究还是在应用研究上，在很多领域我们还处于跟跑的阶段，并没有提出原创性很强、可供他人模仿学习的算法模型，中文知识图谱建设还比较落后，不能为具体应用提供很强的支撑。此外，工业界的数据往往不对外开放，对于问答系统与人机对话等领域的推进比较不利。主要问题有以下几方面。

1. 对于深度学习算法本身的迷信

在自然语言处理领域只关注深度学习一条路径，忽略了其他研究内容，这对于计算语言学乃至整个人工智能的发展是不利的。

2. 忽视语言本体研究

当前国家布局新一代人工智能发展，围绕算法、算力和大数据等由国外学者主导的发展路径，虽然在应用领域有较大的发展空间，但其发展红利很快就将释放殆尽。国务院印发的《新一代人工智能发展规划》中，虽然新一代人工智能布局人才培养时重视人工智能与数学、计算机科学、物理学、生物学、心理学、社会学、法学等学科专业教育的交叉融合，但没有对最具原创性和最为核心的语言及语言学研究方面给予足够的关注。智能时代的语言研究除了数据驱动的研究线路之外，传统的语言描写和解释的语言学理论研究仍然是最重要的基础研究。

3. 存在若干薄弱环节

自然语言处理在感知领域，特定任务情况下，已经几乎达到人类同样

---

① https://blog.csdn.net/bbzz2/article/details/72675622.

的水平；在认知领域，包括自然语音理解、推理、知识学习等，与人类水平还相差很远。目前自然语言理解与人工智能所取得的成功，大都属于无理解的人工智能，下一步挑战是发展有理解的人工智能。

（三）计算语言学研究的发展趋势

在未来的发展中，计算语言学研究，一方面需要打通与神经语言学之间的关隘，关注与借鉴语言神经机制研究成果，在此基础上重新思考计算语言学的底层问题，以期在基础算法上获得原创性突破；[①] 另一方面，需要实现计算语言学的工程语言学"转向"，实现机器的语言智能，在语音识别、人机对话、机器翻译等方面实现工程化、产品化。

2019 年，江苏师范大学语言科学与艺术学院联合国家级省部共建语言能力协同创新中心机器语言能力平台开设"语言学 + 人工智能"实验班，并已经开始招生。"人工智能 + 语言学"专业的开办，将为培养具有前瞻眼光、贯通语言学及语言脑机制与人工智能基础理论、先进方法技术的复合型人才，从根源上领跑人工智能奠定良好的基础。

（四）"十四五"时期重点研究课题

第一，从语言数据到语言知识研究。

第二，语言智能计算模型的初始化研究。

第三，语言脑机制启发的智能模型算法实现研究。

二 神经语言学研究

"十三五"时期是我国神经语言学深化发展时期，中国神经语言学学科体系已初步建立，基础理论研究的广度和深度不断扩展，并取得了重要的研究成果，应用研究的空间也得到进一步拓展，各种研究方法和技术被广泛应用，学科平台建设也进一步加强，推动并引领神经语言学学科及相关学科持续不断地向学科前沿迈进。

[①] 哈尔滨工业大学刘挺团队（2018）利用江苏师范大学神经语言学团队"言语加工中语义快速通达"相关研究成果，跨越了传统的"先句法后语义"的分析方式，改善了中文句子分析的计算分析模式。

（一）"十三五"时期的研究进展和重要成果

1. 神经语言学学科体系初步构建

神经语言学学科体系的构建涉及神经语言学研究的各个方面，包括神经语言学重大基础理论研究、部门研究、应用研究及神经语言学人才培养。2017年，江苏师范大学杨亦鸣教授主持的首批基础研究和交叉研究类国家社科基金重大项目"神经语言学研究及学科建设研究"（10&ZD126）顺利通过验收，为我国神经语言学学科的发展和神经语言学研究的推广提供了助力，推动了中国语言学融入国际主流语言学研究的进程。朱祖德、张强和杨亦鸣进一步提出，应面向人民生命健康加强中国临床语言学的学科体系构建。[①]

2. 语法的神经语言学研究

语法的神经语言学研究主要涉及普遍语法的实证研究和句法特异性研究。Ding N et al. 考察了语法层级性的神经现实性，研究发现，语言中迭代组合所产生的层级结构在脑内并行表征为具有不同节律的神经振荡，在双侧额颞网络中完成，该研究说明层级语法结构的提取是语言处理中的一个必要步骤。[②] Sheng J et al. 则发现词、短语和句子三个层面具有不同的脑激活区，单音节词与运动皮层相关，而左前颞叶和左侧额下回则负责处理短语或句子，颞上回参与处理词、短语和句子三个语言水平。[③] 在特异句法现象方面，封世文等发现体标记、句尾和词尾造成的句法加工过程与轻动词造成的句法加工过程存在区别。[④] 王彭、张珊珊和江火采用 ERP 技术首次证实空宾结构是动词短语省略结构。[⑤]

词类研究是语法的神经语言学研究的另一个重要方面。长期以来，汉语名动词类划分就是一个重要理论问题。国际神经科学界对名词和动词脑机制的许多实验研究认为，语义特征不同造成了名词、动词在大脑相关脑

[①] 朱祖德、张强、杨亦鸣：《中国临床语言学的学科内涵和科学架构》，《语言科学》2020年第6期。
[②] Ding N, Melloni L, Zhang H, et al., *Cortical tracking of hierarchical linguistic structures in connected speech*, 2015.
[③] Sheng J, Zheng L, Lyu B, et al., *The Cortical Maps of Syntactic Hierarchical Linguistic Structures during Speech Perception*, 2019.
[④] 封世文、杨亦鸣：《汉语动补结构后缀"了"的句法属性及其脑机制》，《语言科学》2019年第6期。
[⑤] 王彭、张珊珊、江火：《汉语后续句中省略结构的神经机制研究》，《语言文字应用》2017年第2期。

区的分离。Feng S et al. 通过 fMRI 研究发现，与名词相比，动词在语义处理方面比句法处理更为复杂，左侧额下回更多地参与动词的加工，大脑对于名词和动词的区分可能会采取较为经济的模式，即语法模式而非语义模式来进行，与名词、动词分类的语言学理论假设是一致的。[1] 王涛、杨亦鸣还在汉英双语者身上进一步验证了这种分离性。上述研究都证实词类划分的语法标准有其大脑神经基础，对于解决理论分歧提供了实证研究。[2]

3. 语义的神经语言学研究

针对脑损伤和应用神经调控的研究是本领域研究中较为重要的方面。Chen Q et al.[3] 和 Mirman D et al.[4] 的研究发现，语义和语音损伤存在不同的神经通路，涉及白质结构和灰质结构。采用经颅磁刺激（Transcranial Magnetic Stimulation，TMS）这一能够短暂影响局部脑区活动的技术，Zhu Z et al.[5] 和 Zhang Q et al.[6] 证实了左侧额下回和左侧颞中回在语义加工中具有决定性作用。Zhu Q et al.[7] 通过 EEG-fMRI 同步收集到的数据，以 N400 波幅和 BOLD 信号进行回归分析验证了左侧额下回在语义整合中的重要作用，值得注意的是，这一研究也拓展了以往基于条件平均的分析方法，通过项目分析为研究语言材料丰富的差异性提供了新思路。

4. 语音的神经语言学研究

汉语诗歌韵律加工和声调加工是本领域研究的重要内容。作为中华优秀传统文化内容之一的诗歌，非常依赖韵律加工。Chen Q et al.[8] 发现自上而下的韵律预期影响早期语音表征从而在前词汇阶段诱发了 P200 效应，表

---

[1] Feng S, Qi R, Yang J, et al. *Neural correlates for nouns and verbs in phrases during syntactic and semantic processing: An fMRI study*，2020.
[2] 王涛、杨亦鸣：《晚期高熟练度汉英双语者名动加工的 fMRI 研究》，《外语学刊》2017 年第6期。
[3] Chen Q, Middleton E, Mirman D., *Words fail: Lesion-symptom mapping of errors of omission in post-stroke aphasia*，2019.
[4] Mirman D, Chen Q, Zhang Y, et al., *Neural organization of spoken language revealed by lesion-symptom mapping*，2015.
[5] Zhu Z, Brian T. Gold, Chang C F, et al., *Left middle temporal and inferior frontal regions contribute to speed of lexical decision: A TMS study*，2015.
[6] Zhang Q, Wang H, Luo C, et al., *The neural basis of semantic cognition in mandarin Chinese: A combined fMRI and TMS study*，2019.
[7] Zhu Z, Marcel B, Hakun J G, et al., *Semantic unification modulates N400 and BOLD signal change in the brain: A simultaneous EEG-fMRI study*，2019.
[8] Chen Q, Zhang J, Xu X, et al., *Prosodic expectations in silent reading: ERP evidence from rhyme scheme and semantic congruence in classic Chinese poems*，2016.

明韵律预期可以调节视觉词识别的早期语音加工,并在 N400 和 P600 时间窗口调节诗歌语义理解和整合。陈庆荣、杨亦鸣[1]进一步发现,中国古代诗歌阅读过程中存在全时程的押韵效应,表现出押韵预期在早期加工阶段对诗歌韵律生成的调控和晚期加工阶段对诗歌语义理解的制约。汉语作为一种声调语言,声调是语音研究的重要内容。Feng G et al.[2] 通过表征相似性分析发现,左侧顶下小叶和左侧颞上回参与声调的音高感知从而完成语音表征和分类加工。Liang B 和 Du Y[3] 通过元分析发现,只有说声调语言的人,才会利用左前颞上回来处理词汇声调,音素、声调和韵律加工从前往后层级性分布,但未必参与视觉词汇识别时的声调加工。除了颞上回(Zhang C et al.)[4],还有研究发现双侧颞叶前部(Ge J et al.)[5]、颞中回以及运动皮层(Si X, Zhou W 和 Hong B)[6] 也可能参与了听觉声调加工。

5. 语言习得与发展的神经语言学研究

语言习得与发展的神经语言学研究主要包括儿童语言习得、语言退化和二语习得等方面。在儿童的语言习得方面,Zhao J et al.[7] 发现当文字加工的敏感性使儿童对文字刺激的判断效率提高时,伴随着加工汉字相对特异性的 N170 波幅减小。Xia Z et al.[8] 报告儿童口语阅读能力与左侧颞上回、左侧颞下回、左侧额上回和右侧颞上回的皮层厚度呈正相关。Su M et al.[9] 对儿童的追踪研究还发现,阅读水平的发展依赖弓状束的白质纤维完整性、词汇量的发展速度,而不是词汇量的初始大小。

---

[1] 陈庆荣、杨亦鸣:《古诗阅读的认知机制:来自眼动的证据》,《中国社会科学》2017 年第 3 期。

[2] Feng G, Ingvalson E M, Grieco-Calub T M, et al., *Neural preservation underlies speech improvement from auditory deprivation in young cochlear implant recipients*, 2018.

[3] Liang B and Du Y., *The functional neuroanatomy of lexical tone perception: An activation likelihood estimation meta-analysis*, 2018.

[4] Zhang C, Pugh K R, Mencel W E, et al., *Functionally integrated neural processing of linguistic and talker information: An event-related fMRI and ERP study*, 2016.

[5] Ge J, Peng J, Lyu B J, et al., *Cross-language differences in the brain network subserving intelligible speech*, 2015.

[6] Si X, Zhou W, Hong B., *Cooperative cortical network for categorical processing of Chinese lexical tone*, 2017.

[7] Zhao J, Maurer U, He S, et al., *Development of neural specialization for print: Evidence for predictive coding in visual word recognition*, 2019.

[8] Xia Z, Zhang L, Hoeft F, et al., *Neural correlates of oral word reading, silent reading comprehension, and cognitive subcomponents*, 2017.

[9] Su M, Zhao J, Michel T D S, et al., *Alterations in white matter pathways underlying phonological and morphological processing in Chinese developmental dyslexia*, 2018.

在语言退化研究方面，Zhu Z et al.[①] 严格控制了被试的受教育年限、语言流畅性、言语智力、工作记忆等干扰因素后，发现老年人与青年人相比，N400 效应出现降低和延迟，同时 N400 波幅下降且分布局限于中央顶后部，表明随着年龄的增长老年人语义加工能力逐渐减弱。Zhu Z et al.[②] 的 fMRI 实验进一步发现，在语义整合中起着重要作用的左额中回等脑区的激活水平随年龄增长而显著降低，且与大脑结构的退化密切相关。有意思的是，Zhu Z, Hou X 和 Yang Y[③] 发现，随着年龄的增长，老年人在句子理解过程中的语义整合能力逐渐下降，尽管老年人表现出 P600 峰值延迟，句法加工的效率有降低的趋势，但句法加工得到保持。上述结果表明语言老化过程存在领域不平衡性。在声调感知上，肖蓉、梁丹丹和李善鹏[④]发现老年人在涉及范畴变化的声调和非语音音调诱发时匹配负波强度衰减，不涉及范畴变化的声调加工则未衰减。在语言障碍的康复上，Tang Y et al.[⑤] 基于神经网络可塑性机制，在国际上首次报道了语言能力可以作为认知退化的补偿来源，可以通过语言能力相关训练提升血管性轻度认知障碍患者的语言和认知功能。

在二语习得方面，一个新兴的方向是对语言控制机制的研究。Wu Y J 和 Thierry G[⑥] 发现汉语母语者在准备母语和二语为英语的图片命名时，二语引发了与抑制加工密切相关的持续负波增强现象。Li L et al.[⑦] 的二语研究发现背侧前扣带皮层监测和支持目标语言的处理过程，左尾状核控制选择较难理解的语言。上述语言控制与大脑结构的因果关系在王涛和杨亦鸣[⑧]

[①] Zhu Z, Wang S, Xu N, et al., *Semantic integration declines independently of working memory in aging*, 2019.

[②] Zhu Z, Yang F, Li D, et al., *Age-related reduction of adaptive brain response during semantic integration is associated with gray matter reduction*, 2017.

[③] Zhu Z, Hou X, Yang Y., *Reduced syntactic processing efficiency in older adults during sentence comprehension*, 2018.

[④] 肖蓉、梁丹丹、李善鹏：《汉语普通话声调感知的老年化效应：来自 ERP 的证据》，《心理学报》2020 年第 1 期。

[⑤] Tang, Y, Xing Y, Zhu Z, et al., *The effects of seven-week cognitive training in patients with vascular cognitive impairment, no dementia (the Cog-VACCINE study): A double-blinded randomized controlled trial*, 2019.

[⑥] Wu, Y J and Thierry G., *Brain potentials predict language selection before speech onset in bilinguals*, 2017.

[⑦] Li L, Emmorey K, Feng X, et al., *Functional connectivity reveals which language the "Control regions" control during bilingual production*, 2016.

[⑧] 王涛、杨亦鸣：《双语控制的神经基础：一例汉英双语失控的个案研究》，《语言科学》2017 年第 6 期。

研究中得到了回答，他们结合一个未失语但存在语言控制失控个案和健康个体的 fMRI 实验研究，发现基底节损伤带来语言失控，这一结果在国内首次为双语控制的神经基础提供了因果性证据。

6. 非典型语言使用群体的神经语言学研究

关于非典型语言使用的研究集中在口吃、自闭症和聋人等方向的研究上。口吃个体的语言处理模式及神经基础与正常发展个体不同，如 Liu M et al.[1] 研究发现口吃者对韵律启动的敏感度要高于正常成年人。在自闭症儿童的语言障碍方面，Wang X et al.[2] 发现自闭症患者词汇声调分类感知的语音特异性缺陷，Song Y et al.[3] 发现高功能自闭症儿童在心理动词的论元结构中受损，同时产出的句子或从句句法复杂度较低。手语方面，Wang X et al.[4] 发现使用手语的聋人听觉皮层和其他脑区的联结弱于健听人，但 Li L et al.[5] 发现视觉皮层和语言加工区域的联结出现了增强，这很可能与聋人的手语经验有关。这种可塑性也影响人工耳蜗手术的成功，Feng G et al.[6] 发现，植入人工耳蜗前的听觉联合皮层和高级认知相关脑区的完整程度影响术后的听力水平。刘俊飞、许梦杰和杨亦鸣[7]明确提出，不应强制每个聋童都去做人工耳蜗植入术以学习口语，聋人不能丢掉他们的母语即手语，在条件允许的情况下可以让聋人同时学习手语和口语，这对预测个体语言能力发展、语言障碍的筛查与康复进程监测具有重要意义。

（二）存在的问题和薄弱环节

"十三五"时期，我国神经语言学研究取得了较大进展，学科体系已

---

[1] Liu M, Xing Y, Zhao L, et al., *Abnormal processing of prosodic boundary in adults who stutter: An ERP study*, 2018.

[2] Wang X, Wang S, Fan Y, et al., *Speech-specific categorical perception deficit in autism: An event-related potential study of lexical tone processing in Mandarin-speaking children*, 2017.

[3] Song Y, Jia Z, Liu S, et al., *Discourse production of Mandarin-speaking children with high-functioning autism: The effect of mental and action verbs' semantic-pragmatic features*, 2017.

[4] Wang X, Caramazza A, Peelen MV, et al., *Reading without speech sounds: VWFA and its connectivity in the congenitally deaf*, 2015.

[5] Li L, Emmorey K, Feng X, et al., *Functional connectivity reveals which language the "Control regions" control during bilingual production*, 2016.

[6] Feng G, Ingvalson E M, Grieco-Calub T M, et al., *Neural preservation underlies speech improvement from auditory deprivation in young cochlear implant recipients*, 2018.

[7] 刘俊飞、许梦杰、杨亦鸣：《聋童早期语言干预：究竟是口语还是手语?》，《南京师范大学文学院学报》2018 年第 3 期。

初见规模，发表的论文数量、质量都有了明显提升，国际影响力也显著上升。但与神经语言学远大的目标相比，与国际同行相比，中国的神经语言学还有许多工作要做。

1. 学科研究的前沿性和原创性有待提高

我们的研究虽然在某些局部取得了进展，但更多的工作还是围绕欧美等发达国家神经语言学家提出的模型开展的。从国际研究进展来看，尽管我们了解到语言理解和产出牵涉部分大脑区域，但还非常缺乏语言脑机制的整体解释模型。这既是当前世界神经语言学研究的挑战，也是中国神经语言学发展的机遇。我们应该抓住机遇，乘势而上，深挖中国语言特色之宝库，开创性地开展神经语言学研究，这样才有可能在语言神经机制基础理论研究和前沿学科研究领域做出自己独特的贡献。

2. 神经语言学在人工智能和脑计划等重大科学计划中参与度低

从世界范围来看，新一代人工智能仍然是弱人工智能，走向强人工智能的基础是通用智能，核心是让机器像人一样真正掌握语言能力，因而发展突破的瓶颈是必须形成以"语言理解"为研究中心的人工智能的架构，神经语言学的成果可以为新一代人工智能研究最大限度地模拟人脑提供参数，促进技术的进步。这就要求神经语言学的研究打破当前的框架，贯通分子、细胞到行为的语言机制解释，这样，人工智能和脑科学研究才会有灵魂。

3. 研究方法手段有待完善，人才培养有待提升

神经语言学研究既要有扎实的理论基础，又要有前沿的研究方法和手段。当前，随着脑科学的快速发展，充分应用不同层面语言脑机制研究的技术手段，建立完善的实验平台，才能建立贯通分子、细胞到行为层面的语言学理论解释，进而建立系统、前沿、完备的神经语言学人才培养体系。

(三)"十四五"时期的发展趋势、研究的重要领域

1. 坚持以语言本质和生物本质探讨为中心的神经语言学研究目标

神经语言学是语言学的一门分支学科，其研究宗旨是探讨语言与大脑的关系，进而揭示语言本身的性质和规律，因此，它首先应当在语言学的背景和框架下研究"语言"，符合语言学理论的目标追求，即研究语言的

本质，解释人脑的语言能力。目前，在行为层面对语言机制的研究成果很丰富，在系统层面对与语言相关的脑功能的研究与灰质结构方面的研究也较多，对与语言相关的白质纤维结构的研究则刚刚兴起，而在细胞层面的语言机制研究几乎为零，在分子层面也局限于少量基因与语言障碍的关联研究，更未建立从分子、细胞到行为对语言的整体解释。从语言行为走向语言脑功能与结构的神经语言学研究，必然走向细胞语言学、分子语言学这一发展方向。

2. 开展面向下一代人工智能的语言脑机制研究

新一轮人工智能得益于深度学习和大数据、并行计算技术的发展，在感知智能领域实现了跃进，但要实现认知智能领域的颠覆性突破，关键在于对语言脑机制研究的突破。语言作为人类思维的物质载体，是大脑所有高级功能的基础，因而语言脑机制是人工智能真正模仿人脑的关键。为了实现中国人工智能从跟跑、并跑到领跑的转变，"十四五"时期必须开展面向下一代人工智能的语言脑机制研究，以语言作为脑物质基础与高级认知功能的交界面为切入点，明确语言脑机制的物质基础、语言产生的可能机制、语言运行的脑机制，建立从分子到行为层面的对语言机制的整体解释，从而在根本上为人工智能的发展提供颠覆性基础，真正体现出神经语言学对人工智能发展创新的贡献力。

3. 加强高新技术综合应用和研究范式的开发与创新

"十四五"时期，神经语言学的研究应打破以往时空分离的传统技术局限，将神经影像与神经调控等技术相结合，寻找语言处理的脑功能定位、白质纤维连接通路，同时采用多种功能数据处理和计算建模等技术，结合时空特征信息探究语言加工过程中相关的脑区结构、功能特征和全时程信息交互运行的机制。还要充分考虑汉语自身的实际特点，对一些更加具体但对实验研究有重要影响的常模、指标和变量控制加以校正，以便有针对性地解决相关问题。

（四）"十四五"时期重点研究课题

第一，神经语言学基础理论研究。

第二，语言处理的脑运行机制与神经基础研究。

第三，语言的分子生物学研究。

第四，面向下一代人工智能的语言脑机制研究。

总审稿人 黄德宽

审 稿 人 （按姓氏拼音排序）

　　陈昌来　洪　波　黄德宽　蒋冀骋　李宇明
　　田列朋　汪维辉　王立军　王荣生　王文斌
　　邢向东　杨亦鸣　杨永龙　于方若　袁毓林
　　曾晓渝　詹卫东　朱祖德

执 笔 人 （按章节排序）

　　刘　云　李晋霞　王春辉　完　权　余桂林
　　杜　翔　刘　青　张　晖　周　韧　黄瓒辉
　　张秀松　王　健　王韫佳　朱　彦　施春宏
　　陈昌来　王荣生　吴　颖　朱庆祥　殷祯岑
　　杨　伊　洪　波　张富海　真大成　史文磊
　　汪维辉　杨永龙　于方圆　杨　军　周赛华
　　庄　佳　曹兴隆　邢向东　李运富　王立军
　　齐元涛　卜师霞　董婧辰　曾晓渝　王文斌
　　杨亦鸣　耿立波　于　亮　詹卫东　朱祖德

参 加 人 （按姓氏拼音排序）

　　陈昌来　洪　波　黄德宽　蒋冀骋　李宇明
　　李运富　汪维辉　王立军　王文斌　邢向东
　　杨亦鸣　杨永龙　袁毓林　曾晓渝

新闻学与传播学

新 闻 学

一 "十三五"时期学科的研究现状与进展

2016年习近平总书记明确提出"打造具有中国特色和普遍意义的学科体系",列举的11个学科中就包括"新闻学",它为构建中国特色新闻学学科体系、学术体系、话语体系指明了方向、提供了遵循。在此背景下,我国新闻学研究站在了新的历史起点上,产出了一系列重要成果。具体而言,"十三五"以来新闻学研究的进展表现如下。

(一)专著

1. 马克思主义新闻观中国化的最新成果取得了重大进展

党的十八大以来,以习近平同志为核心的党中央把宣传思想工作摆在全局工作的重要位置,做出一系列重大决策,实施一系列重大举措,党的理论创新全面推进,中国特色社会主义和中国梦深入人心,社会主义核心价值观和中华优秀文化广泛弘扬,主流思想舆论不断巩固壮大,文化自信得到彰显,国家文化软实力和中华文化影响力大幅提升,全党全社会思想上的团结统一更加巩固。习近平《论党的宣传思想工作》(中央文献出版社2020年版)围绕党的宣传思想工作发表了一系列重要论述,提出了一系列新思想、新观点、新论断,为做好新时代党的宣传思想工作提供了根本遵循。习近平总书记提出的一系列富有创见的新观点、新论断、新要求,开辟了马克思主义新闻观的新境界,大大丰富和发展了马克思主义新闻理论,标志着马克思主义新闻观的中国化达到了新的高度。

此外,《马克思主义新闻观百科全书》(陈力丹主编,中国人民大学出版社 2018 年版）分理论思想、观点术语、人物活动、论著文件、媒体组织、历史事件共 575 个词目（每个词目为 2000 字左右的考证），对马克思主义新闻观的基本理论范畴、概念框架与知识体系首次进行了系统化的梳理与归总，大大拓宽了该领域研究的边界与视野。

2. 探索和尝试梳理中国特色新闻学理论体系

对中华人民共和国成立前资产阶级新闻学经典文献进行专题性整理与出版。如中国传媒大学出版社出版了《中国近代新闻学名著系列丛书》，该丛书整理再版了中国近代经典新闻学著作数十种，全面涵盖了新闻学理论、新闻业务、新闻史各个领域，绘制了中国近代新闻学的全景，为研究中国近代新闻学提供了珍贵的史料，也为构建中国特色新闻学打好了底稿。

3. 新闻业务领域的研究关注于新闻生产流程的创新与新闻形式的变革

一是新闻采写业务的创新研究。新媒体本身有其独特的一套内容生产机制。《全球化媒介社会背景下的新闻生产研究》（李蓉著，浙江工商大学出版社 2016 年版）分析了融媒体新闻生产与传播的新状态、新趋势；《新媒体内容生产与编辑》（杨嫚主编，西南师范大学出版社 2016 年版）探讨了网络新闻采访、写作、评论、专题制作与移动终端新闻编辑等多个内容生产环节的创新。

二是对变革新闻形式的探讨。《数据新闻可视化》（许向东著，中国人民大学出版社 2018 年版）探索了数据新闻可视化的产品评价指标体系和我国数据新闻可视化的基本路径。《数据新闻的兴起：场域视角的解读》（徐笛著，中国传媒大学出版社 2019 年版）报告了近年来数据新闻的发展状况以及从业者的基本构成和价值认知，认为短期内期待数据新闻扭转新闻业的经济困境似不现实；《预测与发现——数据新闻的理论与实践》（任瑞娟著，科学出版社 2019 年版）提出了数据新闻制作的"七步法"流程与人才培养的基本策略。

4. 展开新媒体技术的跟进研究，推进传统媒体与新兴媒体的融合发展

一是对互联网发展的总结与梳理。《中国网络媒体 20 年（1994—2014）》（闵大洪著，中国工信出版集团、电子工业出版社 2016 年版）以编年史的方式记录了中国互联网 20 年发展所经历的重大事件和对社会所产生的深刻影响；《互联网与中国 20 年：变革与创新》（张国良主编，上海人民出版社 2016 年版）分析了互联网影响下中国的法制建设、观念创新、技术革新、商业模式、文化传承、媒体融合等方面所产生的巨变。

二是对系列新媒体技术及其所构建的新传媒生态的解构研究。《媒介平台论：新兴媒体的组织形态研究》（谭天著，中国人民大学出版社 2016 年版）解构了新媒体组织形态的功能构成、运行机制以及内外成因；《新媒体：微传播与融媒发展》（黄楚新著，人民日报出版社 2018 年版）从微传播的特点、现状与融媒态势、融媒创新等角度分析了新媒体发展的新趋势与新特征。《云传播时代：人类传播与治理的云端化、平台化、泛在化、社交化和智慧化革命》（李卫东著，科学出版社 2019 年版）提出了云政务、云安全和智慧治理等重要命题。

5. 探索新媒体环境下报业转型升级的可能路径

区块链、大数据、云计算、人工智能等正在重构传媒业，形成新的传媒版图。作为传媒产业的核心传统报业究竟如何应对？

《我国区域性报业集团数字报业发展研究：以宁波日报报业集团为中心的考察》（闻学峰著，浙江大学出版社 2016 年版）梳理了区域性报业集团数字化发展的现状和面临的困境；《传媒发展的范式革命：传统报业的困境与进路——基于 2015—2016 中国报业景气状况调查与研究》（喻国明、丁汉青主编，人民日报出版社 2016 年版）提出用互联网思维再造传媒，实现传统报业与新媒体融合与发展的转型。

6. 深化新媒体的舆论形成机制研究，探索各种舆情管理对策

网络舆情是怎样形成的，它与社交媒体有着怎样的关系？《转型期网络舆论生态：动因、机制与模型》（刘朝霞著，中国社会科学出版社 2016 年版）探讨了网络舆论的生成因素、发展规律、演进动因与作用机制；《互联网时代网络舆论发生机制研究》（余红、李瑞芳著，华中科技大学出版社 2016 年版）认为我国社会转型时期的社会结构提供了网民表达理性计划的依据，社会结构风险为网民激发宣泄情感的动机行为提供了燃料；《突发公共事件情境下舆情成长及其决策问题研究》（王治莹著，经济管理出版社 2018 年版）探讨了突发公共事件中舆情传播的形成机制与形成结构、演进路径与应急决策。

发生的舆情究竟如何应对？《社会化媒体舆论传播与引导研究》（彭剑著，上海三联书店 2016 年版）指出舆论引导的关键在于"促进社会化媒体舆论表达从理性或非理性上升到公共理性"；《基于政治安全的网络舆情治理创新研究》（舒刚著，武汉大学出版社2018年版）提出应从国家政治安全的战略高度，推进网络舆情治理理念、治理机制、治理结构和治理能力的创新和完善。

7. 探索新媒体环境下传播伦理秩序的创新与重构

新媒体环境下传播伦理面临着系列问题。《中国社会转型焦虑与互联网伦理》（赵云泽等著，中国人民大学出版社2017年版）提出了中国互联网向善而行的治理思路；《冲突与转向——大数据时代的传播伦理研究》（曹漪那等著，四川大学出版社2017年版）解析了大数据时代传播伦理责任的多重主体；《网络舆情预警伦理研究》（刘海明著，中国社会科学出版社2018年版）系统地分析了网络舆情预警的伦理问题，并提出了规范性建议。《全球媒体伦理规范译评》（牛静、杜俊伟编著，社会科学文献出版社2018年版）梳理与汇编了五大洲50多个国家的媒体的伦理规范，为中国当下的新闻传播伦理建设提供了参考与借鉴。

（二）论文

"十三五"时期本专业比较权威的《新闻与传播研究》《现代传播》《国际新闻界》《新闻大学》共刊发相关的新闻学论文300多篇，这个时间段其他各类刊物刊载的新闻学与新闻史论文近3000篇（根据知网上的高校学报与新闻传播学专业核心期刊的数据统计）。其研究的关注点分布如下。

1. 习近平新闻舆论观与关于互联网治理重要论述的梳理与归纳

随着互联网以及新兴媒体的迅猛崛起，整个传播生态、媒体格局正在发生重构，也给新闻舆论工作带来新的挑战。基于这样的时代大背景与历史新高度，习近平总书记提出了一系列崭新的新闻观念和论断，形成了他的新闻舆论观与互联网治理思想。

有学者认为，习近平总书记提出了具有鲜明时代特征的"新闻舆论工作"新理念；提出了党性和人民性是一致的、统一的重大判断；提出了新闻舆论工作的职责和使命；强调了时度效的有机统一和整体把握等。[①] 认为，习近平新闻舆论观一以贯之地承继着邓小平、江泽民、胡锦涛等历代领导人开创的中国特色社会主义新闻思想的精神主脉、遵依着马克思主义

---

① 尹韵公：《习近平新闻舆论思想的新突破新拓展》，《紫光阁》2017年第3期。

新闻观中国化以及新闻业态与媒介技术发展逻辑而不断守正创新，且深切扣合着时代发展之需之急。[1]

关于互联网，有研究者指出，习近平总书记关于全球互联网治理的重要论述主要以"网络主权论"和"网络命运共同体"系列理论组成；[2] 还有论者总结，邓小平同志是开启我国互联网之门的关键领导人；江泽民同志创立了我国互联网发展与管理的基本思想；胡锦涛同志阐述了21世纪我国互联网发展的新特点新规律；习近平同志开创了我国建设世界网络强国的新纪元。[3]

2. 马克思列宁主义新闻思想与中国特色新闻学理论创新研究

马克思列宁主义新闻思想研究得到加强。马克思主义媒介技术观、新闻法制伦理观、传播观、新闻出版自由观、新闻真实观、舆论观以及马克思主义新闻观的概念、内涵、渊源与践行研究都得到了全面的梳理与发掘。如有学者分析了马克思主义新闻观概念产生的背景，提出在现行的新闻院校有必要将它列为一种职业规范体系予以推行；[4] 也有学者认为马克思主义新闻观的核心观念是党性原则观念、人民中心观念、新闻规律观念和正确舆论观念；[5] 还有学者认为马克思主义新闻传播思想渊源于世界交往体系、现代传播的时空观、报刊的内在规律、有机的报刊运动、党报立场与人民性等。[6]

2020年为列宁诞生150周年，广西大学举行了"纪念列宁诞辰150周年新闻学术研讨会"网上笔会。学界围绕列宁新闻思想的历史贡献及当代价值[7]、列宁社会主义建设时期的新闻思想与政策实践[8]、列宁主义在华初步传播及中国共产党新闻事业兴起[9]等专题展开了讨论，这些深化了对马克

---

[1] 尹韵公：《论习近平新闻舆论观的实践基础和时代关切》，《陕西师范大学学报》2020年第3期。
[2] 徐敬宏、侯伟鹏：《习近平全球互联网治理重要论述研究：理论逻辑与实践路径》，《现代传播》（中国传媒大学学报）2019年第3期。
[3] 郑保卫、谢建东：《论邓小平、江泽民、胡锦涛、习近平互联网思想的主要观点及理论贡献》，《国际新闻界》2018年第12期。
[4] 叶俊：《"马克思主义新闻观"的概念起源及其话语变迁》，《现代传播》（中国传媒大学学报）2018年第4期。
[5] 杨保军：《当前我国马克思主义新闻观的核心观念及其基本关系》，《新闻大学》2017年第4期。
[6] 陈力丹：《继承和发展马克思的新闻传播思想》，《新闻与传播研究》2018年第6期。
[7] 郑保卫：《论列宁新闻思想的历史贡献及当代价值——写在列宁诞辰150周年之际》，《国际新闻界》2020年第4期。
[8] 童兵：《试析列宁社会主义建设时期的新闻思想与政策实践——为纪念列宁150周年诞辰而作》，《新闻大学》2020年第4期。
[9] 邓绍根、丁丽琼：《列宁主义在华初步传播及中国共产党新闻事业兴起》，《国际新闻界》2020年第4期。

思列宁主义新闻思想的认识。

中国特色新闻学理论的创新研究。有学者认为,中国特色新闻学是习近平中国特色社会主义理论不可或缺的重要组成部分。处于百年未有之大变局、全球信息化浸染下的新时代,是中国从大国变身强国的时代,也是中国理论逐渐走向自立自强的时代;新时代的伟大实践,将给中国特色新闻学的理论创新、学术繁荣提供强大动力和广阔空间。信息的社会化、多种媒介形态的交织、中华民族伟大复兴梦的奋斗现实及其丰富无比的传媒实践活动,为新闻传播理论构建新时代知识谱系和传媒体系,做出了最厚重的学术铺垫贡献。认清本质,更新理念;坚持守正,勇于创新;强化互联网思维,建设好"四全"媒体,全面提高舆论引导能力;是深刻把握新时代中国特色新闻学的根本要义。[1] 有观点指出,构建中国特色新闻学应该把马克思主义中国化,把新闻学术科学化,把新闻理论时代化。[2] 也有论者提出,中国新闻理论体系的建构必须实现向"新闻生产"范式的升级,才能真正树立起中国特色新闻学的理论自信。[3] 有学者认为,延安新闻学可以为中国特色新闻学构建某种"元理论"。[4] 还有学者提议,将延安时期中国共产党在新闻传播领域中建构的理念、文本、话语与经验直接概述甚至拔高为一门"学",构建中国化、本土化的新闻学研究体系。[5]

3. 媒介融合研究方面,中央厨房与县级融媒体中心的建设成为研究的热点

加快推进传统媒体与新兴媒体产业融合发展是中国传媒产业发展的内在要求。有研究者认为,传媒业原有边界将进一步消解,其中用户平台、新闻生产系统、新闻分发平台及信息终端将出现重大的变化。[6] 也有论者认为,传统媒体与新兴媒体融合发展的前提是首先与平台、社群相融合。[7] 有

---

[1] 方提、尹韵公:《中国特色新闻学的时代语境、实践基础与根本要义》,《现代传播》(中国传媒大学学报)2020年第11期。

[2] 柳斌杰:《构建中国特色新闻学的几个问题》,《全球传媒学刊》2017年第3期。

[3] 齐爱军:《中国特色新闻学科建设的路径和方法创新》,《青年记者》2017年第36期。

[4] 李海波:《延安新闻文化与中国特色新闻学知识拓新——社会文化史视野下的延安新闻学》,《出版发行研究》2018年第5期。

[5] 朱清河、汪罗:《延安新闻学的缘起逻辑、基本范畴与价值意蕴》,《出版发行研究》2018年第6期。

[6] 彭兰:《未来传媒生态:消失的边界与重构的版图》,《现代传播》(中国传媒大学学报)2017年第1期。

[7] 嵇美云、支庭荣:《互联网环境下媒体融合的瓶颈及策略选择》,《现代传播》(中国传媒大学学报)2016年第11期。

研究者认为新华社现场云、人民日报社中央厨房等十多家融媒体中心的意义在于将中央厨房打造成具有强大交互能力的开放共享平台，使其成为价值创造和价值增值的重要场所。①

县级融媒体中心建设是习近平总书记治国理政思想落实到基层的重大举措，也是当前媒介融合下沉的根本性举措。有研究者认为，县级融媒体中心是全媒体传播体系的重要环节，是基层社会治理的有效抓手。② 县级融媒体中心建设的主基调是巩固执政基础，因此建设过程中需要建立以人民为中心的政务信息公开机制、突出思想舆论引导、满足基层需求。③ 也有课题组认为县级媒体建设关键在于搞好顶层设计角度的体制机制改革，以及与之相匹配的资金、人才、机构改革。④

4. 传媒经营管理研究方面，关注传媒经济结构的优化

有研究者回顾了改革开放以来中国传媒体制改革的"市场化"进程，认为它实际上是官方与民间合作博弈下的一种观念塑成。⑤ 针对媒体当前发展遇到的经济困境，有学者提出为媒体提供经济支持的单元应由广告与多元产业转为多元产业与财政扶持。⑥

当前新媒体环境下，有学者认为我国新媒体经济快速发展但发展不平衡、不充分，其原因主要在于我国新媒体经济在规模、速度、环境、技术、人才及行业监管等方面存在不足。⑦ 也有学者认为，对互联网媒体市场结构优化需引入社会效益与经济效率的双重维度；媒介融合规制则要以国有媒体结构优化为重心，打破壁垒，促进传媒整合。⑧

---

① 国秋华：《价值链重构：媒体中央厨房建设路径与模式创新》，《现代传播》（中国传媒大学学报）2019年第9期。

② 方提、尹韵公：《县级融媒体中心是基层社会治理的重要抓手》，《光明日报》2020年12月18日。

③ 方提、尹韵公：《论县级融媒体中心建设的重大意义与实现路径》，《现代传播》（中国传媒大学学报）2019年第4期。

④ 陈国权：《中国县级融媒体中心改革发展报告》，《现代传播》（中国传媒大学学报）2019年第4期。

⑤ 殷琦：《1978年以来中国传媒体制改革观念演进的过程与机制——以"市场化"为中心的考察》，《新闻与传播研究》2017年第2期。

⑥ 陈国权：《谁为媒体提供经济支持？——1949年以来中国媒体经济体制变迁与趋势》，《新闻与传播研究》2018年第10期。

⑦ 陈清：《我国新媒体经济发展的技术与市场优势及路径抉择》，《现代传播》（中国传媒大学学报）2018年第12期。

⑧ 易旭明、倪琳：《中国传媒市场结构的变迁、模型及优化》，《现代传播》（中国传媒大学学报）2018年第6期。

5. 传媒政策伦理法规研究方面，智能媒体引发的伦理问题、互联网的政策与治理问题成为关注点

随着社会变迁及媒介技术的迭代发展，智能媒体带来了对既有的传播伦理和法律法规的全新挑战。有学者认为数字化背景下传播伦理应注重纳入当今普通公民作为传播主体在网上自主公开传播中的伦理。① 还有学者认为关键在于建立起机构主体和个人主体的新闻伦理协同关系。② 也有学者建议加强算法工程师的入职伦理培训、强化职业道德规范。③

对于互联网政策与互联网治理，有学者认为我国的互联网政策多维护和强化主流话语、缺乏前瞻性，④ 也有学者指出互联网治理的关键就是要基于治理目标和治理诉求，建立一整套相关的规则体系以及基于这种规则体系的实践逻辑。⑤ 还有学者建议大数据背景下对公民网络隐私权的保护与立法应更加直接、具体和到位。⑥

二 "十三五"时期新闻学的研究特点与不足

（一）"十三五"时期新闻学研究主要呈现如下特点

1. 研究对象关涉学科发展重大理论问题与重大媒介前沿实践难题

理论研究方面，研究所涉的重要对象之一是马克思主义新闻观，它探讨了马克思主义新闻观的理论渊源、发展沿革与时代内涵，同时重点梳理了马克思主义新闻观中国化的最新成果习近平新闻思想专题；还有它关涉了中国特色社会主义新闻学理论的构建等，这些关系学科发展的政治方向，因而具有重要的时代意义。

媒介前沿实践方面，学科紧紧扎根于当前新媒体技术环境，关注和跟踪本学科领域发展面临的重大现实问题，如县级融媒体建设、报业转型升

---

① 张咏华、贾楠：《传播伦理概念研究的中西方视野与数字化背景》，《新闻与传播研究》2016年第2期。
② 薛宝琴：《人是媒介的尺度：智能时代的新闻伦理主体性研究》，《现代传播》（中国传媒大学学报）2020年第3期。
③ 严三九、袁帆：《局内的外人：新闻传播领域算法工程师的伦理责任考察》，《现代传播》（中国传媒大学学报）2019年第9期。
④ 武志勇、赵蓓红：《二十年来的中国互联网新闻政策变迁》，《现代传播》（中国传媒大学学报）2016年第2期。
⑤ 喻国明：《互联网治理应遵循的重要规则与操作关键》，《新闻与传播研究》2016年第S1期。
⑥ 胡颖、顾理平：《我国网络隐私权的立法保护研究》，《新闻大学》2016年第2期。

级、舆情管理、智能媒体的传播伦理规制、互联网治理等，以这些亟须解决的前沿重大实践难题为抓手，立足中国传媒发展现实，学科发展不断与时俱进，扩展延伸其内涵。

2. 研究领域多偏向于新媒体及其传播影响研究

近年来新闻学的研究对象主要集中于新媒体及其传播影响研究。研究话题涉及政治传播、国际传播、对外传播、文化传播、舆情管理、社交媒体、社会治理、媒介融合、智能媒体、大数据等，学科领域关涉多指向传播学、政治学、社会学、计算机科学等，但总体上多集中于传播学领域，罕有新闻学基础理论方面的研究。

目前整个新闻传播学科"遭遇了研究对象的跳水式、断崖式暴跌"，出现"此消彼长的研究现状"。[1] 新闻学领域也几乎形成一个清晰的时代断层，这是新媒体发展对传媒与社会的冲击的结果，也是新闻学的研究对象与时俱进扩展内涵，跨学科、跨领域发展的结果。

3. 研究的主题多服务于国家发展战略与现实传媒技术发展的需要

新媒体、大数据、人工智能、"一带一路"、西部、新疆等高频词多为这个阶段的国家社科基金项目的研究主题。[2] 这些研究焦点体现了国家宏观政策与现实传媒技术发展对研究主题生成的直接影响。

典型的如县级融媒体中心建设研究。2018 年 8 月习近平总书记指出"要扎实抓好县级融媒体中心建设"，同年中宣部启动 600 个县级融媒体中心建设。随后《中国市县融媒体中心建设研究报告（2019）》（王文科等主编，2019）首次回应和回答了当下中国县市媒体融合融什么和怎样融的问题。中国期刊网的数据显示：习近平总书记讲话之前，县级融媒体论文仅有 4 篇，讲话之后两年不到，出现了 800 多篇。"一带一路"的相关研究也多是如此。可见当前的新闻学研究紧跟、服务于国家的经济发展战略与传媒技术发展的需要，对策性非常强。

（二）"十三五"时期新闻学研究存在的不足

1. 基础研究相对薄弱，理论提炼与创新性不够

一方面，目前的新闻学研究主要集中于对现实问题的关注，如前面提

---

[1] 时统宇：《新闻史研究优秀论文占比大增的喜与忧》，《青年记者》2019 年第 13 期。
[2] 詹海宝：《第五轮学科评估时域下我国新闻传播学生产力分布格局检视——基于国家社科基金立项与代表性期刊的统计分析》，《浙江传媒学院学报》2002 年第 2 期。

到的智能媒体、互联网、媒介融合、数据新闻等。而对新闻学基本理论问题的研究相对比较薄弱，近年来这方面的成果也非常少。基础研究的薄弱非常不利于中国特色新闻学的发展与创新。

另一方面，目前比较多的成果陷入实证研究、个案研究、对策研究的陷阱，缺乏宏观上的上升到理论高度的学术凝练，更未能立足于马克思主义新闻观、根据中国的实际对西方新闻传播学理论做出适当的反思甚至改造；也未能发掘中西理论背后的中国政治、经济、体制方面的差异。这样自然很难凝练、形成自身的理论，不利于学科的长远发展，因而接下来我们在构建中国特色新闻学理论方面还有很长的一段路要走。

2. 研究的前瞻性不够，现实的指导性与可操作性不强

本学科涉及的内涵既有理论也有实务，既有业界，也有学界，但遗憾的是，"新闻学界与传播现状的强劲对话显得力不从心，特别是对业界急需回答的问题隔靴搔痒"[1]。这也是成果前瞻性不强的一个重要原因。

3. 研究的问题意识不强，"时过境迁"性质的成果较多

就基础研究而言，一些成果缺乏问题意识，更缺乏学科发展的高度。因而研究相当零散，未能各个击破去构建学科自身完整的知识体系。近年来这方面的成果较多，但真正有思想、有深度、有高度的原创性成果相当少。

就应用研究而言，相当多的成果含带有很强的对策性，多属于跟踪性研究，学术时效性强。但随着媒介技术的迅速迭代，这类成果由于理论性比较薄弱，更缺乏思想深度，因而往往容易"时过境迁"。所以真正能够沉淀下来的、经得起时间考验的成果非常少。"不少'成果'经不起大浪淘沙，而学术研究的浮躁和浮夸，让本来就有'无学'垢病的新闻传播学研究更加雪霜"[2]。

三 "十四五"时期新闻学科的发展趋势

（一）中国特色新闻学理论体系的构建与完善将成为学科建设的重点

未来的新闻学研究主要解决的是我们学科的中国特色问题，传播学

---

[1] 时统宇：《新闻史研究优秀论文占比大增的喜与忧》，《青年记者》2019年第13期。
[2] 时统宇：《新闻史研究优秀论文占比大增的喜与忧》，《青年记者》2019年第13期。

引进之后，一直呈攻城略地之势。研究力量的逐步转移，学科边界的模糊化、基础理论研究的停滞，新闻学逐步濒临一种"门庭冷落"的学科发展状态，以至于有学者提出新时代的中国新闻学面临着失地、失人、失魂的危机与困境。[①] 这样的学科发展态势是亟待改变的。它与我们国家40年来改革开放和社会主义建设所取得的伟大成就极不相称，也与新闻事业本身所取得的进步极不相称。因此，后续研究将会继续着眼于学科理论，重建新闻学与现实的联系、与政治的联系、与意识形态的联系，明确学科的发展定位，构建有中国特色的新闻学学科理论体系、话语体系及学术体系。这项工作任重而道远，这种研究趋势可能会持续相当长的一段时间。

（二）马克思主义新闻观的中国化研究将继续走向深化

马克思主义新闻观中国化研究的关键在于结合好中国共产党领导革命、领导社会主义建设和改革开放的伟大实践，只有这样才能把握马克思主义新闻观中国化的历史发展进程与基本规律，才能进一步深化马克思主义新闻观的中国化研究。这方面的成果目前还相当少。后续研究将聚焦于马克思主义新闻观作为方法论在当代中国面临的新情况、新问题以及非马克思主义新闻观的西方新闻学观念与思潮、中国共产党几代领导人对马克思主义新闻观中国化的历史贡献等。澄清这些才能进一步增强马克思主义新闻观科学性和理论的说服力，才能根据时代发展的特点提出的新命题，不断拓展和加深对马克思主义新闻观中国化的认识。

（三）媒介融合、媒介技术发展的跟踪性研究继续成为学科的研究热点

一方面，传统新闻业受新媒体及互联网发展的冲击非常大，一直处于转型状态，如何转型正处于探索状态；另一方面，新媒体及互联网正在重构整个人类社会，其媒体属性越来越显著。新闻学科未来的学科理论范畴、构架体系与人才培养都将会随着媒介技术的发展做出相应的创新与调整，这也将是一个漫长的动态过程与不争的事实。为此，随着媒介融合与媒介

---

① 李彬：《新闻学的春天与冬天：对中国新闻学的再反思》，《山西大学学报》（哲学社会科学版）2019年第5期。

技术的进一步发展，诸如媒介融合、媒体转型、融媒体、大数据、人工智能、VR产业、短视频、"互联网+"、区块链、互联网思维、互联网治理以及新媒体环境下的健康传播、环境传播等过程性和跟踪性研究也将持续成为学科的关注和研究热点。

（四）新闻传播伦理与媒介素养研究将会继续加强

随着新媒体技术的迭代发展，新闻传播伦理方面出现了很多问题，而这方面的研究一直比较薄弱。尤其是新媒体出现后新闻传播伦理学有了新的研究内容，它引发的系列新闻传播伦理问题亟待解决，这方面的研究还将会加强。还有受众的媒介素养提升也是解决这方面问题的重要方式之一，但相关成果不是很多。90年的媒介素养研究历史表明，它一直植根于不同的学科。未来随着媒介技术的发展，媒介素养教育将成为研究的关注点，随着成果的积累与媒介技术环境的演变其重要性还会提升。

四 "十四五"时期主要研究领域与重点课题建议

（一）新闻学学科发展历史梳理研究

新闻学须厘清学科发展历史，廓清学科边界。它涉及如下要点：对新闻学引进以来的百年译著、专著、论文建立文献数据库，实现数据共享；厘清资产阶级新闻学与无产阶级新闻学的发展脉络，梳理出马克思主义新闻学的历史演进路径；加强新闻学学科方法论研究；加强新闻学理论框架研究，廓清学科发展的逻辑层次、框架结构、基本原理、核心内容、新兴领域与边缘边际。

（二）马克思主义新闻学理论研究

研究涉及如下要点：马克思主义新闻学形成的理论基础、思想基础及方法论基础研究；马克思主义新闻学的经典文本与源流演进研究；马克思主义报刊活动与新闻传播思想研究；马克思主义新闻学的当代发展研究，中国共产党领导人对马克思主义新闻学的创新与发展研究；马克思主义新闻观的产生、形成、建设与发展研究。

(三) 新媒体及媒介融合发展研究

新媒体正在重构整个人类社会，并形成新的传媒版图。它涉及如下要点：新媒体发展与演进的历史轨迹研究、媒介融合的演进研究、县级融媒体研究、政务媒体研究、社交媒体研究、智能媒体与算法研究、网络舆情管理研究、互联网发展与治理研究、新媒体内容生产研究、新媒体盈利模式研究、新媒体广告及经营管理研究等。

(四) 数字时代新闻传播业务的创新研究

数字时代新闻传播渠道趋向社会化网络、传播内容呈现视频化、传播受众呈现分散化、用户化特征，基于这种情况的研究涉及如下要点：数字化背景下采写编评业务创新研究、新闻叙事研究、讲好中国故事研究、新闻话语权研究、新闻报道经典研究、新闻舆论引导研究、机器人写作研究、数据新闻研究、新闻可视化研究、专家型记者培养研究、数字化背景下新闻传播人才培养研究等。

(五) 传播伦理法规与媒介素养研究

新媒体环境下新闻传播伦理法规增加了新的研究领域。它涉及如下要点：新媒体技术发展与社会伦理冲突问题研究、新媒体版权问题研究、网络侵权研究、网络隐私保护研究、新媒体规制研究、智能化媒体伦理研究、自媒体伦理与自律行为研究、新媒体失范现象研究、用户媒介素养研究、媒介素养学科建设研究、新闻传播伦理法规学科建设研究等。

传 播 学

"十三五"时期,中国传播学的研究进一步走出学习和模仿西方的状态,与国际传播学术研究的位置由追赶走向同步前进,探索本土化道路。

其一,对西方传播理论的系统反思。传播学引进早期,中国学者大多将西方的传播理论当成学习和诠释的不刊之论,而这一阶段,随着对西方学术的深入了解,人们更倾向于将其当成史料,从知识社会学角度研究西方理论与政经权力、社会思潮、意识形态、技术迷思等相互作用。这种研究进路有助于打破对西方理论的迷信,以现实主义态度对待中国研究中的种种障碍和困难,并通过这种更加全面深入的解读,将传播学真正转换成自己的思想。

其二,对传播研究本土化路径展开新探索。《国际新闻界》2018年第2期刊登的对中国传播学40年的反思中,国内传播学的老中青三代学人对中国传播学的成就与本土化路径进行了总结,在积极评价的同时,着眼于未来中国传播学路径的开拓,这显示了中国传播学更加具有学术自信。

很长时间内,传播学界都面临着以"传"为中心还是以"媒"为中心的道路选择问题,前者关心人的传播行为结构、社会互动关系结构以及与社会文化结构的关系,社会主体的交往实践决定了媒介的使用和改造;而后者则聚焦媒介工具和技术的演进及其建立起来的组织和制度、社会权力与象征体系,媒介成为人们交往实践的工具环境和先决条件。[1] 将注意力转向"媒介",可以消解"大众传播""人际传播"等传统划分,获取一种新思路。在这种思路之下,媒介不再是一个物品、一个机构、一种技术,而

---

[1] 吴予敏:《从"零"到一:中国传播思想史书写的回顾与展望》,《国际新闻界》2018年第1期。

是一个事件、一种发生、一种展开，"好比石头扔进水里，激起涟漪引发回声改变形态"[1]。研究者提出的"新传播研究"概念则认为不仅要关注信息的传播，还要关注交通、物流、网络基站等基础设施、信息终端、病毒、电力等物质性的传播现象。[2]

一　传播学分支研究的主要议题

（一）传播研究的新维度

1. 空间

空间是人类活动开展的重要维度，这一维度影响着传播的方式及效率，同时媒介也建构人类的空间意识甚至创造新的空间。在位置媒介技术的加持下，空间成为关联现实与虚拟空间的媒介界面，重组了个人与社会、地点与空间、道路与漫步、想象与痕迹之间的关系。[3]

城市传播是近年来我国传播学研究中方兴未艾的一个领域，一方面，它将城市视为一个庞大而又复杂的传播体系；另一方面，它又在既有的城市研究中加强传播学向度的建构。城市空间是人的各种活动和身体体验之场所，同时它们又是在人的行动和互动中才得以生成。陆晔、张昱辰研究了物质交通与符号传播的交织，谢静则从流动关系视角出发，重新审视传播中的城乡关联，并为建立城乡新型关系提出传播学的主张。[4]

不同于城市传播注重空间如何通过传播和媒介再生产，媒介地理学关注作为人类社会生活地理居住场所的空间如何影响社会行为。斯科特·麦奎尔在《地理媒介》中针对新技术所带来的"无处不在、位置敏感、即时反馈和技术融合"等传播特点，将 21 世纪称为"地理媒介"时代，提出只有打破人与物、虚拟与真实、媒介与地理之间的认知鸿沟，才能把握人类传播的深层逻辑。袁艳在她的研究中回顾了传播学与地理学的渊源，从

---

[1] 黄旦：《新闻传播学科化历程：媒介史角度》，《新闻与传播研究》2018 年第 10 期；胡翼青：《显现的实体抑或关系的隐喻》，《中国地质大学学报》（社会科学版）2018 年第 2 期。

[2] 刘海龙：《新传播研究：超越大众传播的思维定式》，《中国社会科学报》2019 年 7 月 23 日第 5 版。

[3] 李耘耕：《从列斐伏尔到位置媒介的兴起：一种空间媒介观的理论谱系》，《国际新闻界》2019 年第 11 期；许同文：《"媒介特性"与"数据实践"：基于位置媒体的"校园跑"》，《国际新闻界》2019 年第 11 期。

[4] 陆晔主编：《图说城市传播》，中国传媒大学出版社 2019 年版；张昱辰：《在全球与地方间的媒介：城市轨道交通在上海的传播（1980—2010）》，《国际新闻界》2019 年第 3 期；谢静：《连接城乡：作为中介的城市传播》，《南京社会科学》2016 年第 9 期。

地理学的角度如何理解传播学以及地理学的传播转向为这两个学科会带来什么新的想象空间。①

2. 记忆

数字媒介的发展又在传统的大众媒介之外形成了新的记忆之所。陈旭光认为数字媒介的发展培养起了新的记忆习惯，从"人本位"向"事本位"的转变成为在线记忆言说重要的逻辑转向。②吴世文、杨国斌等认为消失的中文网站被网友不断提起和纪念，在个人怀旧层面，消失的网站成为网友青春的见证；在政治抗争层面，记忆成为批判现实的资源或方法。③钟智锦等通过研究微博上普通网民对于2012—2014年262个新媒体事件的集体记忆发现，事件的始末和细节可能会变得模糊，但是情绪，尤其是负面情绪（焦虑、愤怒、悲伤）却会被强化。④刘于思认为在技术怀旧中，体现了科技和物质作为记忆的载体具有重建使用者身份的作用，展现了过去与未来的张力。⑤

3. 情感

长久以来，在理性主义传统中，情感常常被视为影响公共舆论的负面因素。而20世纪后期的"情感转向"却为重新评估公众意见中的情感提供了契机。袁光锋提出了媒介、认知、基调情感、状态情况四个分析维度来分析公众意见中的情感。⑥徐翔发现新浪网的社会新闻中就存在着明显的"愤怒"偏好，且与新闻的传播热度之间正向相关。⑦

情感作为一种发声实践（articulatory practice），以其丰富的层次塑造着主体的自我身份，包括民族身份、阶级身份。这方面的成果有：蒋建国对近代报刊中的情感的研究，翻译成中文的李海燕著作中对近代文学作品中

---

① 袁艳：《当地理学家谈论媒介与传播时，他们谈论什么？——兼评保罗·亚当斯的〈媒介与传播地理学〉》，《国际新闻界》2019年第7期。
② 陈旭光：《逻辑转向与权力共生：从网络流行体看青年网民的集体记忆实践》，《新闻与传播评论》2018年第3期。
③ 吴世文、杨国斌：《追忆消逝的网站：互联网记忆、媒介传记与网站历史》，《国际新闻界》2018年第4期。
④ 钟智锦等：《集体记忆中的新媒体事件（2002—2014）：情绪分析的视角》，《传播与社会学刊》（香港）2017年总第40期。
⑤ 刘于思：《从"记忆的技术"到"技术的记忆"：技术怀旧的文化实践、情感方式与关系进路》，《南京社会科学》2018年第5期。
⑥ 袁光锋：《"情"为何物？——反思公共领域研究的理性主义范式》，《国际新闻界》2016年第9期。
⑦ 徐翔：《新浪社会新闻传播中的"情绪偏好"效应与特征研究——基于新浪社会新闻的网络挖掘与实证分析》，《国际新闻界》2017年第4期。

的爱情与民族共同体意识形态之间关系的研究。①

4. 身体

在传播学中,关于身体的讨论才刚刚开始。促成这一转向的契机,很大程度上源于虚拟现实(virtual reality)、人工智能等离身的或无身体(或硅基身体)的交流形式的出现。人类一方面追求突破身体局限的远距离交流,另一方面主流传播理论却认为面对面交流才是最理想的交流方式。脱离身体问题谈传播就构成了传播学研究的盲点。引入身体之维的传播研究也可能因此而格局大开,将肉身视为传播的条件,打破束缚观念的种种桎梏,重新定义身体与传播的关系。②

孙玮提出的赛博人(无机物及其和生物体的结合体)的出现则作为终极媒介重新组装起了被大众媒介分隔的器官,"将人与技术的双重逻辑、实体空间与虚拟世界的双重行动交织互嵌在一起"③。对麦克卢汉的再发现确证了身体与媒介、人与技术论题在当下的迫切与必要。④

身体也为电子游戏的研究开辟了新的空间。章戈浩发现格斗游戏中角色的丰富姿态和玩家在游戏过程中呈现出的身体姿态通过游戏界面相接合。周逵根据梅洛-庞蒂的身体—主体理论发现,VR 游戏的身体沉浸感让玩家得以身临其境,甚至能够以假乱真,制造虚假记忆。⑤

5. 声音

正如"图像转向""视觉转向"成为视觉文化研究的一面旗帜,"听觉转向"也称为听觉文化研究在中国引起关注的重要表征,围绕着声音与听觉,形成了"造声""听声"与"声景"三个问题域。其中,"声景"关注的是与人对声音的感知能力、聆听方式和效果相关的社会、政治、经济和文化景观。季凌霄认为中国近代政治公共生活的兴起正是伴随着西方声学观念的东渐。"声浪"既是"有声中国"的表述语汇,又是公共空间中实在的媒介。她还研究了晚清上海的各种钟声,认为它们催生了一种新的

---

① 蒋建国:《清末革命思潮与报刊读者的阅读心态》,《新闻与传播研究》2018 年第 2 期;李海燕:《心灵革命:现代中国爱情的谱系》,修佳明译,北京大学出版社 2018 年版。
② 刘海龙:《传播中的身体问题与传播研究的未来》,《国际新闻界》2018 年第 2 期。
③ 孙玮:《赛博人:后人类时代的媒介融合》,《新闻记者》2018 年第 6 期。
④ 刘婷、张卓:《身体—媒介/技术:麦克卢汉思想被忽视的维度》,《新闻与传播研究》2018 年第 5 期。
⑤ 章戈浩:《数字功夫:格斗游戏的姿态现象学》,《国际新闻界》2018 年第 5 期;周逵:《沉浸式传播中的身体经验:以虚拟现实游戏的玩家研究为例》,《国际新闻界》2018 年第 5 期。

听觉实践，触发了人们对城市的感知、体认与想象。① 陶东风则搜集了 20 世纪 80 年代青年收听邓丽君歌曲的个人经验，认为收听邓丽君的歌曲是人性复苏的启蒙过程，为个体带来融合震撼、解放、紧张与冒犯等多种感受混合的僭越的快感。

（二）传播思想史

在传播学术史研究中"辉格史"成为反思的对象之一。近年来的研究，大到学派间的关系，小到人物、具体理论的细部考察，分析在既有的主流叙事中蕴含的矛盾与缝隙，其中被选择性的粉饰、强调、边缘化、忽略的对象纷纷浮出历史地表，比如对在传播史中着墨较少的帕克、拉斯韦尔的简单勾画、哥伦比亚学派的单一面向等的发现和补充，以及对 20 世纪初中国传播学研究的"史前史"的再发现。这一系列研究有助于我们全面地理解"传播学"的历史语境及其局限性。②

传播思想史的另一个传统的路径是从中国的传统资源中寻找本土化的可能。比如邵培仁、姚锦云对"接受主体性"在庄子、慧能与王阳明思想中的考察，概括《论语》的四种传播模式；谢清果等人结合中国传统社会的文化背景，阐发"风草论"这一中国特色观念的传播理论意蕴，并积极探寻华夏公共传播、华夏舆论传播、华夏媒介批评等概念的可能性。③ 朱鸿军对中国本土的政治传播仪式如经筵会讲，潘祥辉对中国本土沟通行为如"对天发誓"、以婚姻作为媒介、作为一种"复合媒介"的殷周青铜器的研究都别开生面。④

（三）数字媒体语境下的政治传播

荆学民及其团队对政治传播概念，以及中国政治传播的特点进行了比

---

① 季凌霄：《"声浪"之行与中国近代社会关系之变》，《现代传播》（中国传媒大学学报）2019 年第 7 期；季凌霄：《"听"得见的城市：晚清上海的钟声与感官文化》，《新闻与传播研究》2019 年第 1 期。
② 刘海龙：《重访灰色地带：传播研究史的书写与记忆》，北京大学出版社 2015 年版。
③ 邵培仁、姚锦云：《传播受体论：庄子、慧能与王阳明的"接受主体性"》，《新闻与传播研究》2014 年第 10 期；谢清果、陈昱成：《"风草论"：建构中国本土化传播理论的尝试》，《现代传播》（中国传媒大学学报）2015 年第 9 期；谢清果、王昀：《华夏舆论传播的概念、历史形态及特征探析》，《现代传播》（中国传媒大学学报）2016 年第 3 期。
④ 朱鸿军、季诚浩：《经筵会讲：一种中国本土的政治传播仪式及其演变》，《现代传播》（中国传媒大学学报）2016 年第 10 期；潘祥辉：《华夏传播新探：一种跨文化比较视角》，复旦大学出版社 2018 年版。

较系统的探讨。他认为作为政治传播内容的政治信息可分为两种形态——诸如意识形态的"观念形态"和诸如政治价值和政治文明的"潜在形态";意识形态是政治传播内容的表层结构,政治价值是中层结构,政治文明是深层结构。[1]

刘海龙、王怡红、叶俊等人对中国宣传观念及宣传研究的发展做了历史的回顾与梳理,周海燕则具体研究了读报小组的宣传效果。方师师则关注了新兴的社交媒体平台上的计算宣传现象。[2] 胡泳等人则对中国语境下"舆论"概念的变化及其工具化做了深描,并对中国特色的"舆情"与西方的舆论概念进行了区别。[3]

隋岩认为网络技术降低了政治参与的门槛,催生了一种参与政治的重要方式——"键盘参与",并在"阿拉伯之春"、占领华尔街等运动中彰显出了其威力。许多案例研究探讨了新媒体在社会抗争和社会运动中增加了公众的权力。[4]

孙卫华发现21世纪之后则形成了比较鲜明的"大众政治模式",表现为制度框架之外的自发式民主参与。参与方式具有极端化、娱乐化,以及民粹化的倾向。这种大众政治模式下的民意表达和舆论监督固然推动了中国的政治文化和制度创新,但也蕴含着系统性的社会风险。[5]

(四)经典效果理论

传播经典理论在中国的落地是中国传播研究中的传统课题。一类研究是用经典理论来解释中国问题,另一类研究是通过中国经验的研究来发展经典理论。

前者有用第三人效果解释全球变暖议题,用框架理论研究中国的新社会运动,网络众筹中不同策略的效果,用议程设置理论观察中国两会议题

---

[1] 荆学民:《关于政治传播内容的理论思考》,《南京社会科学》2016年第3期。
[2] 刘海龙:《宣传:观念、话语及其正当化》,中国大百科全书出版社2013年、2020年版;王怡红:《宣传研究的概念考察——兼评刘海龙的宣传研究》,《新闻界》2014年第20期;叶俊:《从实用主义到观念反思:中国宣传研究的三次高潮——兼论宣传研究转型的两条路径》,《全球传媒学刊》2015年第4期;周海燕:《意义生产的"圈层共振":基于建国初期读报小组的研究》,《现代传播》(中国传媒大学学报)2017年第9期;方师师:《社交媒体操纵的混合宣传模式研究》,《现代传播》(中国传媒大学学报)2018年第10期。
[3] 胡泳、陈秋心:《舆情:本土概念与本土实践》,《传播与社会学刊》(香港)2017年总第40期。
[4] 隋岩:《群体传播时代:信息生产方式的变革与影响》,《中国社会科学》2018年第11期。
[5] 孙卫华:《表达与参与:网络空间中的大众政治模式研究》,《新闻大学》2016年第5期。

的传播效果。

和过去相比,第一类研究数量逐渐减少,这和中国传播研究的原创水平的提高有一定关系,仅仅简单应用和证实经典传播理论的研究价值变得越来越低,第二类修正、发展经典理论的研究开始成为发表成果的主流。比如陈阳对2013年北京地区的数据分析发现无法从经验层面证实大众媒体的议程能够影响受众议程,但是不同时间段的媒介议程之间高度相关,这与政府—媒体—公众三者之间的关系不对称有关。[1] 沉默的螺旋是被卡茨和菲阿尔科夫（Yonatan Fialkoff）判定为应当"退休"的传播学概念之一,但是研究发现在中国却仍然存在且呈现不同特征。[2]

传统的意见领域基于面对面的关系,但是互联网时代的意见领袖也发生了分化和变异,催生了非传统意义上的意见领袖——草根精英,崔凯、刘德寰等研究者对这些新变化进行了总结。[3] 庞云黠等则认为意见领袖群体内部的互动及其效果同样值得关注,他们发现在中国的社交平台上,政治立场仍然是意见领袖之间关注和互动的主要原则,右派之间的互动比左派活跃,意见相对明确、表达相对激烈的人远比中立群体互动频繁,两极式的观点更加突出和明显。[4] 这些都展示了中国网络媒体的特殊之处。

（五）其他领域

除了以上话题较新的领域外,还有一些传统的领域也成果丰富。

跨文化传播与国际传播领域,单波、姜飞等对于跨文化传播中的基本概念及基础理论进行了较多的探讨,张昆、陈先红等对国家形象尤其是其中国家形象的叙事进行了集中研究。

健康传播领域除了美国主流的效果研究外,中国的研究者还结合具体语境,探讨了大众媒体的话语与医疗改革、医患矛盾的关系。

在科学传播领域,金兼斌对科学知识传播效果中的影响因素做了系列

---

[1] 陈阳:《议程设置理论在北京的一次检验——基于CGSS（2013）数据的研究》,《国际新闻界》2017年第10期。
[2] 闵晨、陈强、王国华:《线下政治讨论如何激发青年群体的线上政治表达:一个有调节的中介模型》,《国际新闻界》2018年第10期。
[3] 崔凯、刘德寰、燕熙迪:《时间累积、用户行为与匿名社区资本——基于豆瓣网网络爬虫数据的分析》,《青年研究》2017年第1期。
[4] 庞云黠、苗伟山:《意见领袖的结构极化研究:以新浪微博为例》,《传播与社会学刊》（香港）2017年第42期。

研究；贾鹤鹏等认为科学传播中话语权集中于科学家，缺乏公众参与；[①] 刘于思等则认为要避免公众将不确定性理解为科学家及媒体制造出的灰色地带，重新建立起对科学不确定性的适当尊重。[②]

性别与传播领域主要集中在女性新闻工作者的不平等待遇以及媒体内容对女性的歧视性建构等。

修辞研究和叙事研究过去是传播学中不太被重视的领域，近几年公共关系研究以及图像修辞研究这一领域开始受到重视，尤其是以刘涛为代表的图像修辞研究成果较为丰富。同时图像修辞研究属于视觉传播研究，以短视频、高清电视、虚拟现实为代表的新型视觉传播技术的影响也是研究者关注的话题。

传播人类学研究采用民族志和虚拟民族志的方法，对日常生活中的媒介使用及其文化进行深描，比较有代表性的研究者有郭建斌、孙信茹等。前者的《在场：流动电影与当代中国社会建构》（2019）在国家与民族关系层面探讨了电影这一媒介与牧民日常生活的关系。

二 传播学研究未来趋向

（一）新媒介环境下的理论重构

现有的传播理论主要基于20世纪40年代以来建立起的大众传播理论，这些理论以信息论为核心，重视信息的传播效果等微观与中观问题，比较忽略媒介对社会的宏观影响。至20世纪90年代中期为止，主流传播理论所处的时代媒介环境相对稳定，虽然有电视、录像机、卫星电视等新媒介的出现，但是均未动摇大众媒介的中心地位。在一个相对稳定的媒介环境中，媒介技术的影响可以忽略不计，学者只需关注中观与微观问题即可。然而当下传播技术革命层出不穷，转换速度极快。一个新技术或应用还未充分展开，就迅速被下一个迭代，对社会的影响愈加深入。我们已经目睹了网络1.0、2.0的影响，现在的社交媒介平台、短视频平台、算法分发、电子支付等已经深刻地改变了日常生活与政治经济诸方面，正在地平线上

---

① 贾鹤鹏、闫隽：《科学传播的溯源、变革与中国机遇》，《新闻与传播研究》2017年第2期。
② 刘于思、亢力：《在风险与利益间传达不确定性：科学事实查验对转基因食品议题信息误解的影响》，《新闻与传播研究》2017年第7期。

的5G、人工智能、虚拟现实以及我们还想象不到的新媒介技术甚至会改变几千年以来我们对于人与人性的基本定义，彻底颠覆我们的价值体系。

这个时候传播研究如果仍然仅仅关注传统议题，就难以回应时代的需求，应转向媒介技术与文化、社会结构的大问题。但是基于信息论的传播理论过于注重信息的传递过程，忽略媒介本身的影响，同时对于媒介的定义也过于偏狭，仅关注运载信息的媒介，而忽略运载物质或能量的媒介。近年来中国学者除意识到美国主流传播理论与中国文化语境上的差异外，进一步认识到这些理论的历史和思想的局限性，开始从中国的传统文化和世界其他文化寻找理论资源。前面所介绍的近几年来媒介学、媒介考古学、媒介环境学、媒介哲学、媒介化理论的引入，以及从传播与身体、物质性、空间、记忆、情感、声音等视角探索传播的丰富内涵，代表了这种自觉。未来，对传播的重新理解在广度和深度上还将继续扩展，包括传播的物质性、德国柏林学派媒介理论、后人类主义与传播、传播与基础设施、传播与流动性等话题还会得到进一步讨论。

（二）学科融合

近年来除了传播学边界的扩展，传播学与其他学科间的边界也在模糊。比如随着目前新媒体的发展，过去新闻传播学科主要关注叙事性内容生产的时代一去不复返，大数据分析、人工智能、新媒体产品的开发设计等新兴领域对现有的僵化学科体制提出了挑战，计算机科学、统计学、艺术设计、市场营销学、管理学、技术哲学等不断地进入传播学领域，而一直以来与传播学关系密切的社会学、人类学、政治学、文学、历史学等也在向传播学领域扩张。

如果中国的传播学不能围绕着社会需求和学术逻辑建构起独特而重要的问题，只是维护自己的边界与利益，反而会影响中国传播学的发展。传播学必须解放思想，与其他学科积极合作，吸收不同的资源，寻找新定位，在发展"新文科"的大背景下，走融合发展之路，才能适应不断变化的现实。

（三）各个子学科齐头并进

在网络传播背景下，人际传播、群体传播、跨文化传播、政治传播、修辞学等都有被"重新发现"的现象。例如面对面的人际交流被社交媒体中介的离身化传播替代,这种人际交流和人际关系有什么新特征,如果引入非人的人工智能,这又会建立起什么新关系,这些问题引发了许多人际传播的新课题。隋岩等人提出随着以微博为代表的社交媒体平台的兴起,网络群体传播将成为未来传播的重要形式。[①] 以此类推,在新媒体条件下,各种在大众传播时代居于"边缘"的传播形态都迎来了新发展。这也为中国传播学补课并进行前沿研究提供了理想契机。

(四)研究方法的创新

近年来计算传播学的发展是研究方法方面的突破,并且在结合了穿戴设备、位置定位系统、网络购物等数据之后,为我们提供了传统研究方法所不能呈现的世界图景。对网上发布的海量内容的抽取与分析也因为引入语言识别算法而效率提高。质化研究也积极适应新媒体,虚拟民族志等方法也在传播研究中得到普及。

尽管如此,现在对于更加个人化的、隐私的内容的分析仍然比较困难,比如对于微信、短视频的研究还存在一些难以覆盖的领域,而后者在个人的信息环境建构中所起的作用越来越大。

三 主要研究领域与重点课题建议

(一)传播基础理论创新

1. 离身传播与具身传播的异同。
2. 西方经典传播理论的学派与思想研究。
3. 西方人文思想中的传播及媒介观念。
4. 中国传统思想中的传播及媒介观念。
5. 新媒介传播环境下传播理论体系建构。
6. 数字媒体与集体记忆。
7. 城市传播与城市治理。
8. 平台资本主义与数字劳动。

---

① 隋岩:《群体传播时代:信息生产方式的变革与影响》,《中国社会科学》2018 年第 11 期。

9. 智能传播媒体的伦理研究。
10. 计算传播研究方法研究。
11. 短视频的视觉文化研究。
12. 城市公共空间的交流行为研究。

(二) 人际传播

1. 数字媒介形成的人际关系与面对面形成的人际关系的异同。
2. 社交媒体平台与个人身份建构。
3. 数字媒介与亲子关系。
4. 社交媒体使用对家庭关系的影响。
5. 老龄化群体的新媒体使用与社会关系。
6. 数字反哺与老龄群体的新媒体使用。
7. 智能媒体与老龄群体陪伴研究。

(三) 群体传播及组织传播

1. 网络传言的治理。
2. 网络传言与网络谣言的差异研究。
3. 网络亚文化研究。
4. 网络群体运动研究。
5. 网络民族主义研究。

(四) 政治传播

1. 现代传播体系与国家治理体系与治理能力现代化建设。
2. 中国语境下宣传效果的研究。
3. 社交媒体环境下的国家对外传播。
4. 中国国家形象建构与传播效果研究。
5. 新型主流媒体的政治传播效果研究。
6. 平台型宣传媒介的传播效果研究。
7. 计算宣传与社交媒体平台机器人研究。
8. 社交媒体与青少年政治意识研究。

（五）跨文化传播

1. 中国境内外国人的跨文化传播研究。
2. 城乡间跨文化传播研究。
3. 社交媒体、短视频媒体等新媒体上女性形象研究。
4. 女性的数字媒体使用与赋权研究。

（六）健康传播与科学传播

1. 重大疫情期间的信息传播治理研究。
2. 大数据与重大疫情预警研究。
3. 社交媒体与医患关系研究。
4. 社交媒体中健康信息的传播效果。
5. 短视频与健康信息的传播研究。
6. 社交媒体与科学传播研究。
7. 重大灾害的数字记忆研究。

新闻传播史

一 "十三五"时期研究现状与成绩

(一) 专著

1. 报刊史研究方面,近现代报刊图像、漫画、画报有了专史性成果

《中国现代图像新闻史1919—1949》(韩丛耀著,南京大学出版社2017年版)分10卷本论述了中国近代新闻漫画和新闻照片的发展历程,它算是比较系统全面的一部专题性的近现代图像新闻史。《中国近现代漫画新闻史》(胡正强著,人民出版社2018年版)则分析了中国近现代漫画新闻发展的历史脉络与发生发展演变规律;《中国新闻漫画发展史》(甘险峰著,山东大学出版社2018年版)展示了中国新闻漫画发展史上的重要人物、重要作品、重要媒体、重要事件,史料性很强。

在画报史方面,《左图右史与画中有话:中国近现代画报研究(1874—1949)》(吴果中著,北京大学出版社2017年版)系统地梳理了中国近现代画报发展的历史沿革与形态演变。《左图右史与西学东渐:晚清画报研究》(陈平原著,生活·读书·新知三联书店2018年版)生动再现了晚清画报缤纷的面目,其研究的跨学科视野相当开阔。

2. 地方新闻史研究方面,出现了重大突破性成果

由宁树藩教授牵头,姚福申、秦绍德等四十位学者通力协作完成的《中国地区比较新闻史》(三卷本)(宁树藩著,复旦大学出版社2018年版)是这一时期中国新闻史研究的一项重大突破性成果。该书第一次对全国三十多个省市自治区和港澳台地区的新闻事业的发展作了全面系统的历史概括与描述分析。

另外,还比较密集地涌现了一批地方新闻史成果。如《当代东北地区少数民族新闻传播史研究》(于凤静著,中国社会科学出版社 2017 年版)、《广西新闻传播事业史》(万忆等著,浙江工商大学出版社 2018 年版)、《重庆近代新闻传播史稿 1897—1949》(蔡斐著,重庆出版社 2017 年版)、《襄阳当代新闻事业史稿 1949—2014》(管文娟著,华中师范大学出版社 2016 年版)、《湖州新闻史》(湖州市社会科学界联合会编,浙江古籍出版社 2017 年版)、《汕头埠新闻业》(曾旭波著,汕头社科联 2018 年版)等。

3. 新闻史料的整理方面,一批民国新闻史料与剪报得到了系统性的发掘和出版

由方汉奇、王润泽牵头整理的民国新闻史料出现了重要突破。《民国时期新闻史料续编》(影印本)(32 册,方汉奇等编,国家图书馆出版社 2017 年版)、《民国时期新闻史料三编》(共 26 册,方汉奇等编,国家图书馆出版社 2018 年版)、《民国时期新闻史料四编》(30 册,方汉奇等编,国家图书馆出版社 2019 年版)相继出版。

民国广播史的重大进展还表现在《新修地方志早期广播史料汇编》(上、下)(赵玉明、艾红红、刘书峰主编,中国广播影视出版社 2016 年版)。它将散见于 29 部省级广播电视志书和一大批地市县区级广播电视志(稿)中的中华人民共和国成立之前广播的内容集中起来进行了汇编,这是有史以来较为详备的地方广电史料搜集与整理。

还有就是《中国社会科学院近代史研究所藏"满铁剪报"类编》(中国社会科学院近代史研究所编,国家图书馆出版社 2016 年版),它涵括 20 世纪 20—40 年代近 170 份报刊中关于中国问题的剪报史料,这是我国迄今最系统的剪报史料。

4. 共产党红色新闻史研究方面,中央报刊的数字化处理与通讯社史研究有了新的进展

延安大学图书馆组织实施了"延安时期红色文献数字研究平台"及"延安时期中共中央机关报全文数据库"建设,2018 年年底组织完成了 8500 多万字的延安时期党中央机关报(含《红色中华》《新中华报》《解放日报》)的全文数字化。《解放日报上海新闻整理汇编 1941.5—1947.3》(共 8 册)(贾翠玲编,上海科学技术文献出版社 2019 年版)、《〈新中华报〉整理本》（中国井冈山干部学院，2016）、《〈红色中华〉全编整理本》（中国井冈山干部学院、中央档案馆编，江西人民出版社 2016 年版）相继出版。

《中国共产党早期新闻史研究》（王美芝著，人民出版社 2019 年版）、《红色中华研究》（王美芝著，人民出版社 2019 年版）与《红色中华社史料》（王美芝主编，人民出版社 2019 年版）完善了新华通讯社的早期历史研究。

5. 传媒人物史研究方面，有了比较系统、完整的中国名记者史

目前传媒人物研究比较系统、完整的专史性著作是《中国名记者》（柳斌杰主编，人民出版社 2020 年版）。该丛书至今已出到第 17 卷（共 20 卷），收录了中国历史上 400 位为革命、为人民立言记事的优秀记者的光辉事迹和突出贡献，这算是较全的传媒人物史。

还有南京师范大学民国新闻史研究出版的丛书 4 种：《坚守与徘徊：新闻人马星野研究》（王继先著，南京师范大学出版社 2018 年版）、《报人与专家：新闻人胡道静研究》（关梅著，南京师范大学出版社 2018 年版）、《记者与学者：新闻人黄天鹏研究》（曹爱民著，南京师范大学出版社 2018 年版）、《幽默与抗争：新闻人林语堂研究》（钱珺著，南京师范大学出版社 2018 年版）。

6. 新闻教育史研究方面，有了总结性的专史著作及名校新闻教育史专著

第一部梳理和记录中国新闻传播教育近百年历史的巨著《中国新闻传播教育年鉴 2016》（中国新闻史学会新闻传播教育史研究委员会编，武汉大学出版社 2016 年版）出版，全书 126 万字，它记录了中国新闻传播教育从创办到发展的历史，介绍了新闻传播教育近百年来所涌现的教育家、新闻工作者等，全面展现了中国新闻传播教育的历史面貌。

此外，《中国近代新闻教育发展史研究 1912—1949》（许晓明著，河北人民出版社 2016 年版）系统介绍了中国近代新闻教育的产生背景、发展历程和历史反思。而《北大新闻学茶座精编 2》（陈开和等编，清华大学出版社 2017 年版）、《北大新闻学研究会复会新篇章》（刘扬等著，清华大学出版社 2018 年版）则揭示了我国早期大学新闻教育是如何起源的。复旦大学、浙江大学、四川大学、西南大学有了新闻传播教育史。现出版有《复旦大学新闻学院简史》（黄瑚著，东方出版中心2019年版）、《浙江大学新闻传播学科发展口述史》（何扬鸣主编，浙江大学出版社2017年版）、《四川大学文学与新闻学院院史》（曹顺庆等主编，四川大学出版社2016年版）、《新闻传媒学院史》（董小玉、夏俊主编，西南师范大学出版社2016年版）。

7. 外国新闻史研究方面，逐步兼顾地区平衡，出现了有关各地区的系列研究成果

加拿大、德国、法国、西班牙、葡萄牙、苏联等国家的新闻传播史有了译著和整理。如《加拿大传媒研究》（迈克·加什尔著，中国书籍出版社2019年版）、《加拿大广播政策变迁与目标研究》（姜文斌著，中国社会科学出版社2017年版）、《西班牙新闻传播史》（何晓静著，人民日报出版社2019年版）、《葡萄牙新闻传播史》（李菁著，人民日报出版社2018年版）、《德国新闻传播史》（吴璟薇著，人民日报出版社2017年版）、《法国新闻传播史》（陈继静著，人民日报出版社2017年版）、《苏联晚期媒介生态与体制》（张举玺等著，中国社会科学出版社2016年版）等。

亚洲及中东国家也有系统的梳理。如《伊朗大众传媒研究：社会变迁与政治沿革》（任孟山、张建中著，中国传媒大学出版社2016年版）、《印度新媒体产业发展研究》（曹月娟著，科学出版社2019年版）、《印度新闻自由与法治研究》（王生智著，学习出版社2016年版）、《巴基斯坦大众传媒研究》（金强著，中国传媒大学出版社2017年版）、《南亚东南亚国家大众传媒发展与现状》（单晓红主编，云南大学出版社2018年版）、《"媒"力世界："一带一路"沿线国家媒体生态调研》（姜锋主编，上海人民出版社2016年版）、《"一带一路"视野下海外华文媒体动态与前瞻》（彭伟步主编，暨南大学出版社2018年版）等。

此阶段还有其他一些专史性成果如《宋代新闻传播与政治文化传播史稿》（刘大明著，中国传媒大学出版社2017年版）、《国民党新闻事业研究（1927—1937）》（刘继忠著，光明日报出版社2019年版）、《中国传媒文化百年史》（曾一果等著，南京师范大学出版社2018年版）、中国期刊协会组织出版的5卷本《中国期刊史》（石峰主编，人民出版社2017年版）、《新中国期刊1956—1966》（童忠全著，上海远东出版社2017年版）等。通史性成果仅有《中国新闻传播史》（阳海洪主编，南京大学出版社2017

年版)、《作为政治的传播:中国新闻传播解释史》(赵云泽著,中国人民大学出版社 2017 年版)。

除了著作外,代表本学科领域专业水平的《新闻与传播研究》《现代传播》《新闻大学》《国际新闻界》四大刊物在这个阶段共发表新闻传播史类论文 400 多篇。这个时间段其他各类刊物刊载的新闻学与新闻史论文近 3000 篇(根据知网上的高校学报与新闻传播学类核心期刊的篇目数据统计)。总体上来说,它们集中关注和解决了新闻传播史领域的一些重要问题。

(二)论文

1. 古代传播活动研究方面,开展了先秦文字媒介、古代邸报、露布研究

基于媒介视角开展先秦文字研究的成果并不多。有学者发现,早期的甲骨文向金文转变标志着宗教信仰、权力结构、社会文化、文字传播内容的全面颠覆性的变革,成为一次重大的媒介革命。后来秦朝的"书同文"使得"以吏为师"的思想得以推行,皇权专制思想由此确立;也为高效率的文官统治提供了条件,"理性政治"由此出现,因而秦朝最终实现了文化统治和制度重塑。[①]

邸报研究。有学者考证了历史上存续了几百年的进奏院,认为它衍生一系列别名的重要原因是因为其功能由多元向信息传播集中。[②] 也有学者以除目(即官员的人事任免信息)为例分析了唐宋邸报政治信息的把关流程及其所钩织的权力信息网络图景。[③] 有学者认为宋代邸报读者数量的庞大和消费能力的稳定性成为小报诞生、发展的促成因素。[④] 以上这些研究进一步丰富和拓展了古代邸报的研究视野。

露布研究。有学者考证:到了北魏露布多用于战后报捷,其物质形态

---

① 赵云泽等:《中国上古时期的媒介革命:"巫史理性化"与文字功能的转变及其影响》,《新闻与传播研究》2019 年第 7 期;《"书同文":中国古代政治制度变化与媒介变革影响研究》,《现代传播》(中国传媒大学学报)2019 年第 5 期。
② 魏海岩等:《中国古代官报人史考》,《新闻与传播研究》2017 年第 3 期;《进奏院别名考证》,《新闻与传播研究》2018 年第 11 期。
③ 刘晓伟:《论"除目"及"除目流布"背后的政治传播》,《新闻与传播研究》2019 年第 5 期。
④ 魏海岩等:《宋代邸报读者特点及其影响》,《新闻与传播评论》2018 年第 5 期。

由原来的"露版"转变为旗帜,露布的形态最终稳定下来。① 有论者指出,唐宋时期随着邸报、榜的兴起,露布在政治传播方面发挥的作用越来越有限,它逐步失去了过去的重要地位并走向尽头。②

2. 报刊史研究方面,共产党中央报刊、民营报刊成为研究重点

共产党中央报刊及其宣传体系是研究的重点。有研究者分析了中共早期中央党报宣传策略的调整、③ 大革命时期中共宣传体系的建构、④ 抗战前后共产党新闻宣传口径的历史性转折、⑤ 民国时期中国共产党新闻宣传的五次转折等,⑥ 也有对中央机关报的分析,如民国时期中国共产党中央机关报的发展演变、⑦ 延安时期中共中央(政府)机关报与国共关系的互动研究、⑧ 延安《解放日报》改版的再解读、⑨ 整风运动中重庆《新华日报》的改版等。⑩

民营报刊方面集中于《大公报》《申报》研究。

有论者指出,史量才之死一直是个谜,最新发现的台北"国史馆"档案材料可以佐证,史量才辞退主持《申报》言论、与蒋介石关系密切的陈冷,全权掌控《申报》舆论并引导其走向激进化,⑪ 这才是一个关键的原因。关于《大公报》,对日抗战及随后时局的调整,《大公报》办报方针由"四不"变为"不私、不盲"⑫。还有论者考证,《大公报》的转向过程中,民主人士周太玄也在其中发挥了相当作用。⑬

---

① 陈建群等:《东汉后期至北魏露布演变的轨迹》,《新闻大学》2016年第3期。
② 赵云泽、楚航:《古代传播媒介"露布"政治功能考察》,《新闻春秋》2017年第1期。
③ 张朋:《竞争舆论与"向导"青年:中共早期党报宣传策略的转折——以〈向导〉与〈努力〉的论争为视点》,《新闻大学》2017年第1期。
④ 陈龙:《大革命时期中共宣传体系的建构与强固》,《新闻大学》2019年第4期。
⑤ 倪延年:《抗战前后共产党新闻宣传口径的历史性转折与启示》,《现代传播》(中国传媒大学学报) 2017年第12期。
⑥ 倪延年:《民国时期中国共产党新闻宣传的五次转折及其动因分析》,《新闻大学》2017年第6期。
⑦ 倪延年:《论民国时期中国共产党中央机关报的发展演变》,《现代传播》(中国传媒大学学报) 2019年第4期。
⑧ 倪延年:《延安时期中共中央(政府)机关报与国共关系的互动研究》,《新闻知识》2019年第12期。
⑨ 贾梦梦、周光明:《作为话语的"完全党报":延安〈解放日报〉改版再解读》,《国际新闻界》2020年第5期。
⑩ 王雪驹、楚航、王润泽:《城市办报范式与党报理念的冲突与调适——对整风运动中重庆〈新华日报〉改版的考察》,《国际新闻界》2018年第8期。
⑪ 韩戍:《蒋介石与〈申报〉、史量才关系再研究——基于台北"国史馆"藏档案的考察》,《新闻与传播研究》2019年第9期。
⑫ 王咏梅、刘宪阁:《从"四不"到"二不"——探析新记〈大公报〉办报方针表述改变的背后》,《新闻与传播研究》2017年第2期。
⑬ 王咏梅:《论周太玄在新记〈大公报〉转向过程中的推动作用》,《现代传播》(中国传媒大学学报) 2018年第4期。

3. 广电史研究方面，早期广播的创办历程受到研究关注

奥斯邦在中国创办广播的历程与失败的原因一直鲜有探究。有学者发现虽然他掌握了较为先进的无线电广播技术，但因社会资源所限和资本不足，上海、澳门开办的两座广播电台均未能持续长久，在香港也只停留在试验广播和销售无线电收音机层面。① 另外还有考证，1924 年 7 月 13 日澳门第一座广播电台开播，它由在香港注册的英资公司无线电通信公司在澳门开办，主要负责人是奥斯邦。② 至此，澳门的无线电广播历史比已有的认识推前了近十年。

4. 信息技术史研究方面，聚焦于晚清民国的电报研究

有研究者发现，洋务改革派通过"官督商办"（实为"疆吏私人控制"）的体制推动了电报网络的本土化，但最终没有发展成为大众服务的公共事业。③

电报出现后，有学者认为它在嵌入官方通信体系的过程中重构了帝制中国晚期的官文书体系与权力合法性。④ 也有研究者发现，电报引进之后它所隐含的技术与技能要求促使新闻记者在实践中进一步强化了自身的职业技能特征。⑤

清末通电流行。有研究者指出，它经历了发轫期、高潮期之后最终在 20 世纪中叶消失在历史的长河中。⑥ 还有论者进一步指出，清末通电流行的原因在于：技术上在进入中国伊始便与政治生活紧密联系；电报管理制度的不完善为通电在民间的盛行提供了条件；政治文化上它取代了檄文成为民间新的"喉舌"⑦。

5. 传媒思想观念史研究方面，有了系列近现代新闻观念名词的梳理与考证

观念是构建新闻传播史论体系的基本要素。这一阶段兴起了对新闻传播史的基本观念考证与梳理。

---

① 刘书峰：《"新媒体冒险家"奥斯邦的中国广播创业历程》，《现代传播》（中国传媒大学学报）2019 年第 10 期。
② 刘书峰：《澳门第一座广播电台考略》，《现代传播》（中国传媒大学学报）2018 年第 4 期。
③ 李煜：《传播史视阈下晚清电报的官督商办》，《现代传播》（中国传媒大学学报）2018 年第 5 期。
④ 孙藜：《书写与密码：晚清皇朝"灵晕"的离散》，《新闻与传播研究》2018 年第 9 期。
⑤ 田中初：《新闻专电：传播技术与职业技能——以民国早期为视界》，《新闻与传播研究》2019 年第 5 期。
⑥ 高存玲：《通电在晚清民国的演进历程及原因探究》，《新闻大学》2019 年第 3 期。
⑦ 李兴博、李思颖：《电报与政治的互动——清末通电流行原因探析》，《新闻春秋》2019 年第 1 期。

如"党性"和"人民性"的溯源与论争[①]；"记者"[②]、"报人"[③]、"报社"[④]、"新闻纸"[⑤]、近代小报[⑥]等称谓的考证；文人论政[⑦]、新闻自由[⑧]、"党八股"[⑨]、舆情[⑩]、"舆论监督"[⑪]、"有闻必录"[⑫]、"耳目喉舌"论[⑬]等传播观念的梳理；"益闻"与"风闻"的办报观念传统[⑭]、国人"泰晤士报"观念的流变[⑮]的归纳等这些从历史的角度澄清了本学科领域一些重要而又基本的概念，大大丰富了中国新闻传播史的内涵。

6. 传媒制度史研究方面，中国特色的内参制度及其治国理政的功能得到了阐释

内参是新闻传播制度的重要组成部分。近年来的研究发现，历届中央高层领导都很重视内参。中华人民共和国成立前毛泽东曾推动内参机制的创建，中华人民共和国成立后他巧用内参推进"新三反"运动[⑯]。

内参制度是中国共产党的一个伟大的创造。有学者认为内参属于政治

---

① 陈力丹：《党性和人民性的提出、争论和归结——习近平重新并提"党性"和"人民性"的思想溯源与现实意义》，《安徽大学学报》（哲学社会科学版）2016 年第 6 期；向芬：《理论回响：从"党性与独立性问题"到"党性与人民性之争"》，《新闻与传播研究》2018 年第 10 期。

② 邓绍根：《跨语际旅行："记者"一词在中国演变历史再考察》，《现代传播》（中国传媒大学学报）2016 年第 4 期；郑一卉：《再论"记者"之名的由来》，《新闻界》2016 年第 15 期；周光明、唐宇：《"记者"的前身与本身：晚清新闻从业者职业称谓之演变》，《新闻与传播评论》2018 年第 4 期。

③ 陈志强：《"报人"释义》，《学术交流》2016 年第 1 期。

④ 周光明、凌昱：《"报社"源流考》，《出版科学》2017 年第 6 期。

⑤ 向芬、刘晓平：《从 news 到"新闻"，从 newspaper 到"报纸"——兼论近代新闻语词的衍变路径以及话语实践》，《新闻与传播研究》2016 年第 6 期。

⑥ 夏琼、王青欣：《近代小报及其词群概念考辨》，《编辑之友》2019 年第 3 期。

⑦ 李滨：《民国初年党争与中国报刊文人论政观念的发展》，《湖南师范大学社会科学学报》2018 年第 2 期。

⑧ 邓绍根：《从新名词到关键词：民国"新闻自由"的概念史》，《兰州大学学报》（社会科学版）2019 年第 6 期；王冠群、许堃：《晚清、民国期刊中近代自由观念的呈现研究》，《现代传播》（中国传媒大学学报）2019 年第 6 期。

⑨ 邓绍根：《"党八股"概念的来源与变迁——兼谈马克思主义文风建设的要求》，《新闻记者》2018 年第 11 期。

⑩ 林荧章：《清末及民国期间舆情观念的变迁初探——以〈大公报〉为例》，《编辑之友》2018 年第 10 期。

⑪ 邓绍根：《新中国 70 年"舆论监督"的观念发展及其理论研究——以〈人民日报〉为分析样本》，《青年记者》2019 年第 22 期。

⑫ 操瑞青：《"有闻必录"的流行与现代新闻观念的萌生——以〈申报〉为中心的考察（1872—1912 年）》，《新闻界》2016 年第 9 期；操瑞青：《政治干预下的职业抗争——清季民初新闻业"有闻必录"理念的奠定》，《新闻与传播评论》2018 年第 3 期。

⑬ 袁映雪：《"耳目喉舌"论的历史性变革与中国新闻思想观念的发展》，《新闻爱好者》2019 年第 1 期。

⑭ 操瑞青：《"益闻"与"风闻"：19 世纪中文报刊的两种新闻观》，《国际新闻界》2018 年第 11 期。

⑮ 唐海江、丁捷：《中国近代新闻思想史上的"泰晤士报"》，《国际新闻界》2017 年第 10 期。

⑯ 刘宪阁：《毛泽东是怎样用内参来治国理政的》，《湘潮》2016 年第 12 期。

信息的传播与沟通研究，同时它又面向组织内部，更多是一种组织传播，2000年以后内参报道成为一种重要的舆论监督。[①]

二 "十三五"时期新闻传播史的研究特点与不足

(一) 新闻传播史的研究特点

1. 一批基于新闻传播史选题的国家重大项目结出了硕果

近年来国家社科基金重大项目先后立项资助了一批新闻传播史选题，达9项之多。这些重大项目解决了本学科当前亟须解决的一些重大的、重要的、前沿性的基础问题，并结出了硕果。如王润泽的民国新闻史料整理部分解决了一直以来本学科史料不够、东拼西凑的问题；韩丛耀的近现代报刊图像史研究解决了报刊的手写手绘与拍摄技术的历史问题；蒋建国的报刊阅读史研究解决了一直以来报刊史上不可或缺但又被忽略的读者与阅读效果问题。方兴东的互联网研究团队丰富和完善了新媒介发展史。这些重大成果研究对象明确、研究问题前沿、成果出版密集，为推动本学科进一步发展打下了牢固的桩基。

2. 民国新闻史的各个领域与专题都得到了较全面的发掘和开拓

民国是一座研究的富矿。整体上看，无论是新闻传播史专著还是论文，其研究的关注时间点多为民国部分。如民国的广播与通讯社、民国的报纸、民国的杂志、民国的报人、民国的新闻教育、民国的新闻思想观念等，这些领域方向都比较鲜明清晰，全面呈现了民国新闻事业的发展面貌。具体到新闻传播史专题又有地方新闻史、共产党红色新闻事业史、画报与图像史、报刊阅读史、新闻传播教育史及专题史料等，这些构成了民国新闻史研究的主要议题，基本上延伸和覆盖到了各个重要的领域方向。

3. 一直研究偏弱的外国新闻传播史近年来切合了学科建设和国家经济发展需要产出了系列成果

外国新闻传播史研究成果一直偏弱。过去的著作多属于教材性质，带有常识性、普及性特点，相关主题的研究论文也一直不多。"十三五"阶段这种局面有了新的进展，出现了系列国别史著作，在地域上不再以英美

[①] 刘宪阁：《政治传播学视野下的内参现象初探》，《新闻记者》2017年第2期。

国家为重点，而是遍及欧洲、亚洲尤其是东南亚国家。

这些成果的生成既有国家项目资助因素的影响，如有些学者意识到本学科建设中外国新闻传播史研究的空白，申报和主持了教育部基地重大课题"欧洲五国新闻史研究"，出版了系列国别史著作；也有国家经济建设与社会发展政策推动所致的影响，为响应国家"一带一路"的倡议，南亚、东南亚一些国家的新闻传播史著作相继出版。

4. 新闻史学会繁荣壮大的背后出现了新闻传播学科研究重心的转移

2017年中国新闻史学会成立25周年，8月18—19日在河南郑州举行了一次纪念性学术年会。学会现设22个二级分会，其研究领域已经远远超出了过去的新闻史研究范围，扩展和泛化到了新闻学与传播学的各个方向。

新闻史研究队伍并没有出现相应的扩容，相反，而是在逐步缩编甚至萎缩，一部分颇有建树的青壮年学者近年来不再涉猎新闻传播史的研究工作，诸多年轻学者的研究兴趣都转向经世致用的新媒体研究领域去了。有研究统计，1986—2019年新闻传播史课题共计242项[①]，立项率占整个学科的15%[②]，这与新闻传播史在整个新闻传播学科发展中所占地位与重要意义极不相称。

（二）新闻传播史研究存在的问题

1. 研究主题比较分散，相当多成果呈碎片化倾向

如前所述，国家社科基金重大项目和教育部重大攻关项目支持产出的一些大部头著作与系列论文部分解决了本学科领域的一些基础性、前沿性重要重大问题，具有相当的系统性。这点显而易见。对比来看，其他诸多成果多为自发性的研究，它们所涉及的研究主题虽然一定程度上拓宽了学科视野，但总体上目前还显得相当零散，具有严重的碎片化倾向。

这种碎片化主要是由于缺乏学科站位的高度造成的。同样是文学名家陈平原的民国画报研究成果，它窥一斑而知全豹，远远超出了文学、报学、历史、宗教本身，再现的是晚清画报缤纷的状貌。碎片化的严重后果是学科研究成果无法形成与其他学科的对话，也无法给本学科的分支学科提供史学

[①] 邓绍根：《回顾与前瞻：新中国70年新闻传播史研究》，《山西大学学报》（哲学社会科学版）2019年第5期。

[②] 2019年新闻传播学的立项约为190项。

2. 史料性文献的整理与数字化建设有待进一步加强

史料性文献的数字化建设是当今各大学科建设的重点。一直以来，本学科的研究成果多为论文、著作等出版物，数字化、数据库建设没有引起足够的重视和关注。本学科目前比较有影响的、专业性比较强的数据库非常少。当前各个学科如文学、历史、哲学都在积极创建自己的文献史料数据库，为数字时代的学科发展抢占先机。如历史学科领域设立了国家社科基金"抗日战争研究专项工程"，创建了"抗日战争与近代中日关系文献数据平台"，它汇集了所有和抗日战争及近代中日关系有关的文献数据，于国内国外学术界乃至整个中华民族有着不同凡响的重要意义。

3. 研究的学科意识还有待进一步提升，研究空间还可进一步扩展

目前的成果从整体上来看，如前所述还主要集中关注于民国部分。这对一个完整的新闻传播史学科知识体系而言显然缺乏清晰的学科意识，还有国民党新闻事业研究、日伪新闻事业研究、改革开放新闻事业研究等，这些空间可进一步拓展。

"十三五"时期共产党红色新闻事业取得的进展比较大。但在新闻传播史学科体系中国民党新闻事业的研究相当薄弱。忽略或无视国民党新闻事业的研究，也就不能透视出新民主主义革命时期共产党新闻事业与之做斗争的尖锐性，也就无从看出共产党新闻事业发展的艰难历程和曲折性，从而也就无从完整地呈现出共产党新闻事业的丰富实践经验及其伟大性。

另外，改革开放以来我国新闻事业发展迅速，它如何服务于国家经济发展又如何跳出西方的发展模式与理论框架，这种中国特色的在地实践历程与经验很值得我们加以总结与归纳。

三 "十四五"时期新闻传播史的发展趋势

（一）学科研究队伍越来越年轻化、精英化

近年来，新闻传播史成果产出质量与数量俱佳的作者如下：中老年学

者有尹韵公、倪延年、黄旦、王天根；中青年学者有王润泽、黄春平、邓绍根、蒋建国、李秀云、唐海江、艾红红、王咏梅、潘祥辉、赵建国、吴果中、路鹏程、田中初等；还有一批更年轻的学者如赵云泽、俞凡、卞冬磊、朱至刚、郭恩强、向芬、龙伟、刘宪阁、谢清果、许加彪、魏海岩、齐辉、虞文俊、操瑞青、王继先、刘继忠、刘书峰、徐基中、孙藜，等等，他们多是师出名门，青出于蓝而胜于蓝，无论是知识视野还是研究方法都已具备相当的学科优势和实力，并产出了一批有水平的论著。总体来看，虽然新闻传播史论著的数量上去了，但是真正有分量的传世之作仍然是少有的。

因此，尽管新闻传播史研究现在几近门庭冷落，但有这批人员不多、实力雄厚的中青年精英的不懈努力，相信再过一段时间，他们将有可能出现集体性地对老一辈学者的时代超越。

（二）研究视野将进一步得到拓展

就研究领域来看，近年来的新闻传播史研究领域除了过去的报刊史、广电史、通讯社史、人物史、技术史，现在逐步拓展到经营发行史、管理史、思想观念史、阅读史、共产党红色新闻宣传史、口述史等，而且在这些领域还比较密集地产出了一批成果，后续研究中这种发展趋势还会持续下去。

就研究方法上来看，近年来的新闻史研究逐步突破过去的革命史范式，除了媒介社会史、媒介生态史、媒介的民族国家范式，还在逐步向媒介叙事学、媒介的现代化范式、媒介批评范式发展，大大拓展了研究视野。

（三）部分专题领域将保持跨学科、交叉研究趋势

前面已经提到，一些专题性的跨学科研究成果产生了比较大的影响。如中国社科院近代史所组织整理的满铁剪报史料、出版学领域的《民国时期出版史料续编》、中国期刊协会组织出版的《中国期刊史》等，这些皆为本学科人力物力暂时还不能企及的研究领域与专题，但它们对本学科发展而言，其史料、史学价值与意义又相当重大。今后文学、历史、出版、社会学等学科的部分研究成果肯定还会与本学科存在重构乃至重叠之处，

其成果完全可以为我所用，这种势头将会继续保持下去。

四 "十四五"时期主要研究领域与重点课题建议

（一）中国特色新闻传播史的书写探索与实践

进入21世纪以来，为突破过去的革命史范式窠臼，一些新闻传播史研究成果多借鉴国外的社会学、生态学研究范式乃至现代化范式，这些新的阐释角度体现了一定的个人创见。总体上看，过去基于《新民主主义革命论》建构起来的革命史范式在一些新的解释框架的冲击下越来越走向模糊。但目前基于其他各种范式所书写的这些新闻传播史成果限于各种原因多在入史标准、时限范围、学科视野以及阐释框架等方面还留有较大的拓展空间。

如何在过去革命史范式的基础上坚持历史唯物主义，吸纳其他多元的研究方法与解释框架，撰写出符合我们国情，又有理论深度特别是有思想、有宏大视野的新闻传播史，这一历史重任还得由中青年学者来肩负。

（二）21世纪新闻传播学术史的总结与研究

本专题在20世纪末有过系列总结性的成果，但在整体与宏观把握上还可有进一步的拓展空间。另外，21世纪已经走过了20多年，这期间新闻传播史学科本身也形成了新的积淀与积累，尤其是站在中华人民共和国成立70年与改革开放40年这样一个新的时代历史高度去观测新中国新闻传播事业发展的历史自然会有一番新的学术思想与价值思考。这样也有助于新闻传播史跳出"自说自话"的碎片化话语状态，投入到改革开放与中国特色社会主义建设的现实中去，一改逐步门庭冷落的状态，焕发出新时代的青春。

（三）新闻文献的数字化整理与研究

一方面是各类新闻专题史料。目前进展较大的仅限于民国新闻史料及共产党新闻史文献的整理。一些领域如日伪新闻史料、中国政党新闻史料、改革开放新闻事业发展史及其他各类新闻专题史料都亟待整理并创建共享的数据库。

另一方面是传媒名家作品。名家名作是新闻传播史研究的核心内容之一，一直未引起学界足够的重视。与文学相比我们简直差距太大了。尽管很多传媒名家的个人作品有过整理，但基于一定的研究思想、编撰理念并从学科发展高度对这类名家作品做出系统清理的工作至今尚未开展，更毋庸说开展整个名家作品的系统梳理了。

（四）新闻传播专题史系列的拓展与深化研究

新闻传播学科发展史：含新闻学、传播学、广告学、公共关系等学科的发展史等；新闻传播教育专题史：当代部分还亟待完善，各大名校的办学史也还亟须完善；红色新闻传播专题史：含共产党新闻宣传专题史，共产党统战宣传史、共产党新闻舆论斗争史、共产党新闻宣传机构发展史、共产党新闻宣传活动史等；新媒体发展专题史：含新媒体经营管理史、新媒体演进史、媒介融合史、新媒体口述史等，可以完善对新媒体发展规律的多侧面的认识。

网 络 学

一 "十三五"时期网络学主要研究领域

(一)新媒体技术在传媒业的应用及影响

1. 媒介融合的发展及其影响

"十三五"时期,国家政策层面的部署,使媒介融合成为一项重大时代课题,业界在媒介融合中的实践不断推进,学界的研究也对实践中的热点、难点等做出了回应。

"中央厨房"作为主流媒体媒介融合模式的一个代表性探索,引起了研究者广泛关注。有学者认为,"中央厨房"创建了一种新的媒介生态,它是"政治—媒介"互动关系演化的产物,"集约化"的模式减少了重复投入和内耗,技术权重的提升也改变了传统媒体"重内容、轻技术"的生态环境。① 但也有研究者在经过调研后指出,"中央厨房"是传媒转型的一种可尝试的手段与工具,而不应是最终目的。目前的"中央厨房"仍是以传者为中心的传播理念,成本高昂,容易导致同质化,不适合作为"标配"在所有媒体中推广。②

"十三五"时期,我国媒体融合实践纵深推进到县级媒体层面的媒体资源融合,"县级融媒体中心"建设也因此成为媒体融合实践的新重点,国内学者也对此做出了积极的学术探索和理论回应。相关研究:一是从宏观层面深入分析县级融媒体中心建设的现实价值。方提、尹韵公从发展全

---

① 王君超、张焱:《中央厨房的创新模式与传播生态重构》,《中国报业》2019 年第 15 期。
② 陈国权:《中国媒体"中央厨房"发展报告》,《新闻记者》2018 年第 1 期。

局高度阐释了县级融媒体中心建设的重大意义，认为县级融媒体中心建设是习近平总书记治国理政思想落实到基层的重大举措，对于巩固基层政权、凝聚百姓人心、汇集思想共识、服务千家万户、夯实政权基础，加速乡村振兴战略进程，推动全面建成小康社会的早日实现有着不可替代的重大意义。① 二是从中观层面探索县级融媒体中心建设的发展模式与路径选择。谢新洲等人在调研中发现在影响各县推进县级融媒体中心建设的技术、政治、市场三重逻辑中，政治逻辑起着主导作用，体现了国家权力对传媒体制的管理和对媒体资源的配置，也影响着中国基层媒体融合发展和模式的形成。② 朱春阳通过对比大传媒集团"中央厨房"模式，指出县级融媒体中心建设，既不能简单复制高成本的中央、省级媒体融合的建设经验，也不能简单照搬既有社区媒体的操作经验，而需要在社区媒体和媒介融合的双重经验坐标下寻找新的方向，抓住政策转向带来的发展机遇；从移动传播优先、以用户为主要创新动力、嵌入大平台形成广泛联结三个方面实现路径创新。③ 三是从微观层面总结县级融媒体中心建设的成功个案与典型经验。如王晓伟以长兴模式为例，探讨如何构建县级融媒体、强化平台建设、深化创新广度的问题；④ 刘勇、沙垚总结了玉门市县级融媒体建设的经验，提出了"新闻+政务+应用服务"的融媒体建设思路。⑤ 传播功能建设和县级媒体的融合是县级融媒体中心研究的早期定位，但随着各地建设的不断深入，相关研究从"媒体本位"走向"治理本位"⑥。"社会治理与沟通的枢纽"⑦ 被视为县级融媒体中心的新定位，"如何衔接基层社会治理创新、承载基层社会治理现代化"成为县级融媒体中心建设的关键。⑧

除了中央厨房、县级融媒体中心外，也有研究者提出了媒介融合的其他路径。如宋建武等研究者提出，"平台化"是推动媒体深度融合必然且

---

① 方提、尹韵公:《县级融媒体中心建设的重大意义与实现路径》，《现代传播》（中国传媒大学学报）2019 年第 4 期；方提、尹韵公:《县级融媒体中心建设的重要意义》，《光明日报》2019 年 9 月 23 日。
② 谢新洲、朱垚颖、宋琢谢:《县级媒体融合的现状、路径与问题研究》，《新闻记者》2019 年第 3 期。
③ 朱春阳:《县级融媒体中心建设：经验坐标、发展机遇与路径创新》，《新闻界》2018 年第 9 期。
④ 王晓伟:《长兴模式：县级融媒体中心的建设探索》，《新闻与写作》2018 年第 12 期。
⑤ 刘勇、沙垚:《县级融媒体中心之玉门经验》，《新闻战线》2018 年第 17 期。
⑥ 曾培伦、毛天婵:《技术装置"多棱镜"：国家治理视阈下的县级融媒体中心建设研究》，《新闻记者》2020 年第 6 期。
⑦ 张昱辰:《从机构融合迈向社会融合：县级融媒体中心发展路径再思考》，《中国出版》2019 年第 16 期。
⑧ 滕朋:《社会治理、传播空间与县级融媒体中心建设路径》，《当代传播》2019 年第 2 期。

可行的路径，即采用符合互联网传播规律的组织方式和技术手段重构主流媒体的制度体系和技术设施，通过"互联网＋"实现媒体产品和服务的多样化扩展。[1] 喻国明等指出，随着互联网发展进入"下半场"，媒介融合的路径逐渐明晰，形成了以智能化内容提供、新闻＋服务、数字化平台建设为核心的三种主要路径。[2]

在媒介融合实践进入深层时，如何评价媒介融合的效果也成为学者们关注的议题，谢新洲提出，需要从四个方面来评价：是否帮助媒体的经济绩效获得提升；是否有利于媒体产业的整体健康发展；是否推动了媒体产品服务的改善；是否有助于媒体在凝聚共识中发挥作用。[3]

严三九通过对媒体的调研发现，目前国内媒体在融合的实践中存在的主要问题包括：传统单一化生产模式难以适应融合发展要求；媒体不适应用户习惯的变化；很多传统的评价指标失效，而媒体对此还不适应；渠道扩展与创新面临着新的困境；媒体思维与产业思维的融合不够。[4]

媒介融合对新闻传播教育的挑战，也是研究者关注的重要话题。强月新提出，媒介融合时代新闻传播专业学生的培养，需要格外重视融合技能的内容管理能力、知识管理与信息处理能力、创新能力。[5] 胡百精则从学科发展层面提出：需要重构学科间关系，构建敞开的学科主体性；重构理论与实践、学界与业界关系；重构公共伦理、大学精神与专业理想之间的关系。[6]

此外，学界的研究，也从对媒介融合的具体形态的观察与研究，逐步拓展到其他层面，对于媒介融合的理解也在不断深化。

方提、尹韵公立足历史维度，从观照历史上简牍与纸张之媒介融合进程对当今媒介融合借鉴和启发意义的角度，认为媒介融合是一个长期的历史过程；新媒介必定助力社会进步，提升文明层次，改变人们观念，重塑

---

[1] 宋建武、黄淼、陈璐颖：《平台化：主流媒体深度融合的基石》，《新闻与写作》2017年第10期。
[2] 喻国明、赵睿：《从"下半场"到"集成经济模式"：中国传媒产业的新趋势——2017我国媒体融合最新发展之年终盘点》，《新闻与写作》2017年第12期。
[3] 谢新洲：《我国媒体融合的困境与出路》，《新闻与写作》2017年第1期。
[4] 严三九：《中国传统媒体与新兴媒体融合发展的现状、问题与创新路径》，《华东师范大学学报》（哲学社会科学版）2018年第1期。
[5] 强月新：《媒介融合背景下的新闻传播人才培养》，《学术前沿》2019年第3期。
[6] 胡百精：《大学现代化、生态型学科体系与新闻传播教育的未来选择》，《中国人民大学学报》2019年第2期。

社会结构；当今的媒介融合不是地区的，而是全球的，不是中国的，而是世界的；我们应该有信心、有决心、有毅力，为突破互联网时代媒介融合这个超大型重围，提出中国智慧的方案，创造中国模式的样板。①

黄旦等学者指出，在产业层面的融合外，另一种"媒介融合"是社会形态的变化，即以数字技术为元技术平台，将不同维度上的媒介重新整合为一体，形成一个全球化的、涌动的"网络社会"，而媒介组织就是这个网络中的一个节点。研究媒介融合，需要把产业层面的经验"意识结晶"融入"网络社会"的理论把握，重塑传播观念和范式。②

2. 媒体的数据应用及其影响

大数据技术的发展推动了媒体对数据应用的新方式、新思维的关注，也在渐进地影响现有的新闻生产模式与机制。刘德寰等通过大样本调查发现，大数据时代的到来为新闻产业整体转型提供了机遇，数据分析成为新闻从业者重要的方法论，使用者创造数据也改变了新闻生产流程与受众研究方法。③

但对于媒体来说，目前真正的大数据应用还很少见。相对而言，数据新闻的实践发展更快，数据新闻的研究也成为"十三五"时期一个热点。沈浩等研究者指出，数据新闻的历史使命兼具调查性、解释性、确定性以及最大限度的客观性，国内媒体要充分利用开放数据并支持共享，用价值层面的理性关怀来指导社会行动，用有意义的展现形式勾勒出社会真实面貌。④

3. 智能化媒体及其影响

从 2016 年开始，基于对媒体实践发展端倪的敏锐观察，一批学者注意到了智能化媒体这一大的发展趋向。

彭兰指出，在各种新技术的推动下，媒体将出现智能化趋向。智媒化的特征主要体现为万物皆媒、人机共生、自我进化。现阶段智能化媒体主要业务模式包括个性化新闻、机器新闻写作、传感器新闻、临场化新闻、

---

① 方提、尹韵公：《媒介融合之历史观照》，《新华文摘》2020 年第 10 期。
② 黄旦、李暄：《从业态转向社会形态：媒介融合再理解》，《现代传播》（中国传媒大学学报）2016 年第 1 期。
③ 刘德寰、李雪莲：《大数据重塑新闻业》，《中国出版》2017 年第 5 期。
④ 沈浩、罗晨：《数据新闻：现代性视角下的历史图景》，《新闻大学》2016 年第 2 期。

分布式新闻等,[①] 并认为智能技术正在促成内容生产、分发、消费等的全面升级,驱动一场"新内容革命"[②]。喻国明等也认为,智能化将成为未来传播模式创新的核心逻辑,不仅将形塑整个传媒业的业态面貌,也将在微观上重塑传媒产业的业务链。[③] 范以锦基于对实践的观察指出,智媒可以提升内容生产效率、丰富新闻产品形态、强化内容传播效果、促成新闻生产模式创新和泛内容生产赢利模式。[④] 胡正荣则重点分析了广播电视媒体的智能化路径。[⑤]

4. 移动视频与VR/AR应用及其影响

进入移动互联网时代后,视频的表现形式也出现了新的拓展,其中视频直播和短视频成为移动视频传播手段的两个典型代表。

学界对于网络直播的研究,多从网络文化、用户心理与行为等方面展开,这些研究也为媒体开展网络直播的策略提供了参考。例如,周葆华通过研究发现,相比于"娱乐放松"需求,"表达社交"需求更能促进对网络直播的使用与互动行为。网络直播能否满足用户在"表达社交"乃至"个人提升"方面的多样需求,可能是影响其发展的重要因素。[⑥]

对于短视频,研究者普遍认同,它具有低门槛、碎片化、个性化、传播主体"多元化"、传播渠道"社交化"等特征。媒体的短视频生产要注重人情味、实用性、趣味性因素,谋求差异化定位,形成适合移动+社交环境下的微叙事模式。同时对于短视频生产中的低俗化、弱化深度思考、过度的情绪激惹、曲解与断章取义、套路化与同质化以及它背后所反映的技术与商业的联姻对于文化生态的全面宰制以及对于消费力量的无限迎合等问题,研究者也做出了反思。

5. 新技术驱动下的媒体发展趋势及传媒业新格局

新技术的应用在很大程度上推动了传媒业格局的转变。学者们也从不同角度对未来的走向进行了分析。

---

① 彭兰:《智媒化:未来媒体浪潮——新媒体发展趋势报告(2016)》,《国际新闻界》2016年第11期。
② 彭兰:《智能时代的新内容革命》,《国际新闻界》2018年第6期。
③ 喻国明、兰美娜、李玮:《智能化:未来传播模式创新的核心逻辑——兼论"人工智能+媒体"的基本运作范式》,《新闻与写作》2017年第3期。
④ 范以锦:《人工智能在媒体中的应用分析》,《新闻与写作》2018年第2期。
⑤ 胡正荣:《智能化:未来媒体的发展方向》,《现代传播》(中国传媒大学学报)2017年第6期。
⑥ 周葆华:《谁在使用视频直播?——网络视频直播用户的构成、行为与评价分析》,《新闻记者》2017年第3期。

喻国明等人认为，未来嵌套式平台将成为媒介共生新形态，媒介组织很难再保持带有事业单位性质的独立形态特征，而被迫转变为庞大移动互联产业当中的重要一环，提供用户所需要的媒介产品和媒介服务。[1]

张志安则提出了新新闻生态系统的说法，并认为其特征包括：多元的行动者，角色的流动，边界的模糊；混杂的业态，系统的边界变得越来越不确定；算法逐渐代替人工编辑和价值判断，在内容分发过程中发挥主导性机制。[2]

（二）新媒体传播的社会影响

对于新媒体产生的广泛影响，新闻传播学者重点从以下几方面进行了研究。

1. 网络舆论、舆情与群体性事件

张志安等研究者从个体情绪、社会情感和集体意志三个层次分析网络舆论中的非理性因素，指出这些因素分别通过感染启动、社会结构、民族主义机制形成网络舆论。[3] 匡文波等认为，网络舆论风暴形成的重要影响因素是新闻事件的重要性、敏感性、可到达性和模糊性，并且这些因素与网络舆论风暴的形成呈正相关关系。[4]

李彪认为，后真相时代舆论场出现了一些新特征，主要表现为"群氓为情感的困斗"、"多元圈子区隔并存"、"客厅式的窃窃私语"、"多元力量纠结对决"、网民形成了"偏见共同体"、网民行为的"应激—遗忘"模式等。[5]

张涛甫指出，治理当下中国舆论生态，需要用正确的理念导航、科学的顶层设计、合理的结构调整以及线上线下的联动、精准社会情绪干预、有效的正能量供给，从而形成良性的舆论生态环境。[6] 彭波提出了网络舆论引导3.0的说法，认为其核心是以大数据为基础，以算法为驱动，以每一

---

[1] 喻国明、吴文汐、何其聪：《传媒的进化趋势与未来可能》，《北方传媒研究》2016年第3期。
[2] 张志安：《数字新闻业研究：生态、路径和范式》，《新闻与传播研究》2018年增刊。
[3] 张志安、晏齐宏：《个体情绪 社会情感 集体意志——网络舆论的非理性及其因素研究》，《新闻记者》2016年第11期。
[4] 匡文波、周倜：《论网络舆论风暴公式》，《国际新闻界》2019年第12期。
[5] 李彪：《后真相时代网络舆论场的话语空间与治理范式新转向》，《新闻记者》2018年第5期。
[6] 张涛甫：《网络舆论生态的治理策略》，《新闻与写作》2017年第7期。

个民众为中心,为每一个民众提供最优质的信息服务。①

不少研究者从意见领袖角度研究网络舆论,如沈阳等研究者发现,技术驱动、舆论关注、信息红利、圈群认同、可用性感知是影响意见领袖向其他社区迁移的重要变量。② 张洪忠等研究者还注意到了社交机器人对网络舆论生态的影响及其策略。③

与网络舆论、舆情关联的另一个现象是网络群体性事件,董天策围绕"网络群体性事件"及相关概念展开梳理与分析,认为网络公共事件这一概念难以涵盖所有的网络集群行为与网络集体行动,因此必须建立开放多元的概念群,才能有效概括错综复杂的研究对象。④

2. 新媒体时代的危机传播与风险沟通

新媒体时代危机频发,相关研究也非常活跃。有研究者指出,新媒体环境下政府、媒体、公众三者的力量对比出现了新变化。政府从管理走向网络化治理,媒体从把关转为失控,公众从被动变为主动。危机传播格局的变化,也使得危机传播应急机制得以重塑。⑤ 研究者还通过实证研究发现,组织的危机回应策略与公众期待之间形成了一种对抗,组织与公众在"对话盲区"中陷入各自的独白。⑥ 有研究者因此提出了危机传播的新思维:危机传播不是一种单向的传播,而是一种对话,其核心主张是多元主体在对话中促进事实之维的真相还原和利益补救,实现价值之维的重建信任和意义分享。⑦

新媒体时代的一些危机事件,也是社会性的风险事件,相关学者也做出了一定的研究。例如,有研究者指出,影响风险沟通效果的三个关键因素是信任困境、沟通失范、风险放大。⑧ 有研究者对风险沟通中媒体的角色

---

① 彭波:《政府网络舆论引导与社会治理进入 3.0 时代》,《四川日报》2020 年 2 月 6 日。
② 沈阳、杨艳妮:《中国网络意见领袖社区迁移影响因素及路径分析》,《国际新闻界》2016 年第 2 期。
③ 张洪忠、段泽宁、杨慧芸:《政治机器人在社交媒体空间的舆论干预分析》,《新闻界》2019 年第 9 期。
④ 董天策:《从网络集群行为到网络集体行动——网络群体性事件及相关研究的学理反思》,《新闻与传播研究》2016 年第 2 期。
⑤ 姚广宜:《新媒体环境下危机传播主体的多元化呈现》,《当代传播》2017 年第 3 期。
⑥ 宫贺、韩冬、张庆园:《多元归因与信任重建:危机传播情境理论的中国情境——以 2018 年问题疫苗事件为例》,《新闻与传播研究》2019 年第 6 期。
⑦ 胡百精:《危机传播管理对话范式(中)——事实路径》,《当代传播》2018 年第 2 期。
⑧ 刘培、于晶:《风险沟通的关键因素与策略框架——基于 2007 至 2016 年中国邻避事件的观察》,《当代传播》2017 年第 5 期。

进行了分析，其发现是，相比自然风险，媒体更容易"放大"人为风险，其作用机制因风险而异。① 风险沟通研究也与健康传播、环境传播、科学传播研究等方面的研究产生了很多交叉。

3. 网络社区、社群、共同体及其影响

"十三五"时期，研究者较多地关注了网络社区或社群与网络文化、网络经济、知识生产与传播、社会参与、网络社会结构、网络社会治理等的关联，从身份认同、情感能量、群体规范、自组织机制等角度进行的网络社群研究也越来越多。

与此同时，学者们研究的社群类型也变得更为丰富，也有越来越多的研究者将目光投向了新媒体中的少数民族群体。如孙信茹在考察了云南普米族乡村年轻人的微信使用和微信群活动后发现，微信之于这个少数民族群体来说，是一种完全自我参与式的文化"书写"和实践过程。②

隋岩将对网络社区、社群的研究上升到群体传播层面，其认为，高度链接化的群体传播，催生出一个"人人都能生产信息"的互联网群体传播时代。③ 张华则从网络社会的结构角度来认识网络社群的意义，他认为，网络社会是一种新的社会形态，网络社群则是网络社会中人们新的结群方式和社会组织形式。④

（三）新媒体用户与网络文化

新媒体时代的用户不再是传统意义上的受众，学者们对新媒体用户的研究，也开始超出了传统的受众研究的思路。

孙玮从媒介融合的角度来思考用户（人）的变化。她指出，未来由新技术引发的媒介融合，也是技术与人的融合——技术会嵌入人的身体，而成为主体的一部分。这种由技术与人的融合创造出的新型主体，正在成为一个终极的媒介。她将为技术所穿透、数据所浸润的身体，命名为"赛博人"⑤。并指出，赛博人作为主体的传播实践，创造了与意识主体、身体——

---

① 余红、张雯：《媒体报道如何影响风险感知：以环境风险为例》，《新闻大学》2017年第6期。
② 孙信茹：《微信的"书写"与"勾连"——对一个普米族村民微信群的考察》，《新闻与传播研究》2016年第10期。
③ 隋岩：《群体传播时代：信息生产方式的变革与影响》，《中国社会科学》2018年第11期。
④ 张华：《网络社群的崛起及其社会治理意义》，《编辑之友》2017年第5期。
⑤ 孙玮：《赛博人：后人类时代的媒介融合》，《新闻记者》2018年第6期。

主体完全不同的在场状态。①

彭兰在《新媒体用户研究——节点化、媒介化、赛博格化的人》一书中从三个视角研究新媒体用户。其一是节点化的用户，新媒体用户是传播、社交关系、服务这三种网络的节点。其二是媒介化生存的人，新媒体用户也处于"媒介化"生存状态中，媒介与现实生活之间形成了一种相互映照、相互生成的关系。其三是赛博格化的人，新技术在促成人的"赛博格"化，也使得人—机关系成为未来重要的传播关系。②

新媒体用户的积极参与，也造就了各种形式的网络文化，从网络游戏到二次元文化、网络流行语、表情包、自拍、美图、视频直播、短视频等。杜骏飞认为，网络文化呈现着复杂的"亚文化光谱"，蕴藏着自我强化、狂欢、戏谑、抗议、消解、反思、自我否定等丰富的文化内涵。③ 研究者对网络文化的研究，包含多种不同的视角与层面，如社群互动、自我认同与自我建构、互动仪式、社交表演、文化认同、文化模因、文化传承等。胡正荣等提出了网络文化安全的概念，包括意识形态、传统文化和伦理秩序三个层面的规范性。④ 也有研究者担忧，用户在参与网络文化的创造时，也可能成为一种新的数字劳工："新媒体平台的用户生成内容已经成为数字资本主义新的剩余价值的增长点。"⑤

"粉丝"和"饭圈"研究也是网络文化研究的热点，特别是"粉丝""饭圈"与政治产生勾连后，更是引起了研究者的特别关注。2016年的"帝吧出征Facebook"是由"粉丝"发动的颇有影响力的网络民族主义事件。王洪喆等研究者认为，以"帝吧出征"为主要标志的、以"90后"为核心群体的民族主义网络行动可以被称作"网络民族主义"的第三次浪潮。⑥ 刘海龙认为，新媒体技术不仅改变了民族主义运动的表达方式、组织

---

① 孙玮：《交流者的身体：传播与在场——意识主体、身体—主体、智能主体的演变》，《国际新闻界》2018年第12期。
② 参见彭兰《新媒体用户研究——节点化、媒介化、赛博格化的人》，中国人民大学出版社2020年版。
③ 杜骏飞：《丧文化：从习得性无助到"自我反讽"》，《编辑之友》2017年第9期。
④ 胡正荣、姬德强：《网络文化安全：概念、规范与趋势》，《汕头大学学报》（人文社会科学版）2017年第1期。
⑤ 姚建华、徐偲骕：《全球数字劳工研究与中国语境：批判性的述评》，《湖南师范大学社会科学学报》2019年第5期。
⑥ 王洪喆、李思闽、吴靖：《从"迷妹"到"小粉红"：新媒介商业文化环境下的国族身份生产和动员机制研究》，《国际新闻界》2016年第11期。

动员方式、实施方式，而且还消融了政治运动、追星、游戏、个人身份建构等行为的边界，使得民族主义以"粉丝民族主义"的新面貌出现。这体现了新媒体技术、商业文化与民族主义之间的复杂关系。[①]

二 "十三五"时期研究的特点与局限

"十三五"时期，新媒体传播的研究领域与研究视野有了较大的拓展，研究话题更为丰富、多元，其中一些研究问题也与其他学科有了更多交叉，研究者对于其他学科理论的借鉴也更多。也有很多非新媒体传播甚至非新闻传播学科的研究者的研究给这一领域的研究者带来丰富的启发。

研究方法的多元拓展也是"十三五"时期新媒体研究的一大特点。在传统的个案研究、问卷调查之外，语义分析、社会网络分析、参与式观察、民族志、日记法、口述史等多种方法也广泛地应用于新媒体领域。这一方面说明了学者们研究视野上的开拓，另一方面也在某种程度上反映了新媒体研究的步步深入。受过良好的研究方法训练的年轻学者，为这一领域的研究带来了活力。

这个领域的研究也存在一些典型不足。

从研究对象与层次来看，这一领域的研究者对热点问题的追逐较多，但持续的、基础性的研究不够。对当下的研究较多，而历史性研究偏弱，完整、系统研究新媒体演变历史及内在规律的研究更是缺乏。整体性的理论建构也还有限。

在研究者的"距离"与立场的把握方面，也存在着不足。有些研究者离研究对象或业界过近，只是满足于为实践做"合理性"解释或宣传，缺乏研究者应有的客观中立的立场，也缺乏独立判断及批判意识。有些研究者则离研究对象过远，有些研究的目标虽是应用性和对策性的，但缺乏对实践的深层了解与洞察，因而更多的是坐而论道，对现实的真正影响有限。

从研究方法与范式来看，这一领域的研究，总体上看研究方法越来越规范、研究问题越来越精细，但大量研究仍拘泥于前人的理论、范式和既

[①] 刘海龙：《像爱护爱豆一样爱国：新媒体与"粉丝民族主义"的诞生》，《现代传播》（中国传媒大学学报）2017年第4期。

有框架，简单地印证现有理论，缺少理论上与研究范式的创新。

一方面，与整个新闻传播学科一样，新媒体传播研究也存在着"内卷化"现象。但另一方面，不同研究层面、不同研究取向、采用不同研究方法的研究者之间的对话、合作又不够。

三 "十四五"时期学科发展趋势

总体来看，"十四五"时期新媒体传播的学科发展或将呈现以下趋势。

（一）研究对象与研究视角延展，研究范式创新可期

5G、物联网、智能技术等将带来一些新的传播主体与传播形态，不断刷新"新媒体"的定义，也将使人的生存方式、互动方式发生深刻变化，并进一步影响政治生态、经济模式、社会结构、文化变迁等，甚至改写传播这一概念的内涵。同时，近年来研究者也在重新审视以往没有纳入传播研究视角的一些对象并赋予其传播的意涵，这带来了另一类"新媒体"。未来新媒体传播的研究对象将向更多新的领域延展，诸如身体、空间与地理等新研究视角，也会在新媒体传播研究中得到体现。

新媒体传播研究也将在充分认识到新（媒体）旧（媒体）之间的传承关系、人—内容—媒介之间的互动关系、现实与虚拟之间的辩证关系、线上与线下的互存关系基础上建立起新的思维方式与新的研究范式。新媒体传播学科与其他学科的交叉，也可以推动研究范式的创新。

（二）与其他子学科交融、互动，共同推动新闻传播学科变革

随着传统媒体的全面转型和"新媒体化"，整个新闻传播学科也在面临转型、重构，传统意义上的各子学科的界限也不再那么清晰，各种子学科的研究对象、研究思路与研究方法也在相互靠拢、融合，且大都在走向"新媒体化"。

因此，新媒体传播学科的未来走向，也在很大程度上代表着整个新闻传播学科的变革走向，也会有越来越多原来不属于新媒体传播领域的新闻传播研究者进入到这一领域，这也将推动这个学科的繁荣与突破。

（三）学科边界进一步拓展，与更多学科形成交叉

"十四五"时期，新技术的发展将使传媒业的边界进一步拓展，并与其他产业相互融合，同样，新闻传播以及新媒体传播的学科边界也会随之发生变化。新媒体传播除了与计算机科学、社会学、政治学等学科继续融合外，还将与心理学、哲学、医学、生物学等学科产生更多交叉，特别是随着人工智能方面研究的深入，对智能传播、人机关系、后人类时代的传播等问题的认识，需要更多从哲学等学科借鉴相关理论和思维方法，也需要从心理学、医学等学科借鉴更多的研究手段，例如生物传感器的应用、算法等也会开始成为新媒体传播研究的重要手段。

四 "十四五"时期主要研究领域与重点课题建议

（一）5G时代传媒业的变革与传播观念的重塑

"十四五"时期，也将是5G技术进入成熟应用的时期。5G条件下，媒体在内容生产与传播方面也将发生更多变革，诸如VR/AR的应用也会带来对新闻真实等问题的挑战。5G在让用户享受更好的内容与服务的同时，也对个人信息保护、隐私权等带来更多挑战。因此，从实践层面来看，对5G的应用方式及其影响的研究，都十分必要。

5G时代，也是"万物皆媒"的时代，各类智能化物体应用的深化将进一步改写大众传播的要素与传播模式。智能化物体将成为公共传播的新主体，它们将拓展信息采集的方式，构建新的传播网络，推动场景化传播。而在大众传播之外，人—物、物—物的新互动关系，也会带来新的传播形态，这些新的传播形态有待于我们在未来的实践中进一步认识，新的现象也需要新的理论阐释。

（二）人工智能技术影响下的传媒业与传播

尽管"十三五"时期新闻传播学者对人工智能技术影响的研究已经起步，但是，由于实践的限制，很多研究只能是预测性的。随着技术应用本身的深入，研究者需要进一步探讨智能时代人机协同的生产机制、智能环境下的传播平台与模式、媒体机制的变革、传媒生态的变革等直接影响传

媒业未来的重要问题。

同时，对智能技术背景下的传播的研究，还需要超出传媒业、大众传播等视角，进一步观照新的人—机关系、人—内容关系等对人带来的深层影响，也要研究智能传播对社会结构的深层影响。

（三）区块链技术在传媒业的应用及其影响

2018年年初，在金融、商业、网络安全等领域受到热捧的区块链技术，开始实质性地进入新闻业，欧美国家已开展将区块链技术应用于新闻业的新尝试，国内也有一些初步探索，国内研究者也做了一些初步研究。

目前区块链技术在传媒业的应用设想还没有完全落地，但"十四五"时期，这方面将会出现一些进展。相应的研究也需要随实践发展而拓展。一些重要的问题仍需要研究者做出回答，例如，区块链技术对媒体内容生产的影响、对公民新闻的影响、对新闻核查机制的影响、对新闻生态的影响等。

（四）智能时代的传播伦理

智能时代的传播伦理，不仅需要继续解决旧有的传播失范问题，也要面对一些新的挑战，如：各种新技术应用对新闻真实性的挑战，算法对新闻专业价值观的挑战，智能分发带来的信息环境失真或失衡，公共信息传播、公众知情权与个人权利保护间的平衡等问题。同时，智能时代，技术力量在信息传播格局中拥有了更大的话语权，数据资源对于内容生产的影响日益深刻，拥有这些技术权力和数据权力的组织与个人的自律与他律，也会成为传播伦理研究中的新问题。

（五）新技术趋势下传媒生态的变化与媒体专业性的再造

各种新技术正在推动新一轮传媒业生态的重构，传播格局与秩序的重建在未来也会成为一个重要的挑战。尽管"十三五"时期有些研究涉及这一话题，但新技术应用的深入，也呼唤相关研究的深化，特别是对传媒生态变化后媒体的具体变革方向与机制的研究，需要不断深化。

在"万众皆媒"乃至"万物皆媒"的背景下，以专业原则、专业方法进行新闻生产的媒体的价值不仅不会下降，反而会上升。媒体如何在坚守新闻生产基本原则的前提下，适应新的传播模式、传播格局进行专业性的再造，是值得关注的重大现实问题，新媒体传播的研究也需要对此做出回应。

（六）人—机传播与人的赛博格化

智能时代，机器会成为一种新的传播主体，人—机传播也会成为一种新的传播形态。人—机传播中的机器，既包括可以与人进行互动、实现对人的辅助的各类机器人，也包括传感器与其他智能设备。不同类型的机器与人的互动方式有所不同，但它们都会拓展传播的含义，未来的人—机传播也会超越今天以符号互动为主的传播视角。这些新的传播现象都需要更多理论层面的阐释。

智能机器的发展，也会使得人的"赛博格化"（人机共生）更为突出，赛博格化是否会带来人的异化，是否会对人的主体地位甚至人的本质产生挑战，新闻传播学者也需要从自身学科的角度进行研究。赛博格化也会使个人的隐私暴露问题更为突出，相关的隐私保护问题也值得关注。

（七）网络社会的"圈""层"化及其影响

随着社会化媒体应用的普及与深化，人们在网络中的各种类型的互动，带来了网络的"圈子化"与"层级化"。网络中的圈子既包括以社会资本维系的关系圈子，也包括文化、技术等动因带来的新型圈子。从层级化的角度看，网络社会既折射着现实的社会分层，又在自身的关系结构中形成了多种维度的分层。

网络的"圈""层"化可能会带来人群的相互隔阂甚至是摩擦、对抗，也可能导致社会进一步碎片化。对"圈""层"分化的机制及其社会影响的研究，变得十分重要。

（八）新媒体环境下的公共对话与风险沟通

新媒体传播渠道与模式的变化，既给公共沟通带来新的机会，也带来新的挑战。群体互动中的心理与思维方式，以及信息茧房、人群分化等因素，都造成了公共沟通的障碍。研究者需要进一步探讨这些问题及其深层原因，也需要探讨解决这些问题的具体路径。

新媒体时代也是风险频发的时代，2020年的新冠肺炎疫情，进一步暴露了新媒体环境下风险沟通中的一些问题。尽管"十三五"时期关于风险沟通的研究在新闻传播学界并不少见，但研究对现实的影响还有限。"十四五"时期，这方面的研究还有待深化拓展，需要进一步与科学传播、健康传播、环境传播等实现融合、互补。研究不仅需要进一步探析新媒体环境下风险沟通的障碍与相关策略，更需要从深层探讨风险沟通的具体机制，并推动理论上的机制向实践的转化。

广播电视

一 "十三五"广播电视研究现状与进展

"十三五"时期，传播格局始终处于动态解构与重构之中，我国广播电视事业在舆论引导、媒体融合、内容生产、公共服务、产业促进、视听新媒体发展等方面取得显著成就，整体实力和综合竞争力明显增强。广播电视理论研究也持续深入推进，理论成果集中表现在以下几个方面。

（一）广播电视史志及宏观战略研究

围绕广播电视史的相关研究取得诸多重要成果，其中有聚焦我国广电历史的重要著作，如：《当代中国广播电视史》（哈艳秋主编，中国国际广播出版社2018年版）、《中外广播电视史》（第三版）（郭镇之，复旦大学出版社2017年版）、《世界广播电视史》（刘建明，科学出版社2018年版）、《中国电视图史：1958—2015》（陈刚、王姗主编，中国传媒大学出版社2019年版）等。同时，出版了一批广播电视系列年鉴、发展报告等，形成了覆盖广泛、研究深入的成果体系。包括：《中国广播电视年鉴》系列（中国广播电视年鉴编辑部，中国广播影视出版社2016—2019年版）、《中国纪录片发展报告》系列（何苏六，社会科学文献出版社2016—2019年版）、《中国影视产业发展报告》系列（司若，社会科学文献出版社2016—2019年版）、《中国网络视频年度案例研究》（钟大年、王晓红、周逵主编，中国传媒大学出版社2016—2020年版）、《中国广播电影电视发展报告》系列（国家广播电视总局发展研究中心，中国广播影视出版社

2016—2019年版）等。

（二）广播电视专题研究

1. 广播电视综合研究

广播电视综合研究从横向和纵向视角把握广播电视领域的综合发展态势。包括：《中国当代广播电视文艺学》（第二版）（张凤铸、关玲主编，中国传媒大学出版社2016年版）、《中国广播电视学》（张振华主编，中国国际广播出版社2019年版）、《新时代 新影视：中国影视的责任与使命》（胡智锋、田秋生主编，中国传媒大学出版社2019年版）、《评价电视——中国电视节目影响力评价体系研究》（李岭涛等，中国国际广播出版社2019年版）、《广播电视改革发展40年》（中国广播电影电视社会组织联合会主编，中国广播影视出版社2019年版）等。

2. 节目编辑与制作研究

围绕广播电视节目内容生产与制作，学界研究紧跟时代发展形势，推出一批力作。包括：《数字电视制作》（王灏、孟群，中国国际广播出版社2017年版）、《电视画面编辑》（第2版）（高晓虹、谢红焰、王涛，中国传媒大学出版社2019年版）、《电视导演基础》（第2版）（李思婳、李康，中国传媒大学出版社2019年版）等。

3. 美学与文化研究

电视美学与文化研究更加深入地探讨了价值趋向的更迭、审美方式的转换，以及电视文化美学的当代样貌。成果包括：《立论中国影视》（胡智锋，中华书局2017年版）、《中国电视：掌声·嘘声（2011—2017年度经典案例)》（俞虹，北京大学出版社2019年版）、《电视文化新论》（陈龙、吴卫华，国防工业出版社2016年版）、《图景与前景："互联网+"时代的中国影视》（王建国、胡智锋、王红叶、张国涛主编，中国传媒大学出版社2017年版）、《电视叙事文化学》（施旭升，光明日报出版社2020年版）等。

4. 体制机制研究

广播电视的体制机制研究仍是重点研究领域，成果包括：《创新与融合：城市广电媒体改革发展》（扬州广播电视集团，中国广播影视出版社2016年版）、《重构："三网融合"对广播电视新闻传播的影响》（何志武，华中科技大学出版社 2016 年版)、《中国广播电视节目评估体系研究》(中国广播电影电视社会组织联合会，中国国际广播出版社 2018 年版)、《县级融媒体中心建设理论与实践》(谢新洲，电子工业出版社 2019 年版)、《新媒体传播：中国主流媒体的实践与探索》(高晓虹等，人民日报出版社 2020 年版) 等。

5. 类型节目研究

从内容生产、话语方式、视觉修辞、传播效果等视域展开的广播电视类型节目的研究表现出较强的专业性和深耕性。2018 年，为纪念中国电视剧 60 年，由国家广播电视总局牵头多家机构联合会共同策划编撰的鸿篇巨制《中国电视剧 60 年大系》丛书 (1958—2018) 问世，共六卷 9 本，分为《中国电视剧 60 年大系·编年史》《法规卷》《创作卷》《产业卷》《剧目卷》《人物卷》。除此之外，还有《中国纪录片发展研究报告 2018》(英文版) (张同道、胡智锋，五洲传播出版社 2018 年版)、《观剧：新世纪中国电视剧类型研究》(杨洪涛，中国广播影视出版社 2018 年版)、《电视综艺节目创新研究》(李岭涛等，中国国际广播出版社 2019 年版)、《电视节目类型学》(徐舫州、徐帆，浙江大学出版社 2019 年版) 等。

6. 媒体产业经营及技术研究

媒体产业经验与技术研究出现了一些新选题新方向，研究成果包括：《影视制片管理》(宋培义、谭华、刘洁，中国传媒大学出版社 2016 年版)、《电视剧出品人与制片人教程》(张明智、宋培义主编，中国广播影视出版社 2016 年版)、《影视剧制片管理》(第 2 版) (高福安、宋培义，中国广播影视出版社 2018 年版)、《数字媒体时代的广播电视技术发展与应用》(张洪冰，吉林科学技术出版社 2019 年版) 等。

7. 播音主持研究

广播电视播音主持研究既有对传统播音主持的新思考，也有对新时代播音主持发展趋势的新探索，成果包括：《电视节目主持人意见性话语研究》(贾毅，人民日报出版社 2017 年版)、《主持艺术风格形态》(陈墨，中国传媒大学出版社 2018 年版)、《课程论视域下播音主持专业教育研究》(高祥荣，中国传媒大学出版社 2019 年版)、《音意韵：季冠霖影视配音艺术》(罗幸、王添，中国传媒大学出版社 2019 年版) 等。

(三) 广播电视核心论点摘编

"十三五"时期,在新技术新应用新模式的推动下,广播电视不断取得新发展。学者们从不同视角围绕其发展面临的新形势、新问题、新趋势开展了深入的探索,为广播电视可持续发展提供了丰富的理论参考。整体来看,广播电视研究的核心论点主要集中在以下几个方面。

1. 关于新时代广播电视的历史使命与社会责任研究

胡智锋在《论文艺的时代精神与历史使命——习近平总书记第十次文代会、第九次作代会重要讲话精神学习阐析》(《人民论坛·学术前沿》2017年第5期)中认为,习近平总书记在第十次文代会上的重要讲话,从全局的高度,对中国的文艺事业和文艺工作发展重新设置了历史现实方位,是指导当代中国特色社会主义文艺事业、文艺工作前行的最新思想的集中体现。

2. 关于新中国70年来的广播电视发展史论

张君昌、张文静在《新中国70年广播电视发展成就与经验启示》(《传媒》2019年第10期)中指出广播电视以其独特的功效成为新中国文化建设的一颗明珠,对社会进步起着重要推动作用。欧阳宏生与朱婧雯在《论新中国70年广播电视传播理念的嬗变——基于媒介社会学框架之再梳理》[《现代传播》(中国传媒大学学报)2020年第1期]中认为在多元媒介环境下,广播电视应突破单一媒介形态理念的消极保守认知,从"大视听""跨媒介"的价值意识层面重塑传播理念。

3. 关于电视剧

高晓虹、王婧雯在《中国电视剧的时代变迁与发展对策》(《中国文艺评论》2019年第9期)运用历时性研究方法审视中国电视剧的发展逻辑,探寻电视剧从起步、成熟、繁荣、飞跃到创新之变迁的时代印记。作者认为,守正创新是中国电视剧未来的发展趋势。仲呈祥在《新中国成立70周年电视剧创作四题》(《中国电视》2019年第10期)中认为,电视剧从新时期之初的纪实美学到之后东西方文化八面来风的形式美学,再到新时代攀登思想精深、艺术精湛、制作精良的有信仰、有情怀、有担当的讲品质、讲格调、讲责任的意境美学即人民美学高峰,是新中国电视剧艺术坚持不懈的美学追求。

4. 关于综艺节目

张晶、谷疏博在《文化记忆、崇高仪式与游戏表意：论原创文化类节目的美育功能》[《现代传播》（中国传媒大学学报）2018年第9期]中提出，在泛娱乐化的传媒生态下，电视文化综艺节目通过文化记忆唤起文化共同体的价值认同是其基本的内容支撑与文化载体。俞虹、闫皓在《文化类综艺节目引领大众文化生产新范式》（《电视研究》2019年第1期）中认为，文化类综艺节目以文化经典资源为破题点，通过对文化符号的电视化演绎与文化经典意义空间内他者故事的铺展，消解了社会大众与文化经典间的距离，促成了受众主体文化认同的再建构。

5. 关于纪录片

何苏六、韩飞在《时代性互文互动：改革开放40年与中国纪录片的发展谱系》[《现代传播》（中国传媒大学学报）2018年第12期]中认为40年的中国纪录片历史可以分为"人文化""平民化""社会化""政治化产业"四个时期，并认为每个时期的分野，都首先是一次观念突破和思想解放。张同道、刘忠波在《2019年中国纪录片类型、传播与文化版图》（《当代电视》2020年第4期）中提出在中华人民共和国成立70周年之际，宣教型纪录片格外丰富；审美型纪录片思维开阔，表达饱满；工业型纪录片发展迅速，品牌意识愈发明确等观点。

6. 关于电视对外传播

刘笑盈在《论当前跨文化语境下电视话语的变革转型》[《现代传播》（中国传媒大学学报）2017年第8期]中提出，电视话语是最适合在当前文化全球化语境中进行跨文化传播的，电视话语的转型不仅体现在话语内容本身，还包括话语理念、话语方式、话语传受关系及话语主体等方面的变革。

7. 关于广播电视公共服务

朱天、马超在《我国广电公共服务研究的文献追溯与价值辨析（1980—2018）》（《新闻大学》2019年第5期）中指出，学界对于广电公共服务的传输覆盖、监管评估、财政来源等细分领域议题的探讨还不够深入。

8. 关于广播电视舆论引导

高晓虹、赵希婧在《迈入中国特色社会主义新时代构建广电媒体舆论引导新格局》（《中国广播电视学刊》2018年第3期）中认为在习近平新时代中国特色社会主义思想的引领之下，广电媒体坚守主流阵地、传播主流声音、弘扬主流价值，在信息传播领域彰显了中国特色、中国风格和中国气派。

9. 关于媒体融合与转型发展

李岚在《电视媒体融合发展的高度、深度和广度》（《新闻战线》2019年第6期）中指出电视媒体需要在融合发展中不断提升高度、寻求深度、拓展广度，形成移动化、立体化传播矩阵。廖祥忠在《从媒体融合到融合媒体：电视人的抉择与进路》（《现代传播》[中国传媒大学学报] 2020年第1期）中认为，媒体转型时期的电视人需要高度重视技术驱动力，直面技术强权，做好定位和谋划，精准把握网络原住民的心理和文化特征对传媒业态的影响力，传承好电视人独特的媒体基因，履行好新型主流媒体的责任与担当。

二 "十四五"时期学科发展趋势

"十三五"时期，在习近平新时代中国特色社会主义思想指导下，我国重要领域和关键环节的改革取得了突破性进展，广播电视也取得了显著成绩，但还有诸多亟待深化研究的空间。展望"十四五"，广播电视研究主要有以下发展趋势：

（1）提升广播电视学科整体理论水平，夯实广播电视学科的基础性架构；

（2）提高广播电视理论对实践的解释力和指导性；

（3）对广播电视机构步入媒体融合"深水区"中的"真问题"和"实效果"的探讨；

（4）广播电视媒体融合一体化建设的系统研究；

（5）技术驱动下广播电视的资源配置研究；

（6）视听传播的伦理规制与社会治理研究。

三 "十四五"时期主要研究领域与重点课题建议

1. 视听传播的基础史论研究。
2. 广播电视推进国家治理体系和治理能力现代化的重要作用研究。

3. 智慧广电战略规划与发展路径研究。

4. 广播电视的体制机制创新研究。

5. 智能传播环境下广播电视一体化融合发展。

6. 广播电视的内容供给侧结构性改革研究。

7. 广播电视的公共服务研究。

8. 广播电视的国际传播能力提升研究。

9. 试听传播效果与绩效评估体系研究。

10. 视听传播的伦理规制与社会治理研究。

出版学

一 "十三五"以来的出版学论文评述

(一) 出版史

古代印刷术的研究中,万安伦、王剑飞、李仪对中国雕版印刷术的源头进行了系统研究,认为印章、拓印和版画印染是中国古代雕版印刷术发明的三个源头。[①] 张树栋、张耀昆以大印刷史观为指导,提出中国早期的印刷史研究是在书史、印刷史、出版史不分的状态下进行的。[②] 郭平兴的研究既重视印刷过程中技术含量的因素,也重视印刷术背后经济的、文化的、社会的意义。[③]

近现代出版机构的发展经验,对当前的出版业改革和发展具有重要意义。王鹏飞对"出版怪杰"沈知方的家世和晚清时期的出版活动进行梳理与考辨;[④] 范军、沈东山研究商务印书馆王云五主持制定的福利制度。[⑤] 王鹏飞和乔晓鹏探讨民国中小出版业的发展。

新中国出版史的研究,是"十三五"以来出版学研究的热点之一。如姬建敏对数位当代编辑出版家的系统梳理,[⑥] 魏玉山对改革开放40年的研

[①] 万安伦、王剑飞、李仪:《论中国雕版印刷术的三大源头》,《中国出版》2018年第18期。
[②] 张树栋、张耀昆:《印刷史研究的新方法与新发现——关于中国印刷术的起源问题》,《中国出版史研究》2015年第2期。
[③] 郭平兴:《技术的社会文化史:论印刷与近代中国社会变迁——兼及对近代印刷史研究的若干思考》,《中国出版史研究》2017年第2期。
[④] 王鹏飞:《沈知方晚清时期出版活动考论》,《河南大学学报》(社会科学版)2018年第4期。
[⑤] 吴琼:《民国时期民营书店经营之道》,《中国出版》2018年第5期。
[⑥] 姬建敏:《论刘光裕的编辑学研究和编辑学思想》,《出版科学》2017年第5期。

究、① 万安伦等人对新中国出版史的研究,② 等等。

(二) 编辑学相关理论研究

首先,编辑职能转变研究。徐静和刘冰在《与时俱进的科技期刊编辑职能》中认为信息筛选和编辑加工是编辑的基本职能,但随着信息技术的发展与进步,编辑职能也朝着更加多元化的方向发展。其次,新型编辑人才培养研究。王志刚在《媒介融合视域下编辑人才培养反思》一文中提出要科学调整课程体系等方式,锻炼学生的文献检索、信息处理和独立思考等方面的能力,从而达到为人才培养奠定基础的目的。③ 夏叶在《新形势下出版企业编辑人才培养机制探析》一文中提出,要加强编辑人才与企业的良性互动。④ 苏雨恒在《实行导师制培养模式 加强青年编辑队伍建设》中指出,编辑不仅要具有新的技术应用能力,经营意识和管理能力,编辑出版业务能力,而且还要具有很强的政治头脑。⑤ 段乐川在《试论"互联网+"时代的数字出版人才教育改革》一文中认为我国数字出版人才培养存在供需脱节的矛盾,需要不断地推进数字出版教育改革。⑥ 刘耀辉在《创意编辑人才内涵及实现途径》一文中指出,编辑转型的实现路径要从创意编辑人才着手。⑦

(三) 阅读文化

随着全民阅读写入党的十八大报告,全民阅读话题热度与日俱增。2014年以来,全民阅读已经陆续7次写入政府工作报告,并被纳入《国民经济和社会发展第十三个五年规划纲要》。在全民阅读的大环境下,书展对全民阅读的推动也吸引了学者们的注意。王鹏飞提出,长期以来我国的书展在图书展销、信息交流、技术推广等方面作用明显,这些构成了当前我

---

① 魏玉山:《出版改革开放40年回顾与总结》,《编辑学刊》2018年第5期。
② 万安伦、刘浩冰:《新中国出版70年:阶段历程与经验启示》,《中国出版史研究》2019年第12期。
③ 王志刚:《媒介融合视域下编辑人才培养反思》,《中国编辑》2017年第3期。
④ 夏叶:《新形势下出版企业编辑人才培养机制探析》,《中国编辑》2017年第3期。
⑤ 苏雨恒:《实行导师制培养模式 加强青年编辑队伍建设》,《中国编辑》2019年第1期。
⑥ 段乐川:《试论"互联网+"时代的数字出版人才教育改革》,《出版广角》2016年第1期。
⑦ 刘耀辉:《创意编辑人才内涵及实现途径》,《中国出版》2016年第14期。

国书展新兴的三大功能。①研究人员对当前相关读书会的运作模式，以及在推动社会阅读的作用等方面进行论述。徐拥军、李如是认为，中国人民大学举办的兰台读书会以建构主义理论为指导，回归阅读本质，倡导非功利性阅读理念。②徐庆群、高寅以人民出版社线上读书会为例提出，打造的读书会社交平台已经形成了线下活动与线上平台联动的O2O模式，为推进"全民阅读"工程做出积极贡献。③何映霏在《社群化阅读视域下读书会转型探究》中探讨分享交互式"社群化阅读"赋予读书会新的阅读机制和新特征。

"农家书屋"是国家大力推广的惠民工程，近年来学者主要关注于"农家书屋"建设的后续发展问题，董夫才、周伟认为，我国政府、行业相关部门应加强监督，对各地农家书屋建设加以约束、规范，让农家书屋工程惠民政策真正落实到基层百姓。陈燕在《农家书屋建设与发展再探：现状、问题与趋势》中认为整合资源，调整内容供给结构，汇总信息资源，将传统出版与数字化管理相结合，可以更好地发挥农家书屋的效能。④

（四）数字出版

大数据时代出版业进入了一个新的阶段。徐曼提出大数据改变了以业务和技术为驱动的传统生产模式，转而向数据驱动型生产模式发展，进而实现个性化定制内容的出版。⑤蔡宾指出未来要积极打造大数据库资源平台。⑥刘立玲和张群力认为未来出版商将成为数据服务公司。⑦

人工智能随着应用越发广泛，已经被出版业广为关注。王卉和张瑞静指出人工智能技术将完善数字出版系统平台架构，形成"数字资源—人—机"智能协同平台。⑧匡文波表示人工智能能够优化出版流程，重塑内容

---

① 王鹏飞：《当前我国书展的新兴功能与优化路径》，《中国出版》2015年第17期。
② 徐拥军、李如是：《基于建构主义理论的大学生深度阅读》，《出版广角》2017年第10期。
③ 徐庆群、高寅：《读书会：出版行业供给侧结构性改革的一把钥匙》，《科技与出版》2016年第11期。
④ 陈燕：《农家书屋建设与发展再探：现状、问题与趋势》，《编辑之友》2018年第3期。
⑤ 徐曼：《出版行业对大数据的应用思路探析》，《出版广角》2017年第17期。
⑥ 蔡宾：《大数据背景下传统出版企业的现状及发展策略研究》，《中国出版》2016年第17期。
⑦ 张新新：《新闻出版业大数据应用的思索与展望》，《科技与出版》2016年第1期。
⑧ 王卉、张瑞静：《人工智能技术在数字出版中的应用现状与发展趋势》，《出版发行研究》2018年第2期。

分发机制进行选题策划，而出版社未来则要进行自动化转型。① 沈珉指出人工智能技术使出版生态环境具化为场景，人工智能技术还可以推进传播系统的整体化发展。② 曹沁颖提出出版社利用人工智能的最大痛点是数据不足，解决这个痛点的办法是根据特点相近、优势互补原则，结成较大联盟。③ 刘银娣认为要训练人机交互，实现人机协同，才能让出版人的专业主义优势和人工智能的高效智能生产更为完美地结合在一起。④ 姜春辉提出出版机构与读者、受众的关系将不再是短期的利益关系，而是终生服务协作的关系。⑤

网络文学IP当前是数字出版的研究热点，闫伟华认为网络文学IP热的成因，本质是注意力经济。⑥ 张英奎等人提出，当前网络文学IP的问题主要是优质IP少、商业化严重、版权走不出去以及版权的保护机制不健全。⑦ 李华成认为网络文学IP目前最大的问题在于私自改编、越权改编和肆意改编等"乱"态。⑧ 秦枫、周荣庭指出网络文学IP要健康发展，就要挖掘传统文化，创造优质原创IP，打造好IP的品牌系统;⑨ 毕文轩强调网络文学IP未来的可持续发展与保护。⑩

5G和区块链是近两年来最新的研究方向。吕欣探讨了5G时代出版产品形态的进化路径及新业态系统。⑪ 蒋传洋分析了"出版3.0"模式探索。⑫ 杜都和赖雪梅认为5G会带来云出版模式、按需出版模式、自出版与协同出版模式还有智慧出版模式等。⑬

---

① 匡文波:《人工智能时代出版业的变革之道》,《出版广角》2018年第1期。
② 沈珉:《人工智能技术再造出版生态》,《出版广角》2018年第1期。
③ 曹沁颖:《人工智能对出版业的影响及应对浅析》,《科技与出版》2017年第11期。
④ 刘银娣:《出版业应用人工智能的机遇与挑战》,《出版科学》2018年第4期。
⑤ 姜春辉:《人工智能技术与出版的融合探析》,《出版广角》2018年第3期。
⑥ 闫伟华:《网络文学IP热的成因、本质及影响——一种"注意力经济"的解释视角》,《中国出版》2016年第24期。
⑦ 张英奎、牛天星、张圣昕、李俊辰:《网络文学IP运营与发展对策研究》,《出版广角》2018年第21期。
⑧ 李华成:《网络文学IP改编的"乱"与"治"》,《科技与出版》2017年第3期。
⑨ 秦枫、周荣庭:《网络文学IP运营与影视产业发展》,《科技与出版》2017年第3期。
⑩ 毕文轩:《论网络文学IP的全产业链开发及保护》,《出版广角》2017年第3期。
⑪ 吕欣:《5G时代出版产品进化路径探究》,《出版广角》2019年第17期。
⑫ 蒋传洋:《迈向5G时代的"出版3.0"模式探索——兼论"出版3.0"模式在博库数字出版传媒集团的实践》,《科技与出版》2019年第5期。
⑬ 杜都、赖雪梅:《5G时代出版新业态与新模式探析》,《出版广角》2019年第17期。

(五) 主题出版

"十三五"以来的出版学研究中，对主题出版的讨论蔚然兴起。周蔚华提出"主题出版也可以说是出版业服务于党和国家中心工作，围绕党和国家的一些重大理论与现实问题、重大事件和重大活动（会议、节庆日等）而进行的出版活动";[①] 刘军对主题出版的核心是围绕国家政策和形象围绕特定主题展开，属性包含策划时效性、内容权威性、出版公益性;[②] 还有不少学者对于主题出版进行梳理，例如赵亚强、李永强、王彦祥、万凤婕、申矕祎、张语桐等。当下主题出版研究也存在不少问题，研究视野比较狭窄，研究主要集中在主题出版理论、主题出版营销策划、主题出版研究综述，整体内容不够深入。

二 "十三五"以来出版学研究专著评述

(一) 出版学理论方面代表性著作

出版理论研究方面的著作从出版文化、出版教育和人才培养、少儿出版、学术出版、农村出版传播等。在出版文化方面，于翠玲的《印刷文化的传播轨迹》（中国传媒大学出版社 2015 年版）以跨学科的视角，对我国的印刷文化及其编辑、出版、传播现象进行了思考。彭俊玲、赵春英的《中国出版业文化遗产保护问题研究》（知识产权出版社 2018 年版）以中国出版业文化遗产保护的策略为议题，同时还对有关中国的出版业文化遗产保护的其他领域进行了深入思考。少儿出版方面，李晓平的《出版·传播·文化丛书（第 2 辑）：少儿出版的价值取向研究》（中国传媒大学出版社 2017 年版）阐释了少儿出版的价值特征，及实现少儿出版价值的路径与方法。学术出版方面，谢曙光的《中国学术图书质量与学术出版能力评价》（社会科学文献出版社 2018 年版）分析了我国学术出版的优劣势和发展策略。王兴全、杨丽贤的《学术写作与出版规范研究》（四川大学出版社 2018 年版）着重探讨了出版"标准"和"规范"的问题。陆建平的

---

① 周蔚华：《主题出版及其在当代中国出版中的地位》，《编辑之友》2019 年第 10 期。
② 刘军：《新时代中国主题出版的本质属性及实践路径》，《科技与出版》2018 年第 4 期。

《国际化进程中中国学术出版的规范研究》（科学出版社 2019 年版）同样关注学术出版规范，力求推进中国学术出版的规范性。

（二）出版史方面的代表性专著

"十三五"以来，在出版史研究方面，代表性的著作有吴永贵教授的《民国图书出版史编年（1912—1949）》（社会科学文献出版社 2018 年版），依年代次序叙述民国时期的图书出版活动。由中国期刊协会组织编写、人民出版社出版的五卷本《中国期刊史》（2017）是"十三五"以来出版史方面的代表性著作。中国期刊协会会长、原新闻出版总署副署长石峰担任主编，刘兰肖、吴永贵、范继忠、李频、段艳文等学者分别撰写。以宏大的视角展现了中国期刊二百年来从萌生初创、发展壮大、蔚为大观，一直到媒介变革时代历史转型的全部风貌。

苏精教授的《铸以代刻：十九世纪中文印刷变局》（中华书局 2018 年版），讨论了 19 世纪传教士尝试引介西式活字印刷，及其创立与经营西式中文印刷机构的相关活动。陈力教授的《中国古代图书史》（社会科学文献出版社 2017 年版）力图构建一部以图书为中心的中国古代文化史。

此外还有区域出版史、断代出版史著作，如陈丽菲的《上海近现代出版文化变迁个案研究》（上海辞书出版社 2016 年版）、李西亚的《金代图书出版研究》（中国社会科学出版社 2015 年版）、段乐川的《魏晋南北朝编辑思想研究》（社会科学文献出版社 2016 年版）、田建平的《宋代书籍出版史研究》（人民出版社 2018 年版）等。这些基于不同时代、地域的著作，为我国编辑出版学的已有研究提供了更多角度的补充，丰富了出版史领域的研究。

（三）编辑学方面的代表性专著

在编辑学研究方面，代表著作有靳青万的《编辑五体研究》（东北师范大学出版社 2015 年版），该书将编辑学的研究对象与范围由以往的"编辑两体"扩大为"编辑五体"对编辑学的学术研究做了补充，实现了理论创新。许华春的《学报规范与编辑功夫》（浙江大学出版社 2015 年版）强调了体例的严谨与规范，对编辑学科的建设与发展具有一定的现实意义。叶新、易文翔、周丽锦的《美国名编辑研究》（知识产权出版社 2018 年版）围绕20世纪美国在出版领域颇有建树的几位编辑展开介绍。

在编辑实务方面，"十三五"以来也出版了一些优秀著作。如龚彦方的《当代新闻编辑：从宏观思维到微观实践》（中山大学出版社2015年版），从新闻编辑的工作流程来透视现实的新闻实践，从编辑选题讨论开始，逐次进入报道方案策划、新闻故事的选择与平衡、文本的审美与把关、信息可视化等流程。应向伟、俞志华编著的《科技期刊竞争力提升研究》（浙江人民出版社2016年版），基于现有文献整理构建出科技期刊竞争力体系的初步框架。董小菲的《融合时代的新闻编辑》（山东人民出版社2017年版）提出新闻编辑不仅需要革新编辑意识还要打破传统的线性编辑思维，树立环状的空间思维，主动与社会融合。李珊珊的《现代编辑理论与实践研究》（大连海事大学出版社2018年版）从图书编辑工作的性质、功能、基本特征、基本方针和原则等方面，对编辑工作的内涵与运作模式进行深入分析。

（四）出版经营管理方面代表性著作

出版企业的投融资方面，代表性著作有李瑞的《出版传媒上市公司投融资研究》（中国传媒大学出版社2016年版）和杨庆国的《出版传媒集团投融资效率研究：基于体制变迁的评价与验证》（中国传媒大学出版社2017年版）；在出版企业的竞争力问题研究方面，代表性著作有杨玲的《出版企业动态能力研究》（中国人民大学出版社2016年版）和刘畅的《我国出版集团竞争力综合评价体系研究》（浙江大学出版社2016年版）；在出版企业资本运营研究方面，代表性著作有代杨的《中国出版企业资本运营研究》（中国社会科学出版社2016年版）；在出版企业转型研究方面，代表性著作为陆颖的《当前出版企业转型问题研究》（中国传媒大学出版社2016年版）；等等。

另外，还有一些著作从经济学理论出发，对我国的出版产业、市场、价格融资等做了研究，如陈昕的《出版经济学研究》（格致出版社、上海人民出版社2017年版）、赵洪斌的《中国出版产业结构研究：理论、现实与发展趋势》（中国传媒大学出版社2017年版）、秦洁雯的《我国出版物市场体系建设研究》（厦门大学出版社2018年版）等。

此外，方卿、徐丽芳、许洁的《出版价值引导研究》（商务印书馆

2018年版）、宋嘉庚的《自出版管理问题研究》（中国传媒大学出版社2016年版）、王鹏涛的《读者信任视角下的出版品牌管理研究：以图书类出版企业为例》（中国社会科学出版社2018年版）、梁徐静的《众筹出版发展源流及运作模式研究》（中国书籍出版社2018年版）、王岩云的《期刊出版业务的法治化审视》（中国社会科学出版社2017年版）研究了出版业面临的新问题。

（五）数字出版方面代表性著作

随着互联网技术不断更新迭代，数字出版的概念越来越深入人心，成为学界和业界关注的焦点。赵树旺的《中国数字出版内容国际传播研究》（中国传媒大学出版社2016年版），分析了我国数字出版内容的现状与问题。唐圣平的《数字出版项目策划和开发》（群言出版社2015年版），贺子岳的《数字出版形态研究》（武汉大学出版社2015年版），万安伦的《数字出版研究：运行模式与发展趋势》（中国传媒大学出版社2017年版），王京山、包韫慧、侯欣洁等的《数字出版前沿》（知识产权出版社2018年版），侯欣洁的《国外数字出版全球化发展战略研究》（知识产权出版社2018年版）、张新新的《变革时代的数字出版》（知识产权出版社2016年版）从不同侧面对数字出版进行了研究。

在数字出版如火如荼之时，解决数字出版的版权保护问题逐渐被提上日程。在数字出版版权保护方面，王志刚的《数字出版企业版权战略管理》（社会科学文献出版社2016年版）分析了数字出版企业版权战略管理的法律环境与政策基础，提出了针对性策略。华鹰的《数字出版版权保护法律制度研究》（科学出版社2019年版），对数字出版环境下版权权利限制与例外制度进行了重构。"十三五"以来在媒介融合与出版方面，学界也做出了积极探索，代表性著作有汪曙华的《媒介融合趋势下的出版变迁与转型》（中国传媒大学出版社2016年版），孟晖的《移动互联环境下我国出版业的发展现状及问题研究》（上海社会科学院出版社2018年版），余人、袁玲的《出版与融合——新媒体环境下的出版创新思考》（科学出版社2018年版），丛挺的《我国出版企业新媒体技术采纳研究》（武汉大学出版社2018年版），张立等的《坚守与变革：遭遇大数据时代的传统出版业》（社会科学文献出版社2018年版），对出版与技术的融合发展进行了探讨。

除了上述著作之外，以综述形式呈现的研究报告，也是"十三五"以来出版学研究不可缺少的一部分，最有代表性的是中国新闻出版研究院的系列年度研究报告：如《中国出版业发展报告》《中国数字出版产业年度报告》《国际出版业发展报告》（均由中国书籍出版社出版）等，对当年的国内外出版业的发展状况以及出版业的发展趋势，都进行了梳理和分析。

三 出版学研究存在的主要问题

（一）部分研究不深入

作为一个实践性比较强的学科，"十三五"以来的出版学研究论文中，很大一部分仍旧呈现出研究浮光掠影、难以深入的特点。首先表现在针对行业的经验总结性文章多，对出版现象的深入阐释和思考少。其次体现在追逐前沿的研究中，为紧跟出版行业的最新动态，导致对新现象的思考不无牵强附会、自说自话之处。类似的研究虽然从形式上能够形成规范的学术论文，但因为缺乏研究深度，从而陷入"无学"的传统圈子。

（二）基础理论研究不足

"十三五"以来，出版学对理论的需求与日俱增，如学科理论体系的建构、核心概念的厘定、研究范式的确立等。首先体现在没有相关专著问世，其次缺少致力于该研究领域的专业学术团队和权威学者。

（三）理论研究和经验研究两极分化

理论研究应该为经验研究提供框架、思路、概念、术语，指导经验研究；经验研究应该通过定量等科学方法梳理、分析出版行业和出版现状，帮助提炼理论成果，总的来说，二者的应然关系是互融互助、相得益彰。然而纵观"十三五"以来的出版学研究成果，却是理论研究在学界，悬浮半空，不接地气；经验总结在业界，理论缺失，难以提升。即使将二者黏合在一起，也多是把理论作为"帽子"，而非方法。

（四）对现代出版技术研究仍不足

梳理"十三五"以来的出版学研究，对技术并非不重视，学者花费了相当的力气讨论开放存取技术、虚拟现实技术、人工智能技术、大数据技术等，但鲜见"说明道破"的论著。"说明"即将技术内涵的逻辑、文化、制度偏向阐释清楚，"道破"即将技术对出版行业、出版文化、知识社会的作用过程、路径和结果讲明白。对出版技术研究的不足，导致对出版业变革本质的把握难以准确。

四 "十四五"的出版学研究重要课题

"十四五"时期，将是出版学科进一步发展与完善的关键时期，出版学研究将在以下十个方面重点展开，[1] 即中国特色的出版学科体系构建问题；出版与科技的融合发展问题；出版业中长期发展战略问题；建设出版强国问题；出版产业发展问题；出版物销售渠道与市场建设问题；出版管理问题；国际出版市场与中国出版国际化问题；阅读问题；中国特色出版法制体系建设问题。当然，其他方面的研究也是必不可少，但是作为一门应用性学科，政策理论研究是重点任务。

总审稿人 尹韵公
执 笔 人 （按姓氏拼音排序）
　　　方　提　郭海威　黄春平　刘海龙　彭　兰
　　　漆亚林　王鹏飞　魏玉山　尹韵公　张志强

---

[1] 魏玉山：《新中国 70 年出版学研究的回顾与展望》，党建网，http://www.wenming.cn/diw/djw2d6sy/sxzg/2019 11/t20191106_ 5308500. shtml，2019 年 1 月 21 日。

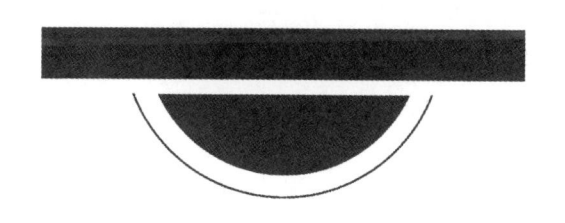

图书馆·情报与文献学

图书馆·情报与文献学（含档案学）学科进展

"十三五"时期，大数据、云计算、人工智能、第五代移动通信技术（5G）、物联网、虚拟现实（VR）、区块链等新技术的发展和应用，改变了人类的生活和工作模式。新技术对哲学社会科学研究，特别是对图书馆·情报与文献学（含档案学）学科（以下简称"图情档学科"）的研究和教育等方面产生了深刻的影响。我国图情档学科在新文科建设背景下充分发挥自身学科优势，发力知识体系深化、学科理论体系创新和话语体系建设，凸显图情档学科发展新格局，为我国哲学社会科学繁荣发展做出了贡献。

"十三五"时期，图情档学科在国家社会科学基金（以下简称"国家社科基金"）、国家自然科学基金（以下简称"国家自科基金"）、教育部及其他省部级基金资助下，呈现出繁荣发展的景象，推出了一批优秀成果，取得了较大的进步。以下从基金项目、学科研究、优秀成果、国际会议、学科建设等方面梳理并总结图情档学科取得的主要成绩和进展，揭示本学科研究热点与存在问题，以及未来学科发展趋势。

一 重要研究进展和主要成绩

（一）基金项目成效显著

"十三五"时期，国家社科基金资助图情档学科项目891项、国家自科基金资助95项和教育部资助293项（见表1）。

表1　"十三五"时期国家社科基金、国家自科基金、教育部资助项目数

项目来源	立项数	比例（%）
国家社科基金项目	891	69.66
国家自科基金项目	95	7.43
教育部项目	293	22.91
合计	1279	100.00

资料来源：全国哲学社会科学工作办公室网站、国家自然科学基金管理信息系统、中国高校人文社会科学信息网。

1. 国家社科基金项目立项数量和资助力度显著增长

截至2020年11月30日，国家社科基金在"十三五"时期共资助图情档学科研究课题891项，其中，重大项目36项（含重大专项4项），重点项目47项，一般项目494项，青年项目200项，西部项目56项，后期资助项目58项。立项总数较"十二五"时期（立项总数631项）同比增长约41.20%，较"十一五"时期（立项总数303项）增长约194.06%，项目数量增长显著（见表2）。

表2　国家社科基金2016—2020年资助各类项目数量统计

年份	重大	重点	一般	青年	西部	后期资助	合计	备注
2016	4	8	96	36	12	4	160	含重大专项1项
2017	6	12	88	50	14	7	177	
2018	7	9	102	41	10	8	177	含重大专项1项
2019	12	9	102	37	12	16	188	含重大专项2项
2020	7	9	106	36	8	23	189	
合计	36	47	494	200	56	58	891	
占比（%）	4.04	5.27	55.40	22.45	6.29	6.51	100	
年均增长率（%）	24.11	6.25	2.88	2.11	-6.31	58.26		

资料来源：国家社科基金项目数据库以及全国哲学社会科学工作办公室网站（数据含重大专项）。

2. 重大专项立项从无到有，呈现跨学科融合趋势

重大专项的立项从无到有，以及跨学科融合的趋势说明本学科积极参与国家重大专项科研计划，努力在国计民生、国家安全等重大关键领域获得一席之地，提升了本学科参与国家重大战略制定的智库作用和话语权。

3. 重大项目与后期资助项目受资助力度逐年加大，增幅明显

"十三五"时期2019年重大项目（12项）较首年2016年（4项）增长了2倍，后期资助项目2020年（23项）较首年2016年（4项）增长了近5倍，表明图书馆·情报与文献学（含档案学）领域在我国政治经济和文化社会发展中扮演着越来越重要的角色，发挥着越来越重要的作用。

4. 重点项目、青年项目和西部项目年立项数保持稳定

重点项目是发展生产和改善人民生活所急需的建设项目，对整个国民经济的发展起关键作用。重点项目的立项持续稳定，说明本学科对整个国民经济的发展发挥着持续重要的作用。青年项目立项数保持在40项上下，比较稳定，反映出青年学者已经成长起来，他们正肩负起学科发展的使命。西部项目是国家围绕西部地区改革开放和现代化建设中的重大理论和现实问题，围绕加强民族团结、贯彻党的宗教政策、维护国家统一以及民族优秀文化遗产抢救和区域优势学科建设等开展的相关研究项目。西部项目的稳步增加说明本学科对更好地服务西部地区经济社会发展发挥着不可忽视的作用。

（二）顺应时代潮流，凸显图情档研究新格局

从互联网时代、数字化时代，到物联网时代、大数据时代、云计算时代，再到信息与知识经济时代、"互联网＋"时代，不同的时代赋予图情档学科瞬息万变、错综复杂的外部环境。"十三五"开局以来，图情档学界在社会发展的转型期、教育强国战略的攻坚期，永葆"传承文明、服务社会"的初心，秉持"严谨务实、诚信负责、实事求是、同心同德、群策群力"的科研理念和作风，顺应新时代学科改革建设潮流，契合新技术环境下战略发展需求，努力在危机中育新机，于变局中开新局，不断加深对学科理论的深入探索，创新发展基础理论研究，积极探索新的研究范式，持续与新兴技术紧密结合，在图情档学科应用研究的实践探索中不断拓宽思维。在领域内学者们的不懈努力下，学科领域的研究宽度进一步拓展，深度进一步推进，跨学科融合发展达到了新高度，学科与新技术的结合更加紧密，图情档人才培养达到了新水平，学术影响力和国际话语权得到了新提升。通过对"十三五"时期中外图情档学术期刊关键词、主题词等计量分析发现本学科研究格局具有以下新特点。

1. 新突破：科研生产力和学术影响力突破性提高

"十三五"时期，图情档学科守正创新，共发表论文19181篇，其中中文论文16911篇，外文期刊论文2270篇；影响力增强，国际论文数量呈现良好上升势头；基金资助产出量与影响力突出，中文基金资助论文占所有论文的数量比例总体呈逐年上升态势，从2016年的65.11%增加到2018年的70.11%，到2020年增长到71.86%（见表3）。这表明图情档学科战略地位有所提升、国家需求密集布局，相关学者不忘初心，扎根图情档专业，积极参与国家重大科研计划，牢记学术担当，致力于国计民生、国家安全、文化保护与传承、文化输出等关键领域，始终保持追踪科学前沿的态势，不断深化研究领域，不断丰富研究方法和手段，总体研究水平得到突破性提高。

表3　2016—2020年期刊与基金论文发文与被引统计

年份	2016	2017	2018	2019	2020	合计
总论文发文（篇）	4780	4660	4412	4038	1291	19181
中文论文发文（篇）	4377	4209	3914	3359	1052	16911
中文基金论文发文（篇）	2850	2820	2744	2338	756	11508
中文基金论文被引（次）	5104	4478	3412	2934	—	—
中文基金论文占比（%）	65.11	67	70.11	69.60	71.86	68.05
外文论文发文（篇）	403	451	498	679	239	2270
外文基金论文发文（篇）	263	346	374	512	169	1664
外文基金论文被引（次）	3205	3168	1774	698	72	8917
外文基金论文占比（%）	65.26	76.72	75.10	75.41	70.71	73.30

说明：由于2020年数据不全，中文基金论文该年的"被引（次）"指标省略。

2. 新范式：理论拓新、范式变迁

"十三五"以来图情档学科理论研究持续深化，推进了新时期图情档学科理论拓新及其范式变迁。图情档领域研究主题不断更新拓展，新话题层出不穷，原有话题的内涵和外延不断扩大。"智慧图书馆""数字人文""健康信息"关注度上升，"双一流""空间再造""创新创业"讨论频繁，微博、微信、知乎等社交媒体对非正式学术交流发挥了重要作用，"云计算""大数据""机器学习""用户画像"等新技术概念逐渐深入图情档学

科研究领域，成为信息获取、学术交流、决策支持的重要平台和工具。"Altmetrics 指标""信息协同""多源数据""档案治理""知识付费"等热词反映了图情档学科对研究热点的追踪能力和创新意识。

"十三五"时期，图书馆学界紧跟新兴技术风向，积极推动新时代背景下图书馆的转型，坚持拓展理论研究范畴，推进了网络环境下图书馆理论的新发展，持续跟进比较图书馆学、循证图书馆学、社会认识论、知识交流论等理论基础研究，并提出"引领型图书馆""统战智库"等众多新概念，与实践结合更为紧密，图书馆业务管理与职能建设开拓新空间，积极引导图书馆转型与创新。

情报学界立足国家战略发展，回望初心，审视新形势下情报学界重大任务的新变化，着眼于"大情报观""南京共识"，重新认识情报学教育、理论、方法、技术的重要性，建构新的理论体系，树立新的发展目标，积极参加中国特色智库建设，加强军民情报学融合，继续践行"耳目、尖兵、参谋"的战略使命，主动参与国家战略规划、服务社会经济发展，挖掘学科新的增长点，构筑学科发展新范式，着力培养维护国家安全与支撑社会发展的专门人才，提升了学科影响力与话语权。

档案学在固本的基础上坚持拓展理论研究范畴，注重对接国际前沿，深化档案管理研究，强化档案事业发展学理支撑，推进多元化档案管理体系建设。提出"活态档案馆""电子证据保全""档案善治""档案记忆观"等，不断挖掘新技术的应用和落地，积极拓展学科口径、强化社会功能、提升科技含量、构建新时代中国特色档案学术体系。

图情档学科作为综合性交叉学科，与数据、信息、知识密不可分，长期致力于信息资源获取、加工、组织、存储、分析与利用研究，为社会进步与经济发展提供重要的数据支撑与决策支持。总体来看，围绕新时期图情档学科发展范式及其理论体系构建，学界基本达成相关共识，积极应对新技术、新人文的发展给图情档学科的研究内容、研究方法、研究理念等带来的改变。大数据背景下，图情档学科更加注重对数据的检索、处理、加工、组织与分析，深挖数据背后的因果关系。在数据成为新生产要素环境下，学科研究范式进入到数据驱动以及数据密集型的知识发现范式，其中，图情档学科的研究对象也正从结构化的小规模数据拓展到非结构化的大规模数据甚至是未来的智慧数据，学科研究推陈出新，吸收先进的获取、分析和可视化技术,并将其移植到解决图情档学科相关领域问题上,不断拓展和创新学科知识体系。

3. 新技术：数智赋能技术汇聚新动力

过去五年,5G 技术的发展、人工智能的热潮、区块链技术的出现,众多议题触及数字化时代图情档理论的传承和创新,引起学者重视,赋予图情档学科全新的生命力。

第一,人工智能新兴技术引领智慧图书馆发展。2016—2017 年,随着《"十三五"国家信息化规划》和《新一代人工智能发展规划》的发布,国家5G顶层设计基本完成,全国15个省(区、市)发布人工智能规划(其中12个制定了具体的产业规模发展目标)。随着物联网、云计算、大数据、人工智能等信息技术的发展,图书馆的资源结构、管理模式、服务方式、技术运用、用户需求等都发生着巨大变化,传统服务模式不能适应读者日益增长的个性化服务需求,集合现代信息技术和智慧化管理服务的先进理念图书馆成为潮流。大数据环境下整合云计算、物联网、虚拟现实、人工智能等新兴信息通信技术可为图书馆的建设与研究提供新的理念和视野,这也在学界掀起对智慧图书馆的研究热潮与实践探索。人机融合和数字人文对文献资源结构描述的改变、图书馆全域服务对图书馆服务空间的界定、新型阅读方式对传统阅读推广路径的冲击,新的以人工智能为代表的技术潮流正对图书馆学、情报学提出学科建设的新要求。

第二,云计算逐渐从互联网领域向图情档学界拓展延伸,区块链技术应用前景凸显。图情档界对云计算的研究,从对云计算概念、特点、理念及云计算将给学科领域带来的机遇与挑战等,到如何将云计算技术有效地应用于图书馆的建设,并对基于云计算的图书馆服务平台、模式等进行构建、分析。对于图情档领域而言,云计算技术应用主要集中在数字图书馆建设方面,作为基于分布式计算的新型服务计算模式,"云计算"为数字图书馆的发展提供了核心的技术支撑,较好地解决了数字图书馆的海量资源存储、信息资源共享及创新服务模式等问题。相比于云计算而言,区块链具有更大的安全性和隐私性。目前数据共享平台存在隐私保护的相关挑战,而区块链技术采用分布式基础架构替代集中式基础架构,将权限在众多受信任的参与者之间分配,又通过严格的访问控制与智能合约应用有效地保护了隐私。区块链技术在智慧图书馆领域为智慧图书馆的场景化服务创新提供新的思路，在信息资源管理领域为构建公共链公开透明、联盟链高效响应、私有链隐私安全保护的主权区块链网络资源管理体系提供了创新方法，在档案领域为电子文件的防篡改技术提供了信任管理和安全保证。

第三，数据驱动伴随信息技术的发展已成为世界各国和地区的创新战略与未来规划的核心思想与重要政策，数据井喷、数据互联、数据开放、数据共享、数据智能、数据安全等时代特征对图情档学科建设和事业的发展形成了重组、融合、创新和转型升级的挑战。数据驱动的方法正广泛应用图情档学科研究，形成新型研究模式。数据驱动通过对移动互联网、业务流程海量数据采集，通过数据组织与知识挖掘分析，形成新型决策分析模型，为图情档学科发展提供新路径；进一步与数据科学汇聚，形成新的知识发现、趋势洞察、情报研究、知识表达、决策分析的新方法。"十三五"时期数字图书馆知识组织与语义互联、社会网络大数据、科研大数据管理与共享、云计算与信息安全、数据开放与共享、数据挖掘与数字人文等方面，成为新的知识增长点。马费成教授在《光明日报》撰文建议大数据环境下人文社会科学研究应与自然科学相互借鉴，注重相关分析和因果分析相结合。此外，2019年度中国图情档学界十大学术热点中与数据驱动相关的研究主要有五个方面：（1）图情机构，尤其是研究型图书馆在科研数据监管中的角色、功能与实践案例分析。（2）数据画像分析为基础的图情机构用户服务理论与实践，特别是基于用户画像的图情机构个性化服务、精准服务研究。（3）智慧图书馆服务过程中数据的获取、保存、挖掘、推荐算法等研究。（4）数据素养教育研究，包括数据素养的概念和内涵、数据素养的核心能力、数据素养课程内容的建设等。（5）基于数据挖掘的图情机构服务创新、平台建设研究。在新环境下的图情档学科采纳数据驱动的理念，努力实现与新技术的深度融合，为学科研究汇聚了新生动力，学科基础理论研究拓宽了新思路，研究方法有了新方向，技术上有了新提升，引起学科范式的变化与研究方式的变革，推动了图情档学科研究的跨越式发展。

4. 新模式：致力于公共文化服务新模式

图书情报事业的初心就是致力于国计民生、国家安全、文化保护与传承、文化输出、服务社会的。在移动互联网、大数据、人工智能等新技术的发展驱使下，图书情报服务也发生着深刻变化，用户需求与信息行为的改变使图情档提供智慧服务成为现实需求。智慧图书情报事业的理念伴随大数据与人工智能的发展而形成，建立于数字化、网络化、智能化等坚实的技术之上，"十三五"时期，图书情报事业的发展俨然已形成新业态。2019 年以智慧图书馆为代表的图书情报机构开始从学术研究向实践建设转化，关于智慧图书馆的研究成果丰硕，公共图书馆、高校图书馆、专业图书馆等都在探讨智慧时代图书馆发展的新业态和转型升级。研究成果涉及智慧图书馆理论研究和实践建设的各个方面，包括：理念转变，技术应用、平台建设、框架构建、资源建设、数据分析、人员培养、业务规划、空间再造、联盟重组，以及服务向"智慧"升级和相应的模式、策略等。学界关于智慧图书馆的理论研究和业界关于智慧图书馆的实践探索，共同推动图书馆向"智慧"转型发展。总体来看，图书情报机构作为社会组织中的重要一员，在新时期不断顺应社会发展与用户需要，将智能技术应用到图书馆中，以智能管理和智慧服务作为目标，推动智慧图书馆的发展，积极融于智慧社会建设，所提供的智慧服务为用户带来服务场所、服务空间、服务手段、服务方式、服务内容的全新体验。

适应新形势发展的需要，档案事业基于治理思维，创新发展科学、规范、高效，具有中国特色的档案管理体制，促进其职能定位的扩展，升级完善其制度体系。2018 年下半年以来，根据《中共中央关于深化党和国家机构改革的决定》精神，我国地方档案机构改革纷纷展开，地方档案管理体制由传统的档案"局馆合一"模式调整为档案"局馆分立"模式，也由此，国家档案馆才有可能真正成为独立的公益性文化机构，"名正言顺"地加入公共文化服务体系建设队伍中去。学术界以此次改革为契机，围绕档案机构及管理体制改革进行了广泛和深入的研究，重点研究了我国档案管理体制的演变历程和发展趋势，机构改革后档案工作面临的问题与对策，档案治理体系与治理能力现代化，档案局与档案馆、档案部门与数据管理部门的职能关系等问题。

此外，有关图情档机构服务于公共文化的相关研究，还有公共文化线上线下融合服务模式研究、公共文化服务的社会参与研究、公共文化服务均等化问题研究、公共数字文化服务研究、公共文化数据治理研究以及新环境下用户阅读行为与阅读推广研究等。

5. 新领域：数据驱动跨学科融合新领域

随着大数据爆炸式增长与分析技术的迅猛发展，具有明显数据特征的新型学科——数据科学诞生，在信息技术发展新阶段，图情档学科的理论体系、技术方法顺应发展形势，与数据科学深度融合，催生数字人文、数据素养、科技数据管理等研究领域的发展，促进数据开放与共享、数据安全与隐私保护等研究领域升级转型。图情档学科作为人文社科类学科，是一个理论与应用并重的研究领域，面对数字化时代带来的巨大网络信息资源，数据处理与计算能力需要进一步提高，因此与数据科学和计算技术的融合日益深化。而在应用方面需要更高的分析能力和解释能力，才能挖掘出数据背后的价值，因此需要多学科背景，使得图情档学科与社会学、心理学、历史学、哲学等学科的交叉融合也成为发展趋势之一。

"十三五"以来，学术研究的综合化和国际化趋势越来越明显，许多国家的学术界都在思考这个问题并采取相应措施。人们渐渐发现，虽然学科的分化仍在进行，但综合化的趋势却更加强劲。许多问题已不能仅仅依靠单一学科解决，往往需要相邻学科、相邻专家的辅助。中央有关管理部门也很关注跨学科领域的研究，国家社科基金每年都支持一批跨学科问题的研究。在信息环境的巨大变化之下，为谋求生存和长远发展，找到新的学科生长点，图情档学科开始从方法和技术维度与其他领域进行交叉融合，由此衍生出了诸多复合交叉型研究方向，如与出版领域融合发展出了数字出版、开放科学，与公共管理领域融合发展出了政策分析、智库研究，与计算机领域融合发展出了文本分析、机器学习、知识图谱、数据仓储、数据挖掘等。此外，在2015年中办、国办发布《关于加强中国特色新型智库建设的意见》之后智库的研究也取得了新进展，"十三五"时期，南京大学中国智库研究与评价中心（CCTTSE）聚焦智库数据收集处理、智库机构评价管理、智库研究与智库人才培养等工作，获得了良好的社会影响和评价。2016年，中科院文献情报中心联合南京大学创办《智库理论与实践》刊物，为智库研究搭建了良好的学术交流平台。在理论研究层面，李纲教授构建了面向决策的智库协同创新情报服务体系基本架构，并对该体系的主体、平台建设、情报流程、知识创新模式等内容进行了探讨；初景利教授对国外高水平高校智库运行机制特征进行了剖析，归纳了四类国外高校智库在组织管理、人才配置、资金管理、项目运营等方面的特点，对中国特色新型高校智库的建设具有指导意义。

（三）优秀成果显著增加

"十三五"时期，图情档学科在社科基金优秀结项和高等学校科学研究优秀成果中产生了丰富的优秀学术成果。纵观从"十一五"到"十三五"的第六、七、八届高等学校科学研究优秀成果奖（人文社会科学）的评奖结果（见表4），图情档学科获得的一等奖的数量从1增长到2，二等奖的数量从5增长到12，三等奖的数量有所波动。

表4　　　　国情档学科高等学校科学研究优秀成果奖项统计

时期＼等级	一等奖	二等奖	三等奖	合计
"十一五"（2006—2010）	1	5	8	14
"十二五"（2011—2015）	0	6	10	16
"十三五"（2016—2020）	2	12	4	18

截至2020年11月30日统计，在"十三五"时期的五年中，社科基金项目结项获得优秀的共计27项，其中包括13个重点项目，4个青年项目，8个一般项目，2个西部项目。

（四）多次承办国际顶级学术会议，彰显国际话语权

随着国际化的发展，"十三五"时期在国内举办了一系列图情档领域顶级国际会议，凸显了本学科的国际学术影响力和国际学术话语权，这也是本学科在"十三五"时期国际化发展的重要进展之一。

2017年3月22—25日，武汉大学与韩国成均馆大学共同主办了国际顶级信息学院联盟年会（iConference 2017），这是该年会首次在亚洲举办，充分体现了我国图书情报、信息管理研究与人才培养的实力，也体现了大学的国际担当。会议主题是"影响·拓展·提升：跨越信息社区

的全球合作"。会议报告涵盖人际交互、信息行为、数据挖掘、信息检索、知识发现、社交媒体、数据科学、信息教育、信息组织等多个主题，展现了国际信息管理研究的理论前沿，为各国专家学者提供了多学科交融、知识分享的平台。大会吸引了来自北美、欧洲、亚洲、非洲以及大洋洲的 28 个国家的 535 名学者及业界专家参加，参会的国外学者的比例达到了 49.5%。

2017 年 10 月，第 16 届国际科学计量学与信息计量学大会成功在武汉大学举行，吸引了来自 33 个国家和地区近 200 名计量学领域专家学者参会。国际科学计量学和信息计量学大会（International Conference on Scientometrics & Informetrics，ISSI）是国际文献计量学、信息计量学、科学计量学、网络计量学、知识计量学领域学术水平最高、影响最大的国际会议，每两年举办一次。大会报告主题涵盖了计量学理论体系、数据科学理论与方法、知识图谱与可视化、专利分析、科学学与科技政策、共现分析等主题，共收到稿件 300 余篇。会议的成功举办，成为全球信息计量学和科学计量学的一场学术盛宴，全方位地提高了我国信息计量学与科学计量学研究的国际学术影响力和国际学术话语权。

2020 年 8 月 1—5 日在云端召开 JCDL 网络虚拟会议。数字图书馆联合会议（JCDL）创办于 1994 年，是数字图书馆领域历史最悠久、学术性和影响力最强的顶级国际会议，是微软学术统计的数字图书馆方向排名最高的国际会议。由武汉大学信息管理学院和武汉大学信息资源研究中心承办，会议主题为"加快创新、可持续发展与社会转型"。会议主题包括图书馆、档案馆、博物馆应急规划及应急响应实务、数字仓储、数字馆藏的开发和管理、元数据和发现服务、开放存取和学术交流、开放教育资源、教学和学习支持、数字出版、大数据和图书馆网络基础设施、研究数据管理，数字庋藏和管理、数字人文学科、数字保存、信息服务、信息/数据素养、数字遗产/文化等。

（五）学科建设获得了长足发展
1. 学科教育体系完善

图情档研究力量主要集中在图情档教育机构。"十三五"时期，我国图书情报与档案管理教育在"十二五"基础上稳定发展，已经形成了一个具有本科、硕士研究生、博士研究生、博士后流动站的层次齐全的图书情报与档案管理专业教育体系。截至2020年4月，共有88所高等院校和科研机构开展图情档专业教育。其中有的教育机构设置有图书馆学、情报学、档案学三个专业的本科、硕士和博士点及博士后流动站，有的教育机构则只设置其中2个或1个专业不同层次的办学点。办学点的分布情况如下（见表5）。

表5　图书情报与档案学科点分布

	图书馆学	情报学	档案学
本科*	29	44	35
硕士	51	54	27
博士	14	14	9
博士后流动站	9	9	5

注：* 指原设置于图书情报院系、具有情报学专业背景的信息管理与信息系统专业。

图书情报与档案管理教育机构目前在职的师资大约有2000人，在读的博士生约300人，他们是图情档学科研究的重要力量。除此以外，全国各类型图书馆、科技信息研究机构、社科信息研究机构、各级档案部门的从业人员，有相当大的一部分也在从事学术研究或业务研究，他们也是一支重要的研究力量，从事这类研究的人员数以十万计。

目前全国已有图书情报与档案管理一级学科博士点13个，"十三五"时期新增一级学科博士点7个，分别是湘潭大学、南京农业大学、河北大学、华东师范大学、华中师范大学、南开大学、中山大学，其中河北大学、南京农业大学、湘潭大学、华东师范大学四所大学为新增一级学科博士授权点，华中师范大学、南开大学、中山大学三所大学将已有二级学科博士授权点新增为一级学科授权点。

教育部学位与研究生教育发展中心公布的全国第四轮学科评估结果（见表6）显示，图书情报与档案管理一级学科中，全国具有"博士授权"的高校和部分具有"硕士授权"的高校共计39所参加了评估。其中学科评估获得A+的高校2所：武汉大学和南京大学；获得A-的高校1所：中国人民大学。

表6　　　　教育部全国第四轮学科评估结果（图书情报与档案管理）

评估结果	学校名称
A+	武汉大学、南京大学
A-	中国人民大学
B+	北京大学、南开大学、华中师范大学、中山大学
B	吉林大学、黑龙江大学、上海大学、云南大学、国防大学
B-	华东师范大学、南京农业大学、郑州大学
C+	北京师范大学、南京理工大学、湘潭大学、四川大学
C	北京协和医学院、河北大学、苏州大学、福建师范大学
C-	中国农业大学、天津师范大学、山西大学、辽宁大学

资料来源：中国学位与研究生教育信息网，http://www.cdgdc.edu.cn/xwyyjsjyxx/xkpgjg/。

2. 高校研究实力增强

从发文与被引量的地区分布情况可以看出（见表7），在"十三五"时期，北京、湖北、江苏、吉林、上海位居前五名。这五大地区以及广东、黑龙江、福建、江西、西藏、宁夏、青海等地区的发文量排序与被引量排序的位次完全一致；其他地区的发文量与被引量也具有这种趋势。区域发文量与被引量的分布基本上符合长尾定律。发文量与被引量双高的区域都是本学科博士、硕士学位点聚集的区域，如北京大学、中国科学院、中国人民大学、武汉大学、中山大学、南京大学、上海交通大学等均分布在北京、湖北、广东、江苏、上海等地区，相关的研究人才也最为集中。而西部与边疆地区的发文与引文量都过低，值得重视与适度扶持发展。

表7　　　　图情档学科高发文与高被引地区分布

发文排序	地区	发文数	被引排序	地区	被引用次数
1	北京	2720	1	北京	20788
2	湖北	2190	2	湖北	18870
3	江苏	2168	3	江苏	17159
4	吉林	1158	4	吉林	10012
5	上海	1076	5	上海	9735
6	广东	847	6	广东	7051
7	天津	525	7	陕西	5235
8	四川	481	8	天津	3976

续表

发文排序	地区	发文数	被引排序	地区	被引用次数
9	陕西	471	9	四川	3437
10	湖南	418	10	安徽	3357
11	山东	413	11	湖南	3296
12	黑龙江	400	12	黑龙江	3202
13	安徽	392	13	山东	2992
14	河南	375	14	重庆	2694
15	辽宁	324	15	河南	2409
16	浙江	311	16	辽宁	2254
17	重庆	275	17	浙江	2120
18	福建	256	18	福建	1909
19	江西	215	19	江西	1451
20	山西	179	20	河北	1373
21	云南	172	21	甘肃	1280
22	河北	167	22	云南	1154
23	甘肃	154	23	广西	1125
24	广西	141	24	山西	922
25	贵州	66	25	内蒙古	671
26	内蒙古	66	26	贵州	468
27	海南	32	27	新疆	207
28	新疆	18	28	海南	184
29	西藏	12	29	西藏	54
30	宁夏	11	30	宁夏	29
31	青海	1	31	青海	2

武汉大学、南京大学、吉林大学、中国科学院、北京大学、中国人民大学，中文论文无论在发文排序还是在被引排序中均遥遥领先，依次位居前六名（见表8）。

表8 　　　　图情档学科中文论文高发文与高被引机构分布

发文排序	机构	发文数	被引排序	机构	被引次数
1	武汉大学	1284	1	武汉大学	10176
2	南京大学	747	2	吉林大学	5484
3	吉林大学	739	3	南京大学	4637

续表

发文排序	机构	发文数	被引排序	机构	被引次数
4	中国科学院	550	4	中国科学院	3639
5	北京大学	453	5	北京大学	3597
6	中国人民大学	402	6	中国人民大学	2617
7	华中师范大学	325	7	中山大学	2168
8	中山大学	312	8	南开大学	2034
9	南开大学	253	9	华中师范大学	1756
10	上海大学	227	10	上海大学	1390
11	中国科技信息研究所	222	11	黑龙江大学	1055
12	国家图书馆	216	12	北京师范大学	979
13	北京师范大学	139	13	上海交通大学	966
14	黑龙江大学	138	14	国家图书馆	958
15	郑州大学	134	15	中国科技信息研究所	924
16	湘潭大学	132	16	湘潭大学	908
17	上海交通大学	114	17	郑州大学	720
18	华南师范大学	98	18	华南师范大学	675
19	清华大学	70	19	清华大学	350
20	浙江大学	58	20	浙江大学	290

武汉大学和南京大学在外文论文中无论在发文排序还是在被引排序中，同样处于领先地位（见表9）。武汉大学信息管理学院是中国历史最悠久、规模最大的信息管理教育与研究机构，所拥有的学科专业数量最多。南京大学信息管理学院办学历史悠久，具有良好的品牌专业建设基础和发展优势，师资队伍规模和整体水平均达到国内领先水平。

表9　　图情档学科外文论文高发文与高被引机构分布

发文排序	机构	发文数	被引排序	机构	被引次数
1	Wuhan Univ.	298	1	Wuhan Univ.	1579
2	Nanjing Univ.	169	2	Nanjing Univ.	780
3	Chinese Acad Sci	118	3	Chinese Acad Sci	657
4	Zhejiang Univ.	106	4	SunYat-Sen Univ.	634
5	Univ. Sci & Technol China	82	5	Univ. Sci & Technol China	610
6	SunYat. Sen Univ.	77	6	Zhejiang Univ.	583
7	Tsinghua Univ.	77	7	Huazhong Univ. Sci & Technol	451

续表

发文排序	机构	发文数	被引排序	机构	被引次数
8	Dalian Univ. Technol	63	8	Dalian Univ. Technol	370
9	Peking Univ.	63	9	Peking Univ.	356
10	Harbin Inst Technol	60	10	Tsinghua Univ.	342
11	Huazhong Univ. Sci & Technol	53	11	Fudan Univ.	313
12	Univ. Chinese Acad Sci	53	12	Harbin Inst Technol	304
13	Tianjin Univ.	51	13	Tianjin Univ.	298
14	Fudan Univ.	47	14	Univ. Chinese Acad Sci	276
15	Shanghai Jiaotong Univ.	45	15	Nanjing Univ. Sci & Technol	250

二 存在的问题与薄弱环节

"十三五"时期，图书馆·情报与文献学（含档案学）研究取得了显著的成绩，但是，与新时代国家的重大发展战略对图书情报档案事业及图情档学科发展的要求相比，仍然有不少差距，与日新月异的信息环境也还存在诸多不适应。这些存在的问题与薄弱环节主要体现在以下几个方面。

（一）学科的影响力不强

随着中国特色社会主义进入新时代，国家在政治、经济、文化、科技、教育各领域都提出了新的改革发展战略目标，出台了许多事关国计民生的重大决策。这些战略目标与重大决策，与图情档领域所关注和研究的数据、信息（情报）、知识、文化等密切相关。然而，学科在应对国家的重大战略需求、应对社会的重大变革和突发事件，如新冠肺炎疫情这样席卷全球的重大公共卫生事件等方面，显得敏感性不足，能直接给国家和社会提供重要决策支持的研究成果不多。这就凸显了学科的社会影响力还不够大，在理论与实践的结合，特别是与国家和社会重大实践问题的结合方面，还有较大的差距。同时，也正由于这些原因，使图情档学科在学科之林中还没有取得应有的地位，在《新华文摘》《中国社会科学文摘》和《高等学校文科学术文摘》等国内重要的人文社会科学二次文献中，很少转载过本学科的文章。

（二）理论的原创性欠缺

中国近代意义上的图书馆和图书馆学是 20 世纪初"西学东渐"的产物，情报学则首先是 20 世纪 50 年代全盘照搬当时苏联科技情报工作体制，而并没有开展真正意义上的情报学研究。档案工作虽在我国源远流长，但初创于 20 世纪 30 年代的档案学理论，仿美的特点也很明显。近些年来，学界一直在致力于学科建设的国际化，这一努力方向无疑是正确的。但我们始终未能建立起具有原创性图书馆·情报与文献学（含档案学）知识体系。无论是在理论基础、学科范畴，还是在基本理论命题、方法论与方法体系等方面，还很难体现中国特色、中国风格和中国气派。改革开放 40 多年来，我国的图书情报与档案管理事业取得了令世人瞩目的成就，我们在这个领域不仅已大大缩小了与世界的差距，而且在很多方面已达到甚至领先世界的水平。但我们目前的知识体系和话语体系，还难以准确解释并让国内和外部世界正确认知和理解我们这个学科的历史、现状和未来的发展，从而影响学科在世界上的话语权。因此，如何构建一个具有中国特色的图书馆·情报与文献学（含档案学）知识体系，是我们今天面临的重大理论任务。

（三）学科的融合度不够

图书馆学、情报学、文献学和档案学一体同源，一脉相承，尽管它们工作对象的具体形态有所不同，各自的工作内容、工作程序和工作方法也有一定的区别，但它们的工作性质、工作对象和研究对象的本质是相同的，即数据、信息与知识，它们都在研究数据、信息与知识的搜集、选择、组织、加工、存储与传递利用。在数字化、网络化环境中，它们的工作方式、手段也越来越趋同化。因此它们在理论与方法上，理应相互交叉、融合，在共同发展壮大中形成"学科共同体"，以共同应对未来的挑战。然而，目前来看，图情档学科融合度不够，学科内部缺乏共同的概念基础、研究范式和对学科使命的理解，未能形成学科发展的普遍共识。各学科之间的交流与协作不足，缺学科共识、缺体量规模、缺组织联合、缺开放流动，整个学科不能完全实现同频共轨、同步共赢，未能达到一级学科应有的高度和格局。如何确立一个能揭示学科的本质、合理涵盖各二级学科内容的一级学科的名称，已讨论多年，仍未达成共识。

（四）研究力量分布不平衡

目前图情档学科研究力量的分布仍然存在着较严重的不平衡。研究力量主要集中在图情档教育机构，特别是少数几所研究型大学，国家社科基金重大项目立项、国家自然科学基金项目立项、优秀结项成果、优秀成果奖等基本上集中在少数大型教学科研单位。拥有大多数图情档从业人员的图书馆、档案馆、信息研究所，除几个国家级的和特大型省级图书情报单位外，研究基础比较薄弱，很少能产出具有重要影响的研究成果。由于研究力量相对分散，彼此之间缺乏协调合作，靠相关学会的协调工作虽能收到一定效果，但作用有限，很难组织起跨系统的大型研究团队来承担有重要战略意义的大型研究课题。

三 发展趋势

（一）理论研究向新范式跃迁

图情档学科近年来在信息通信技术和网络技术影响下，与传播学、管理学、计算机科学、经济学等学科的许多问题交织在一起，涌现出许多新兴研究方向和领域，赋予学科新活力，相关理论研究持续跟进。2019年4月29日，教育部、中央政法委、科技部等13个部门联合启动"六卓越一拔尖"计划2.0，全面推进新工科、新医科、新农科、新文科建设，提高高校服务经济社会发展能力。作为学科领军人物，马费成教授分析了新文科形成背景，新技术对我国图情档学科研究的影响，提出了新文科背景下我国图情档学科的发展方向。在此背景下，图情档学科应当发挥自身学科优势，重新找准学科定位，深化细化理论体系创新、学科话语体系构建，努力实现理论研究向新范式跃迁，进而为我国哲学社会科学繁荣发展效力。

（二）研究方法向新技术融合

新时期图情档学科发展向新技术融合，对我国图情档学科研究产生了全面而深刻的影响，在研究范式上发生了从基于归纳、演绎和统计的研究范式向数据驱动的第四范式转变。在新技术环境下，图情档学科研究可以方便地获取各种网络日志数据、社交媒体数据、传感器数据、时空数据、政府治理数据、科学研究数据等海量非结构化数据，扩展了图情档学科研究数据的来源和种类，为研究新问题提供了数据支撑，通过对全样本数据的挖掘发现潜在的因果关系，捕捉事物之间的基本规律。以数据为基础、以技术为驱动、以管理为主导，研究对象从传统的文献信息向复杂的网络数据扩展。此外，大数据、云计算、人工智能等新技术的应用保证了海量非结构化数据的可用性，推进了图情档研究方法与新技术的关联与融合，拓展了图情档学科的研究空间，赋予了图情档学科研究新使命、新挑战、新机遇。

（三）公众服务向新形态发展

科学研究的终极目的在于科学技术的进步，社会的繁荣发展。图情档事业致力于国计民生、国家安全、文化保护与传承、文化输出、服务社会，其落脚点也应在公共文化服务上。早在2015年8月，国务院就出台了《促进大数据发展行动纲要》。2017年7月国务院印发了《新一代人工智能发展规划》，提出了面向2030年我国新一代人工智能发展的指导思想、战略目标、重点任务等，借力"数智赋能"，绘好图情档服务的"全景图"。此外，"十三五"以来，国家相继开展的"智慧城市""数字乡村""城市现代化""城乡一体化"的重大发展战略，为"数智赋能"提供了政策支撑。在国家迈向数字中国、社会迈向智慧社会的大进程中，充分利用好"数智"赋能效用，是图情档创新发展的必然取向。新时期"数智"环境拓展了图情档的问题域、更新了图情档的资源观、赋予了图情档更多的实战力，同时也加快了图情档"走出去"的步伐，在"数智"赋能时代的新机遇和新挑战下，图情档学科应当坚持学科理论自信，锤炼并提升数据能力体系，立足国家发展战略需求，永葆服务社会公众文化的初心，描绘好服务场景"全景图"。

（四）学科发展向新领域开拓

学科边界模糊性和学科融合危机性使得学科体系构建刻不容缓。图情档学科具有极突出的跨学科特征，兼备人文学科、技术学科和管理学科的学科性质，但三者的学科范式、研究方法、内生价值、发展逻辑、市场诉求存在差异甚至冲突，导致了图情档学科体系构建的艰巨性。在构建学科体系的过程中，应充分把握图情档学科核心，根据学科发展定位，有选择性地借鉴相关理论、方法和技术，吸收相关学科知识为图情档学科的发展助力。随着新技术革命的持续推进，用户个性化信息需求日益增长，图情档学科的研究对象与研究内容将继续拓宽，研究方法与研究技术将更为丰富，研究领域与研究空间将实现新拓展，不断为图情档学科带来新的学科生长点。图情档学科应当把握时代机遇，满足信息社会的需要，不断优化和调整图情档学科体系，推动学科发展向新领域开拓。

（五）人才培养向新模式转型

学科的发展离不开人才队伍的建设，立足当前新文科背景，图情档学科人才培养模式也必将焕然一新。21世纪的竞争归根到底是人才的竞争，一方面，学术研究的综合化趋势越来越明显，许多问题已不能仅仅依靠单一学科解决，往往需要相邻学科、相邻专家的辅助；另一方面，新技术带来了生产力的发展，进一步带来了社会的变革，国家经济建设、社会治理面临的环境更加复杂多变，社会的人才需求也发生了改变，也对图情档人才培养提出了新要求。在新技术环境下，为适应新文科建设对综合型高素质人才的需求，图情档学科人才培养和人才队伍建设应该注重人文情怀、重视学科交叉、强调数字素养教育、立足中国实际，构建全新的人才培养模式。

图书馆学

2019年9月，在中国国家图书馆建馆110周年之际，习近平总书记给国图8位老专家回信，信中提出图书馆是国家文化发展水平的重要标志，图书馆事业与图书馆学人要坚守"传承文明、服务社会"的初心。习近平总书记的回信为新时代图书馆学研究指明了方向。"十三五"时期，我国图书馆学界以习近平新时代中国特色社会主义思想为指导，对图书馆学理论和实践领域的重要、前沿问题开展了全面、深入的研究。

图书馆学的繁荣发展，离不开一支不忘初心、志存高远的学者队伍。"十三五"时期我国图书馆学研究力量进一步增强。43家图书馆学专业教育机构目前共有图书馆学专业教学研究人员494人，其中副高级职称以上人员达407人。这些研究人员中图书情报学科毕业背景的占48.79%，具有跨学科背景的占51.21%，队伍在年龄、职称、学历、学缘结构方面都比较合理。此外，国家图书馆、公共图书馆、高校图书馆、中国科学院、中国社会科学院、国家工程技术图书馆等系统也有一大批优秀专家开展研究工作。"十三五"时期，全国43个学位点培养图书馆学硕士毕业生1127人，图书馆学博士毕业生142人。研究生是我国图书馆学研究的重要生力军，2016—2018年，全国共招收图书情报专业硕士研究生（MLIS）3093人。

"十三五"时期，我国图书馆学相关主题研究主要分布在有关高等院校、图书馆研究机构、中国图书馆学会、全国图书馆标准化技术委员会等研究机构。其中国家图书馆研究院在图书馆法治与战略规划、中国图书馆学会在新时代图书馆事业发展交流、北京大学在图书馆学基本理论与阅读研究、中山大学在图书馆事业与图书馆学史、南京大学在图书馆公共文化与文献目录学、南开大学在图书馆知识学与用户行为、四川大学在文献学与用户服务、吉林大学在图书馆生态学、中国人民大学在图书馆信息分析、上海图书馆在数字人文等领域开展了持续研究，取得了丰硕成果。武汉大学在图书馆发展理论、信息资源建设、信息组织与检索、数字图书馆与用户、目录学与文献编纂出版等领域建立了现代图书馆学研究体系。

一 "十三五"以来学科现状与进展

（一）图书馆学基本理论研究

1. 图书馆学基本理论的深化

吴慰慈与董焱的《图书馆学概论》已出版至第4版，推进了网络环境下图书馆学理论的新发展。于良芝的《图书馆情报学概论》是一部融贯图书馆学与情报学的创新之作。吴慰慈提出基础理论既要树立科学的世界观，又要有跨学科意识与自觉。此外学界对比较图书馆学、循证图书馆学亦有所探讨，对图书馆学五原则、社会认识论、知识交流论等理论基础的研究也有突破。初景利、吴丹、龚蛟腾、周文杰等提出构建以信息与数据为核心、注重理论应用、协同发展的学科建设思路。

2. 图书馆学学科范畴与术语规范体系发展

黄长著主持的全国科学技术名词审定委员会委托项目重大成果《图书馆·情报与文献学名词》由图书馆学情报学基础、图书情报工作管理等8部分构成，共3436条。这些名词获全国科学技术名词审定委员会审定公布，成为国家学科规范名词，为学科发展奠定了基础。

马费成主持的国家社科基金重大研究专项项目"新时代中国特色图情学基本理论问题研究"，详细梳理本学科的学术史，归纳提炼基本学术范畴、学术命题、学术思想、学术观点，梳理中国特色的学科理论、方法、实践应用，在图书馆学情报学范畴、概念、内涵与发展趋势等方面探索新发展方向。

陈传夫主持的国家社科基金重大项目"中国社会科学词条库（图书馆学）"组织全国100多位专家，完成2000多个条目撰写，主编完成300万字的《中国大百科全书（图书馆学卷）》。《中国大百科全书》第三版是国务院批准立项的国家级大型基础性文化工程，习近平总书记做出重要批示。

3. 图书馆学方法论与学术规范

王子舟的《图书馆学研究法：学术论文写作撮要》对图书馆学研究过程中涉及的主要问题进行了论述。叶继元的《图书馆学情报学学术规范与方法论研究》对图书馆学情报学的研究程序、规范、学术评价等方面的规范性要求进行了系统阐述。

4. 图书馆学基本理论的拓展

李国新的《公共文化服务体系视野下的图书馆学》指出图书馆学应向公共文化领域拓展，构筑中国特色的图书馆学理论。柯平的《知识学研究》探索了知识活动的相关理论。刘炜、王晓光、夏翠娟等对数字人文的研究，拓展了图书馆学边界，为图书馆学与人文学科结合进行了卓有成效的探索。王世伟深耕未来图书馆、智慧图书馆的发展研究，具有学术与实践价值。肖鹏通过构建中外图书馆学关系互动的诠释框架，指出中国图书馆学理论研究正在走向世界化时期。

（二）图书馆事业研究

1. 面向全面小康的图书馆转型发展

图书馆学界十分关注服务全面小康战略目标。陈传夫等认为图书馆应面向全面小康的发展目标调整方向，警示了转型发展的不确定性，探索了图书馆转型发展规律。饶权提出在不断拓展的跨界融合趋势下，图书馆转型应主动谋划，以前瞻思维引领更加长远的发展指向。褚树青总结了社会力量参与公共图书馆建设的经验，展现了杭州实践的成效。陈传夫等聚焦开放社会图书馆高质量发展的现实挑战，提出可信图书馆、无缝图书馆等发展路径，以保持在开放社会中的文化与信息主流地位。

2. 图书馆事业法制与法治建设

《公共图书馆法》的颁布施行开启了新时代图书馆法制的新篇章。围绕图书馆法治，李国新、柯平、程焕文、汤旭岩、马春等开展了研究。这一时期，对公共部门信息增值利用、信息资源知识产权、个人信息保护、图书馆版权等问题进行了较为深入的探索。

3. 图书馆与公共文化体系建设

图书馆作为公共文化服务体系的重要组成部分，建设机制问题一直受到学界重视。金武刚剖析了县域图书馆总分馆制建设的理论要点。龚蛟腾的《城镇化进程中基层公共图书馆建设研究》《公共文化服务体系中社区图书馆发展战略研究》探讨了基层图书馆的发展战略。引起关注的相关专著还包括《公共文化服务均等化视角下图书馆博物馆数字文化服务融合研究》《公共文化服务体系示范区创建：呼和浩特模式研究》《文旅融合：公共文化服务新动能论集》等。

4. 公共图书馆事业

公共图书馆是图书馆事业的支柱与核心。褚树青主编的《公共图书馆绩效与价值评价研究》阐述了公共图书馆的绩效与价值评估问题。周九常的《图书馆社会形象定位与发展》研究了公共图书馆的社会形象定位及建设措施。周文杰的《公共图书馆体系化服务六论》基于用户中心视角剖析了公共图书馆的服务体系。《公共图书馆服务均等化理论与实践》《县域公共图书馆体系整体化探索》等从不同角度探讨了公共图书馆事业的发展建设。

5. 专门图书馆事业

专门图书馆各有侧重，满足用户差异化需求。彭以祺、黄向阳、曾建勋、王川、池慧、陈锐分别讨论了国家科技图书文献中心、中国科学院文献情报中心、国家工程技术图书馆、中国农业科学院图书馆、中国医学科学院图书馆、解放军医学图书馆的发展战略。刘兹恒、涂志芳的《数字学术环境下学术图书馆发展新形态研究》、吴建中的《追求超越：研究图书馆的新挑战》探讨了学术图书馆、研究图书馆发展。应晖主编的《主题图书馆的杭州模式》阐述了主题图书馆的建设模式。相关专著还有《循证医学和医学图书馆发展实践研究与探索》《专业图书馆发展之道》等。段宇锋对图书情报专业硕士教育进行了持续性调研和深入研究。

（三）图书馆藏书与信息资源建设

"十三五"时期，国家级文化资源共享工程建设成绩显著，国家公共文化云取得初步成果，信息资源共建共享项目稳步发展，为信息资源建设研究提供了实践基础。本领域代表性著作包括《互联网+背景下图书馆信息资源建设和创新服务研究》《高校图书馆信息资源建设研究》《公共图书馆信息资源建设规范研究》《全媒体环境下的信息资源建设导论》《社会网络环境下用户参与的图书馆数字信息资源建设模式研究》等。本领域代表性研究者包括：刘兹恒、肖希明、陈凌、刘万国、郑建明、金胜勇、孙瑞英、高波、杨新涯、李卓卓、戴艳清等。信息资源建设理论研究围绕大数据在信息资源建设中的应用、"互联网+"环境下的信息资源建设、读者决策采购（PDA）、信息资源整合、信息资源共享等主题进行纵向深入的同时，横向研究范围进一步扩大。

1. **信息资源整合**

信息资源协同建设的必要性、协同路径与建设模式研究成果日趋丰富，并结合农业信息资源、基本公共服务均等化等具体领域展开。信息资源协同建设以及涉及图书馆、博物馆、文化馆、美术馆等公共数字文化资源整合研究成为持续性热点。

2. **图书馆资源共享**

新技术在信息资源共享中的应用研究进一步深入，云技术与图书馆信息资源建设研究延伸至对学术信息资源安全保障、国家数字学术信息资源保障以及云技术与公共数字文化服务协调机制等方面；在区块链环境下研究开放获取资源建设与管理；虚拟现实技术应用于图书馆信息资源三维建设与服务创新；"互联网+"环境下高校信息资源开放共享机制建设等更加多样化；伴随着数字图书馆联盟发展，这一过程中信息资源安全共享被日渐关注。围绕公共文化服务体系建设的信息资源共享研究主要创新点在农村文化信息资源共享工程建设、信息共享与区域数字图书馆集群建设、公共数字文化服务区域均等化等主题。

3. **数据资源建设**

伴随着国家宏观战略信息资源建设展开的一系列理论创新，涉及国家数字记忆资源建设、"双一流"与高校信息资源建设、"一带一路"与信息资源建设路径、智库及其信息资源保障体系等研究。大数据环境下信息资源体系评估、数据存储与挖掘以及读者隐私泄露风险解决等领域的研究不断深入。科学数据资源方面，在对科学数据资源管理、共享观念、政策制度方面进行宏观研究的同时，对基础科学、农业、林业、海洋、气象、地震、地球科学、人口与健康等领域的大数据平台科学数据建设进行了深入探讨。

4. **其他方面研究**

读者决策采购（PDA）、特色文献资源建设（边疆文献、国外中国文献、古籍等）、呈缴立法、开放出版、PPP模式（政府和社会资本合作）以及文献处置等方面的研究都有创新。

(四) 信息组织与检索研究

1. 大数据环境下信息组织研究的深化和扩展

（1）语义化信息组织方法与技术。语义网络、本体应用、关联数据等方法技术一直受到关注，且从研究探索走向应用实践。上海图书馆利用关联数据技术开放其家谱资源和接口，搭建数字人文项目的开放数据平台，并陆续发布各种术语词表、规范档和书目数据等资源。

（2）细粒度的单元信息组织。大数据时代，信息组织层次从文献单元过渡到知识单元。倪晓建提出基于本体和关联数据的单元信息知识组织模式，实现信息的细粒度组织、语义化揭示和多维度关联。欧石燕从学术文献中的信息单元组织与挖掘出发，研究语义标注方法与技术，满足科研人员快速获取细粒度科学知识的需求。

（3）特定领域信息组织的扩展。马费成主持的国家自科基金重点国际合作项目"大数据环境下的知识组织与服务创新研究"，研究了大数据方法技术在文化遗产、经济金融、健康医疗、社交媒体等领域资源组织中的应用。此外学者们还对政府数据、科研数据、网络资源等领域资源的组织进行了研究。

2. 融入用户信息过程的信息组织

（1）用户需求信息的组织

马费成提出要重视对用户需求信息的采集和感知，采用关联数据构建用户需求语义网络。曾建勋提出从用户需求的描述模型和形式化表达、构建用户数据资源体系、探讨用户需求信息组织的特定方法上开展进一步研究。

（2）社会化标注系统内在机理

社会化标签为反映用户个性化信息组织需求提供了便利。对社会化标签的研究从重视应用转变为内在机理研究。滕广青采用复杂网络理论与方法，揭示了 Folksonomy 知识组织模式下的知识动态发展和演化规律，有助于把握领域知识演进的发展脉络。

（3）用户生成内容的组织

在用户主导参与互联网内容创作的环境下，电商平台、社交网络、评论网站等产生大量用户行为数据。章成志以大规模社交网络数据为支撑，重点对大众饮食与旅行等领域的信息进行深层挖掘与组织研究。

3. 传统信息组织理论与系统的发展

关于传统知识组织系统的语义化，曾新红等研究引入语义网技术实现语义描述的路径。贾君枝提出通过关联数据发布实现其与外部资源的关联和聚合。关于信息组织系统互操作与多语言信息组织，司莉对多语言信息组织与检索的用户需求、多语言领域本体构建、多语言语料库等问题进行了系统研究。关于词表构建，常春提出知识组织生态系统概念，丰富了信息组织理论与方法体系。苏新宁系统构建了面向知识服务的知识组织体系，提出通过知识组织实现知识服务的新思路和方法。

4. 信息检索行为分析

相关研究集中在通过任务实验、访谈或问卷等方式，研究人格特质、情感因素等内部因素，任务环境、检索设备等外部因素对信息检索行为产生的影响。随着信息技术、人工智能的普及，可穿戴设备、移动设备及跨设备信息检索行为研究愈发受到关注。注重对特定群体信息行为和信息需求的研究；注重不断探索、推广和反思研究方法，如眼动追踪技术、时序分析法和口头报告法等；心理学、经济学等领域理论被引入，为理解信息检索行为提供了新视角，包括收支博弈理论、稀缺理论、心流理论等。

5. 信息检索系统评估优化

分析学术搜索引擎、通用搜索引擎、社交媒体等不同信息检索系统的搜索功能，评估系统可用性，探索系统优化的路径。

6. 信息检索应用

一些高被引论文关注了信息检索课程设计、健康信息检索行为、移动视觉搜索模式、非遗资源语义检索和信息检索术语服务等主题。将信息检索作为培育信息素养或数据素养的重要一环，探索通过MOOC和翻转课堂等方式，设计高质量的信息检索课程，从而提升各类人群的信息素养和数据素养。

（五）图书馆用户与服务研究

用户是一切图书馆服务的出发点和落脚点，用户需求是图书馆服务融合与创新的原始驱动力。不断调整发展策略以适应快速变化的新技术环境、适应新时代用户多样的信息需求，成为图书馆提升服务水平的必然选择。

1. 移动图书馆和数字图书馆用户信息行为挖掘

在深入挖掘图书馆用户检索、使用、采纳等行为特征的基础上，对用户行为进行大数据建模，为用户提供智慧和精准的图书馆服务。李月琳、朱庆华、吴丹等围绕数据驱动的信息行为、数字图书馆移动视觉搜索行为等深入探索图书馆用户信息行为特征和规律，为数字化转型、大数据环境下图书馆的智慧化、精准化信息服务提供实证支持。

2. 阅读推广服务

探索阅读推广服务中不同用户群体的特征和体验，为图书馆提升阅读推广服务质量和效果、实现阅读推广均等化提供支持。王余光、范并思、李东来、李桂华等围绕图书馆阅读推广理论体系、合理性、服务自觉、渠道融合等进行深入分析，指导图书馆更有效地开展阅读推广服务，进一步提升国民素质。

3. 学科服务

"双一流"建设环境下，学者主要围绕学科馆员、学科服务平台、学科资源建设与推荐、科研服务、学科用户等方面进行研究。数字学术服务和科研数据管理是目前重点关注领域。代表性项目有"助力'双一流'建设的高校图书馆学科服务创新研究"（吴爱芝）、"新信息环境下高校图书馆共生学科服务的路径预设与实现策略研究"（杨小华）。代表性成果有《"双一流"建设背景下高校图书馆服务ESI学科建设的内容与策略》（刘勇）、《"双一流"建设背景下高校图书馆学科服务创新研究》（徐健晖）、《大数据环境下高校图书馆嵌入式学科服务模式研究》（董颖等）。数字学术服务研究代表性成果有《数字学术环境下学术图书馆发展新形态研究》（刘兹恒、涂志芳）、《中美顶尖高校图书馆数字学术服务对比研究》（周力虹等）、《数字学术中心：图书馆服务转型与空间变革》（介凤、盛兴军）等。

4. 文献计量学

文献计量学涉及领域较多，近年来研究集中在引文分析、H型指数与科学评价、替代计量学（Altmetrics）、科学知识图谱方法与技术、专利文献计量与挖掘分析等。大数据与文献计量学相结合是主流趋势，未来主要向自动化、实用化、集成化、智能化、综合化、网络化方向发展。代表性项目有"基于认知计算的学术论文评价理论与方法研究"（陆伟）、"基于大数据的科教评价信息云平台构建和智能服务研究"（邱均平、唐晓波）等。代表性成果有 Analyzing Evolution of Research Topics with NEViewer: A New Method Based on Dynamic Co-word Networks（王晓光）、Global Pattern of Science Funding in Economics（赵星）、《替代计量学：理论、方法与应用》（杨思洛等）、《Altmetrics 理论与实践》（赵蓉英）等。

5. 数据科学和大数据服务

伴随数据科学发展潮流和大数据技术的广泛应用，数据挖掘成为研究热点。图书馆学领域近年来主要研究科技数据挖掘、专利大数据挖掘、文本内容挖掘、舆情观点挖掘、家谱内容挖掘、读者数据挖掘、科技信息跨维度挖掘、方志类典籍挖掘、引文内容挖掘、健康领域实体语义挖掘等。代表性项目有"面向决策支持的科技管理数据深度挖掘研究"（赵捧未）、"面向企业技术创新的专利大数据挖掘与分析研究"（文庭孝）、"基于知识挖掘和推荐系统的图书馆智慧服务模式研究"（王颖纯）。代表性成果有《基于大数据挖掘与决策分析体系的高校图书馆个性化服务研究》（李艳）、《面向数字人文研究的大规模古籍文本可视化分析与挖掘》（欧阳剑）等。

6. 知识服务

知识服务是图书馆传统文献信息服务的升级，更加强调个性化、深层次服务。近年来主要研究基于大数据的知识服务模式、评价、平台与技术等内容。代表性项目有"创新驱动的中国特色新型智库知识服务发展机制研究"（申静）、"互联网知识付费业态下图书馆知识服务优化机制及对策研究"（姚伟）、"用户交互与知识构建双重驱动的知识服务平台评估研究"（李颖）、"大数据环境下面向图书馆资源的跨媒体知识服务研究"（刘忠宝）等。代表性成果有《面向知识服务的知识组织理论与方法》（苏新宁等）、《颠覆性变革与后图书馆时代——推动知识服务的供给侧结构性改革》（张晓林）等。

（六）数字图书馆、智慧图书馆与图书馆管理研究

1. 数字图书馆资源融合与知识聚合

大数据环境下数字资源多源、异构的特征，对数字图书馆的重构与融合提出了需求，学者们提出了多种数字资源融合策略和方法。马晓亭提出了大数据环境下图书馆多源大数据融合框架模型；范家巧提出从数据、平

台、服务 3 个层次构建图书馆数字资源融合转化体系。另一种思路是从语义层面研究数字资源融合，如高劲松等提出借助本体、关联数据技术，利用关联数据之间丰富的链接关系，从语义层面构建基于关联数据的融合模型。与资源融合研究密切相关的是数字资源知识聚合。毕强等提出了数字图书馆资源知识聚合的可视化模型，张建红构建图书馆数字资源知识聚合模型来研究基于语义关联的知识聚合。

吴建中、王世伟、曹树金等从理论与技术层面，探讨了新环境下各类图书馆智慧精准服务，其中个性化需求驱动的知识服务研究不断深化。上海图书馆、深圳图书馆、上海交通大学图书馆、南京大学图书馆等精准服务成为亮点。曾建勋、肖希明等从异构资源整合、服务智能推送、图书馆等公共文化服务机构一体化建设等多角度探索了科学、实用的公共文化融合服务体系构建，为图书馆开展融合服务奠定了理论与方法基础。

2. 基于数据挖掘的数字图书馆信息服务

大数据时代，信息资源获取的渠道和途径日益多元化，也加大了用户获取满足其需求的信息资源的难度。研究者们提出了多种方法来识别、表达用户需求，如张春丽研究和构建了协同信息推荐模型；赵岩描述了基于用户画像的智慧阅读资源推荐流程。协同过滤信息推荐是信息推荐方法的主要研究方向。信息服务个性化也是学者普遍关注的主题，如左素素提出了基于智能过滤的数字图书馆个性化信息服务系统总体架构；王刚等研究了基于用户行为分析的个性化推荐服务。

3. 新兴技术在数字图书馆中的应用

大数据、云计算、人工智能等新兴技术如何应用于数字图书馆成为研究热点。甯佐斌论述了数字图书馆云服务平台的架构模型；高萍对基于云计算的数字图书馆系统架构进行了可行性分析。近年来，人工智能技术在数字图书馆中的应用受到关注，如朱昊、武莉莉等进行了探索性研究。魏大威等指出，数字图书馆应用区块链技术，要以顶层规划、标准规范建设、应用示范等为重点；曾子明等利用区块链技术构建了面向智慧图书馆移动视觉搜索的去中心化资源管理架构；高胜基于区块链技术提出了一种新型分层数字图书馆体系架构。

4. 智慧图书馆

学者们主要从层次和维度角度研究智慧图书馆体系结构。王东波认为智慧图书馆的体系结构可分为显示层、应用层、服务层、感知层、数据层、支撑层六个层次；许新龙等认为智慧图书馆的信息系统可分为感知、传输、数据、应用、展示五个层级。

图书馆智慧管理的研究主要集中在图书馆空间和设备、信息资源、图书馆安全等方面。智慧服务是被关注最多的主题，研究涵盖了自助服务、个性化智能推荐服务、智慧移动服务与智能导航、导览服务等。

5. 图书馆空间再造与共享空间

图书馆管理相关研究在图书馆空间再造、业务流程重组、图书馆法人治理等方面取得了一定成果。相关项目有："高校图书馆空间再造模式与策略研究"（顾建新）、"基于用户行为的高校图书馆空间再造与评价研究"（伍玉伟）、"图书馆空间再造与创新研究"（蒋春林）、"基于人工智能的公共图书馆空间再造与效能提升研究"（王筱雯）。代表性成果有《多视角下的空间：城市公共阅读空间演进的几个观念》（王子舟）、《公共文化服务视域下公共图书馆空间再造的实践与思考——以辽宁省图书馆新馆为例》（王筱雯、王天泥）等。共享空间研究主要包括概念内涵阐释、规划设计、建设实施、典型案例、功能评估等方面。

图书馆创客空间既是新型服务方式，也是对图书馆空间的重新定义。近年来研究主要集中在创客空间管理、影响因素、效果评价等方面，其中用户使用意愿、空间利用效率、馆员参与等成为研究热点。代表性项目有"图书馆创客空间服务体系中馆员与创客协作发展机制研究"（王宁）。代表性成果有《我国高校图书馆创客空间构建模式研究》（黎晓）、《图书馆"创客空间"热中的冷思考》（刘兹恒、涂志芳）、《创新驱动背景下图书馆创客空间功能定位与发展策略研究》（储节旺、是沁）等。

6. 公共图书馆法人治理

公共图书馆法人治理研究主要集中于治理机制基本理论和对我国已进行法人治理试点的图书馆的经验总结。代表性项目有"公共图书馆理事会制度的建设与完善研究"（冯佳）、"深化我国公共图书馆法人治理结构改革路径研究"（李丹）、"公共图书馆理事会配套制度研究"（袁澍宇）。成果有《公共图书馆法人治理结构现状调研及思考》（霍瑞娟）、《我国公共图书馆法人治理工作探析——以上海图书馆理事会运行实践为例》（马春）、《我国公共图书馆法人治理结构的试点实践研究》（冯佳、王珊

（七）目录学、文献编纂与出版研究

1. 目录学

彭斐章主编的《目录学教程》（第二版），增加了书目文献资源利用新趋势等内容，体现了目录学在新时代的新发展；王猛梳理和讨论了目录学的基础概念、历史分期、理论基础等问题；夏南强等分析了中国目录学研究的学术传承变向，从理论架构、学科书目编纂和目录学教学等方面探索中国目录学传统回归的新路径；"中国少数民族文献目录研究"（李敏）、"海内外现存易学古籍版本目录的调查与研究"（李勇慧）、"俄藏蒙古文文献目录译介与研究"（敖特根）、"编纂《1949年以来中国家谱总目》"（王鹤鸣）均以典籍著录为对象，研究经典目录理论及实践应用。

来新夏的《古典目录学》（修订本）增加了古典目录学的相关学科等内容，推进了古典目录学新发展；郑建明关注目录学传统、未来发展以及目录学在大数据管理中的理论基础作用；陈传夫等探讨了彭斐章的目录学研究哲学思维观与整体观；柯平等勾勒目录学学科发展路径及框架，提出目录学逐渐走向专业化、科学化和规范化。各类学术团体通过研讨交流，探讨了目录学领域将古典学术与现代科技结合的必要性和可行性。武汉大学主办了彭斐章先生学术思想研讨会，结合新时代的发展，对目录学的研究对象、辨章学术考镜源流的学术传统等进行讨论。程焕文认为目录学为致用科学，提倡与图书馆建设、服务与教育紧密相连，提升应用价值，弘扬学术传统；王彦力等提出重组整合纸本和数字文献资源，服务于各群体及场景，实现传统目录学应用创新。

2. 文献编纂研究

主要在以下方面取得了丰硕成果：一是对民国文献的系统性编纂整理，呈现规模化、系列化、专题化倾向，形成了鲜明学科特色，尤以国家图书馆出版社发挥了很好的引领作用。该社组织出版的《民国文献资料丛编》，选题涉及民国经济史、教育史、戏曲史、新闻史、出版史、抗战史、华侨史、交通史、禁烟禁毒史等众多领域，满足了人文社科研究的文献需求。二是对少数民族文献和西部地方文献的保护性编纂整理。从国家社科基金项目的立项情况看，重点支持了西部地区少数民族文献、医药文献、稀见文献的编纂整理，抢救和保护了一批珍贵民族文化遗产。地方文库的编纂渐成规模，代表性成果有《湖湘文库》《金陵全书》《荆楚文库》等。三是对传统汉籍的编纂整理与研究，代表性成果有王承略、刘心明的《二十五史艺文经籍志考补萃编》，收录二十五史中的艺文志或经籍志，宋明清三朝国史艺文志或经籍志，以及历代考证、注释与补遗之作，建构了我国古代史志目录的完整体系。

3. 文献出版研究

吴平主编的《中国编辑思想史》以宏阔的历史视野、多维的思想本位，完整呈现了中国编辑思想发展的脉络、轨迹和逻辑。陈力的《中国古代图书史》将图书史的发展置于社会发展大环境中，全面揭示了图书史的发展与社会政治、经济、文化、教育、宗教等的互动关系。对现当代文献的编纂整理，主题涉及中共党史、革命史、新中国建设史等，尤以口述历史的采集与整理为特色，如《西柏坡口述历史》《浙江改革开放40年口述历史》等。

方卿等的《出版价值引导研究》，第一次全面系统地探讨了出版价值问题，对引导我国出版产业健康发展具有重要理论和实践意义。郝振省、聂震宁等业界专家，张志强、谢新洲、黄先蓉、徐丽芳等教育界学者在新时代主题出版、数字出版、融合出版等领域开展了卓有成效的讨论与理论推进。

（八）图书馆史和图书馆学科史

1. 一批总结性著作引领风潮

韩永进主编的《中国图书馆史》汇聚了国家图书馆、北京大学、武汉大学、中山大学等团队力量，以社会历史发展的整体视野撰成贯通古今的中国图书馆专门史。王余光主编的《中国阅读通史》作为第一部以中国阅读史为研究对象的多卷本通史，文字厚重，达古通今。这类著作从不同视角全面总结了中国图书和图书馆史，促进了对各历史时期的史料梳理和深入研究，更将图书馆史融入社会发展史之中，扩张了图书馆史研究领域。

2. 多视角的民国图书馆研究

从成果数量和研究队伍来看，民国时期图书馆研究异军突起。史料发掘整理、历史脉络梳理和更为深入的研究等不同层次的成果不断涌现。王余光、姚乐野、吴晞时等对清末民国重要和稀见书刊与档案资料进行了收集、整理与出版。图书馆事业发展的各方面（专业教育、刊物、民众图书馆等各类型图书馆）得到重视，阅读（女性阅读、儿童阅读、读书会等）、图书馆展览、图书馆出版物、私人藏书等具体而深入的研究也受到关注。对国立北平图书馆、北京大学图书馆、京师大学堂藏书楼、清华学校图书馆、中华图书馆协会等机构的研究成果迭出。对图书馆人群体和个人的研究百花齐放，既有对著名馆长或学者的研究，亦发掘出更多值得研究的对象，重新展开历史评价。

民国图书馆史的研究队伍中，有大量新生力量加入，一批研究者在各级项目推进中突出地表现了各自的研究特色。如肖希明、李明杰、任家乐等学者及其团队对专业教育史展开了史料梳理、特点归纳及经验总结；刘劲松、王一心等对抗战时期图书馆事业的研究深入细节，密切结合战争背景展开论述；李彭元、霍瑞娟等对中华图书馆协会的研究；王蕾对哈佛燕京学社相关的中美图书馆界合作研究等。

3. 对图书馆学科史的研究不断深化

一方面，在对民国时期图书馆人的贡献总结中，往往伴随着对其学术思想的归纳。此外，对国外图书馆学史的研究诚为他山之石，如周亚等对美国图书馆学教育思想史、职业发展史的研究，亦与同期我国图书馆事业史和图书馆学史互为表里。翟桂荣等所关注的图书馆学汉译文献则体现了图书馆界中外交流的一个截面。另一方面，回溯我国文化发展史，揭示虽无图书馆学之名而具图书馆学之实的先哲思想，由此展开对中国古代图书馆学思想的探讨。傅荣贤、蒋永福等从历代相关实践和对中国古代文化传统的总结中探讨了古代图书馆学思想的具体内容、深厚底蕴及其影响。

4. 时间和方法论维度的拓展

图书馆史研究在时间维度上更为接近当下。鉴于我国文明的源远流长和民国时期中西异质文化的激荡交融，学者们往往将视野投向中华人民共和国成立之前。近年来，吴稌年、顾烨青等倡导并探讨了新中国"17年"中的图书馆和图书馆学发展。肖希明、谢欢等对图书馆学百年教育历史与社会文化关系的研究推动了本领域的进步。对图书馆事业发展某一方面的专史研究亦有不少延绵至当代。从方法论角度看，图书馆史研究和口述史相结合开辟了史料保存和整理的新渠道。相关研究方法与经验运用于实践，催生出各图书馆所编修的馆史、特定学科领域（如医学）在特定时期的藏书史等成果。

（九）世界各国图书馆事业与图书馆学教育

"十三五"时期，图书馆学研究注重国际交流，加强对世界各国图书馆事业与图书馆学教育的研究。代表性项目有"中美电子资源国家标准比较研究"（肖珑）、"美国图书馆员职业化的历史考察（1939—1970）"（周亚）、"中美公共图书馆法人治理结构比较研究"（刘晓莹）。周亚《美国图书馆学教育思想研究（1887—1955）》、肖燕《应对变革——30年来美国图书馆楷模人物撷英》等著作，具有一定的代表性。

1. 后金融危机对世界各国图书馆事业的影响

学者持续研究了金融危机对各国图书馆事业的影响，包括用户行为、投资、学习行为的变化，研究了各国图书馆应对金融危机的发展措施，如耿纪昌认为公共图书馆就业支持服务对社会稳定和经济发展具有重要作用；刘欣介绍了英国社区图书馆为走出经济危机的影响，转变发展理念，创新读者活动；王佳等阐释了民间资本对美国图书馆行业发展的作用；黄静等梳理了美国图书馆事业的发展现状、重要议题与发展趋势，强调公共图书馆在经济发展、终身学习、健康社区等方面发挥更多作用。

2. 世界各国图书馆数字化转型

转型发展是世界各国图书馆共同面临的主题。蒲姗姗剖析了美国高校图书馆转型现状；王秀玲梳理了国外图书馆转型创新理念与实践，重点讨论了美国研究图书馆协会图书馆联络人试点会议组织方法；黄如花等探讨了社会数字化转型背景下，国外图书馆参与政府数据开放运动的实践；吴昌洪对华盛顿大学图书馆的馆长和副馆长进行了深度访谈，详细梳理了图书馆与学校六大部门合并成立学术创新部的深层背景与设计理念。

3. 世界各国图书馆的创新发展

不少学者深入研究了各国图书馆的创新发展举措。陈婧总结了美国图书馆创客空间构建的理论与经验；阎婷婷从政策、数据管理、数据获取、参考咨询等方面调研了加拿大高校图书馆科研数据管理服务；石志松解读了欧洲研究图书馆协会发布的《LIBER开放科学路线图》。

有学者译介了国际上图书情报领域重要的发展报告，剖析对我国的借鉴意义。如邢奕介绍了国际图联趋势报告的新进展；徐路等解读了国际图联《全球愿景报告》的核心内容；徐路、肖婵、代金晶等解析了各年度《新媒体联盟地平线报告》；肖珑记录了第85届国际图联大会，介绍了国际图联战略方向与图书馆发展热点。

4. iSchool 运动与世界图书馆学教育

一些学者认为 iSchool 运动推动了图书馆学教育适应社会环境变化，有利于图书馆学教育与社会结合。也有学者认为 iSchool 联盟以信息、数据等概念为中心逐渐形成了"去图书馆化"趋向，欧美图书馆学教育的专业性正在不断降低，与此相反的是，中国公共文化事业呈现前所未有的繁荣局面。《图书情报知识》设立 iSchool 院长专栏，为世界各国图书情报学院院长提供学科话语交流场所。周亚、肖希明探讨了中外图书馆学教育比较研究的问题、方法与使命，提出要强化图书馆学教育史的比较研究；叶继元认为图书馆学教育要继续"坚守与拓展"，加强已有优势的同时，将传统优势扩大到相关领域，拓展到更广泛的信息科学领域，保留图书馆学核心内容的价值。

二 学科发展存在问题和薄弱环节

（一）理论与实践还缺乏有效结合

图书馆学理论还不能很好地指导图书馆实践，图书馆学教育尚不能完全回应学科和事业发展的需要。图书馆学理论对实践的影响力凸显理论的指导与引领价值，但目前理论与实践结合还不够紧密。不断涌现的行业、现实问题没有及时在理论上进行全面总结深化，理论还难以满足实践要求。例如，公共图书馆法人治理结构是已纳入公共文化机构改革的重要内容，但目前的理论研究与公共文化机构法人治理结构改革需求实践还存在较大差距。学者们针对性归纳了不同类型、阶段、状况的图书馆建设和发展经验，但少有从整体、宏观角度总结案例和提炼经验，形成不断深化、拓展、升华的理论性、规律性认识。实践提出的新问题，如数字化转型环境下图书馆发展创新模式，政府信息开放、数据共享背景下图书馆的功能定位等，研究还比较少。一些研究仅停留在对表层活动的描述，理论层次不高，尚未上升到学科高度。

（二）研究深度有待进一步加强

图书馆学的研究涉及面广泛，观察敏锐，对国外新理论、方法、概念、术语等介绍的多，但结合中国环境进行本土化研究较少，研究深度不够。对于图书馆新技术应用的研究，较多是简单介绍技术原理、特征及在图书馆中的应用思路，很少涉及应用的实际场景、针对某个或某种类型问题深入研究新兴技术的应用。很多研究缺少独创性，标志性成果较少，低水平重复之作较多。如图书馆数据管理、智慧图书馆、图书馆数据融合相关研究，介绍概念类研究较多，而有关具体发展路径、技术应用类研究较少。很多研究满足于罗列现象及陈述观点，缺少批判性学术反思与建设性学术创新。有些学者缺乏学科认同，部分学者对基础理论研究有畏难心理，有些研究过分强调学科交叉，脱离了图书馆学本位，导致图书馆学基础理论研究力量不足、分散，核心理论推进较慢。

（三）研究方法的适用性还需提升

研究方法的重要性在国内人文社会科学界逐渐成为共识，但目前图书馆学研究中方法的应用整体上还较为单一。虽然近年来实证研究方法尤其是量化方法在图书馆学中得到一定程度的普及，但缺乏高质量、公开权威、结构完整的图书馆数据集成为制约研究结果的定量、精准的瓶颈之一。如何将定性与定量相结合，在可视化等方法应用方面形成学科特色还要加强。目前还存在过分推崇量化技术、滥用数学模型的倾向，忽视了方法的适用性。一些研究"为模型而模型"，运用复杂技术却没有揭示多少新知识，这些都进一步加深了学术研究与实践工作之间的鸿沟。近年来关于扎根理论、元分析方法等应用，丰富了图书馆学研究。图书馆学研究还要进一步总结学科特有的研究方法，加强传统方法的应用与方法论创新。图书馆学研究如何扎根中国大地，服务丰富的图书馆实践，使研究成果更加扎实可靠，仍然是图书馆学人进一步实现方法论创新的挑战。

三 "十三五"以来图书馆学研究发展趋势

(一) 注重图书馆法律体系和相关政策研究

《公共文化服务保障法》《公共图书馆法》的颁布和实施有力地促进了我国图书馆事业的发展。然而国家尚未出台两法的实施细则，对法律法规的贯彻实施仍显不足。我们要加强图书馆用户权利义务规范、图书馆法人治理结构、图书馆服务均等化建设的法律保障等方面的研究。同时要充分认识图书馆相关法对图书馆事业的推动作用，加强对全民阅读立法、《著作权法》等法律中有关图书馆条款的阐释和应用研究，特别是对数字环境下知识共享的著作权问题更加关注。进一步加强对数字环境下数据安全、用户个人信息保护、委托外包、数字资源授权使用等方面的研究。

"十三五"时期文化和旅游部（原文化部）颁布《公共图书馆业务规范》《公共图书馆影响力评估的方法和流程》等政策，教育部颁布《普通高等学校图书馆规程（2016）》《中小学图书馆（室）规程（2018）》，这些政策有效地指导各类型图书馆开展工作。但高校和中小学图书馆评估政策未能及时反映时代需求，图书馆外包服务标准、阅读推广质量标准等尚处空白，我们应当强化对图书馆评估理论与标准创新研究，完善图书馆标准体系建设，突出图书馆的服务绩效和成效。此外，对与图书馆行业有关的数字资源缴存制度、儿童阅读分级标准等相关政策的研究和制定也应加以关注。

(二) 注重在社会数字化转型中的新课题研究

"十三五"时期图书馆数字化转型加速推进，在科学数据管理、跨媒体语义检索、元数据组织、知识组织网络、社交网络的标签组织、智慧图书馆管理、个性化智能推荐服务、社交网络信息检索等理论研究方面取得明显进展，但与实践结合还不够紧密，图书情报学方法应用不足。互联网、数字化正在塑造社会新环境，人们获取信息、知识的行为正在发生深刻变化。图书馆面临着资源搜集、保存、组织和利用等方面的持续变化，应对社会数字化转型的根本出路在于加强图书馆的内容权威、服务权威建设，我们应当加强文献信息资源保障体系和人工智能技术在语义检索、推荐服务、数据挖掘等方面的研究，注重研究方法的规范应用。新时代图书馆学学科体系建设，涉及相关研究范畴、研究方法、研究立场与学科价值观问题，需要重点探索。

（三）注重面向公众需求的公共文化建设研究

"十三五"时期图书馆在阅读推广的理论与实践、图书馆总分馆模式、非遗资源建设和保护、文创产品开发与利用等方面彰显其价值和使命，提升公共文化服务能力，满足广大公众的文化需求。但现有的研究深度不足，"十四五"时期还要特别注意加强低幼儿童、城乡流动儿童等特定群体、青少年阅读行为和引导策略研究，深入推进全国少年儿童阅读研究，为少年儿童阅读服务和图书出版提供科学依据。

要研究公共文化服务供给侧结构性改革，为公共文化服务体系建设提供方向指引，顺应国家繁荣社会主义文化的发展战略。要加强公共文化服务绩效评估的理论研究，关注公共文化服务供给的不平衡不充分问题，提高图书馆开展公共文化服务的效能。还要加强图书馆社会化服务定位和发展研究，关注社会力量参与图书馆公共文化服务的成本、效率和风险问题，保障公众的基本文化权益。

（四）注重文化传承、学科守正与创新研究

"十三五"时期在图书馆史、学科发展史、教育史方面都有新的突破，但整体性研究仍存在不足，"十四五"时期还要在以下几方面加强研究：加强古籍保护学科建设与基础理论研究，特别是中国古籍传统修复技艺的知识保存与传承模式研究。加强目录学、中国图书馆学思想与学科史研究。加强传统书目方法、文献方法与现代数据管理的结合研究。加强现代目录学理论的发展与创新，重视目录学与阅读的关系，体现现代目录学的知识化和技术化特点。加强近现代图书馆学人和社团、著作和期刊、教育等方面的研究、挖掘。加强对中国图书馆史与学科史的总结与研究，提升中国图书馆学在世界的学术话语地位，以史为鉴，推动当代图书馆学理论建设。

要特别加强对中国传统典籍的研究，挖掘整理地方特色资源、非遗文化资源、优秀传统文化资源、少数民族文化资源，推进传统文献典籍的挖

掘与研究。采用现代信息技术方法和手段研究传统图书馆学内容，丰富学科内涵，扩大研究边界。要进一步加强对濒危少数民族文献、珍稀地方文献的整理和保护研究；研究海外中华典籍的搜访回归模式；要加强专科、专类文献的编纂整理，加大历史文献资源深度开发和利用的研究力度。

情 报 学

"十三五"时期是中国情报学学科战略地位快速提升、国家需求密集布局、学科自觉加快发展的关键时期，也是情报学与国家战略需求高度契合、社会实践要求紧密融合、学科发展实际密切结合的快速发展时期。情报学的发展，不仅直接服务于国家创新、协调、绿色、开放、共享的五大发展理念，而且是国家总体安全观建设的重要目标。同时，情报学学科深度卷入数据科学与智能科技的浪潮之中，使得情报学的学科视野、学科认同、学科渗透能力得到了大幅提升，社会影响日益扩大，成为科技创新、国家安全、文化服务、智库建设等领域的核心支撑学科。

"十三五"时期情报学学科形成了具有一定规模、层次齐全、结构合理的学科体系、教育培养体系和学术研究体系。截至2019年12月，共有14个机构拥有情报学博士学位授权点，其中南京农业大学、河北大学、湘潭大学3所高校为2018年新增图书情报与档案管理一级学科博士授权单位。截至2019年12月，共有54所机构单位设有情报学学术硕士招生计划（含招生计划中按"图书情报与档案管理"一级学科招生的专业）。情报学本科教育渗透到"信息管理与信息系统""医学信息管理""军事情报学"等不同专业，不论生源规模，还是开设院校数量，都相当可观。

在培养机构上，目前承担情报学研究与教育的机构单位主要以高等院校为主，同时也包括一些研究所、军事院校等，如中国科学技术信息研究所、中国航空工业总公司第六二八研究所、军事科学院等。从相关学位点的学科设置情况看，具有一定的跨学科性。具体主要分三类院系：第一类是独立设置的信息（资源）管理类院系，一般以图书情报与档案管理作为教学科研的主攻方向；第二类是以商业、经济、公共管理等代表的商学院、经济管理学院、（公共）管理学院等；第三类是侧重于计算机技术、信息技术、网络技术等方向的信息学院、信息科学技术学院等。情报学教育机构的多样性表明当前情报学学科发展呈现出交叉融合与创新转型的典型特征。

从国家社会科学基金项目、国家自然科学基金项目以及教育部哲学社会科学基金项目立项的情报学项目的标题词汇分布看，既集中于信息、数据、知识、情报、文献、专利等情报学研究的客观对象，也涉及用户、行为、模式、策略、治理、交互、情景等具体对象和过程。其中，对语义、学习、挖掘、关联、推荐等新方法介入，对创新、融合、开放、治理、风险等新理念的加强以及对健康、突发事件、媒体、移动、在线、社区等新问题的关注增长是"十三五"时期情报学研究主题的突出特点。

一 重要研究进展和主要成绩

"十三五"时期，情报学的研究领域进一步拓展，研究方法和手段不断丰富，国内国际学术交流更加活跃，总体研究水平显著提高，并取得了丰硕的研究成果。主要表现在以下六个方面：

（一）新时期情报学学科发展范式及其理论体系的建构

情报学从诞生之日起，就一直担负着"耳目、尖兵、参谋"的战略使命。但在学科的发展历程中，情报学发展有过彷徨，也有过曲折。随着国家总体安全观和国家创新发展理念的提出，情报学作为关键性横断学科，再次提升到国家战略的发展高度，从而引发了国内情报学界对"情报学的初心是什么？""什么样的问题有待情报学学科去解决？"的争鸣与讨论。其中，苏新宁教授、沈固朝教授等所倡导的"大情报观""南京共识"引起国内外的广泛共识，是这一时期情报学发展的代表性成果，苏新宁教授也因此荣获全国创新争先奖。

"十三五"时期，情报学界举行了三次重要的情报学与情报工作发展论坛，重新审视了情报学与情报工作所发生的变化，重新确立了情报学与情报工作的定位与作用，重新规划了情报学与情报工作的现实战略与未来发展目标。2017年10月29日，"情报学与情报工作发展论坛（2017）"在南京召开，会议经过充分讨论达成"南京共识"：重新定位情报学科的发展目标；重新认识情报工作的性质与作用；重新设计情报学课程体系；重新认识理论、技术、方法的重要性；重新认识情报的能力。2018年11月10日，"情报学与情报工作发展论坛（2018）"在武汉召开，会议针对中国情报学学科发展、军民情报学协同发展与融合、数据科学对情报学之影响等论题进行了深入讨论。2019年11月8—10日，"情报学与情报工作发展论坛（2019）"在武汉举办，会议围绕学科建设与发展、情报学教育及人才培养、情报学期刊培育、情报学与情报工作的统一与分野、情报社会服务等议题展开讨论。

"十三五"时期也是科技情报与军事情报密切融合的发展阶段。《情报杂志》承办的华山情报论坛，为中国情报界搭建了一个"学科交融、理论交互、观点交锋、战术切磋、共谋发展"的平台，其多次活动都具有代表性。第三届论坛（2016）以"新形势下中国情报工作理论与实践创新"为主题，挖掘和提炼了一批情报理论热点与成果，发现和总结了一批情报实践困境及其破解方法，孕育和呈现出了一批高质量、有深度的情报治理策略与谋略思想。第四届论坛（2017）以"《国家情报法》与中国情报学发展"为主题，参会代表围绕情报学的研究内容、学科建设及情报工作等主题阐述了个人观点。第五届论坛（2018）以"新时期开启中国情报研究新征程"为主题，参会代表围绕情报战略、情报服务、情报搜索、情报体系、情报体制、国家安全、安全情报学建设、反恐战略、互联网开源反恐情报分析方法等问题进行了深入交流。第六届论坛（2019）以"国家安全情报学的研究议题"为主题，参会代表就学科建设、情报体制、情报研究方法、军事情报、公安情报、反恐情报、竞争情报、科技情报、情报与智库等多方面展开讨论，等等。

总体来看，围绕新时期情报学学科发展范式及其理论体系构建，学界基本达成相关共识：

第一，应该重新定位情报学科的发展目标。将科技情报、社科情报、军事情报、安全情报等联为一体，形成大情报科学，促进各情报领域的相互融合与相互支持。

第二，需要加强军民情报学融合。加快拓展情报服务适用范围以满足新时代国家安全需求，实现军民情报学理论、方法的融合互补，为国家安全与发展做出更大贡献。

第三，需要积极参与中国特色新型智库建设。情报学界既要为智库的建设提供理论、方法、技术、人才支撑，也要积极进行情报研究机构的转型，实现情报研究机构的智库化发展。

第四，新时期的情报工作亟须突破耳目功能，创新发展情报。新时期情报工作的核心任务是找到并跑者、领跑者的发展目标，并判读出实现该目标的发展路径。情报学学科应该围绕发展情报概念，提炼出一套可行的理论、方法、技术体系。

第五，重新认识理论、方法、技术的重要性。加强创新基于大数据范式的情报学理论、方法与技术，建立适用范围更广的情报理论、方法和分析模型，形成一套科学性更强的情报学基础理论知识体系。

第六，坚守情报学根基，建构新的理论体系。在引进前沿领域的方法与技术时，情报学研究应该在坚持学科根基的基础上对情报学的理论、方法体系进行创新，否则会迷失方向，甚至会导致学科队伍被其他学科分化、吸收。

第七，重新设计情报学课程体系。情报学课程体系应充满情报元素，既要设置通识的信息采集、组织、处理、分析、服务的理论方法和技术课程，更要注重设置培养学生的情报组织、产生、分析等理论技术与方法的课程，重构具有中国特色的学科专业体系。

（二）数据与技术驱动的情报学理论、方法和实践

"十三五"时期，以人工智能、大数据、云计算、移动互联网等为代表的新兴技术广泛渗透情报服务领域并快速应用，因而也带来了情报学研究方法和技术的突破、融合与跨越式发展，推动了情报工程与计算情报、智能与快捷情报服务、精准情报服务等新的应用场景与服务形态。具体体现在三个方面：

第一，数据与技术驱动的情报学理论和范式。数据与技术驱动的情报学思想和范式主要包括"情报工程"和"计算型情报分析"。情报工程概念是在"十二五"时期提出，但在"十三五"时期得到了推广应用和相关实践检验。情报工程是利用工程化思维将数据、分析方法、情报技术等情报工作的要素进行组织，用工程化的模式实现情报研究的全过程，是一种

工程化思维下的情报研究理念和范式。"十三五"时期，情报工程理论逐渐丰富，其研究框架、方法体系、工作机制等已经初步形成，并在应急管理、情报服务、信息平台建设等领域的研究与实践方面发挥了积极的作用。计算型情报分析则是计算思维和情报思维相结合的产物，认为现代情报研究要以计算机等信息技术为工具，以智能分析为核心技术，以情报分析方法和数学模型为组织手段，从而实现以数据为中心、分析智能化、多源融合、机器可处理的情报研究工作。目前，计算型情报分析的基本理论、研究框架、方法体系、情报模型、实现路径等已经基本形成，并在用户研究、情报分析实践、智能情报系统的研究与实践中发挥了积极的作用。

第二，数据与技术驱动的情报学方法与技术。"十三五"时期，数据与技术驱动的情报学方法与技术研究十分活跃，表现出如下特性：（1）融合化。强调通过多源数据融合、多种方法融合、人机融合来解决复杂不确定环境下的情报任务。（2）智能化。强调使用以神经网络为代表的人工智能方法、算法，解决情报感知、自然语言理解、情报分析、智慧服务等问题。（3）模拟化。强调通过如博弈模型、复杂网络、传染病模型、隐马尔可夫模型等复杂、动态建模的方法和技术对情报活动的规律、特征、过程进行建模，实现对情报活动的解释、推理、预测、决策、干预等目的。（4）知识化。强调通过知识表示、知识计算、认知计算等解决情报任务，情报分析与处理的对象从数据和信息上升到了知识层和认知层。

第三，数据与技术驱动的情报实践。情报工程和计算型情报分析都强调工具、模型、算法、平台的重要性，认为数据与技术驱动是情报服务的核心因素。因此，情报机构、科研机构、教学机构以及信息服务企业和信息技术公司，在"十三五"时期都积极投入算法、工具、系统和平台的研发与创新活动，将情报学研究从服务层进一步推向技术支撑层。比如：中国科学技术信息研究所开发的"大数据环境下的情报研究自动化工具与平台"以"技术工具化、工具业务化、业务自动化"为指导思想，以"知识组织、数据驱动"为核心建设理念，通过9个子系统来协作完成智能化情报服务，即多源信息获取平台、资源加工平台、资源交换平台、数据资源 WEB API、本体构建平台、语义资源生成与标注一体化、语义检索平台、系统管理平台以及应用平台（自动综述、对比式摘要），实现了对情报分析技术、工具、业务的全流程覆盖。而中国科学院文献情报中心开发的"基于知识图谱的科技大数据知识发现平台"以十亿级的科研学术数据为基础，构建了全领域学术知识图谱，实现多种科研实体的智能语义发现，不仅完成了文献检索到知识检索的转型升级，还可以提供知识发现与情报决策分析服务。此外，该平台的功能还主要包括：多维语义搜索、实体关联导航、主题聚合探索、学者和机构画像、智能科研综述、可视化展示等，该平台可以全方位呈现并跟踪关注学术领域的现状和发展动向，为科学家提供精准的知识服务。

（三）情报学的行为科学范式

情报学是横断性学科，也是融合性学科。作为横断性学科，其理论和方法跨越多个学科领域；作为融合性学科，情报学的研究往往兼顾信息、技术和人及其交互关系。信息技术如何影响用户行为，用户如何适应技术或信息并与之交互，都是情报学行为科学范式所关注的典型议题。"十三五"时期，情报学的行为科学范式逐渐确立并广泛开展，并与技术使用、社会交往、在线消费、知识传播以及游戏娱乐等个体或社会活动广泛联系，产生了大量研究新对象和新话题。

第一，特殊用户群体被更多纳入研究视野。研究者不仅关注以学生和科研人员为主要研究人群的阅读、搜寻、学习等典型信息行为，而且更多地关注老年人、农民、病患等特殊用户群体，尤其关注信息贫困理论所关注的信息能力不足或社会交往不够的特殊群体，体现了情报行为研究对社会行为理论的逐渐吸收和完善，体现了情报学研究的人文性与社会性。

第二，行为研究的情境不断拓展和延伸。互联网和移动互联网技术孕育了新的应用平台和行为场景，如在线办公、虚拟社区、社交媒体、学术交流、电子商务、健康运动等平台场景，产生了用户感知、接受、使用、评价等多样化的行为状态，因此也丰富了信息行为的研究情景。以社交媒体使用为例，学者们发现用户在社交媒体情境中产生了信息搜寻、分享、转发、规避、倦怠、焦虑、上瘾（FOMO）等多样化的心理和行为特征，为社交媒体的信息管理、信息组织和用户管理提供了大量理论和实证基础。此外，融合具体场景的案例实证研究，也受到情报学理论研究的关注，如公司、银行、具体APP应用等，对改善特定情境中的信息服务，提升用户的信息行为能力具有重要的作用。

第三，信息行为类型更加多元化。过去，信息搜寻行为是信息行为研究最主要的关注类型。随着互联网技术广泛地渗透，用户表现出多样化的信息行为，包括信息分享、信息采纳、系统持续使用以及各种消极信息行为，包括倦怠、规避、中辍、停用等，成为信息行为领域关注的新现象。

第四，健康信息相关研究备受关注。"十三五"时期，我国政府颁布了一系列政策、法规保障公民的健康生活。在"公共健康"观念的推动下，健康信息相关研究成为信息行为研究领域的重要课题，相关研究关注健康信息质量，公民健康信息素养，老年人、病患及弱势群体健康信息需求和行为等，为提升和完善公民健康信息服务奠定了理论和实践基础。

第五，多源、实时的数据基础和新技术手段的运用推动了用户画像研究。随着用户数据的日益丰富和数据加工能力的增强，利用大数据"白描"或机器学习推理方式，能够对用户类型、消费态度、响应模式、行为方式等议题进行"数据画像"，为服务提供商或政策制定者提供直接、快速的决策参考。而在数据画像的情报服务过程中，产生了对日志数据、手势数据、网络爬取数据等数据源的加工处理技术，在数据解析中也吸收了自然语言处理、图像识别、机器学习等新的方法和技术，使得行为研究与技术研究融为一体。

第六，跨学科理论融合进一步深化。"十三五"时期，大量社会学、心理学、行为科学理论被引入信息行为研究，提出和创建了大量新的行为研究模型。如将心理学中的期望理论、激励理论、公平理论等引入信息系统行为研究，将媒介传播中的满意与使用理论、棱镜透视理论引入知识传播和利用，将消费行为中的口碑、态度、卷入、质量、满意等概念引入在线消费行为研究等，进一步推动了情报学的跨学科对话能力。

（四）开放与融合背景下的信息计量学发展

信息计量学是一门量化信息生产、扩散与使用过程的学问，其核心研究对象是科学信息，即科学现象与规律。作为情报学中国际交流频繁且与其他学科广泛交叉的分支，信息计量学在"十三五"时期表现突出。

第一，开放科学拓展了信息计量学的研究范畴。欧洲发起的开放科学运动是旨在推动全社会自由介入科学研究、自由获取资料以及相关传播访问的一场运动，能更好地获取资料、传播知识、转化成果，让科学更好地服务社会。由此，也产生了开放存取、开放研究数据、开放学术交流（包括开放同行评议、补充计量平台等）等开放科学形态，在很大程度上改变了现有科学交流方式。在这种背景下，信息计量学的研究对象不再局限于传统期刊论文及其被引次数，而是拓展到了预印本、审稿文本、科学数据、社交媒体等。研究范畴的拓展，使得信息计量学走向了越来越广阔的领域。

第二，"面向真实世界的影响力"的分析框架使得信息计量学的解释力不再局限于学术影响力。面向真实世界的影响力分析框架包括四个部分：学术影响力、社会影响力、政策影响力和经济影响力。学术影响力指的是以文献数据库为基础，用引文分析等方法，分析科研成果在学术界的影响力；社会影响力是指科研成果在社交媒体上社会公众中的影响力，即 Altmetrics（补充计量学）；政策影响力是指科研成果对政府的政策文件产生的影响力，即一项（或一系列）研究促成了政策制定，或者成为政策制定的依据；经济影响力是指科研成果以专利形式转化为产品或服务，进而对经济产生实质性贡献。面向真实世界的影响力分析框架将在更大程度上满足学术界以外的社会公众、政府以及经济实体对信息计量学的期望。

第三，因果推断方法的引入，使得信息计量学除了揭示变量间的相关关系之外，也能解释因果关系。信息计量学自诞生以来，主要依赖于定量指标揭示研究对象的数量特征及变量间的相关关系，但很难解释变量之间的因果关系，即能揭示"是什么"，但很少能解释"为什么"。因果推断方法的引入，极大地改变了这一现状。因果推断通过观察数据或实验数据来研究变量之间的因果效应，常用的方法包括双重差分估计、倾向值匹配、工具变量、断点回归等。

第四，信息计量学在与其他学科的交叉中出现新的学科生长点。近年来，在信息计量学与经济学交叉的领域产生了新的研究方向——"科学经济学"，即用经济学的方法研究科学知识的生产与扩散；在信息计量学与公共政策交叉的领域产生了新的研究方向——"政策文献计量（或政策信息学）"，即用信息计量的方法研究政策文献。此外，物理学背景的学者用网络科学的方法研究科学现象与规律，以及科学家职业成长规律，成果发表在 *Nature*、*Science*、*PNAS* 等期刊，使得"科学学"在近几年在全球受到前所未有的关注。

（五）专门情报学与跨学科研究

随着大数据时代海量数据以前所未有的速度和规模增长，情报学迎来了数据密集型科研范式，其应用场景由传统领域不断地渗透到与国家社会和经济发展紧密相关的方方面面，极大地发挥其社会化的服务智能。情报学关注不同领域、不同层次情报活动的方式与规律，并运用情报学在技术、方法方面的研究成果解决情报实践中各种问题，从而催生了应急情报、安全情报、科技情报、金融情报等多个新兴专门情报学与跨学科研究方向。

应急情报是以适应突发事件应急决策的快速响应支持为目标，主要围绕突发事件中的情报挖掘、分析和利用等活动开展研究，是公共安全面临的重要挑战，也是"十三五"时期国家社科基金重大项目支持的重点方向。当前的主要突破在于提出构建面向突发事件管理的应急情报快速响应体系：通过精准感知应急响应情报需求，研究物理、社会和信息空间构成的大数据环境中的实时、多源、异构、多模态信息，运用自动监测与挖掘方法，以合理的人员、机构及管理机制作为系统有序运转的保障，形成了以大数据环境为基、情报技术为力、情报流控制为策、应急决策为标的新型情报体系，为突发事件的事前、事中与事后提供决策支持。

随着我国《国家情报法》与《国家安全法》的颁布实施，以及"总体国家安全观"的提出，情报成为国家、社会和其他组织的全流程安全管理的重要组成部分。安全情报作为情报学向安全科学的渗透，以情报工作服务于国家重大安全管理需求，通过对物理世界与人类社会中的安全元素进行泛在协同感知与获取，映射到信息空间中实现安全信息的序化组织、信息融合与整合分析，以期为安全管理工作提供有效的安全情报服务。作为一门新兴学科方向，安全情报的研究主要停留在学科性质、基本概念、学科建设等问题中，需要更进一步建立完善的安全情报学学科理论体系。

在国家需求引领下，科技创新场景不断延伸、情报服务范式不断革新，科技情报的研究对象和分析方法技术都在不断扩展，需要创新科技情报的研究内涵，使得科技服务能够与新场景下的国家科技发展相适应。在此背景下，科技情报的研究开始尝试利用大数据分析、文献计量、复杂网络等方式分析和评价科技成果，实现资源集成和服务协同，发现新兴技术和颠覆性成果，预测科技发展趋势，辅助科技创新和科技决策，并进一步为科技安全提供保障。

在社会经济发展过程中，情报工作发挥着新时代情报工作的保障、服务、支撑和引领的重要作用，其应用领域在不断扩展，研究在不断深化，服务场景更加广阔。如在金融领域，需要探索结合区块链、大数据、人工智能的情报分析方法，改变传统的金融分析与预测方法，有效预警金融风险、防范金融危机、维护金融安全，促进情报学在国家金融安全中发挥更大作用。

当然，专门情报学与跨学科研究的学科建设方面也取得了重要进展。比如武汉大学的情报学参与到文化产业管理、数字传媒和数据科学的交叉学科建设；南京大学的情报学参与到国家安全数据管理的新兴学科建设；中国人民大学的情报学参与到数字人文；南开大学的情报学参与到服务科学和管理；北京协和医学院和吉林大学的情报学参与到医学信息学等交叉学科建设并已到教育部备案。

（六）情报与智库相关研究

在 2015 年中办、国办发布《关于加强中国特色新型智库建设的意见》（以下简称《意见》）之后，智库被推向了新的高度和热度。在此背景下，智库成为"十三五"时期政府、学术圈、企业、社会团体等各界密切关注的一个热门话题，政治学、政策科学、公共管理学、社会学、信息管理等多个学科都在积极投身其中。情报学也参与到新型智库建设的大潮之中，积极利用自身基础、集成优势资源、打造领域特色，成为智库研究与实践大家族的重要模块。

智库承担的是决策咨询角色与功能，这与情报研究具有高度的相似性和关联性。一方面，正如《意见》中提及，中国特色新型智库应当具备的 8 个基本标准之一就是"功能完备的信息采集分析系统"，这说明智库的研究与发展离不开信息资源和情报系统的保障和支持，情报机能问题是智库的重要能力。另一方面，我国情报学发展具有独特性，自科技情报工作创建起，做的就是集信息库与思想库于一体的工作，担当着"耳目、尖兵和参谋"的重要使命，这也是我国情报研究有别于欧美等国家的显著特征。因此，如何通过智库的思维和建构路径来影响情报（研究）机构的知识服务与创新能力,并促进情报机构智库化,成为国内情报与智库相关研究的一大特色。

基于以上的关联逻辑,"十三五"时期,在国家新型智库建设与发展战略以及情报学新情报观的大背景下,情报学相关专家和学者积极投身其中,产出了诸多优秀的研究成果与实践服务。

从研究内容看,正如前面所述,情报与智库的相关研究主要集中在两个维度的问题探讨:第一个维度是面向智库本身的情报问题。这方面的研究主要有两个方面,一方面主要是对国外典型知名智库的信息服务、信息资源保障等方面的经验介绍和案例挖掘,如兰德公司情报研究方法、数据库建设等方面的研究;另一方面则主要从理论层面论证情报研究在智库咨询中的前端支撑作用,探讨了智库信息资源管理框架以及情报能力建构等内容。第二个维度是情报机构的智库转型问题。情报具有成为智库的天然基础和优势,因此,众多学者从不同角度探讨了情报机构智库化、科技情报智库建设等方向的可行性、必要性、现实困境、问题体系以及相关转型策略和融合发展策略,助推情报与智库新格局的建构。

在相关情报与智库的实践层面,情报学界也在积极探索和尝试。例如,2015 年 5 月,"南京大学中国智库研究与评价中心"(CCTTSE)正式成立,这是依托南京大学信息管理学院图书情报与档案管理学科而成立的一个研究中心。"十三五"时期,该中心聚焦智库数据收集处理、智库机构评价管理、智库研究与智库人才培养等工作,获得了良好的社会影响和评价。包括后面联合光明日报智库研究与发布中心开发和推广的"中国智库索引"(CTTI),都是信息管理思维与情报研究影响智库发展的一个典型案例和实践。此外,在学术交流层面,乘着我国新型智库建设的东风,2016 年,中国科学院文献情报中心联合南京大学创办《智库理论与实践》刊物,为智库研究搭建了良好的学术交流平台,并在此后策划组织了多次新型智库建设研讨会和研修班,体现了情报人的智库参与和担当,等等。

总之,情报与智库是"十三五"时期情报学密切关注的一个重要方向,除了以上的学术研究观点、研究实践以外,很多情报研究以及情报信息机构开始在智库决策咨询上不断发力,并做了较多的研究与服务工作,这恰恰是情报与智库方向走向深化和升华的重要表现。

二　主要问题和薄弱环节

"十三五"以来，情报学研究不论在深度和广度上都得到了极大加强，并广泛应用于社会各个方面，但也存在着一些薄弱环节。

（一）情报学基础理论研究着力不够

基础理论研究是情报学作为一门独立学科得以生存和发展的根本，是情报学最为基础、最为本质的问题，包括情报学研究对象、情报哲学、情报学史、情报基本体系框架、情报研究方法论等内容。随着社会信息化的发展，原有的情报学基础理论难以适应新环境下的学理研究和实践指导需要，尤其是随着"十三五"时期数据科学、开放科学等的兴起，对情报学基础理论体系重构和创新提出了新要求。五年来，情报学界关于这门学科的基础理论探讨取得了一定的进展，但情报学界对基础理论的关注度明显不够，总体相对薄弱且较为分散。

（二）情报分析与挖掘的专业性不够

大数据、人工智能等技术的应用提升了情报加工处理的规模、速度和精度，对情报分析与挖掘技术以及情报研究人员的技能素养也提出了更高要求。目前，情报学作为数据科学学科群的组成部分，主要聚焦于技术与应用场景的融合，而情报分析人员的应用行业背景知识往往欠缺，数据解读能力有限；同时，对于复杂数据环境的技术利用能力也可能存在不足，导致难以"数读"原始数据，分析能力欠佳。因此，在情报分析与挖掘过程中，客观上很难做到"两端"专业，最终影响分析能力和分析效果。尤其在情报研判环节，情报分析在本质上与大数据分析还应有所区别，应突出情报学特色。

（三）情报学的学科能力并未完全跟上快速变化的情报服务需要

情报学与情报事业紧密相连，现有情报学的学科应变能力尚不能跟上快速变化的情报服务实践。一方面，新兴知识结构与传统知识结构的融合不够，情报学在新兴技术和应用上的借力不足，跨学科内容进入情报学领域的适应期过长，无法适应复杂环境下的政府管理与决策需要、社会需要、工作需要等。其核心表现是，现有的学科规划与变革速度不够，人才培养等不能完全适应情报信息类工作岗位的需要。另一方面，在新环境的冲击下，情报事业也处于转型期，而情报学科与其之间的呼应、互动等尚不充分，存在脱节现象。虽有一些智库方向的进展，但显然力度不够。目前，传统的情报事业架构处于"旧破新未立"的状态，部分职能逐渐被数据中心、计算中心等所替代和蚕食，机构发展稳健有余而张力不足。在此背景下，情报学学科对其的支持和拉动作用不明显。

三　发展趋势

（一）明确情报学的学科主体地位，深化细化情报学理论与方法创新

情报学与数据科学等的结合更加紧密，越来越多的数据理论和方法被运用到情报学领域，这也带来了一定程度上的情报学学科主体地位的弱化。因此，情报学研究在不断寻求新的数据智能技术体系的同时，还要充分认识到其他学科理论和方法与本学科的关系，防止情报学的研究泛化和对图书馆学、档案学等二级学科的过度竞争。未来，情报学需要从初心使命、学科属性、核心功能以及情报活动规律出发，站稳脚步，坚持"引进来"和"走出去"相互结合，在对数据科学等学术前沿保持开放性、包容性等的基础上，确保情报学的学科主体地位，不断深化细化情报学的理论与方法创新。只有维护好情报学的学科主体地位，才能发挥情报学的主导作用。

（二）关注国家重大战略需求，重视研究成果的前瞻性和应用性

需求是情报学研究与服务的牵引，以需求为导向，情报学研究成果才能更好地发挥价值。"十三五"时期，情报学研究在关注国家重大战略需求上取得了一定进展，但重心仍然在文献、知识、科研等层面，对国民经济、社会发展、人民安全等领域的研究关注度不高。未来，情报学研究应积极对接国家战略需求，将视角转向为服务于集科技、社会、人文等为一体的融合范式框架之下，将研究基点扩大到物理系统、社会系统、信息系统的三元世界，探讨国家安全、军民融合、应急管理、公共卫生、高新技术企业竞争、"新基建"等领域的情报信息问题和情报支持策略，提高研

究成果的前沿性、创新性和应用性。

（三）推动"大情报学"发展，促进相关学科的融合渗透与交叉创新

《南京共识》等催生的新型大情报观理念对情报学的创新发展具有重要的积极意义。"十四五"时期，情报学应从号召到行动，积极吸取科技情报、社会情报、医学情报、军事情报、安全情报、政治情报等不同领域的情报学理论基础、情报技术方法、情报实践经验等，构建更加坚实的学科基础和宽广的学科外延。同时，为了更好地丰富和完善情报学学科体系和人才培养体系，还要积极推动交叉性、融合性学科的发展。如情报学与图书馆学拥有共同的文献传统和信息资源基础、共通方法等，因而在理论与实践上存在进一步融合渗透与交叉创新的潜能。对数据科学等新兴学科，情报学也应在"大情报学"深化和拓展的基础上，关注与其之间的关联，提高相关学科的合作强度和深度，在重大问题研究上尝试建构多学科"会诊"模式，形成交叉学科队伍，促进情报学的跨越式发展。

（四）提升情报学研究的国际话语权，重视中国本土原创性的研究

国际化与本土化的融合是情报学"十四五"时期必须考虑的战略性问题。一方面，情报学应积极在国际舞台上发出声音，推动学术上的国际引领、教育上的国际体系、队伍上的国际流动与配置。如在研究中就迫切需要改变"国外模型＋中国数据"的模仿式、单调式研究模式。另一方面，需要更加重视中国本土原创性的研究，需要我们根植于中国国情和现实问题，将情报学（研究）打造成为党和政府用得上、靠得住、离不开的"信息库"和"思想库"。总体来看，"十四五"时期，情报学应积极融合国际化和本土化，推进本学科的综合性平台建设，通过建立更开放的情报学科群流动体系，形成国际国内相结合的团队协作模式，提升情报学的国际化水平与国际竞争力，建设具有国际视野、中国特色的情报学学科方阵。

档 案 学

"十三五"时期,我国档案学科在学科建设、人才培养、学术研究、服务社会、国际交流与合作等方面取得了长足进展,推出了丰富的研究成果,获得了新的更大的发展空间。但在档案学原创性基础理论研究、学科研究基础设施建设等方面仍显薄弱,学科影响力尚需进一步提升。"十四五"时期,我国档案学科应直面未来,勇于探索,开创开放、多元、创新的学科新局面。

一 档案学科发展基本状况

(一)主要研究力量布局

本次调查的研究力量布局的分析数据主要来源于三个方面[①]:(1)期刊论文:在《档案学通讯》《档案学研究》两种专业期刊上发表的学术论文,其他 CSSCI 来源期刊中以档案/文件为关键词检索获取的论文,以及人大复印报刊资料《档案学》转载的除发表在《档案学通讯》《档案学研究》上的其他期刊论文,共计 1425 篇,并对发文机构的发文量及文章贡献值进行统计。(2)基金项目:国家社科基金项目、国家自然科学基金项目以及教育部哲学社会科学基金项目三大基金项目支持的档案学科所有立项,共计 94 项。(3)国家档案局项目:国家档案局科技项目立项 289 项和优秀科技成果奖励项目 127 项,共计 416 项。

---

① 此次调查分析的数据来自于 2016 年 1 月 1 日至 2020 年 4 月 30 日。

1. 期刊论文反映出的研究力量分布

从期刊发文统计情况来看，高等院校是档案学主要研究力量，中国人民大学档案学研究力量最强，保持其一贯的学科优势，上海大学异军突起，成为档案学研究力量中的"新秀"，位列前十的其他 8 所高校研究力量旗鼓相当。囿于档案学 CSSCI 来源期刊数量的有限性，所统计的发文量和文章贡献值总体不高，但仍反映了我国档案学研究力量有待加强。

2. 三大基金项目反映出的研究力量分布

从三大基金立项数来看，"十三五"时期，高等院校仍是主要的研究力量，研究力量分布与期刊研究力量分布有相似之处：中国人民大学依然位居榜首，上海大学位列第二，山东大学、吉林大学、浙江大学表现不俗。档案部门的立项数非常有限，仅有中国第一历史档案馆、中国第二历史档案馆、天津市档案局分别承担了 1 项社科基金项目。

3. 国家档案局科技立项及获奖反映出的研究力量分布

根据对立项机构的立项数及获奖机构的统计，档案局（馆）是该类项目主要的研究力量，其中，国家档案局是研究力量最强的机构（18项，占比 4.33%），云南省档案局（10 项，占比 2.40%）、浙江省档案局（10 项，占比 2.40%）和北京市档案局（9 项，占比 2.16%）研究力量相对较强；高校中武汉大学（10 项，占比 2.40%）、中国人民大学（9项，占比 2.16%）、陕西师范大学（7 项，占比 1.68%）等参与度较高。由于国家档案局的立项主要是面向各地档案局（馆），再加上国家档案局对高校申报此类项目的一些限制等原因，高校对于国家档案局项目的整体参与度较低。

总体而言，可以看到，档案学研究力量主要集中于各大高校，其中，中国人民大学研究力量最强，在期刊发文及三大基金项目立项数上均位列第一，上海大学、山东大学、武汉大学、吉林大学、中山大学、辽宁大学、郑州大学等均具备较强的研究力量。档案机构中，中国第一历史档案馆、中国第二历史档案馆、天津市档案局作为仅有的承担国家社科基金项目的机构，相较于其他档案机构显示了一定的研究力量。根据国家档案局项目来看，国家档案局、云南省档案局、浙江省档案局、北京市档案局等实践部门具备较强的研究力量。

（二）人才培养

本次调查的人才培养状况分析主要基于对全国开设档案学教育的 38 所高校问卷调查的统计数据[①]。

1. 人才培养体系和规模

截至 2020 年 5 月 6 日，全国已有 38 所高等院校招收不同层次的档案专业学生，遍布全国 24 个省（自治区、直辖市）。在博士生培养层次，其中 11 所高校拥有一级学科博士学位授予权（8 所高校已招收博士生），另有 4 所高校挂靠其他学科点招收档案学博士生。在硕士生培养层次，有 26 所高校拥有一级学科硕士学位授予权，有 2 所高校仅拥有二级学科硕士学位授予权，有 2 所高校挂靠其他专业招收档案学硕士生，另有 16 所高校在图书情报专业硕士下开设档案学方向（其中 3 所高校只拥有专业硕士学位授予权），学术型硕士和专业硕士招生单位合计 33 所高校，占据所有档案学高等教育机构的 86.8%。在本科生培养层次，共有 34 所高校招收本科生，其中有 12 所高校同时招收本科生、硕士生与博士生，有 17 所高校同时招收本科生与硕士生，有 5 所高校仅招收本科生。"十三五"时期，国内档案学高校共培养本科生 7911 名，硕士生 1548 名，博士生 137 名，招生数量和人才培养规模稳中有升。

2. 学科发展与专业建设

"十三五"时期，档案学在学科发展和专业建设方面取得突出成绩：中国人民大学、武汉大学、南京大学档案学专业所在一级学科进入国家创建世界一流学科计划；9 所院校档案学专业入选"双万计划"，其中 4 所院校（中国人民大学、上海大学、湘潭大学、云南大学）入选国家级一流本科，5 所院校（中山大学、安徽大学、黑龙江大学、郑州航空工业管理学院、北京联合大学）入选省级一流本科；2 所院校（中国人民大学、武汉大学）档案学专业入选国家级重点学科；5 所院校（南开大学、四川大学、郑州航空工业管理学院、天津师范大学、湘潭大学）入选省级重点学科；9 所院校（浙江大学、南京大学、苏州大学、国防大学政治学院、吉林大学、广西民族大学、黑龙江大学、湘潭大学、南昌大学）入选地方重点学科培

---

① 此次调查统计数据时间截至 2020 年 5 月 6 日。

育计划。这些院校档案学科的入选，提升了档案学专业教育水平和学科实力。

"十三五"时期各高校课程体系建设进一步完善，尤其是在专业课程中开设的信息技术类课程和技术含量较高的管理类课程数量大幅增加。全国档案学高校共开设此类课程近 40 门，各校平均开设 7.6 门。共 16 所高校开设 49 门网络课程。

3. 人才培养质量和就业去向

在本科生培养层次，"十三五"时期共有 34 所高校培养档案学专业本科毕业生 6958 人，有 7 所高校就业率达到 100%，共 27 所高校就业率超过 95%，共 32 所高校就业率超过 90%，总体就业率达 97%。在就业结构上，约 58% 的毕业生进入企业，约 17% 的毕业生选择国内升学，约 12% 的毕业生进入事业单位，约 7% 的毕业生进入党政机关，约 4% 的毕业生选择其他方式就业，约 2% 的毕业生选择出国留学。从调查数据来看，企业单位是档案学本科生的主要就业去向，国内升学所占比例位居第二。

在硕士研究生培养层次，"十三五"时期共有 31 所高校培养档案学硕士毕业生 1379 人，有 24 所高校就业率达到 100%，共 26 所高校就业率超过 95%，共 28 所高校就业率超过 90%，总体就业率达 98%。在就业结构上，约 40% 的毕业生进入企业，约 35% 的毕业生进入事业单位，约 16% 的毕业生进入党政机关，约 5% 的毕业生选择其他方式就业，约 4% 的毕业生选择国内升学，不足 1% 的毕业生选择出国留学。从调查数据来看，企业和事业单位仍然是硕士毕业生的主要就业去向。

在博士研究生培养层次，"十三五"时期共有 7 所高校培养档案学博士毕业生 71 人，就业率 100%，其中，约 95% 的毕业生进入事业单位，约 4% 的毕业生进入党政机关，约 1% 的毕业生进入企业。从调查数据来看，博士生的就业去向较为集中，高校占据绝对主导。

在学生创新创业能力培养及社会服务方面，"十三五"时期，档案学专业教学指导委员会举办了两届全国高校档案学专业大学生创新性课外科技作品竞赛，在提升学生专业素质和创新能力方面收到了很好的效果。中国人民大学设立数字记忆厚重人才成长支持计划，探索培养具有学科特色和人文底蕴的复合人才。全国档案学专业学生通过参与各类社会实习、参与专业教师主持的档案研究课题、参加志愿活动（比如此次新冠肺炎疫情志愿者工作）和各类竞赛项目等方式参与社会服务与创新活动，体现了创新创业教育人才培养的效果。

总体来看，"十三五"时期档案学科的人才培养体系和培养规模相对稳定，学生创新创业能力稳步提升，就业水平持续高位，学科建设成果显著。

二 档案学科发展的重要成就、进展与成果

（一）学术研究成果

1. 学术研究亮点纷呈

基于对1425篇来源于《档案学通讯》、《档案学研究》、其他CSSCI来源期刊及人大复印报刊资料《档案学》学术论文的主题分析，档案学研究主题主要包括：档案学基础理论、电子文件管理、数字档案馆、数字档案资源建设、档案学科建设、档案保存、非物质文化遗产保护、档案治理、档案管理社会化、数字技术在档案管理中的应用、档案利用等。这些主题与档案学国家社科基金项目立项主题分布大体一致，成为"十三五"时期档案学研究的重点和热点。在这些主题研究上取得的主要成果有：

（1）档案学基础理论研究固本拓新，本土化与对接国际前沿并重

档案记忆作为档案学研究新视野、新领域，"十三五"时期得到快速发展，成为档案学理论发展的增长点。代表性研究成果有：冯惠玲等的《台州古村落数字记忆平台建设研究》、丁华东的"档案记忆再生产研究"（2019年国家社科基金项目）、徐拥军的《档案记忆观的理论与实践》、牛力等的《"数字记忆"背景下异构数据资源整合研究探析》等。代表性观点有：其一，提出"数字记忆"的概念，对数字记忆平台建设、数字记忆资源整合进行了理论论证和实证研究。其二，立足档案记忆理论体系的整体建构，系统分析了档案记忆观的思想内涵、理论框架及应用场景。其三，分析档案记忆的特有价值，档案记忆研究的学术价值、基本特征、核心议题。

后现代档案学理论是国际档案学研究热点，我国档案学界积极跟进国际理论前沿，秉承历史主义回溯后现代档案学理论演进脉络，立足本土情境发现理论要点。代表性研究成果包括：徐拥军的"后现代档案学理论研

究"（2018年教育部后期资助重大项目），冯惠玲、加小双的《档案后保管理论的演进与核心思想》，何嘉荪、马小敏的《后保管时代档案学基础理论研究之四——档案化问题研究》，连志英的《一种新范式：文件连续体理论的发展及应用》，吕文婷的《文件连续体理论的澳大利亚本土实践溯源》等。代表性观点有：其一，探析后现代档案学理论的基本内涵和思想实质，发现后现代档案学思想的理论贡献。其二，系统梳理档案后保管理论的起源与产生背景，结合电子文件管理模式，明确超越实体、超越保管地点、超越闭门保管、超越阶段性保管的要义。其三，对文件连续体理论进行历史溯源和内容解读，深化连续体思维的认知，挖掘文件连续体理论的多维应用价值。

（2）聚焦文件档案管理数字转型，引领实践服务数字中国建设

随着数字中国战略日趋深入，文件档案管理面向社会发展需求也在实现数字转型，"十三五"时期，单轨制电子文件管理、数字档案资源建设及数字档案馆建设等成为档案学研究焦点。

在单轨制电子文件管理研究方面，我国取得了丰硕成果，引领并推进了单轨制电子文件管理实践。代表性成果有：冯惠玲的《走向单轨制电子文件管理》，冯惠玲等的《文件管理的数字转型：关键要素识别与推进策略分析》，陈永生等的《基于互联网政务服务平台的文件归档与管理：事由观》，刘越男等的《区块链技术与文件档案管理：技术和管理的双向思考》，于英香、孙逊的《从文件结构演化看电子文件数据化管理的发展——基于技术变迁的视角》，钱毅的《从"数字化"到"数据化"——新技术环境下文件管理若干问题再认识》，周文泓、张宁的《全球数字连续性的行动全景与启示——基于英国、新西兰、澳大利亚与美国国家政策的探讨》，张宁等的《基于数字连续性思想的电子文件真实性评估策略研究》，加小双的"数字政府背景下电子文件单轨制管理的数字连续性保障框架研究"（2019年国家社科基金项目）等。代表性观点有：其一，明确电子文件管理单轨制的走向，对单轨制、数字转型、数字连续性等概念进行界定，识别战略框架、体制、业务、系统、能力与责任等文件管理数字转型的关键要素，提出以信任观念引导转型、贯通全程管理意识、建立信息治理框架、业务与技术并重的推进策略。其二，确认电子文件数据化管理的趋向，明确了数据态环境中应将业务规则或模型作为主要管理对象进

行描述与管理，强调了文件管理对信息、数据管理应有的理论与方法贡献。其三，讨论了不同技术和业务场景中的电子文件管理，尤其是基于区块链技术提出了优化电子文件管理系统的方案，立足互联网政务服务平台提出业务需求导向的电子文件归档的设想。

数字转型背景下数字档案资源建设及数字档案馆的发展研究得以深化。代表性成果有：安小米等的《大数据时代数字档案资源整合与服务的机制与挑战》、金波的"数字档案馆生态系统治理研究"（2019年国家社科基金重大项目）、钱毅的《智慧档案馆全域对象与建设层级分析》、陶水龙的《海量档案数字资源智能管理及挖掘分析方法研究》、蒋冠的《国家综合档案馆数字档案资源建设策略探析》、邓君的"数字人文视角下历史档案资源知识聚合与知识发现研究"（2019年国家社科基金项目）、杨茜茜的《数字人文视野下的历史档案资源整理与开发路径探析——兼论档案管理中的历史主义与逻辑主义思想》等。代表性观点为：其一，多学科视角、多维度地认识数字档案资源的多元价值，面向政府服务，数字档案资源应在政府信息资源的顶层设计中得到布局，构建面向社会的整合与服务框架，面向数字人文，应明确历史主义与逻辑主义相结合的档案资源开发方法，促进知识聚合与知识发现。其二，从定位、功能结构、资源组成、建设方式、配套管理方案等方面深化数字档案馆建设研究，强调将语义网技术引入数字档案馆建设以实现对海量数字档案资源智能管理及挖掘，并提出数字档案馆智慧化趋向，将智慧档案馆设计为馆库环境域、设备设施域、档案载体域和档案内容域四个对象域与智识、治理、智联、智能、智慧五个层级的融合体。

（3）强化档案事业发展的学理支撑，基于治理思维促进职能扩展与制度体系升级

"十三五"时期，国家大力推进档案事业改革创新，学界密切关注在此过程中从规则体系到职能架构所呈现的新问题、新机遇、新挑战，并从理论、机制、策略等层面提出应对思路。代表性研究成果包括：徐拥军的"新时代我国档案管理体制改革研究"（2019年国家社科基金重点项目）、傅荣校的《当前档案机构改革若干问题探讨》、金波、晏秦的《从档案管理走向档案治理》、徐拥军、熊文景的《档案治理现代化：理论内涵、价值追求和实践路径》、陈忠海、张灿的《对〈中华人民共和国档案法〉修

订草案（送审稿）的修改建议》，徐拥军等的《对〈档案法〉修订草案的几点意见》等。代表性观点为：其一，从局馆分立、政事分开、确立并发挥档案馆的文化职能、进一步完善法律框架以实现依法行政、积极发挥档案学会在内的社会组织的作用等方面提出未来档案机构发展的策略建议。其二，档案治理的共性认知是以档案部门为主导，调动社会力量参与，通过多方力量协作促进档案事业的发展，提出应构建完整的档案治理理论框架、强化档案工作的开放、提升服务能力。其三，从修法原则、立法理念、术语表述、语言规范等角度就修订完善《档案法》提出建议。

（4）深化存用并举的档案管理研究，强化档案学科社会服务功能

为强化档案学科的社会功能，学界深化了对不同形态档案的长久保存研究，同时拓展用户导向的档案利用服务功能。代表性成果包括黄丽华的《档案保护技术标准体系构建与发展研究》，张美芳的"布达拉宫古籍文献（贝叶经）抢救性保护研究"（2019年教育部重大课题攻关项目），肖文建、黎杜的《非物质文化遗产档案长久保存策略》，钱毅的《数据态环境中数字档案对象保存问题与策略分析》，丁家友的《大数据背景下的档案数据保全探析》，刘越男、杨建梁的《面向电子文件保存的统一元数据模型的构建》，黄霄羽等的《国外典型档案馆应用社交媒体创新档案服务的实践特点》，牛力等的《对档案信息知识化利用的几点思考》等。代表性观点为：其一，梳理模拟态档案保护的标准体系建设，分析档案保护技术的前沿进展与应用，将非物质文化遗产保护纳入档案保护研究范畴，从归档内容与保护环节设计、档案部门参与、传承人个人存档等方面提出保护策略。其二，研究电子文件与档案数据的长期保存方法、路径及策略，立足大数据背景提出从传统的档案保存转向包含数据冗余、数据安全、数据有效性等技术应用思路的档案数据保全。其三，开发利用环节强调从公共服务层面挖掘需求、细化服务场景、发挥数字技术优势、拓展知识服务，同时加大感知、行为、需求等视角的用户研究。

（5）明晰档案主体与对象的社会化内涵，推进多元化档案管理体系建设

随着档案与社会互动的深化，档案管理主体、对象以及方法日趋多元，档案社会化研究趋势逐步显著。"十三五"时期，学界主要探讨了档案管理主体、对象以及管理方法延展的可能性与边界，构筑内涵丰富的多样化

形态。代表性成果为冯惠玲的"历史文化村镇数字化保护与传承的理论、方法与应用研究"（2016年国家社科基金重大项目），王萍、满艺的《传统村落档案建构模式比较研究》，连志英的《数字档案资源社会化开发内涵及模型建构》，周耀林等的《个人数字存档对象选择行为影响因素研究》，周文泓的"基于多元数字技术的网络空间参与式归档研究"（2018年国家社科基金项目），马林青的"新型城镇化背景下农民工档案管理机制研究"（2016年国家社科基金项目），李孟秋的《我国社群档案建设的意义、困境与路径》等。代表性观点为：其一，受数字技术与人文需求驱动，档案的背景、内容、形式日益多样化，驱动公共档案资源体系多元化。其二，随着社会文化的发展、档案开放的深入以及数字工具的助力，档案馆应吸纳多元社会主体参与档案管理，实现知识的协同创新。其三，多元主体以更加自主与主导的定位展开档案管理，形成兼具独立与协同特质的档案管理方法和模式。

（6）系统回顾学科发展历史与成就，立足社会影响力展望学科未来

"十三五"时期适逢改革开放四十年，也是图书情报与档案管理学科自诞生以来进入的一个新的历史性探路时代。为促进档案学的整体发展，学界对中国档案学教育、档案学研究及档案学科发展展开历史回顾，系统总结建设成就，结合社会需求展望档案学未来发展。代表性研究成果包括：冯惠玲的《学科探路时代——从未知中探索未来》《改革开放40年中国档案高等教育的历史性跨越》，张斌、杨文的《论新时代中国特色档案学话语体系的构建》，丁华东、张燕的《论档案学的三大研究取向及其当代发展》等。代表性观点为：其一，改革开放以来，档案学高等教育经历跨越性发展，规模逐渐攀升，形成本科、硕士、博士的完整建制，教学团队逐渐壮大，学术研究成果丰硕，积极参与国际档案交流。其二，档案学研究存在人文、管理与技术三大取向，互相关联，内涵不断丰富。其三，档案学科应在一级学科融合和跨学科背景下开展探索，拓展学科口径、强化社会功能、提升科技含量、构建新时代中国特色档案学术体系。

2. 国家社科基金项目立项持续向好

"十三五"时期档案学科在国家社科基金立项方面表现较好，共获得资助项目80项。其中，重大项目7项，重点项目9项，一般项目41项，

青年项目22项,西部项目1项。表明申请团队的学术研究能力和规范性有所增强,具有如下特征:

(1)重大项目立项有明显进展。"十三五"时期,档案学科重大项目立项数为7项,总量超过2004年以来档案学科所获得的重大项目立项总数,说明档案学的学科价值获得进一步认可,档案学的社会价值显著提升。

(2)基金项目的主题呈现多元性与前沿性。国家社科基金立项项目的领域与期刊论文的研究主题分布大体一致,研究重点主要集中于历史档案的整理和研究、档案文献遗产与非物质文化遗产的建档保存,不同来源、不同结构的信息资源(如政务信息、社交媒体文件、网络信息、个人信息等)归档与管理,档案数据管理,档案治理,档案开发与利用工作的社会化转型,档案内容的挖掘与知识发现,Web2.0、大数据、"互联网+"等技术环境对文件、档案管理的影响,档案与记忆,档案与身份认同,中西档案学史,非结构化电子文件管理与单轨制电子文件管理,数字档案馆建设等,呈现出多元性和前沿性的特点。

(二)社会服务与贡献

1. 积极提供资政参考

为有关部门提供资政参考是档案学科服务社会的一大亮点,彰显了档案学的社会参与度和贡献度。"十三五"时期档案学界相关成果被各类机构采纳60余次,主题涉及档案馆建设、档案资源整合、社会记忆建构、科研活动支撑、政务活动开展、大数据资源组织等。其中,冯惠玲的"国家信息资源产业政策"被工业和信息化部采纳;徐拥军的"关于加强国有企业境外档案监管的政策建议""关于加强北京奥运档案管理的政策建议""机构改革后档案工作面临的问题与挑战"分获国务院、北京市委、国家档案局采纳;张斌的"管好政务信息资源,助力国家治理体系与治理能力现代化",吴建华的"国有企业资产与产权变动档案处置暂行办法"均被国家档案局采纳。另有24名高校教师入选首批全国档案专家,9名高校教师入选全国档案领军人才,为我国档案事业的发展提供重要智力支撑。

2. 主持和参与国内国际文件档案管理标准的制定

主持和参与文件档案管理相关标准的起草、制定或修订也是档案学科服务国家、服务社会的体现。"十三五"时期，档案学者在推进文件档案管理相关标准制定中成绩突出，代表性成果有：安小米主持完成了国际标准化组织档案/文件管理分技术委员会国际标准"ISO 30300：2020 Information and Documentation-Records Management-Core Concepts and Vocabulary"的起草和发布工作，同时作为负责人主持了国际电工委员会国际标准项目"IEC 60050 – 831 International Electrotechnical Vocabulary（IEV）-Part 831：Smart City Systems"标准的起草和制定；张美芳参与了国际标准化组织文档管理技术委员会（ISO/TC171/SC1）4项标准的制定，并参与多项国际标准向国家标准的转化工作；王健、刘越男、徐拥军、钱毅等主持或参与多项国家标准、档案行业标准的研制；陈永生、王岑曦参与拟定了《广东"数字政府"电子文件归档和电子档案管理规范》和《广东"数字政府"电子文件归档技术标准》等。

3. 承接多项重大实践课题

重大实践课题关注社会亟待解决的重要问题，也考验着一个学科面向实践的问题解决能力。"十三五"时期，档案学者积极破解实践难题，共主持或参与大型横向项目（立项资金超过10万元）达116项，服务机构涵盖政府部门、高校和企业等。

4. 以教改工程提升档案学专业教育质量

"十三五"时期，档案学科共成功申报各类教育（教学）改革项目131项，其中教育部2项，省级26项，校级101项，其他2项。这些教改项目积极适应数字时代发展变化，立足图情档一级学科建设，面向学生能力提升，变革传统教学设计，推动了档案学专业教育和档案学科卓有成效的发展。

5. 产生一批高水平研究成果

根据本次调查统计，"十三五"时期，档案学科共获得各类教学、科研奖项77项，其中，国际获奖1项，省部级获奖66项，其他10项。代表性成果有：冯惠玲教授团队的《中国信息资源产业发展与政策》和金波教授团队的"数字档案馆生态系统研究"均获教育部第八届高等学校科学研究优秀成果一等奖；郑州航空工业管理学院教学成果"高校虚拟仿真实验教学中心建设与开放共享实践"获 2019 年度河南省高等教育教学成果特等奖。

（三）国际化与学科交流平台建设

1. 积极组织并参加国际学术会议

"十三五"时期，国内档案学专业承办了多场具有影响力的国际学术会议：2017 年，联合国教科文组织"世界记忆项目北京学术中心"在中国人民大学挂牌，该中心担负着研究和传播世界记忆项目的责任，中国人民大学承办了中心启动仪式暨"中国与世界记忆项目"论坛；中国人民大学电子文件中心每年都组织举办电子文件管理国际会议；上海大学承办了 2018 信息资源管理与信息社会创新论坛暨国际学术研讨会，以及数据科学与 iSchools 发展国际学术研讨会；武汉大学、浙江大学档案学专业分别积极参与承办了 2017 年 iConference 及亚太地区图书情报与档案管理学科评估与建设研讨会。逾 110 名中国档案学者参加了国际档案大会及年会、美国档案教育与研究协会年会、美国档案工作者协会年会、澳大利亚档案工作者协会年会、iConference 会议等重要国际会议，在国际学术议题中注入了中国档案话语和思想。

2. 加入国际专业组织

"十三五"时期，国内以集体或个人身份参加的国际专业组织达 25 批次，参加的机构包括：国际档案理事会（ICA）及其档案教育培训处（SAE）指导委员会、美国档案教育与研究协会（AERI）、iSchools 联盟、iSchools 数字人文课程委员会、国际标准化组织信息与文献技术委员会档案/文件管理分技术委员会（ISO/TC46/SC11）等。档案教师先后在国际档案理事会教育培训处、档案法律事务委员会、档案保护技术委员会、信息技术委员会、电子文件委员会、著录委员会、会刊《逗号》编委会、新入职档案工作项目等担任委员、执行委员或通讯委员及至教育培训处副主席。

3. 拓宽青年档案学者学术交流平台

"十三五"时期，中国人民大学举办了"中国第四届档案学博士论坛"，中国档案学会档案学基础理论学术委员会主办了四届"高校青年档案学者学术论坛"。2018 年 12 月 31 日，国务院学位委员会图书情报与档案管理学科评议组和中国人民大学信息资源管理学院主办了图情档 39 青年学者沙龙，推动了一级学科层面青年学者的学术交流。

4. 重点学术期刊进一步提升了学术品质

《档案学通讯》和《档案学研究》是我国档案学科中最具影响力的学术期刊，为有效提高刊物学术品质，两本刊物均采取了系列改进措施，其中：《档案学通讯》成立新一届编委会，正式启用在线投稿系统，并建立更严格的双向匿名审稿、集体审稿制度。《档案学研究》进一步提高学术文章理论原始性与学术规范性要求。这些措施有效提升了期刊的质量和影响力。

三 档案学科发展中存在的主要问题及薄弱之处

（一）档案学原创性基础理论不足

"十三五"时期，我国档案学基础理论研究在本土建构和对接国际前沿方面取得了一定的成果，但原创性基础理论研究尚有不足：立足本土实践的研究大多侧重于解决现实问题的对策、策略、机制等，运用科学研究方法挖掘现实问题背后具有普遍价值的学术问题，以及基于本土实践的原创性理论成果比较薄弱；对国际档案理论的研究侧重于理论渊源、发展脉络、内容及影响的梳理和解读，对这些理论是否能够本土化，如何本土化并实现理论创新仍有待进一步深入。

（二）文件档案管理数字转型研究有待加强

文件档案管理数字转型研究在"十三五"时期得到学界广泛关注，也取得了一定成果，但与这一重大趋势性议题需求相比尚有较大不足。在构建升级电子文件管理理论与方法体系，全面推进单轨制电子文件管理策略，大数据、人工智能、区块链、云计算等先进技术在电子文件档案管理中的应用等方面尚有较大空间，相比于国外提出计算档案学（Computational Archival Science）概念，我国对于计算（Computation）在数字对象定义、管理与保存中的应用有待起步。

（三）档案学研究平台、团队与基础设施比较薄弱

在数字转型和学科交叉融合的背景和趋势下，档案学研究需要相应的

平台、团队和软硬件设施支撑。目前整体而言，档案学研究缺乏有特色的研究平台和稳定的研究团队，用于模拟、演示、验证的管理系统、开发工具、数据库、演示设备、现代化实验室很少，导致缺少长线的研究项目、重大项目的攻关能力不足，与其他学科的交叉融合不足，较难形成具有重大创新的体系化研究成果。

文 献 学

按照学科划分，综合性文献学研究是与图书馆学、情报学并列的学科，同时，在汉语言文学、历史学、哲学、法学、宗教学等领域，又有专门的文学文献学、历史文献学、哲学文献学、法学文献学、宗教文献学等，综合性文献学与各专门文献学构成了文献学的研究主体。按照时代划分，文献学可划分为古典文献学、近现代文献学。进入21世纪以后，随着数字技术的发展，文献学有了新拓展，文献数字化及相关技术以及利用数字技术进行文献整理和研究的方法、文献保护与利用研究等都得到了快速发展。因此，本报告所涵盖的内容除了传统的古典文献学以外，增加了古籍整理和保护、近现代文献整理和保护、文献数字化研究等内容。

一 古典文献学

(一) 古典文献学研究的基本状况

1. 人才队伍建设

古典文献学研究队伍分布在高校、图书馆、博物馆和出版社等，其中高校人员最多，占80%以上。在高校中，主要分布在中国语言文学、历史学、图书馆学和档案学等学科。中国语言文学一级学科下有中国古典文献学二级学科，中国史一级学科下有历史文献学二级学科，其中尤以中国古典文献学的研究队伍最大、最集中。

古典文献学研究的核心队伍为全国高等院校古籍整理研究工作委员会（古委会）直接联系的北京大学中国古文献研究中心、复旦大学古籍整理研究所、浙江大学古籍研究所、山东大学古典文献研究所、中山大学中国古文献研究所等20所古籍整理研究机构，共有专业研究人员380余人。加上古委会非直接联系的清华大学中国古典文献研究中心等高校古籍所，各级图书馆、博物馆、出版社等，专门从事古典文献学研究的专业技术人员约1000人以上。

在人才培养方面，目前有北京大学、浙江大学、上海师范大学、南京师范大学、河北大学等8所高校招收古典文献专业本科生，年招生150人左右，"十三五"时期共培养750人左右。招收古典文献学专业硕士研究生的高校有60余所，招收博士研究生高校40余所，"十三五"时期共培养硕士生2500余人，博士生400余人。另外，历史文献学、图书馆学专业亦培养了本领域硕士、博士研究生约百人。

2. 研究成果

"十三五"时期，古典文献学的三个主干学科目录学、版本学和校勘学都取得了很多新进展，由目录、版本、校勘支撑的古籍整理亦取得了很多新成绩。国家重点文化工程中华书局点校本"二十四史"修订工程的相关整理成果开始陆续出版，一些重要的古籍也得到整理出版，如《古本戏曲丛刊》（第六、七、八辑）、《历代地方诗文总集汇编》、《明代诗文集珍本丛刊》，地方丛书如《广州大典》《遵义丛书》《江苏文库》《衢州文献集成》《常熟文库》《全椒古代典籍丛书》等，这既是古籍整理和古典文献学最新研究成果，也为古典文献学提供了重要的文献资料。

专业刊物《文献》《中国典籍与文化》以及不定期出版的《版本目录学研究》《文津流觞》不仅发表了高水平的学术研究论文，也为古典文献学的人才培养做出了贡献。

目录学方面，由国家古籍保护中心组织，各省、市、县及重点古籍收藏单位普查编纂的《全国古籍普查登记目录》陆续编纂出版，这是历史上第一次在对全国古籍存藏情况进行大规模普查的基础上编纂的古籍普查目录。通过普查发现了大量不为人知的古籍，这对于古籍利用、保护等都有重要意义。此外还出版了《江苏艺文志》（增订本）、《续修四库全书总目提要》、《清代家集叙录》等书目。《江苏艺文志》（增订本）系由江庆柏在1994—1996年出版的《江苏艺文志》校订增补而成，全书收录作者29617人，著作85309种。该书虽为增订本，但仍不失为"十三五"时期出版的规模较大的古典目录。

版本学方面，日本著名学者尾崎康《正史宋元版之研究》（乔秀岩等重新翻译）以及《版本源流与正史校勘》《明嘉靖刻本研究》等一批专著和《清代版刻图录初编》《国家图书馆宋元善本图录》等重要的资料性著作出版。

校勘学方面出版了《尚书注疏汇校》《尚书注疏校议》等。在文献整理方面，影印出版了《汉魏六朝集部珍本丛刊》《明代珍本文集丛刊》《清代家集丛刊》等一系列大型文献丛刊。由上海师范大学古籍整理研究所编纂的《全宋笔记》，至2018年共出版10辑102册，共2266万字，是国家社科基金重大项目"《全宋笔记》编纂整理与研究"成果。该书对宋代477种笔记进行了校勘和标点，是继《全宋诗》《全宋文》之后对宋代文献进行的第三部大型文献结集，其中很多书是第一次有整理本，是近年来古籍整理的重大成果。杜泽逊主编的《尚书注疏汇校》，为国家社科基金重大项目"《五经正义》汇校与研究"成果。该书以明万历北京国子监刻《十三经注疏》本《尚书注疏》为底本，用唐开成石经本、宋刻单疏本、宋刻八行本、李盛铎旧藏宋刻本等18个版本进行了全面校勘，同时吸收了清阮元《尚书注疏校勘记》等15家前人的校勘成果。此书是近年来校勘学方面具有代表性的成果。

在出土文献、域外汉籍文献、地方文献、专科文献等整理与研究方面，亦取得了不少重要成果，如《北京大学藏西汉竹书》《清华大学藏战国竹简》继续整理出版。域外汉籍的整理出版以及研究受到高度重视，《域外汉籍珍本文库》《域外汉籍研究丛书》等继续出版。

（二）存在的问题和薄弱环节

虽然"十三五"时期古典文献研究和古籍整理事业取得了很大成就，但仍存在不少问题，对一些领域的研究甚至存在严重不足。

古典文献学是一门实践性很强的学科，目录学、版本学和校勘学既需要较高的理论水平，更需要与古籍编目、古籍整理校注等实践相结合，同时古籍分类编目、古籍整理校注本身也是对参与者学术水平要求很高的学术性工作。从实践中发现问题，总结经验然后上升到理论，是古典文献学研究的必由之路，优秀的古籍整理成果往往也代表了古典文献学的研究水平。但是由于现实高校普遍存在的学术考评机制，古籍整理成果在高校科研成果认定方面被轻视甚至忽视。由于引用率不如理论文章，专业古典文献学论文在核心期刊发表难，造成了不少研究者忽视文献学实践，这在一定程度上阻碍了文献学学科的发展。

在古籍整理方面，存在着重复建设问题。不少新近影印的古籍丛书和此前已经影印的（如《续修四库全书》《四库全书存目丛书》《四库未收书辑刊》《四部丛刊》等）存在大量重复。少量古籍重复整理，而大量古籍鲜有人问津。一些文献如《诗经》《古文观止》《唐诗三百首》，以及李白、杜甫、苏轼、韩愈等名家的诗文，编辑出版了大量全本选本、注本译本，水平参差不齐，而大量具有很高学术、文献价值的古籍由于使用者少、知名度低等原因至今未能被揭示、整理和研究。近年来，随着古籍影印、数字化的发展，越来越多的古籍被人们重新发现，但相对于数量庞大的存世古籍而言，仍然有许多工作要做。

一些古代典籍的核心文献仍无权威版本。如《十三经注疏》是与《二十四史》并称的中国传统文献中的核心典籍，《二十四史》已经有了权威的中华书局整理本，甚至已经有几部出版了修订本，但《十三经注疏》的权威定本至今尚付阙如。清嘉庆时期阮元校刻的《十三经注疏》，仍是今天比较通行的版本。但阮元校勘所据版本有限，并不是一部令人满意的版本。近年来，出版了一些整理本，但亦未对所有重要版本进行汇校，文字校勘和句读被学界诟病，故仍须整理一部文字准确的权威版本。

（三）发展趋势

古典文献学研究是一门传统学问，其未来发展趋势是研究的不断细化和深化。如对于版本学的研究，清代以来关注较多的是字体、版式、行款、装潢等，但近年来开始关注字体中的刀工、写工问题；对于元刻本的字体，以前的版本学教材多称其为赵孟頫字体，但近年来开始意识到只有一小部分元刻本是赵体字；明嘉靖刻本，过去笼统地说其字体为仿宋字，但近年来开始对这种字体进行具体的分类，研究不断细化深化。对于文献整理的发展趋势是整理范围将不断扩大，对于专科文献和明清文献的发掘不断深入。

二 古籍保护学

古籍承载着中华民族的记忆，是人类文明历史的见证。其本身具有的历史文物性、学术资料性和艺术代表性，决定着不仅需要对其本体进行良好的保护，还要充分发挥其传播知识和教育的功能，挖掘其内涵，传承中华优秀传统文化。

古籍保护的全流程，在社会实践的发展和社会需求的环境下形成。宏观层面需要政策、法律、学科理论的引导和支撑，机制、经费、人才的支持和保障，标准、规范、指南的统一和稳定；微观层面需要古籍保护所涉及的学科和应用的研究实践，包括图书情报学、文献学、考古学、历史学、语言学、艺术学、物理学、生物化学、材料学、计算机科学以及中国传统的非物质文化遗产。通过完整的理论、科研支撑、人才培养和实践验证，最终形成合力，推动古籍保护事业的发展，助力中华优秀传统文化传承推广体系的建设。

（一）古籍保护与古籍保护学的建立

"十三五"时期，随着中华古籍保护计划的深入开展，古籍保护受到全社会的高度重视，古籍保护的方法与理论不断完善，"古籍保护学"逐步成熟。

1. 国家宏观政策驱动古籍保护学发展

2007年中华古籍保护计划启动，在"保护为主、抢救第一、合理利用、加强管理"的工作方针指导下，主要实施内容包括：基本完成全国古籍普查登记工作，切实加大古籍保护力度，全面提升古籍修复能力，加强古籍整理出版和数字化建设，利用古籍传承和弘扬中华优秀传统文化，加强古籍保护制度、法规和标准建设，推进队伍建设等，取得了一系列成绩。

党的十八大以来，习近平总书记高度重视中华优秀传统文化，提出要让"古籍里的文字活起来"。党的十九大将"加强文物保护利用和文化遗产保护传承"作为坚定文化自信的一个部分写进报告中。2018年正式实施的《公共图书馆法》为古籍保护提供了法律保障。

古籍保护相关标准研制是中华古籍保护计划的一项基本建设内容，成果频出，共发布《图书馆古籍书库基本要求》《古籍修复技术规范与质量要求》《汉文古籍特藏藏品定级 第1部分：古籍》《中国少数民族文字古籍定级》等国家标准和《古籍特藏破损定级标准》等行业标准共13项，其中国家标准7项、行业标准5项、地方标准1项。

宏观政策的指引、法规的明确、规划的制订、标准的确立，推动了事业发展，同时也带动了有关古籍保护研究相关工作的开展。

2. 古籍保护学研究引关注，建立独立学科呼声高

事业的发展使社会对古籍保护人才的需求日趋强烈，特别是对高层次综合性、研究型专业人才的旺盛需求，推动了古籍保护学的发展，古籍保护学科建设呼之欲出。2017年8月，原文化部印发《"十三五"时期全国古籍保护工作规划》，要求"发挥高校古籍教学科研人才较多的优势，利用高等院校古籍人才培养及整理研究专项基金，加强对古籍保护研究型人才培养"，为古籍保护人才培养和学科建设提供了政策性指导意见。"古籍保护独立成学""综合性交叉性学科"基本成为业内共识。

3. 古籍普查基本完成，全国古籍存藏基本摸清

古籍普查是全面了解全国古籍存藏情况、建立古籍总台账、开展全国古籍保护的基础性工作。截至目前，全国古籍登记工作累计完成270余万条，全国27个省份基本完成汉文古籍普查工作；2760家单位完成古籍普查登记工作。国务院先后公布五批《国家珍贵古籍名录》，累计收录古籍12274部，20个省区建立《省级珍贵古籍名录》，收录古籍25476部，初步建立分级保护体系。

古籍普查最重要的实物成果是《全国古籍普查登记目录》、"全国古籍普查登记基本数据库"和"全国古籍普查登记平台"。目前累计完成301家单位的《全国古籍普查登记目录》共计86种129册91万条款目；"全国古籍普查登记基本数据库"累计发布217家单位772861条数据。

在古籍普查的国家社科基金成果方面，"十三五"时期成果并不多，且多属于前期立项的成果，古籍普查数据还未在研究成果上充分体现其价值。

4. 海外古籍调查全面启动

据不完全统计，海外共有200余家收藏机构存藏有中华古籍超过300万册件，主要集中在日本、韩国、北美及欧洲等国家和地区。目前，海外中华古籍的成果主要包括文献调查、数字化回归及影印出版等方面，如：

国家图书馆（国家古籍保护中心）"海外中华古籍调查暨数字化合作项目"、山东大学《子海珍本编·海外卷（日本）》和"全球汉籍合璧工程"项目、中国社会科学院历史研究所"域外汉籍珍本文库"项目、国家出版基金项目"海外中医珍善本古籍丛刊"、北京大学"国外所藏汉籍善本丛刊"项目（国家社科基金重大项目）、中华书局"海外中文古籍总目"项目等。在国家社科基金立项方面，"十三五"时期立项重大项目2项，一般项目3项。此外，还产生了一些研究成果，如李伟、马静《海外古籍回归与利用的模式及思考》、林啸《明清时期中国古籍文献的海外流散与寻回策略探究》等。

5. 古籍数字化实践与研究成果丰硕

古籍保护的目的在于传承和利用。在中华古籍保护计划框架下，基于开放共享理念，国家古籍保护中心依托国家图书馆丰富馆藏，积极开展古籍数字资源发布共享实践。"中华古籍资源库"在线发布的古籍影像资源总量已超过3.3万部件，并带动全国古籍收藏单位共同公益发布资源，先后联合36家古籍收藏单位在线发布古籍数字资源超过2万部，极大地满足了社会对古籍影像阅览的需求。

古籍数字化作为古籍再生性保护的重要手段，是古籍保护研究的热点方向。在中国知网（CNKI）中以"古籍+数字化"为主题检索，1997年以来发表的文章有1371篇，其中国家社科基金支持项目文章有82篇。1997—2006年的10年里，年度文献量有所增长，但上升进度缓慢，截至2006年，文献总量仍不足200篇。2007年中华古籍保护计划启动，古籍数字化工作迈上新台阶，此后数年间，相关文献量较此前有明显增长，年度文献量虽有所起伏，但整体呈平稳状态。截至2020年5月12日，"十三五"时期以"古籍+数字化"为主题的研究文章约372篇。

"十三五"时期，国家社科基金对古籍数字化支持力度持续加强，立项了一批和古籍数字化相关的项目。研究成果中古籍数字资源标准化理论建设方面最为突出。近年来数字人文研究兴起，武汉大学、南京大学、上海图书馆等成立数字人文研究中心，北京大学举办了三届数字人文全国论坛，数字人文研究方兴未艾。

6. 古籍保护修复成果突出，实践和理论不断结合

"十三五"时期，古籍修复工作取得了重要成果，主要包括：全国从事古籍修复的工作人员从不足百人发展壮大至近千人，成立了国家级古籍修复技艺传习中心（附设32家传习所），采用"师带徒"等多种形式培养古籍修复人才，开展了以"天禄琳琅"、云南纳格拉洞藏经、陕西省图书馆藏《古今图书集成》、山西省国家珍贵古籍等为代表的大型古籍修复项目，依托12家"国家级古籍修复中心"，全国累计修复古籍总量超过360万叶。国家图书馆古籍保护实验室被命名为"古籍保护科技文化和旅游部重点实验室"，古籍脱酸技术取得重要突破，科学修复水平不断提高。

古籍修复专著出版5部，包括：宋焱《古籍修复理论与实践》、陈宁《古籍修复与装裱》、浙江图书馆《中国古籍修复纸谱》、国家图书馆古籍馆《国家图书馆藏西域文献的修复与保护》、刘化宇《高校古旧书画修复课程教学研究》。

论文发表方面，"十三五"时期相关文献总数为307篇。在国家社科基金立项方面，"十三五"时期立项的重点项目有林明的"中国古籍传统修复技艺的知识保存与传承模式研究"，一般项目有万群的"中国古籍传统修复技艺的知识保存与研究"。

7. 少数民族文字古籍保护研究多维推进，取得重要成果

少数民族文字古籍记载和传承了中华民族悠久的历史和文化，是人类文明的宝贵遗产。"十三五"时期，少数民族文字古籍最重要的成果是标准的确立。2019年4月1日，《中国少数民族文字古籍定级》正式发布。国家社科基金关于少数民族古籍保护立项相对于传统古籍保护立项较多，约有16项，涉及藏文、蒙古文等多文种；研究内容包括保障体系建设、保护传承研究、专题文献研究（如藏文传统科技文献、藏医药文献、侗医药文献、家谱等）；地域文献研究中，关于"一带一路"的多民族文献研究符合国家当前的战略方向；研究方式基本是以目录为抓手，从收集整理的角度，配合数字化利用，从而建立有关该主题的保护体系。

（二）古籍保护学及相关研究领域基本状况

1. 研究状况

（1）国家社科基金立项情况

古籍保护学属于新提出的综合性交叉性学科，大范畴从属于"图书馆·情报与文献学"学科。"十三五"时期国家社科基金共资助涉及古籍保护的研究课题41项。"古籍修复""古籍保护学科"首次作为理论概念列入国家社科基金范畴。天津图书馆、中山大学于2017年申报入选的"中国古籍传统修复技艺的知识保存与研究",首次将古籍修复的知识保存研究提升到理论层面①;2019年中山大学和天津师范大学分别申报入选的重大项目"古籍保护学科建设与理论体系研究",可视为国家哲学社会科学领域对古籍保护学科的首次认可。

(2) 研究成果

通过中国知网检索,"十三五"时期有关古籍保护的国家社科基金项目成果约有98篇。从内容看,对古籍数字化关注度最高,成果也更为丰硕,体现了数字化在古籍保护中的重要地位和价值。作为再生性保护手段,古籍数字化是古籍保护的核心,相关关键词(如数据库建设、数字化保护、元数据标准等)出现频率较高。原生性保护手段中古籍修复与古籍数字化关系最近。古籍文献、古籍保护、古籍善本、少数民族古籍、古籍整理、标准等也是高频词。国家图书馆作为主体机构出现频率最高,少数民族古籍出现频次最高的是彝文和东巴经。

除国家社科基金外,一般的古籍保护研究成果从2016年1月1日至今,检索结果约为1590条,绝大部分属于古籍保护学范畴。从关键词看,主要是围绕古籍保护、图书馆、古籍修复、古籍数字化、古籍普查、古籍整理、少数民族古籍、人才培养等展开。

发文机构前十名中,高校8家,公共图书馆仅2家,分别为国家图书馆、云南大学、郑州大学、中山大学、复旦大学、辽宁大学、北京大学、吉林省图书馆、武汉大学、辽宁师范大学。古籍保护实践由公共图书馆牵头,但从中国知网发文情况来看,古籍保护的实践和研究存在一定程度的脱节,实践者在古籍保护主题的论文成果中发声较少(也可能与实践者的研究方向和期刊收录范围有关,如《古籍保护研究》的论文等未在中国知网收录之列),研究成果多集中在高校科研人员。古籍保护本身应用性较强,下一步应找准理论和实践的有效结合点,一方面通过实践支撑科研人员的研究,另一方面从业者应进一步在实践的基础上提升理论水平,更好

---

① 2015年立项的《藏文古籍纸张的鉴别与修复综合技术研究》(15BTQ036)和《古籍修复技术的科学化管理研究》(15BTQ033)主要侧重古籍修复的技术和流程控制。

地指导实践。

在研究成果的学科分布方面，图情档学科（67.57%）是古籍保护研究的绝对主力，这与古籍的存藏主体密切相关，也验证了古籍保护是在图情档一级学科下的成长现实。在古籍保护一级学科尚未建立的情况下，图情档学科为古籍保护学研究提供了基础知识储备和科研力量。

2. **人才培养和队伍建设**

古籍保护的发展带有明显的事业驱动性和实践性。中华古籍保护计划实施以来，不断加大人才培养力度，拓展人才培养渠道，通过在职培训建立了覆盖全国的古籍保护人才队伍，通过传习所师带徒承袭了中华传统的古籍修复技艺，通过高校合作加快了古籍保护人才培养学科体系进程。这种"三位一体"的人才培养模式，基本构建了古籍保护人才培养和队伍建设体系。

2019年年底，我们曾面向全国31个省份发出调研表，反馈的29个省份776家单位的古籍保护从业人员总数量为3293人。从古籍保护人员的具体工作来看，除部分省份对古籍保护人员不做具体岗位区分外，普查编目人员约占63.29%，修复人员约占10.23%，保护技术人员约占4.74%，其他人员约占13.48%；从古籍保护人员的职称来看，高级职称约占6.07%，副高级职称约占15.21%，中级职称约占34.10%，中级以下职称约占25.17%；从学历来看，博士约占3.98%，硕士约占16.95%，本科约占41.30%，其他人员约占17.07%。通过在职培训，很多古籍从业人员被安排到古籍保护重要岗位，成为古籍部主任或被聘为老师，成为古籍鉴定、修复的专家，古籍收藏单位的古籍保护人才梯队逐步建立。

三　近现代文献保护与研究

"十三五"时期，近现代文献保护与研究坚持以习近平新时代中国特色社会主义思想为指导，贯彻落实习近平总书记关于哲学社会科学工作的重要论述，沿着"十三五"学科规划的思路稳步推进。五年来，国家社科基金持续加大对相关研究领域项目的资助力度，近现代文献保护与研究推出了一系列重要成果，取得了若干新进展。

（一）"十三五"时期研究概况及主要成绩

1. 国家社科基金对近现代文献保护与研究资助情况

"十三五"时期，国家社科基金共资助近现代文献保护与研究相关课题18项。其中，重点项目1项，一般项目12项，青年项目4项，西部项目1项。综合分析，相关项目有如下特征。

一是国家社科基金关注程度高，资助力度大。"十三五"时期，国家社科基金对近现代文献保护与研究领域给予了持续关注和支持，每年都有一定数量的专题项目获准立项，特别是2017年近现代文献保护与研究相关领域获批数量达到7项，占当年图书馆、情报与文献学立项总数的4.7%。立项数量反映出国内相关领域科研人才队伍已经初步建成，并不断发展壮大。此外，项目类型覆盖全面，既有针对较为复杂问题的重点项目、一般项目，也有倾向扶持青年学者研究的青年项目，从一个侧面体现出近现代文献保护与研究领域人才梯队趋向合理。

二是内容上侧重专题文献整理研究。"十三五"时期，大量近现代专题文献、地区文献和民族文献发掘整理和研究的项目获准立项，获准立项的18个项目中有16个与特定专题文献的整理相关。其中，革命文献成为近年来专题文献整理与研究的重点，"民国时期革命历史文献整理与研究""延安时期中共中央机关报数字化保存与挖掘利用研究""清末及民国时期日本破坏中国图书馆事业及掠夺中国文献之研究"等专题研究项目既涉及宏观视域下民国时期革命历史文献的整体性整理研究，又涵盖了微观层面专题、专类文献的发掘利用，形成了较为全面的学术结构和研究结构。

三是技术上探索数字化整合利用策略。"近代期刊中数字图像语义描述框架研究与应用研究""延安时期中共中央机关报数字化保存与挖掘利用研究""百年中国苗学论著总目编纂与知识图谱研究（1917—2016）"等项目对近现代文献的数字化建设策略进行研究，并尝试建构从纸质资源向数字资源转化，从编目记录向知识组织和领域本体转化，从检索点检索向知识关联和个性化服务转变的系统方法。

2. 民国时期文献保护计划助力学科全面发展

民国时期文献保护计划是国家图书馆在2011年策划的文献保护项目，是继中华古籍保护计划之后的又一个全国性文献保护项目。"十三五"时期，国家图书馆依托专项保护计划，全面开展文献的原生性和再生性保护。在文献普查、征集、整理、数据库建设、人才培养等方面与相关文献收藏机构开展广泛合作，实现资源共建共享，取得了显著成绩。具体工作内容主要体现在以下几个方面。

一是以文献普查为抓手，不断开拓与各级各类图书馆的普查合作。目前已收集发布30家主要文献收藏单位民国时期书目数据30万条，馆藏数据70万条，提供社会各界免费使用。在此基础上编纂《民国时期图书总目》，哲学卷已于2018年出版，社会科学总论卷于2019年出版，其余各卷的编纂出版工作正有序进行。启动民国时期连续出版物普查试点单位数据收集工作，完成国家图书馆馆藏民国时期报纸4000余条书目和馆藏数据的整理和质检验收。完成民国时期文献普查平台升级改造工作，实现民国时期普通图书、革命文献、连续出版物普查数据的联合发布与展示，提升文献信息保存保护与利用水平。

二是以选题策划为切入点，开展专题文献整理保护。有计划、分步骤、成体系地推进革命文献整理工作，重点开展革命历史文献、马克思主义在近代早期传播史料、民国时期教育文献、民国时期社会与经济调查文献、民国时期海关与关税文献、近代日本对华调查文献、地方小报等专题文献的整理工作。在全国范围内组织革命文献与民国时期文献整理项目的申报及评审立项工作。"十三五"时期，共资助立项164项，完成结项43项，出版图书2695册，一定程度上满足了科研单位和社会公众对民国时期文献的需求。

三是以数字技术为手段，提升文献资源利用效能。继续贯彻落实"让历史说话，用史实发言"指示精神，开展日本战争罪行史料专题服务平台建设工作，对所征集的专题特色资源进行系统整合、深度揭示、联合发布。充分发挥文献资源在开展爱国主义教育，弘扬社会主义核心价值观方面的独特作用。开展民国时期图书缩微胶片数字化项目，"十三五"时期共完成民国时期文献数字化加工20006种，28897册，4605626拍，存储量2620.6GB，在国家图书馆网站提供免费使用。

四是以专题展览为窗口，打造多层次人才培养模式。兼顾学术成果在大众普及和专业研究领域的不同要求，围绕重大历史题材和国家重要纪念日做好文献展陈、宣传工作。牵头组织举办的"不忘初心，砥砺奋进——

国家图书馆藏革命历史文献精品展"在国家图书馆展出。"十三五"时期，革命文献与民国时期文献保护计划宣传推广项目先后在河北、重庆等13个省市开展，举办高级研修班14次，同时举办"革命文献与民国时期文献保护计划"成果展览11场，培训全国各类图书馆民国文献主管领导和业务骨干1694人，为文献保护事业做好人才培养工作，助力学科全面发展。

（二）存在的问题和薄弱环节

"十三五"时期近现代文献保护与研究取得了突出成绩，然而取得的成绩与国家的要求及学科发展需要相比，还存在着较大差距。不足及问题主要体现在以下几个方面。

1. 理论建设意识薄弱，研究缺乏深度

当前近现代文献保护与整理方面的研究多停留在对文献目录的整合或文献内容的揭示层面，未能形成符合近现代文献特质的文献学研究理论。研究逻辑多是就事论事，描述性篇幅过多，理论阐发不足，致使研究成果存在"有高原、无高峰"的情况。此外，近现代文献研究较少迁移使用其他领域的关联理论，更未能形成具有原创性的近现代文献学理论体系。

2. 研究对象视角促狭，忽视源流考据

"辨章学术、考镜源流"是文献学研究的根本任务。然而当下多数近现代文献研究停留在微观层面，宏观研究不足，特别是对文献关联和学术源流疏于考据。多数研究虽然能够细致入微，较为完备地对某一特定专题文献进行整理揭示，但是成果却不能见微知著，无法将近现代文献关联的学术发展和历史进程加以融会贯通，一定程度上出现了研究成果碎片化现象。

3. 研究重整理轻保护，缺乏实践指导

保护和整理是近现代文献研究的一体两面，保护是整理的前提，整理是保护的推力，二者应相辅相成，互为表里。近现代文献所使用的纸张酸性较强，部分文献酸化现象严重，甚至一触即碎，保存现状堪忧。目前学界围绕近现代文献开展了一系列专题整理工作，取得了显著成果，然而对于近现代文献保护策略、保护技术等实践层面研究仍显不足。

"十四五"时期图书馆·情报与文献学（含档案学）重点研究领域与重点课题

一　重点研究领域

（一）图书馆·情报与文献学（含档案学）的新理论、新方法与新工具

图书馆·情报与文献学（含档案学）在发展进程中已初步形成了若干具有中国特色的学科理论、方法和实践应用，需要系统梳理和总结这些理论、方法与实践应用，展现中国对图书馆·情报与文献学（含档案学）的独特贡献。在继承本学科优良传统的基础上，直面新环境带来的挑战，探索如何在学科理论、方法和工具方面取得突破，促进学科的转型升级；回答在新的环境下，图书馆·情报与文献学（含档案学）的学科内涵、定位、边界、知识体系；借助数据挖掘、机器学习、复杂网络、关联数据、智能信息处理等新方法、新技术，充分利用各种定性与定量研究方法，技术和人文有机结合，拓展学科的研究视野，提升研究质量；引进、开发新的研究工具，进一步实现数据驱动，丰富研究成果，发挥决策支持功能，在促进学科可持续、高质量发展的同时，能够实现向外辐射，拓展学科的影响力，贡献学科智慧。

（二）大数据、数据科学对学科的影响

大数据等思维和技术已经深刻影响着图书馆·情报与文献学（含档案学）一级学科研究的方方面面。当前和未来一段时间内，数据科学与智能科技的浪潮必将风起云涌，图情档一级学科作为研究数据、信息、知识等信息链要素的主要研究阵地，更要积极瞄准和拥抱数据科学等学术前沿，积极探寻学科发展新动能和新生长点，如大数据分析与决策支持、数据智能技术应用与支撑、智能系统等。"十四五"也是大数据、人工智能等战略实施的关键时期，图情档一级学科应进一步凸显以数据驱动、技术驱动为主导的科学研究范式，调整和拓展原有的问题体系、技术体系、流程体系、领域体系等，致力于前沿性问题的追踪。

（三）新一代信息技术与学科的融合创新

以大数据、人工智能、区块链、物联网等为代表的新一代信息技术为图情档一级学科的建设与发展创造了优越条件，成为本学科科学研究、人才培养、社会服务的新动能要素。随着技术的进一步发展和创新，本学科更应抓住时机，进一步提升学科对新技术的敏感性和适应力，重视新一代信息技术演进带来的新思考，向新一代信息技术借力，形成更加科学的研究规范，研究探索解决新一代信息技术环境下各类问题的技术方案，特别关注其在本学科领域的支撑和应用，构建和拓展本学科的服务场景，促进新一代信息技术与本学科的融合创新。

（四）数字人文

数字人文是一个跨学科研究领域，现有研究议题主要聚焦于基础理论、应用实践、基础设施建设及教育等方面。"十四五"时期，数字人文将成为图情档一级学科的关注焦点。需要思考和研究：（1）图情档一级学科在数字人文中的定位及为数字人文提供的理论和方法支撑。（2）数字人文的影响。主要研究数字人文对图情档理论与实践的影响。（3）基于需求的数字人文的应用。主要研究如何基于人文学者及其他社会多元主体的需求、社会发展需求等，将数字人文的技术、方法和理论应用于信息资源的建设、管理与开发利用中。（4）数字人文领域的协同合作。主要研究如何实现GLAM（美术馆、图书馆、档案馆、博物馆）等机构在数字人文中的融合发展，如何实现图情档一级学科与人文社会科学、计算机科学等相关学科在数字人文研究与实践中的跨学科合作。

（五）新时代图书馆发展特征、治理与制度建设

面向"两个一百年"奋斗目标，图书馆担负着更崇高的使命。数字技

术革命正在全球范围内推动社会数字化转型，从根本上改变了人们的生活与工作方式。互联网、大数据、人工智能正在合力推动数字化转型进程。图书馆的发展业态转变、技术采纳、用户结构与信息需求、行业模式等深受数字化转型的影响，面临机遇与挑战。需要加强图书馆治理与制度建设，以推进图书馆适应当今技术发展环境，更好地满足用户需求，提升图书馆的社会价值。本领域的主要研究问题包括：（1）新时代图书馆的发展特征与社会价值。在总结图书馆发展传统的基础上，探讨图书馆在新时代的发展特征，挖掘图书馆的社会价值与功能。（2）数字化转型背景下图书馆法人治理结构问题。重视与社会组织群体力量合作，如何采用协同管理模式提高图书馆治理效能，推进公共文化机构治理改革。（3）图书馆法治环境建设。深入研究图书馆事业法律体系、图书馆法的实施机制等。（4）图书馆制度创新，包括图书馆投入机制创新、图书馆与社会协同治理机制创新、图书馆服务制度创新等。

（六）图书馆社会责任与新时代图书馆服务

图书馆是国家文化发展水平的重要标志。图书馆界在公共应急服务、信息素养公共教育、公共文化体系建设、智库服务、文化精准扶贫、政府数据开放等方面积极参与社会公共服务，在提高国民素质、推动经济社会发展、促进社会和谐等方面发挥重要作用。"十四五"时期，要以习近平总书记提出的"传承文明、服务社会"为指引，坚守初心，深入研究践行发挥图书馆在传承中华文明、提升国民素质、推动经济社会发展等方面的积极作用。要探索图书馆滋养民族心灵、培育文化自信服务模式创新。要深入研究图书馆推动全民阅读、更好满足人民精神文化需求的创新路径。"十四五"时期，一些新的课题亟待探索，如：图书馆时代价值的挖掘；面向个性化需求的精准信息服务机制；面向文化强国建设的图书馆发展模式和路径；面向智库建设的图书馆知识服务模式；图书馆深度利用政府开放数据与共享的理论与实践；图书馆知识产权信息服务机制；图书馆应急服务管理体系；图书馆跨界服务等。

（七）面向社会和谐发展的信息行为

"十三五"时期信息行为研究虽然取得了一定的成绩，但在关注国家和社会发展面临的重大问题上依然存在不足。当前，社会的构成已不单纯是现实社会，网络社会也成为重要的组成部分，现实社会与网络社会之间相互影响、彼此塑造已成为近年来社会发展和演化的重要特点，两者的良性互动是确保社会和谐、稳定和发展的重要前提，而公众适当的信息行为表现是维护现实和网络社会之间良性互动的重要前提，因而值得深入研究。此外，长期以来，信息行为领域注重个体用户信息行为，而缺乏对群体信息行为的探讨，面向和谐社会建设的信息行为研究将弥补该方面的不足，不仅要探讨社会发展情境中的个体用户信息行为如何影响和塑造社会形态，同时也要深入研究由一定的个体用户所形成的群体用户信息行为的特征、模式、成因及带来的社会影响，为和谐社会建设提出政策建议的同时，进一步延伸和拓展信息行为研究的领域，助力社会治理和网络治理，更好地服务于社会发展。

（八）更加开放环境下的信息计量学

"十四五"时期我们将迎来一个更加开放的学术环境和社会环境。无论是在科学领域还是在社会应用领域，信息计量学都需要进一步拓展和创新。在此背景下应重点关注：更加开放背景下信息计量学的机遇与挑战；学科交叉背景下信息计量学的机遇与挑战；融合新技术的信息计量学理论与方法创新；规范 SCI 相关指标使用背景下的科研评价；面向真实世界影响力的科研评价；学科交叉与科技创新（创新性、新颖性、颠覆性）测度；开放科学数据平台建设等。

（九）面向各领域的情报工程服务创新与升级

"十三五"时期情报工程在理论建构上取得了一定进展，但在实践领域有待进一步加强。情报工程虽然起源于科技情报领域，但其思维已经逐渐延伸和应用到应急管理、智慧城市、国家安全、网络舆情、社会管理、智库建设等领域和方向。"十四五"时期，应进一步探讨情报工程在大数据资源开发、前沿技术创新以及专家智慧协同等要素的系统化集成以及"投入—产出"优化能力，并将重心转移到如何将其应用到具体领域和业务，包括传统业务和新业务，形成可复制可推广的情报"生产线"创新策略，促进情报服务的转型升级和纵深化发展。

（十）服务国家安全与发展决策的现代情报理论与实践

随着大国关系、国内社会环境的日益复杂化，无论是安全层面还是发展层面，我们都面临着瞬息万变的环境态势。过去几年来，服务于国家安全与发展的情报学新理论等成为情报学的新增长点。"十四五"时期，情报学界更需要对国家关切、社会需求进行积极回应与主动作为，重视探索科技、经济、安全、外宣、军事、公安、国际等各类情报体系的跨界融合以及各种情报能力的协同培育等。包括研究相关实质性整合和融合方案，探讨情报引领下的情报供给侧改革，探索全局性导向和分领域差异化导向的创新路径，提升战略咨询服务水平，最终形成安全与发展一体两翼式的现代情报理论与实践。

（十一）文件档案管理数字转型

文件档案管理数字转型已经成为全球性的一致行动。在开放政府行动和数字社会发展背景下，转向全面的电子文件管理成为国际档案界的共同目标，一些国家纷纷启动数字转型和数字连续性战略，推动实现全方位无纸化的文件档案管理。人工智能、区块链、云计算、大数据等高新技术在各行业实践中的普及应用，也极大地促推了文件档案管理数字转型的进程。我国同样处于数字转型关键时期，"十四五"时期重点研究主题包括：（1）单轨制电子文件管理研究。进一步加强对单轨制电子文件管理理论体系、实施和推进策略、应用场景等问题的研究，在原则、方法、体制、制度、规范等多个层次探索单轨制电子文件管理的体系化理论和方案。（2）电子文件数据化管理研究。明确电子文件数据态对象的概念，加强对电子文件数据化管理的流程规则、数据规范、存储方案、管控模型等方法体系及其应用的研究。（3）新技术在档案工作中的应用研究。深刻认识新技术对档案学理论与实践的重大影响，深入研究如何将这些技术运用于文件档案的形成、保存、分类、鉴定、著录与开发利用等管理活动中，实现文件档案的智能管理与知识服务。（4）新技术环境下档案管理的法律与伦理问题研究。保护公民权利、消除或预防算法带来的社会不公，及实现各种权利之间的平衡。

（十二）档案社会化趋向与文件档案管理理论方法创新

当今世界档案社会化趋向明显，档案的来源和形式以及对于档案及其管理的认识论越来越多元，档案工作日益走向开放和多元参与，给档案学理论和实践带来了冲击和新格局，学界已经提出档案资源社会化、档案工作社会化、档案资源社会化开发、档案服务社会化、参与式档案馆、参与式鉴定、参与式著录等思想。"十四五"时期，我们需要研究：（1）档案社会化的发展变化及实现机制。研究档案社会化在与档案结构、社会结构之间的持续相互作用中呈现出的新特点、新方式、新模式及其实现机制。（2）档案社会化趋向对文件档案管理理论与实践的影响。诸如对传统文件与档案的概念，文件档案管理的理论、原则、方法的影响，探讨档案观念与档案理论的更新发展。（3）多元档案管理思想和理论。深化对作为证据和记忆来源的多元档案的管理研究，从档案社会角色及其折射的多元文化和社会现象中抽取出具有普遍意义的理论成果。（4）档案学研究方法与研究方法论创新。基于多元、参与理念及批判范式，形成新的档案学研究方法和方法论，指导档案社会化的研究。

（十三）古籍保护理论体系

"十三五"时期，古籍保护实践和研究取得了丰硕成果，但由于该学科尚处于起步阶段，相关理论与实践都亟待完善。"十四五"时期，应继续在"保护为主、抢救第一、合理利用、加强管理"方针指导下充分考虑古籍保护在国家安全保障体系和中华优秀传统文化传承推广体系中的地位和价值；明确古籍保护的核心理论、交叉理论和外延理论，以及相互之间的整体关系，建立古籍保护知识本体；加强文物保护、古籍保护、非遗保护的必要性、可行性分析和理论融合与借鉴；做好实践团队和科研团队的有效结合和配合，避免理论脱离实践；结合现实做好预防性保护的理论指导，明确实现路径；研究在外部环境不稳定情况下古籍保护的应急机制和对策；研究中国古籍保护历史、人物、理念、技术和事例；对国内外现有古籍保护理论和技术进行科学对比和评判，加强国际交流，在古籍文献保护研究与实践方面建立国际话语权等。

（十四）古籍数字化技术与方法

我国古籍数字化工作已经进行了 30 多年，取得了很大成绩。但是，近 20 年来，古籍数字化理论与相关技术的研发遭遇瓶颈，这是未来古籍数字化研究与实践必须重点突破的领域。依靠人工整理和标引海量的古籍文本资源，效率十分低下，这是制约古籍数字化以及开展数字人文研究的重要障碍。因此，未来古籍数字化领域建议重点开展以下研究：专业古籍整理的标点、注释、校勘、引文核查等编辑技术；大规模人工标注引文类型的古籍语料库，实现引文自动识别，通过统计算法和机器学习方法，对经典古籍数据库大数据样本语料进行学习和训练，从语料库中抽取引文类型标注等语言知识和统计规律，构建对标注引文进行类型识别的算法模型，提高编辑核查引文工作效率，使之成为实现古籍数字资源的海量集成、快速文本识别、智能整理标引的重要手段。

二　重点研究课题

（一）图书情报档案事业服务于国家与社会重大需求的模式与管理研究

着力研究图书情报与档案事业如何服务国民素质提升、社会文明进步、公众信息素养提高、社会信息资源建设、应对公共事件等问题。深入研究用户行为、信息资源形态、社会文化与信息需求的变化，社会数字化转型背景下，图情档事业服务国家与社会重大需求的服务模式与管理问题。重点研究课题包括：（1）图情档事业服务国家与社会重大需求的资源建设、服务调度模式；（2）应对公共事件的图书情报与档案服务机制。研究在各种类型的公共安全突发事件发生时，图书情报档案机构应急管理理论、方法和技术应用，应急管理模式，应对公共安全突发事件的响应机制；（3）图情档事业服务国家与社会重大需求的法律、政策、组织、人力、物资、经费协调机制；（4）如何建立实施跨机构、跨部门、跨地区的图情档机构合作，提升服务水平，提升图书馆、情报与档案的职业价值。

（二）面向社会主义现代化强国建设的图书馆事业高质量发展

建设社会主义现代化强国离不开高度繁荣兴盛的社会主义文化。作为公共文化服务体系重要组成的图书馆事业，需要研究在面向社会主义现代化强国建设过程中如何实现高质量发展，保障公众的基本文化权益，可以重点研究以下课题：（1）在公共文化服务体系建设过程中，如何因地制宜建设公共图书馆服务体系，解决公共文化服务供给中的不平衡、不充分问题，更好地实现公共图书馆服务的标准化和均等化。（2）在新的环境下，如何通过创新图书馆的空间、资源和服务形式，提升图书馆的服务效能和社会满意度。（3）图书馆服务如何进一步满足特殊群体（未成年人、老年人、残障人士等）的需求，以满足更多群体对美好生活的向往。（4）图书馆电子书供给机制创新研究。由于版权许可、数字权益等问题，对图书馆电子书供给存在障碍，制约图书馆高质量发展。当前亟须加强图书馆电子书供给机制创新研究，满足公众对数字资源的需求。

（三）文化传承与图书馆学学科创新研究

要加强对目录学、中国图书馆学思想与学科史研究。加强传统的书目、文献方法与现代数据管理的结合研究。应重点关注以下课题：（1）目录学、中国图书馆学思想与学科史研究。加强现代目录学理论的发展与创新，重视目录学与阅读的关系，体现现代目录学的知识化和技术化特点。（2）古籍与文化遗产保护。要加强对中国传统典籍的研究，对地方特色资源、非遗文化资源、优秀传统文化资源、少数民族文化资源的挖掘整理，实现对中华民族优秀传统文化的继承与创新，使图书馆更好地履行"传承文明、服务社会"职责。（3）文献编纂与出版研究。加强近现代图书馆学人和社团、著作和期刊、教育等方面的研究，挖掘开发史料的重大历史价值。加强对中国图书馆史与学科历史的总结与研究，提升中国图书馆学在世界的话语地位，以史为鉴，推动当代图书馆理论建设。（4）大数据环境下图书馆学体系的创新发展。大数据环境下，如何形成具有中国特色的图书馆学理论体系是理论研究者的重要责任和使命。大数据、人工智能的崛起改变了人们的学习、工作与生活方式，必然引起图书馆学体系的变化。在深刻总结中国图书馆学科历史的基础上，建设图书馆学的话语体系与学科体系是时代的要求。

(四)"数智"赋能与学科能力体系建设研究

"数智"赋能是引领时代发展的新驱动力,图书馆·情报与文献学(含档案学)应充分发挥"数智"赋能效用,推进学科能力体系建设。相关内容可涉及:"数智"赋能下的图书情报流程再造与创新研究;"数智"赋能下的学科服务能力提升研究(如科技情报服务、应急情报服务、企业情报服务等);智库型大数据情报研究能力与转化机制研究;基于图书情报视角的区域"数智"融合平台研究;"数智"赋能与学科教育能力体系建设;融入"数智"元素的学科能力体系培育路径研究等。

(五)图书馆版权、个人信息、伦理与安全

大数据正在对社会各领域产生深刻影响,运用大数据推动经济发展、完善社会治理、提升各行业服务效能已经成为趋势,而在这一过程中,极有可能面临侵犯作品版权、非法采集、传播、滥用个人信息等危害个人隐私、信息伦理和安全的事件。应重点关注以下主题:(1)数字图书馆适用性规则研究,以规避在作品转化、作品上传、作品展示、公开获取等各流程可能面临的版权风险;(2)图书馆数字化服务过程中个人信息保护机制研究,图书馆应妥善保管用户的个人信息、搜寻信息、研究兴趣和偏好等;(3)智慧图书馆建设中,信息安全威胁、信息公平失范的伦理问题研究。

(六)用户信息行为与网络信息资源的质量控制研究

网络已成为用户获取各类信息资源的重要来源。然而,网络的相对自由催生了大量质量参差不齐的信息产品。同时,网络已成为社会公众生活的第二空间,为获取有价值的信息,这些用户展现出频繁的信息行为,包括信息搜寻、浏览、点击、转发、分享、发帖等,导致不同质量层次的信息得以广泛传播。这些行为一方面可以增强高质量信息作用的发挥,另一方面也可以放大质量低劣甚至是虚假、错误信息的传播力度和影响力,引发舆情,从而影响社会的和谐稳定,造成不可估量的损失。因而,如何通过探究用户信息行为的规律以引导和控制网络信息质量成为重要的研究课题。

(七) 智能信息组织、检索与服务体系研究

信息技术的充分应用是提升图书情报与档案事业服务能力和服务效能的重要保障，在大数据、物联网、云计算、人工智能、区块链等技术逐渐在图书情报与档案事业中得到应用的背景下，本领域可以重点关注以下问题：（1）大数据环境下多源、异构数字资源的有效组织、集成和融合机制，研究跨媒体语义检索、交互式移动检索、社交网络信息检索等新问题，为资源的智能发现提供良好基础；（2）用户需求的智能感知与预测方法，如何通过用户画像、数据挖掘等技术向用户提供满足其需求的个性化精准服务，实现情境感知服务、跨媒体知识融合服务等创新的服务类型；（3）智慧服务的相关理论、模式和机制问题，研究智慧服务的顶层设计、关键技术、标准体系、业务流程等核心问题。

(八) 面向公共卫生与健康领域的信息与知识服务研究

2020年伊始，新冠肺炎疫情不断蔓延并逐渐席卷全球，让人们重新认知了公共卫生与健康的重要性，同时推动了相关领域的信息与知识服务需求。面向公共卫生与健康领域的信息与知识服务研究可涉及以下内容：本土公共卫生情报系统建设研究；公共卫生情报国际化合作机制研究；健康危机情境下的信息甄别方法研究（包括错误信息、虚假信息等问题的解决）；社交媒体环境下健康信息（资源）可信度测度研究；健康危机情境下的信息弱势群体研究；面向公众健康的知识组织与知识服务系统研究等。

(九) 面向真实世界影响力的科学评价研究

在全球爆发的公共卫生事件中，科学的角色极为重要。未来的科学评价，将越来越注重科学的社会影响力、政策影响力、经济影响力，等等。科学数据与专利数据、社交媒体数据、政策数据、经济数据、健康数据等的连通，将为面向真实世界的科研评价提供数据基础。

(十) 大型或专门情报工程建设与服务运营研究

面向日益高涨的大数据情报需求，针对大型或专门领域，需要加快面

向新业务的情报工程建设,如应急管理、健康管理服务、网络舆情、双创、智库、智慧城市等领域。包括:深度探讨相关数据资源开发、技术方法创新、专家协同服务以及集成情报工程服务三要素的高效运转机制;研究领域驱动的情报需求工程、情报侦察工程、情报行动工程、情报评估工程等关键切分项目;研究情报工程服务平台的核心要件及其配套设施;开展大型或专门情报工程项目的示范建设;探讨情报工程项目服务运营的创新模式以及相关可推广的策略等。

(十一)国家安全数据管理与情报服务创新研究

新时期安全形势的复杂性使得维护国家安全和社会稳定的任务日益艰巨,相应的情报工作需要与之适应的数据管理和情报服务理论、方法与技术的支撑。包括:理清国家安全数据管理的力量构成、各方职责以及其与其他相关工作之间的关系,明确国家安全数据管理的内涵;理清国家安全数据管理的各项重点任务及其关键所在,切实增强具体制度设计的科学性、可行性、针对性;提出国家安全数据管理的总体目标、建设原则和建设框架,构建国家安全数据管理的理论(包括管理模型、管理模式等)与方法体系;开展国家安全情报服务创新研究,包括构建新技术环境下的国家安全情报服务体系,在服务内容、服务模式、服务策略等方面提出实现国家安全情报服务创新的可行性方案,将生产要素、基础设施、服务模式等融入国家安全情报服务的整个活动过程中。

(十二)"发展情报"的新理论新方法研究

随着国家发展战略从跟跑转为并跑、领跑,亟须开展服务于新发展趋势、态势和选择的"发展情报"新理论新方法研究。包括:新时代"发展情报"的基本理论问题研究(新内涵、新特性、新价值等);深度建构"发展情报"的判读模型与方法研究;"发展情报"的突变与容错机制研究;"发展情报工作"的组织管理研究;"发展情报工作"的工作模式研究;"发展情报"服务模式创新研究;数据驱动在"发展情报"中的应用研究;"发展情报"与智库建设相关研究;"发展情报"与安全情报的融合研究等。

(十三）文件档案治理研究

文件档案治理是国家治理体系与治理能力现代化建设的组成部分，直接影响国家信息治理能力。高效的文件档案治理体系将为国家大数据战略提供基础性支持，促进政府信息公开与数据开放，提升社会公众对政府的信任。文件档案治理也是文件档案管理转型升级的路径，有利于将文件档案作为整体进行系统性审视，覆盖管理全流程，综合考虑各主体需求，形成主体广泛、全面参与、内涵丰富、思维升级的治理体系。该领域要加强以下研究：（1）国家治理体系与治理能力现代化建设中档案事业的定位与功能。把握档案事业发展的脉络与要求，明确档案机构改革的主要任务与基本走向，研究档案工作融入国家大数据战略和政府数据治理的意义与路径，分析档案机构的角色与作用。（2）档案治理研究。加强档案治理的概念探析与实证研究，构筑多元主体参与的档案治理框架，强化档案法治化建设，构建覆盖全面的法律体系，形成立法、执法、司法、守法的法治架构。（3）多载体、多样态、多场景的文档一体化管理研究。归纳不同载体、不同样态以及不同场景文档一体化管理的主要挑战，创新大数据环境下文档一体化管理的基本策略，促进文件档案跨场景、跨资源融合管理。

（十四）档案记忆理论与数字记忆研究

档案作为一种记忆资源在社会记忆建构中的价值和功能在全球已形成共识，随着社会数字转型，数字记忆逐步成为社会记忆的主要形态。为彰显档案学科的人文精神，深入挖掘档案资源在文化建设中的价值，在数字记忆领域进一步开展研究的课题主要有：（1）档案记忆理论体系的构建。从身份认同、社会公正、记忆伦理、记忆场等视角，对档案在个人记忆、社群记忆及国家记忆的建构、传承以及相互交互、转化过程中的角色、功能及实现机制等问题开展深入研究，科学阐述数字记忆的概念和建构机理，提炼出具有解释力的理论成果。（2）数字记忆的建构与长期保存。研究数字记忆建构与长期保存的理论、方法、技术、标准及其应用，以及所涉及的被遗忘权、知识产权、数字遗产继承权等法律问题。（3）数字记忆的组织、再现与传承。包括对各种数字记忆资源进行组织与再现，使之达到可解读、可保存、可关联、可再组、可传播、可共享，进而满足社会多元主体需求的方法、技术及其应用。

(十五) 文献遗产保护与修复研究

文献遗产保护与修复关系到我国传统文化与文明的传承，这一领域已成为重要的跨学科研究命题，"十四五"时期应关注：（1）我国重要文献遗产整理、挖掘与抢救性保护。需要对我国重要文献遗产的分布、鉴定、整理与保存现状进行调研，系统开展内容、语言文字、文献遗产特性、保护修复需求等方面的研究，深入挖掘历史文献的价值，完成文献遗产名录，建立文献资源库和抢救平台，提出整体性文献遗产抢救的策略、方案及实现路径。（2）中国文献修复史及其文化影响。从史学、文献保护学、版本学等角度，依据史料、档案、历史珍藏等对文献修复工艺、材料、工序、传承特点、修复师等进行系统梳理，探究文献修复在不同历史阶段的主要特征及其对中华民族文化的影响。（3）文献保护与修复技术的传承与创新。在汲取我国传统文献保护与修复技术经验的基础上，研究面向数字载体的文献保护，探索运用多学科知识改进创新各类文献保护技术的路径和方法。

(十六) 儒家经典权威版本整理与研究

对于儒家经典特别是《十三经注疏》的整理，需要综合利用存世的所有重要刻本、古写本、出土文献等进行全面校勘，并要充分吸收前人特别是清人的校勘成果，整理出文字更为可靠、标点更为准确的和中华书局版《二十四史》一样的权威定本。

(十七) 清代文献学专题研究

数量庞大的清刻本将是未来版本学研究的宝库。传统的版本学研究多侧重于宋元刻本，而对明清刻本研究不足。近年来，明刻本研究（如藩府刻本、嘉靖本、汲古阁刻本、司礼监刻本等）开始受到关注，并取得了一系列成果。但对于清代刻本的研究，目前关注较多的还只是清初写刻本、武英殿刻本、清代翻宋本和清末书局刻本等几个点，这些版本的文献占整个清代刻书的十分之一都不到。随着大量清刻本的影印和电子化，能看到的清刻本越来越多，使对清刻本进行全面深入研究成为可能。

清代诗文集存世量非常大，据《清人著述总目》（未刊稿），清别集有7万余种，其中存世者在4万种以上，这些诗文集是一个巨大的资料宝库。近年来，学界已经开始关注清代诗文集，影印出版了《清代诗文集汇编》《稀见清人文集丛刊》等，但不及存量的十分之一。

（十八）近现代文献学的理论、方法与技术研究

鉴于近现代文献在中国历史文献中的重要地位，应从国家层面进一步深化近现代文献学相关理论探索，对近现代文献保存保护、整理利用的体制机制、标准规范、管理流程与方法、关键技术研发等方面开展攻关研究。

以马克思主义为指导，在现有文献学史研究的基础上，突出中国近现代史特征，进一步挖掘有关史料，进行断代研究、专题研究和学人研究，完善丰富我国近现代文献学史相关内容。总结我国近现代文献学思想，构建符合现代学科体系发展的文献专门史。总结中国近现代文献学的思想特质和发展规律，提炼我国近现代革命历程的文化价值和历史贡献。

近现代文献的抢救、保护与开发利用是我国文化遗产保护工作的重要内容。近现代文献保护要探索建立健全保护机制，研发保护技术，做到原生性保护与再生性保护相结合、预防性保护与治理性保护相结合、整体性保护与精准化保护相结合、妥善保护与有效开发相结合，从而实现文献的历史价值与文化价值的有机统一与长期保存。要借助数字人文的新理念、新方法，创新文献工作思维方式、发挥数字人文数据存储优势、提供基于数据运算的文献识别和分析模式，最终形成服务国家文化建设，辅助人文学科发展的服务新形态。

（十九）海外藏中国近现代文献的调查与研究

海外相关机构藏有一定数量的中国近现代文献，开展海外藏中国近现代文献的调研、征集、整理、研究工作意义重大。应对海外相关机构民国文献收藏情况进行摸底，开展文献普查，挖掘出重要历史文献，并就其存藏历史、发展脉络、保护现状，以及不同时期的代表人物和成就进行深入研究，在此基础上进一步探讨海外近现代文献收藏与汉学发展之间的关系。

(二十) 少数民族古籍保护研究

灿烂的中华文化是中国各族人民共同创造的。在中国古代文献中，少数民族古籍数量庞大，特点鲜明，具有十分重大的文化和学术价值。但由于历史原因，少数民族古籍保存现状以及保护研究都存在着许多问题。面对时代赋予少数民族古籍保护的新任务，要始终坚持"救书、救人、救学科"的原则，充分考虑各民族在文化上的相互尊重、相互欣赏、相互学习、相互借鉴，推动各民族文化的传承保护和创新交融，增强各族群众对中华文化的认同；加强顶层设计，发挥不同领域保护力量的优势，做好目录普查、原生性保护、再生性保护和人才培养的有益互补；借鉴汉文古籍保护经验，特别要重点加强少数民族语言文字人才和古籍保护专业人才的结合，探索少数民族古籍保护高层次人才培养的有效模式，研究构建少数民族古籍保护理论体系、课程体系和教材体系；充分利用《中国少数民族古籍总目提要》等已有成果，进一步完善有针对性的少数民族古籍著录、分类、标引等标准规范；从装帧、材料、修复等角度研究少数民族古籍的纸张、装具、书写材料特征，建立科学有效的对应保护原则和方法；加大科技手段在少数民族古籍保护中的应用研究，包括知识库、数字人文技术等，在基于全文影像的基础上加强文字互译，推进专题揭示；探索少数民族古籍在中华优秀传统文化传承推广下的"活化"机制。

(二十一) 新文科建设背景下图书馆·情报与文献学（含档案学）学科人才培养体系研究

2019年4月，教育部等13个部门联合启动"六卓越一拔尖"计划2.0，强调新工科、新农科、新医科和新文科的整体推进，由此宣告国家层面的"新文科"建设正式开启。新文科的核心是"推动哲学社会科学与新科技革命交叉融合"，目标在于"培养新时代的哲学社会科学家"。新文科建设背景下图情档专业教育改革和发展研究需主要关注：（1）对图情档专业教育的反思。系统梳理图情档专业教育新的研究对象、研究范式及社会需求，反思图情档专业教育现有的人才培养目标、课程结构与体系、人才培养模式、教学组织形态存在的局限性。（2）图情档专业教育改革、发展与创新的理念和思路，探索"新文科"目标导引的图情档专业教育的新目标、新内涵、新模式和新体系，孕育、延伸和拓展新的学科增长点。

总审稿人 马费成

审 稿 人 陈传夫 孙建军 冯惠玲 陈 力 肖希明
　　　　　　吴 钢 赵一鸣

执 笔 人

学科进展

赵蓉英 李新来 李 直 朱伟杰 何 元 刘卓著

图书馆学

陈传夫 肖希明 司 莉 黄如花 吴 丹
李明杰 杨思洛 周力虹 冉从敬 吴志强
吴 钢 彭敏惠 陈 一 傅文奇 龚蛟腾
周淑云

情报学

孙建军 李 纲 李广建 李月琳 叶 鹰
裴 雷 杨建林 李 江 毛 进 李 阳

档案学

冯惠玲 连志英 曲春梅 周文泓 潘未梅
徐辛酉 李孟秋 王 宁

文献学

陈 力 马 静 王 沛 赵文友 江 曦

体 育 学

"十三五"时期体育哲学社会科学和主要二级学科研究现状及研究进展

一 "十三五"时期体育哲学社会科学基本研究状况

2016年5月，习近平总书记在全国哲学社会科学工作座谈会上指出："哲学社会科学是人们认识世界、改造世界的重要工具，是推动历史发展和社会进步的重要力量，其发展水平反映了一个民族的思维能力、精神品格、文明素质，体现了一个国家的综合国力和国际竞争力。"[①] 自1997年体育学列入国家社会科学基金以来，体育哲学社会科学研究始终着力解决体育发展中的重大理论问题和现实问题，为引领和促进我国体育事业的快速发展发挥了重要作用。[②] 通过对"十三五"时期国家社科基金体育学立项课题状况的统计分析，归纳其发展特征，有利于了解我国体育社会科学课题研究的发展动态，为新时期体育社会科学课题的申报和管理提供参考。

（一）课题立项

2016—2020年，国家社科基金（体育学）共立项871项，其中包括重大项目24项、重点项目49项、一般项目611项、青年项目101项、西部项目57项、后期资助项目25项、中华学术外译项目4项。此外，2019年

---

① 习近平：《在哲学社会科学工作座谈会上的讲话》，人民出版社2016年版，第2页。
② 杨桦：《中国体育哲学社会科学研究现状——基于国家社科基金项目立项状况的考察》，《体育学研究》2018年第3期。

杨桦获批"加快构建中国特色哲学社会科学学科体系、学术体系、话语体系"重大专项"新时代中国特色体育学基本理论问题研究"课题。2016年1月至2020年5月我国国家社科基金（体育学）结项338项，其中包括重点项目9项、一般项目210项、青年项目96项、西部项目14项、后期资助项目9项。2016—2020年，教育部人文社会科学研究课题（体育学）共立项445项，其中包括规划基金176项、青年基金268项、自筹经费项目1项。2016年1月至2020年5月教育部人文社会科学研究课题共结项196项，其中包括规划基金82项、青年基金114项。

总体上看，"十三五"时期体育学课题立项数呈现逐年稳中有升的趋势，反映出随着我国经济社会的迅速发展，体育学在我国哲学社会科学体系中的重要性不断提高，国家社科基金和教育部人文社会科学研究课题在评选中对体育学相关研究的支持力度不断加大，也反映出随着我国体育事业的快速发展，体育实践不断涌现出新问题和新状况，需要从理论上解决和突破，大量高质量的理论成果能够反哺体育事业改革实践。同时，在开展科学研究的过程中也实现了体育学科共同体规模的增长与自身研究实力的提升。

从图1课题立项的地区分布来看，"十三五"时期国家社科基金体育学项目覆盖了我国31个省区市。其中，江苏（9.03%）、北京（8.88%）、上海（7.74%）、山东（6.45%）、湖南（5.73%）、浙江（5.59%）、湖北（5.44%）、广东（5.30%）、四川（5.30%）、河南（4.01%）、辽宁（3.87%）、江西（3.15%）、福建（2.87%）13个省市课题立项数占总数的73.36%，这些区域集中了较多科研团队，已成为我国体育哲学社会科学研究力量的主要聚集区。其他19个地区课题立项数量仅占到总数的26.64%，少数地区每年立项仅有1—2项，说明"十三五"时期我国体育哲学社会科学研究地区发展存在不平衡现象。这种区域非均衡差异，在一定程度上也反映了不同时期我国体育科学研究乃至体育事业整体发展的不均衡。①

---

① 杨桦：《中国体育哲学社会科学研究现状——基于国家社科基金项目立项状况的考察》，《体育学研究》2018年第3期。

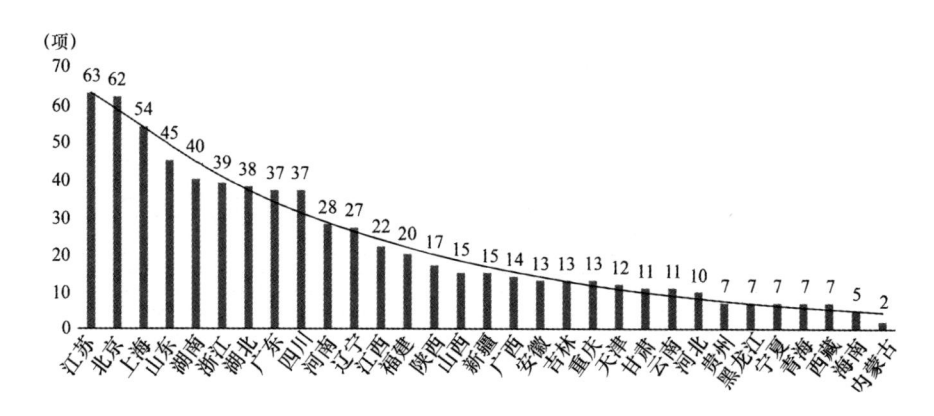

图1 2016—2019年国家社会科学基金体育学项目的地区分布

（二）出版著作

2016—2019年，我国体育学科共计出版体育哲学社会科学书籍3144部/本。以人民体育出版社出版书籍为例，该出版社2016—2019年共出版体育类书籍414部/本，包括专著272部/本、编著81部/本、教材61部/本。按照二级学科划分，民族传统体育179部/本、运动竞赛学90部/本、体育教育学57部/本、体育社会学33部/本、体育史19部/本、体育经济学（体育产业）13部/本、体育文化学和体育管理学各7部/本、奥林匹克运动和体育哲学（美学、伦理学）各4部/本、体育新闻传播学1部/本。

总体上看，"十三五"时期书籍总量多，学科分类丰富。其中，以人民体育出版社为例，民族传统体育（武术）和运动竞赛学的书籍占到总数的53.14%，一方面反映出民族传统体育（武术）这些年来得到了迅猛发展，在体育学科中的地位日益提高；另一方面，反映出当前体育学科仍然存在发展不均衡的问题，特别是跨学科的体育经济学（体育产业）、体育文化学、体育管理学以及体育新闻传播学等学科的系统性研究仍需加强。

从图2体育类图书作者的地区分布来看，"十三五"时期人民体育出版社出版的体育类书籍分布在我国26个省区市，其中北京市最多（27.54%），此外，河南（9.90%）、山东（6.04%）、浙江（6.04%）、天津（5.80%）、福建（4.83%）、上海（4.11%）、江苏（3.62%）、四川（3.62%）、陕西（3.38%）、广东（3.14%）、辽宁（2.66%）、湖北（2.42%）出版总数超过10本。北京地区由于集中了较多的体育科研人才和运动领域专家，又有相对丰富的出版资源，因此在出版书籍方面呈现优势局面；河南省武术文化源远流长，出版的书籍也多以民族传统体育（武术）为主，书籍数量多，门类丰富。此外，甘肃、湖南、云南和重庆仅有 1 本书籍出版，未出版书籍的地区多达 8 个，书籍出版的地区分布体现了体育科研力量的分布非常不均衡，西北、西南等地区需要发挥在民间民俗民族体育学上的优势。

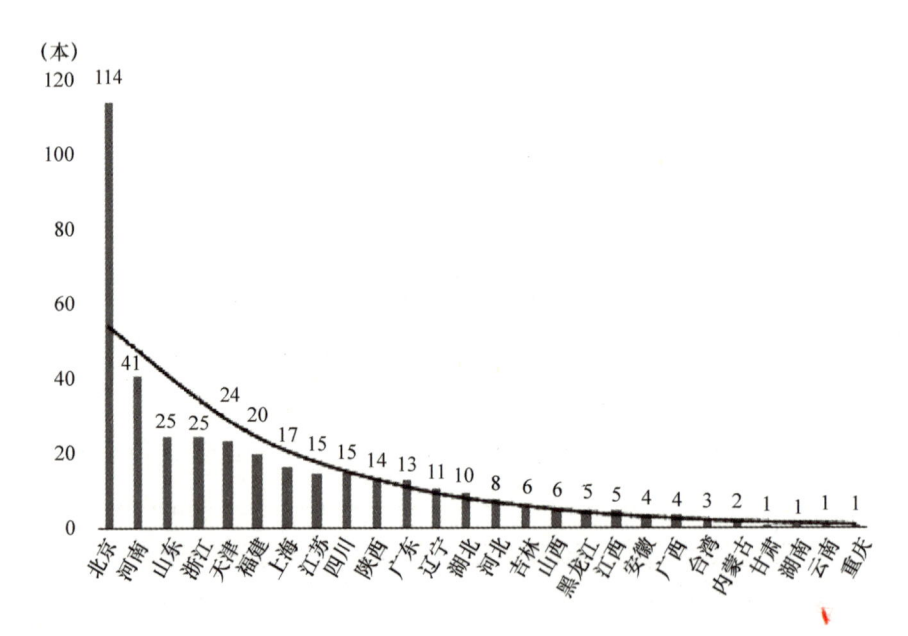

图 2　2016—2019 年体育类图书作者的地区分布（以人民体育出版社出版书籍为例）

注：另有 3 本书籍无法查证作者所在地信息。

（三）发表论文

2016—2020 年（检索时间为 2020 年 5 月 13 日），我国学者在 CSSCI 来源期刊发表体育哲学社会学论文共计 9264 篇。从二级学科看，运动竞赛学 3033 篇（32.7%），体育社会学 1831 篇（19.8%），体育教育学 1088 篇（11.7%），体育经济学（体育产业）810 篇（8.7%），民族传统体育学 970 篇（10%），体育管理学 332 篇（4.3%），体育法学 235 篇（2.5%），体育文化学 222 篇（2.4%），奥林匹克运动 202 篇（2.2%），体育史 201 篇（2.2%），体育哲学（美学、伦理学）172 篇（1.9%），体育新闻传播学 168 篇（2.2%）。

"十三五"时期，发表体育类 CSSCI 来源期刊论文数量较多，从二级学科来看，运动竞赛学和体育社会学占据总数的 50% 以上，体育法学、体育文化学、奥林匹克运动、体育史、体育哲学（美学、伦理学）和体育新闻传播学各约占总数的 2%，这也与出版著作的分布较为一致。主流二级学科成果丰富，但今后也应加强体育史和体育哲学（美学、伦理学）的研究，二者均是体育学科发展的根基，此外，不能忽略跨学科的研究，多管齐下，百家争鸣，共同推动体育学科的发展。

从图 3 的 CSSCI 第一作者的地区分布来看，"十三五"时期发表体育类 CSSCI 来源期刊论文的第一作者覆盖全国，其中发表论文数量在 300 篇以上的，分别是北京（16.82%）、上海（11.32%）、江苏（9.63%）、湖北（7.34%）、广东（6.48%）、四川（4.72%）、山东（4.23%）、河南（3.93%）和陕西（3.78%）。北京、上海和江苏三地的文章总数占全国文章发表总数 37.77%，北京的论文数量约等于排名后 20 个地区发表论文之和；除我国港澳台地区外，海南、西藏、宁夏和青海等地发表体育类 CSSCI 来源期刊论文数量较少。出现这种现象一方面是因为体育科研力量分布不均衡，另一方面是因为北京、上海等地的高校在师资考核和博士毕业资格审核的过程中多强调体育类 CSSCI 来源期刊论文的发表。

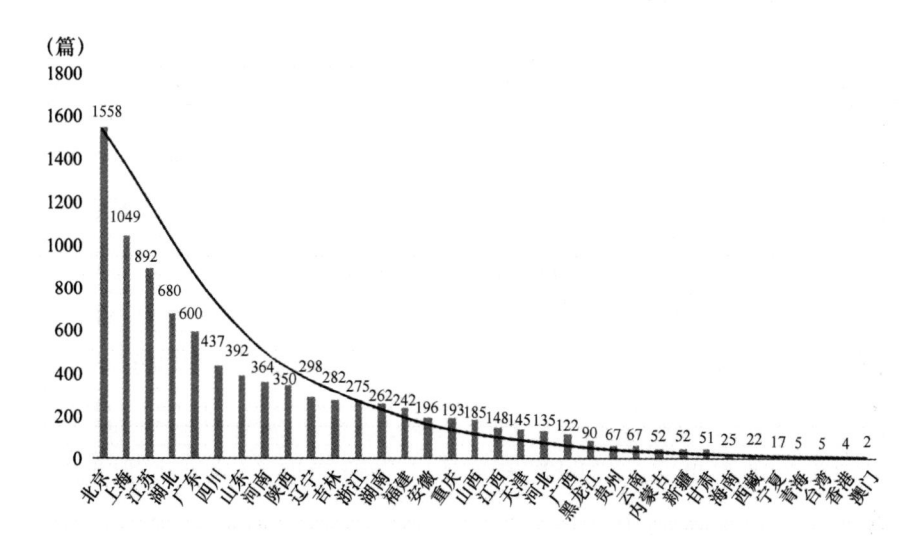

图 3　2016—2020 年发表体育类 CSSCI 来源期刊论文的作者地区分布

从图 4 的 SSCI 第一作者的地区分布来看，"十三五"时期，发表 SSCI

论文数量在50篇以上的地区，分别是香港（19.38%）、上海（16.41%）、北京（10.97%）、广东（6.26%）、江苏（5.85%）和湖北（5.13%）。其中，超过100篇的分别是香港、上海和北京等我国国际化程度较高的城市，说明SSCI论文的发表与作者所在城市的国际化程度密切相关，国际化程度高的城市能为研究者带来更多的国际交流，可以开拓研究者的视野，提高研究者的英文写作水平，另外，有海外经历的研究者也多倾向于在大城市就业。

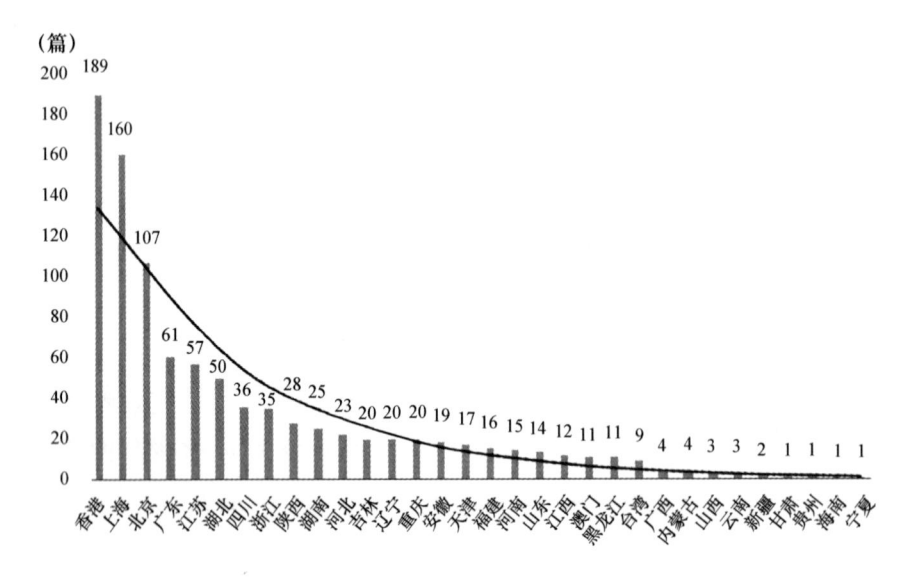

图4　2016—2020年发表体育类SSCI来源期刊论文的作者地区分布

（四）智库建设

"十三五"时期，我国体育智库聚焦体育重大决策急需，围绕体育改革发展重大问题，积极开展了国家战略预判、体育决策研究。国家体育总局2017年12月批准建立了16家体育产业研究基地之一的北京体育大学体育产业发展研究中心参与了《"健康中国2030"规划纲要》《体育强国建设规划纲要》国家重要文件的起草工作，主持完成了《关于推进体育场馆运营管理改革　提高公共服务水平的实施意见》《群众冬季运动推广普及计划（2016—2020年）》国家体育总局文件起草工作，涉及北京、广西、宁夏等省区市的30多个区域性体育产业发展专项规划；上海体育学院公共体育服务发展研究中心受国家体育总局群众体育司委托对"十三五"时期

《全民健身计划（2016—2020 年）》实施情况进行评估，连续多年出版《中国群众体育发展报告》（2016、2018、2019），并研制了上海市全民健身发展"300 指数"，为全国公共体育服务评估事宜提供依据和启示；《中国资本投资经营海外足球产业尚面临多方面挑战》《国内足球特色学校建设存在一些问题》《当前足球特色学校建设面临的问题及对策建议》等研究成果被国家和地方省市体育主管部门采纳，成为相关决策的重要依据，并在实践中得到应用和推广。江苏省体育产业研究院编译了大量国外体育产业（如体育公园、户外运动产业等）新业态、新经验，在对国内体育行业发展状况进行了比较分析的基础上，提出了中国体育产业创新发展的一系列建议。由广东省教育厅批准组建的"广东省体育产业高端智库创新团队"完成的国家社科基金项目和国家体育总局决策咨询重点项目《粤港澳大湾区体育产业协同发展研究》《粤港澳大湾区体育体制机制创新"试验区"探索性研究》阶段性成果在"学习强国"平台展示。

二　主要二级学科研究状况

"十三五"时期，体育学主要二级学科发展日臻成熟：体育本体论、审美论、伦理学研究取得新突破；体育社会学学科独立性进一步增强；古代体育史料及考古文物研究方兴未艾；近现代体育史研究照进现实；体育经济学（体育产业）聚焦体育产业融合与高质量发展；体育文化学本土化、国际化交融明显；体育管理体制和体育发展战略研究标志性成果凸显；体育教学观念、方法、途径有了新突破；中国特色体育法学、体育新闻传播学理论体系初步形成；民族传统体育传承发展取得新进展；奥林匹克运动可持续发展研究日益深入。

（一）体育哲学（美学、伦理学）

作为体育学与哲学的交叉学科，体育哲学（美学、伦理学）以哲学基本理论与方法为指导，以体育思想与实践为基础，兼议体育理论中的概念、命题与范畴，体育实践中的思维方式与价值判断等问题。近年来，中国体育哲学研究批判吸收中外体育哲学研究成果，注重体育"立德树人"思想内涵的阐释与发展，关注体育实践中出现的新问题、新现象与新方法。"十三五"时期，体育哲学（美学、伦理学）重点研究习近平新时代中国特色社会主义思想在体育领域的诠释与应用、哲学概念与理论在体育哲学研究中的合理引入与辩证发展、中西体育哲学思想与理论的阐释与推进、新时代背景下体育实践的哲学反思等方面。该学科主要取得了以下研究进展：(1)"文化自信"贯穿当代中国体育哲学研究的主题与价值导向；(2)西方哲学背景下的体育哲学"西学东渐"趋势逐渐为"中体西用"的当代发展模式所取代；(3)体育哲学的思想与理论作为时代先声，为当代中国体育发展的理念与道路选择提供了论证、辨析与反思的思想助力；(4)体育哲学与体育史、体育社会学等体育人文学科相互交叉、相互借鉴，在理论与方法上推陈出新、相辅而成。体育哲学（美学、伦理学）科研立项与科研成果共计212项（表1）。

表1　2016—2020年体育学主要二级学科科研立项与科研成果

	2016年	2017年	2018年	2019年	2020年	合计
体育哲学（美学、伦理学）						
国家社科立项	4	0	10	4	3	21
教育部立项	1	1	1	1	0	4
著作出版	4	0	0	0	0	4
CSSCI发表	34	51	39	40	8	172
SSCI发表	0	1	0	5	5	11
体育社会学						
国家社科立项	20	17	13	23	26	99
教育部立项	16	21	23	25	11	96
著作出版	11	9	11	2	0	33
CSSCI发表	448	479	461	371	72	1831
SSCI发表	50	37	95	114	43	339
体育经济学（体育产业）						
国家社科立项	17	19	14	21	21	92
教育部立项	5	8	9	10	14	46
著作出版	1	7	5	0	0	13
CSSCI发表	177	188	210	183	52	810
SSCI发表	19	11	19	24	9	82
体育史学						
国家社科立项	10	7	10	13	12	52

续表

	2016年	2017年	2018年	2019年	2020年	合计
教育部立项	0	6	1	2	4	13
著作出版	6	7	5	1	0	19
CSSCI发表	43	49	70	32	7	201
SSCI发表	0	0	4	0	0	4
体育文化学						
国家社科立项	11	31	19	10	16	87
教育部立项	4	11	12	7	8	42
著作出版	2	5	0	0	0	7
CSSCI发表	61	56	48	52	5	222
SSCI发表	6	6	8	2	3	25
体育管理学						
国家社科立项	41	43	53	66	25	228
教育部立项	7	13	23	44	28	115
著作出版	6	1	0	0	0	7
CSSCI发表	97	79	77	62	17	332
SSCI发表	3	12	0	17	1	33
体育教育学						
国家社科立项	17	23	20	26	33	119
教育部立项	14	17	13	12	17	73
著作出版	24	17	13	3	0	57
CSSCI发表	341	287	228	184	48	1088
SSCI发表	25	43	74	41	12	195
体育法学						
国家社科立项	4	2	5	1	2	14
教育部立项	0	3	7	1	0	11
著作出版	0	0	0	0	0	0
CSSCI发表	57	43	73	54	8	235
SSCI发表	0	0	0	1	0	1
体育新闻传播学						
国家社科立项	0	2	3	1	4	10
教育部立项	1	2	3	3	2	11
著作出版	1	0	0	0	0	1
CSSCI发表	56	46	32	24	10	168
SSCI发表	0	0	4	3	3	10
运动竞赛学						

续表

	2016 年	2017 年	2018 年	2019 年	2020 年	合计
国家社科立项	6	5	10	11	5	37
教育部立项	1	3	3	1	1	9
著作出版	23	29	30	8	0	90
CSSCI 发表	807	809	683	598	136	3033
SSCI 发表	56	106	41	40	22	265
民族传统体育学						
国家社科立项	23	14	16	13	16	82
教育部立项	5	1	5	4	3	18
著作出版	29	63	56	31	0	179
CSSCI 发表	267	275	218	172	38	970
SSCI 发表	0	0	0	5	2	7
奥林匹克运动						
国家社科立项	4	7	5	4	0	20
教育部立项	0	1	3	0	3	7
著作出版	2	1	1	0	0	4
CSSCI 发表	56	29	40	58	19	202
SSCI 发表	0	0	0	3	0	3

（二）体育社会学

我国体育社会学在不断拓展研究领域中发展，已从社会学和体育学叠合生成了一门独立的学科体系。近年来，体育社会学关注社会现象与问题，运用社会学的理论、研究范式及研究方法，探索体育在人类社会进步与发展中的价值、功能与作用，深入解读各种体育现象和问题，凸显体育社会学具有的描述、解释、批判、预测的学科价值，同时也更加注重运用体育社会学理论、视角和方法解决中国体育现实问题。"十三五"时期，体育社会学研究议题广泛，既涉及人类命运共同体思想引领下的全球体育治理、国际体育（包括奥林匹克运动）发展与变革、以人民为中心的体育发展道路、中国体育发展战略、体制改革与发展、弘扬体育精神、完善举国体制等宏观层面的问题，也涉及身体素养、生活化体育理念、全民健身与竞技体育协调发展、全民健身与健康融合发展、体育社会组织改革与建设、体育与科技结合、大众体育参与、体育与青少年社会化以及体育越轨问题（兴奋剂、体育腐败、体育歧视、球迷骚乱）等中微观层面的问题。该学科主要取得了以下研究进展：（1）客观判断全球体育发展的方向及面临的问题与挑战，为中国参与全球体育治理做了思想与理论的准备；（2）对中国体育改革与发展成果的总结，为中国体育道路自信提供了依据；（3）对中国体育发展面临问题已形成集成性研究成果，为深化体育改革提供了可行性方案。体育社会学科研立项与科研成果共计2398项（表1）。

（三）体育经济学（体育产业）

伴随着我国体育产业的不断发展，体育经济学（体育产业）已经成为我国体育社会科学的重要分支。近年来，体育经济学始终坚持"问题导向"，针对国务院《关于加快发展体育产业 促进体育消费的若干意见》提出的我国体育产业发展所面临的各类问题，运用经济学理论、研究范式和研究方法，解释体育产业发展所出现的多种现象，分析体育产业发展的深层次矛盾，提出高质量发展体育产业的解决方案，凸显了体育经济学在体育产业发展研究中的核心地位。同时，体育经济学主动与其他学科融合，不断拓展研究领域，成为体育研究领域的一支新兴力量。"十三五"时期，体育经济学（体育产业）研究议题主要涉及体育产业与国民经济发展的关系、体育产业内部的权利与收益分配制度和格局、体育产业的宏观发展计划与产业发展政策、体育产业高质量发展、体育消费促进、体育产业与体育公共服务、职业体育、体育产业与体育组织、运动休闲特色小镇、冰雪体育产业、足球运动、智能体育等。该学科主要取得了以下研究进展：（1）从借鉴西方职业体育经济学理论，到逐步形成自身特色，以"中国问题"为核心，开始在国际上发出自己的声音，引起国际体育经济学学界的重视；（2）范式逐渐统一，应用计量经济学方法的研究逐渐增多，受到了经济学母学科的重视，体育经济学在国内经济学界的地位显著提升；（3）对中国体育，特别是体育产业发展所面临的问题形成了一系列研究成果，成为中国体育产业高质量发展的重要思想来源。体育经济学（体育产业）科研立项与科研成果共计1043项（表1）。

（四）体育史学

中国体育史学研究走过了百年的发展历程，今天已经形成了相对稳定的研究领域、与时俱进的研究视角，在理论方法和研究范式等方面已经逐渐走向成熟。近年来，体育史学术界在基于现实问题的观照，回溯并汲取历史发展经验方面已经初步形成共识，主要体现在研究内容的选择、研究思路的梳理等方面，并注重吸取母学科历史学的有益"因子"，着力构建体育史学的学科体系和话语体系。"十三五"时期，体育史学研究议题涉及古代体育史：中国古代体育文物信息搜集与数据库建设、"丝绸之路"体育文化交流史、中国古代体育项目史志、中国古代体育断代文化史研究等；近代体育史：近代全运会和远东运动会研究、近代中国女子体育问题、精武会和国术馆等近代体育组织研究等；中华人民共和国体育史：70年的中国体育发展道路问题、基于史学视角的国家层面体育政策的回顾与反思问题、"登珠峰"和"乒乓外交"等重大体育历史事件等方面。此外，"史学"视域下的体育概念再认识问题、"体育全球史"等体育史学理论研究和20世纪西方体育思想史等问题亦是"十三五"时期学术界较为关注的热点议题。该学科主要取得了以下研究进展：（1）中国古代体育文物信息采集和数据库建设方面取得突破性进展，为进一步提炼和展示中华优秀体育文化的精神标识奠定了史料基础；（2）中国古代和近代体育史专题研究异彩纷呈、佳作迭出，为进一步提炼和展示中华优秀体育文化具有世界意义和当代价值的精髓，提供了丰硕的成果基础；（3）中华人民共和国体育史研究方兴未艾，凸显了体育史学术界对现实的观照，通过系统梳理中国体育发展的理论原点和基本路径，将为中国体育的"四个自信"提供理论依据。体育史学科研立项与科研成果共计289项（表1）。

（五）体育文化学

我国体育文化学研究在基本奠定了体育文化学学科体系的基础上，逐步拓展了理论视野，丰富了分析工具，延展了研究内容，深化了研究结论，提升了研究价值。近年来，我国体育文化学形成了三种研究路向：一是从文化学的基本理论视角和核心话语出发，阐明体育的演进历程与规律；二是聚焦体育实践领域的问题和现象，运用文化学及其分支学科的基本理论与方法进行探讨；三是从运动项目文化入手，阐释其背后的文化元素和文化机制，意图促进不同运动项目的社会化、产业化、职业化等现实目标。"十三五"时期，体育文化学研究议题主要涉及民族传统体育文化及其现代化转型、体育文化差异与文化融合、体育非物质文化遗产传承与创新、欧美职业体育文化的借鉴、域外经验总结和中国本土实践分析、运动项目文化的本质及其实践意义、全民健身的文化因素和文化意义、学校体育的文化障碍和文化价值、女排精神、女足精神、乒乓精神等的文化价值、中国足球和冰雪运动振兴的文化策略探究等。该研究主要取得了以下研究进展：(1) 对文化学理论的范畴和话语体系有所拓展；(2) 民族志和生涯史的研究方法得到更广运用；(3) 研究领域出现了国外体育特殊文化的深研和国内少数民族体育文化的开掘；(4) 提出了体育文化是国家文化自信、文化利益表征的观点；(5) 体育非物质文化遗产研究推动了我国传统体育文化资源的活化和挖掘、传承。体育文化学研究力量主要分布在华东、华北、东北地区，科研立项与科研成果共计383项（表1）。

（六）体育管理学

自体育管理学诞生以来，现代管理学的科学主义与人本主义、理论管理与应用管理、定量管理与定性管理的研究范式深刻影响着体育管理学的研究走向。近年来，在全球化、信息化背景下，我国体育管理学研究呈现出理论与实践结合紧密，本土化与国际化共存的发展特点与趋势。"十三五"时期，体育管理学研究议题焦点广泛，层次丰富，主要涉及健康中国与体育强国建设、北京2022年冬奥会和冬残奥会筹办、遗产与危机管理、北京冬奥会与冰雪运动的普及和发展、中国特色竞技体育人才培养模式、中国体育外交转型与体育国际话语权的提升、我国残疾人体育需求与体育公共服务体系、我国公共体育场馆经营权改革等。主要取得了以下研究进展：(1) 深入探索体育强国建设的意义和路径，服务于健康中国国家战略的实施；(2) 围绕北京2022年冬奥会的组织管理形成了系列研究成果，为成功举办冬奥会和普及冰雪运动提供理论指导；(3) 挖掘和创新公共体育服务供给机制，为提升公共体育服务质量，深化体育管理体制改革奠定了理论基础。该学科的重要研究进展主要体现在体育管理体制和体育发展战略研究产出标志性成果上，公共体育服务研究登上新高峰，体育社会组织研究备受关注。体育管理学科研立项与科研成果共计715项（表1）。

（七）体育教育学

体育教育学以促进人的全面发展作为学科宗旨，在提升人体基本运动能力、激发人的体育锻炼动机、培养运动项目情感、促进终身体育参与等方面均具有重要价值。体育教育学同时与竞技体育学、体育社会学等学科一起为我国体育的统合发展提供了改革的理论基础。近年来，在中国体育与健康课程改革的现实背景下，研究视角呈现开放与融合趋势，注重国际体育教育思想与理念的演变，关注国际体育课程体系和标准的建设与实施，并结合国内体育教育的资源分布特征和理论研究进展，融合哲学、政治学、社会学等相关学科，积极探索中国健康体育课程模式。"十三五"时期，体育教育学研究议题主要涉及学生体质、体能提升、教育体系研究与比较、体育行为研究、体育素养研究、体育教程研究、体育教育思想、体育教学理论、高校体育教育、体育教学改革、体育课程改革、体育教育专业研究等方面。该学科主要取得了以下研究进展：体育课程研究持续升温，教育教学改革研究方兴未艾，青少年体质健康研究初见成效，幼儿体育教育研究取得突破，各学段体育课程内容衔接研究凸显应用，体育考试制度研究受到广泛关注。体育教育学科研立项与科研成果共计1532项（表1）。

（八）体育法学

在新时代全面推进依法治国和依法治体的进程中，我国体育改革发展中的法治问题愈加受到社会关注，体育法学研究更加活跃且呈现加快发展的鲜明态势。近年来，我国体育法学研究在视野日益开阔、视角更加多样、范围不断扩展的同时，对体育法学理论与体育改革发展各种现实问题的深切关注愈益明显并更加聚焦，结合司法判例的研究日益增多，很多研究成果为体育法治决策采纳和应用。"十三五"时期，体育法学研究议题主要涉及推进体育法学发展与基础理论建设、坚持依法治体和建设法治体育、《中华人民共和国体育法》的修改、依法确立和维护公民体育权利、全面深化体育改革的法律调整、加快发展体育产业的法治保障、促进体育知识产权的法律保护、加强体育不正之风的依法惩治、体育伤害的责任认定与防范救济、开辟多元化的体育纠纷解决途径等。该学科主要取得了以下研究进展：（1）法学界和法律实务界等关注和投入体育法研究的迅速增多，且获得更多新建体育法组织和交流平台的有力推动；（2）对体育法的特殊性问题和体育改革发展中现实聚焦的一些法律法理问题的探讨更加深入；（3）体育法学理论研究在体育法治建设中的发声、反响与推进效果在逐步加强和扩大。体育法学科研立项与科研成果共计261项（表1）。

（九）体育新闻传播学

作为新闻传播学和体育学交叉学科，从知识体系、行业需求和人才培养上，体育新闻传播学作为独立学科已成为现实。近年来，在体育强国、全民健身上升为国家战略、信息网络技术持续迭代以及新闻传播学学科反思性研究持续的背景下传播，体育新闻的研究范式不断拓展，中外体育传播学术史梳理和对体育文化多维度探讨推向纵深。"十三五"时期，体育新闻传播学研究议题主要涉及新（智）媒体体育赛事传播、体育赛事转播权、体育传媒经济、体育迷、电子竞技等研究广泛铺开，以及体育国际传播、国家体育形象建构、体育国际话语权、大型体育赛事的宣传和媒体服务等。该学科主要取得了以下研究进展：（1）学科融合加速，文化学、人类学、经济管理学等学科与体育新闻传播学互融互通，协同完成对体育领域问题的解读与解决；（2）提出了从话语分析视角和关系视角建构的体育新闻传播研究范式，进一步奠定了体育新闻传播学的学科基础；（3）对体育国际传播、国家体育形象建构、体育国际话语权的研究有所突破，为国家对外传播战略制定和实施贡献了智慧；（4）体育媒介研究向"媒介体育"研究转向，增强了体育新闻传播研究对现实问题的解释力，拓展了与国际学术界交流的空间。体育新闻传播学科研立项与科研成果共计200项（表1）。

（十）运动竞赛学

我国运动竞赛学在不断丰富理论内涵的发展中，已从运动学和竞赛学融合成为一门比较成熟的学科体系。近年来，随着现代运动训练科学化、智能化要求的不断提升，我国运动竞赛学理论研究走向更加系统化和全面化，体现出研究对象的多目标性、研究领域的跨学科性、研究范式的多应用性，更加强调运动竞赛参与主体和客体的系统性，充分发挥学科理论对训练参赛实践问题的指导作用。"十三五"时期，运动竞赛学研究议题主要涉及现代竞赛体制的创新与改革、不同项目竞赛文化和品牌建设、竞赛治理能力提升、竞赛方法与科技助力、竞赛人力资源整合与配置、竞赛科学选材与培养、竞赛心理韧性培育、竞赛训练效果评价、竞赛安排与参赛计划制订、赛事行为干预、赛事运营与管理模式、竞赛效果公众认同、竞赛保障体系建设、赛事教程与规则研究等多个领域。该学科主要取得了以下研究进展：（1）聚焦"大竞技"研究呈现新格局，从探索专业运动竞赛向打造多元赛事体系转变，为运动项目的大众化发展提供了新思路；（2）多学科交叉与叠合形成新体系，从围绕竞技体育单一学科向多学科理论拓展转变，为体育学科融合发展提供了新视角；（3）竞赛治理与项目制胜规律研究成为新热点，从探讨运动竞赛一般规律向挖掘各运动项目制胜规律转变，为不同项目竞技水平提升提供了新举措；（4）竞技能力表现下的精准干预成为新方向，从偏重单项竞技能力向科技介入训练实践转变，为重大赛事备战工作提供了新路径。运动竞赛学科研立项与科研成果共计3434项（表1）。

（十一）民族传统体育学

我国民族传统体育学以武术为主干，兼有传统体育，涵盖少数民族体育，是具有中国特色的体育二级学科。近年来，民族传统体育学学科发展趋向于新时代背景下寻求自身话语体系的建构，从文化寻根与现代路径视域下探索武术与民族传统体育的历史、现状及发展。"十三五"时期，民族传统体育学研究议题主要涉及民族传统体育历史与非物质文化遗产、武术与民族体育教育、武术传播与训练竞赛、传统体育与健康促进、"一带一路"与民族体育文化交流等。该学科主要取得了以下研究进展：（1）民族传统体育的人类学分析拓宽了学科研究视野；（2）武术教育教学的课程化设计促进了武术走进校园；（3）武术口述历史的学理化引入形成了武术家研究基本范式；（4）武术标准化研究的系统化融合推进了武术的国际化发展；（5）武术与国家形象构建的国际化调查形成了武术传播新理论；（6）武术与传统体育养生的疾病干预加快了体医融合的本土化进程；（7）武术与民族传统体育的产业化开发推动了传统体育的产业实践；（8）少数民族传统体育的区域文化探索带动了少数民族体育的学术研究。民族传统体育学科研立项与科研成果共计1256项（表1）。

（十二）奥林匹克运动

国际奥林匹克运动以"通过体育建立一个更加美好的世界"为愿景，以4年一次的夏季/冬季奥运会为平台，目前已成为全球最为重要的大型综合文化载体。近年来，伴随着北京获得2022年冬奥会、冬残奥会的主办权，奥林匹克运动研究再次成了我国体育人文社会学研究的重点与焦点。"十三五"时期，奥林匹克运动研究议题主要涉及国际奥委会改革、奥林匹克运动的可持续发展、奥林匹克运动的全球治理、奥运会举办城市遗产等，围绕这些议题，开展了一系列有价值、有影响的理论与实践研究，为国际奥林匹克运动的未来发展及北京2022年冬奥会的相关筹备提供了重要的依据与参考。奥林匹克运动主要取得了以下研究进展：（1）未来国际奥林匹克运动发展的路径、方式与对策，包括《奥林匹克2020议程》对奥林匹克运动的影响研究、奥林匹克运动的自治与善治研究成为焦点；（2）可持续发展理念对未来国际奥林匹克运动发展轨迹的影响，包括奥林匹克运动与可持续发展研究、新冠肺炎疫情对奥林匹克运动的影响研究成为热点；（3）奥运会对举办城市的相关遗产与综合效应，包括奥林匹克运动的遗产研究，奥运会对举办城市的影响研究成为重点。奥林匹克运动科研立项与科研成果共计236项（表1）。

三 "十三五"时期中国体育哲学社会科学重大、重点、热点问题研究及决策咨政研究成果举要

（一）重大问题举要

1. 中国体育发展方式改革研究

杨桦等基于国家社科基金重大项目"中国体育发展方式改革研究"首次概括出我国体育"赶超型"向"可持续发展型"发展方式转变中，呈现为人本体育、合作体育、耦合体育、均衡体育、自治体育和规范体育的特征。在将体育发展方式解构为目标、主体、机制、手段、标准、规范等相互关联、相互依托的六大要素基础上，提出了聚焦重点领域，通过"跨界整合"对"奥运争光"和"全民健身"升级换代，促进中国体育发展方式的转型发展的路径。[①] 该成果入选了《国家哲学社会科学成果文库》，并荣获教育部第8届高等学校科学研究优秀成果（人文社会科学）一等奖。

---

① 杨桦等：《中国体育发展方式改革研究》，高等教育出版社2016年版。

2. 中国古代体育文物调查与数据库建设

孙麒麟等基于毛丽娟国家社科基金重大项目"中国古代体育文物调查与数据库建设",出版了《从长安到雅典——丝绸之路古代体育文化》,向世界展现了丝绸之路由长安到雅典、罗马的古代体育文化风貌,以及体育由祭坛走向体坛,由"赛社""赛会"走向竞技,由神话走向人本精神,由仪式走向记录的瑰丽路程(孙麒麟等,2017)。该成果是我国体育学首次入选国家社科基金中华学术外译项目,并获教育部第 8 届高等学校科学研究优秀成果(人文社会科学)一等奖。

3. 中国儿童青少年体育健身大数据平台建设研究

陈佩杰等完成的国家社科基金重大项目"中国儿童青少年体育健身大数据平台建设研究"创建和应用了"环境—行为—效果"三位一体的儿童青少年体育健身指数测评体系、儿童青少年体育素养测评体系、青少年运动技能等级标准与测试方法。① 该研究取得了一系列的理论与实践成果,获得多个奖项,其中"我国中小学生体质健康测评体系的创新与实践"荣获 2018 年国家级教学成果二等奖。

4. 中国体育非物质文化遗产资源数据库建设研究

陈小蓉等基于国家社科基金重大项目"中国体育非物质文化遗产资源数据库建设研究"创建了"中国体育非物质文化遗产"数据库,体育非物质文化遗产要实现高质量发展,就需要借助科技力量建立资源数据库,并通过开发云平台实现各类体育非物质文化遗产的系统整合,以"群体智慧""资源共享""可持续发展"作为体育非物质文化遗产保护的基本理念,推动体育非物质文化遗产成为一种"活态人文遗产",为体育非物质文化遗产的活态传承与展示提供一个健康持久的线上平台。② 相关研究成果荣获教育部第 8 届高等学校科学研究优秀成果(人文社会科学)二等奖。

(二)重点问题研究举要

1. 关于体育强国

任海在《体育强国:由重在国家建构到重在国族建构》③ 一文中指出,

---

① 陈佩杰等:《中国儿童青少年体育健身指数评估报告(2017)》,2018 年 8 月。
② 陈小蓉等:《我国体育非物质文化遗产资源数据库创建》,《北京体育大学学报》2017 年第 10 期。
③ 任海:《体育强国:由重在国家建构到重在国族建构》,《上海体育学院学报》2018 年第 1 期。

作为后发的现代化国家,中国国家建设中的国族建构滞后于国家建构,这种状况已经影响到中国进一步走向强盛。因此,有必要将体育发展的重点由促进国家建构转向促进国族建构,将"强国体育"转型为"强民体育",通过体育推动中华民族的国族一体化和国民现代化,这包括以体育促进中华民族的国族认同、国族文化的整合与创新、国族的社会整合及培养国民的现代意识。由旨在促进国家建构的"强国体育"过渡到旨在促进国族强盛的"强民体育",是中国体育发展阶段性的自然延伸。仇军等在《新时代体育强国建设的模式选择与路径找寻》[1] 一文中指出,新时代体育强国建设是一个不断改革、不断积聚能量,从不均衡发展到和谐发展的建构过程。在这一过程中,需要在认识国家与社会关系的基础上,重视国家需求和社会需求的均衡与和谐,重视社会主体的需要和个体发展需要,重视竞技体育、群众体育和体育产业的发展规律,实现体育强国目标下国家主体与社会主体在体育利益上的契合,以及体育内部竞技体育、群众体育和体育产业的和谐发展。鲍明晓在《以新时代改革开放,统领体育强国建设》[2] 一文中指出,当前体育强国建设面临的突出问题是资源不够、动力不足、机制不活、人才支撑不强、科技驱动乏力,解决这些问题必须坚持改革开放引领,创新创造发展,强化战略研究,重视顶层设计,创新体育发展方式,改革和完善举国体制,修补体育组织化、社会化、产业化三个机制短板,推动体育领域的科技革命,大力实施"人才兴体"战略,强化体育发展的人文使命。邹秀春等在《新时代体育强国建设的基本要求和实践着力点——基于党的十九大精神建设体育强国的原则与要求》[3] 一文中指出,新时代中国特色社会主义体育强国建设必须牢牢把握坚持和加强党对体育事业的核心领导,以人民为中心作为体育强国建设的出发点和归宿,坚持走中国特色的体育强国之路,坚持体育强国的过程性建设和全面建设。全民健身促进全民健康的全面小康、竞技体育持续全面发展、体育产业助燃联动体育服务升级、体育文化深度支撑体育各行各业、体育外交场域拓展、体育赛事类型统合推进作为主要着力点,以实现体育强国在"两个一百

---

[1] 仇军等:《新时代体育强国建设的模式选择与路径找寻》,《北京体育大学学报》2019年第3期。
[2] 鲍明晓:《以新时代改革开放,统领体育强国建设》,《体育科学》2019年第3期。
[3] 邹秀春等:《新时代体育强国建设的基本要求和实践着力点——基于党的十九大精神建设体育强国的原则与要求》,《北京体育大学学报》2019年第11期。

2. 关于体育改革

杨桦在《体育改革：成就、问题与突破》[1]一文中提出了以体育体制改革作为深化体育改革的攻坚点，从政府职能转变、单项协会实体化、全运会改革、训练竞赛体制改革、国家队管理等方面提出了"凝聚共识、形成合力，先立后破、不立不破，整体设计、统筹谋划，积极稳妥、渐进深化，政府、社团、企业共同参与，体育、教育、卫生共同联手，中央和地方共同发力"的若干改革举措。鲍明晓在《足球改革进程中深层次制约因素及化解策略》[2]一文中认为，青少年有质量参加足球运动人数不足，足球场地设施建设短板未改善，"病态"城镇化难以支撑现代足球发展，基础大项对足球选材、体能训练等方面支持不够，足球无法与大体育同频共振，足球人组织使命强、团队能力弱是足球改革深层次制约因素，需要从改善社会环境、大体育反哺足球，完善和健全足球内生态进行化解。黄亚玲等在《深化改革背景下全国性单项体育协会治理机制研究》[3]一文中提出，坚持举国体制同市场机制相统一、单项协会脱钩与有限自治相统一、政社分离与政社协作相统一，形成国家体育总局主导的多元治理主体，通过修改完善法律，建立跨部门协同机制、委托—代理机制、司法监督机制、单项协会内部治理机制、社会监督机制、党组织监督机制，以协商、合作、委托、制约等方式，实现体育公共利益最大化的协同治理目标。杨国庆等在《新时代中国竞技体育的战略使命与创新路径研究》[4]一文中提出，要以思想主导、发展主导、改革主导、市场主导、目标主导来创新竞技体育发展体制机制、奥运备战模式；要以完善竞技体育人才多元培养新举措、提升运动训练科学化、智能化新水平、构建中国特色竞赛新体系、拓宽竞技体育项目文化建设新渠道来开创竞技体育发展路径。易剑东在《国际奥委会改革理念阐释与中国体育的战略选择构想》[5]一文中提出，当前中国

---

[1] 杨桦：《体育改革：成就、问题与突破》，《体育科学》2019年第1期。
[2] 鲍明晓：《足球改革进程中深层次制约因素及化解策略》，《北京体育大学学报》2019年第11期。
[3] 黄亚玲等：《深化改革背景下全国性单项体育协会治理机制研究》，《北京体育大学学报》2020年第2期。
[4] 杨国庆等：《新时代中国竞技体育的战略使命与创新路径研究》，《中国体育报》2020年2月10日第7版、2020年2月24日第7版、2020年3月9日第7版。
[5] 易剑东：《国际奥委会改革理念阐释与中国体育的战略选择构想》，《上海体育学院学报》2019年第1期。

体育改革和战略选择应积极主动推进体育思想和理论创新；全面系统实施体育体制和机制创新；持续深入开展体育活动和项目创新。

3. 关于公共体育服务

王家宏撰写的《我国公共体育服务体系研究》[1] 专著，创建了由通用标准、提供标准与保障标准构成的公共体育服务标准化体系和地级市、县级市、乡镇街道、行政村一体的公共体育服务供给和绩效评估指标体系，同时提出中央政府是公共体育服务标准的制定者，省级政府是中间环节，市、县及乡镇政府是标准的"执行者"。陈琦在《体育公共服务评价内容理论模型及指标体系演绎和评价方法选择研究》研究报告中，构建了体育公共服务评价的逻辑框架，提出了二元评价主体的主张，即由专家组实施绩效评价，公众实施质量评价。唐刚等在《多元主体参与公共体育服务治理的协同机制研究》[2] 一文中提出，我国多元主体参与公共体育服务应以政府主导下的公共体育权力的利益契合为内在动力，建立"政府主导协调、体育私营组织互利双赢、体育社会组织补充共享、居民体育自治组织承上启下、个人实践参与"的主体结构和交互、动态的"合作、竞争、制衡"运行机制。丛湖平等在《政府购买公共体育服务的模式、问题及建议——基于苏、浙、沪、粤等省市的调研》[3] 一文中提出，我国政府购买公共体育服务的"独立关系竞争性、独立关系非竞争性、依赖关系非竞争性"购买模式，存在"改革内生动力和制度供给不足"的成因是"政府价值取向偏差、各主体利益冲突和公众诉求无法进入决策机制"，必须加快问责机制、公平机制建设，以及社会体育组织的实体化和独立化、体育职能部门服务型文化建设，以提升政府购买服务的绩效。张凤彪、王松在《我国公共体育服务绩效评价研究述评》[4] 一文中认为，我国公共体育服务绩效评价研究尚处于起步阶段，指标体系构建存在短板，实证分析比较薄弱，但目前已初步形成了"前期基础—经验预选—指标遴选—指标处理—体系构建—确定权重"指标体系构建过程的逻辑顺序。因此，理论研究方面应趋

---

[1] 王家宏：《我国公共体育服务体系研究》，苏州大学出版社2016年版。
[2] 唐刚等：《多元主体参与公共体育服务治理的协同机制研究》，《体育科学》2016年第3期。
[3] 丛湖平等：《政府购买公共体育服务的模式、问题及建议——基于苏、浙、沪、粤等省市的调研》，《体育科学》2016年第12期。
[4] 张凤彪、王松：《我国公共体育服务绩效评价研究述评》，《体育科学》2017年第4期。

于基础理论、评价主体、评价机制、评价方式、评价原则等方面，并加强理论研究与实证分析有效结合；应结合实际选取最优方法，加强对公共体育服务绩效评价指标体系构建过程研究。

4. 关于体育法

周爱光在《中国〈体育法〉修改的总体思路——基于国外体育立法修法经验的分析》[①]一文中通过深入探讨美国、欧盟、日本等发达国家和地区的体育立法修法的先进经验，归纳总结了我国体育法学领域关于修改体育法的代表性观点，从坚持中国共产党的领导，坚持以人民为中心的理念，坚持以权利、义务为内容主线，坚持全面融入社会主义核心价值观，坚持以问题为导向，坚持国际视野等方面阐述了我国体育法修改的总体思路。于善旭在《论我国全民健身的宪法地位》[②]一文中提出，我国的现行宪法规定发展体育事业的基本方式是开展群众性体育活动，由此确立了全民健身是体育事业重心与基础的宪法地位，体现了一切权力属于人民的国家性质和以人民为中心的发展理念，形成了对公民体育权利的保护。赵毅在《〈民法典〉与体育强国建设》[③]中认为，在促进人的全面发展的意义上，《民法典》和体育强国建设可以达致有机统一，《民法典》将对全民健身活动的促进与保障、运动员产权机制的分配、单项体育协会改革和职业体育治理、体育产业主体从事市场行为提供稳定的行为预期奠定坚实基础。姜熙在《比较法视角下的我国〈体育法〉修改研究——基于30国体育法的文本分析》[④]一文中通过对30个国家的体育法文本进行分析，从比较法视角，结合中国体育事业发展的具体国情，认为《体育法》的修改应该从体育价值定位、关键性概念界定、公民体育权利的确认与保障、体育行政机构的权责法定、体育社会组织的权责法定、体育纠纷解决机制建立、体育国际交往、体育产业、反兴奋剂、学校体育、运动员权益这11个方面进行全面的完善和提升。

[①] 周爱光：《中国〈体育法〉修改的总体思路——基于国外体育立法修法经验的分析》，《体育学研究》2019年第3期。
[②] 于善旭：《论我国全民健身的宪法地位》，《体育科学》2019年第2期。
[③] 赵毅：《〈民法典〉与体育强国建设》，《体育科学》2020年第6期。
[④] 姜熙：《比较法视角下的我国〈体育法〉修改研究——基于30国体育法的文本分析》，《体育科学》2019年第7期。

5. 关于青少年健康

季浏在《中国健康体育课程模式的思考与构建》①中针对我国健康体育课程"无运动量""无技术""无比赛"的状况，提出了每节体育课的3个关键点：应有75%左右的运动密度，使学生心率达到140—160次/分钟；应有10分钟左右多样性、补偿性和趣味性的体能练习；应有20分钟左右运动技能学练和比赛。汪晓赞等在《中国儿童青少年体育健康促进发展战略研究》②一文中提出了我国儿童青少年体育健康促进"3—4—5"发展战略体系，即凝聚家庭、学校和社区3大主体力量，辐射课内、课外、校内、校外4个领域范围，落实优质体育与健康课程的开发、活力校园的打造、家庭—学校—社区多元联动的构建、运动奖励计划的设置、运动智能监控的运用5项行动计划。张业安在《青少年体质健康促进的媒介责任：概念、目标及机制》③一文中提出，媒介应对青少年体质健康社会因素产生影响承担社会责任，媒介责任在履行过程中应该遵循"政策—媒介—青少年及其关涉群体"的逻辑脉络，注重传播国家青少年体质健康政策、优化学校教育效果、提升家庭影响效果和社区促进效果，保障青少年体质健康促进中媒介责任客体素养的提升。吴光芸等在《政策网络理论视角下我国青少年体质健康政策执行困境及其破解路径》④一文中提出，政策社群内部之间联动机制不完善导致执行困难、政策社群与府际网络不相适应促使政策执行低效、缺乏相互协作的府际网络增加了青少年体质健康政策执行状况的复杂性、府际网络与生产者网络之间存在冲突使政策执行效果不佳、议题网络缺少话语权无法推动政策执行。有必要通过加大府际网络与生产者网络之间的协同合作程度，提高议题网络的关注度和公众对相关政策的参与度，营造全社会共同关注青少年健康的氛围，加强对府际网络的监督和引导工作，重视议题网络与生产者网络的整合作用来调节和平衡各网络主体之间的关系以促进青少年体质健康政策执行。

6. 关于体育外交

赵富学在《习近平新时代体育外交重要论述的核心内涵、价值意蕴及

---

① 季浏：《中国健康体育课程模式的思考与构建》，《北京体育大学学报》2015年第9期。
② 汪晓赞等：《中国儿童青少年体育健康促进发展战略研究》，《成都体育学院学报》2020年第3期。
③ 张业安：《青少年体质健康促进的媒介责任：概念、目标及机制》，《体育科学》2018年第6期。
④ 吴光芸等：《政策网络理论视角下我国青少年体质健康政策执行困境及其破解路径》，《体育学刊》2020年第2期。

实践特质》[①]中认为,习近平新时代体育外交重要论述向世界展现了"义利相兼"立场和"友好共进"诚意,展示了"百花齐放春满园"的风格和"饮其流怀其源"气度,呈现了"构建人类命运共同体"的愿景,对中国体育外交事业面临的机遇与挑战、秉持的理念与方向、涉及的领域与路径、树立的形象与态度、要求的品质与层次等方面进行了系统的指引和设计。钟秉枢在《人类命运共同体引领下的中国体育外交战略构建》[②]中认为,人类命运共同体思想为新时代中国体育外交的发展指明了前进的方向,中国体育外交应加强体育外交理论体系构建,进行全方位、多层次、立体化的体育外交布局,做好重大体育赛事外交,提升国家实力,重视非国家行为体的体育外交活动,形成多元合力。刘桂海等在《改革开放40年中国特色体育外交:历程、经验与理论反思——基于"历史观、大局观、角色观"三重视角的考察》[③]中认为,体育外交是我国融入全球化进程中的重要路径与方式,是新时代我国总体外交中的重要战略资源。我国体育外交经历了"奥运外交""主场赛事"立体化外交、公共外交、"全面引领"时期,形成了具有中国特色和时代特征的体育外交实践。王洪飞在《新时期体育外交战略转型研究》[④]一文中认为,新时期体育外交战略转型动因主要有国家外交布局和战略的新变化、建设体育强国的新诉求、国内社会发展的新需求,其战略转型条件主要有价值定位在提升、参与心态在转变、参与主体多元化、功能使命变丰富。体育外交战略转型的发展路径包括加强顶层设计,推动建立体育外交发展的长效机制;提升承办国际大赛的影响力,聚力2022年北京冬奥会;主动对接"一带一路"倡议,为国家战略实施创造条件;配合元首外交,丰富国家外交实践;参与国际体育治理,努力提升体育国际话语权;加强中国体育文化传播,大力弘扬中华体育精神。

7. 关于体育产业

江小涓在《体育产业发展:新的机遇与挑战》[⑤]一文中提出,在我国

[①] 赵富学:《习近平新时代体育外交重要论述的核心内涵、价值意蕴及实践特质》,《体育科学》2019年第9期。
[②] 钟秉枢:《人类命运共同体引领下的中国体育外交战略构建》,《体育文化导刊》2019年第2期。
[③] 刘桂海等:《改革开放40年中国特色体育外交:历程、经验与理论反思——基于"历史观、大局观、角色观"三重视角的考察》,《体育科学》2020年第3期。
[④] 王洪飞:《新时期体育外交战略转型研究》,《体育文化导刊》2020年第3期。
[⑤] 江小涓:《体育产业发展:新的机遇与挑战》,《体育科学》2019年第7期。

进入高质量发展的新阶段，体育产业发展环境发生了"发展理念、发展水平、城市化、老龄化、技术应用、战略投资者、转播主体、教育理念的新变化"，面临"新运动项目出现、多元素娱乐项目出现、专业性和专注度下降、消费总时间约束"的新挑战，提出了"持续创新、接纳新的体育形态、政府更好地发挥作用"的新思路。邢尊明等在《我国地方体育产业引导资金政策实践、配置风险及效率改进——基于8个省、自治区、直辖市的实证调查及分析》[①]一文中认为，地方体育产业引导资金在评审管理制度、项目结构投向、资金资助方式及后期使用管理等环节存在的问题，严重影响着地方体育产业引导资金的公共属性及资源配置效率。建立科学项目评审机制、确保项目合理投向、完善资助方式体系、加大资金投入监控、建立绩效考核机制等是地方体育产业引导资金制度效率改进的重要路径。亓昕等在《我国体育产业高质量发展中的要素市场化配置策略研究——基于新结构经济学视角》[②]一文中认为，我国体育产业"供需错位"现象普遍存在，供给侧结构性改革迫在眉睫。在经济新常态背景下，国家应从供给端着手，尽可能地减少政府的市场干预，以改革创新的思维，通过技术创新解放与发展生产力，对体育产业要素结构进行优化和升级，扩大有效供给，减少无效供给，提高供给结构对需求变化的适应性和灵活性，促进体育产业经济的健康与可持续发展。肖淑红等在《构建体育无形资产价值评估制度的必要性及重要意义》[③]一文中认为，我国体育产业发展滞后的因素众多，其中关键因素之一，就是体育无形资产评估制度未能建立起来，导致体育产业链上的许多价值无法计价。体育无形资产是体育企业的核心资产和重要资源，然而却存在数量大、形式多样、价值波动大、确定难等特性。体育无形资产评估制度缺失导致体育产业发展存在很多瓶颈问题。新的社会发展环境以及新的技术条件都给体育产业高质量发展提出了新的课题，呼唤体育产业无形资产价值评估制度的构建。同时阐明：内容建设是体育产业发展的核心要素；融合发展需要市场价值共识；无形资产是体

---

① 邢尊明等：《我国地方体育产业引导资金政策实践、配置风险及效率改进——基于8个省、自治区、直辖市的实证调查及分析》，《体育科学》2015年第4期。

② 亓昕等：《我国体育产业高质量发展中的要素市场化配置策略研究——基于新结构经济学视角》，《北京体育大学学报》2020年第7期。

③ 肖淑红等：《构建体育无形资产价值评估制度的必要性及重要意义》，《北京体育大学学报》2019年第8期。

育产业的核心"有价"资产；无形资产需要有形的标准来规范与度量。

（三）热点问题研究成果举要

1. 有关"三大体系"构建

方千华等在《体育学基本理论与学科体系建构：逻辑进路、研究进展与视域前瞻》①一文中提出，体育学学科重构需要准确定位体育学学科的发展方向，深入认识体育学学科建设的基本规律，从学科知识体系确认学科的经验性、理论性、结构性等要素及其构成特点，从在理论层面阐述学科发展现状和态势，进而实现体育学学科体系建设与发展中诸要素的科学组合和优化。孙晋海在《中国体育学学科发展战略研究》②专著中提出，我国体育学科应以"体育基础学科"为中心，构建"体育产业学科群、体育与健康学科群、体育与工程学科群、体育与文化学科群"，优先发展"全民健身理论与方法、体育产业理论构建与实践探索、运动训练新理论与新方法、体育教育综合改革与创新"。于涛等在《美国体育"学科革命"对体育学知识体系构建的影响》③一文中指出，美国"学科革命"肇始于对体育教师实用主义的批判，使体育逐渐从技术性学科向学术性学科转变，标志着美国体育学研究开始步入"后现代体育学"时代。对于"学术性学科"的体育学而言，需要解决体育学术性知识体系的边界、体育学科中技术操作知识与职业知识的归属、体育专业学生应当掌握的知识范畴三大问题。对于我国的体育学理论建设来说，应从转变我国"体育学"的研究视角、审视体育知识的边界问题、重视体育知识体系的构建三个方面进行改善。刘云龙等在《我国体育哲学社会科学国际话语权研究——基于 SSCI、A&HCI 的文献计量分析》④一文中，以 1980—2019 年 SSCI 和 A&HCI 数据库收录的体育哲学社会科学文献为研究对象，运用文献计量学的研究方法，以文献生产力、文献影响力、文献发展力和文献扩散力四大指标体系对我

---

① 方千华等：《体育学基本理论与学科体系建构：逻辑进路、研究进展与视域前瞻》，《体育科学》2017年第6期。
② 孙晋海：《中国体育学学科发展战略研究》，科学出版社2019年版。
③ 于涛等：《美国体育"学科革命"对体育学知识体系构建的影响》，《上海体育学院学报》2017年第2期。
④ 刘云龙等：《我国体育哲学社会科学国际话语权研究——基于 SSCI、A&HCI 的文献计量分析》，《体育学刊》2020年第6期。

国体育哲学社会科学研究的国际话语权进行量化评估，研究结果显示，我国体育哲学社会科学国际话语权居于亚洲第 1 位，世界第 16 位，在世界范围具有较强话语权和影响力。同时存在研究影响力水平低，发展力和扩散力水平表现一般的发展瓶颈问题。应将提升研究影响力作为提升话语权的关键着力点，建立面向世界的有针对性的体育哲学社会科学研究发展战略，明确政策导向，制定研究质量优先的考核激励机制，积极拓展研究机构与研究人员的国际合作范围，建立多元基金资助来源，鼓励研究人员多学科交叉与融合，探索多元化投稿途径，实现我国体育哲学社会科学国际话语权系统性提升。

2. 有关 2022 年冬奥会

马毅等在《我国备战 2022 年冬奥会重点项目后备人才培养问题探究》[1] 一文中建议通过开展冰雪运动进校园，扩建冬奥会项目重点业余体校，调动社会资源创建冬奥会项目青少年运动俱乐部，建立国家级冬奥会重点项目高水平后备人才培养基地，增加资金投入，加强冬奥会项目体育教师和教练员队伍建设，增加青少年各类赛事活动，尽早组建我国冬奥会重点项目青少年国家集训队等多元化后备人才培养模式及对策来解决我国冬奥会重点项目后备人才数量不足、项目发展区域分布不均衡等问题。

朱志强等在《2022 年北京冬奥会造雪关键问题研究》[2] 一文中分析认为，2022 年北京冬奥会滑雪场地类型复杂，具有优势也面临挑战，造雪将受到多种因素影响；造雪设计中，可以先确定累计造雪厚度 1 米为滑雪赛道的基础造雪量，再根据不同赛道和需求进行调整，并可以根据造雪指标计算出造雪量与用水量；造雪、保雪过程中需要考虑到极端天气情况，应灵活应用不同保障技术方案，使雪道符合赛事要求；造雪水系统设计则需实现赛区内区域水平衡，可以采取多模式网络化造雪系统，并重视高山造雪的梯度下降；高海拔造雪和囤雪也是赛事的关键性保障。徐子齐等在《"可持续发展战略框架"下北京冬奥会城市遗产愿景实现探究》[3] 一文中指出，"可持续发展战略框架"在设施建设、城市生态、组织治理和人文建

---

[1] 马毅等：《我国备战 2022 年冬奥会重点项目后备人才培养问题探究》，《体育学》2016 年第 4 期。
[2] 朱志强等：《2022 年北京冬奥会造雪关键问题研究》，《体育科学》2020 年第 10 期。
[3] 徐子齐等：《"可持续发展战略框架"下北京冬奥会城市遗产愿景实现探究》，《成都体育学院学报》2020 年第 4 期。

设4个方面为北京冬奥会城市遗产创造提供了实现策略：推动北京、张家口乃至京津冀城市群落的协同发展，提升了城市治理水平，给予城市居民具有尊严感的生活体验，最终使北京冬奥会的城市遗产得到全面挖掘，形成赛事与城市的双赢互动。毛旭艳等在《北京冬奥会社会风险识别研究》[1]一文中，基于大数据理论和系统文献回顾法对北京冬奥会社会风险进行了具体全面的识别研究，识别结果包括侵权扰民、扰乱生活秩序、影响弱势群体生活、社会治安恶化、生活成本提高等22个定性指标和地区生产总值、入境旅游人数、居民消费价格指数、人均公园绿地面积等36个定量指标。

3. 有关职业体育

江小涓等在《数字化、全球化与职业体育的未来》[2]一文中指出，数字化形态成为职业体育新的重要增长点，数字技术多层面和全链条促进了职业体育的全球化。中国职业体育为应对数字化和全球化的新挑战，应该进一步向市场主体放权，主动适应数字时代的快速创新要求、接纳与数字时代相匹配的运作模式和产业形态、培养适应数字化和全球化时代的人才、探索解决数字时代职业体育新的治理问题。张兵在《新时代体育强国建设进程中职业体育高质量发展路向》[3]一文中提出，职业体育要实现高质量，应该在竞赛产品、行业结构、赛事布局三个领域走节约化道路，从转变发展定位、把握重点环节、理顺多方关系、推进体制创新等环节入手，在明确中国特色职业体育发展导向的基础上，强化职业体育竞争力、支撑力、持续力。柳鸣毅等在《我国职业体育制度设计与跨域治理路径展望》[4]一文中认为，职业体育应以合理配置资源、凸显民生功能、均衡协调发展、塑造职业明星为制度设计的框架，从培育多元治理主体、发挥服务社会作用、保障良好运转机制、统筹协同运作平台，转变运转实施路径和构建法治管理体系。张兵等在《管办分离后中国职业足球改革的路径选择与机制依赖》[5]一文中提出，打破管办一体的组织体系和运行机制，形塑符合职

---

[1] 毛旭艳等：《北京冬奥会社会风险识别研究》，《体育与科学》2019年第4期。
[2] 江小涓等：《数字化、全球化与职业体育的未来》，《上海体育学院学报》2020年第3期。
[3] 张兵：《新时代体育强国建设进程中职业体育高质量发展路向》，《体育科学》2020年第1期。
[4] 柳鸣毅等：《我国职业体育制度设计与跨域治理路径展望》，《中国软科学》2016年第4期。
[5] 张兵等：《管办分离后中国职业足球改革的路径选择与机制依赖》，《体育科学》2016年第10期。

业足球运行规律的协会与联盟联合运营模式，需将中国足球协会改革定位于政府与市场之间的非政府公共组织，并借由授权获得机制、联赛资产调配与转换机制、联赛管办双方协调与保障机制等改革实践，建构中国足球协会双重治理体系，形成新型协会治理机制和联赛运行体系，以维系协会和联赛的有序运行。

4. 有关体育非物质文化遗产

白晋湘等在《中国特色社会主义新时代体育非物质文化遗产保护论纲》[1]一文中提出，我国体育非物质文化遗产在推动社会主义文化繁荣兴盛等方面都具有不可替代的作用，非物质文化遗产的保护应该坚持"政府主导""市场参与"和"民间自治"的改革理路，提出了"文化回归""文化制衡""文化补偿"的发展逻辑。郑玉梅在《体育非物质文化遗产法律保护路径的选择研究》[2]中认为，体育非物质文化遗产的保护关键在于完善的体育知识产权法律体系，对此应该加快专项立法和地方立法、实施强力的体育知识产权行政规制、加强体育非物质文化遗产产权管理的监管、构建多元化的体育知识产权纠纷解决机制、建立清晰的体育知识产权制度来实现体育非物质文化遗产的产权增值。崔家宝等在《我国体育非物质文化遗产活态传承影响因素及路径选择》[3]一文中提出，我国体育非物质文化遗产活态传承主体不仅自身对项目的活态传承具有显著的影响，同时它还是其他因素发挥作用的枢纽，是项目活态传承的核心因素。完善传承人制度建设、政府经济扶持与社区支持多元化、建立"家园遗产"观念和项目适应性创新是我国体育非物质文化遗产活态传承的有效路径。刘喜山在《我国体育非物质文化遗产传承保护的历程、困境及发展策略》[4]一文中指出，我国体育非物质文化遗产传承主要经历了滞后而松散的传承保护阶段和纳入非物质文化遗产话语体系后的快速发展阶段，面临尚未形成独立的身份和统一的认识、"师徒制"传承保护方式面临挑战、传承保护境遇不平衡、大量项目传播力不足、多元传承保护主体彼此隔离的困境。建议加

---

[1] 白晋湘等：《中国特色社会主义新时代体育非物质文化遗产保护论纲》，《上海体育学院学报》2018 年第 1 期。
[2] 郑玉梅：《体育非物质文化遗产法律保护路径的选择研究》，《山东体育学院学报》2017 年第 3 期。
[3] 崔家宝等：《我国体育非物质文化遗产活态传承影响因素及路径选择》，《体育科学》2019 年第 4 期。
[4] 刘喜山：《我国体育非物质文化遗产传承保护的历程、困境及发展策略》，《体育文化导刊》2019 年第 10 期。

强对体育非物质文化遗产内涵与外延的认知,对传统的传承范式进行创造性转换,缩小传承保护水平差异,从文化自信的高度提升项目影响力,实现多元传承主体的协同联动。

5. 有关运动休闲特色小镇

张雷在《运动休闲特色小镇:概念、类型与发展路径》[1]一文中认为,运动休闲特色小镇是集聚产业发展要素,创新产业发展模式,与旅游、健康、文化、养老、教育培训、大数据等关联产业融合发展的空间区域、全民健身发展平台和体育产业基地。技术创新和制度创新是其产业融入的主要驱动力,核心目标是主导运动休闲特色产业发展、小镇产业发展和小镇城镇化发展,以及扶贫攻坚效应和辐射带动效应。车雯等在《文化承继与产业逻辑耦合:体育特色小镇生命力培育的路径研究》[2]一文中针对目前运动休闲特色小镇定位重叠度高、有产品无产业的问题提出,在条件较薄弱的区域,应加强政府的扶持与引导,以文化认同为纽带,深耕产业链节;在条件一强一弱的区域,促进要素资源流动互补,预防产业链关联能力不足的隐患;在条件均良好的区域,以"体育+X"与"X+体育"的联结布局,创新网络嵌入机制,拓宽物理空间、文化空间与心理空间,实现小镇与城市的共享、互融与共生。沈克印等在《体育特色小镇:供给侧改革背景下体育产业跨界融合的实践探索》[3]一文中提出,运动休闲特色小镇作为体育产业供给侧改革的创新实践,有利于加快体育产业的转型升级、扩大有效供给和促进产业跨界融合。产业关联、制度供给、消费需求和科技发展是体育产业跨界融合的基本要素,做好科学规划、明确体育产业定位、优化资源配置、加强跨界融合、完善运营管理和重视动态评估是建设运动休闲特色小镇的有效路径。田学礼等在《体育特色小镇发展水平评价指标体系研究》[4]一文中指出,体育特色小镇作为新型城镇化发展、体育扶贫、体育产业供给侧改革的突破点,其建设发展正在成为研究关注的热点。在明确体育特色小镇内涵的基础上,对体育特色小镇发展水平评价指

---

[1] 张雷:《运动休闲特色小镇:概念、类型与发展路径》,《体育科学》2018年第1期。
[2] 车雯等:《文化承继与产业逻辑耦合:体育特色小镇生命力培育的路径研究》,《体育科学》2020年第1期。
[3] 沈克印等:《体育特色小镇:供给侧改革背景下体育产业跨界融合的实践探索》,《武汉体育学院学报》2017年第6期。
[4] 田学礼等:《体育特色小镇发展水平评价指标体系研究》,《成都体育学院学报》2018年第3期。

标体系进行了研究。在指标体系经验性预选的基础上，采用层次分析法确定各指标权重，最后构建了涵盖体育特色小镇基本信息、体育特色产业、体育特色资源、体育公共服务四个维度的特色小镇发展水平评价指标体系。

6. 有关体医融合

冯振伟等在《融合·互惠·共生：体育与医疗卫生共生机制及路径探寻》[1] 一文中提出，体育与医疗卫生共生机制是以理念认同为思想导向，部门协同为组织保障，责任共担为治理策略，资源共享为演进方式，通过完善共生单元，增强共生关联，优化融合互惠共生模式，营造正向共生环境，保障共生界面，推广运动处方实践，加强科学健身指导；培养运动健康指导人才的路径来实现。常凤等在《健康中国战略下体育与医疗共生关系的实然与应然》[2] 一文中提出，健康中国战略背景下，体育与医疗两个共生单元之间的质量兼容，拥有共生界面，产生共生利益，可形成非对称性正向共生关系。应通过国家政策的支持，优化体育与医疗的共生界面，改善体育与医疗的共生环境，促进体医形成相互补充、相互依赖、共同进化、共同发展的共赢应然共生关系。王春顺等在《新时代我国体医融合双元创新发展研究》[3] 一文中提出，体医融合双元创新的路径主要包括重新调整角色定位、明确身份边界关系，建构民众话语体系，形成优势互补机制，单元联动全局，塑造健康代言人。其运行保障包括以民众健康为导向最大限度统一共识，以制度建设为依托促全过程民众参与，以多元互动为基石跨界融合协同机制，以流程再造为变革推动健康服务重心下沉。韩磊磊等在《跨领域合作视角下中国体医融合的路径选择》[4] 一文中指出，跨领域合作视域下的体医融合是围绕共同目标，通过共同决策、共担责任、共享权利促进体育领域和医疗领域在知识、技能等方面互动合作，相互信任、共同努力形成新的服务统一体的过程。当下中国体医融合存在知识技能标准缺乏，相互认同难；培训主体缺乏权威性，职业资格认证存在壁垒；共识模糊，具体利益冲突；条块分割，责权利难以共通等难题。加强体医

---

[1] 冯振伟等：《融合·互惠·共生：体育与医疗卫生共生机制及路径探寻》，《体育科学》2019年第1期。
[2] 常凤等：《健康中国战略下体育与医疗共生关系的实然与应然》，《体育科学》2019年第6期。
[3] 王春顺等：《新时代我国体医融合双元创新发展研究》，《体育文化导刊》2019年第5期。
[4] 韩磊磊等：《跨领域合作视角下中国体医融合的路径选择》，《武汉体育学院学报》2020年第9期。

学科循证标准研究、建立资质认证体系、探索利益协调机制、统合体制机制是跨领域合作视角下体医融合的必要路径。

7. 有关体教融合

王登峰在《新时代体教融合的目标与学校体育的改革方向》① 一文中提出，基于促进青少年享受乐趣、增强体质、健全人格、锤炼意志，发挥学校体育在提高体育竞技水平中的基础性作用的新时代体教融合目标，学校体育的改革方向是改革体育竞赛模式、师资聘用模式、考核评价模式和体育教学模式。柳鸣毅等在《体教融合目标新指向：青少年健康促进与体育后备人才培养》② 一文中提出，《关于深化体教融合 促进青少年健康发展的意见》旨在以一体化设计、一体化推进的路径，破除全体青少年健康成长和部分青少年业余训练相互割裂的时滞性。以树立健康第一的教育理念和夯实体育强国的基础为指引，发挥跨领域、跨部门协同治理优势，共破青少年体育领域部门治理障碍、运行机制壁垒和政策执行阻滞等问题，实现青少年健康促进和体育后备人才培养的体教融合双重目标。龚海培等在《体教融合的科学循证：体育锻炼和文化学习的相互关联》③ 一文中提出，青少年体育锻炼和文化学习存在诸多关联因素，表现为在体育锻炼中通过生理神经、认知调节、社会心理和健康干预的关联因素影响其文化学习，在文化学习中通过强化运动参与、提高运动能力和促进未来发展的关联因素影响其体育锻炼。孔琳等在《体教融合背景下中国儿童青少年体育发展的现实困境及解决路径》④ 一文中提出，通过在 31 个省份开展调研表明：儿童青少年体育发展现存困境：（1）底层基石不稳：缺乏运动成为儿童青少年生活常态；（2）生态环境"固化"：学校体育育人功能发挥不力；（3）联动主体分散：家庭、学校、社区多元协同不足；（4）长效机制短缺：有效的评价与监控体系尚未形成。为扭转上述困局，提出如下疏解路径：（1）溯本求源：夯实思想基础，让体育回归生活；（2）盘活思路：打

---

① 王登峰：《新时代体教融合的目标与学校体育的改革方向》，《上海体育学院学报》2020 年第 10 期。
② 柳鸣毅等：《体教融合目标新指向：青少年健康促进与体育后备人才培养》，《体育科学》2020 年第 10 期。
③ 龚海培等：《体教融合的科学循证：体育锻炼和文化学习的相互关联》，《中国体育科技》2020 年第 10 期。
④ 孔琳等：《体教融合背景下中国儿童青少年体育发展的现实困境及解决路径》，《中国体育科技》2020 年第 10 期。

造学校"以体育人"新生态；（3）建设共同体：加强家庭、学校、社区体育一体化；（4）激活新动能：建立儿童青少年体育发展动态化管理与监控体系。

（四）决策咨政研究状况

1. 国家战略研究成果举要

鲍明晓等完成的国家体育总局体育决策咨询重大项目《建设体育强国的内涵、指标体系和基本路径研究》和《推进体育强国建设总体战略顶层设计研究》为国务院研究制定《体育强国建设纲要》（国办发〔2019〕40号）提供了基础理论支撑和主要建设措施的预研报告。同时，作为国务院《"健康中国2030年"规划纲要》的前期专项研究，鲍明晓等完成的《体育在健康中国建设中的作用研究》，为《"健康中国2030年"规划纲要》的制定发挥了重要作用。北京体育大学奥林匹克高等研究院出版的《冬奥参考》为国家体育总局、中国残联、北京市委市政府、河北省政府和北京冬奥组委筹办北京冬奥会提供决策服务，多次受到北京市委市政府、北京冬奥组委的批示，影响力不断扩大。

2. 北京2022年冬奥会研究成果举要

易剑东等基于国家社科基金重大项目《北京2022年冬奥会筹办的基本原则、重点领域与关键问题研究》所形成的《新冠病毒疫情和东京奥运推迟给北京2022年冬奥会带来的风险及应对》咨询报告，被北京2022年冬奥会和冬残奥会组委会采纳。李树旺等基于国家社科基金重大项目《2022北京冬奥会冰雪运动普及和发展对策研究》形成的《新冠肺炎疫情后推动北京冬奥会公众参与的政策建议》《冰雪运动大众参与状况调查报告（2019）》被冬奥组委采纳。孙葆丽基于国家社科基金重大项目《北京2022年冬奥会和冬残奥会遗产重大问题研究》完成的《着眼长远办好冬奥 助力北京社会建设水平提高》《办好北京2022年冬奥会的关键要素和政策参考》等研究报告分别被北京市和教育部采纳。

3. 体育产业研究成果举要

黄海燕《破除机制障碍释放市场活力进一步促进体育产业高质量发展》的研究报告由国家体育总局上报国务院办公厅，《关于加快发展健身休闲产业的指导意见》（国办发〔2016〕77号）前期决策咨询研究报告

《中外健身休闲产业比较研究》、国家旅游局、国家体育总局体育旅游指导意见前期决策咨询报告《体育旅游发展纲要研究报告》、国务院办公厅竞赛表演业指导意见前期决策咨询研究报告《不断深化体育改革背景下的我国体育竞赛表演产业政策研究》等 11 项报告均被国家有关部门采纳。林显鹏受国家体育总局委托，主持完成了《我国大型体育场馆运营管理相关政策研究》，并作为重要执笔人参与了《关于进一步加快大型体育场馆运营改革创新提高公共服务水平的意见》《群众冬季运动推广普及计划（2016—2020 年）》等文件的起草工作。

4. 学校体育研究成果举要

陈佩杰等《青少年体质健康促进中的问题与改进建议系列专报》受到上海市重视，并获上海市第十四届哲学社会科学优秀成果奖（2016—2017）决策咨询和社会服务奖二等奖。季浏等《中国健康体育课程模式实施效果公报》的成果得到了上海市重视。刘海元等《构建我国学校体育考试制度一体化体系的研究》被教育部采纳，并被写入国务院办公厅《关于强化学校体育促进学生身心健康全面发展的意见》。

（五）研究成果的新概念、新观点、新学说举要

1. 新概念举要

任海在《身体素养：一个统领当代体育改革与发展的理念》[①] 一文中首次在国内全面诠释了"身体素养"重要概念，探讨了"身体素养"推动体育实践与理论层面改革的多种价值及对体育各领域的改革统合作用。杨桦等在《转变体育发展方式由"赶超型"走向"可持续发展型"》[②] 一文中对我国体育发展方式进行了深入研究，首次提出我国体育发展方式"赶超型"和"可持续发展型"的概念，并对其进行了充分论述明确界定。周爱光在《体育法学概念的再认识》[③] 一文中重新定义了体育法学概念，首次在国内提出了"固有体育法"的概念，拓展了体育法学研究的空间，突出了体育法学的体育特色。黄莉在《体育软实力的概念、实力要素与核心

---

① 任海：《身体素养：一个统领当代体育改革与发展的理念》，《体育科学》2018 年第 3 期。
② 杨桦等：《转变体育发展方式由"赶超型"走向"可持续发展型"》，《北京体育大学学报》2013 年第 1 期。
③ 周爱光：《体育法学概念的再认识》，《体育学刊》2015 年第 2 期。

探究》①中首次提出了由体育吸引力、体育动员力、体育创新力、体育传播力、体育亲和力这五个实力要素构成，核心是体育价值观的"体育软实力"的概念。郭家良等在《基于区间回归的中国城市老年人身体活动的经济性收益研究》②中首次提出"身体活动经济性收益"概念，并从显性收益和潜在收益两个维度对老年人身体活动进行研究，验证了老年人身体活动具有巨大的经济性收益的研究假说，从经济视角对体育与老龄化问题进行了开创性研究。杨国庆在《整合分期：当代运动训练模式变革的新思维》③一文中首次在国内提出"整合分期训练模式"的概念，系统探讨了整合分期训练模式对推动当代运动训练模式变革，运动训练融合创新、精准和个性化调控的新思维和新方法。

2. 新观点举要

任海在《聚焦生活，重塑体育文化》④一文中提出"建构生活体育文化"，指出体育全面融入生活势在必行，需要在既有体育文化的基础上，紧扣新的社会需求，紧跟生活进程，建构生活体育文化。鲍明晓在《贯彻〈体育强国建设纲要〉，办好人民满意的体育事业》⑤一文中提出，"人民满意的体育形态"是以人民群众对美好体育生活新期盼为指针，以人民群众高兴不高兴、满意不满意为准则，更加注重解决体育发展不平衡、不充分的问题，服务于经济社会全面发展和人的全面发展为目标的体育样式，与既往体育发展形态的区别在于公民本位、全面均衡、贯通发展、科技驱动和人民检验。黄亚玲在《我国单项体育协会改革的软法之治》⑥一文中提出了我国单项体育协会改革的"软法治理"，即把大量存在于单项体育协会中的规章纳入法律体系中，形成软法体系，不仅完善了我国体育协会的法律体系，也有效推动了单项体育协会法治化进程。程志理提出了"体育是人的成长方式"，是以动作技术传授为特征的运动学习，身体成为认知工具和认知对象，与概念认知和形象认知为一体构

---

① 黄莉：《体育软实力的概念、实力要素与核心探究》，《体育文化导刊》2017年第2期。
② 郭家良等：《基于区间回归的中国城市老年人身体活动的经济性收益研究》，《中国体育科技》2018年第6期。
③ 杨国庆：《整合分期：当代运动训练模式变革的新思维》，《体育科学》2020年第4期。
④ 任海：《聚焦生活，重塑体育文化》，《体育科学》2019年第4期。
⑤ 鲍明晓：《贯彻〈体育强国建设纲要〉，办好人民满意的体育事业》，《体育科学》2019年第9期。
⑥ 黄亚玲：《我国单项体育协会改革的软法之治》，《体育科学》2020年第2期。

成完整的人的认知体系,体育作为教育的形式,在身体游戏中形成的谋略、诡道等临场智慧,表明体育在进行着身体运动的同时进行着智力运动,是人的成长方式。易剑东在《中国电子竞技十大问题辨识》[①]一文中提出:电子竞技作为一种新兴的智力竞技和精神娱乐,与追求强化体能或身体极限的体育判然有别,可以按照其自身规律独立发展。将电子竞技置入体育体系,对其自身和体育均有较多不利影响,尤其与体育概念及体育价值体系有着显著的冲突。中国电子竞技发展处于中国青少年体育尚未成型和国民(特别是青少年)近视率世界最高、慢性病流行、健身风气不彰、生育率严重偏低等特殊背景下,必须得到理性的政策规制,甚至征收行业的专项税,方能逐步达成社会经济、文化的协调效应。政府乃至电子竞技投资人应支持开展关于电子竞技缺陷、弊端和不足的大样本量、长时段研究,以形成客观、公正、平衡的电子竞技研究与传播格局,从而实现电子竞技自身理性、平和与持续发展。

3. 新学说举要

任海在《当代体育发展与体育概念的界定》[②]一文中提出,进入21世纪以来,体育由生活边缘进入生活中心地带,进而通过各种界面,多维度地释放其巨大潜能,一个历史上从未有过的体育新语境正在形成,导致新概念不断产生,旧概念持续更新。体育概念繁纷混杂的状态并非中国独有,是国际性的。纷乱的表象下,概念间的关联日趋强劲,突出体现于体育教育、体育运动和身体活动间的良性互动。一个关联共生的体育概念体系初具形态,身体素养和体育价值在新概念体系的整合中发挥着重要作用。程志理等在《运动行为志研究:短跑技术实践叙事——苏炳添与程志理的训练学对话录》[③]中提出体育学的研究对象不是"人体",而是"人的运动行为",以此确立体育学学科定性,科学研究中有两种"观察"的方式,一种是客观对象化的数据获得性的"结果观察",另一种是运动行为研究的"生命史过程"的共情式的"参与观察"。体育学方法论体系应立足于"运动行为志"与"运动行为意象分析",形

---

① 易剑东:《中国电子竞技十大问题辨识》,《体育学研究》2018年第4期。
② 任海:《当代体育发展与体育概念的界定》,《成都体育学院学报》2019年第5期。
③ 程志理等:《运动行为志研究:短跑技术实践叙事——苏炳添与程志理的训练学对话录》,《体育与科学》2020年第4期。

成"事实—现实—切实三位一体"的多元互证结构,这是体育学作为学科门类建设的基础性研究。戴金明等在《体育社会学中层理论建设的框架、内容与发展思路》①一文中提出,进行"体育社会学中层理论"建设,从分散到集中,由延伸到拓展,采用双轮驱动完善中层理论建设,通过延伸和拓展其他相关学科领域研究的方式打破学科边界,使体育社会学中层理论体系由空心化走向实体化的建设思路。季浏主持研制和修订的《普通高中体育与健康课程标准(实验)》,提出了突破"学科中心论"的传统课程观,倡导体育与健康课程的健身育人本体功能的"学生中心论"的现代课程观和突破"运动技术中心论"的传统教学观,倡导运动技能学练的完整性与实际运用的"强身健体中心论"的现代教学观。

四 "十三五"时期中国体育哲学社会科学研究存在的问题

(一)成果转化率较低,破解体育实践难题成效不高

理论成果向体育实践的应用转化是促进体育哲学社会科学创新发展的重要动力,更是理论成果接受体育实践检验,把握体育实践需要的重要通道。"十三五"时期,我国体育哲学社会学研究以问题和需求为导向,围绕体育改革发展面临的理论和实践难题开展研究,产生了一批标志性、高水平、有影响的成果。但总体看成果贴近体育实践不够紧密,对体育实践需求的回应不够充分,破解体育实践难题的成效不明显,转化应用率较低。

(二)学术原创力不足,重要理论创新和丰厚学术思想内涵成果较少

当前,我国体育哲学社会科学研究多在已有政策和理论框架下对体育实践议题进行阐释性、规范性和纠正性研究,学术的前瞻性不够,原创力不足,尤其是对体育领域中诸多具有国际共性的问题关注度不够,具有国际影响力的标志性成果稀少。具有站在学科前沿,引领学科发展的学术理论、学术方法、学术话语的成果不多,具有重要理论创新价值和丰厚学术

---

① 戴金明等:《体育社会学中层理论建设的框架、内容与发展思路》,《上海体育学院学报》2019年第1期。

思想内涵的研究成果较少，标志性研究成果基本没有走出体育领域，在国际的学术影响力也不大。

（三）体育学科建设研究滞后，基本理论研究较薄弱

体育哲学社会学科体系松散，学科建设研究滞后的状态，在"十三五"时期未得到明显改善，主要体现在以下方面：（1）二级学科分类不清晰，学科边界不明，这导致各二级学科在教材编纂和课程传授上存在较多的内容重复现象。（2）二级学科研究失衡。总体看，归属社会科学领域的体育经济学（体育产业）、体育社会学、体育管理学和体育法学等学科的研究力量较强，成果较多。而归属于人文科学的体育哲学、体育美学、体育史学和体育伦理学则呈现出一定的学科萎缩态势。（3）学科专门理论有待完善。各学科主要依托母学科理论与体育的简单结合进行理论框架搭建，缺乏内在的理论逻辑性与学理整合。（4）学科基本理论研究不足。在学科的研究对象、逻辑起点和学科体系建构等重要的基本理论问题上缺乏能够形成学界共识的研究成果。

（四）体育学术体系建设迟缓，理论与方法创新推进较慢

学术体系是学科发展的内核，决定着学科的理论深度与科学性。"十三五"时期，在体育学术体系建设研究过程中多侧重于对学术历史的回顾与梳理，立足当下展开的针对学术体系建设的研究较少，研究的积极性和主动性不足。虽然部分学者围绕"西方体育理论本土化""中国传统体育理论现代化"和"中国特色体育理论国际化"等议题进行了研究，但能够体现中国特色的体育学术体系成果很少。此外，体育哲学社会科学尚未找到成熟的跨学科研究模式，对于母学科新理论、新方法的借鉴和吸收存在生搬硬套的现象。

（五）话语体系建设起步较晚，国际认同的概念与表述提炼不够

长期以来，我国体育哲学社会科学领域对于具有中国特色的体育话语体系建设重视不够。"十三五"时期开始对具有中国特色体育的思想、观点、概念、表述的提炼进行关注。目前，已初步形成了诸如"体育强国""全民健身"和"举国体制"等具有鲜明中国特色的标示性概念。然而，

从数量上看类似的上述概念依然较少，尚未形成能够系统表达中国特色体育话语体系的"概念群"。同时，国内学者在国际体育重要机构任职人员数量很少，国内外的学术交流与合作依然不够广泛，这导致具有中国特色的体育话语对外传播力度不强。总体看，在体育哲学、体育社会学各学科中，学界尚未将标识性概念和范畴进行提炼上升到建设话语体系的层面，对研究中提出的新概念、新表述仅在国内体育学术领域进行交流，未能提炼出体现中国立场、中国智慧、中国价值的体育理念、主张、方案在国际体育学术领域进行传播，影响了我国体育学话语体系的生成和话语权的争取。

"十四五"时期中国体育哲学社会科学学术前沿与发展趋势

一 体育文化学学术前沿与发展趋势

"十三五"时期,我国的体育文化学研究立足文化学理论及其分支学科研究范式,以弘扬和创新优秀体育文化为使命,在挖掘、整理和传播我国体育非物质文化遗产等方面成果丰硕,在引介、阐释、解读域外体育文化现象和问题等方面有所拓展,但在理论深度、研究视域、价值创新等方面仍有拓展余地。"十四五"时期,体育文化学研究将呈现理论基础系统化、研究视角国际化、服务现实专业化等趋势。

(一)从文化学的一般理论范畴到文化学分支学科的研究范式

当前体育文化学研究偏重从文化学、文化人类学、文化哲学等宏观角度展开,多处于文化交流、文化传播、文化冲突、文化涵化等理论范畴中,但对文化学旗下的众多分支学科的研究范式拓展不够。"十四五"时期的中国体育文化学研究需要运用文化人类学的田野调查方法和历史比较方法对体育文化的发展过程进行描述和阐释,通过文化演化、人类进化等视角,剖析体育文化与人类文明的内在逻辑;需要运用文化社会学的视角和方法对各类体育文化现象和问题进行勾勒和探索,从而通过性别、种族、认同等学术话语的运用,厘清体育文化的社会机制、社会影响、社会价值等问题;需要运用文化心理学等方法,挖掘和认识体育文化事实乃至相关个体、组织体育行为背后潜藏的意义和价值。总之,今后的体育文化学研究需注重学习和借鉴文化学分支学科研究的新理论、新方法,包括结构主义符号学理论等，在人类起源和演进历程、人类社会发生和运行机制、人类文化心理的成因和效应等基础上，将众多体育文化事实、现象、问题中隐而未言的内在之物展现出来。从笼统的宏观研究和一般范畴观照，到细致的分科之学的特殊范式引入，将使我国的体育文化学研究在整体观照的基础上进入分工和细化的阶段，从而为体育文化学的理论范式的完善做出新贡献。

（二）从域外体育文化的译介层面到中外文化交融互鉴的国际化视角

当今世界的体育文化多以欧美现代体育文化为圭臬，以奥林匹克运动为代表的全球体育治理体系正在统摄性地发挥着引领世界各民族文化的作用。欧美发达国家在体育文化的精神价值、项目文化的社会影响、竞赛文化的商业效应、健身文化的技术标准等方面走在前列，为世界上众多国家的体育文化发展提供了示范效应和借鉴价值。"十三五"时期，我国对美国、英国、德国、法国、日本、韩国、巴西、阿根廷等国的体育文化均有所研究，比较全面地引入了以往较为生疏的域外体育文化资源。然而，由于对域外体育文化的了解有限，理解不深，此前的多数域外体育文化研究比较表浅，尚未进入交融互鉴的层次。"十四五"时期，随着我国体育文化实践的发展和文化自信的理念确立，体育文化学研究将进入挖掘西方体育文化共性和一般规律，甚至探寻其发展路径和经验教训的阶段，从而观照我国的体育文化实践。比如，学校体育的文化意识中健康第一、乐趣至上等内容如何顺应体育教学实践，就是西方多年实践经验可以提供给我们的启示，而这需要更加深入的中外体育文化交融互鉴研究。再如，我们要研究如何改变以往仅仅向世界提供武术、舞龙、舞狮等的文化感受问题，要研究如何改变中国传统体育文化传播流于脸谱化、表层化问题，这实际上也是中国体育文化软实力的再造。

（三）从文化资源的挖掘整理到文化资源开发创新的专业化服务

体育文化传承创新需要有越来越多的人群了解、认识和接受并遵循文化传统。随着非物质文化遗产的开发利用成为热点，体育文化研究也需与时俱进，在注重传统体育文化研究的基础上加强对体育文化新现象的研究，同时努力将传统文化资源在新时代环境下推陈出新，并有效回应社会需求。"十四五"时期，体育文化学研究将继续深化运动项目文化研究，探索运动项目精神如"女排精神"在中国社会中的文化意义，借鉴美国 NBA 篮球名人堂的经验，在中国弘扬先进体育人物的精神。在举办北京 2022 年冬奥会的背景下，要更加重视对冰雪项目文化和中国传统冰雪文化的研究。与此同时，在社会转型和科技变革的快速变化中，代内代沟、圈层之沟、阶层之沟加剧，反映在体育文化方面，不同群体的体育趣味、体育观念、体育价值、体育表达反差甚大，形成了不同圈层、不同阶层的体育亚文化和独特的体育文化风格。加强对不同类型体育亚文化的研究，弥合不同体育亚文化群体间的沟壑，是今后一个时期体育文化研究的重要方面。随着"政产学研用"的观念与机制逐步深入人心，体育文化研究对体育政务、体育传播、体育产业等的渗透和专业化服务将成为趋势，从而使过去满足于资源挖掘整理的理论之学走向资源开发利用的应用之学，在资政、经世、育人等过程中体现不可替代的价值。

二 体育史学学术前沿与发展趋势

在"以史为鉴"理念的影响下，我国的体育史学研究获得学界极大重视，在体育史料整理、传统体育项目变迁、现代体育传播等方面取得了丰硕的研究成果。"十四五"时期，体育史学研究要以习近平新时代中国特色社会主义思想为统领，在做好基础科研的前提下，积极回应现实问题。体育史学研究中，研究视角的广泛与研究选题的深入相结合、理论的思辨与史料的出新相结合、问题的争鸣与全面的继承相结合，不失为体育史学进一步发展的基本路径。

（一）"广开史源"仍然是体育史学研究的基础性工作

经过百年发展历程的中国体育史学，在史料的搜集和整理方面已经达到了一定的规模和水平，为体育史学的研究和深入发展打下了良好的基础。随着体育史专题研究的不断深化和研究领域的不断拓展，进一步加强史料的整理与挖掘，仍然是体育史学术界应该加以注意并着力解决的问题。要在已有的史料搜集整理的基础上，进一步拓展体育史料的来源，除对传世文字史料加以整理外，要注重对考古资料的挖掘和利用，重视口述史料的整理，重视域外史料的挖掘，重视世界体育史料的整理。比如，我国古代与外部世界的交流甚多，在广泛交流中不乏体育交流，域外也不乏遗存着与我国体育有关的史料，与此同时，要高度重视体育史史料学的建设，体育史史料学的主要任务是解决史料的分类、对史料进行鉴别和利用、提纲挈领对相关领域研究的史料搜集予以解释说明等问题。同时，加强体育史料的数字化建设，建设体育史料的电子数据库将为研究者检索和运用体育史料提供便利。

（二）汲取各学科优长是体育史学研究向纵深发展的重要一环

从当下体育史学研究来看，学界已经充分重视历史学的研究方法，并引进社会学、民俗学、考古学、文化学、教育学等多学科的研究方法，初步构建了多学科交融研究体育史学的局面。同时，体育史学术界也高度重视网络资源的开发和建设，基于地理学的自然科学方法也有所征引，但还有很多方法值得学术界重视。比如，体育活动一经产生，就天然带有性别差异和不同个体的身体差异，因而，性别史和身体史的相关理论应成为体育史学研究需要借鉴的理论方法。要进一步吸纳各学科的优长，结合体育史学自身的特点，形成体育史学的学科长远发展态势。在今后的体育史学研究中，要进一步借鉴社会科学的理论与方法，诸如政治学、地理学、民族学、社会学的理论与方法，于细微之处研究关注体育现象在整体社会层面或特定社会组织中的运作方式、存在意义以及影响等，综合田野调查法、口述史、社区研究法等研究方法着重对不同历史时期、地域和社会组织中体育观念的形成与流变，窥视体育与其他社会要素之间的互动关系。

（三）构建常态规范的学术评论机制是提高体育史学研究水平的关键所在

洞悉学术界研究动态是建构体育史学学术评论机制的基础工作。截至目前，体育史学术界还没有公开出版一部完整记录体育史学近百年历程的论著索引，这不仅滋生了相关选题低水平重复发表的现象，也在一定程度上制约着体育史学的进一步发展。如何在充分尊重学术界研究成果的基础上推陈出新，是当下体育史学学术评论需要重视的话题。要高度重视"体育史学学术史"的研究，为相关领域的研究提供权威的研究述评，便于体育史学研究者、体育史学论文刊发的阵地了解相关领域的研究动态，从而尽可能避免选题雷同、内容雷同的论文发表，为构建规范的常态的体育史学学术评论奠定基础。要开展与体育史学研究有关的理论方法、学科交叉等方面的研究，体现体育史学研究本身的历史，可以称为"体育史学史"研究。对各种学科、各种方法和各种理论在体育史即往研究中的应用给予充分重视。同时，要凸显时代特色，对于当下的社会科学、自然科学的各种前沿理论有所解读。

三 体育哲学（美学、伦理学）学术前沿与发展趋势

作为体育学基础学科的体育哲学（美学、伦理学）对体育发展具有价值引领、思想拓新、实践升华的学术意义和社会意义。体育哲学（美学、伦理学）研究在我国虽然起步较晚，但正被学者广泛关注，在体育本体论、认识论、伦理学、美学等领域涌现出诸多理论成果。"十四五"时期我国体育哲学（美学、伦理学）将继续坚持马克思主义哲学立场，继续对体育本原问题进行思考，聚焦于体育价值论、身体哲学、体育伦理学等领域的具体问题展开研究。

（一）体育哲学基本概念与理论的变革性思考

马克思主义哲学的当代中国发展、西方哲学的中国化解读、中国古代哲学的当代解读与重释所提供的重要思想理论来源，当代世界体育哲学的发展与争议所搭建时代平台，两者的共济促发了当代中国体育哲学对原有的基本概念与理论体系形成变革性的思考，主要体现为以下发展趋势：批判反思西方话语模式下的体育概念与理论体系重建、中国体育哲学发展的思想史与逻辑史进路、体育哲学的相关衍生学科维度——历史哲学维度、科学哲学维度、身体哲学维度、美学维度与伦理学维度等的概念与理论发展。

（二）体育哲学思想与当代中国体育实践间关系研究

体育实践始终是体育哲学思想生发与理论构建的基础。当代中国的体育实践既牵涉国际化背景与地缘政治，又渗透民族特色与历史传统，这为

体育哲学的研究提供了思考对象与发展导向，主要体现为以下发展趋势：当代中国体育发展政策的道路、理论与制度自信的内在逻辑与价值论证、体育中社会主义核心价值观的实现与论证、国际化背景下中国体育"文化自信"内涵、社会与文化变迁视角下体育审美与伦理意识的变革与发展、传统与民族体育的内在文化与思想内涵挖掘。

（三）体育哲学研究的方法论与研究范式研究

从创生、发展到当代反思，中外体育哲学业已形成相对成型的概念体系、研究议题与相对固定的知识共同体，对体育哲学研究的方法论与范式的思考呼之欲出，主要体现为以下研究趋势：体育哲学的思想史研究、中西体育哲学的思想方法、概念体系与知识共同体特征的比较研究、中国特色体育哲学研究范式的变革与传播。

四 民族传统体育学学术前沿与发展趋势

民族传统体育学是研究各民族文明发展过程中形成的富有民族特色体育的总体表征、运动特质、文化内涵的学问。"十四五"时期，民族传统体育学应继续围绕完善学科体系建设、提升学科科学理性和扩大学科学术影响力，着力于明晰研究对象、夯实基础理论和确立研究范式等方面，建设中国特色高水平民族传统体育学。

（一）从巩固中华民族共同体的高度深入研究各民族代表性传统体育项目

民族传统体育学的研究对象，从理论上涵盖各种民族传统体育项目，但在实际研究中，一直主要围绕武术展开，较少涉及其他传统体育项目，一些少数民族体育项目甚至从未进入主流研究视野。"十四五"时期，民族传统体育研究应进一步拓展研究对象，从巩固中华民族共同体的高度，深入研究各民族代表性传统体育项目，推进各民族体育的交往交流交融，同时多维度展开中外传统体育的比较研究，增强中华文化认同，助力建设中国各民族共有精神家园。与此同时，研究民族传统体育就不能无视具体的民族传统体育项目的运动形态、技术结构、活动规则，没有这种具象的原真性的研究，民族传统体育学的发展就失去了根本，就失去了学术研究、学科发展的基料，就成了无源之水、无本之木。地域性民间传统身体技艺表演和具有宗教意义的身体活动由于其具有深厚的民族传统文化特色尤其值得学界重视。同时，民族传统体育的研究面向，不应止步于对体育运动项目的表现形式的整理和文化解读，也应不断深化对其个人价值（如健身、身份地位展示等）、社会价值（如群体认同、成员社会化等）、经济价值等多方位的探索，全方面研究其价值功能。

（二）从对接国家战略需求的维度全面提升民族传统体育学实践价值

一直以来，民族传统体育发挥着文化传承、社会教化、健康促进、扩大消费等作用，对现实社会产生了重要影响。"十三五"时期，民族传统体育学研究凸显出服务国家战略的意识，如"一带一路"与民族体育文化交流成为重点研究内容之一，但很多方面的研究还十分薄弱，如民族传统体育产业研究。"十四五"时期，是在全面建成小康社会基础上开启全面建设社会主义现代化国家新征程的第一个五年，民族传统体育学研究应于此宏大背景出发，从政治、经济、文化、社会、生态等不同维度展开，积极对接健康中国、体育强国、文化强国、教育强国等国家各项战略需求，全面提升民族传统体育学实践价值，助力国家积极应对当今世界正在经历的百年未有之大变局。

（三）从完善"三大体系"建设的角度不断丰富与发展研究视角和手段

"十四五"时期，民族传统体育学术研究的持续推进，需要不断丰富与发展研究视角和手段。比如，借助运动生物力学、心理学、神经认知科学、脑科学技术方法的快速发展，深入揭示民族传统体育在延缓衰老、促进心理健康、慢病防治、癌症干预等诸领域的内在机理与作用机制；综合运用地理学、图像学、考据学、政治学、经济学、社会学、传播学等学科理论，深入研究不同区域民族传统体育的历史传承与当代发展。但需要指出的是，对于研究视角和手段的丰富与发展，应立足于我国民族传统体育实践实际，着眼于构建具有中国民族传统体育自身特质的学科体系、学术体系、话语体系，致力于解决目前民族传统体育学科体系不完善、学术体系不系统、话语体系不鲜明的问题，才能为中国乃至世界体育学术研究的发展与繁荣做出更大贡献。

五 体育社会学学术前沿与发展趋势

体育社会学研究重视运用社会学理论对体育社会现象的研究，以实现对体育社会现象发生发展规律的认识。进入新时代，健康中国和体育强国建设引发诸多新的体育社会现象和社会问题，体育社会学需要因应体育的发展趋势，积极构建适应中国实际的中层理论，加强研究规范，提升体育社会学研究的理论解释力。

（一）加强体育社会学中层理论建构以提升体育社会学研究理论化水平

体育社会学中层理论是指介于日常研究中具体而又必需的操作性研究假设与系统性的宏观理论之间的理论，具有事实经验性、范围有限性、边界开放性、实践联系性特征。我国体育社会学现有的学术积累还不足以发展出能有效把握体育社会现象变迁的一般特征和普遍规律的宏观理论，而基于某些特定体育现象所做的个案研究以及对策建议又缺乏普遍的概括性，从而难以实现超越地域性和情境性的限制。发展体育社会学的中层理论有助于将经验研究理论化以提升研究的普适性，有利于建设基于中国体育实践基础上的本土化理论。"十四五"时期，为提升体育社会学研究理论化水平，需要加强体育组织研究、体育社会分层研究、体育社会融合研究、草根体育研究、体育参与研究等领域的中层理论建构。

（二）量化与质化的体育社会学研究均需加强研究的规范性

体育社会学作为一门学科在知识体系形成和理论建构方面应该具有更多的理论自觉，其中研究的规范性是重要的环节。体育社会学的研究范式也有量化研究和质化研究的区分，量化研究需进一步加强研究规范，按照社会科学研究规范要求，注重研究样本的科学选择、调查数据的规范筛选、研究过程的伦理审查、研究理念的价值中立等，提高研究结果的可推广性和可比较性。质化研究是社会科学研究中的重要范式，随着体育社会学研究更加重视人文性和研究者的主体地位，访谈法、观察法、民族志、行动研究、扎根理论等质化研究方法应被更多的研究者接受和运用，对质化研究方法的使用更加规范，研究结果更能体现体育社会学研究的人文关怀与洞见。量化研究以实证主义和社会实体论为出发点，质化研究则基于诠释主义和现象学的传统。体育社会学的研究，为提高研究结果的有效性和解释力，无论是采用量化研究范式还是质化研究范式，都需要更加注重研究的规范性。

（三）关注重要体育社会现象以把握社会转型过程中大众体育发展趋势

改革开放 40 余年来，伴随着社会转型，我国社会分层现象日益显现，加强对不同社会阶层群体的体育意识、体育参与和体育消费等行为特征的分析有助于把握我国大众体育发展趋势。研究不同人群（包括普通人群、专业运动员、职业运动员、学生运动员等）体育参与对其社会流动的影响和社会融合的影响将帮助我们更加深刻地理解体育在我国社会发展中的作用。深化体育对特殊人群社会化的影响作用、机制及干预措施研究将有利于发挥体育促进人的全面发展的作用。健康问题越来越成为社会的核心议题之一，开展健康社会学研究，将健康置于社会规范和社会结构的背景下，探讨体育不平等对健康不平等的影响作用与机制。重视聚焦重要体育现象中个案研究，通过典型个案具有代表性个案，记录社会转型中体育与社会的相关关系和共变关系，反映体育与社会转型过程中共生的完整图景。

六 体育经济学（体育产业）学术前沿与发展趋势

体育经济学（体育产业）是一门具有广阔发展前景的应用性学科。中国体育产业发展和国际体育经济形势复杂性加剧，把握难得机遇期，扎实推进学科的实践面向和理论凝聚成为中国体育经济学亟待化解的议题，并引领中国体育经济学研究深入，促进学科科学化的形成。

(一) 从过度经世济民的"体育产业"研究回归全方位的体育经济学(体育产业)研究

服务中国体育经济和体育产业的高质量发展,体育经济学(体育产业)研究要从过度经世济民的"体育产业"研究回归全方位的体育经济学研究,还原体育经济现象的本来面目,注重揭示体育产业与全民健身、竞技体育之间关系,关注把握体育产业高质量发展对体育强国建设的促进机理和达成方式,助力体育产业成为国民经济重要支柱产业。此外,体育经济学界还需要研究认识国内外体育产业形势、把握体育经济发展方向,在强弱项、补短板方面切实做出研究,强化体育经济学的实践效用,引领中国体育产业在新的国际经济格局下趋利避害,提升国际竞争力。

(二) 研究领域的拓展有利于实现体育经济新突破与体育产业新发展

新技术革命带来的数字经济、多元跨界融合将促使体育产业结构与格局发生变化,并推动体育经济学研究关注的进一步拓展。体育经济学(体育产业)不仅要关注中国体育经济、体育产业结构调整的实际问题,揭示中国体育市场、体育消费、体育产业、体育经营管理等方面的独特规律,研究中国体育经济和体育产业提质增效的方略举措,形成体育经济学(体育产业)的中国范式、中国特色;还要放眼全球,关注世界体育经济和体育产业发展趋向,把握国际体育贸易和全球体育产业链演化发展规律,以及它们随全球治理体系变革呈现出的新发展、新特点,以实现中国体育经济的新突破和体育产业的新发展。立足体育经济发展实践,体育经济学研究触角不再单单停留在传统的体育竞赛表演、体育健身休闲、体育用品等行业领域,新技术革命带来的新兴数字经济、多元跨界融合等将促使体育产业结构与格局发生深刻变化,未来体育经济学的研究不能无视这些革命性的变化,需要做出切实的回应。

(三) 研究方法的深入和改进将成为增加体育经济研究解释力的有效手段

经济学发展呈现出研究经济的方法与工具越来越多,研究经济的手段与技术不断出新的研究倾向,但能够告诉人们道理的经济原理却没有取得明显进展。① 作为经济学分支的体育经济学（体育产业）和经济学相类似，不仅在揭示与体育相关的经济活动原理、机制、机理为核心的原理性经济学方面显得用力不够，而且在提供体育经济研究的有关方法、技术、手段为核心的工具性经济学方面也显得捉襟见肘。体育经济问题与一般经济现象有类同，也有差异，服务体育经济规律揭示和体育产业政策制定，体育经济研究方法的深入和改进成为下一步需要提升之处。这要求中国体育经济学研究者，一方面与经济学接轨，另一方面与国际接轨，增强理论积累，更加注重数学化、模型化的实证研究，思想性推演与技术性分析的深度融合，切实增加体育经济研究的解释力。

七 体育管理学学术前沿与发展趋势

作为实践取向鲜明的学科，伴随全球化、数字化时代的到来和体育管理改革实践的深入推进，我国体育管理学进入创新发展的新阶段，研究关注的实践导向性将更加突出、研究关涉的融合性更加显著，并带动整体上的学科化水平提升。

（一）中国丰富的体育实践助力体育管理学理论创新与学科水平提升

从对西方管理理论的学习与借鉴之中成熟起来，中国体育管理学更注重研究和解决中国体育改革发展的实际问题，分析我国体育管理科学化进程的规律，尝试建立具有中国特色的体育管理理论体系。新时代，面向健康中国、体育强国建设实践，顶层设计的体育政策、体育体制改革理论创新，体育治理现代化进程中的体育组织运行效率和治理效能提升规律把握，需要体育管理学转换研究重心，主动与其他学科进行"接轨"融合，创新研究范式，增强解释力。而回归应用性的实践旨趣，体育管理学将更加关注实践，厘清体育公共服务、体育产业等管理领域中的现实问题，探讨解决方案，促进体育管理理论、管理方法与实践应用的切合性提升。此外，体育管理的国际化和本土化融合加剧，吸收西方先进体育管理理论的同时，还涉及强化挖掘和提炼中国古代体育管理思想和管理理念，助力体育管理

---

① 李军：《"走偏"的经济学——经济学发展须回归学科本质要求》，《探索与争鸣》2016年第9期。

学科体系的成熟与完善。

(二) 把握新时代我国体育基本特征和体育管理变革方向

新时代体育呈现出以下三个方面特征：(1) 以举国体制与市场机制相结合的竞技体育发展模式。(2) 以市场为导向的体育产业跟随式发展样式。(3) 以社会为主体，以需求为先导的群众体育多元发展形态。这些基本特征使体育管理无论在理论、理念、模式、方法、手段等方面都面临巨大挑战。体育管理需要主动变革以适应中国体育发展，具体需要从以下方面进行变革：(1) 战略管理需要从政府主导向多元平台战略转变；(2) 组织管理需要从金字塔式的层级结构的机械管理模式向网络组织结构的有机管理模式转变；(3) 业务管理需要从以传统简单的科学管理向针对具体对象的人本管理转变。这也是"十四五"时期我国体育管理学需要着力研究解决的议题。

(三) 体育发展的复杂性呼唤体育管理学研究转向与方法创新

在以全球化、信息化为特征的时代背景下，体育管理实践领域的融合特征更加彰显，体育管理学研究将不断向深度和广度发展，研究更加注重实践导向和效率导向，涉及主题从中宏观理路探寻到中微观理论探微，从战略规划与理念找寻转向绩效提升与实践指导；同时，多学科融合研究路径和交叉研究方法将极大地丰富体育管理学的研究思路、内容和手段。在学科融合的进程中，跳出传统的体育学+管理学的研究范式，实验实证、计量分析、跨文化比较等研究方法使得从多个视角审视复杂体育管理问题成为可能；大数据、标准化等现代化管理理念和技术手段深化了对国内外体育管理学实践的多元化、复杂化的理解。

(四) 推进全球化时代的跨国体育管理和国际体育治理研究

全球化时代，体育竞赛、资本、劳动力在全球范围内相互渗透、相互依存、利益冲突进一步加剧，同时国际体育运行风险和不确定性在后疫情时代显著增加，兼顾各方利益维系全球体育有序运行、保障资源效用显现，需要体育管理学深入研究，架构适合跨国体育运营管理的理论，助力开放、公平、高效的全球体育治理体系形成。在"一带一路"倡议等引领下中国体育融入世界、接轨国际的步伐明显提速，助力"走出去"实践，把握国际体育管理规范、运行机制，创设一种更加积极的管理模式，也是中国体育管理学研究的重要议题。

八　体育法学学术前沿与发展趋势

"十四五"时期是全面深化体育体制改革，推进体育强国、健康中国建设向更高水平、更高层次跨越的关键时期。聚焦时代需求，体育法学需要不断拓宽研究视域、改进研究方法、提升研究水平，在服务体育法治建设、保障体育体制改革的实践中实现新突破、创造新辉煌，为中国体育的发展，为体育强国建设保驾护航。

（一）理实并重将成为推动体育法学研究的社会切合性的主要方向

新时代背景下，体育法学要强化对体育法理的研究关涉，挖掘把握体育运作本体实践中法律行为、法律实践及争端解决机理，关注健康中国视野下体育权利保障，拓展体育法的理论研究范畴，为中国体育改革发展提供法治保障。要重视对依法治体与体育强国建设中的法律保障研究，厘清新时代体育法治建设的总体思路和战略目标，强化依法治体和法治环境型塑，助力体育强国建设。同时，要打通理论研究和实践应用之间的隔阂，解决体育法学发展中理论与实践脱节、学术与实务不通问题。为提高体育法治效果，还需要进一步从基础范畴、价值导向、法治功能、制度体系、运行机制等方面加强体育法的研究，促进体育法学研究的社会切合性提升。

（二）兼顾本土化与国际化以建设具有中国特色的体育法学

体育法学研究要立足中国体育改革实践，注重体育法学研究的问题导向，从中国的社会文化、现实问题、发展目标出发，立足中国体育法治建设实践，研究中国经验，解决中国问题。要汲取域外体育法治建设的有益经验，强化体育法系关涉下的大陆法系和英美法系的比较研究，进一步完善中国体育法学。体育法学的完善应注意对国际体育规则的研究，促进对诸如国际体育争议处置等规则的本土化实践，同时还要不断提高我国体育法学的国际影响力，努力创设国际交流与对话平台，积极参与国际体育规则的制定或修订完善实践，切实提升中国话语权，在体育法学领域发挥与中国大国地位相符的应有作用。

（三）学科交叉的重视将进一步提升体育法学研究的解释力

伴随国内外环境变化，中国体育改革发展的复杂性加剧，体育法学研究应当以研究和解决中国体育发展中的问题、凸显中国特色为导向，加强从法理学、法史学、宪法学、刑法学、民法学等传统法学学科中汲取知识智源，注意借鉴政治学、伦理学、管理学、生物科学等学科的基本理论，拓展研究视域。同时，要创新研究方法，超出纯粹思辨研究，促进学理研究与案例分析结合、文献梳理与实证研究融合，提升体育法学研究的解释力和生命力，使之成为符合中国体育法治需要的主导性制度工具。

九　体育教育学学术前沿与发展趋势

新时代，学校体育策应健康中国、体育强国、教育强国国家战略，需要找准站位，重新出发。为此，体育教育学研究应以落实健康第一思想、促进学生体质健康和全面发展为主攻方向，聚焦新时代体育教育学中的一系列重大问题，推进理论创新，丰富学科体系，指导学校体育的发展。

（一）开放研究视野与加强跨学科理论融合将成为体育教育学研究发展方向

顺应新时代发展需要，开放的研究聚焦在国际方面，需要我们关注国际学校体育教育思想和体育教育理念的发展，跟踪国际体育教育研究，注意研究国际体育教育中体育课程体系、体学质量标准，体育教育教学与学生个性化发展以及体育教育与健全人格发展方面的经验和成果。开放的研究视野聚焦在国内方面，应着实研究面向未来我国学校体育教育在教育思想、教育理念中个人本位和社会本位的再认识。这虽然是一个老生常谈的议题，但随着社会经济发展和国际政治环境变化，却是一个对人的培养有着深远意涵的重大问题，仍然需要对学校体育教育中个人本位和社会体位问题再认识；我国学校体育教育教学资源的分布特征和演变规律是对学校体育发展具有全局性影响的重要问题，需要把握全局，以实现体育教育公平发展；体育师资培养和体育专业办学及相关教学规律和实践关涉关系也是关系到学校体育高质量发展的问题。这些都需要体育教育学继续秉承开放进取的研究视野，融合政治学、政策学、社会学、地理学等学科的理论和知识做出研究。

（二）借助科学化与体系化提升实现从经验总结到科学探索的跨越和突破

体育教育学理论研究的科学与体系化研究，首先反映在进一步探索"幼儿—小学—中学—大学"一体化体育课程体系的有效衔接和学校体育课程理论内在逻辑性研究方面，这些研究具体涉及幼小中大不同阶段教学目标、课程设置、教学组织、教学评价（对教师教的评价和对学生学的评价）；研究学校体育大中小学体育师资教学与科研内在属性上的差异和侧重；研究将体育教育学学科建设置于国家体育与健康环境体系中系统推进的策略和路径。科技发展助推教育发展，也需要学校体育将先进的信息化教学手段，诸如网络化、数字化教学手段应用于学校体育课堂教学之中，进而纳入学校体育课程体系建设之中。在这一系列问题的导向下，体育教育学需要加强研究以实现学校体育和体育教学从经验总结到科学探索的跨越和突破。

（三）将从行为研究范式上实现体育教育学实践关涉的回归与拓展

在体育教育学具体研究上，"十四五"时期应关注行为研究范式，更加关注体育教学实践，将体育教育学研究立足于教育本质，观照体育课程与教学改革实践，探究促进学生身体、心理及社会发展的实践规律，将健康素养、德育教育、人格完善等学校体育教育功能落在实处。同时，面对时代发展和社会变化，探索体育教育应具有的社会责任与社会担当，找准体育教育学在健康中国政策指引下的新定位、新价值、新要求。

十　体育新闻学学术前沿与发展趋势

在新时代体育传播激变的实践语境中，体育新闻学研究议题在扩张中向体育新闻传播聚焦、研究范式从学理诠释、本体叙事向实用主义回归，研究方法则在创新与规范中呈现多学科融合趋向，以提升解释力，服务国家体育新闻传播战略。

（一）体育新闻传播研究议题与体育新闻学发展逻辑进路呈现新趋向

信息技术快速发展引发的新媒体革命正在重塑体育与媒介之间关系，移动互联、社交媒体、可视化体育实践改写了体育新闻传播的方式，使体育新闻传播在组织传播、群体传播、自我传播、大众传播、人际传播的分形中发散，由此推动下体育话题常成为体育新闻中的热点，甚至是社会热点，聚焦体育新闻传播中碎片化问题，形成体育新闻传播学研究议题并引领研究的深入，是体育新闻学界同人的担当和使命。在媒体新技术、体育新语境、传播新路径的作用下，体育新闻学发展的逻辑进路也发生着变化，体育新闻学研究应当关注这些变化。全球化时代的风险加剧，体育新闻传播实践中的民族认同、国家认同以及国家体育形象议题丰富，跨文化体育新闻传播的理论研判和中国体育话语体系建设，催生新时代体育新闻传播研究的实践关注性提升。此外，伴生信息时代发展，体育受众也发生着明显变化，体育新闻传播效用提升离不开对新时代体育受众需求的现实研究与跟随把握。

（二）研究视域与研究方法的拓展有益于体育新闻传播研究范式的丰富

超越新闻传播学关注体育议题的研究视域，回归对体育新闻传播本体关涉和对体育国际传播的学理关注，多学科融合推动体育新闻传播研究范式的转换。体育新闻学涉及政治经济、社会文化、人类历史等跨学科研究将会进一步加强，以提升研究的说服力和解释力。对体育竞赛资源、媒介赛事产业链等实践领域的探索认识也会在融入学科的理论知识的研究中更为深入。同时，跳出诠释、文化反思等传统范式，积聚词频分析、社会网络分析大数据分析等实证量化研究方法，将在体育新闻学的研究中得到更加广泛的运用。网络媒体的勃兴，改变了包括体育新闻传播在内的传统的新闻传播形式，寻求体育新闻传播研究范式的突破，在新闻传播思维方式上，需要关注诸如互联网思维、话语权思维、隐性传播思维等思维方式的出现带来的传播变化，这些传播中的思维方式变化可能会给体育新闻传播研究范式的丰富和变化注入新的基料。

（三）研究应用性的提升将进一步体现体育新闻传播学科的责任与价值

未来媒体发展的方向是智能化传播，集用户价值、内容价值为一体，实现新闻价值、社会价值乃至经济价值的最大化。新时代体育新闻传播研究需要有使命意识、担当意识，迎接国内外社会传播生态和技术变迁带来的挑战和机遇，研究媒介融合视域下体育文化宣传方略和讲好中国体育故事方式。自觉反思体育新闻传播学科的责任与价值，探索契合时代发展的体育新闻传播议题，从冰雪运动与北京 2022 年冬奥会，到新媒体转向与体育舆情把控、体育传媒助力体育产业高质量发展机制，再到体育新闻传播助力健康中国和体育强国建设、中华体育传统文化的新时代传承与全球传播机理等，系统研究和解答热点问题，服务于中国体育事业的快速健康发展。

十一 "十四五"时期中国体育哲学社会科学重点研究方向

（一）中国特色体育学基本理论问题理论研究

体育是社会主义现代化建设的重要内容，在中国特色社会主义事业的"四个全面"和"五位一体"战略中具有重要意义。面对中国体育发展的新问题和新挑战，总结中国特色体育发展经验，推进中国特色体育理论体系建构，是新时代体育哲学社会科学的使命与职责。中国特色体育理论体系建构应根植于中华人民共和国成立 70 多年来波澜壮阔的体育实践，使中国特色体育理论体系在理论基础上具有渊源性、理论内容上具有系统性、理论品质上具有实践性、理论取向上具有人本性、理论体系上具有开放性，这需要加强对体育学基本理论问题的研究，为体育学的持续发展夯实学科根基。体育学基本理论问题的研究要以习近平总书记关于体育的重要论述为指引，紧紧围绕新时代体育改革发展中涉及体育学的重大理论和现实问题，推进学术理论、学术方法和学术话语创新。要紧密结合中华人民共和国成立以来特别是改革开放 40 多年来我国体育学的发展历程，厘清体育学科、体育理论在中国的发展脉络，深入分析学科发展与研究现状、学术前沿和发展趋势，系统梳理关系体育学发展全局的主要问题和短板不足；要归纳提供体育学的基本学术命题、学术范畴、学术观点、学术思想，进一步明确二级学科建设和研究领域的方向、重点和路径；要统筹考虑体育学二级学科、重点研究领域和研究方向的规划设置，积极推动本学科领域的传统学科、新兴学科、交叉学科的完善和发展，大力探索新的学术增长点，着力构建一个内容完备、逻辑一致、结构完整的有机整体，充分展示体育学科的理论全貌；要紧紧围绕新时代我国改革发展中涉及体育学各有关领域的重大理论和现实问题，深入探讨关系体育学长远发展的基本理论问题；要注重运用新方法新范式，从中国特色社会主义体育实践中挖掘新材料、发现新问题、提出新观点、构建新理论，提炼具有标识性、原创性、时代性的关键概念、核心命题，构建政治性、学术性、逻辑性有机统一的知识体系；要总结中国体育发展道路和成功经验，着力打造体现中国体育特质、中国体育价值、中国体育精神、易于为国际社会和世界体坛所理解和接受的新概念、新范畴、新表述。

（二）体育在健康中国建设中的多元功能与价值研究

健康中国建设是我国在新时期为更好地保障群众健康、实现全面小康社会和现代化强国所实施的国家战略，是未来一段时期我国健康事业发展的纲领。健康中国建设为中国体育管理战略与资源调配转型发展提供了难得的机遇，也是体育功能与价值研究在理论层面向实践层面拓展与深化的重大机遇。需要重点研究，以人民健康为中心，主动健康为导向，发挥全民科学健身在健康促进、慢性病预防和康复等方面的积极作用，把健康关口前移到健康维护和疾病防控，推动形成"体医融合"的疾病管理与健康服务模式的实现路径和机制保障；要努力挖掘长期以来被国际社会广泛接受和付诸实施的体育教育、竞技运动、民族传统体育的功用与价值；要支持、鼓励跨部门、跨地区、跨人群乃至跨国的"体育与健康"关系的研究，使体育促进健康中国建设的效应日益彰显，使全民健身促进全民健康和全面小康成为活生生的现实。

（三）新发展格局下体育治理体系与治理能力现代化研究

"加快形成以国内大循环为主体、国内国际双循环相互促进的新发展格局"，这是事关中国经济中长期发展的重大战略部署，也是中国体育治理体系和治理能力现代化建设的现实使命与要求。经过新冠肺炎疫情的冲击，国际体育格局已经发生一定变化，今后还将面临一系列深远的变化。我们要站在国内国际两个大局的背景下统筹中国体育发展和安全、当前和长远等根本性问题，努力学习和借鉴国际体育治理先进经验和成熟做法，完善中国体育治理体系和要素，提升中国体育治理能力和水平。体育社会科学工作者要系统梳理国际体育治理理念，深入研读国际体育组织的治理文本，细致分析典型的国际体育治理案例，努力形成对国外体育治理研究和实践的系统和准确认识。同时，要在治理研究中着力破解国际国内体育发展难题、探索中国体育管理体制的不足、凸显中国治理思想优势、展示中国体育治理实践成果方面多下功夫，努力实现中国体育更高质量发展、更有效率转型、更可持续进步，不断满足人民对美好生活的新期盼。

（四）2022北京冬奥会遗产传承与中国冰雪运动可持续发展研究

北京2022年冬奥会和冬残奥会是我国体育史上具有里程碑意义的重大事件。国际奥委会已经与联合国建立了响应其2030可持续发展目标的对接机制，在全世界大力推广体育可持续发展和遗产传承的一系列发展思路和具体做法、评价方法，发布了《奥林匹克2020议程》等文本。根据《北京2022年冬奥会和冬残奥会遗产战略计划》的规划，北京2022年冬奥会和冬残奥会将努力在体育、经济、社会、文化、环境、城市发展和区域发展7个方面35个领域努力创造丰厚遗产，树立奥林匹克运动与城市和区域发展良性互动、共赢发展的新典范。与此同时，我国近年来滑冰滑雪人次不断增加、冰场雪场的数量不断增长，冰雪产业发展出现了喜人的景象。体育社会科学研究者应借鉴国际经验和立足中国实际建立对冬奥会促进东道国可持续发展的理论框架和实践模式，发挥理论的预测和前瞻功能，努力为冰雪运动领域提供避免冬奥会消极后效应的思路和方法；全过程参与、指导和评估奥运遗产的创造、保护以及继承和使用过程，为奥林匹克运动和世界留下北京经验、中国模式；应积极探索如何抓住北京2022年冬奥会和冬残奥会的历史机遇推广冰雪运动文化，提升冰雪运动文化的社会影响力；思考冰雪运动在群众中的普及和推广策略，扩大冰雪运动的参与率；探究冰雪运动的训练竞赛规律，提升我国冰雪运动竞技实力；研究冰雪运动产业发展机制，提高冰雪运动产业规模和竞争力等。

（五）后疫情时代竞技体育发展研究

新冠肺炎疫情极大地改变了这个世界，也改变了世界体育的格局。受到前所未有的冲击的是竞技体育。后疫情时代的竞技体育会向何处发展？体育全球化的发展究竟是开放还是回潮？竞技体育发展中形成的运营运作模式是否会发生改变？向我们提出了一系列全新的研究命题。在世界竞技体育方面，现行的国际体育赛事、赛事格局、赛事运作和竞赛体系是否会发生改变，聚焦体育赛事本质，审视体育竞赛的商业价值和社会价值，研究全球赛事产业链，将是后疫情时代竞技体育发展不可回避的问题。在国内竞技体育方面，中国的竞技体育发展是否会随疫情而发生实质性变化，其中包括竞技体育的训练和赛事运作问题，以及如果可能发生变化，相应的形塑中国特色竞技体育体制与市场机制相兼容的竞技体育发展方式和发展模式问题，变危机为机遇，切实提升我国竞技体育综合实力，也需要学界融合多学科的理论做出研究。另外，由于新冠肺炎疫情的影响，体育赛事面临更多的不确定性，重新认识竞技体育、群众体育、体育产业之间关系，也将是学界必须着力关注和研究的重要议题。

（六）体育产业高质量发展研究

体育产业的高质量发展一方面需要国民经济整体上高质量发展提供的支持以及其他相关行业的拉动，另一方面需要社会、文化、科技、法律、环境等领域现实条件的支撑。当然，更需要体育产业自身的供给侧和需求侧改革到位，优化和提升供给质量，扩大和升级消费需求，方能逐步实现更高质量的发展。从我国体育产业发展历程来看，经历了产业形成时期粗放式发展和成长时期的追赶式发展，基本形成了结构合理、布局均衡、功能完善、门类齐全的产业体系。体育产品供应更加丰富，体育消费不断扩大，体育产业发展迅速，成为推动经济社会发展的重要力量。中国特色社会主义进入新时代，社会基本矛盾已转化为人民日益增长的美好生活需求和不平衡不充分的发展之间的矛盾。准确把握这一变化对于体育产业发展具有重要意义，我国即将全面建成小康社会，人民对美好生活需求日益广泛，对物质文化生活提出了更高的要求，也对体育产业、体育产品的供给提出了更高的要求，高质量发展提到了新时代中国体育产业的议事日程。在中国经济结构调整和高质量发展大背景下，在当前复杂的国内外经济环境和技术生态中，体育消费升级和体育产业结构优化、体育产业政策及其效益评估、体育行业营商环境以及全球化数字化背景中的体育产业新业态研究，体育产业高质量发展所具有的特征，都是体育产业高质量发展中需要探解的问题，需要融入多学科知识进行研究。

（七）深化体教融合研究

体教融合是党中央、国务院的重大决策部署，是体育教育事业顺应全面深化改革须完成的重要事项，关乎全面建设体育强国、广大青少年健康成长、国家和民族的未来。深化体教融合旨在以树立健康第一的教育理念，推动青少年文化学习和体育锻炼协调发展，帮助学生在体育锻炼中享受乐趣、增强体质、健全人格、锻炼意志，培养德智体美劳全面发展的社会主义建设者和接班人。从根本上改变体育和教育实施学校体育、青少年体育工作相互割裂的局面，形成竞技体育、学校体育和社会体育互融、互通、互惠的有效循环体系，使体育的竞技、社会、教育和育人等多元价值有机统一。面对重大改革问题，体育与教育界已做出积极回应。2020年12月国务院批复成立体教融合部际联席会议机制，教育部对中考和高考中体育地位的逐步提升做出部署和规划，都将使"体教融合"成为今后一段时期体育社会科学研究的热点领域。基于青少年体育、教育和社会融合的现实状况，从国家到地方青少年健康促进和体育后备人才培养的体制机制切入，重点对新时代体教融合的模式与机制创新、新时代体教融合的政策体系、青少年健康促进的体育路径、体育后备人才综合素质提升路径、青少年赛事体系创新途径、体教融合的国际借鉴等进行研究。

（八）中国单项体育协会治理研究

单项体育协会是我国体育发展的重要载体，单项体育协会治理是国家体育治理体系治理能力现代化的重要组成部分。在"十四五"时期，如何在新时期既进一步释放单项体育协会的活力又发挥其助力国家体育事业发展的传统功能，是单项体育协会治理面临的新机遇与挑战。当前，单项体育协会治理仍有不少新问题亟待解决。一是协会实体化过渡期的问题，要继续厘清政府与单项体育协会的职能边界，探索构建新型政社关系，打破因"中心+协会"模式多年运行而形成的政社事企"四位一体"的利益格局，引导竞技体育与群众体育的发展，找到使全国单项协会赋权增能的途径。二是协会"脱钩"后带来的问题，如"脱钩"后如何获取生存资源，协会自由资产如何认定，如何获得有效的法人地位，如何在坚持"脱钩不脱管"的前提下依然能够实现政府对协会有效的监管，如何让全国单项协会同地方单项体育协会重新建立联系等，是体育社会科学研究者应该着力和投入的重要领域，不仅具有重要的理论价值和对相关行业研究的启示价值，而且具有服务单项体育协会生存发展的现实意义和对其他行业协会的借鉴价值。

（九）中国体育治理体制机制研究

当今世界正处于百年未有之大变局，而新冠肺炎疫情的全球暴发，更给全球格局造成了极大的不确定性。体育是全球普遍的社会文化现象，其发展与政治、经济、社会、环境等深度契合，体育治理已经成为各个国家需要高度重视又需要国际社会共同面对的全球性问题之一。"十四五"时期，中国体育的体制机制建设既要契合中国特色体育发展之路，满足当前中国的发展实际，也要顺应全球体育的发展趋势，力求为解决全球体育问题提供独特的中国智慧与方案。因此，不仅应从中国自身的视角出发，研判中国体育体制机制的发展，还应具备全球视野，提高站位，将中国体育的体制机制研究与全球体育治理相结合。具体而言，一方面，要系统总结中华人民共和国成立70多年以来中国体育体制机制已有的发展经验，描述从政府一元化体育治理，逐步向政府、社会与市场多主体共建共治共享过渡，最终形成适合我国国情的体育管理体制机制的历史经验。另一方面，要坚持人类命运共同体理念，研究全球体育发展的基本逻辑、脉络和治理体系，探索我国参与全球体育治理的话语体系和权力构建的基本模式，既要明确国际体育外部风险，不断加强我国应对国际风险与挑战的能力，又要提升中国体育国际话语权的途径，为全球体育治理提供中国智慧与中国方案，助力遭遇困境的国际体育回到正常轨道。

（十）中国传统体育创新性发展创造性转换研究

"中国文化走出去""讲好中国故事""传播好中国声音"是当前我国文化发展的新使命，也是今后一段时期中国传统体育发展的重要任务。传统体育具有世界通约性和国际语言的优势，是新时期世界文明交融互动的重要组成部分。近年来中国武术、龙舟、中国式摔跤等传统体育在国际文化传播和民间交往等领域发挥着越来越重要的作用。随着太极拳项目在 2020 年 12 月被列入联合国教科文组织人类非物质文化遗产代表作名录，中国传统体育的资源开发与利用将成为热点，中国传统体育的发展有了更加广阔的天地。中国传统体育的发展，取决于其国际化、现代化的程度。将中国传统体育通过创新性发展和创造性转化，在与时俱进中推动中华民族体育走向世界并为国际接受，实现其由中国特有到世界共享的体育项目的组成部分的自然演变，是传统体育的国际化、现代化的必由之路。中国传统体育如何进行创新性发展和创造性转化，为世界人民提供更多共享的优秀体育文化成果是体育社会科学研究者的重要议题。

（十一）民族、民间、民俗体育产业化研究

体育产业要成长为国民经济支柱型产业，需要深挖体育内部各要素的经济功能，融合文化、旅游、教育等要素共同发展。民族、民间、民俗体育是我国特有的体育形态，因其植根于中国社会，对中国民众有着天然的亲近性和吸引力，同时因其独特的中华文化内涵对国外民众也有着独特的异域魅力。近年来，我国地方政府提出发挥民族、民间、民俗体育的经济功能，结合文化、旅游等行业实现产业化发展，力求在发展中实现对民族、民间、民俗体育的保护与继承。学界也对此有所关注，对民族、民间、民俗体育产业化的可行性和实现路径进行了探索。但在产业化发展过程中出现的诸多问题还需要学术界加以关注和研究，这些研究至少应包括：如何评估和甄选具有产业化潜力的民族、民间、民俗体育项目；如何看待和控制民族、民间、民俗体育产业化对其文化内涵和形态的改变；如何在发展民族、民间、民俗体育产业与保护当地自然、人文生态之间取得平衡和实现可持续发展；如何深入推进民族、民间、民俗体育产业与文化、旅游、教育、健康等行业的深度融合发展，助力乡村振兴、产业扶贫等目标的实现。

（十二）城乡体育融合发展服务乡村振兴战略研究

党的十九大提出"乡村振兴战略"从根本上改变了我国城镇化过程中的城乡关系，从而彻底突破了我国体育城乡分割分治的旧格局，推动了城乡体育融合的新发展进程。城乡体育融合，是人民群众美好生活中多种体育需求的融合，是以人民为中心的体育融合。城乡体育融合发展是我国体育进入新时代以来具有重大意义的新变化，极具时代特征，意义深远；这一发展也是中国历史上前所未有的，面临一系列改革难题，挑战巨大，从而构成"十四五"时期需要重点研究的一个新领域。需要紧紧依托"乡村振兴战略"，跳出城乡体育分治的窠臼，基于社会发展的新现实，从城乡体育融合发展的新视角，重点对城镇化过程中我国城乡体育的各自优劣势及互补关系、新时代我国城乡体育的融合发展的体制及机制、乡—城移民（农民工）的城市体育融入、城市对农村体育的激活作用与路径、农村生态体育相关资源的城乡双向流动问题、国外经验的借鉴等进行研究。

（十三）新时代中国体育社会分层与社会流动研究

体育嵌入社会之中，一方面受制于社会结构，体现着社会的分层状况；另一方面也会影响社会结构的变迁，对社会流动产生影响。随着社会主义事业进入新时代，我国社会主要矛盾已经转变。在解决社会主要矛盾的过程中，体育社会分层与社会流动将呈现新的特征。在社会阶层结构将进一步呈现出两头小、中间大的橄榄型结构的发展演变过程中，不同社会阶层之间在体育参与项目、参与方式、消费特征等方面的差异将更加明显，体育作为阶层认同与分化的工具作用更加显著。在我国传统竞技体育体制下，体育促进社会流动主要表现为政治地位的流动。伴随着新时代竞技体育体制的进一步完善和市场化的体育产业发展，体育的经济功能进一步增强，体育作为社会流动的管道作用将更加明显，也更加丰富多彩。职业运动员通过职业体育提高经济地位进而实现社会流动将成为重要的社会现象；年轻的学生通过体育进入体育专业院校学习进而实现社会流动仍然是一种重要的社会现象。开展新时代体育社会分层和社会流动研究，及时关注和把握体育社会分层的新特征和社会流动的新规律，对更好地发挥体育的社会功能、实现社会健康发展具有重要的意义。

（十四）大数据及其在体育社会科学中的运用研究

大数据已不再是一个流行术语，它以数量大、速度快、多样性、价值大为特征，已经运用到社会各行业并创造了可观的社会效益和经济效益。体育社会科学是运用科学的方法研究体育社会现象的科学，大数据将是推动体育社会科学创新发展的重要力量。体育社会科学大数据是整个与体育直接相关和间接相关的活动过程中所产生的以及根据体育社会科学需要所采集到的一切用于体育社会科学研究，并能创造巨大潜在价值的数据集合。大数据时代的到来，对体育社会科学提出了新的时代命题，它不仅对体育社会科学方法论的认识提出了新的要求，也为体育社会科学研究带来了前所未有的变革机遇。随着移动互联网、物联网、社交网络等的兴起，各行业的介入，大数据会越变越大，从海量的数据中采集、储存、获取相关信息，寻找其背后的趋势和逻辑，揭示各种体育社会现象，预测其发展规律，更好地更有针对性地服务于体育的发展；随着数据库的建设，大数据中的数据共享和多学科交叉联合研究，以及有效数据开放使用规则也变得越来越重要，这些都是体育社会科学大数据运用中需要研究的议题

（十五）构建多元平等交流互鉴的世界体育共同体研究

人类命运共同体建设已成为全世界普遍关注的议题，并在推动人类共生互融发展中具有新的价值与使命。人类命运共同体建设已成为新时代中国新型大国外交推进的重要方略，对于建设中国负责任大国具有重要意义。在人类命运共同体建设过程中，需要寻找体育之类的全世界通用媒介。体育已经成为世界各国人民互动交流的重要媒介，成为一种身体语言，能够在人类命运共同体建设进程中担当重要使命。依托体育在人类命运共同体建设过程中的作用，加快推进世界体育共同体的建设已经成为新时代中国体育的新使命和新担当。新时代我国体育发展要体现出包容发展与平等公平，注重以和而不同及美美与共的文化精神来开创国际体育治理新格局，通过构建多元平等、共建共享、交流互鉴的新时代世界体育共同体，推动人类命运共同体建设进程，为21世纪世界体育共同体发展提供中国元素、

中国智慧和中国方案。要围绕这一主旨，展开对世界体育共同体构建方式、世界体育共同体构建原则及内容、世界体育共同体建构与中国体育使命新诉求、世界体育共同体建设与中国体育战略定位等系列问题的研讨，打造中国体育在世界体育共同体建设中的话语权。

总审稿人 杨　桦
审稿人 杨　桦　仇　军　孙晋海　陈　琦　方千华
执笔人 杨　桦　仇　军　方千华　钟建伟　张　兵
　　　　　周良君　易剑东　黄亚玲　韩会君　韩春利
　　　　　王　雷　郭玉成　高　强　郭　晴　张　博
　　　　　杨海晨　郭学松　郝文鑫
参加人 倪依克　范冬云　夏江涛　罗　智　李朝旭
　　　　　王晓东　张　宏　王先亮　杜高山　赵雅萍

管理学

总　　论

"十三五"时期是全面建成小康社会的决胜阶段，围绕这一目标，我国在努力保持经济中高速增长的同时，不断推动产业向中高端水平迈进，不断强化创新的引领作用和绿色、可持续的发展方式，全面深化改革和扩大开放，完善各项经济制度和体制机制。国家层面苦修内功的各项举措逐级传导，也倒逼着微观企业向创新求发展，向精益要效益，各种新技术、新产品、新业态、新模式层出不穷。丰富的管理实践为新时代管理理论的发展提供了鲜活的样本和素材。与此同时，外部环境的演进也给企业的发展带来了前所未有的压力，逆全球化和国际贸易保护主义的抬头、席卷全球的疫情，使得我国经济和企业面对的 VUCA（易变性、不确定、复杂性、模糊性）情境进一步加剧，这对新时代管理理论的适用性和边界条件提出了巨大的挑战。因此，对"十三五"时期我国新时代管理学理论的发展进行一番系统梳理，全面了解管理学学科当前发展的基本状况，对于指导"十四五"时期管理学学科建设来说，无疑是很有意义和必要的一项工作。

本报告选取了管理学学科12个重要的理论分支，即管理科学与工程、工商管理、公共管理、战略管理、公司治理、组织管理、企业文化、技术与创新管理、会计与财务管理、国际企业管理、营销管理和旅游管理，集合了在这些理论分支中具有重要影响力的专家学者，对各个管理学理论分支从三个方面进行了论述，分别是本理论分支当前发展的基本状况及"十三五"时期取得的进展、"十四五"时期学术前沿和发展趋势、"十四五"时期总体展望与建议。我们希望，通过对各理论分支的描述和分析，擘画管理学学科当下的发展全貌，帮助辨析未来一段时期管理学发展方向和重点领域。

一 管理学学科当前发展的基本状况及"十三五"时期取得的进展

（一）现状

"十三五"时期，管理学学科在国家自然科学基金和国家社科基金的支持下、在广大科研工作者的共同努力下，实现了稳步发展，取得了丰硕的成果。下面主要从学术研究、科研项目、学科建设等方面来进行阐述。

1. 学术研究情况

随着我国近些年来大力推行转变科研评价机制改革，"十三五"时期，管理学学科相关研究论文数量呈现稳中有降的发展态势，管理学领域的学术研究工作正在发生从重视学术论文数量增长向更加重视成果质量的积极转变。

按照国际通用的多文种综合性文献分类法 UDC 的分类方法，管理学作为一级学科，下分了管理科学与工程、工商管理、公共管理三个二级学科。其中，管理科学与工程学科在"十三五"时期，发表在核心期刊、CSSCI 和 CSCD 期刊上的学术论文以 2016 年的数量为最多，之后逐年下降。公共管理学科论文数量，通过在中国知网（CNKI）数据库检索以"公共管理"为主题的学术论文，可以看到，论文数量从 2016 年的 3500 篇降为 2019 年的 2611 篇。工商管理学科在"十三五"时期，除会计与财务管理这一分支学科论文发表数量略有增长外，学术论文数量在总体上也是下降的。

"十三五"时期，管理学科在学术论文数量稳中有降的同时，亦出现了各领域的研究水平、创新能力提升和国际影响大幅提升的积极变化。一批有领先学术优势的高等学校和科研机构团队，持续推出了高质量的学术成果系列。越来越多的研究成果发表在 UTD24 和 FT50 等国际顶尖学术期刊上。还有一批年轻学者担任了国际重要学术期刊的编委和委员。

2. 科研项目情况

"十三五"时期，国家自然科学基金委员会、全国哲学社会科学工作办公室和教育部人文社科基金都对管理学各分支学科的发展给予了持续而稳定的支持，极大地推动了管理学学科的发展。根据国家自然科学基金委 2016—2019 年项目指南数据，国家自然科学基金委对管理科学部的资助呈现稳步抬升的趋势（见图1）。全国哲学社会科学工作办公室和教育部人文社科基金近年来对管理学各分支学科的资助也呈现类似趋势。

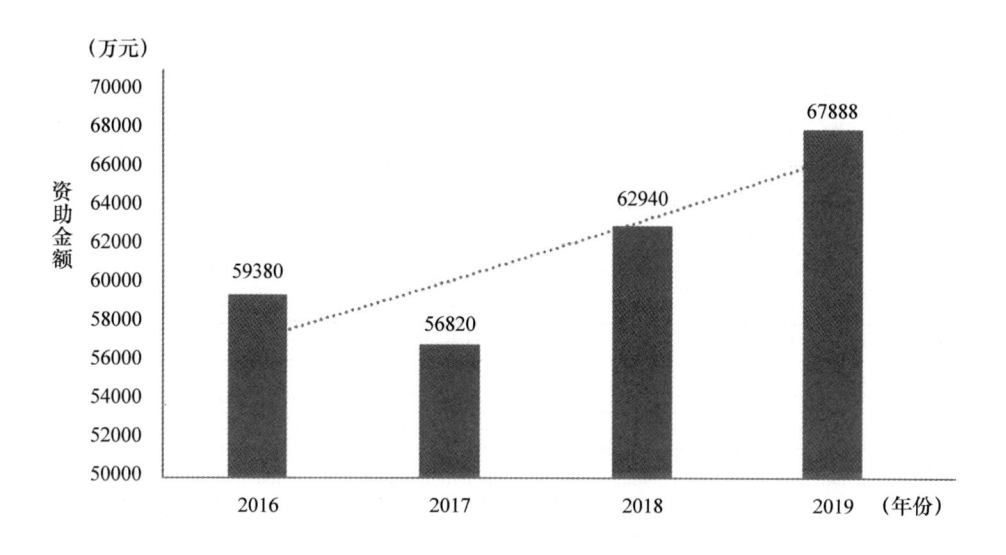

图1 2016—2019年管理学学科受国家自然科学基金资助金额

据不完全统计，在这些受资助项目中，管理学各分支学科受资助的比例关系并不平均。其中，管理科学与工程受到资助的比例最大，其次为会计与财务管理，再是技术创新管理。上述三类分支学科较多采用量化分析与建模技术方法，其项目相对易于受资助。

3. 学科建设情况

管理学学科建设情况主要体现在三个方面：一是师资队伍建设及高校发展质量，二是学生数量和成果的增长，三是涌现出学科代表成果和代表人物。

（1）师资队伍建设及高校发展质量。一流的师资队伍是建设一流学科的根本保障。"十三五"时期，管理学各分支的调研数据都显示师资力量在稳步增长，师资水平在不断提高。在日益壮大的师资队伍中尤其亮眼的是青年教师数量及其成果逐年增长，这显示了学科建设巨大的潜力和发展后劲。师资人才数量增长带来的溢出效应之一就是研究力量分布更加广泛，这主要体现在国家级科研项目的面上项目或一般项目，已实现从985/211高校、211高校到省属普通高校的全覆盖。

（2）学生数量和成果的增长。人才的培养和输送是学科存在与发展的首要目标和任务。"十三五"时期，管理学学科学位点数量保持增长，各分支学科本硕博学生数量及产出均保持稳定或波动性增长趋势。这反映了管理学学科已形成较为系统的学科体系和人才培养体系。管理学学科还肩负了为社会培养应用型人才的使命。"十三五"时期，各高校商学院、管理学院开设的MBA、EMBA、高管培训项目以及会计与财务管理学科的应用人才建设发展持续向好。

（3）学科代表成果影响力增强。"十三五"时期，管理学科各领域有一批研究成果产生了较大的社会影响力，文献引用率显著提高。例如，对技术创新管理领域2016—2019年国际期刊发文量的统计表明，中国学者的论文发表数量紧跟美国，排名第二，占比21.19%。随着高质量的学术成果将一些有突出学术优势的高等学校和科研机构集中，这些有代表性的文献引用率均在85%以上，远超平均水平。预期未来，将出现更多的高质量学术成果影响力的极化现象。

（二）存在问题

1. 缺乏对中国特色管理理论的原创性研究

中国企业发展进化的速度有目共睹——如今入选世界500强企业的数量，中国已超过美国。中国企业取得的巨大成就和积累的大量鲜活的实践和案例，还没有推动形成具有世界影响力和原创性的中国特色管理理论。尽管在西方学术界和舆论场中，"中国模式"渐成显学，但中国的管理学研究者尚未表现出与之相称的影响力。现有研究较多地囿于西方管理学学科体系，走向了对理论精致主义和研究范式、研究方法的过度追求，忽视了对管理学研究实践性本质的探究，造成理论与实践脱节，以致管理学理论研究无法服务中国企业家的实践需要。

2. 缺少对新现象的多学科知识的融合研究

伴随新技术、新业态的快速发展，企业发展的节奏也被带动加速，同时产生了大量的新现象和新问题，这些复杂的现象需要整合多个分支学科的知识，这对当前管理学研究和教学提出了重要的挑战。学科跨界需要加快跟上业界跨界变化的速度。像工业互联网、数智化制造等新模式，势必会对管理研究带来新的要求，而这些新要求往往超越了管理学学科本身的范畴，涉及计算机、数学等其他学科领域。这就需要管理学研究人员不断进行多学科知识的学习和融合,广泛地同其他学科进行交流和合作,促进新知识在管理学领域中的应用、转化和创新。

3. 研究范式与研究方法的使用既要规范,又要符合学科特点

在我国,管理学研究起步较晚,以致现今还没有形成既规范又贴合实际的成熟的学科体系。有些管理学分支学科,如公共管理,至今尚未形成共同的学术范式,其研究对象、基础概念、研究方法等还未达成普遍共识,反映中国实践、总结中国经验、传递中国声音的公共管理学科体系仍未构建成形。此外,有的学科分支的发展,存在过度借鉴西方管理学研究范式和方法的弊端。像企业文化本来是一个能够较充分体现本土化情境的研究分支,但由于大多数学术期刊偏好对企业管理问题的量化研究,对企业环境、价值观、英雄人物、仪式与礼仪、文化网络等企业文化构成要素的研究工作受到冷落。

二 "十四五"时期管理学学科学术前沿和发展趋势

"十四五"时期,伴随着世界体系结构性变化,纷争与合作之间的博弈会持续深化,各类矛盾冲突的演化会不断加剧,不确定性进一步增加,外部环境的变化经常呈现跳跃性和震荡性,管理学中传统的计划、组织、领导、控制职能正面临全新的挑战,计划与目标导向的经验管理正向依据深层次的优势、独特资源与能力应对未来变化的效果逻辑方向上演进。与之相适应,管理学学科研究的前沿阵地也在转移。

(一)范式迁移:由竞争博弈转向合作参与

倏忽嬗变的外部环境和日新月异的技术变革使得依靠相对稳定的目标和计划来进行管理的活动变得越来越不可靠,企业需要依据自身的资源与能力禀赋,相机应对外部的不确定性,在摸索中实现动态优化。因而,建立在相对稳态的计划、组织、控制基础上的以竞争和博弈为主旋律的范式,正逐步向动态合作前提下的协同治理和共同参与的范式转变。最近几年,网络治理、平台组织、公共价值、伦理价值、公共服务、共享经济、社会资本、公众信任、社会责任等词越来越高频地出现在管理学学科的研究中,就反映了这一发展趋势。

（二）本土化：由跟随西方转向独立自主

中国现代管理学学科的思想和基础来源于西方，因此学术研究始终跟随西方管理的实践路径和理论前沿，研究方法体系更是照搬西方。然而，需要指出的是，中国的管理学研究是根植并服务于特定的中国情境的，管理学学科研究的重大问题必须以阐释和回答好中国问题为首要任务。这样，中国特色管理学理论才不会成为无本之木，才能为推动中国社会发展和解决时代问题做出特有的学科贡献。未来我国管理学学科发展的一项重要任务，就是努力创造基于中国文化和社会情境的管理理论体系和知识框架，突破西方的架构。另外，由于制度、文化、社会、经济等各方面的差异，如何将从中国管理实践中提炼出来的本土化理论推广至全世界，更好地讲好中国故事，管理学学科的学者还任重而道远。

（三）技术驱动：由要素驱动转向技术创新

随着云计算、大数据、物联网、人工智能、移动互联网等新技术的迅速发展，企业的商业模式、行业边界甚至是运营流程都发生着革命性的变化，数智化转型成为企业战略变革的主要方向。原先依赖要素投入驱动的发展模式正逐渐被技术创新带来的巨大的溢出效应所颠覆。特别是伴随着新冠肺炎疫情在全球范围内的影响不断扩大，企业数智化转型的要求变得更为迫切，因此，如何推动数智化转型、实现企业发展模式的变革逐渐成为管理学学科的学者日益关注的重要议题。

（四）学科融合：由立足于本学科转向跨学科融合

前面已经提到过在管理学研究中进行多学科融合的必要性，这样可以在多学科兼收并蓄中健全能够有效满足本学科研究需要的方法论体系，抑或突破现有范式的束缚。管理学研究可以从两条路径实现跨学科融合：一是学科内融合，即加强管理学学科内部各理论分支的融合，推进从多个视角检视研究问题；二是学科间联合，借鉴其他学科特别是发展迅速的学科，如神经科学的认知研究、计算机科学中的信息处理研究等，都有助于提升管理学研究的广度和深度。

三 "十四五"时期的总体展望与建议

(一) 总体展望

面临百年未有之大变局,世界正发生剧烈的变化。在第四次工业革命、贸易保护主义、新冠肺炎疫情暴发等趋势及重大事件下,企业正面临前所未有的挑战,中国的管理学学者也遇到了最佳的理论创新机会,大有可为。中国的管理学学者应立足本国,探索管理学领域世界所共同面临的重大问题,讲透"事件"(Event),厘清"环境"(Environment),发现"机制"(Mechanism),为管理学学科的发展提供新观点和新理论。"十四五"时期,新时代中国特色管理学学科期待提出中国理论、中国方案和中国声音。

(二) 课题设置建议

基于本报告各分支学科提出的课题设置建议,我们进行了综合评估,筛选出十四项"十四五"时期的重大研究课题。以下的课题设置,一方面,考虑了新技术、新经济对管理学学科知识体系的冲击与变革性影响;另一方面,也考虑了未来一段时期我国经济社会发展对管理学学科知识发展提出的现实需求。

1. 数字化转型时代的管理变革研究

数字化转型(Digital Transformation)是近年来在多个学科领域的学术界和实践界都备受关注的一个议题。企业广泛丰富的实践,为相关研究提供了诸多有价值的案例。在数字化技术应用领域,存在类似技术进步的"索洛悖论"(Productivity Paradox)争议,给企业数字化转型研究带来了挑战。目前,有关数字化转型及管理变革的研究还比较分散,其概念界定不统一。在"万物皆可数"的实践背景下,加强管理学学科对数字化转型时代变革的探索研究迫在眉睫。

2. 变革世界中的未来领导力研究

在发生世界性变革的时代,是否拥有面向未来的领导力,是决定管理成败的极为重要的因素。在变革的环境条件下,很多组织存在高管队伍年龄老化、缺乏战略视野等问题,使它们的发展迟早会遇到天花板,阻碍自身的进步。只有少之又少的领导者,具备独特的领导特质和战略领导能力,能够持续地引导人们实现创新发展，推动面向未来的变革与转型。在未来领导力研究领域，仍有许多问题亟待探索，例如，数字时代领导力同绩效的关系、企业转型中领导力的作用机制、影响未来领导力形成与发展的情境因素，等等。

3. 中国传统管理思想的现代化转化研究

中国丰富的传统管理思想既是中国管理理论创新的思想源头，也是管理理论服务于中国企业管理实践的重要入口。该研究将对中国传统管理思想进行全面梳理，进而研究中国传统管理思想的现代化转化机制以及将中国传统管理思想应用于现代化建设的可行性与具体应用策略、实施路径。

4. 颠覆性技术创新管理研究

大数据环境下，任何一种新思维、新想法、新技术都可能产生技术创新，并以某种形式表征在大数据中。随着网络信息技术和计算机技术的快速发展，颠覆性技术创新形成的各种信息以不同形式表征在各种媒介中，形成多源异构数据。云计算和大数据分析技术的普及应用，使有关颠覆性技术创新的多源异构数据的萃取、处理、分析和挖掘成为可能。需要加强研究，如何利用这些多源异构数据来定量测度和认识颠覆性技术创新的形成机理、颠覆性技术的早期识别、颠覆性技术创新路径预测等问题，以及面向颠覆性技术创新的政策设计等问题。

5. 创新管理的制度机理与制度设计创新研究

中国因基础研究发展不足导致原始创新能力不高与制度因素关系密切。在全球化背景下，系统研究中国制度环境的时空差异导致企业微观特质及其在创新活动中表现的微观机理，探索中西方发达经济体在不同制度环境下与创新活动相关的制度变革问题，全面解析制度影响创新活动的微观机理，为引导基础研究与应用研究发展的制度设计提供参考，为中国企业在国际上实现从技术追赶者成功转向技术引领者提供制度创新的支撑。

6. 网络组织变革与治理机制优化研究

"大智移云"时代的到来，促进组织的变革转型与商业模式创新，组织结构逐渐扁平化、网络化。网络组织面临的风险主要有两类：一是由于虚拟性、边界模糊性、动态性等特征，其在服务质量、竞争方式、技术迭代、过程管理等方面呈现出独特性，表现为网络组织的运营风险；二是商户和消费者的低度嵌入与信息不对称引发的网络组织嵌入风险。传统的治理机制难以有效应对上述风险，因此亟须探讨网络组织变革、风险控制与治理机制优化。

7. 新经济时代会计准则驱动因素与经济后果研究

本课题将着重探寻新经济时代各种新技术、新业态、新模式、新产业对于会计准则的影响机理，探讨新经济时代会计准则制定与执行的驱动因素，并研判会计准则应该如何更好地适应新时代需求，从而为我国经济的转型升级和创新发展提供基础。

8. 人工智能背景下的消费者行为与企业营销管理变革

人工智能技术迅猛发展并逐渐融入人们的生产、生活，对数字化营销变革、平台型企业以及企业生态系统中的企业营销能力、营销战略、消费者行为等方方面面形成冲击。企业需要加快开发适合未来发展的新营销战略，应用人工智能技术及其他数字化技术赋能企业营销，为企业和顾客创造更多价值。

9. 全球价值链重构背景下的世界一流企业发展战略

受逆全球化趋势和新冠肺炎疫情影响，全球价值链面临前所未有的挑战，全球价值链重构正在发生。发展世界一流企业，提升我国在全球价值链中的地位，需要加强研究全球价值链重构下世界一流企业战略管理理论与实践规律，解析全球价值链重构与中国对外直接投资升级、世界一流企业培育与发展的关系，探讨"一带一路"倡议下促进一流企业"引进来"和"走出去"新战略路径。

10. 新时代走向世界的中国特色管理理论与实践研究

随着"一带一路"倡议的推行，中国经济发展和国际影响力的提升，中国企业国际化道路逐渐向原有国际秩序和竞争格局发出挑战。如何在新的全球竞争格局与政治不确定因素下求生存、谋发展，是管理学理论界与实务界需要深入思考的议题。中国企业日益增长与不断强化的全球资源配置的实践活动，正在倒逼中国管理理论研究从追赶到融入全球管理思想体系、再到努力汇入前沿，这个历史进程既需要企业实践的积极探索，更需要管理学研究者的深刻洞察，在路径突破和模式创新方面为企业实践提供有效支撑和智力输出。

11. 面向老龄社会的社会治理与管理创新研究

预计到2025年，60岁以上人口将达到3亿，我国将成为深度老龄化国家。这将对社会劳动力、社会保障、社会资源、国家预算等造成巨大的影响或负担。面向老龄社会的工程、产品、服务与管理创新研究具有重要的理论与现实意义，是未来一段时间内需要进一步深化和拓展的重点研究领域。

12. 国家治理体系现代化进程中的中央与地方的管理协同机制研究

针对我国多层级国家治理体系中中央与地方关系这一核心问题，一方面，要明确顶层设计对全面深化改革、推进国家治理体系和治理能力现代化发挥的重要作用；另一方面，要重点剖析如何调动地方政府积极性、发挥基层首创精神，探索并提出平衡顶层设计与地方创新、实现顶层设计和地方创新之间管理协同和良性互动的有效路径，使中央和地方在国家治理体系中有效衔接、相辅相成，形成现代化治理合力。

13. 后全面小康时代的贫困治理研究：理论基础、核心要义与实践进路

绝对贫困在统计意义上的消除并不意味着中国反贫困事业的终结，后全面小康时代转型性的次生贫困和相对贫困的治理将成为长期存在并需要高度关注的重大议题。本课题研究的重点在于理顺中国特色贫困治理的逻辑缘起和理论基础，明确后全面小康时代贫困治理的变化趋势及重点化解的核心问题，并着力探究进一步完善贫困治理体系、提升贫困治理效能的现实路径。

14. 公共风险治理：机制、路径和对策研究

新冠肺炎疫情是 21 世纪的大事件，由此引发了一系列需要研究和探索的公共管理问题，如生物风险、自然风险、环境风险、战争风险、科学伦理风险、粮食风险、疾病风险等。需要从源头上研究这些风险产生的机理、传递的路径、后果、预防方法等。此次疫情，也折射出一些我国公共风险治理体系和治理能力方面的短板和不足。通过加强公共风险治理研究，构建适应我国现实背景的公共风险治理理论和实践体系，加强政府、企业、社会组织等多元治理主体的功能耦合，能最大限度降低重大突发危机带来的社会系统风险。

管理科学与工程"十三五"研究进展与"十四五"趋势研判

一 "十三五"时期的研究进展

(一) 现状

"十三五"时期,管理科学与工程学科在国家自然科学基金和国家社科基金的支持下,在广大科研工作者的共同努力下,稳步可持续发展,并取得了丰硕的成果。下面主要从学术研究、科研项目、学科建设、人才培养和人才队伍建设等方面来进行阐述。

1. 学术研究情况

"十三五"时期,管理科学与工程学科的学术研究主要集中在管理科学、管理系统工程、工业工程、信息管理与信息系统、工程管理、社会管理工程、管理心理与行为科学、电子商务技术、科技与创新管理、服务科学与工程等领域。研究热点主要集中于技术创新、电子商务、知识管理、风险管理、供应链管理、项目管理、新兴技术管理、产学研合作、企业管理和创新网络等方面,评价、博弈、预测、优化等方法研究依然是管理科学与工程学科的热门研究方法。

学术论文是管理科学与工程领域研究成果的一个重要表现形式,学术论文的增长一定程度上衡量了学科研究成果的增长情况,并且一定程度上能反映我国管理科学与工程领域的发展态势。"十三五"时期,管理科学与工程学科相关研究论文数量呈平稳发展趋势。2016年至2020年5月,管理科学与工程学科研究人员在核心期刊、CSSCI和CSCD期刊上发表学术论文共计28142篇(见图2),其中2016年发表论文数量最多,有6759篇;

虽然2016年之后，每年的论文数量稍有下降，但仍然呈现稳定的发展趋势。这也表明，"十三五"时期管理科学与工程学科已经进入稳定的可持续发展阶段。

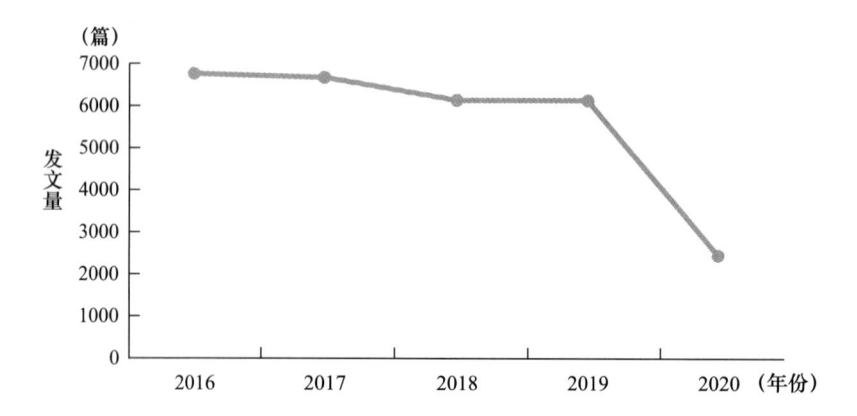

图2 "十三五"时期管理科学与工程学科在核心期刊、CSSCI、CSCD期刊上发表的相关论文情况（2020年的数据为1月至5月的发文量）

2. 科研项目情况

"十三五"时期，国家自然科学基金委和全国哲学社会科学工作办公室持续稳定地对管理科学与工程学科的发展给予了大力支持，极大地推动了管理科学与工程学科的发展。2016—2019年，国家自然科学基金委资助管理科学与工程学科的项目总体情况、重点项目情况和重大项目情况分别如图3至图5所示。

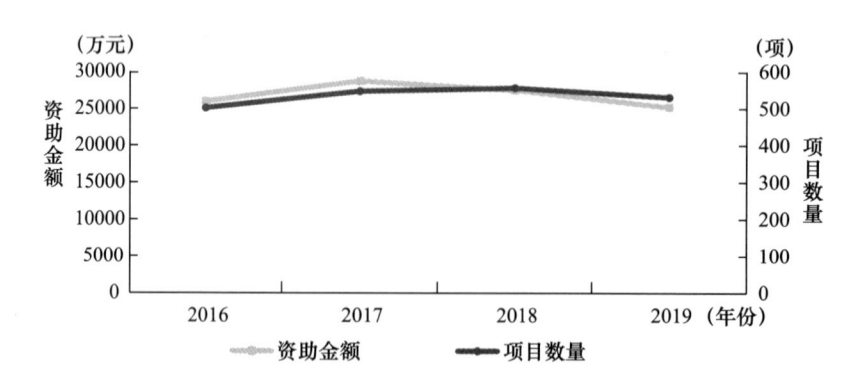

图3 2016—2019年国家自然基金委对管理科学与工程学科资助的项目数量及金额

资料来源：国家自然科学基金委。

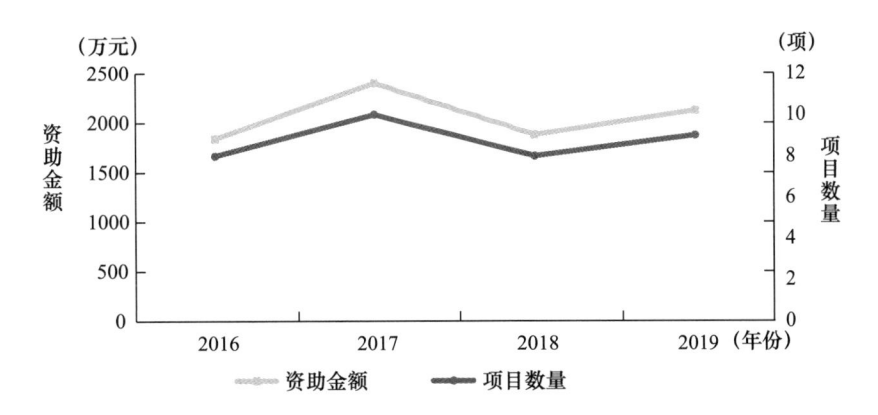

图 4　2016—2019 年国家自然基金委对管理科学与工程学科资助的
重点项目数量及金额

资料来源：国家自然科学基金委。

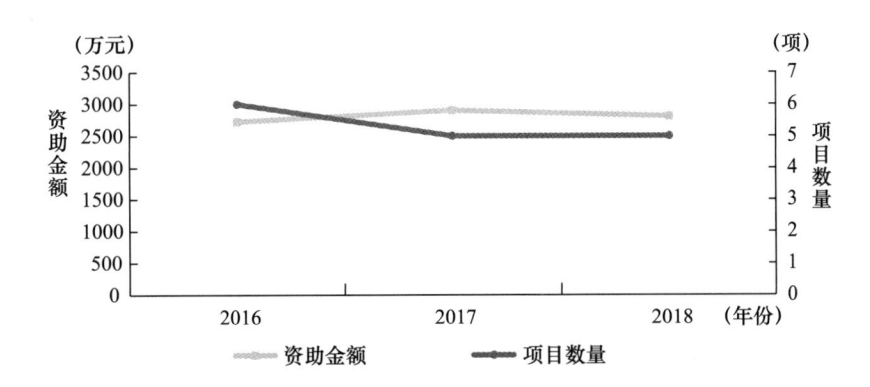

图 5　2016—2018 年国家自然基金委对管理科学与工程学科资助的
重大项目数量及金额

资料来源：国家自然科学基金委。

由图 3 至图 5 可知，2016—2019 年，国家自然基金委资助管理科学与工程学科发展的项目数共计 2136 项，资助金额共计 107436.16 万元，且每年资助的金额均在 25000 万元以上，项目数量每年保持在 500 个以上，总体呈平稳上升趋势。其中，重点项目共 35 项，金额共计 8244.48 万元，且每年资助的金额均在 1500 万元以上，项目数量均在 7 项以上。2016—2018 年，重大项目共 16 项，金额共计 8436.46 万元，且每年资助的金额均在 2500 万元以上，项目数量均保持在 5 项及以上。同时，国家社科基金在 2016—2019 年资助的管理学项目中，每年都有一定比例的管理科学与工程学科相关项目。这表明管理科学与工程学科在这一时期的快速发展和逐渐趋于成熟。

3. 学科建设、人才培养和人才队伍情况

（1）硕博学位点数量变化及分布

"十三五"时期，管理科学与工程学科的硕博学位点也稳步增加。依据国务院学位委员会公布的审核增列的管理科学与工程学科博士、硕士学位授权点名单，经统计，2016—2019年管理科学与工程学科共新增博士学位点9个，硕士学位点18个，具体情况如图6所示。由图7可知，2016年该学科新增硕士学位点4个、博士学位点1个；2017年新增硕士学位点7个、新增博士学位点8个；2018年新增硕士学位点3个，无新增博士学位点；2019年新增硕士学位点4个，无新增博士学位点。

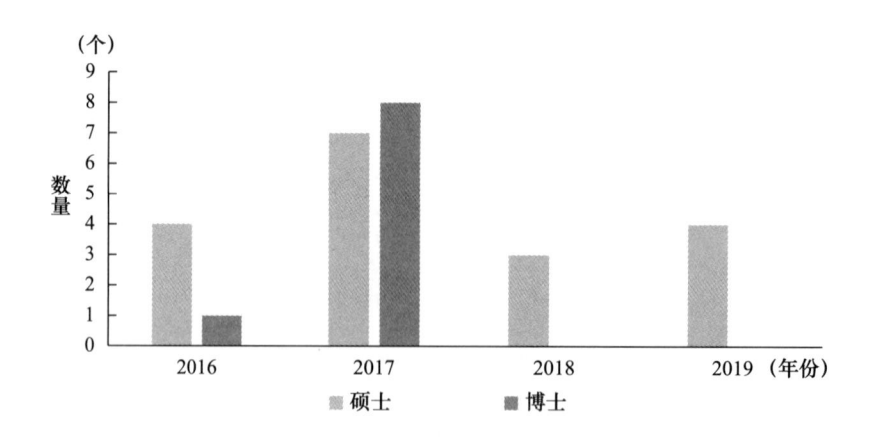

图6　2016—2019年管理科学与工程新增硕博学位点数量

依据教育部公布的2017年管理科学与工程学科评估结果中的高校名单，经统计，截至2019年，管理科学与工程学科硕博学位点总体分布情况如图7所示。由图7可看出，管理科学与工程学科硕博学位点主要集中在北京、江苏、上海、湖北、四川等省市。管理科学与工程学科的硕博学位点在北京地区分布最为集中，包括硕士学位点19个、博士学位点13个；其次为江苏和上海，江苏地区包括硕士学位点10个、博士学位点8个，上海地区包括硕士学位点10个、博士学位点9个。

博士学位点和硕士学位点的稳步增加，反映了管理科学与工程学科已逐步形成了较为系统的学科体系和人才培养体系。

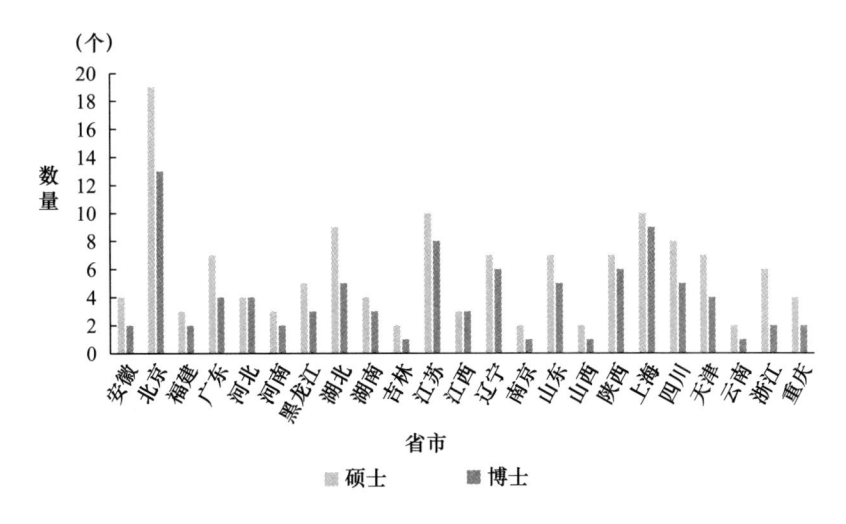

图 7　管理科学与工程硕博学位点分布情况

(2) 导师数量及硕博生在校数量

"十三五"时期，管理科学与工程学科的导师数量和硕士生、博士生在校数量也稳步增长。截至 2019 年，依据教育部发布的 2017 年管理科学与工程学科评估结果中的高校名单，统计发现全国各高校的管理科学与工程学科硕士生导师数量已超 2700 人，博士生导师数量已超 1300 人；管理科学与工程学科全国硕士研究生在校生数量已超 8000 人，博士研究生在校生数量已超 3700 人。

(3) 人才队伍情况

"十三五"时期，管理科学与工程学科领域涌现出一批优秀青年人才，共有 27 人获得国家自然科学基金优秀青年科学基金项目（分布在 21 家单位，如表 1 所示）、9 人获得国家自然科学基金杰出青年科学基金项目（分布在 9 家单位，如表 2 所示），且每年获得国家自然科学基金优秀青年科学基金项目的人数呈逐年稳定增长趋势，表明该学科具有强大的生命力和发展潜力。

表 1　2016—2019 年管理科学与工程学科国家自然科学基金优秀青年科学基金项目情况

序号	年份	姓名	单位	序号	年份	姓名	单位
1	2016	付超	合肥工业大学	5	2016	姜海	清华大学
2	2016	郭仁拥	内蒙古大学	6	2016	吴肖乐	复旦大学
3	2016	郭熙铜	哈尔滨工业大学	7	2016	肖峰	西南财经大学
4	2016	胡鹏	华中科技大学	8	2017	胡照林	同济大学

续表

序号	年份	姓名	单位	序号	年份	姓名	单位
9	2017	李想	北京化工大学	19	2018	周开乐	合肥工业大学
10	2017	刘汕	西安交通大学	20	2019	宋苗	香港理工大学
11	2017	罗俊	上海交通大学	21	2019	陈喜群	浙江大学
12	2017	王玉东	南京理工大学	22	2019	关旭	华中科技大学
13	2017	郁培文	复旦大学	23	2019	刘宇	电子科技大学
14	2017	张兮	天津大学	24	2019	刘志远	东南大学
15	2018	邓天虎	清华大学	25	2019	裴军	合肥工业大学
16	2018	李大庆	北京航空航天大学	26	2019	王曙明	中国科学院大学
17	2018	薛巍立	东南大学	27	2019	张博宇	北京师范大学
18	2018	闫小勇	北京交通大学	—	—	—	—

资料来源：国家自然科学基金委。

表2　2016—2019年管理科学与工程学科国家自然科学基金杰出青年科学基金项目情况

序号	年份	姓名	单位
1	2016	方颖	厦门大学
2	2017	寇纲	西南财经大学
3	2017	吴俊杰	北京航空航天大学
4	2018	何斯迈	上海财经大学
5	2018	梁哲	同济大学
6	2018	吴德胜	中国科学院大学
7	2018	杨立兴	北京交通大学
8	2019	龙建成	合肥工业大学
9	2019	周文慧	华南理工大学

资料来源：国家自然科学基金委。

"十三五"时期，管理科学与工程学科领域形成一批具有国内外较大学术影响力且稳定的研究团队，代表人物和研究领域如表3所示。具体情况如下。

合肥工业大学杨善林院士研究团队长期从事智能决策理论与技术、信息系统理论与技术的研究工作，目前主要从事互联网与大数据环境下高端装备制造工程管理理论与方法的研究。

天津大学张维教授研究团队长期从事金融工程的研究工作，目前主要从事互联网背景下金融创新与风险管理基础理论与方法、金融市场微观参与者行为规律及其风险效应的研究。

北京航空航天大学黄海军教授研究团队主要从事新型城镇化导向下的城市群综合交通系统管理理论与方法、城市群交通行为分析与需求集成管理的研究工作。

湖南工商大学陈晓红院士研究团队主要从事企业运营与服务创新管理理论及应用、环境服务型企业的智慧运营管理的研究工作。

北京工业大学黄鲁成教授研究团队长期从事新兴技术未来分析与创新管理的研究工作，目前主要从事如何依靠科技创新应对人口老龄化的跨学科研究，以及新兴科技环境下如何提升我国创新政策供给能力的研究。

表3　　2016—2019年管理科学与工程学科获得国家自然科学基金和国家社科基金重点/重大项目两项及以上的人员信息情况

年份	姓名	单位	项目名称	类型
2016	杨善林	合肥工业大学	互联网与大数据环境下高端装备制造工程管理理论与方法研究	国家自然科学基金重大项目
2016	杨善林	合肥工业大学	互联网与大数据环境下高端装备制造工程管理的基础理论	国家自然科学基金重大项目
2017	黄鲁成	北京工业大学	新兴科技环境下提升我国创新政策供给能力研究	国家社科基金重点项目
2017	黄鲁成	北京工业大学	依靠科技创新应对人口老龄化跨学科研究	国家社科基金重大项目
2017	张维	天津大学	互联网背景下金融创新与风险管理若干基础理论与方法	国家自然科学基金重大项目
2017	张维	天津大学	互联网背景下金融市场微观参与者行为规律及其风险效应研究	国家自然科学基金重大项目
2018	黄海军	北京航空航天大学	新型城镇化导向下的城市群综合交通系统管理理论与方法	国家自然科学基金重大项目
2018	黄海军	北京航空航天大学	城市群交通行为分析与需求集成管理	国家自然科学基金重大项目
2019	陈晓红	湖南工商大学	企业运营与服务创新管理理论及应用	国家自然科学基金重大项目
2019	陈晓红	湖南工商大学	环境服务型企业的智慧运营管理	国家自然科学基金重大项目

资料来源：国家自然科学基金委和全国哲学社会科学工作办公室。

(二) 存在问题

1. 高质量的研究成果有待进一步提升

高水平论文是科学研究的一项重要成果，也在一定程度上反映了该学科的发展水平。"十三五"时期，管理科学与工程学科领域的研究人员虽然发表了大量的学术研究成果，但在管理学国际著名期刊上发表的学术论文数量有待进一步提高。

2. 国际化的人才队伍有待进一步的完善

学科的发展主要靠优秀的人才队伍来支撑，而目前我国管理科学与工程学科领域的国际人才队伍建设需要进一步加强。

3. 服务社会与实践的意识进一步强化

随着我国国际竞争环境的快速变化和重大公共卫生事件的突发，作为研究管理活动规律及为其应用提供理论和方法的学科，管理科学与工程学科服务社会与实践的意识需要进一步强化。

二 本学科的学术前沿与发展趋势分析

从管理科学与工程学科研究主题的变化来看，该学科方向的研究热点主要集中于供应链管理、项目管理、电子商务、风险管理、知识管理、技术创新和创新网络等领域，评价、博弈、预测、优化、决策等方法研究一直是该学科的热门研究方法。

随着互联网和信息技术的迅速发展，大数据及其应用、"互联网+"、区块链、共享经济等逐渐成为该学科领域关注的焦点，也成为该学科领域未来一段时间内的研究前沿。随着互联网金融的逐渐兴起，科技金融环境下的系统分析与建模、供应链金融、金融工程等将成为该学科领域未来关注的研究前沿。先进制造、物流服务供应链、供应链管理、服务创新等将继续成为该学科领域的关注焦点。创新管理、环境规制、创新驱动等也将成为该学科领域未来研究的热点。管理心理与行为也将成为管理科学与工程学科领域未来研究的前沿。而随着机器学习、深度学习方法的快速发展及应用，这些方法将成为该学科的未来前沿研究方法。

三 "十四五"时期总体展望、重点研究方向与课题设置建议

（一）总体展望

"十三五"时期，管理科学与工程学科保持了稳定和可持续的发展趋势，并逐步形成了较为系统和完善的科学理论基础和学科体系，也已经形成了一支较为成熟的研究队伍。作为研究管理活动规律及为其应用提供理论和方法的学科，管理科学与工程学科将在"十四五"时期继续保持稳定和可持续的发展趋势，该学科的教育体系和科研队伍将逐步完善和壮大，继续对我国管理学和经济与社会的发展起到重要的推动作用；同时，也将对管理学其他分支学科的发展起到重要的推动作用。

（二）重点研究方向

1. 颠覆性技术创新管理研究

大数据环境下，任何一种新思维、新想法、新技术都可能产生技术创新，并以某种形式表征在大数据中。随着网络信息技术和计算机技术的快速发展，颠覆性技术创新形成的各种信息以不同形式表征在各种媒介中，形成多源异构数据。而云计算和大数据分析技术的开发与应用，使得有关颠覆性技术创新的多源异构数据的萃取、处理、分析和挖掘成为可能。如何利用这些多源异构数据来定量测度和认识颠覆性技术创新的形成机理、颠覆性技术的早期识别、颠覆性技术创新路径预测等问题，以及面向颠覆性技术创新的政策设计等问题，将是该学科领域未来一段时间内需要进一步深化的重点研究领域。

2. 面向老龄社会的服务与管理创新研究

预计到2025年，我国60岁以上人口将达到3亿，将成为超老年型国家，对社会劳动力、社会保障、代际公平造成巨大影响，极大提高社会管理服务运行成本。因此，面向老龄社会的工程、产品、服务与管理创新研究具有重要理论与现实意义，也将是该学科领域未来一段时间内需要进一

步深化和拓展的重点研究领域。

3. 社会挑战环境下，国家创新体系与创新政策工程研究

21世纪以来源自国外"卡脖子"、重大传染性疾病突发、资源环境约束等挑战频发，严重影响国家创新发展，因此如何从国家创新体系和创新政策方面，研究应对的理论、方法和策略，将是该学科领域未来一段时间内需要进一步深化的重点研究领域。

（三）课题设置建议

1. 颠覆性技术创新形成机理与创新路径预测研究

习近平总书记指出，要"在关键领域、卡脖子的地方下大功夫，集合精锐力量，作出战略性安排，尽早取得突破"，以前沿引领技术、颠覆性技术创新为突破口，努力实现关键核心技术自主可控，"要瞄准世界科技前沿，抓住大趋势，下好'先手棋'，打好基础、储备长远"。[①] 因此，我们需要理解颠覆性技术创新的形成机理，掌握颠覆性技术创新路径发展趋势预测方法，才能自主开发出颠覆性技术，才能推动颠覆性技术创新，才能不被"卡脖子"，才能占领制高点。该课题重点研究：颠覆性技术创新形成机理、颠覆性技术早期识别、颠覆性技术创新路径预测、面向颠覆性技术创新的政策体系构建研究。

2. 应对社会挑战的创新政策体系优化研究

习近平总书记指出，"创新是引领发展的第一动力，科技是战胜困难的有力武器"，"要从体制机制上增强科技创新和应急应变能力"。[②] 我们不仅需要促进发展的创新政策，也需要应对挑战的创新政策。该课题重点研究：这二类政策的组合匹配问题，政策设计、实施与评估问题，以及基于数字转型的创新政策科学性、有效性研究。

3. 科技创新支撑老龄社会发展战略研究

2019年11月中共中央和国务院印发《国家积极应对人口老龄化中长

---

① 习近平：《在中国科学院第十九次院士大会、中国工程院第十四次院士大会上的讲话》，《人民日报》2018年5月29日第2版。
② 《强化公共卫生体系的科技支撑——论学习贯彻习近平总书记在专家学者座谈会上重要讲话》，《人民日报》2020年6月6日第1版。

期规划》（以下简称《规划》），第一次强调指出，把技术创新作为积极应对人口老龄化的第一动力和战略支撑，提高老年服务科技化水平、信息化水平，加大老年健康科技支撑力度，加强老年辅助技术研发和应用。落实《规划》要求，首先要做好理论研究，为科技支撑老龄社会发展战略提供决策咨询，主要包括：面向老龄社会的科技识别与选择，老龄社会科技创新竞争态势分析，应对老龄社会挑战的科技创新布局，面向老龄社会创新的体制机制及政策研究。

工商管理"十三五"研究进展与"十四五"趋势研判

一 "十三五"时期的研究进展

(一)现状

"十三五"时期,中国经济经历转型升级,各方面的改革进入深水区。同时,世界范围内的移动互联网与信息技术以及其他重大技术进步引发了新科技革命和产业变革。伴随丰富多彩的管理实践,我国工商管理学科的研究水平、创新能力和国际影响力有了大幅提升。2018年中国内地管理学者发表的SCI、SSCI论文总数在世界排名上居第二位,仅次于美国。越来越多的中国工商管理学者担任国际重要学术期刊的编委,越来越多的研究成果发表在UTD24和FT50等国际顶尖学术期刊上,一大批年轻学者担任国际重要学术期刊的编委和委员。

近些年来,公司治理理论、组织变革理论以及企业产权与制度理论等成为我国企业理论研究的重点。受国际战略管理热点的驱使,竞争战略、利益相关者战略、创业战略、知识与创新战略等研究方向一直受到我国学者的关注和研究。浙江大学吴晓波教授及其团队始终致力于战略管理、创新管理、全球化制造与竞争战略、信息技术与管理变革、高新技术发展战略等方面的研究,获得了国内外学者的关注。[①]

财务管理与会计研究领域的相关研究成果丰硕。国内学者开始关注从

[①] 吴晓波、付亚男、吴东、雷李楠:《后发企业如何从追赶到超越?——基于机会窗口视角的双案例纵向对比分析》,《管理世界》2019年第2期;吴晓波、吴东:《中国企业技术创新与发展》,《科学学研究》2018年第12期。

宏观角度探讨微观企业问题（如政府干预、政治关联与企业财务会计行为、财务绩效的关系研究等）。厦门大学戴亦一教授等有关政治关系和公司财务及治理的研究不仅能增强宏观经济政策对微观企业行为研究的连续性和可推导性，也有利于加强宏观理论影响微观经济行为和过程的推演，这对宏观经济政策提供有效的反馈和预判、增加宏观经济政策可靠性和准确性有重要的价值。[①]

中国特色的公司财务与会计问题（如社会网络关系、金字塔式股权结构、经理人薪酬激励与政府管制、媒体治理）也受到了学者的普遍关注，发展出了一系列具有中国本土意义的财务会计理论。在研究方法上，除案例研究以外，社会学的一些方法及近似于自然科学研究的实验法也受到诸多学者的关注。在这一领域华中科技大学的张兆国及其团队研究成果颇丰，为我国财务与会计研究做出了贡献。[②]

组织行为与人力资源管理方面，在团队、冲突和领导力与企业文化研究，创业企业家成长研究及组织学习与学习型组织的研究方面取得了突出的学术成果。学者通过建立理论模型，开发测量工具，构建评价体系，持续坚持研究组织学习、团队学习、个人学习以及相互之间的作用机理，在跨层次学习领域取得了重要突破。这一领域清华大学的陈国权教授和南京大学赵曙明教授贡献突出。[③]

在物流与供应链管理领域，服务供应链、供应链金融、供应链与大数据以及绿色供应链等问题深受关注，研究方法也从传统的问卷调研和案例研究向行为实验、二手数据等新兴方法转变。学者为解决经济社会快速发展给环境和资源带来的破坏以及绿色平衡失调等问题，对制造业供应链中的环境影响和资源优化利用进行综合考虑，对多渠道的供应链管理、绿色供应链管理等展开了研究，一批研究成果受到国内外学者的广泛关注。[④]

中国独特的国家发展需求以及区别于西方的特殊国情要求中国工商管

---

① 戴亦一、余威、宁博、潘越：《民营企业董事长的党员身份与公司财务违规》，《会计研究》2017年第6期。
② 张兆国、曹丹婷、张弛：《高管团队稳定性会影响企业技术创新绩效吗——基于薪酬激励和社会关系的调节作用研究》，《会计研究》2018年第12期。
③ 赵曙明、孙秀丽：《中小企业CEO变革型领导行为、战略人力资源管理与企业绩效——HRM能力的调节作用》，《南开管理评论》2016年第5期。
④ 李毅鹏、马士华、袁开福：《广义ATO下基于多种团购模型的供应链协调》，《中国管理科学》2018年第6期。

理学科的研究更加关注中国本土化问题，而不再仅仅是在中国情境下验证西方管理理论。"十三五"时期中国管理思想研究不断深入。作为中国管理思想早期的创始人和代表者之一，复旦大学苏东水教授创办的东方管理学派影响广泛。2016—2019年，成功举办了第二十届至第二十三届"世界管理论坛暨东方管理论坛"，学者就"多元包容——东方管理学新发展""国别区域管理与跨文化管理""多元包容——东方管理学新发展"展开交流，在诸如中国传统文化与企业管理的关系等贴近中国管理实际的研究上成果丰富。"十三五"时期，还有一批国内管理学界具有影响力的学者组成了创新型学术组织"中国管理50人"论坛，致力于探讨中国管理存在的客观问题和管理理论发展的学术逻辑，推动具有中国特色的管理学理论创新。论坛先后开展了以"企业面临的挑战与管理学的发展""中国管理学研究向何处去""大变局中的中国管理"为主题的交流活动。一直以来，作为工商管理研究重要基地的中国社会科学院工业经济研究所，面对近年来高不确定性的国际政治环境和中国经济步入发展新常态后所面临的转型挑战，继续致力于中国工业管理与工业改革的重大问题、热点问题、难点问题、前沿问题研究，对一系列重要理论和现实问题进行了开拓性、创新性的研究。

目前，中国管理思想研究呈现出百家争鸣的繁荣景象，从学科建设到各分支领域的研究，学者均尝试立足于中国企业管理实践探究具有一般性和普遍性的管理原理。学者在高度关注企业经营环境变化等现实问题的基础之上进行大胆的设想和严谨求证的研究，高度重视对中国的管理理论的学术研究，加快了本土化研究，进一步推动基于中国管理实践的理论创新研究，这些研究与实践的互动同时也在促进着工商管理学科的整体发展并丰富着管理科学的知识体系。

(二) 存在问题

尽管"十三五"时期我国工商管理学科研究取得了丰硕的成果，但是具有方向引领作用和重要国际影响力的原创性研究成果偏少。本学科领域高端创新型人才和领军人物数量不足。尽管在西方学术界和舆论场中，"中国模式"渐成显学，但中国的管理学家尚未充分表现出方向引领的作用。很多学者通过实证研究获得了许多证据，分析出动机，列出很多相关性或关联性的验证结果并发表了学术论文，但是没有形成理论，没有阐明所研究问题的道理。

虽然实践总是走在理论的前面，但我们的管理理论已严重滞后于实践的步伐。如今中国入选世界500强企业的数量都超过了美国，不仅在规模上，而且在质量和创新方面中国企业都取得了巨大成功，但中国基本没有具有世界影响力的原创管理理论，本土管理理论在世界范围的影响力远不及企业。工商管理的论文论著不断涌现，却难在企业界产生大的影响。近年来，受到美国商学院过于强调基于学科的学术研究以及现行学术评价体制的影响，管理学的研究过分追求研究方法的严谨性，走向了对理论精致主义的追求，而忽视了管理学研究的实用性，企业家甚少阅读管理学论文。

二 本学科的学术前沿与发展趋势分析

在 VUCA 时代①，环境变化经常呈现跳跃性和震荡性，管理学中传统的计划、组织、领导、控制职能正面临全新的挑战，经验管理的很多内容已经越来越没法解决当前的很多管理问题，计划与目标导向的经验管理正向依据深层次的优势、独特资源与能力应对未来变化的效果逻辑演进。适应时代发展，工商管理研究的前沿阵地也在适时转移。

战略依据的是预测学，即对无知的或未知的不确定理论进行研究，从而得到相对确定的结果和趋势来指导行为。战略管理研究前沿问题有：全球化与国际竞争所带来的变化，高科技与网络时代所呈现的挑战，对战略方案的试验与甄别的选择与方法，计划的可行性和计算机大数据模拟，新战略和新计划切入现实流程的过渡方式，对新战略的成效进行评估的指标体系研究，等等。

在人力资源领域的前沿问题有：中国式领导；管理学领导力和动机问题；中国式的人力资源管理理论，包括榜样理论，家族文化等；"互联网+"的人力资源管理；中国人力资源管理的变革，特别是中国企业在国际化过程中的人力资源管理问题；"一带一路"建设下企业中中国员工

---

① VUCA 是 Volatility（易变性）、Uncertainty（不确定性）、Complexity（复杂性）、Ambiguity（模糊性）的缩写。

的跨文化领导力模型的构建问题；转型时期劳动和供应关系的管理；跨国人力资源管理问题；技术变革带来的远程管理理论和方法的研究，尤其是虚拟工作团队问题。

组织行为和组织文化研究的前沿问题有：基于意义追求的工作动机研究；身份认同和组织社会化的研究，包括员工心理、幸福感、敬业度、员工激励和组织承诺；创新和创造力的系统研究。[①]

三 "十四五"时期总体展望、重点研究方向与课题设置建议

（一）总体展望

根据国家创新驱动发展战略，"十四五"时期工商管理学科应面向世界科学前沿，响应国家战略需求，努力实现如下战略目标。

1. 形成若干国际领先和有特色的工商管理学科研究

在具有较好研究基础或重大科学机遇的领域，努力培育与形成若干具有国际一流学术水平的研究团队与研究成果。

2. 孕育根植中国管理实践的工商管理原始创新

面向国家重大改革、重要政策制定、中国企业关键管理创新等实践，形成若干原创著作，积累原创性工商管理科学知识，切实提高工商管理研究为中国宏观和微观管理实践的服务能力。

（二）重点研究方向

目前，中国企业取得了快速发展，2019年入选世界500强的中国企业数量已经超过美国，涌现出了很多新兴的管理方法与组织形式，这为中国工商管理学科的发展提供了源源不断的活力及相应的理论来源。面向未来，工商管理研究宜以需求为导向，实现基于中国管理实践的管理理论创新。

认真研究工商管理学科如何服务于企业的发展问题。要完善成果应用贯通机制，以理论创新助力中国企业做强。工商管理学科发展不能坐享企

---

① 杨学成、隋越：《探索工商管理研究创新之路——中国工商管理研究年度高端论坛（2017）综述》，《经济管理》2017年第7期。

业发展的红利，要通过贡献获得发展，这是工商管理学科的责任，也是发展路径。

从服务国家发展战略的高度，加强立足中国企业管理实践的研究。例如，中国企业发展与制度之间的关系研究、中国特色社会主义企业理论研究、国有企业的基础理论研究，等等。

在研究方法上，探索适合工商管理研究的科学方法创新，促进工商管理研究方法的多样性发展，提高工商管理领域研究发现的可靠性和可重复性问题，强调内生性、稳健性检验。[①]

(三) 课题设置建议

建议设置课题"中国传统管理思想的现代化转化研究"。中国丰富的传统管理思想既是中国管理理论创新的思想源头，也是管理理论服务于中国企业管理实践的重要入口。本课题研究内容主要包括三部分：(1) 中国传统管理思想的全面梳理；(2) 中国传统管理思想的现代化转化机制研究；(3) 中国传统管理思想的现代应用研究。

---

① 张玉利、吴刚：《新中国 70 年工商管理学科科学化历程回顾与展望》，《管理世界》2019 年第 11 期。

公共管理"十三五"研究进展与"十四五"趋势研判

"十三五"时期是全面建成小康社会的决胜阶段,也是中国特色社会主义进入新时代,全面深化改革、推进国家治理体系和治理能力现代化取得突破性成就的关键时期,新的时代背景赋予了作为"治国理政之学,善政良治之用"[①]的公共管理学科以新的历史使命。"十三五"时期,公共管理学科在把握学科前所未有的发展机遇的同时,围绕"实现高等教育内涵式发展"目标指引,更加注重内涵质量发展,在队伍建设与人才培养、学术研究和知识增长等方面均取得了长足进步。2020年是"十三五"收官之年,在此时间节点对公共管理学科的发展现状及存在问题进行系统回顾与反思,并以此为依据展望和研判本学科在"十四五"时期的总体趋势和重点研究方向,对促使其加快向着"中国特色、世界一流"的公共管理学科发展道路迈进意义重大。

一 公共管理学科"十三五"时期研究进展

(一)"十三五"时期公共管理学科的研究现状

一流的师资队伍是建设一流学科的根本保障,人才培养和输送则是学科存在与发展的首要目标和任务。改革开放后,中国公共管理学科在恢复重建中发展成为一门独立学科,而伴随着全球科技革命、产业革命与治理变革的纵深拓展,以及我国行政体制改革和治理体系优化的现实推进,公

[①] 夏书章、朱正威:《治国理政之学,善政良治之用——夏书章教授学术访谈》,《中山大学学报》(社会科学版)2020年第1期。

共管理学科在"十三五"时期的发展势头更加迅猛,学科领域所汇集的优秀拔尖人才和创新团队也不断增加,师资队伍日益壮大。其中,以具有博士学位且年龄在35—50岁的人员为主体[①],在师资构成上,教授和副教授所占比重平均达70%,且985高校的公共管理学科师资职称分布已呈现出倒金字塔结构[②],逐步与国际一流研究型大学的师资结构接轨。高学历,高职称,且学科功底扎实、教学科研经验丰富的师资和人才团队,成为推动公共管理学科焕发蓬勃活力的动力之源。在此基础上,公共管理学科的专业结构和人才培养方案也紧扣国家治理现实需求,不断探索新的调整。在专业设置上,经过反复论证和研讨,目前全国已有11所高校在公共管理一级学科下增设应急管理二级学科,并从2020年陆续开始招收硕士生和博士生。同时,各高校传统公共管理学科专业的本硕博培养方案也结合院系实际和办学特色进行优化,向社会输送了大批具有国际视野、扎根本土实践、掌握公共管理基础理论和分析方法的复合型公共管理人才。

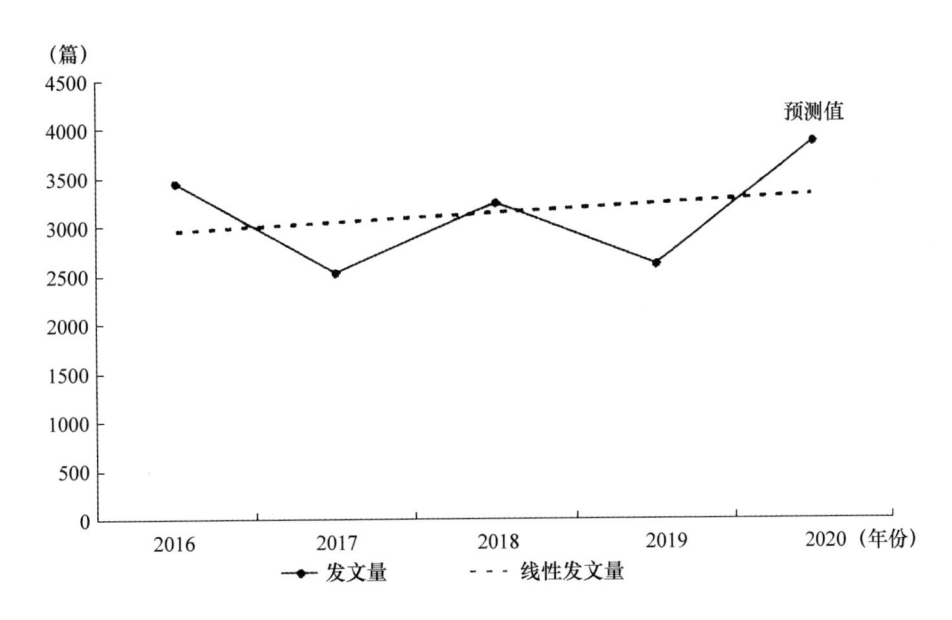

图8 "十三五"时期公共管理学科领域发文情况

资料来源:根据中国知网(CNKI)数据库检索及整理。

[①] 薛澜、梁正、杨列勋编著:《公共管理学科发展战略——暨公共管理"十三五"优先资助领域研究》,科学出版社2017年版。

[②] 刘苗苗、刘盛博、潘慧源:《高校学科点调整与建设探析——基于30所高校的"公共管理"学科的调研》,《上海教育评估研究》2018年第6期。

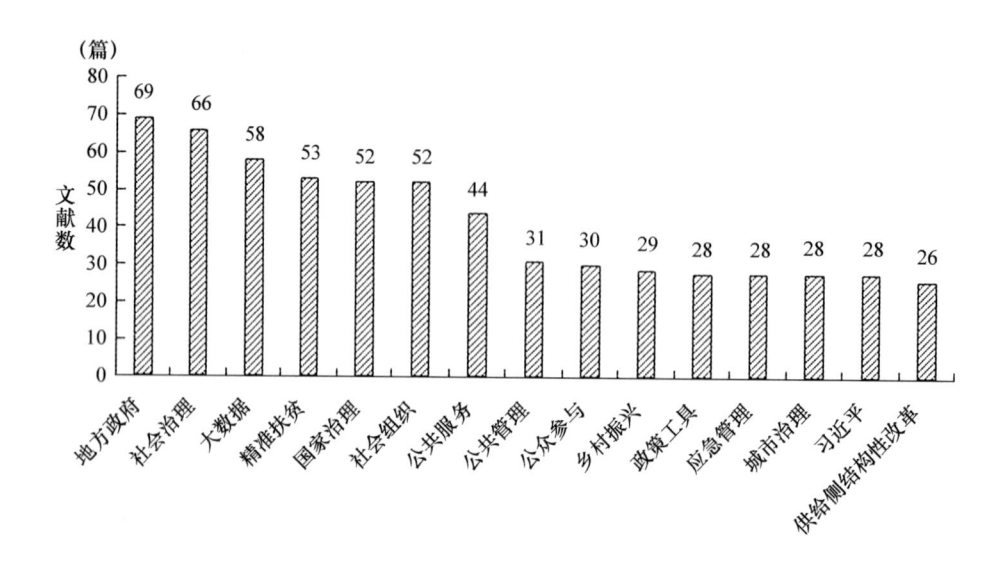

图9 "十三五"时期公共管理领域发文前15位研究关键词分布

资料来源:根据中国知网(CNKI)数据库检索及统计。

学术研究和知识增长是学科动态和影响力的最直观体现,也是衡量学科发展的重要指标。"十三五"时期,公共管理学科领域的科学研究与产出保持在较高水平,据国家图书馆馆藏数据显示,2016—2020年其收录出版的公共管理领域专著达710余册,而通过中国知网(CNKI)数据库检索近五年发表的以"公共管理"为主题的学术研究成果共计12450篇,且年度发文量呈波动上升趋势(见图8)。为更直观地了解公共管理学科研究集中分布的领域和问题,笔者对CSSCI(中文社会科学引文索引)(2019—2020)来源期刊(不含扩展版)收录的10种公共管理期刊于2016年1月至2020年6月刊登的4786篇学术论文进行关键词词频统计(见图9),从中可以看出,"十三五"时期公共管理研究围绕的地方政府、国家治理、大数据、精准扶贫、公共服务、乡村振兴、应急管理等高频关键词充分体现了新时代的公共管理学科学术研究已与我国公共管理实践需要紧密结合,在深化公共管理规律认识、推进各级政府公共决策的科学化民主化进程中发挥越来越重要的作用。

除此之外,公共管理学科还在"十三五"时期掀起了转型与重构的思想热潮,如杨立华教授从学科边界危机出发,以重建公共管理学科明确稳定的内外边界及与之相应的学科问题、体系和学者边界的思路为公共管理学科发展提出了新的纲领;[①] 蓝志勇教授重新甄别和梳理了公共管理学科的相关外部理论和学科自身核心理论,从而夯实了学科发展的内在基础;[②] 薛澜教授、竺乾威教授、李文钊教授等专家学者则针对变革时代背景下中国复杂且异质的管理实践,就公共管理学科体系的新整合及话语体系的本土化建构提出了方案设想。[③] 这些源自公共管理学科内部深刻的反思与变革之声,引领着本学科在更广阔的研究场域更好地肩负起与国家治理体系和治理能力现代化建设共同前进的使命重任,为开辟"中国之治"提供学科视角和思想力量。

(二)"十三五"时期公共管理学科研究中存在的问题

"十三五"时期,公共管理学科发展迎来了自改革开放后的又一次历史性机遇,从学科独立性身份确立后的规模和数量扩张开始转向寻求具有适应性、稳健性的学科转型和自我突破。但客观来看,公共管理学科要实现实质性跨越仍面临诸多问题和挑战。

一方面,公共管理学科领域尚未形成共同的学术范式,本土化的学科体系仍在探索。我国公共管理学科是在借鉴国外公共管理学科建设的理论成果和实践经验基础上恢复和发展起来的,加之公共管理研究本身的跨学科交叉性,其发展中面临的最突出问题就是研究范式的统一。如前所述,这一问题已在促进公共管理学科转型重构的过程中成为专家学者关注和着力解决的焦点。但总体来看,当前我国公共管理学科领域内对其研究对象、基础概念、研究方法等还未达成普遍共识,反映中国实践、总结中国经验、传递中国声音的公共管理学科体系的构建成形也需时间。另一方面,公共管理学科以理论指导实践的现实回应性有待提高。公共管理学科的问题导向决定了其开展学术研究和构建知识体系的根本取向取决于公共管理实践的样态。尽管近年来我国公共管理学科对中国

[①] 杨立华:《公共管理学学科边界的层次、类型和一个新学科发展纲领》,《中国行政管理》2020年第4期。

[②] 蓝志勇:《公共管理学科的理论基础与基础理论》,《学海》2020年第1期。

[③] 薛澜、张帆:《公共管理学科话语体系的本土化建构:反思与展望》,《学海》2018年第1期;竺乾威:《公共管理话语体系的本土化建构:比较的观点》,《学海》2018年第1期;李文钊:《变革时代公共管理学科的新整合——中国公共管理学科的再思考》,《江苏行政学院学报》2016年第6期。

公共管理实践和全球治理的追踪与关注日益密切，但对实践中提出的重大问题的深入研究明显不足，研究重点更多停留在对顶层设计、政府行为及各类社会问题的现象观察与阐述，而对问题背后具有共性的基础性根源的提炼和破解不够充分，从而阻碍理论指导实践和实践反哺理论的路径，不能对现实问题给出行之有效的解决方案。

二 "十四五"时期公共管理学科发展的几个问题

（一）"十四五"时期公共管理学科的发展趋势

自1887年公共行政学诞生后，国际公共管理研究历经一百余年的发展，并随着全球公共部门管理实践变化的需要实现了从传统公共行政到"新公共行政"再到"新公共管理"的范式演进。而进入21世纪特别是近十年来，全球化、信息化、数字化发展使一系列新变革不断涌现，西方国家政府与社会关系日趋复杂，加之公民对政府的期望和要求与日俱增，推动国际公共管理学界开始更深入地评估和反思公共部门改革的效果，展开了关于有效政府、协同治理、网络治理、公民参与、社会资本等方面的讨论，"新公共管理"所强调的代理、竞争等原则开始被合作、参与等原则所取代，公共管理学科范式走向"新公共治理"。与之相应，为克服前期改革对政府形象造成的负面影响，公共价值、伦理价值、公众信任、公共服务，以及为缓解贫富差距问题导致的社会矛盾和冲突而关注的社会保障、危机管理等问题，成为国际公共管理学者探讨的焦点。同时，信息技术的进步也使数字化政府、电子政务、智慧城市等研究成为公共管理学科新的前沿方向。

中国公共管理学科的学术研究始终跟踪国际公共管理的实践路径和理论前沿，但不容忽视，中国公共管理研究根植并服务于特定的中国情境，与国家发展阶段和行政改革战略目标紧密相联。因此，中国公共管理的学术前沿和研究趋势在与国际热点前沿保持一致性的同时，也呈现出独有的视野和特性，即最热门的研究问题必定来自中国公共管理实践最迫切需要解决的问题。当前及未来一段时期内中国公共管理研究聚焦并着力回应的主要问题包括：现代治理体系建构、精准扶贫与民生改善、中央与地方关系、市场和经济活动的规制和监管、城乡治理、大数据与政务服务、应急管理体系建设等。

(二)"十四五"时期公共管理学科发展的总体展望

"十四五"时期,世界体系的结构性变化会持续深化,大国博弈、各类矛盾冲突的演化升温使不确定性进一步增加,但总体上纷争与合作交织的国际局势不会改变。从我国发展的重大决策部署来看,国家治理体系和治理能力现代化建设将向纵深推进,党的十九届四中全会提出的"坚持和完善中国特色社会主义行政体制,构建职责明确、依法行政的政府治理体系"要求也将向夯实理论基础与拓展实践路径相结合的方向发展;同时,"十四五"时期我国已实现全面建成小康社会目标并进入后全面小康时代,保障和改善民生、满足人民群众的美好生活需求领域会随之出现一系列更深层次,更具综合性、复杂性的问题与挑战。这些亟待解决的现实问题都为公共管理学科的未来发展提供了新的研究视角和研究素材,也为公共管理学科应用并助力于新时代国家改革与发展伟大进程搭建了重要平台。

因此,"十四五"时期公共管理学科的总体发展,将以顺应时代发展需要、为国家治理重大理论和现实问题提供源源不断且科学有效的知识为核心,以厘清学科边界,构建本土化的公共管理学科价值体系、知识体系和话语体系为目标,以在多学科兼收并蓄中健全适应并能够有效满足本学科研究需要的方法论体系为重点,积极探索国际问题,参与全球公共治理,为人类命运共同体建设提出公共管理领域的中国方案,从而形成充分彰显中国气派并具有国际影响力的公共管理学科体系。

(三)"十四五"时期公共管理学科的重点研究方向

在客观认识公共管理学科"十三五"时期取得的研究成果和存在问题基础上,结合国内外研究前沿及"十四五"时期本学科发展的总体趋势展望,从学科自身建设与社会服务的双重维度考量,笔者认为"十四五"时期公共管理学科领域的重点研究方向体现在以下两个方面。

一是进一步鼓励和壮大当前本学科系统内部兴起的反思与整合、重构学科体系之声,对新时代公共管理学科转型发展进行全方位探讨和推动。其中涉及对公共管理学科定位的再认识、对公共管理学科复杂模糊学科边界的理顺和界定、对问题导向驱动下公共管理实践变化对学科转型方向影响的探究，以及对构建具有中国特色的公共管理学科体系的现实路径探索等。只有立足中国经验建设完备的本土化学科体系，中国公共管理学科才能更好地承载起时代赋予的重要使命，以扎实的学科基础理论和分析方法解释中国公共管理现象和问题，为提升公共管理质量贡献智慧。

二是公共管理学科一般化理论的外部输出，将学科理论成果积极转化为对公共管理问题的挖掘和建设性决策建议。回归公共管理学科的问题意识本质，有待研究的重大问题既来自我国本土，也涵盖世界性问题，但必须以阐释和回答好中国问题为首要任务，中国特色公共管理学科才不会成为无本之木，才能为推动中国社会发展和解决时代问题做出特有的学科贡献。扎根"十四五"时期坚持和完善中国特色社会主义制度，治理改革逐步深入和治理精细化需要更加凸显的实践趋势，公共管理学科应重点关注的方向体现但不限于以下五个方面：第一，坚持党的领导与以人民为中心的问题研究；第二，国家治理的理论基础及治理体系和治理能力现代化的运行架构研究；第三，民生领域热门话题研究；第四，公共部门的组织机构改革及公务员队伍建设研究；第五，大数据、人工智能等现代科技融入公共治理实践的创新路径研究。

(四) 课题设置建议

"十四五"时期公共管理学科的课题设置应以初步研判的重点研究方向为依据，从中细化出具体的研究课题。除这些热点和重点问题之外，一些实践中新涌现的具有学术价值和学术潜力的问题也同等重要，同样可作为课题设置的来源。

1. 治理体系现代化建设中顶层设计与地方创新的协同互动关系研究

本课题把握我国多层级国家治理体系中中央与地方关系这一核心问题，一方面明确顶层设计对全面深化改革、推进国家治理体系和治理能力现代化发挥的重要作用；另一方面，重点剖析如何调动地方政府积极性、发挥基层首创精神，探索并提出平衡顶层设计与地方创新、实现顶层设计和地方创新协同互动的有效路径，使中央和地方在国家治理体系中有效衔接、相辅相成，形成现代化治理合力。

2. 后全面小康时代的贫困治理研究：理论基础、核心要义与实践进路

绝对贫困在统计意义上的消除并不意味着中国反贫困事业的终结，后全面小康时代转型性的次生贫困和相对贫困的治理将成为长期存在并需要高度关注的重大议题。本课题研究的重点在于理顺中国特色贫困治理的逻辑缘起和理论基础，明确后全面小康时代贫困治理的变化趋势及重点化解的核心问题，并着力探究进一步完善贫困治理体系、提升贫困治理效能的现实进路。

3. 后新冠肺炎疫情时期风险治理：机制、路径和对策研究

新冠肺炎疫情成为 21 世纪的一个大事件，在一定程度上可以说改变了世界，进一步加剧了百年未有之大变局的动荡和不安，由此引发一系列需要研究和探索的公共管理问题，诸如生物风险、自然风险、环境风险、战争风险、科学伦理风险、粮食风险、疾病风险等，需要从源头上研究这些风险产生的机理、传递的路径、带来的后果、预防的方法等。

战略管理"十三五"研究进展与"十四五"趋势研判

战略管理是工商管理学科的重要分支,涉及企业产品、技术、市场、经营方式、区域、时间、人员等诸多方面的管理和研究,"十三五"时期战略管理学科在理论和实践方面都取得较多的成果,但也存在一些不足。"十四五"时期战略管理学科将面临重要的发展机会与挑战,2020年新冠肺炎疫情暴发使世界经济和企业面对的易变性、不确定性、复杂性、模糊性(VUCA)情境进一步加剧,一方面疫情催生了很多新现象和新问题,拓展了以往研究内容;另一方面在现有理论是否解决新问题方面也提出了巨大的挑战。

一 "十三五"时期的研究进展

(一)现状评估和成果统计

1. 期刊论文

通过中国知网(CNKI)期刊检索通道检索中文核心期刊(CSSCI)主题中含"战略"的文章,再排除国家战略等文章进一步缩小范围,在结果中检索主题包含"企业""组织""公司""团队"的文章,获得的数据如图10所示。"十三五"时期的文章数量较前一阶段有所减少,我们分析这主要同国内部分优秀期刊更看重论文质量,因而收录篇幅更长的文章,而减少了每期刊登论文的数量有关。

2. 硕博士培养

通过CNKI学位论文库检索"十五"到"十三五"学科专业名称为"工商管理"、主题为"战略"的硕博论文,"十三五"时期获得了

（篇）

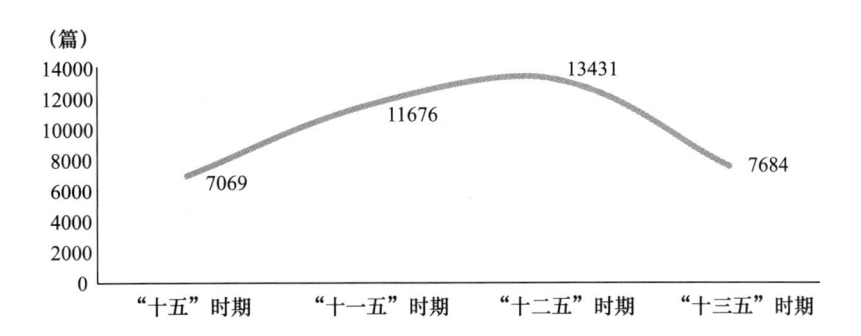

图 10　战略管理类 CSSCI 期刊数量

资料来源：笔者绘制。

17174 条结果，其中博士论文 169 篇，硕士论文 17005 篇。硕士论文与博士论文相较"十二五"时期（博士 153 篇、硕士 15229 篇）均有所增加。

3. 课题研究进展

"十三五"时期战略管理研究获得了较多课题成果，就国家自然科学基金（NSFC）而言，2016—2019 年（2020 年申请结果尚未公布）战略管理学科（学科代码 G0201）共申请项目 112 项，如图 11 所示，其中重点项目 2 项，面上项目 55 项，青年科学基金项目 44 项。

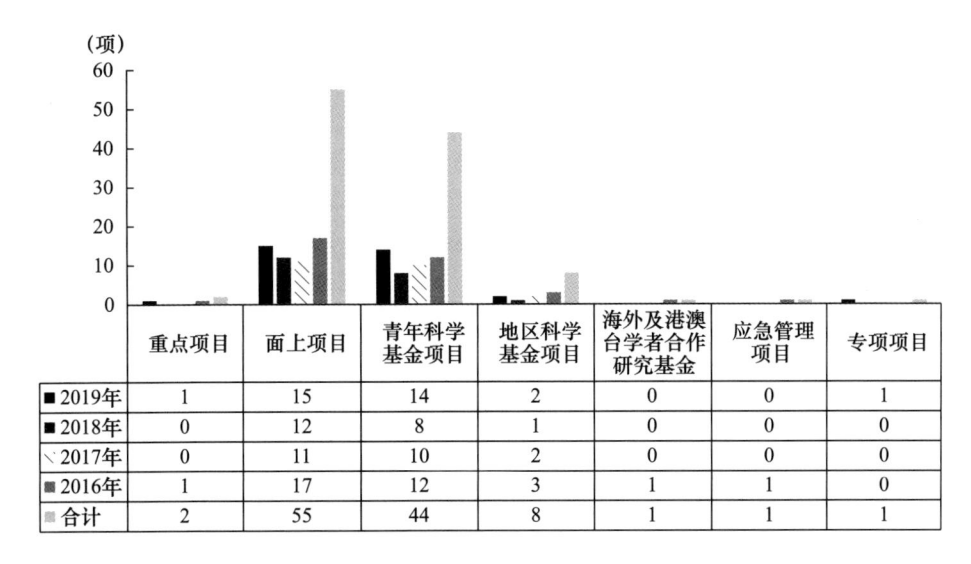

	重点项目	面上项目	青年科学基金项目	地区科学基金项目	海外及港澳台学者合作研究基金	应急管理项目	专项项目
2019年	1	15	14	2	0	0	1
2018年	0	12	8	1	0	0	0
2017年	0	11	10	2	0	0	0
2016年	1	17	12	3	1	1	0
合计	2	55	44	8	1	1	1

图 11　"十三五"时期战略管理学科申报 NSFC 情况（不含 2020 年）

资料来源：笔者绘制。

4. 学术会议

战略管理领域在"十三五"时期举办了各具特色的学术会议，例如

"十三五"时期"中国战略管理学者论坛"召开了第九到第十二届会议。此外，也召开了一系列国际会议，例如四川大学战略管理国际会议，研讨主题紧贴前沿接轨国际，尤其是2019年会议在米兰召开，响应"一带一路"倡议的号召，会议为来自世界各地战略管理研究领域的学者和企业家提供了交流与合作的平台。

5. 研究机构

"十三五"时期各高校还成立了其他专门的战略领域的研究中心，积极致力于战略管理的理论与实践的研究，例如东北财经大学的"企业战略与社会创新研究中心（CCSSI）"（2016年成立）、中南大学的"产业经济与战略发展研究中心"（2018年成立）、中国人民大学的"国企改革与发展研究中心"（2018年成立）和"企业创新与竞争力研究中心（安徽基地）"（2019年成立）等，上述各研究机构重视理论与企业实践的融合，其成立和发展推动了"十三五"时期战略管理研究的发展，为学术交流、企业调研以及成果转化提供了良好的支撑平台。

6. 教材出版

"十三五"时期出版了大量的战略管理学科相关的教材，呈现了较为丰富的教材成果。2016—2020年（截至6月份）部分教材详细信息如表4所示。很多教材已经开始大量关注中国本土的战略管理问题，这类教材的发展不仅推动了战略管理学科教学的发展，更进一步地巩固了战略管理的学科地位。

表4　　"十三五"时期战略管理领域出版教材（部分）

时间	作者	教材	出版社	备注
2020	徐君	《企业战略管理》（第3版）	清华大学出版社	"十三五"江苏省高等学校重点教材
2020	刘颖	《企业战略管理》（第2版）	中国电力出版社	"十三五"普通高等教育规划教材
2019	徐大勇	《企业战略管理》（第2版）	清华大学出版社	普通高校"十三五"规划教材
2019	丁宁	《企业战略管理》（第4版）	北京交通大学出版社	普通高校"十三五"规划教材
2019	曾国华、吴雯雯	《战略管理：理论、方法与应用》	冶金工业出版社	普通高等教育"十三五"规划教材

续表

时间	作者	教材	出版社	备注
2019	赵越春	《企业战略管理》（第3版）	中国人民大学出版社	普通高等职业教育"十三五"规划教材
2018	肖智润	《企业战略管理：方法、案例与实践》（第2版）	机械工业出版社	普通高等院校经济管理类"十三五"应用型规划教材
2018	张东生、李艳双	《企业战略管理》（第3版）	机械工业出版社	普通高等教育"十三五"规划教材
2016	李丹、徐娟等	《企业战略管理》	清华大学出版社	普通高等院校"十三五"规划教材
2016	郭松克、彭玉莲	《企业战略管理》	华南理工大学出版社	应用型本科经管类"十三五"规划教材
2016	胡大立	《企业战略管理》	南京大学出版社	高等院校"十三五"规划教材

资料来源：笔者整理。

（二）战略管理研究成果

1. "内容—过程—情境"交错的研究主题

"十三五"时期战略管理研究主题不仅关注研究内容的创新，还更加重视战略过程和战略情境的影响因素，整体上呈现研究内容、研究过程和研究情境相互交错的特点。

其一，战略管理研究在内容上呈现出多样性的特点，充分展现了战略内容的创新，很多研究还采用了案例研究方法，更加关注战略过程的演化和中国本土市场、文化、制度和技术情境的交互影响。

其二，学者关注战略过程的不同机制。尤其是近些年战略研究中的案例研究方法的增加，很多学者都关注企业发展和演化的过程机制，例如魏江和王诗翔[1]关注了跨国企业的合法性战略演化，打开了后发跨国企业在发达国家获取并维持合法性以克服来源国劣势的过程黑箱。苏芳和毛基业[2]则关注应对环境变化的战略路径转换过程，分析了内外部正反馈和管理者刻意行为的影响。张明和蓝海林等[3]通过定性比较分析，讨论了战略变革的前

---

[1] 魏江、王诗翔：《从"反应"到"前摄"：万向在美国的合法性战略演化（1994—2015）》，《管理世界》2017年第8期。
[2] 苏芳、毛基业：《应对环境变化的战略路径转换过程：内外部正反馈和管理者刻意行为的影响》，《管理世界》2019年第10期。
[3] 张明、蓝海林、陈伟宏、曾萍：《殊途同归不同效：战略变革前因组态及其绩效研究》，《管理世界》2020年第9期。

因组态及其绩效，回答了企业应该如何"有效地变革"的问题。

其三，学者对企业战略发展与组织创新进行了多方讨论，例如谢康等[①]关注了企业互联网转型过程，讨论了组织变革中的战略风险控制问题；李平和杨政银[②]提出了"三台架构战略"；陈春花等[③]基于对任正非的访谈并结合 CODES 领导力理论，分析了企业家如何应对环境的不确定性等。这类研究紧贴新技术带来的企业战略变革实践，体现了"十三五"时期学者对战略的情境效应的关注。

2. 从多元嵌入到综合创新的研究理论

"十三五"时期，战略管理研究在理解深化西方理论的基础上更加注重"批判创新"，理论引用的种类数量及深度不断增加，呈现出多元嵌入的特点，很多源自不同领域的理论被用于解决中国企业战略管理问题，并且逐渐成为指导战略管理研究的重要理论基础。此外，中国学者对本土战略管理理论的尝试与开发成为该阶段研究的一个重要现象。例如，马浩[④]和李平等[⑤]的阴阳平衡观点、"水"隐喻（Water Metaphor）在管理中的应用[⑥]、水样组织（Water-Form Organization）[⑦]等，这逐渐体现出中国学者战略理论创新和更加关注悖论和矛盾的意识觉醒。

3. 问题导向的混合研究方法

在研究方法上国内研究逐渐与国际水平接轨，开始使用多种研究方法来解释现象和验证理论，一些新方法也在该阶段得以应用，对研究方法的应用标准，学界更加关注问题导向和方法的适用性。一是更加重视对实证统计分析研究的变量逻辑和统计结果的理论创新与贡献，二是代表性的质性分析方法大量增加，如案例研究、扎根理论、话语分析、文本分析、组态分析法等，成为战略管理研究领域内重要的研究方法，依据研究问题而

---

① 谢康、吴瑶、肖静华、廖雪华：《组织变革中的战略风险控制——基于企业互联网转型的多案例研究》，《管理世界》2016 年第 2 期。
② 李平、杨政银：《"三台架构"：面向未来的生态型组织范式》，《哈佛商业评论》2018 年第 11 期，人大报刊复印资料《人力资源开发与管理》全文转载，2019 年第 7 期。
③ 陈春花、尹俊、梅亮、韩夏：《企业家如何应对环境不确定性？基于任正非采访实录的分析》，《管理学报》2020 年第 8 期。
④ 马浩：《知行合一的悖论与张力》，《外国经济与管理》2018 年第 12 期。
⑤ 李平、杨政银、陈春花：《管理学术研究的"知行合一"之道：融合德鲁克与马奇的独特之路》，《外国经济与管理》2018 年第 12 期。
⑥ 陆亚东、符正平：《"水"隐喻在中国特色管理理论中的运用》，《外国经济与管理》2016 年第 1 期。
⑦ 陈春花、刘祯：《水样组织：一个新的组织概念》，《外国经济与管理》2017 年第 7 期。

选择合适的方法是这一期间管理研究领域内研究方法选择的重要考虑因素，尤其是定性比较分析在国内的传播，为战略管理研究探讨非对称的、复杂的因果关系[①]提供了参考。

(三) 存在问题

1. 研究内容：多学科的融合和深化有待提升

新时期已涌现出越来越多的新现象和新问题，这些复杂的现象需要整合多个学科的知识，这对当前的战略管理研究和教学提出了重要的挑战，学科跨界如何尽快跟上业界跨界的速度也是当前战略管理领域正在面临并亟待解决的问题。一是需要战略管理研究领域的教师和学者不断进行多学科知识的融合和学习，二是需要广泛地同其他学科的学者进行交流和合作，新知识在战略管理领域中的应用、转化和深化是当前存在的重要问题，尤其在新知识的融合和创新方面有待提升。

2. 研究理论：本土化的创新和发展有待挖掘

尽管当前出现了扎根于中国本土文化的构念和理论，但这些研究还需要更多的学者参与并需要切实根植于企业实践中进行检验。本土理论的挖掘和发展需要学者具备浓厚的文化底蕴和对中国传统文化、中国企业战略实践、中国本土当前情境的牢固掌握和深入感知，兼具上述素养的学者才有可能挖掘出更贴合中国实践的本土理论，然而对当前战略管理领域的学术团体而言，尚且缺乏这类人才的培养，并且文化、理论和实践之间的匹配需要长久的积淀，未来本土战略管理理论研究任重而道远。

3. 研究方法：新方法的规范与旧方法的融合

新方法的规范使用以及其同旧方法的合理混合使用是当前战略管理研究在方法层面遇到的重要问题。当前高校战略管理专业的研究方法课程良莠不齐，多数学校在数据统计分析方面开设课程，也有重点院校开设了案例研究等质性研究方法课程，不过像元分析、QCA、扎根理论等研究方法很大程度上只是通过学术界组织的大小型研究方法论坛和工作坊进行宣传与教授。当前研究仍然以大样本实证统计分析为主，还需要新旧方法规范

[①] 杜运周、贾良定：《组态视角与定性比较分析（QCA）：管理学研究的一条新道路》，《管理世界》2017年第6期。

融合地推进。

二 本学科的学术前沿与发展趋势分析

(一) 理论创新：本土情境和本土理论开发

中国企业战略发展实践根植于中国独特的本土市场、文化和制度情境，当前在战略管理研究领域学者对本土理论的开发已经做出了很多的贡献，如阴阳平衡观点、中国社会"关系"文化以及儒家仁爱思想在战略管理中的应用等。不过，从战略管理的思想与架构角度方面来看，未来是否有可能创造基于中国文化和社会情境的战略管理体系，进而突破西方架构是一项攻坚克难而又兼具创新的任务，另外，由于制度、文化、经济等各方面的差异，如何将中国企业战略管理问题的特殊性与本土化理论推广至世界，更好地讲好中国故事，中国学者任重而道远。

(二) 选题创新：数字技术驱动的战略转型

随着"云大物智移"等新技术的涌现和 VUCA 时代的到来，企业的商业模式、行业边界甚至运营流程都发生了革命性变化，尤其是全球性不确定因素的增加，数字化转型（Digital Transformation）成为企业战略变革的主要方向。学术界开辟了专栏来关注数字化带来的企业变革，很多国际期刊如 *Academy of Management Discoveries*、*MIS Quarterly*、*Information Systems Journal* 等都在近三年针对数字化转型出版专刊。尤其是伴随新冠肺炎疫情在全球范围内的影响扩大，企业的数字化转型更加提速，因此，如何推动数字化转型、实现战略变革也成为战略管理学者日益关注的重要议题。有关数字技术驱动的战略和组织变革问题，是未来研究的重点方向。

(三) 路径创新：学科之间的联合发展趋势

前面已经提到当前战略管理实践中学科融合的必要性，而未来学科联合将成为战略管理研究突破现有范式束缚的重要方式。战略管理研究可以从两条途径实现学科联合：一是学科内联合，加强对战略内容、过程与情境主题的融合，推进传统主题和新兴主题联合，例如新现象与原有理论之间的联合；二是学科间联合，借鉴其他学科特别是发展迅速的学科，如神经科学的认知研究、管理信息系统学科中的信息加工研究等，提升战略微观过程研究的广度和深度。

三 "十四五"时期总体展望、重点研究方向与课题设置建议

（一）总体展望

战略管理研究总体上聚焦于微观但同样关注宏观层面的问题，未来"十四五"时期要从新技术的发展趋势、本土研究范式创新、国家需求与全球挑战以及学科交叉融合等背景和趋势来发掘新现象、新问题和新悖论，从而推动战略管理研究主题的内容、过程和情境融合发展。

（二）重点研究方向

1. 组织内部：更加重视组织韧性的塑造

伴随新技术的发展，尤其是世界范围内新冠肺炎疫情的暴发，企业所面临 VUCA 的外部环境进一步加剧，未来企业将更加关注战略风险，而实践上在如何提高组织韧性（Resilience）、增强组织可靠性（Reliability）等方面的探索将为战略管理研究提供新研究方向，尤其是当前很多企业都展现出了组织韧性在不确定环境中的战略优势，未来对组织韧性的深入探讨和理论发展是重要的研究方向。

2. 组织外部：更加关注生态系统的构建

数字经济背景下企业战略变革的方向是实现多方相关利益者的互动和价值共享，生态系统构建已成为重要的变革趋势，其中也蕴含了更多新问题与新悖论有待战略管理领域学者探索和研究。例如在生态系统构建中企业对待失败和错误的态度、对待风险的认知和行为等都将成为未来战略研究的重要内容，面对日益增加的 VUCA 情境，传统的"设计的战略"思路恐怕难以应对，而"涌现的战略"和试错方法则将有更多的发挥空间，这些企业战略实践中存在的普遍现象亟待战略管理学术研究的广泛关注和深刻洞察。

3. 宏观视野：中国企业发展与制度的关系

企业在过去经营管理过程中出现的问题以及由政策和市场环境等方面

的变化而带来的挑战,是中国企业战略必须考虑的重要问题,政治关联的研究是中国管理研究超前的地方,尤其是伴随"一带一路"倡议的进一步推进和实施,中国和西方国家制度方面的差异对"沿路"企业而言是一项艰巨的挑战,也是战略管理需要关注的重要研究问题。此外,中国特色社会主义企业理论问题也是战略管理学科发展需要关注的重要内容,学者做有用的研究需要充分考虑国家的需求,并且国家战略也牵动着企业战略的发展。因此,关注中国企业发展和中国制度之间的关系,以及探讨制度情境下的企业战略变动也是未来关注的重要方向。

(三)课题设置建议

1. 数字驱动的战略变革问题研究

数字化转型是近年来学术界和实践界都关注的热点议题,企业广泛丰富的实践为研究提供了诸多有价值的案例。数字化领域也存在类似技术进步的"索洛悖论",给数字化转型研究带来了挑战。目前有关数字化的研究还比较分散,其概念界定也没有统一,而更进一步地讨论数字驱动的企业战略变革的过程和中间机制还缺乏深刻的洞察,因此在"万物皆可数"的企业实践背景下,战略管理研究领域对数字驱动的战略变革中间机制的探索迫在眉睫。

2. 企业生态战略与组织韧性发展研究

伴随"黑天鹅"事件的频发,很多企业都将注意力聚焦在"如何活下去"的讨论中。组织韧性作为具备预见、准备、应对、适应一般变化或重大突变方面的能力[1]而备受关注,成为学术界与企业界共同持续关注和探讨的重要议题。在万物互联的一体化时代,生态战略已然成为很多企业的战略选择,那么,在企业生态战略构建背景下,如何构建组织韧性?在VUCA的时代情境下,构建生态战略更为迫切还是培养组织韧性更为重要?还有哪些要素影响着企业生态战略的构建及组织韧性的培养?对这些问题的回答凸显了在当前社会、技术、市场、制度等交互又复杂的情境下企业谋求生存和发展的重要选择。

---

[1] Denyer, D., "Organizational Resilience: A Summary of Academic Evidence, Business Insights and New Thinking", *BSI and Cranfield School of Management*, 2017, pp. 8 – 25.

3. 中国企业走向世界的路径和方式

国际化战略一直是中国"走出去"企业积极探索的重要议题，在当今世界不确定性因素增加的情况下，如何在新的全球竞争格局与政治不确定因素下生存和发展，不仅是战略实践界更是战略管理研究学者需要深入思考的问题。尤其是"一带一路"倡议推动下，在强化全球资源配置功能，全球资金、信息、技术、人才、货物等要素资源得以积极配置的情境下，企业如何突破重要领域内的"卡脖子"技术，进而实现从追赶到前沿，再到领先，既需要企业实践的积极探索，更需要战略管理研究学者的深刻洞察，在路径突破和模式创新方面为企业实践提供有效支撑和智力输出。

公司治理"十三五"研究进展与"十四五"趋势研判

一 "十三五"时期的研究进展

(一) 现状

公司治理在国内外已经成为工商管理的一门重要新兴学科。公司治理是以公司制度安排为研究对象，探讨公司发展的制度框架和运行机制，保证公司健康有序成长的应用性学科。公司治理重点探讨公司及其各利益相关者之间的权、责、利关系，保证公司决策的科学化，实现公司价值最大化，形成维护公司各方面利益、促进承担社会责任的制度安排的一般规律和方法。"十三五"时期，在公司治理改革和建设成为国家治理体系和治理能力现代化重要组成部分的背景下，公司治理学科在研究力量布局、代表性成果、人才培养和队伍建设等方面都取得了显著的成绩。

1. 公司治理理论与评价

2015年《中国大百科全书》（第三版）工商管理分卷编纂启动，李维安教授受聘担任该分卷主编。公司治理成为工商管理卷的主要分支，不仅标志着公司治理作为新兴学科的成熟，也进一步在社会上推广和科普了公司治理领域的知识。2020年，公司治理被列为自然科学基金委工商管理二级学科，进一步推动了公司治理的学科发展。继公司治理先后成为EMBA、MBA核心课程之后，2018年1月30日教育部发布《普通高等学校本科专业类教学质量国家标准》，其中《工商管理类专业教学质量国家标准》将公司治理课程列入工商管理类专业核心课程。伴随着公司治理被列入核心课程，高等院校的公司治理人才教学梯队得到较快发展。

以南开大学中国公司治理研究院为例，截至目前已累计向 40 余所高校输送公司治理专业教师 100 余名，不断提升我国公司治理学科人才的培养标准和质量。

公司治理评价进一步实现从科研成果向实践应用的转化。2017 年南开大学中国公司治理研究院与深圳市公司治理研究会合作，针对深圳市境内上市公司开展全样本评价并发布《深圳市上市公司治理评价报告》，此后每年都持续推出深圳市境内上市公司全样本治理评价报告。继央视 50 指数（指数代码：399550）、央视治理领先指数（指数代码：399554）上市后，基于公司治理评价指数开发的公司治理研究院绿色治理指数（指数代码：980058）于 2020 年 9 月 28 日在深圳证券交易所上线。

"十三五"时期公司治理理论与评价方面的成果获奖较为丰富。以中国公司治理研究院为例，研究成果《中国公司治理理论与评价研究》荣获第六届中国管理科学奖，著作《2015 中国上市公司治理评价研究报告》荣获第八届高等学校科学研究优秀成果奖（人文社会科学）二等奖，研究成果《中国上市公司治理评价研究——基于 2019 中国上市公司治理指数的分析》荣获第三届中国企业改革发展优秀成果一等奖。此外，《中国上市公司治理准则修订案报告》（由经济科学出版社出版）所提修改建议有多处被 2018 年 9 月颁布的《上市公司治理准则》吸收借鉴，促成了《上市公司治理准则》修订的尽快落地。

2. 国有企业治理与改革

国有企业改革难题、深层问题归根结底都是治理问题。2019 年 12 月 10 日，李维安教授率领的课题组联合国务院国资委研究中心共同推出的我国首部以国有控股上市公司为研究对象的《国有控股上市公司发展报告》顺利通过评审。该报告从公司治理、市值管理、经营机制市场化、创新、社会责任等多个维度对国有控股上市公司的发展状况进行客观评价并提出相关改进建议。著作《国有控股金融机构治理》入选国家哲学社会科学成果文库，并荣获第十六届天津市社会科学优秀成果奖一等奖。该书是李维安教授主持的国家社科基金重大招标项目"完善国有控股金融机构公司治理研究"（10ZD&035）研究成果的进一步提炼和总结，为推进我国国有控股金融机构治理能力的现代化进程，从制度上防范我国金融机构的系统风险提供了重要的理论支撑和决策参考。

3. 企业绿色治理

随着资源紧张和环境污染等问题的出现，生态环境成为全球共同关注的紧迫问题。2016年11月李维安教授在第四届尼山世界文明论坛大会上率先系统阐述了绿色治理的相关理念、模式和发展路径，自此之后，企业绿色治理的研究逐渐增多。2017年，李维安教授及其团队制定并发布全球首份《绿色治理准则》，就绿色治理的主体识别、责任界定、绿色治理行为塑造和协同模式等提供指导，并出版《绿色治理准则与国际规则比较》一书。2018年9月首份《中国上市公司绿色治理评价报告》与首个中国上市公司绿色治理指数（CGGI）发布，从绿色治理架构、绿色治理机制、绿色治理效能和绿色治理责任四个维度，对中国上市公司绿色治理的状况做出了全面、系统的评价，与之相关的研究成果发表于《管理世界》等国内外著名期刊。2019年7月、2020年12月连续发布中国上市公司绿色治理指数及评价报告，相关研究成果被运用到深圳市等区域评价中。2020年9月28日，中国公司治理研究院绿色治理指数发布，作为ESG指数的升级版，它的发布一方面回应了国家绿色发展的内在需求，另一方面也推动资本市场投资理念从关注绿色金融、绿色投资、绿色消费等上升到关注绿色治理的新阶段。

4. 网络治理

李维安等[①]在研究公司治理的未来发展时就提出网络治理有两条路线：一是利用网络进行公司治理（网络作为公司治理的工具），二是对网络组织进行治理（网络组织成为治理行为的对象）。从总体上看，网络治理研究经过了三个阶段的演化并取得了较好的成果：一是从股东、供应商等视角基于利益相关者理论提出企业网络中各单个主体共同治理的必要性。二是基于嵌入性理论、结构洞理论关注不同类型网络组织的关系治理，从董事网络、机构投资者网络等对组织间关系治理的行为、机制、效果等方面予以诠释。例如彭正银[②]从关系传递的角度探讨了网络组织的嵌入与控制机制。三是基于集团网络、产业联盟、产业集群探讨网络组织间资源的协调与协同。

中国企业管理研究会网络治理专业委员会主办的"网络治理与商业模

[①] 李维安等：《网络组织：组织发展新趋势》，经济科学出版社2003年版。
[②] 彭正银：《网络治理：理论的发展与实践的效用》，《经济管理》2002年第8期。

式创新研讨会"为网络治理相关研究的展开提供了学术交流与研讨的平台。李维安教授主持的国家自然科学基金重点课题"现代社会治理的组织与模式研究",探讨了信息网络下社会治理体系转型的理论与实践问题,为网络治理的研究提供了坚实基础。林润辉教授主持的"我国集团企业跨国治理与评价研究"课题以及武立东教授的著作《企业集团治理研究》为我国集团企业母公司、海外子公司、中国政府及监管机构等跨国治理主体提供了有价值的对策建议。

(二)存在问题

1. 跨学科研究力度不足

公司治理越来越成为全球关注的新兴学科领域,公司治理研究也逐渐从某一方面的理论问题研究转向多学科交叉融合的知识体系研究。例如,公司治理学科领域涉及的新方向如绿色治理和网络治理,都是跨学科的概念,需要协同攻关开展研究。目前诸如此类问题的跨学科研究力度不够,应该进一步关注。

2. 研究范式有过度数字化、模型化的倾向

2016年5月17日,习近平总书记主持召开哲学社会科学工作座谈会并发表重要讲话,提出"着力构建中国特色哲学社会科学,在指导思想、学科体系、学术体系、话语体系等方面充分体现中国特色、中国风格、中国气派"[①],为构建中国特色、中国风格、中国气派的管理学体系指明了方向。

从总体上看,"十三五"时期公司治理学科成果丰富,呈现多学科、跨层次、多方法的趋势,但存在忽视中国公司治理本土化情境而出现过度数字化、模型化的问题。

二 本学科的学术前沿与发展趋势分析

(一)企业绿色治理

企业绿色治理作为一个跨学科的研究话题,不同领域学者的研究视角

---

① 习近平:《在哲学社会科学工作座谈会上的讲话》,人民出版社2016年版,第15页。

各有侧重。公共政策学者主要研究政府环境政策及其执行的宏观效应,如地区环境污染[①]、地区边界污染[②],或从执行者角度,研究地方官员经济激励[③]、政治晋升激励[④]和官员变更[⑤]对地区环境治理的影响,很少涉及企业这一微观主体。而管理学文献更多地关注环境规制或公司治理对企业绿色治理的某一方面,如环境信息披露[⑥]、环保投资[⑦]、绿色创新[⑧]等的独立影响,或者企业的某一维度的绿色治理行为所带来的经济后果,如财务绩效[⑨]、外部

[①] 郑石明:《政治周期、五年规划与环境污染——以工业二氧化硫排放为例》,《政治学研究》2016年第2期。

[②] 龙文滨、胡珺:《节能减排规划、环保考核与边界污染》,《财贸经济》2018年第12期。

[③] 张克中、王娟、崔小勇:《财政分权与环境污染:碳排放的视角》,《中国工业经济》2011年第10期;蔡嘉瑶、张建华:《财政分权与环境治理——基于"省直管县"财政改革的准自然实验研究》,《经济学动态》2018年第1期。

[④] 孙伟增、罗党论、郑思齐、万广华:《环保考核、地方官员晋升与环境治理——基于2004—2009年中国86个重点城市的经验证据》,《清华大学学报》(哲学社会科学版)2014年第4期;Kahn, M., Li, P., Zhao, D., "Water Pollution Progress at Borders: The Role of Changes in China's Political Promotion Incentives", *American Economic Journal: Economic Policy*, 2015, 7 (4), pp. 223 – 242;黎文靖、郑曼妮:《空气污染的治理机制及其作用效果——来自地级市的经验数据》,《中国工业经济》2016年第4期;卢洪友、张楠:《政府间事权和支出责任的错配与匹配》,《地方财政研究》2015年第5期。

[⑤] 梁平汉、高楠:《人事变更、法制环境和地方环境污染》,《管理世界》2014年第6期;潘越、陈秋平、戴亦一:《绿色绩效考核与区域环境治理——来自官员更替的证据》,《厦门大学学报》(哲学社会科学版)2017年第1期;郭峰、石庆玲:《官员更替、合谋震慑与空气质量的临时性改善》,《经济研究》2017年第7期。

[⑥] Zeng, S., Xu, X., Dong, Z., Tam, V., "Towards Corporate Environmental Information Disclosure: An Empirical Study in China", *Journal of Cleaner Production*, 2010, 18 (12), pp. 1142 – 1148;沈洪涛、冯杰:《舆论监督、政府监管与企业环境信息披露》,《会计研究》2012年第2期;Cheng, Z., Feng, W., Christine, K., Bai, Y., "Will Corporate Political Connection Influence the Environmental Information Disclosure Level? Based on the Panel Data of A-Shares from Listed Companies in Shanghai Stock Market", *Journal of Business Ethics*, 2017, 143 (1), pp. 209 – 221;姚圣、周敏:《政策变动背景下企业环境信息披露的权衡:政府补助与违规风险规避》,《财贸研究》2017年第7期;方颖、郭俊杰:《中国环境信息披露政策是否有效:基于资本市场反应的研究》,《经济研究》2018年第10期。

[⑦] 王云、李延喜、马壮、宋金波:《媒体关注、环境规制与企业环保投资》,《南开管理评论》2017年第6期;胡珺、宋献中、王红建:《非正式制度、家乡认同与企业环境治理》,《管理世界》2017年第3期。

[⑧] Amore, M. D., Bennedsen, M., "Corporate Governance and Green Innovation", *Journal of Environmental Economics and Management*, 2016, 75, pp. 54 – 72;Tang, M., Walsh, G., Lerner, D., Fitza, M. A., Li, Q., "Green Innovation, Managerial Concern and Firm Performance: An Empirical Study", *Business Strategy and the Environment*, 2018, 27 (1), pp. 39 – 51;He, X. P., Jiang, S., "Does Gender Diversity Matter for Green Innovation", *Business Strategy and the Environment*, 2019, 28 (2), pp. 1341 – 1356;Li, W., Zheng, M., Zhang, Y., Cui, G., "Green Governance Structure, Ownership Characteristics, and Corporate Financing Constraints", *Journal of Cleaner Production*, DOI: 10.1111/corg.12282, 2020.

[⑨] 杨静、刘秋华、施建军:《企业绿色创新战略的价值研究》,《科研管理》2015年第1期;Kong, T., Feng, T. W., Ye, C. M., "Advanced Manufacturing Technologies and Green Innovation: The Role of Internal Environmental Collaboration", *Sustainability*, 2016, 8 (10), p. 1056;Tang, M., Walsh, G., Lerner, D., Fitza, M. A., Li, Q., "Green Innovation, Managerial Concern and Firm Performance: An Empirical Study", *Business Strategy and the Environment*, 2018, 27 (1), pp. 39 – 51。

融资[1]等，很少有研究关注企业绿色治理的总体水平。

在李维安系统阐述了绿色治理的理念、模式和发展路径后，企业绿色治理的文献逐渐增多。李维安等[2]在梳理绿色治理演进脉络的基础上，阐述了绿色治理的基本内涵和理论基础，继而论述了有效践行绿色治理的多元主体和关键治理机制；Li等[3]基于开放式创新的视角，利用绿色治理相关理论，从创新主体、创新机制和创新模式等方面构建了绿色治理的分析框架；李维安等[4]借鉴一系列相关的规则、准则、法律法规等标准，构建了中国上市公司绿色治理评价指标体系，并进一步建立了绿色治理指数，对中国上市公司的绿色治理状况进行了系统、全面的评价，评价结果显示上市公司绿色治理水平整体偏低，各维度各要素间存在明显的不均衡性发展，且重行为而轻结构、机制建设，呈现"倒逼"的现状。

综上，未来研究需要融合政治经济学、财务管理学和公司治理等学科理论的众多观点，厘清企业绿色治理的维度，在构建企业绿色治理综合指标的基础上，深入探讨多种因素影响企业绿色治理的机制及企业绿色治理的影响后果。

（二）网络治理

网络治理是中国经济转型过程中技术网络、组织网络和社会网络及三者融合研究的热点问题，企业网络治理也是工商管理领域中组织理论和战略管理理论研究的前沿和重要研究方向。目前，网络治理的研究呈现从利益相关者网络的特征分析到新型组织形态的投资者网络和股东网络的治理机理，从网络节点的关系嵌入到整体网络的结构嵌入，再到向平台网络的包络战略与风险控制研究的前沿扩展。从趋势上看，网络治理的研究从对网络组织具体模式的探讨进而关注对基本理论的研究，从对网络组织伙伴选择、合作关系管理、知识共享等机制问题研究进而重视对网络治理效率

---

[1] Li, W., Zheng, M., Zhang, Y., Cui, G., "Green Governance Structure, Ownership Characteristics, and Corporate Financing Constraints", *Journal of Cleaner Production*, DOI: 10.1111/corg.12282, 2020.

[2] 李维安、徐建、姜广省：《绿色治理准则：实现人与自然的包容性发展》，《南开管理评论》2017年第5期。

[3] Li, W., Xu, J., Zheng, M., "Green Governance: New Perspective from Open Innovation", *Sustainability*, 2018, 10 (11), pp. 1 - 19.

[4] 李维安、张耀伟、郑敏娜、李晓琳、崔光耀、李惠：《中国上市公司绿色治理及其评价研究》，《管理世界》2019年第5期。

和效果的测度以及评价研究,从静态视角的探讨趋向运用大数据、人工智能、区块链技术对网络治理动态演化进行研究。针对网络治理研究中数据获取的难题,研究方法呈现从问卷调查、扎根理论、案例研究向数据挖掘、系统仿真、神经实验与深度学习等方法推进的趋势。

(三)企业集团治理

关于企业集团治理的主要理论是沿着科斯和威廉姆森的思路发展起来的市场失败[①]或制度空隙[②]观点;其核心命题在于解决母子公司之间"代理问题"的企业集团内部控制结构与机制研究,所依据的是代理理论。[③] 然而,已有理论主要强调层级治理的代理问题,和转型期由于整合重组和整体上市等导致的集团内部治理复杂性尚有距离,难以对中国情境下的企业集团治理做出准确解释。已有企业集团理论的关系观点认为,国家或区域环境的制度要素决定着企业集团的产生与治理模式的选择;[④] 组织社会学中的新制度理论也指出,理性化的正式结构的要素充分反映了广泛的社会现实。[⑤]

李维安和武立东[⑥]通过对子公司化规模起点的确定、公司治理边界的界定以及对子公司治理机制的深入研究,构筑了企业集团公司治理研究的基础框架。中国企业集团的成长路径与内部治理必然受我国特有的制度环境的影响。已有研究在以交易成本理论为基础对企业集团的产生进行解释时,重点强调企业集团面临的技术环境,对其面临的制度环境则

---

① Leff, N. H., "Industrial Organization and Entrepreneurship in the Developing Countries: The Economic Groups", *Economic Development and Cultural Change*, University of Chicago Press, 1978, 26 (4), pp. 661 – 675; Goto, A., "Business Groups in A Market Economy", *European Economic Review*, 1982, 19 (1), pp. 53 – 70; Fan, J. P. H., "Institutions and Organizational Structure: The Case of State – Owned Corporate Pyramids", *The Journal of Law, Economics and Organization*, 2013, 29 (6), pp. 1217 – 1252.

② Khanna, T., Palepu, K., "Why Focused Strategies May be Wrong for Emerging Market", *Harvard Business Review*, 1997, 75 (4), pp. 41 – 51; Khanna, T., Palepu, K., "Is Group Affiliation Profitable in Emerging Markets? An Analysis of Diversified Indian Business Groups", *The Journal of Finance*, 2000, 55 (2), pp. 867 – 891.

③ Jensen, M. C., Meckling, W. H., "Theory of the Firm: Managerial Behavior, Agency Costs, and Ownership Structure", *Journal of Financial Economics*, 1976, 3 (4), pp. 305 – 360.

④ Yiu, D. W., Lu, Y., Bruton, G. D., Hoskisson, R. E., "Business Groups: An Integrated Model to Focus Future Research", *Journal of Management Studies*, 2007, 44 (8), pp. 1551 – 1579.

⑤ Meyer, J. W., Rowan, B., "Institutionalized Organizations: Formal Structure as Myth and Ceremony", *American Journal of Sociology*, 1977, 83 (2), pp. 340 – 363.

⑥ 李维安、武立东:《企业集团的公司治理:规模起点、治理边界及子公司治理》,《南开管理评论》1999年第4期。

关注不足。

三 "十四五"时期总体展望、重点研究方向与课题设置建议

（一）总体展望

开展跨学科（管理、社会、计算机、心理、政策科学等）研究，推动公司治理的研究与实践，回应中国公司治理的重大理论和现实问题，提出中国转型治理理论。

（二）重点研究方向

1. 企业绿色治理及其评价研究

要实现人与自然的包容性发展已成为后疫情时代的共识，必须在面对一个地球的宇宙观下，形成新的"天人合一"的绿色治理观。由此，企业绿色治理作为一个新的重大课题被提出，相关部门可以通过有效评价企业绿色治理的实际效果，准确把握现阶段我国企业绿色治理的基本情况与水平，这对理论创新和具体实践指导都具有重要意义。

具体研究方向：（1）企业绿色治理准则研究；（2）企业绿色治理评价优化研究；（3）企业绿色治理结构研究；（4）企业绿色治理机制研究；（5）企业绿色治理责任研究；（6）企业绿色治理有效性研究。

2. 网络治理研究

大数据、移动互联网、人工智能的发展和应用，对治理成本、治理风险、治理手段、治理模式产生了深刻影响，推动公司治理的创新，促使传统公司治理向网络治理发展。网络治理的研究，比如企业网络治理、IT技术与公司治理、网络平台治理、网络组织的风险及其治理，具有重要的理论与实践意义。

具体研究方向：（1）联盟网络治理与产业自主创新；（2）网络组织治理与价值创造共享；（3）IT决策与CIO等治理机制的制度设计（IT进入董事会）；（4）网络投票制度设计与股东治理；（5）基于网络的信息披露与投资者关系管理；（6）网络平台的包络战略与治理机制；（7）互联网企业治理与平台社会责任；（8）网络组织的风险控制与治理机制；（9）网络组

织的风险评价与预警研究。

3. 企业集团治理研究

我国的企业集团经历了近40年的发展历程,现已成为我国国民经济的骨干力量以及国际竞争的主力军。近40年的企业集团发展历程,亟待我们进行经验总结,比如企业集团成长的驱动因素有哪些?企业集团的形成路径有哪些?通过不同路径形成的企业集团是否存在差异?同时,通过多种路径形成的企业集团下一步如何实现成长?如何在成长的同时进行内部治理也成为企业集团管理者亟待解决的重要问题。对这些问题的深入剖析,有利于集团管理者有效地进行集团治理,进而提升我国企业集团的国际竞争力。

具体研究方向:(1)中国企业集团治理的基础理论与机制设计研究;(2)集团内企业间关系及其治理对策研究;(3)网络治理情境下的企业集团模块化治理研究;(4)集团管控模式研究;(5)治理制度落差与合规治理研究。

4. 企业应急治理研究

应急治理体系中潜藏的治理风险(或结构风险)是突发事件中最基础的风险。面对新时期更为复杂的突发事件,必须加强顶层设计,尽快构建新一代应急治理体系。为降低危机的影响和冲击,企业应急治理应完善顶层设计,搭建应急治理结构,畅通应急治理机制,以实现企业内外部应急治理主体的集体协调行动。

具体研究方向:(1)应急治理模式研究;(2)应急治理预警体系研究;(3)应急治理结构研究;(4)应急治理机制研究;(5)应急治理能力评价研究。

(三)课题设置建议

1. 深化国企治理改革重大问题研究

从提出放权让利、"利改税"等,到建立"产权清晰、权责明确、政企分开、管理科学"的现代企业制度,再到建立健全法人治理结构,国有企业改革以公司治理为主线不断推进。党的十八届三中全会提出,全面深化改革的总目标是推进国家治理体系和治理能力现代化。党的十九届四中全会进一步明确提出推进国家治理体系和治理能力现代化的总体要求、目标和重点任务。国有企业治理体系和治理能力现代化是国家治理体系和治理能力现代化的基础和先行者。深化国有企业改革，仍然需要围绕国有企业治理体系和治理能力现代化这一主线，破解中国特色现代国企治理制度、管资本为主的国有资本监管体制等一系列关键科学问题。

2. 后疫情时代的企业绿色治理研究

随着疫情好转，各个国家都急需经济恢复、经济刺激，培育新的增长点，改进经济增长的效率。在绿色发展理念下，通过企业绿色治理转型推进中国经济实现高质量发展，已是我国所面临的核心课题。如何实现企业绿色治理转型？如何提升企业绿色治理有效性？理论界和实践界亟须从政府、行业、企业层面探讨驱动企业绿色治理转型的核心要素，从企业绿色治理结构、企业绿色治理机制和企业绿色治理责任等方面探讨企业绿色治理有效性的整体框架及其对企业绩效的影响。在此基础上，为我国企业提升绿色治理有效性提供有针对性的对策建议。

3. 后疫情时代的应急治理研究

我国应急管理已经日趋法制化、规范化、系统化，有了长足的进步，但仍停留在过度依靠政府单一主体、仅仅强调流程与效率的应急管理阶段，未能形成具有中国特色的应急治理体系。此次疫情应对也折射出我国应急治理体系和治理能力的一些短板和不足，如应急治理结构待健全、协同机制不畅、治理模式亟须转变等深层次的问题。李维安等[1]提出我国应急治理体系顺畅运行的原则和在疫情应对的关键时期应着重补齐的短板。通过强化应急治理研究，构建适应我国现实背景的应急治理理论和组织体系，加强政府、企业、社会组织等多元治理主体应急功能耦合，能够最大限度降低危机带来的风险。

4. 网络组织的风险控制与治理机制优化研究

"大智移云"时代，新技术将促进组织的变革转型与商业模式创新，使组织结构逐渐扁平化、网络化。网络组织面临的风险主要有两类：一是由于虚拟性、边界模糊性、动态性等特征，网络组织在服务质量、竞争方

---

[1] 李维安、张耀伟、孟乾坤：《突发疫情下应急治理的紧迫问题及其对策建议》，《中国科学院院刊》2020年第3期。

式、技术迭代、过程管理等方面呈现出独特性，表现为运营风险；二是商户和消费者的低度嵌入与信息不对称引发的网络组织嵌入风险。传统的治理机制难以有效应对上述风险，因此亟须探讨网络组织的风险控制与治理机制优化。

组织管理"十三五"研究进展和"十四五"趋势研判

组织管理作为一门学科，有广义与狭义之分。从狭义上讲，组织管理被限定为管理职能中的组织管理职能，核心问题限于组织结构问题，其以组织设计与组织学习为重点、以提高组织能力为目标，研究影响组织结构的因素和过程，也研究组织结构产生影响的问题和过程，是管理学中的单一细分学科，在管理学学科门类、一级学科工商管理、二级学科企业管理、三级学科战略与组织之下。从广义上讲，组织管理是对管理过程所有的组织问题和人员问题的管理，人员成为组织的微观基础，不仅包括狭义的组织管理，还包括人力资源管理、组织行为学、组织发展与变革、公共组织问题、技术与工程项目管理的组织问题等，横跨工商管理、公共管理、管理科学与工程三大管理学一级学科，是管理学中的一个小尺度的学科群。本部分基本上研究狭义的组织管理问题。

组织管理作为一个研究领域，长期以来呈现出一种分布零散和多种源流的状态。从工商管理学科的范围来看，它分散在战略管理过程、战略性人力资源管理、生产运营管理的流程化和流程管理等较为成熟的研究领域和学科之中。从管理学门类来看，不仅工商管理重视对组织结构问题的研究，公共管理学科和管理科学与工程学科也将组织结构问题作为重大的管理问题进行研究，公共行政管理的行政部门管理体制和编制问题、大型工程项目的流程优化和管理问题都是非常重大的管理问题。在管理学基础理论的研究中，管理学原理和组织行为学将组织结构和组织设计问题作为重要的管理问题进行研究和介绍。从更为宽广的学科门类来看，不仅管理学将组织结构和组织管理作为重要的管理问题进行研究，出现了管理学的组织理论，在经济学、社会学和控制科学与工程等学科门类中，也有经济学的组织理论、社会学的组织理论、系统工程学的组织理论，并且这些管理学之外的学科门类的组织理论在引导和推动管理学包括工商管理学科的组织理论研究上产生了重大的影响和作用。

从组织管理的大学本科教材来看，近年来，以组织理论与设计的教材为主流。例如，武立东等的《组织理论与设计》（机械工业出版社2015年版）和陈俊梁等的《组织理论与设计》（中国人民大学出版社2015年和2019年版）。

一 "十三五"时期的研究进展

（一）现状

组织管理作为一个研究领域，目前仍然处于一种分散状态。尽管有一些学校在系科设置上出现了组织管理的说法（如表6所示），但从研究内容和教学内容来看，组织管理和组织行为学、人力资源管理在范围上并不是一致的，组织问题和员工个体问题显然不同。从研究成果的实际分布来看，很多学科学者的研究内容都与组织管理有关，因此，我们主要还是从研究内容是否与组织结构有紧密关系来辨识组织管理领域的研究力量。

据不完全统计，在"十三五"之前，组织管理的研究力量主要分布在中国社会科学院、中国人民大学、南开大学、同济大学和西南财经大学等院校的企业管理研究和教学单位（见表5）。

表5　　　　　　　　组织管理主要研究力量的全国分布

单位名称	国家重点（含培育）学科	机构设置	代表人物及其研究领域
中国社会科学院	中国哲学社会科学最高殿堂	工业经济研究所下设企业制度研究室、企业管理研究室等	罗仲伟（组织理论）

续表

单位名称	国家重点（含培育）学科	机构设置	代表人物及其研究领域
中国人民大学	工商管理一级学科	商学院下设企业管理系、组织与人力资源系等	王凤彬（组织理论、集团管控、组织模块化与平台组织）、王利平（组织理论）、葛建华（制度理论、社会网络）
清华大学	工商管理一级学科	经济管理学院下设领导力与组织管理系等	陈国权（组织学习、团队管理）、李东红（核心能力、社会网络）
厦门大学	工商管理一级学科	管理学院下设企业管理系等	李卫东（组织创新）
中山大学	工商管理一级学科	管理学院下设工商管理及人力资源管理专业等	孙海法（公司集团管理）
西安交通大学	工商管理一级学科	管理学院下设组织管理系等	席酉民（组织理论）
北京大学	企业管理二级学科	光华管理学院下设组织与战略管理系	周长辉（企业动态能力）
南开大学	企业管理二级学科	商学院下设人力资源管理系等	张玉利（组织理论）、武立东（组织理论与设计）
南京大学	企业管理二级学科	商学院下设工商管理系、人力资源管理系等	陈传明（企业组织理论）、成志明（企业再造）
上海交通大学	企业管理二级学科（培育）	安泰管理学院下设组织管理系等	井润田（组织理论）
同济大学	不详	经济与管理学院下设组织管理系（筹）	任浩（组织理论）
山东大学	不详	管理学院下设工商管理系等	陈志军（企业集团管理）
西南财经大学	西南地区最早的企业管理博士点（1993）	工商管理学院下设企业管理系、企业管理研究所等	罗珉（组织理论）

资料来源：互联网等。

我们主要根据学术期刊的代表性论文来分析"十三五"时期组织管理的研究进展。表6是我们按照内容的相关性、学术期刊的影响力和论文的学术价值选择的组织管理领域的研究论文，可以在一定程度上反映研究的基本情况和趋势性变化。

一是对传统的组织管理研究主题的进一步研究，并引进了一些新的构念进行解释。例如，组织层级中总部与业务单位、集团公司与子公司、母公司和海外子公司之间的权力分配、制度同构、风险共担成为研究主题。

二是对组织结构的性质和基本特征的新认识。组织结构通常认为是一种权力关系。将组织结构从一种权力关系推进到一种能力关系，将组织管理的主要问题由集权和分权关系的赋权管理转换为能力构建中的赋能管理，是对组织结构性质发生重大改变的知识创新。

三是在对传统组织管理问题的研究中孕育着对新问题的探索。组织边界问题是组织管理的一个基础问题。传统组织管理的组织边界是有形的、稳定地发生变化的。通过引入无边界和非正式制度等构念，可以加强对新老问题的综合研究。

四是开始打通组织管理研究中的一些堵点和建构不同研究领域之间的联通问题。组织学习的研究重点是组织学习过程和组织学习与组织能力的关系。随着对组织学习的组织条件研究的开展，个体学习和组织学习通过一定的组织结构安排形成了一定的互动循环。

五是重视对平台组织这种新的组织模式的研究。引入超模块和平台领导权等构念，推进了平台组织模式的研究。

表6　　2016—2020年国内重要期刊在组织管理领域的代表性论文

具体领域	代表性观点	第一作者	工作单位	论文名称	期刊来源
组织层级	中国处于转轨经济时期亟须加强制度建设，但是中央企业普遍尚未将"组织制度设计建设权"视为一种监督、控制常规决策权运用的"高阶"权力，而是将其与常规决策权混同为一类，对两者实施同步的权力分配关系配置	杨阳	北京工商大学商学院国有资产管理协同创新中心	《集团化企业制度同构性与决策权配置关系研究》	《中国工业经济》，2016（1）：114—129
组织能力	在温和改善的实现过程中，资源警觉是前因变量，组织情境是调节变量，资源环境建构是结果变量。组织惯例与动态能力的成熟，奠定了温和改善的组织情境基础	郭会斌	河北经贸大学经济管理学院	《温和改善的实现：从资源警觉到资源环境建构——基于四家"中华老字号"的经验研究》	《管理世界》，2016（6）：133—147+188
组织边界	资源单位、企业内核是企业在无边界管理模式下的两类主要构件。企业内核是企业在实体层面有边界和虚拟层面无边界的前提和保证。企业内核无边界发展是无边界运营的关键所在，其实也是无边界企业成长的本质所在	李晓翔	安徽大学商学院	《无边界企业的构成要素与成长路径研究》	《中国工业经济》，2016（6）：144—160

续表

具体领域	代表性观点	第一作者	工作单位	论文名称	期刊来源
组织层级	子公司战略自主性与绩效的关系不明显，经营自主性显著提高了公司绩效；在不确定性的情况下，对子公司战略、经营决策放权更有利。进一步分析表明，战略集权有利于子公司的长远发展	陈志军	山东大学管理学院	《不确定性下子公司自主性与绩效的关系研究》	《南开管理评论》，2016，19（6）：91—100
组织层级	用制度理论解释文献中后发企业的海外子公司组织实践多样化的关键是放宽同构焦点理论的假设——即后发跨国企业的单元组织既可以选择单一环境进行同构，也可以同时与两个环境进行同构	魏江	浙江大学管理学院	《向谁同构？中国跨国企业海外子公司对制度双元的响应》	《管理世界》，2016（10）：134—149＋188
组织结构性质	组织作为"赋能主体"，通过知识共享、决策辅助、资源供给、技术支持、过程互动和收益分享等集体行动机制，支持作为"赋能对象"的员工在知识增进、自我学习、决策优化、持续创新以及商业经营等方面的快速、精准和持续提升，帮助其获取自主从事生产经营活动尤其是创新活动时所必需的判断能力、决策能力、行动能力和调整能力	罗仲伟	中国社会科学院工业经济研究所	《从"赋权"到"赋能"的企业组织结构演进——基于韩都衣舍案例的研究》	《中国工业经济》，2017（9）：174—192
组织间关系	从过程、结构与资源互动的视角，揭示了创业企业联结组合伴随创业企业成长的演进过程，以及联结组合结构驱动资源组合机制变化，进而促进联结组合结构异变的共演化过程	韩炜	西南政法大学管理学院	《创业企业如何构建联结组合提升绩效？——基于"结构—资源"互动过程的案例研究》	《管理世界》，2017（10）：130—149＋188
组织层级	在母公司采取分权程度不同的管控方式来匹配特定子公司所扮演的角色类型时，不论子公司的角色级别高低，都可能呈现出高主导性和（或）高合作性。所引致行为结果的差异，并不是由所谓的角色级别单方面决定的，而是与母公司所采用的管控方式或模式相关联	郝瑾	西藏民族大学管理学院	《海外子公司角色分类及其与管控方式的匹配效应——一项双层多案例定性比较分析》	《管理世界》，2017（10）：150—171

续表

具体领域	代表性观点	第一作者	工作单位	论文名称	期刊来源
组织间关系	平台企业应该综合运用市场化方案、产业化方案、行政化方案规制平台卖家，除了持续完善平台程序、平台规则、声誉租金、监管策略，还要充分发挥经济性激励与社会性激励双重作用，从而更好地维护平台型电商声誉	汪旭晖	东北财经大学工商管理学院	《平台型电商声誉的构建：平台企业和平台卖家价值共创视角》	《中国工业经济》，2017（11）：174—192
组织模式	平台领导实质选择权利用多边市场构建、平台领导多重互补角色、平台模块化架构和平台策展体系的非对称决策，创造平台领导的战略弹性，并通过提高平台市场有效性、扩大积极网络效应、增加依赖优势、推动场景创新和强化系统锁定，获得专属非对称收益	罗珉	西南财经大学工商管理学院	《平台领导的实质选择权》	《中国工业经济》，2018（2）：82—99
组织层级	发展中国家的市场存在着较为严重的信息不对称、交易成本高等问题，于是，大股东通过金字塔股权结构组建企业集团，公司彼此之间相互影响、互相支持实现风险共担，从而起到抵御风险的作用	韩鹏飞	南京财经大学会计学院	《企业集团运行机制研究：掏空、救助还是风险共担？》	《管理世界》，2018，34（5）：120—136
组织学习	组织学习并不能直接提升企业组织创新，组织学习对组织创新的影响必须通过动态能力的中介作用实现	卢启程	云南财经大学商学院	《战略学习如何影响组织创新——基于动态能力的视角》	《管理世界》，2018，34（9）：109—129
组织边界	在企业边界理论的基础上，将地区间信任这一重要的非正式制度视角纳入集团异地发展的分析框架之中，从理论上指出地区间信任能够降低异地市场交易成本和集团组织成本，二者对集团异地发展有相反效应，集团异地发展程度取决于两类成本降低的程度	曹春方	中山大学现代会计与财务研究中心	《地区间信任与集团异地发展——基于企业边界理论的实证检验》	《管理世界》，2019，35（1）：179—191
组织模式	由多个异构、互补的低阶子平台以系统"自然生成"的层级关系嵌套于高阶平台中而构成的平台组织是非集成化系统，具有模块化解构的深度、广度和多样性特征，是一种"超模块化"复杂自适应系统，能够以客制化方式提供所需的创业支持	王凤彬	中国人民大学商学院	《超模块平台组织结构与客制化创业支持——基于海尔向平台组织转型的嵌入式案例研究》	《管理世界》，2019（2）：121—150

续表

具体领域	代表性观点	第一作者	工作单位	论文名称	期刊来源
组织能力	从能力视角建构了弹性风险管理的理论框架体系，提出两维度的"守住底线"和"拓展空间"风险应对方法。将稳定能力与"守住底线"相对应；将应变能力与"拓展空间"相对应，并将应对能力分解为更易于操作的"创新性管理活动""效率性管理活动""差异化管理活动的整合"三种策略和路径	吕文栋	对外经济贸易大学国际商学院	《论弹性风险管理——应对不确定情境的组织管理技术》	《管理世界》，2019, 35 (9)：116—132
组织学习	创业者个体学习分为利用式学习和探索式学习两种方式。组织学习分为组织单环式学习和组织双环式学习。个体学习和组织学习在三个不同阶段的四种不同的组织结构下进行不同类型的互动循环，这四种组织结构是自上而下团队、横向协同式团队、制度化统筹式团队、跨越层次自主式团队	陈逢文	重庆大学经济与工商管理学院	《创业者个体学习、组织学习如何交互影响企业创新行为？——基于整合视角的纵向单案例研究》	《管理世界》，2020, 36 (3)：142—164

资料来源：中国知网。

限于缺乏明确的统一的概念界定，我们对组织管理领域的硕博士论文进行一种相当粗略的推断和估计。大致可以指出，在5年的时间里，全国的组织管理领域的硕博士论文有400—500篇，平均每年有100篇的规模，组织结构和组织学习是组织管理领域中两个最重要的概念。

（二）存在的问题

在"十三五"时期，我国的组织管理研究取得了一些重要进展。有一批长期研究组织管理问题的学者，国家自然科学基金加大了对组织理论研究的支持力度，国内一流期刊也重视组织管理研究成果的发表。组织管理领域的研究重点集中于该领域的重要理论问题和现实问题，包括组织层级、组织边界、组织结构性质、组织学习、企业集团、跨国子公司、平台组织模式等。存在的问题主要是：忽略组织管理作为一门学科的理论体系建设，基础概念的清晰性、简洁性和一致性不够充分，分析框架的完整性和现实适应性有待提高；对组织结构变化的新趋势、新特征和新功能的研究工作强度仍有待进一步提高，组织管理领域的重大理论问题的创新工作成果薄弱；对平台组织模式等新组织模式的研究力度仍有待提高，缺乏为丰富的企业管理实践提供前瞻性的理论批判、深度阐述和管理方法论的指导。

二　本学科的学术前沿与发展趋势分析

目前，国内的组织管理研究和国际上的组织管理研究，在研究的问题、概念框架、研究方法、研究范式上都保持着紧密的联系，国际期刊的研究成果引导、规范国内的大部分研究，国内研究处于紧紧跟随的状态。面向"十四五"时期，一方面，继续紧紧跟随仍将是一个主要特点；另一方面，随着中国本地企业技术创新和管理创新的独立性增强，国内的组织管理也应该有一定的独立性和原创性的研究。

采用新的视角对层级制问题进行研究。通常认为，扁平化的组织结构才能更好地适应激烈的市场竞争需要，所以，只有分权的组织结构才能适应激烈的市场竞争需要。但国际上的最新研究对此提出了相反的观点，关于层级制出现了肯定其积极作用的理论发现。例如，John Joseph 等[1]发现，组织结构的差别，会影响一个企业对反馈的停产信息采用不同的应对方式。当然，仍有一些研究否定层级制的积极作用。Anne Marie Knott 和 Scott F. Turner[2] 对多业务单位的企业总部价值进行了研究，建模检验了"总部促进了推动创新和增长的各业务单位之间类似市场的互动作用"的新理论。

重视对平台组织等新组织模式及其协调机制的深入研究。技术对企业组织结构的选择和设计产生了重大的影响，互联网、大数据、区块链和人工智能技术会改变信息在企业内部和企业之间的传递方式，也会改变组织的学习方式。Joost Rietveld 等[3]发现，在平台商业生态系统中，平台主办者拥有对平台生态系统的整体价值进行管理的激励手段和机会设定。通过采

---

[1] John Joseph, Ronald Klingebiel, and Alex James Wilson, "Organizational Structure and Performance Feedback: Centralization, Aspirations, and Termination Decisions", *Organization Science*, 2016, 27 (5), pp. 1065 – 1083.

[2] Anne Marie Knott and Scott F. Turner, "An Innovation Theory of Headquarters Value in Multibusiness Firms", *Organization Science*, 2019, 30 (1), pp. 19 – 39.

[3] Joost Rietveld, Melissa A. Schilling and Cristiano Bellavitis, "Platform Strategy: Managing Ecosystem Value through Selective Promotion of Complements", *Organization Science*, 2019, 30 (6), pp. 1232 – 1251.

用选择性促进手段，平台主办者可以奖励成功的平台补足品的生产者，关注价值低估的平台补足品，从而影响平台生态系统的消费者感知的宽度和深度。Jennifer L. Claggett 和 Elena Karahanna[①] 研究了工作过程数字化中的关系协调和结构协调之间的关系。通过数字化来设计协调，在实现结构协调带来相关改进的过程中，也可以获得关系协调的好处。

加强组织结构和组织学习关系的研究，推动企业组织管理体系的整体研究。Christopher G. Myers[②] 提出了互动性观察学习（Coactive Vicarious Learning）的概念，从关系、结构和个人背景三个方面分析了组织中互动性观察学习的影响因素。

三 "十四五"时期总体展望、重点研究方向与课题设置建议

（一）总体展望

推动数字经济时代下中国式组织管理体系和管理模式的研究，进一步提高组织管理理论研究水平和企业组织管理实践水平。

（二）重点研究方向

组织管理领域在"十四五"时期需要进一步深化和拓展的重点研究领域、方向和范围：

组织管理学科的理论体系建设。以组织结构为中心，研究组织理论、组织结构、组织环境、组织设计、组织学习和组织能力之间的整体联系。

企业组织结构的要素和性质。具体包括组织结构中的信息、知识和价值观，组织结构中的层级、部门、职位和流程，组织结构中的权力成分和能力成分，组织边界与组织规模。

企业组织模式及其运行机制。具体包括传统组织模式中的职能制、事业部制和矩阵制，新兴组织模式中的横向结构、网络制和平台组织，技术

[①] Jennifer L. Claggett and Elena Karahanna, "Unpacking the Structure of Coordination Mechanisms and the Role of Relational Coordination in an Era of Digitally Mediated Work Processes", *AMR*, 2018, 43, pp. 704–722.

[②] Christopher G. Myers, "Coactive Vicarious Learning: Toward a Relational Theory of Vicarious Learning in Organizations", *AMR*, 2018, 43, pp. 610–634.

架构、交易关系和管理方式。

企业组织设计的管理框架。具体包括管理者、外部环境、资源、战略、技术、文化和组织结构设计。

组织学习的条件、方式和过程。具体包括组织学习中的个体学习和集体学习，组织结构和组织学习的关系，学中干和干中学。

组织能力。具体包括核心能力、动态能力和组织能力的关系，组织能力中的刚性和弹性，组织能力周期，组织能力与组织绩效。

（三）课题设置建议

"十四五"时期的重点研究课题建议如下。

企业组织边界研究。具体包括在数字经济时代，组织边界的有形性和无形性；实体边界和虚拟边界的区别；企业边界的影响因素和形成机制，虚拟边界在单体组织转变为总体组织、在企业合作和企业联盟中的特征、类型、功能和运行机制。

企业平台组织模式研究。具体包括企业平台组织产生的条件；平台组织与网组织的区别和联系；平台组织与平台生态系统的关系；平台领导者、平台互补者和平台终端用户之间的关系；平台领导权的形成机制和运行机制。

企业文化学"十三五"研究进展与"十四五"趋势研判

一 "十三五"时期的研究进展

(一)现状

1. 学科建设与人才培养

第一,相关课程大量开设。"十三五"时期,各高校商学院、管理学院普遍开设了企业文化学相关课程。从授课对象看,企业文化学相关课程的学生大部分来自 MBA、EMBA、高管培训项目,此类学生具有较丰富的管理实践经验,对企业文化具有一定的见解;从课程内容看,企业文化学相关课程横跨战略管理、组织行为学、人力资源管理、商业伦理等多学科,具有较强的学科整合特征。截至 2020 年 5 月,在 39 所 985 高校中,已有 38 所开设企业文化相关必修、选修课程。部分精品课程如表 7 所示。

第二,师资队伍不断壮大。"十三五"时期,各高校商学院、管理学院不断扩充企业文化学师资队伍,主要研究力量布局呈现出集中化趋势,清华大学经济管理学院、北京大学光华管理学院、中国人民大学商学院、中国社会科学院工业经济研究所、上海交通大学安泰经济管理学院、复旦大学经济管理学院、南开大学商学院、西安交通大学管理学院、中欧商学院、南京大学商学院、厦门大学管理学院、华南理工大学工商管理学院、武汉工程大学管理学院等聚集了一批企业文化学研究骨干学者,研究领域涵盖企业文化测度与构建、企业文化与组织理论、企业文化与领导力、中国企业文化情景研究、中国式管理、跨文化管理等方面。代表性研究人物

表7　　　主要商学院、管理学院开设的企业文化学相关课程

开课院校	课程名称
清华大学经济管理学院	企业文化与管理 跨文化管理 文化、伦理与领导 组织变革与组织文化
北京大学光华管理学院	中国社会与商业文化 商业活动在中国：管理视角 管理的智慧：历史与文化的视角
中国人民大学商学院	企业文化 古代先哲智慧与中国企业管理 中国式管理
上海交通大学安泰经济管理学院	东西方文化与哲学
复旦大学经济管理学院	管理哲学——周易的智慧
南开大学商学院	企业文化
西安交通大学管理学院	中国古代管理思想 中国文化与中式管理
中欧商学院	企业竞争与成长战略：中国文化观点 领导艺术与企业文化
厦门大学管理学院	企业文化的落地管理
华南理工大学工商管理学院	企业文化与管理哲学

资料来源：根据相关教学、科研机构官网资料整理。

及其研究方向如表8所示。

表8　　　　　代表性研究人物及其研究方向

所在院校	代表性人物及研究方向
清华大学经济管理学院	郑晓明（企业文化与领导力）
北京大学光华管理学院	马力、王辉（企业文化测度与构建） 张志学、张建君（企业文化与组织理论）
中国人民大学商学院	王利平、刘刚（中国式管理）
中国社会科学院工业经济研究所	徐希燕（中国式管理）
上海交通大学安泰经济管理学院	周祖城、路琳（跨文化管理）
复旦大学经济管理学院	苏勇（跨文化管理） 李绪红（中国企业文化情景研究）

续表

所在院校	代表性人物及研究方向
南开大学商学院	申光龙（中国式管理） 周建（中国企业文化情景研究）
西安交通大学管理学院	席酉民、相里六续（中国式管理） 宋合义（企业文化与组织理论）
中欧商学院	李秀娟、忻榕（企业文化与领导力）
南京大学商学院	杨忠（企业文化与组织理论） 张骁（中国企业文化情景研究）
厦门大学管理学院	唐炎钊（企业文化与组织理论）
华南理工大学工商管理学院	陈春花（企业文化与组织理论）
武汉工程大学管理学院	吕力（中国式管理）

资料来源：根据相关教学、科研机构官网资料整理。

第三，成为硕博士学位论文关注的重点。"十三五"时期，各大高校的硕博士毕业生大量选择企业文化学相关话题作为学位论文研究的领域。以"企业文化""文化管理""组织文化""团队文化""中国式管理""传统管理思想"等关键词对"中国优秀博硕士学位论文全文数据库"进行检索，可以发现，"十三五"时期共发表相关硕博士学位论文701篇，年均175.2篇，大部分学位论文以规范研究和案例研究为主。

2. 科学研究

"十三五"时期，企业文化学依然是学界关注的热点话题。通过使用上文的检索条件对"中国学术期刊（网络版）数据库"进行相关检索，可以发现，"十三五"时期共发表相关论文6383篇，年均1276.6篇。其中，核心期刊论文267篇，年均53.4篇。

具体而言，"十三五"时期，企业文化学研究呈现出以下特点。

第一，案例研究大量涌现，量化研究持续增长。进入"十三五"后，企业文化学研究打破了原有规范研究"一家独大"的局面，推出了大批研究型案例。随着各种企业文化量表的引入与开发，量化研究方法在企业文化学研究中也开始受到重视，量化研究论文数量呈持续增长态势。

第二，关注企业文化与其他管理领域的相互影响。随着实证手段的丰富以及数据可获得性的提升，越来越多的研究人员开始跳出企业文化本身，探索企业文化与其他管理领域如企业战略、组织行为学、创业创新、跨文化管理等的关系。① 此类研究打破了企业文化学"就事论事"的研究范式，提升了研究的创新性和实践意义。

第三，传统文化在企业文化学研究中的重要性与日俱增。② 一部分研究开始追本溯源，试图从国学典籍中汲取管理思想精髓（如总结、提炼《易经》《道德经》《论语》《孙子兵法》《韩非子》等传统典籍中的管理思想），并探讨其与当代企业文化管理的联系。此类研究多以规范研究和案例研究为主，在弘扬中国传统文化、指导企业经营管理方面具有较强的理论和实践价值。③

"十三五"时期发表的企业文化学代表性论文如表9所示。

表9　　　　　　　　"十三五"时期企业文化学代表性论文

论文	发表期刊	作者	作者单位	发表时间
《高管胜任特征与企业文化的匹配对企业绩效的影响》	《管理评论》	贾建锋 闫佳祺 王男	东北大学工商管理学院	2016（7）
《家族性、家族企业文化与家族企业绩效：机制与路径》	《科研管理》	涂玉龙 陈春花	岭南师范学院法政学院 华南理工大学工商管理学院	2016（8）
《企业文化会影响企业社会责任吗？——来自中国沪市上市公司的经验证据》	《会计研究》	靳小翠	河南理工大学财经学院	2017（2）
《股权激励、高管创新动力与创新能力——企业文化的调节作用》	《经济管理》	许婷 杨建君	西安交通大学管理学院	2017（4）
《制度逻辑与"中魂西制"管理模式：国有企业管理模式的制度分析》	《管理学报》	王利平	中国人民大学商学院	2017（11）
《体面劳动、创新自我效能与员工创造力：中国情境下组织文化的调节作用》	《管理评论》	王春国 陈刚	兰州财经大学工商管理学院	2018（3）

---

① 邢小兰：《改革开放40周年——1978—2018中国企业文化回顾与展望》，《中外企业文化》2018年第10期。
② 刘刚、殷建瓴、刘静：《中国企业文化70年：实践发展与理论构建》，《经济管理》2019年第10期。
③ 颜世富、马喜芳：《中国管理学如何为世界管理学做出新贡献——"第21届世界管理论坛暨东方管理论坛"学术思想述要》，《管理世界》2018年第5期；徐淑英、吕力：《中国本土管理研究的理论与实践问题：对徐淑英的访谈》，《管理学报》2015年第3期。

续表

论文	发表期刊	作者	作者单位	发表时间
《新生代工作价值观、内在动机对工作绩效影响——组织文化的调节效应》	《管理评论》	侯烜方 卢福财	江西师范大学商学院 江西财经大学工商管理学院	2018（4）
《企业文化、利益相关者认知与财务绩效——多元资本共生的分析视角》	《中国软科学》	温素彬 李慧 焦然	南京理工大学经济管理学院	2018（4）
《企业组织变革的动态演化过程——基于海尔和IBM纵向案例的生克化制机理的探讨》	《中国工业经济》	王凤彬 郑腾豪 刘刚	中国人民大学商学院	2018（6）
《组织文化对组织创新的作用机理研究》	《科研管理》	王成刚 石春生	东北大学工商管理学院	2018（7）
《市场经济理论及其中国思想溯源——〈国富论〉与〈货殖列传〉〈道德经〉比较》	《中国人民大学学报》	刘刚 廖正贤 梁晗	中国人民大学商学院	2019（1）
《中国本土管理研究中的"传统文化构念"及其变迁》	《商业经济与管理》	吕力	武汉工程大学管理学院	2019（5）
《和谐管理理论及其应用述评》	《管理世界》	席酉民 熊畅 刘鹏	西安交通大学管理学院	2020（2）

资料来源：中国学术期刊（网络版）数据库。

（二）存在的问题

尽管"十三五"时期，企业文化学取得了较大的发展，但仍存在以下两个问题。

第一，论文发表数量总体呈下降趋势。"十三五"时期，无论是企业文化学相关学位论文还是期刊论文，发表数量都呈现出下降趋势。全部期刊论文发表数量年均下降12.65%，核心期刊论文发表数量年均下降24.82%，硕博士学位论文发表数量年均下降20.74%。究其根源，一个重要原因在于管理学研究"范式和方法"的更新。[①] 随着实证主义研究方法的兴起，越来越多的学术期刊偏好对企业管理问题进行量化研究。就企业文化学而言，对企业环境、价值观、英雄人物、仪式与礼仪、文化网络等企业文化构成要素进

---

① 吕力：《"中国管理学"发展中的范式问题》，《管理学报》2009年第8期。

行量化研究的难度较大。

第二,国际化水平有待提高。通过对美国社会科学引文索引(Social Sciences Citation Index)数据库进行检索,可以发现,"十三五"时期,共发表中国企业文化学相关研究论文10篇,论文发表数量总体呈下降趋势,其中,华人学者撰写的论文占60%,且总体而言,论文的理论创新度依然亟待提升。其原因在于,一方面,已有研究未能充分挖掘中国传统文化的管理精髓,未能构建独具特色的中国式管理理论体系;另一方面,已有研究未能深入探究当代中国优秀企业文化的鲜活实践,缺乏对优秀企业文化经典案例的总结、提炼与升华。

二 本学科的学术前沿与发展趋势分析

无论是在本土还是在国际上,企业文化学研究始终具有较大的上升空间和发展潜力。目前,企业文化学前沿研究分为以下四个不同流派:其一,价值流派。该流派将企业文化看作一种企业上下认同且共同关注的价值观[1],重点研究企业文化的边界、价值及其对竞争优势的影响。其二,故事流派。该流派将企业文化看作一种描述事件的口头或书面的表达方式[2],重点研究企业文化的信息与价值传递机制、身份认同感构建机制及其动态变化。其三,塑造流派。该流派认为企业文化是塑造员工行为的手段[3],重点研究企业文化对员工注意力的影响、如何提升员工的集体共鸣和忠诚度。其四,类别流派。该流派关注企业文化对员工社会身份或企业社会属性的区分功能[4],重点研究如何通过企业文化描述组织内部和组织间的异同,区分不同员工群体,形成身份认同。

基于上述四个前沿学术流派,以下三个话题成为未来企业文化学研究

---

[1] Wang, H., Tian, L., and Li, Y., "A Tale of Two Cultures: Social Networks and Competitive Advantage", *Asia Pacific Journal of Management*, 2019, 36 (2), pp. 321–347.

[2] Creed, W. D., DeJordy, R., and Lok, J., "Myths to Work by: Redemptive Self-Narratives and Generative Agency for Organizational Change", *Research in the Sociology of Organizations*, 2014, 41 (1), pp. 111–156.

[3] Anitha, J., "Role of Organizational Culture and Employee Commitment in Employee Retention", *ASBM Journal of Management*, 2016, 9 (1), pp. 17–28.

[4] Wry, T., Lounsbury, M., and Jennings, P. D., "Hybrid Vigor: Securing Venture Capital by Spanning Categories in Nanotechnology", *Academy of Management Journal*, 2014, 57 (5), pp. 1309–1333.

的重点领域：其一，组织变革情景下的企业文化。[①] 随着数字技术的普及与平台型、生态型、零散化组织的出现，研究人员开始逐步探索新组织形态对企业经营管理各方面的影响，企业文化是否会做出对应的改变，其改变效果如何，都值得进一步的学术关注。其二，社会变革情景下的企业文化。[②] 企业镶嵌于社会之中，不可避免地会受到所处社会文化的影响，研究人员开始探讨企业文化与社会文化的关系，并基于此为企业提供更好的文化建设指导。其三，不同制度环境下的企业文化。[③] 不同国家或地区的制度环境如何通过企业文化影响员工的身份认同和能动性，也是未来企业文化学研究的热点。

三 "十四五"时期总体展望与课题设置建议

（一）总体展望

展望"十四五"，企业文化学研究可以朝以下方向努力。

在研究内容上，要博古通今，贯通古今。一方面，企业文化学研究要回归中国文化传统，用国学思想精髓来解构当代中国企业的管理实践。为此，有必要对优秀传统文化经典进行系统梳理，从中提炼出一套符合中国企业管理实践需要的中国式管理理论框架，而不能仅仅满足于用西方已有的管理理论体系来指导中国企业管理实践。另一方面，要关注中国当代优秀企业文化实践的鲜活案例，通过对众多案例的对比分析、提炼升华，构建具有时代色彩的企业文化理论框架。二者结合在一起，既从深厚的文化底蕴中汲取思想精华，又从优秀的本土企业管理实践中汲取养分，凝练出具有中国特色的企业文化原创理论，为中国企业开展文化建设指明方向，提升中国企业的文化自信。

在研究方法上，促进规范研究、案例研究、量化研究"并举"。未来，

[①] Arif, M., Zahid, S., Kashif, U., and Sindhu, M. I., "Role of Leader-Member Exchange Relationship in Organizational Change Management: Mediating Role of Organizational Culture", *International Journal of Organizational Leadership*, 2017, 6 (1), pp. 32–41.

[②] Shier, M. L., and Handy, F., "Executive Leadership and Social Innovation in Direct-Service Nonprofits: Shaping the Organizational Culture to Create Social Change", *Journal of Progressive Human Services*, 2016, 27 (2), pp. 111–130.

[③] Giorgi, S., Lockwood, C., and Glynn, M. A., "The Many Faces of Culture: Making Sense of 30 Years of Research on Culture in Organization Studies", *The Academy of Management Annals*, 2015, 9 (1), pp. 1–54.

企业文化学研究将进一步扭转规范研究"一家独大"的局面，案例研究、量化研究的比重将进一步增加。在梳理传统文化经典、推进中国式管理理论体系的构建方面，规范研究方法应发挥积极作用，并在研究广度、深度上下功夫。在此基础上，学者可以通过重点访谈、实地调研等方式，对典型企业的文化管理进行深入的案例研究，并通过问卷调查、数据挖掘等方法收集相关数据，通过量化研究对相关理论命题予以实证检验。由于已有企业文化量表多为西方研究成果，对于中国企业实践未必完全适用，因此，学者有必要关注本土化企业文化量表的开发，从而为案例研究、量化研究的有效推广打下坚实的基础。

在发表出版上，大力推动企业文化学研究"走出去"。随着中国经济的腾飞和中国企业实力的发展壮大，越来越多的西方学者开始将目光转向中国。对西方学者而言，中国独特的制度环境、快速的企业发展模式和独具一格的文化特征无不对西方传统企业文化思想和理论造成冲击。在这一发展契机下，中国企业文化学研究应重点关注如何讲好"中国故事"，通过研究中国情景下的全新事件或进行中西方文化情景对比研究，提升中国企业文化学研究的吸引力和创新性，不断推动企业文化学研究"走出去"，为全球企业文化建设贡献中国智慧，提供中国方案，展现中国力量。

（二）课题设置建议

建议课题1：中国式管理的理论建构——基于传统文化的视角。

系统梳理传统经典著作，融合诸子百家思想，汲取中国传统文化精髓，总结提炼国学中的管理思想，构建具有中国特色的中国式管理理论体系，并运用该理论体系来分析中国企业管理的具体实践。

建议课题2：中国式管理的理论建构——基于本土优秀企业文化实践的总结。

紧紧把握中国特色企业文化建设这一研究主线，深入一线进行重点企业调研，广泛收集一手案例素材，同时，积极利用中国管理案例共享中心（CMCC）及各高校商学院、管理学院案例库已入库案例，通过多案例研究、定性比较分析、量化研究等方法，总结优秀企业文化建设的做法，从鲜活的企业实践中提炼出中国式管理的理论框架，探讨影响企业成功的文化因素以及企业文化与企业绩效、员工凝聚力等相关要素的关系，全方位探究企业文化在企业经营管理实践中的关键性作用。

建议课题3：数字化情景下的企业文化研究。

在互联网+、大数据、人工智能、云计算、区块链等数字化转型的大背景下，探讨可能的企业文化新形态，分析其动态变化、影响其改变的因素以及最终改变的效果。特别是关注传统组织形态和数字化新组织形态下企业文化建设的异同，通过分析导致差异的关键性因素，丰富拓展企业文化学相关理论，为数字化情景下的企业文化建设提供理论支撑和实践指导。

技术创新管理"十三五"研究进展与"十四五"趋势研判

一 "十三五"时期的研究进展

(一)现状

1. 国家级科研项目立项数量逐年稳中有升

国家自然科学基金学科分类中,技术创新管理研究涉及3个一级学科与4个二级学科(见表10)。从一级学科来看,宏观管理与政策立项数最多,为234项,年均58.5项;管理科学与工程立项最少,只有39项,年均不足10项,且有减少趋势。从二级学科来看,企业技术管理与创新、创新管理与政策两者立项数最多,各为135项,年均34项。总之,技术创新管理研究年度立项数量基本上逐年稳步提升。

表10 2016—2019年本学科国家自然科学基金立项情况 单位:项

一级学科	二级学科	2016年	2017年	2018年	2019年	合计
工商管理	企业技术管理与创新	34	29	36	36	135
宏观管理与政策 (共234项)	创新管理与政策	28	33	34	40	135
	科技管理与政策	20	20	29	30	99
管理科学与工程	知识管理	11	12	8	8	39
合计		93	94	107	114	408

资料来源:根据国家自然科学基金各学科历年立项数据汇总得出,下同。

从国家社科基金中技术创新管理领域立项数量来看(见表11),相比2016年,2017年技术创新管理领域立项数达到35项,增幅达25%,随后每年保持在 34—35 项水平。

表 11　　　2016—2019 年本学科国家社会科学基金立项数量　　　单位：项

项目类型	2016 年	2017 年	2018 年	2019 年	合计
重大项目	2	3	5	3	13
重点项目	0	2	3	3	8
一般项目	22	27	23	20	92
青年基金	3	2	3	6	14
西部项目	1	1	0	2	4
合计	28	35	34	34	131

资料来源：根据国家社科基金管理学科历年立项数据整理得出，下同。

国家社科基金管理学一级学科包括 26 个二级学科，每个二级学科平均占 3.85%。从该基金年度立项分布来看（见表 12），重点项目占 7.02%、一般项目占 8.47%、青年项目占 4.98% 和西部项目占 5.00%，技术创新管理立项数占管理学立项数的年均比例均超过管理学二级学科平均比例。由此可见，技术创新管理研究得到了学术界较高的关注和重视，这与近些年国家创新驱动发展战略相契合。

表 12　　　2016—2019 年本学科国家社科基金立项分布情况　　　单位：项

项目类型	项目类型	2016 年	2017 年	2018 年	2019 年	平均数
重点项目	管理学立项数量	24	28	28	34	28.50
重点项目	技术创新管理立项数量	0	2	3	3	2.00
重点项目	技术创新管理/管理学（%）	0.00	7.14	10.71	8.82	7.02
一般项目	管理学立项数量	221	270	295	300	271.50
一般项目	技术创新管理立项数量	22	27	23	20	23.00
一般项目	技术创新管理/管理学（%）	9.95	10.00	7.80	6.67	8.47
青年项目	管理学立项数量	75	77	53	76	70.25
青年项目	技术创新管理立项数量	3	2	3	6	3.50
青年项目	技术创新管理/管理学（%）	4.00	2.60	5.66	7.89	4.98
西部项目	管理学立项数量	15	18	16	31	20.00
西部项目	技术创新管理立项数量	1	1	0	2	1.00
西部项目	技术创新管理/管理学（%）	6.67	5.56	0.00	6.45	5.00

注：本表仅汇总管理学科每年获批的重点、一般、青年和西部项目，未包括重大招标项目。

2. 青年基金资助力度大，发展后劲有保障

从国家自然科学青年基金历年资助比例来看（见表13），科技管理与政策青年基金资助平均比例最高，占52.53%；其次为企业技术管理与创新，占44.44%；资助比例最低的为创新管理与政策，占37.78%。4个二级学科青年基金历年资助平均比例达到43.63%。

从国家社科青年基金历年资助比例来看（见表14），与2016年相比，2017年、2018年资助比例有所下降，2019年资助比例大幅提升，并远超2016年资助比例，青年基金历年资助平均比例达10.69%，远超管理学二级学科平均比例。

表13　　2016—2019年本学科国家自然科学基金青年基金立项情况　　单位：项

一级学科	二级学科	项目类型	2016年	2017年	2018年	2019年	平均
工商管理	企业技术管理与创新	青年基金	17	13	18	12	15
		总量	34	29	36	36	33.75
		青年基金占比（%）	50.00	44.83	50.00	33.33	44.44
管理科学与工程	知识管理	青年基金	5	4	3	3	3.75
		总量	11	12	8	8	9.75
		青年基金占比（%）	45.45	33.33	37.50	37.50	38.46
宏观管理与政策	创新管理与政策	青年基金	10	14	14	13	12.75
		总量	28	33	34	40	33.75
		青年基金占比（%）	35.71	42.42	41.18	32.50	37.78
	科技管理与政策	青年基金	10	11	13	18	13
		总量	20	20	29	30	24.75
		青年基金占比（%）	50.00	55.00	44.83	60.00	52.53
青年基金4年平均占比（%）				43.63			

表14　　2016—2019年本学科国家社科基金青年基金立项情况　　单位：项

项目类型	2016年	2017年	2018年	2019年	平均
青年基金	3	2	3	6	3.5
技术创新管理总量	28	35	34	34	32.75
青年基金占比（%）	10.71	5.71	8.82	17.65	10.69

综上，国家级科研项目青年基金较高的资助比例，反映了国家对青年人才培养的重视，同时也为后期持续发展提供了保障。

3. 研究力量分布广，985/211 高校引领重点/重大项目研究

国家级科研项目的面上项目或一般项目，已实现从 985/211 高校、211 高校到省属普通高校的全覆盖，研究力量分布广泛。但在重点或重大项目立项名单中，仍以 985/211 高校领衔。

2016—2019 年国家自然科学基金优秀青年基金、重点或重大项目共获批 11 个项目（见表15），其中 211 高校 2 个，省属高校 1 个，研究院等单位 2 个，985/211 高校 6 个，占 55%（见图12）。同期，国家社科基金重点与重大项目共立项 21 个（见表16），其中 211 高校 2 个，省属高校 6 个，研究院等单位 1 个，985/211 高校 12 家，占 69%（见图13）。

表15　2016—2019 年本学科国家自然科学基金优青、重点或重大项目立项情况　　单位：项

一级学科	二级学科	项目类型	立项年份	985/211	211	省属高校	研究院等	合计
工商管理	企业技术管理与创新	重点项目	2017	2	0	0	0	2
			2018	2	0	0	0	2
			2019	0	0	1	1	2
管理科学与工程	知识管理	优秀青年基金	2017	1	0	0	0	1
		重大研究计划	2017	0	1	0	0	1
宏观管理与政策	创新管理与政策	优秀青年基金	2019	0	1	0	0	1
		重点项目	2018	0	0	0	1	1
	科技管理与政策	优秀青年基金	2019	1	0	0	0	1
合计				6	2	1	2	11
占比（%）				54.55	18.18	9.09	18.18	100

注：985/211 指的是既是"211 工程"又是"985 工程"的高校，下同。

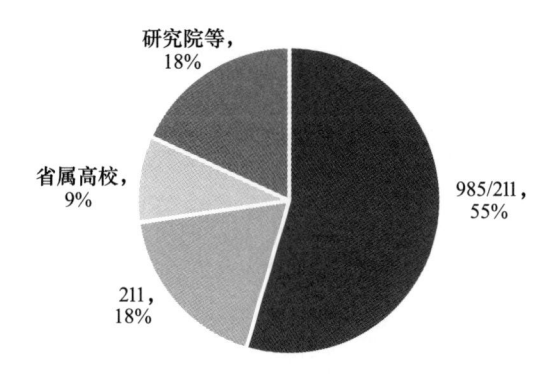

图12　2016—2019 年本学科国家自然科学基金优青、重点或重大项目承担单位性质分布

表16　　　2016—2019年本学科国家社科基金重点与重大项目立项汇总　　　　单位：项

项目类型	立项年份	985/211	211	省属高校	研究院等	合计
重点项目	2016	0	0	0	0	0
	2017	1	1	0	0	2
	2018	1	0	2	0	3
	2019	1	1	1	0	3
重大项目	2016	1	0	1	0	2
	2017	3	0	0	0	3
	2018	3	0	1	1	5
	2019	2	0	1	0	3
合计		12	2	6	1	21
占比（%）		57.14	9.52	28.57	4.76	100

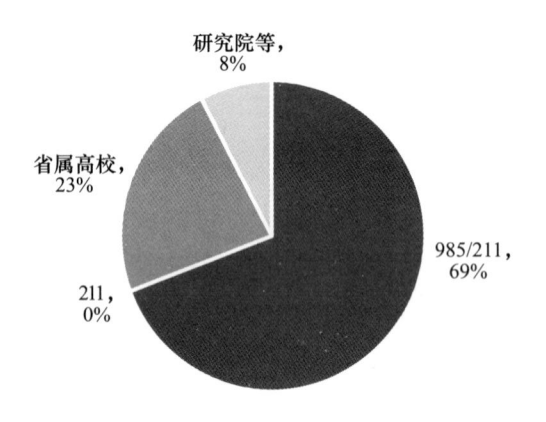

图13　本学科国家社科基金重点或重大项目承担单位性质分布

4. 研究机构分布广泛，研究团队发展势头良好

以国家自然科学基金委遴选的管理类期刊为范围，在中国知网以技术创新为主题并设定期限为2016—2019年进行搜索，整理出841篇文献，作为国内技术创新管理领域相关文献分析的基础。

从样本文献中研究机构合作的频次来看（见图14），哈尔滨工程大学经济管理学院频次最高，成为合作网络中最大的节点。从中心性来看，清华大学经济管理学院中心性最大，成为合作网络中最重要的连接节点。西安理工大学、华南理工大学、南开大学、中国科学院科技战略咨询研究院、西安交通大学、中国科学院大学、北京科技大学、浙江大学等高校已成为国内合作研究的关键节点。从地域分布来看，技术创新管理领域研究机构基本已覆盖全国各个区域，既有 985/211 高校，也有省属普通高校，研究机构分布广泛。

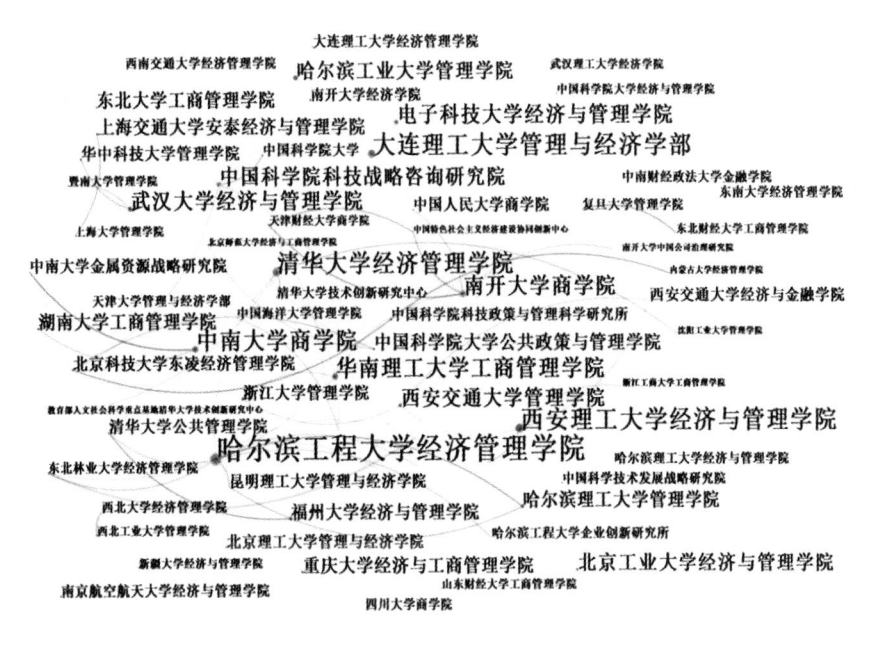

图 14　2016—2019 年本学科国内研究机构合作示意

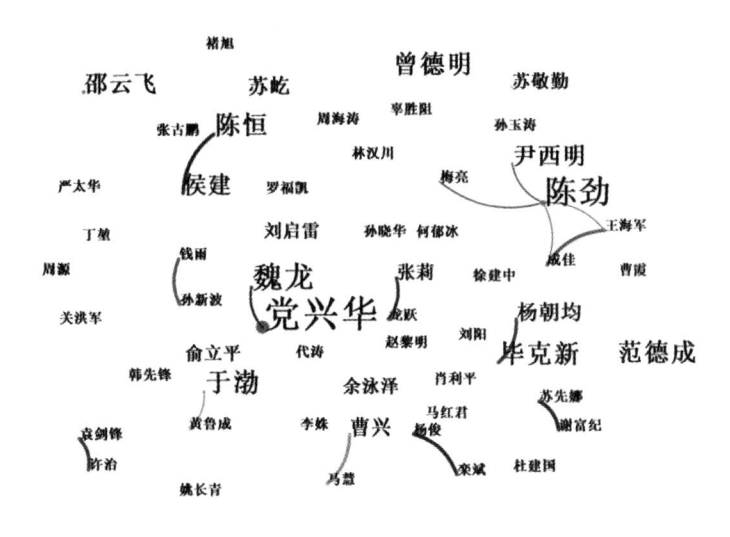

图 15　2016—2019 年本学科国内作者合作示意

根据作者合作情况（见图 15），整理出样本文献合作作者的年龄分布与职称分布。图 16 表明技术创新管理研究团队具有良好的老、中、青梯队结构；图 17 显示样本文献中 72% 的作者具有副教授/副研究员及以上职称，表明研究团队实力雄厚，发展稳定。这些展现了技术创新管理研究领域良好的成长势头。

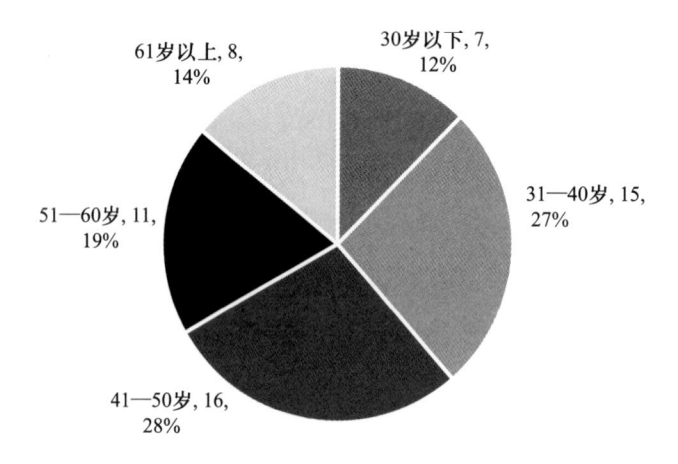

图 16　2016—2019 年本学科国内合作作者年龄分布

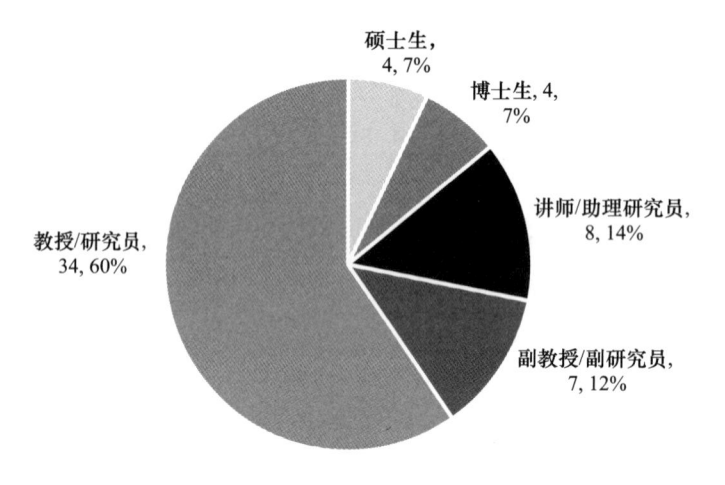

图 17　2016—2019 年本学科国内合作作者职称（学历）分布

5. 国际期刊中国学者发文量排名前列，知名高校国际合作研究活跃，但研究水平和影响力还有待提升

通过 Web of Science 核心数据库，在主题中以技术创新（technology innovation）、技术溢出（technology spillover）、知识溢出（knowledge spillover）、产业升级（industry upgrade）为关键词，设定期限为 2016—2019 年进行搜索，整理出 1232 篇文献，以此为国际技术创新管理领域文献分析的基础。

从 2016—2019 年技术创新管理领域国际期刊发文量来看（见图 18），中国学者论文发表数量紧跟美国，排名第二，占 21.19%。发文量排名前五的 17 所高校中，中国 6 所高校在列，占 35.29%（见图 19）。

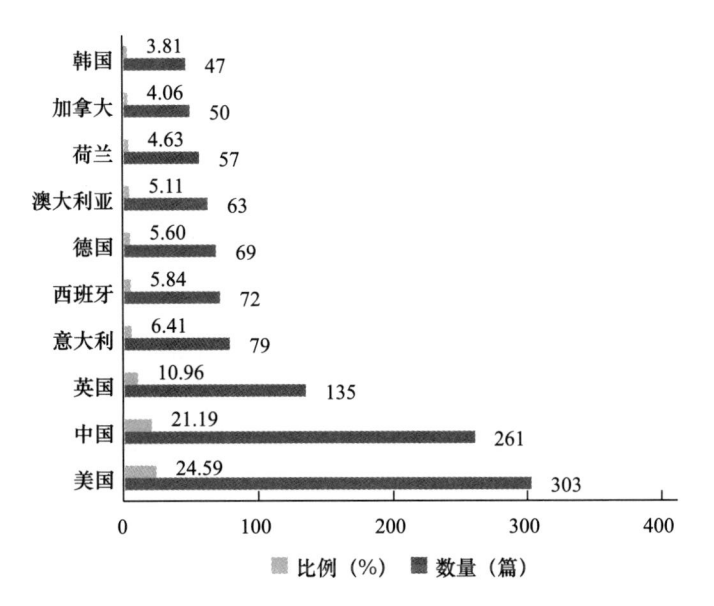

国家	比例（%）	数量（篇）
韩国	3.81	47
加拿大	4.06	50
荷兰	4.63	57
澳大利亚	5.11	63
德国	5.60	69
西班牙	5.84	72
意大利	6.41	79
英国	10.96	135
中国	21.19	261
美国	24.59	303

图 18　2016—2019 年本学科国际期刊发文量排名前十的国家

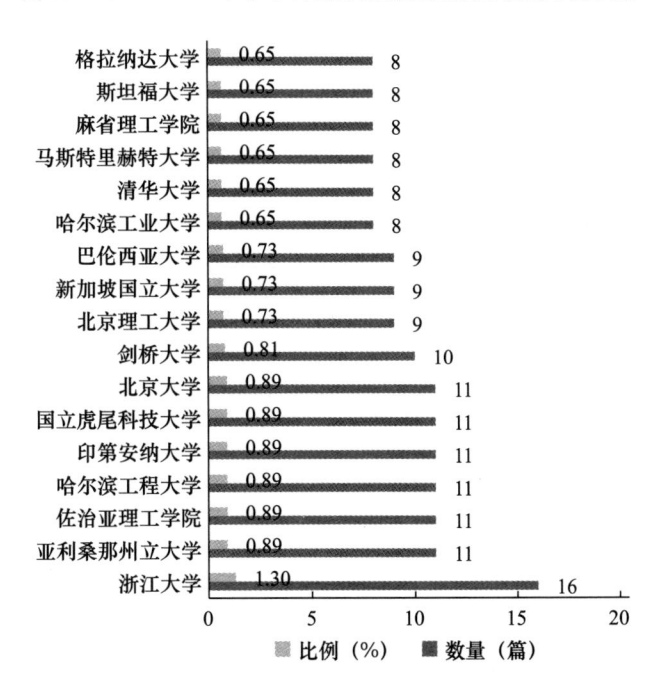

研究机构	比例（%）	数量（篇）
格拉纳达大学	0.65	8
斯坦福大学	0.65	8
麻省理工学院	0.65	8
马斯特里赫特大学	0.65	8
清华大学	0.65	8
哈尔滨工业大学	0.65	8
巴伦西亚大学	0.73	9
新加坡国立大学	0.73	9
北京理工大学	0.73	9
剑桥大学	0.81	10
北京大学	0.89	11
国立虎尾科技大学	0.89	11
印第安纳大学	0.89	11
哈尔滨工程大学	0.89	11
佐治亚理工学院	0.89	11
亚利桑那州立大学	0.89	11
浙江大学	1.30	16

图 19　2016—2019 年本学科国际期刊发文量排名前五的研究机构

从同期研究机构国际合作情况来看（见图 20），浙江大学频次最高，成为合作网络中出现次数最多的研究机构。北京理工大学中心性最大，成为合作网络中最重要的连接节点。其他包括北京大学、吉林大学、清华大学等高校也是合作网络中的关键节点。由此可见，国内部分 985/211 高校已成为国际合作中的重要连接节点。

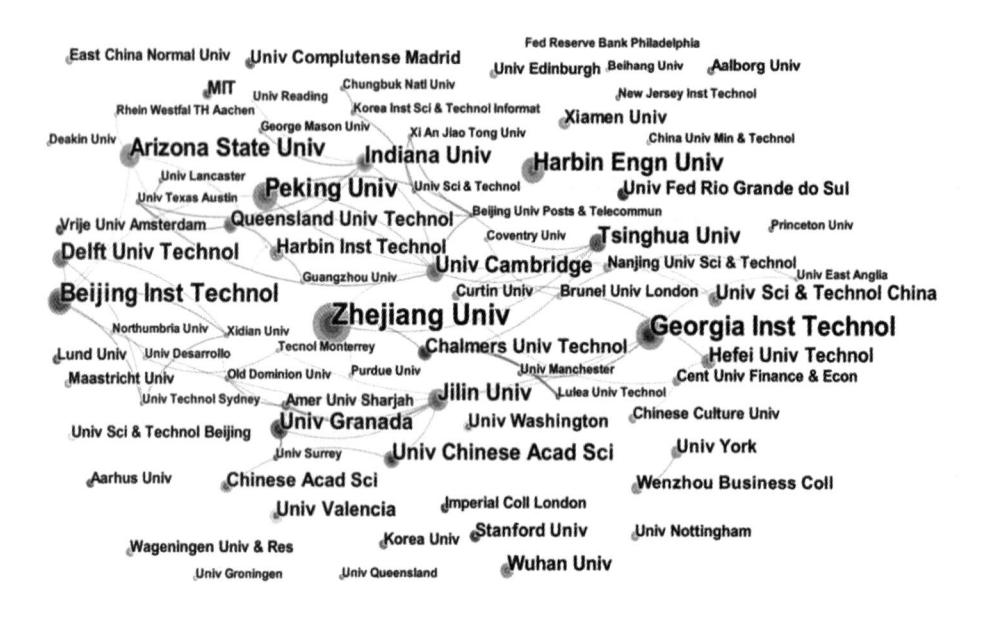

图 20　2016—2019 年本学科国际研究机构合作示意

从创新领域主要国际期刊发文量来看（见表 17），中国学者在 *Technology Analysis & Strategic Management* 与 *International Journal of Technology Management* 发文量占比已排首位，在 *Research Policy* 上，中国学者位列第十名，研究水平与影响力还有待提升。

表 17　2016—2019 年本学科主要期刊中国学者论文发表情况　　单位：篇,%

序号	期刊（影响因子）	发文量	中国学者发文量	占比（排名）
1	*Research Policy*（4.495）	653	39	5.97（10）
2	*Technovation*（3.265）	151	18	11.92（3）
3	*Technological Forecasting and Social Change*（2.625）	1437	205	14.27（3）
4	*Technology Analysis & Strategic Management*（1.273）	427	101	23.65（1）
5	*International Journal of Technology Management*（1.036）	160	29	18.13（1）

注：表中为 2017 年影响因子。

（二）存在问题

第一，科研力量分布不均衡。一是高校分布不均衡。国家级重点、重大等科研项目以985/211高校承担为主，普通高校相对较少。二是区域分布不均衡。绝大部分科研项目集中在北京、浙江杭州、上海、江苏南京等经济发达省市地区的高校。

第二，国内各研究机构之间合作研究仍需加强。目前研究多限于师生之间合作，高校之间、高校与研究院所、高校或研究院所与企业之间实质性的合作研究仍需加强。

第三，国际前沿研究中国仍以跟随为主，中国学者研究水平与影响力仍需提升。

二 本学科的学术前沿与发展趋势分析

（一）研究热点

从2016—2019年国际技术创新管理研究来看（见图21），企业家精神（entrepreneurship）、治理（governance）、竞争（competition）、竞争优势

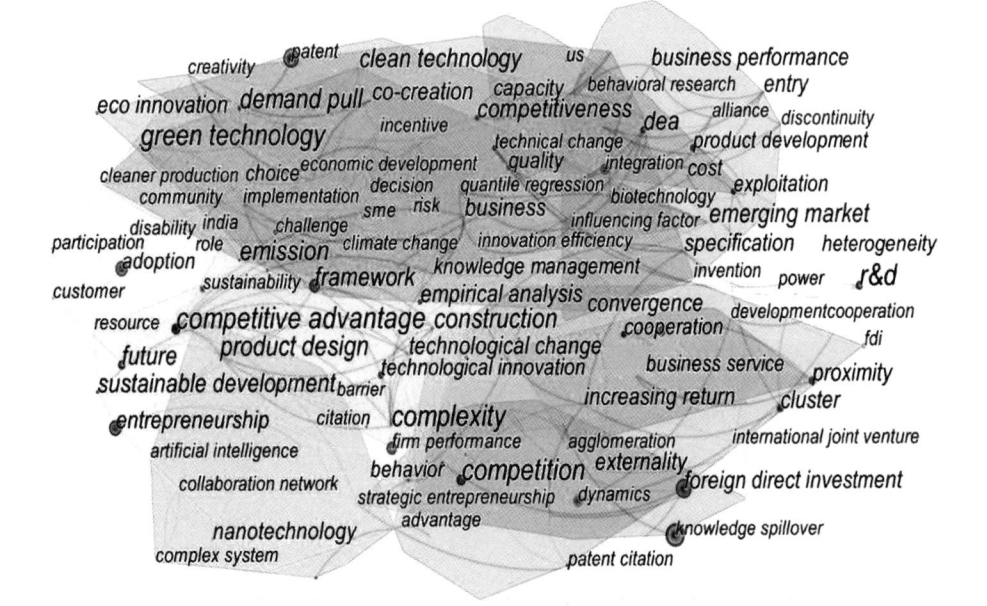

图21 2016—2019年国际技术创新管理领域关键词聚类共现谱图示意

(competitive advantage)、整合（integration）、集聚（cluster）等关键词，具有高频次、高中心性特征。同期国内技术创新管理研究中，技术创新、创新绩效、环境规制、技术进步、绿色技术创新等关键词也具有此类特征（见图22）。高频次、高中心性特征表明这些关键词代表的研究议题不仅自身发展成熟，并且与其他研究主题紧密联系，属于当前国际与国内研究的重点。

另外，通过对2016—2019年国际技术创新管理领域高共被引的10篇文献的查阅，发现研究热点主要集中在：企业间研发合作、技术溢出效应及追赶①、创新政策工具及其影响②、绿色技术创新③、创业理论的研究④4个方面。

（二）研究趋势

从2016—2019年国际技术创新管理研究来看（见图22），竞争（competitiveness）、商业化（commercialization）、需求拉动（demand pull）、可持续发展（sustainable development）、绿色技术（green technology）等关键词，具有低频次、高中心性特征。同期国内技术创新管理研究中，malmquist指数、绿色全要素生产率、创新引领、基础研究、技术差距等关键词也具有此类特征（见图22）。低频次、高中心性特征表明，这些关键词代表的研究尚处于发展的初级阶段，但是与其他主题联系紧密，有成为新热点的发展潜力。

---

① Fu, X., Pietrobelli, C., Soete, L., "The Role of Foreign Technology and Indigenous Innovation in the Emerging Economies: Technological Change and Catching-up", *World Development*, 2011, 39 (7), pp. 1204 – 1212; Nicholas Bloom, Mark Schankerman, John Van Reenen, "Identifying Technology Spillovers and Product Market Rivalry", *Econometrica*, 2013, 81 (4), pp. 1347 – 1393; Peters, M., Schneider, M., Griesshaber, T., et al., "The Impact of Technology-Push and Demand-Pull Policies on Technical Change-Does the Locus of Policies Matter?" *Research Policy*, 2012, 41 (8), pp. 1296 – 1308.

② Wieczorek, A. J., Hekkert, M. P., "Systemicinstruments for Systemic Innovation Problems: A Framework for Policy Makers and Innovation Scholars", *Science and Public Policy*, 2012, 39 (6), pp. 74 – 87; Susana Borrás, A. B., "The Choice of Innovation Policy Instruments", *Technological Forecasting and Social Change*, 2013, 80 (8), pp. 1513 – 1522; Costantini, V., Crespi, F., Martini, C., et al., "Demand-Pull and Technology-Push Public Support for Eco-Innovation: The Case of the Biofuels Sector", *Research Policy*, 2015, 44 (3), pp. 577 – 595.

③ Popp, D., Hascic, I., Medhi, N., "Technology and the Diffusion of Renewable Energy", *Energy Economics*, 2011, 33 (4), pp. 648 – 662; Johnstone, N., Hascic, I., Popp, D., "Renewable Energy Policies and Technological Innovation: Evidence Based on Patent Counts", *Environmental & Resource Economics*, 2010, 45 (1), pp. 133 – 155; Marchi, V. D., "Environmental Innovation and R&D Cooperation: Empirical Evidence from Spanish Manufacturing Firms", *Research Policy*, 2012, 41 (3), pp. 614 – 623.

④ Acs, Z. J., Audretsch, D. B., Lehmann, E. E., "The Knowledge Spillover Theory of Entrepreneurship", *Small Business Economics*, 2013, 41 (4), pp. 757 – 774.

图22 2016—2019年国内技术创新管理领域关键词共现谱图示意

综合研究现状与国内发展需求，未来技术创新管理研究将依然围绕企业创新管理、产业与区域创新、创新政策与管理领域重点展开。

三 "十四五"时期总体展望、重点研究方向与课题设置建议

（一）总体展望

面向"十四五"时期，本学科将以深入贯彻习近平新时代中国特色社会主义思想为指引，以解决创新引领高质量发展面临的重点难点问题为导向，重点围绕企业创新管理、产业与区域创新、创新政策与管理等领域，展开制度理论的微观基础与跨制度情境的创新、产业创新系统、创新治理与技术创新社会责任等方向的研究，形成能够指导中国企业创新发展、产业升级、创新政策科学决策的创新理论体系，切实发挥哲学社会科学研究对政府决策的智力支撑作用。

(二) 重点研究方向

1. 制度理论的微观基础与跨制度情境的创新研究

制度理论研究中对个体特征的忽视与单一制度环境的研究假设面临的现实挑战，引起了学者对制度理论微观基础及其与创新的关系、跨制度情境的创新的重视。[①] 中国制度环境的时空差异导致企业微观特质及其在创新方面的差异，以及中西方经济体的制度差异，亟须学术界从微观视角探索中国制度理论与创新、跨制度情境的创新研究，以推动中国创新管理国际化、为世界提供基于中国创新发展实践的理论体系。

2. 产业创新系统研究

伴随新旧产业不断融合发展，产业创新生态系统不断变化，学术界亟须针对产业创新发展模式与激励机制、产业共性技术平台建设、产业技术转移等领域展开研究，探索以战略性新兴产业等为核心的产业自主创新能力形成、技术流动与创新扩散机制等方向的研究，以实现产业技术生态体系的创新效率优化与价值溢出，引导产业关键核心技术的突破与转化。

3. 创新治理与技术创新社会责任研究

创新不仅有速度，而且有方向。以往大量研究关注技术创新的积极意义，忽略了技术创新可能造成的诸如工业创新的生态与环境负外部性等负面影响。[②] 因此，创新政策需要导向智慧、包容和可持续的经济增长，强调科学研究与技术创新的责任，注重综合利用跨学科知识，聚焦于创新治理、技术创新社会责任等方面的深入研究，引导创新活动向社会满意的方向演进，促进社会可持续发展。

(三) 课题设置建议

1. 中国制度影响创新的微观机制与跨制度创新研究

中国因基础研究发展不足导致的原始创新能力不高与制度关系密切。

[①] 李加鹏、吴蕊、杨德林：《制度与创业研究的融合：历史回顾及未来方向探讨》，《管理世界》2020年第5期。

[②] 吕佳龄、张书军：《创新政策演化：框架、转型和中国的政策议程》，《中国软科学》2019年第2期；Schot, J., Steinmueller, W. E., "Three Frames for Innovation Policy: R&D, Systems of Innovation and Transformative Change", *Research Policy*, 2018, 47 (9), pp. 1554–1567; Kattel, R., Mazzucato, M., "Mission-Oriented Innovation Policy and Dynamic Capabilities in the Public Sector", *Industrial and Corporate Change*, 2018, 27 (5), pp. 787–801。

在全球化背景下，系统研究中国制度环境时空差异导致企业微观特质及其在创新方面的微观机制的差距，探索中西方经济体不同制度环境下创新导致的制度变革问题，有助于全面认识制度影响创新活动的微观机制，为引导基础研究发展的制度设计提供参考。

2. 产业链关键核心技术突破研究

中国企业在全球产业链上游关键环节尚未实现有效突破。未来国际竞争中，识别中国不同产业关键核心技术，探索产业关键核心技术突破路径，培育并提升产业核心技术的获取、转化和塑造等关键能力，将是中国企业在国际上由追赶者成功转向引领者的关键。

3. 创新政策体系及评估研究

创新政策应以适应科技发展的内在要求与满足社会可持续发展的需求为基本目标。未来围绕如何形成科学的创新政策体系，探索创新政策体系设计、创新政策工具的组合与协同、创新政策评估等问题，对促进创新引领发展、建设创新型国家具有重要意义。

会计与财务管理"十三五"研究进展与"十四五"趋势研判

一 "十三五"时期的研究进展

(一) 现状

1. 理论建设方面

(1) 会计准则研究

我国的会计准则一直处于更新之中,因此,对于会计准则的研究也从未停止。如表18所示,"十三五"时期关于会计准则的中文文献量有所起伏,2016年最多。在代表性人物方面,黄世忠[1]、霍爽[2]、王守海等[3]从新旧准则对比的角度,分析准则的调整及如何应用新准则。张天勇[4]、丁贵娥[5]等则探讨了新准则颁布对会计实务或具体行业的影响。徐宁[6]、张为国[7]等研究了会计准则国际趋同的影响。

表18 "十三五"时期关键词"会计准则"学术关注度统计　　单位:篇,%

年份	2016	2017	2018	2019
中文相关文献量	2710	1913	2211	2190

---

[1] 黄世忠:《我国会计准则与国际准则趋同成效与建议》,《新会计》2016年第11期。
[2] 霍爽:《新收入准则税会差异与风险防范》,《财会通讯》2020年第9期。
[3] 王守海、张晖、陈作华、高媛:《会计准则与金融监管规则协调研究:理论基础、评价标准与政策建议》,《会计研究》2018年第3期。
[4] 张天勇:《"一带一路"背景下我国物流业发展面临的机遇与挑战》,《物流技术》2015年第20期。
[5] 丁贵娥:《套期会计准则变更对企业会计实务的影响——以常铝股份为例》,《财会通讯》2020年第5期。
[6] 徐宁:《会计准则国际趋同、投资者保护与企业盈余质量》,《财会通讯》2019年第3期。
[7] 张为国:《我所亲历的我国会计制度改革和会计准则国际趋同过程》,《会计研究》2019年第10期。

续表

年份	2016	2017	2018	2019
环比增长率	-15	-29	16	-1

资料来源：超星发现。

（2）会计制度改革研究

"十三五"时期，随着政府会计制度改革的持续推进，学术界对会计制度改革话题展开了热烈讨论。如表19所示，"十三五"时期关于会计制度改革的学术关注度迅速提升。徐玉德等[1]、杨敏[2]等梳理了会计制度改革发展各个阶段的成果与目标。也有众多学者聚焦于一个具体会计制度改革的发展并提供建议，如钟冰[3]研究了租赁会计制度，徐帅等[4]研究了管制会计制度，吕卓等[5]研究了养老保险会计制度。

表19　"十三五"时期关键词"会计制度改革"学术关注度统计　　单位：篇,%

年份	2016	2017	2018	2019
中文相关文献量	178	183	235	553
环比增长率	-28	3	28	135

资料来源：超星发现。

（3）管理会计体系研究

"十三五"规划纲要中多次提及管理会计体系建设，足见管理会计体系的重要地位。如表20所示，"十三五"时期，学术界对管理会计体系相关话题十分关注。伦宗健等[6]、洪梅[7]等人探讨了在集团企业、房地产企业、高校、医院等具体环境下构建、完善管理会计体系的路径以及应用的

---

[1] 徐玉德、韩彬：《新中国七十年企业会计改革发展的演进逻辑与理论诠释》，《会计研究》2020年第1期。
[2] 杨敏：《企业财务会计制度改革发展70年》，《财务与会计》2019年第19期。
[3] 钟冰：《改革开放四十年以来我国租赁会计的演进及启示》，《中国注册会计师》2020年第3期。
[4] 徐帅、孙媛媛、叶泽、柳宇燕：《管制会计制度设计与应用探讨——以输配电价改革为例》，《会计之友》2017年第19期。
[5] 吕卓、崔宏楷、肖俊：《农村社会养老保险会计制度改革与对策研究》，《会计之友》2020年第11期。
[6] 伦宗健、付秋颖：《管理会计在高校财务管理中的应用》，《会计之友》2016年第13期。
[7] 洪梅：《基于"业财融合"的管理会计初探——以J公司的实践为例》，《中国总会计师》2016年第9期。

方法。朱锦亮等[①]、林巍巍[②]等则研究了在"互联网+"、大数据、业财融合、财务共享等新趋势下,如何实践管理会计体系。

表20 "十三五"时期关键词"管理会计"学术关注度统计   单位:篇,%

年份	2016	2017	2018	2019
中文相关文献量	2117	2101	3453	3997
环比增长率	11	-1	64	16

资料来源:超星发现。

(4)审计与内部控制研究

2016年有关沟通关键审计事项的文件发布,引发了学界对审计和内部控制的深入研究。如表21和表22所示,"十三五"时期该领域研究热度维持在较高水平。周泽将等[③]、曹强等[④]从内部控制水平、审计师、监管等内外部环境视角探讨影响审计质量的因素以及提高审计质量的意义。杨德明等[⑤]、余玉苗[⑥]等总结了各种影响审计费用的因素。杨雄胜等[⑦]、林斌等[⑧]探讨了内部控制质量、内部控制缺陷认定标准和披露产生的影响。

表21 "十三五"时期关键词"审计"学术关注度统计   单位:篇,%

年份	2016	2017	2018	2019
中文相关文献量	10858	9241	10342	9712
环比增长率	1	-15	12	-6

资料来源:超星发现。

---

① 朱锦亮、陆盛德:《基于大数据的通信企业管理会计体系应用研究》,《会计之友》2017年第2期。
② 林巍巍:《基于财务共享模式的管理会计体系构建探讨——以保险经纪公司为例》,《会计之友》2018年第10期。
③ 周泽将、汪帅:《董事会权威性、内部控制和审计质量——新时代背景下国有企业的经验证据》,《审计研究》2019年第5期。
④ 曹强、胡南薇、陈乐乐:《审计师流动与财务报告可比性——基于中国会计师事务所合并的经验证据》,《会计研究》2016年第10期。
⑤ 杨德明、陆明:《互联网商业模式会影响上市公司审计费用么?》,《审计研究》2017年第6期。
⑥ 余玉苗:《审计项目团队行业专长类型、审计费用溢价与审计质量》,《会计研究》2018年第4期。
⑦ 杨雄胜、张砚:《内部控制理论研究的回顾与展望》,《审计研究》2007年第1期。
⑧ 林斌、刘春丽、舒伟、魏广刻:《中国上市公司内部控制缺陷披露研究——数据分析与政策建议》,《会计之友》2012年第25期。

表22　　　　　"十三五"时期关键词"内部控制"学术关注度统计　　　　单位：篇,%

年份	2016	2017	2018	2019
中文相关文献量	8577	7974	9772	9653
环比增长率	0	-7	23	-1

资料来源：超星发现。

(5) 财务管理研究

"十三五"时期，财务管理领域的研究持续火热，如表23所示。李秉祥等[1]、汤谷良等[2]结合具体案例、具体问题研究了财务管理理论应用中的实践思路并提出相关建议。王化成等[3]、张继德等[4]基于不同视角提出了对财务管理研究的展望。

表23　　　　　"十三五"时期关键词"财务管理"学术关注度统计　　　　单位：篇,%

年份	2016	2017	2018	2019
中文相关文献量	15117	13453	17114	16527
环比增长率	2	-11	27	-3

资料来源：超星发现。

2. 学科建设方面

(1) 会计学、财务管理学学科排名

"十三五"时期会计学和财务管理学在我国高校中专业开设数量增长的变化较为稳定和平缓（见图23）。

在学科排名方面，"十三五"时期全国高校会计学和财务管理学排名出现了结构性的变化。从中国科教网近五年会计学和财务管理学专业排名来看，老牌部属财经院校如中央财经大学、中南财经政法大学和西南财经大学均有较大幅度排名下滑，综合型院校如清华大学、北京大学和中国人民大学位居前列。审计学专业排名在上述院校中未见显著变化，且仍以财

---

[1] 李秉祥、齐寅峰：《论公司财务管理在公司治理结构中发挥的作用》，《南开管理评论》2000年第1期。
[2] 汤谷良、高原：《企业轻资产盈利模式的财务挑战与实践路径》，《财务研究》2016年第3期。
[3] 王化成、刘金钊：《企业组织结构的演进与财务管理发展——基于"点—线—面—网"发展轨迹的思考》，《财务研究》2020年第2期。
[4] 张继德、胡月：《新常态下企业财务管理创新动因、初始条件与策略研究》，《会计研究》2016年第8期。

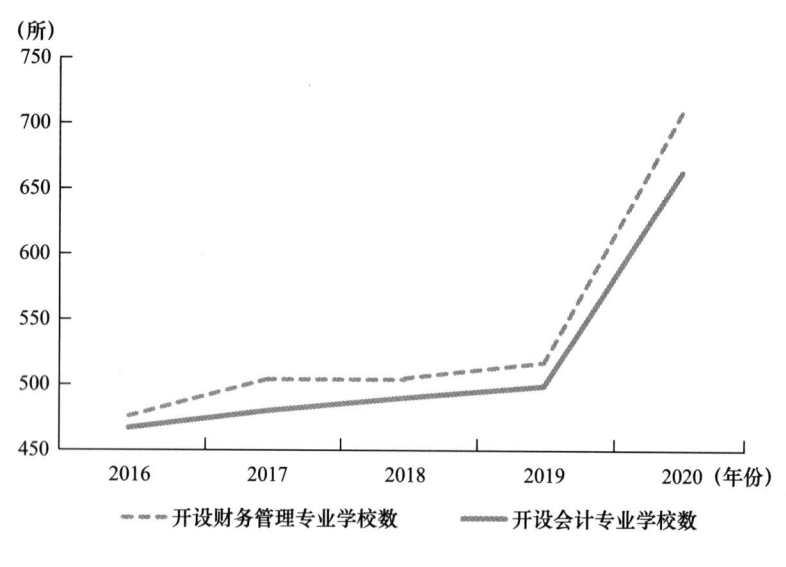

图 23 "十三五"时期开设专业学校数变化

经类院校为主。

(2) 研究基金课题立项

"十三五"时期,我国会计学科相关科研基金主要为国家自然科学基金、国家社科基金和教育部人文社科基金。会计和财务管理学科范畴内的课题,国家自然科学基金课题共458项,国家社科基金课题共295项以及教育部人文社科基金课题共375项(见表24)。

表24　"十三五"时期会计学科各类科研基金课题数量情况　　单位:项

国家自然科学基金		国家社科基金		教育部人文社科基金	
青年科学基金项目	218	一般项目	206	青年基金项目	278
面上项目	183	青年项目	58	规划基金项目	96
地区科学基金项目	36	重点项目	26	自筹经费项目	1
重大项目	5	西部项目	5		
应急管理项目	4				
重点项目	3				
海外及港澳学者合作基金项目	3				
优秀青年科学基金项目	3				
国际(地区)合作与交流项目	2				
专项项目	1				

资料来源:国家自然科学基金委员会官网、国家社科基金项目数据库、教育部官网。

3. 人才培养方面

"十三五"时期，会计名家培养工程共遴选40位会计学者（见表25）。全国高端会计人才培养工程（学术类）于2017年招收第7期学员，共33人。

表25　　　　　"十三五"时期会计名家培养工程入选名单

2016年	2017年	2018年	2019年
王斌	马永强	方红星	程小可
王永海	田高良	刘俊勇	崔学刚
王善平	祁怀锦	辛宇	胡国柳
刘斌	杨兴全	苑泽明	刘运国
刘志远	沈洪涛	姜付秀	钱爱民
陈汉文	宋建波	洪剑峭	孙光国
林斌	陈红	夏立军	温素彬
胡玉明	胡奕明	徐玉德	辛清泉
赵西卜	储一昀	蒋尧明	张敦力
唐国平	雷光勇	薛爽	支晓强

资料来源：财政部。

另外，注册会计师队伍也是会计学科人才建设的重要环节。根据中国注册会计师协会考试部发布的《2018年注册会计师全国统一考试分析报告》，2016—2018年，专业阶段和综合阶段考试的合格率都处于上升趋势。注册会计师考试作为职业成长成才的重要路径，考试通过率的不断提高是一个良好的信号，一方面代表着参考人员水平的提升，另一方面说明越来越多的人能够掌握财会理论、拥有足够的职业能力，反映出我国财会领域的人才建设发展趋势向好。

（二）存在问题

1. 学术研究方面

近年来，学界反思研究导向的声音越来越多。例如，研究问题扎堆现象多，研究项目琐碎，以及研究过程中过于关注技术工具的复杂和新颖性，很多文章只片面强调技术工具的使用和技术细节，研究问题缺乏思想性。具体到会计和财务管理领域，也是充斥着各种各样的大样本实证研究，过分追求模型化和数字化，真正关注会计准则和财务管理实践的优质学术成果并不多见。在新冠肺炎疫情出现之后，国家相关部委对于"SCI至上主义"的批判和纠正也值得会计和财务管理学界的深入思考。

2. 会计实务层面

政府会计方面。由于本身的独有特性，政府在资产、负债、费用等要素的核算问题上难以照搬企业会计准则的相关规定，在将企业会计准则引入后遇到很多操作上的难题。因此，我们应当更加重视政府会计在具体问题中的处理和思考，深入研究并找出一个既符合会计原理又具操作性的处理方法。

管理会计应用方面。近几年，学术界十分关注管理会计工具的整合，探讨整合的方法、整合后的应用场景和效应。但是，鲜少有人从信息流动的角度去研究这些话题。我们身处信息化的时代，各个领域研究人员都应当关注信息技术的发展与革新，从全新的"信息化"视角去看待问题、思考解决方案。因此，在管理会计工具整合问题的探讨上，我们也要有"信息化"思维。

二 本学科的学术前沿与发展趋势分析

我们选取了会计与财务管理的国际顶尖期刊在"十三五"时期所刊发的论文作为研究对象，通过关键词词频统计来分析和把握本学科的学术前沿与发展趋势。其中，会计领域的期刊选择了 The Accounting Review 和 Journal of Accounting and Economics，财务管理领域的期刊选择了 Journal of Financial Economics，统计区间为2016—2020年，统计结果如图25所示。

图24显示，"十三五"时期会计领域国际期刊最热门的前五个关键词分别为"盈余管理""信息披露""审计质量""自愿性披露"和"信息不对称"。可见，会计领域的研究热点基本保持稳定，比较注重会计的研究传统。唯一令人意外的是，关于银行的研究呈现快速增长趋势，这可能是2008年国际金融危机以来，国际学术界对银行等金融机构的会计财务、内部控制、风险管理等问题更加重视所致。这也启发我们需要重视特殊类别企业相关问题的研究，而不仅仅局限于一般意义上的工业企业。

从图24还可以发现，"文本分析"的词频达到7次，这是值得关注的

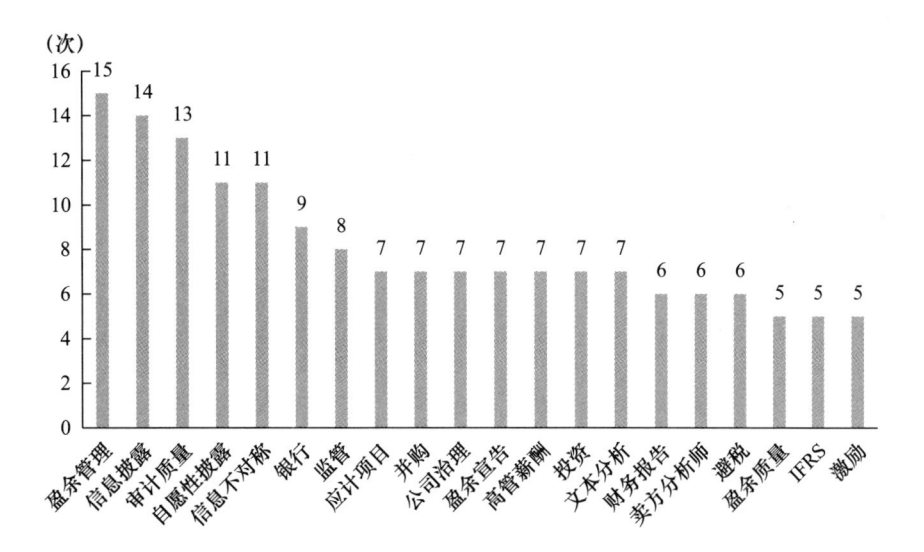

图 24 "十三五"时期会计领域国际期刊关键词词频分布

资料来源：笔者自行整理。

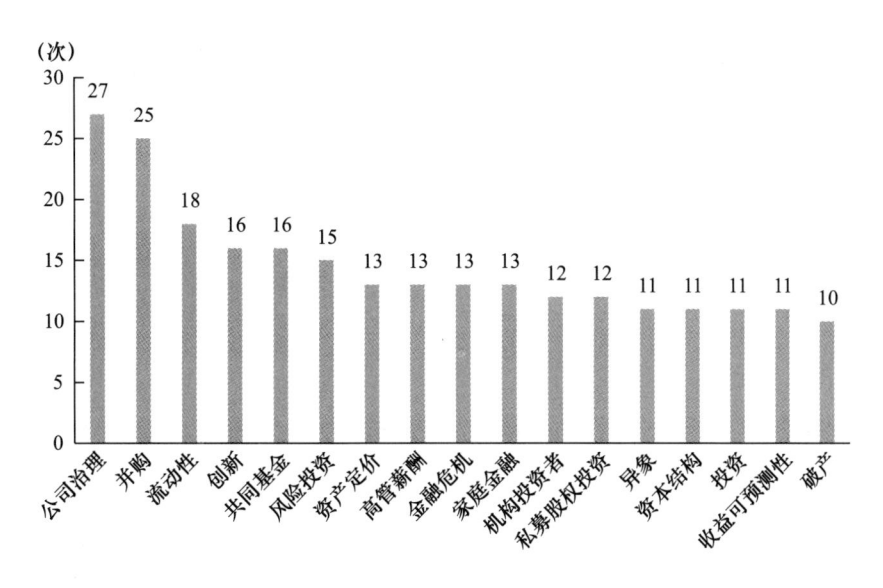

图 25 "十三五"时期财务管理领域国际期刊关键词词频分布

资料来源：笔者自行整理。

一个新动向。近年来，会计领域普遍使用文本分析对于上市公司年报、合同契约等文本类的信息进行挖掘和研究，预期未来还会持续成为一个热点。

财务管理领域国际期刊关键词词频分布如图 25 所示。可以看出，"十三五"时期财务管理领域国际期刊最热门的前五个关键词分别是"公司治理""并购""流动性""创新"和"共同基金"。其中，"公司治理""并购"和"共同基金"属于传统话题,"流动性"是 2008 年国际金融危机以来的研究热点。最值得注意的是"创新",这应该是未来相当长一段时间的研究热点。随着第四次工业革命时代的到来,世界各国普遍加大了对科技创新的投入力度,由此引发的与创新相关的会计与财务管理问题也是方兴未艾。因此,我们尤其需要关注与创新相关的研究趋势。排名 6—10 位的关键词分别是"风险投资""资产定价""高管薪酬""金融危机"和"家庭金融"。其中,"风险投资"与资本市场及技术创新高度相关,若再加上排名第 12 位的关键词"私募股权投资"(研究中对这两者一般不作区分),两者词频合计达到 27 次,甚至能排名第一位。此外,关于金融危机的研究排名也很靠前,表明学界普遍反思 2008 年国际金融危机的教训,总结其中出现的问题,这其实对于当前新冠肺炎疫情之下的研究也有启发意义。

三 "十四五"时期总体展望、重点研究方向与课题设置建议

(一) 总体展望

"十三五"时期,我国会计与财务管理领域研究取得了较大的进展,然而对比国际研究动态以及我国经济社会的新形势和新变化,本领域仍需不断发展与完善,其未来发展可分为三个方面。

1. 构建基于中国经济与政策特点的会计与财务管理理论体系

财务管理环境是会计与财务管理理论研究的逻辑起点,本领域的大多数理论问题都由此展开,并在此基础上层层深入,逐步形成合理的逻辑层次关系。会计与财务管理理论只有与中国国情紧密结合,才能提高其实用性,发挥出它的作用。我国正处于经济转型时期,国家政策不断完善,社会变革迅速,将会带来许多新问题,因此,在未来的会计与财务管理理论发展中,无论是对国外引入理论的完善,还是国内新兴创新理论的出现,基于环境的研究将会成为一个重要因素。

相应地,由于中国社会、经济、政策等环境变化而产生的社会经济热点将会成为会计与财务管理理论研究关注的地方。例如,如今越来越多的企业选择以集团的形式存续,而集团企业的财务管理中存在与普通企业不

同的地方，例如控制权问题、内部资本市场问题等，对这些特殊情况的财务管理理论研究需要加强，以跟上实务的发展。此外，随着大数据时代的到来，许多企业纷纷转向"互联网+"的业务模式，而这种业务模式带来的新型财务管理以及会计信息化也需要进一步研究。

2. 基于多学科视角的会计与财务管理理论

在经济情况日益复杂的当下，单纯用会计与财务管理本学科的知识来解决这一领域的问题已过于单薄，将会计与财务管理和其他多种学科进行交叉融合将提供更多元、更完整的视角来看待问题，这会给一些会计与财务问题的解决方法带来新的思路与启示。例如，将会计与战略管理融合，有助于财务资源的有效利用，进一步推动企业增强竞争优势，实现长期发展目标；将财务管理与微观经济学相结合将对资本经营的内容与方式带来创新思路，财务管理与宏观经济学相结合将有助于企业适应宏观经济政策与目标给企业带来的影响等。除此以外，会计与财务管理还可与管理学、会计学、心理学、组织行为学等相融合，其结果将拓宽财务管理领域，丰富财务管理内容，完善财务管理方法，促进财务管理学科发展，更好地指导财务管理实践。

3. 建立新型财务共享与智能财务理论

在大数据背景下，以财务共享服务中心为代表的新型财务管理手段将会被越来越多地采用，企业将搭建统一高效的财务共享平台，用此平台来汇集企业各部门、各业务板块的财务信息，并实行流程再造。在此模式下，财务部门将分为共享财务、业务财务、战略财务三块，并且不再如过去那么独立，而是实现与其他各职能部门的联动，企业部门之间联系更加紧密。财务人员将向三个板块分流，企业对人力资本将树立全新的观念，提高"以人为本"的意识，重视企业的财务人员。这一管理模式现在已在不少企业得到利用，因此对其实践成果的分析与改进途径的研究将会是会计与财务管理理论未来的发展方向之一。

（二）重点研究方向

1. 新经济时代的会计准则研究

近年来，新经济发展迅猛，势不可挡。尽管起步较晚，但得益于庞大的人口基数和市场容量，我国的新经济弯道超车，发展迅猛，异军突起。

新经济在为经济社会发展提供新动能的同时，改变了我们的生活和工作方式，而且对旧经济产生巨大冲击，改变了市场生态，颠覆了竞争格局。与新经济蓬勃发展形成鲜明反差的是，诞生于旧经济时代的会计规则却因循守旧，依然故我，与新经济格格不入，导致会计信息的相关性日益恶化，学界和业界要求改革的呼声日盛。只有汲取新经济时代的新思想、新理念、新方法，改革过时的确认、计量和报告规则，以表内确认和表外披露相结合的方式，千方百计地将新经济企业创造价值的驱动因素纳入财务报告范畴。因此，对新时代的会计准则进行系统深入的研究，十分有必要。

2. 会计与财务赋能创新发展研究

"创新是引领发展的第一动力。"积极推进技术创新、产品创新、管理创新、模式创新以及体制机制创新，已经成为构建竞争优势、推动企业发展的不二选择。财务部门承担着制定预算、配置资源的重要任务，如何在有效管控风险的同时为创新赋能，积极发挥会计在推动创新方面的积极作用，是所有企业 CFO 都需要认真面对的重大问题。企业创新的推进离不开有利的制度和政策环境，包括与会计相关的制度和政策环境。研发支出和折旧的会计处理以及相关的税收政策安排等对创新的推动影响巨大，也是 CFO 们在谋划创新时必须予以考虑的重要因素。因此，从会计和财务角度加强对创新规律和创新动能的研究，将是未来推进"创新驱动发展"战略的重要助力。

3. 智能财务研究

智能财务是一个较新的且在快速发展的研究方向，需要进一步深化拓展的研究领域较为丰富，包括基础理论研究、知识体系构建、实现路径探索、工具方法研发以及专业人才培养，其中基础问题研究、关键技术跟踪和研究平台构建是智能财务研究的基础；专业人才培养、标准规范建设、生态环境构建和智能产品研发是智能财务发展的支柱；应用实践探索体现了智能财务应用发展的目标。这些研究领域及其之间的关系共同构成了完整的智能财务发展体系框架。

（三）课题设置建议

1. 新经济时代会计准则驱动因素与经济成果研究

本课题将着重探寻新经济时代各种新技术、新业态、新模式、新产业对于会计准则的影响机理，探讨新经济时代会计准则制定与执行的驱动因素，并研判会计准则应该如何更好地适应新时代的需求，从而为我国经济的转型升级和创新发展提供基础。

2. 智能财务的价值创造机理研究

智能财务的发展需要技术创新和管理创新的协同作用，预计能够为企业带来降低成本、提高效率、帮助决策等价值。智能财务应当具有特有的价值生成机理。智能财务研究应当扎根中国企业的应用实际，唯有真实了解中国企业财务智能化水平，才能够让未来发展的路径和方案更加清晰且可实现。因此，企业财务智能化的现状水平如何（如何进行测度评价），发现可能存在的不同的财务智能化应用模式，进而有针对性地提出改进优化建议等就显得非常关键。

国际企业管理"十三五"研究进展与"十四五"趋势研判

一 "十三五"时期的研究进展

从学科发展和特点看,国际企业管理具有管理学和经济学交叉学科的属性。国际企业管理基于管理学角度分析国际企业国际化经营与发展。狭义上讲,国际企业是指具有对外直接投资的企业;广义上说,国际企业包括任何从事境外商业活动的企业。1987年修订后的《普通高等学校社会科学本科专业目录》,首次出现国际企业管理专业(试办);1993年明确国际企业管理专业可授予经济学或工学学士学位;1998年颁布的《普通高等学校本科专业目录》将国际企业管理专业改为工商管理专业。基于广义概念(同英文 International Business,IB),国际企业管理涵盖/涉及管理学的国际商务(专业代码120205)、企业管理(020123);经济学的世界经济(020108)、国际贸易(020112)和金融管理(020116),其中,最具代表性的国际商务专业在我国高等学校中的主导性学科范式包括经济学、管理学和语言学范式[①],充分反映了其交叉学科的属性。

(一)现状

"十三五"时期,国际企业管理学术研究取得丰富的成果。根据对

---

① 乐国林:《我国国际商务人才培养的三种学科范式及其问题》,《中国大学教学》2010年第5期。

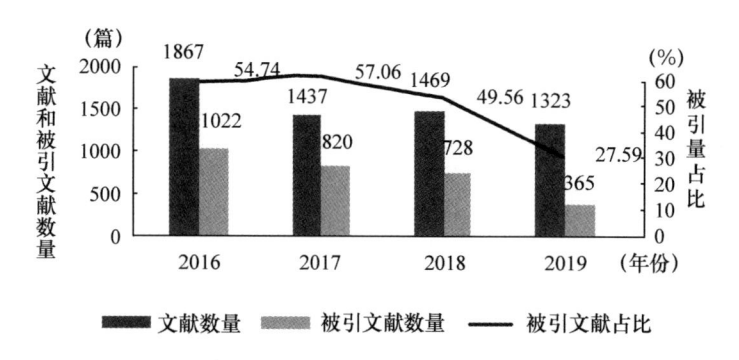

2016—2019 年学术成果的分析①，总结主要特点如下。

图 26　2016—2019 年国际企业管理文献、被引文献数量及其占比

资料来源：中国知网搜索整理。

第一，规模庞大，专业期刊领先。发表学术文献 6096 篇（见图 26）；出版著作 387 本，其中，专著 236 本、教材 130 本、译著 21 本。② 国际企业管理研究成果丰富，发表数量前列的高引用率期刊有《世界经济》《管理世界》《国际贸易》《世界经济研究》《财会通讯》《国际经济合作》和《国际贸易问题》等。

第二，与国际学术前沿保持一定的同步性。运用 CiteSpace 对 6096 篇文献进行关键词分析，共得到关键词 544 个，关键词总频次为 9005；连线共 1069 条，其中词频大于 34 的关键词有 45 个（见图 27），研究主题比较聚焦。1992—2016 年国际 IBR 期刊 35 个最高频率关键词匹配度统计分析显示（见表 26）③，35 个高频关键词在样本关键词中占 24.88%，含有 35 个高频关键词的文献占 36.75%，并呈现与近年文献的匹配度更高的趋势。

---

① 基于中国知网，对 2016—2019 年文献进行高级检索和文献筛选。检索公式如下：SU =（'跨国公司'＋'跨国企业'＋'多国公司'＋'国际企业'＋'外资企业'＋'三资企业'＋'合资企业'＋'独资企业'＋'跨国经营'＋'国际战略'＋'全球战略'＋'跨文化管理'＋'国际人力资源'＋'全球营销'＋'国际营销'＋'跨国并购'＋'跨国研发'＋'国际供应链'＋'跨国供应链'＋'绿地投资'＋'新建投资'＋'跨国外派'），表示文献的主题（标题、摘要、关键词）中包含上述词语的文献。检索时间为 2020 年 6 月 14 日。
② 资料来源：当当网（http://www.dangdang.com）。应用关键词搜索、筛选、整理。
③ 35 个最高频率关键词见文献：Engwall, L., Pahlberg, C., Persson, O., "The Development of IB as a Scientific Field", *International Business Review*, 2018, 27, pp. 1080–1088。

表26 1992—2016年中国国际企业管理文献关键词与国际领先期刊
35个高频关键词匹配度

单位:%

	词频占比	文献数量占比
全部	24.88	36.75
2012—2016	25.66	37.91
2002—2011	20.80	30.73
1992—2001	19.77	29.20

资料来源：文献统计分析获得。35个最高频率关键词见文献 Engwall, L., Pahlberg, C., Persson, O., "The Development of IB as a Scientific Field", *International Business Review*, 2018, 27, pp. 1080–1088。

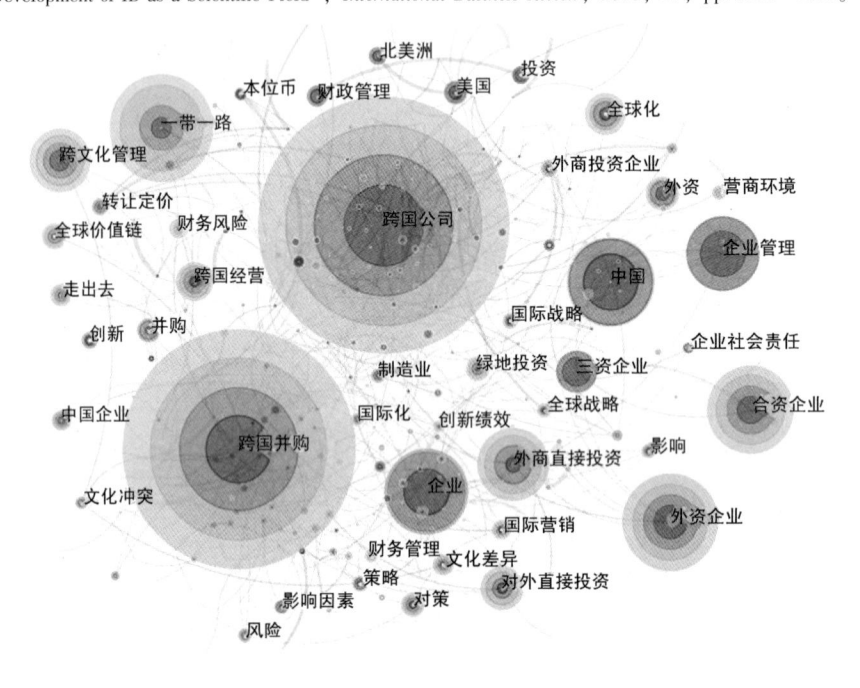

图27 2016—2019年国际企业管理文献关键词共线图（样本6096篇）
资料来源：运用CiteSpace对中国知网6096篇文献进行关键词分析获得。

第三，产生较大社会影响力。许多研究成果在积极探索中国国际企业管理理论，围绕主题持续性推进，从文献引用率看（见图26），虽发表的时间短，但前三年文献引用率都在50%左右，2019年文献的引用率达到27.59%。一方面表明了文献的学术质量；另一方面反映了学术研究的持续性。从论文和著作获奖看，2017年和2018年度"安子介国际贸易研究奖"获奖成果36项[①]，主要集中于中国企业国际化、全球价值链、国际直接投

[①] 资料来源：http://www.uibe.edu.cn/xwzx/tzgg/69050.htm; http://kyc.uibe.edu.cn/tzgg/48547.htm。

资、国际贸易、国际规则、国际营销、全球治理等主题。

第四,研究力量充沛且相对集中。统计显示,2016—2019年6096篇文献第一作者约4321位,涉及2836个机构。研究队伍庞大、学科多元、分布广泛、层次各异。发表文献数量前列的机构有中国社会科学院、南开大学、对外经济贸易大学、中山大学、武汉大学、中央财经大学、中国人民大学、北京大学、清华大学、复旦大学等;发表数量前5%的机构所发表文献约占总量的18.55%。研究主体力量相对集中于著名高等学校和科研机构,尤其是高质量的文献(这些机构的文献引用率均在85%以上,远远超过平均水平)。

第五,研究基础扎实,增长潜力大。科研项目立项会持续性支持学术研究及促进其产生标志性成果。针对2016—2019年国际企业管理相关项目立项统计显示[1],国家社科基金立项217项,其中,重大项目/重点项目15项;国家自然科学基金立项305项,其中,重点项目9项;教育部重点基地重大立项12项;教育部一般项目244项。重大/重点项目主要集中在国家重大需求的课题,主题有"一带一路"、中国企业国际化、国际直接投资、国际贸易、全球价值链、国际规则、全球治理、国际营销、自由贸易区、创新驱动发展、国际金融、中美经贸等。各类项目选题与1992—2016年国际IBR期刊35个最高频率关键词匹配度NVivo文本分析显示[2],含有高频关键词的项目占比高达72.24%,远远超过已发表成果的匹配度。各类项目研究大都与国际学术前沿保持一致,预期未来会出现更多高质量学术成果。

"十三五"时期,国际企业管理主要研究机构及其特点:(1)南开大学,跨国公司研究已有30年的历史,南开大学跨国公司研究中心为普通高等学校人文社会科学国家重点研究基地。中心专职科研人员26人,兼职教授3人,长江学者1人,国务院学科评议组成员1人,人事部百千万人才入选1人。每年翻译出版联合国贸发会议《世界投资报告》,至今已22年。(2)对外经济贸易大学国家(北京)对外开放研究院,入选首批首都高端智库建设试点单位;入选中国智库索引(CTTI)来源智库。研究力量雄厚,"长江学者"2

---

[1] 资料来源:国家社科基金项目数据库(http://fz.people.com.cn/skygb/sk/index.php/Index/seach)、国家自然科学基金项目数据库(https://isisn.nsfc.gov.cn/egrantindex/funcindex/prjsearch-list)、教育部官方网站(http://www.moe.gov.cn/)。

[2] 35个最高频率关键词见文献:Engwall, L., Pahlberg, C., Persson, O., "The Development of IB as a Scientific Field", *International Business Review*, 2018, 27, pp. 1080–1088。

人，国家"万人计划"领军人才1人。研究方向为开放型经济理论与模式、跨国管理等。(3)中山大学管理学院研究实力雄厚，长江学者2人。研究方向为企业国际化战略、全球价值链管理、全球营销与品牌。(4)武汉大学跨国企业研究中心侧重中国企业国际化、海外并购、创新追赶等问题研究，积极探索中国企业国际化的动因、路径和绩效问题。(5)中央财经大学国际企业研究中心，拥有北京市重点交叉学科，跨国研发与开放式国家创新体系、跨国经营与可持续发展领域研究成果突出。

"十三五"时期，国际企业管理人才培养方面有了新的发展。据统计[1]，国际商务专业硕士学科点从2016年85个增长到2020年的121个；国际商务本科开设院校从2016年的86家增长到2020年的150家，每年国际商务本科毕业生约5000人。作为经济学、管理学、语言学和法学等跨学科交叉专业，国际商务专业人才培养总体呈现三种典型学科范式：经济学院的经贸为主的经济学范式；商学院的管理为主的管理学范式；语言学院英语/日语为主的语言学范式，学位分别授予经济学、管理学和文学。

（二）存在问题

"十三五"时期，学术研究主要问题是缺乏具有全球影响力的理论和学者。中国企业国际化令世人瞩目，成为国际企业管理前沿研究领域，但是学术研究与此形成强烈反差：一是理论与实践的反差，许多成功的中国企业国际化案例没有转化为具有全球影响力的理论；二是研究队伍规模与水平的反差，庞大的研究队伍和海量学术成果中有国际影响力的成果和学者较少。世界著名的国际商务领域JIBS、IBR和IB期刊文献研究显示[2]，香港中文大学、香港大学、香港城市大学等进入贡献排名前列，而内地机构或大学尚无入榜。中国企业已位列财富500强数量榜首，培育具有全球竞争力的世界一流企业，需要更加有力的学术研究支持。[3]

---

[1] 中国科教评价网（http://www.nseac.com/）。

[2] Verbeke, Alain, Calma, Angelito, "Footnotes on JIBS 1970-2016", *Journal of International Business Studies*, 2017, 48 (9), pp. 1037-1044; Engwall, L., Pahlberg, C., Persson, O., "The Development of IB as a Scientific Field", *International Business Review*, 2018, 27, pp. 1080-1088; Aissaoui, R., Geringer, M. J., "International Business Research Output and Rankings of Asia-Pacific Universities: A 40-Year Time-Series Analysis", *Asia Pacific Journal of Management*, 2018, 35 (4), pp. 993-1023.

[3] 崔新健、欧阳慧敏：《中国培育具有全球竞争力的世界一流企业：进展、差距和策略》，《经济学动态》2020年第5期。

"十三五"时期,人才培养主要问题是缺乏具备全球竞争力国际企业管理人才的培养机制。从国际企业管理三种人才培养学科范式实际运行、人才市场反馈和国际商务学科自身发展看,无法满足中国企业"走出去"的需要。国际企业管理人才培养机制需要实现与国际接轨、与实践接轨的有效机制。

二 本学科的学术前沿与发展趋势分析

国际企业管理是管理学科发展最快的领域之一。国际企业管理理论最早可追溯到 Hymer[1] 和 Kindleberger[2] 的垄断优势理论、Vernon[3] 的国际产品生命周期理论。20 世纪 70 年代进入第二阶段,陆续出现国际化理论的乌普萨拉学派[4]、跨国公司理论[5]、FDI 理论[6]以及更为一般性研究的市场与等级制度理论[7]。第三个阶段最具影响力的是折中理论,邓宁[8]和乌普萨拉学派[9]

---

[1] Hymer, S. H., "The International Operations of National Firms, a Study of Direct Foreign Investment", *Massachusetts Institute of Technology*, 1960.

[2] Kindleberger, C. P., "The Theory of Direct Investment", *American Business Abroad*, 1969, pp. 1–36.

[3] Vernon, R., "International Investment and International Trade in the Product Cycle", *Quarterly Journal of Economics*, 1966, 80: 190–207.

[4] Johanson, J., Wiedersheim-Paul, F., "The Internationalization of the Firm—Four Swedish Cases", *Journal of Management Studies (Wiley-Blackwell)*, 1975, 12, pp. 305–322; Johanson J., Vahlne J.-E., "The Internationalization Process of the Firm—A Model of Knowledge Development and Increasing Foreign Market Commitments", *Journal of International Business Studies*, 1977, 8, pp. 23–32.

[5] Buckley, P. J., Casson, M., "A long-Run Theory of the Multinational Enterprise", *The Future of the Multinational Enterprise*, 1976, pp. 32–65.

[6] Caves, R. E., "International Corporations: The Industrial Economics of Foreign Investment", *Economica*, 1971, 38, pp. 1–27; Caves R. E., "Multinational Firms, Competition, and Productivity in Host-Country markets", *Economica*, 1974, 41, pp. 176–193.

[7] Williamson, O. E., "Markets and Hierarchies: Analysis and Antitrust Implications: A Study in the Economics of Internal Organization", *University of Illinois at Urbana-Champaign's Academy for Entrepreneurial Leadership Historical Research Reference in Entrepreneurship*, 1975.

[8] Dunning, J. H., "Trade, Location of Economic Activity and the MNE: A Search for an Eclectic Approach", *The International Allocation of Economic Activity*, 1977, pp. 395–418; Dunning, J. H., "Explaining the International Direct Investment Position of Countries: Towards a Dynamic or Developmental Approach", *Weltwirtschaftliches Archiv*, 1981, 117, pp. 30–64; Dunning, J. H., "The Theory of International Production", *The International Trade Journal*, 1988, 3, pp. 21–66; Dunning, J. H., "International Direct Investment Patterns", *The Global Race for Foreign Direct Investment: Prospects for the Future*, 1993, pp. 107–132.

[9] Johanson, J., Vahlne, J. E., "The Mechanism of Internationalization", *International Marketing Review*, 1990, 7, p. 11.

做出一系列贡献,还有跨国公司经济分析[1]和知识基础理论。[2] 国际企业管理理论发展大致分为经济学导向研究和组织理论导向研究两个脉络。[3]

近年来,国际企业管理研究关注人类和社会面临的共同问题和挑战。CPOIB 期刊 2005—2017 年发表的 250 篇文献主题集中于国际企业管理研究定位、活动影响、黑箱规律、金融危机及后殖民地发展几个类型。[4]国际企业管理研究重点领域及其突破如下。[5]

(1) 关于新兴经济体跨国公司(EE MNEs)。许多学者应用折中理论[6]或制度理论(The Institution-Based View)[7] 的理论框架,阐释 EE MNEs 的出现及其行为。最为引人注目的突破性理论:一是跳板观点(Springboard Perspective)[8],强调 EE MNEs 快速国际化的悖论,新兴经济体由于缺乏必需的制度框架发展成功国际化基础——传统的所有权优势,为了克服母国制度和市场条件限制所带来的企业特殊资源劣势,EE MNEs 快速国际化。二是源自 Mathews(2006)"互联—杠杆—学习"(Linkage-Leverage-Learning,LLL)理论框架,通过与外部企业互联,成功发挥这些联系的杠杆作用,EE MNEs 能够很好地利用富有价值的资源,去与现有的跨国公司竞争。通过互联和杠杆依次反复强化获得优势,意味着 EE MNEs 会学习到更有效率的跨国经营。资

---

[1] Caves R. E., "Export-Led Growth and the New Economic History", *The Integration of the World Economy*, 1850 – 1914, 1996, 3, pp. 495 – 534.

[2] Kogut, B., Singh, H., "The Effect of National Culture on the Choice of Entry Mode", *Journal of International Business Studies*, 1988, 19, pp. 411 – 432; Kogut, B., Zander, U., "Knowledge of the Firm and the Evolutionary Theory of the Multinational Corporation", *Journal of International Business Studies*, 1993, 24, pp. 625 – 645.

[3] Engwall, L., Pahlberg, C., Persson O., "The Development of IB as a Scientific Field", *International Business Review*, 2018, 27, pp. 1080 – 1088.

[4] Christoph Dörrenbächer and Snejina Michailova, eds., *Critical Perspectives on International Business*, ISSN 1742 – 2043, 2019, 15 (2/3), pp. 110 – 118.

[5] Buckley, P. J., Doh, J. P., and Benischke, M. H., "Towards a Renaissance in International Business Research? Big Questions Grand Challenges, and the Future of IB Scholarship", *Journal of International Business Studies*, 2017, 48 (9), pp. 1045 – 1064.

[6] Cuervo-Cazurra, A., "The Multinationalization of Developing Country MNEs: The Case of Multilatinas", *Journal of International Management*, 2008, 14, pp. 138 – 154; Sun, S. L., Peng, M. W., Ren, B., and Yan, D., "A Comparative Ownership Advantage Framework for Cross-border M&As: The Rise of Chinese and Indian MNEs", *Journal of World Business*, 2012, 47, pp. 4 – 16.

[7] Ang, S. H., Benischke, M. H., Doh, J. P., "The Interactions of Institutions on Foreign Market Entry Mode", *Strategic Management Journal*, 2015, 36, pp. 1536 – 1553; Gaur, A. S., Kumar, V., Singh, D., "Institutions, Resources, and Internationalization of Emerging Economy Firms", *Journal of World Business*, 2014, 49, pp. 12 – 20; Liou, R. S., Chao, M. C. H., Yang, M., "Emerging Economies and Institutional Quality: Assessing the Differential Effects of Institutional Distances on Ownership Strategy", *Journal of World Business*, 2016, 51, pp. 600 – 611;

[8] Luo, Y., Tung, R. L., "International Expansion of Emerging Market Enterprises: A Springboard Perspective: Introduction", *Journal of International Business Studies*, 2007, 38, pp. 481 – 498.

源重组（Resource-Recombination）是 EE MNEs 行之有效的方式。[①] 中国等新兴经济体的出现突破了传统的路径依赖。[②]

（2）关于全球价值链和离岸外包。20 世纪 90 年代后期这一主题开始为国际企业管理学术研究普遍关注，尤其是外部环境、服务外包驱动因素、离岸外包管理、创新与知识转移等。[③] 以公司视角下的"全球工厂"（Global Factory）[④] 概念框架，将内部化理论应用分析全球价值链，据此评估"制造或购买"（Make or Buy）外部化决策。[⑤] 知识溢出是其中一个重要的课题，全球价值链分解将低利润率环节离岸外包给国外合作伙伴，国外合作伙伴从中学习，向价值链上游发展，最终成为外包公司的竞争对手。[⑥] 虽然尚需进一步实证检验[⑦]，但是，在跨国公司流程分解的收益[⑧]和全球价值链的关系研究方面均有所突破。

（3）关于可持续发展及企业社会责任对跨国公司全球化经营的影响。1972 年 JWB 特刊已开始聚焦联合国人类环境大会及跨国公司对自然环境的影响。[⑨]

[①] Gubbi, S. R., Aulakh, P. S., Ray, S., Sarkar, M. B., and Chittoor, R., "Do International Acquisitions by Emerging-Economy Firms Create Shareholder Value? The Case of Indian Firms", *Journal of International Business Studies*, 2010, 41: 397–418; Kim, H., Hoskisson, R. E., Lee, S. H., "Why Strategic Factor Markets Matter: 'New' Multinationals' Geographic Diversification and Firm Profitability", *Strategic Management Journal*, 2015, 36, pp. 518–536.

[②] Knoerich, J., "Re-Orienting the Paradigm: Path Dependence in FDI Theory and the Emerging Multinationals", *International Journal of Emerging Markets*, 2019, 14 (1), pp. 51–69.

[③] Bunyaratavej, K., Doh, J., Hahn, E. D., Lewin, A. Y., and Massini, S., "Conceptual Issues in Services Offshoring Research: a Multidisciplinary Review", *Group & Organization Management*, 2011, 36, pp. 70–102.

[④] Buckley, P. J., "Internalisation Thinking: From the Multinational Enterprise to the Global Factory", *International Business Review*, 2009, 18, pp. 224–235; Buckley, P. J., "Business History and International Business", *Business History*, 2009, 51, pp. 307–333; Buckley, P. J., "The Rise of the Japanese Multinational Enterprise: Then and Now", *Asia Pacific Business Review*, 2009, 15, pp. 309–321; Buckley, P. J., "The Impact of Globalization and the Emergence of the Global Factory", *Research in Global Strategic Management*, 2011, 15, pp. 213–249; Buckley, P. J., Ghauri, P. N., "Globalisation, Economic Geography and the Strategy of Multinational Enterprises", *Journal of International Business Studies*, 2004, 35, pp. 81–98.

[⑤] Buckley, P. J., "The Contribution of Internalisation Theory to International Business: New Realities and Unanswered Questions", *Journal of World Business*, 2016, 51 (1), pp. 74–82.

[⑥] Kumaraswamy, A., Mudambi, R., Saranga, H., and Tripathy, A., "Catch-Up Strategies in the Indian Auto Components Industry: Domestic Firms' Responses to Market Liberalization", *Journal of International Business Studies*, 2012, 43, pp. 368–395; Mudambi, R., "Location, Control and Innovation in Knowledge-Intensive Industries", *Journal of Economic Geography*, 2008, 8, pp. 699–725.

[⑦] Buckley, P. J., Verbeke, A., "Smiling and Crying Curves in International Business", *International Business Review*, 2016, 25, pp. 749–752.

[⑧] Gooris, J., Peeters, C., "Fragmenting Global Business Processes: A Protection for Proprietary Information", *Journal of International Business Studies*, 2016, 47, pp. 535–562.

[⑨] Kolk, A., "The Social Responsibility of International Business: From Ethics and the Environment to CSR and Sustainable Development", *Journal of World Business*, 2016, 51, pp. 23–34.

近年国际企业管理学术界越来越聚焦于企业社会责任和可持续发展相关战略，一是分析跨国公司社会责任战略，二是关注政府—企业—社会之间关系。

国际企业管理面临的重大挑战为今后学术研究提供了研究重点和机会。该领域学者熟知的诸如跨国公司动力、区位、创新、治理、风险、网络化及全球体系等都是需要研究和解决的问题[1]，国际企业管理一直聚焦于寻求诸如 FDI 本质、跨国公司产生与发展、从国际化到全球化等核心问题的答案，产生该领域所独有阐释力的理论。有些国际企业理论已对社会科学和管理学等其他研究领域有所贡献。[2] 该领域强调对世界经济发展重大问题的响应，来自学术领域内外的压力会推进国际企业管理产生更多相关的富有影响力的理论。[3] 基于学科研究方法所突出的诸多现实新现象，国际企业管理领域学术研究面临着"重大挑战"（Grand Challenges）或重要研究领域[4]：一是提出和阐释关于新兴经济体跨国公司（EE MNEs）崛起的理论性见解；二是探索关于全球价值链分解（Disaggregation）和离岸（Offshoring）的增长、原因和后果；三是阐释全球化经营中跨国公司响应来自可持续发展和社会责任巨大压力的方式。尽管近来三个研究领域有所进展，但是仍远远不够，研究未超越国际企业管理学术领域，对于相关学科及其实践没有产生足够的影响。

三 "十四五"时期总体展望、重点研究方向与课题设置建议

（一）总体展望

面临百年未有之大变局，世界正发生着巨大变化。第四次工业革命、新兴经济体崛起、逆全球化趋势、新冠肺炎疫情突发等趋势及不确定性，

---

[1] Buckley, P. J., "The Contribution of Internalisation Theory to International Business: New Realities and Unanswered Questions", *Journal of World Business*, 2016, 51 (1), pp. 74–82.

[2] Cantwell, J., Piepenbrink, A., Shukla, P., "Assessing the Impact of JIBS as an Interdisciplinary Journal: A Network Approach", *Journal of International Business Studies*, 2014, 45, pp. 787–799.

[3] Shapiro, D. L., Kirkman, B. L., Courtney, H. G., "Perceived Causes and Solutions of the Translation Problem in Management Research", *Academy of Management Journal*, 2014, 50, pp. 249–266.

[4] Buckley, P. J., Doh, J. P. and Benischke, M. H., "Towards a Renaissance in International Business Research? Big Questions Grand Challenges, and the Future of IB Scholarship", *Journal of International Business Studies*, 2017, 48 (9), pp. 1045–1064.

使跨国公司面临前所未有的挑战；中国"一带一路"倡议、创新型国家建设和世界一流企业培育，为中国企业"走出去"提供了巨大发展空间。中国学者遇到最佳的理论创新机会和重大挑战。

国际企业管理是管理学科发展最快、未来潜力最大的领域之一。中国国际企业管理学术领域应立足中国，探索该领域世界所共同面临的三个"重大挑战"。中国利用外资和对外投资快速增长，中国的崛起是全球化分析中不容忽视的故事。[①] 国际企业管理理论源于"现象"（Phenomena），受制于"环境"（Environment），基于中国管理情景的研究，为国际企业管理学术研究产生新理论和新观点提供了极好的机会和依托。"十四五"时期，国际企业管理期待提出中国理论、中国方案并发出中国声音。

（二）重点研究方向

根据国际企业管理全球学术前沿以及中国经济社会发展需要明确重点研究方向。重点研究要以中国面临重大挑战现象为驱动，加强跨学科研究，从多视角、多层次、大跨度展开研究，尤其关注企业、政府、社会和全球环境之间相互作用。需要重点深化和拓展的研究方向如下。

1. 中国跨国公司产生和发展的研究。基于中国企业"走出去"实践，全面系统地研究阐释中国企业"走出去"的动力和模式，探索中国企业创新与企业所有权优势的内在规律，提出中国跨国公司理论。

2. 中国与全球价值链的研究。统筹考虑逆全球化趋势和新冠肺炎疫情影响，分析全球价值链变化趋势、全球价值链重构方式以及中国跨国公司的作用和影响，提出适合中国产业升级和价值链升级的理论和方式。

3. 中国可持续发展与跨国公司影响的研究。根据联合国制定的17个全球发展目标框架，结合中国可持续发展战略，探索中国跨国公司企业社会责任问题，提出适合中国可持续发展的理论和观点。

（三）课题设置建议

1. 开放式国家创新体系建设

当今，任何国家的创新都离不开全球研发资源。经济全球化趋势下，

[①] Buckley, P. J., "The Contribution of Internalisation Theory to International Business: New Realities and Unanswered Questions", *Journal of World Business*, 2016, 51 (1), pp. 74-82.

自20世纪后期发达国家跨国公司开始在其他发达国家设立跨国研发中心。近年来，中国海外研发中心数量快速增长，开放式国家创新体系是中国建设创新型国家的基础。作为发展中国家，充分利用全球研发资源促进创新具有重要意义。

本课题的主攻方向是，基于研发资源配置全球化，通过海内外跨国研发中心创新要素流动，促进中国开放式国家创新体系建设，加快中国创新型国家的步伐。基于企业视角探索构建全球研发网络；以在华跨国研发中心和海外研发中心为网络桥接，通过逆向知识转移，实现跨国界"知识双向流动"；分析知识和研发要素网络流动的影响因素及其效应。从国家视域研究中国研发资源配置，建设和完善开放式国家创新体系的理论和战略。

2. 面向未来的全球价值链重构

党的十八大以来的历次中央全会明确了中国全面深化改革开放、构建开放型经济新体制、实现中国梦的伟大目标。受逆全球化趋势和新冠肺炎疫情影响，全球价值链面临着挑战和机遇。

本课题的主攻方向是，以提升我国在全球价值链中的地位和构建以我国企业为主导的全球价值链体系为核心，研究全球价值链重构的方向和理论。分析全球价值链与中国对外直接投资升级关系，探索全球价值链中我国开放型经济新体制的双向直接投资平衡与升级；分析"一带一路"倡议下促进"引进来"和"走出去"战略升级的全方位的新体制。研究我国参与全球经济治理中角色和地位的变化，从被动到主动、适应与引领国际贸易投资新规则。为全面构建新的全球价值链，实现开放型经济强国的百年梦想，提供理论支持、战略措施与战略手段。

营销管理"十三五"研究进展与"十四五"趋势研判

一 "十三五"时期的研究进展

(一)现状

1. 中国在市场营销领域的新实践、新现象促使理论界不断探索新的科学解释、理论研究

从这一时期营销文献的关键词来看,"十三五"时期,我国营销学者主要关注在"互联网+"、移动互联网、技术创新以及大数据背景下的营销创新和价值创造。[①] 而且,在此期间,我国也涌现了一系列全新的营销理念与实践,如精准营销、内容营销、社交媒体营销等。相应地,我国营销管理学者围绕如上所述的新营销实践中的消费行为与营销战略开展了研究。其中,有关自媒体、社交媒体背景下的新型广告营销、传播方式和分享策略等,也是"十三五"时期我国营销学者的关注重点领域。在研究方向上[②],2013—2018年,有超过50%学术论文的研究方向与消费者行为和品牌管理有关,另外约有25%学术论文的关注点在营销建模和科技对营销的影响上。

2. 从国家层面来看,国家自然科学基金、国家社科基金和教育部都对营销科学研究提供了持续的支持

以国家自然科学基金为例,2016—2019年,在市场营销学科(G0207)

[①] 王永贵、王帅、胡宇:《中国市场营销研究70年:回顾与展望》,《经济管理》2019年第9期。
[②] Hu, Y., Wang, Y., "Marketing Research in China during the 40-Year Reform and Opening", *Front. Bus. Res. China*, 2020, 14 (5), https://doi.org/10.1186/s11782-019-0071-0.

上共资助项目264个，累计资助金额9628万元，但相较于"十二五"同期的资助而言（2011—2014年资助项目263个，资助金额10774万元；2011—2015年资助项目327个，资助金额13221万元），资助金额上呈现出明显的下降趋势，降幅为11.90%。具体地，在营销模型（G020701）方面，共资助16个，累计资助金额809万元；在消费者行为（G020702）方面，共资助107个，累计资助金额3794万元；在营销战略（G020703）类目下，共资助项目143个，累计资助金额5025万元。不过，相较于"十二五"时期而言，在2016—2019年间国家自然科学基金资助了一系列重点项目，如表27所示。

表27　　　　国家自然科学基金资助的市场营销相关重点项目

学科分类	项目名称	负责人	年份	类别	申请单位
消费者行为（G020702）	经济转型与国际化背景下品牌建设的理论创新研究	王海忠	2018	重点项目	中山大学
消费者行为（G020702）	经济转型与国际化背景下品牌建设的理论创新研究	滕乐法	2018	重点项目	江南大学
营销战略（G020703）	家庭购买决策过程与机制研究：基于"匹配"和"社会比较"的视角	符国群	2016	重点项目	北京大学
营销战略（G020703）	移动互联网时代的全渠道营销研究	刘益	2018	重点项目	上海交通大学
市场营销（G0207）	转型升级背景下消费者幸福感形成机理与提升策略研究——基于享乐论和实现论平衡视角	范秀成	2018	重点项目	复旦大学
市场营销（G0207）	移动互联网时代的新产品开发策略与商业模式创新	曾伏娥	2018	重点项目	武汉大学
营销战略（G020703）	隐私大数据发掘与个性化营销研究	曾伏娥	2017	重大研究计划	武汉大学
营销模型（G020701）	大数据驱动的消费市场的全景响应式营销管理与决策研究	黄敏学	2017	重大研究计划	武汉大学

资料来源：科学网基金，学科分类查询，访问地址为 http://fund.sciencenet.cn/search/smallSubject，访问时间为2020年6月5日；梅斯网，"国自然查询与分析"板块，访问地址为 http://medsci.cn/sci/nsfc_index，访问时间为2020年6月7日。

3. 在"十三五"时期，我国涌现出了一批优秀营销学者和学科带头人，为营销管理领域贡献了理论洞见和实践指导，有力地促进了营销学科的师资队伍建设

例如，营销学者获得了"国家杰出青年科学基金""国家优秀青年科学基金""长江学者"等国家级基金或人才计划的支持。其中，典型代表人物有首都经济贸易大学王永贵教授（国家杰青，2017；长江学者特聘教授，2016；万人计划领军人才，2016）、四川大学方正教授（国家杰青，2019）、浙江大学周欣悦教授（国家杰青，2019）、北京大学张影教授（国家杰青，2019）、武汉大学汪涛教授（青年长江学者，2016）、北京大学沈俏蔚（国家优青，2017）、南京大学许开全（国家优青，2016）等。

除此之外，"十三五"时期，营销管理领域学术组织也发挥了积极的作用，如中国高等院校市场学研究会、营销科学与创新高峰论坛组委员会（MSI）、营销科学学报编委会（JMS）、SMEI中国分会、中国管理现代化研究会营销专业委员会、华人学者营销协会等。依托各科研机构及国际营销管理领域权威期刊，我国各类以营销为研讨主体的国内外学术会议展现出勃勃生机。

（二）存在问题

1. 营销管理的学科地位仍有待提高

在我国，长期以来，营销管理属于工商管理一级学科下的三级学科，这对营销管理的理论研究、实践探索及人才培养都造成了一定的不利影响。在国际主流商学院，市场营销不但是MBA的必修课程，而且也是主要的学术类研究生的主攻方向。在福布斯世界顶尖商学院的榜单中，排名前五的商学院均拥有实力雄厚的营销管理教研团队。[1] 根据对国际著名商学院的网站信息统计，可以看到：斯坦福大学商学院拥有111名教研人员（7个系），其中营销管理有26名，占23.42%；宾夕法尼亚大学沃顿商学院有

---

[1] 福布斯全球顶尖商学院榜单，访问地址为https://www.forbes.com/business-schools/list/，访问时间为2020年6月10日。

235名教研人员（10个系），其中营销管理有46名，占19.57%；美国西北大学Kellogg商学院更是有56名营销管理教师。① 相较而言，在我国AACSB认证的商学院中，清华大学经济管理学院有教师161人，其中市场营销系有13人，占8.07%，为该院教师最少的系；中欧商学院，共有78名教授，其中市场营销有9人，占11.53%；复旦大学商学院有教师144名，其中市场营销有18人，占12.50%；安泰商学院有教师184名，其中市场营销有19人，占10.32%。

2. 营销管理学科专业学术期刊相当匮乏

在营销管理领域，国家层面较好的专业性学术期刊仅有《营销科学学报》一本，而该刊长期以书代刊，没有正式刊号。相较而言，其他管理学科均有一定数量的专业期刊为其学科发展提供理论阵地，例如，技术经济领域有《科研管理》《中国工业经济》，旅游领域有《旅游学刊》等，会计与金融领域有《会计研究》《金融研究》等，税务领域有《税务管理》，审计领域有《审计研究》。除此之外，综合性的经济管理类期刊如《管理世界》《管理科学学报》《经济管理》《经济与管理研究》《南开管理评论》《管理学报》《中国软科学》等刊发的市场营销类文章十分有限。以《管理世界》为例②，在其出版的所有文献中，营销文献的占比约为2.78%；对于刊发营销管理文章数量较多的《南开管理评论》而言，其营销类文章占比也仅为12.34%。

与此形成对照的是，营销管理在经济管理领域的国际知名期刊中占有较为均衡的比重，例如，在"UTD24"③ 中，营销期刊有四个，分别为 *Journal of Marketing*、*Journal of Consumer Research*、*Marketing Science* 和 *Journal of Marketing Research*，占16.67%，其他领域的期刊数量及占比如表28所示。

---

① 数据来源于各商学院网站，统计时间为2020年6月10日。
② 截至2020年6月6日，根据CNKI数据库，《管理世界》总出版文献数量为8683篇，其中以"营销"为主题词搜索得到的文献数为129篇，以"顾客"为主题词搜索得到的文献数为113篇。《南开管理评论》的总出版文献数量为2900篇，其中以"消费者""营销"为主题词的分别为217篇和141篇。
③ "UTD24"本期刊，是美国德克萨斯达拉斯大学（The University of Texas at Dallas）最顶尖的24本商学研究期刊。这些期刊广受世界各大高校认可，将其作为商学院排名、商学教师职称晋升、各类项目与人才计划评审的主要依据。

表28　　　　　　　　"UTD24"本期刊中各学科领域期刊情况

学科领域	期刊数量	期刊名称	占比（%）
会计	3	The Accounting Review Journal of Accounting and Economics Journal of Accounting Research	12.50
金融	3	Journal of Finance Journal of Financial Economics The review of Financial Studies	12.50
信息系统	3	Information System Research Journal on Computing MIS Quarterly	12.50
管理科学	5	Management Science Operation Research Journal of Operation Management Manufacturing and Service Operation Management Production and Operation Management	20.83
企业管理	6	Academy of Management Journal Academy of Management Review Administrative Science Quarterly Organization Science Journal of International Business Studies Strategic Management Journal	25.00

资料来源：笔者整理。

3. 营销管理研究仍需要探索更加多元化的研究方法和研究范式

国内现有的营销研究使用的方法多以实验设计和问卷调查法为主。相较而言，在国际顶级营销期刊中，已经呈现出明显的多元营销研究范式，除了上述两种方法，田野实验（Field Experiment）、案例研究（Case Study）以及基于自然语言处理（NPL）、大数据与神经网络等营销研究法也相当普遍。除此之外，元分析、系统性的综述（Systematic Review）以及概念性的研究（Conceptual Paper）也有助于营销领域的理论构建和交叉学科研究的推进。

二　本学科的学术前沿与发展趋势分析

"十三五"时期，国内外学者在数字经济与共享经济背景下对数字化营销变革、平台型企业以及企业生态系统中的企业营销能力、营销战略、消费者行为等展开了探索性研究。表29列示了《金融时报》（FT）50本期刊中的市场营销领先期刊——*Journal of the Academy of Marketing Science* 在 2019 年至 2020 年 5 月期间的特刊,从特刊的主题能够看出,技术发展、数字化情境下的顾客体验旅程以及"3D"(数字化、数据化和发展中国家市场)下的市场战略是全球营销学者关心的重要主题。

表 29　　　*Journal of the Academy of Marketing Science* 特刊情况
(2019 年至 2020 年 5 月)

时间、期数	特刊主题	特刊编辑
2019 年 3 月第 2 期	Consumer Journeys: Developing Consumer-Based Strategy	Rebecca Hamilton Linda L. Price
2019 年 11 月第 6 期	Marketing Strategy in Digital, Data-Rich, and Developing Market (D3) Environments	Shrihari Sridhar Eric Fang
2020 年 1 月第 1 期	Technology and Marketing	Dhruv Grewal John Hulland Praveen K. Kopalle Elena Karahanna
2020 年 5 月第 3 期	Generalizations in Marketing: Systematic Reviews and Meta-Analyses	Mark B. Houston John Hulland

资料来源:笔者整理。

其中,数字化情境下,传统营销研究中概念会被赋予新的意义,营销学者针对数字化销售平台中的客户满意、客户忠诚、客户体验(旅程,即 Customer Experience Journey)、品牌忠诚以及数字信任(Digital Trust)与顾客隐私等开展研究,以探索数字化情境下营销概念与工具的新内容。同时,也有很多国内外学者针对顾客声称内容(UGC)、线上口碑以及顾客参与、顾客价值共创以及电商平台与社交媒体融合等营销问题进行了研究。此外,也有学者关注了营销创新所引致的企业社会责任与商业伦理问题。例如,大数据营销与客户数据隐私泄露问题、消费者可持续消费行为与绿色消费行为等。

三　"十四五"时期总体展望、重点研究方向与课题设置建议

(一)总体展望

营销研究和营销学科的发展对于我国社会主义市场经济持续、健康、

高效发展具有重要意义。根据2020年的《政府工作报告》，我国社会零售品总额已达到40万亿元[①]，消费发挥了主要拉动作用，促进了我国市场经济的进一步发展，并明确提出要依靠改革激发市场主体活力，增强发展新动能。2020年5月18日发布的《中共中央 国务院关于新时代加快完善社会主义市场经济体制的意见》，明确了社会主义市场经济体制是中国特色社会主义的重大理论和实践创新，是社会主义基本经济制度的重要组成部分。展望"十四五"，在技术快速更迭、营商环境不断改善的背景下，我国市场经济活动将会更加活跃。而营销是市场经济中对接供给和需求的重要节点，也是经济有活力运行的重要依托。因此，深入推进我国营销管理研究、营销管理学科建设对于我国市场经济持续繁荣、推动产业培育、实现经济高质量发展具有重要意义。

营销管理研究及学科发展应顺应时代发展。总体而言，营销管理研究应着力探索理论创新，为营销管理实践中遇到的新问题提供理论洞见，为营销管理创新提供理论指引。具体而言，企业的数字化转型对传统的营销管理理论和实践带来了新的挑战与机遇。在技术层面上，以人工智能、区块链、云计算和大数据为代表的技术进步以及5G移动互联网的大规模推广使得企业市场营销活动更具有创新性和开拓性。与此同时，技术进步也使得企业间的竞争格局发生了深刻的变化。如何有效应对数字化挑战、主动拥抱数字化转型、提升企业市场营销效率，在获客、留客和活客上取得竞争优势是企业面临的现实战略难题，也是理论界应探索的方向。

值得注意的是，平台型企业已经成为新时代重要的企业模式，诸如滴滴出行、小猪短租、Airbnb、Uber等"共享经济"商业模式已被消费者广泛接受，如何在新技术和新商业模式下实现企业与顾客、企业与合作伙伴，甚至与竞争对手的价值共创并提升价值共创的正向外部性，是营销管理理论界和实践界的重要命题。

最后，在营销科技的帮助下，企业可以便捷、有效地实现顾客定制化，为顾客提供更多价值，使得精准营销、智慧营销成为可能。企业如何制定自身的定制化战略进而能够为自身与客户提供更多价值是值得研究者进一

[①] 李克强：《政府工作报告》，http://www.gov.cn/premier/2020-05/29/content_5516072.htm，访问时间为2020年6月1日。

步挖掘的方向。

(二) 重点研究方向

研究领域一：营销科技赋能下的企业数字化转型与营销战略研究。

在技术不断创新和商业模式快速革新的背景下，企业所处的市场环境日新月异，企业是否能够快速响应环境变化，打造贴近市场的"营销型"组织成为企业抢抓市场先机的内在竞争力。数字化转型是企业打造"营销型"组织的有效路径。从营销角度来看，企业数字化转型旨在利用数字化信息与知识，使用数据作为重要的营销要素，以数字技术来驱动企业在新产品制造、新服务开发以及企业在市场拓展、销售促进上的内在组织结构改造以及外在合作联盟。营销学者可以就数字化情境下企业营销战略的制定、执行和评估开展研究。

研究领域二：人工智能下的消费者行为和顾客资产培育。

企业创造价值的根基在于顾客的支付意愿，而顾客的支付意愿又取决于顾客感知价值、顾客满意、顾客忠诚等一系列变量。在人工智能技术得以广泛应用的营销环境中，消费者的消费决策和购买行为呈现出新的现象和规律。在这样的背景下，如何利用好人工智能技术制定精准、有效的营销战略和价值传递方式是营销管理学者需要探究的领域。

研究领域三：数字化背景下的顾客价值共创与定制化战略研究。

技术进步以及商业模式革新的核心都在于价值创造、传递和共享方式的演进。在数字化科技赋能的新商业模式中，顾客逐渐从产品或服务的接受者转化为产品与服务的共同开发者、共同生产者和价值的共同创造者，这种变化使得消费者价值获取的方式和价值的来源发生了本质的改变。

企业在战略导向上逐渐从产品中心观向顾客中心观转移，从企业内部创新观向顾客创新观转变。探索顾客参与的动因、顾客价值创造的过程、驱动因素、顾客创新的绩效影响，并构建有效治理顾客广泛参与的社会网络化价值共创的理论框架体系，是需要营销研究学者关注的重要内容。

除此之外，数字技术使得顾客需求可以通过数据载体反馈给企业，企业根据顾客数据反馈改善、开发自身的产品与服务。随着这种互动关系的加深，顾客的个性化需求以及产品、服务的定制化需求得到进一步增强。在这种背景下，顾客定制化成为企业提高运营效率、增加企业营收、获取更多利润的有效方式，如何制定数字化技术赋能下的有效顾客定制化战略，实现企业和顾客协同创新与价值共创是值得营销管理学者研究的方向。

（三）课题设置建议

课题一：企业数字化转型与营销战略演变研究。

数字化转型意味着企业营销战略的演化，相较于传统的营销战略组合（如4Ps、STP等），数字化营销战略将充分考虑由技术驱动的价值贡献。研究者可以围绕以下研究方向开展研究：（1）企业的数字化转型与市场营销战略；（2）数字化营销管理与"营销型"组织；（3）数字化背景下的价值共创与顾客协同创新；（4）数字化背景下的营销传播与品牌管理。

课题二：人工智能背景下的企业营销战略与消费者行为。

"十三五"时期，人工智能技术发展迅猛并逐渐融入人们的生产、生活。企业需开发适合自身发展的人工智能技术、制定相应的营销战略，使得人工智能技术赋能企业营销，为企业和顾客创造价值，具体而言，研究者可以围绕以下内容开展研究：（1）人工智能和消费者行为预测，如顾客感知价值、信息搜索、购买决策、顾客体验、顾客满意以及顾客忠诚；（2）人工智能技术与企业营销战略、组织变革；（3）人工智能的应用与顾客价值共创、顾客参与。

课题三：数字化背景下的价值共创与定制化研究。

数字化背景下，与客户协同创新、实现价值共创成为价值创造的新模式，也是未来价值创造的主要趋势。除此之外，依托数字化技术和顾客数据可以使企业施行定制化战略的成本下降，综合利用人工智能和大数据技术可以使企业洞察顾客的消费偏好和未来需求预期，从而更好地提供定制化的产品或服务。基于上述现实需求，研究者可以围绕以下方面开展研究：（1）数字技术的发展与价值共创模式；（2）数字化背景下的顾客公民行为与价值共创；（3）顾客数据、"顾客画像"与顾客定制化；（4）数字化背景下，顾客定制化的范围、作用和营销角色；（5）数字技术与顾客定制化路径；（6）数字化背景下的顾客定制化战略。

旅游管理"十三五"研究进展与"十四五"趋势研判

旅游管理作为一门应用学科,培养旅游专业人才、开展旅游科学研究、指导旅游发展实践是其核心任务。以下从旅游教育和学术研究两个角度回顾"十三五"时期旅游管理学科的发展状况,对2016—2019年立项资助的国家自然科学基金旅游项目、国家社科基金旅游项目、教育部人文社会科学基金旅游项目及国家旅游局科研项目等的研究数量和研究主题进行总结,并指出"十四五"时期旅游管理及相关研究值得关注的重要命题。

一 旅游管理学科发展现状

(一)旅游教育

旅游教育是提供高素质旅游人才的重要渠道。历经40余年的发展,我国旅游教育在数量和质量两方面均得到稳步提升。2017年,我国共有旅游院校2641所,其中高等院校1694所(包括本科院校608所和高职高专院校1086所),中等职业学校947所;2016年旅游院校学生数量达67万人,包括高等院校学生44万人、中等职业学校学生23万人。[①] 我国旅游教育体系日趋成熟,人才培养包括博士、硕士、本科、高职和中职教育5个层次,旅游教育实现了从低级管理服务型人才向中高级管理人才培养模式的转变,旅游储备人才的整体专业素养得以提升。2017年,全国旅游管理专业(或相关方向)博士研究生和硕士研究生分别招生336人和2832人,在校学生

---

① 数据来源于《中国旅游统计年鉴》和《中国旅游教育蓝皮书(2017—2018)》。

分别有1043人和4481人。①

（二）学术研究

学术研究是学科发展的重要推动力。我国旅游研究走过初创和快速发展阶段，目前正在逐步走向成熟。②首先，从学术刊物看，旅游学术刊物的发展是我们窥探旅游知识体系化和独立化的最好窗口。③《旅游科学》是我国第一本旅游学术研究专业期刊，创刊于1981年；创办于1986年的《旅游学刊》已成为旅游学界的权威期刊；其他旅游研究主题期刊如《旅游论坛》《旅游导刊》《旅游研究》等也在快速成长，是旅游研究重要成果和知识前沿的核心展示平台，在旅游学科知识生产、交流与传播、学科知识体系的建构中发挥重要作用。此外，一些非旅游类学术类期刊也刊载旅游类文献，如《经济地理》《人文地理》《商业研究》《地理学报》《地理研究》等，对我国旅游研究的发展与成熟也做出了重要贡献。

就学术共同体而言，学术共同体的构建有利于激发研究者的主体意识，强化学者间的沟通交流，也对学人的学术行为具有规范和约束作用，共同推动学科发展。根据张凌云等人就旅游学术共同体的研究来看，以马耀峰为首的陕西师范大学、以保继刚牵头的中山大学和以钟林生为代表的中国科学院为旅游研究院校、机构的前三名，且分别形成了相当规模的学术团队，成为我国旅游学术共同体的重要代表。总体来看，我国已形成一支较为雄厚的旅游研究队伍，旅游学术共同体在健康有序发展与成长。

二 "十三五"时期旅游研究进展

在一定程度上，科学基金资助项目反映了学科当前的研究热点、学术态势。以下根据2016—2019年批准的国家自然科学基金旅游项目（以下简称"国家自然基金"）、国家社会科学基金旅游项目（以下简称"国家社科基金"）、教育部人文社会科学基金旅游项目（以下简称"教育部人文社科基金"）和国家旅游局立项科研项目，从研究数量和研究主题两个维度对

---

① 数据来源于《中国旅游教育蓝皮书（2017—2018）》。
② 谢彦君、那梦帆：《中国旅游40年研究中的理论发育及其角色演变》，《旅游学刊》2019年第2期。
③ 保继刚、赖坤：《旅游管理学科内涵及其升级必要性》，《旅游学刊》2016年第10期。

"十三五"时期旅游研究进展进行简要总结。

（一）研究数量

2016—2019年，4类基金共资助旅游项目808项。分类别来看，国家社科基金共计297项，其中重点项目6项，一般项目、青年项目、西部项目和后期资助项目共计291项，涵盖管理学、应用经济学、体育学、社会学、民族学等学科门类。国家自然基金共241项，其中重点项目1项，面上项目、青年科学基金项目等共计240项，由地球科学部、管理科学部、工程与材料科学部、信息科学部等部门审批。教育部人文社科基金共计179项，其中重大项目1项，青年基金、规划基金等共计178项，包含经济学、管理学、法学、社会学等众多学科门类。国家旅游局科研项目共计91项。2016—2019年国家自然、社科基金旅游重点项目及教育部人文社科旅游重大项目的情况具体见表30。

表30　2016—2019年国家自然、社科基金旅游重点项目及教育部人文社科旅游重大项目

基金类型	题目	作者	年份
国家社科基金	社会资本视域下乡村旅游微型企业成长研究	张环宙	2019
	中国旅游产业转型升级动态演进研究	魏敏	2018
	国家公园生态环境监管体制改革研究	温作民	2018
	全域旅游内涵特征、实现路径与促进政策的分类分层系统化研究	石培华	2017
	新常态、新方位下旅游经济增长潜力与发展动力研究	戴斌	2017
	促进中国休闲产业转型升级研究	王琪延	2017
教育部人文社科基金	长江上游地区典型民族文化与旅游产业融合发展研究	黄大勇	2018
国家自然基金	旅游引导城市群乡土—生态空间演化的过程、格局和机制	陆林	2019

注：根据国家自然基金、国家社科基金及教育部人文社科基金旅游项目情况自制。

（二）研究主题

通过对基金资助旅游项目的热点分析，总结出"十三五"时期旅游研究的8个热点主题，具体包括旅游产业及要素部门研究、旅游扶贫研究、乡村旅游研究、旅游流与旅游者研究、旅游目的地研究、体育旅游研究、

民族地区及文化遗产旅游研究和其他主题研究。

1. 旅游产业及要素部门研究

整体来看，旅游产业研究是"十三五"时期旅游基金项目的资助重点。基金课题中旅游产业及要素部门研究主要聚焦在旅游产业融合、旅游竞争力、旅游产业创新及升级、旅游经济增长潜力与发展动力、旅游产业空间积聚、旅游业供给侧改革、旅游企业可持续经营等方面。

2. 旅游扶贫研究

"十三五"时期是全面建成小康社会、打赢脱贫攻坚战的决胜阶段。旅游扶贫主题是"十三五"时期研究的重要热点，国家社科基金、教育部人文社科基金、国家自然基金均对"旅游扶贫"投入较大关注。具体来看，基金课题中对旅游扶贫的研究主要聚焦于扶贫效率、效果评估及提升路径，旅游精准扶贫机制创新、路径优化、绩效提升机制，旅游扶贫效果的影响机理，旅游返贫预警等方面。

3. 乡村旅游研究

绿水青山就是金山银山。因此，乡村旅游研究也是"十三五"时期的关注热点。基金课题中对乡村旅游的研究主要涵盖供给、乡村旅游与乡村振兴、利益相关者、空间演化、土地利用、发展模式及升级路径等方面。

4. 旅游流与旅游者研究

旅游流是旅游地理学的重要关注点。旅游者作为旅游活动主体，也一直是旅游研究的热点内容。总体而言，四类基金课题对旅游流的研究主要聚焦于旅游流时空模式及动态演变机制、旅游流与旅游地民生水平的耦合等方面；对旅游者的研究涵盖其时空行为、流动特征、旅游活动空间生产、动机、体验、忠诚度、感知、环境责任行为、安全感等方面。

5. 旅游目的地研究

从四类基金旅游项目来看，对旅游目的地的探索多聚焦在目的地安全性评价、目的地形象及品牌、目的地交通网络、目的地恢复力、空间优化、治理模式及对不同类别旅游地的分析等方面。

6. 体育旅游研究

体育旅游是近几年兴起的新型旅游产品，旅游学界对此展开了诸多探索。四类基金项目对体育旅游的研究聚焦在体育旅游空间结构、体育旅游发展战略、体育旅游开发、体育旅游目的地、体育旅游融合发展、体育旅游法律问题、冰雪旅游研究等方面。其中，国家社科基金旅游项目共有43项属于体育学学科门类，占比高达14.5%，是体育旅游研究的重要组成。

7. 民族地区及文化遗产旅游研究

民族地区及文化遗产旅游研究在基金课题中也受到较大关注，其主要围绕非物质文化遗产活化及传承、文化旅游空间生产、旅游古镇社会文化空间重构、文化资源整合、民族地区社会文化变迁等方面展开。

8. 其他主题研究

其他主题研究还包括健康旅游、旅游影响、出入境旅游、国家公园、旅游人才培养等方面。其中，健康旅游研究涵盖旅游者、旅游地等方面。旅游影响研究方面，不仅关注旅游活动的经济效应，也关注旅游活动对旅游者主观幸福感及身心健康的影响。同时，旅游发展对当地居民生活质量的影响等问题也引起了学界关注。在出入境旅游研究方面，主要对国家旅游形象及入境旅游优化机制、入境旅游经济增长、入境旅游统计分析、出境旅游效应、中国出境旅游对国际贸易的带动作用、中国出境旅游国际政治效应等问题展开分析。

三 "十四五"时期旅游研究趋势

通过对2016—2019年四类国家基金旅游项目进行总结，发现"十三五"时期旅游研究成果众多、研究主题广泛，重点聚焦于旅游产业及要素部门研究、旅游扶贫研究、乡村旅游研究、旅游目的地研究等多个研究主题。研究主题紧随国家政策及发展趋势，呈现"趋热"特征，健康旅游、体育旅游、国家公园等话题逐渐受到重视。

现阶段，我国社会主要矛盾已转化为人民日益增长的美好生活需要和不平衡不充分发展之间的矛盾，文化和旅游将成为"十四五"时期拉动内需和创造美好生活的重要抓手。"十四五"时期旅游研究可围绕以下领域和命题进行深入研究。

（一）文化和旅游融合发展研究

在现有研究基础上，"十四五"时期重点围绕文化和旅游融合的内在机理、体制机制、支撑体系、效果评价等进行深入分析。

（二）后疫情时代的旅游发展与危机管理研究

新冠肺炎疫情对世界和中国的旅游造成了巨大冲击，产生了深远影响。"十四五"时期重点围绕后疫情时代（疫情常态化防控背景下）旅游发展体系、不同类别危机（如公共卫生事件、自然灾害、社会动乱、民族冲突等）对旅游业的影响机制、影响程度及应对策略等进行研究。

（三）旅游高质量发展研究

伴随经济发展从规模增长阶段步入高质量发展阶段，"十四五"时期应研究旅游高质量发展的目标体系、制约瓶颈、推进路径、保障体系等，重点围绕旅游全要素生产率显著提升、旅游国际竞争力显著增强、旅游贸易平衡度显著改善、区域旅游发展更加均衡、旅游满意度显著提高等研究高质量发展的评价指标体系和推进路径等。

（四）旅游业进一步改革开放研究

"十四五"时期，要重点关注现代市场经济体系改革、资源管理体制改革、投资和消费体制改革、要素市场化配置体制机制完善等议题，关注"一带一路"、服务贸易创新发展、自由贸易试验区建设，关注旅游业如何进一步推进改革开放的研究。

（五）旅游发展制度体系研究

完善制度体系是国家治理体系和治理能力现代化的重要基础，也是政府推动高质量发展的主要着力点。"十四五"时期，应关注旅游发展制度体系研究，包括现代市场体系、政策体系、标准体系、统计体系、绩效评价体系、政绩考核体系等。

（六）旅游创新体系研究

"十四五"时期，旅游业不仅要通过创新提高传统生产要素的效率，更重要的是，要不断创造新的生产要素，形成新的要素组合，通过技术、制度、管理、商业模式等方面进行创新。为此，要围绕旅游创新评估体系、创新与扩散机制、创新效果研究等进行深入研究。

(七)"科技+旅游"研究

"十四五"时期,应关注科技和旅游的深度融合,研究5G、人工智能、大数据、云计算、区块链等在旅游实践、旅游决策和旅游研究中的应用情况,加深对科技及其对旅游业影响的认识。

(八)新型业态研究

要关注康养旅游、研学旅行、定制旅游等领域的研究。

总审稿人 李 扬
审稿人 黄群慧 余 菁 邵婧婷
执笔人 (按姓氏拼音排序)
  暴 莹 崔新健 胡 宇 黄鲁成 黄群慧
  李楚翘 李扣庆 李维安 李晓春 李 欣
  李颖琦 刘 刚 刘梓鑫 欧阳慧敏 邵婧婷
  宋 瑞 唐任伍 王永贵 王育晓 吴照云
  徐 建 杨德林 叶小杰 殷建瓴 余焕新
  余 菁 韵 江 周功梅
参加人 张亚林 刘 伟 刘晶晶

教 育 学

教育是国之大计。引领和推动教育科研繁荣发展是构建中国特色教育学学科体系的题中之义，是新时代促进我国教育事业持续健康发展的重要保障。习近平总书记2016年5月在哲学社会科学工作座谈会和2018年9月在全国教育大会上的重要讲话，为"十三五"规划和更长时期的教育科学工作指明了发展方向，提供了根本遵循。为贯彻落实习近平总书记重要讲话精神，全国教育科学规划办公室（以下简称"全规办"）组织专家学者对教育学科"十三五"时期的研究进展和"十四五"时期的发展趋势进行了调研和研判。调研报告对教育学科"十三五"时期发展的成就与不足进行了梳理总结，对"十四五"时期发展的趋势与方向进行了分析展望，明确了教育科学事业的发展目标、主攻方向及重点任务，为促进中国特色教育学科体系构建和新时代我国教育事业繁荣发展提供了重要基础和根本保障。

一 "十三五"时期教育学科发展概况

教育科学研究是教育事业的重要组成部分，对教育改革发展具有重要的支撑、驱动和引领作用。作为教育科研的重要载体和平台，全国教育科学规划课题集中体现了教育科研的最新进展与成果，是研判教育科研发展状况的关键性指标。"十三五"时期，在全国社科工作办指导下和全国教育科学规划领导小组领导下，全规办坚持正确导向，突出国家水准，注重科学管理，弘扬优良学风，聚焦主责主业，充分发挥组织作用与平台作用，不断优化和改进教育科学规划工作，为我国教育科学研究繁荣发展做出积极贡献，为中国特色教育科学学科体系、学术体系建设奠定坚实基础。

（一）"十三五"时期全国教育科学规划课题情况

全国教育科学规划课题主要由国家社科基金资助课题和教育部资助课题两部分组成。"十三五"时期，全规办每年组织一次课题评审工作，除重大重点课题设置课题指南外，其他类别课题均不设指南，由研究者自拟选题自主申报。与"十二五"时期相比，"十三五"时期立项课题数量、经费资助力度和强度等方面均实现了大幅提升，教育科学研究实现了新的发展。

在课题立项数量上,"十三五"时期共立项课题2455项,与"十二五"时期的2147项相比,立项总数大幅增加。其中,国家社科基金项目1419项,比"十二五"时期的942项增加了477项,增长率为50.6%;重大、重点课题在"十三五"时期分别立项22项、55项,比"十二五"时期的5项、40项分别增加了17项和15项;自2018年设立西部项目以来,共立项课题46项,教科规划项目布局更加全面。课题数量的增加扩大了资助受益面和影响力,而以"我国教育2030年发展目标及推进战略研究"为代表的高质量研究选题回应了国家重点需求和重大现实问题,引领了学科发展方向,为我国教育科研和教育事业繁荣发展做出了积极贡献。全国教育科学"十三五"规划课题中的部分重大重点课题、各二级学科立项数量及不同类别上的分布情况,详见表1、表2和表3。

表1 "十三五"时期全国教育科学规划立项的部分重大重点课题一览

年度	课题类别	课题名称
2016	国家重大	高等教育强国的内涵、标准、实现路径和监测指标研究
2016	国家重点	国家学历资历框架研究
2017	国家重大	我国教育2030年发展目标及推进战略研究
2017	国家重大	"双一流"建设背景下高校学科调整与建设研究
2017	国家重点	新高考制度实施与动态调整研究
2018	国家重大	习近平新时代中国特色社会主义教育思想研究
2018	国家重大	教材建设中创新性发展中华优秀传统文化研究
2018	国家重点	职业教育精准扶贫实施以及民众精准脱贫获得感评价研究
2019	国家重大	教育适应中国人口结构发展趋势研究
2019	国家重大	新时代中国教育高质量发展的路径和对策研究
2019	国家重点	人工智能与未来教育发展研究
2020	国家重大	新时代爱国主义教育长效机制研究
2020	国家重点	粤港澳大湾区教育一体化发展的问题与制度创新研究

表2 国家社科基金教育学"十三五"规划课题学科分布一览

	2016年	2017年	2018年	2019年	2020年	合计
教育基本理论	8	12	15	18	16	69
教育心理	12	17	12	13	13	67

续表

	2016年	2017年	2018年	2019年	2020年	合计
教育信息技术	15	17	14	19	17	82
比较教育	8	9	10	12	8	47
德育	14	12	14	17	18	75
教育经济与管理	16	19	22	24	21	102
教育发展战略	26	14	12	13	15	80
基础教育	44	55	61	55	61	276
高等教育	56	74	68	60	62	320
职业技术教育	15	18	16	28	19	96
成人教育	5	3	6	3	7	24
体育卫生美育	13	13	15	16	18	75
民族教育	8	11	18	10	9	56
教育史	7	10	13	12	8	50
合计	247	284	296	300	292	1419

表3　　国家社科基金教育学"十三五"规划课题类别分布一览

	2016年	2017年	2018年	2019年	2020年	总计
委托课题	15	5	—	—	—	20
国家重大	3	4	5	4	6	22
国家重点	10	8	11	14	12	55
国家一般	145	228	220	221	219	1033
国家青年	74	39	44	41	44	242
西部项目	—	—	16	20	11	47
总计	247	284	296	300	292	1419

在经费投入上，"十三五"时期科研经费投入27210万元，与"十二五"时期的19700万元相比，科研经费实现了较大幅度增长。其中，国家社科基金经费24210万元，比"十二五"时期的16700万元增加了7510万元，增长率为45%；国家社科基金单项课题经费资助强度加大，国家一般课题和国家青年课题由2015年的18万元、15万元分别增加到2020年的20万元。这表明，国家对教育科研事业重视程度和支持力度越来越大，教育

科研发展获得了良好的机遇和环境。

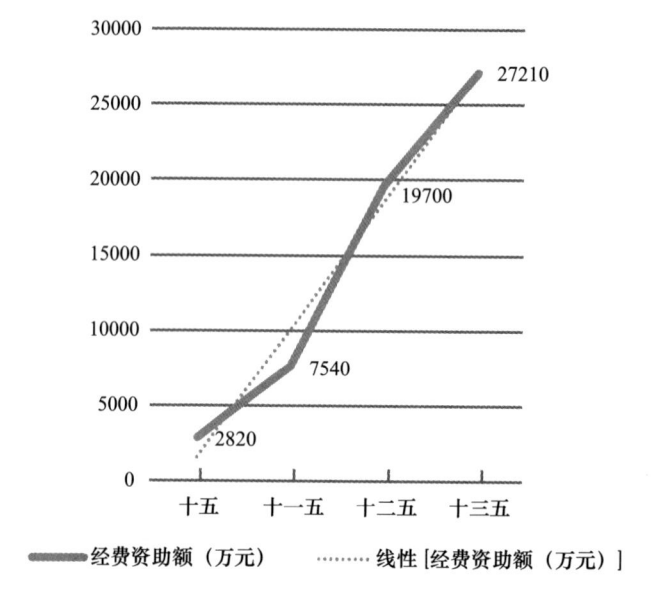

图1 "十五"至"十三五"全国教育科学规划课题经费资助情况

(二)"十三五"时期教育学科研究成果情况

"十三五"时期,教育科研成果在实现数量稳步增长的同时,质量也在不断提升。SSCI、A&HCI等国际索引期刊以及CSSCI来源、全国中文核心期刊论文数量不断增长,学术专著、咨询报告等数量快速增加。在数量增长的同时,也产出了一批标志性成果和在国内外有广泛影响的优秀成果,以《教育改革的"中国问题"》为代表的298项研究成果获得第五届全国教育科学研究优秀成果奖。教育科研在"十三五"时期显示出巨大的成长活力与发展潜力。

论文是教育研究成果的重要表现形式。以CNKI为数据库,对"十三五"时期教育研究论文发表情况进行检索〔检索条件:发表时间 between (2016-01-01,2020-09-01),并(主题=教育 & 研究)(精确匹配),文献分类目录:社会科学Ⅱ辑中的教育理论与教育管理、学前教育、初等教育、中等教育、高等教育、职业教育、成人教育与特殊教育;数据库:文献跨库检索〕,共检索到文献185545篇,详见表4。

表4　　　　　　　"十三五"时期教育学科论文发表情况一览

年度	2016	2017	2018	2019	2020	合计
数量	34412	37966	42983	44757	25419	185545
类别	期刊	博士	硕士	会议	其他	合计
数量	95921	1787	75990	10718	1129	185545

(三)"十三五"时期教育学科研究队伍情况

在国务院学位委员会2017年发布的《博士硕士学位授权审核申请基本条件(试行)》中,从办学定位、师资队伍、人才培养、科学研究、条件支撑等方面分别确定了新增博士硕士学位授予单位申请基本条件、新增博士硕士学位点申请基本条件及自主审核单位申请基本条件。因此,博士硕士学位点情况是衡量高校某一学科科学研究、师资队伍、人才培养等综合水平的重要指标。"十三五"时期,教育学一级学科新增9个博士学位授权点、24个硕士学位授权点,共计33个学位授权点,其所在高校分布情况如表5所示。从表中可以看出,新增教育学博士学位点主要分布在师范类院校,说明"十三五"时期教育学科的师资力量、人才培养能力、科学研究水平在师范院校得到了较大提升。

表5　　　　　　"十三五"时期新增教育学博士硕士学位点一览

	学科所在高校
博士点	福建师范大学、天津大学、河北大学、安徽师范大学、江西师范大学、曲阜师范大学、广西师范大学、云南师范大学、广州大学
硕士点	天津体育学院、温州大学、郑州大学、湖州师范学院、吉林华侨外国语学院、北京语言大学、黑龙江大学、汕头大学、广州技术师范学院、重庆大学、四川外国语大学、西北工业大学、喀什大学、河北科技师范学院、北京体育大学、内蒙古民族大学、安庆师范大学、广西民族大学、西藏民族大学、宝鸡文理学院、青海民族大学、伊犁师范学院、北京外国语大学、华东理工大学

"十三五"末期,全国共有139所高校设置了教育学一级学科博士或硕士学位授权点,其中博士点35个,硕士点104个,其分布情况详见图2。

从教育学一级学科博士硕士学位点统计数据可以看出,教育学科在"十三五"时期得到了快速发展。这主要表现为:一是学科队伍快速增长,新增博士硕士点新会聚了一大批高水平师资队伍,为国家和地方教育改革

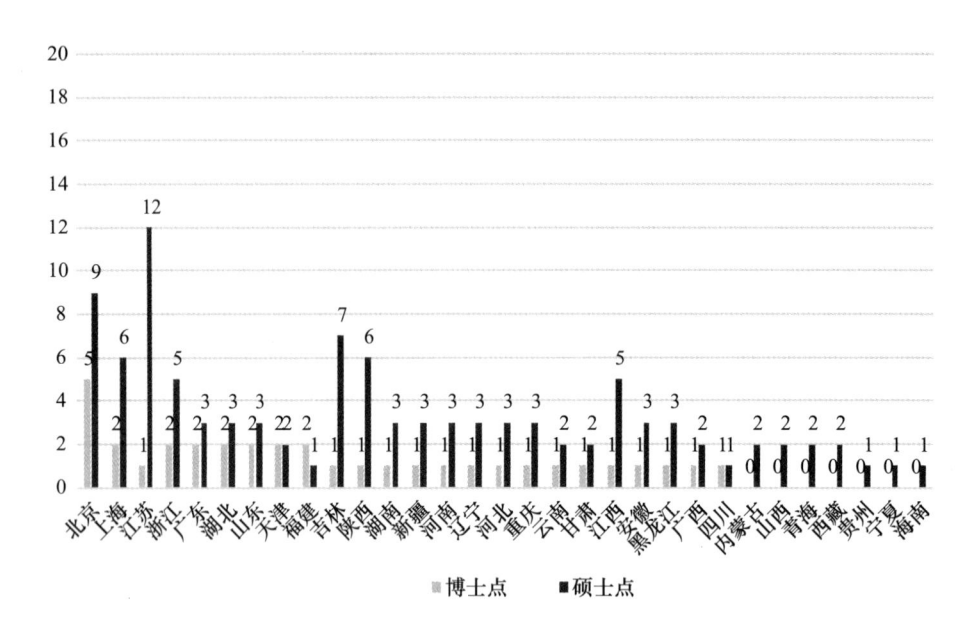

图 2　教育学一级学科博士、硕士学位授权点区域分布一览①

发展提供了有力的智力支撑；二是研究力量进一步增强，新增博士硕士点的高校在教育研究平台、学术承载能力方面实现了质的飞跃，特别是安徽、江西、河北、广西、云南五省区实现了博士点从无到有的历史性突破，标志着中西部地区教育学科研究力量的快速成长；三是人才培养能力得到有效提升，一级学科硕士点已实现全国覆盖，人才培养实践从传统教育大省向全国扩展，标志着覆盖各省域的教育学科人才培养体系已基本形成。

二　"十三五"时期教育学科发展的主要成就

"十三五"时期，党的十九大、全国教育大会等先后召开，《教育现代化2035》等重大战略规划相继出台，我国教育综合改革全面深入推进，特别是《教育部关于加强新时代教育科研工作的意见》的发布，为教育科研发展带来前所未有的机遇和挑战。面对新的形势与环境，教育学科始终坚持理论联系实际，紧紧围绕"培养什么人、怎样培养人、为谁培养人"的核心问题，以习近平新时代中国特色社会主义思想为根本遵循，聚焦教育改革

---

①　数据来源于教育部学位与研究生教育发展中心主管的《全国学位与研究生教育质量信息平台》；数据按一级学位授权点统计，不包含专业学位授权点；博士点、硕士点不重复统计。

深水区的重点、难点和热点问题,对落实立德树人根本任务、完善新时代教育学科体系、促进教育现代化等领域进行了一系列深度探索,取得了丰硕的学术成果。

(一) 基础性研究持续深化,为教育发展提供理论支撑

"十三五"时期,教育科研关注学科发展基础性问题,在加强对学科基本概念和基本范畴反思的同时,注重理论建构与创新,注重实践探索与提升,不断拓展学科基础理论的深度和广度,具有中国特色的本土化教育理论研究取得重大进展,为中国特色教育科学学科体系构建和我国教育事业健康繁荣发展提供了重要动力和根本保障。

1. 新时代中国特色社会主义教育思想研究为教育事业发展提供根本遵循

"十三五"时期,在全国深入学习贯彻习近平新时代中国特色社会主义思想的热潮中,教育学科对新时代中国特色社会主义教育思想的理论渊源等进行了深入探究。新时代中国特色社会主义教育思想是"马克思主义唯物史观、辩证法与当代中国'四个全面'战略布局相结合的产物,是习近平新时代中国特色社会主义思想的重要组成部分,更是当代中国人在实现'两个一百年'奋斗目标与中华民族伟大复兴历史进程中集体智慧的结晶"[①]。新时代中国特色社会主义教育思想深受中华优秀传统文化的滋养,高度重视优秀传统文化的价值、充分汲取优秀传统文化的养分、转化创新优秀传统文化的实践;从教育优先发展、教师为本、立德树人、人民满意、深化改革、中国特色、扩大开放、躬行实践等方面对重教兴教、尊师重道、崇德尚德、以民为本、善变求变、和而不同、崇尚和合、知行合一等中华优秀传统文化理念进行了鲜明映射,"是新时代中华优秀传统文化创造性转化、创新性生成的生动写照"[②]。习近平总书记关于教育的重要论述是习近平新时代中国特色社会主义思想的有机组成部分,这些论述坚持和发展了马克思主义教育思想,并紧扣当今时代主题和我国教育改革发展

---

① 彭寿清:《习近平新时代中国特色社会主义教育思想的哲学基础》,《西南大学学报》(社会科学版) 2018 年第 1 期。

② 张铭凯、靳玉乐:《新时代中国特色社会主义教育思想与中华优秀传统文化的关联逻辑》,《中国教育科学》(中英文) 2020 年第 2 期。

实践，进行了新的理论概括，达到了新的境界。① 特别是对"九个坚持"的重要论述深刻阐明了发展新时代中国特色社会主义教育的根本保证、核心工作、战略选择、矢志坚守、实践基础、一贯宗旨、发展动力、责任担当和尊师重道等理念，这些理念各有侧重又彼此相连，共同构成了新时代中国特色社会主义教育思想体系的理念系统，深刻回答了新时代靠谁办教育和为谁办教育的命脉问题、系统回答了新时代办什么样的教育和如何办这种教育的方略问题。②

2. 立德树人相关研究为育人目标实现提供理论保障

习近平总书记在2018年9月的全国教育大会上强调，要把立德树人融入思想道德教育、文化知识教育、社会实践教育各环节，贯穿基础教育到高等教育各领域，发展健全立德树人落实机制。立德树人落实机制是立德树人理念落地的重要保证，是当前德育研究中的重大课题和迫切任务。"十三五"时期，立德树人的研究呈现出从政策本位到理论本位再到问题本位的研究转向。③ 立足学校育人实际进行专题性的理论研究，促进"立德树人"的宏观理论研究向微观理论研究发展，是"十三五"时期立德树人研究的重要走向。在立德树人的课程机制、教材改革机制、教学机制和协同机制研究等方面成果显著：

其一，立德树人的课程完善机制。深化课程改革是落实立德树人根本任务的必然要求，要从课程的观念、标准和教材建设、全科育人、实践课程等层面进行改革。④ 其二，立德树人的教材衔接机制。通过教材目标的连贯一致，教材内容的系统完善，推进大中小学德育教材的衔接。⑤ 通过改变德育内容分布过于不均的状况，注重德育内容衔接的连续性和贯通性，强调德育内容微观设计的主题性和情境性。⑥ 其三，立德树人的教学机制研

---

① 王进：《习近平总书记关于教育的重要论述探析》，《毛泽东思想研究》2019年第4期。
② 靳玉乐、张铭凯：《新时代中国特色社会主义教育思想体系的核心理念》，《西南大学学报》（社会科学版）2020年第1期。
③ 杜时忠、孙银光、程红艳：《德育研究70年：回顾与前瞻》，《教育研究》2019年第10期。
④ 中国教育科学研究院课程教学研究所课题组：《深化课程改革是落实立德树人根本任务的必由之路》，《中国教育学刊》2017年第7期。
⑤ 郑富芝：《坚持正确方向　全面提升教材质量》，《人民教育》2017年第22期。
⑥ 夏惠贤、李国栋：《从立德树人看小学语文教科书德育内容的改进——基于苏教版与人教版的比较研究》，《全球教育展望》2016年第4期。

究。为了在课堂教学中实现立德树人的育人目的,需要实现教学机制的转变[1]:完成从学科知识传授向利用学科知识传授来促进学生全面成长,从帮助学生应用学科知识转向通过深刻理解学科知识来发展学生核心素养,从教师对学科知识的讲授转向教师在课堂教学目的与过程中的以身示范,从而通过课堂教学目的层次上的提升和过程水平上的提高来有效落实立德树人这个根本任务。其四,立德树人的协同机制。冯建军提出落实立德树人,要从构建家庭、学校、政府、社会协同育人机制,以及构建大中小幼一体化的育人机制、学校各要素整合的育人机制、学科育人的整合机制上着手。[2]

3. 教育治理现代化研究为教育体制机制改革提供方向指引

教育治理现代化是国家治理现代化的重要组成部分,也是新时代我国实现教育现代化的重要目标。"十三五"时期,教育治理现代化问题研究进一步深化拓展,教育治理现代化内涵、多元治理主体、管办评分离等备受关注。

教育治理现代化是教育治理体系和教育治理能力的现代化。从系统论来看,教育治理体系是一个由教育治理主体、教育治理客体、教育治理过程、教育治理方式以及教育治理制度等各种要素构成的一个完整系统,其现代化是一种从传统"教育管理"向现代"教育治理"转变的过程,主要涉及教育管理主体、运行模式、过程、实施方式的转变。从制度能力理论出发,教育治理能力是将教育治理体系中的治理制度或机制转化为一种能力的过程,其现代化是教育治理整个过程所具备的能力的现代化,包括教育治理起点、过程和结果的现代化。[3] 教育治理体系现代化的重点是引入社会参与治理机制以突破行政中心主义的限制;教育治理能力现代化的重点是激发社会参与治理的热情,以提升治理的有效性,多元社会主体参与教育治理活动中,建设良性的治理观念、治理制度和治理行为模式。[4]

我国教育治理体系、制度、机制还存在不健全、不完善的方面,教育

---

[1] 周彬:《论回归立德树人的课堂教学建构》,《中国教育学刊》2020年第4期。
[2] 冯建军:《构建立德树人的系统化落实机制》,《国家教育行政学院学报》2019年第4期。
[3] 刘冬冬、张新平:《教育治理现代化:科学内涵、价值维度、实践路径》,《现代教育管理》2017年第7期。
[4] 王洪才:《教育治理体系与治理能力现代化论略》,《复旦教育论坛》2020年第1期。

治理现代化在现实中面临着诸多困难与挑战。教育治理现代化的关键在于让公共教育权力在不同部门和主体之间"确定责权""分散权力""权力下放"和"权力让渡"。① 面对困难和挑战，要把我国制度优势转化为推进国家教育治理效能，以马克思主义教育观为引领，完善和发展中国特色社会主义教育制度，聚焦人民群众关心的教育问题，强化教育重点领域和关键环节改革，努力实现与其他领域改革的协调同步②；要深化"管办评"分离改革，重新构建政府、学校、社会之间的关系，让各自在法律的框架下明确权利与责任的边界，建立更加紧密和更加有效的合作对话机制，管办评三者之间既相互独立，又相互制约、相互促进，形成一个有利于"政府宏观统筹管理、学校自主办学、社会积极主动参与"的新型教育治理体系，不断提升现代教育治理能力。

（二）政策性研究不断强化，为教育发展提供决策参考

"十三五"时期，为全面贯彻落实党的十九大精神和全国教育大会要求，更好地引领和推动教育事业科学发展，教育科研不断强化决策服务功能，围绕我国社会发展和教育改革中的战略目标开展系列研究，推进教育现代化、建设教育强国、办好人民满意的教育做出了重要贡献。

1. 教育现代化研究为教育事业发展提供基本思路

教育现代化是教育高水平的一种发展状态或当前教育发展所呈现出的最高水平，是对传统教育的超越，是教育发展理念、发展方式、体系制度等全方位的转变。③《中国教育现代化 2035》是我国第一个以教育现代化为主题的中长期战略规划，《加快推进教育现代化实施方案（2018—2022年）》则定位于教育现代化行动计划和施工图。编制《中国教育现代化2035》和《实施方案》，是我国积极参与全球教育治理、履行我国对联合国 2030 年可持续发展议程承诺，也为世界教育发展贡献了中国智慧、中国经验、中国方案的实际行动，具有重要的现实意义和深远的历史意义。

---

① 朱皆笑：《教育治理现代化研究热点及政策演进——基于 SATI 的可视化分析》，《教育科学研究》2017 年第 3 期。
② 桑锦龙：《关于深入推进教育治理体系和治理能力现代化的思考》，《教育发展研究》2020 年第 5 期。
③ 刘昌亚：《加快推进教育现代化 开启建设教育强国新征程——〈中国教育现代化 2035〉解读》，《教育研究》2019 年第 11 期。

"十三五"时期，教育学科面向2035年深化对教育现代化的特征认识，研究了面向教育强国建设的教育现代化路径，考察了国际视野中的教育现代化发展目标。

实现教育现代化，要坚持扎根中国大地办教育，吸收世界先进理念与办学经验，将教育现代化的目标同中国现代化的总体目标结合起来，在中国共产党的领导下，重视教育公平，坚持对外开放，加快教育现代化建设，办出具有中国特色又与时俱进的现代化的中国教育，实现真正意义上的中国教育现代化。[①] 要将培养创新人才作为教育现代化发展战略的核心任务。教育改革应提供多样化教育和多标准评价来促进学生个性化发展，提供丰富多样的课程供学生选择，促进创新能力培养，通过去行政化建立一个灵活开放的教育管理体制，最终建立具有中国特色的现代化教育体系。[②] 以区域现代化推动整体现代化，各地因地制宜改进教育方法，在分区、分类、分层及分步落实的前提下将不同区域、不同教育类型、不同教育层次的教育现代化目标进行细化，以稳妥实现教育现代化的目标。[③] 以农村教育现代化实现整体现代化，要选择政府主导的以农村文化内生动力和产业发展动力推进的教育现代化道路；[④] 积极完善"以县为主"的农村教育管理体制，加大国家扶持和农村教育经费投入，优化农村教师队伍；[⑤] 以信息技术缩小城乡教育差距，建设具有农村特色的教育现代化。[⑥]

2. 高考改革研究为人才培养选拔提供解决方案

高考改革是基础教育领域贯彻落实破除"唯分数论""唯升学率"的重要举措和关键突破口。"十三五"时期，高考改革研究不仅覆盖面广，持续时间长，而且受关注度高，尤其在高考制度及实施、学业水平考试、综合素质评价等重要问题上有较为深入的研究，为我国高考改革科学决策与实践提供了智力支撑和理论指导。

整体来看，"十三五"时期高考制度研究主要集中在学理宏观观照和

---

① 袁振国：《教育现代化的中国之路》，《中国教育学刊》2018年第6期。
② 项贤明：《创新人才培养是教育现代化的战略核心》，《中国教育学刊》2017年第9期。
③ 杨小微：《迈向2035：中国教育现代化的目标定位》，《华中师范大学学报》（人文社会科学版）2019年第5期。
④ 杨海燕、高树国：《农村教育的价值、特征与发展模式》，《教育研究》2017年第6期。
⑤ 顾明远：《实现教育现代化必须把农村教育办好》，《中国教育学刊》2017年第9期。
⑥ 孙立会、刘思远、李芒：《面向2035的中国教育信息化发展图景——基于〈中国教育现代化2035〉的描绘》，《中国电化教育》2019年第8期。

实践动态调整上，呈现出持续向纵深推进的态势。在理论层面，要在改革中探索和完善既尊重中国考试传统和文化心理又面向现代化、面向未来的具有中国特色的高考制度[①]，在准确定位新时代高考基础上，构建并实施"一核四层四翼"高考评价体系，使高考真正成为德智体美劳全面发展的教育体系的有机组成部分，发挥教育指挥棒和改革龙头的正向作用。[②] 改革实施方面的研究主要围绕高考实施与动态调整问题，分析了高考制度的运行、保障及自我调适机制，对其所涉及的理论框架、高考内容、机制保障、分数合成与等值等问题进行了系统思考，试图在构建中国特色高考制度理论框架及高考评价体系、题库建设理论、分数解释和使用模型等方面进行纵深研究。[③]

学业水平考试作为新高考政策中的主要"依据"之一，深受各界关注和重视。"十三五"时期，对学业水平考试的理论探索在多个难点问题上有显著突破，如把选考科目"六选三"改为"六选一加二"[④]，基于"百分位等级"的分段处理的等级计分[⑤]，对山东省合格考测量目标等的系统设计及其价值分析[⑥]等，不仅对完善学业水平考试的制度设计具有重要意义，而且也为高考改革提供了理论指导。

综合素质评价作为新高考政策中的重要参考，是改革亮点和重点之一。"十三五"时期，教育科研对综合素质评价的研究在学理层面和实践层面皆有较大进展。关于综合素质评价的基本理论问题逐渐取得共识，认为其是对包含了学术能力与非学术能力在内有机融合的整体素质的评价，其功能定位应是育人为本，选拔为辅，综合素质评价的方式方法应是定性与定量相结合，过程与结果并重等[⑦]；在实践层面，综合素质评价校本化实施的流程、方法、电子平台开发等研究日益完善[⑧]，为中小学开展综合素质评价

[①] 袁振国：《在改革中探索和完善具有中国特色的高考制度》，《华东师范大学学报》（教育科学版）2018年第3期。
[②] 于涵：《新时代的高考定位与内容改革实施路径》，《中国考试》2019年第1期。
[③] 姜钢：《论高考"立德树人、服务选才、引导教学"的核心功能》，《中国高等教育》2018年第11期。
[④] 袁振国：《在改革中探索和完善具有中国特色的高考制度》，《华东师范大学学报》（教育科学版）2018年第3期。
[⑤] 臧铁军、杨君：《新高考中学业水平考试成绩转换研究》，《教育研究》2017年第12期。
[⑥] 宋宝和、赵雪：《高中学业水平合格性考试的设计及价值分析》，《中国考试》2019年第1期。
[⑦] 刘志军：《关于综合素质评价若干问题的思考》，《课程·教材·教法》2016年第1期。
[⑧] 王殿军：《基于大数据的学生综合素质研究》，《北京教育》（普教版）2018年第3期；董裕华：《去功利化愿景下高中综合素质评价路径探析》，《中国教育学刊》2018年第5期。

提供了一定的理论指导和实践参考，区域推进作为校本化实施的延伸性拓展研究，正逐渐受到学界重视和实践关注。

3."双一流"教育研究为高等教育强国建设提供强大动力

建设"世界一流大学和一流学科"是我国高等教育发展的重要战略，是建设世界高等教育强国的重要任务。在"十二五"时期研究"985工程"高校和"2011协同创新"的基础上，"十三五"时期研究转到"双一流"建设的"什么是、怎么衡量以及如何建设"等方面，研究内容更加纵深，研究成果更加丰富，不断出现新的研究点。"双一流"建设正在从模仿西方向内生创新，走中国特色道路转变，对其开展的研究也表现出相似特征。

"十三五"时期，中国世界一流大学建设正在从"形似"走向"神备"[1]，既要在全球范围内寻找坐标，也要坚持中国特色，不断完善中国特色现代化大学制度[2]，建立真正独立的"双一流建设"评价体系。[3] 当前，"双一流"建设标准和评价面临的最大难题是如何处理国际标准与本土特色的关系。西方大学重视的"大学自治""办学自主权"等评价标准与我国"双一流"建设政策中的不断调整、理顺政府与大学关系，提升高校自主办学能力内涵并不完全一致。创新多元的"双一流"建设评价理念，从评价维度、价值判断、监测平台、多元主体等要素，探索建立"双一流"建设评价体系是非常有必要的。而我国现阶段所构建的高校评价在范式上具有管理主义倾向，在指标体系构建上具有对所依存社会情境抽离性与碎片化特征。未来"双一流"高校评价改进思路大致可以从实现高校分类评价、提炼关键性综合指标、评价模式上逐步实现鉴定性评价与建构性评价模式的融合等方面推进。[4] 随着一流学科建设推进，积极发挥学科评估重要作用受到广泛关注，世界一流学科特殊的生长方式要求重塑"以评促建"的合法性基础。对此，学科评估要转向"整体论"的方式开展评估，"通过加强诊断式评估来养成能够持续改进的质量文化；转向'生成论'的学科建设方式，通过尊重学术研究基本规律来激发学科组织的生长动力；重

---

[1] 史静寰：《"形"与"神"：兼谈中国特色世界一流大学建设之路》，《中国高教研究》2018年第3期。
[2] 杜玉波：《怎样建设中国特色的"双一流"》，《中国高等教育》2017年第19期。
[3] 周光礼、武建鑫：《什么是学术评价的全球标准——基于四个全球大学排行榜的实证分析》，《中国高教研究》2016年第4期。
[4] 罗燕：《中国高校评价的制度分析——兼论"双一流"建设高校评价》，《清华大学教育研究》2017年第6期。

塑跨学科研究与学科建设的关系，通过发挥跨学科研究和教育的重要作用，建构协同有序的学科生态互动机制。"① 在评价指标层面，师资队伍、创新人才培养、科学研究等主要指标已被涵盖，但还需开发体现"科技成果转化"的评价指标、立德树人的评价指标，探索体现"高层次人才的支撑和引领作用"的具体评价指标。②

在"双一流"大学建设路径和具体举措方面，一流本科教育是一流大学成熟的标志③，是"双一流"建设的核心任务和重要基础④，"双一流"建设的具体路径应落实到人才培养尤其是一流本科人才培养上来。⑤ 通过分析世界一流研究型大学三个层次，即"模仿跟随"为主的技术层次、"先进制度和模式的输出"的制度层次和"大学思想、办学理念的输出，知识贡献"的哲学层次，提出我国建设更高层次的世界一流研究型大学，应持续推进世界一流大学建设战略，极大提升研究生培养质量，不断促进大学治理现代化，持续投入巨额资金；重视研究型大学国际化，应主动吸纳社会资源，明确国际化发展实施路径和办学特色⑥；建设高水平师资队伍，可以从运用大师成就大学、师资管理观念匹配办学理念、用一流人才吸引一流的人等师资管理的观念，从学历结构、学缘结构等方面优化师资队伍结构，从师资招聘、教师考核体现大学共治原则等调整师资引留与发展。⑦

（三）实践性研究更加细化，为教学变革提供行动指南

"十三五"时期，在强调教育理论与实践融合共进基础上，教育科研密切关注教育教学实践中的热点难点问题，充分发挥指导、引领实践的功能，为深化教育教学改革和教育质量提升做出重要贡献。

---

① 武建鑫、周光礼：《世界一流学科："以评促建"何以可能——基于系统科学的分析》，《国家教育行政学院学报》2016 年第 11 期。
② 梅红、宋晓平：《"双一流"建设中的学科评估创新探索》，《学位与研究生教育》2017 年第 5 期。
③ 邬大光：《重视本科教育：一流大学成熟的标志》，《中国高教研究》2016 年第 6 期。
④ 钟秉林：《一流本科教育是"双一流"建设的核心任务和重要基础》，《中国高等教育》2017 年第 19 期。
⑤ 刘仁山：《"双一流"建设与新时代人才培养》，《国家教育行政学院学报》2018 年第 6 期。
⑥ 刘强、康云菲：《"双一流"背景下我国研究型大学国际化发展特点及建议》，《高校教育管理》2018 年第 5 期。
⑦ 庞青山等：《研究型大学师资队伍建设三题》，《现代大学教育》2019 年第 2 期。

1. 学生发展核心素养研究引领学校课程体系整合重构

学生发展核心素养是我国教育改革的顶层设计，学科核心素养就是连接顶层设计和教育实践的桥梁。核心素养体系的形成是为了更好地实现核心素养落地，而核心素养引领下学校课程体系的整合重构是其有效途径。基于核心素养的理论建构与实践探索已成为世界各国推进课程改革的关键环节，也是我国课程实践的现实需要。[1] 作为课程体系建构的DNA，核心素养遵循从课程改革中来向课程实施中去的发展路径，它的形成本身也是学校课程体系的一个目标。[2] 构建基于核心素养的课程体系一般包含具体化的教学目标、内容标准、教学建议和质量标准四部分，其中具体化的教学目标和质量标准要体现学生核心素养，内容标准和教学建议要促进学生形成核心素养。[3]

学生发展核心素养肇始于深化课程改革，优化于国际经验借鉴，完善于本土理论构建，落实于学校课程实施。当前，核心素养与课程体系的融合逐渐演化出三种模式，分别是整体嵌入式、部分融合型以及整合型。结合我国核心素养研究与教育课程改革的现状，一般采用部分融合与个别形成相结合的整合型模式能够更有效地推进核心素养的落实。[4] 具体而言就是结合学科特点，通过部分融合的方式，首先将现有课程体系与核心素养逐步统一起来，由核心素养指导各个学科的育人目标设置、教学与评价等方面，使课程的各个方面形成合理体系共同促进学生核心素养的形成。针对某些难以借助现有学科有效实现的新兴素养，可通过开发和生成新的跨学科主题课程的方式进一步落实。此外，我国中小学结合学校课程实施具体情况对核心素养引领下的课程体系的建设进行了诸多实践探索。如清华附小就以学生核心素养开展校本课程深度整合为例，突破学科碎片化教学藩篱，开展"1+X"课程整合实验改革，并确定核心素养三条课程体系整合实践路径，构成了系统的、序列的课程群，为我国基础教育核心素养的校本化研制以及指向核心素养课程深度整合体系构建提供了一条基本范式。[5]

---

[1] 刘永凤：《国际"核心素养"研究的最新进展及启示》，《全球教育展望》2017年第2期。
[2] 钟启泉：《基于核心素养的课程发展：挑战与课题》，《全球教育展望》2016年第1期。
[3] 辛涛等：《基于学生核心素养的课程体系建构》，《北京师范大学学报》（社会科学版）2014年第1期。
[4] 许祎玮、刘霞：《基于核心素养的课程教学改革——基本模式、国际经验及启示》，《北京师范大学学报》（社会科学版）2017年第5期。
[5] 林长山、汤卫红：《清华附小学生核心素养课程深度整合》，《课程·教材·教法》2016年第11期。

2. 信息技术与教育的深度融合推动教育教学方式变革

近些年，飞速发展的教育信息化理念和技术对学校教育教学产生了革命性影响。当前，新一代信息技术已经成为教育、教学和学习变革的核心驱动力[1]，互联网、大数据和人工智能改变了知识的性质、创新和存储方式[2]，构建了以开放、共享、交互、协作为核心的新文化，为教学方式变革注入新能量。[3] 慕课创新了一种优质教育的开放服务模式[4]，大数据使精准预测、推送、反馈成为可能，人工智能建构了因材施教的智慧成像模式、有效支撑了"云端一体"的泛在教学体系[5]，各类穿戴设备、情境感知设备有可能建构出沟通在线学习和实体学习的混合学习场[6]，人工智能动摇了传授知识的传统教学根基，颠覆了教师讲授的传统课堂中心[7]，促进教学方式向个性化、精准化方向变革。

信息技术通过融合于教学过程来营造一种新型教学环境，实现以"自主、探究、合作"为特征的教与学方式，从而把学生的主动性、积极性、创造性较充分地发挥出来，使学生的创新精神与实践能力的培养真正落到实处[8]，具体表现为：一是信息化教学侧重培养和发展学习者的核心素养，旨在培养学生的创新意识、创新思维、创新能力、创新个性以及实践探索能力。[9] 二是信息化教学以其技术优势可以支持"学习者的个性化和学习过程"，以其多样的功能支持从标准化考核转移到掌握知识技能的评价，从总结性评价到过程性评价，从学习者被动学习到主动学习，从以教师为中心的教学到以学习者为中心的教学。[10] 教学的重点转向意义生成的过程，通过支持学习者主体创造和实践活动来支持以学习者为中心的教学实践。[11] 三是为学习者创设一个能够自由交流、探索的学习环境，充分调动学生多种

---

[1] 蔡宝来：《教育信息化2.0时代的智慧教学：理念、特质及模式》，《中国教育学刊》2019年第11期。
[2] 顾小清、杜华：《"信息技术时代的教育学理论重建"重要命题的反思与对话》，《现代远程教育研究》2019年第1期。
[3] 冯永华：《教育信息化促进教学方式变革》，《教育研究》2017年第3期。
[4] 陈丽：《"互联网+教育"的创新本质与变革趋势》，《远程教育杂志》2016年第4期。
[5] 赵渊：《人工智能时代的高等教育抉择：方向、策略与路径》，《社会科学战线》2019年第10期。
[6] 吴南中等：《大数据视角下"互联网+教育"生态观及其建构》，《中国电化教育》2018年第10期。
[7] 蔡宝来：《人工智能赋能课堂革命：实质与理念》，《教育发展研究》2019年第2期。
[8] 何克抗：《信息技术与课程深层次整合的理论与方法》，《电化教育研究》2005年第1期。
[9] 朱永新、杨树兵：《创新教育论纲》，《教育研究》1999年第8期。
[10] 刘妍、顾小清、顾晓莉、姚媛媛：《教育系统变革与以学习者为中心的教育范式——再访国际教学设计专家瑞格鲁斯教授》，《现代远程教育研究》2017年第1期。
[11] 任友群：《以学习者为中心的建构主义学习环境的建构》，《教育科学》2002年第4期。

感官，促进生生交互、师生交互、学生与学习环境、学习资源之间的交互，学习者将在虚拟与现实无缝融合的学习环境中开展正式或非正式学习。[1] 信息化教学实践与创新主要围绕三条路径展开：一是面向 STEM/STEAM 的跨学科整合教学实践。二是以"翻转教学"为核心的混合式教学实践。三是以数据驱动的"基于证据"的评测实践。信息技术与课程整合的教学创新与评价主要从两个方面进行研究：一是立足于课程整合，将信息技术融入教学中，尤其是新兴技术的产生对课堂教学的影响使得对信息技术与课程整合的教学创新进行理论与实证研究，并应用多元化的评价方法对信息技术与课程整合的教学效果进行评价。二是信息技术与课程整合的教学模式主要涉及 MOOCs、混合式学习、翻转课堂等，着眼于对现有信息技术与课程整合教学的评价方法的改进或评价系统设计。

新一代信息技术的支持和应用，使学习不再局限于固定的和遇到的地点[2]，而是能够整合各类教学应用、数据及业务流程，实现物理学习空间和虚拟学习空间的无缝融合，不仅为学习者提供真实学习情境和个性化支持，也帮助教师分析学习者的不同学习需求[3]，促进学习方式实现自主学习、个性化学习、自适应学习的变革。如在基于互联网、教育大数据应用服务的自适应学习中，每个学生都是独立的学习主体，智能化学习平台可以根据学习进度和学习特点选择和推送符合其自身特点的内容；[4] 为学习者构建更具真实性、强体验性、深交互性的虚实融合的学习资源环境，智能导学、智能伙伴、智能教师等各种智能代理角色的出现并融入学习资源环境，能够根据用户特征，为用户提供适应性的资源和智能学习服务。[5] 教师可以在富技术环境支持下，通过学习者的课堂表现、学习效果，有针对性地指导学生进行差异化学习、自适应学习。[6]

（四）学科发展更强调科学化，中国教育学特色不断彰显

教育学的自我改造与创新发展既是学科演进的内在逻辑，也是社会进

---

[1] 陈丽：《教育信息化2.0：互联网促进教育变革的趋势与方向》，《中国远程教育》2018年第9期。
[2] 李政涛：《人工智能时代：教育的"变与不变"》，《人民政协报》2017年11月1日。
[3] 陈明阳等：《智慧教育视域下混合式学习空间的构建与实践研究》，《中国远程教育》2019年第11期。
[4] 蔡宝来：《人工智能赋能课堂革命：实质与理念》，《教育发展研究》2019年第2期。
[5] 郭绍青：《教育信息化缔造教育新生态》，《学习时报》2019年12月13日。
[6] 陆灵明：《智慧教育研究现状、内涵及其特征分析》，《上海教育科研》2020年第2期。

步的外在要求。"十三五"时期，教育学的科学化与中国教育学研究作为教育学科发展的重要议题引发了学术界广泛而充分的讨论。其中，教育学的科学化主要包括教育学学科发展研究和教育学实证研究范式的转向。

1. 教育学学科发展研究走向深化

"十三五"时期，学术界从不同的视角探讨了教育学的学科发展问题，尤其是对教育学的研究对象、概念体系、方法理论等基础性问题进行了深入研究。关于教育学的研究对象，有学者从教育科学研究对象的基本特征出发，指出教育科学的研究对象是教育问题，而不是教育现象、教育规律、教育存在以及泛指的"人"。[①] 关于教育学的概念体系研究，有学者认为概念化和范畴化是教育学基本概念体系形成的基本途径，而教育学的基本概念和术语体系在促进学科同一性和科学化发展过程中具有十分重要的基础与核心作用。[②] 也有学者从教育学基本概念的分辨与澄清着手，深入地探讨了教育学科基本概念的形成与发展。[③] 还有学者则从教育与社会的关系视角出发探讨教育的基本概念和功能属性等问题。[④]

教育学学科发展研究的深化还离不开对教育学学科自身发展的研究，诸如教育学的边界、学科属性以及合法性等问题。有学者以教育学研究对象的迷失为出发点，阐述了教育学与相关学科的关系，明确了教育学要回归作为其研究对象的完整的"教育"，从而实现真正以全部教育现象存在之普遍的时空框架来界定其学科边界，以开启教育学科学化发展的征程。[⑤] 还有学者从教育学的对象到教育学的立场，从教育学的独立再到教育科学的生成进行分析，指出"教育学的边界"的讨论有助于重审"教育学独立"问题和探究教育科学自身的"科学逻辑"。[⑥] 还有学者从中国教育学学科定位日渐窄化为应用学科或实践性学科的现象出发，进一步明确了教育学学科是一个综合性的知识体系，其中既包括应用和实践的成分，也包括基础理论和价值的成分，进而指出忽视教育基本理论问题的教育基础学科

---

① 孙泽文：《论教育科学的研究对象是"教育问题"》，《中国教育学刊》2016年第10期。
② 项贤明：《论教育学的术语和概念体系》，《教育研究》2018年第2期。
③ 陈桂生：《教育学究竟是怎么一回事——略议教育学的基本概念》，《教育学报》2018年第1期。
④ 吴康宁：《教育究竟是什么——教育与社会的关系再审思》，《教育研究》2016年第8期。
⑤ 项贤明：《论教育学的边界》，《教育研究》2017年第6期。
⑥ 李政涛：《教育学的边界与教育科学的未来——走向独特且独立的"教育科学"》，《教育研究》2018年第4期。

必将走向衰微，并最终导致教育学学科体系结构的失调和人才培养质量的下降。① 也有学者提出教育学应作为一个学科领域还是作为一种教育的技术方法，并分析指出真正的教育科学，其研究领域、对象和问题应当超越教师教育的教育学，进而指向一切教育现象和问题。②

总之，科学化的追求是教育学不断走向独立和实现学科发展的关键，这使得教育学学科发展问题一直成为研究的重点。"十三五"时期，教育学科围绕学科发展基础性问题展开了深入研究，同时也对教育学学科前沿性问题进行了卓有成效的探索，为未来学科发展提供了充分的理论资源和思想基础。

2. 教育学实证研究范式不断推进

教育学实证研究范式的转型是"十三五"时期教育学学科发展的重要方向。由华东师范大学教育学部、北京师范大学教育学部、全国教育科学规划领导小组办公室和光明日报社教育研究中心共同发起举办的"全国教育实证研究论坛"，自2015年以来已成功举办五届，论坛的举办对于推进教育学实证研究范式的转型和促进教育学研究的科学化进程产生了积极影响，相关的一系列研究成果也在教育学术界引发了广泛的争论。

2017年，"第二届全国教育实证研究专题论坛"及"全国教育实证研究联席会议"的顺利召开，特别是"加强教育实证研究，促进研究范式转型的华东师大行动宣言"的发布③，成为我国教育研究走向实证化的重要标志性事件。会议认为，教育的科学决策有赖于教育的实证研究，教育的实证研究有助于发挥教育学学科的学术影响力，有助于推动教育研究的实质性进展。"十三五"时期，研究者从实证研究的历史出发，清晰界定了实证研究的含义和要素，阐明了实证研究对教育学走向科学的深刻意义，论证了实证研究是教育学走向科学的必要途径。④ 有研究者在肯定实证主义范式对提升中国教育学的科学性的同时，指出要避免因夸大或泛化造成

---

① 张斌贤：《教育学科本质上不是"应用学科"》，《清华大学教育研究》2019年第4期。
② 薛晓阳：《教育学的学科属性及其课程功能辨析》，《教育研究》2017年第5期。
③ 《华东师范大学学报》（教育科学版）：《加强教育实证研究，提高教育科研水平——"第二届全国教育实证研究专题论坛"及"全国教育实证研究联席会议"成果览要》，《华东师范大学学报》（教育科学版）2017年第3期。
④ 袁振国：《实证研究是教育学走向科学的必要途径》，《华东师范大学学报》（教育科学版）2017年第3期。

"去思想""去价值""去人文"等风险。① 也有学者从教育学科学问题的聚焦与教育学知识增长的视角出发，提出加强实证研究能为教育学发挥揭示教育规律、指导教育实践、支撑科学决策、提高育人水平的重要功能提供根据。② 还有学者从思辨研究和实证研究两种范式的比较出发，指出研究范式在促进教育知识进步中要前后相承，各司其职，不能相互取代，并指出，作为教育研究者则要面向教育事情本身，把两种教育研究范式相得益彰的共生合力发挥出来。③

实证研究范式作为我国教育学研究比较稀缺的一种方法，在教育学研究走向规范化和科学化的背景下成为热潮是符合趋势的。但同时也引发了如何通过实证研究提高教育研究质量的讨论。因此，加快教育学科学化的步伐，仍然是教育研究者亟须解决的问题。

3. 中国教育学话语体系的建构

考察中国百年教育学建设历程，教育学话语权一直在西方控制下处于失语状态。伴随着我国教育研究水平的提升和能充分反映教育实践话语体系的丰富化和多样化发展，我国现有的教育学话语体系已经不能充分反映教育实践的发展诉求和体现教育理论的学科特性。而我国对外开放的深入和高等教育国际化进程的深化，又使得中国教育学科的科研活动与研究成果日趋国际化。④ 为此，中国教育如何应对国际化的机遇与挑战，使之更好地服务于扩大对外开放成为教育学科需要深入思考的问题。

"十三五"时期，从教育学"中国化"到基于中国教育实践创建"中国教育学"，已经成为新时代背景下中国教育学谋求教育学领域的中国话语与世界话语、中国创造与世界创造双向转化与交融共生的重要价值取向。有学者认为，中国教育学学科在引进与创生的百年发展历程中，面对传统与现实、外来与本土、学科内部与外部异常繁杂的关系碰撞，经历了一个"西化—中国化—中国教育学"的曲折演进过程。⑤ 换言之，"十三五"时期的中国教育学话语体系的建构正在经历从"教育学中国化"逐渐转向

---

① 李均：《论实证主义范式及其对教育学的意义》，《教育研究》2018年第7期。
② 袁振国：《科学问题与教育学知识增长》，《教育研究》2019年第4期。
③ 王卫华：《教育思辨研究与教育实证研究：从分野到共生》，《教育研究》2019年第9期。
④ 吴寒天、李梅：《走向世界的中国教育研究：基于国际学者视角》，《教育发展研究》2019年第3期。
⑤ 刘燕楠、涂艳国：《中国教育学学科的历史演进与价值选择》，《教育理论与实践》2016年第7期。

"中国教育学"。对此，有学者认为，中国教育学话语体系的建构在学术史方面具有植根于从"教育学中国化"到"创建中国教育学"的学科发展的民族自觉性。① 未来的中国教育学需要走出单纯寻求"教育学中国化"的思维，致力于与世界教育学结成"教育学"共同体，创造新的"教育学"世界，从而成为"人类命运共同体"在教育学领域的独特且不可或缺的表达方式与实现方式，这才有资格称之为"中国教育学"的研究成果，而这集中表现为凝练中国特色、推出中国原创、形成中国体系和提升中国影响。②

三 "十三五"时期教育学科发展的主要经验

为进一步优化科研项目管理，充分激发教育研究的活力与潜力，培育更多具有国家水平、世界视野的研究成果，"十三五"时期，在全国社科工作办的指导下，全规办全面贯彻落实习近平总书记在哲学社会工作座谈会上的重要讲话精神和陈宝生部长在第七届全国教育科学规划领导小组成立暨第一次会议上提出的"八个好"要求，通过深入落实《关于进一步完善国家社会科学基金项目管理的有关规定》、修订《全国教育科学规划课题管理办法》等文件，不断加强制度建设和管理创新，为教科规划课题研究质量提升以及教育科研繁荣发展提供了坚实的组织保障和良好的制度环境。

（一）坚持正确导向，严把教育科研政治关

作为国家级教育科研管理平台，坚持正确导向，严把学术研究政治关，是全规办开展各项工作的首要基础和根本准则。"十三五"时期，全规办牢牢把握社会主义科研方向，深入学习习近平总书记在哲学社会科学工作座谈会和全国教育大会上的讲话，不断提高政治站位和政治自觉；严把政治方向总开关，引导教育科研工作者把马克思主义立场、观点、方法贯穿到教育研究全过程中去，把马克思主义中国化的最新成果应用到研究中去，

---

① 孙元涛：《论中国教育学的学术自觉与话语体系建构》，《教育研究》2018年第12期。
② 李政涛：《走向世界的中国教育学：目标、挑战与展望》，《教育研究》2018年第9期。

强调在事关政治方向和根本原则的问题上，要立场坚定，旗帜鲜明；切实发挥重大重点课题的引领作用，不断加强指南的顶层设计，使选题具有战略性、前瞻性和针对性，真正反映事关改革发展稳定大局的重要问题，反映教育事业发展中亟待解决的紧迫问题和值得重视的潜在问题，反映人民群众普遍关注的热点难点问题。

（二）坚持质量导向，严把教育科研质量关

对于教育科学来说，提高质量特别重要。[①] 坚持质量导向，不断提高研究和规划工作的质量和水平，使教育科学真正无愧于时代、无愧于科学，真正肩负起指导和武装教育实践的重任是全规办"十三五"时期的不懈追求。在规划质量方面，全规办重点扶持基础学科，切实加强应用学科，积极发展交叉学科，着力培育新兴学科，在重大重点课题选题中兼顾基础研究和应用研究；不断增强选题的导向意识，把讲政治、抓导向贯穿到选题的各个环节；不断扩大征集范围，进一步规范选题要求和报送机制，确保能够将教育改革发展中的难题转化为研究的选题；优化遴选机制，通过多种方式确保选题的全局性、战略性和前瞻性；在坚持正确导向前提下，鼓励科研工作者根据自身兴趣、特长和优势自选题目申报，鼓励跨学科、跨部门联合申报，以更大程度地激发研究者的活力与创造力。在研究质量方面，规范研究方法，强调研究方法选择要适切、使用要规范、解决问题要有效；大力倡导定量研究，鼓励定性和定量相结合的混合研究方法；强调协同创新，鼓励开展跨学科、跨部门、跨区域的联合攻关研究。

（三）加强制度建设，为教育科研营造良好环境

新时代改革开放具有许多新的内涵和特点，其中很重要的一点就是制度建设分量更重，教育科研制度建设亦不例外。"十三五"时期，全规办更加注重制度建设，按照"破五唯"要求，结合实践经验，不断完善教育科研评价制度，为教育科研繁荣发展创造良好的制度环境。首先，修订完善管理办法，优化教科规划课题管理。"十三五"时期，全规办深入落实

---

① 陈宝生：《以规划为统领推进教育科学繁荣发展》，《教育研究》2019 年第 1 期。

《国家社会科学基金项目资金管理办法》《关于进一步完善国家社会科学基金项目管理的有关规定》等文件，修订完善《全国教育科学规划课题管理办法》《全国教育科学规划课题资金管理办法》和《全国教育科学规划课题结题鉴定细则》等办法，为课题规范管理和质量提升奠定基础。其次，不断探索完善课题立项评审方式方法，以"四盲法"为代表的新方法的采用使课题立项受益面大大增加，教科规划课题的公信力与权威性得到明显提升。再次，完善课题成果评价机制，全面落实"破五唯"要求，切实改变简单以数量评价成果、评价人才的做法，构建和完善符合教育科研特点的分类评价标准体系，健全注重质量、讲求实效的成果宣传推介和转化应用机制，提高成果的社会影响力。最后，加强专家团队建设，完善专家数据库，健全专家遴选和退出机制，充分用好和服务好广大专家学者。

（四）注重成果转化，提高教育科研的实效性

优秀科研成果沉积在基层、沉睡在书房是巨大的资源浪费。促进科研成果转化是打通教育理论和教育实践关系的重要环节，是提升教育科研质量的重要途径。"十三五"时期，全规办更加注重科研成果转化，以《教育成果要报》为抓手，不断提高教育科研成果转化的时效性与实效性。在编发过程中，全规办形成了制度化的信息需求获取机制，能及时将政策需求转化为要报选题；采取约稿和社会征稿等多种方式，广泛征集优秀稿件；要求重大重点课题每年报送1—2篇决策咨询报告，督促其快出成果、出好成果。同时，每月在全规办门户网上对《教育成果要报》编发情况进行通告，对采用的进行相应的奖励，以增强课题负责人成果转化的意识和能力。

四 "十四五"时期教育科研面临的新形势

"十四五"时期是我国经济社会发展承前启后、继往开来的重要发展阶段，是开启全面建设社会主义现代化国家新征程的起步期，也是全面建成小康社会成果的进一步巩固期；是推动经济社会发展再上新台阶的重要战略机遇期，还是落实新发展理念要求，跨过"中等收入陷阱"的攻坚期；是国际经济政治格局深刻调整变化带来的严重挑战期，更是维护我国国家利益和经济安全的关键期。当前，新冠肺炎疫情对我国经济社会发展

产生了较大的冲击和影响,一些影响还在延续和加深。面向"十四五"及未来,全规办要研判好教育发展面临的形势、现实的态势和历史的走势,使教育科研切实能够为教育事业改革发展造势。

(一)"十三五"时期教育科研存在的问题

习近平总书记在哲学社会科学工作座谈会上指出,面对新形势新要求,我国哲学社会科学领域还存在一些亟待解决的问题。作为哲学社会科学的重要组成部分,教育科研在"十三五"时期稳步提升,发展成绩显著,但同时也存在的一些亟待解决的问题与不足,这主要表现在以下四个方面。

1. 研究成果存在同质化倾向,缺乏重大的原创性成果

通过文献梳理发现,"十三五"时期教育研究成果同质化问题较为突出,重大原创性理论成果偏少,低水平重复研究的现象依然存在。一是研究主题存在蹭"时事"热度的同质化现象。二是研究内容存在解读性论述居多、原创观点少的同质化问题。三是研究质量存在低水平重复研究的同质化问题。缺乏学术争鸣,学术讨论的活力不够。

2. 全局性、前瞻性研究和长期跟踪研究缺乏

大部分研究侧重于教育发展中某一个层次或者某一个方面问题的研究,而缺乏对教育发展战略整体性轮廓、整体规划的研究,缺乏长期的积累研究,缺乏深入调查数据和长期监测跟踪数据,且数据缺乏国际比较性。这就需要在研究内容和研究思路上打破传统模式,开展一些开创性研究。加强价值引领与理论基础建设,关注人的全面发展,在全球教育发展战略中起到引领作用,实现"跟跑者"到"领跑者"的角色转换。

3. 教育研究对决策与实践的作用需要进一步加强

已有研究对国家决策与地方教育改革重大需求的回应还存在着较大的改进空间。首先,理论的体系化创新未能有力地促进实践的整体性变革,弱化了理论体系的创新价值。其次,教育研究在一定程度上脱离了本土实践,降低了成果的实践生长力。最后,缺乏理论与实践的衔接性研究,未能搭建起理论与实践的互通桥梁。"十三五"时期的教育研究,不少还只是停留在学理与意义层面上的论证,思辨性、经验性的取向仍然比较突出,实证研究的规范与范式也有待加强,而针对教育改革实践所开展的深度调研和有一定规模的调研,并在此基础上所形成的对教育改革具有深度指导性价值的研究有待加强。

4. 与国际社会的对话能力需进一步增强

学术研究国际对话能力主要包括遵循国际社会通行学术规范要求能力，基于本土实践的研究创新能力、科学研究方法创造性应用能力以及学术观点的社会影响力。随着我国改革开放进程不断加深，我国学术界与国际社会之间的学术交流活动日渐频繁。如不断地邀请国外学者来华讲学，积极派出一些学者到国外进行访学，积极参加国外的学术会议等，在国际社会教育领域中开始愈来愈多地发出了我国学者的声音。但是在总体上来看，我国教育研究同国际社会对话能力还有待进一步加强，尤其是在世界"双一流"学科建设和全球化背景下，需要国际视野，遵循国际通行惯例，走向世界，与世界同行交流中国教育研究经验，讲好中国教育研究故事。

（二）"十四五"时期教育科研面临的形势与挑战

经过长期努力，中国特色社会主义进入新时代，这是党的十九大做出的一个重大政治判断。历经新中国成立 70 年、改革开放 40 多年的伟大实践创新和总结探索，教育科研为推进教育事业改革发展做出了重要贡献。做好新时代的教育科研工作，要把握国际国内两个大局，契合教育改革发展实际，在变革中认识大挑战，在变局中迎接新机遇，以此来明确方向和任务。

1. 从国际看，国际局势复杂多变对教育带来深刻影响，亟须构建中国特色社会主义教育理论，加快建设中国特色、世界水平的教育科研体系

一是新一轮科技革命和产业革命对教育生态和学习方式产生深层影响，对教育科研带来新机遇新挑战。当前，以人工智能、大数据、区块链、物联网等为标志的新一轮科技革命和产业革命正在全球范围兴起，人工智能与网络契合，深度介入教育和学习领域，正在重塑教育形态，教育生态、学习方式将面临重大调整。我国教育与世界教育从整体上来说是追赶与超越、借鉴与自主、跟跑与领跑交织融合。很多领域，比如信息技术与教育教学的深度融合、创新创业教育等，已经开始具备领先优势和社会条件。教育科研工作要充分认识这一动向和潮流，切实加强新技术、新理念、新课程、新模式、新方法的研究，进一步引领教育改革发展。

二是教育在世界不同文明互学互鉴、构建人类命运共同体过程中发挥

着独特作用，亟须教育科研提供有力支撑。文明因交流而多彩，因互鉴而丰富，构建人类命运共同体有利于世界各国文明互学互鉴、共同进步。教育应以文化传承创新为使命，促进不同文明间的交流对话，积极培养文明交流互鉴的行动者，形成文明互学互鉴，共建人类命运共同体的价值观、文化观，夯实共建人类命运共同体的人文基础。教育科研要顺应大势，加强研究、深化交流、推动对话、贡献智慧，为推进文明交流、互学互鉴和人类命运共同体的构建提供切实可行方案。

三是积极参与全球教育治理，亟须教育科研构建中国特色社会主义教育理论体系。进入新时代，我国日益走近世界舞台中央，意味着中国教育必然将以更加开放的姿态走向世界，积极参与全球教育治理，以中国教育发展的理论、经验、道路、模式，为解决世界教育发展问题提供中国方案，这就需要依靠教育科研，加快构建中国特色社会主义教育理论体系，以此作为理论支撑。

2. 从国内看，中国正处于实现"两个百年"梦想的交汇期，教育服务中华民族伟大复兴的使命更加艰巨，亟须教育科研的支撑和保障

一是教育要践行服务中华民族伟大复兴的使命，需要发挥教育科研的支撑、驱动和引领作用。当前，在实现中华民族伟大复兴中国梦的伟大进程中，对教育的期待比以往任何时候都更加迫切，对科学知识和卓越人才的渴求也比以往任何时候都更加强烈。教育所承担的使命光荣、责任艰巨。《中国教育现代化2035》对我国教育发展提出了一系列的改革目标和重点任务，以期通过率先实现教育现代化来引领国家现代化。作为教育事业的重要组成部分和重要支撑，教育科研必须着眼国家重大战略需求，主动作为、潜心研究，不断提高质量和服务水平。

二是教育改革发展进入深水区和攻坚期，需要着力提高教育科研解决重大问题的能力。改革开放特别是党的十八大以来，我国教育取得了历史性成就、发生了历史性变革，总体上来看，许多好改的已经改了，剩下的都是一些难啃的"硬骨头"。比如，教育如何更好地服务经济社会发展，如何更好地助力脱贫攻坚，如何在信息化和人工智能条件下实现自身重塑，如何服务大国外交和中外人文交流，如何深化评价改革等，这些问题亟须教育科研深化研究，提供破解方案。

三是教育科研主动承担时代赋予的使命和责任，需要不断提高质量和服务水平。陈宝生部长在第七届全国教育科学规划领导小组会议上指出，当前教育科学的理论供给还严重不足，往往是实践跑到前面，群众的需求跑到前面，现实的问题跑到前面，理论的研究跟不上实践的发展。面对新形势新任务新要求，教育科研自身还有许多短板和不足，主要表现为：原创性理论研究和科研成果缺乏；重大现实问题研究能力不足；国际参与度和影响力薄弱；科研评价制度和成果转化机制亟待完善；协同高效的科研组织模式和运行机制尚未形成；对教育科研的重视程度和保障水平还有待提高等。这些都要求我们在认真贯彻落实《教育部关于加强新时代教育科学研究工作的意见》的过程中，勇于担当，敢于创新，不断提高科研能力，努力谱写教育科研新篇章。

五 "十四五"教育科学发展目标及重点研究内容

从"跟跑"到"并跑"，从"并跑"到"领跑"。在贫穷落后的基础上，中国开辟了教育跨越式发展的成功道路，为世界尤其是发展中国家提供了加速度发展的范例。面对充满不确定性的未来，如何创新理论，指导实践，已难以模仿，大家站在同一个起跑线上。

党的十九大报告指出，"中国特色社会主义进入新时代，我国经济已由高速增长阶段转向高质量发展阶段"。与之相应，中国教育发展面临着从教育大国向教育强国的战略转型，迫切需要教育科学研究要突出战略政策导向，更好服务教育现代化建设，更好服务教育强国建设。"十四五"时期是我国由全面建成小康社会向基本实现社会主义现代化迈进的关键时期。总体上看，教育研究面临的机遇和挑战前所未有，必须深刻把握"十四五"时期经济社会发展对教育创新的时代要求，密切关注人民群众期盼解决的教育难点问题，疏通制约教育改革发展的理论"堵点"，为实现教育现代化、建设中国特色社会主义教育强国提供重要的教育理论支撑。

未来五年，全规办将以习近平新时代中国特色社会主义思想为指导，深入贯彻党的十九大精神，全面落实全国教育大会精神，树牢"四个意识"，坚定"四个自信"，做到"两个维护"，围绕中心，服务大局，坚持改革创新，推动具有中国特色、世界水平的教育学科体系建设，不断提升教科规划的水平和教育科研的品质，为加快推进教育现代化、建设教育强国、办好人民满意的教育提供坚实的智力支持和知识贡献。

（一）发展目标

1. 研究中国问题

科学研究始于问题，并以问题引导研究、推动研究，在发现问题、分析问题、解决问题的过程中，深化认识、积累知识。共性寓于个性之中。中国的教育问题既有中国的个性，也有人类的共性，研究好、解决好中国在现代化进程中遇到的问题，首先是中国自己的需要，同时中国智慧、中国经验也是对世界的贡献。

2. 总结中国经验

中国教育的跨越式发展，是中国人民在党和政府的领导下，齐心协力艰苦卓绝奋斗的结果，这种成功体现了制度性优势，蕴含着内在规律，对这种规律性的探索我们进行得还很不够。比如，对上海取得国际学生评估项目（PISA）优异成绩"秘密"的揭示，最有影响的是费里德曼（Friedman, T. L.）的报告。中国教育改革开放的实践蕴藏着丰富的宝藏，现在所揭示的只是冰山的一角，需要我们大力开采。

3. 形成中国理论

没有明确的理论就没有思想的自觉和行动的自觉。中国革命和建设的巨大成功和辉煌成就，是中国共产党坚持把马克思主义基本原理和中国实际相结合，创造性地建立了具有中国特色社会主义思想理论的结果。中国教育的教学、教师、课程、治理的理念、制度、政策和方法，具有鲜明的中国特点和文化优势，把这种特点和优势上升为理论，是我们的重要任务。

4. 构建中国话语

话语是概念术语的体系，是思想观念的外显，也是思维方法和价值信念的载体。话语一旦形成，就对人们的认识和价值起到影响和建构作用。清末以降，帝国主义的坚船利炮摧毁了我们的江防，其思想意识形态也长驱直入，我们的传统文化开始势弱。建立在现代科学基础上的西方学术话语也成为我们的主导话语。区别于自然科学，社会科学话语与制度、文化紧密相连，有时与我们的需要正反互见甚至背道而驰，越来越不适应中国的实际和未来，重构中国话语是我们长期的任务。

（二）重点研究内容

根据"十三五"时期教育学科发展中存在的问题，结合对"十四五"及未来教育科研面临形势与挑战的研判，在"十四五"时期，中国特色社会主义教育理论研究、教育强国的质量、结构与体系研究、办好人民满意的教育战略研究、信息时代教育发展战略研究、数据驱动的教育治理体系研究等将成为我国教育科学学科重点关注的研究领域和主题。

1. 中国特色社会主义教育理论研究

"十四五"时期是我国经济社会发展的重要转折期，教育改革发展也面临新的任务和挑战，迫切需要原创性、创新性的教育理论作为支撑和保障。教育研究要着眼于两个百年的历史交汇期，以习近平新时代中国特色社会主义思想为指导，扎根中国大地，以破解制约教育发展的"卡脖子"理论难题为重点任务，加快构建中国特色的社会主义教育学科体系、学术体系、话语体系和教材体系研究，大力加强新时代国家认同教育研究，中国共产党百年教育思想与实践研究等。

2. 加快推进教育现代化战略研究

《中国教育现代化2035》是新时代推进教育现代化、建设教育强国的纲领性文件。加快推进教育现代化，事关我国从教育大国走向教育强国，事关中华民族的伟大复兴，具有划时代的战略意义。教育研究要聚焦教育改革发展的突出问题和薄弱环节，进一步深化教育现代化内涵、指标及实现路径研究，围绕建成服务全民终身学习的现代教育体系、中国特色世界先进水平的优质教育开展深入研究。

3. 教育强国的质量、结构与体系研究

建设教育强国是实现社会主义现代化的必由之路和紧迫重任。将教育发展与国家发展的现实需求、民族振兴的长远目标结合起来，聚焦教育强国战略部署，超前谋划，围绕建设教育强国目标体系、主要任务、战略路径等，对教育质量提升、教育公平发展、教育督导评估创新、面向全民终身学习的现代化教育体系等战略开展专题研究。

4. 办好人民满意的教育战略研究

教育是国计，也是民生。要紧扣新时代中国特色社会主义要求，把人民满意作为第一标准，以教育质量与公平为出发点，努力加强新时代

人民群众最关心的教育热点、难点、痛点问题研究，加强城乡教育一体化资源优化配置，积极深化基础教育育人方式变革研究，努力办好人民满意的教育。

5. 高质量教育体系构建与实施路径研究

党的十九届五中全会审议通过的《中共中央关于制定国民经济和社会发展第十四个五年规划和二〇三五年远景目标的建议》首次明确提出"建设高质量教育体系"，这是新时代教育发展的新主题、新方向、新目标和新任务。教育研究要主动适应新时代教育发展从大到强的新趋势、新特点和新需求，积极开展高质量教育体系内涵与特征、标准与评价研究，深化义务教育均衡发展和城乡一体化研究、"双一流"分类建设研究、全民终身教育理论体系建设研究、创新型教师队伍建设研究等。

6. 立德树人落实机制、途径和评价研究

作为教育的根本任务，立德树人既是一个理论问题，更是一个实践问题。"十四五"时期，要深入推进立德树人相关议题的研究，特别是在落实机制上，要结合党和国家在今后一段时间内面临的主要任务，从宏观、中观、微观等层面，研究落实机制建设应遵循的新思想，应关注的新起点，应搭建的新平台，应建立的新范式等。教育研究要围绕育人机制，深化德智体美劳全面育人体系研究、学校家庭社会协同育人机制研究以及劳动教育实施有效路径研究等。

7. 拔尖创新人才培养模式研究

拔尖创新人才的针对性培养，其意义不仅仅是个体的全面发展，更关涉国家的战略部署。"十四五"时期，教育研究要重点探索拔尖创新人才的培养、发现与激励机制；研究创造力的早期表现及其培养和测评技术，研究创新人才成长的内在机制，揭示有利于创新人才成长和流动的组织、制度机制。

8. 教育治理体系和治理能力现代化研究

《中共中央关于坚持和完善中国特色社会主义制度推进国家治理体系和治理能力现代化若干重大问题的决定》提出了推进国家治理体系和治理能力现代化必须坚持的总体要求和总体目标。推进教育治理体系和治理能力现代化是实现国家治理体系和治理能力现代化的内在必然要求。"十四五"时期需围绕我国教育事业内涵发展所面临的深层矛盾与问题，进一步深入探究教育治理体系与治理能力现代化的内涵特征、基本结构、指标标准以及实现路径与措施。

9. 区域教育服务经济与社会发展的创新研究

习近平总书记在 2020 年 9 月召开的教育文化卫生体育领域专家代表座谈会上强调,要立足服务国家区域发展战略,优化区域教育资源配置,加快形成点线面结合、东中西呼应的教育发展空间格局,提升教育服务区域发展战略水平。教育研究要以"四点一线一面"为重点,纵深推进教育现代化区域创新试验,在教育改革创新、服务发展方面先行先试;要面向区域经济社会发展战略需求,深化产学研用一体化发展,全面提升教育服务经济社会发展的能力和水平。

10. 信息时代教育发展战略研究

人工智能作为当前信息技术的最新发展与技术形态,引领了新一轮的信息科技革命,诸多领域与行业的深刻变革已经或正在发生,教育领域也不例外。紧扣人工智能、大数据等新一轮科技革命发展对教育提出的新挑战与新机遇,大力加强信息时代教育发展战略、教育理论创新、未来学校组织形态与制度重构等专题研究。要积极抢占人工智能研究的制高点,探索充分利用人工智能技术所提供的教育创新可能性。

(三)主要措施

"十四五"时期是我国经济社会发展的重要阶段,是教育事业改革发展不断向纵深推进的关键时期。为促进教育学科繁荣发展,进一步推动和引领中国特色教育学学科体系、学术体系、话语体系构建,"十四五"时期,全规办将在坚持正确导向基础上,通过不断创新和优化项目管理、倡导科研范式方式转型等措施,更科学高效地发挥组织作用和平台作用。

1. 创新和优化项目管理

在学科分类标准上,结合国内外已有研究成果,全规办将从各类教育与二级学科方面进行整合,形成一个二维结构,使所有的申报项目可以定位其中。在项目布局上,借鉴国际经验,全规办将在强化面上资助、短线资助的同时,着重增强专门资助、长线资助、掘井式资助,以形成学术高峰和学术示范,从整体上提升我国教育研究水平。在项目管理上,加强重大重点课题选题机制、简化过程管理、优化结题鉴定成果形式要求、进一步探索课题经费预算调整机制等，不断提升项目立项资助的效益效率，推动教科规划课题研究质量整体提升。同时，建立教科规划课题网络信息管理系统，全面提升教科规划项目的申报、评审、年度简报、结项鉴定、成果归集等信息化管理水平。在项目成果管理上，建立成果汇集仓储平台，通过在系统平台公开课题研究阶段性成果和最终系列成果，强化对课题成果质量、贡献的监督质询，减少低水平重复研究，加强对课题负责人学风和学术道德的监督。

2. 倡导和推动研究范式转型

倡导学科交叉和跨学科研究。21世纪以来，教育学与信息科学、计算机科学、人工智能科学等正在进行的交叉融合，开拓了教育研究的新领域、新主题、新方法，使教育研究进一步走向了综合科学。"十四五"时期，全规办将鼓励围绕我国教育发展的重大战略问题，特别是智能教育发展、创新人才培养、教育治理变革等开展跨学科研究，形成跨学科研究范式，通过课题制度改革等引领教育研究在跨学科研究基础上形成多元、开放的学术共同体。在进一步强化实证研究的同时，大力倡导研究方法的多元化和综合性。"十四五"时期，全规办将进一步扩大实证课题立项比例和资助力度；进一步明确教育研究成果的评审标准，把实证研究作为教育研究项目评审、教育科研成果评价、教育优秀成果评选的重要标准；通过资助或举办教育实证研究论坛、集辑出版教育实证研究优秀成果等方式，进一步提升我国教育实证研究科学化水平。

审稿人	崔保师	张彩云				
执笔人	袁振国	岳 伟	张文新	韩锡斌	生兆欣	唐汉卫
	苏君阳	安雪慧	刘志军	姚 云	胡斌武	乐传永
	齐玉刚	钱初熹	海 路	侯怀银	张海军	
参加人	孟照海	丁 杰	徐美贞	吕晓嫣	王 雯	古江波
	任 强	许元元	陈长胜	张 伟	徐 洁	赵景欣
	司继伟	陈光辉	陈 亮	程建钢	陈明选	沈书生
	刘革平	钟志贤	宁小丽	孙筱琳	杨锦宇	林晓婷
	杨春秀	胡锦婷	史 琦	程 伟	王贤德	刘金松

王　阳	韩　笑	唐文雯	王　烁	时　思	邵　颖
陈伊凡	李　旭	王洪席	肖　磊	王振存	王　晋
王　萍	赵振国	李福华	吴宗聪	曹昭乐	张金福
章蕾蕾	沈紫晴	季孝琛	杨卓君	吴思敏	陈朝阳
李兴敏	孙立新	许日华	许广敏	张兆芹	吴文峰
谭思洁	龚明俊	黄津虹	戈　莎	李　静	张旭东
陈婷丽	李文钰	谢唯唯	仲丹丹	李艳莉	郭建斌
王耀伟	宋美霞	周郅壹			

艺 术 学

艺术学是哲学社会科学的重要组成部分，是建设中国特色社会主义文化的重要基础，在中国特色社会主义建设中发挥着不可替代的作用。党和国家对文艺事业和包括艺术学在内的哲学社会科学事业高度重视。2014年，习近平总书记在文艺工作座谈会上提出："文艺事业是党和人民的重要事业，文艺战线是党和人民的重要战线。"[①] 2016年，习近平总书记在哲学社会科学工作座谈会上指出："哲学社会科学是人们认识世界、改造世界的重要工具，是推动历史发展和社会进步的重要力量，其发展水平反映了一个民族的思维能力、精神品格、文明素质，体现了一个国家的综合国力和国际竞争力。"[②] 2017年，在党的十九大报告中，习近平总书记又强调指出："繁荣发展社会主义文艺。社会主义文艺是人民的文艺，必须坚持以人民为中心的创作导向，在深入生活、扎根人民中进行无愧于时代的文艺创造。"[③] 2019年，习近平总书记在参加政协文艺界、社科界联组会时，对进一步做好文化文艺工作、哲学社会科学工作，提出了"坚持与时代同步伐；坚持以人民为中心；坚持以精品奉献人民；坚持用明德引领风尚"的要求。习近平总书记的一系列重要讲话，对新时代文艺工作和哲学社会科学工作提出了新要求，为包括艺术学在内的哲学社会科学的建设、发展与繁荣指明了前进的方向和奋斗的目标，彰显了新时代文艺工作和哲学社会科学工作对党、国家和人民的重大意义。

"十三五"时期，艺术科学研究和管理工作取得了显著成绩。过去五年，在党中央的高度重视和正确领导下，艺术科学战线高举中国特色社会主义伟大旗帜，牢牢把握正确政治方向，积极贯彻落实习近平总书记系列讲话精神，紧紧围绕加快构建中国特色哲学社会科学这个中心任务，积极开展理论研究和实践探索，通过科学的规划和统筹，把学术研究、学科建设、人才队伍、科研管理等方面有效协同起来，有力地推动了艺术科学的建设和发展，学术研究不断深化，研究格局日趋合理，学术成果日益丰富，学术人才大量涌现，学科体系日渐完善，切实激发了全民族文化艺术创新创造活力，为满足人民日益增长的美好精神生活需求、树立文化自信理论

---

① 习近平：《在文艺工作座谈会上的讲话》，人民出版社2015年版，第1页。
② 习近平：《在哲学社会科学工作座谈会上的讲话》，人民出版社2016年版，第2页。
③ 习近平：《决胜全面建成小康社会　夺取新时代中国特色社会主义伟大胜利——在中国共产党第十九次全国代表大会上的报告》，人民出版社2017年版，第43页。

自信、促进新时代哲学社会科学繁荣发展、实现中华民族伟大复兴提供了有力的思想智力支持。

一 当前发展的基本状况

（一）艺术学学科建设情况

2011年，艺术学从一级学科升级为第13个学科门类。作为一门以艺术为研究对象的人文社会科学学科，艺术学不仅是现行各学科门类中最年轻的一门，而且是当今世界艺术研究总体学科格局中，主要由我国学者推动自主设立的一门，充分体现了文化自觉和"四个自信"。"十三五"时期，广大艺术科学工作者进一步增强学科建设意识，艺术学学理建构和学科建设都得到持续深入推进。今后的艺术学研究要以"培根铸魂"作为学科建设的主旨与发展方向，艺术学的学理建构和学科建设要遵循习近平总书记的讲话精神，培中华民族精神之根，铸中华民族伟大复兴的中国梦之魂。

"十三五"时期，学者们在艺术学一级学科设置和建设基本达成共识的基础上，积极探讨二级学科的设置和建设问题，主张从学科建设需要与国家重大战略需求出发建立科学规范的二级学科。有的主张以"比较"为核心，遵循"和而不同""美美与共"的原则，重点关注跨国家、跨民族、跨文化、跨学科、跨门类、跨视域和跨体裁或样式的艺术比较，建立以"影响研究""平行研究""跨文化研究"以及"独特的艺术样式比较研究"为核心的比较艺术学。有的提出，为了更好地组织、管理艺术活动，研究文化产业和艺术创意产业，有必要把艺术管理设置为二级学科。除了从艺术学基础理论层面出发、基于艺术活动的特殊规律提出的学科设置建议之外，跨学科研究也是"十三五"时期艺术学研究的热点和前沿。五年来，艺术传播学、艺术心理学、艺术社会学、艺术人类学、艺术管理学、艺术考古学等跨学科研究稳步发展。艺术科学要想在综合性研究型大学中取得合法地位，在竞争日趋激烈的学科生态中占取一席之地，采取社会科学方法进行艺术研究也是一条可行之路。

"十三五"时期，一大批关系学科发展的基础理论研究项目与关系国家文化艺术发展的应用实践类项目持续推进，艺术学科研体制日益完善，学科建设环境更为优化,科学研究的土壤多元包容,艺术科学发展评价体系构建问题也提上议事日程,艺术学基础研究和应用研究都取得了公认的成绩。

(二) 国家社会科学基金艺术学项目基本状况

国家社会科学基金艺术学项目作为我国艺术学领域层次最高的科学研究项目,对我国艺术学学科建设、艺术学的繁荣与可持续发展具有重要的引导和培育作用。"十三五"时期,艺术学项目无论是在立项总数、立项占比、立项经费还是立项率方面,都明显高于"十二五"时期。2011—2020年,国家社科基金对艺术学项目的资助范围和资助力度逐年加大,艺术学项目的立项数量显著增加,艺术学项目的导向作用日益增强,其规范性和科学性也日益赢得学术界认可,艺术学研究呈现出蓬勃向上的发展态势。

1. 立项数量及立项占比呈增长趋势

"十二五"时期国家社科基金艺术学项目的立项总数为771项(包含重大项目及年度项目),"十三五"时期的立项总数达到1191项,增长率高达54%,艺术学项目立项数量呈稳定增长趋势。从立项占比来看,"十二五"时期艺术学项目立项总数占国家社科基金项目立项总数的3.4%,"十三五"时期的占比是4.6%,整体也呈增长趋势。

除了艺术学项目整体的数量、占比有大幅增长之外,艺术学重大项目、一般项目和青年项目等在"十三五"时期稳步发展,体现出国家社科基金艺术学项目资助格局的进一步优化。

2. 年度项目立项率不升反降

如表1、图1所示,"十二五"时期艺术学年度项目申报总数为12205项,"十三五"时期申报总数为19460项,申报数增长率高达59.4%,一方面说明艺术学项目在广大科研工作者心目中的地位越来越重要,吸引力越来越大,竞争也越来越激烈,另一方面也说明从事艺术科学研究的人员数量在逐步扩大。"十二五"时期艺术学年度项目立项总数为755项,立项率为6.2%,"十三五"时期年度项目立项总数为1093项,立项率为5.6%,立项数增长率为44.8%,立项数增速低于申报量增速,年度项目立项率不升反降。

表1　2011—2020年国家社科基金艺术学年度项目立项数、申报数统计

年份	申报数	立项数	立项率（%）
2011	2502	142	5.7
2012	2624	123	4.7
2013	2599	147	5.7
2014	2148	159	7.4
2015	2332	184	7.9
2016	2419	196	8.1
2017	2990	249	8.3
2018	3818	220	5.8
2019	4803	214	4.5
2020	5430	214	3.9

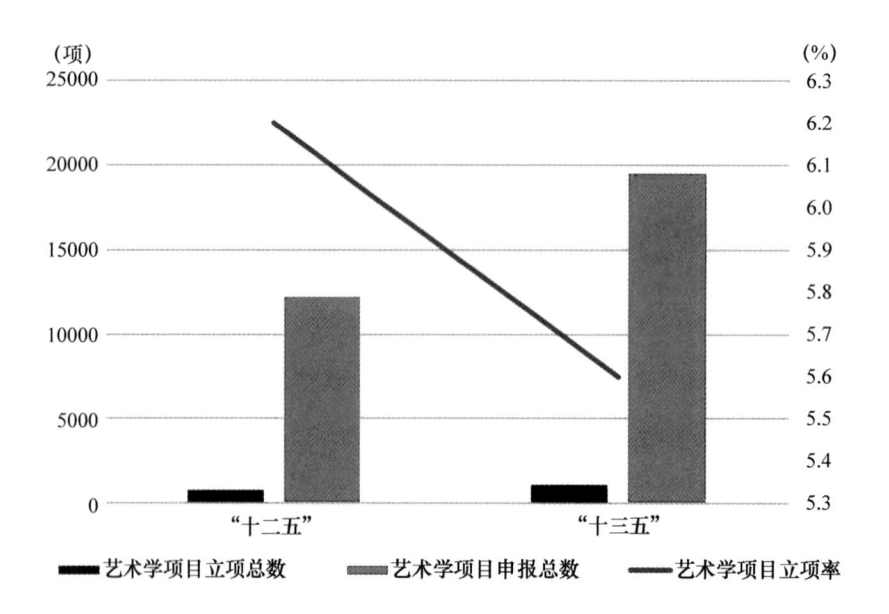

图1　"十二五""十三五"时期国家社科基金艺术学年度项目立项总数、申报总数及立项率走势

3. 年度项目立项数量与其他学科相比存在显著差距

艺术学项目与同期国家社科基金的文学、教育学、历史学、经济学等学科的立项数量相比存在明显差距，其立项总数远远低于其他学科（见表2、图2）。虽然立项数量不能完全代表该学科的科研队伍规模和科研水平高低，但科研项目数量的多寡在一定程度上反映了一个学科的建设和发展

水平。从横向比较的角度看,"十三五"时期艺术学项目的立项数量,与国家对文化艺术事业的重视程度、艺术科学突飞猛进的发展势头和巨大的现实需求还不完全相称,经费投入和科研成果的转化、应用仍有待进一步加强。

表2　　　　国家社科基金立项总数与艺术学、文学、教育学、
历史学、经济学年度项目立项数量一览

年份	国家社会科学基金立项总数	艺术学	文学	教育学	历史学	经济学
2011	4070	142	484	167	263	519
2012	4546	123	526	173	290	551
2013	4693	147	437	206	335	580
2014	4725	159	585	196	317	578
2015	4602	184	563	202	303	527
2016	4638	196	585	232	345	517
2017	5156	249	631	279	366	553
2018	5332	220	636	280	435	579
2019	5533	214	614	280	410	589
2020	5463	214	442	291	252	459

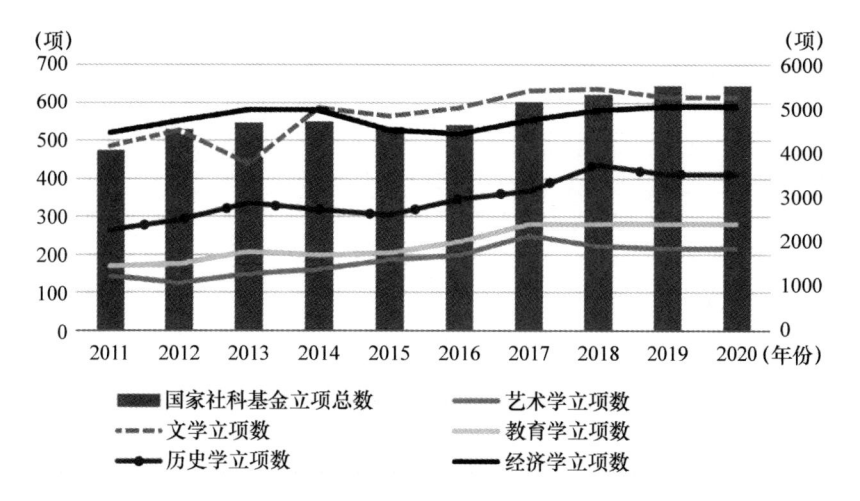

图2　2011—2020年国家社科基金立项总数与艺术学、文学、教育学、
历史学、经济学年度项目立项数量走势

4. 2020年度立项情况的横向比较

从2020年国家社科基金艺术学、文学、教育学、历史学、经济学五个不同学科年度项目的立项数量的整体水平来看，艺术学项目立项总数214项，在五个学科中立项数量最少，远远低于文学（442项）、教育学（291项）、历史学（252项）和经济学（459项）的立项数，这与拥有五个一级学科和众多艺术种类的艺术学科的发展需求不太相称，未能体现出艺术学"升格为门类"后的显著优势。

将2020年国家社科基金艺术学项目与教育学、文学项目的立项人员与立项率情况作横向比较（见表3），可以更直观地看出艺术学的立项难度。艺术学教师数与立项数比例为462∶1（此处测算未包括其他艺术研究机构的科研工作者），与教育学的179∶1、文学的227∶1相比，艺术学的立项难度显而易见。总体来说，艺术学项目立项率较低，立项难度偏大。

表3 2020年国家社科基金艺术学与教育学、文学项目的
立项人员与立项率情况　　　　　单位：人，项

学科	在校生人数①		教师数②	立项数	教师数与立项数比值	学生数与立项数比值
艺术学	1775308	本科生 1691333 研究生 83975	98903	214	462∶1	8296∶1
教育学	932757	本科生 733353 研究生 199404	51964	291	179∶1	3205∶1
文学	1801985	本科生 1692965 研究生 109020	100389	442	227∶1	4077∶1

（三）主要研究力量布局

教育部发布的《2019年全国教育事业发展统计公报》显示，截至2019年，全国高校艺术学教师人数为98903人，艺术学毕业生为370554人。2015年中央全面深化改革领导小组会议审议通过《统筹推进世界一流大学和一流学科建设总体方案》，于2017年公布"双一流"建设高校及建设学

---

① 数据来源：教育部官网2019年教育统计数据。
② 教师数数据根据教育部《2019年全国教育事业发展统计公报》"普通高校生师比为17.95∶1"计算得出。

科名单，其中进入艺术类一流学科建设的高校共有 7 所：中央音乐学院、中国音乐学院、中央美术学院、中国美术学院、中央戏剧学院、上海音乐学院、中国传媒大学。艺术类"双一流"建设学科共 12 个，包括艺术学理论 2 个：东南大学和北京大学；音乐与舞蹈学 3 个：中央音乐学院、中国音乐学院和上海音乐学院；戏剧与影视学 3 个：北京师范大学、中国传媒大学、中央戏剧学院；美术学 2 个：中央美术学院和中国美术学院；设计学 3 个：清华大学、中央美术学院和同济大学。同年，全国第四轮学科评估开展，共有 513 个单位的 7449 个学科参评，艺术学门类下设 5 个一级学科，评估结果分别为：

艺术学理论，参评高校共计 50 所，共有 A＋类 2 所，即北京大学、东南大学；

音乐与舞蹈学，参评高校共计 69 所，共有 A＋类 2 所，即中央音乐学院、上海音乐学院；

戏剧与影视学，参评高校共计 51 所，共有 A＋类 2 所，即北京师范大学、中国传媒大学；

美术学，参评高校共计 93 所，共有 A＋类 2 所，即中央美术学院、中国美术学院；

设计学，参评高校共计 94 所，共有 A＋类 2 所，即清华大学、中国美术学院。

从学位授权分布点来看，根据全国艺术专业学位研究生教育指导委员会数据统计（见表 4），艺术学学科硕士学位授权点单位共有 285 所，艺术学学科博士学位授权点单位共有 91 所。

表 4　　　　　　　　艺术学各学科博士学位授权点单位

学科	博士学位授权点单位
艺术学理论 （22 所）	中国艺术研究院、北京大学、清华大学、中国传媒大学、东南大学、上海大学、四川大学、河北大学、东北大学、河南大学、浙江大学、北京师范大学、哈尔滨师范大学、中央美术学院、中央戏剧学院、北京电影学院、上海戏剧学院、上海音乐学院、中国美术学院、南京艺术学院、西安美术学院、武汉理工大学
音乐与舞蹈学 （13 所）	中国艺术研究院、中国传媒大学、首都师范大学、南京师范大学、福建师范大学、哈尔滨师范大学、东北师范大学、湖南师范大学、华南师范大学、中央音乐学院、中国音乐学院、上海音乐学院、南京艺术学院

续表

学科	博士学位授权点单位
戏剧与影视学 （16所）	中国艺术研究院、中国传媒大学、南京大学、上海大学、厦门大学、西北大学、北京师范大学、南京师范大学、山西师范大学、福建师范大学、中央戏剧学院、北京电影学院、上海戏剧学院、上海音乐学院、南京艺术学院、中国美术学院
美术学 （19所）	中国艺术研究院、清华大学、中国传媒大学、上海大学、四川大学、首都师范大学、南京师范大学、福建师范大学、哈尔滨师范大学、东北师范大学、湖南师范大学、华东师范大学、山东师范大学、西北师范大学、中央美术学院、中国美术学院、南京艺术学院、西安美术学院、北京电影学院
设计学 （21所）	中国艺术研究院、清华大学、中国传媒大学、同济大学、上海大学、四川大学、苏州大学、江南大学、湖南大学、浙江大学、东华大学、南京师范大学、中央美术学院、中国美术学院、南京艺术学院、西安美术学院、北京服装学院、景德镇陶瓷大学、武汉理工大学、北京理工大学、陕西科技大学

（四）人才培养和队伍建设情况

"十三五"时期，艺术学人才培养与队伍建设工作稳步推进，《中国统计年鉴》的统计结果显示，截至2019年，我国涉及艺术研究、艺术展陈、艺术表演的文化系统管理部门共有2078个，艺术类从业人员114401人。高校教师是艺术科学研究队伍的主要力量，也是获得国家社会科学基金艺术学项目立项资助的最大主体。2011—2020年，高校教师承担的艺术学项目达到1741项，占整个国家社会科学基金艺术学项目立项总数的88.7%。综合性大学的教师承担着大量的艺术科研工作，共获得国家社会科学基金艺术学项目1162项，占艺术学项目立项总数的59.2%。艺术类院校教师共获得361项，占艺术学项目立项总数的18.4%。这一方面与艺术类院校科研队伍的规模有关，另一方面也与专业类艺术院校申报项目的学科相对集中有一定关系。在艺术科学研究中，艺术类院校科研队伍在对艺术本体的深入了解、艺术实践、研究资源等方面具有不可替代的专业优势。

作为从事艺术研究的专业机构，全国各级文化艺术科研院（所、中心）在2011—2020年共立项160项，为艺术学研究和学科建设事业做出了重要贡献。其中中国艺术研究院获立项75项，位居系统内首位。这与中国艺术研究院悠久的科研传统、雄厚的科研实力以及科研领域较广相吻合。中国艺术研究院是文化和旅游部直属的国家级综合性学术机构。进入新的历史时期以来，中国艺术研究院逐渐形成了艺术科研、艺术教育、艺术创作、非遗保护、文化智库五位一体的发展格局，拥有戏曲研究所、音乐研究所、美术研究所、舞蹈研究所、话剧研究所、电影电视研究所、红楼梦研究所、马克思主义文艺理论研究所、曲艺研究所、建筑与公共艺术研究所、艺术学研究所、中国文化研究所、摄影与数字艺术研究所、工艺美术研究所等研究机构；拥有《文艺研究》《文艺理论与批评》《美术观察》《红楼梦学刊》《中国音乐学》等学术刊物和文化艺术出版社；拥有中国非物质文化遗产保护中心、中国非物质文化遗产数字化保护中心、亚太地区非物质文化遗产国际培训中心、文化发展战略研究中心等研究中心；拥有独立设置的研究生院。中国艺术研究院深厚的学术积淀和丰富的研究资料，尤其是艺术门类之齐全以及各个艺术门类之间的兼容性，是其他研究单位所不具备的优势。

全国 30 余家省级文化艺术科研院（所、中心），有在职人员千余名，由于高学历人员偏少（拥有博士学位的人员占比只有 2.3%），与高校相比科研力量相对较弱，人均立项率不高。但值得关注的是，各地文化艺术科研院（所、中心）在发展过程中形成了各自的特色，对于研究有着鲜明的民族特色和地方特点的文化艺术问题具有得天独厚的资源优势和地缘优势。

各地文化和旅游系统内文博等科研单位的艺术科研工作者们在具体工作中积累了丰富的实践经验，将科研资源和实践探索相结合开展相关课题研究，对文化艺术的保护传承、交流传播、公共服务等方面进行了有效的促进，这支科研队伍对艺术科学的全面发展发挥着重要的作用。

总体来说，国家社会科学基金艺术学项目的科研力量主要集中在高校和文化艺术科研院（所、中心），其他社会组织和机构有一定程度的参与，这也正反映出艺术学项目在立项单位的分布上呈现出多样化的发展趋势，体现出国家社科基金艺术学项目的开放性和影响力，能够鼓励来自各类科研单位的艺术研究者们共同推动艺术科学的健康发展。

从艺术科学研究的高端学术人才来看，中组部等 11 个部委联合推出的"国家高层次人才特殊支持计划"（"万人计划"）、中宣部推出的文化名家暨"四个一批"人才工程、教育部推出的"长江学者奖励计划"等国家重大人才工程所遴选的艺术领域高端人才发挥着示范引领和辐射带动的作用，但也主要集中在北京和长三角地区，高层次人才布局总体上存在着地域不平衡的问题。

就人才培养而言，"十三五"时期，艺术学领域培养出大量专业性的人才。2016—2019 年，艺术学专业硕士、博士毕业生总人数就达到 77303 人[①]，他们充实到各个高校、科研单位以及企事业单位中，为我国文艺工作和艺术科学的繁荣发展提供了重要的人才支撑。这些艺术类毕业生有的成为艺术创作类的专业人才，有的成为艺术表演类的专业人才，有的成为艺术教育类的专业人才，为新时代社会主义文艺事业的繁荣发展贡献着自己的力量。

二　学科建设所取得的成就与进展

（一）艺术科学研究呈现出蓬勃向上的发展态势

过去五年，艺术科学高举中国特色社会主义伟大旗帜，以党的十八大、十九大精神为指引，积极开展艺术理论研究和实践探索。多项关系艺术学发展方向、学科建设和理论构建的，关系国家文化艺术发展繁荣实践方面的科研项目取得了突破性的进展。王一川教授承担的国家社会科学基金艺术学重大项目"文艺发展史与文艺高峰研究"系统梳理了当代中国文艺高峰形态建设必需的精神资源，指出基于时代生活世界激流而展开的个性化想象力是文艺高峰建设的关键。朱志荣教授承担的"中华美学与艺术精神的理论与实践"从中华美学的意象体系建构、中华审美思维方式论、中华美学与艺术精神在门类艺术中的嬗变、多民族融合文化背景下的中华美学与艺术精神、中西艺术的交融与传统艺术的现代转型五个方面，系统阐释中华美学与艺术精神的基本内涵、基本特征，对中华美学与艺术精神的发展历程及其在当代全球化视野下的价值和意义进行研究。

国家社科基金艺术学重大项目中，"新中国成立 70 周年中国戏曲史"规模最为庞大、尤为引人注目。该项目承担单位众多，参与的研究人员多达几百人，以省份分卷的形式呈现。通过对各地 70 年的戏曲活动进行历史梳理和理论研究，反映中国戏曲发展的历史现状和地域特征，推动中国戏曲的传承与发展。陈旭光教授"影视剧与游戏融合发展及审美趋势研究"、王黎光教授"中国乐派研究"、徐孟东教授"中国现当代作曲理论体系形

---

① 来源于教育部政府门户网站公布的教育统计数据。

成与发展研究"、冯双白教授"现实题材舞蹈创作研究"、于平教授"当代中国舞剧的历史脉络、创作实践与发展态势研究（1949—2019）"、吴为山教授"中国百年雕塑研究"、范迪安教授"新时代美术创作中的民族精神研究"、潘鲁生教授"中华传统造物艺术体系与设计文献研究"、杭间教授"中国传统工艺的当代价值研究"、范红教授"文化自信与'国家形象'研究"、傅才武教授"乡村振兴战略中的文化建设研究"等重大项目的开展，为国家未来文化艺术的繁荣发展提供重要理论支撑。

（二）学理建构和学科建设扎实推进

"十三五"时期，艺术学在学科体制方面呈现健康快速发展趋势，科研领域不断拓宽深化，学科地位日益提高。艺术学的学科环境更为优化，艺术学科不但在不同类型的院校中生根发展，而且形成了各自的发展特色。尤其在师资学科背景日益多元化的综合性研究型的大学，学科领域得到极大拓展，勇于探索新的艺术学科建设模式，尝试构建中国艺术学的本土学科体系、学术体系和话语体系。艺术学科基础理论研究与应用交叉研究相得益彰。基础性的艺术理论研究呈现出守正出新与多方突破的特征。彭锋教授的《中国艺术学理论学科建设的问题与出路：从身份认同到开放包容》，从理论与实践的区分、艺术学理论的当代学科特性、国际艺术学前沿发展趋势与新领域的拓展三个方面对艺术学理论"三大体系建设"展开论述。艺术学的跨学科研究则迎来了新的历史发展机遇，推出了一批颇具影响力的成果。方李莉教授的《中国艺术人类学发展之路》将中国艺术人类学的发展划分为学术准备、学术起步、稳健发展3个时期，并总结出5种范式。田川流教授的《论艺术管理学科理论研究的基本范畴》从学科范畴的角度对艺术管理的学科建设提出思考与建议。施旭升教授的《构建"戏剧与影视学"的话语逻辑与知识体系——"大戏剧观"视域下的"戏剧与影视学"学科建设漫议》从历史形态出发反思戏剧与影视学的发展历程和逻辑线索，提出在"大戏剧观"视域下重新认识戏剧学与影视学的相互关系与学科整合的逻辑合理性。范迪安教授的《建立中国策展学》针对人民对美术的现实要求，从美育、美术策展的中国现实问题出发，提出建立有别于西方体制的中国策展学，拓展了美术学学科内涵。"十三五"时期艺术史的书写与研究也逐渐走向深入，它们自觉实践着一般艺术学意义上的大艺术观理念。"中国戏曲表演美学体系研究""关于中国声乐学派建设的理论思考""西藏传统舞蹈在当代文化视阈下的传承与发展研究""中国设计思想及其当代实践研究"等分支学科领域出现的一大批研究成果，使得艺术学各分支学科的研究更趋深入。

"十三五"时期，艺术学领域入选国家哲学社会科学成果文库的科研成果有所增多。夏燕靖教授主持的《中国古典艺术理论体系建构研究》、朱恒夫教授主持的《中国戏曲剧种发展史》和王子初教授的《碎金风华——音乐文物的复制、复原研究》、刘瑞璞教授主持的《中国藏族服饰结构谱系》分别入选 2016 年、2017 年和 2019 年国家哲学社会科学成果文库。

"十三五"时期，艺术学研究成果获得国家社科基金中华学术外译项目立项支持的著作大幅增加，仅 2019 年就有傅谨教授的《20 世纪中国戏剧史》、袁禾教授的《舞蹈与传统》等六项研究成果入选。这些体现中华文化精髓和中国艺术精神的学术精品，以外文形式在国外权威出版机构出版并进入国外主流发行传播渠道，不仅发挥了国家社科基金的示范引导作用，深化了中外艺术交流和对话，也进一步扩大了中国艺术学的国际影响力，提升了国际学术话语权，让世界更好地了解到"艺术学中的中国"。

由中国文联出版社推出的"中国艺术学文库"，生活·读书·新知三联书店推出的"中国艺术学大系"，北京时代华文书局出版的"中国艺术研究院学术文库""北京大学艺术学文丛""南京大学艺术理论文丛""深圳大学艺术学理论丛书"，杭州师范大学推出的"艺术学新学科新视野丛书"等系列文库和丛书也进一步扩大了艺术科学的影响力，促进了艺术学的发展，扩大了艺术学的阵地。除了文库、丛书之外，艺术学期刊"十三五"时期也得到了良好发展。由国家社科基金资助的《文艺研究》《民族艺术》等 CSSCI 来源期刊，以及包括各地文化艺术科研院（所、中心）主办的 30 余种期刊在内的各级艺术类期刊，也为艺术学科研成果的展示提供了良好的学术平台，一大批优秀的学术论文通过这一平台得到展示和传播。

（三）艺术科学的应用性研究和服务社会功能日益增强

"十三五"时期，在建设社会主义文化强国、建设新型高端智库的国家重大战略背景下，广大艺术科学工作者积极响应国家号召，主动采用文化艺术的综合性、应用性研究视角，从国家宏观战略层面加强了对一系列重点、热点及难点问题的研究，围绕文化政策与制度、公共文化服务体系建设、非物质文化遗产保护与传承、文化产业创新、文化软实力、文化安全、人类命运共同体、"一带一路"倡议等重大现实问题，展开科学研究，完成了诸多有价值的学术成果，提交了专业客观、具有前瞻性的决策参考报告，为党政部门和相关单位科学决策提供了智力支持。

李向民教授承担的"中国特色艺术智库研究"、刘炼教授承担的"中国广场舞蹈与社区文化建设研究"、徐剑教授承担的"文化大数据的共享机制研究"、张智华教授承担的"中国网络电影、网络剧、网络节目研究"、朱春阳教授承担的"中国文化走出去'提质增效研究'"等项目关注现实问题，展开深入研究，提出具有科学性、可操作性的解决方案，为我国文化艺术事业的繁荣发展提供助力。广大艺术研究工作者在科技与文化艺术的互动融合发展、国家文化产业振兴的法律与政策、现代公共文化服务体系建设的政策目标与路径、文化与旅游融合发展等研究领域推出了一批重要成果，艺术科研创新转化的支撑力量进一步壮大。

（四）艺术学项目的导向效应明显增强

五年来，国家社科基金艺术学共立项1191个项目，是"十二五"时期的1.5倍，艺术学重大项目自2013年设立后得到艺术科研工作者高度关注，呈现良好增长态势，2016—2020年立项数达98项，有力地推动了文化艺术研究为党和国家工作大局服务。承担艺术学项目的研究人员分布在高校系统、文化艺术科研院（所、中心）、文博系统以及其他科研机构。科研兴艺的氛围日渐形成，艺术科研工作者的积极性高涨，科研队伍得到较大的调整和充实。既有以国家"万人计划"哲学社会科学领军人才、中宣部文化名家暨"四个一批"人才、教育部"长江学者"特聘教授等为代表的艺术学领军人才，也培育出了一批中青年学术骨干。这些艺术研究的中坚力量以敏锐的问题意识和理论洞察力，聚焦学科前沿和艺术科学繁荣发展的重大问题深入探索，激发出学科发展的新活力，成为艺术研究领域的一大亮点。"十三五"时期，艺术类科研机构和高校还培养出一大批学术研究功底扎实、学术视野开阔、有着巨大学术潜力的博士与博士后，他们充实到艺术科研的队伍当中，为艺术研究注入了强大动力，使我国艺术科学研究队伍和事业发展充满活力。

（五）代表性人物和成果

艺术科学的发展繁荣离不开在这片学术沃土中辛勤耕耘的艺术科研工作者。正是由于他们的孜孜以求、守正创新，才有今天艺术科学的健康发展和全面繁荣。2018年，习近平总书记给中央美术学院老教授的回信向周令钊等对美育工作、美术事业发展不懈追求的老教授们表示诚挚的问候，并对做好美育工作提出了殷切期望。这些老教授虽已是耄耋之年，但仍然坚持在艺术创作、科研、教学第一线，他们是经过历史洗礼的艺术名家，也是我国艺术学学科发展的坚固基石。2018年，薛永年获中央美术学院杰出教授称号，他在接受《中国文化报》采访时强调：要以中国文化为血脉，从文化厚度和文明高度入手，为中国美术以自己的特色走向世界立言。这显示出老一辈艺术工作者的人文关怀精神和高屋建瓴的艺术观。我国当代艺术学学科主要创始人之一张道一先生长期从事艺术学研究，至今笔耕不辍。2019年，他主编的《中国图案大系（类编）》入选"十三五"国家重点图书出版规划。该丛书是对五千年中国图案艺术的一次全面的总结、研究与呈现，是作者毕生对中国图案艺术研究的集大成之作，也是研究中国图案发展的权威版本。北京大学哲学社会科学资深教授叶朗先生，在从事哲学和美学研究的同时也非常重视艺术哲学问题。2019年，他主编的《观·物：哲学与艺术中的视觉问题》出版，该书从艺术哲学的角度探讨了艺术中的"观"与"物"问题，从哲学角度揭示了艺术之美。中国传媒大学艺术研究院院长仲呈祥先生先后担任中国文联副主席、中国文艺评论家协会主席，在从事繁重的艺术管理工作的同时，一直坚持艺术科学研究。由其担任总主编的"中国艺术学文库"2019年正式向社会发布，本套"文库"是国内艺术学大型学术丛书，共收录了80位专家学者的100余种学术专著。

老一辈杰出学者之外，"十三五"时期，艺术科学还涌现出一批在学术界享有较高声誉和影响力的代表性人物，他们积极参与艺术学各个学科的建设工作，推出一大批立足于中国特色社会主义艺术学学科体系、学术体系、话语体系建设的标志性成果，日渐成为艺术科学研究的中流砥柱。

在艺术学理论学科方面，国务院学位委员会第七届艺术学理论学科评议组召集人、教育部"长江学者"特聘教授、北京师范大学王一川教授在

"十三五"时期发表的大量论著均在学术界产生了较大的影响,著作《艺术公赏力:艺术公共性研究》获得第八届高等学校科学研究优秀成果奖(人文社会科学)一等奖。书中提出了一套具有体系性和独创性的中国艺术理论,首次对艺术公赏力命题做了全面而系统的阐述,指出当前艺术分赏条件下尤需倡导艺术公赏力及公民艺术素养的提升,注重艺术公共性问题,对把握当代中国艺术生活具有显著的理论意义和现实价值。国务院学位委员会第七届艺术学理论学科评议组成员、中国传媒大学王廷信教授在"十三五"时期主持了"中华传统艺术的当代传承研究""新时期艺术学理论学科发展研究"等艺术科学研究项目。2016年出版的《中国艺术海外认知研究》从多元视角充分展现了中国艺术在海外的传播与认知现状、趋势及特点,有助于进一步推动中国艺术海外传播与认知的实践活动和学术研究。国务院学位委员会第七届艺术学理论学科评议组成员、南京艺术学院夏燕靖教授的专著《中国古典艺术理论体系建构研究》,对中国古典艺术理论的渊源、背景和理论做了细致梳理,对其方法、原则、主题和内容做了较为深入的探讨,对其基本概念、原理、范畴做了正本清源的理论廓清,并在此基础上构建了一个说理较透彻、逻辑较严密的中国古典艺术理论体系。

在音乐与舞蹈学科方面,中央音乐学院原院长王次炤教授的《音乐的结构与功能》获得第八届高等学校科学研究优秀成果奖(人文社会科学)二等奖。该书运用现代结构主义原理和方法研究音乐美学有关问题,系统探讨了音乐的本体结构、功能结构、价值结构以及传统结构等问题,拓展了音乐美学研究的学术视野,在理论深度和内容广度方面均有新的突破。北京舞蹈学院原院长吕艺生教授的《中国古典舞美学原理求索》致力于中国古典舞学科基础理论的建设,从历史源头、美学法则、审美鉴赏三个方面,对中国古典舞的美学原理进行详细分析和论述,从而形成了一个完整的中国古典舞美学原理架构,使中国古典舞有了自己的美学学理基础。南京艺术学院于平教授的《新时期中国"新舞蹈"史述》撷取中华人民共和国成立之后各时期重要的舞蹈思想、舞蹈作品和代表性舞蹈人物,呈现出对新时期中国"新舞蹈"的演进历程的研究视角。

在戏剧与影视学学科方面,南京大学荣誉资深教授董健主编的《二十世纪中国戏剧理论大系》获得第八届高等学校科学研究优秀成果奖(人文社会科学）一等奖。该书围绕戏剧现代化的核心问题，梳理了20世纪中国戏剧理论的发展历程，建构中国现代戏剧理论体系，所收文稿涵盖海峡两岸暨港澳地区，包括话剧、戏曲及歌剧的理论研究文献，完整地总结了20世纪中国戏剧理论的重要创获，真实地反映了20世纪中国戏剧理论发展的艰难历程，为中国戏剧的当下生存和未来发展提供了精神动力和理论支撑。中国古代戏曲学会常务副会长俞为民教授的《中国古代戏曲理论史通论》入选国家哲学社会科学成果文库，并获第八届高等学校科学研究优秀成果奖（人文社会科学）一等奖。该书以历史的视角，对戏曲理论上的一些重点理论家和重要论著加以深入的研究和论述，既对每一时期的戏曲理论有总体的研究和论述，又突出每一时期的重点理论家及其论著。国务院学位委员会第七届戏剧与影视学科评议组召集人、教育部"长江学者"特聘教授、北京电影学院胡智锋教授的著作《立论中国影视》获得第八届高等学校科学研究优秀成果奖（人文社会科学）一等奖。该书聚焦中国影视的内容生产、行业发展、文化建设、基础理论及宏观思考，多层面、多维度对中国影视在发展过程中的诸多经验与困境等问题做了较为深入而全面的梳理与分析，为中国影视梳理历史经验，解决现实问题，指导未来健康发展提供了重要的理论支撑。国务院教育督导委员会第十届国家督学、中国艺术研究院贾磊磊研究员连续五年主编了《中国电影批评年鉴》，该书对传播中国电影理论批评的优秀成果，促进电影批评实践的深入开展具有积极意义。

在美术学科方面，由国务院学位委员会第七届美术学学科评议组召集人、南京艺术学院院长刘伟冬担任首席专家的重大项目"中国共产党领导下的百年新美术运动研究"，组织了国内一批重要的美术史论专家，对一百年来在中国共产党文艺思想和文艺政策影响与引领下的中国现代美术的发展进程和精神创获进行系统深入的研究，有望在中国共产党建党一百周年前后推出系列研究成果。由中央美术学院和北京大学联合主办的"第34届世界艺术史学年会"，以"不同历史和不同文化中的艺术和艺术史"为主题，来自43个国家的1600多位专家参会，在各个分会的主题设定与参会人员的选择上体现了世界美术史研究开始由西方扩展到东方，去西方中心化的特点。在倡导文化自信的语境下，美术理论研究与批评实践在多元视野中注重自身话语建构，由中国美术家协会连续在山东和江苏举办的"全国美术高峰论坛"上，冯远、范迪安、许江、吴为山、薛永年等艺术家和艺术理论家，围绕如何建构当代中国美术的理论和话语体系、在全球化语境中的"中国性"等话题，进行了深入的讨论，积极为建构当代中国美术的理论体系和话语体系建言献策。在"以人民为中心"文艺观的引导下，对于主题性美术创作的研究进一步深化，由《美术》杂志社与四川大学、上海大学等高校联合主办了"主题性美术创作的当代性"系列研讨会，尚辉、陈履生、郑工、黄宗贤、于洋等学者的相关学术论文在《美术》《中国美术报》《人民日报》上先后刊登，在学界引起了较大的反响。

在设计学学科方面，清华大学文科资深教授柳冠中提出的"生活方式说""共生美学观""事理学"等理论方法在国内乃至国际设计界都产生了重要影响，《中国工业设计断想》汇集了柳冠中对中国设计的精深思考，被《中国美术报》评为2019年设计类好书。山东工艺美术学院院长潘鲁生教授多年来行走于民间文化的田野调查和学术研究当中，创建了"中国民艺博物馆"，并主持完成了国家社科基金艺术学重大项目等研究课题，助推乡土艺术与当代文创发展。同济大学设计创意学院院长娄永琪教授于2016年出版的《中国好设计——绿色低碳创新设计案例研究》将创新设计中的绿色、环保设计视为重点，将绿色与环境影响的考量相结合，体现出品牌发展与其自身着重绿色设计之间的关系，尝试通过设计的创新来构造人与环境的和谐共生。中国艺术研究院曹小鸥研究员的《中国现代设计思想——生活、启蒙、变迁》是一部关于1978年以来的中国现当代设计艺术发展的"问题史"研究著作。该书以设计启蒙入手，紧扣改革开放以来"个人""群体"以及"国家"三个方面的视觉形态和物质形态的演变，由细微及整体，对中国设计艺术在这个时期变迁的社会特殊性进行了全方位的描述和分析，同时着重研究了中国各个阶段设计的重要现象和理论问题的得失并开展学理评述，全面呈现了中国现代设计"思想"发展历史的整体面貌。

通过艺术学研究项目的锻炼，"十三五"时期产生了一批艺术学各分支学科领域有着重要建树与影响的中青年优秀科研人才，推出了一系列立足于新时代文化艺术建设中重大理论和现实问题研究的标志性成果，进一步提高了艺术科学研究的整体水平。

三 研究现状、成果特色和存在问题

"十三五"时期,广大艺术学人按照"中国特色、中国风格、中国气派"的学科建设要求和"以人民为中心"的导向要求,砥砺前行,努力为实现中华民族伟大复兴和构建"人类命运共同体"做出艺术学应有的贡献。经过艺术学各界五年来的不懈努力,艺术学在学术研究、学科建设、人才队伍、科研管理等方面取得了长足的进步。

(一) 艺术学研究现状

首先,学科定位日趋清晰,学科建设成效明显,学科效能快速提升,学科平台逐步扩大。艺术学门类下设的5个一级学科初步完成了学科设置工作,各个一级学科既按照门类的总体要求强调共性共同发展,也尊重各自的学科建设规律,各有侧重、特色鲜明。在学科建设上,形成了综合性研究型大学、专业性艺术院校和艺术科研院(所、中心)三股力量齐头并进的发展格局。综合性研究型大学尽管缺乏专业性艺术院校丰厚的艺术创作资源和在业内极具影响力的实践类应用型人才[①],但是依托其雄厚的科研实力和丰富的一流学科建设经验,在使艺术学成为一门科学、规范、深受认同的学科建设方面做出了关键性的贡献,特别是艺术跨学科研究的不断拓展和深入开掘,主要得益于综合性大学所具有的多学科交叉融合的优势。专业性艺术院校在持续发挥其专业性强、应用性强的巨大优势的同时,面对来自国家学科建设需求和学科评估的压力以及来自综合性研究型大学的竞争压力,也加大了科研投入和学科建设投入,其艺术精神和科学精神交融并进,专业性和科学性同步增强,学科建设成效明显。

"十三五"时期,艺术学学科的会议、论坛、活动等日趋活跃,朝着高质量、高效能的方向稳步发展。中国艺术学理论年会定期举办,每年的学术研讨会主题都紧扣当年热点,视野宏阔,2016年为"跨界视野中的艺术理论",2017年为"艺术理论的中国视角",2018年为"改革开放四十年与中国艺术理论发展回顾与展望",2019年为"百年中国艺术理论的现

---

① 清华大学是个例外,因为清华大学美术学院的前身是中央工艺美术学院,也是专业性艺术类院校。

代性建构",2020 年为"媒介视域下的艺术变迁",显示着艺术学朝着科学有序的方向迈进。除此之外,各类青年论坛犹如雨后春笋一般蓬勃发展起来。如"全国艺术学青年学者论坛""当代艺术学与美学论坛""艺术传播研究工作坊"等,以青年特有的朝气和活力,聚焦学科最新前沿趋势,培养激发青年科研人员的学术自觉和创新思考。一批青年新锐通过论坛脱颖而出,在青年学人中产生了积极影响。

"十三五"时期的艺术学科研成果平台建设也取得了显著成绩。各分支学科都形成了具有学术影响力的期刊阵地。除了南京大学中国社会科学研究评价中心的"中文社会科学引文索引"(CSSCI)收录的 23 种艺术学来源期刊和 10 种扩展版来源期刊之外,"十三五"时期的新创刊物如中国人民大学的复印报刊资料《艺术学理论》、中国艺术研究院主办的《艺术学研究》、中国—东盟艺术学院的《中外艺术研究》等也成为艺术学研究观点交锋、理论争鸣的重要阵地。

其次,艺术学项目的资助范围不断扩大,资助力度稳步提高,学术性、政策性、导向性日益增强。习近平总书记关于文艺工作的系列重要论述、国家文化艺术战略、国家文艺政策和艺术管理、艺术传播研究等都成为近年来研究的热点问题。"十三五"时期,艺术学项目除了保持整体的增长态势之外,项目所资助的研究领域也在不断扩展,在涵盖艺术学传统门类的同时持续辐射诸如新媒体、互联网、大数据、人工智能等新兴前沿领域。对艺术学青年项目的鼓励与扶持有效地激励了青年一代艺术人才成长,对青年学者积极主动进行艺术科研工作起到了促进作用。总之,"十三五"时期国家社科基金艺术学项目对艺术学研究的资助、扶持和引导,推动了艺术学的快速发展,使艺术学研究日趋活跃并逐渐深入,研究领域也不断拓宽,各类研究蓬勃发展,但同时也要认识到,对艺术学研究的支持力度仍有待进一步加强,以更好地通过立项课题引导学术方向,开拓新的学术空间,不断开掘艺术学研究的广度和深度。

再次,坚持问题导向,直面文化艺术发展的重大时代课题,艺术学"三大体系"建设初见成效。习近平总书记关于文化艺术问题的重要论述,是基于新时代我国社会主要矛盾发生变化的背景下对如何做好文化艺术工作所做的科学阐述和行动指南,是马克思主义文艺理论中国化的最新成果,是习近平新时代中国特色社会主义理论体系在文化艺术领域的典型形态,是当代中国最鲜明的文化政治话语体系的重要组成部分，它不仅是我们认识文化艺术现象、把握文化艺术规律、改进文化艺术工作的强大思想武器，而且是文化艺术工作和艺术科学研究工作的根本指导。"十三五"时期，对习近平总书记关于文化艺术工作系列重要讲话精神的深入研究，成为艺术学项目立项资助和艺术科学研究最重要的内容之一。

构建中国特色哲学社会科学学科体系、学术体系和话语体系，是习近平总书记在全国哲学社会科学工作座谈会上提出的重大时代课题。探索构建"中国特色""中国风格""中国气派"的中国艺术学"三大体系"是"十三五"时期艺术学立项资助和艺术科学研究的热点内容之一。彭兆荣的"中国特色艺术学体系研究"、李若飞的"新时期艺术学理论的中国话语体系建构研究"、李新的"经验论视域下中国艺术理论话语体系建构研究"、孙书文的"中国传统文艺价值思想传承创新研究"等项目按照一定的内在学理逻辑与叙述次序来研究中国艺术学的学科体系、学术体系、话语体系，为建设有中国特色的艺术学"三大体系"提供了民族文化资源和理论支撑。艺术学与从"西方"引进的其他学科不同，从建立之初就是以恢复中国"艺术学"的学科传统、学术传统为追求，它既深深植根于中华艺术精神的土壤之中，又能与西方学科进行平等对话，从而在学术面貌、效能等各个方面呈现出鲜明的"中国精神"与"中国风格"，初步形成了独特的"中国气派"。

最后，基础学科建设成绩显著，理论自主创新和反思同步推进。艺术学理论作为2011年才升级的独具中国特色的新型一级学科在"十三五"时期取得显著成绩。艺术学理论作为艺术学学科门类中一门理论型学科的性质得到进一步确认。它是研究各艺术门类间的普遍规律的学科，这使得它可以同音乐与舞蹈学、戏剧与影视学、美术学和设计学等具有艺术实践或艺术创作特点的四个一级学科区分开来。不过，这种区分也是相对的。艺术学理论学科诚然主要是理论型学科，但在实际运行中也需指向艺术行业中的应用实践。它的内部可以细分出两个学科系列：一个学科系列是基础理论艺术学，包含艺术理论、艺术史和艺术批评等基础型理论学科方向，主要研究艺术基础理论，也即从各艺术门类中抽象出的跨门类普遍规律；另一个学科系列是应用理论艺术学，可包含艺术管理、艺术教育、艺术遗产、艺术传播、艺术与文化创意等应用型理论学科方向，其共同点在于面向特定艺术行业实践。这一梳理在逻辑上明晰了艺术学理论学科内部理论型学科与应用型学科之间的关系，同时也为艺术学理论学科适应所依托学科的环境需要而介入艺术管理、艺术教育、艺术遗产、艺术传播、艺术与文化创意等艺术行业实践，提供了理论依据和学科延伸空间。这是近十年来对该学科的建设状况所做的调研、探索和总结，兼顾了艺术学理论学科的内在学理逻辑和面向艺术行业的应用拓展。

艺术学理论从业者面对国家文化战略对艺术学理论学科的定位、艺术创作和艺术批评对艺术学基础理论的诉求、科技发展对艺术学理论学科前沿问题的拓展等一系列学科发展的新机遇、新挑战，重点从夯实学科理论根基、增强学科服务社会和门类艺术效能、提高学科学术地位和社会声誉、凸显学科核心竞争力这几个方面进一步反思和加强学科建设，在师资队伍建设、核心课程设置、学位点数量、标志性成果、人才培养等方面取得重大进展，学科自信进一步提升。

（二）成果特色

第一，学科内涵持续拓展，学科价值日益彰显。一大批艺术学研究者自觉参与到学科内涵价值的探讨中，发表了系列成果，就艺术学学科定位、学科本体、学科本性、研究范式、发展趋势、学科价值等问题进行了深入细致的分析，为确立艺术学学科地位奠定了学理基础。戏剧与影视学、音乐与舞蹈学、美术学、设计学在拓展传统理论问题研究的同时，重视反思以往的研究；在借鉴西方视野的同时，不忘民族的本位；在观照本学科发展的同时，与艺术实践相融合。当下的艺术学已经成为集民族性、当代性、科学性、应用性于一身的学科门类。应当说，艺术学的学科自觉和"十三五"时期的发展历程表明中国当代艺术科学研究完全有能力实现对本土文化的反思性建构，从而彰显当代中国文化艺术的巨大价值和"四个自信"。

第二，以"国家意识"为主体，凸显中国艺术学的精神价值和世界影响。"国家意识""中国形象""民族精神"等是"十三五"时期艺术学项目和艺术学研究中反复出现的关键词。艺术学理论学科和文化综合研究就古代文化典籍、艺术作品中的中国形象、中华艺术精神等问题进行了集中探讨；影视研究者着重关注"华语电影""国家意识""国家形象海外传播"等问题；音乐、舞蹈、戏剧戏曲、美术、设计等方面的研究者也针对民族传统艺术资源进行挖掘，对昆曲、古琴艺术、传统乐种、古典舞、地方戏、民间美术、传统造物等中国特有的艺术种类进行抢救性保护，同时探索其独特的发展规律，推出了一大批有价值的成果。包括中华民族视觉形象研究基地在内的一批艺术科研机构开始逐步发挥智库的决策咨询作用，探索以筑牢中华民族共同体意识为主线的视觉形象研究、创作、呈现、传播的新理念、新路径和新方法。这些实绩表明，艺术学正在自觉对接文化传承与创新的国家重大战略需求，时刻保持"以人民为中心"的艺术创作和科研导向，不断推出艺术学研究成果，为实现中华民族伟大复兴的中国梦提供重要智力支撑。

第三，打破学科藩篱，构建多学科交叉融合的研究范式，持续推出艺术学跨学科研究项目和跨学科研究成果。与艺术学的学科定位相适应，"十三五"时期，采用社会科学和自然科学的理论和方法对艺术进行跨学科研究的做法在综合性大学中越来越多，很多受人关注的艺术研究成果运用了成熟的社会科学方法和先进的理工医科等自然科学方法，如运用大数据对艺术传播、艺术市场等问题的研究；运用眼动脑电等生物医学工程技术对艺术接受的生理心理问题的研究。这类方法在艺术研究中涉及社会层面和科技层面一般规律问题时具有人文学科所无法比拟的优势。特别是当代艺术与新媒介、人工智能、神经元科学、现代心理医学的关系更清楚地凸显了这一点。例如，神经元科学使传统艺术史只能依靠语言作为经验媒介的时代成为过去，在考察人类对艺术的反应问题时，神经科学、心理医学的科学研究能够提出可反复验证的科学数据。此外，建筑、电影、装置艺术等艺术种类对科技成果的依赖程度都越来越高，科技本性也越来越凸显，这种艺术的创作和研究，对科技素养也有格外的要求，但艺术上的这种科技要求与自然科学的要求有着本质的区别，其科学性浸透着人文精神。

总之，"十三五"时期，艺术学成果越来越呈现出"跨越性"：跨学科的艺术社会学、艺术心理学、艺术传播学、艺术教育学、艺术管理学在各个分支学科中开花结果；跨门类、跨国别、跨文化的研究成果大量涌现，形成了多元视野和深度融合，这种"跨越性"使艺术学越来越融会贯通为一个整体，成为一门具有"总体性"和"开放性"特点的学科；"互联网+""大数据""人工智能"等新兴科技为艺术学科的发展带来新的契机，跨界别、跨行业的研究成果将不同领域、不同行业的从业者聚合在一起,使艺术科学的发展空间和社会影响力都得到进一步拓展。总的来看,随着"十三五"时期艺术学跨学科研究的持续深化,跨学科成果不断涌现,历史与当代、理论与实践、艺术本体与产业融合不断深化,艺术学完成了从学科分立到学科综合的转向;从重实践轻理论到学科意识、学术意识、问题意识、方法论意识不断增强的转向。这种趋势表明艺术学正在不断走向成熟。

(三) 存在问题和薄弱环节

在肯定成绩的同时,还应清醒地看到"十三五"时期全国艺术科学研究领域还存在着一些较为突出的问题与薄弱环节,尤其是学科体系、学术成果等方面的水平同我国的综合国力和国际地位还不太相称。

首先,艺术学的基础理论研究较之其他学科仍相对薄弱,艺术科学"三大体系"建设还不完善,具有全球影响力的学术领军人才和标志性成果仍然较少,对新观念的吸纳、新方法的运用及新理论的建树尚需加强,整体水平有待提高。当前的艺术学研究距离实现真正的"中国特色""中国风格""中国气派"的中国艺术学"三大体系"还有较大差距。以艺术学的基础学科艺术史的发展为例,"十三五"时期的艺术史写作仍然深受西方视觉艺术史写作框架和理论范式的影响,民族文化资源利用率不够高,本土化艺术资源的理论总结不到位,民族风格不够凸显,艺术学的中国学派尚未形成。

而关于艺术学学科的性质和功能之争、艺术学一级学科二级学科设置之争、民族特色与世界标准的关系之争、推进跨学科研究与坚守学科本位之争、重实践与轻理论之争等,一系列争议都说明了艺术学学科的规范性、科学性还需要进一步提升。由于艺术学门类建立时间短,学科建设正在大规模推进,许多问题一时还难有定论,中国艺术科学发展评价标准体系也尚待建立,需要职能部门、科研机构和从业者的通力协作。

作为一级学科的艺术学理论到底可以包含哪些二级学科,尚无定论。如何把握艺术普遍性与门类艺术特殊性的关系、协调艺术学理论与艺术学学科门类下设其他四个一级学科的关系、辩证看待艺术本体研究和跨学科研究的关系,还没有达成一致。对于艺术学理论学科指导艺术创作和艺术批评以及回应日新月异的艺术科技的前沿问题的能力,学界存在质疑。艺术学理论只有直面艺术实践中的前沿问题包括当下互联网、大数据、人工智能等新技术对艺术生产传播方式的影响，才有助于回应国家和社会对学科的期许与诉求，进而在实践中生成扎根中国大地、有中国气派的创新型理论话语。

其次，艺术科学理论创新研究与文化艺术实践之间还存在一定程度的脱节，这种脱节尽管与创作队伍的艺术追求和理论素养有一定关系，但主要还是由于艺术理论和艺术批评对艺术创作实践中出现的新情况、新问题把握不够造成的。主要体现为以下三方面问题：（1）艺术学人才队伍中既掌握精深理论又有创作经验或深谙创作原理的人才匮乏，很多理论研究者不能从最新的艺术实践出发进行艺术批评和理论创新，多数创作者不能把自己的创作经验提炼升华为艺术理论。（2）艺术理论和艺术批评未能做到密切结合创作实践，忽视对具体艺术作品的文本细读和深入阐释，对艺术作品传播维度、接受维度的调查和总结也不到位，理论成果和批评文本无法真正贴合新时代艺术创作和人民对艺术美好向往的价值追求。（3）理论、批评和创作之间的体制机制障碍亟须破除，"破五唯"任重道远。艺术院团、专业研究所、高等学校三方的交流合作路径不畅。现行体制下三方的产业、科研、人才培养等方面各自为政，工作职能分散，信息交流闭塞，评价机制隔阂，缺乏共建共享平台，难以形成合力。

再次，具有基础性、全局性和战略性的重大成果不多，对国家重大文化战略和文化艺术发展现状的关注仍需加强，艺术学的社会知名度、认可度和影响力有待进一步提升。当今社会价值日趋多元，艺术学有责任为国家治理体系建设、社会主义核心价值观建设做出贡献。当今的艺术学研究中"圈子文化""案头文化"仍然存在，有些研究纸上谈兵、空洞无力，反映出艺术学对社会现实和国家需求关照不够，功能不完备。被党政机关采纳并在国家和地方社会文化发展决策中实际发挥重要作用的重大决策咨询报告还不多。真正有分量的领军型的"智库大家名家"还比较欠缺，人才集聚效应与梯队建设尚未充分实现，难以快速形成能够对重大问题开展联合攻关的创新团队，在政策咨询、学科建设、资源积聚、学术聚焦、成果产出、服务社会等方面的平台积聚效应也不明显。

最后，研究力量布局还有待进一步优化。以全国地域区划来考察艺学学科点的分布，可以看出华北、华东具有明显的学科优势，分布的硕士、博士学科点最多，整体实力也最强，艺术学所有的 A + 学科都集中在这两大区域。华中、东北、西南、西北，这几大区域地理面积广大，涵括省份较多，但这里的学科点数量和质量与华北和华东相比，差距明显，每个区域仅有一到二所院校拥有博士学位授权点，硕士授权单位也比较少。此外，华南（广东省、广西壮族自治区、海南省）区域硕士学位授权单位仅有三所院校，博士学科点只有一个。华南经济发展或区域优势比较明显，粤港澳大湾区、海南自贸区及深圳先行示范区均在该区域之内，但艺术学学科点建设却较为薄弱，无法满足该区域文化艺术与人文社会科学发展需求，这一反差应引起有关部门和地方政府的重视。

四　科研管理政策措施及效果

科研管理政策措施是直接影响艺术科学发展的一个重要方面，在促进高校等研究机构科研资源的优化配置，完善科研活动的管理体制和运行机制，促进科研创新的充分发挥等方面起着基础性作用。

（一）项目规划管理水平进一步提高

"十三五"时期，艺术学项目规划管理水平进一步提高，导向性、科学性、规范性显著增强。全国艺术科学规划领导小组办公室根据学科发展和实践需要，科学制定研究规划，通过每年的《全国艺术科学规划项目课题指南》《国家社会科学基金艺术学重大项目招标选题》等，明确研究方向，优化立项结构，突出资助重点，使政府工作需求和研究导向得到有效落实。加强管理人才队伍建设，规范项目申报评审到鉴定结项的全流程监督、管理。加大科研诚信建设和项目清理力度，营造良好科研氛围，发挥国家社会科学基金艺术学项目对相关领域研究的引领作用。持续优化完善"全国艺术科学规划项目申报管理系统"，开启了以系统为依托的管理提质增效创新。新型冠状病毒肺炎疫情期间，国家社会科学基金艺术学项目全部实现线上申报、评审，最大限度减少人为操作，保障项目评审的公正、高效，体现了管理工作的前瞻性和科学性。

（二）评价体系建设作用进一步明确

如何进行正确的科研评价是"十三五"时期科技体制改革的热点问题。建立一套符合艺术学发展规律、科学高效的评价体系，有利于贯彻落实党中央、国务院关于繁荣发展社会主义文艺的意见，体现出对科研规律的尊重、对科研人员的信任和对科技创新的鼓励；有利于促进项目内涵建设，提高项目水平和项目人才培养质量；有利于满足社会对项目质量的知情需求，能够为社会各界了解和分析项目水平与质量信息提供服务，从而推动艺术类科研项目又好又快的发展。为此，全国艺术科学规划领导小组办公室委托开展"艺术类科研项目的绩效评价研究"，系统梳理和反思艺术类科研项目评价的理论基础和已有方案，科学设定评价原则、方法和目标，建立艺术类科研项目评价指标库，构建项目全过程管理数据库和绩效评价大数据平台，进而对艺术类科研项目绩效的总体情况进行全景把握，以科学而又人性化的评价引导艺术科学研究健康有序发展。

（三）"放管服"改革进一步深化

随着国家对艺术科研事业经费投入的逐年加大，科研经费管理政策改革无疑成为推动科研体制改革的切入点和突破口。2016年，中共中央办公厅、国务院办公厅印发了《关于进一步完善中央财政科研项目资金管理等政策的若干意见》，对科研经费进行"放管服"改革。随后，财政部、全国哲学社会科学规划领导小组联合修订发布了《国家社会科学基金项目资金管理办法》，以科学管理促进科研发展。作为一种探索性、创造性的智力劳动，科学研究具有自身规律。艺术学的各个学科，都有其特殊规律和特有的研究方法。艺术基础理论研究旨在把艺术作为一个整体，试图通过研究各门艺术的联系与区别来揭示艺术的规律和本质特征，构建涵盖各门艺术普遍规律的理论体系，具有研究周期长、研究结果难以预测等特点。而音乐、舞蹈、戏剧、影视、美术、设计、综合等研究则既要直面各类艺术的创作现实，对具体的艺术创作、传播、接受等艺术现象进行实证研究，又要运用科学的理论和方法把个案研究上升到一般理论层面，这一方面彰显了科学研究的理论性和学术性，另一方面也不可避免地具有不可预见因素多、研究进度不易控制等特点。需要在尊重科学研究规律和学科特点的前提下，实事求是、分门别类地设定评价标准、评价周期和考核机制，更加合理、更加高效地将科研管理的"放管服"向纵深推进，使广大科研人员在宽松、包容的创新氛围中，更好地开展创造性工作，确保科研项目目标的实现。

（四）科研诚信建设进一步加强

科研诚信，关乎师德师风，关乎创新能力，更加关乎国家的科研实力与形象。"十三五"时期，《高等学校预防与处理学术不端行为办法》《关于进一步加强科研诚信建设的若干意见》相继出台，对推进科研诚信制度化建设做出部署，着力深化科研评价制度改革，首次明确科研诚信管理的职责分工，建立以科技创新质量、贡献、绩效为导向的分类评价制度，将科研诚信状况作为各类评价的重要指标。全国哲学社会科学工作领导小组、财政部于2019年印发了《关于进一步完善国家社会科学基金项目管理的有关规定》，进一步加强了相关项目科研诚信管理，把科研诚信的要求融入项目管理全过程。这一系列措施有效地净化优化了科研环境，调动了广大科研人员的积极性和创造性，提升了艺术科学的原始创新能力。但是，由于一体化全局性的投诉监督机制尚不健全，论文发表仍在科研工作评价体系中占主导地位等因素的影响，违反科学道德的行为仍有发生。因此，要在充分认识加强科研诚信建设的重要性和紧迫性的前提下，进一步完善科研诚信相关的管理制度、提升科学道德素养、完善监督和惩戒机制，使科研真正回归本位，为推动文化艺术事业大发展大繁荣贡献力量。

五 "十四五"时期的学术前沿和发展趋势

"十三五"时期，艺术科学研究取得了丰硕成果，基本完成了既定任务。"十四五"时期是我国"两个一百年"奋斗目标的历史交汇期，也是我国文化艺术发展的一个关键时期，深刻理解和系统把握艺术学"十四五"时期的学术前沿和发展趋势，对于推进艺术科学研究、构建艺术学"三大体系"，促进新时代文化艺术和艺术科学繁荣发展具有重要意义。

（一）着力推动艺术学"三大体系"构建，艺术学研究回归中国本位

2016年，习近平总书记在哲学社会科学工作座谈会上发表重要讲话，强调要"着力构建中国特色哲学社会科学，在指导思想、学科体系、学术体系、话语体系等方面充分体现中国特色、中国风格、中国气派"。构建艺术学"三大体系"关乎中国艺术学的发展方向，更关乎中华民族文化建设的前进方向，是新时代艺术科学工作者肩负的崇高使命。因此，以习近平新时代中国特色社会主义思想为指导的中国特色艺术学"三大体系"建设工作，将成为"十四五"时期艺术科学和艺术学项目的重点。

"着力构建中国特色、中国风格、中国气派"的艺术学"三大体系"，将推动艺术学研究更好地回归本土，回归民族。艺术学研究回归中国本位将是我国艺术科学国家战略的发展趋势之一。中国本位的艺术研究，要体现继承性、民族性，绵延几千年的中华艺术，是中国特色艺术科学成长发展的深厚基础。坚持中国艺术的主体性，就要以中国的艺术传统和现实问题为中心开展研究，体现出原创性和时代性。

（二）加大艺术学理论基础问题、核心问题和前沿问题研究力度

在当代学术语境下，在学科建制大背景下加大对艺术理论基础问题、核心问题和前沿问题的研究力度，将是"十四五"时期艺术学发展的主要趋势之一。艺术学作为一门新兴学科门类，其学科建设尤为重要。在艺术学下列的5个一级学科中，艺术学理论名列首位，是艺术学最基础的学科，推进艺术学理论基础、核心和前沿问题研究，是保持艺术学的学科敏锐度和可持续发展的重要途径。

在"十四五"时期，艺术学理论将对艺术学"三大体系"、艺术史编撰、艺术学经典文献整理、跨门类多学科的艺术学综合研究、中国特色艺术科学发展评价体系等基础问题，艺术制度与艺术观念变革、艺术学理论与古代人文传统、古典艺术理论传统及其现代转化、当代艺术批评理论体系及标准构建等核心问题，艺术与科技、艺术与媒介、艺术在文化产业中的拓展等前沿问题做持续的关注与推进，完善艺术学的理论与学科建构，引领相关研究和人才培养。

（三）构建跨门类多学科交叉融合的跨学科研究范式

构建跨门类多学科交叉融合的跨学科研究范式，不断拓宽艺术学的研究领域、拓展艺术学的发展空间，将成为"十四五"时期艺术学研究的热点与前沿问题之一。艺术学发展的历史告诉我们，艺术学本身就是为了对多种艺术现象进行综合研究才逐步发展成为一门科学的。对艺术这种人类社会现象的研究，理应同时采取定性和定量相结合的方法，努力打通人文学科方法、社会科学方法和自然科学方法，虽说诸种理论方法完全融会贯通的前景尚未真正出现，但各种理论和方法既冲突又融合的状况，仍然极富潜力地开拓了艺术学研究的理论新视野。站在批判的立场上开放地吸收一切优秀的文化资源，通过对不同方法的辩证否定来尝试着综合创新，正是马克思主义的理论品格之所在。

构建跨门类多学科交叉融合的跨学科研究范式，要求大力开展跨越单一艺术门类的两种或以上艺术门类现象的跨门类艺术理论研究。随着艺术门类之间的跨媒介、跨领域或者跨门类的交叉融合愈益频繁，加强艺术现象的跨门类研究成为必然。新的艺术学理论的构建不能单独依赖于某一种艺术门类现象，而是需要从两种或以上艺术门类现象中加以比较、概括和综合；应当注意从不同艺术门类现象的综合研究中提炼或概括出艺术普遍性规律，形成新的艺术学理论。

（四）加强文化艺术综合研究

随着文化强国进程的加快，进一步加强文化艺术的综合研究将成为"十四五"时期艺术学发展的主要趋势之一。针对习近平总书记在党的十九大报告中做出的"我国社会主要矛盾已经转化为人民日益增长的美好生活需要和不平衡不充分的发展之间的矛盾"这一崭新论断，广大艺术工作者将全力以赴创造更美好的精神文化产品以在文化的层面上为解决这一矛盾贡献艺术学的力量。文化艺术综合领域研究的对象目标既是一个理论问题，更是一个实践问题，需要从传统的理论演绎方式转到行动研究和理论探索相结合的技术路径。"十四五"时期，文化艺术综合研究将直面我国文化艺术发展面临的诸多现实矛盾，"以人民为中心"，以满足人民日益增长的美好精神文化生活需要为目标，从文化艺术实践中挖掘新材料，探索新方法，提出新观点，解决新问题，构建新理论，切实增强艺术学回应国家战略需求和人民需要的能力。

（五）构建中国特色艺术科学发展评价体系

构建具有中国特色的艺术科学发展评价指标体系，是关系艺术科学和艺术发展的重要理论和实践问题。然而，我国在艺术科学领域缺乏能够同时得到艺术家、学者和管理人员都认可的评价体系，这将对文艺发展和文化建设工作形成掣肘。因此，尊重艺术科学特殊规律，开展艺术科学发展评价体系研究是响应国家号召，推动我国艺术科学持续发展，确立在世界艺术体系中的影响力和话语权的题中之义和必然要求。"十四五"时期，艺术学界需全力推动中国艺术科学发展评价体系建设，在研究阐发、指标遴选、数据库构建、推广普及等方面协同推进，努力构建具有中国特色、中国风格、中国气派的艺术科学发展评价体系。

（六）注重科技与艺术的高度融合

科技进步为艺术发展提供了更多可能，用最新的科技手段，开展艺术实践，进行艺术科学研究，将成为"十四五"时期艺术学科的研究方法之一。科技与艺术自古以来就存在融合互补的关系。远古时期用兽骨制作的笛子，既是人类最早的乐器，亦是人类最早的物理仪器。文艺复兴时期达芬奇等一大批艺术家都熟练使用的透视法则是艺术家、科学家都遵循的，经过反复观察、实验、分析得出的符合自然界几何规律的科学。特别是当代新兴艺术更是越来越依赖最新的科技成果。例如人工智能不仅能复制艺术品，还能通过人机对话进行"艺术创作"——写诗、绘画、作曲……不断拓展新领域。目前这一技术已广泛运用于艺术设计、电子竞技等新兴文化产业。从艺术史上看，任何一种新艺术现象的出现，总会激发新的艺术理论。人工智能的艺术创造作为近年来为人瞩目的艺术现象，将成为"十四五"时期艺术科学研究的前沿内容和主要趋势之一。

"十三五"时期，包括数字艺术在内的数字人文成为艺术学研究的热点之一。万物互联使得数字内容空前增长，相应的信息处理技术的快速进步，以及个人智能终端的大范围普及，带来了全社会的数字化变革。数字艺术的迅猛发展不仅解构了传统的艺术形式，同时也解构了现代人的艺术创作方法和艺术观念，从而颠覆了以往的审美判断。置身于这种颠覆性的学术生态之中，包括艺术科学在内的传统人文学科不得不做出自己的回应。数字人文的一大特征是对于大数据的分析和利用，大数据方法正在引发思维革命和科研范式转型，将其引入到艺术科学研究则会带来全新的视角和范式。"十四五"时期，大数据驱动的艺术学实证研究将重构艺术史书写范式，开创艺术传播效果研究的全新范式，为"讲好中国故事、传播好中国声音"提供理论指导和研究范例，进而为中国文化的全球传播带来焕然一新的面貌。

（七）形成艺术研究的多元格局，促进区域间协同发展

在"十四五"时期，高等学校与专门艺术研究机构、专业艺术院校与综合大学艺术研究队伍、东部与西部艺术研究力量共存互动的格局将得到进一步完善，艺术国家队在引领艺术学研究方向、推进跨国艺术交流与研究等方面的作用将进一步显现。统筹规划，精准帮扶，促进各区域共同发展，一直是国家的基本战略。当前我国艺术学科布局仍不平衡，地域差异仍然明显。华北、华东两大区域，具有明显的地域和学科优势，整体实力强，而华南区域，尽管经济发展或区域优势同样明显，但艺术研究力量还比较薄弱，难以满足华南区域文化建设与艺术科学的发展需求。因此，"十四五"时期，需进一步优化学科布局，促进区域间协同发展。

（八）构建中国特色文艺批评理论体系与评价标准

习近平总书记多次就文艺批评工作发表重要讲话，指出文艺批评是文艺创作的一面镜子、一剂良药，是引导创作、多出精品、提高审美、引领风尚的重要力量。因此，高度重视和切实加强艺术理论和文艺批评工作，加快构建既有中国特色又有世界影响的文艺批评理论体系与独立自主的评价标准，褒优贬劣、激浊扬清，催生更多艺术精品，将成为"十四五"时期艺术学发展的主要趋势之一。艺术学学科将在马克思主义指导下继承创新中国古代文艺批评理论优秀遗产，批判借鉴西方文艺批评先进经验，夯实批评队伍的理论根基，构建具有鲜明中国特色、中国风格、中国气派的文艺批评理论体系，以促进社会主义文艺事业的繁荣发展。

（九）突出审美研究，提升审美品位，构建新时代审美教育体系

审美教育对塑造美好心灵具有重要作用。习近平总书记殷切期望艺术学界做好美育工作，弘扬中华美育精神。"十四五"时期，艺术科学注重在理论研究和学科建设中突出审美研究与审美教育，提升艺术的审美品格和受众的审美品位。新时代的中国审美研究与审美教育将坚持立德树人，扎根时代生活，总结当代中国广阔社会生活中的艺术发展规律和审美规律，进而构建新时代审美教育体系，弘扬中华美育精神，让祖国青年一代身心健康成长，为实现全面发展奠定美育基础。

六　重点研究领域和重点研究课题

"十四五"时期，是我国由全面建设小康社会向基本实现社会主义现代化迈进的关键时期，也是全面开启社会主义文化强国建设新征程的重要机遇期。从外部环境来看，世界正处于百年未有之大变局；从内部环境来看，我国主要矛盾已经转变为"人民日益增长的美好生活需要和不平衡不充分的发展之间的矛盾"，文化艺术发展面临新矛盾、新机遇、新任务。必须坚持以习近平新时代中国特色社会主义思想为指导，着眼"十四五"时期党和国家文化事业发展大局，紧紧围绕加快构建中国特色艺术学这个中心任务，来确定艺术学的重点研究领域和重点研究课题。

（一）艺术基础理论

贯彻落实习近平总书记关于文艺工作和哲学社会科学工作的重要讲话精神，建设有中国特色、中国风格、中国气派的艺术学学科体系、学术体系、话语体系；马克思主义艺术理论是我们认识艺术现象、把握艺术规律、改进艺术工作的强大思想武器，要不断推进马克思主义艺术理论中国化时代化大众化，真正确立马克思主义艺术理论在艺术科学研究中的指导地位；推动中华优秀传统文化艺术创造性转化、创新性发展；对中国共产党成立以来党的文化艺术政策、主要成就、发展道路、历史经验教训及大变局中亟待解决的主要问题、未来发展方向进行深入研究；在继续完善门类艺术史的基础上，加快开展中华艺术通史、艺术传播史等通史和专门史的研究；

进一步加强和深化艺术传播学、艺术大数据研究，密切关注艺术的网络生产、传播与消费实际；进一步改善和加强艺术批评。

1. 艺术科学"三大体系"构建研究

构建具有中国特色、中国风格、中国气派的艺术学学科体系、学术体系、话语体系关乎中国艺术学的发展方向，是党和国家对艺术学界提出的重大时代课题，也是新时代艺术科学工作者肩负的崇高使命。深入系统地探讨构建艺术科学"三大体系"的学术理念、基本内涵、研究范式、核心范畴和研究路径等基本问题，强化艺术科学"三大体系"的中国本位和世界格局，以五千年中华艺术为中国特色艺术科学成长发展的深厚基础，充分体现继承性、民族性；坚持中国艺术的主体性，以中国的艺术传统和现实问题为中心开展研究，体现出原创性和时代性。

2. 立足于各艺术门类共性的艺术史和艺术史学编撰研究

树立艺术门类统筹意识，推进艺术史的跨门类、跨媒介、跨学科研究与书写。论从史出，中国传统文化本身就有通史研究的传统。立足于艺术总体的艺术史编撰研究让中国艺术史在回归中国通史传统的基础上，融合西方艺术史研究的经验，重构中国特色的艺术史和艺术史学，这将使中国的艺术学研究摆脱过往因理论先行而根基不稳的困境，为艺术学研究夯实根基。同时，在各个艺术门类史研究和艺术通史研究的基础上进一步加强艺术史学、艺术史方法研究，形成艺术史研究的反思性成果。

3. 艺术学学术史和艺术理论经典文献整理编纂研究

一门成熟的学科必有其深厚的学术史传统与丰厚的经典文献。相较于其他学科，比如美学、文艺学等，艺术学的学术史研究和文献学积累则稍显单薄，尚不足以支撑这门新兴学科的快速发展。艺术学学科门类在中国的建立是一个当代事件，不过短短十年而已。艺术学的学术史梳理和艺术理论在经典文献整理方面还有很多艰巨的工作要做，这将是"十四五"时期艺术学研究的一个重点突破方向。艺术学学术史和艺术理论经典文献整理编纂研究既要有学科自觉和边界意识，又要做到海纳百川、兼容并蓄；既要关注当代艺术理论的最新演进与发展，也要从传统艺术和古典艺术理论中汲取养分，为建设有中国特色、中国风格、中国气派的艺术学学科体系、学术体系、话语体系提供宝贵的学术资源。

（二）戏剧

拓展戏剧研究中各类研究的深度；推进中国戏曲史论研究方法的多元化，加强中国戏曲理论与实践联系的密切程度；推进中国戏剧史当代书写的方法与路径研究；推动传统戏曲、曲艺的创造性转化和创新性发展；发挥互联网在戏剧保护、传承与发展中的重要作用，鼓励通过新媒体普及和宣传戏曲、曲艺等传统表演艺术；加强曲种研究、曲本创作的应用性研究、少数民族曲艺研究；加强话剧艺术生态研究、话剧民族化研究、话剧史学研究；加强话剧、曲艺、木偶、皮影等的文献整理和数据库建设。

1. 当代中国戏曲舞台艺术创作的经验总结与研究

中国戏曲艺术在当代持续发展，积累了丰厚的艺术成果与创作经验。尽管当代戏曲艺术家群体的舞台艺术得到了传承与记录，但对相应艺术经验的理论总结明显滞后；戏曲艺术理论的深度建构，离不开个体艺术经验的总结与系统梳理。需对中国戏曲各剧种代表性的表演艺术家、导演艺术家、作曲家、剧作家的代表性作品进行深入研究；系统、规范、有效地记录和整理艺术家及代表作的创作过程、创作心得，从而全面总结当代中国戏曲舞台艺术的发展成就和创作经验，夯实中国戏曲艺术的理论体系。

2. 中国历代曲艺文献整理研究及数据库建设

中国曲艺具有口头创作、口述表演、口耳相传的艺术创演特点和文化传承传统，曲艺文献留存较为稀少且缺乏体系，缺乏立足全局的曲艺文献整理和学术文献梳理，对曲艺的传统继承（包括非遗保护）及学术发展十分不利。为此，需按照不同的曲种类型分门别类地开展中国曲艺文献的系列性整理研究，关注少数民族曲艺文献的整理研究、历代学术资料和文献整理研究、历代名家艺术成就研究等，综合推进曲艺研究的基础性工作。

（三）电影、广播电视及新媒体艺术

进一步加强新时代中国影视及新媒体艺术的创作与接受研究；推进"一带一路"沿线中外影视及新媒体艺术的合作与交流研究；推进国际受众对中国影视及新媒体艺术的认知状况研究，构建与中国影视及新媒体艺术国际传播相适应的数字媒介体系；进一步完善中国影视艺术史，启动世界影视及新媒体艺术史的撰写及中外比较研究；推进大数据和人工智能等新技术新方法对影视艺术生产、传播与接受的影响研究；开展影视艺术生产与消费的新挑战与新机制研究，尤其是移动短视频的生产、传播、接受研究；进一步提高中国电影、电视、动漫、新媒体的整体发展水平和基础理论研究水平。

1. 新时代中国电影史学及其发展通论

可分别从电影史学本质、电影史学发展规律、电影史学的关系和路径等电影史学子系统入手，从电影发展和电影史学系统的相互渗透与融合的特性出发，进行全面、多维度的理论性和综合性研究。既注重史学探究，研究电影历史的路径和方法，梳理变动不居的电影史学发展，又关注电影意识形态实践，系统研究具体的电影史学书写创造活动，细致考察电影史学文本背后的文化联系、结构、功能，以期揭示新时代中国电影史学系统的学术话语机制和发生发展的规律。

2. 重大革命历史题材电影创作研究

重大革命历史题材电影主要表现国家的历史、革命进程，表现领袖人物、先进人物的事迹和风采，相较于其他题材电影更能集中反映国家形象，对其进行专题研究十分必要。通过重大革命历史题材电影创作系统分析，按照中国文化和电影的历史传统、美学精神，考察重大革命历史题材电影中的国家形象建构，总结电影表现国家形象的内在规律和范式，为电影国家形象研究做出新的理论探索。

（四）音乐

以构建中国音乐学"三大体系"为契机，进一步加强中国民族音乐的基础理论研究；大力推进民族音乐的创造性转化和创新性发展，既立足传统，回归本源，充分体现继承性、民族性，又秉持守正创新理念，创作更多体现中国特色、中国风格、中国气派和国际视野的音乐精品力作；加强音乐文献、文物与传统音乐资料的整理、保护与数字化建设；加强音乐传播学研究，推动新媒体音乐创新发展；加快中国音乐"走出去"步伐，加强国际交流和中外音乐比较研究。

1. 中国音乐理论话语体系研究

回顾百年来中国音乐历程，西方音乐体系从理论、创作、表演、教育等方面，几乎全方位改变了中国音乐文化的发展轨迹。从某种意义上讲，远离中华民族音乐传统，以西方音乐理论和技法"剪裁中国音乐的审美"，已成为制约中国音乐向更广阔空间发展的瓶颈。只有从理论高度把民族"独特的音乐文化传统"内涵讲清楚，才能在继承的基础上明确发展方向；只有不断发掘、弘扬传统音乐蕴含的艺术特质和精神价值，深入研讨、总结中国音乐特有的理论话语，中国音乐才能真正拥有"炎黄民族的思维特点、风格和气派"，才能在中华民族伟大复兴的历史征程中屹立于世界艺术之林。

2. 中西音乐文化比较研究

习近平总书记在哲学社会科学工作座谈会上指出："强调民族性并不是要排斥其他国家的学术研究成果，而是要在比较、对照、批判、吸收、升华的基础上，使民族性更加符合当代中国和当今世界的发展要求。"在全面认知世界音乐历史文化的前提下，从中西方音乐的审美、本体形态、表演理论、文化内涵等多维度，认识与比较二者间的共性与特性，追溯其形成的历史原因，阐释各区域音乐文化异同，不仅有助于中西音乐文化之间的交流与对话，更对建构具有中国特色的音乐学学科体系、学术体系和话语体系有积极指导意义。

（五）舞蹈（含杂技）

加强问题意识，关注舞蹈艺术的问题与规律，探索影响艺术思想与创作方向的、能够总结实践指导实践的理论体系；植根于舞蹈学科的本体，注重精微研究及宏观研究，提升学术性和规范性；深化杂技基础理论研究，推进杂技学科基础框架的建构；密切关注杂技艺术实践，形成理论与实践良性互动的局面。

1. 少数民族舞蹈研究

舞蹈人类学不仅将舞蹈视为一种人体动作，还将其视为一种文化现象。将舞蹈置于社会文化场域中进行考察，将给舞蹈学带来不同的研究方法和视角。民族舞蹈，尤其西部偏远地区的少数民族聚集地区的民族舞蹈亟须得到记录、保护、传承、传播。舞蹈人类学田野调查工作深入少数民族聚集地区，聚焦于少数民族地区舞蹈文化环境，聚焦于舞者、欣赏者、传艺者的社会地位，对"舞蹈"这一概念进行新的解读，对于舞蹈学的学科建设大有裨益。

2. 杂技学科建设中的重点问题研究

中国杂技是中国艺术在国际舞台上获奖最多、创汇最多的一支劲旅。但是杂技艺术较之其他姊妹艺术在学科建设上存在着巨大的差距，譬如杂技理论研究至今没有专业的理论人才队伍，也没有专门的学术研究机构。没有队伍、缺少人才足以掣肘一个学科的发展进步。构建杂技的学科体系，面临诸多问题，正视和解决这些问题是当前杂技学科建设中的基础性工作，也是当前学科建设的主要任务。只有深入研究这些问题，找到解决问题的方法和途径，才能有效推动学科建设。

（六）美术

弘扬中华民族"道""器"并重的学术传统，构建有中国特色、中国风格、中国气派的美术史研究体系，进一步完善中国特色美术学的学科体系、学术体系、话语体系；加强中国传统美术史和少数民族美术史研究，提炼、展示、传播中华民族优秀美术资源中蕴含的精神标识、文化精髓和当代价值，构建中华民族视觉形象理论体系并再现其历史演进图景；采用大数据等实证方法研究中国美术的传承传播发展问题，构建大数据驱动的中国美术全球传播的新范式；进一步弘扬中华美育精神，构建新时代美育研究新格局；加强美术传播学、美术市场学等跨学科研究，推动美术市场健康有序发展。

1. "一带一路"美术交流研究

落实习近平总书记在敦煌研究院座谈时、在大同云冈石窟考察时的讲话精神，深入挖掘"一带一路"美术资源的文化交流价值，厘清美术交流与人类命运共同体构建的文化关联，尤其注意双向交流活动，探讨历史上中国文化的对外影响力，并开展多种形式的国际性展陈活动和文化交流对话，努力掌握"一带一路"美术交流研究的话语权。通过数字化、信息化等高科技手段，推动流散海外的文物的数字化回归，实现"一带一路"文化艺术资源在全球范围内的数字化共享。既要深入挖掘"一带一路"沿线的美术文化和历史遗存背后蕴含的哲学思想、人文精神、价值理念、道德规范等，更要揭示蕴含其中的中华民族的文化精神、文化胸怀和文化自信，为新时代坚持和发展中国特色社会主义提供精神支撑。

2. 中国当代美术创作评价标准研究

新时期以来，中国美术创作获得了前所未见的蓬勃发展，创作队伍不断壮大，创作观念不断开放，审美取向日趋多元，创作手法日趋多样，在一定程度上顺应了社会发展需求，但美术创作数量与质量还不能形成正比，有高原而难见高峰。究其原因，主要在于中国当代美术创作的现有评价标准或缺乏或混乱，未能发挥对美术创作实践的引导、规范和提升作用。中国当代美术创作的合理有效评价标准和科学评价体系亟须建立。从方法论入手，结合创作实际，通过全面、深入地调研，准确把握当代美术创作的真实状态，认真、理性地分析存在的问题，精准、审慎地寻找对策，建立合理有效的评价标准和科学的评价体系，将有力推进中国当代美术创作的高质量、可持续健康发展。

（七）设计艺术

系统梳理中国传统设计资源，总结当代设计实践经验，加强中国设计思想史、理论史研究，构建中国特色设计学"三大体系"；进一步加强中国当代设计理念与方法研究，推动中国设计创新实践和产业发展；加强新材料新技术在设计中的应用研究，创新"互联网+"设计和新媒体设计范式；采用社会科学和自然科学的理论和方法研究设计在新农村建设、城市空间规划、公共环境景观等设计工程中的应用规律和建设策略；加强中外设计理论、实践、政策的比较研究。

1. 跨学科设计学的理论框架研究

当今人类因为生态环境的变化，必然要面对在科技设计、生态设计、跨界设计、人文设计等方面的设计观念的更新，而且设计从根本上是为了满足"人"的需要。因此，设计作为促进人与社会可持续发展的实践，以跨学科发展的思维，促进设计学各领域之间的协作，是未来设计学发展的总体趋势。搭建跨学科背景下的设计学发展的理论框架，是规范和确立学科发展的基础，也是各个设计学学科领域实现真正有效沟通的根本，更是当前设计学迫切需要解决的重大课题。

2. 中国艺术精神在当代设计实践中的传承与创新研究

中国艺术精神博大精深，蕴含着中华民族独特的审美精神机能与生命本体。从中国艺术精神的基本特质出发，通过构建中国艺术精神理论体系，为传统设计思想和中国艺术精神在当代设计实践中的创造性转化和创新性发展提供深层次的理论解释，并在把握规律的基础上创新推动当代设计实践，同时实现中国艺术精神和设计的国际传播。这不仅对于设计学学科建设和学术发展具有重大意义，而且对于国家文化的发展繁荣和精神文明建设也具有重要作用。

（八）综合

探索构建"以人民为中心"的中国特色社会主义文化发展战略；构建把社会效益放在首位、社会效益和经济效益相统一的文化艺术发展评价和管理服务体系；加强中华优秀传统文化研究挖掘和创新发展；推动中国文化全球传播创新发展，开创全球文化传播新格局，建立全球文化传播新秩序，为构建人类命运共同体贡献中国智慧和中国方案；依托互联网、大数据、人工智能等前沿科技，建立中国跨文化传播学多位一体社会科学实证研究范式；加强网络文化产品创作生产，推动传统文艺与网络文艺创新性融合；运用云计算、人工智能、物联网等科技成果，催生新型文化业态；加强虚拟现实技术在文化艺术领域的研发与运用。

1. 国家文化公园发展模式的理论研究

2019 年 7 月，中央全面深化改革委员会第九次会议审议通过了《长城、大运河、长征国家文化公园建设方案》，《中共中央关于制定国民经济和社会发展第十四个五年规划和二〇三五年远景目标的建议》进一步提出建设长城、大运河、长征、黄河等国家文化公园，对坚定文化自信，彰显中华优秀传统文化的持久影响力、革命文化的强大感召力具有重要意义。加强对于建设国家文化公园的方法、路径、机制的理论研究，结合文旅融合发展、国土空间规划、传统文化生态保护等进行综合研究。通过理论研究，积极探索新时代文物和文化资源保护传承利用的模式、方法和思路，使国家文化公园的建设成为展示中国形象、展示中华文明、彰显文化自信的亮丽名片。

2. 黄河文化系统研究

习近平总书记高度重视黄河文化的保护传承弘扬，他在黄河流域生态保护和高质量发展座谈会的讲话中指出，黄河文化是中华文明的重要组成部分，是中华民族的根和魂。要推进黄河文化遗产的系统保护，守好老祖宗留给我们的宝贵遗产。加强黄河文化系统研究，从"中华民族的根和魂"的高度，全面梳理黄河文化的孕育、演进和发展历程，深入研究黄河文化的内涵外延、价值体系、重要影响，系统发掘黄河文化所蕴含的人文精神、价值理念、艺术特色等，提炼中华民族最深层的精神追求和独特的精神标识，形成一批标志性黄河文化研究成果。

3. 中国文化全球传播创新发展研究

党和国家高度重视中国文化全球传播的创新发展和人类命运共同体的构建，习近平总书记反复强调要建设社会主义文化强国，就必须高度重视传播手段建设和创新，推进国际传播能力建设。中国文化的全球传播必将在构建人类命运共同体的过程中承担起责无旁贷的历史使命，为当今世界文化发展所面临的诸多问题提供一条可资借鉴的解决之道。从中国文化传播创新发展、构建人类命运共同体、建设社会主义文化强国三者关系出发，依托互联网、大数据、人工智能等前沿科学技术，从理念创新、路径创新、方法创新、学科建设、平台建设、体系构建、文化安全等维度进行综合实证研究，为人类命运共同体战略提供有效的实施方案、决策参考。

总审稿人	王一川
审 稿 人	（按姓氏笔画排序）
	丁亚平　朱飞跃　朱恒夫　江　东　许　平　李宏锋
	邵大箴　杭　间　郑　工　黄宗贤　傅才武
执 笔 人	甘　锋　殷如恒　许晓雨　方弘毅　李晓燕　董姝君
	顾亚澜　李若云
参 加 人	孙伟科　李心峰　秦　佩　王　馗　王学峰　吴文科
	李　冬　周大明　邢　洁　张　琳　宋宝珍　牛克诚
	孔德平　邱春林　易　晴　郑长铃　肖　庆

后　　记

　　本书收录的各学科调研报告由国家社科基金学科规划评审组召集人，以及教育学、艺术学单列学科规划办公室负责人等组织起草和审定。人员包括靳诺、李捷、韩震、刘伟、魏礼群、郭克莎、邱东、王浦劬、张文显、李培林、李强、翟振武、郝时远、李慎明、张海鹏、武寅、王巍、陈星灿、卓新平、张江、陈众议、黄德宽、尹韵公、马费成、杨桦、李扬、崔保师、张彩云、王一川等。我们仅对部分学科的少量内容做了必要的调整和修改，绝大部分保持原貌。在此，谨向参与调研和撰写工作的所有专家学者以及中国社会科学出版社的编辑同志表示感谢和敬意。

　　本书由全国哲学社会科学工作办公室主持编写。姜培茂担任主编，赵川东、操晓理、徐春生担任副主编，孙璐做了具体的编辑和统稿工作。限于人力和水平，疏漏之处在所难免，敬请读者批评指正。

编　者

2021 年 7 月